中国建设年鉴 2019

Yearbook of China Construction　《中国建设年鉴》编委会　编

中国建筑工业出版社

图书在版编目（CIP）数据

中国建设年鉴 = Yearbook of China Construction. 2019 /《中国建设年鉴》编委会编. — 北京：中国建筑工业出版社，2021.1
ISBN 978-7-112-25766-9

Ⅰ.①中… Ⅱ.①中… Ⅲ.①城乡建设—中国—2019—年鉴 Ⅳ.①F299.2-54

中国版本图书馆 CIP 数据核字(2020)第 256012 号

责任编辑：徐　浩　陈夕涛
责任校对：党　蕾

中国建设年鉴 2019
Yearbook of China Construction
《中国建设年鉴》编委会　编

*

中国建筑工业出版社出版、发行（北京海淀三里河路 9 号）
各地新华书店、建筑书店经销
北京红光制版公司制版
北京圣夫亚美印刷有限公司印刷

*

开本：880 毫米×1230 毫米　1/16　印张：51　插页：8　字数：1652 千字
2020 年 12 月第一版　2020 年 12 月第一次印刷
定价：**380.00 元**
ISBN 978-7-112-25766-9
(36999)

版权所有　翻印必究
如有印装质量问题，可寄本社图书出版中心退换
（邮政编码 100037）

编辑说明

一、《中国建设年鉴》是由住房和城乡建设部组织编纂的综合性大型资料工具书，中国建筑出版传媒有限公司具体负责编辑出版工作。每年一册，逐年编辑出版。

二、《中国建设年鉴》力求综合反映我国住房城乡建设事业发展与改革年度情况，内容丰富，资料来源准确可靠，具有很强的政策性、指导性、文献性。可为各级建设行政主管领导提供参考，为地区和行业建设发展规划和思路提供借鉴，为国内外各界人士了解中国建设情况提供信息，本书具有重要的史料价值、实用价值和收藏价值。

三、《中国建设年鉴》2019卷力求全面记述2018年我国房地产业、住房保障、人居环境与设计、城市建设、村镇建设、建筑业、建筑节能与科技和国家基础设施建设等方面的主要工作，突出新思路、新举措、新特点。

四、《中国建设年鉴》记述时限一般为上一年度1月1日至12月31日，为保证有些条目内容的完整性和时效性，个别记述在时限上有所上溯或下延，为方便读者阅读使用，选录的部分新闻媒体稿件，在时间的表述上，有所改动，如"今年"改为"2018年"。

五、《中国建设年鉴》采用分类编辑方法，按照篇目、栏目、分目、条目依次展开，条目为主要信息载体。全卷设8个篇目，篇目内包含文章、分目、条目和表格，标有【 】为条目的题目。

六、《中国建设年鉴》文稿的内容、文字、数据、保密问题等均经撰稿人所在单位把关审定，由《中国建设年鉴》编辑部汇总编辑完成。

七、我国香港特别行政区、澳门特别行政区和台湾地区建设情况暂未列入本卷。

八、限于编辑水平和经验，本年鉴难免有错误和缺点，欢迎广大读者提出宝贵意见。

九、谨向关心支持《中国建设年鉴》的各级领导、撰稿人员和广大读者致以诚挚的感谢！

《中国建设年鉴2019》编辑委员会

主　任
　　姜万荣　　住房和城乡建设部副部长

副主任
　　李晓龙　　住房和城乡建设部办公厅主任
　　尚春明　　中国建筑出版传媒有限公司党委书记

编　委
　　段广平　　住房和城乡建设部法规司司长
　　秦海翔　　住房和城乡建设部住房改革与发展司（研究室）司长
　　曹金彪　　住房和城乡建设部住房保障司司长
　　田国民　　住房和城乡建设部标准定额司司长
　　张其光　　住房和城乡建设部房地产市场监管司司长
　　张　毅　　住房和城乡建设部建筑市场监管司司长
　　张小宏　　住房和城乡建设部城市建设司司长
　　张学勤　　住房和城乡建设部村镇建设司司长
　　曲　琦　　住房和城乡建设部工程质量安全监管司司长
　　苏蕴山　　住房和城乡建设部建筑节能与科技司司长
　　杨佳燕　　住房和城乡建设部住房公积金监管司司长
　　朱长喜　　住房和城乡建设部城市管理监督局局长
　　胡子健　　住房和城乡建设部计划财务与外事司司长
　　江小群　　住房和城乡建设部人事司司长
　　王瑞春　　住房和城乡建设部机关党委常务副书记（正司长级）
　　李晓龙　　住房和城乡建设部政策研究中心主任
　　杨瑾峰　　住房和城乡建设部执业资格注册中心主任
　　杨彦奎　　住房和城乡建设部人力资源开发中心主任
　　王　飞　　北京市住房和城乡建设委员会委员
　　孙新军　　北京市城市管理委员会主任
　　韩　利　　北京市城市管理综合行政执法局党委书记、局长
　　张　维　　北京市规划和自然资源委员会党组书记、主任
　　潘安君　　北京市水务局党组书记、局长
　　高大伟　　北京市园林绿化局（首都绿化办）党组成员、副局长
　　蔡云鹏　　天津市住房和城乡建设委员会主任
　　陈　勇　　天津市规划和自然资源局党委书记、局长
　　刘　峰　　天津市城市管理委员会党组书记

	主任	张少康	广东省住房和城乡建设厅厅长
张文波	天津市水务局副局长	周家斌	广西壮族自治区住房和城乡建设厅党组书记、厅长
黄永平	上海市住房和城乡建设管理委员会主任	宋 祎	海南省住房和城乡建设厅二级巡视员
徐毅松	上海市规划和自然资源局局长	冯云飞	海南省水务厅副厅长
邓建平	上海市绿化和市容管理局（上海市林业局）党组书记、局长	张正红	四川省住房和城乡建设厅党组书记、厅长
徐 建	上海市水务局（上海市海事局）党组书记、局长	周宏文	贵州省住房和城乡建设厅党组书记、厅长
乔明佳	重庆市住房和城乡建设委员会党组书记、主任	马永福	云南省住房和城乡建设厅党组书记、厅长
康彦民	河北省住房和城乡建设厅党组书记、厅长	余和平	西藏自治区住房和城乡建设厅党组书记、副厅长
王立业	山西省住房和城乡建设厅党组书记、厅长	韩一兵	陕西省住房和城乡建设厅党组书记、厅长
冯任飞	内蒙古自治区住房和城乡建设厅党组书记、厅长	苏海明	甘肃省住房和城乡建设厅党组书记、厅长
杨春青	黑龙江省住房和城乡建设厅党组副书记、厅长	葛文平	青海省住房和城乡建设厅党组书记、副厅长
魏举峰	辽宁省住房和城乡建设厅党组书记、厅长	马汉文	宁夏回族自治区住房和城乡建设厅党组书记、厅长
邢文忠	吉林省住房和城乡建设厅二级巡视员	李宏斌	新疆维吾尔自治区住房和城乡建设厅党组副书记、厅长
周 岚	江苏省住房和城乡建设厅厅长	蔡启明	新疆生产建设兵团住房和城乡建设局党组书记、局长
项永丹	浙江省住房和城乡建设厅党组书记、厅长	马成恩	大连市住房和城乡建设局党组书记、局长
贺懋燮	安徽省住房和城乡建设厅党组书记、厅长	陈 勇	青岛市住房和城乡建设局党委书记、主任
林瑞良	福建省住房和城乡建设厅党组书记、厅长	陈寿旦	宁波市住房和城乡建设局党组书记、局长
卢天赐	江西省住房和城乡建设厅厅长		
周善东	山东省住房和城乡建设厅副厅长	陈锦良	厦门市建设局党组书记、局长
赵庚辰	河南省住房和城乡建设厅党组书记、厅长	朱文芳	深圳市住房和建设局副巡视员
李昌海	湖北省住房和城乡建设厅党组书记、厅长	刘世会	深圳市规划和自然资源局党组成员、副局长
鹿 山	湖南省住房和城乡建设厅党组书记、厅长	谭成文	国家发展改革委固定资产投资司城建投资处处长

王　太	交通运输部公路局副局长	杨存成	中国安装协会秘书长
郑清秀	交通运输部水运局副局长	郝际平	中国建筑金属结构协会会长
陈家春	工业和信息化部信息通信发展司巡视员	王子牛	中国勘察设计协会副理事长兼秘书长
王明亮	文化和旅游部财务司副司长	赵　峰	中国建筑业协会副秘书长
郭红宇	农业农村部计划财务司副司长	杨丽坤	中国建设工程造价管理协会理事长
王胜万	水利部工程建设司司长		
齐贵新	国家卫生健康委员会一级巡视员	王学军	中国建设监理协会副会长兼秘书长
邹首民	生态环境部科技与财务司司长		
刘春晨	中国民用航空局机场司司长	陈　重	中国风景园林学会理事长
吴明友	中国国家铁路集团有限公司建设管理部专员兼副主任	冯　俊	中国房地产业协会会长
		王要武	哈尔滨工业大学教授
王长远	中国市长协会秘书长		

《中国建设年鉴 2019》工作执行委员会

王秀娟	住房和城乡建设部办公厅二级巡视员		制处处长
张　永	住房和城乡建设部办公厅总师办处长	吕　蕊	住房和城乡建设部机关党委办公室三级调研员
梁　爽	住房和城乡建设部办公厅秘书处处长		
马骏驰	住房和城乡建设部办公厅督查处处长	浦　湛	住房和城乡建设部政策研究中心处长
白雅童	住房和城乡建设部办公厅宣传信息处三级调研员	付春玲	住房和城乡建设部执业资格注册中心办公室主任
贾四海	住房和城乡建设部法规司综合处处长	陈雪峤	住房和城乡建设部人力资源开发中心办公室主任
蒋俊锋	住房和城乡建设部住房改革与发展司（研究室）三级调研员	刘忠昌	北京市住房和城乡建设发展研究中心主任
丁博涵	住房和城乡建设部住房保障司综合处处长	堵锡忠	北京市城市管理委员会研究室主任
袁　雷	住房和城乡建设部标准定额司综合处处长	霍保安	北京市城管执法局党组书记、局长
朱文奇	住房和城乡建设部房地产市场监管司综合处处长	沈金箴	北京市规划和自然资源委员会研究室（宣传处）主任
张　磊	住房和城乡建设部建筑市场监管司综合处处长	吴富宁	北京市水务局研究室主任
邱绪建	住房和城乡建设部城市建设司综合处处长	王　军	北京市园林绿化局（首都绿化办）研究室主任
屈丹峰	住房和城乡建设部村镇建设司综合处处长	王祥雨	天津市住房和城乡建设委员会办公室主任
宋梅红	住房和城乡建设部工程质量安全监管司综合处处长	孙君普	天津市规划和自然资源局办公室主任
		王庆贺	天津市城市管理委员会政策法规处主任
南　楠	住房和城乡建设部建筑节能与科技司综合处处长	丛　英	天津市水务局办公室调研员
		徐存福	上海市住房和城乡建设管理委员会政策研究室主任
刘晓庆	住房和城乡建设部住房公积金监管司综合处处长	王　滨	上海市规划和自然资源局政策研究与科技发展处主任
戴玉珍	住房和城乡建设部城市管理监督局副局长		
王彦芳	住房和城乡建设部计划财务与外事司二级巡视员	王　辉	上海市绿化和市容管理局政策法规处（研究室）处长
		阮仁良	上海市水务局（上海市海事局）办公室主任
彭　赟	住房和城乡建设部人事司综合与机构编	吴　广	重庆市住房和城乡建设委员会办公室主任

郭晓辉	河北省住房和城乡建设厅办公室主任	朱 琪	新疆维吾尔自治区住房和城乡建设厅城建档案馆馆长
程永平	山西省住房和城乡建设厅办公室主任		
刘文宇	内蒙古自治区住房和城乡建设厅办公室主任	张静宇	新疆生产建设兵团住房和城乡建设局办公室副主任
范晓东	黑龙江省住房和城乡建设厅办公室主任	朱 军	大连市住房和城乡建设局办公室副主任
李江波	辽宁省住房和城乡建设厅办公室主任	于 军	青岛市住房和城乡建设局办公室主任
刘 金	吉林省住房和城乡建设厅行政发展处处长	许志平	宁波市住房和城乡建设局办公室主任
陈文志	江苏省住房和城乡建设厅建设档案办公室主任	李小平	厦门市建设局办公室主任
		吴长松	深圳市住房和建设局办公室主任
宋炳坚	浙江省住房和城乡建设厅办公室主任	胡 平	深圳市规划和自然资源局办公室副主任
赵新泽	安徽省住房和城乡建设厅办公室主任	王恒斌	交通运输部公路局工程管理处副处长
张志红	福建省住房和城乡建设厅办公室主任	贺 丰	工业和信息化部信息通信发展司建设处处长
王海涛	江西省住房和城乡建设厅办公室主任		
潘岚君	山东省住房和城乡建设厅办公室主任	咸 波	水利部工程建设司重点建设处处长
马炳杰	河南省住房和城乡建设厅办公室主任	亢 博	文化和旅游部财务司规划统计处副处长
张 迪	湖北省住房和城乡建设厅办公室主任	丁祥勇	农业农村部计划财务司建设项目处处长
吴 勇	湖南省住房和城乡建设厅办公室主任	李 军	国家卫生健康委员会建设装备处处长
曾 峥	广东省住房和城乡建设厅办公室主任	逯元堂	生态环境部科技与财务司投资处处长
刘 威	广西壮族自治区住房和城乡建设厅办公室主任	彭爱兰	中国民用航空局机场司建设处处长
		刘俊贤	中国国家铁路集团有限公司建设管理部综合处处长
程叶华	海南省住房和城乡建设厅政策法规处处长		
王晓霞	海南省水务厅城市水务处副处长	杨 捷	中国市长协会副秘书长
刘 恒	四川省住房和城乡建设厅党组成员、副厅长	赵金山	中国安装协会副秘书长兼办公室主任
		赵志兵	中国建筑金属结构协会副秘书长、办公室主任
蒋 挺	贵州省住房和城乡建设厅法规处处长		
杜华瑞	云南省住房和城乡建设厅办公室主任	汪祖进	中国勘察设计协会副秘书长
龚世军	西藏自治区住房和城乡建设厅办公室主任	金 玲	中国建筑业协会建筑业高质量发展研究院编辑
杜晓东	陕西省住房和城乡建设厅政策法规处处长		
		薛秀丽	中国建设工程造价管理协会副秘书长
梁小鹏	甘肃省住房和城乡建设厅办公室主任	宋雪文	中国建设监理协会行业发展部副主任
豆 拉	青海省住房和城乡建设厅办公室主任	王承玮	中国建筑业协会信息传媒部主任
李有军	宁夏回族自治区住房和城乡建设厅办公室主任	贾建中	中国风景园林学会副理事长

《中国建设年鉴》编辑部

  编 辑：徐浩 陈夕涛

  电 话：010-58337444

  地 址：北京市海淀区三里河路9号院中国建筑出版传媒有限公司

主要撰稿人名单（排名不分先后）

李根芽	岳 乐	向贵和	曹 光	格根哈斯	钱 璟	夏 萍	梁宣安
袁 媛	周海霞	赵 霆	邢 政	丛 英	赵 刚	宋维修	刘 巍
吴汉卫	张 伟	张聪凌	刘 奭	彭 强	靳 娟	亢 博	何丽雯
施德善	顾心建	侯丽娟	金 玲	姚春好	宋雪文	逯元堂	姚春玲
吕传亮	关常来	曲怡然	朱 军	叶 斌	刘叶冲	周 琦	贺 岩
王 放	汪成钢	杨 帆	李国红	米玉婷	陈 锋	顾永宁	张宏震
许澜馨	姚 佳	尹飞龙	郭 汉	李方馨	余山川	朱海波	阮国旗
张爱华	杜凌波	胡秀梅	辛芸娜	贾立宏	田 军	倪周晶	金 玲
李 琳	闫 军	何治强	金 鹏	姜 洋	高 建	胡建坤	张永志
田 雨	屈超然	齐庆栓	陆怀安	付彦荣	杜海涛	李克明	张京松
王 健	欧阳雁	沈 琼	张 倩	徐敏娟	陈健萍	徐艳丽	仇玉彬
姚文江	王永刚	林英杰	戚艳平	潘 翔	沈 琼	曹 怡	吏 旭
唐径舟	金 子	杨立新	奚琳琰	陈志惠	胡洁雯	刘亚涛	张 铭
魏 星	李俊前	顾洪祥	王 琰	陈 蕾	金巍良	胡 挺	张 伟
吴 晓	李 康	许 焱	王春蕾	杨 琳	吴胜亮	黄 峰	孟雅茹
辛 祥	程武剑	杨俊杰	齐 悦	黄咏怡	张文宇	王海玲	谢沛宏
黎子信	文 译	甘国辉	黄汉飞	周炜华	邓莅佳	罗炽发	沈思远
陈思明	何志坚	江泽涛	陈梓敏	谷 峰	杨 津	温宏智	程璐萍
孙玉晶	吕 佳	袁晓芳	郭 婧	周丹丹	崔吉浩	晋璟瑶	高保义
马福光	赵 晔	李佳霓	丁加良	刘 扬	华卫国	叶恺妮	任保云

白同宇	王吉力	茅燕洁	张晓凤	陈蓬勃	宫　建	潘卫锋	吴芳芳
付雨竺	乔　莹	公维卿	陈一唱	王　颖	盖　乐	杜美芬	曹莜敏
王晓萌	郭　健	杨　辉	戴　岚	朱铭捷	周　政	刘　鹏	马翔宇
刘国军	刘正坤	刘澄澄	孙瑞刚	刘金翰	朱　伟	秦东升	刘　腾
李敬源	王　锐	马现华	郭　鑫	崔莹莹	刘　佳	李琼琼	张文龙
薛　珍	刘佳慧	曹　勇	张可书	张育欣	张　洋	王　佳	孙鹏浩
周　翔	李瑞军	刘　旭	马炳杰	李新怀	季　帆		

目　录

特　载

- 高举新时代改革开放旗帜——学习贯彻习近平总书记广东考察重要讲话精神 …………… 2
- 李克强主持召开国务院常务会　采取措施将企业开办和工程建设项目审批时间压减一半以上 ………………………………………… 3
- 韩正在生态环境部　住房城乡建设部调研时强调　加快转变政府职能　全面提高政府效能　把为人民群众造福的事办实办好 ……… 3
- 中共中央办公厅　国务院办公厅印发《农村人居环境整治三年行动方案》 ……………… 4
- 以习近平新时代中国特色社会主义思想和党的十九大精神为指引　努力开创住房和城乡建设事业高质量发展新局面　全国住房和城乡建设工作会议召开 ………………………… 8

专题报道

- 王蒙徽部长在工程建设项目审批制度改革试点培训会上的讲话 ……………………… 12
- 王蒙徽部长带队赴青海省湟中县、大通县开展扶贫调研 …………………………………… 16
- 王蒙徽部长带队赴红安、麻城开展定点扶贫工作调研 …………………………………… 17
- 住房城乡建设部召开会议　动员部署农村人居环境整治三年行动 ……………………… 19
- 住房城乡建设部召开扶贫攻坚领导小组会议　传达学习贯彻习近平总书记重要讲话精神　研究部署扶贫工作 ………………………… 20

建设综述

法规建设 ………………………………………… 24
　立法工作 ……………………………………… 24
　　• 加快推动保障改善民生、促进高质量发展急需的立法项目 ……………………… 24
　　• 加快推动"放管服"改革涉及的规章立改废释工作 ………………………………… 24
　　• 加快推动深化党和国家机构改革涉及的法律法规规章修改工作 ……………… 24
　行政复议和行政诉讼工作 …………………… 24
　　• 切实发挥行政复议层级监督功能 ……… 24
　　• 认真做好行政应诉工作 ………………… 24
　执法监督工作 ………………………………… 24
　　• 着力推进行政执法规范化 ……………… 24
　　• 有序推动行政执法体制改革 …………… 24
　普法工作 ……………………………………… 24

"放管服"改革工作 …………………………… 24
　• 开展工程建设项目审批制度改革试点工作 …… 24
　• 指导和督促北京、上海两地提升世界银行营商环境建筑许可排名 ………………… 25
　• 协调推动行政审批制度改革 ………………… 25
　• 全面开展证明事项等专项清理工作 ………… 25
　其他工作 ……………………………………… 25
　　• 坚决落实中央全面依法治国委员会重要部署 …… 25
　　• 协调推进支持雄安新区改革发展 ………… 25
　　• 做好全国人大常委会执法检查配合工作 … 25

住房保障 ………………………………………… 25
　全年重点工作、新举措 ……………………… 25
　　• 圆满完成棚改年度目标任务 …………… 25
　　• 全力做好公租房工作 …………………… 26
　住房保障政策拟定 …………………………… 26

- 住房城乡建设部 财政部关于印发推行政府购买公租房运营管理服务试点方案的通知（建保〔2018〕92号） ……… 26

城镇保障性安居工程年度计划、资金安排及实施情况 …… 27
- 明确年度计划 …… 27
- 年度资金安排情况 …… 27
- 工程质量总体可控 …… 27
- 城镇保障性安居工程建设进展顺利 …… 27

标准定额 …… 27
深化标准定额改革，完善标准定额体系 …… 27
- 加快重点领域标准编制，支撑服务国家重大战略 …… 27
- 推进工程建设标准体制改革 …… 28
- 深化工程造价改革 …… 28
- 大力推进工程建设标准国际化 …… 28
- 服务民生，推动标准实施效果稳步提升 …… 29
- 无障碍设施、养老服务设施建设工作和认证认可管理工作 …… 29

以创新引领发展，认真贯彻落实绿色发展理念 …… 29
- 全力推动绿色城乡建设工作 …… 29
- 积极推动军民融合稳步发展装配式建筑 …… 30
- 持续构建行业绿色技术创新体系 …… 30
- 以绿色金融和国际合作支撑城市绿色发展 …… 30

房地产市场监管 …… 31
房地产市场调控政策及市场运行基本情况 …… 31
- 房地产市场调控工作情况 …… 31
- 房地产市场运行基本情况 …… 31

房屋交易与权属管理基本情况 …… 31
- 完善住房租赁市场体系 …… 31
- 整治房地产市场秩序 …… 32
- 全面实行房屋交易合同网签备案制度 …… 32
- 全面推进房地产交易信息和涉税信息共享 …… 32

房地产开发与房屋征收基本情况 …… 32
- 开展主题公园发展及周边房地产项目建设的专题调研 …… 32
- 开展应对"房地产购房业主群体维权类活动" …… 32
- 全面落实开展扫黑除恶专项斗争 …… 32
- 加强对违法违规行为督查督办 …… 32

物业管理基本情况 …… 32
- 完善物业管理制度 …… 32
- 规范物业服务市场 …… 33
- 加强维修资金管理 …… 33
- 开展治理房地产市场乱象专项行动 …… 33

建筑市场监管 …… 33
概况 …… 33
推进建筑业供给侧结构性改革 …… 33
- 大力培育现代化建筑产业工人队伍 …… 33
- 深化工程招投标制度改革 …… 33
- 推动工程建设组织方式变革 …… 33

完善建筑市场监管体制机制 …… 34
- 优化企业营商环境 …… 34
- 推进诚信体系建设 …… 34
- 加强建筑市场监管 …… 34

深化行政审批制度改革 …… 34
- 简化企业资质管理制度 …… 34
- 完善个人执业资格管理制度 …… 34
- 创新行政审批工作机制 …… 34
- 开放工程勘察设计和工程服务领域外商投资准入限制 …… 34

城市建设 …… 35
海绵城市建设、排水防涝与黑臭水体整治 …… 35
- 海绵城市 …… 35
- 防水防涝 …… 35
- 黑臭水体 …… 35

地下综合管廊建设 …… 35
- 概况 …… 35
- 稳步推进管廊建设试点 …… 35
- 完善管廊建设法规标准 …… 35

市政交通建设 …… 35
- 城镇燃气 …… 35
- 城镇供热 …… 36
- 城市道路桥梁 …… 36
- 城市轨道交通 …… 36

城市环境卫生 …… 36
- 深入推动生活垃圾分类 …… 36
- 推动建筑垃圾管理和资源化利用 …… 36
- 加快生活垃圾处理设施建设 …… 36
- 推动城市"厕所革命" …… 36

城镇水务工作 …… 36
- 加强城镇供水节水工作 …… 36
- 加快城镇污水处理设施建设 …… 37

园林绿化建设 …… 37
- 中国国际园林博览会 …… 37
- 国家园林城市 …… 37
- 城市公园安全管理 …… 37
- 城市绿地建设 …… 37

村镇建设 ··· 37
概况 ··· 37
- 规划管理 ··· 37
- 建设投资 ··· 37
- 房屋建设 ··· 38
- 公用设施建设 ··· 38

脱贫攻坚 ··· 38
- 农村危房改造 ··· 38
- 贫困村人居环境整治 ··· 38
- 定点扶贫工作 ··· 38
- 大别山片区脱贫攻坚联系工作 ··· 39
- 美好环境与幸福生活共同缔造示范 ··· 39
- 配合做好脱贫攻坚专项巡视 ··· 39

农村人居环境整治 ··· 39
- 组织实施农村人居环境整治三年行动实现良好开局 ··· 39
- 农村人居环境整治有关工作进展顺利 ··· 40

"美好环境和幸福生活共同缔造"活动 ··· 40
- 试点工作开展情况 ··· 40
- 试点工作取得的成效和基本经验 ··· 41

村庄设计 ··· 41
- 村庄建设规划 ··· 41
- 设计下乡 ··· 41

传统村落保护发展 ··· 41
小城镇建设 ··· 42

工程质量安全监管 ··· 42
概况 ··· 42
工程质量监管 ··· 42
- 开展工程质量安全提升行动 ··· 42
- 推行质量安全手册制度 ··· 42
- 组织开展治理违规海砂专项行动 ··· 42
- 加强法规制度建设 ··· 42
- 调查处理工程质量事故质量问题 ··· 42
- 夯实工程质量监管工作基础 ··· 42

建筑施工安全监管 ··· 42
- 加强工作部署 ··· 43
- 完善规章制度 ··· 43
- 强化重点领域和重要时段安全监管 ··· 43
- 强化事故通报督办 ··· 43
- 开展监督检查 ··· 43
- 加强宣传培训 ··· 43
- 推进长效机制 ··· 43

城市轨道交通工程质量安全监管 ··· 43
- 建立完善制度 ··· 43
- 加强监督检查 ··· 43
- 强化事故督办 ··· 43
- 开展调查研究 ··· 44
- 开展业务培训与经验交流 ··· 44

勘察设计质量监管与行业技术进步 ··· 44
- 加强勘察设计质量管理 ··· 44
- 推进施工图审查改革工作 ··· 44
- 推动行业技术进步 ··· 44

城乡建设抗震防灾 ··· 44
- 加强法规制度建设 ··· 44
- 加强建筑工程抗震设防管理 ··· 44
- 推进城镇建筑抗震加固 ··· 44
- 提高地震应急处置能力 ··· 44

安全生产管理 ··· 44
- 加强部安委办协调 ··· 44
- 加强部内应急协调 ··· 44

人居环境与设计 ··· 45
概况 ··· 45
人居环境高质量发展 ··· 45
- 推动城市高质量发展 ··· 45
- 推进城市设计管理工作 ··· 45
- 推进生态修复城市修补工作 ··· 45
- 推动生态城市建设工作 ··· 45
- 参与京津冀协同发展,支持雄安新区规划建设 ··· 45
- 其他城乡规划相关工作 ··· 45

历史文化保护 ··· 46
- 开展历史文化名城名镇名村评估检查工作 ··· 46
- 协助全国政协做好"历史文化名城名镇保护"双周会工作 ··· 46
- 推进历史文化街区划定和历史建筑确定工作 ··· 46
- 开展历史建筑保护与利用试点工作 ··· 46
- 组织国家历史文化名城申报专家审查 ··· 46
- 组织国家历史文化名城保护规划技术审查 ··· 46

住房公积金监管 ··· 47
概况 ··· 47
住房公积金业务发展 ··· 47
- 住房公积金缴存 ··· 47
- 住房公积金提取 ··· 48
- 个人住房贷款 ··· 49
- 国债 ··· 50
- 业务收支 ··· 50
- 资产风险 ··· 50

住房公积金监督和管理机构 ··· 50
完善住房公积金政策和监管制度 ··· 50

- 改进住房公积金缴存机制降低企业成本 …… 50
- 开展违规提取住房公积金专项治理 …… 51
- 公布住房公积金年度报告 …… 51
- 规范住房公积金业务管理 …… 51
- 全面防控资金风险 …… 51

住房公积金信息化建设和服务 …… 51
- 持续推进信息化建设 …… 51
- 加快提升服务水平 …… 51

经济社会效益 …… 51
- 缴存扩面持续推进 …… 51
- 多渠道保障住有所居 …… 51
- 减轻职工住房消费负担 …… 52
- 促进房地产市场平稳健康发展 …… 52

城市管理监督 …… 52
- 统筹推进城市管理执法体制改革 …… 52
- 研究搭建城市综合管理服务平台 …… 52
- 深入开展"强基础、转作风、树形象"专项行动 …… 52
- 严格规范城市管理执法行为 …… 52
- 强化城市管理执法工作保障 …… 53

人事教育 …… 53

高等教育 …… 53
- 2017—2018年度高等学校建筑学专业教育评估工作 …… 53
- 2017—2018年度高等学校城乡规划专业教育评估工作 …… 56
- 2017—2018年度高等学校土木工程专业教育评估工作 …… 58
- 2017—2018年度高等学校建筑环境与能源应用工程专业教育评估工作 …… 60
- 2017—2018年度高等学校给水排水科学与工程专业教育评估工作 …… 61
- 2017—2018年度高等学校工程管理专业教育评估工作 …… 62

干部教育培训工作 …… 63
- 全国市长研修学院（部干部学院）国家级专业技术人员继续教育基地积极开展专业技术人员培训工作 …… 63
- 举办全国专业技术人才知识更新工程高级研修班 …… 63

职业资格工作 …… 63
- 住房城乡建设领域职业资格考试情况 …… 63
- 住房城乡建设领域职业资格及注册情况 …… 63
- 与交通运输部、水利部、人社部联合印发造价工程师职业资格文件 …… 64

人才工作 …… 64
- 指导行业从业人员职业技能培训工作 …… 64
- 指导行业职业技能鉴定工作 …… 64
- 做好高技能人才选拔推荐工作 …… 64
- 改进现场专业人员教育培训 …… 64
- 加强职业教育指导 …… 65
- 深化职称制度改革 …… 65

城乡建设档案 …… 65
- 城建档案法制建设 …… 65
- 建设工程竣工档案归集管理 …… 65
- 城建档案信息化建设 …… 66
- 数字声像档案管理与利用 …… 68
- 城市地下管线工程档案管理 …… 69
- "放管服"改革所涉及联合验收实施情况 …… 70
- 城建档案馆舍、机构、人员培训情况 …… 70

2018住房城乡建设大事记 …… 72

基础设施投资建设 …… 75

固定资产投资 …… 75
- 投资是经济增长的重要支撑 …… 75
- 推进基础设施领域补短板 …… 76

全国文化和旅游设施建设 …… 76
- 概况 …… 76
- 覆盖城乡的公共文化设施网络基本建立 …… 76
- 贫困地区公共文化设施建设成效显著 …… 76
- 《文化旅游提升工程》进展顺利 …… 76
- 国家重大文化设施建设稳步推进 …… 77
- 加强文化设施建设标准编制工作 …… 77

生态环境保护工程建设 …… 77
- 概况 …… 77
- 环境保护工程建设投资、资金利用 …… 77
- 重点工程建设 …… 77
- 环境保护工作相关法规、政策 …… 78

医疗卫生基础设施建设 …… 78
- 医疗卫生服务体系建设成效显著 …… 78
- 大力推进疑难病症诊治能力提升工程 …… 78
- 委属（管）单位建设进展顺利 …… 78

信息通信业建设 …… 78
- 概况 …… 78
- 通信基础设施规范化建设 …… 78
- 光纤到户建设效果显著 …… 79
- 电信普遍服务纵深推进 …… 79
- 规范通信建设招投标活动 …… 79
- 质量安全总体稳定 …… 79

农业基础设施建设 …… 79
- 高标准农田建设 …… 79

- 畜禽粪污资源化利用 80
- 农业环境突出问题治理 80
- 现代种业提升工程 80
- 动植物保护能力提升工程 80
- 退牧还草工程 80
- 科技创新条件能力建设 80
- 数字农业建设试点 80
- 天然橡胶生产基地 80
- 农垦社会公益性设施 80
- 农垦危房改造 80
- 部门自身建设 80

水利建设 80
- 概况 80
- 重点水利工程建设 81
- 重点水利工程验收管理 81
- 水利建设相关法规 81
- 水利建设相关规划和政策文件 81
- 水利建设相关技术标准 82

铁路建设 82
- 概况 82
- 建设管理 85
- 建设标准 86
- 招标投标 87
- 项目验收 87
- 质量安全 88

民航建设 88
- 年度民航工程建设投资、资金利用概况 88

公路建设 89
- 公路建设基本情况 89
- 公路重点工程建设推进情况 89
- 推进公路建设转型和高质量发展 90
- 组织重点工程项目竣工验收 90

水路工程建设 91
- 概况 91
- 水路工程建设投资、资金利用 91
- 水路工程建设情况 91
- 水路工程建设相关法规政策 92

各 地 建 设

北京市 94
- 住房和城乡建设 94
- 城乡规划 110
- 城市管理 118
- 城管综合执法 122
- 园林绿化 124
- 水务建设与管理 128

天津市 130
- 住房城乡建设工作 130
- 城乡规划 144
- 城市管理 148
- 水务建设与管理 155

河北省 158
- 概况 158
- 法规建设 159
- 住房保障 159
- 房地产业 160
- 住房公积金管理 161
- 城市建设 161
- 村镇建设 162
- 标准定额 163
- 工程质量安全监督 163
- 建筑市场 164
- 建筑节能与科技 164
- 人居环境与设计 165
- 城市管理监督 166
- 人事教育 166
- 大事记 166

山西省 169
- 概况 169
- 法规建设 170
- 房地产业 170
- 住房保障 171
- 住房公积金管理 171
- 城乡规划 172
- 城市建设 172
- 村镇规划建设 173
- 工程质量安全监管 175
- 建筑市场 177
- 建筑节能与科技 177
- 行政审批制度改革 178
- 扫黑除恶专项斗争 178

  人事教育 …… 178
  大事记 …… 179
 内蒙古自治区 …… 180
  概况 …… 180
  法规建设 …… 180
  房地产业 …… 180
  住房保障 …… 180
  住房公积金管理 …… 181
  城乡规划 …… 181
  城市建设 …… 181
  城市管理 …… 181
  村镇建设 …… 182
  工程质量安全监管 …… 182
  建筑业 …… 182
  勘察设计 …… 182
  建筑节能与科技 …… 183
  人事教育 …… 183
  大事记 …… 183
 辽宁省 …… 184
  概况 …… 184
  建筑产业 …… 184
  住房保障 …… 185
  城市建设 …… 186
  村镇建设 …… 186
  勘察设计 …… 186
  房地产业 …… 187
  工程质量安全监管 …… 187
 吉林省 …… 189
  概况 …… 189
  法规建设 …… 189
  房地产业 …… 189
  住房保障 …… 191
  住房公积金管理 …… 191
  城市建设 …… 192
  村镇建设 …… 194
  标准定额 …… 195
  工程质量安全监管 …… 196
  建筑市场 …… 197
  建筑节能与科技 …… 198
  勘察设计 …… 199
  行业改革 …… 200
 黑龙江省 …… 200

  概况 …… 200
  市政基础设施建设 …… 200
  农村人居环境整治 …… 201
  保障性安居工程建设 …… 201
  农村泥草（危）房改造 …… 201
  住房公积金管理 …… 202
  房地产业 …… 202
  建筑业 …… 202
  建筑节能与科技 …… 203
 上海市 …… 203
  住房城乡建设 …… 203
  概况 …… 203
  市政工程 …… 204
  建筑建材 …… 205
  房地产市场 …… 207
  住房保障 …… 208
  城市更新 …… 209
  物业管理 …… 211
  2018年大事记 …… 212
  城乡规划 …… 212
  绿化市容 …… 215
  概况 …… 215
  绿化林业 …… 216
  生活垃圾 …… 219
  市容景观 …… 220
  基础发展 …… 221
  水务建设与管理 …… 223
  概况 …… 223
  防汛防台 …… 224
  河长制湖长制 …… 225
  城市供水 …… 226
  城市排水 …… 227
  水利建设 …… 227
  水政管理 …… 228
 江苏省 …… 229
  概况 …… 229
  法规建设 …… 230
  房地产业 …… 231
  住房保障 …… 232
  住房公积金管理 …… 233
  城市建设 …… 234
  村镇建设 …… 235

标准定额 ………………………… 237
工程质量安全监管 ……………… 238
建筑市场 ………………………… 240
建筑节能与科技 ………………… 241
人居环境与设计 ………………… 243
城市管理监督 …………………… 244
人事教育 ………………………… 244
城建档案 ………………………… 245
2018年大事记 …………………… 246

浙江省 …………………………… 251
概况 ……………………………… 251
法规建设 ………………………… 251
住房保障 ………………………… 251
房地产业 ………………………… 252
住房公积金管理 ………………… 253
城市建设 ………………………… 254
村镇建设 ………………………… 256
标准定额 ………………………… 257
工程质量安全监管 ……………… 258
建筑市场 ………………………… 258
建筑节能与科技 ………………… 260
人事教育 ………………………… 260

安徽省 …………………………… 261
概况 ……………………………… 261
法规建设 ………………………… 262
房地产业 ………………………… 262
住房保障 ………………………… 263
住房公积金管理 ………………… 264
城市建设 ………………………… 265
村镇建设 ………………………… 265
标准定额 ………………………… 266
工程质量安全监管 ……………… 266
建筑市场 ………………………… 267
建筑节能与科技 ………………… 268
人居环境与设计 ………………… 269
城市管理监督 …………………… 270
人事教育 ………………………… 270
大事记 …………………………… 271

福建省 …………………………… 273
概况 ……………………………… 273
法规建设 ………………………… 274
住房保障 ………………………… 275

房地产业 ………………………… 275
住房公积金管理 ………………… 276
城乡规划 ………………………… 277
城市建设 ………………………… 278
村镇建设 ………………………… 279
工程质量安全监管 ……………… 280
建筑市场 ………………………… 282
建筑节能与科技 ………………… 283
城市管理 ………………………… 284
大事记 …………………………… 286

江西省 …………………………… 287
概况 ……………………………… 287
法规建设 ………………………… 289
住房保障 ………………………… 290
房地产业 ………………………… 290
住房公积金管理 ………………… 291
城市建设 ………………………… 291
村镇规划与建设 ………………… 292
标准定额 ………………………… 293
工程质量安全监管 ……………… 293
建筑市场 ………………………… 294
建筑节能与科技 ………………… 295
城市管理监督 …………………… 296
人事教育 ………………………… 297
大事记 …………………………… 297

山东省 …………………………… 298
概况 ……………………………… 298
法规建设 ………………………… 299
行政许可 ………………………… 300
新型城镇化 ……………………… 301
城乡规划 ………………………… 302
城市建设 ………………………… 302
城市管理 ………………………… 303
村镇建设 ………………………… 305
房地产业 ………………………… 305
住房保障 ………………………… 306
住房公积金管理 ………………… 306
建筑节能与科技 ………………… 307
建筑市场 ………………………… 308
标准定额 ………………………… 309
工程质量安全监理 ……………… 309
勘察设计 ………………………… 310

| 教育培训 | 310 |
| 大事记 | 311 |

河南省 ... 316
概况	316
城乡规划与建设	317
村镇规划与建设	322
住房保障与房地产业	323
工程建设与建筑业	328
大事记	334

湖北省 ... 338
概况	338
法规建设	339
房地产业	339
住房保障	340
住房公积金管理	342
城乡规划	343
城乡建设	344
城市管理	345
建筑施工	347
工程质量监管	347
建筑节能与科技	348
人事教育	349
大事记	350

湖南省 ... 354
概况	354
政策法规	356
政务服务	358
房地产监管	358
住房保障	359
住房公积金管理	360
城市建设	361
村镇建设	363
工程质量安全监管	366
建筑业管理	366
建设监督	368
工程造价管理	369
勘察设计	369
建筑节能与科技及标准化	370
信息化建设	371
城建档案管理	371

广东省 ... 372
概况	372
法规建设	372
住房保障	372
房地产业	373
住房公积金监管	375
城市建设	375
村镇建设	377
标准定额	378
工程质量安全监管	378
建筑市场	378
建筑节能与科技	379
人居环境与设计	380
城市管理监督	380
人事教育	380
大事记	380

广西壮族自治区 ... 385
概况	385
法规建设	385
住房保障	386
房地产业	386
住房公积金管理	387
城市建设	388
村镇建设	388
标准定额	389
工程质量安全监管	389
建筑市场	390
建筑节能与科技	390
人居环境与设计	391
城市管理监督	392
人事教育	392
其他重要工作	393
大事记	394

海南省 ... 398
概况	398
法规建设	398
住房保障	399
房地产业	399
住房公积金管理	400
城市建设	401
村镇建设	401
标准定额	402
工程质量安全监管	402
建筑市场	403

建筑节能与科技	404	城乡规划	442
人居环境与设计	405	城市建设管理	442
城市管理监督	406	"2个100工程"建设	443
人事教育	407	改善农村人居环境和传统村落保护	444
大事记	409	标准定额	444
水务建设与管理	411	工程质量安全监管	445

重庆市 ………… 412
 建筑业 ………… 412
 房地产业 ………… 414
 勘察设计业 ………… 416
 工程建设审批制度改革 ………… 418
 配套费征收 ………… 419
 保障性安居工程 ………… 419
 房屋征收和使用安全 ………… 419
 物业管理 ………… 420
 城市基础设施建设 ………… 420
 轨道交通建设 ………… 421
 两江四岸建设 ………… 421
 村镇建设 ………… 421

四川省 ………… 422
 概况 ………… 422
 法规建设 ………… 423
 住房保障 ………… 424
 房地产、物业市场监管 ………… 424
 住房公积金管理 ………… 426
 城市建设 ………… 426
 村镇建设 ………… 427
 标准定额 ………… 428
 工程质量安全监管 ………… 429
 建筑市场监管 ………… 429
 建筑节能与科技 ………… 431
 人居环境与设计 ………… 433
 城市管理监督 ………… 434
 人事教育 ………… 435
 大事记 ………… 435

贵州省 ………… 437
 概况 ………… 437
 新型城镇化建设 ………… 439
 法规建设 ………… 440
 房地产业 ………… 440
 住房保障 ………… 441
 住房公积金管理 ………… 442

 风景名胜和世界自然遗产资源保护利用 ……… 446
 建筑市场 ………… 447
 建筑节能与科技 ………… 447
 人事教育 ………… 448
 大事记 ………… 448

云南省 ………… 453
 概况 ………… 453
 法规建设 ………… 453
 住房保障 ………… 453
 房地产业 ………… 455
 住房公积金管理 ………… 456
 城市建设 ………… 457
 村镇建设 ………… 458
 标准定额 ………… 459
 工程质量安全监管 ………… 460
 建筑市场 ………… 460
 建筑节能与科技 ………… 461
 人居环境与设计 ………… 461
 城市管理监督 ………… 462
 人事教育 ………… 463
 大事记 ………… 463

西藏自治区 ………… 465
 概况 ………… 465
 城乡建设 ………… 465
 房地产业 ………… 465
 住房保障 ………… 465
 工程质量安全监管 ………… 466
 抗震防灾工作 ………… 466
 加强边境建设，实施乡村振兴 ………… 467

陕西省 ………… 467
 概况 ………… 467
 法规建设 ………… 467
 房地产业 ………… 468
 住房保障 ………… 469
 住房公积金监管 ………… 470
 城乡规划 ………… 470

城市建设	471
村镇建设	472
勘察设计和标准定额	473
工程质量安全监管	474
建筑市场	475
建筑节能与科技	476
人居环境与设计	477
城市管理监督	478
人事教育	479
大事记	479

甘肃省 …… 483
概况	483
法规建设	483
住房保障	484
房地产业	485
住房公积金管理	486
城市规划	487
城市建设	487
村镇建设	488
标准定额	489
工程质量安全监管	490
建筑市场	491
建筑节能与科技	492
勘察设计	492
城市管理执法监督	493
教育培训	493
大事记	494

青海省 …… 495
概况	495
城乡规划	495
城镇基础设施建设	495
城镇保障性安居工程	496
住房公积金管理	496
村镇建设	497
房地产业	497
建筑业	498
建筑节能与科技	499
风景名胜管理	499
依法行政	500
政务公开	500
人事教育	501
大事记	501

宁夏回族自治区 …… 505
概况	505
法规建设	506
新型城镇化建设和城市管理	506
村镇建设	508
住房保障	509
住房公积金管理	510
房地产业	510
建筑业与质量安全	511
建筑节能与科技	512
人事教育	513

新疆维吾尔自治区 …… 514
概况	514
法规建设	515
住房保障	517
房地产业	519
住房公积金管理	520
城市建设	522
村镇建设	526
标准定额	527
工程质量安全监管	528
工程安全监管	530
建筑市场	531
建筑节能与科技	533
城市管理监督	535
人事教育	535
大事记	536

新疆生产建设兵团 …… 540
概况	540
工程质量安全监管	542
住房公积金管理	542

大连市 …… 544
概况	544
法规建设	544
房地产业	546
住房保障	547
住房公积金管理	547
城乡规划	549
城市建设	550
村镇规划建设	552
标准定额	553
工程质量安全监管	553

建筑市场	554	建筑业	576
建筑节能与科技	556	房地产开发与物业管理	577
人事教育	556	建设工程管理	577
大事记	557	建筑节能与科技	578

青岛市 558　　技术综合管理 578
　概况 558　　行政审批 579
　城市基础设施建设 558　　执法稽查 579
　房地产业 560　　大事记 579
　建筑业 560　**深圳市** 581
　勘察设计 561　　概况 581
宁波市 562　　法规建设 582
　概况 562　　住房保障 582
　城市建设 565　　房地产业 582
　住房保障与棚户区改造 566　　住房公积金管理 583
　村镇建设 567　　标准定额 583
　房地产业 568　　工程质量安全监管 583
　建筑业 569　　建筑节能与科技 584
　大事记 570　　人事管理 585
厦门市 573　　城市建设和工程建设 585
　概况 573　　建筑业 586
　政策法规 574　　社会管理和公共服务工作 586
　城市建设 574　　大事记 587
　重点项目建设 575　　城市规划管理 589
　村镇建设 575　　大事记 590
　保障性安居工程 575

政策法规文件

国务院办公厅关于开展工程建设项目
　审批制度改革试点的通知
　　国办发〔2018〕33号 594
危险性较大的分部分项工程安全管理规定
　中华人民共和国住房和城乡建设部令第37号 596
住房城乡建设部关于废止《工程建设项目
　招标代理机构资格认定办法》的决定
　　中华人民共和国住房和城乡建设部令第38号 600
住房城乡建设部关于废止《物业服务企业
　资质管理办法》的决定
　　中华人民共和国住房和城乡建设部令第39号 600
住房城乡建设部 公安部关于废止《城市公
　共交通车船乘坐规则》的决定
　　中华人民共和国住房和城乡建设部 中华人
　　民共和国公安部令第40号 601
住房城乡建设部关于废止《城市轨道交通
　运营管理办法》的决定
　　中华人民共和国住房和城乡建设部令第41号 601
住房城乡建设部关于修改《建筑工程施工
　许可管理办法》的决定
　　中华人民共和国住房和城乡建设部令第42号 602
住房城乡建设部关于修改《房屋建筑和市
　政基础设施工程施工招标投标管理办法》
　的决定
　　中华人民共和国住房和城乡建设部令第43号 604
住房城乡建设部 商务部关于废止《外商投
　资建设工程设计企业管理规定》等部门
　规章的决定

中华人民共和国住房和城乡建设部 中华人民
　　共和国商务部令第 44 号 ………………… 609
住房城乡建设部关于修改《建筑业企业资
　　质管理规定》等部门规章的决定
　　中华人民共和国住房和城乡建设部令第 45 号 …… 610
住房和城乡建设部关于修改《房屋建筑和
　　市政基础设施工程施工图设计文件审查
　　管理办法》的决定
　　中华人民共和国住房和城乡建设部令第 46 号 …… 610
住房城乡建设部 财政部关于印发推行政府
　　购买公租房运营管理服务试点方案的通知
　　建保〔2018〕92 号 ……………………… 611
住房城乡建设部 商务部关于废止《外商投
　　资建设工程设计企业管理规定实施细则》
　　的通知
　　建市〔2018〕126 号 ……………………… 614
住房城乡建设部办公厅关于废止《建设部办
　　公厅关于转发〈建筑施工机械租赁行业
　　管理办法〉的通知》的通知
　　建办市〔2018〕7 号 ……………………… 614
住房城乡建设部办公厅关于废止《建设部关
　　于印发〈工程建设项目招标代理机构资
　　格认定办法实施意见〉的通知》的通知
　　建办市〔2018〕15 号 ……………………… 614
住房城乡建设部办公厅关于取消建筑业企业
　　最低等级资质标准现场管理人员指标考
　　核的通知
　　建办市〔2018〕53 号 ……………………… 615
住房城乡建设部办公厅关于调整工程监理企业
　　甲级资质标准注册人员指标的通知
　　建办市〔2018〕61 号 ……………………… 615
住房城乡建设部办公厅关于启用全国建筑工人
　　管理服务信息平台的通知
　　建办市函〔2018〕603 号 ………………… 616
住房城乡建设部关于做好推进"厕所革命"提
　　升城镇公共厕所服务水平有关工作的通知
　　建城〔2018〕11 号 ………………………… 616
住房城乡建设部 国家发展改革委关于印发
　　《国家节水型城市申报与考核办法》和
　　《国家节水型城市考核标准》的通知
　　建城〔2018〕25 号 ………………………… 618
住房城乡建设部关于进一步做好城市既有
　　建筑保留利用和更新改造工作的通知
　　建城〔2018〕96 号 ………………………… 618
住房城乡建设部 生态环境部关于印发城市黑
　　臭水体治理攻坚战实施方案的通知
　　建城〔2018〕104 号 ……………………… 619
住房城乡建设部办公厅关于印发城市绿地防灾
　　避险设计导则的通知
　　建办城〔2018〕1 号 ……………………… 623
住房城乡建设部办公厅关于学习贯彻习近平总
　　书记广东考察时重要讲话精神 进一步加强
　　历史文化保护工作的通知
　　建办城〔2018〕56 号 ……………………… 624
住房城乡建设部关于印发工程质量
　　安全手册（试行）的通知
　　建质〔2018〕95 号 ………………………… 625
住房城乡建设部关于开展建筑施工安全
　　专项治理行动的通知
　　建质〔2018〕31 号 ………………………… 626
住房城乡建设部等部门关于加强海砂开采运输
　　销售使用管理工作的通知
　　建质〔2018〕108 号 ……………………… 627
住房城乡建设部办公厅关于加强地下室无梁
　　楼盖工程质量安全管理的通知
　　建办质〔2018〕10 号 ……………………… 629
住房城乡建设部办公厅关于实施《危险性较
　　大的分部分项工程安全管理规定》有关问
　　题的通知
　　建办质〔2018〕31 号 ……………………… 630
住房城乡建设部关于印发大型工程技术风险
　　控制要点的通知
　　建质函〔2018〕28 号 ……………………… 633
住房城乡建设部办公厅关于印发贯彻落实城
　　市安全发展意见实施方案的通知
　　建办质〔2018〕58 号 ……………………… 633
住房城乡建设部办公厅关于印发城市轨道
　　交通工程 BIM 应用指南的通知
　　建办质函〔2018〕274 号 ………………… 635
关于在部分城市先行开展打击侵害群众利
　　益违法违规行为 治理房地产市场乱象专
　　项行动的通知
　　建房〔2018〕58 号 ………………………… 635
住房城乡建设部 生态环境部 水利部 农业农
　　村部关于做好非正规垃圾堆放点排查和整
　　治工作的通知

建村〔2018〕52号 ……………………… 637
住房城乡建设部关于开展引导和支持设计下
　乡工作的通知
　　建村〔2018〕88号 ……………………… 639
住房城乡建设部关于进一步加强村庄建设
　规划工作的通知
　　建村〔2018〕89号 ……………………… 640
住房城乡建设部 财政部关于印发农村危
　房改造脱贫攻坚三年行动方案的通知
　　建村〔2018〕115号 …………………… 642
住房城乡建设部 中国农业发展银行关于做
　好利用抵押补充贷款资金支持农村人居
　环境整治工作的通知
　　建村函〔2018〕175号 ………………… 645
住房城乡建设部等部门关于开展无障碍环
　境市县村镇创建工作的通知
　　建标〔2018〕114号 …………………… 646
住房城乡建设部办公厅关于调整建设工程
　计价依据增值税税率的通知
　　建办标〔2018〕20号 …………………… 648

住房城乡建设部关于严格规范城市管理执法
　行为严肃执法纪律的通知
　　建督〔2018〕23号 ……………………… 648
住房城乡建设部关于印发全国城市管理执法
　队伍"强基础、转作风、树形象"三年行
　动方案的通知
　　建督〔2018〕37号 ……………………… 649
住房城乡建设部关于印发城市管理
　执法行为规范的通知
　　建督〔2018〕77号 ……………………… 652
住房城乡建设部 交通运输部 水利部 人
　力资源社会保障部关于印发《造价工程师
　职业资格制度规定》《造价工程师职业资格
　考试实施办法》的通知
　　建人〔2018〕67号 ……………………… 654
住房城乡建设部办公厅关于停止住房城乡
　建设领域现场专业人员统一考核发证工
　作的通知
　　建办人〔2018〕60号 …………………… 658

数据统计与分析

2018 城乡建设统计分析 …………………… 660
　2018年城市（城区）建设 ………………… 660
　2018年县城建设 …………………………… 663
　2018年村镇建设 …………………………… 665
2018 年城乡建设统计分省数据 …………… 667
　2018年城市（城区）建设分省数据 ……… 667
　2018年县城建设分省数据 ………………… 674
　2018年村镇建设分省数据 ………………… 681
2018 年建筑业发展统计分析 ……………… 699
　2018年全国建筑业基本情况 ……………… 699
　2018年全国建筑业发展特点 ……………… 703
　2018年建设工程监理行业基本情况 ……… 706
　2018年工程建设项目招标代理机构基本
　　情况 …………………………………… 707

2018年工程勘察设计企业基本情况 ……… 708
2018年房屋市政工程生产安全事故情况
　通报 ……………………………………… 708
2018年建筑施工安全专项治理行动情况 … 711
2018年我国对外承包工程业务完成额前
　100家企业和新签合同额前100家企业 …… 714
2018 年全国房地产市场运行分析 ………… 717
　2018年全国房地产开发情况 ……………… 717
　2018年商品房销售和待售情况 …………… 718
　2018年全国房地产开发资金来源结构
　　分析 …………………………………… 719
　2018年全国房地产开发景气指数 ………… 720
　2018年70个大中城市商品住宅销售价格
　　变动情况 ……………………………… 720

部属单位、社团

住房和城乡建设部人力资源开发中心 ……… 734
住房和城乡建设部执业资格注册中心 ……… 735

中国风景园林学会 …………………………… 736
中国安装协会 ………………………………… 739

中国建筑金属结构协会 …………………… 742
中国建设工程造价管理协会 ……………… 746
中国建筑业协会 …………………………… 749
中国勘察设计协会 ………………………… 752
中国房地产业协会 ………………………… 755

中国建筑装饰协会 ………………………… 757
中国建设监理协会 ………………………… 761
中国市长协会 ……………………………… 764
中国建筑工业出版社 ……………………… 766

附 录

2018年第一批中央财政支持范围的中国
　传统村落名单 …………………………… 770
2018年第二批列入中央财政支持范围中国
　传统村落名单 …………………………… 775
第七批中国历史文化名镇名单 …………… 777

第七批中国历史文化名村名单 …………… 778
建筑垃圾治理试点城市（区）名单 ……… 781
2018—2019年度第一批中国建设工程鲁班奖
　（国家优质工程）入选名单 …………… 781

真抓实干 奋力实现住房和城乡建设新作为

2018年，全国住房和城乡建设系统深入学习贯彻习近平新时代中国特色社会主义思想和党的十九大精神，服务发展大局，聚焦群众关切，推动住房和城乡建设事业取得了一系列可圈可点的新进展、新成效，为经济社会持续健康发展作出了积极贡献。这累累硕果，为开创住房和城乡建设事业高质量发展新局面夯实了基础，增强了信心，充实了底气。

住房和城乡建设事关经济社会发展全局，事关人民群众切身利益，是党和国家事业的重要组成部分。习近平总书记非常关心和重视住房和城乡建设发展，党的十八大以来就垃圾分类、农村人居环境等住房和城乡建设多方面工作提出了殷切期望和要求。

为了完成好党中央赋予住房和城乡建设系统的使命任务，回答好"时代答卷"，住房和城乡建设部党组书记、部长王蒙徽在2018年12月24日召开的全国住房和城乡建设工作会议上，要求全系统更加紧密地团结在以习近平同志为核心的党中央周围，以更加振奋的精神状态、更加扎实的工作作风和更加有力的工作措施，坚定不移推进住房和城乡建设事业高质量发展，为保持经济持续健康发展和社会大局稳定、为全面建成小康社会收官打下决定性基础作出贡献。

目标催人奋进。但正如习近平总书记所说，"幸福不会从天而降，梦想不会自动成真"。只有积极作为，不等不靠，不推不拖，以迎难而上的锐气、啃硬骨头的狠劲及钉钉子的精神，才能使蓝图变成现实。

（摘自《中国建设报》2019-02-19　记者：刘丽媛）

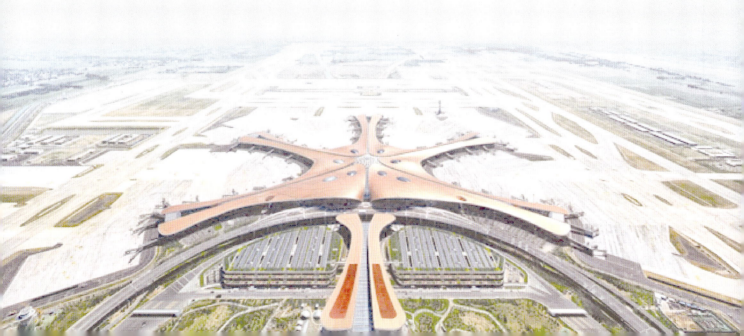

城市建设 日新月异

福建省厦门市鼓浪屿—日光岩　　　　　　　　　　　　　　　　　　　（厦门市建设局　供稿）

浙江省宁波市新江桥航拍　　　　　　　　　　　　　　　　　　　（宁波市住房和城乡建设委员会　供稿）

城市建设 日新月异

甘肃省兰州市雁滩黄河大桥,享有黄河"第一彩虹桥"的美誉　　　　（甘肃省住房和城乡建设厅　供稿）

北京城市副中心机关办公区工程B3号楼　　　　（北京市住房和城乡建设委员会　供稿）

中国建设年鉴 2019
Yearbook of China Construction

住房保障 住有所居

福建省厦门市马銮湾保障房地铁社区一期工程 （厦门市建设局 供稿）

海南省万宁市兴隆华侨农场30队棚户区改造项目 （海南省住房和城乡建设厅 供稿）

住房保障 住有所居

西藏自治区第一座廉租房小区（阳光家园小区） （西藏自治区住房和城乡建设厅 供稿）

北京市肖村公租房 （北京市住房和城乡建设委员会 供稿）

人居环境改善

重庆市垫江县　　　　　　　　　　　　　　　　（重庆市住房和城乡建设委员会　供稿）

海南省丰兴隆生态公园　　　　　　　　　　　　（海南省住房和城乡建设厅　供稿）

人居环境改善

北京老城保护与修复（菜市口西项目） （北京市住房和城乡建设委员会 供稿）

山东省滕州市龙泉苑小区共有45栋居民楼1662户居民，借着老旧小区改造政策红利，投资1750万元进行了一次综合性的整治改造。图为改造后的龙泉苑小区文体广场 （山东省住房和城乡建设厅 供稿）

海绵城市

云南省玉湖建成完工，主要实施了水生态系统构建，初雨净化调蓄，雨水花园，实现鱼翔浅底，水清岸绿的海绵生态效果　　　　　　　　　　　　　　（云南省住房和城乡建设厅　供稿）

云南省临沧市双江拉祜族佤族布朗族傣族自治县海绵城市建设　　（云南省住房和城乡建设厅　供稿）

甘肃省庆阳市海绵城市建设　　　　　　　　　　　　　　　　（甘肃省住房和城乡建设厅　供稿）

生态园林城市

福建省厦门市洋唐居住区南部　　　　　　　　　　（厦门市建设局　供稿）

甘肃省安宁银滩黄河湿地　　　　　　　　　　（甘肃省住房和城乡建设厅　供稿）

甘肃省兰州黄河风情线掠影　　　　　　　　　　（甘肃省住房和城乡建设厅　供稿）

村镇建设

云南省普洱市澜沧县糯福乡老迈小组优美的村庄环境　　　　　　　　　　（云南省住房和城乡建设厅　供稿）

青海省大通县朔北乡边麻沟村　　　　　　　　　　　　　　　　　　　　（青海省住房和城乡建设厅　供稿）

村镇建设

福建省厦门市翔安区大帽山农场农房"平改坡"整治前后对比图　　　　　　　　　　（厦门市建设局　供稿）

西藏自治区玉麦村农村环境综合整治　　　　　　　　　　（西藏自治区住房和城乡建设厅　供稿）

城市综合地下管廊项目

北京市城市综合地下管廊 （北京市城市管理委员会 供稿）

福建省厦门市翔安机场综合管廊共同沟工程 （厦门市建设局 供稿）

新建筑风采

海南省海口市海航国际广场　　　　　　　　　　（海南省住房和城乡建设厅　供稿）

青海省牙同公路海黄大桥　　　　　　　　　　　（青海省住房和城乡建设厅　供稿）

新建筑风采

山东省青岛国际会议中心　　　　　　　　　　　　　　　　　　　　（山东省住房和城乡建设厅　供稿）

中国文昌航天发射场工程

（海南省住房和城乡建设厅　供稿）

新建筑风采

浙江省富阳市博物馆、美术馆、档案馆"三馆合一"项目　　　　　　（浙江省住房和城乡建设厅　供稿）

福建省厦门火车站　　　　　　（厦门市建设局　供稿）

中国建设年鉴 2019
Yearbook of China Construction

新建筑风采

亚投行总部大楼暨亚洲金融大厦　　　　　　　　　　　　（北京市住房和城乡建设委员会　供稿）

北京世园会中国馆　　　　　　　　　　　　　　　　　　（北京市住房和城乡建设委员会　供稿）

特　　载

高举新时代改革开放旗帜——学习贯彻习近平总书记广东考察重要讲话精神

新华社北京10月26日电 题：高举新时代改革开放旗帜——学习贯彻习近平总书记广东考察重要讲话精神

十月的南粤大地，洋溢收获的喜悦，升腾无限的希望。时隔6年，习近平总书记再次踏足广东这片改革热土。从珠海到清远，从深圳到广州，"高举新时代改革开放旗帜"的信念一以贯之；面对改革发展的新形势新任务新挑战，总书记深刻阐述改革开放的重大意义，宣示中国改革不停顿、开放不止步的坚定决心，发出把改革开放不断推向深入的进军号令。

时间是最客观的见证者，也是最伟大的书写者。改革开放40年来，按可比价格计算，中国国内生产总值年均增长约9.5%，7亿多人成功摆脱贫困；中国成为世界第二大经济体，连续多年对世界经济增长贡献率超过30%。特别是党的十八大以来，以习近平同志为核心的党中央以前所未有的决心和力度，把改革开放提升到新的战略高度，推动党和国家事业取得历史性成就、发生历史性变革。40年发展的辉煌成就有力证明，改革开放是党和人民大踏步赶上时代的重要法宝，是坚持和发展中国特色社会主义的必由之路，是决定当代中国命运的关键一招。不忘改革开放初心，认真总结成功经验，坚持深化改革、扩大开放，我们就一定能创造让世界刮目相看的新的更大奇迹。

当前，国际国内形势正在发生广泛而深刻的变化。纵观世界，逆全球化思潮、贸易保护主义暗流涌动，经济全球化遭遇波折，单边主义、保护主义明显抬头，"黑天鹅""灰犀牛"不时冒头，不稳定性不确定性仍然突出，但变革是大势所趋、人心所向，是浩浩荡荡的历史潮流。我国经济发展进入新常态，推动经济转向高质量发展阶段任务更加紧迫。抓住机遇、迎接挑战，除了深化改革开放，别无他途。

正如习近平总书记所指出的，"越是环境复杂，我们越是要以更坚定的信心、更有力的措施把改革开放不断推向深入。"改革开放进入攻坚期、深水区，面临的都是发展起来以后的问题和难啃的"硬骨头"，牵一发而动全身。以改革开放的眼光看待改革开放，充分认识新形势下改革开放的时代性、体系性、全局性问题，总结运用好改革开放的经验启示，是我们克难关、解难题的关键。从坚持辩证思维、处理好"六个关系"，到运用试点先行、逐步推广的科学方法；从坚持顶层设计和基层实践相结合，到更加注重改革的系统性、整体性、协同性，深入推进供给侧结构性改革，打赢三大攻坚战，以重点突破带动全局……改革开放以逢山开路、遇水架桥的智慧和韧劲，不断激荡起改变中国、影响世界的澎湃动力，驱动中国号巨轮驶向更加深阔的水域。

改革推进到今天，比认识更重要的是决心，比方法更关键的是担当。党员干部担当改革责任，就要勇于挑最重的担子、啃最硬的骨头、接最烫手的山芋，把改革抓在手上、落到实处、干出成效，争当改革"促进派""实干家"。各级党组织应进一步完善落实容错机制，为实干者鼓劲、给担当者撑腰，才能更好激发广大干部干事兴业的积极性主动性创造性，确保各项改革决策部署落到实处。

时空变幻，常常蕴含深刻启示。物换星移，不忘初心再次出发。深圳莲花山公园里，习近平总书记当年种下的高山榕愈发挺拔茂盛；前海蛇口片区，"改革开放再出发"的号召依旧振奋人心。勠力同心、砥砺前行，在更高起点、更高层次、更高目标上推进改革开放，我们就一定能不断造福人民、惠及世界，推动新时代中国特色社会主义伟大事业取得新的更大成就。

(2018—10—27 08:01 来源：新华社)

李克强主持召开国务院常务会
采取措施将企业开办和工程建设项目审批
时间压减一半以上

国务院总理李克强5月2日主持召开国务院常务会议，采取措施将企业开办时间和工程建设项目审批时间压减一半以上，进一步优化营商环境；通过《人力资源市场暂行条例（草案）》。

会议指出，落实中央经济工作会议部署和《政府工作报告》任务，深化"放管服"改革，解决营商环境中存在的企业开办和工程建设项目审批效率低、环节多、时间长等问题，有利于降低制度性交易成本、激发大众创业万众创新活力。会议确定，进一步简化企业从设立到具备一般性经营条件的办理环节。一是推行企业登记全程电子化，除特别规定外对企业名称不再实行预先核准。二是将公章刻制备案纳入"多证合一"事项，申请人可自选公章制作单位。三是对已领取加载统一社会信用代码营业执照的企业不再单独进行税务登记、不再单独核发社保登记证，压缩发票申领和参保登记时间。今年各直辖市、计划单列市、副省级城市和省会城市要将企业开办时间压缩一半以上，由目前平均20多个工作日减至8.5个工作日，其他地方也要积极压减企业开办时间，明年上半年在全国实现上述目标。

会议同时确定，在北京、天津、上海、重庆、沈阳、大连、南京、厦门、武汉、广州、深圳、成都、贵阳、渭南、延安和浙江省等16个地区开展试点，改革精简房屋建筑、城市基础设施等工程建设项目审批全过程和所有类型审批事项，推动流程优化和标准化。具体内容：一是精简审批。取消施工合同、建筑节能设计审查备案等事项，将消防、人防等设计并入施工图设计文件审查。环境影响、节能等评价不再作为项目审批或核准条件，由政府统一组织区域评估。二是分类管理。简化社会投资的中小型工程建设项目审批。对社会投资的房屋建筑工程，建设单位可自主决定发包方式。三是压缩流程。推行联合勘验、测绘、审图等，规划、国土、市政公用等单位限时联合验收。实行"一张蓝图"明确项目建设条件、"一个系统"受理审批督办、"一个窗口"提供综合服务、"一张表单"整合申报材料、"一套机制"规范审批运行。今年在试点地区实现工程建设项目审批时间压缩一半以上，由目前平均200多个工作日减至120个工作日，明年上半年在全国实现这一目标，推动政府职能转向减审批、强监管、优服务，促进市场公平竞争。

为建设统一开放、竞争有序的人力资源市场，更好服务就业创业和高质量发展，会议通过《人力资源市场暂行条例（草案）》。草案突出规范人力资源市场活动，促进人力资源自由有序流动，细化了就业促进等规定，明确了市场监管措施。

会议还研究了其他事项。

(2018—05—02 19:40 来源：中国政府网)

韩正在生态环境部　住房城乡建设部调研时强调
加快转变政府职能　全面提高政府效能
把为人民群众造福的事办实办好

8日和9日，中共中央政治局常委、国务院副总理韩正分别到生态环境部、住房城乡建设部调研。他强调，要以习近平新时代中国特色社会主义思想为指导，全面贯彻落实党的十九大和十九届二中、三中全会精神，按照党中央、国务院决策部署，加快转变政府职能，全面提高政府效能，坚持问题导向，回应群众关切，密切结合实际，以更加务实的态度解决问题，把为人民群众造福的事办实办好。

在生态环境部，韩正重点调研大气颗粒物监测、机动车污染防治、大气固定源和化石能源管理等工作，了解京津冀及周边地区秋冬季大气污染综合治理情况，听取生态环境部组建情况汇报。他强调，要贯彻优化协同高效原则，以机构改革为契机完善内设机构设置，强化生态环境领域政策规划标准的制定和组织实施、生态环境监测和执法、对地方政府生态环境工作的指导督察问责等职能。要紧扣决胜全面建成小康社会生态环境保护目标，坚决打好污染防治攻坚战，不断增强人民群众的生态环境获得感、幸福感、安全感。要紧紧咬住党中央确定的重点任务，按照《政府工作报告》要求，打好标志性重大战役，把蓝天保卫战作为重中之重，细化作战计划和重大举措，确保按照既定的时间节点完成目标任务。

在住房城乡建设部，韩正重点调研住房制度改革和房地产长效机制建设，了解城乡环境整治、推进垃圾分类、建筑工程质量监管等工作情况。他指出，要切实抓好工程建设项目审批制度改革，加强对地方改革试点工作的指导。要全流程、全覆盖地实施改革，尽快形成全国统一的工程建设项目审批流程体系，实现所有类型的工程建设项目和审批事项的全覆盖。要大幅压减工程建设项目审批时间，提供优质便捷服务，促进营商环境有效改善，进一步增强市场主体活力。要坚持房子是用来住的、不是用来炒的定位，加快建立多主体供给、多渠道保障、租购并举的住房制度，努力保障人民住有所居。要建立健全长效机制，促进房地产市场平稳健康发展。

韩正强调，要坚决维护习近平总书记的核心地位，牢固树立"四个意识"，坚定"四个自信"，更加自觉地在思想上政治上行动上同以习近平同志为核心的党中央保持高度一致，确保党中央政令畅通、令行禁止。要全面加强党风廉政建设，始终警钟长鸣，严格执行中央八项规定，驰而不息整治"四风"，打造信念过硬、政治过硬、责任过硬、能力过硬、作风过硬的干部队伍。

（摘自 新华网 2018—04—09）

中共中央办公厅 国务院办公厅印发《农村人居环境整治三年行动方案》

新华社北京2月5日电 近日，中共中央办公厅、国务院办公厅印发了《农村人居环境整治三年行动方案》，并发出通知，要求各地区各部门结合实际认真贯彻落实。

《农村人居环境整治三年行动方案》全文如下。

改善农村人居环境，建设美丽宜居乡村，是实施乡村振兴战略的一项重要任务，事关全面建成小康社会，事关广大农民根本福祉，事关农村社会文明和谐。近年来，各地区各部门认真贯彻党中央、国务院决策部署，把改善农村人居环境作为社会主义新农村建设的重要内容，大力推进农村基础设施建设和城乡基本公共服务均等化，农村人居环境建设取得显著成效。同时，我国农村人居环境状况很不平衡，脏乱差问题在一些地区还比较突出，与全面建成小康社会要求和农民群众期盼还有较大差距，仍然是经济社会发展的突出短板。为加快推进农村人居环境整治，进一步提升农村人居环境水平，制定本方案。

一、总体要求

（一）指导思想。全面贯彻党的十九大精神，以习近平新时代中国特色社会主义思想为指导，紧紧围绕统筹推进"五位一体"总体布局和协调推进"四个全面"战略布局，牢固树立和贯彻落实新发展理念，实施乡村振兴战略，坚持农业农村优先发展，坚持绿水青山就是金山银山，顺应广大农民过上美好生活的期待，统筹城乡发展，统筹生产生活生态，以建设美丽宜居村庄为导向，以农村垃圾、污水治理和村容村貌提升为主攻方向，动员各方力量，整合各种资源，强化各项举措，加快补齐农村人居环境突出短板，为如期实现全面建成小康社会目标打下坚实基础。

（二）基本原则

——因地制宜、分类指导。根据地理、民俗、经济水平和农民期盼，科学确定本地区整治目标任务，既尽力而为又量力而行，集中力量解决突出问题，做到干净整洁有序。有条件的地区可进一步提升人居环境质量，条件不具备的地区可按照实施乡村振兴战略的总体部署持续推进，不搞一刀切。确定实施易地搬迁的村庄、拟调整的空心村等可不列入整治范围。

——示范先行、有序推进。学习借鉴浙江等先行地区经验，坚持先易后难、先点后面，通过试点示范不断探索、不断积累经验，带动整体提升。加强规划引导，合理安排整治任务和建设时序，采用适合本地实际的工作路径和技术模式，防止一哄而上和生搬硬套，杜绝形象工程、政绩工程。

——注重保护、留住乡愁。统筹兼顾农村田园风貌保护和环境整治，注重乡土味道，强化地域文化元素符号，综合提升田水路林村风貌，慎砍树、禁挖山、不填湖、少拆房，保护乡情美景，促进人与自然和谐共生、村庄形态与自然环境相得益彰。

——村民主体、激发动力。尊重村民意愿，根据村民需求合理确定整治优先序和标准。建立政府、村集体、村民等各方共谋、共建、共管、共评、共享机制，动员村民投身美丽家园建设，保障村民决策权、参与权、监督权。发挥村规民约作用，强化村民环境卫生意识，提升村民参与人居环境整治的自觉性、积极性、主动性。

——建管并重、长效运行。坚持先建机制、后建工程，合理确定投融资模式和运行管护方式，推进投融资体制机制和建设管护机制创新，探索规模化、专业化、社会化运营机制，确保各类设施建成并长期稳定运行。

——落实责任、形成合力。强化地方党委和政府责任，明确省负总责、县抓落实，切实加强统筹协调，加大地方投入力度，强化监督考核激励，建立上下联动、部门协作、高效有力的工作推进机制。

（三）行动目标。到2020年，实现农村人居环境明显改善，村庄环境基本干净整洁有序，村民环境与健康意识普遍增强。

东部地区、中西部城市近郊区等有基础、有条件的地区，人居环境质量全面提升，基本实现农村生活垃圾处置体系全覆盖，基本完成农村户用厕所无害化改造，厕所粪污基本得到处理或资源化利用，农村生活污水治理率明显提高，村容村貌显著提升，管护长效机制初步建立。

中西部有较好基础、基本具备条件的地区，人居环境质量较大提升，力争实现90%左右的村庄生活垃圾得到治理，卫生厕所普及率达到85%左右，生活污水乱排乱放得到管控，村内道路通行条件明显改善。

地处偏远、经济欠发达等地区，在优先保障农民基本生活条件基础上，实现人居环境干净整洁的基本要求。

二、重点任务

（一）推进农村生活垃圾治理。统筹考虑生活垃圾和农业生产废弃物利用、处理，建立健全符合农村实际、方式多样的生活垃圾收运处置体系。有条件的地区要推行适合农村特点的垃圾就地分类和资源化利用方式。开展非正规垃圾堆放点排查整治，重点整治垃圾山、垃圾围村、垃圾围坝、工业污染"上山下乡"。

（二）开展厕所粪污治理。合理选择改厕模式，推进厕所革命。东部地区、中西部城市近郊区以及其他环境容量较小地区村庄，加快推进户用卫生厕所建设和改造，同步实施厕所粪污治理。其他地区要按照群众接受、经济适用、维护方便、不污染公共水体的要求，普及不同水平的卫生厕所。引导农村新建住房配套建设无害化卫生厕所，人口规模较大村庄配套建设公共厕所。加强改厕与农村生活污水治理的有效衔接。鼓励各地结合实际，将厕所粪污、畜禽养殖废弃物一并处理并资源化利用。

（三）梯次推进农村生活污水治理。根据农村不同区位条件、村庄人口聚集程度、污水产生规模，因地制宜采用污染治理与资源利用相结合、工程措施与生态措施相结合、集中与分散相结合的建设模式和处理工艺。推动城镇污水管网向周边村庄延伸覆盖。积极推广低成本、低能耗、易维护、高效率的污水处理技术，鼓励采用生态处理工艺。加强生活污水源头减量和尾水回收利用。以房前屋后河塘沟渠为重点实施清淤疏浚，采取综合措施恢复水生态，逐步消除农村黑臭水体。将农村水环境治理纳入河长制、湖长制管理。

（四）提升村容村貌。加快推进通村组道路、入户道路建设，基本解决村内道路泥泞、村民出行不便等问题。充分利用本地资源，因地制宜选择路面材料。整治公共空间和庭院环境，消除私搭乱建、乱堆乱放。大力提升农村建筑风貌，突出乡土特色和地域民族特点。加大传统村落民居和历史文化名村名镇保护力度，弘扬传统农耕文化，提升田园风光品质。推进村庄绿化，充分利用闲置土地组织开展植树造林、湿地恢复等活动，建设绿色生态村庄。

完善村庄公共照明设施。深入开展城乡环境卫生整洁行动，推进卫生县城、卫生乡镇等卫生创建工作。

（五）加强村庄规划管理。全面完成县域乡村建设规划编制或修编，与县乡土地利用总体规划、土地整治规划、村土地利用规划、农村社区建设规划等充分衔接，鼓励推行多规合一。推进实用性村庄规划编制实施，做到农房建设有规划管理、行政村有村庄整治安排、生产生活空间合理分离，优化村庄功能布局，实现村庄规划管理基本覆盖。推行政府组织领导、村委会发挥主体作用、技术单位指导的村庄规划编制机制。村庄规划的主要内容应纳入村规民约。加强乡村建设规划许可管理，建立健全违法用地和建设查处机制。

（六）完善建设和管护机制。明确地方党委和政府以及有关部门、运行管理单位责任，基本建立有制度、有标准、有队伍、有经费、有督查的村庄人居环境管护长效机制。鼓励专业化、市场化建设和运行管护，有条件的地区推行城乡垃圾污水处理统一规划、统一建设、统一运行、统一管理。推行环境治理依效付费制度，健全服务绩效评价考核机制。鼓励有条件的地区探索建立垃圾污水处理农户付费制度，完善财政补贴和农户付费合理分担机制。支持村级组织和农村"工匠"带头人等承接村内环境整治、村内道路、植树造林等小型涉农工程项目。组织开展专业化培训，把当地村民培养成为村内公益性基础设施运行维护的重要力量。简化农村人居环境整治建设项目审批和招投标程序，降低建设成本，确保工程质量。

三、发挥村民主体作用

（一）发挥基层组织作用。发挥好基层党组织核心作用，强化党员意识、标杆意识，带领农民群众推进移风易俗、改进生活方式、提高生活质量。健全村民自治机制，充分运用"一事一议"民主决策机制，完善农村人居环境整治项目公示制度，保障村民权益。鼓励农村集体经济组织通过依法盘活集体经营性建设用地、空闲农房及宅基地等途径，多渠道筹措资金用于农村人居环境整治，营造清洁有序、健康宜居的生产生活环境。

（二）建立完善村规民约。将农村环境卫生、古树名木保护等要求纳入村规民约，通过群众评议等方式褒扬乡村新风，鼓励成立农村环保合作社，深化农民自我教育、自我管理。明确农民维护公共环境责任，庭院内部、房前屋后环境整治由农户自己负责；村内公共空间整治以村民自治组织或村集体经济组织为主，主要由农民投工投劳解决，鼓励农民和村集体经济组织全程参与农村环境整治规划、建设、运营、管理。

（三）提高农村文明健康意识。把培育文明健康生活方式作为培育和践行社会主义核心价值观、开展农村精神文明建设的重要内容。发挥爱国卫生运动委员会等组织作用，鼓励群众讲卫生、树新风、除陋习，摒弃乱扔、乱吐、乱贴等不文明行为。提高群众文明卫生意识，营造和谐、文明的社会新风尚，使优美的生活环境、文明的生活方式成为农民内在自觉要求。

四、强化政策支持

（一）加大政府投入。建立地方为主、中央补助的政府投入体系。地方各级政府要统筹整合相关渠道资金，加大投入力度，合理保障农村人居环境基础设施建设和运行资金。中央财政要加大投入力度。支持地方政府依法合规发行政府债券筹集资金，用于农村人居环境整治。城乡建设用地增减挂钩所获土地增值收益，按相关规定用于支持农业农村发展和改善农民生活条件。村庄整治增加耕地获得的占补平衡指标收益，通过支出预算统筹安排支持当地农村人居环境整治。创新政府支持方式，采取以奖代补、先建后补、以工代赈等多种方式，充分发挥政府投资撬动作用，提高资金使用效率。

（二）加大金融支持力度。通过发放抵押补充贷款等方式，引导国家开发银行、中国农业发展银行等金融机构依法合规提供信贷支持。鼓励中国农业银行、中国邮政储蓄银行等商业银行扩大贷款投放，支持农村人居环境整治。支持收益较好、实行市场化运作的农村基础设施重点项目开展股权和债权融资。积极利用国际金融组织和外国政府贷款建设农村人居环境设施。

（三）调动社会力量积极参与。鼓励各类企业积极参与农村人居环境整治项目。规范推广政府和社会资本合作（PPP）模式，通过特许经营等方式吸引社会资本参与农村垃圾污水处理项目。引导有条件的地区将农村环境基础设施建设与特色产业、休闲农业、乡村旅游等有机结合，实现农村产业融合发展与人居环境改善互促互进。引导相关部门、社会组织、个人通过捐资捐物、结对帮扶等形式，支持农村人居环境设施建设和运行管护。倡导新乡贤文化，以乡情乡愁为纽带吸引和凝聚各方人士支持农村人居环境整治。

（四）强化技术和人才支撑。组织高等学校、科研单位、企业开展农村人居环境整治关键技术、工艺和装备研发。分类分级制定农村生活垃圾污水处理设施建设和运行维护技术指南，编制村容村貌提升技术导则，开展典型设计，优化技术方案。加强农村人居环境项目建设和运行管理人员技术培训，加快培养乡村规划设计、项目建设运行等方面的技术和管理人才。选派规划设计等专业技术人员驻村指导，组织开展企业与县、乡、村对接农村环保实用技术和装备需求。

五、扎实有序推进

（一）编制实施方案。各省（自治区、直辖市）要在摸清底数、总结经验的基础上，抓紧编制或修订省级农村人居环境整治实施方案。省级实施方案要明确本地区目标任务、责任部门、资金筹措方案、农民群众参与机制、考核验收标准和办法等内容。特别是要对照本行动方案提出的目标和六大重点任务，以县（市、区、旗）为单位，从实际出发，对具体目标和重点任务作出规划。扎实开展整治行动前期准备，做好引导群众、建立机制、筹措资金等工作。各省（自治区、直辖市）原则上要在2018年3月底前完成实施方案编制或修订工作，并报住房城乡建设部、环境保护部、国家发展改革委备核。中央有关部门要加强对实施方案编制工作的指导，并将实施方案中的工作目标、建设任务、体制机制创新等作为督导评估和安排中央投资的重要依据。

（二）开展典型示范。各地区要借鉴浙江"千村示范万村整治"等经验做法，结合本地实践深入开展试点示范，总结并提炼出一系列符合当地实际的环境整治技术、方法，以及能复制、易推广的建设和运行管护机制。中央有关部门要切实加强工作指导，引导各地建设改善农村人居环境示范村，建成一批农村生活垃圾分类和资源化利用示范县（市、区、旗）、农村生活污水治理示范县（市、区、旗），加强经验总结交流，推动整体提升。

（三）稳步推进整治任务。根据典型示范地区整治进展情况，集中推广成熟做法、技术路线和建管模式。中央有关部门要适时开展检查、评估和督导，确保整治工作健康有序推进。在方法技术可行、体制机制完善的基础上，有条件的地区可根据财力和工作实际，扩展治理领域，加快整治进度，提升治理水平。

六、保障措施

（一）加强组织领导。完善中央部署、省负总责、县抓落实的工作推进机制。中央有关部门要根据本方案要求，出台配套支持政策，密切协作配合，形成工作合力。省级党委和政府对本地区农村人居环境整治工作负总责，要明确牵头责任部门、实施主体，提供组织和政策保障，做好监督考核。要强化县级党委和政府主体责任，做好项目落地、资金使用、推进实施等工作，对实施效果负责。市地级党委和政府要做好上下衔接、域内协调和督促检查等工作。乡镇党委和政府要做好具体组织实施工作。各地在推进易地扶贫搬迁、农村危房改造等相关项目时，要将农村人居环境整治统筹考虑、同步推进。

（二）加强考核验收督导。各省（自治区、直辖市）要以本地区实施方案为依据，制定考核验收标准和办法，以县为单位进行检查验收。将农村人居环境整治工作纳入本省（自治区、直辖市）政府目标责任考核范围，作为相关市县干部政绩考核的重要内容。住房城乡建设部要会同有关部门，根据省级实施方案及明确的目标任务，定期组织督导评估，评估结果向党中央、国务院报告，通报省级政府，并以适当形式向社会公布。将农村人居环境作为中央环保督察的重要内容。强化激励机制，评估督察结果要与中央支持政策直接挂钩。

（三）健全治理标准和法治保障。健全农村生活垃圾污水治理技术、施工建设、运行维护等标准规范。各地区要区分排水方式、排放去向等，分类制定农村生活污水治理排放标准。研究推进农村人居环境建设立法工作，明确农村人居环境改善基本要求、政府责任和村民义务。鼓励各地区结合实际，制定农村垃圾治理条例、乡村清洁条例等地方性法规规章和规范性文件。

（四）营造良好氛围。组织开展农村美丽庭院评选、环境卫生光荣榜等活动，增强农民保护人居环境的荣誉感。充分利用报刊、广播、电视等新闻媒体和网络新媒体，广泛宣传推广各地好典型、好经验、好做法，努力营造全社会关心支持农村人居环境整治的良好氛围。

（来源：新华社）

以习近平新时代中国特色社会主义思想和党的十九大精神为指引 努力开创住房和城乡建设事业高质量发展新局面 全国住房和城乡建设工作会议召开

12月24日,全国住房和城乡建设工作会议在京召开。住房和城乡建设部党组书记、部长王蒙徽全面总结了2018年住房和城乡建设工作,分析了面临的形势和问题,提出了2019年工作总体要求和重点任务。

会议指出,在以习近平同志为核心的党中央坚强领导下,全国住房和城乡建设系统深入学习贯彻习近平新时代中国特色社会主义思想和党的十九大精神,改革创新,开拓进取,推动住房和城乡建设事业发展取得了新进展、新成效,为经济社会持续健康发展作出了积极贡献。一是全力抓好房地产市场调控和长效机制建设,房地产市场总体保持平稳运行。与有关部门深入调研,开展一系列专题研究,加快建立和完善房地产市场平稳健康发展的长效机制。坚持因城因地施策,切实抓好房地产市场分类调控,指导各地及时出台有针对性的调控措施,大力整顿规范市场秩序。在各方面共同努力下,房地产市场保持平稳运行态势,热点城市房价过快上涨势头得到遏制,市场预期出现了积极变化。二是加大住房保障工作力度,城镇中低收入家庭住房条件明显改善。扎实推进棚户区改造,截至11月底,全国棚改已开工616万套,超额完成今年580万套的目标任务。持续提升公租房保障能力,将符合条件的新就业职工、外来务工人员纳入保障范围,对低收入住房困难家庭基本实现应保尽保。深入推进共有产权住房试点。三是着力增强城市建设体系化程度,城市建设高质量发展迈出新步伐。海绵城市建设、城市黑臭水体整治和排水防涝设施补短板工作取得积极进展。加快推进垃圾分类工作,46个重点城市开展垃圾分类的居民小区覆盖率达到23.6%。有序推进老旧小区改造,15个试点城市96.4%的试点小区已开工,59.5%已基本完成改造工作。着力加强历史文化保护和特色风貌塑造工作,在10个城市开展历史建筑保护与利用试点,继续抓好57个城市设计试点和58个生态修复城市修补试点工作。四是深入推进城市管理执法体制改革,城市管理服务水平不断提高。加快数字化城市管理平台建设和功能整合,继续开展"强基础、转作风、树形象"专项行动,加强城管执法队伍建设,推进规范公正文明执法。五是大力推进农村危房改造和人居环境整治,农村环境面貌持续改善。农村人居环境整治三年行动实现良好开局。坚决落实脱贫攻坚工作任务,加大农村危房改造力度,截至11月底,今年190万户建档立卡贫困户等重点对象危房改造任务已开工97%。在4个贫困村开展"美好环境与幸福生活共同缔造"示范,形成了脱贫攻坚、环境整治互相促进的经验。六是加快推动建筑业改革发展,建筑业发展质量和效益不断提升。修订施工招标投标管理办法,积极推进工程总承包、全过程工程咨询。推动建立建筑产业工人培育示范基地,提高建筑工人技能素质。深入开展工程质量提升行动,推行工程质量安全手册制度,建立健全工程质量保障体系。加快推进绿色建筑发展,绿色建筑占城镇新建建筑的比例达到40%。七是积极推进工程建设项目审批制度改革,试点工作取得显著成效。试点地区基本实现了全流程审批时间压减至120个工作日以内的目标,基本统一了审批流程,统一了信息数据平台,构建了统一的审批管理体系,初步建立了统一的监管模式。八是认真贯彻落实新时代党的建设总要求,全面从严治党向纵深发展。切实把党的政治建设摆在首位,持续强化思想理论武装,持之以恒加强作风建设,深入推进反腐败斗争。以高度的政治责任感,自觉接受、全力配合中央巡视组常规巡视和脱贫攻坚专项巡视,不折不扣抓好巡视整改工作。自觉服从大局,认真完成机构改革任务。深入开展住房和城乡建设领域扫黑除恶专项斗争。

会议指出,改革开放40年来,城镇化进程波澜壮阔,城乡面貌发生了翻天覆地的变化。住房制度、建筑业体制机制、城乡规划建设管理体制等改革深入推进,住房和城乡建设事业在改革大潮中不断发展前进，群众居住条件显著改善，城乡建设成就斐然，建筑业不断发展壮大。住房和城乡建设系统广大干部职工倍感骄傲和自豪，更加坚定了中国特色社会主义道路自信、理论自信、制度自信、文化自信，更加坚定了在新时代继续把改革开放推向前进、为实现中华民族伟大复兴中国梦不懈奋斗的决心和信心。

会议强调，明年住房和城乡建设工作的指导思想是：以习近平新时代中国特色社会主义思想为指导，全面贯彻党的十九大和十九届二中、三中全会精神，认真落实中央经济工作会议精神，坚决贯彻落实党中央、国务院决策部署，坚持以人民为中心的发展思想，坚持稳中求进工作总基调，坚持新发展理念，按照高质量发展要求，以供给侧结构性改革为主线，围绕建设现代化经济体系和打好三大攻坚战，统筹推进住房和城乡建设领域稳增长、促改革、调结构、惠民生、防风险工作，努力开创住房和城乡建设事业高质量发展新局面，为保持经济持续健康发展和社会大局稳定、为全面建成小康社会收官打下决定性基础作出贡献。2019年，重点抓好以下十个方面工作：

一是以稳地价稳房价稳预期为目标，促进房地产市场平稳健康发展。坚持房子是用来住的、不是用来炒的定位，着力建立和完善房地产市场平稳健康发展的长效机制，坚决防范化解房地产市场风险。坚持因城施策、分类指导，夯实城市主体责任，加强市场监测和评价考核，切实把稳地价稳房价稳预期的责任落到实处。继续保持调控政策的连续性稳定性，加强房地产市场供需双向调节，改善住房供应结构，支持合理自住需求，坚决遏制投机炒房，强化舆论引导和预期管理，确保市场稳定。加大房地产市场监管力度，继续深入开展打击侵害群众利益违法违规行为治理房地产乱象专项行动。

二是以加快解决中低收入群体住房困难为中心任务，健全城镇住房保障体系。支持人口流入量大的一线、二线城市和其他热点城市，降低准入门槛，增加公租房有效供应，因地制宜发展共有产权住房。继续推进棚户区改造，严格把握棚改范围和标准，重点改造老城区内脏乱差的棚户区和国有工矿区、林区、垦区棚户区，加大配套基础设施建设，严格工程质量安全监管，确保按时保质保量完成全年任务。

三是以解决新市民住房问题为主要出发点，补齐租赁住房短板。人口流入量大、住房价格高的特大城市和大城市要积极盘活存量土地，加快推进租赁住房建设，切实增加有效供应。在总结试点经验基础上，指导大中城市全面培育和发展住房租赁市场。继续推进集体土地建设租赁住房试点工作。深化住房公积金制度改革，研究建立住宅政策性金融机构，加大对城镇中低收入家庭和新市民租房购房的支持力度，全面提高住房公积金服务效能和管理水平。

四是以提高城市基础设施和房屋建筑防灾能力为重点，着力提升城市承载力和系统化水平。用统筹的方式、系统的方法加强城市基础设施建设。深入推进海绵城市建设，加大城市黑臭水体治理和排水防涝设施补短板工作力度，制定实施城镇污水处理提质增效三年行动方案，加快城市和县城生活垃圾无害化处理设施建设，继续因地制宜推进地下综合管廊建设。有计划、分步骤实施城镇住宅抗震加固工程，提高城镇房屋建筑抗震防灾能力。强化城市市政公用设施安全管理，切实保障安全运行。加强建设工程消防设计安全管理。

五是以贯彻新发展理念为引领，促进城市高质量建设发展。建立城市建设管理和人居环境质量评价体系，着力治理"城市病"，促进城市高质量发展。扩大城市体检评估试点范围，建立"一年一体检，五年一评估"的制度。推进绿色城市建设，建立绿色城市建设的政策和技术支撑体系。推进智慧城市建设，提高城市信息化、智能化管理水平。推进人文城市建设，进一步加大历史文化名城名镇名村保护力度，推进既有建筑保留利用和更新改造，健全城市设计体系，加强建筑设计管理。

六是以集中力量解决群众关注的民生实事为着力点，提升城市品质。实施城市品质提升三年行动计划。运用"美好环境与幸福生活共同缔造"的理念和方法，推进老旧小区改造工作，重点解决供水、供电、供气等问题，促进解决二次供水、停车难问题，鼓励有条件的小区加装电梯等便民设施。打造"15分钟城市居民活动圈"。开展人行道净化和自行车专用道建设。推进生活垃圾分类处理。普查建档历史文化建筑（街区）。搭建城市综合管理服务平台。

七是以改善农村住房条件和居住环境为中心，提升乡村宜居水平。全力推进脱贫攻坚三年行动，2019年将剩余160万户建档立卡贫困户等4类重点对象的危房全部列入年度改造计划。着力提高农房设计水平和建造质量，组织编制推广符合农村实际和农民需求的农房设计图集，明确农房建设基本要求，加强农房建设质量管理。提高村庄规划建设水平，发动村民参与，共同编制村民易懂、村委能用、乡镇好管的村庄建设规划，进一步完善引导支持设计人员和机构下乡的政策措施。继续推进农村生活垃圾污水治理。加强传统村落保护利用。

八是以发展新型建造方式为重点，深入推进建筑业供给侧结构性改革。大力发展钢结构等装配式建筑，积极化解建筑材料、用工供需不平衡的矛盾，加快完善装配式建筑技术和标准体系。持续深入开展建筑工程质量提升行动和建筑施工安全专项治理，切实提高工程质量，坚决遏制重特大安全生产事故。深化工程招投标制度改革，加快推行工程总承包，发展全过程工程咨询。扩大建筑产业工人队伍培育示范基地试点范围，推动建筑业劳务企业转型。

九是以工程建设项目审批制度改革为切入点，优化营商环境。在总结试点地区经验基础上，在全国全面开展工程建设项目审批制度改革工作，进一步优化审批流程，确保实现审批时间压减一半的目标。加快工程建设项目审批管理系统建设，2019年在全国地级及以上城市建成工程建设项目审批管理系统。

十是以加强党的政治建设为统领，为住房和城乡建设事业高质量发展提供坚强政治保障。坚持把党的政治建设摆在首位，进一步牢固树立"四个意识"，坚决做到"两个维护"。进一步压实全面从严治党政治责任，确保管党治党真正抓到底、严到位。深入推进党风廉政建设和反腐败斗争，下大气力集中整治形式主义、官僚主义，针对住房和城乡建设领域侵害群众利益的腐败行为和作风问题，深入开展专项治理，不断巩固发展反腐败斗争压倒性胜利。坚决完成十九届中央第一轮巡视和脱贫攻坚专项巡视整改任务，建立健全长效化常态化工作机制，不断巩固巡视整改成果。

会议号召，全国住房和城乡建设系统要更加紧密地团结在以习近平同志为核心的党中央周围，以更加振奋的精神状态、更加扎实的工作作风和更加有力的工作措施，坚定不移推进住房和城乡建设事业高质量发展，以优异成绩迎接新中国成立70周年，为决胜全面建成小康社会、夺取新时代中国特色社会主义伟大胜利、实现中华民族伟大复兴的中国梦作出新的更大贡献！

住房和城乡建设部副部长易军、倪虹、黄艳，中央纪委国家监委驻部纪检监察组组长宋寒松，党组成员常青出席会议。各省、自治区住房和城乡建设厅、直辖市建委及有关部门、计划单列市建委及有关部门主要负责人，新疆生产建设兵团建设局主要负责人，党中央、国务院有关部门司（局）负责人，后勤保障部军事设施建设局负责人，中国海员建设工会有关负责人，驻部纪检监察组负责同志，部机关各司局、部属单位主要负责人以及部分地级及以上城市人民政府分管住房和城乡建设工作的副市长出席了会议。

（来源：住房城乡建设部网站）

专题报道

王蒙徽部长在工程建设项目审批制度改革试点培训会上的讲话

(2018年6月5日)

按照工程建设项目审批制度改革试点工作安排，今天我们在厦门市举办改革试点培训会。这次培训的主要任务，是贯彻落实党中央、国务院关于深化"放管服"改革、创造良好营商环境的决策部署，认真学习韩正副总理在改革试点工作座谈会上的重要讲话精神，全面解读国务院常务会议和《国务院办公厅关于开展工程建设项目审批制度改革试点的通知》精神，介绍厦门、沈阳等地推进工程建设项目审批制度改革的经验、路径和方法，进一步统一思想，凝聚共识，帮助试点地区吃透改革精神，增强改革信心，理清改革思路，掌握工作方式方法，提高工作本领，确保能够按时保质完成改革试点任务。

16个试点地区推进工程建设项目审批制度改革，都有一定的工作基础。这次培训安排了一天半的时间，包括政策解读、经验介绍、现场答疑和实地参观等多个环节，就是要帮助大家切实把思想和行动统一到党中央、国务院的决策部署上来，在原有工作基础上加快推进改革试点。同时，这次改革试点时间紧、任务重、压力大，到年底完成第一阶段试点任务只剩半年时间，6月底试点地区就要完成实施方案，希望大家根据这次座谈会的精神和培训会的要求，回去后抓紧贯彻落实，开展工作。

下面，我讲两点意见。

一、切实提高思想认识

党中央、国务院高度重视推进政府职能转变、优化营商环境工作。习近平总书记多次强调要加快改善营商环境，清理废除妨碍统一市场和公平竞争的各种规定和做法，激发各类市场主体活力，实行高水平的贸易和投资自由化便利化政策，营造稳定公开透明、可预期的营商环境。李克强总理在政府工作报告和国务院常务会议上反复强调要简政放权、放管结合、优化服务，推进工程建设项目审批制度改革。6月4日，韩正副总理赴厦门调研推进政府职能转变、优化营商环境等工作，并召开座谈会研究部署工程建设项目审批制度改革试点工作。

（一）工程建设项目审批制度改革是贯彻落实新发展理念的重要举措。

习近平总书记在党的十九大报告中指出，发展是解决我国一切问题的关键和基础，发展必须是科学发展，必须坚定不移贯彻创新、协调、绿色、开放、共享的发展理念。习近平总书记多次强调，全党要把思想和行动统一到新发展理念上来，努力提高统筹贯彻新发展理念的能力和水平，对不适应、不适合甚至违背新发展理念的认识要立即调整，对不适应、不适合甚至违背新发展理念的行为要坚决纠正，对不适应、不适合甚至违背新发展理念的做法要坚决摒弃。

五大发展理念也是五大发展动力。转换经济增长动力，就是要转换到五大发展动力上来。这次改革试点，是贯彻落实新发展理念、转换经济增长动力的一个很好的抓手。五大发展理念中，创新的基本条件是激发市场主体的活力，让市场主体在符合市场规律的良好环境中竞争。大家公认，深圳市的创新环境是国内最好的，因为深圳市有较为完善的社会主义市场经济体制机制。深圳市的企业家告诉我，之所以到深圳市创业，就是因为深圳市政府"你不找他，他不找你，你有事要找他，他会努力做好服务"。我担任沈阳市委书记期间带领代表团访问深圳市，深圳市的东北老乡计划成立一个支持东北振兴发展的社团，"五一"前把相关材料报给深圳市民政局，民政局反馈说节前只有一个工作日了，来不及发证，但可以安排工作人员现场宣布同意成立这个社团，这样成立大会就可以召开。从这件小事，就可以看出深圳市对市场主体的服务态度和良好的市场环境。创新必须要有这种条件，这是和审批制度紧密联系在一起的。如果全国各地的行政审批制度都和深圳市一样，市场环境就会大大改善，创新活力就会释放，创新竞争力也会大大提高。

协调既是发展的手段又是发展的目标，同时还是评价发展的标准和尺度。很多工作就是因为不协调，相互制约、相互掣肘，导致效率低下。这次改革试点，就是要解决工程建设项目审批中市场主体反映突出的诸多不协调的问题。厦门市推行工程建设项目审批制度改革已有3年多的时间，取得了一定成效，但受国家层面法律法规的制约，难以取得更大的突破。特别是过去我们"重审批、轻监管"，一讲加强管理就变成加强审批，结果往往"一个人生病，大家一起吃药"。如果这些不协调的问题通过改革解决了，今后的发展就是协调的发展。

绿色是永续发展的必要条件。绿色发展是一个系统工程，首先要树立绿色发展的理念，不能为了短期政绩损害长远利益。我在厦门工作期间组织编制了美丽厦门战略规划，最大的困难就是做各区领导的思想工作，打通山海通廊，构筑理想山水城空间格局，形成生态城市的本底。厦门是一座美丽的城市，北部是山，有九条溪流入海，山海通过水系、廊道连在一起，就形成了很好的山水格局和良好的生态本底。这样的格局和本底必须严格保护，绝对不能为了眼前利益在山上建旅馆，在水系中建工厂，不能吃祖宗的饭、断子孙的路。现在我国资源环境承载能力已近极限，我们要为中华民族的永续发展做这一代人应该做的事。

开放是国家繁荣发展的必由之路。现在全世界都在提高自身竞争力，关键是改善营商环境，而工程建设项目审批制度是改善营商环境的难点和痛点所在。根据世界银行2018年《全球营商环境报告》，我国的营商环境在190多个经济体中整体排名78位，其中"办理建筑许可"指标位列172位，在10个评价指标排序中列最后，不仅落后于发达经济体，也落后于很多发展中国家。

共享是逐步实现共同富裕的要求，实质是坚持以人民为中心的发展思想。在工程建设项目审批方面，由于涉及的环节多、部门多、层级多、手续多，办事难、耗时长等问题仍比较突出，与经济社会发展要求和人民群众期待相比，仍有不小差距，直接影响市场主体和人民群众的获得感、幸福感。

这次改革试点，是推动贯彻落实新发展理念，真正把五大发展理念转化为五大发展动力的重要举措。我们一定要认真贯彻党中央、国务院的工作部署，把五大发展理念贯彻落实到改革试点工作的全过程。

（二）工程建设项目审批制度改革是转方式、调结构的重要平台。

经济发展进入新常态，是对当前及今后一个时期我国经济发展态势的判断，主要有三个特点：一是速度换挡，由高速增长转向中高速增长；二是结构优化，经济结构不断优化升级；三是动力转换，从要素驱动、投资驱动转向创新驱动。习近平总书记在党的十九大报告中进一步指出，中国特色社会主义进入了新时代，我国经济已由高速增长阶段转向高质量发展阶段，正处在转变经济发展方式、优化经济结构、转换增长动力的攻关期。

转方式、调结构，首先是思想方式的转变，然后是工作方式的转变。如果继续沿用过去的工作方式方法，在这个攻关期不仅解决不了问题，反而会制约发展、影响发展。推进工程建设项目审批制度改革，就是要促进发展方式从要素驱动转向创新驱动，从万马齐奔、各显其能，让一部分地区、一部分人先富转向统筹兼顾，走向共同富裕。

工作方式转变的关键，是从过去以项目为导向的工作方式，转向以规划为导向的工作方式。过去无论是招商引资，还是年度投资计划，都围绕项目展开，以项目为导向。但这些项目有没有关联，项目之间是否协调，却很少有人关注，都只片面追求投资和GDP的扩张。进入新时代，以项目为导向的工作方式已经难以为继，继续下去只会阻碍发展。

贯彻落实五大发展理念的核心是统筹，科学规划是统筹的重要手段。厦门市在推进工程建设项目审批制度改革时，首先从统筹规划开始。如果规划不能统筹起来，各个部门对规划没有形成共识，就无法形成"一张蓝图"，也就无法推进工程建设项目审批制度改革。反过来说，工程建设项目审批制度改革是推动以规划为导向，转方式、调结构的重要平台。

（三）工程建设项目审批制度改革是转变政府职能的重要抓手。

党的十八届三中全会指出，要推进国家治理体系和治理能力现代化，要使市场在资源配置中起决定性作用和更好发挥政府作用。这次工程建设项目审批制度改革，既是使市场在资源配置中起决定性作用的重要抓手，也是更好发挥政府作用的重要抓手。我们必须认识到，在社会主义市场经济条件下，政府不仅不能缺位，还要更好地发挥作用，从过去的"重审批、轻服务、轻监管"转向更好地服务和推动经济社会发展。

要推进国家治理体系和治理能力现代化，就要从无限政府向有限政府转变，加快建设法治社会。这次工程建设项目审批制度改革，是通过建设法治政府来推动法治社会建设的重要抓手。全社会都尊法守法，是市场经济的基本要求。过去政府审批后，大家都认为这就意味着政府认可了，出了事情都由政府兜底，而且很多时候市场主体的违法成本很低，违法收益却很大，很难营造全社会尊法守法的氛围。因此，在强调政府守法，建设法治政府的同时，还要推进法治社会的建设。

在厦门市推进工程建设项目审批制度改革时，我曾经跟有关负责同志强调，推行告知承诺制，只要项目业主承诺了我就认可，但同时双方也要书面确认，如果业主违反承诺政府就要处罚业主，罚到业主赚不了钱，甚至还亏本。也就是说，要通过实行告知承诺制，促进全社会共同守法。各地在推行工程建设项目审批制度改革，优化再造审批流程时，要切实把这些理念贯彻落实进去，切实把改革试点作为推动政府职能转变的重要抓手。

二、切实抓住关键环节、关键问题

（一）把厦门的经验学懂弄通。

这次改革试点座谈会之所以选择在厦门召开，是因为厦门改革推得比较早，而且经过实践检验能走通。工程建设项目审批制度改革不是今天想做，马上就能做成，需要实际项目进行检验，把审批的全过程走完了，才知道行不行。一些城市刚刚才开始改革，做完了顶层设计，但从顶层设计到项目实际落地还有一定距离。厦门市改革至今，已有3000多个投资建设项目经过审批落地，1000多个项目已经竣工。事实证明，厦门经验走得通，可以实现国务院提出的审批时间从200多天减少到120天的改革目标。况且，厦门的改革探索，是在上位法律法规尚未调整的情况下进行的，进一步优化的空间还很大。

尽管各个地方实际情况存在差异，但推进改革的基本要求是一致的，都要在《国务院办公厅关于开展工程建设项目审批制度改革试点的通知》规定的改革目标任务基础上，提高审批效率，减少审批时限，释放改革红利。韩正副总理在改革试点工作座谈会上强调，判断改革是否取得成效，要以市场主体和群众感受为标准。也就是说，关键是服务对象要认可，要说好，政府自拉自唱、自编自演、自我陶醉的改革，是过不了关的。

大家来参加培训，一定要把厦门市推进工程建设项目审批制度改革的经验和做法学明白，好的不好的都要学明白。要精准地学、完整地学，像解剖麻雀那样解剖厦门经验，不能东一榔头西一棒子，只见局部不见整体。

（二）实施"全流程、全覆盖"改革。

近年来，各地在工程建设项目审批制度改革方面下了不少功夫，取得了一定成效，但大部分都是局部性质的改革，做不到"全流程、全覆盖"。工程建设项目审批流程涉及多个部门，各个部门各管一段，如果不系统设计、整体推进，往往单个部门的审批效率是提高了，但有可能原有的审批事项和申请材料从行政机关流转到事业单位，再从事业单位流转到中介机构，绕了一圈后才流转到下一环节，这样的改革没有提高整体效率，是无效的。

这次改革试点强调"全流程、全覆盖"，就是要避免上述状况的发生，进行全面系统的改革，彻底扫除改革的死角盲区，把行政审批制度改革向纵深推进。各地制定的改革试点实施方案，一定要按照"全流程、全覆盖"的要求，既覆盖行政许可等审批事项，又覆盖技术审查、中介服务、市政公用服务以及备案等其他类型事项，哪怕是时间长一些，也绝不能有漏项缺项。

（三）优化再造审批流程。

试点地区要按照《国务院办公厅关于开展工程建设项目审批制度改革试点的通知》要求，统一再造审批流程，把工程建设项目审批流程划分为四个阶段，每个审批阶段确定一家牵头部门，实行"一家牵头、并联审批、限时办结"。

这四个阶段的划分，是多次调研、总结的成果。其中，第一个阶段是立项用地规划许可，主要包括项目审批核准备案、选址意见书核发、用地预审、用地规划许可等。第二个阶段是工程建设许可，主要包括设计方案审查、建设工程规划许可证核发等。第三个阶段是施工许可，主要包括消防、人防等设计审核确认和施工许可证核发等。第四个阶段是竣工验收，主要包括规划、国土、消防、人防等验收及竣工验收备案等。

需要着重强调的是，竣工验收一定要实行联合验收。从各地的实践看，不联合验收带来的矛盾非常多，有些企业甚至会钻空子获取非法利益。比如一些房地产开发企业在某一个部门验收通过后就卖房，但如果其他部门验收通过不了，就办不了产权证等，因为政府已经"验收"了，购房者就会来找政府，带来许多矛盾，这种情况并不鲜见。因此，各地要大力推行联合验收，规定在一定的时间段内由相关部门对工程建设项目进行联合验收，验收合格后统一发证。这样做，可以有效避免监管漏洞，维护群众合法权益。

（四）狠抓"五个一"建设。

从厦门市的经验看，"五个一"是工程建设项目审批制度改革的关键所在。如果试点地区不能完成

"五个一"建设，就意味着没有完成改革试点任务。"五个一"中的重中之重、难中之难，在于"一张蓝图""一个系统"和"一套机制"。这三个"一"，需要苦练内功，像习近平总书记说的"像绣花一样精细"才能真正干好。

"一张蓝图"是基础。要坚持"统筹规划、规划统筹"，统筹整合各类规划形成"一张蓝图"，用整合后的规划统筹发展、推动工作。厦门市的"一张蓝图"是厦门市委市政府编制的《美丽厦门战略规划》，其主要内容：一是战略定位，到建党100周年时建成美丽中国典范城市，到建国100周年时建成展现中国梦的样板城市；二是理想空间格局，明确山水城的关系，划定生态控制线和城市开发边界，确定城市发展主要方向和空间布局形态；三是资源环境承载能力，充分考虑人口和资源安全底线，使城市建设发展、城市规模与资源环境承载力相适应；四是制定了三大发展战略和十大行动计划，确保战略规划有序实施、落到实处。规划的编制过程，就是统一思想的过程。《美丽厦门战略规划》编制过程中，发放了70多万份意见调查表征求400多万厦门市民的意见，在征求过程中解决了不少人民群众关心的身边小事，形成了社会共识。

《美丽厦门战略规划》的编制历时一年，后来又根据实施情况做了进一步完善提升。这次给大家半年的时间编制"一张蓝图"，确实难度不小。沈阳市在学习厦门市的基础上，花了三个月时间完成"一张蓝图"编制，即《沈阳振兴发展战略规划》。北京、上海市新一版规划期至2035年的城市总体规划已经完成并获批，去年开始试点编制新一版城市总体规划的15个试点城市也有一定工作基础。希望大家回去后抓紧向市委书记市长汇报，抓紧编制"多规合一"的"一张蓝图"，统一思想，工程建设项目生成要在"一张蓝图"上，项目审批也要在"一张蓝图"上，真正实现从项目导向向规划导向的转变。

"一个系统"是关键。建立工程建设项目审批管理系统的关键是"连"，要在国家和地方现有信息平台基础上，整合形成"横向到边、纵向到底"的"一个系统"。"横向到边"，就是将各个部门的审批系统按照一个标准连起来；"纵向到底"，就是要把市、区级政府及相关部门都连起来。只有做到"横向到边、纵向到底"，才是真正的"全流程、全覆盖"。各地一定要充分利用好现有的各类信息平台，统一标准进行整合，实现空间信息和审批数据共享、业务协同办理。

"一套机制"是保障。厦门市建立了涉及顶层设计、部门协调、监督监管、动态更新等内容的220余项规章制度，出台了全国首部"多规合一"地方性法规，形成了比较完善和成熟的"一套机制"，使工程建设项目审批制度改革工作有法可依、有章可循。当然厦门市的这套机制，是在上位法律法规未改的时候建立的，上位法律法规修改后，审批流程、审批环节和审批时间可以做更多的简化和优化。试点地区要全面学习厦门经验，抓紧完善相关规章制度，为改革试点工作提供有力保障。住房城乡建设部将会同有关部门对相关法律、行政法规、部门规章、规范性文件和标准规范等进行梳理，根据改革需要提出修改建议，按照程序报有权机关批准或授权修改，为顺利推进改革保驾护航。试点地区在改革进程中，要及时提出修改完善上位法的意见和建议。

还有两个"一"，即"一个窗口"和"一张表单"也很重要，是提高审批效率，"让信息多跑路、让群众少跑腿"，方便群众办事，让人民群众切切实实体会到改革红利，增强获得感、幸福感的重要手段，是改革成果的外部体现，试点地区也要下大力气抓好。

（五）加强政务大厅建设。

政务大厅是试点地区政府服务群众、服务企业、服务社会、服务改革发展的重要窗口，是党委、政府联系群众的桥梁纽带。政务大厅的建设，不能建得像超市或自由市场，这显然不是建立政务大厅的初衷；也不建议把政务大厅建成审批局，因为这种做法没有把运动员和裁判员分开。厦门市的政务大厅是裁判员，不是运动员，不直接管审批，只负责指导、协调、监督审批的人和事。这种机制很重要，一方面市政府需要有一个部门监督、协调负责审批的相关部门，督促各个部门按照统一的流程和要求来审批；另一方面，即使把所有的审批权都划给一个部门，这个部门也很难做好审批。厦门市政务大厅是一个副厅级机构，由市政府副秘书长兼任主任，市纪委派出驻中心纪检组。凡进驻政务大厅人员，都要将党的关系转移至政务大厅，实现党对干部的管理，充分发挥监督、协调、督办和指导作用。

最后，我再强调一下培训纪律问题。一是希望大家全身心投入学习，结合各地区工程建设项目审批工作现状，带着问题参加培训，联系实际开展研讨，做到学有所思、学有所悟、学有所得。二是希望大家严格遵守中央八项规定精神，切实管好自己、管好带过来的队伍。

希望大家回去后，第一时间将此次厦门现场会和培训会的主要精神向党委政府主要负责同志汇报，认真研究制定实施方案，在6月底之前把实施方案报上来，我们会尽快反馈意见。试点地区要切实把实施方案做好，统一思想，提高认识，加快启动改革试点工作，确保按时保质完成改革试点任务。

这次培训工作，得到了厦门市委市政府的大力支持，在此我代表住房和城乡建设部及参加培训的各位同志，向厦门市委市政府表示诚挚的谢意！
谢谢大家！

（来源：住房和城乡建设部网站）

王蒙徽部长带队赴青海省湟中县、大通县开展扶贫调研

青海湟中、大通两县是住房城乡建设部定点扶贫县。2016年以来，住房城乡建设部累计安排中央补助资金8.26亿元，组织干部职工捐赠840万元，支持两县的农村危房改造、农村垃圾污水治理、城镇保障性安居工程建设等脱贫攻坚工作。截至2017年底，湟中县还有贫困村74个、贫困人口7373人，贫困发生率为3.2%；大通县还有贫困村49个、贫困人口6435人，贫困发生率为1.7%。两县均计划2018年底实现脱贫摘帽，贫困人口全部脱贫。

8月23日，住房城乡建设部党组书记、部长、扶贫攻坚领导小组组长王蒙徽带队到青海省湟中县、大通县开展扶贫调研，听取了两县相关情况汇报，分别深入到湟中县黑城村和大通县土关村，实地调研脱贫攻坚工作进展情况。

王蒙徽一行首先来到了海拔2740米的黑城村，据住房城乡建设部派出的帮扶团队中国建设科技集团总裁文兵介绍，开展脱贫攻坚的难点是把村民思想从等靠要转变为主动想主动干的过程，实现这个转变的关键是部里组织的美丽乡村共同缔造示范培训和规划师驻村工作深入细致的动员工作，激发村民内生动力后，村民齐心协力整治环境，打造农家乐和电商平台发展促进农民增收，另外环境整治工作也给困难户提供了就业岗位。黑城村村支书蔡生录介绍说，村庄发生这么大变化，主要是在帮扶团队的引导下建立了村党组织为核心、村民为主的村民自治组织，实现了村庄事务大家想大家干，半年来，通过村党支部、村委会的带领，村庄环境改善和贫困户稳定脱贫成效明显。全村原有贫困户11户，因病致贫5户、因缺劳力致贫3户、因灾致贫1户、因学致贫1户、因残致贫1户，通过产业扶持、低保兜底等措施，贫困户已全部脱贫，目前处于脱贫巩固阶段。共同缔造的开展对稳定脱贫起到了很好作用，因学致贫的村民刘全年给农家乐直供生态猪，低保兜底户史文英参加了村内环境整治工作，不少村民通过电商平台销售自己的手工艺和土特产，增加了稳定收入。

村民们抢着介绍说乡亲们建设村庄积极性很高，村里的垃圾、残垣断壁都是大家一起清理，现在已建立分片负责垃圾清理机制。村内道路是村民投工投劳一起建的，除了水泥沙子是买的，鹅卵石等建筑材料都是大家捡来的，还利用了残垣断壁清理出来的建筑垃圾。村支书无偿捐献了老宅子作为村史馆使用，村民工匠带自己的施工队无偿建设了村史馆。村民工匠自己设计制作了门墙，比原来的便宜一半价钱，风貌还很好看。村委会主任徐金盛给王蒙徽部长算了一笔账，通过村民投工投劳和变废为宝降低了建设成本30%左右，还调整了原来的招投标计划，由村民投工投劳和县里技术指导，仅给水工程一项就节约人工成本约40%。

在海拔2470米的土关村调研时，住房城乡建设部派出的帮扶团队北京建筑大学丁奇副院长说："靠政府补贴脱贫不难，稳定脱贫难，而村民主动积极、各方协商共治更难，自从村民从等靠要转变为主动干、规划师从主角转变为助手、基层干部从大包大揽转变为支持激励者后，稳定脱贫基本实现了，这得益于部里多次组织村民、县各级干部和规划团队，进行理论宣讲、参观培训、研讨交流"。土关村村支书李永延说，现在大家都能主动想、主动干，村民积极性很高，改善环境、脱贫致富有不少实招。他还介绍，全村共有7户贫困户，因缺劳力致贫1户、因病致贫1户、因残致贫4户、因学致贫1户，通过因户分类施策都能脱贫。村里招来了企业培训并包销土族传统盘绣手机套、文件袋，参与制作的贫困户人均月增收2000元；参与村庄环境整治的贫困户月

增收 1800 元；通过产业扶贫资金支持 4 户贫困户购买载货汽车、农用三轮车各 2 辆，每人每年收入 1.3 万元；还协调安排 4 户 5 人就近打工，每人每年收入 1.4 万元；安排护林员 4 人，每人每年收入 1 万元。

在土关村王蒙徽入户看望了 2 户贫困户，详细了解了贫困户家庭情况以及各项扶贫政策落实情况。在严洪彪家，了解到他家 6 口人，是因学致贫，三个儿女都在上学经济负担较重，其中大女儿今年考上大学。严洪彪对王蒙徽部长激动地说，党的扶贫政策好，现在家里分别享受了低保金、养老金和高龄补贴，去年自己享受脱贫产业发展资金 5400 元购买 1 辆载货汽车，老伴还参加村里组织的土族传统盘绣制作，自己也参加村庄环境整治工作增加收入。王蒙徽给了严洪彪慰问金，祝贺他的女儿考上大学，希望给孩子们买些学习、生活用品，有党和政府的关心关爱，孩子们毕业后，你们日子会更好。之后又去了李永宽家，李永宽一家 2 口人，是因残致贫，李永宽是一级残疾盲人，妻子肢体四级残疾。李永宽告诉王蒙徽，他家享受危房改造的政府补助 3.5 万元，自己出了 1.5 万元，盖了现在这个房子，感谢党和政府，他们才能住上新房子；他们还享受了低保金、残疾人生活等各类补贴，参加了村里环境整治工作，收入不错了。王蒙徽深入了解家里困难情况，并和村干部一起研究解决办法，临行之前王蒙徽给了李永宽慰问金，祝愿他们日子越来越好。

村民们介绍在村庄环境整治中，大家齐商共管效果很好，为降低成本，他们反复比对，选择了价格、运维便宜和建造、使用方便的中国燃气集团的小型储罐供气设备；将杂物里的建筑废料修缮残垣断壁，树枝做成宅前屋后的小菜园篱笆，既节省成本，又保持了乡村风貌；村民主动将菜园无偿出让，建成村里老人活动小广场；为了方便出入，村民无偿出让自留地拓宽街巷道路；还建立了党员分区监督维护制度和"小手拉大手"的中小学生参加的环境共评制度等。

王蒙徽指出，从湟中县黑城村、大通县土关村的实践效果看，把脱贫攻坚和乡村振兴结合起来，把近期帮扶和长期发展结合起来，推动美丽乡村共同缔造示范初见成效，充分说明了建立纵向到底、横向到边、协商共治的乡村治理机制，尊重群众意愿，激发村民内生动力，让村民自己动手参与脱贫攻坚和建设美丽家园，有利于完成脱贫攻坚任务，实现稳定脱贫，有利于落实乡村振兴战略，改善农村人居环境，要及时总结推广好的经验做法，进一步推进脱贫攻坚和美丽乡村建设。

在召开的两个县定点扶贫座谈会上，王蒙徽强调，要深入学习领会习近平总书记关于脱贫攻坚的重要讲话精神，认真落实中央打好精准脱贫攻坚战三年行动工作部署，如期完成脱贫攻坚任务。打赢脱贫攻坚战，各级要落实主体责任，以务实的工作作风，精准施策精准脱贫，让老百姓切身感受到脱贫成效。要通过脱贫攻坚与乡村振兴战略的有机衔接，在持续推进中解决好稳定脱贫的问题。要不断探索创新好的机制和方法。一是要做到一二三产融合发展，促进农民增收，这是乡村振兴和稳定脱贫的重要基础和支撑。二是县城、中心镇、中心村三级的公共服务设施建设要统筹布局，公共服务要下沉到村到户，方便村民的生产生活。三是建立政府、社会、村民共建共治共享机制，调动各方力量形成合力，完善乡村治理体系，实实在在提高老百姓的幸福感、获得感。

住房和城乡建设部党组成员、副部长倪虹，党组成员、办公厅主任常青，青海省副省长韩建华以及西宁市、湟中县、大通县有关负责同志一同参加调研。

（来源：住房和城乡建设部网站）

王蒙徽部长带队赴红安、麻城开展定点扶贫工作调研

住房城乡建设部党组书记、部长、部扶贫攻坚领导小组组长王蒙徽为深入贯彻落实习近平总书记关于脱贫攻坚系列重要指示精神，进一步推进住房城乡建设部扶贫工作，9 月 27 日，带队赴湖北省红安县和麻城市开展扶贫调研，听取了两县（市）相关情况汇报，分别深入到红安县柏林寺村和麻城市

石桥垸村，实地调研脱贫攻坚工作进展情况。

湖北省红安县和麻城市是住房城乡建设部定点扶贫县。2016年以来，住房城乡建设部累计安排中央资金4.9亿元支持两县的农村危房改造、农村垃圾污水治理、城镇保障性安居工程建设等脱贫攻坚工作，组织动员捐赠590万元支持两县产业、光伏和教育扶贫。目前，红安县已脱贫摘帽；麻城市现有贫困村85个，贫困人口33470户、84860人，贫困发生率从16.8%降至8.9%，计划2019年脱贫摘帽。

王蒙徽一行首先来到柏林寺村。据住房城乡建设部派出的帮扶团队中国城市规划设计研究院院长杨保军介绍，开展示范的难点是把村民思想从"等靠要"转变为"主动想主动干"的过程，帮扶团队积极探索通过农村"美好环境与和谐社会共同缔造"方法推进乡村治理的途径，通过部里组织的培训和实地参观学习，规划团队从过去的"出方案、搞建设"的主角转变为引导、帮扶村民的参谋；县镇政府从过去"立项目、干工程"大包大揽转变为创新机制激励引导和支持村民；村民也从"要我干"转变为"我要干"。

村民小郭向王蒙徽介绍，村民的思想转变了，大家主动出谋划策，参加村庄建设积极性很高，都说自己事自己想自己干，特别开心。比如村史馆建设，原来设计的是封闭式玻璃房，村民觉得密不透风不好用，但觉得事不关己就算了。现在经帮扶团队和村民共同协商后改成了通透式设计，又好看又实用。老人闲余时在此喝茶聊天活动，通过电脑与外地亲人视频聊天；帮扶团队在此为孩子们举办下午"四点半"课堂活动，讲解基本卫生常识、垃圾分类、废弃物利用方式方法等，举办"小手拉大手"垃圾清理、"爱我家园绘画比赛""我心中最美的柏林寺演讲比赛"等活动，不仅对小朋友宣传环保理念，还吸引了大批家长参与其中。

村党支部书记刘有福介绍，柏林寺村一共416户农户，其中贫困户111户、354人，目前已全部脱贫。本村乡贤、华中科技大学教授刘灵敬2012年回村创办了生态农业公司，通过成立专业合作社，坚持生态有机农业种养，助力精准扶贫，带动村民一起致富。目前，生态农业基地为本村80多名村民提供了就业岗位，平均每人每年能增加2万元左右的收入。

村民们纷纷表示，除了收入增加，村里变化最大的就是屋前堂后的环境变美了。村民小黄介绍，以前垃圾没人管，一进村湾里就能闻到一股臭味。村民理事会召集村民划分了房前屋后责任分区，制定了《村庄环境卫生评比办法》，明确了奖惩，村民自己清理责任区里的垃圾；还组织二十余名小朋友作为"环保小卫士"，对村内家庭环境及公共环境卫生进行评比打分，既保证了公平公正，又让孩子从小培养爱护环境的意识。村书记刘有福说，现在村民自己每天清理一次，比原来垃圾清洁员打扫得还干净。

村书记刘有福介绍，村民思想积极后，事情就好办了，为了建设家园，村民共同协商提出了"砍树不补、拆房不补、占地不补、投工不补"的方法，今年为了建过境公路，村民无偿拔掉公路占地红线范围内树苗、拆养殖场围墙28米和房屋6间，投工投劳参与土石方挖掘、排水管铺设合计上万元。为了在村西侧水塘边建百姓大舞台，村民黄忠仁主动无偿拆除了自家打米面房，带动周围几户村民拆除了自家牛棚。

随后，王蒙徽来到石桥垸村调研，村书记毛利兵说，帮扶团队和村支部成立了联合党支部，采用"一名党员连十户，你有困难我服务"这个做法，推进示范工作。王蒙徽参观了党员活动室，对联合党支部在示范推进过程发挥的作用给予了肯定。帮扶团队中国中建设计集团有限公司副总经理宋晓龙说，目前示范工作取得阶段性成果，逐步完成帮扶团队、村民、地方干部三方思想转变；初步探索建立了村党组织为核心，理事会、合作社等各类自治组织共同发挥作用协商共治机制；建立了地方党委政府主导的政策支持机制，把各项公共服务下沉到村；推动垃圾分类、污水处理、水塘治理、燃气供应等四个民生项目。宋晓龙深有感触地说，促进村民思想转变、激发村民自己动手建设家园的内生动力是最难的，也是最关键的。

村民代表大会选出了7位德高望重的老人组成了村庄综合治理委员会，综合治理委员会在示范推进中发挥了积极作用，在他们带领下，村民积极投入到"清垃圾、清杂物、清庭院、清残垣断壁"的"四清"工作中。村民制定了"拆除违建不补、废弃厕所不补、断壁残垣不补"的原则，在短短的三天内，累计拆除危房3处，残垣断壁4处，旱厕60余处，圈舍15处。"这在以前，不赔偿根本不可能实现"，毛利兵书记笑着说。村内公共空间及宅前屋后的空间进行了"党员带头认领，门前农户三包"的共管机制，公共区域党员带头认领监督维护，宅前屋后农户"包卫生、包环境、包维护"，建立环境卫生维护的长效机制。在"四清"过程中清理出的砖头、瓦片、石头等较好的材料均用于修建宅前屋后的花坛、菜园。

综合治理委员会成员丁平福讲，以前我们不理解也不想知道村里在干什么，现在我们参加了综合治理委员会，自己办自己的事，大家都很积极。丁平福介绍，这段时间我们协调解决了不少的村民纠纷矛盾，村民丁海波、丁红卫本是亲戚，因互相占地挡道产生矛盾，多次打架报警，甚至还被拘留。"四清"过程中，通过综合治理委员会七位老人多次协调，最后两家各让了一部分宅基地，修出了石桥垸村的"六尺巷"，解决了遗留十几年的老问题。村民丁易让2014年占了村里丁字路口的地私建小厨房，村两委多次协商未果，综合治理委员会经过半个月说服他拆除小厨房，帮扶团队将此地设计为儿童娱乐的小公园。村民叶咏妮开心地说："没想到村里最混乱的路口，现在变成了村子里欢声笑语最多的地方。"村书记毛利兵说："这次四清，大家清理的不仅是残垣断壁，而是多年积累纠纷矛盾，共同缔造让邻里关系变得更好了。"

村书记毛利兵介绍，污水问题是大家最关系的事，村民和帮扶团队多方考察协商，共同决定每户加装3格式化粪池，污水集中收集进入处理设备，该设备每吨污水的运行成本只需要2毛钱，一次性投入可30年不换，实现了"占地小、成本低、见效快、寿命长"的特点。湖北几乎每个村子都有池塘，丁家寨湾以前又有"水抱村寨"的景象，为了更好地治理水塘，帮扶团队帮着联系了一家专业的水系治理公司，可以在短时间内实现"水质清、水岸美"。

村书记毛利兵介绍，村里还组建合作社招商引企，加快产业发展，先后组建了"麻城绿海油茶合作社""绿海水产养殖合作社"，通过土地入股、利益分成和务工就业，实现每户每年增收6000元以上。

王蒙徽一行穿过美丽的石桥，走近清澈的当家塘，在新修的巷道里，看到垸里实行门前"三包"，到处干净整洁，连连称赞。73岁的老人郑启楷当面说起了顺口溜："草儿绿，花儿红，环境美，人健康，我越活越年轻，越活越想活。"

王蒙徽在调研过程中指出，麻城市和红安县的美好环境与和谐社会共同缔造实践开展大半年，已经取得初步成效。王蒙徽强调，乡村振兴离不开和谐稳定的社会环境，要创新发展，让农村社会既充满活力又和谐有序。既要建立一二三产融合发展机制，增加农民收入；也要注意统筹布局县城、中心镇、行政村三级公共服务设施，方便村民生产生活；还要建立政府、社会、村民共建、共治、共享机制，完善乡村治理，让社会更加和谐，老百姓更加幸福。

住房城乡建设部党组成员、副部长倪虹，住房城乡建设部党组成员、办公厅主任常青，湖北省副省长陈安丽以及黄冈市、红安县、麻城市等有关负责人一同参加调研。

（来源：住房和城乡建设部网站）

住房城乡建设部召开会议
动员部署农村人居环境整治三年行动

近日，农村人居环境整治三年行动工作座谈会在京召开。住房城乡建设部党组书记、部长王蒙徽出席并讲话，动员部署农村人居环境整治三年行动。

会议指出，开展农村人居环境整治三年行动，是党的十九大部署的重大任务，是全面建成小康社会的必然要求，是实现乡村振兴、建设美丽中国的重要举措。各地要认真学习领会习近平总书记关于农村人居环境整治的系列重要讲话和重要指示精神，进一步提高政治站位，牢固树立"四个意识"，以建设美丽宜居村庄为导向，以农村垃圾、污水治理和村容村貌提升为主攻方向，加快补齐农村人居环境突出短板，为如期实现全面建成小康社会目标打下坚实基础。

会议要求，要创新工作方法，扎实推进农村人居环境整治三年行动。

一是要坚持因地制宜、分类指导，综合考虑经济社会发展条件等因素，针对不同县市区、不同村庄提出不同的整治任务和整治标准。

二是采取试点先行、稳步推进的工作步骤，通过试点形成可复制可推广的好经验好做法，以点带面推动全面开展。

三是充分运用美好环境与和谐社会"共同缔造"

的理念，着力构建纵向到底、横向到边、协商共治的乡村治理体系，要把党的领导深入到自然村，把政府服务落实到基层，充分尊重村民意愿，建立政府、村集体、村民、乡贤共谋共建共管共评共享机制。

四是注重发挥政府、市场、社会三方面作用，充分调动各方力量参与，形成工作合力。

五是努力把农村人居环境整治打造成推动城乡融合发展的平台，推动以县为单元的就地城镇化，以城带乡、以工哺农，促进农村一二三产业融合发展。

会议强调，要强化组织保障，坚决打赢农村人居环境整治攻坚战。

一要加强组织领导，形成主要领导亲自推动、分管领导统筹协调的工作机制。

二要强化责任落实，省级党委和政府对本地区农村人居环境整治工作负总责，明确牵头责任部门、实施主体，县级党委和政府承担主体责任。

三要严格监督考核，中央将建立农村人居环境整治督导和评估工作制度，各省（区、市）要将农村人居环境整治工作纳入本地区政府目标责任制考核范围，作为干部考核的重要内容。

住房城乡建设部副部长倪虹主持会议，并通报了各省级农村人居环境整治实施方案编制和备核情况，生态环境部副部长赵英民出席会议并提出工作要求。湖北省、云南省住房城乡建设厅交流了工作情况，江苏省住房城乡建设厅、广东省清远市介绍了农村人居环境整治工作经验，中山大学李郇教授作了专题讲解。住房城乡建设部、国家发展改革委、生态环境部等部门有关司局负责人以及各省（区、市）农村人居环境整治实施方案牵头编制部门负责人出席会议。

（摘自《中国建设报》2018.04.12）

住房城乡建设部召开扶贫攻坚领导小组会议
传达学习贯彻习近平总书记重要讲话精神
研究部署扶贫工作

近日，住房城乡建设部党组书记、部长、扶贫攻坚领导小组组长王蒙徽主持召开部扶贫攻坚领导小组会议，传达学习贯彻习近平总书记在中央财经委员会第一次会议上关于脱贫攻坚的重要讲话精神、在打好精准脱贫攻坚战座谈会上的讲话精神和在中央政治局听取2017年省级党委和政府脱贫攻坚工作成效考核情况汇报时提出的有关要求，总结2017年扶贫工作，研究部署下一步扶贫任务。

会议认为，2017年住房城乡建设部认真学习贯彻落实党的十九大精神，动员全部力量，主要完成了190万户建档立卡贫困户等重点对象危房改造，推进贫困村人居环境明显改善，督促和帮扶4个定点扶贫县完成年度减贫任务，指导和推动大别山片区脱贫攻坚。根据中央关于打赢脱贫攻坚战的决定确定的101项任务的第三方评估显示，住房城乡建设部负责的农村危房改造任务以全"A"成绩获得优秀等次。

会议明确，今年住房城乡建设部将重点落实5项扶贫任务。

一是继续集中解决建档立卡贫困户住房安全问题。完成190万户左右建档立卡贫困户等4类重点对象危房改造，在任务和资金安排上向"三区三州"等深度贫困地区倾斜。指导各地制定农村危房改造安全技术标准。开展农村危房改造实施情况专项检查。组织核实新增危房量，协调有关部门继续完善支持政策。

二是扎实开展中央单位定点扶贫。加强调研指导和督促检查，推进定点扶贫县党委政府落实脱贫攻坚主体责任和各项脱贫措施。做好挂职干部轮换工作，实现压茬交接不空档，落实挂职干部调研走访贫困村全覆盖要求。根据定点扶贫县的实际需求，充分发挥行业和资源优势，精准实施危房改造、产业帮扶、就业帮扶、教育帮扶、人才培养等扶贫项目，支持4个定点扶贫县完成年度减贫任务。

三是按照农村人居环境整治三年行动方案的要求，指导和督促各地开展贫困村人居环境整治，推动贫困村实现干净整洁有序的基本目标。加大贫困地区传统村落保护发展力度，改善村落的发展条件和基本生活条件。

四是以同步推进贫困村脱贫和美丽宜居乡村建设、探索乡村治理共同缔造机制、形成可复制可推广经验为目标,在4个定点扶贫县开展脱贫攻坚与美丽宜居乡村共同缔造示范。

五是加大建设行业帮扶力度,支持大别山片区脱贫攻坚。组织召开大别山片区联席会议,帮助片区协调脱贫攻坚重大事项,交流脱贫经验,推动解决区域性贫困问题。

会议强调,精准脱贫是党的十九大确定的三大攻坚战之一,对如期全面建成小康社会、实现第一个百年奋斗目标具有重要意义。脱贫攻坚已到最后阶段,各单位要把思想和行动统一到习近平总书记关于脱贫攻坚的要求上来,统一到党中央的决策部署上来,围绕精准扶贫、精准脱贫,不折不扣完成住房城乡建设部各项扶贫任务。一是深入学习贯彻落实党的十九大精神,举全部之力,坚决完成各项扶贫任务。要认真学习、深刻领会、坚决贯彻落实习近平总书记的重要讲话精神,把打好脱贫攻坚战作为深入学习贯彻党的十九大精神的一项重要政治任务,抓紧抓实抓好。二是以建档立卡贫困户危房改造、贫困村人居环境改善、中央单位定点扶贫、大别山片区扶贫等工作为重点,聚焦深度贫困地区,进一步细化措施,切实帮助贫困群众和全国人民一道进入全面小康社会。三是坚决落实中央关于扶贫领域腐败和作风问题专项治理要求,不断提高扶贫工作质量。要关心爱护挂职扶贫干部,着力培养一支想干事、能干事、干成事的干部队伍。

住房城乡建设部党组成员、驻部纪检组组长石生龙,部党组成员、副部长、扶贫攻坚领导小组副组长易军、倪虹,部总经济师、扶贫攻坚领导小组副组长赵晖出席会议。领导小组各成员单位负责人参加会议。

(摘自 《中国建设报》 2018.04.19)

建 设 综 述

法 规 建 设

立法工作

【加快推动保障改善民生、促进高质量发展急需的立法项目】全力推进涉及住房和城乡建设部职能的《住房租赁条例》《城镇住房保障条例》《住房销售管理条例》《建设工程抗震管理条例》等4部行政法规制（修）订工作。

【加快推动"放管服"改革涉及的规章立改废释工作】制定（修订）《危险性较大的分部分项工程安全管理规定》《建筑工程施工许可管理办法》《房屋建筑和市政基础设施工程施工招标投标管理办法》等8部规章。废止《工程建设项目招标代理机构资格认定办法》《物业服务企业资质管理办法》等7部规章。

【加快推动深化党和国家机构改革涉及的法律法规规章修改工作】对消防法的修订研究提出修改方案。对《村庄和集镇规划建设管理条例》《建设工程质量管理条例》《风景名胜区条例》等修改方案提出意见建议。积极参与土地管理法、行政处罚法等与部职能密切相关项目的立法工作。

行政复议和行政诉讼工作

【切实发挥行政复议层级监督功能】2018年共办结行政复议案件529件，其中撤销、责令履行和确认行政行为违法的共66件，行政复议纠错率为12.6%。全年共向8个省、直辖市的有关部门发出10份行政复议意见书。印发11个行政复议典型案例和《2017年住房城乡建设部行政复议、行政应诉案件分析报告》，揭示法律风险点。

【认真做好行政应诉工作】2018年共办理461件行政应诉案件。修订《法规司在承办行政应诉案件中委托律师管理规定》，切实发挥专业法律服务人员的作用。发挥府院联动机制作用，全年与各级人民法院就工作中的疑难问题座谈交流7次。完善公职律师出庭应诉制度，组织部机关公职律师代理应诉7人次。

执法监督工作

【着力推进行政执法规范化】组织修订《住房城乡建设部规范工程行政处罚裁量权实施办法》和《住房城乡建设部工程建设行政处罚裁量基准》。认真开展部机关行政处罚合法性审核工作，全年对151件行政处罚（含撤销行政许可）意见告知书、122件行政处罚决定书提出审核意见。充分发挥部法律顾问作用，为重大处罚案件提供法律意见。印发《关于在住房城乡建设系统开展行政执法案卷评查工作的通知》，部署地方住房和城乡建设主管部门对行政执法案件进行抽查。

【有序推动行政执法体制改革】按照中央依法治国委关于深化行政执法体制改革的部署，配合部城市管理监督局等持续推进城市管理执法体制改革。对交通运输、生态环保等新组建的综合执法队伍实施方案、执法事项指导目录等提出意见。

普法工作

认真传达学习习近平总书记在十九届二中全会上的重要讲话精神，组织开展深入学习宣传和贯彻实施宪法活动，配合部机关党委开展专题宣传。组织开展"七五"普法中期总结评估，深化尊法学法守法主题法制宣传，进一步推动落实《关于在住房城乡建设系统开展法治宣传教育的第七个五年规划（2016-2020年）》。制定《住房城乡建设部关于在住房城乡建设行政复议工作中落实"谁执法谁普法"普法责任制的指导意见》（建法〔2018〕53号），提出普法工作主要任务和具体措施。推动机关工作人员学法用法，开展住房和城乡建设系统法规规章宣贯学习。组织6次部机关公职律师和工作人员旁听庭审活动，进一步发挥旁听庭审、以案释法的作用。

"放管服"改革工作

【开展工程建设项目审批制度改革试点工作】配合部工程建设项目审批制度改革领导小组办公室，组织起草工程建设项目审批制度改革试点文件，2018年5月，国务院办公厅印发《关于开展工程建设项目审批制度改革试点的通知》（国办发〔2018〕33号）。组织召开改革试点工作座谈会和工作培训。督促指导试点地区制定实施方案。对国家层面工程建设项目审批涉及的法律、行政法规、部门规章、规范性文件、标准规范进行梳理，研究提出修改建议，推动相关修改工作。加快工程建设项目审批管理系统建设，印发工程建设项目审批管理系统数据对接标准、地方系统建设指南等指导性文件。研究制订工程建设项目审批制度改革考核评价办法。

【指导和督促北京、上海两地提升世界银行营商环境建筑许可排名】配合部工程建设项目审批制度改革领导小组办公室，指导督促北京、上海出台优化办理建筑许可指标排名专项行动方案。参加国务院办公厅组织的北京、上海迎接世界银行评价工作专项督查。参加世界银行2019年营商环境报告政策磋商和数据核验。赴世界银行总部进一步磋商，加深世界银行对北京、上海两地改革政策的了解。2018年，我国办理建筑许可营商环境排名由172名上升到121名。配合国家发展改革委起草《对标世界银行持续优化营商环境2019年行动计划》，提出2019年工作重点。

【协调推动行政审批制度改革】组织有关司局对现有行政许可事项进行全面清理和论证，对已取消下放行政许可事项落实情况进行评估。会同各有关司局认真落实2018年深化"放管服"改革转变政府职能电视电话会议重点任务分工。针对住房公积金办理、房屋交易与登记、建设工程企业资质申报、市政公用行业服务、城市管理执法等"窗口"服务开展专项调研，指导地方规范服务。配合中央编办、国家市场监管总局对经济发达镇行政管理体制改革、支持自贸试验区推进"证照分离"改革试点等提出意见。

【全面开展证明事项等专项清理工作】组织对住房和城乡建设部负责实施的法律、行政法规、部门规章和规范性文件中设定的证明事项进行全面清理，并对地方建议取消法律、行政法规、规章、规范性文件设定的证明事项研究提出处理意见。组织各有关司局开展涉及军民融合发展、科技创新、排除限制竞争、产权保护、生态环境保护、绿色生产消费、外资准入负面清单之外领域外资准入限制、与现行开放政策不符等8轮次法规文件清理工作，及时清理规章109部、规范性文件4000多件次，就18部法律法规提出清理意见。

其他工作

【坚决落实中央全面依法治国委员会重要部署】会同机关党委研究制定《关于认真学习贯彻习近平总书记在中央全面依法治国委员会第一次会议上讲话精神的通知》，组织部机关各单位开展专题学习。制定《关于贯彻落实中央全面依法治国委员会2018年工作要点的工作方案》。按照中央有关推进依法决策的要求，严格开展行政规范性文件合法性审核，行政法规、部门规章和重要规范性文件全部按规定履行部常务会审议程序。按照《法治政府建设实施纲要（2015-2020）》要求，按时向党中央、国务院报送住房和城乡建设部2017年度法治政府建设工作报告。

【协调推进支持雄安新区改革发展】推动签署《住房和城乡建设部与河北雄安新区管理委员会战略合作协议》，印发《住房城乡建设部办公厅关于印发落实与河北雄安新区管理委员会战略合作协议实施方案》。研究起草《支持河北雄安新区深化住房城乡建设领域改革创新的实施方案》，并报送京津冀协调小组办公室审议。

【做好全国人大常委会执法检查配合工作】落实全国人大常委会关于大气污染防治法、防震减灾法等执法检查工作部署。

（住房和城乡建设部法规司）

住 房 保 障

全年重点工作、新举措

【圆满完成棚改年度目标任务】2018年，全国各类棚户区改造开工626万套，顺利完成年度目标任务，完成投资1.74万亿元。主要采取了以下措施：一是工作部署安排早。会同国家发展改革委、财政部等部门，在2018年一季度代表保障性安居工程协调小组，与各省（区、市）人民政府签订目标责任书,将580万套棚改任务分解到地方、落实到项目,配合相关部门及时下达中央补助资金,明确棚改专项贷款规模。二是切实防范棚改工作中的金融风险。督促各地加强棚改项目和资金管理,强化成本控制,努力实现市域范围内棚改资金总体平衡,确保按合同约定及时偿还棚改贷款;严禁将棚改专项贷款用于棚改以外的工程建设,严格控制棚改片区内非住宅类建筑征收补偿投资占比或面积占比,切实提高棚改贷款资金使用效率。三是配合做好试点发行地方政府棚改专项债券工作。配合财政部督促指导地方审核本地区棚改专项债券项目和资金需求,组织做好棚改项目库与地方政府债务管理系统的对接,配合做好本地区棚改专项债券发行工作。四是加强督促检查。从2018年3月开始,对各地棚改开工情况进行通报,对进度偏慢的省份进行督促。指导督促各地因地制宜推进棚改货币化安置,把棚户区改造与稳定房地产市场更好地结合起来。五是科学研究确定2019年棚户区改造目标任务。坚持既尽力而为、又量力而行,提出2019年棚户区改造要重点攻坚改造老城区内脏乱差的棚户区和国有工矿区、林区、垦区棚户区,对老城区内脏乱差的棚户区,要重点安排改造现有50户以上集中成片棚户区。要严格评估财政承受能力,不搞一刀切、不层层下指标、不盲目举债铺摊子,项目可行性研究阶段应充分论证资金筹措方案,确保列入年度棚改计划的项目具备还款能力,能够及时还款。要采取拆除新建、改建(扩建、翻建)等多种方式实施棚户区改造,改建(扩建、翻建)工程按规定纳入棚改计划。

【**全力做好公租房工作**】一是继续督促地方加快公租房竣工分配。督促各地加快公租房及配套基础设施建设,配合财政部门下达中央财政专项补助资金,专项用于公租房及其配套基础设施建设,以加快竣工交付。将政府投资公租房分配纳入2018年住房保障工作目标责任书,按月通报各地公租房分配进展及公租房配套基础设施建设情况。截至年底,全国公租房累计已分配1507万套,分配比例93.5%。二是指导地方试点推行政府购买公租房运营管理服务。会同财政部印发《关于印发推行政府购买公租房运营管理服务试点方案的通知》,部署试点地区开展公租房运营管理领域政府购买服务工作,及时总结试点地区的经验做法以及存在的主要问题和困难,为全面推行政府购买公租房运营管理服务做好准备。三是及时总结地方公租房工作经验。及时总结住房供求矛盾突出的一线、二线城市和其他热点城市在增加公租房实物供应、将新就业无房职工和稳定就业外来务工人员纳入公租房保障范围、加快公租房货币化、政府购买公租房运营管理服务等方面的经验做法。

住房保障政策拟定

【**住房城乡建设部 财政部关于印发推行政府购买公租房运营管理服务试点方案的通知(建保〔2018〕92号)**】指导思想。以习近平新时代中国特色社会主义思想为指导,深入贯彻落实党的十九大精神,按照党中央、国务院的决策部署,加快政府职能转变,推进供给侧结构性改革,积极推行政府购买服务,吸引企业和其他机构参与公租房运营管理,不断提高公租房运营管理专业化、规范化水平,不断提升保障对象满意度和获得感。

基本原则。坚持政府主导。政府要加强对购买公租房运营管理服务的组织领导、制度设计、财政保障和监督管理。坚持公开择优。确保具备条件的社会力量平等参与竞争,通过竞争择优方式选择政府购买服务的承接主体。坚持注重实效。加强对承接主体的绩效评估和全过程监管。

试点范围。根据地方自愿申报,确定在浙江、安徽、山东、湖北、广西、四川、云南、陕西等8个省(区)开展试点工作。

试点目标。通过试点,在试点地区建立健全公租房运营管理机制,完善政府购买公租房运营管理服务的管理制度与流程,形成一批可复制、可推广的试点成果。

试点内容。一是明确购买主体。政府购买公租房运营管理服务的主体是承担公租房运营管理职责的各级行政机关以及承担行政职能的事业单位。二是规范购买内容。购买内容主要有:入住和退出管理事项、租金收缴和房屋使用管理事项、维修养护事项、综合管理事项。三是科学选定承接主体。承接主体是具有良好的商业信誉和社会信用,具备从事公租房运营管理所需的设施、人员和技术等能力的社会组织、社会中介机构、公益二类的事业单位或从事生产经营活动的事业单位以及个体工商户或自然人。四是做好与事业单位分类改革和机构改革的衔接。试点地区应理顺住房保障部门以及下属事业单位的职能定位,实现政事分开、明确单位分类、规范编制与预算管理后,再按规定参与政府购买公租房运营管理服务试点工作。公益一类事业单位、纳入事业编制管理且经费完全或者主要由财政负担的群团组织,暂不作为政府购买公租房运营管理服务的购买主体或承接主体。五是完善购买机制。要按照政府采购法律制度规定，公开择优选定具体承接主体。要确定以项目申报、预算编报、组织购买、项目监管、绩效评价为主要内容的规范化购买流程，加强全过程的跟踪监管和对政府购买服务效果的检查验收，并及时进行信息公开。六是落实经费保障。政府购买公租房运营管理服务资金应当在政府现有公租房运营管理支出中统筹安排，按要求列入财政年度预算和中期财政规划，并结合实际需要调整资金投入。公租房租金收入按照有关规定缴入同级国库，实行收支两条线管理。要严格资金管理，确保资金使用安全规范、科学有效。七是规范服务标准。试点地区应根据所购公租房运营管理服务的内容，制定内容明确、操作性强、便于考核的基本服务标准和规范，方便承接主体掌握，便于购买主体监管。八是全面实施绩效管理。试点地区要建立由购买主体、保障对象以及第三方共同参与的绩效评价机制与动态调整机制。要在购买合同中细化、量化政府购买服务的预期目标、实施效果和保障对象满意度等绩效目标，以保障对象的满意度评价为重点制定评价指标体系。要及时将绩效评价结果向社会公布，并作为结算购买服务资金、编制以后年度项目预算、选择承接主体的重要参考依据。

试点要求。一是加强指导监督。试点地区要建立健全住房保障部门牵头，相关部门各负其责，社会力量共同参与的工作机制。二是推进试点实施。编制实施方案、试点实施、跟踪和总结。三是注重宣传引导。试点地区要充分利用各类媒体广泛宣传，精心做好政策解读。加强舆论引导，主动回应社会关切，充分调动社会力量参与的积极性。四是畅通投诉建议渠道。试点地区要设立公租房服务热线，开通网络媒介，畅通群众意见表达和反馈的渠道，主动听取保障对象意见建议，及时解决保障对象合理诉求。

城镇保障性安居工程年度计划、资金安排及实施情况

【明确年度计划】《政府工作报告》提出，2018年棚户区住房改造580万套。住房城乡建设部代表保障性安居工程协调小组与各省、自治区、直辖市及新疆生产建设兵团签订了目标责任书。各地及时将任务分解到市县，落实到具体项目。

【年度资金安排情况】中央安排下达补助资金共2198亿元，国家开发银行发放棚改贷款6980亿元，农业发展银行发放棚改贷款5876亿元。

【工程质量总体可控】按照国务院的部署和要求，住房和城乡建设部把保障性住房的工程质量管理纳入对各地督查、约谈的范围。各地普遍加强了工程质量监管工作，在选址、设计、建材、施工、验收等环节严格把关。从检查情况看，保障性住房工程质量总体可控。

【城镇保障性安居工程建设进展顺利】2018年棚户区改造开工626万套，基本建成511万套，超额完成了580万套年度目标任务。

（住房和城乡建设部住房保障司）

标 准 定 额

深化标准定额改革，完善标准定额体系

以改革创新为动力，不断开拓工作思路，增强标准定额支撑经济社会发展能力。

【加快重点领域标准编制，支撑服务国家重大战略】2018年，共批准发布254项标准，包括工程建设国家标准113项；部行业标准141项，其中工程行标58项，产品行标83项。此处，还完成国家标准委下达的29项产品国家标准编制任务，发布工程项目建设标准及方法参数8项。

一是按照《中共中央 国务院关于推进安全生产领域改革发展的意见》《中共中央办公厅 国务院办公厅印发关于推进城市安全发展的意见》要求，全面梳理城市桥梁、地下管廊、轨道交通、城镇燃气、垃圾处理领域的标准规范，完成《城镇综合管廊监控与报警系统工程技术标准》《市政工程施工安全检查标准》《安全防范工程技术标准》等重要标准的制订修订，提高城市安全运行的技术保障要求。

二是按照《中共中央 国务院关于推进防灾减灾救灾体制机制改革的意见》要求，修订《城市综合防灾规划标准》等重要标准，提升学校、医院、居民住房、基础设施的设防水平和承灾能力。

三是按照《中共中央国务院关于进一步加强城市规划建设管理工作的若干意见》要求，完善装配式建筑设计、施工和验收规范标准体系，发布《装配式建筑评价标准》《厨卫装配式墙板技术要求》《装配式环筋扣合锚接混凝土剪力墙结构技术标准》。

四是按照《中共中央、国务院关于开展质量提升行动的指导意见》要求，发布《建筑合同能源管理节能效果评价标准》，提高建筑节能标准。

五是落实《国务院办公厅关于进一步激发社会领域投资活力的意见》中关于"扎实有效放宽行业准入，修订完善养老设施、建筑设计防火等相关标准"的要求，修订《老年人照料设施建筑设计标准》《建筑设计防火规范》，放宽相应准入条件。

六是发布《消防训练基地建设标准》《普通高等学校建筑面积指标》《中等职业学校建设标准》《公共美术馆建设标准》《银行业消费者权益保护服务区建设标准》《自然保护区工程项目建设标准》《湿地保护工程项目建设标准》《城镇供热厂工程项目建设标准》等8项工程项目建设标准及方法参数。

【推进工程建设标准体制改革】按照部党组要求，标准定额司结合国务院标准化改革精神，分析研究英国、美国等发达国家的标准体系、运行机制，参考国际通行的"技术法规＋技术标准"的模式，初步提出并逐步实施中国工程建设标准新体系。着力解决目前工程建设标准交叉重复、水平不高、供给不足、国际适应性差的问题。

一是研究提出中国工程建设标准新体系。起草《关于建立国际化工程建设规范标准体系的构想》。构建覆盖所有工程类别、与国际通行规则一致的标准体系，包括179项全文强制性工程规范、46项基础术语标准、3984项配套支撑标准。

二是研究编制全文强制性工程规范。建立专业齐全、相对稳定的起草专家队伍，强化标准化技术委员会管理职责。二是基本完成住房城乡建设领域39项全文强制性工程规范研编验收，为下一步征求意见、审查、发布打下基础。三是全面启动各部门、各领域138项工程规范研编工作。

三是培育发展团体标准。鼓励团体积极承接政府推荐性标准，公布352项拟转化为团体标准的现行政府标准目录。鼓励各团体制定更加细化、更加先进的方法类、引领性团体标准。中国工程建设标准化协会2018年以来已下达600余项团体标准制定任务。

【深化工程造价改革】2018年，标准定额司全面贯彻党的十九大和十九届二中、三中全会精神，深入落实"放管服"改革要求，重点开展完善计价体系、加强行业监管和深化工程造价改革等工作，适应建筑业改革和维护建筑业健康发展需要。

一是推进工程造价管理改革。坚持市场决定工程造价机制，组织有关造价管理机构、高校、造价咨询企业、工程建设单位、建筑设计及施工单位就工程造价工作存在的问题进行梳理和分析，研究提出坚持工程造价市场化、信息化、国际化和法制化改革的方向，并初步提出改革的目标和措施。

二是健全工程计价依据体系。适应招投标改革和推进工程总承包要求，组织修编工程量清单计价规范和9本配套计算规范；为推动绿色发展，服务绿色建筑工程投资控制，编制《绿色建筑经济指标》；为贯彻落实中央城市工作会议精神，服务全国老旧住宅小区综合整治工程、城市地下综合管廊建设、海绵城市建设等我部年度重点工作，组织编制《房屋修缮工程消耗量定额》等8本消耗量定额和指标。

三是完善工程造价管理制度。为贯彻国务院职业资格制度改革精神，依据《国家职业资格目录》，统一和规范造价工程师职业资格管理，会同交通运输部、水利部、人力资源社会保障部出台《造价工程师职业资格制度规定》《造价工程师职业资格考试实施办法》，并组织完成全国一级造价工程师职业资格考试大纲和全国二级造价工程师职业资格考试大纲。

四是转变工程造价监管方式。深入落实"放管服"改革要求，积极利用信息化手段，加强和改善工程造价咨询企业监管方式，推动各地开展工程造价数据监测工作，研究建立工程造价信息监测大数据，为行业监督、建立预警机制提供数据支持。

五是规范造价行政许可。进一步规范工程造价行政许可办事流程，优化审批环节，全年共受理101家工程造价咨询甲级资质的变更管理工作，完成六批526家工程造价咨询企业乙升甲业务，508家企业通过审查晋升甲级资质，累计通过率达96.6%。同时，全年受理造价工程师初始注册19060人，通过许可18043人，通过率达94.7%。

【大力推进工程建设标准国际化】一是会同有关部门、行业、企业和相关单位，开展"一带一路"基础设施和城乡规划建设工程标准应用情况调研。通过调研，初步掌握我国工程建设标准国际化现状、存在问题、各方需求等情况，已形成数项调研分报告。

二是多措并举，推动我国企业积极参与国际标准化活动。一是组织召开工程建设标准国际化工作推进会，交流我国推动工程建设标准国际化的有关情况和最新进展，分享有关地方、有关行业推动工程建设标准国际化的经验，对于各地方、各部门、各行业提高政治站位、统一思想认识、共同推动下一步工作具有重要意义。二是组织编制中国工程标准使用指南，并广泛征求各行业、各领域、各地方意见，旨在增强中国工程建设标准的社会影响力，为中国企业在海外工程中使用中国标准提供指导。

三是夯实基础，积极推进中外工程建设标准比对研究。一是组织启动编制中外工程建设标准比对研究行动方案，旨在下一步系统性地组织有关科研、设计、高校、企业等单位参与相关研究工作，提供指导，奠定基础。二是组织启动对部分发达国家的工程建设管理法规制度及标准体系的研究工作，旨在学习借鉴发达国家经验，提高中国工程建设标准水平和国际化水平。目前已基本完成对英国、德国的研究报告，正在开展对美国、日本、俄罗斯、法国的研究。

【服务民生，推动标准实施效果稳步提升】一是坚持以人民为中心，做好有关标准咨询的群众来信和社会来函的答复工作，不断提高答复时效和答复质量。2018年已累计完成标准解释答复52件，群众满意度不断提升。

二是做好工程建设地方标准和行业标准备案工作，不断优化工作手段，提高工作效率。2018年已完成地方标准备案457项，完成行业标准备案189项。

【无障碍设施、养老服务设施建设工作和认证认可管理工作】一是为落实国务院印发的"十三五"老龄及残疾人规划有关开展"无障碍环境市县村镇工作"要求，会同工业和信息化、民政、残联、老龄部门部署"十三五"创建全国无障碍建设城市工作，印发《住房城乡建设部等部门关于开展无障碍环境市县村镇创建工作的通知》（建标〔2018〕114号），促进我国无障碍环境建设工作不断深入开展。

二是开展乡镇村庄创建无障碍环境建设情况调研。会同中国残联赴北京、浙江、湖南、云南、河南等地就乡镇、村庄无障碍环境建设进行调研，听取残疾人、老年人的无障碍需求，了解当地无障碍环境建设和家庭无障碍改造情况。组织编制《创建无障碍环境村镇工作标准》，在组织管理、公共建筑的建设与改造、家庭无障碍改造等方面充分体现村镇特点。

三是开展标准编制及课题研究工作。开展无障碍及适老建筑产品基本技术要求全文强制产品标准的编制研究，启动发达国家无障碍环境建设发展趋势研究、适老化无障碍建设技术研究、老旧小区无障碍改造研究，完成《无障碍设施建设图集》编制工作。

四是组织开展房屋建筑认证信息追溯机制初步研究，指导举办首届中国工程建设检验检测大会，大力推行认证认可制度，促进住房城乡建设事业高质量发展。

以创新引领发展，认真贯彻落实绿色发展理念

【全力推动绿色城乡建设工作】一是全力推动绿色城乡建设。进一步修改完善《关于深入推进绿色城市建设的指导意见》初稿，提出绿色城市建设内涵、目标、主要任务及重点举措。开展"绿色城市建设指标体系"研究，梳理国内外有关指标体系，初步形成我国绿色城市建设指标框架。配合国家发展改革委起草《开展绿色生活创建行动工作方案》，明确住房城乡建设部负责绿色社区、绿色建筑单项创建行动任务；起草《绿色社区创建行动方案》《绿色建筑创建行动方案》初稿。完成《民用建筑节能管理规定》（部令）修订研究报告和修订草案初稿。

二是推动新时代高质量绿色建筑发展。修订《绿色建筑评价标准》，研究绿色建筑新的内涵、指标体系、星级划分等。修订《绿色建筑评价标识管理办法》（征求意见稿）发往各地住房城乡建设主管部门征求意见。组织"雄安新区绿色建筑技术及实施机制研究"课题验收。编制《建筑节能与绿色建筑推广应用和限制、禁止技术公告》（征求意见稿）。会同工信部印发《智能光伏产业发展行动计划（2018-2020年）》，提出开展智能光伏建筑及城镇应用示范，编制完成《智能光伏建筑及城镇应用示范实施方案（初稿）》。

三是积极推进北方地区冬季清洁取暖试点城市建设。会同财政部印发《北方地区冬季清洁取暖试点城市绩效评价办法》（财建〔2018〕253号）；会同财政部等部门对第一批试点城市（12个）实施情况进行绩效评价考核。组织开展第二批试点城市的申报及遴选工作，确定了23个城市作为试点；同步召开工作推进会，安排部署试点工作。组织召开北方地区农村冬季清洁取暖用户侧能效提升鹤壁现场经验交流会。组织有关单位编制《北方地区清洁取暖试点城市城镇既有居住建筑节能改造技术导则》《北方地区清洁取暖试点农村既有居住建筑节能改造技术导则》。

四是推进城市绿色发展的智慧化。配合相关部门修订《新型智慧城市评价指标体系2017》，编制《促进大数据发展2018年工作要点》。协调部内相关司局将部相关工作纳入2018年国家智慧城市建设和促进大数据发展总体工作框架中，包括"生态环境保护信息化工程住房城乡建设部建设项目"、加快推进城市大数据平台建设、积极推进数字化城市管理向智慧化升级、统筹推进城市基础设施智能化等。

五是加强绿色城市建设的监督考核。完成了住房城乡建设部2017年度建筑节能、绿色建筑及装配式建筑实施情况专项检查。会同国家发展改革委完成2017年度省级人民政府能源消耗总量和强度"双控"考核。会同生态环境部完成2017年省级人民政府控制温室气体排放目标责任评价现场考核。在上述考核中体现绿色城市建设相关要求。

【积极推动军民融合稳步发展装配式建筑】一是稳步推进装配式建筑发展。指导各地因地制宜推进装配式建筑发展。组织开展技术体系研究，委托相关单位编制装配式建筑技术体系指引，开展装配式混凝土建筑、钢结构建筑和现代木结构建筑技术体系梳理。认定了30个城市和195家企业为第一批装配式建筑示范城市和产业基地。加强技术培训和宣传，指导开展《装配式建筑评价标准》宣贯，指导编制《装配式混凝土建筑施工规程》等54本团体标准和图集，在编团体标准37本。

二是加快绿色建材评价认证和推广应用。印发了《质检总局、住房城乡建设部、工业和信息化部、国家认监委、国家标准委关于推动绿色建材产品标准、认证、标识工作的指导意见》，起草《绿色建材产品认证工作实施方案》（征求意见稿）。截至年底，22个省市公布了89个一、二星级绿色建材评价机构，获一、二、三星级绿色建材评价标识的建材产品分别有11个、187个、529个。全国绿色建材评价标识管理信息平台运行良好，为行业提供了信息交流渠道。

【持续构建行业绿色技术创新体系】一是落实行业科技创新"十三五"专项规划，构建绿色技术创新体系。开展构建市场导向的住房城乡建设领域绿色技术创新体系专题研究，参与编制国家发展改革委和科技部牵头的《构建市场导向的绿色技术创新体系指导意见》（已报中央深改办）。对行业科技管理人员开展科技创新政策和绿色城市、智能建筑等方面新技术应用培训。

二是实施国家科技重大专项。总结凝练高分专项"城市精细化管理遥感应用示范系统"一期项目成果，形成《城乡规划建设管理遥感应用案例》。会同部城管局开展城市管理和执法领域遥感技术应用交流和培训。依托项目建立的空间信息承载平台，为部城市综合管理服务和重点城市黑臭水体整治过程监测等工作提供技术服务。

三是组织实施水体污染控制与治理科技重大专项。进一步优化水专项管理，精简报送材料和表格，严把到期项目（课题）验收关。组织召开项目（课题）实施推进和验收培训会，对标志性成果进行调度，开展北京、上海、太湖流域等城市饮用水安全保障技术应用案例调研，推进项目（课题）实施和成果产出。通过开展财务管理培训、年度绩效评价、公开征聘会计师事务所并委托开展财务审计，强化资金管理。启动"雄安新区城市水系统构建与安全保障技术研究"课题，并与雄安新区规划进行对接。

四是积极争取国家重点研发计划支持行业关键技术创新。推荐申报科技部"绿色建筑及建筑工业化"和"公共安全风险防控与应急技术装备"等重点专项，9个项目获立项，内容涵盖城市绿色低碳发展、既有住区功能提升与改造、安全韧性城市、工业化改造等。协调科技部将"乡村厕所""传统村落"等领域技术研究纳入重点专项项目指南，为部今年的六大重点任务提供科技支撑。完成国家科技支撑计划"美丽乡村绿色农房建造关键技术研究与示范"等6个项目27个课题验收。

五是确定2018年度部科技计划项目。确定2018年部科技计划项目672项，包括开展被动式超低能耗绿色建筑示范区、高性能绿色建筑、装配式建筑示范工程、北方地区清洁取暖技术应用与推广、信息化技术应用等方面的技术研究和工程示范，促进行业创新发展。

【以绿色金融和国际合作支撑城市绿色发展】一是深入开展城市绿色投融资国际合作。启动编制《中国绿色建筑投融资指南》《中国绿色城乡建设投融资指引》，成立中外专家参与的编写组，召开3次工作会。与欧盟合作举办"中国城市绿色投融资论坛"，邀请世界银行、UNDP、亚洲开发银行、德国复兴银行、国家开发银行、保险公司、基金公司、中央财大等机构参与研讨及指南编制。成为中德合作"低碳投资能源金融—城市咨询设施"项目中方牵头执行单位。

二是通过国际合作支持城市绿色发展。根据行业和各地需求，与欧盟、GIZ、ADB等合作举办韧性城市、绿色建筑、被动式超低能耗与产能建筑、零能耗建筑、城市生活垃圾处理等技术交流与培训，参加人员共计超过1000人次。

三是通过实施国际科技合作项目促进行业技术进步。开展中美净零能耗建筑关键技术联合研究和工程示范。开展中加现代木结构建筑技术合作。实施全球环境基金五期"中国城市建筑节能和可再生能源应用"项目，开展绿色城市设计、绿色城市更新、社区绿色化建设、清洁采暖技术路径等研究。实施全球环境基金六期"可持续城市综合方式项目"，完成全国TOD平台功能设计。开展中欧低碳生态城市合作项目试点城市专题培训与研究。落实中德城镇化伙伴关系，开展产能建筑技术交流和培训。

四是深入推进住房城乡建设领域应对气候变化。实施城市生活垃圾处理领域国家适当减缓行动项目，确定5个项目试点城市。与亚洲开发银行共同组织实施气候适应型城市建设技术与政策研究项目，与德国合作实施气候风险管理和转移项目，推进城市适应气候变化工作。

（住房和城乡建设部标准定额司）

房地产市场监管

2018年，在部党组领导下，房地产市场监管司认真学习贯彻党的十九大和习近平总书记对住房和房地产工作的重要指示精神，强化"四个意识"，坚定"四个自信"，做到"两个维护"，切实加强房地产市场调控和监管，各项工作有序开展。

房地产市场调控政策及市场运行基本情况

【房地产市场调控工作情况】 党中央、国务院高度重视房地产市场平稳健康发展。2018年7月，习近平总书记在中央政治局会议上强调，要下决心解决好房地产市场问题，坚持因城施策，促进供求平衡，合理引导预期，整治市场秩序，坚决遏制房价上涨；加快建立促进房地产市场平稳健康发展长效机制。12月，中央经济工作会议提出，要构建房地产市场健康发展长效机制，坚持房子是用来住的、不是用来炒的定位，因城施策、分类指导，夯实城市主体责任，完善住房市场体系和住房保障体系。

住房和城乡建设部会同有关部门贯彻落实党中央、国务院决策部署，深入开展专题研究，下沉实地蹲点调研，广泛听取各方面意见，加快建立和完善房地产市场平稳健康发展的长效机制。坚持因城施策，加强分类指导，落实城市稳地价、稳房价、稳预期的主体责任。支持合理自住需求，坚决遏制投机炒房。调节住房供应结构，规范发展住房租赁市场。大力整顿规范市场秩序，切实维护群众合法权益。针对市场运行中出现的新情况、新问题，指导有关地方及时采取针对性措施，房地产市场总体上保持了平稳运行态势。

【房地产市场运行基本情况】 一是商品住宅销售面积增速放缓。据国家统计局数据，2018年全国商品住宅销售面积14.8亿平方米，同比增长2.2%，绝对量仍处于高位，但增幅比2017年回落3.1个百分点。

二是住宅成交价格总体平稳。据国家统计局70个大中城市房价指数数据，2018年一二线城市新建商品住宅价格涨幅比2017年分别回落9.6个和1.5个百分点，三线城市与2017年持平。

三是商品房待售面积降幅收窄。据国家统计局数据，2018年末全国商品房待售面积5.2亿平方米，同比下降11.0%，降幅比2017年末收窄4.3个百分点。其中，商品住宅2.5亿平方米，同比下降16.8%。

四是房地产开发投资快速增长。据国家统计局数据，2018年全国房地产开发投资12.0万亿元，同比增长9.5%，增幅比2017年扩大2.5个百分点。房屋新开工面积同比增长17.2%，增幅比2017年扩大10.2个百分点。

房屋交易与权属管理基本情况

【完善住房租赁市场体系】 一是加快推进住房租赁立法工作。《住房租赁条例（草案）》报送国务院后，根据党中央、国务院有关决策部署，配合司法部对其进行了修改完善。二是开展住房租赁试点。根据住房城乡建设部、国家发展改革委等9部门联合印发的《关于在人口净流入的大中城市加快发展住房租赁市场的通知》（建房〔2017〕153号），选取广州、深圳等12个城市开展住房租赁试点。截至2018年底，12个住房租赁试点城市已培育两级国有住房租赁企业138家；通过"竞自持"、配建的方式累计出让租赁住房用地271宗；通过"商改租"或城中村改造等形式盘活存量房源16.52万套；住房租赁信息服务与监管平台累计录入房源141万套。试点城市探索对承租人提供便捷的配套公共服务保障。三是指导开展利用集体建设用地建设租赁住房试点。根据住房城乡建设部与国土资源部联合印发《利用集体建设用地建设租赁住房试点方案》的通知，将北京、上海等13个城市纳入第一批集体建设用地建设租赁住房试点。福州、海口、南昌等城市积极申请第二批次试点。四是推动中央财政支持住房租赁市场发展试点。会同财政部研究制定《关于开展中央财政支持住房租赁市场发展试点的通知》，编制申报指南。计划用三年时间，中央财政分批支持部分人口净流入、租赁需求缺口大的大中城市发展住房租赁市场。五是加大金融支持力度。配合国家发展改革委研究制定租赁住房专项债券发行指引。配合人民银行研究制定《关于发展和规范住房租赁市场金融业务的意见》《房地产投资信托基金管理办法》。配合银保监会研究制定《关于金融促进消费平稳健康增长的意见》。

【整治房地产市场秩序】一是持续开展整治房地产市场秩序工作。针对群众反映多的"黑中介"、投机炒房和虚假广告等问题，结合整治骚扰电话、扫黑除恶等专项工作，2018年，北京、上海等16个城市共检查了1.5万家中介门店，查处了1857家中介机构。二是加强法规制度建设。加快《住房销售管理条例》立法工作，《住房销售管理条例（草案）》报送国务院后，根据党中央、国务院有关决策部署，配合司法部对其进行了修改完善。研究起草《关于进一步加强房地产中介行业管理的指导意见（初稿）》。指导行业学会下发《毕业生租房风险提示与防范》。

【全面实行房屋交易合同网签备案制度】为贯彻落实党中央、国务院有关决策部署，全面规范和加强房屋网签备案工作，逐步构建以房屋网签备案制度为基础的房地产交易管理体系，为房地产市场调控提供决策依据和支撑，出台《住房城乡建设部关于进一步规范和加强房屋网签备案工作的指导意见》（建房〔2018〕128号），明确实行房屋买卖、租赁、抵押合同网签备案全覆盖。

【全面推进房地产交易信息和涉税信息共享】为优化营商环境，简化办事流程，国家税务总局、住房和城乡建设部印发《关于加强信息共享深化业务协作的通知》（税总发〔2017〕114号），要求加强新建商品房和二手房交易信息与涉税信息共享，税务部门可直接调用共享信息进行税源信息采集，并推行跨部门业务联办，实现交易和办税资料一窗受理、内部流转、一次办证。

房地产开发与房屋征收基本情况

【开展主题公园发展及周边房地产项目建设的专题调研】为贯彻落实中央领导同志重要指示精神，于2018年1月与国家发展改革委共同就规范主题公园发展及周边房地产项目建设问题进行全面摸底排查和实地调研，2018年3月与国家发展改革委等部委联合印发《关于规范主题公园建设发展的指导意见》（发改社会规〔2018〕400号），指导各地进一步规范主题公园及周边的建设发展。

【开展应对"房地产购房业主群体维权类活动"】按照中央统一部署，积极开展应对"房地产购房业主群体维权类活动"工作，研究制定工作方案，2018年4月印发《关于开展房地产领域购房矛盾纠纷排查化解工作的通知》（建办房〔2018〕27号），督促指导各地加强对房地产开发建设和销售中有关风险隐患的排查化解，维护购房业主的合法权益。

【全面落实开展扫黑除恶专项斗争】落实中央扫黑除恶专项斗争统一部署，积极参与住房城乡建设领域扫黑除恶专项斗争工作，督促各地健全房屋征收和房地产开发领域法规政策体系，加强执法检查，坚决打击房屋征收和房地产开发建设过程中采取暴力、胁迫等非法手段煽动闹事的违法违规行为。

【加强对违法违规行为督查督办】督促指导各地强化对征地拆迁与房地产领域矛盾纠纷的化解，加大对房地产开发领域违法违规行为的监督检查力度。2018年3月至5月参加了国办督查室等中央部门组织的督查组，对河北、内蒙古、湖北等地征地拆迁突出问题及信访案件进行督查、督导，压实地方主体责任，化解风险隐患；按照中央纪委国家监委要求，2018年10月牵头成立工作组，对潮河上游滦平段违法建设等问题进行了调查核查，研究提出具体处理建议，并督促河北省依法依规做好整改工作。

物业管理基本情况

【完善物业管理制度】研究民法典（草案）物权篇中建筑物区分所有权专章和合同编中物业服务合同专章，多次与全国人大法工委交换意见。根据国务院决定，提出《物业管理条例》修改建议，废止

《物业服务企业资质管理办法》。研究起草《物业服务导则》，征求地方主管部门、专家和企业意见。指导上海、深圳、河南等地修订地方性物业管理法规。

【规范物业服务市场】 开展物业服务行业信用管理专题研究，指导深圳开展赋予业主大会统一社会信用代码试点。指导各地加强事中事后监管，建立以信用为核心的物业服务监管体系。指导物业服务标准化委员会起草《物业服务客户满意度测评》等3个国家标准，规范物业服务行为。指导上海、河南等地开展"最美物业人"评选，宣传物业服务从业人员典型事迹。

【加强维修资金管理】 会同财政部研究维修资金会计核算相关问题，起草《维修资金会计核算办法》，赴北京、浙江、广东等地调研维修资金管理情况。指导各地创新业主表决方式，简化资金使用程序，畅通应急使用渠道，充分发挥维修资金对保障房屋住用安全、支持老旧小区改造和电梯更新改造的积极作用。

【开展治理房地产市场乱象专项行动】 6月住房城乡建设部、中宣部、公安部、司法部、税务总局、市场监管总局、银保监会联合印发《关于在部分城市先行开展打击侵害群众利益违法违规行为治理房地产市场乱象专项行动的通知》（建房〔2018〕58号），在北京、上海等30个重点城市联合开展为期半年的专项行动，重点治理投机炒房、房地产"黑中介"、违法违规房地产开发企业和虚假房地产广告等方面房地产市场乱象。各地出动执法人员9万余人次，检查项目超7万个。住房和城乡建设部集中公开曝光三批共64个房地产开发企业和中介机构违法违规典型案例。

（住房和城乡建设部房地产市场监管司）

建筑市场监管

概况

2018年，住房和城乡建设部建筑市场监管司深入学习贯彻习近平新时代中国特色社会主义思想和党的十九大精神，贯彻落实《国务院办公厅关于促进建筑业持续健康发展的意见》，坚持质量第一、效益优先，以解决建筑业发展不平衡不充分问题为目标，以深化建筑业供给侧结构性改革为主线，以提升工程质量安全水平为核心，以完善建筑市场监管体制机制为重点，优化企业营商环境，推进建筑产业转型升级，全面完成各项任务。

推进建筑业供给侧结构性改革

【大力培育现代化建筑产业工人队伍】 稳步推进劳务基地建设工作，引导和支持大型施工企业与建筑劳务输出大省合作建立劳务基地，指导中建八局与四川省叙永县、中建七局与河南省固始县分别合作建设建筑产业工人培育示范基地，探索建立以劳务基地为依托的稳定建筑工人队伍，切实提高建筑工人技能素质。推进建筑工人实名管理，起草建筑工人实名制管理办法，完善建筑工人实名制管理制度，启用全国建筑工人管理服务信息平台，推进与各省市数据对接。推动建筑劳务用工制度改革，起草新时期建筑产业工人队伍建设改革方案，探索建立建筑产业工人队伍培养、使用、评价、激励机制，确定路径选择和时间规划，构建以总承包企业自有工人为骨干、专业作业企业自有工人为主体的新型用工体系。

【深化工程招投标制度改革】 完善招投标监管制度，修订发布《房屋建筑和市政基础设施工程施工招标投标管理办法》，赋予社会投资的房屋建筑工程建设单位自主发包权。推进招投标制度改革试点工作，在北京、天津等6省市开展房屋建筑和市政基础设施工程电子招标投标试点。总结地方开展民间投资房屋建筑工程由建设单位自主决定发包方式试点工作情况，落实招标人自主权。

【推动工程建设组织方式变革】 大力推进工程总承包发展，完成房屋建筑和市政基础设施项目工程总承包管理办法合法性审查和第三方评估，组织修订工程总承包合同示范文本，在10个省、区、市继续推进工程总承包试点，在上海、深圳开展工程总承包企业编制施工图设计文件试点。大力培育全过程工程咨询，会同国家发展改革委起草《关于推进全过程工程咨询服务发展的指导意见》，在10个省、区、市和40家企业继续推进全过程工程咨询试点。积极推进建筑师负责制，起草在民用建筑工程中推进建筑师负责制的指导意见，指导上海浦东新区等4个地区开展建筑师负责制试点，督促指导试点地区推动建筑师负责制项目落地。

完善建筑市场监管体制机制

【优化企业营商环境】简化施工许可管理，修订发布《建筑工程施工许可管理办法》，精简施工许可要件，将施工许可办理时间由15个工作日压缩至7个工作日。持续开展清理规范工程建设领域保证金，配合人力资源社会保障部制定农民工工资管理办法，完善保障农民工工资支付制度，定期汇总各地保证金和保函替代情况，督促地方严格落实清理规范工程建设领域保证金工作。积极推行工程担保，会同财政部、人力资源社会保障部、人民银行、银保监会等部门联合开展调研，起草在房屋建筑和市政基础设施工程中加快实施工程担保制度的指导意见。

【推进诚信体系建设】完善全国建筑市场监管公共服务平台，印发《全国建筑市场监管公共服务平台工程项目信息数据标准》；建立建筑市场失信联合惩戒机制，起草完成《关于对建筑市场相关失信责任主体实施联合惩戒的合作备忘录》；实施建筑市场主体黑名单制度，截至2018年底已发布建筑市场主体黑名单信息17条。

【加强建筑市场监管】继续加大违法违规行为查处力度，2018年，共查处存在资质资格申报弄虚作假行为的企业102家，专业技术人员67人；查处发生质量安全责任事故的企业7家，专业技术人员23人。2018年，各地共查处存在转包、违法分包等各类违法违规行为企业10729家，人员1749人。印发《住房城乡建设部办公厅等关于开展工程建设领域专业技术人员职业资格"挂证"等违法违规行为专项整治的通知》，严肃查处专业技术人员职业资格"挂证"等违法违规行为。

深化行政审批制度改革

【简化企业资质管理制度】印发《住房城乡建设部办公厅关于简化建设工程企业资质申报材料有关事项的通知》，清理建设工程企业资质申报证明事项，取消身份证明、社保证明、资质证书等证明材料。印发《住房城乡建设部办公厅关于取消建筑业企业最低等级资质标准现场管理人员指标考核的通知》，取消资质标准对持有岗位证书现场管理人员的考核指标。印发《住房城乡建设部办公厅关于调整工程监理企业甲级资质标准注册人员指标的通知》，降低工程监理企业甲级资质标准注册人员要求。推进工程设计、建筑业企业、工程监理企业资质标准修订，简化资质类别和等级设置。

【完善个人执业资格管理制度】修订《注册建造师管理规定》，简化申报程序、精简申报材料，强化个人执业责任。印发《住房城乡建设部办公厅关于一级建造师执业资格实行电子化申报和审批的通知》，取消申报材料，实行承诺制，实现网上办理，提高审批效率。印发《住房城乡建设部办公厅关于进一步简化监理工程师执业资格注册申报材料的通知》《住房城乡建设部办公厅关于进一步简化勘察设计注册工程师执业资格申报材料的通知》，取消个人执业资格注册申请中的社保证明要求。会同交通运输部、水利部、人社部，开展监理工程师职业资格制度研究，完成《注册监理工程师职业资格制度》和《监理工程师职业资格考试实施办法》征求意见稿。筹备组建新一届全国注册建筑师管理委员会，修订注册建筑师管理委员会章程。

【创新行政审批工作机制】继续推进建筑业企业资质告知承诺制审批，在总结北京、上海、浙江试点经验基础上，扩大实施范围，在江西、河南、陕西、四川4省开展建筑业企业资质告知承诺制审批，探索审批方式改革推动企业资质审查全面电子化，印发《住房城乡建设部办公厅关于建设工程企业资质统一实行电子化申报和审批的通知》，自2019年1月1日起，住房城乡建设部审批的工程勘察、设计、建筑业、监理企业资质全部实行电子化申报和审批。

【开放工程勘察设计和工程服务领域外商投资准入限制】会同商务部废止外商投资工程设计企业、外商投资建设工程服务企业管理有关规章和规范性文件，印发《住房城乡建设部办公厅关于外商投资企业申请建设工程勘察设计资质有关事项的通知》，对外商投资工程勘察、工程设计、建设工程服务企业实施准入前国民待遇加负面清单管理模式。

（住房和城乡建设部建筑市场监管司）

城 市 建 设

2018年，城市建设工作坚决贯彻落实习近平新时代中国特色社会主义思想和党的十九大精神，按照中央经济工作会议、全国生态环境保护大会、政府工作报告及全国住房城乡建设工作会议部署，坚持以人民为中心的发展思想，落实新发展理念，围绕提升城市建设的整体性、系统性、协同性，推动城市高质量发展，进一步提升城市承载力、包容度和宜居性，增强百姓获得感、幸福感、安全感。

海绵城市建设、排水防涝与黑臭水体整治

【海绵城市】 全面落实海绵城市理念，用统筹的方式、系统的方法推进城市排水防涝和城市黑臭水体治理。深入推进海绵城市建设，2018年12月制定颁布《海绵城市建设评价标准》，建立科学评判海绵城市建设成效的指标体系；印发海绵城市专项规划样本，开展专题辅导，指导地方做好规划编制工作；从体制机制、技术标准、制度建设、运作模式等方面全面总结试点城市经验。截至2018年底，全国已有538个城市编制海绵城市建设专项规划，30个试点城市累计完成海绵城市项目4900余个，消除48个黑臭水体和345个易涝积水区段。

【防水防涝】 推进城市排水防涝补短板，落实城市排水防涝责任，由城市人民政府有关负责同志担任城市排水防涝安全责任人，并向社会公开；2018年2月召开全国电视电话会议，各省、自治区住房和城乡建设厅，直辖市城乡建设委员会（水务局、城管委）相关负责同志参加，全面部署城市排水防涝安全工作，要求各地加快推进城市排水防涝补短板，定期通报重点城市排水防涝补短板进展情况，3月，印发《住房和城乡建设部办公厅关于加强2018年城市排水防涝工作确保安全度汛的通知》；7月，就城市排水防涝工作专门向国务院报告，提出综合解决城市内涝问题的措施和建议。截至年底，60个内涝风险严重城市的1116个易涝点已整治完成960个，占87%。

【黑臭水体】 加快城市黑臭水体治理，经国务院同意，2018年9月，住房城乡建设部与生态环境部共同印发《城市黑臭水体治理攻坚战实施方案》，作为2018-2020年推进城市黑臭水体治理的工作方案，并组织培训对实施方案进行宣贯落实；多次组织对部分重点城市及长江经济带城市进行暗访，与生态环境部共同开展城市黑臭水体整治环境保护专项行动，查找问题、督促整改；与财政部、生态环境部共同遴选了20个黑臭水体示范城市；协调国家发展改革委支持长江经济带沿江城市黑臭水体治理。截至年底，全国地级及以上城市建成区95%的黑臭水体整治项目已开工；36个重点城市建成区95%的黑臭水体基本消除。

地下综合管廊建设

【概况】 2018年《政府工作报告》中提出"加强地下综合管廊建设"，住房和城乡建设部通过指导试点建设，完善政策标准，开展专题调研等方式，指导各地因地制宜推进地下综合管廊建设。2018年，全国共有82个城市、27个县新开工建设管廊项目248个，总长度788公里，总投资792亿元。

【稳步推进管廊建设试点】 会同财政部完成25个试点城市年度绩效评价工作，总结厦门、海口、苏州、白银等城市可复制、推广的经验模式并向全国推广。试点期计划建设管廊1055公里，已开工1046公里，累计形成廊体904公里，在推动基础设施高质量发展、提升城市安全保障能力、促进地上地下空间有序利用等方面取得了显著成效。

【完善管廊建设法规标准】 完成城镇地下管线的管理基本情况、立法重点问题等立法材料，修改完善《城镇地下管线管理条例（送审稿）》。组织制定《城市地下综合管廊运行维护及安全技术标准》。

市政交通建设

【城镇燃气】 一是印发《住房城乡建设部办公厅关于做好"煤改气"工程质量和运行安全有关工作的通知》（建办城电〔2018〕4号），要求各地加强农村"煤改气"的工程质量和运行安全管理。二是印发《农村管道天然气工程技术导则》，指导各地规范农村"煤改气"工程质量和运行安全管理，并组织开展专题培训。三是贯彻落实国务院"放管服"

要求，会同标准定额司共同修订国家标准《燃气服务导则》，优化燃气报装程序，压缩报装时间。截至年底，全国城市天然气供气总量 1444 亿立方米，液化石油气供气总量 1015 万吨，人工煤气供气总量 30 亿立方米，用气人口 4.95 亿人，燃气普及率 96.7%。全国县城天然气供气总量 171 亿立方米，液化石油气供气总量 214 万吨，人工煤气供气总量 6 亿立方米，用气人口 1.32 亿人，燃气普及率 83.85%。

【城镇供热】一是召开工作会议，全面部署采暖期城镇供热采暖各项工作，完善信息报告机制，及时调度指导地方供热运行和应急处置等工作。二是加强供热燃料保障，及时协调解决供热用气紧张问题。三是加强调研指导，督促地方加强供热保障。四是开展"访民问暖"，深入社区、用户家庭，解决群众具体问题。截至年底，全国城市集中供热能力：蒸汽达 9.23 万吨/小时，热水达 57.82 万兆瓦，集中供热面积达 87.8 亿平方米。全国县城集中供热能力：蒸汽达 1.68 万吨/小时，热水达 13.99 万兆瓦，集中供热面积达 16.2 亿平方米。

【城市道路桥梁】印发《住房城乡建设部办公厅关于开展城市桥梁安全防护设施隐患排查整治工作的通知》，部署各地开展隐患排查整治工作。截至年底，全国城市道路长度 43.21 万公里，道路面积 83.37 亿平方米，人均道路面积 16.69 平方米，建成区路网密度 6.14 公里/平方公里。全国县城道路长度 14.48 万公里，道路面积 27.82 亿平方米，人均道路面积 17.73 平方米，建成区路网密度 6.41 公里/平方公里。

【城市轨道交通】一是配合国家发展改革委研究加强城市轨道交通规划建设管理工作，并报请国务院印发《国务院办公厅关于进一步加强城市轨道交通规划建设管理的意见》（国办发〔2018〕52 号）。二是完成重庆、杭州、济南、武汉、上海等 5 个城市的城市轨道交通建设规划审核会签工作，推进城市轨道交通建设。截至年底，全国已有 43 个城市的轨道交通建设规划获国家批复，有 32 个城市建成运营，其中，地铁、轻轨、单轨等运营总里程约 4850 公里。

城市环境卫生

【深入推动生活垃圾分类】完善考核评价机制，2018 年 6 月印发《城市生活垃圾分类工作考核暂行办法》，建立"月报告、季通报"制度，按季度通报 46 个重点城市的工作进展，指出存在问题，提出改进建议；2018 年 3 月起，开展现场督导，组织专家组深入一线，对 46 个重点城市进行调研指导；倡议和指导中央单位、驻京部队等率先垂范，全面推行生活垃圾分类，推动医疗机构、学校垃圾分类全覆盖，深入开展"垃圾分类进校园"活动。

【推动建筑垃圾管理和资源化利用】2018 年 3 月，印发《关于开展建筑垃圾治理试点工作的通知》，启动试点工作，确定北京等 35 个城市（区）为建筑垃圾治理试点；指导试点城市编制完成实施方案，组织专家完成评审，部分城市实施方案经市政府批准后已印发实施；2018 年 11 月，组织专家组分赴 35 个试点城市开展调研，实地指导建筑垃圾试点工作。

【加快生活垃圾处理设施建设】2018 年 8 月，印发《关于加快城市生活垃圾无害化处理设施建设加快补齐短板的通知》（建办城函〔2018〕461 号），指导地方加快设施建设，督促部分城市和县城加快补齐生活垃圾无害化处理设施短板，不断提高处理能力。

【推动城市"厕所革命"】2018 年 1 月，印发《关于做好推进"厕所革命"提升城镇公共厕所服务水平有关工作的通知》，指导各地以需求为导向，不断改进公厕布局，提高服务水平；2018 年 2 月，与商务部联合印发《关于推进商贸服务行业"厕所革命"有关工作的通知》，扩大社会厕所开放力度；2018 年 3 月，印发《关于报送"厕所革命"2017 年工作总结和 2018 年工作计划的通知》，全面总结地方落实习近平总书记关于"厕所革命"重要指示情况；完善城市公厕云平台功能，加快推广应用，优化基础数据；对陕西、内蒙古、福建、浙江、江苏、上海等地进行调研，指导公厕设计标准落实情况和城市公厕云平台运行情况。

城镇水务工作

【加强城镇供水节水工作】组织开展 2018 年度城镇供水规范化管理专家评估工作；修订印发《住房城乡建设部 国家发展改革委关于印发〈国家节水型城市申报与考核办法〉和〈国家节水型城市考核标准〉的通知》（建城〔2018〕25 号），组织对 18 个申报城市进行考核；印发《住房和城乡建设部办公厅关于进一步加强城市公共供水管网漏损控制工作的通知》（建办城函〔2018〕452 号），督促指导各地加强城市公共供水管网漏损控制；开展以"实施国家节水行动，让节水成为习惯"为主题的 2018 年度城市节水宣传周活动。截至 2018 年底，全国城市和县城供水生产能力3.12亿立方米/日，年供水总量614.64亿立方米，供水管网长度86.7万公里。

【加快城镇污水处理设施建设】依据《住房城乡建设部关于印发〈城镇污水处理工作考核暂行办法〉的通知》（建城〔2017〕143号），按季度对全国城镇污水处理设施建设运行情况进行通报。截至2018年底，全国城市和县城污水处理能力1.95亿立方米/日，污水管网长度（含合流制管网）54.4万公里，年污水处理总量576亿立方米，城市和县城污水处理率分别达到95.5%和91.2%。

园林绿化建设

【中国国际园林博览会】5月31日，第十一届中国（郑州）国际园林博览会顺利闭幕。郑州园博会以"引领绿色发展，传承华夏文明"为主题，突出"百姓园博、文化园博、海绵园博、智慧园博"四大特色，期间举办了园林绿化高层论坛、十八大以来生态园林建设成就展等系列活动，闭幕后园博园作为公园绿地永久保留并对公众开放。

12月6日，第十二届园博会中国（南宁）国际园林博览会顺利开幕。南宁园博会由住房城乡建设部和广西壮族自治区人民政府共同主办，南宁市人民政府、广西壮族自治区住房城乡建设厅承办。南宁园博会以"生态宜居 园林圆梦"为主题，国内44个城市、东盟及"一带一路"沿线国家19个城市参展，是第一次在少数民族地区举办的园博会。

【国家园林城市】住房城乡建设部组织开展国家生态园林城市、国家园林城市复查工作，对2015年及以前获得命名的7个国家生态园林城市、291个国家园林城市开展复查，加强园林城市动态监管。

【城市公园安全管理】4月28日，住房城乡建设部办公厅印发《关于进一步加强城市公园安全管理工作的通知》，组织各地园林绿化行政主管部门从落实安全管理责任、加强安全监管力度、科学制定安全应急预案、加强安全培训和宣传、全面排查整治安全隐患等方面，进一步加强城市公园安全管理工作，有效防范安全事故发生，为人民群众营造安全有序的游园环境。

【城市绿地建设】截至年底，全国城市建成区绿地面积219.7万公顷，城市公园绿地面积72.37万公顷，人均公园绿地面积14.11平方米，建成区绿地率37.34%，城市绿化品质和服务水平进一步提高。

（住房和城乡建设部城市建设司）

村 镇 建 设

概况

2018年年末，全国建制镇统计个数18337个，乡统计个数10210个，镇乡级特殊区域个数601个，行政村个数526826个。村镇户籍总人口9.61亿。其中，建制镇建成区1.61亿人，占村镇总人口的16.75%；乡建成区0.25亿人，占村镇总人口的2.60%；镇乡级特殊区域建成区0.04亿人，占村镇总人口的0.42%；村庄7.71亿人，占村镇总人口的80.23%。

2018年年末，全国建制镇建成区面积405.29万公顷，平均每个建制镇建成区占地221公顷；乡建成区65.39万公顷，平均每个乡建成区占地64公顷；镇乡级特殊区域建成区13.38万公顷，平均每个镇乡级特殊区域建成区占地206公顷。

【规划管理】2018年年末，全国已编制总体规划的建制镇16468个，占所统计建制镇总数的89.81%，其中本年编制1225个；已编制总体规划的乡7528个，占所统计乡总数的73.73%，其中本年编制485个；已编制总体规划的镇乡级特殊区域464个，占所统计镇乡级特殊区域总数的77.2%，其中本年编制21个；2018年全国村镇规划编制投资（不包括村庄）达44.18亿元，其中建制镇投入35.39亿元，乡投入8.49亿元，镇乡级特殊区域投入0.30亿元。

【建设投资】2018年，全国村镇建设总投资18200.49亿元。按地域分，建制镇建成区7562.25亿元，乡建成区620.86亿元，镇乡级特殊区域建成区187.68亿元，村庄9829.71亿元，分别占总投资的41.55%、3.41%、1.03%、54.01%。按用途分，房屋建设投资13129.32亿元，市政公用设施建设投资5071.17亿元，分别占总投资的72.14%、27.86%。

在房屋建设投资中，住宅建设投资9598.50亿元，公共建筑投资1711.42亿元，生产性建筑投资1819.40亿元，分别占房屋建设投资的73.11%、13.04%、13.86%。

在市政公用设施建设投资中，道路桥梁投资2003.05亿元，排水投资781.18元，环境卫生投资662.26亿元，供水投资542.55亿元，分别占市政公用设施建设总投资的39.50%、15.40%、13.06%和10.70%。

【房屋建设】2018年，全国村镇房屋竣工建筑面积15.09亿平方米，其中住宅11.56亿平方米，公共建筑1.65亿平方米，生产性建筑1.89亿平方米。2018年年末，全国村镇实有房屋建筑面积392.16亿平方米，其中住宅320.18亿平方米，公共建筑30.07亿平方米，生产性建筑41.91亿平方米，分别占81.64%、7.67%、10.69%。

2018年年末，全国建制镇建成区人均住宅建筑面积36.05平方米，乡建成区人均住宅建筑面积33.22平方米，镇乡级特殊区域建成区人均住宅建筑面积37.98平方米，村庄人均住宅建筑面积32.71平方米。

【公用设施建设】2018年年末，在建制镇、乡和镇乡级特殊区域建成区内，供水管道长度71.77万公里，排水管道长度20.73万公里，排水暗渠长度11.74万公里，道路长度46.93万公里，道路面积30.61亿平方米，公共厕所15.70万座。

2018年年末，建制镇建成区用水普及率88.11%，人均日生活用水量104.05升，燃气普及率52.39%，人均道路面积14.36平方米，排水管道暗渠密度6.77公里/平方公里，人均公园绿地面积2.83平方米。

2018年年末，乡建成区用水普及率79.23%，人均日生活用水量91.88升，燃气普及率25.61%，人均道路面积18.03平方米，排水管道暗渠密度6.46公里/平方公里，人均公园绿地面积1.50平方米。

2018年年末，镇乡级特殊区域建成区用水普及率94.76%，人均日生活用水量105.91升，燃气普及率60.92%，人均道路面积17.57平方米，排水管道暗渠密度6.57公里/平方公里，人均公园绿地面积5.45平方米。

2018年年末，全国75.24%的行政村有集中供水，用水普及率77.69%，人均日生活用水量86.56升，燃气普及率28.59%。

脱贫攻坚

部党组高度重视脱贫攻坚工作，认真学习习近平关于扶贫工作的重要论述，坚决落实党中央、国务院脱贫攻坚决策部署，大力推进贫困地区农村危房改造、贫困村人居环境整治、定点扶贫、大别山片区脱贫攻坚联系等重点工作，较好完成住房和城乡建设领域脱贫攻坚任务。

【农村危房改造】会同财政部联合印发《农村危房改造脱贫攻坚三年行动方案》，明确2018-2020年农村危房改造目标任务。安排266亿元补助资金，下达2018年190万户建档立卡贫困户等4类重点对象农村危房改造任务。倾斜支持深度贫困地区，将"三区三州"经核准的建档立卡贫困户等4类重点对象全部存量危房列入2018年改造任务给予支持。研究制定《农村危房改造基本安全技术导则》，提出基本安全底线要求。开发农村危房改造农户档案信息检索系统，实行"县制作录入、省审核管理、部联网检索"。指导和督促各地加大工作力度，2018年190万户农村危房改造任务全部开工。

【贫困村人居环境整治】指导地方在编制省级农村人居环境整治实施方案时，坚决落实"贫困地区农村人居环境达到干净整洁"的基本要求，重点开展农村生活垃圾治理和卫生厕所改造。重点督促中西部省份印发并落实省级实施方案，推动建立省级协调领导机制。赴中西部13个省份、23个贫困县调研指导工作。切实推进贫困村生活垃圾治理工作，全国超过60%的贫困村生活垃圾得到收集和处理。加大贫困地区传统村落保护力度，将贫困地区249个中国传统村落列入中央财政支持范围，共计支持7.47亿元。从2018年9月起，根据《指导意见》分工方案，贫困地区农村人居环境整治牵头部门调整为农业农村部，住房城乡建设部负责做好配合工作。

【定点扶贫工作】研究制定2018年定点扶贫工作计划，签订并落实《中央单位定点扶贫责任书》，部党组书记、部长王蒙徽先后深入4个定点扶贫县调研指导脱贫攻坚工作。部其他领导也多次赴定点扶贫县调研指导工作。研究制定《住房城乡建设部定点扶贫三年行动计划》，进一步强化帮扶措施和责任。选派7名干部到定点扶贫县挂职，帮助定点扶贫县培训基层干部和技术人员等共计597人次。向4个定点扶贫县捐赠帮扶资金620.18万元，帮助引进帮扶资金1112.6万元，支持贫困村基础设施建设、产业发展和基层党建等。加大农村危房改造、传统村落保护等行业帮扶力度。2018年帮助湖北省红安县、麻城市和青海省大通县、湟中县4个定点扶贫县完成163个贫困村退出、50072名贫困人口脱贫的年度减贫任务。

【大别山片区脱贫攻坚联系工作】 在河南省兰考县召开大别山片区区域发展与脱贫攻坚推进会议，交流片区脱贫攻坚经验，推进片区区域发展与脱贫攻坚。发挥住房和城乡建设行业优势，在农村危房改造、建筑业产业扶贫、传统村落保护等方面对大别山片区给予大力支持。截至2018年底，大别山片区36个县市中有6个县已脱贫摘帽。

【美好环境与幸福生活共同缔造示范】 选择湖北省红安县柏林寺村大塘黄格湾、麻城市石桥垸村丁家寨湾和青海省大通县土关村、湟中县黑城村开展"美好环境与幸福生活共同缔造"示范工作，激发群众内生动力，探索稳定脱贫路径。组织中国城市规划设计研究院、中国中建设计集团、中国建设科技集团和北京建筑大学帮扶团队分别驻村帮扶。坚持将扶贫与扶志扶智相结合，通过广泛动员和培训指导，充分激发村民参与脱贫攻坚和建设美丽家园的积极性、主动性和创造性。以改善群众身边、房前屋后人居环境的小事实事为切入点，充分发挥党建引领作用，发动群众共谋共建共管共评共享，探索建立了"纵向到底、横向到边、协商共治"的乡村治理体系，形成了脱贫攻坚、环境整治互相促进的经验。在麻城市召开定点扶贫县脱贫攻坚推进会暨美好环境与幸福生活共同缔造工作现场会议，推广示范经验，中央电视台等媒体做了宣传报道。

【配合做好脱贫攻坚专项巡视】 10月18日至11月30日，中央第七巡视组对住房城乡建设部党组开展脱贫攻坚专项巡视。部党组坚决落实中央脱贫攻坚专项巡视工作部署，成立配合巡视工作领导小组和联络组，积极配合做好专项巡视工作。自觉对标中央要求，主动查摆、系统梳理住房城乡建设部脱贫攻坚领域存在的薄弱环节和问题。坚持即知即改、立行立改。

农村人居环境整治

【组织实施农村人居环境整治三年行动实现良好开局】 2018年1月23日，中共中央办公厅、国务院办公厅印发了《农村人居环境整治三年行动方案》（以下简称《三年行动方案》），由住房和城乡建设部负责组织推进6项重点任务、省级实施方案备核、组织实施督导评估三大任务。我们坚决贯彻落实党中央、国务院决策部署，认真学习党的十九大以及十九届中央全面深化改革领导小组第一次会议关于农村人居环境整治三年行动的精神，通盘部署《三年行动方案》顶层设计，抓紧落实部门责任和工作措施，制定年度落实计划，全力推进实施《三年行动方案》。

一是加强组织领导。成立部农村人居环境整治工作领导小组，王蒙徽部长任组长，其他3位部领导任副组长，14个司局作为成员单位，统筹实施《三年行动方案》各项任务。

二是指导各地落实责任、明确目标。组织召开工作部署会和工作座谈会，指导和督促各省（区、市）编制省级农村人居环境整治实施方案，会同相关部门逐省研究提出备核意见并反馈。目前，所有省份的省级实施方案均已印发实施，各地明确了三年行动的目标任务、年度安排和责任部门。

三是指导各地开展示范县创建工作。指导各地借鉴浙江"千村示范、万村整治"工程经验，组织本地区试点示范，督促28个省（区、市）确定97个示范县。组织开展为期一个多月的集中调研和指导，累计召开27个省级座谈会，实地调研91个县、200多个村，帮助各地尽快提炼形成本地区可复制、可推广的经验，有力地推动整治工作。

四是加强培训指导。组织4期农村人居环境整治培训班，重点讲解农村人居环境整治政策和浙江省"千村示范、万村整治"经验，累计培训各省（区、市）住房城乡建设部门、相关市县负责人360余人次。印发浙江省"千村示范、万村整治"工程经验情况通报，供各地住房和城乡建设部门借鉴。组织编写农村"美好环境与幸福生活共同缔造"、生活污水治理、杂物清理和庭院美、农房建设、道路建设等系列技术指南丛书。

五是协调各方力量支持整治工作。协调各相关部门对《三年行动方案》6项重点任务细化分解为24项工作内容，每项工作均确定了目标、措施并落实了责任部门。制定住房和城乡建设部贯彻落实《三年行动方案》任务分工方案，将各项具体工作分解落实到部内相关司局。协调中国农业发展银行为农村人居环境整治提供期限长、利息低的抵押补充贷款。

截至9月，在住房和城乡建设部等相关部门推动下，农村人居环境整治三年行动实现良好开局。所有省份均成立了农村人居环境整治工作协调领导机构，明确了农村人居环境整治三年行动年度目标任务，启动了垃圾治理、卫生厕所改造等重点工作，建立了督查和考核机制，绝大多数省份还安排了专项资金。9月后，按照经国务院领导同志同意的《农村人居环境整治工作分工方案》，农村人居环境整治工作由中央农办、农业农村部牵头负责。

【农村人居环境整治有关工作进展顺利】一是推进农村生活垃圾治理。继续开展农村生活垃圾治理验收，按照安徽省、江西省、重庆市农村生活垃圾治理验收申请，完成第三方现场核查和部门综合评审，会同相关部门对验收结果予以确认。督促未通过农村生活垃圾治理验收的省份抓紧工作进度。生活垃圾得到处理的行政村比例已超过80%，北京等11个省（区、市）通过住房和城乡建设部等中央10部门组织的验收。

二是推进非正规垃圾堆放点整治。组织第二轮非正规垃圾堆放点排查，指导各地建立工作台账、一处一策开展整治、实施滚动销号。及时通报各地整治工作进度，将各地非正规垃圾堆放点整治纳入土壤污染防治行动计划评估考核。截至年底，各地已完成47%的整治任务。

三是推进农村生活垃圾分类和资源化利用百县示范。组织开展现场调研指导，在调研总结示范县经验基础上出版《农村生活垃圾分类和资源化利用简明读本》。截至年底，示范县（市、区）60%乡镇、38%行政村启动了垃圾分类工作。

四是推进农村生活污水治理百县示范。梳理总结农村生活污水百县示范经验，已形成一批可复制、可推广的经验及模式。联合生态环境部制定国家农村生活污水处理排放标准的要求，要求各地区分排放去向、用途等分类确定控制指标和排放限值，加强生活污水源头减量和尾水回收利用。

五是乡村建设规划编制和设计下乡工作。印发进一步加强村庄建设规划工作的文件，指导各地从村庄实际出发编制村庄建设规划。举办乡村规划推进工作培训班，培训各省（区、市）村镇规划管理和技术人员150余人。成立住房城乡建设部设计下乡工作组，组织召开工作座谈会，印发引导和支持设计下乡工作的文件，部署推动设计下乡工作。编印各省（区、市）设计下乡政策文件、工作报告和案例，研究开发设计下乡网上服务平台。

"美好环境和幸福生活共同缔造"活动

按照党中央、国务院关于实施脱贫攻坚和乡村振兴战略的部署，结合住房城乡建设部脱贫攻坚和美丽乡村建设工作，在定点帮扶的4个贫困县各选一个村，开展脱贫攻坚和美丽乡村共同缔造示范，通过"美好环境和幸福生活共同缔造"方法，推进新时代乡村治理体系建设，激发脱贫攻坚内生动力，探索中部和西部地区乡村振兴中的稳定脱贫与美丽乡村建设同步推进的路径，形成可复制可推广的经验。

【试点工作开展情况】动员部署。自2017年11月住房城乡建设部决定开展示范以来，结合脱贫攻坚工作，深入4个定点扶贫县调研，研究制定了《"脱贫攻坚和美丽乡村共同缔造"示范工作实施方案》，明确了示范工作总体思路、主要目标、示范村选择、责任分工、主要工作任务和时间安排。成立了示范工作领导小组，由住房城乡建设部和湖北、青海省厅及4个规划团队相关负责同志组成；成立了专家组，由乡村规划、污水治理、垃圾治理、新能源、产业策划、乡村治理等方面熟悉农村的专家组成；成立示范工作小组，由行业知名的规划院、地方规划院及地方政府相关负责同志组成。住房城乡建设部每2周召开一次工作例会，每月召开一次工作交流会，不定期召开工作推进会，围绕示范的难点与重点、目的、方法、组织方式以及村庄建设技术等方面进行深入交流研讨。部领导多次深入实地调研，指导地方做好试点示范工作。

遴选有代表性的示范村。工作小组深入贫困县调研，在地方推荐的28个村中选取具有代表性的4个村作为示范村，示范村规模在100户左右，其中青海湟中县黑城村、湖北麻城市丁家寨湾为近郊村，青海大通县土关村、湖北红安县大塘黄格湾为远郊村，试点村在不同程度上都存在基层党组织凝聚力不足、村民内生动力不足、人居环境水平较差、乡风文明有待提升、产业基础薄弱等问题。

组织开展培训。住房城乡建设部组织中国城市规划设计研究院、中国建筑集团、中国建设科技集团、北京建筑大学作为帮扶技术团队，分别负责一个示范村的创建。通过请进来走出去的方式，请徐勇、李郇、陈俊雄等理论和实践丰富的专家授课，组织到广东清远市、湖北苍霞冲、河南郝堂村等优秀村庄实地参观，听乡贤能人现身说法讲发展经验，转变各方参与人员思想观念。组织盘绣、建筑、种植等技能培训，提高村民能力。住房城乡建设部先后组织了培训、工作推进会、参观见学、现场会等活动20余次，通过帮扶团队每村组织了上百场各类活动，共计培训上万人次。

团队驻村帮扶。4个帮扶团队驻村后，一是想方设法融入村集体，如团队组织了百家宴、联谊会、赛宝会、播放影片，拉近团队和村民的距离。多种方式了解村民意愿和希望解决的问题，如团队组织问卷调查、入户访谈、座谈会等方式绘制村庄发展建设的"问题地图",中规院请村民用大头针在地图插最想做的事,北建大在现状照片上绘制通俗易懂的效果图等。各团队通过耐心细致的工作,逐渐完成了村民接纳团队、村民愿意参与、村民积极参与的过程。二是帮助建立各类村民自治组织,团队针对问题和村民意愿提出自治组织的组成和运行机制,4个试点村分别成立了各类理事会、协会、合作社、监事会等。三是帮助村里开展各项建设,如帮助村民确定建设时序,提供技术指导,共同参与清垃圾、残垣断壁、协助建立组织制度。帮助制定评比标准和奖励机制,如北建大团队帮助制定村庄环境卫生评比制度,并捐赠8万元用于奖励。

【试点工作取得的成效和基本经验】4个试点村经过近一年实践,总体来看,取得了明显成效,增强了基层党组织的核心引领和党员模范带动作用,提升了政府管理和服务效能,促进了基层干部作风转变,密切了党群干群关系,提高了村庄治理能力,激发了村民主人翁精神和建设家园内生动力,大幅改善了村庄居住环境,增加了村民收入,实现了脱贫攻坚与乡村振兴有机结合。通过开展"美好环境和幸福生活共同缔造"示范,实实在在地增强了村民群众的幸福感、获得感,其主要经验概括起来有两个方面。

一是初步建立了"纵向到底,横向到边,协商共治"的乡村治理体系。

纵向到底。把党的基层组织建设和领导作用落实到农村社区,将政府的公共服务和社会管理的资源和平台下沉到农村社区,使党和政府工作落到基层,深入到群众。

横向到边。成立以村党组织为核心的各类村民自治组织,把每位村民纳入到一个或多个村民自治组织,让自治组织有序参加到村庄治理,调动村民建设家园的积极性,形成"事事有人想、事事有人干、事事有人管"的村庄治理格局。

协商共治。建立"决策共谋、发展共建、建设共管、效果共评、成果共享"的村庄治理机制,加强基层民主协商。有效解决政府"自上而下决策、大包大揽实施"和村民"等靠要"的问题。

二是建立了"共谋、共建、共管、共评、共享"的协商共治机制。

决策共谋,凝聚民意。让村民参与项目决策,在项目规划上通过反复协商,回应村民需求,唤醒村民"主人翁"意识,使其主动参与到村庄规划、建设、管理中来。

发展共建,凝聚民力。村民通过投工投劳等方式不同程度地参与村庄建设,不仅能充分发挥村民主动性和创造性,还会令村民更加珍惜自己动手参与建设的成果,大大降低后期维护的费用,同时也帮助村庄部分有劳动能力的贫困户增收,可谓"一举多得"。

建设共管,凝聚民智。从试点村的情况看,通过设立公共账户监督、党员分片管理等方式,形成村民、社会、政府对村内事务的共同管理,都取得了很好的效果。

效果共评,凝聚民声。美好环境和幸福生活共同缔造的成效,主要看的是村民的满意度,村民参与评价能激发村民参与的热情,也能体现公平。做到事前预评,事中评价,事后评估。

成果共享,凝聚民心。建设的最终成果是让村民共同享受美好环境与幸福生活,共享也是激发村民共同参与的动力源泉。

村庄设计

【村庄建设规划】针对各地村庄建设无规划、乱规划、"被规划"等问题,9月,住房和城乡建设部印发《关于进一步加强村庄建设规划工作的通知》(建村〔2019〕89号),指导各地因地制宜编制村庄建设规划,防止照搬照抄城市规划。11月,在四川成都举办乡村规划推进工作培训班,培训31个省(区、市)、新疆生产建设兵团和36个城市住房城乡建设部门和规划主管部门的有关业务负责同志以及有关单位技术负责人等共约150人。

【设计下乡】为贯彻落实党中央、国务院关于引导设计下乡提升乡村规划建设水平的工作部署,9月,住房和城乡建设部印发《关于引导和支持设计下乡工作的通知》(建村〔2019〕89号),明确设计下乡的目标、组织形式、服务方式、具体支持政策。10月,组织召开"引导支持设计下乡、加强村庄建设规划,提升乡村规划建设水平"专题新闻发布会,解读关于设计下乡和村庄建设规划的政策文件,宣传推广共谋共建共管共评共享的设计下乡工作机制。11月,成立住房和城乡建设部设计下乡工作组。

传统村落保护发展

会同财政部等部门支持600个中国传统村落开展保护发展工作,按每村300万元给予补助。继续深入挖掘具有价值的传统村落,完成第5批中国传统村落审查并向社会公示拟入选名单。加快推进中国传统村落数字博物馆建设,完成数字博物馆总馆建设,第一批165个优秀传统村落进馆。深入开展传统建筑解析、建造技术调查研究，出版第二批《传统建筑解析与传承》10个省分卷，组织开展第三批12个省分卷调查研究编纂工作。

小城镇建设

为推进小城镇建设，研究分析403个特色小城镇建设成效和问题，完成全国特色小城镇工作进展情况报告。调研浙江、安徽等省小城镇环境综合整治情况，完成全国小城镇环境综合整治情况报告。调研辽宁、西藏等地边境乡镇建设发展情况。与中编办座谈、调研经济发达镇和重点镇规划建设管理体制等事项。

（住房和城乡建设部村镇建设司）

工程质量安全监管

概况

2018年，工程质量安全监管司认真贯彻党的十八大和十九大精神，认真落实中央城市工作会议和《国务院办公厅关于促进建筑业持续健康发展的意见》精神，全面落实全国住房城乡建设工作会议部署，巩固和拓展工程质量治理两年行动成果，组织开展工程质量安全提升行动，围绕"落实主体责任"和"强化政府监管"两个重点，严格监督管理，严格责任落实，提高工程技术创新能力，全国工程质量安全水平稳步提升。

工程质量监管

【开展工程质量安全提升行动】贯彻落实《中共中央 国务院关于开展质量提升行动的指导意见》精神，印发住房城乡建设部重点任务实施方案。建立工程质量提升行动季度通报制度，督促地方严格落实提升行动各项任务要求。指导地方深入开展监理报告、工程质量保险、工程质量评价体系等试点工作，总结形成可复制、可推广的经验。对河北、内蒙古、山东、宁夏、新疆、甘肃6省（区）组织开展工程质量监督执法检查，抽查18个在建工程，对4项违反工程建设强制性标准和存在质量隐患的工程下发执法建议书。

【推行质量安全手册制度】遵照部领导批示要求，组织行业专家研究制定并印发《工程质量安全手册》，为规范工程建设各方主体质量安全行为及保证实体质量安全提供基本依据和遵循。组织召开工程质量安全手册宣贯会，指导地方制定实施细则，开展手册培训，督促企业和项目严格执行手册，严格按手册考核，着力提升施工现场质量管理规范化和标准化水平。

【组织开展治理违规海砂专项行动】贯彻落实国务院领导同志重要批示精神和部党组要求，会同公安部等8部门，部署开展沿海、沿长江15省（市）治理违规海砂专项行动，对上海、江苏、湖北、湖南、福建、广东等6省市开展专项督查，组织召开座谈会，指导督促地方严厉打击非法开采、非法运输销售、违规使用海砂等行为。印发《关于加强海砂开采运输销售使用管理工作的通知》，强化海砂采、运、销、用全过程监管，加强源头管理。

【加强法规制度建设】遵照中央改革办全面深化改革要求和部领导批示指示精神，研究制定关于实施建筑工程品质提升行动的指导意见，经部党组同意后报送中央改革办。召开部分地方工程质量检测座谈会，形成《房屋建筑和市政基础设施工程质量检测管理办法修订草案（征求意见稿）》和《工程质量检测机构资质标准》，并上网公开征求意见。

【调查处理工程质量事故质量问题】全年共处理反映工程质量问题的群众来信42件，均按要求办结。积极稳妥办理国务院大督查转来的群众质量问题投诉。派专家赴浙江省绍兴市参与居民住宅楼使用放射性石料问题调查。

【夯实工程质量监管工作基础】认真做好落实中央城市工作会议精神工程质量提升进展情况季度通报工作。参加河北省"煤改气"工程质量安全督查工作。配合市场监管总局，参与全国"质量月"活动。组织开展工程质量保障体系创新研究等多个课题研究。

建筑施工安全监管

2018年，全国建筑施工安全生产形势保持稳定，全国共发生房屋市政工程生产安全事故734起、死亡840人，分别比2014年同期上涨了6.1%和4.1%。其中，较大事故22起、死亡87人，同比分别下降4.3%和3.3%。广东佛山市地铁二号线发生一起重大安全生产事故，死亡12人。

【加强工作部署】定期召开部安委会全体会议，结合全国建筑施工安全生产形势，召开部分地区建筑施工安全监管工作汇报会和全国建筑施工安全生产电视电话会议，全面部署建筑施工安全监管工作。印发《住房城乡建设部关于开展建筑施工安全专项治理行动的通知》，在全国范围内部署开展针对房屋市政工程的安全生产专项治理工作。

【完善规章制度】印发《危险性较大的分部分项工程安全管理规定》（住建部第37号令）及《住房城乡建设部办公厅关于实施〈危险性较大的分部分项工程安全管理规定〉有关问题的通知》及其配套文件，重点防范较大及以上生产安全事故发生。

【强化重点领域和重要时段安全监管】深入开展建筑施工安全专项行动，以基坑支护、模板支撑体系、起重机械等为重点，加强危大工程安全管控，强化安全事故责任追究，构建安全监管长效机制，努力开创建筑施工安全工作新局面。为做好住房和城乡建设领域秋冬季节火灾防控相关工作，有效防范和遏制火灾事故发生，印发《关于加强今冬明春火灾防控工作的通知》。印发明传电报《春节和"两会"期间建筑施工安全生产工作的紧急通知》，要求各地切实加强建筑施工安全生产工作，为春节和"两会"创造稳定的安全环境。

【强化事故通报督办】按照事故督办处理办法，对22起房屋市政工程施工生产安全较大事故启动了督办程序，其中安徽六安碧桂园·城市之光"7.26"活动板房坍塌、山东德州·龙溪香岸"8.31"模板支撑脚手架坍塌事故发生后，派事故督查组赴现场了解调查事故情况，并对事故情况进行通报。针对部分地区较大事故多发的情况，约谈13个省（市）住房城乡建设主管部门负责人，督促认真进行事故查处，深刻吸取事故教训，进一步加强和改进建筑施工安全生产工作。针对碧桂园项目在全国范围内生产安全事故高发、频发的情况，约谈碧桂园集团主要负责人，同时督促各地积极开展房地产企业落实安全责任专项检查。分别按月度、季度和年度对全国房屋市政工程生产安全事故情况进行通报，并上网通报了22起较大事故的相关企业及法定代表人、项目经理、项目总监，督促各地及相关企业强化安全管理。

【开展监督检查】开展建筑施工安全专项治理行动督查，对广东、江苏、江西、广西、安徽、河南、湖北、湖南、四川、重庆、河北、内蒙古、山东、甘肃、宁夏、新疆等16个省（市、区）进行督查，督查在建项目48个。重点检查工程项目危大工程安全管理情况，重点督查各级城乡建设主管部门危大工程安全管控、安全事故责任追究以及构建安全监管长效机制等专项治理行动开展情况，有力推动各地专项治理工作责任的落实。

【加强宣传培训】2018年6月在全国住房和城乡建设系统开展以"生命至上，安全发展"为主题的"安全生产月"活动，并与北京市住建委联合开展"6·15"安全生产宣传咨询日活动。开展建筑施工安全监管人员培训，提升建筑施工安全监管人员素质。

【推进长效机制】稳步推进全国建筑施工安全监管信息系统建设，并开放共享查询。2018年共记录建筑施工安全不良信用记录信息27650条，涉及企业15655个，涉及人员9696名；其中对134个企业、70名人员实施部门联合惩戒。

城市轨道交通工程质量安全监管

【建立完善制度】印发《城市轨道交通工程BIM应用指南》，提升城市轨道交通工程建设信息化水平。印发《城市轨道交通工程土建施工质量标准化管理技术指南》，推动提高城市轨道交通工程质量整体水平。系统梳理2008-2018年城市轨道交通工程科技创新成果，起草《城市轨道交通工程创新技术指南》。

【加强监督检查】组织开展对事故多发和存在问题较多的16个城市的轨道交通工程30条在建线路进行监督检查，涉及区间长度38.6千米，车站面积81.4万平方米。重点检查各地落实工程质量安全提升行动和建筑施工安全专项治理行动工作开展情况，建设、勘察、设计、施工、监理等参建单位质量安全责任制落实情况及现场质量安全控制情况。

【强化事故督办】对佛山地铁"2.7"盾构坍塌重大事故及广州地铁"1.25"盾构坍塌、成都地铁"1.29"中毒窒息、贵阳地铁"8.8"钢筋坍塌较大事故进行通报和督办，要求有关地方住房城乡建设主管部门查明事故原因，依法依规对负有责任的企业和人员严肃处理。深刻吸取广东佛山地铁"2.7"重大事故教训，部署各地在春节前立即开展城市轨道交通工程施工安全专项排查治理，严格落实节后复工安全条件核查制度。

【开展调查研究】 加强试点示范，督促试点城市深入推进城市轨道交通工程风险分级管控和隐患排查治理工作，系统总结各地好经验好做法，完成《构建城市轨道交通工程双重预防机制的经验、成效和建议》（调查报告）。赴北京开展质量安全管理调研，指导"安全生产月"城市轨道交通施工应急演练。

【开展业务培训与经验交流】 开展全国城市轨道交通工程质量安全管理培训，提升全国城市轨道交通工程质量安全管理整体水平。组织召开城市轨道交通工程质量安全联络员会议和专家委员会全体会议，总结2018年工作，交流经验做法，部署2019年重点工作。

勘察设计质量监管与行业技术进步

【加强勘察设计质量管理】 印发《关于加强地下室无梁楼盖工程质量安全管理的通知》《2017年全国部分地区建筑工程勘察设计质量监督执法检查工作情况通报》。开展勘察质量监管创新研究、勘察文件编制深度规定修订、施工图审查创新模式研究、设计质量监管国内外对比等课题研究。调研有关地区勘察质量监管信息化工作，组织召开勘察质量监管信息化试点工作座谈会。

【推进施工图审查改革工作】 配合工程建设项目审批制度改革，组织召开全国勘察设计质量工作座谈会，研究交流施工图联合审查工作情况。配合修订《房屋建筑和市政基础设施工程施工图设计文件审查管理办法》，将联合审查工作经验转化为制度成果。组织编制印发《房屋建筑和市政基础设施工程施工图设计文件审查信息系统数据标准》，为施工图数字化审查提供技术支撑。

【推动行业技术进步】 印发《大型工程技术风险控制要点》。组织召开工程建设技术进步工作座谈会，研究推进BIM应用工作。会同相关司局开展"中国智能建造2035"建议研究。开展建筑业信息化发展评估课题研究。

城乡建设抗震防灾

2018年，我国大陆地区共发生16次5级（含5级）以上破坏性地震，未造成人员死亡、失踪。各级住房城乡建设主管部门采取一系列措施，推进建筑工程抗震防灾能力建设，稳步提高建筑工程抗震设防水平。

【加强法规制度建设】 推进《建设工程抗震管理条例》立法工作，紧紧围绕加强抗震设防、加固除险责任义务，建立多方参与的抗震设防机制等方面开展专项论证和调研，广泛征求各部门和社会公众意见，完成《建设工程抗震管理条例（送审稿）》。经部常务会审议通过，已报送国务院。

【加强建筑工程抗震设防管理】 落实第5代动参数区划图关于取消不设防区的要求，推进我国国土上建筑工程全面设防。加强超限高层建筑工程抗震设防审查和隔震减震工程质量监管。2018年，全国通过超限高层建筑工程抗震设防审批项目875项，新竣工隔震减震工程1096栋。

【推进城镇建筑抗震加固】 推进城镇建筑抗震加固工作，组织开展建筑抗震加固综合支持政策研究。在总结部分地区经验的基础上，研究关于推进城镇建筑抗震加固工作方案。

【提高地震应急处置能力】 加强与有关部门协调配合，参与国务院抗震救灾指挥部应急准备工作督查，定期参加国家减灾委办公室全国自然灾害情况部际会商。组织开展震后房屋建筑安全应急评估培训，提升住房城乡建设系统地震应急处置能力。

安全生产管理

【加强部安委办协调】 贯彻落实《中共中央办公厅 国务院办公厅印发〈关于推进城市安全发展的意见〉的通知》精神，印发住房和城乡建设部《2018年安全生产工作要点》《贯彻落实城市安全发展意见实施方案》，部署各地做好建筑施工、城市市政公用设施运行、城镇房屋使用、农房和农村危房改造工程质量安全、城市管理监督相关工作。按照国务院安委办统一部署，配合开展对省级政府安全生产考核、青岛"上海合作组织峰会"安保检查等工作。

【加强部内应急协调】 加强重点时期、敏感时段和极端天气的安全生产管理和突发事件应对的预警提醒，及时下发住房城乡建设部办公厅关于切实加强"五一"节和汛期安全防范工作的通知、关于进一步加强当前安全防范工作的紧急通知、关于切实做好2018年中秋节、国庆节期间安全生产工作的通知和关于做好岁末年初安全防范工作的通知等。协调部安委会各成员单位，按照职责分工，指导各地做好住房和城乡建设领域突发事件应对工作。

（住房和城乡建设部工程质量安全监管司）

人居环境与设计

概况

全面贯彻党的十九大和十九届二中、三中全会精神，认真落实中央城市工作会议和全国住房城乡建设工作会议要求，贯彻新发展理念，以解决城市病为工作着力点，加大力度推进人居环境高质量发展、历史文化保护与城市特色塑造、城市安全与综合防灾等重点工作，狠抓基本制度和长效机制建设，推动城市人居环境建设工作开创新局面。

人居环境高质量发展

【**推动城市高质量发展**】一是指导原部城乡规划管理中心等技术单位开展2017年度北京城市体检工作，初步研究提出了城市高质量发展评价指标体系。二是指导北京副中心街区层面控制性详细规划编制工作，起草学习借鉴副中心控制性详细规划的通知，提出改革创新城市建设规划工作的要求。三是筹备与清华大学共建中国城市研究院、与西安建筑科技大学共建中国城乡建设与文化传承研究院、与中山大学共建中国区域发展建设与乡村建设研究院，提升技术支撑能力。

【**推进城市设计管理工作**】按照中央城市工作会议关于加强城市设计的要求，有序推动57个城市设计试点工作。跟踪试点工作进展，及时总结推广试点经验，在住房和城乡建设部官方网站等媒体平台发布城市设计试点城市工作经验和做法共计19篇。12月22日，住房和城乡建设部在广东省珠海市召开城市设计试点城市经验交流会，6个省、自治区住房和城乡建设厅及直辖市规划委（局）分管负责人和30个试点城市相关部门负责人参加会议，住房和城乡建设部副部长黄艳出席会议并发言。会议总结交流城市设计试点经验，鼓励各地探索创新城市设计管理制度，完善城市设计的工作方式方法，贯彻落实绿色发展理念，保护和弘扬城市历史文化，坚持共建共享，推进共同缔造，强调各试点城市要以钉钉子精神持续做好城市设计工作，探索更多可复制可推广的经验，提高城市品质，推动城市高质量发展。会上，浙江省、北京市、广州市、珠海市、杭州市介绍交流了城市设计工作进展及经验。

【**推进生态修复城市修补工作**】按照中央城市工作会议关于提倡城市修补的要求，持续推进生态修复城市修补试点城市工作。积极总结推广试点经验，利用住房和城乡建设部网站、相关微信公众号等宣传生态修复城市修补试点城市工作经验和做法共计23篇。印发《关于进一步做好城市既有建筑保留利用和更新改造工作的通知》（建城〔2018〕96号），鼓励活化利用老建筑老厂房，加快推动生态修复城市修补工作中的老旧工业区的产业调整和功能置换、鼓励老建筑改造再利用工作。12月4日，住房和城乡建设部在江西省景德镇召开生态修复城市修补现场座谈会，邀请全国22个省、5个自治区住房和城乡建设厅的分管领导，58个生态修复城市修补试点城市领导参会，交流试点工作情况。会上，景德镇、福州、淮北、秦皇岛、开封、安顺、南京六个城市专题介绍生态修复城市修补工作经验。截至2018年底，58个试点城市开展生态修复城市修补试点项目3142个，累计投资超过5700亿。

【**推动生态城市建设工作**】9月，组织开展支持中新生态城发展建设政策的征求意见工作并报国务院办公厅，会同外事司召开中新天津生态城第10次协调理事会以及生态城开发建设十周年系列活动。

【**参与京津冀协同发展，支持雄安新区规划建设**】参与北京副中心控规、雄安新区总体规划、起步区控制性规划、启动区控制性详细规划、容东片区控制性详细规划和相关专项规划意见征求工作。落实京津冀协同近期重点工作，研究提出对北京市非首都功能疏解思路和清单，组织开展京津冀城乡规划实施评估。贯彻落实《中共中央、国务院关于支持河北雄安新区全面深化改革和扩大开放的指导意见》分工方案、住房和城乡建设部与新区战略合作协议，加大对标准制定的统筹协调力度，成立部支持雄安新区规划建设管理标准工作的领导小组。

【**其他城乡规划相关工作**】一是开展40年城乡规划工作总结。组织开展改革开放40年来城乡规划研究工作，起草《改革开放四十年来城乡规划工作报告》《新时代城乡规划思想研究报告》，系统梳理40年来城乡规划发展历程。二是组织城乡规划标准送审报批工作。组织开展城市居住区规划设计标准、城市综合防灾规划标准、城市综合交通体系规划、城市历史文化名城保护规划标准的送审稿修改、报批稿定稿和上报工作，进一步完善城乡建设标准体系。三是配合其他部委工作。协同其他部委开展了高尔夫球场清理、军民融合建设、人防改革、全民健身、殡葬业改革、3岁以下婴幼儿照护服务设施建设和城镇幼儿园专项整治等十余项调研、发文工作。

历史文化保护

【开展历史文化名城名镇名村评估检查工作】 1月，住房和城乡建设部和国家文物局按照2017年10月印发的《关于开展国家历史文化名城和中国历史文化名镇名村保护工作评估检查的通知》要求和抽查计划，组织专家完成了青岛、聊城历史文化名城检查工作，并就保护工作中存在的问题提出工作建议。2018年12月25日，住房和城乡建设部、国家文物局在北京联合召开国家历史文化名城和中国历史文化名镇名村保护工作评估总结大会。会议系统总结了我国历史文化名城名镇名村保护工作取得的成绩和存在的问题，交流了北京、上海、广州、杭州等城市在历史文化保护工作上的宝贵经验，研究部署了下一阶段加强历史文化名城名镇名村保护工作的总体要求和重点任务。

【协助全国政协做好"历史文化名城名镇保护"双周会工作】 住房和城乡建设部委派专家赴甘肃、江苏参加全国政协双周会前期调研并介绍相关情况，准备会议相关材料。5月25日，汪洋同志主持召开十三届全国政协第三次双周协商会，专题研究历史文化名城名镇保护。住房和城乡建设部副部长黄艳出席会议并做情况介绍发言，回应政协委员们的意见建议。李克强总理针对本次会议作出重要批示，住房和城乡建设部会同中宣部、国家发展改革委、财政部等8部委形成《关于切实加强历史文化名城名镇名村保护工作的报告》上报国务院，李克强总理已圈阅。

【推进历史文化街区划定和历史建筑确定工作】 按照《中共中央国务院关于进一步加强城市规划建设管理工作的若干意见》提出的"用5年左右时间，完成所有城市历史文化街区划定和历史建筑确定工作"的要求，住房和城乡建设部制定了"五年计划三年完成"的工作方案，按照计划2018年应完成整体工作任务的90%，采取定期电话、发函、月度上报等方式督导各地开展工作。2018年下半年，住房和城乡建设部委托四家技术单位对14个省（区）开展历史建筑确定专项工作第三方评估，取得较好效果。截至12月底，全国共划定875片历史文化街区，确定2.47万处历史建筑。

【开展历史建筑保护与利用试点工作】 住房和城乡建设部印发《关于将北京等10个城市列为第一批历史建筑保护利用试点城市的通知》（建规〔2017〕245号），开展历史建筑保护利用试点工作，探索建立历史建筑保护利用新路径、新模式和新机制。2018年作为试点年，住房和城乡建设部要求各试点城市按时提交工作季报，及时总结经验，并在部网站开通历史建筑保护利用试点专题信息栏目，累计推送文章40篇。在杭州、福州举办两期历史建筑保护利用培训班。累计培训384人次。2018年，10个试点城市工作取得显著进展，投入财政资金60.17亿元，开展155个试点项目，举办200余场公众宣传活动，制定出台了地方法规、规范和标准63项。

【组织国家历史文化名城申报专家审查】 住房和城乡建设部会同国家文物局组织专家分别于3月、7月完成了安徽省黟县和桐城市，辽宁省辽阳市申报历史文化名城的城市进行现场考察工作，并对申报工作及保护工作提出了完善要求。5月，国务院公布蔚县为国家历史文化名城。

【组织国家历史文化名城保护规划技术审查】 按照住房和城乡建设部第20号令《历史文化名城名镇名村街区保护规划编制审批办法》的有关要求，住房和城乡建设部组织或委派专家完成了雷州、潮州、梅州、惠州、都江堰、钟祥、襄阳、集安、濮阳历史文化名城保护规划技术审查。

（住房和城乡建设部建筑节能与科技司）

住房公积金监管

概况

2018年，住房公积金制度运行安全平稳，管理规范化、服务便捷化、监管专业化水平不断提高，住房公积金缴存、提取、贷款等指标持续增长，在提高缴存职工住房消费能力，帮助缴存职工实现住有所居方面，发挥了重要作用。

住房公积金业务发展

【住房公积金缴存】2018年，住房公积金实缴单位291.59万个，实缴职工14436.41万人，分别比上年增长11.15%和5.09%。新开户单位46.07万个，新开户职工1990.38万人，见表1、表2。

2018年，住房公积金缴存额21054.65亿元，比上年增长12.43%。

2018年末，住房公积金缴存总额145899.77亿元，缴存余额57934.88亿元，结余资金8023.28亿元，分别比上年末增长16.86%、12.23%和24.01%，见图1。

2018年各地区住房公积金缴存情况　　表1

地区	实缴单位（万个）	实缴职工（万人）	缴存额（亿元）	缴存总额（亿元）	缴存余额（亿元）
全国	291.59	14436.41	21054.65	145899.77	57934.88
北京	18.32	778.87	1980.10	13096.37	4244.08
天津	6.37	274.63	479.99	3961.40	1337.78
河北	5.93	488.18	593.26	4447.28	1984.40
山西	4.85	354.69	383.07	2748.46	1088.45
内蒙古	4.02	235.99	357.64	2682.00	1274.27
辽宁	9.11	489.69	715.65	6407.37	2414.74
吉林	3.89	247.30	322.31	2485.74	1111.25
黑龙江	3.94	287.37	396.50	3231.80	1379.18
上海	39.31	861.21	1305.20	9554.03	4094.62
江苏	30.42	1321.58	1779.81	11793.06	4340.58
浙江	22.77	800.59	1388.82	9379.94	3176.04
安徽	6.02	428.88	603.65	4790.92	1625.65
福建	11.52	404.00	591.53	4122.35	1554.61
江西	4.70	267.98	392.23	2363.86	1184.31
山东	14.80	938.76	1197.21	8054.97	3448.70

续表

地区	实缴单位（万个）	实缴职工（万人）	缴存额（亿元）	缴存总额（亿元）	缴存余额（亿元）
河南	7.60	654.43	701.39	4562.08	2210.23
湖北	7.03	470.11	762.66	4796.68	2307.10
湖南	6.78	434.44	603.29	3797.75	1862.63
广东	37.46	1910.83	2292.03	15262.44	5271.38
广西	5.28	290.18	424.54	2927.72	1112.15
海南	2.55	104.52	121.91	826.83	389.65
重庆	3.48	257.91	379.90	2483.25	975.10
四川	11.57	662.60	987.84	6405.58	2754.70
贵州	4.25	251.20	359.97	2055.12	994.83
云南	5.06	269.54	498.69	3446.07	1418.16
西藏	0.44	31.92	91.82	499.15	254.24
陕西	5.56	386.42	462.97	3240.17	1335.91
甘肃	3.11	185.04	267.53	1953.76	958.86
青海	0.90	52.83	106.65	762.98	310.61
宁夏	0.97	62.72	97.17	786.14	292.71
新疆	3.22	208.21	371.23	2723.67	1102.57
新疆生产建设兵团	0.37	23.79	38.08	250.87	125.39

2018年各类型单位住房公积金缴存情况　　表2

单位性质	缴存单位（万个）	占比（%）	实缴职工（万人）	占比（%）	新开户职工（万人）	占比（%）
国家机关和事业单位	73.87	25.34	4452.39	30.84	284.49	14.29
国有企业	20.62	7.07	2928.23	20.28	224.75	11.29
城镇集体企业	4.45	1.53	255.18	1.77	29.89	1.50
外商投资企业	10.74	3.68	1222.53	8.47	224.37	11.27
城镇私营企业及其他城镇企业	155.44	53.31	4449.85	30.82	994.46	49.97

续表

单位性质	缴存单位（万个）	占比（%）	实缴职工（万人）	占比（%）	新开户职工（万人）	占比（%）
民办非企业单位和社会团体	7.00	2.40	251.87	1.75	50.61	2.54
其他类型单位	19.46	6.67	876.36	6.07	181.81	9.14
合计	291.59	100	14436.41	100	1990.38	100

图 1　2014—2018 年住房公积金缴存金额及增长速度

【住房公积金提取】 2018 年，住房公积金提取人数 5195.58 万人，占实缴职工人数的 35.99%；提取额 14740.51 亿元，比上年增长 15.80%；提取率 70.01%，比上年增加 2.03 个百分点；住房消费类提取 11718.33 亿元，占比 79.50%，非住房消费类提取 3022.19 亿元，占比 20.50%，见表 3、表 4。

2018 年末，住房公积金提取总额 87964.89 亿元，占缴存总额的 60.29%，见图 2。

2018 年各地区住房公积金提取情况　　表 3

地区	提取额（亿元）	提取率（%）	住房消费提取额（亿元）	非住房消费提取额（亿元）	提取总额（亿元）
全国	14740.51	70.01	11718.33	3022.19	87964.89
北京	1455.39	73.50	1283.42	171.96	8852.29
天津	375.01	78.13	292.18	82.83	2623.62
河北	386.96	65.23	275.43	111.53	2462.88
山西	205.77	53.71	156.70	49.07	1660.01
内蒙古	254.30	71.11	184.58	69.72	1407.74
辽宁	564.02	78.81	419.80	144.22	3992.63
吉林	228.89	71.01	158.70	70.19	1374.49
黑龙江	300.69	75.84	212.19	88.50	1852.62
上海	788.96	60.45	638.75	150.21	5459.41

续表

地区	提取额（亿元）	提取率（%）	住房消费提取额（亿元）	非住房消费提取额（亿元）	提取总额（亿元）
江苏	1289.39	72.45	1048.43	240.96	7452.47
浙江	1079.63	77.74	906.07	173.56	6203.90
安徽	491.12	81.36	388.08	103.05	3165.27
福建	411.98	69.65	318.71	93.27	2567.73
江西	246.66	62.89	180.56	66.10	1179.55
山东	848.15	70.84	672.90	175.25	4606.27
河南	398.93	56.88	283.16	115.77	2351.86
湖北	480.32	62.98	357.01	123.31	2489.58
湖南	362.23	60.04	263.79	98.45	1935.12
广东	1686.48	73.58	1442.84	243.65	9991.06
广西	308.32	72.62	240.49	67.83	1815.57
海南	71.66	58.78	55.49	16.18	437.18
重庆	297.93	78.42	234.92	63.00	1508.15
四川	655.62	66.37	506.42	149.20	3650.88
贵州	231.05	64.19	181.99	49.06	1060.29
云南	377.88	75.77	312.41	65.46	2027.91
西藏	58.22	63.41	29.40	28.82	244.91
陕西	275.47	59.50	209.85	65.62	1904.26
甘肃	190.84	71.33	139.67	51.17	994.90
青海	84.78	79.49	65.97	18.81	452.37
宁夏	69.02	71.03	54.31	14.71	493.43
新疆	239.53	64.52	186.92	52.62	1621.10
新疆生产建设兵团	25.33	66.50	17.20	8.13	125.47

2018 年各类型住房公积金提取情况　　表 4

提取原因	提取人数（万人）	占比（%）	提取金额（亿元）	占比（%）
购买、建造、翻建、大修自住住房	681.7	13.12	4206.41	28.54
偿还购房贷款本息	2907.59	55.96	6509.86	44.16
租赁住房	766.44	14.75	730.4	4.96
其他住房消费	160.36	3.09	271.66	1.84
离退休	271.17	5.22	2179.18	14.78
丧失劳动能力并与单位终止劳动关系	145.81	2.81	240.56	1.63
出境定居或户口迁出本市	63.27	1.22	134.81	0.92
死亡或宣告死亡	10.45	0.2	60.07	0.41
其他非住房消费	188.78	3.63	407.56	2.76
合计	5195.58	100	14740.51	100

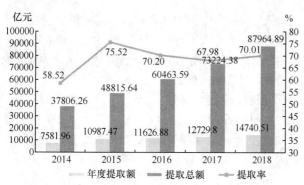

图2 2014—2018年住房公积金提取金额及提取率

【个人住房贷款】 个人住房贷款：2018年，发放住房公积金个人住房贷款252.58万笔，比上年下降0.86%；发放金额10218.53亿元，比上年增长7.17%；回收金额5422.52亿元，比上年增长7.96%。2018年末，累计发放个人住房贷款3334.82万笔、85821.32亿元，分别比上年末增长8.18%和13.52%；个人住房贷款余额49845.78亿元，比上年末增长10.65%；个人住房贷款率86.04%，比上年末减少1.23个百分点，见表5、表6、图3。

2018年各地区住房公积金个人住房贷款情况　　表5

地区	放贷笔数（万笔）	贷款发放额（亿元）	累计放贷笔数（万笔）	贷款总额（亿元）	贷款余额（亿元）	个人住房贷款率（%）
全国	252.58	10218.53	3334.82	85821.32	49845.78	86.04
北京	8.07	831.33	110.84	6358.66	4036.30	95.10
天津	2.66	125.86	97.33	2969.90	1331.26	99.51
河北	6.69	248.48	99.43	2313.78	1440.86	72.61
山西	5.71	214.07	54.44	1189.83	785.01	72.12
内蒙古	7.73	269.06	104.06	1946.43	1012.17	79.43
辽宁	12.23	387.93	168.87	3770.44	2088.12	86.47
吉林	5.95	204.00	68.80	1527.35	949.05	85.4
黑龙江	7.07	238.25	86.89	1868.35	993.15	72.01
上海	11.07	729.68	254.15	7788.78	3921.96	95.78
江苏	23.82	948.00	303.28	7902.31	4173.49	96.15
浙江	12.60	561.55	177.14	5617.46	3123.84	98.36
安徽	9.30	295.21	125.66	2780.75	1617.62	99.51
福建	5.70	269.08	96.43	2572.98	1481.90	95.32
江西	4.97	174.12	72.64	1706.65	1066.05	90.01
山东	17.48	616.57	201.46	4847.01	2875.76	83.39
河南	9.97	310.55	119.13	2664.26	1699.33	76.88
湖北	9.72	360.42	125.09	3020.73	1793.36	77.73
湖南	11.71	427.12	126.34	2639.11	1672.82	89.81
广东	15.79	750.81	177.61	6042.37	3825.57	72.57
广西	5.00	163.20	66.68	1443.64	959.25	86.25

续表

地区	放贷笔数（万笔）	贷款发放额（亿元）	累计放贷笔数（万笔）	贷款总额（亿元）	贷款余额（亿元）	个人住房贷款率（%）
海南	1.15	46.51	16.27	449.79	322.13	82.67
重庆	5.34	190.55	54.12	1430.93	966.64	99.13
四川	13.05	472.48	148.46	3552.41	2291.96	83.2
贵州	7.13	228.53	66.44	1461.87	961.39	96.64
云南	7.67	289.05	118.49	2299.41	1212.71	85.51
西藏	1.01	56.58	8.10	283.16	171.63	67.51
陕西	8.21	289.68	71.05	1569.70	1058.86	79.26
甘肃	5.86	195.89	72.56	1283.93	747.82	77.99
青海	2.14	82.40	25.47	457.33	215.26	69.3
宁夏	1.90	66.88	26.57	517.55	245.29	83.8
新疆	5.32	158.80	85.93	1457.61	757.73	68.72
新疆生产建设兵团	0.56	15.88	5.22	86.82	47.47	37.85

2018年各类型住房公积金个人住房贷款情况　　表6

类别		发放笔数（万笔）	占比（%）	金额（亿元）	占比（%）
房屋类型	新房	167.24	66.21	6285.48	61.51
	存量商品住房	80.72	31.96	3778.99	36.98
	建造、翻建、大修自住住房	2.05	0.81	72.37	0.71
	其他	2.57	1.02	81.69	0.80
房屋建筑面积	90平方米（含）以下	70.08	27.75	3042.16	29.77
	90至144平方米（含）	155.85	61.70	5995.15	58.67
	144平方米以上	26.65	10.55	1181.22	11.56
支持购房套数	首套	216.99	85.91	8647.00	84.62
	二套及以上	35.59	14.09	1571.53	15.38
贷款职工	单缴存职工	116.48	46.12	4252.34	41.61
	双缴存职工	134.76	53.35	5916.06	57.90
	三人及以上缴存职工	1.34	0.53	50.13	0.49
贷款职工年龄	30岁（含）以下	83.06	32.88	3334.75	32.63
	30岁-40岁（含）	100.73	39.88	4394.86	43.01
	40岁-50岁（含）	53.42	21.15	1980.49	19.38
	50岁以上	15.37	6.09	508.43	4.98
收入水平	中、低收入	241.79	95.73	9693.79	94.86
	高收入	10.79	4.27	524.74	5.14

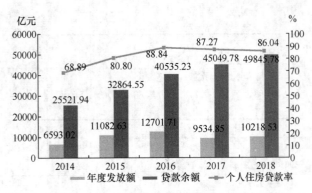

图3　2014—2018年个人住房贷款金额及个人住房贷款率

支持保障性住房建设试点项目贷款：2018年，发放试点项目贷款0.46亿元，回收试点项目贷款36.15亿元。2018年末，累计向373个试点项目发放贷款872.15亿元；累计回收试点项目贷款826.04亿元，试点项目贷款余额46.11亿元；353个试点项目结清贷款本息，71个试点城市全部收回贷款本息。

【国债】2018年，购买国债11.37亿元，兑付、转让、收回国债10.70亿元；2018年末，国债余额19.71亿元。

【业务收支】业务收入：2018年，住房公积金业务收入1814.44亿元，比上年增长9.46%。其中，存款利息278.33亿元，委托贷款利息1527.68亿元，国债利息0.62亿元，其他7.82亿元。

业务支出：2018年，住房公积金业务支出960.19亿元，比上年增长7.35%。其中，支付缴存职工利息828.94亿元，支付受委托银行归集手续费25.67亿元，委托贷款手续费54.80亿元、公转商贴息、融资成本等其他支出50.79亿元。

增值收益：2018年，住房公积金增值收益854.25亿元，比上年增长11.92%；增值收益率1.56%。

增值收益分配：2018年，提取住房公积金贷款风险准备金234.63亿元，提取管理费用116.62亿元，提取城市公共租赁住房（廉租住房）建设补充资金502.69亿元。2018年末，累计提取住房公积金贷款风险准备金1950.40亿元，累计提取城市公共租赁住房（廉租住房）建设补充资金3365.48亿元。

管理费用支出：2018年，实际支出管理费用109.97亿元，比上年增长5.12%。其中，人员经费52.14亿元，公用经费11.71亿元，专项经费46.12亿元。

【资产风险】个人住房贷款：2018年末，住房公积金个人住房贷款逾期额17.07亿元，逾期率0.03%；住房公积金个人住房贷款风险准备金余额1925.90亿元，占个人住房贷款余额的3.86%；住房公积金个人住房贷款逾期额与个人住房贷款风险准备金余额的比率为0.89%。2018年，使用住房公积金个人住房贷款风险准备金核销呆坏账0.16亿元。

支持保障性住房建设试点项目贷款：2018年，试点项目贷款未发生逾期。2018年末，无试点项目贷款逾期额；试点项目贷款风险准备金余额12.39亿元，占试点项目贷款余额的26.86%。

历史遗留风险资产：2018年1月至2019年5月，清收住房公积金历史遗留风险资产1.18亿元，历史遗留风险资产已全部收回。

住房公积金监督和管理机构

根据《住房公积金管理条例》规定，住房和城乡建设部会同财政部、人民银行负责拟定住房公积金政策，并监督执行。住房和城乡建设部设立住房公积金监管司，各省、自治区住房和城乡建设厅设立住房公积金监管处（办），分别负责全国、省（自治区）住房公积金日常监管工作。2018年末，国家、省两级住房公积金专职监管人员共133人。

直辖市和省、自治区人民政府所在地的市以及其他设区的市（地、州、盟）设立住房公积金管理委员会，作为住房公积金管理决策机构，负责在《住房公积金管理条例》框架内审议住房公积金决策事项，制定和调整住房公积金具体管理措施并监督实施。2018年末，全国共设有住房公积金管理委员会342个。

直辖市和省、自治区人民政府所在地的市以及其他设区的市（地、州、盟）设立住房公积金管理中心，负责住房公积金的管理运作。2018年末，全国共设有住房公积金管理中心342个；未纳入设区城市统一管理的分支机构147个，其中，省直分支机构24个，石油、电力、煤炭等企业分支机构74个，区县分支机构49个。全国住房公积金服务网点3439个。全国住房公积金从业人员4.38万人，其中：在编2.69万人，非在编1.69万人。

按照人民银行的规定，住房公积金贷款、结算等金融业务委托住房公积金管理委员会指定的商业银行办理。各城市受委托商业银行主要为工商银行、农业银行、中国银行、建设银行、交通银行等。

完善住房公积金政策和监管制度

【改进住房公积金缴存机制降低企业成本】2018年4月28日，住房和城乡建设部会同财政部、人民银行联合印发《关于改进住房公积金缴存机制进一步降低企业成本的通知》(建金〔2018〕45号),明确将阶段性适当降低企业缴存比例政策执行期限再延长2年,将缴存基数上限规范到上年度职工月平均工资的3倍,扩大缴存比例浮动区间,单位可在5%至当地规定上限区间内自主确定缴存比例,提高审批缓缴和降低缴存比例的效率,减轻企业负担。全年减少企业住房公积金缴存成本超过300亿元。

【开展违规提取住房公积金专项治理】 2018年5月2日,住房和城乡建设部会同财政部、人民银行、公安部联合印发《关于开展治理违规提取住房公积金工作的通知》(建金〔2018〕46号),严厉打击一些机构和个人通过伪造证明材料违规提取住房公积金的行为,依法维护缴存职工权益,保证住房公积金制度稳健运行。各地共发现违规提取7756笔,向公安等部门移交问题线索1340件,已立案调查378件;查处违规中介机构160家,查处内部人员41人,关停网站、撤销电话56个。

【公布住房公积金年度报告】 2018年5月30日,住房城乡建设部会同财政部、人民银行向社会公开披露了《全国住房公积金2017年年度报告》。报告全面披露了住房公积金机构概况、业务运行情况、业务收支和增值收益情况、资产风险状况、社会经济效益,以及其他重要事项,保障了缴存单位和缴存职工的知情权和监督权。从披露的数据看,2017年,住房公积金缴存覆盖面进一步扩大,有力减轻缴存职工住房消费负担,积极促进房地产市场平稳健康发展,大力支持保障性住房建设,取得了较好的社会经济效益。《全国住房公积金2017年年度报告》的公开披露,对社会各界客观了解住房公积金管理运行情况、营造良好的舆论氛围起到了积极作用。

【规范住房公积金业务管理】 贯彻落实《住房公积金个人住房贷款业务规范》GB/T 51267-2017和《住房公积金归集业务标准》GB/T 51271-2017,完成《住房公积金提取业务标准》和《住房公积金资金管理业务标准》的编制送审工作。

【全面防控资金风险】 开发住房公积金电子检查工具并投入使用,全面检查缴存、提取、贷款、核算等业务,对发现的异常数据进行线下核查和处置,构筑内部防控与外部监管相结合、线上发现问题与线下核查处理相结合的风险防控机制,增强监管工作的针对性和有效性。强化个人住房贷款风险防控,深入分析逾期原因,完善贷款审批责任、还款提示、入户催还、信用惩戒、债务处置等制度,确保贷款资金安全。

住房公积金信息化建设和服务

【持续推进信息化建设】 继续贯彻落实住房公积金基础数据标准和结算应用系统接入,开展检查验收工作,加快标准贯彻工作力度。升级改造住房公积金结算应用系统,发布新版接口标准。2018年末,443个住房公积金管理中心及分支机构完成基础数据标准贯彻和结算应用系统接入工作,其中402个通过验收。

【加快提升服务水平】 进一步提高业务办理效率,减少审批要件,职工办理住房公积金提取和贷款业务时,全面取消身份证明材料复印件。加快综合服务平台建设工作,不断完善转移接续平台功能,2018年末,212个设区城市基本建成综合服务平台,147个设区城市实现业务系统与转移接续平台直连,平台全年共办结转移接续业务38万笔、转移接续资金108亿元。

经济社会效益

【缴存扩面持续推进】 2018年,全国净增住房公积金缴存单位29.26万个,净增住房公积金实缴职工699.19万人;新开户单位数比上年增加8.38万个,新开户职工比上年增加162.10万人。

缴存职工中,城镇私营企业及其他城镇企业、外商投资企业、民办非企业单位和其他类型单位占47.11%,比上年增加1.80个百分点,缴存结构更趋合理。

新开户职工中,城镇私营企业及其他城镇企业、外商投资企业、民办非企业单位和其他类型单位的职工占比达72.92%;农业转移人口及新就业大学生等新市民1113.92万人,比上年增长15.28%,占全部新开户职工的55.97%,住房公积金成为新市民解决住房问题的重要渠道。

缴存职工中,港澳台同胞1.24万人,比上年增长79.71%,实现在内地(大陆)就业的港澳台同胞同等享有住房公积金待遇,促进了安居乐业。

【多渠道保障住有所居】 重点满足基本住房需求:2018年,发放的个人住房贷款笔数中,中、低收入群体占95.73%,首套住房贷款占85.91%,144(含)平方米以下普通住房贷款占89.45%,40岁(含)以下贷款职工占72.76%。

支持租赁住房消费:2018年,住房租赁提取金额730.40亿元,比上年增长64.22%,在各类住房消费提取中增速最快;住房租赁提取人数766.44万人,人均年提取金额0.95万元。

2018年，发放异地贷款14.71万笔、524.68亿元，2018年末累计发放异地贷款70.21万笔、2182.07亿元，余额1615.75亿元。

支持保障性住房建设：2018年，提取城市公共租赁住房（廉租住房）建设补充资金占当年分配增值收益的58.87%。2018年末，累计为城市公共租赁住房（廉租住房）建设提供补充资金3365.48亿元；累计为373个保障性住房建设项目提供贷款872.15亿元，支持建设保障性住房7127.28万平方米，可以解决约120万户家庭住房问题。

【减轻职工住房消费负担】2018年，住房公积金住房消费类提取占当年提取额的79.50%。

住房公积金个人住房贷款利率比同期商业性个人住房贷款基准利率低1.65~2个百分点，2018年发放的住房公积金个人住房贷款，可为贷款职工节约利息支出2019.98亿元，平均每笔贷款可节约利息支出8.00万元。

2018年，发放公转商贴息贷款3.56万笔、144.02亿元，当年贴息20.68亿元。2018年末，累计发放公转商贴息贷款59.56万笔、2458.75亿元，累计贴息59.80亿元。

【促进房地产市场平稳健康发展】2018年，住房公积金住房消费类提取、发放个人住房贷款和公转商贴息贷款共22080.88亿元，占全国商品住宅销售额的17.47%；支持贷款职工购建住房面积2.87亿平方米，占全国商品住宅销售面积的19.42%。

2018年末，住房公积金个人住房贷款率86.04%，个人住房贷款市场占有率16.19%。

（住房和城乡建设部住房公积金监管司）

城市管理监督

【统筹推进城市管理执法体制改革】按照中发37号文件要求，加大对地方城市管理执法体制改革工作督促指导。深入地方开展调研，及时了解各地改革进展情况及在改革推进过程中存在的困难和问题。加强与地方的沟通联系，对市县机构设置情况、统一换装情况、数字化城管平台建设情况、行业培训情况、权责清单公布情况等进行统计，动态掌握各地工作进展情况。修订完善城市管理工作台账，开发运行城市管理统计信息系统，实行网上填报，全面统计市县改革任务进展情况。

与公安部、水利部、原环保部、原工商总局、原食药监总局5部门共同组织在15个城市开展城市管理执法部门集中行使5方面16项行政处罚权试点工作。

党的十九届三中全会对机构改革和行政执法体制改革作出了部署，为深入贯彻中央改革精神，加强与中央编办的沟通，请示对城市管理执法体制改革的意见，并组织开展改革效果评估。召开片区城市管理执法工作推进会议，通报各地改革工作进展情况，交流好的经验和做法，指导地方按照党中央新一轮机构改革的精神，继续推进城市管理执法体制改革，巩固改革成果，深化改革探索。

【研究搭建城市综合管理服务平台】以增强城市综合管理统筹能力、提升城市管理精细化水平为目标，推动搭建城市综合管理服务平台。督促各地加快数字化城市管理平台建设和功能整合。开展城市综合管理服务平台专题调研，掌握数字化城市管理平台及城市管理领域相关平台建设应用情况。开展搭建城市综合管理服务平台和大数据辅助城市治理决策分析的课题研究。截至2018年底，全国298个地级及以上城市中，222个城市建成数字化城市管理平台。

【深入开展"强基础、转作风、树形象"专项行动】4月16日，印发《全国城市管理执法队伍"强基础、转作风、树形象"三年行动方案》，制定工作方案，细化具体措施。汇编"强基础、转作风、树形象"先进单位和人物事迹，依托中国建设报、"大城管"微信公众号等媒体，开展系列宣传活动。对专项行动中表现突出的93个单位和93名个人予以表扬。专项行动受到中央精神文明建设指导委员会高度重视，被列为重点工作项目之一。组织拍摄专题宣传片，打造城市管理执法队伍形象。在南昌、成都、广州举办3期城市管理执法处级以上干部培训班，培训处级干部553名。

【严格规范城市管理执法行为】9月5日，印发《城市管理执法行为规范》，加强正向规范引导，强化制度建设并督促地方严格落实。继续推进城市管理执法全过程记录，组织交流地方典型经验做法，《法制日报》专访报道了进展和成效。全天候监测城市管理执法舆情，全年向部领导报告舆情监测日报249期。

【强化城市管理执法工作保障】 7月24日，印发《住房和城乡建设部关于印发城市管理执法执勤用车标识涂装式样的通知》，指导地方统一规范城市管理执法执勤用车标识涂装式样。总结全国统一城市管理执法制式服装工作，组织编制《城市管理执法制式服装和标志标识生产标准》。组织编制《城市管理执法装备配备标准》和《城市管理执法装备配备技术指引》。

（住房和城乡建设部城市管理监督局）

人 事 教 育

高等教育

【2017—2018年度高等学校建筑学专业教育评估工作】 2018年，全国高等学校建筑学专业教育评估委员会对清华大学、同济大学、东南大学、天津大学、浙江大学、沈阳建筑大学、北京工业大学、南京工业大学、吉林建筑大学、青岛理工大学、北京交通大学、南京大学、上海交通大学、福州大学、太原理工大学、长安大学、浙江工业大学、广东工业大学、四川大学、内蒙古科技大学、华东交通大学、河南科技大学、贵州大学、石家庄铁道大学、西南民族大学、厦门理工学院等26所学校的建筑学专业教育进行了评估，对河北工程大学、长沙理工大学等2所学校的建筑学专业进行了中期检查。评估委员会全体委员对各学校的自评报告进行了审阅，于5月派遣视察小组进校实地视察。之后，经评估委员会全体会议讨论并投票表决，做出了评估结论并报送国务院学位委员会。2018年高校建筑学专业评估结论，见表1。

2018年高校建筑学专业评估结论　　表1

序号	学校	本科合格有效期	硕士合格有效期	备注
1	清华大学	7年（2018.5—2025.5）	7年（2018.5—2025.5）	本科复评 硕士复评
2	同济大学	7年（2018.5—2025.5）	7年（2018.5—2025.5）	本科复评 硕士复评
3	东南大学	7年（2018.5—2025.5）	7年（2018.5—2025.5）	本科复评 硕士复评
4	天津大学	7年（2018.5—2025.5）	7年（2018.5—2025.5）	本科复评 硕士复评

续表

序号	学校	本科合格有效期	硕士合格有效期	备注
5	浙江大学	7年（2018.5—2025.5）	7年（2018.5—2025.5）	本科复评 硕士复评
6	沈阳建筑大学	7年（2018.5—2025.5）	7年（2018.5—2025.5）	本科复评 硕士复评
7	北京工业大学	4年（2018.5—2022.5）	4年（2018.5—2022.5）	本科复评 硕士复评
8	南京工业大学	7年（2018.5—2025.5）	4年（2018.5—2022.5）	本科复评 硕士复评
9	吉林建筑大学	4年（2018.5—2022.5）	4年（2018.5—2022.5）	本科复评 硕士复评
10	青岛理工大学	7年（2018.5—2025.5）	4年（2018.5—2022.5）	本科复评 硕士复评
11	北京交通大学	4年（2018.5—2022.5）	4年（2018.5—2022.5）	本科复评 硕士复评
12	南京大学	—	7年（2018.5—2025.5）	硕士复评
13	上海交通大学	4年（2018.5—2022.5）	4年（2018.5—2022.5）	本科复评 硕士初评
14	福州大学	4年（2018.5—2022.5）	4年（2018.5—2022.5）	本科复评 硕士初评
15	太原理工大学	4年（2018.5—2022.5）	4年（2018.5—2022.5）	本科复评 硕士初评
16	长安大学	4年（2018.5—2022.5）	4年（2018.5—2022.5）	本科复评 硕士初评
17	浙江工业大学	4年（2018.5—2022.5）	—	本科复评

续表

序号	学校	本科合格有效期	硕士合格有效期	备注
18	广东工业大学	4年(2018.5—2022.5)	—	本科复评
19	四川大学	4年(2018.5—2022.5)	—	本科复评
20	内蒙古科技大学	4年(2018.5—2022.5)	—	本科复评
21	华东交通大学	4年(2018.5—2022.5)	—	本科初评
22	河南科技大学	4年(2018.5—2022.5)	—	本科初评
23	贵州大学	4年(2018.5—2022.5)	—	本科初评
24	石家庄铁道大学	4年(2018.5—2022.5)	—	本科初评
25	西南民族大学	4年(2018.5—2022.5)	—	本科初评
26	厦门理工学院	有条件4年(2018.5—2022.5)	—	本科初评
27	河北工程大学	延续原合格有效期(2016.5—2020.5)	—	中期检查
28	长沙理工大学	延续原合格有效期(2016.5—2020.5)	—	中期检查

截至2018年5月，全国共有68所高校建筑学专业通过专业教育评估，受权行使建筑学专业学位（包括建筑学学士和建筑学硕士）授予权，其中具有建筑学学士学位授予权的有67个专业点，具有建筑学硕士学位授予权的有44个专业点，见表2。

建筑学专业评估通过学校和有效期情况统计表 表2
（截至2018年5月，按首次通过评估时间排序）

序号	学校	本科合格有效期	硕士合格有效期	首次通过评估时间
1	清华大学	2018.5—2025.5	2018.5—2025.5	1992.5
2	同济大学	2018.5—2025.5	2018.5—2025.5	1992.5
3	东南大学	2018.5—2025.5	2018.5—2025.5	1992.5
4	天津大学	2018.5—2025.5	2018.5—2025.5	1992.5
5	重庆大学	2013.5—2020.5	2013.5—2020.5	1994.5
6	哈尔滨工业大学	2013.5—2020.5	2013.5—2020.5	1994.5
7	西安建筑科技大学	2013.5—2020.5	2013.5—2020.5	1994.5
8	华南理工大学	2013.5—2020.5	2013.5—2020.5	1994.5
9	浙江大学	2018.5—2025.5	2018.5—2025.5	1996.5
10	湖南大学	2015.5—2022.5	2015.5—2022.5	1996.5
11	合肥工业大学	2015.5—2022.5	2015.5—2022.5	1996.5
12	北京建筑大学	2012.5—2019.5	2012.5—2019.5	1996.5
13	深圳大学	2016.5—2023.5	2016.5—2020.5	本科1996.5/硕士2012.5
14	华侨大学	2016.5—2020.5	2016.5—2020.5	1996.5
15	北京工业大学	2018.5—2022.5	2018.5—2022.5	本科1998.5/硕士2010.5
16	西南交通大学	2014.5—2021.5	2014.5—2021.5	本科1998.5/硕士2004.5
17	华中科技大学	2014.5—2021.5	2014.5—2021.5	1999.5
18	沈阳建筑大学	2018.5—2025.5	2018.5—2025.5	1999.5
19	郑州大学	2015.5—2019.5	2015.5—2019.5	本科1999.5/硕士2011.5
20	大连理工大学	2015.5—2022.5	2015.5—2022.5	2000.5
21	山东建筑大学	2012.5—2019.5	2016.5—2020.5	本科2000.5/硕士2012.5
22	昆明理工大学	2017.5—2021.5	2017.5—2021.5	本科2001.5/硕士2009.5

续表

序号	学校	本科合格有效期	硕士合格有效期	首次通过评估时间
23	南京工业大学	2018.5—2025.5	2018.5—2022.5	本科2002.5/硕士2014.5
24	吉林建筑大学	2018.5—2022.5	2018.5—2022.5	本科2002.5/硕士2014.5
25	武汉理工大学	2015.5—2019.5	2015.5—2019.5	本科2003.5/硕士2011.5
26	厦门大学	2015.5—2019.5	2015.5—2019.5	本科2003.5/硕士2007.5
27	广州大学	2016.5—2020.5	2016.5—2020.5	本科2004.5/硕士2016.5
28	河北工程大学	2016.5—2020.5	—	2004.5
29	上海交通大学	2018.5—2022.5	2018.5—2022.5	本科2006.6/硕士2018.5
30	青岛理工大学	2018.5—2025.5	2018.5—2022.5	本科2006.6/硕士2014.5
31	安徽建筑大学	2015.5—2019.5	2016.5—2020.5	本科2007.5/硕士2016.5
32	西安交通大学	2015.5—2019.5	2015.5—2019.5	本科2007.5/硕士2011.5
33	南京大学	—	2018.5—2025.5	2007.5
34	中南大学	2016.5—2020.5	2016.5—2020.5	本科2008.5/硕士2012.5
35	武汉大学	2016.5—2020.5	2016.5—2020.5	2008.5
36	北方工业大学	2016.5—2020.5	2016.5—2020.5	本科2008.5/硕士2014.5
37	中国矿业大学	2016.5—2020.5	2016.5—2020.5	本科2008.5/硕士2016.5
38	苏州科技大学	2016.5—2020.5	2017.5—2021.5	本科2008.5/硕士2017.5
39	内蒙古工业大学	2017.5—2021.5	2017.5—2021.5	本科2009.5/硕士2013.5
40	河北工业大学	2017.5—2021.5	—	2009.5
41	中央美术学院	2017.5—2021.5	2017.5—2021.5	本科2009.5/硕士2017.5
42	福州大学	2018.5—2022.5	2018.5—2022.5	本科2010.5/硕士2018.5
43	北京交通大学	2018.5—2022.5	2018.5—2022.5	本科2010.5/硕士2014.5
44	太原理工大学	2018.5—2022.5	2018.5—2022.5	本科2010.5/硕士2018.5
45	浙江工业大学	2018.5—2022.5		2010.5
46	烟台大学	2015.5—2019.5		2011.5
47	天津城建大学	2015.5—2019.5	2015.5—2019.5	本科2011.5/硕士2015.5
48	西北工业大学	2016.5—2020.5		2012.5
49	南昌大学	2017.5—2021.5		2013.5
50	广东工业大学	2018.5—2022.5		2014.5
51	四川大学	2018.5—2022.5		2014.5
52	内蒙古科技大学	2018.5—2022.5		2014.5
53	长安大学	2018.5—2022.5	2018.5—2022.5	本科2014.5/硕士2018.5
54	新疆大学	2015.5—2019.5		2015.5
55	福建工程学院	2015.5—2019.5		2015.5
56	河南工业大学	2015.5—2019.5		2015.5
57	长沙理工大学	2016.5—2020.5		2016.5
58	兰州理工大学	2016.5—2020.5		2016.5
59	河南大学	2016.5—2020.5		2016.5
60	河北建筑工程学院	2016.5—2020.5		2016.5
61	华北水利水电大学	2017.5—2021.5		2017.5
62	湖南科技大学	2017.5—2021.5（有条件）	—	2017.5

续表

序号	学校	本科合格有效期	硕士合格有效期	首次通过评估时间
63	华东交通大学	2018.5—2022.5	—	2018.5
64	河南科技大学	2018.5—2022.5	—	2018.5
65	贵州大学	2018.5—2022.5	—	2018.5
66	石家庄铁道大学	2018.5—2022.5	—	2018.5
67	西南民族大学	2018.5—2022.5	—	2018.5
68	厦门理工学院	2018.5—2022.5（有条件）	—	2018.5

【2017—2018年度高等学校城乡规划专业教育评估工作】2018年，住房和城乡建设部高等教育城乡规划专业评估委员会对西安建筑科技大学、华中科技大学、武汉大学、湖南大学、苏州科技大学、沈阳建筑大学、大连理工大学、浙江工业大学、北京工业大学、华侨大学、云南大学、吉林建筑大学、河南城建学院等13所学校的城乡规划专业进行了评估。评估委员会全体委员对各校的自评报告进行了审阅，于5月派遣视察小组进校实地视察。经评估委员会全体会议讨论并投票表决，做出了评估结论，见表3。

2017—2018年度高等学校城乡规划专业
教育评估结论　　　表3

序号	学校	本科合格有效期	硕士合格有效期	备注
1	西安建筑科技大学	6年(2018.5—2024.5)	6年(2018.5—2024.5)	本科复评 硕士复评
2	华中科技大学	6年(2018.5—2024.5)	6年(2018.5—2024.5)	本科复评 硕士复评
3	武汉大学	6年(2018.5—2024.5)	6年(2018.5—2024.5)	本科复评 硕士复评
4	湖南大学	6年(2018.5—2024.5)	2016.5—2022.5	本科复评
5	苏州科技大学	6年(2018.5—2024.5)	6年(2018.5—2024.5)	本科复评 硕士复评
6	沈阳建筑大学	6年(2018.5—2024.5)	6年(2018.5—2024.5)	本科复评 硕士复评
7	大连理工大学	2014.5—2020.5	4年(2018.5—2022.5)	硕士复评

续表

序号	学校	本科合格有效期	硕士合格有效期	备注
8	浙江工业大学	6年(2018.5—2024.5)	—	本科复评
9	北京工业大学	4年(2018.5—2022.5)	4年(2018.5—2022.5)	本科复评 硕士复评
10	华侨大学	4年(2018.5—2022.5)	4年(2018.5—2022.5)	本科复评 硕士初评
11	云南大学	4年(2018.5—2022.5)	—	本科复评
12	吉林建筑大学	4年(2018.5—2022.5)	—	本科复评
13	河南城建学院	有条件4年(2018.5—2022.5)	—	本科初评

截至2018年5月，全国共有47所高校的城乡规划专业通过专业评估，其中本科专业点46个，硕士研究生专业点27个，见表4。

城乡规划专业评估通过学校和有效期情况统计表　表4
（截至2018年5月，按首次通过评估时间排序）

序号	学校	本科合格有效期	硕士合格有效期	首次通过评估时间
1	清华大学	—	2016.5—2022.5	1998.6
2	东南大学	2016.5—2022.5	2016.5—2022.5	1998.6
3	同济大学	2016.5—2022.5	2016.5—2022.5	1998.6
4	重庆大学	2016.5—2022.5	2016.5—2022.5	1998.6
5	哈尔滨工业大学	2016.5—2022.5	2016.5—2022.5	1998.6
6	天津大学	2016.5—2022.5	2016.5—2022.5（2006年6月至2010年5月硕士研究生教育不在有效期内）	2000.6
7	西安建筑科技大学	2018.5—2024.5	2018.5—2024.5	2000.6

续表

序号	学校	本科合格有效期	硕士合格有效期	首次通过评估时间
8	华中科技大学	2018.5—2024.5	2018.5—2024.5	本科2000.6/硕士2006.6
9	南京大学	2014.5—2020.5（2006年6月至2008年5月本科教育不在有效期内）	2014.5—2020.5	2002.6
10	华南理工大学	2014.5—2020.5	2014.5—2020.5	2002.6
11	山东建筑大学	2014.5—2020.5	2014.5—2020.5	本科2004.6/硕士2012.5
12	西南交通大学	2016.5—2022.5	2016.5—2022.5	本科2006.6/硕士2014.5
13	浙江大学	2016.5—2022.5	2016.5—2022.5	本科2006.6/硕士2012.5
14	武汉大学	2018.5—2024.5	2018.5—2024.5	2008.5
15	湖南大学	2018.5—2024.5	2016.5—2022.5	本科2008.5/硕士2012.5
16	苏州科技大学	2018.5—2024.5	2018.5—2024.5	本科2008.5/硕士2014.5
17	沈阳建筑大学	2018.5—2024.5	2018.5—2024.5	本科2008.5/硕士2012.5
18	安徽建筑大学	2016.5—2022.5	2016.5—2020.5	本科2008.5/硕士2016.5
19	昆明理工大学	2016.5—2020.5	2016.5—2020.5	本科2008.5/硕士2012.5
20	中山大学	2017.5—2021.5	—	2009.5
21	南京工业大学	2017.5—2023.5	2017.5—2021.5	本科2009.5/硕士2013.5
22	中南大学	2017.5—2021.5	2017.5—2021.5	本科2009.5/硕士2013.5
23	深圳大学	2017.5—2023.5	2017.5—2021.5	本科2009.5/硕士2013.5
24	西北大学	2017.5—2023.5	2017.5—2021.5	2009.5
25	大连理工大学	2014.5—2020.5	2018.5—2022.5	本科2010.5/硕士2014.5
26	浙江工业大学	2018.5—2024.5	—	2010.5
27	北京建筑大学	2015.5—2019.5	2017.5—2021.5	本科2011.5/硕士2013.5
28	广州大学	2015.5—2019.5	—	2011.5
29	北京大学	2015.5—2021.5	—	2011.5
30	福建工程学院	2016.5—2020.5	—	2012.5
31	福州大学	2017.5—2021.5	—	2013.5
32	湖南城市学院	2017.5—2021.5	—	2013.5
33	北京工业大学	2018.5—2022.5	2018.5—2022.5	2014.5
34	华侨大学	2018.5—2022.5	2018.5—2022.5	本科2014.5/硕士2018.5
35	云南大学	2018.5—2022.5	—	2014.5
36	吉林建筑大学	2018.5—2022.5	—	2014.5
37	青岛理工大学	2015.5—2019.5	—	2015.5
38	天津城建大学	2015.5—2019.5	—	2015.5
39	四川大学	2015.5—2019.5	—	2015.5
40	广东工业大学	2015.5—2019.5	—	2015.5
41	长安大学	2015.5—2019.5	—	2015.5
42	郑州大学	2015.5—2019.5	—	2015.5
43	江西师范大学	2016.5—2020.5	—	2016.5
44	西南民族大学	2016.5—2020.5	—	2016.5
45	合肥工业大学	2017.5—2021.5	—	2017.5

续表

序号	学校	本科合格有效期	硕士合格有效期	首次通过评估时间
46	厦门大学	2017.5—2021.5	—	2017.5
47	河南城建学院	2018.5—2022.5（有条件）	—	2018.5

【2017—2018年度高等学校土木工程专业教育评估工作】2018年，住房和城乡建设部高等教育土木工程专业评估委员会对华南理工大学、山东建筑大学、福州大学、华北水利水电大学、浙江工业大学、陆军工程大学、西安理工大学、浙江科技学院、湖北工业大学、宁波大学、长春工程学院、南京林业大学、新疆大学、厦门大学、南京航空航天大学、广东工业大学、河南工业大学、黑龙江工程学院、南京理工大学、宁波工程学院、华东交通大学、东北石油大学、江苏科技大学、湖南科技大学、深圳大学、上海应用技术大学等26所学校的土木工程本科专业进行了评估。评估委员会全体委员对各校的自评报告进行了审阅，于5月派遣视察小组进校实地视察。经评估委员会全体会议讨论并投票表决，做出了评估结论，见表5。

2017—2018年度高等学校土木工程专业
教育评估结论　　　　　　　　　　表5

序号	学校	学位类别	本科合格有效期	评估类型
1	华南理工大学	学士	6年(2018.5—2024.12)（有条件）	本科复评
2	山东建筑大学	学士	有效期截止到2018.5	本科复评
3	福州大学	学士	6年(2018.5—2024.12)（有条件）	本科复评
4	华北水利水电大学	学士	6年(2018.5—2024.12)（有条件）(2017年6月至2018年5月不在有效期内)	本科复评
5	浙江工业大学	学士	6年(2018.5—2024.12)（有条件）	本科复评
6	陆军工程大学	学士	6年(2018.5—2024.12)（有条件）	本科复评
7	西安理工大学	学士	有效期截止到2018.5	本科复评
8	浙江科技学院	学士	6年(2018.5—2024.12)（有条件）(2017年6月至2018年5月不在有效期内)	本科复评
9	湖北工业大学	学士	6年(2018.5—2024.12)（有条件）	本科复评
10	宁波大学	学士	有效期截止到2018.5	本科复评
11	长春工程学院	学士	6年(2018.5—2024.12)（有条件）	本科复评
12	南京林业大学	学士	6年(2018.5—2024.12)（有条件）	本科复评
13	新疆大学	学士	6年(2018.5—2024.12)（有条件）(2017年6月至2018年5月不在有效期内)	本科复评
14	厦门大学	学士	2018.5—2024.12（有条件）(2017年6月至2018年5月不在有效期内)	本科复评
15	南京航空航天大学	学士	6年(2018.5—2024.12)（有条件）	本科复评
16	广东工业大学	学士	6年(2018.5—2024.12)（有条件）	本科复评
17	河南工业大学	学士	6年(2018.5—2024.12)（有条件）	本科复评
18	黑龙江工程学院	学士	6年(2018.5—2024.12)（有条件）	本科复评
19	南京理工大学	学士	6年(2018.5—2024.12)（有条件）	本科复评
20	宁波工程学院	学士	6年(2018.5—2024.12)（有条件）	本科复评
21	华东交通大学	学士	有效期截止到2018.5	本科复评
22	东北石油大学	学士	6年(2018.5—2024.12)（有条件）	本科初评
23	江苏科技大学	学士	6年(2018.5—2024.12)（有条件）	本科初评
24	湖南科技大学	学士	6年(2018.5—2024.12)（有条件）	本科初评
25	深圳大学	学士	6年(2018.5—2024.12)（有条件）	本科初评
26	上海应用技术大学	学士	6年(2018.5—2024.12)（有条件）	本科初评

截至2018年5月，全国共有97所高校的土木工程专业通过评估，见表6。

高校土木工程专业评估通过学校和有效期情况统计表　　表6
（截至2018年5月，按首次通过评估时间排序）

序号	学校	本科合格有效期	首次通过评估时间
1	清华大学	2013.5—2021.5	1995.6
2	天津大学	2013.5—2021.5	1995.6
3	东南大学	2013.5—2021.5	1995.6
4	同济大学	2013.5—2021.5	1995.6
5	浙江大学	2013.5—2021.5	1995.6
6	华南理工大学	2018.5—2024.12（有条件）	1995.6
7	重庆大学	2013.5—2021.5	1995.6
8	哈尔滨工业大学	2013.5—2021.5	1995.6
9	湖南大学	2013.5—2021.5	1995.6
10	西安建筑科技大学	2013.5—2021.5	1995.6
11	沈阳建筑大学	2012.5—2020.5	1997.6
12	郑州大学	2017.5—2023.5	1997.6
13	合肥工业大学	2012.5—2020.5	1997.6
14	武汉理工大学	2017.5—2020.5	1997.6
15	华中科技大学	2013.5—2021.5（2002年6月至2003年6月不在有效期内）	1997.6
16	西南交通大学	2015.5—2021.5	1997.6
17	中南大学	2014.5—2020.5（2002年6月至2004年6月不在有效期内）	1997.6
18	华侨大学	2017.5—2023.5	1997.6
19	北京交通大学	2017.5—2023.5	1999.6
20	大连理工大学	2017.5—2023.5	1999.6
21	上海交通大学	2017.5—2023.5	1999.6
22	河海大学	2017.5—2023.5	1999.6
23	武汉大学	2017.5—2023.5	1999.6
24	兰州理工大学	2014.5—2020.5	1999.6
25	三峡大学	2016.5—2022.5（2004年6月至2006年6月不在有效期内）	1999.6
26	南京工业大学	2011.5—2019.5	2001.6
27	石家庄铁道大学	2017.5—2023.5（2006年6月至2007年5月不在有效期内）	2001.6
28	北京工业大学	2017.5—2023.5	2002.6
29	兰州交通大学	2012.5—2020.5	2002.6
30	山东建筑大学	有效期截止到2018.5	2003.6
31	河北工业大学	2014.5—2020.5（2008年5月至2009年5月不在有效期内）	2003.6
32	福州大学	2018.5—2024.12（有条件）	2003.6
33	广州大学	2015.5—2021.5	2005.6
34	中国矿业大学	2015.5—2021.5	2005.6
35	苏州科技大学	2015.5—2021.5	2005.6
36	北京建筑大学	2016.5—2022.5	2006.6
37	吉林建筑大学	2017.5—2023.5（2016年6月至2017年5月不在有效期内）	2006.5
38	内蒙古科技大学	2016.5—2022.5	2006.6
39	长安大学	2016.5—2022.5	2006.6
40	广西大学	2016.5—2022.5	2006.6
41	昆明理工大学	2017.5—2023.5	2007.5
42	西安交通大学	2017.5—2020.5	2007.5
43	华北水利水电大学	2018.5—2024.12（有条件）（2017年6月至2018年5月不在有效期内）	2007.5
44	四川大学	2017.5—2023.5	2007.5
45	安徽建筑大学	2017.5—2023.5	2007.5
46	浙江工业大学	2018.5—2024.12（有条件）	2008.5
47	解放军理工大学	2018.5—2024.12（有条件）	2008.5
48	西安理工大学	有效期截止到2018.5	2008.5
49	长沙理工大学	2014.5—2020.5	2009.5
50	天津城建大学	2014.5—2020.5	2009.5
51	河北建筑工程学院	2014.5—2020.5	2009.5
52	青岛理工大学	2014.5—2020.5	2009.5
53	南昌大学	2015.5—2021.5	2010.5
54	重庆交通大学	2015.5—2021.5	2010.5
55	西安科技大学	2015.5—2021.5	2010.5
56	东北林业大学	2015.5—2021.5	2010.5
57	山东大学	2016.5—2022.5	2011.5
58	太原理工大学	2016.5—2022.5	2011.5
59	内蒙古工业大学	2017.5—2023.5	2012.5
60	西南科技大学	2017.5—2023.5	2012.5
61	安徽理工大学	2017.5—2023.5	2012.5
62	盐城工学院	2017.5—2023.5	2012.5
63	桂林理工大学	2017.5—2023.5	2012.5

续表

序号	学校	本科合格有效期	首次通过评估时间
64	燕山大学	2017.5—2023.5	2012.5
65	暨南大学	有效期截止到2017.5	2012.5
66	浙江科技学院	2018.5—2024.12（有条件）（2017年6月至2018年5月不在有效期内）	2012.5
67	湖北工业大学	2018.5—2024.12（有条件）	2013.5
68	宁波大学	有效期截止到2018.5	2013.5
69	长春工程学院	2018.5—2024.12（有条件）	2013.5
70	南京林业大学	2018.5—2024.12（有条件）	2013.5
71	新疆大学	2018.5—2024.12（有条件）（2017年6月至2018年5月不在有效期内）	2014.5
72	长江大学	2017.5—2023.5	2014.5
73	烟台大学	2017.5—2023.5	2014.5
74	汕头大学	2017.5—2023.5	2014.5
75	厦门大学	2018.5—2024.12（有条件）（2017年6月至2018年5月不在有效期内）	2014.5
76	成都理工大学	2017.5—2023.5	2014.5
77	中南林业科技大学	2017.5—2023.5	2014.5
78	福建工程学院	2017.5—2023.5	2014.5
79	南京航空航天大学	2018.5—2024.12（有条件）	2015.5
80	广东工业大学	2018.5—2024.12（有条件）	2015.5
81	河南工业大学	2018.5—2024.12（有条件）	2015.5
82	黑龙江工程学院	2018.5—2024.12（有条件）	2015.5
83	南京理工大学	2018.5—2024.12（有条件）	2015.5
84	宁波工程学院	2018.5—2024.12（有条件）	2015.5
85	华东交通大学	有效期截止到2018.5	2015.5
86	山东科技大学	2016.5—2019.5	2016.5
87	北京科技大学	2016.5—2019.5	2016.5
88	扬州大学	2016.5—2019.5	2016.5
89	厦门理工学院	2016.5—2019.5	2016.5
90	江苏大学	2016.5—2019.5	2016.5
91	安徽工业大学	2017.5—2020.5	2017.5
92	广西科技大学	2017.5—2020.5	2017.5
93	东北石油大学	2018.5—2024.12（有条件）	2018.5
94	江苏科技大学	2018.5—2024.12（有条件）	2018.5
95	湖南科技大学	2018.5—2024.12（有条件）	2018.5
96	深圳大学	2018.5—2024.12（有条件）	2018.5
97	上海应用技术大学	2018.5—2024.12（有条件）	2018.5

【2017—2018年度高等学校建筑环境与能源应用工程专业教育评估工作】2018年，住房和城乡建设部高等教育建筑环境与能源应用工程专业评估委员会对陆军工程大学、东华大学、湖南大学、长安大学、西南交通大学、东北林业大学、重庆科技学院、安徽工业大学、广东工业大学、河南科技大学、福建工程学院等11所学校的建筑环境与能源应用工程专业进行了评估。评估委员会全体委员对学校的自评报告进行了审阅，于5月份派遣视察小组进校实地视察。经评估委员会全体会议讨论并投票表决，做出了评估结论，见表7。

2017—2018年度高等学校建筑环境与能源应用专业教育评估结论　　表7

序号	学校	学位类别	本科合格有效期	评估类型
1	陆军工程大学	学士	5年(2018.5—2023.5)	本科复评
2	东华大学	学士	5年(2018.5—2023.5)	本科复评
3	湖南大学	学士	5年(2018.5—2023.5)	本科复评
4	长安大学	学士	5年(2018.5—2023.5)	本科复评
5	西南交通大学	学士	5年(2018.5—2023.5)	本科复评
6	东北林业大学	学士	5年(2018.5—2023.5)	本科初评
7	重庆科技学院	学士	5年(2018.5—2023.5)	本科初评
8	安徽工业大学	学士	5年(2018.5—2023.5)	本科初评
9	广东工业大学	学士	5年(2018.5—2023.5)	本科初评
10	河南科技大学	学士	5年(2018.5—2023.5)	本科初评
11	福建工程学院	学士	5年(2018.5—2023.5)	本科初评

截至2018年5月，全国共有45所高校的建筑环境与能源应用工程专业通过评估，见表8。

高校建筑环境与能源应用工程评估通过学校和有效期情况统计表　　表8

（截至2017年5月，按首次通过评估时间排序）

序号	学校	本科合格有效期	首次通过评估时间
1	清华大学	2017.5—2022.5	2002.5
2	同济大学	2017.5—2022.5	2002.5
3	天津大学	2017.5—2022.5	2002.5
4	哈尔滨工业大学	2017.5—2022.5	2002.5
5	重庆大学	2017.5—2022.5	2002.5
6	陆军工程大学	2018.5—2023.5	2003.5
7	东华大学	2018.5—2023.5	2003.5
8	湖南大学	2018.5—2023.5	2003.5
9	西安建筑科技大学	2014.5—2019.5	2004.5
10	山东建筑大学	2015.5—2020.5	2005.6
11	北京建筑大学	2015.5—2020.5	2005.6

续表

序号	学校	本科合格有效期	首次通过评估时间
12	华中科技大学	2016.5—2021.5（2010年5月至2011年5月不在有效期内）	2005.6
13	中原工学院	2016.5—2021.5	2006.6
14	广州大学	2016.5—2021.5	2006.6
15	北京工业大学	2016.5—2021.5	2006.6
16	沈阳建筑大学	2017.5—2022.5	2007.6
17	南京工业大学	2017.5—2022.5	2007.6
18	长安大学	2018.5—2023.5	2008.5
19	吉林建筑大学	2014.5—2019.5	2009.5
20	青岛理工大学	2014.5—2019.5	2009.5
21	河北建筑工程学院	2014.5—2019.5	2009.5
22	中南大学	2014.5—2019.5	2009.5
23	安徽建筑大学	2014.5—2019.5	2009.5
24	南京理工大学	2015.5—2020.5	2010.5
25	西安交通大学	2016.5—2021.5	2011.5
26	兰州交通大学	2016.5—2021.5	2011.5
27	天津城建大学	2016.5—2021.5	2011.5
28	大连理工大学	2017.5—2022.5	2012.5
29	上海理工大学	2017.5—2022.5	2012.5
30	西南交通大学	2018.5—2023.5	2013.5
31	中国矿业大学	2014.5—2019.5	2014.5
32	西南科技大学	2015.5—2020.5	2015.5
33	河南城建学院	2015.5—2020.5	2015.5
34	武汉科技大学	2016.5—2021.5	2016.5
35	河北工业大学	2016.5—2021.5	2016.5
36	南华大学	2017.5—2022.5	2017.5
37	合肥工业大学	2017.5—2022.5	2017.5
38	太原理工大学	2017.5—2022.5	2017.5
39	宁波工程学院	2017.5—2022.5（有条件）	2017.5
40	东北林业大学	2018.5—2023.5	2018.5
41	重庆科技学院	2018.5—2023.5	2018.5
42	安徽工业大学	2018.5—2023.5	2018.5
43	广东工业大学	2018.5—2023.5	2018.5
44	河南科技大学	2018.5—2023.5	2018.5
45	福建工程学院	2018.5—2023.5	2018.5

【2017—2018年度高等学校给水排水科学与工程专业教育评估工作】2018年，住房和城乡建设部高等教育给水排水科学与工程专业评估委员会对长安大学、桂林理工大学、武汉理工大学、扬州大学、山东建筑大学、太原理工大学、合肥工业大学、济南大学、武汉科技大学等9所学校的给水排水科学与工程专业进行了评估。评估委员会全体委员对各校的自评报告进行了审阅，于5月派遣视察小组进校实地视察。经评估委员会全体会议讨论并投票表决，做出了评估结论，见表9。

2017—2018年度高等学校给水排水科学与工程专业教育评估结论　　表9

序号	学校	学位类别	本科合格有效期	评估类型
1	长安大学	学士	6年（2018.5—2024.5）	本科复评
2	桂林理工大学	学士	6年（2018.5—2024.5）	本科复评
3	武汉理工大学	学士	6年（2018.5—2024.5）	本科复评
4	扬州大学	学士	6年（2018.5—2024.5）	本科复评
5	山东建筑大学	学士	6年（2018.5—2024.5）	本科复评
6	太原理工大学	学士	6年（2018.5—2024.5）（2017年6月至2018年5月不在有效期内）	本科复评
7	合肥工业大学	学士	6年（2018.5—2024.5）	本科复评
8	济南大学	学士	6年（2018.5—2024.5）	本科复评
9	武汉科技大学	学士	3年（2018.5—2021.5）	本科初评

截至2018年5月，全国共有39所高校的给排水科学与工程专业通过评估，见表10。

高校给排水科学与工程专业评估通过学校和有效期情况统计表　　表10

（截至2018年5月，按首次通过评估时间排序）

序号	学校	本科合格有效期	首次通过评估时间
1	清华大学	2014.5—2019.5	2004.5
2	同济大学	2014.5—2019.5	2004.5
3	重庆大学	2014.5—2019.5	2004.5
4	哈尔滨工业大学	2014.5—2019.5	2004.5
5	西安建筑科技大学	2015.5—2020.5	2005.6
6	北京建筑大学	2015.5—2020.5	2005.6
7	河海大学	2016.5—2021.5	2006.6
8	华中科技大学	2016.5—2021.5	2006.6
9	湖南大学	2016.5—2021.5	2006.6
10	南京工业大学	2017.5—2023.5	2007.5
11	兰州交通大学	2017.5—2023.5	2007.5
12	广州大学	2017.5—2023.5	2007.5
13	安徽建筑大学	2017.5—2023.5	2007.5

续表

序号	学校	本科合格有效期	首次通过评估时间
14	沈阳建筑大学	2017.5—2023.5	2007.5
15	长安大学	2018.5—2024.5	2008.5
16	桂林理工大学	2018.5—2024.5	2008.5
17	武汉理工大学	2018.5—2024.5	2008.5
18	扬州大学	2018.5—2024.5	2008.5
19	山东建筑大学	2018.5—2024.5	2008.5
20	武汉大学	2014.5—2019.5	2009.5
21	苏州科技大学	2014.5—2019.5	2009.5
22	吉林建筑大学	2014.5—2019.5	2009.5
23	四川大学	2014.5—2019.5	2009.5
24	青岛理工大学	2014.5—2019.5	2009.5
25	天津城建大学	2014.5—2019.5	2009.5
26	华东交通大学	2015.5—2020.5	2010.5
27	浙江工业大学	2015.5—2020.5	2010.5
28	昆明理工大学	2016.5—2021.5	2011.5
29	济南大学	2018.5—2024.5（2017年6月至2018年5月不在有效期内）	2012.5
30	太原理工大学	2018.5—2024.5	2013.5
31	合肥工业大学	2018.5—2024.5	2013.5
32	南华大学	2014.5—2019.5	2014.5
33	河北建筑工程学院	2015.5—2020.5	2015.5
34	河南城建学院	2016.5—2021.5	2016.5
35	盐城工学院	2016.5—2021.5	2016.5
36	华侨大学	2016.5—2021.5	2016.5
37	北京工业大学	2017.5—2020.5	2017.5
38	福建工程学院	2017.5—2020.5	2017.5
39	武汉科技大学	2018.5—2021.5	2018.5

【2017—2018年度高等学校工程管理专业教育评估工作】2018年，住房和城乡建设部高等教育工程管理专业评估委员会对广州大学、东北财经大学、北京建筑大学、山东建筑大学、安徽建筑大学、昆明理工大学、嘉兴学院、石家庄铁道大学、长春工程学院、广西科技大学等10所学校的工程管理专业进行了评估。评估委员会全体委员对各校的自评报告进行了审阅，于5月派遣视察小组进校实地视察。经评估委员会全体会议讨论并投票表决，做出了评估结论，见下表11。

2017—2018年度高等学校工程管理专业教育评估结论　　表11

序号	学校	学位类别	本科合格有效期	评估类型
1	广州大学	学士	6年(2018.5—2024.5)	本科复评
2	东北财经大学	学士	6年(2018.5—2024.5)	本科复评
3	北京建筑大学	学士	6年(2018.5—2024.5)	本科复评
4	山东建筑大学	学士	6年(2018.5—2024.5)	本科复评
5	安徽建筑大学	学士	6年(2018.5—2024.5)	本科复评
6	昆明理工大学	学士	4年(2018.5—2022.5)	本科初评
7	嘉兴学院	学士	4年(2018.5—2022.5)	本科初评
8	石家庄铁道大学	学士	4年(2018.5—2022.5)	本科初评
9	长春工程学院	学士	4年(2018.5—2022.5)	本科初评
10	广西科技大学	学士	4年(2018.5—2022.5)	本科初评

截至2018年5月，全国共有52所高校的工程管理专业通过评估，见表12。

高校工程管理专业评估通过学校和有效期情况统计表　　表12

（截至2018年5月，按首次通过评估时间排序）

序号	学校	本科合格有效期	首次通过评估时间
1	重庆大学	2014.5—2019.5	1999.11
2	哈尔滨工业大学	2014.5—2019.5	1999.11
3	西安建筑科技大学	2014.5—2019.5	1999.11
4	清华大学	2014.5—2019.5	1999.11
5	同济大学	2014.5—2019.5	1999.11
6	东南大学	2014.5—2019.5	1999.11
7	天津大学	2016.5—2022.5	2001.6
8	南京工业大学	2016.5—2022.5	2001.6
9	广州大学	2018.5—2024.5	2003.6
10	东北财经大学	2018.5—2024.5	2003.6
11	华中科技大学	2015.5—2020.5	2005.6
12	河海大学	2015.5—2020.5	2005.6
13	华侨大学	2015.5—2020.5	2005.6
14	深圳大学	2015.5—2020.5	2005.6
15	苏州科技大学	2015.5—2020.5	2005.6
16	中南大学	2016.5—2022.5	2006.6
17	湖南大学	2016.5—2022.5	2006.6
18	沈阳建筑大学	2017.5—2023.5	2007.6
19	北京建筑大学	2018.5—2024.5	2008.5
20	山东建筑大学	2018.5—2024.5	2008.5
21	安徽建筑大学	2018.5—2024.5	2008.5
22	武汉理工大学	2014.5—2019.5	2009.5

续表

序号	学校	本科合格有效期	首次通过评估时间
23	北京交通大学	2014.5—2019.5	2009.5
24	郑州航空工业管理学院	2014.5—2019.5	2009.5
25	天津城建大学	2014.5—2019.5	2009.5
26	吉林建筑大学	2014.5—2019.5	2009.5
27	兰州交通大学	2015.5—2020.5	2010.5
28	河北建筑工程学院	2015.5—2020.5	2010.5
29	中国矿业大学	2016.5—2022.5	2011.5
30	西南交通大学	2016.5—2022.5	2011.5
31	华北水利水电大学	2017.5—2023.5	2012.5
32	三峡大学	2017.5—2023.5	2012.5
33	长沙理工大学	2017.5—2023.5	2012.5
34	大连理工大学	2014.5—2019.5	2014.5
35	西南科技大学	2014.5—2019.5	2014.5
36	解放军理工大学	2015.5—2020.5	2015.5
37	广东工业大学	2015.5—2020.5	2015.5
38	兰州理工大学	2016.5—2020.5	2016.5
39	重庆科技学院	2016.5—2020.5	2016.5
40	扬州大学	2016.5—2020.5	2016.5
41	河南城建学院	2016.5—2020.5	2016.5
42	福建工程学院	2016.5—2020.5	2016.5
43	南京林业大学	2016.5—2020.5	2016.5
44	东北林业大学	2017.5—2021.5	2017.5
45	西安理工大学	2017.5—2021.5	2017.5
46	辽宁工程技术大学	2017.5—2021.5	2017.5
47	徐州工程学院	2017.5—2021.5	2017.5
48	昆明理工大学	2018.5—2022.5	2018.5
49	嘉兴学院	2018.5—2022.5	2018.5
50	石家庄铁道大学	2018.5—2022.5	2018.5
51	长春工程学院	2018.5—2022.5	2018.5
52	广西科技大学	2018.5—2022.5	2018.5

干部教育培训工作

【全国市长研修学院（部干部学院）国家级专业技术人员继续教育基地积极开展专业技术人员培训工作】市长研修学院使用国家级专业技术人员继续教育基地专项资金，共举办10期专题培训班，共计培训学员886人，专项补贴经费约113万元，实现了行业内高层次、骨干专业技术人员的知识更新。

【举办全国专业技术人才知识更新工程高级研修班】根据人力资源社会保障部全国专业技术人才知识更新工程高级研修项目计划，2018年住房和城乡建设部在北京举办"装配式建筑应用技术"、"可持续性城市水系统构建"高级研修班，培训各地相关领域高层次专业技术人员140名，经费由人力资源社会保障部全额资助。

职业资格工作

【住房城乡建设领域职业资格考试情况】2018年，全国共有168万人次报名参加住房城乡建设领域职业资格全国统一考试，共有26万人次通过考试并取得职业资格证书，见表13。

2018年住房城乡建设领域职业资格
全国统一考试情况统计表　　表13

序号	专业	2018年参加考试人数	2018年取得资格人数
1	一级注册建筑师	54593	2091
2	二级注册建筑师	15451	707
3	一级建造师	939763	132315
4	一级注册结构工程师	16111	2245
5	二级注册结构工程师	4748	933
6	注册土木工程师（岩土）	11880	1541
7	注册公用设备工程师	16970	3325
8	注册电气工程师	10924	1355
9	注册化工工程师	1547	448
10	注册土木工程师（水利水电工程）	1734	565
11	注册土木工程师（港口与航道工程）	552	121
12	注册环保工程师	1822	1021
13	注册城乡规划师	38025	4241
14	一级造价工程师	223941	37110
15	房地产估价师	16717	3982
16	房地产经纪人	53819	18540
17	监理工程师	73256	22459
18	注册安全工程师	202069	27058
	合计	1683922	260057

【住房城乡建设领域职业资格及注册情况】截至2018年底，住房城乡建设领域取得各类职业资格人员共177.7万，注册人数133.5万，见表14。

住房城乡建设领域职业资格人员专业分布及注册情况统计表 表14
（截至 2018 年 12 月 31 日）

行业	类别	专业	取得资格人数	注册人数	备注
勘察设计	（一）注册建筑师（一级）		36660	34843	
	注册建筑师（二级）		21408	22927	
	（二）勘察设计注册工程师	1.土木工程 岩土工程	23347	20249	
		水利水电工程	10497	—	未注册
		港口与航道工程	403	—	未注册
		道路工程	2411	—	未注册
		2.结构工程（一级）	54907	50613	
		3.公用设备工程	38787	32148	
		4.电气工程	28326	24177	
		5.化工工程	9058	6795	
		6.环保工程	7642	—	未注册
		7.机械工程	3458	—	未注册
		8.冶金工程	1502	—	未注册
		9.采矿/矿物工程	1461	—	未注册
		10.石油/天然气工程	438	—	未注册
建筑业	（三）建造师（一级）		826768	648000	
	（四）监理工程师		314420	208618	
	（五）造价工程师（一级）		239420	170696	
房地产业	（六）房地产估价师		62902	56570	
	（七）房地产经纪人		84196	34889	
城乡规划	（八）注册城市规划师		30245	24031	登记类 2791
	总计		1776848	1334556	

【与交通运输部、水利部、人社部联合印发造价工程师职业资格文件】2018年7月，住房城乡建设部联合交通运输部、水利部、人社部印发了《住房城乡建设部 交通运输部 水利部 人力资源社会保障部关于印发〈造价工程师职业资格制度规定〉〈造价工程师职业资格考试实施办法〉的通知》（建人〔2018〕67号），对造价工程师职业资格制度的实施作出调整和部署。

人才工作

【指导行业从业人员职业技能培训工作】印发《住房城乡建设部人事司关于印发2018年全国建设职业技能培训工作任务的通知》，通报2017年各地培训工作情况。2018年12月印发了《住房城乡建设部人事司关于正式运行住房城乡建设行业从业人员培训管理信息系统的通知》（建人才〔2018〕74号），住房和城乡建设行业从业人员培训管理信息系统经过一年多试运行，正式上线运行。举办了45届世界技能大赛住建行业选拔赛，设有砌筑、木工、精细木工、花艺、园艺、抹灰与隔墙系统、管道与制暖、瓷砖贴面、混凝土建筑、油漆与装饰、水处理技术共11个项目。选拔出各赛项的第一名代表行业参加全国选拔赛，其中砌筑等八个赛项选手进入国家集训队。为世赛选拔工作推荐了11个赛项的专家和裁判。推荐的江苏城乡建设职业学院入选混凝土赛项国家集训基地。指导中国物业管理协会、中国建设劳动学会、中国建设教育协会举办了物业管理员、电工等多个工种的国家二类（行业）职业技能竞赛。与全国总工会等六部门联合举办第六届全国职工职业技能大赛（砌筑工项目）。

【指导行业职业技能鉴定工作】住房和城乡建设部人事司与部执业资格注册中心一道，深入各地开展调研，研究住建行业职业技能鉴定相关工作，与人力资源社会保障部职业能力建设司、鉴定指导中心进行多轮沟通协调。2019年1月印发了《住房和城乡建设部关于做好住房和城乡建设行业职业技能鉴定工作的通知》（建人〔2019〕5号），指导各地开展行业职业技能鉴定工作。

【做好高技能人才选拔推荐工作】按照人社部统一部署，组织各地按照条件推荐候选人。经司务会讨论，部党组会审议，确定推荐刘克敏（杭萧钢构、焊工）、黄鹏（成都市第四建筑、钢筋工）、杨德兵（重庆永和建筑、架子工）为全国技术能手候选人，上海市城市建设工程学校（上海市园林学校）为国家技能人才培育突出贡献候选单位，王建辉（北京燃气集团）为国家技能人才培育突出贡献候选个人。经人力资源社会保障部组织评审，上述个人和单位均获得相应荣誉称号。

【改进现场专业人员教育培训】为贯彻落实国务院"放管服"改革和职业资格清理规范相关要求，2018年12月印发了《住房城乡建设部办公厅关于停止住房城乡建设领域现场专业人员统一考核发证工作的通知》（建办人〔2018〕60号），停止各省级住房城乡建设主管部门对住房城乡建设领域现场专业人员统一考核和发放《住房和城乡建设领域专业人员岗位培训考核合格证书》。为进一步提高施工现场专业人员技术水平和综合素质，保证工程质量安全，2019年1月印发了《住房和城乡建设部关于改进住房和城乡建设领域施工现场专业人员职业培训工作的指导意见》（建人〔2019〕9号），转变培训考核工作模式，建立施工现场专业人员职业培训体系，加强从业人员职业培训及知识更新教育。升级了住房城乡建设行业从业人员培训管理信息系统施工现场专业人员模块，运用信息化管理手段加强培训监管服务。组织建立了全国统一的施工现场专业人员培训测试题库，免费供各地使用，推动培训证书全国互认。施工现场专业人员培训工作正在选取试点，在总结试点经验的基础上，稳步推进。

【加强职业教育指导】与教育部联合举办了全国职业院校职业技能竞赛，分别由中国建设教育协会、全国住房和城乡建设教育教学指导委员会承办了建筑工程识图、建筑CAD、建筑智能化系统安装与调试、工程测量等赛项。指导住建行指委于2018年12月举办产教对话论坛活动，开展建设行业人才培养课题研究。积极参与国办、教育部推动的职教改革，实施职业院校毕业生1+X证书试点等工作。加强对行指委监督指导，组织行指委秘书处起草了《全国住房和城乡建设职业教育教学指导委员会印章使用管理办法》，规范印章使用管理。

【深化职称制度改革】组织部人力资源开发中心开展职称评审专家换届相关工作。按照深化职称改革等要求，研究规范部职称评审工作。2018年11月印发了《住房城乡建设部办公厅关于组建新一届建设工程（科研）系列专业技术职务任职资格评审委员会的通知》（建办人〔2018〕54号），建立职称评审专家库，职称评审系统，实现评审专家随机抽取动态管理。2018年度部职称评审工作顺利完成。

（住房和城乡建设部人事司）

城乡建设档案

2018年，住房和城乡建设部城建档案工作办公室坚持以习近平新时代中国特色社会主义思想为引领，深入学习党的十九大精神，不断增强"四个意识"、坚定"四个自信"、做到"两个维护"，立足城建档案事业发展面临的新形势，以服务城乡建设档案管理工作为主线，以健全城建档案法制建设为保障，以积极推进城建档案信息化水平为抓手，创新城建档案管理与服务，充分发挥城建档案优势，为进一步加强城乡建设管理提供优质服务和保障。

【城建档案法制建设】城建档案法规和制度建设是城建档案管理工作的重要依据，是促进城建档案工作沿着法制化、规范化轨道发展的有力保证。各地积极通过法制建设，进一步提高竣工档案标准化管理水平。北京馆参与修编《北京市市政基础设施工程资料管理规程》《北京市城市综合管廊资料管理规程》，制定《北京市重点工程声像档案资料管理导则》；上海馆开展《上海市城市建设档案管理暂行办法》立法评估工作；重庆馆修订《重庆市建设工程档案编制验收标准》；湖北省完成《湖北省建立健全地下管线动态更新和共享机制研究》调研报告，参与起草《湖北省住房城乡建设领域重大建设项目批准实施和公共资源配置政府信息公开实施方案》；贵州省编制《贵州省管线探测规程》《贵州省城市综合地下管线信息系统技术规范》《贵阳市"十三五"城市污水收集管网建设专项方案》；十堰、襄阳、鄂州、广州、中山、青岛、淄博、南昌、鹰潭、吉安、靖安、上高、银川、克拉玛依等地颁布城建档案包括地下管线管理在内的地方规章，使工程档案归集管理和地下管线信息动态更新做到有法可依；珠海、东莞等市启动《城乡建设档案管理办法》立法工作。

各地陆续印发、修订城建档案管理规范性文件，强化了城建档案管理程序，提高了城建档案工作标准化水平，保障了城建档案收集的完整、准确、系统、安全和有效利用。主要有：《重庆市关于新建、改建、扩建管线工程档案移交有关工作的通知》《邢台市建设工程档案接收工作程序的实施意见》《唐山市关于加强建设工程电子档案移交工作的通知》《湖北省关于加强新形势下城建档案管理工作的通知》《湖南省关于推进建设工程档案电子化工作的通知》《江西省关于进一步加强老旧建设工程档案催收归集工作的通知》《广州市城建档案信息化十三五规划》。

【建设工程竣工档案归集管理】建设工程竣工档案归集管理是工程质量管理的法定环节和重要内容，各地依法规范工程竣工档案归集管理程序，积极拓宽工程竣工档案接收渠道，提高建设工程竣工档案归集率。北京馆重点加强对重点项目的档案指导工作，通过工作动员会、培训班对项目参建单位进行培训，积极开展阶段性指导工作；天津馆通过提前介入、主动服务，在档案资料的形成、积累、整理、归档等各环节全程跟踪服务，为建设单位进行归档业务培训，有效提升了建设单位档案工作人员的建档水平，特别是在市重点建设工程方面，积极解决企业在档案验收和接收环节上遇到的问题，全年接收新建工程竣工档案1.5万余卷，建筑类照片7000余张，馆藏资源得到进一步丰富，同时积极利用"城建档案信息资源整合与共享"平台为社会提供档案信息；上海馆基本实现建筑工程和市政重点工程数字化图纸接收，完成全市重大功能性区域和重大工程项目的档案服务工作，接收竣工档案约一百项，一万余卷，基本完成上海新一轮总体规划资料的收集工作；重庆馆全年接收工程档案190950卷；河北省加强现场业务指导，实行工程资料技术交底，有效提高了城建档案从业人员业务水平，为建设工程竣工档案归集管理创造有利条件，其中：石家庄馆入馆地铁工程档案706卷，催缴工程档案入馆9项；邢台馆入馆工程竣工档案118项，2807卷；唐山市馆入馆工程竣工5927卷；张家口馆入馆工程档案11880卷；廊坊馆入馆工程竣工档案128个标段（680个单项工程）共计1.5万卷；承德馆入馆工程竣工档案56项，衡水馆入馆工程竣工档案146项；江西省开展老旧建设工程档案归集排查工作，全年排查未归档竣工项目7486个，经催收进馆1675个项目，签订移交"具结书"项目977个，催收进馆率达35%，全年归集工程竣工项目4302个，接收工程档案160173卷；山东省在施工许可办理、竣工验收备案、房屋确权手续等环节严格把关，全面执行"两书一证"制度，包括重点工程、综合管廊、海绵城市、建筑节能、声像档案、地下管线在内的各类建设工程竣工档案接收数量均有所增加，其中：济南、青岛、日照、临沂、聊城、德州等市与多部门协调开展档案追缴工作；湖北省接收档案31万多卷，2860张底图；湖南省严格执行建设工程档案"三书"和"四位一体"的档案归集制度，并将工程竣工档案归集纳入建设工程行政审批管理环节，确保了竣工档案的归集；广东省积极为重点建设工程竣工档案管理单位提供服务，其中：广州馆对重点工程项目开展专项咨询、指导，全年接收工程竣工档案27175卷；河源馆通过与建设工程竣工备案部门积极互动，加强进馆前对建设项目档案的收集、整理指导工作，接收44个项目建设工程竣工档案共2405卷。南宁、钦州馆通过电话指导、馆内指导、现场指导、集中培训等多种形式，抓好竣工档案管理工作的"前沿阵地"。海南省积极主动为重点建设项目开展业务指导，各市县坚持提前介入、上门服务、跟踪指导的工作标准，较好提高了重点建设项目档案归集质量，其中：海口馆接收193个工程的竣工档案；三亚馆接收84个工程的竣工档案；儋州馆接收45个工程的竣工档案；五指山市、东方市、澄迈县、定安县等坚持做好建设工程竣工档案归集管理工作，不断丰富馆藏结构。贵州省接收414个项目档案35376卷，数字档案光盘160张、照片5955张，各市县馆进行业务指导108次，业务培训12次。四川省为确保建设工程档案资料保质保量及时归档，全省城建档案部门积极介入、主动上门，深入施工现场进行业务指导，年度工程竣工档案接收进馆率达95%以上，其中：成都馆统一新纳入中心城6区工程竣工的移交程序、进馆内容和质量要求，在新都区、龙泉驿区、温江区分设3个工作驻点，加上馆本部，形成成都东、西、南、北4点位服务新格局，实现工程竣工档案管理全覆盖；宁夏回族自治区通过积极协调相关部门，将竣工档案收集纳入建设工程行政管理程序，加大了工程竣工档案归集管理力度，各地馆采取网络指导、现场指导、馆内指导等形式，拓宽业务指导渠道，同时，围绕丰富馆藏门类、优化馆藏结构、提高竣工档案入库率为目标积极开展工作。

【城建档案信息化建设】为进一步提升城建档案服务水平，各地按照"存量数字化、增量电子化"的要求，通过建立城建档案信息管理系统，大力推进馆藏档案数字化加工，逐步实现城建档案收集、整理、立卷、检索、统计智能化管理，充分发挥馆藏档案资源优势，切实将"死档案"变成"活信息"、把"档案库"变成"智慧库"，提升城建档案的利用价值和为公众及政府服务的能力。北京馆实地考察湖南省、重庆市两地电子档案接收试点工作，建设工程档案电子化、数字化和互联共享平台建设情况，建设工程施工现场电子档案生成、制作情况，积极配合北京市住建委开展建设工程施工资料信息化平台建设。天津馆完成新版网站开发，著录纸质档案1.8万余卷，扫描文件图纸80余万页；著录300个建设工程的录像视频，时长6000余分钟；著录各类会议、活动照片1200张，视频900分钟；著录完成2017年结转的馆藏录像带1775盘。上海馆完成全市竣工档案统一在线报验和审批系统建设，继续开展基于空间的城建档案管理信息系统建设，推进档案空间数据注记工作，以城建档案空间信息为关键索引，提高城建档案查阅效率，并逐步实现不同阶段城建档案数据关联、融合，推进城建档案数据活化，全馆馆藏档案数字化率近90%。重庆馆着力探索将云技术、大数据、智能辅助决策技术等先进技术充分应用到城建档案管理及应用中，已完成全市所有区县城建档案馆（室）专线网络铺设，随着"重庆市市区（县）城建档案信息一体化平台"全域投入使用，已实现城建档案信息互联互通、资源共享，使所有建设项目档案验收、移交都能在一个平台上进行，此外，重庆馆积极开展城建档案数字化数据采集工作，年度完成市馆、远郊区县共120万余卷库存建设工程档案信息数据采集，形成各类信息数据近3亿条。同时，重庆馆与重庆大学、仙桃数据谷等单位合作，对形成的大数据开展综合分析，初步探索了城建档案在智能化城市建设上的决策辅助作用。唐山馆基本实现网络申报、指导、移交流畅的管理模式，形成纸质档案是基础，声像档案是过程，电子档案是载体的"三类一体"现代化管理模式，实现直接接收、调取文字、图纸相关数据，做到科技、智能化管理档案；廊坊馆对馆藏档案进行数字化加工，整理馆藏工程档案75656卷，实现网上查询服务。吉林省通化、四平、龙井等市馆完成过半馆藏档案著录和数字化处理等工作，白城、梅河口等市馆引进城建档案信息化数字系统，吉林市馆完成4万卷馆藏档案的数字化处理。山东省不断加大对信息化建设的投入，多数市馆已建立城建档案综合管理系统、城建档案信息管理网站，德州馆建立档案信息查阅系统，用户可以通过触摸式电子显示屏浏览相关信息，青岛、德州、莱芜等市完成馆（室）藏档案数字化率达90%以上。江西省全年投入近3250万元用于基础设施和信息化建设，完成图纸和文件扫描2913TB，上饶馆积极参与智慧工地建设，负责全市试点在建项目视频监控管理工作，目前市区内20个在建工地已纳入其中。湖北省在"湖北省城乡建设发展中心网站"更新了《城建档案目录查询》，实现一键查询，为社会各界上网查询相关业务提供了便利快捷服务；鄂州馆启用城建档案自助查询机，供市民自助查询城建档案目录信息，实现城建档案利用智能化、便捷化、效率化。湖南省各级城建档案馆全面启动数字档案馆建设和城建电子档案接收工作，株洲、常德、娄底、岳阳、张家界、永州等市已完成《建设工程资料在线收集与跟踪服务系统》软件开发，参建各方建设工程文件可通过平台实现实时在线上传和交互、签批，实现工程建设项目电子文件全过程信息化监管和在线移交归档，株洲、常德、娄底等市已开展相关试点工作。广东省各地城建档案馆继续加强城建档案管理系统的升级改造，加快城建档案信息化标准建设，其中：广州馆积极推进"广州市城乡建设档案监督指导及验收业务管理系统""城建档案利用综合系统""广州市城建档案统一检索平台""存量证照检索系统"等系统与"广州市国土规划一体化信息平台"的对接，为全市竣工工程档案报送、查询利用、不动产登记和电子证照等工作落到实处提供技术支持，实现资源共享，保障各项简政放权工作顺利落地，佛山、阳江、河源、汕尾馆积极完善城建档案信息管理平台，不断提升城建档案管理数字建设水平。南宁馆升级开发原有档案管理系统，全年完成新增档案数据挂接5.51万卷，数字化率达100%。儋州馆将375个项目竣工档案进行数字化加工。海南省海口、三亚、文昌、琼海等市县架设便民液晶触摸屏和开通微信公众号，向民众发布城建档案信息，更好地为民服务。四川省全省城建档案管理部门积极升级改造现有城建档案信息管理系统，实现增量全部数字化；泸州馆投资520万元建立"城市数字城建档案管理中心"，完成全部馆藏档案数字化处理工作，实现了城建档案纸质和数字"双移交"，形成了纸质档案规范整理、数字化副本安全有效、涉密档案依法管理的接收工作新模式；成都、自贡馆升级原有系统，实现线上接收建设工程竣工档案，且能做到多进程、多用户同时操作，同时，自贡馆积极开展历史城建档案数字化加工，扫描历史城建档案约2.99万卷，形成信息数据内存6.5T，补录6万余条城建档案信息；乐山馆对2018年进馆档案全部进行数字化加工，全年完成档案数字化1559卷。贵阳馆组织完成"贵阳市城建档案信息管理系统"和"贵阳市城市建设档案馆声像管理系统"的验收工作，完成11万卷馆藏档案的数字化扫描、挂接；六盘水馆上线城建档案管理系统，完成16个建设项目电子档案在线归档1010卷。宁夏回族自治区以创建"住建云"平台为抓手，不断推进城建档案信息化建设，吴忠、固原馆逐步将城建档案信息化建设融入地方政府数字城市建设平台，努力实现城建档案存储数字化和利用网络化。新疆维吾尔自治区全区使用档案管理软件，部分县（市）开展数字化加工工作，全区数字化加工26.5万卷档案，数字化率约25%。

为了加强信息化建设及应用工作中的安全管理，各地城建档案管理机构建立异地备份、同城备份、本地备份的三级备份机制，提高应对、处置自然灾害和突发公共事件的能力,为城建档案数据安全存储提供有力保障。天津馆完成备份容灾系统二期扩容升级项目。上海馆积极开展信息系统等级保护、周期性实施城建档案数据备份等工作,全面推进全市城建档案规范管理和共享利用。邢台馆异地备份数字化加工资料120余万页;唐山馆完成异地备份公开招标的第二期扫描任务和异地备份数据保全系统软件开发,已投入使用。吉林省与湖北省互为异地备份省份,吉林馆将光盘载体的电子档案物理备份到宜昌馆,长春、通化、四平、延吉、梅河口等市与湖北省相关地级市顺利进行对接。南宁馆与合肥馆、钦州馆与铜陵馆、柳州馆与蚌埠馆每年进行一次电子档案的异地备份。新疆维吾尔自治区与江苏省建立互备中心,积极做好两地数字城建档案的备份工作。

【数字声像档案管理与利用】声像档案是历史留声、城市留影、社会服务的重要途径,是城建档案的重要组成部分,通过声像档案,我们能直观感受城市的历史变迁,是城市的一笔宝贵财富。各地城建档案管理机构积极推进声像档案管理工作,坚持声像跟踪拍摄从地面向空中延伸,从静态记录逐步走向动静结合,为反映城建动态留下第一手影像资料。北京馆为进一步满足声像档案管理需求,开展了声像档案管理系统升级改造项目申报工作。天津馆积极开展工程声像档案指导服务,审验各类工程声像档案750个项目,通过规范工程声像档案接收审验标准,使接收进馆的声像档案质量逐年提高;全年拍摄各类会议112次,形成照片2000余张,视频资料177小时,积极完成保护建筑普查拍摄指令性任务,为相关部门提供会议、活动影像照片1400余张,编辑制作会议视频100部。上海馆累计转换、著录照片约2万张,视频约400分钟,并初步建立城建声像档案数据库;出版发行《上海建筑百年》(双语版)第十三辑和《上海市历史文化风貌区(浦东新区及郊区)》专题画册,开展"光影留存城市记忆"照片巡展活动,举办上海中心大厦"光影留存城市记忆——上海城市建设成就展"和"见证40年——上海之巅全景看上海"展览。重庆馆对渝中半岛、万州区共570个建构筑物点位、覆盖面积123.71平方公里进行了全景影像拍摄,并将影像文档挂接到"一体化平台"GIS系统,实现了在系统平台上可直接查询建构筑物全景影像和项目信息,为实现对全市建构筑物智能化管理进行了初步探索,全年拍摄重点工程照片2159张、视频录制466分钟,为研究城市变迁与发展留下宝贵的历史影像资料。石家庄馆接收声像档案185卷;邢台馆组织人员对重点建设项目跟踪拍摄,研究如何解决馆存老旧录像带、底片转换保护工作,做好声像档案的数字化前期整理鉴定工作;唐山馆接收63个项目声像档案401册,光盘536张;张家口馆全年拍摄市属重要活动25次,拍摄照片1860张,录音录像1734分钟。吉林省通化馆、白城馆购进无人航拍机和声像编辑软件。山东省各级馆切实加强声像档案收集与编研,利用馆藏声像档案资源,积极开展专题片、画册和展览制作,其中:淄博馆编辑专题片3部,烟台馆参与制作《改革开放40年看烟台沧桑巨变》宣传片,枣庄馆与市电视台合作拍摄《鲁南印象—城市记忆之寻找老桥》电视专题片六期,呼吁全社会积极开展旧建筑保护利用;德州馆参与电视台专题栏目《壮阔东方潮,奋进新时代》的摄制工作,第一集开篇即为"走进城建档案馆看城市建设发展"。江西省制作专题片50部,景德镇馆编辑老城系列之《老窑轶事》。湖北省年度编研10种成果和3部专题片,接收数码照片59744张(726GB),电子文件133多万件,其中:武汉馆收集武汉市100座工业建筑的文字和图片资料,共10万字,191张照片,编研《武汉工业建筑》。蔡甸馆编研画册《生态新城? 宜居蔡甸》;襄阳馆制作《2018年市城建委系统运动会》《水是生命之源》《淡泊明志 宁静致远》3部专题片;宜昌馆编研《为引源头活水来——黄柏河水电工程建设忆往》文集,收录文章40篇,图片89幅;孝昌馆编研《孟宗故里》《孝昌建筑》《城乡记忆》;咸宁馆编研《崛起中的咸宁—咸宁建市二十周年(1998—2018)》;赤壁馆编制《赤壁市首届城乡建设摄影大赛摄影作品集》《发展中的赤壁》;仙桃馆为庆祝改革开放制作《水乡田园》。湖南省制作专题片7部,其中5部入选国家档案局优秀作品。广州馆完成历史数字声像档案与2018年全年电子声像档案的收集、整理、著录与归档工作,接收88张重点工程声像档案光盘;河源馆对建设工程重点地段进行航拍,拍摄照片200多张,制作视频约10分钟,提供利用30张。南宁馆跟踪拍摄市政建设项目218次、城市记忆点106次、重大会议及活动96次,累计拍摄图片1.35万张,视频约61小时44分,接收市政项目声像档案66个、房建声像档案197个,累计图片2.90万张,视频23小时33分,完成5部视频短片;通过开展图片视频征集活动,建立"城市记忆"影像资料库,征集各类优秀照片1018张、视频4小时6分,编撰2期《南宁城建档案》。海口馆电子档案馆藏声像档案3878GB。贵阳馆开发"贵阳市城市建设档案馆声像管理系统",积极利用馆藏声像档案为社会服务;六盘水馆在接收工程建设项目电子档案的同时,要求建设单位提供完整的工程档案声像资料;凯里馆将声像档案作为档案验收的必备项目,确保了城建档案的完整及多元性。四川省为充分发挥声像档案在城市规划、建设和管理中的作用,全省城建档案部门加大对声像档案硬件设施和人员的投入,持续加强声像档案的采集、编辑工作。成都馆组织开发声像档案管理系统,声像档案业务流程实现全线上办理,为记录历史,制作好反映历史建筑保护和利用现状的《成都建筑·遗珠Ⅰ》《成都建筑·遗珠Ⅱ》图册,收录明代、清代、民国和20世纪50—60年代的50处历史保护建筑,从建筑学、建筑艺术审美功能及规划建设角度展示各历史建筑的定位和建筑价值。

【城市地下管线工程档案管理】地下管线是城市基础设施的重要组成部分,做好城市地下管线工程档案的管理工作是城市"生命线"畅通的重要保证。按照《国务院办公厅关于加强城市地下管线建设管理的指导意见》(国办发〔2014〕27号)要求,各地认真贯彻落实文件精神,成立机构,明确牵头部门及其职责,制定地下管线建设管理相关规定,不断加大地下管线工程档案管理力度,积极开展地下管线基础信息普查和地下管线信息化建设工作,地下管线工程档案管理与接收工作稳步推进。北京馆积极梳理整合北京市约8.17万公里地下管线普查工作档案,均已移交进馆。上海馆通过开展地下管线工程档案技术标准课题研究、设计开发完成管线工程档案编制组卷软件、编制各类管线工程样板档案等多种方式,多管齐下,促进和保障了管线工程项目及时归档。河北省对新建工程地下管线档案要求同步验收和移交,具备条件的可以开展数字化加工,形成地下管线电子档案,逐步汇入统一管理系统,方便今后查档利用。石家庄馆先行在市区以及正定新区开展管廊工程,制定市地下管廊工程档案验收标准,为地下综合管廊工程档案验收打下基础;唐山馆与合作单位共同申报《互联网+三维地下管线综合管理信息系统》科研成果立项,已通过综合验收,管线数据信息在档案移交中不断得到补充。上饶馆完成地下管线普查4044公里,管线数据均已移交进馆;吉安、景德镇等市地下管线普查数据资料正在陆续接收进馆。山东省各地市不断加强和改进城市地下管线管理,全省16个地市基本完成主城区普测工作,淄博、日照、威海等市提高标准,加强管理,应用新技术、新设备、新方法进一步推进普查工作;各地市基本建立以管线档案归集和查询利用为核心的地下管线管理机制:济南、青岛、淄博、枣庄、东营、济宁、日照、莱芜、威海、德州、聊城等市建立地下管线动态管理信息平台及地下管线综合管理系统,实现了对地下管线信息的动态管理,其中:"日照市地下管线信息管理系统共享平台"荣获2018年度"中国地理信息产业优秀工程铜奖"和"山东省地球地理科学技术一等奖"。湖北省开展县级地下管线普查技术指导、督办等工作,组织专家对浠水、江陵、京山、云梦、南漳、罗田、黄梅、监利、阳新等县管线普查工作进行指导;组织专家对浠水、江陵、京山、云梦、南漳等县管线信息系统建设和潜江市管线补测补绘和信息系统升级改造、咸宁市中心花坛地下管线更新项目进行验收,完成谷城、孝昌、公安、浠水、江陵、京山、云梦、南漳等8个县城的地下管线普查和信息系统建设工作。湖南省13个地级市、6个县(市)已完成地下管线普查和信息系统建设工作,完成地下管线普查长度60873公里,年增长10440公里,普查数据入库50523公里。广东省不断完善地下管线管理工作制度,加强管线档案管理信息化建设,其中:广州馆接收管线工程档案435卷;中山馆接收地下管线普查档案610卷,更新普查地下管线长度1538.479公里;肇庆馆接收138卷地下管线普查资料;梅州馆对中心城区地下管线约34.3平方公里进行全面普查并建立地下管线信息管理系统,完成普查管线长度为1950公里;阳江馆全面完成地下管线普查工作,建成建设综合管理信息系统、建设专业管线信息系统,收集城市地下管线工程档案4宗,电子化工程档案168卷;云浮馆累计普查城市地下管线2956.04公里;梧州馆开展市龙圩区地下管线普查工作,同步更新了地下管线信息系统。海南省各市县积极开展地下管线普查工作,加紧地下管网数据采集信息化建设,准确掌握管线的分布、材质、管径等信息,及时更新新建道路和新埋管线的地下管线情况,并做好管线数据管理和共享应用工作;三亚馆完成探测管线点共205832个;定安馆投资349.8万元建设定安县智慧地下综合管线二三维一体化管理系统项目;洋浦开发区普查地下管线长度(污水、雨水、给水、供电、通信等)约1040公里。贵阳馆完成管线探测11032公里,更新管线数据144公里;六盘水馆主动深入地下管廊施工现场进行业务指导。四川省城建档案管理部门严格按照地下管线建设工程项目目录对地下管线建设项目档案进行收集归档,乐山馆结合中心城区地下管线工程档案工作实际,制定《城市地下管线工程档案收集告知单》，完善了《城市地下管线工程档案移交工作流程》，建立健全了地下管线工程档案接收、整理、保管、利用的实施细则；自贡馆对中心城区建成区大约80平方公里范围内城市支路以上的道路沿线范围内敷设的电缆、通信、燃气、给水及工业等14种管线及附属设施进行普查探测，共探查各类管线点164325个，探测管线总长2648公里；攀枝花馆通过整合原有信息化资源，与"数字攀枝花"地理空间框架相结合，开发了管线综合管理应用系统、管线三维虚拟现实系统、管线共享与应用分析系统、规划三维辅助决策系统、规划成果数据生产系统、控规一张图系统等六大系统，满足了攀枝花市城市建设和地下管线管理的现代化、信息数字化发展的需要。宁夏回族自治区各地结合地下管线普查工作与城市地下综合管廊建设，加强与管线管理部门和管线单位的协调配合，密切跟踪地下管线更新普查进程和城市基础地理信息系统开发建设进程，及时提供与城建档案信息管理系统相匹配的技术参数，实现信息平台数据共享。新疆维吾尔自治区完成3.3万公里地下管线工程档案的接收工作。

【"放管服"改革所涉及联合验收实施情况】根据《国务院办公厅关于开展工程建设项目审批制度改革试点的通知》（国办发〔2018〕33号）文件要求，按照深化"放管服"制度改革和"优化营商环境"工作部署，以深入推进工程建设项目审批制度改革为契机，各地城建档案管理机构参与城市工程建设项目审批改革试点，配合规划、土地、消防、人防等部门一起限时联合验收，统一了竣工验收图纸和验收标准，统一出具意见，成果共享，切实提高了以方便群众、服务企业、推动发展为目标的服务效率和质量。北京馆积极配合市住建委完善建设工程联合验收试点工作，为市住建委新竣工验收备案系统提供数据共享，目前已实现第2日向市规资委报送数据，各区城建档案机构实现5日内报送，实现建设单位在工程验收备案阶段"只跑一次"，为优化营商环境提供了有力支持，2018年北京馆顺利完成22个项目的联合验收。上海馆通过优化审批流程、简化申请材料、转变检查方法、缩短审批时间等方式，以及采取提前告知、主动服务、靠前指导、网上审批、并联审批、承诺限时完成等做法，实现"双减半"工作要求。重庆馆积极配合有关部门，做好建设工程档案专项验收有序融入建设项目"联合验收"相关工作，全力推进行政审批标准化线上线下融合应用，进一步调整优化档案移交接件及办件

流程，实现建设工程档案专项验收事项办结时间从10个工作日压缩为5个工作日，档案移交事项办结时间从5个工作日压缩为3个工作日。石家庄馆工程档案验收作为市行政审批中心工程建设程序的一个环节，严格按要求在10个工作日内完成。张家口馆提前介入，对建设工程项目采取全方位档案跟踪服务，确保项目建成后，竣工档案齐全完整、顺利归档。廊坊馆积极参与联合验收工作。吉林省积极推进联合验收工作。山东省各地城建档案管理机构在一次办好方面积极采取各种举措；济宁馆积极沟通协调进驻政务服务大厅，设置咨询窗口，安装专线连接馆内局域网，实现直接调阅电子档案和办理"两书一证"，同时对部分业务工作程序进行简化，取消《建设工程档案验收意见书》、《建设工程档案合格证》存根领导签字环节，取消查询地下管线图领导签字审批环节；济南馆推行出具档案移交证明只跑一次；东营馆重新修订业务指南，缩短办理时间；泰安馆实行部分验收文件容缺受理；日照馆实行档案一次性告知、"一表通办"服务；聊城馆开发城建档案整编系统，建设单位直接进行著录和离线上传。湖南省将城建档案验收纳入建设工程并联专项验收，全省各级城建档案馆在各地政务服务中心设立"一站式"服务窗口，实行"开放式办公、一个窗口受理、一条龙服务、一站式办结"的管理体制。广州馆精简"档案查询利用"事项申请材料，以合法依规为原则，以方便行政相对人为第一宗旨，切实减少可通过电子证照、数据共享获得的申报材料，提供更便民利民的服务。玉林馆认真落实一次性告知制度、推进重大投资项目竣工档案移交时采取"容缺后补"等措施，进一步优化窗口服务。四川省城建档案管理部门严格按照联合验收的工作流程办事，采取先期介入，送服务上门的方式，提前把联合验收的工作做细，做扎实。绵阳、雅安馆提前与建设单位进行沟通，积极提供业务指导；资阳馆同质安部门、五方责任主体组成联合验收小组进行现场查验，统一出具验收意见。新疆维吾尔自治区积极做好联合验收前期准备工作，阿勒泰市、阿拉山口市、塔城市、哈巴河县、鄯善县等部分县（市）城建档案馆（室）已参与联合验收试点工作。

【城建档案馆舍、机构、人员培训情况】各地城建档案管理机构切实履行职责，进一步加强馆舍建设、机构建设和专业人员队伍建设，开展城建档案管理培训，提高城建档案工作者的业务水平，做好城建档案提供利用工作。唐山馆对原有库房和办公楼进行提升改造，新建809.89平方米库房，提升改

造 2116 平方米，新建智能密集架 34 列，可储存档案 65700 卷，改造提升密集架 140 列，可预存 11 万卷，档案安全保管得到进一步提升。江西省新增馆舍 897 平方米，鹰潭馆启动新馆建设。山东省青岛、泰安、临沂、潍坊、济南、枣庄、聊城、济宁、日照等 9 市年度经费超 100 万元，菏泽市档案馆（含城建档案馆）建设项目正在建设中，城建档案馆建筑面积达 7402.8 平方米。珠海馆完成新馆主体结构封顶。海南省各市县不同程度加强城建档案馆建设的资金投入，档案馆条件得到不断改善。贵阳馆新增馆库面积 1500 平方米，遵义馆新库房 12000 平方米，安顺馆新库房 400 平方米。吴忠市城建档案室新建筑面积 932 平方米。新疆维吾尔自治区全区档案馆舍总面积两万平方米。

吉林省 51 个市（县）中，除长白山管委会外其他市县均成立城建档案管理机构。山东省各地市均设置城建档案管理机构，除聊城、临沂和菏泽主管部门为市自然资源局外，其余地市主管部门均为市住建局。江西省市、县、区设置城建档案管理机构 95 个，除南昌市归属南昌市城管委外，其他均归属住房和城乡建设主管部门。湖北省共有 75 个市、县、区成立了专门的城建档案管理机构。湖南省有城建档案管理机构 84 个，建馆率 90%，实行"处馆合一"的 21 个，加挂"建设信息中心"牌子的 5 个。新疆维吾尔自治区所有设区市均建立城建档案馆（室），17 个城市实行"一个机构两块牌子"的管理体制，33 个县建立城建档案馆（室），形成以城建档案馆（室）为主体，建设系统基层档案室和建设单位为基础的城建档案管理网络，基本形成自治区、市、县三级城建档案事业管理体系。

北京馆着眼城建档案工作的发展，加强实践锻炼，选派 1 名干部参加市规划和自然资源委百名年轻干部培训班、2 名参加新任科级干部任职培训班学习、6 名同志参加 2018 年全委系统新招录人员初任培训班。天津馆组织 4 场建设工程文件归档整理集中培训。上海馆开展青年文明号、微创新课题研究，提升城建档案行业整体人员专业能力，同时抓好业务骨干培养。重庆馆实施以在线视频教程、QQ 技术服务群、电话咨询等方式切实为全市城建档案系统工作人员提供技术服务和业务指导，对各区县建委分管领导、城建档案馆（室）负责人开展业务能力培训，组织业务骨干到先进省市考察学习，分批次开展全市城建档案管理人员"一体化平台"培训，同步实施以切实为城建档案工作转型升级、提质增效提供人才队伍保障。吉林省城市建设档案指导中心召开地级市以上声像档案培训会议。山东省各地城建档案管理机构积极开展人员交流和培训工作，对全省各地市城建档案部门主要负责同志和业务骨干约 100 多人进行专项培训。济南、威海、日照等地多次组织馆业务骨干到城建档案先进地市进行业务交流和学习。江西、湖南省各级城建档案管理机构组织举办各种形式业务培训班。广州馆深入各区举办 5 期城建行业工程档案管理培训班，宣贯新形势下新改革新要求。珠海馆积极开展跨行业及行内交流，参加国际交流 2 人次，组织赴芜湖等地开展城建档案业务调研，借鉴业务管理经验。中山馆和南宁馆组织多次工程档案管理培训班，加大城建档案员培训力度。海南省采取以会代训、以学代训等形式加强对县市城建档案工作人员的培训，提高工作人员的思想素质和业务水平。四川省城建档案管理部门根据城建档案事业发展的新趋势和档案干部队伍建设的新要求，定期组织开展城建档案工作人员业务培训，组织人员赴省外先进城建档案馆，北京中科院大学、上海同济大学等大专院校交流学习，不断强化知识更新，优化知识结构，使城建档案干部队伍的素质不断提高，紧跟信息时代步伐。

（住房和城乡建设部办公厅档案处）

2018 住房城乡建设大事记

1月

8日　交通运输部会同住房城乡建设部、中国残联、全国老龄办等6部门联合印发《关于进一步加强和改善老年人残疾人出行服务的实施意见》，明确到2020年，我国的火车站、汽车站等客运站将实现老年人、残疾人无障碍设施全覆盖。

8—12日　住房城乡建设部举办第一期处级以上干部集中轮训班，学习贯彻党的十九大精神。部党组成员、副部长易军在开班仪式上强调，要充分认识学习贯彻党的十九大精神的重要意义，全面准确学习领会党的十九大精神，结合工作实际，学以致用务求实效。

15日　住房城乡建设部办公厅、国家发展改革委员会办公厅通报2017年度国家节水型城市复查情况。天津、沈阳、宝鸡等24个国家节水型城市通过本次复查。

23日　郑州市航空港区综合执法局执法人员在执法过程中，将安装广告牌施工人员的三轮车和梯子带走暂扣，后1名施工人员从3楼顶部顺着绳子下滑时坠落，经抢救无效死亡。住房城乡建设部高度重视，发出督办函，责成河南省住房城乡建设厅督促郑州市政府依法严肃处理。

2月

1日　国务院办公厅印发《关于加强电梯质量安全工作的意见》，进一步强化电梯质量安全工作，保障人民群众乘用安全和出行便利。

7—11日　倪虹副部长应邀率团出席联合国人居署第九届世界城市论坛，并在部长圆桌会议上发言，宣传了我国城市发展和住房城乡建设成就，对推动落实《新城市议程》提出建议，同时表示愿与联合国人居署和各成员国一道，在可持续城镇化领域为缔造人类命运共同体做出贡献。倪虹副部长还在世界城市日专题论坛上致辞，并参观了"中国城市发展成就展"。

11日　住房城乡建设部下发《住房城乡建设部关于严格规范城市管理执法行为严肃执法纪律的通知》，要求严格规范城市管理执法行为，严肃执法纪律，切实维护人民群众合法权益。

23日　中央第十一巡视组巡视住房和城乡建设部党组工作动员会召开。中共中央政治局委员、中央巡视工作领导小组副组长杨晓渡主持召开与住房城乡建设部党组书记、部长王蒙徽的见面沟通会，出席巡视住房城乡建设部党组进驻动员会并讲话。

3月

8日　住房和城乡建设部印发《2018年安全生产工作要点》，要求有效防范和坚决遏制重特大事故，严格防控较大事故，减少事故总量，促进住房城乡建设系统安全生产形势稳定好转。

9日　国家发展改革委、住房城乡建设部等5部委日前联合印发《关于规范主题公园建设发展的指导意见》，要防止一哄而起、盲目发展、重复模仿、同质化竞争，防范地方债务、社会、金融等风险；要严控房地产倾向，对拟新增立项的主题公园项目要科学论证评估，严格把关审查，防范"假公园真地产"项目。

13日　经国务院同意，国家发展改革委、住房城乡建设部印发《兰州—西宁城市群发展规划》。

19日　住房和城乡建设部部长王蒙徽在人民大会堂"部长通道"上表示，目前我国房地产市场总体保持平稳运行，房价过快上涨势头得到有效抑制，房地产市场预期出现积极变化。

28日　住房城乡建设部召开新闻发布会，通报为期两年的建筑施工安全专项治理行动已启动。住房城乡建设部将通过对房屋建筑和市政基础设施工程安全关键领域及薄弱环节进行集中治理，有效防控施工现场重大安全风险，确保全国房屋建筑和市政基础设施工程生产安全事故总量下降，为决胜全面建成小康社会创造良好的安全环境。

28日　住房城乡建设部办公厅发布《农村危房改造基本安全技术导则》，为农村危房改造基本安全划出底线，并要求各地在参照执行的同时，结合实际细化，针对不同结构类型农房，制订既能保证安全又不盲目提高建设标准的地方标准，切实让农村困难群众住得安全又不增加负担。

4月

8日和9日 中共中央政治局常委、国务院副总理韩正分别到生态环境部、住房城乡建设部调研。他强调，要以习近平新时代中国特色社会主义思想为指导，全面贯彻落实党的十九大和十九届二中、三中全会精神，按照党中央、国务院决策部署，加快转变政府职能，全面提高政府效能，坚持问题导向，回应群众关切，密切结合实际，以更加务实的态度解决问题，把为人民群众造福的事办实办好。

12日 农村人居环境整治三年行动工作座谈会在京召开。住房城乡建设部党组书记、部长王蒙徽出席并讲话，动员部署农村人居环境整治三年行动。

21日 中共中央、国务院日前批复了《河北雄安新区规划纲要》。本纲要是指导雄安新区规划建设的基本依据。规划期限至2035年，并展望21世纪中叶发展远景。

28日 国务院办公厅印发通报，对2017年落实推进供给侧结构性改革、适度扩大总需求、深化创新驱动、优化营商环境、保障和改善民生等有关重大政策措施真抓实干、取得明显成效的25个省（区、市）、82个市（地、州、盟）、116个县（市、区、旗）等予以督查激励，相应采取24项奖励支持措施。

28日 住房城乡建设部等部门公布2018年列入中央财政支持范围的中国传统村落名单。

5月

7日 生态环境部联合住房城乡建设部启动2018年城市黑臭水体整治环境保护专项行动。首批督查组已抵达现场，将分10个组历时15天，对广东、广西、海南、上海、江苏、安徽、湖南、湖北等8个省区市的20个城市开展督查工作。

7日 在国务院政策例行吹风会上，住房和城乡建设部副部长黄艳介绍工程建设项目审批制度改革有关工作情况，并答记者问。

9日 住房城乡建设部负责人就房地产市场调控问题约谈了两市政府负责同志。约谈强调，要牢固树立"四个意识"，毫不动摇地坚持"房子是用来住的、不是用来炒的"定位，坚持房地产市场调控目标不动摇、力度不放松，落实地方调控主体责任，因城因地制宜，精准施策，确保房地产市场平稳健康发展。

13日 全国近50座城市同步开启2018年城市节约用水宣传周活动，住房城乡建设部副部长倪虹参加了北京市的节水宣传周活动。

18日 国务院办公厅印发《关于开展工程建设项目审批制度改革试点的通知》，决定在北京市、天津市、上海市、重庆市、沈阳市、大连市、南京市、厦门市、武汉市、广州市、深圳市、成都市、贵阳市、渭南市、延安市和浙江省开展试点。

21日 住房城乡建设部召开直属机关2018年党风廉政建设工作会议，深入学习领会党的十九大、十九届中央纪委二次全会精神，贯彻落实国务院第一次廉政工作会议部署，对深入推进部全面从严治党和党风廉政建设工作作出安排。

6月

1日 住房城乡建设部、生态环境部、水利部、农业农村部近日印发《关于做好非正规垃圾堆放点排查和整治工作的通知》，部署非正规垃圾堆放点排查和整治工作。

5日 住房城乡建设部在福建省厦门市召开工程建设项目审批制度改革试点工作培训会。住房城乡建设部党组书记、部长王蒙徽出席会议并讲话，住房城乡建设部副部长黄艳主持会议。

25日 住房城乡建设部会同中宣部、公安部、司法部、税务总局、市场监管总局、银保监会等部委联合印发了《关于在部分城市先行开展打击侵害群众利益违法违规行为 治理房地产市场乱象专项行动的通知》，决定于2018年7月初至12月底，在北京、上海等30个城市先行开展治理房地产市场乱象专项行动。

29日 在庆祝建党97周年之际，按照中央和国家机关工委关于开展"不忘初心、重温入党志愿书"主题党日活动部署，住房城乡建设部召开庆祝建党97周年"初心·使命·担当"座谈会暨重温入党誓词活动，隆重启动部直属机关"七一"系列活动。部党组书记、部长王蒙徽讲话，部党组成员、副部长、直属机关党委书记易军主持会议并领誓。

7月

12日 住房城乡建设部与河北雄安新区管理委

员会签署战略合作协议,在雄安新区规划建设管理方面建立全面战略合作关系。住房城乡建设部党组书记、部长王蒙徽出席签约仪式。住房城乡建设部副部长黄艳和河北省委常委、副省长,雄安新区党工委书记、管委会主任陈刚代表双方签约。住房城乡建设部党组成员、办公厅主任常青主持签约仪式。

31日　住房城乡建设部召开巡视整改工作动员部署大会,部党组书记、部长王蒙徽出席并讲话,要求扎实做好巡视整改"后半篇文章"。

31日　根据七部委联合发布《关于在部分城市先行开展打击侵害群众利益违法违规行为 治理房地产市场乱象专项行动的通知》,住房城乡建设部公布一批各地查处的违法违规房地产开发企业和中介机构名单。

8月

7日　住房和城乡建设部在辽宁沈阳召开部分城市房地产工作座谈会,全面贯彻落实近日中央政治局会议上关于促进房地产市场平稳健康发展的重要精神。

23日　住房城乡建设部党组书记、部长、部扶贫攻坚领导小组组长王蒙徽带队到青海省湟中县、大通县开展扶贫调研,听取了两县相关情况汇报,分别深入到湟中县黑城村和大通县土关村,实地调研脱贫攻坚工作进展情况。

9月

14日　住房城乡建设部下发通知,开展引导和支持设计下乡工作。以落实《农村人居环境整治三年行动方案》确定的各项任务为重点,引导和支持规划、建筑、景观、市政、艺术设计、文化策划等领域设计人员下乡服务,大幅提升乡村规划建设水平。

27日　住房城乡建设部党组书记、部长、部扶贫攻坚领导小组组长王蒙徽为深入贯彻落实习近平总书记关于脱贫攻坚系列重要指示精神,进一步推进住房城乡建设部扶贫工作,带队赴湖北省红安县和麻城市开展扶贫调研,听取了两县(市)相关情况汇报,分别深入到红安县柏林寺村和麻城市石桥垸村,实地调研脱贫攻坚工作进展情况。

10月

12日　住房城乡建设部党组召开理论中心组学习扩大会议,邀请中央纪委常委、国家监委委员卢希就学习贯彻新修订的《中国共产党纪律处分条例》作专题辅导。卢希同志从《条例》修订的背景、必要性、重点内容和贯彻落实的思路措施等方面进行了系统解读。

15日　住房城乡建设部召开北方采暖地区今冬明春城镇供热采暖工作电视电话会议,倪虹副部长出席会议并讲话,部署今冬明春城镇供热采暖工作,对北方采暖地区今冬明春城镇供热采暖等有关工作提出具体要求。

18日　中央第七巡视组对住房城乡建设部党组开展脱贫攻坚专项巡视工作动员会召开。会前,中央巡视组向住房城乡建设部党组书记、部长王蒙徽传达了习近平总书记关于巡视工作的重要指示精神,通报了有关工作安排。会上,中央第七巡视组组长郭旭明就即将开展的脱贫攻坚专项巡视工作作了讲话,并就配合做好巡视工作提出要求。王蒙徽主持会议并作表态讲话。

23日　国务院印发《关于支持自由贸易试验区深化改革创新若干措施的通知》。通知指出,建设自由贸易试验区是党中央、国务院在新形势下全面深化改革和扩大开放的战略举措。要以习近平新时代中国特色社会主义思想为指导,全面贯彻党的十九大和十九届二中、三中全会精神,深刻认识支持自贸试验区深化改革创新的重大意义,贯彻新发展理念,进一步发挥自贸试验区全面深化改革和扩大开放试验田作用。住房城乡建设部负责8项工作。

24日　习近平总书记视察广州市恩宁路历史文化街区永庆坊片区,在听取广州市城市规划建设管理工作汇报时指出:城市规划和建设要高度重视历史文化保护,不急功近利,不大拆大建;要突出地方特色,注重人居环境改善,更多采用微改造这种"绣花"功夫,注重文明传承、文化延续,让城市留下记忆,让人们记住乡愁。习近平总书记重要讲话为做好新时代城市规划建设管理和历史文化保护工作提供了根本遵循。

25日　住房和城乡建设部在湖北省武汉市召开座谈会,宣传贯彻落实《工程质量安全手册》。住房和城乡建设部副部长易军出席会议并讲话。北京、天津、上海、重庆、湖北、吉林、宁夏、江苏、福建、山东、广东11个省(区、市)住房和城乡建设主管部门负责人参加座谈会。

31日　住房和城乡建设部、江苏省人民政府、联合国人居署共同在徐州举办2018年世界城市日中国主场活动。住房和城乡建设部副部长倪虹、江苏省副省长费高云、联合国人居署执行主任特别代表克里斯丁·姆西西女士出席开幕式并致辞。

11月

6日 住房和城乡建设部联合财政部印发《农村危房改造脱贫攻坚三年行动方案》，把建档立卡贫困户放在突出位置，全力推进建档立卡贫困户、低保户、农村分散供养特困人员和贫困残疾人家庭等4类重点对象危房改造，并探索支持农村贫困群体危房改造长效机制。

23日 国务院印发《关于支持自由贸易试验区深化改革创新若干措施的通知》。

12月

6日 住房和城乡建设部在广西壮族自治区首府南宁举办了"推动城市高质量发展系列标准发布"活动，发布包括《海绵城市建设评价标准》《绿色建筑评价标准》在内的10项标准，旨在适应中国经济由高速增长阶段转向高质量发展阶段的新要求，以高标准支撑和引导我国城市建设、工程建设高质量发展

6日 第十二届中国（南宁）国际园林博览会在南宁园博园开幕。本届园博会由住房和城乡建设部和广西壮族自治区人民政府共同主办，南宁市人民政府、广西壮族自治区住房城乡建设厅承办。住房和城乡建设部部长王蒙徽，广西壮族自治区党委书记鹿心社，广西壮族自治区主席陈武，住房和城乡建设部副部长倪虹，住房和城乡建设部党组成员、办公厅主任常青，广西壮族自治区党委常委、南宁市委书记王小东，广西壮族自治区党委常委、秘书长黄伟京，广西壮族自治区党委常委、副主席严植婵等参加开幕仪式。

24日 全国住房和城乡建设工作会议在京召开。住房和城乡建设部党组书记、部长王蒙徽全面总结了2018年住房和城乡建设工作，分析了面临的形势和问题，提出了2019年工作总体要求和重点任务。

25日 住房和城乡建设部、国家文物局在北京联合召开国家历史文化名城和中国历史文化名镇名村评估总结大会。会议系统总结了我国历史文化名城名镇名村保护工作取得的成绩和存在的问题，并部署了下一阶段加强历史文化名城名镇名村保护工作的总体要求和重点任务。

基础设施投资建设

固定资产投资

2018年，在习近平新时代中国特色社会主义思想指导下，各地方、各部门认真贯彻落实党中央、国务院决策部署，按照高质量发展要求，坚持稳中求进工作总基调，坚定践行新发展理念，把补短板作为当前深化供给侧结构性改革的重点任务，围绕稳投资目标积极作为，不断加大基础设施等重点领域补短板工作力度，多措并举稳定投资增长。

投资是经济增长的重要支撑

【投资保持稳定增长】2018年，全国固定资产投资（不含农户）635636亿元，比上年增长5.9%，月度累计增速连续四个月回升或持平。2018年资本形成总额对经济增长的贡献率达到32.4%，比上年提高0.3个百分点，拉动GDP增长2.1个百分点，是经济增长的重要支撑。

【基础设施投资低位略有回升】各地方、各部门贯彻落实稳投资、补短板各项政策措施，基础设施投资增速在四季度实现低位企稳并小幅回升。全年基础设施投资增长3.8%，增速比上年回落15.2个百分点。其中，道路运输业投资增长8.2%，公共设施管理业投资增长2.5%，水利管理业、铁路运输业投资分别下降4.9%和5.1%。

【制造业投资平稳较快增长】通过减税降费、支持民营企业和小微企业融资等政策措施，有效降低了企业负担，带动制造业投资较快增长。在设备更新换代、环保标准提高等推动下，中高端制造业加快布局，转型升级和装备制造投资增长较快。全年制造业投资增长9.5%，增速比上年提高4.7个百分点。

【房地产开发投资整体平稳】 各地方、各部门按照"房子是用来住的、不是用来炒的"定位，坚持在调控中因城施策、分类指导。全年房地产开发投资增长9.5%，增速比上年提高2.5个百分点。商品房销售面积增长1.3%，比上年回落6.4个百分点。

【民间投资成为稳定投资增长的重要力量】 随着一系列深化投融资体制改革、鼓励民间投资、支持民营企业政策的落地实施，放管服改革成效显现，营商环境不断优化，民间投资保持良好增长势头，是稳定投资增长的重要力量。全年民间投资增长8.7%，比上年提高2.7个百分点。制造业、铁路运输业、计算机通信和其他电子设备制造业、教育等重点领域民间投资实现增长较快。

推进基础设施领域补短板

【加大基础设施领域补短板力度、稳定有效投资】 《国务院办公厅关于保持基础设施领域补短板力度的指导意见》（国办发〔2018〕101号）印发实施。建立健全基础设施领域补短板协调机制，抓好补短板重大项目储备、加强在建项目后续资金保障、交流借鉴各地方经验做法和防范化解地方政府隐性债务风险各项重点工作。

【多措并举激发民间有效投资活力】 印发《国家发展改革委关于抓紧贯彻落实国务院部署促进民间投资持续健康发展的通知》，大力宣传推广地方典型经验，首次在全国开展民间投资项目报建审批情况清理核查工作，切实抓好项目推介工作，积极引导民间投资健康发展。盘活存量基础设施资产，规范有序推广PPP模式。

（国家发展改革委固定资产投资司）

全国文化和旅游设施建设

【概况】 2018年，全国文化和旅游系统以习近平新时代中国特色社会主义思想为指导，全面贯彻落实党的十九大和十九届二中、三中全会精神，紧紧围绕统筹推进"五位一体"总体布局和协调推进"四个全面"战略布局，大力推动文化事业、文化产业和旅游业融合发展，加大文化和旅游设施建设投入力度、全国文化和旅游设施建设取得显著成效。

【覆盖城乡的公共文化设施网络基本建立】 2018年，全国文化和旅游系统基本建设投资项目898个，项目计划总投资52.59亿元，计划施工面积（建筑面积）814.79万平方米。全年完成投资额为71.44亿元，竣工项目185个，竣工面积119.61万平方米。分类型看，有56个公共图书馆建设项目，占基建项目总数的6.2%，全年竣工项目7个，竣工项目面积1.45万平方米；群众艺术馆、文化馆（站）建设项目62个，占6.9%，全年竣工项目21个，竣工面积4.38万平方米；博物馆建设项目117个，占13.0%，全年竣工项目30个，竣工面积22.76万平方米。分层级看，县级和乡镇级基建项目635个，占全国项目总数的70.7%，全年竣工项目144个，竣工项目面积83.80万平方米。

截至年末，全国共有公共图书馆3176个，文化馆3326个，文化站41138个，博物馆4918个，全国每万人拥有公共图书馆设施面积由2000年的47.3平方米提高到2018年的114.4平方米，增长了141.9%；每万人拥有文化馆（站）面积由2000年的97.2平方米提高到2018年的306.9平方米，增长了215.7%，覆盖城乡、功能合理的公共文化设施网络基本建立。

【贫困地区公共文化设施建设成效显著】 为进一步支持贫困地区文化设施建设，2015年以来，相继实施了"贫困地区百县万村综合文化服务中心示范工程""贫困地区民族自治县、边境县村综合文化服务中心覆盖工程"和"贫困地区民族自治州所辖县村综合文化服务中心工程"，有力地推动了我国村级文化设施建设水平。截至年底，共支持贫困地区建设了3.2万个村综合文化服务中心，每个村综合文化服务中心均按照"七个一"基本标准进行建设，即一个文化活动广场（1000平方米），一个文化活动室（90平方米），一个简易戏台（长10米、宽5米、高0.8米），一个宣传栏，一套文化器材（含1套音响和部分乐器），一套广播器材，一套体育设施器材（含1个篮球场、2个乒乓球台、1套体育健身器材），有力地改善了贫困地区村级文化设施状况。其中，2018年共安排专项资金4亿元，补助了约5000个建设项目。

在加强村级文化设施建设的同时，还实施了贫困地区村文化活动室设备购置项目，计划"十三五"期间为贫困地区已建成的村文化活动室购置设备，以保障其文化活动的正常开展。其中，2018年中央财政安排贫困地区村文化活动室设备购置项目补助资金44872万元，主要为贫困地区村文化活动室购置音响、乐器、电脑、桌椅等基本文化服务设备。

【《文化旅游提升工程》进展顺利】 为进一步加强我国文化和旅游基础设施建设，文化和旅游部会同国家发展改革委在"十三五"期间实施了《文化旅游提升工程》，重点支持219个国家级非物质文化遗产保护利用设施建设项目、994个旅游基础设施和公共服务设施项目和228个红色旅游基础设施项目。截至年底，已补助129个国家级非物质文化遗产保护利用设施建设项目、193个旅游基础设施和公共服务设施项目和131个红色旅游基础设施项目，中央预算内投资共计54.33亿元，另外，国家旅游发展基金也重点对"厕所革命"建设给予了支持，共投入资金16.4亿元，支持了9.4万个旅游厕所建设。通过上述一系列工程项目的实施，我国文化和旅游设施水平得到显著改善。

【国家重大文化设施建设稳步推进】2018年，国家重大文化设施建设稳步推进。国家美术馆工程设计方案获得国务院批准，中央芭蕾舞团业务用房扩建项目取得立项，中央歌剧院剧场工程完成结构封顶，中国工艺美术馆（暂定名）、国家图书馆国家文献战略储备库建设工程可行性研究报告获得批复，中国国家画院扩建、故宫博物院地库改造、基础设施维修改造一期（试点）工程全面开工建设，故宫博物院北院区、中国交响乐团团址翻扩建等项目也取得了不同程度进展。

2018年，完成都柏林、河内、布达佩斯等8个中国文化中心选址工作，完成吉隆坡、卢森堡、达喀尔等3个中国文化中心房屋租赁工作，稳步推进在拉脱维亚、摩洛哥、葡萄牙、卢森堡等国文化中心筹建设立工作。截至年底，已运营的海外中国文化中心总数达37个。

【加强文化设施建设标准编制工作】"十一五"以来，文化和旅游部抓住国务院颁布实施《公共文化体育设施条例》的契机，抓紧完善配套制度和标准，相继组织编制了《公共图书馆建设标准》《文化馆建设标准》和《乡镇综合文化站建设标准》。这些建设标准的编制实施，对于加强和规范文化设施规划选址、建设规模、功能内容、设备配备，提高文化设施建设的科学决策和管理水平起到了重要的作用。2018年，文化和旅游部编制的《公共美术馆建设标准》正式由住房城乡建设部和国家发展改革委批准实施，自2018年11月1日起施行，同时在对我国公共剧场进行大量数据分析的基础上，编制完成《公共剧场建设标准》初稿。

（文化和旅游部）

生态环境保护工程建设

【概况】2018年，生态环境部积极开展大气、水、土壤污染防治三大行动计划，推进一系列重大环保专项实施，并积极推进环境立法工作，完成《土壤污染防治法》《环境影响评价法》等法律的制定及修改，为打赢污染防治攻坚战、推进生态文明建设发挥了重要支撑作用。

【环境保护工程建设投资、资金利用】2018年，生态环境部共参与分配中央环保投资555.09亿元，支持相关省份开展水污染防治、大气污染防治、土壤污染防治、农村环境整治、重点生态保护修复治理、流域上下游横向生态保护补偿以及部属单位基建项目建设等工作。

【重点工程建设】水污染防治专项。支持31个省（区、市）开展重点流域水污染防治、良好水体生态环境保护、集中式饮用水水源地环境保护、地下水环境保护及污染修复等工作；推进长江经济带相关省份建立省内及省际流域上下游横向生态补偿机制。共安排水污染防治专项资金150亿元。

大气污染防治专项。支持35个试点城市开展北方地区冬季清洁取暖；支持京津冀及周边、长三角、珠三角、汾渭平原等重点区域开展大气污染防治；支持氢氟碳化物销毁处置等工作。共安排大气污染防治专项资金200亿元。

土壤污染防治专项。支持31个省（区、市）开展土壤污染状况详查以及土壤污染防治工作。共安排土壤污染防治专项资金35亿元。

农村环境整治专项。支持开展传统村落保护工作；支持南水北调沿线省份、全国生态文明试验区、长江经济带沿线省份开展农村环境综合整治工作。共安排农村环境整治专项资金60亿元。

重点生态保护修复治理专项。支持河北雄安新区、山西汾河中上游、内蒙古乌梁素海流域、黑龙江小兴安岭—三江平原、浙江钱塘江源头区域、湖北长江三峡地区、湖南湘江流域和洞庭湖、广东粤北南岭山区、重庆长江上游生态屏障（重庆段）、新疆额尔齐斯河流域等10个试点开展山水林田湖草生态保护修复工作。共安排重点生态保护修复治理专项资金100亿元。

流域上下游横向生态保护补偿。支持东江、引滦入津等流域开展流域上下游横向生态保护补偿工作。共安排奖励资金6亿元。

部属单位基建项目。支持核与辐射安全中心、卫星环境应用中心、信息中心等部属单位开展国家核与辐射安全监管技术研发基地建设、环境卫星监测及航空遥感能力建设、国家生态保护红线监管平台建设、生态环境保护信息化工程等基础能力建设。

共安排专项资金4.09亿元。

【环境保护工作相关法规、政策】 2018年8月31日，第十三届全国人大常委会第五次会议审议通过《土壤污染防治法》，自2019年1月1日起实施。该法填补了我国土壤污染防治领域的立法空白，为打好"净土"保卫战，用最严格制度最严密法治保护生态环境提供了坚实法律保障。

2018年12月29日，第十三届全国人民代表大会常务委员会第七次会议对《环境影响评价法》作出第二次修正。按照国务院"放管服"改革精神，取消了环评机构资质许可。

2018年12月29日，第十三届全国人民代表大会常务委员会第七次会议对《环境噪声污染防治法》作出修正。按照国务院"放管服"改革精神，取消了环保设施竣工验收许可。

（生态环境部科技与财务司）

医疗卫生基础设施建设

【医疗卫生服务体系建设成效显著】 2018年，国家安排中央预算内投资242亿元支持全国医疗卫生服务体系664个项目建设。其中，县级医院487个，中央投资176.1亿元；妇幼健康保健机构47个，中央投资21.9亿元；疾病预防控制机构48个，中央投资11.7亿元；采供血机构32个，中央投资3.3亿元；省级专病防治机构3个，中央投资9652万元；核辐射基地1个，中央投资1600万元。

目前，大部分项目已经开工建设，部分项目已经竣工投入使用，医疗卫生服务条件明显改善，服务能力和水平显著提升，医疗卫生服务体系建设成效显著。

【大力推进疑难病症诊治能力提升工程】 国家卫生健康委员会同国家发展改革委牢牢把握新时代需求，针对严重危害人民群众健康的肿瘤、心脑血管病、呼吸系统疾病等重点病种，依托现有综合医院实力较强、辐射作用广泛、专科优势突出的省部级医院，提出疑难病症诊治能力提升工程建设。着力构建以项目医院为核心的医联体、以建设专科为纽带的专科联盟，深化医疗卫生服务供给侧结构性改革。经地方遴选，国家卫生健康委员会同国家发展改革委复审，建立印发疑难病症诊治能力提升工程建设项目库，全国113家医院纳入该项目库。2018年，国家安排中央预算内投资8.0亿元，支持12家医院先期启动疑难病症诊治能力提升工程项目建设，以提升临床诊疗服务能力、补齐短板为核心，着力增加优质医疗卫生资源供给、优化区域布局，提高疑难病症诊治服务的公平性和可及性，基本满足群众就近公平享有高水平医疗服务需求。

【委属（管）单位建设进展顺利】 为进一步提高我国医学教学科研能力，推动健康中国建设，2018年，国家发展改革委共安排中央预算内基本建设投资17.1亿元支持中国医学科学院北区建设工程、四川大学华西医院转化医学综合楼工程等46个委属（管）单位项目建设，总建筑面积365万平方米，总投资302亿元。项目总体建设进展顺利，工程质量良好。其中，复旦大学附属华山医院临床医学中心和四川大学华西第二医院锦江院区一期工程等项目于2018年竣工投入使用，有效改善了医院基础设施条件和科研教学用房紧张的状况，进一步保障了医院医教研协同发展，促进了医院疑难重症诊治、重大疾病防控、科研创新和高层次人才培养能力提升。

（国家卫生健康委员会规划与信息司）

信息通信业建设

2018年，信息通信业深入贯彻落实党中央、国务院系列重大决策部署。信息通信基础设施建设方面，按照统筹规划、集约建设、促进市场公平公正竞争的原则，开展专项规划编制、光纤到户、招投标监管等工作，通过完善标准体系指导基础设施规范化建设，强化工程质量监督与安全生产，提高信息通信基础设施建设和管理水平，不断推进信息资源深度整合，实现信息通信业平稳健康发展。

【概况】 2018年我国宽带网络建设取得巨大成就，光纤化进程基本完成，光网城市全面建成。全年新建光缆线路长度578万公里，全国光缆线路总长度达4358万公里。光纤接入（FTTH/O）端口净增1.25亿个，累计达到7.8亿个，占互联网接入端口的比重为88%。2018年我国已建成全球最大4G网络并不断向纵深覆盖。新建4G基站43.9万个，总数达到372万个，人口密度较大的农村地区均已实现较好覆盖，网络能力提升拉动4G用户规模快速扩大。

【通信基础设施规范化建设】 推动建立通信基础设施专项规划协调机制，推进各地编制通信基础设施专项规划，并纳入地区总体规划及控制性详细规划。截至2018年底，全国329个城市完成专项规划编制，完成规划编制城市占比94%，全年新增104个城市获地方政府批复，批复城市总数达到239个，为通信基础设施的规范建设和安全运行提供了有效保障。支持雄安新区和保障冬奥有关信息通信基础设施规划建设，提升雄安信息基础设施能力，支持河北开展5G站址规划建设，各运营商已在雄安新区建设独立的高速城域网，实现光纤全覆盖。

组织做好标准编制管理工作，按计划做好标准立项、审查和报批工作。下发2018年通信工程建设国家标准编制计划3项和行业标准编制计划9项，发布5项国家标准和11项行业标准。推进工程建设标准的国际化，指导召开信息通信业"一带一路"高峰论坛，引导企业以工程走出去带动标准走出去，推动通信建设标准的国际化应用。

【光纤到户建设效果显著】在国家网络强国战略和提速降费专项行动等政策指引下，持续推进光纤建设系列标准贯彻实施，指导各地严格执行光纤到户国家标准、商业楼宇光纤建设强制性要求，保障用户的自由选择权，提升光纤宽带网络支撑能力，光网改造效果显著，主流宽带接入速率正在迈向100Mbit/s时代，光纤宽带发展已经进入全球领先行列。截至12月底，三家基础电信企业的固定互联网宽带接入用户总数达4.07亿户，全年净增5884万户。其中，光纤接入（FTTH/O）用户3.68亿户，占固定互联网宽带接入用户总数的90.4%，较上年末提高6.1个百分点。光纤宽带网络建设带动拓展接入业务，家庭智能网关、视频通话、IPTV等融合服务得以快速发展。

积极落实工程建设项目审批制度改革，推进将光纤到户纳入设计审查、竣工验收流程，提高审查效果，缩短审查时间。加强光纤到户工程的施工质量，结合质量监督检查，抽查部分FTTH接入工程及光缆产品，检查项目设计、施工是否符合工程要求，光缆是否符合产品性能要求等，督促提升光纤到户质量。

【电信普遍服务纵深推进】深化电信普遍服务试点，联合财政部印发《关于深化电信普遍服务试点工作的通知》，支持行政村、边疆地区建设4G网络。在扎实推进前三批试点行政村通光纤工作基础上，2018年将行政村通4G网络纳入试点范畴，全力推进行政村光纤和4G双覆盖，全面提升农村通信基础设施能力和覆盖水平，服务农村经济社会加速发展。截至2018年底，前三批试点项目已全部完工，第四批试点已完成申报、评审、资金下达工作，行政村通光纤比例从试点前不足70%提升至98%以上。

扎实推进网络扶贫，印发工业和信息化部《关于推进网络扶贫的实施方案（2018—2020年）》，在提前完成90%贫困村通宽带目标基础上，进一步提出了98%贫困村通宽带的目标。

【规范通信建设招投标活动】通信工程招投标工作以"通信工程建设项目招标投标管理信息平台"为依托，不断加强对招投标项目的信息化监管。2018年，基础电信企业共超过1.2万个项目实现网上备案（其中电信、移动、联通、铁塔占比约32%、24%、33%、11%），公开招标项目比例达到100%。不断完善提升系统功能，4月份上线评标专家抽取自动语音和短信通知等功能，实现系统自动通知，规范评标专家通知行为，提升专家抽取效率。利用管理平台做好专家的公示入库等工作，及时梳理更新在库专家信息，累计入库专家超过4万人。

采用"互联网+"方式对部分省份及集团公司项目进行线上抽查，对检查情况进行通报，通过监督检查，推进通信工程招投标活动公开、公平、公正。联合相关部门共同印发《关于对公共资源交易领域严重失信主体开展联合惩戒的备忘录》，推进信用体系建设，建立健全公共资源交易领域失信联合惩戒机制。

【质量安全总体稳定】修订发布《通信建设工程质量监督管理规定》（部47号令），组织相关单位开展47号令的宣贯落实工作。开展2018年通信建设安全生产工作检查，督促各企业落实安全生产主体责任，按照"双随机一公开"的要求优化监督检查流程，制定全年的联合检查计划，指导相关单位对贵州等7个省质监和安全生产进行检查，按季度对检查中发现的质量和安全生产问题进行通报。建立完善"安全生产管理人员考核管理系统"，通过电子化平台开展施工企业安全生产管理人员考核工作，指导部质监中心支撑各地开展安全生产考核工作，2018年在库安管三类人员总数超过5万人。加强宣传教育，组织编制有限空间安全操作宣传材料，强化一线施工人员安全生产意识，要求规范操作力求降低一线施工人员安全风险，指导各地通信管理局开展安全生产大比武、应急救援演练等活动，提高企业和从业人员的安全生产意识。

（工业和信息化部信息通信发展司）

农业基础设施建设

2018年，中央安排建设资金1040余亿元，支持农业基础设施建设，促进农业稳产保供、科技创新、绿色发展、防灾减灾能力和农村基础设施水平得到较快提升，助推乡村振兴战略顺利实施。

【高标准农田建设】根据《全国高标准农田建设

规划》，安排中央财政转移支付和中央预算内投资940余亿元，用于支持全国新增8000万亩高标准农田建设，促进改善农田基础设施条件，提升粮食和棉油糖等重要农产品综合生产能力。

【畜禽粪污资源化利用】依据《国务院办公厅关于加快推进畜禽养殖废弃物资源化利用的意见》《全国畜禽粪污资源化利用整县推进项目工作方案（2018—2020年）》等，安排中央预算内投资37亿元，支持一批畜牧大县整县推进畜禽粪污资源化利用，重点开展规模化养殖场粪污处理利用设施、粪污处理配套设施改造升级、区域性粪污集中处理中心和规模化大型沼气工程建设。

【农业环境突出问题治理】依据《农业环境突出问题治理总体规划（2014—2018年）》等，安排中央预算内投资11亿元，在典型流域农业面源污染综合治理、农牧交错带已垦草原治理、东北黑土地保护三类项目的规划区内选择试点县，集中连片建设工程示范区，在项目区范围内初步解决或缓解现存的农业环境突出问题。

【现代种业提升工程】依据《全国现代农作物种业发展规划（2012—2020年）》《全国农作物种质资源保护与利用中长期发展规划（2015—2030年）》《现代种业提升工程建设规划》《国务院关于促进海洋渔业持续健康发展的若干意见》等，安排中央预算内投资8亿元，支持建设一批种质资源库（圃、场、区）、育种创新基地、品种测试站、制（繁）种基地等，进一步提升现代种业基础设施支撑条件。

【动植物保护能力提升工程】依据《全国动植物保护能力提升工程建设规划（2017—2025年）》等，安排中央预算内投资3.2亿元，支持建设动植物疫病虫害监测、诊断和防治及区域性农药风险监测等动植物保护相关基础设施，建设外来入侵物种风险评估、监测预警、天敌繁育和综合防控设施装备，积极应对草地贪夜蛾、非洲猪瘟等重大疫情，加强植物保护和动物防疫体系建设。

【退牧还草工程】依据《全国草原保护建设利用总体规划》《耕地草原河湖休养生息规划》（2016—2030年）和2017年中央1号文件关于继续实施退牧还草工作有关要求，安排中央预算内投资20亿元，重点支持全国五大牧区开展退牧还草相关的围栏建设、退化草原改良、人工饲草地建设、舍饲棚圈（储草棚）建设以及毒害草、黑土滩治理等。

【科技创新条件能力建设】依据《国家重大科技基础设施建设中长期规划（2012—2030年）》《全国农业科技创新能力条件建设规划（2016—2020年）》等，安排中央预算内投资5亿元，支持省级以上农业科研单位的农业科技创新能力基础设施建设，改善农业重点实验室、科学观测站和科研试验基地的设施装备条件，促进科研设备更新换代。

【数字农业建设试点】依据《数字农业建设试点总体方案（2017—2020年）》等，安排中央预算内投资4.7亿元，在大田作物、园艺作物、畜禽养殖、水产养殖等领域建设一批数字农业试点县，重点支持精准作业、精准控制设施设备、管理服务平台等内容建设，促进提高农业生产智慧化、精细化、自动化、科学化水平。

【天然橡胶生产基地】依据《国务院办公厅关于促进我国热带作物产业发展的意见》《国家天然橡胶基地建设规划（2016—2020年）》等，安排中央预算内投资2.3亿元，支持建设一批高标准天然橡胶胶园，重点支持胶园更新、胶园道路及储胶设施建设，有效改善胶园基础设施条件。

【农垦社会公益性设施】依据《直属直供垦区社会公益性设施建设规划（2016—2020年）》等，安排中央预算内投资2.8亿元，支持国有垦区农场场部道路、供排水、垃圾处理、供暖等小城镇基础设施建设，兼顾医疗设施和科研设施建设，提高农场公共服务设施和基础设施保障能力，提升垦区新型城镇化水平。

【农垦危房改造】依据国务院确定的2018—2020年棚户区改造计划，安排中央预算内投资3.5亿元，支持国有垦区农场职工房屋改造以及水电路等配套设施建设，促进产业发展和小城镇建设。

【部门自身建设】依据《农业部直属单位中长期基本条件能力建设规划（2017—2025年）》等，安排中央预算内投资4.6亿元，支持农业农村部直属单位基础设施、试验基地与科研用房及仪器设备建设，有力地提升了基础设施保障能力和科技创新能力。

此外，还安排中央预算内投资4.7亿元，支持海洋渔业资源调查船、草原防火基础设施等项目建设。

（农业农村部计划财务司）

水利建设

【概况】2018年共落实水利建设投资6873亿元，其中落实中央水利建设投资1554.6亿元。截至2018年底，年度中央投资计划完成率达到94.9%，其中重大水利工程完成率95.6%，其他工程完成率94.2%，圆满完成年度目标任务。

2018年中央水利建设投资按工程类型划分，防洪工程投资588.83亿元，占37.88%；水资源工程投资888.34亿元，占57.14%；水土保持及生态工程投资59.83亿元，占3.85%；专项工程投资17.59亿元，占1.13%。按项目所属区域划分，东部地区216.26亿元，占13.91%；中部地区534.20亿元，占34.36%；西部地区804.13亿元，占51.73%。

【重点水利工程建设】2018年，云南麻栗坝灌区、四川大桥水库灌区二期、安徽港口湾灌区、陕西东庄水利枢纽、湖北碾盘山水利水电枢纽、福建白濑水库、内蒙古东台子水库、四川向家坝灌区一期、安徽牛岭水库、广西百色水库灌区等11项节水供水重大水利工程开工建设，172项节水供水重大水利工程已开工133项，在建工程投资规模超过1万亿元，圆满完成《政府工作报告》明确的年度目标任务。

在建重大水利工程进展顺利。大藤峡水利枢纽、滇中引水、引江济淮、陕西引汉济渭、湖北鄂北水资源配置等主体工程加快建设，黑河黄藏寺水利枢纽、福建霍口水库、贵州黄家湾水利枢纽、云南车马碧水库、广西左江治旱工程驮英水库及灌区工程实现年度导截流目标，辽宁猴山水库工程下闸蓄水，辽宁观音阁水库输水正式通水。青海引大济湟调水总干渠、新疆卡拉贝利水利枢纽等23项工程完工或基本完工，其中黄河下游近期防洪治理、河南沁河河口村水库、江西峡江水利枢纽、云南牛栏江滇池补水等4项工程通过竣工验收。

2018年完成农村饮水安全巩固提升工程投资523亿元，受益人口7800多万人，其中建档立卡贫困人口436万人，年底农村自来水普及率达到81%。新增恢复灌溉面积143万亩，改善灌溉面积3045万亩，新增高效节水灌溉面积2158万亩，超额完成《政府工作报告》提出的2000万亩年度目标任务，全国大型灌区灌溉水有效利用系数达到0.505。田间渠系配套、小型水利工程、雨水集蓄利用及河塘清淤整治成效显著，冬春农田水利建设再掀高潮，中小河流治理、病险水库水闸及淤地坝除险加固、抗旱水源工程建设加快实施。新增水土流失综合治理面积0.98万平方公里，新增农村水电装机164.3万千瓦。

【重点水利工程验收管理】12月，云南牛栏江-滇池补水工程通过云南省人民政府主持的竣工验收。云南省人民政府副省长和良辉出席竣工验收会议并讲话。竣工验收委员会实地察看了工程现场和移民安置点，查阅了相关资料，观看了工程建设声像资料，听取了相关工作报告，讨论形成了《云南牛栏江-滇池补水工程竣工验收鉴定书》，同意牛栏江-滇池补水工程通过竣工验收。

【水利建设相关法规】2018年，《农田水利条例》公布施行。条例明确了农田水利工作的基本原则，建立农田水利规划制度，强化农田水利工程建设管理，完善农田水利工程运行维护机制，规范农田灌溉与排水管理，规定了保障扶持措施，针对有关违法行为设定了严格的法律责任。条例的颁布实施，在农田水利史上具有里程碑意义，将进一步规范农田水利规划、建设、运行、管理，对于切实推动农田水利事业全面步入法治轨道、从根本上扭转农田水利建设明显滞后的局面必将发挥重要的保障作用。

同时，水利部积极推进重点领域水法规立法进程，配合国务院法制办开展《大中型水利水电工程建设征地补偿和移民安置条例》修正案立法协调、修改完善和征求意见等工作，会同发展改革委、住房城乡建设部加快推进《节约用水条例》联合起草，积极推动《地下水管理条例》研究起草工作，并组织开展了《长江保护法》前期研究工作。

【水利建设相关规划和政策文件】加快水利改革发展。2016年，水利改革发展"十三五"规划印发实施，以全面提升水安全保障能力为主线，明确了"十三五"时期水利改革发展的总体思路、目标任务、建设重点和改革管理举措。中央层面共审批重点水利规划25项。《关于全面推行河长制的意见》《关于推进农业水价综合改革的意见》《"十三五"水资源消耗总量和强度双控行动方案》《关于加大用地政策支持力度促进大中型水利水电工程建设的意见》等一批含金量高、影响力大的重要改革政策举措相继出台。水行政审批制度改革不断深化，《简化整合投资项目涉水行政审批实施办法（试行）》印发实施，现有7项企业投资项目涉水前置审批全部调整为开工前审批，并分3类合并实施，与项目核准并联办理，实行"项目法人编制一份技术报告、水行政服务窗口统一受理、审批机关下达一份审批文件"。

认真做好文件清理工作。2018年，按照国务院的安排部署，水利部对改革开放以来颁布实施的部门规章和政策性文件进行了全面清理，对有关国务院文件提出了清理意见。《国务院关于批转国家计委、财政部、水利部、建设部关于加强公益性水利工程建设管理若干意见的通知》等一批国务院文件宣布失效，《黄河下游引黄灌溉管理规定》和《治理开发农村"四荒"资源管理办法》2件规章宣布废止，《水利工程建设项目管理规定（试行）》等4件规章部分条款作出修改，455件水利部文件宣布废止、失效。

加强水利建设项目管理。2018年，水利部会同国家发展改革委制定出台重大水利工程、水生态治理和中小河流治理等其他水利工程、农村饮水安全巩固提升工程、水文基础设施等4个中央预算内投资专项管理办法，配合财政部制定出台《中央财政水利发展资金使用管理办法》，会同国家发展改革委等四部委联合印发《关于加快推进高效节水灌溉发展的实施意见》。水利部制定印发《关于推进绿色小水电发展的指导意见》《关于进一步加强水利信息化建设与管理的指导意见》《水利部信息化建设与管理办法》等文件，加强各类水利建设项目管理工作。

加强水利建设质量安全管理。2018年，水利部发布《水利安全生产信息报告和处置规则》和《水利部生产安全事故应急预案（试行）》，规范水利安全生产信息报告和处置工作，加强水利部生产安全事故应急管理。出台《节水供水重大水利工程建设质量监督巡查实施细则》和《重大水利工程建设安全生产巡查工作制度》，启动重大水利工程建设质量监督巡查和安全生产巡查工作，保障工程建设质量和安全。印发《关于加强水土保持工程验收管理的指导意见》，明确水土保持工程验收责任，规范验收行为，把好工程验收关。颁布《水文设施工程质量评定暂行办法》，进一步加强水文设施工程质量管理，规范质量评定行为。

加强水利建设市场监管。印发《关于促进水利建设市场公平竞争维护水利建设市场秩序的实施意见》。

与国家发展改革委等14个部门联合印发《公共资源交易平台管理暂行办法》。加快推进水利工程电子招标，和国家发展改革委等部门联合印发《关于深入开展2018年国家电子招标投标试点工作的通知》；扩大水利建设电子招标试点范围，江苏、福建、湖南、山东、宁夏等10个省（区）全面实行了招标电子化。加强标后履约监管，印发《水利工程施工转包违法分包等违法行为认定查处管理暂行办法》。认真处理关于招标投标的投诉举报，完成对陕西引汉济渭招标投标存在问题举报的专项稽察。

认真做好行政许可。开展2018年甲级水利工程质量检测单位资质评审工作，受理117个单位248个专业类别（其中新申请52个单位93个专业类别，延续申请69个单位155个专业类别），批准43个单位68个专业类别取得甲级资质，69个单位155个专业类别的延续甲级质量检测单位资质。累计批准237个单位598个专业类别取得甲级资质。加强与有关部门沟通协调，水利工程质量检测员资格列入国家职业资格（水平评价类）目录清单。

【水利建设相关技术标准】2018年，围绕"水利工程补短板、水利行业强监管"的水利改革发展总基调，水利部组织相关单位编制完成24项工程建设类水利技术标准，均已颁布实施，包括《混凝土重力坝设计规范》《混凝土拱坝设计规范》《碾压混凝土坝设计规范》《溢洪道设计规范》《水利水电工程启闭机设计规范》《灌溉与排水工程设计标准》《水工建筑物抗震设计标准》《节水灌溉工程技术标准》等。

（水利部工程建设司）

铁 路 建 设

概况

【科学有序推进铁路建设取得新成就】紧紧依靠国家有关部委和地方党委政府，充分发挥铁路局集团公司和铁路公司作用，凝聚参建各方力量，统筹谋划、提早安排，内外联动、合力而为，全面完成了年度建设任务。一是超额完成投资任务。以施工组织管理为主线，合理安排投资计划，动态跟踪进展情况，着力解决征地拆迁、三电迁改、环境保护等重难点问题，实现了党组确定的前三季度完成年初投资计划80%的目标。特别是四季度，建立协商制度，强化保障措施，确保了新增400亿元基建投资任务顺利完成。2018年，全国铁路固定资产投资完成8028亿元。二是全面实现开通目标。坚持把依法、高质量开通作为重大任务来抓，提早谋划安排，研究制定年度开通计划；加强过程督导，总公司成立片区督导组，对环水保等13类问题实行清单式管理，为项目开通扫清障碍；严格验收标准和程序，狠抓验收把关、安全评估、达标评定等工作，在总公司发改部、工电部、安监局、客运部、公安局、宣传部等部门共同努力下，渝黔等43个项目依法高质量开通，全年投产新线4683公里。到2018年底，全国铁路营业里程达到13.1万公里以上，其中高铁2.9万公里以上，为路网规模和质量达到世界领先奠定了坚实基础。三是积极推进新项目开工。制定新开工项目推进计划，明确可研、初步设计、施工图、工程招标等各阶段工作目标和完成时限，并纳入总公司建设协调会督办；建设单位积极参与前期工作，加快用地预审、环评水保等要件办理，协调地方政府抓好征地拆迁、三电迁改等工作，确保了京雄等26个新项目按期开工建设。四是认真抓好建设扶贫。2018年，铁路建设扶贫项目完成投资4139.6亿元，占全国铁路基建投资的77.6%。按照中央要求，将扶贫项目纳入年度计划同步安排，统筹当地实际需求，将施工便道、梁场等大临设施改造为永久性工程，优先选择当地劳动力和工程物资等，增加沿线贫困人员收入。五是有序推进境外项目。强化境外项目参建企业合作机制，积极推进征地拆迁、资源组织等工作；加强境外项目管理，总公司在建设管理、技术标准和项目推进等方面提供服务和支持，并纳入日常监督、管理考核和信用评价。中老铁路、印尼雅万高铁、中泰铁路、巴基斯坦轨道交通橙线、匈塞铁路等项目有序推进，铁路"走出去"成果进一步巩固扩大，为推进"一带一路"基础设施互联互通建设作出了积极贡献。

【**稳步实施新的运行机制取得新进展**】建立实施权责明确、运行有效的建设管理新机制，为铁路建设管理水平进一步提升进行了积极探索。一是构建全新有序的工作机制。在总公司层面，形成了建设部归口管理铁路建设、工管中心负责项目推进、工程监督局负责质量安全监督管理的工作格局，并建立了月度联席会议制度；在质量安全监督方面，坚持工程监督局重点监督管理与铁路局集团公司监督站全面监督管理相结合，实现差别化监管；在项目组织推进方面，工管中心实行分区域、分专业管理。在铁路局集团公司层面，充分发挥区域协调作用。二是创建良好的外部协调机制。总公司与五大施工企业建立季度联席会议制度，联手开展红线专项督查；与国家有关部委、地方政府建立协调工作机制，恢复了总公司外电工作协调领导小组，特别是与北京市、雄安新区定期研究解决京张、京雄高铁和雄安站的征地拆迁等难题。铁路局集团公司积极发挥综合优势，协调解决外电、土地、环保等突出问题。三是创新建设管理方式方法。在盐通、杭绍台等项目推进EPC工程总承包试点并取得积极进展；成立京津冀地区客站建设领导小组，统筹推进客站建设；在北京局集团公司等7个单位开展专业分包试点并取得阶段成果；在施工、监理信用评价中，利用铁路工程管理平台动态记录不良行为及相关数据，建立了黑名单和积分考核清退制度；在济青、通新高铁等开展非控股非代建项目验收和安全评估咨询，济南局、沈阳局集团公司为项目提供了咨询服务。

【**重拳整治质量安全红线问题取得新成效**】坚持问题导向，突出红线管理，强化过程监管，严格责任追究，铁路建设质量安全管控水平显著提升。一是狠抓红线管理。严格落实质量安全红线管理规定，总公司组织督导组分片区开展集中宣贯和督导，以工程质量为核心的理念深入人心；联合五大施工企业成立专项督查组，以隧道工程和近两年开通项目为重点，在4月、10月集中开展专项督查，共抽查建设单位56家次、建设项目77个次、施工标段292个、工点686个，隧道衬砌混凝土强度取样检测361组，发现问题1928个，及时督促相关单位按期整改销号，为运营安全打下良好基础。二是强化过程监管。以开通项目、隧道工程、长大干线等为重点，持续加大监督检查、检测的频次和深度，全年检查在建项目1578项次，抽查工点12074个，发出整改通知单2236份，认定不良行为463起；累计投入2152万元，对153个在建项目实施检测236项次。组织开展施工安全专项治理行动，以及隧道、工程线施工和高空作业安全专项督查，集中排查整治了一批突出安全隐患和问题。抓好高铁限速点整治，全年累计消除限速点32处。组织做好宜万线隧道病害应急整治，确保了汛期行车安全。三是加大查处力度。狠下决心并硬起手腕整治质量安全隐患和问题，以零容忍的态度严肃追责问责。2018年，因工程质量问题，有9家施工单位、6家监理单位、2家设计单位、5家建设单位、2家检测单位受到处理；因生产安全事故，有7家施工单位、3家监理单位受到处罚，全年生产安全责任事故起数、死亡人数，同比分别下降了40%和68%，安全管理实现了新的进步。

【**大力推进工程技术创新取得新突破**】一是加大科技攻关力度。智能高铁方面，依托京沈客专完成了自主化列控、C3+ATO自动驾驶、铁路北斗全域信号覆盖增强、智能牵引变电所等28项科学试验，确定其中11项在京张高铁推广应用；积极推进BIM协同设计和施工应用，实现了双块式轨枕生产、隧道围岩监控量测等智能技术在京张高铁推广应用。桥梁工程方面，开展高塔墩结构混凝土裂缝控制、主塔施工控制、千吨级桥梁运架装备等关键技术攻关，为沪通长江大桥、五峰山长江大桥、大瑞铁路怒江四线特大桥建设等提供了技术支撑。隧道工程方面，攻克了大直径盾构隧道穿越城市密集区的安全风险控制、大断面隧道机械化快速开挖等技术难题，八达岭隧道、清华园隧道顺利贯通，为京张、郑万等项目建设提供了重要保障。二是创新施工工艺工法。总结汇编了铁路工程建设指导性工艺工法手册，涵盖站前、站后、站房等47项工艺工法。推广应用路基连续压实信息化，隧道大断面暗挖、预制拼装建造，以及Ⅲ型板无砟轨道底座混凝土一体化成型机等新的工艺工法，提升了施工效率和工程质量。

【全力打造精品工程智能工程取得新进展】以创建绿色、智能、精品工程为引领，认真落实高质量发展要求，在建造精品智能工程方面取得阶段性成果。一是打造精品工程。以打造京张、京雄高铁和丰台站精品工程为目标，组织编制了精品工程指导意见及实施方案；成立总公司精品工程督导组，对京张、京雄精品工程创建进行全过程督导检查，运用红黄牌警示、信用评价等对标考核。认真落实站城融合、一站一景等要求，努力把客站打造成为地标性建筑。一年来，京张高铁90项精品工程有50项取得重要成果，杭黄铁路在站房、轨道、四电等方面树立了新标杆，京雄高铁、丰台站精品工程创建扎实有序推进。二是建设绿色工程。根据铁路建设地形地貌和区域特点，总公司制定了铁路工程绿化设计和施工质量控制标准，分类明确了路基、路堑等绿化标准；坚持样板引路，在商合杭、杭黄铁路召开现场会，以点带面推广环水保、绿化等经验做法。杭黄铁路成为全路绿色工程建设的新标杆，深茂、蒙华铁路着眼保护"小鸟天堂""天鹅之城"，建成水土保持生态文明示范工程。三是探索智能建造。在京张高铁开展双块式预制轨枕智能制造，联合清华大学制定总体方案，推进智能无人化车间创建工作，开发应用自动智能喷涂机械手等，实现全自动、智能化操作。在郑济、京雄高铁推进智能梁场建设，实现了工程质量全过程可追溯。在郑万高铁湖北段，探索和研究隧道结构智能化设计、隧道开挖及支护智能化施工等技术，推动了高铁山岭隧道机械化、信息化、智能化建造技术升级。

【纵深推进标准化管理取得新成果】以信息化建设为核心，促进四个重要支撑手段的有效融合，推动标准化管理纵深发展并取得新成果。一是完成信息化平台搭建。组织完成55个建设项目铁路工程管理平台部署升级和97个建设单位OA系统部署工作，研发并试运行工程质量监督系统，组织推广超前地质预报、沉降观测等9个终端系统，进一步丰富了安全质量管理手段。稳步推进铁路BIM技术研究和应用，全路16个试点项目全部通过初步验收，依托京张、京雄高铁实现了基于BIM三维协同设计和四维可视化项目管理及虚拟建造，BIM工程化应用取得初步成果。二是深入推进机械化工厂化专业化信息化应用向工序工艺控制标准化不断延伸，推广隧道衬砌施工成套技术、路基压实机器人技术、悬臂现浇连续梁施工工艺；开展软岩隧道快速施工实践，分类总结成兰、玉磨、蒙华铁路隧道机械化配套经验，加强高黎贡山隧道等TBM施工适用性改进研究；拓展工厂化应用范围，轨道板场和梁场智能化水平进一步提升，小型构配件预制广泛应用，装配式建造技术逐步推广；积极探索特殊难点隧道、大型客站、无砟轨道等专业化施工，积累了实践经验。三是不断夯实标准化管理基础。认真履行开工报告审批等程序，严格落实标段工程、重点工程、单位工程开工条件，新开工项目全部实现标准化；认真开展首件评估，固化各项施工作业程序和工作内容，优化资源配置，明确施工技术、方案、工艺等过程控制措施，把技术标准、管理标准和作业标准全面落到实处。四是扎实开展达标评定工作。制定高铁开通达标评定管理办法，集中进行宣贯和研讨；认真组织开展达标评定工作，加强评定过程的督导检查，全面彻底整治发现的问题，实现了建设与运营的有效融合、无缝衔接。

【充分发挥政治引领作用取得新成效】以总公司巡视工作为契机，全面加强党的建设，引导全体建设者在铁路建设实践中勇当先锋、争做表率。一是旗帜鲜明讲政治。坚持把政治建设摆在首位，深入学习贯彻习近平新时代中国特色社会主义思想和党的十九大精神，持续推进"两学一做"常态化制度化，扎实开展"三会一课"质量年活动。在京张、杭黄等重点项目，成立建设、设计、施工、监理单位和地方政府现场联合党支部，在推动急难险重任务完成上发挥了党支部战斗堡垒作用和党员先锋模范作用。二是多措并举强素质。总公司分层分类组织开展学习培训，全年举办培训班6期、培训405人；通过召开电视电话会、现场会、座谈会等，交流推广绿色、智能、精品工程创建经验。建设单位通过多种渠道和方式，开展工程技术、质量安全等培训，着力打造业务精湛、本领高强的人才队伍。三是驰而不息转作风。注重加强各级领导干部作风建设，抓住建设单位主要领导这个"关键少数"，建立每半月工作报告制度，促使其认真履行职责，深入施工一线，协调解决问题，积极为广大干部职工作出示范和表率，促进了铁路建设任务的顺利完成。四是正风肃纪抓廉政。严格落实"两个责任"，认真贯彻廉洁自律准则、纪律处分条例，有效落实共建规范廉洁铁路建设市场意见，规范廉洁从业行为，2018年有1家设计企业、9家施工企业因违反规定受到停标处罚。总公司成立5个现场督导组，组织对18个铁路局、24个铁路公司，分片开展典型腐败案例警示教育，促使党员干部从不敢腐向不能腐、不想腐的转变。

建设管理

按照铁路建设管理制度制（修）订和建设需要，印发了6个铁路建设管理办法，对部分建设管理事项进行了明确、调整或补充。

【**重要管理办法**】印发了《关于做好高速铁路开通达标评定工作的通知》（铁总建设〔2018〕57号），《通知》共分为"总体要求""评定实施""结果运用"和"工作要求"四个部分，另有16个附件。第一部分为总体要求，明确铁路局集团公司在高速铁路运行试验一段时间后，开展高速铁路开通达标评定工作。第二部分为评定实施，明确铁路局集团公司开展达标评定工作的组织机构、依据标准、工作方案、评定内容、程序方法。第三部分为结果运用，将高速铁路开通达标评定结果纳入总公司当期施工企业信用评价。第四部分为工作要求，从加强组织领导、组织学习培训、建立评定档案、落实评定责任、严格工作考核、加强督促指导等六个方面，对做好开通达标评定工作提出了要求。

印发了《关于开展铁路建设项目单价承包试点工作的通知》（铁总建设〔2018〕74号），《通知》分为"试点项目""有关事项"和"试点要求"三部分。第一部分为试点项目，明确了开展单价承包试点的六个项目。第二部分为有关事项，从招标投标、物资设备、投资控制、验工计价、变更设计等5个方面明确了试点事项。第三部分为试点要求，对建设单位、总公司相关部门在试点方面应做的工作提出了具体要求。

印发了《铁路建设项目监理企业信用评价办法》（铁总建设〔2018〕123号），以铁总建设〔2014〕86号文为基础进行了修订，共分为8章，包括7个附件。主要修订内容，一是增加日常检查扣分，明确建设单位日常检查的频次和扣分签认程序；二是增加A级总监理工程师评选，给予A级总监理工程师所在监理企业一次投标加分机会并明确使用期限；三是增加监理人员个人扣分积分考核，在对企业扣分的同时，对总监理工程师和相关监理人员个人也进行扣分。同时，把铁路工程管理平台作为信用评价的重要支撑，相关数据、信息通过平台进行统一管理，提升信用评价工作的透明度和效率。

印发了《铁路建设项目施工企业信用评价办法》（铁总建设〔2018〕124号），以铁总建设〔2016〕239号文为基础，修订稿共分为9章，另外包括15个附件。修订内容，一是增加日常检查扣分，日常检查包括建设单位和工程监督机构组织的检查，以及铁路工程管理平台自动采集的工程质量数据信息，质量监督检测中心实施的检验检测等；二是增加加分内容，在原有加分的基础上，新增了科技创新加分、鲁班奖和詹天佑奖加分、应急工程加分项；三是增加高速铁路开通达标评定，高速铁路开通达标评定结果纳入总公司当期施工企业信用评价；四是优化完善结果汇总公示，对建设单位所报信用评价结果和排名按照参评单位个数情况进行评价等级和评价得分的折算。

印发了《关于做好铁路建设项目危岩落石防治工作的通知》（铁总建设〔2018〕160号），《通知》从勘察设计、工程实施、竣工验收等三个阶段提出了做好铁路建设项目危岩落石防治工作的有关要求。第一部分是在勘察设计阶段，从可行性研究、初步设计、施工图设计、施工图审核、施工图介入、防治费用等六个方面提出相关要求；第二部分是在工程实施阶段，从现场踏勘及设计交底、严格按图施工、设计变更完善、提前介入、分歧处理等五个方面提出相关要求；第三部分是在竣工验收阶段，从严格检查验收、问题整改销号等两个方面提出相关要求。

印发了《关于进一步加强铁路建设项目文物保护工作的通知》（铁总建设〔2018〕195号），《通知》主要包括切实提高思想认识、落实参建各方责任、加强考核评价与责任追究三部分内容。第一部分为切实提高思想认识，要求建设单位加强宣传教育，强化参建单位及人员的文物保护意识。第二部分为落实参建各方责任，要求建设单位做好建设项目文物保护方面的普查、考古协议签订、合同管理、开工审查等工作；督促设计、施工等单位做好工程选线、设计文件编制、技术交底、文保措施制定落实、应急处理、巡视检查等工作。第三部分加强考核评价与责任追究，明确将文物保护工作不力造成文物损坏或恶劣影响的，纳入建设管理考核，严肃追究相关人员的责任。

【**建设单位考核**】完成了2017年度建设单位考核工作。依据《中国铁路总公司管理的合资铁路公司建设管理考核办法》（铁总建设〔2017〕120号），总公司工管中心根据建设单位上报的2017年度自评结果进行了初评并报总公司建设部，建设部组织机关有关部门进行了审核并提出了考核意见，经总公司研究同意后按规定对2017年度建设单位考核结果进行了公示、公布。

【信用评价】根据《铁路建设项目施工企业信用评价办法》《铁路建设项目监理企业信用评价办法》《铁路建设项目勘察设计单位施工图评价办法》，继续开展信用评价活动，2018年共公布铁路施工企业信用评价结果2期、铁路建设工程监理信用评价结果2期、勘察设计单位施工图考核结果2期，评价结果与工程招投标挂钩。

【建管人员培训】加大建设管理人员培训工作力度，2018年共举办6期培训班，其中铁路建设管理人员工程管理培训班2期、计划合同管理培训班1期、安全质量管理培训班3期，共培训405人，有效提高了参培人员的业务水平。

建设标准

为适应新形势下的铁路建设管理、服务铁路高质量发展的要求，以创建精品工程和智能铁路为目标，以创新和发展新的铁路工程建设标准体系为重要途径，全面推进标准制（修）订，实现建设标准在技术指标、安全控制指标、经济适用指标、适用范围指标等世界领先，促进铁路建造技术和设备不断升级，推动建设技术水平迈上新台阶。

【规范标准】积极推动铁路工程建设标准工作，根据中国铁路总公司提出的新时期建设标准新体系框架构成及实施的要求，全年发布13项中国铁路总公司规范标准；为强化精品意识，深入推进标准化管理向工装、工艺、工序延伸，弘扬工匠精神，发布了高铁站后四电系列新标准；为提升高铁防灾监控技防水平，提高防灾预警和处置能力，发布了铁路自然灾害及异物侵限监测系统工程建设标准；改善铁路旅客出行乘车体验，提高铁路旅客在站内候车、换乘等服务的便捷性，发布了铁路客服信息系统设计新标准；体现绿色发展、文化传承，展现新时期铁路风貌，编制高铁生态绿化、旅客车站站房和站区生产生活房屋等新标准；强化新技术、新工艺应用，推进高铁隧道机械化大断面法施工、掘进机法、湿喷混凝土工艺等新标准编制工作。

【造价标准】完善新形势下的造价标准体系。全面推进路桥隧轨智能建造造价标准研究，开展隧道机械化、盾构等专业定额的研究工作；针对特殊施工环境开展中西部铁路汽车运输便道费用研究，针对特殊地质条件开展岩爆、高地温、软岩大变形及软弱围岩大断面的隧道施工定额与测定；深入推进铁路建设市场化改革，以完善市场价格形成机制为工作主线，完成适用单价承包模式的工程量清单计价规范修订；配套开展涵盖路基连续压实、桥梁水平转体、临近既有线控制爆破、高速铁路"四电"新标准配套定额等定额的编制工作。

【标准设计】为保障工程质量，提高设计水平，完成了盐通高铁32米简支箱梁、客货共线铁路简支箱梁等标准设计，编制高铁40米简支箱梁、声屏障标准设计；贯彻国家装配式建筑发展政策，体现标准化设计、工厂化生产、装配化施工要求，发布了旅客车站综合管沟、天桥、雨棚等标准设计，进一步提高工效和质量；快速推进Ⅲ型板式无砟轨道、区间装配式建筑等标准设计编制工作，不断拓展工厂化的智能建造技术的应用。

【标准翻译】认真落实"一带一路"倡议，加快推进中国标准"走出去"，发布铁路工程沉降变形观测与评估技术规程、铁路混凝土工程施工技术规程等4项标准英文版。

【建设标准新体系】在继承和优化原有标准体系的基础上，提出了科学、先进、系统的新标准体系框架，即由基础标准、通用标准和专用标准三个层次构成，层次的上下反映标准间的主从关系，上层标准内容是下层标准内容的共性提升，上层标准制约下层标准。其中，基础标准是铁路工程建设技术标准的基础，对铁路工程建设的其他标准具有普遍的指导意义，主要包括基本术语、建筑限界、设计荷载等标准；通用标准是针对铁路工程某类标准化对象制定且覆盖面较大的共性标准，它可作为制定专用标准的依据，涵盖不同运输性质的铁路，划分为总体、安全、智能、绿色和勘察、设计、施工及验收、国际共8个模块；专用标准是针对某一个具体的标准化对象，或作为通用标准的补充而延伸制定的专项标准，其内容较为具体，包括特定工程的勘察设计、施工验收等具体要求或方法，按铁路专业特点划分为11个模块，突出反映精品工程、建维一体、四新技术和标准化工艺等，推动铁路高质量发展。

【高铁关键参数优化】以新时期铁路建设管理水平的不断提升和机械化、信息化技术和设备的大量投入使用为基础，研究提出了高铁关键技术参数和指标优化建议。一是结合京沈高铁科学试验，通过优化调整信号设计，验证提出了车站到发线有效长度和旅客站台长度参数优化建议，实现650米到发线长停放18辆动车组要求；二是在高铁现行标准规定的平原、丘陵等一般地区长大坡道参数建议值的基础上，研究提出了针对中西部山区等困难条件和艰险山区的合理建议值；三是合理确定车站建筑布局，明确了旅客车站售票厅面积优化设计措施的建议；四是结合高铁前期大量工程实践、科学试验的沉淀积累，开展了铁路中外标准研究对比、理论计算研究、工程验证和投资分析等工作，重点对工程投资影响较大的土建专业相关标准进行了分析研究，研究提出10多项技术指标和参数调整优化建议。

招标投标

完成基建大中型项目施工招标112批次，合同额合计1626亿元。按计划完成了苏南沿江城际铁路、南昌至景德镇至黄山铁路、北京至雄安新区城际铁路、盐城至南通铁路、和田至若羌铁路、广州站改造配套工程棠溪站改、川南城际自贡至宜宾段、盘县至兴义铁路等26个新开工项目招标工作。按照总公司规定，建设管理部、财务部、工管中心等部门组成检查组，开展了4次招投标工作抽查，主要抽查了北京、成都、广州、济南、南宁、武汉局、青藏公司等7个铁路局，黔张常铁路公司、云桂铁路广西公司、昌九城际铁路公司、京福安徽公司、京沈客专京冀公司、京沈客专辽宁公司、东南沿海福建公司、成兰铁路公司、成贵铁路公司等9个铁路公司，抽查招标项目合计施工中标额1693亿元，监理中标额14亿元。对于检查发现的问题，铁路总公司以《关于部分铁路建设项目招标存在问题处理情况的通报》（铁总建设函〔2018〕383、595、784号）分别进行了通报，严肃处理了有关单位和责任人员。

项目验收

中国铁路总公司和各建设单位履行《铁路建设项目竣工验收交接办法》（铁建设〔2008〕23号）、《高速铁路竣工验收办法》（铁建设〔2012〕107号）规定的职责，按计划完成项目验收工作。

【验收程序】中国铁路总公司和铁路项目建设单位、运营单位（铁路局，下同）在项目验收过程中严格验收程序，按照静态验收、动态验收、初步验收、安全评估、国家验收5个阶段执行。运营单位是静态、动态验收的责任单位，高速和城际铁路的初步验收由总公司组织，普速铁路由运营单位组织。验收的每一阶段经审查、评估合格后才能进入下一阶段，其中高速和城际铁路的静态、动态验收报告经中国铁路总公司高速铁路验收专家组审查合格，环水保设施、消防等专项验收经主管部门验收合格或检查认可。为保证高速铁路开通运营后的安全性、稳定性，中国铁路总公司在广大扩能、深茂铁路江茂段、哈佳铁路、杭黄铁路、京沈铁路承德南至沈阳段等2018年总公司组织验收的12个项目开展了开通达标评定工作，在运行试验开始一段时间后，对全部设备按建设标准、运营标准进行对标检查评定，发现并整改全部问题。项目安全评估合格后具备开办初期运营条件，初期运营满1年且具备全部条件后开展国家验收。

【验收组织】完成43个项目的初步验收。总公司组织完成京沈铁路承德南至沈阳段、杭黄铁路、哈牡客专、大西铁路原太段、广大扩能、哈佳铁路、青连铁路、连盐铁路、成蒲铁路、怀邵衡铁路、深茂铁路江茂段、南龙铁路等12个项目的初步验收；铁路局组织了渝黔扩能、铜玉铁路等31个项目的初步验收，以及全部项目静态、动态验收。另外，沈阳局、济南局集团公司受蒙辽铁路客运专线有限责任公司、济青高速铁路有限公司委托，分别开展了通辽至京沈高铁新民北站铁路、济青高速铁路静态、动态和初步验收咨询工作。

【专项验收】铁路局集团公司、建设单位在静态验收阶段组织开展专项验收准备工作，及时整改发现的问题，确保达到设计和验收标准并上报有关部门组织验收。总公司、铁路局集团公司分别在高速、普速铁路项目初步验收前组织专项检查，指导和督促建设单位完成环境保护设施、水土保持设施、消防设施、工程档案、劳动卫生和安全设施、建设用地等专项验收。在初步验收和安全评估前完成环保设施自主验收，水保设施经水利部门检查认可，消防设施通过公安消防部门验收，竣工文件编制达到档案验收标准，劳动卫生和安全设施通过运营单位验收，建设用地手续齐全并完成土地组卷上报自然资源部门，初步验收和安全评估阶段检查确认后方可开办初期运营。

【国家验收】中国铁路总公司高度重视已开通项目的国家验收，在项目开办初期运营后，落实建设单位、铁路局在国家验收中的职责分工，重点抓好国有土地使用证办理，环境保护、水土保持、档案正式验收，资金到位和建设各方费用结算、财务竣工决算、安全保护区设立等工作，确定重点项目国家验收目标，制订详细的推进计划和具体措施，争取早日具备国家验收条件。汉宜铁路、焦柳铁路洛张电化改造、成都动车段检修设施工程、襄渝二线（成都局管内）、武汉北编组站等已具备国家验收条件。

质量安全

建立实施权责明确、运行有效的建设管理新机制，为铁路建设管理水平进一步提升进行了积极探索。严抓质量安全红线管理，鼓励参建单位自查自纠，铁路质量安全管理水平大幅提升。创新管理方式方法，在施工、监理信用评价中，利用铁路工程管理平台动态记录不良行为及相关数据，建立了黑名单和积分考核清退制度。认真落实高质量发展要求，全力打造精品工程智能工程。纵深推进标准化管理，完成信息化平台搭建，深入推进机械化工厂化专业化，不断夯实标准化管理基础，扎实开展达标评定工作。加强人员培训，全年举办培训班6期，通过召开电视电话会、现场会、座谈会等，交流推广绿色、智能、精品工程创建经验。加强各级领导干部作风建设，抓住建设单位主要领导这个"关键少数"，建立每月工作报告制度。

【质量专项整治】4月、10月开展了2次质量安全红线管理专线督查，共抽查建设单位56家次，建设项目77个，施工标段292个，工点686个，隧道衬砌混凝土强度取样检测361组，发现问题1928个。针对督查发现的问题，参建单位及时进行了整改，对相关责任人进行了严肃追责，不断强化质量保证体系并保证正常有效运转。在整改的基础上，相关单位完善质量安全管理制度，改进或开发新的工艺工法，确保工程质量得到持续改进。

【大检查活动】一是开展了春节及两会期间铁路建设安全稳定检查。根据总公司统一部署，下发了《关于加强年末岁初期间铁路建设安全稳定工作的通知》，组织建设系统认真做好两节、两会期间铁路建设安全稳定检查。二是组织开展施工安全专项治理行动，以及隧道、工程线施工和高空作业安全专项督查，集中排查整治了一批突出安全隐患和问题。

【加大处罚力度】铁路总公司持续加大质量安全问题和事故的处罚力度，进一步落实了参建各方责任。因工程质量问题，对24家单位进行了暂停投标、不良行为认定、纳入信用评价、纳入建设单位考核、全路通报批评等处罚，包括5家建设单位、9家施工单位、6家监理单位、2家设计单位、2家检测单位；因为施工安全事故，共对7家施工单位、3家监理单位进行了暂停投标的处罚。

(中国国家铁路集团有限公司建设管理部)

民 航 建 设

年度民航工程建设投资、资金利用概况

2018年全行业实际完成民航固定资产投资857.9亿元，资金来源为：预算内拨款0.16亿元，民航发展基金197.84亿元；中央预算内投资38.77亿元，机场费留成3.97亿元，国内银行贷款156.17亿元，企业自筹资金269.95亿元，空管折旧资金0.09亿元，其他投资54.12亿元，地方投资136.87亿元。其中：机场系统完成投资678.6亿元，包括：民航发展基金148.77亿元，中央预算内投资38.77亿元，机场费留成3.85亿元，国内银行贷款134.21亿元，企业自筹资金165.38亿元，其他投资53.28亿元，地方投资134.37亿元。

【重点工程建设】2018年新建、迁建运输机场9个，新增跑道6条、停机位305个、航站楼面积133.1万平方米，运输机场总数达235个。首都机场旅客吞吐量突破1亿人次，成都、重庆、哈尔滨、贵阳、三亚等机场旅客吞吐量均实现历史性突破，千万级机场达到37个，同比增加5个。加强综合管控，突出重点节点，全力推进北京大兴国际机场建设和运营筹备。"平安、智慧、绿色、人文"四型机场建设全面推进，制定印发建设导则，开展示范项目创建。军民航机场深度融合工作持续取得新进展，采取"政治动员、委托援建和建设运行一体化"方式，推动西藏机场建设"3+1"援建项目落地实施。

【北京大兴国际机场】2018年，经党中央、国务院同意，北京新机场正式命名为"北京大兴国际机场"。机场位于北京市大兴区榆垡镇、礼贤镇和河北省廊坊市广阳区之间，直线距天安门约46公里、距雄安新区55公里、距北京城市副中心54公里、距首都机场约67公里、距廊坊市约26公里。根据综合管控计划要求，北京大兴国际机场正全力开展施工建设。截至2018年12月，北京大兴国际机场工程总投资1167亿元，其中一期总投资1038亿元，累计完成投资664.2亿元，投资完成率64%。航站区正开展幕墙、金属屋面、楼内装修、楼前离港桥等作业面的施工，其中首层幕墙面板、十号连桥幕墙龙骨、檐口吊顶龙骨、屋面装饰面板安装完成；飞行区土方工程完成96.8%，道面工程完成80.7%；配套工程市政交通排水工程完成84.9%，给中水工程完成69.3%。东航核心工作区、生活服务区、机务维修及特种车辆维修区、航空食品及地面服务区工程量

已完成65%以上。南航机务维修区和单身倒班宿舍工程量已完成60%以上，航空食品设施、货运设施项目完成超过50%。空管西塔台工程实现70.3米塔台结构封顶。航油场内供油工程项目民航工程完工，非民航工程基本完工。其中，机坪加油管道建设完成97.8%。津京第二输油管道项目天津段主体施工完成136公里，占天津段总工程量的92.5%。北京大兴国际机场计划2019年6月30日竣工，9月30日投运。

【成都天府国际机场】 成都天府国际机场位于成都市东南方向，距离成都市中心直线距离约52公里，距离简阳市中心直线距离约18公里。初步设计及概算于2017年3月获得民航西南地区管理局、四川省发改委联合批复。规划设计方面用人文、绿色、智慧的理念统揽全局，坚持以人为本的价值导向，充分融入四川地域文化，持续优化中转流程与场内外交通疏解方案，打造出便捷高效的综合交通换乘体系，积极开展绿色施工研究，把绿色节能理念贯穿于设计、施工、运营全过程，广泛运用数字化施工及高新技术，着力打造机场一体化智慧服务。截至2018年12月，机场工程航站区、飞行区、配套工作区三大主体工程已全面铺开，全场地基处理及土石方工程已完成，场道及安装工程将陆续开工建设。航站区工程累计挖方293万方，浇筑桩基10302根，浇筑混凝土75万方，分别占设计总量的94%、87%和54%，局部区域钢结构已开始吊装。配套市政工程累计挖方371万方，浇筑桩基10807根，分别占设计总量的51%、52%。工作区房建工程已全面开工。天府机场计划2019年主体工程完工，2020年建成竣工。

【青岛新机场】 青岛新机场位于青岛市胶州市中心东北11公里，距青岛市中心直线距离约39公里，位于青岛市"环湾发展、三城联动"的中心位置。初步设计及概算于2015年12月和2016年9月由民航华东地区管理局与青岛市政府联合批复，新机场在建设前期引入信息化规划，充分运用先进成熟的大数据、云计算、物联网和移动互联等先进技术，着力打造智慧运行、智慧安全、智慧管理、智慧服务和智慧交通等五大特色，力争在空铁联运方面实现突破，打造"一票通"机场。截至2018年12月，航站区、航站楼结构性施工基本完成，楼内精装、安装已经过半，行李系统安装达到90%；信息中心完成内部验收，正式用电已经接入，相关设施设备开始全面调试；站前高架完成主体结构浇筑，全场东西主干道路贯通，为2019年安装调试提供道路条件。综合交通，GTC综合交通中心完成主体结构验收和精装大面施工；地铁代建完成全部代建任务，高铁完成静态验收；空管塔台结构性施工全部完成。飞行区，场道工程提前2个月基本完工，累计混凝土浇筑166万立方，土方回填1200余万方。助航灯光、管线敷设等附属工程大面完成，东西跑道10月20日全面贯通；一层围界基本封闭，为全场施工提供安全保障。配套区，综合管廊、红线内水电气等线路管网工程完成大面施工；三大转体桥"一次性"转体，航空大道、南六路等主干道路和南六路下穿通道实现双向通车；房建工程先期启用的3个楼座已经具备入驻条件，其他17个楼座主体结构全部完成，全面转入安装装饰阶段。信息弱电，集合专业软件人员，经6轮主要调试，2万次累计调试，目前已完成20余项成熟系统后台开发，部分设备具备演示条件，智慧机场特色初现。青岛新机场计划2019年竣工并投运。

（中国民用航空局机场司）

公 路 建 设

公路建设基本情况

2018年底，全国公路总里程达484.65万公里，比上年末增加7.31万公里。公路密度为50.48公里/百平方公里，增加0.76公里/百平方公里。

全国等级公路里程446.59万公里，比上年末增加12.73万公里，占公路总里程92.1%，提高1.3个百分点。其中，二级及以上等级公路里程64.78万公里，增加2.56万公里，占公路总里程13.4%，提高0.3个百分点。

全国高速公路里程14.26万公里，比上年末增加0.61万公里。其中，国家高速公路10.55万公里，增加0.32万公里。全国高速公路车道里程63.33万公里，增加2.90万公里。

国道里程36.30万公里，省道里程37.22万公里。农村公路里程403.97万公里，其中县道里程54.97万公里，乡道里程117.38万公里，村道里程231.62万公里。

公路重点工程建设推进情况

2018年，交通运输行业坚持服务京津冀一体化和雄安新区建设、"一带一路"、长江经济带以及2022冬奥会、粤港澳大湾区等国家重大区域发展战略，服务全面建成小康社会和脱贫攻坚，加快推进重点工程项目建设，不断完善公路基础设施网络，公路建设取得新的成果。

港珠澳大桥。港珠澳大桥东接香港特别行政区，西接澳门特别行政区和广东省珠海市，跨越伶仃洋，是在"一国两制"框架下，粤港澳三地首次合作建设的超大型跨海交通工程，包括海中桥岛隧主体工程、珠海口岸及连接线、澳门口岸及连接线、香港口岸及连接线，总长约55公里，其中，海中桥岛隧主体工程全长29.6公里。2月6日，港珠澳大桥完成主体工程交工验收。10月23日，习近平总书记出席大桥开通仪式并巡览大桥。习近平总书记在东人工岛会见大桥管理、设计、施工等方面代表时指出"港珠澳大桥是国家工程、国之重器。你们参与了大桥的设计、建设、运维，发挥聪明才智，克服了许多世界级难题，集成了世界上最先进的管理技术和经验，保质保量完成了任务，我为你们的成就感到自豪，希望你们重整行装再出发，继续攀登新的高峰"。习近平总书记强调，港珠澳大桥的建设创下了多项世界之最，非常了不起，体现了一个国家逢山开路、遇水架桥的奋斗精神，体现了我国的综合国力、自主创新能力，体现了勇创世界一流的民族志气。这是一座圆梦桥、同心桥、自信桥、复兴桥。大桥建成通车，进一步坚定了我们对中国特色社会主义的道路自信、理论自信、制度自信、文化自信，充分说明社会主义是干出来的，新时代也是干出来的！对港珠澳大桥这样的重大工程，既要高质量建设好，全力打造精品工程、样板工程、平安工程、廉洁工程，又要用好管好大桥，为粤港澳大湾区建设发挥重要作用。港珠澳大桥建成后，珠海到香港的交通时间将由水路1小时、陆路3小时以上，缩短为30分钟左右，港、澳之间也实现陆路连通。

此外，首都地区环线高速公路（G95）北京通州至大兴段、汕昆国家高速公路（G78）广东连平至怀集段、银昆国家高速公路（G85）桃园（川陕界）至巴中段、武深国家高速公路（G0422）广东仁化至博罗段、雅叶国家高速公路（G4218）四川雅安至康定段、都香国家高速公路（G7611）贵州六盘水至威宁段、西藏拉萨至林芝高等级公路以及浙江省三门湾、乐清湾、台州湾跨海大桥等重点项目建成通车。武深国家高速公路全线贯通。其中，银昆国家高速公路（G85）桃园（川陕界）至巴中段控制性工程——米仓山隧道长度超过13.8公里。

云南玉溪至楚雄高速公路、甘肃武都至九寨沟（甘川界）高速公路、安徽合肥至枞阳高速公路、陕西安康至岚皋高速公路、沈海高速公路汕尾陆丰至深圳龙岗段改扩建工程、云南楚雄至大理高速公路扩容工程等国家重点公路建设项目初步设计通过交通运输部审批。

深圳至中山通道、南京长江第五大桥、武汉青山长江公路大桥、四川绵阳至九寨沟高速公路、云南保山至泸水高速公路、贵州都匀至安顺高速公路、京哈高速吉林长春至拉林河段改扩建工程等重点项目顺利推进。津石高速公路河北段、安徽黄山至千岛湖高速公路、湖北赤壁长江公路大桥、重庆高峰至新田高速公路、贵州仁怀至遵义高速公路、四川成都至乐山高速公路扩容工程等一批重点项目开工建设。

推进公路建设转型和高质量发展

为深入贯彻绿色发展理念，进一步推动公路转型升级，交通运输部印发《关于加快推进绿色公路典型示范工程建设的通知》（交办公路函〔2018〕724号），进一步明确公路设计、施工、养护、运营管理不同阶段的绿色发展任务、责任和要求，加快推进绿色公路典型示范工程建设，尽快形成示范效应。

11月上旬，交通运输部公路局在京举办全面推进绿色公路建设培训班，结合典型工程实践经验，在绿色公路建设政策、设计咨询理念等方面，对各地交通运输主管部门、公路建设管理等单位的技术管理负责同志进行培训。

11月底，交通运输部公路局在北京市延庆区召开全国绿色公路和旅游公路建设现场推进会，结合2022年冬奥会重大保障项目——延庆至崇礼高速公路建设成果，组织开展经验交流，研讨下阶段重点任务。

组织重点工程项目竣工验收

【泰州长江公路大桥】9月，交通运输部组织了江苏省泰州长江公路大桥竣工验收。该项目是连接泰州市和扬中市重要的跨江通道工程，路线全长62.088公里，概算总投资约93.7亿元。大桥的建成对进一步完善区域公路网络，促进长江两岸区域均衡发展和沿江开发等，具有积极的作用。跨江主桥采用三塔两跨悬索桥结构方案，技术含量高，建设难度大，是我国大跨径桥梁设计技术和建设管理的重要创新和成功实践，为我国掌握大跨径多主跨悬索桥建造的核心技术、提升我国桥梁建设国际竞争力做出了贡献。

【南京长江第四大桥】9月，交通运输部组织了江苏省南京长江第四大桥竣工验收。南京四桥位于南京二桥下游约10公里处，是南京市又一重要的跨江通道。该项目路线全长28.996公里，概算总投资约76.7亿元。建成后对增进长江两岸经济社会联系、增强南京综合竞争力和辐射带动能力、促进区域经济社会协调发展等具有重要意义。跨江大桥采用双塔双索面三跨悬索桥结构方案，攻克了超大型地连墙基础和沉井基础的设计及施工、复合浇筑式沥青钢桥面铺装等一系列技术难题，为我国大跨径悬索桥的设计和建造积累了宝贵经验。

【山西省灵丘（冀晋界）至山阴公路】5月，交通运输部组织了山西省灵丘（冀晋界）至山阴公路竣工验收。该项目位于山西省大同市和朔州市，是荣成至乌海国家高速公路（G18）的重要组成部分，路线全长153.877公里，概算总投资约87.8亿元，是连通京津冀地区与山西北部、内蒙古中部区域的重要公路干线。

（交通运输部公路局）

水路工程建设

概况

2018年，水路工程建设贯彻落实党中央、国务院关于加大基础设施领域补短板的力度，积极扩大有效投资的决策部署，加快重大项目建设进展。积极采取有效措施，压缩项目审批时间，确保长江干线武汉至安庆段6米水深航道整治工程和长江口南槽航道治理一期工程等重点项目顺利开工建设。贯彻落实长江经济带、长三角区域一体化、粤港澳大湾区等国家战略，加快实施长江干支流航道治理、长三角高等级航道网和西江黄金水道建设，长江干支流高等级航道通航能力进一步提升，内河航道互联互通和区域航道网络化程度进一步提高。坚决打赢脱贫攻坚战，大力推进贫困地区内河水运建设航运项目，进一步提升贫困地区内河水运基础设施供给能力，带动区域经济发展。

水路工程建设投资、资金利用

2018年完成水运建设投资1191亿元，同比减少3.8%。其中，内河建设完成投资628亿元，同比增加10.3%；沿海建设完成投资563亿元，同比减少15.8%。

【内河航道】截至年底，全国内河航道通航里程12.71万公里，比上年增加108公里。等级航道里程6.64万公里，占总里程52.3%，提高0.2个百分点。三级及以上航道里程1.35万公里，占总里程10.6%，提高0.8个百分点。

各等级内河航道通航里程分别为：一级航道1828公里，二级航道3947公里，三级航道7686公里，四级航道10732公里，五级航道7613公里，六级航道17522公里，七级航道17114公里。等外航道里程6.07万公里。

各水系内河航道通航里程分别为：长江水系64848公里，珠江水系16477公里，黄河水系3533公里，黑龙江水系8211公里，京杭运河1438公里，闽江水系1973公里，淮河水系17504公里。

【港口】截至年底，全国港口拥有生产用码头泊位23919个，比上年减少3659个。其中，沿海港口生产用码头泊位5734个，减少96个；内河港口生产用码头泊位18185个，减少3563个。

全国港口拥有万吨级及以上泊位2444个，比上年增加78个。其中，沿海港口万吨级及以上泊位2007个，增加59个；内河港口万吨级及以上泊位437个，增加19个。

全国万吨级及以上泊位中，专业化泊位1297个，比上年增加43个；通用散货泊位531个，增加18个；通用件杂货泊位396个，增加8个。

水路工程建设情况

【内河航道】一是加快推进长江干线航道建设。长江中游鲤鱼山水道航道整治工程、长江中游界牌河段航道整治二期工程、长江中游宜昌至昌门溪河段航道整治一期工程、长江中游赤壁至潘家湾河段燕子窝水道航道整治工程、长江口12.5米深水航道减淤工程南坝田挡沙堤加高工程等项目顺利通过竣工验收。新开工建设长江中游新洲至九江河段航道整治二期工程、长江下游芜裕河段航道整治工程、长江干线武汉至安庆段6米水深航道整治工程和长江南槽航道治理一期工程等项目，有序推进长江上游九龙坡至朝天门河段、长江中游宜昌至昌门溪河段二期、长江中游蕲春水道等项目。

二是有序推进其他航道建设。持续推进内河航道互联互通，岷江犍为航电枢纽工程、江西赣江新干航电枢纽工程、汉江雅口航电枢纽工程、引江济淮航运工程、京杭运河浙江段山东段提等升级工程、芜申运河高溧段航道整治工程等重点项目稳步推进，大芦线航道整治二期工程、平申线航道整治工程、苏南运河（四改三）航道整治工程主体工程已基本建成，长江主要支流航道建设和长江三角洲高等级航道网络化进程提速。积极打造西江黄金水道，有序开展西江航运基础设施建设，西江（界首至肇庆）航道扩能升级工程试运行进展顺利。

【港口】一是持续推进港口公用基础设施建设。唐山港京唐港区25万吨级航道工程、连云港港30万吨级航道二期工程等工程建设稳步推进，天津港大港港区10万吨级航道工程交工验收，宁波舟山港蛇移门航道工程正式建成投入使用。

二是加快推进大型专业化智能化码头建设。福建漳州LNG项目码头工程、珠海港高栏港区北方石油石化码头工程、宁波舟山港穿山港区1号集装箱码头工程等开工建设。湄洲湾港东吴港区罗屿作业区9号和10号泊位工程完工并投入试运行。深圳港盐田港区西作业区集装箱码头工程、宁波舟山港鼠浪湖矿石中转码头工程、烟台港西港区30万吨级原油码头工程、日照港岚山港区30万吨级矿石码头工程等一批重大项目竣工验收并正式投入使用。全自动化集装箱码头建设稳步推进，全球规模最大的全自动化集装箱码头上海国际航运中心洋山深水港区四期工程竣工验收并正式投入使用，唐山港京唐港区三港池通用泊位自动化改造一期工程完工并投入试运行，广州港南沙港区四期工程等自动化集装箱码头开工建设。

水路工程建设相关法规政策

一是加强和规范港口工程建设管理，发布《港口工程建设管理规定》（交通运输部令2018年第2号），自2018年3月1日实施。随着近年来党中央、国务院不断推进行政审批制度改革和深化投融资体制改革，港口工程建设管理面临新的形势和要求，本着实事求是、问题导向的原则，交通运输部对《港口建设管理规定》《港口工程竣工验收办法》有关内容进行了全面梳理，并进一步优化了规章体系结构，将上述两部规章合并为《港口工程建设管理规定》。该《规定》是加强和规范港口工程建设管理，深化交通运输"放管服"改革、落实国家深化投融资体制改革要求的重要举措。

二是加强守信激励和失信惩戒制度建设，印发了《关于界定和激励交通运输公路水路工程建设领域守信典型企业有关事项的通知》，建立了交通运输行业第一个信用"红名单"制度；启动开展首批"红名单"企业筛选工作，公布了2018年水路工程建设领域守信典型企业目录，在行业进一步形成了诚信经营的市场氛围。

三是完善水运工程技术标准，组织开展水运工程重要建设技术标准项目制（修）订工作。完成2018版《水运工程标准体系》发布和解读工作，完成《码头结构设计规范》《海轮航道通航标准》《水运工程环境保护设计规范》等22项行业标准发布工作。组织完成《码头结构施工规范》等4项水运工程标准外文版翻译工作，助力国家"一带一路"建设。持续开展水运工程标准公开工作，已实现全部现行水运工程行业标准互联网及时主动公开并提供免费下载服务，保障标准规范推广应用。

四是鼓励水运工程建设技术创新，提高水运工程施工技术水平，加速创新成果转化应用。组织完成2018年度水运工程工法评审和发布工作，共发布"桩顶支撑步履式平台沉桩施工工法"等水运工程一级工法19项、"高桩码头梁板结构整体装模现浇法修复施工工法"等水运工程二级工法16项。促进水运行业重大技术应用，进一步推进BIM技术在水运工程建设领域应用的标准研究工作，组织完成《水运工程设计信息模型应用标准》《水运工程施工信息模型应用标准》《水运工程信息模型应用统一标准》制定工作。

五是完善岸电法规标准和规划，加快绿色水运发展。落实《大气污染防治法》新改建码头同步建设岸电设施要求。印发《内河码头船舶岸电设施建设技术指南》，组织修订《码头船舶岸电设施建设技术规范》《码头船舶岸电设施检测技术规范》。印发《国内航行海船法定检验技术规则》和《内河船舶法定检验技术规则》的2018年修改通报，提出船舶岸电系统船载装置的检验要求。协调住房城乡建设部发布了国家标准《码头船舶岸电设施工程技术规范》，督促落实《港口岸电布局方案》。截至年底，建成港口岸电设施3700余套，覆盖泊位5200多个。

六是推动LNG在水运行业应用，推广清洁能源使用。出台《水上液化天然气加注站安全监督管理暂行规定》和《内河液化天然气燃料动力船舶安全监督管理规定》。推动住房城乡建设部发布国家标准《船舶液化天然气加注站设计标准》。推动并与财政部、税务总局、工业和信息化部联合印发《关于节能新能源车船享受车船税优惠政策的通知》，将使用纯天然气发动机的船舶作为新能源船，免征车船税。

（交通运输部水运局）

各 地 建 设

北 京 市

住房和城乡建设

概况

2018年，北京市住房和城乡建设领域牢固树立新发展理念，深入落实首都城市战略定位，坚持首善标准，进一步完善租购并举住房制度，加强既有房屋改造管理，应形势变化，持续推进改革创新，大幅优化营商环境，高质量完成建设任务，高标准实现保障目标，行业更好更快发展，企业和群众获得感增强，住房城乡建设事业发展迈上新台阶。

租购并举住房制度更加完善。2018年，北京市坚持"房住不炒"定位，深入贯彻落实房地产调控要求，加强国有土地上住宅拆分管理，遏制炒房、保护刚需。大力增加住房供应，全市住房施工、新开工、竣工面积全面增长，商品住房成交量增价稳。加快发展和规范管理住房租赁市场，多渠道增加租赁房源，加快推进集体土地租赁住房建设，发展租赁型职工集体宿舍，完善住房租赁监管平台功能，以人为本强化租赁赋权，住房租赁交易规模持续增加，租购并举加快推进。继续加大住房保障力度，持续完善审核分配体系，以区为主、因区施策推进配租配售，"人防＋技防"加强公租房使用监管。

房屋改造管理进一步加强。继续推进棚户区改造，严格项目准入，规范项目实施，创新棚改模式，实现成本、规模、风险"三降低"，棚改完成率、群众满意度"双提升"。有序推进老旧小区综合治理，大力推进老楼加装电梯，全年开展100个老旧小区综合整治，加装电梯开工990部，完工投入使用378部。加强直管公房规范管理，积极推动核心区历史文化街区直管公房申请式退租。提升物业管理行业服务水平，推进《北京市物业管理条例》列入立法计划，加强物业服务企业信用信息管理，提高行业诚信经营意识。下大力气拆除违法违规建筑，治理开墙打洞、群租、乱用地下空间等存在安全隐患行为，改善了人居环境，提升了城市面貌。

"放管服"改革持续推进。推动工程建设项目施工许可审批制度改革，审批流程更加优化，审批环节更加精简，审批时限有效压缩，为企业、群众办事提供较大便利。发挥属地管理优势，施工许可审批业务90％下放至区级办理。推出施工许可证电子证照、建设工程企业电子资质证书，实现外省市企业进京备案全程电子化办理。全面推行电子化招投标，制度性交易成本明显降低，全年直接为投标企业降低交易成本约6.9亿元。对非必须招标的社会投资项目直接办理建筑工程施工许可证，推行社会投资建设项目联合验收。优化资质许可流程，开展建筑业企业资质告知承诺审批试点。简化房屋交易流程，缩短购房资格审核时限至1个工作日，取消房源核验和强制存量房资金监管，为当事人提供更加便捷高效的服务。

建筑市场秩序更加规范。加强建筑市场规范引导，完善造价管理政策法规体系，加强评标专家和招标代理机构管理。全面实行以银行保函方式建立工资保证金，进一步预防和治理工程建设领域拖欠农民工工资问题。对企业申请资质、上市、出京承揽业务等加强指导服务，助力企业做大做强、做专做精。推动京津冀建筑市场一体化，在建筑市场监管、计价体系、新型墙体材料发展政策等方面率先实现突破。建筑业平稳有序发展，建设工程质量稳步提升，安全生产形势总体平稳，劳动生产率、百亿元产值死亡率等指标排名位居全国前列。

建筑节能与科技成效显著。混凝土搅拌站绿色生产管理水平显著提升，绿色建材、装配式建筑、绿色建筑、超低能耗建筑、公共建筑节能绿色化改造、绿色农宅、建筑废弃物资源化综合利用等加快发展，全领域全过程绿色化水平不断提高。新发布工程建设地方标准7项，组织完成重点科技成果鉴定项目73项，34个项目立项为北京市BIM应用示范工程，11项北京市建筑业新技术应用示范工程通过验收，107项工法通过北京市工法评审。

法规建设

【推进地方性法规和政府规章立法】 地方性法规方面，《北京市物业管理条例》《北京市租赁管理条例》已由《北京市十五届人大常委会立法规划》列为任期内调研起草，条件成熟时制定、修订的法规。政府规章方面，《北京市城市轨道交通工程质量安全管理办法》已列为市政府2018年立法工作计划中抓紧工作、适时提出项目；《北京市城市公有房屋管理的若干规定》（修订）已列为市政府2018年立法工作计划中抓紧工作、适时提出项目；《北京市造价工程管理办法》立法工作已重新启动。

【组织开展法规、规章及规范性文件清理】 对市住房城乡建设委主责起草的政府规章、以市政府和市政府办公厅名义印发的14部政府规章和40件市政府文件开展全面清理，建议对3部政府规章的个别条款进行修改，建议废止1件市政府文件，简单修改1件；与市规划国土委共同废止了《关于房屋所有权发证有关问题的通知》等34件涉及房屋登记的相关文件；结合优化营商环境工作要求，废止了《关于印发〈北京市建设工程专业与劳务分包承包交易管理规定（试行）〉的通知》等27件文件。

【做好规范性文件制定审查工作】 落实规范性文件起草的公平竞争审查、合法性审查、社会公开征求意见、集体讨论决定、社会稳定风险评估等制度，全年共制发规范性文件26件，均出具合法性审查意见，100%按时向市政府法制办备案，并在市住房城乡建设委门户网站专栏公开。严格按照公平竞争审查机制、审查内容、审查责任进行全面审查，8月16日，市住房城乡建设委接受市公平竞争审查联席会议第一督查组的专项督查，在公平竞争审查制度建立、工作机制运行、文件审查、清理及开展宣传培训等方面均得到督查组的认可。

【落实城市管理执法体制改革】 按照市政府要求，积极推进住房城乡建设领域执法机构整合以及下放行政处罚权工作。2月23日，市编办正式批复组建成立北京市住房和城乡建设执法总队，市住房城乡建设委执法体制改革工作阶段性完成。

【推广实施"双随机"执法】 提升执法信息化建设水平，开发建设北京市住房城乡建设执法平台四期系统，优化执法人员使用功能，提高执法效能。全面清理行政处罚职权，将原市政府法制办、市编办审核通过的584项职权优化为375项，大幅提升了行政处罚职权的准确性。同时，针对调整后的行政处罚职权，优化修订处罚裁量基准。全系统大力推广实施"双随机"执法，完善优化"双随机"执法系统与公示系统，实现"双随机"执法全覆盖。

【健全完善复议诉讼工作体制机制】 建立政府法律顾问考核管理机制，制定《北京市住房和城乡建设委员会法律顾问机构考核办法（试行）》，明确了考核内容、细化了考核指标，进一步规范了法律服务工作管理。编印《住建领域行政复议案件分类指导》手册，通过典型案例点评和以案释法等方式，提高全系统依法行政的能力。

【推行多元调解化解矛盾纠纷】 市住房城乡建设委对房地产市场、建筑市场、物业管理等矛盾集中的领域加大行政调解力度，共组织开展各类行政调解案件11041件，涉案人数21621人，调解成功10068件，已履行6029件，涉及合同金额约1.8540亿元。同时，强化行政复议讼前调解环节，工作人员在复议接待之初就对当事人进行不间断地法律宣贯和耐心说服，使一些行政矛盾在源头上得到化解。

【开展普法主题活动】 市住房城乡建设委抓好"七五"普法工作落实，制定印发了2018年全系统《法治宣传教育工作要点》，围绕委2016—2018年三年法治宣传工作开展情况，形成了"七五"普法中期总结报告，按时报送市司法局和住房城乡建设部。在国家安全日、12.4宪法宣传日等重要时间节点制作宣传展板、宣传彩页等，向社会公众广泛开展普法宣传。发动市区两级住房城乡建设部门参与全市法治文艺大赛，向市司法局报送了7个法治文艺节目，其中市住建委注册中心和门头沟区住房城乡建设委选送的2个节目进入复赛。按照"法律十进"和"以案释法"要求，在执法总队、监督总站等执法组织设立普法阵地，注重收集并公布行政执法典型案例。通过门户网站、政务微博、微信及第三方手机客户端等新媒体平台积极普法，按时向司法局报送市住房城乡建设委普法动态信息。严格落实《北京市行政机关领导干部学法办法》要求，坚持办公会、党组会会前学法制度，年内召开的3次办公会和12次委党组会上，分别学习了2018年《宪法修正案》《监察法》和2018年《行政诉讼法》最新司法解释等法律法规。全系统组织开展了《行政诉讼法》最新司法解释、行政执法、行政复议应诉及公平竞争审查等法制培训，进一步提升了全委、全系统工作人员的法制意识。

房地产业

【房地产开发管理】 截至12月底，全市资质有效期范围内房地产开发企业2501家，其中一级企业

77家、二级企业118家、三级企业86家、四级企业1660家、暂定级企业560家。2018年新设立房地产开发企业210家，注销企业166家。2018年，以2017年45个、建筑规模约655万平方米新拿地项目为发力点，加大推进协调力度，建立了走访企业、赴企业现场办公等机制。各部门开展项目联席协调，进一步优化营商环境，提高服务效率，为项目早日开工建设创造条件。截至12月底，2017年新供地600万平方米商品住房项目实现开工494万平方米，开工率达到74%。全市商品住房及政策性住房建安投资完成1160亿元，为全年指标的111%，圆满完成了市委市政府下达的工作目标。强化配套设施建设管理，做好《关于进一步加强居住项目代征城市道路用地和配套设施建设管理的通知》文件的宣传、贯彻和落实，指导各区住房城乡建设委做好住宅项目《建设方案》备案后逐环节把关工作，确保各项目公共服务设施按《建设方案》确定的内容和时序落地建设。督促开发企业积极与相关行业部门的对接，为顺利编制《建设方案》和确保配套设施顺利建设及移交创造条件。搭建了居住项目《建设方案》信息管理系统，提高配套设施建设管理效率，提升了居住区公共服务设施建设的监管水平。

【完善房地产市场调控措施】 为确保市场运行平稳，查漏补缺，封堵投机型购房，5月25日，发布出台《关于加强限房价项目销售管理的通知》，通过建立二次评估、分类销售、梯级过滤匹配等机制，加强本市"限房价、控地价"项目销售管理，遏制炒房牟利，保护刚需家庭购房需求。5月28日，发布《关于加强国有土地上住宅拆分管理的通知》，从规划、测绘、登记三个方面、五项措施规范住宅拆分管理，遏制住宅拆分炒卖。同时，多渠道增加租赁住房供应。6月15日，发布实施《关于发展租赁型职工集体宿舍的意见（试行）》，多渠道解决城市运行和服务保障行业务工人员住宿问题，促进职住平衡。

【加强房地产市场监管和服务】 2018年，北京市不断完善市场监管，优化营商环境。为进一步方便群众和企业购房，印发《关于进一步优化营商环境简化房屋交易流程的通知》，将购房资格审核时限缩短至1个工作日，取消房源核验和强制存量房资金监管；开发存量房交易网上申报平台，自行成交的购房人可网上申请办理购房资格审核，为交易当事人提供更加便捷高效的服务，切实做到"信息多跑路，群众少跑腿"。保持执法高压严查态势，会同11部门发布《关于开展打击侵害群众利益违法违规行为 治理房地产市场乱象专项行动的通知》，对投机炒房、中介和开发企业违规违法行为、虚假房地产广告等乱象，实施重点打击、联合惩戒，为交易各方营造公平健康的交易环境。全市各级房管部门共检查房地产销售现场763项次，责令改正74起，处罚237起；检查门店6000余家，立案处罚799起，曝光200余家，责令关停门店300余家。

【商品房供应和成交情况】 2018年，北京市商品房共批准预售许可证242个，面积1196.0万平方米，同比增加62.3%。新建房屋成交面积833.2万平方米，同比减少17.0%；成交金额2765.0亿元，同比减少10.5%。其中预售成交面积473.2万平方米，同比减少11.7%；成交金额1826.5亿元，同比减少12.9%；现房成交面积360.0万平方米，同比减少23.1%；成交金额938.4亿元，同比减少5.4%。存量房成交面积1415.4万平方米，同比增加7.3%，成交金额3904.5亿元，同比增加5.9%。其中存量住房成交面积1287.8万平方米，同比增加9.7%，成交金额3704.0亿元，同比增加7.7%。

【加快发展住房租赁市场】 多主体、多渠道增加租赁住房供应，满足多层次租住需求。出台《关于发展租赁型职工集体宿舍的意见（试行）》，通过改建闲置的厂房、写字楼、酒店等，多渠道解决城市运行和服务保障行业务工人员住宿问题。不断完善住房租赁监管平台，2018年底租赁备案量突破100万条，位列全国第一，有效支撑租赁市场监测监管。同时，积极协调多部门打通信息壁垒，开展备案成果共享应用，以人为本强化租赁赋权，平台成功对接积分落户、教育入学、公积金提取等多项政务服务，切实提升在京租房群众的获得感、幸福感、安全感。遏制"炒租牟利"，针对媒体关于个别住房租赁企业哄抬租金抢占房源的报道，集中约谈部分主要住房租赁企业负责人，明确提出"三不得、三严查"予以规范，该举措为稳定住房租赁市场发挥了重要作用，也在全国形成示范效应。全年北京市住房租赁市场累计交易254.2万套次，同比增长3%；全市整租平均租金82.6元/平方米·月、同比上涨9.3%，分租平均租金2573.8元/间·月、同比上涨7.6%。

【加强中介行业管理】 截至12月31日，北京市已备案的房地产经纪机构共有2897家，分支机构共有3976家。已备案的房地产经纪从业人员共有100083人。3月，首次发布《北京市存量房屋出售经纪服务合同》《北京市存量房屋承购经纪服务合同》示范文本，自4月15日起正式推行使用。该合同示范文本明确了房地产经纪服务内容、完成标准、经纪机构与房屋买卖当事人的权利与义务等，进一步规范了房地产经纪行业服务行为。3月，发布《关于加强北京市房地产经纪机构备案及经营场所公示管理的通知》，规范房地产经纪机构管理，提升房地产经纪机构服务水平。9月，印发《关于开展打击侵害群众利益违法违规行为 治理房地产市场乱象专项行动的通知》，依托房地产调控专班成立北京市打击侵害群众利益违法违规行为治理房地产乱象专项行动领导小组，开展综合执法行动，将全市2万余家注册营业范围包括房地产经纪业务的企业全部纳入各区属地监管范围，聚焦炒作"学区房"、垄断房源、哄抬房租、互联网平台发布虚假房源信息、违规宣传商办类项目居住属性、为不符合交易条件的"商改住""隔断房""大棚房""公租房"等提供经纪服务、采取暴力或软暴力侵害承租人利益等违法违规行为，开展了一系列执法行动和专项检查。

住房保障

【搭建人才住房保障体系】 7月17日，印发实施了《关于优化住房支持政策服务保障人才发展的意见》，按照产城融合、职住平衡、以区为主、全市统筹原则，以配租公共租赁住房为主，配售共有产权住房、发放人才租房补贴为辅，尽力而为、量力而行，在人才聚集区域就近筹集居住房源，助力北京全国科创中心建设。

【出台集体土地租赁住房试点建设意见】 6月、8月、12月，先后出台《关于加强北京市集体土地租赁住房试点项目建设管理的暂行意见》《关于进一步加快推进集体土地租赁住房试点项目建设的通知》《关于我市利用集体土地建设租赁住房相关政策的补充意见》，全面加强集体土地租赁住房建设管理，全部项目纳入优化营商环境"多规合一"平台办理，打造国际一流和谐宜居之都精品示范工程。

【完善共有产权住房配套政策】 不断完善共有产权住房定价与评估等实施细则。7月，出台《北京市共有产权住房价格评估技术指引（试行）》，为各区开展价格和份额比例评估工作提供技术支撑，合理确定共有产权住房销售价格和份额比例，确保评估流程科学高效。进一步调整"新北京人"专项分配机制，将京籍与非京籍家庭固定分配比例的做法，调整为由各区结合功能定位、发展方向、申购家庭数量等因素综合确定。

【完善市区保障性住房运营管理组织体系】 打造北京市保障性住房建设投资中心、北投集团市级"双平台"，落实市北投集团土地、资金支持政策，解决市级引进人才住房需求。加快推动区级平台公司组建工作，全市16个区中已有14个区完成区级保障性住房专业运营公司工商登记，推动"全市一盘棋"格局的形成。

【优化政策性住房建设审批制度】 11月14日，出台《关于进一步优化政策性住房项目建设审批制度的意见》，专门建立政策性住房建设审批绿色通道，将审批流程划分为立项用地规划许可、工程建设许可、施工许可、竣工验收四个阶段，各部门并联协调办理。分类简化各类政策性住房审批流程，精简前置条件，推行告知承诺制。

【加强保障性住房品质管理】 加强规划设计方案审查，实施保障性住房装配式建造和全装修成品交房。在通过专家评审的保障性住房项目中，共415万平方米、4.8万套按照最新标准实施装配式建筑；累计超过1500万平方米采用全装修成品交房设计，建设品质不断提升。推动保障性住房全装修成品交房政策落实，推进试错样板间、工艺样板间、成品样板间"三个样板间"，实行"业主预验房"制度，不断提升人民群众获得感。2018年，全市共6个保障性住房项目获中国土木工程詹天佑奖。

【加强保障性住房使用监管】 10月、12月，分别发布《关于严格违规转租转借公共租赁住房家庭资格管理等工作的通知》《关于进一步加强公共租赁住房转租转借行为监督管理工作的通知》，对违规转租转借家庭取消各类保障性住房资格、停止发放租金补贴、退回承租住房并处以罚款，严格落实产权单位管理责任，强化政府部门监管职责，严厉打击中介机构和网络平台违规行为。积极开展后期监管专项检查，对已入住公租房小区、产权单位实现两个"全覆盖"，产权单位建立专项制度并配备管理专员，确保责任到人、管理到位。加大违规家庭公开曝光力度，在官网和安居北京微信公众号公示9户违规家庭基本信息，形成有力震慑。加大各部门联合惩戒力度，会同人民银行营管部研究将违规使用公租房的家庭成员信息纳入失信名单管理。在公租房小区全面推广人脸识别门禁系统等新技术应用，要求将人脸识别与智能门禁结合，新增公租房项目全面安装技防设备，全年共有68个小区完成系统安装。

【保障性住房建设情况】 2018年，全市共建设筹集公共租赁住房项目12个，约1.1万套房源；实现竣工项目9个，约0.6万套房源。经济适用住房实现竣工项目2个，约0.1万套房源。新开工建设共有产权住房（含限价商品房、自住房）项目24个，约3万套房源；实现竣工项目46个，约3.7万套房源。新开工建设定向安置房项目27个，约4.4万套房源；实现竣工项目10个，约1.1万套房源。

【保障性住房审核分配】将保障性住房申请家庭纳入北京市居民经济状况核对中心核对范围，对家庭收入、资产进行核查，变多部门分别提供为一部门整体核对，实现准确性与工作效率双提升。制定公租房分配"月度推进计划"，将任务指标落实到各区、各单位，公租房和共有产权住房由各区组织面向本区户籍和在本区工作的家庭配租配售。推进"互联网＋政务服务"模式，公租房及共有产权住房全面实行网上申请，公租房全面推行"快速配租"和"实时配租"制度。全年分配公租房3.23万套（户），完成目标任务的215%；2015年底前开工的政府投资公共租赁房已分配16.71万套，分配率92.3%。同时，加强公共租赁房按需调换调整，截至年底，共为15对工作地发生变化的承租家庭调换了房源，为517户人口增加的承租家庭调整了房屋，为6组（12户）家庭调整住房，切实满足承租家庭实际生活居住需求。结合北京"四个中心"的功能定位，匹配相关产业需求，多渠道满足新市民住房需求，面向"新北京人"配售共有产权住房6106套。

【推进棚户区改造工作】9月17日，市住房城乡建设委与市重大项目办、市规划国土委联合印发实施《关于进一步完善北京市棚户区改造计划管理工作的意见》，从严规范棚改项目前期审核、规划条件、债务责任、限制纳入、承诺机制、退出机制等流程标准。制定了棚户区改造项目征拆安置补偿方案、资金平衡方案和开发建设方案审核意见，建立起棚改项目准入审核机制。截至12月底，全市累计完成棚户区改造（征收、拆迁、腾退协议签订）34323户，占全年任务（2.36万户）的146%。

【推进老城保护工作】5月，以市政府办公厅名义印发实施《关于加强直管公房管理的意见》，推广以居民自愿申请式退租方式为主的"保障对保障"模式，退租成本有效降低，回归了改善居民居住条件的社会保障性质，实现了与现有保障性住房政策的有效对接。年内集中清理北京市历史遗留的危改项目和长安街沿线滞留项目，老城范围内的项目，原则上转为恢复性修建方式实施，注重传统格局的维护、传统风貌的修复；老城范围外的项目，可转为棚改方式实施，由区政府组织论证，合理把握拆占比、拆建比，严格控制开发强度。望坛、酒仙桥、魏公村等一批老大难项目得到了有效推进。年内全力支持核心区文物腾退，按照"房源专用、精准对接、严控标准"的要求，调配258套安置房支持中轴线申遗，调配300套房源支持西城区文物保护腾退，全部满足太庙、景山等专项腾退房源需求，为老城整体保护奠定良好基础。推进中心区人口疏解安置房建设，在大兴、房山、昌平和顺义四区集中选址建设核心区人口疏解安置房4万套。截至年底，顺义区1万套安置房源已全部开工建设，房山区已开工建设安置房源2000套。

【协调推进"疏解整治促提升"专项行动】2018年，全市老旧小区整治列入"疏整促"专项行动29个项目已完成拆违1.38万平方米，治理开墙打洞70处，治理群租224户，治理地下空间48处，拆除地桩地锁651个；累计完成直管公房清理整治1939户，涉及人口数5279人，其中完成台账内计划任务1412户，完成台账外新增527户，超额完成清理整治任务37.32%，直管公房违规转租转借势头得到有效遏制。

公积金管理

【住房公积金年度归集使用情况】截至2018年底，北京地区建立住房公积金单位22.86万个、职工1063.67万人，当年住房公积金缴存职工新增95.70万人。北京地区当年归集住房公积金1980.10亿元，提取1455.39亿元，净增524.71亿元。累计归集13096.37亿元，提取8852.29亿元，余额4244.08亿元。北京地区当年发放住房公积金个人贷款8.07万笔、金额831.33亿元，回收金额295.23亿元，净增536.10亿元。累计发放住房公积金贷款110.84万笔、金额6358.66亿元，回收金额2322.36亿元，余额4036.30亿元。累计发放政策性贴息1.35万笔，贴息额度49.63亿元。累计发放支持保障性住房建设贷款36笔，金额291.28亿元。

【调整住房公积金缴存上、下限】6月13日，根据市人力社保局、市统计局公布的2018年度北京市职工月平均工资8467元，调整2018住房公积金年度（2018年7月1日至2019年6月30日）住房公积金缴存基数上限为25401元，月缴存额上限为6096元，职工和单位月缴存额上限均为3048元，同时明确缴存基数超上限的单位应予以规范。缴存基数下限按北京市最低工资标准执行，由2000元调整为2120元；下岗、内退等类似情况职工缴存基数下限按北京市基本生活费标准执行，由1400元调整为1484元。

【坚持"房住不炒"定位，调整贷款政策】 9月13日，管理中心发布《关于调整住房公积金个人住房贷款政策的通知》，规定9月17日起，调整首套房认定方式，对住房公积金个人住房贷款实行"认房、又认贷"；调整贷款额度计算方式，实行贷款额度与借款申请人住房公积金的缴存年限挂钩；调整最高贷款额度，对城区京籍人员购买郊区首套住房给予一定的额度上浮，二套房最高贷款额度由80万元下调为60万元；调整首付款比例，按照购买住房性质、首套或二套房屋等标准实行不同首付款比例；调整最长贷款年限，借款申请人的贷款期限最长可以计算到借款申请人法定退休年龄后5年，原则上最高不得超过65周岁；调整月还款额计算方法，在保证借款申请人基本生活费用前提下，按等额本息还款法计算的月均还款额不超过借款申请人月收入的60%；调整担保方式，对二手房贷款由担保中心担保调整为抵押登记后放款，对购买期房贷款由开发企业提供阶段性担保，开发企业不能提供阶段性担保的，仍执行原担保方式。

【多措施提高服务水平】 为优化营商环境，管理中心多措施提高服务水平。一是阶段性适当降低住房公积金缴存比例。4月23日起，明确企业缴存住房公积金的比例为5%～12%，由企业在上述范围自行选择，不再要求缴存比例低于12%的要经职代会、工会或全体职工表决。2018年，共有17587个单位按5%～11%比例缴存住房公积金，占缴存单位总数的7.7%；涉及缴存职工27.8万多人，占缴存人总数的2.6%。二是多渠道方便单位缴存住房公积金。1月15日，明确将住房公积金单位登记纳入北京市"多证合一"登记制度改革，2017年12月28日之后（含）在北京市工商行政管理局新注册的企业，工商登记机关在核发加载统一社会信用代码营业执照的同时完成住房公积金单位登记手续。8月31日起，新登记注册企业可通过北京市社会保险网上服务平台系统，在办理社保登记开户时，同时完成住房公积金登记开户。三是大力推行网上业务。9月17日，实现住房公积金单位登记开户等缴存业务全程网上办；12月28日，对梳理确定公共服务的21个办事项、49个可以在网上受理的办理项，全部实现网上申请和网上全程办理，其中住房公积金单位登记开户等17项可在网上全程办结。四是减证便民，取消办事材料，优化办事流程。4月13日起，取消了"解除劳动关系证明"等10项办事证明；5月7日，取消了18种住房公积金业务表证单书，优化了18种；5月9日，取消了12种二类四金业务表证单书，优化了26种；5月15日起，全面取消办理住房公积金业务时要求当事人提供身份证复印件的规定。五是切实改善办事大厅服务。5月7日，提出实行首问负责制和一次性办结制度等13项措施。六是加强对银行服务考核。9月13日，明确受托银行办理住房公积金归集业务种类，自2017年7月1日起按季支付受托银行归集手续费，明确具体考核标准。

城市建设

【全市新开工情况】 2018年，全市共办理施工许可2361项，其中房屋建设工程共894项，总规模为5021.7万平方米（同比增长71.9%），合同价款3346.52亿元。市政基础设施工程共215项，合同价款112.32亿元（同比增长25.03%）。装饰改造工程共1252项，总规模为899.21万平方米（同比下降5.67%），合同价款166.69亿元。全市办理施工许可的房屋建设工程中，住宅项目共359项，建筑面积2975.89万平方米，比上年大幅度增长，同比上涨118.96%。其中商品住宅1417.34万平方米，同比上涨84.33%；其他类住宅（定向安置房、自住商品房、限价商品房、公租房、经济适用房、职工自住房）1558.54万平方米，同比上涨160.08%。

【重大项目完工27项】 2018年，北京市共确定276项重点建设项目，其中续建项目162项，计划新开工项目114项，力争竣工项目43项，总投资约1.3万亿元，2018年计划建安投资1210亿元。2018年新开工84项，完工27项。完成建安投资1327.7亿元，完成年度计划109.7%。2018年重点建设项目圆满完成建安投资任务，基础设施建设整体推进顺利，城市能源、资源、环境等基础设施建设成效明显，城市副中心项目建设全面提速，教育、医疗资源疏解促提升取得了显著进展。

【京秦高速公路竣工】 工程位于通州区宋庄镇，道路设计起点位于东六环，终点为北京市界，与河北段京秦高速相接，道路全长6294米。项目设计为六车道高速公路，设计速度120千米/小时，红线宽度80米，路基宽度34.5米。施工主要内容包括路基、路面、桥梁工程、防护排水等。工程造价13.23亿元。2016年9月开工，2018年7月31日竣工。北京市首发高速公路建设管理有限责任公司建设，北京国道通公路设计研究院股份有限公司设计，北京市道路工程质量监督站、北京市高速公路监理有限公司监理，北京市政路桥股份有限公司施工。

【兴延高速】 工程位于昌平区、延庆区，西六环至京藏高速营城子立交收费站以北。为高速公路，全长约42.16公里。工程总投资1309598万元，2015年10月开工，2018年6月竣工。北京兴延高速公路有限公司建设，北京市政工程设计研究总院有限公司设计，中铁十二局集团有限公司、中铁十四局集团有限公司施工，北京京博通工程项目管理有限公司、北京逸群工程咨询有限公司监理。

【首都地区环线高速（通州—大兴段）】工程位于通州区、大兴区，为高速公路，全长约38.2公里。工程总投资1216211万元，2016年12月开工，2018年6月竣工。北京首都环线高速公路有限公司建设，北京市政工程设计研究总院有限公司设计，中交第一公路工程局有限公司、中交路桥建设有限公司施工，北京京博通工程咨询有限公司及北京天智恒业科技发展有限公司联合体、北京正宏监理咨询有限公司监理。

【北辛安路（长安街西延—阜石路）道路工程】工程位于石景山区，起点与长安街西延相交，终点与阜石路辅路相连接，全长2.143公里。设计等级为城市主干路，红线宽度为60~80m，设计时速为60千米/小时。施工内容包括道路拓宽（原7~10米单幅路拓宽至三幅路并增加辅路），新建路面结构9.6万平方米，新建4.2公里雨水管道，配套污水等专业工程。工程造价8902万元。2015年11月1日开工，2018年12月25日竣工。北京市公联公路联络线有限责任公司建设。北京国道通公路设计研究院设计，北京市市政四建设工程有限责任公司施工，北京致远工程建设监理有限责任公司监理。

【地铁6号线西延运营通车】工程起点位于首钢旧址厂区，向东沿金顶南路、苹果园南路、田村路，至五路居与既有地铁6号线相连，跨越石景山和海淀两个行政区，是6号线一期、二期向西的延伸段。全长10.6公里，共设6座车站，其中海淀区约6公里，设2座车站，分别为廖公庄站、田村站，其中田村站与未来的M3线换乘，最高运行速度100千米/小时。2013年12月开工，2018年12月31日正式通车运营。北京市轨道交通建设管理有限公司第四项目管理中心建设，中铁隧道勘测设计院有限公司设计，中铁三局集团有限公司、北京住总集团有限责任公司、北京建工集团有限责任公司施工，中咨工程建设监理公司监理。

【2018年煤改清洁能源配套燃气管线项目】工程位于平谷区、延庆区、昌平区，管线总长705公里（含村内低压线），建设调压站箱92座。工程总投资6亿元，2018年8月开工，2018年11月竣工。北京市燃气集团有限责任公司、北京燃气平谷公司、北京燃气延庆公司、北京燃气昌平公司建设，北京市煤气热力工程设计院有限公司、北京优奈特燃气工程技术有限公司等设计，北京市隆城市政工程有限公司等施工，北京市公用工程设计监理有限公司等监理。

【新机场供水干线工程】工程位于北京市大兴区，管线北起西红门西环路，向东敷设穿越京开高速后，沿京开高速东辅路向南敷设至规划永兴河北路，再向东敷设至规划新机场高速，经新机场高速管廊接入新机场北红线。新建直径1200毫米供水管线全长约37公里。2017年9月开工，2018年12月工程竣工，具备通水条件。北京市自来水集团有限责任公司建设，北京市市政工程设计研究总院有限公司设计，北京市自来水集团禹通市政工程有限公司、北京城建道桥建设集团有限公司、北京翔鲲水务建设有限公司施工，北京鸿祥工程建设监理有限责任公司、北京致远工程建设监理有限责任公司监理。

【世园会园区内外地下综合管廊】工程位于延庆区世园会园区内、延康路、百康路，地下综合管廊全长约7.2公里。工程总投资93000万元，2017年2月开工，2018年12月竣工。北京世界园艺博览会事务协调局建设，北京市市政工程设计研究总院公司设计，北京市政路桥股份有限公司施工，中咨工程建设监理公司、北京逸群监理公司监理。

【马官营公交中心站改造工程】工程位于丰台区，对现状公交中心站进行立体化改造，建设规模约3.9万平方米，新建公交立体停车楼一座。工程总投资32151万元，2016年7月开工，2018年12月竣工。北京公共交通控股（集团）有限公司建设，北京城建设计发展集团有限公司设计，河北建设集团有限公司施工，北京中城建建设监理有限公司监理。

【阿苏卫循环经济园】工程位于昌平区百善镇与小汤山镇交界处，建设内容为日处理规模3000吨生活垃圾焚烧发电厂，日处理1200吨残渣填埋场，日处理850吨渗沥液处理站，日处理3000吨陈腐垃圾筛分厂，附属生产和综合管理设施等。工程总投资315000万元，2015年5月开工建设，2018年12月核心垃圾处理工艺设施已基本建设完成，焚烧厂剩余部分尾工，进行调试、试运行工作。北京华源惠众环保科技有限公司建设，中国航空规划设计研究总院有限公司、北京市市政工程设计研究总院有限公司设计，北京城建十建设工程有限公司、北京城建二建设工程有限公司施工，北京华建项目管理有限公司、北京中建协工程咨询有限公司等监理。

【密云区垃圾综合处理中心】工程位于密云区巨

各庄镇水峪南山，建设内容包括焚烧厂、卫生填埋场、粪便及餐厨垃圾处理厂、污水处理厂、管理区、环保教育展示区及相关配套设施。设计处理能力为日焚烧生活垃圾600吨、污水600吨、粪便300吨、餐厨垃圾30吨。工程总投资124564万元，2016年7月开工，2018年12月主体竣工。密云区市政市容委建设，中国城市建设研究院有限公司设计，北京城建六建设集团有限公司施工，北京五环国际工程管理有限公司监理。

【草桥有机质生态处理中心升级改造项目】工程位于丰台区草桥赵村店，建设内容为有机质生态处理车间以及配套锅炉、门房等。工程总投资11611万元，2018年5月开工，2018年底竣工。北京环境卫生工程集团有限公司建设，中国城市建设研究院有限公司设计，北京市第三建筑工程有限公司施工，北京中集大房建设监理有限公司监理。

【小汤山镇再生水厂一期工程竣工】工程位于昌平区小汤山镇，现状赴沟路以东，北六环以北。水厂规划一期占地6.19公顷。采用多段式"A20＋膜过滤＋臭氧脱色＋消毒"工艺。设计出水水质达到《城镇污水处理厂水污染物排放标准》DB11/890—2012规定的新（改、扩）建城镇污水处理设施基本控制项目排放限值B标准，同时满足《城市污水再生利用景观环境用水水质》《城市污水再生利用城市杂用水水质》GB/T 18920—2002标准。工程造价2.749亿元。2015年7月7日开工，2018年7月31日竣工。北京市昌平区水务局、中节能燕龙（北京）水务有限公司建设，北京市市政工程设计研究总院有限公司设计，北京市市政四建设工程有限责任公司施工，甘肃蓝野建设监理有限公司监理。

【北京城市副中心行政办公区B1、B2工程】工程位于通州区潞城镇东夏园地铁站西北侧，建筑面积170837平方米。地下2层，地上7层。其中B1号楼占地面积23150平方米，建筑面积83982平方米；B2号楼占地面积24424平方米，建筑面积86855平方米。地下2层均为地下车库，建筑面积约37500平方米。地下为混凝土框架结构，地上为钢结构。合同额94000万元。2016年7月28日开工，2018年4月28日竣工。北京城市副中心行政办公区工程建设办公室建设，中国建筑设计研究院有限公司设计，中建一局集团第二建筑有限公司施工，北京帕克国际工程咨询股份有限公司监理。

【北京城市副中心行政办公区A2工程】工程位于通州区潞城镇郝家府北侧，包括1号办公主楼，2号西北配楼，3号西南配楼，4号东北配楼，5号东南配楼，6号会议楼，D号地下车库及其他地面构筑设施，建筑面积29.1万平方米。其中，1号办公主楼地上10层，局部3层；2~5号配楼地上7层，局部6层；6号会议楼地上3层；D号地下车库地下2层。框架剪力墙结构，工程总投资251300万元。2016年7月1日开工，2018年5月29日竣工。北京城市副中心行政办公区工程建设办公室建设，中国建筑设计研究院有限公司设计，北京建工集团有限责任公司施工，北京华城建设监理有限责任公司监理。

【北京城市副中心机关办公区工程B3号楼】工程位于通州区东南部潞城镇，建筑面积9万平方米，地下2层、地上7层。钢结构、框架剪力墙结构，工程总投资46270万元。2016年6月1日开工，2018年8月31日竣工。北京城市副中心行政办公区工程建设办公室建设，北京市弘都城市规划建筑设计院设计，北京建工集团有限责任公司施工，泛华建设集团有限公司监理。

【昌平区回龙观西城区旧城保护定向安置房配套养老院项目】工程位于昌平区回龙观镇，建设规模约4990平方米，建设内容为养老服务用房。工程总投资4645.27万元，2017年8月开工，2018年9月竣工。北京市西城区政府建设，中国中元国际工程有限公司设计，北京城乡建设集团有限责任公司施工，北京帕克国际工程咨询股份有限公司监理。

【德胜门对景仿古建筑工程】工程位于西城区德胜门，建设规模约1.92万平方米，建设内容包括老北京文化展览馆、水土保持管理站及社区文化活动中心。工程总投资22916.04万元，2016年3月开工，2018年10月竣工。北京市区园林市政工程管理中心建设，北京房地中天建筑设计研究院有限责任公司设计，北京首华建设经营有限公司施工，北京帕克国际工程咨询股份有限公司监理。

【北京五中通州校区】工程位于通州区通州新城，建设规模约7万平方米，建设内容为教学及辅助用房。工程总投资31794万元，2016年8月开工，2018年8月竣工。通州区教委建设，华诚博远（北京）建筑规划设计有限公司设计，中建二局第三建筑工程有限公司施工，北京兴电国际工程管理有限公司监理。

【中关村电子城国际电子总部项目】工程位于朝阳区酒仙桥路与万红路交叉路口东侧，包括1~3号办公楼和地下车库，建筑面积10.3万平方米。其中，1~3号办公楼地上15层，地下车库地下4层。框架剪力墙结构，工程总投资45969万元。2016年3

月1日开工，2018年12月29日竣工。北京电子城有限责任公司建设，北京构易建筑设计有限公司设计，北京市第三建筑工程有限公司施工，北京京龙工程项目管理公司监理。

【新能源汽车创新科技中心】工程位于北京经济技术开发区东环中路，建设规模约16万平方米，建设内容为验证中心、科研开发中心、营销中心、体验中心等。工程总投资187000万元，2018年2月开工，2018年12月竣工。北京新能源汽车股份有限公司建设，北京市工业设计院设计，北京城建一建设发展有限公司施工，北京京龙项目管理公司监理。

【北京保险产业园"637＋641"地块项目】工程位于石景山区实兴北街，建设内容为保险产业园区，建设规模约18.7万平方米。工程总投资250767万元，2017年8月开工，2018年12月竣工。北京京石科园置业发展有限公司建设，中国建筑设计研究院有限公司设计，北京市石景山建筑公司施工，北京市双利工程建设监理有限责任公司监理。

【北京市档案馆新馆建设工程竣工】工程位于朝阳区广渠路，由1个单体工程组成，总建筑面积114988平方米，地上87595平方米、地下27393平方米。地下2层、地上9～11层，框架剪力墙结构，工程总造价59356万元。2014年4月18日开工，2018年12月28日竣工。北京市档案局建设，北京市建筑设计研究院有限公司设计，北京住总集团有限公司施工，北京双圆工程咨询监理有限公司监理。

标准定额

【新增工程建设地方标准7项】2018年，北京市新发布工程建设地方标准7项，分别是《盾构始发与接收切割玻璃纤维筋混凝土围护结构技术规程》DB11/T 1506—2017、《多层建筑单排配筋混凝土剪力墙结构技术规程》DB11/T 1507—2017、《非固化橡胶沥青防水涂料施工技术规程》DB11/T 1508—2017、《居住建筑室内装配式装修工程技术规程》DB11/T 1553—2018、《居住建筑新风系统技术规程》DB11/T 1525—2018、《地下连续墙施工技术规程》DB11/T 1526—2018、《预拌砂浆单位产品综合能源消耗限额》DB11/T 1527—2018。

【开展行业及地方标准宣贯工作】9月，发布2018年度标准宣贯计划。全年完成《预拌混凝土质量管理规程》《预拌盾构注浆料应用技术规程》《预拌喷射混凝土应用技术规程》《建筑雨水利用工程应用技术规范》《投标施工组织设计编制规程》《绿色施工管理规程》《民用建筑信息模型深化设计建模细度标准》《住宅工程质量保修规程》《建筑工程组合铝合金模板施工技术规范》《居住建筑室内装配式装修工程技术规程》等10项行业标准和地方标准的宣贯工作，来自北京市建设领域开发、设计、施工、监理、工程质量监督、科研院所等方面的共3000余人参加了宣贯。

【编制完成工期定额】为适应建筑市场发展，引导市场主体科学合理地确定建设工程和房屋修缮工程的工期，12月，编制发布了2018年《北京市建设工程工期定额》和2018年《北京市房屋修缮工程工期定额》，自2019年3月1日起执行。此次修编顺应了建筑业转型升级要求，从提升其适应性和科学性入手，进一步完善了工期定额项目划分、计算规则等，重点补充了装配式混凝土结构、综合管廊及设备安装工程的工期测定，提高了工期定额整体水平。改变设定压缩工期上限和赶工措施费固定费率计算的做法，实行赶工措施增加费用"下限管理"原则，鼓励企业通过技术创新、优化管理等手段合理确定项目工期，并按市场化原则，在不低于基本费用的基础上，自主测算确定赶工措施增加费用，适度提高压缩定额工期不同幅度区间赶工措施增加费基本费率的梯度，引导市场规范压缩定额工期的行为。

【调整计价依据增值税税率】根据《财政部税务总局关于调整增值税税率的通知》和《住房城乡建设部办公厅关于调整建设工程计价依据增值税税率的通知》精神，4月，发布了《关于调整北京市建设工程计价依据增值税税率的通知》。该通知的发布，为建设工程计价税率由11％调为10％提供了支撑。

【开展最高投标限价抽查】坚持为工程质量和安全提供基础性保障的原则，立足招标投标电子化平台，推进"双随机一公开"最高投标限价抽查信息化建设，进一步扩大抽查工作覆盖面。按照"双随机一公开"监管模式，加强造价咨询企业事中、事后监管，全年双随机抽查共计31个项目的最高投标限价，并依法对招标控制价编制中存在违规行为的5家造价咨询企业及其注册造价工程师进行了行政处理，有效遏制了恶意压低最高投标限价等违法违规行为，推动北京市造价咨询行业和招标投标市场良性健康发展。

【加强造价咨询企业监管】为加强对北京市造价咨询企业的日常监督管理，对申请资质手续的195家工程造价咨询企业进行了现场核查；对135家造价咨询企业进行了专项执法检查；完成2017年度北京市工程造价咨询企业统计工作。

【完成典型工程造价指标分析】为推进北京市老

旧住房功能改善,深入调研东城区、西城区、朝阳区、海淀区、丰台区、石景山区和大兴区老旧小区加装电梯项目,采集老旧小区加装电梯结算工程成果资料,分析汇总并形成造价指标测算报告,为相关部门提供决策参考。完成装配式及绿色建筑工程及专业工程造价数据的收集整理。在市住房城乡建设委网站定期发布《北京市老旧小区综合改造技术经济指标》动态造价指数,为企业提供便捷服务。

【编辑发布工程造价信息】梳理造价信息发布内容,提升造价信息市场贴合度。开辟了市场和厂家参考信息价专栏,助力绿色建筑标准推广应用。在市住房城乡建设委网站发布《北京工程造价信息》12期(包括含税价版和除税价版),覆盖建筑、安装、市政、古建、园林绿化工程等专业,内容包括人工、建筑产品及设备市场信息价格,以及机械、模板和脚手架等市场租赁价格信息。新增装配式构件、砂基透水砖、砂浆、电缆、防水、散热器等材料价格信息2291条,完善抗震支吊架等材料规格型号114条。为促进绿色建材应用和推广,依据住房城乡建设部《海绵城市建设先进适用技术与产品目录》、北京市《绿色建筑适用技术推广目录》等,在厂家参考信息价专栏新增蜂窝骨刺板、生态多孔纤维棉等10条参考价格。

【做好计价依据咨询解释和争议调解工作】每周三、五进行义务咨询服务,接待来访单位2024家,人员2997人次,解答问题3734个,涉及工程项目1032个;坚持为重点工程建设、难点结算纠纷等提供专项预约咨询调解服务,开展预约造价咨询12项;积极推动电话、互联网答疑解惑,通过热线咨询电话解答问题6444个,通过市住房城乡建设委网站专栏网络平台为企业"答疑解惑"15次共27个咨询问题;统计分析造价咨询相关数据,对日常造价咨询解释涉及的问题进行分类汇总和分析,针对社会关注的共性问题发布《计价依据解读7~11》,并在市住房城乡建设委网站进行公布。

【推进京津冀计价体系一体化】基本完成京津冀定额编制试点——《京津冀城市地下综合管廊预算消耗量定额》的编制工作;实现了京津冀工程造价信息同步、同载体共享按月发布;初步研究并制定了《京津冀地区工程造价信息一体化方案》《京津冀地区建设工程定额体系》,力求满足工程建设从投资估算、设计概算、施工预算至修缮及改造等全过程管理需求。

工程质量安全监督

【安全生产形势平稳可控】2018年,北京市积极推进施工安全风险管控,发布技术指南和判定导则,明确施工安全风险管控职责,系统开展施工安全风险识别,进行施工安全风险评估,实施施工安全风险管控;同时,加强隐患排查治理,出台《北京市房屋建筑和市政基础设施工程重大生产安全事故隐患判定导则》为重大生产安全事故判定提供依据,加强事故隐患管理,细化事故隐患条目,引导和规范隐患排查工作,初步建立了建设工程施工安全风险分级管控和隐患排查治理双重预防机制,施工安全整体预控能力和水平有效提升。2018年,全年安全生产形势总体平稳,未发生较大及以上事故,施工现场危大工程安全管理情况良好。建筑施工企业积极开展创建绿色安全工地活动,涌现出一批建设标准高、设备设施先进、安全管理规范的工程项目,达到了绿色安全工地标准。250项工程被评为"2018年度北京市绿色安全工地",131项工程被评为"2018年度北京市绿色安全样板工地"。全市建设系统发生生产安全事故22起、死亡23人,较上年均有所增加;百亿元产值死亡率为0.21人/百亿元,比上年增加0.07人/百亿元。

【工程质量稳步提升】2018年,全市建设工程质量继续稳步提升,涌现出一大批精品工程,29个建筑工程项目获得国家级大奖。其中,鲁班奖9项,国家优质工程奖12项,詹天佑奖8项。北京大兴国际机场航站楼主体工程基本完工,城市副中心行政办公区一期工程竣工,冬奥会、世园会、环球主题公园、中国尊等重点工程建设顺利推进,质量总体受控。治理体系和治理能力现代化是全面深化改革的重要目标,也是提升建设工程质量的必然要求。2018年,通过完善质量管理法规体系,进一步强化落实建设单位质量责任,推进住宅工程质量保险制度建设,明确房屋建筑质量保修事宜,引导企业健全质量管理标准化体系等一系列举措,工程质量治理体系进一步完善。在预拌混凝土生产、施工技术、冬期施工、装配式建筑、无梁楼盖结构施工、住宅工程、重点工程等诸多方面加强质量监管,工程质量治理水平向现代化目标迈进。

建筑市场

【加强招标投标管理】自2017年7月1日起,北京市建设工程全面推行电子化招标投标,2018年进一步提高电子平台的便捷性与智能性,市区两级全过程电子化招投标工作统筹推进,实施一年多来取得明显成效。推进招标投标简政放权,深化监理项目招标投标改革,明确监理服务不在必须招标范围内的，建设单位可自主决定监理发包方式，同时简化监理招标投标手续，依法必须履行监理招标投标的项目，将有关文件备案全部简化为告知性备案；取消建设项目施工合同备案，优化简化社会投资和国有投资房屋建筑工程招标投标，进一步优化营商环境。加强评标专家和招标代理机构管理，印发《北京市建设工程评标专家动态监督管理办法》《北京市建设工程招标代理机构管理办法（试行）》，招标投标市场秩序得到有效规范。2018年，完成施工总承包交易2084项，交易额2665.13亿元；监理服务交易1269项，交易额33.97亿元；专业承包、专业分包、货物招标交易1179项，交易额178.29亿元。

【推进建筑市场诚信体系建设】研究制定《北京市建筑市场主体"黑名单"管理暂行办法》，开发建设黑名单管理系统。加快联合奖惩措施落地，完成相关系统对接和信息共享，签订联合奖惩合作备忘录。对进入建设工程交易市场的企业依据信用评价情况实行差异化管理，交易评价良好的实行优先办理、降低系统审查等级，交易评价较差的实行提高系统审查等级、公布不良交易行为等措施，发挥市场规则导向和诚信导向的约束作用。施行工程造价咨询企业市场行为信用评价，发布《北京市工程造价咨询企业及其注册造价工程师市场行为信用评价管理暂行办法》，公开发布企业信用评价结果，造价咨询企业事中事后监管步入常态化。加强外地进京企业的信用管理，对存在严重失信行为记录的进京企业，暂停办理进京备案。对在京劳务企业施工队长的备案业绩、获奖情况以及违法违规行为记分情况进行公开发布，供劳务作业发包方选择劳务队伍、劳务企业聘任施工队长时予以参考，发挥对施工队长的守信激励和失信惩戒作用。

【推动京津冀建筑市场一体化】积极响应京津冀协同发展重大国家战略，大力推进建筑市场监管、计价体系、新型墙体材料发展政策等方面的一体化，破除制度藩篱。在市场监管一体化方面，三地建设主管部门积极协作，认真听取企业意见，针对存在问题提出措施建议，逐步清除不利于企业在三地建筑市场自由流动、自主经营的制度性障碍。在工程计价方面，按照统一消耗量标准、统一费用项目组成、统一计算方法和计价程序的"三统一"原则，编制京津冀首部一体化计价依据——《京津冀城市地下综合管廊预算消耗量定额》，实现京津冀工程造价信息同步、同载体共享按月发布；研究确定了《京津冀地区工程造价信息一体化方案》《京津冀地区建设工程定额体系》。在新型墙体材料发展政策方面，形成《京津冀新型墙体材料目录》《京津冀蒙墙体材料信用信息平台框架》《京津冀墙体材料产业协同监管和联合惩戒合作备忘录》等成果。

【废除施工合同备案】10月12日，为贯彻落实《国务院办公厅关于开展工程建设项目审批制度改革试点的通知》（国办发〔2018〕33号）关于"取消施工合同备案"的工作要求，印发《关于停止监督检查施工合同备案情况的通知》（京建发〔2018〕476号），市、区住房城乡建设委在建筑市场行为执法时，对在8月1日后订立的施工合同（包括施工总承包、专业承包、专业分包合同），不再将其是否备案作为检查和记分内容。

【修订完善法规政策】修订《关于进一步规范北京市房屋建筑和市政基础设施工程施工发包承包活动的通知》（京建发〔2011〕130号）；对住房城乡建设部起草的《建筑工人实名制管理办法》研提意见，配合市人力社保局制定《北京市保障农民工工资支付工作考核办法》《北京市工程建设领域农民工工资保证金管理办法》《北京市工程建设领域拖欠农民工工资不良信用信息管理办法》；配合市经信委发布《关于做好2018年减轻企业负担工作的通知》（京经信委函〔2018〕170号）；配合市财政局、市发展改革委发布《关于开展政府欠款及清偿情况统计工作的通知》（京财经二〔2018〕857号）。

【研究制定市场准入负面清单】为贯彻党的十九大关于"全面实施市场准入负面清单制度，清理废除妨碍统一市场和公平竞争的各种规定和做法"的要求，落实国务院以及市委市政府关于优化营商环境的工作部署，市住房城乡建设委于2017年11月启动了"健全市场准入负面清单，探索建立区域或行业市场准入负面清单"的研究工作。2018年5月，在汇集委内涉及行政审批事项的22家处室和单位的意见后，与市发展改革委沟通，上报了27项市场准入事项。

【牵头做好降低企业经营成本和负担工作】开展建筑企业四类保证金摸底工作。第一季度，北京市对保留的投标保证金、履约保证金、工程质量保证金、农民工工资保证金缴纳情况和推行银行保函情况进行了摸底统计。根据各区住房城乡建设委和各集团总公司上报的数据统计，注册在北京市的施工总承包企业（不含中建、中铁等中央在京企业）2018年在全国各地缴纳的四类保证金共计约215.42亿元，其中以保函形式缴纳约76.40亿元，保函缴纳比例为35.47%。

【巩固涉企保证金清理规范成果】 6月11日，市住房城乡建设委配合市经信委发布《关于做好2018年减轻企业负担工作的通知》（京经信委函〔2018〕170号）。7月31日，牵头制发了《关于填报北京市工程建设领域保证金情况的通知》（京住建函〔2018〕729号），并同步开发了持续填报系统。

【开展政府欠款及清偿情况统计工作】 4月25日，市住房城乡建设委配合市财政局、市发展改革委发布了《关于开展政府欠款及清偿情况统计工作的通知》（京财经二〔2018〕857号）。

【实行招标代理机构信息报送制度】 为落实《住房城乡建设部办公厅关于取消工程建设项目招标代理机构资格认定加强事中事后监管的通知》（建办市〔2017〕77号）、《关于报送建筑市场主体黑名单和工程建设项目招标代理机构信息的通知》要求，市住房城乡建设委开发了工程建设项目招标代理机构信息填报系统，并于4月27日印发《北京市住房和城乡建设委员会关于工程建设项目招标代理机构信息报送工作的通知》（京建发〔2018〕197号）。现已完成300余家招标代理机构的信息填报工作，并推送到全国建筑市场监管公共服务平台。

【加快行业信用体系建设】 按照市经信委的相关要求，市住房城乡建设委及时改进行政许可和行政处罚信息"双公示"工作，做好迎接本年度第三方评估工作。同时，对"双公示"中发现的一些重点问题，积极与市经信委联系沟通。

【推行信用承诺制度】 在企业资质许可、外省市建筑业企业进京备案、社会投资项目自主发包、二级注册建造师继续教育等方面全面铺开信用承诺制度。10月18日，与市规划自然委、市经信委联合印发《北京市工程建设领域审批承诺制失信行为惩戒管理办法（试行）》的通知（市规划国土发〔2018〕350号），建立工程建设领域审批承诺制失信行为惩戒制度。

【实施建筑市场诚信评价】 对建筑业企业和注册执业人员开展信用评价。截至年底，共有5387家施工总承包企业、468家监理企业、81家质量检测机构，以及108526名注册建造师、11440名注册监理工程师实行了评价。同时，升级"北京市建筑市场监管系统"为"北京市建筑市场监管服务系统"，更加突出服务功能。利用现有行政业务数据，创造市场健康指标等公共服务产品，目前系统已经初步验收。此外，研究制定《北京市建筑市场主体"黑名单"管理暂行办法》，目前已经成文并经多次内部研讨，相应的黑名单管理系统已经初步验收，预计明年初开始实施。

【加快联合奖惩措施落地】 根据市经信委要求，市住房城乡建设委完成了与市经信委联合奖惩系统嵌入式对接的上报工作。其中，联合惩戒对象信息与业务系统嵌入式对接开始启动，计划配合审批前承诺，对不符合承诺条件的实施惩戒。配合市发改委等有关委办局签订联合奖惩合作备忘录，牵头制定《房地产领域失信人联合惩戒合作备忘录》。此外，对住房城乡建设部《住房城乡建设领域守信联合激励对象名单管理暂行办法》和《住房城乡建设领域失信联合惩戒对象名单管理暂行办法》提出了修改意见。

【加强事中事后监管开展建筑市场专项执法】 5月，参与市发展改革委牵头的关于全年从严治党突出问题专项整治监督检查工作，对市文化局、北京首都开发控股（集团）有限公司招标投标管理问题进行专项检查。5月、11月，按照执法计划，对北京市企业外埠工程进行执法检查。7—10月，开展轨道交通工程市场行为专项执法检查。11月，开展工程造价咨询企业专项执法检查。11月，开展新机场工程市场行为专项执法检查。

【处理建筑市场违法违规案件】 牵头协调处理完成北京市审计局移送的大牛坊中街等道路工程虚假招标的案件。牵头协调处理完成东城区人民法院关于安徽和县建总建筑劳务有限公司的案件。落实市住房城乡建设委第一例暂停信用标的处理，对107厂房工程实施了暂不进行信用评价的行政处理决定。

【更新建筑市场行政处罚权力清单和记分标准】 完成建筑市场管理处涉及《关于做好行政处罚裁量基准和记分标准更新及相关工作的通知》的内容，建议撤出行政处罚权力清单中13项，非行政处罚类记分标准清单中1项，增加22条非行政处罚类记分标准。

【推动京津冀建筑市场监管一体化工作】 8月2日，召开京津冀建筑市场监管一体化工作研讨会。会议认为三地应积极贯彻落实党中央、国务院关于京津冀协同发展的要求，紧紧围绕企业需求，破除体制机制方面的障碍，加强三地配合协作，创新监管，为企业营造统一开放的市场环境。会议决定三地建设主管部门抓紧时间各自征求本地企业的意见，找准当前的突出问题，共同完善工作方案，推动监管一体化工作取得进展。8月13日，召开京津冀建筑市场监管一体化工作征求意见会，邀请北京建工集团、城建集团、住总集团、市政路桥集团、中建一局、二局，江苏中南建设等7家大型建筑业企业及其下属14家二级企业参加座谈，重点对津冀两地在市场准入（进省备案等方面）、工程招标投标、建筑劳务管理、信用管理等方面存在的影响企业流动和经营的制度、措施进行讨论。征求意见会后，起草了《京津冀建筑市场一体化存在的问题及推进措施建议》，及时通报给津冀两地建设主管部门，共同改进，逐步清除不利于企业在三地建筑市场自由流动、自主经营的制度性障碍，为企业提供更加高效便利的服务。

【规范工程款及农民工工资支付工作】2018年，收到关于拖欠工程款的信访件17起，数量比上年同期略有下降。本着"事事认真办、件件有回音"的原则，全部及时答复，得到了信访人的充分认可。其中，因帮助协调解决拖欠工程款161万，北京龙俊建设集团有限公司送来了"履职尽责，为民解忧"的锦旗以示感谢。

【实行以保函方式缴纳工资保证金】为贯彻落实《国务院办公厅关于清理规范工程建设领域保证金的通知》（国办发〔2016〕49号）关于推行以银行保函缴纳保证金的要求，市住房城乡建设委与市人力社保局进行沟通协调，建议改革北京市原有的农民工工资保证金制度，以银行保函方式缴纳工资保证金。经过一年多的反复修改完善，7月18日，市人力社保局会同市住房城乡建设、交通、水务、园林绿化、工商和银监局等部门共同印发《北京市工程建设领域农民工工资保证金管理办法》（京人社监发〔2018〕157号），明确全市工程建设领域以银行保函方式缴纳工资保证金，同时还对保函的使用、退还、担保额度减免等作出明确规定。该办法的出台，标志着北京市在贯彻国办发49号文，推行银行保函、减轻企业负担、完善信用＋担保的市场机制等方面又取得新进展。

【制定规范农民工工资支付的政策措施】与市人力社保局修改完善《北京市工程建设领域不良信用信息管理办法》《北京市工程建设领域农民工工资支付管理规定》；参加人力社会保障部对浙江省保障农民工工资支付工作考核，配合市人力社保局出台《北京市保障农民工工资支付工作考核办法》；开展了实名制管理和劳务费支付调研工作，对山东、江苏省建筑企业和丰台区住房城乡建设委调研；对住房城乡建设部市场监管司起草的《建筑工人实名制管理办法》及《全国建筑工人管理服务信息平台数据标准》进行研讨并反馈修改意见；制定《关于落实房屋建筑和市政基础设施工程建设单位工程款结算和支付相关要求的通知》（年内未印发），建立建设单位信用承诺制，将严禁拖欠工程款、政府投资工程不得带资承包、全面落实施工过程结算等要求纳入建设单位承诺内容，对其进行信用约束，从源头保障农民工工资支付。

建筑节能与科技

【推进公共建筑绿色化改造】北京市借获批国家公共建筑能效提升重点城市契机，构建了公共建筑节能绿色化改造机制，搭建了"公共建筑节能绿色化改造项目管理系统"并于年初上线，初步形成了公共建筑节能节水绿色化改造实施体系。截至年底，北京市"公共建筑节能绿色化改造申报系统"已受理在线申请664万平方米，其中已入库项目427万平方米。119.63万平方米公共建筑节能绿色化改造通过了综合验收，具备奖励资金拨付条件，预计拨付金额3468.27万元。6月，联合市发展改革委、市文明办共同开展了节能宣传周宣传活动，该活动以公共建筑节能为重点，重点介绍了北京市公共建筑电耗限额管理、节能绿色化改造和市内温度监督执法工作。

【继续组织对公共建筑实施电耗限额管理】5月24日，市住房城乡建设委发布了2018年度公共建筑电耗限额值，并对其中建筑面积两万平方米以上的大型公共建筑发放了电耗限额值的纸质通知单，对符合限额值调整条件的311家单位2017年度的电耗限额值进行了调整。发布了2017年限额考核优秀的建筑名单，2016、2017年连续两年超额20％的建筑名单，以及2017年一年超限额20％的建筑名单。完成1770栋共3367万平方米公共建筑的核查。制定了《超限额公共建筑能源审计报告评分标准》，并明确报告评审的合格标准。

【组织超低能耗建筑示范】2018年，共组织4次超低能耗示范项目的专家评审，五棵松冰山运动中心、海淀北部地区永丰产业基地、平谷金海湖等18个示范项目通过评审，示范面积共计48.6万平方米。3—4月，印发了《北京市超低能耗农宅建设示范项目应用技术导则》《北京市超低能耗建筑技术导则》，规范超低能耗农宅及城镇建筑示范项目采取的技术措施、施工和验收工作，指导超低能耗建筑示范项目建设。

【京津冀超低能耗建筑产业联盟成立】为提高建筑品质、节约能源、保护环境，促进京津冀地区超低能耗建筑的推广和相关产业集聚，在京津冀三地建设主管部门的倡导和推动下，6月5日，由北京建筑材料科学研究总院有限公司、天津市建筑设计院、河北省建筑科学研究院发起成立京津冀超低能耗建筑产业联盟,该联盟由京津冀地区超低能耗研发、设计、咨询、施工、材料设备供应、检测、房地产开发、教学培训、行业协会和宣传媒体等单位联合组成,致力于促进京津冀地区超低能耗产业的可持续发展。

【首堂·创业家项目通过超低能耗建筑专项竣工验收】 9月18日,首钢集团开发建设的首堂·创业家项目通过超低能耗建筑专项竣工验收。该工程位于京冀曹妃甸协同发展示范区,超低能耗示范面积114728.1平方米,是以建设疏解非首都功能、推进产业转移对接协作的城市生活配套区。该项目以全新的理念引领曹妃甸地区新建建筑朝着节能舒适和超低能耗的方向发展,并带动曹妃甸新城的发展,起到示范项目的积极引领作用。

【老旧小区外保温材料实行专项管理】 2018年内,全市共受理老旧小区综合改造工程外保温材料专项备案90件,涉及聚氨酯、酚醛、岩棉、聚苯板、真空板5类产品共35家生产企业,其中,24家企业的31个产品通过老旧小区综合改造工程外保温材料专项备案。按照市住房城乡建设委发布的《关于废止部分文件的通知》《关于进一步做好老旧小区综合改造工程外保温材料使用管理工作的通知》要求,9月30日起,北京市取消老旧小区综合改造工程外保温材料专项备案事项,不再发布备案产品目录。

【继续推进太阳能热水系统建筑应用】 经北京市民用建筑节能专项验收备案系统统计,年内北京市新建成安装太阳能热水系统的工程785.91万平方米,占当年节能验收备案总量的40.2%,其中居住建筑569.27万平方米,占居住建筑备案总量的59.1%。年内完成的建筑节能专项检查中,41项在施工程中涉及太阳能生活热水系统,占受检总项目数的62%,其中居住建筑37项,占居住建筑总数的76%。

【开展建筑节能专项检查】 北京市完成两次全市新建在施民用建筑工程建筑节能专项检查工作。共抽检在施工程66项,总建筑面积421.03万平方米。其中:居住建筑49项,建筑面积320.8万平方米;公共建筑17项,建筑面积100.23万平方米。经检查,66项工程均能较好地执行《建筑节能施工质量验收规范》及相关政策标准,个别项目存在落实不到位的现象。检查组下发《责令整改通知书》8份,8项违规问题均为建设工程发生涉及节能效果的设计变更,变更实施前建设单位未通过原施工图设计审查机构审查。截至年底,所有工程均已完成整改。

【重点科技成果鉴定项目】 围绕重点工程项目,开展技术攻关,组织完成重点科技成果鉴定项目73项,其中24项达到国际领先水平,25项达到国际先进水平,23项达到国内领先水平,1项达到国内先进水平。特别是在超高层建筑结构体系、复杂条件下地铁与隧道施工、建筑信息化等方面取得显著成果。

【推进建筑信息模型(BIM)技术应用】 开展北京市BIM应用示范工程建设工作,共有国家速滑馆、北京新机场东航基地、国家雪车雪橇中心、通州文化旅游区地下综合管廊工程等34个项目立项为北京市BIM应用示范工程。围绕示范工程总结经验,形成示范效应,推动BIM在建筑领域的广泛应用。

【开展智慧小区建设】 继续推进北京市智慧小区建设,积极推广建设模式,编制建设标准,实现物业服务管理、机电设备运维管理等功能与服务平台的对接联通。开展停车自助缴费、智能门禁、安防联网、物业ERP、房产服务等功能建设,并按照物业、业主需求,实现自身所需要的特定功能。

【加强技术指导服务】 全年完成10期公益讲座,共有270余家单位、约5400余名建筑行业技术人员参加。讲座内容涵盖了装配式建筑、BIM应用、智慧管理、数字建造和建筑业10项新技术等建筑行业多个主题。其中,第十期以"公益讲座进高校"为主题,走进北京工业职业学院,讲解了BIM技术在工程中的应用,开阔了高校学生的视野,成效显著。同时,开展了送技术到企业系列活动,将装配式技术、超低能耗技术、BIM技术送到企业施工一线。全年共开展5期,400余名一线管理及技术人员参加了培训。

【11项北京市建筑业新技术应用示范工程通过验收】 共组织验收北京市建筑业新技术应用示范工程11项,包括首都师范大学南校区教学及行政办公楼等4项、王府井国际品牌中心建设项目等。建筑面积合计1427620平方米,所有项目新技术应用整体均达到国内领先水平。

【107项工法通过北京市工法评审】 北京市共申报工法项目262项,其中156个项目达到了会议评审要求,共107项通过市级工法评审。通过评审的项目,大部分工法关键技术达到国内领先水平,有力促进了各施工企业的技术创新和技术成果积累以及广大技术人员职业素质的提升,继续保持了北京市施工技术水平在全国的领先地位。

人事教育

【人事管理工作】 市住房城乡建设委共有工作人

员1317人，局级领导共13人，其中正局级干部3人、副局级干部10人；处级干部共300人，其中正处级领导干部65人、正处级非领导职务干部66人、副处级领导干部105人、副处级非领导职务干部64人。年内，贯彻执行干部任用政策法规，按照市委组织部、市人力社保局的要求和部署，围绕市住房城乡建设委中心工作和重点任务，完善干部选拔任用机制，科学选任干部，加强领导班子和干部队伍建设；深化机构改革，编制全委权力清单责任清单，积极稳妥地推进事业单位分类改革；健全人才工作机制，加强人才队伍建设；严格执行干部任用政策法规，强化干部监督管理，畅通干部监督渠道，不断提高选人用人公信度和群众满意度。

【加强干部教育培训】贯彻落实《干部教育培训工作条例》和《2013—2017年全国干部教育培训规划》，围绕落实首都城市战略定位、建设国际一流的和谐宜居之都，落实推动京津冀协同发展、有序疏解非首都功能，落实全面深化改革、建设法治中国首善之区任务，做好全员培训、新入职干部培训、专业技术人员培训、人事干部培训和军转干部培训工作，提高干部工作能力和综合素质。扎实开展理论学习培训，把党的十九大精神、习近平新时代中国特色社会主义思想及党章、宪法等作为学习重点，推动全委干部不断增强"四个意识"和"四个自信"，提高依法行政水平。抓好干部在线学习，年内组织全委处级以上干部、全体人事干部和参公以上单位干部近700人参加了干部在线学习，完成率连续多年达100%。加大调训力度，全年组织局处级干部调训32人次，人均培训260学时，推动干部提高理论水平和业务能力。加强境外培训，先后选派35名局处级干部赴法国、美国等地考察业务和学习培训，帮助领导干部进一步开阔视野、拓展思路、更新观念、推动创新。

【推进电子化证书试点工作】9月1日起，北京市住房和城乡建设领域从业人员证书电子化试点工作正式启动。截至年底，全市已有16718人次下载使用电子证书，实现了全程电子化、全时段在线、全域可查验，降低了从业人员的取证成本和跑腿次数，提高了群众的获得感，社会效益显著。

【创新推行建造师注册承诺制审核】5月16日，市住房城乡建设委印发《关于调整新设立企业申报建造师注册及企业资质审批有关工作的通知》，实现了新设立企业建造师由"预注册审核"向"承诺制审核"制度转变，缩短审批时限10天，大幅提高了审批效率。深入推进"互联网+政务服务"，对承担的9大类63项政务服务、公共服务事项进行全面梳理、科学优化，截至年底，已有30项实现"只跑一次"。

【创新行业人才培养模式】为全方位了解建筑行业工人队伍现状，年内开展了"建筑工人素质提升与工匠培育措施研究"，采取多种形式进行广泛调查研究，累计召开座谈会11场，填报专项统计报表221份、14个集团劳务用工调查表28份、特种作业工人调查问卷863份。该项研究有针对性地提出推动建筑技能人才培养的工作思路和具体措施建议，为推进北京建筑业现代产业工人队伍建设提供了政策参考。

【开设"工匠讲堂"】以推动装配式工人培养为主题，组织开展灌浆工、吊装工的"工匠讲堂"公益教学片录制工作。教学内容符合技术规范、职业标准和技能工人的学习需求，同时满足规范性、通用性、实用性的技术要求。

【发布建设行业从业人员考试违纪违规行为处理办法】11月8日，市住房和城乡建设委员会发布《北京市住房城乡建设行业从业人员考试违纪违规行为处理办法（试行）》，进一步规范北京市住房城乡建设行业从业人员考试违纪违规行为的认定与处理，加强对考试工作人员的内部管理，严明纪律要求。

【完成"三类人员"续期工作】为全面开展好"三类人员"继续教育工作，为建设行业提供人才保障，8月，制定并下发2018年度"三类人员"续期工作通知，组织召开中央驻京单位、北京市各大集团代表续期工作会议，部署"三类人员"继续教育和证书续期工作，全年完成"三类人员"续期44963人次。

【开展执业资格行政受理工作】根据住房和城乡建设部有关文件规定，全年受理一、二级建造师（含临时），监理工程师，造价工程师等行政许可事项64317人次。

【组织"三类人员"安全生产考核】加强建筑企业主要负责人、项目负责人和专职安全员安全生产考核，组织统考9次，共考核"三类人员"55434人次、合格34996人。

【组织从业人员考核与职业技能鉴定】组织关键岗位专业管理人员考试2次，参加61042人次、合格14938人；组织特种作业人员统考4次，参加6766人次、合格5497人；组织工人职业技能岗位考核8次，参加1367次人、合格1255人。

【开展证书续期变更工作】全年完成证书续期59565人次，其中"三类人员"44963人次、特种作业14602人次；完成证书信息变更52554人次。

大事记

1月

5日 青秀家园、南苑西两个公租房项目启动"快速配租"，这意味着北京市由过去公租房剩余房源配租所采用的"先到先得"改变为"快速配租"。新办法在提升配租效率的同时，更加兼顾公平。

10日 2019年中国北京世界园艺博览会中国馆顺利封顶，中国馆位于世园会园区"三水园艺轴"上，工程总用地面积4.8万平方米，总建筑面积2.3万平方米。这是世园会园区首个封顶的主要场馆。

2月

2日 发布新修订的《北京市存量房屋买卖合同》示范文本，进一步规范北京市存量房屋交易行为，维护买卖双方合法权益，减少交易纠纷，加强合同示范文本管理。

3月

1日 推行建筑工程施工许可证电子证照。建设单位在施工许可业务办理完成后，可自行打印、留存相关电子证照，自行打印的加盖了电子签章的施工许可证与建设行政主管部门发放的施工许可证具有同等法律效力。

4日 印发《老旧小区综合整治工作方案（2018—2020年）》，规定了新一轮老旧小区综合整治工作目标、实施路径，明确老旧小区综合整治由"任务制"改为"申报制"。

4月

8日 发布《关于进一步加强建筑废弃物资源化综合利用工作的意见》，推动全市建筑垃圾资源化综合利用。

20日 发布《关于进一步优化营商环境简化房屋交易流程的通知》，压缩购房资格审核时限，取消房源核验和强制存量房资金监管。

5月

25日 发布《关于加强限房价项目销售管理的通知》，通过建立二次评估、分类销售、梯级过滤匹配等机制，加强北京市"限房价、控地价"项目销售管理，遏制炒房牟利，保护刚需家庭购房需求。

28日 发布《关于加强国有土地上住宅拆分管理的通知》，从规划、测绘、登记三个方面、五项措施规范住宅拆分管理，遏制住宅拆分炒卖。

30日 存量房交易网上申报平台正式上线，自此，自行成交二手房的买房人可网上申请购房资格审核，实现了让"信息多跑路，群众少跑腿。"

6月

5日 在京津冀三地建设主管部门的推动下，由北京建筑材料科学研究总院有限公司、天津市建筑设计院、河北省建筑科学研究院发起成立京津冀超低能耗建筑产业联盟，该联盟致力于促进京津冀地区超低能耗产业的可持续发展。

15日 《关于发展租赁型职工集体宿舍的意见（试行）》正式发布实施，多渠道解决城市运行和服务保障行业务工人员住宿问题，促进职住平衡。

7月

17日 市住房城乡建设委、市发展改革委等六部门联合发布《关于优化住房支持政策服务保障人才发展的意见》，进一步优化服务保障人才发展的住房支持政策。

是月 北京市最大规模自住型商品房项目冠华苑项目完成竣工验收。该项目为北京市第一批国有企业利用自有用地建设的自住型商品住房项目，也是迄今北京市体量最大的自住型商品住房项目，总用地面积43万平方米，总建筑面积62万平方米。

8月

21日 北京市依托12345政府服务热线，开通打击"黑中介"投诉举报专线。

24日 丰台区南苑乡成寿寺村集体土地租赁房项目正式开工建设，这是全市首个实现开工的集体土地租赁房项目。该项目总占地面积约1.03公顷，地上规划总建筑规模约2.88万平方米，可提供租赁房源901套。

29日 "北京市住房和城乡建设领域从业人员有关证书电子化试点"启动会召开，标志着纸质证书将会逐步被电子证书取代，退出行业的舞台。

31日 北京市首个采用手机APP投票进行业主共同决定的住宅小区朝阳区"上京家园"小区APP投票工作正式结束，该小区本次表决的管理规约、议事规则、业委会选举、监事会选举等四个事项表决结果分别形成并推送给业主。此次"上京家园"采用APP表决的四个事项分别达到了同意业主人数占总人数过半及专有部分面积占总面积过半，"北京业主"APP投票在本市住宅小区的首次试点顺利完成。

是月 京秦高速北京段、首都"大外环"正式通车。至此，京津冀三地高速"断头路"全部打通。

9月

13日 北京住房公积金管理中心发布《关于调整住房公积金个人住房贷款政策的通知》，规定9月

17日起使用公积金贷款购房将"认房又认贷";今后公积金贷款将与缴存年限挂钩,每缴存一年可贷10万元,缴存12年可以贷到最高的120万元;贷款期限从不超过70岁调整至不超过65岁;调高非政策性购房公积金贷款首付比例;东西城户籍家庭购买郊区住宅贷款最高可调高20万贷款额度等。

19日 《关于开展打击侵害群众利益违法违规行为治理房地产市场乱象专项行动的通知》发布。专项行动的时间是从2018年7月—12月,垄断房源、操纵房价房租、阴阳合同、规避税费、虚假广告等是这次专项行动的重点。

25日 市住房城乡建设委发布《关于对新建住宅交付使用前实施房屋质量查验的通知》,实行新建住宅交付使用前购房人查验制度。

26日 北京市政府正式公布了再次修订的《北京市新增产业的禁止和限制目录(2018年版)》,针对房地产业发展,2018年版《目录》重申,东城区、西城区禁止新建房地产开发经营中的住宅类项目(棚户区改造、危房及老旧小区改造、文物保护区改造除外);禁止新建酒店、写字楼等大型公建项目。东、西、北五环路和南四环路以内的朝阳区、海淀区、丰台区、石景山区,禁止新建酒店、写字楼等大型公建项目。

28日 市住房城乡建设委召开视频会,对住建系统开展城市安全隐患治理三年行动进行了部署。以保障城市安全发展为中心思想,以排查安全隐患、压减安全生产事故为工作目标,自此全市住建系统正式启动为期三年的城市安全隐患治理行动。

11月

7日 朝阳区百子湾、焦化厂公租房项目开始网上登记,两个项目可提供房源7768套,是北京市实行以区为主分配公租房以来单次配租规模最大的一次。

16日 按照市委市政府统一安排,北京市住房和城乡建设委员会加挂北京市住房保障办公室牌子。按照《北京市机构改革实施方案》,优化市住房和城乡建设委员会职责,将市住房保障办公室并入市住房和城乡建设委员会,加挂市住房保障办公室牌子,不再保留市政府住房制度改革办公室牌子。

30日 市住房城乡建设委正式发布《关于进一步加强公共租赁住房转租、转借行为监督管理工作的通知》,重点从进一步落实产权单位管理责任、强化管理部门监管职责、加大督导和联合惩戒力度、严打中介机构和网络平台违规行为、全面加强技防手段应用、完善责任追究机制等方面提出明确要求,建立完善公租房使用监管的长效机制。

12月

13日 全长12.01公里的京张高铁八达岭隧道顺利贯通。这是京张高铁正线10座隧道中最后一座贯通、里程最长且施工难度最大的隧道。

27日 北京市首次尝试通过集体土地建设共有产权房,为政策性住房开辟了土地供应新渠道。大兴区瀛海镇3宗集体建设用地发布挂牌出让公告,出让宗地将建设共有产权住房。

29日 7.9公里长的新机场高速公路、新机场轨道线、地方一级公路团河路三线共构段高速架设全面铺通,标志着北京大兴国际机场高速公路全线贯通。

(北京市住房和城乡建设委员会)

城 乡 规 划

概况

2018年,北京市规划自然资源委全面落实城市总体规划,顺利推进机构改革和体制机制改革,搬迁至城市副中心,圆满完成各项工作任务。

总规落实开局良好。扎实推进总规实施方案,45项年度任务全面完成。构建"总体规划—分区规划—详细规划"三个层次、"市、区、乡(镇)、村"四个级别和专项规划组成的空间规划体系,实现全域管控。组织编制分区规划、核心区控规、36项市级专项规划。开展城市体检评估,完成2017年度体检报告。《北京市城乡规划条例》修订草案通过市人大常委会一审。首规委办公室工作机制不断完善,作用进一步提升。

四个中心功能不断加强。编制政治中心服务保障专项规划,开展中心城区建筑高度管控及长安街沿线、天安门广场周边环境提升,推进首都功能核心区专项整治。编制三山五园地区整体保护规划。完成南中轴地区规划方案征集。启动国际交往中心专项规划编制,开展第四使馆区、国家会议中心扩容提升、雁栖湖国际会都等规划编制。实施全国科技创新中心建设总体方案,组织规划方案征集;推动"三城一区"发展,科学城规划编制国际方案征集取得成效。

老城保护更新机制逐步完善。编制北京老城整体保护规划,开展老城重点地区规划编制研究和重要街道城市设计,探索老城更新方式。推进历史文化街区划定和历史建筑确定,编制历史文化街区风貌保护与更新设计导则。建立责任规划师制度。

高标准规划建设城市副中心。城市副中心控规获党中央、国务院批复。配合起草城市副中心规划建设指导意见、实施工作方案并确定100项任务。完成通州区总体规划编制报审，深化12个组团控规方案，23个规划设计导则取得阶段性成果，编制台湖、宋庄、漷县等一批特色小城镇规划，推进通州区与河北廊坊北三县地区协同发展规划编制报审。完成绿心起步区详细规划和重要公共建筑设计方案征集。开展老城区双修等专题研究，持续搭建规建管三维智慧信息平台。服务城市副中心公共服务和市政交通基础设施建设，加快推进行政办公区、运河商务区、文化旅游区等重点功能区和重点项目实施。

冬奥会冬残奥会项目保障有力。国家体育馆改扩建等项目建设取得进展。推进首体短道速滑训练馆、首都滑冰馆等场馆规划建设。京张高铁等交通工程按计划推进，延庆赛区和北京赛区外部市政专项规划编制完成。开展冬奥会和冬残奥会公共艺术品规划建设。制定发布《绿色雪上运动场馆评价标准》。

京津冀协同发展深入推进。全力支持雄安新区建设，积极推进相关高铁、城际轨道、市郊铁路、轨道快线、重要站点枢纽等工程规划建设。编制《北京大兴国际机场临空经济区总体规划》，统筹推进临空经济区规划建设。

促进城乡融合发展。探索绿隔地区城乡融合发展新路径，朝阳区王四营乡试点取得进展。编制《北京市村庄布局规划（2017—2035年）》，制定乡镇域空间规划编制导则，完成1081个美丽乡村创建和956个村庄规划编制。

优化营商环境改革。出台72项配套政策，构建工程建设项目审批服务新体系。社会投资项目办理时限减至45个工作日以内，政府投资项目减至100个工作日以内。将142项市级事项精简为56项，将28项区级独有事项精简为6项。以"多规合一"为重点，建立部门协同联动平台。推进施工图联审改革，建立全市统一的项目竣工联合验收机制。编制建设工程规划验收技术要点。完成规划核验1428件。

提升城市环境品质。聚焦营造"首都风范、古都风韵、时代风貌"城市特色，出台街道更新治理、城市色彩、滨水空间等城市设计导则，制定《北京公共空间改造提升三年行动计划方案（2019—2021年）》，举办2018年公共空间城市设计大赛，编制《北京城市基调和多元化研究报告及白皮书》，开展长安街及其沿线等重点地区的城市设计研究。

加强城市短板规划建设。优化核心区人居环境，完成506条约436公里架空线入地工程方案审查。梳理回龙观、天通苑地区规划、审批和建设情况，会同有关部门发布《优化提升回龙观天通苑地区公共服务和基础设施三年行动计划（2018—2020年）》。分三批完成全市1006条无名路命名。推进标准化工作创新发展。建设城市空间大数据平台，打造数据航母、三维立体地形图，完成基础测绘、地理国情监测等重点项目。

加强市政交通基础设施规划建设。围绕"一核两翼"推动重点功能区交通联系，提级改造普通公路。优化轨道线网，2018年通车3条线（段）。编制公共停车场专项规划。加快海绵城市、固体废弃物、综合管廊等规划设计研究。推进煤改清洁能源、城市供水、污水处理、防洪排涝、永定河生态修复等基础设施规划建设。

严格执法督察。推进"大棚房"、浅山区违法占地违法建设专项整治。14个涉农区10336宗项目215550栋大棚逐宗逐棚进行现场验收。下发24.15万个图斑，对浅山区违法占地违法建设项目展开排查并推动典型项目处置。全市按照"场清地净"标准腾退土地6828公顷，用于"留白增绿"地块3137公顷。发现各类违法违规行为2976宗、906公顷，立案查处1127宗，结案884件，处罚拆除违法建筑物45万平方米。

规划编制

【城市绿心起步区详细规划和三大公共建筑方案征集】2017年12月，市规划国土委会同市文化和旅游局、市文物局、通州区政府启动城市副中心城市绿心起步区详细规划方案及剧院、图书馆、博物馆（暂定名）建筑设计方案征集（以下简称"方案征集"），来自中国、法国、美国、丹麦、挪威的10个知名联合体设计团队参加方案征集。2018年5月，市规划国土委会同市文化和旅游局、市文物局、通州区政府完成方案征集，并组织专家对方案征集成果进行评审。2018年8月，市委、市政府研究确定剧院、图书馆、博物馆三大公共建筑中选方案。年内，根据市领导指示精神，市规划国土委会同相关单位组织设计团队，对三大公共建筑中选方案进行多轮打磨，逐步稳定设计方案。

【通州区总体规划审查】1月4日，市委书记蔡奇主持召开市委专题会，听取《通州区总体规划（2016—2035年）》；1月9日，市长陈吉宁主持召开市政府常务会，听取《通州区总体规划（2016—2035年）》。通州区总体规划完成法定审查程序。该规划统筹北京东部地区、河北廊坊北三县地区协同发展，促进通州区和城市副中心一体化发展；优化全域空间资源要素配置，实现目标、指标和空间配置的协调一致；坚持城乡融合，实施以人为本的新型城镇化；统筹生产、生活、生态空间布局，实行多层次的战略留白，为未来发展留有弹性；坚持上下联动、深度协作，建立规划统筹实施机制，实现规划蓝图和实施策略的精准对接。

【北京街道更新治理城市设计导则】5月2日，市规划国土委编制完成《北京街道更新治理城市设计导则》。导则明确街道发展理念从"以车优先"转变为"以人优先"，从道路红线管控转变为街道空间整体管控，从政府单一管理转变为协同共治，从部门多头管理转变为平台统筹管控；提出街道空间资源的整合设计、功能要素的整合配置和部门管理的整合协同，优化街道更新治理过程；制定分区和分类型精细化管控框架，为每一条街道定制管控要求。导则编制中，通过北京街道行走体验调查公众参与活动，梳理出20条最美街道，形成"更美的街道，更好的北京"公众宣传册。导则完成后，针对当前街道突出问题，明确十项专项治理行动，初步形成《关于实施街道更新治理城市设计导则 提升街道治理水平的指导意见》。

【京雄高速公路（北京段）工程规划】8月13日至9月12日，市规划国土委对京雄高速公路（北京段）规划方案进行为期30天网上公示，公示期间收到466条公众反馈意见；对公众意见进行分类研究，组织采信，将采信结果在官网进行公告。推进京雄高速公路规划前期工作，经市政府同意，批复京雄高速公路（北京段）工程规划方案。落实北京市智能网联技术发展战略，按照数字化智能高速公路进行规划设计，在京雄高速公路双向各预留一条智慧车道，为未来智慧驾驶、智能公交以及车路协调技术发展创造条件。

【城市副中心控规获批复】12月27日，《北京城市副中心控制性详细规划（街区层面）（2016—2035年）》获中共中央、国务院批复。城市副中心控规于2016年开始编制。2018年7月23—24日，中共北京市委召开十二届五次全会，一致同意将《北京城市副中心控制性详细规划（街区层面）（2016—2035年）（送审稿）》上报党中央、国务院审定。2018年10月29日，习近平总书记主持召开中央政治局常委会会议，审议北京城市副中心控制性详细规划并发表重要讲话。按照习近平总书记重要讲话精神，北京市对城市副中心控规进行修改完善，经市政府常务会和市委常委会审议通过，正式上报党中央、国务院审批。

【分区规划编制】1月，市规划国土委会同各区政府及北京经济技术开发区管委会，组织开展分区规划编制，成立各区专班，搭建组织框架；2月，明确技术编制单位，制定工作方案；3—5月，统一技术标准，下发各类基础数据，各区组织开展专题研究；6月，各区分区规划形成初步成果；7月，完成第一轮技术初审，形成初审意见；9月，形成技术标准和成果规范；10月至11月，征求市、区两级相关部门意见；11月至12月，审查各区分区规划核心指标，召开市级部门联席会。截至年底，全市13个区（除东城区、西城区、通州区外）分区规划和亦庄新城规划成果报审稿提请市政府审议。

【首都功能核心区控规编制】7月，市规划国土委会同东城区、西城区政府启动首都功能核心区控制性详细规划编制工作。建立工作平台；开展基础数据搜集、整理，街区、社区调研；开展首都保障、城市设计、文化传承、交通市政等专题研究。

【城市副中心规划设计导则（规划管理版）】市规划自然资源委编制完成《北京城市副中心规划设计导则（规划管理版）》。该导则在2017年市规划国土委会同通州区政府开展的城市色彩、第五立面、滨水空间、街道空间等23个规划设计导则编制基础上，对23个规划设计导则进行归类统筹提炼，强化规划设计导则对规划管理工作的支撑作用，满足建筑设计方案和滨水、绿地等公共空间审查需要；导则将城市副中心划分为建筑空间、滨水空间、街道空间、绿色空间、地下空间5类空间，明确各类空间城市设计要求；每类空间又进一步划出空间细分单元，提炼设计要素和管控策略，形成设计条款，提出"分区索引"策略；设定特定地区，为特定地区建设指引预留接口。

【北京大兴国际机场临空经济区总体规划】市规划自然资源委会同河北省发展改革委、住房城乡建设厅等部门，共同组织完成《北京大兴国际机场临空经济区总体规划（2017—2035年）》编制。配合市发展改革委联合河北省发展改革委，将规划成果上报国家发展改革委审查。

【北京市村庄布局规划】市规划自然资源委编制完成《北京市村庄布局规划（2017—2035年）》。规划对全市村庄布局进行优化调整，提出分区分类引导对策，为村庄发展提供依据。规划内容分别纳入

《北京市乡村振兴战略规划（2018—2022年）》《分区规划编制技术要求》《北京市区级乡村规划编制指导意见》。

【雁栖湖国际会都功能提升规划】 市规划自然资源委编制完成《雁栖湖国际会都功能提升规划》。规划围绕"服务国家顶层国际交往、可举办全流程主场外交活动的核心承载区"定位，明确标准、全流程服务、兼顾日常运营四个核心，将环湖餐饮设施分级分类，规划环湖游线，形成12公里的环湖开放步道空间，使会都区域达到5A级旅游景区标准。

【怀柔科学城总体城市设计方案】 市规划自然资源委会同有关部门和怀柔区、密云区政府，面向全球开展怀柔科学城总体城市设计方案征集。4月，组织专家评审，从8个应征方案中选出2个优胜方案。5月至8月，由市规划院作为技术牵头单位，编制完成《怀柔科学城总体城市设计方案》。该方案由区域禀赋、目标定位、规划策略、功能布局、智慧网络、致美生境6部分组成，汇聚吸纳8个应征方案中9个方面的优秀设计理念，提出"一芯聚核、怀密联动、一带润城、林田交融"的总体空间结构和各分区要点，明确公共服务、交通支撑、基础设施等方面的规划框架和总体要求。

【长安街及其延长线环境提升规划】 市规划自然资源委编制完成《长安街及其延长线环境提升规划》。规划在总结长安街历次规划基础上，重新确立长安街及其延长线作为北京东西轴线的起止，形成一条融山入水、联系两河、虚实有序、以道路为载体的轴线，与中轴线及其延长线这条南北轴线共同统领城市空间格局；确定轴线节点，以天安门为核心节点，以定都峰公园、潮白河公园为起止节点，其他分三级18处重要节点；明确政治性、人民性、文化性的总体特征，从用地功能、整体风貌、重要节点、绿带公园、道路交通、停车整治、安全保障等方面提出规划策略。

【三山五园地区整体保护规划初步框架】 市规划自然资源委会同海淀区政府组织开展三山五园地区整体保护规划编制，形成初步框架。规划编制以城市总体规划对三山五园地区的定位为依据，确定其保障核心政治中心职能、突出文化中心职能、承载国际交往中心职能、服务科技创新中心职能等规划策略，打造传统文化与现代文明交相辉映、生态环境与国家形象相得益彰、集中体现首都核心功能的重要地区。

【南中轴地区概念规划研究及详规设计方案征集】 市规划自然资源委会同丰台区政府、东城区政府组织开展"北京市南中轴地区概念性规划研究及永外—大红门—南苑森林湿地公园详细规划设计方案征集"。方案征集吸引国内外26家设计团队参加，经资格预审，遴选出中国城市规划设计研究院联合体等5家优秀设计单位为应征单位；又经以何镜堂院士为组长，13名建筑、规划等领域专家组成的方案评审团队评审，从5家应征单位方案中选出3家优胜方案。

【北京老城整体保护规划】 市规划自然资源委编制完成《北京老城整体保护规划》。规划通过多种形式，挖掘和拓展老城核心价值；构建老城、历史文化街区、传统胡同和历史特色街巷、历史建筑整体保护体系；围绕老城保护主要问题，探索老城保护规划实施路径。

规划管理

【中心城区和新城控规维护管理】 11月7日，市规划国土委颁布实施《中心城区和新城控规维护管理有关意见（试行）》。该意见明确规划实施主体、控规维护单元要求、控规维护应遵循的9条原则、申请控规调整应提交的材料等内容，自公布之日起试行，试行期1年。

【2017年度北京城市体检】 11月28日，市委常委会审议通过《2017年度北京城市体检报告》。此次城市体检，是住房城乡建设部和北京市共同主持的首次城市体检。市规划自然资源委率先从制度上明确城市体检规程，形成《北京城市体检评估办法》《北京城市体检评估工作方案》等规范性文件，建立体检工作组织、数据信息获取、技术工作协作以及体检成果形成、输出、应用六方面机制；采用多种技术方法，形成"1+5+9"的成果体系，包括一个体检总报告，"一张图""一张表""一清单""一调查""一平台"共"五个一"的成果附件，以及九个专题研究报告。

【核心区责任规划师制度建设】 12月12日，市规划自然资源委印发《关于推进北京市核心区责任规划师工作的指导意见》。该意见明确责任规划师的基本概念、任职条件、主要职责、聘用与评估、责任与权利、工作要求等，推进核心区规划设计和精细化治理。

【控规编制和实施中增设街坊路规定】 12月21日，市规划自然资源委印发《关于在控规编制和实施中增设街坊路的相关规定》。该规定按照"小街区、密路网"理念，针对街坊路的设置要求和标准、设计类型、实施主体及管理模式等提出具体指引，明确路权优先序、无障碍设计、人行道设计等12条要求。北京市历史文化街区、名镇、名村等区域内可不执行本规定。

【推进城市总体规划实施】市规划自然资源委成立总体规划实施工作专班，研究制定《总体规划实施工作专班工作制度》，制定专班各组任务分解表和各阶段工作重点，将工作细化为119项具体任务，明确每项任务的成果形式、时间节点、责任人。建立专班内部督查体系，制定《总体规划实施督查工作台账》；与市委督查室、市政府督查室、市政府绩效办协调沟通，开展市级总规实施党政联合督查。

【传统村落保护发展规划审查】市规划自然资源委组织开展传统村落保护发展规划审查，核发昌平区流村镇长峪城村、密云区古北口镇古北口村、门头沟区大台街道千军台村、门头沟区斋堂镇马栏村、门头沟区斋堂镇灵水村5个传统村落保护发展规划审查意见。

【乡镇统筹利用集体产业用地试点】市规划自然资源委、市农委共同牵头，组织朝阳区金盏乡、丰台区长辛店镇、门头沟区王平镇、房山区青龙湖镇、通州区台湖镇、顺义区高丽营镇、昌平区北七家镇、平谷区大兴庄镇、密云区穆家峪镇、怀柔区渤海镇、延庆区大榆树镇11个乡镇，借鉴大兴区西红门镇集体产业用地"拆五还一"经验，开展乡镇统筹利用集体产业用地试点。9月，完成各试点乡镇域范围内规划账、历史账、时间账"三本账"梳理。

【绿隔地区规划管理】市规划自然资源委配合市城乡办，编制北京市城乡结合部地区规划管理联动工作流程，研究制定《推广〈关于朝阳区王四营乡一绿建设的调研报告〉成果的工作方案》。会同市城乡办、朝阳区政府等，成立"一绿"地区安置房规划设计水平提升工作专班，对"一绿"地区绿色产业用地资金使用、绿地开放程度等进行实地调研，深化细化朝阳区、丰台区、大兴区等绿隔项目规划方案。召开"二绿"地区减量任务分解专题会，明确各区减量任务中规模及绿色开敞空间比例，作为各区编制分区规划、乡镇域规划依据。开展"二绿"地区规划编制要点和实施管理办法研究，将"二绿"管控要求转化为控规编制指导意见，指导各区开展规划编制与实施。

【集体土地租赁住房规划管理】市规划自然资源委提出《统筹推进全市集体租赁住房规划工作方案》，统筹布局，完善规划建设相关标准。建立以《集体租赁住房用地规划布局指导意见（2018—2021年）》《集体租赁住房规划工作规范汇编》《集体租赁住房规划编制工作要点》和集体租赁住房用地规划管理平台（简称"一图一规一册一平台"）为支撑的集体土地租赁住房规划工作体系，提出选址与规划优化调整方案同步编制，规划方案市区同步联审，规划方案上报与公示工作同步进行，交通影响评价、水环境影响评价等审查工作同步开展的"四同步"优化规划编制审查机制。完成36项集体土地租赁住房用地规划优化调整方案联审，总用地面积约275公顷。其中17个项目获市政府批准，其余19个项目的规划优化方案报请市政府待批。

【乡村责任规划师制度建设】市规划自然资源委印发《北京市乡村责任规划师制度工作方案》《关于推进北京市乡村责任规划师工作的指导意见》，指导各区试点推行乡村责任规划师制度。印发《关于推动规划师驻村编规划建立相关工作台账意见》，建立规划师驻村编规划过程管理工作台账机制。探索建立台账管理信息化平台，研制"驻村编规划工作台账"APP管理系统，加强村庄规划编制过程管理。5月，发布《关于征集规划师、建筑师、设计师下乡参与美丽乡村建设的倡议书》，向社会征集乡村规划建设工作团队和个人，收到161家单位的213个团队和11名个人报名，报名人数总计1231人。

【历史文化街区划定和历史建筑确定】市规划自然资源委组织开展历史文化街区划定和历史建筑确定。重新梳理核心区内已公布的历史文化街区、风貌协调区、待定级成片平房区及零散平房区；进一步明确已公布历史文化街区的保护范围；在现存风貌协调区、其他成片传统平房区及历史地段中，筛选具有整体保护价值的区域，列入历史文化街区新增名单及保护范围。11月28日，将6处风貌协调区和2处历史文化街区扩片区提请专家会审议，并按专家意见修改完善。通过现场普查和田野调查，在全市范围内对历史建筑潜在对象进行摸底调查，对符合标准的建筑分批次进行论证、报审和公布，分别于10月12日和12月7日组织专家对第一批和第二批建筑进行技术评审，两批历史建筑共133处、485栋（座）。

【政府投资项目审批制度改革】市规划自然资源委组织开展政府投资项目审批制度改革。将政府投资建设项目划分为项目储备、项目策划生成、项目审批三个阶段，通过"多规合一"协同平台提前研究，实现项目研究与审批分离。通过"多规合一"协同平台将各类专项规划进行整合，与城乡规划、土地利用规划、国民经济发展规划相衔接，统筹协调项目空间内容，项目"落地"后纳入近期建设规划，形成市级建设项目规划储备库。与市发展改革委联合印发《北京市政府投资工程建设项目审批制度改革试点工作方案》《关于北京市政府投资工程建设项目"多规合一"协同平台运行规则（试行）》，扩展"多规合一"协同平台服务范围。

【综合管廊规划建设】市规划自然资源委开展北京市综合管廊规划实施评估，梳理北京市综合管廊整体实施运行情况，综合评估在规划编制、建设实施、体制机制等方面内容及指标；编制完成《北京市综合管廊规划设计导则》，指导相关规划编制及建设项目设计，统筹和规范综合管廊规划设计。继续开展各区分区规划、大兴国际机场临空经济区、新首钢高端产业综合服务区、怀柔科学城、广渠路东延等项目的综合管廊工程规划编制。完成城市副中心行政办公区综合管廊（二期）工程、2022年冬奥会延庆赛区综合管廊工程、永引南路综合管廊等约23公里综合管廊设计方案审查，初步完成轨道交通M3、M17、M12、M27号线综合管廊等综合管廊方案研究。

【城市副中心绿色市政基础设施规划建设】市规划自然资源委编制完成《副中心基础设施专项规划》《通州区河道蓝线规划》《副中心综合管廊专项规划》等专项规划。组织推进"通州堰"分洪体系、温潮减河工程、减河北综合资源利用中心、河东再生水厂工程、北运河综合治理工程、城市副中心行政办公区综合管廊二期、城市副中心人民大学东校区周边外部市政工程、环球影城综合管廊监控中心、地铁7号线（万盛南街段）综合管廊监控中心等方案研究及项目审批。

【大兴国际机场市政配套设施规划建设】市规划自然资源委推进北京大兴国际机场外部市政配套设施规划建设，核发新航城东区、西区再生水厂设计方案审查意见函及选址意见书；组织审查永兴河北路、大礼路、青礼路市政工程设计综合，核发永兴河北路综合管廊及雨、污水规划条件。经市政府同意，批复《北京新机场滞洪湿地工程选址规划》。

【冬奥会场馆设施项目审批】市规划自然资源委完成首钢滑雪大跳台、国家会展中心二期、国家体育馆改扩建、北京冬奥村、国家残疾人冰上运动比赛训练馆等项目"一会三函"设计方案审查意见办理。核发冬奥会延庆赛区A部分国家高山滑雪中心、国家雪车雪橇中心及配套基础设施设计方案审查意见函；办理完成B部分冬奥村、山地新闻中心供地规划条件、土地一级开发验收、地价评审等；召开延庆冬奥村、山地新闻中心设计方案专家评审会并上报市政府；核发B部分冬奥村、山地新闻中心规划意见复函；会同延庆区政府完成北京市第一个"融资（土地）＋施工＋运营"PPP项目——延庆赛区PPP项目资格预审和招标。

【怀柔科学城项目审批】市规划自然资源委核发怀柔科学城核心区及周边土地一级开发项目规划条件；推进高能同步辐射光源项目、空间环境地基综合监测网（子午二期工程）、多模态跨尺度生物医学成像设施工程等国家重大科技基础设施项目建设，办理相关规划用地许可手续，协调自然资源部核发用地预审文件。

【回龙观天通苑地区公共服务和基础设施项目审批】市规划自然资源委将《优化提升回龙观天通苑地区公共服务和基础设施三年行动计划（2018—2020年）》中的所有工程建设项目纳入区级"多规合一"协同平台，核发积水潭医院回龙观院区等5个项目初审意见，核发三合庄幼儿园、回龙观中西医结合医院住院楼2个项目的建设工程规划许可证，核发回龙观体育文化公园选址意见书；研究出台回龙观、天通苑地区公共服务设施补办不动产登记手续有关政策，并推动项目完善手续；指导设计单位优化完善回龙观体育公园方案。

工程设计与标准

【北京市步行和自行车交通环境设计建设指导性图集】3月19日，市规划国土委、市交通委、市城市管理委、市住房城乡建设委、市园林绿化局联合发布《北京市步行和自行车交通环境设计建设指导性图集》。该图集主要包括道路网与道路横断面、步行环境、自行车环境、道路绿化四个方面；强调以人为本、绿色发展理念；以保障步行和自行车交通的安全性、便捷性和舒适性为原则；强化道路绿化的生态环境功能和景观营造功能相融合；提倡建设完整林荫道的设计理念，并提出相应设计方法。

【地质灾害治理工程实施技术规范】4月10日，市规划国土委、市质监局联合发布《地质灾害治理工程实施技术规范》。该规范对地质灾害治理工程涉及的范围，基本规定，工程勘察、工程设计、工程施工等方面实施技术进行了规范。自2018年10月1日起实施。

【绿色生态示范区规划设计评价标准】6月14日，市规划国土委、市质监局联合发布《绿色生态示范区规划设计评价标准》。该标准从规划设计出发，系统阐释绿色生态示范区的概念和理念，提出规划设计要求和评价方法，从用地布局、生态环境、绿色交通、绿色建筑与产业化、水资源利用、能源利用、固废资源利用、信息化管理与人文产业九个方面，指导全市各类绿色生态区规划设计、评价及审查工作，引导规划设计阶段的多领域、多专业协作。自2019年1月1日起实施。

【北京市无障碍系统化设计导则】8月30日，市规划国土委发布《北京市无障碍系统化设计导则》。该导则对城市公共空间、各类建筑场地以及两者之间无障碍设施的系统性和连续性提出设计要求，推动无障碍设施由"点"到"线和面"全面提升；不仅关注老年人、残疾人，也关注妇女、儿童以及有无障碍需求的所有人群，突出了无障碍设施的成网连接、系统、通用以及交通换乘接驳的顺畅性、与胡同风貌的协调性等理念。

【北京城市副中心基础设施设计技术要点】11月13日，市规划自然资源委发布《北京城市副中心基础设施设计技术要点（试行）》。该要点对标城市副中心控规要求，针对城市副中心具体情况，在梳理国标、行标、地标基础上，提出高于一般要求的、具有"绿色出行、生态环保、安全韧性、一体化设计"等特点的市政基础设施设计标准主要条款。其中50%以上的条款为创新条款。

【北京城市副中心市政基础设施工程勘察测绘技术要点】11月13日，市规划自然资源委发布《北京城市副中心市政基础设施工程勘察测绘技术要点（试行）》。该要点梳理相关国标、行标、地标，针对城市副中心的地理条件、地下结构等情况，形成岩土勘察和工程测绘两部分内容，岩土勘察重点突出"技术先进、环保节能、绿色生态、安全高效"四项要求，工程测绘重点突出"精准、可靠、全面"三项特点。

【绿色雪上运动场馆评价标准】12月20日，市规划自然资源委、市市场监督管理局联合发布《绿色雪上运动场馆评价标准》。该标准是第一个京津冀区域协同地方标准，按照京津冀三地互认共享原则，由三地相关行政主管部门分别组织实施。该标准主要用于北京2022年冬奥会和冬残奥会雪上运动场馆评价，也能满足其他雪上运动场馆绿色评价需要。自2019年1月1日起实施。

【北京市轨道交通地下结构抗震设计指南】12月20日，市规划自然资源委发布《北京市轨道交通地下结构抗震设计指南》。该指南提出北京市轨道交通地下结构抗震概念设计和设计要求、抗震计算方法及参数、抗震截面验算及构造，给出具体案例和说明。

【京津冀协调发展交通重点领域】市规划自然资源委推进首都地区环线高速、承平高速、109新线高速等对外高速路前期工作，开展团河路、国道230、国道104、国道105、魏永路、108三期、黄松峪旅游联络线、怀长路等一批普通公路改造提级，提高公路网供给水平。

【新机场、冬奥会、世园会等重大项目外部综合交通】市规划自然资源委保障新机场、冬奥会、世园会等重大项目外部综合交通支撑，配合开展大礼路、青礼路旧线、永兴河北路等新机场周边配套道路前期规划论证，组织开展延农路、百康路、蔡家河截留停车场等世园会围栏区周边配套交通项目前期规划论证，核发延庆综合交通服务中心（换乘中心）设计方案批复，推进2022年冬奥会重点交通服务配套设施建设。

【京津冀铁路线路规划建设及重点车站规划研究】市规划自然资源委推进高铁、城际铁路、区域快线（含市郊铁路）规划建设。组织完成"北京市现状大型铁路客运枢纽站交通评估"研究。京张高铁、京沈客专、京雄城际、京唐城际、城际联络线稳定初步设计，均开工建设；京张高铁稳定站后四电方案；城市副中心线东延支线、怀密线等市郊铁路稳定规划方案；丰台站、星火站、清河站、北京城市副中心站等综合交通枢纽方案基本稳定，其中丰台站、星火站、清河站开工建设；北京城市副中心站、黄村站等车站一体化总体设计方案，京港台高铁京雄段规划方案，亦庄客货两用市郊铁路规划方案稳步推进。

【轨道交通线路及重点功能区交通规划研究】市规划自然资源委开展M11号冬奥支线、R4线、三城联络线、新机场线延伸到丽泽金融商务区、中关村及北部地区线网规划方案优化、M28号线及M13线拆分等研究，为2022年冬奥会冬残奥会、首都机场地区、串联三城一区、北京大兴国际机场、中关村、丽泽、CBD等重点功能区发展建设提供基础性保障。

勘察、设计、测绘管理

【第一次地理国情普查公报】2月9日，市规划国土委、市统计局、市第一次地理国情普查领导小组办公室联合发布北京市第一次地理国情普查公报。普查公报明确各类普查内容的类型、位置、范围、面积等，对各大类进行细分，分区域进行统计。这次普查以2015年6月30日为标准时点，1000余名普查人员历时3年，对全市1.64万平方公里范围内的地表自然和人文地理要素以及重要地理国情要素进行普查，形成全覆盖、无缝隙、高精度的地理国情数据，建成数据量达5TB的数据库，首次摸清北京市地理国情"家底"。普查成果应用于北京城市总体规划及城市副中心相关规划编制、首都新机场及冬奥会冬残奥会规划建设、疏解整治促提升专项行动、城市应急保障等重点工作。

【施工图多审合一改革】3月16日，市规划国土委、市公安局消防局、市民防局、市住房城乡建设委联合印发《关于全面推行施工图多审合一改革的实施意见》。该意见明确施工图审查、消防审查和人防审查时限由法定的45个工作日压缩到15个工作日；推行"法人承诺制"，审查合格书不再作为施工许可证的前置要件。

【勘察钻探质量监管】3月27日，市勘设测管办印发《关于全面开展工程勘察质量管理信息化试点工作的补充通知》，明确自2018年4月1日起，全市新开工的勘察钻探项目均应采用钻探信息化采集软件完成勘察外业数据采集和上传；明确北京市工程勘察质量监管平台企业接入准则与程序，各企业自主开发的钻探信息采集软件应按接入准则与程序接入市工程勘察质量监管平台。年内，开展新开工钻探项目工作信息和数据实时采集，通过市工程勘察质量监管平台，实现对所有钻探项目位置、作业单位、作业人员及开工、进度、质量等情况实时监管。建立外业钻探现场飞行检查工作机制，对勘察钻探项目现场进行检查，重点检查现场风险源辨识、安全交底、操作规范性及钻探机具设备状况等情况。9月以来，现场检查6个勘察项目，约谈4家单位，下发2份整改通知。北京成为全国首批实现勘察外业数据采集和监管信息化的试点地区。

【建设工程勘察设计招投标改革】4月16日，市规划国土委印发《关于深化建设工程勘察设计招标投标改革的意见》。该意见明确对于社会投资的房屋建筑工程项目，不再强制要求进行勘察、设计招投标；办理建设工程规划许可时，不再要求建设单位出具勘察设计招标投标备案文件；2018年4月1日起，对于新开展招标工作的，不再收取建设工程勘察设计招投标交易服务费。

【建设项目联合测绘改革】10月12日，市规划国土委、市住房城乡建设委联合发布《关于建设项目联合测绘改革的有关意见》，在建设项目规划监督测量、房产测绘等测绘服务中推进联合测绘改革，培育联合测绘服务市场，强化联合测绘事中事后监管。

【地理国情常态化监测】市规划自然资源委开展2018年度地理国情常态化监测，完成基础及专题资料收集整理、遥感影像处理，完成全市16个区的基础性地理国情监测内业变化发现及信息提取、外业调查核查和成果整理及检查，形成DOM、地表覆盖分类、地理国情要素、元数据、遥感解译样本五大类成果，经国家测绘产品质量检验测试中心检验，优良率100%。开展多项专题分析，形成房屋建筑、总规指标评估、山水林田湖草、生态环境、交通、城市空间格局变化、地面沉降等多项专题分析报告。配合中国测绘科学研究院持续开展京津冀协同发展重要地理国情监测和城市地理国情监测2项国家级专题性监测任务。监测成果在控规及分区规划编制、北京市新一轮百万亩造林规划、地表沉降专项监测、违法建筑治理、生态保护红线划定、生态用地督查、城市副中心重大项目督查、核心区室外公共空间无障碍设施调研、城六区逾期临建调研中得到应用。

【地理信息类事项行政审批改革】市勘设测管办推动测绘成果汇交、永久性测量标志拆迁审批、地图审核、涉密基础测绘成果审批等行政审批服务事项网上申报系统建设，实现所有地理信息类行政服务审批事项都可在线申报和办理。整合办理流程和申请材料相近的行政审批服务事项，将地图审核由2项合并为1项、涉密基础测绘成果审批由2项合并为1项，在市规划自然资源委官网及首都之窗对办理指南进行更新调整，明确受理条件和办理标准。将地图审核申请材料由11项精简为5项，做好测绘成果使用申请单位服务，审批提供涉密测绘成果481项，办理测绘作业证1252件，受理审核40件公开出版、展示地图。

【绿色建筑施工图审查】市规划自然资源委在政府投资和大型公建项目中全面推行二星级绿色建筑，完成620个项目约4000万平方米绿色建筑施工图审查。

【绿色生态示范区评选】市规划自然资源委开展绿色生态示范区评选，北京新机场、2019北京世界园艺博览会园区获"北京市绿色生态示范区"称号，北京雁栖湖生态发展示范区定向安置房项目（一期）获"北京市绿色生态试点区"称号。

【装配式建筑研究与项目审查】市规划自然资源委完成"适用于北京地区的装配式建筑结构体系研究"课题研究，以及117个约1000万平方米装配式建筑项目设计审查。

【京津冀协同发展综合地图集】市测绘院牵头编制完成《京津冀协同发展综合地图集》。该图集作为国内首个区域性地图集的尝试,打破京津冀三地行政边界,系统反映京津冀区域的历史文化、城乡规划、经济社会等综合信息,展现京津冀动态演进过程。

【地下管线普查】 市测绘院完成城六区地下管线普查信息化和数据资源建设项目验收,以及地下管线图集和挂图验收;完成新城区域数据维护节点布设,以及新城区域约4万公里普查数据入库、精细三维建模和2016—2018年地下管线竣工核查项目入库。

【基础测绘】 市测绘院按照"05-1-1-4"更新周期,开展基本比例尺地形图测绘,完成沉降区一、二等水准网复测、中心城区一级加密控制测量平面高程复测;完成四环范围内1∶500地形图第一轮、第二轮更新和入库8450幅;完成六环范围内1∶2000地形图更新和入库3376幅、六环外平原地区1∶2000地形图要素更新4986幅、全市域1∶10000地形图更新888幅;完成平原地区1∶10000地形图入库364幅。免费向社会提供使用。

【新型基础测绘】 市测绘院完成北京城市副中心1∶2000比例尺地形图838幅测绘;研究World View-3高分辨率卫星遥感数据快速更新1∶2000比例尺地形图工艺,完成140幅地形图试生产。

【专业测绘】 市测绘院为北京城市副中心建设提供规划用地测绘、规划监督测绘。为大兴国际机场建设和临空经济区提供控制测量、规划测量等测绘。完成大兴国际机场跑道周边8000余平方公里区域的净空障碍物普查。

地名变更

【无名道路整治】 6月30日,全市整治无名道路专项工作结束。该项工作于2017年8月启动,在对1958条无名路梳理后,最终确认1006条无名路需要命名。命名分三批进行,第一批286条,第二批445条,第三批275条,经过查阅历史资料、现场踏勘、提出命名预案、征求属地和相关部门意见、网上公示、专家论证、再次征求属地意见、形成命名意见、审定等多个步骤,1006条无名路全部完成命名。

【第二次全国地名普查】 10月29日,北京市第二次全国地名普查成果通过国务院地普办全面审核和入库验收。

【地名规划】《门头沟区潭柘寺镇中心区地名规划》《北京市通州区运河商务区地名规划(2016—2035)》获批。

【地名审批】 全市命名地名972个,其中道路名称884个、轨道交通车站名称15个、桥梁及隧道名称73个。

(北京市规划和自然资源委员会)

城 市 管 理

公用事业

【概况】 以提升城市精细化管理水平为重点,推进制定城市精细化管理工作的意见,推进制定市政设施规划建设运行统筹管理的实施意见,推进市政公用事业建设;提升市政公用事业服务水平,确保城市生命线安全有序。推进冬奥会延庆赛区、世园会、大兴国际机场临空经济区等125公里综合管廊重点工程建设,全市共累计形成廊体45公里,共有石油、天然气管道27条、总长度1113.09公里;投资151.67亿元,完成给水、燃气、供热、环卫、热改等公用事业工程309项。推进市级重点工程建设任务,海淀北部区域能源中心建成投产,华能北京热电厂燃煤机组完成改造,完成国华、石热、高井三家燃煤电厂和木城涧煤矿关停工作;完成"煤改气"锅炉1660蒸吨;全市平原地区村庄基本实现"无煤化"的任务目标;加强储气调峰能力建设,新增两座16万立方米的LVG储罐,规范区域LNG点供市场,全市天然气年供气量约184.3亿立方米,比去年增加约21亿立方米;推进老旧小区供热管网改造。出台社会公用充电基础设施运营考核奖励办法,全市共有加油站995座,加气站143个,充电桩14.69万个。

【推进制定城市精细化管理工作的意见】 落实北京市第十二次党代会对提高城市精细化管理水平作出部署,推进制定《关于加强城市精细化管理工作的意见》,市城市管理委员会组织专班多次赴各区及基层调研,并邀请城市规划、城市管理、城市运行、法规政策等领域专家,多角度提出修改完善建议;北京市政府研究室参与修改完善工作,形成了共8部分28条的框架。提出"到2020年,城市精细化管理体系框架基本形成;到2022年,城市精细化管理体系初步形成"的工作目标;明确精细化管理具体通过法治化、标准化、智能化、专业化、社会化,以及提高运行保障能力和提高统筹协调能力来实现。

【推进制定市政设施统筹管理的实施意见】 1月12日,陈吉宁市长主持召开城市规划建设管理体制改革专项小组第二次全体会议,审议并原则通过了《加强市政设施规划建设运行统筹管理的实施意见》,

明确坚持规划引领、监管协调、集约节约和安全第一等四项原则；明确了加强规划与计划的统筹、加强建设与运行的统筹、加强应急与消隐工程的统筹和加强评估与验收的统筹等四项主要任务。12月25日，市城市管理委报送关于以市政府名义印发《关于加强市政设施规划建设运行统筹管理的实施意见》的请示，建议以市政府名义印发施行。

【推广道路公共服务设施二维码管理】印发《关于做好残破闲置设施集中清理及2018年公共设施二维码管理工作的函》（京管函〔2018〕195号）。截至年底，道路公共服务设施二维码管理覆盖城六区和郊区建成区550条主要街道，共计6.2万件。

【加强公交候车亭报刊亭规范管理】推进长安街公交候车亭更新更换，拆除各类残破、闲置设施1500处；报刊亭减量至1150座，提升公共空间设施品质。

【推进地下综合管廊建设与管理】3月22日，北京市人民政府办公厅印发《关于加强城市地下综合管廊建设管理的实施意见》，明确本市地下综合管廊规划、投资、建设、管理、运营体制机制。年内推进综合管廊重点项目建设，实施2016—2018年开工建设的2022年冬奥会延庆赛区外围配套综合管廊、世园会综合管廊、北京城市副中心行政办公区和文化旅游区综合管廊、大兴国际机场临空经济区综合管廊等125公里综合管廊重点工程，截至年底，建成廊体45公里。加强地下综合管廊运营监督管理，6月，市城市管理委印发《关于加强城市地下综合管廊运行维护管理工作的通知》，明确各管廊运营管理单位和入廊管线单位的相关职责。

【完善市政管线管理体系】构建石油天然气管道保护信息系统，绘制完成石油天然气管道综合分布图，完成218公里管道高后果区识别和检测。

【完成地下管线结构性隐患消除项目】编制《北京市2018年度消除城市地下管线自身结构性隐患工程计划项目汇编》，全市完成地下管线自身结构性隐患消除1589.1公里，包括供水管线74.1公里、排水管线352.1公里、燃气管线78公里、供热管线848.1公里、电力管线75.3公里、通信管线93.4公里以及其他管线68.1公里。

【完成华能燃煤机组改造】华能1、3、4号燃煤机组分别于10月24日、11月1日、11月4日完成电力送出改造工程，并按照预案并网发电、供热，缓解天然气供应紧张局面。

【推进电网输变电工程建设】15项"煤改电"配套输变工程竣工投产；北京新机场配套的杨各庄、张家务220kV输变电工程，张华、广夏100kV输变电工程竣工投产。

【推进压煤减煤】制定年度压煤减煤工作计划，关停木城涧煤矿。推进延庆、密云和平谷区集中供暖燃煤锅炉清洁化改造，完成全市450个村煤改清洁能源管线工程建设和设备安装调试，平原地区村庄基本实现"无煤化"，完成年初制定的煤炭消费总量削减到420万吨以内的工作目标，全市煤炭消费总量下降到400万吨以内。

【推进"煤改气"重点工程建设】全市共计完成"煤改气"锅炉1660蒸吨，农村"煤改气"138个村，其中组织市燃气集团完成8项重点"煤改气"配套燃气工程；截至年底，京台高速天然气工程完成管线敷设约16公里，完成工程总量的80%。

【新建公交专用充电设施】服务发展绿色公交，新建公交专用充电站40个、充电桩近600个，为2019—2020年公交专用充电设施建设奠定基础。

【实现"互联网＋充电基础设施"3.18万个】整合不同企业的充电服务平台信息资源，促进不同充电服务平台互联互通。截至年底，实现约1.62万个社会公用充电设施的位置查询、忙闲状态查询、充电导航等服务功能，约1.56万个单位内部公用充电设施的位置查询、忙闲状态监测等管理功能。

【加强燃气供应】推进京台高速天然气工程等燃气供应重点工程建设，加强京津冀天然气输配系统网格化建设，推进民用液化石油气财政补贴政策，实现液化石油气平价气与农村送气下乡补贴政策并轨。

【加强供热保障】推进"中南海及周边地区供热保障热力管线"和"南北联通线—滨河路南延一期热力管线"等市级重点工程建设，完成华能4台燃煤机组改造备用，完成市级供热煤炭储备5万吨，燃油应急储备1000吨。

【完成266个小区老旧供热管网改造】对266个小区的老旧供热管网改造，改造供热主管线604公里、户内管线1244公里，涉及供热面积2740万平方米，惠及居民23.4万户。

【推进水电气热通信接入服务改革】10月12日，出台《关于深化水、电、气、热、通信接入服务改革措施的意见（试行）》。改进工作机制，优化办理流程，精简办理环节，推进在线办理，实现与市政务在线审批监管平台功能对接，为用户提供"一站式"服务。

【优化电、水、气、热接入营商环境】出台《北京市进一步优化电、水、气、热接入营商环境实施意见（试行）》及《关于北京市进一步优化电力接入营商环境的意见》，国网北京市电力公司、市自来水集团、市排水集团、市燃气集团及市热力集团进驻市政务服务中心，方便用户办理市政公用设施报装业务。

市容环境

【概况】完成《北京市"十三五"时期城乡环境建设规划中期评估》，编制《2018年首都环境建设任务书》确定环境建设任务165项；全面提升市容景观管理，圆满完成"中非合作论坛"峰会等重大活动和重要节日环境保障任务。启动冬奥会环境建设筹备工作，制定冬奥运会环境建设项目2019—2021三年分年度实施计划，印发《2019年中国北京世界园艺博览会环保与生态建设组工作方案》，编制《2019北京世园会景观布置方案》。在生活垃圾分类示范片区创建工作方面，出台《垃圾分类示范片区创建验收考评办法（试行）》《垃圾分类日常运行管理检查考评办法（试行）》等系列管理办法，综合运用法律、行政、经济、科技、社会动员等多种手段，构建"全行业、全领域、全过程"的垃圾分类管理体系，开展区级党政机关强制分类。全市垃圾处理量929.42万吨，无害化处理率99.94%；粪便处理量195.26万吨，处理率97.10%；全市生活垃圾处理设施31座，消纳场34处，剩余填埋能力近6400万吨，餐厨垃圾设计处理能力达到了2180吨/日；完成580座城市厕所革命，城市公厕等级达标率达到96.74%、农村达到79.06%。

【修订首都环境建设管理考核评价制度】组织市城市管理委、市环保局、市交通委、市水务局等10个行业主管部门，对《首都环境建设管理考评指标体系》进行了修订。4月3日，编制印发《2018年首都环境建设管理考核评价实施细则》。

【完成中非论坛北京峰会环境保障】制定《2018年中非合作论坛北京峰会环境整治提升工作方案》，明确整治范围和标准，清洗粉饰建筑外立面31万平方米；规范牌匾标识2300块；更换长安街候车亭65组，维护更新果皮箱等公共服务设施1980个，油饰路灯杆3100根、交通护栏180公里、各类箱体1700个，施划交通标线16万平方米；铺设沥青路面89万平方米，人行步道铺装12万平方米，清洗粉饰各类桥体6.56万平方米；清运垃圾8万吨；绿化提升15万平方米。按照中非论坛北京峰会环境"高标准、有亮点、重特色、有创新"的思路，设置大型主题花坛9处，悬挂宣传道旗7000余面，设置标语横幅、户外广告、宣传画面238处，40家驻地酒店设置标识系统，东城、西城、朝阳、海淀、石景山区围绕会场、住地周边及道路沿线设置花坛、花堆300余处，摆放花箱花钵1.2万个，地栽花卉1045万株，圆满完成中非论坛北京峰会环境保障任务。

【推进世园会环保生态建设】制定印发《2019年中国北京世界园艺博览会环保与生态建设组工作方案》，9月29日，组织相关部门召开环保与生态建设组动员部署会。组织各成员单位制定本单位工作方案，建立工作联系人制度，跟进工作进展，统筹推进世园会环保生态建设工作。

【启动冬奥会环境建设筹备工作】4月17日，与北京冬奥组委进行对接，正式启动冬奥会环境建设筹备工作，制定冬奥运会环境建设项目2019—2021三年分年度实施计划。

【完成冬奥组委周边整治】完成建筑立面粉饰2.8万平方米，拆除、规范牌匾标识2800平方米，绿化8000平方米，平整场地926平方米，新建和修复围墙8410平方米，整修道路1804平方米、安装冬奥元素施工围挡300延长米、拆除违规单立柱广告6座。

【整治核心区背街小巷环境】城六区及通州区背街小巷环境整治1141条，截至年底，核心区按照"十无"标准、其他区按照"八无两规范"标准，完工1120条，拆除违法建筑11.01万平方米，完成治理开墙打洞2208处、立面整饰32.14万平方米、清理外挂设施装饰遮挡3032处；拆除及规范牌匾设置5051块，整修破损路面28.36万平方米，增加绿化植被2.51万平方米，通信架空线入地及规范梳理87.48公里，清理堆物堆料6.08万吨，公厕革命77座，清理小广告9.88张，新增机动车停车位482个，清理私装地锁5196个，增加便民服务设施20处。

【推进架空线入地和规范梳理】运用永磁式、预制式设备等新技术，完成核心区电力架空线入地任务79条80公里，拔除线杆3600根，核心区供电可靠性提高至99.999%，达到国际先进水平；完成308条道路165公里路灯架空线入地，新建路灯9741盏，解决了218条背街小巷有路无灯、照明不足问题。路灯架空线入地完成管道建设等主体工程，加装2783基路灯，支路胡同架空线入地完成通信管道建设1402条。中心城区推进主次干路通信架空线入地，完成管道建设等主体工程75公里。

【长安街及延长线环境景观提升】完成天安门广场东南侧建筑外立面改造提升、人民大会堂前广场道路铺装改造、设施提升改造、园林绿化提升工作。

完成建国门、复兴门两座"彩虹门"消隐改造，首次点亮"我爱你中国"字幕，成为长安街标志性景观。完成绿化提升 23.8 万平方米、树木花卉栽植 397 株；道路铺装 187.9 万平方米，路面整治 3364 平方米；完成拆除违建 7.07 万平方米，完成 46 栋楼建筑外立面改造提升、清洗粉饰立面 127.6 万平方米；新建护栏 3524 延长米，更换安装护栏 16.9 公里，油饰护栏 8.57 万延长米，规范施工围挡 8100 延长米；更新交通标志 235 块，拆除广告牌匾 130 余块等。

【提升重点大街环境】全市开展重点大街环境整治提升，开工 50 条，完工 42 条，共改造提升建筑物外立面 50.86 万平方米，拆除违建 5.5 万平方米，治理开墙打洞 306 处，整修道路 21.47 万平方米，铺装步道 18.9 万平方米，铺装公共空间 5.6 万平方米，更换护栏 3.8 万米，绿化补植 20.49 万平方米。

【启动农村地区环境整治提升】启动 1081 个村庄环境整治提升和 50 个垃圾分类示范村创建。制定农村地区公厕建设、运行补助标准，71 个试点村街坊路实现专业清扫保洁、三类以下公厕提升改造达标。全市 95% 的行政村生活垃圾得到处理，完成 49 处非正规垃圾堆放点整治。

【全市推广街巷长制小巷管家】截至 6 月底，完成所有街道和试点乡镇的街巷长选派上岗工作。全市共在 1.9 万余条大街小巷选派街巷长 1.49 万名。印发了《关于印发〈关于在全市推广建立"小巷管家"队伍的指导意见〉的函》，截至 11 月 30 日，确定开展"小巷管家"工作的街道及试点乡镇共 249 个全部完成了招募工作，共招募 29882 名，上岗巡访时长 276 万小时，累计处理解决事项 32.3 万余件，其中随手解决事项 26.2 万件，上报协调解决事项 6.1 万件。

【推进城乡结合部环境建设】针对环境基础设施滞后和环境管理薄弱环节，开展专项整治，共清理卫生死角 2.3 万处，清理暴露垃圾 12 万吨，拆除或规范广告牌匾 4869 块，清理非法小广告 363 万张，清理占路经营、店外经营及露天烧烤 4721 处，设置或完善垃圾收运设施 4903 个，新建或修缮公共厕所 277 座，新建或维修改造照明设施 4060 处，规范美化公共服务设施 703 处，修补或硬化村内道路 20 万平方米，清洗粉饰建筑外立面 19 万平方米，新建或补植绿化 22 万平方米。

【开展清理建筑物广告牌匾专项行动】落实市委、市政府工作部署，依据新版《北京城市总体规划》精神，修订 2007 年制定的《北京市牌匾标识设置管理规范》，印发《集中清理全市建筑物屋顶广告牌匾专项行动方案》，本着"拆设有序、分类实施、统筹推进"的原则，在全市范围内开展以集中清理建筑物屋顶广告牌匾的专项行动。截至年底，共规范清除 1.17 万块建筑物屋顶广告牌匾，重设 4893 块。

【提升垃圾分类处理保障能力】推进焚烧和餐厨、厨余垃圾处理设施建设，全市餐厨垃圾处理以集中处理为主，就地处理为辅；建成 29 座垃圾处理设施，总处理能力达 29292 吨/日，生活垃圾资源化率达到 58%。设置 300 余套就地处理装备，处理能力达到 1350 吨/日；新增 20 余套厨余垃圾就地处理设施，处理能力能够达到 5550 吨/日。餐厨垃圾设计处理能力达到了 2180 吨/日；全市有垃圾中转站 820 座，其中厨余垃圾中转功能的有 121 座。截至 11 月底，全市餐厨垃圾专业运输车辆增加到 720 辆，较 2017 年初增长 113%，餐厨垃圾清运处理量达到 41.21 万吨，较 2017 年同期增长 116%；建立"绿色车队"，统一运输车辆颜色、车身标准、标志标识、电话、单位。全市共有厨余垃圾运输车 543 辆，餐厨垃圾运输车 720 辆，再生资源运输车 431 辆，大件垃圾运输车 147 辆。

【开展垃圾分类示范片区创建】采取以奖代补的方法，促进垃圾分类工作开展。在全市 30% 的街道（乡、镇）开展垃圾分类示范片区创建，覆盖 120 个街道（乡、镇），1979 个社区（行政村），27273 个居民小区，社会单位等十大类责任主体，涉及常住人口 8013109 人、2946965 户。

【持续推进党政机关垃圾强制分类】在 1660 家区级党政机关 2329 家公共机构开展强制分类，累计为强制分类实施单位配备分类收集容器 4.5 万余个，开展强制分类执法检查 2754 次。

【加快再生资源回收三级管理设施布局】完善社区交投点、街道中转站和区级分拣中心的再生资源回收三级管理设施布局，铺设再生资源回收站点总计 744 个，全市 73 个分拣中心回收经营运行稳定。

【通州区再生能源发电厂运行投产】由北京国资公司下属绿色动力集团投资建设的通州区再生能源发电厂运行投产，年处理垃圾 75 万吨，提供 2 亿度上网电量，节约标准煤近 10 万吨，减少二氧化碳排放 20 多万吨。

【新能源环卫车停车楼投入使用】位于北京市丰台区草桥赵村店的马家楼新能源环卫车停车楼投入使用，总建筑面积 62594.89 平方米，是亚洲最大的单体停车楼，容纳 580 辆垃圾转运车停放，存放 120

个金属空箱，为164辆新能源垃圾转运车充电，是国内首个以运营、调度、充电、停放电动作业车为功能目标的公共设施。

【实施"五化"建设提升公厕服务品质】制定印发《落实厕所革命要求提升公厕服务品质方案》，坚持公厕分类管理，实施公厕建设市场化、设置景观化、功能集成化、运行科技化、管理人文化的"五化"建设，推进厕所革命，完成提升580座市公厕品质。

【推动城市道路深度保洁】贯彻落实全市打赢蓝天保卫战三年行动计划，以落实环卫劳动预算定额为主线，城市道路清扫保洁继续深化分级管理，提高"冲扫洗收"组合工艺作业率，城市道路机械化作业率达到90%，"冲扫洗收"组合工艺作业覆盖率达到89%。道路尘土残存量均值为11.2g/平方米，同比下降17.6%。日道路冲洗用水量达到3万吨。

（北京市城市管理委员会）

城管综合执法

【概况】北京城管执法队伍在市委、市政府坚强领导下，深入学习贯彻习近平新时代中国特色社会主义思想和党的十九大精神，紧密围绕"四个中心"功能建设和"四个服务"工作要求，认真落实全市工作部署，全市城管执法工作实现了"五个更进一步"：执法力度更进一步，结案处罚违法行为25.8万起，罚款1.8亿元，同比上升18.7%，罚款量创历史新高；全面履职更进一步，职权履职率83.3%，同比上升11.4%，在城乡建设管理领域排名第一；综合执法更进一步，完成城市管理、园林绿化87项职权的划入和履行，作出处罚5188起，同比增长20倍，综合执法的优势突显；依法行政更进一步，在执法量不断攀升的情况下，收到行政复议、行政诉讼266件，同比下降20.1%，城管执法规范性不断提升，荣获市政府法制工作先进集体；服务群众更进一步，受理群众举报31.7万件，同比下降19.8%，达到五年来最低水平，市民群众获得感不断增强。

【做好重大活动环境秩序保障工作】聚焦党的十九届三中全会、中央经济工作会议、全国"两会"、中非合作论坛北京峰会等29项重大活动，采取领导包片、实名盯守、视频巡检、联合督导等措施，全方位加强重点地区环境秩序管控，实现了会场、住地、途经路线周边500米范围内环境秩序问题"零接报"；同时，在全市组织开展市容环境秩序及安全隐患大排查、大整治，责令修复破损广告、断亮霓虹灯8548处，拆除违规广告牌匾2.8万块，查处非法小广告3.6万起，规范存在安全隐患单位2660家，实现了重大活动期间城市环境秩序整洁安全有序。

【超额完成占道经营整治年度目标】依托市、区两级占道经营整治联席会议办公室，采取挂账督办、约谈督导、典型推介等方式，持续加大店外经营、乱堆物料、摆摊设点等18类占道经营违法行为的整治力度，结案处罚17.5万起，罚款2186万元，群众举报同比下降57.3%，1106处上账点位全部按期销账，纳入专项整治的334个街乡镇，全部完成举报控制任务，动态清零达标率93%，超过年度目标114%。

【持续加强违法建设拆除工作】积极推进"控新生、减存量、攻难点"，参与拆除违法建设4758万平方米，其中新生违法建设77万平方米、楼顶违法建设11万平方米，发挥了拆违控违主力军作用，同时，聚焦薄弱地区治理，参与完成市经信委牵头组织的163家工业大院整治验收工作，积极服务了城市空间腾退、产业转型升级、城市高质量发展等全市重点工作。

【增强大气污染防治力度】固化拓展与住建、税务、生态环保等部门的惩戒联动机制，联合媒体主动曝光，不断强化大气污染防治合力，取得了"两升一降"整治成效：结案处罚施工扬尘、道路遗撒、露天烧烤、露天焚烧2.2万起，同比上升38%；罚款1.04亿元，同比上升67%；受理群众举报2.1万件，同比下降42%。其中，着重加强空气重污染应对，接到市空气重污染预警指令，第一时间调整工作重心，加强执法力量投入，全方位开展执法检查，空气重污染期间作出高限处罚589起，有力推动了大气污染防治责任落实。

【推进背街小巷治理工作】按照城六区及通州区2018年背街小巷环境整治提升和深化文明创建工作方案，对整治合格的背街小巷进行检查验收，重点督导查处新生违法建设、无照经营、店外和邻街经营、堆物堆料、违规广告牌匾和非法小广告等六种违法行为。参与全市专项检查1360余次，查处各类违法行为5.1万余起，清除、没收小广告3.1万余张。

【深化运营专项执法工作】针对整治"黑摩的"屡治屡返、履治不绝的顽症，与市公安局、市交管局会商研究，区分黑摩的扰乱公共秩序、违法上路行驶、非法运营三种违法形态，明确职责，制定印发了《关于在打击整治"黑摩的"秩序类违法活动中强化全环节综合执法的工作意见》，扩大了向公安机关移送黑摩案件的证据范围，除乘客笔录之外，音频视频也可以作为非法运营处罚证据。

【积极推进生活垃圾分类】采取日常巡查、道路设卡、交叉执法、宣传引导等措施，加强餐厨垃圾规范收运和生活垃圾强制分类，结案处罚8616起，同比上升53%；罚款619万元，同比上升14%，维护了城市土壤和水环境安全。

【落实扫黑除恶工作】按照"有黑扫黑、无黑除恶、无恶治乱"的总要求，结合城管执法工作实际，推动扫黑除恶工作在本系统推进。组织召开扫黑除恶联络员会议4次，坚持以治乱为切入点，完善与市公安局治安总队、市交管局、通信管理局等相关职能部门的沟通渠道，针对违法建设、非法小广告、非法运营等容易产生黑恶问题的环境秩序问题，进行了专项部署，开展专项整治，市、区两级排查涉黑涉恶信息5条。

【突出安全生产执法监管工作】持续固化燃气安全专项执法市区街三级培训指导、执法示范联动机制，加强典型案例办理，同时推广应用燃气执法APP提升执法效能，牵动全系统检查各类燃气供应和使用单位6.5万余家，规范存在隐患问题单位2798家，立案1327起，罚款270余万元。

【提高城市精细化管理水平】在固化执法检查、举报奖励、视频巡检等做法基础上，充分依靠小巷管家等社会力量以及扬尘在线监控等技术手段，不断提高发现问题的及时性、准确性；牵头起草《搭建城市管理联合执法平台实施方案》，进一步提高部门联动水平；积极用好"四公开一监督"平台，充分履行综合监管职责，发送《监管通知单》8.4万件，有效解决了一大批领导关心、群众关注的重难点问题；探索推进信用监管，向"信用北京"和"信用中国"推送行政处罚信息5.8万条，持续健全多元惩戒机制；加强全过程监督管理，牵头起草《关于建立北京市城市管理联合执法大数据指挥调度平台的实施方案》，积极推进落实。

【扎实做好群众来电受理工作】强化96310城管热线服务意识，切实发挥联系群众的桥梁及纽带作用，妥善做好群众诉求事项办理工作。全年共受理群众各类来电42万件，其中，办理群众各类诉求事项32万件；为群众提供各类咨询服务10万件；电话回访15.2781万件，即时解决率为100%，群众满意度为72.1%。

【推进政府热线资源整合工作】推进市非紧急救助服务中心与96310城管热线与政府热线进行资源整合工作，制定96310城管热线与政府热线资源整合工作实施方案，稳步实施96310城管热线与市政府12345服务热线的整合工作，尽快实现全市政府服务热线"一号通"的工作目标。

【推进城管执法体制改革】认真落实市委市政府改革部署，城管执法人员90%下沉到基层一线，联合公安、交管、市场监管、应急管理等执法力量，在街乡镇指挥下开展综合执法工作。从园林绿化、城市管理部门划转新职能87项，全面提高新职能执法履职率。初步搭建市级城市管理联合执法平台，完善研究会商、联合执法、督导检查等九项工作机制，推动"街乡吹哨、部门报到"机制在执法一线有效运行。

【打造过硬执法队伍】健全完善因公致伤慰问办法，学习借鉴公安部门经验，提出意外伤害保险、基层津贴、及时奖励等方面政策建议；加大先进典型推树力度，城管执法队伍荣获市级以上先进集体、先进个人46项，职业荣誉感逐步增强。组织各类培训220期，培训1.9万人次，实现教育培训全覆盖，有效提升了队伍依法行政、科技信息、宣传发动、应急处置等工作水平。

大事记

1月

17—18日 温天武副局长分别带队赴市城市管理委、市园林绿化局座谈研究职权划转对接工作。

27日 温天武副局长参加市十五届人大一次会议新闻发布会，介绍我系统2018年在开展城市精细化管理工作中，所采取的措施和工作目标。

2月

12日 王连峰副局长参加园林绿化行政处罚权交接仪式，市园林绿化局高士武副局长出席。双方在仪式上共同签署园林绿化行政处罚权交接清单，正式完成园林绿化行政处罚权交接工作。

3月

21日 王连峰副局长带队赴生态环境部环境监察局调研"环境监管执法平台"的建设和运行工作情况，座谈调研联合行政执法指挥调度平台搭建相关工作。

4月

23日 2018年城管执法系统第一期新录用人员培训班开班仪式在顺义区安利隆山庄举行。

26日 市政府召开市城管执法协调领导小组暨城管执法系统总结部署电视电话会。

5月

7日 2018年城管执法系统处级领导干部培训

班开班仪式在阳光丽城培训中心举行,党组书记、局长孙连辉同志出席仪式并讲话。

6月

4日 市局组织开展"城管热线暨城管执法静心2018中高考服务保障"主题开放日活动,温天武副局长出席活动并讲话。

29日 市城管执法局机关召开庆祝建党97周年暨"七一"表彰大会。

7月

4日 市局召开城管综合执法网格化建设与综合监管调研课题推进会。

6日 市委常委、组织部部长魏小东同志带队到市城管执法局调研,实地察看了城管物联网指挥中心,召开了座谈会并作了重要讲话。

9月

5日 市委副书记、市长陈吉宁到市局调研,察看了城管物联网指挥调度平台,主持召开座谈会,听取了城管执法工作情况汇报,并作了重要讲话。

19日 市城管执法局联合市公园管理中心组织召开市属公园环境秩序综合整治专项执法行动动员部署会。

10月

25日 党组副书记、副局长赵世龙同志主持召开北京市城管执法队伍"强基础、转作风、树形象"规范执法行为年工作推进会。

12月

5日 周霆钧副局长带队赴市经济和信息化局,就下一步推进综合执法大数据指挥调度平台建设工作进行调研座谈。

14日 周霆钧副局长主持召开综考工作会,部署城管执法系统综合考评实施细则修订工作。

29日 党组副书记、副局长赵世龙同志主持召开机关工会2018年工作总结会。机关工会委员、经审委员、分会主席、分会小组长和各处室代表参加会议。

(北京市城市管理综合行政执法局)

园 林 绿 化

【概述】2018年,北京市园林绿化系统圆满完成了市委、市政府和首都绿化委员会部署的各项任务。全市新增造林绿化面积1.79万公顷、城市绿地710公顷。全市森林覆盖率达到43.5%,平原地区森林覆盖率达到28.5%,森林蓄积量达到1798万立方米;城市绿化覆盖率达到48.44%,人均公共绿地面积达到16.3平方米。

绿化造林。北京推进京津风沙源治理、太行山绿化等国家级重点生态工程,完成人工造林0.23万公顷,封山育林1万公顷、森林健康经营4.67万公顷;完成京冀生态水源保护林建设0.67万公顷,累计完成6万公顷。

义务植树。启动了全市"互联网+义务植树"试点工作。全市共有404.5万人次以各种形式参加义务植树,共植树193.3万株,抚育树木1100万株。社会力量认建认养绿地187块、750.9万平方米,认养树木3.9万株、古树21株。

重大活动保障。北京高水平完成国庆69周年、烈士纪念日敬献花篮、中非论坛等重要节日、重大活动的景观环境服务保障任务。国庆期间,全市布置各类主题花坛83座,小型花坛小品171座,营造了节日的喜庆氛围。

【国际森林日植树活动】3月21日,2018年度"国际森林日"植树纪念活动在北京房山区张坊镇举办。10多个国家和国际组织代表,全国绿化委员会成员单位、有关部门(系统)代表及各界群众共200余人参加植树纪念活动,栽植油松、国槐、柿树、白蜡、五角枫等苗木700余株,形成新的纪念林0.33公顷。2013—2018年,中国连续6年在北京市举行"国际森林日"植树纪念活动。国家林业局,全国绿化委员会办公室、市政府办公厅、首都绿化委员会办公室、房山区委区政府等部门有关领导参加植树活动。北京市园林绿化局(首都绿化办)局长(主任)邓乃平,副主任廉国钊、副巡视员贲权民、王小平、刘强,以及机关处室负责人一同参加。义务植树活动开展37年来,首都地区有1亿多人次参加了义务植树劳动,栽植树木2.03亿株,为改善首都绿色生态环境做出了突出贡献。

【共和国部长义务植树活动】3月31日,共和国部长义务植树活动在北京市朝阳区十八里店丹枫公园地块举行。中直机关、中央国家机关各部委和北京市的151名部级领导干部参加了义务植树活动。共栽植油松、银杏、国槐、玉兰等树木1200余株,形成新的纪念林25.33公顷。共和国部长植树的丹枫公园地块,位于朝阳区十八里店,距离市中心约19公里,原为城乡接合部,朝阳区按照"疏解整治促提升"的要求,规划建设了总面积62.33公顷的丹枫公园。

【首都全民义务植树日】4月1日,北京市党政军学民参与首都绿化、美化家园的全民义务植树活动。16个区都安排主题多样的区四套班子领导参加的义务植树活动。北京林业大学开展以"高擎团旗跟党走、美丽中国青年行"为主题的2017年绿桥、绿色长征活动推进会。全市有113万市民当天奔赴城乡各地,参加市、区、街乡重点绿化工程、单位庭院、住宅区植树、种花、种草、挖坑、整地,管理树木、养护绿地等绿化美化劳动,开展科技咨询和绿化美化宣传活动。共挖坑81.99万个,栽植各类树木77.53万余株,养护树木478万余株,清扫绿地1634.15万平方米,设咨询站1024个,发放宣传材料90.83万份。

【新一轮百万亩造林工程】北京新一轮百万亩造林的工程启动,北京市园林绿化局会同市相关部门编制完成了新一轮百万亩造林绿化建设总体规划、工程建设行动计划和2018年建设任务总体方案。在绿隔地区腾退还绿,腾退土地1066.67公顷（1.6万亩）、拆除建筑1000余万平方米,新增绿化面积2293.33公顷（3.44万亩）、改造提升1833.33公顷（2.75万亩）,实施了一道绿化隔离地区13处城市公园、二道绿化隔离地区7处郊野公园建设;在平原地区实施大尺度绿化,通过退耕还林还湿、疏解腾退还绿、填空造林,建设大尺度森林7800公顷（11.7万亩）,恢复湿地1767公顷,新建湿地611公顷。全市共完成百万亩造林1.57万公顷（23.5万亩）,植树1012万株。形成千亩以上绿色板块40个、万亩以上大尺度森林湿地6处,打造绿色风景走廊50公里;显著扩大了城市绿色生态空间,增强了市民绿色福祉。

【城市休闲公园建设】新增10处为民办实事城市休闲公园,总面积49.5公顷,已完成栽植面积35.8公顷,占总面积的72%。

【实施精品街区建设】完成北京东城区故宫周边筒子河绿地、西城区白云路、展览馆路街区绿化提升1.7万平方米;开展海淀园外园三期、门头沟绿海运动公园等公园绿地改造64.3万平方米,完善提升公园景观品质和游憩功能。加强老旧居住区绿化改造,延庆温泉西里等老旧小区绿化改造提升开工建设,完成绿化改造17万平方米。丰富城市"第五立面",缓解城市热岛效应,实施立体绿化建设工程,海淀琨御府空中花园二期、门头沟中昂小时代等完成7.5万平方米。完成石景山六合园社区、通州芙蓉路等垂直绿化14.7公里。2018年,完成1141条背街小巷环境整治提升和深化文明创建工作,其中核心区完成615条（东城区300条、西城区315条）。

【北京城市副中心绿化建设】北京市城市副中心在绿化建设方面,安排的45个项目稳步推进,28个续建项目已完工6个、完成主体栽植21个,实施绿化2526.67公顷;17个新建项目全部完成前期工作函、施工招标等手续办理,实施绿化2520公顷。2016年至2018年,城市副中心已累计竣工48个绿化项目,完成绿化建设1.12万公顷,其中新增林地绿地4400公顷、改造提升6800公顷,建成了5处大尺度郊野公园和森林湿地,建成各类公园16个。

【永定河综合治理工程】永定河综合治理与生态修复加快推进,启动了丰台北天堂森林公园、门头沟永定河滨水森林公园建设,新增造林3333.33公顷,完成森林质量提升项目4933.33公顷。

【京津风沙源治理工程】京津风沙源治理二期工程2018年林业建设总任务1.16万公顷,其中困难立地造林1600公顷、封山育林1万公顷,涉及门头沟、房山、昌平、平谷、怀柔、密云、延庆7个区及市属京西林场。共计栽植各类苗木140多万株,修建作业步道3.5万米,铺设浇水管线12万米,建封育标牌74块、围网3.1万米。

【京津生态水源保护林建设】完成京冀生态水源保护林建设6666.67公顷,累计完成6万公顷。同时,对5.33万公顷京冀生态水源保护林进行了碳计量监测。

【世界园艺博览会的筹备】北京世园会"四馆一心"（即中国馆、国际馆、生活体验馆、植物馆和演艺中心）建设基本完成,完成园区公共绿化景观乔灌木种植,道路框架体系基本成型。北京园筹备工作全面展开,百果园完成采购4000余株、180个品种大规格果树。

【增彩延绿科技创新工程】完成了2015—2018年增彩延绿示范区内新优植物品种生长情况的调查工作;引进和培育24个国内外彩叶新优品种约2.5万株,成活率达到90%以上;确定行道树、造型树等标准化管理技术方案10套,示范种植面积13.33公顷;建立了引进植物品种的病虫害监测档案;采用园林废弃物覆盖保水和林下生态循环等综合技术措施,保障苗木高效用水,节水50%以上。分别建设了东城区新中街示范区、海淀区西山国家森林公园示范区、房山区青龙湖森林公园示范区、丰台区莲花池城市森林公园示范区等4处,共计浅山区示范区2处,面积约63.33公顷,城市重点区域示范区2处,面积约4万平方米,示范栽植白皮松（菌根）、七叶树、车梁木、楸树、"丽红"元宝枫、涝峪苔草等新优植物50余种,累积栽植新优乔灌木20000余株,新优地被50余万株,示范区内采用园林绿化废弃物、生物活性肥和生物菌肥等进行土壤改良,示范展示集雨节水技术。

【机构改革】 北京市园林绿化局按照市委、市政府部署，扎实推进机构改革工作，新增了自然保护地管理职责，优化了机关内设机构设置，明确了市属公园纳入全市归口管理，城乡统筹的管理体制不断完善。局属经营性事业单位转企改制扎实推进，全面开展了事业单位所办企业清理规范工作。深化放管服改革，营商环境显著优化。政务服务事项由74项精简到37项，清理取消9项要求企业和社会出具的各类证明，社会投资类事项办理时限从20个工作日大幅压缩到6个工作日以内；调整了行政处罚权力清单，181项行政处罚职权合并调整为144项，36项划转市城管执法局。积极推行"互联网＋政务服务"，98％的公共事务实现了"一网通办"。

【园林绿化规划编制】 北京市园林绿化局围绕落实市委、市政府办公厅印发的《北京城市总体规划实施工作方案》，对涉及园林绿化的13项任务进行细化分解，确定了31项重点规划任务，已完成12项。配合市规划部门完成对各区分区规划的审查，编制完成了新一轮百万亩造林总体规划、森林城市建设发展规划，启动了全市绿地系统、林地保护利用、湿地保护发展等专项规划编制。编制完成浅山区造林、城市副中心园林绿化建设、森林防火等一批专项行动计划。开展了松山、百花山等国家级和市级自然保护区总体规划修编工作，启动了《古北口长城景区详细规划》编制，编制完成《八达岭—十三陵风景名胜区详细规划（延庆部分）》，并获得国家林草局批复。

【园林科技保障支撑】 北京市园林绿化局全年制定北京市地方标准18项，推广科技成果14项，实施重要科研项目15项，制定了新一轮百万亩造林绿化技术导则，以及土壤污染防治和裸露地生态治理、废弃物和达标污泥利用、集雨节水、生物多样性保护等一批实施意见和标准。全年建设增彩延纷示范区4处、废弃物利用示范区3处；在公园绿地中积极推广栽植野生植被，丰富了生物多样性；探索构建树木健康诊断体系，完成核心区5.5万株大树的核查。制定了冬奥会和冬残奥会低碳管理工作方案，启动了松山自然保护区生态监测站建设。加大杨柳飞絮标本兼治，完成杨柳雌株治理30万余株。

大事记

1月

10日 首都绿化委员会办公室在京西林场组织召开市级首都全民义务植树尽责基地2017年工作总结暨2018年工作安排会议。

21日 欧洲森林研究所城市林业专家弗里斯博士应邀来京交流城市森林建设，交流建设城市森林的国际经验。

2月

3日 由北京市园林绿化局、北京花卉协会主办，由中国花卉协会零售业分会、丰台区园林绿化局等6家单位承办的"2018年北京迎春年宵花展"在北京花乡花卉创意园开幕。本届活动邀请天津、河北的协会组织和企业一同参与。

24日 北京市副市长卢彦专题调研世园局工作。听取世园会北京室外展园设计方案汇报，前往昌平区实地检查森林防火工作。

3月

1日 北京市在房山区十渡镇举办了"2018年世界野生动植物日"宣传活动。

16日 2018年香港花卉展览北京展区荣获最佳设计金奖。由北京市园林绿化局组织布展实施的北京展区以"花漾街景美生活"为设计主题，选取菊花、大丽花为主花材，呈现了一幅"心花放"的北京胡同生活整体画卷，荣获最佳设计金奖。

16日 国际园艺生产者协会（AIPH）主席伯纳德.欧斯特罗姆先生考察北京花卉产业，参观了昌平区雁北路百合专业合作社和昊景花卉种植基地。

21日 举行"国际森林日"植树纪念活动，首都2018义务植树活动正式拉开帷幕。此次活动由全国绿化委员会、国家林业局、首都绿化委员会共同在房山区张坊镇"互联网＋义务植树"基地举行。联合国粮农组织、国际竹藤组织等国际组织、外国驻华使馆代表以及各界代表240余人参加活动，共栽植油松、国槐、柿树、五角枫等700余株。

4月

1日 北京市党政军学民参与首都绿化、美化家园的全民义务植树活动。16个区都安排主题多样的区四套班子领导参加的义务植树活动。共挖坑81.99万个，栽植各类树木77.53万余株，养护树木478万余株，清扫绿地1634.15万平方米，设咨询站1024个，发放宣传材料90.83万份。

1日，中央军委领导、军委机关各部门和驻京大单位领导共同参加首都义务植树活动。中央军委副主席许其亮、张又侠参加。北京市委书记蔡奇，北京市市长陈吉宁陪同。军地领导在大兴区礼贤镇李各庄村植树点栽种白皮松、玉兰、榆叶梅等1500余株。

2日 党和国家领导人习近平、李克强、栗战书、汪洋、王沪宁、赵乐际、韩正、王岐山等来到北京市通州区张家湾镇参加首都义务植树活动。

8日　北京市举办第36届"爱鸟周"宣传活动。活动由北京市园林绿化局、密云区政府及北京野生动物保护协会共同举办，十余家野生动物保护单位协办。

9日　北京市副市长卢彦督导检查2018年春季造林工作。深入朝阳区十八里店乡丹枫公园拆迁腾退地、城市副中心"绿心"中心公园绿化施工现场督导检查、观摩交流，并召开市新一轮百万亩造林绿化总指挥部会议。

11日　全国人大常委会副委员长曹建明、张春贤、沈跃跃、艾力更·依明巴海、王东明、白玛赤林，秘书长杨振武以及全国人大常委会、全国人大专门委员会部分组成人员，来到北京市丰台区北宫国家森林公园全国人大绿化基地参加义务植树活动。

5月

7日　北京市园林绿化局召开全市新一轮百万亩造林绿化工作调度会，通报了近期新一轮百万亩造林绿化工作进展情况。

11日　第十届北京月季文化节开幕。在世界花卉大观园、北京植物园、天坛公园、陶然亭公园、北京国际鲜花港等12家园区展示近千万株2300余种月季，供游客观赏。

6月

29日　第四届北京百合文化节在延庆区开幕。活动场地共种植百合品种64个、70多万株，打造出10万平方米的百合花海，成为全市独具特色的百合主题公园。

7月

4日　北京市大兴区魏善庄月季主题园荣获"世界月季名园"称号。在丹麦哥本哈根举办的第18届世界月季大会上，大兴区魏善庄月季主题园以众多的月季品种，丰富的月季文化内涵获得世界月季联合会评审委员会的认可，从包括美国、加拿大、德国等国家地区月季园中脱颖而出，获得"世界月季名园"这一月季界的最高荣誉。这是2016年国际月季大会后北京市在月季行业取得的首个国际荣誉。

9日　北京市委书记蔡奇专题调研平谷生态涵养区，现场听取森林城市创建工作。实地察看平谷湿地公园绿色景观和生态保护工作。要求始终把生态环境建设放在首位，统筹山水林田湖草系统治理，结合新一轮百万亩造林绿化工程，大幅度扩大绿色生态空间，争创国家森林城市。

22日　新中街城市森林公园建成开放，总面积达11042平方米，是北京市2018年重要民生实事项目。

8月

17日　2018年中非合作论坛北京峰会服务保障工作誓师动员大会召开。

23日　北京、天津、河北、山西、内蒙古、山东六省市（区）林木种苗工作交流会在京召开。

28日　北京市完成中非合作论坛北京峰会环境景观提升工程。重点围绕"三区、两线三环、十点、多景"实施环境景观提升，共布置大型主题花坛25座，小型花坛、花堆等小品300余处，花柱102根，花箱1.2万个，栽植地被花卉千万余株，品种100多个。

29日　"2018年平原地区规模化苗圃建设实施方案"委办局联审会顺利召开。

30日　日本外务省代表团赴北京市昌平区中日绿化合作纪念林参加植树活动。国家林业和草原局国际司、对外合作项目中心以及北京市园林绿化局相关领导参与了植树活动，共栽植白皮松5株。

9月

8日　第十届北京菊花文化节在北京国际鲜花港正式开幕。

8日，北京市园林绿化局森林公安局组织召开全市电视电话会议，全面部署"绿剑2018"专项打击行动。

26日　京津冀联合开展森林火灾应急处置演练，北京市平谷区、怀柔区、密云区、昌平区、顺义区，天津市蓟州区，河北省三河市等地10支专业队伍210名森林消防队员参加了演练。进一步提高了三地森林防火组织指挥和协同作战能力，为做好2019防火年度京津冀联合防火工作和探索京津冀协同发展应急管理机制打下了坚实基础。

10月

15日　平谷区在2018森林城市建设座谈会上荣获北京市首个"国家森林城市"称号。

24日　北京市副市长卢彦主持召开新一轮百万亩造林绿化工程建设总指挥部会议，审议通过了《北京市新一轮百万亩造林绿化行动计划2019年度建设总体方案》，16个市级部门和16个区政府相关领导作为成员参加了会议。

11月

24日　北京市首次开启冬季全民义务植树尽责活动。

27日　北京市园林绿化局（首都绿化办）召开领导干部警示教育大会。

28日，北京大兴国际机场2018年绿化建设任务全面完成。新增造林绿化282.93公顷，目前机场周边现有森林面积1.79万公顷，森林覆盖率达到36.35%，基本形成"几何状、大色块、大绿、大美"的森林景观。

12月

19日 北京市园林绿化局、市公园管理中心在天坛公园举办"最美十大树王"发布仪式，北京市园林绿化局（首都绿化办）局长（主任）邓乃平、副局长戴明超参加发布仪式。

21日 北京市首个区级"互联网＋全民义务植树"基地在朝阳区望和公园落成。

（北京市园林绿化局）

水务建设与管理

【概述】2018年，北京市水务系统深入贯彻落实中央和市委、市政府决策部署，扎实推进"治水管水护水"，水治理体系进一步完善，水治理能力稳步提升，水务事业呈现蓬勃向上的良好发展态势。全年用水总量控制在40亿立方米以内，万元GDP水耗12.96立方米，污水处理率达到93%，再生水利用量10.8亿立方米，完成水务建安投资超过185亿元，有力支撑了首都经济社会持续健康发展。

【水资源概况】2018年全市平均降水量590毫米，形成水资源总量为35.46亿立方米，其中地表水资源量为14.32亿立方米，地下水资源量为21.14亿立方米。大中型水库年末蓄水量为34.18亿立方米，其中密云水库蓄水25.71亿立方米，同比增加5.42亿立方米；官厅水库蓄水5.33亿立方米，同比增加0.9亿立方米。全市平原区年末地下水埋深为23.03米，同比回升近2米。

【水务规划】围绕贯彻落实《北京城市总体规划（2016—2035年）》，制定了水务系统落实总规分工方案，明确2020年前19项涉水重点任务的责任部门和完成时限要求。组织开展全市分区规划审查，指导督促各区将城市总体规划中涉水指标和任务分解落实到分区规划中，特别是明确各区用水总量、污水处理率等控制性要求和河湖水域空间的管控要求。围绕构建城市副中心防洪体系，研究"通州堰"规划方案，确定了"上蓄、中疏、下排"多级滞洪缓冲系统的布局结构。按照"开辟东线"的要求，配合推进南水北调东线二期规划编制工作，完成了2035年分区水资源初步配置方案及工程总体布局。配合开展城市体检，对2017年度城市总规各项涉水指标完成进展情况进行跟踪评估。

【城乡供水】2018年，全市市区供水总量13.76亿立方米，同比增加3%。做好高峰供水运行安全保障，市区高日供水346.6万立方米，同比增加3.6%。完成294个单位（小区）自备井置换和392个老旧小区内部供水管网改造，均超额完成计划任务。加强水质督查，组织对全市公共水厂及部分乡镇水厂进行水质督查，聘请第三方检测机构采集检测水样420个，并邀请媒体对督查过程进行现场监督。加快供水设施建设，建成顺义城南水厂、房山良乡水厂，第十水厂具备调试运行条件。新建改造供水管网343公里；新建东五环4.7公里DN1000供水干线，主管线压力平均提升20米，基本满足朝阳东坝地区近15万人用水需求。

【节水型社会建设】深入落实"节水优先"战略，围绕贯彻国家节水行动。2018年，朝阳、通州、房山、密云四区完成节水型区创建验收，全市累计建成节水型区7个，完成1000个节水型单位（企业）和社区（村庄）创建，换装高效节水器具20万套，城镇居民家庭节水器具普及率达到99.4%。对计划用水指标执行情况按单月预警、双月考核，全年收取超计划累进加价费997万元。出台用水精细化管理工作指导意见，试点探索用水"计划到村、管理到户、统计到乡镇"，确定通州区漷县镇后地村和怀柔区桥梓镇口头村为农村用水精细化管理试点。加快落实"两田一园"高效节水方案，近2000个村完成农业水价综合改革，新增改善高效节水灌溉面积8.3万亩，农田灌溉水有效利用系数达0.74。充分利用再生水资源，进一步扩大全市生态环境、市政市容、园林绿化、工业生产、居民生活等领域的再生水利用量。制定城镇非居民用水超定额累进加价实施办法，促进高耗水、高污染企业加快退出。持续加大节水宣传，采取不同形式组织"七进"等系列宣传活动，提升全社会节水意识。

【南水北调建设】

大兴支线工程。大兴支线工程位于北京市大兴区及河北省固安县，主要连通北京南干渠与河北廊涿干渠，使北京与河北的南水北调水互联互通，为规划北京新机场水厂提供双水源通道，同时为北京增加一条南水北调中线水进京通道。大兴支线连通管线采用1-DN2400球墨铸铁管，全长约46公里，设计输水流量6.1立方米/秒；新机场水厂连接线采用2-DN1800管线，全长约14公里，设计输水流量4.9立方米/秒。截至12月底，主管线完成总量的73%，泵站完成60%。

东干渠亦庄调节池扩建工程。东干渠亦庄调节池承担第十水厂和亦庄水厂的水源切换任务，调节池总调节容积260万立方米，其中亦庄调节池（一期）调节容积52.5万立方米，扩建亦庄调节池调节容积207.5万立方米。截至12月底，调节池完成总量的70%，微地形完成总量的47%，进水管线完成总量的84%，溢流管线完成总量的84%。

河西支线工程。河西支线工程为丰台河西第三水厂、首钢水厂、门城水厂供水，为丰台河西第一水厂、城子水厂及石景山水厂提供备用水源。河西支线工程设计规模10立方米/秒，总长18.8公里，采用1根DN2600管道。截至12月底，中堤泵站完成总量的28%，园博泵站及调度中心完成总量的40%，管线完成总量的12%。

团城湖至第九水厂输水工程二期。团城湖至第九水厂输水工程（二期）承担着向第九水厂、第八水厂、东水西调工程沿线水厂供水的任务。本工程是配套工程"一条环路"中的最后一段未建工程，该工程建成后，环路将会实现全线贯通。工程总长度约为4.0公里，隧洞工程主体采用盾构法施工，输水隧洞为1条内径4700毫米的钢筋混凝土双层衬砌结构。截至12月底，管线工程完成总量的51%。

【污水处理】第二个三年治污方案加快推进，完成通州甘棠、海淀上庄、高安屯再生水厂（二期）等14座再生水厂主体工程建设，完成104个规模以上排污口治理，解决了300个村的污水收集处理问题。2018年，全市污水处理量19.75亿吨，污水处理率达到93%，其中：中心城污水处理率达到99%。

【黑臭水体治理】2018年，黑臭水体治理取得阶段性成果，建成区57条段黑臭水体治理通过了国家专项检查，非建成区84条段治理任务全面完工，全市排查出的141条黑臭水体整治初见成效。

【污水处理厂运行监管】强化污水处理厂日常运行监管，向城镇68座污水处理厂和再生水厂派遣监督员993人次，完成现场巡查331厂次，督促运营单位加强污水处理厂运行管理。同时委托水质检测机构，对城区污水处理厂和污水管网以及重点排水户进行监测，年获得检测数据2.7万个。

【海绵城市建设】健全组织机构，印发《北京市海绵城市建设工作联席会制度》，统筹负责全市海绵城市建设工作，做到"规划一张图、建设一盘棋、管理一张网"。在北京市水务局设立海绵城市工作处（雨水管理处），具体负责全市海绵城市建设管理相关工作。加快推进海绵城市建设，稳步推进通州区国家海绵城市试点建设，截至年底，全市建成区16%的面积基本达到了海绵城市的要求。

【防汛安全保障】2018年汛期，全市平均降水量为479.6毫米，比常年同期偏多20%，出现降雨过程56次，冰雹过程12次，6级以上短时大风过程13次。其中，7月16日和8月8日强降雨过程中最大小时雨强均超过100毫米。台风"安比""摩羯""温比亚"先后影响北京，其中以台风"安比"最为明显。受降雨影响，7月16日，密云水库张家坟水文站出现1300立方米/秒的洪峰，为1998年以来最大洪水。在全市各级防汛部门的共同努力下，成功应对"7.16""7.24""8.8"等强降雨天气，取得了首都安全度汛的全面胜利。

【优化营商环境改革】聚焦优化营商环境，落实"放管服"改革要求，水务部门公共服务事项从38项优化精简到14项。供水排水接入服务进驻政务服务中心，大幅压减办理时间和工作环节，将供水、排水办理事项时限压缩至10个工作日之内，压缩比例达50%以上。

【"十三五"水专项】加强组织领导，建立市级水专项联席会议制度，协调推进通州区水务示范工程、水土保持生态修复工程、沙河水库湿地公园、种植业面源污染控制、畜禽粪污资源化等示范工程。以城市副中心项目为试点，实施科学家驻点工作机制，由城市副中心项目选派骨干技术人员前往通州区水务局驻点工作，服务通州区水环境改善。依托"十三五"水专项项目遴选10名农村治污首席责任专家和相应专家团队，对接10个郊区，为农村污水处理工程提供技术支撑。

【法治建设】对现行水务地方性法规、政府规章进行全面清理，完成《水利工程保护管理条例》《防洪法实施办法》和《水污染防治条例》修订工作，实现"水影响评价审查""河长制""河道砂石禁采"正式入法。加大水政执法力度，围绕社会关注的黑臭水体、河湖水环境改善等问题，组织开展河湖水环境与排水、水资源与节水、水土保持、水务工程建设和安全生产专项执法，严厉打击非法排污、倾倒垃圾渣土、违法建设、盗采砂石、侵占水域岸线等违法行为。2018年，全市水务系统开展行政执法检查55341次，依法查处违法水事案件4348起，罚款3225.32万元，维护了正常的水事秩序。

【河长制工作】健全完善市级河长流域管理体制，将全市12个流域调整为14个流域，19位市级领导担任市级河长和参与河长制工作。印发《北京市在湖泊实施湖长制工作的实施方案》，在东城、西城、朝阳、海淀、丰台、房山、大兴7个区设三级湖长，区级湖长均由副区长担任，建立完成湖长制工作体系。建成河长制管理信息系统、北京河长 APP，开通北京河长微信公众号，实现各级河（湖）长、河长制湖长制工作队伍、一线管护人员网上实时办公。狠抓河长制落地见效。2018 年，市级河长调研督导河（湖）长制工作 63 人次，批示 103 件次；区级河长累计巡河 1115 人次，发现解决问题 706 件；镇、村级河长巡河近 15 万人次，发现解决问题 2.2 万余件。开展"清四乱"专项行动，对全市范围内乱占、乱采、乱堆、乱建等河湖保护突出问题开展专项清理整治行动。组织开展"清河行动"，集中力量清理整治河湖管护范围内的垃圾渣土、违法建设等问题，累计清理垃圾渣土 29 万立方米、拆除违法建设 49 万立方米。

（北京市水务局）

天 津 市

住房城乡建设工作

城乡建设概况

全面完成城建投资任务。2018 年，天津市完成市政基础设施和房地产开发投资 2676 亿元。全年房地产开发新开工 2479 万平方米，累计在施工面积 10324 万平方米，竣工 2092 万平方米。

房地产市场得到有效稳控。天津市印发《关于进一步做好我市房地产市场调控工作的通知》，严格落实"三价联控"，全年成交各类房屋 2435 万平方米，实现国务院提出的住房价格稳控目标。加快培育和发展住房租赁市场，2018 年住房租赁市场规模达到 3780 万平方米，租购并举的住房制度逐步形成。初步建成房地产开发企业诚信评价体系，形成多部门联合奖惩机制，进一步营造了优胜劣汰的市场环境。

综合交通建设提速。地铁建设接续发展。2018 年中心城区地铁累计在施 7 条线 163 公里。地铁 5 号线、6 号线实现通车运营，形成闭合环线；1 号线东延线李楼、双林两站开通运营，全市轨道交通运营里程达到 220 公里。4 号线南段、10 号线一期、滨海新区 B1、Z4 线工程加快建设；启动实施地铁 7、11 号线土地房屋征收工作。

城市路网不断完善。外环线东北部调线（津汉—津榆公路段主线）具备通行条件；华昌道立交主线工程完工。光荣道（天平路—外环线）、淮东路（普济河道—外环线）、雪莲路（津塘公路—津滨大道）等一批主干道路实现通车。积极推进国家会展中心周边配套基础设施建设，启动了东文南路、会展轮候区等 23 项市政配套基础设施三年建设计划。

惠民工程见到实效。开工建设棚改安置房 2.58 万套，当年基本建成 1 万套，提前完成全年任务，完成 39 万平方米棚户区改造以及 1306 个片区、4041 万平方米老旧小区和远年住房改造以及新增租房补贴家庭 0.5 万户年度任务。完成非成套住宅供电线路提升改造专项工程 30 万平方米，1 万户居民受益；完成直管民用公房维修 102.97 平方米，让 2.28 万户受益，将全市应急解危专项资金管理使用事项下放至各区，对改善业主居住环境发挥了资金保障作用。

完成水气热旧管网改造 230 公里。实施 208 万平方米既有居住建筑节能改造，对 173 万平方米既有公共建筑实施供热计量及节能改造。完成华坪道、宝带路等 7 项排水管线工程。实施南仓桥辅道等 6 处卡口改造，方便了群众出行。完成张贵庄、津沽、北仓 3 座原址提标污水处理厂改造，实现地标 A 达标排放；咸阳路、东郊 2 座迁建污水处理厂完成部分结构施工。农村困难群众危房改造 5158 户，累计 3 万户困难群众住上放心房、暖心房。12319 热线坐席由 43 个增至 80 个，日受理能力过万。

转型升级绿色发展。发布《关于加快推进被动式超低能耗建筑发展的实施意见》，推进绿色建筑高质量发展。于家堡金融区、团泊新城西区等 4 个生态城区建设进展顺利。新建建筑全部达到绿色建筑标准，60 个项目获绿色建筑评价标识；新建居住建筑全面推行四步节能标准，启动居住建筑五步节能标准编制，节能率达到 80%，继续保持全国前列。全年新开工装配式建筑 219 万平方米。推进装配式部品部件生产基地建设，可满足年供应 800 万平方米混凝土建筑和 600 万平方米钢结构建筑需求。

海绵城市、地下管廊建设取得进展。解放南路、中新生态城两个试点区域中，第二新华中学、体育公园、中新友好公园东区等55项已完工；世芳园、河畔公寓、复兴门北里等21个老旧小区海绵改造基本完工。解放南路海绵城市PPP项目启动建设，拓展了融资渠道。全市16个区编制了海绵城市建设实施方案，为2019年全面启动打下基础。静海滨港电镀产业园、西青区南站、滨海新区于家堡等地区5.7公里地下管廊开工建设。

历史风貌建筑得到有效保护。完成15幢历史风貌建筑装饰装修审批工作，确保建筑修旧如故。对27幢、4.24万平方米历史风貌建筑进行传统工艺维修，撬动社会资金进入历史风貌建筑保护修缮领域。启动了70万平方米历史风貌建筑安全查勘工作，为掌握历史风貌建筑完损情况奠定了基础。

加强党对物业管理工作领导。法制建设不断完善，党组织依法对物业管理工作领导地位确立。市第十七届人大第三次会议审议通过了《关于修改〈天津市物业管理条例〉的决定》，在全国率先把加强社区党组织对物业管理工作领导写入《天津市物业管理条例》，为健全完善党建引领下的共商共建、共治共享的基层治理机制提供了法制保障。依据新修订的《天津市物业管理条例》，及时修订了《天津市社区物业管理办法》，为更好落实党组织对社区物业管理工作的领导、强化属地管理责任、加大行业监管力度、加强物业企业诚信建设等，发挥了较好的指导约束作用。

努力改善营商环境。开展建设项目审批制度改革。全面落实工程建设项目审批制度改革试点任务，深入推进"一制三化"改革，工程项目审批时间压减一半以上，一般社会投资项目从取得用地到竣工验收控制在80个工作日内；带方案出让用地的社会投资项目从取得用地到竣工验收控制在50个工作日内。

拓展基础设施融资引资渠道。适应防范金融风险、消除政府隐性债务政策要求，通过多种方式吸引社会资本，参与轨道交通、海绵城市等项目投资建设运营。津沧高速快速化改造等14个项目引资54.6亿元，地铁7、11号线PPP融资工作已进入两评一审阶段，取得重要进展。初步搭建市政交通基础设施三年建设项目储备库，为有序建设和市场化运作奠定了基础。主动对接战略性新兴产业，启动小洋楼招商引企工作，形成良好的招商态势。

推进建筑业发展改革。精简建筑业企业资质申报要件，实行告知承诺。落实"放管服"改革要求，停止办理外地企业进津登记。清理施工招标前置要件，规范投标文件编制，取消建设工程合同备案，招投标环节实现"零梗阻"。

开展全市建筑市场执法检查，公开曝光违法违规企业，专项治理围标串标，建筑市场秩序进一步规范。开展信用评价，修订《天津市建筑市场主体信用奖惩办法》，将11家存在严重违法违规行为的企业列入"黑名单"，4家外地企业清出天津市建筑市场。完成《京津冀城市地下综合管廊消耗量定额》编制，"京津冀工程造价信息共享·天津"上线运行。劳务费投诉调解即时结案率达100%，有效维护农民工合法权益。

质量安全稳定受控。严格落实质量和安全条例，强化属地监管职责。加强施工起重机械管理，报废老旧设备1.73万台。实施"地条钢"专项整治，落实建材信息公示。开展建筑施工安全专项治理，持续加强房屋建筑安全管理。落实工程质量提升三年行动，严格落实工程质量终身责任制，建设工程质量竣工验收合格率达100%。

房地产业

2018年，房地产开发投资平稳增长。全年房地产投资实际完成2424.49亿元，同比增长8.6%。房地产新开工面积2479万平方米，竣工面积2092万平方米。一是按照全年房地产开、竣工建设计划，定期组织立项、招投标、施工、配套等相关部门专题协调推动，重点解决项目开工、配套建设、竣工验收等方面问题。二是结合重点区域功能定位，积极推动海河教育园、解放南路、南站等重点片区建设，深入30余家企业开展实地帮扶，解决影响企业发展和项目进展的难题。

不断改善群众居住条件。一是统筹安排保障性住房建设工作。2018年初对全市152项定向安置房进行全面梳理，及时下达项目建设计划，压实开竣工责任。开展保障性住房建设计划中期评估，推动相关部门加大协调和服务力度，确保建设计划执行到位。二是抓好保障房项目市政基础设施配套建设。督促配套工程建设单位按照规划和建设方案及时启动项目前期工作，对新增的14个棚改安置房项目，提前开展配套论证，做好配套方案把关，确保棚改安置房项目顺利实施。三是做好新建住宅项目配套的幼儿园、社区医疗服务、托老所等非经营性公建建设管理工作，满足群众日常生活需要。按照"同步规划、同步建设、同步移交"的原则指导各区强化监管。

积极开展"双万双服促发展"活动。企业反映保障房建设、项目配套等7项难点问题已全部解决。广泛调查研究，从部门履职、外地经验做法和企业开发中遇到的问题等方面，向企业开展问卷调查，以问题为导向积极研究招法措施，提供优良服务，创建良好的行业发展环境。加大招商引资，搭建企业合作交流平台，组织万科、远洋、恒大等大型开发企业和4个开发项目停滞的企业进行项目对接推介。

【房地产市场管理】加强房地产市场调控。出台《天津市政府办公厅关于进一步做好我市房地产市场调控工作的通知》（津政办发〔2018〕14号），进一步明确房地产市场调控主体责任，强化调控政策的连续性和稳定性。加强新建商品住房价格稳控，做好开发企业销售价格指导，确保开发企业合理定价，对天津市住房价格实施有效稳控。加强市场监测分析，建立房地产市场监测预警指标体系，通过住房交易量、住房交易价格、住房供需对比、其他外部因素等四大类10项指标每日严密监测市场运行情况并进行研判，确保房地产市场长期健康稳定发展。2018年，天津市成交各类房屋2544万平方米，同比上年下降2.4%，各月住房价格得到有效稳控。

加快培育和发展住房租赁市场。加大租赁房源筹集供应，培育集中式品牌长租公寓项目试点，积极扶持集中化、规模化住房租赁企业，主动对接服务，协调解决问题，培育国有住房租赁项目，发挥国有企业引领示范作用，天津市集中化租赁房源已达到3.1万套、229万平方米；支持分散式房源托管租赁，积极鼓励个人将自有房源委托住房租赁企业管理，天津市托管租赁房源已达到1.3万套、69万平方米；规范个人通过中介居间或自行成交租赁住房行为，为租赁双方提供安全、稳定、公平的服务，2018年成交量约为42万套、3200万平方米，在保障居民住有所居及解决新市民居住需求方面发挥重要作用。加大住房租赁金融支持力度，支持住房租赁企业发行债券、不动产证券化产品，加快推进房地产投资信托基金（REITs）试点，盘活存量资产。截至年底，天津市住房租赁市场总规模已达到48.7万套、3760万平方米，租购并举的住房供应体系正在逐步形成。

完善房地产市场交易相关政策。为统一实施房地产估价机构备案管理制度，加强房地产估价机构管理，保护房地产估价活动当事人合法权益，制定《天津市房地产估价机构备案程序》，明确了房地产估价机构和分支机构实施备案管理，对房地产估价机构备案申请、受理、审查三个环节进行具体规范。

加强房地产市场监管。印发《关于开展打击侵害群众利益违法违规行为整顿房地产市场秩序专项行动的通知》，在天津市开展打击侵害群众利益违法违规行为治理房地产市场乱象专项行动，通过多部门联合执法，重点打击投机炒房行为和房地产"黑中介"，治理房地产开发企业违法违规行为和虚假房地产广告，进一步整顿和规范天津市房地产市场秩序，健全房地产市场监管长效机制，切实维护人民群众合法权益。专项行动累计出动执法人员8350人次，检查房地产开发企业、中介机构3338次，发现不规范经营行为106起，全部责令当场或限期整改；市场监管部门查处案件20件。

做好资金监管工作。优化系统功能、精简办事环节。实现了企业监管账户注销、重开两个环节的合二为一，实现了开发企业持自行打印的通知书，一次性办理开户、拨付相关业务，有效减少企业往返跑路。加强与合作监管银行沟通，建立联动机制，满足存量房屋交易群众个性化需求，解决交易群众的实际困难。2018年，天津市新增商品房资金监管项目647个，预售资金进款1960.68亿元，资金拨付1904.88亿元，监管账户资金余额402.8亿元。全年累计监管存量房屋8.15万套，监管面积662.44万平方米，监管金额1097.99亿元，平均监管比率为65%。

做好房屋测绘工作。完善天津市测绘成果管理系统用户清理和权限管理，加强市内六区成果校验，2018年共完成成果校验22件，提取数据503件，调整校验权限19人次，为天津市"一张图"系统土地业务审批做好服务。做好档案内部调阅和外部利用服务，完成1941个项目成果归档和557个项目成果续档，同步做好归档成果管理；做好档案整理托管，完成36864卷档案整理托管，确保测绘档案专业化安全管理。2018年完成房产测绘6912.4万平方米，土地测绘1150.1万平方米。

【房地产开发企业管理】2018年，推动房地产开发企业做大做强。出台《关于支持我市房地产开发企业发展和项目建设的通知》，提出5项新举措支持企业加快发展。实施告知承诺审批改革，出台《市建委关于实行天津市房地产开发企业资质告知承诺制的通知》《市住房和城乡建设委关于房地产开发企业资质许可承诺审批和事中事后监管的通知》，对专业技术人员社会保险缴纳、劳动合同、资格证书等材料实行承诺，并加强事中事后监管。

打造房地产开发领域诚信体系。营造"守信激励，失信惩戒"的行业发展环境。4月，市建委与中国人民银行天津分行签订《天津市房地产开发企业信用体系建设合作备忘录》，定期评定企业信用状况。同时，联合市场监管、税务、规划等部门，共同构建信用激励和约束机制。研发天津市开发企业信用管理系统，建立开发企业信用档案，规范开发企业经营行为。

规范房地产开发行业秩序。开展常态化执法检查，加大事中事后监管力度，防控行业风险。先后到河西区、东丽区、武清区、海河教育园区、滨海新区等全市16个区、60多家房地产开发企业进行执法检查，针对发现的无资质开发建设、扰乱资质管理、违规入住等违规行为，要求企业认真整改，并依法依规进行了行政处罚，计入企业信用档案。

铁路建设

2018年，天津市围绕京津冀基础设施建设协同发展，推动三地轨道交通互联互通。京滨、京唐铁路加快桥梁桩基础、墩柱及箱梁预制施工，建成后将打通京津新城际通道。天津市至北京大兴国际机场联络线项目建议书已获批复，组织开展引入社会资本建设的研究和测算工作，项目建成后将联通京津冀核心腹地并提升区域综合交通能力。加快天津港货运铁路建设，南港铁路基本完成路基工程，加快推进桥梁工程、铺轨工程，项目建成后将进一步优化港区路网结构，强化港铁联运，基本形成"北进北出、南进南出"集疏港铁路环线，增强对整个京津冀区域的服务和辐射能力。联合相关部门共同推进天津至雄安新区城际铁路、京沪高铁二通道等铁路前期工作。

【**地铁建设**】2018年，天津市中心城区累计在施7条地铁线路163公里，滨海新区在施2条地铁线路75公里。地铁5号线、6号线实现通车运营，形成闭合环线，地铁1号线东延线李楼、双林两站开通运营，全年新增运营里程52公里，全市轨道交通运营里程达到220公里，轨道交通网络化格局基本形成，有效缓解中心城区交通拥堵状况，提升了市民出行的便捷性。地铁4号线南段、10号线一期、滨海新区B1、Z4线工程加快建设，启动实施了地铁7号线、11号线土地房屋征收工作。

【**城市路网建设**】2018年，天津市聚焦完善城市快速路、主干路网建设，通过打通区域交通堵点、断点，补齐市政基础设施短板，助力经济建设，拉动投资增长。

快速路建设方面，华昌立交主线完工通车，外环线东北部调线津汉—津榆公路段主线具备通行条件；津沧高速公路（津静公路立交—张家窝立交）改造工程、志成道泰兴路立交等大型节点立交工程启动建设。主干路网方面，光荣道天平路至外环线段建成通车；雪莲路津塘公路至津滨大道段全线贯通，淮东路普济河道至外环线全段建成具备通行条件。民心工程卡口改造方面，2018年实施了中石油桥下陈塘铁路卡口、南仓桥辅道、雪莲路（津滨大道—津塘公路）、海河东路、罗浮路北段、中纺前街地道6处卡口改造，缓解了项目周边区域交通拥堵，改善了市民出行体验。

【**综合管廊建设**】截至年底，综合管廊已开工建设26.92公里。其中，2018年新开工3个项目：静海区滨港电镀产业园区综合管廊工程2公里开工建设；西青区南站商务区综合管廊工程2.37公里开始桩基施工；于家堡综合管廊1.35公里开工建设。

【**海绵城市建设**】加强工作组织推动。2018年7月，召开天津市海绵城市领导小组会议，对海绵城市建设工作进行部署。2018年天津市海绵城市建设办公室及成员单位先后召开工作例会、各类协调推动会议100余次，部门联席会15次，研究部署工作推动，协调解决相关问题。

加强规划方案编制。对《天津市海绵城市专项规划》开展修编。全市16个行政区均编制了海绵城市建设实施方案。

强化技术支撑。启动了《天津市海绵城市建设技术导则》《海绵城市施工图审查要点》地方标准规范修编。出台《天津市海绵城市透水道路设施养护技术指南》。积极开展人才培养培训，多次组织召开海绵城市建设专题培训会，组织各部门、各区、规划设计单位、建设施工单位开展全方位系统化海绵城市培训。先后组织相关区、相关部门赴遂宁、池州、萍乡等试点城市调研学习。市海绵办联合天津市海绵城市建设产业技术创新联盟举办了"天津市海绵城市建设产业技术创新联盟2018年会暨第二届海绵城市建设与装备技术研讨会"。

强化考核督查。加强对海绵城市建设工作的考核力度，2018年10月市海绵办与市政府督查室联合开展督查；海绵城市建设纳入河长制考核，形成推动合力，有效提升了各区的重视程度。

试点项目初见成效。解放南路和中新生态城两个试点片区积极推进项目建设。在"7.24"大雨中经受了考验，发挥了良好效果，中新生态城基本未积水，解放南路试点区刚完工的世芳园、河畔公寓、复兴门北里等旧楼区海绵改造项目未出现积水，旧楼区海绵改造同时还解决了排水管网错接、污水跑冒、道路破损、绿地缺失等问题，小区环境得到改善。

海绵城市建设效果显现。西青区栈道公园、蓟州区人民公园和新城二期还迁项目、武清区翠亨路绿廊公园和西苑河综合治理、河东区万新公园改造、宝坻区双环水系工程、福心家园还迁房、河西区粤江里小区改造等项目充分落实了海绵城市建设理念，作用效果明显。

历史风貌建筑保护利用

2018年，盘活利用天津市小洋楼招商引企。对全市小洋楼资源摸底调查，梳理出具有小洋楼风格的建筑共计709幢、79.40万平方米，首批选取了可立即组织招商的优质小洋楼60幢、10.68万平方米主动对接战略性新兴产业进行招商；会同相关单位制定完善小洋楼资源招商引企政策，通过线上线下联动的多渠道招商格局吸引更多目标企业入驻，截至年底，已与13家企业达成落户意向，同时与近20家企业保持密切沟通联系，招商成果显著。

扩大保护宣传力度。举办"携手呵护、文脉流芳"为主题的"2018年文化遗产和自然日"宣传活动，通过开幕式、专题展览、现场展演等活动，充分展示了天津深厚的历史文化资源，宣传天津故事。开展"纪念《天津市历史风貌建筑保护条例》颁布十三周年"主题活动，向市民、游客普及历史风貌建筑保护利用知识，发放《条例》及相关书籍，使社会更加深入了解历史风貌建筑保护利用工作的内容、原则、意义和成果。配合天津电视台协助拍摄《小楼春秋》《向往——外国人与天津的故事》等；配合中宣部协助拍摄大型纪录片《记住乡愁》，扩大天津市历史风貌建筑影响力。2018年接待来自全国各地考察团24批次、500余人次，介绍天津市保护工作经验，宣传保护利用成果。

加强历史风貌建筑整修。修订《天津市历史风貌建筑保护修缮技术规程》，于2018年11月1日正式实施。下达《2018年度历史风貌建筑保护利用计划的通知》，分两批推动相关经营管理单位，完成推动50幢、8.2万平方米整修工作，切实改善建筑结构安全性能，提升使用功能。利用财政专项资金980万元，启动了70万平方米历史风貌建筑的安全查勘工作，为掌握历史风貌建筑的完损情况奠定基础。

实现重点项目良性运营。历史文化街区保护利用项目运营成效显著，静园、庆王府、先农大院、民园西里等项目全年接待游客超150万人次，同比增长29%，总计接待游客近760万人次，全年举办各类特色文化主题活动60余次。静园荣获"2018—2020年天津市优秀科普基地"称号，与先农大院展览馆等7家品牌项目入选2018年和平区"商业精品示范店"；庆王府实现文化旅游全面开放，荣获"天津市最佳西餐品牌企业奖"。历史文化街区新建项目初见光彩，先农大院二期和润兴里新建工程均取得竣工验收备案证明，储备优质文化品牌商户300余家。

风景名胜区建设管理

2018年，盘山风景名胜区共接待游客169.56万人次，旅游收入9949.69万元。实施污水处理、引水上山、古塔寺庙维修等资源保护工程。结合自然保护地大检查问题整改和绿盾专项行动，有效制止开山修路、破坏文物等违法违规事件4起，拆除违章建筑2起。对保护区生态资源进行整合，相继承租周边镇村权属山场林地约2000亩，生态资源得到有效保护。编制完成《盘山风景名胜区重点区域详细规划》。累计投资1500万元，重点实施4个重点项目。整修游步道3000米，对售票大厅旅游厕所进行升级改造，建成第三卫生间，完成正门区出口改造、电力设施改造和观光车候车长廊建设等基础设施工程。完善垃圾箱和标识示牌100余个。实施智能景区建设工程，更新完善售票系统和监控设备，安装仿真树信号塔6座，增设售票电子支付和自助取票功能，实现景区智能服务管理全覆盖。增加旅游产业要素，将入胜办公楼和盘山饭店改造成中高端餐饮、住宿设施，将恒大商业中心改造成盘山旅游休闲购物中心。深入开展净山活动，做到垃圾分类下山、日产日清，全部运送到指定垃圾周转站，景区整体环境卫生面貌大幅提升。举办消防安全、森林防火、应急救援等培训班4期，组织开展索道救援、观光车应急处置、森林防火等应急演练8次。深入开展景区安全隐患大排查大整治，重点对护林防火、特种设备、旅游设施、文物安全等方面进行全面排查。成立京东景区联盟，与河北清东陵、北京金海湖及区内景区推出山水文化特色旅游项目、景区套票与打包产品，联手京津冀百家旅行社共同打造精品旅游线路。开通天津市、北京市等7个省市25个地区的旅游直通车。举办第十四届盘山庙会（第七届踏青节）、盘山红叶节、大美盘山光影故事全国摄影大赛、渔阳金秋旅游节暨第三届津门盘山国际越野挑战赛、第一届盘山徒步登山大赛、首届津京冀山地户外运动节等9项旅游活动。

2018年，黄崖关长城风景名胜区接待中外游客46.19万人次，实现综合收入2433.28万元。编制完成《黄崖关长城风景名胜区总体规划》。全面启动黄崖关长城国家5A级旅游景区创建工作，编制完成《黄崖关长城国家5A级景区创建规划方案》。全力推进国家级重点文物保护单位创建工作；积极推动黄崖关段二道边（龙凤岭古长城）修缮保护工作，完成《蓟县古长城黄崖关段防雷系统工程设计方案》，启动长城第21段墙体抢救性修缮工程。完成黄崖关长城附属设施保护修缮工程；启动国家地质公园黄崖关断崖地貌景区保护利用设施建设工程。举办八仙洞"三月三"传统庙会、第十九届中国天津黄崖关长城国际马拉松、第五届国际电子音乐节、黄崖关长城中国太极拳交流大会、黄崖关长城旗袍大赛、黄崖关长城—烽火狼烟主题夏令营、黄崖关长城红叶节摄影大赛等特色主题活动，提升景区影响力。严厉打击破坏生态资源等各类违法违规行为，加强野生动物保护、巡查工作，通过广播、电子显示屏循环播放、悬挂宣传条幅、导游讲解等形式营造保护野生动物的浓厚氛围，积极向游客和村民宣传关爱和保护野生动物的重要性，形成与野生动物和平共处的和谐环境。全面开展扫黑除恶专项整治活动，利用景区电子屏和宣传标语等形式营造扫黑除恶专项斗争浓厚氛围，杜绝欺客宰客的不文明行为，全力维护游客合法权益。

住房保障制度与管理

2018年，开工建设棚改安置房约2.58万套，当年建成棚改安置房约1万套，向在市场租赁住房家庭发放补贴5174户，超额完成天津市委、市政府20项民心工程中涉及住房保障的各项任务目标。

完善住房保障政策体系，调整租房补贴准入标准。下发《关于调整住房保障三种补贴有关政策问题的通知》（津国土房保〔2018〕12号），自2018年5月1日起进一步扩大租房补贴保障范围，将"三种补贴"收入准入线提高9%，将廉租住房租房补贴和经济租赁房租房补贴标准上调10%，将出租人补贴范围由廉租住房租房补贴扩大到经济租赁房租房补贴的家庭，补贴政策调整力度较大。

推进进城落户农民申请住房保障试点工作。下发《关于印发天津市进城落户农民住房保障试点方案的通知》（津国土房保〔2018〕3号），将农业转移人口纳入住房保障范围，自2018年2月1日起，按照"先试点，后推开"原则，在河西区、北辰区、蓟州区试点实施天津市进城落户农民申请住房保障工作。

针对限价商品房申请审核、销售管理、违规处理等多个有效期满的文件，印发了《市国土房管局关于修订天津市限价商品住房买卖合同示范文本的通知》（津国土房保〔2018〕10号）和《市国土房管局市民政局关于我市限价商品住房申请审核有关工作的通知》（津国土房保函字〔2018〕902号），确保天津市限价商品房工作平稳有序。

协调住宅集团、天房集团、美震集团、津房置业等项目开发建设单位，推动荣诚园、彩虹城等4000套限价房上市销售。

组织开展福悦里、盛福园、东王台及大寺新家园（佳和贤庭、佳和惠庭）项目0.6万套房源承租资格审核，全年各区受理公租房承租资格申请1.12万户、发放资格证明0.97万户，累计受理承租资格申请9.71万户、发放资格证明9.01万户。分批次推出盛福园、福悦里等新投放项目及大寺新家园等存量项目共1.1万套房源。组织完成津畔名轩、锦润名轩、盛宁家园等项目1.2万户入围家庭签约入住工作，顺利完成与住房城乡建设部签订的公租房分配率达到90%的任务目标。

有序组织落实秋丽家园等项目1.7万余户租赁合同到期家庭续租，完成2200户家庭退租。协调司法部门累计划扣517户次欠租家庭住房公积金、银行存款、租房保证金271万元支付欠缴房租，公租房项目累计租金收缴率98.42%。新配租公租房项目统一配备"一卡通"及高清监控系统，福悦里项目完成"一卡通"安装调试。

确定年度质量巡查范围，每月召开巡查例会通报情况，向开发建设单位传达安全生产工作要求。巡查在建2个公租房项目10个小区共计106.88万平方米，发现问题133项，协调推动项目入住前整改完毕。

配合各有关部门的各类审计、检查及调研工作，向审计部门提供各类材料120余份，督促相关单位进行整改。全年接待检查10次，未发现重大问题。

组织项目外部审计工作。协调对19个廉租住房、公租房项目经营管理单位进行外部审计，完成廉租住房6个项目、1.8亿元专项资金的审计，出具审计报告。召开专项会议，下达审计整改工作函、问题清单及基本情况表，要求运营管理单位限期整改落实。

规范限价房销售管理。指导开发建设单位制定大寺和双青新家园限价房项目销售方案，配合做好顺销工作。入围后或入住前核查购房家庭住房、人口、婚姻情况,查处违规 21 户。对 2016 年和 2017 年申购家庭进行拉网式专项核查,查处违规 24 户。

推进规范化管理工作。运用住保系统对"三种补贴"家庭进行专项核查,各区房管局依程序认定处理,注销资格 1733 户、纳入不良记录 255 户。印发《关于加强住房保障窗口考核管理的通知》,委托第三方察访窗口工作,通过评比打分强化规范。

系统提升"互联网+政务服务"水平。完善限价房监管核查系统功能,新增证前资格全覆盖再核查。加强"三种补贴"黑名单管理功能,对未核实完毕家庭限制各类住保业务办理。梳理调整住保系统 1800 余名用户权限,租赁备案环节加增负责人权限。开展各类网络安全扫描测试,调整系统功能,增强系统安全性。

房屋征收安置

积极推进棚户区改造。一是加强组织协调。按照属地原则,实施清单式管理,组织各区分别签订目标责任书,定期召开调度会议,通报工作进展,推动工作进度。二是落实安置房源。市、区两级集中资源,多渠道筹集落实房源,优先支持棚改。创新安置举措,探索建设定向安置商品房工作思路,在市区出让地块配建部分定向安置商品房;遴选适宜地块,向各区提供整地块用于建设安置房,提升安置房品质。三是畅通资金渠道。组织各区逐项目细化棚改资金需求,积极争取商业银行资金支持,加快推进政府购买棚改服务,多渠道筹集落实棚户区改造资金。四是加强风险防控。跟踪采集棚改项目征拆成本、平衡地块预计出让收入信息,逐项目分析和预测资金平衡情况,全面防范金融风险,为棚户区改造地块规划变动提供指导建议。五是创新建立棚改云监控平台。按照"挂图作战"理念,用大数据思维创新建立全市统一的棚户区改造云监控平台,整合各区碎片化信息,实现"系统抓、系统管",便于实时掌握棚改进展情况及存在问题,辅助科学决策。

加快推进安置房开工和基本建成工作。一是提前筹划,尽早启动。按照《住房城乡建设部办公厅等关于申报 2018 年棚户区改造计划任务的通知》(建办保函〔2017〕551 号)要求,组织各区政府结合棚户区改造安置需求,筛选部分已启动前期手续、具备改造条件的项目,纳入新开工和基本建成工作计划。二是分解落实工作责任。报请市政府将新开工建设任务和基本建成任务目标分解到区,组织各区制定安置房开工和基本建成工作计划,将开工建设任务落实到项目地块、将工作进度细化到月。三是建立定期例会推动机制。按照工作计划确定的时间节点,定期巡查安置房建设项目,推动开工建设进度。定期梳理难点问题,组织市有关单位及时协调解决。四是建立规划环外环范围内出让的居住用地配建定向安置商品房制度。截至年底,已在 6 个出让地块配建 1400 套定向安置商品房。五是选定 14 个地块供各区用于集中兴建定向安置商品房,一揽子统筹解决市区棚户区改造安置需求。截至年底,东丽区金钟地块已出让,北辰区中储地块、津南区北马集六号地和龙瀚三四期地块已具备供地条件。

直管公房和既有房屋结构安全使用管理

2018 年,加强直管公房管理,推进直管公房管理体制改革。配合天津市机关事务管理局推动天津市党政机关办公用房管理改革,对党政机关办公用房情况逐处进行了梳理,完成了党政机关办公用房划转的准备工作。

稳妥推动直管民用公房出售。2018 年市内六区直管公房累计出售 5369 户、27.01 万平方米,回收资金 1.01 亿元。自 2014 年加大推动公房出售力度以来,市内六区直管公房累计出售 14.39 万户,建筑面积 739.14 万平方米,回收资金 17.07 亿元。

解决单位产和无人管理房屋的不动产登记历史遗留问题,对 10 余家企事业单位无力管理的房屋纳入区级直管公产房屋管理。做好无偿接管和调拨划拨国有房屋核查,服务企业 80 余家。

推动直管公房修缮。印发 2018 年直管公房修缮计划,提升公房管修服务水平,检查指导房屋维修、安全隐患治理、使用、转租和资产管理工作,向市级保管自修公用公房使用单位发送函件 2700 件,走访使用单位 400 余次,及时发现问题、整改落实。

加强既有房屋结构安全使用监管。一是下发《关于进一步加强既有房屋结构安全使用管理的通知》,规范房屋结构安全执法工作,落实各方安全责任,明确安全管理事项和安全监管内容;二是加大房屋结构安全使用政策宣传力度,组织各区房管局管理深入人员密集场所和居民社区开展集中定点宣传活动 59 次,接待群众咨询 5100 余人次,发放宣传材料 9200 余份;三是确保既有房屋安全度汛,组织各区房管局认真落实"两书一报告一清单"制度,将直管公房、危损房屋、破损阳台及外檐作为防汛工作重点,组织隐患排查,确保了房屋安全度汛,未发生塌房伤人责任事故。

圆满完成中心城区老旧小区及远年住房改造任务。完成中心城区老旧小区及远年住房共 1306 个片区、4041.14万平方米的改造任务，解决安全隐患问题，重点解决了消防、电梯、水电气热基础设施等11个大类安全问题。受益居民达66万户，群众满意度进一步提升。

加强既有建筑玻璃幕墙使用维护监管。一是积极推动立法工作，出台《天津市既有建筑玻璃幕墙使用维护管理办法》并做好宣传贯彻，建立健全市、区两级管理体系，督促推动各区落实属地责任和部门监管责任，组织各区房管部门加大政策宣传和监督检查力度，督促业主切实履行主体责任；二是完成全市既有建筑玻璃幕墙普查，通过地毯式排查，初步确定了2445幢玻璃幕墙建筑，并建立基础数据库。

建设项目融资与管理

加快推进海绵城市PPP项目建设。天津市作为全国第二批海绵城市试点城市，为做好试点工作，同时积极推动政府和社会资本合作投融资模式，研究推进解放南路试点区海绵城市PPP项目，组织完成了项目PPP招标，引入了社会资本方，并与社会资本方签订PPP合同。组织成立了PPP项目公司，启动试点区项目建设，为住房城乡建设部第二批海绵城市试点达标检查做好准备。

积极促进地铁PPP项目稳步有效推进。为加快推进天津市轨道交通建设，破解融资难题，多种形式利用社会资本，全面提升项目管理水平，根据国家PPP项目相关政策规定，结合天津市轨道交通建设运营的实际情况，积极推动落实地铁7、11号线PPP项目落地。针对国家新出台的"52号文件"，组成专门团队对地铁7、11号线PPP方案进行重新研究和策划，与中国中铁、中国铁建、中国建筑、中国交建、中国电建、中国中车等大型国企以及江苏中南、神州高铁、中信股份等民营资本进行了多次对接和研究，了解社会资本投资意向。与潜在社会资本方一起，本着"防范政府债务风险""不增加财政负担、平滑财政支出""社会资本认可"和"最大限度盘活各类资源"的总体原则，结合国家相关政策要求，2018年内研究形成了利用社会资本推进7、11号线加快实施的投融资方案，方案突出轨道交通建设运营与场站及沿线周边综合开发紧密结合，降低财政出资压力，带动天津市城市发展的理念。

村镇建设

农村困难群众危房改造。引入第三方专业机构，提升危房鉴定精准度；调整危改补助标准，降低困难群众经济负担；加强技术指导，组织开展农村建筑工匠培训共2400余人次；按照市政府深入推进"互联网+政务服务"要求，开通"天津农村危房改造"微信公众号，畅通农户危改诉求渠道。2018年完成农村困难群众危房改造5158户。

改善农村人居环境。以成片房屋整治、改善村容村貌为重点，深入推进宁河区杨泗村等5个住建部第一批人居环境示范村提升改造，通过典型示范，推动全市农村人居环境改善；会同市农委组织完成2018年市级人居环境示范村遴选；开展全市农村人居环境调查，对行政村村容村貌、基础设施及公共配套设施等44项基本数据开展调查分析；完成住建部村镇建设统计年报。

推进传统村落和传统民居保护。指导黄崖关村传统村落保护项目，申请中央财政资金300万元，实施以八卦关城等院落设施为主的保护修缮工程，完成村落核心区域内黄崖关关城兑院、震院等设施的保护与修缮，传统建筑得到了有效保护。

建筑业概况

截至年底，天津市建筑业企业4828家。其中，特级施工总承包企业13家，一级施工总承包企业143家，二级施工总承包企业283家，三级施工总承包企业1336家；一级专业承包企业193家，二级及以下专业承包企业2409家；劳务分包企业1261家。全市建筑行业从业管理人员中，一级注册建造师13356人，二级注册建造师23565人，注册监理工程师3577人，注册造价工程师2864人；中、高级职称人员46100人；施工项目部管理人员349879人；持证上岗技术工人120957人。（执业人员统计数据来源于住建部注册信息网；其余管理人员统计数据来源于"天津市建筑市场监管信息平台"）。2018年，受有效工期较短、建材价格走高等因素影响，天津市建筑业企业生产经营面临较大的下行压力，全年完成建筑业总产值3791.10亿元，同比下降11.1%。

建筑市场管理

深化建筑业审批制度改革，大幅精简建筑业企业资质申报要件，并推行了建筑业资质（新办、增项）告知承诺审批。停止办理外地企业进津信息登记，进津企业可根据业务需要自主推送企业基本信息。开展天津市建筑业企业跨省承揽业务检查，严禁各区违规设立门槛。废止工程项目部管理人员IC卡管理制度，将对施工现场管理人员的配备要求从招标环节后推至施工进场前。加强建筑市场执法检查，市、区两级建筑市场检查2316个项次，涉及建设单位2195家次，施工单位3000家次。

建筑市场信用体系建设

优化信息归集流程，加大力度归集建筑市场各方主体的奖励、处罚和各类现场行为考核记录，信用平台共归集各类信用信息9495条。对2113家施工总承包企业、411家监理企业、274家招标代理机构进行了信用等级评定，评定结果向社会公告，信用成果纳入各管理环节应用。修订《天津市建筑市场主体信用奖惩办法》，对实施信用奖惩的建筑市场主体范围由施工、监理、招标代理、造价咨询等企业，扩大到上述企业和注册建造师、注册监理工程师等注册执业人员，信用奖惩工作的规范化水平进一步提高。将10家存在严重违法违规行为的企业列入"黑名单"，其中3家外地企业清出天津市建筑市场，对失信主体的威慑进一步增强。

法治建设

切实增强法治思维意识。一是深入《宪法》学习宣贯。将新修订的《宪法》列入党委理论中心组学习内容，党委书记带头讲宪法党课，发挥示范表率作用。二是组织网上学法考法。住建系统2795名处级以上干部参学率、考试合格率均达到100%，提高系统干部职工法治素养和依法办事能力。三是落实"谁执法谁普法"责任制。强化普法主体责任，明确普法任务，形成党委统一领导、分工负责、各司其职、齐抓共管的大普法工作格局。

加快推动住房城乡建设领域立法工作。坚持住房和城乡建设事业发展立法先行，推进科学立法，充分发挥立法的引领和推动作用。完成《天津市物业管理条例》修改工作、《天津市房屋安全使用管理条例》修改草案稿、《天津市风景名胜区管理办法（送审稿）》以及《天津市房地产开发建设条例》调研报告。

加强规范性文件清理和政策文件公平竞争审查。组织完成委发规范性文件和内部管理文件清理工作，共清理459件规范性文件和内部管理文件，其中继续有效249件，修改63件，废止147件。解决了规范性文件制发底数不清、失效文件底数不清、现行有效文件底数不清的问题。同时，将公平竞争审查贯穿始终，专门制定了《市建委关于建立公平竞争审查机制的通知》，确定明确了审查范围、审查方式、审查标准、例外规定等内容。

强化执法监督制度建设。制定《天津市建委"双随机、一公开"实施细则》等11项执法制度以及《天津市城乡建设委员会行政执法监督办法》等4项监督制度，建立了行政执法监督工作制度体系，促进执法监督行为更加规范、更加高效。

坚持复议应诉工作以人为本原则。坚持以人民为中心的发展理念，充分发挥行政复议工作在化解行政纠纷、保障群众利益、维护社会稳定等方面的积极作用。2018年，住房和城乡建设复议诉讼案件319件，其中行政复议案件181件，行政诉讼案件138件。经与当事人和司法机关协调，共调解复议案件6件，诉讼案件14件。

行政审批制度改革

开展"一制三化"改革工作。细化"五减""四办"清单，市建委政务服务事项由原54项减少至26项，减少率为52%，申请材料减少463项，可采用承诺审批事项9项。

创新审批机制，创造最优营商环境。一是开展"接办分离"审批模式。对现有窗口布局、服务容量和工作流程进行整合，分类设置一窗通办的综合受理窗口，减少等待时间、提高服务效率。二是开展"告知承诺"审批模式。按照"一制三化"改革工作目标，率先对建筑业企业资质、勘察设计资质、建设工程质量检测机构资质、工程造价咨询企业资质、房地产开发企业资质、建筑工程安全生产许可证、建筑工程施工许可证、房屋建筑和市政基础设施质量安全登记等8项事项实行"告知承诺"制审批，制定可行性办理流程、编制办理标准、梳理承诺材料目录。三是优化建设项目审批流程。2018年底，形成天津市工程建设项目审批制度框架，建成以"政务一网通"为基础的工程建设项目审批管理平台，工程项目审批时间压缩至100个工作日以内。其中：财政投融资类房屋建筑、城市基础设施项目从申报立项用地规划许可阶段到竣工验收控制在90个工作日内；一般社会投资项目从取得用地到获得施工许可证67天、竣工验收13天，总体控制在80个工作日内；带方案出让用地的社会投资项目从取得用地到竣工验收控制在50个工作日内。

勘察设计

截至年底，天津市共有勘察设计企业334家，其中中央驻津企业34家，外资企业17家，民营企业283家，全行业具备甲级资质的企业共计180家，占总数的54%。全市共有勘察设计专业技术人员5.4

万人，具备中、高级职称的专业技术人员32797人，占全行业的60.7%；勘察设计类注册人员5599人，占全行业的10.3%。2018年评选出天津市"海河杯"优秀勘察设计奖293项，获奖单位共计53家。天津市建筑设计院万通大厦（信达二期）项目等133项工程荣获天津市"海河杯"优秀勘察设计奖一等奖。

2018年，完成中共天津市委党校二期项目博学楼等超限高层抗震设防专项审批3项，在全市范围内实现房屋建筑和市政基础设施工程数字化审查上线。根据建设项目审批制度改革要求，将消防设计审核和人防设计审查的技术审查并入施工图审查环节，实现多图联审。全年严格开展勘察设计领域执法，对110家企业开展了资质资格检查，对80余项勘察设计工程开展了质量检查，并对6家企业依法实施了行政处罚。

物业管理

截至年底，天津市实施物业管理面积4.22亿平方米、项目4251个，其中住宅3.38亿平方米、项目2750个，非住宅8403万平方米、项目1501个。

法制建设不断完善。一是2018年5月，天津市第十七届人大第三次会议审议通过了《关于修改〈天津市物业管理条例〉的决定》，在全国率先提出加强社区党组织对物业管理工作的领导。二是修订了《天津市社区物业管理办法》，更好地落实党组织的领导作用。

强化企业诚信建设，提升行业整体形象。2018年对1031家物业企业信用等级进行了评定，涉及2916个物业管理项目，188个街道、乡镇，评定出信用良好以上企业占被考评企业的84%。

物业服务等级化考评实现常态化。2018年度对实施专业化物业管理的1936个住宅小区进行了等级化考评，合格率达到99.07%，优良率达到47.7%。

加强维修资金归集管理，不断提高使用效益。截至年底，累计归集维修资金501.2亿元，涉及4192个项目。全市累计受理802个项目申请使用专项维修资金，划拨资金5.15亿元。全市累计受理1080个项目申请使用应急解危专项资金，划拨资金3.55亿元。

进一步规范物业项目招标投标工作。2018年受理招标项目264个，建筑面积3026.46万平方米。全年完成了72个项目的回访巡查工作，对23个项目进行整改复验。

业主大会建设取得新进展。2018年，对街镇、居委会、业主委员会等进行业务培训，使相关人员基本掌握物业管理政策法规与专业知识，提高了依法履行职责能力。全年共有10个商品房项目成立业主大会，合计997个项目成立业主大会。

建立健全矛盾纠纷调解机制，积极维护社区和谐稳定。一是全面推行街镇、社区两级物业管理联席会议制度，促进矛盾纠纷化解在基层。二是加强三级联动，构建人民调解物业管理纠纷网络，拓宽了诉求渠道，形成了化解物业管理纠纷的合力。

进一步优化行业良好发展环境。充分发挥主流媒体、现代传媒宣传作用，营造全社会关心支持、理解参与、共建共享良好局面。

招投标管理

简化招标前置审核，取消施工图设计文件审查合格书作为施工招标的前置要件，取消招标公告、招标文件、中标通知书、招标投标情况书面报告备案的前置审核，取消建设工程合同备案，将招投标活动的主动权，还给市场各方主体。转变监管方式，明确了招标人、招标代理机构和评标专家的责任，以及监管机构的监管时机、监管方式，建立了事中事后监管的有效体系，提升了监管效能。据初步统计，投入的监管人员缩减了近三分之一，工作效率提升至少30%以上。优化标准流程，针对企业反映突出的开标环节繁琐、投标保证金不及时退还等问题，修订了施工招标文件范本，规范了投标文件的编制，扩大中标公示的内容和范围，节约了开评标时间，提高了工作效率，降低了工程交易时间和成本。

工程咨询服务

截至年底，天津市有监理企业135家，工程造价咨询机构140家，招标代理机构151家。天津市稳步推进京津冀计价体系一体化工作，完成《京津冀城市地下综合管廊消耗量定额》主体编制工作。信息共享初见成效，京津冀三地造价信息化网络平台——"京津冀工程造价信息共享·天津"上线运行，实现了同步同载体造价信息共享发布。加强信息化建设，对现行计价依据有关数据资料进行分析整合并系统分析，编制《预算定额大数据》，为造价工作信息化管理提供基础平台。规范工程计价规则，服务建筑市场。对天津市2016届各专业计价依据中相关内容做出相应调整，切实解决企业在计价方面的诉求，确保建筑业增值税税率调整后工程计价工作的顺利进行。

工程创优

2018年，以示范引领、创建精品工程为目标，全面提高建设工程质量安全文明施工综合管理水平。编制并印发《2018年市级质量安全文明施工观摩活动评定标准》。全年开展6次"天津市建设工程质量安全文明施工现场观摩交流活动"，按照企业申报、过程推动指导、专家评审的程序，对申报项目进行逐个多次现场服务指导，发掘工程特色、亮点，充分体现施工单位技术管理水平。全市28个观摩工程（12个住宅项目和16个公建项目）严格按照实体样板引路展示施工工序及新工艺工法，在主体结构尺寸控制、质量通病防治、实体样板制作、安全防护设施标准化、安全管理智能信息化、施工扬尘治理创新措施、绿色施工、体验式安全教育、智能化技术应用等方面凸显特色，如集成爬架和铝膜使用，新型卡箍柱模加固体系，"房中房"隔振技术、竖向缓粘结预应力技术、大型钢结构悬挑BRB屈曲约束支撑和TMD调谐质量阻尼器技术的应用，地下室用水永临结合，大型截面渐变式风洞、高大模板结构支撑体系，现场危险等级分区、现场微型消防站和应急物资库房等管理技术手段，塔吊吊钩平衡及可视系统应用等，共计展示百余个点位。

劳务用工管理

印发《关于进一步加强房屋建筑和市政基础设施项目建筑业劳务用工管理工作的通知》，加大实名制、总包负责制、工资预储账户等劳务用工管理制度的落实力度，促进了天津市劳务用工管理的规范化和制度化。加强劳务费投诉调解工作，妥善处理农民工工资投诉，即时结案率达100%。促进建筑劳务人员职业技术水平的提升。通过市农民工学校、集团企业分校和施工现场农民工业校，组织开展多种形式农民工实用技能培训，共组织培训农民工5.3万人。举办天津市第七届建筑业职业技能大赛，设立砌筑工、钢筋工、装饰装修（镶贴）工、装饰装修（抹灰）工、BIM技术应用5个比赛工种，全市设立18个分赛区，共有200多家企业、8万余名技术工人参与岗位练兵，有效提升了一线操作人员整体素质和技能水平。

文明施工

2018年，依据"治理措施不减、执法频次不减、处罚力度不减"原则推进建设扬尘治理。一是加强施工场地内渣土管控，项目开挖前制定专项方案，做到随挖随运，基坑周边严禁堆放渣土，做好苫盖及洒水，车轮不带泥上路。二是确保"双控设备"正常运行，各项目工地对现场视频和扬尘监控设备进行检修维护，发现问题立即处理，确保信号正常上传。三是结合不同季节、不同在施部位，开展专项扬尘大检查，如联合环保局开复工扬尘专项检查、区县扬尘督查、市委专项督查及达沃斯期间扬尘检查。在各区、各项目全数自查基础上，组织抽查工程238项次，下达整改通知书177份，下达责令暂停施工通知书10份，提出整改意见580条。天津市各区建委、各区质安支队、各参建单位积极落实各项工作任务，按照属地管理原则，对辖区内工程项目文明施工和扬尘治理工作组织开展执法检查，发现问题及时整改、跟踪复查，并将扬尘检查与其他各专项检查有机结合，做到全时监管，对问题项目予以全市通报批评，将相关责任单位记入年度信誉体系，对相关责任人进行严肃问责。四是2018年6月召开关于规范扬尘监测数据和维保工作专题会议，讲解完善设备安装管理、理顺设备运行流程、健全设备维护机制、规范设备拆除程序、建立服务商考核标准等政策，8家监测设备安装服务单位参加。组织视频和扬尘监控服务商开展了设备自查工作，对不正常的点位进行统计分析，对全市在施项目进行了设备点位专项排查工作。汇总整理各区存在问题的设备，抓牢整改落实。对维保不利、在线率不达标的厂家相关负责人进行了约谈，考核成绩不佳公司暂停其平台登录权限两个月。全市施工扬尘监测数据准确率明显提升，维保运行情况稳步改善。

天津第一机床有限公司高端数控机床项目（一期）等66个竣工工地荣获2018年度天津市文明施工示范工地，天津第二市政公路工程有限公司承建的海滨大道减河北收费站外道路桥梁大修工程等135个竣工工地荣获2018年度天津市市级文明工地。

城建信息化建设

开发建设天津市建委政务服务系统。在全国建设领域首次采用云原生技术架构，建成技术基础平台、容器管理平台和开发运维一体化平台，实现业务系统的"平台统一、标准统一、开发统一、运维统一"，解决系统重复建设、信息不共享、业务不协同等问题。2018年完成天津市建委许可服务事项功能模块开发，具备与市"政务一网通"平台对接条件。

梳理完成天津市建委信息资源目录，并向市共享交换平台推送数据18万余条。编制完成涉及12个委办局、84个信息类表单的需求清单。加强公共资源交易平台对接,实现30个表单、305项数据实时上传。

制定下发《市建委关于进一步做好天津建设网内容保障工作的通知》(津建信息〔2018〕245号),强化栏目信息内容保障,全年新开设专题专栏7个,发布政务信息3633条。结合机构改革,完成原市建委网站和原国土房管局网站内容合并,网站更名和网站域名变更。开展委网站信息内容专项清理,对栏目更新情况、信息准确性、链接可用性等情况进行检查,有效保障网站安全稳定运行。

深入开展网络安全检查,5次启动网络安全应急响应,及时解决网络安全突发事件。加强重大活动和重要节日期间值班值守,有效保障了各业务应用系统的安全运行。

12319城建服务热线

2018年,12319城建服务热线共受理各类信息80.5万余件,较2017年增长8.81%,电话受理71.8万件,网络访问量48.3万人,下派工单26.6万件,办结率98.6%,承办8890便民专线事项8.01万件,落实媒体信息事项553件,办结满意率91.3%。

升级改造系统。建设了覆盖"12319—市级单位—区级部门—基层站点"的四级智能化受理系统,话务员接话效率明显提升。

提升受理能力。话务大厅规模扩建到414.10平方米,并将话务坐席由原来的43个增到了80个席,满足高峰时段需求。

充实人员接话力量。2018年招聘话务员30余名,使供热期话务人员增加到160名。同时,还积极与天津城建职业学院开展了实训项目,供热期40余名实习人员到热线服务,成为供热高峰接话的后备力量。

供热服务保障运行稳定。提前做好人员培训、班制调整、人员安排、话务高峰应急预案等工作,供热期间电话畅通,没有出现排队现象,供热事项办结高效,群众满意度高,确保2018年供热期热线话务整体运行平稳。

工程建设地方标准编制及管理

2018年,天津市工程建设标准坚持高质量发展,共发布装配式建筑、绿色建筑以及民生领域、新技术应用等29项标准(含1项京津冀区域协同工程建设标准和4项导则)、14项标准设计图集和1项团体标准,总计开展十余次标准实施监督检查和开展标准宣贯,培训千余人次。截至年底,天津市现行工程建设地方标准(含导则)总计172项、标准设计图集总计43册(套),现行团体标准1项。

2018年,共有8家协会、学会等社会团体完成在全国团体标准信息平台上的注册工作。其中,天津市监理协会团体标准《建筑工程监理工作标准指南》已发布实施。贯彻服务京津冀协同发展重大国家战略,启动绿色雪上运动场馆评价标准、综合管廊工程系列标准编制工作。首部京津冀区域协同工程建设标准《绿色雪上运动场馆评价标准》于2018年底发布实施,该标准为全国首个区域性工程建设标准,开创了工程建设标准领域区域协同的先河。2018年,结合天津市城建工作发展需要、工程建设领域技术进步和产业政策调整,以及标准管理改革总体要求,组织专家组按时对标准进行复审工作,共废止18项标准,确定修编22项标准。2018年完成天津市工程建设标准全文公开网站建设,并上线运行,公众可以登录"天津市住房和城乡建设委员会网站—专题专栏—标准规范"进行标准文本查询、在线浏览下载、在编标准查询等内容,方便了社会各界快捷的获取标准信息和随时随地查阅标准文本。

工程质量管理

2018年,继续开展建设工程质量安全三年提升行动。天津市新开工工程签署法定代表人授权书、工程质量终身责任承诺书、竣工项目设立永久性标志牌三项制度执行率和覆盖率保持100%。不定期编制监督方案,确保满足各施工阶段执法频次,对检查发现的重大问题和苗头性问题进行分析,调整下一阶段监督执法重心,确保关键点位、重点问题、关键环节全覆盖。落实12类重要材料网上备案制度,对结构主材及混凝土结构实体强度加强检查。制定了《关于加强我市建设工程混凝土施工质量管理的通知》(津建质安总〔2018〕24号),对混凝土质量控制行为加强检查。对新型保温材料ZH真空保温材料、樱花幕墙免抹灰保温材料进行重点检查。严格落实工程竣工报验审核制度,重点监督建设单位组织竣工验收程序及验收结论,重点抽查住宅项目分户验收质量、外窗质量及使用功能等并进行影像记录,收集整理验收文件并按时限编写工程质量监督报告和施工、监理企业评分。全年开展6次有关工程项目质量安全标准化管理的观摩活动,28个建设工程项目各具亮点,充分展示科技创新在项目管理过程中的积极作用。

天津空港国际生物医学康复治疗中心医疗综合楼项目、武清区体育场馆项目、天津体育学院新建体育馆及排球馆项目、天津市滨海新区文化中心（一期）项目文化场馆部分荣获2018—2019年度第一批中国建设工程鲁班奖，武清区体育场馆项目承建单位天津市武清区建筑工程总公司是天津市历史上第一家荣获该奖项的区属建筑企业。

工程安全管理

2018年，按照住房城乡建设部《开展建筑施工安全专项治理行动的通知》制定专项治理行动方案，在全市集中开展建筑施工安全专项治理行动，进一步落实工程安全生产主体责任，提升项目安全管理水平，强化危大工程安全管控措施，严格安全生产事故责任追究，健全工程安全监督管理体系和监管长效机制。按照年度建设工程质量安全监督执法检查计划安排，组织开展了开（复）工、春季房建工程安全生产暨防汛、房建工程质量安全暨建筑材料、轨道交通、市政工程、危险性较大分部分项工程、扬尘治理、区县扬尘督查、全国"两会"期间安全生产暗查暗访等16次专项检查。2018年天津市共查处各类违法违规案件673起，处罚金12142万元，停止在津投标资格2起。牢固树立"隐患就是事故、事故就要处理"理念，按照"铁面、铁规、铁腕、铁心"要求，发现问题积极整改，不断加强考核工作，实施问责工作机制。在日常巡查抽查和专项检查中，36家主体单位对9家责任单位、107名责任人员实施了行政问责。开展2018年建设系统塔吊及模板支架体系坍塌事故综合应急演练。

建筑节能减排

2018年，天津市扎实推进建筑节能工作。发布《天津市2018年建筑节能和科技工作要点》，明确各区建筑节能工作目标，督导各区加强建筑节能工程质量检查，确保天津市新建民用建筑100%执行建筑节能设计标准。新建建筑能效不断提升，新建75%节能率居住建筑4243.19万平方米，65%节能率公共建筑653.64万平方米。修订《天津市建筑节约能源条例》，取消建筑节能材料、设备和技术备案和建筑节能技术资料备案两项服务事项。推动实施既有居住建筑节能改造208万平方米。稳步推进既有公共建筑节能改造，发布《天津市既有公共建筑节能改造项目奖补办法》，制定了《天津市公共建筑能效提升重点城市工作指南》，明确了改造具体实施流程和文件模板，全年完成既有公共建筑节能改造173万平方米，涉及政府机关、医院、学校、酒店、商业等21个项目。积极推动超低能耗建筑发展，发布《关于加快推进被动式超低能耗建筑发展的实施意见》，明确了工作目标、主要任务和相关政策支持等。

（科技教育处）

装配式建筑

2018年，新开工装配式建筑项目面积219万平方米，其中住宅类项目184.05万平方米、公建类项目34.95万平方米。

生产基地总体布局得到优化。蓟州区、宝坻区和临港工业区等新建7家部品部件生产企业，天津市装配式建筑部品部件生产企业累计达到20家，预制混凝土构件年生产能力288万立方米，预制钢构件年生产能力279万吨。生产基地分布在中心城区周边，总体布局更趋合理。

装配式建筑技术标准进一步健全。发布了《装配式钢结构住宅设计示例》DBJT29—216—2018和《装配整体式剪力墙住宅施工图设计深度图样（预制剪力墙板）》DBJT29—217—2018两个地方标准，基本形成覆盖设计、生产、施工和使用维护全过程的天津市装配式建筑标准规范体系。发布了《市建委关于天津市装配式建筑执行国家〈装配式建筑评价标准〉的通知》，明确规定自2019年1月1日起天津市装配式建筑的装配率计算、认定和等级评价全面执行国家标准。

注重示范项目引领带动。确定了13个市级装配式建筑示范项目，其中天津生态城项目是天津住宅集团首次在商品房中采用以投资开发为主导的工程总承包模式打造的装配式建筑，是高星级绿色建筑和装配式建筑的完美结合。该模式以投资为动力，设计为龙头，实现设计、生产、采购、施工一体化的全产业链建设管理，充分发挥工程总承包的技术管理优势，通过优化设计和精细化管理，实现各环节深度融合和资源高效配置。

绿色建筑

2018年，天津市坚持绿色发展理念，贯彻落实国家绿色建筑政策要求，稳步实施绿色建筑工程。市政府发布了《天津市绿色建筑管理规定》，明确了从立项、土地、规划、设计、施工图审查，到施工、验收、运营管理、评价等全过程的闭合管理制度。发布了《天津市绿色建筑工程验收规程》，进一步规范天津市绿色建筑工程质量管理，统一绿色建筑工程验收要求，保障绿色建筑工程实施效果。民用建筑100%执行绿色建筑标准，通过施工图审查绿色建筑项目828项、建筑面积5144.86万平方米。严格执行《天津市建筑节约能源条例》《天津市绿色建筑管理规定》，大力推进绿色建筑评价机制，全年累计获得绿色建筑评价标识的建筑项目60个、建筑面积600.87万平方米，获得绿色建筑评价标识项目347个、建筑面积3118万平方米。

大事记

2月

7日 市建委组织召开2018年全市建设工程招投标第一次工作会议。

8日 市国土房管局召开2018年国土资源和房屋管理工作会议暨党委扩大会议。

23日 《天津市绿色建筑管理规定》《天津市既有建筑玻璃幕墙使用维护管理办法》经2018年市人民政府第3次常务会议通过，自2018年5月1日起施行。

28日 召开2018年天津市城市建设管理工作会议。金湘军副市长出席并讲话。

3月

7日 市建委与人民银行天津分行共同签署《关于开展天津市房地产开发企业信用体系建设合作备忘录》，在全国房地产开发行业率先开创了建设行政主管部门与人民银行共同合作、服务企业的新篇章。

13日 《基坑工程地下水回灌规程》通过专家审查，自2018年5月1日起实施。

14日 市建委修订印发《天津市建筑市场主体信用奖惩办法》，进一步完善守信激励、失信惩戒的奖惩机制，促进建筑市场主体诚信自律，强化建筑市场主体信用约束。

16日 金湘军副市长到市国土房管局调研指导工作，听取国土资源和房屋管理工作情况的汇报，对2018年国土房管工作提出明确要求。

23日 金湘军副市长现场查看南开区老旧小区、河西区棚户区改造情况，并召开中心城区棚户区改造、老旧小区及远年住房改造工作推动会。

4月

16日 市建委党委书记、主任宋力威在蓟州区上仓镇宣讲习近平总书记精准扶贫攻坚重要讲话精神。

24日 市建委召开2018年建设工程质量安全工作会议。

24日 市建委印发《天津市既有公共建筑节能改造项目奖补办法（暂行）》的通知，进一步推进公共建筑节能改造工作，规范既有公共建筑节能改造奖补资金管理。

26日 天津地铁6号线一期工程南段水上公园东路站至梅林路站将开通试运营，标志着6号线一期工程实现贯通运营。

5月

14日 中国燃气控股有限公司与天津市人民政府战略合作协议签约仪式在天津迎宾馆隆重举行。

28日 天津市第十七届人民代表大会常务委员会第三次会议审议通过《关于修改〈天津市物业管理条例〉的决定》，自公布之日起施行。

6月

1日 《天津市人民政府办公厅关于进一步做好我市房地产市场调控工作的通知》印发实施。

14日 "天津市建设领域科技专家管理系统"顺利通过验收。

20日 红桥区棚户区改造专项债券（一期）通过财政部上海证券交易所政府债券发行系统成功发行，标志着自财政部、住房城乡建设部3月1日联合印发《关于印发〈试点发行地方政府棚户区改造专项债券管理办法〉的通知》以来，全国首单棚改专项债正式落地。

26日 市建委与市公安局、市人社局联合召开会议，对在本市建设工程推广农民工"实名盾"工作进行部署。

7月

25日 天津市召开海绵城市建设工作领导小组会议。金湘军副市长出席并讲话。

25日，金湘军副市长主持召开市政交通基础设施指挥部第一次工作例会。

30日 金湘军副市长调研指导历史风貌建筑保护工作，现场考察老城博物馆、静园、庆王府、山益里等历史风貌建筑以及老城厢、五大道等历史文化街区。

8月

2日 由天津市建委主办，北京市住建委、河北省住建厅在天津市施工队伍管理站召开了京津冀建筑市场管理工作一体化研讨会。

9月

20日 《天津市工程建设项目审批制度改革试点实施方案》（津政发〔2018〕22号）印发，由市建委牵头开展全市建设项目审批制度改革，全面落实工程建设项目审批制度改革试点任务，深入推进"一制三化"改革。

27日 市委常委、市委政法委书记、法治天津建设领导小组副组长赵飞同志率法治天津建设领导小组第一督察组对建委系统宪法学习宣传实施和"七五"普法中期工作进行专项督察。

28日 由天津市建委、人力资源和社会保障局、总工会和团市委联合主办的天津市第七届建筑业职业技能大赛市级决赛在天津市建筑工程学校隆重举行。

28日，市国土房管局等十一部门印发《关于开展打击侵害群众利益违法违规行为整顿房地产市场秩序专项行动的通知》。

30日 市政府印发《天津市公共租赁住房管理办法》，自2018年10月1日起施行。

10月

11日 金湘军副市长检查南开区棚户区改造情况并召开现场推动会。

17日 2018年供热工作暨燃气安全动员会召开，全面部署今冬供热和燃气安全工作，全力以赴确保人民群众安全温暖过冬。金湘军副市长出席会议并讲话。

22日 天津地铁5号线丹河北道站至中医一附院站开通试运营，标志着本市轨道交通"O"形网络正式形成。

24日 金湘军副市长现场察看和平区小洋楼，并在市国土房管局召开会议，研究部署小洋楼招商引企工作。

31日 天津市供热应急与能耗监测管理平台（三期）上线运行。

11月

2日 市建委、市财政局、市国土房管局、市规划局联合印发《关于加快推进被动式超低能耗建筑发展的实施意见》，推进绿色建筑高质量发展。

27日 新组建的天津市住房和城乡建设委员会挂牌。金湘军副市长出席揭牌仪式。

12月

3日 地铁1号线东延线双林站、李楼站开通试运营，天津市轨道交通运营里程达到220公里。

10日 《京津冀城市地下综合管廊消耗量定额》编制完成，"京津冀工程造价信息共享·天津"上线运行，京津冀计价体系一体化工作稳步推进。

30日 市委办公厅、市政府办公厅印发市住房和城乡建设委职能配置、内设机构和人员编制规定。

（天津市住房和城乡建设委员会）

城乡规划

概况

2018年，天津市城乡规划深入贯彻京津冀协同发展国家战略，认真落实"一基地三区"城市定位，城乡规划管理水平持续提升。以人民为中心，发挥规划科学引领作用，推动形成绿色发展方式和生活方式。对标《北京城市总体规划（2016年—2035年）》和《河北雄安新区规划纲要》，超前谋划城乡发展思路，打造新型智慧城市。深化工程建设项目审批制度改革，大力推行审批流程再造，搭建了"一张蓝图，多规合一"管理平台，推行以函代证，落实"一制三化"要求，逐项落实"五减""马上办、就近办、网上办、一次办""承诺制审批"等便利化措施。2018年，办理各类行政许可和服务事项1289件，其中规划类415件，国土类516件，林业类324件，海洋类34件。

挖掘历史资源，提升城市特色。开展历史文化街区步行系统城市设计和五大道、鞍山道、解放北路和中心公园等历史文化街区城市设计，聚焦特色历史文化街区，打造世界级一流、宜步行城区和国际文化旅游城市，整合历史文化资源，展现历史文化特色，焕发历史街区城市活力。

确定滨海新区和中心城区中间地带绿色屏障规划方案，到2035年蓝绿空间占屏障区总用地的比重达到70%，森林覆盖率达到20%，区内地表水环境质量达到Ⅳ类标准，生活垃圾处理率达到100%。

【规划编制】 2018年，天津市贯彻落实习近平总书记的"三个着力"要求，统筹推动全市和区级城市总体规划的编制工作。按照市委市政府主要领导在市规划局调研时的指示精神，天津市成立了由市委书记李鸿忠任组长的总规工作领导小组，编制完成《天津市远景发展战略》，统筹规划天津城市发展的目标、时序、空间格局和要素配置，对影响天津城市未来发展的重大战略性、宏观性、创造性、关键性问题进行了研究与剖析。

积极落实自然资源部国土空间规划工作部署会议精神，天津市开展了《天津市国土空间总体规划（2019—2035年）》编制工作，充分融合"土地利用总体规划""城市总体规划""主体功能区划""海洋功能区划"等规划要素管控要求，对全市生产空间、生活空间、生态空间进行统筹布局，初步实现"多规合一"。在市域总体规划编制同时，启动区级国土空间规划专题的编制，贯彻落实国家、自然资源部各项政策要求，建立管用、好用、适用的天津市国土空间规划体系。

推进双城间生态屏障区规划工作，划定了涉及5个行政区、736平方公里的管控范围。完成生态屏障区现状调查成果报告、现状建设调查评估报告，编制完成生态屏障区规划，组织区级层面规划方案编制。起草制定双城中间地带规划管控建设实施细则、工业和服务业项目合理布局的指导意见等6份重要文件，设立由全国和本市知名专家领衔的屏障区规划专家工作营，分别对双城间生态环境、城镇空间、产业发展和农业农村等4个方面进行了专题研究，为科学推进双城中间绿色生态屏障区建设绘就蓝图框架。

以新发展理念为指导，完善历史文化名城保护体系，编制了《天津市历史文化名城保护规划（2018—2035年）》，开展14片历史文化街区保护规划动态维护工作。落实中央城市工作会议精神，开展历史文化街区步行系统及鞍山道、解放北路、五大道、中心公园等历史文化街区等五个项目的城市设计试点工作。完成保护性建筑普查认定工作，全面掌握保护性建筑现状，并将第五批保护性建筑名录向社会公布，截至年底，全市保护性建筑已达1034座，其中历史建筑258座。编制了《天津市历史建筑紫线划定方案》，划定中心城区历史文化街区以外的40座历史建筑紫线。开展了《历史文化街区保护规划编制技术标准》《名城名镇名村保护规划编制技术标准》编制工作。编制了《中心城区城市公共空间雕塑规划设计导则》，开展全市城市雕塑的普查建库工作，形成了精品汇编和负面清单。

贯彻实施乡村振兴战略，制定了《市规划局贯彻实施乡村振兴战略工作要点（2018—2020年）》和《天津市乡村规划编制技术要求（2018年版）》，推动各涉农区开展区域乡村建设规划、镇（乡）域村庄规划和村庄规划编制工作，全市各涉农区通过编制镇（乡）域村庄规划和单独编制村庄规划的村庄约有1500个，其中约有800个村庄已经履行规划报批程序。研究制定了《天津市乡村建设项目规划管理办法》。为加强和规范乡村建设项目规划管理提供保障，制定《村容村貌提升规划设计导则》，为农村人居环境整治提供技术指导。开展乡村规划管理督导督查，加强对全市特色小镇规划管理。

开展《京津冀核心区铁路枢纽规划》的编制，增强天津铁路枢纽服务能力与提升和优化京津冀铁路网络格局有机结合，对天津至北京新机场联络线、京沪高铁二通道和津雄城际铁路等重要区域通道提出了优化方案。

开展《大运河天津段文化保护传承利用实施规划》的编制，结合《〈大运河天津段文化保护传承利用实施规划〉编制工作方案》要求，完成《加强生态环境保护治理》专项规划的编制工作。

【规划管理】2018年，天津市为贯彻落实党中央、国务院关于深化"放管服"改革和优化营商环境部署要求，开展了一系建筑工程规划许可管理方面标准、导则、规章、流程的研究和制定，为建设项目审批制度改革做好技术保障，实现了改革期间统一管理程序、统一管理依据、统一管理机制的三统一。

对取消建设项目修建性详细规划许可、合并建设工程设计方案审查至建设工程规划许可证，制定了《天津市建设工程规划许可证（建筑类）设计方案标准（试行）》，对建设项目设计方案报审内容和深度进行规定，规范建设工程规划许可证主要要件建设工程设计方案的规划设计与审批。

对新形势、开展城市设计视角下城乡规划管理，制定下发了《建设工程（建筑部分）规划放线测量技术报告编制通则》DB12/T 833—2018，通则统一建设工程（建筑部分）规划放线测量技术报告编制通则的内容及规格，将全市的规划放线测量层次提升到三维高度，解决三维立体模型问题，丰富报告的内容和技术含量，为规划管理部门提供更科学的依据，提升审批工作的效率。

为规范建设项目模型制作，制定下发了《建设项目空间分析模型绘制技术规范》DB12/T 832—2018，规范为全市建设项目在策划阶段到建筑立面阶段的包括空间分析模型的构建、空间分析模图的绘制提供技术依据，为全市三维数字城市模型数据的建模、生产、管理、维护和应用起到了引领、指导作用。

为规范规划主观审查，制定下发《天津市规划设计导则（2018版）》，全面用于指导建设工程设计方案、外檐设计和规划审批工作，主要包括城市风貌控制导引、建筑风貌控制导引和负面清单，使规划管理能够更加精准，凡是建筑布局、外檐风格不在负面清单之内的建设项目，原则上规划主观审查一律予以通过，保证公平公正，精简审批时间，提高审查效率。

建筑类工程建设项目规划审批事项全部下放至区级，并提出了实施配套制度，进一步明确了市区两级管理工作机制，市局负责贯彻落实规划实施工作中国家和地方的有关政策、标准，拟定规划审批具体操作规程，规范指导区级部门规划审批行为；区级规划审批部门负责受理、承办辖区内所有具体的建筑工程规划实施的规划业务案件，负责辖区内其他工作中涉及规划实施的技术支持和把关工作。

按照《城乡规划法》《城乡规划条例》以及市委市政府有关文件，根据工程建设项目审批制度改革试点实施方案有关要求，进一步完善细化审批标准，全面厘清城乡规划管理内容边界、明确市区两级各部门的岗位职责，从规划选址（规划条件）、建设用地规划许可证、建设工程规划许可证三个环节制定城乡规划审查要点和技术标准。

制定并实施《天津市控制性详细规划管理规定（试行）》，对《城乡规划法》《城市、镇控制性详细规划编制审批办法》、住房和城乡建设部《关于印发〈关于城乡规划公开公示的规定〉的通知》规定的程序以及各环节的相关要求进行了落实。结合《天津市城乡规划条例》的修订对控规审批权限和范围进行了规定，分类明确了审批程序和责任主体，细化了控规在城乡规划体系中上承接总体规划、专项规划，指导建设项目实施的作用。

制定了《天津市规划用地兼容性管理暂行规定》，进一步完善城市公共服务设施，提升城市配套水平，构建窄路密网城市格局，优化营商环境。

推进京津冀协同发展，加快京滨城际铁路、京唐城际铁路、津石高速公路规划建设，对京沪二通道、环渤海城际铁路、津雄铁路、津承货运铁路和津保忻货运铁路等进行了前期研究。

为完善能源管道布局、改善大气环境，推动北京新机场津京输油管道、中俄东线天然气管道、唐山LNG外输管道等重点能源管道建设规划。

推动大型交通基础设施重点项目建设，办理了地铁4、10号线一期工程有关建设用地规划许可证，开展了地铁7、8、11号线及6号线南段、4号线北段项目的前期研究。

【规划监督】2018年，天津市规划系统完善制度建设，精简审批要件。按照审批制度改革要求，明确了做好建设项目监管有关实施意见，深化落实"放管服"工作要求。在优化简化规划许可工作中，减少了规划验收要件，缩短了审批时限，进一步提高了规划验收效率，修订了规划验收行政许可事项操作规程，制定了标准化操作手册，更新了办事指南。

加强建设工程证后监管，完善监管制度。建立过程查验记录，加强痕迹管理，做好建设工程规划验收。全年共对全市1351项建筑工程进行了规划验收，涉及建筑规模约4752平方米，对91项市政工程进行了规划验收，涉及建设规模约35.9万平方米。

强化建设项目巡查，突出巡查重点，基本实现中心城区、环城四区范围内证后在建项目巡查全覆盖，完成日常巡查267次，出动人次共计882人次，巡查发现违法建设项目2个，均已依法依规进行了处理。加强建设工程施工过程检查，开展"双随机一公开"检查，完成12期抽取工作，出动检查人员共计120人次，抽取项目共计60个，检查结果均已核查入库，并向社会公布。

对接执法平台，强化平台监管。完成执法数据填报系统的提升改造，实现与升级后市行政执法监督平台的数据对接，加强执法监督平台日常管理及数据归集和更新，累计录入执法查处案件信息109项；执法检查信息247项，其中，总队录入45项，各相关规划分局录入202项。

【规划审批制度改革】2018年，天津市开展了工程建设项目改革试点工作，积极落实国务院"放管服"改革工作要求，出台了一系列改革政策配套文件，不断优化简化审批流程、精简审批事项、完善审批管理体系、加强监督管理，全面推进工程建设项目审批改革试点各项任务落实。对城乡规划、测绘管理、规划资质管理行政许可事项进行全面梳理，共减少要件59项，减少公示、现场踏勘14个环节。单一许可事项办理时限均减少为5个工作日。对规划许可11个事项实行"一次性审批"，对于属区级规划许可权限的事项实行"就近办理"，对测绘作业证事项实行"无人审批"。推动"一制三化"改革，制定了《实施细则》，开展了减事项、减材料、减证照、减时限、减环节的"五减"改革，优化简化建设项目规划许可流程、推进"证照分离"改革、推行承诺制审批、推行减证便民行动，积极落实各项改革要求。

"一张蓝图、多规合一"综合管理平台建设。2018年，天津市通过统筹融合经济社会发展规划、城乡规划、土地利用规划、生态环境保护规划等相关规划，整合空间管理分区，建立统一的空间规划体系，实现"一个规划、一张蓝图"，推进城市管理体系和管理能力现代化。共汇集经济社会发展规划、城乡规划、土地利用规划、生态环境保护规划等各类规划数据82项，包括规划控制线24项，规划成果28项，部门现状24项，基础数据4项。实现了规划在线查询、辅助决策、空间叠加对比、查找差异图斑等功能，基本形成覆盖全市域的"一张蓝图"。成立了消除差异图斑工作专班，启动了规划用地差异图斑消除工作，持续消除规划矛盾。全市16个区和34家单位全部实现了网络连通，平台实现了项目冲突检测、在线策划生成等功能。全年有265个项目在策划生成系统运转，74个项目完成项目策划生成，23个策划生成项目进入后续工程建设审批阶段。同时按照住房城乡建设部系统数据对接标准，上传了"城镇开发边界""生态控制线"和"永久基本农田"三类控制线以及项目用地红线数据，完成了市审批管理系统与"一张蓝图、多规合一"平台互联互通，实现了国家系统可查看我市"一张蓝图"信息、进行项目空间定位以及项目合规性审查的功能要求。

【城建档案管理】2018年，天津市城建档案馆共接收各类新建工程档案1.5万余卷，接收建筑类照片7000余张，个人捐赠照片2万余张。截至年底，馆藏纸质档案总计58.5万卷。

新建工程档案业务指导。全年现场服务217个单位、276次，馆内接待641个单位、1312次，档案整编11个工程、1914卷，业务咨询服务验收79个工程、1.9万余卷，收集资料22个工程，对外审验53个工程、1.1万余卷，办理建设工程档案预验收证明398项，建设工程档案验收合格确认函284项。加强对重点建设工程的服务力度，通过提前介入、主动服务，在档案资料的形成、积累、整理、归档各个环节进行全程跟踪服务。为海河综合开发，地铁1、5、6号线工程，外环线改造，国网天津电力特高压项目，津燃热电煤改燃项目等市重点建设工程的工程档案提供建档指导、验收服务，为解决企业在档案验收和接收环节上遇到的具体问题提供有效解决方案。

工程声像档案指导服务。赴施工现场进行业务指导7次，审验各类工程声像档案总计750个项目，提供技术咨询服务182次，通过规范工程声像档案接收审验标准，使接收进馆的声像档案质量逐年提高。

城建档案提供利用。发挥城建档案资源优势，为社会各界提供服务。利用"城建档案信息资源整合与共享"平台积极为社会提供档案信息，全年共接待档案查询3700余人次，调阅档案1万余卷。

【规划法治建设】2018年，《天津市人民代表大会常务委员会关于加强滨海新区与中心城区中间地带规划管控建设绿色生态屏障的决定》由天津市第十七届人民代表大会常务委员会第三次会议于5月28日通过，自公布之日起施行。《天津市地名管理条例》由天津市第十七届人民代表大会常务委员会第七次会议于12月14日修订，自2019年3月1日起施行。

"放管服"改革和行政审批制度改革文件清理。12月14日，天津市第十七届人民代表大会常务委员会第七次会议通过《市人大常委会关于修改〈天津市植物保护条例〉等三十二部地方性法规的决定》，对《天津市城乡规划条例》《天津市地下空间规划管理规定》2部地方性法规进行了修改，自2018年12月14日起施行；10月26日，市人民政府第29次常务会议通过《天津市人民政府关于修改和废止部分规章的决定》，对《天津市城建档案管理规定》、《天津市地下空间信息管理办法》进行了修改，自2018年11月2日起施行。

强化规范性文件管理。坚持实行规范性文件"八统一"管理制度，即统一立项、统一审查、统一审议、统一编号、统一公布、统一备案、统一清理、统一编纂，强化规范性文件的动态清理、实时更新。全年制定行政规范性文件15件，向市法制办备案。

【规划展览馆】2018年，天津市规划展览馆细化接待服务标准，严格执行各项细则，进一步完善群众接待和免费定时讲解的接待服务标准、规范讲解服务标准及接待水平，制定专业服务态度"养成计划"，着力打造"规范、专业"讲解员队伍，提升公众满意度。完成国务院副总理韩正、全国政协副主席马飚、安哥拉总统、法国前总统奥朗德、第73届联合国秘书长等国内外政要以及新疆维吾尔自治区党政代表团、香港传媒高层访问团、"守望相助、两岸一家"津台邻里情社区参访团、首都顶尖高校学子津门行等各界团体的接待任务。及时将市委、市政府重大决策部署向公众展示，更新调整京津冀协同发展、河北雄安新区规划纲要、京津冀区域生态系统、京津冀区域铁路干线、天津市城市总体规划（2017—2035）、"双城管控"规划等内容，充分发挥政民沟通桥梁作用。

【地下空间信息管理】2018年，天津市针对小型微利企业委托的地下管网信息经营服务性收费全部减免，针对其他企业降低25%。完成对327个建设单位769个项目的现状市政管线数据查询服务。

数据管理方面。全年对工程建设提供服务管线长度10505公里。维护更新项目涉及管线长度3171公里，更新入库3062公里。整合已有数据标准，建立了2018版地下管线数据分层标准，初步完成2018版地下管线数据库标准雏形，整理了给水、电力、热力、燃气管线数据，初步形成2018版地下管线数据库。收集了2018年市政管线规划审批数据394项，整理成果316项。收集了地下建筑规划审批数据2073项,完成整理1524项及现场复核工作。完成了市部分中水、供热管线数据共享交换工作以及140余项翔实管线数据收集工作。

系统建设方面。完成中心城区地下管线数据成果应用管理系统建设,以2018版地下管线数据库为基础,改造现有系统,保证了2018版数据库能顺利地完成数据更新、查询和输出。完成了天津市地下空间典型示范区精细化管理系统建设,将细化地下空间业态管理,打造更全、更准、更精细的地下空间信息管理方式,保证地上空间信息和地下空间信息的无缝衔接,提高了地下空间信息对外服务能力。

开展了天津市中心城区地下管线成果应用和数据修测更新维护、鑫港湾至金地35千伏新出线和丰泽路110千伏输变电工程等4个项目规划编制和西站地区城市详细规划项目涉及的地下空间现状整理与地下空间三维模型建立工作,完成了"天津市地下建筑空间数据动态维护"和"滨海新区地下水及地质环境调查评价地下空间利用现状数据采集"前期工作。制定了地理国情大数据实施工作方案,完成了"双城管控"相关地下管线现状情况分析报告。

(天津市规划所自然资源局)

城市管理

概况

2018年,天津市认真贯彻落实党的十九大精神和习近平总书记对天津工作"三个着力"的重要要求,紧紧围绕美丽天津建设的总目标,以服务百姓落实民心工程为出发点,进一步贯彻落实绿色发展理念,强化后全运城市管理,扎实推进"绿化、美化、净化、亮化、序化"五大工程,市容环境、园林绿化、城市管理、党的建设各项工作取得一定成效。

【市容园林规划】2018年,天津市全面客观评估市容园林"十三五"规划实施情况,形成《市容园林委关于"十三五"规划实施情况中期评估工作的报告》。在完成2017年度中央环保督察反馈问题整改任务验收工作基础上,继续推动中央环保督察反馈意见2018年度任务整改落实工作,组织开展自查自纠和市级环保督查相关工作,推动各项整改任务落实。按时序推动垃圾处理设施前期工作。加快推进3个在建设施运行投产,宁河区生活垃圾焚烧厂8月投产运行;东丽区贯庄垃圾焚烧处理厂10月投产运行;津南区碧海餐厨垃圾处理厂3月投产运行,7月通过国家发改委试点验收。加快推动7个生活垃圾处理设施规划项目的落地建设。规划新建东丽、西青、北辰三个区生活垃圾综合处理厂完成社会资本招标,启动合同谈判工作。宝坻、静海、武清、蓟州等四个区生活垃圾处理厂完成选址、立项等工作。推进《天津市环卫设施布局规划》修编工作,调研环卫设施布局规划修编基础材料,做好修编前期准备。有力推进绿地系统规划编制进程,组织力量深化编制内容,形成阶段性成果。

【市容市貌】2018年,天津市坚持依法治理市容貌违章,印发《市市容园林委关于开展违法户外广告设施专项治理的通知》《关于集中开展楼顶户外广告设施专项治理工作的通知》,加强沿街牌匾规范管理。实施楼顶户外广告专项治理,坚持一楼一策,完善整治提升方案。全年治理户外广告设施905处,其中楼顶广告13处、楼顶单体字6处、墙体广告42处、墙体单体字48处、布标拱门气球320处、小型占地标识(占地灯箱)105处、LED屏190块、牌匾101处、刀牌80处。对中心城区151条主干道路上各类户外广告设施逐一普查登记,建立户外广告设施管理台账。推动达沃斯户外公益广告设置和播放,对重点道路和关键节点重点部署达沃斯论坛公益户外广告设置,推动达沃斯户外公益广告设置工作高效运转。全年完成公益广告设置3978块,约31316平方米,其中公益广告电子屏(LED)28块、天桥公益广告36块、道旗广告627块、灯杆灯箱广告342基、灯杆道旗广告2197基、墙体公益广告148块、围挡广告336块、公交候车亭广告38块、路名牌广告162块、地铁站广告50多块、高速公路跨线桥广告14块。重视节日气氛布置工作,元旦、春节、五一、十一期间,重点对31条主干道路和重点繁华地区进行了布置,插挂国旗1万余面,开启景观灯22万盏。

【市容环境综合整治】2018年,天津市充分发挥城管委及城管办高位协调作用,城市管理和城市专项治理取得成效。印发《市市容园林委关于进一步组织推进市容园林"十三五"发展规划重点任务和明确部门分工的工作意见》,制定《天津市生活垃圾分类管理的实施意见》《天津市环城四区垃圾处理设施建设运营管理实施方案》《执法全过程记录信息管理规定》《关于落实精细化管理科学开展机扫水洗作业的通知》等文件。修订完成《天津市城市道路以克论净检测考核实施办法》。落实住房城乡建设部《城市建成区违法建设专项治理工作五年行动方案》,

查处违法建设798万平方米，完成存量1156万平方米的69%。按照市委深改小组要求，推动市建委、市交通运输委、市规划局狠抓落实，7项重点改革任务全部按时完成。成立督查小组，采取谈话、查阅资料、实地督察等方式，对"厕所革命"和海绵城市开展专项督查，形成专题报告，完成督察任务。巩固迎全运城市综合整治成果，对全市9条客运铁路和3条停运铁路沿线进行为期4个月环境综合整治，清理铁路站点97处、日常保洁599次，铁路进出口20处、日常保洁616次，清洗养护各类标牌442个、环卫等各类设施648个，沿线大街小巷、主次道路、公共场所394条，清理垃圾59233吨；拆除或整修违法建筑物193处、构筑物198处、残缺建筑物14处、破旧建筑38处、残墙断壁60处，依法取缔或规范户外广告327个、牌匾109个、标牌66个、占道经营222处、废品收购站5处。对京津城际沿线环境天津片区5处安全隐患进行专项治理，清理废品4吨，拆除违建425平方米，拆除石棉瓦棚1000平方米，加固彩钢各类厂房7600平方米，清除树木隐患32棵。利用3年时间，组织实施市内六区背街里巷道路市容环境专项整治提升任务。2018年，全市836条道路清整道路卫生125675次，清洗维修公共设施10408处，清理提升园林绿化354681平方米，清理垃圾杂物90327吨，清拆私搭乱建2329处；治理沿街底商9850处，治理占路经营11719处，治理乱停乱放256331处；修复破损路面35242处，修复管线机附属井1691处，背街里巷道路市容环境专项治理工作成效初显。10月16—31日，组织开展井盖安全隐患大排查和集中整治，对市级12个行业管理部门和16个所属区井盖进行系统式、地毯式的排查和整治，累计排查1455050（涉农434614）处次，发现隐患10392（涉农7147）处。印发《关于加强全市城市井盖设施管理的实施意见》，建立长效管理机制。

【环境卫生管理】 2018年，天津市全面强化后全运环境卫生管理，城市环境卫生面貌明显提升。开展春季环境卫生清整活动，结合创文创卫活动，对城乡结合部、拆迁片等区域进行清脏治乱专项整治。3月至12月，出动各类环卫作业车辆61000余台次，出动作业人员10万余人次，清洗道路2286条，清洗公厕1475座，清洗各类果皮箱桶23293个、垃圾桶28472个，清洗垃圾转运站215个，清洗率达100%；清理居民社区、单位庭院垃圾杂物16000余处，清理生活垃圾3801吨，清理装修垃圾33798吨，有效提升城市净化水平。完善定量考核，修订完善《天津市城市道路以克论净检测考核实施细则及标准》，根据季节特点调整检测道路数量、检测频次和检测时间，全市全年平均成绩为94.13，平均达标率为66%。优化定性考核，中心城区每月检查由1次增加为2次，滨海新区、新五区纳入环卫独立专项考核范围，每月专项检查1次。2018年，全市共检查通报督促整改脏乱问题1393个。推动定位考核，利用环卫机扫水洗监控网全方位考核各区车辆作业情况，4月起，每周通过微信平台公布中心城区可机扫水洗作业率和出车率，强化可机扫水洗道路作业监督检查。对全市环卫、社会公厕进行排查，建立公厕管理档案，印制《天津市中心城区环卫公厕基础资料（2017）》和《天津市中心城区环卫公厕基础资料（2017）》，修订完成《天津市公共厕所管理服务标准》。建立天津公厕云平台，提升公厕精细化管理和智能服务水平。完成国外使团、各省市党政代表团、各类重大活动等环境卫生保障任务40余项，特别是中俄青少年冰球友谊赛、天津市第十四届运动会、天津市国际少儿艺术节和2018年天津夏季达沃斯等重大活动。建立重大活动应急保障机制和应急保障队伍，有效应对突发事件。发挥机械化作业优势和效能，增加作业车辆，提高冲洗作业频次，完成重大活动场馆、道路、车站、机场等环境卫生重点保障任务。落实市委、市政府《关于全面加强生态环境保护坚决打好污染防治攻坚战的实施意见》要求，制定《市市容园林委关于全面加强生态环境保护坚决打好污染防治攻坚战工作方案》，细化分解任务，明确责任内容，为全面推动落实奠定了基础。

【废弃物管理】 2018年，天津市生活垃圾呈减量趋势，全年城市生活垃圾清运量294.77万吨，无害化处理量289.97万吨，无害化处理率98.37%，其中，市内六区、环城四区生活垃圾清运量188.47万吨，无害化处理188.47万吨，无害化处理率100%；滨海新区生活垃圾清运量60.02万吨，无害化处理60.02万吨，无害化处理率100%；其他区生活垃圾清运量44.28万吨，无害化处理39.49万吨，无害化处理率89.18%。3月份，成立联合检查组，对全市生活垃圾处理设施全面考评和综合评价。完成双口填埋场渗滤液项目提升改造，启动渗滤液应急处理，协调解决双口、大韩庄填埋场应急处理问题，加强现场监管，避免二次污染。全面启动生活垃圾分类工作，成立生活垃圾分类工作推进领导小组，制定《天津市生活垃圾分类行动方案》，建成128个生活垃圾分类示范社区，制定示范小区建设标准，99家市直机关全部配置智能回收机配备。制定《关于我市生活垃圾分类工作问题整改方案》，设定整改路线图和时间表。建立联席会议制度，出台《天津市建筑垃圾管理办法（暂行）》《天津市渣土治理工作方案》，全市1800余个建设工地落实"8个百分百"要求。中心城区保有智能渣土车达1139辆。出台《天津市环城四区渣土消纳场管理指导意见（试行）》，规范环城四区消纳场管理，提升渣土消纳能力。严格管控餐厨垃圾收集、运输和处置环节，开展餐厨垃圾收集、运输专项排查活动，加强对餐厨单位、非法运输企业和个人监督检查。津南区餐厨垃圾处理项目7月通过国家验收，日处理能力300吨。和平区餐厨垃圾处理终端设施试点，已建成前端预处理节点3个，日处理能力13吨。

【城市园林绿化】2018年，天津市按照"生态大绿"原则，推进园林绿化建设，全市生态大绿、浓厚氛围进一步形成，园林绿化释氧固碳、增湿降温、滞尘防污生态作用充分发挥。优化城市绿地布局，编制完善城市绿地系统规划，科学选好树种，实施道路绿化、公园绿化，改善城市生态品质，提升园林绿化水平，全年新建提升绿化面积1536万平方米，栽植乔灌木695万株。做好6月8日"迎检"外事活动重要节点花卉景观布置任务，完成天津迎宾馆、天津体育馆、天津机场、和平五大道、河西友谊路、卫津南路、河东节点等重要区域花卉景观布景任务。制作安装大型立体草雕景观4处，栽植草花、宿根花卉等各类花卉植物190余万盆（株）。完成地铁6号线会展中心站绿化恢复2.4万平方米建设任务。推进民心工程公园提升改造，全年提升改造解放北园、天津湾公园、万新公园、北宁公园、宜春公园、宜景公园、西沽公园等7座城市公园，提升绿化面积54万平方米，7座城市公园全部对外开放。

【园林养护】2018年，天津市执行生态用地管控要求，履行城市建成区内生态用地红线保护内公园、林带永久性保护管理责任，红线内生态用地得到有效保护，公园和林带内生物多样性增加，公园、林带生态效益和景观效果初显。组织春、夏、秋季养管会战，拆除防寒围挡，浇返青水，去除枯死树，补栽树木、绿篱和地被草坪植物，组织遮挡交通信号灯、摄像头的行道树修剪和遮挡居民楼窗部影响采光树木修剪，及绿篱模纹与花灌木花后修剪；组织绿地杂草清除及清理树挂、园林绿地冬季浇冻水和设置防寒围挡等绿化防寒及重大节庆活动绿地花镜、花坛花卉的栽植和花卉景点布置。及时发布病虫信息，加强重大疫情测报，全年发《园林病虫信息》32期。推广无公害化病虫害防治技术，下发周氏啮小蜂4亿头防治美国白蛾，防治园林食叶害虫和蛀干害虫下发12吨苦参碱和烟参碱。全市建成区266棵古树名木全部得到有效保护和养护，为古树名木设置护栏，明确管理责任，定期浇水施肥，有效防治病虫害，对生长势弱古树，按照《天津市古树名木保护与复壮技术规程》进行复壮和养护，建立1个古树名木保护示范点。

【城市公园管理】2018年，天津市城市公园注重特色景观建设和文化内涵建设，公园游憩、生态、景观以及文化传承功能充分发挥。全市有城市公园125个，以水上公园为例，春赏牡丹，夏赏荷，秋赏菊花，冬赏雪，逐渐成为老百姓游览公园的新传统。水西公园10月1日对外开放，位于天津市西青区，公园东至春明路；南至保泽西道、香怡道；西至中达路；北至香雅道、香泽道。规划可用地面积140.57公顷，其中水体面积42.73万公顷，陆地面积97.84万公顷。公园设置2.5公里环湖健身步道，并设置3.5公顷的体育园，为市民提供轮滑、乒乓球等10类体育健身活动场地。水西公园与水上公园遥相呼应，成为姐妹公园，形成天津"南有水上，西有水西"的城市园林格局。截至12月底，天津市动物园动物存栏160种1573只，其中哺乳类动物83种518只，鸟类77种1055只。全年引进黑颈天鹅、犀牛、东北虎等珍稀动物23种207只，成功繁殖大食蚁兽、麋鹿等国家级濒危野生动物27种128只，全年实现收入3694.2万元。

【路灯照明管理】2018年，天津市完成第二届世界智能大会、"6.8"中俄青年冰球赛、时代楷模发布会、2018夏季达沃斯论坛、2018友城圆桌会议等各项政治活动和重要节日路灯保电保亮任务37次。完成达沃斯重点保障区域16条道路、1969基灯杆道旗的悬挂工作，在友谊路全线329基灯杆上安装可重复使用的公益广告灯箱，烘托道路夜间视觉效果。推动中心城区老旧小区及远年住房路灯提升改造，完成200个小区4000基路灯更换维护工作。实施"点亮津城"路灯提升工程，更换灯具3564套、更换灯杆1589基，提高设备运行水平和照明效果，提供了优质明亮的夜间出行环境。推进智慧路灯试点建设，试点安装单灯监控、漏电监测、远程光照度采集等智能终端；新装监控终端200套，监控终端覆盖率提升至76%，路灯智能化管控水平提升。督促开展路灯防汛度夏准备。完成全部室内站和箱式站防漏检查和修补；对架空线路影响安全运行部分树线矛盾问题进行处置；梳理历年低洼地区电源、线路及监控站点运行情况，做好主汛期应急抢险准备。全年组织四次防汛预警响应，确保强降雨后积水区域设施安全运行。推进路灯管理指挥监控中心建设。完成项目可行性研究报告、项目申报书编制和专家评审工作。规范路灯工程项目管理及过程管控，完成《天津市路灯设施建设运行技术标准》《天津市路灯照明设施建设移交实施细则》等文件起草，推动"三通一标"工作落地，提高施工工艺标准化水平。

【夜景灯光设施建设管理】2018年，天津市巩固提升夜景灯光组团，重点对奥体中心周边、民园地区、天津站地区、海河摩天轮、古文化街、奥风区、津门津塔、津湾广场等八大特色夜景灯光组团设施进行重点排查养护。加强日常维护运行管理，修复更新故障及陈旧设施，逐点监测智能控制系统运行情况和供配电系统安全，解决影响灯光开启遗留问题，保证夜景灯光组团设施开启率、完好率、安全率达到最优标准。全年完成建筑、桥梁、堤岸、绿地巩固提升576栋（处）、养护、维修、更新灯具501382盏、电缆788518米、配电箱505台、监控终端529台。加强夜景灯光设施日常管理保障，落实开灯日每日巡查，做到灯光开启、人员到岗、发现问题及时处理。全年海河夜景开启247天，城市夜景灯光网络开启105天，重大任务保障51天，保障出勤900人次。完成"智能城市"论坛夜景航拍活动，中宣部和市委宣传部举办"时代楷模"系列宣传活动，市运会、中央领导及俄罗斯国家元首来津、达沃斯论坛、河北、青海、甘肃党政代表团等重大夜景灯光保障任务，受到领导及来宾好评。

【城市管理综合执法】2018年，天津市城市管理综合执法在坚持中发展，在改进中加强。开展不作为不担当问题专项行动、食品安全专项治理、大气污染防治专项治理、夏季夜间环境问题综合整治、共享单车专项治理等专项治理行动。全市综合执法系统共治理乱摆乱卖69800余处次、治理露天烧烤问题17350余处次、立案查处运输撒漏454起，处罚金额106.25万余元、清理规范共享单车12万余车次，暂扣车辆12000余辆，有力保证6.8重大活动、世界智能大会、达沃斯论坛等活动期间市容环境秩序良好。开展违法建设专项治理，召开各区联络员工作例会、各区拆违办协调推动会和全市违法建设治理现场会，深入16个区开展调研服务，现场办公。全年组织检查考核，下发通报20次，编辑整理印发《违法建设专项治理简报》58期，搜集整理各区典型案例86个。按照全市总存量1156.7万平方米计算，累计查处进度82.93%，提前完成住建部2018年底80%的治理要求，推动违法建设治理工作深入开展。3月23日、5月14日进驻滨海国际机场和天津港开展执法服务。开展建立联席会议制度、全面进行摸底排查、开展执法宣传活动、解决重大安全隐患问题，展示开展不作为不担当问题专项治理工作成果。对接长春市城管行政执法局，双方签订《对口合作备忘录》和《对口合作结对互助协议书》，促进两地城市管理行政执法机构之间实现理论共享、业务共享、技能共享、经验共享达成共识，以两地各区局结对互助为合作形式，打造长期的城市管理执法交流机制，以开展对口合作为契机，围绕"城市管理应该像绣花一样精细"目标，寻求城市管理新理念、新思路、新招法，不断提升双方城市管理水平。

【城市信息化管理】2018年，天津市贯彻习近平总书记网络强国重要思想和鸿忠书记在市网信工作会议上讲话精神，开展网络安全和信息化建设。提升改造市市容园林委数字化城市管理平台，建成以数字化城市管理平台为主会场，联通16个区市容园林委、市综合执法局及15个委属单位的视频会议及城市管理指挥调度系统，实现组织会议方便高效和指挥调度快速便捷。冬季清融雪指挥调度、城市管理应急指挥、重大活动保障、远程会议培训、数字化城市管理及考核充分应用。市市容园林委数字化城市管理信息系统、办公自动化系统、财务审计系统、GPS环卫车辆监控系统、城市建设管理监管系统五个信息系统整合，实现政务信息资源共享，办公集约化。该项目单点登录软件开发完成，实现"五网合一"。以大数据思维深入推进"互联网＋政务服务"，做好"政务一网通"改革，制定市市容园林委"政务一网通"实施方案，实现行政许可事项100%上网，"政务一网通"平台实现"最多跑一次"。利用海光寺等人流密集公共场所大型电子显示屏、机关和直属单位办公楼电子屏、电梯间、职工餐厅、公园宣传栏和宣传橱窗等阵地播放网络安全宣传片、张贴海报，组织网络安全宣传活动，发放宣传资料，宣传防护知识，提高防范能力；利用网站、微信和各类新媒体平台，推送公益宣传资料；利用"两报"和"北方网"等媒体，宣传数字化城市管理成绩，营造良好舆论氛围。

【市容园林法治建设】2018年，天津市不断推进法治建设，继续做好《天津市生活垃圾管理条例》立法相关工作，对《条例》草案进行修改完善，完成《天津市城市照明管理规定》立法修订，已经市人民政府常务会议审议通过并公布。完成《天津市冬季清雪暂行办法》调研工作。制定完成市市容园林委法治宣传教育工作实施方案，明确任务目标和责任部门，建立健全了普法责任清单制度。结合建设"美丽天津"总体部署，面向系统基层一线工人，开展"美丽天津 法治同行"为主题的法治宣传活动。结合《宪法修正案》的通过，大力弘扬宪法精神，组织制作两段反映市容园林人学习贯彻宪法精神的微视频，展现市容园林工作者牢记宪法，不忘初心的坚定信念。及时对领导干部网上学法用法考试工作安排布置，设专人对委处级以上领导干部学习情况实时监测，参考人员在规定时限内全部完成学习和考试。邀请天津师范大学法学院教授以"宪法是对我们美好生活的向往"为主题讲解宪法知识，进一步增强全体干部尊崇宪法、学习宪法、遵守宪法、维护宪法、运用宪法的自觉性，推动学习宪法向纵深发展。组织机关干部现场观摩行政诉讼庭审过程，接受法制教育。及时更新门户网站，宣传法治工作动态，推动法治政府建设。发挥法律审核服务保障作用，对《动物园对原高尔夫练习场使用场地进行项目调整》《贯庄垃圾焚烧综合处理项目》《签订天津市建筑工程渣土管理站划转工作协议》等24件进行法律审核。对《天津市地名管理条例》《天津市精神文明建设促进条例（草案）》《天津市环境保护条例（修订送审稿）》等22件征求意见函进行专题研究，针对市容园林部门的管理职责和管理需要及时提出并反馈意见，确保作出的行政行为合法有效。

【市容园林科技】2018年，天津市以"生态文明建设""京津冀协同发展"和"创建国家园林城市"为着力点，发挥科技引领作用。编制《2018年市容园林系统科技项目申报指南》，10个科技研究项目申报年度科技项目，开展立项科技项目中期评估检查，实施规范化管理。出台措施协调鼓励环境卫生行业协会、园林绿化行业协会、公园绿地协会、园林学会参与承担行业标准制定。组织园林植物养护管理技术、城市园林建设管理、中国北方城市生态修复可行性研究及天津市园林工程专业技术人员高级研修班培训，举办月季专题讲座、参加专业论坛、组织比武竞赛、开展成果交流，第八届中国月季展天津月季花斩获中国月季展金奖。举办园林植物修剪碎枝回收利用观摩活动，组织2018年自然之美—植物画大赛，天津《今晚报》头条给予宣传报道。推进《天津市园林绿化养护预算基价》和《天津市环卫作业养护预算基价》修订，完成《天津市大树移植技术规程》制定和申报，完成《园林绿化灌溉水质量要求》地方标准并通过专家评审，组织《园林绿化工程施工及验收规范》修订，开展餐厨垃圾收运、生活垃圾分类等标准制订调研。组织市容园林系统科技周活动，在水上公园、动物园、南翠屏公园对40种主要植物品种实施标识"挂牌"，推动水上公园、动物园、南翠屏公园科普宣传阵地建设，举办专业讲座、专题培训、学习参观活动，丰富知识，开阔视野。

【展会环境保障】2018年，天津市扎实做好展会环境保障任务，完成大型保障活动62次，二级以上重要保障任务17次，大型活动（会议）和外事保障任务45次。按照中央和市委部署，完成6月8日中俄两国国家元首来津活动和"一带一路"国家领导来津活动线路方案的制定和市容环境保障任务。组织完成2018夏季"达沃斯论坛"市容环境保障任务，细化完善万丽宾馆等10个酒店、友谊路等50余条主要道路、京津高速等7条高速公路、天津东站等3个高铁站及滨海国际机场的环境保障方案；拟制《嘉宾迎送》《贵宾进出和应急疏散》《青年科学家考察活动》《10个酒店往返会展中心》《酒店班车行进》《文化之夜活动往返》《友城圆桌会议活动》等活动线路；对梅江会展中心、重点道路、车站机场、高速公路等嘉宾迎送路线全覆盖检查，解决影响环境问题100余类（项），保障了市容环境干净、整洁、规范、有序。完成"两会两节"、市主要领导和各界慰问、视察和调研活动保障；2018天津国际少儿艺术节、全国职业教育活动周暨2018年全国职业院校技能大赛、津台投资洽谈会暨2018年台湾名品博览会、中国旅游产业博览会暨妈祖文化旅游节、2018中国国际矿业大会、2018市运会、市少数民族运动会，北京市、青海省等省来津考察的市市容环境协调保障工作。做好2019年全国残运会将在津举办的环境保障部工作，完成"残运会倒计时一周年"揭牌仪式和展演活动期间的市容环境保障，完成2019年残运会环境保障部相关方案制定、组织协调等前期工作，为残运会在津召开提供了坚实的市容环境保障。

【市容园林行政审批管理】2018年，天津市办理各类行政许可事项2815件。其中，城市生活垃圾经营性处理4件；城市生活垃圾经营性清扫、收集、运输3件；工程建设涉及城市绿地、树木许可73件；临时占用绿化用地的许可43件；户外广告设施许可1284件；临时悬挂、设置标语或者宣传品许可208件；在道路两侧和景观区域内，对建筑物外檐、构筑物、围墙和其他设施进行装修、改建、改变的，或者设置各类标志设施许可1200件。发生燃气经营许可中涉及设立13件、变更9件、注销1件；燃气设施改动1件；临时占用、挖掘城市道路及依附城市道路建设管线、杆线许可中挖掘道路163件，临时占路6件；供热许可16件。

【市容建设管理】2018年，天津市推进建筑整修和环卫设施建设，围绕迎全运城市综合整治期间建筑整修项目，完成沿街建筑综合整修"回头看"，排查安全隐患，巩固整修成果，全年发现隐患671处，全部完成整改。以"6.8"重大活动和夏季达沃斯会议保障为契机，组织各区逐路、逐楼、逐点位进行"地毯式"全面排查，修复破损设施、排除安全隐患，整改问题63处，市容环境更加清新靓丽、整洁规范。宁河生物质（生活垃圾焚烧）发电项目日处理能力500吨，8月12日点火试运行；贯庄垃圾处理厂日处理能力1000吨，10月10日点火试运行，均实现投产运行。印发《市市容园林委2018年深入推进"厕所革命"工作方案》和《关于推进我市"厕所革命"提升城镇公共厕所建设服务水平的实施意见》。市委市政府20项民心工程确定全市新建提升改造公厕300座，全年新建提升改造公厕竣工376座。

【园林展会情况】2018年，天津市"菊咏津门"菊花精品展10月20日至11月5日在水上公园盆景园举办，本届菊展分室内和室外两大区域，菊花精品展突出天津园林文化特色，展出盆栽菊花600余种；切花菊25种；微型盆栽菊20余种；菊花造型和小景28组，立体景观1个，计3万余盆花卉。展区以品种菊为主，室内主要展出精品品种菊，多角度展示"菊之韵"，以中国画的手法进行布景，古香古色，菊香四溢。室外盆景园内打造菊花小径，盆景园外以大型造型菊为主辅以菊柱阵烘托打造菊花景观，全面立体地烘托菊展氛围。展览3万多盆各色菊花囊括全国主要菊花品种，如：独本菊、多头菊等，还展出"滦水金凤""唐宇风云""千针万绣"等水上公园精心培育品种菊。同时展出全国菊展斩获金奖名菊"天马""秋结晚红"，绿菊精品"玉醖酬秋"等，让市民和游客大饱眼福。在水上公园东门、北门、盆景园内设置10余块菊花知识展牌，介绍历史名家菊花诗词歌赋，让大家享受视觉盛宴，了解中国菊文化。

第十二届中国（南宁）国际园林博览会天津园获得组办方和观展群众高度好评。天津园设计以查氏"水西庄"为灵感来源，园区占地面积1868平方米，通过塑造传统自然山水园，再现昔日天津水西庄一隅，展现天津古典园林造园艺术水平。园中集雅亭、枕溪廊、览翠轩等景点均根据水西庄相关史料记载景点演绎而来。建筑主体为仿古园林建筑，清代北方官式做法，柱及主要承重构架选用钢筋混凝土结构，梁、檩、椽、望板及角梁选用传统木结构。园中江南植物非常茂盛，富有天然野趣，绣野簃中翠竹数亩，琵琶池中生长着色香味美的红菱、梧桐、桂花、芭蕉等。天津园项目5月1日开工，11月25日建成。

【城市管理考核】2018年，天津市按照习近平总书记"城市管理要像绣花一样精细"重要指示要求，依照《天津市城市管理规定》和《天津市城市管理考核办法》，坚持公开、公平、公正原则，组织全市和各专业部门实施城市管理考核，在重点考核151条主干道路、31个重点地区、海河沿线、双环四线的基础上，逐步向社区周边、次支道路、背街里巷延伸。通过日巡查、周抽查、月联查、季民调、群众投诉等方式，实现城市管理考核全覆盖；针对城市管理特点规律，改进考核机制和方法，通过市级部门与区政府上考下、下考上、互相考等多种形式，实现城市管理科学化、精细化、智能化。每月10日在《天津日报》公布考核结果，接受社会监督。发挥"以奖代补"专项资金管理使用的激励作用，调动各区政府和相关部门的积极性和主动性，推进城市管理向城市治理转变，为实现"五个现代化"天津做出应有贡献。

【燃气管理】2018年，天津市有取得燃气经营许可企业166家，其中管道气经营企业42家，加气站经营企业41家，小区管道供气企业11家，液化气经营企业81家。至年底前，天然气用户有525.16万户，其中工业用户0.27万户，商业用户28.88万户，居民用户496万户；天然气供气总量49.94亿立方米，同比增长18.3%；燃气管线总长度27953.2公里，其中高压、次高压燃气管线2692.1公里，中压燃气管线5888.3公里，低压燃气管线19372.8公里；燃气储配站4座，调压站1106座，其中高调站202座。深化燃气设施运行监管，开展城镇燃气设施安全专项排查、安全评价和隐患排查整治，出动检查300余人次，检查重点企业126家，排查整治安全隐患900余项。推进老旧管网及远年住房燃气设施改造工程，完成燃气旧管网改造70公里，户管改造20902户，灶具连接管改造31059户，庭院旧管网改造176公里。保障2018天津夏季达沃斯论坛燃气供应。做好燃气企业经营许可及准销审核项目，受理完成燃气企业经营许可及准销审核（审批）26家，品牌备案133家、销售备案20家，燃气企业经营许可及准销审核项目17个。受理各类来电来访1687件，"双万双服"专项问题5件，人大建议政协提案6项。印发《关于加强农村"煤改气"安全监管工作的意见》和《天津市农村"煤改气"燃气安全员管理办法（暂行）》，组织各区燃气监督管理人员、燃气企业3类人员、镇街乡安全员开展安全知识培训，6次对涉及农村"煤改气"8个区、27家燃气企业、43座LNG供气站、218个村庄督导检查，出动检查人员108人次，督查整改安全隐患1259项。

【供热管理】2018年，天津市供热结构进一步优化，供热服务机制体制有所创新，供热质量明显提升。全市集中供热面积达到4.95亿平方米，其中，燃气供热面积19456万平方米，占比39.34%；热电联产供热面积17913万平方米，占比36.22%；燃煤锅炉供热面积8677万平方米，占比17.54%；地热及其他热源供热面积3405万平方米，占比6.9%。燃气、热电联产和清洁能源供热比重进一步提升，基本形成了以清洁能源为主的集中供热体系。全市集中供热普及率达到99.6%，中心城区住宅集中供热普及率达99.9%。组织完成供热应急与能耗监测平台二期和三期工程建设，平台11月1日投入运行，实现对全市主要热源全覆盖监测。完善气候会商机制，2018—2019采暖期4次召开会商会议，对气象条件科学研判，提前14天供热、延后16天停热，历史上供热期最长，人民幸福感显著提升。

【道桥养护】2018年，天津市区纳入市政部门养管城市道路有1430条（含环城四区），总长度1508公里，面积4007万平方米，其中车行道3038万平方米，人行道969万平方米。与2017年相比，道路条数增加18条，长度增加21公里，面积增加84万平方米。市区纳入市政部门养管桥梁有322座（含环城四区），总长度202.1公里，面积368万平方米，其中跨线立交桥58座，长度172.3公里，面积296.8万平方米；跨河桥174座，长度23.4公里，面积65.8万平方米；人行天桥90座，长度6.5公里，面积5.4万平方米。与2017年相比座数减少1座，长度增加0.4公里，面积增加0.9万平方米。地道69座，长度33.2公里，面积71.2万平方米，与2017年相比座数增加3座，长度增加3公里，面积增加3.6万平方米。完成育红路、中山路、中山北路、华锦路、贺兰路、天山北路等6条道路整修任务，整修道路面积18.3万平方米，完成岳阳道、九纬路、金海道、桃花堤西道等10条道路整修，整修道路面积达6.6万平方米。完成体院北天桥、津美天桥、富民路天桥、红桥北大街天桥、顺义道天桥、金钟路天桥等50座人行天桥维修。完成卫国道、鞍山西道、解放南路、辰昌路、芥园道等19条主干路及西湖道、河北路、本溪路等11条次干路道路专项维修工程，整修面积153.1万平方米；打造马场道、贵州路、北马路、万柳村大街4条便民示范路，开展围堤道、南马路、简阳路等15条路帮上"盲"工程（盲道专项维修完善），解决7条道路错台拱起及铺装不规范问题，面积达5.5万平方米；重点完成中山门桥、金狮立交桥、辰泰桥、南仓桥等梁体裂缝、漏水碱蚀、剥落漏筋等局部严重耐久性病害问题维修。完成昆仑桥、东风桥、宾悦桥、保定桥等19座桥面及桥头引路维修约6万平方米。完成泄水孔改造800个，伸缩缝维修5000延长米，泄水管改造6000延长米。突出达沃斯路线及其他重点活动路线、重要出入市口以及海河沿线、繁华景区等道桥设施维修，加大道路桥梁设施外观养护维修效果，完成西河桥、雪莲桥、前园桥等桥除锈油饰4万平方米。全年发现处理问题管线井6902座，其中井盖丢失问题436座，井盖破损问题6466座，及时进行处理，依法公示填盖无主病害井533座。

【停车管理】2018年，天津市组织2018年度中心城区停车设施建设及秩序管理考核，激活停车泊位14119个，新增停车泊位28384个，机动车保有量与停车泊位数比由1∶0.58增长到1∶0.61。目前，中心城区道路停车46554个，公共停车场停车泊位7587个，配建停车泊位575458个。

【井盖管理】2018年，天津市各类涉路管线井病害问题7018件，修复6902件，修复率达98.35%。组织走访沟通100余家管＋线井责任管理单位，下达《城市道路管线井病害通知书》151份，督办解决病害井258座，现场公示无主病害井533座，全部按时恢复道路使用功能。建立"道路管线井管理工作微信群"，加快问题督办处置效率。下发《关于加强城市井盖设施管理的实施意见》，明确涉路管线井管理职责、措施及保障机制。利用网格化管理平台，开展城市道路管线井病害专项排查整改。利用电话、微信平台、走访等手段督办，对严重安全隐患无主管线井及时公示填盖，确保道路设施安全运行。完善涉路管线井问题发现督办处置流程，管线井案件督办随时监督，无盖井第一时间解决、破损井第一时间督办。开展两次应急演练，检验督办小组应急处置情况。完善涉路管线井病害问题应急预案，发现问题第一时间现场设置。达沃斯召开期间，紧急召集管线井产权单位及道路部门现场协调，隐患井及时解决。

(天津市城市管理委员会)

水务建设与管理

【概况】 2018年,天津市水务局认真贯彻落实习近平总书记治水兴水重要讲话精神和新时期治水方针,按照市委、市政府部署要求,出台全面落实湖长制实施意见,落实市、区、乡镇街、村级四级河长湖长5884名,实现所有河湖水域全覆盖;完成市级和各区"一河(湖)一策"方案编制,出台暗查暗访等制度。在确保防汛安全的基础上,全年累计拦蓄利用雨洪水15.4亿立方米。引江、引滦向天津市供水13.69亿立方米,完成144处中心城区老旧小区二次供水设施改造和42.7公里老旧管网改造,启动新一轮农村饮水提质增效工程,全市城市供水水质综合合格率保持99%以上,农村供水水质合格率保持80%以上。全年完成水务建设投资44.65亿元。实施中心城区20条、163公里河道生态修复,水环境质量明显改善。全市国考断面水体优良比例40%、同比提高5个百分点,劣Ⅴ类水体比例25%、同比下降15个百分点。推行节水型建设,节水型企业单位和居民小区覆盖率分别提高到49.9%和30.7%,万元GDP用水量降至15立方米,万元工业增加值用水量控制在7立方米;农田灌溉水有效利用系数提高到0.708。机构改革稳步推进。厘清了水务、应急、规划和自然资源、生态环境、农业农村等部门职责边界,完成相关职责界定、单位转隶、人员划转和权责清单移交,局"三定"方案获批,生产经营类事业单位改革初见成效。

【水资源】

水资源管理。2018年,全市水资源管理工作,以节水型社会建设为核心,以完成中央环保督察问题整改为重点,以实行最严格水资源管理制度考核为抓手,统筹推进水资源开发、利用、节约、保护的各项工作。落实节水优先,开展了县域节水社会达标建设、出台了城市非居民用水超定额累进加价制度,明确了洗浴业执行特种行业水价范围;深化水资源管理,通过了国家的实行最严格水资源管理制度年度考核,完成对全市各区的考核,进行了全市取水许可和计划用水监督检查,规范了绿化取水许可管理,修订了《天津市取水许可管理规定》,完成了年度地下水压采任务。大力推进中央环保督察任务整改,淡化海水和非常规水利用率均有所提高,饮用水水源地保护工作稳步推进,完成非农业水资源税改革工作,开展了农业水权确权工作,优化了用水报告书审批。对全市16个区进行2017年度实行最严格水资源管理制度考核,考核结果已经市政府审定通报各区,其中西青区、东丽区、武清区、红桥区4个区为优秀等级,蓟州区、津南区、北辰区、滨海新区、和平区、河北区6个区为良好等级,宝坻区、静海区、宁河区、河西区、南开区、河东区6个区为合格等级。按要求,各区人民政府上报了2017年度考核存在问题的整改落实报告。接受了国家考核组对天津市2017年度实行最严格水资源管理制度考核,编制完成自查评估报告,接受了国家考核组的现场检查,考核结果为良好等级。完成了水利部开展的2017年度水资源管理专项监督检查发现问题整改工作。

水资源开发利用。2018年,天津市海水淡化日生产能力21.6万立方米,全年实际生产海水淡化水2779.45万立方米,比上年减少686.57万立方米。海水淡化水进入城市供水企业1188.51万立方米,比上年增加481万立方米,海水淡化水供滨海新区部分区域生产和生活使用。在确保天津市防洪安全的前提下,抓住汛期上游地区洪沥水经天津市宣泄入海的有利时机,共计拦蓄雨洪水资源7.97亿立方米,为生态环境和农业生产储备了水源。

饮用水水源保护。完成北塘水库、王庆坨水库、杨庄水库、尔王庄水库及引滦明渠(宝坻段)饮用水水源地保护区划定。实施于桥水库底泥清除,消减库内营养盐,全年底泥清除458万立方米,后期将结合底泥去向改造湖滨带,进行植被栽植。实施于桥水库截污沟,拦截库周边污染源。完成于桥水库二级保护区68个村居民生活污水集中收集处理,对18家规模化养殖场及177家畜禽养殖户进行整治,对库区周边38条入库沟道进行治理,对9家加油站实施防渗漏治理。建成于桥水库入库前置库,充分发挥净化功能,加强于桥水库库区生态系统修复及保护,开展增殖放流和水生植物栽植和投放,改善水库水质。坚持联合巡查执法机制,市水务局与蓟州区政府联合开展于桥水库机动船只专项治理行动,共清理机动船只1178条。实施于桥水库38条入库河长制考核。

【污水处理】 2018年,天津市中心城区共有污水处理厂5座,设计污水处理能力170万吨/日。分别为津沽污水处理厂55万吨/日,咸阳路污水处理厂45万吨/日,东郊污水处理厂40万吨/日,北辰污水处理厂10万吨/日,张贵庄污水处理厂20万吨/日。2018年津沽污水处理厂平均处理水量55.41万吨/日,咸阳路污水处理厂平均处理水量39.10万吨/日，东郊污水处理厂平均处理水量39.07万吨/日，北辰污水处理厂平均处理水量10.14万吨/日，张贵庄污水处理厂平均处理水量18.46万吨/日。截至年底，全市已运行城镇污水处理厂94座，平均日产生污泥约为1729.68吨。全市已建成污泥无害化处置厂12座，污泥处置能力2610吨/日，能够满足污泥处置需要。

【再生水利用】2018年，编制完成《天津市再生水利用规划》，并经市政府批复，组织各区按照规划编制本区再生水利用规划或实施方案，并纳入河长制考核内容，宝坻区、津南区、东丽区、蓟州区、滨海新区再生水利用规划已经区政府批复；会同市建委、城投集团研究制定了天津市2018年再生水管网建设计划并推动实施；推动已具备使用条件的用水大户使用深处理再生水，提高现有深处理再生水厂产能利用率：协调推动天津钢铁集团、梅江公园使用再生水；协调推动海河教育园区再生水管线建设；协调推动贯庄垃圾焚烧发电厂使用再生水管线建设，明确时间表、路线图。截至年底，天津市已运行再生水厂（深度处理）11座，日处理能力45.1万吨，全年生产再生水5539万吨。

【黑臭水体治理】完成全市25条、121.8公里建成区黑臭水体治理工程。在2018年上半年生态环境部、住房城乡建设部组织的城市黑臭水体专项督查中，25条黑臭水体水质监测全部合格，公众满意度均在98%以上，被国家认定为基本消除了黑臭，达到了考核要求。12月底，25条黑臭水体均已按照住建部的相关要求和标准，完成整治效果评估工作；新发现滨海新区下坞泵站干渠1条建成区黑臭水体，编制完成整治实施方案，正在开展项目前期工作。组织各区对天津市域黑臭水体开展全面排查，摸清黑臭原因和环境条件特征，针对性选取控源截污、清淤疏浚、垃圾清运、生态修复等多种措施对黑臭水体进行治理。

【海绵城市建设】2018年，天津市水务局编制印发了《市水务局关于印发〈天津市海绵城市排水设施养护管理及考核标准（试行）〉的通知》，填补天津市海绵城市设施运营养管制度的缺项。天津市水务局积极配合推动海绵城市试点建设，开展解放南路试点片区内排水管网的检测、调查以及复兴河、长泰河河道的水环境综合治理项目。完成解放南路复兴河口泵站建设项目，开工建设先锋河、新开河调蓄池工程，开展了解放南路试点片区地下水监测。

【节水型社会建设】2018年，天津市持续推进节水型社会建设，创建节水型企业（单位）164家，节水型居民小区187个，节水型公共机构11家，节水型企业（单位）和居民小区覆盖率分别达到49.9%和30.7%，节水型公共机构覆盖率100%。年初组织召开公共机构创建专题培训会，对未创建节水型单位进行培训，并进行现场指导，10月25日，天津市人大机关、天津市专用通信局、天津市地质矿产勘查开发局、天津市档案馆4家单位通过评审。对医药、铁路、卫生3个行业进行了复审，经审查，确认医药集团、北京铁路局天津能源管理监督站和卫计委通过复审，继续保留节水型系统（行业）称号。

【水污染防治】天津市建成区25条、121.8公里黑臭水体全部消除黑臭，公众满意度98%以上，顺利通过国家专项督查。消除主城区污水管网空白区15平方公里、雨污合流片区9.12平方公里，津沽、北仓、张贵庄污水处理厂提标改造全部完成，全市城镇污水集中处理率93.5%、同比提高1个百分点，重要水功能区达标率30.7%、同比提高11.5个百分点。启动污染防治攻坚战，城镇污水处理提质增效、河湖湿地生态用水调度等7个专项方案全面实施。为加强突发水污染事件应急管理，联合水利部海委、市生态环境局，再次赴津冀省界专题监督检查中亭河、鲍丘河等河道客水污染情况，编制印发《天津市水污染突发事件应急预案市水务局保障方案》。

【防汛安全保障】2018年应急度汛工程共安排11项工程，包括：沟河左堤邵庄子闸至嘴头村段防汛通道应急度汛工程、沟河右岸石炮沟段4+350～5+202挡墙护砌应急度汛工程、沟河右岸青年桥下游段8+470～8+720挡墙护砌应急度汛工程、州河左堤27+092～29+092段防汛通道应急度汛工程、永定河中泓故道清淤应急度汛工程、马厂减河右堤（27+300～30+706）防汛通道应急度汛工程、马厂减河左堤（15+800～19+800）防汛通道应急度汛工程、海河左堤（26+850～29+850）防汛通道建设应急度汛工程、海河右堤（26+500～30+100）防汛通道建设应急度汛工程、果河左岸（果河桥上游）防汛通道应急度汛工程、市防指静海仓库维修项目。2月底，对全部工程进行了批复，批复概算总投资2600万元。主汛期前，所有工程全部按要求完成，并投入使用。2018年，天津市汛期大范围强降雨8次，7月23日至25日，第10号台风"安比"袭击天津市，为1984年以来首次正面穿过天津市的台风，全市普降大暴雨，平均降雨130.8毫米，最大降雨为武清区240.8毫米，市区24日降雨量为50年一遇。2018年受强降雨影响，北京市、河北省等上游地区产生4次洪水下泄，蓟运河河道水位持续居高不下，8月15日蓟运河防潮闸出现最高水位3.94米（大沽冻结），超过保证水位0.11米；青龙湾减河、沟河堤防多处出险，致使部分堤段出现滑坡、冲沟及塌陷险情，抢搭子埝4.5公里；中心城区部分排水设施损毁。据不完全统计，受强降雨和台风影响，汛期共造成天津市9个区受灾，转移安置群众1683人，估算经济损失7392万元。2018年，防潮分部办公室共启动应急响应6次，其中启动Ⅲ级响应2次，Ⅳ级响应4次，全年最高潮位发生在8月17日18时38分，塘沽站潮位5.08 m（海图基面），未发生风暴潮灾害损失。

【水务工程建设】2018年，天津市水务建设项目计划投资44.32亿元，完成投资44.65亿元，主要工程包括：南水北调中线天津市内配套工程武清供水管线工程（A0+000～A32+880段）、武清供水泵站工程、宁汉供水管线工程（A0+000～A43+850段）、宁汉供水泵站工程、王庆坨水库工程、引滦水源保护于桥水库入库河口湿地工程、水库综合治理污染底泥清除工程、水库综合治理环库截污沟一期工程、水库前置库绿化工程、引滦向北大港水库应急调水工程、永定河泛区工程与安全建设（二期）、州河蓟州区于少屯至南辛庄段、南辛庄至九王庄段治理工程、北京排污河碱东路至大南宫闸段治理工程、2018年京津风沙源治理二期工程、东河国有扬水站更新改造工程等。

修订印发《2018年度水务工程建设项目法人考核标准》。开展了2017年度水务工程建设市场主体信用评价工作，对全市13家项目法人单位进行打分，增强项目法人诚信意识。全市水利工程严格实行监理制，工程监理率达到100%，截至年底，全市共有8家具备监理资质的企业。继续加大全市水利工程项目合同管理力度，规范合同签订，增强参建各方的合同履约意识，将合同履约行为纳入诚信体系。全年有187个项目纳入应招标项目台账，对应资金19亿元，全部完成招标工作。2018年，落实"放管服"工作要求，为多个项目法人提供项目免于招标相关政策咨询，完成4个项目免于招标的批复工作。

【水务工程管理】2018年，天津市安排河道专项维修工程33项，投资5514万元，完成堤顶道路硬化16.13公里，堤坡护砌4.74公里，水闸安全鉴定6座，宁车沽闸等4座闸站综合维修，外环水泵站及河道管理设施完善，维修工程汛前全部完工。全年日常维修养护项目投资4585万元，包括行洪河道堤防2270.75公里（含海堤），其中重点堤防1048.51公里，一般堤防1222.24公里；市属水闸57座，市属泵站12座；北运河及北洋园、御龙园、娱乐园、怡水园等绿地维护90万平方米；结合"达标创建"工作，安排重点闸站亮点和堤防建设8项，完成青龙湾减河右堤津围公路至狼儿窝分洪闸段标准段建设工程，狼儿窝分洪闸设施及周边环境提升工程等。完成天津市河道巡视巡查轨迹化管理系统升级，落实巡查责任段责任人，截至年末，利用巡视巡查系统下达任务12013件，完成10299件，处置上报问题342个，出动巡查人员24026人次，有力保障了河道日常巡视巡查效率与质量。完成天津市重点绿化造林工程之一于桥水库前置库绿化工程，栽植了垂柳、毛白杨、白蜡、金叶榆、金枝国槐等13.7万株，进一步提升了前置库工程景观效果和生态功能。截至2017年12月31日，全市核定水库农村移民人口121370人，其中，核实到人有116370人，核实到村有5000人。人口分布在全市涉农的10个区153个乡镇街，1206个村内。补助方式有两种，移民人口核实到人的采用发放补贴资金扶持方式；核实到村的采用项目扶持方式。2018年，采用补贴资金（直补到人）形式扶持到人的，每人每年发放个人补贴资金600元，共计6982.2万元，年内抽样核查，拨付资金已全部到位，按时下发到移民个人账户；采用项目扶持方式移民村的其项目扶持方式与水库库区和安置区基础设施建设项目扶持统筹安排。2018年批复项目资金17151万元，主要建设内容除继续实施村内里巷街道硬化外，农田项目有新打机井49眼；砂石路86.065公里，安装变压器29台，架设低压线33.34公里；铺设管道37.677公里；拆除重建涵桥3座、新建涵桥2座，新建涵闸8座，新建U形衬砌渠道555米；拆除重建日光温室11栋；环境整治2处，生产开发项目和劳动力技能培训。截至2018年底，项目已全部完工。

【河（湖）长制管理】2018年，认真落实党中央、国务院关于生态文明建设和推行河（湖）长制工作重大决策部署，深入实施河长制，加强河湖水域岸线管理保护、水环境治理、水生态修复等八项主要任务。全面建立湖长制，不论水域大小全部"挂长"，进一步强化依法治污、科学治污、生态治污，严格考核监督和责任落实。制定了市、区、乡镇街三级实施方案，天津市全面实施湖长制，共109处水域纳入湖长制管理，管理级别分别为市级、区级、乡镇（街道）级，其中市级湖长管理湖泊8处，包括古海岸与湿地国家级自然保护区（七里海湿地)、北大港湿地自然保护区、团泊鸟类自然保护区、大黄堡湿地自然保护区等4处重要湿地和于桥水库、尔王庄水库、王庆坨水库、北塘水库等4处地表水饮用水水源地,区级湖长管理湖泊43处,乡镇(街道)级湖长管理湖泊58处。2018年全市国考断面水体优良比例40%、同比提高5个百分点,劣Ⅴ类水体比例25%、同比下降15个百分点。完成市级和各区"一河(湖)一策"方案编制,出台暗查暗访等制度,倒逼河湖长履职尽责;河湖水环境大排查大治理大提升"三大行动"圆满完成,累计排查河湖水域2万余处,整改各类水环境问题4465处。

【水法规建设和水政执法】

水法规建设。2018年,天津市水务局起草《天津市取水许可管理规定》经局长办公会议审议后报市政府,11月27日,经市政府第33次常务会议通过,12月24日以市政府令第八号公布。完成政府规章《天津市水利工程建设管理办法》《天津市控制地面沉降管理办法》中与"放管服"改革有关条款内容的修正工作,1月9日经市政府常务会议通过,以市政府令第29号修正并公布施行。完成地方性法规《天津市实施〈中华人民共和国水法〉办法》《天津市防洪抗旱条例》《天津市河道管理条例》中与生态环境保护有关内容的修正工作,分别于9月29日、11月21日,经市人大通过公布施行。完成地方性法规《天津市节约用水条例》《天津市城市供水用水条例》《天津市实施〈中华人民共和国水土保持法〉办法》《天津市河道管理条例》,政府规章《天津市控制地面沉降管理办法》中与"政务一网通"改革有关条款内容的修正工作,4部地方性法规均于12月14日经市人大通过公布施行;1部政府规章于1月9日经市政府常务会议通过,以市政府令第29号修正。出台天津市水务局发规范性文件6件,完成向市政府法制办备案工作。完成生态环境保护、政务一网通改革等10项立法专项清理工作。

水行政执法。对于桥水库库区机动捕鱼船只进行了为期15天的集中治理,累计出动执法人员1059人次,快艇125船次,车辆105车次,无人机起飞20余架次,共清理机动船只37条,柴油机47台,现场查扣3条违法船只。开展保护水资源专项执法行动,累计出动执法人员百余人次,检查企业、项目、点位270余个,现场处置和立行整改到位101个。开展严厉打击实施毒鱼、炸鱼、电鱼的违法行为,累计出动执法人员18151人次,出动执法船只1638船次,执法车辆6893辆次。对州河、子牙河管理范围内违章建筑案以及宁河区内6起违法建房案等进行查处。对蓟运河管理范围内约210平方米违章建筑用于圈养牲畜,严重影响行洪以及污染水体的行为进行查处,在多方执法力量共同施压下,当事人自行将其拆除。对市环保督查中发现的占压引滦输水暗渠的3处违法现场进行立案处置,当事人已按照要求完成清理。2018年,累计立案查处水事违法案件24起,结案15起,对违法当事人已作出罚款15.5万元的行政处罚。

(天津市水务局)

河 北 省

概况

2018年,河北省住房城乡建设事业呈现多点突破、齐头并进的良好发展态势,为全省经济社会高质量发展作出突出贡献。棚户区改造、住房制度改革、农村危房改造、冬季清洁取暖、公用设施建设、垃圾无害化处理、城市污水集中处理、城乡厕所改造、公园绿地建设9项民心工程全面完成,人民群众的获得感和幸福感显著增强。房地产市场保持平稳。新建商品住宅和二手房价格平稳可控,去化周期处于合理区间;列入台账的房地产开发遗留问题项目全部解决;老旧小区改造完成1591个,惠及居民47.1万户;启动城中村改造项目410个;发放住房公积金贷款6.6万户。城镇基础设施补短板工作加快推进。稳步推进地下综合管廊建设,石家庄市国家试点任务全部开工;迁安市海绵城市国家试点完成终期考核验收自评估;设区市黑臭水体和易涝点整治任务全面完成。城镇建筑节能走在全国前列。全省竣工75%节能居住建筑4080万平方米、绿色建筑3146万平方米、超低能耗建筑示范13万平方米,开工装配式建筑462万平方米。建筑业发展稳中有进。全省总承包特级、一级企业分别达到17家、

319家；建筑工程质量总体可控，5项工程荣获"鲁班奖"、211项工程被评为省优质工程。城乡一体化取得新进展。"五级两规一导则"体系稳步推进，77.6%的镇乡完成期限至2030年规划，52%的村完成新一轮村庄规划。依法行政水平进一步提高，《河北省促进绿色建筑发展条例》颁布实施，《河北省房屋建筑和城市基础设施标准管理办法》修改完成任务，先后围绕涉军、涉税、涉知识产权保护、涉公平竞争和涉民营经济发展方面开展了5项专项清理。

法规建设

紧紧围绕省委、省政府关于全力推进法治山西建设的总体部署，严格落实第一责任职责，出台了贯彻《党政主要负责人履行推进法治建设第一责任职责》实施方案，开展了法治建设专题研讨，党组书记对法治建设重要工作亲自部署、重大问题亲自过问、重点环节亲自协调、重要任务亲自督办，推动各项工作纳入法治化轨道。着力提升立法质量，修订了《山西省平遥古城保护条例》《山西省城乡规划条例》，法规规章立法数量位居全国同行业和山西省各部门前列。积极创新普法方式，在全系统开展网络在线学法用法和无纸化考试，"七五"普法做法和经验被住房城乡建设部在全国住建系统推广。

【立法工作】《河北省促进绿色建筑发展条例》颁布实施，《河北省房屋建筑和城市基础设施标准管理办法》按新要求完成修改上报任务，办理立法协调件43件。组织完成法规和规范性文件清理，并先后围绕涉军、涉税、涉知识产权保护、涉公平竞争和涉民营经济发展方面开展了5项专项清理。对13部地方性法规、26部政府规章、44件省政府规范性文件提出清理意见，修改3部规章，宣布失效和废止6件规范性文件。对超过5年使用期的厅发规范性文件进行全面清理，先后宣布失效和废止184件。

【普法工作】将党纪党规列入普法重要内容，通过党组（扩大）会、党组理论中心组和专题辅导班等多种方式学习宪法，组织"12.4"宪法日宣传活动。开办新法宣贯和执法业务骨干培训班，培训行业执法骨干260余人次。

【执法监督】落实行政执法公示、全过程记录和重大执法决定法制审核制度，公示行政许可和行政处罚执法信息3.1万余条，对7件信访答复、16件信息公开答复、38件行政处罚案件、99件行政合同进行了合法性审查，对17件规范性文件进行合法性和公平竞争性审查。严格行政复议案件审查，受理行政复议案件57件，审结45件，通过撤销、责令履行、确认违法等方式纠错23件，纠错率达51.1%。

【"放管服"改革】印发《2018年优化营商环境工作实施方案》，分解任务，落实责任。推进简政放权，取消许可事项1项、下放1放，厅本级精简至18项，向雄安新区下放15项。组织推进"多证合一"，清理证明事项，消除群众办事堵点难点问题。就加快扶贫攻坚项目建设出台超前服务措施，在16个试点区域实施建筑业和房地产开发企业资质审批"告知承诺制"改革。推进工程建设项目审批制度改革，以省政府办公厅名义印发改革实施方案，召开全省深化工程建设项目审批制度改革工作会议，对改革任务进行全面动员部署。石家庄市、邢台市代表全省接受国务院大督查抽查，以审批时间最短位列全国第一。改进监管措施，推进"双随机"监管方式改革，动态更新抽查事项清单、市场主体库和执法人员库。制发《关于建立健全房地产开发领域违法建设防控治理长效机制的若干意见》，被誉为最严治违政策。落实清单制度，动态修订发布《行政许可事项清单》《行政执法事项清单》《行政审批后续监管清单》《中介服务事项清单》，组织完成《市场准入负面清单》（河北版）修改任务。推进信用体系建设，有效期内违法行为信用信息累计达到3166条。优化政务服务，牵头推进"一网、一门、一次"改革，厅本级18项行政许可事项全部实现无纸化网上申报和最多跑一次。

住房保障

【概况】2018年，国家下达河北省的保障性安居工程任务目标为：棚改新开工23万套、基本建成6.5万套；列入国家计划的政府投资公租房分配率达到90%以上。截至12月底，河北省棚改开工23.5万套，完成国家下达的目标任务的102.2%；基本建成14万套，完成国家下达的目标任务的215.6%。列入国家计划的政府投资公租房分配32.3万套，分配率达到97.3%，超过国家目标任务7.3个百分点。各项工作均超额完成国家下达的年度目标任务。

【政策制定】印发《关于进一步加强全省棚户区改造工作的通知》（冀建保〔2018〕6号），提出全面推进各类棚户区改造，严格城镇棚户区改造范围，加快国有垦区和国有林区危房改造；加大政策支持力度，规范棚户区改造融资行为，积极争取国开行贷款，用足用好农发行贷款，确保用地供应，完善安置补偿政策，落实税费减免，提高规划建设水平，开辟环保绿色。

【住房保障督查】从各市抽调业务骨干作为省级

督导核查员，经培训后交叉派驻各地，开展实地督导。建立各类项目台账，每月汇总进展情况，共实地核查新开工项目234981套，基本建成项目140116套，公租房分配项目36548套，下达整改通知书42份。建立问题项目库，对往年问题项目进行"销号式"跟踪督导，推进解决问题项目27个、7355套。对各地棚改开工项目建设进展情况、政府产权公租房分配入住情况等重点工作开展了为期一个月的专项督导调研，抽查64个县（市、区），实地核查项目672个。

【住房制度研究】国家深化住房制度改革政策尚未出台，河北省按照"积极作为、及早推进"的原则，对深化全省住房制度建设认真研究，开展了共有产权住房政策研究，起草了全省指导意见，形成了初步成果。2018年，列入国家计划的政府投资公租房累计分配32.3万套，分配率达到97.3%，超额完成年度目标任务，位居全国第7名。在石家庄、廊坊两市开展了租赁住房试点，完成了"推进住房制度改革，完善促进房地产市场平稳健康发展的长效机制"调研报告。

房地产业

【概况】据河北省统计局数据，2018年1—12月，全省房地产开发完成投资4776.4亿元，同比下降7.2%，其中商品住房完成投资3471.1亿元，同比下降5.1%；房地产新开工面积8390.1万平方米，同比下降0.3%，其中商品住宅新开工面积6443.6万平方米，同比下降1.9%；房地产施工面积28172.1万平方米，同比下降7.1%，其中商品住宅施工面积21452.6万平方米，同比下降7.5%；房地产竣工面积2390.4万平方米，同比下降30%，其中商品住宅竣工面积1917.2万平方米，同比下降29.8%；商品房销售面积5251.9万平方米，同比下降18.3%，其中商品住宅销售面积4714.4万平方米，同比下降15.5%；商品房平均销售价格7683元/平方米，同比增长6.7%，商品住宅平均销售价格7567元/平方米，同比增长7.5%；商品房待售面积918.1万平方米，同比下降13.1%，其中商品住宅待售面积610.9万平方米，同比下降13.1%。

【房地产市场调控】认真贯彻党中央、国务院和省委、省政府关于房地产市场的决策部署，继续实施精准调控，坚决防范市场风险。严格贯彻落实住房城乡建设部《关于进一步做好房地产市场调控工作有关问题的通知》和全省《关于进一步促进全省房地产市场平稳健康发展的实施意见》《关于切实做好房地产市场调控工作有关问题的通知》，要求各地尤其是热点城市、环首都和环新区地区引导市场预期，执行好限购、限贷、限价等管控措施，坚决遏制投机炒作。印发《关于加快2018—2022年住房发展规划编制工作的通知》，各城市开展了2018年至2022年住房发展规划编制。2018年以来，全省房地产市场总体平稳，调控效果持续显现。2018年12月商品住宅销售均价6580元/平方米，比2016年10月份下降4%。实现了住房城乡建设部提出的新建商品住宅价格环比2016年10月份不增长的政策目标。2018年12月末，全省新建商品住宅累计可售面积7316.3万平方米，去化周期15.8个月，处于合理区间范围。

【规范房地产市场秩序】组织开展全省商品房预（销）售专项排查整治。印发《关于开展全省商品房预（销）售专项排查整治的通知》，组织各地围绕28种违法违规销售问题，对房地产开发项目销售现场、中介机构进行全面排查清理。抽调全省各地业务骨干，对石家庄市房地产市场开展了明察暗访。调派全省执法力量，共组建11个检查组，通过明察与暗访相结合、以暗访为主的方式，组织开展了全省房地产市场异地抽查互查。通过全省开展系列排查整改，手续不全的房地产项目施工、销售现场被查封，违法违规行为得到有效震慑。

【房地产市场监测】每天对房价波动情况进行分析，及时发布预警提示，针对新情况、新问题及时研究解决措施和办法。积极引导社会舆论，及时发布权威消息、解答房地产热点问题，稳定市场预期。

【解决房地产开发遗留问题】省级层面多部门协调，高位推动、高点谋划、高效推进、高频督查，为解遗工作推进提供强大助力。市、县各部门坚持政治站位，强化责任担当，创新工作方式方法，为问题解决奠定良好基础。全省几千名各级专班人员，几百个日日夜夜，破瓶颈、解难题、勇担当、扛责任，夙兴夜寐，为200万户群众带来了获得感和幸福感，为省委、省政府决策落地作出了贡献。截至年底，全省累计解决房地产开发遗留问题项目3334个、列入台账的问题项目全部解决：全部"办证难"项目办理了不动产首次登记，并为群众办证94万套；破除了"入住（回迁）难"项目问题瓶颈；解决"征收（拆迁）难"项目难题，确保后续项目顺利实施。

【推进老旧小区改造】提请省政府办公厅印发《河北省推进老旧小区改造工作方案》《河北省老旧小区改造三年行动计划》，强力推进老旧小区改造。

2018年老旧小区改造项目全部完工，共改造小区1591个，超额完成64个，共改造老旧楼体8200余栋，建筑面积3574万平方米，涉及47.1万户居民，全省老旧小区改造工作取得初步成果。

【推进城中村改造】省政府办公厅印发《河北省城中村改造三年行动计划（2018—2020年）》，省政府与各市政府签订《城中村改造工作目标责任书》。全省共启动城中村改造项目410个，启动率102%，超额完成2018年度任务目标。

【培育发展住房租赁市场】确定石家庄市、廊坊市为省级住房租赁试点城市，开展先行先试。制定印发《河北省住房租赁信息服务与监管平台建设工作方案》，在两个试点城市启动了房屋租赁交易服务平台建设。

【物业管理工作】印发《关于开展城市社区协商共治工作的指导意见》，推动各地建立"社区党组织、居民委员会、业主委员会、楼门长、物业服务企业（服务队）""五位一体"共治共建共管共享的社区治理格局，促进社区建设与物业服务管理融合协调发展。组织开展2018年中国技能大赛—河北省物业服务行业"恒辉杯"职业技能竞赛，提高全省服务从业人员技能水平。研究起草《关于全省既有住宅加装电梯工作的指导意见》，并认真组织加装电梯政策出台的社会稳定风险评估。

住房公积金管理

【公积金概况】缴存方面：2018年，全省归集住房公积金593.26亿元，同比增长8.68%。截至年底，全省累计归集住房公积金4447.28亿元，缴存余额1984.40亿元。提取方面：全省提取住房公积金386.95亿元，同比增长24.03%。截至年底，累计提取2462.88亿元。个人住房贷款方面：全省发放贷款6.69万笔、248.48亿元，同比分别上升0.05%和11.77%。截至年底，累计发放贷款2313.78亿元，贷款余额1440.86亿元，住房公积金个人住房贷款使用率为72.61%。截至年底，全省住房公积金结余资金达到540.48亿元，较上年增加了107.09亿元，同比增长24.71%。全省住房公积金资金流动性情况处于基本合理区间。

【公积金管理】印发《河北省住房公积金归集提取管理办法》，扩大了住房公积金覆盖范围，规范了住房公积金账户设置，明确了缴存比例、缴存基数限制区间，完善了降低住房公积金缴存比例或者缓缴住房公积金条件，规范了住房公积金提取条件，简化了办理住房公积金提取业务要件，增加了"网上办理"要求章节，对单位名称、业务术语等表述进行了相应调整。改进住房公积金缴存机制，规范了住房公积金缴存基数、缴存比例，将全省阶段性适当降低企业住房公积金缴存比例政策执行期限延长至2020年4月30日，要求管理中心审批降低住房公积金缴存比例或缓缴住房公积金申请的时限不得超过10个工作日。单位住房公积金缴存比例可在5%至12%区间内自主确定。开展违规提取住房公积金治理，支持缴存职工提取住房公积金解决自住住房问题，依法维护缴存职工权益，防止提取住房公积金用于炒房投机，保障住房公积金制度稳健运行。

城市建设

【海绵城市建设】在城市建设各个环节落实海绵城市理念。迁安市海绵城市国家试点完成终期考核验收自评估，21平方公里内189项海绵工程全部完工并达到海绵城市建设要求。

【地下综合管廊建设】截至年底，全省累计开工地下综合管廊172公里，建成廊体53公里，石家庄市国家试点任务全部开工。

【黑臭水体整治】2018年，11个设区市共排查出48条黑臭水体，黑臭水体消除比例达到89.6%，完成了国家对全省的年度考核任务。县级城市（含定州、辛集和雄安新区3县）共排查出黑臭水体45条，黑臭水体消除比例达到95.6%。邯郸和唐山申报国家黑臭水体整治示范城市，邯郸已成功入选并获得国家专项支持资金。

【城市污水处理】2018年，《城市污水集中处理工程实施方案》确定的20个污泥项目已全部改造完成，新排查出的16个项目已实现达标处理处置。县级以上城市共建成污水处理厂191座，形成污水处理能力907.5万立方米/日，全年共处理城市污水超过22亿立方米，年度COD削减量70万吨，城市污水处理率达到94.2%，县城污水处理率达到88.7%。

【"厕所革命"】制定"厕所革命"实施方案，完善推进机制，成立工作专班，建立联席会议制度，合力推进城乡厕所改造工作有力开展。2018年完成城市公厕建设改造2773座，占年度任务1700座的163.1%；农村厕所完成126.4万座，占年度任务49万座的258%；旅游厕所完成2085座，占年度任务1600座的130.3%；交通厕所高速完成27处，占年度任务的100%，普通干线厕所72座，占年度任务的112.5%。

【垃圾处理设施建设】制定《全省城乡垃圾处理设施三年规划》，共谋划建设垃圾无害化处理设施

164个。2018年9月16日，全省城乡生活垃圾处理工作现场会在石家庄召开，同步举办第四届河北省城乡环境卫生设施设备与固体废弃物处理技术博览会。截至年底，计划新扩建57座焚烧厂中，6座建成、1座扫尾、7座开工、14座完成前期、29座跑办前期手续。

【公用设施建设】将全省管网改造任务分解到具体项目、具体单位，落到具体区域、具体点位，建立起全省管网改造"一本账""一张表"，并按台账有序推进。改造过程中，重点结合市政道路改造、城中村改造、老旧小区改造同步推进，有效避免了"马路拉链"，最低限度降低城市影响。2018年，全省城市老旧供水管网改造项目完成133.7公里；老旧燃气管网改造项目完成109.6公里；老旧供热管网改造项目完成119.7公里。

【多城同创】2018年复查省级"园林城市（含县城）"22个，申报国家"园林城市（含县城）"9个，新增省级"园林县城"3个；创建国家"节水型城市"2个，完成省级"节水型城市"达标评价3个；命名省级"洁净城市"24个。

【城市绿化】2018年，全省城市植树1428.23万株，新增城市绿地4763.8公顷，新建提升公园、游园299个，创建河北省园林式单位、小区97个、街道28条。创建河北省五星级公园4个，四星级公园25个，三星级公园41个。12市通过国家园林城市复查，9市（县）通过国家园林城市（县城）初评。

【举办园博会】河北省第二届园博会于2018年7月16日秦皇岛市顺利开幕，10月18日闭幕，省委书记王东峰宣布开幕并给予充分肯定，许勤省长在《关于省第二届园林博览会工作总结的报告》上批示"很好"，张古江副省长批示"省第二届园博会很成功，与首届城市设计大赛融合得很到位，希望抓好后续运营和实施好'生态绿核'建设，继续释放园博效应"。结合园博会成功举办了学术交流、城市文化展演等系列活动。突出特色，并同步实施周边山体修复，在园博园选址、规划设计、展园建设、展示方式等方面进行了有益探索创新，以园博会为平台带动城市绿色发展、转型发展的成功实践，进一步得到社会各界广泛认可。加快推进省第三届园博会筹备，确定省第三届园林博览会总体规划设计方案和各市展园设计方案，部署省第三届园博会参展工作，园博会补助资金1亿元列入2019年省财政预算。确定了省第四届园博会举办城市。组织了专题评审，省政府确定邯郸市举办河北省第四届园林博览会和第三届河北国际城市规划设计大赛。

【古树名木保护】完成24株古树基因苗采集工作，为古树名木基因的留存和利用奠定了基础。建立省级古树名木保护项目库，2018年共下拨古树名木专项保护资金450万元，保证了古树名木保护工作的顺利开展。组织拍摄京津冀古树古木图集照片，收集完成京津冀古树寻踪文字资料，基本完成《京津冀古树寻踪》编制。

【风景名胜区管理】出台《河北省风景名胜区监督管理办法》，印发《河北省风景名胜区突发事件应急预案》，规范了风景名胜区监督管理和突发事件处理程序。开展了全省风景名胜区遥感监测工作，利用科技手段监测景区内的违法违规建设行为。苍岩山风景名胜区总体规划报国务院审查，张家口鸡鸣山等4个风景名胜区总体规划通过专家评审，水母宫、板厂峪、冀南山底抗日地道共3处省级风景名胜区总体规划经省政府批复实施。完成对秦皇岛北戴河、南湖风景名胜区2处详细规划以及涉及6个风景名胜区的23个重大建设项目选址方案专家评审论证。完成全省风景名胜区矢量数据的校核和数字化，基本实现"风景名胜区一张图"管理。新增涿鹿黄帝城、兴隆溶洞2处省级风景名胜区。

村镇建设

【村镇规划】指导28个省级重点片区、1.2万个重点村完成规划编制，重点培育的100个特色小城镇基本完成总规修编，45个完成了控制性详细规划编制。

【农村危房改造】2017—2018年度9.3万户改造任务全部竣工，2018—2019年度4.9万户改造任务全部开工，竣工45355户。进一步完善了改造对象认定、建设管理、竣工验收、补助资金兑现等全过程监管机制，加强对各地工作指导，强化帮扶措施落实。深入开展专项治理。组织各地拉网式检查，彻底查找问题，强力推进问题整改，并组织对62个贫困县191个乡镇542个村7764户危房改造情况进行了全面核查，确保问题整改落实到位。中央巡视、国家和省扶贫考核反馈问题，以及审计、大督查、各地专项检查发现的问题，全部完成整改。

【冬季清洁取暖】先后出台《关于加强农村燃气安全监管工作的意见》《农村气代煤燃气企业驻村安全员、村燃气安全协管员管理办法》。在全国率先制定地方标准《农村气代煤工程技术规程》，为气代煤工程实施奠定了扎实技术基础。组织各市广泛开展安全知识宣传，全省共发放安全用气明白纸、宣传册216.1万张（册），宣传挂历、台历20.2万个，海报、安全用气宣传画198万份，有效保障了农村天然气运行安全。2018年，全省清洁取暖改造完成181.2万户，超额1.2万户，完成率100.7%。其中，气代煤完成144.6万户，电代煤完成33.3万户，新型清洁取暖试点完成3.3万户。

【**特色小城镇建设**】组织编制了《河北省小城镇建设标准（试行）》，明确了小城镇建设要求，引导小城镇加快补齐基础设施、公共服务短板，完善城镇功能。建立了全省100个特色小城镇建设项目库，及时对小城镇项目建设工作进行指导，推进项目建设。推动小城镇污水处理设施建设，确定重点镇建设计划，截至年底，110个重点镇具备污水处理能力，19个已开工建设。

【**农村历史文化保护**】完善了历史文化名镇名村保护规划体系。编制全省第四批历史文化名镇名村编制保护规划，42个名镇名村均完成了规划编制工作。推进历史文化保护工程的实施。指导历史文化名镇名村、传统村落确定保护工程项目清单，积极争取中央财政支持，共获得支持3.9亿元，在全国列第8位。加强对保护工程的技术指导，确定5位省规划设计大师与历史文化名村"结对子"，促进保护项目建设水平的提高。组织对各中国传统村落中央财政补助资金使用情况进行核查，规范补助资金使用管理，提高资金效率，推动保护工程的顺利实施。

【**农村住房节能试点**】2018年3月15日，张古江副省长召集各市政府、省有关部门和部分电力企业负责同志，研究调度农村地区太阳能取暖试点工作，确定了2500户农村住房节能改造试点任务。编制《河北省农房节能改造指南》，印发各市及试点农户5000册，指导开展农房节能改造工作。编制《河北省农村住房设计导则》，在新建农房中，大力推广应用节能措施，引导农民群众科学建房，提高农房抗震性能和节能环保效果。组织对改造后的农房节能效果进行了检测，形成了专题报告，总结试点经验，深入推动农房节能技术的应用。

标准定额

【**工程建设标准立项论证工作**】按照缺失标准和重点标准优先的原则，以公益性标准为主线，以绿色建筑、地下管廊、装配式建筑和乡村振兴建设为重点，先后完成了《绿色建筑室内全装修评价标准》《民用建筑节能构造》《被动式低能耗检测技术规程》《城市地下综合管廊施工与验收规范》《城市地下综合管廊运行维护标准》《装配式农村厕所技术规程》《村庄整治技术标准》等79项标准和标准设计的立项论证，并按时下达2批2018年度省工程建设标准和标准设计制（修）计划和3批急需标准制（修）计划。

【**公益性标准和标准设计编制工作**】按照省工程建设标准和标准设计制（修）计划，先后完成了《建筑设备强弱电一体化智控节能与管理系统技术规程》《城镇污水处理厂污泥处理与处置技术规程》《城市地下综合管廊建设技术规程》《农村建筑供暖用光伏系统技术标准》《住宅分户式太阳能热水系统选用及安装》《电动汽车充电站及充电桩建设技术标准》等17项标准和《建筑设备强弱电一体化智控节能与管理系统》《住宅分户式太阳能热水系统选用及安装》2项标准设计编制工作。

【**京津冀区域标准共建共享**】为推动京津冀协同发展，实现优势互补、资源共享，京津冀三地建设行政主管部门达成合作协议，共同制定《城市地下综合管廊施工与验收规范》《城市地下综合管廊运行维护标准》《绿色雪上运动场馆评价标准》等3项工程建设标准，其中《绿色雪上运动场馆评价标准》已经三地批准、发布并通过住房城乡建设部备案，实行京津冀统一备案号。

【**京津冀计价一体化**】召开京津冀计价体系一体化工作领导小组2018年度会议暨与部标准定额司第一次联席会议，会议肯定了京津冀计价体系一体化试点工作开展以来取得的成果。三地以《京津冀城市地下综合管廊工程消耗量定额》的编制为试点，共同建立相关建设、施工、设计单位的联络，共同调研，共享相关工程技术图纸、结算资料等。完成土建、安装、市政管线三个专业约4600个定额项目划分和专家评审，基本完成《京津冀城市地下综合管廊工程预算消耗量定额》的主要编制工作。

工程质量安全监督

【**建筑施工安全专项整治**】组织开展建筑施工安全风险防控、住建系统深化安全生产大排查大整治攻坚行动、全省建筑施工安全专项治理行动。制定印发《2018年全省住房城乡建设系统安全生产工作要点》《河北省住房和城乡建设厅安全生产监管责任清单》。针对2018年上半年建筑施工安全生产严峻形势，组织召开全省住房城乡建设系统安全生产电视电话会议，制定印发《关于进一步做好房屋建筑和市政基础设施工程施工安全生产管理工作的通知》。加强重点时段安全防控，针对春季开复工、全国"两会"、清明节、劳动节、端午节、暑期汛期、中秋节、国庆节、春节和冬季施工等事故易发多发时段,印发通知专题部署建筑施工安全生产工作。推进"双控"机制建设,编制发布《建筑施工安全风险辨识与管控技术标准》《河北省建筑施工安全风险管控与隐患治理指导手册》。

【安全生产标准化和信息化建设】制定印发《关于进一步加强建筑施工安全标准化建设的通知》,在全省全面推行使用河北省建筑施工安全生产标准化考评系统。制定印发《关于开展全省建筑施工安全监督机构首次考核和复核工作的通知》,举办全省建筑施工安全监管人员师资培训班。

【深入推进工程质量提升行动】严格落实工程质量终身责任制,全省终身责任承诺书和法人代表授权书签订率100%,竣工验收工程永久性标牌设置率100%。组织召开2018年全省建设工程质量监督管理工作暨工程质量提升行动推进会议,印发《2018年全省工程质量监督管理工作要点》和《工程质量管理文件汇编(2013.3.1—2018.3)》,部署2018年工程质量提升行动和县城建设工程质量提升活动各项工作任务。扎实推进住房城乡建设部两项试点工作,指导督促邯郸市、保定市分别按方案落实"监理向政府报告质量监理情况"和"建立工程质量评价体系"试点工作。每月对冬奥项目工程开展质量专项检查和易地扶贫搬迁集中安置工程质量专项督导检查。

建筑市场

【概况】2018年,全省建筑业增加值2362.7亿元,同比增长12%;全省建筑业企业完成产值5740.2亿元,同比增长1.5%;其中,省外完成建筑业产值1850.0亿元,同比增长9.4%。全省建筑业企业签订合同额12589亿元,同比增长8.8%;其中新签合同额6679.1亿元,同比增长3.7%。全省建筑业企业房屋建筑施工面积3.57亿平方米,同比增长3.2%;其中,本年新开工面积1.39亿平方米,同比增长7.5%。全省建筑业从业人员133.8万人,同比下降4.1%。

【龙头企业培育】制定《培育发展建筑业龙头企业工作计划(2018—2020)》,促进企业转型升级,增强全省建筑业的整体竞争力。加快培育发展一批主业突出、增长较快、创新及带动能力强、业绩佳、效益好的建筑业龙头企业,推动质量变革、效率变革、动力变革,促进引领全省建筑业高质量发展,力争到2020年,全省新增2~3家施工特级总承包企业,全省特、一级建筑业企业预期达到450家,以工程总承包、施工总承包为主业的大型企业明显增加。

【建筑市场监管与服务】严厉打击企业转包、挂靠、违法分包等行为。进一步推动全省建筑市场统一开放,改善营商环境。改革和完善省外建筑企业进冀管理政策,充分发挥信息化手段和大数据资源优势,全面实行省外建筑施工企业进冀网上报送。优化监管方式和行政管理模式,建设并应用全省建筑市场监管一体化平台,实现省市县各级数据共享,并与全国平台相衔接。

【推进工程建设项目审批制度改革】以省政府办公厅名义印发改革实施方案,召开全省深化工程建设项目审批制度改革工作会议,对改革任务进行全面动员部署。石家庄市、邢台市代表全省接受国务院大督查抽查,以审批时间最短位列全国第一。

【出省建筑队伍管理】2018年,全省新进京企业备案61家,企业在京信息变更128件次。一级建造师备案142人。登记队长388人,包括新办272人,解除95人,延期377人。完成实名制人员备案12.5万人次。在京企业签订合同额170.9亿元,合同面积302.58万平方米。

【招投标改革】印发《河北省住建厅开展房屋建筑和市政基础设施工程电子招标投标试点工作方案》,创新招投标监管方式。修订《河北省建设工程招标评标办法》,在综合评估法中,信用评价得分按照工程类别不同、合同估算价不同,使用不同的比例。修订《河北省建设工程施工合同履约监督管理办法》,研究利用信息化的管理手段,及时发现和严厉查处中标后随意更换项目管理人员(含项目经理)、转包、违法分包等违法违约行为。

建筑节能与科技

【建筑节能】2018年,全省城镇新增节能建筑5440.39万平方米,累计城镇节能建筑达6.367亿平方米,占全省城镇民用建筑总面积的49.03%。全省城镇新建居住建筑全面执行75%节能标准,与京津两市保持同步水平和协同发展,全年竣工75%节能居住建筑4080.29万平方米。全省累计建设超低能耗建筑213.42万平方米,其中竣工27.52万平方米,在建和竣工项目面积均居全国首位。

【绿色建筑】2018年,全省城镇竣工绿色建筑3146万平方米,绿色建筑占比达到57.84%,提前2年完成"十三五"规划目标任务。雄安新区成为全国首个"绿色建筑发展示范区"。9月,举办"2018雄安新区超低能耗建筑国际论坛"。《河北省促进绿色建筑发展条例》于2018年11月23日,经省第十三届人大常委会第七次会议审议通过，成为全国第4个出台绿色建筑条例的省份。

【既有居住建筑节能改造】 保定、廊坊、石家庄、唐山、张家口、衡水、沧州、邢台、邯郸9个北方地区冬季清洁取暖试点城市，继续对具有改造价值的既改项目存量进行改造，其中，唐山市2018年完成337万平方米。继石家庄市、定州市后，秦皇岛市实施既有建筑超低能耗技术节能改造。

【公共建筑节能监测】 2018年，全省公共建筑能耗监测平台和10个市级能耗监测平台已经建成，1个平台正在建设中；建成能耗监测终端采集点220个，并实现了数据传输。

【绿色建材应用】 34家企业的7类100余项产品获得绿色建材标识。2018年3月，启用"河北省建筑工程材料设备使用备案和信用平台"，实现企业产品备案远程办理。印发《河北省推广、限制和禁止使用建设工程材料设备产品目录（2018年版）》，推广使用84种，限制使用28种，禁止使用35种。

【装配式建筑】 全省共有3个国家装配式建筑示范城市，14个国家和16个省装配式建筑产业基地。预制混凝土构件年设计产能330万立方米，钢构件年设计产能244万吨，木构件年设计产能7.5万立方米。发展装配式建筑的政策机制、标准体系、产业基础已初步形成。

人居环境与设计

【农村生活垃圾治理】 组织开展春季农村生活垃圾集中治理行动，全省累计集中清理农村垃圾6055万立方米，促进了村庄环境改善。推动长效机制建立，全省有农村垃圾治理任务的48317个村庄，均建立了日常维护机制，配备保洁员19万名，其中43154个村庄建立了城乡一体化垃圾处理机制，占村庄总数的89.3%。137个县（市、区）引进专业公司承担日常保洁、垃圾清运等工作，其中113个县（市、区）全域由专业公司承担相关工作，提高了农村垃圾治理水平。按照城乡生活垃圾处理设施建设三年行动计划安排，加快乡镇转运站建设和转运设备的购置。全省建成和主体完工乡镇转运站265座，新增转运车辆1096辆，增加运输能力11551吨，进一步健全了收运体系。通过明察暗访、随机抽查等方式，对各地清理农村垃圾集中清理工作进行核查，对存在突出问题的，进行了追责问责。积极应用卫星遥感图片判读，加强农村垃圾治理工作的监测，完成了26个县（市、区）的判读，发现疑似垃圾堆放点1248处，经核实存在垃圾堆放问题532处，全部进行了清理。督导各地认真落实严格农村生活垃圾管理10个方面26项制度，巩固长效机制，提升治理综合效果，规范了农村生活垃圾治理管理工作。

【完善小区配套公共服务设施】 开展全省新建小区配套设施大检查，全省共梳理出2015年以来新建小区3020个，对发现在配套公共服务设施规划建设、移交管理等方面存在问题的180个小区进行了整改。研究起草《关于加强城镇新建小区配套非经营性公建设施建设管理的实施意见》。2018年11月22日，召开全省城镇新建小区配套非经营性公建设施建设管理暨城市社区协商共治工作推进会议。研究制定了《全省城镇新建小区配套非经营性公建设施建设管理工作考核办法》。

【深入推进"一区三边"违法建设专项行动】 坚持高位组织推动，省市县三级将专项行动定为"一把手"工程，全面清查处理"一区三边"违法建设。健全完善群众举报和反馈制度，在报纸上公布举报电话和信箱，开发"百姓随手拍"手机APP软件，市民可通过软件随时反映违法建设行为，并直接通过软件查看问题流转、办理进展等情况。加大拆除点位的整治提升力度，与重点项目建设、"双创双服"、文明城市创建等结合起来，按照规划设计要求，宜绿则绿、能白留白，跟进复绿和公共服务设施配套建设，全面改善城市环境，提升城市建设品质。健全长效机制，认真总结违法建设集中整治工作中的好经验好做法，以文件形式加以固化；下移执法重心，增强巡查力量，健全完善网格化监管巡查制度；建立健全违法建设快速拆除机制，对发现的新增违法建设一查到底，对新增违法建设"零容忍"。自"一区三边"违法建设专项行动开展以来，纳入台账的1.1亿平方米违法建设全部拆除到位。

【历史文化名城保护】 完善规章制度，修订《河北省历史建筑认定和修缮技术规定》，印发《河北省历史建筑确定和保护技术规定（暂行）》。保护规划编制，正定县、承德市、保定市、邯郸市、山海关区5个国家级和邢台市省级历史文化名城保护规划已经省政府批准，赵县、大名、定州、宣化、涿州保护规划已完成，正在报批。历史文化街区划定。省政府公布的历史文化街区32个，市、县人民政府公布的历史建筑411个。蔚县成功申报国家级历史文化名城，全省现有历史文化名城12座，其中，国家历史文化名城6座（正定县、承德市、保定市、邯郸市、山海关区、蔚县），省级历史文化名城6座（邢台市、定州市、宣化区、赵县、涿州市、大名县），国家历史文化名城数量在全国排第7位。

城市管理监督

【城市管理】印发《河北省广告牌匾整治提升行动方案》,全省排查出问题广告牌匾32.6万处,完成整治19.4万处,整治完成率达59.3%。出台《河北城市容貌管理标准》,填补了全省"城管无标准"的空白。出台《关于进一步做好互联网租赁自行车有关工作的通知》,强化共享单车停放管理。

【稳步推进新型城镇化】公布河北省第二批新型城镇化与城乡统筹示范区试点名单,将香河县、迁安市、涉县、怀来县作为新型城镇化与城乡统筹化示范样板来打造。完成"张家口、承德坝上6县两区建设及城镇化"课题调研工作报告。编制了《2017年河北省城镇化发展报告》,收集整理2017年度城市(县城)、村镇的建设数据,开展县域与重点地区城镇化、乡村振兴等课题研究。组织开展全省推动非户籍人口在城市落户实施情况自查。

【城乡规划督察工作】制发《关于加强城市规划管理推进城市安全发展的实施意见》。利用卫星遥感技术,对总体规划实施情况进行动态监测,完成18个县级市和5个环首都县总体规划实施情况动态监测工作。

【道路扬尘防治】继续开展"洁净城市"创建活动,全面推行"以克论净"道路扬尘防控标准,构建城市道路扬尘量化防控体系,制定《河北省建筑施工与城市道路扬尘整治三年作战计划》和《河北省建筑施工与城市道路扬尘整治工作评价办法》。组织暗查暗访和督导检查。

【建筑施工扬尘治理】认真落实省人大关于加强扬尘污染防治的决定,强化建筑施工扬尘治理,运用远程监控、实时监测等技防手段,明察暗访、严管重罚,倒逼企业落实治理措施。经五级人大代表评议,在省人大常委会对扶贫脱贫攻坚、大气污染防治和优化营商环境三项联动监督活动的满意度测评中,住建行业获得第一名。

人事教育

【干部培训】以推进新型城镇化和县城建设高质量发展为主题,举办为期一周的"全省领导干部专题培训班",各县县长、各市县城办主任、雄安新区规划建设局负责人共130人参训,为实现县城建设三年攻坚行动圆满收官注入了先进理念和思想动力。选派35名干部参加29个班次脱产学习。围绕"年度工作要点",突出法定培训、工作急需,结合经费情况实施系统内7期干部培训,培训干部近700人次。

【人才工作】实施7个全省"人才强冀工程"重点人才项目,在省直单位数量最多,除园林大师认定因政策调整暂缓实施外,建筑行业"邯郸建工杯"职业技能大赛等其他6个项目全部完成。

【干部任用】增派1名援疆处级干部,安排1名专技人员完成援疆人才中期轮换,提任正处级干部1名。选派3名处级干部和6名年轻干部驻村扶贫、1名处级干部到北京市挂职,抽调48人次参加全省重点工作督查、服务雄安新区规划建设、参加省委省政府有关紧急任务和重点工作。调入和招录北大清华选调生2名,选派3名选调生到帮扶村担任村官,抽调4名事业单位选调生到机关处室进行锻炼。已申报再招录4名选调生,补强高层次年轻人才。

【干部管理】对省委巡视反馈涉及组织问题整改、超职数配备干部、违规进人、领导干部及其亲属违规经商办企业、"三个不分"、行业职业资格清理整改、退役军人政策落实等7个方面认真进行"回头看"。对配偶违规经商办企业一方退出不到位的2名处级干部进行诫勉。通过对2016年和2017年领导干部报告个人有关事项的随机抽查,先后对少报告个人配偶子女名下投资型保险问题的3名处级干部在全厅通报。对未报、漏报个人有关事项的2名处级干部,分别给予批评教育并谈话提醒和诫勉处理。对未经审批擅自因私出国(境)和违规持有因私出国(境)证件的5人,依纪依规严肃进行处理。

【机构改革】2018年12月5日,省委、省政府"两办"印发了省住建厅"三定方案"。按照省编委办通知要求,省住建厅及时办理了随职责调整划出涉及的人员转隶重点工作事项的移交。

【驻村帮扶】协调做好450万元帮扶资金捐赠协议的签订、帮扶项目落地。认真组织开展结对帮扶,先后6次到贫困村入户走访,宣讲政策、健全底账、帮办实事,做到贫困户家庭情况、致贫原因和享受扶贫政策"两熟知",进一步提高了群众满意度。

大事记

1月

9日 中共河北省委决定康彦民任河北省住房和城乡建设厅党组书记。

2月

1日 河北省十三届人大常委会第一次会议表决通过:康彦民任河北省住房和城乡建设厅厅长。

5日　省住房和城乡建设厅召开直属机关第五次代表大会。厅党组副书记、副厅长、机关党委书记桑卫京代表中共河北省住房和城乡建设厅直属机关第四届委员会作工作报告。省直工委副书记范金龙出席会议并讲话。

9日　全省住房和城乡建设工作会议在石家庄召开。会议传达全国住房和城乡建设工作会议精神，回顾2017年全省住房和城乡建设工作，对2018年工作任务进行安排部署。

22日　省住房和城乡建设厅召开2017年机关总结表彰暨"双创双服"动员会。

3月

8日　省住房和城乡建设厅召开新一轮精准扶贫驻村工作队动员欢送会。

9日　河北省城市黑臭水体整治工作推进会在石家庄召开。

4月

10日　全省城市供热保障调度会在石家庄召开。会议总结交流了2017—2018年采暖季全省城市供热保障工作，安排调度2018年工作。

10日　省住房和城乡建设厅组织开展全省建筑施工安全风险辨识分级管控观摩交流活动。

11日　全省排水防涝工作调度会在石家庄召开。会议总结了2017年排水防涝补短板工作情况，安排部署2018年重点工作。

10—11日　省住房和城乡建设厅党组书记、厅长康彦民一行到对口帮扶村——保定市阜平县史家寨村、顾家台村、下庄村慰问贫困群众，调研精准脱贫攻坚工作。

12日　全省城建行业民心工程重点工作推进会在石家庄召开。

13日　省住房和城乡建设厅党组书记、厅长康彦民一行到秦皇岛调研省第二届园林博览会筹备情况。

13日　"为美丽河北而规划设计——'河港杯'首届河北国际城市规划设计大师邀请赛"新闻发布会在秦皇岛市召开，标志着本届大赛正式拉开帷幕。

18日　河北省住房和城乡建设系统文明办主任会议在邯郸召开，总结2017年全省住建系统精神文明建设工作，交流经验，安排部署2018年工作。

19日　全省"五级两规一导则"体系建设工作调度会在廊坊市召开，副省长张古江出席会议并讲话。

20日　全省冬季清洁取暖典型案例展示交流活动在廊坊市举行。

20日　全省保障性安居工程工作推进会议在廊坊市召开。副省长张古江出席会议并讲话。

26日　全省工程质量安全监督管理工作暨工程质量安全提升行动推进会议在石家庄召开。会议听取部分市先进工作经验介绍，研究部署2018年建设工程质量、安全生产监督管理重点工作。

27日　全省园林城市创建暨公园绿地建设工作推进会在邢台市任县召开。会议落实王东峰书记对全省绿化工作的指示要求，总结交流园林城创建经验，安排部署2018年园林城创建和省"双创双服"活动重点工作。

28日　省住房和城乡建设厅组织召开视频会议，对全省违反规划调整容积率问题清理整改"回头看"工作进行动员部署。

5月

4日　省住房和城乡建设厅组织全厅党员干部集中收看纪念马克思诞辰200周年大会。

4日　省住房和城乡建设厅召开2018年党风廉政建设和反腐败工作会议。厅党组书记、厅长康彦民出席会议并总结厅2017年党风廉政工作，部署2018年任务。厅党组成员、纪检组组长周全义从坚持全面从严治党、把权力关进制度的笼子和驰而不息纠四风3个方面提出具体要求。

9日　省政府新闻办公室召开新闻发布会，组织相关单位解读《河北省人民政府办公厅关于老年人照顾服务项目的实施意见》。省住房和城乡建设厅副巡视员徐向东出席发布会，对《实施意见》中所涉及的推进无障碍设施建设，加强社区、家庭适老化设施改造等工作进行具体解读并答记者问。

11日　住房城乡建设部标准定额司副司长王玮一行到河北省调研指导工作，在石家庄与省、市、县各级工程造价管理工作相关单位进行座谈。

29日　"全省推进新型城镇化暨县城建设攻坚行动领导干部专题培训（县长班）"在省委党校开班。副省长张古江以"以习近平新时代中国特色社会主义思想为统领，高水平建设新型城镇化与城乡统筹示范区"为题，讲授开班第一课。

6月

5日　省政府新闻办公室召开全省"双创双服"活动进展情况及下一步重点工作新闻发布会。省住房和城乡建设厅党组书记、厅长康彦民出席发布会，介绍棚户区改造、农村危房改造等9项民心工程开展情况，并回答记者提问。

8日　省住房和城乡建设厅组织召开全省建筑业高质量发展工作座谈会，邀请省直有关部门、省建协及部分施工、设计优质企业相关负责同志，共同研究支持河北省建筑企业发展的政策措施。

12日　全省风景名胜区工作现场会在秦皇岛召开。会议总结近几年工作进展，交流经验，安排部署下步任务。

15日　省住房和城乡建设厅开展"安全生产咨询日"活动。

20日　京津冀计价体系一体化工作座谈会在石家庄召开。会议听取京津冀计价体系一体化领导小组办公室工作报告，研究交流下步工作任务。

7月

12日　"国家装配式建筑质量监督检验中心"专家论证会在河北省建筑科技研发中心召开。

16日　以"山海港城·绿色梦想"为主题的河北省第二届（秦皇岛）园林博览会在秦皇岛开幕。省委书记、省人大常委会主任王东峰宣布园林博览会开幕。

16日　"河港杯"首届河北国际城市规划设计大师邀请赛中期成果汇报会在北戴河召开。

17日　省住房和城乡建设厅组织召开全省住建系统扫黑除恶专项斗争推进会，传达中央和省委、省政府开展扫黑除恶专项斗争有关会议精神，对全系统深入开展扫黑除恶专项斗争再动员、再部署。

20日　全省住房和城乡建设系统安全生产电视电话会议召开。会议通报上半年全省住房城乡建设系统安全生产事故情况，分析当前安全生产形势，对下阶段工作进行安排部署。

25日　全省住房城乡建设系统安全生产巡查动员部署电视电话会议召开。省住房和城乡建设厅厅长康彦民主持会议并提出工作要求。

27日　省住房和城乡建设厅组织第5次党员集中学习活动，邀请省委党校党史部主任冯学工进行"中国共产党的光辉历程与光荣传统"专题辅导讲座。

27日　全省住房和城乡建设系统做好接受人大联动监督动员部署电视电话会议召开。省住房和城乡建设厅副厅长桑卫京主持会议并部署工作，副厅长李振国传达相关精神、解读《全省住建系统做好接受人大联动监督工作方案》。

31日　2018年第二季度青年文明号轮值活动在省建筑科学研究院举办。

8月

2日　省住房和城乡建设厅2018年上半年工作总结会召开。会议传达全省全面从严治党暨中央巡视反馈意见整改落实推进会议精神，总结上半年工作进展，交流机关党风廉政建设意见，安排部署下半年任务。

9日　全省住房城乡建设巡视整改工作动员会暨重点工作调度会在保定市召开，副省长张古江出席会议并讲话。

14日　省住房和城乡建设厅召开警示教育大会，组织处级以上党员干部观看警示教育片，在机关全体公务员、直属单位处级以上干部中通报省纪委监委关于给予王舟处分的决定。厅党组书记、厅长康彦民出席会议并结合典型案件部署从严治党工作。

24日　全省海绵城市暨城建行业重点工作调度会在石家庄召开。会议总结海绵城市、城市三网改造、污水处理、垃圾处理和城市厕所建设改造等方面工作进展，安排部署下一步重点工作。

9月

3日　全省农村危房改造推进会在石家庄召开。会议重点对河北省2018—2019年度农村危房改造工作进行安排部署，对2017—2018年度后续工作及专项治理进行调度。

4日　省住房和城乡建设厅在石家庄组织召开全省城市广告牌匾整治和市政老旧管网改造电视电话会。

4日，省住房城乡建设厅在石家庄组织召开全省城市广告牌匾整治和市政老旧管网改造电视电话会。

5日　全省农村垃圾清理专题工作会议在省住房和城乡建设厅召开。会议组织观看《农村垃圾污染问题新闻调查》电视片，传达省领导关于调查的批示精神，讨论并通过了《全省农村垃圾集中清理"回头看"工作方案》。

7日　省住房和城乡建设厅组织召开易地扶贫搬迁集中安置项目工程质量监督管理工作会议，对加强全省易地扶贫搬迁集中安置项目工程质量监督管理工作进行再动员、再部署。

16日　全省城乡生活垃圾处理工作现场会在石家庄召开。副省长张古江出席会议并讲话。

18日　全省棚户区改造等工作座谈会在石家庄召开。会议传达住房城乡建设部和省政府近期相关工作部署，通报全省棚改等工作进展，谋划部署下步工作，调度2017年保障性安居工程审计问题整改工作进度等。

27日　省住房和城乡建设厅组织召开全省城市供热保障调度会。会议听取各市供热准备工作进展情况汇报，分析梳理问题，调度部署采暖季供热保障任务。

10月

12日 省住房城乡建设厅召开中央扫黑除恶督导组反馈意见整改落实调度会。会议听取有关处室、单位关于中央扫黑除恶督导组反馈意见整改落实情况，对下一步工作提出要求。

16日 省住房和城乡建设厅机关党委、妇工委、团委组织志愿者开展"关爱抗战老妈妈"主题活动，赴元氏县佃户营村看望慰问在抗日战争时期为民族解放作出过贡献的"抗战老妈妈"。

20日 2018年全省建设行业"邯郸建工杯"职业技能决赛在邯郸市举办。来自各市的135名选手分别参加钢筋工、镶贴工、抹灰工和手工木工4个项目的比赛。

24日 省住房和城乡建设厅党组中心组（扩大）在三楼大会议室组织开展学习研讨会，邀请省直纪工委书记陈彦丰就新修订的《中国共产党纪律处分条例》作专题辅导。

28日 省住房和城乡建设厅党组书记、厅长康彦民到对口帮扶村保定市阜平县史家寨村、下庄村走访慰问贫困群众，调研精准脱贫攻坚工作。

11月

7日 省住房城乡建设厅党组书记、厅长康彦民到石家庄市住房公积金管理中心、石家庄市城市管理委员会、石家庄市建设工程安全生产监督管理站进行调研检查。

9日 全省老旧小区改造工作调度会在秦皇岛市召开。省住房和城乡建设厅总规划师吴铁出席会议。会议通报了全省老旧小区改造工作进展情况，听取了各市工作汇报，安排部署了下步工作。与会代表还现场观摩了秦皇岛市老旧小区改造项目。

17日 全省冬季清洁取暖工作电视电话会议在省住房和城乡建设厅召开，部署全省今冬清洁取暖有关工作，确保广大群众安全清洁温暖过冬。

23日 全省城乡生活垃圾处理工作调度会在石家庄召开，副省长张古江出席会议并讲话。

12月

3日 全省住房城乡建设系统安全生产电视电话会议召开。会议传达了全省安全生产电视电话会议精神，通报了今年全省住房城乡建设系统安全生产情况，对安全生产工作再部署、再推进，有效防范和坚决遏制安全事故发生。

10日 开始对建筑施工企业资质认定、建设工程勘察设计企业资质认定、房地产开发企业资质核定、燃气经营许可证核发等17项行政许可事项统一实行无纸化网上申报。

14—15日 由省住房和城乡建设厅、省人力资源和社会保障厅主办，石家庄市住房和城乡建设局承办，河北省物业管理行业协会、石家庄市物业管理协会协办的2018年中国技能大赛——河北省物业服务行业"恒辉杯"职业技能决赛在石家庄河北城乡建设学校举办。

18日 省住房和城乡建设厅组织全体干部职工集中收看庆祝改革开放40周年大会，认真学习领会习近平总书记的重要讲话精神。

20日 省建筑科学研究院有限公司举办"国家装配式建筑质量监督检验中心"揭牌仪式。

30日 副省长张古江到省住房和城乡建设厅调研省供热监管信息平台建设运行情况。

（河北省住房城乡建设厅）

山 西 省

概况

2018年，山西省住建系统在习近平新时代中国特色社会主义思想的指引下，在省委、省政府的坚强领导下，在住房城乡建设部的有力指导下，紧紧围绕"三大目标"，找准定位、突出重点、狠抓落实，圆满完成了各项任务。稳房价强监管去库存提品质统筹推进，房地产市场平稳健康发展；住房供应和保障体系逐步健全，多主体供给、多渠道保障、租购并举的住房制度加快建立；城市规划和风貌管控持续加强，城市品质进一步提升；城市建设和管理水平稳步提升，城市人居环境持续改善；村镇规划建设管理协调推进，农村人居环境不断改善；建筑业改革发展深入推进，发展质量和效益不断提升；建筑工程监管显著加强，质量安全和绿色施工水平进一步提高；工程建设项目审批制度改革初见成效，制度体系基本建立。

法 规 建 设

紧紧围绕省委、省政府关于全力推进法治山西建设的总体部署，严格落实第一责任职责，出台贯彻《党政主要负责人履行推进法治建设第一责任职责》实施方案，开展法治建设专题研讨，党组书记对法治建设重要工作亲自部署、重大问题亲自过问、重点环节亲自协调、重要任务亲自督办，推动各项工作纳入法治化轨道。着力提升立法质量，修订《山西省平遥古城保护条例》《山西省城乡规划条例》，法规规章立法数量位居全国同行业和山西省各部门前列。积极创新普法方式，在全系统开展网络在线学法用法和无纸化考试，"七五"普法做法和经验被住房城乡建设部在全国住建系统推广。

房地产业

【促进房地产市场平稳运行】2018年，坚持"房子是用来住的、不是用来炒的"定位，坚持因城施策、分类调控，强化城市政府主体责任，强化对各市的督促指导，山西省房地产市场平稳运行。强化城市稳定房地产市场的主体责任，将稳定房地产市场工作纳入了对各市的目标责任考核体系，下发《关于加强房地产市场监测分析做好房地产市场分类调控的通知》，要求各市加强房地产市场统计监测和分析，强化分类、精准调控，有效防范化解房地产市场风险。向太原市政府发出《关于进一步加强房地产调控的函》，督促指导太原市出台《关于加强房地产市场调控工作的实施意见》（并政办发〔2018〕23号），采取了限购、限贷等政策，太原市房地产市场热度持续下降，房价上涨势头得到有效遏制。根据住房城乡建设部商品房交易日报系统数据，12月，太原市新建商品住房平均价格为10076元/平方米，已连续7个月保持在10000元/平方米上下。根据国家统计局数据，12月，太原市新建商品住房销售价格环比指数100.9，比上月下降了0.4个百分点，在全国70个大中城市中排第25位，中部六省省会城市中排第2位，周边五省省会（首府）城市中排第4位。加强市场研判和政策储备，多次召集各市房地产主管部门召开房地产市场调控工作专题会议，传达学习党中央、国务院和省委、省政府有关房地产市场调控的主要精神，并对相关工作进行安排部署。召开了房地产市场调控工作研商会，协调省发改、财政、国土、税收、人行、银监等相关部门对山西省房地产市场形势及风险隐患进行分析研判，梳理总结了现有调控政策，并针对性地提出了政策建议。结合山西省实际继续推动去库存工作，下发《关于印发化解房地产库存2018年行动计划的通知》（晋化房办字〔2018〕1号），要求各市继续做好非住宅和县级城市房地产去库存工作，实现了商品房待售面积和消化周期"双下降"。

【加快培育和发展住房租赁市场】2018年，从政策制定、标准编制、平台建设、主体培育、金融支持五个方面着手，全力推进住房租赁市场发展。一是制定发展住房租赁市场的实施方案。报请省政府印发《山西省发展住房租赁市场的实施方案》（晋政办发〔2018〕57号），是十九大后全国第2个出台此政策的省份。方案提出了山西省发展住房租赁市场的任务书、时间表和路线图，要求用3-5年时间把租赁住房占新增住房供应量的比例提高到50%左右，并明确提出从2019年起大中城市新开工商品住房项目要配建20%的租赁住房。二是编制租赁住房建设标准。编制《山西省租赁住房建设标准》，2019年1月1日起在山西省范围公布执行，是全国第1个出台租赁住房标准的省份（不含直辖市）。《山西省租赁住房建设标准》是山西省住房租赁标准体系中的首个标准，主要对新建租赁住房的设计建造和质量管理提供了依据。三是推进住房租赁综合服务平台建设。与建行山西省分行共同推进山西省住房租赁平台系统建设，8月22日，山西省住房租赁综合服务平台全面启动。山西省11个地级市住房租赁综合服务平台建成并运行良好，整合租赁房源9万套，为租赁各方主体提供了高效便捷的租赁服务。四是多措并举培育租赁住房供应主体。培育了4家国有、8家民营和混合所有制住房租赁企业，鼓励16家房地产开发企业、经纪机构和物业企业开展租赁经营；多渠道筹集租赁房源，开展了6个购租租赁住房项目试点。五是加大对住房租赁的金融支持。与建行山西省分行签订住房租赁全面合作协议，争取了1000亿元的授信支持。与建行山西省分行等金融机构，梳理优化新建、改建、回购租赁住房的贷款业务流程，并将于2019年全面开展住房租赁金融业务。

【强化房地产市场监管】一是开展了房地产市场整顿三大行动。开展了山西省房地产市场秩序规范整治行动、"双随机、一公开"检查、太原市治理房地产市场乱象专项行动，严厉打击侵害群众利益违法违规行为，山西省累计查处房地产市场各类违法违规行为436起，有力维护房地产市场秩序，有效化解购房矛盾纠纷,切实保障群众合法权益。二是开展房地产企业信用评价。对山西省454家房地产企业开展了信用等级评价,促进企业依法诚信经营,构建诚实守信、规范有序的市场环境。三是加强商品房预售资金监管。联合人行、银监部门印发《关于进一步加强商品房预售资金监管的通知》,要求各市严格执行商品房预售资金监管制度规定,规范商品房预售资金存取行为,防范房地产市场交易风险。

【促进房地产业绿色发展】推进住宅全装修,省政府印发《关于加快推进住宅全装修工作的指导意见》(晋政办发〔2018〕82号),提出了严格土地规划条件、统筹协调建设、加强销(预)售管理、加强质量管控、强化主体责任、创新发展模式、加强组织保障、政策激励扶持、加大信贷支持、加强宣传引导等10条具体措施,力争到2025年使山西省新开工全装修住宅面积占新开工住宅总面积的比例达到60%以上。

住房保障

【保障性安居工程】2018年,山西省住房保障工作任务为:棚户区住房改造开工12.52万套、建成11.4万套;公租房建成1.1万套;城镇保障性安居工程完成投资500亿元;列入国家计划的政府投资公租房(不含已依照规定盘活的公租房)的分配要完成90%以上;发放城镇住房保障家庭租赁补贴8.19万户。2018年,山西省住建厅会同省发改委、省财政厅、省国土厅印发《棚户区住房改造项目认定办法》,进一步规范山西省棚户区住房改造工作。山西省棚户区住房改造开工12.81万套,完成年度任务的102.3%;棚改建成17.21万套,完成年度任务的150.9%;公租房建成1.32万套,完成年度任务的119.9%;城镇保障性安居工程年度投资537.1亿元,完成年度任务的107.4%;政府投资公租房累计分配25.32万套,分配率达92%,较年度任务提高2个百分点;城镇住房保障家庭租赁补贴年度发放8.36万户,完成年度任务的102%,圆满完成了各项年度目标任务。

【棚改资金筹集】积极争取棚户区改造资金,报请省政府批准,对2018—2020年实施的棚改项目以每套3000元的标准给予省级财政棚改专项补助;争取国家城镇保障性安居工程中央财政专项资金26.9亿元、配套基础设施补助资金5.3亿元,安排省级财政棚改补助资金4.12亿元、租赁补贴及其他支出4000万元;争取国家开发银行和农业发展银行棚改专项贷款年度授信330.21亿元,年度发放425.56亿元;以晋建保字〔2018〕668号文件提请山西省政府投资基金理事会成立山西省棚户区改造投资基金,积极解决棚改资本金筹集困难。

【探索共有产权改革】按照楼阳生省长2017年12月25日听取山西省住房和城乡建设厅房地产市场专题汇报后的指示精神,积极开展了共有产权住房探索。对广州、深圳共有产权住房政策进行了专项调研,认真学习研究试点城市的成功经验和做法,结合山西省住房保障工作实际,邀请房地产领域专家学者进行多次论证,征求了相关部门意见,起草了开展共有产权住房试点工作的指导意见,已通过省法制办规范性文件备案审查。

住房公积金管理

【"最多跑一次"改革】认真组织召开了山西省公积金"放管服"改革暨信息化建设推进会,太原、大同公积金中心做典型发言。积极推进公积金与房产、国土、民政、银行等部门信息共享,打通信息孤岛,推进业务创新。山西省有太原、大同、长治等10个城市以优秀等次通过了住房城乡建设部"双贯标"验收,75%的城市建成了公积金综合服务平台,所有市数据体系规范,银行结算直连,服务渠道多元,为落实"放管服"改革要求奠定了基础。利用移动互联网、人脸识别等新兴技术,搭建微信、APP、网厅等服务渠道,实现了公积金"最多跑一次","最好不跑路",太原市公积金缴存、提取和贷款90%以上的业务办理都迁移到线上,综合离柜率达到了80%左右,得到了广大公积金缴存人普遍好评,得到了住房城乡建设部的高度评价并在全国范围内推介。

【公积金缴存与发放】2018年,山西省住房公积金缴存383.07亿元,同比增长7.47%,提取额205.77亿元,同比增长45.11%,发放贷款214.06亿元,同比增长19.54%。截至12月底,山西省公积金缴存总额2748.46亿元,提取总额1660.01亿元,缴存余额1088.45亿元,发放住房公积金贷款1189.83亿元,贷款余额785.01亿元。提取率60.40%,个贷率72.12%。

【住房公积金管理机构调整】以国有企业分离办社会职能为契机,推进煤炭分中心管理机构调整。落实省住建厅会同省国资委、省人社厅、省编办、省财政厅《关于做好省属国有煤炭企业住房公积金管理机构与原单位分离移交工作的通知》要求,将省属五大国有煤炭分中心管理机构调整纳入2018年年度目标任务考核,加强宣传,严格督办,部门协同，协调解决了煤炭企业公积金管理机构移交过程中人员入编、分流，职务、职级任聘及资产交割等关键性问题，推动晋煤、同煤、潞安3大集团公积金管理机构顺利移交所属地方政府。以公积金"双贯标"和综合服务平台建设为契机，彻底理顺了县（市、区）公积金管理体制。侯马、洪洞、孝义、方山及大同开发区、榆次开发区6个县级公积金管理机构，全都上划到市级公积金管理中心，解决了多年想解决却一直没能解决的历史遗留难题。

【新市民住房问题调研】省住建厅组织11个中心动用207名调查员，深入企业、乡镇（社区、街道）、个体工商户（零售业）店铺、居民家庭等，对28个区（县）4856份样本进行了一对一面访调查，在认真分析研究的基础上，撰写了高质量的新市民住房问题调查报告。

城乡规划

【城市规划】开展太原都市区发展协调机制研究，认真贯彻落实骆惠宁书记在"太原市城市规划与设计专家咨询座谈会"上，对太原市、太原都市区、山西中部盆地城市群协调发展的指示精神，建立了专家咨询机制，开展城市设计，扎实推进《太原都市区规划》实施，优化太原、晋中城市空间布局，提升城市品质，推动山西中部盆地城市群一体化发展。修订《山西省城乡规划条例》，将开发区总体规划审批权限下放至设区市人民政府。制定出台《山西省环城生态休闲区规划建设指南》等三项技术导则。按照年度目标要求，17个市县总体规划编制有序推进，7个设区市完成了"城市双修"规划，4个市县编制了总体城市设计。运城、晋城圆满完成全国城市设计试点年度任务。

【历史文化保护】修订实施《山西省平遥古城保护条例》，普查建档历史建筑2676处、公布挂牌743处，12个历史文化名城、25个历史文化街区保护专项评估通过验收。

【提升城市风貌】开展城乡建筑风貌和第五立面管控专项整治，以武宿机场周边建筑第五立面整治为牵引，带动山西省整治工作，太原、晋中率先首期完成武宿机场周边建筑第五立面整治672万平方米，忻州完成整治83万平方米，为山西省起到了良好的示范带动作用。开展"二青会"比赛场馆周边区域城市风貌、山西省施工现场围挡等专项整治，各市整治工作取得阶段性成果，拆除违章建筑262个，完成建筑立面整治1221万平方米，规范施工现场2200余个。

城市建设

【城市市政基础设施建设】认真贯彻落实中央城市工作会议精神，以提升城市综合承载能力、改善城市人居环境为目标，加快推进城市市政基础设施建设。山西省城市（含县城）市政基础设施建设累计完成投资738亿元，占年度计划580亿元的137.57%。山西省新建改造城市道路1164公里，占年度计划（1000公里）的116.4%；新建改造水气热管网4572.47公里，占年度计划（3000公里）的152.42%；新增绿化面积2558万平方米，占年度计划（1500万平方米）的170.54%。因地制宜推进地下综合管廊建设，山西省累计开工地下综合管廊67.16公里，完工22.65公里。进一步加大园林城市创建工作，完成了10个市、县申报国家园林城市（县城）初审；定襄县、曲沃县被省政府命名为省级园林县城。

【城市生活垃圾分类】组织开展了山西省生活垃圾分类培训，邀请深圳市垃圾分类方面专家，对各地主管部门约130人进行了培训。指导各市开展了生活垃圾分类。太原市在850个党政机关、373个小区楼院开展垃圾分类工作，并出台《太原市生活垃圾分类管理条例》。长治市政府印发《关于印发长治市生活垃圾分类处理与循环利用工作实施方案》，并召开了城市生活垃圾分类工作推进会。全面推进垃圾处理设施建设，阳泉市垃圾焚烧发电项目，长治市、晋城市餐厨垃圾处理设施已基本建成。太原市、晋中市、长治市垃圾焚烧发电项目均在积极推进。

【污水处理设施建设】加快城镇污水处理设施建设，重点推进太原汾东、大同恒安新区、晋中正阳第二污水处理厂和污泥处理处置设施等项目建设，开展了污水管网建设奖补工作，将今年改善城市人居环境奖补资金1亿元全部用于重点支持山西省生活污水配套管网建设。全面部署开展提效改造、设施保温工作，在汾河、桑干河流域率先启动了污水处理设施三项主要污染物排放指标达地表水V类标准的提效改造工作。指导山西省城镇污水处理厂采取明渠覆盖、设施保温等措施开展冬季保温工作，提升氨氮处理效果。根据省环保部门监测数据结果，及时下发山西省城镇污水处理厂自动监控数据分析结果的通报，同时，加大督查检查力度，对存在超标排放情况的污水处理厂进行现场督察，查找超标原因，制定整改措施，强化污水处理厂运行管理，提高污水处理出水水质。太原汾东、大同恒安新区和晋中正阳第二污水处理厂等重点项目顺利完工；8个设区城市的污泥处置中心建成投运；汾河、桑干河流域污水处理厂提效改造工作正在有序推进；新建污水管网928.1公里，占年度计划（700公里）的132.59%。

【城市黑臭水体治理】进一步采取有力措施，加快推进城市黑臭水体整治工作，针对生态环境部和住房城乡建设部对山西省城市黑臭水体整治工作提出的问题，山西省住房和城乡建设厅积极指导太原、吕梁两市迅速制定整改方案，限期完成整改，同时下发《关于进一步加快推进城市黑臭水体整治工作的通知》。配合生态环境厅开展了2018年山西省城市黑臭水体整治环境保护专项行动，对上报已整治完成的水体进行认真核查，全面掌握黑臭水体整治进展情况。山西省设区城市共排查出74个黑臭水体，69个已整治完成，整治率达到93.24%。

【海绵城市建设】山西省住建厅印发《关于进一步加快海绵城市建设工作的通知》，进一步明确年度重点工作和具体要求，重点推进实施一批海绵城市建设项目，并建立了月报制度，实行项目化管理，把海绵城市建设工作扎实抓好。组织召开了山西省海绵城市建设工作推进会议，对各市及所辖县级市海绵城市建设各项工作进展情况进行督促指导，组织开展海绵城市工作进展情况调研指导工作。山西省已累计建设海绵城市面积149.6平方公里。

【城市市政运营行业监管】认真贯彻落实住房城乡建设部、省防指以及山西省防汛抗旱工作视频会议精神和要求，下发《关于做好2018年度城市排水防涝工作的通知》，对城市排水防涝工作进行了安排部署，开展了城市易涝点整治，并从落实防汛责任制、开展汛前安全检查、做好城市汛期应急管理工作等几个方面提出了具体要求。下发《关于加强城市公共广场安全工作的紧急通知》，开展安全排查，切实强化城市公共广场安全工作。按照国家和省有关安全工作的安排部署，先后下发指导性文件，指导各市在"两会"、节假日等重点时间节点，做好城市供水、燃气、公园和风景名胜区运营安全工作。

【燃气市场监管】山西省住建厅会同省质监局，组织相关部门，制定印发《关于立即开展山西省汽车加气站和充装点专项整治行动方案》，并开展了为期40天的专项整治行动，严厉打击"汽车黑加气站和充装点"，依法取缔非法违法汽车充装点30个，关停整顿汽车充装站（点）244个，问责相关责任人72个，切实规范了汽车加气站经营秩序，净化市场经营环境。按照省政府2018年安全生产工作部署，印发《山西省城镇燃气行业安全专项整治工作方案》，组织开展整治工作，切实抓好城镇燃气安全。

村镇规划建设

【农村人居环境整治三年行动】牵头编制《山西省农村人居环境整治三年行动实施方案》，5月12日由省委办公厅、省政府办公厅正式印发。方案印发后，对山西省各市县实施方案编制工作进行了培训和安排，对11个市和118个县（市、区）上报的实施方案逐一提出了备核意见，下达各市县人民政府。根据《山西省农村人居环境整治三年行动实施方案》要求，牵头编制《山西省农村人居环境整治2018年行动计划》，明确了2018年实施农村人居环境整治工作的具体任务和要求，报请省政府同意后，以省改善农村人居环境领导小组名义印发。整理编制《省级示范县农村人居环境整治三年行动实施方案汇编》，印发山西省学习借鉴。组织省级规划设计单位和有关专家赴介休市进村入户实地调研指导，现场提出观摩点整治要求，建立了专家包村包户制度，定期赴现场把关提出意见，全力打造山西省农村人居环境整治示范村庄的典型样板，为山西省农村人居环境整治现场会顺利召开提供了有效保障。切实抓好"五个专项"的落实，垃圾治理专项方面，组织50个县分管县长和局长，分三批召开约谈会和工作推进会，逐一汇报推进情况，制定整改方案，确保年底完成任务。污水治理专项方面，对山西省所有村庄污水治理情况进行了全面摸底，组织规划设计单位开展《山西省县域农村生活污水治理技术指南》编制工作。拆违治乱专项方面，开展了山西省乡村特色风貌研究，在忻州、吕梁等地开展了乡村特色风貌整治试点，报请省政府印发《关于做好建筑立面风貌管控工作的通知》，在太原武宿机场周边村庄整治完成第五立面662.35万平方米。

【农村危房改造】山西省2008年启动实施农村危房改造，截至2017年底，累计完成农村危房改造任务83.53万户。2018年，山西省完成农村危房改造任务5.05万户，贫困县农村四类重点对象危房改造任务基本完成，脱贫攻坚"两不愁、三保障"住房安全保障目标基本实现。主要做法有：对深度贫困县及山西省贫困村危房现状进行了调查摸底并录入信息系统，以山西省精准扶贫大数据平台为依托，通过各部门比对分析相关数据，确定了危房现状存量，确保任务数据精准。督促各地严格执行个人申请、村委评议公示、乡镇审查公示、县级核准、市县组织实施、录入农户信息、年底竣工验收的工作程序，组织各市对2013至2015年所有农村危房改造户进行了全面清查，发现并处理解决了一批对象认定环节中存在的问题，确保危房改造工作公平公正。聚焦四类重点对象，依照申请足额安排任务，全力保障贫困县应改尽改，2018年农村危房改造任务全部安排贫困县，确保最困难的群众住房安全问题得到优先解决。5月，部署开展了农村危房改造腐败和不正之风治理、质量提升、规范档案管理三个专项行动，并将抓好腐败和不正之风治理列为全厅扫黑除恶重点工作。针对超标准建房、超面积建房、未解决住房安全问题就宣布脱贫退出和信息系统中身份证号码重复、缺失四个问题，在山西省开展了核查整改工作；印发《农村危房改造巡查工作方案》，由分管领导每月带队实地巡查一个市的农村危房改造工作；下半年，分别在吕梁市石楼县、大同市天镇县、忻州市繁峙县召开了3次农村危险土窑洞改造暨深度贫困县农村危房改造片区现场会，分管厅长带队开展了3轮农村危险土窑洞改造专项督查，并赴吉县、中阳县、右玉县进行了实地核查和脱贫考核指导；对各市进展定期在山西省通报，对进度滞后的县下达督办函并组织约谈，确保年度改造任务顺利完成。

【农村危险土窑洞调查】两次组织对山西省农村危险土窑洞情况摸底调查，安排专家赴6市12县30个乡镇实地调研，完成《山西省危险土窑洞现状调研报告》，编制《山西农村危险土窑洞加固技术指南》，全面分析了山西省各类危险土窑洞不同的病害类型，制定了不同危险等级的鉴定标准，针对不同的病害类型，明确了相应的改造方式，确保改造质量。

【农村生活垃圾治理】指导山西省所有县（市、区）编制了县域农村生活垃圾治理专项规划，建立了项目库，制定了年度建设计划。重点在50个县初步建立农村生活垃圾收运体系，协调省财政安排3.46亿元资金用于各县垃圾中转站等项目建设，对各地进展情况定期进行通报，抄送各市人民政府，对推进较慢的县约谈县政府负责同志。

【非正规垃圾堆放点整治】开展非正规垃圾堆放点排查整治，组织各地深入实地逐村摸底，排查录入非正规垃圾堆放点9480个，数量居全国第一；下发《关于做好非正规垃圾堆放点排查整治工作的通知》，指导各地建立工作台账，实行滚动销号制度，按照一处一策的要求制定整治方案，完成一处、销号一处，2018年底累计整治6435处，整治率68%。

【农村生活垃圾分类试点工作】启动农村生活垃圾分类试点，制定《山西省农村生活垃圾分类治理实施方案》和《山西省农村生活垃圾分类技术指南》，指导各地按照"四分法"开展农村生活垃圾分类试点工作，岢岚、灵石、长子3个县被公布为全国首批农村生活垃圾分类和资源化利用示范县，阳曲、灵丘等18个县确定为省级试点县，目前21个试点县已在155个乡镇906个村启动了农村生活垃圾分类试点。

【农村生活垃圾治理验收】启动农村生活垃圾治理验收，制定《山西省农村生活垃圾治理验收办法》《山西省农村生活垃圾治理绩效评价办法》《山西省农村生活垃圾收运体系建设考核办法》《山西省非正规垃圾堆放点排查整治考核办法》《山西省农村生活垃圾分类考核办法》等一系列考核办法，完成对30个县验收。

【村镇生活污水治理】一是牵头制定《山西省农村人居环境整治2018年行动计划》，重点开展20个建制镇生活污水处理设施建设。二是对汾河流经建制镇和全国重点镇生活污水处理设施建设情况进行了摸底，明确了2019年建设任务。三是召开了山西省村镇污水治理工作推进会，对重点工作进行了安排部署。截至年底，14个建制镇已完成污水处理设施建设，其余项目正在有序推进。山西省479个建制镇（不含85个县城驻地镇），现具备污水处理能力的69个，占建制镇总数的14.4%；全国重点镇117个（不含21个县城驻地镇），具备污水处理能力的42个，占重点镇总数的35.9%；汾河流经建制镇44个（不含7个县城驻地镇），县具备污水处理能力的13个，占汾河流经建制镇总数的29.5%。

【传统村落保护】山西省已登记建档古村落1700处，其中，中国传统村落279处（全国排位第4），省级传统村落286处；中国历史文化名镇名村40处（全国排位第3），省级历史文化名镇名村197处；226个村得到中央资金支持；16个村入选首批中国传统村落数字博物馆。山西省有266个入选第五批中国传统村落名录，居全国第二。建立了省级住建、文化、文物、财政、国土、农业、旅游、环保等八部门参与的"7+1"协调工作机制，定期召开专题会议，听取进展汇报，协调解决困难和问题，扎实推进传统村落保护项目实施。重点做好104个传统村落保护项目协调指导工作，目前104个中国传统村落的163个保护项目中，47个项目完工，73个项目在建，46个前期，完成投资1.42亿元。按照县级自查、市级抽查、省级督查的方式，会同省财政厅、省环保厅对129处中国传统村落保护项目开展了专项督查，重点从项目实施、资金拨付、技术指导、领导机制等方面进行督查，全面掌握项目实施情况和资金使用情况。完成《山西省历史文化名城名镇名村保护条例》立法，编制《山西省传统村落保护发展管理办法》，编写了《山西省传统建筑解析与传承》《山西省传统村落保护发展规划编制要求》《山西传统村落图集》。制定《山西省传统建筑认定标准》，印发《传统建筑调查登记表》《传统建筑综合评价与级别评定表》《传统建筑档案》，召开了山西省传统建筑调查认定人员培训会，组织各市完成了实地调查和资料填报。结合"黄河、长城、太行"三大板块旅游发展总体规划，今年启动了碛口、沁河流域传统村落集群保护利用试点工作，明确了建立分级名录、保护传统建筑和开展宣传报道等重点任务。会同中国传统村落保护与发展研究中心等单位开展了山西省传统村落摄影作品征集、传统村落达人推荐、传统村落微电影作品征集、传统村落三维实景模型征集、传统村落论文征集等五项省级传统村落系列活动；会同省摄影家协会等单位举办了2017年平遥国际摄影大展"山西传统村落摄影展"；在高平市良户村召开第三届传统村落保护发展会议。

【乡村建筑风貌整治】研究制定易地扶贫搬迁集中安置点规划设计和风貌管控整改工作方案，召开山西省村镇建设工作会进行具体部署，按照现场核查、指导整改、专家复核和跟踪蹲点四个阶段扎实推进。组织省规划院、设计院、建科院、太原理工大学等40余名专家分6个组，深入省扶贫办提供的385个安置点现场，逐一对规划设计和风貌管控进行实地核查，"一点一表、一日一报"，对未开工项目重点核查规划设计是否尊重自然生态和村庄肌理、保留乡村特色风貌，对已开工项目重点核查建筑外观色彩是否符合当地整体风貌，对不符合要求的设计逐个提出书面整改意见。各市按照专家核查提出的整改要求逐一制定方案并实施整改。专家组对整改完善后的规划设计进行了多轮审核，针对个别疑难复杂案例，分管厅领导牵头组织专家逐个攻破，杜绝新建项目出现"排排房"现象，决不允许有一个不符合要求的项目开工建设。组织省规划院、省建筑设计院专家初审通过的286个项目进行了全面复核，针对85个项目提出进一步修改完善意见。建立了易地扶贫搬迁集中安置点专家定点联系制度，每个安置点配备乡村建筑风貌技术专家定点跟踪指导，省级专家重点联系10个省级示范安置点，市级专家负责总量30%的安置点，其余安置点由县级专家定点联系，确保各安置点严格按照整改完善后的规划设计进行项目施工。组织专家组认真研究和把握易地扶贫搬迁安置点建筑风貌特点和规律，遴选出太原市娄烦县羊圈沟村、大同市天镇县李二口村、大同市阳高县花苑村等10个案例，编辑印发了《山西省易地扶贫搬迁安置点示范案例集》，及时推广典型经验，全面提升山西省安置点规划和建设风貌水平。

工程质量安全监管

【建筑安全监管】开展山西省建筑施工安全专项治理行动。根据住房城乡建设部和省安委办工作安排，印发了专项治理行动工作方案和专项督查通知，对建筑工程施工安全关键领域和薄弱环节集中治理，有效防控施工现场重大安全风险。开展山西省预防建筑施工起重机械、模架支撑和土方（隧道）开挖坍塌事故专项整治，严格专项施工方案的编审、交底、实施、验收，严厉查处未编制危大工程专项方案或未按照专项方案施工等行为，坚决遏制群死群伤事故发生。开展钢结构网架工程安全生产专项整治。为深刻汲取长治2起钢结构网架工程倒塌事故教训，举一反三，下发《关于开展钢结构网架工程安全生产专项整治的通知》等2个文件，要求各级住建部门利用2个月时间，对辖区内钢结构网架工程，特别是煤场钢结构网架工程逐一进行排查，并建立检查台账，消除安全隐患，坚决遏制同类事故再次发生。开展建筑工地食堂食品安全专项整治，强化餐饮过程管理，有效保障建筑工地食堂食品安全管理水平。开展全系统消防安全隐患大排查大整治，重点围绕建筑工地消防安全管理、公共消防设施建设、消防安全宣传教育等情况开展排查整治。开展山西省建筑施工安全生产综合督查，抽查山西省11个市在建项目70个、施工企业25家，检查施工安全12275条，发现施工安全隐患602条，通报企业和项目19个。制定了全系统安全生产大检查工作方案，成立专项领导组，省市县三级住建部门累计出动检查组1567个，出动检查督查人员14557人（次），抽调专家476人（次）。共检查企业2294家，排查一般隐患9247条，已立即整改8616条，限期整改631条；责令限期整改企业370家，责令停产停业整顿企业45家，实施行政处罚罚款864.31万元，关闭取缔企业8家。

【农村"煤改气"工程质量安全监管】下发《关于加强山西省农村"煤改气"工程建设质量和施工安全监督管理工作的通知》，要求各级住建部门加强农村"煤改气"工程建设管理，严格履行工程建设规划设计招投标，施工监理，竣工验收等程序，进一步规范农村"煤改气"工程质量安全监管。健全山西省农村"煤改气"工程技术标准，为山西省农村煤改气工程提供技术支撑，通过实地调研，参考国家城镇燃气标准规范，组织编制下发《山西省农村"煤改气"工程技术导则（试行）》。联合省安监局组织开展了山西省农村"煤改气"工程质量安全专项整治行动，重点检查工程参建各方主体责任落实、施工质量安全监督、运行安全等，抽查了山西省11个市44个在建项目和44个建成项目，切实保障农村"煤改气"工程顺利实施。

【建筑施工扬尘治理】印发全系统建筑工地施工扬尘专项整治工作方案，要求建筑工地全面落实扬尘治理"六个百分之百"要求，有效控制工地扬尘污染。开展为期一月的山西省施工现场围挡等临时设施专项整治，在建项目施工围挡颜色一律使用瓦灰色，广告面积不应超过围挡外侧总面积的50%，新开工项目现场临时用房屋面颜色应采用瓦灰色，外脚手架立面不得使用彩色密目网。报请省政府召开了山西省实施绿色施工加快推进转型项目建设工地环保治理工作会议，联合省环保厅下发《关于实施绿色施工加快推进转型项目建设的通知》《关于实施绿色施工加快推进转型项目建设的补充通知》，在所有建筑工地实行绿色施工和环保治理自律承诺，发起百家重点施工企业绿色施工承诺倡议书活动，监督参建单位严格落实绿色施工和环保治理措施。四是持续开展了4次建筑工地施工扬尘治理专项检查，抽查208个在建项目，先后3次对施工扬尘治理较差的86个在建项目进行了通报，处罚施工企业52家、建设单位2家，罚款380万元。

【工程质量监管】2018年，新办理质量监督手续的工程2406项，新办理竣工验收备案的工程1484项，设立永久性标牌的工程1484项，建立质量信用档案的工程1484项。开展工程质量管理标准化工作。按照住房城乡建设部安排部署，山西省住房和城乡建设厅印发《山西省建筑工程质量管理标准化工作方案》，进一步规范工程参建各方主体的质量行为，强化施工过程质量控制，大力推行工程质量管理标准化，推进质量行为管理和工程实体质量控制标准化，全面提高工程建设品质。进一步提升山西省投资项目报建阶段图审效率，印发《关于进一步规范山西省施工图审查市场 提高服务效率的通知》，并在山西省住建领域企业投资项目承诺制改革工作推进会上对山西省审批人员进行了培训；结合山西省企业投资项目承诺制改革试点方案要求，制定《关于实行施工图审查制度改革的实施意见》，推行住建、消防、人防、气象四项技术审查事项"多审合一"；建立施工图数字化审查信息平台，实现网上审查和审核（备案）；实行政府购买服务，所需审查服务费用纳入市级政府财政预算，不再由建设单位支付，已报请省政府印发。研究起草了《山西省工程勘察设计大师评选管理办法（征求意见稿）》，为山西省培养工程勘察设计行业领军人才，带动山西省整体工程勘察设计质量水平持续提高建立长效机制，已报送省法制办审查通过。为确保山西省装配式混凝土建筑工程质量，组织起草了《山西省装配式混凝土建筑工程施工质量管理导则（试行）》。

【工程质量监督检查】通报了2017年山西省建设工程质量监督机构考核结果。山西省房屋建筑和市政基础设施工程质量监督机构共141家，全部参加了考核，考核通过87家，未通过54家。要求考核未通过监督机构尽快组织整改，整改完成后，省厅将进行检查验收。通报2017年度山西省勘察设计图审情况。在汇总山西省图审机构报送的2017年山西省施工图设计文件审查情况的基础上，对初审违反强制性条文较多的30家勘察设计单位进行公开通报。开展山西省建筑工程勘察设计质量专项检查，要求各市住建部门对勘察、设计、图审等有关单位和执业人员执行有关法律法规和工程建设强制性标准情况开展专项检查。组织开展工程质量检测机构检测能力检查，按照抽查率不低于30%的要求，对晋中、吕梁和长治市检测机构常规检测和节能检测进行能力检查，并形成专项检查报告。开展山西省建筑工程质量安全综合督查，抽查山西省11个市在建项目70个、质量检测机构56家和施工图审查机构18家，检查工程实体质量、检测质量、勘察设计质量内容7770条，发现工程质量问题553条，并对检查情况进行通报。强化事中事后监管，组织开展2017年度山西省工程质量检测机构动态考核，山西省723家建设工程质量检测机构中679家考核合格，44家考核不合格。

【建筑工程技术创新】9月修订公布《山西省超限高层建筑工程抗震设防界定规定》。严格执行《山西省超限高层建筑工程抗震设防界定规定》，组织专家对12个超限高层建筑抗震设防项目超限高层建筑工程进行了抗震设防专项审查，审查率100%。严格落实《关于积极推进建筑工程减隔震技术应用的通知》，山西省抗震设防8度区、地震重点危险区新建的学校和医院建筑工程120项采用了减隔震技术。开展2017年度省级施工工法评审工作，组织专家对申报的920项工法进行评审，公布614项省级工法，鼓励企业不断采取新技术、新工艺，进一步提高山西省工程建设技术水平；审核公布了2018年度省建筑业新技术应用示范工程立项项目239项，大力推广"建筑业10项新技术"；组织编制完成《沸石抗裂硅质防水建筑构造图集》等2套标准图集，通过专家委员会审查，并予以公布。6月27—29日，在省城乡建设学校举办的以"弘扬工匠精神、助力山西建造"为主题的2018年度山西省"建投工匠杯"建筑施工职业技能大赛，组织山西省12支参赛队伍共93名选手参加了砌筑工、抹灰工（镶贴）5个单位和25名工人荣获荣誉证书，为培养建筑业高技能人才培养营造良好氛围。

建筑市场

【建筑业发展】一是印发山西省《关于促进建筑业持续健康发展的实施意见》，从推动行业转型升级等方面提出了山西省具体措施，推动山西省建筑业转型发展。二是加强建筑业运行监测，坚持月分析、月调度、月排名制度，及时掌握各市和相关行业进展的统计信息，进行分析研究。查找存在的问题，制定针对性措施，确保山西省建筑业运行平稳。三是扶持企业做大做优。评选48家企业为山西省骨干建筑业企业，其中16家企业为优秀骨干建筑业企业，重点帮扶树立山西省建筑业发展标杆。四是促进本省企业加速发展。从帮扶山西省企业承揽本地业务、加快企业提升资质等级等方面助力山西省企业加快发展速度。同时，继续做好特、一级企业扶持培育工作，对具备升特、升一条件的企业实行靠前指导。获得住房城乡建设部核准的山西省企业特级资质9家15项，一级资质15家24项，山西省高等级资质实现跨越式发展。五是吸引省外企业在山西省落户。印发《关于鼓励外埠建筑业企业在山西省落户的指导意见》，从资质申请等方面给予迁入或在山西省成立子公司的省外优质建筑业企业优惠政策，为行业发展注入新的动力。六是全年完成建筑业产值3566.6亿元，同比增长7.5%以上，保持较快的增长速度。

【完善建筑市场制度】一是印发《房屋建筑和市政基础设施工程施工评标办法》，加大省内科技成果和投标人资信的评审权重。促进，提升本省企业省内市场占有率。遏制投标人陪标、围标、串标等违法违规行为，促进评标活动科学化、规范化。二是加大建筑市场监督执法检查和"双随机"核查。2017年共开展2次督查，对存在违法违规行为的51个典型项目、下达执法建议书18份，行政处罚告知书30份。三是完成2016年度工程勘察等5类企业资质动态考核工作，对山西省547家企业核定了考核结论，其中35家为不合格，不合格率为6.4%。四是加大资质批后监管力度。重点对资质申报中人员资格、业绩真实性进行核查，已撤回、撤销15家企业资质，对其中1家存在以弄虚作假手段取得资质的企业予以通报，计入不良行为记录，3年内不得再次申请该项资质。

【诚信体系建设】一是印发《关于进一步加强建筑市场监管公共服务平台建设 提高信息采集录入质量的通知》，实现信息采集、资质审批和市场监管等事项的联动管理，确保数据录入质量。平台在建项目信息平均填报率达到98.63%。二是加大对企业和执业人员质量、安全、管理、个人方面的良好评价和不良信息采集力度，提高诚信评价在招投标中的分值权重，构建营造"失信惩戒、守信激励"的市场氛围。

建筑节能与科技

【建筑节能】确保新建建筑全部执行65%节能标准。进一步提升建筑能效，节能75%新建居住建筑节能地方标准编制完成初审。推进绿色建筑规模化发展，山西省新建建筑绿色建筑标准执行率达到40.38%。新增二星级及以上高星级绿色建筑面积194.23万平方米，完成年度目标的194.23%。实施能源替代工程，山西省新建建筑可再生能源应用比例76.94%，有效降低了建筑能耗，实现了清洁能源互补利用。指导晋中、阳泉、长治、晋城、吕梁、临汾、运城等7个城市编制工作方案，成功申报国家清洁取暖试点市，为今后3年既有建筑节能改造及建筑能效提升工作提供支持。

【建设科技】开展科技成果登记，集中发布表彰2017年度行业重大科技成果，激发企业创新动力和潜力，营造科技创新氛围。加大推广应用，发布节能技术、产品推广目录共计228项。组织研发新技术，开展建筑垃圾资源化利用技术研究，印发《加强建筑垃圾管理加快推进资源化利用的实施方案》，召开推进会，推动建筑垃圾资源化和再生产品推广应用。组织开展地热能供热应用调研，形成《关于地热能供热的调研报告》，上报省人民政府。与省发改委联合印发《关于征集地热能供热建筑应用示范项目的通知》，开展试点示范。开展地热能供热发展路径研究。

【装配式建筑】开展装配式建筑调研，全面掌握山西省装配式建筑发展形势和现状，形成调研报告上报省人民政府。印发《关于进一步加快推动装配式建筑发展的实施方案（2018—2020）》，进一步明确发展方向和路径，强化主体责任，在推广发展期积极稳妥推动山西省装配式建筑发展。指导督促太原、大同两个试点城市开展工作，认定山西建设投资集团有限公司等9家省级装配式建筑产业基地，3个省级装配式建筑示范项目，通过试点示范，带动山西省发展。成立省装配式建筑专家委员会和山西省装配式建筑产业联合会，发挥专家和企业的力量。召开山西省装配式建筑推进会，就下一步工作进行具体安排部署。

行政审批制度改革

【企业投资项目承诺制改革】召开山西省住建领域企业投资项目承诺制改革试点工作推进会，印发《关于印发山西省住建领域企业投资项目承诺制改革试点工作推进总体方案的通知》（晋建审字〔2018〕103号），对山西省住建领域进一步贯彻落实省委、省政府企业投资项目承诺制改革试点工作进行了安排部署，配套制定了《关于印发企业投资项目承诺制改革监管服务办法（试行）的通知》等八个规范性文件，明确了审批事项的适用范围、申报材料清单、基本流程、时限要求、容缺处置办法等内容，对施工许可证核发制定了承诺后审批的基本流程和操作办法，对市政类政府统一服务事项提出了统一的要求。

【营造"六最营商环境"】一是制定住建系统省市县三级政府部门行政审批事项标准清单，实现三级同一审批事项要素基本一致，同层级住建部门审批事项数量基本接近。二是对厅公共服务事项进行全面梳理，制定厅公共服务事项清单共22项。三是全面梳理厅行政审批事项，制定行政审批事项"四办"清单。四是持续开展"减证便民"行动，取消4项由山西省住房和城乡建设厅设定、实施的行政审批证明事项。五是印发《关于贯彻实施山西省证照分离改革试点总体方案的通知》（晋建审字〔2018〕140号），指导相关市级住建部门推行证照分离改革，试行"政府告知、企业承诺、批准后事中事后监管"的审批模式。

【工程建设项目审批制度改革】大力推进工程建设项目审批制度改革，主动对标试点地区，出台了《加快推进工程建设项目审批制度改革实施方案》《关于推进施工图审查制度改革的实施意见》，建成了施工图审查信息化平台，实现了施工图"多审合一"和政府购买服务，工程建设项目从立项至竣工验收审批时限压减至100个工作日以内、一般性工业项目审批时限压减至45个工作日以内。在国务院第五次大督查营商环境7项重要指标调查中，山西省工程建设项目报建排名全国第4，用水报装排名第8，迈入全国第一方阵。

【"互联网+政务服务"】初步完成了厅网上审批系统升级改造工作基础数据梳理收集工作；实现了厅网上审批系统与省政务服务中心系统间的单点登录对接、全流程数据对接；完成了厅网上审批系统与省企业信用信息平台的对接工作。全年受理企业资质申请1909件，受理企业资质证书变更增补申请1312件。受理执业资格注册27500人次。受理省外建设类企业入晋备案947件；受理"三类人员"申请30550件；接收建设项目选址意见书核发、超限高层建筑工程抗震设防专项审查、风景名胜区内建设活动审批共43件；协助省人事考试中心安排了监理工程师、二级建造师、建筑师等三类建设类执业资格考试有关工作；协助省人事考试中心发放个人执业资格证书6516本。以上事项均在规定时限内严格按照审批工作流程予以办结，未发生违规、超时审批情况。

扫黑除恶专项斗争

坚持"有黑扫黑、有恶除恶、有乱治乱"，围绕建筑市场、房地产市场、住房公积金等重点领域，深挖涉黑涉恶和"保护伞"线索，重拳整治行业乱象，全力净化市场环境，取得初步成果，得到了中央督导组和省委扫黑办的肯定。全系统移交涉黑涉恶线索742件，配合查处案件35件；开展各类专项整治16项，厅机关通报违规企业193家，是上年的3倍；下达行政处罚决定书245份，是上年的3.8倍；清出质量检测机构44家，是上年的10倍，努力从根本上铲除黑恶势力滋生的土壤。

人事教育

【干部队伍建设】认真落实省委关于加强干部队伍建设的3个文件精神，注重年轻干部的培养锻炼，开展了优秀年轻干部调研，选派25名事业单位专业技术年轻干部分别到厅机关、企业一线挂职锻炼；关心关注驻村帮扶干部，认真开好组织生活会，加强对驻村帮扶干部的年度考核，激励干部担当作为，1名同志荣获山西省"十佳最美村干部"提名奖，1名同志荣获山西省"优秀驻村工作队长"称号；着力提升干部能力，组织125名干部到厦门大学进行培训，4名处级干部参加青年干部培训班。

【行业人才队伍建设】 组织开展住建行业"三晋英才"、工程勘察设计大师推荐评选工作，35名行业高级人才纳入山西省专家库；深化建设工程职称评审制度改革，更加注重从工作业绩上评价人才，967人通过建设工程专业高级工程师评审，人数为历年来最多；强化行业管理人员和技术工人培训，举办了山西省"建投工匠杯"建筑施工职业技能大赛，组织八大员培训3.6万人、"三类人员"4.6万人，为推进建筑业转型发展提供人才支撑。

大事记

1月

18日 省委召开2017年度省住建厅目标责任考核大会，厅党组书记王立业代表领导班子作大会述职报告。

2月

5日 《关于进一步加强建筑垃圾管理加快推进资源化利用》的通知，到2020年，各设区市至少建成1个建筑垃圾资源化利用设施，建筑垃圾资源化利用率达到30%以上，原则上不得再新设建筑垃圾填埋场。

9日 山西省住房城乡建设工作会议在太原召开。

3月

22日 在住房城乡建设系统开展建筑工地食堂食品安全专项整治行动。

23日 召开厅直机关党风廉政建设工作会议。

4月

16日 发布《山西省建筑施工安全专项治理行动工作方案》，用两年时间集中开展建筑施工安全专项治理行动。

5月

17日 山西省建筑产业现代化联合会召开第一次会员代表大会。

31日 山西省出台《山西省发展住房租赁市场的实施方案》，提出18条具体措施，从供给端发力解决住房难题。

6月

28日 由省住建厅主办的山西省"建投工匠杯"建筑施工职业技能大赛在太原开赛。

30日 召开庆祝中国共产党成立97周年暨'七一'表彰大会。

是月 组织党员赴井冈山开展"不忘初心，牢记使命，新时代新担当新作为"红色教育主题党日活动。

7月

13日 中国共产党山西省住房城乡建设类社会组织第一次党员大会胜利召开。

8月

22日 山西省住房租赁综合服务平台启动仪式在太原市举行。

9月

6日 省住房和城乡建设厅党组书记、厅长王立业就扫黑除恶专项斗争开展情况42家市住建行业主管部门的"一把手"进行了一对一谈话。

10日 举办召开"纪念改革开放四十周年"厅直系统老干部书画展暨座谈会。

30日 山西省第十三届人民代表大会常务委员会第五次会议表决通过了《山西省平遥古城保护条例》《山西省城乡规划条例》（修订）。

10月

25日 山西省装配式建筑推进会在太原市召开。

11月

8日 山西省住房城乡建设系统"三基建设"现场推进会在大同市召开。

21-30日 举办两期山西省住建系统扫黑除恶专项斗争培训班，对省、市、县三级扫黑除恶工作人员500余人进行了教育培训。

30日 太原市出台了《太原市生活垃圾分类管理条例》。

12月

24日 山西省建筑行业信息化建设战略合作暨建筑用工市场管理系统建设合作签约仪式在太原举行。

27日 编制了《山西省租赁住房建设标准》，2019年1月1日起在山西省范围公布执行，是全国第1个出台租赁住房标准的省份（不含直辖市）。

（山西省住房和城乡建设厅）

内蒙古自治区

概况

2018年，内蒙古自治区住房城乡建设系统深入贯彻落实中央和自治区的决策部署，深化改革、锐意进取，全区住房城乡建设事业实现了新发展。城市建设管理工作进一步加强、房地产市场总体保持平稳发展、住房保障工作卓有成效、农村牧区环境面貌持续改善、建筑业改革发展稳步推进、放管服改革取得积极进展。

法规建设

【行业立法】新修订的《内蒙古自治区物业管理条例》于2018年8月1日正式实施。《内蒙古自治区建筑节能条例》已经自治区第十三届人大常委会第十次会议审议。建议自治区人大对自治区《建筑施工安全管理条例》《建筑市场管理条例》《燃气管理条例》《城镇供热条例》《建设工程质量管理条例》进行修订。

【普法工作】印发《内蒙古自治区住房城乡建设厅2018年度普法计划》，落实普法"六进"要求。组织厅系统法治联络员开展行政复议法、行政诉讼法学习和相关制度解读。

【依法行政】出台《行政复议答复、行政应诉工作制度》《行政规范性文件制定管理办法》。对22件规范性文件进行合法性审查和备案，对27件行政处罚决定依法进行审查。开展行政执法专项督查及"案卷评查"工作。加强行政复议工作，全年共收到行政复议案件10件，审结率100%。积极开展社会治理法治化，强化重点行业、重点领域监管。

房地产业

【房地产市场调控】坚持"房子是用来住的、不是用来炒的"定位，强化城市政府主体责任，实施一城一策，加大房地产市场调控力度，深入开展房地产市场秩序专项整治，房地产市场总体保持平稳。2018年，全区完成房地产开发投资882.8亿元，同比下降0.8%，降幅收窄2.6个百分点；全区商品房新开工面积为3024.3万平方米，同比增长28.2%；全区商品房销售面积2008.6万平方米，同比下降2.9%，商品房销售额1114.2亿元，同比增长16.5%；全区商品房累计可售面积10641.8万平方米，同比净下降27.75%。积极培育和发展住房租赁市场，在呼和浩特市、包头市、赤峰市开展了住房租赁试点。

【房地产市场风险化解】针对房地产市场存在的未批先建、烂尾、延期交房、不能按时办理房屋产权登记等遗留问题，推动出台了《关于妥善解决全区城镇国有土地上房屋建设等历史遗留问题的指导意见》。联合自治区党委宣传部、发改委、公安厅等8个部门开展了"打击侵害群众利益违法违规行为、治理房地产市场乱象"专项行动，从严从快治理房地产开发企业违规经营、房地产中介扰乱市场、炒房组织投机炒房等乱象，进一步消除了房地产市场风险隐患。

【物业服务管理】新修订的《内蒙古自治区物业管理条例》已于2018年8月1日正式施行。启动了为期三年的"物业管理服务质量提升年"活动，在鄂尔多斯市组织召开全区物业管理工作现场会，在呼和浩特市举办全区物业管理服务质量提升年培训班，成功举办全区第三届物业管理服务技能大赛。新建小区物业覆盖率达到100%，老旧小区物业覆盖率达到76%、比上年度提高6个百分点。

住房保障

【棚户区改造】加大调度和推进力度，及早落实全年棚改任务，协助盟市多渠道筹集棚改资金，试点发行棚改专项债，棚户区改造超额完成了年度目标任务。2018年，全区棚户区改造开工14.2万套，开工率100.8%，基本建成13.6万套，完成投资478.2亿元。约34万住房困难群众改善了住房条件。

【保障性住房】加快公租房配套设施建设，积极稳妥做好公租房盘活工作。注重加强对新市民、重点群体、重点产业困难职工的精准保障，保障性住房惠及面不断扩大。全区公租房分配入住率94.8%，提前完成年度目标任务；发放城镇住房保障家庭租赁补贴5.9万户，完成率107.1%。

住房公积金管理

截至年底，全区住房公积金缴存357.64亿元，同比增长3.57%，提取254.31亿元，同比增长8.82%，贷款269.04亿元，同比增长1.21%，公积金个人住房贷款率79.43%，公积金个人住房贷款市场占有率33.04%，住房公积金运行总体平稳。

城乡规划

【城乡规划法制建设】先后印发《城镇开发边界管理办法》《城镇开发边界划定导则》，指导各地科学划定城镇开发边界。

【历史文化建筑和街区保护】将城市历史文化遗产保护纳入城市建设管理体系，指导各地做好历史文化名城、历史文化街区保护规划编制工作，积极开展自治区历史文化街区认定、历史建筑确认和保护工作，自治区连续三年共安排8250万元专项资金支持城市历史文化保护工作。自治区政府已公布17条自治区历史文化街区，各盟市已确认370个历史建筑。

【城市修补、生态修复】实施全国"城市双修"试点4个，自治区"城市双修"试点14个，城市生态宜居水平不断提高。

【城市建成区违法建设专项治理】对20个设市城市建成区违法建设专项治理工作进行摸底调研，建立违法建设治理台账，认真落实月统计通报制度，对进度缓慢的地区进行通报。对新增违法建设"零容忍"，坚决做到发现一起，查处一起。累计查处存量违法建设2525.05万平方米，累计查处进度81.3%，超额完成年度治理目标近11个百分点。

城市建设

【城镇基础设施建设】着力抓好市政基础设施项目储备和调度，持续推进市政基础设施改造和建设，全区城镇基础设施建设完成投资约477亿元，市政基础设施指标进一步提高。

【城市地下综合管廊】截至12月，全区地下综合管廊建成廊体68.84公里，在建47.556公里。包头市、赤峰市、乌兰察布市等地区按照规划安排综合管廊建设项目。9月18日，住房城乡建设部组织对包头市管廊建设试点城市进行了绩效考核，包头市考核结果居第一批10个国家试点城市前列。

【海绵城市建设】召开内蒙古自治区海绵城市专项规划技术审查工作会，邀请住房城乡建设部推荐的专家协助自治区开展海绵城市专项规划技术性审查工作，在2017年审查的基础上，对乌兰察布市、鄂尔多斯市、满洲里市新编制成果进行了论证，对赤峰市、通辽市、乌兰浩特市、阿尔山市的修编成果进行了论证。截至12月底，全区共有呼和浩特市、呼伦贝尔市、包头市、赤峰市等13个设市城市完成了海绵城市专项规划草案的编制工作。

【风景名胜区发展】经各盟市推荐上报、项目初审和专家审查等程序，对巴丹吉林沙漠规划编制项目、阿尔山风景名胜区规划编制项目、锡盟正蓝旗金莲花风景名胜区规划编制项目、呼伦贝尔市鄂伦春旗达尔宾罗风景名胜区资源普查项目、赤峰市巴林右旗珠腊沁古榆树风景区资源普查项目和乌海市海南区图海山风景名胜区资源普查项目给予补助资金。

【黑臭水体治理】组成联合督查组，先后对呼和浩特市、赤峰市和包头市开展黑臭水体整治环境保护专项督查，通过审核资料、巡河检查、交换检查、群众举报、现场监测等方式对黑臭水体治理成效及督查发现问题整改情况完成新一轮自治区级督查。

呼和浩特市投资37.17亿元，通过污水处理厂提标改造、截污、雨污分流、管网建设、河道综合整治等工程建设，对辖区内7段黑臭水体实施了综合整治工程。2018年6月，国家专项督查通报内容显示，呼和浩特市7处黑臭水体整治工作已全部认定为完成，并且在督查期间无新发现的黑臭水体。

包头市统筹考虑城市水系治理、生态环境改善和建成区河道黑臭水体整治，通过采取控源截污、内源治理、生态修复、活水循环等措施，对全市河道进行升级改造。已彻底消除4处黑臭水体。

赤峰市累计投资1705.5万元实施黑臭水体整治工程，两条黑臭水体均基本具备竣工条件，正在开展收尾工作。

【园林城市复查和创建工作】组织园林城市（县城）复查（初审）评议专家组，历时两个月，分批次先后对呼和浩特市、包头市、鄂尔多斯市、通辽市、乌兰察布市、乌海市、扎兰屯市等7个2015年以前命名的国家园林城市进行了复查，同时对乌兰浩特市等7个自治区园林城市进行了复查，对阿拉善左旗、五原县、乌拉特后旗、喀喇沁旗、奈曼旗等5个旗县申报国家园林县城工作进行了初审考查，对磴口县、鄂温克旗、察右前旗、开鲁县等4个旗县申报自治区园林县城工作进行了实地考查。

城市管理

【城市精细化管理】推动出台了自治区城市精细

化管理实施意见和三年行动方案。在呼和浩特市开展了全区城市精细化管理试点。全区城市管理执法监管大数据平台已于年底建成。积极推动呼和浩特市全国城镇生活垃圾分类试点工作,在200个公共机构和53个小区开展了垃圾分类示范,同时在通辽市、赤峰市巴林右旗开展了全区城镇生活垃圾分类试点。贯彻城市设计理念,严格控制公用设施和大型建筑物等景观照明,扎实开展了城市出入口建设专项治理。城镇集中供热保障能力进一步提升。深入开展"厕所革命",积极推进"城市公厕云平台"上线使用。城市执法体制机制逐步理顺,职能交叉难题有效破解,执法队伍形象不断提升。加强违法建设治理,累计查处存量违法建设2525.05万平方米,超额完成年度治理目标。

村镇建设

【危房改造】按照脱贫攻坚"两不愁三保障"要求,扎实开展农村牧区危房改造工作,下达中央和自治区补助资金共计11.7亿元,率先在全国出台了危房改造地方标准《脱贫攻坚农村牧区危房改造管理规范》,精准实施农村牧区危房改造。截至年底,全区农村牧区"四类重点对象"危房改造开工6.02万户,开工率100%。其中,建档立卡贫困户危房开工2.95万户,竣工2.85万户,提前完成国家下达任务。

【人居环境治理】自治区投入1.08亿元专项资金在6个旗县开展农村牧区人居环境整治试点;投入8000万元专项资金支持农村牧区改厕及粪污治理试点;在4个旗县开展农村牧区生活垃圾分类减量资源化利用试点。开展了全区农村牧区非正规垃圾点清理整顿工作。举办了农村卫生厕所和污水处理设备展示会。锡林郭勒盟正蓝旗等地开展的牧区改厕试点工作,为全区提供了可复制可推广的经验。

【特色小镇及美丽宜居村镇建设】下达了1156万元小城镇建设奖励及村镇规划项目资金,共支持鄂尔多斯市鄂托克前旗城川镇、东胜区罕台镇2个特色小镇和锡林郭勒盟多伦县多伦镇、通辽市科左中旗花吐古拉镇、库伦旗库伦镇等3个历史文化名镇市政基础设施等民生项目。2018年10月23日,与自治区发改委联合印发《关于印发内蒙古自治区特色小镇高质量创建方案的通知》,明确了申报程序和材料要求,对创建工作提出了更高要求。

工程质量安全监管

【工程质量监督】严格落实工程质量终身责任,加强对五方责任主体的监督检查。发布并实施了《装配式混凝土建筑》《地下综合管廊工程设计施工及质量验收》等21部地方标准,修订完善了相关建筑工程计价标准和定额。加快推进工程质量管理标准化工作,开展全区工程质量执法检查工作。2018年获得国家优质工程"鲁班奖"4项,获得"草原杯"工程质量奖24项,自治区优质样板工程奖12项。

【安全生产】深入开展建筑施工安全专项治理行动,加大危大工程风险管控、隐患排查和执法督查力度,建筑施工安全监管信息平台试运行。申报国家施工安全标准化示范观摩工地15个,申报自治区安全标准化示范工地299个。2018年,全区房屋建筑和市政工程建筑施工安全事故起数和死亡人数同比分别下降16.7%和45%,实现双下降,建筑施工安全生产形势稳定。

建筑业

【建筑业转型升级】放宽建筑业企业资质准入条件,合理调整企业资质结构,鼓励企业拓展业务范围。制定了建筑业龙头企业评选办法,加大对骨干企业扶持力度。举办了全区第二届BIM技术应用大赛。申报自治区施工工法204项,自治区新技术应用示范工程30项。大力发展绿色建筑和超低能耗建筑,不断提升建筑节能发展水平,制定了自治区装配式建筑示范城市、示范基地和示范项目管理办法,稳步推进装配式建筑发展。组织召开"全区装配式建筑技术与政策研讨会",引导自治区建筑业企业学习借鉴先进地区经验,加快转型升级。2018年底,全区共有建筑业企业3900家,其中特级资质企业4家、一级资质企业172家、二级资质企业1287家。2018年,全区全社会建筑业预计完成产值5400亿元、实现增加值1300亿元。区内建筑业企业完成产值1040亿元。

【建筑工人工资支付保障】开展全区建筑市场、建筑工人工资支付监督检查,严厉查处违法发包、转包、挂靠、分包等行为。联合自治区人社厅等7部门出台了《自治区建筑工人实名制和工资支付管理办法》,完善了建筑工人工资保证金管理制度,实施了建筑工人实名制和工资分账管理。"自治区建筑业从业人员实名制管理服务信息平台"上线运行,实现施工现场人员"五清"目标。

勘察设计

【施工图审查】积极推进施工图审查信用体系建

设，建立优胜劣汰的动态考核机制，积极推进全区施工图数字化审查工作。印发《关于推进施工图审查机构脱钩转制工作的通知》，要求各施工图审查机构2019年6月底前完成脱钩转制工作。

【勘察设计】完成勘察设计资质审批工作。印发《关于开展工程勘察设计质量安全管理标准化工作的通知》，对全区勘察设计质量安全标准化工作作出了统一安排。

【抗震防灾】印发《转发关于做好2018年防灾减灾日有关工作的通知》，组织开展对在建重大房屋建筑工程和大型市政公用设施的抗震设防程序性检查、对减隔震工程的专项检查，要求各盟市严格执行超限高层抗震设防专项审查制度，强化市政公用设施抗震设防专项论证，进一步提高住房和城乡建设领域抗震设防监管水平。组织完成内蒙古艺术学院图书馆、呼和浩特市振华购物中心1、2、3号楼及商场等项目的超限审查工作。

【工程建设地方标准编制】积极组织有关单位和技术人员适时编制适合自治区实际情况并符合国家现行标准规范和产业政策的工程建设地方标准，保障全区建设工程质量和技术水平整体提高。2018年，批准发布实施《市政基础设施工程资料管理规程》《市政桥梁装配式混凝土结构施工及质量验收规程》《装配式木结构建筑技术导则》《木结构构件图集》《装配式混凝土建筑技术导则》等18个地方标准。

建筑节能与科技

《自治区民用建筑节能条例》已经自治区第十三届人大常委会第十次会议审议，出台《自治区促进新型墙体材料发展办法》。新建建筑节能强制性标准设计阶段执行率达到100%，施工阶段执行率达到98%。2018年，自治区投入资金3亿元，实施既有居住建筑节能改造338.8万平方米。全区建筑节能水平不断提高，绿色建筑不断发展，绿色建材应用不断推广。

人事教育

【干部队伍建设】坚持新时期好干部标准，严格落实"凡提四必"要求，防止干部"带病提拔"。制定了《关于适应新时代要求大力发现培养选拔优秀年轻干部的实施方案》，建立优秀年轻干部的发现、培养、选拔、监督机制。制定了《关于建立容错纠错机制激励干部改革创新干事创业的实施办法（试行）》，激励广大干部干事创业、担当作为。结合实际修订了《厅系统处级干部轮岗交流办法》并在选拔调整干部中认真落实。按时完成了厅系统领导干部个人有关事项报告的随机抽查和重点抽查工作。

【教育培训】印发《内蒙古自治区住房和城乡建设事业人才发展三年行动计划（2018—2020年）》《自治区住房和城乡建设厅2018年度干部教育培训计划》，提升干部教育培训制度化和规范化水平。在上海市成功举办了2期盟市旗县领导干部专题研讨班。在北京建筑大学举办了3期专业技术人员培训班。认真落实"双休日"干部讲座培训，按照分配指标全部完成培训任务。厅机关公务员实现了网络在线学习全覆盖。严格落实培训学时制管理和登记制度。做好离退休干部工作，加强了离退休干部"三项建设"，编印了《离退休干部政治政论知识学习重点》，厅党组听取了离退休干部工作专题汇报并开展了实地调研。

大事记

1月

19日 全区住房城乡建设工作会议在呼和浩特市召开。自治区政府副主席王波出席会议并讲话，自治区住房和城乡建设厅厅长魏国楠作工作报告。

3月

31日 内蒙古自治区第十三届人民代表大会常务委员会第二次会议通过，任命冯任飞为自治区住房和城乡建设厅厅长。

4月

8—14日 全区推进城市执法体制改革、改进城市管理工作专题培训班在上海交通大学举办。

6月

11日 自治区住房和城乡建设厅组织召开《关于解决城镇国有土地上房屋建设、权属登记等历史遗留问题的意见》听证会。

7月

17日 自治区住房和城乡建设厅联合自治区人力资源和社会保障厅、高级人民法院、公安厅、通信管理局、自治区总工会、中国人民银行呼和浩特市中心支行等七个部门印发了《内蒙古自治区建筑工人实名制和工资支付管理办法》。标志着内蒙古自治区建设工程领域施工现场有关从业人员、工资支付、各项保障性制度的建立、企业诚信管理、治欠保支的动态监管即将进入全新的信息化管理时代。

19日 全区历史文化街区创建、历史建筑保护与利用暨全区生态修复城市修补工作现场会在阿拉善盟阿左旗召开。

8月

10日 自治区住房和城乡建设厅发布内蒙古自治区工程建设地方标准《脱贫攻坚在牧区危房改造管理规范》，明确自治区农村牧区危房识别、危房改造对象认定、改造方式、工程管理、竣工验收、绩效评价等内容，精准指导自治区农村牧区建档立卡贫困户、低保户、农村分散供养特困人员和贫困残疾人家族等四类重点对象危房改造工作。

17日 自治区住房和城乡建设厅在鄂尔多斯市举办了"第三届内蒙古自治区物业管理服务技能大赛"，全区共有28名选手参加比赛。

28日 全区房地产市场调控和棚改工作推进会在呼和浩特市召开。

9月

是月 自治区住房和城乡建设厅会同自治区学委农牧办、农牧业厅、环保厅组成督导组，深入锡林郭勒盟正蓝旗就农村牧区厕所革命和人居环境整治试点工作进行督导调研。

18日 中国技能大赛暨全国第六届职工职业技能大赛砌筑工决赛在河南郑州隆重开赛，自治区选派的三名选手均取得了优异成绩，并为自治区代表队争得团体第7名的荣誉。

18日 自治区住房和城乡建设厅在呼和浩特市组织召开了巴丹吉林沙漠申遗文本（中英文）论证会。来自国内外的9名专家对巴丹吉林沙漠申遗文体进行论证评审。

25日 自治区人民政府办公厅印发《内蒙古自治区推进城市精细化管理实施意见》。

27日 自治区人民政府副主席包钢一行深入自治区住房和城乡建设厅调研指导工作。

29日 自治区人民政府办公厅印发《内蒙古自治区推进城市精细化管理三年行动方案（2018—2020年）》。

11月

24日 自治区住房和城乡建设厅开展历时6个月的全区住房和城乡建设领域规范行政处罚督查专项行动。

12月

2日 自治区住房和城乡建设厅主办、内蒙古法制培训中心承办的全区城市管理执法科级干部业务培训班开班，共五期历时一个多月，全区共842名城市管理执法科级干部参加学习培训。

4日 自治区住房和城乡建设厅召开了全区住建领域优化营商环境促进高质量发展座谈会，邀请了22家房地产开发、建筑施工、勘察设计、施工监理、市政设施运营企业和行业协会代表就《内蒙古自治区工程建设项目审批制度改革工作实施方案（讨论稿）》、住建领域优化营商环境以及推动高质量发展的意见建议进行座谈。

24日 自治区住房和城乡建设厅组织召开全区建筑工人实名制和工资支付管理工作推进暨实名制信息平台操作人员培训会议。

（内蒙古自治区住房和城乡建设厅）

辽 宁 省

概况

2018年，全省住建系统认真贯彻落实省委、省政府的工作部署，担当作为，锐意进取，着力保持房地产市场健康发展，着力抓好城市污染治理，着力整治农村人居环境，着力优化住建系统营商环境，着力推动建筑业发展，着力提升城市生活品质，着力全面加强党的建设，各项工作取得了显著成效，为全省经济社会发展作出了重要贡献。

建筑产业

【规范建筑市场管理】 继续落实住房城乡建设部工程质量治理两年行动精神，打击发包与承包违法行为。2018年，全省共查处建筑市场违法违规问题265项，其中违法发包40项，转包7项，违法分包6项，挂靠3项，超资质施工、项目经理不履职等其他行为209项；涉及建设单位40家，施工单位202家，各类人员119人；共处罚金799.1万元，其中对建设和施工单位处罚764.7万元，对个人处罚34.4万元。

【完善招投标管理】2018年，原招投标系统被分拆为监管、服务、交易三个平台，交易平台实行市场化运作，制定和完善了新平台的技术规范标准，构建了交易、服务、监督三个平台功能互补、互联互通的电子招标体系和以大数据监管为基础的服务和监督体系。明确招标文件收费实行市场调节价，与物价部门联合取消电子招标文件收费，降低招投标成本。开展招投标三年专项整治行动，着重整治有法不依、有章不循、监管不力、职责不清、围标串标、恶意中标、评审流于形式、专家不公正客观等问题。

【加强监理行业管理】资质结构不断优化，全省共有监理企业321家，其中综合资质4家，甲级资质137家。在工程建设审批流程中取消监理合同备案。推动监理行业转型创新，贯彻住房城乡建设部《关于促进工程监理行业转型升级创新发展的意见》，推动监理企业依法履责、创新服务模式。

【绿色建筑】截至年底，全省累计建设绿色建筑面积3937.89万平方米，新增绿色建筑面积2155.56万平方米。开展绿色建筑立法工作，11月28日，经省十三届人大常委会第七次会议审议通过《辽宁省绿色建筑条例》，于2019年2月1日起正式实施，填补了省内绿色建筑立法方面的空白。完善技术标准保障，新立项绿色建筑施工验收、海绵城市等地方标准30项，审批发布标准5项。强化节能强制性标准的执行情况监督检查，抽查检测机构70家，下发整改通知单64份。开展宣传和培训，举办绿色节能宣传周活动，组织开展了建筑节能75%设计标准和绿色建筑评价标准培训。

【建筑节能】全省居住建筑和公共建筑在全面执行65%的节能设计标准基础上，编制发布了居住建筑75%节能设计标准，新建建筑节能水平进一步提高。稳步推进可再生能源建筑应用，组织对可再生示范市县和项目进行验收。利用建筑能耗监测平台提高既有公共建筑运行能效水平，全省共监测公共建筑136栋。

【建设科技】积极开展新型绿色建材推广应用工作，共推广工程新技术、新产品企业39家，推广技术产品52项，评估先进技术和产品12项。

住房保障

【概况】2018年，国家下达给辽宁省棚户区改造新开工任务是62729套，基本建成任务39587套；下达给辽宁省公租房分配任务是：2018年底前，列入国家计划的政府投资公租房（159554）的分配要完成90%以上。截至12月31日，辽宁省各类棚户区改造已开工63414套，完成全年任务的101%；基本建成69036套，完成全年任务的174.4%；列入国家计划的政府投资公租房已分配149877套，分配比例为94%。国家下达的棚改和保障性安居工程任务全面完成。

【层层分解下达任务】以省保障性安居工程领导小组名义与各市政府签订《辽宁省2018年住房保障工作目标责任书》，将国家下达的棚改任务分解到各市，内容包括棚改新开工、基本建成任务和严把棚户区界定标准，科学制定征收方案，合理确定补偿标准，优先安排城市危房（C、D级）等重点棚户区改造，确保完成国家确定的棚改三年攻坚任务，建立棚改举债融资"偿旧控新"机制，加强工程建设管理，履行基本建设程序，保证工程质量安全，加快配套基础设施建设，推进棚改安置住房和公租房按期竣工交付、及时分配入住，要严格按照国家规定的统计口径上报相关数据，严禁虚报等工作要求。

【加强住房保障能力】以省保障性安居工程领导小组办公室名义下发《关于实施精准保障、切实增强住房困难面广行业职工获得感的通知》，要求各地在确保城市低保、低收入住房困难家庭应保尽保，各类特殊困难家庭保障有序的同时，优先或确定一定数量的公租房，面向符合条件的环卫工人、公交司机或其他住房困难职工较多行业的用人单位集中定向配租。下发《关于进一步加强住房保障能力建设的通知》，要求各地做好保障政策评估，并在科学评估保障能力和测算保障需求的基础上，制定本地区住房保障能力建设规划，不断加强保障能力建设，提升住房保障能力。

【集中整治突出问题】省保障性安居工程领导小组办公室出台《全省保障性安居工程领域重点难点问题集中督办工作方案》，推动重点信访案件限时办结，督促棚改安置房早日交付使用，重难点问题得到破解。出台《关于着力解决棚户区改造中群众诉求强烈问题的有关意见》，要求各地对群众诉求及时发现，迅速处理，做到件件有落实、事事有回应。

【补齐早期棚改小区维修改造短板】按照省委陈求发书记、唐一军省长、陈绿平副省长的批示和部署，省住建厅会同省发改委、财政厅积极争取国家补助资金，陈绿平副省长、省住建厅领导多次带队深入棚改小区调研、督导，召开会议安排部署，指导各地做好相关工作。截至12月底，20亿元国家补助资金已经落实到位，部分维修改造项目已经开工，小区面貌发生较大变化。这次维修改造共涉及早期棚改小区房屋28.05万套，共100个小区、3848栋居民住宅楼，维修改造后将惠及70多万早期棚改小区居民。

城市建设

【市政交通建设】印发《关于加强城市道路承载力和停车设施建设有效治理城市交通拥堵的通知》，将全省道路和停车场建设任务纳入省政府考核，并建立全省市政基础设施建设项目库。与公安厅、文明办、交通厅联合印发《辽宁省城市道路交通文明畅通提升行动计划》，指导各地优化路网结构，提升道路承载能力，为交通出行畅通提供基础条件。联合公安厅、交通厅印发《关于加强城市交通基础设施建设缓解城市交通拥堵的指导意见》，指导各市加大建设力度和投入，补齐短板，切实提高城市道路交通运行整体效率。印发《关于加强城市桥梁安全运行管理工作的通知》，进一步落实城市道路桥梁的养护管理责任，完善城市桥梁养护的检测维护制度，推进城市危桥加固改造，保证桥梁在安全受控下运行。开展全省城市桥梁安全防护设施安全隐患排查，摸清全省城市桥梁底数，提高城市桥梁车辆通行的安全防护水平。推进城市轨道交通建设，加快推进沈阳市地铁9号、10号、4号线，大连市地铁2号线北段、4号、5号、13号线建设。出台《辽宁省市政设施、道路、绿地、园林损坏补偿收入管理办法》，规范了市政等设施损坏补偿费的征收、使用和管理。

【环卫设施建设】召开生活垃圾焚烧处理工作座谈会，主要领导带队调研垃圾焚烧项目，组织专家现场指导项目建设。截至年末，全省建成并运行城市生活垃圾处理设施64座，其中焚烧发电厂3座。试运行焚烧发电厂1座，建成调试焚烧厂1座，在建焚烧厂4座，试运行及在建项目总处理能力10500吨/日。按照省政府出台的城乡垃圾分类四年滚动计划实施方案，积极推进城市生活垃圾分类工作，召开全省推进生活垃圾分类暨生活垃圾处理工作现场会，通报城市生活垃圾处理和生活垃圾分类工作推进情况，开展生活垃圾分类试点地区实地督导工作。全省累计开展城市生活垃圾分类居民小区1469个，公共机构2799个，相关企业4111个。指导各市做好餐厨垃圾收运和处理工作，防止非洲猪瘟疫情传播。

【厕所革命】辽宁省人民政府出台《辽宁省推进"厕所革命"实施方案（2018—2020年）》。8月8日，省政府召开全省农村人民环境整治及"厕所革命"工作会议，对推进"厕所革命"作出工作部署。从城镇公厕建设、提升旅游厕所品质和抓好农村户厕改造三个方面指导各地推进"厕所革命"，逐步实现公厕均衡化分布。全年全省城市公厕完成新建改造1115座，完成新增内厕开放1188座；乡镇公厕完成新建改造1709座，新增内厕开放1161座；农村改厕完成15.6万座；旅游厕所完成1147座。

【城市园林绿化】巩固国家园林城市成果。成立省专家组对沈阳市、大连市、鞍山市、本溪市、丹东市、铁岭市、葫芦岛市、调兵山市和开原市等9个国家级园林城市开展复查工作，进一步提升城市园林绿化品质。继续推进全省城市裸露土地绿化覆盖工程，防治大气扬尘污染，全年全省完成裸露土地绿化覆盖840公顷。落实《住房城乡建设部办公厅关于做好取消城市园林绿化企业资质核准行政许可事项相关工作的通知》精神，要求保证园林绿化工程质量及城市园林绿化企业公平竞争，进一步巩固优化营商环境成果。

村镇建设

【农村人居环境整治】制定农村人居环境整治三年工作方案，全面启动农村人居环境整治工作，中央农办对全省予以充分肯定和高度评价。抚顺市推广"户分类、户处理、不出院、零填埋"垃圾分类处置模式。盘锦市通过购买服务的形式实施环卫体制改革，实行全域城乡环卫一体化。海城市和盘山县积极推动国家试点工作。

【特色乡镇】完成53个特色乡镇规划编制，开展第二批全省特色乡镇建设评估。开工建设特色乡镇项目361个，完成投资315.2亿元。沈阳市利用市级奖补资金加大基础设施投入。鞍山市依托工业体系、商贸市场和现代农业种植技术，开展特色乡镇培育工作。盘锦市坚持因地制宜、一镇一策，培育一批产城融合发展的特色乡镇。

【农村危房改造】争取补助资金4.01亿元，开工3.05万户，圆满完成国家任务。全省结合实际出台细化农村危房改造房屋面积标准，满足了贫困群众对美好生活的需要。大连市加大力度，对D级危房每户增加4万元补助资金。朝阳市完成8072户危房改造，超额完成年度任务。

勘察设计

【推进BIM技术应用】转发了《住房城乡建设部办公厅关于印发城市轨道交通工程BIM应用指南的通知》，扩大了BIM技术的覆盖面。指导协助省建筑信息化联盟发挥作用，引导产业链上下游相结合，以及设计与产业生产相结合，进而推动BIM技术的应用，提高工程质量和施工效率，降低工程造价。

【勘察设计单位和人员五方主体责任落实】执行施工图设计文件签字盖章人员实名制管理，明确要求施工图设计文件上签字盖章的所有人员必须是本企业的正式人员，且完整、真实的信息在勘察设计管理信息库中可查，日后的优秀勘察设计评选、质量安全责任追究、企业和人员业绩核查等，都以实名制管理记录的信息为准。

【施工图设计文件审查信息化管理】根据"放管服"改革和优化营商环境的要求，通过深入基层调研，认真研究工程建设流程，以主动服务为目的，通过完善信息化管理系统，取消了勘察设计项目合同备案，实现了施工图审查合格书二维码网上即时备案，减少了企业跑腿办理红章备案的环节。

【无障碍设施建设管理】印发《关于加强无障碍设施建设管理的通知》，明确主要任务，提出了相关措施和要求，进一步推进了全省无障碍环境建设，提升了城乡无障碍设施建设管理水平。

【超限高层建筑工程抗震专项审查】加强对超限高层建筑工程抗震设防的管理，充实审查专家，规范审查程序。截至6月30日，"十三五"期间省住建厅组织专家完成了沈阳中国医科大学附属盛京医院雍森医院一期1号楼（医院主楼）、东港区I04地块项目—I04-9、I04-10号楼、大连市东港区C05地块、大连市东港区B20地块项目（碧桂园·达沃斯广场）5号楼等12项工程项目的超限高层建筑工程抗震设防专项审查，并及时将专项审查中出现的各种问题反馈给相关单位，帮助指导其改进完善，提高了工程设计单位抗震设防的设计水平。

【城市抗震防灾规划】全省共有沈阳、本溪、丹东、阜新、葫芦岛5个市完成了城市抗震防灾规划编制，共有203个中心避难场所、221个固定避难场所、121个紧急避难场所，累计建成减隔震房屋建筑工程22个。

房地产业

【住房租赁市场】全省租赁住房供应5.67万套，占年度计划的176%。各市均已搭建开通租赁住房信息服务平台。沈阳市住房租赁实行网格化管理。沈阳市成立2家国有住房租赁企业，大连、鞍山、抚顺、本溪、丹东、朝阳等市各成立1家住房租赁企业。大连市全面推行住房租赁合同网上签约备案，租赁平台具有居住证"一站式"办理功能，并实现与公安、教育、住房保障、不动产登记等部门资源共享。

【县城去库存】全省县城商品住宅去化周期16.6个月，较年初缩短4.8个月，各市县城去化周期均实现调整到22个月以下的年度目标。各地鼓励农民进城购房置业，支持居民自住和改善型住房需求，实行差异化供地政策，完善交通和公共服务设施，全年召开县城房交会39场。大连、锦州、营口、阜新、辽阳、铁岭、朝阳7个市去化效果明显。

工程质量安全监管

【概况】2018年，全省共监督房屋建筑工程29776项，建筑面积24168万平方米，完成建筑业产值3528亿元，全省工程项目地基基础、主体结构和使用安全得到有效保证，工程质量始终保持平稳可控状态。

【责任落实】进一步强化全省建筑行业安全生产考核工作，将安全生产指标要求、重点工作纳入年度考核，对14个市住房城乡建设主管部门下达目标管理考核责任书。2018年度，沈阳市建委等5个单位及所属建筑安全管理机构为全省建筑行业安全生产工作目标管理考核优秀单位，本溪市住建委等7个单位及所属建筑安全管理机构为良好单位，鞍山住建委等2个单位及所属建筑安全管理机构为合格单位。

【信息化建设】全省建筑安全监督管理信息系统已经覆盖了14个市和近万家建筑施工企业，企业安全生产许可证、企业安全生产标准化考核工作实现电子化管理，为有效监管提供了技术保障。同时，进一步优化建筑施工许可审批流程。实现资质申请和安全许可证同步办理，提高了工作效率。沈阳市利用信息技术提高管控水平，将地铁、管廊和市政项目纳入"沈阳市智慧安监大数据平台"；大连市完成"工程建设项目联合审批平台"建设和"建设市场综合管理平台"升级改版工作，提高了质量安全监管工作实效；抚顺市推进不良信用制度，对建筑施工项目经理质量安全违法违规行为实施记分管理，增强企业诚信意识；大连、鞍山、本溪、丹东、营口、阜新等市积极推广施工现场远程视频监控系统的试点工作；沈阳、大连、本溪、丹东、阜新、葫芦岛等市开通了短信群发预警平台，及时发送气象和安全预警信息。

【持续开展工程质量安全提升行动】扎实推进质量安全提升行动。4月2日，召开全省住建系统质量安全电视电话会议，部署全年工作；7月16日，召开汛期安全生产电视电话会议，要求各地在汛期开展"十防"工作；8月31日，省政府组织召开全省住建系统安全生产工作会议,陈绿平副省长参加会议并讲话,部署全省安全生产工作;11月1日召开全省工程质量安全工作会议,分析研判全省建筑安全生产形势,部署下一步质量安全工作。针对薄弱环节加强管理。印发《关于加强对全省各类开发区(园区)建设项目工程质量安全监督管理的通知》,为各地强化对各类开发区(园区)建设项目工程质量安全监督管理提供政策支持。加强装配式建筑质量安全管理。针对混凝土装配式建筑大发展快发展的实际,出台《辽宁省装配式混凝土结构建筑施工质量管理办法》和《辽宁省装配式混凝土结构建筑施工安全管理办法》,指导各地加强装配式建筑质量安全监管。开展违规海砂专项治理行动。专项治理期间,开展检查502次,涉及预拌混凝土企业366家,工程项目1489个,建筑面积4495.75万平方米。其中:省级主管部门开展督查1次,涉及预拌混凝土企业32家、工程项目32个、建筑面积96.62万平方米。将质量安全手册纳入质量安全执法检查,积极推广工程质量安全手册。全面落实"两书一牌"制度。2018年,全省新开工项目两书签署率100%。

【建筑施工安全专项治理行动】开展住建系统安全生产督查工作,狠抓责任落实,确保全国两会期间住建系统安全生产形势平稳,未发生生产安全事故。下发《关于2018年全国"两会"期间全省住建系统安全生产检查情况的通报》,督促各地进行整改问题和隐患;印发《全省建筑施工安全专项治理行动方案》,部署全省建筑施工安全专项治理行动;开展建筑施工安全专项治理行动督查和"回头看",层层压实责任,有效整改问题和隐患;部署全省房地产企业落实安全责任专项检查。针对各类为违法违规行为,各级住房城乡建设部门进行了处罚,处罚企业26家,罚款金额达到197.84万元,责令项目停工整改125处。

【文明施工】全省文明施工管理水平明显提升。全省住建系统积极推进建筑施工现场文明施工"六个百分百",为推进全省"蓝天工程",打好污染防治攻坚战作出贡献,文明施工水平明显提升,文明施工成为企业自觉行为。大连市开展专项治理,市区两级累计出动监督人员1087人次,发现扬尘问题502条,全部得到治理,扬尘管控基本达到"六个百分百";鞍山市推进施工扬尘诚信评价体系建设,对施工现场扬尘违法行为实行联合惩戒;丹东市全面实施安全生产、扬尘污染防治相结合的"两位一体"监督管理模式;锦州市建立了建筑施工现场扬尘治理任务清单,采取逐一销号方法落实扬尘治理责任;营口市健全视频监控系统,实现对建筑施工现场扬尘污染全天候监控,主城区在施项目全部安装视频监控并联网;阜新市通过新建施工围挡、道路硬化、长期裸露路面临时绿化等措施管控扬尘;盘锦市重新修订《建筑施工应对重污染天气应急预案》,内容更有针对性和可操作性;葫芦岛市制定《2018年度施工现场扬尘污染防治工作计划》,强化源头管控,实行监管责任到人。

【教育培训】印发《集中开展建筑施工企业和城镇燃气企业安全生产专题培训工作方案》,对全省建筑施工企业和燃气企业法人进行安全生产知识和管理能力考试,其中,建筑施工企业应考人数6213人,实考人数5116人,缺考1097人,考试合格4818人,不合格298人,合格率94%。组织举办"安全生产月""安全生产辽沈行"、安全生产"七进"等宣传教育活动,在全社会营造安全生产浓厚氛围。2018年,组织安全生产知识考试60余次,为5万余名安管人员核发安全考核合格证书。沈阳市开通了"市建委安全课堂",坚持每天一课,定时将安全知识、大检查有关要求等发至各县区安全监督负责人、施工现场项目经理和监理负责人;大连市开展安全培训进现场活动,先后在30个现场组织安全培训,培训一线作业人员近4000人,发放安全生产月宣传材料2000余份。本溪市组织文明施工观摩会,学习先进施工管理经验;锦州市组织开展安全技术免费培训进企业活动;营口市举办"行为安全之星"活动,表彰奖励安全生产工作成绩突出人员,以正向激励引导工人抛弃不良安全行为习惯。铁岭市编写《建筑施工重大危险源控制清单》《建筑施工现场设备设施装置安全设置标准》等书籍,对现场作业人员免费发放,增强了风险抵御能力。

(辽宁省住房和城乡建设厅)

吉 林 省

概况

吉林省住房和城乡建设厅，是管理全省住房和城乡建设事业的职能部门，主要负责全省住房城乡建设行业方针政策的贯彻落实和业务工作的指导监督，具体职能：指导监督以城市综合承载能力不断提高为目标的城市建设、以农村人居环境改善和水库移民为核心的村镇建设、以房屋建筑和市政工程为重点的工程建设；主要包括三个行业，即以勘察、设计、施工、监理、造价、咨询、招标代理、施工图审查、建设工程质量检测、建设标准等为主体的建筑业，以房地产开发、住房建设、房屋权属登记交易、房屋租赁、房地产估价与经纪、物业管理、房屋征收等为重点的房地产业，以供水、排水、燃气、热力、城市道路桥梁、园林绿化、市容环卫、污水垃圾处理等为重点的市政公用事业。

法规建设

【建设立法】完成《省物业条例》《省国有土地上房屋征收与补偿管理办法》草案调研、起草和前期论证。修订《省燃气管理条例》《省民用建筑节能与发展新型墙体材料条例》《省促进散装水泥和预拌混凝土、预拌砂浆发展办法》部分条款，省人大审议已通过并颁布实施。协调省人大、司法厅进行《吉林省城市地下综合管廊管理条例》《省城市管理执法办法》论证、审核工作，现均已暂缓。

【"放管服"改革】制发《吉林省住房和城乡建设厅权力下沉集成服务改革实施方案》，规定完成各项改革任务的责任处室和时间表；完成行政职权清理工作。共取消行政职权（含行政处罚权）247项，下放6项，保留49项，现已通过省政府官网向社会公开；完成权责清单汇总公示。

【行政复议和行政应诉】全年共办理建设行业行政复议案件12件，其中受理10件，出告知书1件，被复议至住房城乡建设部1件。依法受理的10件行政复议案件包括驳回复议申请1件，维持原具体行政行为5件，撤销原具体行政行为2件，责令重新做出具体行政行为1件，确认违法1件。共办理行政诉讼案件12件，全部胜诉。

【合法性审查】按照吉林省规范性文件制定办法要求，制定厅规范性文件合法性审查申请表，印发《关于加强规范性文件备案程序的通知》，明确了合法性审查和备案的程序和工作责任。截至年底，共审查规范性文件5件，提出合法性审查意见30余条，受理省人大、省法制办及各省直部门的立法协调件87件。

【公平竞争审查】3月，出台《吉林省住房和城乡建设厅开展清理现行排除限制竞争政策措施工作方案》，对现行规章、规范性文件和其他政策措施中含有限制竞争的内容进行清理，清理以省政府和省政府办公厅印发的文件43件，厅发文件126件。

【普法宣传】4月，召开规范性文件知识讲座，7月，举办宪法宣讲学习，机关全体公务员、事业单位全体干部近100人余人参加了学习。邀请吉林大学李海平教授进行授课，重点讲授了宪法历史沿革，新时期修订宪法的重大意义，依宪治国是依法治国的重要保证等。

房地产业

【房地产市场调控】全面贯彻落实中央对房地产市场提出的调控目标不动摇，力度不放松的各项决策部署，下发《关于进一步做好房地产市场调控工作有关问题的通知》《关于做好2018年全省房地产用地管理与调控工作的通知》等文件。召开全省房地产市场调控专题会议，省政府组织召开全省房地产市场调控专题会议，督促各地围绕房价上涨过快、商品住房去化周期过长、房地产项目"烂尾"等问题，做好风险防范化解工作，研究制定配套政策措施，确保全省房地产市场平稳健康发展。

【房地产市场运行】2018年，全省房地产开发投资完成1175.9亿元，同比增长29.2%，高于全国平均增速19.7个百分点，增速居全国第2位。商品房销售面积2074.5万平方米，同比增长10%，高于全国平均增速8.7个百分点，增速居全国第5位。二手房交易量1981.9万平方米，同比增长10.1%，全省房地产市场保持平稳运行态势。

【完善省级住房制度】为全面贯彻落实中央构建房地产市场健康发展长效机制的决策部署，省政府研究起草了建立健全城镇住房制度的若干意见，若干意见先后征求18个省直相关部门、7个城市政府的意见。3次赴住房城乡建设部、发展改革委、中国房地产业协会等部门进行科学论证。多次组织召开各地房地产行业管理部门、房地产企业等座谈会，多方听取意见和建议。提出了符合省情的20条配套政策措施。

【房地产市场秩序整治】省直8个部门制定了全省治理房地产市场乱象专项行动具体工作方案，围绕投机炒房、虚假广告、房地产开发企业和中介机构违法违规行为等方面开展专项整治。全省共检查房地产企业625家，发现问题企业111家，行政处罚4家、责令限期整改107家；抽查房地产估价机构报告219份，下达整改通知6份。

【梳理烂尾等房地产项目】在全省范围内开展房地产项目烂尾等房地产领域矛盾纠纷排查梳理，对全省83个问题项目逐一建立台账，研究制定风险化解工作方案和应急预案，明确风险化解责任、完成时限、整改措施，防范房地产市场风险。

【住房租赁】推动长春市住房租赁市场发展。指导长春市结合实际确定了政府购买服务、开发企业自持物业出租、专营公司运作、新设立租赁公司等四种模式。截至12月31日，长春市已经筹集租赁住房近5000套。会同省建行研究租赁平台系统建设方案，加快住房租赁服务平台建设，专程赴武汉市学习考察平台建设情况。目前，全省9个地级城市的住房租赁监管服务平台上线运行。

【物业管理】全面开展物业立法调研工作。结合吉林实际，重点围绕建立健全物业管理工作体制机制、实现政府执法部门进小区、加强业主大全和业主委员会建设、强化物业服务企业监管、提高物业维修资金使用效率、行业诚信体系建设等方面出台《吉林省物业管理条例》。会同省总工会举办"吉林省第二届物业管理行业职业技能竞赛"。举办物业行业培训班，对管理部门、物业项目负责人进行集中培训。开展物业管理项目达标考评活动，授予37个物业管理项目优秀示范称号。

【房屋交易管理】推进房地产交易合同网签建设工作，召开全省网签系统建设推进会，明确网签系统建设任务要求。全省有41个市县实现商品房交易合同网签备案、28个市县实现二手房交易合同网签备案；加强房屋交易管理。下发《关于加强房屋交易管理的通知》，要求各地在不改变各职能机构管理体制的前提下，实现交易、税收、登记业务一个窗口受理、并联审批，严格落实房屋交易职能，推进与税务部门网签备案信息共享；制定《吉林省房地产交易合同网签备案信息实时共享整改工作实施方案》，确保实现数据信息时时共享。

【老旧小区整治】印发《吉林省城市老旧小区整治提升实施方案》和《吉林省城市老旧小区整治提升技术导则》，下发《关于报送老旧小区整治提升项目库及2018、2019年度建设计划的通知》和《关于实施老旧小区整治提升工作月调度的通知》，召开了全省老旧小区整治提升暨海绵城市现场会，学习白城市老旧小区做法，交流先行城市经验，部署全省老旧小区整治工作。全省有41个城市（含长春双阳区和白山江源区）制定了建设计划。2018年，全省共有老旧小区建筑面积9100万平方米，完成整治老旧小区建筑面积1553万平方米。通过绿化改造，停车位改造，小区道路改造、上下水和强弱电架空线路改造等使老旧小区，实现了华丽转身，群众满意度剧增。

【房屋征收】全年完成征收（拆迁）4.96万户，全年申请法院强制执行362户，法院裁定281户，实际执行155户。

【房屋征收立法】完成了立法调研和起草工作，形成《吉林省国有土地上房屋征收与补偿办法（草案）》，在4个方面、25个环节进行了细化，提出了支持政策。《办法（草案）》全面征求了省直相关部门、各市县政府及社会公众的修改意见，组织省内法律、评估专家进行了研讨论证，完成了的社会稳定风险评估，配合省司法厅完成了省内及省外立法调研。

【房屋征收政策】印发《关于做好2018年国有土地上房屋征收与补偿有关工作的通知》，明确工作思路、重点任务及工作要求。制定《吉林省解决城市棚户区改造逾期未安置问题工作方案》、《关于解决城市棚户区改造逾期未安置问题的指导意见》等政策文件10余件。

【房屋征收机制】推行提前启动机制。为确保棚改项目按时开工，推动各地提前谋划实施房屋征收。打破冬季不征收的惯例，开展房屋征收冬春攻坚，实现早启动、早实施。实施调度通报机制。每月5日前，各地报送房屋征收进展情况，并排名通报各地政府，对进展缓慢的进行一对一调度。完善经验交流机制。房屋征收需要各地交流经验，需要在摸索实践中解决问题。积极推广梅河口、辉南等地冬春攻坚、司法强迁的经验做法，供各地学习借鉴。

【房屋征收信息化】 建立房屋征收信息系统，促进地方实现网上签约、网上审批、全程公开信息。第一批应用市县已全部完成应用测试，蛟河市、洮南市、梨树县、长白山管委会等地取得了良好效果，蛟河市已使用系统进行网上签约965户。

【房屋征收培训】 组织全省350余名征收业务骨干进行集中培训，邀请省高法的高级法官对房屋征收案件审理原则及典型案例进行分析讲解。各地自行开展培训，长春市、吉林市等进行了相关培训。

【公有住房出售和住房补贴发放】 公有住房出售，截至年底，全省可统计的已售公有住房约1380.2万套，7973.46万平方米，占比81.13%，可统计的未售公有住房约33.136万套，1854.71万平方米，占比18.87%；住房补贴发放，全省住房补贴发放约67.52亿元，发放人数22.38万人。

【公有住房改革调研】 完成"吉林省公有住房调查分析与住房改革策略研究"课题。通过座谈、深度访谈、专家咨询及统计分析等多种方法对吉林省公有住房基本现状进行全面调查与分析，揭示公有住房未售的现实问题及住房补贴发放不平衡的原因，分析问题产生的根源，从政策层面研究制定解决问题的策略。调取各地商品房均价信息，为易地干部调动计算住房补贴提供数据支持。

住房保障

【基本任务】 2018年，全省计划改造各类棚户区9.52万套。其中：城市棚户区9.12万套、国有工矿棚户区0.35万套、国有垦区危房0.05万套。截至年底，全省各类棚户区已开工9.57万套，完成年度计划的100.5%；计划基本建成4.79万套，已完成7.79万套，完成年度计划的162.6%；计划完成投资180.00亿元，实际完成投资203.7亿元，完成年度计划的113.2%。计划基本建成13.1万户，已发放13.13万户，完成计划的100.2%。全年各项目标任务提前超额完成。

【棚改施策】 省政府于4月份召开全省棚户区改造工作视频会议，层层签订目标责任书；省安居办下发《关于加快推进棚户区改造工作的通知》，安排部署全年工作；着重抓好项目落地、房屋征收、资金筹集、开工建设、解决棚改逾期未安置等关键环节；对改造规模超过2000套的20个市县、开工进度慢的7个市县，进行分类指导。

【棚改资金保障】 全年争取国家资金51.48亿元，落实省级补助资金3.02亿元。全省棚改贷款取得授信（审批）总额度310.04亿元，发放贷款274.54亿元。国家防范化解地方政府隐性债务风险等重大政策出台后，省政府研究出台了《关于加快落实棚户区改造贷款相关工作的通知》，解决了全省棚户区改造资金难题。

【棚改逾期安置】 对全省棚改逾期未安置问题进行系统排查，确认全省34个市县存在逾期未安置项目215个、37009户。省政府召开解决逾期未安置工作视频会，建立省级组织机构，出台相关政策，制定解决棚改逾期未安置问题十项重点任务和八项措施办法，建立项目台账，实行销号管理。组织各地制定解决逾期未安置工作方案、解决逾期未安置项目实施方案和项目台账。据统计，全省已整改完成13760户，完成率37.2%，超额完成了省政府要求2018年完成30%的节点目标任务。

【公租房分配管理】 将公租房分配工作纳入省政府绩效目标管理，组织有公租房分配任务的18个市县政府制定公租房分配工作方案，督促各地动态调整住房保障标准，建立了公租房项目台账，实施动态销号管理。全年累计筹集房源33.62万套，截至年底，已分配31.99万套，分配率95.15%，超额完成国家规定的分配率90%以上的工作目标任务。指导和督促各地政府扩大住房保障范围，将符合规定条件的新就业无房职工、稳定就业的外来务工人员、进城落户农民、居住证持有人、一线环卫工人等特定行业纳入住房保障条件，提高住房保障工作的效能。

住房公积金管理

【基本情况】 2018年，全省住房公积金缴存322.30亿元，同比增长8.18%；提取228.91亿元，同比增长16.26%；发放贷款203.97亿元，同比增长2.59%。截至年底，全省住房公积金缴存总额2485.74亿元，缴存余额1111.25亿元；累计提取总额1374.50亿元；累计发放个人住房贷款总额1527.35亿元，贷款余额949.04亿元；全省个贷率85.40%，同比增加2.15个百分点；结余资金162.09亿元，比上年减少7.72亿元。

【公积金服务与管理】 完成全省业务管理考核。按照《吉林省住房公积金管理工作考核办法》对全省12个住房公积金管理中心、分中心进行了全面考核。长春、吉林、四平、白城4个中心被评为优秀单位，其他8个中心（分中心）为合格单位。维护职工购房贷款权益。落实住房城乡建设部等四部委《关于维护住房公积金缴存职工购房贷款权益的通知》精神，各中心会同相关部门，成立了专项治理行动小组，开展拒绝职工使用住房公积金贷款购房问题专项督查整治。将缴存比例调整到12%以下，将阶段性降低住房公积金缴存比例政策执行期限延长至2020年4月30日。按时完成信息披露工作。按照住房城乡建设部、财政部、中国人民银行要求，3月底各中心完成了住房公积金信息披露并通过媒体向社会公示，4月底完成了全省住房公积金信息披露，并在住房城乡建设厅官方网站进行公示。

【公积金风险防控与资金安全】开展政策执行及风险隐患排查。上半年各中心对住房公积金政策执行及风险隐患情况进行了自查，下半年利用电子化检查工具实施全面检查。建立电子化检查按月巡检制度，各中心根据检查出的疑点，分析原因，采取措施整改。严厉打击违规提取。落实住房城乡建设部、财政部、人民银行、公安部联合下发的《关于开展治理违规提取住房公积金工作的通知》精神，要求各中心采取规范改进提取政策、优化提取审批流程、实施失信联合惩戒、加强内部风险管理，防范打击违规提取。

【公积金信息化管理】探索建立互联网＋住房公积金模式。全面贯彻国家《住房公积金基础数据标准》及结算应用系统接入工作，截至11月，全省全部中心通过国家验收，工作进度在全国排在前列。开展住房公积金综合服务平台建设，四平、松原中心已申请国家验收。住房公积金综合服务平台专题应用研究通过专家论证。全国住房公积金异地转移接续平台直连工作稳步推进，吉林、通化中心正式直连上线。

【住房公积金改革与探索】参与住房公积金制度改革的调研、改革方案的制定。完成改革需要的资金、人员、缴存比例变化情况的测算，以试点单位的角度形成改革方案提交住房城乡建设部。开展新市民住房问题专题调研。组织全省各市州住房公积金管理中心开展新市民住房问题专项调查，调研报告上报住房城乡建设部。探索自愿缴存机制。为扩大住房公积金制度覆盖面，发挥住房公积金制度的保障作用，满足职工多元化的缴存需求，开展了住房公积金自愿缴存机制调研工作。

城市建设

【城市地下综合管廊建设】制定《2018年全省管廊绩效考核办法》，召开全省管廊工作推进会议。出台《积极稳妥推进管廊试点省建设实施方案》，鼓励各地因地制宜、循序渐进推进管廊事业发展。开展管廊新模式调研，结合去产能，推进钢制管廊建设。2018年，全省共有通化、吉林、梅河口、珲春、集安5市完成综合管廊新开工任务，累计新开工里程28.12公里，续建工程共有长春、吉林、四平、松原、通化、白城等11市县复工，复工里程共计138.98公里。目前，全省累计开工396.43公里，形成廊体222.74公里。

【海绵城市建设】指导白城市开展验收自查工作，编制形成《中国北方寒冷缺水地区"海绵"典范——吉林白城海绵城市建设实践路径》。出台《吉林省海绵城市绩效考核办法》。统计全省专项规划编制情况，通报约谈未完成编制工作城市。吉林市和松原市通过第二批省级海绵城市试点评审。白城市全面完成第一批国家海绵城市试点建设要求，完成全部279个项目及22平方公里示范区建设，完成投资43.5亿元。省级试点城市建设项目共计264项，开工139项，完成投资45.09亿元。

【排水防涝】重点调度汛期内涝灾害严重的靖宇县和江源区损失情况，指导修复水毁工作。深入排查城市排水防涝薄弱环节，对下凹式立交桥、铁路涵洞、地下商场、地铁、棚户区、建筑施工场地以及人口密集的城市低洼地等开展拉网式排查。全省共计易涝点197处，消除165处，剩余32处易涝点治理工作正在全面推进，计划2020年底前全面完成。

【城市污水处理】制定《2018年吉林省污水处理厂提标改造和生活垃圾无害化处理设施建设实施方案》。重点对辽河流域、饮马河流域以及长春、白城、白山等地区的污水处理设施建设情况进行现场核查，跟踪污水处理厂提标改造与新（扩）建项目进展。调度并梳理全省相关项目268项，梳理辽河流域内水污染治理项目22项。加大对管网建设项目的资金支持力度，对2017年老旧污水管网改造和雨污分流管网建设项目给予2亿元省级财政资金补助。全省已建成城市（县）生活污水集中处理厂65座，总处理能力415.66万吨/日，污水厂配套管网2456公里，达到一级A排放标准的有51座，辽河流域内6座污水处理厂全部达到一级A标准。

【城市生活垃圾治理】各地制定生活垃圾处理场整改方案，推进建筑和生活垃圾焚烧处理设施建设，成立城市生活垃圾无害化处理专家咨询委员会。积极开展生活垃圾处理场（厂）无害化评价工作，对生活垃圾处理场进行无害化等级评定复核，提高生活垃圾无害化处理能力。全省建设生活垃圾焚烧发电厂3座，新增处理规模2600吨/日。启动15个生活垃圾填埋场整改项目。集中开展生活垃圾处理场

（厂）无害化评价，其中13座通过无害化等级评定，23座通过无害化等级复核。

【黑臭水体整治】建立定期排查和动态监管机制。在原有基础上，增加吉林市、通化市各1条黑臭水体，纳入"全国城市黑臭水体整治监管平台"。制定并印发《吉林省城市黑臭水体治理三年攻坚作战方案》《吉林省黑臭水体整治技术导则》《吉林省城市黑臭水体管理措施和考核办法》。成立"吉林省黑臭水体专家咨询委员会"，聘请38位水生态保护及水功能修复治理等方面的省内外知名专家，组建技术咨询专业队伍。落实国家黑臭水体整治专项行动，配合国家督察组，完成对长春、通化两地上报消除黑臭的水体专项巡查。会同省环保厅对吉林、白山水体进行省级专项核查。全省99处黑臭水体全部开工，各地上报基本消除黑臭90处，占90.9%，完成投资71.5亿元。长春市全部75处黑臭水体已基本消除黑臭现象，长春市通过评审成为国家黑臭水体治理示范城市。

【城市管理】破解城市拥堵难题，印发《吉林省城市道路交通文明畅通提升行动计划（2017—2020）实施方案》，对优化城市路网结构，加快城市道路建设改造工作进行部署。出台《吉林省城市整洁行动实施方案》，全省有26个城市编制了城市环境卫生专项规划，全省城市主次道路机械化清扫率平均为78.73%，较2017年提高6.37个百分点；机械化清扫设备1952辆，较2017年增加189辆。全省建设改造城市公厕、开放公共机构厕所3749座，其中：新增水冲厕所560座，改造水冲厕所272座，改造旱厕310座，向社会开放公共机构厕所2607座，实行"所长制"的占76%。全年共拆除违法设置广告牌匾33038个，新增各类架空线缆入地598.62公里。

【园林绿化】截至年底，全省28个设市城市中有21个市已被命名为省级以上园林城市，比例达75%；全省19个县中有11个县已被命名为省级以上园林县城，比例达57.9%。延边、通化和辽源三个地区所属各市县已全部被命名为省级以上园林城市（县城）。有19个市县完成绿地系统规划编制或修订工作，并按照相关规定履行完报批程序。通化市、梅河口市、公主岭市、延吉市、敦化市，已经完成绿道规划编制工作。2018年，全省共新增城市绿地面积722公顷；新建成城市公园19个。全省共有17个市县开展绿道绿廊建设，总计完成127.8公里。全年共消除裸露地面338.89公顷。省城市绿化工作处全国领先水平。

【城市供水】完成全省供水规范化考核工作。开展省级供水管网分区计量试点，确定长春、四平、白山、辽源、通化、延吉、珲春、安图和大安等9个城市为省级供水分区计量管理试点城市。编制城市供水分区计量实施方案。13个城市完成方案编制。组织供水分区计量管理培训。推进省级节水型城市建设。完成对长春、辽源、四平、白城、松原5个缺水城市创建省节水型城市工作的评估。建立健全城镇非居民用水超定额累进加价制度。

【城市交通】建设各类停车场309座，新增临时停车泊位15万个，加固改造和重建58座城市危桥。长春市轨道交通2号线、轨道交通8号线分别建成通车。启动建设长春市轨道交通2号线西延线、3号线东延线。

【城市管网】2018年，全省完成各类地下管线普查长度累计48234.1公里。30个市县已基本完成地下管网普查登记。有20个市县完成地下管网信息系统建立。吉林市建立完成燃气管网信息系统。吉林市、辽源市、梅河口市、舒兰市、农安县等5个市县出台部分管网专项实施方案。龙井市起草专项实施方案。长春市、四平市、通化市、白城市、辽源市、白山市、长白山管委会等37个市县正在谋划专项实施方案。全省共改造完成水、气、热老旧管网1953.9公里。长春市、吉林市、四平市、通化市等45个市县建立老旧管网巡护和隐患排查制度，提高了安全运行指数。

【城市供热】新增供热能力1453兆瓦，撤并改造小锅炉房122座，改造陈旧供热管网990.24公里。印发《关于开展城镇供热经营企业安全标准化建设的通知》和《关于加强供热行业安全生产管理及推进改革发展工作的通知》等文件。

【供热体制改革】探索推进供热体制改革工作，开展了相关的调研，并形成调研报告；配合省物价局出台《关于印发建立煤热价格联动机制的指导意见的通知》，指导供热价格体制改革。

【城市管理执法体制改】截至年底，全省城市管理部门机构数量49个，其中行政18个、参公6个、事业24个。执法人员总数为10611人，其中在编6612人、协管3999人。开展集中处罚权试点，按照住房城乡建设部统一部署安排，确定四平市为集中行使建设领域5方面16项行政处罚权试点城市。四平市印发了《集中处罚权实施方案》，全面启动了试点工作。在长春市、吉林市开展了律师参与城市管理执法试点工作。印发《全省城市管理执法队伍"强基础、转作风、树形象"三年行动工作方案》和《考核细则》。

【违建整治】全省31个设市城市（含长春市九台区、双阳区、江源区），建成区面积1650.926平方公里，根据2017年普查结果显示，违法建设占地面积411.8826万平方米，违法建设建筑面积482.3932万平方米。2018年，查处违法建设建筑面积153.3986万平方米，其中拆除面积148.5308万平方米；查处新增违法建设建筑面积4.8678万平方米。自全国开展"五年拆违"行动以来，截至2018年末全省计划累计查处违法建设259.9182万平方米，实际累计查处存量违法建设359.5844万平方米，占违法存量的74.54%，全面完成年度计划指标。

【城市管理效能提升】6月11日，印发《关于印发吉林省城市管理效能提升三年行动方案》（吉政办发〔2018〕17号）。成立城市管理效能提升三年行动领导小组，明确了重点工作任务分工。成立了全省数字化城市管理平台领导小组，印发《吉林省城市管理信息系统建设指导意见》和《吉林省数字化管理系统建设运行验收导则（试行）》。6月21日，召开省级城市管理联席会议。落实《吉林省城市管理效能提升行动三年方案》，研究讨论了《吉林省城市管理效能提升三年行动考评办法》（征求意见稿）。6月27日召开动员部署视频会议，全省各市县政府各部门、省直有关部门共3000余人参加了会议。强化督导考核。按照《三年提升方案》要求，拟定了《2018年度吉林省城市管理效能提升行动督导考评办法》，从组织推动、工作绩效、社会评价三个方面每年对各地工作开展情况进行综合考评。

【住建领域扫黑除恶】组织召开扫黑除恶工作会议13次，传达部署扫黑除恶相关会议精神。12月7日，召开了全省住建领域扫黑除恶工作推进会议，厅长分别与地级市"一把手"签订了责任书，明确了责任。先后出台了《扫黑除恶专项斗争应知应会手册》《扫黑除恶专项斗争工作细则》《涉黑涉恶问题线索移交工作机制》等多个规范性文件。自年初以来，共收到中央、省委、住房城乡建设部扫黑除恶文件90余件，每件都按相关规定进行了落实。组织全厅排查2017年1月以来各类信访线索、举报线索400余件，全省住建系统向公安机关移送涉黑涉恶线索83件。

【城建档案】组织全省城建档案安全工作检查；组织2次城建档案业务培训。

村镇建设

【农村危房底数】省住房和城乡建设厅、省民政厅、省财政厅、省扶贫办、省残联联合印发《关于进一步核实农村贫困户危房存量的通知》（吉建联发〔2018〕11号）。通过精准核实，截至7月30日，全省现有危房存量72217户，其中新识别建档立卡贫困户危房17202户，总的存量较2017年底各地统计数据增加42160户。8月7日，印发通知，对汪清县、通榆县和系统中录入的贫困村4类重点对象以外的其他危房数据调查核实，并上报住房城乡建设部，为全省建档立卡贫困村非贫困农户危房改造政策奠定基础。

【农村危房改造】全省开工建设59568户，竣工58082户，总投资16.08亿元。超额完成了年初省政府重点工作目标责任制确定的2.8万户危房改造任务，提前完成了国家要求的2019年底基本完成现有4类重点对象（建档立卡贫困户、低保户、农村分散供养特困人员和贫困残疾人家庭）危房改造，实现了脱贫攻坚"贫困户住房安全有保障"的目标要求。

【农村危房改造补助资金】国家共下达全省4.01万户4类重点对象改造任务，农村危房改造补助资金51703万元；省级财政同意将72217户符合条件的危房全部纳入2019年危房改造计划，并按标准落实省级危房改造补助资金。

【农村危房改造安全保障】规范农村危房改造工程建设与验收，保障农村贫困户住房的基本安全，制定印发《吉林省农村贫困户住房安全保障基本技术要求》。省直机关率省规划设计研究院的专家到镇赉、大安对D级危房除险加固试点进行调研，完成对《吉林省农村危房加固（修缮）技术手册》的修编、论证。

【灾后农村危房重建】5月28日松原地震后，指导核实因灾受损房屋的农户数量，研究争取住房城乡建设部对恢复重建危房改造支持政策，将松原市新增符合条件的危房2346户（含4类重点对象202户）全部纳入危房改造计划，并圆满完成灾后重建工作。"苏力""西马仑"台风后，针对白山、通化、延边等受灾地区印发了灾后倒损农房重建工作的通知和方案，台风损毁房屋于10月15日前完成恢复重建。

【传统村落的申报】临江市六道沟镇火绒沟村和桦树镇西小山村转头山屯通过国家审核认定，纳入第五批国家传统村落名录。

【乡村规划编制】8月15日，省住房和城乡建设厅与省国土厅共同组织召开全省乡村规划工作视频会议，侯浙珉副省长主持会议并作讲话，明确了多规合一的规划发展方向。两厅联合制定了《吉林省县（市）域乡村建设专项规划编制技术导则》和

《吉林省村庄规划编制技术导则》。11月，顺利完成了机构调整职能划转，将省住房和城乡建设厅的乡村规划编制工作移交到省自然资源厅。

【农村人居环境整治】 5月，以省委办公厅、省政府办公厅名义印发《吉林省农村人居环境整治三年行动方案》，提出了以农村垃圾、污水治理、厕所改造和村容村貌提升为主攻方向，坚持试点先行、点面结合，先易后难、先示范后推开的工作原则。成立了以景俊海省长任组长，33个省直部门为成员单位的领导小组。7月，省委、省政府召开了全省视频会议，启动了全省新一轮的整治工作。截至12月底，各地均已制定本级实施方案，成立相应组织机构。

【农村生活垃圾治理】 完成23个市县农村生活垃圾治理省级达标验收工作和30%非正规垃圾堆放点整治任务。完成整治通过销号的农村非正规垃圾堆放点有777处，占全省农村非正规垃圾堆放点总数65%，超额完成了年度整治任务。

【农村生活污水治理】 针对农村实际和区位特点，提出优先解决重点镇和重点流域常住人口1万人以上乡镇污水处理问题，计划启动30个重点建制镇建设生活污水处理设施。截至12月底，已有30个重点建制镇开工建设生活污水处理设施，完成年度目标任务。

【农村厕所改造】 印发《全省农村厕所改造工作总体安排》和《关于进一步做好农村厕所改造工作的指导意见》等文件，强化产品、施工质量安全，严格项目竣工验收，把后期运营维护管理工作放在首位。2018年计划完成20万户改厕任务，截至12月底，改造完成200521户。

标准定额

【标准立项、编制】 围绕改善农居环境、城市综合管廊建设、海绵城市建设、老旧城区改造、装配式建筑、建筑节能等省政府重点工作和行业发展趋势，分两批下达2018年全省工程建设地方标准制定编制计划，共包含21项标准项目。截至年底，已有17项标准发布实施，其中已发布实施的《全装修住宅室内装饰装修设计标准》《海绵城市建设评价标准》，为全省建设行业重点工作发展提供了重要技术支撑，其余各项标准按照编制进度，有序进行。

【标准编制队伍建设】 结合行业标准化发展趋势，优化补充省工程建设标准化工作专家库，在全省范围内开展的标准化工作专家征集，共有300余位业内专家提出申请，其中35至45岁之间中青年编制专家占较大比重，将经过科学合理地筛选最终形成省工程建设标准化工作专家库，改善标准化专家知识和年龄结构，培育和壮大省工程建设标准化工作专家队伍。

【标准前期研究】 对2018年计划内项目《吉林省超低能耗绿色建筑节能技术导则》中涉及的外围护结构方面研究和实验，委托省建筑科学研究设计院（吉林省建筑工程质量检测中心）完成相关工作；《装配式钢结构综合管廊工程技术标准》项目中涉及试验段工程构件试验，委托吉林省城乡规划设计研究院完成相关工作。

【开展调研，完善标准】 赴吉林建筑大学、吉林建筑大学设计研究院、长春市市政工程设计研究院等大专院校及科研单位调研，了解标准应用情况，确立标准的学术成果地位；赴河北、陕西等标准化工作开展较好的省份调研考察，结合标准项目进行实地考察，汲取经验。开始编制《吉林省工程建设地方标准技术指南》，并形成初稿，将现行地方标准目录、上一年度新编地方标准汇总及每项标准内容简介、本年度制定（修订）地方标准计划及项目简介汇编成册，免费发放。针对《道路再生骨料基层工程技术标准》《工程建设项目招标代理程序标准》的相关问题，赴厦门、泉州、贵州等相关技术先进及标准领先地区进行考察调研，更好地完成省地方标准编制工作。

【工程造价改革】 完成《吉林省人民政府办公厅关于促进建筑业改革发展的若干意见》（吉政办发〔2018〕12号）任务分解表的工作任务。就现阶段建设工程结算存在的程序繁琐、久拖不结等问题，进行了专题调研，并对调研所反映的问题进行了归纳、总结和分析，在全省反复征求意见的基础上，起草《关于加强国有投资建设工程竣工结算管理工作的通知》，与省财政厅、省审计厅联合会签下发。为引导企业将工资分配向关键技术技能岗位倾斜，以计价定额为基础，开始发布部分工种的人工成本信息。

【工程定额修订】 完成了2019版建筑、安装、市政、装饰四大专业的计价定额以及配套的材料预算价格、机械台班定额、费用定额的修编工作。根据省住房和城乡建设重点工作的要求，抽调9名专家组成三个工作组，分赴8个县（市），对农村改厕工程进行现场踏查，收集、测算农村改厕工程的各种技术数据，制定了全省农村改厕工程的计价依据。发挥工程造价管理机构在造价纠纷中的权威性、专业性优势，认真开展工程造价纠纷的调解工作，提高纠纷解决效率，化解社会矛盾纠纷。围绕伊通河改造等重点工程，批复一次性补充估价及定额书面解释百余件。

【计价规定调整】 适应国家税制改革要求，根据国家增值税改革的相关规定，调整了省建筑业营改增的税率标准。结合全省建筑施工现场标准化管理的实际，调整了全省现行建筑、市政工程计价定额的安全文明施工费费率。为加强住宅工程质量管理，落实住宅工程参建各方主体质量责任，提高住宅工程质量水平，制定"住宅工程分户验收"的取费标准，并计入工程造价。

【工程造价信息】 测算并发布全省上半年和下半年建筑工程质量安全成本指标，组织各市州造价管理机构定期发布人材机综合价格信息、市场价格信息，指导建设各方招标投标和工程结算。

【工程造价管理】 开展工程造价咨询企业成果文件的"双随机"检查工作。完成了工程造价咨询企业资质升级、延续工作，全省2018年申报的12户晋升甲级的造价咨询企业，全部通过住房和城乡建设部的评审。

工程质量安全监管

【工程质量监管】 按照《住房城乡建设部办公厅关于组织开展城市轨道交通工程质量安全监督检查工作的通知》（建办质函〔2018〕247号）的要求，6月19—22日，组织专家对长春市在建城市轨道交通工程进行了抽查，共抽查项目7项，下发反馈意见书7份。

【施工现场标准化管理】 制定《吉林省房屋建筑工程施工标准化管理办法》（吉建质〔2018〕8号）、《吉林省市政基础设施工程施工标准化管理办法》（吉建质〔2018〕13号）。同时全年共计开展2次标准化示范工地考核检查工作，对各地申报的示范工地采取随机抽查的形式进行考核检查。

【工程质量检测市场整治】 5—7月组建专家组，开展了全省检测市场专项整治。检测市场监督执法检查范围覆盖全省各县市区，共抽查项目46项，对存在的质量问题在现场予以反馈并下发给建设单位反馈意见书46份，对存在违法违规，违反强制性标准，不符合设计要求的问题下发执法建议书共计9份。并对每个工程项目进行了综合评分，涉及虚假检测报告的34家检测机构依法进行了处理。

【工程质量检测机构管理】 制定《关于进一步加强工程质量检测机构质量管理的通知》（吉建质〔2018〕7号）强化建设单位的首要责任，将检测机构纳入第六方责任主体，强化检测机构工程质量终身责任，积极推行检测机构现场取样制度和制定检测方案制度。7月20日至8月17日对全省161家检测机构的《通过检测项目表》进行重新核定。确保检测机构出具的检测报告的准确性，合法性。

【工程咨询服务】 制定《关于推进全过程工程咨询服务发展的指导意见》。10月18日，在长春举办全过程工程与项目咨询建筑工程质量监督站站长培训会。全省各级质量监督站站长共计参加人员达74人，聘请国家级教授对全过程工程咨询服务的核心理念、运行架构、组织形态、技术支撑、人才之道、典型案例进行了充分的讲解。

【工程质量检测培训】 11月4—7日，在长春市举办了建设工程质量检测管理的培训班。全省质量监督人员及检测机构项目负责人共计3560余人次参加了本次培训，本次培训班对强化检测机构在项目管理方面的质量责任，规范检测市场质量行为，创新监管方法和措施，提高监管效能，强化项目负责人质量责任，提升全省检测行业管理水平起到了积极的推进作用。

【工程完全隐患整治】 开展安全隐患排查，共开展脚手架、起重机械专项整治，高处防坠落、施工现场标准化、房地产企业专项检查、外埠企业专项检查等各类督查检查30余次。共派出检查组32个，派出专家70余人次。全省各地区自查自纠项目2647个，发现隐患10598项、下发《整改通知书》2495份、停工442个项目、停用476台塔吊、重新搭设34个项目的脚手架；对79家起重设备安装企业安全生产许可证进行了核查，合格62家，取消4家，合格率为78.5%。省督查项目227个，下达执法建议书53份，停工整改62个项目。责成辖区住建部门下达《整改通知书》89份，抽检塔式起重机械297台、停用173台，抽检脚手架工程137个、重新搭建27个。

【事故多发频发和薄弱区域监管】 针对长春地区事故多发频发的实际，安全管理部门组织专家，深入长春市各个区及各类开发区进行明察暗访，并下发通报，约谈监管人员负责人和企业负责人，有效防范和遏制事故多发的苗头。针对白城地区基础薄弱、管理手段缺失、标准化水平较低的实际情况，安全管理部门组织专家严肃查处各种违规操作、违反操作规程等不良行为，暂扣安全生产许可证16家（其中：事故企业7家，降低安全生产条件9家），"三类人员"安全生产考核合格证书21人。

【安全生产教育培训】 召开全省特种作业人员培训机构座谈会，对师资力量、场地设置等进行规范；

抓好安管人员和特种作业人员考核，进一步规范"三类人员"和特种作业人员考核秩序，严厉打击替考和各类中介组织。全年共组织"三类人员"考试10次，考核通过"三类人员"14962人，派出监考特种作业人员考试53人（次），考核通过特种作业人员9087人，下发考试违纪通报7份，通报违纪企业55家，人员79人。

建筑市场

【建筑业政策】落实国务院办公厅《关于促进建筑业持续健康发展的意见》，省政府办公厅印发《关于促进建筑业改革发展的若干意见》，提出建筑业的改革思路和22条具体政策措施，为未来一定时期我省建筑业改革发展指明了方向和路径。围绕《若干意见》相继出台《关于进一步完善全省建筑业"放管服"工作的通知》《关于加快推进商品住宅全装修的通知》《关于进一步明确二级建造师注册管理工作有关事项的通知》和《关于优化建筑业企业资质管理的通知》等一系列配套文件，建立了政策体系，涉及建筑管理、勘察设计、招投标管理、质量安全监督等各个方面，强化了政策支撑。

【建筑业管理】印发《关于公布2018年度省级重点扶持企业名单的通知》，确定34户省级重点扶持企业。突破常规，破格扶持吉林省新土木建设工程有限责任公司，充分发挥其作为万科企业股份有限公司倾力打造的集团内唯一的建筑产业化企业的优势，全年预计可完成建筑业产值超过50亿元；大力扶持吉林安装集团股份有限公司全资子公司"吉林省凯程建筑工程有限公司"发展，同意其市政公用工程施工总承包二级资质申请，支持其进入雄安新区发展。推行工程担保工作，减轻企业负担。印发了《关于进一步规范工程担保工作的通知》《关于发布工程担保机构推荐名录的公告》，推行银行保函和工程担保机构担保，减轻建筑业企业流动资金压力。

【建筑业大气污染防治】开展建筑扬尘治理专项检查，检查范围覆盖全省9个市（州）、长白山管委会和公主岭市、梅河口市、珲春市，并随机抽查了9个县（市）。共检查了62个建筑工地，下达建设工程存在问题整改通知单15份，提出整改问题73项。

【建筑市场监理】结合标准化工地检查、质量安全事故情况调查，对建筑业企业市场行为进行检查，组织开展了全省房屋建筑和市政公用工程市场执法检查。对存在转包违法分包等违法行为企业进行了处罚，全省共检查在建项目1007项，检查施工企业776家，查处有违法行为的企业36家，下达的整改通知36份，罚款金额108万元，净化了市场环境。

【装配式建筑】落实《吉林省人民政府办公厅关于大力发展装配式建筑的实施意见》，加快装配式建筑产业基地建设，吉林亚泰（集团）股份有限公司、吉林省新土木建设工程有限责任公司获评全国首批装配式建筑产业基地。亚泰集团长春建材有限公司建筑工业化制品产业园，吉林长发建筑产业化公司现代建筑产业化园已建设完成。长春装配式混凝土预制构件生产园项目已完成项目投资2.2亿元，完成8万平方米计容建面厂房建设及生产线调试，已全部投入运行。随着产业基地建设达产，我省装配式建筑部品部件的供应能力得到大幅提升。

【建筑市场监管信息化建设】召开"吉林省建筑市场监管公共服务平台"系统升级对接工作会议，积极推进施工图联审、施工现场管理和施工许可管理等子系统建设。印发《关于加快推进全省建筑市场监管公共服务平台工程项目信息入库的通知》，规范全省房屋建筑和市政基础设施工程招标投标活动，推进建筑企业智能化审批进程，实现信息共享、互联互通。完善"吉林省建设工程技术人员培训管理系统"。对现场管理人员考试系统进行了更新完善。录制了技术工人考核流程短片，统一了全省技术工人考试流程。目前，全省新增培训考核的管理人员和技能工人6.2万人，通过全省工程技术人员培训管理系统培训人数累计达到31.3万人。

【外埠入吉企业管理】修订《吉林省入吉建筑业企业信息登记管理办法》，着重突出入吉公示制度和准入清出机制。积极鼓励外埠入吉企业本地化经营。对于外埠入吉企业在我省设立的独立法人子公司，只要符合基本条件，就破格直接许可其省级权限范围内的相关二级资质。

【农民工工资支付】按照《国务院办公厅关于全面治理农民工工资问题的意见》精神和省委、省政府相关要求和部署，按时上报建筑市政领域拖欠农民工工资案件查处情况统计表。截至年底，各地住房建设主管部门共解决拖欠农民工工资33件，帮助370人支付拖欠农民工工资1896万元。

【建筑劳务人员管理】下发《关于开展全省建筑劳务人员实名制管理工作的通知》，召开了全省建筑劳务人员实名制工作布置会，在全省开展劳务用实名制管理工作，通过网络完成农民工的实名制备案，形成以企业或项目为单位的农民工人员信息数据库，通过银行为农民工建立个人领取工资的专用账户。同时，对全省建筑劳务人员实名制工作开展情况进行了检查。共抽查全省在建工程项目72个，其中本省施工企业承建项目61个，外地施工企业承建项目11个。

【建筑业"只跑一次"改革】工程项目审批制度改革。成立了工程建设项目审批制度改革领导小组。印发《关于统计简化施工许可证办理程序指数工作方案》，归纳整理了办理施工许可证调查统计表。起草了《吉林省工程建设项目审批制度改革工作实施方案》，正在广泛征求意见。重点推进施工许可阶段的施工图联合审查和竣工验收阶段的联合验收工作，已经出台《关于推进房屋建筑和市政基础设施工程施工图联合审查的实施意见》，拟出台《关于推进吉林省房屋建筑和市政基础设施工程竣工联合验收的实施意见》。

【建筑业企业投标扶持政策】建立"优质优价、优质优先"机制。对于获奖的优秀企业，在投标中给予加分，增加其中标的概率。支持本省建筑企业进入基础设施领域。参与轨道交通、桥梁隧道、综合管廊、海绵城市等重大基础设施项目的投资和建设。鼓励中直特级企业与本省企业组成联合体投标。联合体中本省企业符合"优质优先"支持条件的，不论其在联合体成员中处于何种身份，联合体均享受获奖加分政策。

【招标投标信息公开】按照《招标公告和公示信息发布管理办法》要求，出台《吉林省房屋建筑和市政基础设施工程招标投标信息公开管理办法（试行）》并改版"吉林省建设信息网"，给予相关利害人全面知情权，接受社会监督。

【招标代理机构动态监管】出台《吉林省建设工程招标代理机构行业信用综合评价办法》，并对全省240多家招标代理机构进行了诚信等级评价。出台《吉林省住房和城乡建设厅关于加强工程建设项目招标代理机构事中事后监管的指导意见（试行）》。根据《吉林省住房和城乡建设厅关于对全省招标代理机构专项检查的通知》文件要求，按照"双随机、一公开"原则对全省22家招标代理机构进行执法检查，切实维护市场秩序。

【抗震防灾】4月3日，组织召开了省建设工程抗震防灾工作会议，全省各地区建设行政主管部门参加会议。会上布置了全省2018年抗震防灾重点工作；并对住房城乡建设部印发的《建设工程抗震管理条例（征求意见稿）》进行了讨论。对15项超限项目进行了超限高层建筑工程抗震设防专项审查，通过14项。

【地震应急评估专家队伍建设】下发《吉林省住房和城乡建设厅关于印发吉林省震后房屋建筑安全应急评估专家队成员名单的通知》，综合各地区推荐情况和过去震后应急工作实际情况，成立吉林省震后房屋建筑应急评估专家队，共有专家55人。

【震后应急处置】5月28日，松原市宁江区发生5.7级地震，按照《吉林省住房和城乡建设厅地震应急预案》的要求，了解灾区大致情况后，立即启动Ⅲ级应急响应；向厅内各抗震救灾指挥部成员通报了震情；督促松原市建设主管部门及时成立震后应急评估专家组；选调省级震后应急评估专家共24人支援灾区；参与指导灾后重建工作。

【抗震防灾技术培训】7月12日，面向全省各地区设计院结构设计从业人员开展抗震设计技术培训，主要内容是抗震设计中规范强制性条文的应用和抗震概念设计及结构计算技巧，全省各地区共100余位结构设计从业人员参加了培训。开展震后房屋建筑安全应急评估培训，省震后房屋建筑应急评估专家队成立后，聘请具有丰富震后评估经验的专家为全体队员讲课。

建筑节能与科技

【绿色建筑】全省城镇新建建筑严格执行吉林省建筑节能65%地方设计标准，设计、施工阶段节能标准执行比例均达到100%。截至2018年12月底，当年全省新建绿色建筑945万平方米，占全省新建建筑的50%，提前完成十三五绿色建筑发展规划目标。10个项目获得星级绿色建筑评价标识，标识面积47.7万平方米。绿色建材推广应用工作，有19个产品获得绿色建材星级评价标识，绿色建材应用面积121万平方米，填补了省绿色建材无星级标识的空白。

【扩大绿色建筑强制执行范围】贯彻落实《绿色建筑行动方案》，印发《吉林省住房和城乡建设厅关于深入推进绿色建筑发展的通知》（吉建科〔2018〕6号），将《吉林省一星级绿色民用建筑设计标准》DB22/JT 167—2017上升为地方强制性标准，要求全省所有地级城市及34个县级城市全面执行。

【完善建筑节能地方标准】完成《吉林省超低能耗绿色建筑技术导则》编制工作，预计2019年上半年正式发布实施，《导则》的发布将为全省超低能耗绿色建筑的发展提供技术支撑。

【完善建筑节能制度】实施绿色建筑统计制度，下发《吉林省住房和城乡建设厅关于实施全省绿色建筑工作定期调度制度的通知》，实施绿色建筑推进工作定期调度制度，进一步明确统计范围与统计口径。

【可再生能源建筑应用】为推进全省可再生能源建筑应用，了解掌握可再生能源建筑应用中存在的问题及原因，组织专家和相关部门对11个市县，61个省级可再生能源项目进行了现场考查调研，形成《吉林省可再生能源建筑应用情况及发展对策调研报告》，持续推进可再生能源建筑应用工作，可再生能源建筑应用面积91万平方米。

【建筑节能宣传培训】开展建筑节能宣传周和低碳日活动，以实施建筑节能，改善人居环境，建设环境友好型社会为主题，提升全社会对节能和低碳的认知度。组织《一星级绿色民用建筑设计标准》宣贯培训会，重点针对全省各地设计、图审等单位专业技术人员及建设主管部门，特别是县级城市，加强图审质量监管和从业人员的培训，全省约700余人参加培训，提高了相关人员的业务素质和技术能力。

【散装水泥概况】2018年，全省散装水泥发展目标1500万吨；预拌混凝土发展目标2000万立方米。1—11月，全省散装水泥累计供应量1437.99万吨，完成2018年散装水泥发展目标（1500万吨）的95.87%。根据相关测算标准，1—11月累计发展散装水泥实现综合经济效益6.47亿元，节约标准煤33.04万吨，减少粉尘排放量14.45万吨，减少二氧化碳排放量85.9万吨，减少二氧化硫排放量2808.39吨。1—11月，全省预拌混凝土累计供应量1806.77万立方米，完成2018年预拌混凝土发展目标（2000万立方米）的90.34%，生产预拌混凝土共使用散装水泥519.68万吨，资源综合利用184.71万吨。

【散装水泥统计】根据国家散装水泥统计工作要求，我省已经采用网上智能直报系统上报全省散装水泥统计报表工作。

【预拌砂浆推广】着重推广预拌砂浆在建筑工程中应用发展。长春市和吉林市均已出台文件，落实了《吉林省住房和城乡建设厅关于在全省禁止建筑工程施工现场搅拌砂浆及推广使用预拌砂浆的指导意见》（吉建办〔2017〕34号）文件要求。

【新墙材推广应用】全省使用新型墙材37.19亿块标砖，新型墙材应用比例90.2%。2018年，申请进行新型墙体材料核定的企业进一步减少，全年共接到申请企业75家，核定通过72家，且申请延期的企业数占3/4以上。全省新型墙体材料行业优化升级、淘汰落后产能速度减缓。

【建筑废弃物综合利用】全年利用建筑废弃物生产建筑材料总量达27.39万吨，生产建筑材料的建筑废弃物使用量占建筑废弃物总量的比例为5.9%。5月至6月，先后对长春市、吉林市、四平市等地区的建筑废弃物综合利用工作进行了督导，组织专家对各地的建筑废弃物综合利用企业就如何更好地生产和推广应用建筑废弃物综合利用产品进行了现地指导。5月下发《关于对全省建筑废弃物综合利用工作情况进行统计和检查的通知》，11月，下发《关于报送2018年建筑废弃物综合利用工作情况的通知》。5月开始对全省建筑废弃物资源化利用情况进行调研，共历时约半年时间，赴长春市、吉林市、四平市、延边州、辽源市、公主岭市等城市建筑废弃物资源化利用情况，最终形成《吉林省建筑废弃物资源化利用工作调研报告》。

【节能减排】全省新墙材产量49.8亿块标砖，新墙材生产率91.4%。节约耕地0.82万亩，节约标煤30.9万吨，减排二氧化碳74.4万吨，减排二氧化硫0.7万吨。

【能耗统计】全省共上报统计建筑5350栋，累计建筑面积4741.03万平方米，其中居住建筑3947栋，中小型公共建筑599栋，大型公共建筑181栋，国家机关办公建筑623栋。3月份下发《吉林省住房和城乡建设厅关于开展2018年吉林省民用建筑能源资源消耗统计工作的通知》，5月底完成了全省的数据收集与汇总，上报住房城乡建设部。

【新墙材产品技术创新】完成了"烧结注孔保温砌块性能研究"项目验收审查的全部工作；完成了《吉林省新型墙体材料目录（2018年版）》的编制工作；组织完成了吉林省地方标准《建筑废弃物再生骨料应用技术标准》报批稿的编写工作，经吉林省建设标准化管理办公室组织专家论证后即可发布；参与了国家标准《蒸压粉煤灰空心砖和空心砌块》GB/T 36535-2018的编制工作，该标准已于2018年7月13日发布，并于2019年6月1日实施；参与了国家标准《墙体材料术语》的编制工作，该标准已完成报批稿编写与审查工作。

勘察设计

【基本情况】2018年底，全省勘察设计企业573家，从业人员2.5万人，施工图综合审查机构16家，完成房屋建筑工程施工图审查面积4930万平方米。全省营业收入119.62亿元，与上年相比略有增长。从行业各项收入情况来看，工程设计收入和工程总承包收入较上年度大幅增长（其中：工程勘察收入7.95亿元，工程设计收入60.72亿元，工程技术管理服务收入8.93亿元，工程总承包收入38.47亿元，其他收入3.55亿元）；利润总额11.65亿元。企业获国家级和省部级奖940项（其中国家165项），参加编制国家、行业、地方技术标准220项（国家级45项），参加编制国家、行业、地方标准设计29册；企业累计拥有专利技术846项；企业累计拥有专有技术509项。

【**行业政策**】印发《装配式混凝土剪力墙结构住宅建筑设计深度及技术规定（试行）》《关于加强施工图设计文件质量监督管理工作的通知》《关于加强危大工程勘察设计质量管理的通知》《关于在房屋建筑和市政基础设施工程中要求应用BIM技术的通知》《关于规范建筑工程设计团队招标投标行为的通知》等系列文件，为促进行业发展提供了政策技术支持。

【**行业监管**】对全省勘察设计企业进行年度动态核查，注销和撤回资质企业12家，建议住房城乡建设部作出处理企业4家。全年办理企业资质延续、升级318件。全年办理建筑师和勘察设计工程师注册审核上报1110件。开展年度勘察设计质量专项检查，共检查26个房建项目，检查面积38万平方米，对检查中发现质量问题的15家勘察设计单位、10家审图机构、18名注册执业人员依法依规进行了严肃处理。

【**信息化诚信体系建设**】对全省勘察设计企业诚信行为进行综合评定公布，实行差异化管理。完善吉林省建筑市场监管平台数据信息，实现勘察设计企业人员与业绩信息入库。全面实现勘察设计行业资质资格电子化管理及施工图审查信息化管理，提高了行业监管服务效能。

【**省级工程优秀勘察设计评选**】开展年度优秀工程勘察设计项目评选。评选出一等奖7项、二等奖14项、10等奖23项。开展全省注册建筑师和勘察设计注册工程师网络培训与考试工作，2000余人次参加。开展全省勘察设计企业建筑信息模型（BIM）技术应用设计培训，600余人参加的。组建建筑信息模型（BIM）技术应用设计招标专家库，选拔培养建筑信息模型（BIM）技术应用设计人才。

行业改革

【**行业"放管服"改革**】完成省级行政职权清理工作，共取消、下放各类行政职权248项，比例达85％。取消、下放行政审批事项8项，占总数的30％。对审批流程进行再造，新设定资质在规定时间内再压缩20％。

【**行业"只跑一次"改革**】全面梳理群众和企业到政府办理"只跑一次"事项共22项。截至2018年8月底，22项审批事项已全部进入省政务大厅办理，其中17项取消纸质申报材料，21项实现网上审批，20项实现"只跑一次"，一次跑动率达90％以上。施工图联合审查等"只跑一次"各项改革任务通过省政府组织的第三方评估。

（吉林省住房和城乡建设厅）

黑 龙 江 省

概况

2018年，在省委、省政府领导下，全省住房城乡建设系统全面贯彻党的十九大精神，认真落实习近平总书记系列讲话特别是在东北振兴座谈会上的讲话精神，广大干部职工迎难而上、扎实工作，各项工作取得新成效。

市政基础设施建设

全省"三供三治"项目开复工245项，完成投资69.31亿元。加快推进城镇供水设施建设，新增供水能力9.7万吨/日。印发《黑龙江省城镇供水水质提升三年行动方案（2018—2020年）》，对76个市县开展城镇供水规范化管理考核和省级供水水质专项督查，出厂水水质全部合格比例较上年度提升19个百分点。指导各地加快热源建设和老旧管网改造，新增集中供热能力2262万平方米，改造供热老旧管网717.2公里。开展城镇供热"冬病夏治"百日专项行动，改造完成低温小区500余个，惠及低温用户3.5万余户。持续推进城镇燃气设施建设，安装室内燃气设施8.05万户，新建燃气场站11座。积极推进污水污泥处理设施项目建设，新建改造排水管网188公里，新增污水处理能力10.2万吨/日。印发《黑龙江省城镇生活垃圾治理能力提升三年行动方案

(2018—2020年)》，新建改造18座生活垃圾无害化处理场，新增处理能力4021吨/日。加强餐厨废弃物管理，哈尔滨和齐齐哈尔餐厨废弃物处理项目投入试运行，日处理能力分别为300吨和100吨。加快推进地下综合管廊建设，哈尔滨市管廊试点工程建设基本完成，累计完成管廊主体施工25.7公里，完成投资27.61亿元，国家绩效评价效果良好。

农村人居环境整治

会同省发改委、省委农办编制完成《黑龙江省农村人居环境整治三年行动实施方案（2018—2020年)》，并上报国家部委备核。开展全省村容环境"三清理一绿化"专项行动，印发实施方案提出整治任务、标准要求和时间安排，各地累计清除农村积存垃圾超过70万吨，清理各类废弃构筑物和私搭乱建9300余处。积极开展农村室内厕所改造，编制完成《黑龙江省农村室内厕所改造技术导则（试行)》，明确提出农村室内户厕改造路径和设计、施工等相关技术标准。省政府办公厅印发《黑龙江省农村室内厕所改造及室外公共厕所建设专项实施方案(2018—2020年)》，组织各地核实上报改造计划需求，科学分解任务，建立调度制度，加强进度督导和检查，全省农村室内厕所改造开工6.58万座，完成年度任务目标。有序推进农村生活垃圾治理，省政府办公厅印发《黑龙江省农村生活垃圾治理专项实施方案（2018—2020年)》，明确提出全省农村生活垃圾治理目标、重点任务和工作要求。坚持"先试点、后推开"原则，确定10个试点县、非试点县的59个乡镇和189个行政村为全省农村生活垃圾治理试点县、乡镇和村。组织召开农村生活垃圾收集、转运产品展示和技术交流座谈会，20余家国内知名垃圾收集转运设施生产企业参加座谈，为搭建县（市）政府和设备生产企业合作对接平台奠定基础。开展第二轮非正规垃圾堆放点排查整治，排查出非正规垃圾堆放点192处。

保障性安居工程建设

全省棚改开工13.02万套，开工率113.3%，基本建成14.88万套，基本建成率141%，货币化安置率63.4%，完成投资179亿元。积极协调争取资金支持，争取债券额度75.7亿元，分解下达国家补助资金78.51亿元，省级补助资金2.97亿元。全力推进棚改回迁安置，制定下发《关于进一步抓好中央第六巡视组反馈棚改逾期未回迁安置问题整改的通知》《关于签订棚改逾期未回迁安置项目包保责任书的通知》等，严格落实问题项目台账管理制度，每月梳理汇总各地棚改逾期未回迁安置项目整改进展，及时掌握各地推进情况。进一步明确棚改逾期未回迁安置问题整改标准，要求各地逐项目建立完备整改档案。制定下发《棚改逾期未回迁安置问题整改情况督查工作方案》，对进展缓慢市县进行约谈，对哈尔滨桦树二期、安埠商圈等问题突出、群众反映强烈的棚改逾期未回迁安置项目进行实地督查督办，棚改超期未安置的4.68万户中已有2.8万户完成回迁安置，5年以上未安置的3.94万户中已有2.31万户完成回迁安置。进一步加强棚改工作监管，省政府办公厅印发《进一步加强棚户区改造工作的意见》，指导各地防范棚户区改造中逾期未回迁安置、征收补偿纠纷等问题发生。下发《关于实行城镇保障性安居工程建设全过程监管责任制的意见》，开展保障性安居工程执法检查，下发整改督办函，确保工程质量。加大公租房保障力度，印发《关于对住房保障领域信息公开的通知》《关于加强公租房租赁补贴资金信息公开工作的通知》等，有效推动住房保障领域信息公开。盘活闲置公租房8300套，公租房累计分配36.9万套，分配率94.5%，完成国家2018年底前分配90%以上的任务目标。

农村泥草（危）房改造

全省完成建档立卡贫困户危房改造任务48896户，全面完成省委确定的两年完成建档立卡贫困户危房改造任务目标。中央财政安排补助资金6.89亿元，省级财政匹配补助资金6.85亿元。加大建档立卡贫困户危房改造，完成14.5万户"四类对象"危房改造台账动态调整，组织召开全省农村危房改造开工动员会、改造政策和技术标准宣贯会、工作座谈会，安排部署危房改造工作。印发《农村危房加固改造技术指南》《农村危房改造验收指南》《农村危房改造自建房施工流程指南》《农村轻钢结构房屋建设技术指南》等，完善标准制度，确保质量安全。切实抓好2017年国家扶贫开发工作成效考核问题整改，印发整改工作方案，对2017年脱贫退出县和深度贫困县专项督查，督促各地加快危房鉴定结果群众知晓率低等问题整改落实，对5个脱贫退出县和3个深度贫困县贫困户危房改造质量安全责任制度落实情况开展专项督查。认真抓好省委专项考评约谈提出问题整改，配合省委组织部对开工进度慢的11个县（市、区）进行脱贫攻坚农村危房改造工作专项考评，对开工进度较低县市进行集中提醒约谈谈话。开展全覆盖无死角交叉检查，深入督查计划任务落实、质量安全监管等方面存在的问题，向县市政府下发限期整改督办函。

住房公积金管理

截至年底，全省缴存总额为3231.8亿元，提取总额为1852.62亿元，缴存余额为1379.18亿元；累计发放住房公积金个人贷款86.89万笔、1868.35亿元；个贷余额为993.15亿元；个贷率为72.01%，同比提高2.72个百分点；使用率为88.07%，同比提高1.78个百分点。1—12月，全省公积金缴存额为396.50亿元，同比提高5.47个百分点；提取额为300.69亿元，同比提高22.47个百分点；发放住房公积金个人贷款7.07万笔、238.25亿元，分别同比降低5.35个百分点、8.37个百分点。提前完成住房公积金"双贯标"验收，各市地全部通过部省联合验收。大力推进住房公积金异地转移接续平台和综合服务平台建设，组织召开综合服务平台验收会暨全省综合服务平台推进会议，全省18个住房公积金管理中心异地转移接续平台接入国家平台，完成住房公积金转入业务办结4784笔、金额1.43亿元，转出业务5135笔、金额1.8亿元。

房地产业

综合分析研判房地产市场形势，指导各地分类调控、科学调控。1—12月，房地产开发投资944.4亿元，同比增长15.8%；商品房销售平均价格6901元/平方米，同比增长6.6%；商品房销售面积1913.3万平方米，同比下降15.2%；房地产业税收282亿元，同比增长13.5%，占地方税收的14.4%。因城施策消化商品房库存，截至12月底，全省商品房库存4108万平方米，比上年底减少161万平方米，去化周期17.9个月。其中商品住宅库存2172万平方米（23.3万套），减少292万平方米（2.9万套），去化周期11.4个月。加大房地产市场监管力度，开展治理房地产市场乱象专项行动，会同宣传、公安、司法、市场监管、税务等8部门联合下发《关于印发〈全省开展打击侵害群众利益违法违规行为治理房地产市场乱象专项行动工作方案〉的通知》，以哈尔滨市为重点，对房地产开发企业和中介机构违法违规行为进行专项整治。制定下发《关于开展房地产中介机构专项整治工作检查的通知》，指导各地对房地产中介机构12种违法违规行为进行重点整治。与人民银行、省银监局联合下发《关于规范房地产经纪行业管理加强存量房交易资金监管有关问题的通知》，与工商部门联合制定下发《房地产经纪服务合同示范文本》，有效规范全省房地产经纪行为。开展全省房地产领域信访问题专项整治，省委办公厅、省政府办公厅印发《关于进一步完善防范化解全省房地产领域信访问题的政策措施的意见》，提出6方面26条解决历史遗留信访问题政策措施，为各地化解案件提供了有力的政策支持。加大对违法违规企业曝光力度，先后对1111家失信及违法违规房地产开发企业名单在《黑龙江日报》及东北网等网络媒体公示，实行惩戒和限制，倒逼企业对失信和违法违规等问题进行整改，助推了群众信访问题解决。1866件进京到省信访案件已全部办结，其中有理访和部分有理访案件1234件，已化解1195件，化解率96.8%。

建筑业

预计完成建筑业总产值1400亿元，增加值850亿元。全面推进建筑业改革发展，省政府办公厅出台《关于促进建筑业改革发展的实施意见》，按照"1+X"模式，会同人社厅、省金融办、省银保监局等部门出台《关于进一步优化建筑业企业资质管理的通知》《关于推行工程担保制度的通知》《关于加强建筑劳务用工管理的通知》《关于优化行业发展环境构建统一开放建筑市场的通知》等配套文件，组织召开全省推动建筑业全面深化改革暨促进民营经济发展大会。加快推进行业信息化建设，与中国农业银行股份有限公司黑龙江省分行正式签约，共同合作开发建设全省农民工工资专户支付管理平台，统筹建设农民工工资专户支付分账监管系统和工程项目监管系统。加强对在建项目实施过程中现场管理人员、施工行为、劳务人员、关键节点等动态管理，强化"两场"联动，解决建筑市场转包挂靠、施工现场人员管理混乱、拖欠农民工工资等突出问题，保证工程建设质量安全。严肃查处各类违法违规行为，跟踪调查督办望奎县东福花园小区项目"瘦身钢筋"等问题，指导当地进行整改，对参建各方主体予以上限处罚，责成当地对13名责任人予以追责。调查处理海伦市印象新天地（棚户区改造）住宅小区一期建设项目安全生产事故，对海伦市东方建筑工程有限责任公司存在挂靠等行为，给予降级并记入建筑市场主体"黑名单"。重点打击建筑市场违法违规行为，跟踪督办拜泉中医院项目虚假招标、中航建工集团违规参与工程承包、江苏中盛建设集团转包等问题，全省通报河南省蒲安建设工程有限公司等7家建筑业企业，将涉及的5家省外企业清出黑龙江市场，省内企业由项目所在地住建部门进行处罚，记入不良信用信息6个月。全面规范建筑市场秩序，开展全省建筑市场专项检查，抽检在建工程 111 项，下达执法建议书、督办整改通知单 53 份，对存在违法违规行为的企业从严上限处罚。开展建筑市场监管公共服务平台项目信息核查，对录入虚假业绩的 3 家企业列入不良行为记录 6 个月，1 家企业列入黑名单并撤销相应企业资质。按照"两随机、一公开"要求，抽检 45 家监理企业，对未达到标准要求企业限期进行整改，对整改未达标 2 家监理企业予以注销资质、8 家监理企业由乙级降为丙级、7 家监理企业予以撤回资质。

建筑节能与科技

修订《黑龙江省节约能源条例》，首次将发展绿色建筑、实施大型公建节能后评估制度写入省法规。编制全省居住建筑 65％＋节能设计标准。修订《黑龙江省绿色建筑行动方案》，扩大了强制执行绿色建筑范围，全省完成 235 个绿色建筑设计项目共计 560 万平方米。稳步推进装配式建筑发展，实施示范项目 3 个、约 3.46 万平方米。组织开展建筑节能玻璃推广应用，支持节能环保产业加快发展。

（黑龙江省住房和城乡建设厅）

上 海 市

住房城乡建设

概况

2018 年，上海不断提高城市管理精细化水平，特别是聚焦群众反映强烈的突出问题，加大整治力度，持续补齐城市管理短板；推进重大工程和重点区域建设，加强文明施工管理，确保工程安全和质量；落实安全责任，加强风险隐患排查整治，守住城市运行和生产安全底线。城乡建设管理各项工作进展顺利。

【城市精细化管理】出台《关于加强本市城市管理精细化工作的实施意见》以及《贯彻落实〈中共上海市委、上海市人民政府关于加强本市城市管理精细化工作的实施意见〉三年行动计划》。城市管理精细化工作三年行动计划的落脚点在"三个美丽"，即美丽街区、美丽家园、美丽乡村建设，以"做减法、全要素、一体化"为指导方针。做减法就是持续推进违法建筑治理、架空线入地、多杆合一、城市家具集中优化、户外广告设施和亭棚治理；全要素是指对街区范围内的道路、城市家具、建筑立面、绿化、景观照明等各类要素统一筹划、系统提升；一体化是强调局部服从整体，在拆、建、管作业上实现一体化，让政府的管理与企业的作业和社会的自治共治结合。

【难题顽症治理】上海将"五违四必"生态环境综合整治转换到无违居村（街镇）创建。制定《本市无违建创建先进街镇验收考评办法》《本市无违建创建先进街镇互评互查办法》；依托无证建筑管理信息系统，开发无证建筑申报系统和考核系统两个子功能模块。至 11 月底，第一批 43 个无违建创建先进街镇验收基本完成，第二批 63 个无违建先进街镇进行审核验收。开展市政市容管理领域乱设摊、乱占道、乱设广告、乱张贴、乱抛物等治理。

2018 年上海城乡建设管理难题顽症治理部分情况表

项目	单位	数值
拆除违法建筑	万平方米	4205
完成计划任务	％	116.8
查处无序设摊案件	起	23949
取缔乱设摊	处	115189
清除占道经营书报亭、彩票亭	处	606
拆除大型违法户外广告	块	2407
拆除违法违规店招店牌	块	21434
查处破坏房屋外貌（破墙开店）案件	起	575
整改恢复	处	6449

【网格化综合管理】按照"应发现尽发现、应处置尽处置"要求，全市网格化综合管理工作力度加大，全年立案 1720 万件。对于一些影响城市运行安全的风险隐患，通过差别化管理，进一步要求增加网格巡查的频率和密度，加强督查力度，及时发现

和处置问题。一是聚焦进博会市容环境保障，强化重点部位巡查发现，针对暴露垃圾、店招店牌、广告牌、无障碍设施、架空线坠落等影响城市运行、日常管理、与群众基本生活直接相关的问题，及时发现、及时整改。二是依托城市网格化综合管理平台，推进智能化城市管理。推进重点工作应用场景建设，梳理和优化工地、历史建筑保护、渣土、群租、水葫芦治理等管理工作的管理流程；加强应急指挥，提高风险防控能力，应急状态下及时掌握全市城市管理领域的面上情况，直达指挥相应的市、区管理部门，实时跟踪具体点位。三是围绕新型智慧城市建设加快信息汇聚，推进城市管理智能化。网格化信息平台已录入1400多万个城建基础设施，建设城市运行体征监控场景，将城市家底数据、行政管理数据、网格化运行数据、综合监管数据、云端交换数据等能集中反映城市基础设施运行、供需平衡、安全防控等状态的指标数据作集中展示和智能研判。

【重大工程】2018年，上海市重大工程建设全年完成投资1418.9亿元，新开工项目23项，基本建成19项。城市交通方面，基本建成洋山深水港区四期工程、虹桥机场T1航站楼改造、中山南路地道、轨道交通5号线南延伸和13号线二期、三期等项目。生态环境方面，崇明生态岛、生态廊道、郊野公园等项目建设顺利；中小河道黑臭整治和垃圾综合处置成效明显。改善民生方面，全年实施旧住房综合改造1000余万平方米；一批关乎民生的医院、体育场、大学校区、妇幼保健院等项目开工；保障房建设和大型居住社区外围配套工程全面推进。科技创新工程方面，微小卫星工程中心基本建成，光源二期、张江科学城基础设施项目土建完成，中国核建上海科创园、硬X射线装置、李政道研究所等一批项目全面启动。

2018年上海重大工程建设完成情况表

项目	单位	数值
轨道交通运营里程	公里	705
架空线入地	公里	100+
旧住房综合改造	万平方米	1000+
受益居民	万户	17
新增各类保障性住房	万套	8.01
新增养老床位	张	7100+
中心城区完成二级旧里以下房屋改造	万平方米	42
受益居民	万户	2.1
新增各类保障性住房	万套	8.01

市政工程

【提升黄浦江两岸品质】黄浦江两岸公共空间项目继续列入年度重大工程计划。黄浦江两岸公共空间建设聚焦贯通区域的品质提升和腹地拓展，围绕6大项27个子项，全年投资约18亿元，基本完成黄浦段南外滩1.2公里滨水改造提升、浦东段沿线22处综合服务设施建设开放、杨浦段杨浦大桥至定海桥2.1公里延伸段贯通和5万平方米沿线历史建筑改造提升等重点项目。出台《黄浦江两岸地区公共空间建设三年行动计划（2018—2020）》，围绕"空间景观、活力功能、服务管理、公共交通"四方面任务，梳理近百项公共空间建设项目。两岸地区各区段进一步细化管理要求，做到"全覆盖、全过程、全天候"。统筹推进文化、商业、旅游、体育及景观配套等功能落地。加快徐汇西岸美术馆、传媒港和杨浦区百年工业文明展示长廊等项目推进，活化工业历史遗产，重塑浦江文化品牌；推动虹口、浦东等区段以综合服务配套设施为核心，合理布局商业要素。加快滨江区域导览标识系统化、集约化建设，完善浦江游览产品及线路，打造"浦江游览"新亮点。加快区域体育设施布点，并做好上海马拉松等重大赛事活动保障。完成核心段景观灯光工程，推动临水立面、沿岸防汛墙等整修除污等景观提升工程。

【架空线入地和合杆整治】上海全力推进架空线入地和合杆整治，超额完成100公里道路架空线入地和合杆整治的年度工作目标，拔除各类立杆8400余根，包括电力杆2177根。40公里道路完成合杆整治，平均减杆率68%，呈现"线清、杆合、景美"的整治效果。市政府成立由分管副市长任召集人的市架空线整治和管理工作联席会议，下设办公室，统筹协调全市架空线入地和合杆整治工作。印发《关于开展本市架空线入地和合杆整治工作的实施意见》，明确基本原则、工作目标及工作任务。编制《上海市架空线入地和合杆整治项目管理办法》《上海市道路合杆整治技术导则》《上海市道路合杆整治工作要求》《上海市电力架空线入地整治项目市级资金管理办法》《上海市信息通信架空线入地整治项目市级资金管理办法》等，有序推进整治。

【燃气安全管理】一是做好进口博览会燃气安全保障，编制完成国家会展中心燃气保障专项预案，印发《关于本市燃气行业决战200天燃气行业工作要求》，对国展中心及重点接待场所开展燃气安全巡检。二是加强液化石油气综合管理力度，打击无证经营。市政府印发《关于本市开展瓶装液化石油气专项整治工作的通知》，市住建委、公安、工商、质监、交通等部门不定期组织开展燃气安全大检查、市区联合督查，集中开展打非治违专项行动。三是开展超期限燃气助动车集中整治。督促液化气加气站点在4月2日后停止为燃气助动车加气，组织集中回收点在7月31日前做好车辆回收。自2014年以来，共回收车辆39413辆，其中2018年4月2日至7月31日回收18262辆。8月1日，液化石油气助动车回收工作正式结束。四是改造老旧管网，提高供气安全度。排摸燃气隐患管网，根据管网危险程度和施工条件，制定三年行动计划，计划三年改造老旧管道65公里、消除住宅用户隐患立管32.7万户。

【地下综合管廊建设】 印发《关于本市2020年前地下综合管廊建设补贴政策的通知》，完善综合管廊建设资金政策，基本明确干线型、支线型、缆线型管廊定额补贴政策，以调动各区建设管廊的积极性。持续加大地下综合管廊建设推进力度。结合架空线入地，同步推进缆线型管廊建设，研究缆线型建设运行模式。至年底，全市累计完成投资26.03亿元，开工建设地下综合管廊69.71公里，累计建成廊体224.73公里。

建筑建材

【概述】 2018年，上海建筑市场与城市建设同步发展，总体呈现平稳发展态势。全市建设工程安全生产事故起数和死亡人数均比上年有所上升，总体受控，未发生质量事故。

2018年上海建筑业基本情况表

项目	单位	数值
建筑业总产值	亿元	7072.21
比上年增长	%	10.0
房屋建筑施工面积	万平方米	47577.35
比上年增长	%	15.5
房屋竣工面积	万平方米	7960.06
比上年下降	%	1.3
勘察、设计、施工、监理企业	家	18561
上海企业	家	12262
其他省市进沪企业	家	6299
建筑师、建造师、监理工程师等各类注册执业人员	万人	11+
安全员、质量员等各类持证管理人员	万人	19+
在建工地	个	7249
施工作业人员实名制登记系统累计总登记人数	人	2056179

续表

项目	单位	数值
在场人数	人	615534
累计发生安全生产死亡事故	起	19
死亡人数	人	24

【建筑业相关制度改革】 上海建筑业推进项目审批制度改革和工程招投标制度改革，为上海建筑业高质量发展提供有力支撑。

项目审批制度改革。年内，围绕优化营商环境软实力，市住建委出台包括1个总体实施方案、4个不同项目类型的实施细则在内的一系列改革指导性文件。梳理并公布审批事项清单，推进"立改废"修法。依托"一网通办"设立"上海市工程建设项目审批管理系统"，对企业提出的申请信息实行网上推送、牵头负责、协同办理的审批工作机制，加强与住房城乡建设部审批管理系统全面对接。

工程招投标制度改革。健全完善与上海招投标监管模式改革相适应的事中事后监管方式。一是运用科技手段强化监管措施。推动互联网、大数据在招投标监管领域的运用，发挥电子招投标监管平台作用，将《上海市建设工程招标投标监管要点》以及招标代理诚信体系融入日常监管，确保全市监管标准统一。二是运用市场机制优化监管政策，招标代理机构资质和人员资格取消后，研究建立招标代理机构长效管理机制，加强对全市招标代理机构和从业人员的日常监管和诚信记录。三是运用协同机制提升监管效果，住建部门研究建立跨部门协同监管机制，加强与水利、交通等专业部门的协同配合，通过典型案例分析、大数据分析、市区联动、借力经侦、"双随机、一公开"等方式，形成部门间资源共享、信息互通、案情通报、联手惩戒的工作格局。在完成开评标场所电子化改造的基础上，全市全面推广监理电子招投标，年内完成441个，起草《上海市施工招标文件电子应用文本》和《上海市施工电子招投标应用场景》，为全面推行施工电子招标投标夯实基础。

【生产组织方式创新】 一是推进建筑师负责制试点。23个项目纳入试点，包括医疗、住宅、办公、商业、公共建筑、工业研发、城市更新改造、装修改建等多种类型。在华润时代广场商业裙楼装修工程、张江科文交流中心2个项目中试行建筑师团队对施工质量进行指导和监督的新型管理模式，试点由建筑师委托工程监理实施驻场质量技术监督。编制《关于在浦东新区试点开展建筑师委托工程监理实施驻场质量技术监督的实施意见》，开展"建设工程领域个人职业责任保险制度研究"课题研究。二是推进工程总承包试点。35个项目（不包括设计施工联合体承包方式）纳入第一批工程总承包试点项目。制定《上海市开展工程总承包企业承担施工图设计和施工图深化设计试点的工作方案》；出台《上海市工程总承包招投标评标办法》。三是推进全过程咨询试点。8家试点企业纳入全过程咨询试点，试点企业在上海承接全过程咨询项目21个。在进一步优化政府审批环节、压缩审批时间的同时，鼓励有条件的建设单位委托符合要求的项目管理单位开展全过程工程咨询服务，提高项目设计质量，提升项目管理专业化水平。

【建筑业管理】推进建设领域社会信用体系建设，建立守信联合激励、失信联合惩戒制度，劳务用工管理，规范建筑业市场。

诚信体系建设。一是出台《关于开展建筑市场失信被执行人信用监督、警示和惩戒相关工作的通知》，自9月15日起，建设行政主管部门对被列入失信被执行人名单的市场主体在办理施工许可证等行政许可事项上实施限制。二是加快建筑业人员信用体系建设，建立较完善的建筑市场信用信息管理体系，公开个人信用信息，起草《关于启用注册监理工程师个人信用档案（2018版）及注册建造师个人信用档案（2018版）的通知》。三是出台《上海市建筑市场信用信息管理办法》，构建覆盖工程建设、工程勘察、设计、施工、监理、检测等各类企业和注册执业人员的信用体系。四是自12月1日起，对在沪建设工程监理企业开展信用评价。五是出台《关于在全市范围内开展"证照分离"改革试点的通知》，将浦东新区告知承诺改革措施扩大到全市范围。

劳务用工管理。一是组织开展2018年打击建筑市场违法行为的专项执法检查，通过"双随机、一公开"方式，将招投标、设计文件审查等场外监管事项融入工地现场检查。二是完成国务院对上海保障农民工工资支付工作考核的迎检，上海市最终获评考核等级为最高等级——A级；三是加强劳务用工管理：推进劳务用工管理的实名制管理台账、人工费支付台账、工资支付台账"三本台账"制度，"三本台账"制度已成为建筑业劳务用工管理的基础性制度，并基本实现全覆盖；推行工资专用账户制度及农民工工资银行卡代发制度，建章立制并宣贯培训，在部分区域、大型国有施工企业中先行先试，重点推进。

【建筑建材业节能减排】建筑建材业落实建筑节能改造和建筑业资源回收利用，以推进行业环保节能减排。

建筑节能。强化既有公共建筑节能管理，开展超大型公共建筑能源审计摸底；推进大型公共建筑能耗监测平台建设，发布《公共建筑能耗监测系统管理办法》，开展能耗监测平台数据应用研究，提升能耗监测成效；完善建筑节能专项扶持资金申报系统，优化申报受理服务；完善既有居住建筑节能改造技术支持，发布《上海市既有居住建筑节能改造技术目录》，明确围护结构、照明、冷热源设备等六方面性能指标。

资源利用。修订发布《上海市建筑废弃混凝土回收利用管理办法》，明确市级相关管理部门责任分工，提出收集、运输、资源化利用等环节具体要求。上海石材协会发布《上海市建筑废弃混凝土再生处理临时场所建设与技术标准》，供再生处理临时场所对照整改和建设。建设建筑废弃混凝土回收利用信息系统，推广资源化利用建材产品应用，开展再生建材推广应用和综合示范专项工作，试点应用示范新型墙材、透水性路面砖、轻质板材等。推进粉煤灰、脱硫石膏综合利用。

2018年上海建筑建材业节能减排情况表

项目	单位	数值
公共建筑节能改造	万平方米	205
能耗监测系统覆盖建筑	幢	1687
面积	万平方米	7833
受理建筑节能专项扶持资金	万元	3100
商品粉煤灰使用量（含外省市）	万吨	137
可替代水泥	万吨	113
节约原材料成本	亿元	1.63
可少消耗石灰石	万吨	125
可少消耗黏土	万吨	29
可少消耗标准煤	万吨	15
二氧化碳减少排放	万吨	96
二氧化硫减少排放	万吨	0.19
氮氧化物减少排放	万吨	0.38
全市10家燃煤电厂脱硫石膏总排放量	万吨	64.58
综合利用量	万吨	63.25

【建筑信息模型技术】截至年底，上海应用建筑信息模型（BIM）技术的项目570个，比上年增加10%，初步实现"规模以上建设工程全部应用BIM技术"目标。其中，60%的项目在设计、施工两阶段应用

BIM技术；40%的项目设计、施工、运维全过程应用BIM技术。召开2018年BIM发展论坛，出台2018年上海BIM技术应用发展报告白皮书，编制《本市BIM技术推进新一轮三年行动计划（2018—2020年）》，明确未来三年BIM技术推进目标任务，出台《上海市保障性住房项目BIM技术应用验收评审标准》，出台《上海市预制装配式混凝土建筑设计、生产和施工BIM技术应用指南》，为BIM技术与装配式建筑的融合应用提供更具操作性的指导。

【绿色建筑】推进绿色生态城区建设，发布《关于推进本市绿色生态城区建设的指导意见》《绿色生态城区评价标准》。虹桥商务区核心区获颁国内首个最高星级运行标识，浦东前滩、普陀桃浦智创城、杨浦滨江南段、宝山新顾城、崇明区等区域启动试点创建。举办"上海市绿色建筑国际论坛"，发布《上海绿色建筑年度发展报告（2017）》，全面介绍上海绿色建筑建设管理、运行监管、节能绿色改造等情况。

2018年上海绿色建筑情况表

项目	单位	数值
获绿色建筑标识项目	个	105
建筑面积	万平方米	1022
累计通过审图的绿色建筑项目	亿平方米	1.51
标识项目	个	587
建筑面积	万平方米	4994
二星级以上标识项目	%	80+

【装配式建筑】2018年，土地出让环节落实装配式建筑2071万平方米，累计落实超过6000万平方米；预制构件设计产能达486万立方米，基本满足现有项目需求。强化关键性技术攻关，编制《装配整体式叠合剪力墙结构技术规程》《装配整体式混凝土建筑检测技术标准》。推动建筑装配化向工业化发展，修订《上海市装配式建筑示范项目创新、推广技术一览表》，聚焦建筑、结构、内装工业化、一体化设计、构件生产、施工阶段等方面，发布14项创新技术。成立全装修住宅工作推进小组，开展装配式全装修部品部件新技术推广、全装修住宅监管专项工作等课题研究。发布《上海市装配式建筑发展报告（2017）》《上海市全装修住宅发展报告（2017）》，综合分析上海装配式建筑、全装修住宅发展现状，为全面推进上海建筑工业化发展提供实践依据。上海市建设协会开展装配式建筑产业基地评选，新增7个市级产业基地；举办装配式建筑创新发展论坛，促进装配式建筑全产业链交流；设立横沙岛实训基地，开展灌浆施工人员考核管理、装配式建筑培训，举办首届装配式混凝土结构灌浆连接职业技能竞赛，该项目被列入中国技能大赛序列。

房地产市场

【概述】2018年，上海注重供应、需求双向调控，强化市场监管，完成商业办公项目集中清理整顿阶段性工作。房地产开发投资稳定，商品住房供应增加，销售平稳，价格稳中微降，商办销售逐步恢复正常化，市场运行平稳健康。

2018年上海房地产市场基本情况表

项目	单位	数值	比上年增长（%）
房地产开发投资	亿元	4033	4.6
占固定资产投资比重	%	52.9	−2（百分点）
住宅投资	亿元	2225.92	3.4
办公楼投资	亿元	692.71	7.9
商业用房投资	亿元	461.42	−8.9
房屋施工面积	万平方米	14672.37	−4.5
住宅施工面积	万平方米	7520.39	−6.2
房屋新开工面积	万平方米	2687.17	2.6
住宅新开工面积	万平方米	1473.17	5.0
商业办公楼新开工面积	万平方米	517.77	−22.3
房屋竣工面积	万平方米	3115.76	−8.0
住宅竣工面积	万平方米	1730.27	−7.1
办公楼竣工面积	万平方米	413.46	−15.7
商业用房竣工面积	万平方米	341.05	−12
新建房屋销售面积	万平方米	1767.01	4.5
住宅销售面积	万平方米	1333.29	−0.6
办公楼销售面积	万平方米	147.08	18.5
商业营业用房销售面积	万平方米	101.75	28.3
市场化新建商品住房成交面积	万平方米	589	2
二手存量商品住房成交面积	万平方米	1238	5
新建商品住房环比累计上涨	%	0.4	—
二手存量住房价格指数累计下跌	%	2.7	—

续表

项　目		单位	数值	比上年增长（%）
新建住宅平均销售价格		元/平方米	28981	—
内环线内		元/平方米	107730	—
内外环线间		元/平方米	54150	—
外环线外		元/平方米	20151	—
剔除保障性住房后	内环线内	元/平方米	108155	
	内外环线之间	元/平方米	74694	
	外环线外	元/平方米	37298	

【房地产市场调控】一是深化落实"控房价、稳市场"各项调控政策措施。实施"区三级审核、市备案复核"商品住房销售方案和"一房一价"审核制度，确保房价稳定；实行商品住房地价房价联动双控机制，引导土地理性竞价，实现调控下的土地资源市场化配置。二是抑制投资投机需求。出台《关于规范企业购买商品住房暂行规定》，遏制企业投机炒房行为，防止个人通过注册企业方式规避住房限购政策；通过技术手段强化境外个人购房审核，防止境外个人以双重身份购房以规避住房限购政策的行为。三是研究制定"一城一策"工作方案。按照"稳地价、稳房价、稳预期"的目标要求，研究起草上海房地产市场调控"一城一策"工作方案，建立促进上海房地产市场平稳健康发展的长效机制。

【房地产市场监管】一是强化市场监管。开展房地产市场秩序专项整治，规范商品房销售秩序，完善商品住房项目公证摇号排序、按序选房制度，并细化完善相关操作规则。二是完成商业办公项目集中清理整顿阶段性工作。全市307个商业办公清理整顿名单内项目全部结案，达到整治的目标任务，集中清理整顿工作转入日常管理和建立长效机制阶段。

【住房租赁市场】3月31日，上海市住房租赁公共服务平台上线试运行，同步印发《上海市住房租赁合同网签备案试行办法》；7月1日，住房租赁合同网签全面实施；9月20日，市房管局印发《上海市住房租赁公共服务平台业务技术规定（试行）》，细化住房租赁合同网签备案的操作规程，明确租赁合同网签的主体责任。住房租赁公共服务平台可租房源总量保持4万套（间）以上，日均更新逾2000套（间），平台访问量近1000万人次，通过平台网签住房租赁合同约10万件。

【房地产估价管理】市住房管理部门开发"上海市房地产估价报告网上备案管理系统"，印发《上海市房地产估价报告网上备案管理规定（试行）》，自7月1日起，上海对房地产估价报告实行备案。为规范房屋征收评估和征收评估估价报告的鉴定，维护房屋征收评估当事人的合法权益，修订《上海市国有土地上房屋征收评估管理规定》《上海市国有土地上房屋征收评估技术规范》《上海市国有土地上房屋征收评估报告鉴定若干规定》和《关于贯彻〈住房城乡建设部关于进一步规范房地产估价机构管理工作的通知〉的实施意见》；开展年度房地产估价机构检查和估价报告质量评审。

2018年上海房地产估价管理情况表

项目	单位	数值
房地产估价机构备案	家	47
行政处罚房地产估价机构	家	1
行政处罚房地产估价师	人	7
房地产估价机构	家	69
一级	家	37
二级	家	13
三级	家	5
分支机构	家	14
注册房地产估价师	人	1049
评估从业人员	人	1166

住房保障

【概述】2018年，上海围绕构建"四位一体""租购并举"的体系，加大住房保障供应，有序扩大住房保障范围。截至年底，全市新增供应保障性住房8.01万套，全面完成市政府明确的年内新增5.5万套的年度目标。出台《关于进一步完善本市共有产权保障住房工作的实施意见》，扩大共有产权保障住房受益面：在继续做好上海户籍中等或中等偏下收入住房困难家庭基本保障，保障力度只增不减、保障房源确保供应的基础上，有序将持证年限较长、学历层次高、符合上海产业发展导向、为上海经济社会发展作出贡献的非沪籍住房困难家庭纳入保障范围。出台《关于优化改善本市廉租住房审核配租管理有关措施的通知》，从压缩资格审核时限、优化配租办理流程、强化信息服务平台等方面优化完善廉租住房审核配租管理措施。

【廉租房】自1月1日起，上海市全面启动廉租住房新准入标准的受理审核工作，对符合条件的申请家庭做到"应保尽保"。

2018年上海廉租房情况表

项目		单位	数值
新增受理申请家庭		户	7446
比上年增长		%	51
新增配租家庭		户	5751
比上年增长		%	67
历年累计廉租受益家庭		万户	12.4
国家下达住房保障目标	棚户区住房改造新开工	万套	5
	基本建成	万套	4.6
	发放廉租租金补贴	万户	3.7
上海实际完成	棚户区住房改造新开工	万套	5.44
	基本建成	万套	4.87
	发放廉租租金补贴	万户	3.94

【共有产权保障房】审核完毕2017年（第六批次）受理的共有产权保障房申请，13个区第七批次的咨询受理启动，扩大共有产权保障住房受益面试点区（虹口、金山、松江）开始受理咨询。

2018年上海共有产权保障住房情况表

项目	单位	数值
审核第六批次申请	万户	3.92
符合条件的家庭	万户	3.38
完成选房的区	个	12
历年累计购房签约	万户	9.3
累计受理各类交易申请	户	555
购买政府产权份额	户	372
政府指定机构优先购买	户	183

【公共租赁住房】住房管理部门对接服务有整体租赁需求的重点企事业单位，明确政策措施，落实公租房房源，针对新来沪职工资格申请过程中暂不符合持有居住证、缴纳社保等准入条件的问题，出台相关政策，改进、优化审核配租机制。出台加快公租房高质量发展若干措施，推出公租房资格审核便利化、房源信息透明化、分配供应精准化、租赁管理智能化、配套服务人性化、租金定价科学化、退出管理规范化、考核管理常态化等八大措施，确保符合条件的在沪重点企事业单位及相关行业单位新就业职工及时享受公租房服务。

2018年上海公共租赁住房（含单位租赁房）基本情况表

项目	单位	数值
累计筹措房源	万套	17.5
累计供应房源	万套	12.6
签约出租	万套	11.2
入住	万套	10.3
入住家庭	万户	22.3

城市更新

【概述】为有序推进城市更新，上海深化城市更新"留改拆"工作研究。以坚持保护保留为前提，多渠道、多途径地改善居民居住条件，完善《关于坚持留改拆并举，深化城市有机更新，进一步改善市民群众居住条件的若干意见》相关配套措施和工作要求。重点开展全市居民卫生设施短缺情况的排摸统计、问题分析、经验总结、政策研究、目标任务制定。召开全市范围留改拆工作专题培训班，统一思想、明确工作目标和要求。一是全面完成旧区改造各项目标任务。2018年市政府下达的旧改目标任务是中心城区完成二级旧里以下房屋改造40万平方米，受益居民2万户。至11月底，提前完成年度目标任务40万平方米，受益居民2.06万户。二是推进风貌保护试点项目改造。确定静安区北站新城、张园地块，黄浦区福佑地块等风貌保护试点项目，静安区北站新城、黄浦区福佑地块实施房屋征收二轮征询，签约率分别达99.8%和98.8%，静安区张园地块于年内完成第一轮意愿征询。三是加强里弄房屋修缮改造。推进各类里弄房屋修缮改造，解决安全隐患，完善厨卫使用功能，各类里弄房屋修缮改造100余万平方米，受益居民3万户，涉及马桶增设更新改造近5000只，完成年度目标任务。四是创新改造机制和方式。开展春阳里历史风貌保护街坊内部整体改造试点、承兴里内部整体改造试点、金城里内部整体改造试点等。

【旧住房综合改造】结合小区综合治理、"补短板"等要求，各区加大旧住房综合改造推进力度，改善居民居住条件。根据上海住房发展"十三五"规划，"十三五"期间完成各类旧住房修缮改造5000万平方米，重点推进完善房屋安全和使用功能的成套改造、厨卫综合改造、屋面及相关设施改造等三类旧住房综合改造项目1500万平方米，受益居民约30万户，每年实施300万平方米，受益居民6万户。2018年，全市实施旧住房综合改造1000余万平方米，受益居民17万户，远超原定目标任务。

拆除重建改造。起草《上海市旧住房拆除重建项目实施管理办法》。在推进成套改造的同时，对于房屋本体条件差、无修缮价值、规划条件不具备、难以通过加层扩建方式实施成套改造的老旧住房，有序推进拆除重建改造试点。

既有多层住宅加装电梯。住房管理部门做好审批、指导、服务和协调，加大政策支持力度；发挥基层群众自治组织作用，鼓励第三方组织参与，引导支持第三方社会组织搭建协商平台，共同做好加装电梯的意愿征询、业主协商、矛盾化解等工作。试点开展以来，全市已有240幢房屋通过居民意见征询完成加装电梯计划立项，竣工运行51台，施工49台。

丰富改造实施内容。年内重点推进结合旧住房综合改造实施雨污混接改造，确定250万平方米的年度目标任务，实际完成400万平方米，超额完成任务。

工程精细化管理。制定《关于加强本市住宅修缮工程精细化管理工作的通知》，施行"三会制度""十公开制度"、市民监督员制度、后评估考核等各项群众工作机制，让工程项目全过程接受居民群众监督和社会监督，形成"专业监督、群众监督、社会监督"三位一体的住宅修缮工程监督机制。

迎进博会建筑立面整治。重点针对华夏、南北、延安、内环主要高架道路沿线建筑物外立面整治，按照《既有建筑外立面整治设计规范》中外立面附加设施、整治色彩设计和材料选用等各项要求推进具体项目实施。至10月中旬，涉及建筑整治项目市级清单的161处点位全部完成，成效良好。

【房屋征收】上海遵循"服务旧改、保障民生"，坚持"合理、平衡、可持续"原则，开展房屋征收补偿工作，加大存量拆迁基地收尾力度，推进房屋征收法治化、规范化建设，完善征收补偿相关政策，加强征收安置房源使用管理，建立补偿方案备案制度，建立住房管理部门与市高级人民法院及中级、初级人民法院行政庭共同研究房屋征收（拆迁）补偿业务的工作机制。

2018年上海房屋征收基本情况表

项目	单位	数值
发放国有土地房屋征收决定	个	38
涉及居民	证	15565
建筑面积	平方米	463516
完成征收居民	证	16215

续表

项目	单位	数值
建筑面积	平方米	524601
拆迁基地完成尾	块	62
剩余存量拆迁基地	块	71
解决拆迁拆迁户过渡	户	21039
占年度计划	%	102.1
解决逾期过渡	户	7236
占全市逾期过渡总量	%	36
培训房屋征收工作人员	人	3794
复训	人	3300
初训	人	494

【名镇名村保护与更新利用】一是编制产业规划。协调试点镇落实专业策划公司开展项目整体定位与业态规划等业务，差异化展现各古镇的历史传统和风貌特点。宝山区罗店镇被评为"中国历史文化名镇名村"，全市已有13个镇村入选"中国历史文化名镇名村"。二是推进动迁安置。重点推进松江区泗泾镇下塘村和浦东新区康桥镇沔青村2个试点项目。下塘核心历史文化风貌区完成居住户动迁签约329户，安置地块已开工，可安置居民690户；沔青村城中村居民动迁于5月底启动，共593户，签约率97%。三是落实文物修缮。基本完成风貌区内文物保护单位（点）及有保护价值的历史建筑的勘测、设计、造册，部分文保建筑实施重点维护和修缮。下塘风貌区投入约3亿元修缮安方塔、史量才故居、马相伯故居、马泗宾堂。

【城中村改造】自2014年以来，经上海市政府批准并确认改造方案的城中村项目共48个，城中村改造总体进展顺利。

2018年上海城中村改造情况表

项目		单位	数值
城中村改造项目		个	48
涉及村（居）民约2.45万户			
涉及企事业单位2300多家。			
采用合作改造方式的项目	项目数	个	38
	整体签约率	%	95
	完成动迁	个	7
	签约比例超过95%	个	23
	签约比例接近90%	个	3
	签约比例未达80%	个	2

续表

项目		单位	数值
采用土地储备或公益性项目改造方式的项目	项目数	个	10
	整体签约率	%	73
	签约率超过95%	个	7
	完成动迁	个	2
	形成净地并实施土地出让	个	1

续表

项目	单位	数值
新增电动自行车安全充电设施的小区	个	1084
二次供水设施改造	万平方米	3106
供水企业管水到表的小区	个	1666
完成雨污分流整治工程的小区	个	698
生活垃圾分类绿色账户	万户	658.06

【农村低收入户危旧房改造】截至年底，上海完成农村低收入农户危旧房改造172户。自2009年以来，全市农村危房改造累计受益农户约1.5万户，中央、市、区（县）三级财政补助资金投入约5亿元，市级补助标准按中央补助资金标准的两倍执行，区级补助原则上按市级补助标准配套。

物业管理

【美丽家园建设】3月9日，2018年市住宅小区建设"美丽家园"工作推进会议召开，总结2015—2017住宅小区综合治理情况，部署新一轮三年行动计划重点工作；将任务分解为补齐民生短板、完善物业市场机制、健全社区共治机制、优化综合治理体制四大类二十余项内容，由市联席会议与各区联席会议签署工作责任书。分层分级开展新一轮"美丽家园"三年行动计划宣讲，1.2万人参加培训；对浦东、宝山、闵行等9个区约1000名街镇分管领导及房屋管理机构工作人员进行房管业务工作规范培训，实现全市各区房办业务培训全覆盖；修订《上海市住宅物业管理规定》，11月22日，市人大常委会审议通过《关于修改〈上海市住宅物业管理规定〉的决定》。

【老旧小区改造】全市住宅小区房屋修缮及设施设备改造工程全面完成年度目标。

2018年上海老旧小区改造情况表

项目	单位	数值
三类旧住房综合改造竣工面积	万平方米	1046.30
里弄房屋修缮改造竣工面积	万平方米	120.84
一般损坏旧住房隐患处置	万平方米	679.73
改造更新安防监控系统的老旧小区	个	1679
安全评估老旧住宅电梯	台	2456
老旧住宅电梯修理改造更新	台	1741
改造消防设施设备的老旧小区	个	80
排查高层住宅消防安全隐患	幢	32365
消除住宅外挂结构及附属设施安全隐患	处	2261

【理顺物业行业监管体制】一是完善物业行业服务和管理标准体系。修订发布《上海市住宅物业服务规范》，修订居住物业服务规范（推荐性地方标准），编制印发《住宅小区公共区域环境清洁管理标准（试行）》等5个涉及住宅小区管理的城市综合管理标准，明确上海住宅小区管理底线要求。二是健全行业全过程监管体系。制定《关于开展物业服务企业"法人一证通"数字证书在物业管理监管与服务平台注册工作的通知》，推行物业服务企业诚信经营告知承诺制度；印发《关于加强本市住宅物业管理监督检查的通知》，加强全过程动态监管；修订《上海市物业服务业企业和项目经理失信行为记分规则》，强化企业及从业人员信用监管，提升物业行业事中事后监管效能。三是开展物业行业立功竞赛活动和文明行业创建。开展"最美物业人"评选、职业技能竞赛等行业立功竞赛系列活动；制定并印发《上海市物业管理行业创建文明行业三年行动计划》，启动物业行业文明行业创建；出台《上海市既有住宅小区门卫室和管理处规范化建设指导意见》，截至2018年底，2470个小区完成主要出入口门岗和物业管理处规范化建设。

【健全社区自治共治机制】提高大型居住区业委员会组建率，超额完成40%的年度目标；符合条件的业委会中成立党的工作小组；符合条件的居委会成员兼任业委会成员；建立街镇对专业社会服务组织工作评价方案，全市各区均已制定方案，并将评价结果作为政府购买公共服务的重要参考依据。

2018年上海社区自治情况表

项目	单位	数值
符合业委会组建条件的大型居住区	个	216
组建业委会	个	189
组建率	%	88
符合成立党的工作小组条件的小区	个	2924
成立党的工作小组的小区	个	2916
完成率	%	99.7
符合居委会委员兼任业委会委员条件的小区	个	2153
完成率	%	100

2018 年大事记

1 月

10 日　上海市建设交通工作党委召开"不忘初心、牢记使命，勇当新时代排头兵、先行者"大调研动员部署会，深入贯彻落实市委会议精神，启动建设交通系统大调研有关工作。

26 日　上海市住建委召开本市重要建材供应信息报送宣贯会。规定自 2018 年 3 月 1 日起上海市新建改建和扩建房屋建筑工程，实施重要建材信息报送制度。

2 月

18 日　上海市政府办公厅印发《关于建立完善本市生活垃圾全程分类体系的实施方案》。明确要建立生活垃圾分类投放、分类收集、分类运输、分类处理的全程分类体系，逐步解决"混装混运"等问题。

22 日　上海市政府召开进一步深化社会投资项目审批改革宣贯动员大会，就贯彻落实《进一步深化本市社会投资项目审批改革实施办法》相关工作作出部署。

3 月

1 日　上海市政府门户网站"中国上海"网上政务大厅设立的"上海市建设工程联审共享平台"正式上线。社会投资项目各项手续的一口申请、受理、审批、答复、发证等全流程实现了网上在线办理。

8 日　上海召开架空线整治和管理工作联席会议，正式启动全市架空线入地及合杆整治，逐步消除"黑色污染"。

4 月

1 日，根据《上海市住房和城乡建设管理委员会关于进一步优化全市建筑工程施工许可审批和推行电子证照的通知》，在上海市范围内实行建筑工程施工许可证电子证照。

5 月

9—11 日　住房城乡建设部节能科技司副司长倪江波带领部建筑节能和绿色建筑检查组对上海市建筑节能、绿色建筑、装配式建筑等工作进行专项检查。

6 月

1 日　根据国务院《物业管理条例》《上海市住宅物业管理规定》并结合上海市实际制定的 2018 版《上海市住宅物业服务规范》施行。

28 日　2018 年上海市"拆违热线·无违创建进行时"圆满结束。此次活动自 6 月 19 日启动，市、区两级拆违部门领导共接听违法建筑举报 188 个，涉及 201 个点位。整个拆违热线期间，12319 热线共受理市民违法建筑诉求 2434 件。

7 月

上海市住建委部署推进建筑物外立面及附件设施管理工作，出台《关于进一步加强本市主要道路两侧建筑外立面及附加设施综合管理的通知》。

8 月

31 日　上海市住房城乡建设管理委、市发展改革委和市规划国土资源局组织召开上海市工程建设项目审批制度改革试点工作宣贯动员大会。会议详细解读了《上海市工程建设项目审批制度改革试点实施方案》，《方案》于 9 月 1 日起在上海市试行。

9 月　住房城乡建设部工程质量安全监管司一行来市住建委进行超限高层建筑工程抗震设防审查工作调研，7 位上海市超限高层建筑工程抗震设防审查专家委员会专家、5 家建设单位和 5 家设计院参与会谈。

6 日　上海市政府办公厅发布《关于推进本市绿色生态城区建设的指导意见》。

10 月

8 日　上海网上办理提取住房公积金支付房租业务正式上线。

11 月

2018 中国技能大赛——装配式混凝土结构灌浆连接项目职业技能竞赛在沪举行。

30 日　住房城乡建设部城建司司长张小宏带队来沪调研生活垃圾分类工作推进情况及全国垃圾分类现场会准备情况。

12 月

31 日　上海市松南郊野公园试开园。

（上海市住房和城乡建设管理委员会）

城 乡 规 划

【概述】2018 年，上海深入推进新一轮总体规划实施、深化高品质的城市有机更新和历史风貌保护等规划重点工作，充分发挥规划引领作用和土地保障作用，提高精细化管理水平，以规划资源管理方式转型促进城市发展方式和社会治理方式转变。

全面实施新一轮城市总体规划。2018 年 1 月 15 日，市委、市政府举行实施动员大会，全面推进"上海 2035"实施。按照市委、市政府工作要求，建立"1+3"的总规实施总体工作架构，系统化、项目化、动态化推进总规实施。"1"是完成《中共上

海市委 市政府关于全面实施〈上海市城市总体规划（2017—2035年）〉的意见》，作为指导全市各方面实施总规的纲领性文件，已于2018年7月31日正式印发（沪委发〔2018〕19号）。"3"是按照19号文要求，同步做好"第七次规划土地工作会议"筹备、各类规划编制深化、长三角区域规划协同等三方面工作。

优化"多规合一"空间规划体系。根据"上海2035"确定的空间规划体系，推进各层次各类规划编制，从空间维度分解落实"上海2035"的目标、指标和策略。一是浦东新区和郊区各区总体规划暨土地利用总体规划。区总体规划是各区未来20年发展的战略蓝图，肩负"承上启下、统筹协调"的任务，是贯彻落实中央"一个市县、一本规划、一张蓝图"，实现"多规合一"的重要平台。按照区总体规划的编制工作节奏，《上海市崇明区总体规划暨土地利用总体规划（2017—2035）》于5月11日获市政府批准（沪府〔2018〕40号），《上海市宝山区总体规划暨土地利用总体规划（2017—2035）》、《上海市闵行区总体规划暨土地利用总体规划（2017—2035）》均于12月25日获市政府批准（沪府〔2018〕89号、沪府〔2018〕90号）。松江区、青浦区、金山区和奉贤区总体规划于2018年12月14日通过市规划委员会全体会议审议。二是主城区单元规划。中心城以行政区为单位、主城片区以片区为单位编制单元规划，强化战略目标导向下的公共利益保障和城市品质提升。2018年重点推进浦东新区（外环线以内中心城部分）、黄浦等7个中心城区和虹桥主城片区单元规划，已形成稳定成果。三是新市镇总体规划暨土地利用总体规划。镇总规是统筹全镇域资源配置、加强公共服务保障、推进城乡一体化发展的重要平台。按照市政府城乡一体化工作部署，逐步推进新市镇总规全覆盖，实现"一个镇、一本规划"。制定完成《上海市新市镇总体规划暨土地利用总体规划编制技术要求和成果规范（试行）（2018年12月修订）》，并于12月7日印发。加快推进14个新市镇总规的编制审批工作，其中12个新市镇总规完成了成果上报，2个新市镇总规完成了规划草案编制。

开展长三角区域规划协同。按照国务院在"上海2035"批复中提出的"充分发挥上海中心城市作用，加强与周边城市分工协作，构建上海大都市圈"的要求，根据市委、市政府工作部署，开展区域规划协同工作，重点推进上海大都市圈空间协同规划编制、长江三角洲区域规划协同机制研究和跨省城镇圈规划编制等三项工作：一是上海大都市圈空间协同规划编制。《上海大都市圈空间协同规划》重点研究都市圈内功能网络完善，加强都市圈基础设施统筹，推动生态环境共建共治，形成多维度的协同治理机制。在充分调研基础上，制定了《上海大都市圈空间协同规划编制工作方案（征求意见稿）》。工作方案提出了规划范围，并明确目标任务、成果要求、技术路线、组织保障等工作核心内容。二是跨省城镇圈规划编制。为进一步加强邻沪地区的跨行政区统筹，"上海2035"提出构建3个跨省城镇圈，加强规划共同研究编制。2017年起，按照"共同编制、共同认定、共同指导下位规划编制、共同监督实施管理"的工作原则，完成三个跨省城镇圈空间协同规划编制，均已形成规划成果。其中，金山枫泾—松江新浜—嘉兴嘉善—嘉兴平湖城镇圈协同规划已于2018年10月14日由市规划资源局会同嘉兴市政府、松江区政府、金山区政府联合批准（沪规划资源总〔2018〕63号），崇明东平—南通海永—南通启隆城镇圈、嘉定安亭—青浦白鹤—苏州花桥城镇圈规划成果得到各方认可，进入跨省联合审批程序。三是长三角区域规划协同机制构建。为推进各个层次的区域规划协同工作，形成稳定的工作机制，制定形成《长三角区域规划协同机制（征求意见稿）》。按照平等协商、对等约束、依法治理、合作共赢的原则，从长三角区域、上海大都市圈、邻界地区三个层面，推进构建贯穿规划编制与认定、实施与监督、维护与评估全过程的机制。

推进乡村规划编制，促进城乡一体化。强化农村人居环境整治，聚焦江南水乡特色和大都市城郊型乡村特点。一是出台指导文件。全面梳理研究乡村功能定位、空间格局、产业导向、生态治理、人文风貌等关键问题。11月，印发《上海市乡村规划导则》（沪规土资乡〔2018〕681号）。制定郊野单元（村庄）规划编制技术规范，指导乡村建设和国土空间整治。强化乡村风貌设计引导，11月，印发《上海市郊野乡村风貌规划设计和建设导则（一）》（沪规土资乡〔2018〕688号）和《上海乡村设计师手册》，为乡村规划建设提供全流程智力支撑。二是推进规划编制。按照市委、市政府明确的规划编制时间表和路线图，锁定目标、聚焦重点、强化协调，加快推进村庄布局规划、郊野单元（村庄）规划、乡村振兴示范村等规划编制。

加快推动城市有机更新。按照市委、市政府全面开展城市更新、加强风貌保护的总体工作要求，以风貌保护为重点，持续开展"魅力风貌、创新园区、共享社区、休闲网络"四大更新行动,积极推进试点工作,加强政策研究和经验总结。一是加强更新试点和项目推进,2018年共完成30个城市更新项目控详规划审批,以存量产业用地增容和存量工业用地转型研究为主(16个)。二是开展更新课题专项研究,重点开展了《城市更新实施与投融资机制创新研究》《老旧住区更新改造研究》《工业转型区规划和开发机制研究》《风貌区城市更新研究》《社区规划师制度研究》等5个更新相关课题研究。

拓展历史风貌保护工作。一是以普查摸家底,进一步拓展保护范围,开展了中心城区外环内50年以上建筑普查,基本摸清了历史建筑的家底。二是以规划落要求,明确保护对象和保护要求,以"上海2035"总规为引领,开展上海历史文化名城保护规划编制和风貌保护街坊规划评估。三是以政策助利用,促进保护更新与旧区改造有机结合,陆续制定了历史风貌成片保护分级分类管理办法、深化城市有机更新促进历史风貌保护工作的若干意见及配套实施细则,为风貌保护工作的开展提供了强有力的政策保障。四是以试点促实施,结合项目形成示范效应,按照"一地块一方案"的要求制定实施方案,确保风貌保护项目有效落地。五是以立法做支撑,结合历史文化风貌区和优秀历史建筑保护条例修订,固化保护机制政策。六是以参与聚共识,凝聚全社会保护力量,高度注重保护宣传工作,结合每年中国文化和自然遗产日,举办风貌保护和城市更新优秀案例展览等系列活动,促进保护工作良性发展。

【重要专项规划】 上海市海绵城市专项规划。2016年5月起,组织开展《上海市海绵城市专项规划(2016—2035)》编制工作,2018年3月21日,市政府批复该规划(沪府〔2018〕21号)。规划明确要以建设"韧性城市、水和谐城市、生态文明城市"为发展目标,按照水生态、水环境、水资源、水安全四方面规划控制要求,指导全市海绵城市建设。

上海市污水处理系统及污泥处理处置规划。加快构建和优化水环境治理体系,开展《上海市污水处理系统及污泥处理处置规划(2017—2035年)》编制工作。12月10日,市政府批复该规划(沪府〔2018〕85号)。规划提出至2035年,全市要全面实现城乡污水管网全覆盖、点源污染全收集全处理、面源污染综合治理、水泥气同治,构建符合超大型城市特点和规律的标准领先、功能完善、安全可靠、环境友好、智慧高效的水环境治理体系。

【重大项目专项规划】 上海市轨道交通机场联络线选线专项规划。轨道交通机场联络线是"上海2035"总体规划确定的轨道交通市域线网络中的东西向骨干线路,主要功能为实现浦东国际机场与虹桥机场之间的快速联系,加强线路沿线上海东站、浦东国际机场、国际旅游度假区、张江科学城、虹桥枢纽等重点功能区的轨道交通服务水平,并通过预留与国铁网络以及长三角城际网络的互联互通条件,提升上海市域对长三角地区的区域辐射功能。8月30日,市政府批复该专项规划,明确了轨道交通机场联络线各项规划和用地管控要素,为项目启动建设创造了条件。

省界断头路项目相关专项规划。为加快推进长三角一体化建设,打通省界断头路,于2018年间完成了包括嘉定区城北路、青浦区东航路、金山区朱吕公路等6条道路的专项规划编制与审批工作,有效推动了相关区域的交通一体化建设。

【重点地区规划】 为落实市委市政府的重要发展目标和重大决策,积极开展科创中心、老旧工业区、重点生态文化地标以及重点城市功能区等一系列重点区域的规划研究。

推动一江一河规划建设管理提升。以建设具有全球影响力的世界级滨水区为目标,在开展现状评估、国际对标、专题研究、三维平台建设等工作基础上,一是研究形成《关于提升黄浦江、苏州河沿岸规划建设工作的指导意见》《黄浦江沿岸近中期行动规划》《苏州河沿岸近中期行动规划》,并经市政府审议通过,从规土政策、政企联动、建设营造等方面明确世界级滨水区建设的顶层设计。二是完成苏州河(中心城段)滨水贯通规划方案,为实现2020年苏州河沿岸公共空间贯通提供规划支撑。

加强科创中心建设。根据市政府批准的《张江科学城建设规划》,进一步提高科创中心城市服务能级,推进重大科学设施选址落地和科创配套设施建设,开展了张江副中心首轮启动区、张江复旦国际创新中心、交大医学院、孙桥国际社区单元(西片区)、张江科学城康桥工业区租赁房等一系列控详规划编制和审批。

推动老旧工业区转型升级。根据市委、市政府加快五个重点区域转型升级的要求和发展时序安排,重点推进吴淞和南大地区的转型规划研究,其中吴淞地区重点在完善转型建设发展规划同时开展先行启动区的规划研究;南大地区重点在开展概念城市设计的基础上,推进控详规划编制研究。

塑造生态文化新地标。重点推进世博文化公园和国际旅游度假区西片区的规划编制。世博文化公园完成控详规划局部调整暨地下空间一体化规划。国际旅游度假区西片以提升国际旅游度假区周边区城市环境、推进"城中村"改造、保护横沔老街历史风貌为重点,开展规划编制与审批。

加强城市功能完善。为进一步提高城市服务能级,结合各区发展重点,主要推进了浦东金桥副中心、虹口北外滩地区、普陀真如副中心、杨浦中北段等区域规划编制与研究,完善各区城市功能,提高空间环境品质。

【地名管理】一是完成上海市第二次全国地名普查主体工作。按照国务院地名普查办总体要求,结合上海实际,完成《上海市第二次全国地名普查实施方案》中第三阶段的全部工作任务,包括完成全市地名普查成果完善、上报、汇总工作,建立市、区两级地名普查档案,通过国务院地名普查办的检查验收。进行地名普查成果转化工作,制定普查成果转化利用规划,积极开展地名文化产品制作工作。二是开展进口博览会道路名称整治工作。为迎接首届中国进口博览会,提升上海的城市地名公共服务水平,树立上海精细化管理的形象,9月,对全市道路名称,尤其是国家会展中心地区进行重点整治工作。利用普查数据,开展"大洋怪重"排查工作,建立同名道路名录,建立重要地名更名专家咨询与公示制度,依法、有序推进整改工作。三是推进地名管理信息化。基于地名普查数据开发了上海市地名管理数据系统,作为地名管理的辅助决策系统。按照全市一网通办、局全网办工作要求,升级优化上海市地名审批系统,全面实现网上办公。提出适应地名普查、行政审批、地名管理、地名服务、地名文化建设需要的地名信息化工程目标与实现路径。

(上海市规划和自然资源局)

绿化市容

概况

2018年,上海市绿化市容行业认真贯彻落实党的十九大精神,以习近平新时代中国特色社会主义思想为指导,攻坚克难,开拓进取,圆满完成2018年各项任务。

【生态环境质量持续提升】2018年造林7.55万亩,绿地建设1306.9公顷,其中公园绿地811.3公顷,完成绿道223.9公里,立体绿化40.4万平方米,湿地保有量稳定在46.46万公顷,森林覆盖率达16.8%。松江松南郊野公园试开园,本市7座试点郊野公园已全部开园运营。累计创建命名221条林荫道。195座公园实施延长开放,完成西康公园等5座公园改造和167座公园星级评定,完成10条绿化特色道路创建工作,建成90个街心花园。全市城市公园总数达到300座,公园分级分类管理成效明显,延长开放时间已达195座,开办园艺讲座300场,全年本市公园游客量达到2.58亿人次。深化安全、优质、信得过果园创建,实现69家"安全优质信得过果园"果品追溯全覆盖。

【垃圾综合治理不断深化】完善生活垃圾全程分类体系,静安、长宁、杨浦、松江、奉贤、崇明第一批整区域推进六区基本实现垃圾分类全覆盖,本市生活垃圾分类及绿色账户累计覆盖已达650万户居民。全市开展单位生活垃圾集中检查11726家,发出整改通知单836张,党政机关、事业单位垃圾分类示范作用逐步发挥效应。完成两网融合回收服务点建设3374个、中转站建设93个,两网融合收运体系初步建成。完成道路废物箱分类标识规范化更新4万余个、定时定点垃圾箱房改造9700个,喷涂湿垃圾收运车782辆,配置有害垃圾运输车16辆。全市已形成干垃圾焚烧处理能力1.33万吨/日,生活垃圾填埋能力1.54万吨/日,湿垃圾处理能力4650吨/日。推进全市8座湿垃圾集中处理设施、7座生活垃圾焚烧设施、12座建筑垃圾资源化利用设施和1座综合填埋场建设。本市建筑垃圾申报总量7200余万吨。完成南汇东滩N1库区外海临时码头建设,启动实船试靠工作。

【市容环境保持整理靓丽】完成"补短板、治五乱"三年专项行动锁定的3268处治理单元,完成全市42处无序设摊中度污染点的治理任务,继续推进81处临时管控点、84处临时疏导点的管理规范提升和硬件改造提升。拆除违法户外广告设施2698块,拆除违规电子显示屏33块、各类走字屏1362块。拆除有安全隐患的广告招牌2.3万余块,拆除违法、违规设置的广告招牌1.2万余块。按照"一店一档"要求建立31万余块户外招牌设施基础信息。完成4座跨江大桥、杨浦大桥至南浦大桥两岸388栋重要建筑、16座码头灯光、近20公里岸线景观照明改造提升。全市新建环卫公厕45座、改建253座、增设第三卫生间102座,550余座公厕实行24小时开放,环卫公厕布局不断优化。

【行业发展基础愈加扎实】以生态文明建设为龙头,坚持强基础、重管理、充分发挥规划引领、法治保障、科技信息等支撑保障作用,不断夯实行业发展基础。成立"城市困难立地生态园林国家林业局重点实验室""国家林业局虎保护中心上海研究基地"和"上海思创绿化科技成果转化应用促进中心",积极开展对外合作交流。组织开展"不忘初心、牢记使命"大调研活动,共开展调研423次,对象覆盖企事业单位、社会组织、社区居民、农户等共计772家;发现问题476个,初步解决问题437个,解决率为91.8%;收到工作建议224条,采纳153条。2018年组织媒体专版60余个、电台专栏报道50余期。"绿色上海",粉丝近10万;政务微博粉丝达到32.5万,组建了7支生活垃圾分类志愿者队伍。推出供市民认养的绿地109万平方米,树木6.3万棵,古树名木251棵及各种果树6300余棵。市民诉求处置能力不断提高,受理处置各类投诉29408件,时办结率达100%。

绿化林业

【概述】全市加大绿化造林,新造林7.55万亩,森林覆盖率达到16.8%。全市绿地结构进一步完善,绿道体系初具规模,绿化系统布局趋于合理,完成绿地建设1307公顷,绿道建设223.9公里,立体绿化建设40.4万平方米,湿地保有量稳定在46.46万公顷。

【生态环境建设】围绕市级重点生态廊道、崇明世界级生态岛、环境综合整治区域,加大植树造林力度,落实新造林土地7.55万亩。森林覆盖率达16.8%。17条(片)市级重点生态廊道完成地块梳理并启动实施,其中老港、天马、外冈处理厂和金山化工区周边,以及沪芦高速等5廊(片)市级重点生态廊道启动实施,吴淞江(闵行、嘉定段)、绕城高速(浦东、宝山段)等2廊部分区段启动实施,落实造林1.2万亩,累计落实造林4.19万亩,完成生态专项18公顷建设任务。加快推进崇明生态岛建设,基本完成花博会总体方案编制。

【绿地建设】绿地建设重点突出、亮点明显,呈现一批景观特色明显的公园绿地,如浦东森兰楔形绿地50公顷、张家浜楔形绿地30公顷、滨江森林公园二期10公顷、徐汇桂江路绿地四期3.4公顷、油罐艺术公园二期2.2公顷、长宁中新泾公共绿地2.9公顷、闵行文化公园四期5公顷、宝山康家村楔形绿地5公顷、青浦环城水系工程(一期)C段10公顷、奉贤庄行公园4.98公顷、上海之鱼青年艺术公园7公顷、上海之鱼雕塑公园4.87公顷、嘉定蔍园17公顷、松江广富林郊野公园新建绿地42公顷、崇明宝岛路东侧绿地8.3公顷等。

【绿道建设】2018年,全市绿道建设超额完成指标(200公里),共建成绿道224公里,包括黄浦滨江绿道、静安彭越浦绿道(汶水路—灵石路)、长宁外环生态绿道、杨浦滨江绿道、闵行龙吴路(景联路—江川东路)绿道、松江广富林郊野公园绿道、嘉定新城环城林带绿道、奉贤金汇港半马绿道、青浦环城水系(一期)绿道等多个项目。目前,全市绿道累计建成总量约671公里。

【郊野公园建设】松江松南郊野公园试开园,目前全市共有7郊野公园(廊下郊野公园、长兴岛郊野公园、青西郊野公园、浦江郊野公园、嘉北郊野公园、广富林郊野)建成运行。制定《上海市郊野公园运营管理办法》,完成《上海市郊野公园规划设计导则》修编。

【绿化"四化"建设】制定《关于落实"四化"提升本市绿化品质的指导意见》,启动编制绿地、森林"四化"(绿化、彩化、珍贵化、效益化)规划方案,开展技术储备与研究,结合生态廊道建设和林地抚育等。在国家会展中心会场周边绿化提升项目中先行先试,加大开花、色叶乔木及花灌木的应用比例。

【特色街区建设】为提高本市绿化特色街区设计、施工、管理水平,编制《上海市绿化特色街区建设技术导则(试行)》。推进8个绿化特色街区建设中,已完成虹口东长治路、闵行吴泾·永德、江川路、安宁路、崇明城桥镇绿地商业街等5个绿化特色街区建设。

【街心花园建设】编制《上海市街心花园建设技术导则》,建成90个街心花园。如黄浦建成以"司马秤、盘桃会"为寓意的小桃园街心花园,营造出桃花烂漫、灼灼芳华的特色花卉景观;虹口建成以"雏菊美虞—禅意谐趣"为主题的昆明路唐山路路口街心花园;闵行建成以开花地被为特色的G50北航东路西街心花园等。

【林荫道创建】完成24条林荫道创建命名工作,全市林荫道总量达到221条。

【绿化特色道路】制定《上海市绿化特色街区建设技术导则(试行)》完成10条绿化特色道路创建工作。绿化特色得到显现,如静安万荣路以小叶椴、樱花和月季为特色,虹口新建路以樱花、月季为特色,杨浦邯郸路以加拿大紫荆、豆梨、丁香和紫娇花为特色。

【申城落叶景观道路】2018年,"落叶不扫"景观道路已再次调整扩容增至34条。自2013年起,申城道路保洁和垃圾清运行业开始打造落叶景观道路,徐汇区余庆路、武康路率先尝试对部分道路"落叶不扫",成为申城一道独特风景,受到许多市民点赞。

【花卉景观布置】 围绕3个市级核心区域、8个市级重点区域以及13条市级重点道路加大花卉布置数量。进博会期间,全市布置花坛花境约21.9万平方米、组合容器3.4万组以上、灯杆花球3700只、主题绿化景点88个、单季用花量1300万盆以上,延安路高架、南北高架、延西立交及虹桥枢纽等沿口地段摆放花箱约6.3万箱,人民广场喷水池"秋实满园"、陆家嘴环岛"珠联璧荷"、外滩外白渡桥南侧"扬帆起航"三个大型立体花坛也都各具特色。指导完成申贵路、申虹路、北翟路泾力西路等12块抛荒地约160万平方米的临时绿化、自然花海布置。累计完成绿化整治426.4万平方米,新建绿地48.5万平方米,行道树补种2083棵,行道树设施更新23556套。

【园林街镇创建】 浦东塘桥街道、洋泾街道获评市级园林街镇。其中,塘桥街道以"绿地布局合理、环境生态宜居、文化特色突显"为创建主线,洋泾街道以"打造可共享的绿色生态 创建有温情的园林街镇"为创建目标。

【新增城市公园57座】 加强分类分级管理,完成本年度城市公园名录调整工作并正式发文。新纳入城市公园57座,全市城市公园总数达到300座。

【公园分类分级管理】 完成西康公园等5座公园改造,完成167座公园星级评定。其中五星级公园28座,四星级公园33座,三星级公园100座,二星级公园5座,基本级公园1座。

【公园主题活动】 各大公园组织开展了丰富多彩的主题活动,举办上海国际花展、上海国际兰展、第16届全国梅花蜡梅展、第13届全国菊花展。全市形成以梅花、玉兰、郁金香、洋水仙、风信子、海棠、牡丹、月季、杜鹃、荷花、睡莲、桂花、八仙花、紫藤花、桃花、水仙等特色植物展,丰富了市民的文化生活,同时也提升了公园的园艺水平。2018年共开办园艺讲座300场,本市公园游客量达到2.6亿人次。

【公园延长开放】 推进全市公园实施延长开放,全市共195座公园纳入延长开放,占在册公园总数80%。其中,2018年延长开放的公园76座,全年全天开放的公园43座。

【园艺大讲堂】 上海公园"园艺大讲堂"活动已连续开展三年,已在全市16个区建立了50余个教学点,开设了涉及家庭养花、多肉栽培、艺术插花、花园管理、盆景赏析、绿化科普等方面的70余门课程。2018年共办了300多场授课活动,直接参与人数达1万余人。

【古树名木管理】 制定发布《上海市古树名木和古树后续资源鉴定标准和程序》和《上海市古树名木和古树后续资源死亡注销程序》。完成金山、嘉定2个古树保护示范点及7个区9个抢救复壮点的建设任务,涉及38株古树名木及古树后续资源,古树生长环境得到了改善。开展古树生长势与环境监测,在2017年的8株千年古银杏的基础上,又增加了45个古树群的监测点。

【全民义务植树】 2018年,推出供市民认养的绿地109万平方米,树木6.3万棵,古树名木251棵及各种果树6300余棵,通过网络预约,市民可以随时、就近进行认建认养,进一步拓展了义务植树尽责新形式。

【绿化大篷车活动】 市民绿化节品牌活动不断丰富,2018年"绿化大篷车"品牌活动累计在全市16个区的大、中、小学,幼儿园及爱心暑托班开展50余场活动,共有8350名学生直接参与。

【森林资源管理】 进一步完善林地生态补偿机制,从严开展生态补偿考核。全面推进森林资源一体化监测,并通过国家评审,环城绿带精细化养护水平进一步提升,实现了森林资源管理精细化的目标。率先完成了崇明、嘉定和宝山三区存量森林资源更新。加大林地管控力度,严格征占用林地审批,实行行政审批批后监管全覆盖。

【有害生物监控】 完成了上海报检管理系统升级,新增植物检疫网上申报、业务数据共享的内容。编制《上海市林业有害生物普查名录》,加强美国白蛾等重大有害生物监测与防控。

【森林防火演练】 加强森林防火监测巡查,组织开展打击涉林违法犯罪专项行动,共处置违法行为15起,其中实施行政处罚2起,涉林180.61亩。组织编制《上海市森林经营规划》并通过评审;积极推进林地抚育,开展林下种植试点建设,落实奉贤区林下种盐碱花灌木种植等6个试点项目。

【经济果林】 本市目前共有经济果林总面积23.5万亩,投产面积为22.4万亩,其中桃的投产面积为6.6万亩,葡萄为5.9万亩,梨为2.6万亩,柑橘为6万亩。作为城市森林的重要组成部分的经济果林,不仅为市民生活提供了优美环境,而且为农民增收、农业增效发挥了重要作用。

【果园创建】 2011年,本市林业部门启动了"安全优质信得过果园"的创建工作。2018年,全市已有69家果园被评为"安全优质信得过果园",且分布于沪郊各区。其栽培的树种则涵盖了桃、梨、葡萄、柑橘、蓝莓、猕猴桃、枣、银杏等多种林果。

【公益林养护】"家庭林场"养护模式成为上海生态林养护新尝试。2018年，已有松江、嘉定部分乡镇实行了家庭林场养护模式；崇明、金山、奉贤、青浦的新建林地推行林地市场化养护，各区探索有特色的、多元的林地市场化养护模式。

【林地管控】从严监管林地，全面建立林地占补平衡机制，规范公益林征占用行政审批，实行100%事后监管。开展全市涉林违法线索有奖举报工作，组织开展了本市严厉打击非法占用林地等涉林违法犯罪专项行动，全市共出动检查人员336人次，检查车辆230余辆次，市级工作组检查20亩以上减量林地小班142个，20亩以下233个，发现涉嫌违法小班15个，涉及林地面积180.61亩。

【涉林违法专项稽查】为贯彻落实国家林业局《关于开展"规范林业执法行为 提升林业执法能力"的专项行动的通知》（办策字〔2018〕7号）文件的相关精神，市林业局对全市9个区开展为期两个月的专项稽查。稽查行动期间，实地踏查324个小班，总计6768.83亩林地。其中，闵行区检查林地小班21个，831.63亩；宝山区检查林地小班24个，750亩；嘉定区检查林地小班27个，486.96亩；浦东新区检查林地小班110个，2580.34亩；金山区检查林地小班23个，97.11亩；松江区检查林地小班35个，514.43亩；青浦区检查林地小班27个，共674.14亩；奉贤区检查了林地小班28个，622.16亩；崇明区检查林地小班29个，212.06亩。

【林下种植】建成奉贤区林下耐盐碱花灌木种植试点项目；与农科院对接，完成崇明建设镇菇林源、瑞华果园和前卫园艺公司三块基地林下种植羊肚菌、大球盖菇等经济价值高的食用菌新品种种植。完成崇明宿新镇林下种植中草药、浦东老港林下种植花灌木等五个试点的专家评审。

【乡镇林业站建设】上海市共有104个涉林乡镇，已建立国家级标准化林业站9个，市级标准化林业站在建36个，2018年已完成9家标准化乡镇林业站验收工作，验收全部合格。

【野生动植物进出口许可】依法审批完成近3000项CITES物种、国家重点保护野生动植物进出口许可，涉及单位200余家，进出口总金额超过25亿元。另全市共完成150项国家重点保护野生动植物或其产品驯养繁殖、收购出售和经营利用的监管，涉及金额1.81亿元。

【野生动植物巡查巡护】加强野生动物重要栖息地的巡查巡护，严厉打击候鸟等野生动物资源的非法贸易，联合文物、公安等部门妥善处理了5起涉嫌违法拍卖象牙文物的事件，与上海市文物部门建立象牙文物拍卖联合应对管理机制。其中，青浦184条球蟒刑事案件，获得公安部的明电表彰。组织实施本市野生动物保护志愿者巡护专项，项目开展以来，志愿者共计巡查40次，拆除捕鸟网300张，解救鸟类100余只，通过志愿者巡护，建立了"区级保护管理部门＋志愿者"的联动应对机制。

【重大疫源疫病防控监测】做好野生非洲猪瘟、高致病性禽流感等陆生野生动物疫源疫病监测防控和主动预警工作。2018年，完成了全市直报系统的调试和应用，实现全市57个监测站区域位置和巡查路线的GPS信息录入。与上海市农业科学院合作开展上海地区蛇蛙类寄生虫感染风险评估项目，开展蛙蛇类体表及体内寄生线虫、绦虫、吸虫、棘头虫的检测工作。开展本市重要疫源物种的卫星跟踪工作，通过卫星追踪，了解上海地区野鸟禽流感的传播路径。

【濒危物种】继续做好大熊猫、朱鹮、孟加拉虎、犀牛等濒危物种的管理及相关工作。目前本市共有12头大熊猫，其中上海动物园2头，上海野生动物园10头。津巴布韦赠送的2头非洲狮健康良好并已经生育幼狮1头，津巴布韦驻华大使对此高度肯定；日本回国的4羽朱鹮健康状况良好，部分朱鹮已经配对繁育；云南省赠送的2头孟加拉虎健康状况良好并产下4只幼虎，健康状况良好。配合国家林草局积极做好尼泊尔赠送中国2头亚洲犀的接收工作，目前2头犀牛健康状况良好。

【上海市崇明禁猎区管理规定】3月26日，《上海市崇明禁猎区管理规定》经市政府第6次常务会议通过，该规定自2018年5月15日起施行。明确了禁止使用弓箭（弩）、射钉枪、捕鸟器、捕蛇夹等猎捕工具和方法猎捕野生动物；禁止食用国家重点保护野生动物及其制品，以及没有合法来源证明的非国家重点保护野生动物及其制品；餐饮服务提供者不得以上述野生动物及其制品的名称、别称、图案为内容，制作招牌或者菜谱等。

【湿地保护修复】积极推进野生动物重要栖息地修复项目，完成了奉贤申亚（狗獾）、青浦大莲湖蛙类和朱家角虎纹蛙等3个项目的验收。制定《上海市湿地名录管理办法》《上海市重要湿地建议名录（第一批）》，目前，本市符合上海市重要湿地认定标准的湿地共13块，总面积121309.6公顷。

生活垃圾

【概述】出台《关于建立完善本市生活垃圾全程分类体系的实施方案》和三年行动计划，顶层设计得到完善，全程分类体系建设进一步加快。静安、长宁、杨浦、松江、奉贤、崇明第一批整区域推进六区基本实现垃圾分类全覆盖，本市生活垃圾分类及绿色账户累计覆盖已达650万户居民。

【垃圾分类减量】生活垃圾分类实现单位全覆盖，居民区覆盖率达到80%，"设施、宣传、收运"规范达标率达到64%，市民对垃圾分类的知晓率达到98.99%。2018年平均湿垃圾分出量为3948吨/日，两网融合可回收物资源化利用量达761吨/日，干垃圾末端处置量为21500吨/日，分类实效得到提升。

【强制分类】严格落实"不分类，不收运"倒逼机制，确保单位生活垃圾强制分类工作取得实效。全市开展单位生活垃圾集中检查11726家，发出整改通知单836张，党政机关、事业单位垃圾分类示范作用逐步发挥效应，2018年，全市党政机关垃圾分类工作基本实现全覆盖。

【整区域推进】2018年全市率先在长宁、静安、杨浦、松江、奉贤、崇明6个区和其余各区2个街镇实现垃圾分类整区域推进。

【环卫基础设施】完成两网融合回收服务点建设3374个、中转站建设93个，两网融合收运体系初步建成。完成道路废物箱分类标识规范化更新4万余个、定时定点垃圾箱房改造9700个，喷涂湿垃圾收运车782辆，配置有害垃圾运输车16辆。

【末端设施】全市已形成干垃圾焚烧处理能力1.33万吨/日，生活垃圾填埋能力1.54万吨/日，湿垃圾处理能力4650吨/日。推进全市8座湿垃圾集中处理设施、7座生活垃圾焚烧设施、12座建筑垃圾资源化利用设施和1座综合填埋场建设。湿垃圾资源化设施建设方面，闵行二期、松江、浦东二期、老港、嘉定项目启动开工；干垃圾处置设施建设方面，加快推进老港焚烧二期、填埋二期项目建设，天马焚烧二期、崇明焚烧二期启动开工；建筑垃圾资源化处置设施建设方面，松江、浦东、宝山、嘉定一期、奉贤、老港项目启动开工，普陀项目已落实临时资源化能力建设。

【建筑垃圾处置】发布《建筑垃圾运输企业招投标管理、运输许可证吊销管理办法》，《建筑垃圾治理试点城市实施方案》通过住房城乡建设部审查，出台进一步加强拆违垃圾源头管控措施。完善属地消纳体系，持续做好地铁、北横通道等重大工程渣土、泥浆，以及中心城区居民装修垃圾消纳工作。2018年，本市建筑垃圾申报总量7200余万吨。完成南汇东滩N1库区外海临时码头建设，启动实船试靠工作，实施卸点付费，有效化解了重大工程渣土偷乱倒及超载现象发生。

【专项整治行动】积极开展扫黑除恶专项斗争，加大渣土运输企业监管力度，车容车貌得到良好提升。联合公安、城管部门从严开展整治行动，对484家企业开展诫勉谈话、44家企业实施限期整改，1家运输单位吊销行政许可，156车次由于超载行为禁止进入消纳库区。

【废弃油脂管理】全面完成餐厨废弃油脂源头管理"4个100%"工作目标，有序推进餐厨废弃油脂各项源头管控工作，落实部门联动告知制度，规范物流管理程序，确保流量流向可控。会同食药监、发改、经信、财政等部门研究确定财政扶持资金审批流程。做好餐厨垃圾处置全程监管，落实"全量申报"管理要求。

【餐厨垃圾管理】进一步明确餐厨垃圾源头分类质量和分类收运要求，加强专项监督检查，并委托第三方对餐厨垃圾品质进行抽检。逐步完善餐厨垃圾信息化监管平台功能，实现餐厨垃圾收运处置目标可溯。

【水生植物整治】全面落实水生植物整治工作，前移作业防线，提升作业装备，2018年，黄浦江、苏州河干流累计出动作业船舶9402艘次、作业人员25647人、打捞水葫芦49800.4吨，其中，省界水域出动作业船舶2782艘次、作业人员5612人、打捞水葫芦35680吨。

【垃圾分类立法调研】2018年，市人大常委会将制定生活垃圾管理条例列为正式立法项目。2018年3月以来，市人大城建环保委、法制委、法工委，围绕"三化"目标和全程分类体系建设的全链条及关键环节，先后深入10个区、20多个住宅小区、10余家企业，对源头分类、资源回收、分类运输、分类处置、湿垃圾和可回收物循环利用等开展实地调研，并聚焦实践中的堵点问题和立法关键制度设计，开展近10次专题研究、讨论，同时，多次深入听取静安、杨浦、长宁等各区人大、政府的意见和建议。

【垃圾分类知识读本】12月5日，上海首套全市统一的生活垃圾分类知识读本诞生，共分幼儿园版、小学版、初中版三种版本，以适应不同年龄段学生的需求。首批读本已发放到松江等区的部分小学和初中，将逐步渗透进一些学校的专题教育课和相关课余活动。

【垃圾分类听民声】由市政府新闻办、市绿化市容局指导举办，上海广播电视台直通990、话匣子FM、新闻坊、上海发布、绿色上海、东方网等联合呈现的《垃圾分类听民声——区长对话居民》大型访谈节目，每周六相约社区居民。静安区、长宁区、杨浦区、奉贤区、松江区、崇明区，整区域推进垃圾分类的6个区长走到社区居民中间，倾听民声、直面问题、建言献策，通过多维度合力，聚焦重点、群策群力，共同推进上海市生活垃圾全程分类。

【生活垃圾立法】9月25日，《上海市生活垃圾管理条例（草案）》（修改稿）提交市十五届人大常委会第六次会议进行一审。一审《条例（草案）》共九章五十六条，将生活垃圾综合治理作为破解超大城市精细化管理世界级难题的重要环节，加快推进生活垃圾"减量化、资源化、无害化"，形成本市生活垃圾管理的基本制度规范。

11月20日，《上海市生活垃圾管理条例（草案）》（修改稿）提交市十五届人大常委会第七次会议进行二审。二审《条例（草案）》修改稿中，公众关心的生活垃圾分类投放责任主体、物业角色以及违反分类投放要求相应的处罚等问题，皆有明确规定。同时，还有关于对旅馆餐饮行业一次性用品的规定。

11月22日，《上海市生活垃圾管理条例（草案）》公开征求意见。

12月18日，《上海市生活垃圾管理条例（草案）》提交市十五届人大常委会第八次会议进行三审。三审《条例（草案）》修改稿进一步完善了生活垃圾分类名称及具体表述，明确可回收物回收利用的职能部门及职责分工，进一步加大湿垃圾源头减量的力度，增加农村地区生活垃圾分类投放的管理要求，完善大件垃圾和电器电子废弃物的处置规定等。

市容景观

【概述】加强顽症治理，健全长效机制，全面完成"补短板、治五乱"三年专项行动锁定的3268处治理单元，全面完成责任区管理"五个一"任务；继续巩固提升市容环境达标、示范街镇创建成果；推进车辆清洗规范服务；户外广告治理、景观灯光提升进入新阶段。

【进博会市容环境保障】完成国展中心周边区域281项和外围12个区486项市容环境整治提升类工程性项目。实施市容环境重要通道环境综合治理及两侧建筑物外立面整治，以9条高架、4条重要地面道路及两侧可视范围的市容环境综合整治为重点，组织落实各类高架、地面设施整治提升，建构筑物外立面、第五立面及附属设施更新，社会单位建筑窗口绿化摆放等工作，完成高架涂装517万平方米，整治提升楼宇外立面218处。落实浦东中环线、华夏路高架沿线61处点位整治，组织开展国际会议中心等131处重要地点周边环境综合治理，开展365条污染较严重的中小道路专项治理，全市市容环境面貌得到显著提升。

【景观灯光】围绕进博会主题，组织实施了"一带"（嘉闵高架北翟高架-G50）7公里桥体的灯光建设；"一路"（延安高架路G50闵行段沿线景观灯光建设）沿线121幢建筑灯光提升；组织实施了虹桥商务区核心区内"一廊"（空中连廊）、"一线"（申滨南路）、"双轴"（申长路纵轴，绍虹路横轴）、"三系"（小涞港、北横泾水系，北潮港水系）以及16栋建筑、10处绿化景观节点的夜景灯光的建设提升，完成了国家会展中心建筑本体和周边夜景提升。

【美丽街区建设】制定《"美丽街区"建设专项工作方案（2018—2020）》，重点围绕10处示范项目、37处主要休闲服务功能区域、101条（段）主要道路及两侧、205处市民集中居住区域，推动"美丽街区"建设，推广南京西路街区精细化保洁模式。

【"五乱"治理】依托市政市容管理联席会议平台，以老旧小区、集市菜场、轨交站点、医院周边、学校周边，以及区际接合部、城乡接合部、条块接合部等为重点区域，在巩固前两年治理成果的基础上，全面完成"补短板、治五乱"三年专项行动锁定的3268处治理单元，1261个面上督办单元也得到了全面整改。重点聚焦"乱占道"和"乱张贴"专项治理，推进互联网租赁自行车街面秩序管理，全市共整治各类占道亭棚2000余处、跨门经营20万余处，规范非机动车停放30万余处。

【无序设摊】全面完成全市42处无序设摊中度污染点的治理任务，防止无序设摊聚集点的新增和反弹，继续推进81处临时管控点，84处临时疏导点的规范管理和硬件改造。

【责任区管理】持续推进信息档案管理系统建设，重点强化"一店一档"工作，新创市容环境卫生责任区管理示范道路100条（段），推选示范性自律组织100个，信息档案系统录入责任人信息达27万余组。制定2018年空气质量改善专项攻坚方案，进一步加大道路保洁力度，增加机扫、吸尘频次。

【责任区创建】以"七个一"工程为抓手，深化推进责任区管理工作。即全市新创市容环境卫生责任区管理示范道路100条（段）；在全市已建成的1000余个责任区管理自律自治组织中，推选出100个示范性自律组织；加大重点人员教育培训力度，年内培训各类人员20万人次；提升1000条（段）沿街商铺集中、易污染的中小道路的生活垃圾上门收集水平；信息档案系统已录入责任人信息27万余组，年内更新10万余组，责任区信息系统的管理效能得到不断提升；利用《责任区管理办法》实施3周年等契机，在全市范围内广泛开展责任区管理宣传活动100余场。

【城市清洁专项行动】组织实施"清死角、消盲区、大冲洗"城市清洁专项行动，累计清理死角盲区21022个，清除垃圾7980.42吨，路面沟底、隔离栏下、绿化带内等保洁盲点、难点的环境质量得到有效提升。重点对核心区域、重点区域、主干道、人行道、隔离栏、商业街、风景区等开展重要时段"大冲洗"作业，累计出动道路保洁人员16.2万人次、各类保洁设备2.6万辆次，整体环境质量得到有效提升。

【户外广告】按照从严把握、全面覆盖、切实可行、依法依规的原则，编制《户外招牌设置导则》《上海市户外广告招牌设施安全检测细则》，启动《上海市户外招牌设置管理办法》制定研究工作。积极推进《户外广告实施方案》修编和批复工作。

【户外广告整治】全年共拆除违法违规、有安全隐患的户外广告招牌3.9万块。其中，违法违规户外广告整治行动中拆除2698块；户外电子显示设施管理中拆除违规电子显示屏33块、各类走字屏1362块；在安全隐患专项整治中，排查户外招牌设施40万余块，拆除有安全隐患的广告招牌2.3万余块，拆除违法违规设置的广告招牌1.2万余块。

【景观照明】以"璀璨浦江，魅力上海"为主题，推进黄浦江两岸夜景的创新、优化与提升。完成4座跨江大桥、杨浦大桥至南浦大桥两岸388栋重要建筑、16座码头灯光、近20公里岸线景观照明改造提升工程以及黄浦江两岸景观照明集中控制系统建设工作。

【景观照明论坛】成功举办首届上海国际景观照明论坛及首届上海国际景观照明展览会，全球30多个城市的300余名行业精英参加了论坛，17000多名各界人士参观了展览会，促进上海与世界各国照明行业的交流与合作。

【厕所革命】全市新建环卫公厕45座、改建253座、增设第三卫生间102座，新建改建以一、二类公厕为主。已有205座公厕提供热水洗手，有550余座公厕实行24小时开放，第三卫生间数量已达369座。

【"最美公厕"评选】市绿化市容局、市旅游局和市精神文明建设委员会办公室联合开展了"细微之处见文明——寻找上海'最美厕所'"征集评选活动。评选活动于8月启动，历时两个月，累计有280余家沪上公厕参与评选。9月18—24日开展的为40家入围厕所单位点赞的网络投票活动中，市民投票总数累计超过130万票。9月25日，在综合专家评审、大众评审和网络投票结果后，最终决出了20家"最美厕所"获评单位及5家"特色厕所"获评单位。

【"世界厕所日"主题活动】11月19日，市绿化和市容管理局召开上海市市容环卫窗口文明行业创建成果汇报会暨"世界厕所日"主题活动，汇报会以文艺表演和先进表彰相结合的形式进行，环卫行业青年、社会单位及志愿者通过生动形象的表演展示上海厕所150年的变迁。会上对获评"最美厕所"、环卫"双十佳"及新产品新技术应用案例征集的单位和个人进行表彰。

基础发展

【概述】行业发展基础愈加扎实。以生态文明建设为龙头，坚持强基础、重管理、充分发挥规划引领、法治保障、科技信息等支撑保障作用，不断夯实行业发展基础。

【行政审批改革】落实证照分离改革措施，创新做好"放、管、服"工作，优化调整园林绿化建设、环卫设施改建审批、建设项目配套绿化竣工验收备案等工作环节，修改相关地方性法规，通过市人大常委会审议。聚焦建设项目审批制度改革，着力推进"减环节、减材料、减时间"，简化办事流程，让数据多跑路，让群众少跑腿。作为全市第一批电子证照应用试点局在13个办理事项中免交2种材料，5个办理事项缩减审批时限超过50%。

【一网通办】市、区40个行政审批事项及5个服务类事项已全部接入市政务服务统一受理平台，实现网上审批系统上云迁移，完成40项责任清单数据与市大数据交换平台对接，合计上传共享数据42000余条。取消调整6项涉林类审批事项，梳理9类120余项政务服务事项，校核修订30个事项要素。

【行业法治化建设】积极推动生活垃圾地方立法工作。完成《上海市崇明禁猎区管理规定》和《崇明东滩保护区管理办法》草案的制（修）订，经市政府常务会议审议通过并颁布实施。开展《上海市公园管理条例》《上海市水域环境卫生管理规定》《上海市餐厨垃圾处理管理办法》等法规修改的前期调研工作。制定《上海市古树名木和古树后续资源鉴定办法》《上海市建筑垃圾运输单位招投标管理办法》等8件规范性文件。建立普法责任清单制度,制发局系统"谁执法谁普法"责任清单,市绿化和市容管理局成为本市首批向社会公开发布普法责任清单的政府机关。

【大调研活动】坚持问题导向、需求导向、效果导向,组织开展"不忘初心、牢记使命"大调研活动,摸清行业对标最高标准和最好水平的差距,摸清制约发展的主要问题和深层次原因,摸清市民群众最强烈的诉求,全面形成"问题清单、措施清单、解决清单、制度清单"。共开展调研423次,对象覆盖企事业单位、社会组织、社区居民、农户等共计772家;发现问题476个,初步解决问题437个,解决率为91.8%;收到工作建议224条,采纳153条。

【标准化研究】行业标准化和智能化水平得到提升,《柑橘栽培技术规范》等5项地方标准获批,《菊花栽培标准化示范》等7项标准化试点项目完成验收,启动《绿化市容行业新一代人工智能等信息技术应用设计》顶层设计,发布《智慧公园建设导则》,推进8家智慧公园示范建设。启动"生活垃圾全程监管信息化管理需求和相关技术研究"。湿垃圾处置技术探索工作有效,资源化利用于绿林地土壤改良工作稳步推进。

【科技成果转化】2018年,全市绿化市容系统内,共发表科研论文230篇,其中辰山植物园在SIC的1区、2区发表的论文有16篇。主编和参编的专著19部。在知识产权方面,申请各种专利27项,获得发明专利7项、实用新型专利1项、外观设计专利3项;获得山茶花"滇西风情"等植物新品种权授权5个,植物新品种国际登陆6个;获得软件著作权13个;建立专业网站1个。

【科技成果显著】"香石竹、百合、菊花种质创新与产业化关键技术继承和应用"等项目获得上海市科技进步二等奖和三等奖各一项;"月季、马褂木等观花和色叶树种的选育和栽培"获得梁希林业科学技术奖二等奖,"金丝猴、华南虎等5种珍稀圈养野生动物丰富度研究与应用"获得梁希林业科学技术奖三等奖。"城市典型困难立地园林生态修复规划建设关键技术创新与工程应用"获得华夏建设科学技术二等奖。上海植物园"精灵之约"大型系列科普活动荣获第七届梁希林业科普奖,并获得2018中国风景园林学会优秀科技成果一等奖和2018国际山茶协会主席勋章。"特色月季栽培标准化示范"和"产业园区土壤生态维护标准化试点总结报告"获得上海市标准化优秀学术成果奖二等奖。环境学校在第45届世界技能大赛水处理项目中荣获第一名。

【科技创新平台】成立"城市困难立地生态园林国家林业局重点实验室""国家林业局虎保护中心上海研究基地"和"上海思创绿化科技成果转化应用促进中心",积极开展对外合作交流。园科院荣获市科技进步二等奖、建设部华夏科技进步二等奖、国家林草局梁希科技进步二等奖。上海植物园荣获上海市科技进步三等奖、中国风景园林学会优秀科技成果一等奖、梁希科普奖。环境学校在第45届世界技能大赛水处理项目中荣获第一名。

【社会宣传】积极对接媒体主动宣传。保障政风行风、夏令热线等重点宣传工作。开展《改革开放40年新启航——阿拉看环境》系列报道;2018年组织媒体专版60余个、电台专栏报道50余期。强化垃圾分类新闻发布和政策解读,圆满完成"垃圾分类听民声——区长对话居民"系列访谈。成功举办每月5日生活垃圾分类主题宣传日活动,组建了7支生活垃圾分类志愿者队伍;完成了垃圾分类知识读本、宣传指导手册以及宣传海报、宣传片等制品的制作。完成《画为思鉴》行业文化漫画集。

【文明行业创建】申报市级文明单位24家,举办200场"露天电影进公园"活动,古猗园获"进博会"全市20家"最美服务窗口"之一。公厕行业文明指数测评2018年下半年为85.90分,道路保洁和垃圾清运行业社会公众满意度测评得分2018年下半年为84.50分,实现"十一连增"。

【保障职工合法权益】深化和完善绿化养护和环卫行业集体协商机制,推进一线职工收入正常增长机制的落实。开展绿化养护行业职工工资第三次集体协商和环卫行业职工工资第八次集体协商,明确了调整本市绿化养护行业最低工资标准、规范工资结构、落实职工互助保障、建立健全企业工会组织等事项;明确了完善环卫职工工资正常增长机制、调整绿化养护行业和环卫行业最低工资标准、建立绿化养护一线职工工龄补贴制度和扩大环卫一线职工工龄补贴范围、严格执行工资单制度等事项,为保障职工权益、稳定职工队伍、提高职工素质提供了政策保障。"爱心接力站"已达6500余座。

【行业文化建设成果展示】10月26日,2018年度上海市绿化市容行业文化建设成果展示暨关爱环卫工人、共建洁净家园专项行动颁奖典礼在云峰大剧院举行。活动授予了吕斌等10名同志为2018年度

"十佳城市美容师"的荣誉称号；授予中国石化上海石油分公司沪太路1289号加油站等10家"爱心接力站"门店为2018年度关爱环卫工人"十佳爱心接力站"；新华人寿保险股份有限公司上海分公司等10家单位申报的案例被评为2018年度关爱环卫工人、共建洁净家园"十佳社会共建案例"。来自本市绿化市容行业的劳模先进、一线职工代表600余人出席活动。

【做好安全维稳工作】健全安全管理机构制度，成立上海市绿化和市容管理局安全生产委员会，形成局四类安全生产清单。完成胶州路大楼电路系统、空调设备、会议室等设施提升改造，聘请第三方开展员工食堂安全管理专项监督。做好防汛防台应急管理工作。

【有序应对市民诉求】积极推进责任信访、法治信访、阳光信访，共受理群众来信、来访、电子邮件共336件，按时办结率达100%。加强市民诉件办理，共受理29408件，按时办结率达100%。

（上海市绿化和市容管理局）

水务建设与管理

概况

2018年，在市委、市政府的领导下，各级水务、海洋部门团结奋斗、努力拼搏，圆满完成"十三五"规划各项分年度既定目标，完成年度投资380.2亿元，"十三五"累计完成投资935.6亿元，为全市经济社会发展作出了积极贡献，为城乡环境改善和城市运行安全提供了有力支撑。

【河长制湖长制全面落实】实行双总河长制，党政齐抓共管格局不断深化。河长办进一步做实，分管副市长担任市河长办主任，出台区、街镇河长办能力建设指导意见，静安、徐汇、杨浦等区河长办通过派驻、挂职等多种方式加强能力建设，崇明区创新建立检察官派驻机制，启动首批河长制标准化街镇建设。河长制工作机制更加健全，完善水质监测体系，建立考核问责机制，优化通报曝光机制。开展全市河长制工作大督查，推动河长制真正从"有名"到"有实"。

【"消黑除劣"工作推进有力】市区两级政府签订目标责任书，分解落实年度水环境治理任务。全年完成407.9公里河道水利工程、698个住宅小区雨污混接改造及12249处其他雨污混接点改造，打通550条断头河。列入整治计划的3150条段河道全面消除黑臭，10214条段劣Ⅴ类河道完成整治，劣Ⅴ类水体由年初的38.7%降至18%，河湖水面率由9.79%提升至9.92%，河湖面积净增7.87平方公里。同时，联合江苏、浙江摸清188条段省际界河（湖）情况，推进22条协同治理。深入开展河湖"清四乱"行动，顺利完成国家城市黑臭水体督察整改，闵行区通过全国水生态文明城市建设试点验收。

【"苏四期"工程全面开工】苏州河855平方公里整治范围内，完成支流整治161公里，打通断头河51条，劣Ⅴ类水体占比从前年的68%下降至20.6%。19座市政泵站完成改造，推进天山、龙华等6座污水处理厂初期雨水调蓄和竹园污水处理厂四期工程前期工作。"苏四期"标志性项目堤防达标工程实现当年立项、当年开工，底泥中试任务完成过半。岸线贯通及生态廊道工作有序推进。

【防汛防台取得重大胜利】汛期接连遭受5次台风影响，特别是在7月21—8月17日短短28天之内，史无前例地遭受四次台风袭击，三次正面登陆，在登陆次数、间隔影响方面均创下上海市有气象历史以来的新纪录。全市上下齐心协力、众志成城抗御灾害侵袭，确保了城市安全平稳运行和人民群众生命财产安全。

【供水安全保障能力进一步提升】启动长江系统水厂深度处理工程，长桥水厂、南汇北水厂等实现开工。加快供水厂网基础设施建设，金海水厂二期、奉贤一水厂、车墩水厂实现并网通水。完成368公里郊区小口径管网改建，全市供水管网漏损率降至10.2%。加强水源地建设保护和运行管理，在全国集中式饮用水水源地环境保护专项检查中位列两个零问题省市之一。青草沙—陈行连通系统工程前期研究完成，取得阶段性成果。

【最严格水资源管理不断加强】完成国家年度考核，上海考核等级为"优秀"。实行水资源消耗总量和强度双控，万元国内生产总值用水量降至25立方米，万元工业增加值用水量降至42立方米。全面抓好《上海市水资源管理若干规定》贯彻实施，落实国家节水行动计划，初步制定上海市节水行动方案，创新合同节水管理模式。深入推进节水型社会建设，创建宝山、崇明市级节水试点，建成一批节水型小区、校区、机关、企业和工业园区。严格地下水开采总量控制，年开采量184万立方米，回灌量达2017万立方米。

【污水污泥设施建设实现突破】落实国家水污染防治行动计划和中央环保督察整改要求，虹桥污水处理厂、竹园污水处理厂（一厂、二厂、新建设施）

基本建成，白龙港污水厂提标改造、泰和污水厂等工程完成主体结构；白龙港、竹园、石洞口三大片区污泥处理处置工程实现开工目标。石洞口污水处理厂大气提标工程建成。完成215个直排污染源截污纳管、57公里市政污水管网建设以及6068公里小区内部雨污水管网新改建，城镇污水处理率达94.7%。

【**农村水利发展基础不断夯实**】推进落实水务、海洋乡村振兴实施方案，全面启动第二轮农林水三年行动计划，完成18.79万户农村生活污水处理设施建设、2214公里郊区镇村级河道轮疏和3万亩都市现代农业示范项目建设。全力推进中央高效节水灌溉项目建设，完成建设面积1.69万亩，超额完成国家考核任务。制定水土保持"十三五"规划目标责任考核办法，顺利通过水利部水土保持目标责任、监测、信息化等三项重点工作考核。

【**科技支撑能力不断增强**】加强前瞻性、战略性、基础性和体系性科技攻关和标准制定，构建完善标准体系、定额体系和计量管理体系，全市率先完成城市水务综合管理标准编制，颁布实施黑臭水体治理技术导则等局指导性技术文件6项。推进水专项和海洋创新城市建设，结合海绵城市、BIM应用推广"四新"技术，培育一批水务海洋示范样板工程、质量品牌。全年共开展科研项目研究17项，完成14项；开展局级层面政策研究14项，完成12项；处级层面政策研究19项，完成10项。

防汛防台

【**概述**】2018年，全市经受住历史罕见的连续5次台风影响，以及1场特大暴雨、6场局部大暴雨、16场局部暴雨等汛情考验。市防汛指挥部共发布防汛防台应急响应行动22次，其中Ⅱ级响应2次，Ⅲ级响应7次，Ⅳ响应13次，未发生因"风、暴、潮、洪"等灾害而导致的人员伤亡和重大财产损失事故，实现了"不死人、少伤人、少损失"的防汛目标。全年汛情总体受控，基本情况如下：

降雨情况。降雨总量比常年偏少约两成。2018年汛期（6—9月），徐家汇代表站累计雨量543.2毫米，较常年同期雨量偏少约两成，平均雨量最大为崇明区606.8毫米；局地短时强降水刷新历史纪录。今年汛期共发生1场局部特大暴雨，6场局部大暴雨，16场暴雨；9月16日夜间至17日凌晨，崇明区西部地区降下特大暴雨，草棚镇测站小时雨强达到了172.5毫米，创下本市最大小时雨强新纪录。

潮位情况。2018年汛期，黄浦江干流、长江口、杭州湾最高潮位均出现了超警戒的情况，其中，黄浦江吴淞口站5.14米、黄浦公园站4.96米、长江口高桥站5.11米、杭州湾芦潮港站5.25米，分别超警戒0.21～0.65米，除米市渡站外，均创下了近十年同期潮位的新高。此外，上游支流、省市边界、苏州河水位以及各水利控制片水位总体较平稳。

台风影响。2018年汛期，本市连续遭受5次台风袭击，其中3个台风直接在上海登陆，创下上海有气象历史以来的新纪录。前四次台风的最大降雨量都达到了大暴雨等级，且潮位突破2013年以来历史新高。台风"摩羯"影响期间，形成了"风、暴、潮"三碰头的局面，黄浦公园站最高潮位达到4.96米，是2013年菲特台风（5.17米）以来的最高潮位。

【**做好防汛防台工作**】2018年，从五个方面做好防汛防台工作。一是做好动员部署。3月19日、6月28日、7月10日、7月25日和9月14日召开五次全市防汛办主任会议，4月25日召开指挥部扩大会议，5月26日以市政府名义召开全市防汛工作会议。二是做好预案方案。对《上海市级防汛防台专项预案》进行全面修订；预警发布方面，明确市、区分级和响应行动规则；对本市防汛泵站放江规则进行细化完善。三是做好隐患排查。按照"以问题为导向"的原则，全市各级防汛部门建立了"分类管理、动态跟踪、定期更新"的隐患排查整改工作机制。经过两轮排摸，16个区滚动梳理出基础设施、在建工程、应急处置等方面的主要风险和突出隐患，形成防汛隐患"一区一图一表"。经过全力整改、滚动排摸，累计完成265项隐患整改。四是做好培训演练。6月12日、6月28日和6月30日、9月15日分别开展防汛移动泵车抢排、防汛物资智能化调度和泵闸引排水调度为重点内容的专项演练；4月25日，白廷辉副总指挥为全市防汛责任人进行专题培训；5月22日，联合市应急办、市公务员局、市委党校开展全市防汛干部业务培训。各区和成员单位积极开展各类培训和演练，今年市、区、街镇三级防汛部门开展各类防汛培训50余次，涉及6000余人；开展防汛演练30余次，3000余人参加。五是做好社会宣传。"上海防汛"微博、微信等新媒体客户端汛期保持每天更新，召开防汛工作新闻通气会1次；新闻发言人先后接受上海电视台《新闻透视》《夜线约见》和中央电视台《焦点访谈》《新闻1+1》等电视专栏节目和新闻节目连线，回应社会关切；通过"上海市水务局门户网站""上海发布""上海防汛"微信、微博、东方网、今日头条、网易号、澎湃问政等新媒体客户端,及时发布各类防汛动态信息。

【防御连续四次台风侵袭】 7月21日—8月17日的28天之内,上海地区遭受四次台风的袭击(分别是第10号"安比"、第12号"云雀"、第14号"摩羯"、第18号"温比亚")。其中"安比""云雀"和"温比亚"是新中国成立以来第3、第4、第5个直接在上海地区登陆的台风。

受台风影响,浦东、虹桥两大机场共计调整航班1500余架次,铁路部门共计调整列车500余班次,市内轮渡、三岛客运等水上运输部分或全线停航,吴淞国际码头、洋山深水港等重要港口关闭封港,高速公路采取限速措施,公共交通和城市路网运行总体畅通有序;五次台风导致全市范围内树木倒伏共3.6万棵,农作物受淹共2.9万亩,道路短时积水共212条,下立交积水共12处,电力线路损坏共137条,直接经济损失共计约8400万元。台风过后,各区、各单位立即投入抢险救灾,有序安排转移人员回到住处,全力组织早、晚高峰交通保障,城市运行总体未受到大影响。

河长制湖长制

【概述】 2018年,经过全市上下共同努力,黑臭水体整治全面完成,列入国家城市黑臭水体考核的67条河道,通过住房城乡建设部、生态环境部专项巡查,65条消除黑臭,2条基本消除黑臭;劣Ⅴ类水体治理取得显著成效,有1.02万条段河道消除了劣Ⅴ劣,超额完成年度计划,劣Ⅴ类水体比例由2018年初的38.7%下降至20%以内("苏四期"工程范围内劣Ⅴ类河道比例由2017年的68%下降至20.6%);进博会核心区300条段河道水环境面貌显著改善,为进博会顺利召开提供有力保障。此外,还获得2017年度最严水资源管理考核优秀、水污染防治考核优秀,取得水源地保护区专项督查零问题的成绩,获得了广大市民群众认可。

【完善河长制体系】 按照《水利部印发关于推动河长制从"有名"到"有实"的实施意见的通知》要求,进一步压实责任,健全组织,提升河长治水能力和水平。实行双总河长制,李强书记、应勇市长共同担任市级总河长,完善区、街镇总河长设置,加强党对水生态环境保护的领导。全面建立湖长制,4月,市委办公厅、市政府办公厅印发《关于深化完善河长制 落实湖泊湖长制的实施方案》。全市41个湖泊、6个供水水库全面落实湖长,湖长名单向社会公布,并积极探索对公园湖泊、企业自管湖泊立湖长。实体化运作河长办。优化河长办组织框架,分管领导担任河长办主任,生态环境、住房城乡、农业农村、房屋管理派员入驻河长办,协同推进水环境治理。优化基层治水模式,加强河长办能力建设,开展首批河长制标准化街镇建设,将河长办打造为水环境治理的"参谋部、司令部、指挥部"。河长制纳入地方性法规,市、区、街镇、村居四级河长体系全面建立(市级河长4人,区级河长160人,街镇河长1540人,村居河长5446人)。

【健全河长制制度】 完善考核制度。按照"整治全覆盖、考核分类考"的原则,10月制定消黑除劣考核管理办法,对消黑除劣成果进行公示,接受市民评判。完善问责制度。7月制定《上海市河长制湖长制约谈办法》,对履职不力或水质持续不达标的河道的河长进行约谈;对约谈后整改不力的,将有关线索移交纪检监察部门按有关规定处理。建立通报曝光制度。9月印发《中小河道水质状况通报规则》,对水质连续三个月黑臭的建成区河道及其河长进行通报,并在媒体曝光。全年共计通报曝光河道6条、河长17名(含3名区级河长)。被曝光的河道均已整改,水质达标。建立"周报月评"制度。承担岸上整治任务的部门每周向市河长办报送工作进展,市河长办每月对各区实施消除劣Ⅴ类水体及黑臭河道进展、河道水利工程、雨污混接、沿岸违建拆除、工业企业治理等工作进行排名,以工作简报的形式报送市、区主要领导,共发布12期。同时,每月通报建成区整治河道水质情况,推进建成区黑臭水体"销项清零"。完善督查制度。督查内容上,开展黑臭水体整治、长江经济带固体废物处置、进博会核心区河道整治、雨污混接改造和泵站放江管控、堤防海塘及泵站管理范围垃圾漂浮物清理等一系列专项督查,推动落实重点工作;督查形式上,市河长办联合市委督查室、市政府督查室对治水瓶颈难点进行督查,并组织开展全市河长制工作大督查。全年共督查1679条河道,形成127份督查报告,发现问题812项,并对问题整改进行逐一复核,确保落实到位。

【夯实河长制工作基础】 2018年,通过摸清河湖水质本底、制定"清水行动"方案、落实治水目标责任、深化"一河一策"编制、健全河湖水质监测体系、加快信息化建设、健全长三角区域联动机制,夯实河长制工作基础。经全面排查,全市43253条段河道、40个湖泊以及5047条段其他河湖中,3150条段河道有黑臭现象,占河湖总数6.5%;1.88万条河湖为劣Ⅴ类,占河湖总数的38.7%。10月,编制完成"清水行动"方案,确立"水岸联动、截污治污、沟通水系、调活水体、改善水质、修复生态"的治水思路以及"控源截污、河道整治、执法监督、长效管理"四方面15项措施。市政府与各区政府签订《河长制工作重点目标责任书》(2018—2020年),明确"2018年全面消除河道黑臭"和"劣Ⅴ类水体比例2018年控制在25%以内,2019年降至15%以内,2020年降至5%以内"的目标。12月,基本完成劣Ⅴ类河湖"一河一策"和黄浦江、苏州河等10条市级河长"一河一策"。10月,全市设立4016个水质监测断面,覆盖所有市管、区管、镇管河道(湖泊)。启用河湖随行系统,开通河长APP巡河功能。依托太湖流域管理局,与上游省市深化合作,10月全面摸清省际界河底数(共187条),加强水葫芦、绿萍联防联控协作治理,参与太湖湖长协商协作机制建立。

【推进河长制六大任务】水环境治理和水污染防治方面。围绕"2018年全面消除河道黑臭、劣Ⅴ类水体比例控制在25%以内"的目标,以苏州河环境综合整治四期工程(以下简称"苏四期"工程)为引领,以第七轮环保三年行动计划为抓手,推进水环境治理。统筹推进岸上截污治污和河道水利工程,完成407.9公里河道水利工程、18万户农村生活污水处理设施改造、698个住宅小区雨污混接改造以及12249处其他雨污混接点改造,退养规划不保留的畜禽养殖场376家。全力抓好环保督察整改,竹园二厂完成提标改造,虹桥污水处理厂实现通水,练塘污水厂三期扩建工程基本完成,积极推进竹园一厂提标改造、石洞口污泥完善处理工程等工程。出台雨水、污水规划,科学指引全市雨污水规划处置工作。针对中心城区泵站放江导致水质反复的问题,启动实施天山、龙华等6座污水处理设施改建用于初期雨水调蓄、竹园初期雨水处理厂等工程,完成19座中心城区泵站截污设施改造,实现"旱天不放江、雨天少放江"。汇编完成市政排水泵站"一站一策",完善"两水平衡"水闸泵站专项调度方案,在管网关键点位推广加装截污装置,在泵站研究加装漂浮垃圾清捞装置,开发泵站暴雨放江量在线统计数据共享平台,通过精细化管理实现"少放江"。

河湖水面积管控方面。建立河湖水面定期监测机制,每年利用卫片、航片对河湖水面变化情况进行解译,解译结果写入河湖公报,纳入河长制工作考核。结合海绵城市建设加强对河湖水面率监督管理,进一步严格规划、行政审批、监测、执法以及考核五方面日常管理。并将"2020年河湖水面率提升至10.1%"的目标按年度进行分解,写入市政府与区政府签订目标责任书。

河湖水域岸线管理保护方面。贯彻水利部"清四乱"专项行动部署,结合"无违街镇(村居)"创建,将河道10米范围内违法建筑列入专项督办,开展专项整治,做到"应拆尽拆"。全市共拆除沿河违法建筑8612处、1413.75万平方米。完成全市市管河湖划界,积极推进区管、镇管河湖划界。提前完成长江经济带固体废弃物点位存量排查和整改。

水资源保护方面。划定水源地保护区,完成黄浦江上游水源地以及陈行水源地保护区边界精准落地。完成中央环保督查及水源保护专项行动的排污口关闭、浮吊船整治等问题整改,推进饮用水二级保护区内现有企业关闭清拆工作。向社会公开饮用水源地水质、供水厂水质及水龙头水质,接受公众监督。

水生态修复方面。实施断头河整治三年行动计划(2017—2019年),对3188条断头河实施综合整治。截至12月,已打通断头河937条,水动力条件进一步完善。

执法监管方面。聚焦沿河企业排污、河道非法填堵、非法捕捞等破坏水环境、水生态的行为,健全"行刑衔接"机制,水务、环保、渔政等执法部门加强协作,联合执法与专项执法相结合,始终对涉水违法行为保持高压态势。2018年共计立案查处案件2250余件,罚款1.94亿元,向公安机关移交案件近90起。

【发动社会宣传】10月,制定专项宣传方案,正面宣传引导与负面曝光督促相结合,每月向社会公布水环境治理新举措、新进展以及曝光水质持续黑臭的建成区河道及其河长,督促各级河长履职担责。拓宽参与渠道,让群众成为治水成果的"阅卷人",通过各区自荐、专家评审、社会公示和市民网络投票(近70万人次)相结合的方式,评选产生20条"最美河道"、20条"最佳河道整治成果"以及20个"最美护河志愿服务组织"。金山区、崇明区等开展"护水先锋在行动"等活动,由党员带头,率领群众治河护河。

城市供水

【概况】2018年底,上海市共有自来水厂37座,与上年持平。2018年,全市自来水供水总量30.55亿立方米,同比下降1.5%;售水总量24.35亿立方米,同比下降0.7%。其中:中心城区自来水公司供水总量20.28亿立方米,同比下降1.2%,售水总量

16.66亿立方米，同比下降1.4%；郊区供水企业供水总量10.84亿立方米，同比下降3.0%，售水总量8.27亿立方米，同比下降0.8%。全市日均供水量833.11万立方米，其中中心城区554.98万立方米、郊区278.13万立方米，日均供水量较上年同期下降3.34%，中心城区供水量较上年同期下降1.22%，郊区供水量较上年同期下降7.30%。全市供水服务压力210千帕（上年同期218千帕），供水服务压力合格率99.21%（上年同期99.19%），分别较上年同期下降1.36%与上升0.04%，满足97%考核要求。

【节水型社会建设】2018年，新增2家节水型工业园区、4家节约用水示范企业、38家节水型企业、2所节约用水示范学校、3所节约用水示范托幼机构、37所节水型学校、18所节水型托幼机构、17家节约用水示范小区、108家节水型小区、2家节约用水示范机关、221家节水型机关、1家节约用水示范单位、102家节水型单位、9所高校、5家企业、111家小区通过复评工作。截至2018年底，共命名2931个节水型小区（其中节水示范小区227个）、398所节水型学校（其中节水示范学校45所）、22家节水型工业园区、325家节水型企业（其中节水示范企业37家）、3家节水型农业园区（其中节水示范农业园区1家）和320家节水型机关（其中节水示范机关5家）、136家节水型单位（其中节水示范单位7家）。

城市排水

【道路积水改善工程】2018年，实施完成平凉路、佳木斯路、人民路等13个道路积水改善工程项目，其中11个列入2018年市政府实事项目，涉及黄浦、静安、虹口、杨浦、普陀、宝山6个区。新敷设DN1000－DN1800排水管道7.33公里，总投资2.5亿元。

【化学需氧量、氨氮、总磷减排工作情况】2018年，上海市已建城镇污水处理厂51座，总处理能力830.2万立方米/日，扣除三家工业区污水处理厂处理规模，其余48座污水处理厂运行处理规模827.85万立方米/日，合计处理污水量27.34亿立方米，日均处理748.93万立方米，与2017年同期相比日均处理量增长4.12%；出水化学需氧量、氨氮和总磷平均浓度分别为30.8毫克/升（2017年同期29.2毫克/升）、4.30毫克/升（去年同期4.47毫克/升）、0.32毫克/升（2017年同期0.44毫克/升）。化学需氧量削减量73.31万吨，同比增长7.5%；氨氮削减量5.49万吨，同比增长4.7%；总磷削减量1.07万吨，同比增长5.9%。全市产生污泥112.9万吨（干基34.4万吨），日均污泥量3092.1吨（干基943.1吨），每处理万吨污水产生1.26吨（干基）污泥。

水利建设

【概况】2018年，完成3万亩都市现代农业示范项目建设、1.69万亩中央财政高效节水灌溉设施建设、18.79万户农村生活污水处理设施建设，更新改造灌溉泵站90座，建设低压输水管道223.7公里、防渗渠道95.5公里，实施农业水价综合改革面积100万亩。推进河长制、水利设施长效管理等工作。印发《2017上海市河道（湖泊）报告》，编制完成《2018上海市河道（湖泊）报告》。

【高效节水灌溉工作】2018年，《上海市2018年高效节水灌溉项目建设方案》完成编制工作。截至12月31日，1.69万亩高效节水灌溉设施建设完成，任务涉及金山区、奉贤区、嘉定区等3个区，分别为金山区2891亩、奉贤区3510亩、嘉定区10446亩。

【农业水价综合改革】2018年，制定农业水价综合改革年度任务清单和工作计划、农业用水奖补政策、用水计量细则、水权分配细则、面积核定细则等政策文件，共实施农业水价综合改革面积100万亩。开通专题网站和微信专栏，发布全市农业水价综合改革的政策机制和工作动态，推广试点区镇的工作经验、改革成果。

【水土保持工作】1月24日，水利部对全市2017年度水土保持三项重点任务考核工作完成；7月4日，《上海市水土保持"十三五"规划主要任务分工方案》印发，明确责任分工，推进全市水土保持工作有序开展；10月29日，生产建设项目水土保持专项监督检查工作开展，发现问题并落实整改；10月30日，《2018年上海市水土流失动态监测实施方案》批复并实施，监测成果上报太湖流域管理局；12月12日，水土保持信息管理系统操作培训会召开，水土保持信息填报工作完成；12月25日，上海市水土保持工作会议暨2018年度水土保持规划实施情况评估工作启动会召开，全市水土保持工作进一步推进，按照《水利部 发展改革委 财政部 自然资源部 生态环境部 农业农村部 林草局关于开展全国水土保持规划实施情况考核评估工作的通知》（水保〔2018〕192号）要求，2018年度水土保持自评估工作部署完成；《上海市水土保持目标责任考核办法（初稿）》完成编制工作并征求意见；按照《水利部关于开展长江经济带生产建设项目水土保持监督执法专项行动的通知》要求，全市生产建设项目水土保持监督执法专项行动有序开展并拟定实施方案。

【农村生活污水处理】截至12月31日，全市18.79万户农村生活污水处理设施建设完成，涉及闵行、嘉定、宝山、奉贤、松江、金山、青浦、崇明等8个区。

【水利设施长效管理】2018年，推进河道维修养护市场化工作，市、区级河道维修养护市场化率达100%，镇村级河道维修养护市场化率达80%以上。编制《关于加强本市河湖长效管理养护的工作意见》。开展全市入河排污（水）口登记建档、规范整治和长效管理三方面工作。基本完成17座水闸精细化管理试点。完成21座市、区管水闸安全鉴定审查。组织开展本市水工闸门运行工职业技能竞赛。完成60名河道修防工和100名水工闸门运行工职业技能鉴定。印发《上海市农村生活污水处理设施运行维护管理办法（试行）》，开展农村生活污水处理建设管理专项督查工作。

水政管理

【概况】2018年，上海市水务局（上海市海洋局）累计受理、办理水务、海洋行政审批事项32027项。其中上海市水务局行政服务中心（上海市海洋局行政服务中心）受理办理行政审批事项共2359项（其中水利792项、供水156项、排水1402项、海洋9项）；接收建设工程并联审批事项234项。上海市供水管理处受理办理"用水计划指标的核定或批准"29667项。上海市供水调度监测中心受理办理"临时停止供水或者降低水压的审批"1项。发布主动公开信息2744条，行政公文主动公开率达60.2%。推进依申请公开工作，依申请公开信息43条，信息公开申请同意公开率达到93%。局热线办共计受理各类工单31311件，实际办理20629件，退单10682件，1日内先行联系率96.2%，处理反馈率96.5%，按期办结率99.95%，诉求解决率96.2%，市民满意率75.9%，对工作人员态度满意率82.1%。

【水务规划】2018年，重点推进《上海市城镇雨水排水规划》《上海市污水处理系统及污泥处理处置规划》《上海市供水规划》《上海市防洪除涝规划》《上海市海洋"十三五"规划》《水务、海洋精细化管理工作三年行动计划》《上海市乡村振兴水务、海洋实施方案（2018—2022年）》以及区级河道蓝线专项规划等20余项规划、行动计划和实施方案编制；推进竹园污水处理厂四期工程、白龙港污水处理厂扩建工程、全市25座水厂深度处理改造工程、青草沙—陈行原水系统连通工程、苏州河段深层排水调蓄管道系统工程等17项重大工程项目技术储备；2月20日，与市规划国土资源局、市农委联合出台《关于进一步支持本市水利专项中河道整治、小型灌排泵站用地的通知》；指导各区细化新增河湖面积计划，进一步挖掘新增河湖面积潜力；严格填堵河道的行政审批管理，2018年，共批复116个填河事项中，要求净增的河湖面积约53万平方米；指导各区推进河道命名和文化挖掘工作；持续做好长江经济带、长三角一体化发展、城市规划建设管理、海绵城市建设涉水工作。

【地方性法规】11月22日，市第十五届人民代表大会常务委员会第七次会议通过《上海市人民代表大会常务委员会关于修改本市部分地方性法规的决定》，对《上海市河道管理条例》作出修改，自2019年1月1日起施行。12月20日，市第十五届人民代表大会常务委员会第八次会议通过《上海市人民代表大会常务委员会关于修改〈上海市供水管理条例〉等九件地方性法规的决定》，对《上海市供水管理条例》《上海市河道管理条例》作出修改，自2019年1月1日起施行。

【政府规章】4月12日，《上海市原水引水管渠保护办法》（修订）经市政府3号令公布，于2018年5月15日起施行。此次修改主要针对性地扩大原水引水管渠适用范围、调整保护范围、强化保护要求。

【行政规范性文件】1月3日，市政府办公厅重新发布《关于本市滩涂有偿使用若干意见》，对全市滩涂有偿使用的申办手续、缴费标准、缴费办法和土地手续办理提出若干意见。3月7日，市政府办公厅重新发布《关于本市市管河道及其管理范围的规定》，明确全市市管河道及其管理范围、主管部门、日常监督管理等内容。6月21日，《上海市用水计划指标核定管理规定》经评估继续实施印发，明确全市公共供水企业供水管网到达区域内，自来水用水单位用水计划指标核定的管理。9月27日，印发修订后的《上海市供水水质管理细则》，对全市行政区域内的供水企业和二次供水设施管理单位的水质及其相关管理活动提出明确要求。

【水质监测】2018年，为实现上海市"2018年底全面消除黑臭水体"和"2020年基本消除劣Ⅴ类水体"的目标，编制《2018年全市河湖水质监测方案》，开展全市河湖水质监测。组织完成10—12月市控新增断面的水质监测、数据上报工作，推进地表水常规监测和地下水水质监测，开展全市骨干河湖、水利控制片、水功能区、列入"十三五"规划的水环境治理与保护专项河湖、1864条（段）中小河道、苏四期、保障进博会、入河排污口等监督性监测和跟踪水质监测，完成监测资料统计汇总和分析评价，上报各类月报、通报和专报36期，为水环境综合整治提供坚强支撑。进一步加强实验室质量管理以及水质在线监测管理，组织"清源杯"全市水环境监测技术比武大赛。

【黄浦江干流水质状况】2018年，松浦大桥、吴泾、长桥、南市水厂、杨浦水厂和吴淞口等6个水质监测断面除吴淞口断面水质综合评价类别为Ⅳ类，其他5个断面水质综合评价类别为Ⅲ类，影响水质的项目为石油类。与2017年相比，黄浦江整体水质略有好转；全江段氨氮年平均浓度好转16.8%，溶解氧、高锰酸盐指数、化学需氧量、五日生化需氧量和总磷年平均浓度均基本持平。

【苏州河干流水质状况】2018年，赵屯、白鹤、黄渡、华漕、北新泾、武宁路桥和浙江路桥等7个水质监测断面中，赵屯、白鹤、武宁路桥和浙江路桥等4个断面水质综合评价类别为Ⅳ类，其余3个断面水质综合评价类别为Ⅴ类，影响水质的主要项目为石油类、氨氮和总磷。与2017年相比，苏州河水质好转；白鹤和武宁路桥2个断面水质综合评价类别由Ⅴ类好转为Ⅳ类，其余5个断面水质综合评价类别持平；全河段总磷和氨氮年平均浓度分别好转18.7%和17.1%，溶解氧、高锰酸盐指数、化学需氧量和五日生化需氧量年平均浓度均基本持平。

【水务科技】2018年，组织启动国家水专项项目"太浦河金泽水源地水质安全保障综合示范"；全年启动25项（水专项6项、水务10项、海洋9项）科研项目研究，取得国家重大专项科研成果5项、其他各类科研成果20项（水务11项，海洋9项）组织编制国内首部《生活饮用水水质标准》和《治涝标准》地方标准；组织编制《居民小区二次供水管理标准（试行）》《公共排水设施管理标准（试行）》《上海市堤防海塘管理标准（试行）》《上海市防汛信息服务标准（试行）》《上海市水闸管理标准（试行）》等5项城市综合管理标准；发布《上海市住宅小区雨污混接改造技术导则》《上海市原水引水管渠保护技术标准》《上海市水务设施（厂站）海绵城市建设技术导则》《苏州河滨水公共空间建设技术导则（堤防篇）》《上海市排水检查井塑料防坠格板技术规程》《上海市黑臭/劣Ⅴ类水体治理技术指南（试行）》等6项局标准化指导性技术文件。利用上海科技节和青少年科技创新大赛科普平台，组织开展2018浦东新区"探寻海上丝绸路 铸就海洋强国梦"科普活动、"携手看海去"2018年海洋科普系列活动，积极引导海洋特色示范学校建设，培养海洋事业储备人才。支持上海市净水技术学会开展了以"关心水务发展 关注水质健康"为主题的系列水务科普活动，通过"水悟堂"科普专栏和线上大调研、线下实地考察，极大提高了市民对饮用水的科普认知，增强市民对水务行业的关注热情。

（上海市水务局）

江苏省

概况

2018年，江苏省住房城乡建设厅深入学习贯彻习近平新时代中国特色社会主义思想和党的十九大精神，牢固树立"四个意识"，坚决做到"两个维护"，认真贯彻落实党的十九届二中、三中全会和习近平总书记对江苏重要批示指示精神以及省委十三届三次、四次、五次全会精神，把高质量发展作为破解发展难题、构筑发展优势的关键之举，以系统化思维丰富完善住房城乡建设领域改革发展的思路举措，锐意进取，务实创新，以住房城乡建设高质量发展的新成效、新进展为"强富美高"新江苏建设创造了新业绩、作出了新贡献。

2018年，省政府101项年度重点工作中省住房城乡建设厅牵头10项，省政府10项民生实事中省住房城乡建设厅牵头3项。一年来，厅党政领导班子成员认真贯彻《关于党内政治生活的若干准则》，坚持民主集中制原则，同心同德、携手并进，团结带领全厅广大干部职工不折不扣地落实好中央和省委、省政府各项要求，确保打好三大攻坚战、实施乡村振兴战略、推动长江经济带发展、中央环保督察"回头看"、扫黑除恶专项斗争等中央重大决策部署在全省住房城乡建设领域得到全面有力落实。由省住房城乡建设厅承担的保障性安居工程建设、房地产市场调控、宜居住区建设、城市黑臭水体整治、城乡生活垃圾分类和治理、政府投资工程集中建设、特色田园乡村建设、苏北地区农民群众住房条件改善等省委省政府重点工作，以及建筑业综合改革、城市群住房联动、住房租赁市场培育、海绵城市和地下综合管廊建设、工程建设项目审批制度改革"城市双修"等国家确定的试点任务，推进有序、成效显著，各项既定年度目标任务全面保质保量完成。

按照高质量发展走在前列的目标定位，努力承担为全国发展探路的使命。在人居环境综合发展方面，率先探索人口高密度地区人居环境改善适宜路径，徐州成为2018年全球唯一的联合国人居奖获奖城市，联合国人居奖和中国人居环境奖获奖城市数量位居全国第一；在历史文化保护方面，构建完善历史文化名城名镇名村、历史街区和传统村落保护体系，国家级历史文化名城、中国历史文化名镇数量位居全国第一；在建筑工程质量安全提升方面，系统提升建筑设计质量、建造施工质量和建筑安全运行品质，率先开展数字工地智慧安监试点建设，建筑业总产值连续多年保持全国第一，"鲁班奖""国优奖"数量位居全国第一；在民生保障方面，围绕百姓的关注和关切的问题，加大工作力度，住房保障体系健全程度、城乡统筹区域供水率、自来水深度处理率、城乡生活垃圾统筹处理水平等指标位居全国第一；在绿色发展方面，全面推进绿色建筑、绿色建造和生态园林城市建设，绿色建筑规模和国家生态园林城市、国家园林城市数量位居全国第一，率先实现了国家园林城市设区市全覆盖。2018年，江苏棚户区改造位列国务院督查激励表彰的省（市、区）第一名；住房城乡建设部评价江苏房地产市场调控认为，作为房地产开发投资和销售规模约占全国总量十分之一的省份，所取得的成效为全国房地产市场的总体稳定作出了积极贡献；江苏形成的黑臭水体整治的组织领导体系、政策保障体系、技术支撑体系、督查考核体系、长效管理体系得到国家城市黑臭水体整治环境保护专项督查的充分肯定；江苏省住房城乡建设厅组织编制的《大运河国家文化公园（江苏段）建设规划》获中宣部高度肯定，指导南京市作为全国16个工程建设领域行政审批制度改革试点城市之一，出台的各项配套措施，得到了住房城乡建设部主要领导的充分肯定。

法规建设

【概况】2018年，江苏坚持以系统化思维积极推进全省住房城乡建设系统法治和行政审批制度改革等工作，法治意识进一步提高，法治氛围更加浓厚，依法行政的能力和水平有了新的增强。

【立法工作】《江苏省燃气管理条例》《江苏省城市市容和环境卫生管理条例》《江苏省村镇规划建设管理条例》等3个地方性法规列入省人大正式立法项目，《江苏省城市房地产交易管理条例》《江苏省历史文化名城名镇保护条例》《江苏省建筑市场管理条例》《江苏省工程建设管理条例》等4个条例列入省人大立法调研项目；《江苏省农村住房建设管理办法》列入2019年省政府规章预备项目。完成《江苏省国有资金投资工程建设项目招标投标管理办法》立法工作，完成《江苏省燃气管理条例》修订草案和《江苏省应急避难场所管理办法（草案）》的起草工作，并报送省政府审查。积极试行立法后评估。2015年，江苏在全国率先出台第一部绿色建筑地方性法规《江苏省绿色建筑发展条例》，对推动江苏省绿色建筑规模化发展起到了关键作用。为进一步总结绿色建筑立法经验，对立法取得的实际成效及法规实施中存在的问题进行科学系统分析和评估，2018年下半年，省住房城乡建设厅启动《江苏省绿色建筑发展条例》立法后评估工作，并在年内完成前期调研与大纲草拟工作。

【行政复议与行政应诉工作】2018年，共收到行政复议申请163件，已审结153件，未审结10件。已审结案件中，维持106件，占69%；不予受理24件、驳回复议申请8件，合计占21%；撤回复议申请6件，占4%；撤销6件、确认违法3件，合计占6%。共办理行政应诉案件115件，其中一审被诉74件，二审被诉31件，被诉案件共计105件，被复议10件，案件数量较上年明显下降。

【普法工作】认真贯彻落实党中央《关于加强领导干部学法用法工作的若干意见》和省委《法治江苏建设纲要》的要求，进一步健全和落实党组理论学习中心组集体学法、法制讲座、新任领导干部法律知识考核、系统法制培训等制度。同时，多措并举，加大法律宣传工作。

【其他工作】一是组织编制执法手册。针对行政执法中监督检查缺乏相应规范的现实，适应开展"双随机"抽查工作的需要，组织编制了《房屋建筑和市政基础设施工程质量行为检查手册》和《建设工程质量检测行为执法检查手册》。手册重点明确了检查的内容及方法，将作为检查依据和基础的权力清单与检查结果处理的行政处罚有机关联起来，形成了行政管理的完整链条，也使监督检查的标准更加明确，行为更加规范，管理相对人更有预期。《房屋建筑和市政基础设施工程质量行为检查手册》获得2015—2017年度江苏省政府法制创新奖。二是统一行政处罚自由裁量基准。以"三级四同"的行政权力标准化清单为基础，将权力清单中的行政处罚事项划分为城乡规划、工程建设、住房保障和房地产、市政公用、园林绿化、市容环境卫生6个行业，组织省、市、县（市）三级住建系统主管部门的法规处室和执法队伍人员，集中进行行政处罚自由裁量基准的全面修订工作，进一步规范全省住房城乡建设系统各行业行政处罚自由裁量行为。三是落实法律顾问和公职律师制度。与法律顾问单位密切协作，通过派驻法务助理、参与重大决策合法性审查、参加重大行政复议案件听证、参与规范性文件合法性审查与清理、协助重大合同审核、共同进行法制课题研究等多种形式，更好发挥法律顾问单位的作用。经省司法厅审核通过，厅内有7名同志取得公职律师资格，并获得了公职律师证书。

房地产业

【概述】2018年，江苏住房和房地产工作认真贯彻党中央、国务院和省委、省政府有关决策部署，坚持"稳中求进"总基调，坚持"房子是用来住的，不是用来炒的"定位，坚持因城施策，促进供求平衡，合理引导预期，整治市场秩序，全省房地产市场总体保持平稳，商品住宅销售总量稳中有增，成交均价涨幅低于全国平均水平，年末商品住宅库存去化周期为8.5个月，总体处于合理范围。

【房地产市场监测】2018年，江苏将防控房地产领域风险纳入省政府2018年度十大主要任务百项重点工作。分别召开全省房地产市场管理工作座谈会和全省房地产"烂尾"项目处置经验交流会，全面部署房地产领域风险防范工作，明确目标任务和重点措施。一是开展延期交付和"烂尾"项目摸底，做到底数清、原因清、进展清，在此基础上实施烂尾项目处置，切实维护购房人权益，维护社会稳定。二是加强商品房预售等房地产开发经营关键环节监管，建立房地产企业经营风险突发事件应急处置机制，把矛盾和问题处理在萌芽阶段。三是开展房地产市场秩序整顿专项行动。先后组织开展全省房地产开发经营行为"双随机"抽查活动和打击侵害群众利益违法行为、治理房地产市场乱象专项行动，对房地产市场违法违规行为保持高压严查态势，严厉打击房地产开发企业、销售代理和中介机构违法违规行为，遏制投机炒作。四是认真排查化解购房矛盾纠纷。对存在逾期交房、捆绑销售、价外加价、质量低劣以及"烂尾"楼盘等问题的房地产项目作重点排查，发现问题及时分析症结所在，有针对性地制定解决方案，迅速化解了一批矛盾纠纷。五是贯彻落实国家和省处置非法集资的方针政策，持续推进房地产领域打击和处置非法集资工作。包括组织开展全省性防范非法集资宣传教育工作，强化风险警示教育，提高社会公众法律意识、风险意识和识别能力；推动各地房地产主管部门强化非法集资监测预警，强化风险排查，及时将涉嫌非法集资的线索、舆情、举报等信息上报当地处置非法集资领导小组；督促各地房地产主管部门切实强化商品房预售资金监管，认真履行监管职责，确保预售资金全部纳入监管账户用于商品房项目建设。

【房地产开发】2018年，江苏房地产开发投资共完成10982亿元，同比增长14.1%，占全省固定资产投资的19.5%；房地产开发投资增幅高于固定资产投资增幅14个百分点，其中商品住宅投资8366亿元，同比增长14.4%；商品住宅投资增幅较全省固定资产投资增幅高8.9个百分点。全省商品房新开工面积为16821万平方米，其中商品住宅为12902万平方米，同比分别增长22.4%和下降25.7%；商品房施工面积为62673万平方米，其中商品住宅为46329万平方米，同比分别增长5.4%和6.4%；全省商品房竣工面积为8536万平方米，其中商品住宅6360万平方米，同比分别下降10.9%和10.3%。全省商品房和商品住宅累计批准预售面积分别为15941万平方米和13388万平方米，同比分别增长28.5%和增长31.5%；累计登记销售面积分别为14901万平方米和12747万平方米，同比分别增长1.6%和3.7%。全省商品房和商品住宅成交均价分别为9694元/平方米和9566元/平方米，同比分别增长8.6%和10.3%。截至年底，全省商品住宅累计可售面积9070万平方米，较上年底净增加1043万平方米，按滚动十二个月的月均销售速度计算，库存去化周期为8.5个月，处于相对合理区间。全省房地产业地税收入完成1670亿元，同比增长28.6%，占地税收入总量的比重为36.5%，占比较上年提高3个百分点。与此同时，江苏持续推进商品住宅按照装配式方式建造，实施设计、施工、装修一体化，促进提高商品房绿色建造水平和商品房住区综合品质，推动房地产开发高质量发展。全省全年有4个房地产开发项目被评为国家住宅项目"广厦奖"。

【房屋征收】2018年，江苏房屋征收工作总体平稳有序。一是组织开展平安征收专项检查，重点检查了国有土地上房屋征收的程序、现场公示、规范操作、项目实施、党建工作、档案管理等六个方面，扎实推进"平安征收"创建活动。二是推进征收行业党建工作的融合发展。大力推广南通、盐城两市征收行业党建工作的典型做法，推动"支部建在征收项目上"，按照"指挥部＋项目部＋党支部"的党建运行机制，率先实现了县市区征收项目党组织全覆盖。三是加大难点攻克力度，围绕征收拆迁过程中房屋征收评估、房屋征收与补偿档案管理、房屋征收典型案例分析以及行政诉讼中需要重点关注的问题进行研讨交流，进一步确保房屋征收工作程序、内容规范，房屋征收工作透明，切实维护被征收人的合法权益，从源头上减少矛盾纠纷的发生。四是总结各地征收工作特色经验，组织编写了征收工作指南，方便各地征收部门的工作人员学习借鉴。

【物业服务与市场监督】2018年，江苏将"开展省级物业服务示范项目评价工作，提升社区物业管理服务水平"纳入省政府2018年度十大主要任务百项重点工作。一是修订《江苏省省级示范物业管理项目服务质量评价标准》，组织开展省级物业服务示范项目评价工作，树立了行业先进典型。2018年，全省有132个项目成为2017年度省级示范物业管理项目。二是加强全省住宅专项维修资金管理。组织各地梳理维修资金管理情况普查与自评情况，做到底数清晰，在此基础上做好监管工作，确保维修资金专户管理、专款专用；同时开展全省住宅专项维修资金管理及财务核算现状调研，据此制定了《江苏省住宅专项维修资金会计核算办法》及《江苏省住宅专项维修资金财务管理规定》，规范维修资金管理机构的会计核算和财务行为。三是加大部门联动管理。应对物业服务企业资质取消的现状，为了防止出现企业信息不能及时反馈行业主管部门，造成主管部门家底不清的后果，积极协调市场监督管理主管部门，要求在物业企业进行企业登记后，市场监管主管部门将有关信息与物业管理主管部门进行共享，掌握行业基本数据，防止放管服造成行业失管。四是加大行业指导。制定《江苏省住宅物业委托服务合同（示范文本）》，促使物业企业规范行为；同时研究起草了《关于加强党建引领推动物业服务融入社区治理的指导意见（初稿）》，加强行业党建引领，推动物业服务融入社区治理工作。

住房保障

【概述】2018年，江苏省住房保障工作贯彻落实党中央、国务院决策部署，围绕国家年度目标任务，加大棚户区改造和公租房分配力度，着力改善全省困难群众的居住条件，各项工作成效明显。2018年，国务院对"落实有关重大政策措施真抓实干成效明显地方予以督查激励"，江苏省棚户区改造工作位列国务院表彰的5个省（市、自治区）第一名。在2018年江苏省发改委发布的全省"十三五"规划实施情况中期评估报告中，公众对保障房政策满意度为78%，在民生领域满意度居首位。

【住房保障政策】持续推进保障性安居工程长效机制建设工作。省住房城乡建设厅会同省发改委、省财政厅、省民政厅、省自然资源厅和省银保监局等部门研究制定《关于进一步规范保障性安居工程建设和管理的通知》（苏房〔2018〕1号），进一步完善保障性安居工程的建设管理、资金管理、保障性住房的分配和使用管理等政策，强化政府责任、部门监管和考核问责等机制。同时，省住房城乡建设厅会同省发改委、省财政厅制定出台《江苏省棚户区改造工作激励措施实施办法》（苏建房保〔2018〕99号），对年度棚改工作积极主动、成效明显的市、县（市、区）予以激励支持。印发《关于加强棚户区改造项目日常监管的通知》（苏建函房保〔2018〕446号），明确棚改项目的监管范围和相关部门的监管职责，进一步规范棚户区改造项目日常管理。

【住房保障统计数据】2018年，江苏省棚户区改造新开工25.62万套、基本建成23.90万套，分别完成年度目标任务的119.15%、140.61%；公共租赁住房基本建成3420套，完成年度目标任务的131.54%；城镇住房保障家庭租赁补贴共发放2.29万户，完成年度目标任务的208.35%。国家下达江苏省的保障性安居工程各项任务全部超额完成。

【公共租赁住房】2018年，江苏积极降低准入门槛扩大保障范围，推进公共租赁住房分配住入。一是市县加快扩面工作，将新就业人员和外来务工人员纳入保障；二是调整收入线标准，将符合保障条件的城镇中等偏下收入（含低收入、低保）住房困难家庭纳入保障；三是咬准目标、倒排进度，确保实现全年公租房分配目标。2018年，全省政府投资公租房共完成分配26.04万套，分配比例达95.46%，超额完成国家分配比例达到90%的任务要求。

【住房租赁补贴】在全省各地已全面落实对城镇中等偏下收入（含低收入、低保）住房困难家庭发放住房租赁补贴，并实现应保尽保的基础上，2018年江苏根据新型城镇化进程要求，结合居住证制度的实施，试点将新就业人员、外来务工纳入住房租赁补贴保障范围。南京、无锡等市率先落实对高校毕业生、外来务工人员的住房租赁补贴政策，让租赁补贴政策惠及更多住房困难群体。已保障高校毕业生、外来务工人员达 7.5 万余人，保障人数全国领先。

【重点工作、新举措】为顺利推进保障性安居工程建设，江苏积极筹措保障建设资金。一是争取政策性贷款。加强与国家开发银行、农业发展银行联动协作，两家政策性银行全年发放棚改贷款 991.1 亿元。二是试点发行棚改专项债。贯彻财政部、住房城乡建设部《试点发行地方政府棚户区改造专项债券管理办法》（财预〔2018〕28 号），配合江苏省财政厅开展棚改专项债券试点工作，全省全年共发行 255 亿元。三是争取专项补助资金。全年争取中央财政专项补助资金 34 亿元、国家发展改革委基础设施配套补助资金 11 亿元，落实省级财政预算安排保障性安居工程补助资金 4.15 亿元。同时，江苏注重及时总结，组织开展了《江苏住房保障成效研究》《江苏省住房保障研究》等理论研究工作，对全省住房保障 10 年实践作回顾、总结和分析，提出下一步工作建议，为确保住房保障领域达到全面建成小康社会新要求，做好政策储备。

住房公积金管理

【概况】2018 年，江苏认真贯彻中央和省委省政府文件精神以及住房城乡建设部关于"确保房地产市场平稳健康发展"和落实降成本政策的要求，及时梳理调整住房公积金管理政策，扩大缴存范围，调整缴存比例。全省全年归集住房公积金 1779.81 亿元，发放贷款 948 亿元，同比分别增长 13.91%、26.76%，共支持 238226 户贷款购房，超额完成年初规划的归集住房公积金 1000 亿元、支持 20 万户贷款购房的目标任务。

【住房公积金政策】各地服务服从于经济发展，适时调整公积金政策，切实将维护房地产市场健康发展和降成本政策要求落地实处。一是坚持去库存与稳市场并重，通过调比例、降额度、限申请、控提取、禁三套、设预警等措施，重点支持首套和二套改善型住房需求。二是落实降成本要求。进一步规范公积金缴存比例，防止多缴或少缴；严格执行困难企业可降低缴存比例或申请缓缴政策要求，切实降低企业成本，减轻企业资金压力。三是继续扩大覆盖面。南京中心将扩面任务下达到各银行网点，以单位社保缴存作为比对目标，推进网上缴存 3.2 万个单位，加大对人力资源派遣公司劳务人员漏缴、少缴的执法力度，收到较好效果；无锡中心加大扩面宣传，通过发律师函催建催缴；常州中心与政府社保部门建立扩面联动机制，建立乡镇服务站 15 个，就近服务乡镇企业；连云港中心推动将增加公积金覆盖率与政府效能考核挂钩，并定期发文通报各级扩面情况以及通过新闻发布会曝光应缴未缴单位名单；苏州中心与社保、银行等单位建立联动，推动归集扩面网格化管理，2018 年公积金覆盖面增加 7%；淮安中心继续扩大公安辅警、城管、环卫工人等特殊群体覆盖面以推动归集缴存。

【住房公积金信息化】一是按照"放管服"要求，积极加快住房公积金综合服务平台建设和异地转移接续平台的升级改造，加速基础数据标准及结算应用系统接入"双贯标"建设，进一步提升行业便民服务整体水平。截至年底，全省 13 个市住房公积金管理中心和 8 个行业分中心全部通过部省联合验收组验收，常州、苏州、连云港、盐城、扬州、镇江、泰州、宿迁等 8 个城市中心实现直连接入全国住房公积金异地转移接续平台。同时，各城市中心充分利用两大平台，积极推进"互联网＋公积金"建设。大部分城市中心已开通微信、微博和手机 APP，实现了个人账户查询、公积金提取等业务办理；部分中心通过缩短流程、简化手续、免除提供身份证复印件等措施，方便缴存职工办理业务。二是建立跨省市、跨部门、跨区域信息共享机制。各城市中心努力推进与住房、民政、人社、工商、税务、公安、人行等政府职能部门的信息互联互通。江苏、浙江、上海加快推动江浙沪三地信息共享多方合作机制建立，签订了三地信息共享合作备忘录，城市中心亦签订信息共享合作协议，为两省一市城市中心之间提取职工房产等信息共享合作机制的全面实施奠定基础。自 2015 年起，全省住房公积金系统连年被省文明办授予行业文明单位荣誉，至 2018 年底，全省 13 个设区市中，有 11 个城市中心创成省级文明单位、1 个全国文明单位。

【住房公积金政策储备】根据住房城乡建设部统一安排，认真开展新市民住房问题调研，努力摸清"新市民、新市民住房问题、新市民住房公积金"三个底数，为探索建立新型住房公积金制度提供第一手参考资料。在两个月的调查中，全系统共有 382 人参加调查工作，范围覆盖 13 个设区市、16 个区（县），收回问卷 12269 份，取得有效样本 11453 份，圆满完成调查任务。与此同时，积极组织开展重点课题研究，除了承担部里"住房公积金统计分析研究"课题，又开设了"住房公积金贷款风险指标研究""新市民建立住房公积金制度研究"等省级课题并形成课题成果，努力探索适应社会经济发展需求和契合人民群众生活实际需要的新型住房公积金制度。

【政策执行检查和风险隐患排查】 一是根据住房城乡建设部《关于开展住房公积金政策执行情况检查及风险隐患排查的通知》（建办金函〔2018〕284号）要求，认真组织开展全省范围住房公积金政策执行情况检查及风险隐患排查，发现问题及时整改，督促规范存储和使用资金。二是加强日常资金监管。继续在全省范围开展涉险资金清收工作，截至年底，江苏涉险资金已基本清收完毕，为下一步制度改革创造了良好条件。三是做好住房公积金贷款支持保障房建设信息审核工作，确保公积金贷款资金安全。四是落实公积金披露制度。省住房城乡建设厅联合省财政厅、人民银行南京分行编撰并公开披露《江苏住房公积金2017年年度报告》，将全省住房公积金发展状况和数据向社会公开。各城市中心均编制并公开披露《住房公积金年度报告》。

城市建设

【概况】 2018年，江苏城市建设各项工作紧紧围绕高质量发展目标，落实措施，扎实推进，黑臭水体整治、易淹易涝片区改造、地下综合管廊和海绵城市建设、实施"停车便利化工程"、燃气安全专项整治等重点工作均圆满完成目标任务，徐州市成为全球唯一获得联合国人居奖城市，全省城建事业实现稳步发展。

【城市建设法规建设】 扎实推进《江苏省城镇燃气管理条例》修改工作。完成《条例》（修改）送审稿、条文说明、条文修改对照表等起草工作，并依序报省司法厅审定、起草完成《条例》修改情况汇报材料。积极推进公用事业优化营商环境。对标先行省份编制完成《关于进一步优化供水、燃气接入的行动方案》，从固化整合流程、简化申请材料、并联行政审批等三个方面对供水、燃气接入服务进行全面优化，最终目标实现用气接入最短5个工作日完成，最长不超过40个工作日；用气接入材料不超过5项。

【城市水环境治理】 一是推进城市黑臭水体整治。全省共完成城市黑臭水体整治项目119个、304公里，完成河道清淤疏浚800余万立方米，排查、整治、改造河道两侧排放口约1300个，敷设截污管道约230公里，实施片区整治500余万平方米，城市水环境得到明显改善。南京、无锡、扬州三市经历两次国家黑臭水体整治专项督查，南京、苏州、徐州等市建成区已基本消除黑臭水体，其他城市黑臭水体明显减少。二是推进城镇污水处理。组织编制太湖流域城镇污水处理厂再提标调研和技术指引，并召开会议推进太湖流域城镇污水处理再提标和尾水生态湿地建设；并以太湖流域城镇污水处理信息管理系统硬件部署和数据对接为重点，稳步推进全省城镇污水处理监管信息平台建设。此外，省住房城乡建设厅还组织编制《城镇污水收集系统质量提升实施方案编制大纲》《管网排查技术导则》，指导各地开展管网普查、评估、缺陷修复；加快推进苏中、苏北地区建制镇污水处理设施全运行工作，保障污水处理设施高效稳定运行。2018年，全省新增污水处理能力55万立方米/日，完成污水主干管网1200公里以上，建制镇污水处理设施覆盖率达95%，正常运行比例稳步提升，位居全国前列。

【海绵城市建设】 一是加强技术指引。省住房城乡建设厅组织编制了海绵城市建设施工图设计与审查要点，并督促各地加快编制海绵城市建设专项规划，加快完善海绵城市技术标准体系。二是积极推进试点示范建设。组织开展第二期、第三期、第四期省级海绵试点城市建设工作技术调研评估，组织对第一批海绵试点城市开展了中期考核评价。三是加强督促指导。要求各试点城市按月及时报送工作进展、制度建设和工作动态等情况，省级层面加强督查督办。全省14个省级海绵城市建设试点全面启动，累计建成300余个海绵项目，完成投资400亿元以上。与此同时，积极推进易淹易涝片区整治，一方面督促指导各地开展城市排水（雨水）防涝综合规划编制和设计暴雨雨型研究，同时省级层面印发《江苏省排水防涝工程建设暨易淹易涝片区整治行动方案（2018—2020）》，明确整治工作总体目标和阶段性要求，督促各地分步骤、按时序做好排水防涝工作，强化应急响应指挥和调度体系的建立和落实。全省整治完成易淹易涝片区110个，群众反映强烈的易淹易涝片区得到大力改善。

【地下综合管廊建设】 2018年，江苏各市全部编制完成城市地下综合管廊专项规划。省住房城乡建设厅组织制定了《江苏省城市地下综合管廊建设指南》《江苏省城市综合管廊与地下工程协同建设指南》，加强技术指引。苏州市顺利完成国家试点建设任务，南京、连云港、新沂、涟水等省级试点工作稳步推进，全省新开工地下综合管廊62公里、合计在建221公里。

【城镇基础设施建设】 区域供水覆盖水平进一步提高，覆盖率达99%以上；供气、照明等设施城乡统筹一体化快速发展。全省城镇供水能力、污水处理能力大幅提升，新增自来水深度处理能力267.5万立方米/日，新增污水处理能力55万立方米/日，污水收集管网1200公里以上。城市安全运行水平进一步提升。太湖流域应急防控能力全面加强，连续11年实现了"两个确保"，"水源达标、备用水源、深度处理、严密检测、预警应急"的供水安全保障体系进一步完善。燃气和桥梁安全整治持续深入开展，并取得积极成效。"停车便利化工程"全面推进，全省新增公共停车泊位超过15万个，南京市以老旧小区整治增加停车位、苏州市将高架桥下空间开辟为公共停车场，扬州、镇江、泰州等地将政府机关单位停车场向社会开放，赢得社会各界普遍称赞。大力倡导城市家具理念和标准化建设思路，组织编制了《江苏省城市街道空间精细化设计建设——城市家具建设指南》，为指导全省城市基础设施科学发展提供依据。不断深化人居环境创建工作，持续推动城乡人居环境改善，徐州市成为2018年全球唯一获得联合国人居奖城市；配合住房城乡建设部、省政府在徐州市成功举办了"2018年世界城市日活动"。

【环卫设施建设】扎实推进城乡生活垃圾分类和治理。组织开展了全省城乡生活垃圾大排查和现状调查评估，通过"一市一策、一厂（场）一档"全面摸清了现状底数。强化生活垃圾处理、餐厨废弃物处置、建筑垃圾资源化利用设施和垃圾分类投放设施配置等工作的分类指导，并会同省环保厅开展生活垃圾焚烧处理设施达标排放专项整治行动，推动各类生活垃圾处理设施规范运行、达标排放。加强垃圾分类创新示范项目培育，积极推进党政机关生活垃圾率先分类，邀请中央驻苏和省、市级媒体集中采访垃圾分类，组织开展了江苏省城乡生活垃圾分类公益宣传作品设计大赛，建立形成"传导有力、上下联动、查改结合、实时督办、快速响应、务实高效、全民参与"的工作机制和良好氛围。2018年全省共新增垃圾分类小区3400余个，新增分类单位9000余个，新增生活垃圾焚烧处理能力8000吨/日、餐厨废弃物处理能力400吨/日、建筑垃圾资源化利用能力150万吨/年。推进"厕所革命"实施城市公共厕所提标便民工程，指导推动各地组织开展全省城乡公共厕所调查工作，全面摸清各地城市公厕现状，排定各市、县2018年度"厕所革命"的重点任务，建立省、市、县（市）三级报送制度，推动全省共完成1491座公厕建设任务，其中新建476座、改造1015座。

【园林绿化建设】大力推进园林城市系列创建工作。完成了9个国家园林城市系列申报城市的资格初审和申报工作、10个省级生态园林城市资格预审工作及3个国家生态园林城市、19个国家园林城市的复查工作。推进"城市公园绿地十分钟服务圈"及林荫系统规划建设。组织对全省市、县公园绿地十分钟服务圈、林荫路、绿道现状及规划建设情况进行调查摸底，完成公园绿地服务圈、绿道、林荫路统计情况及各市三年目标计划核实汇总，指导各市制定落实分年度计划及规划目标。组织编制了《江苏省城市行道树建设指引》，推进科学构建以适生阔叶落叶树为主体的城市林荫系统。截至2018年，江苏"城市公园绿地十分钟服务圈"覆盖率达78%以上。城市公园开放水平持续提升，全省城市公园免费开放率达到93%，常州、南通、淮安、宿迁等城市公园免费开放率达到100%。组织开展"城市公园绿地社会服务绩效评估与管控对策研究"课题研究，探索城市公园工作的科学路径。风景名胜区规划编制（修编）工作取得新进展。钟山风景名胜区总体规划报请国务院审批；太湖风景名胜区西山、石湖景区详细规划经住房城乡建设部批准实施；完成规划期到2020年届满的10处省级风景名胜区总体规划评估工作，同时组织开展总体规划修编工作，其中云龙湖、茅山和濠河风景名胜区总体规划经省政府批准实施。积极指导盐城市黄（渤）海湿地申报世界自然遗产项目并顺利获批。成功举办第十届江苏省园艺博览会。2018年，根据江苏省机构改革方案，风景名胜区管理职能划转省林业局。

村镇建设

【加快改善苏北地区农民群众住房条件】2018年8月，省委、省政府印发《关于加快改善苏北地区农民群众住房条件推进城乡融合发展的意见》（苏发〔2018〕19号，下称《意见》）；9月4日，省委、省政府召开全省加快改善苏北地区农民群众住房条件工作会议，正式启动这项工作，在为农民群众提供安全可靠的住房和美丽宜居的环境的同时，努力带动产业发展和农民增收致富，让农民过上与时代同步的现代生活。在充分尊重农民意愿、保护农民合法权益的基础上，注重住房条件改善与城乡生产生活生态条件提升紧密结合，坚持因地制宜、分类实施、循序渐进、久久为功。同时，要求做到"三优先""三同步"：优先推进新型城镇化，引导有条件的农民进城入镇居住；优先实施脱贫攻坚，加快改善低收入农户的居住条件；优先推进农村危房和

"空关房"改造,确保房屋安全可靠。同步配套基础设施和公共服务设施,保障基本公共服务均等到位;同步谋划产业发展和农民就地就近就业,保障农民有稳定体面的收入来源;同步加强社会治理,保障和谐安全的生活环境。此外,《意见》结合乡村振兴战略实施和脱贫攻坚等,确定了到2020年、2022年、2035年三个时间节点的目标任务。到2020年,完成苏北地区农村建档立卡低收入农户、低保户、农村分散供养特困人员和贫困残疾人家庭等四类重点对象危房改造,加快推进"空心村"以及全村居民住房改善意愿强烈的村庄改造;到2022年,苏北地区农民群众有改善意愿的老旧房屋建设和"空心村"改造基本到位;到2035年,苏北地区农民群众住房条件全面改善,城乡空间布局全面优化。目前,苏北各市正在积极开展入户调查摸底、实施方案编制、镇村布局规划优化等工作,有序推进农民群众住房条件改善工作。

【特色田园乡村建设】按照《中共江苏省委 江苏省人民政府关于印发<江苏省特色田园乡村建设行动计划>的通知》(苏发〔2017〕13号)和《省政府办公厅关于印发江苏省特色田园乡村建设试点方案的通知》(苏政办发〔2017〕94号)要求,省特色田园乡村建设工作联席会议办公室(以下简称"省田园办")稳步有序推进试点工作。一是全力推进首批试点村庄建设。各试点村庄按计划稳步推进各类项目实施,省田园办建立工作进度半月报制度,实时掌握各试点村庄的建设情况。二是参加省委深改组专项督查。特色田园乡村建设试点工作被确定为江苏省重点督查的8项改革任务之一,省田园办抽调专员对首批45个试点村庄逐一进行现场督查。根据省委深改组反馈问题,省田园办会同联席会议主要成员单位认真总结研究,积极落实整改。三是确定第二批试点村庄名单。4月份,省田园办组织召开了第二批特色田园乡村建设试点方案评审会,经专家评审、联席会议审议,最终确定第二批25个试点村庄名单。四是组织第三批试点村庄遴选工作。结合各地申报情况,经联席会议主要成员单位进行材料初审、现场踏看,综合对比申报村庄的产业发展潜力、文化资源特色、田园风光、村两委班子号召力等方面情况,经联席会议研究审定后,最终确定66个第三批试点村庄的名单。五是继续做好相关技术指导。为做好试点地区建设过程中的经验总结,省田园办收集整理首批试点村庄在产业发展、规划建设、生态环境、文化建设、乡村治理等方面的实施措施和建设成效,从中优选27个实施成效较好的村庄汇编整理成《江苏省特色田园乡村建设首批部分试点村庄建设案例集》。2018年,全省特色田园乡村首批试点村庄在生态环境、产业发展、文化建设、乡村治理、党建引领等方面的建设成效显著;第二批试点村庄项目已进入实施阶段,部分试点村庄也取得显著成效。

【农村危房改造】督促指导各地完成2017年度省级农村危房改造审计发现问题整改。2018年,全省下达农村危房改造任务1.75万户,拨付中央及省级补助资金共计2.95亿元。组织召开2018年度全省农村危房改造培训班,对全省有危房改造任务的市、县(市、区)危房改造管理人员进行危房改造相关政策和信息系统使用维护的专题培训。组织开展全省农村危房改造领域工作作风建设问题专项治理和已实施农村危房改造任务"回头看",重点查找存在问题并督促各地落实整改。截至2018年12月底,全省2018年农村危房改造任务已全部竣工。

【传统村落保护】对中国传统村落保护发展项目实施情况进行督查,并将有关情况报住房城乡建设部。指导推进100个省级传统村落开展保护发展项目有序实施。委托专业机构开展全省传统村落和传统建筑组群调查课题研究,对照《江苏省传统村落保护办法》规定的省级传统村落条件,调查了解全省传统村落的数量、类型、地理分布特征及现状条件等情况,形成分类名单。同时,为保护传承好传统村落,结合特色田园乡村建设行动,将传统村落作为特色田园乡村试点的优先支持对象,前两批特色田园乡村试点村庄中有半数以上符合省级传统村落标准。2018年,扬州市仪征市新城镇蒲薪村等4个村庄被列入第五批中国传统村落名录,全省列入中国传统村落名录的村庄总数达32个。

【小城镇建设发展】2018年选择16个在产业发展、历史文化、自然资源、空间景观等方面具有特色培育潜力的小城镇开展重点及特色镇发展项目试点示范,指导各试点镇编制或完善规划设计方案,重点实施老镇区综合整治改造、环卫设施建设、道路建设、公共服务设施配套、景观绿化美化等5种类型项目,省级财政下达专项奖补资金支持试点镇项目建设,目前各试点镇正按照计划有序推动项目实施。此外,积极引导各地塑造小城镇特色风貌,指导各地按照《江苏省小城镇空间特色塑造指引》进一步提高城镇规划建设水平,提升城镇空间品质。2018年,该《指引》经中国城市规划学会专家组评审,被提升为《小城镇空间特色塑造指南》T/UPSC 0001—2018,作为中国城市规划学会首部规划团体标准向全国发布。

【农村生活垃圾处理】一是根据住房城乡建设部《关于开展第一批农村生活垃圾分类和资源化利用示范工作的通知》要求，积极推进南京市高淳区、泰州市高港区、沛县3个国家首批农村生活垃圾分类和资源化利用试点县建设；二是提请省政府办公厅印发了《江苏省城乡生活垃圾治理工作实施方案》，持续完善"组保洁、村收集、镇转运、县（市）集中处理"的城乡统筹生活垃圾收运处理体系，推动农村生活垃圾分类和资源化利用，推进生活垃圾临时堆放点整治；三是确定了第二批50个乡镇（街道）开展镇全域农村生活垃圾分类省级试点工作，通过试点示范，探索适合全省不同区域的农村生活垃圾分类方法、模式和路径；四是加强技术支撑，委托科技发展中心、南京农业大学等单位编制《江苏省农村生活垃圾分类和资源化利用技术指引》《江苏省农村生活垃圾分类宣传手册》等材料，加强农村生活垃圾分类技术指导和宣传。五是会同省生态环境厅、省农业农村厅、省水利厅积极组织各地开展非正规垃圾堆放点排查和整治工作，积极消化非正规垃圾堆放点存量，严格控制增量。建立并严格落实非正规垃圾堆放点排查整治工作月报和整治销号制度，利用非正规垃圾堆放点排查整治信息系统，切实做到排查一处，录入一处，整治一处，销号一处。截至12月底，全省共排查出非正规垃圾堆放点194处，其中2018年以来新排查32处，全省已完成非正规垃圾堆放点整治并销号104处，整治任务完成率达53.6%。

【村庄生活污水治理】一是扩大试点范围。在继续推动首批31个试点县的基础上，确定了15个第三批村庄生活污水治理试点县，按因素法下达了4.3亿省级奖补资金。二是加强工作指导。指导各试点县完成村庄生活污水治理专项规划编制并组织专家进行论证；指导各地积极探索通过项目总承包、PPP合作等形式，由企业负责项目设计、施工、后期运行一体化实施，政府购买服务，强化县域内村庄生活污水治理规模化建设、专业化管护、一体化推进。三是加大推进力度。对前两批试点县工作进行督查，并召开全省村庄生活污水治理工作现场推进会，通报工作进展、交流经验、布置任务，督促推进。四是加强技术支撑。开展江苏省村庄生活污水治理设施运行管理规程、江苏省村庄生活污水治理工作规范等课题研究，同步开发建立村庄生活污水信息管理系统和远程在线监控平台，充分利用"互联网＋"技术，提高村庄生活污水治理规范化、信息化管理水平，着力提升村庄污水处理设施运行效率。2018年，46个试点县均完成专项规划编制，有近2000个村庄开展村庄生活污水处理设施建设。

【其他创建活动】开展省级特色旅游名镇名村创建工作，第六批共认定8个省特色景观旅游名镇（乡）、10个省特色景观旅游名村，确定3个省特色景观旅游创建示范镇（乡）和3个省特色景观旅游创建示范村（社区）。

标准定额

【工程建设地方标准】完成23部标准和标准设计编制工作，包括服务城市高质量发展的《城市防灾避难场所建设技术标准》《江苏省城市轨道交通设计标准》等，提升百姓生活品质的《住宅智能信报箱建设标准》《居住建筑浮筑楼板保温隔声工程技术规程》《住宅装饰装修质量标准》等，提高建筑品质的《江苏省高性能混凝土应用技术规程》《600MPa热处理、热轧带肋钢筋混凝土结构技术规程》等，推进装配式建筑发展的《装配式混凝土结构工程施工监理规程》《装配式轻型挂板围护结构工程技术规程》等。针对2012年—2013年批准实施的29部标准和标准设计，开展了2018年度省工程建设标准、标准设计复审工作，确定废止2部、修订16部、继续有效13部标准和标准设计，保证了标准和标准设计符合国家、省相关政策，适应江苏工程建设需要。

【工程建设标准实施】切实加强工程建设标准实施指导。通过工程建设标准培训和注册师继续教育学习，以及编印《江苏省工程建设标准解读论文集》等方式，指导技术人员更好地理解、掌握和应用标准。全年1000余人次参加标准宣贯，3000余人次参加注册师继续教育中的工程建设标准学习。为进一步扩大江苏省工程建设地方标准影响力，通过开展"全省城市轨道交通工程质量安全监督检查""全省工程勘察设计质量与市场行为抽查"等专项工作，加强标准实施的监督。

【标准化改革研究】深入开展标准化改革研究。启动了《江苏省工程建设标准化改革管理机制研究》，探索建立与工程建设标准化改革相适应，符合江苏实际的工程建设标准化管理新机制。

【工程造价管理研究】完成造价工程师采用个人或合伙的方式成立执业事务所承接业务的试点管理办法研究工作并形成初步成果。组织开展了BIM技术服务费费用标准研究，测算了建筑工程、园林绿化工程、城市轨道交通工程等各类建设工程在设计阶段、施工阶段、运营维护阶段的收费标准。组织开展了江苏工程总承包计价办法研究，并在扬州先行试点。在《建设项目全过程造价咨询规程》的基础上，开展全过程造价咨询服务工作规程研究，形成《江苏省建设工程造价咨询服务负面清单（试行）》（征求意见稿）。完成工程按质论价费用调整研究，形成《省住房城乡建设厅关于调整建设工程按质论价等费用计取办法的公告》。该公告的发布，对于建立优质优价制度，鼓励工程建设各方创建优质工程以及加强建筑工地扬尘污染防治具有重要的促进作用。完成江苏省建设工程定额与市场人工价格差异情况研究，并形成建设工程人工价格改革方案。完成在费用定额中增加工程质量保险费用有关条款研究工作，提出的"工程质量潜在缺陷保险的具体承保费率，应当根据工程风险程度和参建主体诚信等情况，结合市场状况，在保险合同中具体约定。积极推行与投保单位的以往投保史、出险情况、管理水平等因素相挂钩的费率浮动机制，探索建立多方参与的质量监管与责任保险良性互动的工程质量管理体系。"被列入江苏省住房和城乡建设厅、江苏保监局联合印发的《关于推行江苏省住宅工程质量潜在缺陷保险试点的实施意见（试行）》条文。

【计价管理】根据住房城乡建设部要求，组织开展了2018版《园林绿化工程工程量计算规范》修编工作，并完成送审稿呈送住房城乡建设部标准定额司审查。开展城市地下综合管廊工程定额修编，完成江苏省城市地下管廊工程的工程量清单、计价定额、费用定额的编制和定额水平测算工作，并形成报批稿。依据财政部、国家税务总局《关于调整增值税税率的通知》（财税〔2018〕32号）和《住房城乡建设部办公厅关于调整建设工程计价依据增值税税率的通知》（建办标〔2018〕20号）的规定，完成建筑业增值税计价政策调整工作。根据市场情况，及时发布人工工资指导价，全年调增幅度约为5%，工日单价平均提高5元左右。做好省管项目招标控制价备案工作。全年累计完成31个省管工程项目招标控制价备案工作，包括南京禄口国际机场T1航站楼改扩建工程、江苏省政务服务中心及公共资源交易中心等项目，金额共计20.57亿元。

【工程造价咨询市场监管】完成了2017年造价咨询企业咨询项目网上填报情况核查工作和2017年度江苏省造价咨询企业统计报表上报工作。完成江苏省全过程工程咨询试点。制定了造价行业全过程工程咨询试点企业筛选方案，并整理推荐试点名单。组织开展了《推进全过程工程咨询服务发展的指导意见》以及《全过程工程咨询服务技术标准》《全过程工程咨询合同》示范文本的征求意见工作。完成工程造价咨询成果质量"双随机"检查。2018年下半年，对未参加2015—2017年度江苏省造价咨询企业信用评价的企业进行了"双随机"检查，对受检企业进行有针对性的指导，督促企业规范管理。

工程质量安全监管

【概况】2018年，江苏持续推进建设工程质量安全监管长效管理机制建设，扎实开展建设工程质量安全专项督查、检查，全省建设工程质量管理成效明显，安全生产形势总体平稳。全省共有459个项目获得2018年度江苏省优质工程奖"扬子杯"，10项工程获国家"鲁班奖"、28项工程获"国家优质工程奖"、32项工程获全国"安全之星"，获奖总数位于全国前列。

【工程质量监管】深入推进工程质量保险试点。省住房城乡建设厅、中国银保监会江苏监管局联合印发《关于推行江苏省住宅工程质量潜在缺陷保险试点的实施意见（试行）》、起草《江苏省住宅建设工程质量潜在缺陷保险理赔服务标准（试行）》（征求意见稿），并完成《江苏省建设工程质量风险管理机构管理办法（试行）》（征求意见稿）。积极推进江苏省工程质量评价体系试点工作，完成评价标准体系的一级、二级、三级指标设计，初步建立起指标体系框架。组织起草了《江苏省建设工程质量监督政府购买服务工作指导意见》，积极推行政府购买服务；起草完成《关于加强装配式建筑工程质量安全管理的意见》（征求意见稿），清晰界定各方参建主体的质量安全责任；制定了《江苏省装配式混凝土构件生产检测指南》和《装配式混凝土建筑工程质量检测工作指引》，进一步规范装配式建筑相关检测工作。建立质量监督机构和人员综合考评体系，起草完成《江苏省建设工程质量监督机构和人员动态考核管理办法》；顺应建设工程管理新常态和政府建设管理体制改革，出版了《房屋建筑和市政基础设施工程质量监督工作指南》（2018版）。2018年江苏建设工程一次通过验收合格率为99.1%，在监工程无重大质量事故，全省建设工程质量继续保持平稳态势。

积极推进落实全省治理违规海砂专项行动。与省经信委、省公安厅、省国土厅、省交通厅、省水利厅、省工商局、省质监局、省海洋局、省海事局等部门联合印发《关于开展治理违规海砂专项行动的通知》《关于建立治理违规海砂工作联动机制的实施意见》《关于合理拓宽建设用砂来源的意见》，督促指导海砂开采、运输企业、砂场经营单位及混凝土生产企业、工程建设各方主体进行自查自纠并加强监督检查。专项行动期间，全省共抽查混凝土生产企业及在建工地454家（次），抽测建筑用砂316组，样品氯离子含量均满足相关技术标准要求。

【建筑施工安全监管】建立建筑工地扬尘污染防治考核制度和全省建筑施工安全生产目标管理考核制度，强化安全生产主体责任的落实。春季、夏季开展两轮建筑施工安全生产督查，并在夏季开展建筑施工"保安全攻坚行动"，突出抓好高温期间和非作业时间段安全管理，强化"危大工程"安全管控和高处坠落事故防范，落实雨汛期间安全保障措施。联合省财政厅对能够同时达到省标准化"三星级"工地、省级数字工地（智慧安监）、绿色施工优良等次，且在一定区域范围内为当地规范建设施工行为起到示范引领作用的房屋建筑或市政基础设施施工项目进行资金奖补支持，推动江苏省建筑施工安全生产向标准化、信息化、智能化和绿色化"四化"融合方向发展。继续推进数字工地智慧安监试点工作，促进企业落实主体责任，提升现场管理水平。修订《江苏省建设工程安全监督机构及人员考核管理办法》，进一步规范建筑安全监督机构和人员的监督行为，落实监管责任。建立健全装配式施工安全管理体系，编写完成《装配式混凝土建筑施工安全技术规程》，细化管理措施，落实企业安全主体责任，保障装配式建筑工程施工安全。印发《江苏省建设工程施工安全监督档案（2018版）》，突出对危险性较大的分部分项工程安全管理。2018年，江苏建筑施工安全生产形势总体稳定向好，事故起数和死亡人数分别下降4.5%和3.3%，全年未发生较大以上亡人事故。

【轨道交通工程】截至2018年底，城市轨道交通投入运营的有南京、苏州、无锡、淮安、昆山等5个城市，共21条线，总里程约643公里，其中有轨电车5条线，83公里。在建的有南京、苏州、无锡、徐州、常州、南通、镇江等7个城市，共20条线，总里程约535公里，在建城市数量居全国首位，在建里程和运营里程均占全国的11%左右。

【勘察设计质量监管与行业技术进步】全面贯彻国家和省决策部署，认真落实新时期建筑方针，坚持强化人才队伍建设，积极营造创新创优氛围，努力优化市场环境，多措并举促进全省勘察设计行业转型升级。一是加强行业监管。组织开展省外勘察设计企业年度资质核验工作和施工图审查机构认定、人员核查等工作，加大对违法违规单位和人员的处理力度。2018年，全省共有44家机构完成审查认定，1150名人员通过核查、163名人员予以注销。二是做好政策储备。组织编制《工程勘察设计文件数字化交付标准》，推动信息技术在工程设计中的推广运用；开展建筑工程设计招投标制度、建筑设计方案竞选制度以及提升设计水平政策措施等课题研究，并形成初步成果。三强化注册人员培训。组织开展2018年度注册建筑师、注册结构工程师、注册土木工程师（岩土）继续教育工作，共有1595名注册建筑师、1308名注册结构工程师、391名注册土木工程师（岩土）参加了继续教育培训。四是组织开展省城乡建设系统优秀勘察设计评选、全省优秀农房设计方案征集评选、BIM设计竞赛等活动，同时开发完成全省建筑设计信息平台并试运行，进一步扩大对优秀设计师、优秀设计作品和优秀设计企业的社会宣传力度，引导提升勘察设计人员创新创优工作热情。

【勘察设计行业改革】一是全面实现多图联审。严格落实省政府办公厅《关于全省推行施工图多图联审的指导意见》要求，在全省范围实现了多图联审。同时，指导各地在省政府文件规定的联审范围基础上进一步拓展联审范围、简化审图环节，编制联合审图指南，公示审图依据、审图标准、需要提供的材料、办理程序、办理时限、收费标准。目前江苏全省范围内全面实现了企业投资工业生产建设项目7个工作日内完成初次审查，技术特别复杂的不超过10个工作日。二是稳步推进数字化审图，全省85%的地区已实现从传统审图模式向数字化审图模式的转变。编制完成《江苏省施工图设计文件数字化审查标准》初稿，完成"江苏省施工图设计文件数字化审查一体化服务平台"界面及功能设计，为进一步规范全省数字化审图工作、服务全省施工图审查数字化报审和监管夯实了基础。三是开展大型公共建筑工程后评估和工程总承包试点。组织完成了7个大型公共建筑试点工程自评估工作；多次召开座谈会、研讨会，完善评估指标，并组织开展第三方评估，并邀请国内知名专家对评估工作进行指导，深入开展大型公共建筑工程后评估管理制度研究。第二批试点工作顺利启动，25家企业获批参与。四是持续深化全过程工程咨询试点。制定印发了《江苏省全过程工程咨询服务导则（试行）》《江苏省全过程工程咨询服务合同示范文本（试行）》，并起草形成全过程工程咨询管理办法初稿。组织召开全过程工程咨询座谈会和工作推进会，交流试点经验，分析存在问题，研究下一步深化措施。建立了工作进展情况定期报送试点制度，并多次组织建设主管部门相关人员及试点企业的相关技术人员进行全过程工程咨询业务培训和研讨，提升一线人员工作能力。结合苏北地区农民群众住房条件改善工作，遴选了一批全过程工程咨询业务开展较好的企业并编制《农房建设咨询与建造单位》手册，服务社会引导需求。全省共有103家企业开展了全过程工程咨询业务，已实施全过程工程咨询的项目188项，试点工作取得阶段性成效。

【城乡建设抗震防灾】认真贯彻落实国家《关于推进城市安全发展的意见》（中办发〔2018〕1号）和江苏省《关于推进防灾减灾救灾体制机制改革的实施意见》（苏办〔2018〕3号）精神，坚持以防为主、防抗救相结合，不断提升城乡建设工程抵御地震灾害的综合防范能力。一是扎实推进城市抗震防灾体系建设。完成地方规章《江苏省防灾避难场所管理办法》起草工作，提交省司法厅；编制完成《江苏省防灾避难场所建设技术标准》，完成《江苏省避难建筑设计规范》初稿；指导苏州、江阴、溧阳等市抗震防灾规划编制和技术评审，制定城市抗震综合防御能力提升策略；印发《省住房和城乡建设厅关于应急避难场所建设情况的督查通报》，推动相关城市对标找差、整改落实，指导淮安等市应急避难场所建设推进工作。二是全面落实建筑工程抗震设防审查制度。依法认真履行"超限高层建筑工程抗震设防审批"和"建筑工程采用可能影响工程主体或者承重结构的新技术、新材料、新结构的抗震性能审定"两项行政许可事项，开展超限高层建筑工程抗震设防专项审查。三是切实推动抗震标准体系建设。编制并印发《江苏省重要公共建筑抗震风险排查导则》，完成《防灾避难场所建设技术标准》《装配式混凝土结构抗震审查技术要点》等标准、技术要点编制，组织开展了"江苏省省级抗震加固专项资金项目典型案例选编""农房抗震技术规程""建筑结构消能减震技术规程""建筑物抗震构造详图"等课题验收，深入开展"装配式混凝土结构隔震减震技术规程""装配式混凝土结构节点抗震构造图集"等课题研究。总结重要防灾救灾建筑抗震安全风险排查工作经验，编制《既有防灾救灾建筑现状分析及对策措施研究》报告。五是丰富抗震防灾宣传活动。组织全省住房城乡建设系统开展"5.12防灾减灾日"活动，完成《防灾避险科普读本》编制并免费下发；研发抗震防灾微信号服务系统，发布"城市防灾与科普"公众号，定期推送城市防灾减灾科普知识，完善避难场所查询和引导功能。

建筑市场

【概况】按照国务院和省政府关于促进建筑业持续健康发展决策部署，牢固树立并自觉践行新发展理念，紧紧围绕改革发展这一主线，坚持稳增长、调结构、促转型，深化建筑业"放管服"改革，促进建筑业高质量发展。

【建筑市场招标投标监管】2018年2月，省政府颁布出台《江苏省国有资金投资工程建设项目招标投标管理办法》（江苏省人民政府令120号），总结归纳了江苏建设工程招投标改革和专项整治经验，针对建筑市场的新形势、新情况、新问题，系统制定了一套适合省情、切实可行的招投标管理办法。该办法于2018年4月1日起正式施行。围绕办法新规，省住房城乡建设厅及时对现有文件进行释疑和补充，于2018年8月印发《省招标办关于明确招投标监管有关问题的通知》，进一步细化完善了工程招投标制度，并制定发布了《江苏省房屋建筑和市政基础设施项目工程总承包招标投标导则》及配套文件。继续开展标后评估试点，将试点地区由8个设区市、县（市、区）扩大至12个，同时鼓励其他市县结合实际开展标后评估，丰富累积经验。发布了《江苏省房屋建筑和市政基础设施工程招标投标监管电子档案管理办法》，明确了招标投标监管过程中电子档案的收集、整理、归档和保管标准，进一步规范了房屋建筑和市政基础设施工程招标投标的监管流程。根据国务院要求，于2018年8月组织了全省工程招标代理机构双随机检查工作。根据住房城乡建设部工作要求，于2018年5月取消了代理入库信息网上审核，简化并公布了申报程序；2018年9月修订出台了《江苏省工程建设项目招标代理机构动态考评管理办法》，加强了对代理机构和从业人员的动态管理与考核。电子招投标工作稳步推进。2018年1月1日，全省统一的房屋建筑和市政基础设施工程电子招投标监管系统（平台）正式运行，在新的统一监管系统监察子系统中增加7个违规监察点，出现违规问题立即预警；在新的交易系统中专门增设了招标异常、邀请招标认定、直接发包认定、是否电子、是否远程5个重要事项监督菜单，通过科技手段推动招投标工作的正规有序开展。2018年，江苏招标发包26942个标段，中标额6228亿元，分别比上年下降8%、增长31.3%；电子招投标25784个标段，电子招投标率93%；远程异地评标2848个标段，占59%。

【建筑市场勘察设计监管】勘察设计监管力度不

断加强。一是加大对违法违规单位处理力度。对2017年全省勘察设计质量及市场行为抽查工作中存在的11家违法违规的企业进行了处罚，对6家审图质量较差的施工审查机构予以通报批评，对2家审图机构和2名审查人员责令暂停业务限期整改，对未报检查材料或内部质量管理制度不完善的48家单位予以通报批评，并责令其限期整改。二是加大资质监管力度。组织开展了省外勘察设计企业年度资质核验工作。继续组织具有建筑、市政行业及专业资质的单位补录已完成的建筑、市政项目的勘察设计合同备案及施工图审查信息。完成住房城乡建设部交办的2批次34个项目业绩核查工作。三是加强对施工图审查机构和人员的监管。开展了施工图审查机构认定和人员核查工作，共认定审查机构44家次（其中到期重新认定35家次，升级认定5家次，变更认定3家次，新认定1家次）。公布了通过核查的审查人员共计1150名，注销人员163名。

【建筑市场施工监管】 建立建筑业企业资质动态监管机制。梳理出1631家不合格企业，下发整改通知书，责令限期整改。组织开展工程担保和保险制度研究，通过借鉴学习云南昆明、湖北武汉等地推进工程担保和保险制度的先进做法和成熟经验，形成了初步研究报告。组织开展监理工程师个人执业试点研究，起草了装配式建筑预制部品部件生产纳入监理范围的实施办法，推动建设工程监理改革。省住房城乡建设厅印发了新修订的《江苏省项目监理机构工作评价标准》。发布了《关于简化新申请工程监理造价咨询企业资质申报有关事项的公告》，规定具有建设工程监理、造价咨询、招标代理其中一项资质的企业申请其他两项乙级及以下资质时，只需满足国家注册人员数量的要求。

【建筑企业资质审查审批】 积极推进工程管理有关制度改革。全面实行施工许可并联审批制度，按照国务院取消施工合同备案等最新要求，结合南京和其他地区试点经验，运用信息化手段，系统推进工程管理有关制度联动改革，进一步压减施工许可办理时间。深化建筑业资质管理改革。完成住房城乡建设部"建筑业企业资质改革研究"课题，研究对专业资质进行简化合并。加快资质制度改革，放宽市场准入条件，激发市场活力，取消劳务资质要求，放宽工程咨询企业申请相关资质条件，在部分资质试行有条件承接高一等级工程，试行施工总承包企业在覆盖范围内自行完成专业工程，试行市政、交通、水利、港口资质企业跨专业承揽工程，让有实际能力、讲信用的企业，在减轻资质升级负担的同时，有更多的发展机会。2018年，共计受理各类行政审批服务事项34326件，按时办结33464件。其中：受理工程设计类、建筑施工类资质13065件，办结12786件；受理房地产类资质申请5772件，办结5596件；受理工程建设类资质1665件，办结1551件；受理建筑施工企业安全生产许可证13824件，办结13531件。受理各类执（职）业资格注册申请共303512人，办结273033人，办件量同比增长4.8%；办结安管人员申请共计262735人，办件量同比增长0.8%。

【建筑施工领域农民工实名制管理】 全面推行建筑工人实名制管理服务平台，与各设区市先期开发的实名制平台数据对接，实现了实名制管理平台省市县三级全覆盖目标。2018年，全省13个设区市、54个县（市）全面开展了实名制管理工作，实现了与省级平台的数据对接，11月，省级平台顺利与住房城乡建设部实名制管理平台的数据对接，实现了数据共享和实时传输。省级平台入库人员总数达104万人，项目总数16713个，开通专用账户12340个，通过专用账户代发工资金额35亿元，实现了项目情况、人员信息采集、劳动用工情况掌握、农民工工资支付保障、劳动技能培训等情况的实时监管，提升了施工现场的管理水平。进一步完善了解决拖欠农民工工资问题的长效机制。2018年，全省受理拖欠农民工工资投诉4005件，较上年减少1312起，同比下降67.2%，涉及金额15.3亿元，同比减少6.6亿元；结案4005件，结案率100%，解决拖欠工资15.3亿元。全省未发生一起群体性恶性事件，再次实现了欠薪案件起数、人数、金额"三下降"，下降幅度均超过35%以上。

建筑节能与科技

【概况】 2018年，江苏建筑节能与科技工作紧扣中央和省关于加强城市工作、促进建筑业持续健康发展部署，紧紧围绕城乡建设高质量发展新目标，大力推进关键技术研发、成果转移转化，着力破解行业技术发展瓶颈问题，着力完善工程建设标准体系，为全省住房城乡建设事业发展提供有力支撑。同时，以系统化思维丰富完善绿色建筑发展思路和举措，从夯实发展基础、创新引导方式、加强载体建设、推动集中集聚等方面大力推进绿色建筑向高质量高品质发展。

【城乡建设领域科研与开发】 建设科技创新力度不断加大。一是围绕省委、省政府和住房城乡建设部重点工作安排，积极开展关键技术研发。在绿色建筑、村镇建设、城市建设、BIM技术应用、装配式建筑等领域确定了计划类科技项目24个，指导类科技项目360个。全省有83个项目获住房城乡建设部科技项目立项，数量较上年增加25%；成功推荐11项省级基础研究、重点研发计划项目。积极组织申报华夏建设科学技术奖、省科学技术奖、省绿色建筑创新奖和省优秀建设科技成果等各类奖项，"特大跨径悬索桥腐蚀防护成套技术研究及工程示范"等11个项目获华夏建设科学技术奖，"现代混凝土早期变形与收缩裂缝控制"等11项科技成果获得省科技进步奖。组织对"第十届江苏省园艺博览会博览园主展馆及附属项目"等13项新技术进行"三新审定"，有效推进了建设科技创新成果在工程中落地开花。在前期高性能混凝土试点工作的基础上，联合省经信委开展试点考核和成效总结，按期全面完成了试点工作。二是智慧城市建设和BIM技术推广应用取得新进展。深入推进国家智慧城市建设试点工作。编制完成《江苏省智慧社区建设技术导则》初稿，并组织开展智能家居重点企业和产品遴选，推进智慧社区建设和智能化家居产品应用。加大BIM技术推广应用力度。组织起草了《关于推进建筑信息模型应用的指导意见》并完成征求意见，确定了BIM推广的原则、发展目标和工作任务。围绕BIM技术设计、施工、运营管理等需求加强技术标准研制工作，为推动BIM技术应用奠定基础。已编制完成江苏《BIM设计基础标准》，并积极推进《工程勘察设计数字化交付标准》和《施工图设计文件数字化审查标准》两个标准编制工作。确定了13个BIM应用示范工程，通过试点示范带动全省工程建设领域BIM技术推广应用。

【绿色建筑】绿色建筑发展水平不断提升。一是强化顶层设计。继续深入贯彻落实《江苏省绿色建筑发展条例》，进一步将绿建发展要求纳入省生态文明建设规划、省人居环境奖及人居环境范例奖创建指标、大气污染防治行动计划以及高质量发展监测评价指标体系等目标行动体系之中，强化对绿建工作的推进和考核，以此成为地方建设主管部门对绿色建筑工作的有效抓手。印发《关于废止〈省住房城乡建设厅关于绿色建筑评价标识管理有关工作的通知〉的公告》，进一步规范绿色建筑第三方评价标识制度。二是全面推进绿色建筑发展。全年新增绿色建筑面积14395.9万平方米，城镇绿色建筑占新建筑比例达87.85%，保持稳中有进发展态势；新增标识项目783项、共8315万平方米，同比增长40.7%，其中二星级及以上标识项目7143.1万平米、运行标识项目35项。全省累计标识项目总量达2768项、共2.88亿平方米，其中二星级及以上标识项目1813项、共1.89亿平方米；运行标识项目113项、共1527万平方米，标识项目规模及增速保持全国领先。三是积极开展基础性课题研究。响应十九大"开展创建节约型机关、绿色家庭、绿色学校、绿色社区和绿色出行等行动"以及全国住房城乡建设工作会议"积极创建绿色城市、绿色社区、绿色机关、绿色校园"等要求，重点开展"绿色社区建设技术导则""绿色校园建设技术导则""乡村绿色建设技术导则""夏热冬冷地区绿色住宅建筑后评估技术导则""超低能耗（被动式）建筑技术导则""《江苏省绿色建筑发展条例》后评估"等课题研究。四是贯彻落实《江苏高质量发展监测评价考核实施方案》，推进"城镇绿色建筑占新建建筑比例"指标汇总统计。组织开发"省建筑节能与绿色建筑统计信息管理系统"，进一步规范建筑节能与绿色建筑数据报送、使用和管理。每季度按时在住房城乡建设部"建筑节能与绿色建筑综合信息管理平台"上填写报送绿色建筑标识进展、强制推广进展及标识备案等情况。受住房城乡建设部委托，组织完成无锡太湖新城国家级绿色生态城区验收，评定为优秀等级。此外，为了增强社会大众对绿色建筑的切身感受、增加社会认同，江苏鼓励引导在学校、医院、机场等示范项目中增设"绿色建筑可感知"的指标展示，对能耗、温度、湿度、空气质量等进行动态监测和对比展示。

【建筑节能】建筑能效水平不断优化。一是全面推进节能建筑发展。城镇新建民用建筑全面执行65%节能标准，全年新增节能建筑面积16395万平方米，其中居住建筑12022万平方米、公共建筑4373万平方米；新增既有建筑节能改造面积990万平方米，其中居住建筑392万平方米、公共建筑598万平方米，均超额完成年度目标任务。全省累计节能建筑规模总量约19.5亿平方米，占城镇建筑总量的59.4%；既有建筑节能改造规模总量达5347万平方米，占城镇建筑总量的1.6%。二是不断提高用能管理水平。全年新增建筑能耗统计项目8508项、能源审计项目143项、分项计量项目891项、能效测标识项目508项，较好地完成了全年目标任务。全省累计有1642栋建筑实施建筑能耗分项计量和实时监测，覆盖面积达3368万平方米；累计建筑能效测评标识项目达2113项目，其中一星级1880项，二星级207项，三星级26项。三是积极推进可再生能源建筑应用。全年新增可再生能源建筑应用面积7658

万平方米，其中太阳能光热建筑应用面积7317万平方米（居住建筑6182万平方米、公共建筑1135万平方米）、浅层地热能建筑应用面积341万平方米，超额完成年度目标任务。全省累计可再生能源建筑应用规模总量达5.5亿平方米，其中太阳能光热建筑应用面积51271万平方米、浅层地热能建筑应用面积3866万平方米。

【装配式建筑】深入贯彻落实国家和省有关决策部署，坚持因地制宜、循序渐进、技术先行、联动发展，着力完善政策体系和技术标准体系，健全全过程质量安全监管体系，提升装配式建筑设计、建造水平，推动全省装配式建筑稳步发展。一是加强组织推进。印发了《全省建筑产业现代化近期工作要点》《2018年全省装配式建筑和成品住房任务分解表》，并坚持实施《工作简报》制度，切实强化日常督促检查和工作指导，对工作进度滞后的地区加强督查，压实市县责任。同时，协助省政府做好向省人大报告建筑产业现代化工作情况报告审议相关工作。二是不断深化试点示范。确定了28个装配式建筑奖补项目，结构形式涵盖装配式混凝土结构、钢结构、木结构和组合结构，示范项目种类齐全、技术先进，并确定了4个省级建筑产业现代化示范园区、49个示范基地（3个集成应用类、8个设计研发类、38个部品生产类），示范引领效应逐步显现。启动《江苏省建筑产业现代化示范成果集》编制工作，梳理试点示范建设成果，加大宣传推广力度。三是健全完善技术体系和标准体系。在2018年度省建设系统科技项目计划类项目中列入2项装配式建筑课题，在指导类项目中列入44项装配式建筑课题，组织高校、科研院所和企业开展相关研究。2018年度标准编制计划中确定了8项相关标准，指导在编的15项标准按时序进度要求推进编制工作。遴选省城乡建设系统优秀勘察设计奖（装配式建筑项目）获奖项目，组织编制《江苏省装配式建筑系列手册》，并面向设计、检测等单位技术人员开展多轮培训，促进提高设计建造水平。四是着力强化基础支撑。开展了《江苏省"三板"产能和布局情况研究》，对全省各设区市"三板"企业建设情况和实际产能情况进行调研并完成报告。积极完善省级建筑产业现代化信息系统，启动了"江苏省装配式建筑信息库"建设。五是推动装配式建筑项目落地。2018年，全省建设用地中明确的装配式建筑项目面积3457万平方米，新开工装配式建筑项目面积2079万平方米，新开工装配式建筑占新建建筑的比例达到15%，圆满完成年度目标任务。

人居环境与设计

【概况】全面落实党的十九大和习近平总书记系列重要讲话精神，扎实推进历史文化保护规划编制，深入开展相关试点工作与系列课题研究，进一步加强历史文化遗存保护利用，推进城市特色和建筑风貌塑造，促进城市功能和人居环境提升。

【历史名城保护】有序推进历史文化保护利用。一是开展传统建筑修缮试点工作。为更好地保护历史文化遗存的原真性，选择南京市、南通市等历史文化名城作为示范城市，指导开展传统建筑特色和形制研究，编制传统建筑修缮技术导则，并结合街区修缮整治项目，对传统建筑修缮方式进行试点。二是持续推进历史文化保护规划的编制与实施。沙溪镇总体规划修改经省政府同意批准，平望和桃源历史文化名镇保护规划、沙涨村保护规划、青果巷街区保护规划通过专家论证审查。指导各地做好相关保护规划的实施，促进历史文化遗存的保护和人居环境的改善。三是为夯实历史文化保护工作基础，开展《江苏历史文化名镇特色与价值研究》的系列课题研究，目前该课题已经完成初步成果。四是大力推进历史文化街区划定和历史建筑确定工作。为加强历史文化街区和历史建筑保护，延续城市文脉，督促各地加快推进历史文化街区划定和历史建筑确定工作，依据相关规划和规定，科学合理保护历史文化街区和历史建筑。全省共有中国历史文化街区5处（全国省份第一）、省级历史文化街区56处、历史建筑1470处，其中2018年新确定的历史建筑共662处。五是积极推进历史建筑保护利用试点工作。指导苏州市、扬州市编制相关技术导则，普查、认定历史建筑，建立和完善保护利用机制，并利用省级补助资金促进历史建筑修缮等方式，推进历史建筑的积极保护和合理利用，苏州市潘祖荫故居、扬州市酱业会馆、扬州平民中学旧址等历史建筑得到有效保护并加以活化利用。六是组织2018年度江苏省历史文化名城名镇名村保护专项资金的申报工作，争取到3500万省级专项引导资金，用于支持2个历史文化名城建筑修缮试点以及3个历史文化街区保护规划实施，充分调动了地方历史文化保护工作的积极性。

【城市设计管理】继续加强城市空间特色风貌塑造。一是加强城市空间特色风貌塑造指引。为推动形成"具有地域特色、时代特点、场所特征"的城市风貌，指导13个设区市制定城市空间和地域建筑特色规划设计指引，在系统调查的基础上，结合各地传统建筑特色、当代规划建设现状以及城市规划设计要求，有针对性地提出城市空间塑造的规划设计指引。完成《江苏省城市空间特色和建筑风貌塑造指引》，推动各地加强城市空间和建筑特色塑造，提升城市功能品质和人居环境。二是继续推进生态修复城市修补。深入指导推进南京、苏州、徐州、南通、扬州、镇江"城市双修"试点，着力改善生态环境、提升城市功能、塑造特色风貌，推动城市转型发展。

【建筑设计管理】进一步推进地域建筑特色传承。为总结全省传统建筑特色，推进建筑特色的传承保护、促进当代创新利用，组织13个设区市系统研究传统建筑特色、传统建造技艺，并在此基础上完成《江苏地域建筑特色——住宅文化研究》，总结提炼传统建筑布局、结构、构件、细部等特点和典型做法，为城市空间和建筑特色的传承、创新提供基础。成功举办第五届"紫金奖·建筑及环境设计大赛"。紧扣乡村振兴战略实施和设计下乡引导安排，确定本届大赛主题为"宜居乡村·我们的家园"，通过设计给乡村注入文化元素、发挥创意力量、激活乡村价值，回应乡村居民拥有美好生活的需求和向往，共同推动营建立足乡土社会、富有地域特色、承载田园乡愁、体现现代文明的美丽宜居家园。本届大赛共收到有效报名1293项、有效作品1018项，作品来自国内26个省、自治区、直辖市和台湾地区，以及英国、美国、韩国等3个国家，共89个城市。有182所院校、179家设计机构、5269余人次参与。相比2017年有效报名数量增长14.0%，有效作品数量增长22.2%。大赛共评出紫金奖19项、学生组优秀作品奖59项、职业组优秀作品奖60项、公众奖4项。大赛决赛继续在美丽乡村现场举办，通过电视录播和网络直播的方式，将专业赛事与公共媒体相结合；同时，大赛还组织开展了项目落地签约仪式、优秀作品系列访谈、省外宣传推介等活动，决赛网络直播点击量达到142万余次，是上届网络点击量的两倍，取得了良好的宣传效应。大赛的成功举办，有力引导了广大设计人员和社会各界人士关注乡村设计创作，投身乡村建设实践，推动乡村建设水平提升，促进乡村发展振兴。

城市管理监督

【城管执法政策法规】编制《江苏省城市管理标准体系》，研究建立城市管理标准框架，指导各地实施城市管理标准化建设。切实发扬"绣花精神"，建立城市基础设施微小破损、缺失问题和城市管理轻微违法行为的城市管理"双微"快速处置机制，统筹部分城市基础设施零星、微小的维修项目，深化市民素质和文明习惯的细微引导，进一步提升城市管理部件和事件的处置管理水平，持续改善人居环境质量和社会文明程度。在全省实现县以上城市数字化城管系统规范化建设的基础上，积极推动数字化城管系统规范化运行和向智慧化升级，全省数字化城管系统各项指标综合达标率达到93%。扎实开展"江苏省优秀管理城市"和省城市管理示范社区、示范路创建，切实发挥了示范引领作用。

【城管执法指导】扎实推进城市管理执法体制改革。在率先实现省市县城市管理机构全覆盖、率先实现县以上城市数字化城管全覆盖、率先在全国启动并全面完成城管制式服装着装等工作位列全国前列的基础上，扎实推进"强基础、转作风、树形象"专项行动，制定《江苏省城市管理执法规范化建设标准》，建立完善执法全过程记录等制度体系，完成城管执法权力清单编制以及处级以上城市管理执法干部轮训，城管执法体制改革工作总体取得明显成效。

人事教育

【机构变化】省住房城乡建设厅完成城乡规划管理、风景名胜区管理职责、机构、编制、人员转隶工作。稳妥推进两家生产经营类事业单位改革。会同相关职能部门积极做好厅新一轮"三定方案"拟制工作。

【住房和城乡建设领域劳动与职业教育】2018年，江苏坚持以有重点地开展全系统职工职业技能竞赛为载体，促进提升全省住房城乡建设领域劳动技能人才职业素质和综合能力。会同相关部门组织了全国砌筑工职业技能竞赛江苏选拔赛。积极筹备组织江苏省第三届技能状元大赛住房城乡建设领域相关工种竞赛，组织开展供水泵站运行工、物业管理员、物管维修电工、白蚁防治工、全省维修电工、工程造价、盆景工、插花工、中小型机械操作工（压路机）、土工试验工、环卫行业道路机械化清扫等十一个工种职业技能竞赛和岗位练兵活动。

积极推进传统技艺传承工作。根据省住房城乡建设厅《关于实施传统建筑和园林营造技艺传承工程的意见》，在全系统积极推动，培育壮大古建筑工匠队伍，着力提升技艺传承驱动力。引导专家学者、设计师、建筑和园林企业等社会力量广泛参与，共同推动传统营造技艺的活化传承。完成传统建筑技艺系列教学片《歇山方亭》拍摄工作，并在厅相关网络平台播放。

继续完善《江苏省住房和城乡建设领域从业人员继续教育指导意见》，进一步明确构建"多快好省简"为特点的绿色职教体系，提高教育培训工作的针对性、实用性和先进性，促进人才交流和培养。

【干部教育培训】精心组织各类干部专题培训。省住房城乡建设厅与省委组织部共同组织了市县党政领导干部省城乡规划建设管理专题研究班（德国）参训25人次、第6期高层次人才理想信念教育专题培训班参训100人次。组织了3期省级机关抽调市、县（市、区）党委管理干部培训班280人次，对伊犁州住建系统共计35人进行城乡建设人才培训。全年共组织5位厅领导、11位处级干部参加省部级相关主题轮训班，90名处级领导干部参加了省级机关处级干部年训专题培训班培训、16人次参加公务员大讲堂活动，4名处级干部参加了省委党校（行政学院）、省社会主义学院培训。

城建档案

【概述】2018年，全省城建档案工作条线认真落实省住房城乡建设厅关于加快全省住房城乡建设事业高质量发展的决策部署，以贯彻好省政府《关于促进建筑业改革发展的意见》中对城建档案的最新要求为中心，在深化改革、探索创新的道路上持续奋进，各项工作都有了新的进展。

【建设工程档案资料在线接收试点】2018年7月，省住房城乡建设厅印发通知，全面启动建设工程档案资料在线接收试点工作，在全国率先从省级层面探索整体推进建设工程档案资料在线接收的有效路径，协助建立全过程工程质量控制和评价制度，服务建筑业改革发展。根据各地申报情况并综合考量相关城市发展阶段和地区辐射能力，研究确定了南京、淮安、泰州、镇江、宿迁5市首批28个试点项目名单。截至年底，28个工程试点任务进展有序，部分非试点地区和项目也积极申请加入其中。

【建设档案管理制度标准体系建设】根据国家和省简政放权工作要求，完成了《江苏省城建档案管理办法》相应条款修订工作并报省政府常务会议审议。《江苏省城建档案馆业务工作规程》及其配套制度《江苏省城建档案目标管理评估办法》顺利通过专家评审。各地在制度标准建设方面也取得了新成果。无锡市在全省市级层面率先研究拟制《房屋建筑工程档案数据采集标准》并形成征求意见稿；淮安市在试行版市政府《投资工程项目建设单位管理办法》中列明建设工程档案管理内容；宿迁市正式印发《城乡建设档案管理办法》，并坚持定期开展城建档案执法检查。制度标准体系的日益完善，为全省城建档案管理持续健康发展创造了良好条件。

【建设档案目标管理工作】2018年，全省建设档案目标管理更加注重长效机制建设，由侧重新馆创建向新馆创建、老馆"回看"同时抓转变。一方面，厅档案办组织各地对创建超时限的馆对标复查、重新评估，并重点组织了对省一级馆的复查督导，指导巩固创建成效。另一方面，各市馆也灵活多样推动本地区馆（室）目标管理深入开展，提高创建水平。南京馆以配合市里开展国家工程建设领域行政审批制度改革试点工作为契机，进一步理顺环节、优化模式，提高对县区馆（室）的指导成效；无锡馆全面完成智能库房监控系统建设，实现了由人工管理到智能化管理的转变；淮安馆连续三年成功将城建档案管理纳入市建设局对县区局的年度目标考核，累计创成省特级、省一级村镇建设档案室95个，2018年实现村镇建设档案管理省级达标全覆盖；常州馆编写《村镇档案管理业务指导操作手册》，扬州馆、宿迁馆开展省级村镇建设档案室创建"回头看"，探索建立长效管理机制，确保工作持续健康发展。在省市共同努力下，2018年全省新增4个省示范馆、55个省级村镇建设档案室，全省累计拥有35个省示范馆、21个省特级馆、12个省一级馆以及669个省级村镇建设档案室。

【建设档案资源建设】2018年，随着保障性安居工程、城市黑臭水体整治、特色田园乡村建设、苏北地区农民群众住房条件改善、城市轨道交通、海绵城市建设、地下综合管廊建设等全省性重点工作、重点项目的稳步推进，全省建设工程体量保持在高位运转。在档案资料收集管理任务繁重的情况下，各市馆还积极承担全省乡村人居环境改善摄录、传统建造技艺非遗传承人与大师访谈摄录等工作，形成了大量第一手声像资料。截至年底，全省城建档案馆藏数量首次突破千万卷，达到1209万卷，居全国领先水平。

【建设档案资源利用】按照省住房城乡建设厅统一部署，全省城建档案工作条线积极参与改革开放40周年纪念活动筹备。厅档案办组织完成《改革开放40年城市发展报告》编撰资料收集以及《发展报告》附录《40年城市发展大事记》编撰工作，同时完成条线工作纪念册《留存记忆 传承文明——江苏城建档案事业发展》画册编撰工作。各市馆也努力突破收集、整理、陈列资料的模式，在协助地方政府和部门制作改革开放图片展、宣传片的同时，积极参与重点文化工程。其中，泰州馆组织编撰的《泰式民居》填补了我国传统建筑研究中泰式民居方面的空白；宿迁馆组织编撰的《宿迁市古建筑·古遗址·古墓葬——全市文物古迹集锦》画册，为学界研究宿迁地区历史文化和政府部门宣传历史遗存保护，提供了有力支持。

2018年大事记

1月

3—4日　江苏大部地区普降大到暴雪。3日，省住房和城乡建设厅紧急调度全省城管队伍清扫道路积雪，同步排查城市道路沿线户外广告牌等设施，保障居民出行安全。据不完全统计，截至4日16时全省城管部门累计出动作业人员近10万余人次、各类清冰雪专用机械设备600余台，运输残雪4万立方米，城市交通基本顺畅。

12日　省住房城乡建设行业党委扩大会议在泰州召开。会议表决通过了全省住房城乡建设行业党委委员调整决议，并就做好行业党建工作进行交流研讨。省住房城乡建设行业党委副书记、省住房城乡建设厅直属机关党委书记杨洪海主持会议。

2月

8日　省住房和城乡建设厅、省保监局联合印发《关于推行江苏省住宅工程质量潜在缺陷保险试点的实施意见（试行）》，进一步探索完善住宅工程风险保障机制，维护住宅所有权人合法权益。试点工作将持续至2020年底。

9日　省住房城乡建设厅在南京召开全省住房城乡建设工作电视电话会议，厅长周岚作工作报告，厅党组书记顾小平主持会议。会议回顾总结了过去五年全省住房城乡建设事业成就，提出当前和今后一个时期，全省住房城乡建设工作必须紧紧围绕高质量发展和人民群众对美好生活的向往，努力推动住房工作在实现住有所居的基础上向住有宜居迈进、城市基础设施在补齐短板的基础上向基本现代化迈进、城市规划建设在完善功能的基础上向品质提升迈进、乡村建设在人居环境改善的基础上向综合振兴迈进、建设产业在总量最大的基础上向实力最强迈进、城市管理在强化精细管理的基础上向共建共治共享的城市治理方向迈进，并明确了2018年重点工作。顾小平就加强党的领导、党的建设和全面从严治党提出要求。围绕会议确定的"更高质量推动群众居住条件改善、推动城市建设、推动城市管理、推动城镇功能品质提升、推动建筑产业转型发展、推动美丽宜居乡村建设"等年度6个高质量发展目标任务，省住房城乡建设厅各业务条线相继召开年度工作会予以部署落实。

28日　江苏省副省长费高云至省住房城乡建设厅调研工作。厅长周岚就五年来全省住房城乡建设工作情况、2018年重点工作安排及下一步工作设想作汇报，厅党组书记顾小平就厅系统党建工作和干部选拔任用等事项作汇报。费高云一行还现场调研了省住房城乡建设厅综合便民服务中心，参观了"紫金奖·建筑与环境设计大赛"优秀作品展。

3月

1日　省住房和城乡建设厅召开驻外办事处工作会议，部署2018年省外建筑市场工作。厅党组书记顾小平出席会议并讲话，副巡视员、厅直属机关党委书记杨洪海主持会议。据统计，2017年江苏省外建筑市场完成产值1.37万亿元，同比增长8.7%，占全省建筑业总产值43.9%。是年3月25日~4月13日，省住房城乡建设厅又先后在重庆、西安、济南、北京、哈尔滨召开2018年度江苏省进西南、进西北、进鲁、进京晋蒙、进东北建筑业企业工作会议。

8日　省住房城乡建设厅召开全厅干部大会，厅党组书记顾小平出席会议并讲话，副巡视员、厅直属机关党委书记杨洪海主持会议。会上省住房城乡建设厅开设的"处长讲坛"进行了首轮演讲。"处长讲坛"有力增强了中层骨干的学习意识、创新意识和责任意识，是省住房城乡建设厅持续深入抓好作风建设、努力营造风清气正工作氛围的创新举措。

15日　省住房和城乡建设厅召开2018年度党的建设工作会议。厅党组书记顾小平出席会议并讲话，厅党组成员、驻厅纪检监察组组长袁丁就厅系统党风廉政建设提出要求，厅副巡视员、直属机关党委书记杨洪海传达了省级机关党的建设工作会议精神并代表厅直属机关党委作工作报告。会议明确2018年要以开展"不忘初心 牢记使命"主题教育为契机，引导党员干部深入学习习近平新时代中国特色社会主义思想的科学体系、精神实质、实践要求，自觉把学习贯彻党的十九大精神与落实省委第十三届三次全会精神结合起来、与全省住房城乡建设中心工作结合起来、与做好本职工作结合起来，以实际行动为新时代党的历史使命不懈奋斗。会议同时指出，要推动"走建设万企，促转型发展"抓落实行动常态化长效化。

15日　省住房和城乡建设厅在南京召开全省住

房城乡建设系统工会工作会议，听取省建设工会工作委员会2017年度工作报告，部署2018年重点任务，对2017年度全省住房城乡建设系统工会工作先进集体和先进个人进行表彰。省住房城乡建设厅党组书记顾小平、省总工会副主席张海涛出席会议并讲话。省住房城乡建设厅副巡视员、厅直属机关党委书记杨洪海主持会议。

4月

10日 省住房和城乡建设厅副厅长张鑑至盐城调研黄（渤）海湿地申报世界自然遗产工作。黄（渤）海湿地申遗工作是江苏省政府2018年重点工作任务之一，省住房城乡建设厅重点从资源价值独特性、提名地范围完整性和完善保护管理等方面对盐城市予以全方位指导。

11日 省住房和城乡建设厅党组书记顾小平至河北雄安新区市民服务中心调研。

13日 住房和城乡建设部城管监督局调研组至江苏调研城市管理标准体系建设。江苏现行、在修、在编的城市管理标准（包括国标、行标和地标）共有70余项，涵盖市容管理、户外广告、夜景照明、环境卫生、行政执法、数字城管等6个方面，初步形成了相对完整的市容环卫行业标准体系。

17—18日 江苏省副省长费高云至泰州调研特色田园乡村建设、村庄环境改善提升工作。省住房城乡建设厅厅长周岚、厅党组书记顾小平等陪同调研。

27日 由中央网信办新闻信息传播局指导，江苏省委网信办主办的"2018紫金网络传播创新峰会"在江苏常州开幕。省住房和城乡建设厅选报的"文化遗产的沉浸体验：江苏古建园林营造数字博物馆"项目荣获"第三届全省新媒体运用创新奖"。该平台为由省住房城乡建设厅主导打造的科普宣传、学术研讨、教学培训、传承活化传统营造技艺的在线平台，也是全省住房城乡建设行业信息交流与教学培训的互动式社区和社会大众可参与交互的创新空间。

5月

9日 省住房和城乡建设厅在南京召开全过程工程咨询试点座谈会。副厅长刘大威出席会议并讲话。为推进工程建设组织模式变革、提升工程建设质量，2017年住房城乡建设部启动全过程工程咨询试点工作，江苏为全国8个试点省市之一。

13日 江苏省暨南京市第27个"全国城市节约用水宣传周"启动仪式在南京月牙湖公园举行。本次节水宣传周主题是"实施国家节水行动 让节水成为习惯"。省住房城乡建设厅副厅长陈浩东出席仪式。

15日 省住房和城乡建设厅、省商务厅在南京联合召开垃圾分类与"两网"融合工作座谈会，推进全省可回收物回收网络和再生资源回收网络的"两网"融合工作。

15—17日 住房和城乡建设部检查组至江苏检查2017年度建筑节能、绿色建筑与装配式建筑实施情况。经实地抽查南京、泰州和靖江三市相关项目后，于17日上午在南京召开检查意见反馈会，对江苏工作予以肯定。省住房城乡建设厅副厅长刘大威出席会议并发言。

17—18日 省住房和城乡建设厅党组书记顾小平至泰州调研行业党建和特色田园乡村建设工作。厅副巡视员、直属机关党委书记杨洪海参加调研。

21日 省住房和城乡建设厅在镇江丹阳召开全省生活垃圾大排查工作部署会。各设区市就长江经济带固体废物大排查行动和"清废行动2018"发现的问题及整改情况作汇报。副厅长宋如亚出席会议。

23日 英国埃塞克斯郡政府国际部主任彼得·马宁至省住房和城乡建设厅访问，交流绿色建筑和美丽乡村建设境外培训合作事宜。副厅长刘大威出席交流会并讲话。

25—26日 省住房和城乡建设厅厅长周岚至河北雄安新区调研学习规划建设工作。副厅长张鑑、陈浩东参加调研。

27—30日 省住房和城乡建设厅党组书记顾小平至陕西调研学习美丽乡村、特色民居建设工作。副厅长刘大威参加调研。

31日 第十一届中国（郑州）国际园林博览会圆满闭幕。在本届国际园博会上，南京、苏州、连云港、扬州市代表江苏参展并获室外展园综合大奖2项，综合金奖、综合银奖各1项，同时获得展园设计、优质工程、植物配置、建筑小品专项大奖和优秀奖各6项，江苏省获特别组织奖。

5月31日—6月2日 省住房和城乡建设厅厅长周岚至山西晋城、太原调研学习传统村落保护、城市黑臭水体整治、宜居住区建设等工作。副厅长陈浩东参加调研。

6月

15日 省住房和城乡建设厅组织召开太湖流域城镇污水治理提质增效及尾水再生利用专家座谈会，就做好《太湖地区城镇污水处理厂及重点工业行业主要水污染物排放限值（DB32/1072—2018）》实施工作作部署。厅长周岚、副厅长陈浩东出席会议并讲话。

19—23日 省住房和城乡建设厅在河南红旗渠干部学院举办"不忘初心勇担当，解放思想再出发"党务干部培训班。厅党组书记顾小平，厅直属机关党委书记杨洪海带领58名基层党组负责人和党建联络员参加学习。是年8月6日—10日，省住房城乡建设厅又在红旗渠干部学院举办"不忘初心使命，勇于担当作为"主题培训班。厅党组成员、省纪委监委驻厅纪检监察组组长袁丁参加培训并作动员讲话。

27日 省住房和城乡建设厅组织召开庆祝中国共产党建党97周年大会。厅党组书记顾小平出席会议并讲党课，副巡视员、厅直属机关党委书记杨洪海主持会议。会议重温了入党誓词，对10个先进基层党组织、60名优秀共产党员和15名优秀党务工作者进行了表彰。

27日 省住房和城乡建设厅在南京召开全省村镇规划建设管理工作座谈会，部署助推乡村振兴战略全面实施。副厅长刘大威出席会议并讲话。

28—29日 省住房和城乡建设厅在泰州靖江召开全省老旧建筑危房整治工作观摩会。副巡视员唐世海出席会议并讲话。

7月

4日 省住房和城乡建设厅在南京召开徐州、连云港、淮安、盐城、宿迁五市城市空间和地域建筑特色传承与塑造课题成果论证会，厅长周岚，副厅长张鑑出席会议并讲话。是年9月10日、9月25日，省住房城乡建设厅又先后在南京召开会议，对南通、扬州、泰州三市和南京、无锡、常州、苏州、镇江五市城市空间和地域建筑特色传承与塑造课题成果进行论证。近年来，为推动全省传统建筑特色和建造技艺传承，省住房城乡建设厅组织全省13个设区市开展了城市空间和地域建筑特色传承与塑造课题研究，加强城市空间和建筑特色塑造的规划设计指引。

10日 江苏省政府批复《昆山市城市总体规划（2017—2035年）》。该规划是党的十九大以来省住房城乡建设厅组织审查的首个规划期至2035年的城市总体规划，也是江苏首个按照省政府新制定的城市总体规划审批"两步法"进行审查的城市总体规划，即先由省长主持召开省政府专题会议研究讨论，再报请省政府常务会议审议通过。

11日 省住房和城乡建设厅在南京召开高质量发展监测评价统计工作座谈会，部署开展高质量发展监测评价考核工作。副厅长陈浩东出席会议并讲话。

11日 省住房和城乡建设厅副巡视员唐世海至上海调研学习"美丽家园三年行动计划"以及物业管理党建、物业管理第三方评估等工作。

17—18日 省住房和城乡建设厅党组书记顾小平至浙江调研学习工程建设项目审批制度改革和建筑业改革发展工作。副厅长宋如亚陪同调研。

20日 为深入贯彻习近平总书记关于乡村振兴和改善农村人居环境的重要指示，江苏省政府在南京召开全省改善农村人居环境工作会议，全面部署推进农村人居环境工作。省住房城乡建设厅、环保厅、农委、卫计委主要负责人以及南京、徐州、苏州、泰州市政府分管负责同志分别作交流发言。与会代表还实地参观了南京市高淳区美丽宜居乡村和特色田园乡村建设现场。

26—27日 省住房和城乡建设厅在南京召开全省宜居示范居住区建设工作推进座谈会。副巡视员唐世海出席会议并讲话。

31日—8月11日 省住房和城乡建设厅副厅长刘大威至四川、陕西、辽宁调研学习勘察设计管理工作，与三省就设计行业转型升级、提升行业科技信息化水平、加强高端人才培养及强化市场管理等进行了深入交流，并向三省推介邀请参加江苏"紫金奖·建筑及环境设计大赛"。

30日 省住房和城乡建设厅启动建设工程档案资料在线接收试点工作，在全国率先从省级层面探索工程建设档案资料在线实时接收管理。

8月

1—4日 省住房和城乡建设厅厅长周岚至陕西调研学习小城镇、美丽乡村及新型农村社区建设等工作。副厅长刘大威陪同调研。

7日 广东省住房和城乡建设厅总工程师陈天翼至江苏调研绿色建筑发展和工程建设项目审批制度改革工作。省住房和城乡建设厅副厅长宋如亚、刘大威出席座谈会。双方就绿色建筑立法和评价标识管理、工程建设项目审批制度改革中面临的共性问题和下一步工作思路深入交换了意见。

14日 安徽省住房和城乡建设厅副巡视员刘少为至江苏调研绿色建筑发展、《江苏省绿色建筑发展条例》制定实施、装配式建筑发展以及建设领域新技术推广工作。省住房和城乡建设厅副厅长刘大威出席座谈会。

14日 省住房和城乡建设厅党组书记顾小平至南京调研工程建设项目审批制度改革和建筑业改革工作，支持南京市工程建设项目审批制度改革试点开展。副厅长宋如亚、省建筑工程管理局副局长陈晨陪同调研。

15—16日 贵州省住房和城乡建设厅党组副书记周宏文、副厅长陈维明至江苏调研城市规划建设管理领域信息化工作。省住房和城乡建设厅副巡视员高建出席座谈会。

9月

11—12日 省住房和城乡建设厅副巡视员唐世海至湖北调研住房租赁市场工作。

13日，江苏省副省长费高云至盐城建湖、阜宁调研苏北地区农民群众住房条件改善工作。省住房城乡建设厅厅长周岚、副厅长刘大威陪同调研。

14—15日 住房城乡建设部、财政部联合考核组对苏州市城市地下综合管廊国家试点建设情况进行绩效评价。省住房和城乡建设厅副厅长陈浩东陪同考核。苏州市于2015年入选试点，在三年试点期内圆满完成了各项任务。

18日 省住房和城乡建设厅在南京召开全省城乡生活垃圾分类公益宣传作品设计大赛新闻通气会。副厅长宋如亚出席会议并通报全省城乡生活垃圾分类工作情况。是年12月，省住房城乡建设厅又启动"江苏省生活垃圾分类投放设施创意设计大赛"，通过持续性活动积极营造浓厚的"生活垃圾分类是健康绿色生活新风尚"舆论氛围。

21日 江苏省政府在苏州召开全省城市黑臭水体整治工作现场推进会。副省长费高云出席会议并讲话，省政府副秘书长杨勇主持会议。省住房城乡建设厅、省环保厅、省农委、省水利厅、省财政厅等有关部门负责同志，以及各设区市分管副市长、主管部门负责人，太湖流域有关县（市、区）分管副县（市、区）长等参加会议。会前，与会人员现场观摩了苏州高新区"畅流活水"、相城区夏圩港整治、姑苏区新湘苑小区污水管道非开挖修复、吴江区柳胥河整治等项目。

28日 第十届江苏省园艺博览会在仪征市枣林湾开幕。江苏省副省长费高云、省政协副主席王荣平，省委副秘书长、办公厅主任杨根平，省住房城乡建设厅厅长周岚、党组书记顾小平、副巡视员高建等出席开幕式。开幕式由省政府副秘书长杨勇主持。本届园博会主题为"特色江苏，美好生活"，会期自9月28日至10月28日。

10月

11日 省住房和城乡建设厅党组书记顾小平至南京调研数字工地智慧安监试点工作。

15日 省住房和城乡建设厅组织厅机关及直属单位党员干部至南京国际展览中心参观江苏省庆祝改革开放40周年图片展。观展党员纷纷感叹改革开放40年来江苏各条线工作的生动实践和伟大成就，强烈表示要"不忘初心、牢记使命"，尽心尽职扎实工作，为建设"强富美高"新江苏做出积极贡献。

16日 江苏省政府、新疆维吾尔自治区政府在乌鲁木齐共同主办"江苏·新疆建设领域推介会"。江苏省副省长费高云、新疆维吾尔自治区副主席赵冲久出席会议并致辞。江苏省政府副秘书长杨勇主持会议。江苏省住房和城乡建设厅党组书记顾小平、新疆维吾尔自治区住房和城乡建设厅党组书记刘会军作会议发言。该推介会是江苏、新疆两省区深化建设领域合作交流的重要平台，两省区住房城乡建设部门、有关企业和单位分别签订了合作协议。

19—20日 省住房和城乡建设厅、省委组织部联合在南京举办江苏省城乡规划建设管理专题研究班。省住房城乡厅副厅长陈浩东主持开班式。部分设区市分管副市长、住房和城乡建设局局长、县（市、区）党政主要负责人以及部分省级机关处级干部参班学习。

10月26日—11月2日 生态环境部、住房和城乡建设部第五联合巡查组对江苏南京、无锡、扬州市城市黑臭水体整治进行专项巡查。在10月26日召开的2018年城市黑臭水体整治专项巡查汇报会上，省住房城乡建设厅副厅长陈浩东作专题汇报。

28—29日 第五届"紫金奖·建筑及环境设计大赛"评审工作会议在南京召开。江苏省委宣传部副部长徐宁、省住房城乡建设厅厅长周岚、厅党组书记顾小平以及中国建筑学会修龙理事长、中国城市规划学会孙安军理事长、中国风景园林学会李雄副理事长出席会议。会议由省住房城乡建设厅副厅长刘大威主持。本次大赛共收到来自国内26个省、自治区、直辖市和台湾地区，以及英国、美国、韩国等3个国家的参赛作品1018项，参赛作品数、参赛人数等均超历届。经由王建国院士、时匡大师领衔的来自全国各知名设计机构、高等院校的30名专家评审推荐，产生了"优秀作品奖"124项，其中学生组、职业组各60项，公众组4项。

31日 住房城乡建设部、江苏省人民政府与联合国人居署在徐州举办2018年世界城市日中国主场活动。住房城乡建设部副部长倪虹、江苏省副省长费高云、联合国人居署执行主任特别代表克里斯丁·姆西西女士出席开幕式并致辞。近年徐州市持续加强生态修复和固体废物处理，并在全市推广智慧管理和源头控制、网络收集和转运以及循环利用等措施，极大改善了居民生活环境。2018年徐州成为全球唯一获"联合国人居奖"的城市。

11月

2日 中国环境卫生国际博览会暨2018环卫及清洁技术与设备国际展览会在南京开幕。中国城市环境卫生协会理事长肖家保出席开幕式，中国城市环境卫生协会副理事长、江苏省住房和城乡建设厅副厅长宋如亚主持开幕式。与会嘉宾一同参观了"江苏省城市管理发展之路"图片展。

9日 经第三届中国工程建设标准化高峰论坛发布，《江苏省绿色建筑设计标准》荣获标准科技创新奖一等奖，为10个一等奖中唯一获奖的地方标准。该标准通过将绿色建筑管理由事后评价转为事前控制、构建绿色建筑设计监管制度等措施，为全国第一部绿色建筑地方法规——《江苏省绿色建筑发展条例》的实施提供了技术支撑，为全面强制推广一星级绿色建筑奠定了基础。

12日 受伊犁州住房和城乡建设局委托，伊犁州直城乡建设人才培训班在南京举行开班仪式。省住房和城乡建设厅副厅长宋如亚出席并做开班动员，伊犁州直城乡建设人才培训班领队、伊犁州住房和城乡建设局副局长阿依别克代表学员作表态发言。此次培训班学员包括新疆伊犁州各级市县区（乡）分管领导干部及住房城乡建设局、城管局等单位负责同志共36人。

19日 适逢第六个"世界厕所日"，省住房和城乡建设厅在昆山召开全省城市"厕所革命"工作现场推进会，贯彻落实习近平总书记关于"厕所革命"重要指示精神，扎实推动城市公厕提标便民工程。副厅长宋如亚出席会议并讲话。

19—21日 第十一届江苏省绿色建筑发展大会在南京召开。本届大会以"顺应新时代要求推动绿色建筑高质量发展"为主题，聚焦绿色建筑、装配式建筑等议题，共开展了13个专题活动。

20日 为贯彻落实党的十九大精神和省委十三届三次全会"六个高质量"发展要求，推进江苏绿色建筑科技创新和高质量发展，省住房和城乡建设厅、省科技厅在南京联合召开"绿色建筑高质量发展科技创新报告会"。省住房城乡建设厅副厅长刘大威出席会议并讲话。

20日 芬兰驻上海副总领事任爱丽女士、芬兰国家商务促进局顾问莫亚瑞先生和官员沈煜中先生至省住房和城乡建设厅对接交流生活垃圾等废弃物处置管理工作。副厅长宋如亚参加座谈。

20—21日 住房和城乡建设部副部长易军至江苏南通、泰州调研新时期建筑产业工人队伍培育及钢结构建筑应用工作。省住房和城乡建设厅党组书记顾小平陪同调研。调研组现场查看了中建钢构华东大区生产基地、靖江市文化中心等建设项目，实地了解钢结构产业应用状况。

21日 江苏省海绵城市建设试点工作交流研讨会在南京召开。省住房城乡建设厅副厅长陈浩东出席会议并讲话。中国土木工程学会水工业分会理事长、江苏省海绵城市联盟技术总顾问张悦，江苏省海绵城市联盟理事长王翔出席会议并作点评指导。与会代表就当前海绵城市建设情况以及存在的热点、难点问题进行了研讨交流。

22—23日 住房和城乡建设部在南京召开全国绿色建筑及建筑能效提升工作座谈会。住房和城乡建设部建筑节能与科技司副巡视员倪江波、科技与产业化发展中心主任俞滨洋、江苏省住房和城乡建设厅副厅长刘大威出席会议并讲话。住房城乡建设部建筑节能与科技司处长林岚岚主持会议。会议期间，与会同志至南京市河西新城调研了江苏省绿色建筑与生态智慧城区展示中心、南京河西青奥能源站及南京河西儿童医院（三星级绿色建筑标识项目）等示范项目。

26日 省住房和城乡建设厅党组书记顾小平至辽宁调研学习，并根据江苏、辽宁两省对口合作框架协议，与辽宁省住房城乡建设厅厅长魏举峰共同签署了《关于加强两省在建设领域合作的框架协议》，进一步深化两省住房城乡建设领域合作交流。

12月

1日 江苏省副省长费高云至淮安调研农民群众住房条件改善工作。省住房城乡建设厅厅长周岚陪同调研。

4日 由江苏省住房和城乡建设厅承办的"园林与江南文脉"分论坛在无锡举办。省住房城乡建设厅厅长周岚出席论坛并讲话。该论坛是江苏省首届"江南文脉论坛"的重要组成，以"江南园林文化传承与发展创新"为主题。中国工程院院士王建国、江苏省设计大师杜顺宝等10位知名专家应邀出席，并就木构建筑传承及设计探新、十届园博传承与创新、国际语境、公园城市视角、古典园林造园技艺、园林山水意象等作主题演讲，全方面解读江南园林文化的传承与发展创新。

4日 住房和城乡建设部法规司副司长刘昕至江苏调研工程建设行政处罚自由裁量基准工作。省住房城乡建设厅副厅长宋如亚出席座谈会并作情况汇报。

6日 省住房和城乡建设厅党组书记顾小平至宿

迁调研建筑业改革发展工作。调研组现场察看了工程总承包试点项目永阳城市之家和实施集中建设的青海湖路小学项目，并就推进工程总承包、工程质量保险以及政府投资工程集中建设等工作进行了交流座谈。

6日 第十二届中国（南宁）国际园林博览会在广西南宁市举行开幕式。本届园博会以"生态宜居 园林圆梦"为主题，会期至2019年5月。江苏南京、徐州、苏州、昆山四市展园参加展览。江苏省政府副秘书长杨勇、省住房城乡建设厅副巡视员高建等出席开幕式相关活动。

13—14日 省住房和城乡建设厅厅长周岚至盐城、连云港调研农民住房条件改善工作。

21日 省住房和城乡建设厅和中国建设银行江苏省分行在南京签订住房租赁战略合作框架协议，并共同启动江苏省住房租赁监测分析系统。省住房城乡建设厅厅长周岚，厅副巡视员唐世海出席启动仪式。

29日 省住房和城乡建设厅厅长周岚赴南京市栖霞区调研宜居住区建设工作。

（江苏省住房和城乡建设厅）

浙 江 省

概况

2018年，浙江省住房城乡建设系统深入贯彻浙江省委、省政府各项决策部署，上下同心，奋发有为，圆满完成了年度各项任务。工程建设项目审批制度改革和政府数字化转型不断推进，住房保障、危旧房治理改造、绿道建设、农村公厕新建改造等民生实事如期完成，小城镇环境综合整治成效显著，城镇生活垃圾分类处置持续推进，城乡污水处理提速增效，城乡人居环境和风貌特色不断提升，建筑业稳步健康发展，工程质量安全稳中向好。浙江省住房城乡建设系统自觉把住房城乡建设融入乡村振兴、"一带一路"和长三角一体化等国家战略来考量、谋划，全力实现城乡面貌、环境、品质、生活、生态全方位进一步高质量发展，为全省经济社会发展作出应有的贡献。

法规建设

【**地方立法**】出台省政府规章《浙江省城镇生活垃圾分类管理办法》《浙江省农村住房建设管理办法》。

【**规范性文件**】制发《关于进一步加强建设工程监理人员培训工作的通知》等23件规范性文件。对201件规范性文件进行全面清理，废止23件、宣布失效21件文件。

【**行政复议应诉**】办理行政应诉（含行政复议答复）案件78件，认真做好答辩、举证等工作，按照要求参加调查、询问、庭审等活动，努力做好协调化解行政争议相关工作。

【**执法监督**】全面修订全省住房城乡建设系统行政处罚裁量基准，出台《浙江省住房城乡建设系统行政处罚裁量基准（2018版）》，为规范行政执法提供了坚实基础和有力保障。

【**"最多跑一次"改革**】根据法律法规变动情况和基层办事需求，坚持以减事项为原则，动态调整全省住房城乡建设系统行政权力事项基本目录、群众和企业到政府办事事项指导目录。2018年12月，最新一版指导目录确定全省系统办事事项104个主项、222个子项，较2017年底减少15个主项、219个子项，8月底前所有事项均已实现"最多跑一次"。梳理全省系统"一证通办"民生事项清单，确定14个主项、30个子项的民生事项，范围涉及住房保障、公积金管理以及城镇居民供水、燃气服务等多个方面，明确其中15个子项实现"一证通办"，2018年11月底前已按计划全部实现。认真落实国务院、省政府证明清理工作部署，梳理证明事项83项，建议取消69项。

住房保障

【**概况**】2018年，浙江省城镇棚户区改造新开工40.6万套，基本建成棚户区改造33.3万套，发放城镇住房保障家庭租赁补贴4.3万户，新增政府投资公租房分配1.9万套，分别完成年度目标任务的139.0%、170.9%、179.1%、115.3%，完成情况居全国前列。

【住房领域"最多跑一次"改革】 2018年，浙江省严格落实《关于全面推进城镇住房保障"最多跑一次"改革的意见》，切实简化程序、精简材料、优化流程、落实职责，全面提升住房保障服务水平。截至年末，全省基本实现住房保障涉跑事项"最多跑一次"。其中住房保障资格确认时限由以前的长则一年短则半年缩短至40个工作日以内，温州市瓯海区、衢州市本级等地区压缩至14个工作日以内。部分地区的所有涉跑事项已实现全程网上办、"掌上办"，并实现"一证办"，以方便办事群众。

【棚户区改造】 2018年，浙江省住房和城乡建设厅提前将全年落实到县（市、区）和地块（村）、项目，并做好中期评估调整工作。对棚改任务量大和开工进展缓慢地区，省住房和城乡建设厅领导带队开展专项督查，确保棚改任务如期完成。修订完善棚改界定范围和标准，印发《浙江省城镇棚户区改造界定范围和标准的通知》，督促各地结合实际，进一步细化完善棚改界定政策，科学合理确定棚改项目。加强棚户区改造资金保障。全年全省各大政策性银行和商业银行新增棚改授信2404亿元，新增贷款2401亿元。积极争取中央资金，获财政专项补助资金36.2亿元，中央预算内投资18亿元；省级财政拨出专项补助资金3.5亿元。

【公租房保障】 截至年底，浙江省通过公租房实物配租和租赁补贴等方式（含各地自筹实施的公租房保障量）累计解决住房困难群众146.7万人，人均住房建筑面积达18-20平方米。鼓励公租房实物房源得到充分分配的地区，扩大租赁补贴范围，提高租赁补贴标准。鼓励杭州市等人口流入大、新增保障对象多、市场存量房源不足的地区，通过商品房配建公租房等方式筹集公租房实物房源，解决群众住房困难问题。城镇住房保障实行实物配租与租赁补贴相结合的办法，并逐步向租赁补贴为主转变。

【国务院保障性住房领域基层政务公开标准化规范化试点工作】 2018年，浙江省住房和城乡建设厅指导杭州市拱墅区、宁波市江北区、温州市瓯海区、嘉善县、义乌市、江山市、临海市等7个试点地区全面梳理保障性住房信息公开事项，丰富信息公开载体，拓宽信息公开渠道，乘势推进行业改革，形成一批可复制、可推广的标准体系，涌现一批反映试点工作成效的特色亮点案例，得到国务院办公厅、住房和城乡建设部办公厅领导肯定。温州市推进住房保障数字化转型有关做法在住房和城乡建设部《建设工作简报（第22期）》上专门刊发，温州市瓯海区编制的《瓯海区保障性住房政务公开规范》并被国务院确定为制定国家标准的基础蓝本。10月，住房和城乡建设部、财政部将浙江省选为全国政府购买公租房运营管理服务试点工作的8个试点省份之一。

房地产业

【概况】 2018年，浙江省坚持"房子是用来住的，不是用来炒的"定位，以"稳地价、稳房价、稳预期"为目标，抓好房地产市场调控，发展住房租赁市场。部署开展住房发展规划编制工作，全省有8个城市制定或发布本地区2018-2022年住房发展规划。召开3次全省性专题会议，传达落实中央和省委、省政府关于房地产调控的部署要求。杭州、宁波出台和完善公证摇号购房、限购、限售等调控政策，其他城市继续执行前期出台的政策措施。通过共同努力，全省房价过快上涨势头得到遏制，房地产市场各项指标总体呈现平稳运行态势。全省房地产开发完成投资9945亿元，比上年增长20.9%。商品房销售面积9755万平方米，增长1.6%。至年末，全省商品住宅可售面积5577万平方米，消化周期8.4个月。

【房地产市场运行】 2018年，浙江省房地产市场总体平稳。商品住宅价格保持基本平稳。全年全省新建商品住宅价格每月环比涨幅在0.1%-0.7%之间小幅波动。商品房成交量小幅增长。全年全省新建商品房销售面积9755万平方米，比上年增长1.6%。供求关系有所好转。截至年末，全省商品房可售面积5577万平方米，消化周期为8.4个月，比年初增加1个月。房地产投资保持较快增长。全省房地产投资9945亿元，增长20.9%。房地产贡献保持稳定。全省房地产业实现增加值3508亿元，增长3.6%，占全省生产总值6.2%。全年实现房地产业税收收入1869亿元，增长25.2%，占全省税收17.1%。

【房地产市场监管】 2018年，浙江省坚持和完善房地产市场日报、旬报、月报、季报制度。全年累计编制季度分析报告14期、月报51期、旬报105期和日报560期。启用2018年版《浙江省商品房买卖合同示范文本》《浙江省二手房买卖合同示范文本》和《浙江省住房租赁合同示范文本》，规范房地产市场交易秩序。省级层面定期召开房地产市场分析部门联席会议，重点城市建立价格监测、审核协同机制。全省先后开展房地产领域防范和处置非法集资、购房矛盾纠纷排查化解、骚扰电话综合整治、"双随机"抽查及房地产领域"扫黑除恶"等专项行动。7-12月,省住房和城乡建设厅联合宣传、公安、司法、工商、银监等九部门,开展"打击侵害群众利益违法违规行为治理房地产市场乱象"专项行动。年内,累计检查房地产开发企业和中介机构8000多家,查处违规中介机构600多家,公开曝光违法违规行为典型案例24个,市场乱象得到有效治理。进一步规范国有土地上房屋征收与补偿工作,推进实施国有土地上房屋征收与补偿基层政务公开标准化规范化试点,指导7个试点县(市、区)编制完成政务公开规范并通过验收。

【住房租赁市场发展】2018年,根据国家有关培育发展住房租赁市场的工作部署,浙江省加快推进杭州、温州、绍兴以及嘉善、义乌等城市住房租赁市场试点工作。试点城市在编制规划、培育主体、加大供应、健全机制、行业规范等方面大胆探索,试点工作成效明显。截至年底,试点城市重点培育的住房租赁企业(机构)达上百家,其中国有企业30余家,专业化租赁企业40余家,另有扩展租赁业务的开发企业、物业企业及经纪机构等20余家。杭州市级财政从2018年起3年内安排1亿元专项资金,专门用于奖励扶持优秀住房租赁企业。截至年底,试点地区累计推出租赁住房用地(包括人才专项用地)28宗,总用地面积超过103万平方米;推出配建公租房、保障房及竞自持商品房用于租赁的涉宅用地195宗;推出利用集体建设用地建设租赁住房6宗,总用地面积6.48万平方米;开工建设蓝领公寓项目37个,涉及房源约2万套,其中已交付项目16个,涉及房源7600套,已经入住2000户。同时,各地积极盘活存量土地和房源,新建改建租赁住房约280万平方米,新增租赁房源约4.5万套。浙江省住房租赁系统在试点城市上线运行,在系统开户备案的经纪机构、租赁机构1500多家,系统收录租赁房源20余万套,在平台签约的租赁房源2.5万套。9月21日,召开省城乡住房工作协调委员会会议,专题研究长租公寓市场平稳健康有序发展工作。10月16日,省城乡住房工作协调委员会办公室印发《关于促进长租公寓市场平稳健康有序发展的指导意见》,明确长租公寓市场规范发展的十项内容。试点过程中先后形成了杭州市筹建蓝领公寓和整顿长租公寓市场、温州市大力推进应用省租赁平台、绍兴市加快培育国有企业供应主体、义乌市做好外籍人士租赁管理和集体土地上租赁住房管理、嘉善县构建多层次住房租赁管理体系等一批可复制、推广的试点经验。

【物业服务行业】2018年9月4日,省住建厅印发《浙江省物业服务企业信用信息管理办法》,促进物业服务企业诚信自律,维护公平竞争的物业管理市场秩序,构建以信用为核心的物业服务市场监管体制。12月,开发完成浙江省物业服务企业信用管理平台,推进物业行业信用建设。杭州开展以党建引领推进业主委员会和物业服务企业建设,加强对业委会选举、履职等方面指导监督,把物业管理融入社区治理,该做法得到省委书记车俊批示肯定。温州、嘉兴、衢州、湖州等地开展红色物业试点。至年末,全省在管物业服务项目1.55万个,在管房屋建筑面积11.4亿平方米。

【第二次城镇危旧房排查】2018年3月,省住建厅联合教育、卫生、文化、体育、民政、交通、民族宗教等7部门印发《关于开展第二次全省城镇房屋调查登记工作的通知》,全面启动第二次城镇危旧房屋安全隐患排查工作,旨在进一步贯彻落实《浙江省房屋使用安全管理条例》,加强危旧房动态监管,保障房屋使用安全。此次排查范围以全省城镇国有土地上的房屋建筑物单体为调查对象,以2016年末前竣工交付使用为时间界线,已经核发过房屋拆迁许可证或者作出房屋征收决定的住宅房屋不含在内。调查重点是2000年前建造的多层住宅房屋,2014年全省危旧房大排查中认定为乙类的住宅房屋及丙类住宅房屋经过鉴定不属于危房的房屋。相比2014年第一次全省城镇危旧房大排查工作,该次排查范围从住宅扩展到非住宅,增加建筑幕墙登记排查任务。至年末,全省累计调查房屋57.5万幢、16.8亿平方米,调查建筑幕墙5512万平方米;排查出丙类房屋1.16万幢、967万平方米;鉴定危房6582幢、577.3万平方米。

住房公积金管理

【概况】2018年,浙江省住房公积金新开户单位44159家,实缴单位227677家,净增单位32268家;新开户职工160.9万人,实缴职工800.6万人,净增职工84.3万人;缴存额1388.8亿元,同比增长16.6%;2018年末,缴存总额9379.9亿元,同比增长17.4%;缴存余额3176亿元,同比增长10.8%。2018年,提取额1079.6亿元,同比增长14.6%,占当年缴存额的77.7%;2018年末,提取总额6203.9亿元,同比增长21.1%。2018年,发放个人住房贷款12.6万笔、561.5亿元,回收个人住房贷款340.2亿元;2018年末,累计发放个人住房贷款177.1万笔、5617.5亿元,贷款余额3123.8亿元,同比分别增长7.6%、11.1%、7.6%，个人住房贷款余额占缴存余额的98.4%，有力支持了职工住房消费。

【政策导向】全省各地坚持"房子是用来住的，不是用来炒的"定位，适时调整完善住房公积金使用政策，积极支持刚需、抑制过度消费，妥善应对资金流动性不足。开展年度住房公积金专项检查和风险隐患排查，进一步规范住房公积金管理中心的财务管理、会计核算、政策法规执行等工作。开展专项整治行动，依法依规查处限制、阻挠、拒绝住房公积金贷款的行为，切实维护缴存职工购房贷款合法权益。认真落实国家相关政策，积极推进港澳台同胞建立住房公积金制度。按照省委、省政府打造高水平建设人才强省要求，进一步放宽高层次人才住房公积金提取、贷款政策。及时将中央关于进一步降低企业成本的政策落到实处，进一步降低企业负担。

【信息化建设】以推进住房公积金互联网和移动终端服务为重点，在全国率先建成上线了住房公积金省级综合服务平台。全省各住房公积金管理中心信息系统已全部通过住房和城乡建设部"双贯标"验收，实现异地转移接续以直连方式接入全国平台，进一步提升了住房公积金规范化、标准化管理水平。全面深化"最多跑一次"改革，全省取消了办理住房公积金提取和贷款业务所需的身份证明材料复印件，11项民生事项实现了"一证通办"（占公积金全部民生事项的64.7%），8个事项实现了全程网上办理，公积金无房提取、离退休提取等多个事项实现了"浙里办"上"刷脸"办理。

城市建设

【五水共治】全力抓好建设系统治污水、防洪水、排涝水、保供水、抓节水相关工作。治污水方面，全省一级A提标改造全部完成，2018年启动实施100座污水处理厂清洁排放技术改造，截至年底，全省共有34个项目主体完工、13个项目开工、53个项目完成可研，达到年度目标要求。新增城镇污水配套管网2100公里。49个城镇污水处理厂计划新扩建项目（25个项目年底建成，24个项目年底开工），25个必须建成的项目均建成，新增污水处理能力91.7万吨/日，24个必须开工的项目均开工建设。5个污泥处理处置设施建设项目中4个必须建成的项目均建成，新增污泥处理能力77.5吨/日，1个必须开工的项目均开工建设。开展污水零直排区建设，2018年完成242个生活小区污水零直排建设。

排涝水方面，综合整治城市河道104条，占年度目标149%；新开城市河道完成11条，占年度目标110%；建设雨水管网922公里，占年度目标142%；提标改造管网541.9公里，占年度目标155%；雨污分流改造管网611.9公里，占年度目标175%；清淤排水管网26227公里，占年度目标175%；改造易淹易涝片区114处，占年度目标228%；增加应急设备3.9万立方米/小时，占年度目标195%。

保供水方面，新建供水管网1028.43公里，完成比例158%；改造供水管网1380.54公里，完成比例230%；新增供水能力50万吨/日，开工比例100%；改造供水能力25万吨/日，开工比例100%。

抓节水方面，建设大型雨水利用示范工程2个，建设屋顶集雨等雨水收集系统3311处，完成比例127%；改造节水器具5.63万套，完成比例157%；改造"一户一表"5.67万户，完成比例243%。

【垃圾分类】政策法规日益健全。出台了《省城镇生活垃圾分类管理办法》。以省政府的名义印发了省城镇生活垃圾分类实施方案和农村生活垃圾分类处理工作"三步走"实施方案，开展源头减量、回收利用、制度创制、处置能力提升、文明风尚等"五大"专项行动。出台了全省垃圾分类考核评价体系及评分细则。加大垃圾分类的执法力度，促进"以法治分"。如杭州市对垃圾不分类行为，实施垃圾拒运18件，查办行政处罚案件2359件，中央电视台对此专门作了报道。

体系建设日趋完善。组织体系逐步健全，2018年6月，成立省生活垃圾分类工作领导小组及其办公室，抽调人员，开展集中办公。各地成立了相应的组织机构，省、市、县三级联动机制初步形成。分类系统建设加快，各地进一步完善垃圾前端投放、中端收运、末端处置专项规划，加快分类投放、分类收集、分类运输、分类处置系统建设。截至年底，11个设区市垃圾分类收集覆盖面达到80%以上，县级城区达到50%以上，农村达到61%；全省城镇生活垃圾资源化利用率达到80%，城乡垃圾回收利用率达到32%以上。

源头减量效果明显。围绕"零增长"的目标，重点抓好生产、流通、消费、分类、回收等环节工作，尽量从源头上减少垃圾的产生。率先在全省党政机关、企事业单位、社团组织、公共场所管理单位全面实行强制分类，开展高标准分类小区创建和"定时定点"商业街（居住小区）清运试点。累计建成409个省级高标准垃圾分类示范小区，400条商业街（居住小区）实施"定时定点"投放清运试点，

2018年，城镇生活垃圾增长率控制在2%以内（2013-2016年，年均增长率10%，2017年在5%以内），垃圾高速增长的势头得到明显遏制。

【生活垃圾设施建设】截至年底，全省建成垃圾处理设施25座（其中焚烧设施13座，餐厨垃圾处置设施12座），新增日处理能力1万吨，新开工项目34个。全省现有城镇生活垃圾末端处理设施147座（其中，填埋场58座、焚烧厂52座、餐厨垃圾处理设施37座），总处理能力达到8.62万吨/日（其中，焚烧占67%、填埋占26%、餐厨占7%），无害化处理率达到100%。

【"万里绿道网"建设】将新建1000公里绿道列入省政府十方面民生实事，分解任务到各地，细化到具体项目，明确责任单位和人员，建立项目进度月报制度。联合7个厅局开展第二届"浙江最美绿道"评选活动，近30万人参与，评选出10条"浙江最美绿道"，并在《浙江日报》等主流媒体进行广泛宣传，取得了良好的社会效益。倡导各地因地制宜开展"绿道健身周"和"绿道摄影"活动。在宁波市召开第六次全省绿道网建设工作现场会，总结先进经验，部署下一步工作。2018年，全省新增绿道1200多公里，累计建成高标准绿道5800多公里。

【交通治堵】全省新建改建城市道路（不含快速路）162.3公里，完成率180%，建设联网路29条，完成率121%，新增停车位13.9万个，完成率139%。主城区快速路网建设方面，杭州建成22.3公里，开工48公里，续建65公里；宁波开工13.6公里，续建6.5公里；绍兴开工16.9公里。全省推进轨道交通建设709.9公里，完成率142%，其中杭州地铁开工56公里，续建274公里；宁波地铁续建49.8公里；温州市域铁路建成34公里，绍兴城际铁路续建24.8公里；金华轨道交通续建107公里。全省各县（市、区）公共自行车系统已全部覆盖，全省运营公共自行车410060辆，其中各市主城区累计运行公共自行车224177辆。

【供水水质安全保障】积极开展供水规范化管理考核，进一步提升管理水平，组织开展城市供水行业安全生产管理的自查和抽查，并量化评分，对检查中发现的问题及时进行全省通报。通过水质督察及水质公开，进一步保障供水安全，要求各地按国家有关水质监测项目及监测频率的要求，对各水厂出厂水进行水质检测。同时将水质情况及时通过网站、报纸、新闻媒体等途径予以公示，接受全社会的监督。根据省卫生健康委《2018年浙江省饮用水水质监测工作报告》显示，2018年度供水水质督察工作结果总体较好，城市供水总水样报告合格率为98.04%，合格饮用水人口覆盖率为98.77%。

【城镇燃气专项整治】截至年底，全省瓶装燃气用户数约961.47万户，通过实名登记购买瓶装燃气的有961.47万户，实名登记率为100%。全省在用钢瓶总数为1641.67万只，平均信息化监管比例为100%。加大对非法经营行为的打击力度，保持打击瓶装燃气非法经营行为的高压态势。加强对11个设区市的安全生产管理督导，通过11个地市自查自评、省级督查考评相结合的方式，进行了检查。同时，为加强应急管理体系建设，制定下发了《浙江省燃气安全事故信息报送工作机制》，制定了《浙江省城市供水、燃气突发事故应急预案》，提升企业和监管部门应对突发事件的能力。

【海绵城市建设试点】组织第一批国家试点城市嘉兴市准备试点城市评价验收工作，并向住房城乡建设部上报试点绩效评价报告。加快推动第二批试点城市宁波市海绵城市建设，进一步督促绍兴、衢州、兰溪、温岭等4个省级海绵城市加快试点建设。开展海绵城市建设优秀县（市、区）评选工作，制定实施方案和考核评分细则，2018年度共有12个县（市、区）获得荣誉，其中10个县（市、区）获得省级财政补助。全省已形成"试点引领，全域推开，优秀激励"的良好局面，2018年建成海绵城市123平方公里。

【地下综合管廊建设】组织全国第二批试点城市杭州市加快地下综合管廊试点工作，各项目全面推进建设。2018年，全省综合管廊新开工建设52.78公里，续建完成57.13公里。联合省物价局、杭州市开展《城市地下综合管廊有偿使用管理办法》的研究工作。

【城乡生态环境】省住建厅现场指导诸暨市申报国家生态园林城市，舟山、瑞安、乐清、嵊州、兰溪、东阳、永康等7市申报国家园林城市，慈溪市周巷镇等6镇申报国家园林城镇。组织专家组对宁波市等20个国家园林城市进行了现场复查，并报住房城乡建设部。组织专家组对庆元县创建省级园林城市进行了现场指导和考核，获省政府办公厅批复。指导设区市主管部门做好对13个省级园林城镇的考评工作，其中11个镇获得批复。组织专家组对杭州市、绍兴市、长兴县和安吉县中国人居环境奖建设工作进行了实地复查。全省新建成57个优质综合公园、57条绿化美化示范路和55条街容示范街建设。

【智慧城管建设】继续拓展智慧城管的服务功能和服务范围，向中心镇延伸，实现180个中心镇全部建成智慧城管平台。贯彻省政府关于加快推进政府基层治理信息化转型要求，逐步实现智慧城管信息系统与基层治理信息平台接口通、数据通。实现对全省污水处理、生活垃圾处理、供水、公园绿地、绿道、道路桥梁、停车设施等市政公用设施在线监管，完成智慧城管省级监管平台二期调试运行，推进实行智能化监管。

村镇建设

【**农村人居环境提升**】制定《浙江省高水平推进农村人居环境提升三年行动方案（2018—2020年）》。4月20日，《行动方案》经省委常务会议、省政府常务会议讨论通过后以省委、省政府办公厅名义正式印发。省住建厅与省农办、省环保厅、省发改委联合下发《关于抓紧做好县级农村人居环境整治提升实施方案编制和备案工作的函》，积极督促各县（市、区）编制县级实施方案。浙江省84个县（市、区）和5个产业集聚区县级农村人居环境提升行动实施方案均已全部编制完成并上报备案。在此基础上，杭州、宁波、温州、湖州、嘉兴、衢州、舟山、丽水等8个地市还编制市级行动实施方案。4月12日，省政府在建德市召开全省农村人居环境提升暨小城镇环境综合整治行动现场推进会，对全省农村人居环境提升工作进行了具体部署。省政府与各市签订了2018年度农村人居环境提升行动目标责任书，明确了以"厕所革命"、污水革命、垃圾革命和村容村貌提升为主要内容的十项主要工作责任，确保成系统有重点地把各项工作落实到位。8月下旬，省住建厅会同省农办、省发改委、省环保厅制定出台了《浙江省高水平推进农村人居环境提升三年行动考核验收办法（试行）》《浙江省高水平推进农村人居环境提升三年行动督导评估方案（试行）》，并同步印发了《浙江省农村人居环境提升政策制度和技术标准任务清单》《浙江省农村人居环境提升行动部门职责分工》和《浙江省农村人居环境提升行动2018年度重点工作清单》等配套文件，建立健全了农村人居环境政策体系。9月18—30日，省住建厅从23个省直有关部门抽调人员（每个单位2人）组成11个督导组（每组4人），由建设、农办、环保、发改、农业、林业、国土、水利、旅游、交通、卫计等11个部门副厅长担任组长，分别赴11个市通过听取汇报、查阅资料、实地抽查等方式进行了2018年农村人居环境提升工作督导评估。

【**农村危房治理改造**】提前半年完成存量危房治理改造任务。2018年，计划改造农村C级危房12.2万户。6月底就已通过拆除、修缮加固、腾空防控等措施完成C级危房122103户，累计完成农村危房治理改造20.3万户，提前半年完成省政府两年工作目标。建立了农村房屋信息管理系统，实施农房"一户一档"电子信息化管理，实现全省农房登记、鉴定、治理、改造、统计分析、人工监测等全方位动态监管。截至12月底，全省已录入农房信息936万户，基本实现全省农房电子信息化管理。率先出台农房建设管理政策技术文件。5月1日，省住建厅在2017年制定《浙江省农村村民自建住宅建造技术指南（试行）》的基础上，起草了《浙江省农村住房建设管理办法》，并以省政府规章形式正式实施，率先在全国填补了农村建房管理政策文件和技术标准的空白。为贯彻落实好管理办法，省住建厅先后多次深入基层开展管理办法进入"千家万户"宣贯活动。创新开展农村建筑工匠管理，省住建厅于11月初按照省政府规章规定对《浙江省农村建筑工匠管理办法》进行修改完善，并同步制定《浙江省低层农村住房建设施工合同示范文本》，规范农村建筑市场。持续做好农村困难家庭住房救助。2018年，计划改造农村困难家庭危房1.2万户，已于10月底完成12534户，完成率100.09%，累计完成农村困难家庭危房改造32万户。同时，按照国务院基层政务公开试点工作要求，在宁波江北区、温州瓯海区、衢州江山市等7个县（市、区）积极开展农村困难家庭危房改造基层政务公开标准化规范化试点工作，探索可复制、可推广、可考核的基层政务公开标准和规范，全面提升浙江省农村困难家庭住房救助水平。

【**农村公厕治理改造**】省住建厅会同省农办、省财政厅印发《关于全省农村公厕改造建设工作实施方案》，明确了农村公厕改造范围和改造重点。下发《关于进一步抓紧落实2018年农村厕所改造分解指标的通知》，要求各地按照"一厕一档一表一案"原则，细化工作目标。制定技术标准，省住建厅结合全省农村公厕改造要求，委托浙江省建筑设计研究院于4月底编制印发了《浙江省农村公厕建设改造和管理服务规范》GB 33/T 1151-2018，用于指导我省农村公厕的建设（改造）工作，该标准是国内首个农村公厕建设改造和管理服务标准。会同省农办印发《加快推进落实农村公厕改造工作的通知》，对各地在提高思想认识、落实任务指标、确定改造标准、明确管理职责、做好项目管理、严格实施进度、加强保障措施等方面提出明确要求，同时，实行农村公厕治理改造挂图作战，以时间进度和改造任务完成率为控制节点绘制《农村厕所改造作战图》，确保工作进度。9月19日，省住建厅以省政府名义在绍兴市召开了全省农村公厕治理和污水治理现场推进会，对农村公厕治理改造工作进行了再动员、再部署。加强资金保障。年初，在省住建厅领导的大力支持下，专门安排了2000万补助资金用于支持加快发展地区农村公厕改造。根据2018年度省政府十方面民生实事工作任务要求，浙江省2018年计划完成农村厕所改造50000座。截至12月底，全省已完成农村公厕改造52861座，超额完成年度目标任务。

【农村生活污水治理设施运维管理】截至12月底，全省农村生活污水治理设施移交的行政村20460个，治理设施55527个。各地运维管理能力、第三方运维单位运维能力明显提高，处理设施运维效果初步显现，农村生活污水治理工作走在全国前列。开展专项规划编制，印发《关于公布农村生活污水治理专项规划编制试点县（市、区）的通知》，确定淳安县、浦江县等12个县（市、区）进行农村生活污水治理专项规划编制试点，积极发挥农村生活污水治理专项规划的引领作用。完善技术标准体系，相继出台了《浙江省县域农村生活污水治理设施运维管理导则》等9个标准、导则，农村生活水治理设施运维管理技术支持体系走在全国前列。加快信息平台建设，印发《关于加快推进全省农村生活污水治理设施运维监管服务平台建设工作的通知》，要求各地进一步完善建立基础数据库建设和省、市、县平台联网工作。浙江省农村生活污水治理设施运维管理平台已经完成基本信息入库工作，已有建德市等70个县（市、区）平台完成接入。加强规范化管理，指导各级运维管理部门提升规范化管理水平，长兴县等地实行的"站长制"规范化管理取得了明显的管理成效，目前已在湖州市进行了推广。制定2018年度《浙江省农村生活污水治理设施运行维护管理工作考核办法》，初步构建起适应实际和有效调动县、乡镇、村、农户、运维企业等多方积极性的考核工作机制。积极推进设施标准运维，积极指导第三方专业服务机构开展农村生活污水处理设施标准化运维，将农村生活污水治理设施标准化运维列入省五水共治办月通报内容，确保工作进度不落后。2018年，计划实施标准化运维处理设施500个，截至12月底，已完成808个处理设施标准化运维验收，超额完成了目标任务。

【提升村容村貌不断】加快推进全省县域乡村建设规划编制，截至12月底，全省已完成县（市）域乡村建设规划75个，实现县（市）域乡村建设规划编制全覆盖。深入推进传统村落保护，启动实施100个传统村落开展风貌保护提升工程，出版了《留住乡愁（中国传统村落浙江图经第二卷）》。全面完成401个全国传统村落保护规划编制工作，全面推进省级传统村落保护发展规划编制和历史文化（传统）村落保护利用总体规划编制，完成146个传统村落保护规划编制。继续推进美丽宜居示范村建设。启动省级美丽宜居示范村45个。组织开展了2017年度示范村督查，并于11月底组织开展2018年度全省美丽宜居示范村试点项目实施督查。加强村庄规划设计和农房设计。2018年，全省计划开展10个村庄规划设计落地试点和15个农房设计落地试点，全部完成落地试点方案编制，启动项目实施。组织有关单位制定《乡村地域风貌特色营造技术指南》《乡村建设色彩控制导则》。

标准定额

围绕省委省政府"厕所革命"、城市地下综合管廊建设、海绵城市建设、小城镇综合环境整治、城市轨道交通等重点工作，制定并实施《建筑防水工程技术规程》《城市地下综合管廊工程设计规范》《城镇供排水有限空间作业安全规程》《农村公厕建设改造和管理服务规范》《城市地下综合管廊工程施工及质量验收规范》《浙江省城市轨道交通设计规范》《市域快速轨道交通设计规范》等一大批技术标准，进一步强化了标准的技术支撑作用。为确保建筑工地施工安全和规范白蚁监测技术，发布实施《建筑施工扣件式钢管模板支架技术规程》《房屋白蚁监测控制系统应用技术规程》等标准。顺利完成2018版计价依据第一阶段编制工作，省住建厅、省发改委、省财政厅联合颁发《浙江省建设工程计价规则》(2018版)、《浙江省房屋建筑与装饰工程预算定额》(2018版)、《浙江省通用安装工程预算定额》(2018版)、《浙江省市政工程预算定额》(2018版)、《浙江省园林绿化及仿古建筑工程预算定额》(2018版)、《浙江省建设工程施工机械台班费用定额》(2018版)、《浙江省建筑安装材料基期价格》(2018版)、《浙江省城市轨道交通工程预算定额》(2018版)等8项工程计价成果。受住房城乡建设部委托，主编完成国家标准《绿色建筑经济指标》。实施"互联网＋定额"，开通定额解释网上咨询通道。全年向建设市场提供各类计价要素信息160余万条。积极完善数据开发和利用，组织开展房屋建筑工程综合造价指数、单项造价指数、典型工程造价指标的测算与发布,加快实现价格信息数据的共享,推进工程造价数据科学累积和有效利用。

工程质量安全监管

2018年全省共发生房屋建筑和市政事故30起,死亡32人,同比减少6起、6人,死亡人数同比下降15.8%,连续两年未发生较大以上事故,未发生城镇管道燃气安全事故,较好实现省安委会下达的考核目标。在省安委会下达各项工作任务的基础上,结合建筑施工行业特点,对建筑施工、城乡危旧房、市政运行等重要工作进行部署落实,制定了五项指标、十大任务、六十项具体工作,对每项工作明确考核要求。通过对市级、县级、企业(场站)层层签订责任书的形式,确保将安全生产工作责任和各项工作任务落实到点、落实到人。先后召开全省建筑业工作会议、安全生产月现场会、质量安全标准化管理现场会,每季度召开厅安委会全体会议和全省安全生产联络员会议等,对全省建筑施工质量安全工作进行研究部署,明确措施,形成了安全生产工作分层级、分专项、抓落实的工作格局,有力促进了安全生产工作部署落实。强化专项整治,全面深入开展建筑施工安全专项整治行动,根据行业特点自加压力,开展了起重机械专项整治、高大支模专项整治等行动。针对轨道交通、地下空间开发、地下管廊等重点工程,高大支模、起重机械、深基坑、脚手架、高边坡堆土以及临山临水工地、临时设施等重要项目、环节,针对高处坠落、物体打击等多发易发事故,制定详细方案,对排查内容、整改流程、工作要求作了细致部署。专项行动开展以来,厅领导高度重视,带队省级检查督查15次。各级建设系统行业主管部门出动检查人员34082人次,检查工地36092个次,其中危大工程13252项次,企业自查整改隐患43550条,主管部门督办整改隐患6592个,有力降低事故风险,有效杜绝了较大及以上事故发生。2018年共暂扣企业安许证51家次、人员证书93人次,对其中一家连续发生2起亡人事故的企业作出了降低资质的处罚。住房城乡建设部37号令《危险性较大的分部分项工程安全管理规定》实施后,对虽未发生事故、但存在危大工程违规行为的3家企业进行暂扣安许证处罚,是全国首个在未发生事故的情况下对危大工程违法违规行为实施暂扣安许证处罚的省份。先后6次召开安全生产约谈会议,对事故多发和安全生产工作不力的27家主管部门和企业相关负责人进行约谈,剖析原因、吸取教训,指导督促下一步工作,及时扭转安全生产不利形势。在信用管理上突出长效,按照住房城乡建设部《建筑市场信用管理暂行办法》,督促各地通过省级建筑市场监管一体化工作平台,认定、采集、审核、更新和公开本行政区域内建筑市场各方主体的信用信息。建立健全守信激励失信惩戒的长效机制。全年共有35家次企业、93人次安全管理人员被列入不良信用信息。制定《浙江省建筑施工危险性较大的分部分项工程管理细则》《浙江省住房和城乡建设厅安全生产通报安全生产报警示约谈实施办法》等管理制度,为危大工程施工安全管理、事故警示通报约谈工作提供依据。修订《浙江省建筑施工特种作业人员考核管理办法》《浙江省建筑施工企业负责人、项目负责人、安全生产管理人员考核管理办法》,进一步完善关键岗位人员考核管理工作。组织了为期10期的安全生产培训班,对2000余名各级监督执法人员、现场管理人员进行法律法规和安全制度规程教育培训,承办了住房城乡建设部全国建设系统质量安全监督培训班工作。制定《关于建立健全建筑施工安全风险分级管控和隐患排查双重预防机制的指导意见》。在杭州、宁波、温州、绍兴等地开展轨道交通双控管理、工具式支模架、安全监管信息化等试点工作,总结推广了一批先进管理制度和经验。

建筑市场

【综述】2018年,浙江建筑业紧紧围绕高质量发展的要求,迎难而上,真抓实干,奋力拼搏,各项工作成效显著。全省建筑业完成产值28756.2亿元,同比增长5.6%,占全国建筑业总产值12.2%;实现建筑业增加值3098.8亿元,占全省GDP的5.5%;实现利税总额1358亿元,同比增长5.4%;全年签订合同额48375.1亿元,同比增长7%,其中,全年新签合同额30435.8亿元,同比增长4.8%;全年房屋建筑施工面积214499.4万平方米,同比增长4.2%,房屋施工面积占全国总面积15.2%;其中新开工面积86608.2万平方米,同比增长2.4%;全省建筑业平均从业人数797万人,同比提高1.2%,劳动生产率36.1万元/人。建筑业主要经济指标继续保持全国前列,为经济社会发展作出积极贡献。

【设区市】全省11个设区市继续保持着建筑业稳步发展。绍兴市完成建筑业产值7991亿元,同比增长7.3%,规模居全国各设区市第一;宁波、杭州市产值均超4000亿元,分别完成4916亿元、4417亿元;产值超过2000亿元的有:金华市3520亿元、台州市2675亿元、温州市2018亿元;外向度前三位的分别是：绍兴市71.6%、金华市61.8%、台州市52.4%。绍兴、杭州、宁波、金华等4个"建筑强市"共完成建筑业产值20842.5亿元，占全省总产值的72.5%。

【建筑强县和建筑之乡】 全省12个"建筑之乡"（含建筑强县）继续发挥示范带动作用。12个"建筑之乡"共完成建筑业产值14560亿元，占全省总产值的50.6%。其中，7个"建筑强县"共完成产值12288亿元，占全省总产值的42.7%。东阳市完成产值2606亿元，居全国县级市第一。绍兴市柯桥区完成产值2481亿元，诸暨市完成产值2306亿元，绍兴市上虞区完成产值1722亿元，象山县完成产值1353亿元，杭州市萧山区完成产值962亿元，温岭市完成产值857亿元。

【行业改革与发展】 大力推进行业改革，加强政策支持，印发《浙江省钢结构行业发展三年行动计划（2018—2020）的通知》（浙建〔2018〕63号），联合省商务厅印发《关于加快建筑业"走出去"发展三年行动计划（2018—2020）》，分别提出了今后三年的目标、实施步骤和责任分工。开展了浙江省建筑产业现代化"十三五"规划实施情况中期评估。在浙江自由贸易试验区、浙江舟山群岛新区和29个国家级示范区（开发区）开展实施了建筑业企业最低等级资质核准承诺制审批。开展了2018年度建筑业企业双随机检查工作。

【建筑工业化】 编制绿色建筑专项规划，从源头上落实绿色建筑等级、建筑装配化建造和住宅全装修等控制性指标要求，统筹推进建筑工业化发展。制定了建筑工业化工作考核办法，下发了1亿元建筑工业化以奖代补专项资金，推进项目落地；制定了建筑工业化示范城市、企业、基地和项目认定办法，强化示范建设。杭州、宁波、绍兴市被住房城乡建设部列为国家装配式建筑示范城市，中天建设、精工钢构等17家企业获批"国家装配式建筑产业基地"称号。2018年全省共完成新建装配式建筑面积5690万平方米。

【科技进步】 积极推进科技进步，继续开展建筑业企业技术中心认定工作，全年认定省级建筑业企业技术中心7家，全省建筑业企业省级技术中心累计达到112家，国家级技术中心8家。

【走出去发展】 深入实施"走出去"发展战略。全省出省施工完成产值14106.7亿元，同比增长0.7%，占全省总产值的49.1%；产值超百亿元区域市场达到26个，其中，江苏、上海、安徽区域市场产值超过1000亿元，分别完成1803.9亿元、1505.5亿元、1284.9亿元。省外区域市场产值增幅前三位的分别是：山西（增幅18%）、重庆（增幅14.9%）、河南（增幅12.4%）。对外承包工程继续保持较快增长，全年完成对外承包营业额73.9亿美元，同比增长3.4%，对外承包产值居全国各省（区、市）第5位。

【建筑业企业】 进一步优化资质结构，积极培育大企业大集团。全年新增特级企业11家，特级企业总数达到78家（81项），其中基础设施类特级企业已增加到12家，居全国各省市前列；特、一级企业数量位居全国前列。全年产值超100亿元企业45家，其中：中天建设集团完成建筑业产值790亿元，继续位居全省第一。宝业建设集团、中成建工集团、海天建设集团、省建工集团、龙元建设集团、国泰建设集团等6家企业产值超过200亿元。推进监理企业转型发展，全省监理企业完成营业收入133.83亿元，新增综合资质企业3家，总数达到14家；甲级企业达到210家。

【建筑业人员】 加强从业人员队伍建设。全年新增注册建造师28272人，其中：一级6893人，二级21379人；全省注册建造师总数达到15.3万人（含临时），其中：一级4万人，二级11.3万人。新增注册监理工程师2214人，总数达到10839人，省监理工程师14041人。

【工程总承包】 转变承发包方式，大力推进工程总承包，加快全过程工程咨询。完成了工程总承包试点工作评估报告，总结了试点经验做法。全省企业共签订工程总承包合同620个，合同额1248.19亿元。其中，境外合同11个，合同额66.09亿元。印发《浙江省建设工程咨询招标文件示范文本（2017年版）》和《浙江省建设工程咨询服务合同示范文本（2018版）》，公布了55个全过程工程咨询试点项目及实施企业名单。举办了"全过程工程咨询发展论坛"论坛、召开了全省工程造价行业全过程工程咨询现场推进会。试点开展以来，全过程工程咨询项目落地247个，造价总额875.65亿元，咨询费达14.33亿元。

【建筑市场】 稳步推进"浙江省建筑市场监管与诚信信息平台"建设工作，四大数据库日趋完善，为全省建筑市场信息化管理、实现"最多跑一次"提供了强有力的数据支撑和技术支撑。截至12月，该系统已经录入企业信息17015家，从业人员62.01万人，工程项目69320项，累计分别公布企业和个人良好行为信息7003条和4072条，不良行为信息148条和66条，基本实现全省建筑市场"数据一个库、监管一张网、管理一条线"的信息化工作目标。平台应用功能不断拓展，完善了"施工许可证审批打印系统"，全年共发放施工许可证13038张，累计发放36693张；完善了"省外建筑企业备案管理系统"，全年共有1366家省外进浙企业进行了备案，累计备案省外企业5228家；完善了"资质审批数据采集"功能，在企业资质审批中实现了工程业绩、人员信息以及信用信息的数据采集和使用。

建筑节能与科技

【绿色建筑和建筑节能】 全省11设区市和59个县（市）基本完成编制并实施绿色建筑专项规划。省住建厅联合省国土厅、省发改委下发实施《关于加强绿色建筑专项规划实施的通知》，进一步明确将绿色建筑等级、装配式建筑和住宅全装修纳入土地出让（划拨）条件，从源头上推进绿色建筑等发展。截至年底，累计实施绿色建筑14482项，建筑面积7.1亿平方米。推广可再生能源建筑一体化应用。按照省政府十项民生实事中关于推广家庭屋顶光伏的要求，积极配合推广屋顶光伏计划。根据建设部和财政部要求，完成了国家级"两市六县一镇"可再生能源建筑应用区域示范和2所节约型校园节能监管体系建设的验收工作。截至年底，全省累计实施太阳能热水器集热面积1900万平方米，覆盖800多万户城乡居民。稳妥推进既有建筑节能改造工作。年初下达各地既有公共建筑节能改造目标考核任务，积极引导各地结合三改一拆、小城镇综合环境整治等省委省政府重点工作，利用外墙外保温、活动外遮阳、隔热屋面、太阳能、地源热泵等节能技术，开展既有建筑节能改造，全省已累计实施既有公共建筑节能改造建筑面积697万平方米。修订并印发《浙江省民用建筑项目节能评估和审查管理办法》规范性文件。

【勘察设计】 大力推进勘察质量监管信息化试点。杭州、绍兴、温州、金华和衢州等试点进展顺利。深化施工图数字化联审改革工作，8月，下发《关于进一步提升施工图审查质量和效率的通知》，督促指导各地进一步优化施工图电子图审系统，增加办理时效监控功能和短信提醒功能，提高系统工作效率，提升图审各方反应速度，进一步缩短施工图审查时间；更新下发全省综合性施工图审查机构名录，强化对图审机构的动态管理，提升图审机构服务效率。统一规划容积率核算、房产测量建筑面积和工程测量建筑面积计算规则。会同省国土、测绘、人防和消防等部门联合制定发布了工程建设地方标准《建筑工程建筑面积计算和竣工综合测量技术规程》DB33/T 1152-2018，率先统一了建筑工程项目报批全过程的规划容积率核算、房产测量和工程量核算的建筑面积计算规则。

【建设科技】 制定实施一大批技术标准。围绕省委、省政府"厕所革命"、城市地下综合管廊建设、海绵城市建设、小城镇综合环境整治、城市轨道交通等重点工作，制定并实施了《建筑防水工程技术规程》《城市地下综合管廊工程设计规范》《城镇供排水有限空间作业安全规程》《农村公厕建设改造和管理服务规范》《城市地下综合管廊工程施工及质量验收规范》《浙江省城市轨道交通设计规范》《市域快速轨道交通设计规范》等一大批技术标准，进一步强化了标准的技术支撑作用。为确保建筑工地施工安全和规范白蚁监测技术，还发布实施了《建筑施工扣件式钢管模板支架技术规程》《房屋白蚁监测控制系统应用技术规程》等标准。指导完成建设科技奖和重大贡献奖的评审工作。指导省科技推广中心完成了省建设科技奖和重大贡献奖的评审工作，评选出一等奖3个，二等奖11个，三等奖11个；重大贡献奖3位。积极配合大力推进无障碍社区创建工作。

人事教育

【深化改革】 拟制省住建厅"三定"规定草案，完成人员转隶和人事、工资等关系接转并实施到位；出台厅属经营类事业单位改革工作方案，明确改制总体思路和形式；完成承担行政职能事业单位改革；研究提出4家厅属财政保障比例100%事业单位工作人员绩效工资和绩效考核奖改革方案并组织实施；修订出台《全省建设工程专业工程师和高级工程师职务任职资格评价条件》，建立"赋分式"量化评价体系，启动全省建设工程专业正高级工程师评审有序承接工作。

【干部队伍和班子建设】 做好厅机关干部选拔任用、轮岗交流和直属单位领导班子建设工作。2018年，选拔并考察14名厅机关处级领导后备干部，确定培养方案；共选派22名干部挂职锻炼，其中12名到住房城乡建设部、2名到基层、8人到"五水共治"、垃圾分类办；接收10名干部到厅机关锻炼学习；及时对2名直属单位处级领导干部进行轮岗；完成全省11个设区市党政领导实绩分析评价数据和评价报告（涉及建设系统指标）。

【规范日常管理】 落实省委巡视反馈意见整改及回访检查工作；组织开展领导干部兼职清理规范，取消了57名厅管干部在社团和企业的兼职，配合清退了兼职取酬；开展厅机关及直属单位厅管干部队伍现状分析，完成15名省管干部和107名厅管处级干部个人事项报告，对处级干部个人事项进行汇总分析和抽查核实；严格把好因私出国审批关，开展因私出国（境）审批管理"回头看"，报备变更信息103人，审批因私出国（境）41人次；按时完成厅机关年度工资变动调整、事业单位绩效工资审核、厅属国企领导薪酬核定、部分单位岗位聘任和招聘审核；开展厅管社团清理规范，优化整合5家、依法注销1家，完成了第三批3家行业协会脱钩和5家社团换届。

【完善工作制度】制定或修订出台《省住建厅借（聘）用工作人员管理暂行办法》《省住建厅直属事业单位领导班子成员职务任期管理暂行规定》《省住建厅干部任职试用期管理暂行办法》《省住建厅干部人事档案管理办法》《省住建厅建立健全容错免责机制和激励干部履职担当的实施办法（暂行）》《省属单位建行业专业技术人员继续教育学时认定登记管理办法》和《省住建厅社会团体管理办法》等制度。

【人才队伍建设】积极做好国务院特殊津贴人选、全国技术能手、浙江省151人才等各类人才推荐选拔工作，获评全国技术能手、省151人才第三层次培养人员各2名，完成2名国务院特殊津贴人选、2个国家技能人才培育突出贡献单位的推荐转报工作；组织开展2018年度全省建设工程专业高级工程师资格评审和直属单位中初级专业技术资格评审初定工作，全省4872人取得建设工程专业高级工程师资格和省属单位254人取得中初级任职资格。

【干部教育培训】编制2018年度建设教育培训、考试计划；加大高层次、创新型和专业型人才培养力度，协助实施省外专局境外班（城镇生活垃圾分类和资源循环利用、海岸生态保护与生态城市建设、职业教育实训课程产教融合设计）、省委组织部专题班（小城镇环境整治培训班、新型城市化局长培训班等）、省人社厅高研班（全省建筑行业产业化提升与装配式建筑施工）、军转干部培训班等9个班次，组织公务员参加"学法用法三年轮训"、年度网络学院学习和年度法律知识考试，协调选派厅机关13名领导干部参加国家行政学院、住房城乡建设部、省委组织部、省委党校各类班次学习。

【建设类人员培训教育】有序开展建设类人员考试，共开展现场专业人员考试1909场次、106191人次、210160门次，"三类人员"考试1241场次、109546人次，特种作业人员考试2次、16711人次，完成41573人次现场专业人员年度继续教育和年检；启用省建设行业专技人员继续教育系统，推动专技人员继续教育学时登记，实现省属单位专技人员学时认定登记信息化管理。

【技能人才培训鉴定】做好全省建设行业职业技能鉴定巡查、信息录入、档案管理等工作，完成鉴定12批次、2523人次，配合人社部门完成"网上和社会假证等有关情况自查"和"一人多证"等数据自查；调整建筑工人培训考核实施模式，指导各地有序开展建筑工人技能培训考核，完成职业技能鉴定合格证核发审核138批次及37621人次证书号生成，完成省级培训考核机构培训、考核计划审核75批次。

安 徽 省

概况

2018年，安徽省住房城乡建设系统以习近平新时代中国特色社会主义思想为指导，全面贯彻落实党的十九大和十九届二中、三中全会精神，树牢"四个意识"，坚定"四个自信"，坚决做到"两个维护"，认真落实党中央、国务院及住房城乡建设部、省委、省政府各项决策部署，锐意改革创新，聚力攻坚克难，推动住房城乡建设事业取得了新成就、新进展，为建设现代化五大发展美好安徽作出了积极贡献。安徽省住房城乡建设厅在安徽省2018年度省政府目标管理绩效考核中被通报表扬。

【城镇化水平显著提升】截至年底，安徽省城镇化水平达到53.5%。城镇空间布局不断优化，安池铜、蚌淮（南）、宿淮（北）城市组群城镇体系规划编制完成，区域性城镇体系规划编制实现全面覆盖。《安徽省空间规划》编制加快，建立省空间规划数据库。

【城市承载力不断增强】截至年底，全省已建成并投入运行的城市（城市和县城）污水处理厂153

座、处理能力732.74万吨/日。新安江流域城市污水处理厂提标改造全面完成。累计生活垃圾处理能力41080吨/日。人均道路面积22.19平方米。全省累计建成5000公里绿道,形成省域"万里绿道网"。开展城镇公厕三年提升行动,新建、改造、开放城镇公厕3467座。全省60个县(市、区)基本完成备用水源建设,县城供水应急保障能力全面加强。

【城乡人居环境持续改善】大力实施"两治三改",累计完成违法建设治理380.82万平方米、违法用地治理12460.90亩,全年完成老旧小区改造459个,惠及20.2万户居民。住房保障力度持续加大,全省保障性安居工程新开工29.42万套,基本建成29.17万套,全面完成国家下达目标任务。加强公租房保障,加强公租房盘活处置,完善保障方式,盘活处置242个项目11.78万套公租房。住房公积金扩面工作成效明显,建立住房公积金自愿缴存机制,全年新增开户65万人,净增开户27万人。城乡居民居住条件明显改善,全省城镇人均住房面积37.4平方米,完成16.75万户农村危房改造。中心村和1133个乡镇政府驻地建成区整治规划,完成163万户农村改厕、675个乡镇政府驻地生活污水处理设施建设,农村生活垃圾无害化处理率达到68%以上,村容村貌大幅提升。

【转型发展切实加快】全面推进海绵城市建设,全省累计10%以上的城市建成区达到海绵城市建设要求。加快完善装配式建筑技术和标准体系,培育现代化建筑产业工人队伍。提升新建建筑能效水平,加强公共建筑和既有居住建筑节能改造。推动新建民用建筑按照绿色建筑标准设计建造,推广绿色建材应用,推进绿色建筑条例立法进程。推进城市生态网络规划编制实施,设立永久性城市绿带。推进城市设计和"双修"全国试点,淮北市在全国城市"双修"座谈会上作经验交流。

法规建设

【立法】修订《安徽省城市建设监察条例》,取消建设监察主管部门委托执法备案手续,完善城市建设监察程序。持续推进《安徽省燃气管理条例》修订工作,拟通过立法修订,统筹城镇燃气设施建设,健全燃气应急制度,规范特许经营,加强燃气经营使用安全管理。

【行政复议和行政诉讼】省住房城乡建设厅全年办理行政复议79件、被复议案件3件、行政应诉案件33件,出庭应诉56次,无一例败诉案件。按季发布行政复议及应诉情况分析报告,突出共性、重大、疑难问题,并结合案例加强业务指导。

【执法监督】推进重大事项合法性审查、公平竞争审查全覆盖。在省住房城乡建设厅《重大行政决策程序规定》和《重大事项合法性审查程序规定》的基础上,进一步确定厅内合法性审查提前介入机制,全面开展并规范合法性审查工作,全年对省政府代拟稿、总体规划、厅发规范性文件的60多起重大事项进行了合法性审查。初步建立了公平竞争审查机制,对10多件涉及市场主体经济活动的事项进行公平竞争审查,清理了2件涉及违反公平竞争原则的规范性文件。印发《安徽省住房城乡建设厅重大决策风险评估办法(试行)》,进一步规范厅重大决策风险评估工作,推进科学民主依法决策。落实重大决策合法性审查制度,全年对23项重大决策事项进行合法性审查。加强行政规范性文件制定与管理工作,印发厅《关于做好行政规范性文件制定管理工作的通知》,落实规范性文件向省政府备案制度,报备率100%。完善厅行政权力监管制度,公布厅《行政权力运行监管细则(2018年本)》。落实重要行政审批决定法制审核制度,全年共对461件不予行政许可事项进行法制审核。严格执行重大执法决定法制审核制度,全年44件厅办行政处罚案件法制审核率100%。建立以案释法工作机制,动态调整全省住房城乡建设领域行政处罚裁量权基准及随机抽查事项清单,确保各项法治政府建设任务顺利完成。

【学法普法】对全省6000多名住房城乡建设领域行政执法人员进行了法治培训。组织拟提拔领导干部参加任前法律知识测试,落实领导干部任前考法制度。举办宪法讲座和《中国共产党纪律处分条例》专题辅导报告会,建立厅宪法宣誓制度,组织干部职工参加省纪委监委网站党纪知识在线学习测试。面向全系统开展"法治住建 牢记使命"征文演讲活动,通过严格的比赛和评审,评选出一批优秀作品。城市管理执法体制改革后,为引导人民群众客观、理性认识城市管理工作,集中一个月的时间,发动省市县三级主管部门对城市管理执法工作开展"城市管理宣传月活动"。组织厅机关干部职工参加2018年"江淮普法行"启动仪式、"宪法宣传周"启动仪式,将蕴含住建领域法治精神的宣传用语,同省住房城乡建设厅微信公众号二维码一起印制在法治文化宣传品上,从而打通长期宣传的渠道,相关做法在普法活动现场受到省领导肯定。

房地产业

【概况】2018年,安徽省认真贯彻落实党中央、国务院关于房地产市场调控的各项决策部署，坚持"房子是用来住的，不是用来炒的"定位，因城因地施策，落实市、县房地产调控主体责任，加强市场监测分析和预警，强化住房供应和需求管理，把握合理建设与遏制投机的关系，确保"稳地价稳房价稳预期"目标落地，保持全省房地产市场平稳健康发展。2018年，全省房地产市场总体保持稳定。房地产开发投资5974.1亿元，同比增长6.4%。销售商品房10038万平方米，实现销售额7076.9亿元，同比增长20.6%。施工面积41128.3万平方米，同比增长5%。新开工面积10849.6万平方米，同比下降4.8%。2018年全省商业、办公等非住宅商品房去库存面积224.6万平方米，去化周期与2017年相比缩短9.6个月。

【房地产市场政策】2018年，安徽省出台了关于加快发展和规范住房租赁市场的指导意见，通过搭建市级政府住房租赁交易服务平台，推进省市联网，多渠道筹集租赁房源，增加租赁住房建设，引导房地产企业向社会提供租赁房源，积极盘活存量住房用于租赁，积极培育发展住房租赁市场。合肥市扎实开展住房租赁国家试点工作，并取得一定成效。拟定了房地产市场调控"一城一策"国家试点方案并获得批复。安徽省各市积极编制住房发展规划与用地供应三年滚动计划和中期规划，按照住宅用地供应"五类"调控要求，采取灵活的土地竞价方式，合理安排住宅用地供应。

【房地产市场监测】做好重点城市房地产市场监测工作，把握好重点时间节点、重要市场行情上房地产市场波动情况，完善商品住房价格备案管理，推动统一的房屋网签备案和城市联网工作，运用全省房地产市场监测平台及研判数学模型、全省房地产开发项目管理信息系统，建立了市场运行日报告、周分析制度，及时发现苗头性、倾向性问题，识别市场出现异常的城市，对商品房销售量、商品房价格波动较大的城市，适时发出预警信号，督促采取有效措施稳定市场。2018年，阜阳、六安、滁州、芜湖、马鞍山、铜陵等6个城市被纳入国家扩大房价统计城市名单。

【房地产开发与征收】2018年，安徽省严格依据《国有土地上房屋征收与补偿条例》，做好房屋征收与补偿工作，维护公共利益，保障被征收人的合法权益。2018年，全省累计完成征收项目295个，征收房屋建筑面积1458.5万平方米，涉及60616户家庭，项目实施切实保障和改善了民生，有力地促进全省城镇化水平的进一步提升。为推进房屋征收政务公开标准化规范化，促进房屋征收工作更加公平、公正、公开，安徽省印发了房屋征收基层政务公开事项目录、标准和流程。针对征收计划制定、调查登记、制定征收方案、房屋评估、分户补偿、监督管理、政策解读、回应关切等工作，明确了公开依据、公开主体、公开内容、公开时限及方式等。各市县结合征收工作实际，进一步完善征收工作机制和配套规章办法，狠抓法治宣传教育和征收队伍的业务培训，进一步提高房屋征收工作人员依法征收业务水平和业务能力，同时在政府网站开设国有土地上房屋征收与补偿栏目，及时更新、发布各类征收信息，全面接受社会监督。

【物业服务与市场监督】2018年，出台《安徽省物业服务企业信用管理暂行办法》，建立健全物业服务企业信用体系，促进物业服务企业诚信自律，加快建立物业服务企业信用管理信息系统，对物业服务企业实施守信激励和失信惩戒。将物业管理纳入城乡社区治理体系，加强社区物业服务管理工作，加强党建引领，发挥社区党组织在物业管理中的领导作用，完善社区党组织、社区居民委员会、业主委员会和物业服务企业"四位一体"议事协调机制，建立物业管理长效机制。推动设立物业行业性矛盾调解组织，多元化解物业服务矛盾纠纷，构建多元化解物业服务纠纷调解工作机制。

住房保障

【概述】2018年，安徽各地认真贯彻落实国家和省委、省政府各项决策部署，加快推进保障性安居工程建设，强化保障性住房分配和运营管理，住房保障各项目标任务圆满完成。全省实现新开工棚户区改造29.42万套，开工套数位列全国第6，基本建成29.17万套。全省政府投资公租房累计竣工57.57万套，竣工率达98.66%，当年新增竣工5.12万套；累计分配55.74万套，分配率达95.53%，当年新增分配6.18万套，全面完成国家下达的政府投资公租房分配率90%的年度目标任务。安徽省阜阳市棚户区改造真抓实干成效明显，被国务院办公厅通报表扬激励。

【棚户区改造】加大财政资金和土地政策支持，共计争取并下达中央财政资金118.4亿元、省级财政补助资金5.64亿元，提前预下达新增建设用地指标6075亩。加强棚改融资支持，全省共新增省农发行和省开行棚改专项贷款授信730亿元，发放527亿元；共发行2批棚改专项债券471亿元，有力支持了全省棚户区改造。因地制宜合理确定棚改安置方式，

2018年全省棚改货币化安置12.55万套，货币化安置率42.7%，较上年同比下降28.6个百分点。严格棚改范围和界定标准，按照住房城乡建设部"四重点"和"六严禁"工作要求，对棚户区范围和界定标准进行重新修订。各地均经过本级政府同意，以市为单位统一制定并公布了本辖区内棚户区范围和界定标准。

【公共租赁住房】印发《关于进一步做好公共租赁住房租赁补贴工作的指导意见》，部署各地将城镇中等偏下收入住房困难家庭、新就业无房职工、稳定就业外来务工人员纳入公共租赁住房租赁补贴范围。组织各地梳理特殊行业、特殊群体对公租房的需求，制定面向住房困难面广的行业单位集中配租方案，积极改善住房困难发生面广、工作条件较为艰苦行业职工的居住条件，实施梯次精准保障。专项争取中央财政公共租赁住房及其配套设施补助资金6592万元，支持加快在建公租房工程建设。建立政府投资公租房未分配项目台账，实行精准调度，重点解决建设进度缓慢、配套设施滞后、已竣工备案未分配和保障政策未落实到位、准入条件未及时动态调整等问题，加快推进公租房及其配套设施建设，加快形成公租房有效供给。认真落实住房城乡建设部、财政部下发的《关于印发推行政府购买公租房运营管理服务试点方案的通知》精神，将合肥、淮北、安庆和巢湖市、宿州市埇桥区列为国家级试点城市（区），开展政府购买公租房运营管理服务试点工作，要求其他城市各确定不少于一个县、区开展省级试点。探索通过购买服务方式实现公租房专业化运营和社会化服务。

【信息化管理】改版升级全省棚改项目信息管理系统，进一步优化管理流程，完善提升统计分析功能。更新完善棚改信息，实现棚改项目在线调度和棚改计划精准管理。开发并试运营安徽住房保障手机APP，具备项目核查和保障房源信息查询功能。首次通过政府购买服务，委托第三方机构开展保障性安居工程检查，第三方检查机构通过手机APP实时上传检查记录和图片信息，实现管理。

住房公积金管理

【概况】2018年，安徽省住房公积金新开户单位7271家，实缴单位60237家，净增单位3786家；新增开户65.48万人，实缴职工428.88万人，净增26.97万人；缴存住房公积金603.67亿元，同比增长10.50%；提取住房公积金491.1亿元，同比增长11.15%；发放个人住房贷款295.20亿元，同比增长2.83%，回收个人住房贷款209.71亿元；截至年底，全省累计归集住房公积金4790.9亿元，累计提取3165.29亿元，累计发放住房公积金个人住房贷款2780.76亿元，个人住房贷款余额1617.63亿元。

【政策执行】2018年，安徽省贯彻落实住房公积金政策，先后转发了《住房城乡建设部 财政部 中国人民银行 国土资源部关于维护住房公积金缴存职工购房贷款权益的通知》《住房城乡建设部 财政部 中国人民银行 公安部关于开展治理违规提取住房公积金工作的通知》《住房城乡建设部 财政部 中国人民银行关于改进住房公积金缴存机制进一步降低企业成本的通知》，印发了《关于住房公积金业务办理不再由缴存职工提供身份证复印件的通知》。

【行业监管】严格执行《安徽省住房公积金资金流动性风险预警机制实施办法》，通过指标分析，对存在风险隐患的城市采取风险提示、面谈等方式预警，保障了住房公积金业务的安全运行。2018年底全省住房公积金个人住房贷款率回落至99.51%，资金流动性风险得到控制。贷款逾期率0.25‰，低于国家控制标准。省住房城乡建设厅组织开展了全省住房公积金政策执行情况和风险隐患自查和检查，部署违规提取住房公积金治理工作和开展维护住房公积金缴存职工购房贷款权益专项整治，维护住房公积金政策的严肃性和缴存职工的购房贷款合法权益，保证住房公积金业务运行及资金管理的安全。省住房城乡建设厅、省财政厅开展2017年度省住房公积金业务管理工作考核，合肥、芜湖、马鞍山、池州、黄山市住房公积金管理中心、安徽省直住房公积金管理分中心获得优秀等次。启动住房公积金电子检查工具应用，建立"市级月巡查、省级季抽查"的监管机制，优化了监督管理方式，对住房公积金的运行和管理起到了定时体检的作用。首次开展全省新市民住房问题调研，全省16个省辖市共选取22个重点县区，获取7684个新市民有效调查样本，多角度分析全省新市民基本特征、住房状况、住房需求以及面临的住房及住房公积金缴存的制约因素，为住房公积金解决新市民住房问题提供政策支撑。

【信息化建设】安徽省16个城市住房公积金管理中心、5个分中心全面完成住房公积金基础数据标准贯彻和银行结算系统接入"双贯标"任务，验收合格率100%，位居全国前列。通过"双贯标"，阜阳、铜陵、宣城、马鞍山、黄山、亳州市住房公积金管理中心实现了自主核算。

城市建设

【概况】 2018年，全省城建系统认真贯彻落实省委、省政府决策部署，聚焦城市建设重点目标、重点任务和突出环境问题整改，加强协调调度，全力推进各项重点目标任务落实，城市排水防涝三年行动、海绵城市建设、城市黑臭水体治理、城市生活污水处理设施建设、地下综合管廊建设、"两治三改"（治理违法建设、违法用地和改造棚户区、"城中村"、老旧小区）三年行动、城市园林绿化等各项工作顺利推进。

【城市排水防涝】 城市排水防涝三年行动计划实施893个项目、累计投资658亿元。自2017年8月起至2018年7月底，全省完成投资221.48亿元，新建、改造排水管渠1606.6公里，超额完成第二行动年计划。自2018年8月起至2019年7月底进入第三个行动年，计划总投资195亿元；截至年底，实际已完成投资113.67亿元，占总任务的58.3%。印发《关于加强城市内涝预警相关工作的通知》，及时发布城市内涝预警信息，指导各地开展城市内涝防范和应对工作。在2018年2月5日住房城乡建设部召开的全国城市排水防涝补短板工作电视电话会议上，省住房城乡建设厅作经验交流发言。

【海绵城市】 池州海绵城市建设试点取得积极成效，在国家试点城市绩效评估中位居第4。在全省推广池州市海绵城市试点经验，落实海绵城市建设管控制度。全省累计10%、约230平方公里的城市建成区达到海绵城市建设要求。推深做实"河（湖）长制"，县城备用水源建设加快推进。积极推动节水型城市创建工作，宣城、宿州、蚌埠三市顺利通过住房城乡建设组织的节水型城市现场考核。

【城市生活污水处理】 全省基本建成污水处理厂14座，新增污水处理能力43.75万吨/日，全省新增污水管网1288公里。安徽省争取2018年中西部重点领域基础补短板补助资金、城市管网专项资金及城市黑臭水体治理示范奖补资金共计21亿，主要用于污水处理厂提标改造及配套管网建设改造等工程。

【城市综合管廊】 合肥市城市地下综合管廊建设试点取得积极成效，在国家试点城市绩效评估中位居第3。全省已建成城市地下综合管廊廊体123.3公里，其中合肥市已建成城市地下综合管廊廊体50多公里，计划2019年部分投入运行。制定《安徽省城市停车设施规划建设管理指导手册》，开展《安徽省城市综合交通改善研究》等课题研究。

【"两治三改"】 省政府与各市政府分别签订"两治三改"目标责任书（2018—2020年），各市政府与辖区县（市、区）签订目标责任状，层层落实目标责任。省联席会议办公室按月通报各地治理违法建设和治理违法用地进展，全年编发工作专刊13期，交流各地工作动态，加快推进违法建设和违法用地治理。全省仅用一年时间，基本完成362.74万平方米违法建设治理、1.29万亩违法用地治理的目标任务（包含动态调整）；棚户区、"城中村"、老旧小区改造等年度目标任务超额完成。

【园林绿化】 持续开展城镇园林绿化提升行动，全省新增、改造城市园林绿地面积9376万平方米，新建绿道908公里。全省建成城市绿道5120公里，初步形成万里绿道网。

村镇建设

【概况】 扎实推进脱贫攻坚工作，完成16.75万户危房改造，其中建档立卡贫困户12.97万户，较好解决农村困难群众居住安全问题。大力推进农村环境人居环境整治，完成109个非正规垃圾堆放点整治，无害化处理率达66%，完成改厕101万户，247个乡镇建成生活污水处理设施建设。加强美丽乡村规划建设工作，237个村落列入第五批中国传统村落名录，编制完成817个美丽乡村省级中心村规划。

【脱贫攻坚】 制定《2018年农村危房改造实施方案》，明确了农村危房目标任务、质量把控、资金监管、技术支持等工作保障措施。紧紧围绕落实"两不愁、三保障"中住房安全保障的要求，把建档立卡贫困户、低保户、农村分散供养特困人员和贫困残疾人家庭等4类重点对象放在农村危房改造优先位置。开展农村危房改造业务培训，提高基层服务和管理农村危房改造能力。建立农村危房改造农户档案管理信息系统，按户登记，动态录入危房改造农户信息，按照"一户一档"的要求，建立农户档案。立入户核查制度，组织对年度危房改造入户现场抽查，核查各地危房改造政策落实情况。

【农村人居环境整治】 制定《安徽省农村人居环境整治三年行动实施方案》，2018年5月18日，省委办公厅、省政府办公厅印发实施。合理确定改厕选址，倡导厕屋进院入室，加强改厕工程质量管理，严把农村改厕施工质量关，确保工程质量和使用寿命符合标准要求。加强农村陈年垃圾集中清理和日常保洁，推进非正规垃圾堆放点整治，建立整治滚动销号制度，完成一处、销号一处。推进农村生活垃圾分类和资源化利用，巢湖市等12个县（市、区）为试点示范县，3277个行政村开展了垃圾分类和资源化利用，622个村庄设有垃圾兑换超市。印发《关于加强乡镇政府驻地生活污水处理设施建设运行管理工作的通知》，加快乡镇政府驻地污水处理设施建设力度，肥西县、霍山县等15个县（区）已全域完成乡镇污水处理设施建设。推广乡镇污水处理设施县域打捆统一运营，全省有40个县（市、区）的污水治理采取县域PPP模式。完善农村环境"三大革命"信息管理系统，编印《改善农村人居环境工作专刊》50期，为各地提供学习借鉴典型经验。

【村庄设计】加强县域乡村建设规划编制，完成了91个县域乡村建设规划编制工作，进一步明确乡村体系。有序推进中心村建设规划编制，符合农村实际，满足农民需要，体现乡村特色，提升基础设施建设及公共服务水平。引导优秀规划设计团队下乡，编制农房设计图集供农民选用。

【传统村落保护发展】完善传统村落名录，积极组织中国传统村落申报；加强传统村落信息化管理，建成省级传统村落数字信息管理平台，收录安徽省1131个传统村落档案和10个国家级村落数字博物馆展示，持续推进绩溪尚村、潜山万涧村省级传统村落试点。

【小城镇建设】指导编制特色小城镇规划，推进产业和服务同步发展，合理小城镇空间布局。推进乡镇政府驻地环境治理，聚焦人居环境，指导小城镇实施"两治理一加强"，即治脏、治乱，加强基础设施建设和公共服务配套建设，提升小城镇的环境面貌。加强乡镇政府驻地生活污水处理设施建设，247个乡镇建成污水处理设施。

标准定额

【工程建设地方标准制定】为切实从制度上规范安徽省工程建设地方标准制定工作，2018年7月印发了《安徽省工程建设地方标准制定管理规定》，明确了标准制定分为立项、编制、发布三个阶段，并对每一个阶段的工作内容、工作要求进行了细化，规范了工作流程，统一了工作步骤。同时规定了标准编制分为五个环节，其中增加了专家论证环节，充分发挥专业标准化技术委员会的作用。同时，为了保证标准编制的顺利进展，增加了标准编制过程中的监督环节，提升标准编制效率。2018年，安徽省立项45项工程建设地方标准及标准设计。发布《建筑工程逆作法技术规程》《保温装饰板外墙外保温系统应用技术规程》《基桩钢筋笼长度检测技术规程》《雨水利用工程技术规程》《地下工程防水混凝土施工与验收规程》等5项安徽省工程建设地方标准，对海绵城市、建筑节能、外墙保温、钢结构、装配式建筑等部分重点标准开展编制工作调研。

【住宅设计标准编制】贯彻落实"房子是用来住的"这一理念，提升住宅设计品质，在开展《住宅建筑设计研究报告》的基础上，组织安徽省土木建筑学会开展安徽省工程建设地方标准《住宅设计标准》制定工作。本次编制的《住宅设计标准》根据本地区域的气候、居住习惯等特点及国家政策方面的要求，在与国标、各地市同类标准比较的基础上，结合已有的工程经验，在调查研究和充分讨论的基础上，体现地域性特点、强调居住的宜居性、满足无障碍与适老化需求，并在绿色住宅建筑、住宅智能化、住宅建筑设计与装饰设计一体化、装配式住宅建筑等多方面形成特色。

【工程建设标准实施情况检查和评估】为发挥标准成为质量硬约束的作用，进一步加强进工程建设标准实施监督，采用"双随机一公开"的方式，组织完成了《养老服务设施规划建设导则》《太阳能热水系统与建筑一体化技术规程》《太阳能光伏与建筑一体化技术规程》3项安徽省工程建设地方标准的专项监督检查，对结果进行通报。

【建设工程造价管理】为规范安徽省工程材料市场价格信息的采集、发布工作，为工程建设各方主体提供更好的信息服务，省住房城乡建设厅起草完成了《安徽省建设工程材料市场价格信息发布管理暂行办法（送审稿）》。为实现工程造价信息数据的有效共享和充分利用，保障工程计价软件系统与电子招投标系统之间的数据交换，编制完成《安徽省建设工程造价数据交换标准》和《安徽省建设工程人工材料机械设备数据标准》。完成《安徽省工程造价咨询企业信用管理实施细则》《安徽省工程造价咨询企业信用等级评分标准》，稳步推进安徽省工程造价咨询企业信用体系建设，建立以信用为核心的市场监管机制。

工程质量安全监管

【建筑施工安全管理】针对在建房屋建筑和市政基础设施工程中薄弱环节进行治理，开展了全省建筑施工安全质量综合督查、房地产企业落实安全责任专项督查、城市轨道交通工程质量安全综合检查、建筑施工安全生产县区互查、建筑施工质量安全和市场行为督查、城乡基础设施等安全隐患大排查大整改、建筑施工现场受限空间安全专项治理行动等督查检查。及时下发通报，严肃处理了一批违法违规企业。开展建筑施工领域安全生产攻坚行动，坚决打好汛期安全生产、安全生产宣传教育、建筑施工领域专项治理、监管执法四大攻坚战。全年召开3次全省住建系统安全生产电视电话会议，分析当前安全生产形势，研究存在的问题，部署下一步安全生产工作。开展2018年度全省施工安全监督人员安全教育培训，重点针对《危险性较大的分部分项工程安全管理规定》进行培训，全省近400余名安全监督管理人员参加。制定下发《安徽省危险性较大的分部分项工程安全管理规定实施细则》，加强对危大工程的安全管理，强化重大危险源管控。加强"安管人员"和特种作业人员安全考核管理工作，建立了题库专家库和试题库并定期更新，出台了考核机构标准和考核流程，建立健全管理制度，公开考核机构地址和电话等相关报名信息。加强培训考核质量管控，加大事中事后监管，采取"双随机、一公开"方式，对各市考核工作进行监督检查。

【全过程质量管控】强化工程建设全过程质量管控，全面实施项目负责人质量终身责任制，依托平台确保工程建设"两书一牌"签订全覆盖，安徽省的"两书一牌"制度落实情况多次被住房城乡建设部通报表扬。强化政府监管，将落实工程质量安全提升行动情况、质量投诉处理情况，应用安徽省建设工程监管检查系统实施质量监管项目覆盖率列入市级政府质量工作考核内容。制定出台《关于进一步加强工程质量安全管理工作的通知》，形成工程质量安全管理长效机制。推进安徽省工程质量保险试点工作，会同中国保险监督管理委员会安徽监管局联合印发了《关于推行工程质量保险试点工作的通知》，截至年底，已试点40个项目，总建筑面积146万平方米，共接到工程质量存在问题报案320笔，赔付金额近300万，结案率100%，形成了可复制可推广的经验。认真贯彻落实国务院和省政府深化"放管服"改革部署，推行数字化施工图审查工作优化营商环境。

【安全风险防控体系建设】扎实推进"六项机制"标准化规范化。在房建、市政、轨道交通三个专业进行了《安全风险点查找手册》的试点运行，根据反馈结果完善和优化清单条目，让清单更具实用性和可操作性。结合住房城乡建设部《危险性较大的分部分项工程安全管理规定》，研究编制《建设工程施工现场安全生产风险管控标准》。制定《安徽省房屋和市政工程较大及以上生产安全事故应急预案》，最大限度减少事故造成的人员伤亡、财产损失和社会影响，保障人民生命财产安全。

【建筑生产安全事故处理】下发《关于加强建筑施工生产安全事故安全生产条件复核工作的通知》和《安徽省住房城乡建设厅关于进一步加强建筑生产安全事故行政处理的通知》，明确了对于发生建筑生产安全一般事故和较大事故的行政处理措施，进一步强化建筑生产安全事故责任追究，建立健全事故联动处理机制，提高事故处理时效。对事故发生较多的市政府或住房城乡建设主管部门下发《事故警示通报》，要求深刻吸取教训，切实完善风险管控措施，坚决遏制建筑生产安全事故多发频发态势。根据《安徽省安全生产约谈实施办法》规定，省住建厅联合省安监局对事故发生较多的合肥市、六安市政府进行集中约谈。

【建筑施工扬尘治理】会同省生态环境厅联合编制《安徽省建筑施工和预拌混凝土生产扬尘污染防治标准》。制定住建领域专项工作方案，落实责任，实现建筑施工扬尘防治"六个百分之百"。认真落实中央环保和省环保交办的涉扬尘问题，搅拌站在线监测和视频监控安装率超过年初65%目标。每月开展以市政道路和拆除施工为主的建筑扬尘防治专项督查，组织开展全省市政道路施工扬尘自查、市级互查和省级督查。按节点推进市政道路和建筑施工扬尘防治两项省政府重点工作，完成省政府重点工作目标和任务。

建筑市场

【概述】2018年，省住房城乡建设厅多措并举，加快建筑业转型升级，推进劳务用工制度改革，优化建筑业发展环境，大力实施"走出去"战略，有力促进了全省建筑业持续健康发展。2018年，安徽省建筑业完成总产值7888.46亿元，全年完成建筑业增加值2201.22亿元，占全省GDP的7.3%，同比增长13.3%，全省完成建筑业税收321.73亿元，占全省税收的7.6%。

【高等级资质企业】2018年，全省建筑业企业成功晋升特级资质3家（6项），晋升一级建筑施工总承包企业27家（35项）。到2018年底，具有一级及以上资质的建筑施工总承包企业共420家，其中特级资质企业27家（36项），位居全国第10位。2018年新增监理综合资质企业2家。到2018年底，全省工程监理企业345家，其中综合资质企业8家，甲级资质企业105家。

【从业人员及权益保障】截至年底，全省建筑劳务企业19171家，从业人员达232万人。建立健全治理拖欠农民工工资各项制度，印发《关于推进工程款担保加强房屋建筑和市政工程项目工程款支付管理有关工作的通知》《关于进一步规范建筑施工企业劳动用工和工资支付管理有关工作的通知》《关于进一步落实各方主体责任加强农民工工资先行垫付管理有关工作的通知》《关于进一步落实违法发包转包或违法分包造成欠薪问题清偿责任有关工作的通知》，会同省人力资源社会保障厅、中国人民银行合肥中心支行联合印发《关于进一步加强建筑和市政工程建设领域农民工工资专用账户管理有关工作的通知》等文件，进一步完善体制机制。推进施工总承包企业和分包企业农民工实名制管理，全面实行农民工工资（劳务费）专用账户管理制度。加大农民工工资案件查处力度，2018年，各市住房城乡建设主管部门查处案件总数104件，涉及项目76个，涉及企业75家，涉及人员3709人，涉案金额5364.78万元。

【建筑业企业"走出去"】2018年，安徽省在境外承揽业务的建筑业企业共61家。全年新签合同额50.53亿美元，对外承包工程完成营业额30.14亿美元。其中，建筑业企业参与"一带一路"建设涉及国别已超过26个国家，比2017年增加3个国家，占全省建筑业企业"走出去"涉及国家总数的37.7%；2018年"一带一路"沿线国家承包工程完成营业额15.16亿美元，占全省对外承包工程完成营业额50.3%，同比增长12.8%。

【建筑市场行为检查】开展建筑市场行为检查，随机抽查省内建筑施工企业54家、监理企业54家、在建项目50个，组织各市开展全省建筑业企业资质及市场行为督查，对全省建筑业企业资质及市场行为督查情况进行了通报，严厉打击了转包和违法分包等建筑市场违法行为。开展建筑工程施工转包违法分包行为专项检查，2018年安徽省各级住房城乡建设部门共检查项目12741个（次），检查建设单位8616家（次），检查施工企业9531家（次）。

【工程建设管理改革】
深化落实"放管服"改革。进一步推进简政放权。自2018年12月1日起，由省住房城乡建设厅办理的建筑业企业资质行政许可事项委托各市、省直管县住房城乡建设行政主管部门实施。

优化资质资格管理。印发《关于进一步优化建筑业企业资质管理有关工作的通知》，明确了直接申请省级权限内的施工总承包资质、专业承包资质和直接许可装饰装修工程专业承包资质的条件，以及装配式建筑生产、从事境外承包工程的建筑业企业资质扶持措施，拓宽建筑业企业资质申报渠道，扩大企业承包工程范围。

健全招标投标监管制度。印发《安徽省房屋建筑和市政基础设施工程招标投标监督管理办法（试行）》，明确建筑工程招标投标监督管理部门与住房城乡建设主管部门监管职责，界定了标后监管职责边界，规定了投诉处理、违法行为处理的具体要求。

完善工程建设组织模式。会同省发展改革委、省公安厅、省财政厅、省交通运输厅、省水利厅、省通信管理局联合印发《关于推进工程总承包发展的指导意见》《安徽省开展全过程工程咨询试点工作方案》，全面推进工程总承包、全过程咨询试点工作。

开展工业建设项目审批制度改革。印发《关于开展"工业建设项目施工许可证50个工作日内完成审批手续"行动的实施意见》。截至2018年底，全省实现工业建设项目施工许可证在45个工作日内完成审批手续。

建筑节能与科技

【概况】安徽省地处暖温带过渡地区，全省为夏热冬冷地区，城镇既有建筑面积14.64亿平方米。2018年，全省城镇新增节能建筑面积7160.23万平方米，其中，新增居住房城乡建设筑面积5074.1万平方米，新增公共建筑面积2085.92万平方米。2018年城镇绿色建筑竣工面积为3089万平方米，占新建建筑比重为43.1%。

【新建建筑节能】全省新建建筑节能标准设计执行率达到100%，施工执行率达到100%。对新修订的65%《安徽省公共建筑节能设计标准》开展宣贯培训。组织相关专家开展民用建筑墙体节能工程专题调研，印发了《关于进一步加强建筑工程外墙保温系统建设监管工作的通知》。强化年度全省建筑节能目标责任制和考核制度，组织各地开展年度建筑节能自查工作。

【可再生能源建筑应用】完成了对全省7市10县4镇国可再生能源建筑应用示范地区验收评估工作，验收情况报住房城乡建设部备案。结合国家示范引领效应，积极推广可再生能源在建筑中的应用，年度新增可再生能源建筑应用面积3354万平方米。

【既有建筑节能改造】指导各地充分结合旧城改造、老旧小区改造、两治三改等专项行动，在提升基础设施承载能力、公共服务配套能力以及宜居环境水平的基础上，针对夏热冬冷地区气候特点，因地制宜、统筹推进既有居住房城乡建设筑节能改造工作。年度累计实施既有居住房城乡建设筑节能改造532.61万平方米。

【公共建筑节能监管】省级公共建筑能耗监管平台建成运行，陆续接入国家机关办公、高校、医院、企业等各类建筑495栋并发挥节能效益。结合开展合肥市国家公共建筑能效提升城市等示范建设，全年实施既有公共建筑节能改造111.97万平方米。会同省教育厅完成了4个国家节约型校园建设示范的验收工作；完成了4个国家公共建筑能效提升示范工程的验收工作，并报住房和城乡建设部备案。

【绿色建筑推广】指导督促各地落实《关于加快推进绿色建筑发展的通知》要求，细化完善政策措施，强化过程管控机制，推动全省新建民用建筑全面按绿色建筑标准设计建造。安排5540万元专项资金开展省级绿色建筑、绿色生态城区和绿色生态示范城市创建，年度新增绿色建筑项目示范13个；新增加2个省级绿色生态城市综合试点。鼓励推广绿色建筑评价标识，全年共评定了74个绿色建筑星级评价标识。积极推进绿色建筑立法进程，配合开展绿色建筑条例立法调研。

【装配式建筑推广】2018年，全省实施面积装配式建筑规模659.21万平方米，占新建建筑比例达7.9%。根据国务院办公厅《关于大力发展装配式建筑的指导意见》以及《"十三五"装配式建筑行动方案》要求，分类指导安徽省重点推进地区和其他地区按照规划要求，制定分年度目标任务，建立项目计划，实行季度通报制度，并纳入省政府对各市政府规划建设管理考核体系和节能目标考核内容。组织对合肥市、合肥市经济技术开发区以及安徽建工集团、合肥工业大学等国家装配式建筑示范城市和产业基地中期实施情况评估。

【绿色建材推广】截至年底，全省有18家企业共取得了21个绿色建材标识，其中三星级20个，二星级1个；累计推广建设领域新技术新产品956项，其中保温类产品690项，砌体材料类产品69项。联合省工业和信息化厅积极推进《关于开展绿色建材评价标识工作的通知》和《关于加快推进绿色建材评价工作的通知》任务落实，组织申报并审查发布了安徽省建设工程测试研究院有限责任公司等7家首批安徽省绿色建材评价备案机构，承担全省一、二星级绿色建材评价标识受理、评价等具体实施工作。结合安徽省实际，组织编制并发布了《安徽省绿色建材评价指导手册（试行）》《安徽省建设工程绿色建材使用比例计算方法（试行）》等，组建了省级绿色建材专家委员会，指导全省绿色建材评价标识工作。3月和10月分别在淮北市、合肥市组织召开了绿色建材评价现场观摩会，全国绿材办、省墙改办、地方主管部门、7家评价机构及50余家企业参加了会议，在社会各界取得了积极反响。

【建筑科研】完善建设领域新技术项目库建设，评定"钢结构异形幕墙施工技术的研究与应用"等46个项目列入2018年安徽省住房城乡建设厅科学技术计划，遴选了"综合管廊智慧运营维护管理平台开发"等10个项目列入2018年部科学技术项目计划。进一步落实项目完成情况，"夏热冬冷地区绿色建筑建造关键技术研究""基于结构可靠性理论的合肥地区既有桥梁限载标准研究"等7个省、部级科技计划项目完成结题验收工作。择优推荐申报省科学技术奖、住房城乡建设部华夏建设科学技术奖，其中"硬黏土地区新型复合配筋管桩研发与管桩桩身质量检测关键技术""安徽省美丽乡村规划及系列技术导则（标准）"分别获得2018年度华夏建设科学技术奖二等奖、三等奖。梳理建设系统科技创新成果，参加"安徽省庆祝改革开放40周年科技创新成果展"，零能耗建筑、城市地下综合管廊、城市生命线工程安全运行监测系统应用、装配整体式混凝土框架结构建筑、装配式钢结构建筑、超高层智能顶模、建筑隔震等科技创新成果展品等7个展品入选安徽创新馆。

人居环境与设计

【历史文化名城（村、镇）保护及监督管理】推进历史文化名城及街区申报设立。完成住房城乡建设部组织的对黟县、桐城申报历史文化名城工作现场考察，推进了12个条件较好的街区申报安徽历史文化街区。指导滁州市申报历史文化名城。全面推进历史建筑保护利用工作，全省历史建筑公布总数约1308处。大力支持黄山市围绕10个历史建筑保护利用典型案例，推进了历史建筑保护利用全国试点。完成2018年历史文化名城名镇名村街区专项资金分配，会同省财政厅印发《关于做好2018年历史文化名城名镇名村街区保护项目实施的通知》，推进资金拨付实施工作。

【城市设计】池州市、安庆市、绩溪县等12个市（县）被确定为城市设计（双修）省级试点示范，会同省财政厅拨付8000万资金用于试点补助。落实省政府重点工作调度会精神，指导蚌埠、淮北等城市设计与双修试点城市及时总结试点经验，提炼高质量的试点成果，在住房城乡建设部组织召开的景德镇城市双修现场会上，淮北市列为全国六个交流城市之一介绍了试点经验。芜湖县、怀宁县被列为宜居县城试点，着力提升县城规划建设管理水平。

【勘察设计管理】积极开展勘察设计行业改革与发展情况调研，组织召开了安徽省勘察设计行业管理工作座谈会。举办了"2017年度全国优秀工程勘察设计行业奖（建筑工程）学术交流会暨建筑工程类获奖项目展示交流会"，多位中国工程院院士、全国勘察设计大师、项目主创人员作学术报告，百余项获奖作品展出并相继在合肥工业大学、安徽建筑大学、皖西学院巡展。为进一步加强安徽省工程勘察设计大师评选和管理工作，会同安徽省人力资源社会保障厅修订了《安徽省工程勘察设计大师评选与管理办法》，进一步规范了申报条件、申报程序、申报要求、评审规则，严格政治要求、评选质量和动态监管。完成了第四批安徽省工程勘察设计大师网上申报系统开发上线，研究制定了评选工作手册，印发《关于开展第四批安徽省工程勘察设计大师评选工作的通知》，组织开展了大师初评。

【信用体系建设】每季度通过"安徽省工程建设监管和信用管理平台"，对信用评定工作进展情况进行通报。截至年底，安徽省主营勘察设计的企业已全部在"信用平台"录入企业基本信用信息并评定基本信用分。14个市主管部门对69家企业的良好行为和不良行为进行了评定。2018年，安徽省勘察设计行业承接工程勘察设计业务135亿元，同比持平。

【建筑信息模型BIM技术应用】组织编制了《安徽省BIM技术应用案例》，进一步指导工程建设项目BIM技术实践应用。组织开展了BIM建设指南和应用指南宣贯培训。新增安徽省BIM技术培训合肥基地，举办了9期BIM技术应用培训。组织部分企业赴上海市开展BIM先进技术观摩研讨活动。组织开展了第二届安徽省住房城乡建设系统BIM技术技能竞赛，42支代表队126人参赛，与去年相比参赛城市增长了一倍，参赛水平明显提高。指导安徽省工程勘察设计协会开展了第二届BIM技术应用大赛，引领行业发展，促进BIM技术的推广和应用。

城市管理监督

【生活垃圾治理】加强城镇生活垃圾处理设施建设，2018年底全省共建成运行生活垃圾处理设施87座，累计生活垃圾处理能力41080吨/日。积极推进生活垃圾分类，印发《关于加快推进生活垃圾分类工作的通知》，出台省级《城市生活垃圾分类导则》和《生活垃圾分类示范片区标准》，省级财政每年安排专项资金，支持合肥、铜陵2个国家级和淮北、滁州、宣城、池州、马鞍山、芜湖6个省级生活垃圾强制分类试点。2018年，试点城市中累计已有290个小区、682家公共机构、274所学校参与生活垃圾分类。持续开展建筑垃圾资源化利用试点，淮南、蚌埠、淮北市成功纳入全国建筑垃圾治理试点城市。

【市容环卫综合整治】出台《安徽省关于加快推进全省城镇公厕提升的指导意见》，开展城镇公厕提升行动（2018—2020年），2018年全省累计完成城镇公厕新建510座，改造911座，开放2046座。组织编制《安徽省城镇公厕标准图集》，规范城镇新建公厕的规划、选址、建设和老旧公厕的改造、管护等标准。加大市容市貌整治力度，印发《"无违建县（市、区）"创建标准及考评办法》，扎实开展违法建设集中整治。持续开展农贸市场、大型商场、校园、医院等周边，城乡接合部、城中村、老旧小区等区域，城市出入口等沿线环境综合整治，着力解决乱搭乱建、乱堆乱放、乱贴乱画、擅自设置户外广告、无序设置店招店牌等问题，改善市容环境。

【城管执法】推动地方立法，全省有立法权的地级城市已出台城市管理相关地方性法规11部，政府规章4部。印发《安徽省城市管理执法队伍"强基础、转作风、树形象"三年行动实施方案》，明确年度行动目标和具体任务，加强组织领导和监督考核。制定《安徽省城市管理执法规范化建设标准（试行）》，作为全省城市管理执法队伍及执法人员对标创建和考核评价依据。启动实施全省一线城管执法人员2018—2020年三年集中轮训计划，编制出版《城市管理综合执法培训教材》，2018年已举办11期、培训3200人。

【智慧城管建设】加强智慧城管建设引导，印发《关于推进智慧城管建设的指导意见》，在全国率先发布省级《智慧城管建设导则》，确定三市一县开展智慧城管试点工作，指导督促各地发挥数字城管平台作用，进一步拓展系统功能，加快实施智慧化升级，为城管执法活动提供保障。推进城市生命线工程建设，出台《关于进一步推进城市地下管网地理信息系统和安全运行监测系统建设的实施意见》，召开工作推进会，总结推广合肥、宿州等城市的先进经验，加快推进全省城市地下管网地理信息系统和安全运行监测系统建设。

人事教育

【省委综合考核和巡视】圆满完成省委综合考核各项工作，省住房城乡建设厅连续3年省委综合优秀等次，特别是2017年度综合考核成绩名列小组第一、省直单位前列。根据省委部署，在厅党组领导下，开展以"查漏洞、抓反弹、补短板"为主要内容的中央巡视整改情况"回头看"和"上一轮"中央巡视督查问题整改工作，较好地完成整改任务，获得省委督导组充分肯定。

【干部选拔任用】 完成了21名处级干部及安徽省城乡规划设计研究院党政2名主要负责人选拔任用、10名科级干部晋升、1名科级干部转正定职、13名处级干部试用期满考核、4名军转干部接收工作。完成4家厅直单位公开招聘的9名工作人员聘用工作。

【选派挂职干部】 根据省委组织部要求及厅党组决定，从厅机关选派1名正科级干部赴裕安区苏埠镇陵波村开展扶贫工作，选派1名正处级领导干部挂任南陵县委常委、副县长，从相关市住建系统选派3名专业技术人员赴西藏山南地区、1名专业技术人员赴新疆皮山地区对口部门挂职。

【干部监督管理】 组织完成领导干部个人有关事项填报工作，严格按照10%比例抽查核实和"凡提必核"要求，完成随机抽查核实9名干部、重点抽查核实24名干部。印发《关于加强厅直属事业单位编外人员使用管理的通知》，加强对厅直单位编外人员使用管理和监督。

【干部教育培训】 根据省委组织部培训计划，组织全省各市、县（市、区）的122名党委、政府分管负责同志，圆满完成改善农村人居环境专题培训任务。成功举办全省住建系统新任领导干部培训班，100余名近3年新任职的领导干部参加了培训。选调2名厅级干部、13名处级干部、2名科级干部参加省委党校、行政学院等主体班次学习。统筹安排85名处级以上党员干部参加十九大精神集中轮训。组织实施了全省城镇化规划建设与开发赴台培训班。完成7.92万名执业资格人员注册，指导相关企业自主开展近7万名建筑工人职业技能培训与鉴定工作。

【职称评审】 积极推进建设工程职称评审改革，完善全省建设工程专业技术资格评审评委库人选。完成年度建设工程高中级社会化职称评审工作，其中完成正高级职称评审131人、高级职称评审1134人、中初级职称评审263人。

【社团管理】 制定《关于进一步加强和完善厅管社团管理的若干意见（暂行）》，规范厅管社团管理，切实履行好厅管社团脱钩不脱管、脱钩不脱责的双重管理责任。全面完成2017年度社团年检工作和第三批7家厅管行业协会脱钩任务，厅管10家行业协会已全部完成脱钩。

大事记

1月

10日　安徽—荷兰可持续城市发展及农业合作对话会在合肥威斯汀酒店举行。对话会由省外办和荷兰驻沪总领事馆共同主办，省住房城乡建设厅、省环保厅、省农委及省政府新闻办公室协办。

11日　省人大常委会预算工委主任张万方率领有关人员到省住房城乡建设厅调研部门预算编制执行工作。

13日　全省住房城乡建设工作会议在合肥召开，厅党组书记、厅长张天培作《贯彻新思想　把握高质量　奋力开创新时代全省住房城乡建设事业新局面》工作报告。

13日　全省部分城市住房城乡建设工作座谈会在合肥召开。会议交流了各地住房城乡建设工作经验做法，研究部署了2018年住房城乡建设重点工作。省政府副省长张曙光出席会议并讲话。省住房城乡建设厅党组书记、厅长张天培主持会议。各市政府分管负责同志、厅领导等参加会议。

2月

12日　省住房和城乡建设厅召开2018年度党风廉政建设工作会议。

3月

5—16日　省住房和城乡建设厅在肥举办了2期科级及以下党员学习贯彻党的十九大精神集中轮训班，对厅机关和厅直单位200余名科级及以下党员干部进行了全覆盖培训。

7日　省政府周喜安副省长率队赴住房城乡建设部对接工作，并就推进住房公积金制度改革、加强传统村落保护等工作交换了意见，争取支持。

7日　印发《安徽省2018年城市管理提升年活动实施方案》，在全省范围内全面开展城市管理提升年活动。

8日　省住房城乡建设厅召开干部大会。省政府副省长周喜安出席会议并作重要讲话。省人才办主任朱春旭宣布省委决定：赵馨群同志任省住房城乡建设厅党组书记，提名为省住房城乡建设厅厅长人选。赵馨群同志作表态讲话。

21日　厅党组书记赵馨群同志赴六安市裕安区独山镇太安村调研脱贫攻坚工作，实地走访慰问了贫困户，组织基层干部群众认真学习了习近平总书记2018年新年贺词，与村两委就太安村发展进行了深入交流。

4月

4日 省住建厅第七批选派帮扶干部朱力同志到六安市裕安区苏埠镇陵波村任职。

10—11日，全国完善县级脱贫攻坚项目库建设培训会在安徽省六安市召开，省住建厅帮扶的六安市裕安区独山镇太安村扶贫项目库建设资料被省市区扶贫主管部门推荐在会议上进行展示。

18日 省住房城乡建设厅召开行蓄洪区农村环境"三大革命"工作布置会，合肥、阜阳、蚌埠、六安、淮南、宿州、滁州市及相关县住房城乡建设部门主要负责同志参加了会议。

23日 省住房城乡建设厅党组书记、厅长赵馨群主持召开厅党组专题会议，研究部署全省住建领域环保督察反馈意见整改落实"回头看"督查工作。

27日 省人民政府通报2017年度省政府目标管理绩效考核结果，在2017年度省政府对各部门目标管理绩效考核中位居前25位省直单位予以通报表扬，省住房城乡建设厅位列第3。

5月

3—4日，由省住房城乡建设厅承办的全省改善农村人居环境专题培训班在省委党校举办。省政府副秘书长赵振华出席开班式并讲话，省住建厅党组书记、厅长赵馨群主持开班式。

8日 省政府在合肥市召开全国城市黑臭水体整治环境保护专项督查启动会。受省政府委托，省住建厅党组书记、厅长赵馨群汇报了全省城市黑臭水体整治情况。

11日 省住房和城乡建设厅召开2018年深入推进全面从严治党暨党风廉政建设工作专题会议。

18日 省人民政府授予省住房城乡建设厅"2017年度全省安全生产工作先进单位"称号。

22日 省住房和城乡建设厅举办习近平新时代中国特色社会主义思想专题讲座。

22日 省住房和城乡建设厅荣获省财政厅授予"2017年度省级部门预算管理优秀单位"称号。

6月

1日 省住建厅在合肥市召开全省住建系统扶贫培训会。

1日 安徽省政务公开办公室通报2017年度全省政务公开考评结果，省住房城乡建设厅为省直行政单位工作开展总体较好单位。

27日 省住房和城乡建设厅召开纪念建党97周年党课报告暨"讲忠诚、严纪律、立政德"专题警示教育动员部署会。

27日 省住房城乡建设厅组织召开了全省生活垃圾分类试点工作推进会。

7月

16—17日 赵馨群厅长陪同省政府周喜安副省长一行赴池州、黄山市调研推进海绵城市建设、农村环境"三大革命"以及落实河长制等工作。

31日 省住建厅部署开展全面打造水清岸绿产业优美丽长江（安徽）经济带实施工作。

8月

13日 省人民政府办公厅授予省住房城乡建设厅2018年"四送一服"双千工程集中活动优秀等次。

28日 安徽省启动城市管理执法人员集中轮训工作，首期培训班在合肥市举办。培训工作分三年开展，2018年计划举办10期培训班，培训3000名城管执法人员，2019至2020年将持续扩大培训范围，确保全省城管执法人员全部参训。

9月

21日 省住房城乡建设厅推进告知承诺审批试点。在安徽省具备条件的国家自主创新示范区、国家高新技术产业开发区、国家级经济技术开发区注册的企业，开展建筑工程施工总承包二级资质、市政公用工程施工总承包二级资质和房地产开发企业二级资质告知承诺审批。

25日 省住房城乡建设厅组织召开中央环保督察反馈意见整改"回头看"核查验收动员会议，部署开展相关整改验收工作。

26日 省城镇规划建设管理联席会议办公室报经省政府同意印发了《无违建县（市、区）创建标准及考评办法》，安徽省无违建县（市、区）创建工作启动。

10月

18日 省机关事务管理局、省发展改革委员会、省财政厅授予省住房城乡建设厅"第三批节约型公共机构示范单位"。

31日 经第五届全国优秀城乡规划设计奖评选组织委员会会议审定，由省住房城乡建设厅援助、省城乡规划设计研究院编制的《六安市裕安区狮子岗乡政府驻地建成区整治建设规划》荣获2017年度全国优秀城乡规划设计（村镇规划类）三等奖。

11月

2018年11月1日至2019年1月7日，省委第五巡视组对省住房城乡建设厅党组开展了以脱贫攻坚为重点的专项巡视。

20日 省委常委、政法委书记姚玉舟一行到省住建厅调研督查扫黑除恶专项斗争工作开展情况。

12月

1日 安徽省启用二级建造师电子注册证书。

10日 省住房城乡建设厅召开建筑业民营企业座谈会,深入学习贯彻习近平总书记在民营企业座谈会上的重要讲话精神,落实省委、省政府支持民营经济发展各项政策部署,加快推进安徽省建筑业民营企业发展。厅党组书记、厅长赵馨群出席并讲话。25家建筑业民营企业家参加座谈会。

17日 西藏山南市住建系统专业人才赴皖研修班开班。

29日 省委办公厅、省政府办公厅印发关于调整省住建厅职责机构编制的通知,厅城乡规划管理职责划入省自然资源厅,不再保留城市规划处;厅风景名胜区、自然遗产管理等职责划入省林业局;将省公安消防部门建设工程消防设计审查验收相关职责划入省住建厅。

(安徽省住房和城乡建设厅)

福 建 省

概况

2018年,福建省住房和城乡建设系统着力打好污染防治、精准扶贫和防范化解生大风险攻坚战,坚持高质量发展落实赶超,做好中央巡视组反馈问题整改和配合福建省委巡视工作,深化农村人居环境整治,提升规划设计和历史文化保护水平,提升建筑业发展质量、提升城市执法管理效率,全面完成年初确定的各项目标任务。省下达的主要任务、7项为民办实事项目、10个投资工程包等年度考核弹指标大多超额完成。据统计,交通畅通、水环境治理、供水安全、防洪防涝、城乡洁净、管网提升、配套服务、智慧城市九大工程建设完成投资3270亿元,占全省基础设施投资近三分之一,建筑业增加值占全省GDP的比重约为8.6%。

【房地产市场运行】 2018年,福建省政府颁布房地产精准片区调控政策,推广总结泉州经验,各地出台细则,实施地价房价联动调控,推行公证摇号,组织专业机构开展福州、厦门住房发展研究,加快建立房价长期可控、供求平衡、健康有序的长效机制,全省房地产市场和热点城市房价总体保持平稳发展态势,居民购房趋于理性,完成开发投资4940亿元,同比增长3%,销售商品房6200平方米,同比增长6.1%,棚改新开工4.5万套,基本建成5.8万套,政府投资公租房分配率达94.8%,提前超额完成国家下达任务。福州、厦门两市新开工租赁住房和共有产权住房1.88万套,新增供应2万套。全省发放住房公积金贷款269亿元,个人贷款使用率达95%。

【城乡民生基础设施建设】 2018年,福建省住建系统实施城市供水水质提升三年行动、黑臭水体治理攻坚、生活垃圾强制分类、"厕所革命",全年新建城市道路1200千米,各类管网5500千米,绿道1150千米,公厕4300多座,新增公共停车泊位5.7万个。新建餐厨垃圾处理厂4座,实现园林城市(县城)全覆盖。厦门市全面实施垃圾分类,福州市鼓楼区、莆田市城厢区等6个市辖区开展垃圾分类试点。中央环保督察整改项目取得成效,近岸海域六市一区54座污水处理厂一级A提标改造工程全部完工运行,87条城市建成区黑臭水体基本消除黑臭,福州、漳州列入全国首批黑臭水体治理示范城市,24座生活垃圾填埋场渗滤液处理设施基本完成整改,49座非正规垃圾堆放场基本完成整改7座,483处简易生活垃圾处理设施完成整治296处。

【农村人居环境】 福建省住建厅牵头推进配农村人居环境整治三年行动,阶段性成效获中央农办肯定。2018年,实现乡镇生活垃圾转运系统全覆盖;行政村生活垃圾常态化治理全覆盖,超九成乡镇和一半行政村建成生活污水处理设施,5700多个村庄实施"千村整治、百村示范"美丽乡村建设,其中创建示范村500多个。农业农村污水垃圾处理市场化改革取得初步成效,落地县城为单位捆绑打包政府购买服务或PPP项目84个,总投资超百亿元。全年完成脱贫攻坚农村危房改造1.1万户,开工率、竣工率均达104%。在住房城乡建设部、财政部年度绩效考评中位居全国第八位,华东地区第二位。推进铁路治线环境综合整治,信中整治杭深线宁德—诏安、合福线武夷山—福州段143个乡镇、553个村庄，永春县推进农村人居环境整治，基本实现农村污水垃圾治理全覆盖。

【规划设计和历史文化保护】 2018年，福建省住建厅继续推进省级"多规合一"信息平台建设，修订实施《城市规划管理技术规定》，完成福安、龙海、武夷山等3个城市总规技术审查。基本完成全省历史建筑普查，累计普查登记8万幢。新增中国传统村落263个，历史文化名镇名村34个，省级历史文化街区11个，启动老旧街巷（坊）有机更新工作，重点保护历史建筑，完善服务功能和提升业态等，全年整治修复城镇老旧街巷30多条，做好15个省级重点扶持历史文化名镇名村和传统村落改善提升，完成保护规划编制，开展全过程工程咨询，大型公共建筑工程后评估试点，完成公共建筑节能改造390万平方米，新建民用建筑全面执行绿色建筑设计标准，全年竣工绿色建筑面积占民用建筑比例一半以上，建成福州海峡文化艺术中心、厦门国际航运中心总部等一批三星级绿色建筑。屏南县积极探索文化创意，形成"党委政府＋艺术家＋农民＋古村＋互联网"的传统村落文创发展模式。

【建筑业发展质量】 2018年，福建省完成建筑业总产值1.15万亿元，增幅达15.6%。增加值占全省GDP8.6%，总量从全国第八位升至第七位。特级、一级建筑企业完成产值占总产值的53%。产业集中度稳步提高，省内市场占有率达87%，省外产值占总产值的43.4%。建筑业企业市场竞争力增强，新增预制混凝土构件产能150万平方米，落实装配式建筑项目627万平方米。建立执法全过程纪录，施工企业内控体系核查制度和建设单位落实首要责任通报机制，主编国家标准5部，《福州地铁1号线越江盾构隧道建设关键技术》等18项成果获福建省政府科技、标准或专利奖项。

【行业自身建设】 主要成效体现在四方面：城市执法管理效率持续优化；设区市城市管理机构均列入政府部门，所有市县建立城市管理协调机制并公布权责清单，全省统一执法队伍着装、车辆标识、行为规范。福建数字城管成为首届数字中国建设峰会成果参展项目。省人大常委会颁布实施《福建省物业管理条例》（修订），全省综合治理"两违"面积5840万平方米。"放管服"改革继续深化；公布权责清单428项，印发省市县三级住建系统通用目录172项，福建省住建厅20项审批服务事项全部实现"一趟不用跑"或"最多跑一趟"。在全国工程建设项目审批制度改革试点座谈会上，厦门改革试点经验得到总结推广。省政府出台推进工程建设项目审批制度改革若干意见，实施全流程全覆盖改革。违法违规行业得到遏制；全面推行招投标网上运行公开，通过信息化手段发现并查处涉嫌串标案件62起。加强事中事后监管，20家单位被列入建筑市场主体"黑名单"，45家责任单位、112名责任人被列入质量安全"黑名单"。深入开展扫黑除恶专项斗争，重点做好"渣霸"线索摸排和下沉督导，推动解决群众深恶痛绝的问题。此外，在政策、技术、人才等方面加强保障，多措并举推动工作落地见效。在全省推进实施18项全国试点工作，召开乡村振兴战略、"厕所革命"、工程质量安全标准化、装配式建筑、城市水务管理等多场现场会，总结复制推广各地好经验好做法，组织编制轨道交通工程建设、城市交通治堵、适老性住宅、绿色建筑验收等30多部技术标准、指南或导则，完成建筑市监管与诚信一体化平台、房地产市场信息省市县三级联网、城市排水防涝系统等11个信息化项目建设。

法规建设

【概况】 2018年，福建省住建厅组织制定的《福建省物业管理条例（修订）》经福建省人大审议通过并颁布实施；《福建省城乡生活垃圾管理条例》通过福建省人大一审审议；《福建省房屋交易监督管理办法》《福建省绿色建筑管理条例》报送福建省政府法制办，并配合省政府法制办开展调研和修改论证；按照省政府办公厅统一部署，根据上位法的修改情况及"放管服"改革要求，提出涉及福建省住建行业地方性法规和政府规章，如《福建省城市园林绿化条例》的修改意见。

【合法性和公平竞争审查】 2018年，福建省住建厅加强对厅规范性文件出台前的合法性审查，并及时向省政府法制办备案，共上报《福建省园林绿化施工企业信用评价办法及评价标准（试行）》等规范性文件12份；办理住房城乡建设部、福建省人大、福建省政府及省直有关部门立法、规范性文件征求意见修改工作，共办理书面反馈意见100多份；建立厅政策措施和各类文件公平竞争审查制度，开展公平竞争审查工作，最大限度减少部门对建筑市场的干预，激发市场主体活力；配合省政府开展涉及妨碍生态环境保护、产权保护、民营经济发展保护方面的规范性文件清理。

【行业依法行政指导】 2018年，福建省住建厅印发《全省住房城乡建设行业2018年度法治建设工作要点》，结合行业特点对全省法制工作进行全面部署和落实；做好福建省委省政府2018年度上半年重点领域改革、"三农"和生态文明体制改革、经济社会事业体制改革、基建项目投资体制改革、简政放权改革工作；研究答复省内各级住建系统主管部门行政执法和各类企业生产经营碰到政策法规实施过程中遇到疑难问题的请示。据不完全统计，全年接待单位和个人50多批次，100多人次。

【"放管服"改革深化】2018年，福建省住建厅经融合梳理，全厅制定权责事项428项。权责清单由省住建厅联合省审改办对外公布，并实行动态管理。做好全省审批事项"三级四同"工作。梳理全省住建系统所有行政审批和公共服务事项，统一省、市、县三级事项名称、类型、编码、依据，共172项，印发全系统执行。全力实施"一趟不用跑"或"最多跑一趟"改革，现有20项审批服务事项共有17个事项推行"一趟不用跑"或"最多跑一趟"，占总事项的85%。

【"双随机一公开"改革】2018年，"福建省住房和城乡建设系统市场监管与诚信一体化工作平台"建设取得进展，列入一体化工作平台的7项监督检查事项信息系统开发全部完成，为全省"双随机一公开"抽查有序开展奠定了基础。除城镇污水处理设施运行维护和保护情况检查项目外，其他项目的"双随机"抽查制度均制定完成，检查人员库和检查对象也正在建立或完善，行业信用体系建设工作取得阶段性成效，为此后推动行业日常监管与企业信用评价一体化工作提供了制度保障。

【行政复议、处罚和应诉】2018年，福建省住建厅复议案件数量居高不下。全年共受理复议案件63件，其中维持或者驳回22件，撤销或确认违法11件，申请人自行撤回而终止复议16件，在办14件。加大行政执法力度，全年共作出处罚决定5件，主要涉及工程质量安全、注册执业人员挂靠等领域。应诉案件较多。全年共有行政诉讼案件60件，裁判49件，胜诉48件，未裁判11件。案件主要涉及城乡规划、招投标投诉、政府信息公开等。

住房保障

【概况】2018年，福建省棚户区改造开工率与基本建成率、公租房分配率两大指标列入国家目标责任考核，共有产权住房建设首次列入福建省委省政府为民办实事项目。国家下达福建省棚改新开工4.3万套、基本建成2.8万套，实际开工4.5万套，开工率103.4%；基本建成5.8万套，基本建成率205.4%；完成投资423.6亿元，完成投资率143.2%。超额完成年度目标任务。国家下达福建省政府投资公租房分配率达90%。福建省历年共开工政府投资公租房21.2万套，分配20.1万套，分配率94.8%，完成公租房分配率的年度目标任务。共有产权住房建设，福州、厦门新开工共有产权住房7736套、新增供应4732套，完成年度计划。

【棚户区改造】2018年，福建省棚户区改造实行目标责任管理。省政府与各设区市政府，各设区市政府与所辖市县签订目标责任书，并将目标任务落实到具体项目，编制项目清单，向社会公布，全省共落实棚改项目132个4.3万套。同时，建立常态化的通报制度。及时通报投资、开工、基本建成、配租配售进展情况。强化监督检查。5月，由福建省住建厅领导带队赴龙岩、宁德、莆田等地开展棚改进度专项督查；9月，开展保障房专项巡查，了解进度滞后原因，明确工作时限，督促加快进度。建立2019—2020年棚改项目储备库。将条件成熟的棚改项目纳入储备库，提前开展前期工作。全省纳入棚改储备库项目369个22.14万套。召开全省棚改工作座谈会，贯彻住房城乡建设部会议精神，明确棚改重点、范围和标准，调整完善棚改货币化安置政策。

【公租房分配】2018年，福建省下发《关于进一步加快公租房建设与分配工作的通知》（闽建住〔2018〕6号），要求各地逐个项目明确公租房交付时间和分配计划，确保按时建成投用，及时进行分配。全省全年新增公租房分配4852套。扩大分类保障定向分配范围。定向分配范围从一线环卫工人和公交司机等六类住房困难家庭，扩大到公安协警、地铁职工以及青年教师、青年医生等群体。全省累计保障公交司机1095套、环卫工人1021套、青年医生3287套、青年教师2366套。推进公租房保障货币化。公租房保障采取实物保障为主，逐步转向实物与租赁补贴相结合。截至年底，有福州、泉州出台公租房租赁补贴管理办法。有效盘活公租房。在确保保障水平不降低、中央和省级补助不流失的前提下，全省盘活公租房项目42个、9695套，均达到住房城乡建设部的盘活认定标准。推进保障房配置网上公开工作。将保障性住房的申请、受理、审核、公示、轮候、分配等，全部纳入线上管理，全省累计受理保障对象申请7.8万套。同时，在全省上线运行保障房配置二期系统，实现了保障房从建设到分配的全流程监管，确保公开、公平、公正。

房地产业

【概况】2018年，福建省委、省政府重视稳定房地产市场工作，分管领导每月召开一次房地产专题会议，部署加强房地产市场精准调控工作，坚持房地产市场调控不动摇、不放松，保持房地产调控政策稳定性和延续性，保持整顿规范房地产市场秩序的高压态势。全省房地产市场整体保持平稳发展态势。全省房地产开发投资完成4940亿元，同比增长3%；全省商品房销售6213万平方米，同比增长6.1%；完成房地产业增加值1923亿元，同比增长4.8%。实现房地产业税收收入941亿元，同比增长2.6%。全年住宅用地供应2274公顷，同比增长26.8%；批准预售商品房6330万平方米，同比增长34.3%，供求基本均衡。年末全省商品房现实库存5668万平方米，去化周期为15个月。其中，商品住房库存3243万平方米，去化周期为10个月。热点城市房价总体平稳，12月，福州市新建商品住宅价格指数同比增长8.5%，排名全国70个大中城市中第四十八位；厦门市同比下降0.4%，排名第七十位；泉州市同比增长1.5%，排名第六十六位。

【房地产市场调控】在《关于进一步加强房地产市场调控的八条措施的通知》（闽政〔2017〕43号）基础上，4月，福建省政府办公厅转发省住建厅出台精准调控政策（闽政办〔2018〕34号），推行地价房价联动调控。6月，召开全省稳定房地产视频会议。8月起，落实省委巡视整改要求，会同福州、厦门市开展住房发展研究，摸清市场底数。11月，福州、厦门两市列入国务院长效机制试点城市，加快指导推动两市方案制定和报备工作。同时，部署七市一区开展住房发展研究，为建立长效机制做好前期准备。加强交易监测分析，实行房地产市场交易情况日报、周报、月报制度，定期召开全省稳定房地产市场联席会议，对于量价异常地区给予及时预警。防范房地产市场风险，严厉打击炒房行为等市场乱象，依法分类处置房地产重点领域信访矛盾纠纷，加强正面宣传引导，营造促进行业发展的良好氛围。

【租赁市场培育发展】2018年，福建省住建厅落实省委省政府为民办实事要求，指导推进福州、厦门两市加快租赁住房和共有产权住房建设。福州市全年新开工租赁住房和共有产权住房5672套，新增供应5654套；厦门市新开工13118套，新增供应15195套，均超额完成目标任务。厦门市培育机构化、规模化住房租赁企业30家，运营租赁住房超4.5万套（间）。福州、厦门共培育33家机构化、规模化租房租赁企业，运营租赁住房超4.5万套。指导推进福州、厦门两市住房租赁城市试点和利用集体建设用地建设租赁住房城市试点工作，厦门市审批农村预留发展用地建设租赁住房项目31宗，土地面积121公顷、建筑面积约184万平方米。福州市首批确定5个地块试点方案，土地面积109亩。全省住房租赁信息服务平台（福州模块）和厦门市住房租赁交易服务平台均投入运行。住房租赁金融支持力度加大，省建行加大租赁住房项目信贷支持力度，审批通过5亿元住房租赁支持贷款，投放2.14亿元。建设银行厦门分行、农业银行厦门分行、厦门农商银行等金融机构为集体用地发展项目募集资金20多亿元。

【房屋安全隐患排查整治】2018年，福建省住建厅指导各地住建部门配合当地政府开展城市危房安全排查整治，对排查出的危房，按照属地原则及时进行处置。部署物业管理区域内消防安全隐患排查、电动车安全排查整治、大型商业综合体消防安全隐患排查、自来水二次供水隐患排查、公共设施用电安全排查等工作，要求物业服务企业及时整改，消除安全隐患。

【物业服务】福建省政府新修订的《福建省物业管理条例》于2018年9月30日经省人大审议通过，2019年1月1日起正式实施。同时，强化物业服务行业监管体系，组织实施物业服务企业信用综合评价，建立物业服务企业信用档案。

住房公积金管理

【概况】2018年，福建省住房公积金继续围绕"规范管理，防控风险，提升信息化与服务水平"的总体要求，推进住房公积金缴存扩面工作，严防个贷逾期和资金流动性风险，积极利用信息技术手段提升工作效率和服务水平。2018年全省缴存住房公积金591亿元，同比增长12.9%；提取住房公积金412亿元，同比增长12.4%；发放住房公积金个人贷款5.7万笔269亿元，实现增值收益20亿元，同比增长7.4%。截至年底，全省住房公积金缴存总额4122亿元，提取总额2568亿元；累计为90.7万户职工提供个人住房公积金贷款2573亿元，贷款余额1482亿元，贷款使用率95.3%，贷款逾期率0.02%。

【住房公积金扩面】2018年，福建省住建厅深入贯彻落实福建省政府办公厅《关于扩大住房公积金制度覆盖面的意见》，指导各地结合当地实际情况，以非公企业、大型企业和已建缴但未全员建缴企业为重点，主动深入园区、社区和企业开展政策宣传和靠前服务，激发企业和职工建缴意愿，促进各企业建缴并逐步实现全员覆盖。省住建厅等五部门联合转发住房城乡建设部等部门《关于在内地（大陆）

就业的港澳台同胞享有住房公积金待遇有关问题的意见》，指导各地尽快制定出台实施细则，推动在内地（大陆）就业的港澳台同胞同等享有住房公积金待遇。省住建厅转发住房城乡建设部、中央军委后勤保障部《关于军队文职人员住房公积金管理有关问题的通知》，明确军队文职人员住房公积金有关政策，规范军队文职人员住房公积金管理工作，切实维护文职人员合法权益。

【住房公积金监管】2018年，福建省住建厅、省财政厅、人行福州中心支行联合转发住房城乡建设部、财政部、中国人民银行《关于改进住房公积金缴存机制进一步降低企业成本的通知》，切实规范住房公积金月缴存基数上限至当地社平工资的3倍，扩大缴存比例浮动空间，缴存单位可在5%~12%的区间内自主确认缴存比例，减轻企业负担。组织开展2017年度全省住房公积金管理工作督查，推动各地提高管理和服务效率，建立健全廉政风险防控长效机制。联合省财政厅、人行福州中心支行及时完整披露《福建省住房公积金2017年年度报告》。省住建厅密切监测各地资金运行情况，指导各地采取有效措施，切实防范资金流动性和个贷逾期风险。

【住房公积金信息化建设】2018年，福建省住建厅全力推进新版住房公积金综合管理信息系统在全省（除厦门外）各中心上线，全省全面通过住房公积金"双贯标"验收。新系统采用中心自主核算和全省数据集中模式，对接全国结算应用系统实现资金实时结算。进一步完善网上办事大厅功能，实现缴存、离职提取等业务网上办理，整合12329短信、手机APP客户端、微信等多种服务渠道，对接"闽政通App"，建立"统一登录、多渠道办理"的综合服务平台体系。同时积极推进与全省政务数据汇聚平台的共享对接，初步实现与工商、民政等部门数据对接。为保障新版住房公积金综合管理信息系统的正常运行，规范公积金系统的建设、使用和管理工作，省住建厅开展了住房公积金综合管理信息系统管理办法课题研究，组织起草了《福建省住房公积金综合管理信息系统管理办法（试行）》。

【住房公积金服务】2018年，福建省住建厅落实"放管服"要求，督促各地严格落实服务承诺，进一步改进工作作风、简化办事流程、减少办事要件，不断提高广大缴存单位和职工的满意度。各公积金中心在办理提取、贷款业务时，不再要求职工提供身份证复印件，确需留存的，由办理机构负责复印。2018年全省全系统创建地市级以上文明单位8个，工人先锋号2个，三八红旗手1个，先进集体和个人1个，其他类荣誉称号16个。其中，省部级荣誉称号5个，地市级荣誉称号23个。

城乡规划

【规划编制】2018年，福建省城乡规划编制工作取得新进展，多项城市总体规划通过技术审查。其中，《武夷山市城市总体规划（2016—2030年）》于1月完成成果技术审查。《福安市城市总体规划（2017—2030年）》于7月完成成果技术审查。《龙岩市城市总体规划（2011—2030年）》于10月完成启用城市远景发展用地规划技术评审。《龙海市城市总体规划（2016—2030年）》于11月完成成果技术审查。

【"多规合一"信息平台建设】2018年，福建省级"多规合一"信息平台建设稳步推进，印发《福建省"多规合一"规划数据库建库标准（试行）》《福建省"多规合一"规划数据接入规范（试行）》，组织试点市县规划部门和技术支撑单位进行标准和数据规整工具等培训。截至11月，试点城市"一张图"编制均完成并通过省级技术审查；福州、福清、泉州、平潭信息平台上线运行；漳州、晋江、福鼎分批完成子系统开发建设，进入试运行调试；其他试点市县也在稳步推进信息平台建设。福州、福清依托"多规合一"信息平台，在各个子平台建立了"互联互通、业务协同"的项目审批和管理新机制，再造项目审批和管理流程。

【城市"双修"及开发边界划定审查】2018年，福建省福州、厦门、泉州、三明等4个城市作为住房城乡建设部城市"双修"试点城市，均制定出"双修"规划或工作方案，建立"双修"项目库，逐年推进实施。其中福州市199个项目，计划投资1584.97亿元；泉州市128个项目，总投资120亿元；三明市164个项目，造价估算105亿元。5月，福建省住建厅制定下发《福建省城市开发边界工作计划表》，要求市（县）指定专人负责此项工作，并按时填报工作进度，督促和指导全省所有市县推进相关工作。截至11月，16个试点市县均基本完成城市开发边界划定和审查工作。

【历史文化名城保护规划】2018年4月14日，省政府批复实施《长汀县历史文化名城保护规划》，完成《莆田市历史文化名城保护规划》技术审查，指导泉州市、武夷山、邵武进一步修改完善历史文化名城保护规划成果，指导莆田申报国家历史文化名城。下发《关于进一步加强历史建筑保护利用工作的通知》，跟踪指导福州、厦门历史建筑保护利用国家试点工作。继续督促各地筛选公布历史建筑名单,截至12月底,全省镇以上公布历史建筑4090栋,大部分县市正在加快历史建筑定线路图。8月,福建省政府公布第三批11个历史文化街区,安排540万规划补助经费加快第二、三批省级历史文化街区保护规划编制。委托上海数慧编制历史建筑数据库方案,提出历史建筑信息数据标准。加强旧城改造中历史建筑保护,督促指导连江县做好旧城改造区域历史建筑普查、保护方案制定和改造方案优化等。

【规划监督管理】2018年,福建省下发《关于进一步完善城市规划委员会制度的指导意见》,要求各市、县全面推行城市规划委员会;创新规划督察方式,推行"日常督察＋专项督察"相结合的方式开展控规编制实施情况、省级历史文化名城和历史建筑保护等专项督察,城市规划督察影响力明显增强。发挥省政府派驻督察员"传、帮、带"作用,加大对设区市派驻督察员的指导和培训,截至12月底,福州、泉州、漳州、龙岩、三明、莆田、南平市政府向辖区内县(市)延伸派驻城市规划督察员。下发《关于进一步加强出让土地容积率等规划条件管理的通知》,从严格规划条件变更管理、加大擅自变更处罚力度、强化责任追究、强化规划督察、实施分级监督管理等方面强化规划条件管理。下发《关于明确建设项目选址可行性论证报告有关内容的通知》,规范选址论证工作。出台《省城乡规划编制单位信用评价暂行办法》和《关于启用城乡规划编制单位信用评价系统的通知》,进一步规范规划编制单位市场。

城市建设

【民生基础设施补短板建设】2018年,福建省住建厅全面推进交通畅通、水环境治理、供水安全、防洪防涝等九大工程项目落地实施,建立月通报和项目增补调整机制,抓好工程项目总序时进度。全年安排工程项目7269个,实际完成投资3580亿元,超过省政府下达投资2600亿元比例的38％,各项任务指标全部超额完成,新改扩建市政道路和各类线网、绿道8900千米,建成地下综合管廊33千米。

【国家试点建设】2018年,福建省住建厅通过下基层督导调研,协调专家到福州、厦门、平潭等地开展技术指导,配合住房城乡建设部等国家部委对相关项目进行现场考核和年度验收等措施,推进试点工作有序推进。基本完成住建部海绵城市和地下综合管廊两项试点建设任务。综合管廊试点,厦门超额完成试点任务,平潭30.7千米廊体主体工程全部完工;海绵城市试点,厦门海绵城市试点区域完工32平方公里,福州市试点区域完工18平方公里。2018年新安排开展的黑臭水体整治示范和智慧汽车试点,福州、漳州成功申报全国首批黑臭水体治理示范城市,并按照住房城乡建设部要求有序推进黑臭水体治理,莆田、泉州制定智慧汽车试点工作方案,各项工作按序时推进。

【城市水务管理】2018年,福建省住建厅为提升城市水务管理水平,采取"三水共治",即供水水质、管网和水箱(池)一齐治理。以水质安全为主线,抓供水保障,报请省政府下发提升城市供水水质三年行动计划,提出优于国家标准的水质目标,部署全面提升饮用水水质。完成长汀县梅林等6座老旧水厂提升改造,2018年全省新建改造供水管网1511千米。开展二次供水水箱(池)清洗消毒专项行动和全省水质抽检,分两批对全省所有市县130个供水厂和管网水进行106项全分析检测,并评估考核43个市县区供水行业规范化管理情况和50家供水企业安全运行情况。同时,以落实环保督察发现问题整改主线加大生活污水处理整治力度。完成全省近岸海域六市一区共54座污水处理厂一级A提标改造,99座市县生活污水处理厂全部实现污泥规范处理处置,新改扩建城市污水管道1337千米,排查污水管网8000千米,清淤疏浚5700千米;推动城市黑臭水体整治,9个设区市87条黑臭水体基本消除黑臭,基本完成省委省政府交办任务。以信息化智慧化管理为主线,夯实城市排水防涝工作。省级排水防涝应急指挥平台正式投用,实现省住建厅和福州等五市互联互通;全省新改扩建雨水管网1528千米;推进道路积水排查整改工作,列入住房城乡建设部跟踪的60个排水防涝补短板重点城市的福州市38个易涝点全部完成整治。

【市政基础设施建设】2018年,福建省住建厅在抓好全省城市道路、地铁、公共停车泊位建设的同时,注重发现并研究问题,提出对策,典型引路,提升城市道路等市政基础设施管养水平。推进城市道路建设,完成省政府要求的畅通城市三年行动,通过强化主次干道、支路、街巷建设,打通"断头路",加密建成区路网。2018年新改扩建城市道路1613千米。指导厦门、福州完成城市轨道交通线网规划调整技术审查,完成城市有轨电车研究课题,加快推进福州、厦门地铁建设,福州地铁二号线调试运行,有望春节前试运行,全省共有在建地铁8条,总长度299千米。完成新增城乡公共停车设施泊位7.9万个,其中城市停车泊位5.7万个。提升市政设施管理水平,省住建厅机关干部"漫步街头",寻找城市建设管理问题,编制《福建省城市交通治堵指南》,群策群力寻找提升城市管理水平对策措施。召开城市道路照明节能改造合同能源管理现场会,加快城市LED路灯建设和安全管理。启动城市桥梁防护设施隐患排查和整治工作。

【燃气行业管理】2018年,福建省住建厅以天然气供销保障和安全生产为抓手,确保安全平稳供气。督促相关企业落实安全生产主体责任,加强主管部门对安全生产监督检查,全年开展3次专项安全检查,检查燃气企业50家,发现安全隐患262项,基本得到整改。加强天然气供销保障和管道燃气项目建设,通过两上两下核对数据,编制了全省至2020年城市燃气储气设施规划;督促安排未使用天然气的8个县市加快管道燃气项目建设,其中2个县实现通气,5个县正在建设中全省新改扩建燃气管道1124千米。开展燃气行业提标改造,完成省安办下达的《燃气行业安全风险分级管控标准》编制,实行瓶装液化石油气销售实名制登记230万户(完成比例85%),督促落实全省瓶装液化气视频监控系统提升完善,实现对液化石油气场站的运行状况和安全情况实时监督管理,继续推进燃气从业人员培训考核与发证,累计培训1.5万人,占比94%。组织全省燃气企业开展一轮应急演练,并在福州组织一场液化气储罐泄漏安全应急演练。

【城市园林绿化】2018年,福建省住建厅完成平和、寿宁等2个县城绿地系统规划编制,修编福州、厦门、漳州等市绿地系统规划,全省所有市县编制了绿地系统规划。实施园林绿化"五个提升"工程,推进公园绿地、植物园、郊野公园、滨河绿地、绿道、绿廊、片林以及立体绿化等建设,新增建成区绿地面积约2300千米,新增公园绿地面积900多公顷,完成绿道1150千米、立体绿化266处、城市片林307处、街头小绿地小游园300多处。厦门市国家生态园林城市、上杭县国家园林县城创建工作通过省级初审,平和、寿宁、政和等3个县列为省级园林县城,实现省级以上园林城市(县城)全覆盖。制定《福建省园林绿化施工企业信用评价办法及评价标准(试行)》,启用福建省园林绿化施工企业信用评价系统。举办"绿色发展·美丽福建"为主题的第六届福建省菊花展,漳州市国际艺术雕塑园正式开园,福清、福州滨海新区国际城市雕塑展活动作品征集和评选工作有序推进。

【风景名胜区建设管理】2018年,福建省住建厅推进风景名胜区申报和规划报批。建瓯市擎天岩申报省级风景名胜区,完成灵通山国家级风景名胜区和姬岩等4处省级风景名胜区总体规划编制(修编),以及卧龙—南屏山风景名胜区南屏山景区详细规划批复。鼓山、太姥山2处国家级风景名胜区总规通过审查,并经省政府转报国务院。九侯山、云洞岩2处省级风景名胜区总规通过专家审查。完成冠豸山景区停车场等16个重大建设项目的核准,开展省级以上风景名胜区建设项目摸底检查,对存在问题的景区进行集体约谈,指导和督促存在问题的风景名胜区做好整改。

村镇建设

【农村人居环境整治】2018年,福建省住建厅起草出台《福建省农村人居环境整治三年行动实施方案》,组织编制完成农村人居环境整治技术指南、铁路沿线整治技术指南、农村污水治理技术指南、农村公厕建设指南和三格化粪池建设图集等一系列指南图集,并编印《农村污水垃圾和农房整治技术要点》,加强技术指导。同时,抓试点示范,确定福州市晋安区、泉州市永春县列为农村人居环境整治试点县(区),提出试点内容清单和工作机制,并跟踪指导、推进。出台《福建省铁路沿线环境综合整治行动方案》,建立联席会议机制,省直单位分片挂钩机制,铁路地方联动及"双段长"机制,指导推进。配合省农业厅在永春召开全省乡村振兴现场推进会。摸底安排并下达农村人居环境整治各类补助资金10多亿元,配合完成相关审计、巡视工作。培训村镇建设干部900多人,农村建筑工匠1000多人,探索视频培训方式举办乡村振兴大讲坛,参训人员3700多人,乡镇污水治理业务培训100多人。中央农村人居环境整治7月份督导的迎检工作,做到"规定动作不漏项,自选动作有创新,生态环境建设提高到新档次",形成南方地区农村人居环境整治一整套可复制可推广的模式,得到住房城乡建设部的肯定。

【生活污水垃圾处理】福建省住建厅修订2018年农村生活污水垃圾治理工作考核评比办法,开展上半年及第三季度督查考评;采取联合督查、专项督查、通报约谈和专家指导等手段,推进中央环保督察反馈问题整改落实;制定出台进一步加强海岛垃圾治理的意见;开发应用农村生活污水垃圾治理信息管理系统。2018年,全省建成137个乡镇生活污水处理设施,完成年度任务的137%;新建改造村庄三格化粪池55.2万户,完成年度任务的157%;所有行政村全面建立垃圾治理常态机制;乡镇公厕建设任务400座,建成684座,完工率171%;农村公厕建设任务1000座,建成2444座,完工率244.4%。全省超过90%的县推出以县城为单位农村污水垃圾治理市场化项目,61个县的84个项目落地实施。

【农村危房改造】2018年,福建省住建厅分解下达农村危房改造年度任务并推动实施。开展全省住房安全保障全覆盖检查和专项督查,部署各地对2016年后实施农村危房改造贫困户(约6.5万户)和全省建档立卡贫困户(约14.5万户)住房安全保障情况开展全面检查和整改。省住建厅入户检查500多户,调查问卷2000人,跟踪落实发现问题的整改情况;召开全省农村危房改造和农村"厕所革命"工作视频会,组织开展农村危房改造作风专项治理和"回头看";跟踪指导督促各地应用扶贫资金在线监管系统;出台贫困户资格审核、竣工入户验收、资金拨付使用、信息录入校准、危改档案管理等一系列政策文件。2018年度农村危房改造全省任务开工11372户,开工率104%,竣工11353户,竣工率104%,完成投资4.4亿元。

【传统村落和历史建筑保护利用】2018年,福建省住建厅通过竞争性选拔方式确定15个省级重点扶持的历史文化名镇名村和传统村落改善提升,督促推动改善提升工作;组织指导各地申报中国传统村落和历史文化名镇名村,预计新增263个村庄列入第五批中国传统村落名录,新增34个国家级历史文化名镇名村;督促指导前四批列入中国传统村落名录的村庄申请中央补助资金,44个村庄共获中央补助资金1.32亿元;召开全省传统村落保护和活化利用座谈会,总结交流屏南县和永泰县传统村落文创好经验好做法,发文推广屏南县做法经验,引发新华社等权威媒体广泛关注;组织厦门理工学院、福州市规划院开展福州、厦门、莆田等地村庄历史建筑普查,初步普查登记2.6万栋;委托厦门理工学院编制传统村落活化利用导则,并基本完成;初步完成全省传统村落和村镇历史建筑数据库建设,正组织录入村庄历史建筑普查数据。福建省做法被新华社智库称为"传统村落保护和活化利用的福建经验"。

【闽台乡建乡创交流合作】2018年,福建省住建厅在本省"惠台66条"中明确,鼓励引进台湾建筑师团队,开展乡建乡创"陪护式"服务,会同省台办、省财政厅联合印发《关于鼓励台湾建筑师来闽参与乡村建设的若干意见(试行)》,建立激励机制;印发《关于落实福建省贯彻〈关于促进两岸经济文化交流合作的若干意见〉实施意见的通知》,建立省、市、县闽台合作项目对接、落地机制和信息沟通机制;通过购买服务方式委托省青年建筑师协会开展闽台乡建乡创辅导服务,并进行跟踪指导;协调福州、泉州、三明、龙岩、宁德等地梳理35个"美丽乡村"建设项目对接台湾建筑师、文化创意团队,促进对接落地;有30多个项目落地实施;评审认定4个台湾建筑师团队"陪护式"服务项目具备财政奖补条件,分别给予每个村补助50万元;会同晋安区政府以寿山乡试点村为题材,举办海峡两岸《创意点亮乡村》民宿设计竞赛,依托省青建协积极对接台湾地区建筑师行业工会和组织,举办交流座谈活动8场,对接台湾建筑师约230人次。

工程质量安全监管

【质量安全监管方式改革创新】2018年,福建省住建厅修订和完善工程质量安全动态监管办法和质量安全施工行为评价标准,并颁布了《动态监管办法(2018年版)》《质量安全文明施工行为评价标准(2018年版)》,进一步优化评价指标,压实企业主体责任。印发《关于建立建筑施工企业质量安全内控体系核查制度的通知》,应用监管大数据,公布2017年度安全质量管控差的100家施工企业名单,对其所有在建项目开展延伸检查,并对企业安全生产内控体系进行考核评价,发现企业不再具备安全生产条件的,暂扣其安全生产许可证。从之前的查现场,转向查现场和查企业内控并重。印发《关于建立房建和市政工程项目建设单位落实首要责任通报机制的通知》,对在建项目建设单位履行基本建设程序、现场质量安全管控情况进行评价,评价结果向社会公开,同时通报给项目所在地政府,倒逼建设单位落实质量安全首要责任。

【质量安全生产标准化】2018年,福建省住建厅持续推进质量安全生产标准化工作,实施典型示范引路,先后在福州轨道交通1号线二期工程2标段、福州地铁6号线1标段、福州地铁6号线土建3标、晋江市青阳组团和平路拓改工程安置房、晋江市池店南片区一期市政道路工程(第六标段)等工程召开全省建筑施工标准化现场观摩会,组织各地区、各级住建主管部门和工程项目参建企业观摩学习,搭建学习交流平台,提升企业标准化建设水平。省住建厅因在全国率先运用大数据监管开展建筑施工安全生产标准化考评工作,在住房城乡建设部安全管理会议上作经验介绍。

【工程质量管控】2018年,福建省住建厅启用"建设工程主要材料报审及溯源公示平台",要求新报监工程项目的各方责任主体应登录该平台进行主要建筑材料、建筑构配件和设备的进场报审。全省全年需要在材料平台进行建设工程材料报审的项目数为3262个，实际进行网上报审的项目数为2442个，网上报审率为74.86%。省住建厅对外公布了未按要求开展建设工程材料报审工作的630家企业和对应的820个施工项目。印发《关于立即开展全省房屋建筑和市政基础设施工程用砂专项检查的紧急通知》，对全省范围内的预拌混凝土企业开展全覆盖检查，抽测预拌混凝土用砂的氯离子及贝壳含量，共检查企业839家次，抽测砂871批次。联合省海洋与渔业厅、交通运输厅、水利厅等5个部门，印发《关于开展海砂市场专项整治工作的通知》，对海砂的开采、流通、使用环节进行整治，保障工程结构质量安全。修订出台《福建省预拌混凝土质量管理标准（2018年版）》，印发《关于进一步加强预拌混凝土用砂质量管理的通知》《关于建立预拌混凝土用砂监督抽查情况月报制度的通知》，严格用砂检测和监督抽测，自8月起每月对各地抽查抽测及处理情况进行通报，建立机制砂应用激励机制。10月1日起，启用"预拌商品混凝土用砂进厂信息登记系统"，在监管系统登记用砂来源、数量、检测指标，防止违规海砂流入房建市政工程项目，推动机制砂的应用。截至年底，共登记砂1532.5万立方米。联合省自然资源厅印发《关于加快推进机制砂项目配套矿山采矿权出让工作的通知》，将机制砂项目建设任务分解至各设区市，明确了52个可供长期开发生产机制砂的矿区和项目建设序时进度。升级改造建设工程检测管理信息系统，进一步规范混凝土结构抗压强度检测检验，保证检测检验质量。

【安全生产专项治理】2018年，福建省住建厅制定《福建省建筑施工安全专项治理行动实施方案》，提出落实安全生产主体责任、加强对危大工程的安全管控、规范建机安全管理、提升市政工程质量安全水平、构建安全监管长效机制等5项任务。贯彻住房城乡建设部《危险性较大的分部分项工程安全管理规定》，对外脚手架、模板支架和建筑起重机械等危大工程进行重点管控。在全省继续部署开展建机一体化企业专项整治行动，重点整治企业安全管理和设备现场管理情况，2018年将1家建机一体化企业列入省级黑名单。全面推行施工升降机智能识别开机，规范限载安全措施，严禁使用报废标准节。出台《建筑起重机械安全管理标准》《建筑起重机械防台风安全技术规程》两部地方标准，将维保频率、人员要求列入强制性条款，促进设备各方主体落实安全责任。联合省自然资源厅、交通运输厅、水利厅等6个部门下发《关于进一步加强建筑施工安全生产的意见》，就落实安全主体责任、履行基本建设程序、加强施工现场安全管理、合理安排工期、加强安全生产教育培训、严格规范监管执法、构建安全监管长效机制等提出明确要求。

【监督检查执法】2018年，福建省住建厅部署开展建筑施工安全生产检查。各级监管部门共针对受监工程项目安全隐患发出15717份责令改正通知书，涉及工程项目6834个，发现安全隐患55041条，整改52231条，整改率为94.9%。省住建厅组织上下半年两轮省级房建和市政工程大检查，抽查在建房建和市政工程42个，责令全面停工和局部停工各9个，发出督促改正通知书28份。部署开展全省城市轨道交通工程安全质量监督检查，组织福州厦门两地开展交叉检查，省住建厅持续开展两轮省级督查，随机抽查12个在建项目，发出督促局停通知书1份，督促改正通知书11份。部署开展房地产企业落实安全责任专项检查，全省共开展执法检查959次，检查889个房地产企业和1184个在建项目，查处违法违规行为95起，处罚企业37家，处罚金额1439.7万元，责令31个项目停工整改。部署开展预拌混凝土企业专项监督执法检查，各级监管部门共检查预拌混凝土企业322家次，查处违法违规行为61起，处罚企业数29家，处罚金额329万元，清理取缔无资质预拌混凝土企业46家。

【监督机构队伍建设】2018年，福建省住建厅每季度通报全省工程项目质量安全文明和合同履约评价开展情况，对工作开展较差的19家评价机构及其委托单位予以通报批评。部署开展质量安全监督工作质量层级指导和混凝土质量等专项层级指导，其中工作质量层级指导共指导4个设区市和8个县（市、区）的12家监督机构，涉及12个在建项目；专项层级指导共指导3个设区市和18个县（市、区）的21家监督机构，涉及81个工程项目。省住建厅继续开展全省质量安全监管工作交流点评工作，每半年通报一次监督工作交流点评开展情况。全省共组织集中交流点评会60场，107人次县（市、区）监督站站长进行了交流点评，约5700余人次参加。坚持每年一次以思想建设、作风建设和业务建设为重点的全省监督机构负责人年度轮训，共171名监督机构负责人参加。建立"福建省建设工程质量安全双随机督查专家库"、"福建省建设工程质量安全监督检查人员专家库"，共设12个监督检查专业，530人次入选。完成2015—2017年度全省建设工程质量安全监督机构周期考核工作,共计考核具有监督资格的监督机构99个,其中考核合格的监督机构51个,对48个未通过考核的监督机构要求在限定期限内进行整改。对全省监督机构及其人员进行量化考核,并分别于上、下半年通报量化考核结果,对工作质量差的监督机构及其人员予以全省通报批评,涉及量化考核扣分的监督机构88个,持证监督人员474人。组织2批建设工程质量安全监督人员业务考试,共有96人参加,其中80人合格,16人不合格。完成9个监督机构资格新申请的考核工作,其中考核合格的监督机构6个。组织两批建设工程质量安全监督人员资格初次申请和监督级别晋升,提交资格申请共237人,其中通过初次申请考核的118人,通过监督级别晋升的43人。

建筑市场

【概况】 2018年,福建省住建厅贯彻落实省政府办公厅《关于促进建筑业持续健康发展的实施意见》文件精神,继续发展装配式建筑,推广工程总承包制;全面推行招投标网上运行公开;会同省人社厅等单位出台建设领域工人工资专用账户管理办法,继续推进劳务实名制管理,落实保障农民工工资支付;推动自贸试验区工作,引导建筑业企业"走出去";加强建筑市场监管,组织开展业绩补录和核查,持续推进建筑业转型升级。2018年,全省完成建筑行业年产值11549亿元,跃居全国第七位;产值增幅同比增长15.6%,位居全国第三。其中,全省特级、一级总承包资质企业完成产值6063.98亿元,占全省总产值的52.5%;全省完成省外产值5014亿元,比增19.7%,占全省建筑业产值的43.4%;全年建筑业完成增加值3080.96亿元,现价增幅13.8%,可比价增幅6.7%。全省建筑业税收总收入309亿元,比增26%,占全省地方税收总收入7.21%。全省企业房屋建筑施工面积72627万平方米,比增10.5%,其中新开工面积24977万平方米,比增13.2%。全省签订施工合同额合计22246亿元,比增20.6%;新签合同额13708亿元,比增20.6%。

【建筑业企业结构】 2018年,福建省建筑业企业11005家,较2017年增加17.7%。其中,总承包企业占比54.5%;专业承包企业占比20.9%;劳务分包企业占比20.8%;设计施工一体化企业占比3.7%。全省新增总承包特级资质5家,总数达18家。一级总承包企业数量468家、二级1204家,一级总承包企业数量468家、二级1204家,二级以上(含二级)建筑业资质占全部资质的31.6%,三级总承包企业达4326家,占总承包企业数量71.9%。2018年,全省产值10亿元以上的企业有279家,产值合计7676.83,占全省产值66.5%,其中超100亿元的企业7家(企业最高产值为249.41亿元),50亿元至100亿元的31家,20亿元至50亿元的93家。重点骨干企业在拓展省外市场也有不俗的表现,省外产值超5亿元的223家,完成产值4089.17亿元,占全省省外产值的81.6%,其中省外产值30亿元以上的40家,20亿元至30亿元的29家,10亿元至20亿元的59家。

【招投标网上运行公开】 2018年,福建省住建厅配合省电子行政监督平台和各地交易平台建设,做好系统升级改造工作,确保房建市政领域全面实施电子招投标。出台《关于施工招标项目电子投标文件雷同认定与处理的指导意见》(闽建筑〔2018〕29号),实现大数据智能化监管,各地通过信息化技术发现涉嫌串通投标案件62起。印发《关于启用省公共资源交易电子行政监督平台线上投诉功能的通知》(闽建筑〔2018〕20号),启用省监督平台的网上投诉功能,进一步拓宽投诉渠道。完成货物评标办法的起草工作。委托律师事务所对招投标网上运行情况进行调研评估,进一步了解掌握招投标制度实施情况及存在问题。招投标"3+2+1"体系运行以来,网上公开工作运行情况良好,相关工作得到住房城乡建设部的肯定与表扬,并在建设工作简报(第一期)予以刊发推广。2018年共有8976个工程项目纳入行政监督平台报建,15066条招标材料备案记录。

【装配式建筑试点】 2018年,福建省住建厅继续贯彻落实省政府办公厅《关于大力发展装配式建筑的实施意见》(闽政办〔2017〕59号)文件要求,加大力度推动龙岩、莆田、南平、宁德、平潭等地建成投产装配式建筑产业基地,实现全省各设区市基地全覆盖,新增预制混凝土构件产能150万立方米,超过100万立方米的产能目标。指导福州市积极推进装配式建筑,漳州、泉州稳步推进,发挥样板引路效用。有序推动建筑产业现代化工程包投资建设,完成装配式建筑项目面积627万平方米,超额完成装配式建筑工程投资包任务。会同产业办研究拟定全省装配式建筑评价管理办法。加大力度开展装配式建筑宣传,营造各方共同关注、支持装配式建筑发展的良好氛围。开展装配式建筑业务培训,牵头组织厦门、漳州两场省级现场观摩会,扩大装配式建筑影响力。推动产业工人培训,促进提升技能素质。

【农民工工资支付保障】 2018年，福建省住建厅加快推进项目劳务人员实名制管理，加强项目劳务实名制检查，全省共检查项目劳务实名制落实情况18675个次。会同人社部门出台建设领域工人工资专用账户管理办法；联合省人社厅组织开展拖欠农民工工资专项检查及保障农民工工资支付工作实地核查，遏制恶意欠薪和恶意讨薪行为。全省全年保障农民工工资支付工作表现良好，在国务院2017年农民工工资支付工作考核中被评定为A级。全省共查处拖欠农民工工资案件149件，涉案金额13686万元。其中，建设主管部门主动查处案件45件，涉案金额4990万元；协助人力资源社会保障部门查处案件104件，涉案金额8696万元。

【自贸试验区建筑业对台开放】 2018年，福建省住建厅积极争取住房城乡建设部支持福建省推进自贸试验区建筑业对台开放，将台湾企业在平潭备案承揽业务政策复制到厦门市；将平潭实施的台商独资或控股开发的建设项目，借鉴台湾地区的规划及工程管理体制，复制扩大到整个自贸试验区。

【工程项目业绩补录核查】 2018年，福建省住建厅印发《关于房屋建筑和市政基础设施工程项目业绩补录及信息公开有关事项的通知》（闽建办筑〔2018〕3号）和《关于房屋建筑和市政基础设施工程项目业绩补录有关事项的补充通知》（闽建办筑〔2018〕16号），指导企业通过业绩补录系统对符合要求的工程业绩进行补录，并允许企业对补录业绩存在信息不全或填写错误的修改一次。截至2019年1月3日，共1077家建筑业企业通过补录系统补录业绩合计5637条。开展建筑业企业资质申报业绩集中核查整治和全省补录业绩重新核查工作，大力惩戒利用虚假业绩骗取资质行为，76家企业列入建筑市场主体黑名单。

【建筑市场监管】 2018年，福建省住建厅组织开展建筑市场行为"双随机"检查，对受检项目存在的现场管理不规范、招标文件质量等问题，予以通报批评并纳入信用评价扣分。继续开展打击转包违法分包工作，全省共查处存在转包行为项目2个，违法分包项目6个，挂靠项目1个，其他违法行为项目11个。严肃查处违规注册挂证行为，通报批评企业69家并纳入信用扣分，查处违规挂证个人253名，其中65人撤销许可，42人转报住房城乡建设部处理，发出整改通知书153份。组织修订《福建省建筑施工企业信用综合评价体系企业质量安全文明施工行为评价标准（2018年版）》，进一步加强责任主体质量安全信用评价工作，落实质量安全保障体系。抓紧修订《福建省建筑施工企业信用综合评价办法》和《建筑施工企业信用综合评价体系企业通常行为评价标准》，进一步完善建筑施工企业信用综合评价体系。招标代理机构管理，转发住房城乡建设部取消招标代理机构资格的文件，并明确招标代理机构营业范围登记、合同签订、工程量清单编制、招标代理服务费支付、项目组情况、培训等相关事项。启用福建省工程建设项目招标代理机构信用综合评价系统，按照《福建省工程建设项目招标代理机构信用综合评价暂行办法》，开展招标代理机构信用评价工作。截至年底，共有1438家招标代理机构参评，发布不良信息61条、奖励信息11条、业绩信息5681条、成果质量信息27522条。组织起草《关于工程建设项目招标代理机构信用综合评价结果运用有关事项的通知（征求意见稿）》，加快在招标代理行业形成"诚信激励、失信惩戒"的市场竞争机制，进一步规范招标代理机构行为。按照《福建省住建领域扫黑除恶专项斗争工作方案》，组织开展建筑业行业扫黑除恶相关工作，召开建筑业扫黑除恶专题会，利用行政监督平台的大数据分析功能，向公安机关移交12起计算机网卡地址相同、涉嫌围标串标的案件。赴厦门、三明等地开展扫黑除恶督导工作，持续推进专项斗争工作。

【工程造价计价改革】 2018年，福建省住建厅出台人工、主要材料调整规定，引导甲乙双方风险共担，维护建筑市场秩序。加强监测建筑劳务市场人工费，针对塔式起重机人工费异常上涨，及时调整塔机人工费计价方式；及时出台发布人工费指数意见，督促各地发布人工费指数，合理调整工程造价。根据对建筑施工主要重大危险源安全管控的新要求，出台钢管脚手架计价新规定，督促指导各地发布Φ48.3×3.6钢管价格，为强化施工安全提供资金保障。推行工程总承包模式，组织编制以装配式建筑为主线的概算定额，包括建筑工程、装配式建筑工程、通用安装工程等3个专业，修订概算编制办法。着力提升精准服务水平，组织编写2017版新定额使用交底材料，推行公开接待答疑解惑，开展定额问题解答与造价纠纷调解；调整工程造价信息公共服务清单，全省发布人工材料机械价格信息近50万条。

建筑节能与科技

【建筑设计提升】 2018年，福建省住建厅出台建筑设计招投标政策，印发《福建省房屋建筑和市政基础设施工程勘察设计招投标管理若干规定》，推行工程勘察设计招投标网上公开。同时，提升住宅设计品质，印发《福建省住宅工程设计若干技术规定》等。此外，推进福州三坊七巷全国优秀建筑设计展厅装修；加强闽台建筑设计交流合作，邀请台湾建筑师来闽参与"美丽乡村"创作活动；完成29项超限高层抗震设防专项审查。

【勘察设计先行先试和示范引领】2018年，福建省住建厅从四方面发挥勘察设计先行先试和示范引领作用。即推进全过程工程咨询试点，组织编制《福建省全过程工程咨询服务技术标准》等，推进8个全过程工程咨询试点工作；推进大型公共建筑工程后评估试点课题研究；开展工程勘察设计企业信用评价，印发《福建省工程勘察设计企业信用评价管理办法》，及评价标准（2018年版）；印发《福建省房屋建筑和市政基础设施工程勘察设计监督检查工作办法（试行）》，规范监督检查。

【绿色建筑发展】2018年，福建省住建厅全面执行《福建省绿色建筑设计标准》，城镇绿色建筑占比达一半以上。同时，推进建筑节能工作，竣工节能建筑面积6160万平方米；推进公共建筑、居住建筑节能设计标准修（制）定工作；推进建筑节能改造，完成建筑节能改造390万平方米；推进可再生能源建筑应用工作，完成示范项目44个；编制福建省BIM技术应用项目135个。

【建设科技和标准化管理】2018年，福建省住建厅强化标准支撑作用，共发布31部地方标准。有12个项目列入住房城乡建设部科技计划项目，《装配式混凝土建筑绿色建造关键技术与产业化示范应用研究》列入福建省科技重大专项专题项目。推动行业科技创新，举办标准化法和工程建设标准化改革宣贯培训班，新增建筑施工企业省级企业技术中心22家。开展新标准实施情况检查，验收建设科技研究开发项目12项，完成住房城乡建设部课题"我国夏热冬暖地区与东南亚国家和地区的绿色城市标准化比较研究"，发布省级工法99项。

城市管理

【中央环保督察反馈问题整改】2018年，福建省做好中央环保督察反馈问题整改工作。组织综合督察和专项检查、发出专函、通报约谈，督促各地限期完成整改工作。8座未建成渗滤液处理和16座渗滤液处理不达标的生活垃圾填埋场，均基本完成整改。福州市红庙岭垃圾填埋场和平潭生活垃圾简易堆存问题加快整改。编制完成《福建省城市存量生活垃圾治理方案研究暨治理规划》，明确3种技术路线，制定治理等级评估体系。举办全省存量垃圾治理技术专题培训班，宣贯治理规划。全省49座非正规垃圾堆放场，7座基本完成整改，26座正在整改，16座开展前期工作。15座未完成生活垃圾无害化处理设施建设的，建成9座，在建6座。4座大量飞灰积压的生活垃圾焚烧处理厂基本完成整改。

【生活垃圾强制分类】2018年，福建省政府和各设区市（含平潭）均已出台生活垃圾分类实施方案，并建立工作协调机制，统筹推进相关工作。省住建厅出台2018年全省推进生活垃圾分类工作实施方案。福州市鼓楼区、泉州市经济技术开发区、漳州市龙文区、莆田市城厢区、三明市梅列区、龙岩市新罗区等6个试点区率先实施强制分类。福州、厦门等重点城市开展以街道为单位的生活垃圾分类示范片区建设。各级党政机关等公共机构发挥示范引领作用，先行一步。统筹规划、建设终端处置设施，持续推进餐厨垃圾处理设施及配套设施建设。厦门、三明、漳州、莆田、龙岩建成餐厨垃圾处理厂；福州、南平、宁德基本建成；平潭开工建设；泉州完成选址。厦门、泉州建成大件垃圾处理厂。厦门建成餐厨垃圾信息化管理平台。大力开展宣传培训，福州、厦门编印幼儿、小学、中学三个层次的垃圾分类教材。3月，省住建厅与省妇联、环保厅联合在福州举办生活垃圾分类大型主题宣传活动；在厅门户网站开设"生活垃圾分类"专栏，并利用厅门户网站和宜居环境公众号，加强宣传引导；编印《福建省生活垃圾分类宣传册》发放全省住建系统。6月，组织全省各设区市、平潭实验区和6个强制分类区环卫主管部门负责人开展专题培训。全省垃圾分类的氛围初步形成，厦门市在全国46个重点城市考评中近三个季度连续评分第一，厦门市垃圾分类经验做法受到国家推广和肯定。

【城市"厕所革命"】2018年福建省建成城市公厕1236座。省政府建立全省进一步推进"厕所革命"联席会议制度，明确各相关部门职责，统筹推进"厕所革命"工作；省住建厅召开全省推进"厕所革命"现场会，制定《2018年全省城乡公厕"厕所革命"推进方案》。厅领导带队赴鼓山暗访，会同福州市政府推进鼓山公厕整改。在《福建日报》《中国城市报》刊登专版，在厅门户网站开设专栏，利用微信公众号、手机报发布政策文件、地市动态，福州、龙岩等地评选最美公厕。指导各地编制"城市公共厕所布点规划一张图"，规范设置标示标牌和路线引导；核查完善本地公厕数据，将1万多条公厕信息接入"全国城市公厕云平台"、与主流地图平台对接,规范引导标志设置,实现快速寻厕功能。5月,牵头组织9个设区市和平潭环卫主管部门开展交叉检查,交流经验、寻找差距,并将各地检查情况通报全省。在全省风景名胜区(公园)、旅游、交通、商贸、铁路行业开展为期一个月的集中整治行动,重点解决公厕没人管、管理不到位、设施功能缺失、群众找厕难的问题。推动沿街单位内部厕所向社会公众开放,增加有效供给量。群众"如厕难"问题得到缓解。福州五城区要求公厕管理达到"十无五有"。福州五城区、平潭主城区、梅列区、三元区、沙县、光泽县等地全面推行"公厕长"制,建立"公厕长"定期巡查、考核机制;泉州市、县考评中心对城乡公厕建设管理实行常态化考评;龙岩中心城区重点地段40座公厕实行24小时免费开放;漳州市依托"智慧环卫智能综合管理系统平台",实现了对城区公厕远程监控、远程考核。

【城管执法体制改革与队伍建设】2018年,福建省城管执法体制改革取得进展。全省建立城市管理工作台账制度;所有市、县建立由市、县政府主要负责同志牵头的城市管理工作协调机制,公布权责清单并进行动态调整;全省所有设区市、平潭综合实验区和47个县(市)出台具体实施方案;8个设区市和34个县(市)明确执法人员配备比例标准;全省完成制式服装和标志标识换装工作。本轮市级机构改革中,各设区市城市管理部门均列入政府工作部门,对市政公用、园林绿化、市容环卫等相关城市管理职能进行整合。在城管执法队伍建设中,全省继续开展"强基础、转作风、树形象"三年专项行动,推行"721"工作法,推进队伍规范化建设。突出抓好《城市管理执法行为规范》和《福建省城市管理执法行为规范》的宣贯工作,促进城管执法人员依法执法、规范执法;指导各地按照城市管理执法执勤用车标识涂装式样,统一车辆涂装、编号;抓好12个省级示范中队创建和执法全过程记录试点工作;推进福州、厦门稳步开展律师参与城市管理工作试点。完善分级培训制度,完成全省城管系统执法处、科级干部轮训工作,指导各市县抓好科以下干部轮训和岗位培训工作,全省80个市(县)构建城管执法队伍培训体系,开展城管执法教育培训414批次,培训人员32576人次,培训覆盖率达91.5%。"福建城管信息系统(一期)"建成投用,对单位、人员、车辆、服装信息化管理。

【渣土车整治】2018年,福建省加强对渣土车管控平台应用。全省设区市本级录入渣土车管控平台的运输企业240个、车辆5910辆,平台联合审批工地2010个,处置渣土6217.7万立方米。各县(市)录入渣土车管控平台的运输企业203个、车辆5063辆,平台联合审批工地375个,处置渣土3072.5万立方米。同时,推进消纳场建设。全省设区市本级现有固定场9个、临时消纳场65个、中转站7个;各县(市)现有固定场38个、临时消纳场148个、中转站38个。加大违法违规行为查处,2018年全省对未经核准擅自处置渣土、将建筑垃圾交给个人或未经核准从事建筑垃圾运输的单位处置、渣土车未密闭运输、滴撒漏、乱倾倒和工地未实施净车出场等违法违规行为实施行政处罚共8065起、罚款2075.1万元。

【行业扫黑除恶专项斗争】2018年,福建省严厉打击渣土运输行业存在的"渣霸"。8月9日,召开城管执法和渣土运输行业扫黑除恶座谈会;制定《建筑渣土处置领域扫黑除恶专项行动工作方案》《建筑渣土处置领域扫黑除恶专项整治工作下沉督导方案》,组织各包片处室开展下沉督导;在省住建厅门户网站开展"渣霸"专项治理在线访谈;印发《关于进一步加强"渣霸"线索大排查工作的通知》,针对"渣霸"线索排查的5项重点,提出8种排查方式,指导督促各地深挖"渣霸"线索,治理渣土运输处置行业乱象。12月20日,召开建筑垃圾消纳场规划建设管理试点座谈会,研究推进各地建筑垃圾消纳场建设、管理现状以及资源化利用建设、渣土车整治、"渣霸"线索排查工作。

【市容环境卫生管理】2018年,福建省对市容环境卫生管理加快省级立法,9月《福建省城乡生活垃圾管理条例(草案)》通过省人大常委会第一次审议。同时,加强环卫行业管理,印发《福建省环卫作业承包合同示范文本》和《福建省环卫工人劳动合同示范文本》;开展环卫工人工伤保险参保调研;抓好省政府与省总工会第30次联席会议议定事项落实,会同省人社厅、财政厅、省总工会制定《关于进一步保障环卫工人合法权益的若干意见》。征集组建省级环卫行业专家库。组织各设区市、平潭开展全省生活垃圾卫生填埋场运行管理情况交叉检查。防控非洲猪瘟,按照省非洲猪瘟应急指挥部要求,省住建厅领导3次带队赴龙岩、漳州等地检查非洲猪瘟防控工作,并驻点福州、平潭进行督导。下发《关于进一步加强餐厨垃圾管理工作的紧急通知》《关于全面启动非洲猪瘟防控工作日报告制度的紧急通知》,要求各地环卫主管部门提高认识、强化责任,做好餐厨剩余物收运处置监督管理工作,每日报送餐厨垃圾产生、收集、运输、存储、处理等排查和相关制度措施落实情况以及疫点、疫区和受威胁区应急防控和包片、蹲点值守工作情况。各地环卫主管部门采取上门督导、签订承诺书、指导建立健全台账转移联单制度、发放宣传册等措施规范餐厨垃圾收集，购置专用运输车、确定运输线路规范运输，全面有效处置餐厨垃圾。做好省人大专题询问应询。8月16日，省人大对城乡生活垃圾管理工作开展专题询问。会前，全面梳理人大代表、政协委员以及社会各界关注的热点、难点，梳理近年来采取的工作措施，做好应询准备。会后按省人大常委会审议意见和省政府领导要求，对审议意见作进一步工作任务分解、明确责任单位、提出落实措施，相关研究处理意见由省政府报送省人大常委会。

大事记

1月

1日　根据《福建省房屋建筑和市政基础设施工程施工招标投标若干规则（试行）》等相关文件要求，此后在福建省行政区域内依法必须进行招标的房屋建筑和市政基础设施工程施工招标投标开展招投标网上运行公开，进一步建立统一的施工招标投标交易规则，规范工程施工招标投标活动。

15日　福建省住建厅、省财政厅、人行福州中心支行、省港澳办、省台办联合转发住房城乡建设部等五部门《关于在内地（大陆）就业的港澳台同胞享有住房公积金待遇有关问题的意见》，明确在内地（大陆）就业的港澳台同胞可按规定缴存、使用住房公积金，与当地职工享受同等待遇。

18日　福建省住建厅在福州召开全省推进"厕所革命"现场会，贯彻落实习近平总书记重要指示精神，总结2010年以来全省城乡公共厕所规划建设管理成效，交流经验做法，部署落实省政府进一步推进"厕所革命"行动计划。厅长林瑞良在会上提出"凝聚共识，增强推进厕所革命的紧迫感和责任感；攻坚克难，扎实推进城乡厕所革命；强化保障，确保厕所革命落地见效"等三方面的具体要求。

22日　福建省人民政府办公厅印发福建省进一步推进"厕所革命"行动计划（闽政办〔2018〕4号），对城乡公厕、旅游厕所、农户改厕提出目标要求和重点任务，其中2018年至2020年，城市每年安排新建改造700座公厕，乡镇每年安排新建改造400座，农村每年新建改造1000座公厕。

26日　福建省住建厅代表省政府与各设区市、平潭综合实验区签订住房保障工作目标责任状，层层分解任务、落实责任目标。

2月

1日　福建省住建厅会同省财政厅转发财政部、住房城乡建设部《关于试点发行地方政府棚户区改造专项债券管理办法的通知》，对棚改专项债的额度管理、预算编制和执行等作出明确规定，推动棚改融资。

5日　福建省住建厅印发《关于房屋建筑和市政基础设施工程项目业绩补录及信息公开有关事项的通知》，指导企业对符合要求的工程业绩进行补录，作为工程招投标活动和资质审批的业绩查询依据，进一步推动工程建设领域信息公开。

3月

1日　福建省住建厅转发住房城乡建设部办公厅《关于取消工程建设项目招标代理机构资格认定加强事中事后监管的通知》，明确招标代理机构在闽承接业务的相关事项。

4月

1日　财政部税务总局印发《关于调整增值税税率的通知》，明确将建筑业增值税率由原来的11％调整为10％，进一步支持企业发展，减轻企业负担。

9日　福建省政府建立全省进一步推进"厕所革命"工作联席会议制度（闽政办网传〔2018〕9号），分管副省长为召集人，省旅发委、省卫计委、省发改委、省财政厅、省国土厅、省环保厅、省住建厅、省交通运输厅、省商务厅、省电力公司为成员单位，联席会议办公室设在省住建厅，办公室主任由省住建厅厅长兼任。

17日　福建省政府建立全省生活垃圾分类工作联席会议制度（闽政办网传〔2018〕10号），分管副省长为召集人，省委宣传部、省发改委、省住建厅、省经信委、省教育厅、省环保厅、省农业厅、省海洋渔业厅、省商务厅为成员单位，联席会议办公室设在省住建厅，办公室主任由省住建厅厅长兼任。

21日　首届"数字中国"建设成果展览会在福州海峡国际会展中心举办，福建省住建厅牵头负责"福建数字城管"项目在数字福建馆（8号馆）展览，并以"漳州市数字化城市管理信息系统"为实例向观众演示数字城管在城市管理实践中的应用。

5月

18日　福建省住建厅、省财政厅、人行福州中心支行联合转发住房城乡建设部、财政部、中国人民银行《关于改进住房公积金缴存机制进一步降低企业成本的通知》，规范住房公积金月缴存基数上限至当地社平工资的3倍，扩大缴存比例浮动空间，缴存单位可在5%～12%的区间内自主确认缴存比例，减轻企业负担。

6月

14日　住房城乡建设部定在厦门召开全国住房城乡建设系统精神文明建设工作会议暨全国文明单位创建工作经验交流会，副部长易军参加会议，参会人数近200人，实地参观厦门市"垃圾分类进校园"和城管执法队伍"强基础、转作风、树形象"专项行动成果。

7月

1日　福建省住建厅会同省商务厅、省交通厅主办首届拓展境外工程承包论坛暨企业合作对接会，为全省建筑业企业和央企搭建一个信息沟通、项目合作、优势互补的平台。

8月

16日　福建省十三届人大常委会第五次会议举行联组会议，对城乡生活垃圾管理工作开展专题询问。11位省人大常委会组成人员和人大代表围绕城乡生活垃圾场所规划与建设、垃圾分类管理、经费保障、宣传教育等方面提出问题。福建省副省长李德金及省发改委、卫计委、教育厅、财政厅、环保厅、住建厅、水利厅、商务厅等有关部门负责人到场应询。

9月

1日　福建省住建厅印发《关于施工招标项目电子投标文件雷同认定与处理的指导意见》，遏制串通投标等违法行为，进一步规范工程施工招标投标市场秩序。

3日　福建省人大常委会印发《关于我省城乡生活垃圾管理工作情况报告的审议意见》（闽常综〔2018〕7号）。

13日　福建省住建厅印发《关于进一步加强"渣霸"线索大排查工作的通知》（闽建管〔2018〕3号），列出强揽工程、阻扰公务、乱倾倒破坏生态环境、组织"黑车"运输、保护伞等"渣霸"5项重点情形，提出"畅通群众举报渠道、开展拉网式排查、开展集中排查、深入镇村排查、平台筛选排查、层级督导排查、舆论监督排查、部门沟通排查"等8种排查方式，指导各地深挖"渣霸"线索。

10月

31日　根据福建省委办公厅、省政府办公厅《关于印发福建省省级机构改革实施方案的通知》（闽委办发〔2018〕23号）要求，福建省住建厅承担的城乡规划管理职责划给省自然资源厅，有关历史文化名城和历史文化街区的保护监督，指导城市勘察、市政工程测量、城市雕塑等职责仍由省住建厅负责。

12月

11日　福建省住建厅转发住房城乡建设部、中央军委后勤保障部《关于军队文职人员住房公积金管理有关问题的通知》，明确军队文职人员住房公积金有关政策，规范军队文职人员住房公积金管理工作，维护文职人员合法权益。

11日，福建省住建厅组织开展清理政府部门拖欠民营企业中小企业"两款一金"工作，收集40家省直部门清理拖欠"两款一金"工作情况，拖欠金额1951.72万元，清偿960.86万元，未清偿990.86万元；6个地市"两款一金"拖欠金额合计1.14亿元。

（福建省住房和城乡建设厅）

江 西 省

概况

2018年，全省城乡环境综合整治深入推进，百日攻坚"净化"行动成效显著，城乡环境面貌实现大变样。棚户区改造和公租房分配工作走在全国前列，住房困难群众居住条件得到改善。建筑业完成总产值突破7000亿元、同比增长14%，连续八年保持两位数增长，新增施工总承包特级企业3家、一级企业44家，4项工程入选鲁班奖，建筑业发展质量得到大提升。城市建成区绿化覆盖率45.22%，绿地率42.1%，两项指标均列全国第二位；国务院通报表扬景德镇市活化陶瓷工业遗存、萍乡市海绵城市试点工作、上饶市棚户区改造工作，农村生活垃圾治理工作在国家考核验收中名列前茅。新增中国传统村落、历史文化名镇名村数量分列全国第七位和第六位，"江西智慧公积金"被中国政府网列入

"群众办事百项堵点疏解行动"优秀案例,九江市列入国家2018年城市黑臭水体治理示范城市,宜春市垃圾分类工作在全国46个重点城市考核中列第八位。

【房地产市场调控】全年召开两次全省房地产市场会商协调小组会议,专题研究房地产市场调控工作,压紧压实市县政府主体责任。南昌市、赣州市、九江市严格执行限购、限贷等调控政策,市场主要指标保持稳定。2018年,南昌市商品住宅销售均价控制在国家目标之内,其他10个设区市新建商品住宅均价环比指标符合省政府确定的调控目标。住房城乡建设部连续4次下发《关于通报近期房地产调控工作落实情况的函》,江西省没有城市被通报或列入。全力做好商品房结构调整"三增一去"工作,即:增加商品住房供给,增加租赁住房供给,增加商品住房供地及去化非住宅库存。全年共向省委、省政府呈报市场情况专报10期。制定房地产市场风险处置预案。印发《关于进一步规范商品住房销售行为的通知》,着力整治捆绑销售、价外加价、虚假宣传等不规范市场销售行为。采取暂停网签、约谈、列入"黑名单"等举措,制止违法违规行为。

【住房保障工作】省市县三级层层签订目标责任书,压紧压实工作责任。争取各类补助资金86.2亿元,国开行、农发行贷款852亿元,发行棚改专项债券348亿元,累计金额达到1286.2亿元,创历年之最。全年完成棚户区改造任务32.9万套,开工率达118%;基本建成22.35万套。全省政府投资公租房分配68.4万套,分配率96.3%,完成国家确定的90%的分配目标。全年安排各级财政资金23.34亿元,完成农村四类对象危房改造6.47万户,为国家年度任务数的123%。全省住房公积金管理中心通过"双贯标"验收,归集扩面力度不断加大,公积金租房限制全面放宽,公积金支持住房需求的作用充分发挥。2018年,住房公积金业务运行保持平稳,归集额400亿元,提取资金230亿元,发放贷款170亿元。

【城市综合承载能力】指导设市城市编制海绵城市专项规划,举办江西萍乡海绵产业投资与对接会,海绵城市建设步伐加快。全省海绵城市完成投入218.76亿元,建成面积143.7平方公里。全面部署推动城市"双修"工作。景德镇成功打造城市"双修"3.0版,重塑了千年瓷都风采。住房城乡建设部城市"双修"现场座谈会在景德镇市召开。按照"300米见绿、500米见园"要求,合理规划和建设城市绿地,全省建设绿色廊道320公里,56个县(市、区)获得"省级园林城市"称号。景德镇市等地因地制宜推进管廊建设,着力解决"拉链马路"问题。景德镇市获国家专项补助资金2.4亿元。以省政府名义印发《省"厕所革命"三年攻坚行动方案》,争取奖补资金1.05亿元,发布《江西省城乡厕所设计导则》《江西省公共厕所管理服务标准》。全省有6000多个单位厕所免费向社会开放;新建公厕5200座、改建公厕3000座,分别完成年度任务的150%和137%。致力于城市"地更净"。加快推进城市道路机械化清扫,设区城市建成区主要车行道机械化清扫率达到90%。宜春、南昌、赣江新区开展生活垃圾强制分类试点。完成《全省生活垃圾焚烧发电处理设施布点规划》编制,全年新增5座垃圾焚烧发电厂,新增日处理能力3000吨,全省累计垃圾焚烧日处理能力达6400吨。致力于城市"水更清"。全力治理城市黑臭水体,设区市建成区排查黑臭水体32个,治理完成26个、完成率达81%。推进城镇生活污水处理设施建设,全省22个市县城镇污水处理厂完成一级A提标改造建设。致力于城市"天更蓝"。开展建筑工地扬尘治理行动,狠抓建筑工地"六个100%"要求落实。对流动露天夜宵摊、烧烤摊等污染空气行为严格管理,重拳治理。完成国家"省级空间规划试点"任务,萍乡、鹰潭等7个市县"多规合一"试点成果经省政府批复。在全国率先推进2035年城市总体规划修编工作,将全省在编城市总体规划期限统一调整为2035年,上饶市、赣州市等6个设区市、赣江新区和鄱阳县、万年县等一批县的城市总体规划成果通过审查。开展城市设计,推进赣州市国家城市设计试点和景德镇市、婺源县、瑞金市省级城市设计试点工作。九江市、抚州市创建国家历史文化名城。全省共调查登记1万余处传统建筑,抚州市、乐平市、金溪县、永丰县、南丰县等5个市县被评为省级历史文化名城。

【农村人居环境】推进村庄规划设计,县域乡村建设规划编制率57%。开展"设计下乡、服务便民"活动,帮扶指导各地开展村庄设计工作。整治农村超高超大超限建房,通报5类26个典型案例。抓好传统村落保护,新增21个村列入中央财政支持范围;新增中国传统村落168个和中国历史文化名镇名村3镇14村。抚州市麻姑山、流坑风景名胜区完成国家级风景名胜区申报工作。改善农村生活垃圾城乡一体化收运体系,健全户分类、村收集、乡转运、县处理的城乡环卫一体化体制机制。瑞昌市、靖安县、崇义县作为农村垃圾分类和资源化利用示范试点取得成效。开展农村生活垃圾集中治理，排查登记非正规堆放点833处，已整治303处，正在整治526处。完成环鄱阳湖20个乡镇生活污水处理设施建设。分宜县、上栗县已实现集镇污水处理设施全覆盖。制定农户改厕补助标准，加快推进厕所污水治理。召开全省特色小镇建设工作现场推进会，规范特色小镇创建，打击"伪特色化""山寨化""房地产化"现象。

【建筑业发展】2018年对外承包工程完成营业额47亿美元、增长8%。扶持优势骨干企业做大做强，鼓励企业增质升级，企业综合竞争力不断提升。推进工程总承包、全过程工程咨询等工作，推广建筑信息模型（BIM）技术，完善工程建设组织方式。5家企业进入全球承包商250强榜单，上榜企业数居中部6省第一位。开展装配式建筑发展情况实地督查，印发《江西省装配式建筑产业基地管理办法（试行）》，完善装配式建筑等相关工程建设标准依据、计价规则和计价办法，推进南昌、九江、上饶、赣市、抚州、吉安等6个城市装配式建筑试点工作，加快建设25个装配式建筑生产基地。通过"双随机一公开"等举措，完善与市场相适应的管理制度。开展建筑工程质量提升行动、房屋建筑与市政工程施工安全专项整治行动和百日安全专项行动。房屋建筑市政安全事故起数、伤亡人数同比呈现下降趋势。推动绿色建筑革命，发展建筑节能与绿色建筑。规范和加强绿色建筑设计和施工图审查工作，城镇绿色建筑占新建建筑的40%，全省绿色建筑突破5000万平方米。编制《江西省绿色建筑设计标准》等地方规程。加强公共建筑节能监管，推进公共建筑能耗监测省级平台和5个分平台建设。

法规建设

【法规制度建设】《江西省建筑管理条例（修改）》《江西省城市房地产开发管理条例（修改）》和《江西省历史文化名城名镇名村保护条例》列入省十三届人大常委会立法规划。完成《关于加快推进全省城市生活垃圾分类工作的通知》《关于进一步加强全省城镇园林绿化有关工作的通知》等30余个规范性文件合法性审核工作。开展法规、规章和规范性文件清理工作。对现行有效的军民融合发展、涉及产权保护、生态环境保护等地方性法规、省政府规章、省政府办公厅出台的规范性文件以及省住建厅制发的规范性文件进行清理，废止和修改地方性法规各1部，废止17个、修改6个省住建厅制发的规范性文件。

【依法行政】制定印发省住建厅法治江西建设责任清单和2018年法治（政府）建设工作计划。开展普法工作，利用网络媒体进行法治宣传。在法治江西网等网络媒体发表信息宣传稿180篇。邀请法律顾问参与重大行政决策讨论、重大法律事务咨询及合同审查等，为依法决策提供法律服务。全年法律顾问提供法律服务10次，提出法律审查意见4份，代理行政诉讼案件2件。

【行政复议和应诉】全年共收到行政复议申请18件，其中，不予受理1件，告知向其他机关申请行政复议17件。对省政府、住房城乡建设部受理转办，以省住建厅为被申请人的行政复议案件7件，均根据相关规定进行答辩，严格执行省政府、住房城乡建设部的行政复议决定。依法依规进行审理所有行政复议案件均全部在法定时间内办结，未发生行政复议申请人对复议决定提起诉讼的情况。依法开展行政应诉工作。省住建厅作为被告的行政诉讼案件2件，其中1件法院裁定驳回起诉，1件原告撤回起诉。按照要求，在法定期限内进行应诉答辩，派员到庭参加法院组织的开庭审理，执行法院生效裁判，落实司法机关转来的司法建议书。

【精简调整权力事项】取消行政权力事项8项，其中，行政许可事项1项，行政处罚事项3项，其他权力事项4项；下放调整行政权力事项4项，其中下放行政权力事项2项，调整行政权力事项2项。印发《关于推进房屋建筑和市政和市政基础设施工程建设项目审批等事项改革的通知》。申报材料齐全，且符合法定条件的工程建设项目审批等事项精简为3个主要流程、37个工作日（不含专家评审、公示时间）。

【出台"放管服"《十项措施》】出台《江西省住房城乡建设系统改进作风、简政便民、服务发展十项措施》（赣建法〔2018〕24号）。省住建厅联合省政府新闻办举行新闻发布会，人民网、《中国建设报》《江西日报》今日头条、凤凰网、香港《大公报》等20余家媒体记者进行现场提问和采访。在南昌举办《十项措施》专题培训班，分三批对全省市县规划、建设、房管、公积金管理中心以及审批服务窗口1000余人进行培训。印发《全省住建系统改进作风、简政便民、服务发展十项措施政策解答的通知》。

【告知承诺制审批试点工作】在赣江新区、南昌高新技术产业开发区、新余高新技术产业开发区、九江经济技术开发区、赣州经济技术开发区等5个开发区，全面实行建筑业企业资质申请、升级、增项、变更许可和房地产开发企业资质核定行政许可权力事项告知承诺制审批试点工作。

住房保障

【概况】2018年，江西省棚户区改造开工任务为27.8万套，全省棚户区改造完成投资1176亿元，已开工32.9万套（其中2018年度项目27.8万套，提前开工2019年度项目5.1万套），开工率达118%。江西保障性安居工程基本建成任务为8.36万套，全省实际建成22.35万套。全省政府投资公租房已分配68.4万套，分配率达96.3%。

【分解目标任务】全省棚户区改造目标任务列入《政府工作报告》，纳入了省政府对市、县政府年度高质量发展综合考评体系，实行目标管理。逐级签订目标责任书。2月，省政府与各设区市、各设区市与所辖县（市）签订住房保障目标责任书，压实市县政府工作责任。印发2018年全省保障性安居工程建设工作计划，将目标任务分解下达到各市、县。

【加强调度督导】3月，启动2018年度棚户区改造和公租房分配定期通报制度，坚持每月一通报。7月，省政府在赣州市召开全省棚户区改造现场推进会议。9月至11月，组织4个督查组对全省棚户区改造和公租房分配进展进行全覆盖督查，根据督查情况召开部分市县棚改督办会议，下发督办函，对进度滞后市县进行重点督办督导。

【多方筹措资金】着力打通三大资金渠道，落实主渠道资金1286亿元。协调省财政厅、省发改委分解下达保障性安居工程各类补助资金86.19亿元，其中中央补助资金84.93亿元，省级补助资金1.26亿元。协调开发性银行融资。1—12月争取国开行、农发行新增发放贷款852亿元。开拓棚改专项债券新渠道。全省首次发行棚改专项债券348亿元。

【加强后续管理】公租房分配列入住房保障目标责任书，纳入省政府对市县政府年度考评内容。实施公租房盘活处置。省政府批复同意了赣州市南康区家具产业园公租房盘活处置，完成了九江市部分县（市、区）公租房盘活处置核查评估，促进公租房资源有效利用。先后开展地级以上城市公租房保障情况调研、农民工居住条件调研、新市民住房保障情况专项调研。推进住房保障管理信息系统建设，完成住房保障管理信息系统升级完善方案。

【完善政策制度】制定实现城镇贫困群众脱贫解困住房保障方面的具体措施，切实保障城镇贫困群众基本住房安全。制定公租房审批服务便民化改革具体措施，简化公租房申请审核程序和有关材料要求，切实方便群众办事。研究出台公租房合同管理办法，明确公租房合同文本格式和内容，规范公租房租赁行为，保障困难群众合法权益。开展政策培训与宣传。住房城乡建设部全额出资为江西省300余名棚改和住房保障业务骨干举办了一期住房保障政策培训班。

【抓好审计整改】加强对市县审计问题整改的督促与指导。4月，根据审计报告梳理分解各市县、各类别审计问题清单，会同省发改委、省财政厅、省农业厅、省林业厅印发做好审计整改工作的函，压实市县人民政府责任，要求限时整改到位。针对住房城乡建设部重点调度的"已竣工一年以上未分配""配套基础设施建设滞后影响竣工交付"等几个突出问题，建立半月调度机制，持续狠抓整改。截至年底，全省需要整改的保障性安居工程整改率达94.6%。

房地产业

【概况】2018年，全省商品房销售面积同比增长，价格平稳。新建商品房销售面积6620.09万平方米，增长6.06%；均价6736元/平方米，增长11.70%，其中，新建商品住宅销售面积5515.72万平方米，增长8.43%，与全国基本持平且低于中部平均水平；均价6248元/平方米，增长11.69%，与全国基本持平且低于中部平均水平。全省二手房交易面积1991.70万平方米，增长3.73%；其中，二手住宅交易面积1716.87万平方米，增长1.00%。房地产开发投资和税收增长。全省房地产开发完成投资2174.93亿元，增长8%（增幅比上年收窄5.7%）；其中，住宅开发投资为1590.64亿元，增长14.3%（增幅比上年收窄2.7%）。全省房地产业税收610.43亿元，增长27.9%（增幅比上年收窄1.4%），占全省税收19.2%。

【市场调控】全省房地产市场会商协调小组第一次会议纪要明确了《2018年全省房地产市场调控工作目标管理方案》，全省房地产市场调控目标是南昌市新建商品住宅单月销售均价不超过2016年10月均价；其他10个设区市新建商品住宅均价全年同比增长与全省国内生产总值增幅、城镇居民人均可支配收入增长幅度基本匹配，单月销售均价环比增长与全省居民消费价格指数增长幅度基本吻合。开展防范全省房地产泡沫风险调研，形成了《关于防范房地产泡沫风险的调研报告》。

【规范销售】印发《关于进一步规范商品住房销售行为的通知》，从完善制度、规范行为、打击违法销售以及舆论宣传、督查问责等方面作出规定，防止"高价装修""捆绑高价车位"等市场新出现的问题。

【深化"放管服"】 印发《关于进一步规范房地产经纪机构管理的通知》，降低备案门槛，简化备案程序，规范业务培训，规范门店经营。推进房地产经纪机构备案"一次不跑"工作。印发《关于进一步简化房产交易手续的通知》，要求市县房管部门在办理房产交易手续中，无需提供身份证、不动产权证、居民户口簿、结婚证/离婚证等各类材料复印件，简化房产交易办理手续。

住房公积金管理

【概况】 2018年，全省新开户单位3561家，实缴单位47046家，净增单位2397家；新开户职工33.32万人，实缴职工267.98万人，净增职工9.78万人；缴存额392.23亿元，同比增长13.06%。截至年底，缴存总额2363.86亿元，同比增长19.89%；缴存余额1184.31亿元，同比增长14.01%。全年为80.58万名缴存职工提取住房公积金246.66亿元，提取额同比增长22.34%；提取额中，住房消费提取占73.21%，非住房消费提取占26.79%；提取职工中，中低收入职工占95.38%，高收入职工占4.62%。2018年末，提取总额1179.55亿元，同比增长26.44%。全年发放个人住房贷款4.97万笔174.12亿元，同比分别下降19.45%、18.4%，回收个人住房贷款119.05亿元，支持职工购建房627.9万平方米；发放异地贷款1652笔46338.4万元；发放公转商贴息贷款44笔1728万元，贴息额2347.39万元，支持职工购建房面积0.47万平方米。个贷率90.01%，逾期率0.4‰，住房贡献率90.47%。

【公积金业务】 统一业务办理清单，全省统一了14项业务办理资料清单目录，办理贷款和提取手续都按同一个清单办理，清单之外无材料。精简优化业务材料，取消收入证明、未婚证明、还款承诺、诚信保证书的原件，及所有材料的复印件。缩短业务办理时限，贷款申请审核由10个工作日缩短为5～8个工作日，具备贷款发放条件的由5个工作日缩短为及时发放。提取申请的审核时间由3个工作日缩短到现场完成，资金到账时间也由24小时内缩短为立即到账。业务办理方式多样化。缴存职工可以通过"赣服通"、微信、手机APP、网上大厅等便捷方式办理住房公积金提取等业务。

【信息化建设】 全省各住房公积金管理中心按照"双贯标"工作要求，先后四批通过住房城乡建设部"双贯标"专家组的验收。在全省范围内实现了与公安、民政部门间的信息共享，对打击骗提、骗贷等违规现象，提供了甄别手段。全省各住房公积金管理中心全面推进住房公积金综合服务平台建设。

城市建设

【概况】 2018年，全省园林绿化三大指标在全国保持领先水平，推荐崇义县、金溪县申报国家园林县城。城市黑臭水体整治工作完成81%，九江市列入国家2018年城市黑臭水体治理示范城市20个之一，获得中央财政支持6亿元。全省建成海绵城市面积143.7平方千米，完成投资218.76亿元；萍乡市海绵城市建设试点工作获得国家绩效评价第一名。指导萍乡市召开2018江西·萍乡海绵产业投资与对接会。全省开工建设地下综合管廊115.6千米，形成廊体77.56千米。其中景德镇市计划建设30.9千米，实际完成32千米，完成率达103.56%。全省城镇生活垃圾焚烧发电日处理能力达到6400吨。

【历史文化名城保护工作】 新增抚州、乐平、南丰、金溪、永丰5个省级历史文化名城。组织完成抚州、九江、乐平、永丰等历史文化名城保护规划成果审查，指导抚州开展申报国家级历史文化名城工作。公布第三批省级历史文化街区18处，省级历史文化街区增至50处。会同省文化厅开展第四批历史文化街区申报，完成15处申报街区现场考察论证。组织完成宜春王子巷、九江大中路、乐平何家台等15处历史文化街区保护规划审查。印发《关于加快推进历史文化名城（街区）保护规划编制工作的通知》。督促南昌、吉安、瑞金、乐平等城市加快历史建筑确定工作。做好万载田下历史文化街区保护工作，加强对吉安市田候路棚户区改造项目指导。

【生活垃圾治理】 完成《全省生活垃圾焚烧发电处理设施布点规划》编制，全年新增5座垃圾焚烧发电厂，新增日处理能力3000吨，全省累计垃圾焚烧日处理能力达6400吨。赣江新区和9个设区市出台工作方案，启动城市生活垃圾分类工作。住房城乡建设部在2018年第二、三、四季度对全国46个重点城市垃圾分类工作通报中，宜春市分列第八位、第十六位、第十一位。

【城镇污水处理】 全省城镇生活污水处理率为93%，共削减化学需氧量16万吨、削减总磷2073吨、削减氨氮1.84万吨。重点水域19个城镇污水处理厂提标改造项目中1个已完成、2个基本完成，全省22个市县城镇污水处理厂完成一级A提标改造。

推进污泥处理处置，全省11个设区市有7个建成污泥处理设施，全省污泥处置率为98.8%。

【黑臭水体整治】 2月，会同省环保厅、省水利厅、省农业厅联合印发《关于加快全省城市黑臭水体整治工作的通知》《转发关于做好城市黑臭水体整治效果评估工作的通知》，督促指导各地开展黑臭水体整治及黑臭水体整治效果评估。暗访督查南昌市黑臭水体整治工作，下发督查情况通报。对国家黑臭水体专项行动通报的南昌市、赣州市和吉安市黑臭水体整治情况进行定期调度。对南昌、九江、景德镇、抚州、萍乡、上饶、宜春、新余、鹰潭等9个设区市的黑臭水体整治情况进行实地督查。九江市列入国家2018年城市黑臭水体治理示范城市20个之一，3年获中央财政支持6亿元；将全省黑臭水体整治工作纳入江西省2018年"清河行动"。设区市建成区排查黑臭水体32个，治理完成26个、完成率达81%。南昌市10个黑臭水体整治基本完成。

【城镇园林绿化建设】 全省建设绿色廊道669公里，56个县（市）（市、区）获得"省级园林城市"称号。印发《关于进一步加强全省城镇园林绿化有关工作的通知》。开展城市公园安全排查整治。印发《关于进一步做好城市公园内设立私人会所整治"回头看"工作的通知》，对城市公园内设立私人会所情况进行"回头看"；对南昌、上饶9个私人会所整改情况进行实地督查，做好中央巡视"回头看"反馈意见整改工作和"再查再改"工作。对申报国家园林城市（县城）的瑞昌市、金溪县、崇义县进行帮扶指导。开展11个设区市国家园林城市的复查工作。

【城镇供水供气管理】 完成全省市、县的城镇供水规范化管理考核工作和全省设市城市的城市供水水质督察工作，落实"放管服"要求，制定《江西省方便企业获得用水行动方案》。推广智能水表。印发《关于进一步加强城镇供水供气服务质量的通知》，对供水供气入户抄表提出明确要求。召开全省城镇燃气安全运行工作座谈会，印发《关于进一步加强城镇燃气安全管理工作的通知》，联合省发改委印发《关于推进生物天然气入网有关工作的通知》，做好推进生物天然气入网利用的工作。

村镇规划与建设

【概况】 2018年，全省乡镇域总面积15.97万平方公里，建成区面积20.03万公顷，村庄建设用地面积41.81万公顷。有建制镇715个、乡556个、农场21个（不含城关镇和纳入城市统计范围的乡镇），行政村16461个，自然村158104个。全省村镇总人口4145.4万人，其中小城镇镇区人口548.2万人，村庄人口3597.2万人。全省已建立镇（乡）级村镇规划建设管理机构699个，配备工作人员4467人，其中专职人员2760人。2018年，全省村镇建设总投资5787980.95万元，年度村镇住宅竣工建筑面积4847.52万平方米，年末村镇实有住宅建筑面积156702.05万平方米，人均住宅建筑面积17.63平方米。同时，村镇公用设施逐步完善，96.78%的建制镇、96.59%的集镇建有集中供水设施，小城镇自来水普及率80.36%。小城镇建成供水管道、排水管道、道路分别有2.17万公里、7155.25公里、16848.04万公里，有公共厕所5238座，环卫车3967辆，公园绿地面积达980.2公顷。

【农村建房规划】 强化村镇规划技术指导，推进县域乡村规划和实用性乡村规划编制，县域乡村建设规划编制率57%。推动设计下乡工作。制定工作方案，召开动员会，部署建立技术服务小组，对口服务11个设区市和赣江新区。开展农村建房规划管理督导。印发《关于农村超高超大违法违规建房查处典型案例的通报》，通报5类26个典型案例。

【农村危房改造】 联合省财政厅、省扶贫办、省民政厅等印发《江西省2018年农村危房改造实施方案》，召开全省农村危房改造推进会议。制定2018年度农村危房改造"春季攻势"行动方案、"夏季整改"行动方案和年度工作方案，起草《秋冬会战工作方案》。组织各地报送存量危房情况和2018年改造计划，开展全面排查和安全鉴定工作。印发《关于组织开展农村危房鉴定技术下乡的通知》，推荐部分高校下乡提供鉴定服务。组织各地开展2017年度农村危房改造任务实施情况绩效评价。开展农户身份证信息重复及不完整情况专项整改，对4万余条信息予以修改完善。下发《关于规范农村危旧房改造中拆旧还基有关工作的通知》，要求依法依规组织拆除危旧房屋、腾退宅基地。妥善修缮维护有人文保护价值的民居建筑。

【传统村落】 新增21个村列入中央财政支持范围，新增中国传统村落168个和中国历史文化名镇名村3镇14村。开展传统村落保护项目实施情况检查。组织对传统村落保护发展规划进行技术评审。168个村落通过住房城乡建设部第五批中国传统村落专家初审。全省13镇37村申报第七批中国历史文化名镇名村。开展传统建筑调查登记、挂牌保护工作。印发《关于规范开展村庄环境整治工作的函》，要求在整治过程中保护传统建筑。

【农村生活垃圾】开展"回头看"工作，集体约谈较为突出的县（市、区）。对全省98个涉农县（市、区）的196个行政村农村生活垃圾专项治理工作开展预验收，合格率91.84%。印发《江西省非正规垃圾堆放点整治工作方案》，开展农村生活垃圾集中治理，排查登记非正规堆放点833处，已整治303处，正在整治526处。瑞昌市、靖安县、崇义县作为农村垃圾分类和资源化利用示范试点取得成效。组织各地开展村镇公共厕所建设和管理情况的调查统计。

【小城镇污水处理设施】开展鄱阳湖沿线20个镇污水处理设施建设绩效评价。对20个乡镇生活污水处理项目的完成情况进行项目验收暨绩效评价。组织全省乡镇生活污水处理设施建设、运营情况的专题调研及问题整改专项督查。推进全省农村生活污水治理示范工作。分宜县、上栗县实现集镇污水处理设施全覆盖。

【特色小镇】推进特色小镇建设，开展特色小镇自查工作，落实第一批省特色小镇专项补助资金8000万元。组织专家指导特色小镇建设规划。召开全省特色小镇建设工作现场推进会，规范特色小镇创建，打击"伪特色化""山寨化""房地产化"现象。组织开展全省特色小镇建设督导工作，印发通报，并提出整改建议。开展推进全国特色小镇建设专项督导。

【对口帮扶】做好泰和县马市镇柳塘村定点帮扶工作。严格对驻村工作组的管理，并多次现场督导驻村工作，研究出台定点帮扶三年规划。做好深度贫困村帮扶点兴国县古顺村帮扶工作。赴古顺村开展专题调研，研究出台工作方案。定点帮扶峡江县金坪民族乡，指导金坪民族乡开展省级特色小镇创建工作，高标准编制特色小镇建设专项规划。深入金坪乡专题研究解决其规划建设问题。

标准定额

【工程造价监管】依据国家住房城乡建设部令第16号的规定，强化全省各地行业监管机构履行建设工程施工"最高投标限价"和"竣工结算"成果文件备案职责，建立和完善全省工程计价工作的事中和事后监督管理机制。贯彻落实《造价工程师职业资格制度规定》《造价工程师职业资格考试实施办法》，做好二级造价工程师职业资格制度实施的前期准备工作。

【工程计价管理】组织和实施2017版建设工程定额的宣贯工作；制定和下发装配式建筑工程计价暂行办法；依据建筑行业工程计价执行新的增值税税率的政策要求，组织调整了江西省建设工程计价依据和规则，做好建筑企业的减负及全省工程计价的动态管理工作；组织全省行业管理机构开展建设工程定额综合工日单价动态测算工作。

【工程造价信息】改革全省工程造价信息发布方式，发布造价信息12期，常用工程材料价格信息20多万条，发布全省实物工程量人工成本和各工种人工成本信息4次，上报住房城乡建设部人工成本信息4次。向中国建设工程信息网上报工程造价信息4200条，工程造价指数1000多条。做好年度工程建设地材价格波动的调研工作，针对市场价格波动启动工程计价工作的应急机制。

【标准化建设】在全省装配式建筑、绿色建筑、城市管廊、海绵城市建设工作中建立科学的计价体制。完成景德镇市管廊建设项目、萍乡市海绵城市建设项目和省内6个装配式建筑试点城市有关工程计价工作。组织专业人员参加国家装配式建筑、绿色建筑、城市管廊消耗量定额编制工作的发布和宣贯交底工作，完成《装配整体式混凝土住宅设计标准》等七项工程建设标准报批稿的审查；完成《公共建筑用能监测系统标准》送审稿的审查；完成《混凝土模卡砌块应用技术标准》等二项工程建设标准编制大纲的审查；完成《蒸压加气混凝土板墙体构造》等四项标准设计报批稿的审查；完成《节流式HDPE缠绕增强排水管及检查井》《海绵城市LID设施工程构造》等三项标准设计送审稿的审查。

工程质量安全监管

【概况】全省现有建设工程质量管理机构114家（省局1家、市级质监站12家、县（市、区）质监站101家），从业人员1508人，其中监督人员1187人，其他人员261人。全省质量监督员有1247人，其中高级工程师173人，占14%；工程师433人，占35%；助理工程师477人，占38%；技术员164人，占13%。全省各级监督机构的安全监督工程项目总数为7148项，建筑面积合计23887.08万平方米。全省历年未竣工监督工程8548项，面积11890.49万平方米（住宅工程4312项，7038.47万平方米、公建工程2623项，3329.73万平方米、其他工程1580项，1581.12万平方米）。全省新监督工程9263项，面积14267.07万平方米（住宅工程3961项，8409.94万平方米、公建工程3138项，3448.94万平方米、其他工程2094项，2522.36万平方米）。全省竣工验收合格工程6250项，面积7599.51万平方米

（住宅工程3439项，5305.8万平方米、公建工程1829项，1403.25万平方米、其他工程986项，1042.19万平方米）。全省质量投诉受理率100%，受理工程质量投诉共计1350起，办理完结1350起，45起正在办理中。全省共有4项房建市政工程荣获中国建设工程鲁班奖（国家优质工程）；104项工程荣获江西省优质建设工程奖，其中房建市政工程85项（杜鹃花奖26项、省优良工程奖59项），园林绿化工程19项工程（杜鹃花奖2项、省优良工程奖17项）。

【开展施工专项整治】开展市政工程、房屋建筑工程施工安全整治活动。截至12月底，全省组织培训14757期，培训人员183751人次，开展反"三违"行动69888人次，辨识风险32473处，制定管控措施63708条，建立"一图、一牌、三清单"4456套。开展专项检查37636人次，检查企业及项目19274家，排查安全隐患113041条，其中重大隐患1066条；整改安全隐患111823条，其中重大隐患1066条，整改率分别为98.88%和100%。重大隐患挂牌督办802条，重大隐患曝光602条，责令停工整改项目2116个，处罚企业1216家，罚款5409万元，追究安全生产违法行为相关责任人248人，实施联合惩戒121家，约谈企业1041家，通报批评企业879家，问责193人。开展建筑施工安全专项整治行动。截至12月底，全省共排查隐患122787条（其中重大隐患1083条），整改完成121498条（其中重大隐患1083条），整改完成率99.0%（其中重大隐患整改完成率100%）；共对802个存在重大隐患工程项目进行挂牌督办，整改完成率100%；共责令停工整顿项目2118个，罚款金额5454.6万元，实施罚款项目1236个，追究企业人员责任252人；共对121个项目实施联合惩戒，推送"黑名单"项目70个；共约谈单位1078家，通报单位946家，问责人数193人。

【质量安全标准化建设】6月5日，在南昌组织召开"安全生产月"活动会暨安全生产标准化示范工地现场观摩会，推广施工现场工程质量管理标准化的好经验、好做法。培育创建100个省建筑安全生产标准化示范工地，发挥示范工程对于提升工程质量管理标准化水平的带动作用。9月28日，在上饶市组织召开全省建筑工程质量安全提升暨"智慧工地"现场推进会，印发《关于召开全省建筑质量安全提升暨"智慧工地"现场推进会的通知》，推动工程质量安全提升行动深入开展。印发《江西省开展房屋建筑和市政基础设施工程质量管理标准化工作实施方案》，部署全省工程质量管理标准化工作。

【治理违规海砂专项行动】印发《转发住房城乡建设部等关于开展治理违规海砂专项行动的通知》，加强对房屋建筑和市政工程现场采购、使用砂的监督检查，查处在房屋建筑和市政工程施工中违规使用海砂的行为。全省各地在专项行动中共开展检查156次，涉及工程项目2634个、建筑面积10055.67万平方米，预拌混凝土企业367家，全年预拌混凝土生产量3080.7万立方米、预拌混凝土用砂量1999万立方米，其中：河砂1510.9万立方米、机制砂491.4万立方米。未发现违规使用海砂现象。印发《转发住房城乡建设部办公厅关于开展预拌混凝土企业专项监督执法检查的紧急通知》，组织开展全省预拌混凝土企业专项监督执法检查工作，全省各地共检查预拌混凝土企业419家，查处违法违规行为11起，处罚企业4家，处罚金额34.8万元，清理取缔无资质预拌混凝土企业2家。

建筑市场

【概况】2018年，全省完成建筑业总产值6993.4亿元，增速13.4%，企业在外省完成产值2441.46亿元，增速9.9%。江西省建筑业总产值在全国排位前移一位，列全国第十四位。2018年全省对外承包工程营业额44.67亿元，5家建筑企业进入全球承包商250强榜单，且位次不断前移，上榜企业数居全国第五位，稳居中部6省第一位。2018年，全省共有建筑业企业9786家，江西省城建建设集团有限公司、昌建建设集团有限公司等2家企业获批建筑工程施工总承包特级资质，全省特级资质企业19家，一级企业654家，比上年增加93家，二级企业2402家，比上年增加69家。新批省级建设工程工法92项，全省建筑业新技术应用示范工程立项工程41项。全省完成建筑业总产值5亿以上的企业268家，比上年增加15家，其中产值超过100亿元的企业4家，比上年增加2家，为江西建工第一建筑有限责任公司、江西省建工集团有限责任公司、中恒建设集团有限公司、中铁四局集团第五工程有限公司；产值50亿~100亿元以上的企业22家，与上年持平；产值20亿~50亿元的企业达49家，比上年减少12家，产值10亿~20亿元以上的企业达到80家，比上年增加14家。产值在5亿~10亿元的企业有113家，比上年增加11家。截至2018年底，江西省共有187家监理企业，比上年增加28家。全年监理企业承揽监理合同额约26.9亿元，增长24.6%；工程监理营业收入18.2亿元，增长16.6%。2018年，江西省共有8个公共建筑装饰类、4个幕墙建筑类项目获中国建筑工程装饰工程奖；14人被评为全国建筑装饰行业优秀项目经理；1家单位2个项目获得科技示范工程奖。12家企业获得中国建筑工程装饰3A信用评价，分别是：美华、利达、建工、金昌、圳昌、中航长江、绿蜻蜓、天音、南方、康盛、诚建、宏发。美华建设有限公司、利达装饰集团有限公司、金昌建设有限公司获全国装饰百强企业，美华建设有限公司、利达装饰集团有限公司、宏发建设有限公司荣获全国幕墙百强企业。

【装配式建筑发展】1月，省政府在赣州召开全省装配式建筑发展交流会。实地督查南昌等6个试点城市。推荐专业技术人才参加住房城乡建设部装配式建筑工程技术高级研修班，组织参加第十七届装配式建筑交流会、湖南装配式建筑工程技术博览会。全省25个装配式建筑生产基地开工建设，新开工装配式建筑面积1443万平方米，竣工装配式建筑面积440万平方米。出台《江西省装配式建筑产业基地管理办法（试行）》。加快建设航信大厦、幸福渠保障房、赣江新区综合配套服务中心等一批装配式建筑示范工程项目。

【建筑市场监管】制定并印发《关于进一步优化建筑市场环境的通知》《关于进一步规范工程建设领域保证金管理减轻企业负担的通知》，严禁违规设立分公司、子公司。加大违法分包转包查处力度，处罚231家有违法违规市场行为的建设单位和建筑施工企业，其中21家停业整顿，162家限制招投标资格，48家给予处理，处罚金3100余万元。专项整治工程建设领域专业技术人员"挂证"行为，清理和退还各类保证金，推进保函保险替代现金形式保证金，净化建筑业市场环境。

【扬尘治理工作】8月1日起，施行《关于加强全省扬尘污染防治的决定》。召开全省"安全生产月"活动暨安全质量标准化示范工地观摩会，将扬尘治理纳入各设区市建设主管部门2018年度建筑施工安全生产责任状。印发《江西省城市建筑工地扬尘治理专项行动方案》，成立省建筑工地扬尘治理工作领导小组。全省开展扬尘检查13600余次，下达建筑工地限期整改通知10848余份，处罚金额1700余万元。

建筑节能与科技

【概况】2018年，全省工程勘察设计单位共523家，其中甲级企业126家；从业人员168068人，其中技术人员25215人（高级职称人员5410人）；注册执业人员8609人，其中注册建筑师639人（一级360人，二级279人），注册结构工程师554人（一级377人，二级177人），注册土木工程师（岩土）186人。全年全省勘察设计营业收入总额1004.788906亿元，增长23.26%，其中工程勘察收入14.46亿元，增长2.55%。工程设计收入35.19亿元，负增长17.03%；工程总承包收入555.01亿元，增长169.28%；营业税金及附加6.67亿元，负增长58.63%。组织全省2754人参加注册建筑师、勘察师、注册工程师考试。组织2000人参加注册建筑师、注册结构师、注册岩土工程师继续教育培训。

【提升勘察设计水平】实施振兴乡村战略，开展设计下乡活动。召开设计单位设计下乡动员部署会，31家甲级建筑设计单位与全省11个地市进行对接。贯彻质量振兴战略，增加标准有效供给。审查批准《装配整体式混凝土住宅设计标准》DBJ/T 36-041-2018等7项标准，建筑设计图集3项，组织编制《行政服务办事大厅技术导则》；印发2018年度工程建设标准、建筑标准设计编制修编工作，其中工程建设标准16项，建筑标准设计10项。

【推动建筑节能与绿色建筑】印发《关于加强绿色建筑设计和施工图审查工作的通知》，指导设计单位和图审机构提高绿色建筑设计和审查水平，印发《全省2018—2020年建筑节能与绿色建筑工作任务分解方案》，制定《江西省绿色建筑评价机构能力指引》，推行绿色建筑第三方评价。全省116项工程取得绿色建筑标识，建筑面积1690.2万平方米。加强建筑节能与绿色建筑监督检查，建立通报制度，每季度定期通报进展情况。完成可再生能源建筑应用示范市县验收（核定）工作。全省完成太阳能光热建筑应用示范面积1123.74万平方米，浅层地能应用面积234.78万平方米。加强公共建筑节能监管。建成国家机关办公建筑和大型公共建筑能耗监测省级平台，以及南昌、九江、新余、宜春、省直5个分平台。全省平台共联网监测201栋楼，总接入面积657万平方米，接入点位10866个。

【建设科技】27个项目申报住建领域科技计划项目。航信大厦工程、赣州冷链物流中心（一期）2个项目列入住房城乡建设部科技项目计划。完成"上饶万达广场""中节能（江西）总部基地"绿色施工科技示范工程验收工作。对九江市第一人民医院新建综合大楼、北京银行等5个"十项新技术示范工程"进行验收。印发《关于公布江西省建设领域第一批推广应用技术目录的通知》，编制完成《江西省城乡厕所设计导则》，出台装配式建筑相关标准。

【工程建设标准化工作】印发《关于下达2018

年第一批江西省工程建设标准、建筑标准设计编制项目计划的通知》。其中工程建设标准16项，建筑标准设计10项。全年完成《蒸气加压混凝土墙板应用技术标准》《装配整体式混凝土住宅设计标准》《装配整体式混凝土住宅结构工程施工及质量验收技术标准》《装配整体式混凝土住宅预制构件制作与质量验收技术标准》《微晶石保温装饰一体板外墙外保温系统应用技术标准》《江西省城乡厕所设计导则》《复合保温墙板（FR）应用技术标准》等7个工程建设地方标准的编制工作，以及3个标准图集《CPL-XE反应粘结型卷材、涂料建筑防水构造》《蒸压加气混凝土板墙体构造》《PJ保温装饰一体板外墙外保温建筑构造》。《歌舞娱乐场所消防安全技术标准》完成从强制性地方标准转化为推荐性地方标准的修改工作。组织专家完成《农业生产资料配送中心建设标准（征求意见稿）》《农产品批发市场建设标准（征求意见稿）》《城乡养老设施规划标准（征求意见稿）》等3个工程建设国家标准的征求意见工作。

【建设标准实施和宣传】在全省工程勘察设计监督执法检查中，将《住宅区和住宅建筑内光纤到户通信设施工程设计规范》和《无障碍设计规范》列入标准规范的专项检查内容。推动商业楼宇的光纤网络建设，举办《综合布线系统工程设计规范》和《综合布线系统工程验收规范》两个国家标准的宣贯培训。

【无障碍环境建设】开展创建国家无障碍环境示范市县村镇的申报评选工作。印发《贯彻〈江西省无障碍环境建设办法〉的实施意见》。推进《江西省"十三五"加快残疾人小康进程规划纲要》任务分工的落实，对残疾人优先保障基本住房的权利。开展全省工程建设项目的无障碍设计标准和规范落实情况检查，并进行通报。

城市管理监督

【概况】2018年4月11日，江西省住房制度改革领导小组办公室正式更名江西省城市管理服务中心，其他机构编制事项维持不变。主要职责调整为：负责全省城市管理执法人员的培训工作；负责全省城市执法队伍的服装、装备管理等后勤保障服务工作；负责全省数字化城市管理的技术指导和服务工作；承担全省城市管理和执法监督的辅助性工作。

【扫黑除恶】2018年，江西住建系统出台加强行业监管政策数量在全国31个省份中排名第3位，配合查处案件数量排名第6位，移送涉黑涉恶线索数量排名第10位，工作简报数量排名第6位。与各设区市、省直管县62家住建部门签订责任状，对全省54家工作不力、"零线索、零打击、零战果"的单位，去函督战，严格督办。坚持全省住建系统"一盘棋"，省、市、县三级共召开动员、部署、推进会1100余次。加大宣传力度，张贴标语横幅7700余条、宣传栏3000余处、发放资料8万余份、发送手机短信4万余条，发微博微信公众号8万余条、刊登播出新闻190多条。对6个领域13类问题进行"立体式""拉网式"排查，横向到边、纵向到底。截至年底，全省各级住建部门共摸排涉黑涉恶线索300多条，移交线索100多条，配合办案数十件。

【城市运行安全】全省各级城市运行安全专委会和成员单位共召开部署动员、推动推进会119次，发短信302万余条，发资料1.5万余份，发微博微信1.5万条。出动工作人员4.36万人次，排查企业（项目）13028家次，排查次数达企业底数的3.18倍；督促企业开展安全培训7081期次，培训人员14.04万人次；开展反"三违"集中行动6869次，整治"三违"人员5.27万人次；对15784处风险点进行评估，对排查出的27431条隐患建立台账，严格整改期限和整改措施；建立"一图、一牌、三清单"4071套，提高了风险管控能力和水平。速"清零"严执法，全省隐患"清零"率达到100%。全省各级重大隐患挂牌督办33起，全部整治管控到位。取缔关闭非法企业总数195家、责令停产整顿企业总数122家、关闭不符合安全生产条件企业总数23家、实施罚款企业总数5565家；全省城市运行安全方面共实施安全生产联合惩戒205家。实考评重整改。组成5个考评组，赴各市开展城市运行安全考评工作，对排名滞后的市县区发督办函，限期整改。同时开展示范创优评选工作，在城建系统创建了25家风险管控示范企业（单位）。

【国有工矿棚改】2018年全省国有工矿棚户区改造任务400套，全部是央企国家铁路总公司下属鹰潭防腐厂的职工住房改造任务。截至年底，棚改任务全面按期开工。9月，对萍乡、新余、宜春三市棚改目标任务完成情况进行了督查。

【非洲猪瘟防控】城管中心承担省重大动物疫情应急指挥部联络员工作，主要负责指导汨水和餐厨垃圾的收集处置工作。11月6日，江西万年县发生首起疫情，城管中心赴现场督导排除疫情，指导汨水和餐厨垃圾收集处置工作。12月，督查南昌市及进贤、南昌两县的非洲猪瘟防控工作，同时开展非洲猪瘟防控挂点驻市工作。

人事教育

【教育培训】 全省建设系统各类培训机构124家,其中,建筑与市政施工企业现场专业技术人员(即关键岗位人员,简称"八大员")培训机构有64个,三类人员、特种作业人员、招投标代理从业人员、检测员等各类培训、考核机构共60家。全年约30万人次通过考试取得各类岗位培训合格证书,其中:施工现场专业技术人员(即"八大员")122000余人次(其中标准员办证数:11300余人次),一线工人自主培训、考试、发证122600余人次;"三类人员"2万余人次通过考试取得岗位证书,换发新证书1.5万本;组织特种作业人员理论考试3万余次,实操培训2万人次,1.8万人通过考试成绩合格。共办理各类证书变更、延期等约6万人次,其中:"八大员"约3万人次,"三类人员"延期、变更、注销、遗失补办等2万人次,特种作业人员延期5千余人次;检测人员证书延期3千余人次,变更200余人次。

【干部培训】 11月,在北京与全国市长研修学院联合举办一期"深化改革绿色发展"专题研究班,全省各设区市(省直管试点县、市)的59名分管领导参加学习。12月,在南昌举办一期"坚决打好精准脱贫攻坚战"的培训班,全省各设区市建设系统80余人参加培训。

【社团管理】 完成建筑业协会、勘察设计协会、造价协会、规划协会等4个协会的脱钩试点工作。根据《关于对厅属社团有关事项进行清理检查的通知》(赣建人〔2017〕12号)精神,对厅属7个协会、2个学会进行全面清理检查,形成《关于对社团组织有关事项进行检查的情况报告》。

大事记

1月

8日 全省住房城乡建设工作会议在南昌召开。会议全面总结了五年来住房城乡建设工作成就,提出今后一个时期工作总体要求,对2018年工作任务作出部署。

10日、12日 省长刘奇、副省长毛伟明作出批示,充分肯定省住建厅出台《江西省装配式建筑招标投标管理暂行办法》,有效促进装配式建筑在江西省推广运用。

2月

24日 全省城乡环境综合整治工作会议在南昌召开。刘奇省长出席会议并讲话。会上,播放了全省城乡环境综合整治专题片,吴昌平副厅长通报了全省城乡环境综合整治工作情况。

28日 副省长李利赴靖安县调研住房城乡建设工作,吴昌平副厅长陪同。

3月

15日 副省长李利赴住房城乡建设部走访,感谢并请求住建部对江西省住房城乡建设事业给予帮助和支持。

4月

4日 省人民政府将抚州市、乐平市、南丰县、金溪县、永丰县列为省级历史文化名城。

18日 省委书记刘奇赴赣江新区调研,并参加赣江新区建设领导小组第3次会议。

5月

2日 省住建厅组织召开省级"多规合一"试点工作联席会议,会议审议并原则通过7个试点规划验收,标志着江西省试点工作基本完成。

7日 省政府批复同意赣州市南康区家具产业园公租房盘活处置,调整为易地扶贫搬迁安置房,退出公租房管理。

6月

1日 中央第四环境保护督察组对江西省开展"回头看"工作动员会、江西省中央环境保护督查整改工作汇报会、研究钢铁行业化解过剩产能、防范地条钢死灰复燃工作会。

11日 省农村生活垃圾专项治理工作联席会议对农村生活垃圾治理工作第一次"回头看"中问题较突出的部分县(市、区)进行集体约谈。

29日 省住建厅召开农村生活垃圾治理工作第二次"回头看"问题较突出的县(市、区)约谈会,对农村生活垃圾治理工作第二次"回头看"中问题突出的部分县(市、区)进行集体约谈。

7月

2日 省委统战部部长陈兴超深入广昌县工业园走访企业,开展"降成本、优环境"调研。

4日 全省棚户区改造工作现场推进会在赣州市召开。副省长刘强出席会议。

8月

1日 省政府召开全省"厕所革命"三年攻坚行动动员电视电话会议,会上就《江西省"厕所革命"三年攻坚行动方案》作了说明。

3日 省住建厅举行"改进作风、简政便民、服务发展"十项措施新闻发布会。人民网、《中国建设报》《江西日报》、今日头条、凤凰网、香港《大公报》等20余家媒体记者进行现场采访。

9月

3日 代省长易炼红主持召开鄱阳湖生态环境专项整治工作推进情况专题调度会。

22日 《江西省城乡厕所设计导则》经省住建厅批准正式发布，该导则自2018年10月1日起施行。

10月

7日 代省长易炼红调研南昌VR环境整治情况。卢天锡厅长陪同。

29日 国家2018年城市黑臭水体整治专项巡查第三巡查组在南昌召开黑臭水体整治专项巡查座谈会，听取江西省及南昌市市政府黑臭水体整治情况汇报。

11月

13日 《人民日报》以《景德镇多措并举提升城市品质——"生态修复、城市修补"让千年瓷都面目一新》为题，报道景德镇市开展城市双修工作。

20日 副省长吴晓军到九江市、湖口县、彭泽县、都昌县调研中央环保督查"回头看"问题整改情况。

23日 省长易炼红听取省住建厅关于城市品质提升三年行动工作的汇报。

23日 省住建厅组织召开全省住建系统扫黑除恶专项斗争视频推进会。

12月

11日 省委、省政府在南昌召开全省城市功能与品质提升三年行动动员大会。会议印发《江西省城市功能与品质提升三年行动方案》。

13日 副省长刘强赴宜春调研住建工作。

23日 江西建设职业技术学院隆重举行庆祝改革开放40周年暨办学60周年成果展示活动。

30日 第五届世界绿色发展投资贸易博览会在南昌举行。

（江西省住房和城乡建设厅）

山 东 省

概况

2018年，山东省住房城乡建设系统全面贯彻落实习近平总书记视察山东重要讲话、重要指示批示精神，围绕"走在前列、全面开创"的目标定位和"四个扎实"的工作要求，认真落实省委、省政府决策部署，以实施新旧动能转换重大工程为统领，持续提高城镇化质量，突出抓好住房制度、城乡规划、城管体制和建筑业等领域改革，开展农村人居环境整治，提高城市建设水平，推动了住房城乡建设事业高质量发展。2018年，全省设市城市和县城市政公用设施建设完成固定资产投资1410亿元，比上年增长5.0%。全省房地产业和建筑业缴纳各项税收2168.7亿元，比上年增长25.3%，占全省税收收入的24.1%，为新时代现代化强省建设作出了积极贡献。

【城镇化发展开创新局面】深入开展市民化调研，完善规划体系，在全国率先实现市民化规划设区市和试点市县全覆盖。研究制定了户籍管理、人地挂钩、农村产权制度改革等多个配套文件，加快推进公共服务均等化，市民化政策体系逐步完善，农业转移人口融入城镇能力显著增强。深入实施山东半岛城市群发展规划，形成了2个特大城市，8个大城市、7个中等城市、80个小城市、1092个建制镇协调发展的城镇格局。加大资金支持力度，省财政列支8400万元补助试点地区，支持创新性开展新型城镇化建设。印发《城镇化地区设施向农村延伸导则》，积极推动公共服务和基础设施向农村延伸。

【群众住房条件实现新改善】全面启动棚改专项债券发行工作，争取国家下达山东省债券额度658亿元，实际发行586亿元。全省棚户区改造新开工86.18万套，基本建成44.97万套。发放住房租赁补贴44631户。公租房分配184976套，分配率93.6%，提前完成国家下达分配任务。以控房价、稳市场为首要任务，整顿规范房地产市场秩序，保持政策连续性和稳定性，供求状况趋于平衡，房价总体平稳。出台意见支持重点中小企业利用自有产权土地配建产业配套住房。积极培育住房租赁市场，编制国内首个住房租赁经营服务规范。全年改造老旧小区43.4万户。深入开展物业"标准建设年"主题活动，物业行业精神文明创建在全省15个行业中排名第一。

【城市规划建设迈上新台阶】加快推进新一轮城市总体规划编制，完成29个市县纲要审查、51个市县成果审查。先后召开 3 次省城乡规划委员会全体会议，审议通过 24 个市县总体规划和专项规划。省政府研究审议了《山东沿海城镇带规划（2018—2035 年）》等一批重大规划。截至年底，"十三五"期间累计开工综合管廊 742 公里，形成廊体 630.8 公里；累计建成海绵城市 920.1 平方公里。全省在建轨道交通线路 8 条、273.7 公里。全省城市（县城）建成区园林绿地面积 24.3 万公顷，人均公园绿地面积为 17.6 平方米，均居全国前列。省级及以上园林城市（县城）94 个，其中国家级园林城市（县城）57 个，数量全国第一。

【城市管理服务效能再上新水平】大力开展城管队伍"强基础、转作风、树形象"专项行动，深入推广"721"工作法，109 个市县完成执法队伍换装，1.54 万人持证上岗。制定发布省数字化城管系统建设与运行管理导则，全省 99 个市县已全部完成数字城管系统平台建设。加大扬尘治理力度，城市（县城）规划区内规模以上房屋建筑工地全部落实扬尘防治六项措施。深入开展铁路沿线环境综合整治，大力推进城市违法建设治理，累计查处城市违法建设 28316.5 万平方米，依法拆除 25403.5 万平方米，整改 2927.6 万平方米。全省建成运行城市污水处理厂 307 座，形成污水处理能力 1514 万吨/日；出水水质达到一级 A 及以上排放标准的污水厂占比 99% 以上。199 条黑臭水体完成整治 194 条，完工率 97.5%。

【村镇人居环境整治见到新成效】编制全省农村人居环境整治三年行动实施方案，稳步推进村镇生活污水处理工作，全年全省累计开工建设乡镇污水处理设施项目 1310 个，91% 的建制镇建有污水处理设施，25% 的行政村对生活污水进行了处理。省政府印发通知，建立维修服务、清运服务、利用处理三项制度，高质量推进农村"厕所革命"。完成农村无害化卫生厕所改造 170.7 万户，累计改造 1006 万户，乡（镇）农村改厕任务基本完成，全国农村改厕推进现场会在淄博举行。省政府办公厅印发了美丽村居建设"四一三"行动推进方案，召开美丽村居建设推进视频会议，着力打造 4 大风貌区、10 条风貌带、300 个省级试点村，评选了 56 个省级试点村庄。出台规范推进特色小镇和特色小城镇建设的若干意见，印发特色小镇精细规划编制技术要点，打造"三生三美"的特色小城镇。制定了住建领域坚决打赢脱贫攻坚战的实施意见，开展"脱贫攻坚作风建设年"活动。争取中央资金 1.25 亿元，省级配套资金 3.5 亿元，完成 4 类重点对象危房改造 3.9 万户，其中，建档立卡贫困户 2.5 万户，基本完成 4 类重点对象危房改造。山东省因农村危房改造，被国务院列为真抓实干、成效明显地方予以激励。

【建筑业发展显现新势头】积极培育行业旗舰企业，山东省特级资质企业达到 41 家，产值过百亿的企业达到 18 家。全年建筑业总产值 12898.3 万亿元，比上年增长 12.4% 左右，实现增加值 4785 亿元，增长 11.9% 左右。着力开展建筑业综合改革试点，公布了两批 37 个试点地区、51 项试点任务，试点企业 305 家、试点项目 94 个。着力强化建筑工程质量安全，全省"两书一牌"覆盖率 100%。持续开展明察暗访，全年先后实施安全生产行政处罚 1477 起，处罚单位 1290 个，全省工程质量水平稳步提升，建筑施工安全形势总体平稳。

【有效制度供给呈现新亮点】制定工程建设项目审批制度改革行动方案，确保 45 个工作日内完成工程建设项目审批全过程，改革力度全国最大。制定实施简化水气暖报装专项行动方案，城市供水、供气、供热报装服务质量效率明显提高。济南市"加减并重"，加快工程建设项目开工，作为国务院第五次大督查发现的典型经验做法给予表扬。创新审批服务模式，将全部行政许可事项下放"济青烟"三市，实现对三市的"零审批"，占全省下放总数的 25.7%。加快"证照分离"改革，开展建筑业和房地产开发企业资质告知承诺制试点。取消建筑业企业资质遗失登报声明等 15 项证明，省厅规范性文件设定的证明事项全部取消。持续深化法治政府建设，全系统 18 件地方立法纳入省政府五年（2018—2022 年）立法规划，省人大常委会对 7 件住建领域地方性法规进行了修改；省政府常务会审议修改了 7 件省政府规章，废止了 2 件省政府规章。省住房城乡建设厅废止 22 件规范性文件，对 6 个省政府文件提出清理意见。

法规建设

【行政复议应诉】2018 年，省住房城乡建设厅重视行政复议应诉工作，复议案件全部在法定期限内受理、审理、依法作出决定，充分做好诉讼应诉准备，提升材料准备、出庭辩论、善后处理等工作质量，以化解争议为目标，努力做到"案结事了"。2018 年，省住房城乡建设厅作为行政复议被申请人的案件有 10 件，其中，复议机关为住房城乡建设部的 4 件，复议机关为省政府行政复议办公室的 6 件，维持省住房城乡建设厅具体行政行为的 7 件，驳回申请人复议请求的 3 件。以省住房城乡建设厅作为被告人的行政诉讼案件共有14件，分别涉及房屋征收补偿、政府信息公开等领域，其中已判决12件，均胜诉。

【重点领域立法】经山东省住房城乡建设厅积极争取，在2018年度山东省人大地方立法计划中，涉及住房城乡建设领域地方性法规12件，其中，二类项目3件，分别是：《山东省燃气管理条例》（修改）、《山东省城乡垃圾处理条例》、《山东省历史文化名城名镇名村保护条例》；三类项目9件，分别是：《山东省住房租赁管理条例》、《山东省城市管理条例》、《山东省违法建筑处置条例》、《山东省住房保障条例》、《山东省建筑市场管理条例》（修改）、《山东省城市国有土地使用权出让转让规划管理办法》（修改）、《山东省城市房地产开发经营管理条例》（修改）、《山东省城市房地产交易管理条例》（修改）、《山东省商品房销售条例》（修改）。省政府涉及住房城乡建设领域政府规章9件，其中，一类项目2件，分别是：《山东省无障碍环境建设管理办法》《山东省绿色建筑促进办法》；二类项目6件，分别是：《山东省城镇临时建设、临时用地规划管理办法》（修改）、《山东省城市建设档案管理办法》、《山东省城镇控制性详细规划管理办法》（修改）、《山东省城镇供水管理办法》、《山东省城镇容貌和环境卫生管理办法》（修改）、《山东省市县城乡规划委员会工作规定》；三类项目1件：《山东省城镇体系规划实施办法》。

【地方性法规修改】根据中共中央、国务院《关于印发〈法治政府建设实施纲要（2015—2020年）〉的通知》要求，山东省人大对部分地方性法规进行了修改和清理。9月21日，省第十三届人民代表大会常务委员会第五次会议决定对10件地方性法规作修改，涉及住房城乡建设领域的有7件，分别是：《山东省民用建筑节能条例》《山东省城乡规划条例》《山东省物业管理条例》《泰山风景名胜区保护管理条例》《山东省供热条例》《山东省建设工程勘察设计管理条例》《山东省城市建设管理条例》。

【省政府规章修改】根据中共中央、国务院《关于印发〈法治政府建设实施纲要（2015—2020年）〉的通知》《国务院办公厅关于进一步做好"放管服"改革涉及的政府规章、规范性文件清理工作的通知》要求，1月2日，省政府第119次常务会议审议通过，修改了33件省政府规章，其中涉及住房城乡建设领域的有7件，分别是：《山东省节约用水办法》《山东省建筑装饰装修管理办法》《山东省节能监察办法》《山东省城市绿化管理办法》《山东省建设工程造价管理办法》《山东省房屋建筑和市政工程招标投标办法》《山东省工程建设监理管理办法》。

【严格规范执法】2018年，省住房城乡建设厅领导和工作人员，严格贯彻落实《山东省住房和城乡建设厅全面推行行政执法"三项制度"工作实施方案》《山东省住房和城乡建设厅行政执法信息公示实施办法》《山东省住房和城乡建设厅执法全过程记录实施办法》《山东省住房和城乡建设厅重大执法决定法制审核实施办法》，规范办理行政处罚案件。健全完善行政处罚各阶段执法文书，进一步规范立案、送达程序。全面推行执法全过程记录制度，采购执法记录仪5套、录音电话5部，在信访室、清欠办安装实时监控，对现场检查、随机抽查、调查取证、证据保全、陈述申辩、听证等容易引发争议的行政执法过程，全程进行音像记录，执法办案全过程留印留痕。全面落实行政处罚法制审核制度，所有行政处罚案件均进行合法性审查。全面实行行政执法公示制度，行政处罚信息全部在厅门户网站和省住房城乡建设服务监管与信用信息综合平台公示公开，并链接至"信用山东"平台，接受社会监督。全年共办理行政处罚案件119件，依法对104家责任企业和15名责任人实施罚款、暂扣或吊销资质资格等行政处罚，撤回17家建筑业企业资质证书，全都合法合规，无一错案。修订印发《山东省住房城乡建设违法违规行为举报管理办法》，统筹全厅各类投诉举报的受理与办理，全年办理1250件。

行政许可

【简政放权】2018年，贯彻落实山东省政府放管服改革和新旧动能转换决策部署，省住房城乡建设厅全力支持济南、青岛、烟台住房城乡建设加快转型发展，厅全部许可事项下放济南、青岛、烟台实施。根据省政府《关于将部分省级行政权力事项调整由济南、青岛、烟台市实施的决定》，制定省厅《省级行政权力事项调整由济南、青岛、烟台市实施工作方案》，组织行政许可事项下放工作交接培训，确保"理得清、放得下、接得住、管得好"。启用委托济南、青岛、烟台市实施省级行政许可事项专用章。印发《关于将省级行政许可事项调整由济南、青岛、烟台市实施的通知》，自2018年9月25日起，省住房城乡建设厅18项（子项）省级行政许可事项调整由济南、青岛、烟台市实施，占全省下放总量的四分之一。组织下放工作督查，听取3市工作建议，帮助解决承接过程中存在的问题。

【厅许可事项全部进驻省政务服务中心】根据山

东省政府统一部署，省住房城乡建设厅18项（子项）行政许可于2018年8月23日正式进驻省级政务服务中心，实现了进驻工作"五个到位"。人员进驻到位。行政许可处、定额站等6个处室、单位选派的政治素质高、业务能力强的16名工作人员全部到位。项目进驻到位。18子项许可事项全部进驻大厅，所有进驻事项均可在行政服务中心受理、审批、办结和发证，进驻率100%。大厅授权到位。按照"三集中、三到位"的工作要求，对大厅充分授权，刻制"山东省住房和城乡建设厅行政许可专用章"用于大厅审批事项，设立首席代表，代表省厅全面负责许可工作。清单梳理到位。对18项（子项）许可事项全部进行"颗粒化"拆分，共梳理出176项申请事项清单，8月中旬统一发布。责任落实到位。对所有进驻事项明确专人具体负责，对事项办理负全部责任，实行首问负责制，确保全部许可事项按时办结，并承诺提前办结，切实为企业和群众提供高效便捷服务。

【"一次办好"清单落地实施】2018年，省住房城乡建设厅行政许可窗口对照审批事项"一次办好"清单，细化目标任务，实化落实措施，明确责任分工，以"应办尽办"为原则，"说办就办"为承诺，"一次办结"为目的，"办就办好"为理念，推进"一次办好"清单落地实施。优化申报审批流程。对部分许可事项申报审批流程进行优化，申报企业最多到设区市主管部门核验一次原件，资质资格类申报材料全部从省厅一体化平台网上申报审批，所有审批结果通过邮寄送达。9月28日，省住房城建厅与省交通运输厅、省水利厅、省通信管理局四部门联合印发《关于进一步做好建筑业企业资质联合审查工作的通知》，缩短联合审查时间，实现了交通、水利、通讯类资质的网上申报审批。开展承诺制试点。8月，印发《山东省建筑业和房地产开发企业资质告知承诺制试点方案》，房地产二级、三级、暂定级资质和17项建筑业企业资质已经在全省29个国家级功能区内开展试点。清理证明事项。印发《关于简化建设工程企业资质申报材料有关事项的通知》《关于取消建筑业企业资质部分考核指标的通知》《山东省建筑施工企业安全生产许可证新申报、延期申报资料指南》，取消注册建造师执业证书、人员社保证明等5项证明材料，取消建筑业企业最低等级资质标准中关于持有岗位证书现场管理人员的指标考核。

新型城镇化

【新旧动能转换】2018年初，山东省住房城乡建设厅成立推进新旧动能转换重大工程建设领导小组。3月8日，省住房城乡建设厅以厅1号文件印发《关于加快推进全省住建领域新旧动能转换的实施意见》（以下简称《实施意见》），提出在住建领域开展空间布局、载体建设、产业升级、智慧发展、服务优化五大专项行动、十五项重点工作，确定了今后一个时期住建系统推进新旧动能转换工作的路线图。同时，将山东省《关于推进新旧动能转换重大工程的实施意见》、关于住建系统"2+10"重大任务和住房城乡建设厅《实施意见》、"5+15"重点工作进行分解，组建了20个工作专班，制订工作方案，确保各项任务落地落实。组建住建领域新旧动能转换重大工程项目库，明确重点领域突破、重大载体建设、重要课题研究三大类249个入库项目。向省新旧动能办公室推荐，列入省重点项目9个，概算投资1000亿元。

【城镇化格局】2018年，山东省城镇化格局持续优化。济南、青岛城市建成区人口超过500万，成为特大城市，全省形成了2个特大城市、8个大城市、7个中等城市、80个小城市、1092个建制镇协调发展的城镇格局。全省选择15个中等城市、15个Ⅰ型小城市、10个新生小城市、30个重点示范镇开展中小城市培育试点。15个县市入选2018年度全国综合实力百强县市；10个新生小城市公共财政收入全部超5亿元，镇区常住人口全部超过5万人。创建省级特色小镇109个，国家级特色小镇总数达到22个，居全国第二位。

【新型城镇化综合试点】2018年，山东省财政列支8400万元对全省试点地区进行补助。将单县等8个地区列为第三批省级新型城镇化综合试点地区，截至年底，全省已有14个国家级、27个省级新型城镇化综合试点，形成了层级分明、布局合理、各具特色的试点体系。完成国家第二批新型城镇化综合试点验收工作，国家发展和改革委员会印发的第一批城镇化综合试点经验中，推广了山东省青岛市、德州市9条经验，全省新型城镇化综合试点向纵深开展。

【《山东省城镇化地区设施向农村延伸导则（试行）》印发】2018年，为积极推动城镇化地区公共服务和市政工程基础设施向农村延伸，使更多农村地区群众共享城镇化发展成果，提升全省新型城镇化发展水平，山东省城镇化工作领导小组办公室牵头编制了《山东省城镇化地区设施向农村延伸导则》，组织省公安厅、省统计局、山东大学、省城乡建设规划院、省标准化研究院、省社会科学院等单位部门的专家论证，形成了《山东省城镇化地区设施向农村延伸导则（试行）》，通过基础设施互联、公共服务覆盖，促进城乡要素自由流动、公共资源合理配置，实现城乡融合发展，5月印发实施。

【新型城镇化综合考核】2018年，山东省住房和城乡建设厅会同省公安厅、省统计局完成2018年度全省经济社会考核、人口城镇化率考核；印发2017年度全省新型城镇化考核细则，完成2017年度全省新型城镇化考核；根据2015—2017年度新型城镇化综合考核结果，9月20日，省政府授予威海、潍坊、青岛、泰安、烟台、济南、淄博、临沂8个市"山东省适宜人居环境奖"。

城乡规划

【省城乡规划委员会全体会议】2月8日，山东省委常委、常务副省长、省城乡规划委员会主任李群主持召开省城乡规划委员会第二次全体会议，审议通过了淄博、枣庄、邹城3个历史文化名城保护规划，平邑、兰陵2个县城总体规划和省地方标准《村庄道路建设规范》；7月24日，副省长、省城乡规划委员会副主任王书坚主持召开省城乡规划委员会第三次全体会议，副省长于杰出席会议，审议通过了山东省沿海城镇带规划和青岛西海岸新区、日照市、武城县、庆云县、冠县总体规划以及潍坊市历史文化名城保护规划等7个规划；9月19日，副省长、省城乡规划委员会副主任王书坚主持召开省城乡规划委员会第四次全体会议，省政府党组成员刘强出席会议，审议通过了济南历史文化名城保护规划、滨州市城市总体规划和沂南县、博兴县、阳信县、高青县、临朐县、利津县、新泰市、高唐县、平原县、禹城市等10个县（市）总体规划。

【新一轮城市总体规划编制审批】截至年底，山东省17个设区市和82个县（市）均已启动新一轮总体规划编制，其中80个市县完成总体规划实施评估，54个市县完成规划成果，聊城、济宁、日照等18个市县的城市总体规划获省政府批复。

【《山东省沿海城镇带规划（2018-2035年）》实施】贯彻落实习近平总书记关于经略海洋的重要指示精神，促进沿海城镇带高质量发展，依据《山东海洋强省建设行动方案》，山东省住房和城乡建设厅组织编制了《山东省沿海城镇带规划（2018—2035年）》，10月22日，由省政府批复实施。

【《青岛西海岸新区总体规划（2018-2035年）》实施】2018年，山东省住房和城乡建设厅指导西海岸新区管委会组织编制新区总体规划，邀请国内知名专家召开论证会，聘请同济大学吴志强院士为顾问，努力提升规划编制的科学性、前瞻性。10月22日，规划由省政府批复实施。

【开展泰安城乡一体空间发展战略规划】山东省住房和城乡建设厅会同泰安市政府组织开展城乡一体空间发展战略规划，委托同济大学、中国城市规划设计研究院和清华同衡规划设计研究院3家国内优秀单位承担。2月，省委常委、常务副省长李群2次专题听取汇报并向刘家义书记书面汇报进展情况，8月9日，副省长于杰主持召开专题会，听取了规划成果汇报，12月10日，副省长于国安听取了有关情况汇报，要求按程序提报省政府常务会研究审议。

城市建设

【城市道路交通设施建设】2018年，山东省继续贯彻落实中央和全省城市工作会议精神，加强城市道路交通设施建设。全省城市和县城道桥建设完成固定资产投资约520亿元，新增道路长度1500公里、面积0.3亿平方米。加强立体停车设施指导，编制发布《立体停车库工程建设技术规范》。全省在建轨道交通261.6公里，通车运营长度200公里。

【《山东省冬季清洁取暖规划（2018-2022年）》发布】8月29日，省政府发布《山东省冬季清洁取暖规划（2018—2022年）》。该规划提出，济南、淄博等7市作为京津冀大气污染传输通道城市，济南、青岛、烟台3市作为全省新旧动能转换核心区，要率先形成天然气与电取暖等替代散烧煤的清洁取暖基本格局。到2020年，9个城市建成区基本实现清洁取暖全覆盖，全省平均清洁取暖率将达到70%以上，其中，20万人口以上城市基本实现清洁取暖全覆盖；全省清洁取暖率将达到80%以上，县城及以上城市基本实现清洁取暖全覆盖。

【清洁取暖建设推进】省住房城乡建设厅先后召开了全省清洁取暖建设推进会议、办公室成员单位会议和全省清洁取暖建设现场观摩暨冬季供热保障燃气安全工作会议，提请省政府印发《关于开展省清洁取暖和天然气产供储销体系建设推进工作督导的通知》，建立厅局包市督导制度，启动省级督导机制。

【城镇燃气】截至年底，山东省管道天然气居民用户1654万户，公福用户7万余户、工业用户2万余户。累计统计乡镇达1250余个，其中淄博、枣庄、东营、济宁、威海、临沂、德州、聊城等市基本实现了管道天然气"镇镇通"。全年全省天然气消费量达到156亿立方米，其中居民用气34.4亿立方米，工商业用气93亿立方米，公福用气14.5亿立方米，车船表观消费量19.8亿立方米。液化石油气累计消费67.8万吨，人工煤气1.1亿立方米。山东省共有管道燃气企业259家、汽车加气站（包括CNG、LNG和合建站）956座，液化石油气企业1174余家，人工煤气企业4家。

【集中供热】2018年，省住房城乡建设厅修订印发《城市（县城）供热系统重大事故应急预案》、出台《山东省城镇冬季供热服务规范》，规范供热用热行为，深入开展"访民问暖"活动。截至年底，全省供热企业共计431家，集中供热面积合计15.9亿平方米。

【综合管廊和海绵城市建设】2018年，山东省因地制宜推进城市地下综合管廊和海绵城市建设，规范管廊和海绵城市建设管理，开展试点建设。截至年底，全省累计在建综合管廊742公里，形成廊体630.8公里，新增136公里，累计开工建设海绵城市1529平方公里，累计建成920.1平方公里，新增195.7平方公里。在国家综合管廊试点绩效评价中，青岛、威海两市分别获得第五名、第六名。

【市政施工安全管理】2018年，省住房和城乡建设厅组织市政施工安全检查，对市政工程基坑、沟槽安全隐患专项集中治理行动作出部署，分两批对全省在建市政工地进行暗访。举办全省市政工程质量安全培训，组织2018年市政安全文明工地考评和市政工法评选工作，参与评选市政工程"泰山杯"和优质结构工程19项。加强城市危桥管理，部署桥梁安全防护工作，督导蓬莱市对两座危桥实施改造，报住房城乡建设部销号，组织对2015年上报危桥进行核查。

【城市供水】2018年，省住房城乡建设厅印发《关于进一步加强城市饮用水水质提升工作的通知》，召开供水水质约谈会，组织专家逐市逐个水厂进行现场指导。印发《山东省和青岛市应对恐怖袭击事件城市供水燃气抢险应急工作预案》，确保上合峰会期间供水水质达标。全省供水管网改造合计完成630余公里，其中改造服役超过50年的落后管网和管材290余公里，供水管网新建完成2210余公里。

【城市节水】2018年，省住房城乡建设厅会同有关部门制定出台《城市节水评价实施细则》《省级节水型企业（单位）、社区（居住小区）评价办法》。淄博、滨州、安丘市通过国家节水型城市现场验收。枣庄、临沂、聊城、滕州等4市达到城市节水评价Ⅰ级标准，德州等6市达到Ⅱ级标准。175家企业（单位）、131家社区（居住小区）达到省级标准要求。

举办2018年城市节水宣传周系列活动，召开城市节水培训电视会议，选择济南等6个市县为省级供水管网分区计量试点，研究管网漏损控制机制、模式。

【《山东省简化水气暖报装专项行动方案》实施】2018年8月23日，省住房和城乡建设厅印发《山东省简化水气暖报装专项行动方案》，通过"两压、一精、一优"等措施，提高城市供水、供气、供热报装服务质量和办事效率，提高企业和群众办事的便利度、快捷度、满意度。在压缩办理时限方面，供水、供气、供热企业受理申请后，开展现场勘查、方案设计等环节的时间总计分别不得超过12个、18个、30个工作日。在压减申请材料方面，单位（集体）的申请材料由8个减少到5个；对散户的申请材料由3个减少到2个。在精简审批事项方面，水气暖接入工程如需办理挖掘城市道路或砍伐城市树木等行政审批事项的，市政道路、园林绿化主管部门应于7个工作日内完成审批工作，并与报装过程并联办理。在优化报装流程方面，在建设项目工程建设许可阶段，专营单位提前介入，实行施工图设计审查及水气暖等多图联审。将水气暖报装服务关口前移到获得施工许可后，水气暖设施与工程项目同步设计、同步审图、同步施工、同步验收，验收后直接办理接入。鼓励在当地政府统一组织下，在政务服务大厅设置水气暖窗口，实现"一窗受理"。

城市管理

【"强转树"专项行动】2018年，按照《住房和城乡建设部关于印发〈全国城市管理执法队伍"强基础、转作风、树形象"三年行动方案〉的通知》要求，省住房和城乡建设厅结合全省城市管理工作的新标准、新要求，广泛动员，在全省城管执法队伍中积极开展"强基础、转作风、树形象"专项行动（以下简称"强转树"专项行动）。11月17日，印发《关于进一步加强全省城市管理执法队伍建设的意见》，对"强转树"专项行动进一步动员部署。同日，组织开展全省城市管理执法队伍岗位知识竞赛和队列竞赛，巩固"强转树"专项行动成效，展示了全省城管执法队伍的良好形象。

【铁路沿线环境综合治理】2018年3月1日，山东省政府在济南召开重大铁路项目建设专题协调会议，研究解决济青高铁、青连铁路建设有关问题。3月29日，省政府在济南召开重点铁路沿线环境综合整治和提升行动电视会议，印发省城乡环卫一体化工作联席会议办公室《关于开展重点铁路沿线环境综合整治和提升行动的实施意见》。4月5日，中共中央政治局委员、中央书记处书记、中央政法委书记郭声琨同志到青岛调研时指出，山东省铁路沿线环境还有整治提升空间，并对做好铁路沿线环境整治提出了更高要求。省委书记刘家义、省长龚正也分别作出指示。4月11日下午，省委、省政府在济南召开全省重点铁路沿线环境整治专题会议，通报前期开展重点铁路沿线环境整治活动情况，专题研究部署重点铁路沿线环境整治提升工作。5月，省委常委、政法委书记林峰海，副省长孙述涛带队巡视检查全省重点铁路沿线环境整治情况，召开专题会议。全省重点铁路沿线环境综合治理第二阶段摸排问题8819个，按照问题清单核算全部完成治理，进一步改善了沿线环境，为青岛上合组织峰会胜利召开和济青高铁、青盐铁路顺利通车提供了有力保障。

【城市违法建设治理成效】2018年，山东省共查处城市建成区违法建设11868.57万平方米（其中查处存量违法建设11492.5万平方米、新增违法建设376.07万平方米），依法拆除10852.77万平方米（其中拆除存量违法建设10520.84万平方米、新增违法建设331.93万平方米），整改980.19万平方米。坚持拆改结合便民利民，各地将治违拆违与棚改、危改、旧改统筹安排，超前做好规划设计，做到拆除、清理、利用、美化同步。各市按照"拆出一片、清理一片、美化一片"的拆后利用总体要求，在违法建设拆除后，更加注重因地制宜、"拆改"结合。通过城市违法建设治理，全省累计腾出各类用地3160.35万平方米，拆除广告匾牌30.4万块；各级财政累计投入14.5亿元，建设了一批口袋公园、街角游园，增加城市绿地1170.7万平方米，增加停车位6.94万个，增加市民活动场所1420个，惠民、利民、便民效应更加彰显，人民群众获得感和幸福感更强。济南、威海两市开展的治理违法建设民意调查中，支持率分别达到96.92%和90.92%。

【城市建设扬尘治理】截至年底，山东省城市和县城规划区内，规模以上房屋建筑工地5035个，全面落实扬尘治理"六项措施"；规模以上的房屋建筑拆除工地193个，全面落实扬尘治理"五项措施"；工期超过3个月的市政工地472个，全面落实扬尘治理"六项措施"。全省核准渣土运输企业993家，纳入监管的渣土车19989台，密闭达标的渣土车19760台，达标率98.9%；安装GPS的渣土车19633台，达标率93.2%。全省城市、县城快速路和主次干道保洁面积59915万平方米，机扫率、洒水率均达到91%以上；城市、县城支路、慢车道、人行道保洁面积28526万平方米，机扫率、冲洗率均达到65%以上。

【城市垃圾处理】2018年，全省新扩建19座垃圾处理设施（其中18座焚烧厂，1座填埋场），新增垃圾处理能力1.17万吨/日。截至年底，全省垃圾处理场（厂）投产运行127座（实际正常运行107座），总设计处理规模约6.53万吨/日；在建（包括前期准备）48座。已投产运行的127座生活垃圾处理场（厂）中，填埋场73座、焚烧（发电）厂51座（包括停运2座），其他处理方式3座。全省全年共无害化处理生活垃圾约2648.02万吨，其中焚烧处理1537.6万吨，占比58.07%。全省城市生活垃圾全部实现无害化处理。

【城市污水处理】截至年底，全省建成城市污水处理厂311座，形成污水处理能力1550万吨/日。2018年全省建成城市污水管网1692公里，改造合流制管网1078公里，全省城市污水处理厂达到一级A或再生利用标准排放比例的占99%以上，共处理城市污水48.67亿吨。山东省在全国城镇污水处理设施建设和运行情况季度考核中稳居前列。

【黑臭水体治理工作成效】截至年底，山东省城市建成区共排查出199条黑臭水体，完成整治195条，整治完成率98%。全省地级以上城市建成区共排查出166条黑臭水体，其中有162条完成整治，有4条在整治之中，整治完成率达97.6%。5月至7月，生态环境部、住房城乡建设部联合组织开展全国城市黑臭水体整治环境保护专项督查，山东省被抽查的济南、青岛、烟台3市均被认定为提前完成2018年整治工作任务。10月，财政部、住房城乡建设部、生态环境部联合组织评选首批20个国家城市黑臭水体治理示范城市，青岛、临沂、菏泽成功申报，每个城市获得中央财政支持6亿元，国家对山东省城市黑臭水体整治工作成效给予充分肯定。

【园林城市建设】截至年底，山东省省级及以上园林城市（县城）共94个，其中国家级园林城市（县城）57个。全省城市（县城）建成区绿地面积达到24.34万公顷，公园绿地面积达到6.52万公顷，建成区绿地率为37%，人均公园绿地面积为17.6平方米。

【省级园林城市（县城）评价】根据《山东省城市（县城）园林绿化评价办法》要求，省住房和城乡建设厅组织开展了2018年省级园林城市（县城）评价工作，经对申报评价的平阴县等13县（市）进行材料审察、遥感测试、实地考察、综合评审，最终认为平阴县、济南市济阳区（原济阳县）、栖霞市、庆云县、武城县、临清市、冠县、阳信县、博兴县、成武县、鄄城县、东明县等12个县（市、区）达到省级园林城市（县城）标准。

【省级园林城镇评价】 2018年，省住房和城乡建设厅首次组织开展全省省级园林城镇评价工作。参照《国家园林城镇标准》要求，经对玉皇庙镇等22个建制镇进行材料审查、综合评审，最终认定玉皇庙镇、白塔镇、双杨镇、金山镇、水泉镇、凫城镇、北庄镇、门楼镇、羊口镇、城前镇、华丰镇、张村镇、李庄镇等13个建制镇达到省级园林城镇标准。

【城市防汛】 2月5日，住房城乡建设部召开城市排水防涝补短板工作推进电视电话会议，省住房和城乡建设厅组织全省有关单位收看，部署推进全省城市排水防涝设施建设工作。全年全省新建或改造雨水泵站72座，各城市共治理易涝点195余处，新建重要地段防汛监测信息点886余个，242座城区立交桥安装积水警示系统，安装检查井防坠落装置9.5万余套。2018年汛期，全省各城市共组织防汛常备队伍8余万人，配备514台移动排涝泵车，共储备价值约2.5亿元的防汛物资，各城市根据实际情况编制（修订）城市防汛应急预案，并组织进行演练。汛期经历几轮台风和强降雨，各城市应对措施得当，市政公用设施运行正常，城市未出现大的险情、灾情，秩序基本正常。

【数字城管】 2018年，山东省数字城管建设成效突出，截至年底，全省99个市县已经全部完成数字城管平台的建设工作，实现了数字城管山东省全覆盖。大部分设区市进行了拓展升级，满足城市管理发展的需要。

村镇建设

【美丽村居建设】 7月10日，山东省政府办公厅印发《山东省美丽村居建设"四一三"行动推进方案》。根据行动推进方案，启动实施全省美丽村居建设工作，开展美丽村居调研组织评选第一批56个美丽村居试点村庄，着力打造"坚固、实用、绿色、美观"的"鲁派民居"新范式，绘就具有山东特色的现代版"富春山居图"。

【农村危房改造】 2018年，山东省围绕实现"两不愁""三保障"脱贫攻坚目标任务，全年完成危房改造3.93万户，其中建档立卡贫困户2.54万户，累计43.4万户贫困家庭住上了安全房。5月3日，国务院办公厅印发《关于对2017年落实有关重大政策措施真抓实干成效明显地方予以督查激励的通报》，对山东省农村危房改造工作予以通报激励。

【农村厕所改造】 2018年，山东省完成农村无害化卫生厕所改造174.96万户，完成年度任务的101.12%，2016年至今累计完成改厕1006万户，全省农村改厕工作取得阶段性成果。10月，全国改厕现场会在淄博召开，对山东改厕模式予以肯定，中央电视台、山东电视台多次报道山东省改厕经验。

【农村垃圾分类】 2018年，山东省农村垃圾分类工作持续推进，研究起草《关于开展农村生活垃圾分类试点的指导意见》，并确定在博山区、邹城市、荣成市、郓城县先行开展农村生活垃圾分类试点。

【农村污水处理】 截至年底，山东省累计开工建设乡镇污水处理项目1310个，其中991个建制镇建有污水处理设施，占全部建制镇总数的91%，"建设运营一体、区域连片治理"的污水治理模式初步形成。

【村庄规划】 截至年底，山东省需编制乡村规划的县（市、区）、乡镇和村庄中分别有91.24%的县（市、区）、97.98%的乡镇和58.71%的村庄编制了县域乡村建设规划、乡镇总体规划和村庄规划，全面完成了2000个省扶贫工作重点村的村庄规划编制。

【特色镇村建设】 2018年，山东省加大历史文化名村和传统村落保护力度。省住房城乡建设厅会同省政府秘书处赴淄博、章丘开展传统村落调研，掌握第一手资料。组织编制村庄保护发展规划，评选命名第五批省级传统村落100个。全省49个村庄被列入第五批中国传统村落名录的村落名单。在全省组织开展第五批"美丽宜居小镇、美丽宜居村庄"创建工作，评选命名美丽宜居小镇44个、美丽宜居村庄93个。

房地产业

【房地产市场调控】 2018年，省住房城乡建设厅坚决贯彻中央和省委、省政府决策部署，不断提高政治站位，牢牢把握"房子是用来住的、不是用来炒的"定位，把"控房价、稳市场"作为全年工作首要任务，全力维护房地产市场稳定，切实把房地产领域"打赢防范和化解金融风险攻坚战"的政治任务落到实处。坚持房地产调控目标不动摇，向全省通报各市房地产调控工作落实情况。省住房城乡建设厅三次召开全省房地产市场调控工作座谈会，要求各市进一步强化市、县政府房地产调控主体责任，落实各项调控政策，坚持供需双向调节，因城施策、精准调控。指导济南、青岛执行好限贷限购、限价限售等措施，确保房地产市场平稳。指导其他三四线城市以满足新市民住房需求为出发点，稳房价、稳市场、稳预期，促进房地产市场平稳健康发展。

【整顿规范房地产市场秩序】 2018年，省住房城乡建设厅制定《房地产市场风险处置预案》，始终保持高压严查态势，严厉打击房地产开发企业囤房炒房、捂盘惜售等违法违规行为，严肃查处虚假宣传、违规炒作、哄抬房价等行为，查处和通报了一批典型案例。全年先后组织开展了房地产领域防范和处置非法集资专项检查、房地产开发项目问题排查专项行动、化解购房矛盾纠纷专项行动、打击侵害群众利益违法违规行为治理房地产市场乱象专项行动，全省共排查开发项目近4000个、中介机构近3000家，查处开发企业280家、中介机构97家，有力维护了群众合法权益。经过全省各级各部门共同努力，全省房地产市场过热、房价过快上涨势头得到有效遏制，市场总体运行趋于平稳。

【老旧小区整治改造】 2018年，省住房城乡建设厅将老旧小区整治改造作为惠及基层群众的民生工程，引导各地抓紧抓实。全省1588个年度计划改造项目，涉及居民43.4万户，截至年底全部开工，年度目标全面完成。1995年前建成的老旧小区累计改造4780个项目159.6万户，占具有改造价值总户数的85.6%，超额完成省政府确定的前三年完成80%的改造任务。抓全国试点，淄博被列为全国15个老旧小区改造试点城市之一，确定8个试点项目，改造标准明显提高。抓导则完善，总结导则试行一年的经验，充分征求社会各界意见，修改形成新的导则，更好地指导改造工作。抓工作推进，10月在济南召开现场推进会，统一思想认识，把抓进度、促竣工作为工作重点，加快专营管线设施改造速度，确保项目尽快完工发挥效益，千方百计把好事办好，努力为全国老旧小区整治改造工作贡献"山东经验"。抓电梯加装，指导7个试点城市做好加装电梯的试点工作。

住房保障

【保障性安居工程建设】 2018年，省城镇保障性安居工程建设计划为：新开工棚户区住房改造84.33万套，基本建成棚户区安置住房23.72万套，发放城镇住房保障家庭住房租赁补贴41406户，棚户区改造规模连续第4年居全国首位。1月，省委常委、常务副省长李群代表省政府与17设区市市长签订2018年度住房保障工作目标责任书，将年度建设任务分解至各市。2—3月，各设区市与县（市、区）签订目标责任书，并将任务全部落实到1517个具体项目。截至12月底，全省全年新开工棚户区住房改造86.18万套，基本建成棚户区安置住房44.97万套，发放城镇住房保障家庭住房租赁补贴44631户，分别完成年度任务的102.2%、189.6%和107.8%。

【保障房资金筹集】 2018年，山东省争取中央财政保障性安居工程专项补助资金139.5亿元，国家发展改革委中央预算内投资补助资金70亿元，省级财政安排奖补资金13.5亿元。省住房城乡建设厅会同省财政厅印发地方棚户区改造专项债券管理办法，全面启动棚改专项债券发行工作，争取国家下达山东省债券额度658亿元，实际发行586亿元，发行规模居全国首位。省住房城乡建设厅配合省农发行盯紧"窗口期"，指导市县采取单独对接方式加快贷款申请审批，年内评审贷款1003亿元，投放476亿元，均居全国首位。积极对接国家开发银行，坚持宜市则市、宜县则县，研究省级统贷模式以外的贷款方式，在部分市县开展直贷试点。推广齐河、滕州典型经验，按照政府主导、市场运作的路子，调整项目运作方式，引导支持实力强、信誉好的开发企业参与棚改，缓解资金压力。

【棚改项目规范运作】 2018年，省住房城乡建设厅修订出台新的《山东省城镇棚户区项目认定办法》，严把棚改范围标准和认定程序，"5+2"的定性定量项目认定标准得到住房城乡建设部充分肯定。督促商品住房去化周期短的市县，取消、调整货币化安置奖励政策，提高实物安置比重，截至12月底，全省货币化安置25.9万套、实物安置60.3万套，分别占比30.1%、69.9%。指导各地合理确定征收拆迁补偿标准，纠正不合理激励政策，重点关注补偿标准、改造投资等指标，依法依规控制征迁成本，努力实现市域范围内棚改资金收支总体平衡。配合政策性银行加强合规审查和风险防控，指导市县科学规划、出让腾空土地确保及时偿还贷款，在防范风险的前提下用足用好贷款政策。

住房公积金管理

【公积金归集扩面】 2018年，省住房城乡建设厅贯彻落实省委、省政府关于推进新旧动能转换重大工程实施意见和"大学习、大调研、大改进"要求，在全省组织开展了新市民住房问题专题调研，深入了解新市民的群体特征、住房状况和住房需求，全面掌握了新市民住房公积金缴存使用情况，提出了解决新市民住房问题的政策建议。改进和完善缴存方式，在全省全面建立了自愿缴存机制，将个体工商户、自由职业者等新市民群体纳入住房公积金缴存范围，允许其自主缴存住房公积金。对在山东就业的港澳台同胞、取得《外国人永久居留证》的外籍人员缴存使用住房公积金政策，作了进一步明确规定。进一步加大宣传和执法力度，积极引导非公企业建立公积金制度。全年新开户单位2.34万家，新开户职工106.71万人，缴存额达1197.21亿元。连续两年新增缴存职工突破100万人，缴存额突破1000亿元，住房公积金制度覆盖面进一步扩大。缴存单位中，非公企业比例大幅增加，由上年的55.57%提高到59.68%。非公企业新开户职工68.81万人，占全年新开户职工的64.48%，比上年增加了4.2个百分点，为住房公积金制度增添了新动能。

【公积金支持职工住房刚性需求】2018年，省各住房公积金管理中心贯彻落实中央关于"房子是用来住的，不是用来炒的"定位，重点支持职工基本住房消费。切实维护职工合法权益，将允许职工使用公积金贷款列为楼盘网签的必备条件。全年发放个人住房贷款17.48万笔、616.57亿元，分别比上年下降8.43%、6.42%。贷款期内职工可累计节约购房利息支出132.91亿元，降低了职工购房贷款成本。全年发放14.15万笔贷款用于职工购买首套自住住房，占当年总发放笔数的80.96%，满足了职工对自住住房的刚性需求。职工贷款所购住房以中小户型为主，住房面积144平方米以下的占81%。贷款发放向中低收入职工倾斜，占贷款职工的97.32%，更多的中低收入群体享受了住房公积金带来的制度红利。个人住房贷款率83.39%，比上年减少0.14个百分点，资金使用趋于稳定。积极落实住房公积金异地贷款政策，全年发放异地贷款6207笔、22.33亿元，保障了缴存职工异地购房权益。全年提取住房公积金848.15亿元，比上年增长19.06%，增长率比上年提高了13.28个百分点。提取额占当年缴存额的70.84%，比上年增加2.47个百分点。住房消费类提取继续占主导地位，占全年提取额的79.33%，其中，提取620.08亿元用于购买住房和偿还购房贷款本息，切实减轻了职工购房资金压力。支持建立租购并举的住房制度，放宽了提取住房公积金支付房租政策，提高了租房提取额度。全年租房提取15.18亿元，比上年增长69.8%，为14.78万无房职工解决住房问题提供了支持。

【公积金文明行业创建】2018年，省住房城乡建设厅按照省文明办、省直机关工委有关文明行业创建工作规划和要求，扎实推进住房公积金文明行业创建活动。制定省住房公积金文明行业标准和测评体系，完善文明示范窗口评选细则。开展2017年度文明服务示范窗口和文明服务标兵评选工作，选评出20个文明服务示范窗口和100名文明服务标兵，积极选树先进典型，发挥示范带头作用。扎实开展"标准建设年"活动，编制印发《2018年山东省住房公积金文明行业创建"标准建设年"活动实施方案》，厅公积金处与物业处共同组织召开全省物业服务和住房公积金文明行业创建试点工作推进会议。印发《关于学习推广淄博市住房公积金管理中心服务窗口工作人员"服务七步曲"的通知》，在滨州市召开现场推进会。12月3日，滨州市住房公积金管理中心被命名为"省级文明单位"，至此，全省所有住房公积金管理中心全部被命名为"省级文明单位"，实现了全行业"省级文明单位"全覆盖。

建筑节能与科技

【建筑节能】2018年，省住房城乡建设厅提请省人大修订《山东省民用建筑节能条例》，制定印发《山东省公共建筑能效提升重点城市项目管理办法》，修订《山东省建筑节能技术产品应用认定管理办法》。全年建成绿色建筑8514万平方米、节能建筑1.13亿平方米，完成公共建筑节能改造437.01万平方米，推广可再生能源建筑应用4864万平方米，新增高星级绿色建筑项目2454万平方米，比上年增长25%，新增被动式超低能耗建筑示范项目7个、建筑面积20.58万平方米。

【第四届山东省绿色建筑与建筑节能新技术产品博览会】9月18日，泰山高层论坛暨第四届山东省绿色建筑与建筑节能新技术产品博览会开幕式在泰山会堂隆重举行。开幕式上，向国家、省装配式建筑示范城市，省绿色生态示范城镇进行授牌，部分绿色产业合作项目进行现场签约。住房城乡建设部、省住房城乡建设厅等有关部门负责人，部分市政府分管领导，各市住房城乡建设部门主要负责人，行业企业等共1200多人参加开幕式。本届绿博会以"绿色智建，装配未来"为主题，提出大力发展绿色智能建造，助力山东新旧动能转换。

【建筑能效提升】2018年，山东省淄博、济宁、滨州、德州、聊城、菏泽等6市获批第二批国家冬季清洁取暖试点城市，全省7个（济南、淄博、济宁、德州、聊城、滨州、菏泽）传输通道城市全部入选国家冬季清洁取暖试点。省住房城乡建设厅制定印发《山东省公共建筑能效提升重点城市项目管理办法》，加强公共建筑节能监管，统筹推进既有居住建筑节能改造。

【被动式超低能耗建筑】2018年，省住房城乡建设厅完成《被动式超低能耗建筑构造详图》图集初次审查，开展第五批超低能耗建筑示范工程建设，新增示范项目7个、建筑面积20.58万平方米，累计达到42个、建筑面积80.84万平方米。"省委党校二期综合楼被动式超低能耗示范"专项设计通过专家评审，该项目总建筑面积5万多平方米，是目前国内在建最大的单体被动式超低能耗建筑，集住宿、培训于一体，建筑体量大、功能复杂，示范意义重大。

【装配式建筑】2018年，省住房城乡建设厅把发展装配式建筑作为住建领域推进新旧动能转换、实现绿色发展的重要举措。组织创建2018年度省级装配式建筑示范城市6个、示范工程28个、产业基地53个，累计示范数量分别达到11个、94个、83个。全省累计开工装配式建筑5500余万平方米，争创国家装配式建筑示范城市5个、产业基地27个，创建省级示范城市11个、示范工程94个、产业基地70个，涵盖建设、设计、施工、研发、生产、装备制造的全产业链条初步形成。举办全省装配式建筑技术人才高级研修班，举办全国首个装配式构件安装职业技能竞赛。

【建设科技】2018年，省住房城乡建设厅积极推进建设科技创新，科技支撑能力进一步增强。支持6项重大课题攻关，新增省级建设科技计划项目230项，35项获批为住房城乡建设部建设科技计划项目，多项成果获国家、省科技进步奖。编制发布《山东省农房建设适宜结构技术体系公告》，完成建设科技成果鉴定27项，推广新技术新产品14项。参与"数字山东"建设，编制完成住建大数据平台建设实施方案并获立项。发布《山东省绿色智慧住区建设指南》，印发《山东省绿色智慧住区示范项目管理办法》，山东省在全国率先提出绿色智慧住区理念，截至年底，12个省级绿色智慧住区示范项目建设完成并通过验收。

【绿色智慧住区】2018年，为贯彻落实山东省住建领域新旧动能转换工作要求，推进全省绿色智慧住区发展，山东省住房城乡建设厅组织对《山东省绿色智慧住区建设指南（试行）》进行修订，并于2018年5月28日发布修订后的《山东省绿色智慧住区建设指南》。9月7日，省住房城乡建设厅制发《山东省绿色智慧住区示范项目管理办法》，以推进全省绿色智慧住区示范项目建设，保障项目实施和资金安全，健全示范项目管理制度体系。

建筑市场

【施工许可与招标管理改革】根据山东省委办公厅、省政府办公厅《印发〈关于深化"一次办好"改革深入推进审批服务便民化实施方案〉的通知》，省住房城乡建设厅大力推进建设工程项目审批制度改革，10月24日，修订印发《山东省房屋建筑和市政工程施工许可管理办法》，将质量安全报监与施工许可合并办理，取消了施工合同和监理合同备案，把施工现场具备条件、资金到位证明改为承诺制，将施工许可发放范围扩大到区，办理时限压缩到3个工作日。推进招标投标改革，除国家发展改革委《必须招标的工程项目规定》范围以外的项目，全部由建设单位自主决定发包方式。2018年，全省民间投资的5231个项目，4211个项目直接发包，直接发包比例超过80%。根据工程项目审批制度改革需要，调整了省住房城乡建设厅一体化平台施工许可管理系统，全年在线办理房屋建筑工程和市政工程施工许可8212项，建筑面积2.63亿平方米。

【行业旗舰企业培育】2018年，省住房城乡建设厅引导建筑企业创先争优、做大做强。2018年9月，对2017年度山东省建筑业5强市、10强县和30强企进行了排名。推动行业骨干企业加快发展，开展建筑业兼并重组、做大做强课题研究。支持企业晋升特级资质，全省特级企业达到43家，居全国第四位，比上年增加5家；产值过百亿企业达到18家，比上年增加7家，中铁十四局、天元集团分别超过500亿元和400亿元。全面提升产业核心竞争力，全省一级以上企业达到1340家，产值占总产值的比重达到69%，比上年提高3个百分点。引导企业向市政基础设施、公共交通和民生领域延伸，开展"建营一体化"业务。

【建筑企业"走出去"发展】2018年，省住房城乡建设厅支持建筑企业围绕重点区域、重点项目走出去发展，积极参与"一带一路"建设。2018年完成出省施工产值2803亿元，比上年增长15.7%；完成出国施工产值549亿元，比上年增长13.2%。与新疆维吾尔自治区住房城乡建设厅签订了战略合作协议，为新疆30名建筑业管理和技术人员举办了第一期培训班。大力拓展海外市场份额，赴肯尼亚、加纳、塞内加尔三国进行了考察。青建集团、烟建集团等6家企业入选国际承包商250强。

【建筑市场综合执法检查】2018年，省住房城乡建设厅坚持放管结合，对各类市场主体和主管部门履职情况进行重点检查。全省共普查企业12694家，抽查企业1013家，印发整改通知1858份，撤回资质31家；检查项目6190个，抽查项目539个，发现问题556项，印发整改通知书729份，处罚企业76家。

严厉打击建筑工程施工转包违法分包等行为，检查建设项目23080个（次）、建设单位12302家（次）、施工企业12678家（次），依法查处有违法行为的建设项目291个、建设单位107家、施工企业224家、违法人员13人。

标准定额

【标准编制管理】 2018年，山东省工程建设标准定额站严把标准立项关，凡是与深化工程建设标准化工作改革方向不符、可上可不上的项目一律不予立项。严格审查88项地方标准制修订计划项目，其中42项标准项目列入制修订计划。全年备案发布了《建设工程造价咨询服务规范》等26项地方标准。按照地方标准制定原则和范围，对现行的标准开展清理评估，对不再适用的予以废止，不符合产业发展政策的及时修订或整合修订。缩减地方标准数量和规模，逐步向政府职责范围内的公益类标准过渡。对2013年9月之前批准实施的62项山东省工程建设标准开展复审工作，共废止24项，整合修订26项，继续有效10项。强化标准信息公开，标准制订修订计划项目、标准复审结果均上网公示，截至年底，山东省现行的160余项工程建设标准，除公开出版外，基本实现全文公开，提供网上免费查阅。

【团体标准建设】 2018年，山东省工程建设标准定额站积极引导社会组织参与团体标准制定，组织召开3次专家审查会，引导10多项技术先进、有成熟实践经验的标准项目纳入团体标准编制计划，积极促进政府标准向团体标准转化。6月，组织开展山东省工程建设标准复审工作，通过主编单位自审，专家逐项审查，提出是否可转化成团体标准的意见，转化团体标准2项。积极配合山东省房地产业协会等社会组织做好标准立项、编制、审查、发布等各项工作，并参与审查，2月，发布《住房租赁经营服务规范》《新建商品房销售服务规范》两项标准，填补了山东省工程建设团体标准空白。

工程质量安全监理

【《山东省工程建设工法管理办法》出台】 8月1日，省住房城乡建设厅印发《山东省工程建设工法管理办法》，自2018年9月1日起施行，有效期至2023年8月31日。《办法》依据《建筑法》《建筑工程质量条例》有关法律法规、国务院和省政府文件制定，共22条，包括规范申报主体、界定申报范围和条件、确定申报和评审程序、明确结果运用四部分内容。

【工程质量安全第三方辅助巡查】 2018年，省住房城乡建设厅采取政府购买服务方式，通过公开招标，委托第三方开展辅助巡查。全年，共巡查建筑工程项目331个、起重机械394台，发现纠正隐患问题6718项，责令停工整改项目149个，实施经济处罚139万元，信用惩戒73宗。为确保工程质量安全辅助巡查取得成效，省住房城乡建设厅突出关键风险因素，聚焦重点环节，找准薄弱部位，实施精准检查，建立闭环管理机制，压实各方主体责任，组织实施，形成辅助巡查"三三"工作法。

【工程质量管理标准化】 2018年，省住房城乡建设厅贯彻落实住房城乡建设部关于工程质量提升决策部署，赴安徽、湖北等调研工程质量管理标准化。8月1日，省住房城乡建设厅印发《山东省工程质量管理标准化工作实施方案》，在全省全面开展工程质量管理标准化试点和推广工作；11月21日，印发《关于公布全省工程质量管理标准化试点名单的通知》，确定试点企业124家、试点项目171个。

【工程质量创优评优】 2018年，山东省扎实做好国家级、省级优质工程的推荐和评选工作，2018年全省获得鲁班奖7项，国家优质工程32项，获奖工程数量位居全国前列；评选出泰山杯工程177项、装饰泰山杯工程78项和省优质结构工程397项；组织召开了2018年全省建筑业群众性质量管理活动技术经验交流会，评选全省建筑业优秀QC小组成果156项。

【安全生产联动机制】 2018年，省住房城乡建设厅安委会办公室及时沟通协调，完善联动工作机制，各处室、单位大力支持形成工作合力，先后组织电视会议2次、厅安委会会议12次、专题会议9次，印发文件、方案8件部署推动全省安全生产工作。在全国"两会"、上合组织青岛峰会等重要时间节点，协调厅17个处室、单位对口17市住建部门开展包市实地督导，随时了解情况，每周调度进展，定期实地督导，传达部署、压实责任、督导落实。围绕住建领域安全生产强化督导检查，6月、10月，由厅领导带队，抽调专家64人，对全省建筑施工、城镇燃气、市政设施运营等开展安全执法检查，发现隐患问题516项，下达执法建议书54份。

【危大工程管控】 8月1日，省住房城乡建设厅出台《山东省房屋市政施工危险性较大分部分项工程安全管理实施细则》，将学习宣贯部省危大工程管理规定作为首要任务，部署各市集中培训，累计培训人员超5万人次，居全国前列。部署开展危大工程百日攻坚集中行动，深入排查整治深基坑、高支模、起重机械、脚手架及地下盾构暗挖等突出类型问题隐患。各级检查工程项目5.5万个次，发现纠正隐患问题13.4万项，较大及以上群死群伤事故得到有效遏制。

【即行问责和查处督办】 2018年，省住房城乡建设厅严格事故即行问责和查处督办，对17起建筑施工生产安全事故实施挂牌督办和公开通报，根据责任认定，对6家责任企业、6名责任人员实施了暂扣、吊销证照处罚，转办省外暂扣企业安许证6家、吊销证照1人。强化隐患倒查追责，出台实施非常时期严格问责6项硬措施，各级实施安全生产行政处罚1477起，处罚单位1290个，处罚人员70名，实施信用惩戒1846起，曝光违法违规典型案例80个。严格安许证动态核查，推动暂扣企业安全生产许可证79家。

勘察设计

【勘察设计管理】 2018年，山东省勘察设计企业共计1533家，其中，工程勘察、工程设计（含专项设计）单位1489家，设计与施工一体化企业44家（一级资质16家，二级资质28家）。从业人员18.9万人，注册执业人员2.95万人，具有技术职称的人员9.9万人。全省勘察设计企业总营业收入约2538.9亿元。其中，工程勘察收入28.9亿元，工程设计收入174.7亿元，工程总承包收入1020.1亿元。利润总额108.2亿元，上交所得税19.4亿元。全年勘察设计企业科技活动经费39.1亿元，新增专利1853项，新增专有技术428项。全年，省住房城乡建设厅加大对政府投资大中型重大建设工程初步设计审查力度，共开展初步设计审查项目85项，建筑面积585.4万平方米；在全省进行工程勘察设计质量市场专项自查。开展美丽村居设计活动；编制完成建筑信息模型（BIM）系列导则、标准和建筑工程图集9项。开展工程勘察设计创新创优，推动建筑行业技术创新。

【《山东省工程勘察设计管理条例》修正】 2018年，山东省人民代表大会常务委员会以31号公告形式发布《山东省建设工程勘察设计管理条例》（2018修正）。根据现行法律、行政法规的规定，《山东省建设工程勘察设计管理条例》（2018修正）对原条例主要作了七个方面的修改。

【施工图审查制度】 2018年，省住房城乡建设厅会同省人防办、省消防总队赴浙江、湖南、江苏和吉林等省考察学习多审合一和数字化审图经验。省住房城乡建设厅、省发展改革委、省财政厅、省人防办四部门印发《关于贯彻落实"一次办好"改革决策部署，全面深化施工图审查制度改革的实施意见》，对规范政府购买服务、及时足额拨付图审费用、培育综合图审机构、数字化审图、多审合一、重复图审费用结算、容缺预审、图审机构监管等基层关心的问题均作出明确规定；召开全省调度会，建立实行施工图审查月调度制度。截至年底，全省有15个设区市、33家图审机构实行了数字化审图；全省施工图机构共审查项目2.4万余个，审查工程规模4.5亿平方米，工程总投资约9000亿元，审查出违反强制性条文1.8万余条。

教育培训

【继续教育培训】 2018年，省住房城乡建设厅与中国城市规划协会协调，重新启动全省注册城乡规划师的继续教育工作。多次召开继续教育专家研讨会，及时调整、优化培训内容，研究制定注册城乡规划师、注册造价工程师、注册结构工程师、注册土木（岩土）工程师新一周期继续教育培训方案。改革完善继续教育培训机制，将培训班全面委托给有关院校承办，强化继续教育培训监管、指导和服务措施，加强师资库建设，为继续教育培训搭建师资平台。全年督导各培训院校举办继续教育培训班145期，培训49868人，网上培训20179人。

【建设执业师注册管理】 2018年，省住房城乡建设厅对住房城乡建设部审批的执业资格注册事项，扎实抓好注册申报材料的受理报批、证书发放、业务咨询等工作，并根据执业师注册制度的改革进程，及时调整优化注册申报流程和相关受理服务工作。对已审批的执业资格注册事项，严格按照减环节、减材料、减时限要求和规定程序办理，注册审批全年无红、黄、蓝牌。全年共办理17872人次的注册受理报批、38765人次的注册受理审批，新发放注册证书2.3万余本。严格落实事中事后监管制度，坚持依法依规处理违规行为。对已被吊销证书、限期不予注册的执业师，在注册管理系统数据库中设置标识，加强数据比对，杜绝再次违规注册问题。认真协调抓好省委巡视指出的全省住建系统部分公职人员违规挂靠问题的专项整改工作，扎实推进全省工程建设领域专业技术人员职业资格"挂证"等违法违规行为专项整治工作。全年受理投诉举报事项50起，涉及各类注册师160人，注销注册75人，维护了执业师的权益和建设市场秩序。

【境内外培训】 9月9—29日，山东省装配式建筑与绿色建筑产业化培训班一行15人赴美国进行培训，在美国期间，学员们深入学习美国政府促进行业发展政策法规、有关行业社会组织运作模式、相关规范标准与认证体系、新型可持续发展理念、新型建筑材料技术产品、典型工程案例等内容，对美国装配式建筑与绿色建筑产业发展情况取得较为全面客观地了解，不仅从思想上深化了对新型城镇化建设的认识，而且为做好下步工作开阔思路、提供借鉴。10月21—25日，省住房城乡建设厅在杭州举办城市规划建设管理高级培训班暨新型城镇化国际讲堂。邀请新加坡政府部门的官员、著名学府教授、跨国公司高管进行授课。组织学员赴美丽乡村桐庐和特色小镇——阿里巴巴梦想小镇进行现场教学，来自全省住建系统政府部门和企事业单位的高级管理人员和技术干部参加培训，系统学习新加坡城市规划建设管理的先进经验，并切身体会到浙江省在城镇化推进、特色小镇建设、创新集聚发展方面取得的进步，有助于提升全省规划城建干部的国际化视野和素养，为全省新型城镇化建设提供人才支持。在当前出国经费紧张、名额有限的情况下，探索出一条请进来培训的新路子。

大事记

1月

2日 省政府办公厅向济南市等7个传输通道城市印发《山东省人民政府办公厅关于做好气代煤电代煤工程质量安全专项检查工作的紧急通知》。

9日 省住房城乡建设厅公布2016—2017年度省级工程建设工法，全省共有770项工法通过评审。

9—11日 住房城乡建设部、国家文物局联合检查组对青岛、聊城2市国家历史文化名城保护工作开展情况进行评估检查。

13日 省政府批复《淄博市周村区王村镇李家疃村历史文化名村保护规划》。

14日 省政府办公厅印发《山东省"多规合一"试点工作方案》。

16日 省住房城乡建设工作会议在山东大厦召开，厅长王玉志、厅党组书记李力讲话，副厅长、党组副书记李兴军主持会议。

26—30日 环境保护部副部长庄国泰任组长的国务院第五督查组对济南、泰安、德州、菏泽四市煤改气（电）工程质量安全暨确保群众温暖过冬工作进行实地检查。

2月

6日 省政府召开大运河文化保护传承利用规划及生态治理专题会议。

7日 省政府保障群众温暖过春节工作会议召开。省委常委、常务副省长李群讲话，省住房城乡建设厅王玉志厅长作汇报发言。

8日 山东省委常委、常务副省长李群主持召开省城乡规划委员会第二次全体会议暨省城镇化工作专题会议，审议并原则通过淄博、枣庄、邹城3个历史文化名城保护规划和平邑、兰陵2个县城总体规划以及省地方标准《村庄道路建设规范》，审议通过《加快推进新型城镇化建设行动实施方案（2018—2020年）》。

13日 省住房城乡建设厅印发《关于做好〈建筑业10项新技术（2017版）〉推广应用的通知》。

13日 省住房城乡建设厅印发《关于组织建筑施工安全和装配式建筑施工体验式教育基地试点申报工作的通知》。

26日 山东省城镇化工作领导小组办公室印发《加快推进新型城镇化建设行动实施方案（2018—2020年）》。

3月

1日 山东省农村危房改造工作座谈会在省住房城乡建设厅召开。

6日 山东省住房城乡建设厅党组书记主持召开厅党组会议，研究省委第二巡视组巡视反馈意见整改落实工作方案、选人用人巡视检查整改工作方案、推进济青高铁和青连铁路建设协调会议精神贯彻落实等问题。

13日 山东省委副秘书长兼省扶贫办主任、省委农工办主任时培伟主持召开省农村改厕联席会议，就《关于深入推进农村"厕所革命"的实施意见》进行座谈研讨。

19日 山东省住房城乡建设厅印发《关于公布山东省建筑业改革发展试点地区、试点项目和试点企业名单的通知》，公布了1个综合试点地区，13个单项试点地区，72个试点项目以及118家试点企业。

20日 副省长于国安召集召开编制农村人居环境整治三年行动实施方案座谈会。

23日 经省政府第3次常务会议通过《山东省古树名木保护办法》，自2018年7月1日起施行。

27日 山东省工程建设标准造价工作座谈会在济南召开，住房城乡建设部标准定额司巡视员田国民，省住房城乡建设厅副厅长、党组成员周善东参加会议并讲话。

28日 全省物业服务和住房公积金行业文明行业创建活动试点工作推进会议召开。

4月

9日 省住房城乡建设厅召开党的建设工作会议,厅党组书记李力出席会议并讲话,副厅长、党组成员孙松青主持会议并传达2018年全省机关党的工作会议精神,厅领导与分管处室单位代表现场签订了2018年度党的建设工作目标责任书和党风廉政建设责任书。

9日 省住房城乡建设厅印发《关于开展装配式建筑工程总承包招标投标试点工作的意见》,推进装配式建筑和工程总承包模式发展。

10日 全省农村无害化卫生厕所改造工作座谈会召开,省住房城乡建设厅副厅长、党组副书记李兴军出席会议并讲话。

17日 全省住房公积金管理工作会议在济南召开,副厅长、党组成员周善东出席会议并讲话。

19日 省住房城乡建设厅召开省城乡环卫一体化联席会议,研究部署全省重点铁路沿线环境综合整治提升行动包市督导工作。

20日 省住房城乡建设厅印发《山东省建筑市场信用管理暂行办法》《关于进一步加强全省城市管理执法队伍建设的意见》。

23日 根据省委开展"大学习、大调研、大改进"活动部署要求,省政府办公厅组织省有关部门、单位分组赴省外开展"美丽村居"建设工作调研。

26日 全国改善农村人居环境工作会议在浙江省安吉县召开。副省长于国安代表山东省作典型发言,省住房城乡建设厅厅长王玉志参加会议。

26日 全省既有多层住宅加装电梯试点工作调度会召开,7个试点城市汇报交流了试点工作情况。

27日 省住房城乡建设厅印发《关于成立建筑业改革发展综合试点工作领导小组的通知》,部署推进建筑业改革发展综合试点工作。

5月

1日 《济南市城市建筑垃圾管理条例》实施。该《条例》是全省首部针对建筑垃圾管理的专门性地方性法规,其中很多较为严厉的举措在全国均为首创。

3日 经省政府第6次常务会议审议通过,《山东省物业服务收费管理办法》自2018年7月1日起施行。

3日 根据省委开展"大学习、大调研、大改进"活动部署要求,省政府办公厅组织省有关部门、单位分组开展"美丽村居"建设工作省内调研。

6日 国务院办公厅印发《关于对2017年落实有关重大政策措施真抓实干成效明显地方予以督查激励的通报》,山东省农村危房改造工作被予以督查激励。

15日 省住房城乡建设厅印发《山东省住房城乡建设违法违规行为举报管理办法》。

15—16日 《泰安市城乡一体空间发展战略规划》专家论证会在泰安召开。(省住房城乡建设厅厅长王玉志,泰安市委书记崔洪刚、市长李希信出席会议。)

22日 省委副书记、省长龚正主持召开加快推进美丽村居建设专题会议。省住房城乡建设厅厅长王玉志汇报了《美丽村居建设工作推进方案》。

22日 国务院发展研究中心副主任王安顺带队来山东省调研,召开房地产形势专题座谈,省住房城乡建设厅副厅长、党组成员周善东参加会议并汇报了山东省房地产市场有关情况。

28日 省住房城乡建设厅印发《山东省房屋建筑和市政工程见证取样和送检管理规定》。

31日 省住房城乡建设厅副厅长、党组成员徐启峰主持召开向济南、青岛、烟台下放行政权力事项衔接会。

6月

1日 省环保厅、省住房城乡建设厅召开全省黑臭水体整治环境保护专项行动工作部署视频会议,省住房城乡建设厅副厅长、党组成员徐启峰通报了全省黑臭水体整治进展情况。

5日 全省扶贫工作重点村村庄规划编制推进座谈会在省住房城乡建设厅召开。

5—6日 省城镇化工作领导小组办公室在济南市组织召开专家评审会,对济枣菏、东滨、烟威和临日四个都市区发展规划成果进行了评审。

11日 省城镇化工作领导小组办公室在省住房城乡建设厅召开省级第三批城镇化综合试点评审会。

19—21日 省住房城乡建设厅在泰安举办山东省住房城乡建设系统地方立法培训班,副厅长、党组成员徐启峰参加开班仪式并讲话。

20日 生态环境部、住房城乡建设部对济南、青岛、烟台三市开展为期半个月的黑臭水体专项督查。

21日 全省清洁取暖建设推进会议在济南召开。

23日 全省农村生活污水治理示范县、农村生活垃圾分类和资源化利用示范县座谈会在省住房城乡建设厅召开。

25日 省政府召开推进济青高铁、青连等铁路建设专题会议,省长龚正主持会议,省住房城乡建设厅王玉志厅长汇报重点铁路沿线环境综合整治有关情况。

26日 省政府召开第11次常务会议，审议通过了《关于加快建立长效管护机制深入推进农村"厕所革命"的通知》《山东省美丽村居建设"四一三"行动推进方案》。

7月

2日 全省房地产市场秩序整顿规范工作会议召开。

3日 省住房城乡建设厅党组书记李力主持召开《滨州市城市总体规划（2017—2035年）》审查会，邀请中国城市规划协会、同济大学、清华大学、东南大学等知名专家对规划进行论证。

9日 省住房城乡建设厅与新疆维吾尔自治区住房城乡建设厅在乌鲁木齐签订推进建筑业改革发展战略合作协议。

10日 省政府办公厅印发《山东省美丽村居建设"四一三"行动推进方案》，集中打造胶东、鲁中、鲁西南、鲁西北4大风貌区，布局建设胶东海滨、沂蒙山区、黄河沿岸、大运河沿线等10条风貌带，培育300个地域文化鲜明、建筑风格多样、田园风光优美的美丽村居建设省级试点，着力彰显"鲁派民居"新范式。

17日 省委常委、济南市委书记、济南市规委会主任王忠林主持召开第四届济南市城乡规划委员会第二次会议，审议《济南新旧动能转换先行区总体规划》等事项。

17—19日 国务院安委会第六考核组对山东省政府2017年度消防工作进行考核，全省住房城乡建设系统消防安全生产工作受到肯定。

24日 省政府召开推进"一次办好"改革优化营商环境视频会议，省长龚正讲话，省住房城乡建设厅厅长王玉志参会并就加快工程建设项目审批制度改革作发言。

24日 省城乡规划委员会第三次全体会议在济南召开，会议由省规委会副主任、副省长王书坚主持，副省长于杰出席会议，省规委会24个组成单位负责人和有关市县政府负责人参加会议。

8月

1日 省住房城乡建设厅印发《山东省工程建设工法管理办法》《山东省房屋市政施工安全文明示范工地管理办法》《山东省房屋市政施工危险性较大分部分项工程安全管理实施细则》。

2—3日 省城镇化工作领导小组办公室在莒县召开全省新型城镇化现场推进会。

2—5日 国家生态环境部副部长赵英民带第五调研组来山东省开展农村人居环境整治工作督导调研。

3日 省住房城乡建设厅2017年度省级发展类财政资金支持项目绩效评价发现问题整改工作部署会召开。

4—7日 全省住房城乡建设领域现场专业人员和安全管理人员考试顺利完成，共有13000多家企业15.86万余人参加考试。

6日 全省棚户区改造工作推进视频会议召开。

6—7日 全省工程质量安全工作座谈会在青岛召开。

7日 省政府办公厅印发《2018年全省清洁取暖工作计划方案》。

8日 省住房城乡建设厅推进新旧动能转换重大工程建设领导小组召开会议。

8日 省住房城乡建设厅印发《山东省公共建筑能效提升重点城市项目管理办法》。

9日 副省长于杰主持召开专题会议，研究《泰安市城乡一体空间发展战略规划（整合稿）》，听取了泰安市政府、省住房城乡建设厅规划编制情况汇报。

9—10日 生态环境部、住房城乡建设部在烟台召开城市黑臭水体整治工作座谈会，济南、青岛、烟台等3个被督察城市均认定为提前完成2018年整治工作任务。

10日 全省勘察设计暨美丽村居建设设计工作座谈会在威海召开。

14日 省住房城乡建设厅党组书记李力主持召开厅扫黑除恶专项斗争领导小组会议，听取厅扫黑办和各成员处室单位汇报，研究部署行业扫黑除恶工作。

14日 全省农村垃圾分类工作座谈会在济南召开。

21日 省住房城乡建设厅召开全省无规划许可化工企业整改及环保突出问题整改工作视频会议。

21日 省政府第15次常务会议审议通过《山东省简化水气暖报装专项行动方案》，8月23日印发。

21日 省政府召开全省清洁取暖和天然气产供储销体系建设推进电视电话会议。

21日 "城市水安全"院士论坛暨全国城市供排水水质监控预警及应急技术高级研修班在济南开幕。

22日 省住房城乡建设厅纪检监察工作座谈会暨纪检干部培训会议召开。

23日 省清洁取暖建设推进办公室主任、省住房城乡建设厅厅长王玉志主持召开全省清洁取暖建设推进办公室成员单位会议并讲话，省住房城乡建设厅二级巡视员王润晓通报有关情况。

23日　省政府新闻办公室召开《山东省简化水气暖报装专项行动方案》新闻发布会，省住房城乡建设厅厅长王玉志致发布词，并与副厅长、党组成员徐启峰分别回答记者提问。

24日　省住房城乡建设厅、省发展改革委、省财政厅发布新版《山东省建设工程概算定额》，自10月1日起执行。

24日　省住房城乡建设厅副厅长、党组副书记李兴军带队赴北京参加由财政部、生态环境部、住房城乡建设部、国家能源局召开的2018年清洁取暖试点工作推进会，济南作为第一批试点城市作典型发言，淄博、济宁、德州、滨州、菏泽5市通过第二批清洁取暖试点竞争性评审。

29日　省住房建设厅党组印发《关于成立厅海洋督察反馈意见整改工作领导小组的通知》。

31日　省住房城乡建设厅、省发展改革委、中国保险监督管理委员会山东监管局、中国保险监督管理委员会青岛监管局四部门联合印发《关于开展房屋建筑和市政工程投标保证保险工作的意见（试行）》。

9月

5日　省委办公厅、省政府办公厅印发《关于深入贯彻落实党中央国务院决策部署科学有序推进清洁取暖工作的实施意见》。

5日　省政府办公厅印发《关于开展省清洁取暖和天然气产供储销体系建设推进工作督导的通知》。

6日　全省简化水气暖报装专项行动贯彻落实电视会议在济南召开。

6日　省住房城乡建设厅印发《贯彻落〈山东省加强污染源头防治推进"四减四增"〉三年行动实施方案（2018—2020年）实施方案》。

7日　省政府第17次常务会议审议通过《山东省工程建设项目审批制度改革行动方案》，省住房城乡建设厅厅长王玉志参加会议并作汇报。

10—11日　省住房城乡建设厅在济南组织行政许可事项下放济南、青岛、烟台工作交接培训。

10—14日　省住房城乡建设厅在山东行政学院举办全省新型城镇化建设专题研讨班。

11—12日　《菏泽市城乡一体空间战略规划》《菏泽市城市总体规划（2017—2035年）》论证会在菏泽市召开。

13日　省住房城乡建设厅启动建筑工程质量安全第三方辅助巡查。

14—16日　住房城乡建设部来山东省开展建筑施工安全专项治理督查，督查组抽查济南部分房屋建筑和轨道交通工程项目，总体给予肯定。

17日　省住房城乡建设厅简化水气暖报装专项行动领导小组成员会议召开。

18日　省住房城乡建设厅副厅长、党组成员孙松青带领厅城市管理局、中国铁路济南局集团有限公司、济青高速铁路有限公司有关负责人，到淄博市督查重点铁路沿线环境综合整治工作。

18—20日　第四届山东省绿色建筑与建筑节能新技术产品博览会在泰安举办。

19日　副省长、省城乡规划委员会副主任王书坚主持召开省城乡规划委员会第四次全体会议。

20日　省政府印发《关于授予威海等8市"山东省适宜人居环境奖"的通报》，决定授予威海、潍坊、青岛、泰安、烟台、济南、淄博、临沂8个市"山东省适宜人居环境奖"称号。

20日　省住房城乡建设厅召开省级行政权力事项调整由济南、青岛、烟台市实施工作交接视频座谈会。

21日　山东省工程建设项目审批制度改革工作新闻发布会在济南召开。

21日　省十三届人大常委会第五次会议审议通过了修改《山东省民用建筑节能条例》《山东省供热条例》《山东省城乡规划条例》《山东省物业管理条例》《泰山风景名胜区保护管理条例》《山东省建设工程勘察设计管理条例》《山东省城市建设管理条例》等7件地方性法规的决定。

21日　省十三届人大常委会第五次会议批准《泰安市城市绿化条例》，自2018年11月1日起施行。

25日　全省无规划许可化工企业整改工作约谈会在省住房城乡建设厅召开。

25日　省政府安全生产委员会在济南召开部分成员单位会议。

25—30日　住房城乡建设部组专家组对滨州市和安丘市申报国家节水型城市进行现场考核。

26日　省政府办公厅到省住房城乡建设厅督导检查中央扫黑除恶专项斗争第5督导组通报有关问题整改情况。

26日　全省清洁取暖建设现场观摩暨冬季供热保障燃气安全工作会议在淄博市召开。

26日　按照省委组织部千名干部下基层工作统一部署，省住房城乡建设厅选派9名乡村振兴服务队成员全部到岗到位。

10月

8日 省委、省政府印发《关于山东省省级机构改革的实施意见》,将省住房城乡建设厅的"城乡规划管理职责""风景名胜区管理职责"划入省自然资源厅,将"指导城市地铁、轨道交通规划和建设职责"等行政职能划入省交通运输厅。

9—10日 全国首届农村厕所新技术新产品展示交流会在淄博召开。

11日 省住房城乡建设厅召开全省住建系统安全生产电视会议。

12日 省美丽村居建设工作专班会议在济南召开。

14日 省委深化地方机构改革协调小组办公室印发《省住房和城乡建设厅机构编制职数框架》。

15日 省住房城乡建设厅推进新旧动能转换重大工程建设领导小组办公室第四次全体会议召开。

16日 全省农村生活垃圾分类试点工作座谈会在济南召开。

16—26日 省住房城乡建设厅组织全省工程质量安全和强制性标准执法检查。

17日 省住房城乡建设厅召开全省棚户区改造和住房保障工作调度会议。

17—18日 省住房城乡建设厅副厅长、党组副书记李兴军赴枣庄开展农村无害化卫生厕所改造专项督查。

20—21日 郓城县召开新型城镇化试点经验总结研讨会。

22日 省政府办公厅印发《关于公布第一批美丽村居建设省级试点村庄名单的通知》,首批共56个村庄成为美丽村居建设省级试点村庄。

22—24日 全省特色小(城)镇建设工作会议在威海召开。

23日 全省清洁取暖工作座谈会在济南召开。

23—26日 住房城乡建设部、国家发展改革委、国家体育总局组成督查组,对济南、青岛、烟台、威海高尔夫球场整治工作回头看进行督导检查。

24日 省住房城乡建设厅印发《山东省房屋建筑和市政工程施工许可管理办法》。

29日 省住房城乡建设厅在山东大学组织"美丽村居·大师讲堂"专题培训,邀请中国工程院崔愷院士等国内一流大师作专题报告。

30日 全省老旧住宅小区整治改造现场会在济南召开。

30—31日 全省物业管理工作会议在济南召开。

31日 全省灾后防洪减灾工程建设暨水安全保障规划推进电视会议召开。

11月

1日 省住房城乡建设厅厅长王玉志,副厅长、党组成员周善东参加山东广播电视台《服务面对面》对话栏目录制,对住房城乡建设领域"一次办好"改革、城乡垃圾分类、老旧小区加装电梯、住房公积金管理和物业服务、城市供暖等工作进行政策解读,并回答观众提问。

5日 省住房城乡建设厅召开全省住房城乡建设系统做好中央生态环境保护督察"回头看"工作部署电视电话会议。

6日 省住房城乡建设厅修订发布《山东省建筑节能技术产品认定管理办法》,将节能认定组织实施工作全面下放至各设区市,精简认定产品70%。

6—8日 全省新型城镇化综合培训班在济南举办。

7日 省政府批复《日照市城市总体规划(2018—2035年)》。

7—9日 全国首个装配式建筑构件安装职业技能竞赛——2018年山东省建筑行业构件安装职业技能竞赛在济南举办。

9日 全省住房公积金文明行业创建现场工作会议在滨州召开。

12—16日 第一期新疆建筑业管理和技术人员培训班在济南举办,新疆维吾尔自治区各地、州、市住房城乡建设局管理和技术人员共计32人参加了培训。

14日 省政府7个传输通道城市清洁取暖工作座谈会在济南召开。

17日 全省城市管理执法队伍岗位知识和队列竞赛决赛在山东城市建设职业学院举行。

19—20日 全省绿色建筑高质量发展现场推进会在青岛召开。

25—26日 全省住房城乡建设系统精神文明建设现场会在临沂召开。

29日 省住房城乡建设厅印发《关于调整建设工程定额人工单价及各专业定额价目表的通知》。

30日 山东省第十三届人民代表大会常务委员会第七次会议批准《菏泽市城乡规划条例》,自2019年1月1日起施行。

30日 山东省第十三届人民代表大会常务委员会第七次会议批准《淄博市城乡建设档案管理条例》,自2019年1月1日起施行。

30日 省政府办公厅印发《山东省打好黑臭水体治理攻坚战作战方案(2018—2020年)》。

12月

3日 滨州市住房公积金管理中心荣获"省级文明单位"。至此，全省所有公积金管理中心均获得"省级文明单位"。

11日 《中共山东省住房和城乡建设厅党组关于贯彻落实习近平总书记重要指示精神集中整治形式主义、官僚主义工作实施方案》印发。

11日 全省住房城乡建设系统信访和农民工工资清欠工作座谈会在济南召开。

13日 省政府召开全省美丽村居建设推进视频会议。

13日 全省建筑施工安全生产形势分析会在济南召开。

14日 省住房城乡建设厅推进中央环保督察反馈生活垃圾和渗滤液处理问题整改工作约谈会召开。

19日 副省长刘强带队赴潍坊市调研美丽村居和灾后重建工作，省住房城乡建设厅厅长王玉志陪同调研。

19日 省住房城乡建设厅召开勘察设计和历史文化名城保护工作座谈会。

20—21日 全省工程建设项目审批制度改革暨法治政府建设座谈会召开。

21日 全省违法建设治理工作调度会议召开。

26—27日 省建设工会五届全委会在济南召开，选举产生了省建设工会五届委员会及领导机构。

27日 日照市城市管理局（综合行政执法局）挂牌成立，整合了市综合行政执法局相关职责，以及由市住房城乡建设局承担的市政公用、市容环卫、园林绿化等城市管理方面职责。

28—29日 省政府在淄博召开全省深化"一次办好"改革现场推进会议。

29日 东营市住房和城乡建设管理局挂牌成立，整合了东营市住房和城乡建设局、东营市城市管理局（东营市城市管理行政执法局）的职责，以及东营市政府办公室（市人民防空办公室）的人民防空管理职责和东营市住房公积金管理中心承担的行政职能。

（山东省住房和城乡建设厅）

河 南 省

概况

2018年，全省住房和城乡建设发展紧紧围绕持续打好"四张牌"、打赢"三大攻坚战"、推进"三区一群"和郑州国家中心城市建设等重大部署，全力推进百城建设提质工程、房地产业发展、建筑业转型升级、民生实事落实、"放管服"改革等，推动住房城乡建设事业高质量发展。一是推进新型城镇化，加快中原城市群发展。坚持以人为核心推进新型城镇化，以中原城市群一体化为抓手，着力提升郑州国家中心城市功能，支持洛阳建设中原城市群副中心城市，推动郑汴一体化和郑许、郑新、郑焦融合发展，增强重要区域中心城市和主要节点城市辐射带动能力。城市承载能力不断增强，新建改造城市道路1352公里、燃气管网5800公里、热力管网397公里、电力线路3453公里。人居环境不断优化，棚改安置房开工66.33万套，基本建成38.42万套，基本消除城市、县城黑臭水体78处，新改建城市公厕3268座，新建游园351处。至2018年底，全省城镇化率达51.71%，比上年提高1.55个百分点，保持了较快的城镇化推进速度，城镇化增幅位居全国第一，低于全国平均水平7.87个百分点。全省城镇人口中使用市政统一供水的人口占83.0%，通过市政统一的生活垃圾无害化处理覆盖人口占91.8%。二是着力扩投资稳预期，服务经济社会发展大局。坚持稳中求进工作总基调，坚持高质量发展要求，积极推进以人为核心的新型城镇化。深入开展百城建设提质工程。全省实施百城建设提质工程项目8893个、完成投资6150亿元，建成投用一大批水电气暖路等基础设施和学校、医院等公共服务设施，公布15个历史文化街区、1016处历史建筑，全省老旧小区改造完成投资7.6亿元、惠及17.8万户，许昌市完成全国老旧小区改造试点。全国"海绵城市"建设试点鹤壁市完成项目260个、投资33亿元，基本完成试点任务。8个省级海绵城市试点完成项目506个、投资265亿元。驻马店、鹤壁、平顶山、新乡及汝州、长垣成功创建省级节水型城市。多措并举促进房地产市场平稳健康发展。坚持"房子是用来住的,不是用来炒的"定位,因城施策抓好房地产市场调控,全省房地产市场运行总体平稳。全省房地产开发投资完成7015.47亿元,居全国第五、中部第一;商品房销售面积13990.5万平方米,居全国第四、中部第一;商品住宅去化周期9个月,基本处于合理区间,库存低于6个月的省辖市由去年同期的11个减少到6个。发挥住房公积金支持住房消费作用,全省住房公积金提取389亿元、同比增长17%,发放贷款311亿元,新开户70万人,其中新市民占48%,近3万新市民通过住房公积金解决了住房问题。持续大力推进保障性安居工程建设。全省开工棚改安置房66.33万套,基本建成38.42万套,公租房基本建成6.55万套,93%的政府投资公租房完成分配(目标为90%),均超额完成年度目标,全年保障性安居工程累计完成投资1226亿元。三是积极发挥职能优势,助力打赢三大攻坚战。防范和化解重大风险。全力推进脱贫攻坚。全面加强污染防治。四是大力调整优化结构,加快建筑业转型升级。按照省政府要求部署,大力实施企业改革、装配式建筑、科技创新等五大攻坚行动。五是加快补短板惠民生,强力推进重点民生实事落实。坚持以人民为中心,关注群众切身感受,努力提升人民群众幸福感、获得感。六是深化住房城乡建设领域改革。扎实推进"放管服"改革,加快推进住房租赁试点,创新城市治理机制。省辖市、省直管县市和95个县市全部组建城市管理执法机构。七是坚持高标准严要求,严格依法行政。

城乡规划与建设

【城乡规划】 2018年,全省城乡规划以推进城乡总体规划修编,推进城市双修和城市设计,提高城乡规划的科学性。(一)有序推进城乡(市)总体规划修编。一是加快城乡(市)总体规划审查。全省18个省辖市,郑州市、开封市、洛阳市等8个国务院审批的总体规划均获国务院批复,其中郑州市已按照城市总体规划改革试点要求,于5月启动了规划期至2035年的新一版城市总体规划编制;基本完成省委、省政府要求的年底前完成总体规划修编目标。二是组织召开省城乡规划委员会会议。5月,组织召开了河南省城乡规划委员会2018年第一次全体会议,省规划委员会全体成员单位参加会议。会议认为,省住建厅自省规委会成立以来,完成了一大批市县城乡总体规划、总体城市设计、历史文化名城保护规划、风景名胜区总体规划等规划的指导和技术审查,为全面提升河南省城市规划建设水平,促进经济社会快速发展发挥了重要作用。会议原则通过《商丘市城乡总体规划》《商丘市历史文化名城保护规划》《滑县总体规划》《永城市城乡总体规划》《舞钢市城乡总体规划》《信阳市城市总体规划局部调整修改方案》和《河南省城乡规划审查审批工作暂行规则》。省规委会印发《河南省城乡规划审查审批工作暂行规则》。(二)重点推进城市双修。一是积极推进国家城市双修试点。全省有开封市、洛阳市、郑州市、漯河市、焦作市和长垣县6个市、县被住房城乡建设部确定为国家城市双修试点城市。截至年底,6个国家城市双修试点均按照国家通知要求制定了"城市双修"工作方案和实施方案,开展了"城市双修"评估调查和专项规划的编制或前期准备工作,并建立试点项目库。二是以城市"双修"为抓手,扎实推进百城建设提质。要求18个省辖市要深入开展老旧城区现状调查评估和规划实施评估,认真梳理城市人居环境、基础设施、公共服务、历史文化保护、城市风貌等方面存在的问题,编制《中心城区建设提质和"城市双修"专项规划》,科学引领中心城区,特别是老旧城区建设提质。三是省住建厅、省人防办出台了《河南省城市地下空间暨人防工程综合利用规划编制导则》。(三)全面推进城市设计。一是积极推进国家城市设计试点。郑州市、漯河市被确定为国家城市设计试点城市。2个国家城市设计试点城市均完成了总体城市设计和重点地段城市设计编制。二是出台了《河南省城市设计导则(试行)》。11月7日,省住建厅印发《河南省城市设计导则》。《导则》坚持问题导向,借鉴省内外既有经验,针对当前全省城市特色模糊、文化传承不足、空间秩序混乱、城市公共空间缺失等突出问题,从总体、重要街区、重要道路、重要节点、场地和建筑要素设计等不同层面上提出规划和建设要求,坚持以人为本,维护公共利益,体现地域文化和自然特点、民族特色和时代特征。三是加强对城市设计工作的引导。指导全省所有市、县均不同程度开展了总体城市设计编制,加强城市设计与建筑设计的衔接,提高建筑群体和城市标志性建筑设计水平,着力塑造中原地域城市特色风貌。四是组织召开首届郑州国际城市设计大会。9月18日至21日由省住房和城乡建设厅、郑州市人民政府、中国建筑学会在郑州市组织召开"2018首届郑州国际城市设计大会",大会主题为"塑造新时代城市特色风貌"。中国科学院和中国工程院8位院士作了主旨发言。大会就城市设计的理论与实践、城市风貌特色保护与有机更新等议题进行广泛交流与研讨,取得了圆满成功。(四)积极推进建设工程领域审批改革。一是组织起草了《全面推进河南省建设工程领域"联合审验"工作方案》,并征求了省发改委等12家省直部门和省辖市政府及部分开发单位意见,并于9月21日通过了由黄强常务副省长主持召开的省深化"放管服"改革推进审批服务便民化第九次工作例会审议。二是开展全省城乡规划系统审批服务事项"三级十同"梳理规范工作。8月,按照"放管服"工作要求和部署,积极推进审批事项"三级十同"梳理规范工作,组织省、市、县三级城乡规划主管部门对规划审批事项进行逐项梳理,形成并提交省住建厅放管服办公室发布了住房城乡建设系统通用目录。至2018年11月15日,除平顶山、新乡、信阳等3市因个别县(市)本级政务服务系统未完成与省级政务服务系统的联通而未实现全部"一网通办"外,其余地市已全面实现"一网通办"。(五)积极开展三线划定。配合省环保厅开展的生态保护红线划定。指导各地做好城乡规划、风景名胜区规划与生态保护红线的对接,科学划定生态保护红线。(六)有序开展城乡规划编制单位资质管理。按照省政府"一网通办"的要求,积极向住房城乡建设部请示汇报,组织技术单位对全国城乡规划编制单位资质管理系统按照"一网通办"的要求进行修改完善,纳入省政务服务平台,实现乙丙级城乡规划编制资质认定的"一网通办"。有序开展城乡规划编制单位资质认定,共受理城乡规划编制单位乙丙级资质申请24家,其中通过乙丙级规划资质审核19家,未通过1家,4家正在办理。接到城乡规划编制单位甲级资质申请2家,均已按要求报住房城乡建设部。(七)开展"双随机一公开"抽查。按照省住建厅《关于印发〈2018年度"双随机一公开"年度抽查计划〉的通知》要求,随机抽取被检查单位、随机抽取专家和执法人员,对全省乙丙级城乡规划编制单位和全省风景名胜区开展"双随机一公开"年度抽查。(八)加强历史文化保护。一是加强对历史文化名城、历史文化街区保护规划的审查。组织河南省城乡规划专家委员会专家对《开封宋都古城保护与修缮规划》《濮阳市历史文化名城保护规划》《安阳市古城西大街、仓巷街、城隍庙-高阁寺3个历史文化街区保护规划》等保护规划进行审查。二是开展历史文化街区划定和历史建筑确定。省住建厅印发了《河南省历史文化街区划定和历史建筑确定工作方案》,组织历史文化街区划定和历史建筑确定工作培训,不断督促各地加快推进划定和确定工作。截至年底,省政府公布全省第一批共15处历史文化街区,全省各地已正式公布确定历史建筑共1016处,其中开封市公布117处,洛阳市公布81处,平顶山公布423处(宝丰县360处,鲁山县63处),安阳市公布9处,商丘市公布59处,濮阳市公布13处(濮阳县),三门峡市公布2处,新乡市公布6处,漯河市公布11处,许昌市公布12处(鄢陵县2处,襄城县10处),鹤壁市公布113处(浚县公布66处、淇县公布47处),济源市公布21处,兰考县公布3处,巩义市公布23处,汝州市公布77处,新密市公布34处,固始县公布4处,焦作市公布8处。

【城市建设和市政公用基础设施建设】2018年,全省加快推进城市基础设施建设,细化推进措施。(一)综合管廊及轨道交通建设有序推进。省住建厅出台《城市综合管廊工程(一)总体设计及附属设施图示》《城市综合管廊工程(二)节点构造》《市政工程信息模型应用标准(综合管廊)》《城市地下综合管廊工程施工与质量验收标准》。截至年底,全省开工建设地下综合管廊项目38个,共计197.27公里,形成廊体75.95公里,其中2018年全省累计开工建设管廊80.57公里,形成廊体45.67公里,其中商丘市、三门峡市、周口市、济源市地下综合管廊建设推进较快,分别达到18.5公里、10公里、7公里、8.2公里。郑州、洛阳城市地铁建设快速推进,郑州市在建轨道交通线路9条,在建项目总长219.7公里;洛阳市在建轨道交通线路2条,在建项目总长度40.7公里。(二)城市园林绿化建设全面提升。一是圆满完成第十一届中国(郑州)国际园林博览会闭幕式的承办工作,建成室外展园94个及配套基础设施,全面拉动郑州航空港经济综合实验区生态新城建设,为全省提供了一个园林艺术学习观摩的范本,将大大提升全省园林艺术的鉴赏水平。二是城市绿地建设规模和水平大幅度提升,顺利完成增绿目标任务。全省城市建成区开工建设园林绿化项目860余个,新建成绿地面积7070公顷,治理城市绿地中的裸露地面260万平方米,超额完成生态环境保护年度目标任务。三是郑州市屋顶绿化建设迅速推进,带动全省城市立体绿化建设发展。(三)开展城市道路及附属设施建设。2018年全省市县建成区平均路网密度较2017年分别提高1公里/平方公里,平均路网密度达到6公里/平方公里;完成了省辖市40%以上、其他县(市)30%以上打通"断头路"、"卡脖路"的任务。(四)深入开展市政公用行业扫黑除恶专项斗争。截至年底,全省市政公用行业累计摸排上报线索92条,已移交政法机关线索30条。同时,认真分析讨论行业监管漏洞,完善有关制度，并认真做好中央扫黑除恶督导组反馈意见的整改。（五）海绵城市建设扎实推进。鹤壁市作为国家试点城市，按照三年实施计划有序推进项目建设，计划实施项目276个，投资33.42亿元，截至年底，已完工项目260个，完成投资约33亿元，基本完成了海绵城市建设任务。8个省级试点城市均已编制完成了实施方案，建立了项目库，计划实施的1352个试点项目完工506个，完成投资约265亿元。（六）城市黑臭水体整治及污水处理排水防涝成效显著。省住建厅印发《河南省2018年城市黑臭水体整治实施方案》《全省住房城乡建设领域关于深入推行河（湖）长制三年行动方案（2018—2020年）》，系统推进。修订了《城镇污水处理运行管理绩效考核标准》，推动城镇污水处理规范运行。强化督导考核，会同环保部门开展了城市黑臭水体整治专项行动。将城市黑臭水体整治、污水处理、排水防涝等纳入百城建设提质工程考核体系和城市基础设施目标责任书，强力推动。截至年底，省辖市133处城市黑臭水体中，基本消除黑臭的有123处，其余10处正在整治；首批实施百城提质的县市排查出59条黑臭水体，整治完成45处；其余县城共排查出黑臭水体88处，整治完成65处。2018年新排查出的48处黑臭水体，整治完成16处。省辖市重要易涝点200处中已完成整治的有156处。全省新建成污水处理厂21座，新增规模76万吨/日；建成污泥无害化处理厂12座，新增污泥处理能力775吨/日。全省共处理生活污水32.45亿立方米，消减COD79.26万吨。（七）燃气设施建设管理稳步推进。全省城市新建管网5800公里，老旧管网改造369公里，新发展居民用户183.99万户，工业用户1837户，商业用户13745户。全省城市、县城和建制镇燃气普及率分别达到96%、90%、80%。（八）供热设施建设任务超额完成。按照省政府、省大气污染防治攻坚办关于大气污染防治有关要求，省住建厅印发《河南省2018年城镇供暖实施方案》《河南省2018年城镇供暖推进方案》，黄河沿岸及有目标任务的20个城市积极行动，都圆满完成了省定任务目标。截至2018年底，共新建改造管网397公里，新建改造热力站391座，新增供热面积3963万平方米，分别完成全年任务的174%、231%和158%。（九）垃圾处理设施建设管理水平全面提升。一是加快垃圾处理设施建设。省住建厅、省发改委、省国土资源厅、省环保厅印发《关于进一步加快生活垃圾焚烧处理设施建设的意见》，省住建厅、省发改委、公安厅等9部门印发《关于加快推进餐厨废弃物处理设施建设的通知》，明确全省生活垃圾处理设施目标任务、工作重点和保障措施。具备建设条件的市、县积极加快垃圾焚烧发电厂建设。二是大力开展城市生活垃圾填埋场排查整治。省住建厅公布《河南省生活垃圾卫生填埋场技术规程（试行）》，大力开展全省城镇生活垃圾填埋场百日攻坚行动，组织重点对全省在用城市生活垃圾填埋场渗滤液设施运行情况、规范作业情况、在线监控情况进行专项督查。已有50个市、县完成渗滤液处理设施提标改造，其他市、县正在按照工程安排推进。

【百城建设提质工程】2018年，全省以实施百城建设提质工程为抓手，统筹推进百城建设提质。先后召开两次省百城建设提质工程工作领导小组会议，明确了百城建设提质工程工作的总体思路，对百城建设提质工程进行了安排部署；先后印发了《2018年全省百城建设提质工程工作实施方案》《2018年度百城建设提质工程实施情况考核评价办法》，指导全省百城建设提质工程有序开展。成立9个专项督导组，对各地推进情况实施专项督导，及时总结各地经验，了解发现推进实施过程中出现的问题，不断提升百城建设提质工程的目标和标准。

【市政工程质量管理】2018年，全省市政工程质量管理进一步加强。一是加强城市轨道交通及管廊建设质量安全监管力度。积极采取"双随机、一公开"模式，开展专项安全检查，不断提升轨道交通、综合管廊工程质量安全管理水平。二是积极推进全省城市桥梁质量安全监管。截至年底，由城市建设管理部门负责管养维护的城市桥梁2175座。为确保全省城市桥梁安全运行，连续3年对各市县市政设施养护主管部门负责人及一线养护管理人员累计600余人进行业务培训。督促各市县建立健全城市桥梁管理体制，完善检测评估、养护维修、技术档案等相关规程，及时更新桥梁信息管理系统，完善"一桥一档"信息库。省住建厅印发《河南省城市桥梁安全防护设施隐患排查整治工作方案的通知》，确保全省城市桥梁安全防护设施升级改造有序推进。三是开展评选市政工程金杯奖。经组织专家组对申报工程进行全面复查，并召开评委会对复查结果的评审。新乡市平原路东延PPP项目工程等34个项目为"河南省市政工程金杯奖"，洛阳新区兴业街三标新建工程等76个项目为"河南省市政优良工程"；南阳市长江路道路提升工程等68个项目为"河南省市政公用工程省级安全文明工地"。四是开展市政工程QC小组评选活动。对申报的172项QC成果，经过专家评审、发布，评选出"提高超厚喷射混凝土的合格率"等167项QC小组荣获"2018年度河南省市政公用工程建设优秀质量管理小组"称号。

【城市管理】2018年，全省大力推进城市管理水平的提升。（一）垃圾分类工作逐步铺开。一是加快国家试点城市郑州市生活垃圾分类，通过建立组织机构、制定完善政策、建立资金保障机制、确定试点、加快设施建设、加大宣传等措施，郑州市试点工作已取得初步成效，中心城区已推进生活垃圾分类户数为63.11万户，生活垃圾分类回收利用率达到10%、覆盖率达到30%以上，生活垃圾分类的法律体系和制度体系初步形成，初步形成了可借鉴的模式。二是积极推进省级试点。启动了安阳市、洛阳市、焦作市、开封市4个城市开展省级生活垃圾分类试点，组织4个城市召开推进会，赴杭州市、宁波市进行学习调研。目前4城市已制定完成了生活垃圾分类实施方案，建立了工作机制，分别完成了3~5万户生活垃圾分类试点任务。（二）老旧小区和老旧街区改造正在普遍展开。全省结合百城建设提质工程，积极推进老旧小区改造，完成了对18个省辖市老城区老旧小区摸底调查，同时做好全省老旧小区改造试点。全省老旧小区改造共完成投资金额7.6亿元，受益群众17.8万户。（三）城市供水节水得到加强。截至年底，全省已建成南水北调配套水厂81座。按照省政府要求，将节水型城市创建工作纳入百城建设提质工程考核体系、城市基础设施目标责任书、省政府最严格的水资源考核体系，积极推动节水型城市创建。驻马店、鹤壁、平顶山、新乡、汝州、长垣成功创建成省级节水型城市。（四）城市容貌整治取得明显成效。突出抓好城市市容市貌整治，强化环境卫生治理，完善制度和标准，健全完善长效机制，城市秩序得到有效改善，城市管理服务水平稳步提升。（五）进一步深化"放管服"改革。以"三级十同"为标准，全面梳理城管、市政、公用、园林类审批服务事项，共梳理审批服务事项主项18项、子项28项，18项审批服务事项办理时限都压缩至法定时限一半以下，不断提高企业办理办事效率，更快更好方便企业和群众办事。各地市均已实现供水报装时间由原来的20个工作日压缩至11个工作日；供气、供热报装时间由原来的20个工作日压缩至15个工作日（不包括施工、合同签订、勘察设计、申请人办理行政许可等供气企业无法控制的时间）。省住建厅印发《住建系统投资项目审批"容缺办理"事项的清单》，积极推进住建系统投资项目审批"容缺办理"事项改革。

【数字化城市管理】2018年，全省积极推进数字化城市管理。（一）全省积极推进数字化城市管理平台建设，取得了明显成效。一是实现了市、县全覆盖。全省18个地级以上城市、105个县（市）全部建成了城管平台，实现了市、县平台全覆盖。二是平台运行效果良好。从全省情况看，绝大部分市县城管平台已实现有效运行，许多市县运行效果良好，城市管理问题得到迅速解决，城市管理运行效率明显提升。三是考核结果运用到位。不少市县城管平台考评结果在新闻媒体公布，并向市四大班子领导和市有关部门通报，每年安排考评奖励基金，考核评价结果与干部调整使用、单位效能问责、文明单位创建等挂钩。四是促进了经济社会发展。城管平台建设和规范运行，促进了城市管理手段、管理模式的创新和政府的职能转变，推动了大城管体制的形成，改善了城市面貌和投资环境，助推了经济社会发展。五是惠及了民生。各地借助城管平台，及时解决了群众一批又一批的操心事、烦心事。同时，城管平台通过12319服务热线、微信公众号、便民服务APP等，为群众提供了一个便捷的沟通交流渠道，并及时受理和解决市民对城市管理问题的举报、投诉，群众的满意度明显提升。（二）为深入推进数字城管平台建设。一是出台政策文件。省委、省政府高度重视城管平台建设，先后出台了多部文件，都对城管平台工作提出了目标任务和各项要求。全省还印发了城管平台建设与运行管理办法，以及县（市）城管平台建设方案示范文本（框架）等文件，确定了全省城管平台发展的时间表和路线图，明确了城管平台建设和运行有关要求。二是纳入重大战略工程。省委、省政府将城管平台作为百城建设提质工程一项重要内容，为快速推进城管平台建设提供了有力支撑。三是落实各方工作责任。省政府将各省辖市建成城管平台的要求写入《政府工作报告》，将城管平台工作纳入各省辖市和直管县向省政府递交的目标责任书。要求各级政府首先明确城管平台主管部门，明确主管领导和具体责任人。要求省辖市在做好本级建设运行工作的同时，还要加强对所辖县级城市城管平台工作的指导督促。四是加强督促指导。在政策允许的范围内，及时加强督导考核，采用月通报、综合通报、专项通报等方式，跟踪督办推进工作。同时，对建设进度落后市县的主管领导进行约谈，起到了良好效果。另外，对各地城管平台建设进行打分排序，奖优罚劣，起到督促先进、激励后进的作用。五是开展会议推动和技术培训。多次召开工作会、工作推进会、片区座谈会，推进城管平台建设。积极组织参加全国的培训班，提高全省各市县专业知识水平。并委托河南省城市科学研究会，组建了实力雄厚的专家队伍，为平台建设提供技术支撑。举办全省城管平台培训班，参加人数五、六百人，收到了良好效果。六是推进平台规范运行。为确保已建成平台能够规范运行，省住建厅印发了河南省加强数字化城管平台运营管理工作的通知，对任务目标以及流程管理、运行保障、验收考核通报提出具体要求。各市县根据实际，研究制定了城管平台信息采集、立案、处置与结案标准、城管平台监督评价办法等，提高城管平台运行效率，为规范化运行提供了保障。（三）加快平台提升步伐。在做好运行的同时，着手推动具备条件的市县，加快从城管平台向城市综合管理服务平台转化、向智慧城管提升，并委托河南省城市科学研究会学习借鉴外地经验，编写河南省智慧城管导则，并着手编制河南省智慧城管系统建设标准、河南省智慧城管大数据建设标准两个地方标准，为市县智慧城管建设提供依据。（四）数字城管平台实现规范运行。全省各市、县全部建成数字化城管平台，走到全国前列。在全面建成数字化城管平台的同时，积极推进城管平台规范运行工作，印发规范运行文件对全省任务目标以及流程管理、运行保障、功能提升提出具体要求，通过专题培训、全省通报、加强督查指导等措施，推进各市县平台全面达到国家验收标准。组织编写《河南省智慧城管建设导则》，积极推进数字城管平台向智慧城管升级。

【园林城市创建】2018年，全省各市县高度重视城市生态文明建设，将园林绿化作为建设美丽宜居城市的主要举措和重要内容，作为提升城市品位的重要抓手，大力开展"以水润城、以绿荫城、以文化城、以产兴城"。截至年底，全省已有国家生态园林城市1个，国家园林城市25个，国家园林县城25个，国家园林城镇13个，省级园林城市11个，省级园林县城43个，省级园林城镇68个，国家生态园林城市、园林城市（县城、城镇）总数位居全国第一。全省设市城市建成区绿地率达35.39%，绿化覆盖率达40.02%，人均公园面积达12.69平方米。不断健全规章制定，制定出台了《城市绿化条例》，完善了《城市绿线管理办法》《城市公园绿地养护管理考核办法》《城市绿色图章制度实施办法》《城市古树名木保护管理办法》《城市公园安全管理办法》等规章。

【风景名胜区规划管理】2018年，全省进一步强化风景名胜区管理。一是对全省风景名胜区规划编制情况开展普查工作，省住建厅印发《关于加快推进省级风景名胜区规划编制工作的通知》，指导各省级风景名胜区加快推进总体规划编制。组织青天河、神农山、黄河风景名胜区按照住房城乡建设部要求对总体规划进行修改完善并上报住房城乡建设部，对鸡公山、王屋山—云台山、灵山等风景区总体规划征求省直相关部门意见。省住建厅印发《关于全省省级风景名胜区规划编制工作情况的通报》，督促各地加快规划编制。二是督促指导风景区做好安全生产工作。省住建厅印发《关于做好风景名胜区节假日和暑期汛期安全生产工作的通知》《关于做好中秋、国庆节假日期间风景名胜区安全生产工作的通知》及《住房城乡建设系统今冬明春火灾防控通知》等，指导各风景区认真分析排查安全隐患，做好日常尤其是节假日安全生产。三是组织王屋山—云台山、神农山、林虑山3个风景名胜区参加国家林业和草原局组织召开的世界遗产保护与发展新机遇峰会，会同河北省就太行山联合申遗项目进行汇报。

【城市市政公用设施建设及固定资产投资】2018年，全省城市市政公用设施建设及固定资产投资建设实施成绩显著。一是城市市政公用设施建设固定资产投资本年完成投资9140884万元，同比增长5%。其中供水202327万元，燃气125424万元，集中供热405976万元，轨道交通2051212万元，道路桥梁3686644万元，排水462012万元（其中，污水处理101886万元，污泥处置570万元），园林绿化1681589万元，市容环境卫生191177万元（其中垃圾处理36665万元）。二是城市市政公用设施建设本年新增生产能力：供水综合生产能力77.23万立方米/日，供水管道长2608.93公里，天然气储气能力322.23万立方米，天然气供气管道长度3321.71公里，蒸汽集中供热能力906.4吨/小时，热水集中供热能力1426.4兆瓦，道路长度1116.97公里，道路面积3000.58万平方米，排水管道长度2860.6公里，污水处理厂处理能力79.5万立方米/日，绿地面积7411.92公顷。生活垃圾无害化处理能力1966吨/日。三是全省38个市（含县级市）的市政公用设施建设固定资产投资资金来源合计是8093533万元。国家预算资金3592219万元，（其中，中央预算资金23404万元），国内贷款1119669万元。债券10515万元，利用外资59483万元自筹1555546万元。其他资金1756099万元。

【评选第一批省级历史文化街区】2018年7月19日，省政府公布开封市双龙巷历史文化街区等15个街区为第一批河南省级历史文化街区，首批确定的15个省级历史文化街区分别是：开封市双龙巷历史文化街区、书店街历史文化街区、马道街历史文化街区、洛阳市东西南隅历史文化街区、安阳市仓巷街历史文化街区、西大街历史文化街区、城隍庙一高阁寺历史文化街区、浚县东大街历史文化街区、南大街历史文化街区、淇县中山街历史文化街区、濮阳县明清四街历史文化街区、商丘市北城历史文化街区、南城历史文化街区、新密市县衙一礼节街历史文化街区、仁育街历史文化街区。此次公布的首批15个省级历史文化街区分别分布在开封市、洛阳市、安阳市、商丘市等4个省辖市，浚县、淇县、濮阳县、新密市等4个县（市）；其中洛阳市、开封市、安阳市、商丘市、浚县为国家历史文化名城。

村镇规划与建设

【全省村镇建设概况】截至年底，全省纳入村镇统计的建制镇944个，乡584个，镇乡级特殊区域5个，行政村42426个，自然村179229个，镇（乡）域建成区及村庄现状用地面积（公顷）1288567.18公顷，村庄常住人口6068.19万人。全年全省村镇建设投资合计9246426.47万元，其中住宅建设投资5659429.28万元，公共建筑投资758118.56万元，生产性建筑投资674781.62万元，市政公用设施投资2154097.01万元。全省镇（乡）域建成区道路长度36153.58公里，道路面积22547.49万平方米，污水处理厂292个，年污水处理总量24622.52万立方米；排水管道长度11444.18公里；年生活垃圾清运量352.58万吨，年生活垃圾处理量284.93万吨；公共厕所13514座。村庄内道路长度168201.69公里，供水管道长度94191.74公里；年生活用水量117170.41万立方米；集中供热面积972.67万平方米；村庄集中供水行政村27043个，排水管道沟渠长度46693.79公里；对生活污水进行处理的行政村3884个，对生活垃圾进行处理的行政村1.87万个，有生活垃圾收集点的行政村26561个，年生活垃圾清运量6013166.77吨。

【村镇规划和建设】2018年，全省进一步强化村镇规划和建设力度。（一）农村生活垃圾治理。按照住房和城乡建设部等部门印发《关于全面推进农村垃圾治理的指导意见》要求，省委、省政府印发《关于全面推进农村垃圾治理的实施意见》，把农村生活垃圾治理工作列入省重点民生实事，按照农村垃圾治理"五有"标准和"四个"环节总体要求，全力推进农村生活垃圾治理。67个县（市、区）农村生活垃圾治理通过省级达标验收，超额完成省重点民生实事任务，90%以上的村庄生活垃圾得到有效治理。至2018年底，67个县（市、区）保洁队伍基本健全，配备保洁员13万名、管理人员9882名，达到2‰以上标准；环卫基础设施建设进一步完善，913个乡镇建成使用垃圾中转站及地埋式转运桶2115个，垃圾运输车3790辆，2.35万个行政村配备保洁车辆7.3万余辆，垃圾收集桶（箱、池）142.53万个；村庄治理成效进一步提升，67个县（市、区）累计清理陈年垃圾932万吨，2.35个行政村中93.3%的村庄生活垃圾得到有效治理；济源、新密、兰考、汝州、禹州5个国家农村生活垃圾分类示范县（市）共71个乡镇（街道）、1430个行政村开展了垃圾分类工作；全省共排查录入1238处非正规垃圾堆放点，已清理整治723处，超额完成2018年度719个目标任务。（二）农村危房改造。省住建厅把强力推进4类重点对象危房改造清零作为践行"四个意识"的突破口，紧盯"两不愁、三保障"住房安全有保障的目标任务，统筹整合使用财政涉农资金，聚焦工作重点，强化政治责任，强力推进落实，至2018年底，全省农村危房改造实际完成18.58万户，超额完成中央下达的6.05万户任务。（三）农村生活污水治理。一是省住建厅、省环保厅、省财政厅印发《河南省2018年农村生活污水治理实施方案》，明确全省农村生活污水治理的基本原则、行动目标、工作方式，指导市县梯次推进全省农村生活污水治理；二是省住建厅印发《河南省农村生活污水治理技术导则》，进一步规范农村生活污水治理项目的设计、建设、运行与管理，指导各地科学设计、合理选择农村生活污水治理技术等；（四）乡镇公厕建设。将乡镇公厕建设列入2018年省重点民生实事，省住建厅、省财政厅等6部门印发《2018年河南省重点民生实事之推进"厕所革命"工作方案》，明确乡镇公厕年度建设目标；引导新建公厕按照男女厕位2:3的比例标准建设，增加女厕厕位；基于乡镇公厕数量较大且项目较分散的实际情况，建立乡镇公厕电子信息平台；先后三次召开全省公厕建设工作推进会，加大督导检查、加强技术指导，全年共新（改）建乡镇公厕5307座，超出目标任务1707座，有效解决人民群众"找厕难""如厕难"等问题。（五）传统村落保护和发展。公布第五批220个河南省传统村落。开展传统村落保护监测，建立传统村落警示和退出机制，对保护不力的10个村落予以警示、4个村落予以退出。指导各地传统村落保护发展规划编制及实施，开展传统村落保护发展工作情况检查。成功举办全国中国传统村落保护发展培训会，在登封市杨家门村开展现场教学。(六)村镇规划建设。省住建厅印发《加强乡村建设规划许可管理工作的通知》，积极推进县域乡村建设规划、实用性村庄规划编制或修编，持续强化乡村建设规划许可制度落实，初步建立以县域乡村建设规划为依据和指导的镇、乡、村庄规划编制体系。指导地市修编和编制县域乡村规划和实用性村庄规划。47个县市完成县域乡村建设规划编制、修编，2760个实用性村庄规划完成编制、修编，65个县市明确和细化乡村建设规划许可适用范围、申领程序、监督管理等要求。(七)指导15个国家级特色小城镇建设。加大对已命名的15个国家级特色小城镇实地走访，引导健康有序发展；组织召开特色小城镇规划技术评审会，为特色小城镇发展奠定基础；积极参与人大组织的特色小城镇调研，学习外省先进经验和做法，了解制约全省特色小城镇发展的瓶颈、问题和困难。

住房保障与房地产业

【住房保障和保障性安居工程】 2018年，全省积极推进保障性安居工程项目管理，加快保障性安居工程建设步伐，增强住房保障能力。(一)圆满完成责任目标。全省保障性安居工程工作责任目标为：新开工棚改安置房50万套，基本建成34万套，列入国家计划的政府投资公租房完成分配90%以上。至2018年底，全省实际开工棚改安置房66.33万套，完成国家50万套任务的132.66%；基本建成各类保障性住房44.97万套，完成目标任务的132.26%；政府投资公租房（不含已按照规定盘活的公租房）完成分配94.58%，超额完成90%的任务目标。全年保障性安居工程完成投资1226亿元，切实改善了困难群体的住房需求，有效带动了经济社会发展。(二)围绕"三率"狠抓责任目标落实。围绕开工率、竣工率和入住率，狠抓棚改项目责任目标落实。一是对棚改项目新开工及续建进展情况、公租房分配情况等进行分片区督导检查。二是逐月对各市县开工、基本建成、公租房分配等工作情况进行全省通报。对棚改项目新开工及续建进展情况、公租房分配情况等进行分区督导检查。三是对工作进度较慢的市县及时进行约谈，确保工作成效。四是省政府召开了全省保障性安居工程工作推进会，有力推动工作开展。(三)多渠道筹集棚改资金。一是配合省财政厅做好2018年专项补助资金的分配，按规定全额拨付专项资金138.5亿元。二是配合省发改委核定中央预算内保障性住房配套基础设施项目146个、投资40亿元。三是积极争取国开行和农发行棚改贷款611亿元。四是积极配合财政部门推进棚改专项债券发行。全年共发行两批省政府棚户区改造专项债181.23亿元。(四)做好公租房分配管理。一是建立公租房分配情况月报制度和未分配项目台账，督促各地加快推进政府投资公租房分配。二是积极开展公租房盘活工作，至2018年底，省政府已同意12个市、县对10.14万套公租房实施盘活处置。三是按照深化"放管服"改革的要求，简化申请手续，取消各种不必要的证明，建立简便、高效的受理机制。(五)扎实开展住房保障补短板强弱项专项整治。在全省范围内大力开展了住房那个保障补短般强弱项专项整治工作。在审计整改方面，通过专项整治活动的开展，国务院第四次大督查发现问题和审计发现"四类问题"均已整改完毕，相关情况被住建部以工作简报形式印发全国。加快棚改回迁安置方面，一是开展排查摸底。对全省2011年以来所有棚改项目、居民未完全回迁安置的计划内棚改项目及未回迁居民进行排查，建立台账。二是省住建厅印发《河南省棚改居民回迁进度三级监测预警制度（试行）》，通过建立红、黄、绿三级预警机制，加快回迁进度。三是将棚改逾期项目整改列入市、县住房保障责任目标，纳入省政府督查范围，督导推进。截至年底，已累计完成整改82个项目、6.37万套。(六)科学筹集2019年棚改计划项目。一是省住建厅印发了《关于确定上报2019年棚户区改造计划项目的通知》，明确项目申报条件、申报流程等相关要求。二是进一步规范2019年棚改计划申报的有关要求，及时调整棚改项目准入标准，将建设用地规划许可证和国有土地使用证作为申报条件的要件，省住建厅印发《关于进一步做好2019年棚改计划制定工作的通知》。三是建立专家库，规范项目核查。为加强全省保障性安居工程人才队伍建设，促进政策制定的科学性和核查督查的公平公正，省住建厅印发《关于推荐公租房和棚改业务专家的通知》，建立了公租房和棚改业务专家库。(七)加快发展成品住宅。推动建立了包括总体设计、计价、施工、验收、评定等5部分8个标准，为加强全省成品住宅工程的管理，提高工程质量，保障消费者权益，提供了技术依据和制度保障。全省新开工成品住宅项目97个，新开工建筑面积754.27万平方米。

【房地产开发】 2018年，全省持续做好房地产调控，促进房地产市场稳定运行，除房地产开发投资出现下降外，其他各项主要指标保持平稳增长，房地产业实现税收1034亿元，占全省税收收入的20.9%，为促进全省经济健康发展作出了积极贡献。

(一)房地产开发投资出现负增长。全省房地产开发完成投资7015.47亿元,比上年下降1.1%;投资额列全国第五、中部第一。其中住宅投资5387.62亿元,同比增长1.1%。9月起全省房地产开发投资持续负增长,到2018年底同比下降1.1%,较11月降幅回升0.3个百分点。郑州市、洛阳市、开封市、新乡市、焦作市、平顶山市等8个城市房地产开发投资出现负增长,下拉全省房地产开发投资5.3个百分点。(二)商品房销售面积保持增长,但增速明显回落。全省商品房销售面积完成13990.5万平方米,同比增长5.1%,商品房销售额8055.3亿元,同比增长13%。从下半年开始,郑州、开封、新乡等部分城市出现市场转冷趋势,全省商品房销售面积增速持续下降,年底增速较上半年回落10.7个百分点,较2017年底回落12.7个百分点。一是从户型结构看。全省90平方米以下商品住宅销售面积为2665.76万平方米,同比增长7.5%;全省90~140平方米户型销售面积8150.2万平方米,占全省住宅销售面积的65.3%,其中三、四线城市以及县城销售面积6613.65万平方米,占全省90~140平方米户型销售面积约81%。二是从房屋类型看。全省商品住宅期房销售面积9729.67万平方米,同比增长10.9%,占全省商品房销售面积80.3%;全省商品住宅现房销售2753.21万平方米,同比下降6.1%,占全省商品房销售面积19.7%。(三)房屋施工面积和新开工面积保持增长,新开工面积增速明显回升。全省房屋施工面积54685.56万平方米,同比增长9.5%,增速较2017年底提高4个百分点。其中,住宅施工面积41349.89万平方米,增长10.2%。房屋新开工面积14677.65万平方米,居全国第四、中部第一,同比上涨7.7%,增速较2017年底提高14.8个百分点,出现明显回升。其中,住宅新开工面积11431.06万平方米,增长9.5%。房屋竣工面积6655.23万平方米,增长7.3%,增速加快6.3个百分点。其中,住宅竣工面积5074.09万平方米,增长7.9%。(四)房地产开发企业土地购置面积保持稳定。全省房地产开发企业土地购置面积1018万平方米,同比增长0.3%。土地购置费用1137.61亿元,同比增长19.5%;郑州市、开封市、漯河市等9个城市房地产企业土地购置面积同比出现负增长。(五)房地产开发企业到位资金微幅增长。全省房地产开发企业到位资金累计7128.38亿元,同比增长0.5%。其中,自筹资金4418.06亿元,同比增长5.9%;受当前严格的金融政策影响,开发企业贷款融资渠道变窄,国内贷款到位资金665.7亿元,同比下降25.8%;以定金及预付款和个人按揭贷款为主、与销售形势密切相关的其他资金2045亿元,同比增长1.19%,其中个人按揭贷款资金为707.54亿元,同比下降6.2%。(六)商品房销售价格平稳增长。全省商品房成交均价6019元/平方米,同比上涨10.7%,其中住宅5829元/平方米,同比上涨12.9%。周口、漯河、焦作、洛阳、驻马店、济源市区商品住宅成交均价上涨超过了20%。(七)库存去化周期保持稳定。至2018年底,全省新建商品房可售面积1.4亿平方米,去化周期为13个月,其中住宅库存7703万平方米,去化周期为8个月,整体保持稳定。

【房地产市场管理】2018年,全省始终坚持"房子是用来住的,不是用来炒的"定位,牢固树立"四个意识",因城施策、多措并举,扎实做好房地产市场调控,积极推进住房制度改革,切实推动房地产市场发展,房地产市场运行总体平稳可控。探索推行"互联网+政务服务",提高房地产开发企业资质行政审批效能,完善房地产市场监管体系,减轻企业和办事群众负担。(一)全省房地产开发企业发展态势良好。至2018年底,全省在有效期内的房地产开发企业8255家,其中一级资质70家,二级资质801家,三级资质1103家,四级资质714家,暂定级资质5567家,全年房地产业实现税收收入1034亿元,占全省税收收入的21%。(二)切实抓好房地产调控。认真贯彻"房子是用来住的,不是用来炒的"定位,围绕党中央、国务院决策部署和省委、省政府工作要求,坚持因城施策、因地制宜,持续加强调控政策指导,积极开展房地产市场监测预警,推动全省房地产市场平稳有序发展。(三)加强房地产市场风险防范。省住建厅印发《打好防范化解房地产领域重大风险攻坚战实施方案》,对防范化解房地产领域重大风险工作进行总体部署。(四)持续强化市场秩序监管。省住建厅印发《关于进一步规范商品房销售行为的通知》,选取了部分热点城市、热点区域的114个房地产在建在售项目,抽调了68名人员,分为6组对上述区域内开展了房地产市场秩序定向检查,并将检查结果对外进行公示。(五)积极推动问题楼盘处置化解。两次对各地问题楼盘化解处理情况进行摸底排查并加强政策指导。按照省政府统一安排,省住建厅、省政府金融办、省国土资源厅等有关部门赴三门峡、安阳、平顶山、郑州市就问题楼盘处置开展调研,重点梳理分析全省问题楼盘基本情况、形成原因、处置举措,提出相关建议,形成调研报告提交省政府,郑州市、三门峡市聘请了专业的律师团队,全程参与问题楼盘化解。(六)加强防范非法集资教育宣传。认真贯彻省委、省政府工作要求,积极配合省地方金融监管局,多次印发通知,组织开展房地产领域非法集资广告信息排查清理、防范非法集资宣传月等活动,持续加强非法集资防范宣传教育,提高群众防范意识,营造良好氛围。(七)强化风险防控和舆论引导。加强房地产市场监测分析,建立风险预警机制;加强舆论引导,积极与有关媒体沟通,引导媒体全面、客观、公正报道房地产市场情况,形成有利于房地产持续平稳健康发展的舆论氛围。

【房地产交易和权属管理】2018年,全省积极培育市场主体,房地产交易和权属管理水平进一步提高。(一)房地产交易情况。全省经房管部门合同备案的商品房成交面积12577万平方米,成交1134100套,与上年同期相比分别增长8.66%和8.2%;成交金额7683亿元,同比增长20.27%。商品住宅成交面积11268万平方米,成交963456套,成交金额6568亿元,与上年同期相比分别增长9.83%、8.65%和23.99%。全省二手房成交面积2563万平方米,同比增长2.06%,成交244172套,同比增长4.13%,成交金额1279亿元,同比增长6.49%。二手住宅成交面积2427万平方米,同比增长2.09%,成交232846套,同比增长4.42%,成交金额1220亿元,同比增长6.68%。(二)房地产交易与产权管理。按照省委、省政府深入推进"放管服"改革精神和省政府办公厅印发《关于印发河南省不动产交易登记便民利民改革实施方案的通知》,省住建厅积极推进不动产交易登记"放管服"改革,在房屋交易工作流程优化、文明窗口和规范化窗口建设、不动产交易登记"一窗受理"、协商和信息共享机制交涉、精简办事材料证明等方面主动创新,努力实现不动产交易登记从受理到办结"只上一张网、只进一扇门、最多跑一次"。(三)住房租赁管理。积极探索"加快建立多主体供给、多渠道保障、租购并举的住房制度,让全体人民住有所居"。一是住房租赁市场主体进一步扩大。二是积极推进郑州市住房租赁试点。三是进一步加大金融支持力度。3月28日,省政府金融办、省住建厅联合举办的河南省住房租赁投融资研讨暨银企对接会在郑州召开。会上国开行、中行、建设银行、光大银行分别与住房租赁企业进行了现场签约,签约意向金额863亿元,资金将主要用于解决住房租赁企业融资困境,助力住房租赁企业发展。四是积极推进青年人才公寓建设。省直青年人才公寓共规划建设10个项目,规划建设约2.58万套,总建筑面积约390万平方米,项目总投资约220亿元。10个项目于2018年12月底前全部开工建设。(四)房地产估价经纪管理。围绕加强制度建设、加强事中事后监管、开展"双随机"抽查等关键环节,切实履行好房地产估价行业管理职责。开展房地产估价师和房地产经纪专业人员证书挂靠集中整治工作。积极运用信用记录、行业自律等方式加强监管,加快推进房地产估价行业信用体系建设,强化信用约束,建立和完善守信联合激励和失信联合惩戒制度,规范市场主体行为。(五)坚持市场与保障结合,持续完善住房租赁体系。一是围绕"加快建立多主体供给、多渠道保障、租购并举的住房制度,让全体人民住有所居"的目标,积极培育市场主体,多渠道增加住房供应,持续完善配套政策,稳步推进住房租赁市场发展。至2018年底,全省住房租赁经营的各类市场主体已有2000多家,现有住房租赁规模约12万间。省住建厅、省政府金融办召开住房租赁投融资研讨暨银企对接会并举行了银企签约仪式,7个租赁企业先后与国家开发银行河南省分行等4家银行签订战略合作协议,签约金额863亿元。省直青年公寓谋划的8个项目已确定设计方案并开工建设。二是市场化租赁在房地产市场供应比例逐步加大,购租并举的消费模式初步形成。加强公租房分配管理,建立了公租房分配情况月报制度和未分配项目台账,督促各地加快推进政府投资公租房分配工作。三是按照深化"放管服"改革的要求,简化申请手续,取消各种不必要的证明,建立简便、高效的受理机制,加快公租房申请审核和分配到户。四是积极开展公租房盘活。12个市、县10.14万套公租房盘活处置工作已得到省政府同意。

【城镇房屋征收管理】2018年,全省国有土地上房屋征收工作稳步推进。(一)全省18个省辖市、10个直管县均已明确了房屋征收部门,共组建不以营利为目的的房屋征收实施单位182家,从事房屋征收工作人员达到近4000人。(二)全年共作出征收决定项目138个,同比增长29%,户数30319户,同比增加996户,房屋建筑面积555.12万平方米,同比增加40.52万平方米;完成征收项目46个,户数7503户,房屋建筑面积767486.48平方米。(三)指导国有土地上房屋征收与补偿工作。建立了国有土地上房屋征收矛盾问题处置预警机制。为全面及时掌握全省国有土地上房屋征收与补偿矛盾问题情况,认真做好调查研究与检查上报工作,建立了国有土地上房屋征收与补偿矛盾问题台账及问题处置预警机制,实行矛盾问题动态监督管理。(四)组织学习先进省市经验。5月24—26日,组织全省房屋征收主管部门负责同志和征收实施单位负责同志150余人参加了在武汉举办的房屋征收与补偿实践工作经验交流会,学习借鉴武汉、上海等城市的先进经验,进一步提升全省国有土地上房屋征收工作。(五)组织召开全省国有土地上房屋征收信息系统培训会。10月26日,在郑州市召开了全省国有土地上房屋征收与补偿信息系统培训会,对推广应用国有土地上房屋征收信息系统,推进全省国有土地上房屋征收工作进行了安排部署。2019年1月起正式启用省版系统,系统启用后全省新征收项目全部纳入系统进行管理。(六)全省18个省辖市及大部分县(市)建立了社会稳定风险评估实施办法。

【物业管理】2018年全省物业管理注重优化物业服务,不断改善住房品质。提供干净舒适、绿色环保、功能齐全的住房环境。1月1日,新修订的《河南省物业管理条例》(以下简称《条例》)正式施行。《条例》进一步明确了相关职能部门职责,加强了物业管理活动监管,完善了物业管理制度建设,规范了各类从业主体行为,有力推动了全省物业服务行业持续健康稳步发展。根据《条例》要求,省住建厅印发《河南省物业管理区域管理办法》《河南省业主大会和业主委员会指导规则》《河南省物业服务规范(居住物业/公共物业)》《河南省物业管理用房管理办法》《河南省前期物业管理招投标管理办法》《河南省前期物业服务合同(示范文本)》等规范性文件,确保各级主管部门和物业管理行业从业主体各项工作开展有法可依、有章可循。至2018年底,全省物业服务企业总数量达到8700余家,专业物业企业在管14492个项目,其中居住物业项目9320个,公共物业项目5172个。从业总人数已达40余万人,其中经营管理人员12.63万人,各类操作人员27.46万人,在管理人员中,高层管理人员、项目经理、项目经理人员与普通管理人员之比为1∶1.83∶4.75。在管物业项目总数约1.45万个,其中在管居住物业项目近9000个,管理总面积达到17亿平方米。(一)加强政策法规宣贯,推动行业规范化发展。按照"政府主导、协会组织、企业参与、全社会发动"的原则。组织《条例》宣讲团深入全省各市、县开展专题培训。持续运用网站、微信公众号、发放宣传页等多种形式,解读发布业主大会业主委员会、物业服务企业、专业经营单位权责处罚等内容,引导全社会关注、理解、运用、执行、落实《条例》中的各项制度。鼓励地市采取知识竞赛等形式,加大宣传物业管理政策法规力度,引导有条件的地市将《条例》贯彻落实与百城提质、创文创卫相结合,为全省物业服务市场发展营造了良好的氛围。(二)出台既有住宅加装电梯指导意见。省住建厅、省发展改革委、省质量技术监督局、省财政厅、省公安厅等六个部门印发《关于城市既有住宅加装电梯的指导意见》,对加装电梯基本原则、加装条件、实施程序、资金筹集、保障措施等内容进行明确,要求各地要把既有住宅加装电梯工作作为民生工程和惠民工程加以推进,制定好相关扶持政策和推进措施,依法推动既有住宅加装电梯工作,提高群众生活幸福度。(三)开展维修资金调研,推动列入省政府立法计划。编写《河南省物业专项维修资金管理情况调研报告》,并报省政府将《河南省物业专项维修资金管理办法》列入2019年省立法计划,启动立法调研和起草,健全维修资金法律体系,推动行业健康良性发展。(四)强化事中事后监管,开展行业双随机监督检查。针对检查中发现的行政监管不到位、管理服务不规范等问题,下达了《督促整改通知书》105份;对于严重违法违规问题,检查组向当地城市管理执法部门下达了《行政执法建议书》11份。(五)支持企业做优做强,综合服务能力显著提升。一是组织开展2018年度省级示范物业项目服务评价,全省新增省级示范项目达104个,至2018年底已有645个物业管理项目获得全国和省级物业管理示范、优秀项目称号。二是深挖物业服务行业中涌现出来的先进典型和模范人物,开展"弘扬社会正能量宣传出彩物业人"活动,为行业发展营造良好的舆论氛围和发展动力。三是召开河南省物业服务企业品牌宣传工作会,对具有一定品牌价值的物业服务企业,通过宣传纪录片、网站、微信平台等形式,给予广泛宣传支持,提升了物业管理专业价值及服务形象。(六)业主大会业主委员会成立概况。新《条例》实施后,全省新成立业主大会业主委员会303家。省住建厅印发《河南省业主大会业主委员会指导规则》,统一印制了《业主大会业主委员会备案证书》,并实现了网上备案。(七)维修资金归集和使用。至2018年底,全省维修资金累计归集418.37亿元,其中,2018年新增维修资金57.98亿元,当年使用维修资金达2.033亿元。(八)物业管理行政管理。利用互联网依法推进物业管理区域备案、物业服务合同备案、前期物业招标备案、前期物业管理中标备案、业主大会业主委员会备案等行政管理备案。

【住房公积金监督管理】2018年,全省深化住房公积金制度监督管理,按照"保一限二禁三"的原则,因城施策,保障刚性住房需求,强化资金风险管控,提升行业服务水平。(一)住房公积金业务指标运行总体平稳。全行业积极贯彻落实住房城乡建设部、省政府稳定住房消费政策,不断加大对职工基本住房消费的支持力度,持续推进城市新市民建制扩面,各项业务指标平稳运行。一是缴存。新开户单位7179家,实缴单位76025家,净增单位580家;新开户职工80.35万人,实缴职工654.43万人;缴存额701.39亿元,同比增长16.19%。至2018年底,缴存总额4562.08亿元,同比增长18.17%;缴存余额2210.23亿元,同比增长15.85%。二是提取。提取额398.93亿元,同比增长19.37%;占当年缴存额的56.65%,比上年增加1.6个百分点。至2018年底,提取总额2351.86亿元,同比增长16.96%。三是贷款。首先个人住房贷款。2018年,发放个人住房贷款9.97万笔310.55亿元,同比增长-2.5%、2.1%。回收个人住房贷款154.52亿元。至2018年底,累计发放个人住房贷款119.13万笔2664.26亿元,贷款余额1699.33亿元,同比分别增长9.1%、13.19%、10.11%。个人住房贷款余额占缴存余额的76.88%,比上年减少4个百分点。其次住房公积金支持保障性住房建设项目贷款。至2018年底,累计发放项目贷款10.58亿元。四是融资。2018年,融资5.63亿元,归还8.94亿元。至2018年底,融资总额36.85亿元,融资余额3.92亿元。五是资金存储。至2018年底,住房公积金存款460.17亿元。其中,活期33.12亿元,1年(含)以下定期223.25亿元,1年以上定期121.18亿元,其他(协定、通知存款等)1.25亿元。六是资金运用率。至2018年底,住房公积金个人住房贷款余额、项目贷款余额和购买国债余额的总和占缴存余额的76.89%,比上年减少4个百分点。(二)探索自愿缴存机制,扩大制度受益范围。一是开展新市民住房问题专项调查。为更好地支持城市新市民解决租购住房问题,加快推进住房公积金制度改革,4月,在全行业组织开展新市民住房问题专题调查。二是建立新市民自愿缴存机制试点。扩大住房公积金制度受益范围,在强制缴存的基础上,建立自愿缴存机制。(三)加强内部监管审计,推进行业规范发展。一是开展住房公积金行业内审。针对发现的部分主要问题,分别采取下达整改通知、约谈等措施,督促整改,有效管控风险。二是开展住房公积金政策执行情况检查和风险隐患排查。6月,省住建厅组织各地开展住房公积金政策执行情况检查和风险隐患排查自查,按照政策类、缴存类、提取类、贷款类、财务类、服务类等6大项共计20个问题和39个风险点,全面逐条自查自纠,认真排查风险易发多发的关键领域和薄弱环节,保障自查工作取得实效,推进全省住房公积金行业规范发展。三是启用住房公积金电子化检查工具。为提高住房公积金监督检查工作的针对性和实效性,全面管控住房公积金风险,督促各住房公积金管理机构每月通过电子化检查工具进行巡检,并及时报送月度电子检查报告,建立常态化机制。四是开展住房公积金行业"扫黑除恶"。省住建厅印发《关于全省住房公积金行业落实扫黑除恶专项斗争有关要求的通知》,召开专题会议,对全省住房公积金领域的扫黑除恶工作进行再落实再部署,督促各地住房公积金管理机构开展全面自查,把排查线索、摸清底数作为开展扫黑除恶行动的重要基础。以治理骗提骗贷、非法中介、开发商拒贷等乱象为切入点,建立省、市两级问题台账,对涉嫌违法犯罪的,及时向公安机关移交并配合调查。(四)深化"放管服"改革,打造良好服务环境。一是按期披露年报,加强信息公开透明度。4月25日,全省住房公积金2017年年度报告通过省住建厅网站正式对外披露,保障了缴存职工的知情权和监督权。二是强力推进住房公积金"一网通办"前提下的"最多跑一次"改革。三是集中研究起草了《河南省加快推进住房公积金网上办理实施方案》《河南省住房公积金网上办理共享数据清单》《河南省住房公积金对外共享数据清单》和《河南省住房公积金业务"网上办"考核办法》《河南省住房公积金审批服务事项"三级十同"清单》《河南省住房公积金标准化工作规程》《河南省住房公积金业务办事指南》和《河南省住房公积金数据对接接口规范》等1+2+5文件。四是12月4日省住建厅印发《河南省住房公积金业务"网上办"考核办法》等5个配套政策,印发各地实施。(五)加强信息化建设,提升管理服务水平。一是强力推进全省住房公积金双贯标工作。至2018年底,已完成对全省29家住房公积金管理机构的双贯标检查验收。二是开展数据灾备系统恢复演练。三是运行全国住房公积金异地转移接续平台。全年全省通过平台办理转入业务12736笔,涉及金额3.07亿元;办理转出业务9390笔,涉及金额2.42亿元。四是推进综合服务平台建设。建成门户网站的有33家,建成服务热线的有37家(其中开封、邓州、鹿邑仅限本地拨打12329),建成自助终端的有22家,建成官方微信的有20家,建成官方微博的有19家,建成手机短信的有29家。

工程建设与建筑业

【建筑业发展概况】 2018年，全省建筑业发展形势良好，转型升级成为发展建筑业新动能。（一）产业规模增长强劲，产业集中度稳步提高。全省完成建筑业总产值11360.52亿元，同比增长12.6%，位居全国第八，中部省份第二；实现建筑业增加值3101亿元，增长15.1%；利税总额1041.21亿元，增长37.19%。全省完成建筑业税收438.89亿元，同比增长18.1%。100家重点培育施工企业完成建筑业产值4329亿元，同比增长13.2%，高于全省增速0.6个百分点，占全省建筑业总产值的38.1%，占比提高0.2个百分点。全年新签合同额13023.25亿元，增长14.8%。全省新获批施工总承包特级企业8家、10项，累计达到32家、42项。（二）大力支持本地企业和总部经济发展。全省建筑企业在本省市场占有率达26.8%，比2016年提高2.4个百分点。各地积极支持本地企业做大做强，郑州市出台建筑业总部企业奖励政策，拿出3200万元奖励51家建筑企业，总投资370多亿元的四环快速路等重大项目本地企业成为建设主力。目前有14家施工特级总包企业、600家一级施工总包企业、96家设计甲级企业总部设在郑州。（三）改革攻坚取得新成效。深入推进产权制度改革。聘请有关高校和咨询机构专家、学者成立了全省建筑企业产权制度改革咨询指导组；推进省属建工集团组建，洛阳、许昌、焦作等市谋划以建筑龙头企业为主组建建工集团；省一建、省四建、省五建、美巢集团等一批重点培育企业积极进行二次股改、混合所有制改革和项目模拟股份制改革；洛阳、新乡等市由投资集团与施工、设计单位强强联合组建装配式建筑企业。优化产业结构。引导大型建筑企业参与郑州西四环快速路、贾鲁河综合治理生态绿化工程、南阳市高铁片区一期工程、平顶山市沙河复航项目等一批大型市政、水利、房建、交通PPP项目建设。制定《河南省全过程工程咨询试点工作方案（试行）》，确定14家企业、12个项目推进全过程工程咨询试点工作。制定了《河南省建筑类重点企业培育工作方案》，对省重点培育企业提供全方位支持服务。将济源市作为培育专业作业企业试点，取消劳务资质，引导劳务企业向专业承包或专业作业企业转型。（四）创新发展步伐进一步加快。新增3个省级产业技术创新战略联盟、10家省级工程技术研究中心，全省累计53家建筑业企业被认定为省级工程技术研究或企业技术中心；新增3项省级科技进步奖、111项省厅科技进步奖。组织编制了民用、市政、水利4项BIM技术标准，抓紧编制装配式、轨道交通等BIM标准及有关实施指南细则。全省近200家企业、20家高校正推广应用BIM技术，规模以上BIM应用项目287个，覆盖房建、市政、轨道交通、道路桥梁等各行业。（五）人才队伍素质不断提升。骨干建筑企业成立6个院士工作站、获批9家省级博士后研发基地、新引进院士5名，郑州大学博士后流动站建筑类博士进站13名、出站10名。全省建筑专业技术人员达31.65万人，其中建造师16.5万人，勘察设计注册人员2万人。省住建厅印发《河南省培育新时期建筑产业工人队伍试点工作方案》，在固始、长垣、林州、济源4个县（市）和重点培育企业开展试点，全省住建系统培训建筑技能工人79853余人次。（六）国外工程承包。根据《河南省建筑业转型升级发展三年行动计划（2017—2020年）》，全省积极参与"一带一路"建设，充分发挥河南省建筑企业在高铁、地铁、电力、公路、煤炭、油气管线、防水防腐等方面的优势，有组织、有目标、有重点地开拓外埠市场。全省对外承包工程及劳务合作新签合同额为374425.75万美元，与上年基本持平，对"一带一路"沿线国家对外承包工程新签合同额增速高达70%左右。全省对外承包工程及劳务合作完成营业额为44841.57万美元，同比下降27.7%，项目主要为交通运输建设、矿产开发、石油化工、水利建设、工业建设及电力工程建设类项目承包，主要分布在沙特阿拉伯、津巴布韦、科威特、刚果（金）、尼日利亚、阿曼等国家。（七）工程招标代理机构概况。全省共有工程建设项目招标代理机构237家，从业人员5028人。全年共实现营业收入13.18亿元，实现利润8.32亿元。（八）房屋和市政工程招投标。全省监管范围内的房屋建筑和市政基础设施建设新建项目12623个，投资总额4163.2亿元，其中政府投资和使用国有资金项目8526个，总投资额1832.4亿元，进场交易率100%。非国有资金投资项目4097个，投资额2341.07亿元，其中招标发包652个，直接发包3445个。（九）全省一大批重大工程项目建成投产。全年亿元及以上固定资产投资在建项目7852个，完成投资比上年增长24.8%。"三山一滩"贫困地区高速公路和郑万、郑阜、太焦、郑济、商合杭高铁建设顺利推进；郑州南站、周口至南阳高速建设加快实施；郑州地铁5号线全线通车试运行；宿鸭湖水库清淤扩容、卫河共渠治理、青电入隧等重点工程开工建设；百城建设提质工程，全面推进，实施项目8893个，投资6150亿元。全省铁路营业里程5460.1公里，其中高铁1307.81公里。高速公路通车里程6600.03公里。全省全社会发电装机容量8680.27万千瓦，比上年增长7.9%。

【建筑市场管理】 2018年，全省进一步加大建筑市场监管力度，提升建筑市场监管效能。（一）深入开展扫黑除恶专项斗争。省住建厅印发《关于进一步做好全省建筑施工领域扫黑除恶专项斗争工作的通知》和《关于报送建筑施工领域扫黑除恶有关情况的补充通知》等有关文件，各地成立了以一把手为组长的扫黑除恶专项斗争领导小组，完善工作机制，推动责任落实，形成了建筑施工领域扫黑除恶专项斗争工作合力。（二）打击转包、挂靠和专业技术人员职业资格"挂证"等违法行为。省住建厅印发《关于做好打击建筑工程施工转包违法分包等违法行为情况定期报送工作的通知》，组织开展了打击转包挂靠违法分包专项治理活动，并建立季报告制度。（三）完善招投标监管体系。省住建厅印发《河南省建设工程工程量清单招标评标办法》《河南省住房和城乡建设厅关于进一步加强房屋建筑和市政基础设施项目招标投标监管的通知》。（四）加强外省进豫建筑企业监督管理。根据住房城乡建设部《关于开展建筑企业跨省承揽业务监督管理专项检查的通知》要求，结合全省实际，以各地排查省级部分抽查的方式，在全省开展了建筑企业跨地域承揽业务监督管理及外省进豫建筑施工企业专项检查。（五）大力推广实名制。省住建厅印发《关于在全省房屋建筑和市政基础设施工程建设领域推行劳务用工实名制管理的通知》，自2018年4月1日起，全省范围内依法取得施工许可的在建房屋建筑和市政基础设施工程实行建筑劳务实名制管理。（六）持续开展清欠。省住建厅印发《关于开展房屋建筑和市政工程建设领域农民工工资支付工作自查的紧急通知》《关于对全省房屋建筑和市政工程建设领域农民工工资支付工作情况进行调研评估的通知》，要求各地对在建项目农民工工资支付情况进行排查，对存在问题的工程项目实施重点监控，将矛盾化解在萌芽状态。省住建厅组织调研组，对18个省辖市、10个省直管县、郑州航空港区的87个在建工程项目农民工工资支付相关情况进行调研评估，指导督促各地切实做好治欠保支工作。全省住房城乡建设主管部门共解决农民工工资案件2350件，涉及人员62718人，共计约11.2亿元。

【建筑业法规建设与体制改革】 2018年，全省进一步加大建筑业法规建设和体制改革力度。（一）扎实推进建筑业"放管服"改革。贯彻落实省政府"一网通办"要求，建筑类行政审批全部实现"一网通办"和"最多跑一次"。出台全面落实非国有资金投资项目自主招标、权限内所有审批事项下放给自贸区等政策，长垣县被纳入优化建筑业企业资质管理工作试点。河南省被住房城乡建设部确定为资质改革试点省份，建筑业企业专业资质审批权全部下放，房建市政总承包贰级资质实行承诺制。全省120个市、县（市、区）已实现施工许可一站式办理，办理时限压缩为平均2天，最短1天。（二）切实减轻企业负担。组织开展工程保证试点，2月，省住建厅、省发改委、省财政、省银监局等7部门印发《河南省工程保证制度实施办法（试行）》和《河南省房屋建筑工程质量保险实施办法（试行）》，推动用保函（保险）替代现金保证。全年全省出具保函1393份、替代现金保证19.36亿元，32家建筑企业享受高新技术企业所得税优惠2.6亿元，取消新型墙材专项基金等收费项目每年减轻企业负担约10亿元。（三）持续推进建筑产业工人队伍培育工作。3月，省住建厅到固始县专题调研新时期建筑产业工人队伍培育工作，开展劳务企业转型、专业作业企业培育、工人技能素质提升等课题研究，向住房城乡建设部争取将固始县确定为全国新时期建筑产业工人队伍培育示范县。6月，住房城乡建设部到河南省调研，给予工作指导，共同见证固始县政府和中建七局建筑业产业工人培育基地合作签约仪式，推动相关工作。11月，住房城乡建设部批复同意《河南省住房城乡建设厅关于培育新时期建筑产业工人队伍试点工作方案的请示》，河南省被住房城乡建设部确定为培育新时期建筑产业工人队伍试点省份，决定在济源市、固始县、长垣县、林州市房屋建筑和市政基础设施工程中开展试点。（四）为保障建筑业职工的合法权益，省人社厅、省住建厅印发《关于进一步加强全省建筑业工伤保险工作的通知》中规定，全省将在建筑业推行按建设项目优先参加工伤保险，推动建筑业工伤保险全覆盖。建筑施工企业需按项目参加工伤保险，不参保将不予换发施工许可证。按照规定，工伤新政覆盖范围包括：本省行政区域内从事房屋建筑、市政基础设施、轨道交通等工程施工的建筑施工企业（包括施工总承包企业、专业分包企业、劳务分包企业）。

【工程建设监理】 2018年，全省建设监理行业保持了稳健的运行态势，在队伍建设、经营效益、品牌塑造、行业自律、转型升级等方面取得了良好的业绩，行业治理能力得到进一步提升。一是企业数量稳中有升,发展质量持续提高。全省共有监理企业316家,居全国第11位。其中,综合资质16家,占企业总数5%,位列全国第5名;甲级150家,占企业总数47%;乙级121家,占企业总数38%。全省工程监理从业人员5.4万人,其中注册监理工程师8559人,省专业监理工程师1.4万人。二是全省工程监理企业业务范围广,涵盖了房建、市政、电力、铁路、公路、农林、通信、矿山、冶炼、机电安装、水利水电、化工石油、航空航天13个专业类别。全年工程监理企业承揽合同额262亿元,监理企业营业收入246亿元,其中工程监理业务合同额为106亿元,工程监理业务营业收入为66亿元。全过程工程咨询、项目管理、招标代理、造价咨询及第三方检测等业务合同额为156亿元,实现营业收入180亿元。三是编制了《装配式建筑混凝土结构工程监理规程》,规范装配式建筑工程监理工作,提升装配式建筑工程监理服务水平,更好地保障装配式建筑工程的质量和安全。

【建设工程质量监督管理】 2018年,全省建设工程质量管理按照提升建设工程质量,化解质量事故和职业风险,推进标准化、信息化、差异化、品牌化建设,提升工程质量监督管理水平,工程质量形势整体平稳,工程质量发展态势良好。全省新注册工程6987项,建筑面积8465.92万平方米,在建工程35179项,建筑面积37273.65万平方米,竣工工程4697项,建筑面积4978.27万平方米。(一)强化建设工程质量提升,认真落实监管职责。修改和完善《河南省市政基础设施工程质量监督管理办法(送审稿)》,已呈报省政府;省住建厅印发《河南省房屋建筑工程质量保险实施办法(试行)》《河南省工程质量评价体系试点工作实施方案(试行)》;起草《河南省建设工程质量监督标准》《河南省建设工程质量监督机构和人员考核管理实施办法》《关于做好全省房屋建筑工程质量管理标准化考核工作的通知》《河南省房屋建筑和市政基础设施工程质量"双随机一公开"监督检查实施办法》等规范性文件,组织编制《河南省房屋建筑质量管理标准化技术规程》《河南省成品住宅分户验收技术规程》,启动了全省工程建设地方标准《河南省建设工程资料整理统一标准》《百年住宅建筑设计评价标准》的编制。(二)深入调查研究,有效履行指导服务功能。印发《2018年全省建设工程质量监督管理工作要点》,明确了"坚持一条主线、化解两个风险、推进四个化"的工作思路。6月,赴郑州、洛阳、巩义等3市开展调研,了解掌握工程质量巡查监管方式创新和培训方面的有关情况。组织赴北京市、山东省学习预拌混凝土生产企业质量监管、轨道交通项目监管先进经验。完成2017年建筑市场工程质量和装饰质量监督检查的整改落实情况,并下发通报。印发《全省预拌混凝土企业专项试验室基本条件的通知》《河南省预拌混凝土质量管理规定的通知》。切实做好工程质量投诉,提高服务意识和群众满意率。接到投诉件6起,已办结5起,办结率83%;全省共接到投诉2631件,办结2522件,办结率达95.8%。

【建筑施工安全管理】 2018年,全省建筑施工安全管理以推进安全生产标准化建设为抓手,积极推进安全生产双重预防体系建设,持续加大安全生产隐患排查和专项整治力度,有效遏止重特大建筑生产安全事故的发生,全省建筑安全生产形势保持了较为平稳的良好态势。(一)加强安排部署,落实安全责任。省住建厅印发《2018年全省住房和城乡建设安全工作要点》,在全省建筑业转型大会上,组织各省辖市、省直管县(市)住建局(委)向省住建厅递交了2019年度建筑施工安全生产管理目标承诺书,切实强化建筑施工安全目标管理,促进安全监管责任落实。(二)严格风险防控,强化监督检查。在全省建筑安全生产管理中注重把监管力量向重点环节、关键环节倾斜,重点加大对事故多发地区,建设工程量较大地区、安全生产基础薄弱地区、安全生产保障能力较差的企业及事故易发多发环节的督查力度,坚持分类指导重点监管,增强工作的针对性和有效性。(三)加强安全宣传教育,严格关键岗位人员安全培训考核。一是组织开展"安全生产月"活动,省住建厅印发《全省建设系统安全生产月活动方案》,明确活动主题、活动内容、活动方式和活动要求,指导各地开展内容丰富、形式多样的安全生产月活动。二是组织开展建筑施工企业"三类人员"及建筑施工特种作业人员培训考核。全省共组织建筑施工企业"三类人员"培训180期,培训人员44533人;举办建筑施工特种作业人员培训98期,培训人员17202人。共完成新申请建筑施工企业安全生产管理人员安全考核发证34619人;申报延期考核合格24519人,办理安全考核合格证书变更、补办、注销16087人;共受理起重设备作业人员考核申请25438人次,其中考核合格发证22895人;办理起重设备作业人员操作资格证书变更、补办、注销1962人。(四)认真梳理审批事项,有序转移工作职能。一是根据中央和省委、省政府深化行政审批制度改革文件精神,按照"三级十同"标准要求,认真梳理涉及建设安全监管的4项审批事项,进一步优化工作程序,简化审批资料,缩短办事时限,推进了网上审批系统的有效实施。二是做好职能转移相关工作。自2018年10月19日后,建筑施工企业"三类人员"及建筑起重机械作业人员安全考核,职能分别转移给省住房城乡建设职业资格注册中心和省建筑劳务管理办公室。全力做好移交过程中的帮扶配合和对企业的解释工作,保证了工作的平稳有序开展。(五)加强制度建设,夯实管理基础。出台《河南省建筑施工安全隐患管理台账管理办法》《河南省建筑施工现场安全资料管理规程》《河南省房屋建筑和市政工程施工企业、项目安全风险防控和隐患排查治理体系建设指导细则》、《城市轨道交通风水电及装修工程安全文明标准化实施指南》。(六)严格工作程序,强化事故处理。(七)严格省直管工程安全监督管理。继续做好省直管工程后续遗留工程的管理、监督、服务。对尚在监管的河南农大、天河华侨龙城等省直管工程9个标段的施工现场,采取多种措施、加大工作力度、持续严格监管。

【建筑装饰装修管理】2018年,全省建筑装饰装修业扎实推进高质量发展,开拓创新,取得显著成效。(一)扎实做好建筑业企业综合信用评价相关。一是开展《河南省住宅装修装饰企业信用信息综合评价实施方案(试行)》的推广工作。召开了全省住宅装修装饰企业信用信息综合评价系统业务培训会。二是开展了全省住宅装修装饰信用信息综合评价专项督查。三是强化全省住宅装修装饰信用信息综合评价管理。至2018年底,省内22个地市、直管县,共计858家企业的综合评价信用信息录入系统。四是开展全省建筑业企业综合信用评价。根据《河南省住房和城乡建设系统行政处罚裁量标准》,重新整理、修改河南省建筑市场信用管理暂行办法中的不良行为清单、法律法规依据及计分标准。(二)大力提升全省装修装饰行业设计水平。一是举办2018年河南建筑装饰设计大赛。共有1031件作品参赛,经过各地市、高校初选478件参赛作品入围,评出一等奖46件,二等奖85件,三等奖130件。二是举办2018年河南建筑装饰设计大赛成果展。三是组织协调装饰行业设计专家前往信阳,参加信阳市廉政教育基地设计方案评审。(三)强化装饰工程质量安全监管。一是开展全省建筑市场工程质量安全和建筑施工领域扫黑除恶综合检查,对三门峡市建筑施工领域扫黑除恶和工程监管有关情况进行检查,并采取"扫马路"和从项目清单中随机选择的方式确定5项单体工程进行抽查。二是补充完善了2018年度河南省建设工程"中州杯"奖涉及装饰装修工程的相关条款。三是加强对省管装饰工程监督。(四)深入推进装饰行业科技创新。起草《绿色装修装饰材料推广目录动态发布管理办法》。召开装饰行业BIM技术推进会。会议对全省装饰行业BIM发展形势和方向进行了分析,对各相关单位的工作提出了具体要求。(五)加大行业从业人员培训。一是组织各地市"三类人员"培训班的开展。许昌、信阳、周口、洛阳、商丘等地市集中培训比较密集,共组织培训班12期,参加考试人员2000余人,审核材料3000多份,发证书2000余份。二是组织在河南建筑职业技术学院召开装饰企业人才需求对接会并签订合作协议、装饰行业人才专场招聘,收到了很好效果。

【勘察设计行业管理】2018年,全省勘察设计业以提高勘察设计质量为核心,以规范勘察设计市场秩序为主线,进一步改进监管方式,创新监管手段,全省勘察设计行业实现了健康、有序、可持续发展,进一步提高全省工程建设质量作出了应有的贡献。(一)勘察设计行业结构全面优化,经济效益稳步增长。结合全省实际,对全省勘察设计队伍结构进行了优化和调整。全省已初步形成了一支门类齐全、技术密集、专业配套、人才密集的勘察设计队伍,全省勘察设计企业资质区域分布合理,大中小结构匹配适当,可以满足全省各类建设工程勘察、设计以及工程咨询的需要。据估计2018年完成勘察设计营业收入可达到702亿元,与2015年相比,同比增长68.7%,高于同期全社会固定资产投资总额增长速度,有5家单位进入全国勘察设计百强行业。(二)技术队伍建设加强,人员素质显著提高。至2018年底,全省勘察设计行业从业人员11.16万人;各类注册人员1.96万人;全行业拥有19位国家勘察设计大师和3位中国工程院院士。(三)勘察设计市场全面放开,市场竞争公平有序。在优化行业结构的同时,加大对市场的培育力度,逐步实现了勘察设计行业市场主体多样化,形成了勘察设计行业多种企业性质共同繁荣发展的局面。至2018年底,全省勘察设计企业总数达2017家(含一体化企业545家),其中甲级207家、乙级571家、丙级198家。企业总数比2017年增加了2.68%。(四)开展违法违规"挂证"的专项整治。省住建厅印发了对全省勘察设计企业挂证情况进行检查的通知,通过与部网站对接、与省政务网对接、与住建厅审批平台对接,提高上下级网站和部门间数据共享提升监管效能,实现主管部门和企业终端对挂证人员自查自纠整改的联动。(五)组织召开行业高端设计师座谈会。完成《关于提升勘察设计行业水平让中原更加出彩的指导意见（征求意见稿）》。（六）优化市场准入，实行一站式网上审批。推行"互联网＋"政务服务，进一步研究简化申报程序、优化申报流程、减少申报材料，实行一站式网上审批。（七）创新勘察设计行业管理。开展"双随机一公开"检查，对企业取得资质后是否符合资质标准动态核查，强化市场准入清出管理。完善诚信公示制度，结合"挂证"专项整治，通过与部门间数据共享，提高信息公开度，继续加大企业和从业人员不良行为信息征集和发布力度和对资质申报弄虚作假、违法违规"挂证"等行为以及投诉举报案件的查处力度。

【勘察设计质量管理】2018年，全省勘察设计行业质量管理成效显著。（一）组织开展"双随机一公开"检查。继续推进工程勘察设计质量治理行动，严格落实质量终身责任。（二）积极推进审批服务便民化方案的实施。起草《关于贯彻落实"一次办妥"改革决策部署全面推进建设领域营商环境改革规范施工图审查制度的实施意见》。（三）积极推进省政府政务服务网一网通办系统建设。建立了施工图审查机构资格认定、超限高层建筑工程抗震设防专项审查系统政府网网上办理。（四）施工图审查机构规范发展。至2018年底，全省施工图审查机构共37家，一类审查机构22家，二类审查机构15家。其中，房屋建筑工程审查机构35家，市政基础设施审查机构9家；从业人员781人。全省施工图审查机构共审查建筑工程项目22807项，总建筑面积23590万平方米；市政基础设施工程910项，总投资933.32亿元。

【建筑工程抗震管理】2018年，全省建筑工程抗震管理继续把提高城乡建设和工程建设抗震防灾能力作为一项重要工作来抓。全年共完成新建工程抗震设计查备案项目约19212项，建筑面积约25914.82万平方米。在2018年的勘察设计质量检查中新建工程的抗震设计基本达到抗震设防标准要求。省住建厅印发《关于更新地震应急预案有关组织及应急措施的通知》。建立健全省辖市震后房屋建筑安全应急评估队伍，同时补充、完善河南省工程建设勘察设计行业专家队伍建设，建立健全了退出和增补制度。配合省防灾减灾委员会做好防灾减灾日相关宣传活动。指导督促许昌市编制完成了城市抗震防灾总体规划。

【工程建设标准定额和工程造价咨询管理】2018年，全省工程建设地方标准化工作不断完善工程建设地方标准体系，强化标准实施指导监督，积极推动工程标准国际化，加强人员队伍建设。1部工程建设地方标准获得2018年中国标准创新贡献奖。（一）完善全省工程建设地方标准体系，为住房城乡建设发展提供技术支持。全省分两批列入工程建设地方标准计划32项，发布12项，完成《河南省既有居住建筑加装电梯技术标准》。正式启动"河南省成品住宅标准体系"课题研究和编制，发布《河南省成品住宅设计标准》《河南省成品住宅设计文件编制深度标准》《河南省成品住宅施工图设计文件审查标准》《河南省成品住宅工程质量分户验收规程》等4部标准。编制完成《民用建筑信息模型应用标准》《市政工程信息模型应用标准（道路与桥梁）》《市政工程信息模型应用标准（综合管廊）》和《水利工程信息模型应用标准》4部标准。大力推进工程质量三年提升行动，全面实施质量管理标准化。编制《河南省房屋建筑工程质量管理标准化规程》配合住房城乡建设部工程质量评价体系试点和工程质量保险试点，编制了《建筑工程施工质量评价标准》。编制河南省《百年住宅建筑设计与评价标准》。（二）建立有效实施指导监督机制，发挥工程建设标准基础作用。省住建厅印发《关于开展工程建设强制性标准执行情况暨工程施工发包与承包计价行为随机抽查的通知》，按照年度随机抽查工作清单，建立完善了与"河南省建筑市场监管信息系统暨一体化工作平台"相协同的"河南省工程建设强制性标准实施监督系统"。（三）积极参与推进工程建设标准国际化。积极参加住房城乡建设部标准定额研究所"国际化标准体系法规制度研究课题"，派人多次参加课题工作会，摘编有关地方法律法规700现行工程建设标准、法律法规等与国外标准惯例等的差异情况，如何完善现有工程建设标准化管理体制机制为企业"走出去"提供支持进行了座谈。（四）工程造价咨询企业管理。2018年，全省实有工程造价咨询企业313家，甲级企业138家，所占比例为44.09%；乙级企业175家，所占比例为55.91%。属专营工程造价咨询企业的有101家，占年内企业总数的32.27%；兼营工程造价咨询业务且具有其他专业资质的企业有212家，所占比例为67.73%。（五）认真履行监管职责，施行资质管理、标准定额、市场行为"三位一体"监督检查。（六）积极培育行业转型升级。一是营造良好的工程造价咨询业发展环境。实施《河南省工程建设项目全过程造价管理规程》，为全省工程建设项目全过程造价服务提供技术依据。二是完善工程造价咨询企业退出机制。严肃查处工程造价咨询企业资质"挂靠"、造价工程师违规"挂证"行为。三是开展全过程造价咨询试点。省住建厅印发《关于公布全过程工程造价咨询试点企业的通知》，确定36家工程造价咨询企业为试点企业。通过开展试点，探索研究工程造价咨询企业开展全过程工程咨询业务的途径和方法，拓展和提升全省工程造价咨询企业服务能力和水平，推动全省工程造价咨询行业转型升级，全面提升工程建设质量和投资效益。

【装配式建筑发展概况】2018年，全省装配式建筑应用稳步推进。（一）政策体系逐步完善。省政府办公厅印发了《关于大力发展装配式建筑的实施意见》，对全省装配式建筑发展提出明确要求，建立了建筑业转型升级厅际联席会议制度，制定了装配式建筑考核办法，加快装配式建筑发展。（二）装配建筑产业发展初具规模。积极组建省级装配式建筑项目库，实行月调度制度，促进项目落实。2018年，新开工装配式建筑项目82个，面积约850万平方米，包括33个PC项目536.24万平方米，47个钢结构项目305.474万平方米，2个木结构项目2.15万平方米；全省体量最大的装配式建筑项目——省直青年人才公寓项目已开工建设，总建筑面积289.4万平方米，总投资约170亿，全部采用设计施工总承包模式；原阳县官厂乡安置区35.3万平方米、113栋单体建筑采用装配式建造方式，部分主体封顶；正在施工的郑州市四环线及大河路快速化工程采用装配式建造。（三）装配式建筑人才培育稳步推进。先后组织编写《装配式环筋扣合锚接混凝土剪力墙结构体系及建造技术》《装配式混凝土结构设计》《装配式混凝土预制构件制作与运输》《装配式混凝土建筑施工技术》《装配式建筑工程造价》等培训教材，已成为河南省高等院校、职业院校课堂教学装配式建筑系列教材之一；鼓励国家及省级装配式建筑产业基地，建立装配式建筑实操基地，培训产业工人；举办了"河南省装配式建筑技术研讨会"、"加拿大现代木结构与绿色建筑技术论坛"和"装配式建筑评价标准宣贯会"等装配式建筑专题培训，对全省各级主管部门管理和技术人员等进行了集中培训，提升装配式建筑管理和技术人员业务能力。

【建筑科技】2018年底，全省建设科技创新成效明显。（一）研发能力进一步加强。省住建厅印发《河南省住房和城乡建设厅关于开展河南省住房城乡建设、科技计划项目编制工作的通知》，经项目单位自愿申报，市级住建部门推荐，省住建厅组织专家会议评审，确定城市喷雾系统的研发应用、装配式混凝土建筑质量验收及监督要点研究、整体模块化混合木结构建筑技术研究等涵盖建筑节能、智能化应用、绿色建筑和装配式建筑技术4大类70余项列为2018年河南省住房城乡建设科技计划项目。（二）引领作用进一步加大。编发了《河南省住房城乡建设领域推广应用、限制和禁止使用技术推广目录（建筑节能部分第一批）》，加快住房城乡建设领域科技创新、成果转化、技术推广；全年新增3个省级产业技术创新战略联盟，80余项新技术新产品纳入全省推广目录，"超高层建筑施工安全防护关键技术"等3项目科研成果获得2018年度河南省科学技术进步奖；"坑内预留土体对支护结构的作用效应分析及工程应用"等117项科研成果获得2018年度省建设科技进步（绿色建筑创新）奖，其中建设科技进步其中一等奖48项，二等奖39项，三等奖24项，绿色建筑创新一等奖4项，绿色建筑创新二等奖2项；10家省级工程技术研究中心；"装配式智能化设计与建造"、"装配式钢结构住宅"、"节能门窗幕墙"和"建筑垃圾资源化"等10家企业技术中心成功获批省级工程技术研究中心，至2018年底，全省建设类省级企业技术中心、工程技术研究中心达到51家，科技创新对行业发展的贡献率明显提高。（三）绿色建筑标准政策体系不断健全。自2012年以来，省住建厅印发了《河南省绿色建筑行动实施方案》、《河南省绿色建筑施工图审查要点》、《河南省绿色建筑评价标准》等，全省18个省辖市、10个直管县已全部出台了相应的激励政策，形成了省、市两级协同支持绿色建筑发展的格局，为推动全省绿色建筑健康、快速发展提供了有力保障。（四）绿色建筑建设规模持续扩大。自"十二五"以来，逐步对政府投资项目、保障房和大型公建强制执行绿建标准，2017年，全省有三分之一省辖市提出全面执行绿色建筑标准，其他城市全部明确了绿色建筑发展比例，通过施工图阶段严格把关，落实绿色建筑比例；2018年全省执行绿色建筑占比达到45%。（五）绿色建筑星级评价有序开展。贯彻落实住房城乡建设部办公厅《关于绿色建筑评价标识管理有关工作的通知》要求，采取政府购买模式，实施绿色建筑星级评价，至2018年底，全省累计完成了绿色建筑标识评价项目418个，标识面积约6800万平方米，其中，2018年完成111个项目，面积达1588.28万平方米。

【建筑节能】2018年，全省建筑节能管理不断加强。（一）新建建筑节能标准稳步提高。全年新增节能建筑约7000万平方米，节能建筑累计达4.9亿平方米。在全国率先颁布实施《河南省居住建筑节能设计标准》(寒冷地区"65%+")、《河南省居住建筑节能设计标准》(寒冷地区75%)、《河南省超低能耗居住建筑节能设计标准》等提升标准颁布实施,建筑能效进一步提升。全省新建建筑节能设计标准执行率连续十多年达到100%,实施率达到99%以上。(二)既有建筑节能改造力度不断加强。指导郑州、开封、新乡、鹤壁等4个国家第一批清洁取暖试点城市推进"用户侧"建筑能效提升,至2018年底,4个城市清洁取暖建筑能效提升工程开工实施面积769.6万平方米(占比105%),4个城市基本完成第一年度任务,并在国家评估中分别获得第一、第二、第三和第五名的优异成绩。至2018年底,省级能耗监测平台已能累计接收493栋建筑的数据,监测面积达538.2万平方米。(三)可再生能源示范应用有序推进。至2018年底,全省新增可再生能源建筑应用面积439万平方米,"十三五"期间累计新增可再生能源建筑应用面积2838万平方米。全面完成可再生能源示范县任务并通过验收。完成国家示范市、县折合示范2642.33万平方米,占国家示范任务比例104.5%,完成省级推广任务折合167.1万平方米,占省级示范任务比例102.5%,超额完成国家及省定任务。(四)超低能耗建筑工程示范初见成效。省住建厅公布《河南省超低能耗居住建筑节能设计标准》《超低能耗建筑外墙气密性施工工法》《超低能耗建筑外墙外保温系统施工工法》等超低能耗建筑标准、工法,指导培育建设五方体验馆、鹤壁淇水湾小学1号办公楼和云松·金域华府等示范项目。(五)清洁取暖建筑能效提升工作积极开拓。在全国率先制《河南省既有居住建筑能效提升技术导则》《河南省既有公共建筑能效提升技术导则》和《河南省既有农房建筑能效提升技术导则》等标准、导则,并制定了各类建筑能效提升量化指标和技术路线,从设计、施工和测评验收等方面指导项目建设。

【新型墙体材料革新】2018年,全省新型墙材革新工作稳定发展,新型墙材生产比例、在城市规划区应用比例保持在95%、98%以上,新型墙材产品标识有序开展,认定产品的规范标识率达到90%以上。(一)稳步推进乡镇"禁实"。根据各地工作实际,省住建厅印发《关于下达2018年度"禁实"目标任务的通知》,下达乡镇"禁实"目标任务69个。全年实际完成验收91个,超额32%完成目标任务。(二)完善新型墙材应用管理制度。为建立健全新型墙材产品可追溯制度,3月,省住建厅印发《关于实行新型墙体材料产品标识管理的通知(试行)》。(三)进一步加强行业监管。一是通报处理2017年产品质量联动监督抽查情况。根据省质量技术监督局对232家新型墙材企业、254批次新型墙体材料(烧结类)产品的抽查结果,按照墙改管理制度规定,对14批次产品不符合标准要求的企业下达整改意见,整改期间企业产品不得进入建筑市场。二是督促落实新型墙体材料产品标识制度。开展了对新型墙体材料产品标识情况的抽查,各省辖市、直管县(市)和郑州航空港经济综合实验区共检查建筑工地新型墙体材料产品620个,其中90%以上的砖和砌块类产品标识标注率符合要求,板材类产品标识标注率在98%以上。

【建筑垃圾管理和资源化利用】2018年,全省建筑垃圾管理和资源化利用进一步强化全过程管控,狠抓建筑垃圾扬尘治理,着力清运市场整治,不断推进行业转型升级。继续提升资源化处置能力。在2017年处置能力1250万吨基础上,2018年新增处置能力600万吨,其中郑州新增200万吨,安阳增加100万吨,焦作增加200万吨,固始县增加100万吨。全省建筑垃圾处置能达到6500万吨,为建筑垃圾资源化率的提升奠定基础。至2018年底,全省规范管理的消纳场(点)有54个,资源化利用企业有32家,资源化处置能力超过6500万吨,省辖市、省管县(市)资源化率分别超过60%、45%,各项指标均居全国前列。

大事记

1月

9日 河南省政府表彰全省首批39个依法行政示范单位,其中全省住建系统中的郑州市金水区城市管理局、尉氏县城市管理局、鹤壁市淇滨区城市管理局、许昌市城市管理局榜上有名。

15日 省住建厅发布由黄河勘测规划设计有限公司主编的《地下连续墙检测技术规程》DBJ41/T 189-2017已通过评审,批准为河南省工程建设地方标准,自2018年2月1日起在全省施行。

1月19日 河南省政府办公厅印发《河南省保障农民工工资支付工作考核办法》,《办法》要求每年将对各省辖市、直管县进行农民工工资支付工作年度考核,等差的将约谈政府有关负责人,并要求限期整改。

22日 为规范建筑市场行为,防范和化解工程风险,省住建厅、省发改委、省财政厅、省人社厅、人行郑州中心支行、中国银监会河南监管局、中国保监会河南监管局印发《河南省工程保证制度实施办法（试行）》，《办法》分为总则、保证类型、监督管理、附则共4章34条，自2018年1月22日起施行。

25日　为加强黄河河道管理，保障防洪安全，发挥黄河河道及治黄工程的综合效益，河南省政府发布《河南省黄河河道管理办法》（省政府令第182号），《办法》分为总则、河道整治与建设、河道管理与保护、滩区居民迁建、法律责任等，共6章45条，自2018年3月9日起施行。

2月

7日　为促进全省预拌混凝土企业发展，加强预拌混凝土企业资质管理，确保预拌混凝土质量，省住建厅印发《河南省预拌混凝土企业专项试验室基本条件》，共7条，自2018年2月7日起施行。

7日　郑州市政府公布《郑州建设国家中心城市行动纲要（2017—2035年）》，《纲要》明确了郑州建设国家中心城市的发展目标、思路、任务、重点和举措。

13日　为规范供热用热行为，提高供热服务质量，维护供热、用热双方的合法权益，河南省政府公布《河南省集中供热管理试行办法》（省政府令第183号），《办法》分为总则、规划建设、供热用热、供热服务、设施保护、法律责任等7章44条，自2018年4月1日起施行。

27日　为规范物业管理用房的规划、设计、建设和使用活动，省住建厅印发《河南省物业管理用房管理办法》，《办法》共20条，自2018年2月27日起施行。

3月

7日　省住建厅发布由河南省城市绿色发展协会成品住房研究中心、郑州市建筑设计院主编的《河南省成品住宅施工图设计文件审查标准》DBJ41/T 193—2018已通过评审，批准为河南省工程建设地方标准，自2018年5月1日起在全省施行。

21日　郑州市政府印发《关于进一步完善大棚户区改造工作的意见》，《意见》明确要求，郑州市老旧片区，原则上以综合整治提升为主，不再进行大规模的拆迁改造。

28日　首届河南省专利奖揭晓，49个专利项目入选。其中，中铁工程装备集团有限公司申报的"一种开敞式全断面岩石掘进机"专利项目拔得头筹，荣获河南省专利奖特等奖。

28日　在河南省政府金融办、省住建厅召开的住房租赁投融资研讨暨银企对接会上，国家开发银行、中国银行、中国建设银行、光大银行等金融机构，将向河南省住房租赁市场投放意向金额863亿元。

28日　日照—濮阳—洛阳原油管道项目在河南洛阳和新乡、山东省临沂和曲阜四地同时开工建设，标志着该工程正式转入全面建设阶段。该项目是国家能源发展"十二五"、"十三五"规划确定的重点建设项目，是洛阳石化1800万吨/年炼油扩能改造项目的关键配套工程。

4月

12日　第十六届中国工程机械发展高层论坛上，中铁工程装备集团有限公司荣获首批国家全断面隧道掘进机生产企业特级资质，这是中国工程机械工业协会首次评选此次资质，代表着中国全断面掘进机最高资质水平。

16日　为规范全省省级示范物业项目服务评价，统一评价方式和内容，发挥省级优秀项目示范带动作用，促进物业服务规范化和标准化，省住建厅印发《河南省省级示范物业项目服务评价标准（居住物业）》和《河南省省级示范物业项目服务评价标准（公共物业）》。

20日　河南省海绵城市工程技术服务中心院士工作站成立揭牌仪式在郑州市郑东新区永和伯爵国际酒店举行，院士杨志峰及团队成员出席，院士工作站将帮助河南黑臭水体治理做出改善。

5月

2日　为加强全省房地产领域专家管理，规范专家行为，提高专家工作质量，省住建厅印发《河南省房地产领域专家管理办法》，《办法》分为总则、基本备件和评选程序、评审工作、监督管理、附则共5章15条，自2018年6月1日起实施。

4日　河南省政府召开全省扬尘污染治理专项行动动员会，副省长刘伟指出，开展扬尘污染专项治理行动，有效遏制PM10浓度升高趋势，是完成今年大气污染防治目标任务的关键，各地各有关单位要确保组织到位、责任到位、措施到位，全力抓好扬尘污染防治。

4日　"河南省业主大会业主委员会备案证书"首发仪式在平顶山市举行，该市兴州家属院的业主委员会代表领到了全省第一张"业主大会业主委员会备案证书"。

8日　郑州市青年人才公寓建设工作实施方案正式公布，以缓解在郑就业青年人才住房困难问题，发挥青年人才公寓在引才聚才中的作用。郑州首批青年人才公寓共计划建设（含购买）2.5万套。分两期建设，2018年底前全部开工建设。

17日　河南省城乡规划委员会在郑州召开2018年第一次全体会议，通报全省城乡规划工作总体进展情况，审议河南省城乡规划审查审批工作暂行规则，审查商丘市、永城市、舞钢市、滑县城乡总体规划和信阳市城乡总体规划局部调整方案、商丘市历史文化名城保护规划。

18日　郑州市政府办公厅印发《关于印发郑州市利用安置住房用作租赁住房暂行办法的通知》《关于印发郑州市国有建设用地新建租赁商品住房供应管理暂行办法的通知》《关于印发郑州市利用自有土地建设租赁住房管理暂行办法的通知》。以上3个《通知》对"租房户"在办理落户、公积金提取、卫生计生、子女义务教育、社会保障等公共配套服务优惠措施等做了明确规定。上述三份《通知》自2018年5月18日起正式实施，有效期两年。

27日　由中铁上海工程局集团施工的蒙华铁路晋豫段单洞双线最长隧道——大中山隧道提前5个月正式贯通，大中山隧道位于卢氏县境内，是蒙华铁路晋豫段重点控制性工程。

6月

1日　河南省第十三届人大常委会第三次会议批准了《许昌市中心城区河湖水系保护条例》，《条例》共分5章46条，从水系的管护体制、规划建设、水生态保护和生态修复、日常行为以及法律责任等作了具体规定。自2018年10月1日起施行。

1日　河南省第十三届人大常委会第三次会议批准了《驻马店市城市绿化条例》，《条例》共分5章45条，强化了规划对绿化工作的引领作用，突出了对绿地的养护和管理，建立了永久保护绿地制度，加强了部门之间的衔接。自2018年8月1日起施行。

2日　由云台山风景名胜区管理局与河南理工大学合作建立的云台山文化旅游学院在河南理工大学举行揭牌仪式，双方成功签署共建云台山文化旅游学院战略合作协议。

7日　全省首个以地下综合管廊为主题的工程质量标准化及验收标准化现摩会在郑东新区白沙园区地下综合管廊工程现场召开。

8日　省住建厅发布由郑州市建筑设计院主编的《河南省住宅可容纳担架电梯设计标准》DBJ41/T 195—2018已通过评审，批复为河南省工程建设地方标准，自2018年7月1日起在全省施行。

21日　省长陈润儿到郑州市专题调研城市规划建设工作。陈润儿先后深入正在建设中的郑州市中央文化区、贾鲁河综合治理工程、凤山森林公园，实地察看郑州市城市建设情况，并不时为郑州突出生态建设的发展理念"点赞"。并在郑东新区智慧岛主持召开现场办公会，听取郑州建设国家中心城市有关规划汇报和相关厅局的意见建议。

27日　河南卢森堡中心在郑东新区开工建设，这是河南首个大型涉外服务综合体，该项目位于郑东新区龙湖区域，规划建设用地面积193亩，建筑面积约38.8万平方米，总投资约54亿元，计划2021年竣工。

7月

5日　省住建厅、省人社厅印发《关于做好住房城乡建设系统有关企业社保缴纳情况联网查询工作的通知》，进一步规范房地产开发企业资质认定等法定行政审批职能实施，打击资质申报（备案）中企业社保缴纳情况弄虚作假行为。

6日　省住建厅公布对"坑内预留土体对支护结构的作用效应分析及工程应用"等117个项目授予2018年度河南省建设科技进步奖，其中一等奖48项，二等奖39项，三等奖24项；绿色建筑创新一等奖4项，绿色建筑创新二等奖2项。

9日　省住建厅印发《关于进一步规范商品房销售行为的通知》，《通知》进一步规范商品房销售行为，保护购房群众合法权益。

16日　郑州市城市总体规划（2018—2035年）启动会召开，规划编制单位计划用一年时间完成新一轮城市总体规划编制，2019年6月提交规划成果。

20日　为推动全省海绵城市建设，提高海绵型绿地建设技术水平，省住建厅印发《河南省海绵型绿地建设技术指南》。

24日　省长陈润儿主持召开省政府常务会议，专题讨论研究《郑州大都市区空间规划》和《中原城市群城际轨道交通网规划修编方案》。

25日　由中铁装备集团有限公司承建的机械行业职业技能签定工程机械（掘进设备）郑州站培养、鉴定的第一期学员顺利结业，成功获得首批盾构机操作工资格认证证书，即盾构机"驾照"。

8月

12日　省发改委、省国土资源厅、省环保厅、省住建厅印发《关于规范推进特色小镇和特色小城镇建设的若干意见》，要求各地根据地域人文和产业基础建设特色小镇，严控特色小镇房地产倾向，避免"建成即荒废"尴尬。

20日　省住建厅，省发改委、省质监局、省财政厅、省公安厅、省国土厅、省环保厅等7个部门印发《关于城市既有住宅加装电梯的指导意见》，对城市既有住宅加装电梯的加装条件、申请全主体、实施程序等作出具体规定，标志着全省城市老旧小区加装电梯将"有法可依"，相关落地工作将进一步提速。

23日　为加强农村燃气监管，保障农村燃气工程质量，省住建厅印发《河南省农村燃气工程技术与管理导则（试行）》，《导则》分总则、术语、规划建设与管理、建设技术、安全管理、运营服务等。

31日　为保证生活垃圾卫生填埋处理工程质量，省住建厅颁布了《河南省生活垃圾卫生填埋场技术规程（试行）》，《规程》分为总则、填埋库区技术篇、生活垃圾渗沥液处理篇、运营管理篇。

9月

18—21日　由中国建筑学会、河南省住建厅、郑州市政府共同主办的首届郑州国际城市设计大会在郑州市郑东新区举行，50多名院士专家参与的多场主题报告和论坛研讨。

27日　由中铁二局工程有限公司承建的郑州至济南铁路郑州濮段站前工程Ⅵ标40米简支梁在原阳制梁场首架成功，标志着该段铁路建设进入大型机械化架梁阶段。该标段需架设353榀铁路箱梁，包括344榀40米箱梁和9榀32米箱梁。其中，40米简支梁是中国高铁重大科研创新成果的首次工程化应用。

30日　为规范全省二级造价工程师职业资格制度的实施与监管，省住建厅、省交通厅、省水利厅、省人社厅印发《河南省二级造价工程师职业资格制度实施与监管办法（试行）》，《办法》分为总则、考试、注册、执业、附则共5章31条，自2018年9月30日起施行。

10月

9日　国家重点研发计划"黄河干支流骨干枢纽群泥沙动态调控关键技术"项目启动会暨实施方案论证会在郑州举办。

11—12日　全省百城建设提质暨文明城市创建工作推进会在周口召开，省长陈润儿出席会议并讲话。

5日　为提升城市品质，塑造城市特点，省住建厅印发《河南省城市设计导则（试行）》这标志着河南省城市、县域规划区内城市设计的编制、审批和实施有了指导规则。

20日　经人力资源社会保障部、全国博士后管委会批准，中铁装备获批设立"国家博士后科研工作站"，这是继2016年河南省首家掘进机械院士工作站落户以来，中铁装备在高层次人才培养和研发平台建设领域的又一成果。

25日　郑州市郑东新区高铁公园二期工程举行开园仪式，该项目位于郑东新区龙湖与龙子湖板块的中轴，北起连霍高速，南至陇海高架，全长10公里，占地面积约5000亩。

12月

1—2日　由中国房地产业协会指导、中国建设教育协会主办，北京建筑大学、华东师范大学、房教中国联合承办的"易居杯"第十届全国大学生房地产策划大赛全国总决赛在上海举行。大赛共有来自重庆大学、武汉大学、中南财经政法大学等全国170所高校的350余支队伍6500余名学生参赛，由河南城建学院学生董妞妞、万晨阳、郝思雯、汪宏甜、杨一帆组成的代表队获得全国总决赛一等奖。

9日　2018中国创新设计大会暨好设计颁奖仪式在宁波召开，由郑州新大方重工科技有限公司研发的千吨级混凝土预制梁架设成套装备荣获2018年度"好设计"银奖。

15日　郑州航空港区总体城市设计方案征集专家评审会召开。

17日　为进一步完善郑州市即有住宅使用功能，提高居住品质，郑州市政府印发《关于即有住宅加装电梯工作的实施意见》，明确老旧小区加装电梯，符合条件者每台将最高予以15万元补贴。

26日　全国工商联在北京首次发布《中国民营企业社会责任报告2018》蓝皮书，并公布中国民营企业社会责任优秀案例（2018），建业集团等全国19家知名企业入选优秀案例。

26日　为进一步规范前期物业管理服务活动，切实维护物业管理区域内全体业主和物业使用人合法权益，省住建厅印发《临时管理规约（示范文本）》，《规约》分为总则、物业基本情况、物业管理方式、物业的使用、物业的维修养护、业主的共同利益、物业专项维修资金的使用、违约责任、附则共9章46条。

29日　为适应全省建筑垃圾资源化利用和工程建设对砂石骨料需求的不断增长，省住建厅印发《建筑垃圾再生骨料海绵城市透水铺装材料生产技术指南》。

（河南省住房和城乡建设厅）

湖 北 省

概况

2018年,全省住建系统在省委省政府正确领导和住房城乡建设部有力指导下,全面贯彻落实习近平新时代中国特色社会主义思想和党的十九大精神,深入学习贯彻习近平总书记视察湖北重要讲话精神,坚持稳中求进工作总基调,着力念好"住治服"三字经,真抓实干、砥砺奋斗,圆满完成各项目标任务,为促进全省住房和城乡建设事业全面快速发展打下坚实基础。

【重大建设全面发力】积极投身"三大攻坚战""四个三重大生态工程",全力推进城乡生活污水、垃圾治理,全年完成市政基础设施建设投资2000多亿元,同比增长15%。省住建厅在"省直部门重大项目谋划区"累计入库项目651个,入库项目数居省直部门第一,涉及总投资额2177亿元,实现转化率31%,全省城乡基础设施进入大投资、大建设、大提升的黄金时期。

【住房保障稳步推进】坚持稳房价稳预期,实行"一城一策",分类调控。建立调控会商和信息发布制度,采取住房限购等调控措施,加大约谈通报、发函督办力度,武汉等热点城市房价上涨过快势头得到有效遏制。强化房地产市场监管,开展专项整治行动,加大风险排查,打击违法行为。规范有序发展住房租赁市场,开展住房租赁试点,推进住房租赁服务平台一体化建设。出台《湖北省城镇保障性住房管理办法》,棚户区改造开工24.33万套、农村危房改造13万户,分配政府投资公租房37.75万套,归集住房公积金760亿元,发放贷款360亿元,超额完成年度目标任务。

【城市品质有效提升】开展城市建设绿色发展三年行动,《湖北省城镇体系规划》编制取得初步成果,东湖绿道获国际规划卓越奖。全省累计建成城市生活污水处理厂150座,建设地下综合管廊250公里、海绵城市263平方公里,整治城市黑臭水体123条,建成生活垃圾焚烧项目11个、城镇公厕3435座。推进绿色建筑规模化发展,全省县以上中心城区新建建筑群全面执行绿色建筑标准,106个项目获得绿色建筑标识,建筑面积1368万平方米。积极推进风景名胜区总规、详规编制和重大项目选址规范化管理,世界自然遗产得到有效保护。开展城管执法队伍"强转树"行动,开通全省数字化城市管理平台,加强环卫工人权益保障,城市更加干净整洁有序,城市生活更加美好。

【乡村环境持续改善】启动农村人居环境整治三年行动,全面推进乡镇生活污水治理,新建乡镇生活污水处理项目647个,建成主支管网8206公里。开展存量垃圾大排查大整治,非正规垃圾堆放点整治完成率72%,建成无害化生活垃圾处理设施147座、乡镇垃圾中转站1022座,配备机动收运车辆2万多辆、保洁员13万人,形成"户分类、组保洁、村收集、镇转运、县处理"的垃圾收运处理体系。稳步推进特色小镇创建,国家级和省级特色小镇达到46个。首批97个村列入省级美丽宜居乡村示范项目培育名单。抓好村庄规划建设管理,黄冈实现行政村规划编制全覆盖。积极投入脱贫攻坚战,美好环境与幸福生活共同缔造"红安麻城模式"在全国推广。

【建筑业转型发展步伐加快】省政府出台了促进全省建筑业改革发展二十条意见,研究制定服务建筑业民营企业发展十条措施,建筑业总产值预计突破1.5万亿元,产业规模连续五年保持全国第三、中部第一。建成投产装配式建筑生产基地21个。制定发布2018版工程建设计价依据,工程质量管理标准化试点经验在全国住建工作会议上交流。深入开展安全生产打非治违专项整治,全年建筑领域未发生重大及以上安全生产事故。成功承办"2018年中国中部国际产能合作论坛"建筑工程专场活动。扫黑除恶专项行动开局良好,移交涉黑涉恶案件线索287件,净化了企业发展环境。

【营商环境进一步优化】全面优化审批流程,省住建厅严格执行审批事项周结制,期办件比法定期限减少50%,快办件比法定期限减少60%,提升了服务质效,激发了市场活力。牵头实施工业建设项目审批制度改革,报请省政府出台方案,审批时间缩减至50个工作日以内。

法规建设

【法治宣传教育】 以推进实施"七五"普法规划为主线,全面开展法治宣传教育。制定出台年度法治政府建设清单和普法责任清单,落实普法责任。突出重点对象,将领导干部、国家机关工作人员学法作为重中之重,累计培训600余人次。将新修订的宪法、监察法、党章作为普法学习重点。突出重点行业,落实国家机关"谁执法谁普法"责任制。质量安全、城市管理、房地产等行业分别组织了相关法律法规学习宣传及培训。扎实推进"法律六进"宣传活动,组织厅新任职人员开展向宪法宣誓活动,强化宪法意识,组织厅机关干部30余人到武汉中级人民法院观摩庭审,以案学法。加强社会宣传,结合精准扶贫、12.4宪法宣传日等活动,开展送法下乡、法治进社区活动,组织向云梦县红光村、武昌区中南路街下徐家湾社区送宪法等法治书籍300余册,开展物业、住房保障等方面的法律法规咨询。加强媒体宣传,全年组织法治宣传报道30多篇。加强督促检查,8月中下旬,省住建厅组成16个督导组,对17个市、州、林区的90多个住建部门和20多个县市区住建部门开展交叉检查,促进全系统普法工作平衡发展。

【行业立法】 积极推进省级层面立法,《湖北风景名胜区管理条例》于1月18日十二届省人大第32次会议通过,《湖北省城镇保障性住房管理办法》于2月8日发布。谋划申报新一轮立法规划,已有城镇二次供水、城市执法管理、乡村规划建设管理、房屋安全管理等方面共7个项目纳入省人大、省政府五年立法规划或立法项目库。其中《湖北省城镇二次供水管理办法》纳入省政府2018年立法计划。协调开展《湖北省物业服务和管理条例》贯彻落实情况专题调研,完成了条例解读编写,研究起草并向省政府呈报关于加强物业管理的指导性文件。协助审查各市州城乡规划、城市管理、自然和历史资源保护方面的地方性法规、规范性文件50余件。

【行政执法监督】 全年办理行政复议案件27件,法定时限内结案率达到了100%,确认信息公开等方面的违法行为10件,纠错率达到了37%;办理行政诉讼案件15件,审结案件胜诉率为100%。对厅直接办理的工程建设质量安全、勘察设计、建筑市场等方面的行政处罚案件40余件,从立案、告知、下达处罚决定等全过程把关、严格监督,没有出现因处罚不服引起的行政复议和行政诉讼。

【行政权力监管】 集中清理关于生态环境保护、军民融合、知识产权保护的规章和规范性文件,未发现与现行改革不适应的规章和规范性文件。按照国务院和司法部的要求,2018年对省住建厅的所有证明事项进行了集中清理,除国家保留的企业资质办理的有关证明事项外,省级未发现"奇葩证明"、"循环证明"事项。

【住建行业"双随机"工作和信用体系建设】 2018年初,制定双随机检查计划表和检查方案,重新梳理省住建厅双随机工作的项目清单,对双随机"两库一清单"进行动态调整,双随机工作稳步开展。根据信用办要求和住建行业的实际情况,对重复或者没有数据来源的信用目录项目进行集中调整,归并调整70余项信用目录项,打通了信用信息归集渠道。11月,对全省100家建筑业失信企业进行信用修复培训,组织企业签订了诚信守信承诺书,进一步加强了信用体系建设。

房地产业

【概况】 2018年,全省房地产市场总体平稳,市场供需状况逐步改善,部分城市房价较快上涨趋势得到有效遏制,商品住房库存总体可控。一是房地产开发投资和税收保持增长。全省完成房地产开发投资4693亿元,同比增长2.6%。全省房地产业税收收入940.89亿元,同比增长20.8%;占全省税收总收入18.8%,较上年同期提高1.1个百分点。二是商品住房销售总量小幅下滑。全省商品住房销售面积7045万平方米,同比下降4.7%。武汉市销售1804.3万平方米,同比下降13.6%;除武汉以外的35个城市销售3797.1万平方米,同比下降1.1%;44个县(区)销售1443.6万平方米,同比下降0.7%。第四季度,全省商品住房销量有所回升,较第三季度环比增长9.4%,其中武汉市增长32.5%,其他35个城市持平,44个县(区)增长4.6%。三是商品住房销售均价总体平稳。全省商品住房销售均价6101.2元/平方米,同比上升6.9%,小于全省城镇居民人均可支配收入增幅(7.9%)。其中,武汉市为9339.04元/平方米,低于2016年10月份水平(9342元/平方米),完成国家调控目标。12月,宜昌、天门、荆州、鄂州等36个市县销售均价环比下降。四是商品住房库存总体可控。截至年底,全省商品住房库存面积5128.1万平方米,平均消化周期8.7个月,较上年底增加1.9个月,总体维持在合理区间。其中,武汉市1629.2万平方米,消化周期10.8个月;其他35个城市2391万平方米,平均消化周期7.6个月;44个县(区)1107.9万平方米,平均消化周期9.2个月。

【房地产市场调控】一是建立会商机制。协同省国土厅、人行武汉分行，印发《关于建立房地产市场调控会商制度的通知》，对调控不力的市县进行通报、督办，召开10个房价上涨较快城市政府分管领导座谈会，做好稳地价、稳房价、稳预期工作。二是加强精准调控。1月至6月，会同武汉、襄阳等市研究了首套普通住房公证摇号、限制意向购房人比例、降低预售许可形象进度等措施。6月转发住房城乡建设部《关于进一步做好房地产市场调控工作有关问题的通知》，从编制住房发展规划、完善限购限售措施、实行房价地价联动、遏制协议更名、倡导公证摇号等方面采取调控措施。会同省国土厅联合印发《关于建立房地产市场信息定期发布制度的通知》，从9月起每月15日各市县定期发布住宅及用地供应、交易、库存和项目信息。研究起草《关于精准调控房地产市场的通知》并报省政府。进一步加强实地调研。三是强化监管。落实住房城乡建设部58号文件，联合公安、工商、物价等8个部门联合印发《湖北省治理房地产市场乱象专项行动工作方案》，组织开展市场整治培训。7月起，开展治理房地产市场乱象专项行动，全省共开展市场巡查6203次，执法人次11336次，受理信访投诉案件21101件，检查在建在售楼盘3709个，经纪机构门店3650家，查处开发企业424家，经纪机构331家。9月，省住建厅公布了第一批25家违法违规企业，12月，公布了第二批19家违法违规企业。对全装修商品住房销售问题进行督办。四是完善监测预警制度。公开可售房源，升级住房交易日报系统，每日更新各地新批准预售许可的商品房项目，引导市场预期。推进城镇个人住房信息系统升级改造，提升市场监测预警水平。

【住房租赁市场】进一步推动全省住房租赁市场规范有序发展，省住建厅联合国土、公安等9个部门印发《关于因城施策规范发展住房租赁市场的通知》，召开省级试点住房租赁工作推进会。武汉、襄阳、宜昌、十堰4个试点城市共筹集租赁住房10.4万套（间），将新建、改建租赁住房201.5万平方米。13个市州（荆州、潜江、神农架除外）建成住房租赁服务平台并与省级平台对接，共核验房源3.85万套，租赁合同备案3.2万笔。组织全省住房租赁资产证券化交流会，30家住房租赁企业与上交所、中金公司现场对接。已有3家企业正在推进租赁住房资产证券化项目，包括2单发行规模约35亿元的租金ABS，1单发行约1.3亿元的REITs。会同省工商局印发《湖北省住房租赁合同示范文本》，引导市场主体规范租赁行为。研究起草《发展住房租赁市场 努力实现住有所居》调研报告，提出发展租赁市场的储备政策，获得全省优秀调研成果三等奖。

【物业服务】2018年，省住建厅积极开展物业服务管理走访调研，完成《融入社会治理 提升服务水平 推进物业服务管理高质量发展》课题研究报告，并向全国推广。起草《关于加强全省住宅小区物业服务管理工作的通知》（征求意见稿），建立物业服务管理综合协调机制、目标责任制。11月29日，在武汉市举办全省物业服务管理现场培训会，学习推广武汉市坚持党建引领打造红色物业，多方联动综合治理的工作经验，编写《条例简明读本》。武汉市修订的《武汉市物业管理条例》，坚持问题导向，针对小区养狗、既有住宅加装电梯等突出问题提出创新解决方案。咸宁市、鄂州市通过市人大开展物业服务和管理专题询问，助力行业法规的宣传教育和贯彻落实。

住房保障

【概况】2018年，全省住房保障工作围绕"住有所居"一个目标，精心谋划"公租房"和"棚户区改造"两篇文章，做好公租房分配、棚户区开工、法规建设三项重点工作，建立完善多主体供给、多渠道保障、租购并举的住房保障制度。

【法规建设】4月1日，《湖北省城镇保障性住房管理办法》在全国率先出台并实施。该《办法》的出台填补了湖北省省级层面住房保障制度的空白，为促进城镇保障性住房建设管理规范化、法治化提供了强有力的法制保障。制定下发《湖北省公共租赁住房保障家庭信用管理及失信联合惩戒制度的实施意见（试行）》，进一步构建公租房保障家庭的信用体系，实现了全省公租房保障的良性运营和发展。明确界定公租房申请、审核、使用管理等过程中的11种失信行为，着力构建失信惩戒机制，引导保障家庭诚信申报、遵规守约，营造"守信光荣、失信可耻"的良好社会信用环境。创新出台《湖北省公租房小区规范管理评价办法（试行）》，为全面提高全省公租房后期运营服务质量和管理水平，不断改善公租房小区居住环境，提升公租房保障家庭的获得感和幸福感提供有力保障。积极落实不同群体的住房保障政策。按照要求落实完善人才、新就业大学生、农民工、环卫工人、青年教师、退役军人、消防人员等群体住房保障政策。武汉市针对新市民安居保障工作，印发《武汉市外来务工人员公租房保障暂行办法》《武汉市大学毕业生保障性住房供给与管理办法》，以发放住房租赁补贴的形式，对在汉稳定就业的外来务工人员提供政府类公租房保障，进一步健全和完善大学毕业生保障房准入标准、资格审核、轮候配租（售）、装修配置、租金及销售价格优惠等配套政策措施，促进新市民安居保障工作有序开展。宜昌市在全国中等城市中，率先制定出台《宜昌市城区加快建立多主体供给多渠道保障租购并举住房制度实施方案》，确立了2018—2035年城区住房发展目标，开展城区住房发展规划编制工作，积极落实不同群体的住房保障政策。

【棚户区改造】2018年，湖北省进一步加大棚户区改造力度，全省棚户区改造开工24.33万套，占年度目标任务的100.77%。积极进行2018年棚户区改造计划申报工作。要求各地申报计划的项目具备"七有"（即：有征收补偿办法、有拆迁安置方案、有居民入户调查、有安置房源选址规划、有棚改融资贷款来源、有拟参加项目开发主体、有明确的项目开工时间），提前做好项目融资批复，对照融资项目查实落地情况，形成倒逼机制，督促项目落地。1月至6月，全省2018年计划新开工棚改项目片区613个全部落地。促进棚改融资。2018年全省共争取国家专项资金90.32亿元，其中，中央财政城镇保障性安居工程专项资金30.47亿元，中央预算内投资59.85亿元；共争取国开、农发两行融资贷款共882.2亿元，其中，国开行454.97亿元，农发行427.23亿元。积极与国开、农发两行建立政银联合协作共建机制，及时沟通，加快融资进度，与省国开行协商制定《保障性安居工程投融资服务联合工作机制方案》，与省农发行建立支部共建、信息共享，为棚改项目顺利开工提供有力保障。7月27日召开全省住房保障工作座谈会，传达贯彻中央领导关于棚改批示指示和住房城乡建设部会议精神，要求各地严格棚改范围和标准，有针对性地完善货币化政策。2018年棚户区改造工作推进，以问题为导向，采取口头催办、函询督办、面谈督办、通报督办、参与省政府大督查等方式，实行不间断督查督办，每月印发《全省住房保障工作进展情况通报》，保障了全省棚户区改造工程建设进展顺利并提前完成任务。

【公租房保障】2018年，全省政府投资公租房已分配37.75万套，分配入住率为95.35%。发放租赁补贴4.79万户，完成率为130.44%。截至年底，全省38个项目9739套公租房全部到达交付使用条件。全年全省共计13个地市州启动了公租房盘活处置工作，对全省6万多套计划盘活公租房进行了全面梳理，严格按照公租房盘活程序审定各地进展，于每月5日前将上月进展情况报送至住房城乡建设部，截至年底，政府投资公租房共计完成处置盘活4.06万套，占总套数100%。住房城乡建设部巡视整改问题中2014年公租房未分配项目已全部完成分配任务。

【信息化建设】2018年，全省积极推进公租房信息化、科学化管理。一是研发全省公租房运营管理监测平台。该系统包括房源管理、保障对象管理、上报管理、统计分析和系统管理等功能模块。实现全省市（州）县（市、区）公租房房源及保障对象信息采集、相关住房保障数据层级上报审核汇总以及相关数据报表统计分析等功能。二是推广运用"互联网＋住房保障政务服务"系统。宜昌市积极推广运用"互联网＋住房保障政务服务"系统，该系统涵盖保障对象资格审核、保障房分配管理、合同租金管理等18项功能，并适时与公安、人社、民政、公积金等11个部门进行大数据共享，实现了群众仅凭一张身份证就可直接通过手机APP、社区惠民信息平台、电脑PC申请公租房，真正实现了"让数据多跑路、群众少跑腿"。武汉市通过三期建设，"武汉市住房保障系统"整合了全市保障对象、保障项目、保障房源、保障资金等各类保障资源，实现了保障项目房源、保障对象两条业务主线的全周期管理；在保障房登记、选房、签约、巡查等环节，运用身份证识别、二维码、在线人像采集等技术手段，优化了用户体验，提高办事效率；在局政务网下建立了公共租赁住房服务大厅对保障项目、房源、资格、配租等信息进行公示查询，保证信息公开的实时性和准确性；系统通过与房屋全生命周期住房保障GIS服务和第三公共地图服务相结合，对项目及房屋进行了落地关联、人房绑定，实现了"以图管房源，以房管保障，知保障对象查房，知房查保障对象"。开发了房产动态核查功能，运用大数据方式将住房保障数据与商品房网签数据和产权数据建立信息交互机制，实现了每天对约14万保障对象的购房情况进行自动查询，对超标家庭进行预警，实现了从定期查房到每日查房的转变，为住房保障工作的公平、公开提供了有力的数据支撑。

【公租房政府购买服务试点】10月11日，住房城乡建设部、财政部在武汉市召开了部分省市住房保障工作座谈会，推行政府购买公租房运营管理服务试点工作。湖北省被住房城乡建设部、财政部列为全国 8 个试点省份之一。武汉市作为在全国先行探索政府购买公租房运营管理服务的试点城市之一，在会上进行了交流发言。武汉市在公租房运营管理中，基本形成了"区房管部门—区住房保障管理中心—街道社区专干专岗—运营管理机构"的基层管理架构，探索开展政府购买公租房运营管理服务的模式，制发《关于进一步规范和加强公共租赁住房运营管理的指导意见》，规范了公租房运营管理工作内容，将运营管理细化为资产管理、签约入住、经租管理、修缮管理、社会综合管理、物业服务监督及法律法规和政策规定等 7 大类 37 项标准；建立健全考核评价体系，制定考核管理规定，将租金收缴率、租户满意率等考核指标，按照物业服务、租金收缴、建立档案、配合协作、租户评价等 5 类 11 个子项纳入服务企业考核体系，实行季度考核，并依考核结果拨付相关费用，取得了明显成效。与省财政厅联合印发《关于开展政府购买公租房运营管理服务试点工作的通知》（鄂建〔2018〕18 号），确定了武汉、襄阳、宜昌、孝感和远安为国家级试点城市，宜昌市秭归县等 17 个地区为省级试点城市。指导各地借鉴武汉市公租房政府购买服务的经验，强化组织领导，组建工作专班，编制试点工作方案，上报住房城乡建设部和财政部备案。起草试点工作的配套文件《湖北省公租房运营服务规范》，规定公租房运营管理组织及人员的要求、房源接管、租房及租户管理、配套事务管理、运营管理工作的监督评价与改进等方面工作内容及要求，顺利推进试点工作。

【民生及审计问题整改】棚改突出问题专项整治。9 月，印发《关于开展棚户区改造突出问题专项治理工作的通知》（鄂建文〔2018〕47 号），重点开展"四项清理"：清理实施保障性安居工程以来的棚改项目，治理目标任务管理混乱、工作不实、弄虚作假的问题；清理棚改范围和标准等政策执行情况，治理执行范围标准不严、棚改扩大化的问题；清理棚改居民征迁安置情况，治理棚改安置房建设管理不力、居民未按期回迁、群众反映强烈的问题；清理审计问题整改进展，治理"屡审屡犯"的问题，截至 12 月底，全省民生领域涉及棚改 83 个问题已整改销号 66 个，整改率为 79.5%。审计问题整改。2017 年度跟踪审计问题 582 项，已整改 515 项，整改率为 88.5%；16 个市县审计发现问题 193 项，已整改 168 项，整改率为 87.2%。重点问题整改。配合住房城乡建设部、国家发展改革委、农业农村部联合调查组对全省农村违规棚改问题现场调查。针对国务院大督查发现宜昌市夷陵区公租房闲置问题整改不落实的问题，印发《关于开展全省公租房管理专项治理活动的通知》（鄂建文〔2018〕46 号），9 月至年底起，开展了公租房"项目大清理、问题大排查、整改大攻坚、进度大推进"的专项治理活动。对全省公租房房源情况、分配入住情况、问题整改情况、保障对象和房源档案管理情况及全省公租房运营管理监测平台信息录入情况进行全面的摸底排查，进一步摸清了底数，有力促进问题整改，并建立健全长效管理机制。

【创新考评机制】一是交叉大检查。2018 年上半年，对全省 16 个市州的 40 个县（市、区）的棚户区目标任务分解、新开工项目落地、征收拆迁、建设进展，公租房盘活处置、分配、配套设施建设、新市民、农民工纳入保障及住房保障的统计、计划、分配、开工等基础台账等情况进行检查，按照《全省住房保障工作检查标准及评分表》逐项评价，神农架林区根据相关要求进行了全面自查，确保 2018 年度目标任务圆满完成。二是建立第三方评估的绩效评价体系。引进第三方社会调查机构，对全省保障性安居工程实施情况进行实地评估，制定《湖北省保障性安居工程第三方测评检查范围及评估标准》《湖北省公租房小区管理满意度调查表》。三是公租房小区进行量化管理。印发《湖北省公租房小区规范管理评价标准及评分表》，通过分数直观地量化公租房小区的管理质量，衡量公租房运营机构的服务水平，倒逼相关管理方改善公租房小区居住环境和服务质量，提升住房保障家庭的获得感和幸福感。

【调研及培训】调研工作。根据省住建厅《关于建立调研联系点工作制度的通知》要求，在全省住房保障部门选取了武汉、宜昌、襄阳等 5 个调研联系点开展工作调研并形成调研报告。撰写并报送了《湖北省立法推动住房保障事业高质量发展》研究文章。全年多次开展公租房政策法规、建设管理等方面的调查研究工作，上报《湖北省地级以上城市公租房保障情况调查分析报告》《关于住房保障领域中央与地方财政事权和支出责任划分有关情况的报告》《关于湖北省新市民住房保障情况的调研报告》《关于改革开放以来改善农民工居住条件有关情况的报告》等调研工作报告。业务培训。全年培训全省各市县住房保障部门领导及业务骨干 580 多人次，全面提升全省住房保障工作人员的政策水平和业务能力。

住房公积金管理

【概况】2018 年，全省新增归集住房公积金 763

亿元，同比增长14.36%，累计住房公积金缴存总额4797亿元，缴存余额2307亿元；全年提取额480亿元，同比增长16.30%，提取额占当年缴存额的比例为63%。其中住房消费类提取占70%以上，房租赁提取额13.37亿元。截至年底，全省累计提取总额2490亿元，占累计缴存额的51.91%。全省新增个人住房公积金贷款额360亿元，累计发放个人住房公积金贷款总额3021亿元，贷款余额1793亿元，全省平均个贷77.73%，部分资金高位运行的城市，个贷率逐步回落到可控范围。

【信息化建设】截至10月底，全省22个公积金中心（分中心）已全部通过住房城乡建设部验收，标志着全省"双贯标"工作全面完成，全行业信息化水平有了质的飞跃。已有10多个城市接入了统一的12329短信服务及热线服务。武汉、宜昌、随州、黄石等中心单位网上业务覆盖率达95%以上，宜昌市行政事业单位业务全部实现了网上办理，"互联网＋公积金"模式助推全省公积金服务质效提升。

【行业监管】一是拒贷专项整治。组织开展拒绝或变相拒绝公积金贷款专项整治行动，成立工作专班开展联合整治，省住建厅采取专项督查和工作调研等方式对武汉、黄冈、荆州等地进行督导调研，要求对拒贷或变相拒贷的开发企业进行约谈和限期整改，拒贷行为得到有效遏制，公积金缴存职工权益得到保障。二是"三合一"检查考核和政策执行及风险隐患排查。5月，全省开展2017年度目标任务、廉政风险防控、提升服务质效"三合一"年度考核；6月，进行政策执行情况与风险隐患排查；7月，启用电子化检查工具，各地基本摸清了自身存在的问题和短板，省住建厅印发《关于对住房公积金管理和服务有关问题进行整改的通知》（鄂建函〔2018〕858号），对22个中心（分中心）存在的问题进行了点对点反馈，提出整改意见。凤凰网对此工作进行了题为"湖北排查住房公积风险重点针对39种行为"的报道。三是年度报表互审。会同省财政厅、人行武汉分行对2017年度报告进行审核并于4月底前公开发布。四是启用电子化检查工具进行风险排查，直接扫描各城市中心核心数据库，查找政策执行和业务办理中存在的违规行为，并自动生成核查报告，截至年底，报送率达100%，已成为一项常态化工作。五是督促落实国有林场缴存住房公积金。召开关于做好督促国有林场缴交住房公积金工作专题会议，开展清理和催缴工作，两个月时间内，全省国有林场在编在岗职工缴存率从60%提高到90%以上。六是开展打击骗提骗贷专项行动。全年全省累计向外地住房公积金管理机构申请核查信息1758人次，为外地住房公积金管理机构核查信息数1085人次；发现违规提取268笔，查出违规中介或组织5个，向公安机关移交线索28起，立案调查26起，全省形成了依法打击违规提取高压态势。七是按照住房城乡建设部有关要求及《关于请全力以赴解决群众办事堵点问题加快实现政务服务"一网通办"的通知》（发改电〔2018〕200号）要求，解决堵点问题，24小时内全省22个中心全部取消了身份证复印件。

【调研工作】根据"归集扩面三年行动计划"，全省开展对非公企业职工、聘用制职工、派遣制职工、新市民、个体工商户、自由职业者等不同层次、各个群体的调研。按住房城乡建设部要求，4月至5月在全省17个市州开展新市民住房问题调研，共有366人参加问卷走访调查。此次调研收集样本7708个，相关工作情况被《湖北日报》《中国建设报》专门进行报道，《全省新市民住房问题调研报告》在住房城乡建设部《调查与研究》第9期刊载。2018年，公积金行业在全省确立了7个联系点，分别是武汉省直分中心、宜昌、荆州石首、黄冈英山、十堰房县、恩施州来凤县三胡乡、索菲亚家居公司，囊括了省、市、县、乡镇、企业多个层级，覆盖到湖北省大多数集中连片深度贫困地区，为推动全省扩面工作走向基层、走向乡镇提供了结合点，进一步推动行业发展。

城乡规划

【《湖北省城镇体系规划》编制】加强对城镇总体规划编制工作的分类指导，提高规划对发展建设的引领作用。积极推进《湖北省城镇体系规划》编制工作，截至10月底，《湖北省城镇体系规划》编制取得初步成果。

【城市总体规划改革】结合城市总体规划改革要求，进一步探索全省城市总体规划改革路径。参照国务院对北京市、上海市城市2035年总体规划的批复精神，同意天门市启动编制《天门市城乡总体规划（2018—2035）》。组织开展"多规合一"试点，完成了黄冈、咸宁等城市关于修编总体规划请示的批复及丹江口、宜城、利川、武穴、潜江、钟祥等地城市（乡）总体规划成果审查和报批工作。

【"长江大保护"系列】按照《湖北省贯彻落实习近平总书记在深入推动长江经济带发展座谈会上重要讲话精神的行动方案》，省住建厅制定了推进绿色宜居城镇建设专项实施方案。配合省直相关部门，开展沿江化工园区规范设置、危险化学品生产企业搬迁改造工作。贯彻落实省政府《关于推进宜昌化工产业转型升级现场办公会会议纪要（第28号）》有关要求，指导宜昌市做好姚家港片区和宜都枝城片区城市发展评估和规划布局论证，支持宜昌市化工转型升级。

【湖北国际物流核心枢纽项目】8月3日，湖北国际物流核心枢纽项目净空保护区域一体化图第一阶段编制成果顺利通过民航中南地区管理局组织的专家审查。排查存量超高建筑、组织制定净空保护区域一体化图、制定增量建筑净空保护规定、负责核发该项目选址意见书等四项工作，除净空保护规定尚在进行中，其余三项工作按照指挥部要求，已顺利完成。

【全省县城规划工作现场会】9月18至19日，在云梦召开全省推进县城规划工作现场会。会议总结云梦、京山、远安等市县开展规划规范化试点的经验，学习了云梦县城乡总体规划编制工作和多规合一信息平台、规划管理信息平台建设的相关工作情况，实地考察了云梦县多规合一展览馆、审批大厅和信息中心。

【历史文化名城保护】积极开展历史文化名城保护规划工作，会同省文物局完成襄阳、钟祥历史文化名城保护规划审查和报批工作。推进黄冈、荆门历史文化名城完善保护规划编制工作及大冶市申报省历史文化名城工作。按照住房城乡建设部《关于启动历史文化街区和历史建筑信息平台的函》要求，组织全省36个设市城市学习启动信息平台，截至年底，全省大部分城市已顺利通过平台上报信息数据，并按住建部反馈意见进行核查补充。

【省级项目选址】按照省投资项目联合审批工作相关要求，进一步提升网上审批服务能力和靠前服务水平，对省级重大项目提供靠前服务，主动告知办理路径、提出解决路径，做到基础工作做在前，申请之后马上办。

【城乡规划行政许可证书管理系统改版】进一步完善城乡规划信息平台建设，实施大数据管理分析，规范"一书两证一核实"证书发放领取工作。截至6月底，完成对现有城乡规划行政许可证书管理系统的改版升级和实地测试，实现了从证书入库、申领、发放、数据归集、分析的全过程管理，并按照省—市（州）—县（市）三级管理模式覆盖了全省市县行政单元。

【驻鄂部队停止有偿服务项目遗留】积极推进解决驻鄂部队停止有偿服务项目遗留问题，省住建厅统一安排，加强分类督办，明确责任分工，宜昌、襄阳、十堰、荆州、咸宁、黄冈、随州、潜江已办结相关规划手续。完成试点示范城市装配式建筑实施区域规划管控检查，推进《湖北省城乡规划条例》实施手册和课题研究工作。

城乡建设

【黑臭水体整治和城乡污水治理】2018年，省住建厅印发《湖北省黑臭水体整治工作方案》《湖北省城乡生活污水治理工作方案》，编制《湖北省城市"黑臭水体"整治"一河一策"编制工作指南》，为各地提供指引。配合环保部、住房城乡建设部开展两轮黑臭水体专项督查，组织多次明察暗访，调研各地黑臭水体治理、污水处理厂提标改造情况。配合省环保厅开展省级环保督查、污染物普查、城市排污口检查等工作，督促各地落实河湖长制度。截至年底，全省已排查出的148条城市黑臭水体中，已完工的有112条，占总量的75.67%。全省135城市污水处理厂（含县城）提标改造工作全面启动，提标改造工程竣工125个，其余项目在2019年全部竣工投入使用。

【市政基础设施建设】组织开展全国市政基础设施十三五评估，完成了湖北省住房和城乡建设事业十三五规划评估、地下空间规划十三五评估工作和全省污水处理"十三五"规划中期评估。全年在省发改委重大项目库谋划长江经济带生态保护与修复项目38个、新型城镇化项目3个，转化率分别达到47%和67%。进一步推进海绵城市和地下综合管廊建设，配合住房城乡建设部完成十堰市地下综合管廊试点验收考核工作，指导武汉市做好海绵城市验收考核迎检准备工作。全年全省新建地下综合管廊46公里，海绵城市53平方公里，基本完成目标任务。

【城市安全运行】配合省人大，完成二次供水管理立法调研工作。调研各地管网漏损率控制情况，开展全省城镇供水规范化管理督促检查。每季度开展燃气安全生产检查并进行通报。印发全省城镇燃气安全隐患大约谈、大排查、大暗访、大警示等行动方案，积极配合省发改委，做好天然气储备保供工作，保障供气安全。印发《关于加强全省市政公用行业安全生产工作的通知》，开展城市危桥专项检查，督促各地采取措施，保障市政基础设施安全。

【风景名胜区管理】进一步加强风景名胜区条例贯彻落实，督促各省级风景名胜区做好总体规划和详细规划的编制工作，依法推进风景名胜区总体规划报批工作，强化风景名胜区规划管理。开展绿盾2018行动，组织排查违法违规问题，加强风景名胜资源保护。配合省发改委推进国家公园试点工作。参加自然资源部、国家林草局调研督导，赴神农架开展专项调研，积极支持神农架国家公园建设。

【老旧小区改造】指导宜昌市做好老旧小区改造试点工作，配合住房城乡建设部，在武汉召开全国老旧小区改造座谈会，进一步抓好试点示范。开展老旧小区改造试点调研和老旧小区加装电梯情况调研，研究制定关于老旧小区改造的指导意见，编印《湖北省老旧小区改造技术指南》。

【省政府综合性工作】积极推进城市建设绿色发展三年行动，印发了2018年城市建设绿色发展工作方案和考核办法，召开城市建设绿色发展三年行动现场会。配合完成长江经济带十大战略性举措、十大标志性战役相关工作及国有企业"三供一业"移交工作。完成民生领域问题专项督查及配合省直相关部门做好综合交通体系三年行动、全域旅游、国务院大督查等重点工作。

【乡镇生活污水治理】2018年，全省共谋划建制乡镇新建污水项目647个，另行谋划一批改扩建项目，总投资340多亿元。有新建任务的647个乡镇共安排696个项目，截至年底，全省乡镇生活污水治理项目实现了污水处理厂主体基本完工、主支管网基本建成、基本具备通水条件的阶段性目标，累计完成投资约200亿元。会同省财政厅印发《关于推进乡镇生活污水治理项目建设有关事项的通知》，对合理确定项目建设运营模式、严格PPP项目运作程序、专项债券使用等作了进一步规范。会同省物价局、省财政厅印发《关于制定重点建制镇以外乡镇生活污水处理收费标准的通知》，明确了乡镇生活污水处理收费的原则、标准、征收对象、范围，规范了收费定价的有关流程。开发使用"湖北省乡镇生活污水治理信息管理平台"，加强项目基本建设信息备案管理。编制《乡镇生活污水治理工程质量常见问题防治手册》，先后建立了污水厂进度周报告制度、"专业监督、社会监督、群众监督"等三方监管制度、质量安全责任信息备案追溯制度、示范段观摩交流制度、市县月度检查报告制度。

【农村危房改造】2018年，国家下达湖北省农村危房改造13.06万户，中央补助资金17.38亿元，省级配套资金5.22亿元，截至12月中旬已开工13.58万户，开工率104%，已竣工13.2万户，竣工率101%。根据省监察委《监察建议书》监察建议，7月底至11月，省住建厅、省财政厅、省发改委联合对2012年以来的全省农村危房改造突出问题进行了专项排查治理，并加强对来凤县百福司问题整改重点督办，恩施州纪委监委对涉及的时任来凤县委书记等48名相关责任人作出党纪政务处分和问责处理。印发《全省农村危房改造突出问题专项治理工作方案》《全省农村危房改造领域腐败和作风问题专项治理三年行动方案》，与省财政厅、省发改委联合开展2轮危房改造工作检查和督办，共检查了56个县（市、区）120个乡镇近2000户农户，覆盖所有市、州，有危改任务的60%以上县（市、区）。下发《关于对农村危房改造移交反馈问题进行整改的通知》（鄂人居办〔2018〕4号）等4个方面的问题清单，跟踪督办整改。印发《关于进一步核实4类重点对象农村危房存量的通知》（鄂建函〔2018〕299号）《关于对4类重点对象危房户进行集中公示确认的通知》（鄂建函〔2018〕484号）。联合省财政厅、省扶贫办印发了《全省农村危房改造攻坚行动方案》（鄂建文〔2018〕43号），进一步严明政策措施和工作纪律，建立健全长效监管机制。

【特色小镇建设】印发《关于加快推进特色小镇培育和创建工作的通知》，对两批16个国家级特色小镇和首批20个省级特色小镇培育和创建情况进行梳理汇总。开展2018年度特色小镇考核验收和第二批省级特色小（城）镇推荐申报工作。

【农村人居环境整治】依据"三分三化"的基本原则，制定《湖北省农村人居环境整治三年行动实施方案》，于6月11日印发。制定《美丽宜居乡村示范项目建设方案》，分基础型、提升型、精品型三种类型推进美丽宜居乡村示范项目建设，将97个村列入首批省级美丽宜居乡村示范项目培育期名单。组织编写《湖北省贫困村规划导则》。联合厅人事处举办全省"改善人居环境"专题研讨班。

【脱贫攻坚】印发《关于调整省住建厅扶贫攻坚领导小组成员的通知》《省住建厅2018年度精准扶贫工作方案》，细责任，形成清单。组织2018年"扶贫日"活动，开展支部主题党日、对口走访调研、集中慰问，运用社会扶贫网开展结对帮扶和电商消费扶贫，修订印发《贫困村规划编制导则》。召开大别山片区区域发展与扶贫攻坚部际联席会议，收集重大项目35个。将红安、麻城作为住房城乡建设部定点扶贫联系单位，在两地各选取一个村庄开展住房城乡建设部美丽乡村共同缔造示范点建设。

城市管理

【城管执法改革】2018年，湖北省城管局执法监督局挂牌成立，全省116个市（县、区）成立了城市管理部门，十堰市、黄冈市、鄂州市、孝感市、随州市、恩施州、仙桃市等7个市州城市和30个县市城管部门由参公事业单位转为行政机构。年内，全省城管执法人员统一换装工作完成，执法车辆标志标识逐步统一，执法全过程记录制度基本实现，城管执法人员教育培训实现全覆盖，一支正规化、标准化的城管队伍逐步建立。

【数字城管建设】按照"资源信息同享、精确高效共管"的原则，推进数字化城管系统建设。年内，全省17个市州和50个县市完成数字化城市管理平台建设任务，其中新建平台15个，改建4个，总投资1.5亿元。

【城管综合执法与立法】制定出台《湖北省住房和城乡建设厅集中行使行政处罚权工作规程（试行）》《省城市管理执法监督局行政执法工作规范》，基本理顺厅内行政处罚关系。全年全省11个设区城市出台了城市管理法规或规章，地方性法规18件、地方政府规章27件。推行"律师驻队"模式，15个市州出台方案实行律师驻队。

【城乡垃圾处理设施建设】截至年底，全省新建成生活垃圾终端处理设施10座，新增日处理能力0.44万吨，配套建成垃圾渗滤液处理设施18座，完成投资77.4亿元。全省共建成生活垃圾末端处理设施147座，日处理能力达到4.19万吨，其中卫生填埋场124座（市县城区填埋场63座，乡镇区域填埋场61座），日处理2.19万吨；焚烧发电厂11座，日处理1.24万吨；水泥窑协同处理12座，日处理0.76万吨。全年垃圾处理量达1372.33万吨，较上年增加了391.38万吨。新建成餐厨垃圾资源化利用设施3座（十堰、黄石、天门各1座），新增处理能力255吨，全省共建成9座，餐厨垃圾日处理能力1405吨；全省新建成建筑垃圾资源化利用设施3座（武汉2座，通山1座，设计日处理5500吨），全省共建成4座，日处理能力6500吨。进一步加强农村垃圾治理，全省308个街道办事处、926个乡镇（761个镇、165个乡），已建成中转站1658座，乡镇垃圾中转能力达到1.1万吨/日；全省24212个行政村，有20768个村按照"五有"标准实施治理，占比达到的85%，城乡垃圾处理基础设施进一步完善。

【非正规垃圾堆放点与垃圾分类】根据住房城乡建设部信息系统录入情况，全省生活垃圾非正规堆放点621个，建筑垃圾非正规堆放点18个，堆体规模1370万立方米。截至年底，已销号生活垃圾堆放点447个，建筑垃圾堆放点13个，整改堆体832.32万立方米，完成率71.99%。武汉在全国46个垃圾分类试点城市排名第11位，各市（州）、直管市、林区普遍选取了一个区（街道）开展了分类试点工作，覆盖人口280多万人。

【"厕所革命"】按照《湖北省"厕所革命"三年攻坚行动计划（2018—2020）》要求，2018年，省住建厅成立城镇"厕所革命"工作领导小组，以评促建，以评促改，掀起全省"厕所革命"热潮。截至年底，全省共建城镇公厕3435座，其中，城市公厕1765座，乡镇公厕1670座，完成投资约为12亿元，完工数占全年任务总数的132%，超额完成年度目标任务。

【城市园林绿化】积极推进园林城市创建，全省已获得国家级园林城市（县城）称号40个，其中国家级园林城市现有数量28个，全国排名第2；国家级园林县城现有数量12个，全国排名第10；湖北省建成区绿地面积达79007公顷全国排名第12；公园绿地面积25135公顷全国排名第11。全省绿化建设各项指标均位于全国中上水平。截至年底，湖北省第二届（荆州）园博会筹办工作顺利推进，园博园总体规划设计、展园设计等均已完成评审工作。2018年，全省各地积极开展城市绿线的划定工作。潜江市出台《潜江市城市绿线管理办法》《潜江市城市绿化实施办法》等一系列配套制度。黄冈市出台《黄冈市城市绿线管理实施办法》，修订完成《黄冈市城市绿线控制专项规划（2014—2030）》，划定了各类绿地范围控制线。全年全省实施了一批园林绿化精品项目建设。武汉市建设全长101.98公里的世界级环城中湖绿道东湖绿道，入选"联合国人居署中国改善城市公共空间示范项目"。武汉市戴家湖公园园林绿化与生态修复项目被住建部评为2017年中国人居环境范例奖获奖。仙桃市投入园林绿化建设资金12亿元，完成了沔东湿地公园、沔州森林公园等一批公园游园建设。2018年7月1日，省住建厅颁布实施《湖北省城市园林绿化养护全费用指标》《湖北省城市园林绿化养护消耗量定额及全费用基价表》。全省各地园林绿化建设管理资金逐年增长，园林绿化精细化管养工作进一步加强，更好地适应建筑业"营改增"后全省园林养护计价需要。

【稽查执法与规划督察】全年共受理投诉举报件213件，办理率100%。完成年度督查任务，对襄阳、黄石、荆州等市进行了约谈。开展了两轮集中巡查，完成47个问题图斑的现场核查工作。自2016年五年行动开展至今，全省共查处存量违法建设959.4004万平方米，查处新增违法建设面积

242.1765万平方米，始终保持对新增违法建设"零容忍"的高压态势。制定《省城管局2018年扫黑除恶专项斗争行动方案》，完成了《城市管理方面涉黑涉恶情况分析报告》《省城管局扫黑除恶专项斗争线索排查总结报告》，扎实开展城管系统扫黑除恶专项斗争。

建筑施工

【建筑业发展】 2018年，全省建筑业完成总产值15133.87亿元、同比增长13.01%，实现增加值2789亿元、同比增长13.4%，签订合同额33918.1亿元、同比增长11.94%，产业规模连续5年排名全国第3、中部第1；全省对外承包工程企业新签合同额148.82亿美元，位居全国第2、中部第1；完成营业额64.36亿美元，位居全国第6、中部第1。积极贯彻落实省政府关于促进全省建筑业改革发展二十条意见，督导制定配套政策、细化措施，着力推进建筑业高质量发展。6月，召开建筑业高质量发展座谈会；11月，召开建筑业企业座谈会，传达贯彻习近平总书记在民营企业家座谈会上的重要讲话精神，进一步听取企业意见和建议。11月28日，联合省工商联、楚商联合会举办了楚商对话省住建厅"亲清"政商座谈会，省住建厅现场解答提问。出台《省住建厅关于构建全省住建领域新型政商关系的实施意见》《省住建厅关于服务建筑业民营企业发展的十条措施》，获得省长王晓东、省委常委尔肯江·吐拉洪的批示肯定。建立厅级领导联系服务企业工作机制，共收集涉及9个大类40个子项的问题建议。积极搭建银企合作平台，7月，会同省政府金融办召开银企对接会，加深了银企合作意愿，解决了部分融资难题，山河集团与中国银行湖北省分行现场签订了4亿元的授信合作协议。聚焦搭建"一带一路"合作平台、推进政府投资项目工程总承包的主题，开展调研活动并形成报告。10月20日，在武汉举行中国中部国际产能合作论坛"建筑工程专场活动"，省内32家建筑业企业共300人参会，现场签约项目19个，签订合同及意向协议总金额302亿人民币。

【建筑市场环境】 简化施工许可证办理流程。出台调整建筑工程施工许可证审批网上办理事项的文件，鼓励推行并联审批、试点告知承诺制"容缺受理"。将近20项申请材料缩减为9项；将受理时限从法定的5日改为当场办理，将现场踏勘时限规定为3个工作日内办结，窗口受理至发放证书的总时限压缩为7个工作日。一体化平台应用。依托"湖北省建筑市场监管与诚信一体化工作平台"，完成省外建筑业企业5858家、施工从业人员85700人的信息登记。推行工程保证保险。联合保监会湖北监管局印发《关于开展建设工程履约保证综合保险试点工作的通知》。通过试点推行，建筑业企业通过保函形式缴纳投标保证金2.48亿元、工程履约保证金18.72亿元、工程质量保证金3.2亿元、农民工工资保证金0.75亿元。

【建筑市场监管】 开展建筑市场执法检查。6月，联合省质安总站开展了"两场联动"督查，抽调省级市场执法专家共检查在建施工项目117个，下达29份执法文书。受理招投标活动和项目实施过程中的投诉举报40余项，处罚、通报了一批违法违规企业。加强培训。抽派省级执法专家到恩施进行现场授课；组织2期全省建筑市场执法培训，邀请住建部建筑市场监管司专家授课，共计培训市县两级检查执法人员400余人。推行劳务实名制管理。湖北省作为全国先行试点7个省市之一，对全省17个市级行政区、134个县级行政区，创建了信息平台管理账号。相继召开了全省建设领域工程款清欠工作会、业务培训会和逐级督查检查，进一步压实各级责任。2018年，全省共受理投诉拖欠工程款（工资）的项目239个，解决拖欠工程款20.646亿元；配合人社部门解决拖欠农民工工资6.6804亿元，涉及务工人员8578人；全省没有发生因拖欠工程款而导致拖欠农民工工资的群体性事件。

【装配式建筑发展】 省政府召开全省装配式建筑发展现场推进会议，全省16个市、州政府陆续出台装配式建筑实施意见。全年全省新开工建设装配式建筑面积446.89万平方米，年度目标任务完成率达到203%，建成装配式建筑基地25个。

【扫黑除恶专项斗争】 积极开展"扫黑除恶"专项行动，建立线索周报制度和向省扫黑办、驻厅纪检组线索移交机制。举办扫黑除恶线索摸排专题培训班，部署开展全省住建系统扫黑除恶专项斗争督查活动，并按时向住房城乡建设部报送月报。2018年，全省共受理群众举报线索466条，其中移交省、市扫黑办324条。

工程质量监管

【概况】 2018年，全省共监督建筑工程约3.1万项、3.9亿平方米，监督市政工程项目造价1930亿元；新签署授权书、承诺书13770份，签订率均为100%；设立永久性标牌的工程5428项，设置率100%。

【突出问题整治】 6月，出台《关于严厉打击虚假检测行为的通知》，提出五项针对性的惩治措施。全年全省共开展检查65次，对存在问题的141家检测机构进行通报并督促整改，对存在严重问题的27家检测机构实施了行政处罚。落实住房城乡建设部治理违规海砂行动，加强与质监、工商等部门合作，推进预拌混凝土专项治理，督促企业全面自查，督导各地对预拌混凝土、预拌砂浆、预制构件等生产企业建筑用砂开展专项检查。9月，出台《湖北省预拌混凝土管理暂行办法》，进一步理顺体制、明确职责、细化措施，形成监管常态化。出台《关于加强建筑电气工程质量管理的通知》，严格电线电缆专项整治及电气火灾综合治理，严查使用劣质电线及质量不合格电缆等问题。组织开展作风建设突出问题、质量管理执法突出问题和基层工程建设突出问题专项治理活动，共查工程项目1462项，投资总额880亿元，查出相关问题57个，制定完善制度15项。

【技术风险防范和竣工验收】2018年，湖北省编制《装配式建筑施工质量安全控制要点》《装配式建筑施工质量安全监管要点》，为装配式构件生产、施工和质量安全监管提供了依据。发布《装配式混凝土结构工程施工与质量验收规程》等15项地方标准（图集、规则），《装配整体式叠合剪力墙结构施工及质量验收规程》等15项标准（图集、规则）正在编制或已纳入编制计划，管理制度和技术体系的日趋完善为防范装配式建筑风险、严格管控施工质量安全奠定基础。出台《关于进一步做好工程竣工验收及备案管理工作的通知》，进一步规范和强化竣工验收工作。出台《关于开展工程质量竣工验收信息公开试点工作的通知》，要求在竣工验收合格后7个工作日内，由建设单位将工程质量竣工验收报告影印件（原件扫描件）通过有关信息平台向社会公开，保障公众对质量验收的知情权，倒逼各参建单位和项目负责人严把工程质量验收关口。

【监督检查和违法违规行为处罚】6月，省住建厅组织开展了全省工程质量安全监查，共抽查在建工程92项，直接下达执法建议书10份、责令限期改正通知书11份。组织对10个项目的隐患整改情况进行"回头看"督查，对部分违法违规典型项目在省级媒体上公开曝光，对监管责任不落实的主管部门进行通报。全年对46家企业、20名从业人员纳入省级不良行为记录，持续保持质量安全监管高压态势。

【安全生产】全年全省共接报房屋市政工程生产安全事故30起，死亡34人，其中较大事故1起。与上年同期相比，事故起数持平，死亡人数上升6%（2017年同期发生事故30起，死亡32人）。城镇燃气行业共发生意外事故10余起，死伤20余人。根据《湖北省安全生产责任目标考核办法》，3月，与全省各市州住建委签订2018年度建设工程安全生产目标责任书，分解下达责任目标。制定《2018年度全省住建系统安全生产工作要点》《2018年全省建设工程质量安全监督工作要点》《2018年度房屋市政工程安全生产专项整治工作方案》《2018年易地扶贫搬迁工程质量安全监管工作方案》《2018年度房屋市政工程扬尘整治专项工作方案》，召开全省房屋市政工程安全生产电视电话会议，部署2018年度质量安全工作。全年开展7次房屋市政安全生产专项督查，共抽查项目185个，下达整改通知书31份，全省通报隐患项目25个。省城镇燃气专委会对全省17个市州开展督查，共查出安全隐患和问题109个（处），下达限期整改通知单65份。开展"打非治违"专项行动，省住建厅共对46家事故责任企业给予暂扣安全生产许可证处罚，下达事故督办通知书20份，对外省发送事故告知书11份。相继公示8批次、74家企业和20名从业人员安全生产违法违规行为，对存在严重隐患项目进行通报。2018年，全省共开展建筑施工安全隐患排查12704项次，下达停工整改616项次，经济处罚81起55.3万元。查处城镇燃气行业违法违规行为206起，取缔黑气点25处，暂扣无证运载钢瓶车辆24台、气瓶4543个，行政拘留23人，经济处罚10余万元。省住建厅对40家事故责任企业给予暂扣安全生产许可证处罚，对74家企业和18名从业人员的违法违规行为进行不良行为公示，下达事故督办通知书18份，对外省发送事故告知书11份，进一步规范事故督办查处程序，严厉打击安全生产非法违法行为。全年安全管理人员考核合格63003名、特种作业人员考核合格49198名。组织培训安全监督机构管理人员1200名。强化建筑起重机械安全生产管理，继续推行建筑起重机械一体化管理制度，淘汰75家不合格的建筑起重机械一体化管理企业。出台《建筑起重机械维修保养》湖北省地方标准，保持了全省建筑起重机械管理有序的局面，进一步夯实了建设行业安全生产基础。

建筑节能与科技

【概况】2018年，全省发展绿色建筑2134万平方米，获得绿色建筑评价标识的项目106项，建筑面积1368万平方米；通过省级认定项目241个，建筑面积766万平方米。全省完成散装水泥累计供应量6203万吨，预拌混凝土累计供应量6103万立方米，预拌砂浆累计供应量212万吨。

【建设科技创新】 启动编制"湖北省建设科技创新2018—2020专项规划",组织召开了省建设科技三年专项规划编制工作谋划会议,完成建设科技汇编和规划送审稿。组织了2018年湖北省建设科技计划项目和建设科技(建筑节能)示范工程的申报工作和湖北省地方标准《混凝土温度抗裂技术规程》的申报工作。验收住房和城乡建设部科技计划项目"城市低碳交通方式与绿道一体化设计研究"和"固废改性土设计及其在海绵城市的应用"2项。组织省建设科技计划项目结题5项。完成"页岩陶粒材料在建筑产业化课题中的应用研究"新产品新技术推广项目。

【绿色建筑与建筑节能】 2018年,全省发展绿色建筑2134万平方米。获得绿色建筑评价标识的项目106项,建筑面积1368万平方米;通过省级认定项目241个,建筑面积766万平方米,超额完成年度目标任务。发布2018年建筑节能与绿色建筑发展工作意见,会同财政厅完成省级建筑节能以奖代补资金使用专项审计和绩效评价,完成年度建筑节能以奖代补资金竞争性分配。印发《湖北省绿色建筑设计与工程验收标准》,加强工作指引。印发《绿色建筑设计与工程验收标准》,推动县以上城区新建建筑全面执行绿色建筑标准。组织湖北省地方标准《建筑节能门窗工程技术规程》编制工作,征求意见稿已基本完成。组织开展《低能耗居住建筑节能设计标准》的修编申报工作。扎实推进绿色生态城区和绿色建筑省级示范工作,完善绿色建筑考核指标体系,会同省发改委、财政厅开展2018年绿色生态城区和绿色建筑和建筑节能省级示范项目的申报工作,组织对2014—2017年的省级示范创建项目完成情况进行核查,对完成示范创建的项目进行验收。

【散装水泥绿色产业发展】 全年全省完成散装水泥累计供应量6203万吨,预拌混凝土累计供应量6103万立方米,预拌砂浆累计供应量212万吨。组织开展全省治理违规使用海砂专项行动和开展预拌混凝土(砂浆)企业专项监督执法检查,截至年底,全省未发现使用海砂的情况。组织《湖北省预拌混凝土绿色生产现状调研及规范性文件编制课题》的研究,拟定《湖北省预拌混凝土管理暂行办法》,并颁布实施。拟定《2018年湖北省散装水泥发展与应用管理目标》,推进预拌混凝土绿色生产标识评价工作,8家企业通过了评价。

【墙材革新绿色建材发展】 组织新墙材认定及绿色建材评价标识工作,推动绿色建材发展与应用。截至年底,全省共有20家企业取得绿色建材评价标识证书(三星14家,二星6家)。做好新墙材认定与换证工作,19家企业的相关产品通过了认定审查,64个产品到期换证。组织起草《"十三五"湖北省100个乡镇"禁实"名单》,推动全省"禁实"工作有序进行。

【建设科技基础性工作】 积极推进建设科技规划编制工作,组织开展建设科技现状调研及建设科技创新规划。聚焦"住、治、服",开展省建设科技计划项目申报及相关课题研究。大力推进建筑节能示范工程,推广应用建筑节能集成技术、绿色生态建筑技术、安全适用保温材料和绿色建材,限制和淘汰高能耗、高污染产品。组织完成省科技进步奖的住建领域科技项目提名工作。

【建筑设计高质量发展】 贯彻"适用、经济、绿色、美观"建筑方针,强化建筑师在建筑工程实施中的主导地位,支持和鼓励勘察设计企业加快BIM技术的应用,提高建筑设计水平,支持武汉"设计之都"建设,助推勘察设计强省建设。开展建筑节能、"双随机一公开"质量监管、施工图审查等业务培训,提高从业人员和主管部门人员的业务水平。按照住建部部署,会同审批办布置推进了全省超限高层建筑工程抗震设防监督检查。加强对省内外勘察设计企业的动态监管,做好"双随机,一公开"的基础性工作,组织完成全省建筑节能与勘察设计监理工作"双随机一公开"综合检查,通过政府购买服务的方式,委托第三方组织督导专家队伍,并吸纳各市州主管部门负责人组建交叉检查组,形成"省厅+市州+专家"的方式开展检查,共完成17个市州、24个县市区、130个在建工程的抽查,针对发现的问题下发了责令限期整改通知书和执法建议书共38份。组织召开住房城乡建设消防安全生产领导小组年度工作会议,印发《关于做好大型商业综合体消防安全专项整治的通知》,开展住建系统消防安全大排查大整治。

人事教育

【干部教育培养】 制定《2018年人事教育工作计划》,印发了《省住建厅2018年干部教育培训计划》,全年共组织13场次专题讲座。积极配合省委组织部组织了各市、县、区政府分管领导、住建委主任(局长)共210人参加"改善农村人居环境专题研讨班",并开展现场教学。组织驻村扶贫工作队轮换,帮助援藏援疆干部解决问题。组织厅机关8名年轻干部下基层短期锻炼,安排2名厅级、19名处级干部参加省委党校培训班学习。

【干部选拔、管理和监督】严格执行湖北省委组织部选人用人"8个文件"和省公务员双职并行试点方案，完成了厅机关和住保局9名处长和信息中心、规划中心主任的选配工作，组织进行了厅机关18名公务员职级晋升工作，完成了2名干部调动和4名厅机关处长、3名厅直单位主要负责人、4名机关干部轮岗工作，以及1名军转副师职干部定向安置工作；组织了2名正处级、9名副处级领导干部的转正工作。按照年度干部监督工作有关要求，组织全厅97名处以上干部完成了个人有关事项填报。开展个人有关事项随机抽查和重点核查，完成了9名拟提拔对象、9名随机抽查对象的核查比对。组织开展了干部人事档案专审和信息化录入工作。完成了厅机关和省建管局3个职位的公务员、6个直属单位25名事业单位人员的招录工作。

【干部管理和考核】组织开展了厅机关公务员年度考核和厅直事业单位领导班子和领导干部履职尽责考核，加强考核结果运用，进一步激励了干部深入贯彻新发展理念，履职尽责，担当作为。完善厅机关履职尽责管理信息系统，启动并建立了事业单位岗位管理系统，实现与省人社厅联网。制定下发了《省住建厅干部经常化制度化考核实施办法》，组织了厅机关干部队伍和厅直单位领导班子专项调研，全面了解了干部政治素质、履职情况和廉洁自律情况。有关做法，《以干部考核经常化制度化促干部担当作为》为题，在省委组织部主办的《湖北党建》上予以刊载。

【"面对面、听期盼"大走访活动】组织召开全省住建系统"面对面听期盼"大走访活动常态化制度化电视电话会，下发了大走访常态化制度化实施意见。10名厅领导全年2次带队分片开展了走访调研。组织了全省住建系统乡镇机构设置专项调研，指导各市州开展了走访调研和问题梳理分办工作，建立市、县住建系统领导走访督导承包责任制，定期调研走访、收集问题、协调解决。截至10月10日，全省住建系统共20321人参加了走访活动，走访群众45167人，收集意见建议21322条，办结19831条，办结率为93%。

【人事和外事工作】打通职称制度与职业资格制度发展通道，建立造价工程师、注册城乡规划师等5项职业资格与职称的对应关系。完善职称评价标准，启动了修订建设工程系列职称评价标准工作。进一步加强职称信息化建设，全省建设工程系列高、中级水平能力测试首次将笔试调整为无纸化机考模式进行，完成了14个专业12600道题的题库建设和考试系统的开发升级工作，完成了本年度水平能力测试工作，全省共计有2005人参加考试。落实双职并行改革要求，调整26人工资待遇。组织了4个访问团的出访工作，对省管干部因私证照组织了一次清理，进一步规范了厅管领导干部因私出国（境）审批流程，加大了对出国（境）人员的审查力度。

【行业培训】积极开展建筑工人职业培训工作。按照住房城乡建设部的指导意见，制定湖北省建筑工人职业培训的实施办法、细则，积极开展信息管理系统、评审专家库、培训考核大纲和教材、政策宣贯等各项工作。规范开展全省住建领域现场专业人员职业标准培训考核工作，截至10月底，全省共组织考核5批次，参加考核人员15.4万余人次，换发和核发八大员证书共16万余本。

【机构改革和借用人员清理规范】启动了机构调整的调研和筹划工作，对基本情况进行摸底，及时与省机构改革办进行沟通，基本确定机构和人员划转相关事项。在厅机关各处室（含省城管执法监督局）对借用工作人员进行了清理规范，在厅机关各处室对59名借用工作人员进行自查的基础上，根据制度规定和工作需要，清退25名，对留用的34名工作人员完善了借用手续，进一步规范了机关借用工作人员管理。

大事记

1月

8日 省住建厅、中国保险监督管理委员会湖北监管局联合下发《关于开展建设工程履约保证综合保险试点工作的通知》，湖北省开展建设工程履约保证综合保险试点，企业可以购买保证险来代替缴纳保证金。

9日 省住建厅、省文物局公布第一批湖北省历史文化名镇名村名单。黄石市阳新县兴国镇等7个镇为第一批湖北省历史文化名镇，武汉市黄陂区蔡榨街蔡官田村等18个村为第一批湖北省历史文化名村。

18日 《湖北省风景名胜区条例》在湖北省第十二届人大常务委员会第三十二次会议上通过，共七章三十八条，自2018年5月1日起施行。

19日 湖北省装配式建筑发展现场推进会在武汉召开。曹广晶副省长出席会议并讲话，省政府副秘书长朱慧主持会议。省住建厅党组书记、厅长李昌海通报了全省装配式建筑推进工作情况。省政府对获得中国建设工程"鲁班奖"的项目各奖励人民币100万元。

2月

2日 省住房和城乡建设厅党组书记、厅长李昌海到定点扶贫帮扶点兴山县，看望了峡口镇黄家河村、南阳镇白竹村的省、市、县各级驻村干部和扶贫干部，转达了省委、省政府的慰问，并走访了困难群众。

9日 省住房和城乡建设厅会同武汉铁路监督管理局、中国铁路武汉局集团有限公司部署高速铁路沿线环境综合整治工作。

23日 全省住建系统贴近群众"面对面·听期盼"大走访活动常态化制度化电视电话会议召开。省住房和城乡建设厅党组书记、厅长李昌海出席会议并讲话。

28日 省物价局、省住建厅联合印发《湖北省物业服务收费管理办法》，全省所有物业服务收费将被纳入监督管理，该《办法》将于4月1日起施行。

3月

1—2日，省住房和城乡建设厅党组书记、厅长李昌海督导洪湖、监利乡镇生活污水治理工作。

5日 省住房和城乡建设厅召开安全生产管理委员会成员单位主要负责人会议，会议传达全省安全生产视频会议精神，研究新一年安全生产工作。厅党组书记、厅长李昌海出席会议并讲话，厅党组副书记、副厅长张弘主持会议。

12日 《湖北省城镇保障性住房管理办法》已在2018年1月30日省政府常务会议审议通过，将于2018年4月1日起施行。这项制度的建立，为促进城镇保障性住房建设管理规范化、法治化，贯彻落实共享发展理念、让广大人民群众共圆安居梦想提供了强有力的法制保障。

19日 湖北省城管局执法监督局挂牌成立，全省116个市（县、区）成立了城市管理部门，十堰市、黄冈市、鄂州市、孝感市、随州市、恩施州、仙桃市等7个市州城市和30个县市城管部门由参公事业单位转为行政机构。

13日、20日 省住房和城乡建设厅党组书记、厅长李昌海赴武汉市开展物业服务管理调研和"面对面听期盼"大走访。

21日 省住房和城乡建设厅印发《关于加强新时代住房城乡建设工作助力现代化强省建设的实施意见》，其中涉及住房保障、城乡人居环境、建筑业发展等多项内容。

29—30日 全省建管工作暨工程质量安全管理工作座谈会在武汉召开，全省将确定165家建筑业重点培育企业并给予政策扶持。

4月

4日 省住房和城乡建设厅举行宪法宣誓仪式。

8日 省住房和城乡建设厅召开厅地质灾害防治工作领导小组2018年第一次工作会议，贯彻周先旺副省长讲话精神，落实全省地质灾害防治工作视频会议工作安排，研究布置全年工作。

10日 省政府印发《省人民政府关于促进全省建筑业改革发展二十条意见》（鄂政发〔2018〕14号），是全省推进建筑业高质量发展的一份重要指导性文件。

12日 全省住建系统法治培训暨工作会议在武汉召开。会议学习贯彻党的十九大、全国住建系统法治政府建设暨依法行政工作会议精神，总结回顾过去一年全省住建系统法治建设工作，安排部署2018年工作，不断提升住建系统法治骨干依法治理工作能力和素质，打造"法治住建"。

13日 省住房和城乡建设厅印发《湖北省美丽宜居乡村示范项目建设方案》，2018年至2020年，全省每个县市区都将打造一批精品型、提升型美丽宜居乡村示范项目。

18日 省10个部门联合出台《关于因城施策规范有序发展住房租赁市场的通知》，计划到2020年，全省基本建立租购并举的住房制度，形成供应主体多元、经营服务规范、租赁关系稳定的住房租赁市场体系，建成保基本、促公平、可持续的公共租赁住房保障体系，构筑市场规则明晰、政府监管有力、权益保障充分的住房租赁法制体系。

24—26日，住房和城乡建设部城市管理监督局副局长王显车率调研组到湖北省调研扫黑除恶专项斗争工作。

5月

8日 省住房和城乡建设厅召开深化行政审批改革实施方案征求意见会。厅党组书记、厅长李昌海出席会议并讲话。厅党组成员、副厅长黄祥国主持会议。

14日 住房城乡建设部派驻省城乡规划督察员和省住房和城乡建设厅对襄阳市、黄石市、荆州市在规划实施过程中的违法违规问题，特别是违反涉及城市总体规划强制性内容的违法建设问题，进行了部、省联合约谈。

24日 省住房和城乡建设厅举办《中华人民共和国监察法》专题辅导讲座。

27日 住房城乡建设部《建筑施工安全风险防控体系研究》课题组成立暨启动会在武汉召开。住建部质量安全监管司副司长姚天玮到会指导。

6月

1日 全省建设行业2018年"安全生产月"活动正式启动。

5日 万勇副省长到省住房和城乡建设厅调研住房城乡建设工作。

8日 省住房和城乡建设厅召开形式主义、官僚主义问题查摆座谈会，厅党组书记、厅长李昌海主持会议并讲话

12—13日 省住房和城乡建设厅召开湖北建筑业企业高质量发展座谈会。厅党组书记、厅长李昌海出席会议并讲话。

27日 省人大常委会党组书记、常务副主任王玲领衔对魏明伟代表提出的《关于切实推进生活垃圾分类工作的建议》进行了重点督办，并实地调研了武汉市垃圾分类情况。

28日 省政府召开全省农村危房和棚户区改造突出问题专项治理电视电话会议。万勇副省长出席并讲话，要求以更大力度、更严要求、更细举措、更实作风，扎实推进农村危房和棚户区改造工作。

7月

10—12日，全省"改善人居环境"专题研讨班在武汉举办。

13日 省住房和城乡建设厅印发《湖北省住房和城乡建设厅关于深化行政审批改革的实施方案》，进一步加快审批速度，优化营商环境。

17日 2018年省建设工程质量安全标准化现场观摩会在荆州举行。

23日 省住建厅、省公安厅、省工商局、省物价局等九部门联合发布《关于印发〈湖北省治理房地产市场乱象专项行动工作方案〉的通知》（鄂建〔2018〕9号），为规范市场秩序，更好地促进市场平稳健康发展。

24日 省住房和城乡建设厅党组书记、厅长李昌海到武汉长江新城管委会调研规划建设工作，并开展座谈交流。

26日 全省房地产调控与市场整治培训会在汉召开。2018年上半年全省商品住房销售量和销售均价基本稳定，完成国家要求的调控目标。

30日 省住房和城乡建设厅党组书记、厅长李昌海到武汉市武昌区中南街环卫大队慰问正在高温下工作的环卫工人，厅党组成员、副厅长傅继成参加慰问。

8月

3日 湖北国际物流核心枢纽（鄂州机场）项目净空保护区域一体化图第一阶段设计审查会在武汉召开。

15日 "616"工程对口支援恩施市专题会在省政府召开。省政府秘书长别必雄主持会议，省住建厅党组书记、厅长李昌海作为牵头单位负责人参加会议并发言。

14日 省住建厅、省国土资源厅联合下发《关于建立房地产市场信息定期发布制度的通知》，全省将从9月起建立房地产市场信息定期发布制度，各地将在每月15日（如遇双休日或法定节假日顺延至节后第一个工作日）12时前，定期发布本地区上月房地产市场信息。

17日 省住建厅印发《湖北省非正规生活垃圾堆放点整治技术指引（试行）》，将用于指导加强城乡非正规生活垃圾堆放点整治，防止发生污染事件。

22日 全省农村生活污水垃圾治理工作现场推进会在汉川召开。省住房和城乡建设厅党组书记、厅长李昌海出席会议并讲话，要求以决战决胜姿态打赢农村生活污水垃圾治理攻坚战。

22日，全省住建系统深化"放管服"改革座谈会在汉川市召开。省住房和城乡建设厅党组书记、厅长李昌海出席会议并讲话，厅党组成员、副厅长黄祥国主持会议。

30日 省住房和城乡建设厅组织召开扫黑除恶专项斗争领导小组工作会议。领导小组组长、厅党组书记、厅长李昌海出席会议并讲话。

9月

5—10日 国务院扶贫办副主任欧青平率督导调研组对全省农村人居环境整治工作进行专项督导检查。10日，督导调研汇报会在武汉召开，童道驰副省长参加会议。

9日 王晓东省长一行到宜昌市住建委调研扫黑除恶专项斗争工作，现场视察了扫黑办集中办公和标准化建设情况，查阅工作记录，在听取负责人工作汇报后，对宜昌市住建委提出的扫黑除恶"三十六必字诀"给予肯定，认为"工作有深度，才能总结得出来！"

18—19日，全省推进县城规划工作现场会在云梦召开。厅党组成员、总规划师童纯跃出席会议并讲话。

21日 省住房和城乡建设厅公布第一批各地查处的违法违规房地产开发企业和中介机构名单，曝光违法违规行为。

25日 省住建厅、省工商局联合印发《湖北省住房租赁合同示范文本》，自2018年10月1日起，全省住房租赁企业、房地产中介机构在开展住房租

赁业务时应当提供本示范文本，供当事人阅读。

26日　省住房和城乡建设厅发布《关于湖北省地方标准〈建筑防水工程技术规范〉的公告》，自2018年10月23日实施。

26—27日，住房和城乡建设部部长王蒙徽一行在湖北省调研定点扶贫和大别山集中连片特困地区脱贫攻坚工作。

27日，湖北政务服务网移动客户端"鄂汇办"正式上线，涉及机动车违章处理、结婚预约登记、发票真伪查询、生活缴费等56项高频便民服务事项，实现指尖在线办理。

10月

11日，住房城乡建设部、财政部组织在武汉召开部分省市住房保障工作座谈会，推行政府购买公租房运营管理服务试点工作。

11日，省住房和城乡建设厅召开厅机关工会委员会换届选举大会。

12日，省住房和城乡建设厅印发《湖北省城乡生活垃圾治理运营管理工作规范》，对城乡生活垃圾收运处理规范作业、科学管理、持续维护等事项作出规定。

15—19日，武汉、十堰、神农架住房公积金"双贯标"工作顺利通过住建部联合检查组验收。至此，全省22个中心（分中心）已全部通过验收，全省住房公积金"双贯标"工作圆满完成。

18日，全国《城市管理执法规范》宣贯培训班在武汉举办。

19—20日，由国家发展改革委、外交部、商务部、全国工商联、中国贸促会与湖北省人民政府共同举办的2018年中国中部国际产能合作论坛暨企业对接洽谈会，在武汉东湖国际会议中心举办。20日上午，省住房和城乡建设厅主办了"建筑工程专场"活动。

25日　住房城乡建设部在湖北武汉召开工程质量监管工作座谈会，宣贯落实《工程质量安全手册》。住房城乡建设部副部长易军出席会议并讲话，住房城乡建设部工程质量安全监管司司长李如生主持会议。

26日　全省住建领域民生工作突出问题治理视频会议召开。省住房和城乡建设厅党组书记、厅长李昌海出席会议并讲话。

27—28日　省住房和城乡建设厅党组书记、厅长李昌海率工程质量安全、燃气专家赴天门市，随机抽取乡镇生活污水处理设施和房屋建筑施工项目、燃气场站，开展质量安全检查，深入居民住宅小区调研二次供水情况，听取基层部门、企业、群众对《湖北省城镇二次供水（征求意见稿）》的意见建议。

11月

6日　省住房和城乡建设厅组织召开了全省乡镇生活污水治理工作推进（视频）会。厅党组书记、厅长李昌海出席会议并讲话，厅党组成员、副厅长黄祥国主持会议，并通报了督办检查情况。

7日、9日　全省住建领域重大项目谋划推进工作第一片区、第二片区督办会先后在武汉市、随州市组织召开。省住房和城乡建设厅党组副书记、副厅长张弘出席会议。会议分析了当前全省住建领域重大项目谋划存在的问题，对下阶段"结硬账"工作进行安排部署。

8日　省住房和城乡建设厅在荆门市召开装配式建筑质量安全管理现场观摩会。

8日　省政府出台《湖北省工业建设项目50个工作日内取得施工许可审批改革工作方案》，工业建设项目施工许可的审批时间从112个工作日缩减至50个工作日以内。

20日　省住房和城乡建设厅党组书记、厅长李昌海到武汉市第七届军运会场馆设施项目检查工程质量安全工作。

23日　全省建设工程质量安全管理标准化现场观摩会在宜昌市召开。会议以"践行绿色建造理念·打造高质量精品工程"为主题，旨在全面贯彻落实中央、省促进建筑业高质量发展及建筑施工标准化管理的有关部署要求，推动全省工程质量和安全管理工作再上新台阶。

27日　全省住建领域清理拖欠工程款及农民工工资工作座谈会在武汉召开。

29日　省住房和城乡建设厅在武汉市举办全省物业服务管理现场培训会。厅党组书记、厅长李昌海出席会议并讲话。

27日　住房城乡建设部《强化政府对工程质量全过程监管体制机制研究》课题评审会在武汉召开。

30日，全年全省共开工建设城镇公共厕所3285座，竣工2880座，提前超额完成全年目标任务。

12月

7日　省住房和城乡建设厅联合武汉市城建委共同举办的全省工程质量安全手册宣贯暨质量安全提升现场观摩交流会在武汉召开。

7日，省住建厅、人社厅、财政厅联合发出《关于加强环卫工人权益保障工作的通知》，要求各地建立环卫工人工资动态增长机制，环卫工人基础工资

(不含奖金、津贴和补贴、加班加点工资、特殊情况下支付的工资等）要高于当地年度最低工资标准10%以上。

12日 省城镇燃气安全生产专业委员会联席工作会议在汉召开，省城镇燃气安全生产专业委员会第一主任、副省长万勇出席会议并讲话。

17日 湖北省出台《湖北省公共租赁住房保障家庭信用管理及失信联合惩戒制度的实施意见（试行）》，约束失信公租房行为。

17日 省住房和城乡建设厅网站（2018版）自2018年12月17日起上线试运行。

20日 省政府办公厅印发《湖北省特色小镇创建工作实施方案》，公布了首批20个特色小镇创建名单。

24日 湖北住建事业改革开放40年宣传片发布。

24日 省住房和城乡建设厅公布第二批各地查处的违法违规房地产开发企业和中介机构名单。

27日 2018年大别山片区脱贫攻坚座谈会在武汉召开，评估脱贫攻坚进展，协调对接项目，安排2019年工作，履行牵头之职。省住房和城乡建设厅党组书记、厅长李昌海出席会议并讲话。

(湖北省住房和城乡建设厅)

湖 南 省

概况

【概况】2018年，湖南省住房和城乡建设系统深入学习贯彻习近平新时代中国特色社会主义思想和党的十九大精神，坚决落实省委省政府各项决策部署，以打造"人文住建、绿色住建、智慧住建、廉洁住建"为导向，以城市"双修"、农村"双改"为载体，勇于创新、奋力作为，打好"三大攻坚战"，开展好"产业项目建设年"，推动全省住房城乡建设事业高质量发展，取得新的成效。

【新型城镇化建设】2018年，湖南省突出抓好顶层设计，新型城镇化有序推进。全省城镇化水平持续提升，预计2018年全省常住人口城镇化率达56%左右。规划改革全面推进。强化省规委"统筹规划、规划统筹"职能机制，高规格召开省规委全委（扩大）会议，审议出台《湖南省新一版城市总体规划编制工作方案》，完成省域城镇体系规划、全部市县总体规划编制，城乡规划编制实现全覆盖。完成加快构建新型城镇体系重点课题研究和国家、省两级新型城镇化试点工作评估。村镇规划和历史文化保护规划稳步推进，建设品质逐步提升。出台《湖南省城市设计技术指南》，组织编制长株潭城市群湘江两岸（城区段）风貌整体规划，加强城市风貌管控和公共空间塑造。印发《湖南省城市既有住宅增设电梯指导意见》，支持老旧小区实现"电梯梦"。新增张家界市等省级"园林城市（县城）"9个。牵头起草《湖南省农村人居环境整治三年行动实施方案（2018—2020年）》，发布《关于进一步加强村庄建设的意见（试行）》，制定农村非正规垃圾堆放点等技术指南，农村人居环境整治政策标准体系基本建立。构建历史文化"名城名镇名村"三级保护体系，3个县新晋"省级历史文化名城"，3镇7村喜获"国家历史文化名镇名村"称号；400个村获批"中国传统村落"，数量居全国首位。城市管理有效加强。启动省级数字城管云项目建设，率先在益阳市开展"智慧城管"试点。在城管系统深入开展"强基础、转作风、树形象"行动，株洲、郴州、益阳、长沙、邵阳等地受到住房和城乡建设部表彰。《湖南省城市综合管理条例》全面贯彻实施，城管执法体制改革稳步推进，3个城市综合执法领域政务公开试点县（市）通过国家验收。《湖南省物业管理条例》于2019年1月1日起正式施行。

【城市"双修"】2018年，湖南省扎实推进城市"双修"，城市更加亮丽。省住房和城乡建设厅出台《湖南省城市双修政策清单》等文件，对城市"双修"三年行动进行任务分解。怀化等大多数市州出台城市"双修"行动方案，湘潭市委市政府召开城市"双修"动员大会。"海绵城市"和综合管廊建设试点扎实推进。全省"海绵城市"试点累计建成项目202个，完成投资113.5亿元。常德市国家级"海绵城市"试点通过住房和城乡建设部验收，成果亮相国家博物馆"改革开放40周年展览"。地下综合管廊累计建成129千米，长沙市国家级试点通过住房和城乡建设部验收，并获国务院办公厅专报推介。

污水垃圾治理力度加强。制定《湖南省城镇污水处理厂主要水污染物排放标准》，新建（扩建）县以上城镇污水处理厂22座，提标改造38座，全省县以上城镇污水处理率达95%。全年新开工、建成生活垃圾焚烧处理设施各3座，全国最大的单体项目在长沙正式运营，衡阳市出台生活垃圾焚烧处理设施区域统筹规划，全省垃圾焚烧处理占比达37%。完成14座存量垃圾场治理。争取湘江流域存量垃圾场综合治理亚行贷款1.5亿美元，占全省亚行贷款总额43%。黑臭水体整治成效明显。完成113个县以上城市建成区黑臭水体整治任务，地级城市黑臭水体消除比率达95%。城市黑臭水体整治顺利通过国家专项督查，长沙市圭塘河流域综合治理获国家督查组好评，湘潭市黑臭水体治理经验被住房和城乡建设部通报肯定。

【农村"双改"】2018年，湖南省大力推进农村"双改"，乡村面貌明显改善。全省农村危房改造超额完成任务。全年农村危房改造开工20.1万户，竣工17.8万户，超额完成年度任务。争取国家任务指标19.06万户，获得中央补助资金25.13亿元，居全国第三。全面落实精准扶贫思想，18个计划脱贫"摘帽"县实现"应改尽改"。湘西土家族苗族自治州住房和城乡建设局联合州纪检监察委开展危房改造专项巡察整治。人居环境整治成效显著。圆满完成十八洞村村容村貌提升任务，获各方好评。创建7个"农村人居环境整治示范市县"，培育9个"全国农村污水垃圾治理示范县"。全年建成99个乡镇污水处理设施，整治41个乡镇黑臭水体。有序推进农村非正规垃圾堆放点整治，建成220个乡镇垃圾中转站，90.2%的村庄实现生活垃圾治理。建立12.3万人的农村保洁员队伍，全省农村保洁机制初步建立。株洲市率先实现乡村建设规划许可管理全覆盖，常德市率先颁布《城乡生活垃圾管理条例》，宁远县获评全国"生活垃圾分类示范案例"。

【房地产市场稳控】2018年，湖南省认真落实"房住不炒"定位，有效稳控房地产市场。调控力度不断加强。建立全省房地产市场监管平台，及时警示、约谈房价过快上涨城市，督促各地落实主体责任。省政府发布"湘十一条"调控新政，长沙市出台"6.25"调控政策，岳阳、湘潭、郴州、娄底、永州等地推出建设限价商品房等措施，房价过快上涨势头得到遏制。预计全年完成房地产开发投资3940亿元，同比增长15%；商品房网签面积9894万平方米，同比增长10%。全年房地产税收收入1057亿元，对地方税收收入贡献率达42%。市场秩序有效整治。出台《湖南省房地产市场经营主体严重失信名单管理暂行办法》，印发《湖南省打击侵害群众利益违法违规行为治理房地产市场乱象专项行动方案》，交叉检查长株潭地区350个在售项目、1148家中介机构，整肃房地产市场乱象。住房保障工作全面推进。全省28.8万套各类棚户区改造项目开工建设，完成直接投资1463亿元，被国务院表彰为"真抓实干成效明显地区"，为省级层面唯一连续两次获此殊荣的单项工作。长沙市棚改典型经验做法被国务院通报表扬。新增发放公租房租赁补贴18.56万户；分配入住5.97万套，完成比例为118%，分配入住率居全国前列。下达保障性安居工程建设资金151亿元。住房公积金扩能增效。建成全省住房公积金综合服务平台，基础数据全面实现标准化。加强住房公积金风险防控，在全国首批开展电子化工具检查，得到住房和城乡建设部肯定。出台"低门槛"缴存住房公积金等优惠政策，减轻企业负担。开展新市民住房问题调研，助力新市民在城市落户。全省12个市州开通住房公积金网上服务大厅。全年发放住房公积金贷款427亿元，同比增长13.3%，充分发挥住房公积金服务民生、助力宏观调控的作用。

【建筑业转型升级】2018年，湖南省强力推动绿色发展，建筑业稳步转型升级。预计全年实现建筑业和工程咨询业总产值分别达9581.44亿元和2600亿元，同比增长13.7%和18%。质量安全监管进一步加强，创建"鲁班奖"6项、"国家优质工程奖"13项，评选"芙蓉奖"87项、"省优质工程奖"243项。建筑施工安全生产形势总体平稳，连续十年被省委省政府评为安全生产工作优秀单位。装配式建筑形成示范。全国装配式建筑交流大会在长沙召开，首家装配式建筑技术创新基地落户湖南。《湖南省绿色装配式建筑评价标准》成为首个省级地方评价标准。全省市州中心城市全年新建装配式建筑1276万平方米，占新建建筑比重19.95%，居全国首位。长沙、郴州、吉首获评"省级装配式建筑示范城市"，中国水电八局等8家企业获批"省级装配式建筑产业基地"。联合长沙市政府圆满举办"第三届湖南筑博会"。绿色建筑蓬勃发展。《湖南省绿色建筑发展条例》列入立法规划，发布《湖南省建筑节能与绿色建筑发展规划（2018—2020）》等文件，绿色建筑发展形成制度体系。召开全省首届绿色建筑发展大会，成立省级住房城乡建设科技创新联盟。全年新增绿色建筑评价标识项目151个，绿色建材评价标识企业27家，绿色建筑标识数量居全国前列。全省市州中心城市新建绿色建筑3225万平方米，占新建建筑比重61%。中建五局等企业积极推广绿色建筑、绿色施工。行业信息化速度加快。启动全省"智慧工地"系统平台建设,湖南东方红集团、湖南高岭公司大力推行"智慧工地"管理模式。发布建筑工程信息模型和BIM技术交付标准,BIM技术应用步入全国先进行列。湖南建工集团等企业加快应用BIM技术。建筑业"走出去"凝聚势能。开展"建筑强企"命名活动,打造"湖湘建造"品牌企业。全过程工程咨询和工程总承包稳步推进,项目建造方式发生变革。举办湖南省建筑业发展对外交流论坛,成立粤港澳大湾区湖南建筑业服务中心、湖南省建筑业"走出去"战略合作联盟,"走出去"加速凝聚新势能。

【"放管服"改革】2018年,湖南省住房和城乡建设厅深入践行"以人民为中心"思想,"放管服"改革落到实处。大力打造"智慧住建",印发《智慧住建发展规划(2018—2020)》,助推"放管服"改革落实落地。"最多跑一次"改革初显成效。全面开展审批事项自查,大幅削减优化审批环节、缩短办理时限,审批环节由6个削减优化为3个,14项行政审批事项原则上在13个工作日办理完毕,基本实现"线上全流程办理"。工程建设项目审批制度改革率先推进。建立省直部门联席会议制度和全省工程项目动态监管平台,率先在全国非试点地区出台《关于推动工程建设项目审批制度改革的指导意见》,得到住房和城乡建设部推介。施工图审查制度改革深入拓展。实施"互联网+图审"、政府购买服务等举措,完成"多审合一""多图联审"改革目标,实现施工图审查"零跑路""零付费""零接触",施工图审查信息管理引领全国。施工图审查制度试点和全过程工程咨询及工程总承包建设模式拓展和应用到芙蓉学校等建设项目。事中事后监管机制逐步健全。招投标体系改革有效推进,在全国率先出台"打招呼登记""黑名单管理""标后稽查""联合查处"等制度,实施"投标担保"、信用评价,强化市场和现场联动,"1+X"制度体系日趋完善。全面推行建筑施工质量管理标准化考评,创新性提出过渡时期安责险方案,出台《湖南省建筑市场信用管理暂行办法》。强化造价管理,启动2014定额修编,编制出台《湖南省建设工程材料价格信息采集发布目录清单》。成功举办全省首届工程质量检测技能竞赛,并作为重点竞赛项目向国家推荐。

【党建工作】2018年,湖南省住房和城乡建设厅强化党建引领,全面加强能力建设。始终坚持把学习贯彻习近平新时代中国特色社会主义思想和党的十九大精神摆在首位,进一步树牢"四个意识",坚定"四个自信",落实"两个维护",以坚定的政治担当高标准落实中央和省委巡视反馈意见整改,以过硬的工作作风高质量通过国务院大督查,以有力的落实举措高要求配合完成中央环保督察"回头看"各项工作。坚持党建工作为统领,切实履行主体责任,召开厅直机关第七次党员代表大会,开展"不忘初心、牢记使命"主题教育活动,扎实推进党支部标准化建设。严格遵守中央八项规定及实施细则和省委九条规定,认真学习贯彻《中国共产党纪律处分条例》,出台纠正"四风"加强作风建设的任务分解清单,开展违规收受红包礼金等自查自纠,组织廉政警示和爱国主义教育活动,坚定不移推动党风廉政建设和反腐败斗争。指导强化行业党委履职,召开系统省级行业协会学会工作会议,开展"三清理"工作,建立"三清单"制度。树立正确用人导向,在厅本级探索建立以岗位绩效考核为核心的公务员考核评价机制,激励干部担当作为。弘扬"工匠精神",开展技能培训比武活动,培训建筑工人42万人。湖南省在第六届全国职工职业技能大赛砌筑工决赛中获团体一等奖。

政策法规

【概况】2018年,湖南省住房和城乡建设厅以贯彻落实省委省政府"法治湖南"建设战略部署为主线,以规范行政权力、促进行业发展为目标,加强各处室、直属单位工作协调,突出重点,多措并举,大力推进住房和城乡建设领域民生立法,严格审查清理规范性文件,依法办理行政复议和应诉案件,为住建系统依法治理提供有效的法治保障。

【民生领域立法】2018年,湖南省住房和城乡建设厅扎实推进民生领域立法。出台《湖南省物业管理条例》。厅法规处全力配合房产处起草《湖南省物业管理条例》,全程参与《条例》调研论证、征求意见、草案修改等相关工作,积极与省人大法工委、环资委、省政府法制办进行工作衔接,确保立法工作进度。7月19日,《条例》在省十三届人大常委会第五次会议上表决通过,将于2019年1月1日起实施。制定《湖南省绿色建筑发展条例》。厅法规处全力配合科技处起草、制定《湖南省绿色建筑发展条例》。《条例》被列为省人大、省政府重点调研论证计划。在充分调研和认真修改完善的基础上,于9月向省人大、省政府申报2019年立法出台计划。制定《湖南省农村建房管理办法》。厅法规处积极配合村镇处起草《湖南省农村建房管理办法》,旨在进一步规范农村住房建设,落实省政府主要领导指示。《办法》已列入 2018 年度省政府规章计划。《湖南省物业管理条例》起草过程中,引入第三方机构即湖南中楚法律咨询服务公司参与立法,厅法规处认真参与立法条文的修改完善,积极参加省政府法制办和省人大法工委组织的立法听证会。《湖南省绿色建筑发展条例》制定过程中,专门委托长沙理工大学文法学院对条例进行修改完善,多次邀请省政府法制办、省人大环资委、法工委领导给予指导,认真听取修改意见,有效地防止部门利益倾向。

【规范性文件审查清理】2018 年,湖南省住房和城乡建设厅严格审查清理规范性文件。严格落实规范性文件审查并执行"三统一"(统一登记、统一编号、统一公布)制度,坚持厅里所有的规范性文件,必须经法规处合法性审查,并经厅务会集中审议后再报送省政府登记。对涉及行政相对人权益的规范性文件,法规处参与文件制作过程,切实提高规范性文件质量。全年经法规处审查并向省政府报送登记的 45 件规范性文件全部通过审查。对涉及群众切身利益的信访答复件认真提出修改意见,对带有试点创新和工作改进性质的文件,在法律和政策允许的最大范围内给予支持。对内容涉及行政相对人切实利益的 3 个规范性文件,法规处和相关业务处室认真组织听证会。注重发挥法律顾问作用,在行政决策、合同签订、劳资纠纷和民事诉讼工作中尊重法律顾问的意见。对规范性文件注明有效期的做法被省政府法制办采纳。全年厅法规处共审阅信访答复和复查 43 件、规范性文件 59 件、征求意见 47 件、请示报告 13 件、通知与函件 19 件、行政许可和处罚 73 件、通报 2 件、信息公开 53 件。全面清理规范性文件,对没有纳入的文件开展回头看,对其中应纳入的文件重新走程序。按照省委、省政府和相关部委、部门的工作安排,先后开展 5 次专项清理:7 月份清理涉及公平竞争的规范性文件,除 2017 年底前已清理并宣布失效的 90 件规范性文件外,共梳理出现行有效的存量规范性文件 123 件,其中 22 个涉及市场主体经济活动的文件均没有涉及地方保护、指定交易、市场壁垒等排除、限制市场主体公平竞争的内容;8 月份清理涉及以人民为中心的规范性文件;9 月份清理涉及产权保护的规章、规范性文件;8—9 月份清理证明事项,厅机关 12 个处室及 2 个直属单位根据要求对证明事项进行全面清理,总计有 7 个处室及单位清理填报证明事项 45 项,最终确定上报取消的证明事项 11 项,其中地方政府规章设定的建议取消的证明事项 7 项,省政府部门规范性文件设定的建议取消的证明事项 4 项;10 月份清理涉及生态环境保护的规章和规范性文件。

【行政复议和应诉案件办理】2018 年,湖南省住房和城乡建设厅依法办理行政复议和应诉案件。全年共办结行政复议案件 42 件。其中,涉及市规划部门 25 件,占 59.5%;建设部门 12 件,占 28.6%;住房保障部门 4 件、城管部门 1 件。申请事项主要涉及信息公开、规划许可及处罚、建筑市场管理等行为。共承办行政应诉案件 35 件,审结 33 件。从事由看,经过厅行政复议后当事人提起诉讼的 22 件,占 64.7%;不服厅信息公开答复行为的 12 件,占 35.3%。行政复议和应诉工作呈现的特点主要是:法律应用准确扎实,行政诉讼案件胜诉率高达 97%;经与重点案发区人民政府、法制办、城管局、住建局、规划局开展多次工作交流,案件数量明显下降。

【行政执法人员资格管理】2018 年,湖南省住房和城乡建设厅严格行政执法人员资格管理。严格贯彻落实《湖南省行政执法人员管理办法》,全面实行行政执法人员持证上岗和资格管理制度,认真组织行政执法人员参加行政执法资格考试。在 2016、2017 连续两年组织厅机关和厅直单位 125 人报名参加省政府法制办组织的行政执法人员通用法律知识网上集中考试的基础上,7 月和 11 月先后分两批次组织 15 人参加行政执法人员通用法律知识网上集中考试,通过率 100%。

【普法学法责任机制落实】2018 年,湖南省住房和城乡建设厅认真落实普法学法责任机制。根据"谁执法谁普法"责任机制,督促各部门制定普法责任清单和年度普法计划,切实指导普法工作开展,营造全省住房和城乡建设系统浓厚的法治氛围。健全普法宣传教育机制。依据《湖南省住房城乡建设系统开展法治宣传教育的第七个五年规划(2016—2020)》,全面部署全系统"七五"普法工作,并制定年度普法计划和普法责任清单。加强重点人员法治宣传教育。以提高依法行政能力为重点,推进领导干部法治宣传教育;以提高依法办事能力为重点,加强行政执法人员法治宣传教育;以提高干部法律素养为重点,加强住建系统干部职工法治宣传教育;以提高企业经营管理人员和专业技术人员法律素质为重点,加强管理对象法治宣传教育。采取多途径多方式进行普法宣传。利用厅机关大厅电子显示屏滚动宣传依法行政相关知识;通过陈列在黄花机场的媒体机,向社会宣传报道省住建行业法律法规、有关政策和工作动态;在厅门户网站设置"政策法规"专栏,动态宣传行业法治动态和事件;选取典型案件并将办理结果在厅门户网站公开,指导和督促全省住建系统进一步依法行政,进一步提高行政复议公信力。

政务服务

【概况】2018年,湖南省住房和城乡建设厅政务中心狠抓党风廉政建设,持续推进"最多跑一次"改革,不断优化服务举措,进一步提升服务群众能力,取得明显成效。截至12月10日,政务中心窗口受理行政审批事项69858件,办结68029件,办结率97%;办理政务服务事项36744件,办结36744件,办结率100%;打印各类资质证书11121套,人员证书59946本;电话回访企业450家,各类信箱回复120条,网上咨询回复1197条,平均每日接听电话近百条。

【政务服务改革】2018年,湖南省住房和城乡建设厅政务中心统筹协调,持续推进"最多跑一次"改革。根据厅"最多跑一次"改革领导小组部署,牵头开展政务服务改革工作,组织有关处室(单位)逐条梳理、优化政务服务事项。对审批程序和时间进行摸底,提出减少程序、优化审批的建议,凡是能够取消专家评审的事项全部改为各单位经办人员评审。从7月起,每月5日、20日按照"三集中"(地点、人员、事项)原则开展审批工作,每项审批必须在13个工作日内办理完毕,截至12月10日,共开展10批次集中审批工作。进一步简化审批材料,规范审批办理。根据清理各项证明的有关要求,对受理材料清单进行再梳理再优化,能从网上核验的证照企业不需要再提供原件(如营业执照、资质证书等),能通过承诺说明的事项采取书面承诺办理(如社保部门出具体的社保证明),各类证书办理遗失补办由需要在省级报纸上刊登遗失声明改为在厅官网发布遗失声,审批办理确需由厅政务中心出具有关证明材料的予以开具(如企业有无不良记录),对已划归其他单位管理的信息不予证明(如有无拖欠农民工工资情况),其他事项的证明以法律法规和事实为依据,严格把关。调整厅官网政务服务指南和表格下载栏目,方便企业快捷查询。

房地产监管

【概况】2018年,湖南省住房和城乡建设厅坚决贯彻落实中央和省委、省政府的决策部署,按照"稳预期、控房价、打投机、强保障"总体思路,扎实推进工作,圆满完成各项工作任务,全省房地产市场总体呈现平稳发展态势。商品房销售平稳增长。全省商品房销售面积9239.15万平方米,同比增长8.3%,增速较上年同期提高2.8%,高于全国增速7.0%,总量、增速在全国均排名第8位,在中部地区均排名第3位;销售金额5353.99亿元,同比增长20.0%,增速较上年同期提高1.1%。房地产开发投资较快增长。全省完成房地产开发投资3945.95亿元,同比增长15.2%,增速较上年同期回落0.7%,高于全国增速5.7%,总量、增速分别在全国排名第13位、第9位,在中部地区排名第4位、第2位。施工及新开工面积增速企稳回升。全省商品房施工面积35781.53万平方米,同比增长12.9%,增速较上年同期提高7.8%。其中,新开工面积11127.65万平方米,同比增长35.1%,增速较上年同期提高24.9%。新开工面积总量、增速分别在全国排名第7位、第3位,在中部地区排名第2位、第1位。竣工面积4160.98万平方米,增速较上年同期提高11.8%。房价涨幅回落。全省新建商品住宅均价5473元/平方米,全国排名第26位。

【房地产市场调控】2018年,湖南省住房和城乡建设厅以稳房价、稳预期为重点,切实加强房地产市场形势研判,推出系列举措,促进全省房地产市场平稳健康发展。出台"湘十一条"调控新政。7月23日,印发《关于进一步稳定房地产市场的通知》(湘建房〔2018〕139号),提出实施分类调控、实行区域联动调控、因地制宜推进棚改货币化安置、完善住房公积金信贷政策、打击投机炒房等11条措施,称为"湘十一条"。指导市州稳定房地产市场。指导长沙市推出"6.25"调控政策;指导岳阳、常德、株洲、湘潭、娄底、郴州、永州等地采取建设限价商品房、强化预售商品房价格监审、加强商品房销售管理、停止购房补贴等措施,遏制房价过快上涨。加强监督检查。开展长株潭整顿房地产市场秩序交叉检查、推进"黑名单"管理、建立房地产长效机制等一系列措施,打击炒房活动。加强舆论引导。在《湖南日报》刊登长株潭整顿房地产市场秩序交叉检查、推进"黑名单"管理、建立房地产长效机制等一系列反炒房措施,在中央、省级等30家媒体报道、转载"湘十一条",提振群众对政府稳控房价的信心。通过主动作为,全省房地产市场预期明显改善,房地产市场总体呈现平稳发展态势。

【房地产业务监管】2018年,湖南省住房和城乡建设厅积极推进房地产日常监管,重点在物业管理工作中取得重大突破。依法推进物业行业管理。7月,省人大颁布《湖南省物业管理条例》(以下简称"条例")。《条例》在业主自治机制、专项维修资金监管、承接查验、保修金制度、小区停车难、老旧小区物业改造等方面做了一系列创新性规定，有效破解物业管理的痛点、难点、堵点问题。先后在长沙、株洲、娄底、郴州等地开展《条例》宣传贯彻培训会议，督促市州及行业组织开展《条例》进社区、进小区活动，发放宣传资料，开设法律宣讲微课堂。强化房地产市场监管。出台《湖南省房地产市场经营主体严重失信名单管理暂行办法》（湘建房〔2018〕146号），制定《关于加强房地产市场风险隐患排查的通知》（湘建房函〔2018〕129号），联合九部门印发《湖南省打击侵害群众利益违法违规行为治理房地产市场乱象专项行动方案》。先后组织开展房地产市场风险隐患排查、长株潭地区市场秩序交叉检查、治理房地产市场乱象专项行动等，共检查长株潭地区在售项目350个、中介机构1148家，责令332家中介门店停业整顿；对28个在售项目开发企业依法进行处罚，重拳整治市场乱象，切实规范房地产经营行为。加快建设房地产市场监管平台。6月，全省房地产市场监管平台全面启动，一期开发顺利完成，行政许可在线审批、电子项目手册、信用信息管理、"双随机一公开"监管4个子平台上线运行。进一步提高市州数据上报质量，建立、完善省市县三级数据自动交换机制，实现房地产调控智能预警预报；会同省监察委印发《关于加强城镇个人住房信息系统建设完善省市县住房信息共享机制的通知》，重新制定和完善城镇个人住房信息系统数据推送标准，理顺上下联动机制。积极破解老旧小区加装电梯难题。9月，在广泛调研和征求意见的基础上，会同省质监等部门印发《湖南省城市既有住宅增设电梯指导意见》，明确增设电梯的适用范围、实施主体、经费筹集方式、实施流程、管理维护责任等内容，提出一系列财政、税费、金融鼓励政策，有效破解老旧小区加装电梯难题，引起社会强烈反响。加强房屋安全管理。组织对物业管理区域内的重大安全隐患进行全面排查，对大型商业综合体、住宅小区消防安全进行专项检查，共排查整治安全隐患近万处。完成新建房屋白蚁预防施工面积8800万平方米，灭治白蚁面积500万平方米。排查房屋35836幢166.1万平方米，鉴定C级危房11956幢59.72万平方米，D级危房1301幢48.1万平方米，加固整改危房159幢2.82万平方米，通过迁出或拆除新建、改建等措施完成危房整改102幢7.2万平方米。扎实推进房屋征收和信访维稳。指导市州平稳有序推进国有土地上房屋征收工作，完成征收项目251个257万平方米。接待、处理房地产开发、房产交易、房屋征收、物业管理等各类信访投诉案件94起、厅长信箱30件、省长信箱9件、依申请公开6件、网络问政159件，合计298件；接待来访群众21批次29人次，参与省委省政府接访11件，有效化解各类矛盾纠纷。

住房保障

【概况】2018年，国家下达湖南省各类棚户区改造计划28.6万套（其中城市棚户区改造279422套，国有工矿棚户区改造3412套，国有垦区危房改造3166套）；新增发放租赁补贴任务182208户；下达全省公共租赁住房基本建成任务6452套；省下达各市州分配入住任务50506套。截至12月，全省保障性安居工程共投资1451.89亿元。各类棚户区改造开工建设288023套，为年度开工建设计划100.71%；发放租赁补贴185636户，完成比例为101.88%；公共租赁住房基本建成套数11584套，为年度目标任务179.54%；公共租赁住房分配入住58971套，为年度目标任务116.76%。4月28日，国务院办公厅下发《关于对2017年落实有关重大政策措施真抓实干成效明显地方予以督查激励的通报》（国办发〔2018〕28号），对湖南省2017年度棚户区改造工作予以表扬。11月26日，国务院办公厅下发《关于对国务院第五次大督查发现的典型经验做法给予表扬的通报》（国办发〔2018〕108号），对长沙市棚户区改造工作经验予以表扬。

【保障性住房建设管理】2018年，国家下达湖南省棚户区改造计划28.6万套，排全国第五位，任务重，压力大。在防范和化解政府债务危机、筹融资渠道收紧的形势下，湖南省住房和城乡建设厅做到科学研判，打好工作提前量，留足调整缓冲期。提前建好项目库。指导全省各地严格按标准按需求对未来3年（2018—2020）拟改造的项目进行摸底和审核，并按成熟度分年度进行铺排，认真做好项目的评估和申报等前期工作。纳入项目库的逐年实施，未在库内的不予列入年度计划。提前下达年度计划。打破当年计划当年下达的惯例，在2017年11月底下达2018年第一批计划15万套，2018年2月下达第二批计划13.6万套。支持地方政府防范和化解债务风险及确保任务完成，组织各地在任务总数不变的情况下，结合实际两次调整计划。提前对接金融系统。1月26日，召开全省棚户区改造暨筹融资视频会议，各市州、县市区住房保障工作部门主要负责人和参与棚改工作的有关负责人参加会议，为2018年筹融资工作开好头，谋好局。提前参与债券发行。

积极对接有关部委了解棚改专项债情况，争取额度。委派市州有关同志赴天津学习先进经验，会同省财政厅出台政策，组织各地做好2019年棚改专项债券前期项目准备和融资资金需求统计、申报工作。11月中旬，举办全省住房保障工作业务培训，重点对棚改专项债发行业务进行学习。向国家申报2019年度棚改专项债941亿元。紧扣进度、资金、分配、管理四个关键环节，推动棚户区改造工作落地。力抓棚改进度。落实调度通报制度，继续实行一月一调度、一月一通报；落实巡查检查制度，通过常规巡查、市州交叉检查、专项调研督查等形式，指导协调项目开工和融资进度；落实约谈问责制度，报请省政府召开棚改工作约谈会，副省长陈文浩对5市8县政府主要负责人进行约谈。力筹棚改资金。提前下达计划，指导市州积极申贷。年内，湖南省共获批国开行和农发行贷款527.73亿元。下达中央及省级配套保障性安居工程建设资金150.47亿元。力促保障性住房分配。截至年底，全省共开工建设公租房105.46万套（居全国第二位），总体分配入住居全国前列。在此基础上，要求各地抓紧在建项目扫尾和建成项目分配入住。年内，全省公共租赁住房分配入住58971套，为年度目标任务116.76%。强化保障性住房管理。指导各地通过政府购买方式引导社会力量参与保障性住房运行和管理，聘请专门机构对老旧公租房小区进行维护管理；加强示范引领，指导各地创建保障性住房管理示范小区；利用座谈会、微信信息群等多种形式，推广省内和省外优秀经验。

【绩效评价】 2018年，湖南省住房和城乡建设厅充分发挥推进保障性安居工程建设联席会议作用，推进保障性安居工程建设。遇到难点问题，及时报请省政府召开会议，统筹协调各方，推进工作全面开展。抓好绩效评价。积极配合财政部驻湘专员办、省财政厅对全省2017年度财政资金绩效评价工作展开评价，对资金管理、项目管理、项目效益、居民满意度等对照标准量化打分。组织好第三方评估。提升工作的独立性、专业性、公益性，由省建设干校对株洲、邵阳、益阳、永州4市进行评估；通过政府购买服务方式，由湖南大学和长沙理工大学对其余10个市州进行第三方评估。11—12月，联合省财政厅，委托友谊、恒基、新星会计事务所对5个市州2018年度的工作开展全面评价。

【审计整改】 2018年，湖南省住房和城乡建设厅认真抓好审计和绩效评价整改工作。对审计和绩效评价中发现的问题建立台账，明确整改时限，逐个销号；对审计整改未完全到位的，抓紧整改落实，挂牌督办；对问题严重、屡次整改不到位的地方和单位，严肃问责。重点指导工作落后地区，派出两个小组，针对财政部专员办和审计厅审计中发现问题比较严重的市州进行现场核实和具体指导。全年对项目进度滞后、整改不到位的地区下达督办函30份，现场督促10次。加强舆论宣传引导，全年在主流媒体和省住房和城乡建设厅微信公众号发表宣传报道20余篇，对社会和媒体关注的棚改货币化安置等政策调整进行回应。

住房公积金管理

【概况】 2018年，湖南省住房公积金监管部门深入贯彻落实党的十九大精神，全力发挥住房公积金制度的保障民生功能，全省住房公积金工作以归集扩面为基础，以提高信息化建设为重点，以防范资金风险为关键，完善制度、改进服务、科学运作、规范管理，各项工作取得了显著成绩。全省全年住房公积金新开户单位8310家，实缴单位67818家，净增单位7237家；新开户职工59.79万人，实缴职工434.44万人，净增职工28.96万人；缴存额603.29亿元，同比增长13.73%。截至年底，缴存总额3797.75亿元，同比增长18.89%；缴存余额1862.63亿元，同比增长14.87%。住房公积金提取362.23亿元，同比增长15.18%；占当年缴存额的60.04%，比上年增加0.76个百分点。提取总额1935.12亿元，同比增长23.03%。发放个人住房贷款11.71万笔427.12亿元，同比增长1.07%、13.27%。回收个人住房贷款169.81亿元。累计发放个人住房贷款126.34万笔2639.11亿元，贷款余额1672.82亿元，同比分别增长10.22%、19.31%、18.18%。个人住房贷款余额占缴存余额的89.81%，比上年增加2.52个百分点。增值收益291026.89万元，同比增长11.02%。

【建制扩面】 2018年，湖南省住房公积金监管部门进一步扩大住房公积金制度覆盖面，提升制度受益面。助力新市民在城市安家落户，制定调研方案，编写调研指导手册，在全省组织开展新市民住房问题调研，形成翔实的调研报告，为推进新市民建制打下良好基础。继续将促进非"体制内"人员建制作为工作重点，将非"体制内"人员建制比例列入主要经济指标，督促市州加大建制工作力度。全年归集住房公积金542.44亿元，同比增长14.47%；全年新开户人员57.92万人，同比增长6.69%；非"体制内"人员建制缴存人数96.67万人，占全部缴存人数30.34%。

【政策调整】2018年，湖南省进一步调整住房公积金政策，促进住房公积金制度更多更公平惠及全体人民。落实住房和城乡建设部要求，延长阶段性适当降低企业住房公积金缴存比例政策的期限，进一步规范住房公积金缴存基数上限，将银行业缴存基数上限从5倍降至3倍；扩大住房公积金缴存比例浮动区间，困难企业可以低门槛缴存住房公积金。

【提取与贷款】2018年，湖南省住房公积金监管部门加大工作力度，全力支持缴存职工基本住房需求。出台《湖南省住房公积金个人住房贷款管理办法》和《湖南省住房公积金提取管理办法》，明确住房公积金提取和贷款政策，规范业务办理流程和时限。及时指导市州调整住房公积金贷款和提取政策，全力支持和保障缴存职工首套房需求，适度支持合理的改善型需求。贯彻落实住房和城乡建设部、财政部、中国人民银行、国土资源部《关于维护住房公积金缴存职工购房贷款权益的通知》精神，严厉查处拒绝住房公积金贷款的楼盘和机构。全省各市州根据文件精神积极开展专项整治行动，长沙中心将拒贷开发商列入企业信用信息不良记录，郴州、省直等市州中心通过采取开展集中执法、下达限期整改通知书、媒体曝光等措施，有效遏制开发商拒贷行为。全年全省住房消费类提取和个人贷款金额达813.38亿元，同比增长12.46%。

【风险防控】2018年，湖南省住房公积金监管部门进一步强化手段，确保资金规范安全运行。开展住房公积金系统"风险防控年"活动。利用电子化检查工具每季度对全省14个市州中心开展政策执行情况检查和风险隐患排查，全面规范业务管理，全面管控资金风险。电子化检查率先于全国各省，受到住房和城乡建设部表彰。开展违规提取住房公积金治理。益阳、长沙、常德、邵阳、娄底和张家界等市州中心联合公安、住建、工商、国土等部门开展联合执法行动，确保资金安全。全省共查处提供违规提取住房公积金服务的中介机构、组织12个，关停网站、电话2个，向公安部门移交问题线索并立案调查36件，有效打击违规提取住房公积金行为。

【信息化建设】2018年，湖南省住房公积金监管部门进一步开拓创新，推进住房公积金信息化建设。全面推进"双贯标"工作，全省14个市州均通过部省"双贯标"联合验收，全省信息系统标准化走在全国前列。进一步完善全省住房公积金综合服务平台，在住房公积金服务热线和短消息服务的基础上，完成省级平台网站、微信、微博等服务渠道搭建，并与各市州相应开通的服务渠道实现跳转链接。全省各市州住房公积金监管机构与房产、民政、住建、公安、人社、国土等部门建立数据资源共享机制，实现"让信息多跑路、职工少跑腿"工作目标。

【服务优化】2018年，湖南省住房公积金监管部门进一步优化服务措施，服务水平大幅提升。全面落实国务院"放管服"改革和"四办"精神，以群众办事"只跑一次、一次不跑"为目标，拓宽服务渠道，优化服务流程，精简办理资料，提高服务效率。截至12月底，全省有12个市州中心开通网上服务大厅，10个市州中心开通网上单位汇缴业务，7个市州中心开通退休、还贷、租房等网上提取业务，4个市州中心开通提前还贷、对冲签约等网上贷款业务。其中，岳阳、常德、衡阳3个市州中心全面开通以上三类业务。全省各市州全面梳理业务办理规定，精简办理资料。郴州中心开展"简证便民"专项行动，取消各类证明材料52项；湘潭、省直、岳阳和张家界等市州中心大幅优化办事流程，精简、压缩各项业务申请资料，行业整体服务水平得到大幅提升，极大提高缴存职工满意度。

【效能提升】2018年，湖南省住房公积金监管部门进一步强化监督措施，有效提升工作效能。大力落实省级监管部门政策合规性审查制度和重要事项备案制度，及时指导、跟踪市州中心政策调整和执行情况。健全信息披露制度，组织督促各市州中心按时、全面向社会披露年度报告，及时、准确、翔实披露省级住房公积金年度报告，加强住房公积金业务数据和所产生社会经济效应的统计分析和预测，实现公众对住房公积金管理和运行的监督。建立中层干部定期轮岗制度，要求市州出台制度，明确定期轮岗人员范围和时间，防范廉政风险。年内，全省有14个市州中心出台并执行轮岗制度。强化督查考核制度，优化考核内容，突出考核重点，严格按照考核结果评定考核等次。

城市建设

【概况】2018年，在防范金融风险的背景下，全省上下攻坚克难，新建污水处理厂22座、提标改造38座，全面启动38座存量垃圾场治理，完成14座，完成113个城市（县城）黑臭水体整治，完成垃圾焚烧发电设施建设投资16亿元，基本完成生活污染防治各项计划任务。全省新增天然气长输管线128千米，新增省级园林城市（县城）9个，完成易涝点整治174个、占全省排查总数76.7%，城市公共服务品质不断提升。指导市州加强供水、供气、桥梁道路等领域安全生产，保证全省稳定运行，全年未发生重大安全责任事故。稳步推进城管执法体制改革，着力抓好城管队伍建设，不断提高城管执法水平，全省城管执法逐渐规范化。

【城镇黑臭水体整治】2018年，湖南省住房和城乡建设厅全力推进城镇黑臭水体整治。坚持高位推进。省委、省政府高度重视黑臭水体整治工作。1月，省长许达哲召开专题会议研究全省黑臭水体整治工作，明确2018年整治任务，并将黑臭水体整治纳入重点民生实事考核。3月，副省长陈文浩专门听取全省城乡黑臭水体整治情况汇报，并就推进全省城乡黑臭水体整治工作进行研究部署。完善制度建设。科学指导全省各地开展黑臭水体整治工作，起草《湖南省城镇黑臭水体整治专项行动方案》《湖南省城市黑臭水体治理攻坚战实施方案》，明确部门分工、任务分解、保障措施等，压实地方政府主体责任。抓好资金筹措。全年省财政安排1.5亿元用于全省150条城镇黑臭水体整治奖补。积极争取国家资金，全年获批中央预算内专项资金8000万元。创新整治模式。组织全省各地结合"海绵城市"建设，创新黑臭水体整治模式，取得一定成效，涌现出长沙市圭塘河、后湖、常德市穿紫河等一批典型案例。全年完成113条县级以上城市建成区黑臭水体整治，城市人居环境得到显著提升。

【城镇污水处理】2018年，湖南省住房和城乡建设厅突出补短板，大力提升城镇污水处理能力。进一步明确工作目标。印发《关于加快"一湖四水"区域城镇生活污水处理厂提标改造的通知》，对全省城镇污水处理厂新建改造工作提出明确要求。加强跟踪调度。下发《关于对2018年城镇生活污水、垃圾治理有关工作任务实施月调度的通知》，对污水处理厂建设、提标改造和管网建设进展情况实施月调度，推进城镇生活污水处理设施水平升级。5月，印发《关于进一步加强城镇污水处理厂污泥处理处置工作的通知》，要求各地加大工作力度，对部分污泥处理处置设施进行提质改造，补齐污泥处理处置短板。加大督查督办力度。根据月调度情况，对任务较重且进度缓慢的岳阳、常德、益阳、郴州等7市下发督办函并抄送当地市人民政府。10月，召开"2018年全省污水垃圾相关工作座谈会"，要求各地加快工作进度，确保按时按质完成全年工作任务。11月，就污水垃圾处理各项工作完成情况在全省进行通报，进一步提高认识，压实责任。完善行业规范。主动对接省环保厅，组织编制《湖南省城镇污水处理厂主要水污染物排放标准》，报环保部批准并向省质监局提交标准报批稿及编制说明。全年全省新建（扩建）县以上城镇污水处理厂22座，提标改造污水处理厂38座。截至年底，全省有县级以上城镇污水处理厂156座，设计日处理能力847.2万吨，全省县以上城镇污水处理率达到94.88%。其中，出水执行《城镇污水处理厂污染排放标准》一级A及以上标准的污水处理厂85座，设计日处理能力达到598.9万吨，占总设计处理能力的71%。

【城镇生活垃圾治理】2018年，湖南省住房和城乡建设厅进一步提升城镇生活垃圾治理处理设施能力。推进填埋场提质改造。先后下发《关于对2018年城镇生活污水、垃圾治理有关工作任务实施月调度的通知》《关于加强城镇生活垃圾填埋场（处理场）运营管理的通知》，年内存量垃圾场治理启动38座，其中完成14座。推进生活垃圾焚烧发电设施建设。完善顶层设计。联合省发改委、省国土厅、省环保厅下发《关于进一步加强城镇生活垃圾焚烧处理设施建设的通知》，为全省项目建设提供指导意见。深化放管服改革，经报省政府同意，取消垃圾焚烧项目有关评估论证，精简审批事项。联合省生态环境厅起草《关于防范和化解生活垃圾焚烧发电项目建设社会风险的意见》，指导各地基层提升工作水平。至年底，全省共有县以上城镇生活垃圾无害化处理场109座（卫生填埋场95座，建成投运生活垃圾焚烧发电厂8座，其他处理工艺6座），总设计日处理能力4.84万吨，生活垃圾焚烧发电设施日处理量占全省的37%。推进生活垃圾分类工作。转发《住房城乡建设部关于加快推进部分重点城市生活垃圾分类工作的通知》，督促全省重点城市积极开展垃圾分类工作，并于4月配合住房和城乡建设部在长沙市开展城市生活垃圾分类工作调研督导。10月，会同省农业农村厅、省市场监督管理局下发《关于加强餐厨剩余物监管切实做好非洲猪瘟防控工作的通知》，明确责任，加强监管。

【"气化湖南"工程建设】2018年，湖南省住房和城乡建设厅深入推进"气化湖南"工程建设。截至年底，全省共完成投资11.3亿元，完成管道焊接128千米，累计完成管道焊接828千米，建成管道10条。续建的8条管道中有5条在建、3条在完善前期工作；计划新建的5条管道均在开展前期工作。

【园林绿化建设】2018年，湖南省住房和城乡建设厅大力推进园林绿化增量提质。以"园林城市"创建为抓手，积极推进全省园林绿化增量提质。组织专家组对申报国家（省级）"园林城市"的郴州市、醴陵市、湘潭县以及洪江市等2市4县开展调研指导；对怀化市、吉首市进行创建省级"园林城市"综合评审验收；对135个申报创建省级"园林式单位（小区）"进行评审，授予128个单位（小区）"园林式单位（小区）"称号。截至年底，全省共有9市6县获得"国家园林城市（县城）"称号，14市22县获得"省级园林城市（县城）"称号。

【供水行业管理】2018年，湖南省住房和城乡建设厅大力提升供水行业管理服务水平。抓好水质监管。下发《关于2017年度城市供水水质督察情况的通报》，要求存在问题的城市制定整改方案，逐项进行整改，其他城市要举一反三，切实做好供水设施建设运行管理工作。做好节水工作。下发《关于切实做好城市节水工作的通知》《关于进一步加强城市公共供水管网漏损控制工作的通知》等文件，指导督促各地增强城市节水工作的紧迫感，分析节水现状，挖掘节水潜力，控制管网漏损率。组织长沙市、常德市举行"全国城市节水宣传周"启动仪式。

【城市排水防涝设施建设】2018年，湖南省住房和城乡建设厅大力推进城市排水防涝设施建设。实施管网清淤。3月，下发《关于做好2018年汛前城市排水管网清淤工作的通知》，督促各地做好主街主路特别是老城区等排水能力较差、易积易涝地段的清淤防涝工作。建立周报和通报制度。要求9个排水防涝补短板重点城市安排专人，每周报送易涝点整治进展情况。5月，印发《湖南省住房和城乡建设厅关于2018年度1—4月重点城市排水防涝补短板情况的通报》。截至年底，全省9个重点城市累计完成易涝点整治174个，完成率76.7%，除株洲、衡阳、张家界、怀化4个市外，其他市州均已完成整治任务。

【安全生产管理】2018年，湖南省住房和城乡建设厅安全生产管理工作常抓不懈。持续抓好燃气行业安全生产。持续开展安全生产大检查。先后对长沙、常德、衡阳等地城镇燃气安全生产工作进行督查，指导督促各地及燃气经营企业建立和完善安全监管制度机制，提高安全生产执行力。全年抽查燃气经营企业6家，发现安全隐患20多条。健全燃气管理制度。下发《关于加强城镇燃气行业基础工作严格安全生产管理的通知》《关于开展全省燃气经营许可专项检查工作的通知》等文件，严格要求各地落实"一单四制"，着力消除安全隐患，形成季度检查、半年总结的工作常态，突出"春节""五一""十一"等重要时段安全检查，建立安全生产重点督查制度。抓好从业人员岗位培训考核。委托开展燃气经营企业相关人员培训考试，系统学习安全管理相关法律法规、政策和燃气基础知识、安全运行与应急救援知识等内容，全年累计培训考试近2000人次。落实省防指要求，抓好城市内涝防治工作。指导各地汛前梳理出易涝风险点170个，制定详细的整治方案和实施计划，并明确时限要求。印发《关于做好近期强降雨防范工作的通知》《关于认真贯彻省领导重要批示切实做好城市排水防涝工作的紧急通知》等文件，对城市的市政设施、房建等领域防汛进行具体安排。于4月和7月先后下发《关于开展城市桥梁安全运行管理检查工作的通知》《关于进一步加强城市桥梁安全隐患整改工作的通知》，进一步加强全省城市道路（桥梁、隧道）安全运行管理。下发全省26座城市危桥清单，要求各地高度重视，压实工作责任，制定整改方案，及时消除隐患。配合省安委会开展全省道路交通安全大督查，督促各级各部门贯彻落实"8.27全省农村交通事故预防工作电视电话会议"精神，推进农村交通安全"集中攻坚"专项行动，促进"路长制"和农村道路交通安全管理信息系统的推广建设。

【城管执法体制改革】2018年，湖南省住房和城乡建设厅稳步推进城管执法体制改革。城市管理执法监督工作以推进城市管理执法体制改革为抓手，围绕"让城市更有序、更安全、更干净"目标，抓改革促管理，抓队伍严规范，有序推进各项工作。推进体制改革。协调省编下发《关于市县城市管理执法人员编制配备有关事项的通知》；向省政府上报《关于城市管理执法体制改革有关情况》；牵头会同省直有关部门对部分市的改革实施方案进行修改调整；督促各地统一配发城市管理执法制式服装。抓实队伍建设。制定下发《湖南省城市管理执法队伍"强基础、转作风、树形象"三年行动方案》，督促指导各地认真落实。开展全省城市管理执法科级干部培训，全省240多人参加学习。赴郴州、衡阳、邵阳、娄底等地检查指导现场执法工作。持续推行"721"工作方法，城管执法形象大幅好转。严格规范执法。积极推进《城市管理执法办法》《城市管理执法行为规范》《湖南省综合管理条例》落实，进一步规范城管执法。指导各市州建立健全执法公示、执法全过程记录、执法工作监督考核等制度；指导浏阳市、常德市武陵区和蓝山县完成城市综合执法领域试点工作，并通过评估验收。

村镇建设

【概况】2018年，湖南省共有乡镇1536个，其中建制镇1135个、乡318个、民族乡83个。年内,全省完成农村危房改造20.65万户,配合脱贫攻坚,实现63余万贫困人口的"安居梦";创建"全国改善农村人居环境示范村"12个、"全国农村污水治理示范县"4个、"农村人居环境整治示范市县"7个,有5个县市列为"全国第一批农村生活垃圾分类和资源化利用示范县"、1个生活垃圾分类和资源化利用项目获"全国生活垃圾分类示范案例";累计完成41个乡镇的黑臭水体治理,建成乡镇污水处理设施309座,污水处理能力达84万吨/天;新增"中国历史文化名镇"3个,"中国历史文化名村"10个。在全省脱贫攻坚考核中,省住房和城乡建设厅在省直单位排名第二,被省委表彰为"脱贫攻坚工作先进单位"。在推进农村危房改造过程中,省住房和城乡建设厅打赢"精准扶贫"首倡地十八洞村村容村貌提升"百日攻坚战",有力保障省委召开的全省深入学习贯彻习近平总书记精准扶贫工作重要论述现场会举办,受到国务院扶贫办公室主任刘永富和省委主要领导的高度肯定。

【农村危房改造】2018年,湖南省住房和城乡建设厅配合脱贫攻坚,推进农村危房改造工作。印发《2018—2020年支持深度贫困地区脱贫攻坚工作实施方案》,明确在任务和资金分解上,优先保障计划贫困摘帽县和深度贫困县,并提高补助标准,中央和省级补助户均2.8万元/户,比其他地区户均多4000余元。加强组织领导,成立由厅长鹿山任组长的脱贫攻坚领导小组,加大工作调度和督导力度,对18个计划年内摘帽贫困县实行每月调度、督导和通报。加强作风建设,下发《改进农村危房改造工作作风七条措施》和《关于开展农村危房改造领域作风问题专项治理的通知》,扎实开展农村危房改造领域作风问题专项治理。加强农村建房管理,出台《关于加强农村建房管理的通知》,全面落实各级各部门责任,重点严控危房改造建房面积,避免贫困户因建房加深贫困程度。建立农村建筑工匠制度,开展"农村建筑工匠培训3年行动",提高农村建筑工匠的施工技术水平和安全生产意识。年内,全省危房改造任务19.06万户(中央要求2019年6月前完成,湖南省明确2018年完成14.5万户),争取国家危房改造补助资金25.13亿元(排全国第三位),省级配套补助资金21.25亿元。截至12月,全省4类重点对象农村危房改造共开工20.1万户,竣工17.84万户,竣工率121.4%,其中18个计划年内摘帽贫困县共实施4.85万户;全省非4类重点对象危房改造共开工3.19万户,完工2.81万户。配合脱贫攻坚,实现63余万贫困人口的"安居梦"。在全省脱贫攻坚考核中,省住房和城乡建设厅在省直单位排名第二,被省委表彰为"脱贫攻坚工作先进单位"。

【农村人居环境整治】2018年,湖南省住房和城乡建设厅加大力度,推进农村人居环境整治。起草并由省委、省政府两办印发《湖南省农村人居环境整治三年行动实施方案(2018—2020年)》(湘办发〔2018〕24号),为全省提升农村人居环境水平和生态质量、推动乡村振兴战略实施提供顶层设计。编制、印发非正规垃圾堆放点整治、农村公共空间整治、农村黑臭水体整治等一系列农村人居环境整治技术指南,基本建立农村人居环境整治政策标准体系。省级安排债券资金10亿元,确保农村人居环境整治资金支持。组织开展农村人居环境整治专题培训,培训县乡干部800多人次。结合全省农村垃圾治理中期评估,对全省14个市州98个县市区的农村人居环境整治工作进行现场督察指导,并反馈评估报告和整治建议,推进治理工作取得成效。截至年底,全省累计创建"全国改善农村人居环境示范村"12个、"全国农村污水治理示范县"4个、"农村人居环境整治示范市县"7个,有5个县市列为"全国第一批农村生活垃圾分类和资源化利用示范县"、1个生活垃圾分类和资源化利用项目获"全国生活垃圾分类示范案例",农村人居环境整治工作形成以点带面、全面提质、整体突破之势。

【农村生活垃圾治理】2018年,湖南省住房和城乡建设厅指导61个县市完成农村垃圾治理专项规划编制,新建垃圾中转站220个,全省对垃圾进行处理的行政村比例达到90.2%;完成14个市州98个县市区的农村生活垃圾治理中期现场评估,以"分类减量"为基础的"户分类、村收集、镇转运、县市处理"的城乡环卫一体化垃圾收运处理体系逐步建成,洞庭湖区域实现乡镇垃圾收集中转设施全覆盖。出台《农村非正规垃圾堆放点整治技术指南》,开展非正规垃圾堆放点整治。同时,积极推进农村垃圾分类减量和资源化利用,每个市州至少选择1个县开展农村垃圾分类和资源化利用工作。全省有20多个县市开展农村垃圾分类减量和资源化利用工作,垃圾减量率达70%左右,成效明显,形成一批可复制可推广的经验,如望城区"桶进池退"倒逼分类减量法、攸县五点减量法、津市绿色存折、永兴县资源回收利用法等,在住房和城乡建设部专项督导中受到赞誉。望城区、攸县、津市、永兴县、宁远县等5县市被评为"全国第一批农村生活垃圾分类和资源化利用示范县",其中宁远县生活垃圾分类和资源化利用项目被评为"生活垃圾分类示范案例",全国仅2个。

【农村生活污水和黑臭水体治理】 2018年,湖南省住房和城乡建设厅强化措施,推进农村生活污水和黑臭水体治理。下发《关于加快推进2017年河长制考核整改工作的通知》和《关于明确2018年农村生活污水垃圾治理、黑臭水体整治等工作任务的函》,启动《农村污水处理排放标准》《农村污水治理技术指南》《湖南省农村厕所建设与改造技术导则》《化粪池建设运营施工图集》等标准、规范,指导基层在具体工作中操作执行。鼓励和积极推进PPP模式运用,进一步破解资金难题,郴州市苏仙区、衡阳市衡阳县、张家界市慈利县、岳阳市华容县等县市率先采取PPP模式推进县域农村污水统筹治理,运行状况良好。进一步明确农村污水治理模式,通过化粪池和人工湿地等适用于农村污水处理的技术,采取"分散与集中"相结合的方式,在乡镇建设集中污水处理厂(站)或接入城市污水处理厂,在居住集中的中心村建设人工湿地或一体化小型污水处理设施,分散的农户配套建设三格或四格式化粪池。启动"湖南省农村污水处理技术研究"和"乡镇污水处理收费政策研究"等研究课题。截至年底,全省累计完成41个乡镇的黑臭水体治理,建成乡镇污水处理设施309座,污水处理能力达84万吨/天。

【中央环保督察"回头看"】 2018年,湖南省住房和城乡建设厅根据中央环保督察反馈整改清单,牵头督办洞庭湖区域5个乡镇生活污水垃圾问题,涉及污水直排、乡镇污水处理厂、农村垃圾整治等方面。11月,反馈意见指出的5个问题基本完成整改,顺利通过中央环保督察"回头看"。

【特色小镇建设】 2018年,湖南省住房和城乡建设厅积极支持特色小镇建设。开展特色小镇培育建设情况专题调研,撰写《加快小城镇特色发展 活态传承传统村落 促进"锦绣潇湘"全域旅游发展》专题调研报告。加强特色小镇规划建设指导,编写《湖南省特色小镇规划建设技术导则》,指导全省10多个"中国特色小城镇"编制特色小城镇建设专项规划。加强整顿和规范16个"全国特色小城镇"培育工作,着力转变"重创建轻培育"观念,提高特色小城镇质量,推动特色小城镇健康有序发展。加强小城镇建设融资力度,与省国开行、农发行、建行等金融机构合作,分别出台支持小城镇建设的政策,并建立贷款项目库。国开行授信23.4亿元支持特色小镇建设,其中花垣县边城小镇、邵东廉桥中药小镇、汝城热水温泉小镇等3个"全国特色小城镇"分别获得2.6亿元、2.9亿元、2.7亿元贷款授信并发放贷款,其他特色小镇建设获得15.2亿元贷款授信,已发放贷款5.5亿元、投放专项基金1亿元。年内,全省新增"中国历史文化名镇"3个,"中国历史文化名村"10个。

【传统村落保护发展】 2018年12月,住房和城乡建设部公示第五批拟列入"中国传统村落名录"中,湖南省传统村落有400个,位列全国第一。至此,湖南省共有657个村纳入前五批"中国传统村落名录",约占全国总数的9.7%。前4批累计获得中央财政支持资金7.29亿元,平均每村300万元,一大批具有保护价值的传统村落得到有效保护。已纳入前四批"中国传统村落名录"的257个村逐一完成了村落规划和村落档案编制。建立"中国传统村落"数字博物馆8个,制作传统村落保护发展展播视频,通过数字化平台集中展示传统村落的历史、文化、艺术、科学等价值。完成《湖南省传统村落保护与乡村旅游发展研究》编制。

【村镇人才队伍建设】 2018年,湖南省住房和城乡建设厅开展农村人居环境整治和村镇规划建设管理专题培训,培训县乡干部800多人次。开展全省农村危房改造信息录入和农房危险性鉴定技术培训,培训县乡干部900余人次。组织120余人次开展全省农村危房改造实地考核培训。

【易地扶贫搬迁项目监管】 2018年,湖南省住房和城乡建设厅积极配合易地扶贫搬迁工作,切实加强易地扶贫搬迁项目质量的安全监管和招投标管理,配合做好易地扶贫搬迁工作。加强规划选址和规划管理工作,督促各地对有易地扶贫搬迁集中安置区任务的村提前编制村庄规划,避开洪涝、滑坡等灾害易发区,并制定防灾减灾措施。切实加强服务,印发《关于易地扶贫搬迁集中安置项目优化审批服务加强质量安全监管的通知》,实施并联优化项目报建审批流程,建立并联审批绿色通道,保障易地扶贫搬迁集中项目顺利推进。加强质量安全监管,印发《关于开展建筑施工及农村危房改造质量安全监管的通知》,明确易地扶贫搬迁集中安置项目监管要求,并开展3次质量安全季度督查,通报存在的未批先建、质量安全隐患等问题,提出整改要求,提升质量安全水平。推进安置点污水垃圾治理,督促各安置点将生活污水就近接入集镇管网,配套建设污水处理设施、垃圾收集转运设施,改善集中安置区的人居环境。

【农村"厕所革命"】 2018年,湖南省住房和城乡建设厅积极启动农村"厕所革命"。开展全省农村厕所摸底调查，理清底数。编制《湖南省农村厕所建设与改造技术导则》《化粪池建设运营施工图集》，指导各地开展改厕。采取"统一购材、统一规格、统一标准、统一建造"的"四统一"施工建造模式，通过"一户一号"、施工日志记录的管理制度和办法，保障农村改厕工作的质量和效果。

工程质量安全监管

【概况】2018年，湖南省建设工程质量安全监督工作全面落实党的十九大精神，以习近平新时代中国特色社会主义思想为引领，深入贯彻全省住房城乡建设工作会议精神，坚持创新发展理念，健全质量安全保证体系，深化专项治理，强化监督执法，夯实质量安全基础，促进全省建设工程质量安全监督工作健康发展。

【建筑工程质量管理标准化】2018年，湖南省建设工程质量安全监督管理总站大力推动实施建筑工程质量管理标准化。出台规范性文件《湖南省建筑工程施工质量管理标准化考评暂行实施办法》，自10月1日起正式实施。举办4期师资培训班，为全省培育1500余名师资。完善监管信息平台建设，初步建立质量管理标准化考评系统，督促、指导市州开展考评工作。

【建筑施工安全生产标准化】2018年，湖南省建设工程质量安全监督管理总站进一步深化建筑施工安全生产标准化。继续深入开展安全生产标准化考评工作，出台规范性文件《关于建筑施工安全生产标准化考评工作有关事项的补充通知》，督促各地严格执行考评标准并按规定及时录入考评信息，年内公布不合格项目423个，创建省级观摩工地53个。

【监督机构和人员考核管理】2018年，湖南省建设工程质量安全监督管理总站强化监督机构和人员考核管理，提升效能。全年共完成两期新进监督人员培训考核，共计850余人参加。出台《湖南省房屋建筑和市政基础设施工程质量安全监督机构及其监督人员考核管理办法》，部署各地开展考核工作。先后组织赴益阳、常德、郴州、永州、岳阳、娄底等地开展监督机构和人员能力调研，并形成专题报告。

【建设工程质量安全监管】2018年，湖南省建设工程质量安全监督管理总站继续深入开展工程质量常见问题和安全生产提升行动、专项治理。按照《湖南省工程质量安全提升行动实施方案》要求，督促各级监督机构加大落实力度，全年创建77个质量常见问题专项治理省级观摩工地。继续深入开展专项整治，开展"打非治违""蓝天保卫战"等活动，推动落实《关于印发〈"落实建筑施工企业安全生产主体责任年"2018年实施方案〉的通知》（湘建建函〔2018〕97号）、《湖南省建筑施工安全专项治理行动实施方案》（湘建建函〔2018〕86号）等文件精神。继续做好监督规范化考核工作，一至三季度共抽查全省407个项目的监督记录本633份，其中考核合格597份，不合格38份。落实省厅"安全生产月"相关部署，开展省直管工程"安全知识进工地"活动。多方沟通、征求意见，协调省安监局、省法制办等部门出台《关于切实做好过渡时期我省建筑施工行业安全生产责任保险工作的通知》（湘建建〔2018〕119号），确保安全生产责任保险工作的有效性和延续性。指导省建设工程质量安全协会举办抗震设防、钢筋、砌体等质量和安全生产新标准规范培训班6期，参训人员近3000人。继续做好省直管项目质量安全监督，全年共监督省直管工程项目84个，建筑面积496.2万平方米，竣工项目39个，建筑面积185.6万平方米，一次性交验合格率100%，安全生产考评合格率100%，获省优质工程9项、芙蓉奖6项。

【建设工程质量安全监管方式创新】2018年，湖南省建设工程质量安全监督管理总站创新监管方式，提升工程质量安全监管水平。建立现场监管与市场联动机制，积极推动安全质量标准化考评成果应用，在新的招标办法中明确考评结果与招投标活动和诚信评价挂钩。先后组织全省"强执法防事故"现场观摩活动和"安全生产月"启动仪式、"建筑安全宣讲"活动，省内多家媒体连续推出10多篇报道，社会反响良好。推动智能安全帽研发，并在省直管项目投入应用。

【建设工程质量检测技能竞赛】2018年，湖南省建设工程质量安全监督管理总站精心组织，会同省总工会、省人力资源和社会保障厅联合举办全省建设工程质量检测技能竞赛。此次竞赛共进行"地基基础工程检测"等4个专业的竞技比拼。全省各检测单位自行组织初赛，优中选优推荐参赛选手。复赛进行综合理论上机考核和现场实操竞技。通过竞赛，比拼出一批专业全面、技术能力突出的检测技术人才，促进行业交流，倡导行业重视技术、重视人才的新风尚。

建筑业管理

【概况】2018年，湖南省建筑业完成总产值

9581.44亿元,同比增长13.7%。其中,在外省完成产值2979.87亿元,占产值总量31.1%,同比增长6.1%。对外承包工程新签合同额45.05亿美元,同比增长11.0%;完成营业额29.82亿美元,同比增长11.5%,"一带一路"地区占比51.4%。实现增加值2549.8亿元,较2017年增长5.8%,占全省GDP比重7.0%,支柱产业作用凸显。房屋竣工面积19929.36万平方米,施工面积59253.25万平方米,其中新开工面积24472.70万平方米,同比增长9.8%。建筑业全年新签合同额11205.01亿元,同比增长9.7%。从事建筑业的平均人数275.29万人,同比增长12.4%。全省建筑业入库税收321.15亿元,较上年增长15.2%,占全省全口径税收收入7.89%,在主要行业中排名第四位,仅次于制造业、房地产、批发零售业。全省建筑施工安全生产形势总体平稳向好,未发生较大及以上生产安全事故,连续第10年被省委、省政府评为"安全生产工作先进单位"。全省创建鲁班奖6项,国家优质工程奖13项,芙蓉奖87项,省优质工程奖243项。

【**质量安全监管**】2018年,湖南省持续守好建筑业质量安全底线红线,通过"五抓"实现"五个进一步",即通过抓制度完善、标化引领、执法升级、层级考核、精准防控,实现监督保障体系进一步完善、标准化水平进一步提升、执法力度进一步加强、"三个责任"进一步落实、重点领域和重要节点事故高发的局面进一步扭转。抓制度完善。拟定《湖南省建筑施工安全生产专业委员会工作方案》,明确专业委员会工作制度及职责,按照省安委会的统一部署出台。制定《湖南省建筑工程质量安全监理报告制度实施办法》,督促监理企业和监理人员落实主体责任。发布《关于建立湖南省建设工程重大安全事故、重大质量安全隐患约谈制度的通知》,建立省、市、县三级建设工程重大安全事故、重大质量安全隐患约谈制度。抓标化引领。抓好安全生产标准化考评,全年累计公布考评不合格项目534个,督促施工企业落实项目管控主体责任,健全标准化管控体系。出台《湖南省建筑施工质量管理标准化考评实施细则》,推进质量行为管理和工程实体质量控制标准化。抓执法升级。通过开展"打非治违百日行动""建筑施工安全专项治理行动""强执法防事故行动""执法质量排行榜活动""安全生产条件复核"等活动,督促各地铁腕执法。抓精准防控。突出危大工程、工程质量基础条件等重点领域盯防。结合"一单四制"等制度的推进落实,重点加强深基坑、脚手架、模板支架、建筑起重机械、施工现场临时用电、安全专项施工方案编制审批和落实情况、高空作业等重大危险源或薄弱环节的安全监督检查。全年发现全省建筑施工领域重大事故隐患671条,整改到位553条,其余118条按程序纳入台账管理,坚决遏制群死群伤事故发生。抓预拌混凝土及建筑用砂质量专项治理,处罚企业33家,取缔无资质预拌混凝土企业229家,对问题较为突出的市州进行督查督办。突出建筑扬尘热点领域盯防。制定《2018年度建筑工地扬尘防治攻坚战方案》(湘建建〔2018〕100号),明确总体要求、目标任务、实施步骤,通过企业自查自改、市县住房和城乡建设主管部门复查、省住房和城乡建设厅专项督查和季度考核,实现省市县三级联动。全年针对建筑施工扬尘问题,下发整改通知书3139份、停工整改通知书886份,行政处罚119起,罚款360.75万元,约谈责任单位222家,下发不良行为告知书209份。组织编制《湖南省建筑施工扬尘防治管理示例图集》,督促施工企业落实责任,强化管理,确保各项防治措施落到实处。突出重要节点时期盯防。春节前后、两会期间、汛期雨季、高温高峰、"五一""国庆"等关键节点,向市州下发安全管理紧急通知10余份、预警信息7000余条次,并开展明察暗访等活动,有效扭转部分节点事故高发局面。

【**"放管服"改革**】2018年,湖南省不断深化建筑市场"放管服"改革,进一步优化营商环境,革新建筑市场监管机制,打好打赢建筑市场"三包一挂""保证金清理""防拖欠"三个攻坚战。抓好工程建设项目审批制度改革。《推进项目审批制度改革有关措施建议》和《关于推动工程建设项目审批制度改革的指导意见》分别通过省政府常务会议和联席会议审议。11月28日,《关于推动工程建设项目审批制度改革的指导意见》出台,省政府在报送国务院的工作交流信息中和省政府官网上对改革亮点进行了推介宣传。率先在全国出台各审批阶段标准化的"办事指南、申请表单、申报材料清单、审批工作流程",并出台配套改革文件。进一步推动行业审批简政放权改革。印发《关于部分行政许可事项人员保险实行书面承诺的通知》(湘建建〔2018〕99号),将建筑业行政审批事项由要求申请人提供人社部门出具的有关人员保险证明,改变为申请人书面承诺。印发《关于实施建筑施工企业安全人员网上电子审批改革的通知》,推动安全人员审批全程电子化。印发《关于进一步下放省直管项目管理权限的通知》,进一步下放省直管项目权限。推动建筑市场信用体系建设。出台《湖南省建筑市场信用管理暂行办法》，明确建筑市场各方主体信用信息的认定、采集、交换、公开、评价、使用及监督管理机制。开展"三包一挂"专项整治。全年共查处项目49个，查处违法发包行为建设单位26家、转包行为企业7家、违法分包行为企业14家，罚款1676.19万元，查处和通报22个违法违规典型案例和17名注册建造师挂靠行为。持续开展工程建设领域保证金清理规范工作，推进银行保函、工程担保替代现金保证金。全年以银行保函代替保证金金额近10亿元，进一步释放建筑业企业流动资金压力。督促各地建立农民工工资拖欠案件台账，落实劳务用工实名制等工作机制，加强与人社部门协同，严厉查处拖欠农民工工资行为，交办的72起欠薪案件全部办结。岁末开展"房屋建筑和市政工程个人工程欠款清理返还专项行动"，对涉及农民工工资拖欠的项目逐一制定解决方案，各个击破，对问题比较集中的市州进行督办，从源头提前预控欠薪案件发生。

【行业发展】2018年，湖南省通过实施高位政策支持、品牌立业、科技建业、开放强业和人才兴业，全力推动建筑业持续健康发展。实施高位政策支持。出台《湖南省人民政府办公厅关于促进建筑业持续健康发展的实施意见》（湘政办发〔2018〕21号），明确22项具体推动举措，并在《湖南日报》以《省政府办公厅发布实施意见8千亿产值建筑业获政策"大礼包"》为题对文件进行宣传贯彻。印发《关于印发〈促进建筑业持续健康发展重点任务分解表〉的通知》（湘建建〔2018〕67号），明确44项重点任务，由20余家省直厅局单位共同落实。推动品牌立业。制定《2018年湖南省"建筑强企"命名方案》，细化评价指标体系，计划通过市州推荐、综合评选的方式，命名20家湖南省"建筑强企"，打造"湖湘建造"品牌企业。举办湖南省建筑业发展对外交流论坛、湖南省民营建筑业企业座谈会、鲁班讲坛、楚湘监理论坛，交流推介强企发展经验，助推行业改革发展。推动科技建业。明确"互联网＋智慧工地"的功能需求和总体框架方案，启动"智慧工地"系统平台建设，推动行业管理信息化升级。组织开展湖南省第二届BIM应用大赛（施工组），推广BIM技术施工应用。制定建筑垃圾管理和促进建筑垃圾资源化利用的意见，助推行业绿色发展。推动开放强业。推动成立粤港澳大湾区湖南建筑业服务中心、湖南省建筑业"走出去"战略合作联盟，打造"外拓服务中心＋战略合作联盟＋产业集群"的模式，为企业"走出去"助力。推动人才兴业。启动"建筑业人才培训百千万工程"，完成全省100名建筑业企业职业经理人、1000名项目经理、10万名技术工人的培训任务。开展建筑劳务基地建设及劳务输出情况调研，拟定《劳务用工实名制管理暂行办法》，计划2019年年初印发。全省建筑劳务市场供需对接平台正式上线试运行，助推建筑工人就业创业。

建设监督

【制度体系建设】2018年，湖南省住房和城乡建设厅以串通投标和资质挂靠等违法违规问题为导向，按照"1＋X"思路，全面启动房屋建筑和市政招投标制度修订和完善工作。其中，"1"为拟通过省政府办公厅下发的"招投标管理办法"，"X"包含"三个办法"（施工评标办法，监理评标办法，施工、监理企业信用评价办法）、"两个平台"（房屋建筑和市政基础设施工程建设项目招投标行政监督平台、招标代理机构动态监管平台）和相关配套制度。配套制度主要为招投标信息公示、招投标打招呼登记、招投标施工监理失信黑名单、招投标成本评审、招投标担保、建设工程标后稽查等10多项制度。

【联合惩戒机制建设】2018年，湖南省住房和城乡建设厅构建联合惩戒机制，强化招投标管理。建立联合查处制度。6月，出台《湖南省房屋建筑和市政基础设施串通投标等违法行为认定查处办法》，主要是会同公安部门建立联合查处机制，严厉打击串通投标等违法违规行为，引导企业合法经营。建立"黑名单"制度。针对招标人、投标人、评标专家、招标代理机构和相关从业人员等各方主体违法违规行为特点，出台《湖南省房屋建筑和市政基础设施工程施工监理招标投标失信黑名单管理暂行办法》，建立健全失信惩戒、守信激励机制，对严重失信主体实行行业协同约束，并推进省际之间黑名单信息共享，构建黑名单跨省域联动应用机制。完善标后稽查制度。出台《湖南省房屋建筑和市政基础设施工程标后稽查实施办法》，每季度对省管项目开展1次标后稽查。同时，对市州加强标后稽查工作的监督检查，上半年和下半年各组织1次全省范围的标后稽查活动。

【招投标信用评价机制建设】2018年，湖南省住房和城乡建设厅构建招投标信用评价机制，建立统一、开放的招投标市场。印发《湖南省房屋建筑和市政基础设施工程招标投标管理办法》，按"放管服"要求，取消招投标文件审批环节，加强事中事后监管。大型复杂工程探索"评定分离"机制，还权招标人。废止招投标环节中设置不合理条款和存在地方保护主义的政策文件，统一全省招投标市场，确保竞争公平化。发布《湖南省房屋建筑和市政基础设施工程施工招标评标暂行办法》（湘建监督〔2018〕116号），科学设定评价要素，构建招投标信用评价机制，完善"两场联动"机制，将动态管理机制纳入评审要素，确保质量安全底线，遏制围标串标、资质挂靠等违法违规行为。

工程造价管理

【概况】2018年，湖南省建设工程造价管理总站紧密围绕"三个住建"战略部署和城市"双修双改"工作安排，稳步推进计价依据编制，大力提升材料价格信息发布水平，不断强化造价市场监管，持续加强自身建设，取得显著工作成效，圆满完成各项年度工作任务。

【计价依据编制】2018年，湖南省建设工程造价管理总站围绕"合理确定"主目标，稳步推进计价依据编制工作。举全行业之力，全面启动2014定额修编。经反复论证，制定修编工作总体方案，完成项目划分，各编制小组深入施工现场调查、测算、收集相关资料。深度服务城市"双修双改"，编制《湖南省城市地下综合管廊补充消耗量标准（试行）》，下发《将补植复绿纳入山体修复工程概算的通知》。适用"四新技术"发展，集中编制出版《〈湖南省建设工程计价办法〉及〈湖南省建设工程消耗量标准〉解释汇编（二）》，补充编制子目150个及条文解释说明33条。及时调整建设工程销项税额税率，修订和颁发《湖南省建设工程概算定额》《湖南省房屋修缮工程计价定额》，保证计价办法的延续性。审查批复一次性补充消耗量标准子目16个，回复计价问题请示10件。完成南华大学等工程项目设计概算审查11个。

【材料价格信息发布】2018年，湖南省建设工程造价管理总站把握"有效控制"主基调，大力提升材料价格信息发布水平。建立完善工程造价信息标准，编制出台《湖南省建设工程材料价格信息采集发布目录清单》，涉及材料品种7508个。全年审核发布6期共计10070条材料市场价格信息，在第二、第五期发布装配式PC构件价格信息以及构件价格指数，出台《2017年湖南省建设工程造价经济指标》。密切关注全省砂石、混凝土价格异常波动，组织开展专项调研，印发《关于加强建筑材料价格风险管控的指导意见》。全面启动工程造价数据监测工作，全年实时上传造价监测成果8237个。

【造价市场监管】2018年，湖南省建设工程造价管理总站明确"强化监管"主导向，加强造价市场监管力度。充分发挥动态监管功能，有效利用市场监管"利器"，成立"湖南省建设工程造价咨询成果文件质量检查专家库"，组织开展成果文件检查2次，通报批评5家工程造价咨询企业，责令3家工程造价咨询企业实施整改，对4家工程造价咨询企业和7名注册造价工程师记录不良行为。全面开展违规"挂证"清理，并在全省造价系统开展清理违规"挂证"造价工程师自查自纠，共处理"挂证"造价师34人，其中暂停执业3人，注销31人。加强事中事后监管，向6家企业发出整改通知，注销3家造价企业资质。指导造价协会查处扰乱市场价格的行为，惩戒不诚信收费工程造价咨询企业78家。出台《湖南省工程造价咨询企业信息管理办法》，完成310家建设工程造价咨询企业信息采集系统新用户申请审核工作。行业整体信用明显提高，年内新增中价协AAA企业9家，AAA－企业12家，AA企业2家。

【行业服务改革】2018年，湖南省建设工程造价管理总站遵循"进取创新"主路径，推进行业服务改革。重新公布《湖南省政府投资房屋建筑和市政基础设施项目建设期工程造价全过程管理办法》，研究出台《湖南省建设项目建筑信息模型（BIM）技术服务计费参考依据（试行）》，完成"BIM技术在工程造价管理应用中的关键问题及对策研究"课题结题，助力BIM技术发展应用。全面优化"最多跑一次"行政审批改革，资质资格服务事项全部纳入政务中心统一受理，严格遵守"三集中"制度，取消专家评审环节和现场核查程序，缩短办理时限在13个工作日内。指导协会开展形式多样的业务培训，全年共培训5246人次，行业整体业务水平得到极大提升。

勘察设计

【概况】2018年，湖南省勘察设计行业营业收入2600亿元，增长18%，增速高于全省固定资产投资8%，高于全国勘察设计行业营业收入的平均增速。勘察设计行业营业收入在全国排名第7位，人均营业收入在全国排名第4位，湖南省成为全国勘察设计强省。截至12月，全省共有勘察设计行业各类注册人员6785人，同比增加438人，增长6.9%。其中，注册建筑师2013人（一级734人，二级1279人），勘察设计注册工程师4772人，注册结构工程师1995人（一级1439人，二级556人），注册土木工程师（岩土）717人，注册化工工程师213人，注册公用设备工程师1069人（暖气空调333人，给水排水517人，动力219），注册电气工程师778人

（发输变电246人，供配电532人）。

【工程建设组织方式改革】2018年，湖南省大力推进工程建设组织方式改革。积极开展工程建设全过程工程咨询和工程总承包"双试点"，尤其在机场、海关、医院、大学等项目建设中大胆采用全过程工程咨询和工程总承包，激发设计、监理、造价、检测、施工、装配式等专业企业兼并、重组，促进全省建设行业在深度融合、规模化发展方面领跑全国。

【施工图审查制度改革】2018年，湖南省扎实推进施工图审查制度改革。通过实施"互联网+图审"、政府购买服务、多审合一、多图联审、电子化招标采购、强化事中事后监管等举措，进一步优化投资环境、加强设计质量监管；通过建立住建、消防、人防共享的基础数据库，升级改造施工图管理信息平台，运用大数据分析技术，加快设计行业信息化。

【BIM技术应用】2018年，湖南省进一步推进BIM技术应用。组织编写BIM技术施工、设计应用教材，在高校开设BIM技术教育课程，组织开展建筑施工、勘察设计、工程监理、造价咨询企业技术人员BIM技术培训，举办BIM技术应用竞赛和学术交流论坛，促进建筑业企业加快向BIM技术升级，提升全省建筑业核心竞争力。BIM技术应用步入全国先进行列。

【芙蓉学校工程建设】2018年，湖南省加快芙蓉学校工程项目建设。按照省委、省政府"统一标准、统一设计、统一风格"要求，编制芙蓉学校建设指南和标准设计图集，研究确定中小学校建设标准，组织开展业务培训，大胆采用全过程工程咨询和工程总承包方式实施工程项目建设，促使芙蓉学校建设质量提高、投资节省、效率提升，帮助贫困地区教育脱贫。

【全省首个全过程工程咨询试点项目开工建设】5月9日，湖南省首个全过程工程咨询项目——浏阳500千伏输变电工程在浏阳市淳口镇杨柳村开工建设。该项目是湖南省推行全过程工程咨询改革试点的重点工程。省住房和城乡建设厅要求，在具体试点工作中，要提出重点，展现亮点，解决难点，及时总结经验，努力为全省推进全过程工程咨询提供可借鉴、可复制、可推广、可操作的案例和做法。

建筑节能与科技及标准化

【概况】2018年，湖南省建筑节能与科技及标准化工作全面贯彻落实党的十九大精神和全省住房城乡建设工作会议部署，装配式建筑、绿色建筑、工程建设标准及科技创新等进展顺利，年度目标任务全面完成。全年市州中心城市新建装配式建筑1276万平方米，占新建建筑19.95%，占比在全国排名第1位，总量排名第3位；市州中心城市新建绿色建筑3225万平方米，占新建建筑61%，绿色建筑标识个数在全国排名第6位；两项指标任务均超过省委、省政府确定的年度目标15%和40%的要求。全面完成并顺利通过国务院对湖南省能耗双控和应对气候变化年度考核任务和国家可再生能源建筑应用示范地区、公共建筑能耗监测平台和能效提升示范工程、绿色生态城区示范的验收工作。全面完成各市州能耗双控考核和建筑节能、绿色建筑、装配式建筑专项检查，表彰先进，批评后进，并在新闻媒体对违法违规行为予以曝光。全省城镇民用建筑全面执行建筑节能65标准，民用建筑节能水平位居夏热冬冷地区前列。

【科技与标准化管理】2018年，湖南省加强建筑节能与科技及标准化顶层设计，强化管理，进一步提高建筑节能与科技及标准化水平，推进行业发展。《湖南省绿色建筑发展条例》成功列入2018年省立法重点调研计划和十三届省人大常委会立法规划；完成《加快推进绿色建筑是实现建筑业高质量发展的有效途径》《加快推进浅层地热能集中供能这项民生大事》调研报告；完成"绿色住建"行动纲要，并提交厅长办公会审议通过；经省政府同意，会同省发改委等6部门出台《关于大力推进建筑领域向高质量高品质绿色发展的若干意见》，印发《关于加强装配式建筑工程设计、生产、施工全过程管控的通知》《关于进一步推动我省装配式建筑发展有关工作的通知》，发布《湖南省建筑节能与绿色建筑发展规划（2018—2020）》《湖南省绿色装配式建筑发展规划》《湖南省绿色建筑发展研究报告》《湖南省绿色装配式建筑评价标准》《湖南省绿色建筑工程竣工验收标准》《湖南省建筑节能工程竣工验收标准》。全年完成软科学研究项目立项16项，建筑业新技术应用示范工程立项41项，绿色施工工程立项55项，工程建设工法立项449项，工程建设地方标准立项34项，建筑业企业技术中心立项3个；完成软科学研究项目验收12项，工程建设工法验收299项，建筑业新技术示范工程验收11项，绿色施工工程验收20项，工程建设地方标准发布12项。全年新增绿色建筑评价标识项目151个，绿色建材评价标识企业27家、标识产品105个，建筑节能及可再生能源新材料推广目录90余项。此外，长沙市、郴州市、吉首市荣获"省级装配式建筑示范城市"称号，中国水电八局等 8 家企业获批"省级装配式建筑产业基地"。

信息化建设

【概况】2018 年，广东湖南省住房和城乡建设厅以推动"智慧住建"落地为目标，围绕信息化工作，力抓基础政策、基础标准、基础信息平台建设，通过打造住建一张图平台、一体化办公平台、工程项目动态监管平台、数字城管为主的"智慧住建"一期平台，提升厅本级信息化水平，强化对市州、县市信息化建设的规范和引导，取得明显成效。

【政策标准保障】2018 年，湖南省住房和城乡建设厅在印发"智慧住建"实施基础政策的基础上，完成智慧房产数据标准、建筑施工现场监管信息系统技术规范、地下管线信息系统数据标准等"三大基础标准"公开征集社会意见和定向征求专家意见工作，下一步将组织专家评审，然后印发实施。通过基础政策引领省厅信息化顶层设计，通过基础标准规范相关信息平台建设，促进数据整合和共享。

【"智慧住建"一期建设】2018 年，湖南省住房和城乡建设厅"智慧住建"一期建设，重点是搭建整个住建系统信息化、数字化建设的宏观框架，通过住建一张图（数据中心）建设，对内统一所有平台（全厅一个 APP，内部所有系统都在这个平台上，根据用户不同，分授不同的权限），对外通过"智慧住建"云平台统一所有窗口，整合形成工程建设云、住房管理云、民生服务云（含政务服务）和基础工作云（后两块是智慧住建二期和三期建设的重点内容）四大板块。

【信息化支撑服务】2018 年，湖南省住房和城乡建设厅信息中心认真做好信息技术的支撑和服务工作。做好厅机关 IT 系统运行维护，进一步提高服务质量；积极开展软件正版化工作；做好保密管理的信息技术支持；做好省厅有关省政府"互联网＋政务服务"、省发改委"双公示"、省工商局"多证合一"、省纪委"互联网＋监督"工作；做好网站日常管理和维护，促进网站集约化建设。

城建档案管理

【概况】2018 年，湖南省有城建档案管理机构 86 个，建馆率 90%，主管部门都是当地住房和城乡建设局。其中，实行"处馆合一"管理体制 21 个，城建档案馆加挂"建设信息中心"牌子 6 个。全省有城建档案工作人员 560 人，其中高级职称 58 人。馆库面积 7 万平方米，设施设备能满足档案保管保密要求。馆藏档案 450 万卷，其中年内进馆档案量 30 万卷。全年提供档案利用近 10 万卷，创造可测算的经济效益 1.3 亿元。全省各级城建档案馆举办培训班 10 期，培训学员 3000 人。

【城建档案管理】2018 年，湖南省进一步加强城建档案管理。出台《关于推进建设工程档案电子化工作的通知》（湘建〔2018〕125 号），在全国城建档案管理行业首推建设工程电子档案单套制。株洲市、常德市相继出台相关规定。按照《关于进一步加强城建档案管理工作的通知》（湘建〔2015〕124 号）要求，严格执行建设工程档案"三书"制度和"四位一体"档案归集制度，并且纳入建设工程行政审批管理，确保城建档案的归集。全年全省城建档案馆共接收纸质档案 30 万卷、照片档案 106 万张。照片档案年内制作专题片 7 部，其中 5 部被选送国家档案局。加强地下管线普查和信息系统建设，全省 13 个地级市、6 个县（市）城建档案馆完成地下管线普查和信息系统建设工作，地下管线普查长度 60873 千米，年增长 10440 千米，普查数据入库 50523 千米。按照《关于推动工程建设项目审批制度改革的指导意见》（湘政办发〔2018〕76 号），将城建档案验收纳入建设工程并联专项验收，全省各级城建档案馆在各地政务服务中心设立"一站式"服务窗口，实行"开放式办公、一个窗口受理、一条龙服务、一站式办结"的管理体制，办事效率得到有效提高，赢得社会好评。

【城建档案信息化建设】2018 年，湖南省各级城建档案馆都已启动电子档案接收工作，株洲、常德、娄底、岳阳、张家界、永州等市完成《建设工程资料在线收集与跟踪服务系统》软件开发，各方建设工程文件通过平台实现实时在线上传和交互、签批，实现工程建设项目电子文件全过程信息化监管和在线预验收及移交归档。进一步推进馆藏存量档案数字化，全省各级城建档案馆全面启动数字档案馆建设，全年完成馆藏存量档案数字化 47153TB，年增 4975TB。

（湖南省住房和城乡建设厅）

广 东 省

概况

2018年,广东省住房城乡建设厅党组坚持以习近平新时代中国特色社会主义思想为指导,全面贯彻党的十九大和十九届二中、三中全会精神,深入学习贯彻落实习近平总书记对广东重要讲话和重要指示批示精神,认真落实省委工作安排,大力加强党的建设和党风廉政建设,全面加强党对住房城乡建设工作的领导,各项工作取得新成绩。2018年,房地产市场总体平稳健康发展,全省地级以上市均建立了政府住房租赁管理服务平台,广州、深圳、佛山、肇庆4个城市住房租赁试点工作进展明显,租购并举住房制度建设推进顺利。城市建设质量不断提升,污染防治攻坚取得阶段性胜利,广州市成为国家黑臭水体治理示范城市。绿色发展建设模式逐渐推广,完成设市城市海绵城市规划编制,深圳在全国海绵城市建设试点绩效评价中排名第一。城市空间品质不断提升,推动各地编制"城市双修"总体实施计划,启动全省老旧社区环境改善行动,深入推进"厕所革命"。历史文化保护成效明显,在全国率先建立起覆盖全省的历史建筑数字化平台。城市管理体制不断完善。建成省级数字化城市管理监督平台,推动形成全省数字化城市管理"一张网"。大力建设美丽乡村,农村人居环境整治顺利推进。建筑业现代化水平不断提高,积极推行工程总承包试点,推动建设工程保证保险,大力发展装配式建筑。

法规建设

【法治政府建设】2018年,广东省各级住房城乡建设主管部门深入推进法治政府建设和依法行政,在依法全面履行职能、完善依法行政制度体系、推进行政决策科学化民主化法治化、坚持严格规范公正文明执法、强化对行政权力的制约和监督、依法有效化解社会矛盾纠纷等方面取得一定成效,立法、普法、行政执法、行政复议和应诉等各项工作实现多点突破,为全省住房城乡建设事业高质量发展提供了法治保障。主要体现为:一是加强做好立法起草、规范性文件制定以及规章、规范性文件全面清理工作,推进重点领域行业立法,全省住房城乡建设法规体系建设和法治保障不断加强。年内,提请省人大常委会将9项地方性法规立法项目纳入《广东省第十三届人大常委会立法规划(2018—2022年)》,强化立法规划和计划执行。二是高质量做好行政复议、行政应诉工作,切实运用法治思维和法律手段解决住房城乡建设领域的社会矛盾纠纷和问题,受到住房城乡建设部的表扬。全年办理行政复议申请98宗,行政应诉案件31宗,比上一年有所减少。三是有效推进行政决策科学化、民主化、法治化,充分发挥法律顾问防范法律风险作用,政府法律顾问制度普遍落实。四是高标准推进法治宣传教育工作,"七五"普法工作成效明显,并全面推进城市管理和综合执法体制改革,着力抓好执法队伍建设,创新执法机制,执法工作不断规范。

【住房城乡建设立法】2018年,广东省住房和城乡建设厅围绕住房城乡建设重点领域和保障全面深化改革措施方面有序开展立法工作,严把立项关、起草关、审查关和民意关。年内,提请省人大常委会将9项地方性法规立法项目纳入《广东省第十三届人大常委会立法规划(2018—2022年)》,并印发《关于做好我厅2018年立法工作的通知》,压实立法责任,强化立法规划和计划执行。是年,广东省住房和城乡建设厅编制完成广东省绿色建筑条例草案,配合省人大审核论证5部地方性法规草案,支持各地立管用的法规,立有利于地方住房城乡建设领域改革发展的法规。

住房保障

【概况】2018年,省住房城乡建设厅推进全省住房保障各项工作,通过落实资金配套、土地供应、审批等各项支持政策,加强督查督办,各项目标任务进展顺利,广东省超额完成国家下达的棚户区改造及政府投资公共租赁住房分配等目标任务。截至年底,全省新开工棚户区改造住房34500套,发放租赁补贴24781户，基本建成棚户区改造住房36459套，政府投资公共租赁住房累计已分配29.8万套；各地执行税费减免政策，调动社会力量，吸引社会资金投入，全省保障性安居工程实现投资370亿元，棚户区改造开工完成率在全国排第二名。

【保障性安居工程建设】2018年全省新开工棚户区改造住房34500套，发放租赁补贴24781户，基本建成棚户区改造住房36459套，分别完成目标任务的133.2%、143.0%和206.4%，政府投资公共租赁住房累计已分配29.8万套，分配比例超过92%，顺利完成国家下达广东省4项住房保障目标任务。截至年底，全省各地共获得棚户区改造的中央及省级的各类补助资金9.33亿元，获得地方棚改专项债14亿元，获得国家开发银行、中国农业发展银行等政策性融资贷款121.4亿元，有效减轻各地棚户区改造资金压力。

【住房保障支持政策】2018年，为持续推进保障性安居工程建设，省住房城乡建设厅加强落实公租房资产管理、公租房运营管理和棚改专项债券管控。结合全省实际，研究并印发《广东省住房和城乡建设厅 广东省发展改革委 广东省财政厅 广东省国土资源厅关于进一步做好公共租赁住房有关工作的实施意见》等政策性文件，加强保障性安居工程的建设和管理，着力加快现有公租房及其配套设施建设、房源分配，督促和指导各地深入开展年度目标任务推进、自查自纠发现问题整改、专项资金绩效考核、配套基础设施建设、政策性资金申请等相关工作。

【公租房分配入住】随着广东省住房保障工作的逐步深入推进，保障群体覆盖面已扩大到青年教师、青年医生、环卫工人、公交司机等公共服务领域的特殊群体，目前公租房受助群体主要享受两种形式：一是实物保障，二是领取租赁补贴。2018年，国家下达广东省公租房分配目标任务为列入国家计划的政府投资公共租赁住房的分配要完成90%以上。为推进公租房分配入住工作，广东省将公租房分配目标任务分解到各市、县，部署各地加快公租房分配入住，提高保障性住房小区后续运营管理水平。截至年底，全省政府投资公共租赁住房新增分配37402套，累计分配29.8万套，分配比例为92.02%，完成目标任务比例102.24%。

【共有产权住房试点】广东省住房和城乡建设厅印发实施《关于开展共有产权住房政策探索试点的通知》（粤建保函〔2018〕993号），选取广州、深圳、珠海、佛山、茂名5市作为试点，积累共有产权住房政策和项目实践做法，要求试点城市根据自身情况确定共有产权住房实施机制和配套政策法规，推进试点城市的共有产权住房项目的落地。广州、深圳、珠海3市已率先开展了共有产权住房的政策探索与项目实践。广州市南沙区印发实施《广州南沙新区试点共有产权住房管理办法（暂行）》，并且首个共有产权住房试点项目"首筑花园"已基本完工。深圳作为全国6个共有产权住房试点城市之一，积极探索共有产权住房（安居型商品房）建设，制定出台了《深圳市安居型商品房建设和管理暂行办法》《深圳市安居型商品房轮候与配售办法》等系列政策文件，2014年以来累计供应共有产权住房（安居型商品房）约1.7万套。2015年，珠海市高新区印发实施《珠海高新区产业人才共有产权住房管理实施办法（试行）（修订）》，首个共有产权住房项目"惠景慧园"则已于2016年开始定向销售，共推出646套房源。

房地产业

【概况】2018年，广东省按照中央和省委的决策部署，坚持"房子是用来住的，不是用来炒的"定位，全力抓好房地产调控，大力培育发展住房租赁市场，深入开展房地产市场秩序专项整治，扎实推进房地产领域社会不稳定问题专项治理，加强物业服务行业监管，重拳整治违法违规行为，着力促进全省房地产市场平稳健康发展，取得了明显成效。

【全省房地产市场运行总体平稳】2018年，全省完成房地产开发投资14412亿元，同比增长19.3%；新建商品房网签面积13631万平方米，同比下降1.8%；销售金额16044亿元，同比增长11.5%。商品房网签均价11771元/平方米，同比增长13.6%；商品住房可售面积9889万平方米，消化周期10.6个月。

【房地产市场专项整治成效显著】2018年，省住建厅公开曝光了一批违法违规行为，累计公布了五批共328家全省各地查处的违法违规房地产开发企业、物业服务企业和中介机构名单，对规范房地产市场秩序起到了积极作用，较好发挥了警示震慑作用。

【住房租赁市场发展走在全国前列】全省21个地级以上城市成立了41家国有住房租赁企业，筹集房源约5.7万套。21个地级以上城市均建立了政府住房租赁管理服务平台并正式上线运行，累计上线房源超40万套。

【专业化住房租赁企业建设】一是国有住房租赁企业建设取得新成效。大力推进国有住房租赁企业建设，着力发挥国有租赁企业对市场的引领、规范、激活和调控作用，积极推动各地加快成立国有住房租赁企业，建立完善每月通报制度。截至12月底，全省21个地级以上市成立了41家国有住房租赁企业，合计筹集房源5.7万套，取得了较好成效。二是住房租赁发展模式呈现新变化。建行广东省分行旗下的广东建融住房租赁服务有限责任公司与方圆集团旗下专业公司合资设立建方长租，收集社会上闲置物业进行统一改造，以"建方"品牌向社会出租。广州住房公积金管理中心联合越秀集团成员单位广州住房置业担保有限公司，成立为公积金缴存职工提供综合租售信息与服务的平台——广州住房公积金租售中心，充分运用"互联网+大数据"技术，通过试行实名制、真实房源、真实价格的房产信息发布，为广州地区住房公积金缴存职工提供安全、便捷、真实的住房租购服务。

【部分城市住房租赁试点】全国住房租赁试点工作取得新成果。积极配合住房城乡建设部在佛山市召开全国部分城市住房租赁试点工作推进会，广州、深圳、佛山、肇庆4个试点城市取得较好成效，广州、佛山、肇庆三市利用集体建设用地建设租赁住房试点工作有序推进，佛山市顺德区葛岸村利用集体建设用地建设租赁住房试点项目已于2018年2月8日正式开工。广州市首批选定番禺区谢村、花都区狮岭镇旗新村、白云区钟落潭镇长腰岭村等3个村作为利用集体建设用地建设租赁住房试点，并于9月初向社会公开征询村集体建设用地规划调整公示意见。

【集体建设用地建设租赁住房试点】住房租赁发展渠道有了新拓展。城中村租赁住房稳步推进，各地将村集体建设用地上符合安全、消防、卫生等条件的住房进行统一出租、规范管理。如深圳市通过统租形式，由深业集团在水围村统租了35栋农民房，经过重新装修改造后，作为人才公寓提供给新就业、符合深圳青年房卡计划的人才，取得明显成效。

【租赁房源渠道多元化】住房租赁交易服务平台建设取得新进展。积极指导推动各地加快建立政府住房租赁交易服务平台，提供便捷的租赁信息发布服务，规范住房租赁交易流程，保障租赁双方特别是承租人的权益。截至12月底，全省21个地级以上市均建立了政府住房租赁管理服务平台并正式上线运行，平台累计上线房源超40万套。会同省市场监督管理局联合制定《广东省住房租赁合同示范文本》，进一步引导和规范住房租赁双方租赁行为，保障住房租赁双方合法权益。

【商业用房改建试点】商业用房改建试点取得新突破。湛江市人民政府办公室印发了湛江市加快非住宅商品房去库存实施办法的通知，明确了商业用房改为租赁住房的调整条件和程序、配套设施调整要求及其他相关政策。佛山市印发《佛山市推进商业用房、办公用房改建为租赁住房有关工作的通知》，并由佛山建鑫公司开展探索，通过商改租方式盘活南海区凯泰C时代项目存量房源334套用于出租。

【城中村租赁住房改造】万科旗下万村发展有限公司在福田区南园街道玉田村开展试点，通过"统租运营+物业管理+综合整治"等方式，丰富规模化租赁房源渠道和产品，推进城中村综合整治。广州、佛山、东莞、中山等市在城中村改造方面也开展了诸多探索。

【国有土地上房屋征收】2018年3月，广东省住房和城乡建设厅印发《关于认真做好房屋征收工作完善产权保护制度的通知》（粤建房函〔2018〕553号），要求各地加快制定和完善房屋征收与补偿配套政策，进一步细化规范房屋征收法定权限和程序，大力推进房屋征收与补偿工作规范化、法治化建设，确保中央和省委关于完善产权保护制度有关部署要求落到实处、见到实效。8月，印发《广东省住房和城乡建设厅关于印发国有土地上房屋征收专项整治工作方案的通知》（粤建房〔2018〕148号），部署全省开展国有土地上房屋征收专项整治工作。进一步规范我省国有土地上房屋征收与补偿行为，维护公共利益，保障被征收房屋所有权人的合法权益。

【老旧房屋使用安全管理】加强全省老旧房屋使用安全管理工作。各地级以上市住房城乡建设主管部门签订《广东省老旧房屋使用安全管理目标责任书》。印发《广东省住房和城乡建设厅关于在全省执行统一的商品住宅使用说明书和商品住宅质量保证书的通知》《关于认真做好物业管理区域房屋使用安全防范工作的通知》《关于立即组织开展汛期房屋安全检查工作的紧急通知》，会同省公安厅等部门联合印发了《广东省电动车"正源清违"专项治理方案》。2018年省住房城乡建设厅对广州、深圳、佛山、珠海、江门、阳江等市进行房屋使用安全管理专项督导和检查工作。全省共排查房屋343564栋、1757004户；经鉴定确认为危险房屋C级13842栋、8589户，D级6320栋、4611户；已整改房屋6058栋、7433户。及时部署开展物业管理专项整治工作，并将消防安全作为重要内容纳入整治范围。组织召开物业消防管理专题会议，部署落实高层建筑消防安全综合治理工作。督促物业服务企业按合同约定协助做好消防安全工作。积极组织参与消防安全培训，提高高层建筑消防安全防范能力。简化住宅专项维修资金使用流程，支持消防安全设施及时维护更新。积极部署和开展大型城市商业综合体和大型批发市场开展消防安全专项整治。切实加大火灾隐患排查检查力度，最大限度地发现和消除各类安全隐患。

【宜居社区】组织开展新版《宜居社区建设评价》标准修订工作，积极推动宜居社区建设服务管理平台搭建工作，加快宜居社区建设步伐，提升社区基层工作人员工作效率，扩大居民对宜居社区建设的认知度和参与度。

住房公积金监管

2018年，全省住房公积金运行总体平稳，风险可控。但中小城市住房公积金使用率快速提升，资金流动性趋于紧张。截至年末，全省实际缴存职工1509.29万人，全省住房公积金缴存总额14859.37亿元，缴存余额5166.48亿元。全年新增缴存额为1888.27亿元，同比下降7.22%；新增缴存余额500.67亿元，同比下降13.23%。广东省缴存工作一直排在全国前列，广东省缴存人数、缴存总额均占到全国的10%左右。全年提取额为1387.58亿元（提取额占缴存额比例为73.48%），同比下降4.85%；全年发放个人贷款587.08亿元，12.66万笔，同比下降15.82%。至年末，全省个贷率为71.96%，比上年末下降1.54%。2018年，是广东省住房公积金各项指标首次出现全面同比减少的情况，"降成本"政策实施和房地产市场宏观调控的效果已初显。

城市建设

【城市市政公用设施建设与管理】广东省以生态文明建设为引领，推动全省城市基础设施建设改革发展。印发了《广东省城乡生活垃圾处理"十三五"规划》《广东省城乡生活污水处理"十三五"规划》和《广东省城镇生活污水垃圾处理设施建设"三年攻坚"行动方案（2018—2020）》，省委办公厅和省政府办公厅联合印发《广东省打好污染防治攻坚战三年行动计划（2018—2020）》，部署全省城市基础设施建，落实新发展理念，引领城市基础设施重点领域取得新突破。制定生活垃圾治理、黑臭水体治理、生活污水处理、公厕建设等技术指引，为城市基础设施建设提供技术支持。全面梳理全省市政行业基本情况，建立市政行业工作台账，为指导全省城市基础设施工作奠定基础。截至年底，全省建成区绿化覆盖率44.03%。城市人均日生活用水量254.37升，城市用水普及率97.3%，城市燃气普及率96.66%，城市液化石油气储气能力26.84万吨，城市天然气年供气总量133.02亿立方米。全省共建成城市（县城）污水处理设施350座，日处理能力2362万吨，配套管网61381千米，城市污水处理率94.84%。建成启用生活垃圾无害化处理场（厂）130座，无害化处理量10.8万吨/日。城市生活垃圾无害化处理率99.87%，"一县一场（生活垃圾无害化处理场或焚烧厂）"全部建成运营。

【极端恶劣天气灾害应对】2018年，广东省遭遇了"山竹"等多个台风，广东省住房和城乡建设厅积极应对，防范及时，汛前由厅领导带队对全省各地开展检查，督促加强供水、排水防涝、园林绿化等防台风工作；入汛后按照省政府要求，多次派人进驻省三防办，参与24小时值守；汛期时，及时发布三防工作要求和台风路径、降雨等情况，督促台风登陆范围的地区加强实地检查和防御措施。经全员不懈努力，有力有序防御了7个台风登陆和严重影响的18场强降雨。特别是强台风"山竹"期间，动员各地提前做好供水、排水、园林绿化、垃圾处理等市政设施防护工作，实现了全年台风防御零伤亡的优异成绩。

【城市园林绿化建设】2018年，广东省推进国家、省级园林城市创建，加强城市园林绿化建设。截至年底，全省城市人均公园绿地面积18.34平方米，建成区绿地率39.44%，建成区绿化覆盖率44.03%。全省有"国家生态园林城市"1个、"国家园林城市"20个、"国家园林城镇"3个、"广东省园林城市"6个、"广东省园林城镇"8个。

【风景名胜区规划与建设】2018年，广东省住房和城乡建设厅加强风景名胜区资源保护管理，督促全省各地各风景名胜区总体规划编制报批，指导各地市国家级风景名胜区总体规划按照住房和城乡建设部审批情况进行修改完善。截至年底，广东省有国家级风景名胜区8个、省级风景名胜区18个。全省各地风景名胜区建设平稳发展，但是省级风景名胜区保护、利用、规划和管理水平仍然有待提高。

【城市轨道交通规划建设】广东省强化城市轨道与其他大运量公共交通方式衔接，鼓励有条件的城市按照"量力而行，有序发展"原则，推进城市轨道交通规划建设，构建以轨道交通为主骨架的城市公共交通系统，优化城市空间布局。城市轨道交通重要性日益凸显，各地加快完善城市轨道线网规划编制。截至2018年底全省建成运营城市轨道交通线路30条，总里程823.14千米；在建城市轨道交通线路31条，总里程790.12千米。为建立轨道交通规划建设信息报送制度，掌握轨道交通规划建设信息，提高建设规划审核效率，住房和城乡建设部城市建设司印发《关于试运行城市轨道交通工程规划建设信息系统的通知》，广州市为4个系统试运行城市之一。该信息系统由住房和城乡建设部城市建设司组织开发，系统试运行后在全国范围内推广。

【城市道路桥梁建设】2018年，广东省坚持科学规划与改造城市道路桥梁。加强公路对外交通干线与城市干道的有效衔接，优化完善城区出入道路，打通城市道路"微循环"，形成完整路网，提高道路通达性。秉持"窄马路、密路网"的城市道路布局理念，提升道路网密度，建设快速路、主次干路和支路级配套合理的道路网系统。优化旧城区路网，合理规划新城区路网。加强城市路桥管养，落实城市道路占用挖掘管理制度，因地制宜推广非开挖管道施工技术，减少城市道路开挖。落实城市桥梁管养责任，建立桥梁动态监控系统，定期开展城市桥梁安全检测，及时整治安全隐患。年内，结合城市路网结构优化和内部道路公共化，科学、规范设置街区照明设施。截至年底，全省建成城市道路总长45099.57千米，道路总面积77189.76万平方米，建成城市桥梁7596座，其中立交桥821座。

【城市供水】2018年，广东省加强供水管理，保障供水安全。年内，广东省住房和城乡建设厅指导广东省城镇供水协会对全省城镇供水规范化管理进行考核，对二次供水进行专项检查，对检查发现问题督促整改。落实供水水质公开制度，督促各市在网站上公开供水水质。组织广州等重点城市召开加强供水管网漏损率管理座谈会，推荐珠海、梅州市为国家供水管网分区计量管理控制漏损省级试点城市，进一步加强供水管网漏损管理，提升供水安全保障能力。持续开展供水水质督查工作，通过政府采购方式委托专业水质监测公司对我省24个城市开展供水水质督察工作，进一步巩固我省供水水质管理工作。组织召开加快节水型城市建设工作座谈会，督促指导各地加快推进城市节水工作，建立健全城市节水机制，积极申报国家和省级节水型城市。

【城市燃气供应】截至2018年底，广东省城市液化石油气年供气总量378.97吨，城市天然气年供气总量133.02亿立方米。全省城镇燃气发展稳中有升，运行状况良好。城镇燃气制度建设、监管体制、执法力量仍需逐步加强，储备能力不足，应对能源供应终端和重大突发事件的预警。

【城市污水处理】截至年底，全省共建成城市（县城）污水处理设施350座，日处理能力2362万吨，污水管网61381千米。根据全国城镇污水处理信息系统2017年数据，全省COD进水浓度为187.29毫克/升，BOD是80.31毫克/升，氨氮是17.79毫克/升，总氮是24.92毫克/升，总磷是3.42毫克/升。对比2018年数据，全省COD进水浓度为198.503毫克/升，BOD是83.27毫克/升，氨氮是18.29毫克/升，总氮是25.8毫克/升，总磷是3.54毫克/升，各地均有较大提升。

【城市黑臭水体整治】截至年底，按照国家开展的专项行动和巡查认定，广东省城市黑臭水体数量为481个，根据各地级以上市上报的情况，全省376个黑臭水体整治完成阶段整治，其中广州市147个、深圳市148个城市黑臭水体全部实现"初见成效"。广东省城市黑臭水体消除比例为78%，广州及深圳市消除比例均高于90%，基本完成国家下达2018年关于"全省黑臭水体平均消除比例达到80%、广州及深圳市达到90%"的年度目标任务。但是对比住房和城乡建设部"长制久清"目标，部分城市黑臭水体仍须增加系统性、永久性措施；部分城市非城市建成区内仍存在不少黑臭水体，整治力度不够；部分城市进展缓慢，需加大力度推进工程项目建设。

【海绵城市建设】2018年，广东省推进海绵城市建设，全省海绵城市专项规划编制稳步推进、试点建设取得成效。截至年底，根据各地上报，全省41个设市城市基本完成海绵城市专项规划编制工作。其中，广州、深圳、珠海、佛山等31个市的海绵城市专项规划已通过市政府批复，韶关、南雄、河源、汕尾、东莞、肇庆、清远、英德、揭阳、普宁市等10市已编制完成海绵城市专项规划并通过了专家评审和规委会审议。各市对海绵城市规划建设正逐步形成系统性认识，将海绵城市规划建设理念与各类相关规划衔接，城市开发建设向着生态环保的理念转变。

【城市生活垃圾处理】2018年，全省城乡生活垃圾处理工作成绩显著，新建成18座生活垃圾处理设施，处理能力2.7万吨/日，占总处理能力的1/3，新开工和新建成速度历史最快，"一县一场"全部建成，焚烧处理占比首次超过一半。全省生活垃圾处理能力已超过生活垃圾产生量。生活垃圾处理设施130座，处理能力达10.8万吨/日。设施数量和总处理能力居全国首位，城市生活垃圾无害化处理率达到98%，提前完成国家下达的"十三五"目标。2018年环保督察"回头看"期间，张宝顺组长专门指示请中央电视台将省生活垃圾管理工作作为正面典型进行了报道。此外，广东作为全国唯一一个住房城乡建设主管部门受邀参加生态环境部于11月9日召开的全国环保设施向公众开放会议作交流介绍，相关工作得到上级部门高度肯定。

【老旧小区改造试点建设】 2017年12月，住房城乡建设部印发了《关于推进老旧小区改造试点工作的通知》，决定在全国15个城市开展老旧小区改造试点工作，其中广州、韶关市被列入试点城市，共同探索城市老旧小区改造新模式，为推进全国老旧小区改造提供可复制可推广的经验。

【城市公厕建设及提升改造】 截至年底，全省城市公厕新建和提升改造1618座。城市公厕在分布的合理性、管理的有效性以及卫生环保性等方面均有较明显的提高。各市积极推进城市公厕建设管理工作，建立城市公厕管理制度，完善城市公厕保洁制度，提升城市公厕管理质量，同时加大科技投入，切实解决"如厕难""找厕难"的问题。是年，省住房城乡建设厅开展广东省公共厕所建设管理评估，全面分析全省城市公厕建设管理的工作现状和存在问题，为下一步深入推进厕所革命工作提供奠定基础。

村镇建设

【乡村振兴战略实施】 党的十九大报告首次提出"实施乡村振兴战略"，将城乡统筹发展转向城乡融合发展，把农业农村摆上更加重要位置，优先发展。2018年，国家出台《关于实施乡村振兴战略的意见》《农村人居环境整治三年行动方案》，省委、省政府印发《关于推进乡村振兴战略的实施意见》《关于全域推进农村人居环境整治建设生态宜居美丽乡村的实施方案》。省住房城乡建设厅深入学习领会习近平新时代中国特色社会主义思想，认真学习贯彻习近平总书记重要讲话和批示指示精神，坚决落实落地省委、省政府的系列工作部署，指导全省高质量推进乡村规划编制实施，逐步完善农村生活垃圾治理体系，全面提升农村生活污水处理水平，助力村容村貌整治提升，积极推进特色小城镇建设和乡村历史文化保护，农村人居环境整治取得阶段性成效。

【乡村规划】 2018年，省住房城乡建设厅全面推进乡村规划编制实施。8月，印发《广东省村庄规划编制指引（试行）》；在翁源、蕉岭组织召开两期全省生态宜居美丽乡村建设培训班；指导和推进韶关翁源县整县开展新农村示范村"规划设计建设运营一体化试点县"；指导地市建立乡村规划建设管理教育培训基地。截至年底，全省全面完成县（市）域乡村建设规划。

【村容村貌整治】 2018年，省住房城乡建设厅贯彻落实省委、省政府的决策部署，指导各地按《广东省村容村貌整治提升工作指引（试行）》开展乡村整治，提升村容村貌水平。探索加强农房建设管理，印发农房设计图集，推广珠海、惠州经验，推动全省乡村建设规划许可和农房建设管理规范运作。6月，编制《广东省村容村貌整治提升工作指引（试行）》，印发全省作为开展村容村貌整治提升提供指导。8月，广东省城乡规划设计研究院在全省建设生态宜居美丽乡村培训班上解读了该指引；各市（县）陆续开展本指引的学习培训活动，有效指导村容村貌整治提升工作的开展。

【农村生活垃圾治理】 2018年，省住房城乡建设厅通过印发政策指导文件、组织农村生活垃圾治理省级复验、推进镇级填埋场整改、做好开展非正规垃圾堆放点排查整治、开展农村生活垃圾治理示范地区创建等举措，不断提升全省农村生活垃圾治理水平。全省基本形成"村收集、镇转运、县处理"的农村生活垃圾收运处理体系，已建成约23万个村级垃圾收集点，1900余座镇级垃圾转运站，约20万人的保洁员队伍开展村庄保洁和垃圾清运。

【村镇污水处理设施建设】 积极推动粤东西北地区和惠州、江门、肇庆等15个地级市70个县（市、区）以PPP模式整县推进村镇污水处理设施建设，指导各地因地制宜推进农村生活污水处理设施建设，选择适用雨污水收集模式，理顺村庄排水模式，有效降低雨污水管网投资成本，进一步提升我省村镇生活污水处理水平。截至年底，全省1135个乡镇中，生活污水处理设施已覆盖580个乡镇，覆盖率为51.10%，其中珠三角7市（广州、珠海、佛山、惠州、东莞、中山、江门）建制镇已基本实现污水处理设施全覆盖。全省行政村生活污水处理设施覆盖率为29.54%，较2017年底提升12.78%。

【农村危房改造】 2018年，广东省连续第4年将农村危房改造工作列入省政府十件民生实事，积极推进农村危房改造与精准扶贫工作无缝对接、动态调整，确保农村相对贫困户基本住房安全。6月，省住房和城乡建设厅、省扶贫开发办公室联合印发

《关于下达全省2018年农村危房改造任务和明确补助标准的通知》，下达了40407户农村危房改造任务；11月，省住房和城乡建设厅、省财政厅、省扶贫开发办公室联合印发《关于下达全省2018年新增农村危房改造任务和明确补助标准的通知》，追加下达了16909户农村危房新增存量改造任务。全年省级以上财政补助资金共15.39亿元（含中央财政补助资金2.1962亿元）。截至年底，全省开工农村危房改造53245户（含国家下达15700户），竣工50324户，农村相对贫困户危房安全隐患基本消除。

【特色小城镇建设】按照住房城乡建设部村镇建设司工作部署，开展全省20个全国特色小城镇工作整改、建设情况调研督导等工作，对创建的20个全国特色小城镇进行监督检查评估，进一步了解全省全国特色小城镇工作现状和建设情况。截至年底，全省有20个镇被评为"全国特色小城镇"。

标准定额

【建设工程造价管理】2018年，全省工程造价行业不断完善，工程造价咨询企业合计甲级244家、乙级169家，共413家。其中：专营工程造价咨询企业73家，所占比例17.68%；具有多种资质的咨询企业340家，所占比例82.32%，业务涉及工程招标代理、工程监理、工程咨询和工程设计等；2018年，全省工程造价咨询业务合计收入51.01亿元、其他业务收入761.66亿元，营业总收入812.67亿元。完成的工程造价咨询项目所涉及的工程造价总额34092.3亿元。广东省建设工程标准定额站在工程造价管理改革中不断深入，不断构建和完善科学合理的工程计价依据体系。全年共完成省定额8部，专业覆盖土建、市政、安装、园林、地下综合管廊、古建筑、古驿道、轨道交通等8大专业，适时推出广东省建设工程定额动态管理系统和造价纠纷处理系统，更好地发挥工程造价管理机构的服务职能，切实维护建筑市场健康发展。

工程质量安全监管

【房屋市政工程质量安全管理】2018年，省住房城乡建设厅强化工程质量安全管理规章制度建设。先后印发《房屋建筑和市政基础设施工程施工阶段质量监督工作指引（暂行）》《2018年广东省住房城乡建设系统安全工作要点》《广东省深化房屋市政工程安全专项治理工作方案》《全省房屋市政工程安全生产百日攻坚行动工作方案》等重要政策文件。2018年，广东省房屋市政工程竣工验收合格工程共11268项，一次通过验收合格率为100%，新办理竣工验收备案工程共9287项，纳入监督的在建房屋市政工程未发生质量事故。质量主体责任有效落实，全省共签订"法定代表人授权书、工程质量终身责任承诺书"14315份，"设立永久性标牌"项目9804项，"两书一牌"签订率达99.9%。

【工程质量安全三年提升行动】2018年，广东省住房和城乡建设厅深入开展工程质量安全三年提升行动。组织召开全省住房城乡建设系统安全生产工作会议与全省工程质量提升行动工作推进会，对住建系统的质量安全工作作出具体部署，许瑞生副省长出席全省工程质量提升行动工作推进会并作讲话。大力开展工程质量安全提升行动试点工作，开展广东省监理单位向政府报告质量监理情况研究、广东省建筑工程质量评价体系研究。印发《关于贯彻落实〈工程质量安全手册（试行）〉的通知》，提出贯彻落实的工作要求，并选取广州、深圳、珠海、佛山4市开展试点，指导企业建立完善的质量安全标准化管理制度。6月25日至7月20日，对我省各地工程质量安全提升行动工作情况开展专项督查。

建筑市场

【概况】2018年，广东省建筑业生产经营稳步向好。全省建筑业总产值1.3万亿元，位居全国前列，同比增长20.6%，实现建筑业增加值3216.28亿元，同比增长5.3%。其中珠三角地区企业完成产值10214.45亿元，占总产值的比重为74.5%。广东省资质以上总承包和专业分包企业共6142家，同比增长15.6%。新增资质建筑业企业829家，新增的资质企业对广东建筑业总产值增长拉动明显。全省总承包和专业分包建筑企业签订合同额38856.07亿元，同比增长25.4%。其中：上年结转合同额19271.69亿元，同比增长29.8%；本年新签合同额19584.38亿元，同比增长21.3%。广东总承包和专业承包建筑业企业中，铁路工程建筑产值573.35亿元，同比增长87.7%，市政道路工程建筑产值860.23亿元，增长87.7%；其他道路、隧道和桥梁工程建筑产值234.85亿元，增长41.3%。河湖治理及防洪设施工程产值173.24亿元，增长31.3%；工矿工程建筑产值105.18亿元，增长27.1%；管道工程建筑产值54.57亿元，增长31.7%。其他土木工程建筑增长加快，完成产值596.18亿元，同比增长26.8%。全省共有8项工程获2018—2019年度第一批鲁班奖入选名单，19项工程荣获国家优质工程奖入选名单，118项工程荣获中国建筑工程装饰奖；江门开平市获得"中国建筑之乡"称号，激发了传统建筑之乡的发展活力。全省共评选省级工法699项，省建筑业新技术应用示范工程57项，111项工程获得省建筑业绿色施工示范工程立项，13项工程获得择优推荐申报2018年度全国建筑业绿色建造暨绿色施工示范工程。

【促进建筑业持续健康发展政策出台】 2018年，经省人民政府同意，省住房和城乡建设厅印发《关于进一步促进建筑业持续健康发展的通知》，从提升建筑业服务水平、完善工程项目招投标管理、创新工程项目建设方式和完善工程建设标准、强化工程质量安全管理、构建统一开放规范诚信的建筑市场、培育建筑业重点骨干企业、支持建筑企业"走出去"、提升建筑队伍素质、推进建筑产业现代化、加大金融税收政策支持力度等十方面指明了建筑业发展之路。

【建设工程保证保险】 2018年，省住房和城乡建设厅联合省发改委等5部门印发《关于开展建设工程保证保险有关工作的通知》，在工程建设领域中引入商业保险制度，有效降低建筑企业资金沉淀压力，盘活企业运营资金。据不完全统计，全省合计保费收入4549万元，保额约25亿元，承保数量1584件，承保施工企业数974家，其中中国平安保险公司为清远市广清城轨项目某一标段释放了1600万保证金。推广以银行保函替代现金缴纳保证金。2018年全省建筑企业缴纳投标保证金、履约保证金、工程质量保证金、农民工工资保证金累计480亿元，涉及企业累计49128个。其中以银行保函形式缴纳的保证金为283亿元，占比59%。在工程定额中增加安全文明施工措施费比例，为建筑企业解决实行用工实名管理所增加的管理成本。

建筑节能与科技

【装配式建筑稳步发展】 2018年，广东省出台了装配式建筑发展专项规划编制工作指引和省级装配式建筑示范城市、产业基地、示范项目管理办法，建成全省装配式建筑信息统计平台，广州、深圳、珠海、佛山等部分城市出台了发展装配式建筑的实施意见、专项规划和装配式建筑质量监督、面积奖励、招投标管理等措施。举办了2018年中国技能大赛"三一杯"首届全国装配式建筑职业技能竞赛—广东赛区"建装杯"选拔赛，推荐东莞市润阳联合智造有限公司等3家企业参加全国总决赛。在深圳市探索创设装配式建筑专业技术职称，开启培育产业人才新模式。建立了广州莲田金属工程建筑有限公司等44个省级装配式建筑产业基地和中建钢构大厦等17个省级装配式建筑示范项目，建立了深圳市装配式建筑工人综合实训基地等一批装配式建筑实训基地，新建装配式建筑面积超过1000万平方米。

【工程建设标准化改革深入推进】 首次成体系开展了水污染治理系列标准制定，新立项标准24项，列入预备项目28项，全省共有现行工程建设标准109项，在编工程建设标准超过100项。建成广东省工程建设标准化管理信息系统。完成广东省现行工程建设强制性标准整合精简工作，废止强制性标准2项，废止16项强制性标准的部分强制性条文，转化为推荐性标准4项。开展在编标准专项清理，废止了部分超期严重的"僵尸标准"。支持行业协会编制《建筑幕墙用高性能硅酮结构密封胶》等团体标准。联合香港高校编制了地方标准《强风易发多发地区金属屋面技术规程》，在深圳市长圳项目中启动开展粤港标准体系对标试点。

【BIM应用推广】 2018年，广东省BIM技术应用呈现创新、协同、共享等特点。7月，省住房城乡建设厅印发《广东省建筑信息模型（BIM）技术应用费用计价参考依据》为BIM行业健康发展提供了重要依据。2018年9月1日起实施广东省首部BIM应用标准《广东省建筑信息模型应用统一标准》，对推动BIM技术落地实施具有重要的指导意义。以广东省BIM技术联盟为依托，推动BIM（建筑信息模型）在全省范围内的应用推广，相继举行了广东省第二届BIM应用大赛、广东省第四届BIM发展论坛、广东省BIM公益行等推广活动，并在推广活动中首次引入网络直播，显著提升了活动影响力，对加强行业分享交流、提升我省BIM应用总体水平起到了积极作用。

【数字政府改革建设】 2018年，省住房城乡建设厅认真贯彻落实省政府"数字政府"改革建设工作部署，扎实推进"数字政府"改革建设。建立共同推进迁移和接管工作协调机制，推动政务信息系统接管和迁移上云，截至12月30日，省住房城乡建设厅明确迁云的35个政务服务系统，22个获得数字广东公司分配的系统资源。其中，2个系统完成部署上云，并通过安全测评。9个系统完成部署上云，处于安全测评阶段。剩余14个系统处于部署上云阶段。省住房城乡建设厅通过业务系统改造、业务流程优化、申报材料精简等方式，压缩审批时限，减少办事人到现场次数，推进行政审批事项网上全流程办理。截至12月30日，全厅应进驻省政务服务网的36项行政审批事项全部进驻省政务服务网，进驻率、网上全流程办理率和办结率全部达到100%。

人居环境与设计

【农村人居环境整治】 2018年,省住房建设厅把推进农村人居环境整治作为实施乡村振兴战略的第一场硬仗、综合性举措和主要抓手,以改善全省农村人居环境、建设生态宜居美丽乡村为己任,坚持规划引领,以农村生活垃圾、污水治理和村容村貌整治提升为主攻方向,推动各地加快补齐突出短板,扭转"脏乱差"局面。截至年底,全省需编制县域乡村建设规划的县(市、区)已全部编制完成并通过专家评审,村庄规划覆盖率为60.55%,农村生活污水处理设施覆盖率为51.10%。全省基本形成"村收集、镇转运、县处理"的村镇生活垃圾收运处理模式,已建成约23万个村级垃圾收集点,1900余座镇级垃圾转运站,约20万人的村庄保洁员队伍开展村庄保洁和垃圾清运。全省列入中央环保督察整改任务的505个镇级填埋场整改已达到"2018年12月底前完成整改数量50%"的阶段目标。

【历史文化保护】 广东省住房和城乡建设厅高度重视历史文化保护工作,系统推进历史文化保护。截至年底,全省共有8个国家历史文化名城、15个中国历史文化名镇、22个中国历史文化名村、1片中国历史文化街区,以及15个省级名城、19个省级名镇、56个省级名村、20片省级历史文化街区。

城市管理监督

【城市治理】 2018年,省住房和城乡建设厅联合住房和城乡建设部城市管理监督局开展城市管理标准体系研究。指导全省7个县(市、区)做好城市综合执法领域的政务公开标准化规范化试点工作,梳理全省统一的城市综合执法领域政务公开标准。形成了《关于进一步提升城市治理能力和水平的实施意见》《广东省城市治理"三年攻坚"行动实施方案》《提升广东省城市治理水平研究报告》。推动数字化城市管理,与17个地市开展数字化城市管理数据对接,完成广州、东莞、梅州、肇庆4市数字城管平台对接,向茂名市免费提供使用省级数字化城市管理通用型平台,有效构建数字化城市管理"一张网",提升城市精细化管理。

【城市管理综合执法体制改革】 2018年,结合党和国家新一轮机构改革,广东省深入推进城市管理和综合执法体制改革工作。广东省住房和城乡建设厅执法监察局更名为广东省住房和城乡建设厅城市管理综合执法监督处,全省各地市结合新一轮党和国家机构改革,深入推进城市管理和综合执法体制改革。深入开展城市管理执法队伍"强基础、转作风、树形象"专项行动,全面规范城市管理执法队伍着装,统一城市管理执法执勤用车式样涂装。推动《广东省城市管理综合执法条例》立法,规范城市管理执法行为。在"强基础、转作风、树形象"专项行动中,全省3个城市管理和综合执法部门被住房和城乡建设部评为表现突出单位,3名城管干部被住房城乡建设部评为表现突出个人。

【城乡规划督察】 2018年1月,受广东省人民政府委托,广东省住房和城乡建设厅聘任第四届省城乡规划督察员21名,省城乡规划督察员通过列席规划委员会、发出督察文书、开展专项督察等,为全省落实城乡规划、打击违法建设行为发挥重要作用。5月,广东省规划建设遥感监测范围扩大至区县,实现全省域全覆盖。年内,根据各地市实际需求,编印《广东省规划建设遥感监测执法系统使用说明》,有效指导首次使用该系统的各县(市)用户,保障遥感图斑核查处理顺利开展。由于省直机关机构改革,10月,原属于省住房城乡建设厅的城乡规划管理职能划转至省自然资源厅,经省政府同意确认由省自然资源厅承接实施城乡规划督察员制度,过渡期间城乡规划督察进展缓慢,全省城乡规划建设遥感监测暂停。

人事教育

【建设执业资格注册】 2018年,广东省全面深化放管服改革,推行"数字政务",推进注册业务"零跑动、零见面"。二级注册建造师、二级注册结构工程师、二级注册建筑师恢复实施注册核准。年内委托深圳市实施注册房地产估价师变更、注销注册业务。加强对注册执业人员的事中、事后监管,健全监督制约机制。完成建设类执业资格考试报名和考试组织。建设继续教育服务平台,指导企业或培训机构开设继续教育新课程。全年全省受理建设执业资格考试报名9.3万人,受理建设执业资格注册业务申请(含从业情况信息公开)近11万人次,组织1.71万人次参加继续教育培训。

大事记

1月

1日 广东省一级注册结构工程师和其他专业勘察设计注册工程师变更注册、注销注册实现网上办理,全流程"零跑动"。

26日 广东省副省长许瑞生代表省政府与国家保障性安居工程协调小组签订广东省2018年住房保

障工作目标责任书。

31日 广东省公布深圳市为海建材有限公司大鹏分公司等15家企业为广东省预拌混凝土绿色生产三星级企业，深圳市东大洋混凝土有限公司等16家企业为广东省预拌混凝土绿色生产二星级企业，深圳市高新建混凝土有限公司平湖分公司等2家企业为广东省预拌混凝土绿色生产一星级企业。

2月

1日 广东省注册房地产估价师变更注册、注销注册实现网上办理，全流程"零跑动"。

2日 全省住房城乡建设系统安全生产工作会议在广州召开。广东省住房和城乡建设厅厅长张少康和党组书记杨细平出席并讲话。

5日 广东省住房和城乡建设厅进一步贯彻落实"放管服"，将一星级绿色建筑评价标识管理下放地级以上市城乡建设主管部门。

6日 广东省住房和城乡建设厅发布广东省工程建设强制性标准整合精简结论，废止2项强制性标准和16项强制性标准的部分强制性条文，4项强制性标准转化为推荐性标准。

28日 广东省住房和城乡建设厅公布第一届广东省工程勘察设计大师名单，认定马震聪等19名同志为首届广东省工程勘察设计大师。

3月

12日 国务院批复同意广东省开展国家标准化综合改革试点工作。

12—14日 广东省城市轨道交通工程安全生产提醒会在广州召开，全省在建城市轨道交通工程的项目经理和安全负责人近400人参加了会议，广东省住房和城乡建设厅副厅长刘玮出席会议并作讲话。

20日 广东省副省长许瑞生代表省政府与各地级以上市人民政府签订2018年住房保障工作目标责任书。

20日 省建筑市场监管公共服务平台启用建筑市场黑名单功能和工程建设项目招标代理机构信息报送功能。

24日，广东省钢结构协会等单位主办的"影响中国——第四届中国钢结构产业高峰论坛"在广州举办。

30日 广东省教育厅、广东省住房和城乡建设厅、广州市人民政府联合主办2018年广州地区高校生活垃圾强制分类启动仪式在大学城广州大学体育馆举行。省教育厅、省住房城乡建设厅、广州市政府、广州地区高校的领导及有关部门负责人共200多人参加了启动仪式。省住房城乡建设厅刘玮副厅长出席并作讲话。

4月

8日 广东省二级注册建造师、二级注册结构工程师恢复注册核准，由省住房城乡建设厅负责实施。广东省二级注册建筑师恢复注册核准，由省注册建筑师与工程师管理委员会负责实施。

18日 广东省住房和城乡建设厅召开2018年全省住房保障工作会议，厅党组书记杨细平出席会议。各地级以上市住房保障主管部门有关负责同志及业务科（处）室主要负责同志，共计近60人参加本次会议。

18日 广东省住房和城乡建设厅在广州市召开全省农村生活垃圾治理示范工作会议。副厅长刘玮主持会议并讲话，汕头、佛山、惠州、肇庆、云浮5市的市、县级农村生活垃圾主管部门相关领导参加。

19日 以"发展新型建造，推动高质发展"为主题的全省发展装配式建筑推进工作现场会在深圳召开，广东省住房和城乡建设厅张少康厅长出席会议并讲话。

20日 广东省将聘用企业工商注册地为深圳市的注册房地产估价师变更、注销注册行政许可委托给深圳市规划和国土资源委员会实施。

20日 广东省住房和城乡建设厅在佛山召开广东省城镇生活污水处理设施提标改造工作现场会。省住房和城乡建设厅副厅长刘玮现场考察佛山市城镇生活污水处理设施提标改造项目工程，总经济师潘伟堂出席并作讲话。

23日 印发《广东省住房和城乡建设厅关于调整广东省建设工程计价依据增值税税率的通知》，对于采用一般计税方法的建设项目，其工程计价增值税税率由11%调整为10%。

26日 广东省住房和城乡建设厅印发《关于开展共有产权住房政策探索试点的通知》，提出在广州、深圳、珠海、佛山、茂名5市先行探索试点共有产权住房政策，试点时限为1年。

5月

7日 广东省委、省政府印发实施《关于深化预算编制执行监督管理改革的意见》。广东省住房和城乡建设厅同年启动省住房城乡建设系统预算编制执行监督改革。

15日 广东省住房和城乡建设厅厅长张少康带队上线"广东民声热线"节目，通报全力构建多渠道保障的新型住房保障体系有关情况，就住房保障工作、旧楼加装电梯等民生热点进行了回应。

18日 按照省主要领导的指示要求，进一步推进我省棚户区改造、城市更新和违法建设治理工作，广东省住房和城乡建设厅在深圳市罗湖区组织召开珠三角地区棚户区改造（城市更新）暨违法建设治理工作现场会。广东省住房和城乡建设厅厅长张少康同志出席会议并作讲话，深圳市委常委、市政府党组成员杨洪同志为会议致辞。

31日　公布广州宏鼎大厦等17项通过专项验收的"广东省建筑业新技术应用示范工程"。

6月

1日　省管大型建筑工程项目施工许可证核发、竣工验收备案和省管不涉及跨地市大中型建设工程项目初步设计审查等事项下放各地级以上市住房城乡建设主管部门实施。

1日　广东省住房和城乡建设厅在佛山市万科金融中心三期工地举行2018年全省建筑施工"安全生产月"和"安全生产万里行"活动启动仪式暨现场观摩交流会，张少康厅长到会并讲话，省安委办、省消安委办有关负责同志以及来自全省各地级以上市、佛山市各县区住房城乡建设行政主管部门和施工安全监督机构有关负责人、行业协会代表以及部分施工、监理企业分管安全生产工作负责人、项目负责人等近2000人参与了观摩交流活动。

1日　广东省住房和城乡建设厅在佛山市电视台组织举办2018年广东省房屋市政工程"生命至上，安全发展"演讲决赛，各地级以上市建设主管部门、行业协会以及部分施工、监理企业等有关负责人约800人参与观赛和学习。

14日　全国住房城乡建设系统精神文明建设工作会议暨全国文明单位创建工作经验交流会在厦门召开。广东省城乡规划设计研究院党委书记钱中强参加颁奖仪式，并在会上作经验交流发言。

16日　广东省住房和城乡建设厅和广州市住房城乡建设委员会联合参加广东省安委会组织的"安全生产宣传服务咨询日"大型宣传活动，在广州天河体育中心活动现场设立了"建筑施工安全生产宣传咨询点"，林少春常务副省长在巡视时对广东省住房和城乡建设厅工作予以关心和肯定。

22日　广东省人民政府印发广东省国家标准化综合改革试点建设方案。

25日至7月27日　广东省住房和城乡建设厅派出10个督查组，分别由厅领导带队，对全省21个地级以上市2018年上半年房屋市政工程质量安全管理及扬尘治理工作情况进行督查。

27日　广东省住房和城乡建设厅印发《广东省村容村貌整治提升工作指引（试行）》，为全省村容村貌整治提升提供技术指导。

7月

1日　广东省正式启用"广东省二级注册建造师、二级注册结构工程师、二级注册建筑师注册管理信息系统"，采用"网上申报＋网上审批＋核发电子证书＋承诺制"的创新组合模式，二级注册建造师、二级注册结构工程师、二级注册建筑师真正实现了完全的"零跑动"。

5日　2018年全省棚户区改造和公租房分配工作推进电视电话会议召开。

5—6日　广东省住房和城乡建设厅、广东省体育局举办广东省社区体育公园和足球场地设施建设培训班。省城乡规划设计研究院马向明总工程师在会上详细介绍《广东省足球场地设施建设空间布局总体方案（2017—2020）》。

10日　广东省住房和城乡建设厅印发《关于广东省建筑市场监管公共服务平台开放历史业绩补录的通知》，向2018年7月16日前已取得施工许可或开工手续且未在省级平台入库的房屋建筑和市政基础设施工程项目开放补录通道。

10日　公布增城少年宫等14项通过专项验收的"广东省建筑业新技术应用示范工程"。

13日　启动开展全省第二届"广东省传统建筑名匠"认定工作。

18日　印发《广东省农村雨污水收集模式指引（试行）》，指导各地科学合理选择农村生活污水收集模式，理顺村庄排水模式。

27日　中共广东省委批准：赵坤同志任省住房城乡建设厅党组书记。

31日　广东省建设科技与标准化协会在广州成立。

8月

1日　印发《广东省住房和城乡建设厅关于进一步提高施工许可办事效率的通知》，要求各地将房屋建筑和市政基础设施工程施工许可证核发与工程质量、安全监督手续合并办理，并推行告知承诺。

1日　广东省工程建设标准化信息系统建成启用，实现工程建设标准全文公开和编制过程信息化管理。

3日　省住房城乡建设厅对全省整县推进村镇污水处理设施建设工作严重滞后的9个市、13个县进行约谈，督促各地保质保量按时完成任务。厅长张少康主持会议并讲话。

8日　广东省住房和城乡建设厅印发《岭南新风貌·广东省农房设计方案图集（第一册）》，为全省

8日 经省人民政府同意，广东省住房和城乡建设厅、广东省发展改革委、广东省财政厅、广东省国土资源厅印发实施《关于进一步做好公共租赁住房有关工作的实施意见》。

9日 2018年下半年全省住房城乡建设系统安全生产工作电视电话会议在广州召开，会议由省住房城乡建设厅副厅长蔡瀛主持并通报2018年上半年全省住房城乡建设系统安全生产工作情况，分析、研究当前安全生产形势和存在的主要问题，省住房城乡建设厅厅长张少康出席会议并讲话。

10日 由广东省住房和城乡建设厅主办、省城市规划协会承办、省城乡规划设计研究院协办的"'三师下乡'志愿服务省级示范点参观学习和村干部、村民培训交流活动暨'三师下乡'服务活动展"在清远连州西岸镇东村村举办。

13日 广东省住房和城乡建设厅印发《全省农村危房改造专项治理工作方案》，集中开展全省农村危房改造工作中的腐败、作风和机制问题专项治理。

17日 广东省人民政府批准：任命赵坤同志为广东省住房和城乡建设厅副厅长。

23日 广东省住房和城乡建设厅在广州市召开全省农村生活垃圾治理复验工作推进会，韶关、河源、梅州、阳江、湛江、茂名、清远、潮州8个市农村生活垃圾主管部门负责同志参会。

24日 省住房城乡建设厅、省委农村工作办公室、省财政厅、省国土资源厅联合印发《关于全面加快乡村规划编制工作的通知》。

27日 印发《广东省住房和城乡建设厅关于落实乡村振兴战略推进农村人居环境整治实施方案》，对全省住房城乡建设系统落实乡村振兴战略和推进农村人居环境整治工作进行全面部署。

31日 全省建设生态宜居美丽乡村第一期培训班在韶关市翁源县召开。全省各地城乡规划主管部门、规划编制单位等130多位学员通过现场观摩、权威解读、经验分享、专题培训等方式交流、学习。

9月

6日 全省建设生态宜居美丽乡村第二期培训班在梅州市蕉岭县召开。全省104个县（市、区）选派两个重点镇政府的书记或镇长，以及乡村规划编制设计单位专家共20多位学员参加。

7日 全省工程质量提升行动工作推进会在广州召开。会议总结了"十三五"以来广东省房屋市政工程的质量管理工作情况，对进一步推进工程质量提升行动进行部署。副省长许瑞生出席会议并讲话。

13日 广东省住房和城乡建设厅厅长张少康、总工程师陈天翼一行赴数字广东公司开展调研，探讨在"数字政府"改革形势下厅政务信息化建设运营模式。数字广东公司副总裁张春湃出席。

16日 广东省遭遇特大台风"山竹"，暂停一级建造师执业资格《建设工程项目管理》《专业工程管理与实务》科目考试，广东省建设执业资格注册中心会同省人事考试局妥善处置停考事件，及时通知考生、考务人员，组织考点做好停考防台风善后工作。

10月

8日 依据《广东省行政许可事项通用目录（2018年版）》要求，广东省住房和城乡建设厅恢复建筑施工企业安全生产管理人员安全生产考核和证书核发，并委托省建筑科学研究院承接建筑施工企业安全生产管理人员安全生产考核相关事务工作，设立广东省建筑施工企业安全生产管理人员服务中心，正式受理相关考核及发证业务。

8日 广东省城乡规划设计研究院联合省城市规划协会，借助广东省住房和城乡建设厅发起的两大学术交流平台"南粤沙龙"和"绿道讲坛"，成功举办"南粤沙龙＋驿道讲坛"学术研讨会。

15日 广东省住房和城乡建设厅印发《关于2018年9月全省乡村规划编制工作进展情况的通报》，督促各市加快推进乡村规划编制。

23日 第二届"广东省传统建筑名匠"初审入围人选进行公示。

23日 广东省住房和城乡建设厅联合省总工会组织开展庆祝2018年广东省环卫工人节表彰暨慰问活动。省住房城乡建设厅厅长张少康、副厅长刘玮，省总工会副主席杨敏出席活动。

23日 《装配式建筑评价标准》宣贯培训暨现场观摩活动在佛山召开，对《装配式建筑评价标准》的主要技术内容进行解读和宣贯，并现场观摩装配式建筑典型项目。

24日 广东省组织因台风"山竹"停考的一级建造师执业资格《建设工程项目管理》《专业工程管理与实务》科目补考。

下旬 广东省住房和城乡建设厅组织对广东省2016年2月获得命名的1个国家生态园林城市（珠海市）和17个国家园林城市（广州、深圳、东莞、佛山等）进行了全面普查。经普查，18个城市（珠海、东莞、湛江、深圳、惠州、广州、江门、梅州、中山、佛山、汕头、肇庆、茂名、潮州、阳江、开平、韶关、清远）全部符合国家（生态）园林城市标准。

31日 省住房城乡建设厅、省财政厅、省民政厅、省自然资源厅、省扶贫开发办公室、省残疾人联合会联合印发《广东省2018年农村危房改造实施方案》，明确全省2018年农村危房改造任务，对农村危房改造工作作出全面部署。

11月

1日 全国装配式建筑工程质量提升经验交流会在深圳召开，观摩裕璟幸福家园项目，交流装配式工程质量提升经验。住房城乡建设部建筑节能与科技司司长苏蕴山、科技与产业化发展中心副主任文林峰和有关司领导同志出席了会议，厅党组成员、总工程师陈天翼和有关处室负责同志参加了会议，各省、自治区、直辖市、部分城市建设主管部门和有关专家参加了会议。

1日 广东省装配式建筑信息统计平台建成启用。

7日 印发《广东省农村生活垃圾治理工作指引（试行）》，为全省农村生活垃圾分类、投放、收集、转运和处理等各环节工作提供技术指导。

7日 广东省建设工程绿色与装配式发展协会成立。

22日 经省政府同意，广东省住房和城乡建设厅联合生态环境厅印发《广东省城市黑臭水体治理攻坚战实施方案》。指导21个地市编制城市黑臭水体治理攻坚战实施方案，抓紧督促各地市做好实施方案的落实。

24日 印发《关于做好2018年广东省工程建设标准制修订工作的通知》，新立项工程建设标准24项，列入预备项目29项。

26日 广东省住房和城乡建设厅在东莞市组织召开全省生活垃圾管理工作推进会。省住房城乡建设厅有关负责同志，21个地级以上市及各县（市、区）环卫主管部门负责人，省环卫协会负责人等约200人参加会议。省住房城乡建设厅党组成员、总工程师陈天翼出席会议并作讲话。

26—27日 由广东省住房和城乡建设厅主办、广东省环境卫生协会承办的全省城市生活垃圾填埋场焚烧厂运行管理工作培训班在东莞召开。省住房城乡建设厅有关负责同志，21个地级以上市及各县（市、区）环卫主管部门负责人，省环卫协会负责人等约200人参加会议。会上，举行了广东省生活垃圾处理处置培训基地颁牌仪式，向第二批获得"广东省生活垃圾处理处置培训基地"的单位颁发牌匾。

26—29日 广东省第二十期市长（书记）城建专题研究班在佛山市举办，主题是"实施乡村振兴战略，打好污染防治攻坚战"，各地级以上市市长（书记）和部分区（县）长（书记）共50人参加。

27日 广东省标准《电动汽车充电基础设施建设技术规程》发布，规范和指导广东省电动汽车充电基础设施建设。

28日 由珠海市住房和城乡规划建设局主办的珠海市建设科学技术委员会成立大会暨首届珠海市建设科技院士论坛，在珠海市举行。珠海市副市长张宜生、珠海市有关行政主管部门代表、珠海市建设科学技术委员会委员，以及相关单位代表参加活动。省住房城乡建设厅党组成员、总工程师陈天翼应邀出席活动并为活动致辞。

29日 广东省住房和城乡建设厅副巡视员华宏敏以"住房保障工作"为主题，上线省政府门户网站"政府工作话你知"微访谈栏目。

12月

5日 广东省三旧改造协会规划与设计专业委员会成立大会暨粤港澳大湾区三旧改造规划设计研讨会在广州召开。

5—6日 由中国环境卫生协会、广东省环境卫生协会主办，广东省住房和城乡建设厅指导的"焚烧30年，砥砺奋进"中国生活垃圾焚烧发展30年高峰论坛在广东深圳召开。省住房城乡建设厅党组成员、副厅长郭壮狮出席论坛并作致辞。

11日 住房城乡建设系统法治政府建设暨"七五"普法中期总结工作会议在东莞召开。

12日 广东省住房和城乡建设厅在广州市召开加快城镇污水处理设施提标改造工作进展会议。汕头、惠州、汕尾、东莞、阳江、湛江、茂名、潮州市生活污水主管部门分管负责同志参加会议，省住房城乡建设厅副厅长、党组成员刘玮主持会议并提出有关工作要求。

12日 广东省住房和城乡建设厅印发《广东省农村公厕建设指引》，规范全省农村公厕建设和改造工作，并提供技术指导。

13日 广东省住房城乡建设厅党组书记赵坤率队前往深圳参观"大潮起珠江——广东改革开放40周年展览"。

17日 广东省住房和城乡建设厅组织召开全省城市供排水、污水处理、黑臭水体整治、海绵城市建设工作会议。省住房城乡建设厅张少康厅长、刘玮副厅长，全省各地级以上市供水、节水、生活污水（城镇和农村）、黑臭水体治理、排水防涝、海绵城市等牵头主管部门主要负责人、分管领导及业务科室负责人等近200人参加。

18日 广东省住房和城乡建设厅印发《关于进一步提升施工图审查效率的通知》，要求各级住房城乡建设主管部门落实公开审图进度信息、建立审图超时预警及监管机制、进一步鼓励跨区经营等事项。

19—21日 住房城乡建设部村镇建设司派专家组赴中山市、佛山市开展全国特色小城镇调研。

21日 广东省住房和城乡建设厅在广州市召开镇级填埋场推进会，韶关、河源、梅州、惠州、东莞、阳江、清远、云浮8市农村生活垃圾主管部门负责同志参会。

23日 《中共广东省委机构编制委员会办公室关于明确省住房城乡建设厅行政执法专项编制的函》核定省住房城乡建设厅行政执法专项编制21名。

24日 广东省住房和城乡建设厅公布了"复杂城市道路自行车快速道综合建造工法"等699项工法为2018年度省级工法。

24日 由广东省住房和城乡建设厅指导，省城市规划协会主办，广州市城市规划协会和广州亚城规划设计研究院承办的"广东省乡村振兴规划建设论坛"在广州市召开。全省16个地级以上市的城乡规划建设管理部门负责人和规划设计院所人员、高校专家学者共180多人参加。

31日 《中共广东省委办公厅 广东省人民政府办公厅关于调整广东省住房和城乡建设厅职责机构编制的通知》印发，明确省住房城乡建设厅城乡规划管理职责划入省自然资源厅，不再保留城乡规划处（珠江三角洲城镇群规划管理办公室、省绿道网建设管理办公室）；省住房城乡建设厅风景名胜区、自然遗产管理职责划入省林业局；将原省人防办的人防工程建设质量监督管理相关职责划入省住房城乡建设厅；省住房城乡建设厅执法监察局更名为城市管理综合执法监督处。调整后，省住房城乡建设厅内设机构13个，机关行政编制128名。设厅长1名，副厅长4名，总工程师1名；正处级领导职数17名（含总经济师1名、机关党委专职副书记1名），副处级领导职数29名。

31日 广东省从事生产经营活动事业单位改革工作领导小组印发《广东省建筑设计研究院转企改制实施方案》，明确广东省建筑设计研究院整体转企改制为国有控股的混合所有制企业。

（广东省住房和城乡建设厅）

广西壮族自治区

概况

2018年，面对错综复杂的国内外发展环境，广西住房城乡建设系统以习近平新时代中国特色社会主义思想为指导，在自治区党委、政府的坚强领导下，认真贯彻落实党的十九大精神，贯彻落实全国住房城乡建设工作会议精神和全区经济工作会议精神，坚定信心，砥砺前行，推动住房城乡建设事业发展取得了新进展、新成效，为全区经济社会持续健康发展作出了积极贡献。

广西认真贯彻落实中央的决策部署，坚持"房子是用来住的、不是用来炒的"定位，因城施策，分类调控，房地产市场总体保持平稳运行。

法规建设

【概况】2018年，为贯彻落实中共中央、国务院及住房城乡建设部法治政府建设有关精神，自治区住房城乡建设厅结合广西实际，践行依法治国新理念新思想新战略，全面推进法治政府建设。2018年度，全区法治政府建设专项绩效考评中自治区住房城乡建设厅获满分，并在全区推进行政裁量基准制度、行政执法责任制等现场会上作交流发言，也是全区唯一按照国家、自治区法治政府建设纲要和方案主动开展系统内法治政府建设综合检查的区直部门。

【建筑业领域立法】2018年，广西第一部规范建筑施工安全生产的政府规章《广西壮族自治区建筑工程安全生产管理办法》颁布实施，实现了制度建设的历史性突破。制定广西第一份建筑业改革顶层设计文件《关于促进建筑业持续健康发展的实施意见》并由自治区人民政府办公厅印发。

【城乡管理领域立法】《广西乡村规划建设管理条例》在2018年11月28日审议通过并将于2019年5月1日起施行，《广西城市管理执法条例》《广西燃气管理条例》《广西物业管理条例》等地方性法规项目纳入自治区人大五年立法规划。各市新出台了《北海市涠洲岛生态保护条例》《柳州市城市绿化条例》等14个地方性法规、规章。12月18日，制定出台《广西壮族自治区城市管理执法标准》（试行），健全了城市管理执法各项标准，对城市管理执法程序、执法证据、装备管理等内容进行了规范。自治区印发实施《广西高速铁路沿线环境综合整治长效机制实施方案》，推进高铁沿线环境综合整治。

【行政执法】2018年，自治区住房城乡建设厅在全区率先开展行业内法治政府建设综合检查，并被评为全区深入推行行政裁量基准制度和行政执法责任制先进单位。强化行政复议、行政应诉、信访案件法治化建设，完善法律顾问制度。完成"七五"普法中期任务，严格执行"律师驻局"制度。2018年，全区各级住房城乡建设主管部门共立案13131件，结案7803件，罚没款总额4872.99万元，对264家企业和3757位相关责任人进行了行政处罚。其中，广西住建厅共受理行政处罚案件40件，下达行政处罚决定书40份。

【化解信访矛盾】2018年，广西住房城乡建设领域的信访案件化解率比2017年提高了12%，群众满意度逐年提升，争创"人民满意窗口"排名全区第一。2018年区直中直驻桂单位信访矛盾化解攻坚现场推进会在自治区住房城乡建设厅顺利召开，自治区住房城乡建设厅化解信访矛盾经验得到中央及自治区的充分肯定。

【普法宣传】2018年，自治区住房城乡建设厅录制住建领域《法治之治》法治宣传教育片；以派村第一书记为依托，建立农村法制辅导站，组织厅各党支部到上林县西燕镇岜独村等普法联系点开展宪法宣传和法治创建活动；以"安全生产月"活动为重要载体，向全区建筑工地和施工企业大力宣传普及新出台的《广西建筑工程安全生产管理办法》等相关法律法规及典型案例，同步组织在危旧房改住房项目部开展的"法律进工地"及"律师以案释法"活动；结合"墙改下乡百镇千村千里行"宣传活动，大力宣传《广西新型墙体材料促进条例》《广西民用建筑节能条例》《广西乡村清洁条例》等法律法规及农村危房改造政策；以"3.19"城市管理日为契机，通过文艺演出、现场知识抢答、发放宣传资料等形式，开展城市管理方面法规宣传活动。

住房保障

【概况】2018年，全区保障性安居工程各项目标任务提前超额完成，在保障和改善民生、稳定经济增长、扩大有效投资、完善城镇功能、提升城市品质和承载力等方面发挥了积极作用。广西棚户区改造工作成效显著，被国务院列为棚改工作积极主动、成效明显的五个省（区）之一，予以表扬激励并对广西保障性安居工程配套基础设施奖励资金2.3亿元。棚户区改造在保障和改善民生的同时，为全区经济增长和扩大有效投资发挥了突出的作用。

【棚户区改造】全年实施棚户区改造9.1万套，提前3个月超额完成国家下达的目标任务；基本建成8.96万套，完成国家下达任务的213.3%；完成投资275亿元，同比增长24.4%。全年争取棚改专项贷款授信426亿元，新增发放109亿元，争取补助资金50.9亿元。在全国首创棚改金融超市，搭建棚改政银企平台，试点发行棚改专项债券13亿元，申报2019年全区棚改专项债券达365.96亿元，获得住房城乡建设部肯定。

【危旧房改住房】截至2018年底，全年全区危旧房改住房改造完成投资33.73亿元，新开工建设住房9799套，基本建成住房8514套，均超额完成年度计划指标。全区累计审批危旧房改住房改造项目590个，计划拆除危旧住房6.4万套、建筑面积460万平方米，计划新建住房19万套、建筑面积2100万平方米，计划总投资810亿元；累计完成投资260亿元。

【公共租赁住房保障】全区发放城镇住房保障家庭租赁补贴3.34万户，完成年度目标任务2.8万户的119.29%；列入国家计划的政府投资公共租赁住房分配入住36.78万套，占累计开工39.4万套的93.35%。各地通过降低门槛、简化程序、创新服务和分类保障等方式，向农民工、环卫工人、公交司机、青年教师、青年医生等群体分配公共租赁住房15.4万套，向贫困户、残疾人、优抚对象、各类先进模范人物等群体分配公共租赁住房10.37万套，解决了52万城镇中低收入住房困难家庭和新市民的居住困难。

房地产业

【概况】2018年，广西房地产市场调控效应持续显现，全区房地产市场继续呈现稳中趋降态势，房地产投资、商品房销售面积及均价增速回落，商品房库存保持在合理区间。印发《广西壮族自治区房地产开发企业管理办法》，强化落实主体责任，防范和化解房地产市场风险。

【房地产开发投资】2018年，全区房地产业完成投资3312.47亿元，同比增长12.8%。其中，房地产开发完成投资3004.13亿元，同比增长11.9%，增速高于全国平均水平2.4个百分点，在全国排名第14位；保障性住房建设完成投资274.61亿元，同比增长24.2%。全区房地产业实现税收476.88亿元，同比增长31.6%，占全区税收收入的20.6%。

【商品房销售】全区商品房销售面积为6212.9万平方米，同比增长20.1%，增速排名全国第二位；商品房销售额为3826.50亿元，全区商品房平均售价为6159元/平方米，同比增长5.6%。全区商品房库存面积为5465.71万平方米，同比增长15.9%，消化周期约11个月，保持在合理区间。

【住房租赁市场】广西推进以市场配置为主、政府提供基本保障的住房租赁体系建设，确定南宁、柳州、百色等3市开展自治区住房租赁试点，以点带面推进全区住房租赁市场发展。南宁市初步建立竞配产权移交住房管理制度，计划将竞配产权移交住房投入公共租赁住房市场。柳州市首个人才公寓项目主体已基本完工，可以满足322户符合条件的家庭入住。百色市鼓励企业将中长期持有部分房源用于租赁，开展规模化、集约化、专业化住房租赁经营业务。

【房地产市场调控及监管】2018年以来，广西认真贯彻落实中央关于房地产市场调控的决策部署，坚持房地产市场调控目标不动摇、力度不放松，因城施策，分类调控，房地产市场调控效应持续显现。深入企业开展调研，听取企业对房地产调控、房地产金融政策、营商环境改善等方面的意见建议。下发《广西壮族自治区房地产开发企业管理办法》规范房地产开发行为；下放三级及以下房地产开发企业资质审批权限，提高审批效率；进一步明确申报资质业绩标准，支持企业做大做强；规范商品房预售条件，防范风险。先后4次转发住房城乡建设部房地产市场调控相关文件，指导各市落实各项房地产调控政策，保持房地产调控连续性和稳定性。

住房公积金管理

【概况】2018年，广西各地结合当地房地产市场形势和住房公积金使用情况，因地制宜调整住房公积金使用政策，合理引导住房消费，支持中低收入居民自住和改善性住房需求；实施差别化的住房公积金信贷政策，遏制投资投机性购房，促进房地产市场平稳健康发展；简化租赁提取住房公积金的办理手续和审批要件，提高提取额度，支持住房租赁市场发展。

【住房公积金归集】2018年，广西住房公积金新开户单位5255家，净增单位2253家；新开户职工37.47万人，净增职工10.36万人。归集住房公积金424.54亿元，比上年增长12.42%，增速比上年提高0.52个百分点。累计归集住房公积金2927.72亿元，归集余额1112.15亿元，分别比上年增长16.96%和11.67%。

【住房公积金使用】2018年，全自治区住房公积金使用额达471.52亿元，比上年下降2.77%。其中，住房公积金提取308.32亿元，比上年增长18.53%；为5万户职工家庭发放个人住房公积金贷款163.2亿元。全自治区住房公积金累计提取额1815.57亿元，占缴存总额的62.01%；个人住房公积金贷款总额1443.64亿元，贷款余额959.25亿元，住房公积金个人住房贷款率（个贷率）达86.25%；个人住房贷款年末逾期余额为6227.21万元，占个人贷款风险准备金余额的1.94%。个人贷款风险准备金余额32.14亿元，占个人贷款余额的3.35%。

【个人自愿缴存住房公积金】截至2018年底，全区所有设区市已全部出台并公布个人自愿缴存管理实施细则或办法，12个设区市已正式开展自愿缴存业务，基本实现个人自愿缴存住房公积金业务全覆盖。各地全面落实个人自愿缴存住房公积金政策，因地制宜调整住房公积金政策，优化住房公积金服务支持住房租赁。全年释放住房公积金404亿元用于住房消费，拉动住房销售面积约728万平方米；住房租赁公积金提取14亿元，同比增长71%，充分发挥了服务民生、助力宏观调控的作用。

【住房公积金政策】2018年1月26日，自治区住房城乡建设厅、财政厅、人民银行南宁中心支行、自治区港澳办、自治区台办联合转发《住房城乡建设部等五部门关于在内地（大陆）就业的港澳台同胞享有住房公积金待遇有关问题的意见的通知》（桂建金管〔2018〕2号），将港澳台同胞纳入住房公积金制度，区直分中心、柳州、百色、贺州公积金中心已率先开展港澳台同胞缴存业务。

【住房公积金"放管服"改革】2018年，广西全面完成住房城乡建设部部署的住房公积金基础数据贯标和银行结算应用系统接入的"双贯标"工作任务。印发推进住房公积金行业"一事通办"改革意见，共取消30项住房公积金业务办理材料，将住房公积金提取流程简化为二级审批，前置房地产开发企业阶段性担保手续。贷款审批由原来10个工作日缩减为5个工作日，已实现不动产抵押登记自助办理的在15个工作日内办结放款手续；未实现不动产抵押登记自助办理20个工作日内办结放款手续。受托银行要在3个工作日内完成借款合同签订用印和抵押登记报送手续。移交委贷资料、领取抵押权证、通知放款、发放贷款等环节时限为上一流程办结后1个工作日。搭建综合服务平台，共享区内住房公积金数据，实现住房公积金提取当场办结秒到账，贷款只跑一次。

城市建设

【概况】全区深入开展"宜居城市"建设活动，着力推动市政基础设施建设，项目建设促投资、稳增长的作用明显增强，加大市政基础设施补短板力度，建设宜居城市，城市功能与品质进一步提升。

【城镇污水处理】全区城镇污水生活垃圾处理率分别达94.5%、99.13%。建成城镇污水处理设施111座，生活污水日处理能力达423.9万吨。设区市全部建成污泥无害化处置设施，日处理能力达1900吨。建成镇级污水处理设施488座，日生活污水处理能力约达到80万吨，全区建制镇污水处理设施覆盖率近70%。

【生活垃圾处理】建成生活垃圾无害化处理设施87座，全区生活垃圾焚烧发电处理能力达到8900吨/日，全区生活垃圾焚烧处理比重达37.4%，提前完成国家对广西的"十三五"规划目标要求。其中，设市城市生活垃圾焚烧处理能力占无害化处理总能力的61%，提前完成广西"十三五"规划目标。全区城市黑臭水体整治完成率超90%。加大推进生活垃圾分类收集处置力度，城镇环卫保洁水平不断提高。

【市政配套设施建设】全区城市道路总里程达1.55万公里，南宁市、柳州市轨道交通建设稳步推进。14个设区市实现市政天然气管道供气，40个县（市）实现管道天然气利用，全区燃气普及率达96%以上。城镇公共供水普及率达97%以上。出台推进既有住宅加装电梯工作指导意见，广西启动既有住宅加装电梯工作。无障碍环境建设持续推进，新建、改扩建无障碍环境设施率达100%。

【污泥无害化处理】来宾市污泥无害化处置设施基本建成，全区污泥无害化处置设施达到21座（14个设区市、6个县级市、1个县），设区城市全部建成污泥无害化处置设施，主要采取好氧堆肥、水泥窑协同处置、深度脱水工艺，总处理能力达到1850吨/日。

村镇建设

【概况】2018年，广西村镇建设投资595.76亿元，农村人居环境持续改善。贯彻落实中央和自治区关于实施乡村振兴战略的决策部署，围绕"不断优化乡村空间布局，严格保护乡村生态环境，完善乡村基础设施和公共服务"等工作要求，全面启动乡村风貌提升三年行动。农村基础设施建设稳步推进，乡土文化建设和传统村落保护不断深入。

【农村危房改造】2018年，全区全年农村危房改造开工12.45万户、竣工8.06万户，累计完成投资48.34亿元，其中，建档立卡贫困户危房改造开工10.68万户、竣工6.71万户，均提前超额完成开工任务，解决了32万贫困群众的安全住房需求。同时，争取到粤桂扶贫协作补助资金3亿元，加强农村危房改造领域腐败和作风问题专项治理和审计问题整改，农村危房改造领域腐败案件多发态势得到有效遏制。

【城乡风貌】2018年，广西加强柳州市、桂林市、北海市三个国家历史文化名城保护，加快推进历史文化街区划定和历史建筑确定工作，新划定并公布12片自治区级历史文化街区，确定了225处历史建筑。南宁市编制完成总体城市设计，北海市完成2个重点地区城市设计。自治区及各市制定"城市双修"工作方案，桂林市、柳州市全国"城市双修"试点项目建设有序推进。推进生态园林建设，桂林市申报创建国家生态园林城市，防城港市、贵港市、永福县、蒙山县创建国家园林城市（县城）；荔浦、岑溪等市县通过"广西园林城市"考评。

【城镇化建设】2018年，全区常住人口城镇化率50.22%，同比增长1.01个百分点；户籍人口城镇化率31.72%，较2017年增长0.49个百分点。全区新增农业转移人口落户城镇37.4万人，累计落户约532万人。户籍改革基本实现城镇落户"零门槛"，全区14个设区市已完成了落户政策的调整，各大中小城市均无购买房屋、投资纳税、积分落户等方式的落户限制。科学布局产城融合空间，南宁五象新区、柳州柳东新区、桂林临桂新区等加快建设，城市新区创新发展成为城市建设新样板。23个新型城镇化示范县、百镇建设示范工程项目建设完成投资85.8亿元，第一、二批百镇示范工程项目完成验收工作。45个自治区特色小镇培育工作全面启动，完成投资超过221亿元，引进企业超过300家。

【乡土文化建设和传统村落保护】2018年，广西526个乡土示范村推进顺利，新增136个镇村列入中国历史文化名镇名村和中国传统村落名录。广西国家级传统村落总量位列全国第10位。推进钟山县"专家团队包村打造"、灌阳县"平台公司统一收储"、永福县"政府、企业、村民合作保护开发"等模式创新,乡土特色和传统村落项目建设进一步加强。

【特色小镇培育】2018年公布第一批45个广西特色小镇培育名单(含14个国家级特色小镇)。广西特色小镇的培育工作正在稳步推进,落实并下拨第一批45个广西特色小镇的补助资金3亿元。10月25日下达小镇建设项目计划。45个小镇已累计完成投资221亿元,引进企业超300家,24个小镇完成并通过产业策划研究和核心区建设规划集中审查,14个小镇拟通过培育阶段首次验收评估,23个小镇的主要产业项目已开工建设。

标准定额

【概况】2018年,自治区住房城乡建设厅深入贯彻国务院《深化标准化工作改革方案》的要求,加快推进工程建设标准定额改革,深入推进BIM技术应用发展,完善无障碍设施建设,聚力推动建筑业转型升级发展。

【工程标准化管理】2018年,广西工程建设地方标准、导则及图集批准立项40项,编制完成28项。编制完成了《绿色建筑质量验收规范》《建筑工程建筑信息模型BIM设计施工一体化标准通用技术手册》《建筑工程建筑信息模型BIM设计施工一体化标准通用技术手册》《无障碍设施标准设计图集》等地方标准和标准设计图集。2018年,自治区财政厅继续安排150万地方标准财政专项补助资金。按计划已完成了对2017年度申请立项的13项地方标准主编单位,2018年度编制完成的10项地方标准主编单位的财政资金补助。

【工程定额造价管理】根据国家税制改革要求,2018年,广西进一步规范"营改增"过渡期有关工程结算问题,对广西工程建设定额营改增后建设工程计价进行调整。编制完善广西壮族自治区各类工程定额,2018年编制完成3部定额,完成5项一次性补充定额编制,出台《关于调整建设工程定额人工费及有关费率的通知》。2018年,广西工程造价咨询业务收入约84011.46万元,完成的工程造价咨询项目所涉及的工程造价总额约3856.36亿元。完成住房城乡建设部关于开展工程造价计价软件与国家监督工程造价数据监测平台对接工作。共有2680个项目完成网上备案(不包含纸质备案的项目)。

【工程建设标准体系】2018年,广西加快工程建设标准定额编制步伐,批准立项了40项地方标准及标准设计图集,发布实施23项地方标准和3项工程定额,广西工程建设标准体系和工程定额管理体系进一步完善,促进建筑业高质量发展。积极推广BIM技术应用,确定南宁市为自治区BIM技术推广应用试点城市,26项工程项目为全区BIM技术应用试点项目。在第三届国际BIM大奖赛上,广西国际壮医医院等4个项目获奖,是广西BIM技术应用首次在这一国际大赛上获奖。

【无障碍环境建设】2018年,广西各市、县对既有的352条市政道路、758座公共建筑、580个居住小区、189个公共交通设施、289个公园广场、168个医院等均进行了无障碍设施改造,无障碍设施改造率达41%。新建、扩建和改建项目无障碍设施建设率达100%。继续安排500万元无障碍环境建设财政专项补助资金,分别用于支持贺州市、钦州市、阳朔县、富川县、钟山县创建"十三五"无障碍环境建设示范城市工作。

工程质量安全监管

【概况】2018年,自治区住房城乡建设厅进一步完善质量管理制度,加强工程质量监管。在"严管重罚、惩防并举"工作机制的基础上,首创"明察与暗访结合、市场与现场挂钩、监督与引导并重"的工作方式,构建立体化的监管体系。加强勘察设计质量监督,开展住宅工程质量满意度提升四年行动,启用广西壮族自治区建筑业企业诚信综合评价系统,公布第一次建筑业企业诚信综合评价得分,将诚信行为与招投标挂钩。

【工程质量安全检查】2018年,广西开展4次建筑施工质量安全大检查,实现对全区14个市及105个县区的全覆盖督查,开展每季度在建轨道交通工程质量安全专项检查,轨道交通工程质量安全状况稳中有升。开展了一次市政基础设施工程质量安全专项检查,并进行了督查,实体质量抽测21处,合格17处,合格率81.0%,比2017年提升6个百分点。在全区组织开展了2018年住宅工程质量常见问题治理暨逐套验收专项检查,共抽查8个县(市、区)的30个住宅工程。

【建筑工程质量监管】2018年,广西新受监房屋建筑工程7632项,竣工验收房屋建筑工程4573项,竣工验收市政工程330项,工程竣工验收合格率保持100%。全区监督机构共发出停工整改通知书3895份,整改通知书13410份,消除质量隐患15531起。处理投诉640件,已结案585件,结案率91.4%。全年未发生一般及以上等级质量事故。

【住宅工程质量用户满意度调查】2018年,广西各地共对143个住宅小区进行了住宅工程质量用户满意度调查,全区平均用户满意度为82.8%,较2017年提升3.8个百分点,超过80%的预设目标。住宅小区总户数54717户,总入住户数29466户,小区入住率53.9%;参与问卷调查6990户,完成问卷调查5987份,完成率为85.7%,参与率为20.3%,高于2017年6.2个百分点;县域平均用户满意度为84%,较2017年提高6.7个百分点;设区市(含区)平均用户满意度为85.4%,较2017年提高4.7个百分点;各市(含所辖县、区)平均用户满意度在72.4%~96.8%之间。

建筑市场

【概况】2018年,广西出台促进建筑业持续健康发展的实施意见,为全区建筑业改革发展奠定了基本框架。扶持区内建筑业企业做大做强,全区有3家施工企业升级总承包特级资质,11家工程监理企业升级甲级资质,11家工程造价咨询企业升级甲级资质。

【建筑业】2018年,广西全区建筑业完成总产值4673亿元,同比增长11%,高于全国增速1.1个百分点;实现建筑业增加值1793亿元,占全区GDP的比重达8.81%,高出全国平均水平2个百分点。实现税收692亿元,占全区税收收入的29.9%,进一步夯实了国民经济支柱产业的地位。

【首创农民工工资发放新模式】2018年,广西在全国首创"一人一卡、全区通用""桂建通"农民工工资卡制度,上线运行广西建筑农民工实名制管理公共服务平台,从源头上解决拖欠农民工工资问题。2018年,全区共录入39.4万建筑农民工实名信息,按全区60万农民工估算,完成进度为65.5%,录入速度全国领先,共发"桂建通"工资卡33.2万张,创造出实名制管理"广西速度"。工人在全区跨行异地取款、转账免手续费,银行代发工资免收施工企业手续费,全区施工企业、工人每年可分别减负5000万元以上,此创新做法得到国务院门户网站、新华社等中央和省级媒体的宣传报道。

【装配式建筑】2018年,南宁、柳州、玉林、贺州等4个自治区级装配式建筑试点城市建设加快推进,全区竣工投产装配式建筑生产基地23个,预计装配式混凝土构件产能将达到约340万立方米,装配式钢结构产能将达到约180万吨。开工建设装配式建筑项目30个,总建筑面积超过200万平方米,装配式建筑基地和项目建设初具规模。全区有6个基地、8个项目分别获评为自治区级装配式建筑产业示范基地和项目。推进装配式建筑延伸到农村,在桂林、贺州和崇左等地开展装配式农房试点项目建设,发展装配式农房。贺州市与住房城乡建设部科技与产业化发展中心签订战略合作协议,重点打造装配式建筑千亿元产业。

【建筑业改革试点成效】2018年,广西全面推进工程总承包改革试点,全区实施699个项目、投资金额达778亿元,占全区公开招标项目中标总金额的37.95%;开展全过程工程咨询试点,印发全国首份全过程工程咨询服务招标文件范本,实施试点项目17个;推进工程保函和工程保证保险,释放资金12亿元以上;开展工程质量评价和建筑施工安全生产监管信息化试点,启用广西建筑业企业诚信综合评价系统,将诚信行为与招投标挂钩;加强建筑劳务用工制度改革试点,全区建筑施工欠薪案件、涉及人数及金额均大幅下降85%以上。推进大型公共建筑工程后评估、勘察质量管理信息化、建筑师负责制等3项全国试点,完成首批试点城市和试点项目的后评估,出台在民用建筑工程中试行建筑师负责制的指导意见,建筑师负责制试点获住房城乡建设部通报表扬。

【创优数量再创新高】2018年,广西建筑工程获得1个自治区主席质量奖、2个詹天佑奖、6个鲁班奖、18个国家优质工程奖、9个中国安装之星、26个全国装饰奖;18个项目获"全国建设项目施工安全生产标准化工地"称号;67个QC小组获"全国工程建设优秀QC小组"称号;全年共有305个工地获"广西建设施工安全文明标准化工地"称号,其中有26个为示范工地,创历史新高。

建筑节能与科技

【概况】2018年,广西严格要求城市规划区内新建民用建筑全面执行绿色建筑相关标准,出台《关于加强绿色建筑统计工作的通知》《关于下达2018年度全区城镇新建建筑节能与绿色建筑发展主要指标任务的通知》。出台实施《绿色建筑设计规范》《既有公共建筑节能改造技术规范》《绿色建筑生态小区评价标准》《绿色建筑质量验收规范》《广西绿色建筑评价技术细则》等广西工程建设地方标准、规范、细则,将《房屋和市政工程施工图审查实施导则》中"绿色建筑"设为专项审查内容,为推进全区绿色建筑发展建立了较为完善的标准体系。截至2018年底,全区城镇新建建筑在设计阶段和施工阶段执行建筑节能强制性标准的比例分别达到100%及99%,新建节能建筑面积约5802万平方米,新开工绿色建筑面积约5591万平方米。

【新型墙体材料】 2018年广西积极培育千亿元新型墙体材料产业发展,全区新型墙体材料占墙体材料总量比重的76%,节约能源158.1万吨标准煤。25条乡土特色清水砖示范生产线逐步投产,清水砖示范项目效果明显。

【绿色建筑】 2018年,广西绿色建筑实现跨越式发展。发布实施地方标准《绿色建筑质量验收规范》;全面推动绿色建材标识评价工作,推行第三方评价。全区新增绿色建筑评价标识项目42个,建筑面积约530.11万平方米;新增绿色建筑运行评价标识项目9个,建筑面积约145.73万平方米,其中一星级2个,二星级6个,三星级1个。

【公共建筑节能】 2018年,广西完成百色市等"1市2校3院"6个国家公共建筑能效提升示范工程省级验收工作,实施完成公共建筑节能改造面积322.3万平方米,累计年可节能约2168.5万千瓦时,折合约6722.34吨标准煤,减排约1.68万吨二氧化碳。全区共有11个设区市建立了能耗监测平台并与省级平台联网,对221栋国家机关办公建筑和大型公共建筑能耗情况进行动态监测,覆盖建筑面积约545.2万平方米。

【建设科技成果】 2018年,自治区住房城乡建设厅组织推荐《绿色生态城区参数化智能设计与热环境监测平台技术研发与应用》《广西绿色建筑隔声构造适宜性技术研究与应用示范》等12个项目列入广西科学研究与技术开发计划项目;推荐广西城市建设学校新校区、玉林市福绵区2015年扶贫生态移民工程等10个项目纳入住房城乡建设部2018年科学技术计划项目;完成对广西市政工程集团有限公司等6个建设行业企业的自治区级企业技术中心认定。广西建工集团第三建筑工程有限责任公司荣获2018年度广西科学技术进步奖三等奖,广西建工集团第五建筑工程有限责任公司、中国建筑第八工程局有限公司荣获2018年度华夏建设科学技术奖二等奖。

【夏热冬暖地区低能耗建筑示范项目】 2018年,自治区本级财政节能减排(建筑节能)专项资金安排400万元用于支持"景典装配式建筑产业基地低能耗装配式示范区1号、2号楼"建设,推动装配式建筑科技成果转化,打造绿色低碳综合应用示范典型。项目装配率达到83%,达到AA级装配式建筑标准,围护结构热工性能指标比国家现行相关建筑节能设计标准规定高20%~25%,整体节能率约达56.6%,节能示范效益高。

人居环境与设计

【概况】 2018年,广西为提升城乡人居环境,打造宜居城市,提升城市功能和品质开展了形式各样的专项行动。启动全面推进乡村风貌提升三年行动,塑造"传承文明、桂风壮韵、生态宜居、和谐美丽"的广西乡村风貌,优化农村人居环境,建设美丽宜居壮美乡村。推进城市设计,塑造城市特色,推进生态园林建设,全区深入开展"宜居城市"建设活动,着力推动市政基础设施建设。

【乡村风貌提升三年行动】 2018年9月,自治区党委办公厅、政府办公厅印发《广西乡村风貌提升三年行动方案》,通过开展乡村规划"三落实"、特色风貌"三提升"、乡村文明"三治理"、村庄基础设施"七改造"、村庄公共服务"十完善"等"五大行动",力争到2021年,实现对全区村庄风貌整治"扫一遍"的目标,逐步塑造和形成"传承文明、桂风壮韵、生态宜居、和谐美丽"的广西乡村风貌。此方案标志着广西乡村风貌提升三年行动全面启动。一是组建广西乡村风貌提升三年行动厅际联席会议;起草《关于统筹推进乡村风貌提升三年行动项目建设的指导意见》等近10个文件。二是开展规划设计下乡服务活动,组织11个设计单位84人开展规划设计下乡服务活动。已完成45个村庄的实用性村庄规划。形成农房设计改造建设方案351套,筛选出方案58套用以科学指导农房建设,并无偿提供农民建房使用;举办农房培训12场,参与培训人数265人;协助农村工匠培训10场,培训工匠282人。三是印发《广西乡村风貌提升三年行动试点实施方案》,组织编制《广西农房改造建设设计指引》,形成50套农房设计改造建设方案。选取的试点村屯已全部完成农房建设方案和村庄规划;田阳试点接近完成,永福、港南等地试点相继启动。四是"环广西"公路自行车世界巡回赛沿线风貌整治圆满完成。

【农村人居环境】 2018年,广西印发《广西农村人居环境整治三年行动方案(2018—2020年)》,农村人居环境整治三年行动全面开展,"基础便民"专项活动和城乡"厕所革命"继续推进。全区共完成农村无害化卫生厕所改造102.77万户,组织51个村屯开展农村公厕改造试点,同步实施农村清洁厨房改造103.03万户、农村畜圈改造5.03万户,均超额完成年度任务,农村无害化卫生厕所普及率逐步提高,厨房卫生条件明显改观,农村楼上住人楼下养畜的现象得到治理。围绕农村人居环境整治行动,组织12.04万户农户开工建设并完成8.06万户危房改造任务，1514个村屯完成公共照明试点改造，不断改善农村居住条件。2018年，全区有114个村列入全国传统村落保护名录，128个村被评为"美丽广西"乡村建设示范村，500个自然村被评为自治区"绿色村屯"。巩固农村生活垃圾专项治理两年攻坚成果，已有449个乡镇片区处理中心项目、1122个村级处理设施投入正常运营。完成19个非正规垃圾堆放点整治，全区对生活垃圾进行处理的行政村比例达95%以上。458名农村保洁员被评为自治区模范保洁员，全区对生活垃圾进行处理的行政村比例提高到95%以上，农村人居环境持续得到有效改善。

【新型基础设施建设】2018年广西海绵城市建成区总面积已达到152平方公里，占城市建成区总面积的12.5%，所有设区市全部达到城市建成区10%以上的面积的年度海绵城市建设目标要求。完成45个城市易涝点整治，易涝点消除率达52%。建成城市地下综合管廊廊体约82公里，在建项目达38个，5个地下综合管廊项目投入运营。

【城市设计】按照住房城乡建设部《关于将上海等37个城市列为第二批城市设计试点城市的通知》（建规〔2017〕148号）的要求，指导南宁、北海两市开展全国城市设计试点工作，南宁市已完成总体城市设计，并通过了第三次城市规划委员会专家委员会的审查；指导其余设区市城乡规划主管部门按照创新管理制度、探索技术方法、落实实施方案、总结推广经验"的思路，积极推进城市设计工作。

【城市双修】2018年，印发《广西开展生态修复城市修补工作的指导意见（试行）》，广西按照住房城乡建设部关于全国"城市双修"试点城市工作要求，按照探索推动组织模式、践行新理念新方法、先行先试适宜技术、探索资金筹措和使用方式、研究建立推动长效机制、研究建立"成效的评价标准"的工作思路，指导桂林、柳州市两个国家试点城市开展城市双修工作，并督促恭城、钟山县两个自治区"城市双修"试点县城完成规划编制和制定工作方案，积极开展试点项目建设。

【立体绿化三年行动计划】2018年，广西在南宁市推进的立体绿化三年行动计划进入收官之年。截至2018年底，南宁市完成各类立体绿化共计27.81万平方米，占计划任务数20万的139.05%。其中，完成屋顶绿化158处，面积23.69万平方米，占任务数18.2万平方米的130.17%；完成其他立体绿化119处，面积4.12万平方米，占任务数1.8万平方米的228.89%，立体绿化三年行动计划顺利收官。

城市管理监督

【概况】2018年，广西制定出台《广西壮族自治区城市管理执法标准》，进一步规范城市管理执法工作。及时制定印发自治区"强转树"三年行动实施方案，举办"强转树"业务骨干培训班，召开全区"强转树"专项行动推进会暨非接触式执法现场会，提升了执法队伍素质和形象，提高了城市管理执法和服务水平。

【城管执法体制改革】2018年，按照中央及自治区城管体制改革的有关精神，继续深化广西城管执法体制改革。自治区住房城乡建设厅联合自治区编办、法制办等部门印发了《广西城市管理执法体制改革指南》，联合自治区党委改革办等有关部门组成督察组，指导并督促各设区市严格贯彻落实各项改革目标任务。出台广西城市管理执法体制改革指南和执法标准，全面推动全区城管体制改革，规范城管执法行为。

【优化城市管理】2018年，广西住房城乡建设领域推进"强基础、转作风、树形象"三年专项行动，在全区范围积极推进"721"工作方法，城市管理服务水平进一步提升。全区有5个设区市整合市政公用、市容环卫、园林绿化、城市管理执法4项职能；有5个设区市已实现住房城乡建设领域行政处罚权集中行使；有7个设区市整合形成了数字化城市管理平台。

【违法建设治理】2018年，自治区住房城乡建设厅会同自治区党委督查室、住房城乡建设部派驻广西城乡规划管理督察组组长开展违法建设治理专项督查。截至2018年底，完成查处任务的82.93%，超额完成70%的年度目标任务；会同广州铁路局、中国铁路南宁局集团有限公司制定《广西高速铁路沿线环境综合整治长效机制实施方案》，并报请自治区人民政府同意后正式印发实施。

人事教育

【概况】2018年，广西贯彻落实新时代党的建设总要求，坚定不移推动全面从严治党，切实把政治建设摆在首位，扎实推进"两学一做"学习教育常态化制度化和"不忘初心、牢记使命"主题教育，创新开展"给党员过政治生日"主题党日活动，持续强化思想理论武装，不断提升基层党组织的创造力、凝聚力和战斗力。

【学习培训】2018年，自治区住房城乡建设厅以学习贯彻习近平新时代中国特色社会主义思想为重点，订购《习近平治国理政（第二卷）》《习近平新时代中国特色社会主义思想三十讲》等理论读物共计 600 余册，辅助党员干部开展政治理论学习；建设党员政治生活活动室，为党员干部政治理论学习及开展组织生活提供场所保障。2018 年完成 5 次党组理论学习中心组学习，完成 10 个规定专题和新增专题的学习。深入推进"两学一做"学习教育常态化制度化，通过专题讲座、集中脱产培训班、实地参观以及视频教学等形式开展，有效加强政治理论、党建教育、反腐倡廉等方面培训教育。与国内知名高校联合举办的专题培训班 5 期，培训人数达 600 人次。

【人才队伍建设】2018 年，自治区住房城乡建设厅加强干部多岗位交流锻炼，采取上挂下派的方式加大对厅机关和厅属单位、市县基层单位的干部培养。抓好全区住房城乡建设系统领导干部专业化能力建设，组织举办 18 期专题培训、研修班、知识讲座，参培干部 3000 多人次。组织开展行业各类专业技术、技能培训及继续教育 20.4 万人次，建设类考试考核 22.7 万人次，行业技术技能竞赛 5 次，行业专业技术人才队伍素质进一步提升。

【党建活动】2018 年，自治区住房城乡建设厅组织 199 名党员创新开展"给党员过政治生日"主题党日活动，打造机关党建活动品牌。举办党的十九大精神暨基层党组织"不忘初心 牢记使命"主题教育培训班及行业社会组织党组织"关注党员成长•激发组织活力"专题培训，建成及在建党员政治活动室 23 个。利用新媒体创新开展了"为你朗读十九大"活动，共 9 名厅领导和 25 名直属党组织书记参与朗读十九大报告原文节选活动。

其他重要工作

【概况】2018 年，广西住房城乡建设厅全面深化住房城乡建设领域改革，贯彻新发展理念，增强行业发展内生动力，深化"放管服"，持续优化营商环境，部分工作开创了行业领域新举措，广西做法、广西经验、广西成绩不断得到肯定和公认。

【第十二届中国（南宁）国际园林博览会】2018 年 12 月 6 日，第十二届中国（南宁）国际园林博览会正式开幕，由住房城乡建设部与广西壮族自治区人民政府共同主办，南宁市人民政府与广西壮族自治区住房城乡建设厅、中国风景园林学会、中国公园协会联合承办，是服务广西壮族自治区成立 60 周年大庆的重大公益项目。广西住房城乡建设厅结合自身工作职责，从统筹协调、检查指导、宣传推广、展会筹备等多个方面积极指导、服务南宁园博园建设，通过动员各地各部门积极支持、参与南宁国际园博会，营造全力支持南宁国际园博会的良好氛围。

【"放管服"改革】2018 年，自治区住房城乡建设厅优化行政审批办事流程，优化"一次性告知""最多跑一次""一次不用跑"三张清单共 110 项，申报材料由原来的 758 项简化至 412 项，精简率达 45.6%，解决困扰企业和群众"办证难、办事难"等问题。推进"互联网+政务服务"深度融合，建成"24 小时不打烊"智能审批窗口，广西建筑行业"三类人员"办证由 15 天缩短为秒批，由"两次跑腿"变为"零跑腿"。"一事通办"工作经验做法得到李克强、韩正等中央领导同志的充分肯定。进一步简政放权，先后简化了建设项目资金落实证明、建设单位无拖欠农民工工资证明、农民工工资保证金和工程消防设计审核意见书等材料；将房地产开发企业三级、四级资质的审批权下放至设区市；准许 5 类施工总承包特级、一级或二级资质的施工企业，直接申报与施工总承包资质类别相对应的专业承包资质类别和等级，为企业拓宽经营道路。

【工程建设项目审批制度改革】2018 年广西推进百日攻坚行动，取消部分施工合同备案和施工许可前置条件，优化自治区本级房屋建筑和市政基础设施工程招标投标流程和用水供气报装程序，大大压缩投资项目报建办理时限，用水和用气报装的内部流程时间分别比住房城乡建设部的要求缩短了 15 个工作日和 5 个工作日。编制发布《房屋建筑和市政基础设施工程施工图审查实施导则》，推动加快施工图审查工作。

【党建促脱贫】广泛开展"党旗领航•住建圆梦"主题活动，筹集爱心捐赠款 80 余万元，资助六个贫困村 11 个脱贫项目建设，实现上林县云城、云里、北林三个村 2018 年整村脱贫摘帽。在上林县召开的全国贫困村创业致富带头人工作现场会上，自治区住房城乡建设厅帮扶的赵坐村和大坡村作为现场参观点，两村的东西部扶贫协作模式和创业致富能人带头人模式得到了国务院扶贫办的高度肯定。

【城市绿地生态价值服务评估】广西住房城乡建设厅牵头开展广西城市绿地生态系统价值评估（为广西生态服务价值评估 6 大系统之一），在国内尚属首次，属国内开创性工作，其中价值评估的计量方法和参数选择是该评估研究工作的核心内容。

大事记

1月

10日　国管局公共机构节能管理司司长张世良一行到自治区住房城乡建设厅检查公共机构能效领跑者创建工作相关情况。

17日　自治区住房城乡建设厅召开勘察设计行业有关全国试点工作推进座谈会，广西获准列为大型公共建筑工程后评估、勘察质量管理信息化、"建筑师负责制"全国试点省区。

18日　"2017广西房地产业权威数据排行榜暨行业颁奖盛典"活动在南宁举行。活动发布了广西房地产企业50强、广西14市个地级市单盘销售榜、评估机构榜、优秀物业管理项目及创优物业企业榜等榜单，还发布了2017年广西14个地级市标杆企业和广西特色标杆项目奖、2017年广西房地产估价机构数据榜单、广西物业管理优秀住宅小区（大厦）等房地产行业专项奖。

21日　第十一届广西园林园艺博览会在贵港市开幕。本届园博会以"水韵古郡，活力荷城"为主题，打造了"一轴托两翼，三带十六景"的景观结构，突显荷文化特色。

2月

7日　自治区法制办公室、自治区住房城乡建设厅在南宁召开《广西壮族自治区建筑工程安全生产管理办法》新闻发布会，该办法于2018年3月1日起施行。

13日　自治区住建厅召开建筑施工安全生产电视电话会议，部署春节和全国"两会"期间建筑施工安全生产工作。

28日　2018年全区住房城乡建设工作会议在南宁召开，会议全面贯彻落实党的十九大和中央经济工作会议及全国住房城乡建设工作会议精神，总结过去5年特别是2017年广西住房城乡建设工作，安排部署2018年工作任务。

3月

5日　2018年全区建筑市场监管工作会议暨第一季度全区建筑施工安全生产形势分析会、建筑企业创先争优先进经验交流会在南宁召开。

12日　全区住房城乡建设系统工会工作会议在南宁召开。

16日　2018年全区建设工程造价管理站长会议在南宁召开，会议传达了全区建设工作和全区建筑市场监管工作会议精神，报告了2017年全区建设工程造价管理工作，并对获得2017年度全区建设工程造价管理系统先进单位和先进个人进行了表扬。

20日　由广西住房城乡建设行业党委发起的"党旗领航•住建圆梦"资助贫困村教育计划正式启动。计划通过动员自治区住房城乡建设厅联系的社会组织党组织共同参与，逐步实现对自治区住房城乡建设厅帮扶贫困村教育的全覆盖。

20—31日　自治区住房城乡建设厅开展2018年第一次全区建设工程质量安全督查。

23日　自治区住房城乡建设厅在南宁召开2018年全区装配式建筑试点城市工作会议暨装配式建筑推广工作领导小组全体成员会议，会议总结2017年装配式建筑推广工作情况，研究部署2018年工作，并对获评国家级装配式建筑示范城市的玉林市进行授牌。

26日　广西住房城乡建设厅网站分别获得自治区部门网站综合服务能力指标评估排名第一以及自治区部门网站绩效评估总排名第二的好成绩。

4月

2日　中国—东盟医疗保健合作中心（广西）项目建设启动现场会举行，自治区副主席黄俊华、自治区政协副主席李康出席开工仪式。该项目主要建设内容包括门诊医技、手术中心、住院、科研培训、后勤保障等业务用房，是自治区重点民生项目。

3日　自治区住房城乡建设厅在南宁组织召开南宁市抗震防灾规划技术审查会议，原则通过《南宁市城区抗震防灾专项规划（2016—2020）》。

8日　第十二届中国（南宁）国际园林博览会（以下简称第十二届园博会）企业捐建（赞助）室外展园签约仪式在南宁举行，16个室外展园由企业出资建设。

9日　自治区住房城乡建设厅驻自治区政务服务中心窗口荣获2017年度自治区"政务服务工作先进窗口单位""群众最满意政务服务窗口""信息报送工作优秀单位"等荣誉称号。

17日　河北省住房和城乡建设厅副厅长李贤明一行8人到广西考察南宁市创建生态园林城市及广西园博会筹办工作经验，并与广西住房和城乡建设厅进行座谈交流。

26日　2018年度全区建筑节能与建设科技工作会议在南宁召开，会议总结了2017年建筑节能与建设科技工作，部署了2018年工作计划。

27日　自治区住房城乡建设厅召开2018年全区住房公积金工作会议。

5月

4日　广西装配式建筑构件信息价采集发布研讨

会在南宁召开。

7—9日　四川省住房和城乡建设厅副巡视员谢伟一行5人到广西考察生态文明建设和园林城市建设，并与广西住房和城乡建设厅进行座谈交流。

11日　广西壮族自治区人民政府公布了2017年度广西特色名村名单，桂林市兴安县高尚镇山湾村、河池市南丹县吾隘镇同贡村、来宾市武宣县三里镇上李村获评广西特色生态（农业）名村；桂林市阳朔县高田镇朗梓村、桂林市平乐县平乐镇黄牛头村、河池市凤山县三门海镇坡心村、来宾市金秀瑶族自治县金秀镇孟村屯获评广西特色旅游名村；玉林市玉州区城北街道高山村、玉林市北流市民乐镇萝村、贺州市平桂区鹅塘镇芦岗村获评广西特色文化名村。

18日　广西住房和城乡建设信息中心、广西建筑业联合会、广西住房和城乡建设系统文学艺术联合会联合启动"文化进工地"活动。

18日　自治区住建厅举办全区住房城乡建设行业应急指挥视频会议系统应用培训班。

18日　2018年全区市政公用行业建设与管理工作会议在贵港召开。

22日　自治区住房城乡建设厅召开数字化施工图审查系统试用部署工作会议。

23日　自治区住房城乡建设厅召集全区33个国定贫困县、石漠化片区县和边境县住建局长共40人，在南宁召开粤桂扶贫协作农村危房改造座谈会。

23日　自治区住房城乡建设厅印发《关于做好2018年住房城乡建设系统汛期安全生产工作的通知》。

25日　广西建设职业技术学院选送的《发挥给排水技术专长　解决贫困村饮水问题》工作案例入选第二届全国高校"两学一做"支部风采展示教工党支部工作案例特色作品。

25日　自治区住房城乡建设厅在南宁召开预防非职业一氧化碳中毒座谈会。加大力度预防非职业一氧化碳中毒事件发生，并严厉打击非法经营燃气（黑气）、非法充装燃气行为。

26—27日　"2018年全国职业院校技能大赛（高职组）建筑工程识图赛项"在浙江建设职业技术学院举行，广西建设职业技术学院荣获团体二等奖。

29日　全区建筑工程质量安全信息化应用现场观摩会在南宁华润置地广场一期项目举办。

30日　南宁华润中心东写字楼核心筒结构顺利封顶，403米的高度成功刷新广西城市天际线，成为广西第一高楼。

31日　第十一届中国国际园林博览会闭幕式在郑州园博园华夏馆举行，南宁市副市长李建文出席闭幕式并代表南宁市政府接过园博会会旗。

6月

1日　自治区住房城乡建设厅制定的《广西壮族自治区建筑市场主体"黑名单"管理办法（试行）》正式实施。建筑市场各方主体若有拖欠工程款等行为，将被列入"黑名单"。

4日　广西建筑业联合会公布了2018年广西建设工程"真武阁杯"奖（最高质量奖）入选工程名单，全区205项工程获得该奖项。

6日　2018年安全生产月全区建筑施工安全生产先进经验交流会暨建筑施工安全标准化现场观摩会在贺州举行，现场发布了安全生产微电影。

8—10日　2018"广西路桥杯"广西第八届大学生结构设计竞赛暨第十二届全国大学生结构设计竞赛广西分区赛在广西大学举行，广西大学、桂林理工大学、广西科技大学等22所区内高等院校的44支队伍参加比赛。

14日　自治区住房城乡建设厅、财政厅、公安厅及人民银行南宁中心支行联合转发了住房城乡建设部等四部门《关于开展治理违规提取住房公积金工作的通知》，广西集中开展整治违规提取住房公积金专项行动，严惩骗提公积金行为。

21日　2018年全区住房城乡建设系统精神文明建设工作会议在贵港召开。

22日　"广西建工三建——广西建院数字建筑（BIM）技术创新发展研究中心、广西云享数字建筑设计有限公司、全过程BIM一体化技术战略合作发展联盟"成立启幕仪式在广西建设职业技术学院举行，标志着广西首家"全专业正向BIM三维设计院"正式揭牌。

22日　广西城市园林绿化工作会议在贵港市召开。

24—25日　自治区人民政府副秘书长杨斌率自治区乡村办、发展改革委、财政厅、国土资源厅、住房城乡建设厅等相关部门代表赴江西学习借鉴农村人居环境治理、乡村风貌提升的经验做法，并与江西省政府及有关部门进行座谈。

26—28日　自治区住房城乡建设厅举办了住房公积金内部控制规范培训班。

27日　广西建筑信息模型（BIM）技术应用费用计价参考依据评审会在南宁召开，会议讨论并通过《专家评审意见》。

27—28日　广西BIM技术应用（广西建工杯）第三届职工技能大赛在南宁开赛。全区各大中型建筑企业和有关高等院校、科研院所等31个单位，44个项目共180多名选手参加此次比赛。

28—29日，2018全国建筑劳务用工研讨会暨南宁凤岭综合客运枢纽站项目实名制管理现场观摩会在南宁召开，全国建筑行业代表约500人参加会议。

29日　自治区乡村办、自治区住房城乡建设厅、自治区卫生计生委在融安县联合召开改厕改厨现场推进会。

7月

5日　全区墙体材料革新管理工作业务培训班在防城港市委党校开班。

16日　自治区住房城乡建设厅召开"2018年全区房建市政工程领域保障农民工工资支付工作专项整治攻坚行动暨整顿规范建筑市场秩序三年行动动员部署会"。

19—20日　自治区住房城乡建设厅组织专家组对百色市公共建筑节能改造重点城市项目进行现场预验收，并召开项目预验收会议。

25日　自治区住房城乡建设厅在南宁市召开全区勘察设计工作座谈会、行业试点工作部署会暨宣传贯彻培训会议。

26日　自治区住房城乡建设厅在南宁召开2018年全区保障性安居工程巡查专员座谈会，4位自治区人大代表、12位自治区政协委员将继续受聘担任自治区保障性安居工程督察专员，并从7月份开始每月对14个设区城市和所辖区、县（市）的保障性安居工程进行一次巡查。

27日　全区墙材产业转型升级暨淘汰落后产能工作推进座谈会在南宁召开。

30日　自治区人民政府办公厅派督查组到自治区住房城乡建设厅督查"一事通办"改革工作开展情况。

30日　自治区住房城乡建设厅召开广西开展规划设计下乡服务部署会议，广西从全区12个规划设计单位中组建14支服务队伍，到全区选定的18个县（区）、18个乡镇、48个村屯开展服务活动。

31日　广西召开全区农村人居环境整治三年行动工作部署电视电话会，会议在南宁设主会场，其他13个设区市和73个县（市、区）设立分会场。

8月

17日　自治区住房城乡建设厅厅长周家斌与中国水务集团有限公司董事王小沁一行举行工作座谈，双方就广西自来水供给、污水处理、黑臭水体治理、城市防洪排涝、垃圾分类等工作进行了交流。

22日　自治区住房城乡建设厅在南宁召开会议，约谈了"十二五"末已建成但目前尚未投入运行的镇级污水厂所在的县区政府的主要负责人。

28日　"新时代背景下棚户区改造和住房保障发展新机遇研讨会"在南宁举行。

28—30日　自治区住房城乡建设厅、人民银行南宁中心支行、自治区人社厅劳动监察局、广西建工集团组成联合考察团赴江苏省住房城乡建设厅专题考察保障农民工工资支付工作。

30—31日　2018年广西第二届建设行业年度峰会在南宁召开，本次峰会以"数字建筑·赋能产业升级"为主题，邀请了来自全国各省市建设行业主管部门、房地产和建筑业企业及专家学者齐聚一堂，就建筑产业现代化技术应用，及如何推进广西建筑业转型升级，向高质量发展进行交流和探讨。

9月

4日　由中国勘察设计协会主办的2018年度国家工程建设（勘察设计）优秀质量管理小组表彰交流会在南宁召开。

6日　全区住房城乡建设系统法治政府建设工作会议在南宁召开。

8—9日　2018年中国—东盟市长论坛在南宁举办，本届论坛以"共建21世纪海上丝绸之路，创新中国—东盟城市合作"为主题。多个合作项目举行了签约仪式，其中，广西市长协会与菲律宾城市联盟签署合作协议。

19—21日　在桂林召开的第十届广西建设工程质量论坛暨房建工程质量标准化样板观摩会。

21日　自治区住房城乡建设厅在南宁召开加快推进国务院大督查移交问题整改落实工作会议。

26日　全区城市管理执法队伍"强基础、转作风、树形象"专项行动工作推进会议暨"非接触"执法现场会在柳州市召开。

26—28日　2018年全区建筑市场监管业务宣贯会暨保障农民工工资支付工作现场观摩会在桂林召开，全区各市、县（区）住房城乡建设主管部门、质监部门分管领导及业务骨干共320人参会。

10月

8日　第十二届中国（南宁）国际园林博览会开幕式倒计时60天暨园博园设备设施调试运行启动仪式在南宁园博园举行。

10日　第十二届中国（南宁）国际园林博览会筹办指挥部召开新闻发布会，通报筹办工作进展并发布园博会主题曲和吉祥物宣传片。

11日　自治区召开乡村风貌提升三年行动动员大会。从2019年起开展乡村风貌提升三年行动，计划到2021年，实现对全区村庄风貌整治"扫一遍"的目标，逐步塑造和形成"传承文明、桂风壮韵、生态宜居、和谐美丽"的广西乡村新风貌。

11日　住房城乡建设部城市管理监督局在广西南宁组织召开片区城市管理工作推进会。

11日　自治区人民政府召开2018年全区保障性安居工程建设暨2018—2020年棚户区改造工作会议，截至2018年9月底，全区棚户区改造已新开工9.1万套，开工率101%，基本建成6.6万套，完成目标任务4.2万套的157%，提前3个月超额完成2018年国家下达的棚户区改造目标任务。

15日　自治区住房城乡建设厅召开全区农村危房改造和改厕改厨工作月度分析会。

17日　自治区住房城乡建设厅于10月期间开展了爱心募捐、走访慰问、"三方"见面会、党旗领航·住建圆梦等内容丰富的扶贫日系列活动，推动"一帮一联""一户一册一卡"等工作任务完成。

18日　自治区住房城乡建设厅在南宁市组织召开了加强全区建筑节能管理与开展绿色建筑工程质量竣工验收工作会议。

21—24日　自治区党委常委、自治区人民政府副主席严植婵率全区各设区市人民政府分管领导、自治区住房城乡建设厅、党委农办（乡村办）、国土资源厅、环境保护厅等相关部门代表20余人赴江西、浙江考察，学习借鉴乡村规划建设管理的体制机制及规划编制实施、乡村特色风貌塑造和风貌管控、改善农村人居环境和乡村违法建设查处等方面的经验做法。

28日，广西建设职业技术学院迎来60周年校庆，该院以"弦歌不辍甲子风华，初心不改再谱新篇"为主题，举办了一系列校庆纪念活动。

11月

1日　广西建筑农民工实名制管理公共服务平台（以下简称实名制平台）正式上线试运行，将通过要求施工企业将每名农民工实名制信息录入平台，使用与平台联网的考勤设备，并由银行代发工资，实现全区农民工工资发放实时监管，从根源上保障农民工工资得到按时足额发放，遏制拖欠农民工工资行为。

9日　第十二届中国（南宁）国际园林博览会（简称"园博会"）筹办指挥部召开新闻发布会，正式发布第十二届园博会特许商品。

9日　广西质量安全管理评价实施现场观摩会在南宁市凯业花园一区危旧房改住房项目举办。

15日　全国创建无障碍环境示范市、县工作标准培训班在广西南宁开班。

16日　广西建筑科学研究设计院举办成立60周年庆祝大会，庆祝大会以"筑辉煌八桂大地"为主题，专业论坛等系列活动。

21日　广西2018第二届"八桂杯"BIM技术应用大赛颁奖大会、优秀成果介绍暨BIM全过程一体化应用讲座在南宁举行，53项成果入选。

21日　自治区应急管理厅副厅长黄中连一行到自治区住房城乡建设厅调研突发事件信息报送与应急处置协作工作。

24—26日　由广西建筑装饰协会担任指导单位的首届广西设计周在南宁国际会展中心成功举办，广西住房和城乡建设厅副巡视员莫兰新参加开幕仪式并宣布广西设计周开幕。

26日　自治区纪委驻自治区住房和城乡建设厅纪检组正式更名挂牌为自治区纪委监委驻自治区住房和城乡建设厅纪检监察组。

26日　3株黄帝手植柏、3株汉武帝挂甲柏扩繁苗在第十二届中国（南宁）国际园林博览会"中华园"入植成功。

28日　自治区住房城乡建设厅在自治区党委办公厅南宁市七星路128号小区危旧房改住房项目部现场开展了"法律进工地"及"律师以案释法"活动。

28—30日　广西住房城乡建设系统2018年新闻宣传通讯员培训班在玉林市举办。

29日　全区乡村风貌提升三年行动工作专题培训班在南宁开班，自治区党委常委、自治区副主席严植婵出席开班仪式并讲话。

30日　自治区住房城乡建设厅在南宁举办全区住房城乡建设系统地方立法业务培训班，承担2019年立法项目的自治区住房城乡建设厅业务处室、全区各市住房城乡建设主管部门法规科（法制机构）相关负责人50余人参加培训班。

30日　自治区住建厅在钦州市组织开展全区住房城乡建设系统地震应急演练观摩暨震后房屋建筑安全应急评估培训。

12月

1日　第十二届中国（南宁）国际园林博览会筹办工作指挥部与广西元和汽车销售服务有限公司在南宁园博园举行会务用车交车仪式。

6日　第十二届中国（南宁）国际园林博览会在南宁园博园开幕。本届园博会以"生态宜居 园林圆梦"为主题，国内44个城市、东盟及"一带一路"沿线国家19个城市参展，是第一次在少数民族地区举办的园博会。

6日　住房城乡建设部在南宁举办了"推动城市高质量发展系列标准发布"活动。

6日　由第十二届园博会组委会主办,中国风景园林学会、中国公园协会、广西壮族自治区住房和城乡建设厅、南宁市人民政府共同承办的第十二届中国(南宁)国际园林博览会园林论坛在南宁开幕。本次论坛的主题为"新时代　新园林",来自中国、新加坡、英国等国家的风景园林教授、专家、设计师们围绕"新时代 新园林"的主题,共同探讨园林建设管理。

6日　由自治区住房城乡建设厅、南宁市城乡建设委员会主办,广西装配式建筑发展促进会、南宁市装配式建筑产业协会协办,中天建设集团承办的广西装配式建筑观摩会在南宁市兴宁·大唐果项目召开。

17日　广西住房城乡建设行业党委赴上林县开展"党旗领航·住建圆梦"脱贫攻坚捐赠活动。

20日　2018年广西装配式建筑技术交流大会在贺州市召开。

20—21日　由广西城市建设协会市政分会主办的2018年广西市政行业年会暨市政道路建设与养护工程新技术研讨会在南宁召开。

27日　2018年全区住房城乡建设系统政务服务暨业务培训工作会在南宁召开。

28日　广西城市建设协会、广西照明学会、广西建设职业技术学院联合举办的以"智能、经济、安全、人才"为主题的"2018年智慧路灯与智慧城市发展暨照明人才培养论坛"在广西建设职业技术学院召开。

（广西壮族自治区住房和城乡建设厅）

海　南　省

概况

2018年是我国改革开放40周年和海南建省办经济特区30周年。在海南省委省政府的坚强领导下,海南省住建系统深入学习贯彻习近平总书记在庆祝海南建省办经济特区30周年大会上的重要讲话(以下简称"4·13"重要讲话),不断增强"四个意识",坚决做到"两个维护",围绕海南省委省政府和住房城乡建设部工作部署,改革创新,开拓进取,推动海南省住建事业取得了新进展,为海南省经济社会持续发展作出了积极贡献。

法规建设

【立法工作】一是推进立法项目精细化。为增强立法的及时性、系统性、针对性、有效性,围绕住房城乡建设行业的热点问题,紧扣发展趋势和改革方向,健全、立项、起草、论证、协调、审查机制,精细化推进地方性法规的起草与修订。7月,开展《海南经济特区建筑工程管理条例》立法研讨,逐条分析并充分讨论,同时多次征求有关单位意见,进一步修改完善该条例初稿。8月,赴广东、江苏、辽宁等地,开展《海南经济特区物业管理条例》修订工作立法调研,起草完成该条例修订稿初稿。11月,赴江苏、浙江、河北及雄安新区等地开展绿色建筑立法调研,起草并完成《海南省绿色建筑条例(初稿)》。二是梳理自贸区建设需调整的法律、行政法规。为推进海南省自贸区建设的法治化,逐条逐项对照"4·13"重要讲话、《中共中央、国务院关于支持海南全面深化改革开放的指导意见》(以下简称中发12号文件)、《中国(海南)自由贸易试验区总体方案》,梳理出与海南省住建厅职能相关的、涉及调整现行法律、行政法规、国务院文件等规定的事项2项。

【法规文件清理】一是开展军民融合发展法规、规章、规范性文件清理。5月,牵头清理海南省住建厅负责起草或具体实施的与军民融合发展相关的地方性法规1部、省政府规章6部、规范性文件1件,未发现不适应国防军队现代化需要的,或不符合军民统筹要求的法规、规章、规范性文件。二是开展证明事项清理。7月至11月,牵头清理海南省住建厅负责起草或具体实施的地方性法规、规章、规范性文件设定的证明事项,涉及具有证明或备案审查性质的资料24项。经反复排查,建议取消海南省政府规范性文件设定的证明事项7项,取消海南省住建厅规范性文件设定的证明事项2项。

【完善行政执法制度】制定《海南省住房城乡建

设厅行政处罚工作规程》，进一步规范行政处罚程序，保障公民、法人和其他组织的合法权益。按照海南省政府办公厅《关于进一步规范和健全行政处罚自由裁量基准制度的意见》的部署，修订了《海南省住房城乡建设行政处罚自由裁量细化基准表》，对每一项行政处罚事项相应的自由裁量权适用标准和用语都进行规范。同时，对行政处罚事项流程图再次进行梳理、规范和细化，进一步完善行政处罚操作流程；对重大执法决定法制审核、执法全过程记录、执法公示制度等进行补充完善，并按照住建部的要求，以行政执法案卷评查为抓手，完善《行政执法案卷评查标准》，进一步健全行政执法制度。

【行政复议和行政诉讼】 一是依法办结行政复议案件。始终把行政复议作为化解行政争议、实现社会公平正义的重要渠道，加强案件受理、审理、决定各个环节的法律解释工作，注重矛盾初发阶段行政和解或调解的运用，处理好保护当事人合法权益与维护社会公共利益的关系，努力做到以法明理、定纷止争、案结事了，实现法律效果与社会效果的统一。2018年，共收到行政复议案件5件，审结率100%，其中在受理前通过解释、调解化解行政争议3件。二是依法接受司法监督。为有效化解行政争议，维护社会和谐稳定，高度重视行政应诉工作，始终把行政诉讼作为化解行政争议、实现社会公平正义的重要渠道，注意与人民法院保持密切沟通和协调配合，认真做好行政诉讼案件应诉协调工作。2018年，海南省住建厅行政诉讼案件1件，一审、二审各出庭应诉1次，均胜诉。

住房保障

【棚户区改造】 中央下达海南2018年省棚户区改造计划13567套，其中城镇棚户区11495套、国有垦区危房改造2072套。截至12月底，已开工15295套，开工率112.7%，其中城镇棚户区改造13213套、垦区危房改造2082套，开工率分别是114.9%、100.5%。

【公租房分配】 政府投资公租房计划在2018年底前完成90%以上分配任务。截至12月底，全省政府投资建设公租房累计分配63795套，占开工69074套的92.4%，完成公租房分配入住年度计划任务。

【租赁补贴】 2018年计划发放城镇住房保障家庭租赁补贴5500户。截至12月底，共发放城镇住房保障家庭租赁补贴5686户，计划完成率103.4%。

【海南热带雨林国家公园生态搬迁】 按海南省热带雨林国家公园建设工作推进领导小组工作部署，开展国家公园生态搬迁住房安置有关工作，派出工作组深入五指山、东方、昌江、白沙、保亭、琼中6市县12个村庄，实地考察调研，分别与各市县发改、规划、国土、林业等部门及当地乡镇、村干部进行座谈，专题研究反复征求意见，并赴贵州考察易地扶贫搬迁成功经验。形成《海南热带雨林国家公园生态搬迁住房安置实施方案（初稿）》。

房地产业

【房地产市场运行】 一是房地产开发投资降幅扩大。1—12月全省完成房地产开发投资1715.04亿元，同比下降16.5%，降幅比1—11月扩大3.7个百分点，2017年为增长14.9%；全国房地产开发投资增长9.5%。全省房地产开发投资占固定资产投资的48.5%，比重比1—11月回落2.1个百分点，比2017年回落1.3个百分点。二是商品房销售面积、销售金额持续下降。1—12月全省商品房销售面积1432.25万平方米，同比下降37.5%，降幅比1—11月扩大1.0个百分点，2017年为增长52.0%。1—12月全省商品房销售金额2083.29亿元，同比下降23.2%，降幅扩大2.0个百分点，2017年为增长82.1%。三是商品房销售均价增速略有回落。1—12月全省商品房销售均价14546元/平方米，同比增长22.9%，增速比1—11月回落1.2个百分点，比2017年提升3.1个百分点。四是商品房新开工面积有所下降。1—12月全省商品房施工面积9574.56万平方米，同比增长0.1%，增速比1—11月回落1个百分点，比2017年回落7个百分点。1—12月商品房本年新开工面积1944.64万平方米，同比下降7.8%，降幅比1—11月扩大0.7个百分点，2017年为增长6.8%。

【市场调控】 为防止利用建省30周年炒作房地产，遏制投机性炒房，稳定市场预期，3月30日，海南省住建厅等单位印发了《关于做好稳定房地产市场工作的通知》，实施了非本省户籍居民家庭限购1套住房、贷款首付比例统一提高到70%以及在限购区域购房缴交个税或社保时间提高到60个月及以上；全省限制转让年限统一提高到5年；6个月内不得调高商品住宅备案价格等措施。为贯彻落实"4·13"重要讲话，以及中发12号文件要求，坚决防范炒房炒地投机行为，稳定房地产市场，防止大起大落，4月22日，海南省委办公厅、省政府办公厅印发了《关于进一步稳定房地产市场的通知》，实施了更加严格的调控措施，如实行最严格的规划管控和节约用地制度，大幅减少直至停止供应外销商品住宅项目用地；实施全域限购；实行省级统筹管控等。为贯彻落实韩正副总理重要批示精神和省委省政府工作部署，海南省住建厅代拟起草了《关于进一步完善住房制度和房地产市场调控机制的指导意见》（以下简称《意见》），《意见》提出进一步完善住房保障和供应体系，综合运用经济、法律、行政等手段，加快建立房地产市场调控长效机制。《意见》已上报国家推进海南全面深化改革开放领导小组办公室，正按相关程序进行审批。

科学调控房地产开发规模、结构、布局和节奏。一是下达上半年非中部生态核心区市县商品住宅建设计划，以及海口市、三亚市、琼海市、儋州市、陵水县、澄迈县等6个市县2018年租赁住房建设计划，明确租售比例。二是海南省住建厅会同海南省国土资源厅、海南省规划委员会、海南省财政厅印发了《关于四个中部生态核心区市县存量商品住宅用地处置实施方案》，要求市县加快制定处置方案，加快推进存量住宅用地处置工作，妥善处置好停止开发新建外销房地产项目后的遗留问题。海南省住建厅印发了《关于加快处置四个中部生态核心区市县存量住宅用地处置工作的通知》，指导督促4个市县抓紧开展处置工作。

【住房保障和供应体系】完善住房保障和供应体系，妥善解决好本地居民和引进人才住房问题。为加快建立多主体供给、多渠道保障、租购并举的住房制度，实现从住有所居向住有宜居迈进，3月30日，经海南省政府同意，海南省住建厅等单位印发了《关于进一步完善我省住房保障和供应体系的意见》，通过发展公共租赁住房、共有产权住房、限售商品住房、租赁住房，以及实施棚户区改造等，解决本地居民基本住房需求和改善性住房需求。6月11日海南省委办公厅、省政府办公厅印发了《关于引进人才住房保障的指导意见》，提出通过人才公寓、住房租赁补贴或购房补贴、购买商品住房等多种渠道，对引进人才实施住房保障。同时，为更好地实施人才住房保障工作，10月15日海南省住建厅会同海南省人力资源和社会保障厅、省财政厅印发了《关于实施引进人才住房保障有关问题的通知》。

【市场秩序整治】9月5日，海南省住建厅会同海南省委宣传部等7个单位印发了《关于印发〈关于开展打击侵害群众利益违法违规行为治理房地产市场乱象专项行动方案〉的通知》，要求各市县各部门联合执法，重点打击房地产市场乱象，进一步整顿和规范房地产市场秩序。2018年以来，全省共检查676个开发项目和445家中介机构，约谈开发企业169家，要求13家房地产企业停业整顿，对116家涉嫌违法违规的开发企业、中介机构及其从业人员予以重罚，共罚款1615.01万元；取消32家中介机构或门店房地产经纪机构备案；取消40名从业人员资格并记个人不良行为记录；限制7家中介机构及6名个人3年或5年内不得在海南或所在市县开展中介业务；取消通过虚假申报个税骗购住房的303人购房资格，5年内不得在海南购房。

【停缓建房地产项目处置】除昌江县、临高县没有停缓建房地产项目外，其余16个市县需要处置的停缓建房地产项目共113个，建筑面积564万平方米。截至12月30日，113个项目中，完善手续后具备复工条件的项目共41个，均已复工，复工率100%；涉诉项目完成诉讼的项目4个，也均已复工，复工率100%。未复工的项目66个，其中，正在完善手续的项目37个；涉诉案件正在办理的项目16个；正在协调处理的项目13个。对未复工的项目，正在逐项分析原因，督导市县加快完善手续，加快涉诉进度，督导加大协调力度，加快复工。已拆除的项目2个。

住房公积金管理

2018年海南住房公积金监管工作坚持稳中求进总基调，贯彻新发展理念，落实高质量发展要求，充分发挥住房公积金政策优势和社会效益，实现全省住房公积金平稳运行，业务发展总体良好，主要指标稳定增长、好于预期。一是归集情况：海南省（包括粤海铁路总公司，下同）归集住房公积金121.91亿元，同比增加11.09亿元，增长10.01%，完成全年计划的106.67%。住房公积金累计缴存额826.83亿元，缴存余额389.65亿元，比上年增长14.81%。全省当年住房公积金累计实际缴存人数104.52万人，比上年增长4.94万人，增长4.97%。二是提取情况：海南省提取住房公积金71.66亿元，占全年缴存额58.78%，同比减少11.99亿元，同比降低14.33%，提取笔数93.83万笔。住房公积金累计提取额437.18亿元，占累计缴存额的52.87%。三是贷款情况：海南省发放住房公积金个人贷款46.51亿元，完成全年计划的84.8%。海南省住房公积金个人贷款累计发放449.79亿元，个人贷款余额为322.13亿元，比上年末增加17.28亿元，个贷率82.67%，比上年末下降7.15个百分点。住房公积金存量贷款12.67万笔，比上年末增加5053笔，已累计发放个人贷款16.27万笔。海南省贷款逾期额174.55万元，逾期贷款率0.0054%，比上年末下降0.0011个百分点。四是增值收益情况：海南省实现住房公积金业务收入11.83亿元，同比增加1.48亿元，增长14.30%；住房公积金业务支出6.29亿元，同比增加1.08亿元，增长20.73%；实现增值收益5.54亿元，同比增加0.40亿元，增长7.78%，完成2018年计划的102.56%；增值收益率1.40%。

城市建设

【燃气工程建设】 起草了《海南省燃气下乡"气代柴薪"三年行动方案（2019—2021年）（代拟稿）》，出台了《液化石油气瓶装供应站安全管理办法》，确保消除瓶装液化石油气在销售、使用"最后一公里"的安全隐患。2018年完成了黄流镇、莺歌海镇、山根镇、龙滚镇、乌烈镇、海尾镇、昌化镇、黎母山镇、阳江镇、西达农场等10个乡镇的燃气项目建设。

【生态修复城市修补和园林城市创建】 印发了《海南省生态修复城市修补工作方案（2018—2020年）》，决定自2018年至2020年在全省城市（包括县城）进一步开展"城市双修"工作。2018年文昌市、乐东县获评省级园林城市（县城）。

【"厕所革命"】 联合海南省旅游发展委员会委和海南省爱国卫生运动委员会办公室共同制定印发《海南省"厕所革命"三年行动方案（2018—2020年）》。2018年累计完成800座公厕新建、改建，约1500座非公共厕所向全社会开放服务；3782座厕所录入住房城乡建设部城市公厕云平台管理。厕所管理更加精细化，基本实现"不湿、不臭、不挤"的要求。

【地下综合管廊和海绵城市建设】 海口市、三亚市、儋州市积极推进地下综合管廊建设，共形成廊体58.05公里。在全国城市地下综合管廊绩效考核答辩中，海口市获全国第二名。海南省共有8个设市城市进行海绵城市建设，其中海口市、三亚市已编制完成海绵城市专项规划，儋州市、万宁市、琼海市、东方市、文昌市已完成海绵城市专项规划初稿，正在对草案进行进一步的完善；五指山市正在编制海绵城市专项规划。全省海绵城市建成26.52平方公里，在建12.76平方公里。

村镇建设

【美丽乡村建设】 一是开展美丽乡村招商。借助2018年博鳌亚洲论坛的平台，海南省住建厅组织各市县美丽乡村建设领导小组办公室策划一批美丽乡村建设项目，在论坛期间与企业靶向对接。结合美丽乡村建设实际、招商需求及企业的产业发展情况，对接了碧桂园集团、山水文园集团、北京百城置业集团、绿地集团、中国保利集团有限公司等5家企业，商谈美丽乡村建设合作事宜，并与山水文园集团就美丽乡村建设达成初步合作意向。9月，海南省住建厅与海南日报集团合作组织"2018中国（海南）美丽乡村发展大会"，会上签约项目2个，投资规模约10亿元。二是组织美丽乡村考核验收。6月，组织专家对第三批美丽乡村示范村进行现场复核，最终核定198个美丽乡村为星级美丽乡村。三是进一步完善、宣传美丽乡村相关政策。海南省住建厅组织对海口市、文昌市等5市县10乡镇开展农房报建调研，会同省自然资源和规划厅制定印发《关于进一步推进农房建设规划报建管理工作的通知》。此外，会同海南省自然资源和规划厅于11月23日在万宁市组织召开全省农房报建工作现场会，宣传农房报建的有关新政策、交流农房报建好的经验做法，推进全省农房报建工作。四是推进乡村民宿业发展。开展首批乡村民宿示范点评选工作，评选出三亚中廖村、西岛耕读者民宿、琼海排港千年渔村、凤凰客栈等一批示范点。着手编制《海南省乡村民宿发展总体规划》，规划已通过专家评审。组织起草《海南省乡村民宿管理办法》。

【危房改造】 一是部署落实。3月21日，会同海南省财政厅印发《海南省2018年农村危房改造实施方案》，下达各市县任务指标2.5万户，同时将中央财政到位资金和省级全部配套资金下拨各市县；3月30日，在万宁召开农村危房改造工作现场会，总结交流学习2017年危改经验做法，部署2018年全省农村危房改造工作。二是加强督导检查。2018年海南省住建厅通过督查指导、暗访、"回头看"等方式密集对各市县危房改造工作展开督查、检查。全年共督查5次，暗访27次，"回头看"4次。通过督导及时发现问题，及时反馈、通报，督促各市县立行立改，彻底落实问题整改，较好地解决改造进度滞后、政策执行不到位等问题。三是强化业务培训。举办全省农村危房改造业务培训班，同步开展大讨论交流活动。派出业务骨干奔赴各市县对乡镇、村两委干部、第一书记、帮扶干部和小队长等进行农村危房改造政策授课，累计培训25场4325人。举办农村建筑工匠培训班19期，培训农村建筑工匠3922人次。四是加强政策和安全宣传。在召开镇、村动员大会、张贴横幅标语、发放宣传资料、宣传车下镇入村宣传等方式的基础上，制作多种形式的政策明白卡发放给每个危改户。在"脱贫致富"电视夜校开讲农村危房改造相关政策1期，受理"961017"脱贫致富服务热线工单730条、累计受理热线工单2496条。制定《海南省农民自建房质量安全须知》印发给危房改造的农户，共计发放3万册。开展"千企帮万户"志愿下乡活动，全省共有576家企业参与，投入技术人员和建筑工匠共计2873人，义务指导农户和农民工匠开展危房改造，提高工程质量安全。

【传统村落保护】 2月，发布了《海南省传统村落保护发展规划（2016—2030年）》，指导市县按照省级规划保护传统村落。争取中央资金支持，配套市县资金，保护传统村落。会同海南省财政厅下达2018年第一批13个传统村落中央补助资金3900万元和第二批3个传统村落中央补助资金900万元，共计4800万元；加强补助资金项目管理，要求有关市县按照住房城乡建设部、文化部、国家文物局、财政部的有关文件要求，加强补助资金项目管理，加快项目实施进度，按时、按规范、保质、保安全完成保护项目。组织《编写中国传统建筑解析与传承（海南卷）》，正在进行出版审核。成立海南省美丽乡村建设和传统村落保护专家委员会，组建传统村落保护专家库28名专家。陵水县疍家渔村等17个村庄列入第五批中国传统村落公示名单。会同海南省旅游和文化体育厅、海南省自然资源和规划厅、海南财政厅起草《关于加强传统村落保护与发展工作的意见》。

标准定额

【出台地方标准和工程计价定额】 组织编制《海南省建筑工程防水技术标准》《海南省绿色生态小区技术标准》《海南省建筑物移动通信基础设施建设技术标准》《海南省装配式混凝土结构施工质量验收标准》《海南省装配式建筑工程综合定额（试行）》《海南省城市地下综合管廊工程综合定额》《2018年海南省房屋建筑工程和市政工程典型案例技术经济指标》等标准，同时修编了现行《园林绿化定额》《海南省预拌混凝土应用技术标准》《海南省建设工程绿岛杯奖评选标准》《海南省建筑物配建停车位充电基础设施建设技术标准》《三沙市建设工程计价办法（试行）》《海南省人防工程费用定额》，完成对《电气火灾监控系统设计、施工及验收规范》等10项标准的复审工作。

【推进"放管服"】 完成364家工程造价咨询企业的诚信档案登记工作，并对海南省297家工程造价咨询企业（含省外驻琼分支机构）进行诚信评价；完成2017年度造价咨询企业统计报表及其注册造价工程师业绩，共56家企业和133家分支机构的考核；对2017年度27家不合格造价咨询企业进行整改复查，其中14家企业整改合格、10家企业未在规定日期完成整改、3家企业承诺退出我省造价咨询市场，并于2018年2月27日向社会公布了复查情况通报。

工程质量安全监管

2018年全省未出现较大质量事故。2018年全省有两项工程项目入选中国建设工程鲁班奖，"海南省人民医院秀英门诊楼、内科楼及地下室工程"等25项工程被评为2018年度省"绿岛杯"建设工程；"天街华府S1地块"等24项工程通过2017年度海南省建筑业新技术应用示范工程立项评审。

【建筑质量管控】 一是开展2018年工程质量安全提升行动检查。5月，印发《关于开展2018年上半年工程质量安全提升行动和建筑市场行为检查的通知》，组织开展全省开上半年全省工程质量安全提升行动和建筑市场监督检查。采取企业自查、市县检查、省厅抽查的方式，按照"双随机、一公开"原则开展督查工作，共抽查18个市县的55个项目，发出整改通知书55份，提出整改意见1533条，及时对监督检查情况进行了通报，对工程质量安全、文明施工较好的3个项目的建设、施工、监理单位进行通报表扬；对存在问题较多1个项目的建设、施工、监理、塔吊安拆及租赁单位、塔吊检测单位进行通报批评。10月，印发《关于开展2018年下半年建筑市场和工程质量安全提升行动检查的通知》，拟组织下半年建筑市场和工程质量安全提升行动检查，但后来根据省政府有关文件通知精神，暂停实施。二是开展2017年全省勘察设计质量检查，6—10月组织开展全省建筑工程勘察设计质量检查，共抽查施工图设计项目57项、工程岩土勘察项目17项（其中野外勘察作业项目9项）、发出整改意见26份，下发执法建议书18份，对3个项目给予行政处罚，共罚款6万元，并对整改不到位的9个项目予以全省通报批评。三是加强建筑材料管理工作。结合上半年工程质量安全提升行动检查，委托检测机构随同检查组对受检项目进行实体工程质量检测，对60个在建项目的钢筋、混凝土等建筑原材料及构件强度等进行抽检，同时抽查在建项目建筑材料的见证取样、送样和检验情况以及部分检测机构。四是制定工程联合验收管理办法。收集天津、北京等地先进经验做法，了解联合验收具体实施内容，组织相关部门人员前往海口、澄迈、琼海三个园区及天津市进行调研。结合海南省实际，起草《海南省房屋建筑和市政基础设施工程联合验收管理办法（试行）（征求意见稿）》。五是完成2018年度绿岛杯和2017年度省级建设工法评选工作。6月，海南省住建厅委托海南省建筑业协会组织业内专家，根据绿岛杯评选办法及相关标准完成2018年海南省建设工作绿岛杯的评选工作，共有25项工程荣获此奖。12月，海南省住建厅组织专家对申报的119项2017年度省级工程建设工法进行评审，共评出"复杂海况可回收分块底板钢吊箱围堰施工工法"等56项工法为2017年度海南省省级工法。

【安全生产监管】一是周密部署安全生产工作。印发《全省住房城乡建设系统建筑施工安全（消防安全）专项治理行动实施方案》和《全省住房城乡建设系统2018年建筑施工安全专项治理工作实施方案》，部署2018年安全生产工作。成立专项治理行动领导小组，明确工作目标和责任，重点突出安全生产责任落实和危大工程安全管控等工作。针对海南省建筑施工安全生产事故多发的形势，组织召开全省工程质量安全工作会议，通报了1—4月我省安全生产事故情况。二是组织开展"安全生产月活动"。5月，印发《海南省住房城乡建设系统2018年"安全生产月"活动方案》，海南全省各市县开展以"生命至上、安全发展"为主题的安全生产月活动，印制并发放《住宅用电安全提示》《农村自建房安全提示》《住宅装饰装修安全提示》《燃气使用安全提示》等四个提示1万多份。三是强化建筑施工现场隐患排查治理及安全专项施工方案审查。印发《关于开展预防建筑施工坍塌和高处坠落事故专项整治工作的通知》《海南省房屋和市政工程安全生产隐患百日大排查大整治工作方案》《2018年全省房屋建筑和市政工程领域夏季消防安全大检查工作方案》《全省住房和城乡建设系统今冬明春防灾减灾安全生产专项行动工作方案》等文件，组织开展建筑施工现场隐患排查治理工作。各市县累计检查在建项目2260多个，下发整改通知书1180多份，提出整改意见3800多条。海南省住建厅加强危险性较大的分部分项工程专项方案编制审查的指导，对工程安全风险进行前期分析，确保工程质量安全。组织超高限建筑设计方案审查论证29宗，建设单位、施工单位对深基坑、高大模板等危大工程专项设计施工方案审查论证96宗。四是加强建筑起重机械安全监管。印发《加强海南省建筑起重机械信息化管理的通知》，从2018年10月1日起全省全面启动海南省建筑起重机械安全管理信息系统，建筑起重机械产权备案、安装告知等业务全部在系统内办理。2019年6月1日起，省内所有在用建筑起重机械必须安装设备在线安全监测系统。五是积极推进建筑施工行业安全生产责任保险工作。海南省住建厅联合有关厅局草拟了《关于切实做好建筑施工行业安全生产责任保险工作的通知》，在海南省全面推行建筑施工行业安全生产责任保险，强化事故预防，充分发挥安全生产责任保险在工程建设领域的安全风险防控、经济补偿和社会管理功能，减少和遏制安全生产事故发生。六是加强建筑施工安全文明标准化建设。为进一步提高海南省建筑施工企业质量安全文明标准化管理意识和管理水平，指导海口市、三亚市、文昌市、澄迈县、东方市、陵水县等市县召开建筑施工质量安全标准化工地现场观摩会，树立质量安全生产标准化标杆，发挥良好的示范作用。积极创建安全文明工地，全面提升海南省建筑施工安全生产管理水平，实现安全生产文明施工管理工作的规范化、标准化和制度化，2018年度共有5个项目获得全国AAA安全文明标准化工地，56个项目获得省级建筑安全文明标准化工地。

【建筑工地扬尘污染治理】出台《关于促进我省建筑工地安全文明施工标准化管理的实施意见》，进一步强化全省建筑工地安全文明施工管理，全面落实施工扬尘防治"六个100%"措施，力争建筑施工现场安全文明管理水平达到全国一流水平。印发《关于印发建筑施工扬尘专项治理工作方案的通知》，明确建筑施工扬尘治理工作目标和要求，督促各市县实行文明施工，按照6个100%的措施，强化建筑施工扬尘治理工作。海南省已有933个在建项目和106个预拌混凝土搅拌站按要求安装扬尘噪声在线监测系统。印发《关于进一步规范扬尘噪声在线监测系统管理的通知》等方式，确保扬尘噪声在线监测系统设备质量和在线率，目前在线率约达90%。强化博鳌两会期间扬尘防治工作，以海口市和博鳌镇为中心，将保障区域划分为严控区和管控区，分两个阶段明确年会期间建筑工地扬尘管理具体要求。

建筑市场

【完善建筑业改革发展政策制度】一是进一步深化建筑业"放管服"改革。起草了《关于促进建筑业持续健康发展的实施意见》，于4月28日以海南省人民政府办公厅名义印发。二是制定完善诚信评分标准。制定了建设单位、招投标代理机构、建设单位项目负责人、监理从业人员（总监、总监代表、专业监理工程师、监理员）诚信评分标准。信用评价主体扩大到7类企业,7类从业人员。全省各级住建部门共记录良好行为913条,不良行为320条,黑名单15条,开展了两次诚信等级阶段评价。评价结果应用于招投标评审,推进了诚信管理与建筑市场、施工现场的"两场"联动。三是继续推动《海南经济特区建筑工程管理条例》起草制定。对建筑业当前问题、发展趋势、改革方向进行深入研究。

【建筑市场监管】一是持续开展执法监督检查。上半年参与组织了全省质量安全和建筑市场大检查,共抽查在建项目55个,发出整改通知书55份,提出整改意见1533条,下发执法建议书26份,涉嫌各种违规行为69起,其中涉嫌违法发包、分包、转包、挂靠及项目经理不在岗履职等建筑市场行为28起。制定了下半年全省建筑市场和质量安全大检查方案,后按照中央及省委规定暂停开展。二是大力推进实名制信息化管理。开发完成海南省建筑领域施工现场人员实名制监督管理系统,并实现与全国实名制平台对接。出台海南省建筑领域施工现场人员实名制信息化管理实施方案,从2018年8月1日起,按照基本建设程序管理依法办理施工许可且纳入质量安全监管的新开工和剩余合同工期超过6个月的房屋建筑和市政工程项目必须实施实名制信息化管理。推动实名制信息化监管落实,召开了全省实名制推进动员会,举办了2期共13个班次培训班,先后对9个市县落实情况进行实地督查,有力推动了实名制信息化管理的实施。

【农民工工资支付保障】在大力推进实名制信息化监管的基础上,加强与人社部门的配合协调,多措并举加强农民工工资支付保障工作,督促解决一批农民工工资拖欠案件。健全工资支付保障制度,联合海南省交通运输厅、海南省水务厅出台了加强用工管理制度、垫付清偿责任制度,牵头海南省交通运输厅出台了实施工程款支付担保具体办法,配合海南省财政厅出台了规范建设工程价款结算管理办法等一系列规定,构建农民工工资拖欠预防和治理长效机制。

【制度创新】一是拟将全省建筑工程施工许可调整为备案管理,加强事中事后监管,打造建筑工程审批"高速公路"。二是扩大建筑业对外开放。放宽外商独资的建筑业企业承揽业务范围,允许在省自贸区设立的外商独资建筑业企业在承揽中外联合建设项目时,不受中外投资比例限制。

建筑节能与科技

【装配式建筑】一是建立工作机制。建立了由海南省住建厅牵头的装配式建筑推进工作联席会议制度,海口市、三亚市、洋浦开发区、五指山市、澄迈县、陵水县6个市县建立了联席会议制度。海南省装配式建筑推进工作联席会议办公室印发《海南省装配式建筑发展目标责任考核办法》,将推进装配式建筑工作纳入市县政府的年度工作任务目标考核体系,并明确了2018年全省装配式建筑工作考核要点。二是制定政策措施。联合相关单位印发《2018年推进装配式建筑有关事项》,进一步细化明确《海南省人民政府关于大力发展装配式建筑的实施意见》所确定的2018年具体任务落实措施。其中,在各市县实施房地产开发总量指标限制的情况下,明确对采用装配式方式建造、达到国家装配式建筑评价标准且在今年开工的商品房项目可以不受指标限制。目前,已有定安县、临高县、东方市三个市县的4个项目共24万多平方米的建筑经认定享受此项政策。印发了《海南省乡镇卫生院标准化建设装配式建筑设计导则》,为全面推进全省基层医疗卫生机构装配式建筑项目建设工作奠定了技术基础。印发了《海南省建筑产业现代化(装配式建筑)发展规划(2018—2022)》《海南省装配式建筑专项规划导则》《海南省装配式建筑装配率计算规则》《海南省装配式建筑示范管理办法》等相关配套文件。组织制定并发布了《海南省装配式建筑工程综合定额(试行)》和《海南省装配式混凝土结构施工质量验收标准》,为推进装配式项目实施提供基本的技术标准方面的依循。组织开展《海南省环岛旅游公路驿站绿色建设及其装配式建筑技术导则》(暂定名)的拟定工作。三是引导产能布局。海南省已投产的PC构件生产基地有3家,分别为澄迈海建建筑产业化基地、中铁四局海口综合管廊预制厂和儋州木棠开发区内的途远公司BPC混凝土构件生产项目。已投产的钢构件生产基地有4家,为定安北新集成房屋住宅产业化基地、海南启程德瑞环保建材公司、洋浦华金钢构厂、海口共享钢构厂。正在建设中的有海南新世纪公司在定安、乐东的2个基地以及中民筑友(海口)基地共3个装配式建筑部品部件生产基地。目前海南省预制构件生产能力可满足约250万平方米的建筑使用。四是加强能力建设。积极引进国内装配式建筑方面综合技术力量比较雄厚的专业机构,如与中国建筑科学研究院、中建科技集团等进行战略合作,并与中冶建研院、上海华建集团互派专业技术管理人员进行双向挂职交流,为海南省推进装配式建筑各项工作提供强有力的技术和人才支持。积极协助海南大学与中国建筑科学研究院就装配式建筑工程领域的人才培养、柔性人才引进、研究生联合培养、联合设立研究院所、建设装配式绿色建筑示范楼、建立实习实践基地以及开展装配式建筑和绿色建筑相关课题研究等方面展开全面合作。碧桂园、万科等房地产企业积极引进装配式建筑技术体系，碧桂园将升级版的SSGF建造体系4.0版本在海南剑桥郡项目率先应用，万科将引进该公司采用的"5+2"建造技术体系经验，优化升级后在三亚同心家园项目中应用，为下一步海南装配式建筑全面推广提供可借鉴可复制的装配式建造体系经验。五是成立海南省装配式建筑产业技术创新联盟。发挥行业从研发、设计、施工、制造、开发等全产业链的联合创新引领作用，助推全省装配式建筑发展。六是推进试点示范。中铁四局海口综合管廊预制厂和北新集成房屋住宅产业化基地、华金钢构、共享钢构被认定为省级示范基地。灵山海建家园、海口中心、万科同心家园和海口市地下综合管廊、北京大学附属中学海口学校学术中心等5个项目被认定为省级示范项目。海口安华领秀城和扬江城项目为拟建的、满足国家标准的装配式建筑项目。七是开展多层次培训交流。2018年，先后举办了海南省装配式建筑推进会暨相关政策宣贯培训会、海南省装配式建筑专题培训班。另外，7月，海南省首个装配式建筑产业工人培训基地落户海口市。培训基地将作为海南装配式建筑重要培训点之一，为装配式建筑的产业工人培养做出积极贡献。12月29—31日，由住房和城乡建设部科技与产业化发展中心（住房和城乡建设部住宅产业化促进中心）、海南省住房和城乡建设厅、海南省商务厅和海口市人民政府联合主办了"2018中国推动建筑产业现代化技术交流大会暨首届海南装配式建筑与绿色生态建设博览会"，展览会三天共吸引了21563人次观展。同时还举办了主题为"2018绿色城市与绿色建筑发展论坛"的主论坛和5个分论坛。

截至12月底，海南省新开工装配式建筑面积为82.45万平方米。

【绿色建筑和建筑节能】 编制出台了《海南省绿色生态小区技术标准》，建立绿色生态小区规划、设计、施工、竣工验收和运营管理等全过程闭合监管的技术标准体系，推动海南省绿色生态小区建设有序开展。开展《海南省太阳能热水系统建筑应用管理办法》（省政府令第227号）的修订工作，目前已根据有关反馈意见进行修改完善上报海南省法制办。开展2017年全省建筑节能、绿色建筑与装配式建筑实施情况专项检查，共抽查了71个项目，涉及建筑总面积374万平方米，下发整改告知书36份，提出整改建议200条。赴江苏、浙江、河北及雄安新区等地开展绿色建筑立法调研。据统计，2018年，海南省新增执行绿色建筑标准项目290个、建筑面积1271.04万平方米；新增11个一星级、7个二星级、1个三星级绿色建筑设计标识项目，1个二星级运行标识项目，共涉及建筑面积213.67万平方米。太阳能集热器面积127.47万平方米、应用建筑面积达446.84万平方米。

【施工图审查】 一是深入推进"放管服"改革，全面推进房屋建筑和市政基础设施工程施工图设计文件联合审查。联合海南省公安消防总队、海南省人防办印发了《海南省施工图设计文件联合审查办法（暂行）》，实行海南省施工图设计文件联合审查机制，扩大现有施工图审查机构的业务范围，实现一个图审机构集中对外服务。联合海南省公安消防总队印发《海南省消防技术规范难点问题操作技术指南（暂行）》，规范和指导全省建设工程消防设计、施工图审查、施工和消防监督管理。联合海南省公安厅印发《关于做好〈海南省施工图设计文件联合审查办法（暂行）〉贯彻实施工作的通知》。二是全过程监管平台管理，统一审查合格书。为适应消防、人防、气象等施工图联合审查要求，结合房屋建筑工程项目建设特点，海南省住建厅联合海南省公安消防总队、海南省人防对施工图设计文件审查合格书进行修订，将原来由各部门分别出具专项审查合格书，整合成统一格式的审查合格书。技术审查实现"进一家机构，审一次图纸，出一个结论"的全流程联审联办，进一步提高审查效率，规范审查意见，确保审查质量。

人居环境与设计

【垃圾处理设施】 编制《海南省生活垃圾无害化处理设施建设三年行动方案（2018—2020年）（送审稿）》。大力推进跨区域共享的9座生活垃圾焚烧发电厂建设，2018年新建成昌江生活垃圾焚烧发电厂并试运营，其余8个焚烧项目按进度进行建设。建成保亭二期、白沙二期卫生填埋场，累计建成正常运营的生活垃圾处理设施23座（其中焚烧发电厂5座、生活垃圾填埋场16座、餐厨垃圾处理厂2座），建成19座生活垃圾渗滤液处理设施；新建成23座生活垃圾转运站，全省累计建成253座，全天转运能力11000吨/日以上。建立完善覆盖城乡"村收集、镇转运、市县处理"的垃圾处理一体化体系，走在全国前列。

【生活垃圾分类】 联合海南省发展和改革委员会印发《海南省垃圾分类收集处理标准体系》，积极开展生活垃圾分类和资源化利用试点工作，海口市是国家开展生活垃圾分类试点城市，其他市县也积极开展垃圾分类试点工作。

【人居环境奖】 组织开展中国人居环境奖复查工作。按照《关于申报中国人居环境奖有关工作的通知》要求，组织专家对海口、三亚开展了人居环境奖复查工作，并及时将复查情况上报住房和城乡建设部。海南省现有一线保洁工人26401人，对全省城市建成区主次干道8367万平方米、背街小巷68127万平方米、公园绿地2715万平方米、建成水域8893万平方米进行保洁。

【农村人居环境治理】 印发《海南省农村人居环境整治三年实施方案（2018—2020年）》，部署开展农村人居环境整治；印发《海南省农村生活垃圾分类和资源化利用指导意见》，指导市县开展适合全省农村特点的生活垃圾就地分类和资源化利用工作；制定《海南省非正规垃圾堆放点治理实施方案》，指导市县开展非正规垃圾堆放点治理工作。

海南省委办公厅、省政府办公厅印发实施《海南省农村人居环境整治三年实施方案（2018—2020年）》，部署开展农村人居环境整治；海南省城乡环境综合整治领导小组办公室印发《海南省农村生活垃圾分类和资源化利用指导意见》，指导市县开展适合全省农村特点的生活垃圾就地分类和资源化利用工作；海南省住建厅制定《海南省非正规垃圾堆放点治理实施方案》，指导市县开展非正规垃圾堆放点治理工作，海南省改善农村人居环境领导小组办公室印发《海南省农村人居环境整治考核验收办法》。深入开展"农村清洁家园"行动，着力解决柴草乱放、粪土乱堆、垃圾乱倒、污水乱泼、禽畜乱跑等"五乱"现象，清理农村历史积存垃圾，农村人居环境得到根本改善。各市县均成立了乡镇环卫机构，配备乡镇一级保洁人员7971人、村级保洁员约1.9万人，建立了村庄常态化的清扫、收集保洁机制，建成村庄垃圾收集点1.25万个，市县95%以上的村庄配备了垃圾收集桶和车辆等收运设施，完善了三级清扫保洁收运体系。加强存量垃圾治理，已完成2018年28处历史存量垃圾堆放点整治任务。把美丽乡村作为改善农村人居环境工作主要抓手和切入点，全面推进美丽乡村建设，持续改善农村人居环境。全省已建成384星级美丽乡村（其中五星级27个，三星级163个，一星级194个）。持续开展"五个一"动态监督机制，坚持每天抽查一个市县，发一条监督短信；每个星期通过《直播海南》曝光一个脏乱差典型；每个月巡查一次，发现问题随时通报；每季度安排市县开展一次环境卫生交叉检查，好的表扬，差的批评；每年年终开展绩效考核，总结表彰先进，通报批评落后。

城市管理监督

【城市执法体制改革】 一是完成各市县城市管理执法机构组建工作。积极推进市县城市管理执法领域机构综合设置工作。海南省全省18个市县和洋浦经济开发区已全部设立综合行政执法局，加挂城市管理执法局的牌子，作为当地政府工作部门。二是加快推进城市管理等领域综合行政执法。联合中共海南省委机构编制委员会、海南省海洋渔业厅、海南省法制办公室出台《关于推进市县业务主管部门与综合行政执法部门相关行政处罚权划转厘清部门职责边界的指导意见》，进一步明确了相关行政处罚权划转工作标准，明确了业务主管部门与综合行政执法部门的日常监管职责界限，明确了业务主管部门与综合行政执法部门的执法协作流程。目前，海南省全省18个市县根据本地区实际情况提出的跨领域综合行政执法目录均已获批，各市县业务部门与综合行政执法部门之间的处罚事项划转承接工作正按要求稳步推进。三是抓好城市管理执法队伍建设管理。海南省全省18个市县完成城市执法人员统一换着新的制式服装工作，加快统一全省城市管理执法执勤用车样式标准。组织举办全省住建系统行政执法人员法律知识培训班，培训390多人次，提高了基层执法人员的法律法规知识水平和业务能力。四是抓市县数字化城市管理平台建设。针对全省各地数字化城市管理平台建设工作缓慢问题，海南省住建厅印发《关于进一步推进数字化城市管理工作的通知》，要求因地制宜、分类有序加快推进数字化城市管理平台建设。截至12月底，海南全省已有3个市县建成数字化城市管理平台，1个市县正在实施数字化城市管理平台项目建设，12个市县正在进行数字化城市管理平台建设方案制定、立项审批等前期工作。

【违法建筑整治】 一是完成海南省整治违法建筑三年攻坚行动。6月底，海南省整治违法建筑三年攻坚行动结束，全省违法建筑整治三年攻坚行动共依法拆除违法建筑面积约2227万平方米，有效控制新增违法建筑346万平方米，城乡发展空间更加优化，社会公平正义进一步彰显，政府公信力得到进一步提升。二是部署开展全省违法建筑存量和新增量摸排工作。为贯彻落实2月25日沈晓明省长在三亚市研究部署全省违法用地和违法建筑整治工作的有关会议精神，海南省住建厅于3月11日以省整违办的名义牵头召开全省整治违法建筑电视电话会议，并于会后印发《关于开展违法建筑存量和新增量摸底排查工作的通知》，组织开展全省违法建筑存量和新增量摸排工作。4月1日，海南省委、省政府决定成立省生态环境六大专项整治联合指挥部办公室（以下简称"省六大专项办"），此后违法建筑存量和新增量摸排工作由省六大专项办统筹继续推进；全省违法建筑存量和新增量摸排工作已经完成，全省共计发现违法建筑面积约6284万平方米，涉及违法土地面积83302亩，其中涉及农村违法建筑面积所占比例达80.4%，基本摸清了"多规合一"改革确定的城镇开发边界外的"两违"底数。三是开展"小产权房"专项清查整治。为坚决遏制和严肃查处违法建设、销售"小产权房"行为，维护广大群众的合法权益，海南省住建厅联合省国土厅、省规划委联合印发《关于开展违法建设、销售"小产权房"专项清查整治行动的紧急通知》，要求各市县立即开展"小产权房"专项清查整治行动，严厉打击违法建设、销售"小产权房"行为，从严从快查处"小产权房"违法案件，坚决遏制住违法建设、销售"小产权房"问题蔓延势头。截至10月底整治行动结束，全省共排查发现"小产权房"333栋（宗），共拆除约43.3万平方米，没收2.66万平方米。同时，海南省住建厅于3月28日会同省纪委监察委、省国土资源厅、省规划委员会组成联合调查组，对陵水黎族自治县出现的违法建设、销售"小产权房"有关问题情况进行专项调查，并形成《关于陵水"小产权房"有关情况的调查报告》上报省纪委监察委。四是积极配合开展国家公职人员参与农村建房专项清理整治。根据海南省政府在三亚召开的违法建筑整治工作专题会议精神，海南省住建厅配合省委组织部开展国家公职人员参与农村建房专项清理整治工作，起草《海南省国家公职人员在农村拥有住房个人情况报告表》，对农村违法建筑涉及的法律法规条文进行梳理汇总，研究起草《海南省国家公职人员在农村拥有住房处置办法》。五是积极开展"两违"整治工作。海南省"两违"整治工作由新成立的省六大专项办统筹推进后，海南省住建厅根据工作职责积极开展"两违"整治工作。开展对部分市县违法用地和违法建筑整治工作情况的调研工作，研究起草《海南省违法用地和违法建筑分类处置指导意见》，并以省规划委、省国土资源厅和省住房城乡建设厅的名义联合印发实施。海南省住建厅联合省六大专项办督导组，于9月4日至20日对儋州市、东方市、昌江县、文昌、琼海等10个市县的违法用地和违法建筑整治工作进行督查指导。海南省住建厅会同省自然资源和规划厅印发实施《关于进一步推进农房建设规划报建管理工作的通知》，疏通农房报建渠道，进一步推进农房建设规划报建管理工作。

【扫黑除恶】一是加强组织领导。推动成立了海南省住建厅扫黑除恶专项斗争工作领导小组。组织召开海南全省住建系统扫黑除恶专项斗争推进暨培训会议，为各市县住建系统各单位深入推进扫黑除恶专项斗争提供了有力指导。二是抓好涉黑涉恶线索摸排。积极拓展群众举报渠道，在海南省住建厅门户网站"互动"专栏里公布了涉黑涉恶线索举报受理电话、电子邮箱和通信方式，鼓励群众积极举报相关线索。变"坐等线索"为"主动收集"。截至年底，海南省住建厅共接到通过上级批转、群众举报等渠道发来的举报件共6件，经初核，其中3件为涉黑涉恶线索举报件，已按要求及时移送省扫黑办；另外3件为普通信访件，已按信访件程序办理。三是强化行业监管。坚持"有黑扫黑、无黑除恶、无恶治乱"的原则加强行业监管和治理。全力配合开展打击非法采砂和"砂霸"专项行动，向各市县住建部门转发《海南省打击非法采砂实施综合整治专项行动方案》，严厉查处辖区内房屋建筑、市政工程及预拌混凝土企业违规使用海砂的违法违规行为；积极指导市县综合行政执法局配合公安机关、水务部门开展打击"砂霸"专项行动。印发《关于开展打击侵害群众利益违法违规行为治理房地产乱象专项行动方案》《关于转发〈取消工程建设项目招标代理机构资格认定加强事中事后监管的通知〉及做好相关工作的通知》等文件，全力开展房地产市场、工程招投标、建筑市场等领域专项检查，查处了一批违法违规企业和个人，有效弥补了管理漏洞。四是深入宣传发动。印发《关于开展住建领域扫黑除恶理论研究征文活动的通知》，组织市县住建系统各单位和海南省住建厅机关各处室、直属单位干部职工深入群众、深入基层开展调查研究，了解掌握行业监管、扫黑除恶专项斗争开展等方面存在的问题和挑战，科学提出解决办法和建议，为完善海南省住建行业监管制度措施、维护行业秩序稳定献计献策；同时编制印发《扫黑除恶专项斗争政策四十问》120多册发放市县住建系统各单位。

人事教育

【干部队伍建设】一是加强制度建设，规范干部队伍管理。严格按照"三重一大"制度,精心组织安排18次党组会议。规范机关单位内部管理,提高效能建设水平,印发实施《海南省住房和城乡建设厅机关工作人员考勤管理办法(暂行)》,将考勤和请假管理制度化、规范化。推进实施《抽调人员推进重点专项工作实施方案》,集中力量攻坚克难,靶向发力,确保海南省住建厅农村危房改造等重点工作任务按时优质高效完成,同时作为发现、培养和重用干部的依据。为贯彻落实中央全面从严治党的要求,加强干部选拔任用工作全程监督,规范干部选拔任用工作,防止选人用人上的不正之风,制定实施海南省住建厅《干部选拔任用材料归档管理办法(暂行)》。二是加强干部选拔任用和调配工作。因2018年面临机构改革,人事任免暂时冻结。全年提拔任用处级干部3人、科级干部6人(含直属单位),交流轮岗干部7人,根据本人申请,将1名副处长转任非领导职务。三是做好公务员录用和军转干部接收工作。公开选调5名基层公务员;与海南省建设标准定额站一起开展公务员招录考察系列工作,新招录公务员1名,对另1名考察不合格的同志依法不予录用;根据海南省省委组织部的工作部署,接收录用3名党政急需紧缺人才;接收7名军转干部妥善调配到人员相对紧缺的处室。四是强化干部培训和学习。组织海南省住建厅机关、直属参公单位159名公务员、参公人员参加公务员在线学习。协调海南省委组织部、海南省人民政府办公厅,配合业务处室开展全省装配式建筑培训,并组织全省住建系统100余名干部参加培训;认真组织海南省住建厅省管干部参加周末学习专题讲座10次,组织业务骨干参加学习共101人次;组织1名省管干部、5名处级干部到海南省委党校培训学习;先后组织27人次参加住房城乡建设部2018年度建设系统领导干部规划建设管理系列培训班;安排2名干部参加海南省商务厅在清华大学举办的招商引资专题培训班,1名干部参加海南省委组织部举办的创新人才工作专题研修班,1名军转干部参加为期1年的进高校专项培训学习,1名干部到江苏省参加"文化传承与乡村振兴高级研修班"学习等。五是切实协调推动干部挂职锻炼工作。对缺少两年基层经历的干部,积极协调海口市及部分市县委组织部安排挂职锻炼岗位,为干部提升能力和补足经历创造条件,安排2名科级干部到海口市、澄迈县等市县挂职锻炼,选派2名优秀干部任驻村第一书记,接收中央选派来琼挂职干部1人,选派2名干部与上海、北京的建筑业龙头企业进行双向挂职,选派3名干部到自贸区和住房城乡建设部跟班学习。做好建设规划人才智力扶持中西部市县工作,共选派32名干部参与项目,其中到市县挂职副局长11人,定点指导10人,到厅机关及直属单位、海口市和三亚市住建局、园林局等单位跟班学习11人。

【干部人事管理】一是认真组织领导干部个人有关事项报告相关工作。组织海南省住建厅省管干部6人以及厅机关、直属单位(含省住房公积金管理局)全体处级干部94人集中填报了个人有关事项,对处级干部个人有关事项信息逐条录入系统并上报省委组织部。按工作要求开展随机抽查、重点抽查共计21人次。二是对厅机关处级以下干部、直属单位班子成员100余人进行了2017年年度考核,对年度考核优秀的4人记三等功,29人嘉奖。三是根据《海南省监委办公厅关于开展全省监察对象统计工作的通知》要求,组织海南省住建厅机关各处室、直属各单位共184人认真填报了《监察对象统计情况表》,明确监察对象的范围,实现住建厅监察全面覆盖。四是根据《海南省直机关职工住宅建设领导小组关于开展省直机关干部职工住房清理有关工作的通知》要求,对厅机关、直属参公单位职工的住房情况再次进行全面清理,将个人住房信息与去年填报有变化的24人按要求报送省机关事务管理局。五是积极做好流动人员专业技术资格确认和高层次人才认定等服务工作。全年共确认从省外流动到海南省企业单位工作的高级专业技术资格人员130名,推荐60名建筑行业的高层次人才到省人才局进行认定。六是精心做好老干部服务工作,组织老干部参加党员教育活动日,对14位离退休老干部开展慰问,完成了2014年以后退休干部的待遇重算,组织老干部每年例行体检,为两名去世退休人员及时申报抚恤金。七是对海南省住建系统出借资格证书取酬问题进行彻底清查,并进行了综合统计,共有124个机关(企)事业单位2494名党员干部上报自查自纠情况,有10个市县48人存在挂证情况。八是完成海南省住建厅保管的厅机关及直属单位204卷档案的数字化整理工作,实现干部档案的数字化信息化管理。

【行业人才培养】一是抓好行业教育培训工作。积极为专业技术人员搭建继续教育平台,主动协调各培训单位、行业协会和企业抓好专业技术人员的继续教育,采取网络教育、参加住房城乡建设部专项培训相结合等学习形式,确保人员、内容、课时的落实。全年共培训人员3.6万余人次,帮助行业人才及时实现知识更新,了解掌握行业新技术、新标准、新政策、新法规、新理论、新方法，收到良好成效。二是抓好执业资格、施工现场专业人员和技能工人的考试考核工作。组织开展以二级建造师为主的执业资格考试报名审查、考试实施、阅卷等工作，共有12327人参加二级建造师考试，为建筑市场和企业发展需要提供必要的智力支持和人才保障。积极做好施工现场专业人员培训考试工作，共有6800余人次报名参加考试，进一步提高施工现场从业人员专业化程度。积极抓好技能培训和考核工作，对经过培训并考核合格的技工，及时核发《职业技能岗位培训合格证书》；重点抓好特种作业人员技能培训、考核鉴定和安全生产教育。全年共有5910多人报名参加培训和考核，考核通过5624人，合格比例达95%。三是积极实施专业技术人才培养和评价工作。认真做好建设（筑）工程系列专业技术资格评审工作，2018年度全省共评出中（初）、高和正高级工程师3881名，其中，中（初）级工程师3367名，高级工程师498名，正高级工程师16名。四是筹备2019年二级造价工程师职业资格考试相关工作。

大事记

1月

19日　海南省整治违法建筑三年攻坚行动领导小组办公室印发《〈海南省生态保护红线内违法违规建设项目整改工作方案〉的通知》。

30日　海南省住房和城乡建设厅通过2017年度安全生产责任目标考核，评为先进单位。

2月

1日　印发《海南省美丽乡村建设总体规划（2016—2025）》、出台《关于促进乡村民宿发展的指导意见》。

5日　印发《海南省装配式建筑示范管理办法》。

7日　出台《关于支持美丽乡村建设的若干意见》、印发《海南省传统村落保护发展规划（2016—2030年）》。

13日　海南省住房和城乡建设厅关于印发《海南省2018年住房城乡建设行业教育培训计划》的通知（琼建人〔2018〕54号）。

28日　召开海南省人民政府关于支持美丽乡村建设的若干意见和促进乡村民宿发展的指导意见新闻发布会。

3月

1日　《海南省房屋建筑和市政工程工程量清单招标投标评标办法》正式实施。

2日　联合海南省公安消防总队、海南省人民防空办公室印发《海南省施工图设计文件联合审查办法（暂行）》。

5日　印发《〈海南省建设工程施工现场扬尘噪音在线监测系统推进工作方案〉的通知》。

7日　开展第三批美丽乡村示范村省级考核验收工作。

8日　发布《关于调整我省建设工程安全防护、文明施工措施费的通知》，文昌市获评省级园林城市。

13日　印发《海南省整治违法建筑三年攻坚行动领导小组办公室关于开展违法建筑指导工作的通知》。

15日　颁布2017《海南省市政工程综合定额》、举办美丽乡村建设招商项目规划策划培训会。

21日　印发《海南省2018年农村危房改造实施方案》。

22日　印发《海南省装配式建筑专项规划导则》。

23日　印发《海南省装配式建筑装配率计算规则》。

30日　召开2018年全省农村危房改造现场会、联合海南省国土资源厅、海南省地方税务局、海南省物价局、海南省社会保险事业局、中国人民银行海口中心支行印发《关于做好稳定房地产市场工作的通知》、联合海南省规划委员会、海南省国土资源厅、海南省物价局、中国银行业监督管理委员会海南监管局印发《关于进一步完善我省住房保障和供应体系的意见》。

4月

1日　开通计价依据网上咨询系统。

8日　联合海南省发展改革委员会、海南省规划委员会、海南省国土资源厅印发《2018年推进装配式建筑有关事项》。

14日　在澄迈举行2018中国钢结构发展高峰论坛。

20日　联合海南省发展和改革委员会印发《海南省垃圾分类收集处理标准体系》、印发《海南省建筑施工扬尘专项治理工作方案》。

22日　海南省委办公厅、省政府办公厅印发《关于进一步稳定房地产市场的通知》。

24日　印发《关于加强农村建筑工匠培训的通知》。

25日　印发《海南省2018年农村危房改造实施方案的补充通知》。

27日 印发《全省住房城乡建设系统建筑施工安全（消防安全）专项治理工作实施方案》。

28日 海南省政府办公厅印发《关于促进建筑业持续健康发展的实施意见》、发布《关于调整海南省建设工程增值税税率的通知》。

5月

7日 印发《全省住房城乡建设系统2018年建筑施工安全专项治理工作实施方案》。

8日 召开全省建筑工程质量安全工作会议。

9日 与海南大学土木建筑工程学院签订《科研教学基地合作协议书》，举行"科研与教学合作基地"揭牌仪式。

11日 印发《关于开展建筑业企业资质告知承诺审批试点工作的通知》。

18日 海南省委、省政府办公厅印发《海南省农村人居环境整治三年行动方案（2018—2020年）》。

21日 印发《海南省建筑产业现代化（装配式建筑）发展规划（2018—2022)》、与海南省机构编制委员会办公室、海南省海洋与渔业厅、海南省法制办公室联合印发《关于推进市县业务主管部门与综合行政执法部门相关行政处罚权划转厘清部门职责边界的指导意见》。

22日 印发《海南省装配式混凝土结构工程施工质量验收标准》、发布《海南省装配式混凝土结构施工质量验收标准》DBJ 46-047-2018。

25日 配合海南省委、省政府召开关于《海南省农村人居环境整治三年行动方案（2018—2020年）》新闻发布会。

6月

7日 发布《海南省建筑工程防水技术标准》DBJ 46-048-2018。

8日 25项工程被评为2018年度海南省"绿岛杯"建设工程。

11日 海南省委办公厅、省政府办公厅印发《关于引进人才住房保障的指导意见》、颁布2017《海南省装配式建筑工程综合定额》（试行）、开展2018上半年建设工程质量安全提升行动和建筑市场行为检查。

15日 召开2018年海南省乡村民宿示范点创建评审会、印发《关于印发海南省城市管理执法队伍"强基础、转作风、树形象"三年行动方案的通知》。

20日 开展2018年海南省乡村民宿示范点创建实地复核工作。

22日 联合海南省人力资源和社会保障厅印发《海南省建筑领域施工现场人员实名制信息化管理实施方案》。

26日 印发《关于进一步明确农村危房改造有关事项的通知》。

27日 举办《海南省建筑工程防水技术标准》省政府新闻发布会、认定2018年海南省第一批装配式建筑示范项目和示范基地。

29日 海南省城乡环境综合整治领导小组办公室《关于印发海南省农村生活垃圾分类和资源化利用工作指导意见（2018—2020)》。

7月

10日 印发《关于进一步明确农民工工资垫付清偿责任规范工资支付行为的通知》。

18日 印发《中共海南省住房和城乡建设厅机关委员会开展"在建设海南自由贸易试验区和中国特色自由贸易港实践中勇当先锋、做好表率"专题活动落实方案》。

20日 发布《海南省绿色生态小区技术标准》DBJ 46-049-2018。

21日 印发《关于开展工程造价咨询企业资质告知承诺审批工作的通知》。

23日 海南省改善农村人居环境领导小组办公室印发《海南省农村人居环境整治考核验收办法》。

25日 海南省建设工程质量安全监督管理局荣获全省"机关党建示范点"称号。

26日 印发《关于下放部分行政审批事项的通知》。

29日 印发《关于在全省住建领域推广应用二维码电子资质证书的通知》。

8月

31日 联合海南省交通运输厅、海南省水务厅印发《关于进一步明确垫付清偿农民工工资责任规范工资支付行为的通知》、印发《关于促进我省建筑工地安全文明施工标准化管理的实施意见》。

9月

10日 召开全省打赢脱贫攻坚战农村危房改造工作推进会。

18日 海口市管廊试点项目通过国家绩效考核评价、组织专家对海口、三亚开展人居环境奖复查工作。

19日 公布第三批海南省美丽乡村示范村名单。

28日 举办2018中国（海南）美丽乡村发展大会。

10月

10日 海南省委第二巡视组召开巡视海南省住房城乡建设厅党组工作动员会。

12日 印发《液化石油气瓶装供应站安全管理办法（试行）》。

15日 联合海南省财政厅、海南省人力资源和社会保障厅印发《关于实施引进人才住房保障有关问题的通知》、组织专家对海口、三亚开展国家园林城市普查工作。

22日 印发《关于进一步推进数字化城市管理工作的通知》。

26日 举办2018年海南国际民宿论坛暨2018首届海南国际民宿产业博览会及2018海南首届"百镇千村"发展峰会。

29日 "海口华润中心一期工程"等14项工程通过2018年度海南省建筑业新技术应用示范工程立项评审。

11月

12日 联合海南省自然资源和规划厅印发《关于进一步推进农房建设规划报建管理工作的通知》。

16日 印发《海南省生态修复城市修补工作方案（2018—2020年）》、海口市在全国综合管廊试点城市绩效评价答辩中获全国第二名。

19日 联合海南省卫生健康委员会印发《海南省乡镇卫生院标准化建设装配式建筑设计导则》。

24日 颁布《三沙市建设工程计价办法》。

26日 举办2018年全省农村危房改造和全国村庄建设信息系统录入培训班。

29日 成立海南省装配式建筑产业技术创新联盟第一届理事会。

12月

6日 《海南省建筑工程防水技术标准》在第12届中国（南宁）国际园林博览会进行展示。

7日 认定2018年海南省第二批装配式建筑示范项目和示范基地。

10日 印发《全省住建系统2019年扫黑除恶专项斗争重点工作任务清单》。

12日 印发《关于做好非正规垃圾堆放点整治销号工作的通知》。

13日 海南省装配式建筑工作联席会议办公室组织召开了海南省装配式建筑工作联席会议第一次办公会议。

14日 召开全省住房城乡建设系统扫黑除恶专项斗争推进会暨业务培训会。

17日 印发《海南省住房和城乡建设厅关于规范餐厨垃圾处理做好非洲猪瘟防范工作的通知》。

21日 印发《关于外商独资建筑业企业在琼承揽建筑工程项目有关事项的通知》、"基于BIM技术的建设工程计算机招投标系统应用"荣获"2018年度全国公共资源交易科技成果大赛优秀奖"。

28日 印发《关于印发建设单位、招标代理机构、建设单位项目负责人、监理从业人员诚信评分标准的通知》。

29日 印发《海南省农村危房改造脱贫攻坚三年行动计划（2018—2020）》。

29—31日 住房和城乡建设部科技与产业化发展中心（住房和城乡建设部住宅产业化促进中心）、海南省住房和城乡建设厅、海南省商务厅和海口市政府联合主办"2018中国推动建筑产业现代化技术交流大会暨首届海南装配式建筑与绿色生态建设博览会"。

（海南省住房和城乡建设厅）

水务建设与管理

【简况】2018年，海南省水务厅全面贯彻习近平总书记4月13日在庆祝海南建省办经济特区30周年大会上的重要讲话和海南自由贸易区（港）建设的总体要求，贯彻落实住房城乡建设部和省委、省政府工作部署，突出抓好供水保障、黑臭水体治理、城市内涝、污水处理及环保整改等五个方面工作，努力补齐短板，水务工作取得较好进展。

【城市供水保障】2018年全省城市（县城）自来水厂共29座，供水规模为238万立方米/日，城市（县城）供水普及率为95.63%，水质综合合格率为99.89%，城市（县城）公共管网漏损率评定后漏损率11.34%。一是出台相关城市供水政策性文件。5月30日出台了《海南省水务厅 海南省政府国有资产监督管理委员会关于加快推进"三供一业"供水分离移交工作的函》（琼水城水函〔2018〕389号），7月9日出台了《海南省水务厅 海南省住房和城乡建设厅关于进一步加强新建住宅小区供水排水配套设施建设管理的函》（琼水城水函〔2018〕521号）。二是加强城市供水业务培训。3月组织海口、三亚、儋州、三沙、东方等5个设市城市水务部门及其城市公共供水企业相关人员参加住建部"国家节水行动与节水型城市建设培训班"；5月18日在海口市举办"海南省自贸区（港）水务投资发展研讨会"；5月联合中国电信海南公司组织举办了"智慧物联水务推介会"；6月组织全省市县水务部门和城镇供水企业负责人参加哈尔滨工业大学"城镇水务业务能力提升研修班"；9月组织举办"全省城镇供水企业供水规范化管理培训班"；12月举办的"2018（第七届）国际智慧城市峰会"上组建海南智慧水务分论坛，并组织我省 120 名水务部门和供水企业、污水处理企业等负责人、业务骨干参会。三是通过了住房和城乡建设部对三亚市、五指山市供水水质检测和省水质检测中心对琼海、儋州、文昌、万宁、东方市等供水水质检测的考核。四是保障了 2018 年博鳌亚洲论坛和海南建省三十周年供水安全保障工作。五是 10 月 22 日至 11 月 7 日，组织开展了 2018 年度全省城镇供水规范化管理考核工作，其考核结果通报市县政府，进一步加强了全省城镇供水规范化管理，保障城镇供水安全。

【黑臭水体治理】2018 年海南省 29 个城市黑臭水体已全部基本消除黑臭，消除率达到 100%。

6 月 12 日，生态环境部、住房和城乡建设部联合开展的城市黑臭水体整治第一批专项督查，共对 8 省（包括海南省）20 个地级城市进行了督查，全省黑臭水体治理达标率为 96.5%，提前达到国家要求。海口市美舍河因治理效果良好荣登第一批全国黑臭水体治理"光荣榜"。11 月 6 日，生态环境部公布了 2017 年度《水污染防治行动计划》实施情况考核结果，海南省获评优秀。11 月 19 日，海南省海口市水环境治理工作成效显著获国务院通报表扬。

【城市内涝防治】2018 年全省设市城市共计划实施 25 个城市排水防涝项目，已全部开工建设，项目施工率 100%，完成投资 11.99 亿元。其中 17 个项目完成建设，占年度完成目标（完成 15 个项目建设任务）的 113%；2018 年共配置了应急抢险排水车 28 台、高空抢险车 5 辆、抽水机 81 台等城市排水防涝应急设备。

【城镇污水治理】2018 年海南省新增污水处理规模 16.22 万立方米/日，新增污水配套管网 395.22 公里，完成投资 12.11 亿元。全省 53 座城镇污水处理厂全年处理污水量 3.71 亿立方米，削减 COD6.32 万立方米，削减氨氮 0.58 万立方米。一是海南省水务厅会同省直相关部门研究制定《海南省乡镇污水处理设施建设指导意见（试行）》和《海南省乡镇污水处理费征收管理办法》。二是海南省水务厅会同海南省发展改革委拟定《海南省城镇污水处理设施建设与改造三年行动方案》。三是 3 月 13—27 日海南省水务厅委托第三方机构对海南省 19 个市县（区）31 个主要污水处理厂开展 2017 年度运营管理考核。四是 6 月组织全省市县水务部门和城镇污水企业负责人参加哈尔滨工业大学"城镇水务业务能力提升研修班"。

2018 年海南省 216 个建制镇（含林场、农场）已开工建设 62 个建制镇污水处理厂（已完工 5 座）；2018 年 10 个敏感区域城镇污水处理厂提标改造已全部开工建设。

【中央环保督察整改】2018 年海南省水务厅迅速成立中央环保督察反馈意见整改工作领导小组和反馈意见整改工作专家指导组加强对整改的组织领导和指导。一是与各市县政府签订中央环保督察整改目标责任书，明确整改内容时限和责任；二是组织召开中央环保督察反馈问题整改工作推进会，派出业务骨干和技术专家赴每月开展行业指导，对全省开展了 17 批次现场督导检查，开展了中央环保督察意见整改半年督查，对全省环保整改开展督查督办，共印发 8 期《关于做好中央环保督察反馈问题整改和省重点工作月度通报的通知》。三是派员参加省委、省政府组织对市县开展的综合督查，包括对城镇污水处理设施建设运营问题的整改。2018 年应完成的 8 项整改任务，已完成 7 项，1 项基本完成但整改效果不稳定。

（海南省水务厅）

重 庆 市

建筑业

【建筑业产值增加值稳步增长】2018 年，重庆市完成建筑业总产值 7819.42 亿元，同比增长 2.8%。实现建筑业增加值 2331.09 亿元，同比增长 9.8%，占地区生产总值（GDP）的 11.4%，对地区生产总值（GDP）的贡献率为 16%，拉动经济增长 1 个百分点。建筑业支柱产业地位依然突出。

【新开工量、在建面积不断增加】2018 年，全市新开工房屋建筑面积 15156 万平方米、同比增加 8.8%；全市在建施工面积 35140 万平方米、同比增长 5.8%；全年竣工房屋建筑面积 13780 万平方米、同比增加 2.5%。

【本地企业数量不断增加】2018 年，全市新增民营特级企业3家，实现民营企业特级资质零的突破，新增一级企业76家。截至年底，全市建筑业企业9302家，同比增加13.87%。其中，特级8家，同比增长60%，占企业总数的0.08%；一级474家，同比增加6.75%，占总数的5.1%；其他等级8820家、同比增加14.25%。

【市场进一步开放】截至年底，全市共有5147家外地建筑施工企业（特级375家、一级2872家）、435家外地监理企业、378家外地造价咨询企业，外地企业入渝数量同比增长40.86%，其中外地特级企业、一级企业分别是重庆市本地企业的47倍、6倍。至此，全市建筑市场共有施工企业14449家、监理企业558家、造价咨询企业652家。市外优质企业不断落户重庆，发展建筑总部经济，如引进大型央企中铁投重庆公司落户南岸区、中铁二十一局五公司落户永川区。

【本地企业走出去步伐加快】2018年，全市企业在外省完成产值1483.99亿元、同比增长19.1%，比上年提高1.1个百分点，占建筑业总产值的19.0%。全市一些建筑企业积极响应"一带一路"倡议，大力拓展海外市场，海外业务快步发展。以重庆对外建设（集团）有限公司、中冶建工集团、中铁十一局集团第五工程有限公司等为代表的七家优质企业加快融入"一带一路"建设，在亚、非国家和地区承建了近60个大、中型国际工程项目，实现境外产值近50亿元，为企业带来新的业务增长点。

【解决就业能力不断增强】2018年，全市从事建筑业活动的平均人数238.81万人，期末从业人员226.47万人，同比增长0.81%。建筑业吸纳本市农村劳动力117.13万人，占农村富余劳动力总数的41.29%；吸纳本市非农村劳动力55.20万人。

【从业人员培训得到加强】2018年，完成工人培训鉴定68524人，其中初级工636人、中级工64663人、高级工3149人，技师61人，高级技师38人。全市共有注册建造师58880人，注册监理工程师4634人，注册造价工程师4192人，同比增长1.19%。

【大力推进改革创新】一是以重庆市政府办公厅名义印发《关于进一步促进建筑业改革与持续健康发展的实施意见》，明确以大数据、智能化为引领创新驱动，促进行业转型升级。二是加快推进工程总承包试点。积极培育工程总承包骨干企业，2018年，全市房屋建筑和市政基础设施总承包项目共144个，合同金额超过281亿元。三是启动全过程工程咨询试点，明确了39家试点企业。四是推动智能化建造，打造"智慧工地"709个，推广BIM（建筑信息模型）技术应用，全市应用BIM技术项目近300个，"智慧工地"系统在"重庆智博会"上成功展示。

【"放管服"改革持续发力】一是持续推进简政放权。取消资质资格和安全生产许可证延期、变更区县初审环节，下放房屋市政工程项目安全监督报监和施工许可制证、项目经理连任解锁等权限，使一些涉及基层的事项能就地办结。二是大力推进行政许可标准化。加大设施设备投入，设立咨询服务台、排队叫号等系统。建筑施工企业资质实行网上申报、系统辅助、随机审查等新机制，办事效率明显提升。三是圆满完成市级工程建设项目审批服务大厅建设任务，实现审批服务便捷化、审批高效化、设施智能化、管理标准化。四是推动工程项目审批制度改革，施工许可办理时限由15个工作日缩减为7个工作日，印发《竣工联合验收管理办法》，简化审批程序、缩短审批时限、强化审批责任，不断优化便民服务。

【市场监管不断强化】一是全面严格执法。2018年，对全市建筑领域违规违法行为立案1644起，结案1612起，罚款18771.94万元，责令128家企业停业整顿。二是开展人员到岗履职专项治理。严查企业主要负责人和项目关键岗位人员到岗履职情况和企业全员安全生产责任制建立落实情况。2018年，共吊销13名企业主要负责人A证，处罚未建立落实全员安全生产责任制企业53家，暂扣企业安全生产许可证108家，进一步压实了企业主要负责人安全生产责任。三是全面开展"双随机、一公开"执法。开展了监理、检测、建材、"危大工程"、起重机械、安全措施费用计取使用、外地入渝企业、"一金三制"落实情况等专项检查，以及市住房城乡建委领导带队施工安全稳定大排查大整治大执法大督查行动。

【推动重经济处罚向经济与信用处罚并重转变】持续强化诚信体系在市场监管中的运用，进一步将企业违法违规行为充分反映到诚信扣分上，对违法违规责任主体，在进行经济处罚的同时，加强信用联合惩戒。2018年，对142家企业进行了全市通报批评，对126家企业进行了诚信扣分并纳入不良记录6—12个月，对53家外地企业屏蔽入渝信息6—12个月，对170名项目经理共记986分。充分发挥了市场和社会对建筑企业的监督作用，对解决"问题在现场、根子在市场"的问题发挥了突出效果，进一步推动了建筑业持续健康发展。

【工程质量水平稳步提升】2018年,全市获得中国建设工程鲁班奖4项,中国土木工程詹天佑奖2项,国家优质工程奖7项,三峡杯优质结构工程奖99项,巴渝杯优质工程奖52项,工程质量稳中向好。全年办理竣工验收备案项目3243个,同比增长7.2%;建筑面积9078万平方米,同比下降2.11%。截至年底,全市在监房屋市政项目9058个、建筑面积27671.97万平方米,其中市管项目546个、建筑面积469.23万平方米。

【持续强化监理行业监管】一是推行工程监理从业人员实名制管理。通过"互联网+"的管理模式,采集了489家工程监理企业申报的20240名监理从业人员的实名制信息。二是开展工程监理报告试点。制定了工程监理报告的标准格式,细化了填报要求,研发了"重庆市建设工程监理报告系统"。2018年,全市共收到5500余份项目监理专报和8份项目监理急报。三是继续施行监理合同备案,通过"工程监理合同备案系统"备案项目1707个。四是开展工程监理行业监督检查。全年共检查1068个项目监理机构,对存在问题的14家企业进行了通报批评,纳入不良记录6个月;并对11家外地入渝企业屏蔽入渝信息6个月或12个月。

【安全生产形势总体受控,基础工作不断夯实】2018年,据各地上报及市政府安委会办公室核查,全市房屋市政建设领域共发生各类生产安全事故92起,死亡95人,同比分别下降8.0%、10.4%,未发生较大及以上事故。截至年底,全市受监工程共4364个。其中房屋建筑工程3379个,建筑面积约19316万平方米;市政基础设施工程762个,造价约12101亿元;其他工程(边坡治理、土石方、场平工程等)223个,建筑面积约404万平方米,造价约44亿元。

【推动"智慧工地"建设在全市"落地开花"】根据《重庆市以大数据智能化为引领的创新驱动发展战略行动计划》工作部署,在全市大力推进"智慧工地"建设。构建覆盖"建设主管部门、企业、工程项目"三级联动的"智慧工地"管理体系,进一步实现施工现场"人、机、料、法、环"五大环节施工管理的信息化和智能化,有效促进互联网+、大数据、人工智能同建筑施工行业深度融合。全市建成具备BIM施工应用、实名制管理、远程视频监控、扬尘噪声监测、起重机械安全监控、工程监理报告、工程质量验收管理、建材质量监管、工程质量检测监管和工资专用账户管理等11项"智能化应用"的"智慧工地"1000个,有效促进了全市建筑业转型升级、提质增效。

房地产业

【进一步加强房地产开发管理】一是强化行业研究。定期发布房地产形势分析报告和房地产相关资讯,开展课题研究,形成《重庆市房地产开发建设相关问题研究专辑》;对主城区房地产开发建设与管理情况进行专题调研。二是加强资质管理。严格房地产开发行业市场准入,加强企业资格审查;建立企业退出机制,依法注销"僵尸企业""空壳公司"和不符合资质条件的企业,不断优化资质结构。全年共清理"僵尸企业""空壳公司"和不符合资质条件的企业230家,全市企业总数已减少至2616家。其中,一级资质60家,二级资质725家,三级、四级和暂定资质共1831家。三是积极推进房地产企业兼并重组。支持企业通过行业内兼并重组、土地(项目)转让或股权转让等形式,实现优势互补,盘活资产,增强企业综合竞争能力和抵御风险的能力。自2017年推进该项工作以来,已被兼并重组的房地产开发企业共81家,其中一级2家,二级20家,三级3家,暂定56家。四是加强开发项目管理。深化房地产开发建设全过程监管,加强对《重庆市城市房地产开发经营管理条例》执行情况的监督检查,在全市开展房地产开发项目建设现场大督查工作。加强项目资本金和预售资金监管,修订了《重庆市商品房预售资金首付款使用监管实施细则》,同时完善了预售资金监管系统,增强与银行的信息互通,督导区县严格执行项目资本金监管制度。截至12月底,全市项目资本金监管余额138.6亿元,预售资金首付款核定监管额640亿元,确保了开发项目的建设资金足额到位,避免企业资金不足盲目开工、挪用建设资金等原因导致问题项目的产生,切实维护了购房者的权益和社会稳定。切实推进全市智慧小区建设,编制发布《重庆市智慧小区评价标准》,出台激励政策,组织召开全市智慧小区建设工作现场观摩会,组织相关专家赴各区县开展智慧小区专项技术指导工作。2018年,计划在全市打造50个智慧小区,实际打造60个。五是深化房地产行业信用体系建设。优化升级信用体系管理平台,及时准确掌握企业基础信息,加强信息公开力度,进一步完善不良行为定期信息收集、信息曝光机制。目前,已经通过门户网站公开近50余万条信息,包括2616家企业信息、4000余个项目信息、50000余名人员信息和1000余条诚信信息。开展年度信用综合测评,根据测评结果对企业实行分类管理,完善守信激励和失信惩戒机制。

【房地产开发投资平稳增长，项目开工建设持续推进】 2018年，全市完成房地产开发投资4249亿元，同比增长6.8%（其中住宅3013亿元，增长14.4%）；商品房新开工面积7386万平方米，同比增长30%（其中住宅5145万平方米，增长36.9%）。主城区完成开发投资2930亿元，同比增长12.2%（其中住宅投资2114亿元，增长24%），商品房新开工面积4299万平方米，同比增长34.8%（其中住宅2961万平方米，增长46.9%）。全市出让经营性用地4.81万亩，同比增加21.5%（其中住宅用地3.95万亩，增加24.1%）；主城区出让经营性用地1.35万亩，同比减少31.6%（其中住宅用地1.25万亩，减少24.5%，平均楼面地价5135元/平方米，上涨8.6%）。

【住房交易量价稳中有升，基本实现市场供需平衡】 全市商品住房上市5389万平方米，同比增加27.7%；成交5630万平方米，同比增加4.3%；成交均价7446元/平方米，同比上涨14.3%。主城区商品住房上市3064万平方米，同比增加31.3%；成交3024万平方米，同比增加6.2%，供需基本平衡；成交均价9291元/平方米，同比上涨11.4%。全市二手住房成交2956万平方米，同比增加4.9%，其中主城区成交1713万平方米，同比减少6.7%。据国家统计局数据，12月份主城区新建商品住房价格环比上涨0.8%、同比上涨11.6%，涨幅在全国70个大中城市分别居第32位和第33位。

【行业信贷规模合理增长，开发企业资金状况良好】 截至12月末，全市房地产行业贷款余额11845亿元，同比增长22.7%。其中开发贷款余额2751亿元，同比增长21.8%；个人住房贷款余额为8323亿元，同比增长20.5%。个人住房贷款加权平均利率5.84%，环比下降0.01个百分点，同比上升0.47个百分点，较4.90%的基准利率（五年期以上）上浮约20%。全市房地产开发企业新增到位资金6685亿元，同比增长16.1%。其中定金及预收款、个人按揭贷款分别增长33.2%、5%，销售回款的较快增长，有效缓解了企业资金压力。

【房地产市场调控与管理有序】 2018年，市住建委坚持"房子是用来住的，不是用来炒的"定位，综合运用金融、土地、财税、投资、法制等手段，遵循市场经济规律，努力把握调控的时、效、度，实施供需双向调节。在供给侧，增加住宅用地供应，督促开发企业加快开竣工，提高审批服务效率，增加有效供应，全年办理商品房预售许可2100多件，创历史新高。在需求侧，坚持保障刚需和遏制炒房并举，在严格执行个人房产税、限售等政策的基础上，进一步深化差别化信贷政策、商品住房价格窗口指导等举措。2018年6月，市政府办公厅印发《关于进一步加强房地产市场调控工作的通知》（渝府办发〔2018〕88号），从落实责任、土地、金融、信贷、定价指导、规划引导、发展租赁住房、市场预期管理等八方面实施系统调控，促进房地产市场平稳健康发展。

以智能化为引领，促进系统与业务深度融合。全新构建商品房交易流程，上线运行"互联网＋商品房交易"服务监管系统，实现了商品房认购、网签、预售资金入账、合同备案的全链条管理，通过资金流与信息流的实时交互，有效降低了房屋交易风险，受到购房群众、开发企业、监管银行等多方好评，得到住房城乡建设部调研组的肯定。同时，优化存量房网签系统，建设存量房交易自主成交通道，解决了原网签系统房源核验效率低、交易复杂等问题。

【房地产市场秩序专项整治有力】 2018年，按照住房城乡建设部等七部委《关于在部分城市先行开展打击侵害群众利益违法违规行为治理房地产市场乱象专项行动的通知》（建房〔2018〕58号）部署，在全市范围内组织开展房地产市场秩序专项整治工作，坚决制止、查处房地产市场违法违规行为。原市国土房管局印发《关于开展市场秩序专项整治促进房地产业健康发展的通知》（渝国土房管〔2018〕282号）、联合市公安局印发《关于整治和打击房地产领域违法犯罪行为的通知》（渝国土房管〔2018〕523号）等文件，整治重点打击房地产领域违法犯罪行为，重点查处开发企业和中介机构造谣传谣、发布虚假广告、价格违法、偷逃税款、炒卖房号、非法集资、造假骗贷、挪用交易资金、"一房多卖"、侵犯个人信息、威胁人身安全等违法违规行为。人民网、华龙网、《重庆日报》等市内外主流媒体对本次专项整治行动进行了专题报道。通过与公安等部门联动运用"行政＋司法"手段，重点抓住交易关键环节查处违法违规案件，采取约谈、行政限制、公开曝光、司法查处、联合惩戒等措施，共立案侦查房地产违法案件21起，采取刑事强制措施38人，有力规范了房地产市场行为，净化了市场环境，取得了明显成效。

【房地产市场矛盾风险化解有效】 一是组织开展房地产市场矛盾纠纷摸排，加强交易环节矛盾隐患排查化解，主城区排查出矛盾隐患项目23个，主要涉及违规销售抵押房、无证预售、违规售后返租等问题（大部分问题发生在2016年以前）。对排查出的矛盾纠纷项目建立工作台账，研判分析，适时掌握处置进展情况，做到稳控得住、化解得了。全年累计化解房地产市场矛盾纠纷项目21个。二是开展晋愉、典雅等重大涉稳问题的处置化解工作。多次到相关区县指导处置工作和接待群众，九龙坡晋愉V时代、两江新区雅高国际以及大渡口区江州二期等4个涉稳项目已得到妥善处置。三是配合开展"3+N"房地产开发建设领域信访突出问题专项治理工作，指导所涉区县加快矛盾纠纷的化解。重点问题及时函告相关区县落实属地责任，采取有效措施，按期完成处置工作。

勘察设计业

2018年，全市勘察设计行业深化"放管服"改革，着力实施勘察设计行业质量提升行动、智能发展行动、诚信管理行动、创新发展行动、人才兴业行动，促进勘察设计行业高质量发展，实现行业营业收入481.5亿元，完成年度目标360亿元的133.8%。

【勘察设计行业稳步发展】勘察设计甲级企业、注册师占比等核心发展指标进一步提升，全年新增甲级企业7家、甲级资质15项；勘察设计企业达到512家，其中甲级企业占比达34.8%，企业资质结构更加优化。勘察设计类注册师已有5109人，在专业技术人员中的占比达17.5%，位居西部前列。勘察设计企业"走出去"和"引进来"同步发展，市内勘察设计企业共有112家对外开拓市场，签订市外合同金额约223.7亿元，同比增长5.91%。市外入渝企业达到974家，同比增长54%，全国勘察设计企业百强已有80家、十强已有9家入渝承接业务。勘察设计行业切实提升建筑设计品质，评选出一批优秀设计作品，其中：重庆市优质工程（设计）奖20项，重庆市优秀工程勘察设计奖112项。

【勘察设计管理服务进一步提升】一是不断优化勘察设计审批监管。全市全年完成初步设计审批项目2070项，完成施工图审查备案项目3179项，同比增长11.1%；投资概算5953亿元，同比增长30.3%。完成超限高层建筑工程抗震设防项目审查86项，同比增长28%。二是加强勘察设计质量动态监管。通过开展工程勘察外业核查、全市勘察设计质量监督检查等工作，全年共抽查各类建设工程项目（含勘察外业）704个，约谈违规市内外勘察设计企业共188家、897人次。全市上、下半年两次质量监督检查共发现违反工程建设标准强制性条文数57条，平均每个项目违反工程建设标准强制性条文数0.74条，比去年同期下降0.26条。三是加强勘察设计市场监管。组织完成了全市17批共403项建设工程勘察设计企业资质审查工作，准予许可106家企业172项资质。推进全市勘察设计资质审查电子化管理工作，组织全市550家勘察设计企业补录了勘察设计项目15114个。加强行业动态监管，对42家企业开展了资质动态核查工作，并将注册人员变更与资质核查进行联动，共下发整改通知60份责令企业限期整改。四是加强勘察设计人才培训。全年组织勘察设计行业人员培训超8000人次。精心策划并组织了"2018年设计大师讲堂"活动，邀请2位工程院院士和4位全国工程勘察设计大师来渝举办了6场专题讲座。指导召开了"2018年波兰·重庆建筑师交流论坛""山水名城可持续城市更新国际论坛"等一系列学术交流活动。围绕可持续发展与城市更新主题举办了5次技术交流和现场观摩活动。

【行业"放管服"改革有序推进】按照国家及市工程建设项目审批制度改革试点要求，在勘察设计行业深化"放管服"改革，改革措施主要包括：一是推行施工图联合审查。自2018年9月1日起，将消防、人防、气象、城市管理等部门的技术审查并入施工图设计文件审查，由施工图审查机构进行整体性审查，相关部门不再进行技术审查。建设单位凭施工图审查机构出具的施工图审查合格书，办理消防、人防设计审核确认。二是优化初步设计审批。自2018年9月1日起，取消了社会投资项目和工业项目初步设计审批，并优化了政府投资项目初步设计审批流程，将政府投资房屋建筑和市政工程建设项目审批时限由15个工作日压减至8个工作日，将政府投资线性市政工程建设项目初步设计审批时限由15个工作日压减至10个工作日。三是开展资质告知承诺审批试点。按照国家和重庆市要求，印发《关于我市工程设计建筑行业（人防工程）乙级资质实行告知承诺审批的通知》，从2019年1月1日起对全市工程设计建筑行业（人防工程）乙级资质实行告知承诺审批。

【政策制度不断完善】一是完善管理制度。发布《关于设计阶段落实装配式建筑实施要求的通知》《关于进一步加快应用建筑信息模型（BIM）技术的通知》《重庆市房屋建筑和市政基础设施工程施工图联合审查管理办法（试行）》《进一步优化我市房屋建筑和市政基础设施工程勘察设计管理工作的通知》《重庆市房屋建筑和市政基础设施工程勘察设计变更管理办法（试行）》5个规范性文件。研究起草《重庆市大型公共建筑工程后评估管理办法》《重庆市勘察设计行业信用管理暂行办法》等8项管理制度。二是加强标准设计。围绕城乡智慧建设、城市基础设施建设提升、轨道交通、海绵城市、城市综合管廊、城市双修、改善农村人居环境、建筑产业现代化、节能与绿色建筑、绿色建材应用等城乡建设重点内容，开展2018年度重庆市工程建设标准设计编制工作，将17项标准设计列入标准设计编制计划，同时组织编写并发布《装配式混凝土住宅楼板、阳台板图集》等15项标准设计。三是强化政策理论研究。完成了住房城乡建设部委托的"建筑工程施工图设计文件安全审查模拟分析"。围绕勘察设计行业热点难点问题，新增创新研究与能力建设项目30个，完成课题研究9个。依托《重庆建设》《重庆勘察设计》《重庆建筑》等杂志，积极开展建筑评论，为建筑领域资深专家及青年建筑师提供"理论阵地"。四是开展质量通病防治。组织全市20多家勘察设计单位和施工图审查机构，对全市工程勘察、房建工程设计、市政工程设计和岩土工程设计等四类22163个工程项目近30万条技术审查意见进行了梳理和分析研究，提出了共性、常见质量问题共2042个并制定了针对性防治措施，编制了《重庆市房屋建筑和市政工程勘察设计质量通病防治措施技术手册》，这是全国首次对勘察设计质量通病进行专题研究并提出工作成果。

【勘察设计行业创新发展】一是加快建筑信息模型（BIM）技术应用。从2018年5月1日起，以政府投资建筑工程项目、大型房屋建筑和市政工程项目为重点，在从设计环节强制应用BIM技术，全市应用BIM技术项目已超过300个。将重庆临空金融总部等39个项目列入2018年度建筑信息模型（BIM）技术应用示范项目实施计划，评选出第三届建筑信息模型（BIM）应用竞赛"综合应用奖"30项和"单项应用奖"11项。二是推动"互联网＋勘察质量管理"。研发了"重庆市工程勘察项目信息系统"，建立了"市域全范围、主体全方位、项目全过程"的勘察质量管理制度，实现了勘察质量"过程留痕、责任可溯"，以信息化、标准化、智能化着力破解数据造假、责任不明等困扰勘察质量提升的问题，积极开展勘察成果大数据应用研究。住房城乡建设部以《重庆市积极推进"互联网＋勘察质量管理"》为题刊发《建设工作简报》（第5期），向各省市推广重庆市的主要经验做法。三是大力引导行业转型发展。加快推动工程总承包试点和全过程工程咨询试点。起草了重庆市工程总承包试点项目管理办法，发布了全市首批19家以设计为"龙头"的工程总承包试点企业名单，推荐了19家设计企业成功申报重庆市全过程工程咨询企业试点，建立了试点企业经验共享和技术交流的平台。市、区（县）两级累计推动开展工程总承包项目175个，合同金额超过389亿元；林同棪国际工程咨询（中国）有限公司和重庆赛迪工程咨询有限公司两家全国试点企业，累计实施全过程工程咨询项目32个。

【绿色建筑快速发展】以实施重庆市"生态优先绿色发展行动计划"和"城市提升行动计划"为牵引，以推动绿色建筑全面发展为重点，大力推进绿色城市建设。按要求开展以下四个方面工作：一是推动节能建筑向绿色建筑转型升级。按照强制与激励并举的工作思路，不断拓展建筑节能工作内涵外延，实现从推行节能建筑到推行以"节能、节地、节水、节材和环境保护"为一体的绿色建筑的跨越。一方面，在全市城镇新建民用建筑100%执行节能强制性标准的基础上，全市公共建筑和主城区居住建筑强制执行一星级绿色建筑标准，实现绿色建筑快速增长。截至年底，全市新建城镇建筑执行绿色建筑标准比例已达到66.42%，超额完成阶段性目标任务。另一方面，积极开展绿色建筑评价，激励高星级绿色建筑发展和超低能耗建筑示范，全年新增二星级及以上绿色建筑项目168.09万平方米。二是推动住宅小区向"三化融合"方向转型升级。以绿色生态住宅小区建设品质提升工作为抓手，2018年修订发布了《重庆市绿色生态住宅（绿色建筑）小区建设技术标准》及配套执行文件，通过技术路线优化和激励政策叠加，推进建筑产业现代化、绿色化、智能化融合发展。2018年，实施绿色生态住宅小区2829.75万平方米。三是推动适宜区域向绿色生态城区方向转型升级。以可再生能源建筑应用为载体，着力推动绿色生态城区建设，逐步形成以区域集中供冷供热为主要方向、以浅层地热能为主要开发类型的可再生能源建筑应用发展路子。2018年以来，建成验收了江北嘴CBD 400万平方米国内最大江水源区域集中供冷供热项目和水土片区485万平方米"余热暖民"项目，指导悦来生态城（320万平方米）、仙桃数据谷（120万平方米）启动了可再生能源、分布式能源区域集中供能项目建设，指导广阳岛、九龙半岛等新区在规划方案设计阶段做好区域集中供冷供热选址论证。这些项目建成后，将有效缓解"城市热岛效应"，促进城市绿色发展。四是推动公共建筑节能改造提档升级，在全国率先建立了以合同能源管理为主导的公共建筑节能改造市场化推动机制，按照政府引导、市场推动、财政激励的工作思路，以能耗水平高且与公众健康息息相关的医院、商场和机关办公建筑为重点，规模化推动公共建筑实施节能改造示范，累计完成改造项目950余万平方米，全面完成了首批和第二批国家公共建筑节能改造重点城市建设任务，完成"十三五"能效提升重点城市80%的目标任务，为国家推动公共建筑节能改造走市场化道路进行了有益探索。

工程建设审批制度改革

重庆作为全国工程建设项目审批制度改革16个试点地区之一，按照国务院常务会议和国办发〔2018〕33号文件精神，坚持高位推动、对标一流、强力统筹、严格考核，扎实推进改革试点各项工作，制定出台了《重庆市工程建设项目审批制度改革试点实施方案》（渝府发〔2018〕43号），一般社会投资项目审批时限压减至50个工作日，一般政府投资项目压减至70个工作日；制定系列配套制度和文件，严格落实各项改革举措，形成"5+6+4"的工作体系，确保改革试点既贯彻中央要求，又体现地方特色。

【切实构建"五个一"体系，促进审批提质增效】坚持统筹谋划、一体部署，构建完善的审批体系是确保工程建设审批制度改革成功的必要条件和重要保障。一是"一张蓝图"统筹项目实施。系统整合53个专业专项规划，划定全域范围的"三区三线"，运用大数据手段协调解决差异图斑122万块约3600平方公里，基本形成"一本规划，一张蓝图"，确保项目可落地、可实施。二是"一个系统"实现"三融五跨"。将各部门设立的审批系统有机整合，新建工程建设项目审批管理系统，推动工程建设审批技术融合、业务融合、数据融合，实现跨层级、跨地域、跨系统、跨部门、跨业务协同服务和管理。三是"一个窗口"提供综合服务。整合30个市级部门和单位分散设立的服务窗口，建成市级工程建设项目审批服务大厅，所有审批及服务事项分别纳入四个审批阶段，各阶段实行"一家牵头、并联审批、限时办结"，真正实现"只进一家门，办理多家事"。四是"一张表单"整合申报材料。集成审批服务事项，实行"一份办事指南，一张申请表单，一套申报材料，完成多项审批"。各审批部门通过项目统一代码共享申报材料和前置审批结论，后续审批时不再重复提交。五是"一套机制"规范审批运行。制定实施40余个配套制度和文件，并依托网上审批管理系统，建立"日扫描、周调度、月通报、季分析、年考评"工作机制和首问负责、倒查追责的责任追溯体系，确保审批服务在"阳光下运行"。

【制定形成"六张清单"，让改革举措一目了然】工程建设审批改革先进地区的生动实践和成功经验充分证明，只有实行"清单管理"，才能让投资者对各项改革措施清楚明了、便于操作。为此，市住建委逐项梳理确定从项目立项到竣工验收全流程的115个审批及服务事项。制定形成减、放、并、转、调、诺"6张清单"，并向社会公布。一是坚决"减"。进一步到位取消社会投资项目初步设计审批、消防方案设计审查、水土保持验收等15个审批事项，占审批事项的20%。仅社会投资项目初步设计1项，就可为业主单位节约50天左右。二是彻底"放"。将建设项目用地预审、建设工程档案专项验收、城市建筑垃圾处置核准等5个事项部分或全部下放给区县实施，切实解决放权不协同、不配套问题。三是着力"并"。推行联合勘验、联合测绘、联合审图、联合验收。将消防设计审核等技术审查并入施工图设计文件审查，占用城市绿地审批等23个审批事项合并为8项。四是切实"转"。转变管理方式，将11个审批事项调整为内部协作事项，由规划部门统一征求意见，协办部门和单位不再单独审查。对开发区的地震安全性评价、压覆重要矿产评估等13个事项全部改由政府统一组织，按区域统一编审，企业不再单独办理。五是认真"调"。调整审批时序，环境影响评价、洪水影响评价、取水许可等6个事项在施工许可前完成即可。六是大胆"诺"。制定工程建设项目审批告知承诺办法，对建设项目用地预审、建设工程规划许可等21个审批事项推行告知承诺，并全面加强事中事后监管。

【着力强化"四个支撑"，增强市场主体获得感】聚焦企业和群众反映突出的"多头跑、来回跑"等问题，大兴利企便民之举，切实为群众办事"添便利"。一是强化信用体系建设。依托"信用重庆"平台累计归集工程建设信用信息500余万条，建立"红黑名单"制度，工程建设领域信用信息可全网通查，实现"一处失信、全渝受限"。二是建设网上"中介超市"。全市统一的网上中介服务超市初步上线运行，进驻中介机构176家，既可让建设单位通过数据建模工具快速比选中介机构，又能对中介服务进行全过程监督评价。三是建立支付系统。对行政事业性收费完善在线支付功能，并采取对接第三方聚合支付平台方式，搭建统一的在线支付平台。四是开展邮递送达。与中国邮政速递物流公司

(EMS)合作，在市级和区县审批服务大厅全面推广政务服务结果邮寄送达。

全市工程建设项目审批制度改革试点取得了初步成效，但与党中央、国务院提出的改革目标和要求还有一定差距。下一步，将继续抓好改革试点各项政策措施的落地落实工作，形成可复制可推广的经验，真正让改革见实效，群众得实惠。

配套费征收

一是全市配套费征收金额。1—12月，全市累计征收配套费250.86亿元，同比增长30.09%。主城区征收173.82亿元，同比增长40.26%。远郊区县征收77.04亿元，同比增长11.82%。二是全市配套费征收面积。1—12月，全市累计办理配套费征收面积12288.87万平方米，同比增长30.77%。主城区办理配套费征收面积7199.17万平方米，同比增长28.54%。远郊区县5089.7万平方米，同比增长34.05%。

保障性安居工程

【持续推进住房保障工作】2018年，扎实推进公租房分配、租赁补贴发放、配套基础设施建设、统筹实施住房保障、人才安居、国企住房剥离移交、公租房优先配租政策制定等工作，圆满完成各项工作任务。一是狠抓公租房分配和租赁补贴发放。市政府批准同意35.9万套公租房处置盘活后，全市公租房保有量由92.3万套调减为56.4万套，截至12月底，全市累计分配50.5万套，分配率89.5%。发放城镇住房保障家庭租赁补贴9592户。二是加强公租房建设和运营管理。向中央争取1.23亿元专项补助的16个项目、3.8万套公租房完成配套基础设施建设。开展了公租房置换调整、杠杆率和择时对外出售等研究。三是统筹实施住房保障民生实事。市级公租房摇号配租签约2.7万套，向主城区提供0.6万套公租房用作安置房。四是抓好人才安居政策研究。起草的《人才安居实施意见》等3项配套政策，屈谦副市长进行专题研究并原则同意。对高校和集成电路产业两个重点领域人才安居进行了专题研究。五是切实推进国企职工住房剥离。100%完成市属国企22.04万套住房和驻渝央企20.61万套住房管理移交签约，市属国企住房管理移交落地率97%。六是研究拟定公租房精准保障政策。出台了公租房优抚对象租金补助政策，优先配租政策已上报市政府审定。此外，还筹备召开了公积金管委会第21次会议，顺利通过2018年国务院大督查保障性住房实地检查，全面完成2017年保障性安居工程跟踪审计整改。

【继续推进棚户区改造】2018年，全市积极推进2018—2020年三年棚改攻坚计划，全年计划改造棚户区5.4万户，全年共完成棚户区5.43万户，其中改造城市棚户区4.31万户、城中村1万户、国有企业棚户区改造0.12万户，共完成投资313亿元。有效改善了棚户区群众的居住条件，提升了城市形象和品质，完善了城市功能，为全市经济社会发展发挥了积极作用。一是严把范围标准，突出改造重点。认真摸排全市现状棚户区底数，严格把好棚改范围和标准，合理确定改造范围，制定专项改造规划，有序推进项目实施；重点攻坚老城区内脏乱差的棚户区和国有工矿区，科学安排改造时序，及早改善居住条件和城市形象。二是切实抓好棚改资金筹集和使用。积极争取中央棚改专项补助和配套基础设施补助资金共21.67亿元，新增棚改政策性贷款授信242.77亿元，新增到位贷款资金241.58亿元，申报2019年棚改专项债需求额度94.39亿元，并抓好各类资金管理和使用，提高资金使用效率。三是实施多元化改造，因地制宜推进棚改货币化安置。指导区县采取拆旧建新、改扩建、翻建等多种方式实施改造，坚持改造与保护相结合，注重对棚改片区内历史文化建筑的修缮保护，传承好城市文脉。依法依规推进棚改房屋补偿安置，因地制宜调整完善棚改货币化安置政策，健全棚改安置动态调节机制，多渠道筹集安置房源，进一步提高安置效率。

房屋征收和使用安全

【国有土地上房屋征收管理有序】一是依法征收保障城市建设。对照城市提升行动计划积极推动城市交通、基础设施和城市公共服务水平提升，抓好基础设施建设和棚户区改造重点项目房屋征收。2018年，全市下达征收决定124个，完成征收1.92万户、涉及房屋面积226万平方米，保障重点项目有序推进。二是切实维护被征收（拆迁）人合法权益。持续开展征收（拆迁）矛盾纠纷排查化解，开展征地拆迁信访稳定专项治理，组织核查国务院大督查和中央联席办交办的问题线索，切实维护群众合法权益，化解拆迁历史遗留问题7件。三是强化城镇房屋拆除工程监管。开展高温汛期专项检查，配合完成国务院安委会督察、安全大排查大整治大执法、全市污染防治百日行动等专项任务。全年组织对重点项目、商圈要道等处145个城镇房屋拆除工程现场进行市级专项检查1842人次，发现安全隐患问题175个，及时通报区县进行整改，严防房屋拆除安全事故发生。

【城镇房屋使用安全管理有力】一是开展城镇房屋使用安全排查，指导各区县认真开展"两会一节"和汛前等重要时期城镇房屋安全隐患排查工作。全市共排查房屋43744栋、5114.12万平方米。督促区县及时开展检测鉴定，实时上图入库纳入城镇危房安全系统管理。二是贯彻落实《重庆市城镇房屋安全鉴定管理办法》，分批次组织区县进行宣贯培训，完成主城区11个棚户区（危旧房）改造项目鉴定报告实施技术审查，涉及房屋429栋、建筑面积28.03万平方米。三是督促指导主城各区完善动态监测"一栋一方案"，纳入动态监测的城镇危房共计2558栋。按照市委工作部署，形成《重庆市城镇房屋使用安全智能化监控与预警工作》实施方案，并纳入2019年市级政务信息化项目全力推进。落实精准脱贫攻坚分解任务，编制下发《重庆市城镇住房安全评定技术指南》。四是坚持领导、专家备班制度，入汛后结合气象预报和舆情信息，重点督导相关区县加强雨情"三查"，并快速有效处置网络舆情23起，指导北碚区开展"1.5"震后城镇房屋安全应急排查、处置工作，全年各区县搬离整治城镇危房4469户。

物业管理

以《条例》修订为主线，强化物业行业监管。一是积极《重庆市物业管理条例》修订工作。2018年11月，市政府常务会议审议通过《条例》修订草案，并提交市人大常委会进行了"一审"。二是适应放管服改革中物业企业资质审批取消后的监管需要，完成了物业监管信息系统建设。三是贯彻落实国家关于城乡社区治理的文件精神，分别在两江新区、九龙坡区试点在居民委员会下创设环境和物业管理委员会，督促业委会和物业企业良性互动。

【以城市提升为契机，补短板促发展】一是开展老旧小区改造提升试点。印发《老旧小区改造提升示范工作方案》，在渝中、沙坪坝、九龙坡、南岸4个区选4个老旧小区启动改造提升试点示范。二是做智能物业小区建设先行者。制发《关于开展智能物业小区建设的通知》，以智能门禁、智能监控、智能客服等为重点，率先在国内明确了物管领域智能化应用方面的评价标准。2018年创建智能示范物业小区152个。三是广泛开展"小区智管、小区细管、小区众管"物业服务主题活动。其中：以智能物业小区建设活动为重点，促进小区智管；以服务标识标牌规范、行业技能比拼等活动，促进小区细管；以服务公开承诺、安全教育进小区等活动，促进小区众管。

【以维护小区稳定为底线，强化属事属地责任】一是督促区县房管部门协同相关部门、街镇，将矛盾排查与化解纳入属地常态化工作，发挥街镇物管联席会议作用，促进物业小区和谐稳定。二是指导区县房管部门将"双随机、一公开"检查工作常态化，促进物业小区消防、电梯等安全隐患排查与整改。三是起草《关于加强物业矛盾纠纷调解机制建设的意见》等文件，强化矛盾纠纷化解机制建设。

城市基础设施建设

【有序开展城市交通基础设施建设】一是城市道路建设方面。有序推进曾家岩大桥、龙洲湾隧道等7桥4隧项目，建成投用渝广高速进城通道、照母山隧道等融城通道，完成回兴立交、石马河立交二期等一批堵点改造，开工建设解放碑地下环道三期项目。未贯通道路完工20条、11公里；次支路网已完工14条、19.2公里，2018年完成投资301.5亿元。二是公共停车场建设方面。2018年主城区开工87个公共停车场、新增2.2万个停车泊位，完成投资15.5亿元；年度建成公共停车场45个、8948个停车泊位，一定程度上缓解了停车难问题。三是步行系统建设方面。2018年主城区开工新建及提档升级人行天桥与地通道项目30个，建成人行步道10条，实际完成投资约2.65亿元。

【扎实推进城市管线建设】一是综合管廊建设方面。2018年8个试点区县及13个非试点区县累计开工建设88.71公里，累计形成廊体56.31公里，累计完成投资31.57亿元。其中2018年新开工39.07公里，建成廊体29.12公里，完成投资22.4亿元。二是城市排水管网建设方面。2018年全市已建成1051公里，完成投资27.8亿元。三是市政消火栓建设方面。2018年全市建成市政消火栓3900余个，完成投资约0.86亿元。

【持续改善城市水环境】一是黑臭水体整治方面。2018年，全市48段城市黑臭水体已实现基本消除黑臭的目标，顺利通过今年国家专项督查，成功入选全国首批黑臭水体治理示范城市。启动主城区"清水绿岸"建设，加快开展20条河流的治理提升相关工作。部分子项工程已于年底开工建设。二是海绵城市建设方面。出台《重庆市海绵城市建设管理办法（试行）》。悦来、万州、璧山、秀山4个海绵城市试点累计完工33.39平方公里，完成投资60.47亿元。

轨道交通建设

2018年,轨道交通工程计划完成投资305亿元,实际完成投资305.3亿元,在建线路顺利推进,通车线路49公里,截至年底,运营总里程313公里,切实发挥了基础设施建设稳投资的骨干支撑作用,全年轨道交通日均客运量234万乘次,日最高客运量逾298万乘次,轨道交通在公共交通体系中的骨干地位日益凸显。

【通车线路全国第五】市住建委坚持以服务人民群众出行为根本目标,努力克服征地拆迁难、施工难度大、质量要求高等重重困难,勠力攻坚,提速提质推进环线东北半环(重庆图书馆—重庆北站—海峡路,全长34公里)、4号线一期(民安大道—唐家沱,全长15公里)等49公里线路建设,并于12月28日开通试运营,市长唐良智出席活动并宣布开通,至此,全市运营轨道交通共计8条(段)、里程313公里,位居中西部第一、全国第五,全面进入加速成环成网的新阶段,轨道交通将更有力地发挥缓堵保畅、引导市民绿色低碳出行的骨干作用,并将进一步强化对城市发展格局的引领作用。

【三期建设规划获批】全力推进第三期建设规划落地,2018年11月28日,国家发展改革委正式印发《关于重庆市城市轨道交通第三期建设规划(2018—2023年)的批复》(发改基础〔2018〕1748号),同意重庆市新建5A线、4号线二期、5号线北延伸段等三条线路,总长度70公里,总投资515亿元。

【提质增效启动建设】稳步推进2号线大修、3号线"六改八"、运营站点提质增效建设等一系列开创性工作,其中运营站点提质增效5个示范站点在面向社会征集意见中,收到一万四千多名市民的问卷答复,对建设方案满意率达98.1%,群众反响效果良好,已于2018年内启动建设。

两江四岸建设

2018年,紧紧围绕城市发展"主轴"定位、"四带"目标(山清水秀生态带、便捷共享游憩带、人文荟萃风貌带、立体城市景观带)和"百年大计、时代精品"要求,统筹谋划了主城区"两江四岸"治理提升工作。

一是完成了109公里现状本底调查,包括堤岸等10个方面,以及消落区等9个专项内容,对现状及问题进行了全面梳理和剖析,为后续工作奠定了基础。二是印发了《重庆市主城区"两江四岸"治理提升实施方案》,作为治理提升工作的行动指南,明确了工作目标、治理范围、工作重点、保障措施。三是高规格开展了国际方案征集工作,来自美国、英国、澳大利亚等20个国家和地区、91家设计机构(联合体)应征报名,择优选择了中规院、美国SWA公司等12家国内外一流设计机构(联合体)开展设计工作。四是统筹推进相关专项工作,集中开展了消落带"八乱"治理、船舶专项治理和码头搬迁置换等工作,为"两江四岸"治理提升做好了准备。五是将原消落带治理工程江北区长安码头至塔子山段、南岸区鹅公岩大桥至史家岩段作为治理提升的首批项目,以点带面推进了"两江四岸"治理提升工作。

村镇建设

截至2018年底,全市共有807个建制乡镇,7903个行政村。

【村镇公共设施建设】2018年,开展乡镇污水管网摸底调研,准确掌握了现阶段各区县乡镇污水管网的基础情况。印发《关于进一步做好乡镇污水管网建设工作的指导意见》,明确了目标任务和工作举措。下达2018年乡镇污水管网建设任务2360公里。截至12月底,全市建成乡镇污水管网2380公里,占年度计划的100.84%。

【小城镇建设】2018年,推进以"两加强三完善"为主要内容的市级特色小城镇环境综合整治,开工建设市级特色小城镇环境综合整治项目36个,完成投资约10.52亿元。评选25个市级特色景观旅游名镇名村。

【改善农村人居环境】2018年,创建评比"功能美、风貌美、文明美"的美丽庭院31186个,安装公共照明路灯或庭院灯152851盏,创建绿色示范村庄585个,建成美丽宜居村庄100个,建成深度贫困乡镇大美乡村示范片20个。向15个区县选派"设计师、建筑师、艺术家"驻村志愿者45名。编制了《重庆市农村公共照明建设导则(试行)》《重庆市美丽庭院创建导则(试行)》等导则规范。编制印发《重庆市农村建筑工匠培训工作方案》和《重庆市农村建筑工匠培训大纲》。全年共培训农村建筑工匠4575人,占年度培训计划3000人的152.5%,参训工匠建筑基础知识及技能水平大幅提高。成功推荐36个传统村落纳入中国传统村落名录,累计申报中国传统村落已达110个。督促指导前四批74个传统村落完善保护发展规划,并按照规划加强保护发展。落实市级补助资金1000万元,初步建成了万州凤凰区、黔江区新建村等4个传统村落保护发展市级示范点。优化了中国传统村落数字博物馆，拍摄了《守望传统村落记住巴渝乡愁》宣传片，在2018年"网聚正能量 共筑中国梦"重庆微视频大赛中获奖。

【农房建设】2018年，编制了《农村房屋危险等级和住房安全简易评定办法》，全面启动实施农村危房鉴定工作，通过全面摸底调查及大数据比对准确掌握了3类重点对象现存农村危房情况，对15.91万户农村疑似危房进行鉴定。下达2018年度建卡贫困户等3类重点对象改造计划39044户（其中：建卡贫困户22645户），动态消除了建卡贫困户C、D级农村危房，兜底解决9个贫困区县现存农村危房。组织开展了农村危房改造领域作风问题专项治理和"回头看"、扫黑除恶专项斗争、民生领域监督试点等工作。截至12月底，全市共改造农村危房4.68万户，占住房城乡建设部下达的计划（3.02万户）的154.96%。

（重庆市住房和城乡建设委员会）

四 川 省

概况

2018年，全省110余万农业转移人口落户城镇，户籍和常住人口城镇化率分别达到35.40%、52%，常住人口城镇化率比1982年的14.10%提高37.90%，年均增长1%；设市城市增加到35个，比1982年的9个增加26个，新增城市建成区2625平方公里；城镇人均住房建筑面积增加35.30平方米、达41.60平方米，农村人均住房建筑面积增加近40平方米、达48.70平方米，城乡居民住房条件显著改善；房地产业增加值增长86倍，GDP占比上升到5.50%，比1982年的1.30%上升4.20%；建筑业增加值增长71倍，GDP占比上升到7.70%，比1982年的3.30%上升4.40%，成为国民经济的重要支柱产业；构建以九寨沟、峨眉山等5处世界遗产为龙头，贡嘎山、剑门蜀道等94处风景名胜区为骨干的自然与文化遗产保护体系，成为展示"美丽四川"的形象窗口。

【新型城镇化发展质量不断提高】对标省委"一干多支"发展战略，调整完善四大城市群规划；启动新一版城市总体规划编制，修编成都等7个区域中心城市总体规划，完成眉山等46个市（县）城市总体规划审查，组织编制成都天府国际机场空港经济区总体规划。审核省级开发区规划72个，完成重大项目选址75个；完成14个历史文化名城保护规划报批，划定历史文化街区30条，确定历史建筑78处。自贡可望跨入百万人口城市行列。17个"城市双修"试点、6个"城市设计"试点取得新进展。发出督察意见书10份、建议书55份，纠正制止违法违规行为103件。海绵城市、装配式建筑、特色镇等9项国家和省级重点改革成效明显。

【城市基础设施建设加快推进】全省市政公用设施完成投资1400亿元。修订完善污水垃圾"三年推进方案"，新增项目229个、投资216.90亿元，累计开工1387个、完工675个、完成投资403亿元。争取中央污水垃圾和黑臭水体治理专项资金27.90亿元。开展生活垃圾分类试点，成都等3个国家级试点、绵阳等4个省级试点成效初显。新改建城市、乡村及风景名胜区公厕4640座、完成率149%。8个排水防涝"补短板"重点城市完成整治项目59个。地级及以上城市建成区100个黑臭水体整治工程已竣工81个，广元市19个黑臭水体整治工程全部竣工。16个试点城市建成海绵城市365平方公里，完工项目709个，在建项目269个。建成地下综合管廊117.70公里，在建377公里，新开工项目119.80公里。成都在建地铁项目8个、283公里，在建有轨电车项目1个、26公里，城轨投入运营238公里。创新推动公园城市建设试点，出台《四川省公园城市建设指导意见》，成都先行先试成效显著。新建各类公园230个、绿道2080公里，11个城市（县城）被省政府命名为生态园林城市。实施"双百工程"项目135个、建设规模1.90万公顷、总投资430亿元。

【"百万安居工程建设行动"成效显著】在全国率先高标准编制《四川省城镇住房发展五年规划（2018—2022年）》，引领指导城镇住房健康发展。棚改三年攻坚起步良好，开工25.90万套，提前2个月完成年度任务。先后3次召开全省农房建设现场会，出台《关于坚决打赢农村危房改造攻坚战三年行动的实施意见》。农村危房改造开工22.20万户、开工率170.80%,完工20.10万户、完工率154.60%。农村土坯房改造"5年行动"开工62万户、占年度目标114.50%。九寨沟"8·8"地震城乡住房维修加固全面完工,农房重建基本完工。

【房地产市场"由热趋稳"】报请省政府出台《关于进一步做好当前房地产市场调控工作的通知》,推出24条新政稳控市场。按照"五类"调控目标,增加土地有效供给。统筹"一干、多支、三州"住房发展格局,调整首付比例,实施差别化住房信贷政策。先后约谈市场波动较大的5个城市。查处逾期交房、违规销售等问题项目及"烂尾"楼盘113个。完成房地产开发投资5697.87亿元、同比增长10.60%,新开工面积1.41亿平方米、同比增长22.30%,商品房销售面积1.22亿平方米、同比增长12.30%。

【建筑业转型发展推动有力】报请省政府出台《关于促进建筑业持续健康发展的实施意见》,建筑业保持持续发展态势,预计完成建筑业总产值1.36万亿元。新增总承包特级企业4家,44项工程列为建筑业新技术应用示范工程,551项工法评定为省级工法。实行二级建造师电子化注册,推进建设工程保证保险试点,建立支持民营建筑企业发展"三张清单",解决民营企业发展难题。达州实施激励政策,筹措1540万元奖励11家建筑业骨干企业。启动装配式建筑发展三年行动计划,新开工装配式建筑3010万平方米。四川省成为全国两个获批开展培育新时期建筑产业工人队伍试点省之一。排查工程项目1.60万个,查处违法违规建设单位和建筑企业836家。工程质量安全提升行动和建筑施工安全整治专项行动有力实施,评选"天府杯"项目128个,安全文明标准化现场159个。

【"百镇建设行动"成效突出】制定《深化拓展"百镇建设行动"培育创建特色镇实施方案》,推进"9+N"公共设施配套,完成建设投资320亿元,完成产业投资630亿元。镇乡污水处理设施覆盖率达到50%,绵阳、泸州、自贡、乐山等实现乡镇污水处理设施建设全覆盖。试点镇由300个拓展至600个。评选认定41个第二批省级特色小城镇。

【农村人居环境整治高位推进】出台《四川省农村人居环境整治三年行动实施方案》,顺利通过中央农办督导考核,并在全国工作会上作交流发言。制定《农村生活污水治理五年行动方案》,"千村示范工程"全面启动。7个全国示范县农村生活垃圾分类和资源化利用试点有序实施。108个村落被列入第五批中国传统村落名录,评选第一批40个"四川省最美古村落",出台《四川省乡村建筑文化保护与传承工作方案》,成功举办"四川最美古镇古村落创新发展论坛"。

【城市执法体制改革稳步实施】省厅和11个市、14个县重点改革任务全面完成,10个市(州)、97个县完成部分重点改革。18个市数字化城管平台已建成投入运营。引入专业公司参与,发动群众融入城市管理,深化数字平台应用,创新网格化巡查和案件办理。成都出台《城市管理精细化标准》,德阳出台《城市管理条例》。成都、绵阳等地应用智慧云、北斗系统建立城市道桥运行监管平台。立案查处违规违法案件4.30万件,处罚金额1.40亿元;开展城市建成区违法建设治理五年行动,查处各类违法建设134.30万平方米。

法规建设

【法治政府建设】制定《2018年住房城乡建设法治工作要点》,召开全省住房城乡建设系统法治工作会议,对推进全省住建系统法治建设重点工作作出安排部署,完成住建厅法治政府建设中期总结自查。对各处室、直属单位提交的政策文件和行政决定进行审核把关。围绕住房城乡建设高质量发展,住建厅组织开展住房城乡建设领域多项重点课题研究,积极建言献策。

【住建领域地方立法】报请省政府和省人大将《四川省城市管理执法条例》《四川省工程造价管理办法》列入立法调研计划,并完成立法调研。配合省政府法制办和省人大城环资委开展地方性法规和规章"立、改、废"专题调研,完成《四川省城市园林绿化管理条例》《四川省物业管理条例》修正并经省人大审议通过;报请省政府废止《四川省散装水泥管理办法》《四川省建设监察规定》。对42项地方立法草案论证进行指导并提出审查意见,新出台住房城乡建设地方性法规10个。

【行政规范性文件管理】制定发布《四川省住房和城乡建设厅行政规范性文件管理办法》,对行政规范性文件的制定、备案、清理进行规范化管理。在全面完成厅发规范性文件清理基础上,报经厅长办公会审定公布废止和失效222件规范性文件目录。审查并报送省政府备案行政规范文件7件。

【清理规范行政权力】组织市州住建部门和厅相关处室、直属单位对行政权力清单实施动态调整(省市县三级行政权力561项,其中行政许可39项、行政处罚440项、行政检查20项、行政奖励4项、行政强制5项、行政征收8项、其他行权45项；厅本级行政权力309项，其中行政许可19项、行政处罚255项、行政检查20项、行政奖励1项、其他行政权力14项），经省政府审定正式对外公布。规范公共服务事项（省市县三级公共服务事项76项，其中省级11项、市级37项、县级29项，省政府第一批公布18项，其中省级7项）。对公共服务事项和其他行政权力逐项制定办事指南和审查工作细则，录入省政务一体化平台。

【行政执法监督管理】对各市州住建部门执法案卷评查，对评查发现的问题进行反馈，提出改进意见，住建厅被住房城乡建设部列为行政执法案卷评查工作重点联系单位。组织行政执法人员法治培训和执法资格考试，完成执法证年检，严格执法人员持证上岗制度。严格审核制度，对直接办理的4件重大行政处罚案件进行合法性审查。

【行政复议与应诉】修订《四川省住房和城乡建设厅行政复议工作规程》，规范行政复议案件办理程序，建立复议案件审理相关处室合议机制，提高办案质量，化解行政争议。办理行政复议案件48件，撤销、确认违法或责令履行24件，占比50%；办理住建厅被行政复议案件9件；办理行政应诉案件33件。

【"七五"普法】制定厅长办公会会前专题学法计划，开展新修订《宪法》学习宣传，组织行政执法人员进行法律培训，指派法制工作人员为基层宣讲住建领域法规政策。编印《住房城乡建设法律法规规范性文件选编》《法律进社区选编》和《法律进乡村选编》，开展送法进社区、进乡村活动。《四川建设志》正式出版发行并评为四川省第十八次社科奖（方志类）暨地方志优秀成果奖一等奖，《四川建设年鉴（2017）》评为年鉴类优秀奖。

住房保障

【棚户区改造】2018年，国家下达棚改任务25.50万套、建成16.70万套。截至10月底，开工25.90万套，完成率101.60%；建成22.45万套，完成率134.40%。央视"经济半小时"栏目以《告别"仓库房"》《自建房里盼"新生"》对南充、攀枝花棚改进行专题报道。强化贷款还本付息风险控制，被省委省政府信息两次专题报道，推动大企业棚改被省政府作为大督查典型推荐。南充市被确定为国家棚改激励支持对象。

【公租房】公租房实时保障62.99万户。新增分配公租房6.42万套，发放租赁补贴6.36万户；政府投资公租房累计分配48.07万套，分配率93.90%。公租房盘活处置13940套。申请中央财政专项资金支持公租房实施配套基础设施建设1.15亿元，打通14727套公租房"最后一公里"。截至12月，达到交付条件公租房14264套、占96.86%。

【资金筹集】争取政策性金融机构授信1000亿元、发放600亿元。争取中省专项补助资金124.90亿元，试点发行棚改专项债券45.91亿元，获各类金融机构发放棚改贷款861.74亿元。城镇保障性安居工程完成投资792亿元，完成550亿元计划的144%。

【住房发展规划】成功编制住房发展规划（全国第一个贯彻十九大"住有所居"的省级住房发展规划）。联合西南财大，与相关处室根据省委全委会决定和厅党组要求，借力部政策研究中心，牵头启动《四川省城镇住房发展规划（2018—2022）》编制。规划文本省政府已审定通过。

【信息平台建设】省级信息系统平台3月开始试运行，实现市、县各类管理信息在线填报、统计分析等功能。新增计划资金监管、租赁补贴资金监管、房屋台账管理等功能，实现对保障性住房项目建设及房屋台账的立体管理与精细化管理。全省21市（州）已有12个市（州）建立信息化管理系统对建设项目、房源对象进行管理，覆盖45个区县。

房地产、物业市场监管

【政策措施】按照省委、省政府《防范化解房地产领域风险工作方案》，8月14日，报请省政府办公厅出台《关于进一步做好当前房地产市场调控工作的通知》，推出24条新政稳控市场预期。8月31日，召开房地产市场管理工作视频会议，部署房地产市场调控和治理房地产市场乱象专项行动。

【差别化调控】联合住房城乡建设部政研中心编制《四川省城镇住房发展规划（2018—2022年）》，明确供应体系、规模、结构。会同省国土资源厅印发《关于发布2018年住宅用地年度供应计划分类的通知》，按照"五类"调控目标，统筹土地供应计划。配合人民银行成都分行发挥省市场利率定价自律机制作用，统筹"一干、多支、三州"发展格局，调整首付比例，实施差别化信贷政策。

【整顿市场秩序】制定《关于开展房地产领域购房矛盾纠纷排查化解工作的通知》《关于做好"烂尾"楼盘处置工作的实施方案》，排查存在逾期交房、违规销售等问题房地产项目及"烂尾"楼盘，处置化解问题楼盘113个。联合省委宣传部、公安厅等九部门检查开发项目 8089 个、中介机构 4099 家，依法查处违法违规行为 713 起，曝光 154 起。

【市场监测督导】按照住房城乡建设部约谈要求，督促成都市进一步完善调控政策，将限自然人、限新购套数调整为限家庭、限存量套数。约谈新建商品住房价格指数过快上涨的泸州市和南充市，对房地产市场出现异动和负面舆情的广安市，开展实地核查。

【精装房集访处置】指导成都市制定《预售商品住房装修专项整治与纠纷化解工作方案》，按照"一楼盘一方案"搭建沟通对话平台，将精装房合同纠纷稳控在当地。9 月 30 日，印发《关于进一步加强成品住宅开发建设监管的通知》，加强成品住宅建设、销售和质量监管。

【住房租赁试点】指导成都市完善政府住房租赁服务平台，引进专业化租赁企业，利用集体建设用地建设租赁住房。批复绵阳、宜宾、泸州、南充 4 个省级试点城市实施方案，指导试点城市培育专业化、机构化住房租赁企业。试点城市纳入管理住房租赁企业已近 50 家，管理房源近 14 万间。

【交易服务平台建设】印发《四川省住房租赁信息服务与监管平台技术规范（试行）》和《四川省住房租赁信息服务与监管平台基础数据标准（试行）》，指导各地建设政府住房租赁服务平台。

【老旧小区改造】指导成都、绵阳和攀枝花开展老旧小区改造试点，三市改造老旧小区 2900 余个。

【既有住宅增设电梯】对 2017 年各地申报 454 部电梯项目拨付省级财政以奖代补资金。开展奖补资金申报，经审核，符合条件申报项目 1597 部（核减不符合条件申报项目 135 部），申请金额 2.38 亿元。

【安全监管】印发《关于开展房地产企业落实安全责任专项检查的通知》。专项检查发现违法违规行为 153 起，罚款 795.80 万元，责令停工整改 68 处。印发《关于开展既有房屋安全生产大检查的通知》，指导各地强化城市危险房屋排查整治。会同省公安消防总队对约 5000 名物业服务消防安全员进行专题培训，指导物业企业开展消防安全暨防汛应急处置联合演练，组织各地主管部门及企业代表 200 余人进行学习观摩。

【国有土地征收补偿】指导新津县、攀枝花市西区、合江县等 8 个试点地区开展政务公开标准化、规范化试点，形成《国有土地上房屋征收与补偿领域政务公开规范》报省政府待国务院验收。加大征收补偿信访案件处置力度，化解拆迁遗留问题和征收补偿矛盾纠纷。

【扬尘防治】在大气污染频发期，针对性印发《关于加强物业管理区域扬尘防治工作的通知》，进一步明确物业企业扬尘防治的主体责任和主管部门监管责任，做好物业管理区域内扬尘防治工作。

【编撰《四川省物业服务企业发展研究报告》】指导四川省房地产业协会及其物业管理专业委员会编撰完成《四川省物业服务企业发展研究报告》，深化 2017 年四川省物业服务企业发展研究。通过资料汇总、案例收集、数据分析等工作，真实、全面地反映了全省物业管理企业的发展现状，对主管单位、行业协会、物业企业从宏观上掌握市场发展环境、明晰企业发展路径、制定发展方针策略具有借鉴意义。并被收录进《2018 年全国物业管理行业发展报告》。

【调查研究】指导四川省房地产业协会及其物业管理专业委员会开展并申报"关于改进社区物业服务管理的实践探索"和"双流区"1+211"模式理顺商品房小区治理体制机制"两项研究课题。双流区现已经在 8 个商品房小区全面采用了"1+211"小区治理模式试点工作，取得了党组织的正能量显性化、业主大会自治运行高效化、小区治理秩序化、小区业委会和物业公司关系正常化等效果，使小区治理走上良性循环轨道，引起了行业和社会的广泛关注，将逐步推广实施形成示范效应。

【考察交流】指导四川省房地产业协会及其物业管理专业委员会充分发挥自身在行业内的组织协调优势，组织会员单位到深圳、广州等沿海地区与碧桂园、雅生活等行业标杆企业进行学习交流，进一步增进省内外物业企业的团结协作，共同探讨、共谋发展，不断提升全省物业服务企业的管理和服务能力。

【开展行业职业技能竞赛】指导四川省房地产业协会及其物业管理专业委员会倡导以"服务初心"回归"工匠精神"，不断提升行业服务能力，培养和选拔行业优秀人才，树行业品牌、强行业自信。借助第二届全国物业管理行业职业技能竞赛契机，指导四川省房地产业协会及其物业管理专业委员会及成都市物业管理协会联合举办"第二届四川省物业管理行业职业技能竞赛"，全省 112 个企业共 415 名一线物业服务从业人员参与比赛。

【开展行业消防安全暨防汛应急处置联合演练活动】2018 年 6 月，省住建厅会同省公安消防总队指导省房地产业协会物业管理专业委员会主办的"社区安全 共建共享——2018 年四川省物业服务行业消防安全暨防汛应急处置联合演练活动"在双流空港国际城举行。来自成都市房管局、双流区房管局、双流区消防大队、省司法警官总医院及省内各级地市州主管部门、物业服务企业代表共计200余人参加。

【开展诚信企业评价】根据《国务院关于建立完善守信联合激励和失信联合惩戒制度 加快推进社会诚信建设的指导意见》《四川省人民政府关于加快推进社会信用体系建设的意见》精神,指导四川省房地产业协会开展了"2016—2017年度四川省物业服务企业诚信评价"工作。通过完善的评价体系、规范的评价工作机制,共评选出99家AAA级、91家AA级和16家A级诚信物业服务企业。

住房公积金管理

【概况】截至12月,新增缴存987.84亿元,占年度任务102.90%。缴存总额突破6000亿元大关,达到6405.58亿元。新增提取655.62亿元,同比增长21.89%。发放贷款472.48亿元,同比下降0.20%。个贷率约83.20%、较年初下降2.35个百分点。

【新市民住房问题专题调研】根据住房城乡建设部《关于在全行业组织开展新市民住房问题专题调研的通知》要求,公积金监管处和成都中心相关人员参加西南财大承办的全国新市民住房问题专题调研工作推进会。成立专项调研工作组,3月至4月历时40余天,对全省21个市州、45个县市区新市民住房问题进行专题调研,取得10916个有效样本数据。形成解决城镇就业人员尤其是新市民居住问题基本认识。

【项目贷款试点】5月,成都中心试点工作顺利完成,按期足额全部收回项目贷款本息9.32亿元,完成保障房建设12954套,提前2年完成项目贷款试点。全省完成43个试点项目、总投资32.69亿元,建设保障房37319套。

【流动性风险防控】印发《关于进一步加强住房公积金流动性风险防控工作的通知》,采取有效措施,扭转个贷率持续上升趋势。从年底数据看,流动性紧张的市州,个贷率均有明显下降,流动性风险得到管控,个贷率较年初下降约2.35个百分点。个贷率高于95%的市(州)由7个下降为6个。2017年底泸州和眉山个贷率都高于120%,2018年底眉山、泸州分别为109.38%、107.84%。

【贷后管理】各市(州)中心按照要求,定期分析还款情况,加大催收力度,同口径相比,全省逾期率略低于2017年底。

【"两查"工作】按照住房城乡建设部办公厅《关于开展住房公积金政策执行情况检查及风险隐患排查的通知》要求,6月到9月历时3个半月,组织5个检查组,结合电子化检查工具,对24个市(州、单位)住房公积金政策执行情况6大类20种违规行为和风险隐患排查6大类39种风险行为进行全面检查,指出发现的问题,提出整改要求。承办"全国住房公积金监督检查及电子化检查工具启用部署会议"。

【治理违规提取】根据住房城乡建设部、财政部、人民银行、公安部《关于开展治理违规提取住房公积金工作的通知》要求,牵头协调省财政厅、中国人民银行成都分行、省公安厅联合转发文件,提出"清理规范提取政策、全面排查违规提取、建立失信惩戒制度、推进网上审批办理、全面开展专项检查"工作要求。优先支持提取住房公积金支付房租,重点支持提取住房公积金用于在缴存地或户籍地购买首套普通住房和第二套改善型住房,限制非住房消费提取。

【指标披露】根据住房城乡建设部《关于做好〈住房公积金2017年年度报告〉披露工作的通知》要求,各市(州)3月底前、省本级4月底前完成披露工作。全省21个中心和省本级按时按要求完整披露所有指标,3个分中心统一纳入当地城市中心披露。本级和21个市(州)中心分别对年度报告进行解读。

【日常监管】建立"10+1"工作制度(10个通报、1个简报)推动日常监管。一是周通报1个,即统计通报。每周通报,发送统计通报51期,发生迟报15次、错报8次,没有发生漏报。二是月通报4个,即缴存使用、综合服务平台使用、扫黑除恶、省政府一体化网办业务。三是季通报3个,即电子抽查、舆情管控、办文情况。四是随机通报2个,召开会议、举办培训、开展约谈情况,平常发现异常情况即时发出建议函或提示函。五是自办《简报》1项,即自办《四川住房公积金监管工作信息》,发送工作信息37期,采用稿件601篇,重要信息290篇、动态信息311篇。

城市建设

【城市基础设施】会同省发改委修订印发《全省城乡市政基础设施建设"十三五"规划》和道路交通、污水处理及再生水利用、排水(雨水)防涝、生活垃圾处理、供水、燃气、园林绿化等7个专项规划;完成《全国城市市政基础设施建设"十三五"规划》实施情况中期评估。按照基础设施"补短板"

部署，完成公共服务设施建设投资1649.58亿元，实现年度目标118%。开展城市建设高质量发展课题研究，相关建议被省委十一届三次全会采纳，正在草拟《四川省城市建设高质量发展行动实施方案》和综合评价指标体系。

【地下综合管廊】协调落实1.90亿元省级财政专项资金支持国家和省级管廊试点，会同财政厅对2017年度省级管廊试点进行绩效评价并上报省政府。35个设市城市完成地下综合管廊专项规划编制30个，112个县完成地下综合管廊专项规划20个。截至2018年年底，累计竣工管廊项目117.70公里，在建377公里，其中年度新开工119.80公里、超额完成省政府下达100公里建设目标任务。

【地下综合管线】对地下管线普查及信息系统建设、管线综合规划编制情况进行书面调查和督查。35个设市城市完成普查25个，占71.40%；完成信息系统建设20个，占57%；完成地下管线综合规划编制23个，占65.70%。112个县完成普查58个，占51.80%；完成信息系统建设20个，占17.90%；完成地下管线综合规划编制24个，占21.4%。

【海绵城市建设】印发《四川省海绵城市建设技术导则》，协调落实1亿元省级财政专项资金用于支持各地海绵城市建设试点。截至年底，16个试点城市已建成海绵城市365平方公里，完工项目709个、在建项目269个。35个设市城市全部编制完成海绵城市建设规划（22个已通过政府审批、8个通过专家审查、5个完成规划草案），建成海绵城市面积359.60平方公里。

【城市道路交通设施】完成城市道路桥梁建设投资673.53亿元，完成城市公共停车场、充电桩等设施投资17.80亿元。成都市城市轨道交通在建8个地铁项目283公里，在建1个有轨电车项目26公里，新增地铁运营46公里、有轨电车运营13公里，累计运营里程达238公里。指导成都和绵阳等市运用智慧云、北斗系统建立城市道桥运行监管平台。全省15个市（州）72座危桥全部完成加固改造，并通过住房城乡建设部验收销号。及时处置达州地面塌陷事件，并向省委省政府作专题报告。

【生活垃圾分类】印发《四川省生活垃圾分类制度实施方案的通知》，推行生活垃圾分类试点。指导试点城市按照分类机制建立、示范片区打造、分类收转运处设施设备建设、宣传氛围营造等开展探索；组织3个国家级、4个省级试点城市和部分参与生活垃圾分类服务公司召开推进会；结合《关于开展全省城镇污水和城乡生活垃圾处理设施建设三年推进方案落实情况督导评估暨环保督察发现的污水垃圾问题整改和黑臭水体整治督察工作的通知》要求，对市（州）餐厨垃圾处理设施等生活垃圾分类后端处理设施建设进行检查指导。

【城市排水防涝】8个重点城市77个"补短板"整治项目完成59个。建立主汛期信息日报制度，指导各地启动防汛排涝应急响应，安排10余名专家赴成都等内涝严重市（州）一线指导。针对金沙江堰塞湖问题，指导相关市、县应对可能发生的城市内涝，确保沿江城市安全。

【河（湖）长制】制定《四川省住房和城乡建设厅全面落实湖长制工作实施方案》，指导督促各市（州）贯彻落实。会同省级相关部门，指导大渡河5个市（州）推进河（湖）长制，牵头大渡河流域各级河（湖）长巡河6.38万余人次，发现问题10590个、整改10516个、完成整改99.30%。大渡河水资源保护等六大任务目标完成较好，干流水质以Ⅱ类为主且总体稳定。

【灾后重建】配合相关单位完成《"8·8"九寨沟地震灾后恢复重建总体规划》《城乡住房恢复重建专项规划》，推进受灾地区市政设施项目调整审批。按照省灾后重建办要求及时统计、报送、审核灾后重建相关数据、资料和信息，确保上级机关及时、准确掌握灾后重建信息。

村镇建设

【"百镇建设行动"】实施"百镇建设行动"扩面增量，试点镇由300个拓展至600个，辐射带动2000余个小城镇竞相发展。印发《2018年度深化拓展"百镇建设行动"，培育创建特色镇实施方案》，出台《四川省"百镇建设行动"绩效考核办法》，开展"百镇建设行动"绩效考核和三方评估，对新增100个试点镇进行现场复核验收。

【特色小镇】开展首批42个省级特色小城镇培育建设自查评估，评选认定第二批省级特色小城镇41个，探索四川小城镇高质量发展新路径。在甘孜州磨西镇成功举办"四川最美古镇古村落创新发展论坛"。

【传统村落】印发《四川省乡村建筑文化保护与传承工作方案》，不断加大古村落、古建筑、古树名木保护力度。启动"四川最美古村落"创建，从全省869个传统村落中优选100个村重点培育，评选出首批40个"四川最美古村落"。持续推进旧村落改造，尊重古镇古村肌理格局，突出乡土特色。

【农村危房土坯房改造】出台《关于坚决打赢农

村危房改造攻坚战三年行动的实施意见》《四川省农村危房加固改造技术指南》《关于开展农村危房改造领域作风问题专项治理的通知》，下发《关于开展脱贫攻坚住房建设"质量安全月"活动的通知》《关于加强脱贫攻坚住房建设指导，进一步做好质量安全管控的通知》《关于进一步加强脱贫攻坚住房建设竣工验收监督工作的通知》和《四川省"农村土坯房改造行动"实施方案》等文件。

农村危房改造开工22.20万户，开工率170.80%，完工20.10万户，完工率154.60%。四川省农村危房改造得到国务院激励表彰。启动《四川土坯房维修加固图册》编制，出台《"安居乐"农村土坯房改造贷款操作指南》，指导各地农村土坯房改造贷款贴息工作。探索现代新夯土技术，分别在南江县、米易县、道孚县等开展试点。农村土坯房改造开工62万户，开工率114.80%。

派67名专业技术人员到三州特别是凉山州11个深度贫困县开展为期两年技术帮扶，覆盖农房近7万户，保障脱贫攻坚农房建设质量安全。推行加固改造技术，降低建房户自筹资金压力。开展农村建筑工匠大培训近万人，提升农房建设水平。

召开省级联席会议4次、专题会议3次，下发《简报》19期。组织全覆盖巡回检查2次、专项督导3次。强化建设质量标准和安全监管。分别在广元和凉山召开"全省脱贫攻坚住房建设质量安全现场会"，曲木史哈常委和杨洪波副省长亲自出席凉山州现场会，对全省农房建设取得的成绩给予充分肯定。

开展"农房建设质量安全月"活动，组织进行"回头看""回头帮"，及时发现和消除问题隐患，对质量安全进行严格管控。指导各地通过购买第三方技术服务，弥补基层质量安全监管力量薄弱问题。对深度贫困地区、易地扶贫搬迁项目、彝家新寨农房建设进行检查督导，专项巡检。九寨沟"8·8"地震农房维修加固全面完工，重建任务基本完成。

标准定额

【装配式建筑标准】制定《四川省装配式混凝土建筑预制构件生产和施工信息化技术标准》《四川省建筑工程钢筋套筒灌浆连接技术标准》《四川省装配式建筑预制隔墙板技术标准》《四川省装配式建筑自保温混凝土外墙生产、施工与质量验收标准》《四川省装配整体式住宅建筑设计标准》等9项标准，为推动建筑业转型升级提供技术保障。

【绿色建筑及建筑节能标准】制定《四川省绿色建筑评价标准》《四川省绿色建筑运营维护标准》《四川省公共建筑机电系统节能运行标准》《四川省居住建筑节能设计标准》《四川省聚酯纤维复合卷材建筑地面保温隔声工程技术标准》《四川省自保温混凝土复合砌块墙体应用技术标准》等6项标准，提升节能要求，丰富技术措施，推动绿色发展。

【安全生产管理标准】制定《四川省房屋建筑与市政基础设施工程现场施工和监理从业人员配备标准》《四川省在用塔式起重机安全性鉴定标准》《四川省房屋建筑与市政基础设施工程安全隐患排查和治理标准》《四川省既有玻璃幕墙安全性检测鉴定技术标准》《四川省建筑地下结构抗浮锚杆技术规程》等5项标准，补充质量安全短板，完善标准体系。

【引进新技术和技术创新标准】制定《四川省城镇超高韧性组合钢桥面结构技术标准》《悬挂式单轨交通设计标准》《四川省柔性饰面板块建筑外墙装饰工程技术标准》《四川省外模板现浇混凝土复合板保温系统技术标准》等，其中，《悬挂式单轨交通设计标准》属全国首创，填补国内该项技术标准空白。

【城市建设标准】制定《四川省城乡绿道规划设计标准》《四川省城市综合管廊管线工程技术标准》《四川省绿色环保搅拌站标准》《四川省城镇供水厂运行管理标准》《四川省居住建筑油烟气集中排放系统应用技术标准》等。标准完成编制审查数量比去年同期增加70%。

【标准化管理】标准申报实现线上线下双渠道畅通，全省400余名标准化专家分行业专业建立电子库；在住建厅门户网站，增设地方标准清单及地方标准电子版两栏目，及时公示所有工程建设地方标准有效和废止名单，地方标准电子版栏目上传地方标准十余项。6月8日，与省通信管理局到泸州市、宜宾市进行建筑物通信设施建设相关标准调研，完成《四川省建筑物移动通信基础设施建设标准》编制。

【标准图集图册编制】截至2018年年底可完成14项图集发布，超过年初10项图集目标。《四川省装配式建筑隔墙板连接构造图集》等图集编制重点满足四川省装配式建筑缺乏装配式隔墙、装配式常用构件标准设计需要，为装配式建筑四大系统设计提供案例参考；《四川省装配式公共厕所图册》和《四川省装配式农村住房图册》为装配式建造方式在"厕所革命"和农房建设中推广相关参考。

【图集项目管理信息化】启动图集项目纳入"四川省标准设计管理信息系统"管理，遵循《四川省标准设计管理办法》规定程序，从立项到批准发布全过程均受管理系统监控。

【工程建设标准化服务】

优化岗位职能，突出综合科在出版发行、宣传推广中的作用，配合标准处在《四川日报》《中国建设报》《四川城乡建设》《川报观察》及厅微信公众号刊登20余篇报道。

参加2018年城乡建设博览会，与出版机构共同举办首次工程建设标准化成果展览，展示过去五年标准化建设成就。受到住房城乡建设部标准定额司肯定，相关情况在权威刊物《工程建设标准化》做了交流。与防水协会、省科技发展中心共同编撰《建筑防水100问》宣传防水领域标准知识，推动防水相关标准（图集）贯彻实施。与住建厅电大分校共同举办标准化讲座，对100余位电大学员进行工程建设标准化培训。带领专家赴乐山开展建筑节能标准专项检查，围绕建筑节能绿色建筑有关标准执行情况，对六个在建和已建项目存在违反标准问题提出整改要求。

工程质量安全监管

【建筑工程高质量发展】 开展推动建筑业高质量发展课题调研，研究制定全省建筑业高质量发展指标评价体系，提出"三步走"发展战略。评定"天府杯"128项，省级标化工地159个，44项工程列为全省建筑业新技术应用示范工程，20个工程项目通过四川省建筑业新技术应用示范成果验收，评审通过省级工法551项。

【扬尘污染专项治理】 开展城市扬尘污染专项治理，对在建工程项目检查50861次，责令停工整改工程2352个，实施行政处罚1423家，处罚金额2334.88万元，对175家企业进行不良行为记录扣分，通过媒体曝光112家。

【安全生产大检查】 开展4轮次安全生产综合督查及安全生产大检查，抽查市、县两级主管部门53个、企业320家。累计排查在建工程项目16286个，整治安全隐患17058处，查处违法违规行为547起，记录不良行为292条，处罚责任单位230家，罚款355万元。

【代建工程质量和安全】 印发《项目管理监理施工单位管理人员变更管理办法》《项目竣工移交管理办法》，修订完善《项目代建管理移交接收办法》《代建项目资料档案管理暂行办法》。邀请专家参与检查指导，提升安全检查专业性。组织"专项安全生产检查"4次，所有工程均达到合格以上质量标准，未发生重大事故。

【报监工程项目监督】 在建工程17023个，报监工程项目监督到位率100%，工程质量合格率100%，未发生较大及以上质量事故。发生房屋建筑市政基础设施工程施工安全事故216起，死亡210人，较2017年分别上升17.39%和22.09%，发生1起较大生产安全事故。由市县级住建部门监管房屋建筑市政工程发生事故153起，死亡138人。

建筑市场监管

【概况】 2018年，全省完成建筑业总产值14533.60亿元，同比增长22.10%；增速比2017年快2.60个百分点，居全国第8位，占全国建筑业总产值5.50%，继续保持西部第1位、全国第5位。实现建筑业增加值3223.70亿元，占GDP比重7.90%，比上年提高0.20个百分点，同比增长4.60%，对全省经济贡献率为4.20%，比上年提高0.50个百分点。全省建筑业缴纳地税总额477.43亿元，同比增长22.80%，占总税收收入8.90%。建筑业产值超过50亿元县（市、区）由上年69个增加到83个，超过100亿元县（市、区）由上年35个增加到47个。

全省房屋建筑施工面积64749万平方米，同比增长6.80%；竣工面积23958万平方米，同比增长6%。建筑业签订合同额29093.80亿元，同比增长18.10%，其中2018年新签合同额16019.20亿元，同比增长17.40%。房屋竣工面积保持全国第5位，竣工产值全国第7位、新开工面积全国第6位、新签合同额全国第7位。

国有及国有控股企业房屋建筑竣工面积、竣工房屋价值、工程项目竣工总产值三项指标均下降，分别为-11.4%、-24.90%和-8.80%。但在宾馆、商业服务用房、科研教育医疗用房和仓库类建筑竣工面积及竣工房屋价值均大幅高于平均值。同时国有及国有控股企业上年转结合同额及新签合同额增速均高于平均值，特别是其完成装饰装修总产值增速高达82.70%，超出平均值51个百分点。民营企业所承接竣工项目则集中于住宅用房、餐饮用房和厂房，相对合同额较小、周期较短，利于资金周转。整体来说，国有及国有控股建筑业企业完成总产值4363.60亿元，同比增长26.50%，增速高出平均值4.4个百分点；占建筑业总产值比重30%，较2017年上升1个百分点。

截至2018年年底，全省建筑业企业41084家，新增特级施工总承包企业4家，达25家；新增一级施工总承包企业70家，达756家。总承包资质企业完成产值13634.50亿元，占总产值93.80%，占比较去年上升0.60个百分点。特级和一级施工总包资质企业占企业总数为2%，共完成产值5897亿元，占总产值40.60%，较去年下降2.6个百分点。全省有2279家建筑业企业完成建筑业总产值超过亿元，比上年增加313家，完成建筑业总产值13622.80亿元，同比增长22.10%，占全省总产值93.70%；签订合同额27306亿元，同比增长18.10%，占全省签订合同额93.90%；完成竣工产值5778.80亿元，同比增长6.70%，占全省竣工产值的91.70%。

【持续调整产业结构】报请省政府出台《四川省人民政府办公厅关于促进建筑业持续健康发展的实施意见》，召开全省推动建筑业高质量发展工作会，提出推动建筑业高质量发展的总体思路和实施路径。研究制定全省建筑业高质量发展指标评价体系，提出"三步走"发展战略。获评"天府杯"128项，省级标化工地159个，44项工程列为省建筑业新技术应用示范工程，20个工程项目通过省建筑业新技术应用示范成果验收，评审通过省级工法551项。

加大装配式建筑推广应用。制定《四川省推进装配式建筑发展三年行动方案》《四川省装配式建筑装配率计算细则（试行）》《2018年推进装配式建筑发展目标任务》《四川省装配式建筑产业基地管理办法》《四川省装配式建筑部品部件生产质保能力评估办法》，启动实施推进装配式建筑三年行动。制定《四川省装配式公共厕所图册》和《四川省装配式农村住房建设导则》，新开工装配式建筑3010万平方米，占新建建筑11.60%，占目标任务150%。市政工程完成约2万平方米。全省已有17个市（州）建成装配式部品部件生产企业，其中装配式钢结构部品部件生产企业42家、年生产能力179.60万吨；装配式混凝土部品部件生产企业15家、年生产能力220.40万立方米。

促进建筑业转型升级。引导企业从以房屋建筑为主的产业结构，向交通、水利、市政、地下管廊等国家重点投资领域转变，通过合作、收购、参股等方式，向其他相关产业转型、延伸和跨越。制定《关于加快推动建筑企业"走出去"发展的实施方案》，抓住"一带一路"和南向开放合作战略机遇，鼓励建筑企业"走出去"发展。召开"四川省第四届绿色建筑与建筑节能大会"，编制《四川省绿色建筑评价标准》《四川省绿色建筑运行维护技术规程》，全面推进绿色建筑。开展BIM技术试点，推广BIM技术在规划、勘察、设计、施工和运营维护全过程集成应用。

培育建筑产业工人队伍。制定《四川省培育新时期建筑产业工人队伍试点工作方案》，在叙永县开展国家级试点，在通江、南江、资中、三台和筠连5个县开展省级试点。完善建筑工人职业培训和技能鉴定制度，提升建筑工人技能水平，完善建筑工人社会保险制度，推动建筑业农民工向产业工人转型。全省102家建筑工人职业培训考核机构共培训合格并发放全国统一编码的《住房城乡建设行业技能人员职业培训合格证》13.33万本、同比增长135%；全省21家建设行业国家鉴定所（站）鉴定合格并颁发两厅鉴印《国家职业资格证书》1.03万本、同比增长125%。

【大力支持民营企业发展】制定《关于促进民营建筑企业健康发展的实施意见》，成立以张正红厅长任组长、分管副厅长任副组长、厅14个业务处（室）为成员单位的四川省住房和城乡建设厅促进民营经济健康发展工作领导小组。加强对促进民营经济发展组织领导和政策协调，统筹指导和督促推动各地促进民营经济发展任务落实。召开民营建筑企业座谈会，听取民营建筑企业家对促进民营建筑企业发展和建筑业改革意见建议。建立问题清单、责任清单、措施清单"三张清单"，尽力解决落实。每天在住建厅官方微信公众号"四川建设发布"上宣传介绍一家优秀民营企业，营造全社会关心、支持民营企业发展的良好氛围。

【市场监管】落实《建设工程保证保险试点方案》，深入开展建设工程保证保险试点，形成建设工程保证保险制度。推行以企业为单位缴纳建筑工人工资保证金，实施工资保证金差异化管理。工程建设领域缴纳四类保证金441.91亿元，其中以保函形式缴纳保证金170.88亿元，占比38.67%。

全面推行建筑工人实名制管理，加强建筑工人工资治欠保支长效机制建设。印发《关于进一步做好建筑市政工程领域农民工工资支付保障工作的通知》，开展工程建设领域拖欠工程款和农民工工资专项检查，查处拖欠案件595件，为3.50万名农民工解决拖欠工资8.40亿元。

建立建筑市场动态核查机制，排查建筑工程项目15540个，涉及11575家建设单位和13747家建筑企业，查处违法违规建设单位126家、建筑企业710家。对1827家建筑企业实施监督复查。

修订《四川省建筑市场责任主体不良行为记录管理办法》，推动建筑市场诚信监管体系建设。在排查建筑工程项目中，记入不良行为记录750条。

【建设工程招标投标管理】发布《关于进一步明确招标投标监督事项调整的通知》，对2017年10月调整监督事项后的具体事项进一步明确。制定《四川省装配式建筑招标投标管理试行办法》，正形成送审稿，计划年内发布。

召开全省房屋建筑和市政工程招投标监管机构负责人工作交流会。就工程建设招投标、技术发展、市场现状进行深入交流；举办招标代理机构专职人员继续教育培训4期，3000余人参加学习。

受理完成招标投标情况书面报告178件；开标评标现场监督24次；发出《招标监督意见书》11份。收到投诉19件，监管过程中发现投标人弄虚作假案2件，均在法定时限内办结。办理招标代理从业人员信息、建设行业评标专家信息变更登记1500人次。

【建设工程造价管理】制定《建筑业营业税改征增值税四川省建设工程计价依据调整办法》《四川省住房和城乡建设厅关于贯彻〈财政部税务总局关于调整增值税税率的通知〉的通知》，确保建筑业"营改增"顺利实施。

在《四川省发展和改革委员会等10部门关于加强重点项目建设砂石料供应保障有关问题的通知》中增加住建厅提出的依法分担价格风险，支持采取签订补充协议或合同约定争议处理方式予以解决的指导意见。

完成住房城乡建设部《通用安装工程工程量计算规范》GB 50856—2018编制工作；完成《绿色建筑工程工程量清单计价定额》和《城市地下综合管廊工程工程量清单计价定额》编制；启动2020年《四川省建设工程工程量清单计价定额》编制。

10月1日起实施《四川省建设工程造价技术经济指标采集与发布标准》。对建立工程建设造价技术经济指标采集与发布体系，规范工程建设造价技术经济指标的采集方式和发布内容，加强工程建设造价技术经济指标对有关部门、市场各方主体的指导和服务具有突出作用。

8月1日起实施《四川省建设工程造价咨询标准》。着力解决现行国家规范中工程造价咨询成果文件质量量化标准的缺失和国家规范中项目和内容不能完成适应全省造价咨询市场需要的问题。

出台《四川省住房和城乡建设厅关于进一步规范工程量清单招标投标报价规费计取和评审的通知》及其政策解读，组织5家"电子辅助评标软件"开发企业和4家计价软件开发企业对添加了规费评审功能的"电子辅助评标软件"进行联测，模拟极端招投标数据对"电子辅助评标软件"进行极限测试，确保《通知》按期顺利实施。

【省政府投资项目代建管理】制定《招标文件编制和审核管理办法》《代建项目标准设置条件》《投标保证金和履约保证金退还管理办法》等制度。实行招标文件集体研究制度，招标文件需经中心办公会集体研究确定送审稿，经各处室、分管领导和主要领导会签后送监督部门备案通过后发出。

编制完善《工程量清单及控制价编制管理暂行办法》《建设工程竣工结算编制和审核管理暂行办法》《关于贯彻执行〈四川省省级代建项目建设资金管理、审批、支付和现场签证、工程变更管理办法〉的进一步要求》等系列文件，加强投资控制，规范投资管理和变更签证管理。建立合同经济台账，督导项目管理单位、监理单位、施工单位合同履约行为。

参与编写《四川省建设工程项目管理标准》，为规范项目管理行为提供标准依据。制定《代建项目项目管理单位考核评价办法》，强化项目管理单位主体责任意识。完善《项目管理单位不良行为记录标准》，提高项目管理单位信用管理客观性和准确性。通过修订完善《标准》，将项目管理单位6类行为纳入不良行为记录。开展项目管理专题培训6次，计300余人次。

8月，经厅党组会议审议通过报送《关于推进省级代建模式改革的报告》，已联报省事务管局同意后报省政府审议。

建筑节能与科技

【散装水泥推广应用】2018年，累计推广散装水泥7733万吨，水泥散装率55.28%，同比提高1.55%。有9个市水泥散装率达60%以上，排在前三位的成都、德阳、泸州分别为83.60%、78.60%、68.40%。据测算，因发展散装水泥节约标煤176万吨，减少粉尘排放77.70万吨，减少二氧化碳排放464万吨，减少二氧化硫排放1.50万吨，实现综合经济效益34.80亿元。内江市和资中县编制完成散装水泥发展应用专项规划，自贡市、广安市和射洪县编制完成散装水泥布点规划，泸州、巴中等地专项规划正在编制中。

【预拌混凝土和预拌砂浆】预拌混凝土企业达到506家，累计供应预拌混凝土11693万立方米，产能利用率达35%。因发展预拌混凝土使用散装水泥4292万吨，废弃物综合利用1433万吨。产能利用率前三位分别是乐山50%、遂宁49%、自贡47.80%。16个市（州）建有预拌砂浆生产线，备案企业78家，生产能力3089万吨，产能较上年增加78万吨，增幅1.30%；累计使用预拌砂浆975万吨（普通干混砂浆634万吨，普通湿拌砂浆213万立方米）。因发展预拌砂浆使用散装水泥189万吨，废弃物综合利用40万吨。预拌砂浆推广量前三位分别是成都469万吨、绵阳165万吨、眉山79万吨。

【"禁现"管理】内江、广安、乐山出台预拌砂浆"禁现"政策，划定完善"禁现"区域，实现预拌砂浆"禁现"目标。全省15个地级市完成预拌砂浆"禁现"。制定《四川省预拌砂浆生产企业备案服务指南、审查工作细则、申请表》并上线政务服务网，统一全省预拌砂浆企业准入条件，明确申请材料和办理程序，基本实现预拌砂浆企业备案"最多跑一次"目标。宜宾市率先对宜宾全市实施《四川省散装水泥管理条例》情况专项执法检查。制定印发《四川省散装水泥办公室关于认真落实〈四川省住房和城乡建设厅城市扬尘防治工作方案〉的意见》，督导各地着力抓好绿色搅拌站建设、落实"禁现"区域划定、推进预拌混凝土、预拌砂浆绿色清洁生产。全省40%以上搅拌站达到了绿色环保标准。

【行业规范整治】印发《关于全面清理整治无资质预拌混凝土搅拌站的通知》，清理"散、乱、污"无资质预拌混凝土搅拌站。10月，联合省城市管理执法监督局组成督导检查组，对泸州市泸县、叙永县和广元市利州区、苍溪县清理整治工作情况进行督导检查。泸州、南充、甘孜等17个市州成立专项工作领导小组，加强督促指导。泸县成立由县政府领导牵头的整治领导小组，拆除"散乱污"无资质搅拌站37家。清理排查出389个无资质预拌混凝土搅拌站，完成关停拆除223个、整改提升66个、引导规范59个，41个正在调研待处理中。

【绿色建筑】召开"四川省第四届绿色建筑与建筑节能大会"，编制《四川省绿色建筑评价标准》《四川省绿色建筑运行维护技术规程》，推进绿色建筑发展。开展BIM技术试点示范，推广BIM技术在规划、勘察、设计、施工和运营维护全过程集成应用，提升工程建设和管理信息化智慧化水平。

制定《四川省绿色建筑评价标准》《四川省绿色建筑运营维护标准》《四川省公共建筑机电系统节能运行标准》《四川省居住建筑节能标准》《四川省聚酯纤维复合卷材建筑地面保温隔声工程技术标准》《四川省自保温混凝土复合砌块墙体应用技术标准》等6项标准，推动绿色发展理念贯彻落实。联合省散协制定《四川省绿色环保搅拌站建设、管理及评价标准》，该标准为全国出台首个关于预拌混凝土和预拌砂浆绿色环保搅拌站建设、管理及评价的地方标准。《四川省绿色建筑工程施工质量验收规程》完成送审稿，计划2019年上半年发布实施。

制定《四川省城镇超高韧性组合钢桥面结构技术标准》《悬挂式单轨交通设计标准》《四川省柔性饰面板块建筑外墙装饰工程技术标准》《四川省外模板现浇混凝土复合板保温系统技术标准》等，其中，《悬挂式单轨交通设计标准》属全国首创，填补国内该项技术标准空白。推进绿色建筑评价标识工作，全省获得绿色建筑标识项目29个，总建筑面积417.22万平方米。一星级项目25个，建筑面积348.44万平方米；二星级项目3个，建筑面积42.60万平方米；三星级项目1个，建筑面积26.18万平方米。在原第一批15类材料基础上，增加"预拌砂浆""水泥发泡板""保温装饰复合板"等细则，完成37家单位、105项产品通过绿色建材标识的评价和证书发放。

【政策法规体系建设】内江、宜宾、攀枝花、遂宁等市按照《四川省散装水泥管理条例》精神，制定出台《条例》配套政策。成都、内江、宜宾根据《条例》修订出台本市散装水泥管理办法，自贡制定《自贡市预拌混凝土（砂浆）生产绿色生产技术导则》和《自贡市取缔非法预拌混凝土搅拌站工作问责追责管理办法》，构建以《条例》为核心的促进散装水泥绿色产业发展的政策法规体系。

【建筑节能】推进新建建筑65%节能标准。在成都、绵阳、德阳等9个城市率先执行居住建筑节能65%导则基础上，编制完成《四川省居住建筑节能65%设计标准》，拟2019年底全省全面启动执行新建建筑65%标准。

推动公共建筑节能监管体系建设。8月，颁布实施《四川省公共建筑能耗监测系统技术规程》，建设省级数据中心，完成能耗数据采集系统建筑44栋，实现试点建筑水、电情况用能统计、用能公示、用能分析、用能测评等功能。

【可再生能源在建筑中的规模化应用】自2009年以来，四川省被批准为国家可再生能源建筑应用示范市（县）11个，任务面积700多万平方米，争取国家拨付补贴资金2.02亿元。2018年，完成所有国家可再生能源示范市（县）、节约型校园验收。

【智慧城市建设】指导成都和绵阳等市运用智慧云、北斗系统建立城市道桥运行监管平台，强化实时动态系统性监测。加强城管网络舆情管控，数字化城市管理平台建设完成56.95%。开展BIM技术试点示范，推广BIM技术在城市规划、勘察、设计、施工和运营维护全过程集成应用。

人居环境与设计

【城市黑臭水体治理】 编制《四川省打好黑臭水体治理攻坚战役实施方案（2018—2020）》，将黑臭水体治理纳入全省"八大攻坚战"之一。2次召开城市黑臭水体整治专题会，结合环保督察整改，开展2轮专项督查，向整治工作滞后的相关市发出预警函，指导内江市成功申报国家城市黑臭水体治理示范城市。纳入"全国城市黑臭水体整治监管平台"100个地级及以上城市建成区黑臭水体整治项目整治竣工81个。

【处理设施及管网建设】 修订《城镇污水处理设施建设三年推进方案》（以下简称《三年推进方案》），扩大生活污水、污泥处理设施及管网的新建和改建规模。截至年底，《三年推进方案》计划实施974个城市（县城）污水处理项目开工777个，完工465个，完成投资约186.40亿元；中央环保督察反馈88个运行不正常污水处理厂299个问题已整改完成270个，阿坝、甘孜和凉山州29个县城未建污水处理设施的已建成21个，开工8个。

【污水厂运行管理】 89家污水处理厂通过考核。派专家赴广元、泸州、攀枝花、乐山和凉山等地，指导受洪灾影响的污水厂恢复运行和达标运行工作。赴青海学习考察生活污水厂冬季运行情况，开展污水处理厂普查以及"'三州'高寒地区污水处理厂冬季运营问题研究""山地小型生活污水处理设施应用实证研究"等课题研究。

【环卫基础设施建设】 修订《城镇污水处理设施和城乡垃圾处理设施三年推进方案》，印发《关于进一步加快全省乡镇污水处理设施建设工作的通知》，对3963个乡镇污水垃圾项目复核备案，建立"全省城乡污水垃圾处理设施管理信息系统"，所有乡镇项目均录入系统动态监控。开展"9+N"公共设施建设情况调查，下达年度专项资金7.10亿元，用于绩效考核排名前100个试点镇市政基础设施建设。"百镇建设行动"完成公共服务和基础设施建设投资320亿元，占年度目标任务106.70%；实现产业投资330亿元，占年度目标任务105%。

【"厕所革命"】 报请省政府出台《关于成立四川省推进"厕所革命"工作领导小组的通知》《关于进一步推进全省"厕所革命"工作的意见》和《四川省推进"厕所革命"三年行动方案（2018—2020年）》。印发《四川省装配式公共厕所建设试点工作方案》，在成都、乐山、宜宾和广安4个城市开展装配式厕所试点工作。印发《关于认真执行厕所技术标准做好厕所设计建设和管理工作的通知》，进一步规范统一全省公共厕所信息图形符号及标志设计。召开"厕所革命"专题工作协调会10次。新建公厕3691座、完成省政府目标125.03%，改建公厕2937座、完成省政府目标126.70%，其中城市（县城）新建公厕1000座、完成省政府目标的118.06%，改建公厕1162座、完成省政府目标的179.88%。

【补齐农村人居环境"短板"】 加快补齐农村人居环境"短板"。报请省政府出台《四川省农村生活污水治理五年实施方案》，编制《四川省农村生活污水治理专项规划》。将农村生活污水治理和乡村公厕两项工作列入"十项民生工程"和"20件民生实事"，优先安排15户或50人以上农村居民聚居点的污水处理设施建设。确定成都市新都区等18个县（市、区）1190个村为"示范村"。实施乡村居民聚居点生活污水处理8004个，占目标任务103.30%；新建乡村公厕1566个，占目标任务149.14%；改建乡村公厕765个，占目标任务159.71%。修订《全省城乡垃圾处理设施建设三年推进方案》，印发《四川省非正规垃圾堆放点整治导则》，对1606个垃圾点位建立完善普查整治台账。四川经验在全国改善农村人居环境工作会议上做交流发言。

【探索试点】 报请省政府出台《四川省农村人居环境整治三年行动实施方案》，编制《四川省农村人居环境整治导则（征求意见稿）》，科学确定不同种类村庄整治标准和建设内容。制定《四川省农村人居环境考核办法》，强化责任落实；从全省21个市（州）各选择一个县（市、区）开展试点，探索适宜农村地区人居环境治理方式。

【环保督察问题整改】 推动中央环保督察涉及住建系统19项整改任务落实，召开住建系统生态环境保护电视电话会，印发各类通报3次、简报36期，开展专项督查9次，召开相关会议34次，补充"回头看"资料18批次（其中涉及城建处11批次）。按时序完成4项整改任务均已销号，完成整改措施23条，其余32条正对标推进。省级环保督察反馈涉及住建部门问题1125个（占全省12.60%，污水类636个，垃圾类414个，风景名胜类33个，工地扬尘类42个），已整改1057个，整改率93.96%，余下68个均为中长期整改，按要求2019年底前完成整改。

【施工图数字化】 推动施工图数字化及电子签章，推进施工图数字化审查，作为试点的成都市、眉山市已启用施工图数字化审查平台。

【勘察现场监管】 督促、抽查工程勘察劳务单位按规定上报所有工程项目勘察现场作业数据，确保勘察现场数据真实可靠,提升工程勘察报告质量。规范工程勘察设计出图专用章和施工图设计文件审查专用章样式及规格。

【动态审查核查】开展勘察设计企业动态核查和施工图审查质量检查,初步设计审查73项,其中房屋建筑42项、市政基础设施31项;动态核查企业86家,省外企业78家、省内企业8家;抽查项目18个。

【工程总承包】开展工程总承包及实施情况大调研,形成《加快推进工程总承包促进勘察设计转型升级发展》调研专题报告,为推进工程总承包配套政策法规建设,更好地指导房屋建筑、市政行业工程总承包事业发展打下基础。

【监管新建工程抗灾防灾】贯彻《中国地震动参数区划图》《建筑抗震设计规范》《四川省建设工程抗御地震灾害管理办法》《四川省农村住房建设管理办法》。落实抗灾防灾五方责任主体责任和各项监管措施。推行抗震设防专项审查制度、强化超限高层建筑抗震设防专项审查,保障城乡新建工程设施抗灾防灾安全。

完成58项超限高层抗震设防专项审查(其中:修改13项,复审10项。一次性审查通过率60%);完成269项重点设防类房屋建筑和市政基础设施的抗震设防专项审查(论证)(其中:学校127项,医院55项),一次性审查通过率70%。

【推进绿色发展】获得绿色建筑标识项目29个,总建筑面积417.22万平方米。一星级项目25个,建筑面积348.44万平方米;二星级项目3个,建筑面积42.60万平方米;三星级项目1个,建筑面积26.18万平方米。

发布《四川省绿色建筑评价标准》(修编)、《四川省绿色建筑运行维护技术规程》,9月1日实施。《四川省绿色建筑工程施工质量验收规程》完成送审稿,计划2019年上半年发布实施。

2014年以来,四川省先后颁布实施《四川省推进绿色建筑行动实施细则》《四川省绿色建材评价标识管理实施细则》,发布《四川省绿色建材技术导则》《四川省绿色建材技术细则》。在原第一批15类材料基础上,增加"预拌砂浆""水泥发泡板""保温装饰复合板"等细则,完成37家单位、105项产品通过绿色建材标识评价申报管理系统申报绿色建材标识的评价和证书发放。

城市管理监督

【执法体制改革】省级改革于2017年全部完成。市县改革至12月底有11个市、14个县(市)完成全部重点改革任务,10个市(州)、97个县(市)完成部分重点改革任务,市县重点改革任务还存在一定差距。市县城管机构综合设置完成69.95%,数字化城管平台建设完成56.95%,住建领域处罚权集中行使完成62%,制式服装换发完成65.50%。

【"强基础、转作风、树形象"专项行动】下发《四川省城市管理执法队伍"强基础、转作风、树形象"三年行动实施方案》,完成科级以上城管干部培训520人,完成《四川省城市管理综合行政执法条例》立项调研论证工作。完成"城管公安联勤联动执法机制"调研并形成调研报告。"城管+公安"执法新机制正在广元和阆中试点推广。

【城市建成区违法建设治理五年行动】6月至7月,督促各市(州)城管执法部门推进违法建设治理。截至12月底,查处各类违法建设590.65万平方米,占核定违法建设88.55%,超额完成住建部要求"70%"年度目标任务。

【投诉举报案件查处】受理各类投诉举报227949件,立案查处42520件,罚款1.45亿元。其中,城乡规划领域罚款6604万元,房地产市场领域罚款194万元,建筑市场和质量安全领域罚款3468万元,城市建设领域罚款1412万元,城市管理领域罚款2496万元。受理各类投诉举报239件。其中立案查处17件,结案9件,对15家单位和2名个人作出行政处罚,暂扣安全生产许可证180日,罚款42.52万元;另有8件案件正调查处理中。处罚执行率100%,未发生一起行政复议和行政诉讼。

【清理整治高尔夫球场】按照《四川省高尔夫球场进行清理整治2018年拉网式全覆盖排查工作方案》要求,以省住建厅为组长单位,省监委、省发展改革委、自然资源厅、农业农村厅、文化和旅游厅为成员单位组成"四川省高尔夫球场清理整治排查第五工作组",对成都、泸州两地三个高尔夫球场(成都牧马山云岭国际高尔夫球场、成都万华麓山高尔夫球场、泸州江南高尔夫球场)进行清理整治排查,指出存在的问题并提出处理意见。

【住建领域"扫黑除恶"专项斗争】省城管执法监督局作为厅"扫黑除恶"专项斗争牵头部门,制定《四川省住房城乡建设领域开展扫黑除恶专项斗争实施方案》等系列文件。对各市(州)住建系统开展4次专项督导,6个扫黑除恶专项斗争开展不力部门和中央督导组点名的4个市州(巴中、凉山、遂宁、德阳)住建部门受到约谈。收集扫黑除恶专项斗争线索1135条,核实1030条,销号447条;协调厅房管处、建管处、规划处等处室处理省本级受理涉黑涉恶线索60条；得到中央督导组肯定。

人事教育

【人事管理】 完成对直属单位领导班子考核形成综合考核材料，报厅党组；完成领导干部个人有关事项集中填报、汇总、随机抽查、核实，145名厅管干部完成填报，抽查15名干部；完成机关事业单位工作人员基本工资标准调整，12月29日调资到位；完成集中保管厅、处级干部和涉密人员护照（证件），审核厅管干部因私出国（境）审查；协助省委组织部完成2名省管干部选任；完成住建厅接受军转干部安置任务，接受8名年轻化、专业化干部；考察录用3名优秀选调博士生。

【人才培训】 会同有关处室完成甘孜、阿坝、凉山、乐山等45个深度贫困县人才培训1200人次，配合完成"三州一市"50个定向培养大学生录用。实施《2018年度四川省住房和城乡建设厅机关及直属单位单位短期培训计划》，完成培训项目18个。组织45名干部参加省委党校、省行政学院培训。参加省委组织部和省公务员局举办"干部大讲堂"培训12期，参训人员88人。参加住房城乡建设部干部培训34人。与香港特区政府发展局签订继续实施川港建筑领域合作协议，实现双方互派人员培训事宜。完成第32期四川省新任县（市、区）住房城乡建设局长培训，58名新任局长参加调训。

【省委巡视检查整改】 按照住房城乡建设厅党组《关于落实省委第四巡视组巡视反馈意见问题整改工作方案》要求，负责落实的四大类八项问题，完成整改7项（1项因涉及纪检处理后才能完成相关手续）。

【脱贫攻坚】 按照省委组织部和厅党组安排，在有关处室（单位）支持下，组织89名住建系统干部人才赴凉山州开展综合帮扶，选派第二批12名干部入驻住建厅定点帮扶对象甘孜州得荣县。

【援藏援彝】 完成第五批援藏、第二批援彝干部人才遴选，9名选派干部人才已经到岗。

【地震灾后重建】 落实援助九寨沟地震灾后重建4名干部、13名专业技术人员前往地震灾区开展工作。

【社团管理】 在开展厅管社会组织专项整治期间，组织承办各类会议8次，编发工作简报6期，查阅各类文件资料58份，下发专项整治问题清单25份，106个具体问题，在2019年年检中报告整改情况。

【公务员职务与职级并行试点】 组织实施公务员职务与职级并行制度试点方案，与省委组织部、人社厅、公务员局协调沟通，为机关和参公单位争取最佳职级比例。完成机关和厅属各参公单位公务员职务与职级并行试点的首次职级晋升，公务员职级管理步入常态化。

【建筑工程系列职称评审】 职改办组织建筑工程高、中级职务评审。评审出中级职称1488名。

【荣誉】 荣获省政府颁发的"四川省11.22康定地震灾后恢复重建先进集体"光荣称号、厅机关党委颁发的2018年度"优秀党支部"光荣称号。

大事记

1月

11日　四川省住房城乡建设工作会议在成都召开。副省长扬洪波对四川省住房城乡建设工作会议作出重要批示。

15日　四川省城市管理执法监督局在省住房城乡建设厅机关办公大楼举行着装仪式。标志着四川省级层面城管执法体制改革全面完成。

18日　四川省对外开拓先进企业和优秀个人表彰大会在成都举行。省住房城乡建设厅厅长何健、省商务厅副厅长张英讲话。

25日　全省推进装配式建筑发展座谈会在成都举行，省住房城乡建设厅副巡视员谢伟出席并讲话。部分城市住房城乡建设行政主管部门、产业基地、相关专家作经验交流发言。

30日　全省建设工程招标控制价、合同、竣工结算文件备案管理信息系统培训会在成都举行。

2月

2日　中共四川省委任命张正红同志为四川省住房和城乡建设厅党组副书记；四川省十三届人大常委会举行第一次会议，会议表决通过省长尹力向省人大常委会提出的任免案，任命张正红为四川省住房和城乡建设厅厅长。

6日　住房城乡建设厅召开2018年度深度贫困地区住房安全保障技术帮扶工作动员培训会，对派驻凉山州、阿坝州、甘孜州深度贫困地区的33家企业62名技术人员做动员培训。

7日　全省住房城乡建设系统安全生产和质量工作会议在成都召开。

3月

21日　省住房城乡建设厅巡视员殷时奎带领相关业务处室赴湖北省武汉市考察学习。

23日　四川省推进城市执法体制改革改进城市

管理工作会在崇州市召开。省住房城乡建设厅厅长张正红出席并讲话。

26日 国家发展改革委召开2018年推进新型城镇化高质量发展电视电话会议，省住房城乡建设厅副巡视员冯江、省发展改革委及9个试点城市政府分管同志及部门负责同志在四川分会场参加会议。

4月

10日 省住房城乡建设厅厅长张正红主持召开"落实杨洪波副省长专题批示，专题研究三州未建成的县城污水处理厂环保问题整改"专家座谈会。

19日 四川省农村生活污水治理"千村示范工程"示范县技术审查会在省住房城乡建设厅召开，省住房城乡建设厅总规划师陈涛出席并讲话。

25日 全省2018年城市黑臭水体整治环境保护专项行动工作座谈会召开，省住房城乡建设厅副厅长邱建出席并讲话。

28日 全省脱贫攻坚住房安全保障现场会在广元市召开，省住房城乡建设厅总工程师殷时奎出席会议并讲话，广元市政法委书记冯安富致辞。

5月

4日 2018年四川住房城乡建设博览会在成都市世纪城新国际会展中心开幕。省住建厅党组书记何健致辞。

18日 为贯彻落实习近平总书记来川视察期间关于"突出公园城市特点，把生态价值考虑进去"的重要指示精神和乡村振兴战略，按照省委、厅党组"大学习、大讨论、大调研"活动安排，省住房城乡建设厅副厅长樊晟主持召开公园城市和乡村景观建设座谈会。

31日 省住房城乡建设系统行政审批工作会在成都举行，省住房城乡建设厅副厅长邱建出席并讲话。

6月

1日 省住建厅召开全省安全生产暨大气污染防治工作视频会议，厅巡视员、厅安委会副主任、安全生产办公室主任殷时奎出席会议并讲话。

7日 省住建厅召开全省生活垃圾分类工作推进座谈会，厅党组成员、总规划师陈涛出席会议并讲话。

7—8日 住房城乡建设部副部长易军一行来川专题调研培育新时期建筑产业工人工作。省住房城乡建设厅党组书记何健、厅长张正红陪同调研。

15日 全省农村人居环境整治推进会在眉山市丹棱县召开，省住房城乡建设厅厅长张正红出席并讲话。

28日 四川省2018年"安全生产月"建筑施工质量安全标准化现场观摩会在成都远大购物广场A地块项目召开，省住房城乡建设厅一级巡视员殷时奎出席会议并讲话。

29日 省住房城乡建设厅党组成员、副厅长邱建主持召开落实中央环境保护督察发现问题整改销号推进工作会，厅落实中央环保督察反馈意见整改工作领导小组成员单位负责同志及联络员参加会议。

是月 中共四川省委任命张正红同志为四川省住房和城乡建设厅党组书记。免去何健同志四川省住房和城乡建设厅党组书记、厅长职务（退休离职）。

7月

5日 住房城乡建设部住房公积金监管司在成都组织召开全国住房公积金监督检查及电子化检查工具启用部署会议。公积金监管司副巡视员姜涛出席，省住房城乡建设厅副厅长石钢致辞。全国各省、自治区住建厅公积金监管处处长、直辖市、新疆生产建设兵团住房公积金管理中心领导参加会议。

10日 省住房城乡建设厅为抓好环保督察整改工作落实，推动整改工作有序开展，厅党组书记、厅长张正红召开专题会议，听取厅环保督察整改办和有关责任处室落实中央及省级环保督察整改工作进展情况汇报，研究存在的问题和下一步工作。

11日 省委副书记、省长尹力在省防汛指挥中心检查督导和调度全省防汛和地质灾害防治工作，在省防汛指挥中心参会的省住房城乡建设厅厅长张正红当即委托副厅长邱建同步召开专题会议，研究部署厅防汛应急工作。

31日 省住房城乡建设厅副厅长樊晟在宜宾组织规划、园林、市政等方面专家，根据《国家园林城市申报与评审办法》，对宜宾市创建国家园林城市进行初审。

8月

1—3日 住房城乡建设部村镇建设司副司长张晓鸣一行来四川调研农村人居环境整治示范工作。并在省住建厅召开座谈会。副厅长樊晟参加座谈。

3日 全省住房保障工作座谈会召开。副厅长石钢出席会议并讲话。

10日 中共四川省委办公厅、四川省人民政府办公厅印发了《四川省农村人居环境整治三年行动实施方案》。省住房城乡建设厅召开农村人居环境整治三年行动工作布置会，厅党组成员、总规划师陈涛出席并讲话。

10日　省推进"厕所革命"工作领导小组办公室副主任、住建厅副厅长邱建主持召开"厕所革命"第一次工作协调会。

20日　省住建厅副厅长樊晟主持召开新夯土技术试点建设协调会。樊晟传达了厅长张正红关于新夯土技术工作的指示。

30日　全省脱贫攻坚住房建设现场会在凉山州喜德县召开。省委常委、省委农工委主任曲木史哈出席会议并讲话，副省长杨洪波主持会议，省住房城乡建设厅厅长张正红就农房质量安全保障工作发言。

31日　全省房地产市场管理工作视频会议在成都召开。省住房城乡建设厅副厅长石钢出席会议并讲话。

9月

6日　省委第二巡视组对省住房城乡建设厅党组开展扶贫领域专项巡视工作见面会召开。巡视组组长张明，副组长殷晓波及巡视组成员，住房城乡建设厅党组领导班子成员出席会议。

14日　中国共产党四川省住房和城乡建设厅直属机关第七次代表大会在成都隆重召开。

18日　四川省2018年建设工程质量安全提升暨质量月活动现场观摩会在成都市双流区万科第五城项目现场召开。省住建厅副厅长樊晟出席并讲话。

24日　川渝建筑类企业项目推介会暨川建文旅投资联盟启动仪式在重庆举办。重庆市四川商会建筑分会及友邻商会会员代表共300余人参加会议。

10月

11日　全省住建系统生态环境保护工作视频会议在成都召开。省住房城乡建设厅党组书记、厅长张正红讲话，副厅长邱建主持会议。

18日　住房城乡建设厅召开全省住建系统安全生产和扬尘防治工作电视电话推进会。省住房城乡建设厅党组书记、厅长张正红出席会议并讲话，副厅长樊晟主持。

19日　全省装配式建筑公共厕所建设试点工作专题会在成都召开。省住房城乡建设厅党组书记、厅长张正红主持专题会并讲话。

11月

1日　四川省公园城市建设试点暨城市园林绿化工作会议在遂宁市召开。省住房城乡建设厅副厅长樊晟、遂宁市副市长罗孝廉出席会议并讲话。

7日　全省工程建设标准化工作座谈会在成都召开。省住房城乡建设厅副厅长石钢出席并讲话。

12日　省住房城乡建设厅党组书记、厅长张正红到省、市政务服务中心调研工程项目审批制度改革。

23日　省住房城乡建设厅城市扬尘防治领导小组办公室组织召开《四川省建设工程扬尘污染防治技术导则》专家评审会。会议审议了由省质安总站会同省生态环境厅大气环境保护处编制的《四川省建设工程扬尘污染防治技术导则》。对相关内容进行评审并提出相应修改意见，评审结论为通过。

30日　省住房城乡建设厅在成都组织召开全省民营建筑企业座谈会，省内部分民营建筑施工、工程设计、项目管理单位主要负责人参加座谈会。省住建厅党组书记、厅长张正红出席会议并讲话。

12月

7日　四川最美古镇古村落创新发展论坛在甘孜州泸定县磨西镇举办，四川省政府副秘书长代永波致辞，省住房城乡建设厅党组书记、厅长张正红作题为"保护古镇古村落 传承乡土文脉的四川探索"的主旨演讲。

18日　省住建厅组织干部职工收听收看庆祝改革开放40周年大会盛况，聆听习近平总书记重要讲话。厅党组书记、厅长张正红，厅党组成员邱建、刘照坤、刘恒，副巡视员谢伟，厅机关、直属单位全体干部职工参加收听收看。

（四川省住房和城乡建设厅）

贵　州　省

概况

2018年，全省住房城乡建设系统牢记嘱托、感恩奋进，始终保持战略定力、工作定力、作风定力，以实干诠释忠诚，充分运用"五步工作法"，推进工作落细落小落实，圆满完成了省委、省政府和住房城乡建设部下达的各项目标任务。

【全力攻坚农村住房安全有保障】聚焦农村危房

改造不到位专项治理，狠抓"一个严控"，严控超面积负债建房，切实避免因建房加重贫困程度；狠抓"两个全覆盖"，实现建档立卡贫困户（不含易地扶贫搬迁）住房安全评定全覆盖、农村老旧住房透风漏雨排查整治全覆盖；聚焦"三个重点"，聚焦脱贫出列县，聚焦深度贫困县，聚焦对口帮扶点；狠抓"四个关键"，建立信息预警平台、完善动态管理机制、实施系统培训计划、开展作风建设治理。全年完成农村危房改造21.13万户，占任务数的102.37%，并同步实施"三改"。制定认定标准、验收标准，明确整治目标、整治原则、整治范围、整治流程，形成到户台账，实行月调度，整治完成19.06万户。建成小康房2.6万户，超额完成目标任务。开展农房风貌分区研究、民居原型调查研究，印发村庄规划编制导则、村庄风貌指引导则、农房风貌指引导则、传统村落消防安全技术导则，开展村庄规划大会战，全省1.36万个行政村和30户以上自然村寨实现村庄规划编制全覆盖。

【**坚决打好污染防治攻坚战**】落实中央环保督察整改。中央环保督察省住建厅作为责任单位的6个问题全部整改完成。配合完成全省生态保护红线划定、"绿盾2018"监督检查专项行动。提升城镇环保设施保障水平。提请省政府印发城镇生活污水处理设施、生活垃圾无害化处理设施建设两个三年行动方案。城市（县城）新增污水处理能力29万立方米/日，新增污水管道1048公里；新增垃圾无害化处理能力1300吨/日、垃圾收运能力5200吨/日；新增供水规模75.8万立方米/日，新建和改造供水管网1496公里；开工地下综合管廊107公里；海绵型项目累计建成56平方公里；开工154个建制镇污水处理设施，建成104个；开工339个建制镇生活垃圾收运处理设施，建成203个。制定《贵州省城市黑臭水体治理攻坚战实施方案》，实施城市黑臭水体和污水垃圾问题大排查大整治。城建投资完成2392亿元，占任务数的119.6%。推进农村人居环境整治。在湄潭、西秀、麻江等地开展农村生活垃圾分类和资源化利用试点，覆盖全部乡镇和行政村。在赤水、普定、麻江等10个试点县开展整县推进农村生活垃圾收运处置体系建设，通过第三方评估验收，村收集、镇转运、县处理的收运处置模式正在全省推广。建立非正规垃圾堆放点滚动销号台账，整治完成437个，进度居全国前列。推进扬尘治理。严格落实建筑工地周边封闭围挡、土石方开挖湿作业、出入车辆清洗、渣土车辆密闭运输、物料堆放覆盖、路面硬化"六个百分之百"。推进磷石膏建材应用。围绕"以渣定产"战略，会同省发改委等七部门出台磷石膏建材推广应用方案，发布住建领域推广应用和限制禁止使用技术目录，明确2019年8月1日起限制使用水泥抹灰砂浆、聚合物抹灰砂浆，2020年1月1日起禁止使用天然石膏建材。"观山开磷城"等12个项目列为第一批磷石膏建材推广应用建筑示范项目。

【**持续深化完善城镇住房体系**】强力推进城镇保障性安居工程建设。全省棚户区改造开工39.81万套，开工率103.3%；基本建成35.78万套，完成率142.32%；完成投资785.84亿元，完成率109.14%；发放租赁补贴7.71万户，累计分配公租房82.88万套。促进房地产市场健康发展。严格落实"房子是用来住的，不是用来炒的"定位，分类调控、多措并举，完成房地产开发投资2349.47亿元，商品房销售面积5181.96万平方米，同比增长10.3%，高于全国平均增速9个百分点。强化住房公积金监管。加强对住房公积金管委会决策的指导和监督，积极做好信息公开和宣传引导工作，开展新市民住房问题调研，大力推进信息化建设工作。全省缴存总额2055.12亿元，个人提取总额1060.29亿元，累计向66.44万户职工家庭发放个人住房贷款1461.87亿元，个贷率96.64%，运行情况良好。

【**全面着力抓好城镇建设管理**】推进城市设计和城市"双修"试点。贵阳城市设计国家试点完成成果78项。安顺市"城市双修"国家试点专项规划获批实施，工作成效得到住房城乡建设部肯定，在全国"城市双修"景德镇现场会上作了经验交流。推进历史文化名城、名镇、名村、街区保护。遵义、镇远历史文化名城保护规划经省政府批复实施，全省确定并公布历史建筑588处。大力推进小城镇建设。在黔南州成功举办第七届全省小城镇建设发展大会，贻琴省长出席会议作重要讲话，对未来5年小城镇建设发展作统筹部署。整县推进小城镇建设试点县完成县域小城镇总体规划优化提升，建成"8+X"项目3300个，明确到2020年实现全省建制镇污水垃圾处理设施全覆盖，开启了小城镇高质量发展新局面。提升城市管理水平。各市（州）出台实施城市管理执法体制改革方案，完成城市管理领域机构综合设置，城管执法制式服装和标志标识统一配备。在黔西南州召开全省培训会，持续深入推进城市管理执法队伍"强基础、转作风、树形象"专项行动，开展规范执法专项检查，严肃执法纪律。整治背街小巷（老旧小区）214条（个），新建城市公共停车位3.74万个；新建改造城镇社区公共卫生厕所725个，超额完成目标任务。镇宁自治县新增为贵州"园林县城"，开展省级园林城市复查。

【有效有力推进建筑业转型升级】 推动建筑业发展壮大。加快推进担保、保险、工程总承包、全过程咨询服务改革试点，扶持建筑业企业做大做强，完成建筑业总产值3329.98亿元，同比增长13.5%，增速高于全国平均水平约7个百分点。推进建筑绿色发展。批准发布3个省级绿色生态城区、10个省级绿色生态小区、66个绿色建筑项目。确定装配式建筑示范项目36个，示范面积727.49万平方米。强化工程质量安全监管。大力打击违法发包、转包、违法分包、挂靠等行为，全面排查治理质量安全隐患，施工许可项目100%实施质量安全监管，安全事故起数和死亡人数实现"双降"。

【积极稳妥推进新型城镇化发展】 突出区域统筹。推进贵州山地特色新型城镇化示范区加快建设，推动黔中城市群多向开放，融入长江经济带、珠江—西江经济带，着力推进高铁沿线枢纽县城和节点城镇空间布局调整，加快培育以沿线核心城市为增长极核、区域次中心城市为节点，以沿线为发展轴的新型城镇化新空间，支持黔西县等申报撤县设市。推进综合试点建设。安顺、都匀第一批国家新型城镇化综合试点典型经验在全国推行，配合国家发展改革委完成第二批国家综合试点阶段性成果第三方评估，同步组织第三批国家综合试点自评。加强城镇化监测核算。编制全省新型城镇化发展质量报告，推动城镇化评价由单一指标向复合指标、由速度规模型向质量效益型转变。开展以县为单位常住人口城镇化率监测核算，作为县域经济发展综合测评"城镇化进程指数"计算参数。全省新增城镇人口63.2万人，常住人口城镇化率达47.5%，较2017年提高1.5个百分点。贵州省推进山地特色新型城镇化建设典型案例录入《国家新型城镇化报告》。

【坚定不移抓好自身建设】 强化政治思想保障。举办"学习贯彻习近平新时代中国特色社会主义思想、党的十九大精神和习近平总书记在贵州代表团重要讲话精神集中轮训班"。逐项梳理习近平总书记对贵州工作重要指示批示贯彻落实情况，认真开展"回头看"。深入开展"三思三抓"主题活动，即：思脱贫攻坚战略，抓发展和目标任务落实；思革命传统文化，抓政治理想信念建设；思纪律规矩法律法规，抓党风廉政建设，不断增强贯彻落实党中央决策部署的政治自觉、思想自觉和行动自觉。严肃纪律规矩确保干净担当。通报王晓光、蒲波严重违纪违法案例，并作典型案例剖析。修订完善省住建厅全面从严治党主体责任实施细则、厅机关纪委工作规则，从党务类、政务类、人事类、财务类四个方面修订完善厅规章制度，建立长效机制。持之以恒深化机关作风建设。严格执行中央八项规定及其实施细则和省委有关规定。制定《集中整治形式主义、官僚主义实施方案》《整治干部不担当不作为突出问题实施方案》，靶向出击、一抓到底。严格落实"禁酒令"，开展领导干部利用茅台酒谋取私利问题专项整治、农村危房改造领域作风问题专项治理。完善"厅长包片、处长包县"机制，在实践中锻炼干部、锤炼作风。夯实教育培训提升干部履职能力。会同省委组织部、省委宣传部举办10期"新时代大讲堂"专业知识讲座，厅领导亲自上讲台授课，累计培训干部职工17万人次。组织开展新型城镇化等省内外培训26个班次，培训干部职工8342人次。

新型城镇化建设

【城镇化率快速提升】 2018年，全省常住人口城镇化率达到47.52%，较2017年提高1.5个百分点，高于全国0.44个百分点，与全国差距由2010年的16.14个百分点缩小到2018年的12.06个百分点。2010年以来，全省城镇化率提高了13.71个百分点，提升幅度位居西部地区前列。2018年全省城镇人口达1710.72万人，较2010年增加534.48万人，年均增加66.81万人。

【政策统筹稳步实施】 强化顶层设计，突出山地"特色"内涵和"新型"发展方向，印发《贵州山地特色新型城镇化建设2018年工作要点》，明确年度工作任务。开展《贵州省山地特色新型城镇化规划（2016—2020年）》评估、贵州山地特色新型城镇化示范区建设评估和贵州国家新型城镇化综合试点工作评估，实时跟踪全省新型城镇化建设发展情况，确保新型城镇化政策制度落到实地。编制《贵州省新型城镇化质量发展报告》，评估市、县两级城镇化发展质量，探索贵州新型城镇化高质量发展路径。持续开展县域常住人口城镇化率监测核算，掌握县域常住人口底数、分布、人口移动态势城镇化率发展趋势，撰写县域常住人口城镇化发监测报告，分析常住人口城镇化发展中的基本情况和存在问题，提出建议供地方政府参考。

【试点示范效应凸显】 督导国家和省级新型城镇化综合试点制定年度工作要点，推进试点改革任务有序开展。安顺市、都匀市、湄潭县、玉屏县等试点经验得到充分肯定，组织第二、三批国家试点开展自评，配合国家发展改革委委托第三方完成湄潭县、贵安新区等第二批国家试点现场评估调研，试点成效和经验做法得到评估组充分肯定。在贵安新区召开全省国家新型城镇化综合试点暨小城镇建设现场会，组织各地观摩学习，形成推动新型城镇化建设合力。

【乡村振兴协调推进】开展农房风貌分区、民居原型调查研究，印发村庄规划编制导则、村庄风貌指引导则、农房风貌指引导则、传统村落消防安全技术导则，开展村庄规划大会战，完成全省1.36万个行政村实用性村庄规划编制，率先在全国实现村庄规划编制全覆盖，覆盖30户以上自然村寨，有力推进基础设施和公共服务向乡村延伸，为加强村庄规划管理奠定坚实基础。

法规建设

【推动政府职能转变】充分发挥贵州省城镇化建设律师服务团的职能作用，组织律师服务团投身脱贫攻坚主战场，积极参与贫困村居的法律顾问工作，定向定点提供帮扶，确保法治扶贫"六大行动"落地见效。推动贵州省建设法制协会规范化、制度化建设，吸纳全省建设、司法、律师等众多行业精英，帮助企业解决有关法律问题，拓宽工作思路，更好地为住房城乡建设行业提供法律服务。

【加强事中事后监管】将"双随机、一公开"监管模式逐步扩大到现有监督检查活动中，不增加企业负担，提升建筑工程施工安全监管能力，全方位强化安全生产。加大行政审批下放事项的监督检查力度，对贵安新区审批流程不规范、跨级别核准企业资质等问题多次实地检查督导，切实履行行业监管职责。

【优化公共服务】推动全省住房城乡建设系统营商环境大优化，开展2018年产业大招商优化营商环境集中整治，全面规范行政许可办理。开展证明事项清理，取消12项证明事项，不再作为业务受理的前置条件，让群众和企业办事更顺畅、更便捷、更高效。

【立法和规范性文件监督管理】配合省人大、省司法厅完成《贵州省绿化条例》《贵州省风景名胜区条例》《贵州省民用建筑节能条例》《贵州省新型墙体材料促进条例》《贵州省建筑工程招标投标实施办法》的修订工作。精心编制省住房城乡建设厅2019年立法项目，根据省人民政府2018—2022年立法规划提出6项立法项目立项申请，其中，一类立法项目4项，二类立法项目2项。严把规范性文件审查关，对《贵州省历史文化街区保护管理办法》《贵州省城市设计管理实施细则》《贵州省新型墙体材料认定管理办法》等17件规范性文件进行了合法性审查，并按程序报省政府法制办备案。

【法治教育培训】深入开展宪法学习宣传教育，积极参加全省宪法知识在线竞答和"宪法宣传月"线上主题活动。组织编写《法治扶贫在路上》工作动态，收集汇编法治扶贫有关法律法规规章、重要文件、会议资料、最新信息和宣传报道情况，在门户网站"普法"专栏发布，为推进法治扶贫行动提供有效政策支撑。全面实施国家工作人员学法考试制度，逐步将网络在线学法作为公职人员学法的主阵地主渠道。2018年，省住房城乡建设厅共187人参加全省国家工作人员统一在线学法考试，参考率80.6%，及格率98.9%，平均分87.17分，取得良好成效。

房地产业

【房地产开发】房地产开发完成投资2349.47亿元，比上年增长6.7%，其中，住宅开发投资1557.84亿元，比上年增长14.1%；办公楼开发投资85.88亿元，比上年增长-17.7%；商业营业用房开发投资492.54422.11亿元，比上年增长-14.3%。房屋施工面积21953.33万平方米，比上年增长7.7%。房屋竣工面积1279.64万平方米，比上年增长9.2%。商品房销售面积5181.96万平方米，比上年增长10.3%。商品房销售额2920.95亿元，比上年增长30.4%。

【加强房地产市场调控】印发《省住房城乡建设厅转发住房城乡建设部关于做好房地产市场调控工作有关问题的通知》，从七个方面提出了具体要求。及时调整棚户区改造安置方式。对商品住房消化周期在15个月以下的县（市、区、特区），严格控制货币化安置比例，更多采取新建棚户区改造安置房的方式实物安置。

【大力发展住房租赁市场】为进一步推进贵阳市发展住房租赁市场工作，省住房城乡建设厅根据《贵阳市人民政府关于请予支持纳入全国利用集体建设用地建设租赁住房试点的函》，于2018年6月21日向住房城乡建设部报送了《贵州省住房和城乡建设厅关于请予将贵阳市纳入全国集体建设用地建设租赁住房试点的请示》，请求确定贵阳市为全国利用集体建设用地建设租赁住房试点城市。

【开展治理房地产市场乱象专项行动】省住房城乡建设厅、省委宣传部、省公安厅、省司法厅、省工商局、省发改委、省银监局、省税务局等八部门下发了《关于转发〈关于在部分城市先行开展打击侵害群众利益违法违规行为治理房地产市场乱象专项行动的通知〉的通知》（黔建房通〔2018〕248号），并制定了工作方案，明确了指导思想、工作目标和专项整顿重点内容。

住房保障

【城镇保障性安居工程建设】2018年，全省棚户区改造开工39.81万套，开工率103.3%；已基本建成35.78万套，完成率142.32%；已发放城镇住房保障家庭租赁补贴7.71万户，完成率103.91%；已分配政府投资公租房56.37万套，占应分配总量59.85万套的94.19%；年度完成投资785.84亿元，占年度任务720亿元的109.14%。2018年4月，国务院办公厅印发《关于对2017年落实有关重大政策措施真抓实干成效明显地方予以督查激励的通报》（国办发〔2018〕28号），贵州省作为棚户区改造工作积极主动、成效明显的省，继2017年后再次获得国务院通报表彰。国家发展改革委印发《关于下达保障性安居工程奖励项目2018年中央预算内投资计划的通知》（发改投资〔2018〕696号），从中央预算内投资中专项安排35亿元，对包括贵州省在内的8个省区进行奖励，并获奖励资金11.94亿元，占总奖励资金的34.11%，位列全国第一。

【"危改""三改"和老旧房漏风透雨专项整治】住房城乡建设部下达贵州省2018年四类重点对象农村危房改造任务7.71万户，省人民政府安排2018年全省农村危房改造任务20.64万户，全年完成农村危房改造21.13万户，占任务数的102.37%，并同步实施"三改"（改厨、改厕、改圈）；老旧住房透风漏雨专项整治2018年度任务已完成19.06万户。全省农村危房改造不到位专项治理效果取得进一步提升，农村老旧住房透风漏雨整治扎实推进，18个2018年申请脱贫摘帽县农村危房改造已全部竣工，老旧住房透风漏雨整治进入扫尾工作。贵州省作为全国农村危房改造工作积极主动、成效明显的5个省份之一，获国务院通报表彰，明确从2018年起，国家对贵州省农村危房改造补助资金户均提高2300元。

2018年以来，通过狠抓"一个严控"，实施"两个覆盖"，聚焦"三个重点"、实现"四个更加"，扎实推进农村危房改造和住房保障工作。狠抓"一个严控"。即严控超面积负债建房，切实避免因建房加重贫困程度。将危房改造超面积负债建房纳入专项治理内容，按照一户一策、属地管理的原则，明确县级党委、政府制定帮扶解困措施，防止出现因超面积负债建房加重贫困程度或致贫返贫。实施"两个覆盖"。开展脱贫退出住房安全性评定结果全覆盖，会同省扶贫办印发《关于进一步做好建档立卡贫困户就地脱贫退出住房安全有保障工作的通知》（黔建村通〔2018〕304号）。开展农村老旧住房透风漏雨排查整治全覆盖，全面启动实施农村老旧住房透风漏雨专项整治，指导各地以县为单位开展"拉网式、全覆盖"排查，形成了30.04万户的到户整治总台账。聚焦"三个重点"。聚焦脱贫出列县。安排专家组建18个培训组分别对18个2018年申请脱贫摘帽县开展住房安全保障专题培训。同时，还组成督查组对申请脱贫出列县开展专项督查。聚焦深度贫困县。采取不发通知、不打招呼、不要陪同、手机导航方式，到威宁县等地进行入户暗访。指导各地采取统一工程实施、统一建材采购或采取农村公租房等方式帮助特困农户完成危房改造。结合新型墙体材料推广应用，在赫章县等地开展农村住房新型墙体材料应用示范工程。支持深度贫困县开展农村危房改造同步改厕改圈改厨，新增投资由省级财政按6000元/户全额补助。聚焦扶贫帮扶点。组建帮扶工作队入驻六盘水市六枝特区，开展同步小康驻村；入驻毕节市赫章县河镇乡（极贫乡），开展定点包干脱贫攻坚工作；选派一名正处级干部挂任赫章县委副书记开展对口帮扶，主抓农村危房改造和住房保障。同时，建立了"厅长包片、处长包县"脱贫攻坚工作机制，5名厅党组成员和88名处级干部先后到对口包片、包县地区开展危房改造实地督导近200余次。实现"四个更加"。对象管理更加精准。针对建档立卡贫困户及低保户对象调整、农户放弃危改选择易地扶贫搬迁等原因，会同扶贫、民政、财政等部门开展农村危房改造对象动态调整，对动态调整数据进行反复比对、分析、审核，核减已享受过农村危房改造补助资金和不属于扶贫、民政部门四类重点对象范围内的危改对象1.36万户，进一步精准危房改造对象管理。作风建设更加扎实。全面开展农村危房改造领域作风建设、农村危房改造实施情况"回头看"等专项治理。通过全省手机短信平台，连续向社会公布全省及市州热线电话，主动接受群众监督；建立全省农村危房改造电话回访制度，按照省级每月回访不少于150户、市州不少于150户、县区不少于100户的标准，随机抽取危改对象，就资金兑付、质量监管、竣工验收等直接与危改户联系。培训指导更加扎实。通过组织部门新时代大讲堂，就农村危房改造和住房保障工作先后开展了3期专题培训，培训各级管理人员近6000人次，直接到镇到村；组织专家组分别到9个市州开展专题轮训，直接培训市、县、乡三级农村危房改造工作人员，共培训3000余人；组建农村危房改造技术服务专家库，形成161人专家名单，分为10个专家组，通过1个专家组对口帮扶1个市州的方式开展对口技术服务；组织开展建筑工匠带头人专项培训，今年以来已累计培训建筑工匠带头人1.78万人。资金支持更加给力。中央今年下达全省农村危房改造补助资金11.76亿元，户均补助标准达历年之最。同时，省级财政已下达补助资金12.65亿元。其中，四类重点对象实施"三改"新增投资由省级财政全额补助，其中深度贫困地区6000元/户、其他贫困县5000元/户、其余县3000元/户。

住房公积金管理

【住房公积金运行】截至2018年12月，全省住房公积金缴存总额2055.12亿元，个人提取总额1060.29亿元，缴存余额994.83亿元；累计向66.44万户职工家庭发放个人住房贷款1461.87亿元，贷款余额961.39亿元，个人住房贷款率96.64%；逾期贷款1918.21万元，逾期率0.200‰。2018年度，全省住房公积金归集359.97亿元，比去年同期增长13.92%；提取231.05亿元，比去年同期增长32.33%；发放个人住房贷款7.13万户，发放金额228.53亿元，比去年同期增长14.91%；实现增值收益12.22亿元。整体运行情况良好。

【住房公积金监管】强化决策监督，对各地拟出台政策或政策调整进行合规性审查，对存在的问题进行反馈或书面回复；为确保各地住房公积金运行政策合规、管理规范、风控有力、服务高效，开展全省住房公积金政策执行检查和风险隐患排查，完成国务院大督查涉及问题的整改落实；完成港澳台同胞缴存住房公积金、降低企业成本、简化业务材料等工作；开展房开拒贷住房公积金、违规提取住房公积金等专项整治工作；加大宣传工作力度，引导媒体全面、准确、客观、理性报道住房公积金，完成年度信息披露工作；加强政策研究，开展新市民住房问题专题调研；大力推进住房公积金信息化建设，加快建设住房公积金综合服务平台，举办住房公积金管理和综合服务培训。

城乡规划

【规划编制审查审批实施】印发实施《贵州省城市总体规划实施评估工作办法》《贵州省历史文化街区保护管理办法》《贵州省城市设计管理实施细则（试行）》《贵州省城市设计技术导则（试行）》和《贵州省城市（县城）总体规划修订工作规程》的印发实施。黔西南州城镇体系规划获省人民政府批复实施，指导毕节、赤水完成城市总体规划报批工作，完成遵义、威宁、桐梓、务川县城总体规划审查工作。核发重大建设项目和跨区域建设项目规划选址意见书24件。

【历史文化保护】遵义、镇远历史文化名城保护规划经省人民政府批复实施。推进历史建筑确定和历史文化街区核定工作，全省目前有24个城市、县城共确定公布历史建筑623处，经普查全省有历史文化街区潜在对象12条。因工作推进扎实有序，在住房城乡建设部落实中央城市工作会议进展情况二季度通报中获得肯定。

【城市设计】国家试点贵阳市已完成78项城市设计成果；省级试点贵安新区和雷山县完成10余项城市设计成果。

【"城市双修"】安顺市作为西南地区首个国家试点，批复实施了"城市双修"专项规划，试点项目建成14个、在建14个，由于安顺市"城市双修"工作成效显著，住房城乡建设部官网对此进行了宣传和肯定，并安排安顺市在住房城乡建设部组织的全国"城市双修"工作会上进行了经验交流发言。遵义市"城市双修"专项规划通过市城规委审查，试点项目在建25个。

城市建设管理

【城市建设】2018年完成城建投资2392亿元。新建公共停车位3.738万个，开工建设城市地下综合管廊107公里，海绵城市建设逐步推进。

【市政设施】全省城市（县城）建成区面积1783.40平方公里，用水普及率94.62%，燃气普及率76.88%，污水处理率91.96%，垃圾无害化处理率91.49%，人均城市道路面积13.69平方米，人均公园绿地面积13.05平方米，建成区绿地率32.11%。推进"强基础、转作风、树形象"专项行动。按照省委、省政府《关于深入推进执法体制改革改进城市管理工作的指导意见》（黔党发〔2016〕12号）要求，稳步推进城市执法体制改革，基本完成各项改革任务。按照住房城乡建设部印发的《全国城市管理执法队伍"强基础、转作风、树形象"三年行动方案》要求，制定印发《贵州省城市管理执法队伍"强基础、转作风、树形象"三年行动方案》。为落实"规范执法行为"年度工作任务，制定印发《关于严格规范综合行政执法（城市管理执法）行为严肃执法纪律的通知》（黔建城管通〔2018〕80号）。印发《关于开展规范综合行政执法（城市管理执法）专项检查和整治活动的通知》（黔建城管通〔2018〕101号），在全省范围内整治执法主体不合法，整治执法程序不合法，整治巧立名目滥施行政处罚，整治滥用行政处罚自由裁量权，整治不作为、慢作为、不文明执法行为。组织开展城市综合执法政务公开事项标准化规范化清理工作，各地均已梳理完善权利清单，并在网上进行公布，严格按照清单履行各项职责。围绕打造"政治坚定、作风优良、纪律严明、廉洁务实"城管执法队伍目标，在黔西南州兴义市举办全省城市管理执法队伍"强基础、转作风、树形象"专项推进培训会，全省各级约220名城管执法部门主要领导参加了培训。

【园林绿化工作】镇宁县、黔西县成功创建为贵州省园林县城。与省委组织部联合，委托北京林业大学园林学院举办2018年全省园林绿化干部能力提升培训班。组织开展国家园林城市复查省级普查及贵州省园林城市复查工作。经查，贵阳市和遵义市均符合国家园林城市系列标准。印发《关于进一步加强城市公园安全管理工作的通知》（黔建城管通〔2018〕148号），并对遵义市三阁公园、毕节市七星关区同心城市公园、安顺市虹山湖公园等3个城市公园安全管理工作情况进行了抽查。组织开展《贵州省社区公园建设与管理技术规程》《贵州省城市园林绿地养护规范》《贵州省城市绿化工程施工验收规范》等3个地方标准内审会。密切配合相关单位，完成《全国园林绿化工程消耗量定额》编制工作。

【环卫保洁工作】着力加大城镇社区公共卫生厕所建设工作力度，会同省发展改革委等单位编制《贵州省推进"厕所革命"三年行动计划（2018—2020）》，并同步编制《贵州省城镇公共厕所建设改造实施方案》。召开"城镇社区公共卫生厕所推进会"，印发《关于部署分解"新建改造城镇社区公共卫生厕所"三年任务的通知》，部署相关工作，分解下达各地2018年工作目标任务，统筹各地对三年工作目标进一步进行细化分解，将目标任务分解到县（区）。举办环卫及公厕建设相关标准专题培训班，共培训全省相关单位分管环卫工作的负责同志及相关人员218人次。会同省财政厅印发《关于下达2018年省级城乡建设发展专项资金第二批的通知》，安排4250万元省级财政专项资金用于2018年城镇公共厕所建设改造。2018年全省新建改造城镇公厕725座，超额完成年度工作目标。按照《城镇环卫工作两年工作方案（2017—2019）》，开展全省城镇环卫保洁专项工作，加强城镇环卫工作精细管理，提升城镇环境卫生水平，各地城镇环境卫生管理水平得到明显提升。开展《贵州省城镇容貌标准》编制工作，组织开展"环卫工人节"文艺汇演活动，评选一批"贵州建设工匠"，极大地鼓舞了环卫工人士气，调动了工作热情。

"2个100工程"建设

2018年，全面总结小城镇建设五年改革发展成效，安排部署全省特色小镇和小城镇建设改革发展目标，全省特色小镇和小城镇建设改革发展工作从快速发展阶段进入高质量发展阶段。

【确定小城镇发展目标】认真贯彻第七届全省小城镇建设发展大会关于小城镇高质量发展的有关精神，拟定《省人民政府关于加快推进特色小镇和小城镇高质量发展的实施意见》上报省人民政府同意后印发。全面实施"3个1工程"：推动100个示范小城镇提档升级，培育和创建100个省级特色小镇和特色小城镇，加快推进全省1000多个小城镇高质量发展，促进贵州山地特色新型城镇化进程。

【完成"2个100工程"既定目标并进行总结】五年来，100个示范小城镇累计完成项目投资2200亿元，建成"8+X"项目3700个，新增城镇人口42万人，带动就业人口37万人；全省100个城市综合体累计完成项目投资1410亿元，建成主导功能建筑529个，投入运营主导功能建筑468个，完成建筑面积2150万平方米，基本建成城市综合体104个，为贵州经济社会快速发展作出了贡献。为总结推广"2个100工程"的经验和做法，组织编写印发《贵州省100个示范小城镇建设发展报告（2013年—2017年）》《贵州省100个城市综合体健康发展报告（2013年—2017年）》，为促进我省山地特色新型城镇化提供决策参考。

【开展2017年度绩效考评】按照《关于开展整县推进小城镇建设发展试点县暨100个示范小城镇和100个城市综合体2017年度绩效考评工作的通知》，省住房城乡建设厅会同省财政厅组成考评小组，采取市（州）自评、交叉检查、省级复核、综合评定的方式，对20个整县推进小城镇建设发展试点县、142个示范小城镇2017年度工作推进情况进行了绩效考评，形成《整县推进小城镇建设发展2017年度绩效考评报告》《全省100个示范小城镇2017年度绩效考评报告》，并将考评结果于2018年1月29日在《贵州日报》上公布。

【召开促进100个城市综合体健康发展暨100个示范小城镇建设工作联席会议】召开"2个100工程"联席会议。会议审议了"2个100工程"有关议题，充分肯定了"2个100工程"推进五年来取得的成效。

【促进环保设施建设】认真按照国务院大督察的整改要求，推进重点流域建制镇镇污水垃圾处理设施建设，全面完成了小城镇污水处理设施的整改任务。出台《省人民政府办公厅关于印发贵州省城镇污水处理设施建设三年行动方案（2018—2020年）和贵州省城镇生活垃圾无害化处理设施建设三年行动方案（2018—2020年）的通知》（黔府办发〔2018〕27号）。

【推进小城镇污水垃圾处理设施建设工作】安排部署2018年小城镇污水垃圾处理设施建设任务，建立全省小城镇污水垃圾处理设施台账表，并按月开展调度和督导检查，委托第三方机构对2018年垃圾污水处理设施目标任务项目开展评估。截至12月底，开工建设154个建制镇污水处理设施，已建成104个建制镇污水处理设施。开工建设339个建制镇生活垃圾处理（收转运）设施，已建成203个建制镇生活垃圾处理（收转运）设施。

【加大整县推进工作力度】完成了县域所辖小城镇总体规划的优化提升，加大了"8+X"项目建设力度，截至2018年9月底，共建设完成小城镇"8+X"项目3300余个，仁怀市、龙里县2个试点县完成所辖小城镇污水处理设施建设，修文县、播州区、盘州市、六枝特区、西秀区、平坝区、七星关区、金沙县、玉屏县、贵定县、福泉市11个试点县完成所辖小城镇垃圾处理（收转运）设施建设。

【召开全省促进100个城市综合体健康发展总结大会】8月5日，全省促进100个城市综合体健康发展总结大会在贵阳召开。会议总结了五年来全省促进100个城市综合体健康发展取得成效及经验。

【召开第七届全省小城镇建设发展大会】9月17日至18日，以"特色引领开新局、全域推进谱新篇，推动贵州小城镇高质量建设发展"为主题在黔南州召开第七届全省小城镇建设发展大会，谌贻琴省长出席会议并作出重要讲话，吴强副省长主持会议。通过观摩及大会交流，大会全面总结了近年来全省小城镇建设发展的成功经验，会议要求要认真贯彻落实新发展理念，围绕建设山地特色新型城镇化示范区，高起点定位、高标准建设、高水平运营，努力推动全省小城镇实现高质量发展，大会取得圆满成功。此次会议是党的十九大以来新一届省委省政府召开的第一次全省小城镇建设发展大会，是一次承前启后、继往开来、具有里程碑意义的会议。在第七届全省小城镇建设发展大会上表彰了全省小城镇建设先进单位22名、先进个人33名。

改善农村人居环境和传统村落保护

【改善农村人居环境】出台《贵州省整体改善农村人居环境县域乡村建设规划编制导则（试行）》《贵州省村庄规划编制导则（试行）》《贵州省村庄风貌指引导则》《贵州省农房风貌指引导则》等技术规范，在全省开展村庄规划农房设计大会战，全力推进村庄划规编制工作。湄潭县、西秀区、麻江县等3个县获得全国农村生活垃圾分类和资源化利用示范县，积极推进每个示范县农村生活垃圾分类和资源化利用工作，3个县农村生活垃圾分类行政村覆盖率达80%以上；在全省遴选出赤水市、贵定县等10个试点县（市）整体推进农村生活垃圾治理，经第三方评估机构评估验收。开展非正规垃圾堆放点排查整治，全省排查录入住房城乡建设部信息系统716个点，累计完成437个点整治工作。选取湄潭县、开阳县等50个县整体推进农村生活垃圾收运处置体系建设，根据各地编制实施方案、项目计划、设施设备布置以及贫困程度、行政村数量等因素，给予不同程度资金支持，2019年全省实现60%的村庄生活垃圾得到治理。开展全省农村生活垃圾治理调查摸底工作，根据上报显示，全省40%的村庄生活垃圾得到治理。

【传统村落保护】组织申报第五批中国传统村落，共有180个村落列入第五批中国传统村落公示名单；印发《贵州省传统村落消防安全技术导则（试行）》，组织编制《贵州省传统村落传统建筑保护修缮技术导则（试行）》《贵州省传统村落传统建筑修缮加固工匠手册（试行）》，用于指导各地加强传统村落保护；全省遴选台江县登鲁村等15个传统村落开展示范村建设，指导制定示范村建设实施方案，每个村安排500万元补助资金；开展100个传统村落数字博物馆建设，每个村安排10万元补助资金；开展21个整县推进传统村落公共传统建筑修缮加固试点，每个县安排300万元补助资金。

标准定额

2018年，立项工程建设地方标准15个，共发布实施工程建设地方标准8个，其中新编标准3个，修订标准5个。组织完成全省造价从业人员2016版定额宣贯培训约7559人次。完成《贵州省城市地下综合管廊工程计价定额（试行）》（2017版）编制工作，由省住房和城乡建设厅、省发展和改革委员会、省财政厅、省审计厅于2018年4月23日发布，自2018年7月1日起试行。受住房城乡建设部委托，完成全国《园林绿化工程消耗量定额》（ZYA2-31-2018）编制工作，由住房城乡建设部于2018年8月28日发布，自2018年12月1日起执行。完成《贵州省城市轨道交通工程计价定额（初稿）》审核工作。完成《贵州省装配式建筑工程计价定额》编制审批工作。完成磷石膏建筑石膏相应建筑产品补充计价定额项目的编制工作并予以发布。发布《贵州省建设工程造价信息》12期，《贵州省建材信息》4期，完成磷石膏建筑石膏相应建材产品价格信息的发布工作。根据"双随机、一公开"监管原则，加强对工程造价咨询企业及从业人员的事中事后监管，按照随机抽查、事项全覆盖的原则，对17家工程造价咨询企业（占全省工程造价咨询企业的13%）进行专项检查，并将检查结果通过"贵州省双随机监管平台"向社会公开。累计接待工程造价咨询和纠纷调解1821人次，解答问题约1993条。

工程质量安全监管

【**质量监管**】在工程质量治理两年行动的基础上，积极组织开展工程质量提升行动，严格落实工程质量终身责任制，大力排查治理工程质量隐患，工程质量意识整体上得到提高，工程质量总体处于可控状态。全省新办工程质量监督手续2200个，已签署承诺书2200个，在建项目承诺书签订率100%，新办工程竣工备案手续1435个，设立永久标牌1435个，永久性标牌设定率100%，建立质量信用档案1435个，信用档案归档率100%。全省检查项目28163次，共检查出质量隐患44197条，已整改41675条，整改率94.3%，限期整改项目8594个，停工整改497项目个。对全省4家（2人）企业进行通报批评，作不良行为记录企业12家，处罚企业及个人67起，罚款金额117万元，曝光违法违规典型案例165个。全省共接受和处理质量安全信访投诉件820起，已处理820起，处理率达100%。印发《贵州省住房城乡建设系统贯彻落实中共贵州省委贵州省人民政府关于开展质量提升行动的实施意见工作方案》（黔建建通〔2018〕325号）和《贵州省住房城乡建设厅贯彻落实中共贵州省委贵州省人民政府关于开展质量提升行动的实施意见重点任务分工方案》（黔建建字〔2018〕803号），并向省质量发展领导小组报送了省住建厅2018年质量提升行动专项目标任务完成情况。积极开展工程质量提升专项行动和其他相关专项行动，进一步提高全省住房城乡建设质量水平。经省直机关目标办、省质量领导小组办委托第三方评估，省住建厅在33个省直单位质量提升行动目标考核中，获得了前3名的好成绩。按照住房城乡建设部《工程质量安全提升行动方案》（建质〔2017〕57号）要求，围绕"落实主体责任"和"强化政府监管"两个重点，认真落实工程质量终身责任制，每季度向住房城乡建设部报送全省工程质量安全提升行动进展情况，确保在建项目"两书一牌"落实率达到100%。按照《贵州省优化营商环境集中整治行动方案》（黔委厅字〔2018〕12号）要求，印发《贵州省住房城乡建设厅优化营商环境办理施工许可集中整治工作实施方案》（黔建建字〔2018〕141号），下发《关于开展网上申报办理建设工程施工许可有关问题集中整治工作的通知》（黔建建通〔2018〕110号）等文件，开展全省住建系统优化营商环境办理施工许可有关问题专项整治。按照《贵州省工程质量安全提升行动实施方案》（黔建建通〔2017〕108号）要求，每季度召开全省住建系统质量安全专题会议，安排和部署工程质量监管工作；开展每季度全省建筑工程质量安全及市场监督执法检查，包括对农村危房改造工程的质量检查，对有关质量问题进行专项整治；每月通报全省工程质量终身责任制"两书一牌"落实情况，每季度向全省通报工程质量大检查情况。制定《贵州省推进工程质量管理标准化工作方案》（黔建建通〔2018〕113号），积极推行工程质量管理标准化工作。印发开展2018年度工程质量管理标准化工作督查的通知，从落实责任，建立工程质量责任追溯制度等7个方面，对全省9个市（州）、贵安新区、仁怀、威宁进行督查，有力地推进工程质量管理标准化工作。按照《贵州省工程监理单位向政府报告质量安全监理情况试点工作方案》（黔建建通〔2017〕370号）要求，积极开展监理单位向政府报告质量安全监理情况试点工作督查，抓好监理向政府报告质量试点工作，切实提升了全省工程质量管理水平。下发《关于开展2018年度建设工程质量检测机构专项监督检查的通知》（黔建建通〔2018〕266号）等文件，继续开展工程质量检测机构专项整治，继续开展老楼危楼隐患排查专项整治等。积极开展专项整治，强化质量监管。召开全省检测机构专项治理工作座谈会，约谈部分检测机构负责人，每月向全省通报老楼危楼隐患排查整治情况通报。按照《省人民政府办公厅关于大力发展装配式建筑的实施意见》（黔府办发

〔2017〕54号)要求,加强对装配式建筑预制部品部件、设备设施安装及现场施工全过程质量监管,草拟《贵州省装配式建筑工程质量安全暂行管理办法》。按照《省质量发展领导小组办公室关于开展2018年贵州省"质量月"活动的通知》(黔质量发展办函〔2018〕9号)要求,制定《贵州省住房城乡建设系统2018年"质量月"活动方案》(黔建建通〔2018〕281号),积极开展全省住建系统"质量月"活动,向省质量发展领导小组办公室报送省住建系统开展质量月活动情况。按照《关于印发贵州省黄果树杯优质工程评选办法的通知》(黔建建通〔2017〕393号)要求,下发《关于组织申报2018年度贵州省建筑工程优质质量结构工程杯竞赛参评项目的通知》(黔建建字〔2018〕469号),积极开展2018年度省级优质主体结构工程竞赛活动和省黄果树杯优质工程评选工作,开展市(州)、县(区)示范工程创建活动和样板引路工作等。共评选出省优质主体结构工程92个,省优质工程(黄果树杯)项目28个。转发《住房城乡建设部关于印发工程质量安全手册(试行)的通知》,要求全省各级住房城乡建设主管部门督促工程建设参建各方主体认真执行《工程质量安全手册(试行)》,将工程质量安全要求落实到每个项目、每个员工,落实到工程建设全过程。认真做好工程质量监管、施工许可、竣工验收、信访投诉等日常工作。如重点督办处理了"都匀城市风景6号楼""湄潭茶场危房改造项目""花溪碧桂园白鹭一街27号住宅"等质量投诉问题。

【安全监管】2018年,全省住建系统贯彻落实省委、省政府安全生产决策部署,严守"底线""红线",实现了安全事故起数和死亡人数"双降",未发生重大及以上事故。层层落实安全责任。与各市(州)主管部门和部分大型施工企业签订年度安全目标责任书,各级主管部门层层签订责任书;将同省政府签订的《2018年度安全生产工作目标和任务责任书》进行分解细化,并落实到涉及的相关处室,确保工作目标和责任有效落地。对发生事故地区和企业进行约谈。约谈事故项目建设、施工、监理企业共22家。严格事故责任追究。制定《进一步加强房屋市政工程生产安全事故查处力度的通知》(黔建建通〔2018〕203号)《建筑施工安全生产和工地扬尘治理不担当不作为突出问题情形》(黔建建字〔2018〕641号),进一步加强责任落实。暂扣7家施工企业安全生产许可证(其中省外企业3家),对27家企业、22人作安全生产不良记录,限制招投标。认真开展专项行动。制定和实施年度监督执法检查计划,对市(州)实行差别化季度监督检查。开展施工易发事故的专项整治,制定《贵州省建筑施工安全生产"打非治违"专项行动工作方案》(黔建建通〔2018〕86号)、《贵州省房屋市政工程建筑施工安全专项治理行动实施方案》(黔建建通〔2018〕181号)、《贵州省建筑施工脚手架、起重机械专项治理工程工作方案》(黔建建通〔2018〕145号)、《关于加强全省住房城乡建设系统冬季安全生产工作的通知》(黔建建字〔2018〕789号)等文件,开展防高坠、坍塌、物体打击、机械伤害、轨道工程及危大工程为重点等易发事故的专项整治。全省住房城乡建设主管部门安全隐患大排查大整治专项行动共检查出一般安全隐患72515条,已整改68415条,整改率94.3%,检查出重大安全隐患5条,已整改5条,整改率100%,限期整改项目14783个,停工整改项目1133个,处罚企业及个人213起,罚款金额157万元,对全省13家(3人)企业进行通报批评,作不良行为记录企业2家。全省扬尘治理共限期整改项目5688个,停工整改312个,行政处罚180起,处罚金额292万元,对全省3家(3人)企业进行通报批评。开展老楼危楼安全排查整治,下发《关于开展老旧危楼安全排查整治工作的通知》(黔建建通〔2017〕127号),排查老旧房屋194154栋(建筑面积3308.8万平方米),排查出疑似C、D级危险房屋22499栋(建筑面积400.4万平方米),并通报各地加强整改和管理。

风景名胜和世界自然遗产资源保护利用

2018年,实现全省71个风景名胜区总体规划全面编制完成,同时推进重点建设区域详细规划覆盖工作,改变了长期以来因规划滞后项目无法落地的局面,变被动为主动,用规划引领风景名胜区建设发展,为全省交通、水利等重大民生工程建设和全域旅游项目实施提供了重要保障。全年召开67次规划评审会,20个总体规划呈报省政府专题会审查,召开整改报告评审会29次,建设项目选址评审论证会35次。

【风景名胜区清查整治】通过现场指导、联合督导、谈话督促和明察暗访等方式全力推进风景名胜区中央环保督察整改工作。全省共整改178个项目,问责99人,共处罚款3779.75万元,投入整改资金约270525.4万元,拆除违规建筑约18.42万平方米,实施生态修复146万平方米,全省71个风景名胜区均设立了管理机构,整改工作取得显著成效。

【实施风景名胜区综合整治提质升级三年行动】

2018年圆满完成风景名胜区综合整治提质升级三年行动年度任务目标，风景名胜区管理机构的统一管理职能进一步落实，风景名胜区总体规划全面完成，标识系统建设全部完成。

【梵净山成功申报世界自然遗产】2018年7月2日，在巴林首都麦纳麦召开的第42届世界遗产大会上，联合国教科文组织世界遗产委员会审议通过将梵净山列入《世界遗产名录》。梵净山成为我国第53处世界遗产、第13处世界自然遗产，是贵州省继"中国南方喀斯特"——荔波、"中国丹霞"——赤水、"中国南方喀斯特"——施秉之后第4处世界自然遗产地，也是贵州省首个独立申报的世界自然遗产项目。至此，贵州成为我国世界自然遗产数量最多的省份。

【世界自然遗产地保护管理工作】启动《贵州省世界自然遗产保护条例》立法工作，该条例将是我国首个省级层面的世界自然遗产保护条例，现已开展了省外立法调研工作，完成了该条例初稿的拟定和讨论工作，拟于2020年前制定出台。督促指导市（州）立法工作。目前，《黔东南苗族侗族自治州施秉喀斯特世界自然遗产保护条例》于2018年8月2日由贵州省第十三届人民代表大会常委会第四次会批准；《铜仁市梵净山保护条例》于2018年9月20日由贵州省第十三届人民代表大会常务委员会第五次会议批准，2019年1月1日起施行。

建筑市场

【行业发展】2018年，全省建筑业完成总产值3395.53亿元，同比增速15.8%，两项数据高于全国平均水平，在全省GDP的支撑作用越发明显和重要。2018年全省建筑施工总承包特级企业新增4家、一级40家；施工专业承包新增一级企业257家，建筑业企业竞争力进一步增强。创建精品工程，1个项目获"鲁班奖"、4个国优工程、28个项目获"黄果树杯"优质工程奖。建筑施工安全生产责任体系不断完善，安全基础进一步夯实，安全生产形势平稳向好。

【市场管理】印发《关于公布第一批全过程咨询试点企业和试点项目的通知》（黔建建字〔2018〕229号），推进全过程咨询服务改革试点，加大对企业的指导服务，印发《关于举办加快推行建设工程总承包相关政策培训宣贯的通知》（黔建建字〔2018〕211号），落实《关于开展工程总承包试点工作的通知》，推进工程总承包方式在贵州省落地。按照住房城乡建设部修订印发的《工程质量保证金管理办法》，印发《贵州省住房城乡建设系统优化营商环境进一步清理规范工程建设领域保证金减轻企业负担工作实施方案》，全面清理规范贵州省工程建设领域在建设过程中实际缴纳的各类保证金，确保保证金收取依法依规，彻底清理取消无上位法依据的保证金，切实减轻建筑业企业负担。印发《贵州省进一步严厉打击建筑施工转包违法分包等违法行为专项整治行动方案》（黔建建通〔2018〕282号），开展开展施工转包违法分包专项整治行动，进一步巩固工程质量治理两年行动成果，强化工程质量安全提升行动阶段性成效，遏制全省范围内在建的建筑工程施工转包等违法行为，建立健全打击建筑工程施工转包等违法行为的长效机制，维护全省建筑工程市场秩序。

建筑节能与科技

【绿色建筑】编制完成《贵州省绿色建筑评价标准》，2018年共获得66个绿色建筑项目，建筑面积1225.39万平方米；截至年底，全省共申报获得绿色建筑项目291个，总建筑面积4820.92万平方米。2018年获得2个省级绿色生态城区，建筑面积1570.86万平方米。编制完成《贵州省绿色生态小区评价标准》，启动省级绿色生态小区示范工作，共获得10个省级绿色生态小区规划设计评价项目，小区建筑面积946.52万平方米。

以省人民政府办公厅名义印发《关于大力发展装配式建筑的实施意见》，推进装配式建筑发展，在贵阳市、安顺市、黔东南州等地开展装配式建筑试点，三家企业被住房城乡建设部认定为我国第一批装配式建筑示范产业基地。组建装配式建筑推进专班，逐步完成《实施意见》责任分解编制《贵州省装配式建筑招投标指导意见》《贵州省装配式建筑三年（2018—2020）行动方案》《贵州省装配式建筑技术导则》《贵州省装配式建筑十三五规划》《贵州省装配式建筑实施细则》。

【新型墙体材料革新】根据国家《关于加快烧结砖瓦行业转型发展意见》和《产业结构调整指导目录》，会同省工信厅、省生态环境厅等七部门起草《关于加快烧结砖瓦行业转型发展实施方案》，经省人民政府同意印发。积极推广新型墙体材料，2018年共认定10家企业14个产品，装配式建筑新型墙体材料、加气混凝土板材等在贵州得到发展。印发《关于开展申报工作的通知》（黔建墙革通〔2018〕191号），积极组织全省范围内符合国家产业政策，工艺技术先进、资源综合利用、环保、节能领先的企业申报2018年贵州省资源综合利用新型墙体材料示范企业，经过初审、现场核查、企业陈述、集中复审，从45家申报企业中选取15家新型墙体生产企业列为省级示范企业，13家新型墙体生产企业列为市（州）级示范企业，并全部顺利通过公示。认真贯彻落实《省人民政府关于加快磷石膏资源综合利用的意见》（黔府发〔2018〕10号），推进新型墙体材料磷石膏运用，2018年共认定3家以磷石膏为主要原材料的新型墙体材料生产企业，全部投入生产后预计产能将达到100万立方米，促进磷石膏"以用定产"。印发《关于开展2018年新型墙体材料产品质量专项检查工作的通知》（黔建墙革字〔2018〕372号），会同省市场监管局等部门制定省新型墙体材料产品质量专项抽检方案，开展质量专项抽检工作。简化新型墙体材料认定程序，完成《贵州省新型墙体材料认定管理办法》修改完善工作。加大新型墙体材料专项基金的清算力度，返还或结算新型墙体材料专项基金预交款项目36个，共计金额1416.91万元，形成专项基金82万元上缴国库。委托浙江大学对9个市（州）、贵安新区以及88个县（区）新型墙体材料工作主管部门有关人员开展相关政策、业务技术宣贯培训，共计培训人员120人。印发《关于报送农村新型墙体材料试点工程的通知》（黔建墙革字〔2018〕813号），组织各市（州）住房城乡建设局组织上报农村新型墙体材料试点工程项目，从省级墙革基金中列支604万元用于支持农村老旧房跑风漏雨整治，促进农村人居环境改善。

人事教育

【机构变化】 围绕机构改革，抓好机构人员转隶、保留职责安排和承担行政职能的事业单位改革工作。城乡规划管理职责划转省自然资源厅涉及的机构人员转隶工作，风景名胜区和自然遗产管理职责划转省林业局涉及的机构人员转隶工作，整体转隶风景名胜区管理处和贵州省世界遗产申报管理办公室两家机构，部分转隶城乡规划处和贵州省城乡规划督察员办公室两家机构，转隶行政编制5名、人员4人；转隶参公编制19名，人员16人。按照"大调整、小稳定"的原则对厅机构改革过渡期间有关人员工作进行了调整，确保机构改革期间有关工作有序开展。开展事业单位承担行政职能梳理工作。编制划转后，省住建厅行政编制88名，设厅长1名、副厅长4名、处级领导职数26名（含机关党委专职副书记1名、总工程师1名）。现设16个内设机构和离退休干部处、机关党委，有下属事业单位15个，其中，副厅级事业单位1个，正处级事业单位14个（参公管理单位3个，全额拨款事业单位6个，自收自支事业单位5个）。

【人才和教育培训工作】 围绕脱贫攻坚工作大局，抓好人才和教育培训工作。2018年，组织开展"新时代"学习大讲堂10期业务知识专题讲座，共培训166235人次，厅主要领导、分管领导和有关处室亲自授课，解读有关政策、规划和技术问题。邀请住房城乡建设部专家对14个脱贫出列县住房保障工作人员进行精准培训，专门讲解脱贫攻坚农村危房改造和住房保障工作内容。组织专家赴各地开展脱贫攻坚夏秋攻势行动农村危房改造和住房保障"大培训"工作，向基层负责同志培训农村住房保障政策解读、信息管理系统录入等内容，直接培训3000人。组建专家库，聘请农村危房改造技术服务专家161人组成10个专家组，对口帮扶9个市州和贵安新区，到脱贫攻坚一线做技术指导服务。指导各市（州）、县市区（特区）住建部门组织开展农村建筑工匠带头人培训，全年共培训1.78万人，基本实现1个行政村有1名工匠带头人。编制农民工工匠手册培训教材。下发《贵州省住房和城乡建设厅2018年度教育培训计划》并组织实施，全年计划举办28个培训项目，完成培训8372余人。组织全省建设行业从业人员职业资格证书报名考试90237人，合格14622人；组织住房和城乡建设领域专业人员考试报名26767人；组织住房和城乡建设行业技能人员职业培训合格证书培训29449人，发证25784人；全省住建行业新增各类人员40406人。组织参加第六届中国贵州人才博览会。组织工程系列建筑专业副高级专业技术职务任职资格申报434人，政策性审查通过428人，评审合格人员343人。

大事记

1月

3日　发布《贵州省绿色建筑评价标准》等4项贵州省工程建设地方标准（黔建科通〔2018〕1号）。

3日　印发《关于2017年第四季度建设工程质量安全建筑市场监督执法检查六盘水市检查情况的通报》（黔建建字〔2018〕5号）。

5日　印发《关于总结全省城市管理执法队伍"强基础、转作风、树形象"专项行动的通知》（黔建城管字〔2018〕8号）。

10日　发布《贵州建筑地基基础设计规范》等3项贵州省工程建设地方标准（黔建科通〔2018〕11号）。

10日　下发《关于申报贵州省第一批装配式建筑示范城市、示范区（县）的通知》（黔建科字〔2018〕21号）。

10日　印发《关于2017年第四季度建设工程质量安全建筑市场监督执法检查毕节市及威宁县检查情况的通报》（黔建建字〔2018〕24号）。

11日　召开全省住房城乡建设工作座谈会，传达学习全国住房城乡建设工作会议、全省经济工作会议、全省脱贫攻坚表彰暨秋季攻势总结会议精神，对2018年全省住房城乡建设重点工作进行安排部署。

18日　印发《省住房城乡建设厅　省经济和信息化委关于公布贵州省第一批预拌混凝土绿色生产评价标识企业的通知》（黔建科通〔2018〕22号）。

22日　中共贵州省委员会常委会会议决定：宋晓路同志任贵州省住房和城乡建设厅党组书记（黔干任〔2018〕57号）。

22日　印发《贵州省住房和城乡建设厅　中国保险监督管理委员会贵州监管局关于在工程建设领域开展建设工程保证保险工作的通知》（黔建建通〔2018〕25号）。

25日　印发《2018年第一季度全省建筑工程质量安全专题会议纪要》（黔建会纪〔2018〕2号）。

25日　印发《关于2017年12月份贵州省建筑工程质量安全情况的通报》（黔建建字〔2018〕51号）。

25日　下发《关于七冶炉窑建筑工程有限责任公司等17家企业通过施工企业安全生产标准化达标延期的通报》（黔建建字〔2018〕77号）。

2月

1日　贵州省第十三届人民代表大会常务委员会第一次会议通过，决定任命宋晓路为贵州省住房和城乡建设厅厅长。

1日　中共贵州省直属机关工委追授黄劲松、赵勇根为"优秀共产党员"，授予周云友为"优秀共产党员"。

12日　下发《关于做好迎接2017年度保障农民工工资支付工作考核的紧急通知》（黔建建通〔2018〕52号）。

28日　下发《关于2018年1月份贵州省建筑工程质量安全情况的通报》（黔建建字〔2018〕105号）。

28日　下发《关于贵州毅华建设工程有限公司等383家交通运输建筑施工企业通过施工企业安全生产标准化达标的通报》（黔建建字〔2018〕106号）。

3月

12日　召开全省住房公积金管理工作推进会。

14日　发布表彰2017年度贵州省建筑安全文明施工样板工地的通报（黔建建字〔2018〕127号）。

15日　厅党组副书记、副厅长、机关党委书记、新任驻村工作队队长周宏文，厅党组成员、副厅长、原任驻村工作队队长陈维明率驻村工作队到六枝特区落别乡召开厅驻村第一书记轮战座谈会。

16日　召开督促中央环保督察风景名胜区整改工作暨落实三年行动方案工作会。

22日　印发贵州省建筑施工安全生产"打非治违"专项行动工作方案（黔建建通〔2018〕86号）。

22日　印发贵州省建筑施工安全专项治理行动工作方案（黔建建通〔2018〕88号）。

27日　组织召开2018年城建工作暨环保督察整改任务部署会，全省各市（州）住建局、城管局、水务局、规划局等单位分管领导及科室负责人，共70余人参加会议。

28—29日　厅党组成员、副厅长杨跃光率建筑业处、省造价总站有关负责人对遵义市、正安县、道真县开展脱贫攻坚"厅长包片、处长包县"调研帮扶工作。

30日　印发《〈政府工作报告〉明确的今后五年目标任务、2018年重点工作和加强自身建设任务涉及我厅事项责任分工方案》（黔建办通〔2018〕97号）。

4月

10日　2018年度全省住房城乡建设系统工会工作会议在六盘水召开，会议回顾总结2017年全省住房城乡建设系统工会工作，部署2018年工作任务，表彰2017年度全省住房城乡建设系统"安康杯"优胜集体和个人、工会工作先进集体和个人。

11—12日　厅党组成员、副厅长杨跃光赴铜仁市开展脱贫攻坚"春风行动"督查并调研建筑业发展和工程质量安全监管工作。

11日　印发《贵州省村庄规划编制导则（试行）》（黔建村通〔2018〕112号）。

12日　印发《贵州省推进工程质量管理标准化工作方案》（黔建建通〔2018〕113号）。

13日　召开全省脱贫攻坚村庄规划大会战工作调度会，推动实施全省脱贫攻坚春风行动，深入落实省委省政府开展村庄规划大会战工作部署。

15—27日　与南京大学联合举办"贵州省山地特色新型城镇化和村庄规划建设管理2018年南京大

学培训班"。

23日 省住房城乡建设厅 省发展改革委 省财政厅 省审计厅联合发布《贵州省城市地下综合管廊工程计价定额（试行）》（2017版）（黔建建通〔2018〕123号）

25日 印发《2018年第二季度全省建筑工程质量安全和建筑市场专题会议纪要》（黔建会纪〔2018〕7号）。

26日 印发分解下达2018年度城市供水设施建设任务的通知（黔建城通〔2018〕129号）。

27—28日 厅党组成员、副厅长陈维明率世遗办相关人员到黔东南州开展督导检查工作。

27日 印发《贵州省住房城乡建设系统汛期安全生产及地质灾害防治工作方案》（黔建建通〔2018〕130号）。

5月

3日 全召开省住房城乡建设系统"五四"青年座谈会，厅党组书记、厅长宋晓路同志出席并讲话。

10日 厅党组成员、总规划师王春带队赴毕节市赫章县河镇彝族苗族乡举行博爱助学捐赠活动。

10日 省住房城乡建设厅、省质监局、省交通运输厅、省水利厅 国家能源局贵州监管办联合印发《贵州省建筑施工脚手架、起重机械专项治理工程工作方案》（黔建建通〔2018〕145号）。

11日 受厅党组书记、厅长宋晓路委托，厅党组副书记、副厅长、机关党委书记周宏文在厅主持召开集中整治干部不担当不作为突出问题动员部署会。

15日 组织召开中央环保督察整改工作暨黑臭水体整治工作约谈会，厅党组书记、厅长宋晓路代表厅党组，对工作严重滞后的毕节市、安顺市水务局，黔东南州水务局、住房城乡建设局，七星关区、赫章县、大方县等相关县（市、区）政府共22个单位进行工作约谈。

15日 组织召开全省城镇节水工作推进会，落实新时期城镇节水新政策、新要求和新任务，安排部署2018年度城镇节水工作任务。

16日 印发《关于整治干部不担当不作为突出问题的实施方案》（黔建党组通〔2018〕10号）。

21日 会同省环保厅召开2018年黑臭水体整治专项督查工作部署会。

21—24日，贵州省建设工会组织2017年获得全省住建系统环卫行业"金牌工人"荣誉称号的25名职工在息烽职工疗养院进行疗（休）养。

22日 对2018年发生建筑施工事故的贵阳市、遵义市、铜仁市、贵安新区进行安全生产工作约谈。

23日 厅党组成员、总规划师王春带领厅城乡规划处、城镇化处、人事处相关处室负责同志赴贵安新区开展"厅长包片、处长包县"督导检查，并调研城市设计、村庄规划等工作。

24—30日 与浙江大学联合举办"浙江大学－贵州省市政公用行业人员业务培训班"，各市（州）及贵安新区城市建设管理部门领导干部及业务骨干共70人参加培训。

31日 厅党组副书记、副厅长周宏文同志组织召开会议，研究部署磷石膏建材制品推广工作。

6月

1日 贵州省建设工会携手中建三局一公司贵阳公司、中建四局安装公司赴省住房城乡建设厅同步小康帮扶点——六枝特区落别乡纳骂村、岩脚镇青杠林村开展"关爱留守儿童、孤寡老人"活动。

5日 印发《贵州省房屋市政工程建筑施工安全专项治理行动实施方案》（黔建建通〔2018〕181号）。

6日 印发《关于做好全省物业服务行业有关工作的通知》（黔建建通〔2018〕192号）。

19日 与毕节市政府在贵阳共同组织召开《威宁县县城总体规划（2018—2035年）》（以下简称《威宁总规》）审查会。

20日 与遵义市政府在贵阳共同组织召开《务川县县城总体规划（2018—2035年）》（以下简称《务川总规》）审查会。

25—26日 厅党组书记、厅长宋晓路参加中国共产党贵州省第十二届委员会第三次全体会议。

25日 印发《贵州省城市地下综合管廊工程计价定额（试行）增值税简易计税方法计算规则》（黔建建通〔2018〕204号）。

29日 厅党组成员、总规划师王春组织召开全省"城市双修"、城市设计试点工作推进会。

7月

2日 在巴林首都麦纳麦召开的第42届世界遗产大会上，联合国教科文组织世界遗产委员会同意将梵净山列入《世界遗产名录》。梵净山成为我国第53处世界遗产、第13处世界自然遗产，是贵州省继荔波喀斯特、赤水丹霞、施秉喀斯特之后第4处世界自然遗产地，也是贵州省第一个独立申报的世界自然遗产项目。厅党组书记、厅长宋晓路任贵州省申遗工作团团长。

10日 省政府副省长吴强到厅调研时强调，全省住建系统要深刻认识新形势，狠抓各项工作落实，为 2018 关键之年奠定坚实基础，助推全省住建工作迈上新台阶。

11 日　与清华大学土木工程系在贵阳召开"BIM＋大数据应用"研讨会。

13—14 日　在贵阳市召开全省环卫及公厕建设相关标准培训班，厅党组成员、副厅长陈维明出席开班仪式并讲话。

25—26 日　厅党组书记、厅长宋晓路率厅办公室、厅环保整改办、村庄处（脱贫办）有关负责同志到黔西南州调研中央环保督察反馈问题整改、脱贫攻坚、垃圾污水处理、海绵城市建设、建筑施工安全等城乡建设重点工作。

31 日　印发《贵州省城市设计管理实施细则（试行）》（黔建规建通〔2018〕208 号）。

8 月

3 日　转发《省安委会办公室关于进一步加强当前安全防范和抢险救灾工作的通知》。

5 日　召开全省住房城乡建设系统 2018 年半年工作会议。

7—9 日　厅党组书记、厅长宋晓路率厅办公室、住房保障处有关同志到遵义市调研棚户区改造、农村危房"危改""三改"、城乡污水垃圾设施建设、风景名胜区规划建设管理、中央环保督查问题整改、农村人居环境整治等工作。

13—15 日　与遵义市政府在遵义市共同组织召开《遵义市城市总体规划（2018—2035 年）》和《仁怀市城市总体规划（2018—2035 年）》专家咨询会。

14 日　公布第十三批贵州省建筑业新技术应用示范工程立项名单，"白云客运公交综合服务站建设项目"等 46 项工程成功入选。

15 日　开展全省住房租赁市场情况调研；印发《贵州省加快烧结砖瓦行业转型发展实施方案》（黔建墙革通〔2018〕271 号）。

16 日　厅党组书记、厅长宋晓路带队在赫章县调研污水垃圾处理设施整改相关工作；主持召开专题会，传达省迎接 2018 年国务院大督查实地督查工作部署会议精神，研究部署我厅迎接 2018 年国务院大督查实地督查工作。

17 日　与清华大学、贵阳机场建设部、省建筑设计院、中国电建集团贵阳勘测设计研究院联合召开"BIM 技术应用研讨会"。

17 日　印发《贵州省新型墙体材料认定管理办法》。

21 日　厅党组书记、厅长宋晓路在厅会见中国建设银行贵州省分行党委书记李洪茂一行，双方就进一步加强"政银合作"，促进我省住建系统各项工作健康发展进行深入交流。

22 日　厅党组书记、厅长宋晓路率厅城建处、建筑业处有关同志到贵安新区调研。

27 日　修订并印发《贵州省新型墙体材料认定管理办法》（黔建墙革通〔2018〕273 号）。

30 日　厅党组成员、副厅长、厅整改办主任陈维明主持召开迎接中央环保督察"回头看"工作部署会，安排下一步工作，并就迎接"回头看"检查提要求。

9 月

3 日　《贵州省进一步严厉打击建筑施工转包违法分包等违法行为专项整治行动方案》，明确用约 3 年左右时间（2018 年 8 月至 2020 年 12 月底），通过开展施工转包违法分包专项整治行动，进一步巩固工程质量治理两年行动成果，强化工程质量安全提升行动阶段性成效，遏制全省范围内在建的建筑工程施工转包等违法行为，建立健全打击建筑工程施工转包等违法行为的长效机制，维护全省建筑工程市场秩序。

5 日　厅党组书记、厅长主持召开厅党组巡视整改专题民主生活会。

6 日　针对遵义市住房和城乡建设局违规收费问题，将遵义市委的处理决定在全省住建系统进行通报。

7 日　约谈国务院大督查反馈问题中涉及住建工作的相关县（区）人民政府，对独山县人民政府主要负责同志、分管负责同志及住建部门主要负责同志就棚户区改造问题等问题进行约谈，对修文县、凤冈县、望谟县人民政府主要负责同志、分管负责同志及住建部门主要负责同志进行就房地产交易办证环节违规收费问题提醒谈话。厅党组成员、副厅长陈勇主持会议并讲话。

10 日　召开全省住建系统国务院大督查整改落实推进会，通报 2018 年国务院大督查涉及省住建系统的任务及迎检工作情况，统筹安排相关问题整改。

13 日　印发《贵州省房地产企业落实安全责任专项检查方案》（黔建建字〔2018〕621 号）。

17 日　厅党组成员、副厅长陈维明率"厕所革命"专项督查第四督察组赴安顺开展督查工作。

18 日　第七届全省小城镇建设发展大会在黔南州召开，省委副书记、省长谌贻琴出席并讲话；厅党组书记、厅长宋晓路率队到黔南州独山县调研小城镇建设等工作。

21 日　厅党组成员、副厅长陈勇主持召开专题会议，对2018年国务院大督查发现问题整改及住房城乡建设部交办"我为大督查提建议"问题线索信访件办理相关事宜进行再安排、再部署。

26日 召开脱贫攻坚"夏秋攻势"行动老旧住房整治工作推进会暨农村危房改造和住房保障"大培训"启动会。

26日 印发《建筑施工安全生产和工地扬尘治理不担当不作为突出问题情形》（暂行）的通知（黔建建字〔2018〕641号），明确将9类建筑施工问题纳入干部不担当不作为突出问题整治范围，进一步落实建筑施工安全生产和工地扬尘治理责任。

10月

8日 厅党组成员、副厅长、厅环保督察问题整改工作领导小组办公室主任陈维明主持召开专题会，安排迎接中央环保督察"回头看"及整改落实情况督察工作。

8—14日 与浙江大学联合举办新型墙体材料革新管理人员综合能力提升培训班，全面提升管理人员履职尽责能力和综合业务水平。

9日 厅党组书记、厅长宋晓路会见安顺市委副书记吴刚平一行。

15日 印发《开展全省住房城乡建设系统2018年"扶贫日"活动方案》，进一步动员社会各界参与住房城乡建设领域脱贫攻坚工作，为打赢脱贫攻坚硬仗营造良好社会氛围。

16日 在黔西南州兴仁市召开全省农村危房改造和住房保障工作现场推进会，厅党组副书记、副厅长周宏文出席会议并讲话。

17日 省住房城乡建设厅、省司法厅、省律师协会在贵阳召开全省城镇化建设律师服务团法治扶贫行动推进会。

25日 召开全省住房城乡建设系统环卫行业暨贵阳市2018年环卫工人节表彰大会，厅党组成员、副厅长陈维明出席并讲话。

29日 厅党组成员、副厅长、厅环保督察问题整改工作领导小组办公室主任陈维明主持召开专题会，传达学习省委常委、常务副省长李再勇在省迎接中央环境保护督察"回头看"工作部署暨业务培训会上的讲话精神，安排下阶段工作。

29日 印发《贵州省住房租赁合同示范文本》（黔建房通〔2018〕320号）。

11月

1日 印发《贵州省住房城乡建设系统贯彻落实中共贵州省委贵州省人民政府关于开展质量提升行动的实施意见工作方案》（黔建建通〔2018〕325号）。

5日 与遵义市政府在贵阳共同组织召开《遵义市城市总体规划（2017—2035年）》技术审查会。

5日 印发《贵州省村庄风貌指引导则（试行）》《贵州省农房风貌指引导则（试行）》（黔建城镇化字〔2018〕761号）。

12日 厅党组书记、厅长、机构改革工作领导小组组长宋晓路主持召开厅机构改革工作领导小组第一次全体会议，研究厅机构改革涉及的机构和人员转隶等事宜。

13日 召开全省重点城建工作任务推进落实情况提醒谈话会，厅党组书记、厅长宋晓路对全省14家住建系统有关部门主要负责同志进行提醒谈话。

13日 召开全省住房城乡建设系统扫黑除恶专项斗争推进会，各市（州）、贵安新区、仁怀市、威宁县住房城乡建设系统37家单位分管领导及科室负责同志80余人参加会议。

19日 厅党组书记、厅长宋晓路率队到贵阳市观山开磷城绿色建材试点项目现场、息烽县开磷磷石膏应用公司、黔南州福泉市瓮福磷石膏渣场和新型磷石膏建材产业园等地调研磷石膏建材推广应用工作。

19日 印发《加强户外广告设施设置审批事中事后监管工作方案》（黔建城管字〔2018〕797号）。

23日 厅党组书记、厅长宋晓路率队到赫章县和六枝特区调研脱贫攻坚及同步小康驻村帮扶工作。

27日 在黔西南州兴义市举办全省城市管理执法队伍"强基础、转作风、树形象"专项推进培训会，厅党组成员、副厅长陈维明出席并讲话。

28日 召开转隶人员座谈会，厅党组书记、厅长宋晓路出席会议并讲话。

28日 印发《贵州省城市桥梁安全隐患排查整治工作方案》（黔建城通〔2018〕342号）。

12月

3日 印发《关于厅机构改革过渡期间部分机构人员转隶后有关人员工作安排的通知》（黔建人通〔2018〕344号）。

10日 住房城乡建设部发布《关于第五批拟列入中国传统村落名录的村落基本情况公示》，贵州省180个村落进入第五批中国传统村落名录公示名单。

10日 印发《贵州省住房城乡建设系统应急管理和安全生产、自然灾害防治大排查大整治专项行动工作方案》（黔建建字〔2018〕883号）。

17日 中共贵州省委办公厅 贵州省人民政府办公厅印发《关于调整贵州省住房和城乡建设厅职责

机构编制的通知》(黔委厅字〔2018〕114号)。

24日　印发《贵州省全面推行施工过程结算管理办法（试行）》(黔建建通〔2018〕353号)。

27日　在贵安新区召开全省国家新型城镇化综合试点暨小城镇建设现场会。

27日　召开2018年脱贫攻坚成效考核农村危房改造迎检准备工作视频会。

27日　印发磷石膏计价定额项目（试行）的通知（黔建城字〔2018〕941号）。

（贵州省住房和城乡建设厅）

云 南 省

概况

2018年，中央下达云南省农村危房改造补助资金36.66亿元和改造任务指标24.68万户，补助资金和任务指标均位列全国第1名；云南省2018年农村危房改造省级绩效评价成绩名列全国第2名；争取国家城镇保障性安居工程建设补助资金75.27亿元，同比增加7.81亿元；争取中央提前下达云南省2019年农危改补助预算资金57.11亿元，占全国资金总量的30.85%，位列全国第1名；云南省列入中国传统村落名录总数709个，位列全国第2名；全省建筑业总产值增速位列全国第4名；云南省棚户区改造、农村危房改造两项工作被国务院列入"落实有关重大政策措施真抓实干成效明显的地方名单"，国务院办公厅通报予以督查激励；2018年度云南省住房和城乡建设厅安全生产工作被评为优秀。

法规建设

【立法工作】配合省人大修订《云南省城市建设管理条例》《云南省建设工程勘察设计管理条例》《云南省城市房地产开发交易管理条例》。完成40余件与省住房城乡建设厅相关法律、法规、规章、规范性文件征求意见稿修改。

【依法行政】组织省住房和城乡建设厅厅属业务处室开展行政执法案卷评查工作，抽查44卷行政执法案卷（行政许可35卷、行政处罚5卷、行政复议4卷），行政执法案卷评查得到省司法厅执法案卷评查工作督察组充分肯定。印发《云南省住房和城乡建设厅关于组织开展"七五"普法中期总结的通知》，组织各州（市）住房城乡建设局、规划局开展"七五"普法中期自查。联合相关省级部门印发《关于整合社会投资一般性建设项目审批流程工作的通知》。牵头编制全省住房城乡建设系统42项行政许可的业务手册和办事指南。推动"一部手机办事通"事项上线，顺利完成建筑施工企业安全生产许可证查询等4个事项首批上线。

【规范性文件】出台《云南省危险性较大的分部分项工程安全管理实施细则》（云建规〔2018〕3号）等3件规范性文件。公布了《云南省住房和城乡建设厅关于宣布失效部分文件的决定》（云建规〔2018〕1号）《云南省住房和城乡建设厅关于宣布失效部分文件的决定》（云建规〔2018〕2号），宣布28件文件失效。

【建议提案办理】共办结人大代表建议33件、政协提案50件，其中省住房城乡建设厅主办的25件人大代表建议、27件政协提案办结率和满意率均为100%。经验做法在云南省人大《选举联络工作简报》第70期推广。

住房保障

【棚户区改造】2018年，云南省棚户区改造项目开工13.9万套，完成国家下达任务；城镇保障性安居工程基本建成9.53万套，占国家下达任务6.1万套的156.23%（占省政府下达任务7万套的136.14%）；城镇保障性安居工程完成投资427亿元（其中棚改完成投资达到413亿元）。4月，国务院办公厅下发《国务院办公厅关于对2017年落实有关重大政策措施真抓实干成效明显地方予以督查激励的通报》（国办发〔2018〕28号）文件，云南省被列为2017年度全国棚户区改造工作积极主动、成效明显的5个省份之一获得激励表扬。

【争取资金支持】2018年中央下达云南省城镇保障性安居工程建设资金75.27亿元，比2017年多下达7.81亿元，增加了11%；2018年，云南省向国家申报公租房配套设施建设补助资金3.33万套，实际争取到中央补助资金7.95亿元，在申报套数仅为

2017年三分之一的情况下，比2017年多获得中央补助资金0.8亿元；同时争取到省级棚改配套资金6.97亿元。

【银行融资】省住房城乡建设厅主动深化银政合作，进一步加强与银行业金融机构的对接，及时帮助州市解决融资难题。2018年9月，省住房城乡建设厅与中国银行云南省分行签订了战略合作协议，进一步拓宽融资渠道。在2018年下半年国开行、农发行等政策性银行相继暂停审批政府购买棚改服务新开工项目的背景下，主动对接银行，加快项目推进和提款，争取国开行、农发行等银行向全省棚改项目发放贷款515.5亿元，同比2017年增加15.1%。

【专项债券试点】2018年3月，财政部、住房城乡建设部印发了《试点发行地方政府棚户区改造专项债券管理办法》，2018年3月1日起实施。根据中央下达云南省的棚改债券额度，省住房和城乡建设厅督促指导相关州市加快申报债券项目前期工作、方案编制、报审发行等工作，确保了首批45.2亿元棚改专项债券发行成功。

【因地制宜实施棚改】省住房城乡建设厅指导各地因地制宜采取拆除重建、改（扩、翻）建、货币化安置三种模式谋划、推进棚改项目实施，正确处理好棚改货币化安置和保持房地产市场平稳健康发展的关系，明确要求商品住宅库存周期15个月以下的地区，采取新建棚改安置房方式实施棚改，并取消棚改货币化安置各种优惠政策。

【创新前期工作举措】省住房城乡建设厅在组织申报2019年计划时，提出了前期工作"五有"（一有"三调"即"房调、地调、民调"完成情况；二有征收补偿办法；三有拆迁安置方案；四有安置房房源地选址规划意见；五有项目实施主体）要求，并按照"五有"要求核查各地申报计划，达标项目列入云南省向国家申报的2019棚改计划。

【加强业务政策培训】省住房城乡建设厅分别于2018年3月27日、7月3日、8月2日采取以会代训方式，利用现场培训和电视电话会议形式，围绕贯彻落实国务院常务会、全国住房保障座谈会等会议精神和涉及住房保障工作的融资业务、发行债券业务、政策标准执行、城镇保障性安居工程信息系统使用操作等问题，对16个州市、滇中新区及129个县（市、区）住房城乡建设部门分管住房保障工作的领导和有关同志进行了培训。

【实施精准督查巡查】全年派出4个省级巡查组，从3月份起开展实地巡查，采取暗访、回头看、"回马枪"等方式，重点盯住工作薄弱地区开展精准巡查；坚持每月发工作通报，约谈了部分州、市、县政府和住房城乡建设部门领导，促进工作滞后地区加快棚改进度。

【公共租赁住房分配管理】为有效解决城镇中等偏下收入住房困难家庭、新就业无房职工、稳定就业外来务工人员住房问题，以"保民生，促和谐"为主线，紧紧围绕2018年城镇保障性安居工程目标任务，加快公共租赁住房分配和加大租赁补贴的发放。印发《云南省城镇保障性住房建设工作领导小组办公室关于做好2018年城镇保障性安居工程专项巡查工作的通知》（云住保组办〔2018〕1号）、《云南省发展和改革委员会 云南省住房和城乡建设厅关于下达保障性安居工程配套基础设施建设2018年第一批中央预算内投资计划的通知》（云发改投资〔2018〕321号）、《云南省住房和城乡建设厅关于做好新增特殊人群住房保障工作的通知》（云建保函〔2018〕56号）、《云南省住房和城乡建设厅 云南省发展和改革委员会 云南省财政厅 云南省国土资源厅 云南省农垦局关于下达2018年城镇保障性安居工程计划的通知》（云建保〔2018〕44号）、《云南省住房和城乡建设厅关于重申加强公共租赁住房分配管理运营工作的紧急通知》（云建保〔2018〕408号）等文件，通过巡查指导、完善配套建设、规范租赁行为等一系列措施，确保全省公共租赁住房保障范围落实到位，提高分配效率。截至12月底，全省建成和在建公共租赁住房91.70万套，累计分配公共租赁住房85.14万套，分配率92.85%，2018年1—12月新增分配7.45万套。其中，政府投资建设公共租赁住房77.41万套，分配72.61万套，分配率93.80%，1—12月新增分配6.82万套；政企投资共建公共租赁住房14.28万套，分配12.52万套，分配率87.68%，1—12月新增分配0.63万套。2018年1—12月发放租赁补贴6.79万户，为国家下达租赁补贴发放计划6.79万户的100%。有效改善了约320.84万城镇住房困难群众的住房问题。其中，解决农业转移人口及外来务工人员13.42万户（46.84万人）住房困难问题。

【公共租赁住房运营管理】印发了《云南省住房和城乡建设厅关于重申加强公共租赁住房分配管理运营工作的紧急通知》（云建保〔2018〕408号），各地专门成立公共租赁住房清理整顿领导小组，对辖区内的公共租赁住房进行了彻底清理整顿。包括：看当地人民政府制定的公共租赁住房分配方案，查准入条件是否合理，审核工作是否规范，配租过程是否透明，配租结果是否公正；看公共租赁住房小区管理制度，查设施设备是否完好，小区管理是否安全；看租赁合同履行情况，查有无出借、转租或闲置以及从事其他经营活动的现象，有无拖欠房租、水、电、气以及物业管理费等现象。同时开展对房屋中介机构和个人等"借机炒作公共租赁住房""违规转租公共租赁住房"等违规行为进行专项整治行动，严厉打击中介机构违规给不符合条件的人员提供相关申请公共租赁住房材料的行为。全省共清理7336户租住公共租赁住房存在违规行为，其中：转租、转借的504户，拖欠租金、水、电、物业管理费的4761户，不符合保障条件享受保障的1346户，条件改善后仍享受保障的725户，通过制定措施、认真整改，已于2018年12月30日前全部整改完毕。

【盘活公共租赁住房】为解决各州（市）因受城乡规划和产业布局调整、招商引资滞后等影响，对原计划保障对象数量达不到预期，当前和今后一段时期滞租和长期停建的公共租赁住房问题，严格按照国家四部委《关于进一步做好公共租赁住房有关工作的意见》，指导各州（市）人民政府结合本地公共租赁住房建设分配实际，合理利用政策优化公共租赁住房资源配置，制定盘活方案。2018年，主动协调省财政厅、省国土资源厅、省发改委等部门，盘活公共租赁住房6375套。

房地产业

【概况】截至年底，全省房地产开发企业达到3234家，其中：一级22家，二级251家，三级276家，四级1319家，暂定1366家，从业人员近10万人。物业管理企业2640家，从业人员34.6万余人。房地产估价机构210家，其中：一级3家，二级69家，三级126家，一级分支机构12家；从业人员近5000人。房地产经纪机构560余家，从业人员近4万人。

【房地产开发投资】2018年，全省房地产开发投资累计完成3247.23亿元，同比增长16.5%，比1—11月提高2.3个百分点；增速高于全国7个百分点、高于西部地区7.6个百分点；开发投资总量在全国和西部地区分别排第16位和第4位。

【商品房销售】2018年，全省商品房销售面积4531.88万平方米，同比增长4.7%，增速高于全国3.4个百分点。销售面积在全国和西部地区分别排第16位和第5位。全省商品房销售额3406.84亿元，同比增长33.0%，增速高于全国20.8个百分点，高于西部地区9.6个百分点，销售额在全国和西部地区分别排第17位和第5位。全省12个州（市）商品房销售面积同比增长，分别是：怒江州（193.3%）、西双版纳州（34.5%）、玉溪市（22.2%）、丽江市（16.2%）、德宏州（15.9%）、临沧市（12%）、大理州（10.5%）、楚雄州（6.8%）、文山州（6.7%）、昆明市（4.5%）、曲靖市（3.7%）、昭通市（1%）。

【商品房价格】重点城市商品住房价格持续保持上涨态势，根据国家统计局调查发布的全国70个大中城市房价指数显示，12月份新建商品住宅价格，昆明市环比上涨0.9%，大理市环比上涨1.8%；昆明市同比上涨10.2%，大理市同比上涨5.7%。二手住宅方面，昆明市环比上涨1.4%，大理市环比上涨1.5%。

【商品房存量】截至年底，全省商品房待售面积1157.84万平方米，同比下降23.1%，较2017年底减少347.89万平方米。商品住宅待售面积501.81万平方米，同比下降37%，较2017年底减少295.12万平方米。

【房地产信贷】截至年底，全省房地产贷款余额6455.37亿元，同比增长23.3%，增速较去年同期提高3.8个百分点，比年初增加1218.55亿元，其中：房产开发贷款余额2263.67亿元，同比增长18.2%，增速较2017年同期下降2.2个百分点；购房贷款余额4158.45亿元，同比增长25.9%，增速较去年同期提高7.1个百分点，其中，个人住房贷款余额3776.25亿元，同比增长29.6%。

【房地产税收】2018年，全省税务部门完成房地产业税收308.1亿元，同比增长35.6%，增收80.8亿元。房地产业税收占全省税收收入的9.5%，增长贡献率为19.3%。

【构建租购并举的住房制度】基本建设完成全省统一的住房租赁综合服务平台建设，玉溪市住房租赁综合服务平台已于2018年7月上线运行，昆明市租赁综合服务平台已完成数据对接进入试运行阶段，逐步实现住房租赁全程"网上办"，租赁过程全监测。指导昆明市对市场化新建租赁住房工作进行积极探索，1414套不同户型、不同租金标准的新建租赁住房先后投入市场，市场化租赁住房体系逐步完善。

【规范房地产中介行业市场秩序】按照省住房和城乡建设厅《关于开展2018年度房地产领域"双随机、一公开"检查的通知》要求，认真抓好"双随机、一公开"监管工作落实，省住房城乡建设厅会同省房地产业协会开展了房地产估价管理工作、房地产估价机构执业质量以及房地产经纪管理工作、房地产经纪机构执业质量的检查活动，共派出2个检查组，分别对13家房地产估价机构、7家房地产经纪机构进行了随机抽查，重点检查管理部门工作开展情况、机构符合资质等级条件情况、注册房地产估价师执业及签估价报告情况、内部管理及估价报告质量控制情况、业务承揽和收费情况、信用档案上报情况、执行技术标准和规范情况、档案管理情况等内容。通过专项检查活动的开展，规范了房地产中介行业市场秩序。

【探索物业管理模式】一是编制了《云南省物业服务导则》，明确了物业服务中的操作规范和流程，利于企业按标操作，提高效率和减少不规范操作；二是编制了《云南省物业服务企业信用评价管理办法》，建立完善物业服务企业信用档案记录，构建"诚信激励、失信惩戒"机制，推动企业由资质管理向信用管理转变，进一步规范企业经营行为，提升服务品质，促进行业发展。

【老旧住宅区改造】深入贯彻落实《中共云南省委办公厅、云南省人民政府办公厅关于印发〈云南省进一步提升城乡人居环境五年行动计划（2016—2020年）〉的通知》（云办发〔2016〕48号）精神及省提升城乡人居环境行动领导小组办公室安排，按照《云南省进一步提升城乡人居环境五年行动计划旧住宅区改造部分工作方案》认真推进旧住宅区改造，通过检查督查工作，有力推动各地老旧住宅区改造，2018年计划完成旧住宅区改造任务的90%，全省改造任务面积957.64万平方米。至2018年11月全省实际完成旧住宅区面积2183.85万平方米（其中：2017年完成1397.45万平方米、2018年完成786.4万平方米）。

【平安小区建设】根据云南省社会治安综合治理委员会办公室、云南省维护稳定工作领导小组《关于印发云南省2018年度省级单位综治维稳（平安建设）工作目标管理责任制考核细则的通知》（云综治〔2018〕10号）精神，2018年，省住房和城乡建设厅下发《云南省住房和城乡建设厅关于加强平安小区建设工作的通知》，要求各州市住房和城乡建设局充分认识加强平安小区建设的意义，加大宣传力度，继续强化和完善物业服务相关行政管理工作，指导物业服务企业创新管理机制加强小区综合治理工作，形成平安小区建设新格局。各州市住建局在往年平安小区创建的基础上持续加大平安小区创建工作力度，确保平安小区创建和达标认定工作在全省范围内广泛深入开展。截至年底，全省共创建州（市）级平安小区377个，县（市、区）级平安小区2171个。

【整顿房地产市场秩序】按照住房城乡建设部、中宣部、公安部等7部委打击侵害群众利益违法违规行为、治理房地产市场乱象专项行动工作要求，联合省委宣传部、省公安厅、省司法厅、省税务局等9个厅局制定了《云南省打击侵害群众利益违法违规行为治理房地产市场乱象专项行动工作方案》，进一步整顿和规范房地产市场秩序，切实维护人民群众合法权益，严肃查处房地产开发企业及中介机构违法违规行为，持续规范市场秩序，保障交易安全，保护群众合法权益，促进行业健康发展。

住房公积金管理

【经济指标】截至12月底，云南省住房公积金归集总额3446.07亿元，同比增长16.92%；归集余额1418.16亿元，同比增长9.31%；个人住房贷款总额2299.41亿元，同比增长14.38%；个人住房贷款余额1212.71亿元，同比增长9.65%；住房公积金个人提取总额2027.91亿元，同比增长22.90%；住房公积金个人住房贷款率达85.51%，同比增长0.26%。1—12月，缴存住房公积金498.69亿元，同比增长7.14%；提取住房公积金377.88亿元，同比增长27.58%；发放住房公积金个人住房贷款289.04亿元，同比下降11.98%。

【互联网+改革】利用"互联网+"技术，让数据多跑路，群众少跑腿。开通中心门户网站，通过网站及时准确发布政策信息，方便群众及时查询归集、提取、贷款等相关信息。对公积金业务管理系统进行了改造升级，提升住房公积金管理水平、审批效率和服务质量。保山市、红河州、临沧市、德宏州、文山州已开通住房公积金综合服务平台。接入全国异地转移接续平台，异地工作的缴存职工，可以通过信息网络办理公积金账户变更和资金划转。

【新市民住房问题专题调查】3—5月，组织开展了全省新市民住房问题专题调研工作，云南省共调查16个州（市），21个市、县（区），终端录入样本为7181份，实际完成为7350份，作废169份，合格样本7181份，完成合格率97.7%。

【住房公积金缴存制度】继续推进降低住房公积金缴存比例为企业减负工作，2018年为企业降低成本目标任务1亿元，1—12月累计完成1.58亿元。扩大住房公积金制度覆盖面，1月，下发了《关于印发2018年云南省住房公积金监督管理工作要点的通知》，11月前，各地都按照要求制定了农业转移人口、进城务工人员、个体工商户缴存使用住房公积金试行办法,逐步探索建立了住房公积金自愿缴存机制,为解决新市民住房问题积累试点经验。

【双贯标工作】 全省各住房公积金管理中心已全面完成双贯标工作,并通过住房城乡建设部、省住房城乡建设厅联合验收,验收结果均达到优秀等次。

【电子化检查】 7月,按照住房城乡建设部住房公积金监管司《关于启用住房公积金电子化检查工具的通知》(建金督函〔2018〕116号)要求,云南省住房城乡建设厅印发了《关于启用住房公积金电子化检查工具的通知》,安排部署了电子化检查工作,逐月对各州(市)住房公积金管理中心信息管理系统进行了穿透式检查。

城市建设

【概况】 2018年,云南省以创建国家级及省级园林城市系列、节水城市为抓手,始终坚持以完善城市功能、改善人居环境、服务经济建设为目标,着力补齐城市基础设施建设"短板"。全省完成城市基础设施建设投资621.67亿元。全省公共供水普及率92.8%,燃气普及率65.18%,城镇污水91.3%、生活垃圾处理率88%,建成区绿化覆盖率37%,人均公园绿地面积10平方米。全省累计创建国家园林城市10个、园林县城19个、园林城镇3个、省级园林城市和县城66个、城镇2个。

【城市地下综合管廊建设和海绵城市建设】 按照《中共云南省委 云南省人民政府关于进一步加强城市规划建设管理工作的实施意见》,完成《云南省综合管廊建设"十三五"规划》《云南省海绵城市建设"十三五"规划》和《云南省城市地下综合管廊规划设计导则》审批实施工作,牵头省财政厅、水利厅通过竞争性评审,对楚雄市、大理市海绵城市建设,文山市、瑞丽市城市地下综合管廊建设,分别给予2000万元省级财政资金。督促指导玉溪市、保山市国家试点城市开展绩效评价,完成国家试点玉溪、保山市海绵城市、地下综合管廊绩效评价继续获得2018年度中央财政补助7亿元。2018年新开工建设城市地下综合管廊122公里,开工建设海绵城市74平方公里。

【城镇污水和生活垃圾处理设施建设】 督促指导各地稳步持续推进城镇生活垃圾分类,污水处理厂运营管理,加快实施合流制排水系统雨污分流改造,新建污水配套管网523千米,完成率为(500千米)的104.6%,城镇污水、生活垃圾无害化处理率分别达91.3%、88%,10月,全省进入住房城乡建设部信息系统和生态环境部在线监测系统的142座城镇污水处理厂,运行负荷率为86.87%,COD进水浓度平均为233.41毫克/升。开展城镇污水处理设施提标改造工作。在《住房城乡建设部2018年第四季度城镇污水处理设施建设和运行情况的通报》排序中,云南省城市污水处理在全国31个省(区、市)中排名第12位。

【城市公厕建设】 彻落实《云南省"厕所革命"三年行动计划(2018—2020)》(云政发〔2018〕33号)精神,加快推进城乡"厕所革命"。牵头拟定《云南省加快推进"厕所革命"工作实施方案》,进一步探索推进"厕所革命"绿色科技创新,建立完善城乡公厕、旅游厕所市场化、多元化建设运营模式。2018年,全省新开工建设新建城市公厕708座,为年度任务610座的116%,改造提升城市二类以上公厕419座,为年度任务391座的107%;积极推进"城市公厕APP"云平台建设,全力支持"一部手机游云南"厕所地图打点和接入平台等相关工作,全省住房城乡建设系统完成15670座厕所(其中城市公厕6631座、城市旅游厕所466座、乡镇公厕8573座)信息采集任务,6月1日正式上线后,为广大游客提供了准确的公厕定位服务。

【城市黑臭水体整治】 截至年底,全省进入全国黑臭水体整治监管平台的黑臭水体共33条,已达到不黑不臭要求的黑臭水体数量为29条,占黑臭水体总数87.9%,昆明市已达到不黑不臭要求的黑臭水体数量为20条,占黑臭水体总数90.9%。会同省生态环境厅编制了《云南省城市黑臭水体治理攻坚战实施方案》,报经省人民政府同意,于12月26日联合印发实施;同时,配合省财政厅组织开展4个城市黑臭水体整治竞争性评审,昭通成功申报国家黑臭水体整治示范城市,将争取国家财政每年2亿元,3年共计6亿元的资金支持。

【污水处理厂配套管网建设和运营管理】 加快实施合流制排水系统雨污分流改造,优先完善居民生活区到主管网路段支线管网,强化城中村、老旧城区和城乡接合部污水截流、收集,全年新建污水配套管网1000公里,完成投资15亿元。

【城市供水节水】 2018年,积极推进设市城市供水水质督查工作,对省内设市城市市政供水管网水、二次供水水质状况进行抽样检测,在2018年底全部完成设市城市水质普查。开展供水规范化考核工作,组织省内城市(包含县城)全面开展供水经营企业规范化管理自查,并根据上报情况开展省内抽查,在住建部对红河、曲靖市、昭通市的抽查中,城市供水规范化管理工作全部合格。截至年底,全省已建成再生水利用设施处理能力达97.7万吨/日，再生水利用率已达到26%；全省累计建成供水管网建设长度21709.78公里（75毫米以上），设市城市公共供水普及率达94.23%，县城公共供水普及率达89%，城市公共供水管网漏损率逐年降低。2017年新建供水设施任务完成14.88万立方米/日，新建管网任务完成717.66公里；组织昆明市、丽江市、玉溪市、安宁市四个国家级节水型城市积极申报供水管网分区计量管理控制漏损试点城市。会同省发展改革委、省水利厅对昆明市节水型城市创建成果进行了验收，共评选出10个节水型企业、5个节水型单位、15个节水型小区。

【城市园林绿化】充分利用城市空间，宜树则树、宜灌则灌、宜草则草、宜花则花、宜林则林，因地制宜开展城市增绿提质，大幅增加城市绿地面积，提升城市园林景观品质，提高建成区绿地率、绿视率、绿化覆盖率和人均公园绿地面积。督促指导各地深入开展拆违透绿、见缝插绿、裸土覆绿、破硬还绿工程，完善城市生态体系、营造绿色宜居家园，打造亲民、自然、生态的绿化工程，完成了对2015年及之前命名的国家园林城市安宁市、昆明市、玉溪市、景洪市、丽江市、普洱市、开远市、芒市、曲靖市、大理市的省级普查工作，推荐腾冲市、蒙自市、临沧市、剑川县、南涧县、会泽县、河口县、峨山县、宾川县、勐腊县等3个城市和7个县城创建国家园林城市（县城），对申报省级园林城市系列的城市（县城）进行实地考核。

【生活垃圾无害化处理和垃圾分类】截至年底，生活垃圾处理设施128座，实现全省129个县（市、区）生活垃圾处理设施全覆盖的目标。建成生活垃圾渗滤液处理设施75座。联合省教育厅、省委机关事务管理局等6部门，转发《教育部办公厅等六部门关于在学校推进生活垃圾分类管理工作的通知》（教发厅〔2018〕2号），要求全省各州（市）、县（市、区）教育部门和学校将生活垃圾分类管理工作作为贯彻落实节约资源和保护环境基本国策的实际行动，提高全体学生的生活垃圾分类和资源环境意识，会同省发展改革委研究起草了《云南省生活垃圾分类制度实施方案》，现已完成征求省级相关部门和各州（市）人民政府意见建议，待进一步修改完善后报请省人民政府审定同意后，印发实施。

【餐厨垃圾处理】针对2018年下半年以来全国多地发生非洲猪瘟疫情，为切实做好云南省非洲猪瘟疫情防控工作，加强餐厨剩余物监管工作，及时制定下发文件，要求各地进一步厘清餐厨剩余物监管部门的职责，切实加强对餐厨剩余物收集、运输、存储、处理各环节监管，全面禁止使用餐厨剩余物喂养生猪，认真履行住建部门负责餐厨剩余物收集、运输、处理环节的监管；严格规范餐厨剩余物的收集，建立餐厨剩余物运输管理台账，加强处理处置环节的监管，严厉查处违法违规行为，全面禁止已收集的餐厨剩余物未及时处理处置二次流入饲喂生猪环节，推动全面建立餐厨剩余物全链条监管长效机制。

【城市排水防涝】督促指导各州市按照编制完成的《排水防涝工作手册》加快项目实施，针对易涝点"一点一策"进行治理。建立州市分管领导委主要责任人的"三级责任制"并印发公示，确保每个易涝点整治顺利实施。指导全国排水防涝补短板60个重点城市之一的昆明市对排水防涝设施方案进一步梳理，重新确定170个易涝点对应的78个工程项目，挂图作战，积极整治。2018年全省消除易涝点64个，在2018年汛期，全省范围内未发生造成人员伤亡的较大内涝。

村镇建设

【计划任务】7月，中央正式下达4类重点对象农村危房改造计划任务24.68万户（不含中央奖励资金折算任务1.5万户），安排中央补助资金36.66亿元。省级按照1:0.5比例配套18.33亿元。截至12月底，全省组织实施40万户以上，安排中央和省级补助资金84亿元（户均2.1万元）。

【农村危房改造】认真履行脱贫攻坚农村危房改造主体责任，进一步完善州市划片区指导的工作制度，报请省政府与住房城乡建设部签订了《云南省深度贫困地区脱贫攻坚建档立卡贫困户农村危房改造目标责任书》；拟制出台了《云南省深度贫困地区农村危房改造攻坚战三年行动方案（2018—2020年）》和《云南省人民政府办公厅关于推进非4类重点对象农村危房改造的指导意见》。7月，印发《云南省人民政府办公厅关于推进非4类重点对象农村危房改造的指导意见》；11月，编制了《云南省农村危房认定指南（修订）2018》《云南省农村危房修缮加固技术指南（修订）2018》《云南省脱贫攻坚4类重点对象农村危房改造工程竣工验收管理大纲》等技术标准和规范性文件。主动对接省扶贫办，联合下发了《关于进一步规范建档立卡贫困户农村危房改造信息有关事宜的通知》，并3次比对排查2018年度拟脱贫对象危房质疑数据，提高脱贫农户的数据质量。安排厅领导重点挂钩联系13个农村危房改造工作推进滞后、脱贫摘帽退出困难的县（市、区），组织脱贫攻坚工作指导组分赴39个计划贫困退出县指导工作。抓紧巡查和加强调度。抽调4名经验丰富的实职处长和机关干部共24人，建立按州（市）划片区的工作负责制，划分4个片区定期进行农危改政策技术指导和巡查指导。组建省级农危改专家技术队伍定期赴各地开展农危改政策技术指导；组建工作组不定期赴怒江州及其他深度贫困县开展实地指导工作。从4月起先后7次牵头组织16个州市住建部门和部分县区专题召开农危改工作调度会。以省扶贫开发领导小组名义于7月9—10日在昆明市禄劝县召开脱贫攻坚农村危房改造现场推进会。组织开展省、州（市）、县、乡镇四级政策及加固改造技术培训760余场次，累计培训人数约10万人次；累计免费发放30多万册《云南省脱贫攻坚4类重点对象农村危房改造口袋书》给基层管理人员和危改农户。分批组织怒江、迪庆两州和农危改任务量较大的镇雄县、宣威市、会泽县及部分任务推进慢的地区召开4类重点对象农危改专题业务培训会。组织省、州（市）、县2000余名专家严格按照《云南省农村危房认定指南（试行）》逐户开展房屋危险等级认定并出具房屋安全性评定结果，确保危房认定精准。实行改造"一户一方案"。县级住建部门按危房认定情况，严格制定"一户一方案"，合理测算改造成本并据实调剂农危改补助资金，引导农户尽力而为、量力而行，避免因盲目攀比建房加重经济负担。以"农户自筹资金、自行改造为主，对少数自身改造能力不足的农户当地政府给予适当扶持"的原则统筹开展非4类重点对象无力建房户农村危房改造工作。截至年底，共计印发32期工作月报，通报各地工作进展情况，组织开展了6次省级督查、9次明察暗访，2次交叉检查，按照省住房城乡建设厅脱贫攻坚领导小组工作统一部署，结合农危改工作定期开展了片区督促检查和工作指导。至2018年底，先后向省纪委提供农村危房改造领域腐败和作风问题线索34件，并及时跟踪问效。2017年、2018年全省共实施4类重点对象危房改造72.34万户，加固改造达34.54万户，占实施计划总任务的47.7%。

【传统村落保护发展和小城镇建设】一是下达特色乡镇和传统村落省级补助专项资金。积极与省财政厅衔接，按计划分解下达2018年度"特色乡镇和传统村落省级补助专项资金"共计2100万元到21个县，支持各地开展特色小城镇和传统村落相关工作。二是积极上报住房城乡建设部工作情况。持续跟进云南省前四批615个中国传统村落资金使用及项目建设情况；组织和指导各地申报第五批中国传统村落，截至12月10日，住房城乡建设部公示云南省有94个村落入选第五批中国传统村落名录。

【提升农村住房抗震能力】先后编制印发了《农村民房建设抗震设防技术导则》《农村住房通用图制定和推广使用管理办法》《特色民居设计图集》等一批政策文件，通过电视电话会、现场观摩推进会、举办各级村寨规划建设和民居设计专题培训会等方式，组织各级农危改管理人员、技术人员、建筑工匠和建房农户进行培训。推广农村住房通用图、绿色建材、钢结构、新型生土结构建盖技术的应用。

标准定额

【工程建设地方标准编制】下达了《偏高岭土混凝土配制及应用技术规程》《建筑消能减震应用技术规程》等12项工程建设地方标准的编制计划，完成了《云南省空间规划用地分类及信息化技术体系标准》DBJ53/T—84—2018、《云南省民用建筑节能检测技术标准》DBJ53/T—89—2018等14部工程建设地方标准、审查和发布工作，对《云南省城镇道路及夜景照明工程施工及验收规程》DBJ53/T—46—2012、《烟草建筑消防设计规范》DBJ53—13—2013等11部现行工程建设地方标准进行复审，及时提高标准的时效性、科学性，完成了《超缓凝混凝土配制及应用技术规程》DBJ53/T—79—2016等12部工程建设地方标准上报标准定额司的备案工作。

【工程造价计价体系】发布实施了《云南省2017建设工程综合单价计价标准》（装配式建筑工程、城市地下综合管廊工程、绿色建筑工程），该计价标准于2018年5月1日起施行，印发了《关于调整云南省2013版建设工程造价计价依据中定额人工费的通知》，对现行建设工程计价依据中定额人工费上调至28%。

【开展"双随机一公开"检查】11月，印发了《云南省住房和城乡建设厅关于开展云南省施工现场标准员履职情况及造价咨询企业执业行为检查的通知》，从全省抽取了12个州市，对80个项目施工现场的标准员履职情况和20家工程造价企业执业情况开展了检查工作，检查结果向社会进行了通报。

【工程造价咨询行业】截至年末，云南省共有注册造价工程师4176人，工程造价咨询企业资质共计267家，其中甲级86家，乙级181家。工程造价咨询企业申请入驻云南省投资审批中介超市事项为787项。省外工程造价咨询企业入滇单项告知性备案1069项，省外工程造价咨询企业入滇设立分支机构

53家。

工程质量安全监管

【工程质量安全监管概况】2018年度全省新开工程项目质量安全监督覆盖率达100％，共获得国家优质工程奖10项、鲁班奖6项、全国安全生产标准化工地9个；全年共发生生产安全事故21起，死亡21人，事故起数和死亡人数同比下降12.5％和27.6％，未发生较大及以上生产安全事故，实现了生产安全事故起数和死亡人数"双下降"和较大以上事故"零控制"的目标。建立质量和安全生产"约谈"制度、"曝光"制度、"黑名单"制度和"信息互联互通"制度，对在质量安全生产中责任落实不到位的61家企业和单位进行了约谈，43家企业在厅门户网站进行了曝光，暂扣安全生产许可证13个，对79家企业、49人进行了行政处罚和经济处罚。省住房城乡建设厅年度安全生产工作被省安全生产委员会考核为"优秀"，消防工作被省消防安全委员会评为"先进单位"。

【提升监管能力】按照《云南省工程质量安全监管能力提升行动（2017—2020年）工作方案》要求，省住房城乡建设厅分别在玉溪市澄江县、大理州大理市组织开展两次工程质量安全监管能力提升行动。通过施工现场查找问题、相互比较、专家点评、邀请上海、重庆等全国知名专家授课解惑等方式，不断丰富了基层监管队伍理论基础和实践经验，现场发现问题、排除隐患的能力和水平逐步提升。整合质量安全监管资源，建成了覆盖"建筑施工企业、施工人员、起重机械、施工项目、施工质量安全事故、质量安全监管机构"六位一体的云南省建筑施工质量安全监督管理信息系统，实现了质量安全监管工作的信息化、科学化，提高了监管效能和水平。下发《云南省建设工程质量监理报告制度试点工作方案》，并在昆明市、大理州2个地区开展试点工作；组织编写印发了4万余册《云南省房屋建筑工程施工安全风险防控指南》，为全省安全生产监管人员、建筑施工企业、监理企业等单位管理人员和一线作业人员提供了图文并茂、简单易懂、便捷适用的安全生产风险管控"口袋书"。

【落实监管责任】全面推行"双随机、一公开"检查方式，下发了《关于开展房屋建筑和市政工程领域安全生产检查工作的通知》《关于开展房屋建筑和市政工程安全生产专项整治行动督查工作的通知》《关于开展2018年房屋市政工程领域汛期安全生产大排查大整治的通知》和《关于开展房屋市政工程领域安全生产综合督查工作的通知》等文件，重点加强对省外入滇、民营和发生生产安全事故的建筑施工企业的监管力度，认真组织开展了房屋市政工程质量提升行动和安全生产安全专项整治行动。2018年度省住房城乡建设厅全年共派出24个督查检查组，对全省进行了3轮全覆盖的督查检查，随机抽查在建项目354个，发现各类安全隐患和问题2593项，下发执法建议书41份，隐患整改通知书139份，整改率达100％。

【危大工程安全管控】根据《危险性较大的分部分项工程安全管理规定》，制定出台了《云南省危险性较大的分部分项工程安全管理实施细则》，进一步明确了工程项目建设、勘察、设计、监理、施工、检测等单位的管理职责，健全了危大工程安全管理体系。同时，建立了由7个专业229人组成的云南省房屋市政危大工程专家库，为危大工程安全风险管控提供了制度和技术保障。

【质量安全标准化建设】制定了《云南省住房和城乡建设厅关于贯彻落实中共中央国务院开展质量提升行动指导意见的实施方案》，加强了组织领导，明确工作任务，强化了措施落实，为有效开展工程质量提升行动奠定了基础。制定下发了《云南省房屋建筑和市政工程质量管理标准化工作方案》，对全省工程质量管理标准化工作进行了安排部署，要求进一步规范工程参建各方主体的质量行为，加强工程质量管理和施工过程质量控制，全面提升工程质量水平，同时，两次组织对各州市开展工作的情况进行了督查，督促、指导好各州开展质量管理标准工作。持续开展省级安全生产标准化工地创建活动，在严格推荐标准和程序的基础上，按照优中选优、好中选好的原则，组织各州市把最能体现州市建筑施工安全生产标准化最高水平的项目筛选出来。2018年度上报省住房城乡建设厅参加评选的标准化工地共180个工地，有关工作正在进行中。组织开展了由全省住房城乡建设主管部门和相关企业参加的质量安全标准化工地观摩和应急救援演练活动。

建筑市场

【建筑业产值】2018年，全省完成建筑业总产值5458.52亿元，同比增长15.5％，完成建筑业增加值2482.34亿元，现价增长16.9％，不变价增长10.6％，占GDP的比重为13.9％。

【建筑业企业】积极助推企业提质增效，企业综合实力明显增强。2018年，全省新增施工总承包特级资质2家、一级资质12家。截至年底，全省建筑施工企业达到8773家，包括特级10家（12项）、一级494家，二级2732家；监理企业达到185家，检测企业209家，勘察设计企业870家。

【服务与管理】 积极推进行政审批标准化，8月30日前按时完成了《建筑施工企业资质认定》《工程监理企业资质认定》《建筑工程质量检测机构资质核准》《注册建造师执业资格认定（二级）》4项行政许可事项的业务手册和办事指南，并在厅门户网站公布。采取电子化方式受理建设工程企业资质、从业人员证书业务变更申报和审批业务，部分业务已实现"网上办，不见面"。进一步缩短办事流程，部分业务"立等可取"，率先推行建筑业企业、工程监理企业、建设工程质量检测机构、注册人员部分业务"即时办理"事项服务，在建筑业企业的日常管理服务工作中，涉及资质证书变更、信息修改等4类62个事项实现了"当场办理，立等可取"，共完成748家次企业事项的办理。严格落实"凡是没有法律法规依据的证明一律取消"的规定，取消了9项涉及建筑施工企业资质认定等业务变更的证明材料。

【规范建筑市场秩序】 整合各类检查督查工作，开展综合性督查，对无资质和超资质承揽业务、转包违法分包、专业技术人员职业资格"挂证"、恶意拖欠农民工工资等情况进行综合督查，督促各方主体落实诚信规范和工程质量安全责任，减少到基层检查工作频次，减轻基层迎检工作压力。

【清理拖欠工程款和治理拖欠农民工工资】 根据省政府的要求，定期组织农民工工资专项督查，协调处理拖欠农民工工资事件259件，解决农民工工资33056.1万元；积极推动农民工工资保证金试点工作，减轻了企业流动资金的压力，降低拖欠农民工工资风险。

建筑节能与科技

【科技计划项目】 积极组织申报住房城乡建设部2018年科学技术项目计划，全省共有"摩擦滑移摆隔震关键技术研究"等14个项目列入计划；有2个科技计划项目通过住房城乡建设部组织的验收。

【可再生能源建筑应用】 继续实行可再生能源强制推广政策，新建建筑至少选用一种可再生能源技术类型；组织完成了丽江市国家可再生能源建筑应用示范城市验收，全面完成了可再生能源建筑应用示范省级整体验收。

【节能监管体系建设】 节能监管平台建设完成了4个数据中心建设，累计完成219栋建筑在线监测安装，完成了曲靖市节能监管平台建设省级验收，出台了《云南省国家机关办公建筑和大型公共建筑能源审计及能效公示实施细则（试行）》。

【绿色建筑】 2018年，全省通过施工图审查的绿色建筑面积5408.05万平方米，设计阶段绿色建筑占新建建筑面积比例为47%，绿色建筑竣工面积1967.31万平方米，竣工阶段绿色建筑占城镇新建建筑面积比例为40.2%；共有10个项目获得绿色建筑评价标识，申报建筑面积274.28万平方米。组织完成了昆明市呈贡新区国家绿色生态示范城区省级验收。

【绿色建材】 2018年云南省共获得绿色建材标识证书16张，其中，预拌混凝土14张、砌体材料2张。绿色预拌混凝土产量为532.54万平方米，全省预拌混凝土绿色化率达到11%。

【装配式建筑】 2018年云南省落实装配式建设项目约300万平方米，云南省第一个省级装配式混凝土示范工程——万科·公园里高层住宅项目已竣工并交付使用，初步建立了适合本省地震多发地区的装配式建筑适用技术体系，颁布实施了《云南省装配式建筑评价标准》DBJ53/T—96—2018，部署实施了省级装配式建筑技术研发项目9个，批准了示范城镇2个、产业基地和园区13个，5个国家装配式建筑产业基地顺利通过住房城乡建设部组织的年度评估，滇中地区初步具备了装配式建筑实施能力。

人居环境与设计

【农村人居环境整治】 将2018年作为农村人居环境整治示范年，会同省委农办于6月8日下发了《关于开展农村人居环境整治示范县（村）创建工作的通知》；同日，印发《云南省农村人居环境整治技术导则》《云南省农村厕所改造建设技术指南》和《云南省民居特色风貌提升改造引导图册》，指导各地开展农村人居环境整治工作。8月6日印发《关于公布2018年云南省农村人居环境整治示范县（村）名单的通知》，明确在23个示范县、300个示范村中开展示范建设。在全省23个县、300个村开展农村人居环境整治示范建设工作；加大对4个列入"国家农村生活污水治理示范县"和4个"国家农村生活垃圾分类及资源化利用示范县"的支持力度。建立了"村收，镇转，运县处理""组收村（镇），转运镇（片区）处理""就近就地处理"3种垃圾清运处理模式，建设生活垃圾和污水处理2套设施，建立村庄保洁1项制度、垃圾处理收费和市场化运作2项机制。落实"公厕抓提升、户厕抓普及"要求，截至12月底，共计完成乡镇新改建水冲公厕505座，完成行政村新改建水冲公厕1870座，新增农村无害化卫生户厕45.9万座。截至年底，全省共计117668个自然村对生活垃圾进行了收集处理，总体覆盖率为89.98%。1006个乡镇镇区对生活垃圾进行收集处理，总体覆盖率为83.14%。727个乡镇镇区对生活污水进行收集处理，总体覆盖率为60.08%。999个乡镇镇区实现自来水供水，总体覆盖率为82.56%。乡镇镇区新、改建水冲公厕505座，行政村村委会所在地新（改）建水冲公厕1870座，新增完成无害化卫生户厕改造建设40.9万座。

【制定《云南省农村人居环境整治三年行动实施方案（2018—2020年）》】1月，中共中央办公厅、国务院办公厅印发《农村人居环境整治三年行动方案》，结合《云南省进一步提升城乡人居环境五年行动计划（2016—2020年）》，省住房城乡建设厅起草了《云南省农村人居环境整治三年行动实施方案（2018—2020年）》征求意见稿，报经省政府主要领导及省委、省政府分管领导同意，于3月29日十届省委深改组第十一次会议原则审议通过，于5月27日由省委办公厅、省政府办公厅印发全省实施。

【召开全省改善农村人居环境整治会议】5月30日，在昆明召开全省农村人居环境工作会议。会议由副省长张国华主持会议，省委副书记李秀领出席会议并讲话。

【召开全省农村人居环境整治培训工作会议】6月12日，会同省委农办组织全省各州（市）住建部门和农办负责人召开培训暨工作会议，认真学习《云南省农村人居环境整治三年行动实施方案（2018—2020年）》，就全省农村人居环境整治和农村"厕所革命"工作进行专题培训，并对下步工作提出了明确要求。

【农村人居环境整治工作移交】根据中央农办、农业农村部印发经国务院领导同志同意的《农村人居环境整治工作分工方案》和《住房城乡建设部办公厅关于进一步做好住房城乡建设系统农村人居环境整治三年行动工作的通知》精神，12月21日，省委办公厅、省政府办公厅组织召开全省农村人居环境整治工作移交会议，明确全省农村人居环境整治工作牵头单位调整为省农业农村厅。

【下达特色乡镇和传统村落省级补助专项资金】3月13日，组织全省申报特色乡镇和传统村落省级补助专项资金，并积极与省财政厅衔接，2018年按计划分解下达2018年度"特色乡镇和传统村落省级补助专项资金"共计2100万元到21个县，支持各地开展特色小城镇和传统村落相关工作。

城市管理监督

【城市执法体制改革】出台实施方案方面：全省16个州（市）出台贯彻落实《中共中央 国务院关于深入推进城市执法体制改革改进城市管理工作的指导意见》（中发〔2015〕37号，以下简称中发37号文）、《中共云南省委办公厅云南省人民政府办公厅关于印发〈深入推进城市执法体制改革改进城市管理工作实施方案〉的通知》（云办发〔2017〕22号，以下简称云办发22号文）实施方案；机构建设方面：省级在住房城乡建设厅内设"城乡建设管理执法监督处"，对外使用"云南省城乡建设管理执法监督局"名义开展城市管理工作。全省16个州（市）中，昆明市成立了城市管理综合行政执法局，为市政府组成部门；昭通市在住房和城乡建设局加挂城市管理综合执法局牌子；玉溪市在住房和城乡建设局下设执法稽查局；普洱市在住房和城乡建设局下设城市管理监督局；部分州市（曲靖市、保山市、楚雄州、怒江州、西双版纳州、临沧市）在住房和城乡建设局内设管理科室。全省129个县（市、区）均成立了城市管理执法机构，其中47个为单设，其他采取住房和城乡建设局加挂牌子、下属事业单位、挂靠及内设股室等形式设立相应机构；数字化城市管理平台建设方面：积极推进全省数字化城市管理平台建设，通过努力，昆明全市实现与公安部门的部分数据共享，建成并投入运行数字化城市管理平台。玉溪市通过"以市带县"模式，由市级层面统一建设数字化城市管理平台，2区7县通过终端接入使用，在全市基本建成数字化城市管理平台。全省共有43个县（市、区）完成了数字化城市管理平台建设工作；制度保障方面：全省共有10个州市（昆明市、昭通市、曲靖市、玉溪市、普洱市、楚雄州、文山州、德宏州、版纳州、丽江市）结合实际先后制定出台城市管理条例，为城市管理和执法工作提供保障。

【城市管理执法队伍建设】全省各级城市管理主管部门依托原城建监察队伍组建了城市管理执法队伍，完成全省82%的城市管理执法制式服装统一。按照住房城乡建设部城市管理监督局关于"强基础、转作风、树形象"三年行动及"721"工作法要求，从规范执法行为角度，强化全省城市管理执法队伍专题培训，努力提升城市管理及执法水平。

【城市精细化管理】按照省政府领导及厅领导指示，组织专家队伍在专题调研学习发达地区先进经验基础上，结合云南省实际起草修改，并报请省政府审定《云南省推进城市精细化管理工作指导意见》，建议以省政府办公厅名义印发实施。

【查处住房城乡建设领域违法违规行政案件】 认真做好住房和城乡建设部转办重大行政案件、省级相关单位移交线索及群众信访举报件的查办及转办，依法依规做好跨区域重大违法违规案件的协调和查处工作。2018年省本级共办理信访举报73件，其中住房城乡建设部城市管理监督局交办39件，厅举报系统件23件，其他渠道11件。

人事教育

【机构编制管理】 根据《中共云南省委办公厅、云南省人民政府办公厅关于调整省住房和城乡建设厅职责机构编制的通知》（云厅字〔2018〕96号）文件，将城乡规划管理职责，划入省自然资源厅。不再保留城镇规划和农村规划，相应核减行政编制10名、副厅级领导职数1名、处级领导职数5名（3正2副、含正处级总规划师1名）。将风景名胜区、自然遗产管理职责，划入省林业和草原局，相应核减行政编制4名、处级领导职数2名（1正1副）。承担指导建设工程消防设计审查职责，所需机构和人员编制由省住房和城乡建设厅在现有机构、编制中调剂解决。将云南省世界遗产管理委员会办公室交由省林业和草原局管理。

【教育培训】 认真贯彻《干部教育培训工作条例》，依托省委党校、行政干部学院、省级机关党校、部干部学院等培训平台，采取走出去、请进来、网络培训等方式。做好干部教育培训工作。全年厅级领导干部参加云南省领导干部学习贯彻习近平新时代中国特色社会主义思想和党的十九大精神研讨班8人次。160名干部参加了干部在线学习。选派13名干部参加全省正处级公务员任职培训班、全省副处级公务员任职培训班等班次的培训；选派4名干部参加2018年度县处级以上领导干部出省培训重点班次，选派30名同志参加干部研修。

【干部培养管理】 按照"信念坚定、为民服务、勤政务实、敢于担当、清正廉洁"好干部标准，加强干部动态管理，报经省委组织部批准平职调整交流干部2名；对11名试用期满干部进行考核并按期转正；接收安置转业军人和退役士官5名，接收选调生2名；选派1名干部到施甸挂职锻炼、9名同志到挂包帮扶贫点进行锻炼。

【职称评审】 组织开展建筑工程系列职称评审工作。2018年度共受理完成3批次共计6265名同志的职称评审工作。其中：高级职称申报1617人，通过1118人，通过率69.14%；中级职称申报1874人，通过1424人，通过率75.99%；初级职称申报2774人，通过2774人，通过率100%。

【因公出国（境）出访情况】 根据云南省人民政府外事办公室《关于2018年度因公临时出访计划的批复》（云政外护〔2018〕36号）及《关于调整2018年因公临时出访计划的复函》，共出访3个团组，赴英国开展公共租赁住房管理工作交流与项目合作洽谈出访；赴德国、奥地利、荷兰执行欧盟合作项目"中国西部可持续建筑的推广和主流化"任务出访；赴巴西、秘鲁、智利开展古村镇保护工作交流与项目合作洽谈出访。根据《云南省人民政府台湾事务办公室关于2018年应邀赴台计划项目批复的通知》（云政台发〔2018〕1号），赴台湾开展建筑行业人员职业技能培训及监督工作交流。

【劳动保障管理】 确定新录用人员工资及职务变动人员、工作调动人员晋升工资事宜；为13人办理了退休手续；完成了厅机关及20家厅属事业单位、9家勘察设计转制企业。在职580人、离休67人、退休2365人的改革性补贴和奖励政策实施工作。

大事记

1月

18日 按照中纪委机关、中组部和省纪委、省委组织部要求，省住房城乡建设厅党组召开2017年度党员领导干部民主生活会。

2月

27日 省住房城乡建设厅在滇池大酒店会议室召开了2018年全省住房城乡建设工作暨党风廉政建设会议。

28日 省纪委第九纪检监察监督室主任、省第二检查考核组副组长尚涛清一行到省住房城乡建设厅进行2017年度落实党风廉政建设责任制情况检查考核。

4月

17—18日 省住房城乡建设厅党组书记、厅长、省城乡规划委员会办公室主任马永福率相关人员赴上海组织召开了2018年度云南省规委顾问组规划咨询预备会议。云南省规委顾问组有关顾问专家出席会议，上海市规划与国土局副局长岑福康到会指导。

5月

7日 省长、省城乡规划委员会主任阮成发主持召开省城乡规划委2018年第一次全体会议。

7—10日 住房和城乡建设部扫黑除恶领导小组办公室副主任韩煜带队赴云南省开展住房城乡建设

领域扫黑除恶专项斗争工作调研。

14—24日 省城乡规划委员会上海顾问组毛佳樑一行10人在章吉青、杨渝副厅长陪同下，深入文山州、临沧市、迪庆州开展了规划调研咨询工作。

25—26日 省委书记陈豪赴昭通市巧家县调研水电站移民安置工作。

30日下午 省委、省政府在昆明召开了全省改善农村人居环境工作会议，会议传达学习了《中共中央办公厅国务院办公厅关于印发〈农村人居环境整治三年行动方案〉的通知》（中办发〔2018〕5号）和4月26日国务院办公厅召开的全国改善农村人居环境工作会议精神，对全省农村人居环境整治重点工作和各项任务进行了安排部署。

6月

4日 省长阮成发主持召开第十三届省人民政府第7次常务会议，学习贯彻全国生态环境保护大会和近期国务院常务会议精神以及云南省委常委会会议有关部署要求，听取全省高速公路服务区整治提升工作情况汇报，研究部署推进"厕所革命"、改革完善全科医生培养与使用激励机制等工作。

26日 省长、省特色小镇发展领导小组组长阮成发主持召开会议，强调要按照省委、省政府决策部署，瞄准世界一流目标加强顶层设计，进一步调整思路、优化方案、突出重点，高标准、高质量推进全省特色小镇建设。

7月

10日 省脱贫攻坚领导小组在昆明市禄劝县召开了全省农村危房改造现场推进会。

8月

9日 云南省县城特色风貌提升现场会在红河州屏边县召开。副省长张国华出席会议并做重要讲话。

13日 省住房和城乡建设厅启动通海5.0级地震应急Ⅲ级响应。安排部署工作，赶赴地震灾区调查了解灾情，指导抗震救灾工作。

16—17日 全省特色小镇创建工作现场推进会在红河哈尼族彝族自治州弥勒市召开，省委副书记强调，要提高定位、解放思想、选好主体、突出特色、完善政策、加强领导，高标准高质量加快推进特色小镇建设，充分发挥特色小镇在助推实施乡村振兴战略、打赢脱贫攻坚战、打造健康生活目的地中的重要作用。

27—28日 省委书记陈豪率队深入红河哈尼族彝族自治州建水县、弥勒市调研特色小镇建设。陈豪强调，要落实新发展理念，以高水平规划为引领，创新工作思路、方法和机制，努力走出一条特色鲜明、产城融合、惠及百姓的特色小镇建设新路子，建成一批富有产业特色、独具文化韵味、充满生态魅力、体制机制灵活的宜居宜业宜游精品小镇，为激发区域经济活力注入新动能。

9月

8日 云南省墨江哈尼族自治县境内发生5.9级地震，省委书记陈豪、省长阮成发要求迅速排查震情，全力做好受灾群众救援救治和安置工作，确保群众生产生活正常有序；深入做好震情分析和预报、预警，严防次生灾害发生；及时抓好受损房屋修建工作。副省长和良辉率工作组赶赴地震灾区指导抗震救灾工作。省住房和城乡建设厅启动墨江"9.08"5.9级地震应急Ⅲ级响应，迅速开展应急处置工作。

8日 省住房和城乡建设厅前方工作组在和良辉副省长的率领下，赶到宏观震中牛库村和平九冲组查看灾情，看望受灾群众，指导灾区开展应急处置工作。

9日 省、市、县住房城乡建设系统抗震救灾第一次会议成立了住房城乡建设系统抗震救灾工作领导小组，下设应急评估、信息收集报送、后勤保障三个工作组，跟踪了解灾情及抗震救灾工作情况，并完成相关信息报送工作。

12日 省住房和城乡建设厅在曲靖市陆良县召开全省住建系统城市精细化管理工作推进会，推介陆良县城市管理工作经验。

10月

11—12日 省委书记陈豪率调研组在文山壮族苗族自治州马关县、文山市调研时强调，要深入学习贯彻习近平总书记关于脱贫攻坚的重要论述，进一步强化攻坚责任、提高攻坚本领、锤炼攻坚作风，在统筹做好易地扶贫搬迁、产业扶贫、就业扶贫等工作方面多思良方，以实实在在成效确保如期实现脱贫摘帽。

12月

19—20日 省住房和城乡建设厅在玉溪市组织召开全省"强基础、转作风、树形象"推进暨城市管理执法规范专题培训会。

（云南省住房和城乡建设厅）

西藏自治区

概况

2018年以来，全区住建系统在区党委、政府的坚强领导下，以习近平新时代中国特色社会主义思想为指导，全面贯彻党的十九大、十九届二中、三中全会精神，贯彻落实自治区第九次党代会和区党委九届三次全会和中央第六次西藏工作座谈会精神，坚持以人民为中心的发展思想，坚持新发展理念，坚持稳中求进、进中求好、补齐短板工作总基调，紧扣社会主要矛盾变化，以推进高质量发展为主题，推进供给侧结构性改革，扎实做好稳增长、促改革、调结构、惠民生、防风险的工作要求，认真处理好"十三对关系"，着力打好"三大攻坚战"，大力实施乡村振兴和区域协调发展战略，提升城乡建设管理水平，引导稳定住房市场预期，规范建筑市场发展，增加有效供给和服务，推进住房城乡建设事业高质量发展，取得了较好成效。

城乡建设

2018年住建领域重点项目计划投资211.56亿元，完成投资276亿元，超额完成近65亿元，较上一年增加112亿元、增长68%。

【**房屋市政建设**】全区房地产开发投资119.83亿元、同比增长122%，超额完成49.83亿元，其中非公经济投资53.84亿元，增长34.6%。2018年，全区共实施各类保障性安居工程5.63万户（套），含棚户区改造3.51万户、新建公租房2万套、组团式援藏周转房1216套；安排2693万元发放租赁补贴6465户9179人。全力推进边境小康村农房建设，指导和督促完成边境小康村住房建设近2.8万户，建筑面积175.87万平方米，完成总投资29.94亿元。争取中央补助资金2.217亿元，推进建档立卡贫困户等四类重点对象1.67万户农村危房改造。落实投资71.5亿元，实施城镇道路、供暖、综合管廊、园林绿化等一大批市政基础设施项目建设。全区常住人口城镇化率已达31%；城市建成区路网每平方公里密度达4.15；建成区地下管廊每平方公里密度达0.33；人均公园绿地面积3.86平方米；3个市地所在地、9个县城、68个乡镇建成了供暖工程，供暖面积约3000万平方米；9个县城、54个乡镇正在加快建设供暖工程，设计供暖面积约180万平方米。

【**垃圾污水处理**】全区在建城镇污水处理项目56个，在建城镇垃圾处理设施12个；已全面完成18处非正规垃圾堆放点整治。自治区县城及以上城镇生活垃圾无害化处理率达91.38%、提升7.26%，较上年进2位、列全国第24名；县城及以上城镇污水集中处理率达61.17%、提升9.42%。

【**"厕所革命"开展**】自治区"厕所革命"领导小组办公室专班深入推进"厕所革命"项目建设管理，累计完成投资11.4亿元，开工建设厕所1765座，交付使用1595座。

【**解决民工工资拖欠**】自治区住建厅会同西藏银行开发建设工程建设领域农民工实名制管理和工资在线支付服务平台，并于2018年3月底上线试运行，全区住建系统查处拖欠民工工资案件34起，涉及714人，协调解决被拖欠的工资3227万元。

房地产业

认真学习贯彻自治区非公经济领导小组会议精神，紧紧围绕住建领域实现民间投资增长5%的目标，扎实做好住建领域非公经济发展工作。突出民间投资降幅较大的房地产领域，先后三次深入6个市和40家房地产开发企业对房地产领域非公经济发展、企业开发销售、土地储备、企业发展面临的困难和问题等进行调研，上报调研报告2份、政策建议1份。结合"放管服"改革，印发《全区住房城乡建设领域支持非公有制经济发展10项措施》，支持住建领域非公经济发展。2018年，全区房地产开发投资119.83亿元、同比增长122%，超额完成49.83亿元，其中非公经济投资53.84亿元，在补齐2017年下降的27%后、增长34.6%。

住房保障

一是持续推进保障性安居工程建设，2018年，全区共实施各类保障性安居工程5.63万户（套），含棚户区改造3.51万户、新建公租房2万套、组团式援藏周转房1216套；安排2693万元发放租赁补贴6465户、9179人。将城市环卫工人、公交司机和就业创业高校毕业生、外来务工人员等群体纳入住房保障范围，城镇住房困难群众居住条件不断改善。二是严格落实保障性安居工程投融资政策，积极协调国开行西藏分行、农发行西藏分行在符合国家棚改政策、不产生政府债务或隐性债务的前提下，进一步规范棚改融资，抓紧落实棚改融资政策，积极推进项目开工建设，确保完成年度目标任务。三是推进公租房建设管理改革，探索政府出台优惠政策、国有企业组建住房建设运营管理公司融资建设以及社会资本投资建设等多种建设运营管理模式，在新就业高校毕业生、外来务工人员相对集中且需求较大的区域建设公租房，通过收取房租达到资本运营收支平衡。四是强化保障性住房的运营管理，狠抓分配入住，全区廉租房入住率达到100%，公租房入住率达到94.5%，乡镇周转房入住率达96%以上。五是依托商业银行网点和服务优势，在拉萨市范围内的商业银行设立了10个住房公积金业务网点，提升公积金服务水平。截至9月底，区住房公积金缴存人员达到30.5万人，当年归集住房公积金为63.05亿元，与上年同期相比增长22.7%；住房公积金使用率为81.3%，个人住房公积金贷款率为63.8%，与上年同期相比分别增加2.5个百分点和2.3个百分点。六是积极推进区直单位第三期周转房B区及2017年区直周转房6号楼项目建设，截至目前，B区1350套周转房即将组织初步验收，B区总体工程正在抓紧实施，进入收尾阶段。区直周转房6号楼已完成主体工程，进入装饰装修阶段。

工程质量安全监管

【扎实推进建设领域市场环境综合整治行动】突出房屋和市政工程领域招投标存在的突出问题，依法加大对转包、违法分包、暗箱操作、违法建设等行为的打击力度，有效治理建筑工程领域市场乱象。专项整治行动开展以来，全区工程建设领域共检查施工现场5278个（次），下发整改通知单982份，停工通知单147份，行政处罚告知书91份，冻结企业网络信息163家，向各市（地）政府（行署）挂牌督办项目15个，排除安全隐患165处，各类经济处罚罚款累计达1707.1万元。

【加强安全生产监管工作】认真落实安全生产行业监管和属地管理责任，印发专门方案，在全区开展为期2年的建筑施工安全专项治理行动。深入开展"安全生产月""安全生产西藏行""安全文明标准化示范工地评选"等活动。深入相关地市开展城镇燃气安全管理工作督导检查，强化燃气安全综合治理。指导做好城市维稳反恐工作，促进生产安全和城市安全。

【开展房屋建筑市政工程建设项目招标投标秩序专项整治行动】制定印发《区住建厅整治房屋建筑市政工程建设项目招标投标秩序，严厉打击违法行为专项工作行动方案》，开展专项整治行动，坚决查处违法违规典型问题。

【深入开展住建领域扫黑除恶、打非治乱专项行动】健全完善建筑行业监管防控机制，制定《西藏自治区住房和城乡建设厅扫黑除恶打非治乱工作实施方案》，印发《关于开展严厉打击住建领域涉黑涉恶行为、整治全区房屋建筑和市政工程建设项目招投标秩序联合检查工作的通知》，重点打击群众反映最强烈的建筑市场、房地产市场、公积金使用、村镇规划建设、城市规划建设等方面涉黑涉恶行为。共组织196人次深入工程项目施工现场进行摸底排查，检查施工现场2087个（次），发出整改通知单338份，停工通知单81份，处罚直接责任人2名，将2家严重违法违规建筑业企业永久清理出西藏建筑市场，各类经济处罚罚款累计达586.4万元。移交工程建设领域涉黑涉恶线索3个，配合公安司法部门查处案件6起，其中典型案例4起。

【积极推进"放管服"改革】对自治区住建厅权责事项进行动态调整，下放两项、合并一项、调整一项。深入推进"互联网＋政务服务"建设，将自治区住建厅所有行政服务事项列入自治区电子政府服务网，实现网上审批，促进厅行政服务实现"一网、一门、一次"。进一步科学设置服务标准、简化工作流程、大幅压缩审批办理时限，基本实现审批办理事项在法定时限基础上压缩了一半以上，部分审批办理事项还做到了即受理即办结。将原来的资质四级审批制简化为三级审批制，将自治区外企业进藏备案制改为信息报送制，落实告知性备案要求。

【建筑类企业结构不断优化】截至年底，全区共有区内建设类企业1666家、区外备案建设类企业1617家、农牧民建筑施工队1191家，推动建设类央企西藏属地注册97家，企业结构进一步优化，为全区重大项目建设奠定了坚实基础。

抗震防灾工作

认真贯彻落实习近平总书记在中央财经委员会第三次会议上的重要讲话精神，正在编制《西藏自治区建设工程抗震设防管理办法》和房屋设施加固工程方案，加强对我区易发地震区域房屋抗震加固工作，提高自治区防震抗灾能力。

加强边境建设，实施乡村振兴

【加强乡村振兴战略规划研究】组织开展"实施乡村振兴战略促进城乡区域协调发展建设美好家园规划（2018—2035年）——构建高质量发展、和谐稳定、生态良好的现代化西藏"课题研究，形成了研究报告。在此基础上，遵照自治区部署，完成《西藏自治区实施乡村振兴战略基本思路——乡村建设和旅游专题规划（2018—2022）》《藏西北人口疏解建议方案》，为推动实施全区乡村振兴战略打下了一定基础。

【推进边境小康村建设】印发《边境地区小康村村庄规划技术审查办法》《边境地区小康村农房建设管理办法》等规范性文件9项，指导工作开展。完成全区623个边境村规划审核，均通过专家审查。加强督促协调，推进20个边境小康村抓点建设，建立了厅级领导、县处级干部联系20个抓点村庄的制度。

【加快特色小城镇建设】全区26个特色小城镇示范点中，山南市错那县勒门巴民族乡已建成，继鲁朗小镇后成为全区第二个建成运行的特色小城镇示范点，投入资金1.1亿元。其余特色小城镇示范点开工建设项目154个，完成投资23.1亿元。

【推进玉麦小康乡建设】全面实施玉麦小康乡规划，重点抓好玉麦乡市政基础设施、服务设施、住房及相关配套、饮用水安全、玉麦乡史馆建设。

【全力服务脱贫攻坚】组织开展农牧区房屋安全质量排查，加大对农牧区房屋质量安全管理；充分发挥行业优势，积极引导建筑企业吸纳低收入群众就业增收，在"厕所革命"中积极吸纳建档立卡贫困户群众参与运营管理；扎实做好定点扶贫工作。

（西藏自治区住房和城乡建设厅）

陕 西 省

概况

2018年，在陕西省委、省政府的领导下，陕西省住建系统深入学习贯彻习近平新时代中国特色社会主义思想和党的十九大精神，牢固树立"四个意识"，紧盯追赶超越，践行"五个扎实"，助力实施"五新"战略、发展"三个经济"、打好三大攻坚战，以新发展理念引领行业高质量发展，圆满完成各项目标任务。住房供应和保障体系不断完善、城乡建设管理再上新台阶、城市综合承载能力进一步提高、建筑业发展质量和效益明显提升、脱贫攻坚、污染防治和营商环境改善取得实效，为全省经济社会发展做出应有贡献。省住建厅被省委、省政府表彰为"2018年度目标责任考核优秀单位"，在省委、省政府办公厅2018年脱贫攻坚工作成效考核结果通报中为"综合评价好的部门"。

法规建设

【概述】2018年，持续深入推进"放管服"改革，优化提升行业营商环境，推进行政审批改革，加快推进"证照分离"改革，认真办理复议应诉案件，扎实做好行业立法和普法教育，法治政府创建活动再上新台阶。

【"放管服"改革】取消"工程建设项目招标代理机构资格认定"1项行政审批事项；下放"建设项目选址意见书核发"1项行政审批事项；向自贸区和四类功能区委托5项行政审批事项，向设区市住房和城乡建设部门委托1项行政审批事项；先后3次对省市县行政许可"三级四同"目录进行修改完善。在自贸区和四类功能区开展"证照分离"改革试点基础上，全面推行"证照分离"改革；先后3次梳理证明事项和盖章环节清单，全面梳理市场准入清单和196项监管清单，建立审批与监管相统一的市场监管机制。

【法治政府建设】印发《关于贯彻落实〈陕西省法治政府建设实施方案（2016—2020年）〉的意见》的通知》，积极指导全省住建系统推进法治政府建设。系统梳理并向住房城乡建设部和省政府法制办上报"2017年法治政府建设情况的总结"，接受"创建法治政府示范省级部门"检查验收。对全省住房城乡建设系统现行有效的省政府规章和规范性文件进行清理；对《陕西省房屋建筑和市政工程串通投标行为认定处理办法（试行）》进行合法性审查并报备；对12份业务工作文件进行合法性审查。全年受理20起行政复议案件，已办结13起、正在办理7起；行政诉讼案9起，胜诉6起、正庭审3起。

【行业立法】将《陕西省城市管理综合执法条例》《陕西省物业管理条例（修订）》等列入2018年立法计划。省人大和省政府先后7次对《陕西省城市管理综合执法条例》进行立法调研。11月30日，省十三届人大常委会第八次会议审议通过的《陕西省城市管理综合执法条例》，从2019年3月1日开始正式施行。向省人大汇报修订《陕西省物业管理条例》相关准备工作情况，配合省人大做好《陕西省民用建筑节能条例》释义相关审议工作；对51部法律法规草案提出修改意见。

【普法宣传教育】开展秦岭违规违建项目涉及住建领域法律法规专题宣传教育，制定专项整治《工作规则》，先后选派7名骨干脱产参加省委专办综合组工作，集中开展秦岭违建项目涉住建领域法律法规培训，不断增强和提高住建领域行政主管部门负责人和工作人员的法律意识。强化"七五"普法宣传，指导全省住建系统各单位认真开展"七五"普法宣传工作，搜集整理各地普法宣传情况，向住房城乡建设部上报送"七五"普法工作中期情况。利用行政复议疑难问题座谈会向西安、咸阳、汉中、商洛等市部分住建系统下属单位进行普法知识宣传。

【《陕西省城市管理综合执法条例》】11月30日，《陕西省城市管理综合执法条例》经省十三届人大常委会第八次会议审议通过，2019年3月1日起正式实施。《条例》对城市管理综合执法从执法的权限和范围、执法规范、执法协作、执法监督等作明确规定。《条例》的颁布顺应时代的发展需求和改革的必然要求，是一部社会关注度较高的法规。这部《条例》是全国首部专门规范城市管理综合执法工作方面的省级地方性法规。

【扫黑除恶】成立扫黑除恶专项斗争领导小组，下发《关于开展扫黑除恶专项斗争的通知》和《关于进一步做好全省住建系统扫黑除恶专项斗争工作的通知》，以打击住建领域建筑市场、房地产开发、住房公积金使用、城市建设管理、村镇建设管理等方面黑恶势力为重点，层层动员部署，统筹、协调、组织各地市对发现的行业监管突出问题和薄弱环节，有针对性地开展重点整治，及时调整完善监管制度措施，堵塞管理漏洞。

房地产业

【概述】2018年，全省房地产开发累计完成投资3534.67亿元，同比增长13.9%，较上年提高0.6个百分点，全省商品房销售同比增长16.6%，二手房交易同比增长11.79%。房地产市场呈现开发投资上升、商品房销量持续增长、二手房交易增速放缓的态势。

【政策措施】印发《加强调控促进房地产市场平衡健康发展的意见》，成立房地产市场调控工作协调小组，省级相关部门形成合力，分析房地产市场形势，防范市场风险。5月初，提请省政府召开专题会议，研究促进房地产市场平稳健康发展举措，对12个城市因城施策、分类调控，房地产市场运行平稳。6月4日，印发《关于印发〈陕西省房地产市场统计监测预警办法〉的通知》，及时向市场波动加大的城市发出预警提示，要求各地细化完善房价统计和监测预警指标体系，提高精准调控能力和水平，确保市场平稳健康发展。各地市认真落实主体责任，持续加调控力度。10月16日，省房地产市场调控工作协调小组成员单位赴西安市房地产市场调控工作进行座谈，落实房地产调控工作。

【市场监管】下发《关于进一步规范全省房地产市场秩序工作的通知》，在全省开展规范市场秩序专项工作。4月17—20日，组成4个检查组分别赴西安、宝鸡等8个地区开展房地产市场交易秩序专项检查。检查采取召开座谈会、赴项目实地暗访等形式，随机对全省8个地区的部分在售房地产项目进行实地检查，重点检查企业是否存在捂盘惜售、设置全款优先选房、拒绝住房公积金贷款、高于物价部门公示价格销售房屋、未公示房源上市计划等违法违规行为，对本次存在不正当经营行为的10家房地产开发企业，依法采取警告、暂停使用网签系统、罚款、降低企业资质等处罚，及时移交有关部门依法处理。同时加大房地产市场监管和惩戒力度，坚决遏制投机炒作，防止房价过快上涨，确保市场平稳健康发展。7月20日，会同省委宣传部等9部门联合下发《关于印发〈开展打击侵害群众利益违法违规行为治理房地产市场乱象专项行动方案〉的通知》，重点整治西安市房地产市场乱象。

【防范风险】3月12日，下发《关于落实省政府办公厅关于印发防范和处置非法集资工作专项检查方案的通知》，各地市成立防范和处置非法集资工作领导小组，建立工作机制和责任机制，从源头上控制风险。5月10日，下发《关于在全省开展房地产领域购房矛盾纠纷排查化解工作的通知》，各地市建设主管部门对问题房地产项目进行全面排查，集中化解矛盾纠纷，健全长效工作机制，严格执行突发事件应急报告制度。

【广夏奖】 中国房地产业协会、住房和城乡建设部住宅产业化促进中心公布第八届（2017—2018年度）"广厦奖"获奖名单中，陕西有5个项目名列其中，分别是：石鼓·天玺台（一、二期）、明珠花园（二期）、西北国金中心、昆明澜庭（一期）、中建·国熙台（西安）。其中石鼓天玺台一、二期项目获得规划与建筑设计优秀奖和物业管理（公共配套与运营服务）优秀奖。

住房保障

【概述】 2018年，全省保障性安居工程完成投资562.3亿元，政府投资公租房累计分配70.49万套，分配率97.33%；棚改开工20.281万套；发放租赁补贴8.143万户。西安、宝鸡等11个城市将外来务工人员和新就业职工全部纳入保障范围；政府购买公租房运营管理服务被住房城乡建设部列为8个试点省份之一；全省命名"和谐社区·幸福家园"小区45个。国务院办公厅通报表彰延安市棚户区改造工作积极主动、成效明显。

【政策措施】 召开全省保障性住房管理工作会议，明确2018年保障性住房的重点。督促各地市按期完成计划内公租房项目竣工分配，继续加快公租房资产确权，规范公租房后续管理，精细化管理住房保障信息平台。制定《关于进一步做好棚户区改造有关工作的通知》，完善棚户区界定标准和改造范围、因地制宜实施货币化安置政策、依法依规控制棚改成本。会同省财政厅出台《关于进一步加强公租房分配管理工作的通知》，分类明确公租房准入条件，提高申请审核效率，建立健全退出机制，加大租赁补贴力度，实施特殊群体精准保障。

【资金土地保障】 争取中央资金87.14亿元，下达棚改用地指标1.6万亩，发行棚改专项债46.09亿元，协调两行发放棚改贷款496.6亿元，安排公租房配套设施省级专项补助10亿元。

【公租房分配】 印发《关于进一步加强公租房分配管理工作的通知》，对公租房制度认识、准入条件，申请审核效率、退出机制、租赁补贴力、特殊群体精准保障、后续管理、领导落实等方面提出明确要求。各市县结合实际，及时修订完善公租房准入条件，确保城镇低收入住房困难家庭应保尽保，符合条件的新就业无房职工、外来务工人员全部纳入保障范围。住房城乡建设部将陕西省列为政府购买公租房运营管理服务试点省份，11月16日，省住建厅、省财政厅联合下发《关于开展政府购买公租房运营服务试点工作的通知》，确定在西安市、宝鸡市、安康市市本级和西安市高新区、扶风县、富平县、汉阴县等7个市、县（区）开展试点工作。

【和谐社区·幸福家园创建】 印发《关于推进2018年度"和谐社区·幸福家园"创建工作的通知》，对创建目标、创建重点、验收标准、宣传引导等提出具体要求。全省表彰45个省级"和谐社区·幸福家园"小区。

【检查考核】 省政府与各市（区）签订目标责任书，将保障性安居工程建设纳入省委、省政府对市（区）的年度目标责任考核体系。修订完善《陕西省住房保障工作评价考核办法》，将公租房分配任务细化到235个项目，实行台账管理；对问题较多、项目较大、开工时间较长的项目实行挂牌督办；结合省委巡视、跟踪审计、督查巡查等工作发现问题，逐市对接形成清单；针对全省公租房建设分配进度滞后的59个项目下发挂牌督办函，对账销号。实施"月排名、季点评并媒体公布排名、年度考核和奖励"的制度，适时约谈工作滞后的市区。厅党组成员担任巡查组长，每季度对全省项目的开工、竣工、分配、入住等情况进行全面巡查，确保项目完成进度。

【住房调研】 对全省住房存量、居住条件、住房来源、住房消费、住房租赁市场、商品住房市场、保障性住房和土地市场等8个方面进行调研，掌握全省住房市场的发展现状。提出建立租购并举住房制度的政策建议和工作建议，形成7个调研报告，分别是《新时代陕西省住房制度改革发展新思路》《陕西省住房制度改革发展白皮书》《关于加快建立多主体供给多渠道保障租赁并举住房制度的意见》《关于推进共有产权住房发展的指导意见》《关于进一步深化新时代陕西省住房制度改革若干意见》《关于建立租购并举住房制度的研究报告》《关于全省建立多主体供给、多渠道保障、租购并举的住房制度调研报告》。

【表彰奖励】 省政府表彰奖励2018年度保障性安居工程建设工作先进单位和个人。宝鸡市为一等奖，奖励3000万元；西安市和延安市为二等奖，各奖励2000万元；安康市、汉中市、渭南市为三等奖，各奖励1000万元。授予西安市高新区、眉县、武功县、宜君县、富平县、延安市宝塔区、靖边县、城固县、岚皋县、山阳县等10个县（区、市）为"2018年度全省保障性安居工程建设工作先进县（区、市）"称号，各奖励500万元。授予省发展改革委、省住房和城乡建设厅等9个部门、单位为

2018年度全省保障性安居工程建设工作先进单位，西安市住房保障和房屋管理局刘需中等54名同志为2018年度全省保障性安居工程建设工作先进个人。

住房公积金监管

【概述】2018年，全省住房公积金新开户单位7228家，实缴单位55584家，净增单位2879家；新开户职工45.59万人，实缴职工386.42万人，净增职工18.68万人；缴存额462.97亿元，同比增长15.70%。2018年末，缴存总额3240.17亿元，同比增长16.67%；缴存余额1335.91亿元，同比增长16.33%。实缴单位数、实缴职工人数和缴存额增长率分别为5.46%、5.08%和15.70%。公积金提取额275.47亿元，同比增长24.92%；占当年缴存额的59.50%，比上年增加4.39个百分点。106.25万名缴存职工提取住房公积金275.47亿元。提取金额中，住房消费提取占76.18%；非住房消费提取占23.82%。

【政策措施】继续落实《陕西省住房和城乡建设厅关于进一步扩大住房公积金制度覆盖面工作的指导意见》，各地市通过政策宣传、行政推动、部门联动、严格考核，多措并举，全面落实多层次、扩大覆盖面工作机制。组织全省行业在13个县区访问5306名各行各业的新市民住房问题，及时将农民工、自由职业者、新市民等中低收入群体纳入住房公积金制度。加大住房公积金从有效使用提升到更高效使用的指导力度，把住房公积金提取范围覆盖到购房、建房、大修、装修、租房和支付物业费等住房消费领域，实施差别化个人住房公积金贷款政策，合理引导住房消费，优先保障首套住房需求，兼顾改善性住房需求，合理调整贷款条件和最高限额，开展住房公积金组合贷款、冲抵还贷和异地贷款新业务，实现住房公积金异地缴存贷款全国联动和互认互通。修订完善公积金相关制度，建立行政执法联动机制，联合相关部门严肃查处未建未缴和少数房地产企业拒贷公积金等问题。

【监督检查】进一步落实住房公积金廉政风险防控制度，将每一个风险点和防控措施分解落实到具体机构和责任人。强化内部民主决策机制建设，完善"三重一大"决策事项，特别是大额资金存储、调拨、购买国债等方面的集体决策制度，提升审核把关能力，严防骗提骗贷，确保资金安全。组织三个督查组深入现场进行督查，使用电子化检查工具，对检查出的住房公积金缴存、提取、贷款、资金储存、财务管理、信息化数据管理及服务等7个方面风险隐患问题，逐条核实，认真整改。加强银行存款账户清查管理，全面整合消减公积金存款账户，做到一行一户，从根本上解决账户过多、资金分散、风险较大等问题。

【服务新模式】各中心先后建立住房公积金网上营业厅、微信公众号、支付宝、手机APP、自主终端等服务，积极开展网上"刷脸"咨询查询、缴存、提取、贷款、偿还、投诉等远程业务。围绕"最多跑一次"目标，下放审批权限，简化办理流程，公布"最多跑一次"或"一次都不跑"事项清单，加强"窗口"和服务网点布局建设，深化与阿里巴巴、腾讯等企业的战略合作，丰富服务渠道，推进与房产、人社、民政、税务、公安、工商、人民银行等部门互联互通，打造"一站式""金牌店小二"服务品牌，基本实现"让信息多跑路，让群众少跑腿"。全省14个中心（分中心）100%实现"双贯标"目标。

【公积金督察】制定2018年度公积金督察方案，印发《关于开展2018全省住房公积金管理工作督查的通知》，组织省公积金督察员对全省公积金2018年目标任务完成情况、政策执行及风险隐患排查整改情况、项目贷款规范管理情况、扩大住房公积金制度覆盖面情况、信息化建设落实情况等五个方面开展督察，形成省公积金督查报告9份。

城乡规划

【概述】2018年，省政府印发《陕西省〈关中平原城市群发展规划〉实施方案》，全省城乡规划积极做好秦岭生态整顿工作，推进重点规划编制，全面推进"城市双修"试点工作，认真落实乡村振兴战略，强化规划管控，加强历史文化名城名镇名村保护。伴随着政府机构改革城乡规划移交省自然资源厅管理。

【规划编制】编制完成《陕西省城镇体系规划纲要》，上报住房城乡建设部；省政府对咸阳市城市总体规划，宝鸡市、杨凌示范区总体规划修改进行批复；组织专家对《安康城市总体规划纲要》及《凤县县城总体规划》进行技术审查；对山阳、镇安、佛坪等县城总体规划两个规模进行审查，指导铜川市、榆林市开展城市总体规划修编。完成《陕西省秦岭生态环境保护城乡建设专项规划》编制任务。配合省发改委出台《陕西省〈关中平原城市群发展规划〉实施方案》。《方案》指出《关中平原城市群发展规划》的发布，标志着关中平原城市群发展上升为国家战略。到2035年，关中平原城市群质量得到实质性提升,西安国家中心城市和功能完备的城镇体系全面建成;形成经济充满活力、生活品质优良、生态环境优美、彰显中华文化、具有国际影响力的国家级城市群。

【规划管控】开展违规变更规划、调整容积率问题专项检查,城市建成区违法建设专项治理,指导各市认真贯彻落实《陕西省城市规划管理技术规定》,进一步规范城乡规划管理工作。制定城市总规、控规的成果AUTOCAD制图规范和成果要素编码与符号样式规范,编制城市总规、控规成果数据库规范及控规备案数据库使用说明,对上报控制性详细规划备案材料及成果的审核,建立13个市(区)的城市总体规划成果数据,做好新时期城市规划数字化成果的档案建库管理。为26个重大项目核发项目规划选址意见书。

【城市双修试点】推进西安、延安、宝鸡"城市双修"和西安、延安城市设计试点,同时积极开展省级试点工作,将大荔县、宁陕县、王益区三县区列为全省第一批城市设计、"城市双修"县级试点,并给延安、渭南、铜川分别下达城市设计补助资金100万元支持开展工作。深入西安、延安、宝鸡、渭南及大荔县等地,对国家和省级"城市双修"及城市设计试点工作进行调研指导,探索总结更多可复制、可推广的经验。组织全省城市设计及双修试点城市相关负责同志参加住房城乡建设部的"绿色发展理念下的城市设计与城市更新培训班",提高全省规划管理人员和从业人员业务能力,提升城市规划建设管理水平。

【乡村规划】省委、省政府出台《陕西省政府关于加快全省改善农村人居环境工作的意见》,省住建厅印发《关于做好2018年乡村规划工作的通知》,会同省规划院按照"简化、管用、实用"的要求,对有创新性和针对性的优秀规划编制案例进行遴选汇总。全省各地市认真落实全省乡村振兴战略,加强乡村规划建设工作,全年行政村规划编制覆盖率初步统计将达到93.9%。成立陕西省美丽乡村标准化技术委员会。

【名镇名村保护】先后下发《关于进一步做好和完善我省历史文化街区和历史建筑信息报送的函》《关于做好陕西省历史文化名镇名村历史文化街区认定工作的通知》《关于切实做好历史文化名城名镇名村以及历史文化街区保护工作的通知》,摸清各地市历史文化街区划定和历史建筑普查情况,提出保护规划及历史文化街区划定和历史建筑确定工作的要求,建立信息报送制度,组织专家对各市申报的历史文化名镇名村和历史文化街区潜在对象进行技术审查和实地踏勘,联合省文物局对3个镇,13个村,3个街区进行审查。

【秦岭生态整治】印发《关于在规划领域做好生态环境保护安全生产等相关工作的通知》《关于贯彻落实全省生态环境保护大会精神进一步做好规划管理工作的通知》,要求秦岭沿线城市严格执行《陕西省秦岭生态环境保护总体规划》《陕西省秦岭生态环境保护整整治工作方案》《陕西省秦岭生态环境保护2018年工作要点》等规定。全省规划行业在规划编制和审批、规划许可和依法监督等方面要严格落实生态环境保护要求,认真落实禁止开发区、限制开发区和适度开发区内容,明确项目准入要求,提高规划的可操作性。

【规划督察】全年监测面积13986.03平方公里,共提取变化图斑2404个,图斑面积达9149.69公顷。印发《关于核查处理规划遥感监测图斑的函》,督导市、县开展图斑核查,查处违法违规行为。开展全省县城遥感督察,组织省城乡规划督察员,对全省县城规划编制、实施、监管情况、乡村建设规划许可办理情况、2017年各市对所辖县遥感图斑核查情况、秦岭辖区县城遥感督察整改落实情况、县城违法建设查处情况进行督察。对发现"总规、控规的编审、报批工作进展缓慢""各县的乡村规划编制乡村建设规划许可工作进展不一""县遥感图斑的核查力度不够、整改督导不到位"等问题,督察组下发意见书,印发各市,督促其整改。开展秦岭北麓规划督察,组织省城乡规划督察员,采取调阅相关文件资料和现场查勘等方式,对西安、宝鸡、渭南市秦岭北麓辖区范围内的镇、村规划编制、审批及实施监管情况、乡村建设规划许可办理情况、违法建设的查处情况、2017年督察问题整改落实情况实施督察。对督察发现"县城总规、控规长期缺失""村庄建设规划编制拖欠较大,镇村规划审批环节滞后""县城总规修编工作进展不均衡"等问题,形成督察意见书,印发西安、宝鸡、渭南等地,督促其整改。

城市建设

【概述】2018年,全省设西安、铜川、宝鸡、咸阳、渭南、延安、汉中、榆林、安康、商洛10个省辖市和西咸新区、杨凌农业高新技术产业示范区以及兴平、华阴、韩城、神木4个县级市。城区面积2666.88平方公里,城区人口1100.42万人,城区暂住人口86.10万人,建成区面积1345.98平方公里,供水普及率95.45%,燃气普及率96.74%,建成区供水管道9745.9公里，人均城市道路面积16.47平方米，建成区排水管道9234.74公里，人均公园绿地面积11.73平方米，建成区绿化覆盖率38.79%，建成区绿地率35.15%。全面贯彻绿色发展理念，不断加大城市基础设施建设力度，有效提高城市综合承载能力。持续推进地下管廊建设，海绵城市建设试点；开展县城建设和园林城市创建活动。

【地下管廊海绵城市建设】确定2018年城市地下综合管廊建设任务，下发《关于下达各市（区）2018年城市地下综合管廊建设任务的通知》《关于加快推进城市地下综合管廊、海绵城市、污泥处置试点工作的通知》。举办全省海绵城市专项规划专题辅导培训班，专家组对部分城市专项规划编制成果进行现场评议和指导，西咸新区对海绵城市国家试点有关工作进行绩效自评。截至年底，西安、延安2个省级试点城市地下综合管廊在建项目47个，总长度45.18公里，竣工项目19个，总长度41.88公里，建区域135.56平方公里。全省海绵城市已建成项目201个，其中宝鸡、铜川2各试点城市建成项目66个，建成区域25.36平方公里。

【县城建设】制定《加快推进县城城镇建设行动计划》，对全省76个县城进行分类，明确发展地位、目标和路径。会同省财政厅印发《县域城镇建设专项资金支持县绩效评价办法》《关于加强省级县域城镇建设专项资金使用管理的通知》，对18个专项资金支持县严格资金使用管理，召开县域城镇建设专项资金支持县和项目试点县工作推进会。县城建设呈现发展规划"提标"、项目建设"提速"、产业融合"提质"、管理水平"提档"、城镇形象"提气"五个显著特点。

【风景名胜区】召开《宝鸡天台山风景名胜区总体规划（修编）2016—2035年》及《黄河壶口瀑布风景名胜区（陕西）总体规划（2017—2030）》省级联席会议及省规划委员会专家技术审查会。截至年底，收到风景名胜区项目建设申请10项，审批8项，未批准1项，1项通过专家评审。伴随着政府机构改革，风景名胜区移交省林业局管理。

【西安地铁】1月18日，西安地铁六号线首个盾构区间贯通，4月25日，西安地铁临潼线（九号线）首台盾构机始发，7月4日，西安地铁六号线首个盾构区间双线贯通，12月26日10时西安地铁四号线开通试运行。地铁四号线线路全长35.2公里，南起航天新城，北到北客站（北广场），方向为南北方向。线路依次贯穿西安航天基地、曲江新区、雁塔区、碑林区、未央区、经济技术开发区，全线设车站29座，均为地下站，线路有3个换乘站，分别与二号线在行政中心站换乘，与一号线在五路口站换乘，与三号线在大雁塔站换乘。

【表彰奖励】中国工程市政协会表彰"2018年度全国市政工程建设QC小组活动优秀企业和优秀推进者"名单中，陕西有2个企业和2名个人获奖。公布的"2018年度全国市政工程建设优秀QC小组获奖名单"中，陕西有25个QC小组获奖，其中QC小组成果一等奖4个，二等奖4个，三等奖4个，优秀奖13个。公布的2018年第一届"市政杯"BIM应用技能大赛获奖名单中，陕西有11个项目获单项奖，其中一等奖1个，二等奖2个，三等奖3个，优秀奖5个。"西安市地下综合管廊建设PPP项目Ⅰ标段"获十大管廊示范项目；西安智慧联廊电子科技有限公司的"综合管廊巡检机器人检测新技术"获十大管廊新技术。

村镇建设

【概述】2018年，全省共有乡镇984个，其中建制镇962个、乡22个，行政村16480个，镇域户籍人口2374.93万人，乡域户籍人口24.36万人，村庄户籍人口2127.84万人。全省三分之二的重点示范镇建成县域副中心，文化旅游名镇建成宜居宜业宜游的特色小城镇。35个省级重点示范镇、31个文化旅游名镇分别完成投资118.34亿元、43.61亿元，超目标任务47.93%、45.37%。重点示范镇镇区面积扩大69.21平方公里，带动镇区人口增长67.29万人。累计引进企业1000余家，9.16万贫困人口就业问题得到解决。文化旅游名镇累计创建AAAA级景区13个、AAA级景区18个，年吸引游客2875.77万人（次），旅游综合收入142.23亿元。"两镇"已成为全省城乡融合桥头堡、乡村振兴排头兵、脱贫攻坚助力器、人居环境新标杆，小城镇建设蓬勃发展。实施农村危房改造8.03万户。国务院办公厅通报表彰丹凤县农村危房改造工作积极主动、成效明显。

【两镇建设】全省召开"两镇"建设推进会，会同省发改委、省国土厅、省环保厅等部门联合印发《关于规范推进全省特色小镇和特色小城镇建设的意见》，规范推进全省特色小镇和特色小城镇建设。修订下发"两镇"考核办法，会同省财政厅下拨2018年"两镇"建设奖补资金5.85亿元；编制《陕西省传统村落保护发展规划》，经专家评审、征求各地意见后定稿印发。42个村落列入第五批中国传统村落名录。举办新型城镇化论坛特色小城镇分论坛，与西安建筑科技大学成立"陕西省村镇建设研究中心",开展陕西省小城镇规划建设、风貌设计、产城融合、文化传承等方面的研究。将"两镇"建设与实施乡村振兴战略、打赢脱贫攻坚战有机衔接的经验做法被住房城乡建设部肯定并推广。《陕西日报》连续刊登60个专版的宣传报道,"秦住建"开辟"我们的村镇""陕西村镇"等微信公众平台,对小城镇建设成效和做法进行宣传,"两镇"知名度持续提升,社会关注度明显增强。与陕西日报社共同出版《生态宜居·美丽乡愁——2018陕西村镇建设成果集萃》,两次得到省政府领导的肯定。

【农村危房改造】全省实施农村危房改造8.03万户,其中实施建档立卡贫困户危房改造7.95万户,年度脱贫对象40254户全部入住。印发《陕西省2018年农村危房春季攻势方案》,明确目标任务,早计划、早启动、早实施。每季度组织召开全省推进会,确保任务按时完成。精准认定年度脱贫对象,持续推进摘帽县退出工作,因地制宜分区域、分类别推广农村危房改造方式,加大对深度贫困地区资金支持,减轻贫困地区农村危房改造负担。严格落实"省包市、市包县、县包镇村户"三级包抓机制,每户危房改造对象都有住建系统领导包抓。研发全省农村危房改造信息监管平台,实现与住房城乡建设部、省扶贫、残联、民政等部门纵向、横向互联互通,达到认定、帮扶、脱贫、管理"四个精准",被住房城乡建设部充分肯定并在全国推广。全省农村危房改造工作得到国务院办公厅通报表彰,被中宣部作为典范,在改革开放40周年成就展进行宣传报道。住房城乡建设部、财政部对全国各省(区、市)2018年农村危房改造工作情况进行绩效评价,陕西排名第三位。

【管理考核】"两镇"考核实行淘汰递补制,落实"月统计、季通报、半年观摩、年终考核"制度。2018年"两镇"建设综合考核排后3名的戏俺鄠邑区草堂镇、商州区沙河子镇、高陵区泾渭街办等3个重点示范镇,南郑区青树镇、白水县林皋镇、麟游县九成宫街区等3个文化旅游名镇(街区)予以淘汰,退出省级重点示范镇和文化旅游名镇(街区)序列。遴选神木市大保当镇、泾河新城崇文镇、陈仓区周原镇等3个镇递补为省级重点示范镇;平利县长安镇、宝塔区南泥湾镇、华州区高塘镇等3个镇递补为省级文化旅游名镇(街区)。6个递补镇从2019年起将享受省级重点示范镇、省级文化旅游名镇专项资金和用地指标等政策支持。

【表彰奖励】省政府表彰奖励2018年度小城镇建设先进镇。宝塔区河庄坪镇、眉县汤峪镇、杨陵区五泉镇、黄陵县店头镇、延川县永坪镇、凤翔县柳林镇、长武县亭口镇、扶风县法门镇、城固县柳林镇、阎良区关山街办等10个镇为2018年度省级重点示范镇建设先进镇,奖励每镇100万元;宁强县青木川镇、山阳县漫川关镇、延川县文安驿镇、绥德县名州街区、丹凤县棣花镇、石泉县城关街区、印台区陈炉镇、武功县武功镇、岐山县凤鸣街区、旬阳县蜀河镇等10个镇为2018年度文化旅游名镇(街区)建设先进镇(街区),奖励每镇100万元;延川县乾坤湾镇、太白县黄柏塬镇、商南县过风楼镇、阎良区武屯镇、合阳县洽川镇、韩城市芝阳镇、绥德县张家砭镇、凤县平木镇、洛南县四皓街办、彬州市北极镇等10个省上跟踪指导考核的市级重点镇为2018年度市级重点镇建设先进镇,奖励每镇600万元,600亩城乡建设用地增减挂钩指标、新增建设用地指标。

勘察设计和标准定额

【概述】2018年,全省勘察设计行业质量不断提升,全年完成产值580亿元。出台《关于推进施工图设计文件联合审查的实施意见》等系列文件,推进住建、消防、人防施工图综合审查;编制《陕西城市设计标准》等工程建设标准;举办第二届10名全省勘察设计大师命名仪式,评选优秀勘察设计奖107项、计算机软件奖19项。

【政策措施】全省开展勘察设计质量"双随机"监督检查,规范全省勘察设计市场,提高全省勘察设计质量。举行第二届10名陕西省勘察设计大师命名仪式,推动勘察设计高层次人才培养。为推进西安市国际化大都市建设,由主管厅长带队,组织西安市建委、陕西省勘察设计协会等单位对西安市申请"设计之都"进行了专题调研,形成《关于西安申请创建"设计之都"调研报告》。组织厅电子政务中心、西安市建委、施工图审查机构及审图系统开发单位等进行数字化审图系统研究,专家认为该项目建设必要性、可行性强,方案设计及项目预算合理,同意立项。

【工程建设地方标准】及时修订全省工程建设标准体系,编制《陕西省城市设计标准》《村镇装配式承重复合墙结构居住建筑设计规程》等17项工程建设标准。编制完成《农村危房改造高延性混凝土加固应用技术导则》等技术导则及标准设计。开展《预制装配式混凝土综合管廊工程技术规程》等新技术标准的立项工作。

【施工图并联审查】7月4日，省住建厅联合省发展改革委员会、省公安消防总队、省人民防空办公室印发《关于推进施工图设计文件联合审查的实施意见》，《实施意见》改变以往施工图审查部门分散、程序复杂、效率不高等问题，这也是陕西省施工图审查制度的重大改革，将之前的"多头"审查改为"联合"审查，改为由一个机构对建筑（市政）、人防、消防进行审查，真正实现简化办事程序。制定《关于认定施工图综合审查机构的通知》等文件，举办全省施工图联合审查培训班以及宣贯会议，各地市建设、消防、人防行政主管部门及施工图审查机构负责人以及施工图审查机构技术人员400余人参加。分两批公布30家综合审查机构，2019年1月1日起，全省全面开展施工图联合审查工作。《中国建设报》《陕西日报》、新华网对陕西施工图联审审查工作多次报道，受到全国同行关注。

【超限审查】随着第十四届全运会场馆及其相关配套设施全面建设，陕西超限建筑审查工作量大幅增加，为做好对省市重点工程的服务，省住建厅积极改进超限建筑的审查工作，提前介入、上门服务，组织建设单位、设计单位、图审单位学习有关政策，充分做好前期准备，以最快的速度做好超限审查工作。先后完成陕西省奥体中心体育馆、西安奥体中心主体育场和西安奥体中心体育馆的审查工作，全年共审查超限建筑28项。

【推动非公经济发展】加大非公经济的支持力度，开展全省民营勘察设计单位的调研，先后走访陕西新鸿业生态景观设计有限公司等4家民营企业，针对民营企业发展中遇到的问题，开展深入的交流，根据不同企业的发展情况进行指导。

【表彰奖励】中国勘察设计协会表彰2018年度国家工程建设（勘察设计）优秀QC小组，陕西有37个小组、1个企业、2名个人获奖。其中：QC小组一等奖4个，二等奖24个，三等奖9个；QC小组活动优秀企业1个，QC小组活动优秀推者2名。

工程质量安全监管

【概述】2018年，全省住建系统牢固树立质量第一和安全发展理念，深入推进工程质量安全提升行动，加强监督执法，严格落实安全生产主体责任，不断夯实工程质量安全监管基础，持续推进安全生产标准化，扎实开展扬尘治理工作，有效推动全省工程质量安全水平稳步提升。7个工程项目获中国建设工程"鲁班奖"，11个工程项目获国家优质工程，35项工程获省优工程"长安杯奖"，266个项目授予省级文明工地，评定省级工法182项。

【质量安全提升行动】认真开展执法检查，督促企业履行主体责任，自觉开展排查整治，切实发现和整治工程质量安全隐患问题。全省共开展执法检查5783次，检查工程项目13501项（次），下发整改单6202份，下发行政处罚书349份，实施信用惩戒66起，曝光违法违规典型案例30起。

【安全生产标准化】下发《关于进一步加强建筑施工安全生产标准化考评结果运用的通知》，对企业业绩入库、企业安全生产管理人员考核合格证延续、安全生产标准化考评结果不合格企业重新申请安全生产许可证等作出明确规定。组织对全省各级住房城乡建设主管部门、工程质量安全监督机构有关人员和7000余家建筑施工企业进行业务培训，召开考评工作推进会，把考评工作开展情况纳入日常检查内容。全年，全省累计评企业766家、项目156个、涉及"三类"人员7054名，企业质量安全主体责任进一步夯实。

【专项治理】印发《建筑施工安全专项治理行动实施方案》，分别于7月、9月，对各地建筑施工安全生产工作开展情况进行全面督查，抽查在建房建市政工程项目89个，建筑面积821万平方米，下发执法建议书18份，对9个问题较多的项目全省进行通报。9月7日，印发《关于印发〈陕西省建筑施工领域安全生产集中执法行动方案〉的通知》，全面落实省委省政府关于安全生产的安排部署，进一步加强安全监管执法，强化安全风险管控，深化隐患排查治理，严格落实各项安全防范责任和措施，确保不发生重特大事故。

【安全生产月】下发《关于开展2018年住房城乡建设系统"安全生产月"活动的通知》，对全省住房建设系统开展"安全生产月"活动进行部署。6月16日，各级住建主管部门领导和机关带头参与"安全生产宣传日"活动。全省印制发放《安全生产法》《工程项目施工人员安全指导手册》等10余种宣传宣传资料108000余册（份），展出安全生产宣传牌1500余块。各地市围绕"生命至上，安全发展"主题，组织开展安全生产法律法规宣传、应急救援等科普知识、安全承诺、签名、演讲等教育活动，营造浓厚的安全生产氛围。

【扬尘污染防治】成立扬尘污染专项整治领导小组，制定《铁腕治霾打赢蓝天保卫战三年行动方案（2018—2020年）》《铁腕治霾打赢蓝天保卫战专项行动方案》等政策文件，将建筑施工扬尘治理费用列入工程造价、建筑施工扬尘防控纳入省级文明工地考核指标,纳入企业信用记录。采取增加洒水降尘频次、道路湿法保洁作业等强制性措施,最大限度减轻施工扬尘对空气质量的影响。建立监督检查机制,不定期对各市区明察暗访,对全省建筑工地扬尘防治工作进行不间断的检查。全省组织5次全面督查,各级住建主管部门累计检查24251次,检查工程项目11624个,责令整改10512起,行政处罚1096起,处罚金额4068.58万元。

【文明工地】持续不断开展文明工地创建活动。2018年重点完善文明工地评价标准,把创建对象由单个工程项目向城市区域性群体工程转变,由地上向地下延伸,扩展到城市轨道交通施工项目和城市管廊建设项目,不断扩大创建活动覆盖面和影响力。全年分两批授予266项目省级文明工地。召开2018年全省文明工地暨施工扬尘防治现场会,通报表彰现场会观摩工地14个项目,同时给予参与项目建设的企业记良好行为一次。

【创优评先】2018—2019年度第一批中国建设工程鲁班奖(国家优质工程)获奖项目7项:浐灞金融文化中心、西安交通大学材料科研与基础学科大楼、渭南职业技术学院图书馆、中国移动高新基地生产指挥中心综合研发楼、陕西柠条塔煤矿(18.00Mt/a)建设工程、西安电子科技大学南校区综合体育馆、陕西大剧院。2018—2019年度国家优质工程奖获奖项目11个,其中金质奖1个。中国建筑业协会公布的2018年度全国建筑业AAA级信用企业,陕西有25个企业名列其中。

建筑市场

【概述】2018年,全省完成建筑业产值7006亿元,同比增长12.5%,增加值占全省GDP比重10%。10家建筑企业晋升特级资质,全省现有特级企业达29家;建筑行业从业人员152.53万人,吸纳全省20%以上农民工实现就业;通过采取扶持优势企业做大做强、深化行政审批制度改革、推进建筑工人实名制管理、优化提升营商环境等一系列改革举措,推进建筑业改革转型、持续健康发展,建筑业支柱产业地位更加凸显。

【政策措施】出台《关于进一步加大对优势建筑业企业资质申报政策扶持力度的通知》,把102家(其中民营企业45家)优势企业列入重点扶持对象。中天西北建设投资集团有限公司成功晋升特级资质,实现全省民营建筑企业特级资质零突破。引进中建安装西安公司、虹桥国际西安公司、安徽水利等5家央企和省外优势企业在陕落户。推进综合服务中心标准化建设,使实体大厅向网上办事大厅延伸,依托"互联网+公共服务",企业和个人的资质资格业务办理由"纸质材料申报"变为"网上集中统一受理",将10个行政审批事项、5项专业承包许可事项分别委托(陕西)自由贸易试验区和各市(区)、直管县住建部门,推行建筑工程领域注册执业人员、安全管理人员等各类注册证书、岗位培训合格证书的电子化,实现让"信息多跑路,企业少跑腿",节省企业时间和办事成本。10月30日,印发《关于实行建筑业企业资质审批告知承诺制的通知》,12月28日,联合省发展改革委员会、省财政厅公布全省59家房屋建筑和市政基础设施工程总承包的试点企业名单。

【实名制管理】7月12日,会同省人力资源和社会保障厅印发《关于在全省房屋建筑和市政基础设施工程建设领域推行建筑工人实名制的通知》,陕西作为住房城乡建设部建筑劳务用工改革试点省份,8月1日起,在全省建筑和市政基础设施工程建设领域全面推行建筑工人实名制管理,规范建筑市场用工秩序。率先在全国取消劳务企业资质,破解建筑工人技能培训、鉴定考核、工资支付、养老保险等制约建筑企业用工的难题。截至年底,建筑工人管理平台中已实名记录建筑工人13万多人,在线项目数802个,在线承包商1697家。全省建筑行业从业人员达114.47万人,吸纳农民工就业占全省外出农民工总数的20%以上。

【优化营商环境】先后出台《工程建设项目审批制度改革的实施意见》《优化施工许可证办理程序措施十七条》《关于推进施工图设计文件联合审查的实施意见》及区域评估、联合竣工验收等10多项政策文件,工程建设项目审批框架基本建立。取消审批事项10项,调整合并审批事项38项,平均申报材料件数由原来的70项精简至目前47项,社会投资的核准(备案)类、政府投资的审批类的建设项目审批时间分别压缩至90个工作和120个工作日;审批时间大幅压缩。积极指导渭南市、延安市两个国家试点城市开展工作,对12个市(区)进行全面检查指导。各市(区)设立项目审批服务窗口,实行"一窗受理、统一接件、内部流转、并联审批、统一出件",优化项目审批流程,推动工程建设项目尽快落地。西安市、延安市、渭南市工程建设项目审批管理系统已上线运行,实现网上受理、实时流转、并联审批、共享交换、全程留痕、跟踪督办、实时监管。国务院第五次大督查反馈,陕西工程建设项目报建指标位居全国第二位。

【建设监理】7—9月，对所有在陕工程监理、工程造价咨询企业及招标代理机构执业行为进行专项检查，每个市（区）随机抽取工程监理项目6个，工程造价咨询、招标代理企业各3个，每个企业抽取3—5个项目进行检查，检查期间举报项目必查。主动向住房城乡建设部申请全过程咨询试点任务，10月30日，下发《陕西省开展全过程工程咨询试点实施方案》《关于开展全过程咨询试点的通知》，公布第一批20家造价咨询、工程监理、勘察设计企业全过程工程咨询试点企业名单。中建西北院等企业成为住房城乡建设部支持的全过程工程咨询试点企业。11月起，在全省开展全过程咨询试点工作。30日，召开由40多家企业参加的全过程咨询试点工作推进会，加大全过程工程咨询服务企业的培育力度，调研起草《陕西省全过程工程咨询服务导则》，改进工程建设组织模式，推动工程咨询服务加快与国际工程管理模式接轨，为全省工程咨询服务企业转型发展、积极参与"一带一路"创造有利条件。

【市场监管】5月22日，下发《关于〈开展整顿和规范建筑市场中介服务行为专项行动计划〉的通知》，对全省工程监理、造价咨询及招标代理企业市场行为进行全面检查。这次专项行动，抽查中介服务企业183家、282个项目，对13家存在违法违规行为的企业全省进行通报；对46家企业申报资质工程业绩的真实性进行核查，25家企业、3名个人因弄虚作假等行为被通报，7家企业因围标串标罚款217万元，同时计入不良行为记录。

【对外承包】全年对外承包工程完成营业额40.58亿美元，同比增长3.8%，列西部第2位；新签合同额34.65亿美元，同比下降6.5%。2018年，陕西在"一带一路"沿线国家完成营业额26.55亿美元，新签合同额16.82亿美元，分别占全省总额的65.4%和48.5%。

【工程造价】下发《关于调整陕西省建设工程计价依据的通知》，对市场综合人工费变化情况进行研判，印发《关于调整房屋建筑和市政基础设施工程工程量清单计价综合人工单位的通知》，每季度发布建筑工种人工成本信息和建筑工程实物量人工成本信息。印发《陕西省工程造价数据监测平台测试》，进一步加强市场计价行为监管，强化对工程造价咨询企业监督。全年接待各专业人员咨询、调解纠纷1300余次；新增工程造价从业人员的初始登记注册429人，造价员省内变更注册590人，增项专业60人，发放印章50人。

【劳保统筹】召开全省行业统筹工作会议，会同省财政厅下发《关于进一步加强建筑业劳保费用收缴管理的通知》，切实发挥省、市、县三级管理机制的作用完善多部门联动收缴机制，开展"滚动式"追收追缴，有效遏制了拖欠、减免劳保费问题的发生，劳保费征收环境大为改善。截至12月底，全省收缴劳保费55.69亿元，完成年度目标任务的361.6%，与去年同期相比增长23.7%。全省拨付劳保费31.29亿元，完成目标任务的250.32%，与去年同期相比增加了15.54亿元，增幅101.42%。新纳入劳保费统筹管理注册的建筑企业240家，其中本省企业215家，外省企业25家，劳保费的保障作用不断提升。实现"数据一个库、监管一张网、管理一条线"的新型管理模式在劳保统筹管理中的实际应用。采集企业信息11719条，人员数据信息1045736条，项目数据信息15176条，信用数据信息1966条，实现了《劳保费拨付手册》在平台系统的申报注册应用。

【企业资质电子化】作为全国首批人员电子化证书试点省份，11月1日起，在全省范围内试行二级建造师、二级建筑师、二级结构工程师、安管人员、特种作业人员和现场领域专业人员等六类人员证书电子化，涉及人员90余万。证书电子化后，企业和持证人员真正实现"0跑腿"，不仅不用再负担往返取证过程中的食宿、交通、时间等成本，证书获取周期缩短至1天。快递邮费和证书印制费，每年节约数百万元。过去需要的六七个流程一键压缩，工作效率大大提高，打通了服务群众的"最后一公里"。2019年上半年全省范围内将全面推行住建企业资质证书电子化。

【信用体系建设】在信用中国（陕西）发布行政许可类信息19785条，行政处罚信息6条，与省内外相关法院实施联合惩戒3起。加强失信被执行人联合惩戒建设，提升改造厅行政审批系统，对限制建筑业房地产资质、限制不动产交易、限制装修高档房屋等重点进行整改。

建筑节能与科技

【概述】2018年，全省建筑节能与科技工作有序推进，装配式建筑建设，装配式建筑开工建设工程量持续增长；绿色建筑发展水平有所提升；建设技术创新与应用成效显著。

【装配式建筑】全年新建装配式建筑307.44平方米，开工建设工程量较上年增长69%。协调省财政厅下达装配式建筑专项资金支持装配式建筑试点示范项目4个，12.82万平方米。全省装配式建筑项目建设488.53万平方米。陕西建工集团、西安建工集团被住房城乡建设部列为国家装配式建筑产业基地。铜川市坚持高标准推进装配式建筑发展，安康市装配式建筑规模同比增长22%，在农村危房改造中推广装配式建筑217套。

【绿色建筑】确定绿色建筑评价机构6家，下发《关于进一步规范我省绿色建筑评价标识管理工作的通知》，坚持每季度下发绿色建筑通报，指导督促市县推进绿色建筑项目的规划设计与建设全年新增绿色建筑项目421个，总建筑面积4042.12万平方米；获得标识项目157个，总建筑面积1439.33万平方米，其中：一星级87个777.60万平方米，二星级69个6345.84万平方米，三星级1个27.15万平方米。4个绿色生态居住小区通过预评审。

【建筑清洁采暖】会同省财政厅、省环保厅、省能源局指导西安、咸阳、铜川编制清洁采暖示范城市实施方案，其中西安、咸阳成功列入北方清洁采暖示范城市。会同发改、财政等六部门印发《关于发展地热能供热的实施意见的通知》，在沣西新城地热能供热能发展经验的基础上，地热能采暖在西咸新区进行全面推广。11月29日，在西咸新区沣西新城联合召开全省地热能供暖现场推广会议，对发展成果进行展示，推广工作经验。全省中深层地热能供热达到1097.97万平方米，在建项目597.06万平方米。中深层地热能建筑供暖（制冷）关键技术研究及应用示范重点课题立项并有序推进。

【科技创新与推广应用】行业企业及科研院所申报住房城乡建设部科学技术计划项目65个，立项21个；申报省级科学技术项目15个，立项2个；确定建设科技计划项目45个，其中科研开发类项目17个、绿色施工科技示范工程类项目28个。创建绿色施工科技示范工程项目24个。9—12月，组织西安市、宝鸡市、咸阳市、铜川市在白村召开低能耗建筑推介会，礼泉县、白村、设计单位等人员赴北京昌平、河南新乡进行超低能耗建筑技术应用调研，完成白村低能耗新建农房的项目规模确定、规划布局、方案及施工图设计。11月29日，与省发展改革委、省自然资源厅、省生态环境厅在西咸新区沣西新城联合召开"全省地热能供暖现场推广会议"，观摩供暖项目现场，企业重点介绍技术优势和项目布局，职能部门介绍政策措施。12月21日，公布2018年度建设领域推广应用新技术与产品目录，7家企业8种产品通过审查，有效期自发布之日起2年内。

【获奖项目】全省住房城乡建设系统获"2018年陕西省科学技术奖"5项，其中西安建筑科技大学和中国建筑西北设计研究院有限公司等单位完成的"现代钢管结构理论研究及关键技术应用"项目获陕西省科技进步一等奖。获2018年度华夏建设科学技术奖授奖项目4项，其中西安建筑科技大学参与完成的"缺水型生态城市水系统的构建与智能管控技术及应用、组合结构设计规范（JGJ 138—2016）、保障性住房工业化设计建造关键技术研究与示范"3个项目分别获2018年度华夏建设科学技术一等奖；中国建筑西北设计研究院有限公司参与完成的"民用建筑能耗标准"项目获2018年度华夏建设科学技术一等奖。西安建筑科技大学与西安五合土木工程新材料有限公司联合研制的高延性混凝土价格砌体结构技术项目获2018年全国建设行业科技成果推广项目。省住建厅授予2018年陕西省建筑业创新技术应用示范工程157项，其中省内领先25项、国内先进13项。

人居环境与设计

【概述】2018年，全省改善农村人居环境完成投资247.21亿元，89.24%、41.46%的行政村农村生活垃圾、生活污水得到有效治理；村庄林木覆盖率达到33.78%，农村自来水普及率达到96.28%。自然村通动力电率达98.84%，村庄道路硬化率达98.37%。创建1447个省市县美丽宜居示范村，延安市农村人居环境治理工作受到国务院第五次大督查通报表扬。

【农村人居环境】将农村人居环境整治作为落实乡村振兴战略的重要任务，会同相关厅局制定《农村人居环境整治三年（2018—2020年）行动方案》，提请省委、省政府下发。省政府3次召开专题会议，组织观摩点评，进行安排部署，统筹推进。各设区市积极制定措施开展农村人居环境改善工作。省住建厅印发2018年度各市区改善农村人居环境工作目标任务，开展农村生活垃圾治理100天专项行动，会同省环保厅印发《关于进一步清理规范农村生活垃圾的通知》，进一步整顿农村非正规垃圾堆放点，有效改善农村人居环境。

【美丽宜居示范村】省住建厅、省生态环境厅、省财政厅、省农业农村厅等四部门按照《关于开展"陕西省美丽宜居示范村"创建工作的通知》要求，组织专家在各设市（区）审核初评的基础上，对上报村庄申报资料进行审查，逐项打分公示，公布140个村为省级2018年美丽宜居示范村。

【《陕西农房设计图集》】本着"安全、适用、经济、绿色、美观"的要求,开展新一轮农房方案征集活动。省内各勘察设计单位、基层农房规划建设单位广大设计人员和村民参与设计,征集210多例方案,从中选出100套方案,编成《陕西农房设计图集》,《图集》涵盖关中、陕北、陕南,公开供村民选用。全省已有76个示范点共10998户参照《图集》进行建设。

城市管理监督

【概述】2018年,继续强化城市管理执法体制改革,加强城镇污水垃圾运营监管,深入开展餐厨废弃物处置专项整治行动;强化城市黑臭水体整治,做好城市管理预警工作,提升城市管理监督水平。

【城市管理执法体制改革】印发《陕西省城市管理执法队伍深入开展"强基础、转作风、树形象"三年行动方案》,指导全省13个市(区)全部出台本地区具体实施计划,进一步明确了责任分工、具体事项、实施步骤和工作要求。分两期对全省450余名城市管理一线执法大队长进行业务理论培训。8个设区市,21个县整合形成数字化城市管理平台,8个设区市建立"12319"城市服务热线,其中咸阳市实现与"110"报警电话的对接。全省10个设区市全部出台工作实施方案,79个县级统计单位中67个出台工作实施方案;10个设区市、67个县实现城市管理领域的机构综合设置;9个设区市、49个县实现城市管理执法人员统一着装。

【城镇污水垃圾监管】全省建成运行污水处理厂125座,实现县级以上城市全覆盖,处理能力达到476.88万立方米/日,污水处理率达到85.5%;建成运行城镇生活垃圾处理场102座,处理能力达到2.69万吨/日,生活垃圾处理率为89.6%。向各市(区)分解下达2018年度城镇污水垃圾处理率考核目标任务,印发《关于进一步加强城镇污水处理监管的通知》《关于贯彻落实〈陕西省水污染防治2018年度工作方案〉的通知》,深入推进城市生活垃圾、污水处理工作,每月下发全省城镇污水垃圾处理率考核情况通报。

【水电气暖】下发《陕西省方便企业获得水电气暖行动方案》,参与起草《陕西省方便企业获得水电气暖三年行动计划(2018—2020年)》(初稿),向各设区市水、气、暖主管部门下发《关于做好方便企业获得水气暖工作的通知》,要求各部门尽快制定本市企业获得水、气、暖工作方案,召开全省方便企业获得水气暖工作推进会,对榆林、汉中、安康、商洛市方便企业获得水气暖工作进行督导检查。6月27日,《西安市集中供热条例》正式发布,7月1日起施行。

【环卫管理】印发《2018年铁腕治霾打赢蓝天保卫战工作要求》《铁腕治霾打赢蓝天保卫战三年行动方案(2018—2020年)》《关于贯彻落实厕所建设管理三年行动方案的实施意见》。举办全省环卫作业管理培训班,培训200余人次。开展全省饮食业单位油烟污染治理工作专项检查和市(区)间饮食业单位油烟污染治理工作交叉检查,检查情况全省通报。严格控制道路扬尘,强化道路保洁和设备配置,提高城镇机械化清扫率。全省关中城市车行道机械化清扫率均达92%以上,其他城市车行道机械化清扫率均达75%以上。

【城市黑臭水体整治】联合省环保厅下发《关于进一步做好城市黑臭水体整治工作的通知》,建立专报制度,指导各市(区)定期组织人员对可能产生黑臭水体的河道、沟壑、排洪渠等易发点进行检查巡查,防止出现新的城市黑臭水体。开展2018年省级城市黑臭水体专项督查,先后下发《关于加强黑臭水体排查整治工作的函》《关于进一步加快城市黑臭水体排查整治工作的函》《关于进一步做好西安市城市黑臭水体整治工作的函》。

【园林城市创建】印发《2018年全省园林城市(县城)创建工作方案》,对年度创建园林城市工作进行安排,转发《住房城乡建设部进一步加强城市公园安全管理工作的通知》,提出全省城市公园安全管理意见。培训全省园林城市创建及绿化养护管理培训班专业技术骨干300余人,对9个省级园林县城进行复查,向国家推荐申报8个国家园林城市(县城)。对全省城市出入口是否存在过度"景观"建设情况进行调研,向住房城乡建设部和省政府报送情况。命名85家园林式单位和园林式居住区。11月16日,印发《关于切实加强全省城镇节约型园林绿化工作的通知》,各设区市扎实开展全省节约型园林绿化建设,促进城镇建设健康发展。

【城市管理预警】在重大节假日和特殊情况时,省住建厅做好城市管理预警工作。先后下发《关于立即开展全国"两会"期间燃气安全生产督查的通知》《关于做好"五一"及夏季汛期期间安全生产工作的通知》确保市政公用设施运行安全。下发《关于做好2018年春节、"两会"期间反恐怖工作的通知》《关于做好2018年夏季高温天气供水工作的通知》,加强高峰调度和监督管理,抓好水质监测,确保居民用水安全、稳定。建立城市桥梁信息管理系统,对全省城市桥梁管理人员进行系统操作培训,启动城市桥梁信息管理系统应用工作。

人事教育

【概述】2018年，认真贯彻落实组织工作会议精神，按照《党政领导干部选拔任用工作条例》和中央、省委有关规定要求，以高度的政治使命感，有序有效推进厅系统机构改革，改革方案已获批准，设置科学、权责协同、运行高效的机构体系初步建立。

【机构改革】按照《陕西省住建厅所属事业单位整合机构精简编制规范管理方案》要求，制定精简整合工作方案，落实人员调整划转政策，严格人事纪律，10月25日，完成事业单位班子成员配备任命工作，10月31日，16家事业单位整合为11家工作完成。科学制定厅机构改革方案，将厅机关机构改革与城市管理执法体制改革统筹结合，优化机构设置和人员编制。将省墙改中心承担全省房屋墙体材料革新工作行政职能划归机关，墙改工作技术性、事务性、前期性和服务保障性工作继续由该单位承担；将省质监站承担的建设工程质量安全监督检查行政职能划归机关，保留省质监站的行政处罚职能。

【干部管理】全年考察、推荐提拔处级领导干部6名，事业单位干部选调到厅机关工作3名，接收安置军转干部12名、随军家属1名；推荐2名干部到住建部挂职锻炼，1名干部到省扶贫办工作，1名后备干部到脱贫攻坚一线靖边县席麻湾镇东高峁村任第一书记。加大领导干部报告个人有关事项抽查核实力度，全年抽查核实18人。修订《省住建厅干部鼓励激励、容错纠错、能上能下实施办法（试行）》，将"三项机制"与目标责任考核以及干部选拔任用工作紧密对接。制定和修订《厅干部轮岗暂行办法》《厅公务员平时考核实施办法》，干部轮岗形成制度化、常态化。印发《厅机关借用人员管理规定》《关于进一步规范厅机关和厅直单位领导干部在社会团体兼职的通知》，对机关借用人员和领导干部在社会团体兼职进行规范。

【干部培训】选派干部参加省委组织部、省人社厅调训60余名，系统参加住房城乡建设部培训24人，完成初任干部培训12名，参加省"三秦大讲堂""院士大讲堂""公务员大讲堂"讲座干部30余名。完成西藏阿里住建系统10名专业技术人员在陕培训工作。继续开展专业技术人员继续教育和干部网络培训。

【人才培养】做好厅系统201名专业技术人员职称评审和3名政工师评审工作。经专家评议推荐，厅系统4位符合享受政府特殊津贴人员参与评选。指导各地加强建筑工人职业培训，依托全省建筑工人职业培训考核机构，全年培训建筑工人4.25万人。

【精准扶贫】安排1名厅级后备干部担任驻村第一书记；筹集23.5万元党建专项经费，用于帮扶村党组织建设；安排30万元扶持帮扶村特色产业生产，协调县级政府安排31.6万元、教育部门投资40万元改善村基础设施建设和学校危房改造及校园环境整治；帮助帮扶村编制乡村振兴规划。协调该村成立村集体经济合作社，开展产业扶贫，指导和帮助贫困户开展多种种植养殖业。落实靖边县扶贫团牵头责任，协调召开成员单位联席会议4次，争取各级扶持资金633.9万元，助推脱贫攻坚任务圆满完成。帮扶的东高峁村获得2018年榆林市级文明村称号。

大事记

1月

8日　省住建厅转发《省安委会认真学习贯彻落实〈中共陕西省委陕西省人民政府关于推进安全生产领域改革发展的实施意见〉的通知》。

8日　省住建厅、省发改委等6部门联合印发《关于发展地热能供热的实施意见》。

15日　国务院正式批复《关中平原城市发展规划》，同意陕西、山西、甘肃三省协作打造关中平原城市群。

2月

11日　陕西省新型城镇化和人居环境研究院编著的《陕西省新型城镇化发展报告（2017）》一书由陕西人民出版社出版发行。该书是第一本系统反映陕西省新型城镇化建设总体情况的蓝皮书。

26日　省住建厅召开全省农村危房改造春季攻势行动电视电话会议，对春季农村危房改造工作进行动员部署。

3月

2日　第二届陕西省工程勘察设计大师称号授予活动在西安举行。

6日　全省住房城乡建设工作会议在西安召开。会议传达学习刘国中省长对全省住建工作的批示精神。

9日　全省建筑行业劳保统筹工作会议在西安召开，会议总结2017年工作，安排部署2018年重点工作。

15日　副省长、省脱贫攻坚指挥部副总指挥魏增军到省住建厅调研脱贫攻坚并主持召开座谈会，了解农村危房改造脱贫工作情况。

19—20日　省政协副主席、省住建厅厅长杨冠军分别赴陕西保障性住房建设工程有限公司和省保障性住房管理中心调研。

20日　省住建厅决定取消陕西省绿色建筑评价标识技术支撑单位，自3月20日起《陕西省住房和城乡建设厅关于公布陕西省绿色建筑评价标识技术支撑单位的通知》废止。

26日　省住建厅印发《建筑施工安全专项治理行动实施方案》，成立建筑施工安全专项治理行动领导小组。

29日　全省保障性住房管理工作会议在西安召开。

30日　新版《西安市住宅专项维修资金管理办法》，经西安市人民政府常务会议审议通过，3月30日起开始施行。

30日　全省农村承重复合墙体装配式建筑技术培训观摩活动在西安市阎良区举行。

4月

1日　省住建厅召开干部大会，宣布省住建厅主要领导调整决定。省委组织部常务副部长翟四虎宣布省委决定，杨冠军不再担任省住建厅党组书记、厅长，任命韩一兵为省住建厅党组书记、厅长。

2日　省住建厅副厅长郑建钢带领厅机关有关处室对部分民营勘察设计单位进行调研。

9日　省住建厅"处级以上领导干部学习贯彻党的十九大精神集中轮训班"开班。

17日　全省县域城镇建设专项资金支持县和PPP试点县工作推进会在西安召开。

17—20日　省住建厅分4个检查小组对西安、宝鸡、咸阳、延安、榆林、汉中、安康、西咸新区等地区开展房地产市场交易秩序专项检查。

5月

9日　省住建厅召开全省推进农村危房改造脱贫攻坚暨整改部署会议，贯彻落实全省推进脱贫攻坚工作暨整改部署视频会议精神，安排部署下一步重点任务。

15日　省住建厅电子政务中心举办揭牌仪式。陕西省建设信息中心举行更名挂牌仪式，正式更名为陕西省住房和城乡建设厅电子政务中心。

16日　省住建厅联合省国资委下发《关于加强国有企业家属区"三供一业"分离移交工作的通知》。

17日　省住建厅邀请国内知名专家对全省海绵城市专项规划编制工作进行辅导，还对西安、宝鸡、铜川、汉中、安康、韩城6个市的海绵城市专项规划编制成果点评。

15—16日　省住建厅党组书记、厅长韩一兵同志到延安调研保障性安居、城市"双修"、城市设计、小城镇和改善农村人居环境工作。

22日　省住建厅印发《关于开展整顿和规范建筑市场中介服务行为专项行动计划的通知》，在全省范围内开展建筑市场中介服务行为专项行动。

23日　省住建厅出台《铁腕治霾打赢蓝天保卫战三年行动方案（2018—2020年）》，对全省住建行业铁腕治霾行动计划作具体安排。

24日　省住建厅印发《陕西省国有土地上房屋征收房地产价格评估机构选定办法》《陕西省国有土地上房屋征收住房保障办法》和《陕西省国有土地上房屋征收停产停业损失补偿办法》，三个办法均于6月1日起正式施行，有效期至2023年5月31日。

6月

1日　全省住建系统"生命至上、安全发展"主题"安全生产月"活动正式启动。

11日　省住建厅转发《住房城乡建设部办公厅关于印发城市轨道交通工程BIM应用指南的通知》，全面提升城市轨道交通工程质量安全管理水平。

19日　省住建厅授予浐灞金融文化中心等36项工程为2018年度陕西省建设工程长安杯奖（省优质工程）称号。

21—22日　省住建厅举办"全省园林城市创建及绿化养护管理培训班"。

29日　省住建厅召开全省农村危房改造质量安全与技术宣贯培训会。

7月

1日　西安市曲江乐居公租房小区1000套房源开始登记并现场办理入住手续，184名刚毕业的大学生顺利地拿到了新房钥匙。

3日　省住建厅与安康市政府联合召开《安康市城市总体规划（2017—2035）纲要》审查会，由7位省内外专家组成的评审组，原则通过安康市城市总体规划纲要。

4日　全省改善农村人居环境工作现场会议在延安市召开，会议通报2017年全省改善农村人居环境工作市（区）考核排名情况，省住建厅厅长韩一兵传达全国改善农村人居工作会议精神。

5日　省住建厅组织专家赴商洛市开展城管执法培训调研活动。

6日　省人大常委会副巡视员、核查验收组组长张克雄一行，对省住建厅上半年脱贫攻坚工作成效暨农村危房改造问题整改情况进行考核验收。

12日 省政府召开全省保障性安居工程半年点评会议，通报上半年进展情况，部署下半年工作，谋划2019年工作。

13日 省政府新闻办召开"推进建筑业转型升级加快改革发展"新闻发布会。

17日 全省第一期城市管理一线执法大队长业务培训班在西安举行，各市县202人参加培训。

20日 省住建厅出台《陕西省住房城乡建设行业铁腕治霾打赢蓝天保卫战市级单位考核办法》。

25日 省委网信办组织信息化专家一行来到省住建厅电子政务中心，对"陕西省建设行业大数据综合服务平台项目"进行验收评审。

26日 省住建厅召开棚户区改造和公租房工作座谈会，传达全国住房保障工作座谈会会议精神，对下一步贯彻落实提出具体要求。

27日 省住建厅印发《陕西省建筑工程质量提升行动方案》，到2020年，工程质量水平显著提升，工程质量技术创新能力明显增强。到2030年，全省建筑工程质量总体水平进入全国第一梯队，质量发展成果更多惠及人民群众。

27日 省住建厅印发通知，从即日起：取消全省工程质量检测人员考核工作，省建设工程质量安全监督总站原考核颁发的工程质量检测人员考核合格证书继续有效。考核证书相关信息数据和检测人员变更等业务移交厅行政许可处。

8月

1日 驻厅纪检组和厅直属机关党委联合组织党章党规党纪和有关廉政法规知识测试。厅机关全体干部、厅直单位处级以上干部参加测试。

2日 省住建厅党组书记、厅长韩一兵先后主持召开党组扩大会和处级以上领导干部大会，传达学习习近平总书记关于秦岭保护的重要批示精神。

2日 江苏省住建厅厅长周岚一行来陕西考察调研小城镇、美丽乡村及新型农村社区规划建设等工作。

8日 省住建厅召开秦岭北麓违规建别墅问题专项整治工作电视电话会议，传达学习贯彻习近平总书记重要批示指示精神。

16日 省住建厅举办"全省房屋建筑和市政基础设施工程建设领域建筑工人实名制管理"培训班。

24日 全省工程建设项目审批制度改革工作推进会在西安召开。

24日 省住建厅召开全省农村危房改造脱贫工作点评推进视频会议，贯彻落实全省新时代追赶超越暨脱贫攻坚半年工作点评推进视频会议精神，总结上半年工作，部署下阶段工作。

31日 省住建厅印发通知，要求做好城乡规划管理工作。

9月

4日 全国市长研修学院（住房和城乡建设部干部学院）宋友春院长带队一行4人，来陕西住建厅调研全省住房城乡建设系统领导干部、专业技术人员继续教育培训等工作。

6日 住房城乡建设部农村被动式低能耗建筑技术座谈会在咸阳市白村召开。住建部总工程师陈宜明出席会议并讲话。

7日 省住建厅印发《陕西省建筑施工领域安全生产集中执法行动方案》，从即日起至2018年12月底，对全省房屋建筑和市政基础设施工程开展安全生产集中执法行动。

9日 "2018海绵城市建设国际研讨会"在西安开幕。

10日 省住建厅联合省消防总队、省人防办在西安召开推进施工图联合审查工作会议，安排部署全省工程建设领域施工图联合审查工作。

10—11日 省住房和城乡建设厅联合省人民防空办公室对全省施工图联合审查机构审查人员进行培训。

12日 省住建厅联合省财政厅印发《陕西省保障性安居工程建设管理工作奖励办法》，自2018年9月22日起执行，有效期2年，原奖励办法自行废止。

20日 《中国建设报社》党委书记杜久才一行来陕走访调研，就如何发挥住建行业主流媒体作用、加强行业新闻宣传工作进行交流座谈。

26日 省住建厅在靖边县召开扶贫团第三次联席会议，总结三季度扶贫团驻村联户扶贫工作，部署安排四季度工作。

27—28日 省住建厅党组书记、厅长韩一兵赴安康市检查指导住建领域扫黑除恶及危房改造工作。

28日 省十三届人大常委会第五次会议表决通过《渭南市住宅物业管理条例》，该《条例》将于2019年1月1日起正式实施。

29日 省住建厅、省消防总队、省人防办联合印发通知，公布第一批陕西省施工图综合审查机构名单，11家机构榜上有名。

10月

12日 省住建厅召开党组扩大会议，传达10月11日全省深度贫困地区脱贫攻坚工作推进会议精神，研究贯彻落实意见。

15日 省住建厅、省财政厅联合印发《关于进一步加强公租房分配管理工作的通知》，对公租房准入条件、审核效率、退出机制等提出明确要求。

19日 省住建厅、省发改委、省财政厅联合印发《陕西省政府投资的房屋建筑和市政基础设施工程开展工程总承包试点实施方案》，共同推进全省工程总承包试点工作。

23日 全省保障性安居工程三季度点评会暨保障性住房"和谐社区·幸福家园"达标观摩推进会在汉中召开。

24—25日 省住建厅抽调相关专家组成督察组对西安市在建的地铁项目进行督查。

25日 省住建厅召开党组扩大会议，传达10月24日全省深化机构改革动员大会精神，研究贯彻落实意见。

25日 省委外宣办、省政府新闻办"送培训到厅局"活动之全省住房城乡建设系统新闻发布与舆论引导业务培训班在西安举办。

30日 《人民日报》民生调查·一线新探索专题刊发题为《"一户一策"加固改造、完善分类补助标准，陕西——危房翻新老乡开心》，深度报道全省农村危房改造脱贫工作。

30日 省住建厅印发《关于开展全过程工程咨询试点的通知》，决定在全省开展全过程工程咨询试点工作。制定《陕西省开展全过程工程咨询试点实施方案》，20个企业为全省第一批全过程工程咨询试点企业。

30日 省住建厅印发新版《陕西省园林城市系列标准》和《陕西省园林城市系列申报评审管理办法》，原《陕西省住房和城乡建设厅关于印发陕西省园林城市系列标准和陕西省园林城市系列申报评审管理办法的通知》（陕建发〔2017〕159号）同时废止。

11月

1日 即日起全省启用二级建造师注册证书、二级建筑师注册证书、二级结构工程师注册证书、建筑施工企业"安管人员"安全生产考核合格证书、建筑施工特种作业操作资格证书、住房和城乡建设领域专业人员岗位培训考核合格证书电子证书，停发同名纸质证书。

2日 省住建厅召开党组扩大会议，传达全省全面深化改革工作会议精神，研究贯彻落实意见。

2日 省住建厅印发《铁腕治霾打赢蓝天保卫战三年行动方案（2018—2020年）（修订版）》，原《陕西省住房和城乡建设厅铁腕治霾打赢蓝天保卫战三年行动方案（2018—2020年）》从即日起废止。

7日 省住建厅召集部分市县（区）召开住房保障工作座谈会，推行政府购买公租房运营管理服务试点工作。

14日 全省文明工地暨施工扬尘防治现场观摩会在西安召开。

16日 省住建厅、省财政厅联合印发《关于开展政府购买公租房运营管理服务试点工作的通知》，确定在西安市、宝鸡市、安康市和西安市高新区、扶风县、富平县、汉阴县等7个市、县（区）开展政府购买公租房运营管理服务试点工作。

16日 省住建厅召开党组扩大会议，传达学习中共中央办公厅《通报》及省委关于秦岭北麓西安境内违建别墅问题专项整治情况通报会精神，研究贯彻落实意见。

20日 全省建筑节能与墙体材料改革办公室主任工作座谈会在西安召开。

26—27日 中国勘察设计协会传统建筑分会第二届会员代表大会暨第四届传统建筑文化传承创新高峰论坛在西安召开。

27日 省住建厅公布2018年度省级工程建设工法，182项工程建设工法被授予陕西省2018年度省级工程建设工法，有效期6年。

28日 省住建厅发布《关于调整房屋建筑和市政基础设施工程工程量清单计价综合人工单价的通知》，对全省建设工程综合人工单价进行调整。新标准自2018年12月1日起执行。

29日 省住建厅、省消防总队、省人防办联合印发通知，公布第二批陕西省施工图综合审查机构名单。

12月

4日 省政府办公厅印发《陕西省贯彻落实全国深化"放管服"改革转变政府职能电视电话会议重点任务分工方案》，对各项改革任务进行分工安排，省住建厅牵头负责优化项目报建审批流程。

6日 省住建厅、省生态环境厅、省财政厅和省农业农村厅联合印发通知，公布140个村为2018年陕西省美丽宜居示范村。

13日 西部网2018年度通联大会暨融媒体宣传创新论坛上，通报表彰2018年度网络宣传工作先进单位和优秀网络问政单位。省住建厅荣获"2018年度西部网网络宣传工作先进单位"。

14日 省政协副主席李冬玉带领省政协优化营商环境三级联动专题民主监督第四调研组，到省住建厅开展专题民主监督调研。

14日 《中国建设报》头版头条"致敬伟大新时代唱响建设最强音——庆祝改革开放40周年"专题刊发文章《再绘三秦新画卷》，深度报道陕西住房城乡建设工作成就。

26日 省住建厅印发《关于取消二级建造师变更注册业务的通知》，2019年1月1日起停止受理二级建造师变更注册业务。

26日 省住建厅印发《全省城市桥梁安全防护设施隐患排查整治工作方案》，各设区市要切实做好全省城市桥梁安全防护设施隐患排查工作，确保城市桥梁运行安全。

26日 西安市政府办公厅印发《西安市推进新建住宅全装修工作实施意见》，自2019年1月1日起，在全市行政区域内新建住宅推行全装修成品交房，实现住宅装修与土建安装一体化设计，促进个性化装修和产业化装修相统一。

28日 省住建厅召开党组扩大会议，传达学习省委十三届四次全会和全国住房城乡建设工作会议精神，研究贯彻落实意见。

28日 省住建厅、省发改委、省财政厅联合公布59个全省政府投资的房屋建筑和市政基础设施工程总承包试点企业名单。

（陕西省住房和城乡建设厅）

甘　肃　省

概况

2018年，全省住房城乡建设系统深入学习贯彻习近平新时代中国特色社会主义思想和党的十九大精神，坚持稳中求进工作总基调，贯彻新发展理念，落实高质量发展要求，统筹推进住房城乡建设领域稳增长、促改革、调结构、惠民生、防风险工作，认真贯彻落实省委、省政府决策部署，圆满完成了各项任务。

法规建设

【立法工作】《甘肃省城乡规划条例》和《甘肃省风景名胜区条例》完成修订，于2018年7月28日经省第十三届人民代表大会常务委员会第四次会议审议通过，9月1日起正式实施。《甘肃省物业管理办法》完成修订，删除了关于物业企业资质的相关内容，于2018年10月15日经省政府第30次常务会议审议通过。对125件行政规范性文件进行了清理。完成《甘肃省政府购买棚户区改造服务管理办法》《甘肃建设工程飞天奖评选办法》《甘肃省住房和城乡建设厅关于进一步加强房地产估价行业管理的通知》《甘肃省房屋建筑和市政基础设施工程施工图审查管理办法》等规范性文件的备案。

【普法工作】依据"七五"普法工作要求，完善普法制度，开展宪法学习，购买发放《宪法》《监察法》《行政许可法》《宪法学习读本》《宪法百问》等书籍800余册。提供有关建设法律法规咨询服务40多次。通过省委普法办组织的"七五"普法中期督查。完成全省住房城乡建设系统依法行政培训，发放宪法及修正案学习资料200余份。印发了《关于开展2018年度行政执法人员网上培训考试工作的通知》（甘建函〔2018〕242号），共计151名行政执法人员完成在线培训。组织开展了"宪法宣传周"活动。

【依法行政工作】完成了年度依法行政中期督查工作。根据省依法行政工作领导小组办公室印发的《关于开展全省行政执法主体资格审查和执法人员清理工作的通知》要求，对厅系统相关单位的行政执法主体资格和执法人员进行了审查清理。进一步健全"双公示"工作机制，规范了公示内容，扩大了公示信息范围，自觉接受公众监督，积极推进诚信体系建设。严格执行执法人员持证上岗制度，完成了22个执法证的换证工作。

【"放管服"改革工作】根据省政府通知要求，成立了住房和城乡建设厅"放管服"改革领导小组办公室，对提高审批效率，优化窗口服务工作提出了明确要求。根据《甘肃省深化"放管服"改革转变政府职能重点任务分工方案》工作部署，制定《甘肃省住房和城乡建设厅深化"放管服"改革转变政府职能重点任务分工方案》，从简政放权、创新监管和优化服务三个方面明确了19项具体任务。为解决全省住房城乡建设领域"最多跑一次"事项名称不规范、口径不一致、范围不准确、上下不统一、数量相差悬殊等问题，加快推进"一窗办一网办简化办马上办"改革，方便群众和企业到政府办事，提升政府服务水平，优化营商环境，根据省机构编制委员会办公室通知精神，按"八个统一"标准对全省住房城乡建设系统群众和企业到政府办事"最多跑一次"事项进行了梳理规范，印发《全省建设系统群众和企业到政府办事"最多跑一次"事项指导目录》。按照省政府办公厅通知要求，牵头对《国务院审改办关于开展办理施工许可所花时间专项调查情况的报告》涉及事项进行了调查核实。按照省政管办关于调查《我省企业投资工程建设项目（房屋建筑）办理事项、部门、时间》的通知要求，对涉及建设（规划）系统的事项进行了梳理，对事项办理层级、部门、法定时限、办理时间等进行了核对和完善。根据国务院和省政府要求，为完善畅通网上并联审批通道，实现省政府政务大厅行政审批系统与部门相关业务系统及甘肃政务服务网对接，实现"一次登录、全网通办、全流程监督"和大力推动政务信息系统整合共享，打破"信息孤岛"的工作部署，加快整合相关信息管理平台，将行政审批和政务服务事项统一整合到甘肃省建筑市场监管与诚信信息系统，最后实现与甘肃省政务服务网整体对接。举办了"放管服"改革暨行政审批业务培训。根据省政府办公厅通知要求，对企业、群众办事创业需提交的各类证明材料进行了专项清理，把各类证明事项从340项精减到206项。在5个开发区进行"证照分离"改革试点，"建筑企业资质申请、升级、增项、变更的许可"和"房地产开发企业资质核准"均实行告知承诺制，制定了事中事后监管措施印发5个试点地区执行。根据省政府办公厅《关于进一步加快推进政务信息资源共享应用工作的通知》，9月，完成了与省数据共享平台接入工作，向省政府政管办申请使用了人口基础信息和企业基本信息两项信息资源；10月，梳理可共享信息资源目录11条和申请共享数据6条（第二批）提交省政府政管办。7月，根据省编通知精神，对政务服务事项办事指南进行了规范和完善。9月，对在甘肃政务服务网上公布的权力事项进行核对，确保网上公布的政务服务事项信息内容全面、规范、准确。对11项群众办事堵点问题研究解决对策，及时化解堵点问题。

【行政复议】共收到行政复议申请69件，受理62件，办结60件。

【双随机一公开】3月28日，发布《甘肃省住房和城乡建设厅随机抽查工作细则》，"双随机一公开"工作的"一单两库一细则"全部建立完毕。8月，印发《关于进一步做好全省住房城乡建设系统"双随机、一公开"监管工作的通知》（甘建发电〔2018〕80号），对"双随机、一公开"工作进一步安排部署。

住房保障

【保障性安居工程建设】2018年，国家下达甘肃省住房保障工作主要任务是：实施城镇棚户区改造23.22万套（列入省委省政府为民办实事项目）；棚户区改造基本建成9.65万套，公共租赁住房基本建成0.07万套；2018年底前，列入国家计划的政府投资公租房分配率达到90%以上，发放城镇住房保障家庭租赁补贴5.27万户。截至12月底，全省棚户区改造新开工23.22万套，开工率为100%；棚户区改造基本建成完成率为146.4%；公租房基本建成完成率为100%。全省历年累计建设公租房（含廉租房）43.3万套，分配率为96.5%，排名全国第5位（其中政府投资公租房36.34万套，分配率为97.6%，排名全国第4位），发放城镇住房保障家庭租赁补贴5.02万户、1.53亿元。全年共争取中央财政补助资金、中央预算内投资、省级配套资金和国开行农发行贷款资金427.29亿元（其中：中央保障性安居工程专项资金61.15亿元、中央财政公租房配套设施资金0.8亿元、中央预算内投资配套基础设施资金25亿元，落实省级财政配套资金10.34亿元，争取国开行和农发行贷款授信621亿元、发放贷款330亿元），棚户区改造和保障性住房项目建设完成投资468.36亿元，较2017年（346.31亿元）增长了35.2%。

通过提请省政府印发分解计划，省市县层层签订目标责任书，召开全省棚改工作电视电话会、棚改现场观摩会、阶段性工作推进会、棚改融资政策研讨会、央企和国企棚改项目对接会，组织开展棚改政策业务培训，配合省政府督查室和省委社会事业领域开展专项督查，严格落实省政府月通报和约谈问责制度，大力推进棚改工作。为完成2018年保障性安居工程建设各项目标任务，从5月开始，历时5个月对全省14个市州2018年棚改项目进行了全面巡查；针对巡查发现的重点问题，先后下发督办函9份，并对武威、白银、陇南等市进行了约谈；结合三纠三促活动，报省政府督查室对金昌、甘南、临夏、平凉4个市州项目进展缓慢等问题进行了重点督办；7月1日至10日，组织14个市州对住房保障工作目标责任书完成情况开展了半年交叉考核；2019年1月8日至13日，对《2018年住房保障工作目标责任书》执行情况进行了年终考核。

为加快推进住房制度改革，组织财政、税务等部门开展实地调研，研究起草《进一步深化我省城镇住房制度改革完善住房供应体系的调研报告》报省委改革办，起草《甘肃省进一步深化城镇住房制度改革完善住房供应体系的实施方案（征求意见稿）》。通过实物配租或发放租赁补贴等方式，保障进城务工农民的居住需求。截至年底，全省累计为38059户进城务工农民家庭提供了公租房实物配租保障，为797户农民工家庭发放了住房租赁补贴。支持做好藏区棚户区改造，2018年共下达藏区中央补助资金6.91亿元、省级配套资金0.91亿元，支持甘南州实施棚户区改造20844套，支持天祝县实施棚户区改造715套。

房地产业

【概况】 2018年，全省房地产开发投资1116.39亿元，同比增长18.2%；施工面积9428.51万平方米，同比增长3%；新开工面积2443.03万平方米，同比增长2.9%；竣工面积752.34万平方米，同比下降11.3%；全省商品房销售面积1595.65万平方米，同比增长2.32%。全省商品住宅累计可售面积1914.39万平方米，商品住宅去化周期12.6个月，比2016年底的16.93个月缩短4.33个月。

【市场调控和监管】 认真贯彻执行《住房城乡建设部关于进一步做好房地产市场调控工作有关问题的通知》（建房〔2018〕49号）等通知要求，加强房地产市场调控各项工作，促进房地产市场平稳健康发展。向省政府报送了《关于房地产市场基本情况和近期调控工作的意见的报告》《关于全国部分地区房地产工作座谈会议精神的报告》以及培育和发展住房租赁市场情况的报告。参加省政府研究室建立房地产长效机制调研，形成了《关于建立我省房地产长效机制的建议》调研报告。起草了《进一步促进我省住房租赁市场发展的措施和建议》。加强房地产市场运行分析研究，及时把握市场形势，每日督促各市州报送新建商品房以及二手房交易面积、金额、套数等指标；每月根据统计局统计数据和行业内统计数据，对全省及重点城市房地产市场进行全面统计分析；随时向省政府信息办等部门提供全省房地产市场运行分析和市场发展预测分析。针对部分城市房价上涨过快的问题，省房地产市场调控协调小组办公室先后向各市州政府下发《关于加强全省房地产市场调控工作的通知》（甘调控办〔2018〕1号）《关于通报近期房地产调控工作落实情况的通知》（甘调控办〔2018〕2号）。认真贯彻落实中央"三去一降一补"重大决策部署，每月分析掌握各市州商品住房去化周期变化情况，对商品住宅去化周期较大的市州及县区强化目标考核，靠实地方政府主体责任，多措并举，做好房地产去库存工作。

按照住房城乡建设部《关于开展房地产领域购房矛盾纠纷排查化解工作的通知》（建办〔2018〕226号）要求，组织开展了全省房地产领域违法行为整治和购房矛盾纠纷排查化解工作，防范化解房地产市场风险。共检查房地产项目1020个，发现违法违规问题113个，完成整改63个。按照住房城乡建设部等7部门部署，联合省上8部门在全省开展了打击侵害群众利益违法违规行为、治理房地产市场乱象专项行动。重点整治投机炒房行为、房地产"黑中介"违法违规行为、房地产开发企业违法违规行为、虚假房地产广告等方面的问题。全省共检查房地产开发项目1255个、中介机构1462个，查处房地产企业违法违规行为189起、中介机构违法违规行为342起。

针对各地贯彻执行《国务院办公厅关于加快培育和发展住房租赁市场的若干意见》《省政府关于加快培育和发展住房租赁市场的实施意见》《关于在人口净流入的大中城市加快发展住房租赁市场的通知》中出现的问题，研究制定督查办法进行了督查。6月5日、29日，分别组织召开了培育和发展住房租赁市场工作研讨会。完成14个市州的"监管＋N"模式的平台建设和上线运营。截至年底，全省通过租赁交易服务平台合计发布租赁房源57980套（其中市场化房源39063套、公租房18917套），线上平台房源合计交易1971套，手机APP注册用户81305户，平台浏览量127万人次。推进专业住房租赁企业组建发展，兰州市成立了13家、天水市成立了1家、张掖市成立了4家。

按照"放管服"工作要求，完成了房地产行业管理信息系统化建设，实现了房地产行业审批备案全部网上办理。制定下发《甘肃省住房和城乡建设厅关于在部分地区开展房地产开发企业资质告知承诺试点的通知》（甘建房〔2018〕394号），在兰州高新技术产业开发区管委会等五个试点地区开展房地产开发企业资质告知承诺试点。按照《甘肃省人民政府办公厅关于解决群众办事百项堵点情况的通报》，向市州房地产管理部门下发通知督促解决房管部门在群众办事中存在的堵点问题。为保证实行不动产统一登记后房地产交易管理的顺利进行，配合国土部门出台了《甘肃省不动产统一登记便民利民改革工作实施方案》，参加了全省不动产统一登记便民利民改革专项督查。

【国有土地上房屋征收与补偿】开展了全省国有土地上房屋征收机构调查摸底和征收项目调查统计工作。起草《甘肃省国有土地上房屋征收与补偿条例（草案征求意见稿）》。

【物业管理】制定了取消物业服务企业资质核定后加强物业管理相关工作的办法，对加强物业行业管理做了全面规定。组织市州对所有物业服务项目物业承接工作进行全面检查，指导监督建设单位、业主和物业服务企业做好物业共用部位、共用设施设备的检查交接工作。对不按照规定进行物业承接的，建立督查台账，由相关主管部门督促整改。推进各市县完成物业服务企业信用信息共享平台建设，定期向社会公布物业服务企业信用情况，建立守信联合激励和失信联合惩戒机制，构建以信用为核心的物业服务市场监管体制。兰州市已完成了信用信息平台建设。制定印发《甘肃省住房和城乡建设厅关于印发〈2018年物业行业安全生产目标责任实施方案〉的通知》（甘建房〔2018〕321号），对物业服务企业做好消防安全工作提出了要求。根据《甘肃省消防安全委员会关于挂牌督办重大火灾隐患的通知》要求，向嘉峪关房管局、金昌市建设局、定西市建设局、临夏市建设局下发《关于督办重大火灾隐患的通知》。起草《甘肃省物业项目消防安全管理办法（草案）》。检查物业项目21个，对物业小区消防、电梯、水电暖等公共设施设备日常维保巡检进行了全面检查。根据上位法的修改和取消物业资质后加强行业诚信管理、加强事中事后管理的要求，对《甘肃省物业管理办法》进行了修改，经2018年10月15日十三届省政府第30次常务会议审议通过，自2018年12月1日起实施。

住房公积金管理

【概况】2018年，全省新增住房公积金缴存额267.53亿元，完成年计划的118.38%；新增提取额190.84亿元，同比增加39.47亿元，同比增长26.07%；提取率71.33%（当年提取额占当年缴存额的比率），同比上升10.75个百分点；发放个人贷款195.89亿元，同比增加13.06亿元，同比增长7.14%，完成年计划的123.98%；业务收入29.58亿元，同比减少0.54亿元；业务支出16.52亿元，同比减少0.03亿元；实现增值收益13.06亿元，同比减少0.51亿元，全省增值收益率1.42%，比2017年同期下降0.27个百分点。

截至年底，全省住房公积金缴存余额958.86亿元，同比增长8.69%；新增缴存职工8.1万人，完成年计划的140.24%；个贷余额747.5亿元，同比增加85.97亿元，同比增长12.99%；个贷率77.96%，同比提高2.96个百分点；结余资金211.35亿元，同比减少9.28亿元，下降4.21%；个人贷款逾期额4763.36万元，逾期率0.63‰。

【公积金监管】制定全省住房公积金业务发展目标，将归集、使用和风险防控同部署、同落实，增加扩面、归集、贷款、个贷逾期率等业务指标考核权重，层层签订责任书。制定《2018年全省住房公积金管理工作要点》，部署十二项重点工作任务。召开全省住房公积金管理工作会议、全省住房公积金综合服务平台建设及"四办"改革推进会议，督促指导各地推进各项工作。坚持实行月通报制度，加强统计分析和检查。组织对各地住房公积金政策执行情况和风险隐患进行检查和排查，启用电子化检查工具对业务运行情况进行月度检查，实行月度报告制度。组织省市两级分别于每年3月底、4月底前向社会披露年度住房公积金管理运行情况报告，做好报告解读工作，回应社会关切，接受社会监督。坚持"用好用足住房公积金"的总体要求，加强政策分类指导，强化措施保障，认真落实各项分解任务。进一步扩大制度覆盖面，推进特定群体自愿缴存工作。组织开展新市民住房问题专题调研，完成省级调研报告。探索建立住房公积金自愿缴存机制，全省有9个市出台了支持进城务工人员、个体工商户、自由职业者缴存公积金政策措施。2018年全省特定群体人员建立公积金个人账户4000多个，累计建立个人账户10万个。用好住房公积金，支持职工住房消费，推动房地产去库存。贯彻落实房地产市场调控要求，实施差别化贷款政策，优先支持中低收入家庭首套房、城镇居民自住和进城人员购房需求。2018年为5.85万户家庭发放住房贷款196亿元，支持职工购建住房面积685万平方米。支持租房提取，简化手续，2018年租赁提取3.1亿元，同比增长44.1%。落实供给侧结构性改革和"三去一降一补"要求，继续阶段性降低企业住房公积金，减轻企业负担。指导各地按照规定对生产困难企业降低缴存比例或暂缓缴存住房公积金。2018年全省申请缓缴、降比单位320家，减少企业负担3000万元，涉及缴存职工人数8000多人。根据住房城乡建设部要求，要在2018年6月底前完成公积金基础数据标准贯标和银行结算系统接入住房城乡建设部平台（简称"双贯标"）两项重点工作，全省14个市州住房公积金管理中心和9个行业（企业）分中心全部上线并通过达标验收，接入率、上线率、验收率均为100%。落实国家放管服和省政府"四办"要求，进一步提高行业服务质量和水平。各地建成了集门户网站、网上业务大厅、手机APP、微信公众号、自助终端、微博等8种方式为一体的综合服务平台，网上可办理业务事项33项，占住房公积全部业务的80%；梳理规范群众和企业"最多跑一次"办事事项35项；简化和取消各类证明材料101项，取消业务办理时提供复印件的要求；建成省级12329短信平台，在甘肃省政务服务网上开通"全省住房公积金查询"，全年接听热线129.06万人次、发送短信770万条、查询量1.85万人次；完成全国住房公积金异地转移接续平台全面接入工作，实现了全国范围内"账随人走，钱随账走"，2018年通过转移接续平台办理业务7859笔、2.35亿元。

城市规划

【规划编制】组织规划编制单位对《甘肃省城镇体系规划》进行优化完善。陇南市新一版城市总体规划成果已报省政府审批。兰州、天水、庆阳、张掖、合作、金昌市正在开展新一轮总体规划纲要修编工作。在确定庆阳市、陇南市、金昌市等3市作为省级推广"多规合一"试点经验城市的基础上，督促指导14个市州充分借鉴"多规合一"试点的工作模式和经验，指导所辖县完成新一轮总体规划编制报批工作。

【规划管理】加强省级重大建设项目选址管理工作，通过省投资项目在线审批监管平台共依法办结重大建设项目选址78项。推进全省历史文化街区划定和历史建筑确定工作，全省已划定历史文化街区19处、确定历史建筑138处。完成对天水市、临夏市、大靖镇历史文化名城、名镇保护规划的审查并获省政府批准，完成对武威市历史文化街区保护规划的审查。对兰州、武威、金昌三市城乡规划编制、实施、修改和监督工作履职情况以及历史文化名城、风景名胜区相关工作进行了督察。为推动规划督察发现问题的整改进度，3月15日在兰州组织召开了全省城乡规划督察整改工作推进会暨城乡规划培训工作会议。为提升城乡规划管理信息化水平，组织制定了《甘肃省城乡规划编制成果报备规范》《甘肃省城市总体规划编制成果CAD制图规范》等13个数据报备的标准规范，全省城乡规划管理信息平台于11月6日通过专家会验收并正式投入使用。编制完成了《甘肃省田园综合体规划策划书》和《甘肃省乡村社区规划风貌导则》。

城市建设

【基础设施建设】2018年，全省完成市政公用设施建设固定资产投资269亿元；16个设市城市污水处理率、生活垃圾无害化处理率、供水普及率、燃气普及率分别达到94%、94%、98.81%、90.56%以上；65个县城污水处理率、生活垃圾无害化处理率、供水普及率、燃气普及率分别达到89%、94%、91.44%、61.16%以上。

【市政公用行业管理】加快推进城市黑臭水体整治工作，分解落实年度任务，压实工作责任；组织开展2018年城市黑臭水体整治环境保护专项行动，督促地级城市对黑臭水体排查整治工作开展自查，巩固整治成效；6月20日至7月4日，生态环境部、住房城乡建设部联合督查组对兰州市、平凉市开展城市黑臭水体整治环境保护专项督查，两市根据督察通报做好整改工作；9月中旬至10月，会同原省环保厅开展了省级2018年城市黑臭水体整治环境保护专项行动，采取排查、交办、核查、约谈、专项督察"五步法"工作方式，对全省所有地级城市黑臭水体整治情况进行核查；11月，会同省生态环境厅印发《甘肃省城市黑臭水体治理攻坚战实施方案》，督促各地按照"控源截污、内源治理、疏浚活水、生态修复"的治理思路，全面整治城市黑臭水体，加快补齐城市环境基础设施短板。持续做好中央环保督察反馈意见整改工作，指导各地加快推动城镇污水处理设施以及市县城区污水收集管网改造完善工程建设，督促缺水城市加快污水再生利用工作，多次对市州工作进展进行现场调研、检查、督导，推动环保督察整改各项工作完成，按期上报整改报告。扎实开展全省供水、燃气行业安全生产检查督查。对兰州市、金昌市危桥改造工作进行现场督办。兰州市发生道路塌陷事故后，及时下发《关于开展城市道路安全运行隐患排查工作的通知》，要求各地对道路安全情况进行全面排查，确保市政道路安全。做好《甘肃省风景名胜区条例》的修订工作。9月，组织专家对申报省级园林城市（县城）的武威市、民勤县、山丹县、永靖县、清水县以及申报国家园林城市的张掖市、瓜州县、肃北县进行了现场考核和省级初审，对符合甘肃园林城市（县城）的武威市、永靖县、清水县、民勤县、山丹县进行了命名；向住房城乡建设部推荐张掖市、瓜州县、肃北县申报国家园林城市（县城）；9月底，根据住房城乡建设部要求，组织已获得国家园林城市的地区进行复查。制定下发《关于进一步加强城市环卫保洁工作的通知》，督促尚未达到要求的城市、县城加大投入，购置环卫保洁车辆，达到道路机械化清扫率城市增长6%、县城增长6%~8%的目标。组织各城市、县城按照"冬病夏治"的原则，及时开展供热设施运行情况评估，狠抓供热设施建设、设备保养维护、隐患排查治理等各项工作。9月，组织开展了全省城镇供热开栓准备和清洁取暖用气安全检查。10月，组织各地参加了全国北方采暖地区城镇供热采暖工作电视电话会议，对全省供热准备工作进行动员部署。多次开展供热专项检查。加强城市排水防涝监管工作，在汛前组织各城市开展排水防涝汛前检查，对排水管渠进行清疏维护，对应急预案进行逐条梳理落实；入汛后按月进行调度，多次安排布置开展省级检查，督促指导各城市加强预警预判，做好应急值守，对易涝点进行整治；加大设施建设力度，在城建工作中贯彻海绵城市建设理念，构建城市排水防涝长效机制。3月，组织各地开展城镇供水规范化管理考核实施情况自查工作，9月迎接住房城乡建设部供水规范化管理考核。7月，授以国家城市供水水质监测网兰州监测站甘肃省城市供水水质监测中心职能，协助做好全省水质督查工作。8月，下发《关于进一步加强城市公共供水管网漏损控制工作的通知》，指导各地做好公共供水管网漏损率控制工作。9月至10月，组织开展了供水水质督查工作，重点对城市市政供水管网水、二次供水的水质进行督察。指导各地强化生活垃圾无害化处理设施建设运营工作，进一步提升生活垃圾无害化水平。配合省发改委指导各地做好生活垃圾分类工作。会同省发改委下发《关于开展创建甘肃省节水型城市活动的通知》，对符合节水型城市要求的张掖市、武威市进行了命名。

村镇建设

【村镇规划】印发《关于做好2018年村镇规划工作的通知》，制定2018年县域乡村建设规划编制计划，对列入2016、2017年县域乡村建设规划编制计划但未按时完成编制、审查、审批、登记的县区进行督促指导，对全省村庄规划编制进行了安排部署。截至2018年6月，全省完成县域乡村建设规划编制、审查、审批、登记的县（市、区）30个，覆盖率达到35.7%（此项工作2016年启动，2020年要求全覆盖），镇乡总体规划达到全覆盖，建制镇控制性详细规划覆盖率达到73%，全省行政村规划覆盖率达到87.5%。按照住房城乡建设部和省政府安排，制定印发《关于进一步加强村庄规划工作的通知》，从实现村庄规划管理基本覆盖、因地制宜编制村庄建设规划、按乡村振兴和农村人居环境整治要求进一步完善村庄规划内容、加快村庄规划管理体系建设、全面推行共谋共建共管共评共享的工作机制、建立符合农村实际的规划审批程序、完善乡村建设规划许可管理、组织多方力量下乡编制规划、加强组织保障落实编制经费等9个方面，对全省村庄建设规划工作提出了要求和具体目标。

【村镇建设】按照住房城乡建设部工作部署，对甘肃省全国特色小镇的培育、建设和成效进行了评估。根据国家发展改革委、住房城乡建设部等四部委《关于规范推进特色小镇和特色小城镇建设的若干意见》，配合省发改委对特色小城镇培育建设进行了整改规范，提出了推进特色小镇创建工作的具体要求。深入开展传统村落的申报和保护工作，指导完成了第四批16个传统村落的保护发展规划编制并通过住房城乡建设部规划审查；会同省财政厅拨付陇南市宕昌县狮子乡东裕村等5个村中央财政补助资金1500万元；接受甘肃经济日报采访，推出《传统村落的"围村"之困》《乡村振兴传统村落的"突围"之路》等系列报道；制定了年度传统村落资金绩效目标。截至年底，全省36个中国传统村落已申请到25个村的中央补助资金7500万元。组织申报第五批中国传统村落45个。研究推进乡村振兴战略的目标措施，配合牵头单位起草了《甘肃省乡村振兴战略规划》有关内容，提出了推进贯彻落实乡村振兴战略意见的目标和措施。

【农村危房改造】全年计划实施农村危房改造7.9万户，全面完成年度目标任务，共下达补助资金11.23亿元（中央资金5.55亿元、省级资金5.68亿元）。印发了《甘肃省农村危房改造三年攻坚实施方案（2018—2020年）》，对原定危房改造时序目标、补助标准进行了优化调整，进一步明确和完善了工作措施和职责。组织开展了存量危房抽查复核鉴定工作，组织开展了农村危房"拉网式"排查鉴定，会同省扶贫办、民政厅、残联进行了信息比对，建立了全省10.59万户农村存量危房台账及信息数据库。配合省政府督查室开展两次工作督查，8月开始对各市县进行月评比督查，11月会同省财政厅组织开展年度绩效评价工作。按照省脱贫攻坚领导小组安排，修订了贫困退出住房安全验收标准及程序，对2017年贫困退出的6个片区县和12个插花县进行了验收。针对国家扶贫考核、国务院扶贫巡查、民主监督调研、住房城乡建设部绩效评价、省级监督检查发现的相关问题，制定《全省农村危房改造工作突出问题整改方案》，按期完成了整改工作。下发《关于全面排查整改农村危房改造突出问题的通知》，组织开展农村危房改造"回头看"专项行动和农村危房改造领域作风问题专项治理。组织召开全省农村危房改造部署会、现场会、培训会。编制并向各地发放农村危房改造口袋书、政策明白卡和工作指导手册。

【全域无垃圾专项治理】制定印发《全省全域无垃圾专项治理行动2018年实施方案》《全省全域无垃圾三年专项治理行动方案（2017—2020年）目标任务清单》《全省全域无垃圾三年专项治理行动方案（2017—2020年）考核办法》。组织开展全省专项督查3次，联合省电视台开展明察暗访15次，对全省14个市（州）、86个县（市、区）、305个乡镇（街道）、762个村社（社区）全域无垃圾治理工作进行了督导检查，实现了全省86个县市区督查全覆盖。在省电视台开设全域无垃圾专栏《净美甘肃》，播放系列专题片21期，播出红黑榜103条，播放全域无垃圾公益宣传片75批次；在《今日聚焦》栏目播出全域无垃圾专题片4次。7月19日，组织召开了全省全域无垃圾专项治理行动视频会议。9月18日，在甘南州卓尼县召开全省农村危房改造暨全域无垃圾专项治理工作现场观摩会。在对全省各地明察暗访和调研的基础上，梳理总结先进地区治理经验，印发《关于推广清水县、合水县、康县、崇信县、渭源县全域无垃圾专项治理工作经验的通知》，在《净美甘肃》栏目中播放清水县、合水县、渭源县、康县、崇信县治理经验系列宣传片，组织在甘肃日报宣传各地推进全域无垃圾工作做法和经验稿件9篇。4月24日，会同省交通厅、兰州铁路监督局、中国铁路兰州局集团有限公司联合印发《关于建立铁路、高速公路、普通国省干线公路沿线环境综合整治长效机制深入推进全域无垃圾专项治理行动的意见》。截至11月，全省各市州已建成投入使用（包括原有）无害化垃圾填埋场158座、新型垃圾处理场29座，配备各式垃圾车辆15400余辆，配备保洁人员约45000余名，全省累计清理陈年垃圾1600余万吨。

标准定额

【工程建设标准管理】完成工程建设地方标准及建筑标准设计图集编制、修编共39项（含2018年以前的计划项目）。完成编制的工程建设地方标准有《FR复合保温墙板应当技术规程》《公路沥青路面施工技术规程》《绿色医院建筑评价标准》《地源热泵系统建筑应用能效测评技术规程》《附着式升降脚手架应用技术规程》《建筑信息模型（BIM）应用标准》《严寒和寒冷地区居住建筑节能设计标准》《高速公路交通安全设施设计规范》等18项，完成修编的工程建设标准有《地基基础工程施工工艺规程》《地下防水工程施工工艺规程》《绿色建筑评价标准》《绿色建筑施工与验收标准》等15项，完成的标准设计有《FR复合保温墙板建筑构造》《火探管式感温自启动气体灭火系统》《深基坑支护结构及防排水》《建筑边坡支护结构及防排水》等6项，完成《灌注机后注浆技术规程》《建筑施工安全资料管理规程》《高延性混凝土应用技术标准》等10项标准审查。为贯彻落实《标准化法》、国务院标准化工作改革方案及住房城乡建设部深化工程建设标准化工作改革意见的精神，开展工程建设地方标准信息化服务平台建设和工程建设标准化解读宣贯工作。严格贯彻执行国务院《无障碍环境建设条例》《甘肃省无障碍建设条例》及国家有关无障碍工程建设强制性标准。进一步推进残疾人、老年人、母婴群体等无障碍工程建设标准服务工作，加快无障碍建设法制化进程，强化相关标准的宣贯与实施。协调施工图审查机构，对工程建设及改造项目执行《无障碍设计规范》《老年人居住建筑设计标准》等工程建设标准情况进行把关。

【工程造价监管】完成《甘肃省农村建筑工程人、材、机消耗量指标》印制并下发各市（州）、县建设主管部门和乡镇政府，填补了基层地区消耗指标空白，有效助力精准扶贫农村危房改造攻坚工作。完成《甘肃省装配式建筑工程预算定额》编制实施方案。制定印发《甘肃省住房和城乡建设厅关于调整甘肃省建设工程计价依据增值税税率有关规定的通知》（甘建价〔2018〕175号）。完成《甘肃省建设工程施工机械台班费用定额》《甘肃省建设工程施工仪器仪表台班费用定额》及其配套的地区基价（含税价格、不含税价格）的编制工作。完成《甘肃省市政工程预算定额》报批稿的审定及修改等工作。指导省文物局开展《甘肃省古代壁画、彩塑与土建筑遗址保护维修工程预算定额、基价》《甘肃省文物建筑保护修缮工程预算定额、基价》编制工作。为贯彻落实《甘肃省人民政府办公厅关于推进建筑业持续健康发展的实施意见》精神，印发《甘肃省住房和城乡建设厅关于调整建设工程规费计取方法的通知》(甘建价〔2018〕575号)《甘肃省住房和城乡建设厅关于印发〈2018年度工程结算中有关问题的处理意见〉的通知》(甘建价〔2018〕615号)。全面停止市州建设主管部门对初始申请工程造价咨询乙级资质的初审业务,简化申报资料和审核程序,在网上实行工程造价咨询企业乙级资质申请、延续和变更的申报和审批。印发《甘肃省住房和城乡建设厅关于印发〈甘肃省建设工程竣工结算备案管理办法〉的通知》(甘建价〔2018〕614号),维护建设工程发、承包双方的合法权益。完成工程造价信息监测系统平台建设。完成水泥基复合夹芯墙板安装、FS101防水涂抹、FS101防水砂浆等一次性单位估价表批复工作。根据工程造价事业发展"十三五"规划以及《住房和城乡建设部关于加强和改善工程造价监管的意见》(建标〔2017〕209号)要求,探索搭建工程造价纠纷平台,建立工程造价纠纷调节机制。举办全过程造价咨询和BIM咨询培训会议,对《建设工程造价鉴定规范》GB/T 51262—2017等进行分析讲解。举办甘肃省第一届高等院校工程造价技能竞赛。组织市州造价站完成材料预算价格整理、修订、审查工作,开展人工和材料指导价、材料价格信息、人工成本信息和住宅成本信息发布工作。

工程质量安全监管

【工程建设管理】 进一步优化监理资质、施工许可、竣工验收备案行政审批及备案事项,实现网上办理全覆盖、办结率100%;施工许可、监理资质审批时间分别压缩至3个工作日、10个工作日,实现了"一窗办一网办简化办马上办"。2018年共办结监理企业新设立、升级、增项共53项,施工许可申请10项。为进一步优化营商环境,减轻企业负担,在房屋建筑和市政基础设施工程中率先推广了工程款支付保函担保工作,建设单位除采用现金担保外自主选择银行保函、工程担保公司保函以及工程保证保险保单进行工程款支付担保。进一步规范房屋建筑和市政公用基础设施工程保证金的收取、使用、返还。

【工程质量安全监督】 召开全省安全生产工作会议,与各市州分别签订了目标责任书。先后5次召开会议专题研究部署全省质量和安全生产工作。2018年是开展工程质量安全提升行动的第二年。全省共开展建筑施工监督执法检查1421次,累计检查工程12319项次,下发监督执法检查整改单4693份,下发行政处罚书151份,处罚单位196个,处罚人员126名,实施信用惩戒47起,曝光违法违规典型案例107起,全省未发生重大及以上建筑施工安全事故,安全生产形势总体可控。开展为期三个月的全省质量和安全生产隐患大排查大整治专项行动及建筑施工安全专项治理行动,共抽查项目104项,发现问题隐患1988条,下发问题清单7份、整改通知书60份、执法建议书30份。

组织编写《甘肃省房屋建筑和市政基础设施工程质量常见问题及其防治手册》。印发《甘肃省房屋建筑和市政基础设施工程推行质量管理标准化工作实施方案》,从2018年起分三个阶段在全省范围内逐步推行工程质量管理标准化工作,实现质量行为规范化和工程实体质量控制程序化,力争到2020年底全面推行工程质量管理标准化。继续深入开展建筑施工企业和项目安全生产标准化考评工作,把企业标准化考评工作与安全生产许可证延期挂钩,持续推进安全标准化建设工作,规范过程管理。组织编制了安全技术标准规范《建筑施工安全资料管理规程》,并于10月18日通过专家评审。印发《甘肃省建设工程飞天奖评选办法(2018年修订)》,规范和完善了评选程序及办法,更新甘肃省建设工程飞天奖评审专家库。为推进装配式建筑健康发展,规范参建各方的质量行为,保障装配式建筑工程质量,印发《关于加强装配式建筑工程质量管理的实施意见》。召开全省建设工程质量安全监管工作会议暨《甘肃省建设工程质量和建设工程安全生产管理条例》宣贯培训会。对兰州轨道交通1号线一期工程和2号线一期工程进行专项检查。采用"双随机、一公开"的方式,在全省开展预拌混凝土质量专项监督检查,共检查预拌混凝土生产企业351家,下发整改通知书134份,下发执法建议书及停工通知书30份;开展建设工程质量检测机构专项监督检查,检查建设工程质量检测机构共150家(含分支机构),签发整改通知书和执法建议书61份。组织保温材料检测第二次能力验证工作,取消不具备保温材料检测能力的1家检测机构建筑节能检测资质。在全省范围内开展建筑塔式起重机专项监督检查,共检查建筑塔式起重机1677台。对2017、2018年度已认定事故责任,查清事故原因的建筑施工生产安全事故进行行政处罚。对存在超资质开展检测业务的1家检测机构吊销并注销其建设工程质量检测机构资质;对伪造试验检测数据、出具虚假检测报告的1家预拌混凝土公司和1家检测机构实施了行政处罚。按照省质量发展领导小组办公室要求,对2017年全省房建市政工程质量状况进行分析,对2018年开展质量提升行动工作做出具体要求。对岷县漳县地震灾后重建靖远县异地安置区房屋修缮工作进行了督查指导，先后印发《关于全面彻底解决岷县漳县地震灾后重建靖远县异地安置区房屋修缮遗留问题的通知》《关于尽快彻底完成岷县漳县地震灾后重建靖远异地安置区房屋修缮及验收工作的通知》等文件。对2017年度通过网上申报的73项省级工法进行评审，共有39项工法通过评审推荐为2017年度省级工法。对2017至2018年度（第二批）甘肃省建设工程飞天奖评选活动网络申报的72项工程进行评审，有6项工程获"飞天金奖"，40项工程获"飞天奖"。共有54项工程通过现场复查。对10项省列重点项目（总建筑面积约99.9万平方米，工程总造价约68.7亿元）开展了监督检查。"甘肃省建设工程质量安全监管信息系统"平台已陆续建成并投入运行，初步实现了基于信息平台的日常安全监管。认真做好全国建筑施工安全监管信息数据共享交换工作，将安全生产许可证信息、三类人员信息、建筑施工特种作业操作资格证信息等相关数据实时动态交换至全国建筑施工安全监管信息系统。与各市州工程质量监督机构共同对检测机构数据上传情况进行日常监控。

【工程招标投标管理】 截至11月，由省招标办监管进入省公共资源交易平台招标工程项目179标段/次，工程中标总价约52.93亿元。印发了《甘肃省住房和城乡建设厅关于进一步改善和优化招投标管理工作的通知》（甘建建〔2018〕223号）《甘肃省住房和城乡建设厅关于印发〈甘肃省房屋建筑和市政基础设施工程电子化招标投标管理办法〉的通知》（甘建建〔2018〕102号）《甘肃省住房和城乡建设厅关于印发〈甘肃省房屋建筑和市政基础设施工程工程量清单招标投标综合记分评标定标办法〉的通知》（甘建建〔2018〕101号），为企业减负，规范招投标活动。印发《甘肃省住房和城乡建设厅关于加强工程建设项目招标代理机构事中事后监管的通知》，充分发挥平台监督、部门监督和社会监督作用，进一步加强和规范招标代理机构的市场行为。组织专家分别对甘肃中工国际招投标有限公司和甘肃交易通信息技术有限公司开发的"甘肃省建设工程计算机辅助评标系统"和"电子标书制作工具"进行了审验并在全省范围内推行使用。强化招投标监管工作，对14家建设单位及施工单位依法进行了行政处罚。

建筑市场

稳步推进建筑业改革，加强建筑市场监管，落实主体责任，加强对施工现场人员履职行为的监督检查；建立健全信用体系建设，促进信用评价在招投标过程的应用。结合省政府关于深化"放管服"改革和优化营商环境的决策部署，从构建基础大数据和信息共享入手，实现了全国建筑市场监管公共服务平台与省级监管平台的全面对接，实现数据共享。7月，省政府印发了《甘肃省人民政府办公厅关于推进建筑业持续健康发展的实施意见》（甘政办发〔2018〕142号），为加快产业升级，促进行业持续健康发展，为全省新型城镇化建设提供了有力支撑。为深入贯彻省委省政府关于开展"转变作风改善发展环境建设年"活动有关精神，6月28日组织召开了"省建设厅推进建筑业改革发展座谈会"。8月，省政府印发《甘肃省人民政府办公厅关于印发甘肃省优化建设领域营商环境实施方案的通知》（甘政办发〔2018〕174号），对提升各级建设主管部门的服务水平，释放建设领域企业市场活力，打造公平透明的建设领域营商环境有着重要的实际意义。按照"政务＋互联网"模式，进一步提高行政审批效率。2018年，共受理企业资质申请9批723家次（含网上受理642家），审批通过企业356家次，审核上报住房城乡建设部审批资质28家次，其中甘肃四建和八冶分别取得特级资质。4月中旬至7月中旬组织开展了二级临时建造师网络继续教育，首次采取网络视频教育、网上答题考试、网上延续注册，全过程免费培训。按照省政府"放管服"和"证照分离"改革试点的任务要求，印发《甘肃省住房和城乡建设厅关于开展建筑业企业资质告知承诺审批试点的通知》（甘建建〔2018〕275号），在兰州新区、兰州高新区、金昌经济技术开发区、白银高新区、天水经济技术开发区等5个试点地区开展建筑业企业资质告知承诺审批试点工作。2018年共受理登记进甘省外总承包一级以上企业306家，外省进入甘肃省建筑业企业达到2117家。按照《甘肃省住房和城乡建设厅关于立即开展全省住建领域质量和安全生产隐患大排查大整治专项行动的紧急通知》（甘建发电〔2018〕25号）要求，从5月10日起，采取"双随机、一公开"的方式，对全省建筑施工质量安全、市政公用设施运营安全、房屋使用安全、施工转包违法分包专项治理、项目履行基本建设程序、参建各方质量安全主体责任、建筑节能与绿色建筑等方面进行督查，共随机抽查项目92个。对监管系统进行了改造、完善和升级，提升行业监管能力和水平，同时以大数据为依托加强市场动态监管。按照《甘肃省人民政府办公厅印发甘肃省2017年度保障农民工工资支付工作问题整改方案》（甘政办发〔2018〕

110号)和省解决企业拖欠工资问题联席会议的部署要求,印发了《甘肃省住房和城乡建设厅关于落实甘肃省2017年度保障农民工工资支付工作问题整改方案的实施意见》(甘建建〔2018〕391号)、《甘肃省住房和城乡建设厅关于抓紧开展农民工工资治欠保支工作的紧急通知》《关于农民工工资治欠保支工作问题整改的督办通知》(甘建建〔2018〕384号),重点对武威市、白银市保障农民工工资支付工作进行了督查。

建筑节能与科技

【绿色建筑与建筑节能】 2018年,全省城镇新建建筑执行建筑节能强制性标准比例达到100%。完成居住建筑节能75%地方标准编制工作,启动了绿色建筑工程施工验收评价系统研究工作。5月,住房城乡建设部对兰州市、酒泉市及敦煌市建筑节能和绿色建筑工作进行了检查。督促各市州按月网上报送新建建筑节能和绿色建筑统计数据。努力持续推动既有居住建筑节能改造,向各市州分解下达了"十三五"任务1260万平方米,指导市州依托旧城改造等政策开展节能改造。兰州等市州2018年完成既有居住建筑节能改造面积304万平方米。督促兰州市开展公共建筑能效提升重点城市工作。按照省节能宣传周的统一部署,组织各市州建设局于6月11至17日开展了建设领域节能宣传。会同省发改委、环保厅、农牧厅于5月4日联合印发了《甘肃省冬季清洁取暖总体方案(2017—2021年)》。印发了《甘肃省冬季清洁取暖城镇供热系统优化和建筑能效提升实施方案(2017—2021年)》。调研兰州市无干扰地岩热、空气源热泵和电蓄热装置联动等清洁取暖项目,调研相关技术在甘肃省推广的适宜性。省建筑设计研究院完成了"甘肃省城市和农村不同供暖方式的政策建议和适宜性技术研究"课题并形成研究报告。

【建设科技】 组织完成了2018年度建设科技项目申报和评审工作,共52项列入年度科技计划。组织了年度省科技进步奖推荐工作,有3个推荐项目获二等奖。完善建设科技项目管理制度,着力推进建设科技进步和创新,印发《关于加强科学技术计划项目管理工作的通知》。建成"建设科技信息管理系统"并运行,实现了科技项目在申报、立项、中期管理、验收各环节的信息化管理。省建筑设计研究院、西北市政院分别承担的清洁取暖和垃圾分类处理两个重点课题完成了研究并形成了研究报告。兰州、天水、嘉峪关三个试点城市装配式钢结构建筑试点项目总面积约34万平方米。进一步完善装配式建筑工作机制政策。对甘肃建投国家装配式建筑产业基地实施情况开展评估,综合考评合格。组织甘肃建投、中铁二十一局、甘肃筑鼎、甘肃安居等企业以及兰州等试点城市工作人员,参加"2018湖南(长沙)装配式建筑与工程技术博览会"。7月中旬,组织参加中建协在兰州举办的装配式建筑技术应用经验交流会,现场观摩了甘肃建投装配式钢结构住宅小区和甘肃安居公司装配式建筑部品构件生产线。组织专家论证天水市装配式建筑技术路线和评价标准并提出指导意见。实地调研东乡、临洮等县装配式农宅样板并形成调研报告。公布了第一批装配式建筑专家委员会专家名单(65人),积极发挥专家队伍的技术咨询服务指导作用。

勘察设计

截至年底,省委省政府为民办实事的全省城市老旧住宅小区加装电梯500部计划任务全部完成。修订印发《甘肃省房屋建筑和市政基础设施工程施工图审查管理办法》,简化审查要件,调整施工图审查及备案程序,实行告知性备案。9月1日起将人防工程施工图设计文件审查(含附建式人防地下室、单建人防工程)并入建设行政主管部门实施的建筑和市政工程施工图设计审查范围,实现了"多审合一"。10月,印发《关于进一步深化放管服改革有关工作的通知》(甘建设〔2018〕494号),取消各市州建设行政主管部门负责的非政府投资建设的房屋建筑和市政基础设施工程初步设计审批事项;调整勘察设计资质管理方式,不再统一刻制出图章,勘察设计单位根据资质证书许可的范围按照统一制式要求,在公安机关备案的刻章单位自行刻制出图章。取消企业申报资质时提供人员社保证明事项,改为法人承诺制,优化营商环境。2018年,全省共有工程勘察设计企业329家,其中甲级资质勘察设计企业47家、乙级资质77家、丙级资质137家、专项资质68家。完成了全省324家勘察设计企业的资质集中检查及统计年报的审核报送工作,完成61家勘察设计企业资质(新申请、延续)的审查审批工作。进一步开放全省勘察设计市场,2018年共有313家省外企业承揽了省内勘察设计项目2128个,与2017年相比,进甘企业增长15%、承揽项目增长25%。根据新修订的施工图审查管理办法,对全省施工图审查机构及审查人员全部进行重新认定,已形成初步审核意见。2018年,全省共完成施工图审查备案项目5492项,审查项目投资共计2838亿元(其中,完成建筑工程4336项，总建筑面积7717万平方米，总投资2497亿元；完成市政工程1156项，总投资341亿元）。1月24日，印发了《关于进一步加强全省建筑设计管理提升全省建筑质量水平的通知》（甘建设〔2018〕42号），从七个方面提出了具体工作要求。每季度对全省施工图审查完成情况及违反强条和规范条文较多的勘察设计企业及其人员进行通报，对其中45家省内外勘察设计企业的质量管理负责人进行了集体约谈。7月10日至20日，组织对全省15家施工图审查机构完成的49个项目（其中公共建筑项目26个、住宅项目16个、市政基础设施项目7个）进行了勘察设计质量检查并将检查情况进行了全省通报。6月，对获得2017年度甘肃省优秀工程勘察设计奖的80个项目（其中一等奖9项、二等奖21项、三等奖50项）和12名获得首届甘肃省工程勘察设计大师进行了公布表彰。为掌握行业发展动态，了解企业发展需求，坚持问题导向，改进工作方式，提高服务水平，8月29日组织召开了全省勘察设计行业发展座谈会，8月24日、9月17日分别与全省施工图审查机构座谈，共同研究施工图审查"放管服"工作，积极推进项目建设。严格执行抗震设防专项审查制度，组织完成21个超限高层建筑的抗震设防专项审查工作。组织各市州对2017年以来完成审查的超限高层建筑工程和在建的采用隔震、减震装置的建筑工程按要求开展自查。截至年底，甘肃省采用减隔震技术设计的项目已达到310多个，设计质量总体可控。6月20日，对武威市凉州城区抗震防灾规划（2017—2030）进行了评审，该规划为第一个通过省级评审的抗震防灾规划。嘉峪关市抗震防灾规划（2017—2030）也已通过评审并经当地市政府批准实施。组建了第二届震后房屋建筑应急评估专家队、震后市政公用设施应急评估专家队、震后环境卫生处理专家组、震后建筑垃圾处理专家组、恢复重建规划专家组。本届专家队（组）成员共108名，各专家队（组）成员任期均为3年。在5月12日我国第十个全国防灾减灾日，组织全省住房城乡建设系统开展了"行动起来，减轻身边的灾害风险"主题活动，对建筑工程抗震设防进行专项自查，对市政公用设施、建筑工地进行灾害隐患排查治理，促进建设综合防灾减灾能力建设。

城市管理执法监督

【城市执法体制改革】按照《中共中央国务院关于深入推进城市执法体制改革改进城市管理工作的指导意见》和《中共甘肃省委甘肃省人民政府关于深入推进城市执法体制改革改进城市管理工作的实施意见》的安排部署，持续推进全省城市执法体制改革工作。4月，组织召开全省城市执法体制改革改进城市管理工作推进会议。按照全国城市管理执法队伍"强基础、转作风、树形象"三年行动的工作安排，制定印发《甘肃省城市管理执法队伍"强基础、转作风、树形象"三年行动实施方案》《关于深入开展"转变作风改善发展环境建设年活动"提升城市管理执法水平的通知》等文件，进一步改进工作作风，提升执法水平，树立良好新形象。印发了《关于贯彻落实〈住房城乡建设部关于严格规范城市管理执法行为严肃执法纪律的通知〉的通知》。11月，组织开展全省城市管理执法行为规范培训。

【违法建设治理】3月，召开全省城市违法建设专项治理工作电视电话会议，传达住房城乡建设部《关于进一步加强违法建设治理工作的通知》精神，通报全省违法建设专项治理工作推进情况和存在的问题，安排部署了2018年的工作任务。5月，印发《关于进一步推进违法建设治理工作细化目标任务的通知》，再次组织各地对违法建设存量进行深入摸排，建立精准到位的治理台账，并围绕五年专项行动目标任务制定了年度治理计划。赴外省学习先进经验，改进工作方式方法。组织开展城市违法建设治理工作业务培训。为进一步加大违法建设治理督办工作力度，强化重大违法建设案件督办工作，印发《违法建设治理督办工作方案》、《重大违法建设案件督办工作办法》。制定《违法建设专项治理工作领导小组办公室工作规则》和《2018年违法建设治理工作计划》，明确了各阶段工作内容。全面掌握各地城市建成区违法建设治理工作进展情况，对违法建设治理工作推进不力、进展缓慢的兰州、天水、陇南、张掖四市进行了督办。截至12月底，全省累计治理城市建成区存量违法建设面积517万平方米，除兰州市外，各地完成了年度治理目标任务，并按照坚决遏制新增违法建设的要求，治理新增违法建设面积76.7万平方米。

教育培训

2018年，组织完成了四批次共84804人施工现场专业人员考试工作，发放考核合格证书34549人（不包括安全员）；完成二级建造师注册24203人次、二级建筑师注册244人次、二级结构工程师注册204人次；报住房城乡建设部注册业务监理工程师、一级建造师、勘察设计类其他专业、造价工程师、注册城市规划师共5945人次；完成234608人次执业资格考试报名审核工作,其中一级建造师考试报名24440人,审核通过22930人,二级建造师考试报名75240人,审核通过69943人;印发了《关于加强全省建设领域现场专业人员职业标准计算机无纸化考试管理工作的通知》。对全省38家培训机构提供培训指导和服务,保证培训工作顺利开展,培训信息及时准确汇总。开展执业注册人员网络继续教育试点,制定网络继续教育相关管理办法,积极筹划推行网络继续教育工作。全年收集入库技术工人培训发证信息50102条,汇总上传注册人员继续教育培训信息6168条,为建筑施工企业提供了及时有效服务。

大事记

1月

7日 省房地产市场调控领导小组办公室组织召开全省房地产市场形势分析会。

22日 2018年全省住房城乡建设工作电视电话会议在兰州召开。

2月

24日 省住房和城乡建设厅召开"放管服"改革工作推进会。

3月

13日 全省农村危房改造工作会在兰州召开。

15日 全省违法建设专项治理工作电视电话会在兰州召开。

15日 全省建设工程安全质量监管工作会议在兰州召开。

4月

3日 全省住房公积金工作座谈会在兰州召开。

12日 省住房和城乡建设厅召开深入开展"转变作风改善发展环境建设年"活动动员大会。

19日 全省城市执法体制改革改进城市管理工作推进会议召开。

5月

11日 全省棚户区改造工作电视电话会议在兰州召开。

6月

6日 首届甘肃省工程勘察设计大师评选结果公布。

15日 全省农村危房排查工作部署会议在兰州召开。

20日 省政府在兰州市召开国家黑臭水体整治环境保护专项行动专项督查启动会。

7月

10日 省住房和城乡建设厅组织召开全省全域无垃圾专项治理行动第二季度督查工作安排部署会议。

8月

10日 甘肃省城市供水水质监测中心授牌仪式在兰州城市供水(集团)有限公司举行。

30日 《甘肃省优化建设领域营商环境实施方案》印发。

9月

18日 全省农村危房改造和全域无垃圾专项治理工作现场观摩会暨农村危房改造专题培训会在甘南州卓尼县举行。

10月

24日 省住房和城乡建设厅组织召开通渭县脱贫攻坚暨帮扶工作推进会。

26日 全省棚户区改造现场会在兰州市榆中县召开。

11月

9日 全省"国家建设工程造价数据监测平台"宣贯会议在兰州召开。

13日 《甘肃省文物建筑保护修缮工程预算定额》评审会在兰州召开。

12月

7日 全省2018年度农村危房改造绩效评价启动会议在兰州召开。

11日 全省住建系统"放管服"改革工作座谈会议在兰州召开。

24日 全省城市老旧住宅小区电梯改造工作推进会在兰州召开。

(甘肃省住房和城乡建设厅)

青 海 省

概况

2018年，青海省住房和城乡建设系统在青海省委、青海省人民政府的坚强领导和住房城乡建设部支持帮助下，全省住房城乡建设系统广大干部职工深入学习习近平新时代中国特色社会主义思想，全面贯彻落实十九大精神，牢固树立"四个意识"，坚定"四个自信"，坚决做到"两个维护"，按照住房城乡建设部、省委、省政府工作部署，坚持稳中求进工作总基调，聚焦"五四战略"和"一优两高"战略部署，紧紧围绕供给侧结构性改革，稳步推动解决住房城乡建设事业中不平衡、不充分的问题，不断推进住房城乡建设质量变革、效率变革、动力变革，有效保持了住房城乡建设事业平稳发展态势，为青海省经济社会持续健康发展做出了积极贡献。《青海省燃气管理条例》通过省人大常委会审议颁布实施，《青海省志·城乡建设志》通过省地方志终审，青海建筑职业技术学院荣获第六届黄炎培职业教育优秀学校奖，青海省住房和建设厅综财处评为青海省巾帼文明岗，青海省住房和城乡建设厅被省委、省政府评为全省藏传佛教寺庙社会管理工作专项考核优秀单位、全省固定资产投资工作先进单位、全省财政决算工作考评优秀单位和全省精神文明先进单位。全省1项工程荣获"2017—2018年度中国建设工程鲁班奖"，1项工程荣获国家优质工程奖，9项工程荣获国家级施工安全生产标准化工地，15项工程获省优质工程"江河源杯"，49项工程荣获省级安全标准化示范工地。

城乡规划

2018年，青海省积极融入国家战略，围绕兰西城市群规划青海部分发展定位、发展目标、空间架构展开深入研究，加快推动以城市群为主形态的新型城镇化建设，编制了《青海省省域空间规划》和《融入兰西群空间战略规划》，建立健全多规融合的省级空间规划体系，推动兰西城市群国家发展战略落地。积极开展城乡规划编制工作，组织审查了海东市、门源县、曲麻莱县城市总体规划并报省人民政府批复实施，天峻县、同仁县、大通县、杂多县、玛多县、治多县等城市总体规划完成修改审查工作。2018年，全省编制完成48.6平方公里控制性详细规划，超出目标任务一倍。有序实施"城市双修"试点工作，推动开展西宁市、格尔木市国家级"城市双修"试点，祁连县、门源县、天峻县省级"城市双修"试点工作。西宁市围绕"山——水——城"一体共治思路，形成六大示范工程，重点实施了西堡绿芯森林公园规划建设、西川河生态综合治理工程建设等一批重点项目；格尔木市以北五片区改造为抓手推进项目建设，重点实施"河滩生态湿地恢复"项目及新区老河道边坡整治项目。门源县、祁连县、天峻县把"山水林田湖草"生态保护修复和"城市双修"试点工作有机结合，有计划有步骤地修复被破坏的山体、河流、湿地、植被，改善人居环境。打造特色城镇风貌，制定印发《青海省城市设计技术规程（试行）》，持续推进德令哈市国家级城市设计试点工作。开展全省藏区风貌调研，形成《关于加强全省藏区城镇风貌规划建设工作的调研报告》，编制完成6州城镇藏区风貌规划，进一步加强对建筑形态和城市风貌的管理。严格治理违法建设，制定印发《关于进一步加强违法建设治理工作的通知》，要求青海省各地进一步推进违法建设五年治理行动。截至年底，青海省设市城市共查处存量违法建筑面积约212万平方米，拆除存量和新增违法建筑面积约165万平方米，完成工作进度的77%。依法惩处违法干预和随意修改规划的行为，切实保障规划的严肃性。稳步推进历史文化保护工作，报请省政府印发《同仁县历史文化名城保护规划（2017—2030）》，并报住房城乡建设部和国家文物局备案。积极推进历史文化街区划定和历史建筑确定工作，青海省共普查历史文化街区4处，历史建筑146处。

城镇基础设施建设

截至2017年末，全省城市县城建成区面积385.4平方公里。供水普及率98.08%，污水处理率78.07%，生活垃圾无害化处理率85.31%，建成区绿地率23.51%。较2016年分别增加0.12、3.85、1.67、2.59个百分点。市政公用基础设施建设水平稳步提升,城市县城人居环境得到有效改善。生活污水处理稳步推进,截至2017年底,全省城市县城已建成生活污水处理厂53座,设计规模91.64万吨/日。建设再生水厂8座,设计规模25.5万吨/日。建设污泥无害化处置厂4座,设计规模460吨/日。城市县城污水处理率达78.07%,比"十二五"末增加了20.77个百分点。其中城市污水处理率达79.26%,县城达73.98%,分别比"十二五"末增加了19.28和26.73个百分点。全省城市县城已建成生活垃圾填埋场49座,设计处理能力4256吨/日。其中,已通过无害化达标验收的37座,设计处理能力3964.79吨/日,未通过无害化达标验收的12座,设计处理能力291.21吨/日。城市县城生活垃圾无害化处理率达85.31%,比"十二五"末增加了7.66个百分点。其中城市生活垃圾无害化处理率达72.22%,县城生活垃圾无害化处理率达74.58%,分别比"十二五"末增加了12.24和11.06个百分点。全力做好黑臭水体整治,启动了地级以上城市建成区黑臭水体排查整治工作。西宁市建成区共发现26处黑臭水体;海东市建成区无黑臭水体,向住房城乡建设部、环境保护部报送了确认文件。6月19日—7月4日,生态环境部、住房城乡建设部专项督查组,通过查阅资料、公众调查、水质检测、举报电话、微信公众号举报和现场抽查等方式,对西宁市、海东市黑臭水体治理情况开展了专项督查,经核实,西宁市已消除或基本消除黑臭的水体26处,黑臭水体整治任务完成比例100%。

城镇保障性安居工程

2018年,青海省棚户区改造目标任务30500套,基本建成任务24947套、入住任务19391套。截至12月底,全省棚户区改造实际开工30500套、基本建成33264套、入住34410户,分别完成年度目标任务的100%、133.34%和177.45%;省级财政安排3亿元专项补助资金实施老旧小区综合整治2万户,老旧小区综合整治项目顺利实施;积极争取国家项目资金支持,会同发改、财政等省级相关部门落实中央补助资金16.6亿元(配套基础设施建设资金8.72亿元,工程专项资金7.88亿元);根据各地棚改计划任务和财力状况,会同财政部门成功发行24亿元棚改专项债券,用于支持西宁、海东、海西三地基础条件较好的棚户区改造项目;共4落实棚改续建项目贷款52.04亿元(其中国开行落实34.26亿元、农发行落实17.79亿元),为全年棚改任务的落实奠定了坚实的基础。根据"2018年底前,列入国家计划的政府投资公租房的分配要完成90%以上;督促市县着力解决公租房竣工验收备案一年以上未分配、因配套设施不全影响交付使用的问题,取得实质性进展"和发放城镇住房保障家庭租赁补贴11717户的目标要求,加强对公共租赁住房分配缓慢地区的指导和督促,各地采取降低准入门槛、提前预分配、完善配套基础设施、对经济特别困难保障对象采取减免物业费、租金等措施,加快公共租赁住房的分配入住,超额完成了目标任务。2018年,全省公租房已分配253339户,分配率92.7%;发放住房租赁补贴13836户、发放率118%。加强城镇保障房信息录入工作。印发《青海省住房和城乡建设厅关于录入全省保障性住房信息系统数据的通知》,指导各地推进保障性住房信息系统数据录入工作,进一步加强了全省保障性住房信息化管理。目前全省(不包括西宁地区)共录入保障性住房129938套,录入率为70%;录入保障对象86372户,录入率为56%。为切实提高青海省住房保障从业人员业务水平,协调住房城乡建设部在西宁举办2018年中西部地区住房保障政策理论培训班,部领导及国家相关部委和北京、上海等12个省市住房城乡建设部门长期从事住房保障工作的17位领导专家进行了授课,青海省各市州200余人参加了此次培训。

住房公积金管理

2018年,青海省住房公积金缴存总额762.98亿元,提取总额452.37亿元,缴存余额310.61亿元,贷款总额457.33亿元,贷款余额215.26亿元,个贷率69.30%。2018年,青海省住房公积金缴存额106.65亿元,提取额84.78亿元,发放个人贷款82.40亿元,同比分别增长12.48%、22.87%、23.35%。为做好青海省住房公积金缴存扩面工作,组织西宁、海东、海西及省直住房公积金管理中心主任,赴河南省郑州市、焦作市和四川省成都市、眉山市调研住房公积金缴存扩面工作情况,形成《住房公积金缴存扩面工作调研报告》。制定出台《青海省扩大住房公积金覆盖面指导意见》,将外来务工人员、自由职业者、个体工商户等新市民群体纳入公积金缴存范围,按照自愿原则自主缴存住房公积金,享有同等提取个人住房公积金、申请住房公积金个人住房贷款等权利,充分发挥住房公积金的保障功能。开展新市民住房问题专项调研,形成《青海省新市民住房问题调查报告》,为下一步研究探索住房公积金如何有效支持新市民解决住房问题奠定了基础。2018年，先后组织青海省住房公积金从业人员分别前往广州、杭州、银川和大连等地进行住房公积金信息披露、贷款业务、轨迹业务等专题培训，增强了各地公积金管理中心的服务水平和业务能力。指导各中心陆续开展异地转移接续使用业务，全省各中心均通过接续平台实现了住房公积金异地转移使用，方便了缴存职工。西宁中心"互联网＋公积金"综合服务系统上线运行，同步推出"网上业务平台"和"移动业务平台"，使住房公积金"推、查、签、批、缴、提、贷、还"等业务实现互联网移动化，在线上业务办理方面达到全国先进水平。

村镇建设

启动实施农牧区人居环境整治三年行动，制定《青海省农村人居环境整治三年行动实施方案（2008—2020年）》，召开青海省改善农牧区人居环境整治推进会和现场观摩会，推广海东平安区在农村人居环境治理中的成功经验，全力推进以农村生活垃圾、污水处理和村容村貌提升为重点的农牧区人居环境治理工作。黄南州泽库县推行城乡生活垃圾治理网格化管理，形成了"泽库模式"，海北州刚察县统筹城乡垃圾治理，形成了"刚察做法"。制定印发《青海省农牧区人居环境整治资金整合管理办法》和《青海省农牧区人居环境整治工作管理办法》，选择平安区、刚察县、泽库县3个县（区）和西宁市三县、海东市六县区及藏区六州共15个村庄，开展农牧区人居环境整治示范创建活动，共落实省级财政安排1亿元。其中：4500万元用于补助3个示范县和15个示范村创建，5500万元作为全省农牧区人居环境整治年度奖补资金。实施农牧民危旧房改造6万户，其中建档立卡贫困户、低保户、分散供养特困人员和贫困残废人家庭等4类重点对象25772户。截至12月底，开工率为100％，竣工40680户，竣工率67.8％，完成投资43亿元。组织实施300个高原美丽乡村建设，充分发挥结对共建单位结合各自优势，通过智力帮扶、产业搭桥、文化下乡、金融进村、旅游富民等活动，助力高原美丽乡村建设，取得了实实在在的效果。2018年，共落实太阳能路灯、环境综合整治、村庄道路、村级综合服务中心、村级养老院、饮水安全提升项目和文体设施建设等项目1096个，通过省级专项资金补助、各级财政预算安排、涉农项目整合、结对共建等方式筹集建设资金，累计完成投资21亿元。按照"有齐全的设施、有成熟的处理技术、有稳定的保洁队伍、有长效的资金保障、有完善的监管制度"的标准，制定印发《青海省农牧区生活垃圾专项治理考核验收办法》《青海省农牧区非正规垃圾堆放点排查整治工作方案》，加强非正规垃圾堆放点整治，204处（含水面漂浮垃圾9处）非正规垃圾堆放点已有26处完成整治并销号。结合环保督察反馈问题整改工作，督促指导海东市开展了湟水流域非正规生活垃圾堆放点排查工作，建立工作台账，对设施简陋、问题突出的堆放场地坚决予以取缔。在黄河干流、湟水河流域11个县的36个村开展农村生活污水治理试点，积极推进农牧区公共厕所建设，研究制定《青海省农牧区公共厕所工程建设标准及图集》《青海省农牧区生活污水处理工程建设导则》等，为农牧区生活污水治理和农牧区公厕项目工程实施提供标准规范和技术支撑。44个村入选第五批中国传统村落名录，争取到中央专项资金1.32亿元。树立共同缔造理念，积极推动住房城乡建设部在大通县土关村、湟中县黑城村开展全国美好环境与幸福生活共同缔造示范试点，探索"纵向到底、横向到边、协商共治"的城乡治理体系，提升乡村价值魅力。

房地产业

坚持"房子是用来住的，不是用来炒的"定位，分类调控实施，房地产市场总体保持平稳运行，房地产稳定风险得到有效管理，全省房地产在建项目227个，其中新开工项目47个，新开工项目占比21％。截至12月底，全省房地产开发完成投资351.84亿元，已完成全年目标任务。其中，商品住房投资215.88亿元，同比增长1.04％，占房地产总投资的61.36％。房地产开发完成投资占全社会固定资产投资（4181.63亿元，同比增长7.3％）的比重为8.41％。切实抓好房地产市场风险的防范化解，加强房地产市场数据分析研判，不断推动供给侧结构性改革，充分利用房地产市场信息日报系统和青海省房地产信息系统，结合房地产行业面临的新情况和新问题，切实加强对房地产市场形势的分析研判，密切关注房地产开发投资、商品房销售、资金来源以及商品住房库存等情况，按月度、季度、年度分别完成《青海省房地产市场分析报告》并适时报省委、省政府。通过监测分析，及时采取有力措施，有效避免了房地产市场出现大起大落。截至12月底，全省商品房库存面积591.02万平方米，去化周期11个月，其中，商品住房库存面积174.44万平方米，去化周期3.9个月。去化周期低于由市场经验确认的12至18个月的合理区间。深入调研全省住房租赁市场，形成《青海省住房租赁市场发展报告》，签署住房租赁战略合作协议，助推全省住房租赁市场发展，建设完成省、市（州）、县三级联网的青海省住房租赁与交易监管服务平台，在西宁市、海东市试运行的基础上，完成对全省六州两市房地产开发企业、房地产经纪机构从业人员培训工作，平台自2018年12月1日开始在全省正式运行。依法治理房地产开发企业违法违规行为和虚假房地产广告，并定期集中公开曝光违法违规典型案例，不断规范房地产市场秩序，会同有关部门联合印发《关于开展打击侵害群众利益违法违规行为治理房地产市场乱象专项行动的通知》《关于加强商品房交易管理工作的通知》，通过部门联合执法，重点打击投机炒房行为和房地产"黑中介"，治理房地产开发企业违法违规行为和虚假房地产广告，进一步整治和规范房地产市场秩序。房地产信息化水平不断提高，信息化建设实现了跨越式发展全年共分199批次向住房城乡建设部上报10000余人次的领导干部查核任务，实现领导干部房产查核系统省委组织部和各地房地产主管部门的互联互通。印发《关于做好2017—2018年度房地产行业信用评价有关工作的通知》，安排部署2017—2018年度房地产企业信用评价工作，将房地产评估机构、房地产经纪机构纳入信用评价范围，实现房地产行业信用评价全覆盖。会同省发改委、人行西宁中心支行等29部门联合印发《青海省房地产领域相关失信责任主体实施联合惩戒合作备忘录》，不断建立健全跨部门失信联合惩戒机制，促进房地产领域相关主体依法诚信经营。不断加大调查研究力度，分别完成《青海省房地产市场发展现状及预测》《青海省住房租赁市场发展报告》《2018年青海省房地产市场调研报告》，为省委省政府提供决策参考。《青海省房地产市场运行情况面临的突出问题以及相关对策建议》被省政府办公厅全文采用并报国务院办公厅。《青海省商业用房基本情况调研报告》被省委政研室评为2017年度优秀调研报告三等奖。认真落实《青海省人民政府办公厅关于加快培育和发展住房租赁市场的实施意见》（青政办〔2017〕48号）关于住房租赁试点工作要求，西宁市、海东市分别出台了本地区培育和发展住房租赁市场的贯彻意见。西宁市要求新开发建设面积10万平方米以上的商品房项目，出让土地时，按住宅总建筑面积的3%配建租赁住房，配建的租赁住房由开发企业自持，用于长期租赁，不得分割转让，不得改变用途。

建筑业

2018年，青海省完成建筑业增加值428.39亿元，同比增长9.82%，占青海省GDP的14.95%。截至年底，青海省共有建筑业企业1250家，施工总承包企业630家（其中特级1家、一级33家、二级239家、三级357家），专业承包及劳务企业620家。加强建筑市场管理，开展保险机构竞争性谈判，选定共保体，为在青海省范围内推广工程保证保险奠定了基础。印发《青海省政府投资房屋建筑和市政基础设施项目工程总承包试点工作方案》，细化工程发包、工程总承包项目实施和监督管理等方面的内容，在青海省范围内开展工程总承包试点工作。印发《青海省住房和城乡建设厅关于开展全省建设工程质量检测机构专项检查的通知》，对全省从事房屋建筑和市政基础设施工程质量检测的检测机构开展专项检查，采取"四不两直"检查方式，随机抽取一定数量工程质量检测机构进行检查，对检测单位下发整改通知单2份，提出整改意见62条。发布了2017年度建筑企业及个人信用评价结果，对省内外1193家施工企业、325家监理企业、315家招标代理机构和4688名项目经理、928名项目总监进行信用评价。加强信用评价结果的应用，新修订的《青海省房屋建筑和市政基础设施工程施工招标投标管理办法（试行）》于2018年4月1日起正式实行，评分内容中增加了企业及项目经理信用分，信用分值占到总评分的20%，对规范企业市场行为，奖优惩劣，维护市场秩序，打击围标串标起到了积极的作用。印发《关于取消建筑劳务企业资质推进建筑劳务用工制度改革有关事项的通知》，推动劳务用工制度改革，取消劳务企业资质及其安全生产许可证要求，发展以专业作业为主的劳务企业，对专业作业企业实行备案制。开展西宁市工程项目违规招投标专项治理督查工作，抽取西宁市工作台账项目总数的20%项目数进行检查，查出41个项目存在82个各类问题。加强人员培训，2018年全省建筑业从业人员共培训1.34万人次。积极推进工程建设项目审批制度改革。严格落实《建筑工程施工许可管理办法》，清理取消无法律依据的前置条件。将建设单位资金到位证明改为建设单位建设资金已经落实承诺书，施工许可办理时限由15个工作日压缩至7个工作日，对于招标投标的工程项目，取消合同订立后的合同备案。印发《青海省住房和城乡建设厅关于建筑工程施工许可证核发与工程质量安全监督手续合并办理的通知》（青建工〔2018〕450号），将施工许可证核发与工程质量安全监督手续合并办理,减少审批环节,打通工程建设项目施工许可办理"最后一公里"。利用青海省工程建设管理和信用平台,实现施工许可证网上无纸化办理,缩短审批时限。搭建青海省建设工程质量安全监管信息系统,利用信息化手段提升全省工程质量安全管理水平和监管效率,并在全省开展试点工作。制定《青海省建筑工程质量管理标准化考评实施方案》,在施工现场分阶段推行工程质量管理标准化,建立健全包括企业日常质量管理、施工现场质量过程控制等在内的责任制度、工作标准和操作规程,实现施工企业的质量行为规范化、质量管理程序化和质量控制标准化,持续改进工程质量管理长效机制,逐步提升全省建筑工程质量水平。编制发布《青海省建筑工程施工现场安全生产标准化图集》,明确了大门围挡等11个方面的标准做法,并在全省施工现场推广使用。开展安全生产标准化考评工作,2018年共有49个建筑施工项目被评选为"2018年省级建筑施工安全标准化示范工地"。制定印发《青海省建筑施工安全专项治理行动实施方案》,分别在4月和8月对全省在建的房屋建筑和市政基础设施工程,检测单位和预拌混凝土生产企业从市场行为、质量安全和建筑工地扬尘治理等方面开展全面督查,共检查88项在建工程,累计建筑面积262.78万平方米,共下发停工通知单28份,整改通知单30份,提出整改意见1218条。查处违法违规行为29起,处罚单位20个,处罚人员14名,罚款121.17万元,暂扣企业安全生产许可证3个。对预拌混凝土生产企业下发整改通知单3份,提出整改意见31条,对19个违法违规典型案例进行了公开曝光。

建筑节能与科技

认真落实《青海省促进绿色建筑发展办法》,加快绿色建筑闭合管理方式的建立,促进绿色建筑的发展。下拨省级补助资金8244万元,完成既有居住建筑节能改造任务120万平方米,总投资3.6亿元。西宁市完成265万平方米公共建筑节能改造任务。会同青海省政府法制办公室对推进绿色建筑发展情况进行监督检查,124个项目通过一星级绿色建筑设计审查,建筑面积52.02万平方米,城镇绿色建筑占新建建筑比重达28%。全面规范青海省绿色建筑评价标识管理,开展绿色建筑第三方评价机构登记工作,住房城乡建设部科技发展促进中心等3家单位成为青海省第三批绿色建筑评价机构。2月,西宁市在青海省率先发布《西宁市绿色建筑管理办法》,对新建建筑从项目规划与立项、设计与审查、施工与验收、运营管理等各个过程进行规范。发布实施《青海省居住建筑节能设计标准—75%节能(试行)》《青海省农牧区公共厕所工程建设标准》《青海省农牧区生活污水处理工程建设导则》等9项工程建设地方标准,20项工程建设地方标准列入2018年青海省地方标准制修订项目计划。将居住建筑节能率从65%提升至75%,公共建筑节能率从65%提升至65%+。同时,编制完成《青海省既有建筑节能宜居改造项目储备基础信息普查报告》和《青海省节能宜居综合改造项目建设规划》。编制完成《农村地区被动式太阳能暖房设计导则》《农村地区被动式太阳能暖房设计与施工图集》《青海省分布式光电建筑发展规划》《青海省超低能耗建筑建设规划》《青海省绿色生态城区建设规划》《青海省装配式建筑"十三五"发展规划》。受住房城乡建设部委托,"农村地区被动式太阳能暖房建设技术导则及图集编制"课题通过住房城乡建设部验收。积极协调青海省科技厅,将"青藏高寒地区装配式生态厕所与太阳能耦合技术研究与示范""青藏高寒地区分散型农村生活污水处理技术研究与示范""镁质胶凝材料在高寒地区装配式建筑中的应用研究"等6个项目列入青海省2018年科学技术计划项目。组织召开青海省绿色建筑发展政策宣贯及相关标准培训,系统地对绿色建筑发展政策和新颁布实施的工程建设地方标准进行讲授,对清洁能源采暖技术、新能源应用、绿色建筑技术进行讲解,观摩"四新"技术及产品、绿色建材及生产工艺,提高了青海省各级建设行业主管部门工作人员和工程建设技术人员对绿色建筑政策、相关标准、技术产品、施工工艺等方面的业务水平,参加培训人数达1000余人,企业展示新技术(产品)30余种。发布了第二批、第三批《建设领域先进适用产品(技术)目录》,涉及19家企业的清洁能源采暖、新能源利用、加固技术、透水混凝土、移动环保厕所等十类产品、技术,累计纳入该目录的企业达32家,产品、技术达十四类;发布了第二批《青海省绿色建材评价标识产品目录》,涉及3家企业的墙体材料产品,累计纳入该目录的企业达11家,包括保温材料、墙体材料、商品混凝土、低辐射镀膜玻璃四类产品。同时,发布了第二批《青海省建设领域限制、禁止技术与产品目录》,限制、禁止使用7种防水产品材料,累计限制、禁止使用12类技术产品。

风景名胜管理

全面完成德令哈柏树山、乌兰金子海、天峻山省级风景名胜区总体规划修编，2018年1月5日经青海省人民政府批准实施。组织完成可可西里申遗工作先进集体和先进个人的审核、上报等工作，报请省委、省政府印发《关于表彰青海可可西里申报世界自然遗产先进集体和先进个人的决定》，隆重召开青海可可西里申报列入世界自然遗产工作表彰大会，对可可西里申报世界遗产工作35家先进工作单位和75名先进个人予以表彰。强化了风景名胜区生态资源保护管理工作，印发《关于对全省风景名胜区环境保护和管理利用工作开展督查的通知》《关于印发开展省住房城乡建设领域"绿盾2018"自然保护区监督检查专项行动工作方案的通知》《关于开展自然保护地大检查行动的通知》，对全省1处国家级、18处省级风景名胜区开展了专项执法检查。完成省道307线进入青海湖国家级风景名胜区专题环境影响评价审核工作，组织召开专题会议，印发《关于省道307线恰卜恰镇至青海湖段公路进入青海湖国家级风景名胜区建设项目选址方案的核准意见》。组织中国城市规划设计研究院、省规划设计研究院相关专家深入可可西里腹地开展了调查研究，取得了翔实的基础资料，强化了可可西里世界自然遗产地总体规划、5站点详细规划及生态环境监测专项规划编制的前瞻性、科学性和可操作性。开展可可西里世界遗产地生态环境保护管理、公路沿线及服务区环境综合整治督导检查，巩固了可可西里遗产地环境综合整治成果，加强了生态环境保护。

依法行政

《青海省城镇燃气管理条例》《青海省国有土地上房屋征收与补偿条例》被列为政府立法计划项目，并于2018年11月28日经青海省十三届人大常委会第七次会议审议通过，2019年3月1日起施行。组织对省有关部门、西宁、海东、玉树、海西等地区贯彻落实《青海省促进绿色建筑发展办法》情况监督检查，检查组通过听取情况介绍、实地查看、座谈讨论、查阅资料等方式，结合检查情况，就贯彻落实《办法》提出了具体要求。重视法治政府建设，不断完善和落实工作措施，成立了厅党组书记、厅长担任组长的法治政府建设示范创建活动工作领导小组，印发《关于做好2018年法治政府示范创建活动的通知》《省住房城乡建设厅开展法治政府创建实施方案》，从梳理任务、完善方案、创新机制、明确项目、督促检查、强化落实、收集资料、总结成果等方面明确了节点、步骤、时序，强化了保障措施和责任落实等工作任务，确定了示范项目。同时，坚持在城乡规划、保障性安居工程、高原美丽乡村建设、规范建设市场秩序、行政审批改革等重大行政决策方面，在广泛征求各方意见建议和咨询论证的基础上，集体讨论研究决定，确保了科学民主决策。严格落实重大决策、重大项目、重大事项和重大活动社会稳定风险评估机制，涉及群众切身利益的重大工程项目和重大政策、改革措施、社会稳定等问题均经厅务会议研究审议，并对拟发布政策进行预先公示，广泛征求意见建议，从源头上预防和减少社会矛盾。高度重视中心组学法工作，领导干部带头学法用法，结合"两学一做"学习教育，深入学习《中国共产党章程》《关于新形势下党内政治生活的若干准则》《中国共产党党内监督条例》等党内法规，使法治理论学习和党性教育学习成为常态。组织厅机关全体干部职工开展了"学习宪法"知识竞赛、答题活动，以及《监察法》宣讲等系列活动，参加活动的干部职工人数达到900多人次。邀请法律专家开展法治政府建设及宪法修正案内容讲授，厅机关及厅直属各单位共计200余人参加了法治专题讲座，认真组织年度网络普法学习及考试，广大干部职工法治意识得到进一步提高。

政务公开

制定《青海省住房和城乡建设厅2018年政务公开和政务服务工作要点》，持续推进"放管服"改革信息公开，以权责清单管理推动简政放权，并且做好清单动态调整及已取消、下放行政审批事项公开工作。动态调整厅机关权责清单，保留行政审批事项8项，行政处罚187项，行政监督检查18项，行政收费2项，公共服务事项11项。对青海省外进青建设企业包括勘察、设计、施工、监理、质量检测企业施行告知性登记事项，梳理制定办事指南和优化服务流程，压减办理环节和内容，实行网上一次性审核，让企业"少跑快办"。开展"减证便民"相关证明事项清理，取消申请保障性住房须提交申请材料的证明事项，方便群众办事。简化建筑业企业资质标准的部分指标，如建筑企业资质升级不再考核注册建造师、中级以上职称人员、持有岗位证书的现场管理人员、技术工人等指标，建筑企业申请通信工程施工总承包资质时不再考核注册建造师指标等。取消劳务企业资质及其安全生产许可证要求，实行专业作业企业备案制，降低市场准入门槛，不断激发建筑市场动力和活力。明确项目建设单位自主决定是否进行招标或直接发包，激发市场活力。进一步提高工程招投标效率，除设计招标外，中小型工程发放招标文件至开标时间不少于10天，压缩招投标时限，提高审批效率。严格执行施工许可条件，对办理施工许可证的前置条件进行清理，无法律依据的前置条件一律取消。工程质量监督和施工许可证办理全部采用网上无纸化办理，利用网络数据平台，减少相关材料的重复提交，实现多个环节的数据共享，缩短了审批时限。积极推进施工图审查改革。将建设项目涉及的建设、消防、人防、防雷审查整合为施工图联合审查，审图时间从2个多月缩短到15个工作日以内。推进行业重点工作信息公开，加大政府投资重大建设项目信息公开力度，继续推进住房保障、新型城镇化、市场监管、农村危房改造、住房公积金等领域信息公开工作。围绕"双随机、一公开"监管年内全覆盖目标，推进双随机抽查结果公开，加强"许可、处罚"信息双公示工作，全年公开行政许可决定281件，行政处罚决定46件。按规定做好省本级部门预算和决算信息公开，及时公开"三公"经费增减变化原因等信息，积极推进行政权力公开透明运行，将"五公开"要求落实到公文和会议办理程序，不断拓展政务公开内容，主动做好政策解读回应，积极回应社会关切；更好发挥媒体作用，形成传播合力，扩大政务公开的覆盖面和影响力。

人事教育

营造风清气正的用人环境，始终坚持科学正确的用人导向，大力选拔思想过硬、善于创新、敢抓敢管、勇于负责的干部，积极培养年轻干部，优化队伍结构，印发《关于贯彻落实适应新时代要求大力发现培养选拔优秀年轻干部的实施意见》和《关于进一步激励广大干部新时代新担当新作为的实施意见》，对全厅系统符合条件的正科级和副科级年轻干部进行专题调研，向省委组织部择优推荐了10名正科级和7名副科级优秀年轻干部。

适应行业需要，稳步推进机构改革。按照青海省编制委员会《关于划转省直公共资源交易服务机构的通知》精神，将原由青海省住房和城乡建设厅管理的参公事业单位青海省工程建设招标投标管理办公室成建制划转至青海省人民政府行政服务和公共资源交易中心。并按照《关于青海省住房和城乡建设厅所属事业单位机构设置的通知》和《关于省住房和城乡建设厅所属事业单位机构改革方案的通知》要求，青海省住房和城乡建设厅原所属13个事业单位撤销5个、保留4个、更名4个、新设5个，明确了机构改革后事业单位规格、编制、类别以及经费形式、业务范围、内设机构、领导职数等事宜，稳步有序推进撤销事业单位机构注销、更名和新设事业单位机构注册等工作。同时，根据省委办公厅、省政府办公厅《关于印发〈青海省机构改革方案〉的通知》要求，青海省住房和城乡建设厅城乡规划管理职责划入新组建的青海省自然资源厅，风景名胜区和自然遗产管理职责划入新组建的青海省林业和草原局。

加强请示汇报，推进干部工管理，完成3名厅级领导干部推荐、考察工作，对2名因年龄到限的副厅级非领导干部办理了退休手续。选调1名副主任科员到省城市管理综合行政执法监督局工作，对2名申请提前退休的正处级领导干部、1名正处级非领导干部、2名主任科员和2名工勤人员办理了退休手续。针对青海省建设行业人才队伍状况，加强行业专业人员培训，提升能力水平。2018年，共选派7名厅级领导干部、20名处级干部、11名科级干部分别参加了中青年干部培训等。2017年度招录的18名人员参加了为期一周的专题研修，加大行业专业技术人员技能培训，2018年完成安全生产管理人员培训考核发证3860人，继续教育653人；特种作业人员培训考核发证1692人，继续教育511人；施工现场岗位人员培训考核发证2309人，继续教育606人；技术工人培训考核发证3508人。

大事记

1月

4日 按照2017年各市州目标任务完成情况，省城乡住房建设领导小组办公室向全省各市州人民政府印发2017年城镇住房保障工作情况的通报。

5日 省人民政府批准实施德令哈柏树山、乌兰金子海、天峻山三处省级风景名胜区总体规划。

17日 省住房和城乡建设厅公布了第二批绿色建筑评价标识项目，123个项目获得一星级绿色建筑评价标识。

18日 印发《青海省住房和城乡建设厅关于开展建筑施工企业安全生产标准化考评及建筑施工现场安全标准化示范工地评选工作的通知》，全面开展2018年建筑施工企业安全生产标准化考评及建筑施工现场安全标准化示范工地评选工作。

19日 省住房和城乡建设厅印发《青海省住房和城乡建设厅关于将祁连、天峻、门源列为青海省第一批省级生态修复城市修补试点城市的通知》，文件明确将祁连县、天峻县和门源县列为第一批省级"城市双修"试点城市。

23日 制定印发《青海省城市设计技术规程（试行）》《青海省城市规划管理技术导则》，进一步规范了青海省城市设计成果，提高城市规划工作的严肃性和科学性。

23日 省住房和城乡建设厅、省质量技术监督局发布《青海城市设计技术规程（试行）》工程建设地方标准。

25日 省住房和城乡建设厅转发《住房城乡建设部关于进一步规范绿色建筑评价管理工作的通知》，明确了绿色建筑评价管理制度、确定了第三方评价模式，并提出了相关要求。

29日 省住房和城乡建设厅印发《青海省住房和城乡建设厅关于印发〈2018年全省建筑业管理工作要点〉的通知》。

30日 省城乡住房建设领导小组办公室印发《2018全省城镇住房保障工作要点》，对全年重点工作作出安排部署并提出具体要求。

30日 印发《青海省住房和城乡建设厅关于印发〈青海省建筑工程质量管理标准化考评实施方案〉的通知》。

2月

6日 省住房和城乡建设厅、省质量技术监督局发布《青海省居住建筑节能－75％设计标准（试行）》工程建设地方标准。西宁市、海东市、格尔木市率先执行《青海省居住建筑节能－75％设计标准（试行）》。

12日 发布《青海省建筑工程施工现场安全生产标准化图集》，明确了大门围挡等11个方面的标准做法，并在青海省施工现场推广使用。

14日 省住房和城乡建设厅下发《关于注销67家信用B级房地产开发企业资质的通知》（青建房〔2017〕51号），对因资质证书到期未办理延期手续、营业执照已被吊销或注销和自领取《暂定资质证书》2年内无开发项目的67家信用B级房地产开发企业资质证书予以吊销。

3月

20日 省财政厅、省住房和城乡建设厅向财政部报送了《关于2017年青海省城镇保障性安居工程有关情况及绩效评价的报告》。

10日 省住房和城乡建设厅举办了为期一周的厅系统处级以上干部十九大精神集中轮训班。

16日 省住房和城乡建设厅在省农信社及西宁农商行办公营业大楼建设项目工地举办"全省2018年房屋建筑和市政基础设施项目集中开复工启动仪式"。

27日 印发《青海省建筑施工安全专项治理行动实施方案》，开展为期两年的建筑施工安全专项治理行动。

30日 为推动劳务用工制度改革，印发《关于取消建筑劳务企业资质推进建筑劳务用工制度改革有关事项的通知》。

4月

1日 新修订的《青海省房屋建筑和市政基础设施工程施工招标投标管理办法（试行）》正式实行。

2日 省住房城乡建设厅召开了2016年城镇保障性安居工程审计发现问题整改工作推进会。

2日 省政府批复实施《同仁县历史文化名城保护规划（2017—2030年）》（青政函〔2018〕34号），加强同仁县历史文化保护工作。省政府批复实施《门源县城市总体规划（2017—2035年）》（青政函〔2018〕35号），为门源县城市发展、建设和管理提供纲领和基本依据。

4日 省住房和城乡建设厅下发《关于印发青海省住房租赁与交易监管服务平台建设工作方案的通知》（青建房〔2018〕124号），全力推动搭建省、市（州）、县三级联网的房屋租售公共服务平台工作。

4月9日至5月15日 省住房和城乡建设厅组成两个检查组对西宁市、海东市、黄南州、海西州、海南州、海北州开展了春季开复工、工程质量安全提升行动、施工安全专项治理行动督查。

16—20日 省住房和城乡建设厅组织西宁、海东、海西和省直住房公积金管理中心负责人赴河南、四川调研学习住房公积金归集扩面工作经验。

12日 省住房和城乡建设厅制定印发《进一步开展历史文化街区划定和历史建筑确定工作的通知》（青建规〔2018〕134号）。

20日 省住房和城乡建设厅公布2017年度青海省建设工程"江河源"杯奖获奖名单，20个项目获奖。

21日 省住房公积金转移接续平台与全国平台实现直连。

26日 省住房和城乡建设厅、省财政厅、中国人民银行西宁中心支行联合向社会公布《青海省住房公积金2017年年度报告》，并在省政府网站、省住房公积金网站、12329微信公众号进行披露。

27日 省政府印发《同意修改同仁县城市总体规划（2014—2030年）的函》（青政办函〔2018〕69号），批复同意同仁县开展城市总体规划修改工作。

28日 制定印发《2018年度青海省美丽城镇建设实施方案》，下达省级美丽城镇建设专项资金8亿元，安排建设项目191个，推进16个宜居宜业的美丽城镇建设。

5月

4日　省住房和城乡建设厅印发《2018年度全省建筑节能与科技工作要点》，明确了建筑节能与科技工作的全年目标。

7日　省住房和城乡建设厅、省财政厅、中国人民银行西宁中心支行转发《住房城乡建设部等三部门关于改进住房公积金缴存机制进一步降低企业成本的通知》（建房〔2018〕35号），继续延长执行阶段性适当降低企业住房公积金缴存比例和缓缴政策，进一步降低企业成本。

9日　省住房和城乡建设厅下发《关于解决第一季度群众办事堵点问题的通知》（青建房〔2018〕174号），要求各地中心在办理业务过程中，不得要求办事群众提供身份证复印件。

12日　指导西宁市政府办公厅印发《西宁市培育和发展住房租赁市场实施方案》，提出了20条具体工作举措，在培育和发展住房租赁市场方面率先迈出了关键一步。

15日　省政府批复实施《海东市城市总体规划（2016—2030年）》（青政函〔2018〕47号）《玉树州曲麻莱县城市总体规划（2017—2035年）》（青政函〔2018〕48号），为海东市、曲麻莱县城市发展、建设和管理提供了纲领和基本依据。

22日　住房城乡建设部专家对西宁住房公积金管理中心基础数据标准和接入结算数据应用系统接口标准贯彻落实工作进行验收，最终西宁中心以高分通过了专家组验收。

28日　省住房和城乡建设厅通报了住房城乡建设部2017年度建筑节能、绿色建筑与装配式建筑实施情况专项检查情况，同时下发了整改工作的通知，并提出了下一步的工作要求和责令整改期限。

6月

6日　省住房和城乡建设厅研究制定了《青海省住房和城乡建设厅贯彻落实中央环保督察反馈意见整改方案》。

11日　省住房和城乡建设厅印发《关于公布青海省第三批绿色建筑评价机构的通知》。

14日　省委、省政府组织召开青海可可西里申报列入世界自然遗产工作表彰大会，对可可西里申报世界遗产工作30家先进集体和75名先进个人予以表彰。

19日　省住房和城乡建设厅印发《关于清理青海省超范围制定地方标准结构的函》，废除《65铝塑结合保温节能窗》《70铝塑结合保温节能门窗》两项工程建设地方标准。

19日　"填充墙砌体构造柱定型钢模施工工法"等26项工法被评定为2017年度青海省省级工法。

29日　由省住房和城乡建设厅主办、中建三局集团有限公司、青海开河置业投资有限公司承办的"2018年青海省建筑应急救援演练暨安全生产标准化示范观摩会"在西宁市经济技术开发区投资大厦项目举行。

7月

2日　省住房和城乡建设厅完成《住房公积金缴存扩面工作调研报告》，将外来务工人员、自由职业者、个体工商户等新市民群体纳入公积金缴存范围，充分发挥住房公积金的保障功能。

3日　省人民政府法制办公室、省住房和城乡建设厅联合开展《青海省促进绿色建筑发展办法》实施情况专项检查。

10日　省住房和城乡建设厅开展了节能宣传周和全国低碳日主体活动。

13日　青海省启用住房公积金电子化检查工具，有效提高了监管工作的针对性和有效性。

16日　省住房和城乡建设厅组织召开中房·萨尔斯堡东区一期项目住宅性能认定评审会。

18日　印发《青海省住房和城乡建设厅关于开展全省建设工程质量检测机构专项检查的通知》，开展全省建设工程质量检测机构专项检查。

20日　会同省发展改革委、中国人民银行西宁中心支行等29部门联合印发《青海省房地产领域相关失信责任主体实施联合惩戒合作备忘录》（青信用办〔2018〕16号），旨在不断建立健全跨部门失信联合惩戒机制，促进房地产领域相关主体依法诚信经营。

26日　授予"青海大学综合教学科研楼建设项目"等13个建筑施工项目"省级建筑施工安全标准化示范工地"称号。

27日　将2017年全省建筑领域施工企业恶意拖欠或克扣民工工资，发生群体性事件，造成严重社会不良影响的10家企业信用评价等级直接降为D级，并列入信用黑名单。

8月

7日　由省总工会、省人才办、省人力资源社会保障厅、省国资委、省经济和信息化委、省科技厅、团省委、省妇联、省住房和城乡建设厅联合举办的青海省第十四届职工职业技能大赛暨全省建筑业企业农民工技能竞赛在西宁经济技术开发投资大厦项目圆满落幕。

15日 印发《青海省住房和城乡建设厅关于建筑业助推脱贫攻坚工作的通知》，充分运用"党支部＋建筑企业＋贫困户"模式，促进贫困户稳定就业增收脱贫。

20日 西宁市工程项目招投标专项治理工作进行专项督查工作。

21日 省住房和城乡建设厅会同省环保厅印发《青海省城市（县城）生活污水处理厂规范化运行台账（试行）》，依法规范了规范污水处理厂运行管理，保障和提高了城镇生活污水处理厂安全运行效率。

28日 省住房和城乡建设厅会同省委宣传部、省发展改革委等八部门联合印发《关于开展打击侵害群众利益违法违规行为治理房地产市场乱象专项行动的通知》（青建房〔2018〕315号），决定从8月底至12月底，在全省范围内开展打击侵害群众利益违法违规行为、治理房地产市场乱象专项行动，以保持房地产市场平稳健康发展。

9月

7日 省住房和城乡建设厅报请省政府印发《青海省扩大住房公积金覆盖面指导意见》（青政办〔2018〕129号）。

14日 省人民政府法制办公室、省住房和城乡建设厅对《青海省促进绿色建筑发展办法》实施情况专项检查结果进行了通报，指出了各地的问题，并提出了下一步工作的建议。

21日 "2018年度青海省建筑工程质量标准化现场观摩会"在青海省农信社暨西宁农商行办公营业大楼建设项目举行。

10月

15日 制定印发《关于进一步做好城市既有建筑保留利用和更新改造工作的通知》（青建规〔2018〕377号），要求各市州住建部门做好既有建筑基本状况调查，制定引导既有建筑保留和利用政策，促进城市内涵式发展。

16—28日 省住房和城乡建设厅会同省发展和改革委、省财政厅开展2018年美丽城镇建设中期绩效考核工作。

25日 印发《青海省住房和城乡建设厅关于进一步做好房屋和市政工程建设领域农民工工资支付工作的通知》，保障房屋和市政工程建设领域农民工合法权益，落实主体责任，规范房屋和市政工程建设领域农民工工资支付工作。

12月

4日 会同省发展改革委、省财政等部门印发《青海省政府投资房屋建筑和市政基础设施项目工程总承包试点工作方案》，细化工程发包、工程总承包项目实施和监督管理等方面的内容，注重可操作性，为工程总承包在全省推广奠定基础。

6日 委托省咨询中心对《青海省城镇垃圾处理设施建设"十三五"规划》《青海省城镇污水处理设施建设"十三五"规划》开展中期评估。

6日 印发《青海省住房和城乡建设厅关于建筑工程施工许可证核发与工程质量安全监督手续合并办理的通知》，将房屋建筑和市政基础设施工程施工许可证核发与工程质量安全监督手续合并办理。

6日 省住房和城乡建设厅制定印发《关于〈兰州—西宁城市群发展规划青海实施方案〉任务分工的通知》（青建规〔2018〕448号），明确贯彻落实《实施方案》的具体工作内容和责任处室，推动兰西城市群发展建设工作有序开展。

14日 西宁市公共建筑节能改造重点城市项目通过省级验收，2015年西宁市被列为全国第二批公共建筑改造八个重点城市之一，改造任务面积265万平方米，是西北地区唯一的公共建筑节能改造重点城市。

15日 对西宁市刘家沟生活垃圾填埋场，黄南州泽库县城、玉树州杂多县城、囊谦县城，果洛州玛沁县城、玛多县城开展生活垃圾填埋场无害化等级评定。

27日 省住房和城乡建设厅印发《关于公布青海省第四批绿色建筑评价机构的通知》，确定了青海省建设科技开发推广中心等两家第三方绿色建筑评级机构。

31日 省委办公厅、省政府办公厅下发《关于调整省住房和城乡建设厅职责机构编制的通知》（青办字〔2018〕168号），将风景名胜区、自然遗产管理职责划入省林业和草原局，不再保留省世界遗产和风景名胜区管理办公室。

31日 根据省委办公厅、省政府办公厅《关于调整省住房和城乡建设厅职责机构编制的通知》，省住房和城乡建设厅城乡规划管理职责划入新组建的青海省自然资源厅；风景名胜区和自然遗产管理职责划入新组建的青海省林业和草原局；改善农村人居环境管理职责划入青海省农业农村厅。

（青海省住房和城乡建设厅）

宁夏回族自治区

概况

2018年，自治区住房城乡建设厅以习近平新时代中国特色社会主义思想为统领，深入学习贯彻党的十九大精神，以深化供给侧结构性改革为主线，以高质量发展为要求，认真落实自治区第十二次党代会工作部署，统筹抓好住建领域稳增长、促改革、调结构、惠民生、防风险各项工作，取得扎实成效。

【规划管控作用加强】坚持规划龙头地位，科学布局、引导调控全区城乡建设。研究制定《历史文化名城名镇名村保护评估制度》，指导各市对已确定的历史特色街区和历史建筑进行挂牌保护。严格勘察设计行业监管，研发完成宁夏施工图电子审查管理平台，制定《宁夏回族自治区工程勘察设计企业和从业人员信用评价管理办法》。深入推进城市建成区违法建设专项治理工作五年行动，累计查处违法建设30.44万平方米。

【住房保障体系更加完善】完成城镇棚户区住房改造2.9992万套，棚改货币化安置1.7701万套，完成投资51.3亿元，发放城镇住房保障家庭租赁补贴1.1584万户，公共租赁住房累计分配17.57万套，累计入住15.5896万套。累计对18.7284万户住房困难家庭实施住房保障。共争取中央财政专项补助资金8.9451亿元，2018年全区棚改套均补助资金达到6.7万元，为历年最高。在全国率先推行住房保障档案星级管理标准化工作。精准推进农村危窑危房改造，完成危窑危房改造31026户，完成固定资产投资24.8亿元。完成房地产开发投资430.2亿元，新建商品房销售892万平方米，住房公积金缴存79.5亿元。

【城市功能品质明显提升】以推动城镇高质量发展为重点，科学谋划城镇发展，统筹实施城镇化重点项目466个。科学推进地下综合管建设，全区共开工建设地下综合管廊项目17个、62.26公里，累计形成廊体59.15公里。指导固原市加快海绵城市建设，建成项目101个，累计完成投资19.6亿元。着力完善城市功能，目前全区城市人均公园绿地面积达到17.74平方米，全区城市建成区城市绿地率达到37.2%，提高0.5个百分点。指导泾源县创建国家园林县城。积极推进城市黑臭水体整治，五市建成区13条黑臭水体已整治完成12条，完成率92.3%，完成全区36座城镇污水处理厂提标改造，银川市"东热西送"项目实现供暖，全区集中供热面积达到1.9889亿平方米，占全区供热总面积的86.2%。组织全区供水规范化管理现场考核，全区城镇公共供水管网漏损率平均控制在10.5%以下，再生水回用率平均达到23%。

【乡村振兴战略积极实施】立足城乡一体发展，加快补齐农村发展短板。2018年开工建设美丽小城镇20个，完成固定资产投资3.4亿元，开工建设美丽村庄126个，完成固定资产投资6.9亿元。学习借鉴浙江、贵州等特色村镇建设经验，大力培育发展特色村镇，全年共开工建设特色小镇12个，完成固定资产投资23亿元。开展农村环境整治。牵头制定并提请自治区党委、政府印发《宁夏农村人居环境整治三年行动实施方案》，全面启动农村人居环境综合整治工作，全区农村人居环境整治完成农村污水处理及改厕3.29万户。

【建筑产业转型步伐加快】牵头制定并提请自治区政府印发促进建筑业持续健康发展实施意见，配套制定推行工程总承包、全过程咨询服务、培育龙头骨干企业等政策，加快建筑业转型发展，2018年完成建筑业产值1500亿元。牵头制定并提请自治区人大出台《宁夏绿色建筑发展条例》，发布《宁夏绿色建筑设计标准》，全年共新开工绿色建筑面积358万平方米，审定星级绿色建筑示范项目4个，建筑面积55.22万平方米。进一步规范绿色建筑评价标识工作，发布两批共16家绿色建材目录。制定《宁夏装配式建筑产业基地管理办法》，培育自治区级产业化基地2家，新建装配式建筑面积20万平方米。向住房城乡建设部推荐科技计划项目1个，立项自治区级科技计划项目7个，组织新技术新产品鉴定2项，推广认证15项，自治区级工法关键技术鉴定41项。开展职业技能大赛，深化校企合作、产教结合、订单培养等技能培训方式，完成各类人员培训3万人次、中级工1万人次。

【重点改革任务深入推进】深化城市综合执法体制改革，制定出台《推行行政执法全过程记录制度实施方案》《宁夏回族自治区城市管理综合执法人员着装管理规定》《城市管理执法人员十条禁令》，全区27个市、县（区）和宁东管委会已全部完成方案制定、职责明确、机构设置、权责清单制定、服装配发、人员培训等任务，全区共配备执法车辆689辆，执法记录仪1601套，对3000名一线人员进行了培训，执法人员持证上岗率达到80%。5个地级市、10个县完成数字化平台建设，利用科技手段助推城市管理工作。深化行政审批制度改革，率先在全区实现"三集中"要求，行政审批事项从31项减少到15项，先后取消物业企业资质许可、园林绿化企业资质许可，厅本级15项行政许可类事项中进驻自治区政务中心集中办理13项。

法规建设

【概况】2018年，按照区、市、县三级政府权力事项名称、类型、依据、编码相统一的要求，全面梳理住建部门执行的159部法律法规规章，梳理住房城乡建设领域45项行政许可、3项行政确认和41项其他权力，制定《自治区住房城乡建设系统权力清单指导目录（第一批）》，权力清单指导目录的制定为住建系统实现权力事项"三级四同"打下坚实基础。加快推进法治政府建设，高质量完成了自治区依法治区领导小组法治政府建设办公室委托第三方进行的法治政府建设中期评估。2018年，自治区住建厅被授牌为宁夏首批法治政府示范创建单位。

【重点领域立法】充分发挥立法的引领和推动作用，加强重点领域立法，提高立法质量，以良法促进发展、保障善治。积极协调自治区人大法工委、政府法制办开展区内立法调研，2018年7月27日，宁夏回族自治区第十二届人民代表大会常务委员会第四次会议通过《自治区绿色建筑发展条例》。自治区住建厅撰写的《加强地方立法 推进法治政府建设》作为全国住房城乡建设系统法治政府建设经验在《中国建设报》刊登。

【行政复议和矛盾纠纷化解】理清工作规范，增强程序意识、时效意识和责任意识，降低败诉风险，不断提高行政复议应诉的专业水平。认真落实《行政诉讼法》和法律顾问、公职律师制度，积极与司法机关协调、沟通，深化与司法机关的良性互动，及时研究解决行政复议、行政诉讼中反映的突出问题，适时提出规范行政行为的建议。牢固树立"以人为本，复议为民"的理念，在行政复议接待工作中，积极向申请人宣传行政复议法律制度，介绍行政复议申请的法定条件和案件办理流程，引导群众依法表达合理诉求。2018年，办理4起行政复议案件，行政应诉案件3起。

新型城镇化建设和城市管理

【概况】2018年，围绕自治区新型城镇化"十三五"规划和加快推进新型城镇化建设行动方案目标任务，编制印发《2018年自治区新型城镇化工作要点》，以促进人的城镇化为核心，充分发挥空间规划引领作用，有序推进农业转移人口市民化，优化城镇空间布局和形态，不断提升城市功能和宜居水平，促进城镇建设由规模扩张向质量提升转变，积极稳妥推进新型城镇化有序发展。2018年，宁夏常住人口城镇化率为58.88%，比2017年提高0.9个百分点；户籍人口城镇化率为44.96%，比2017年提高0.89个百分点。坚持以改善城市人居生态环境为主线，以提升城市承载力和综合竞争力为重点，不断推进城市基础设施建设，加强城市运行管理，自治区人均城市道路面积达到24.46平方米，城市污水处理率达到94.25%，公共供水普及率达到98.04%，城市生活垃圾无害化处理率达到98.69%，燃气普及率达到89.87%。

【深化户籍制度改革】全面落实居住证制度。积极贯彻落实《国务院1亿非户籍人口进城落户方案》要求，调整户籍管理制度，全面放开全区户籍迁移政策，积极引导农业人口在城镇落户，大力引进人才在区内落户。扎实推进居住证业务办理和制发，制定全区居住证办理细则和居住证制发工作流程，在已建成运行的宁夏流动人口综合服务管理信息平台基础上，建设居住证制证管理系统，完成数据对接，进一步调试运行后向全区推广。深入开展移民户籍迁转工作，截至年底，全面完成"十二五"生态移民的户籍迁转工作，迁转率达100%；对居住满三年的"十二五"劳务移民户籍实行集中迁转，解决了大部分劳务移民的落户城镇问题，切实保障全区脱贫攻坚战略的顺利实施。

【"人地钱三挂钩制度"】印发《自治区财政农业转移人口市民化奖励资金管理办法》，根据各市县农业转移人口进城落户数量及提供基本公共服务情况，综合考虑转移人口流动、人均基本公共服务支出水平、市县财力状况、工作考评等因素，加大对吸纳农业转移人口较多、提供基本公共服务支出成本较高、财力相对困难市县的支持力度。2018年，中央财政下达自治区农业转移人口市民化奖励资金1.79

亿元，已全额分配到具体市县。落实《宁夏回族自治区城镇建设用地增加规模同吸纳农业转移人口落户数量挂钩机制实施细则》，科学合理使用新增建设用地计划，优先安排吸纳进城落户人口较多镇的用地，对符合城乡建设用地增减挂钩政策的，鼓励通过实施增减挂钩项目满足进城落户人口用地需求，切实提高土地利用质量和效益。全年下达市、县（区）新增建设用地计划4.1767万亩，占全区计划指标的81.9%。

【城镇化试点】将城镇化试点与推进全区城镇化工作有机衔接，制定《自治区推进新型城镇化考核办法》，下达第三批城镇化试点奖补资金600万元，统筹实施一批城镇化重点项目。固原市第一批城镇化试点任务基本完成并通过国家发改委评估，"利用邮储银行小额贷款进行金融扶贫，建立致富带头人、合作社和农户等多方利益联结和风险缓释机制"作为典型经验在全国推广。平罗县、宁东镇第二批试点于12月通过国家发改委评估，"平罗县农村产权自愿有偿退出转让机制""智慧宁东多系统一平台运用"等举措得到专家组一致肯定，相关经验在全区推广。银川市、盐池县、红果子镇第三批试点任务有序推进，在"城乡融合发展""产城融合建设""创新体制机制"等方面探索出了一些好方法、好经验。

【投融资体制改革】出台《关于促进民间投资发展若干政策措施的意见》，全面推行市场准入负面清单制度，划清政府与市场边界，减少政府对微观经济干预，为扩大民间投资营造良好环境。设立自治区政府投资基金，发挥政府投资基金的杠杆引导作用，积极引入社会资本，在创新驱动和产业转型升级、创新创业、基础设施和公共服务、中小企业等领域设立母基金或直投基金，对相关领域民间投资给予扶持。建立并坚持政府和社会资本合作项目公示制度。2018年，全区共有42个项目按PPP模式开工建设，投资总额518亿元，其中宁东地下水资源综合利用等9个PPP项目被评为国家PPP示范项目。中卫市印发实施《践行亲清新型政商关系的实施意见》，重点加强与民营企业沟通协商、服务引导、真诚交往，建立政府与民企网上互动平台和政企对接恳谈制度、听证制度、新闻发言人制度，建立健全政府与商会组织、民营企业的沟通协商机制。

【历史文化名城和历史建筑保护】贯彻落实《中共中央 国务院关于进一步加强城市规划建设管理工作的若干意见》和《住房城乡建设部历史文化街区划定和历史建筑确定工作方案》，制定《宁夏回族自治区历史建筑确定标准》，在全区7个设市城市开展历史建筑及潜在对象的摸排、确定、建档和公布挂牌工作。截至年底，全区共确定挂牌公布历史建筑29处，其中银川市16处，石嘴山市9处，固原市4处。完成历史建筑潜在对象基础资料的建档工作。继续推进历史文化名城名镇名村保护工作，印发《关于实施宁夏回族自治区国家历史文化名城名镇名村保护评估制度的通知》，明确自治区国家历史文化名城名镇名村保护评估工作内容、原则、程序等。

【城市设计和"双修"试点工作】聚焦城市设计试点，指导银川市重点针对城市修补、旧城更新、历史文脉延续、新区建设等城市规划管理棘手问题，开展五类11项城市设计编制项目，如基于老城复兴的《银川新华商圈区域及重点地块城市设计》，基于城市修补《银川火车站片区城市设计》《贺兰山路（正源街-109国道段）城市设计》等，基于历史遗存保护利用的《银川市银新铁路专用线周边城市设计》等，强化城市风貌管控。完善银川市城市设计规划管理信息平台建设，增加建设方案实景模拟比选环节，提升城市设计信息化水平。全面贯彻落实《住房城乡建设部关于加强生态修复城市修补工作的指导意见》，指导银川市、中卫市两个全国"城市双修"试点城市编制完成《生态修复城市修补专项规划》，补充和完善"城市双修"实施方案和项目库，明确建设目标。

【地下综合管廊建设】督促银川市、石嘴山市、吴忠市、宁东管委会共开工建设城市地下综合管廊62.26公里。截至年底，累计形成廊体59.15公里，累计完成投资72.56亿元。其中，银川市开工建设43.58公里，累计形成廊体41.38公里，累计完成投资58.34亿元。指导银川市物价局、住建局出台《银川市城市地下综合管廊有偿使用费参考收费标准（试行）》。

【海绵城市建设】贯彻落实《自治区人民政府办公厅关于加快推进海绵城市建设的实施意见》，督促固原市加快海绵城市建设国家试点，截至年底，累计开工建设项目101个，完成投资20.6亿元。组织召开全区海绵城市建设专题培训班，总结推广固原市海绵城市建设经验，安排部署全区海绵城市建设工作。组织编制《海绵城市建设工程技术规程》。

【城镇水污染防治】认真贯彻落实国务院"水十条"要求，指导各地打好黑臭水体治理攻坚战，持续改善城市生态环境。全区13条黑臭水体整治任务全部完成，并按照住房城乡建设部、生态环境部要求开展了整治效果评估，第三方机构调查公众满意率均达到90%以上，实现"初见成效"整治目标。全区共建成投运城镇生活污水处理厂36座，总处理能力112.5万立方米/日，全部实现一级A达标排放。已建成中水厂19座，处理能力47.5万吨/日，再生水回用率平均达到23%。

【城市供热燃煤锅炉治理】会同自治区生态环境厅、发改委对全区供热领域突出问题专项治理、供热燃煤锅炉淘汰和清洁取暖等工作开展情况进行督查，督促各地积极开展城市建成区20蒸吨/每小时以下供热燃煤锅炉清零行动。截至年底，已全部实现清零要求，完成自治区下达的目标任务。银川市、吴忠市、中卫市启动35蒸吨/每小时以上供热燃煤锅炉淘汰工作。城市供热燃煤锅炉达标升级改造工程全部按期完成。报请自治区人民政府印发《宁夏回族自治区清暖取暖实施方案》，督促银川市"东热西送"集中供热项目建成运行，换热站、供热系统整体已于10月15日起调试，11月1日实现供热。继续扩大集中供热面积，全年全区增加集中供热面积1640万平方米，其中地级市1207万平方米。

【改善人居环境】制定印发《自治区住房和城乡建设厅贯彻落实中央环境保护督察"回头看"及水环境专项督察反馈意见整改方案》《自治区住房和城乡建设领域打赢蓝天保卫战三年行动计划（2018—2020年）》。组织召开全区城市生活垃圾分类暨道路扬尘治理现场推进会，对道路扬尘治理和垃圾分类工作再动员、再部署。持续开展全区城市环卫保洁和垃圾处理规范化考核，推进城市管理的精细化、制度化和长效化。组织对银川等6个国家园林城市开展复查工作，指导泾源县开展创建国家园林县城工作，督促、指导各地调整优化城市绿化布局，提升绿化品质，全区城市建成区城市绿地率达到37.2%。

【城市执法体制改革】严格执行中央和自治区城市执法体制改革要求，坚持问题导向，加强顶层设计，强化调研督导，2018年度各项改革任务有效落地。健全执法工作制度体系，印发《自治区住房和城乡建设厅行政处罚工作规程》，进一步理清厅系统执法工作责任分工，明确工作流程。启动住房城乡建设系统制式执法文书修订工作，解决当前全区各级城市管理综合执法部门普遍存在的执法文书不统一、不规范问题。狠抓城市管理执法队伍建设，印发《全区城市管理执法队伍深入开展"强基础、转作风、树形象"三年行动实施方案》，确保全区城市管理执法队伍"强转树"行动取得实效，自治区城市管理综合执法监督局被住房城乡建设部评为2018年度"强基础、转作风、树形象"专项行动表现突出单位。印发全区城市管理执法人员"十条禁令"，为城市管理执法人员清晰划定执法过程中个人言行举止的"高压线"。利用官方网站、微信公众号、微博、报纸、12319服务热线、电子屏幕、广告牌、宣传展板等多种形式，为城市执法体制改革营造积极宣传氛围。

【行政执法】践行"共同缔造"理念。积极开展城管进社区、进商户、进学校、进企业活动。运用新媒体平台大力宣传，开通12319服务热线，及时解决群众反映的问题。推进服务型执法，坚持"疏堵结合、以疏为主"。变"经济处罚"为"体验教育"，创建违规人员"学习教育平台"，设立爱心摊位，定点安排早市规范管理，获取群众对城市管理工作的理解支持。优化平台建设。运用数字城管系统，依托卫星遥感和无人机监测巡查系统，开展多角度、全方位、大面积、高频次的巡查，实现城市管理执法精细化、智能化新突破，提升城市管理执法效能。2018年，全区各级住房城乡建设主管部门对违法违规行为共立案635件，结案588件，结案率为97.72%，共处罚金1337.2452万元，拆除违法建筑40.584987万平方米，行政处罚当事人自履行625件，移交司法机关2件。有力地打击了各类违法违规行为，进一步规范了建设市场秩序。

村镇建设

【概况】2018年，全区住建系统认真贯彻落实中央、自治区实施乡村振兴战略、改善农村人居环境的决策部署，围绕中央打好"三大攻坚战"、自治区实施"三大战略"等中心工作任务，坚持改革创新、规划引领、项目带动、整体推进，全年开工建设美丽小城镇20个，美丽村庄126个，特色小镇12个，完成农村污水处理及改厕2.9万户，有力推动了全区美丽乡村建设提质增效。

【村庄布局规划（2015—2030年）】进一步强化规划引导，修编《宁夏村庄布局规划》，制定《关于加强和改进乡村规划工作的实施意见》和《宁夏县域乡村建设规划编制导则》《宁夏村庄规划编制导则》，落实乡村规划许可等制度，为实现县域乡村建设规划和实用性村庄规划管理基本覆盖打下坚实基础。委托住房城乡建设部干部教育学院在成都等地采取现场观摩、知名专家授课等方式，高质量举办村镇规划建设专题培训班3期，进一步培育树立了村镇建设新理念、新方法。

【美丽小城镇及美丽乡村建设】以打造定位准

确、功能完善、特色鲜明、辐射带动强的美丽宜居示范镇为目标，继续抓好规划引领、农房改造、收入倍增、基础配套、环境整治、生态建设、服务提升、文明创建八大工程，严把规划设计关、项目审核关、现场指导关、考核验收关，强化日常工作调度，扎实开展年中督查、年底考评，加大差异化奖补力度，争取自治区财政投入奖补资金3亿元，引导各地整合涉农资金、吸引社会资金投入10亿多元，并调动农民主动参与，学习借鉴一二三产业融合、产镇产村产房融合发展的思路，按照"四改、五化、六通"标准，抓基础、补短板、强弱项，建设美丽小城镇20个、美丽村庄126个，分别占年度任务100%、126%。持续推进10个特色产业示范村建设，成为美丽乡村建设靓丽名片。加大传统村落保护，彭阳县长城村、利通区石佛寺村全国传统村落保护项目顺利推进。

【特色村镇】制定完善特色小（城）镇创建管理评价办法，高标准高质量搞好特色小镇的顶层设计。以首批确定的10个自治区级特色小镇培育建设为抓手，指导各市、县（区）建立了覆盖全域、分级培育的特色小镇创建体系。提请自治区政府召开全区特色小（城）镇培育建设推进会，深化驻镇联络员等指导服务措施，启动动态淘汰激励机制，推动特色小（城）镇建设走上以主导产业为支撑、以特色风貌为灵魂、以旅游发展为基本功能的正确轨道。高质量完成全区12个国家级和自治区级特色小（城）镇年度建设任务。全年12个特色小（城）镇，自治区财政投入奖补资金2亿元，撬动全社会固定资产投资25.6亿多元，开工各类项目140多个，新引进企业50多家，完成地区生产总值106.69亿元，吸纳就业10.69万人，游客接待量达到412.8万人次。

【农村危窑危房改造】按照住房城乡建设部农村危房改造三年行动方案部署要求，制定《宁夏脱贫攻坚农村危窑危房改造三年行动方案》，深入开展传统建筑解析传承、农房清洁采暖等重点课题研究，聚焦贫困地区和"4类重点对象"。2018年，争取中央、区、市、县各级财政投入补助资金5.49亿元，完成危窑危房改造3.2万户，占计划任务的145%。创新原址翻建一批、加固改造一批、移民搬迁一批、公租扩面一批、周转安置一批、补偿退出一批"六个一批"改造方式，提出并严格落实选址要科学、地基要牢靠、结构要安全、布局要合理、设施要完善、风貌要鲜明、体量要适当"七要"质量安全技术要点，引导建设适用、安全、经济、美观的新农房。连续第5年抽调自治区有关部门和企业19名专业技术力量，分组进驻各县（区）常年开展改造对象复核、技术指导巡查、质量安全检查、竣工验收确认、补助资金兑现等督导工作。委托第三方开展住房安全认定和危窑危房改造绩效评价，确保对象认定精准、改造方式精准、服务措施精准。

【农村人居环境整治】认真履行农村人居环境整治三年行动2018年牵头职责，牵头制定并提请自治区党委、政府研究印发《宁夏农村人居环境整治三年行动实施方案》，成立自治区工作领导小组，召开全区改善农村人居环境电视电话会议，科学分解落实各县（区）各年度环境整治指标任务。争取自治区财政投入补助资金1.6亿元，大力推进5个试点县（区）、31个试点乡镇、67个试点村环境整治，其中隆德县、沙坡头区列入国家试点县（区）。全面落实垃圾治理、改善村容村貌等各项整治任务，农村生活垃圾治理率达到55%以上。坚持集中与分散相结合，因户施策，完成农村生活污水处理及改厕3.29万户。

住房保障

【概况】全区共开工建设城镇棚户区改造住房2.9992万套，开工率为100%；完成投资51.3亿元，占年度计划投资的171%；发放城镇住房保障家庭租赁补贴1.1584万户，占年度计划的108.2%；基本建成3.5123万套，占年度计划的167.3%；公共租赁住房累计分配17.57万套，完成国家下达任务的105.02%。累计对18.7284万户住房困难家庭实施住房保障。

【棚户区改造】认真贯彻落实国家和自治区防范化解重大风险战略部署，会同有关部门组织引导各市县（区）适应棚户区改造融资政策新形势、新要求，深入开展棚户区改造调查摸底，有效掌握新增棚改项目资金需求和续建棚改项目进展状态及存在问题，先后印发《关于贯彻落实住房城乡建设部住房保障工作会议精神加快我区棚户区改造工作的通知》和《关于进一步加快棚户区改造工作的通知》，督促各地加大力度，加快进度，11月底，提前完成全年棚改开工目标任务。指导各地摸清棚改债务状况，加快棚改腾空土地出让，加强对棚改项目及配套商业设施销售管理，优先用于偿还棚改贷款，积极化解棚改隐性债务。

【资金保障】2018年，全区共争取中央财政保障性安居工程专项资金8.95亿元、保障性安居工程中央预算内配套基础设施补助资金8.38亿元，落实自治区财政补助资金2.83亿元，全区棚户区改造套均补助资金达到6.7万元，为历年来最高水平。积极争取政策性银行棚改贷款支持，为推动全年棚改开工任务完成提供了强有力的资金保障。

【公租房保障】2018年，根据自治区"公共租赁住房完成分配90%"的目标任务，任务要求，指导市、县（区）加快公租房建成进度，保障房源充足。不断完善公共租赁住房保障体系，指导各地根据实际，针对不同困难群体，合理设置相应准入条件，统筹做好城镇低保、低收入住房困难家庭应保尽保和中等偏下收入住房困难家庭与新市民的公共租赁住房保障工作，通过优化申请、审批流程和一系列服务措施，缩短保障对象轮候期，增强广大群众住房保障幸福感、获得感。截至12月底，公共租赁住房累计分配17.57万套，完成国家下达任务的105.02%，通过实物配租与租赁补贴，累计对全区18.7284万户住房困难家庭和人员实施了住房保障。

住房公积金管理

【概况】2018年，全区住房公积金系统坚持房住不炒定位，加大监管，提升服务，综合施策，主要业务指标保持平稳，住房公积金制度互助性进一步提升，在支持合理住房消费、助力"住有所居"方面取得新成效。全区归集住房公积金97.17亿元，同比增长2%，提取住房公积金69.02亿元，同比下降7.4%，发放住房公积金个人贷款1.9万笔、66.88亿元，同比分别下降5.5%、0.06%，支持职工购房236.39万平方米，为职工节约利息支出约9.52亿元。截至年底，全区住房公积金实缴人数达62.72万人，累计归集786.14亿元，累计提取349.87亿元，累计发放个人住房贷款26.57万笔、517.55亿元，个贷率达83.8%，使用率达93.53%。

【规范调整住房公积金使用政策】认真贯彻落实国家有关决策部署，结合全区住房公积金业务开展情况及房地产市场实际运行现状，规范调整住房公积金使用政策。5月，取消装修和购房首付款提取、规范还贷提取范围。7月，从贷款额度和首付款比例、贷款申请条件、购房提取合同使用期限和提取范围、租房提取次数等四个方面进一步规范调整全区住房公积金使用政策，同步建立最低首付款比例、余额限制倍数的动态调整机制，因城施策、精准施策。

【提升住房公积金服务水平】贯彻"放管服"改革要求，进一步压缩流程、简化要件，指导各地管委会授权中心直接办理企业阶段性缓缴和降低缴存比例业务，组织各住房公积金管理中心一律取消身份证明材料复印件办理要件。同时，不断优化业务系统功能，积极推进已建信息系统应用，初步实现了全区跨城市和与公安、社保跨部门信息共享核查，业务在线办理率不断提升。住房公积金综合服务平台12329热线、微信公众号、网厅等服务渠道运行平稳，引入人工智能技术，实现7×24小时在线咨询服务，服务效果得到广大职工好评。银川市开展住房公积金服务网点延伸试点，在银川市区8家银行网点开展住房公积金"就近办"，形成"就近办理、分散接件、统一审核"模式，有效降低职工办事成本。

【组织新市民住房问题专题调研】对标新时代住房制度改革需要，着眼行业发展实际，3—5月组织开展全区新市民住房问题专题调研。深入社区、高校和企业，与调研对象面对面了解情况、征集意见，共收到有效调查问卷1955份。通过数据整理、分析、研判，形成调研报告，为促进住房公积金制度贯彻落实"住有所居"决策部署建言献策。

【维护缴存职工合法权益】指导各地开展打击房地产商拒绝公积金贷款购房行为专项治理和违规提取专项治理，通过强化内部管理、建立联合治理机制、对违规提取人员实施失信惩戒、及时移交问题线索，加强正面宣传，维护缴存职工合法权益，引导缴存职工依法合规提取住房公积金。组织全区开展经常性住房公积金政策执行情况检查和风险隐患排查，建立住房公积金管理中心每月自查、自治区住房城乡建设厅每季度抽查工作机制，重点督导各级住房公积金管理机构细化风险隐患台账，落实廉政风险责任，以账户开立、资金调动、提取审批、贷款审批、贷后管理、账务核算、费用支出等为重点，规范政策执行、完善管理制度机制、优化信息系统功能，有效堵塞风险漏洞，消除风险隐患，切实增强风险防控能力，确保行业平稳运行，保障资金安全。

房地产业

【概况】认真贯彻落实国家、自治区有关房地产市场调控各项政策，坚持调控政策连续性稳定性，以去库存为重点，因城精准施策，督促各市县落实地方主体责任，促进供求平衡，合理引导预期，整治市场秩序，坚决遏制投机炒房，全区房地产市场总体呈现平稳运行态势。2018年，完成房地产开发投资449.6亿元，同比下降31.1%，开发投资占全区固定资产投资的18.9%，比上年同期提高1个百分点。全区房屋新开工面积994.6万平方米，同比下降16.3%。全区新建商品房销售1026.5万平方米，同比增长0.5%，其中住宅销售面积888万平方米，同比增长2.0%。全区待售商品房面积912.1万平方米，同比减少12%。

【房地产市场调控】制定印发《关于进一步加强房地产市场调控工作的有关通知》，并根据市场调控实际情况，报请自治区政府修订有关化解房地产库存若干意见，坚持调控目标不动摇、力度不放松，保持房地产市场调控政策的连续性和稳定性，指导各市、县进一步落实地方主体责任，实行差别化房地产市场调控政策，因城因地精准施策，继续做好去库存工作。全区待售商品房面积912.1万平方米，同比减少12%，去库存周期10.8个月。其中住宅待售面积380.8万平方米，同比下降19.8%，去库存周期5.2个月，去库存工作取得明显成效。

【规范房地产市场秩序】进一步加大事中、事后监管力度，强化安排部署，先后印发《关于进一步加强房地产市场调控工作的有关通知》《关于加快房地产领域矛盾纠纷化解工作的通知》等多个文件，指导市县进一步规范房地产开发企业、中介机构经营行为，强化日常监督和专项整治，严厉打击违法违规行为，加大违法案例曝光力度，有效维护群众的合法权益，促进房地产市场平稳健康发展。

【房地产市场风险防控】针对近年来经济下行压力下随之显现的房地产市场逾期交房、"烂尾楼"等问题，开展专项治理工作，印发《关于加快房地产领域矛盾纠纷化解工作的通知》《关于进一步加快房地产领域矛盾纠纷化解工作的通知》等文件，要求市县持续加大监管力度，建立风险台账，实行动态化监管，以确保风险可控。对各地开展逾期交房、"烂尾楼"化解等工作的进行督导检查，指导各地根据房地产市场运行特点和存在风险的主要原因，有针对性地制定防范化解措施，主动与自然资源、财政、公安、税务、信访等部门沟通协作，及时会商，共同研究破解逾期交房和"烂尾楼"等难题的有效之策，有力推动各地、各相关开发企业落实主体责任，不断降低房地产市场风险。同时，对存在问题较多、化解进度相对缓慢的市县进行通报，促进全区逾期交房、"烂尾楼"等风险不断减少，房地产风险问题防控取得实效。

【房地产监测分析不断加强】与自治区统计局建立会商机制，每月及时沟通房地产市场情况，及时共享全区房地产企业直报数据。认真落实住房城乡建设部房地产市场交易日报系统运行有关要求，督导各地级市按时上报新建商品房、二手房日报和月报，同时提取数据进行汇总分析，与自治区统计局房地产数据形成比对，更加客观全面准确分析房地产市场运行情况。及时掌握国家统计局发布的70个大中城市价格指数，研究分析银川市情况，并与其他大中城市形成对比。全区房地产综合监管信息平台项目已经通过住建云二期报经自治区批准，计划于2019年实施；与宁夏建行合作的房屋租赁监管服务平台建设工作正在深入推进，目前除石嘴山市的其他地级市正在试运行，届时房地产市场监测分析将更为全面、精准。

【诚信体系建设】联合国土资源厅、地税局、人民银行等8部门审核发布2017年度房地产企业信誉等级评定结果，共评定AA级企业48家、A级企业272家、B级企业126家，并向社会公布评定结果。组织开展全区房地产企业履行社会责任评价工作，重点对2015年度完成房地产开发投资1亿元以上的开发企业进行试点评价，共有116家房地产开发企业参加评价，共评出优秀等次企业56家、良好等次企业55家、合格企业5家。

【物业服务管理】积极适应物业企业资质取消后的新形势，加强事中事后监管，扎实推动物业企业管理、合同文本、招投标、公开公示、业委会建设、维修资金使用标准化工作开展。强化物业行业诚信建设，将物业企业信用信息评定作为监管物业企业的有力抓手，银川市建立的"三级联动"物业信用信息平台试点工作顺利开展，中卫市辖区物业企业信用等级评定效果明显，可成为全区能复制可推广经验做法。主动回应社会群众物业诉求和信访问题，持续开展全区住宅小区物业服务行为专项整治工作，并将物业承接查验、行业安全生产等工作贯穿其中，各市县积极排查和受理物业矛盾纠纷问题，解决化解各类问题，进一步提高居民群众的满意度和幸福指数，维护社会和谐稳定。

建筑业与质量安全

【概况】2018年，全区共有监管建筑工程项目1774个、在建单体项目5712个，总面积3950万平方米。新开工建设项目3001个。完成建筑业总产值564.48亿元，同比下降2.53%，占全区GDP比重达16.81%。全区共有在册建筑施工企业1145家。其中，施工总承包企业564家，专业承包企业359家，劳务分包企业222家。1145施工企业中，特级资质企业1家，一级企业31家（其中施工总承包企业19家，专业承包企业12家），二级企业294家。外省进宁建筑施工企业1166家,其中特级78家,一级649家。监理企业58家,其中甲级资质18家,乙级21家;丙级资质19家。区外进宁监理企业155家;工程招标代理机构191家,其中,区内机构67家,区外进宁机构124家;工程质量检测机构102家,工程造价咨询企业109家,园林绿化企业146家。

【安全文明标准化工地和鲁班奖】2018年,全区20项工法荣获自治区级工法。组织开展自治区"建安杯"安全文明标准化示范工地工程评审,76项工程被评为自治区"建安杯"安全文明标准化示范工程。组织开展建筑施工安全文明标准化工地创建工作,全区121个工地获得自治区级安全文明标准化工地称号。16项工程荣获"西夏杯"优质工程奖。银川河东机场T3航站楼项目工程获评中国建设工程鲁班奖。

【安全生产】狠抓房屋建筑、市政工程安全生产,确保建设领域安全生产形势总体稳定受控。2018年,全区发生建筑安全生产事故11起,死亡14人,控制在自治区安委会下达的指标范围内,全年未发生较大及以上安全生产事故,也没有发生工程质量事故,质量安全总体形势稳定受控。

【建设市场规范】推进制度建设,会同发改、公共资源等部门修订《宁夏回族自治区建设工程招标投标管理办法》(自治区政府第12号令);对《自治区房建市政工程招标投标评标办法》中有关评标细则内容进行了修改调整,突出暗标评审优势,从而防控企业串通投标,遏制人为操纵评标结果;组织对全区各市县自行出台的与上位法不一致的招投标政策进行了清理,推进招投标活动的公平公正。推进电子招投标,配合推进自治区"一网三平台"建设,与发改等部门联合下发《关于自治区房屋建筑和市政基础设施工程推行电子化招标投标的通知》(宁公资发〔2018〕43号),明确从2019年1月1日起在区直重点项目中实行电子招投标试点工作。推进诚信管理。制定《建筑业企业诚信系统管理岗位工作职责及规程》,明确企业诚信分值录入核准的工作依据、工作流程、人员职责,实行不见面网上办理的工作模式。推进"放、管、服"工作,制定出台《关于取消工程建设项目招标代理机构资格认定加强事中事后监管的通知》,进一步优化"宁夏建筑市场监管服务系统"网上办事程序;改革投标保证金管理模式,由以前保证金只能使用现金转账转变为现金转账、银行保函、保险保单、工程担保保函等投标保证金形式,切实为企业减轻资金负担。

【建设工程招投标管理】加强制度建设,全面清理1998—2015年房建市政工程招投标规范性文件;制定出台《关于简化工程建设项目招标代理管理事项办法》,取消招标代理机构备案、项目单项报备、从业人员持证上岗三项制度,实行招标代理机构信息和代理项目信息网上报送制度,推进了建筑市场的统一开放。积极改革创新,推进"一网三平台"建设,进一步修订完善招标文件范本;推行施工总承包招标试点,确定自治区公安厅业务技术用房施工与监理项目作为试点项目;进一步建立完善全区统一的专家库,对全区建筑类行业申报的2332名评标专家申报材料进行了全面审定。2018年,共受理查办各类案件23件,其中行政处罚6件,非行政处罚17件,结案20件,共处罚金7.4万元,行政处罚企业3家,行政处罚0人次。全区共拆除违法建筑40.584987万平方米,其中拆除新增违法建筑24.63908万平方米,拆除存量建筑面积15.94581万平方米。

建筑节能与科技

【概况】深入实施自治区生态立区发展战略,建筑节能、绿色建筑和装配式建筑发展不断加快,全区新建建筑65%节能标准执行率达到100%,完成既有居住建筑节能改造220万平方米,实施绿色建筑540万平方米,占新建建筑的35.4%。牵头制定并提请自治区人大出台《宁夏绿色建筑发展条例》,制定4项地方标准,整合精简20项强制性地方标准,组建宁夏工程建设标准化专家库,修订完善5项定额计价和3项定额管理规范性文件,建筑业"营改增"计价依据调整工作走在全国同行前列。绿色建筑评价标识和绿色建材推广认定有序开展,4个项目、55.22万平方米建筑通过绿色建筑评价标识认定,发布2批共16个绿色建材评价标识产品目录。开展可再生能源和绿色建筑试点示范工作,批准示范项目17个,下达补助资金3600万元。

【建筑节能】严格落实国家节能环保、低碳发展的产业政策,加强日常督查和服务指导,顺利通过住房城乡建设部2017年建筑节能、绿色建筑和装配式建筑实施情况专项检查,组织开展2018年度全区建筑节能、绿色建筑、装配式建筑实施情况专项检查,督促指导各地严格执行建筑节能、绿色建筑等工程建设标准,全区新建建筑节能整体水平进一步提高,节能标准执行率达到100%。各地完成既有居住建筑节能改造共220万平方米。

【绿色建筑】把绿色建筑、装配式建筑做为推进建筑业绿色发展的重要举措,牵头制定并提请自治区人大出台《宁夏绿色建筑发展条例》，印发《关于进一步规范宁夏绿色建筑评价标识工作的通知》，发布《宁夏绿色建筑设计标准》《宁夏绿色建筑评价机构能力指引》，采取第三方认证方式推动绿色建筑、绿色建材标识评价工作，全年实施绿色建筑540万平方米，占新建建筑的35.4%；审定星级绿色建筑示范项目4个，建筑面积55万平方米；发布了两批共16个绿色建材评价标识产品目录。

【建筑产业现代化】认真落实自治区"创新驱动30条"要求，积极稳妥推进装配式建筑发展，督促银川市、吴忠市、石嘴山市制定出台发展装配式建筑的实施方案，积极开展产业化基地培育，做好示范项目指导服务，2家企业通过建筑产业化基地评审，3家企业通过装配式建筑产业化基地评审，4家企业确定为培育对象，自治区第一个装配式混凝土建筑构件生产基地建成投产，第一个装配式混凝土住宅项目开工建设。继续发挥自治区财政资金的激励作用，认真组织开展示范项目认定审查，向4个产业化基地和1个已建成示范项目兑现奖补资金。

【建筑科技】以"四节一环保"技术研发与推广为目标，组织新技术新产品鉴定3项，推广认证15项，自治区级工法关键技术鉴定41项，建筑业新技术应用示范工程立项2项、验收4项，新确定自治区级科技计划项目7个。

【建设标准制定】组织编制《模板早拆体系技术规程》《通信基础设施专项规划编制导则》《建筑节能门窗工程技术规程》《SMC改性沥青路面施工技术规程》4项地方标准，其中审定完成3项，发布实施2项。按照国家、自治区关于深化标准化改革的工作要求，完成20项强制性地方标准的整合精简和25项推荐性地方标准集中复审工作。

【建设标准宣贯】贯彻落实《自治区工程建设标准化管理办法》，进一步提升标准化管理工作成效，举办区内建设领域从业人员近500余人参加《管理办法》宣贯培训会，积极与媒体对接，利用电视、报纸、网络等载体，大力宣传《管理办法》出台的重要意义、工程建设标准化工作的重要性，提高各市县行政主管部门和社会公众对标准化工作的理解和认识。

【建设定额修订】印发《关于建筑业营业税改征增值税宁夏建设工程计价依据调整实施意见》，建筑业"营改增"计价依据调整工作走到全国同行前列。完成《绿色建筑和建筑产业化工程计价定额》《2013宁夏工料机标准数据库（增值税版）》《市政道路养护工程补充定额》《绿色建筑和建筑产业化典型工程技术经济指标》等规范文件编制工作。

【建设定额发布】编制《宁夏工程造价》双月刊，在宁夏建设工程造价网站开辟绿色建筑和建筑产业化材料价格信息专栏，公布普通干粉砂浆、耐热聚乙烯直埋供热管、建筑节能门窗、无机不燃改性聚苯保温板等近60种材料价格信息。

【建设定额管理】印发《宁夏建设工程竣工结算备案管理暂行办法》《关于对装饰装修工程定额人工单价动态调整的通知》《关于全面推行〈建设工程造价咨询合同〉（示范文本）的通知》等指导性文件，进一步规范建筑市场秩序。

人事教育

【干部教育培训】制定印发《2018年全区住房城乡建设系统教育培训计划》，全年安排培训项目22个，培训人数达3300余人，争取培训资金221万元；围绕绿色建筑、智慧城市和海绵城市等内容，在厅系统举办12期教育实践大讲堂，参加人数共计2300余人；组织5个地级市住建局、规划局等参加全国建设系统城市规划管理专题培训班共20期34人，为住建事业创新发展提供了人才保证。

【高层次人才培养】鼓励干部在职继续深造，报名参加武汉大学在职研究生学历教育的学员达133人。在全区选派22名建筑师、规划师参加住建部组织的"十三五"万名总师培训。选派一名人员赴湖南大学进行为期1年的访学；推荐一名行业领军人才参加首批"宁夏杰出人才奖"评选。

【建筑行业人员培训】组织建筑师、建造师、勘察设计工程师、造价工程师、监理工程师5类2602人开展继续教育培训，组织各类执业人员继续教育培训47142人，其中："三类人员"17499人、"八大员"19420人，特作人员5544人、"实验员"4329人，组织岗位人员参加考试50383人，通过考试29144人，占考试人数的57.84%，有效提高了行业从业人员能力素质。

（宁夏回族自治区住房和城乡建设厅）

新疆维吾尔自治区

概况

【概况】2018年,新疆维吾尔自治区住房和城乡建设系统坚决贯彻落实习近平总书记关于新疆工作的重要讲话和重要指示批示精神,按照党中央的治疆方略,紧紧围绕新疆社会稳定和长治久安的总目标,牢固树立"四个意识",坚定"四个自信",做到"两个维护",敢于担当,改革创新,攻坚克难,推进自治区住房城乡建设事业发展取得新进展、新成效。

【防范化解行业风险成效显著】健全落实信访工作、行政复议和"双随机一公开"工作机制,围绕房屋征收、工程款拖欠、工程质量、物业服务等群众反映强烈的热点、难点问题,制定《信访矛盾纠纷化解攻坚实施方案》,及时化解行业各类矛盾纠纷。健全完善行业监管应急预案,编制城镇燃气、供排水、集中供热、建筑工程等应急预案,开展重大风险隐患排查整治和应急救援演练活动,适时开展对行业系统防震减灾应急处置工作的督促检查,完成了塔城地区托里县、哈密市伊州区洪水灾害应急评估处置和喀什地区伽师县的震后评估。强化工程质量安全监管,集中开展以"生命至上、安全生产"为主题的建筑施工领域安全生产"百日专项行动",严格建筑施工安全生产和质量控制全过程监管,查处各类安全隐患1.98万条,建筑安全事故起数和死亡人数同比下降35%和41%。

【安居工程建设任务圆满完成】健全农村安居、城镇保障性安居工程建设工作责任,指导协调各项任务的完成。投资143.16亿元,建成农村安居工程28.2万户,约113万各族农民群众入住安居房;投资773.35亿元,完成棚户区改造工程48.09万套,货币化安置40.39万套(货币化安置占工程总数的84%);投资17.26亿元,完成3万套公共租赁住房建设。

【污染防治问题整改取得新的成效】围绕中央环保督察反馈的4项问题,制定整改方案,明确目标责任,落实整改措施,全力推进问题解决。按照蓝天、碧水、净土要求,持续排查整治城市黑臭水体和大气污染防治,稳步推进海绵城市建设和城市地下综合管廊建设。截至年底,以城镇集中供热、建筑工地和城市道路扬尘治理为重点的大气污染防治取得积极成效,重点流域敏感区16座污水处理厂一级A提标改造2项整改任务已完成交账销号,另外2项正在积极推进,计划于2020年完成整改。

【农村人居环境整治稳步推进】坚持把农村安居工程与改善农村人居环境有机结合,扎实推进农村人居环境整治各项任务的落实。协调配合自治区有关部门,印发自治区农村生活垃圾专项治理及自治区改善村容村貌三年行动实施方案,编制《农村厕所粪污治理技术规程(试行)》等技术规程,以完善农村生活垃圾处理设施和农村改厕为重点,坚持试点先行、示范引领、重点突破,带动村容村貌的整体改观。截至年底,自治区全域60.8%的乡镇、52.8%的行政村建有垃圾收集转运设施,农村生活垃圾收运处置体系逐步完善。

【建筑业发展稳中向好】坚持改革创新,鼓励、引导建筑业企业优化产权结构和资本结构,完善内部管理,创新经营模式。装配式建筑、钢结构及BIM技术等绿色节能推进工作取得积极成效,监督管理和信用一体化平台不断完善,企业备案和执业人员注册申报(二级建造师等)实现网上报备、网上审核。完成建筑业总产值2095.3亿元(含疆内企业在疆外完成建筑业总产值292.4亿元);吸纳就业人口近70万人,落实南疆四地州深度贫困地区转移就业2000人;清理查处违规设立及超标准收取的各类保证金272961.32万元,完成清退224985.75万元,有效缓解了建筑企业经营负担。

【房地产市场调控取得积极成效】认真贯彻落实国家调控政策,强化房地产市场调控监管,会同自治区发改、财政、公安等9个部门印发《关于加快推进自治区住房租赁市场试点工作的通知》,选取乌鲁木齐市、库尔勒市、昌吉市等5个为试点城市,通过培育专业化企业、搭建住房租赁交易服务平台、发布住房租赁合同示范文本、增加租赁住房供应、保障租购同权等措施,推进自治区住房租赁市场健康发展。督促指导各地深入开展专项整治行动,截至年底，全区房地产开发累计完成投资1033.44亿元，房屋施工面积11574.72万平方米，竣工面积1183.49万平方米，房地产去库存周期为28个月，保持在合理可控区间，住房公积金逾期率由2.34‰下降到0.36‰。

【市政服务保障能力不断提高】围绕城市供水、污水和垃圾处理、燃气、供热等市政基础设施建设，坚持补短板，强监管，着力提升保障能力。截至年底，城市和县城自来水普及率达98%，污水处理率达91%，生活垃圾处理率达96%，垃圾无害化处理率达79%，燃气普及率达96.35%。城镇建成区绿化覆盖率达36.75%，建成区绿地率达33.43%，人均公园绿地面积达12.23平方米。

【"放管服"改革创新不断深入】全面推进法治政府建设。不断完善法规制度体系建设，坚持和完善规范性文件合法性审查机制，全面推行执法公示制度、执法全过程记录、重大执法决定法制审核制度。推进城市管理执法标准化规范化，全区有12个地州（市）实现了住房城乡建设领域行政执法处罚权的集中行使。深化"放管服"改革，截至年底，取消各类资质类审批证明材料21项，取消机关本级行政审批14项，将建筑业企业三级资质、房地产开发企业暂定资质审批权下放至地州市，向喀什、霍尔果斯经济开发区下放11项许可，向兵团授予252项行政职权和行政执法权。选取试点城市，推行工程建设项目审批制度改革。

【扫黑除恶专项斗争有序推进】认真贯彻落实党中央关于开展扫黑除恶专项斗争的决策部署，加强对建筑工程、招投标、房屋征收、安居工程建设、棚户区改造等住房城乡建设重点领域专项整治，指导各地认真开展扫黑除恶专项斗争，排查涉黑涉恶线索49条，移送政法部门23条，治理行业乱象25条。按要求完成上报《新疆维吾尔自治区住房和城乡建设系统2018年扫黑除恶专项斗争工作总结》。

【建筑节能工作全面发展】围绕绿色建筑发展目标，积极推进装配式建筑、电采暖技术、建筑节能标准等工作的落实，全区县以上城市（含县级市）公共建筑和居住建筑全面实现节能65%强制性标准，乌鲁木齐市、克拉玛依市、昌吉州、阿克苏地区、巴州库尔勒市新建居住建筑全面执行了75%建筑节能设计标准。完成混凝土装配式建筑约5万平方米、钢结构装配式建筑约120万平方米；实现电供暖面积约1311万平方米（不含石油网、兵团网和水网）；新增节能建筑2500万平方米，完成既有建筑节能改造任务1200万平方米，完成公共建筑节能改造230万平方米。

【地方行业标准体系不断完善】围绕新技术、新标准、新需求，不断完善地方行业发展标准体系，加强标准实施的指导监督，充分发挥标准引领和技术支撑作用。先后批准发布《农村厕所粪污处理技术规程（试行）》《住宅室内装修装饰工程质量验收标准》《绿色建筑工程验收标准》《农村居住建筑节能设计标准（试行）》《电供暖系统应用技术规程》等20项工程建设地方标准，为指导、规范行业发展提供了基础保障。

【"访惠聚"、扶贫帮困、双语支教、"民族团结一家亲"等活动深入推进】选派落实70名驻村工作队员、深度贫困村第一书记、扶贫专干和37名支教干部驻村驻点，主要领导先后11次深入驻村工作队和深度贫困村，调研指导工作，协调解决问题。投入资金820万元，指导帮扶建设安居房1034套，铺设供水管网20.65公里，成立农民专业合作社10个，开展结对认亲258对，完成"四同四送"活动6轮、42批次，民族团结联谊活动12次，捐款捐物价值累计40余万元，为群众办实事好事190余件。截至年底，住房和城乡建设厅3个工作队所驻村、4个第一书记所驻深度贫困村实现整村脱贫，"真扶贫、扶真贫"工作取得显著成效。

【各项保障措施不断规范】以提高各级党组织凝聚力、战斗力为根本，坚定不移推进全面从严治党，加强党员领导干部党性修养，严守政治纪律和政治规矩，提高政治站位，强化"四个意识"，坚定"四个自信"，提升贯彻党中央和自治区党委各项重大决策的政治自觉、思想自觉和行动自觉。以作风整治为抓手，围绕担当作为意识不强、本领能力不够、工作不深不实、质量效率不高等突出问题，通过建立个人问题整改台账，健全落实工作报告、压力传导、督导问责机制，持续深入推进作风整治。严格党风廉政"一岗双责"，层层压实主体责任，建立完善履责报告、督导检查、考核评价和责任追究工作机制，组织开展党风党纪教育和警示教育，强化担当守纪、勤政廉政意识，筑牢拒腐防变的思想防线。

法规建设

【概况】2018年，围绕社会稳定和长治久安的总目标，按照建设法治政府的要求，推进科学立法、民主立法、依法立法，全面推进依法行政。加强制度建设，完善地方法规体系，为推进依法行政提供制度保障。坚持和完善规范性文件合法性审查机制，加强监督和考核，定期对文件进行清理，对不符合法律法规规定的文件予以废止或修订。深入推进"放管服"改革，坚持把削减行政权力贯穿行政审批制度改革的始终，优化审批流程，提高审批效率，推进工程建设项目审批制度改革。推进城市管理执法体制改革，加强执法队伍建设，全面推进"双随机一公开"，坚持规范执法、公正执法、文明执法。积极开展法治宣传教育，加大全员普法力度，深入推进法治政府、法治文化实践活动。加强行政复议工作，规范行政复议程序，统一行政复议格式文书，健全行政复议制度，发挥行政复议层级监督作用。

【法制建设】立法调研。组织完成《自治区城市管理综合行政执法条例》草案修改，配合自治区人大常委会法工委完成了疆内外立法调研，开展《自治区城镇房地产交易条例》立法调研，在伊犁州奎屯市、克拉玛依市独山子区开展为期15天的城市管理执法调研。

法规建设。按照《自治区住房城乡建设厅2018年规范性文件制定计划》，完成《自治区工程造价管理办法》（修订草案）的起草、讨论和修改，制定《自治区建设工程竣工结算备案办法》《自治区建设工程工程量清单计价管理办法》《自治区建设工程计价依据解释与合同价款争议调解办法》《自治区房地产估价行业信用管理办法》《自治区房屋建筑工程质量投诉处理办法》《自治区建设工程质量检测监督规定》《自治区住房和城乡建设厅"双随机一公开"工作细则》《自治区住房和城乡建设厅建设工程标准制定规则》《自治区住房城乡建设应急物资储备管理办法》等规范性文件。

规范性文件清理。完成了8件地方性法规和12件政府规章的清理，提请自治区人民政府废止了《自治区建筑工程社会保险费统筹管理暂行办法》和《自治区城市排水管理办法》。对涉及"放管服"改革的63件政府文件进行清理，提请废止政府文件40件，废止厅发文件76件。

【行政复议和行政应诉】加强行政复议能力建设和对下级机关行政复议工作的指导，组织开展自治区住房城乡建设行政复议和行政应诉培训班，完成培训150余人次。贯彻落实《住房城乡建设行政复议办法》，规范行政复议申请、受理、审查、决定和监督等程序，统一行政复议格式文书。建立行政复议开庭审理、听证等制度，坚持对重大、复杂行政复议案件采取现场踏勘、专家咨询机制，发挥行政复议层级监督作用，努力把行政争议化解在基层，化解在初发阶段。强化对行政复议决定的执行，完善行政复议意见书、行政复议建议书制度。办理行政复议案件13件，行政诉讼案件7件，下达行政复议决定书13件（维持6件，调解1件，驳回1件，答复1件，撤销4件）。

【行政执法监督】全面推行行政执法制度建设，建立完善执法公示制度，对投诉举报案件的转办、督办情况、行政执法检查和处罚结果在门户网站进行公示并跟踪督办，接受群众监督。完善执法案件法制审核制度，坚持行政执法案件统一由法制机构提出审核意见，未经审核或者审核未通过的，不得提交会议研究。全面推行执法三项制度，制定《自治区住房和城乡建设厅全面推行行政执法公示制度执法全过程记录制度重大执法决定法制审核制度工作方案》。制定《自治区住房和城乡建设厅实施"双随机一公开"工作细则》，建立了抽查事项清单和执法人员库、检查对象库，全面实施行政许可和行政处罚双公示制度、"双随机一公开"检查结果公开制度。加强检查结果的运用，将检查结果与招标投标、评优评先、行政许可、从业资格、资质审批等挂钩，建立完善失信惩戒机制。

【普法教育】认真贯彻落实《新疆维吾尔自治区实施〈党政主要负责人履行推进法制建设第一责任人职责规定〉办法》，加强对"七五"普法和依法治理工作的领导，及时调整厅普法依法治理领导小组，制定《自治区住房和城乡建设厅2018年厅党组学法计划》《2018年自治区住房和城乡建设厅法制宣传教育工作要点》《2018年自治区住房和城乡建设厅宪法学习宣传教育活动实施方案》《自治区住房和城乡建设厅关于加强国家工作人员学法用法工作的实施方案》，明确了年度普法工作的主要目标、任务以及实施步骤。坚持和完善党组理论学习中心组集体学法和会前学法制度，学习法律法规和"放管服"改革有关文件，学习有关党内法规和政策文件，深入开展宪法学习宣传活动。学习维护社会稳定和民族团结的法律法规，学习宣传住房城乡建设领域法律法规，开展对重点对象的法制宣传活动。完成新疆广播电台"法律与你同行"维语广播案例编选和参播节目3次，积极参加"我与宪法"微视频征集活动，报送《普法教育你我他，法治教育靠大家》作品，制作"谁普法谁执法"普法责任制H5页面，作品《普法于行 尚法于行》荣获自治区普法责任制H5比赛活动优秀奖。

【执法体制改革】认真落实《中央办公厅 国务院办公厅关于深入推进城市执法体制改革 改进城市管理工作的指导意见》和《自治区党委办公厅、自治区人民政府办公厅关于深入推进城市执法体制改

革 改进城市管理工作的实施意见》，推动体制改革试点、部门职责和机构设置整合、城管立法、数字平台建设、执法全过程记录和城市管理执法队伍"强基础、转作风、树形象"专项行动等各项工作的深入。自治区城市管理执法体制基本理顺，克拉玛依市、阿克苏地区等12个地州（市）实现了住房城乡建设领域行政处罚权的集中行使；库尔勒市、巴里坤县等66个县（市）市实现了住房城乡建设领域行政处罚权的集中行使；地州（市）行政处罚权集中行使完成率为85.7%，县（市）行政处罚权集中行使完成率81.5%。建立完善执法公示制度，对投诉举报案件的转办、督办情况在门户网站进行公示，接受群众监督。制定《自治区城市管理执法队伍"强基础 转作风 树形象"三年行动实施方案》，完成自治区200名执法人员建设标准执法培训和470名城市管理执法人员的专业培训。组成三个督查组完成对13个地州市、23个县市区城市管理执法体制改革工作推进情况、城市管理执法队伍"强基础、转作风、树形象"专项行动的督导检查。

全面推进律师驻队试点。按照司法部、住房城乡建设部《关于开展律师参与城市管理执法工作的意见》要求，会同司法厅联合下发了《关于开展律师参与城市管理执法试点工作的通知》，选定乌鲁木齐市、克拉玛依市、昌吉市、阿克苏市为试点城市，先行开展律师参与城市管理执法试点工作。建立城市管理执法监督考核评价体系，开展执法案卷评查，适时进行督导检查。

【"放管服"改革】取消机关本级行政审批14项（包括4项企业资质审批，3项企业资质初审，7项注册执业师资格初审）；机关本级审批的资质资格实行网上受理，取消各类资质类审批证明材料21项，改提交证明材料为申请人对部分申请材料的真实性、有效性进行承诺。将建筑业企业三级资质审批、房地产开发企业暂定资质审批下放至地州市住房城乡建设部门行使；再次向喀什、霍尔果斯经济开发区下放11项许可；向兵团授予252项行政职权和行政执法权。厅机关本级保留的行政审批事项共13项。全面推行施工图数字化审查，自治区19家审图机构全面实现数字化审图，施工图审查时间较之前缩短30%。清理无法定依据的各类保证金、押金、证明等搭车事项，自治区共清理各类工程保证金5.35亿元。

【工程建设项目审批制度改革】贯彻落实《国务院办公厅关于开展工程建设项目审批制度改革试点的通知》，在充分调研、征求意见的基础上，起草完成《自治区工程建设项目审批制度改革试点工作方案》。11月19日，自治区人民政府办公厅印发《自治区工程建设项目审批制度改革试点工作方案》（新政办发〔2018〕144号），成立自治区工程建设项目审批制度改革领导小组，选取克拉玛依市、库尔勒市、阿克苏市、奎屯市、吉木萨尔县5个市、县作为自治区试点城市。

【信访举报】制定《自治区住房和城乡建设系统开展信访矛盾纠纷化解攻坚实施方案》，坚持属地管理、分级负责，坚持依法、及时、就地解决问题与疏导教育相结合的原则，落实领导包案和带案下访制度，推进通过法定途径、分类处理、部门协调机制的落实，共接待群众来访43批、52人次，受理群众投诉举报、上级部门或业务处室转来的各类案件98件，受理信访复查复核案件1件，办理国家投诉办交办案件2件、自治区信访局转送案件2件，厅领导批转信访案件4件，自治区工商局转办的消费维权案件455件，各类案件均实现全部办结。

住房保障

【概况】2018年，国家保障性安居工程协调小组与自治区人民政府签订棚户区改造目标任务47.09万套，其中：城市棚户区改造46.07万套，国有工矿棚户区及垦区危房改造1.02万套。自治区实施各类棚户区改造48.09万套，完成年度任务的102.1%；完成投资780.25亿元，其中货币化安置40.62万套，货币化安置比例为84%。南疆四地州开工建设公租房3.04万套，完成投资19.2亿元，超额完成0.04万套公租房建设计划任务。

【城镇棚户区改造】坚持保障和改善民生，加大资金投入，精心组织实施，积极推进棚户区改造任务的落实。落实中央、自治区棚改补助资金和专项债券资金336.51亿元（其中：中央财政专项补助资金104.16亿元，中央预算内投资补助70.15亿元，棚改专项债券156.2亿元，自治区专项补助资金6亿元）；完成各类棚户区改造48.09万套，完成投资780.25亿元。城镇棚户区改造各项任务的完成，在改善棚户区居民住房条件，促进以人为核心的新型城镇化，促进房地产市场平稳健康发展，提升城市功能和综合承载能力，拉动投资消费和经济增长等方面发挥了重要作用。

【公租房建设分配运营与管理】修订印发《自治区公共租赁房管理办法》，在降低公租房保障门槛、扩展申请渠道取得新的突破。南疆四地州开工建设公租房3.04万套，完成投资19.2亿元。依托自治区住房保障信息系统，开展公租房专项核查工作，摸清公租房建设及分配底数，提高公租房规范化管理水平。会同自治区党委组织部、教育厅、卫计委联合下发《关于进一步做好自治区干部周转房有关工作的通知》（新建保〔2018〕12号），指导各地对列入历年公租房建设计划尚未交付使用的干部周转房项目，加快建设进度，完善配套设施，尽快达到交付使用条件，早日形成有效供应。

【改革与创新】启动《自治区住房保障"十三五"规划》中期评估工作，为全面掌握《自治区城镇住房保障"十三五"规划》执行情况、科学谋划2018—2020年棚改工作、指导各地完善住房保障供应体系奠定了基础。根据《财政部 住房城乡建设部关于印发〈试点发行地方政府棚户区改造专项债券管理办法〉的通知》（财预〔2018〕28号）要求，结合棚改工作实际，积极建立项目库，依法依规做好棚改专项债券申报工作，按照棚改项目建设周期，确定实际用款需求，分年度申请地方政府棚改专项债券，避免出现资金闲置、使用效率不高，建设成本上升等问题的发生。改进年度考核方式，将自治区考核与审计、财政部驻新疆财政监察专员办事处核查结果有序衔接，实行一本台账核查、一套资料考核，缩小考核、审计、核查结果误差，并建立整改台账，一一抓好整改落实。

【工作机制与监督管理】聚焦具体实施住房保障工作的县市、任务指标和住房保障质量效益，开展住房保障调研和巡查，及时对各地工作进展、执行政策、遇到的问题等进行服务和指导。坚持问题导向，严格落实城镇保障性安居工程月通报制度，按月通报各地州市、各行业部门棚改开工情况，及时督促指导进展缓慢的地州市、行业部门，加快推进棚改项目实施。印发《关于做好自治区城镇保障性安居工程存在问题整改"回头看"工作的通知》（新住保办〔2018〕21号），将自治区城镇保障性安居工程核查、审计发现的问题反馈各地，组织开展问题整改情况"回头看"。针对个别县（区）弄虚作假、虚报棚改任务完成情况、随意改变公共租赁住房用途等问题，印发《关于开展自治区城镇保障性安居工程专项清查整改工作的通知》（新政办发〔2018〕164号），在自治区范围内开展城镇保障性安居工程专项清查整改工作，及时下发《关于个别地方违反城镇保障性安居工程建设管理规定问题的通报》（新政办发〔2018〕163号），督促各地抓好整改落实。

【信息化建设与管理】应用现代电子信息技术和"互联网＋"，指导各地实施项目库建设，对符合条件的项目及时建立项目清单，并录入项目库进行统一管理，动态更新，实现公租房管理信息化、智能化。加强自治区住房保障信息化建设，加快录入历年棚改档案信息，综合利用各项信息化手段，规范项目实施管理，提高各地棚改工作管理水平。拓宽信息公开渠道，通过报刊、网络等媒介，积极宣传住房保障政策，并在政府或建设主管部门网站及时公开年度建设计划和完成情况、保障性住房分配政策、分配程序、分配房源、分配对象、分配过程、分配结果、投诉处理等信息，主动接受社会监督。

【主要做法及成效】党委政府高度重视，部门协力推进。及时印发《关于进一步加强自治区城镇棚户区改造工作的通知》（新住保办〔2018〕13号），按照"尽力而为、量力而行"的原则，指导各地在尊重群众意愿的基础上，努力控制棚户区改造成本，科学编制棚改规划，完善实施方案，推动项目尽快开工建设。8月，自治区人民政府组织住建、发改、财政、金融、农业、畜牧等部门及国开行、农发行新疆分行和其他商业银行召开自治区棚户区改造工作电视电话会议，深刻分析棚改工作面临的新形势、新情况和新问题，对做好下半年棚户区改造工作进行再动员，再部署。12月，自治区第十三届人民政府第37次常务会议专题听取《自治区城镇棚户区改造进展情况报告》，督促棚改开工率低的地州、行业加快棚改进度，对发现问题坚决进行整改，切实保障各族群众切身利益。

完善政策措施，防范和化解金融风险。会同自治区财政厅下发《关于印发〈试点发行自治区地方政府棚户区改造专项债券管理办法〉的通知》（新财预〔2018〕37号），指导督促各地全面清理违规举债、化解限额外隐性债务，制定地方棚改专项债券实施细则，建立完善项目库，依法依规做好棚改专项债券申报工作。印发《关于加强自治区城镇保障性安居工程风险管理的通知》（新建保〔2018〕7号），指导各地全面排查城镇保障性安居工程各环节风险点，科学评估风险，加强资金监管，制定切实可行的风险防控长效机制。

开展教育培训，落实人才保障。在住房城乡建设部大力支持下，重点围绕棚改工作面临的形势、棚改标准界定及改造方式、棚改融资贷款评审政策、棚改专项债券申报及使用、公租房管理、审计及财政专员办审核发现问题整改等内容，先后于6月、9月在乌鲁木齐市、阿克苏地区举办三期城镇保障性安居工程专题培训班，各县（市）住房保障分管领导及业务人员300余人参加培训。通过业务培训、座谈交流、实地观摩、现场答疑等方式，提高各地住房保障领导干部及业务人员的政策知晓水平和业务管理能力，为推动工作奠定了良好的基础。

适时开展中期评估。按照国家部署要求，为全面掌握《自治区城镇住房保障"十三五"规划》执行情况，科学谋划2018—2020年棚改工作，在自治区范围内正式启动了自治区住房保障"十三五"规划中期评估工作，通过专家论证、实地调研、座谈交流等方式，调整完善规划内容，为完成新的三年棚改攻坚任务提供了指导。

狠抓问题整改。针对《关于2017年城镇保障性安居工程跟踪审计及专员办核查问题整改的督办函》（新住保办函〔2018〕18号）要求，督促各地建立工作台账，认真落实整改，按月报送问题整改情况。针对问题反复、屡审屡犯的单位，及时下发情况通报，重点督办整改。在《关于违规挪用公共租赁住房和保障性安居工程逾期未交付典型问题的通报》（新住保办〔2018〕11号）中，通报了两起公租房建设的违规案件。同时，针对专员办核查发现莎车县、焉耆县、和静县、精河县弄虚作假，虚报2017年棚户区改造任务完成数据等问题，及时下发整改督办函，责成其对存在的问题进行核实并督促整改。对棚改工作进展缓慢及审计发现问题整改率较低的伊犁州、博州、昌吉州、和田地区、喀什地区，对其负责同志进行约谈，提醒督促落实整改。

房地产业

【概况】2018年，认真贯彻落实国家调控政策，强化房地产市场调控去库存监管，市场活力增强，秩序规范，实现了平稳健康发展。截至年底，房地产开发累计完成投资1033.44亿元，同比下降0.4%，其中：房地产（住宅）投资累计642.48亿元，同比增长9.2%。累计完成房屋施工面积11574.72万平方米；房地产竣工面积1183.49万平方米，同比下降29.6%。督促指导各地深入开展专项整治行动，防范化解棚改融资风险和地方政府债务风险。住房公积金个贷逾期率由2.34‰下降到0.36‰，非住宅商品房库存面积比2017年减少46.2万平方米，房地产去库存周期为28个月。

【房地产开发经营】截至年底，自治区累计完成房屋施工面积11574.72万平方米，同比下降0.2%，降幅收窄1.5%（其中，商品住宅施工面积累计6884.37万平方米，同比下降0.8%）；新开工面积累计2390.676万平方米，同比下降7.3%，降幅收窄4.3%（其中，商品住宅新开工面积累计1588.18万平方米，同比增长4.8%）；竣工面积累计1183.49万平方米，同比下降29.6%（其中，商品住宅竣工面积677.01万平方米，同比下降41.2%）；累计完成商品房销售面积950.12万平方米，库存4201.33万平方米。

【监督指导】住房租赁。认真贯彻落实《国务院办公厅关于加快培育和发展住房租赁市场的若干意见》（国办发〔2016〕39号）、《关于加快培育和发展自治区住房租赁市场的实施意见》（新政办发〔2016〕179号）精神，会同自治区发展改革委、财政厅、公安厅、国土资源厅、教育厅、地方税务局、工商行政管理局、金融工作办公室9个厅局制定印发了《关于加快推进自治区住房租赁市场试点工作的通知》，坚持试点先行、示范引领，确定乌鲁木齐、库尔勒、昌吉等5个城市为试点，通过培育专业化企业、搭建住房租赁交易服务平台、规范租赁合同示范文本、增加租赁住房供应、保障租购同权、保障住房租赁当事人的合法权益等措施，规范住房租赁市场行为，推进自治区住房租赁市场平稳健康发展。

市场调控。坚持因城施策，加大房地产市场分类调控力度。按照住房和城乡建设部《关于进一步做好房地产市场调控工作有关问题的通知》要求，结合自治区实际，制定印发《关于加强分类调控促进自治区房地产市场平稳健康发展的通知》，坚持差别化调控政策，强化政府主体责任，加强房地产市场监管和调控力度，房地产市场调控取得积极成效。截至年底，自治区商品房库存面积4201.33万平方米，较2017年末增加136.39万平方米，增长3.36%。其中：住宅类库存面积1934.97万平方米，增加133.90万平方米，增长7.43%。非住宅类（含商业营业用房、办公楼、学校教学用房、图书馆、体育馆、工业厂房等）库存面积2266.36万平方米，增加2.49万平方米。商品房去库存周期为28个月，其中住宅类为16个月，同比增加1个月；非住宅类为80个月，与2017年持平。

【规范整顿】印发《关于深入开展自治区房地产开发和中介市场专项整治的通知》（新建房函〔2018〕8号），部署专项整治行动方案，指导督促各地积极开展专项整治，打击各种违法违规行为。通过"新广行风热线""今日头条"等媒体，广泛宣传专项整治的要求、违法违规行为、举报投诉渠道等信息，营造良好的舆论氛围。严肃处理违法违规企业，形成震慑，净化市场。会同住房公积金监管处等部门对群众反映强烈、拒绝职工使用住房公积金贷款的4家企业进行了约谈处理，妥善解决了13户职工反映的问题。自治区各地共接待群众投诉114起，调查处理40家房地产开发企业、74家中介机构，为群众挽回经济损失1000余万元。

【征收评估】规范自治区国有土地上房屋征收与补偿管理，按照《自治区实施〈国有土地上房屋征收与补偿〉办法》要求，落实季报报送制度，推进国有土地上房屋征收与补偿信息公开，组织开展专家委员会鉴定房地产评估报告工作，维护房地产估价当事人合法权益。印发《关于取消房地产评估机构初审的通知》《新疆维吾尔自治区房地产估价行业信用管理办法》，组织完成了房地产估价报告专项检查，加强行业自律，规范备案管理，坚决遏制行业不正当竞争行为，促进行业健康发展。受理各地申请专家鉴定评估报告14份，组织专家对自治区75家房地产估价机构上报的172份估价报告进行了综合评审；对24家估价报告不合格的机构（含异地备案）、6家伪造、未提交估价报告的机构依法予以调查处理，并计入估价机构不良信用。

【物业服务管理】组织完成《新疆维吾尔自治区住宅物业服务标准》XJJ 056—2013的修订工作，满足人民群众对物业服务标准的新需求；研究制定《自治区物业企业信用管理办法》《前期物业服务合同（示范文本）》《物业服务合同（示范文本）》《前期物业临时规约》等配套文件，及时完成对物业服务企业诚信信息的采集和定期公示落实奖惩措施，努力规范物业行业从业行为。完善物业企业诚信体系建设，加强对物业服务企业的事中、事后监管，强化企业诚信服务意识；物业服务覆盖面已从单纯的住宅小区延伸到写字楼、工业区、商业大厦、医院、机场等，形成了包括房屋及相关设施设备维修养护、小区安保管理、环境清洁、绿化、居民生活服务等多层次、全方位的配套服务管理体系。

截至年底，自治区具有物业服务资质的企业共1933家（注：2017年6月起，不再核发物业服务企业的资质证书），物业服务从业人员达8.72万人，物业服务总建筑面积达3.25亿平方米，占房屋总建筑面积的59.3%。

【房产优秀成果】新疆"特变·世纪广场"项目获得2018年"国家广厦奖"，提升了自治区整体住宅建设品质，起到了示范和带动作用。

住房公积金管理

【概况】自治区14个地州市设有住房公积金管理中心、6个行业分中心和94个县级管理部，除石油系统（哈密吐哈油田分中心、巴州塔指分中心）外，自治区机构调整工作基本到位，实现了"四统一"（制度、核算、决策、管理）的管理模式。住房公积金从业人员共计1144人，其中：在编人员784人，聘用人员360人，聘用人员占到31.47%；具有高级及以上职称40人，具有中级职称140人。

截至年底，自治区住房公积金实缴职工169.81万人，缴存总额2723.67亿元，同比增长15.78%；累计办理提取1621.10亿元，占缴存总额的59.52%；累计为85.93万家庭发放个人住房贷款1457.61亿元，同比增长12.23%；累计发放支持保障性住房建设项目贷款44.05亿元。

【推进"放管服"改革】紧紧围绕社会稳定和长治久安工作总目标，聚焦"优化政务服务、便利群众办事"宗旨，结合大数据、云平台、"互联网+"的快速发展，审时度势，认真研究，敢于担当，奋力拼搏，全力推进住房公积金信息化建设工作，自治区14个中心全部业务数据成功迁移至云平台，实现了自治区业务管理系统的集中、统一和规范。

简化业务流程。借助住房和城乡建设部银行数据采集结算平台的后台支撑，提取和贷款发放全部做到实时交易，实现住房公积金账户和个人银行账户"点对点"拨付以及资金"秒到账"，做到了一窗式受理、一站式办结，为广大缴存职工提供了便捷、优质、高效的服务。

精简办理要件。根据"放管服"改革需要，自2018年5月14日起，自治区14个地、州、市住房公积金管理中心办理业务只需凭身份证、户口本、结婚证原件即可办理，取消了原留存身份证、户口本、结婚证等身份证明复印件的繁琐要求，方便了群众办事。

推进"互联网+住房公积金"服务。实现了门户网站、网上业务大厅、手机APP、12329服务热线、短信、微信公众平台、自助查询终端等7大服务渠道全部接入综合服务平台，通过"指尖上"办事和"网购式"体验，让各族群众享受到"互联网+住房公积金"服务带来的极大便利。

【落实住房公积金政策】贯彻落实《关于改进住房公积金缴存机制进一步降低企业成本的通知》（建金〔2018〕45号）精神，印发《关于落实改进住房公积金缴存机制进一步降低企业成本的通知》（新建金函〔2018〕16号），进一步明确：各地区2016年出台的阶段性适当降低企业住房公积金缴存比例政策到期后，继续延长执行期至2020年4月30日；生产经营困难的企业，经职工代表大会或工会讨论通过,可申请降低住房公积金缴存比例或者缓缴;住房公积金管理委员会应授权住房公积金管理中心审批,审批时限不得超过10个工作日。

根据《住房和城乡建设部、财政部、中国人民银行、国土资源部关于维护住房公积金缴存职工购房贷款权益的通知》(建金〔2017〕246号)及《住房和城乡建设部、财政部、中国人民银行、公安部关于开展治理违规提取住房公积金工作的通知》(建金〔2018〕46号)文件要求,指导督促各地住房公积金管理中心及时开展查处违规提取等侵害缴存职工利益问题,全年受理、办结缴存职工信访投诉36件,查办骗提骗贷案件10件。

【住房公积金信息化建设】贯彻落实"双贯标"工作。2018年7月,率先建成全国首家基于云平台、省级集中统一的住房公积金业务管理、综合服务、数据共享、监督管理四大平台,取得了资源整合的重大突破,实现了"一闭环、双驱动、三同步、四实现、七实时"的目标,"双贯标"和综合服务平台以95.23的得分和"优秀"等次通过住房和城乡建设部部省两级联合专家组的验收。

推进部门信息交换。积极推动自治区住房公积金与公安、房产、民政、工商、人社、人行、法院等多部门联网,在信息数据共享和"让数据多跑路,群众少跑腿"方面实现了"零突破"。

新建监管信息系统。围绕"十大实时监管主题"(即:业务运行、业务指标、统计分析、汇制报表、来往结算、抵押时间、大额资金、银行专户、服务离柜率、逾期资金)进行实时监管,真正实现"信息化大监管"。

【监督检查】根据《关于开展住房公积金政策执行情况检查及风险隐患排查的通知》(建办金函〔2018〕284号)要求,利用住房和城乡建设部电子化检查工具,每月定期对自治区住房公积金云平台的数据库进行扫描检查,生成电子化检查报告发送各中心进行核查整改。2018年7月底,组织电子化检查组赴乌鲁木齐、喀什、克州三个中心,运用电子化检查工具对住房公积金政策执行情况及风险隐患进行抽查,确保住房公积金规范运行。2018年11月,组织业务运行调研组对吐鲁番、巴州两个中心业务运行情况进行调研,并在库尔勒市召开了全疆业务运行工作座谈会,推动了各项工作的深入开展。

【廉政风险防控】根据《住房和城乡建设部、财政部、中国人民银行、公安部关于开展治理违规提取住房公积金工作的通知》(建金〔2018〕46号)要求,持续加大对各地开展廉政风险防控自查的指导和监督,提升监管手段,管控各类风险,在增强从业人员廉洁自律意识和岗位责任意识、加强风险防控等方面,取得了积极成效。

【宣传工作】截至年底,新疆住房公积金网站访问量558万次,上传文章7551篇,查询量63.25万次,网站留言答复1308条;12329热线总呼入410万次,短信系统发送366.1万条;单位网厅使用率83%,离柜率超60%;手机APP使用人数49.7万,查询量1100万,关注人数达66.2万;微信公众号推送微信图文消息36期222篇,阅读数182.4万次,朋友圈转发6.99万次,关注排名列自治区政务公众号第三位。

建立宣传机制。建立自治区统一的信息发布机制,实施自治区14个中心统一约稿、统一报道、统一发布,提高微信公众号社会影响力、传播力、公信力。

开启宣传策划。通过改版、使用实拍图片、新增图片水印、实名制留言等,明确主题色调,专人开展主题宣传策划和报道,实现"新疆住房公积金"微信公众号期期有重点、篇篇有看点、微信有特点、网站有亮点,使其宣传工作站位更准确、发布更权威、流程更专业、传播更广泛,收到较好反响。宣传成效显著 新疆住房公积金4篇消息稿件登上《中国建设报》《新疆日报》《新疆经济报》等媒体,并多次被人民网、新华网、天山网等多家媒体转发;11月16日,《中国建设报》刊发《一桥飞架南北,天山变通途,新疆全面推进"互联网+住房公积金"建设,造福各族群众》,引发全国同行业的广泛关注;12月底,《新疆全力推进住房公积金信息化建设,落实"放管服"要求,造福各民族群众》,入选《全国住房城乡建设工作会议经验交流材料汇编》,新疆模式和经验首次"走进"全国住建会议。

【落实整改措施,开展平台验收】积极落实部省联合检查验收组的检查整改意见,组织专业技术人员,对14个地州市住房公积金管理中心综合服务平台、云平台、线路、短信资费标准等项目进行验收,查摆问题,完善服务设施,提升管理效能和服务质量;同步组织开展了一系列业务知识学习培训,指导和督促自治区住房公积金业务工作更加规范。

【行业统计和信息披露工作】完善新版统计系统,加强住房公积金统计工作,开展自治区年度报告披露会审,对14个地州市住房公积金管理中心统计人员进行业务培训,按期完成了数据填报、核实与年度报告披露,自治区住房公积金机构、人员、业务、政策、资产等统计信息做到了及时更新、完整准确。

【住房资金监管】 印发《关于进一步加强住房资金业务管理的通知》《自治区级行政事业单位住房资金监管业务流程（试行）》《自治区级行政事业单位住房资金监管业务指南（试行）》，完成住房资金专户信息年度复核工作。监管自治区级行政事业单位334家的住房资金专户654个，其中：政策性住房基金专户355个（含14个集资建房账户）、账面余额4.72亿元，维修资金专户299个、账面余额1.42亿元；代管规范清理集资建房专户1个、账面余额2.19亿元。审核办理住房资金使用业务296笔，审批住房资金1.07亿元（其中，审批新建住宅建设资金9538.52万元，审批住宅专项维修资金229.1万元，审批退房及其他业务资金944.14万元）；认定出售公有住房193套、售房款4135.03万元；认定维修基金134.6万元；清理补交集资建房资金679.69万元，支出26.17万元。

城市建设

【概况】 截至年底，自治区城镇供水厂167座，供水总量约为11.58立方米/年，较2015年增加1.75立方米/年，供水管道总长1.64万公里，较2015年增加约0.24万公里，城镇用水普及率约97.58%（含兵团），较2015年提高0.42%。自治区建成污水处理厂113座（含氧化塘）较2015年增加26座，设计污水处理能力约292.67万平方米/日，较2015年增加约30.57万平方米/日，城镇污水处理率93.67%（不含兵团），较2015年增加9%，所有县市城区已实现污水处理能力全覆盖。城镇生活垃圾处理场87座，较2015年增加15座，生活垃圾处理量540万吨/日，较2015年增加5.7万吨，城镇生活垃圾处理率96%，较2015年增加2%，城镇生活垃圾无害化处理率79%，较2015年增加12%。城镇燃气普及率96%，较2015年增加3%，天然气供气总量56.2亿立方米，较2015年增加5.8亿立方米。城镇集中供热面积约4.7亿平方米，较2015年增加1.9亿立方米。建成区绿化覆盖率36.8%，较2015年增加1.5%，建成区绿地率33.5%，较2015年增加1.2%，人均公园绿地面积约12.3平方米，较2015年增加1%；自治区共有国家园林城市15个，较2015年增加3个，国家园林县城19个，较2015年增加7个，自治区园林城市13个（其中8个已创建为国家园林城市），自治区园林县城39个（其中13个已创建为国家园林县城），自治区园林城区6个。克拉玛依市完成自治区节水型城市创建，并通过国家节水型城市初审。

【海绵城市建设】 认真贯彻落实《国务院办公厅关于推进海绵城市建设的指导意见》（国办发〔2015〕75号）和住房城乡建设部海绵城市建设工作部署，积极推进海绵城市建设工作。8月，牵头组织自治区水利厅、生态环境厅、气象局等相关厅局召开了自治区海绵城市建设座谈会，赴乌鲁木齐市、阿勒泰市、克拉玛依市开展海绵城市建设实地调研；10月，印发《自治区推进海绵城市建设的实施意见》（新政办〔2018〕125号），明确了自治区海绵城市建设总体目标、重点任务和职责分工，为全面推进海绵城市建设提供了政策保障；积极争取住房城乡建设部技术支持，指导各地科学开展海绵城市建设；邀请中国城市规划设计研究院以技术援疆的方式，完成了《自治区海绵城市建设技术导则（征求意见稿）》的编制。

【地下综合管廊】 稳步推进地下综合管网建设，做好地下管线普查、信息系统建设及数据动态更新。

【城市供热】 印发《关于全力做好2018—2019年采暖季城镇供热保障工作的通知》（新建城函〔2018〕137号），督促指导各地主管部门和相关企业，提高思想认识，落实设备设施的维护检修，完善供热应急救援预案，发现并解决城镇供热采暖工作中存在的突出问题，确保百姓温暖过冬。

截至年底，新疆设市城市、县城集中供热管道16706.33公里，集中供热面积47175万平方米（其中住宅30939万平方米），集中供热能力蒸汽600吨/小时、热水45276.94兆瓦，年供热总量蒸汽205万吉焦、热水23328万吉焦。

【城市燃气】 根据《自治区天然气产供储销体系建设及供应保障协调工作分工方案》要求，积极稳妥推进"煤改气"和天然气产供储销体系建设。

加强城镇燃气发展专项规划编制工作。督促指导各地加快推进《城镇燃气发展专项规划》编制和修编工作。截至年底，自治区19个设市城市、68个县城中有16个城市、61个县城完成了城镇燃气发展专项规划的编制和修编工作，为有序推进"煤改气"工程建设提供了依据。

稳步实施"煤改气"工程建设。督促指导各地因地制宜、多措并举，结合大气污染防治、清洁能源供暖和资源禀赋条件等情况，科学合理确定"煤改气"工程建设规模和年度建设计划，严格"先立后破，以气定改"的要求，条件不具备的不强制实施"煤改气"工程，坚决杜绝"供不上"和"供不好"现象的发生，确保"煤改气"工程稳步推进。

统筹协调城镇天然气配套设施建设。督促指导各地结合城镇天然气需求，加强规划统筹和组织协调，科学制定储气设施发展目标、项目布局和建设时序，指导城镇燃气经营企业加快建立天然气应急储备制度，落实燃气企业储气能力建设主体责任，切实提升配套储气能力。

加强"煤改气"工程质量和安全运行管理。印发《关于加强自治区"煤改气"工程质量和安全运行管理的通知》（新建传〔2018〕6号），围绕"煤改气"工程质量和安全运行，加强行业监管，开展综合检查，发现和纠正存在的问题，确保了城镇燃气供应安全稳定。

【城市供水】截至年底，自治区城镇供水厂167座，供水总量11.58亿立方米/年，较2015年增加1.75亿立方米/年，供水管道总长1.64万公里，较2015年增加约0.24万公里，城镇用水普及率约97.58%（含兵团），较2015年提高0.42%。

监管体系建设。认真落实自治区领导对《住房城乡建设部办公厅关于2017年度城市供水水质督察情况的通报》批示精神，按时完成《关于自治区镇公共供水设施建设运营管理和改善供水水质情况的报告》的报送；编写完成《关于建立自治区城镇供水水质监管体系方案》，组织开展全疆城镇供水行业水质检测实验室建设情况的摸底调查，《自治区城镇供水水质督察管理办法》已由自治区人民政府发布实施。

二次供水管理。制定《新疆二次供水工程技术标准》并发布实施，筹措120万元保障经费，首次实现19个城市68个县城水质抽样常规检测全覆盖；持续开展自治区城镇供水水质督察，完成对全疆供水厂、水价以及设市城市供水管网漏损情况的摸底调查，完成对城市和县城供水规范化管理考核和二次供水专项检查；加强应急救援建设，指导督促乌鲁木齐水业集团完善国家应急供水救援基地—乌鲁木齐站点配套设施建设。

城镇节水工作。印发《关于进一步加强自治区城镇节水工作的通知》，明确工作目标；组织人员参加住房城乡建设部举办的城市节水培训，适时组织开展2018年节水宣传周活动和节水型城市创建活动，克拉玛依市已完成自治区节水型城市创建，并通过国家节水型城市初审。

【城市道路桥梁】坚持以安全为重点，加强行业监管，制定《自治区住房城乡建设领域城市桥梁安全防护设施隐患排查整治工作方案》（新建城函〔2018〕188号），委托具有相应资质的检测机构，按照《城市桥梁设计规范》，对城市桥梁安全防护设施及其附属设施开展"拉网式"安全隐患排查，逐桥建立排查台账，逐一落实安全责任。

截至年底，城市道路的总长13793.3公里，道路面积20668.38万平方米，人行道3957.11万平方米，桥梁总数870座，大桥及特大桥166座，立交桥81座，道路照明灯826358盏，安装路灯的道路长度8172.42公里，城市照明总用电量42644.69万千瓦/时，城市照明装灯总功率125522.75千瓦。

【城市污水（泥）处理】截至年底，自治区建成污水处理厂113座（含氧化塘），较2015年增加26座，设计污水处理能力约292.67万立方米/日，较2015年增加约30.57万立方米/日，城镇污水处理率93.67%（不含兵团），较2015年增加9%。

工作部署。及时调整充实住房城乡建设领域生态环境保护工作领导小组，坚持"党政同责、一岗双责"要求和"纵向到底、横向到边"的环境保护工作责任，健全完善督查、通报、督办、约谈督导机制。根据国家《水污染防治行动计划》和《自治区水污染防治工作方案》，印发《自治区进一步提高城镇污水处理设施建设和运营管理水平工作方案》（新建城〔2018〕2号）、《自治区住房城乡建设行业重点流域水污染防治工作方案》（新建城〔2018〕4号）、《自治区住房城乡建设领域水污染防治工作方案》（新建城〔2018〕13号）、《自治区住房城乡建设领域中央环保督察反馈意见整改方案》（新建城〔2018〕17号）、《自治区住房城乡建设厅中央环保督察反馈意见整改方案》等工作方案，明确目标任务、责任单位、监管机构、完成时限，积极推进住房城乡建设领域环境保护污染防治工作和中央环境保护督察反馈意见整改落实。

行业监管。严格落实《城镇排水与污水处理条例》《排水排入排水管网许可管理办法》，制定印发《关于加强城镇污水处理设施建设和运营管理工作的指导意见》，指导督促各地及时上报在建和投运污水处理设施相关信息，定期开展自查核查考核工作，规范排水排入排水管网许可证的发放，按季度对自治区污水处理设施建设管理运营情况进行通报。组织召开自治区住房城乡建设领域中央环保督察反馈意见整改工作推进电视电话会议，印发《自治区住房城乡建设领域中央环保督察反馈意见整改第一次专项督查情况的通报》（新建城函〔2018〕65号）、《自治区住房城乡建设领域中央环保督察反馈意见整改进度缓慢地区重点督办情况的通报》（新建城函〔2018〕85号）、《自治区住房城乡建设领域中央环保督察反馈意见整改进度情况通报》（新建传〔2018〕32号）、《自治区政府城乡建设领域中央环保督察反馈意见整改第二次专项督查情况的通报》（新建城函〔2018〕181号）等通报，紧盯整改落实，加强跟踪督导。截至年底，围绕中央环保督察反馈意见的整改，开展专项督查2次、综合督导1次、重点督办2次，约谈主要负责人和相关责任人5次共28人次，下发整改通知书120余份，执法建议书12份。

业务培训。在乌鲁木齐市、克拉玛依市、喀什市分片区举办完成城镇污水处理设施建设运营管理和黑臭水体排查整治培训班，参加培训408人次。通过现场观摩和业务培训，提升其管理人员和从业人员的技能水平。

黑臭水体排查整治。按照《黑臭水体整治指南》《水污染防治行动计划》《自治区水污染防治行动方案》目标任务以及《自治区住房城乡建设领域水污染防治工作方案》，指导督促自治区各地制定排查整治工作方案，适时组织自查考核。截至年底，乌鲁木齐市仓房沟路金粮源贸易城段黑臭水体整治工作于7月完成，迎宾路泄洪渠段、乌昌快速路哈族新村段（总长度约37公里，总面积约0.15平方公里）已全部完成整治，并完成评估销号工作。经生态环境部、住房和城乡建设部联合巡察组实地督察，自治区4个地级及以上城市均未发现新的黑臭水体，乌鲁木齐市治理完成的三条黑臭水体未发现反弹现象。

中央环保督察问题整改。按照《自治区中央环境保护督察反馈意见整改工作交账手册》《新疆维吾尔自治区贯彻落实中央第八环境保护督察组督察反馈意见整改方案》的要求，认真梳理存在的问题，认真抓好整改。截至年底，住房城乡建设系统牵头负责的4项整改落实工作正有序推进。"干部生态环境保护思想认识不高"的问题已于2018年9月30日前完成交账销号；"重点流域敏感区16座污水处理厂一级A提标改造"的问题已于2018年12月底前完成交账销号；督促各地完成自治区污水处理设施建设"十二五"规划在建项目建设任务和城镇生活垃圾无害化处理设施建设与提标改造的问题正在积极推进中，预计2020年底前全面完成。

污水处理设施建设。按照《自治区水污染防治工作方案》，指导协调各地及相关部门，坚持将城镇污水处理、污泥处置、污水再生利用、重点流域水污染防治等工作有机结合，协调推进，推动污水处理建设管理提质增效。做好城市排水防涝工作，督促各地切实做好局地升温融雪和降雨混合型防范工作，加快排水老旧管网更新改造力度，加快雨污收集管线建设。截至年底，《自治区水污染防治工作方案》中关于伊犁河、额尔齐斯河、额敏河、博斯腾湖流域敏感区城镇污水处理厂一级A提标改造任务已全部完成；博乐市、喀什市城镇污水处理设施一级A提标改造任务已完成；乌鲁木齐市城镇污水处理设施一级A提标改造工作正稳步推进；环境保护部、国家发展改革委、水利部《重点流域水污染防治规划（2016—2020年）》中明确的自治区二级及以下排放标准城镇污水处理设施提标改造正在实施。

【城市环境卫生】截至年底，自治区已建成使用的城镇生活垃圾填埋处理场87座，生活垃圾转运站（中转站）262座，无害化处理能力11424吨/日；建有餐厨废弃物资源化处置利用及无害化处理场3座（乌鲁木齐、克拉玛依、阜康市），建有医疗（特种）垃圾处理场16座，危险废弃物处理场3座。乌鲁木齐市、克拉玛依市的渗沥液处理场、库尔勒市生活垃圾焚烧发电处理场已建成并投入使用；阿克苏市、轮台县等6县市生活垃圾焚烧处理设施的提升改造计划和建设正稳步实施。

城市生活、医疗、餐厨和危险废弃物无害化处理水平不断提高，环卫机械化程度有较大程度的提升，城市基础设施承载能力不断加强，城市基础设施建设不断完善。

城市生活垃圾分类管理。健全完善工作机制。根据《国务院办公厅关于转发国家发展改革委 住房城乡建设部生活垃圾分类制度实施方案的通知》精神，与自治区发展改革委联合编制印发了《关于转发自治区发展改革委 住房城乡建设厅生活垃圾分类制度实施方案的通知》（〔2018〕37号），建立了自治区生活垃圾分类联席会议制度，并将生活垃圾分类工作列入自治区评价考核指标体系。明确试点城市，完善技术规范。坚持"政府主导、全民参与、试点先行、逐步推开"原则，确定乌鲁木齐市、克拉玛依市、吐鲁番市、博乐市和阜康市5个城市为生活垃圾分类收集试点城市；乌鲁木齐市、克拉玛依市和阜康市为餐厨废弃物再利用及垃圾分类试点城市。依据国家《城市生活垃圾分类标准》《城市生活垃圾分类及其评价标准》CJJ/T 102—2004，编制完成了《自治区垃圾分类及评价标准》等配套规章制度和标准规范；《自治区城镇生活垃圾分类管理办法》《自治区餐厨垃圾管理办法》已完成征求意见等前期工作。乌鲁木齐、克拉玛依、吐鲁番市、博乐市和阜康市5个生活垃圾分类试点城市《城镇居民生活垃圾分类技术指南》及规章制度正积极推进。

通过政府引导和社会宣传，企业及居民知晓率和参与率有了新的提高，部门各司其职，行业齐抓共管的工作机制初步完善，分类投放收集、综合循环利用，促进垃圾减量化、资源化、无害化的长效机制日渐形成。

城市垃圾无害化处理。为规范和提升我区城镇生活垃圾卫生填埋场工程建设和运行管理水平，依据《生活垃圾填埋无害化评价标准》CJJ/T 107—2005和《生活垃圾卫生填埋技术规范》CJJ 17—2004等标准和规范，完成对伊犁州、巴州、博州、阿勒泰、阿克苏、塔城地区和乌鲁木齐市7个地、州、市25座城镇生活垃圾卫生填埋场的无害化等级复核评定工作。截至年底，自治区新增生活垃圾无害化处理能力300吨/日，达到二级以上无害化处理标准卫生填埋场58座，城市（县城）生活垃圾处理率约为97%，无害化处理率约为78%。其中，城市生活垃圾处理率约为97%，生活垃圾无害化处理率约为89%；县城生活垃圾处理率约为97%，生活垃圾无害化处理率约为57%。

城市环境综合治理。根据住房城乡建设部关于全面推进城镇生活垃圾整治工作要求，坚持以提升城镇市容环境卫生质量、改善人居环境、增强城镇综合承载力为目标，指导督促各地加大投入，扩大机械化清扫保洁作业范围，推广喷洒降尘、低尘清扫作业方式，提高道路机械化清扫率；努力提高建筑垃圾资源化利用率和处置率，严格按照《城市建筑垃圾管理规定》，加强对建筑垃圾监督管理，对建筑工地产生的黏土、膨胀土等可利用的施工弃料，用于道路两侧绿化带土方填土，对挖方产生的戈壁土，用于道路建设工程路基回填，对道路运输采取强制封闭式运输方式，从源头上控制、减少各种粉尘产生的环境污染，积极探索实践新的投融资体制，以国家或自治区"文明、卫生、园林"等城市创建为契机，通过特许经营、投资补助、政府购买服务等多种形式，吸引包括民间资本在内的社会资金，共同推进城市环境卫生及城市大气污染扬尘治理基础设施配套建设，提升城市环境的污染控制能力，其中乌鲁木齐市投资约2.7亿元，率先开展建筑垃圾资源化处置利用项目建设，项目建成后年处理建筑垃圾约200万吨，为解决垃圾填埋场不足的问题提供了指导和借鉴。

开展慰问活动，体现人文关怀。为贯彻落实自治区办公厅《关于进一步提高自治区环卫工人待遇的通知》《转发关于进一步保障环卫行业职工合法权益的意见的通知》精神，组织开展春节期间向一线环卫工人慰问送温暖活动、"环卫工人节"庆祝活动，联合自治区总工会印发了《致全疆市容环境卫生行业干部职工的慰问信》，划拨25万元，完成对500名市容环卫特困职工和劳模先进工作者的节日慰问。在增强广大环卫工人清洁环境、服务社会的责任感、使命感，进一步激发环卫职工的工作热情，引导促进社会各界对环卫事业的理解、关心和支持等方面产生了积极的社会效应。

【城市园林绿化】制定《自治区城市工作会议重点任务分工方案》《自治区城市规划建设管理工作考核细则》，将城市园林绿化建设作为落实自治区城市工作会议精神的重点内容，指导督促各地加强城市绿地系统、公园和开敞空间规划建设，不断提高城市绿化率。督促各地加强城市园林绿化建设，改善人居生态环境，提高人民群众幸福感。

截至年底，自治区有国家园林城市15个，国家园林县城19个，自治区园林城市13个（其中8个已创建为国家园林城市），自治区园林县城39个（其中13个已创建为国家园林县城），自治区园林城区6个。自治区建成区绿化覆盖率约38.19%，绿地率约34.5%，人均公园绿地面积约13.97平方米。

【历史名城保护】截至年底，自治区有11个历史文化名城（其中：国家级5个、自治区级6个）；4个历史文化名镇（其中：国家级3个，自治区级1个）；4个中国历史文化名村；17个历史文化街区（其中国家级2个）；189个历史建筑。

加强规划指导。按照中央、自治区城市工作会议和《自治区党委 自治区人民政府关于进一步加强城市规划建设管理工作的实施意见》（新党发〔2018〕18号）、《关于对自治区历史文化名城、名镇名村、历史文化街区和园区（开发区）编制相关规划进行督办的函》工作要求，对做好国家历史文化名城、中国历史文化街区和自治区级历史文化名城、街区及城市既有建筑保留利用和更新改造等规划管理，明确了工作目标，督促各地加快历史文化名城名镇名村街区保护规划的编制及报审工作。

完善工作机制。制定《关于贯彻落实〈自治区党委 自治区人民政府关于进一步加强城市规划建设管理工作的实施意见〉任务分解方案》（新建城函〔2018〕207号），明确了做好国家历史文化名城、中国历史文化街区申报和自治区级历史文化名城、街区的工作目标、责任主体、工作措施及完成时限。会同自治区文物局等部门完成对伊宁市前进街等5个历史文化街区审批，完成对乌什县、康苏镇在历史文化保护原则、内容、传统格局、历史风貌保护、核心保护范围、保护规划分期实施方案等方面的技术审查。

加强工作督导。围绕"突出规划引领、绘好城市发展蓝图，突出文化传承、彰显城市独特魅力，突出以人为本、提升城市综合承载能力，突出产城融合、推动城市经济高质量发展，突出绿色发展、营造城市宜居环境，突出精准精细、提高城市管理水平，突出改革创新、激发城市发展活力，突出城乡统筹、带动乡村全面振兴，突出安定和谐、筑牢城市稳定根基"等九个突出的工作要求，印发《关于做好历史文化街区报请公布工作的函》《关于协助开展历史文化名城名镇名村街区和历史建筑调研和信息录入工作的通知》（新建规函〔2018〕88号），指导督促各地规范历史街区的鉴定、公布工作，积极配合做好历史文化街区划定和历史建筑确定的普查工作。委托研究机构经过两个月的现场踏勘、资料收集，完成对自治区设市城市和历史文化名城所在的县历史文化街区、历史建筑的普查，建立了历史文化街区、历史建筑台账，并将有关信息录入数据平台。

【城市设计管理】印发《关于进一步规范自治区城市设计工作的通知》（新建规函〔2018〕73号），坚持试点先行，积极引导各地坚持"突出文化传承，彰显城市独特魅力"，将城市设计成果纳入城市总体规划、控制性详细规划，挖掘、体现地方文化元素，提升城市空间品质。

在乌鲁木齐市综合交通枢纽片区、喀什市新区、伊宁市滨水地区、库尔勒生态城、昌吉头屯河片区等5个城市重点片区城市设计试点和博乐、铁门关、布尔津等3个城市（县城）特色风貌专项城市设计试点的基础上，将先行试点城市（县城）形成的成果印制成册发至各地，作为各地编制城市设计的参考，积极指导各地开展城市设计工作。在推荐阿勒泰市作为国家城市设计试点城市的基础上，组织自治区人民政府城乡规划工作顾问组多次审查《阿勒泰市总体城市设计及重点地区风貌设计》方案，指导协调阿勒泰市推进城市设计工作，城市设计取得了良好的效果。

村镇建设

【概况】根据《新疆农村安居工程建设规划（2016—2020年）》，重点围绕"十三五"期间135.65万户（其中农村建档立卡贫困户等4类重点对象60.26万户）农村安居工程建设任务，指导、协调、推进年度各项村镇建设任务的完成。全年完成农村安居工程建设任务28.2万户，投入资金143.16亿元；指导村镇人居生态环境改善各项工作的推进，农村生活垃圾治理及村容村貌整治有了新的提升，自治区4933个行政村生活垃圾得到收集治理，乌鲁木齐县水西沟镇大庙村农村生活垃圾分类和资源化利用试点工作稳步推进；城乡污水统一规划、统一建设、统一管理成效明显。

【脱贫攻坚】紧扣"精准扶贫、精准脱贫"基本方略，建立厅领导定点包联22个深度贫困县市工作机制，坚持季度调研指导与督导检查同步，先后于4月、7月、10月，对22个深度贫困县市住房安全有保障工作开展全面调研和检查指导，探索形成了"服务指导基层、培训建房农户、发现工作亮点、及时反馈问题、自治区范围通报、问题督办回头看"的调研检查督办工作机制，为全面推进脱贫攻坚和"两不愁、三保障"各项任务的落实提供了借鉴和指导。

【安居工程建设】农村安居工程建设任务28.2万户，其中：农村4类重点对象17.32万户（含南疆四地州22个深度贫困县市13.76万户），投入资金143.16亿元，全部完成竣工，约113万各族农民群众入住安居房，已建成的农村安居房经受了伽师县5.5级、阿图什市5.1级、乌恰县5.3级破坏性地震考验，各族农民群众生命和财产得到了安全保障。

截至年底，自治区建成农村安居房210万户，约840余万各族群众入住新居，农村安居工程已成为各族群众看得见、摸得着的"得民心工程、惠民生工程、促民安工程"，各族群众自发创作歌曲、农民画、书写文化墙等多种形式歌颂、赞美党和政府惠民政策，发自内心感谢习近平总书记、感谢党中央、感谢对口援疆省市。

【农村人居环境整治】根据中共中央办公厅、国务院办公厅关于《农村人居环境整治三年行动方案》提出的"到2020年，实现农村人居环境明显改善，村庄环境基本干净整洁有序，村民环境与健康意识普遍增强"的总体要求，4月，自治区党委办公厅、自治区人民政府办公厅制定《自治区农村人居环境整治三年行动实施方案》，明确了"力争到2020年，实现我区农村人居环境明显改善，村庄环境基本干净整洁有序，村民环境与健康意识普遍增强"的行动目标。根据自治区安排部署，自治区住房和城乡建设厅围绕农村生活垃圾治理和全面改善村容村貌两项牵头任务，扎实推进各项工作的落实。

农村生活垃圾专项治理。根据《自治区农村人居环境整治三年行动实施方案》要求，自治区各地因地制宜，或"户集、村收、乡转运、县处理"，或"户集、村收、乡处理"，或"户集、村收、就近处理"等不同模式，构建符合本地实际的农村生活垃圾收运处置体系。截至年底，自治区有4933个行政村生活垃圾得到收集治理，占自治区9328个行政村的52.8%，有523个乡（镇）建有垃圾转运设施，占自治区860个乡（镇）的60.8%。

农村安居房室内厕所配建。积极配合自治区农办、卫生健康委等部门，明确任务分工，完善工作方案，制定技术规程，指导规范自治区农村厕所粪污治理工作。组织专家编制完成了《自治区农村厕所粪污治理技术规程（试行）》；以"访惠聚"驻村工作队为依托，积极探索南疆四地州深度贫困县市农村改厕的有效途径和办法，在伽师县克孜勒苏乡选定20个行政村，每个村选定20个农户进行改厕试点，400个改厕试点户已完成改厕试点任务。截至年底，自治区15万户农村安居工程室内卫生厕所配建实现了"双百目标"（开工率100%，竣工率100%）。

改善村容村貌工作。自治区各地在稳步推进农村安居工程建设的同时，进一步加快村容村貌整治、农户庭院改造工作进度，引导农民群众主动拆除存在安全隐患危房，帮助和指导各族农户重新规划生活、养殖、种植区，发展庭院经济。截至年底，自治区各地累计拆除危房约25万户，村容村貌改善成效明显。

完善建设和管护机制。委托新疆市政建筑设计研究院有限公司，开展了《自治区农村生活垃圾处理设施建设规划（2015—2020年）》执行情况中期评估工作，完成了《〈自治区农村生活垃圾处理设施建设规划（2015—2020年）〉中期评估报告》，为做好农村生活垃圾专项治理打下坚实基础。主要领导带队，对哈密市伊吾县盐池镇、淖毛湖镇等农村人居环境整治示范点开展实地调研，及时总结推广好的做法和经验，形成《关于伊吾县农村人居环境整治工作示范点调研情况的报告》上报自治区党委。编制了《农村人居环境整治三年行动评估和督导工作办法（草案）》和《评估和督导细则（草案）》，拟定向国家部委推荐哈密市伊吾县、巴州若羌县作为自治区改善农村人居环境工作示范县。

【传统村落保护发展】按照住房城乡建设部、文化和旅游部、财政部等部委《传统村落评价认定指标体系（试行）》和《关于加强传统村落保护发展工作的指导意见》，积极开展中国传统村落保护与发展工作，相继完成了传统村落保护规划编制和保护发展项目建设前期工作，村庄基础设施建设和环境改善项目、历史建筑和传统院落室内外改造及非物质文化遗产保护利用等项目建设各项工作基本完成。自治区17个村庄已被国家录入前四批命名的中国传统村落名录，并争取到每个村庄300万元中央补助资金。

【村镇建设试点】农村生活垃圾分类和资源化利用试点 根据《住房城乡建设部办公厅关于开展第一批农村生活垃圾分类和资源化利用示范工作的通知》（建办村函〔2017〕390号）要求，确定乌鲁木齐县水西沟镇大庙村为农村生活垃圾分类和资源化利用试点。根据《乌鲁木齐县生活垃圾分类收运（试点）实施方案》，成立了生活垃圾分类收运（试点）领导小组，按照分类收集、循环利用的原则，坚持"实施有指导，任务有分工，落实有监督，农户自分与保洁再分相结合"的工作机制，乌鲁木齐县生活垃圾分类收运（试点）项目建设顺利完成，形成了财政可承受、农村可接受、面上可推广的农村生活垃圾分类收运方法。

农村生活污水治理试点。昌吉市作为新疆首批全国农村生活污水治理示范市，围绕治理技术和产品标准化、规模化，质量具有高效性和稳定性的目标，积极推进农村污水治理，实现城乡污水统一规划、统一建设、统一管理。截至年底，昌吉市农村生活污水治理示范项目总投资2091万元，主要安排在5个重点镇区中心村。具体项目为：榆树沟镇曙光村投入167万元，建设DN300排水管道接入高新区市政管网；大西渠镇大西渠村投入480万元建设日处理200立方米污水处理站一座；三工镇下营盘村投入259万元建设DN300排水管道1.57公里接入城市市政管网；滨湖镇滨湖村投入337万元，建设DN300排水管道2.4公里接入市政管网；硫磺沟镇楼庄子村投资848万元建设日处理70立方米污水处理站1座、50立方米污水处理站2座、80套分户小型处理设备。目前，榆树沟镇曙光村、三工镇下营盘村、滨湖镇具备接入城市污水管网条件，按照项目工作流程，已完成生活污水管网建设。硫磺沟镇、大西渠镇大西渠村污水处理项目采用集中收集处理模式，其中大西渠村日处理200立方米污水处理站整体工程已全部竣工，设备调试完毕，已试运行。硫磺沟镇楼庄子村3座污水处理站、80套分户小型处理设备目前已完成设备安装。

标准定额

【建设标准发布】会同自治区市场监督管理局将工程建设标准纳入自治区地方标准管理体系，拟定

《2019—2022自治区住房和城乡建设领域工程建设标准体系框架》，批准发布《农村厕所粪污处理技术规程（试行）》《住宅室内装修装饰工程质量验收标准》《绿色建筑工程验收标准》《建筑施工承插型键槽式钢管支架安全技术规程》《蒸压加气混凝土墙板应用技术规程》《建设工程监理工作规程》《农村居住建筑节能设计标准（试行）》《电供暖系统应用技术规程》等20项工程建设地方标准，为指导、规范行业发展提供了基础保障。

【标准实施与监督】加强与自治区水利部门工作沟通对接，积极推进农村供水设施建设，满足和改善农村居民各类用水需求；针对自治区居住建筑实际，组织建筑设计单位和专家开展专题研究，制定发布了《室内空气质量标准补充规定》，推进室内空气质量相关标准的落实。会同自治区经信委参与完成了自治区取消32.5水泥督查工作；指导库尔勒市高性能混凝土推广应用试点工作取得新进展。联合自治区发改委对国家批准发布实施的工程项目建设标准执行情况开展监督检查，组织召开自治区推进"实施工程建设标准'双随机、一公开'监督"检查工作座谈会，免费向自治区各市县发放《工程建设强制性标准实施监督"双随机、一公开"工作手册》和工程建设强制性标准行政执法依据；组织开展了自治区工程建设项目综合执法检查，及时发现并纠正违反强制性标准的问题1700余条，在推进强制性标准的实施，确保工程质量安全方面起到了促进作用。

【无障碍设施建设】会同自治区残联、工信、民政、老龄等部门，对各地无障碍环境建设情况进行了摸底调研，指导督促自治区无障碍环境市县村镇创建工作，在工程设计、施工、验收等环节严格执行《无障碍设计规范》，稳步推进2020年底前自治区无障碍环境创建示范市、县各项任务的落实。

【建设工程造价管理】全面启动自治区工程造价监测工作，邀请住房城乡建设部标准定额司、标准定额研究所有关领导及专家学者来疆，就计价依据及工程造价监测相关工作，组织开展业务培训，并就自治区工程造价定额人工费有关问题和工程造价纠纷行政调解情况开展调研和座谈。以建立和完善工程造价管理制度，规范工程计价行为，规范市场环境为重点，出台《自治区建设工程工程量清单计价管理办法》（新建标〔2018〕8号）、《自治区建设工程计价依据解释及合同价款争议调解管理办法》（建标〔2018〕7号）、《自治区建设工程竣工结算备案管理办法》（新建标〔2018〕9号）等制度，修订《自治区建设工程造价管理办法》，为完善保障措施、推动行业发展提供制度保障和技术支撑。

【建设工程计价依据】积极适应建筑市场改革发展需要，适时开展计价依据的编制和日常解释，为固定资产投资建设提供计价依据。完成《房屋建筑与装饰工程消耗量定额（初稿）》《自治区装配式建筑工程消耗量定额（项目划分稿）》《叠合装配式混凝土综合管廊投资估算指标》《自治区城市综合管廊工程投资估算指标》《自治区绿色建筑工程消耗量定额》及配套的乌鲁木齐地区单位估价表的编制、评审、发布及宣贯；根据国家增值税调整政策，完成计价依据配套调整工作，自治区市政工程消耗量定额编制工作稳步推进；参与完成《建设工程工程量清单计价、计算规范》国家标准的修订。

【工程造价指标指数编制】结合实际，及时编制发布各项民生建设指标指数，编制完成2017年下半年及2018年上半年保障性住房（15个地区）、农村安居工程（13个地区）造价技术经济指标指数。

工程质量安全监管

【概况】坚持以"落实主体责任，强化政府监管"为主线，按照党中央、国务院和自治区关于质量强区工作部署，积极组织开展工程质量安全提升行动，不断完善工程质量监管体系和工程质量评价体系建设。先进技术在监管中的应用有了加强，主体责任意识进一步增强，市场行为得以有效规范，执法水平和监管效率有了新的提升。截至年底，累计完成巡查、抽查在建工程25367个次，发现并整改工程质量隐患5368起，发出整改通知书8347份。累计完成市政基础设施巡查抽查总数4997次，发现并整改工程质量隐患690起，发出整改通知书995份。

【组织实施】围绕质量强区战略和工程质量安全提升行动，组织召开自治区工程质量安全监督工作会议，查找存在的问题，研究部署质量强区工作目标和任务。为确保质量强区目标和任务的完成，及时印发《2018年自治区建设工程质量监督工作要点》（新建质监〔2018〕2号）、《关于加强我区智能建筑工程质量监管的通知》《自治区住房和城乡建设厅开展工程质量管理标准化工作方案》（新建质〔2018〕2号）等文件，组织开展建设工程"质量月"活动，适时组织召开质量检测工作座谈会和质量安全标准化现场观摩会，及时向住房城乡建设部报送《2017年度工程质量责任主体行政处罚情况的函》（新建质函〔2018〕13号），组织参加自治区质量强区办公室在人民网开办的在线访谈（建设专题）栏目，围绕"加快质量提升，建设质量强区"主题，解疑答惑，指导督促各地围绕工程质量检测、智能建筑工程设计和施工管理、实体建筑标准化、"质量月"活动、巡查迎检等工作，编制实施方案，选定推荐试点企业和项目，推进工程质量安全提升行动的深入。各项活动的推进，对丰富质量强区活动内容，落实质量监管主体责任，规范参建各方主体行为，保证建设工程质量起到了积极的示范引路和促进作用。

【质量投诉】修订《新疆维吾尔自治区房屋建筑工程质量投诉处理办法》，加大工程质量投诉办理力度。受理住宅工程质量投诉1109起，结案1068起，结案率96.3%，同比上升0.34%；对"新广行风热线"听众反映的8个问题，按照"属地管理"相关程序，及时对接相关地州，协调督促对问题的核查和反馈；完成住房城乡建设部质量安全监管司转办涉及自治区工程建设质量问题的调查核实和函复反馈。

【监督检查】组织完成对克拉玛依市、昌吉州、吐鲁番市所辖区域17个县市区的质量安全专项检查和质量监督考核，完成对17个质量监督机构的考核，抽查在建工程项目34个、检测机构26家。对质量监督机构下发整改通知书17份，对工程实体质量安全下发工程整改通知书34份，对检测机构下发整改通知书20份。下发执法建议书4份，提出整改意见563条，26个工程项目被责令停工整改。

组织专业技术人员完成对伊犁州12个学校减隔震技术自查落实情况的督导检查，完成对昌吉州妇幼保健医院、昌吉第四小学综合教学楼、昌吉州特殊教育学校新建综合教学楼、宿舍楼、昌吉市第九小学教学楼和昌吉州三中综合教学楼等6个学校、医院减隔震项目施工情况的专项检查，协调相关地州，顺利完成住房城乡建设部对我区减隔震工程质量专项检查的迎检工作。

配合自治区党委组织部党费工作检查调研组，完成对喀什、克州、阿克苏等地州村级阵地建设中项目招标、工程造价、施工进度、工程质量及资金拨付使用情况的专项检查。制定《关于印发自治区在建高层建筑工程外墙保温消防安全专项治理工作方案的通知》（新建质〔2018〕11号），完成自治区范围内在建高层建筑外墙保温消防安全专项治理。按照自治区建筑市场和工程质量安全监管信息平台建设要求，更新完善检测机构和检测人员实名制录入及审核工作。

【制度建设与教育培训】印发《自治区建设工程质量检测监督管理规定》《关于进一步加强自治区建设工程质量监督员管理的通知》，为规范建设工程质量管理提供制度保障。组织相关行业协会、专家，在广泛调研、听取意见建议的基础上，完成建设工程质量检测计价取费的相关调研和数据测算，为编制《建设工程质量检测计价取费的指导意见》提供科学依据和支撑。

积极开展质量管理相关培训，努力提升质量管理水平。在和田、喀什、阿克苏、库尔勒、乌鲁木齐、克拉玛依、伊宁等7个城市组织开展《建设工程资料管理规程》宣贯培训班，完成培训1800余人。组织建设职工教育培训中心、建设工程质量协会编制完成地基基础检测等专项检测培训方案，认真选定实操基地、培训教材和培训师资，完成2500余人建设工程试验检测人员继续教育和新取证培训。分三个批次，采用建设云实名制信息入库并通过审核的网上报名方式，完成培训监督人员共计665人。完成对30家工程质量检测机构相关资料的技术审查，通过20家，未通过10家，通过率66.7%。

【房屋建筑工程质量监督】截至年底，各级建设工程质量监督机构累计监督房屋建筑工程14480个，建筑面积合计9660.33万平方米，工程造价1508.09亿元。完成竣工验收合格工程6407个，工程面积165801.33万平方米。完成竣工验收备案工程4315个，面积222597.4万平方米，竣工验收合格率100%。累计完成巡查、抽查在建工程25367个次，发现并整改工程质量隐患5368起，发出整改通知书8347份，行政处罚金额53.69万元。

【市政基础设施工程质量监督】截至年底，各级建设工程质量监督机构累计监督市政基础设施工程1881个，工程造价693.78亿元。竣工验收合格工程563个，工程造价50.31亿元。竣工验收备案工程305个，工程造价29.98亿元，竣工验收合格率100%。累计完成市政基础设施巡查抽查总数4997次，发现并整改工程质量隐患690起，发出整改通知书995份。

【物业服务质量监管】贯彻落实《新疆维吾尔自治区物业管理条例》，印发《关于印发〈前期物业临时管理规约〉（示范文本）的通知》，进一步细化了国家相关规定，不断规范、提升物业服务质量和水平，对提高城市人居环境质量、推进社区文明建设、构建和谐社区、维护社会稳定起到了积极的促进作用。

乌鲁木齐市充分发挥区（县）、管委会（街道、乡镇）和社区在物业管理工作中的主体作用，推动物业监管工作重心下移、积极开展物业企业备案、物业项目招标及建立物业企业信用体系等措施办法。昌吉州采取社区介入、专业物业企业接管等多种方式探索破解老旧小区无物业管理难题。完善物业服务监管体系，推进物业服务与社区管理相结合的新模式，正在自治区积极探索，稳步推进。

工程安全监管

【概况】聚焦社会稳定和长治久安总目标，围绕自治区党委"1＋3＋3＋改革开放"总体工作部署，坚持"安全第一、预防为主、综合治理"的方针，通过运用各类检查、巡查、督查等工作手段，深入开展工程质量安全提升行动和质量安全专项整治活动，严厉打击建筑施工安全生产违法违规行为，持续推进安全生产标准化和数字化工地建设工作，提高工程质量安全信息化、标准化和规范化管理水平，较好地完成全年各项目标任务，自治区建筑施工安全生产形势总体平稳。按时完成了住房城乡建设部、自治区安全生产委员会安排的巡查督导和检查工作；暂扣8家企业安全生产许可证，限制13家企业在自治区承揽新的工程；完成安全管理"三类人员"及师资培训9483人次；完成建筑施工企业安全生产许可证技术性审查共24批1748家企业，制作、发放安全生产许可证708本；安全事故起数和死亡人数同比下降35%和41%。

【教育培训及安全生产考核】截至年底，组织完成安全管理"三类人员"（建筑施工企业负责人、项目负责人、专职安全生产管理人员）继续教育共计9343人，发放"三类人员"证书（包括变更证书）共8215本。组织完成特种作业人员师资培训140余人，完成建筑施工特种作业人员培训考核取证7561余人，延期考核取证4561余人。

【建筑施工安全生产监督管理】工作部署。根据中央、自治区对建筑施工安全生产工作的要求，制定2018年自治区建筑施工安全生产监督工作要点，印发《2018年自治区建筑施工安全专项整治工作方案》《关于深入开展打击假冒特种作业操作证专项治理行动实施方案》，组织召开自治区住房城乡建设系统安委会会议、自治区质量安全监督工作会议等，明确工作要求，提出目标任务。

警示教育。4月，组织2017年度发生安全生产事故和降低安全生产条件被依法暂扣安全生产许可证及限制招投标活动的建筑施工企业、监理单位的法定代表人、项目经理、项目总监、专职安全管理人员和现场安全监理人员，参加了建筑施工安全事故警示教育座谈会。在强化建筑安全生产主体责任，提高安全生产管理人员工作素质和管理水平等方面起到了积极的警示和促进作用。

监督检查。针对建筑施工现场开、复工，安全生产措施易被忽视的特点，对乌鲁木齐市3个区的安全监督站和部分施工企业安全生产情况进行监督检查，及时发现、提醒、查纠施工企业存在的安全隐患。组织人员分别对乌鲁木齐市、喀什地区、昌吉州、哈密市、吐鲁番市等地开展施工现场安全检查和督导，对发现隐患的施工现场责成停工整改。协助自治区安委会对阿克苏地区、乌鲁木齐等地，开展了为期15天的安全生产工作督查；完成了对阿克苏地区、喀什地区防震减灾工作的督导检查；督促指导昌吉州两市一县做好国务院大督查自查整改工作；抽调相关人员参加了自治区党委组织部检查组，完成了和田地区和哈密市两地，用党费支持村级阵地建设项目的进度和质量的安全检查；先后完成了自治区安委会第三巡视组和住房和城乡建设部对自治区住房和城乡建设厅的迎检巡查工作；完成了对喀什市、疏附县、疏勒县、麦盖提县等深度贫困县市农村住房安全有保障和人居环境整治情况的督导调研。

违规查处。坚持"四不放过"的原则，对发生安全生产责任事故的施工单位进行严肃处理。截至年底，共暂扣了8家企业安全生产许可证，解除暂扣12家企业安全生产许可证（其中包括2017年暂扣的8家企业），限制13家企业在自治区承揽新的工程，解除限制7家企业在自治区承揽新工程（其中2017年限制的3家施工企业）。

"百日专项行动"。重点针对房屋建筑和市政工程安全生产、从严从重打击建筑施工安全违法违规行为，自6月12日起，组织在自治区范围内开展以"生命至上、安全生产"为主题的建筑施工领域"百日专项行动"。期间，安全总站配合相关部门对乌鲁木齐市、昌吉州等地开展建筑施工安全生产百日专项行动落实情况进行实地督查，对各地专项行动落实情况进行不间断巡查检查。通过开展专项整治活动，房屋建筑和市政工程安全生产事故明显下降，建筑施工安全生产事故频发、多发的势头得到有效遏制。

信息化建设。结合建筑施工企业安全生产许可证申报、审批，进一步完善"三类人员"安全考核证书和继续教育培训考核数据库、特种作业人员新取证和延期考核数据库等信息数据库的建设。截至年底，已完成网上入库建筑施工企业22818家（疆内企业10293家，外省进疆12525家）；网上注册"三类人员"共73962人；建筑施工特种作业人员初始注册26040人，数据库的完善为安全监管信息化提供了保障。

【建筑施工安全生产标准化工地创建】组织举办自治区建设工程质量安全标准化现场观摩会，4个会场共1200余人参加观摩会，在树立样板、示范引领、推动创建方面产生了积极的效果。通过建设工程安全协会下发《关于做好2018年自治区建筑施工安全文明标准化创建工作的通知》等。中建新疆建工第五建筑工程有限公司等162家企业获自治区建筑施工安全生产标准化工地。

【城乡建设抗震防（减）灾】以完善城市抗震防灾规划、提升抗震防灾应急能力为重点，印发《关于进一步加强自治区城市抗震防灾规划编制与实施工作的通知》《关于加强自治区住房和城乡建设系统应急管理工作的通知》等文件，指导协调自治区各县（市）编制完善抗震防灾专项规划，建立完善住房城乡建设系统抗震防灾、市政基础设施建设、施工现场突发事件应急预案，积极开展应急演练。围绕30个地震重点防御县、市，加强检查指导，做好防范应急准备各项工作。完成《新疆维吾尔自治区应急避难场所建设标准》的编制；自治区已有39个市（县）编制完成抗震防灾规划；完成对自治区30个地震重点防御县、市地震应急准备工作督导检查，在昌吉市开展了以脚手架倒塌事故为内容的应急救援演练。

【应急管理】贯彻落实中央和自治区防震救灾减灾工作电视电话会议精神，结合自治区地震重点危险区防震减灾应急准备工作任务，指导督促各地建立完善抗震救灾应急机制，健全抗震防灾应急体系，制定应急预案，适时组织开展节假日等重点时间节点应急值班制度落实情况的巡查督导。

年底，完成住房和城乡建设厅机关系统应急指挥中心（一期）建设任务，基本建立自治区住房城乡建设系统抗震应急队伍、应急专业人员、应急联络机制、应急准备金制度、应急物资和装备配备等机制。应急指挥中心、应急处突机制在昌吉州的应急演练、哈密伊州区抗洪救灾实战中得到检验。

【教育宣传】印发《自治区住房和城乡建设厅关于做好2018年防灾减灾日有关工作的通知》，结合"5·12"防灾减灾日，以《突发事件应对法》《新疆维吾尔自治区实施〈突发事件应对法〉办法》等法制教育为重点，围绕"行动起来，减轻身边的灾害风险"主题，指导各地、州、市积极开展抗震防灾科普知识的宣传活动。配合住房城乡建设部完成在自治区举办的减隔震技术推广应用、抗震应急评估的教育培训，在提高有关作业人员和社会公众防灾减灾意识，提升防范应对的基本技能等方面取得新的实效。

【城建档案】截至年底，自治区共30个市、县（其中：设馆市17个，设馆县13个）设置城建档案馆（室），共有城建档案编制人员146人，实际从事城建档案工作人员173人；馆舍总面积约2万平方米（乌鲁木齐市、昌吉市、喀什市、哈密市等四地馆舍面积所占比例达80%以上）；自治区共保存城建档案100万余卷，数字化档案26.5万卷，数字化率约为25%。

为进一步促进自治区城建档案数字化管理，提高依法归档管档的水平，围绕城建档案数字化管理、声像档案管理、新管理理念、城市地下管线、"互联网+"、建设工程文件跟踪管理等内容，组织完成了对各县（市）城建档案馆40名负责人、业务骨干的培训。继续开展城建档案新疆与江苏两省之间数字档案异地备份工作，已接收江苏省8个地级市数字城建档案的备份，自治区城建档案备份到江苏省的工作稳步实施。根据《自治区人民政府关于印发自治区工程建设项目审批制度改革试点工作实施方案的通知》（新政发〔2018〕144号）要求，完成了对阿勒泰市、阿拉山口市、塔城市、哈巴河县和鄯善县等部分城市城建档案的联合验收工作。

【获奖工程】1项工程（益民大厦工程）入围2018—2019年度第一批中国建设工程"鲁班奖"评选，2项工程（丝绸之路经济带旅游集散中心工程、新疆维吾尔自治区第六人民医院—传染病医院综合病房楼工程）入围2018—2019年度第一批国家优质工程奖评选，7项工程（博州文化艺术中心室内装修装饰工程一标段一区、民航乌鲁木齐区域管制中心工程室内精装项目、库车机场城市候机楼建设项目——主楼客房区域内装饰装修设计与施工工程、乌鲁木齐居然之家国际家居广场项目、新疆若羌民用机场航站区房建和市政配套项目施工总承包—幕墙设计施工、驰达—高新区（新市区）电子信息产业加速器外装饰工程）获中国建筑装饰奖；乌鲁木齐绿地中心101号楼等44项工程获评2018年度自治区建筑工程"天山奖"。

建筑市场

【概况】2018年，新疆建筑业企业完成建筑业总产值2095.3亿元（含疆内企业在疆外完成建筑业总产值292.4亿元）；建筑业企业合同额5123.3亿元，其中：新签合同额2654.2亿元；实现税收125.3亿元。承接住房和城乡建设部关于建筑企业参与"一带一路"课题研究，会同江苏省住房城乡建设厅举办了"开拓'一带一路'市场 推动建筑业高质量发展"活动，编写了《建筑企业参与"一带一路"建设研究报告》。重点推广应用装配式建筑、钢结构及BIM技术。开展建筑业统计调查分析工作，加大政策研究力度，鼓励、引导新疆建筑业企业优化产权结构和资本结构，完善内部管理，创新经营模式。新疆工程建设监管和信用一体化平台不断完善，企业备案和执业人员注册申报（二级建造师等）实现网上报备，网上审核。

【建筑市场监管】6月，印发《关于开展2018年自治区建筑业企业资质动态核查工作的通知》（新建建函〔2018〕15号），对在自治区工商行政管理部门注册、并持有住房和城乡建设行政主管部门颁发的建筑业企业资质证书的企业进行资质动态核查，并于10月下发核查通报。配合自治区人社厅继续做好自治区清理工程建设领域清欠工作，研判自治区建筑工程领域拖欠农民工工资情况，及时开展农民工工资专项检查工作。对涉及拖欠农民工工资的159起、涉及金额8533.7万元的案件进行了核查，查处案件156起，落实解决拖欠金额8265.4万元，占比96.86%。8月，印发《关于推进建筑工人实名制管理工作的通知》（新建建〔2018〕14号），对健全源头预防、动态监管、保障农民工合法权益等方面提供了制度保障。开展清理工程建设领域保证金专项检查工作，成立自治区清理规范工程建设领域保证金工作领导小组，及时下发《关于对清理规范工程建设领域保证金工作进行核查的通知》（新清保办〔2018〕2号），对开展全面清查工作提出了要求。清理查处违规设立及超标准收取的各类保证金金额共计272961.32万元，清退224985.75万元。规范建筑市场行为，强化诚信体系建设，制定完成《新疆维吾尔自治区建筑市场信用管理实施细则（试行）》，促进建筑市场公平公正、规范有序。

【促进南疆四地州富余劳动力转移就业】按照自治区党委、政府推动南疆四地州城乡富余劳动力有组织转移就业工作的部署，多次深入基层、企业开展调研，推进相关工作的落实。自治区住房城乡建设系统完成了南疆四地州2000名城乡富余劳动力转移安置到155家建筑企业就业的安置任务。

【"放管服"改革】按照深化推进"放管服"改革要求，切实做好"互联网+政务服务"和"让数据多跑路，让群众少跑路"，积极推进证书数字化管理。3月，印发《关于启用自治区工程建设领域现场专业人员电子证书的通知》（新建建函〔2018〕5号），明确自4月1日起，全面启用建设领域现场专业人员电子证书，停发同名资质证书。根据《国务院办公厅关于促进建筑业健康发展的意见》（国办发〔2017〕19号）、《住房城乡建设部关于印发推动建筑市场统一开放若干规定的通知》要求，印发了《关于进一步推动自治区建筑市场统一开放的通知》（新建建〔2018〕10号），在简化前置手续、区外企业与本地企业同等待遇、公平竞争等方面提出了明确要求。认真落实《住房城乡建设部办公厅关于简化建设工程企业资质申报材料有关项目的通知》《住房城乡建设部办公厅关于取消建筑企业最低等级资质标准现场管理人员指标考核通知》等要求，及时转发相关文件，简化办事流程，在实现"让群众少跑路，让数据多跑路"等服务上提供更为便利的公共服务。

【建筑业企业】新申请施工企业274家，升级资质施工企业372家，增项企业361家（其中新增总承包一级企业11家），企业资质变更447家；完成二级建造师继续教育培训11期、10067人。

截至年底，自治区共有建筑业企业3620家，其中：特级资质9家，一级资质217家，二级资质1449家，三级资质1945家；实现年产值100亿元以上建筑业企业2家，100亿元以下、50亿元以上建筑业企业1家；注册建造师60340人，其中：一级建造师5992人，二级建造师54348人。

【勘察设计企业】截至年底，自治区勘察企业共179家，其中：甲级资质29家，乙级资质92家，丙级资质51家，劳务资质7家；设计企业共452家，其中：甲级资质80家，乙级资质246家，丙级资质120家，丁级资质6家；专业类执业注册人员2040人，其中：一级注册建筑师372人，二级注册建筑师146人，一级注册结构工程师505人，二级注册结构工程师166人，注册土木工程师（岩土）315人，注册公用设备工程师196人，注册电气工程师240人。

【工程监理】工程监理企业承揽合同额86.49亿元，其中：工程监理合同额27.75亿元，工程项目管理与咨询服务7.58亿元，工程招标代理37.21亿元，工程造价咨询0.74亿元，其他业务合同额13.21亿元。

截至年底，自治区监理企业共130家，其中：综合资质3家，甲级资质50家，乙级资质61家，丙级资质16家；工程监理从业人员13106人，注册监理工程师 2915 人，工程监理业务覆盖 14 个工程类别。

【建设工程招标投标】 截至年底，自治区共完成建设工程招投标项目 7834 个，中标总金额 9713000 万元（自治区本级完成 151 个，中标总金额 635698.37 万元。其中：建筑施工 98 项，中标总金额 618035.87 万元；监理 47 项，中标总金额 6466.86 万元；设备采购 4 项，中标金额 11138.16 万元；设计 1 项，中标总金额 52 万元；勘察 1 项，中标总金额 5.48 万元）。加强对招投标管理从业人员的培训，举办业务培训 5 期，1600 余人参训。适时选聘充实评标专家库，511 人通过考核并推送至交易中心专家库，实现自治区专家库资源与喀什、克州共享共用。根据《住房城乡建设部办公厅关于取消工程建设项目招标代理机构资格认定加强事中事后监管的通知》（建办市〔2017〕77 号）要求，及时制定下发相关通知，从信息公开、规范代理行为、强化招投标活动监管、推行行业自律等方面提出指导意见。

【监管信息化】 按照《住房城乡建设部办公厅关于扎实推进建筑市场监管一体化工作平台建设的通知》（建办市函〔2017〕435 号）要求，不断完善自治区工程建设监管和信用一体化平台建设，企业备案和执业人员注册申报（二级建造师等）实现网上报备、网上审核；充实企业、人员、项目、信用基础数据，完成录入建筑企业 13086 家，各类人员 571244 人；发挥自治区工程建设监管和信用管理一体化平台作用，按照住房城乡建设部《关于报送建筑市场主体黑名单和工程建设项目招标代理机构信息的通知》要求，完成与建设云平台的对接，及时将采集的招标代理机构基本信息，推送至全国建筑市场监管公共服务平台，实现企业信息实时共享。

【建筑行业劳保统筹】 自治区收取社保费 5.6 亿元，拨付 13.25 亿元，调剂补贴 1.42 亿元，"双节"（元旦、春节）慰问困难职工 171.55 万元，62 年精简人员生活补助 125.71 万元。截至年底，自治区建筑施工企业开设专户 1610 家，外省进疆企业开设专户 508 家。

建筑节能与科技

【新建建筑节能】 颁布《严寒（C）区居住建筑节能 75% 设计标准》《寒冷地区居住建筑节能 75% 设计标准》《公共建筑节能 65% 设计标准》等地方标准，为提升建筑节能水平提供了有力的技术保障。新增节能建筑 2500 万平方米，完成既有建筑节能改造任务 1200 万平方米，完成公共建筑节能改造 230 万平方米。截至年底，自治区节能建筑面积累计达到 3.5 亿平方米。自治区县及以上城市公共建筑和居住建筑全面实现节能 65% 强制性标准。乌鲁木齐市、克拉玛依市、昌吉州、巴州库尔勒市、阿克苏地区新建居住建筑全面执行了 75% 建筑节能设计标准，节能标准设计阶段和施工阶段执行率均达到 100%，提前迈入国家第四步建筑节能阶段。

【绿色建筑与绿色建材】 围绕绿色建筑发展目标，印发《关于加快推进我区绿色建筑与绿色生态城区发展的意见》《关于印发〈新疆绿色建筑设计要求和审查要点〉通知》《新疆建筑节能及绿色建筑发展规划》等政策文件，颁布了自治区《绿色建筑设计标准》《建筑工程绿色施工规程》等地方标准。自治区县城以上城市（含县级市）新建民用建筑全面执行一星级绿色建筑标准，全面推行了绿色建筑第三方评价工作，启动了《绿色建筑评价标准》的编制工作，《绿色建筑验收规范》即将颁布。新增绿色建筑面积约 2450 万平方米，占新建建筑比重为 98%。有 16 个项目取得绿色建筑二星、三星级标识，面积 243 万平方米。

【绿色建材】 会同经济和信息化委员会，委托自治区绿色建材评价管理办公室、自治区经信委原材料处、自治区建材行办联合开展了自治区绿色建材评价机构备案审查工作，新疆建筑科学研究院（有限责任公司）、新疆建筑材料研究院和乌鲁木齐市建筑建材科学研究院有限责任公司为自治区绿色建材评价机构。新疆华美伟业高新材料有限公司获得三星级绿色建材评价标识。

【可再生能源建筑应用】 为有效提升太阳能热水系统和地下水源热泵系统在建筑中的应用，完善可再生能源建筑应用的技术保障，制定《新疆地下水源热泵系统工程技术规范》《新疆地下水源热泵系统工程设计安装》《民用建筑太阳能热水系统设计安装》等地方标准，启动了《新疆土壤源热泵系统工程技术规范》《新疆土壤源热泵系统工程设计安装》等标准的编制。新增可再生能源建筑 1750 万平方米，自治区建立太阳能、地热能等可再生能源建筑应用项目 4300 万平方米。

【装配式建筑】 为保障装配式建筑在建筑工程领域的应用，自治区《关于大力发展自治区装配式建筑的实施意见》（新政办发〔2017〕187 号）印发后，先后印发了《自治区装配式混凝土建筑工程质量监管要点（试行）》、《自治区装配式混凝土建筑施工图设计文件审查要点（试行）》等文件，编制了《新疆装配式混凝土建筑设计规程》《新疆钢结构住宅施工质量安全规程》《新疆叠合装配式混凝土综合管廊工程技术规程》等技术标准，印发了《新疆装配式建筑推广手册》，启动了《自治区装配式建筑工程消耗量定额》编制工作。成立了装配式建筑工作领导小组和自治区装配式建筑专家委员会。

截至年底，自治区建成混凝土装配式建筑约5万平方米、钢结构装配式建筑约120万平方米。伊犁、塔城、博州、哈密、克州、和田等地州在异地搬迁、干部周转房、便民警务站、安居富民房等项目中使用钢丝网架混凝土复合板式结构，共计20万平方米。

【清洁能源电供暖】组织实施南疆四地州煤改电（电供暖）工作调研，发布了《南疆四地州煤改电（电供暖）技术指南》《农村居住建筑节能设计标准（试行）》《电锅炉设计规程》《电采暖系统应用技术规程》《外墙外保温薄抹灰系统应用技术规程》《新疆农村居住建筑煤改电工程技术指南》和《新疆电供暖设备与材料招投标文件技术规定》等技术标准和工作指南，组织完成了相关技术标准的宣贯培训，设立了电供暖技术服务中心，为推进电供暖技术的应用提供了技术和组织保障。

截至年底，自治区电供暖面积约1311万平方米（仅包括国网电供暖数据，不含石油网、兵团网和水网），其中：集中式电供暖面积550万平方米，分散式电供暖面积为761万平方米，电供暖在促进新能源消纳和节能减排方面的作用日益明显。

【节能试点示范】根据国家发展改革委、住房和城乡建设部《关于印发气候适应型城市建设试点工作的通知》（发改气候〔2017〕343号），库尔勒市、拜城县2个县（市）被列为国家气候适应型城市建设试点，2个县（市）各项试点工作正按计划稳步推进，力争在气候适应型城市建设上为其他城市提供可复制、可推广的好经验和好做法。

【建设领域大气污染防治】根据《关于印发新疆维吾尔自治区大气污染防治行动计划实施方案的通知》和《乌鲁木齐、昌吉、石河子、五家渠区域环境同防同治大气污染防治主要任务及部门分工方案》要求，制定了住房城乡建设行业在上述4个区域大气污染防治行动的工作方案，以城镇集中供热、建筑工地和城市道路扬尘治理、城市空间布局、建筑节能等工作为重点，明确了具体目标、任务、措施和任务分工，集中供热、建筑工地和城市道路扬尘治理取得了明显成效。

【建设科技成果推广】围绕建筑节能、节水、可再生能源、清洁能源应用、绿色建材、新型墙材、信息化等项目的实施，经自治区建设科学技术专家委员会优选论证，完成11项自治区住房和城乡建设行业2018年科技成果推广项目。

【新技术应用示范项目】组织完成建筑业新技术应用示范工程评审14项，新疆维泰开发建设（集团）股份有限公司承建的"丝绸之路经济带旅游集散中心"和江苏南通二建集团有限公司承建的"乌鲁木齐高铁医院工程"应用新技术整体水平达到国内领先水平。

【散装水泥与墙体革新】截至年底，自治区散装水泥供应量2300万吨，散装率62%；预拌混凝土产能1.4亿立方米，产量3453万立方米；普通预拌砂浆产能133万吨，产量22.6万吨；新型墙体材料产量145亿块标砖，新型墙体材料比重68%。

新型墙体材料认定。及时补充、调整、完善新型墙材目录，扩大认定范围，建立、修正针对不同类型产品（节能门窗、墙体附着产品材料、预拌混凝土、水泥预制件等）的认定评审考核表，完善专家评审制度以及人才库的建设。全年接收新型墙体材料认定申请企业140家，认定通过130家、15种产品。

新产品开发与应用。完成《烧结墙体材料单位产品能源消耗测定及计算方法》DB 65/T 3975—2017的发布实施。粉煤灰制陶粒技术的研究与探索在实践应用中取得成果。

建筑垃圾资源化利用。2018年8月，由原伊犁腾瓴新型墙体材料有限公司承建的集生活垃圾、建筑垃圾、城市污泥等固体废弃物综合处置项目在特克斯开工建设，为自治区推广使用产生了积极的示范效应。

散装水泥及下游产业发展。以PC大板体系、装配式轻质挂板体系、内置轻钢龙骨保温装饰一体大板体系、蒸压加气混凝土大板体系等为代表的新型水泥预制构件产品的研发和应用，推动了装配式建筑的稳步发展。

【信息化建设】围绕平台建设、网络安全、信息传输、办公自动化等工作，印发《自治区住房和城乡建设厅软件正版化工作管理规定》，完成厅机关和事业单位内网的114个点的内网部署工作，实现了办公OA软件与内网的互通。购买中国电信无线专线VPDN技术接入内网，实现移动终端与其办公系统的平台对接，配备了60台移动终端（PAD）。机关系统公文审核、批办、签发、传阅等工作实现了非涉密无纸化办公和移动办公，提高公文流转效率，保证了住房保障、城市规划、建筑市场监管、数字工地、应急管理、领导干部个人房地产信息查核等业务工作安全平稳运行。

城市管理监督

【概况】建立自治区城市管理工作厅际联席会议制度，实施改革试点，推进部门职责和机构设置整合，推动城管立法，推行数字化平台建设和执法全过程记录工作、开展城市管理执法队伍"强基础、转作风、树形象"专项行动等一系列工作的基础上，自治区城市管理执法体制基本理顺，机构和队伍建设得到了加强。

【监督指导】制定《自治区城市管理执法队伍"强基础、转作风、树形象"三年行动实施方案》，"强基础、转作风、树形象"专项行动取得积极成效。根据《自治区住房城乡建设系统推行执法全过程记录制度试点实施方案》，选取乌鲁木齐、克拉玛依、伊宁、库尔勒市为自治区试点城市，指导各地州市规范执法全过程记录、案卷拍照或扫描、录入和电子档案、执法文书和视（音）频资料归档、数字化平台等建设管理工作。完成对伊犁州奎屯市、克拉玛依市独山子区城市管理执法调研，组织召开了自治区城市管理和行政执法工作座谈会，在昌吉市召开了自治区城市管理执法人员的换装仪式，完成对13个地州市、23个县市区城市管理执法体制改革和"强基础、转作风、树形象"专项行动的督导检查。制定《自治区城市管理执法装备配备标准》，申请协调财政资金80余万元，采购300台高清4G执法记录仪，完成向各地州市城市管理部门的配发。

【扫黑险恶专项整治】按照中央、自治区的统一部署，认真开展住房城乡建设领域扫黑除恶专项斗争。成立了自治区住房和城乡建设系统扫黑险恶专项斗争领导小组，制定了《自治区住房和城乡建设系统扫黑除恶专项斗争2018年工作要点》，指导各地认真开展扫黑除恶专项斗争。截至年底，排查涉黑涉恶线索49条，移送政法部门线索23条，治理规范行业乱象线索25条，按要求完成上报《新疆维吾尔自治区住房和城乡建设系统2018年扫黑除恶专项斗争工作总结》。

【案件查处】受理群众投诉举报、上级部门或业务处室转来的各类案件98件，其中：直接立案查处4件，转往地州市处理41件（办结33件），帮助协调处理15件，按照行政管辖权转交相关处室处理8件，因举报不清或不属于管辖等原因不予受理的举报投诉30件。下达行政处罚决定书4份，处罚造价咨询企业2家、造价咨询注册人员2人，处罚金额9.5万元。

人事教育

【机构调整】依据自治区党委办公厅、自治区人民政府办公厅《关于调整新疆维吾尔自治区住房和城乡建设厅职责机构编制的通知》（新党厅字〔2018〕155号）精神，自治区住房和城乡建设厅职责、机构和编制有新的调整。将自治区住房和城乡建设厅城乡规划管理职责划入自治区自然资源厅，不再保留城乡规划处，相应核减行政编制4名；将自治区住房和城乡建设厅风景名胜区、自然遗产管理职责划入自治区林业和草原局，不再保留世界遗产与风景名胜管理处（自治区世界自然遗产管理局），相应核减行政编制3名；将自治区公安厅指导建设工程消防设计审查职责划入自治区住房和城乡建设厅，涉及消防部队相关人员编制的划转待中央明确后另行核定；将自治区散装水泥办公室（自治区墙体材料革新与建筑节能办公室）、自治区住房资金监管中心承担的行政职能划归自治区住房和城乡建设厅，同时划入从事相关工作人员10名；将自治区建设工程安全监督总站、自治区建设工程质量监督总站承担的行政职能划归自治区住房和城乡建设厅工程质量安全监管处；将自治区建筑工程社会保险费统筹管理总站、自治区建设工程招标投标监督管理办公室承担的行政职能划归自治区住房和城乡建设厅建筑市场监管处；将自治区工程造价管理总站承担的行政职能划归自治区住房和城乡建设厅标准定额处，其他机构编制维持现状；将自治区住房和城乡建设厅抗震处更名为"抗震和应急保障处"，主要职责任务调整为：组织编制城乡建设抗震减灾、市政设施安全管理规划并监督实施；负责住房城乡建设系统应急预案体系建设，建立重大危险源安全隐患定期排查、动态监控、限期整改机制；组织城乡重要建（构）筑物抗震性能鉴定及抗震加固工作；承担城乡抗震防灾工作综合管理，指导震后重建工作；负责对自治区各类房屋建筑及其附属设施和城市市政工程的抗震设计规范和消防设计的实施情况进行监督管理；负责施工图审查机构的监督管理，负责组织城市超限高层建筑工程抗震设防审查工作；负责房屋建筑、市政设施突发公共事件应急处置工作。

调整后，自治区住房和城乡建设厅内设机构14个，以及机关党委、离退休干部工作处。核定行政编制99名，其中：自治区住房和城乡建设厅级领导职数 5 名，处级领导职数 41 名（含总工程师 1 名、总经济师 1 名、机关党委专职副书记 1 名、机关纪委书记 1 名、离退休干部工作处领导职数 2 名）。

【农村富余劳动力转移就业培训】为助力脱贫攻坚，支持自治区南疆富民安居工程建设重点工作，在喀什地区伽师县克孜勒苏乡举办农村建筑工匠技能培训班，按照砌筑工、钢筋工、混凝土工、木工等 4 个专业分组，对 480 余名农村工匠进行了砌体结构施工、抗震构造措施设置专题培训，在提升农民生产技能、解决农民转移就业、增加农民收入、维护社会稳定等方面收到了良好的效果。

【干部教育培训】选派 36 名干部外出参加学习培训，8 名干部参加了自治区有关部门以帮带训，1 名干部到阿勒泰市挂职副市长，在提升干部素质，增强实践能力方面收效明显。坚持融会贯通、学以致用，通过中心组学习、专家讲座、座谈讨论等形式，组织党员干部开展党的十九大精神专题培训，坚定对中国特色社会主义的理论自信、道路自信、制度自信和文化自信。

【"访惠聚"驻村工作】自治区住房和城乡建设厅驻伽师县克孜勒苏乡 7 个工作队、13 个深度贫困村的 70 名工作队员紧紧围绕"访惠聚"工作"1+2+5"任务，在维护社会稳定、建强基层组织、做好群众工作、落实惠民政策、拓宽致富门路、推进脱贫攻坚、办好实事好事、壮大党员队伍等方面做了大量富有成效的工作，赢得了基层组织和干部群众的一致好评。

入户走访。各工作队走访群众 4.9 万户次、17.5 万人次，其中重点户 3.6 万户次、贫困户 1.3 万户次；开展应急处突演练 750 余场，排查治理安全隐患 320 余件，排查化解矛盾纠纷 440 余件。

宣传教育。举办农民夜校 1880 余场，参加人员 55.8 万余人次；开展各类普法宣传教育活动 170 余场，参加人员 6.2 万余人次；开展国家通用语言文字教育培训 1240 余场，参加人员 39.7 万余人次；开展民族团结文体活动 300 余场，参与群众 9.9 万余人次；开展"四项活动"（起名、割礼、婚礼、葬礼）160 余场，发声亮剑活动 130 余场，覆盖群众 1.9 万余人次；开展"去极端化"教育 180 余场，受教育群众 6.3 万余人次。

惠民实事。为 20 个村共建安居房 1034 套，做到当年开工、当年竣工；帮助 7 个村铺设供水管网 20.65 公里，自来水入户配套设施 2071 套，使 2071 户、8300 余人受益，为群众办实事好事 180 余件；开展实用技术和劳动技能培训 76 场次，帮助 1200 余名村民就业；引进和投入 195.1 万元，帮助群众发展庭院经济，引进中小微企业 2 个，成立农民专业合作社 10 个，241 户贫困户、830 余人实现脱贫，伽师县克孜勒苏乡阿亚格勒格勒德玛村、塔格艾日克村村和古里巴什村验收合格，脱贫摘帽实现了整村退出。

基层组织建设。培训村干部 41 人，储备村组织骨干 118 人，培养入党积极分子 141 人，发展党员 27 人，调整处理不合格党员 16 人。

在 2018 年自治区"访惠聚"驻村工作考核中，自治区住房和城乡建设厅为优秀派出单位；阿亚格勒格勒德玛（7）村、阿亚格勒栏杆（2）村、翁艾日克（19）村、巴什奥塔格（39）村、英艾日克（12）村为优秀工作队；陈亮为优秀工作队队长；苏继宏、舒月、于秀强、陈强、俞翔、马磊、侯睿、买合木提·吐拉甫、张栋、雷宽久、胡海东为优秀驻村工作队员。在 2018 年自治区选派深度贫困村第一书记考核中，齐肖、陈本斌、廖春雨、王言、谢元堂、王宪、徐良、蔡涛为优秀。

在"新时代·新担当　争当新时代先锋"活动中，驻伽师县克孜勒苏乡阿亚格勒格勒德玛村工作队被授予喀什地区先进集体称号；驻伽师县克孜勒苏乡塔格艾日克村工作队被授予伽师县先进集体称号；驻伽师县克孜勒苏乡阿亚格栏杆村、驻伽师县克孜勒苏乡阿亚格勒格勒德玛村工作队被授予克孜勒苏乡先进集体称号。陈亮、连都被评为喀什地区先进个人，王宁、于秀强被评为伽师县先进个人，欧阳林江、陈强、马磊等被评为克孜勒苏乡先进个人。

【"民族团结一家亲"活动】按照自治区"民族团结一家亲"活动部署，紧紧围绕社会稳定和长治久安总目标，认真落实结对子、勤走访、相互学、多活动、真帮扶的任务，扎实开展"民族团结一家亲"和民族团结联谊活动，不断增进各民族之间的感情，加强各民族交往交流交融。开展"民族团结一家亲"活动 6 轮、42 批次，结对认亲 661 户（含学院干部职工与南疆籍学生家庭结亲户），捐款捐物价值累计 40 余万元；开展民族团结联谊活动 12 次，参与干部职工 790 余人次。

大事记

1 月

3 日　自治区住房和城乡建设厅提请自治区人民政府废止《新疆维吾尔自治区建筑工程社会保险费统筹管理暂行办法》。

5日 印发《自治区住房和城乡建设厅关于废止部分规范性文件的通知》（新建法函〔2018〕1号）。

13日 印发《关于做好历史文化街区报请公布工作的函》，做好历史街区的鉴定、公布工作。

29日 在乌鲁木齐市召开自治区住房城乡建设工作电视电话会议。

2月

8日 自治区住房和城乡建设厅在昌吉市召开自治区城市管理执法人员换装启动仪式。

11日 自治区司法厅、自治区住房和城乡建设厅印发《关于开展律师参与城市管理执法试点工作的通知》（新司通〔2018〕17号），确定乌鲁木齐市、克拉玛依市、昌吉市、阿克苏市为试点城市，先行开展律师参与城市管理执法试点工作。

3月

14—28日 自治区城市管理执法监督局（建设行政执法局）会同住房和城乡建设厅政策法规处对伊犁州奎屯市、克拉玛依市独山子区开展了为期15天的城市管理执法调研工作。

15日 自治区住房和城乡建设厅在乌鲁木齐市召开自治区住房公积金年度报告披露会审会。

26日 自治区住房和城乡建设厅印发《关于启用自治区工程建设领域现场专业人员电子证书的通知》（新建建函〔2018〕5号），自2018年4月1日起，全面启用建设领域现场专业人员电子证书，停发同名资质证书。

28—30日 自治区住房和城乡建设厅召开自治区工程质量安全监督工作座谈会，总结2017年建设工程质量安全监督工作，研究部署2018年工作目标和任务。

4月

4日 自治区住房和城乡建设厅印发《关于成立自治区住房和城乡建设厅扫黑除恶专项斗争领导小组的通知》。

10日 自治区住房和城乡建设厅制定《自治区住房和城乡建设厅开展工程质量管理标准化工作方案》（新建质〔2018〕2号），加快推进自治区标准化管理工作。

18—19日 自治区住房和城乡建设厅党组成员、副厅长全河带队，组织试点城市、建行新疆分行有关人员，前往湖北省考察学习，座谈了解湖北省住房租赁市场建设情况，现场观摩建设银行住房租赁综合服务平台运营。

20日 自治区党委副书记、自治区主席雪克来提·扎克尔、自治区副主席赵冲久莅临自治区住房和城乡建设厅调研。

20日 自治区住房和城乡建设厅在奎屯市召开自治区城市管理和行政执法工作座谈会，自治区14个地州市和部分城管改革试点城市50余名代表参加了会议。

23日 自治区住房和城乡建设厅印发《自治区住房和城乡建设厅关于加强国家工作人员学法用法工作的实施方案》（新建法函〔2018〕20号）。

24日 自治区住房和城乡建设厅印发《关于进一步推动自治区建筑市场统一开放的通知》（新建建〔2018〕10号），进一步简化前置管理手续，区外建筑企业进疆承揽业务，实行于本地建筑企业同等待遇，促进区内、区外建筑企业公平竞争。

28日 自治区住房和城乡建设厅印发《2018年自治区住房和城乡建设厅法治宣传教育工作要点》。

5月

10日 自治区住房和城乡建设厅组织开展宪法学习活动，邀请自治区党委党校法学教研部副主任、副教授陆海岩作了《坚持和发展中国特色社会主义的根本宪法法律保障——深入学习2018年宪法修正案》专题讲座。

12日 自治区住房和城乡建设厅委托研究机构对自治区设市城市和历史文化名城所在县全面开展历史文化街区、历史建筑的普查工作。

9—10日 自治区住房和城乡建设厅在哈密市召开自治区住房公积金管理工作座谈会。

14日 即日起，自治区14个地、州、市住房公积金管理中心办理业务只需凭身份证、户口本、结婚证原件即可办理。

25日 自治区住房和城乡建设厅印发《关于加快推进自治区住房租赁市场试点工作的通知》（新建房〔2018〕2号）。

6月

4日 自治区住房和城乡建设厅印发《关于开展2018年自治区建筑业企业资质动态核查工作的通知》（新建建函〔2018〕15号）。

7日 自治区住房和城乡建设厅印发《关于印发自治区城市管理执法队伍"强基础、转作风、树形象"三年行动实施方案的通知》（新建法〔2018〕5号）。

27日 自治区住房和城乡建设厅印发《自治区党委 自治区人民政府关于进一步加强城市规划建设管理工作的实施意见》（新党发〔2018〕18号），做好历史文化资源保护及申报工作。

30日 自治区住房和城乡建设厅在克拉玛依市

举办《新疆维吾尔自治区物业管理条例》宣贯班。

7月

10日　印发《自治区住房和城乡建设厅"双随机一公开"工作细则》（新建法〔2018〕7号）。

25日　自治区住房和城乡建设厅印发《自治区住房和城乡建设厅宪法学习宣传教育活动实施方案》（新建普〔2018〕5号）。

26日　自治区住房和城乡建设厅印发《关于加快推进自治区电供暖工作的通知》（新建科〔2017〕10号）。

31日　自治区住房和城乡建设厅印发《关于开展自治区城市执法体制改革工作督查的通知》（新建法函〔2018〕51号）。同日；自治区住房和城乡建设厅检查组运用电子稽查工具对乌鲁木齐、喀什、克州三个中心住房公积金政策执行情况及风险隐患进行抽查。

8月

1日　自治区人民政府组织相关部门召开了棚改工作电视电话会议。

7日　自治区住房和城乡建设厅在喀什地区住建局举行了自治区城市管理执法部门执法记录仪发放仪式，将300台高清4G执法记录仪配发至各地城市管理部门。

7日　自治区住房和城乡建设厅印发《自治区住房和城乡建设厅扫黑除恶专项斗争2018年工作要点》。

16日　自治区住房和城乡建设厅印发《关于进一步规范自治区城市设计工作的通知》（新建规函〔2018〕73号），进一步明确自治区开展城市设计工作的定位、原则和要求。

17日　在住房和城乡建设部印发的《建筑节能与绿色建筑发展"十三五"规划》中，对自治区"十二五"期间在乌鲁木齐市和克拉玛依市新建居住建筑中开展实施节能75％强制性标准提出表扬。

20日　自治区住房和城乡建设厅印发《关于对自治区历史文化名城、名镇名村、历史文化街区和园区（开发区）编制相关规划进行督办的函》，加快推进自治区历史文化名城名镇名村街区保护规划的编制及报审工作。

21日　自治区住房和城乡建设厅印发《关于推进建筑工人实名制管理工作的通知》（新建建〔2018〕14号），从健全源头预防、动态监管的制度保障体系，遏制农民工讨薪案件的发生，保障农民工合法权益。

21日　自治区住房和城乡建设厅印发《关于认真落实"二十六证合一"改革工作任务的通知》（新建法函〔2018〕14号）。

25日　自治区人民政府在乌鲁木齐市召开清洁能源电供暖电视电话会议。

26日　自治区住房和城乡建设厅《普法于心 尚法于行》荣获自治区"谁普法谁执法"普法责任制H5比赛活动优秀奖。

27日　自治区城市管理执法监督局（建设行政执法局）组成三个督查组，开展对13个地州市、23个县市区城市管理执法体制改革、城市管理执法队伍"强基础、转作风、树形象"专项行动进行为期20天的实地督导检查。

28日　自治区住房和城乡建设厅下发《转发住房城乡建设部关于严格规范城市管理执法行为严肃执法纪律的通知》（新建法函〔2018〕59号）。

9月

5日　自治区住房和城乡建设厅党组成员、副厅长付海诚参加自治区质量强区办公室在人民网开办的主题为"加快质量提升，建设质量强区"建设专题在线访谈。

11日　自治区住房和城乡建设厅印发《关于请协助开展历史文化名城名镇名村街区和历史建筑调研和信息录入工作的通知》（新建规函〔2018〕88号），积极做好历史文化街区划定和历史建筑确定的普查工作。

12—14日　自治区住房和城乡建设厅在阿克苏市举办南疆片区城市管理执法人员培训班，培训城管执法人员180人。

16—18日　自治区住房和城乡建设厅在奎屯市举办北疆片区城市管理执法人员培训班，培训城管执法人员200人。

20日　自治区住房和城乡建设厅转发《住房城乡建设部关于印发城市管理执法行为规范的通知》（新建法〔2018〕10号）。

10月

17日　自治区住房和城乡建设厅印发《住房租赁合同示范文本》。

22日　自治区住房和城乡建设厅印发《前期物业临时管理规约》（示范文本）。

26日　自治区住房公积金业务系统"双贯标"工作以95.23的高分顺利通过住房和城乡建设部检查验收，自治区住房公积金综合服务平台以"优秀"等级顺利通过住房和城乡建设部验收，标志着全国首家省级集中统一的住房公积金信息化综合服务平台在新疆成功建成并投入使用。

26日　自治区住房和城乡建设厅印发《关于推进"放管服"改革简化建筑工程施工许可办理手续的通知》(新建法〔2018〕13号)。

31日　自治区住房和城乡建设厅印发《关于做好向兵团住房城乡建设主管部门授权事项移交工作的通知》(新建法函〔2018〕82号)。

11月

7日　自治区住房和城乡建设厅印发《关于做好群众办事百项堵点问题疏解工作的通知》(新建法函〔2018〕88号)。

9日　自治区住房和城乡建设厅向喀什、霍尔果斯经济开发区再次授予11项行政审批权,并正式签署授权方案,将本机关行使的行政许可申请材料、审批条件及资质标准等列出清单移交喀什、霍尔果斯经济开发区。

9日　自治区住房和城乡建设厅转发《住房城乡建设部关于加强历史建筑保护利用工作的通知》,进一步明确自治区历史文化街区划定、历史建筑的确定标准和保护要求。新疆德坤实业集团有限公司被住房和城乡建设部批准为全国第一批装配式建筑产业基地。

12—13日　自治区住房和城乡建设厅组织举办自治区住房城乡建设行政复议和行政应诉培训班,培训建设系统业务分管领导、业务负责人150余人。

14日　自治区党委在乌鲁木齐市召开自治区城市工作会议,自治区党委书记陈全国出席并讲话,他指出,要"突出文化传承,彰显城市独特魅力",把城市建设目标分解细化,制定具体实施方案,推动各项措施落实。

14—16日　自治区住房和城乡建设厅在乌鲁木齐市举办东疆片区城市管理执法人员培训班,培训城管执法人员220人。

16日　《中国建设报》第四版整版刊发文章,对自治区住房和城乡建设厅开展住房公积金信息化建设工作进行全面宣传报道,受到社会各界广泛关注。

19日　自治区人民政府办公厅印发《自治区工程建设项目审批制度改革试点工作方案》(新政办发〔2018〕144号)。

20日　自治区住房和城乡建设厅发布《城市管理行政执法装备配备标准》J14446—2018、XJJ 101—2018。

22日　自治区住房和城乡建设厅组织住房公积金业务运行调研组对吐鲁番、巴州两个中心业务运行情况进行调研,并在库尔勒市召开自治区住房公积金业务运行工作座谈会。

27日　自治区住房和城乡建设厅印发《自治区全面推进数字化城市管理工作全覆盖指导意见》。

29日　自治区住房和城乡建设厅在乌鲁木齐市举办《新疆维吾尔自治区物业管理条例》宣贯班。

30日　自治区住房和城乡建设厅与兵团住房城乡建设局召开支持兵团深化改革和向南发展工作座谈会,建立兵地共建共享共治工作机制。

12月

3日　自治区第十三届人民政府第37次常务会议专题研究自治区城镇棚户区改造情况。

6—8日　自治区住房和城乡建设厅在乌鲁木齐市举办自治区住房公积金信息化建设业务培训班。

10日　自治区住房和城乡建设厅上报《新疆维吾尔自治区住房和城乡建设系统2018年扫黑除恶专项斗争工作总结》。

21日　自治区住房和城乡建设厅完成历史文化街区、历史建筑的普查和有关信息录入数据平台工作,建立历史文化街区、历史建筑台账。

24日　自治区住房公积金信息化建设作为全面贯彻落实国务院"放管服"改革要求的典型经验材料,与其他省市10篇材料一起纳入《全国住房城乡建设工作会议经验交流材料汇编》。

26日　自治区住房和城乡建设厅党组书记叶林做"大力弘扬宪法精神,全面推进依法治疆"为主题的宣讲活动。

27日　自治区人民政府办公厅印发《关于开展自治区城镇保障性安居工程专项清查整改工作的通知》(新政办发〔2018〕164号)。

29日　自治区住房和城乡建设厅印发《关于贯彻落实〈自治区党委 自治区人民政府关于进一步加强城市规划建设管理工作的实施意见〉任务分解方案》(新建城函〔2018〕207号),进一步做好国家历史文化名城、中国历史文化街区申报和自治区级历史文化名城、街区公布工作,加强城市既有建筑保留利用和更新改造。

(新疆维吾尔自治区住房和城乡建设厅)

新疆生产建设兵团

概况

【棚户区改造】2018年新疆生产建设兵团（以下简称兵团）实施城镇棚户区改造2万户。为确保棚户区改造年度目标任务完成，及时下发《关于加快推进棚户区改造进度的通知》《关于棚户区改造进度情况的督查通报》等文件，同时通过召开会议部署安排及下到一线检查指导、及时下发通知细化明确棚户区改造范围和内容、积极争取政府债券、加强跟踪调度、及时召开专项督办会议，深入到各师检查推进包括棚改在内的工作推进，对进度缓慢和工作不力的师团将加强督导和跟踪指导，多措并举，全力推进棚改进度，11月底，全面完成2018年棚户区改造开工目标任务。

【住房保障】认真摸清底数，下发《关于抓紧做好保障性安居工程几项重要工作的通知》，基本摸清了兵团建设住房、空置住房、未享受住房群体等情况的底数。积极推进抗震安居住房建设。提出了新形势下兵团住房建设的总体思路和基本要求，兵团下发了《关于兵团连队新建抗震安居住房的指导意见》。组织召开团场连队农工自建房现场会，按照民建公助建房新模式，部署连队职工住房建设任务，并以电视电话会议、座谈会、现场督导调研等形式督办工作进展。重点对南疆三师、十四师困难职工群众住房情况进行现场调研，提出了解决住房的思路及措施。

【脱贫攻坚】制定实施方案，结合住建行业特点和部门优势，制定《兵团住房城乡建设局2018年定点挂钩扶贫帮扶工作实施方案》，明确结对帮扶总体工作思路和目标任务，提出结对帮扶各项措施。深入调研精准施策，指导44团、51团等深度贫困团场新建连队住房规划选址事宜，组织专家优化住房规划设计，提出解决贫困家庭住房的方法。会同兵团国土局深入深度贫困团场，借鉴安徽肥东等地土地增减挂钩经验做法，拓宽解决贫困团场建房资金缺口问题的渠道。加大倾斜力度，加大对11个贫困团场城镇保障性安居工程及配套基础设施的政策及资金支持倾斜力度，优先将建档立卡贫困户纳入住房保障租赁补贴发放人员。推进贫困家庭住房兜底工作，下发了《兵团党委办公厅 兵团办公厅关于抓紧建立深度贫困团场住房安全兜底保障制度的通知》，为解决贫困家庭等重点对象提供坚实的兜底保障。

【房地产业】兵团现有房地产开发企业348家，其中一级资质5家，二级资质16家，三级资质52家，四级资质125家，暂定资质150家。据统计，2018年兵团各师市房地产企业在建商品房项目212个，开发面积1518平方米，完成投资127亿元。

【推进市政行业改革】兵团住房城乡建设局按照突出团场"政"的职能、实施"四分开"要求，分析研究团场供水、供热等市政公用行业现状，结合实际制定印发了《兵团团场城镇供热管理办法（试行）》《关于进一步加强兵团团场城镇公共供水安全保障工作的通知》等文件，加强对团场城镇供水、供热行业的监管和指导。配合兵团水利局开展城市和团场城镇水利（务）体制改革，推动建立由师市住房城乡建设主管部门或水利（务）部门进行业务指导和行业监管、成立水务公司负责专业化社会化服务的改革机制。推进师城市政公用行业和资源整合，培育和引进专业经营企业，提升社会化、市场化水平，扩大覆盖面，确保市镇公用服务稳定供应，提高服务质量。

【聚焦脱贫攻坚重点任务】一是完成2018年农村安居工程建设任务。先后向三师、四师、六师、七师、八师、十二师、十三师、十四师两批下达了5200户农村危旧房改造建设任务、1.56亿元中央财政补助资金，支持解决建档立卡贫困户等重点对象住房安全问题。二是制定印发《兵团2018年团场公共水冲式厕所建设实施方案》，向各师市下达团场公共水冲式卫生厕所补助资金1000万元，补助50个公共厕所，每个补助20万元，优先保障2018年开展连队居住区人居环境整治的25个团场连队居住区和南疆深度贫困团场。三是制定印发《兵团2018年困难群众燃气补助工作实施方案》，对25000户困难职工家庭（农户）发放燃气补助，每户补助400元，其中南疆各师团（含北疆代管的南疆团场）四类贫困户燃气补助兵团全部予以保障，其余各师市任务根据上报需求按约65%比例进行核定分解。

【建筑市场管理】2018年，兵团住房城乡建设局深入贯彻落实兵团党委深化改革决策部署，大力推进承接行政授权、扶持建筑业企业资质升级等改革工作，转变管理方式，开拓兵团企业市场竞争力，不断提高管理效率。2018年建筑业受经济下行压力冲击，固定资产投资大幅减少，企业承揽任务下滑，建筑业经济运行态势严峻，兵团住房城乡建设局面对严峻的形势，主动作为，印发了《关于落实上半年兵团经济运行分析会议部署 努力提高建设项目审批服务效能的通知》，通过精简审批事项和条件、合并审批事项、调整审批时序、转变管理方式等措施，落实工程建设项目审批时间减半要求，进一步提高行政审批效率，加快项目落地。始终坚持"两个毫不动摇"和"三个没有变"，拓宽民间资本投资领域，鼓励民营资本采用混合所有制、联合招投标等方式参与政府与社会资本合作项目。持续清理乱收费、乱罚款、乱摊派，优先清理政府性工程对民营企业的欠款。着力构建"亲""清"新型政商关系，完善民营企业合法权益保护机制，营造尊重、激励和保护企业家干事创业的良好氛围。多措并举做好建筑市场整顿工作，加大建筑市场违规处罚力度，召开全兵团现场会全面部署建筑市场违法违规行为专项整治工作，坚决查处转包违法分包、高估冒算、围标串标以及拖欠工程款、农民工工资行为。查处违法违规案例251起，对违规企业214家和个人203人进行追责问责，对单位及个人共计处罚2332万元。转办举报线索9条，现已办7条，劣质企业、失信人员相关建筑活动正在受到限制或被清理出市场，市场秩序明显好转。兵团住房城乡建设局全面承接建筑业、监理企业、勘察设计等资质审查核发业务，共计完成了建筑业企业申报资质70家，合计97项资质申请，其中新申请资质企业11家，增项资质企业25家，升级资质企业15家，变更资质企业19家。

【连队居住区人居环境整治工作】2018年，兵团住房和城乡建设局报请兵团党委印发了《新疆生产建设兵团连队居住区人居环境整治三年行动实施方案》，明确了整治的主要目标、七项重点任务和保障要求，并报住房城乡建设部备核。

按照国家对农村人居环境整治的要求以及兵团《三年行动实施方案》的具体安排，兵团要在3年内完成150个团场的连队居住区人居环境整治工作。根据住房城乡建设部召开的农村人居环境整治会议要求，对各地整治工作开展检查验收，验收的依据和标准，就是各地从实际出发制定的"一村一策"的项目内容。为切实把2018年兵团连队居住区人居环境整治工作积极稳妥的搞好，达到起好步、为明年大面积推开总结经验的目的，向兵团党委和住建部提出了重点实施24个团场的连队居住区人居环境整治任务计划，以及将1团、10团、181团和西山农场作为示范团场的计划。按照建办村〔2018〕14号文件的要求，印发《兵团连队人居环境整治三年行动实施方案》的基础上，结合兵团实际，向住房城乡建设部报送了第一师1团、10团，第十师181团和第十二师西山农场作为2018年兵团连队居住区人居环境整治示范团场。

目前，4个团场经规划整合的连队居住区共13个，4个团场都成立了由书记（政委）或团长任组长的连队居住区环境整治领导小组，编制完成了连队居住区建设规划和环境整治实施方案。

其中，1团已完成给水管网通户，并建立了"连队收集—团场转运或处理""团体一体化"生活垃圾处理体系；完成居民房屋改造工作，对全连所有农民房屋进行外立面改造和房屋维修加固工作；合理布局连队道路布局和道路硬化、修补基本完成。

10团开展了连区道路硬化治理、杂物清理，林带林床治理，乱搭乱建拆除，公共场所、公共厕所治理等工作。截至年底，全团整治环境卫生共出动车辆80台次，清理各类垃圾12万余立方米，平整场地3100平方米，出动人力2160余人。

181团制订了项目建设的"时间表""路线图"，明确各方主体责任和资金来源，积极与项目代建单位城投公司对接前期手续办理工作，即将全面开工。

西山农场已全面开展商业街、社区服务中心公共厕所建设，完成小型污水处理设施的配置使用工作，概算费用80万元。确保连队集中居住区用水安全；深入开展"三清一拆"（清杂物、清残垣断壁、清庭院、拆除危旧房屋）行动，营造干净整治有序的公共空间和庭院生活环境；加快推进通连道路、入户道路建设和改造更新。

【城市管理监督】深入推进城市管理综合执法体制改革，成立各级城市管理部门和执法机构，将原兵团建设局城镇建设处和城建监察总队整合为城镇建设管理处（执法监督局）。各师市将相关部门的市政公用、市容环卫、园林绿化等管理职责整合，成立城市管理部门。其中，7个师成立城市管理局，加挂城市管理行政执法局牌子；2个师成立城市管理行政执法局；2个师重新组建住房和城乡建设局，加挂城市管理局（城市管理行政执法局）牌子；2个师重新组建住房和城乡建设局，加挂城市管理行政执法局牌子。一师阿拉尔市、二师铁门关市、三师图木舒克市、六师五家渠市、八师石河子市、十师北屯市的城市管理执法部门认真贯彻落实"强基础、转作风、树形象"三年行动有关要求。严肃执法纪律，严格落实"721"工作法，相继完成新式制式服装更换和执法执勤用车标识喷涂。

工程质量安全监管

【文明工地创建】2018年，兵团有6项工程项目工地荣获全国"建设工程项目施工安全生产标准化工地"，91个单体工程获兵团安全文明工地称号，10个工程项目申报自治区安全文明工地。

【优质工程创建】2018年，兵团施工项目有10项单体工程获自治区"天山杯"优质工程，26项单体工程获兵团"昆仑杯"优质工程。

【安全生产标准化】2018年，兵团住房城乡建设局进一步创新管理模式，不断推进安全生产标准化。新疆阿拉尔南口建司着眼于建立安全生产长效机制，在推动"工具化，定型化，可周转"标准化设施工作的同时，大力推进安全管理行为的标准化建设，持续开展安全生产标准化工作。十三师建设局积极探索实践"洁净工地"创建活动，提高了质量安全管理标准化程度，并取得了一定的社会经济效益。

【安全风险分级管控和隐患排查治理】2018年，兵团住房城乡建设局扎实推进隐患排查和专项治理工作。一是在建筑施工企业和项目部，积极构建安全分级管控和隐患排查治理预防工作机制，推动安全生产标准化建设。二是要求施工企业建立起安全分级管控制度，隐患排查制度，隐患整改销号制度，建立全员参与、全岗位覆盖、全过程衔接的闭环管理隐患排查治理体系。三是初步建立起风险隐患自辩自控自查自治自改自报机制，有力推进房屋市政工程施工安全生产趋稳向好。

【建筑施工生产安全事故】2018年，兵团等级以上施工企业房屋市政工程发生一般生产安全事故6起，死亡6人，5起生产安全事故发生在二季度。

【建筑工程质量安全监督】2018年，兵团办理质量安全监督工程总数1638项，签署授权书、承诺书的工程100%；竣工验收工程1426项，其中设立永久性标牌的工程1424项，建立质量信用档案的工程1274项。

【质量安全提升活动】以活动为载体，促管理提升。2018年持续开展"工程质量安全提升行动""建筑施工安全生产专项整治活动"；积极组织了"安全生产月""质量月""洁净工地"质量安全标准化现场观摩会、抗震安居住房建筑工匠示范性培训等内容丰富的活动，群众参与6000余人次，制作张贴宣传标语1万余条，制作展板1000余块。重点开展质量常见问题治理，对52家商品混凝土质量检测机构检测行为进行检查，查处4家检测机构检测行为不规范的问题。

【监督检查与执法】2018年，先后开展了春季开复工条件核查、巡查暗访、安全生产大检查、冬季施工检查等，共随机抽查14个师的工程项目58项（次），施工监理企业74家，查处问题隐患535余条，下发督办整改通知61份，带动师市建设行业部门检查150次。加强质量安全执法力度，多措并举依法依纪追究单位和人员责任，推动企业主体责任落实，2018年共对7名党政领导干部进行了党纪政务处分和处理，对20家不落实主体责任的企业处以290.5万元罚款，对其他56名有关责任人员累计处以72.05万元罚款，限制企业进入市场4家，限制个人从业24人；通过以上措施，真正形成高压严管态势，有效解决了一批突出问题和事故隐患，切实化解安全风险，确保社会大局稳定。

【严肃事故查处】针对事故多发频发势头，一是迅速采取非常时期，非常措施，依法依规顶格上限查处事故，对已结案的5起事故涉事12家企业处罚443万元，对42名责任人党内、行政追责及罚款，移交司法机关处理10人。二是认真落实兵团安全生产工作部署，以"点对点"督办的方式，对各师提出明确要求，紧急约谈事故师的建设局主要领导，召开安全生产紧急电视电话会议，提出安全生产和维稳"十个具体到位"，要求各师聚焦总目标，从维护新疆社会稳定和长治久安的政治高度，全力做好安全生产工作。三是深刻汲取事故教训，牢记隐患就是事故的理念，局主要领导亲力亲为，深入一线带队开展安全检查，严肃查处违法违规行为，迅速扭转安全生产被动局面。

住房公积金管理

【2018年业务运行情况】截至12月31日，累计归集额为250.87亿元，当年归集额为38.08亿元，同比增长7.21%；累计提取额为125.47亿元，当年提取额为25.32亿元，同比增长18.40%；累计发放住房公积金个人贷款5.22万户86.82亿元，当年发放住房公积金个人贷款额15.88亿元，同比增长27.08%。当年实现增值收益2.26亿元。

【信息化建设】 改造升级住房公积金业务信息系统，促进兵团住房公积金数据体系的科学化、标准化、规范化建设，围绕"双贯标"工作，加速升级信息化业务系统的改造升级工作。按照先进性、拓展性、安全性及兼容性要求，改造升级业务系统。建设新一代多功能服务平台，提升服务效率和管理水平，加强兵团住房公积金信息化建设水平和风险防控能力，住房公积金业务系统于10月27日达到"双贯标"验收标准并顺利通过住建部专家组的验收。

【住建系统反恐维稳工作】 兵团住建系统始终全面贯彻落实以习近平同志为核心的党中央治疆方略和对兵团工作定位要求，紧紧围绕新疆工作总目标，将全面落实反恐维稳各项举措和扫黑除恶专项斗争结合起来，坚定坚决贯彻中央、自治区、兵团有关反恐维稳与扫黑除恶专项斗争决策部署和文件精神，将住建系统反恐怖工作摆在极端重要位置，牢固树立管系统管行业就要管反恐维稳安全的思想认识，切实把反恐维稳工作责任放在心上，扛在肩上，以强有力的高压态势抓好住建系统反恐维稳工作。

一是加强形势研判，注重工作指导。住建系统安全生产和城市（镇）供水、供气、供热等市政设施"生命线"的安全有序运转，事关城市（镇）安全稳定，事关实现"三不出"，服务新疆工作总目标大局，同时，住建系统和上述市政设施更是"三股势力"伺机破坏的重点目标。认真分析研判形势，2018年，兵团住房和城乡建设局研究分析兵团住建行业反恐怖工作形势和重点，先后于5月16日召开兵团安全生产和维稳电视电话会议，9月28日召开兵团住建系统"奋战一百天，确保完成全年目标任务"电视电话会议，研究制定印发《关于对师市和团场履行职责 推进供水供气和物业管理改革情况进行督导检查的通知》《进一步加强国庆期间城乡住房建设系统反恐维稳工作通知》《关于做好2019年春节及全国"两会"期间安全生产、维护社会稳定的通知》等，制定印发《兵团团场城镇供热管理办法（试行）》《关于进一步加强兵团团场城镇公共供水安全保障工作的通知》等文件，加强对各师建设系统反恐维稳工作指导。同时，开展节假日和敏感时期应急值守，各师市住房城乡建设局每日19时前报送辖区城镇市政公用事业反恐维稳和安全生产等情况，确保信息畅通，第一时间掌握情况。

二是突出重点领域，确保安全运行。督导各师市、团场将市政公用行业反恐维稳工作与扫黑除恶斗争相结合，加强重点领域监管和防范，严防黑恶势力对城镇市政公用等行业渗透，重点加强城镇供排水、燃气、集中供热等市政管网设施、站场运行的安全生产工作，防止出现有毒气体中毒伤亡、火灾、爆炸等安全生产责任事故。加强对市政地下管线管廊等设施施工安全监管，防止发生塌方、掩埋等安全生产责任事故。组织燃气经营企业和物业管理单位，加强对城镇各类燃气用户的安全教育和隐患排除，防止出现燃气闪爆事故。加强对城镇供水厂、水源地及取水设施、燃气管网和供应站点、供热锅炉房、公园景区等重要市政设施和人员密集场所的安保巡防力量，配置必要的设施和工具，防止破坏行为。严格按照实名制登记要求，督导燃气经营企业管好燃气钢瓶，对每一个钢瓶做到使用者和位置信息全掌握，防止遗失和被盗。督促市政设施管理经营单位加强人员管理，对能够进入重要设施场所的人员严格身份管理，杜绝无关人员进入。

三是开展维稳督察，强化问题整改。针对住房城乡建设部、国家反恐办颁布的供水、供气、供热城镇反恐标准及应急管理要求，组织开展反恐维稳安全隐患排查，对存在问题单位强化监督指导，加强补短板、定措施、建机制等工作，限期整改到位。在每年春节、国庆等重大节日等敏感时期，局主要领导和分管领导都要亲自带队，现场检查市政设施、建筑工地等重要场所防范隔离措施、安保人员配置、实名制出入登记、视频监控和一键报警系统、应急预案编制和演练、安全经营许可以及师市住建部门开展日常检查等情况，对发现的隐患问题的，现场要求整改，对重要问题隐患向师住房城乡建设局下达整改督办函，限期整改。

通过狠抓工作落实，2018年住建系统安全生产和反恐维稳工作实现了"三不出""三稳定"，促进了住建系统扫黑除恶专项斗争取得成效。

（新疆生产建设兵团住房和城乡建设局）

大 连 市

概况

2018年是全面贯彻党的十九大精神开局之年，是改革开放40周年。大连市住房和城乡建设系统坚持以习近平新时代中国特色社会主义思想为指导，全面贯彻党的十九大作出的战略部署，时刻牢记习近平总书记对辽宁、对大连的亲切关怀，坚持稳中求进工作总基调，认真践行新发展理念，按照高质量发展要求，大力开展"重实干、强执行、抓落实"专项行动，践行"严细实"工作作风，基础设施建设持续推进。河口湾大桥、梭鱼湾道桥工程竣工通车，大连湾综合交通枢纽客运中心建成试运营，地铁5号线、大连湾海底隧道等一批重大基础设施项目加紧推进。马栏河运动公园、植物园改造项目建成开放。维修城市道路100条，大连市成为东北地区唯一"国家公交都市建设示范城市"。加强城市排水管网改造和内涝点整治，城市防汛抗旱应急能力明显提升，庄河全国海绵城市试点建设加快推进。城市核心区6条8段黑臭水体得到彻底整治，在全省第一个通过生态环境部、住房城乡建设部专项验收，全市入户问卷调查市民满意率达到96%。启动天然气入连工程，如期建成高压管道"东北线"，完成通气10万户。狠抓城市供热质量，实现"一下降两提高"。推进房地产去库存，商品房待售面积下降16%，去化周期降至11个月。全力解决"办证难""回迁难"问题，24个项目、22165户家庭产权证办理问题得到解决，2个项目、2115户居民回迁安置工作全面启动。精细化管理更加规范。构建网格化管理模式，将中心城区208平方公里区域细化为1345个日常管理网格，沙河口区获得中国大数据应用新典范服务优化奖。建立交通拥堵综合治理联席会议机制，实施城市道路交通文明畅通提升行动。持续开展市容环境综合整治，集中对卫生死角、违规占道、广告牌匾、私搭乱建、渣土运输、乱堆乱放等各类市容违法乱象进行清理。加快公共机构强制垃圾分类和示范小区建设，垃圾分类覆盖率达到30%。农村基础设施日趋完善。实施农村人居环境整治三年行动，建成生活污水集中收集处理系统11套，行政村生活垃圾处理体系覆盖率达到85%，改建完成无害化卫生户厕2万座。扎实推进"四好农村路"建设，建成通屯油路411公里，大中修农村公路550公里，全市低收入村自然屯全部通上油路。开工建设3项农村饮水安全工程，解决6346户农村居民饮用水问题。

法规建设

【市政府文件】

《大连市人民政府关于大连市推进基本公共服务均等化的实施意见》（大政发〔2018〕28号）

《大连市人民政府关于印发大连市行政审批告知承诺办法的通知》（大政发〔2018〕13号）

《大连市人民政府关于印发大连市"证照分离"改革试点方案的通知》（大政发〔2018〕12号）

《大连市人民政府关于印发大连市2018年市政府重点民生工程项目和大连市2018年市政府其他民生工程项目的通知》（大政发〔2018〕10号）

【市政府办公厅文件】

《大连市人民政府办公厅印发关于聚焦企业关切进一步推动优化营商环境政策落实实施方案的通知》（大政办发〔2018〕199号）

《大连市人民政府办公厅关于印发大连市工程建设项目联合验收实施办法（试行）的通知》（大政办发〔2018〕197号）

《大连市人民政府办公厅关于印发大连市居住小区优化管理实施方案的通知》（大政办发〔2018〕194号）

《大连市人民政府办公厅关于印发大连市居住小区管理工作考核办法的通知》（大政办发〔2018〕193号）

《大连市人民政府办公厅关于开展工程建设项目施工图设计联合审查的实施意见（试行）》（大政办发〔2018〕191号）

《大连市人民政府办公厅关于印发大连市工程建设项目联合勘验工作规程（试行）的通知》（大政办发〔2018〕190号）

《大连市人民政府办公厅关于印发大连市工程建

设项目竣工验收阶段并联审批工作规程（试行）的通知》（大政办发〔2018〕189号）

《大连市人民政府办公厅关于印发大连市工程建设项目施工许可阶段并联审批工作规程（试行）的通知》（大政办发〔2018〕188号）

《大连市人民政府办公厅关于完善工程建设项目施工许可管理的实施意见（试行）》（大政办发〔2018〕187号）

《大连市人民政府办公厅关于印发大连市工程建设项目设计方案联合审查工作细则（试行）的通知》（大政办发〔2018〕186号）

《大连市人民政府办公厅关于印发大连市建设用地选址论证管理规程（试行）的通知》（大政办发〔2018〕185号）

《大连市人民政府办公厅关于印发大连市建设项目生成管理规程（试行）的通知》（大政办发〔2018〕184号）

《大连市人民政府办公厅关于印发大连市"多规合一"服务建设平台运行管理规程（试行）的通知》（大政办发〔2018〕183号）

《大连市人民政府办公厅关于印发大连市工程建设项目审批咨询服务管理规程（试行）的通知》（大政办发〔2018〕182号）

《大连市人民政府办公厅关于推行重点投资项目审批代办制度的实施意见（试行）》（大政办发〔2018〕181号）

《大连市人民政府办公厅关于印发大连市工程建设项目"多测合一"工作办法（试行）的通知》（大政办发〔2018〕180号）

《大连市人民政府办公厅关于印发大连市工程建设项目审批制度改革审批项目分类指引（试行）的通知》（大政办发〔2018〕179号）

《大连市人民政府办公厅关于印发大连市工程建设项目联合审批平台操作规程（试行）的通知》（大政办发〔2018〕178号）

《大连市人民政府办公厅关于印发大连市工程建设项目审批制度改革并联审批工作规程（试行）的通知》（大政办发〔2018〕177号）

《大连市人民政府办公厅关于印发大连市工程建设项目审批综合服务窗口建设工作方案（试行）的通知》（大政办发〔2018〕176号）

《大连市人民政府办公厅关于印发大连市公共资源交易平台远程异地评标实施办法的通知》（大政办发〔2018〕167号）

《大连市人民政府办公厅关于印发大连市公共资源交易平台网上开标工作规程的通知》（大政办发〔2018〕166号）

《大连市人民政府办公厅关于印发大连市城市生活垃圾分类工作考核办法的通知》（大政办发〔2018〕152号）

《大连市人民政府办公厅关于印发大连市创建城市生活垃圾分类达标、示范街道实施方案的通知》（大政办发〔2018〕151号）

《大连市人民政府办公厅关于印发大连市物业管理招标投标管理办法的通知》（大政办发〔2018〕150号）

《大连市人民政府办公厅关于印发大连市推进清洁取暖工作实施方案（2018—2020年）的通知》（大政办发〔2018〕149号）

《大连市人民政府办公厅关于印发大连市农村生活垃圾治理实施方案（2018—2020年）的通知》（大政办发〔2018〕143号）

《大连市人民政府办公厅关于印发大连市海绵城市规划建设管理暂行办法的通知》（大政办发〔2018〕131号）

《大连市人民政府办公厅关于印发大连市海绵城市建设三年发展工作方案（2018—2020年）的通知》（大政办发〔2018〕126号）

《大连市人民政府办公厅关于推进城市精细化管理的实施意见》（大政办发〔2018〕125号）

《大连市人民政府办公厅关于印发大连市工程建设项目审批制度改革试点实施方案的通知》（大政办发〔2018〕118号）

《大连市人民政府办公厅关于推进农村人居环境整治试点示范工作的指导意见》（大政办发〔2018〕102号）

《大连市人民政府办公厅关于印发大连市城市生活垃圾分类三年滚动计划（2018—2020年）的通知》（大政办发〔2018〕92号）

《大连市人民政府办公厅关于改进住房公积金缴存机制进一步降低企业成本的通知》（大政办发〔2018〕84号）

《大连市人民政府办公厅关于印发大连市推进重大建设项目批准和实施等重点领域政府信息公开实施方案的通知》（大政办发〔2018〕82号）

《大连市人民政府办公厅关于进一步推进装配式建筑发展的实施意见》（大政办发〔2018〕72号）

《大连市人民政府办公厅关于促进建筑业持续健康发展的实施意见》（大政办发〔2018〕70号）

《大连市人民政府办公厅关于印发大连市申报国

家历史文化名城工作方案的通知》（大政办发〔2018〕61号）

《大连市人民政府办公厅关于印发旅顺太阳沟历史建筑保护工作方案的通知》（大政办发〔2018〕46号）

《大连市人民政府办公厅关于印发市政府部门首批实行"告知承诺"行政审批事项目录的通知》（大政办发〔2018〕43号）

《大连市人民政府办公厅关于表扬2017—2018供热期供热先进单位的通报》（大政办发〔2018〕39号）

《大连市人民政府办公厅关于深化行政审批制度改革创新事中事后监管体系的实施意见》（大政办发〔2018〕36号）

《大连市人民政府办公厅关于促进我市房地产市场平稳健康发展的通知》（大政办发〔2018〕31号）

《大连市人民政府办公厅关于印发大连市2018年重点民生工程和其他民生工程公开挂牌督办实施方案的通知》（大政办发〔2018〕28号）

《大连市人民政府办公厅关于印发2018年大连市市容环境综合整治管理实施方案的通知》（大政办发〔2018〕27号）

【市建委规范性文件】

《关于印发〈进一步规范大连市房屋建筑和市政基础设施工程招投标工作的有关规定（试行）〉的通知》（大建委发〔2018〕415号）

《关于印发〈大连市装配式混凝土建筑质量管理办法（试行）〉的通知》（大建委发〔2018〕379号）

《关于印发〈大连市建筑工程施工质量标准化试点评价细则〉的通知》（大建委发〔2018〕371号）

《关于印发〈大连市建筑工程施工现场质量标准化试点管理办法〉的通知》（大建委发〔2018〕357号）

《关于印发〈大连市城镇燃气工程安全质量监督办法（试行）〉的通知》（大建委发〔2018〕222号）

《关于印发〈大连市住宅工程质量分户验收管理规定〉的通知》（大建委发〔2018〕122号）

房地产业

【概况】2018年，大连市坚持"房子是用来住的，不是用来炒的"定位，坚持分类调控，因城施策，出台热点区域住房限购、限贷、限售、土地市场管控政策，制定北部区市县化解库存工作方案，在全市开展房地产市场秩序专项整治活动，集体约谈房地产开发企业和中介机构，加强商品住房销售价格指导检查，编制住房发展长远规划，多措并举促进房地产市场平稳健康发展，房地产市场总体保持平稳运行态势。全年全市房屋施工4219.8万平方米，比上年下降5.8%，其中新开工面积580.8万平方米，增长13.4%；全市商品房销售面积776万平方米，销售额896亿元，分别比上年下降7.6%和增长3.4%；二手房销售面积717.9万平方米，销售额599.6亿元，分别比上年下降3.6%和1%。截至年末，商品房待售面积674.6万平方米，比上年下降15.4%，静态去化周期约10个月。

【房地产市场调控】2018年，大连市实施差别化调控，因城施策，加快推进北部区县房地产去库存同时，控制好主城区等热点区域的房价，加大住宅用地和房屋供给，加快建立租购并举住房制度，促进房地产市场持续平稳健康发展。3月22日，印发《大连市人民政府办公厅关于促进我市房地产市场平稳健康发展的通知》，在中山区、西岗区、甘井子区、高新区等热点区域实施住房限购、限贷、限售政策、土地市场管控政策，整体看调控政策起到积极作用。全市商品房销售面积776万平方米，销售额896亿元，销售面积较上年；二手房销售面积717.9万平方米，销售额599.6亿元，较上年均下降。

【春季房屋交易大会】2018年4月12—15日，大连春季房屋交易大会在大连世界博览广场举办，旅顺设分会场。房交会由大连房屋交易大会组委会主办，大连北方国际展览股份有限公司承办，85家企业、91个楼盘参展，参展企业和楼盘数均高于往届展会。展会期间现场，成交2799套，较上年秋季房交会下降6.6%，其中限制区域成交672套，较上年秋季房交会下降55.2%。甘井子区作为非限制性区域成交活跃，承接大部分外溢购房需求，展会期间成交1626套，占全市总成交量的58.1%，较上年秋季房交会增长46.5%。

【秋季房屋交易大会】2018年10月12—15日，大连秋季房屋交易会在大连世界博览广场举办。房交会由大连房屋交易大会组委会主办，大连北方国际展览股份有限公司承办，市内四区、高新技术产业园区、金普新区、旅顺口区等地区楼盘参展。受大连市房地产市场限制政策和在售楼盘较少的影响，展会现场热度下降，持币观望氛围较浓，成交量下降较大。展会期间，成交及意向成交房屋3029套，成交及意向成交建筑面积29万平方米，成交及意向成交金额44.3亿元，较当年春季房交会分别下降54.2%、52.8%、38%，较上年秋季房交会分别下降69.8%、71.5%和56.7%。

住房保障

【概况】 2018年，大连市围绕"棚户区改造、人才住房保障、经济适用房上市交易、保障性住房管理、住房制度改革"等重点工作，全力推进城镇住房保障。全市实施棚户区改造2204套（户），全部为货币化安置，其中金普新区476套（户）、普兰店区239套（户）、庄河市1200套（户）、长海县289套（户）。全市6个棚改项目通过政府购买服务方式获得国家开发银行、中国农业发展银行棚改贷款授信23.1亿元。其中，国开行为旅顺口区3个项目授信11.1亿元；农发行为庄河市2个项目授信8亿元，为长兴岛经济区1个项目授信4亿元。国开行、农发行共向12个项目（含往年结转项目）发放贷款15.54亿元。其中，国开行向西岗区、沙河口区2015年项目发放贷款2.05亿元，向庄河市1个项目发放贷款1.1亿元，向金普新区2个项目发放贷款1.42亿元，向旅顺口区2个项目发放贷款7.04亿元；农发行向甘井子区1个项目发放贷款2亿元，向长海县2个项目发放贷款1.38亿元，向庄河市2个项目发放贷款0.52亿元，向长兴岛经济区1个项目发放贷款0.03亿元。全市新增住房保障7398户（套），其中棚户区改造2204套（全部为棚改货币化安置）、公共租赁住房货币补贴5194户。为符合条件的2.9万户公共租赁住户保障家庭发放补贴1.2亿元，为3514户廉租保障家庭发放补贴2278万元。在6个新建商品住房项目中配建租赁住房2250套，配建面积12.4万平方米。截至年末，全市累计为26.9万户城镇居民困难家庭解决住房问题，保障性住房覆盖率达到22.4%。

【人才住房保障深入开展】 2018年，大连市继续实施人才住房保障政策，解决引进人才住房困难问题。截至年末，全市有3659名引进人才领取住房补贴6869万元，实现人才住房保障应保尽保。其中，高层次人才46名，发放安家费4816万元；产业发展急需紧缺人才529名，发放住房补贴799万元；发放高校毕业生住房补贴3084名、1254万元。

【经济适用住房上市交易】 2018年，大连市住房保障中心加大对经济适用住房上市交易问题研究力度，理顺经济适用住房取得完全产权办理流程，优化在大连市不动产登记中心的联合办事窗口服务，与不动产登记中心、税务局联合办公，实现网上预约排号，做到"一站办理，当日办结"，方便群众。截至年末，市住房保障中心为9438户经济适用住房保障家庭办理完善产权。

【保障性住房管理】 2018年，大连市加强公共租赁房盘活力度，盘活处置确实没有需求的13411套企业投资公共租赁住房，相关材料上报大连市人民政府审批。盘活后，全市企业投资公共租赁住房分配率达到100%。全年大连市住房保障中心为1443户保障对象配租公共租赁住房，办理退房及腾退400余户（套）。

【房改审批备案】 2018年，大连市住房保障中心为海军大连舰艇学院、大连高新技术产业园区地方税务局、大连市地方税务局第四稽查局、辽宁省出入境检验检疫局等12家企事业单位办理公房出售备案手续，备案可出售公有住房411套，建筑面积4万平方米；为大连船舶重工集团公司、大连金船实业总公司、辽宁储备物资管理局二十四处、大连医科大学附属第二医院4家企业的874名职工按照住房补贴的政策履行备案手续，补贴资金总额1262.31万元。

住房公积金管理

【概况】 2018年，大连市住房公积金管理中心归集住房公积金203.3亿元；归集按月住房货币补贴资金35.42亿元；归集售房资金1.03亿元；归集一次性住房货币补贴资金4779.44万元。运用住房公积金309.55亿元，比上年增长6%。其中，发放个人住房公积金贷款3.49万户、120.87亿元，户数、金额分别比上年增长6.08%、3.61%，分别占全市个人住房贷款（含商业银行贷款）总量的27.8%和16.2%；支取使用住房公积金188.68亿元，比上年增长7.60%。提前回收保障性住房建设项目贷款1.05亿元。当年，个贷综合出证率超过90.11%，权证清理工作创历史最好水平。截至年末，全市累计归集住房公积金1905.29亿元，余额630.86亿元。累计运用住房公积金2505.4亿元，余额664.8亿元。其中，累计提取使用住房公积金1274.43亿元；累计发放个人住房公积金贷款48万户、1199.27亿元，户数、金额分别占全省27.52%和31.57%，贷款余额654.25亿元；累计发放保障性住房建设项目贷款31.7亿元，余额10.55亿元。

【住房公积金缴存管理更加规范】 2018年2月，大连市住房公积金管理中心深化归集拓面，把农业转移人口和个体工商户所转企业作为归集拓面新增长点，支持和鼓励灵活就业人员缴交住房公积金；加强政策宣传，让企业树立依法缴交住房公积金意识；加大清欠力度，通过开展上门宣讲服务引导欠缴住房公积金单位规范缴存。4月，制定《开展新市民住房问题专题调研工作方案》，针对中山区、金州新区开展问卷调查，摸清全市新市民居住情况和住房公积金缴存底数，为建立新市民住房公积金缴存机制提供科学参考。市住房公积金管理委员会出台《大连市住房公积金归集管理办法》，将外籍和港澳台来连工作人员纳入住房公积金制度；出台《大连市住房公积金提取管理办法》，进一步规范住房公积金提取条件；出台《关于提高租住商品住房提取住房公积金额度的通知》，将职工租住商品房年住房公积金提取额度上限提高50%，由14400元提高至21600元，并将资金拨付由两次简化为一次。将阶段性适当降低住房公积金缴存比例政策执行期延长至2020年，缴存基数上限由上年度职工月均工资的5倍调整至3倍，住房公积金缴存比例可在5%—12%之间自主确定，生产经营困难企业可以申请缓缴，当年，共有473个单位降低了住房公积金缴存比例，1.8万余名职工规范调整缴存基数。7月，将住房公积金缴存基数调整为职工2017年月平均工资额，月缴存基数上限调整至30735元（城镇非私营单位在岗职工2017年平均工资3倍），下限仍为市政府公布的最低工资标准（中山区、西岗区、沙河口区、旅顺口区、长海县和开放先导区为1620元，瓦房店市、普兰店区、庄河市为1520元）。全市有2.74万家单位、89.42万人次调整住房公积金缴存基数，增加住房公积金归集额9.43亿元。至年末，全市住房公积金实缴单位3.65万家，实缴职工132.01万人。

【**个人住房公积金贷款更加惠民**】2018年，大连市住房公积金管理中心丰富贷款业务种类，放宽个贷惠民政策，加大职工购房支持力度，促进全市房地产去库存。2月，印发《大连市住房公积金管理中心贴息贷款管理暂行办法》，推出"公转商"贴息贷款业务，满足缴存职工购房贷款需求。3月，印发《关于落实〈关于维护住房公积金缴存职工购房贷款权益的实施意见〉有关事项的通知》，联合市国土房屋局对房地产开发商开展专项检查，要求开发商不得拒绝购房职工申请住房公积金贷款，切实保障缴存职工贷款权益。9月，市住房公积金管理委员会印发《大连市低保人员住房公积金贷款利息补贴办法》，为低保人员住房公积金贷款进行利息补贴，减少困难家庭购房贷款利息支出，缓解还贷压力。认真落实大连市政府办公厅关于促进我市房地产市场平稳健康发展的通知要求，坚持"房子是用来住的，不是用来炒的"定位，将个人住房公积金贷款最高贷款额度由45万元调整为40万元，积极配合市不动产限购政策化解房价快速上涨问题。市住房公积金管理委员会印发《大连市个人住房公积金贷款管理办法》及其实施细则，放宽军队和武警士官贷款条件，优化个贷审批流程。修订《大连市低保人员住房公积金贷款利息补贴办法》，为低收入家庭减轻还款压力。至年末，大连市住房公积金管理中心发放个人住房公积金贷款3.49万户、120.87亿元。

【**住房公积金服务更加便企利民**】2018年，大连市住房公积金管理中心持续完善业务政策，优化业务流程，提升住房公积金服务水平。以高分顺利通过住房城乡建设部住房公积金"双贯标"验收，启动异地转移接续平台升级，开通"12329"短信平台，优化升级客服系统，启动微信项目开发，着力打造广覆盖、立体化、智慧化的综合服务平台。4月，印发《"重实干、强执行、抓落实"专项行动实施方案》，围绕大连市"两先区"重点工作任务制定了15项具体举措，切实提升便企惠民服务水平。自5月起，在大连市中山区、西岗区、沙河口区、甘井子区、高新园区、金州新区开放双休日便民服务窗口，在旅顺口区、普湾新区、瓦房店市、庄河市、长海县开通双休日预约服务，全年，双休日便民服务窗口日均受理业务1343笔，为客户提供与工作日无差别服务，得到单位和职工群众广泛认可。7月，印发《完善住房公积金便民服务工作方案》，着力提升综合服务平台办事功能，大力发展离柜业务，减少单位和职工群众跑腿次数。9月，调整个人住房公积金贷款抵押业务代理模式，借款职工不再承担抵押业务代理费用，由市住房公积金管理中心承担，为借款人节省购房成本。对购买存量房申请个人住房公积金贷款的借款人，增加存量房贷款评估业务可选方式，允许借款人自愿选择以抵押房屋完税证明的计税价格作为抵押房屋的评估值，不要求对房屋再进行评估，借款人不需承担评估费用。

【**深化政银共享合作拓宽便民服务渠道**】2018年，大连市住房公积金管理中心积极推进政银共享合作，建立了银行端数据交互平台，进一步拓宽线下网点资源和线上业务种类。与建设银行大连分行率先实现平台接入，将住房公积金业务嵌入到建行所有自助设备，职工可在全市142个银行网点、486个自助设备就近办理业务查询和到龄退休、大龄失业、小额托管等提取业务，实现公积金业务"家门口"办理。推广商贷还款自动扣划业务合作银行，新增中信银行和浦发银行合作开展该业务，大连市工行、建行、交行、浦发银行及中信银行商贷接口职工办理提取业务无需每年到窗口跑腿办理。继续推进发展住房公积金网络信用消费贷款业务,支持建设银行、交通银行、农业银行、中信银行、浦发银行、招商银行、广发银行共7家商业银行发放住房公积金网络信用消费贷,截至年末,合作银行累计发放住房公积金网络信用消费贷款9600余笔、13亿元,助力缴存职工提升消费能力。

【住房公积金内部控制更加完善】2018年,大连市住房公积金管理中心进一步加强内部控制管理,对业务管理、制度设计、业务运行和执行监督等工作开展业务层面内部控制审计评价,深入查找存在的问题和不足,并予整改,着力排除风险隐患。4月,印发《大连市住房公积金流动性管理暂行办法》,加强分析研判,精准化解流动性紧张问题。7月,修订《办事处经营管理考核办法》,激发各办事处、委托银行工作积极性,进一步规范经营指标考核管理。12月,印发《受托银行委托协议考核操作规程》,规范业务考核,提高服务水平。修订完善前台操作手册,与银行签订结算平台协议和定期借记协议,规避前台业务差错及业务操作风险。接入全国住房公积金结算平台,实现了前台结算业务全账户、全业务、全流程覆盖,有效防范资金结算风险。

【深化数据共享加强智慧公积金建设】市住房公积金管理中心大力深化数据共享,加强信息化技术运用,95%业务实现了"最多跑一次"办理。与市工商局实现数据直联,企业办理住房公积金业务时,不需提供营业执照、注销证明等材料。与市民政局建立信息在线交换机制,在线核查个人婚姻、低保登记等情况。与市房屋租赁中心建立数据共享机制,推动职工通过市房屋租赁中心线上提取住房公积金支付房租。与市法院配合完善协作联动机制,建立对公业务平台,提高法院执行效率,助力法院破解"执行难"。

【住房公积金行政执法更加文明规范】2018年,大连市住房公积金管理中心进一步规范行政执法工作。5月,印发《开展地方性法规、政府规章、规范性文件和管理文件清理工作方案》,围绕市住房公积金管理规定开展合法性审查清理。6月,印发《2018年法治政府建设工作要点》,深入推进法治政府建设,提升依法行政水平。7月,印发《行政执法监督办法》,加强执法监督,确保各项执法工作程序正当、决定合理。8月,印发《大连市住房公积金行政执法文明规范》,出台文明执法工作流程,引导行政执法人员规范文明依法行政。9月,修订印发《大连市住房公积金行政处罚裁量管理办法(试行)》和《大连市住房公积金行政检查裁量管理办法(试行)》,进一步规范了行政处罚和行政检查的裁量规定,保障行政相对人合法权益。当年,全市受理住房公积金投诉举报867起,对906家单位的住房公积金缴存情况进行检查,对901起违法案件进行立案处理;对61家违法单位申请法院强制执行,执行回款530.36万元;全市新增住房公积金缴存单位5989户,缴存职工11.08万人,清收欠缴住房公积金1.09亿元。2018年,大连市住房公积金管理中心在全市法治政府建设满意度调查活动中取得总分第一名的好成绩。

【住房公积金风险管控加强】2018年,大连市住房公积金管理中心进一步加强风险防控,严格业务管理,提升资产质量。启动第二代征信系统查询前置系统升级改造,完善征信管理制度,规范个人征信查询使用。完成行政内控信息化建设,建立行政内控可回溯审计体系,严防违规操作风险。9月,印发《经济责任审计管理办法》,对全市住房公积金管理情况开展经济责任专项审计,排查、防范人为风险。11月,印发《开展住房公积金风险隐患电子化检查工作方案》,运用电子化检查工具全面开展住房公积金政策执行及风险隐患排查,对检查发现的问题进行整改,确保住房公积金政策合规、运行有序、风险可控、管理规范。积极推进泉水B区公租房项目贷款偿还工作,督促借款人筹措资金按时偿还保障性住房项目贷款,提前回收贷款本金1.05亿元。加强贷后催收,完善理赔及诉讼管理,与中国人民财产保险股份有限公司大连分公司创新开展不良贷款债权转让业务,为风险资产清收提供新路径。强化诉讼手段清收,确保个贷资产安全,共申请不良贷款诉讼29笔、692万元,回收16笔、362万元。2018年,大连市住房公积金管理中心荣获辽宁省内部审计先进集体荣誉称号。

【住房公积金经济、社会效益不断提高】2018年,大连市住房公积金管理中心实现住房公积金业务收入21.2亿元,发生业务支出10.76亿元,实现增值收益10.44亿元,上缴市财政廉租住房建设补充资金7.84亿元,从住房公积金增值收益中提取廉租住房建设补充资金8.23亿元。截至年末,大连市住房公积金管理中心累计实现住房公积金增值收益91.85亿元,累计提取廉租住房建设补充资金57.66亿元,为解决大连市最低收入家庭住房保障问题提供了强有力的资金支撑。

城乡规划

2018年,大连市全面推进规划依法行政,促进民生保障，坚持创新规划、和谐规划、科学规划，完成各项规划任务。创建"三委会"工作制度，整合原有大连市土地储备委员会、市土地交易委员会、市规划委员会，成立大连市建设用地收储规划交易工作委员会（简称"三委会"）。"三委会"制度通过审批意见征询、意向方案征集、联合辅导、告知承诺以及后期进行事中事后监管等方式，将原来由中标后办理的内容转移到项目前期进行摸底、研究。转变政府审批、服务时序的方式，大幅压缩后续审批时间，有力支撑全市的行政审批制度改革。延续历史文脉，提升城市品质，不断完善专项规划。组织历史建筑普查和初步认定工作，《大连市历史文化名城保护规划》《太阳沟历史文化街区保护规划》《大连市历史建筑普查认定》《中山广场历史文化街区保护规划》等项目已完成前期策划组织、资金计划申报、招投标组织，确定了规划编制单位并进行规划编制工作。《东关街历史文化街区保护规划》已基本完成，待文保单位、历史建筑确认发布，即可完善成果，申报批复。起草完成了《大连市申报国家历史文化名城工作方案》，并上报市政府审议。制定了《旅顺太阳沟历史建筑保护工作方案》并经市政府常务会审议通过，分别就产权地方化、产业转型、濒危老建筑抢救和规划编制工作组织推进落实。目前已完成招投标工作，确定了中标单位，以及省级历史文化街区申报立项工作。健全机制、统一标准，不断推进多规合一，绘制"一张蓝图"高效发展。制定2018年详细工作计划并分发各成员单位执行。明确任务节点，对专题研究、三线划定、三规合一、多图比对、服务建设平台搭建等工作制定了每月工作计划。完成项目节点1与节点2任务并通过验收。具体内容包括：构建了由战略性蓝图、管控性蓝图、实施性蓝图到数字化蓝图的多规合一技术路线；健全机制、统一标准，形成7部技术规范试行稿；汇集20余个部门、40余项规划、100余项管控要素，统一信息化处理，形成4个数据库、30个专题、101项空间规划数据图层，其中《大连市城乡规划编制管理系统》二期工作有效支撑了城乡规划数据的制作；初步完成中心城区"三规融合"与"七图合一"，比对整理差异图斑146平方公里，消除图斑82平方公里；纳入永久基本农田3184平方公里，生态保护红线2394平方公里，完成既有法定规划城镇开发边界整合工作，对接发改委《主体功能区研究》三区划定；开展一张蓝图空间战略研究工作。

城市建设

【概况】2018年，大连市列入投资计划项目清单的城市建设项目298个，总投资658亿元，其中市政府投资62.55亿元。截至年末，开复工项目192个，完成投资74亿元，其中市政府投资47亿元。

【市政道路】2018年，大连市内四区（中山区、西岗区、沙河口区、甘井子区）有城市道路1505条，长度955.22公里，面积1858.7万平方米。其中快速路3条，长度33.97公里，面积60万平方米；主干路43条，长度206.74公里，面积680万平方米；次干路62条，长度115.82公里，面积251.1万平方米；支路1376条，长度598.69公里，面积866.59万平方米；广场21座（市政管辖），面积25万平方米。城市桥梁、隧道和地下通道168座，长度61.45公里，面积83万平方米。其中，立交桥52座，长度43.75公里，面积60.8万平方米；桥梁63座，长度3.9公里，面积7.4万平方米；隧道9座，长度11.2公里，面积13.3万平方米；人行天桥27座，长度1.4公里，面积0.7万平方米；地下通道12座，长度1公里，面积0.6万平方米；跨河桥5座，长度0.2公里，面积0.2万平方米。

市内四区有市政排水管道1381条，长度1194公里；暗渠127条，长度77.8公里；涵管175处，长度2.8公里；明沟78条，长度66公里；海堤6.7公里；检查井2.6万座，雨水井3.9万座。

【排水设施维修与管理】2018年，全年掏挖检查井4.3万个（次）、雨水井8.8万个（次），维修检查井217座，雨水井764座，疏通管道170.5公里；义务处理污水外溢66处，投资近百万元；按照《河道及其附属设施维修养护管理标准》要求，定期维护马栏河、自由河、砬夏河、泉水河等沟河的景观设施、水面、河床、人行方砖步道、绿地，疏通沟河截流管线，清掏截流槽，保证河道整洁。受理报修排水设施维修项目1347件，及时报修率100%；现场跟踪检查建筑施工和挖掘工地151处（次），下达排水设施维护、保护及限期整改通知15份；协调解决物业小区、产权单位污水外溢183处。定期对马栏河、自由河、凌水河、周水子河等30多条主要沟河以及市内四区排水户的水质水量、有害气体进行监测，定期监测马栏河、春柳河、付家庄、老虎滩等污水处理厂的进出水水质和夏家河污泥处理厂进出泥泥质，采集水样、泥样5668个，取得监测数据3.5万个；对排水户的水质情况进行监测，核准许可申请43份。

【城市污水污泥处理】 2018年，大连市市内四区已运行的城市污水处理厂14座，分别是春柳河污水处理一厂、春柳河污水处理二厂、马栏河污水处理一厂、马栏河污水处理二厂、老虎滩污水处理厂、凌水污水处理厂、泉水河污水处理一厂、夏家河污水处理厂、营城子污水处理厂、虎滩新区污水处理厂、寺儿沟污水处理厂、泉水河污水处理二厂、梭鱼湾污水处理厂和大连湾污水处理厂，日处理污水能力108万吨。已运行的污泥处理厂1座，即夏家河污泥处理厂，日处理污泥能力600吨。已运行的污水提升排放泵站17座，全年提升、排放污水总量2.4亿吨。马栏河污水处理一厂、春柳河污水处理一厂分别向大连泰山热电有限公司、中国石油天然气股份有限公司、大连发电有限责任公司、大连热电股份有限公司输送再生水1735万吨，向马栏河、自由河、春柳河、周水河、泉水河输送景观用水10759万吨。

【城市水污染防治】 2018年，大连市污水处理能力进一步提高，城市水环境进一步提升。2017年底完成的大连湾污水处理厂、泉水河污水处理二厂、梭鱼湾污水处理厂3座新建污水处理厂，马栏河污水处理一厂、春柳河污水处理一厂、春柳河污水处理二厂、泉水河污水处理一厂、凌水河污水处理厂、老虎滩污水处理厂、付家庄污水处理厂7座提标改造污水处理厂，全部达到一级A稳定运行。2018年底，大连市污水处理厂能力达到108万吨。

【黑臭水体治理】 大连市原有6条8段黑臭水体已于2017年底通过省住建厅组织的黑臭水体整治初见成效期验收，完成大连市"在2017年底前基本消除城市建成区黑臭水体"的目标任务。在此治理的基础上，加大管理力度，对完成治理的黑臭水体建立台账，依据《大连市河（库）长制实施方案》，进行精细化管理，确保黑臭水体完成整治不反弹，实现河道长治久清。2018年6月、11月全市圆满完成生态环境部和住房城乡建设部联合对大连市黑臭水体整治专项督察和巡查以及为期一个月的中央环保督察"回头看"工作。在全国36个重点城市中，大连市为第五个100%通过黑臭水体整治专项巡查的城市。

【园林绿化】 2018年，大连市建成区（中山区、西岗区、沙河口区全部区域，甘井子区、旅顺口区、高新园区、金普新区建成区部分）有公园98个、广场50个，绿化覆盖面积17778公顷，绿化覆盖率44.9%，公园绿地面积3828公顷，人均公园绿地面积11.3平方米。

大连市城市建设管理局实施精品绿化工程，在机场、火车站等城市主要地点摆放立体花卉造型16个，在中山路、胜利路等沿线摆放花箱700余组。实施梭鱼湾污水处理厂外围绿化工程，绿化带占地约为1.6万平方米。完成马栏河运动公园一期建设工程，面积约7.04万平方米，该项目投资5700万元。指导协调市内五区对全市主次干路的行道树进行普查并制定补植计划，完成中山路、胜利路、长江路等100余条路街，法桐、银杏、国槐等10余个树种的补植，共补植树木9000余株。在港湾街、胜利路、五一路、东方路等20余条路街两侧实施护树池建设工程，减少硬质铺装，栽植绿篱或草坪，将沿线的孤立的行道树用绵延的绿带连接起来形成带状绿化。

巩固城市绿化建设成果，提升城市绿化养护管理水平。一是高标准完成城市森林工作，先后在风景园林处、森林动物园开展3次防火演练，城市森林防火过火受灾面积控制万分之四的工作目标内，实现重大节日无火情。二是完成松材线虫疫情的除治工作，完成飞机防治松墨天牛工作。三是全面做好城市绿化抗旱护绿工作，面对多年不遇的干旱，通过现场指导、聘请专家等措施，指导抗旱工作，顺利度过旱情，城市绿地未发生大面积枯死现象。

【环境卫生】 2018年，大连市内四区（中山区、西岗区、沙河口区、甘井子区）道路清扫保洁面积3224万平方米，楼院清扫面积858万平方米。市内四区有果皮箱、地埋式垃圾桶等垃圾容器2.54万个，小型垃圾压缩转运站34座。环卫部门管理公厕195座，其中固定式公厕116座、活动式公厕55座、钢结构式公厕10座、车载式移动公厕14台。环卫系统有职工8000人；有环卫专用车辆683辆，其中密封压缩车102辆、"一拖二"式大型牵引车33辆、小型区间集运车286辆、清扫车（扫路车、洗扫车）132辆、其他车辆130辆。中心城区内（中山区、西岗区、沙河口区、甘井子区、高新园区）生活垃圾处理量165.2万吨。征收非居民生活垃圾处理费3146万元。中心城区生活垃圾无害化处理率100%、资源化利用率38%。

【城市供气】 2018年，大连市有燃气经营企业198家，其中人工煤气经营企业1家。人工煤气用户（含非家庭用户）83.7万户。地下煤气管网长2652公里，其中新增15公里。大连华润燃气有限公司人工煤气供应总量2.3亿立方米，比上年减少5000万立方米；日最高供气量135万立方米，比上年增加

1.5万立方米；处理煤气管网漏点384件，入户安全检查35.7万户。

全市有天然气和液化石油气经营企业197家；天然气、液化石油气管线长4058公里。天然气、液化石油气用户109.7万户，其中管道天然气用户71.5万户、管道液化石油气用户6.4万户、瓶装液化石油气用户31.8万户。全市天然气年供气量4.59亿立方米，日均供气量126万立方米；液化石油气年供气量12.7万吨，日均供气量348吨。

【大连华润燃气有限公司完成增资扩股】2018年，大连华润燃气有限公司完成增资扩股，注册资本金增至9.577亿元。其中，大连燃气集团公司以资产出资3.83亿元，占股40%；华润燃气集团公司出资5.745亿元，占股60%。企业性质由中外合资企业改为内资国有控股企业。此次增资扩股是为解决大连华润燃气有限公司融资渠道少、难度大、成本高，天然气置换需要巨额资金的问题，同时满足国家外资政策及大连市与国有企业合作的要求。大连华润燃气有限公司，主要担负大连市主城区管道燃气供应。

【城市供热】2018年，大连市市内四区（中山区、西岗区、沙河口区、甘井子区）及高新技术产业园区有供热单位86家；供热建筑面积15091万平方米，其中住宅供热面积10792万平方米、非住宅供热面积4299万平方米。城市集中供热面积14973万平方米，其中热电联产供热面积6792万平方米、区域锅炉房供热面积8181万平方米；其他供热面积118万平方米。全市有供热厂（站）886座，其中热电厂8座（企业自备热电厂2座）、区域锅炉房86座、二次换热站792座；供热主次管网长4883公里。城市集中供热普及率98.8%，城市住宅供热普及率99.9%。

【城市供热准备】2018年，大连市投入城市供热设施维修改造资金8.3亿元，改造供热管网120公里。大连市集中供热办公室督导供热企业10月25日前完成供热设施维修改造，做好供热准备，进行冷、热态系统调试。成立督查组，专项督导检查各区供热管理工作及供热企业准备工作进展情况，确保全市供热企业11月1日开始热态调试运行，切实达到稳定运行标准。各区供热管理部门按照供热属地化管理职责，加强日常监督管理，专项督查辖区供热企业供热准备工作。11月5日，大连市进入供热期，按时供热率达到100%。

【供热质量管理】2018年，大连市集中供热办公室开展城市供热专项检查，检查锅炉房1420个、换热站2556个。根据天气情况进驻市内热电厂和锅炉房，监督、指导工作，发布预警调度令6次。利用供热在线监测平台实时查看供热运行参数，提高管理效率。强化属地化管理，沙河口区结合区域网格化、城市管理精细化和供热管理属地化，落实投诉24小时100%办结和回访闭环式管理制度；金普新区针对解决投诉问题召开座谈会，研究如何提高办件质量、降低投诉数量，提高用户的满意度，改变达标就不管的服务理念，在服务上下功夫。庄河市注重落实投诉问题的解决，组织大规模入户测温13次，入户检测400余户，平均室温在22摄氏度左右。处理民心网差评件工作取得成效，大连市民心网供热质量满意率11月、12月、2019年1月、2月、3月连续5个单月全省第一，市政府"一下降两提高"（投诉量下降，提高办结率、提高满意度）目标要求全面实现。

【困难群体采暖保障】2018年，大连市完成低保家庭和其他困难居民家庭采暖费补贴审核、登记。低保家庭采暖费补贴资金由市、区财政按比例（65：35）承担，市集中供热办公室拨付相关供热单位；其他困难居民家庭采暖费补贴资金各区财政承担，街道办事处直接发放至用户。2017—2018年度，市内四区（中山区、西岗区、沙河口区、甘井子区）和高新技术产业园区符合采暖费补贴条件家庭6399户，补贴资金873.8万元。

【城市管理】2018年，大连市城市管理行政执法局坚持以习近平新时代中国特色社会主义思想为指导，深入贯彻大连"品质立市"发展战略，牢树以人民为中心的思想和城市共建共治共享理念，紧密围绕"深化改革、全面履职、务实担当、执法服务"工作主线，深入推进城市管理执法各项工作，努力提升执法服务水平，全面落实完成了省、市各项重点任务，营造了"更干净、更有序、更安全"的城市环境。2018年，大连市城市管理行政执法系统在辽宁住房和城乡建设厅组织开展的全省城市管理执法工作检查中排名第一。

村镇规划建设

【村镇规划】2018年，启动《大连市特色乡镇战略性发展规划》编制工作，该规划被列入新一轮城市总体规划的37个专项规划之一。7月，市住建局通过公开招标确定了大连市特色乡镇战略性发展规划编制单位：大连市都市发展设计有限公司（联合体成员：上海同济城市规划设计院），中标价格628万元，并签订合同。在完成普兰店、瓦房店、庄河等地区20个特色乡镇实地调研和汇总全市乡镇资料的基础上，开展规划编制工作。规划共由一个总报告和九个分报告组成。至年末，规划初稿已经编制完成。

【农村危房改造】 2018年，大连市普兰店区、瓦房店市、庄河市、花园口经济区改造农村危房994户，其中C级危房408户、D级危房586户。使用中央财政农村危房补助资金1669万元、市级财政配套补助资金1812万元、县级财政配套补助资金586万元。

标准定额

2018年2月26日，大连市城乡建设委员会转发《辽宁省住房和城乡建设厅关于颁发2017年辽宁省建设工程计价依据的通知》，确保2017年辽宁省建设工程计价依据在大连市贯彻执行。大连市有工程造价咨询企业58家，其中甲级35家、乙级23家；全年完成营业收入4.39亿元，其中工程造价咨询营业收入3.86亿元，涉及项目工程造价总额1.17亿元。全市38家工程造价咨询企业参加辽宁省2018年度工程造价咨询企业信用评价，其中24家获评AAA级企业，12家获评AA级企业，2家获评A级企业。加强工程造价信息管理，向省住房和城乡建设厅上报工程造价信息2.6万条。

工程质量安全监管

【建设工程质量监督管理】 2018年，大连市城乡建设委员会监督在建房屋建筑单位工程7361项，建筑面积5003.3万平方米；新监督受理2468项，建筑面积1051.9万平方米；竣工验收2150项，建筑面积1624.3万平方米。监督地铁工程单位工程153项，车站建筑面积42.5万平方米，区间长度31.6公里；附属配套单位工程19项，面积11.8万平方米，长度2.8公里。监督大连市天然气高压管道（东北线）工程17.8公里，调压站面积901.7平方米，华润燃气新建中压输配工程中华路香周路港隆西路天然气中压管道工程13.3公里，市政中压燃气管道及附属设施改动项目19.5公里，大连市天然气高压管道（旅大线）一期工程前关门站建筑面积1713.6平方米。组织全市工程质量安全提升行动督导检查暨开（复）工工程质量安全专项检查，检查单位工程1358项，建筑面积979.7万平方米，下发责令改正通知书82份。检查中抽检钢筋94批、钢筋连接件22组、混凝土拌合物的氯离子含量11组、电线电缆2组、防水卷材1组、保温板8组均合格；抽检混凝土强度标准养护试件11组，均合格；组织全市开展质量安全提升行动督导检查暨建设工程结构（含钢结构）质量专项检查，单位工程检查1043项（混凝土结构单位工程952项，钢结构单位工程91项），建筑面积703.6万平方米，下发责令改正通知书51份。检查中，抽检钢筋215组、钢筋连接件13组、混凝土拌合物的氯离子含量17组，合格率均为100%。开展冬期施工工程质量、幕墙工程质量、住宅工程质量常见问题防治、地铁工程质量、天然气高压管道"东北线"工程质量专项检查，检查在建单位工程1439项，建筑面积812.7万平方米，下发责令改正通知书76份。加强工程质量投诉管理，受理信访投诉458件。其中，上级批转件28件，全部办结；民意网61件，全部办结；日常来电来访40件，办结39件；民心网受理271件，办结269件；12345受理58件，全部办结。全年未发生因工程质量问题上访引发的突发事件和不良社会影响问题。

【建设工程监理行业管理】 2018年，大连市有建设工程监理企业56家，其中综合资质企业1家、甲级资质企业39家、乙级资质企业15家、丙级资质企业1家；有专业资质144个，其中综合资质1个、甲级资质72个、乙级资质68个、丙级资质4个；国家注册监理工程师1416人。大连市城乡建设委员会通过全国建筑市场监管公共服务平台查询监理企业注册人员数量资质标准，发现不满足资质要求监理企业9家，下发责令整改通知单8份，向企业注册地主管部门下发督办整改通知书3份，分别给市建委招投标管理处和行政审批办公室发函9份，暂停承揽和办理相关监理业务。开展全市工程监理企业资质动态监督检查，监督抽查监理企业49家。

【建设工程质量检测管理】 2018年，大连市有建设工程质量对外检测机构45家，检测资质169个；有对内检测试验室95家，检测资质126个。全市检测机构（实验室）有建设工程质量检测人员2082人。大连市城乡建设委员会开展全市检测机构（试验室）专项检查，检查检测机构（实验室）134家，下达责令整改通知书37份，下发督办整改通知书6份。开展冬季混凝土生产企业实验室检查，检查实验室33家，下发整改通知书3份。

【建设工程质量检查员管理】 2018年，大连市有建设工程质量检查员5625人，年度审验通过人数5192人，其中土建专业2883人，给排水与暖通专业1017人，电气专业1186人，其他专业106人。

【房屋建筑工程竣工验收备案管理】 2018年，大连市城乡建设委员会完成房屋建筑单位工程竣工验收备案1410项，建筑面积1742.1万平方米。与区市县（开放先导区）备案管理部门交流备案信息200余条，向市建委审批处转交备案材料110份，每月做好全市竣工验收备案数据的统计工作；12月，检查指导全市工程质量监督机构和竣工验收备案管理部门（除长海县）业务工作，大部分工程质量监督机构和竣工验收备案管理部门能够贯彻执行国家、省现行管理规定，结合辖区实际不断创新完善备案管理机制。

【建筑施工安全监督】2018年，大连市城乡建设委员会落实层级监督和属地化管理责任，委领导分别与各地区建设行政主管部门签订安全生产目标管理责任书。在全市建筑施工项目实行安全责任监督员主要负责制度，按要求编制《施工安全监督工作计划》，明确主要监督内容、抽查频次、监督措施等，切实做到目标明确、责任到人。结合年度安全生产形势和任务，制定年度建筑安全生产工作要点、开（复）工、冬期安全生产大检查等实施方案，针对消防防火、防台防汛等特殊时期，制定高层建筑消防综合治理、防台防汛安全生产检查、起重机械专项整治方案，各地区抽查施工现场543个，查出安全隐患1936条。市建设行政主管部门抽查房屋建筑工程施工现场37个，查出安全隐患360条，下达安全隐患责令整改通知书29份；地铁工程重点检查3个标段，发现安全隐患10项，下达限期整改通知书2份；新建燃气工程检查9个标段，查出安全隐患124条，下达隐患整改通知书14份。针对存在重大危险源管理不力、人员培训不及时、安全规章不落实等问题，约谈企业负责人，进行项目经理不良行为记分，实施停工整改等处罚。开展安全生产月活动，发放食品安全宣传画500张、安全生产条例印刷品450册、房屋建筑工程施工现场扬尘污染防治管理宣贯手册780册、防高坠宣传光盘300张。同时，制作预防伤害、安全生产法、危险重大工程宣传板，在建筑工地巡回展出，提高一线作业人员的安全常识和紧急避险知识。

建筑市场

【建筑业】2018年，大连市有资质建筑业企业2859家，取得各级别资质8412项。建筑资质按级别分，特级资质7项、一级资质405项、二级资质2545项、三级及不分等级资质（含施工劳务资质）5455项；按资质类别分，施工总承包资质2608项，专业承包资质5429项，施工劳务资质375项。资质以上建筑业总产值726.7亿元，比上年下降16.7%。资质以上公有制建筑企业产值225.3亿元，资质以上非公有制建筑企业产值501.4亿元。全市有注册建造师15468人，其中一级3618人、二级11850人。全市有资质房地产企业651家，其中一级2家、二级36家、三级225家、四级10家、暂定资质378家。房屋建筑施工面积2539.6万平方米，房屋建筑新开工面积1005.2万平方米，建筑业就业人员25.4万人。大连市住房城乡建设局受理行政审批1.2万件，其中建设工程项目备案和审批1829件、建筑行业证照审核和审批2506件、建筑行业人员审核7545件、建筑机械和产品等备案172件。

中国建筑第二工程局有限公司承建的大连庄河万达广场工程被中国施工企业管理协会评为2018—2019年度国家优质工程，中盈绿能机电有限公司承建的大连市规划展示中心工程获中国安装协会2018年度中国工程优质奖（安装之星），大连金广建设集团有限公司等单位完成的"GS轻质增强泡沫混凝土室内绝热层地采暖施工工法"等32项工法被确定为辽宁省工程建设工法。

【建设工程招投标管理】2018年，大连市建筑工程领域完成建设工程招标项目2043个，比上年下降24.9%；招标总额235.97亿元，比上年下降14%。其中，市内四区（中山区、西岗区、沙河口区、甘井子区）建设工程招标项目559个，下降34.4%；招标额85.03亿元，下降22.5%。全市完成电子化招投标项目1107项，其中市内四区完成电子化招投标项目401项。全市网上招标项目备案1616项，发布招标公告1500条；招标文件备案1872项，发布中标公示1706条；中标结果备案2043项，核发中标通知书2043项。2018年，大连市建设工程交易中心受理入场交易项目725项，比上年下降41.3%。

【工程许可管理】2018年，大连市建设行政主管部门办理施工许可证515个，建筑面积1531.1万平方米，合同造价308.4亿元。其中，市内四区120个，建筑面积416.3万平方米，合同造价105.1亿元；区市县（开放先导区）395个，建筑面积1114.8万平方米，合同造价203.3亿元。

【建设工程勘察设计行业管理】2018年，大连市有工程勘察设计单位159家。按类别分，勘察单位20家、设计单位（含专项设计、设计施工一体化）133家、勘察设计双资质单位6家；按级别分，综合资质单位1家、甲级资质单位79家、乙级资质单位71家、丙级资质单位6家、丁级资质单位1家、劳务资质单位1家。全市有施工图审查机构8家，全部为一类审查机构。全市勘察设计行业营业额161.23

亿元。

【城建档案管理】2018年，大连市城市建设档案馆接待查档及电话咨询5600人次，调卷6810卷。现场指导建设项目档案工作188人次，涉及工程项目94个。接收202个工程项目的竣工档案进馆，发放建设工程竣工档案初验合格证171个。整理城市建设档案3.6万卷，制作202个建设工程项目电子档案。至年末，市城市建设档案馆有城市勘测、规划、建设管理、市政公用等馆藏档案50.7万卷。

【建设工程劳保费用管理】2018年，大连市城乡建设委员会建设工程劳动保险费用管理办公室严格落实《关于取消建设工程劳动保险费统一管理后相关工作的通知》精神，遵照劳保费拨付和农民工工资保证金返还的政策依据，加强内部管控机制，严格劳保费拨付、农民工工资保证金返还审批流程，提高服务水平、优化营商环境。全年拨付劳保费20217万元，返还农民工工资保证金761万元。

【建设行业执法检查】2018年，大连市城乡建设委员会建设执法监察支队检查市内四区（中山区、西岗区、沙河口区、甘井子区）建设工程168项，重点检查开发建设单位、施工企业、监理企业、勘察设计企业的资格证书、中标通知书、施工图设计文件审查合格书、建设工程质量监督受理书、建筑工程施工许可证、工程分包合同等要件。其间，下达行政处罚决定书358份，收缴罚款4449万元。

【建设市场监管机制改革】2018年，大连市城乡建设委员会根据《国务院办公厅关于开展工程建设项目审批制度改革试点的通知》精神，做好工程建设项目审批制度改革试点工作。推进大连市工程建设项目并联审批平台建设，连接建设管理部门、规划、国土、行政执法等建设领域部门平台，统一纳入审批、服务、监管、执法等业务，建成一口申请、统一受理、并联审批、跟踪督办、限时办结、建设监管的网上共享平台。健全协同共享机制，推进全数据网上运行，实现审批信息统一推送、审定结果统一核准、申请资料网上验证，保障信息流通的及时性、可靠性，做到数据多跑路，群众少跑腿。对接住房和城乡建设部项目审批管理系统，链接区、县、乡镇（街道）管理平台，覆盖全域空间管控，实现项目管理"横向到边、纵向到底"的全过程数据共享、全节点立体监管，建立"用数据说话、用数据决策、用数据管理、用数据创新"的精细化审查监管机制。推进施工许可阶段工程建设项目审批，起草《大连市人民政府办公厅关于完善工程建设项目施工许可管理的实施意见（试行）》《大连市人民政府办公厅关于开展工程建设项目施工图设计联合审查的实施意见（试行）》《大连市人民政府办公厅关于工程建设项目实行一站式公用服务接入的实施意见（试行）》《大连市人民政府办公厅关于印发大连市工程建设项目联合审批平台操作规程（试行）的通知》《大连市人民政府办公厅关于印发大连市工程建设项目联合勘验工作规程（试行）的通知》《大连市人民政府办公厅关于印发大连市工程建设项目施工许可阶段并联审批工作规程（试行）的通知》等文件，取消社会投资类项目的初步设计审查，取消勘察、设计、施工合同、施工监理合同备案，取消建筑节能设计审查备案，对于社会投资的房屋建筑工程，建设单位可以自主决定发包方式，实施"施工图设计联合审查"，实施工程建设质量监督、安全监督、人防质量监督与施工许可合并办理。在施工许可阶段内，组织协调相关部门，"一家牵头、并联审批、限时办结、互联互审"，实现审批事项内部流转，信息共享。

【建筑行业依法行政】2018年，大连市城乡建设委员会推进法治建设，印发《2018年法治建委建设实施意见》和《市建委2018年依法行政工作要点的通知》，建立《法治建委建设工作记事》制度。完善建设立法，印发《关于修订〈大连市建筑市场管理条例工作方案〉的通知》和《修订大连市建筑市场条例工作计划的通知》。开展《大连市建筑市场管理条例》修订调研论证工作，完成调研论证报告。印发《关于修订〈大连市建筑节能管理条例工作方案〉的通知》。推进工程建设项目审批制度改革，印发《市建委工程建设项目审批制度改革试点工作实施方案》。推行告知承诺制，制定《告知承诺制实施细则》。深化招投标制度改革，印发《关于进一步规范建设工程招投标有关工作的通知》。实施建设工程施工质量标准化管理，印发《大连市建筑工程施工质量管理标准化三年推进计划》和《大连市建筑工程施工质量标准化试点管理办法》。开展建筑工人实名制管理试点，印发《大连市建筑工程施工现场作业人员实名制管理办法》。探索开展建设工程设计、施工及竣工图数字化和白图交付替代蓝图的试点工作，逐步推行数字化审图，草拟《关于本市建设工程设计、施工及竣工图纸推行数字化和白图交付的通知》和《关于发布〈市工程设计、施工及竣工图数字化和白图交付实施要点〉的通知》。取消涉企收费项目，先后取消建设工程征收建设单位的农民工工资保证金、建设工程劳动保险费收缴、新型墙体专项基金、散装水泥专项基金和建设工程项目交易费5

项涉企收费项目。推进职权下放,印发《关于贯彻落实市委市政府全面深化简政放权放管结合优化服务改革实施意见的任务分解的通知》,开展职权下放工作落实情况专项督办工作。建立行政自由裁量权制度,印发行政许可、行政处罚、行政检查、行政强制等行政裁量制度和基准。强化事中事后监管,印发《大连市城乡建设委员会关于深化行政审批制度改革创新事中事后监管体系的实施方案》和《市建委行政审批事项事中事后监管责任清单》。开展地方性法规等清理工作。印发《市建委2018年规范性文件清理工作方案的通知》和《开展地方性法规、政府规章和规范性文件清理工作方案的通知》,清理文件50多件,印发《关于公布市建委继续有效、修改和废止规范性文件的通知》。梳理审批事项,编制审批手册,编制《大连市城乡建设委员会行政审批事项清单》和《大连市城乡建设委员会行政审批手册》,通过网站向社会公开。启动建委权责清理动态调整工作,取消行政职权96项,增加职权5项,变更职权1项。开展文明执法服务企业自查工作,印发《关于开展规范文明执法优化营商法治环境专项执法检查自查工作的通知》《大连市城乡建设委员会行政执法检查计划管理办法》,全年开展行政检查活动27次。全年应诉行政诉讼案件11件、行政复议案件4件,处理行政复议案件3件。开展普法宣传工作,印发《关于在全市城乡建设系统开展法治宣传教育的第七个五年规划(2016—2020年)》《大连市城乡建设委员会2018年普法工作计划》和《2018年大连市城乡建设委员会普法宣传教育工作要点》等文件,制定《大连市城乡建设委员会2018年谁执法谁普法工作实施方案》和《深入学习和贯彻宪法活动实施方案》,编制《大连市城乡建设委员会2018年普法责任清单》。在大连建设网设置"法治宣传"专栏,刊登新修正的《中华人民共和国宪法》《中华人民共和国宪法(修正)案》。编写《宪法基本知识》和《宪法基本知识竞赛题》,组织工作人员学习和答卷。举办《宪法》知识讲座,制作宪法知识宣传板。

建筑节能与科技

【建设科技】2018年,大连市城乡建设委员会印发《大连市2018年度绿色建筑工作绩效考评办法》,确定全市2018年绿色建筑发展的任务指标,在全面执行一星标准的基础上,要求2018年7月1日起,新立项的政府投资的新建、改建、扩建的机关、学校、医院、博物馆、科技馆、体育馆、图书馆等建筑、保障性住房及单体建筑面积超过2万平方米的机场、车站、宾馆、饭店、商场、写字楼等大型公共建筑全部执行二星级绿色建筑标准。出台《关于开展预拌混凝土绿色生产标识评价工作的通知》,开展预拌混凝土绿色生产标识评价工作,要求到2020年底前,除瓦房店市、庄河市和长海县外,全市所有的混凝土搅拌站全部达到绿色生产一星级及以上水平;其中市内四区、高新园区及金普新区的混凝土搅拌站须达到绿色生产二星级及以上水平。开展全市绿色建筑专项检查,推进绿色建筑建设相关工作。2018年,东港区C05地块项目获得绿色建筑二星级设计评价标识,建筑面积12.4万平方米;大连金石滩鲁能希尔顿度假酒店等6个项目获得绿色建筑一星级设计评价标识,建筑面积62.8万平方米;大连普兰店万达广场购物中心等2个项目获绿色建筑一星级运营评价标识,建筑面积17.5万平方米。全市获绿色建筑评价标识的建设项目达到40个,总建筑面积442.2万平方米。全年全市107个项目通过《辽宁省绿色建筑施工图审查要点》相关内容审查,达到绿色建筑一星级评价标准要求,建筑面积511万平方米。

【建筑节能管理】2018年,大连市居住建筑和公共建筑节能设计执行辽宁省《居住建筑节能设计标准》《公共建筑节能设计标准》中规定的节能65%的标准。继续实施既有居住建筑节能改造工程(暖房子工程),包括既有居住建筑保温系统改造和小区环境整治,总投资6.5亿元。全年改造建筑757栋,建筑面积214.6万平方米,惠及居民3.5万户居民。累计改造既有居住建筑4599栋,建筑面积1437.6万平方米,惠及居民22.8万户。全年全市新型墙体材料年产量4.3亿标准块,占墙体材料总量的84.3%。推进粉煤灰综合利用,粉煤灰综合利用180.2万吨,综合利用率88%。生产散装水泥541万吨,散装率81.6%。推动建设工程禁止现场搅拌砂浆工作,全市使用干混砂浆5.8万吨,湿拌砂浆7.35万立方米。市政府印发《关于进一步推进装配式建筑发展的实施意见》,细化推进装配式建筑工作的具体要求。7月,市建委组织编制并印发《大连市装配式建筑装配率计算方法》,明确全市装配式建筑装配率的计算方法。自2016年,累计落实装配式项目69个,装配式总建筑面积290万平方米。其中,2018年明确采用装配式建筑技术新出让土地8个,落实建筑面积96万平方米。在建项目45个,装配式建筑面积141余万平方米。

人事教育

2018年,加强对绿色建筑新技术、新工艺、新材料、新设备的推广应用。配合省住建厅组织开展了建设领域专业人员岗位培训工作，完成技术工人培训55批次，合计培训5336人。上报参加省住建厅建筑业新技术应用评审项目8个，新报项目10个。

大事记

1月

19日　召开全省2018年度住房和城乡建设工作会议。

2月

12日　市政府召开城市供热工作会议。

28日　市政府召开全市天然气管网建设工程推进大会。

3月

6日　骆东升副市长调研高压管网工程建设情况。

7日　省住建厅汪兴副厅长调研农村环境整治情况。

4月

3日　骆东升副市长主持召开天然气置换工作推进会议。

25日　市建委召开行政审批告知承诺制改革推进培训会。

25日　大连市建筑和燃气行业安全生产工作会议召开。

5月

24日，培养发展住房租赁市场领导小组办公室举行第一次会议。

24日　市人大环资城建委召开"既有住宅安装电梯"类提案集中办理协商会。

28日　市建委召开城市地下管廊建设工作座谈会。

30日　市政府召开大连市扬尘污染专项整治行动动员。

6月

11日　大连市工程建设项目审批制度改革工作会议召开。

12日　骆市长召开工程建设项目审批制度改革工作部署会。

25日　大连市推进装配式建筑发展、严厉打击建筑施工违法行为暨海绵城市建设、城市生活垃圾分类动员大会召开。

7月

3日　骆东升副市长主持召开建设系统2018年上半年工作任务指标完成情况调度会议。

4日　骆东升副市长主持召开会议，研究部署建设系统审批制度改革工作。

4日　骆东升副市长主持召开会议，研究《大连市推进清洁取暖工作实施方案》。

11日　市建委召开会议，研究组建市住房城乡建设事务服务中心筹备事宜。

18日　骆东升副市长调研热电集团、泰山热点推进清洁取暖工作。

8月

30日　市建委传达市政府审议《大连市工程建设项目审批制度改革试点实施方案》会议精神，部署下一步工作。

30日　大连市住房城乡建设事务服务中心挂牌。

9月

18日　省住建厅在我市召开全省推进装配式建筑工作现场会。

19日　住房城乡建设部审批制度改革试点第二督导组来连召开督导总结会。

30日　骆东升副市长召开天然气工程调度会。

10月

19日　市建委召开装配式建筑工作调度会。

11月

2日　谭成旭市长调研城市供暖及天然气工程。

29日　骆东升副市长主持会议，研究2019年建设系统民生工程。

12月

12日　市建委、市发展改革委召开制定天然气入连置换期间临时销售价格新闻发布会。

15日　谭成旭市长听取部分部门2018年工作总结和2019年重要工作安排汇报。

18日　召开大连市工程建设项目审批制度改革试点工作推进会。

18日　召开第一届装配式建筑产业技术创新联盟东北分会会员大会。

（大连市城乡建设委员会）

青岛市

概况

2018年,青岛市城乡建设完成投资1971.21亿元,同比增长10.5%。建设行业实现税收482.52亿元,占全市税收收入的28.05%,城建经济增长新动力显现。获得省级以上奖项205项,其中1项国家"鲁班奖",11项"国家优质工程奖",27项"泰山杯",位列山东省首位。通过棚改、老旧小区整治、节能保暖改造等四项改造,共计为18万户居民改善了住房条件;重点项目建设多点突破,公共服务水平进一步提高;美丽青岛行动深入实施,城市品质、美誉度持续攀升,各项工作均取得显著成效。

城市基础设施建设

【城市道路建设】加快完善城市快速路网建设。2018年,青岛市住房和城乡建设局牵头推进新机场高速连接线(双埠—夏庄段)工程建设,项目于2018年9月正式立项。组织开展青岛胶州湾大桥接线二期、海尔路—银川路立交、银川路快速化改造等城市快速路项目研究。

推进未贯通道路建设。市住房城乡建设局梳理全市未贯通道路的详细情况和建设规划,按计划完成27条未贯通道路的建设。

推进地下空间开发利用。青岛市以解决交通拥堵问题和地下公共空间的开发利用为重点,推进轨道交通建设,多次组织专题会议研究胶州湾第二条海底隧道、前海一线地下道路等项目技术方案。

破解城建领域工作难题。青岛市取消环湾路—太原路设置已达8年的红绿灯,释放环湾路的快速交通功能;协调市南区政府,完成建成超过8年的泰云通道验收移交任务。

提升道路运行水平。青岛市完成220条市政道路提升工作,累计整修路面600万余平方米,其中采用微罩面和沥青就地热再生预养护车行道70万余平方米。同步完成21座市管桥梁提升工作,完成桥面铣刨罩面10万平方米,安装防眩板8800米,粉刷桥梁8万平方米。开展桥梁检测,及时处置桥梁病害;引进新材料、新技术、新设备等,提升桥梁养护科技含量。

【海绵城市和地下管廊国家"双试点"建设】2018年,青岛市推进国家海绵城市和地下管廊试点建设。海绵城市试点区共182个项目,累计完工145项,达标面积22.8平方千米,全市累计完成海绵城市面积131平方千米、在建面积63.54平方千米。编制《海绵城市详细规划编制大纲》《海绵城市系统化方案编制大纲》,印发《青岛市海绵城市详细规划、系统化方案评审审查暂行办法》,指导各区(市)完善海绵城市规划顶层设计,开展系统治理。制定《青岛市全面推进海绵城市建设实施方案》《青岛市海绵城市建设绩效考评办法(试行)》,将海绵城市建设绩效考评纳入2018年度全市综合考核内容,全省首家、国内领先。推进青岛市地下综合管廊试点项目工作,搭建市级地下综合管廊监管平台,加强运维管理技术支撑。全市累计建成地下管廊廊体52.5千米,累计入廊管线310千米。青岛新机场地下综合管廊和青岛西海岸新区贡北路、海口路等项目完成管廊监控中心主体建设。修订《青岛市地下综合管廊管理办法》《青岛市地下综合管廊建设考核评价办法》《地下综合管廊建设资金管理办法》《青岛市地下综合管廊收费标准》等一系列管理制度。完成"青岛市地下综合管廊创新特色案例总结""青岛市地下综合管廊有偿使用收费研究"等11项课题研究。

【市级重点公共服务项目建设】2018年,青岛市加快推进重点公共服务项目建设,市创业就业实训基地、老年活动中心、社会福利院等31个民生领域的市级重点公共服务项目按计划推进。其中,青岛市市立医院东院二期、青岛大学附属医院东院二期、市体校综合训练比赛馆等16个项目完工。累计开工建设合肥路小学等75所配套教育设施,竣工完成小水清沟中学等56所配套学校。

【新型城镇化建设】2018年,青岛市基本完成国家新型城镇化试点任务,6项工作获国家发展改革委首批国家新型城镇化综合试点经验推广,获山东省政府授予"山东省适宜人居环境奖"。推进小城镇人口市民化,省级小城市试点、重点示范镇18个拆迁村庄、6800余户实施搬迁改造。出台加强农村基础设施建设、改善农村人居环境的实施意见等文件，7个区（市）47个街道（镇）1413个社区（村庄）开展农村生活垃圾分类试点；推进农村清洁取暖建设工作，超额完成省政府下达的4.6万户目标任务，农村人居环境进一步改善。精心培育创建特色小城镇，省市级特色小镇中，12个小镇吸纳就业人数平均在2000人以上，其中4个小镇就业人数超过5000人。

【市政公用设施建设】李村河流域水环境治理。2018年，李村河流域水环境治理领导小组办公室完成积存垃圾和河道淤泥清理60余万立方米；对李村河流域29个社区进行雨污分流改造，铺设雨污水管网290余千米，建成污水处理模块9座；推进生态补水工程建设，日补水量约24万吨；治理污染点源103处，取消临时截污设施66处；制定《李村河流域水环境管理责任手册》，设置94名河段长，完善李村河水环境治理架构体系。李村河胜利桥国控断面从2018年10月以来水质连续达标，水质优于地表水Ⅴ类标准。

黑臭水体治理。2018年，青岛市通过生态环境部、住房和城乡建设部在2018年7月、11月对青岛市开展的城市黑臭水体专项督查、巡查。经生态环境部通报，青岛市黑臭水体消除率达到100%。根据《城市黑臭水体整治工作指南》要求，编制完成青岛市14处黑臭水体整治长治久清评估报告并通过省住建厅组织的专家评审。青岛市入选全国城市黑臭水体治理示范城市，获得中央补助资金6亿元。

市政公用设施项目建设。2018年，青岛市完成新建、扩建污水处理厂建设项目2个，新增污水处理能力6万吨/日。新建张村河水质净化厂，设计处理能力4万吨/日，经监测出水水质达到地表水环境质量类Ⅳ类水标准；扩建青岛西海岸新区泥布湾污水处理厂，新增污水处理能力2万吨/日，处理规模达到12万吨/日。截至年底，全市污水处理能力达到215万吨/日。推进建设青岛西海岸新区静脉产业园垃圾综合处理项目、莱西市垃圾综合处理项目。新建燃气管网约230千米，新增燃气用户约10万户；新增城市集中供热配套项目410万平方米。全市城区新改建环卫公厕281座。

市政公用建设行业管理。2018年，青岛市根据《市政公用建设资质行政处罚自由裁量基准》，组织开展资质动态核查，对全市市政公用总承包三级资质、道路照明三级资质共228家企业进行核查。新增市政总承包一级资质企业3家、二级资质企业3家、三级资质企业17家。

【城市基础设施重点项目选介】

新机场高速连接线（双埠—夏庄段）工程。新机场高速连接线（双埠—夏庄段）工程全长约9.8千米，自双埠收费站西侧，以高架形式连接拟拓宽的青兰高速公路，向东地面穿越双埠立交后，继续向东高架跨越既有铁路线及沿线道路后接入青银高速公路，同步建设青银高速公路1座互通立交，南流路、重庆路2对接地匝道及双流高架1对立交匝道，预留重庆路互通立交、黑龙江路匝道建设条件。沿线须穿越既有铁路、在建和规划地铁、机场限高区、水源保护地、央企用地和省级自然保护区等重点区域，估算总投资约为76亿元。既是青岛市有史以来投资规模最大，也是沿线条件最复杂、实施难度最大、工艺和技术要求最高的道路交通项目。计划2019年开工，2021年实现主线通车。

新疆路渤海路匝道工程。新冠高架路主线于2015年7月建成通车，设计方案中在普吉路附近接地的渤海路匝道150米匝道桥梁工程和250米道路工程未组织建设，未能与主线同期通车。2018年，市住房城乡建设局推进工程建设，青岛城投集团组织渤海路匝道及周边环境整治工程开工建设，新疆路渤海路匝道计划于2019年4月初建成通车。

开平路打通工程。2018年12月31日，开平路完成打通工程，实现主线通车。开平路打通工程位于市北区北部，西起周口路，东至重庆路，道路整体呈西北—东南走向，全长770米，宽40米，双向6车道，为主干路等级，总投资约7300万元。工程建成后，开平路从大沙支路向东一直延伸至黑龙江路，与规划劲松五路相接，形成市区中部重要的横向干道；开平路将老四方区域与浮山后片区相连，带动周边地块的开发建设及老城区的升级改造，拓展市区发展空间。

太原路跨铁路高架桥工程（二期）。太原路跨铁路高架桥工程（二期）西段与太原路立交桥（环湾大道区域段）相接，自规划路（约青岛路桥混凝土公司位置）向东实施，跨越新铁路线止（约规划安顺路位置），全长约340米，同步实施新铁路以西、规划路至规划傍海路之间的地面道路工程。2016年7月开工建设，2018年4月完工。其中，安顺路AS2—AS4三联匝道桥及桥梁引道于2018年11月26日开工建设，预计2020年完工。太原路东延段（规划铁路线—四流中路）工程西起太原路跨铁路桥终点（主线桩号K1+004），东至四流中路（主线桩号K2+224），全长约1.2千米，规划沿线与规划安顺路、永平路及四流中路等多条道路相交。为政府投资项目，建设单位为市住房城乡建设局，青岛城投路桥公司代建。太原路东延段西侧第一联桥梁工程先行启动，计划于2020年完成主体建设。

房地产业

【概况】2018年，青岛市房地产开发项目投资1485.2亿元，同比（下同）增长11.6%，增速比上年提高14.4个百分点。各类房屋施工面积10390.4万平方米，新开工面积2803.1万平方米，竣工面积1624.8万平方米，比上年分别增长9%、38%和9.3%。青岛市住房和城乡建设局开展"进现场、促开工"、优化审批流程、压缩审批时限等一系列工作，项目开工率稳步提升。全年全市房地产业实现税收收入390.6亿元，增长22%，占全市税收总收入的22.7%。新建商品住宅销售13.7万套，销售面积1590万平方米，分别下降10.8%和6.4%。根据国家统计局发布的70个大中城市新建住宅销售价格指数，12月青岛市价格指数同比、环比分别上涨13.3%和1.2%，在全国70个大中城市中排名分别居第20位和第15位。青岛市瑞源名嘉国际非住宅项目获第八届"广厦奖"。

【老旧小区改造】2018年，青岛市完成老旧小区改造403万平方米，惠及居民6.2万户。坚持"先民生、后提升"理念，解决居民最关心、最急切的房屋渗漏、改造排水等问题。推进海绵城市建设，通过设置雨水存储罐、建下沉式绿地、采用透水铺装等形式，打造雨水自然积存、自然渗透、自然净化的海绵小区。与既有建筑节能改造相结合，对外墙实施保温改造，冬季室温普遍提升2~5摄氏度。注重小区后续长效管理，建立居民自治、引入专业化物业、委托社区"网格化"控制等物业管理模式，促进老旧住宅小区管理的良性循环。因地制宜建设"口袋公园"，打造"历史文化长廊""独具魅力"特色小区，恢复"文化印象"，点亮"人文景观"。通过整治改造，建设和谐宜居智能社区，拉动投资、促进消费、发展经济，住宅租金和二手房价格比整治前增长10%~30%，居民满意度达95%以上，投诉率下降70%以上。

【棚户区改造】2018年，青岛市计划启动棚户区改造3.5万套（户），实际启动棚户区改造41248套（户），占年计划的117.8%，改造数量在全国副省级城市中居第三位。截至2018年底，全市棚户区改造累计获国家开发银行授信946亿元，已发放671亿元。累计落实国家棚户区改造补助资金约33亿元，所有国家棚户区改造补助资金已拨付各区（市）财政。2018年，国家全面停止政府购买服务的棚户区改造融资模式，启动地方政府发行棚户区改造专项债券的融资方式，全年全市通过两个批次共发行专项债券103亿元，发行量占山东省专项债券总量（653亿元）的15.7%，发行量及发行速度均居山东省首位。

【配套教育设施建设】2018年，青岛市配套费投资建设项目共完成投资约4.7亿元。开工建设配套学校（幼儿园）3所、竣工3所，有序推进徐家东山、万科未来城等配套设施建设。全部学校项目均获评省、市优质结构工程，其中小水清沟配套学校成为全市第一个取得被动式超低能耗建筑和绿色建筑三星级设计标识双认证的配套教育设施。

建筑业

【概况】2018年，青岛市完成建筑业产值2309亿元，增长22.9%；完成建筑业增加值723.4亿元，增长20.6%。建设领域外地入青企业在青岛市纳税6.2亿元。全市在监工程面积9570万平方米，增长2.97%；竣工面积3618.64万平方米，增长4.65%。

【建筑业改革发展】2018年，青岛市住房和城乡建设局起草《建筑业2017年度发展报告》，完成《建筑业改革开放以来发展历程和成就》。引进特级资质企业1家、一级资质企业1家。探索建筑业保险、工程总承包、全过程工程咨询等试点工作。印发《关于开展建筑业保证保险试点工作的通知》，开展建设工程业主支付保证保险、建设工程投标保证保险、建设工程合同履约保证保险和农民工工资支付保证保险等5类险种474单业务，释放保证金约4.5亿元。

【建筑市场管理】2018年，市住房城乡建设局扶持企业提质升级，德才装饰股份有限公司申请A股主板上市，进入券商和律师核查企业实际资质及相关情况阶段。发挥"青岛国际工程发展联盟"作用，举办青岛市工程建设行业"一带一路"发展经验交流会。青岛亿联集团股份有限公司、山东荣泰建筑工程集团有限公司2家企业晋升施工总承包特级资质，4家企业晋升施工总承包一级资质，23家企业晋升专业承包一级资质。截至年底，全市有建筑业总承包特级资质企业13家、一级资质企业94家。青岛市入选"山东省建筑业五强市"，2家企业入选"中国对外承包完成营业额和新签合同额双百强"，8家企业获评2017年全国优秀施工企业，9家企业入选"全省建筑企业综合实力30强"，2家企业获第五届青岛市市长质量奖，9家企业获评青岛市"一带一路"及开拓境外市场优秀建筑业企业，40家企业获评青岛市优秀建筑业企业。截至年底，全市企业在建项目分布于46个国家和地区，涉及"一带一路"沿线国家24个、上海合作组织相关国家8个。

【建筑业人才队伍建设】2018年，青岛市有注册建造师2.2万余人。其中，一级注册建造师6100余人，增长5.1%；二级注册建造师1.6万余人，增长1.3%。推进建筑业产业工人队伍建设，提高建筑业产业工人综合素质，组织开展建筑业职业技能大赛，推荐优秀选手参加全省、全国建筑业职业技能大赛，3人获"青岛建筑工匠"称号，1人获"齐鲁工匠"称号，9人获国家技师资格和"青岛市建设行业技术能手"称号。青岛市代表队获山东省第六届职工职业技能大赛团体第一名，2名选手被授予"山东省富民兴鲁劳动奖章"。青岛市作为副省级城市首次独立组队参加全国住房城乡建设行业"浙建杯"职业技能竞赛全国决赛（钢筋工和防水工），获"优秀组织单位"奖，3名选手被授予"全国技术能手"称号。完善建筑工人技能培训管理体系，健全职业技能鉴定制度，考核鉴定技术工人6775人，培训高级工64人。

【工程质量管理】2018年，市住房城乡建设局提升工程质量监督管理效率，将日常监督与巡查、抽查、专项检查有机结合，实施以重点工程、保障性住房和质量常见问题等为重点的差异化监督，实现全市工程质量监督规范化、标准化，建立健全工程验前联检制度，提升竣工交付工程质量水平。强化工程检测和预拌混凝土两个行业监管，开展建设领域违规使用海砂及预拌混凝土企业专项检查，实施建设工程质量检测信息化管理，建立检测监管系统云服务器，升级检测报告二维码标识，实现对工程质量检测全过程动态管控。开展为期两年的住宅工程渗漏、开裂专项治理行动，落实主体责任，严肃责任追究。组织开展全省质量观摩会、全市建筑工程精品创建现场观摩交流会。保障上海合作组织青岛峰会场馆建设，完成青岛国际会议中心、青岛奥帆中心海上平台等6个项目建设。指导青岛市建筑业协会开展青岛市新技术应用示范工程验收评审工作，122项工程获评新技术应用示范工程。组织青岛市建设工程优秀工法评审工作，382项工法获评优秀工法。推荐的145项工法获得省级工法，获奖数量占全省总数的34%。完善企业评奖创优激励机制，实施精品工程创建战略。1项工程获评中国建筑工程"鲁班奖"，11项工程获评国家优质工程奖，27项工程获评山东省建设工程质量"泰山杯"奖，59项工程获评山东省建筑工程优质结构工程奖，120项工程获青岛市建设工程质量"青岛杯"奖，省级及省级以上获奖工程数量居全省首位。

【安全生产管理】2018年，市住房城乡建设局加快推进双重预防体系建设，编写青岛市建筑业《风险隐患双重预防体系实施导则（试行）》，实现规模以上企业全覆盖。建立塔机运行安全监控平台，将全市建筑工地塔机统一纳入实时监管。将远程视频监控系统监控范围延伸至所有区（市），全面掌握全市建筑工地实时动态。实施"美丽青岛行动"，推进建筑工地扬尘防治和整治提升常态化，按照青岛本土风景、祖国大好河山、园林风景画、人文传承等四个系列，对施工现场围挡、大门及场容场貌进行整治提升。细化示范工地评价标准，加大对BIM技术、绿色施工等方面的引导力度，通过优化评价程序，突出全过程示范作用，推动施工现场标准化管理。完善科技手段，推进施工现场扬尘在线监测系统推广与应用，全市有812个建筑工地安装扬尘在线监测系统。截至年底，全市整治在建建筑工地1552个，整治围挡面积120万平方米。

勘察设计

【概况】2018年，青岛市工程勘察设计行业有各类资质勘察设计企业264家，其中甲级资质企业107家、乙级资质企业125家、丙级资质企业29家、设计施工一体化企业3家（一级资质1家、二级资质2家）；勘察设计从业人员21469人。全市工程勘察设计行业实现营业收入148.84亿元，同比（下同）增长15.3%；缴税额9.25亿元，增长4.3%。与上年同期数据相比，全市勘察设计行业总体有所上升。城市建设规模逐年扩大，勘察设计业务量随之增加；全市勘察设计单位的总体实力不断提高，综合竞争力不断增强。

【勘察设计市场管理】2018年，青岛市开展勘察设计行业诚信考核管理并网并库工作，将原青岛市工程勘察设计行业诚信考核管理系统数据库与全市建设市场监管和信用信息综合平台并网并库，为全市建设市场监管和信息平台的建设开发提供行业信息数据支撑。开展全市勘察设计市场执法检查，通过企业自查、区（市）主管部门检查、市主管部门抽查等方式，对勘察设计单位的资信、市场行为和质量进行集中检查，对检查发现的问题依法依规进行处理。促进企业转型升级发展，支持和鼓励行业企业兼并重组、资质升级，提高企业技术实力和发展能力,引进外地企业注册发展。全市有19家企业进入"全省勘察设计企业2017年营业收入百强榜",有16家企业进入"全省建筑设计企业2017年营业收入50强排名榜",青岛市勘察测绘研究院在全省工程勘察企业2017年工程勘察营业收入排名中居首位,青岛腾远设计事务所有限公司入选"2018年中国十大民营工程设计企业"。

【勘察设计质量管理】 2018年,青岛市发布《青岛市城乡建设委员会关于优化施工图审查服务推动勘察设计提质增效的通知》,在全国率先实行施工图审查预审模式,通过精简申报材料、容缺受理、试行预审模式、加强勘察设计环节质量和时效管理、提高从业人员业务能力等5项关键措施,达到报送审查快、受理审查快、发放合格书快、结束勘察设计环节快、勘察设计质量好的"四快一好"改革目标。规范政府购买施工图审查服务,推进数字化审查试点工作。

【建筑设计技术创新】 2018年,青岛市组织开展勘察设计行业学术交流活动,举办2018年中德历史城区保护与可持续发展青岛论坛、"走进大师"(第六期)高端学术讲座、"建筑之美"大师讲堂(第二季)等系列活动;开展新技术推广活动,组织开展"工程勘察监管云平台培训""装配式技术培训班""建筑节能与结构一体化保温系统技术与应用推介会""《自动喷水灭火系统设计规范》GB 50084—2017条文解读培训"等专业技术研讨活动。组织参与"山东省勘察设计管理创新与转型升级研讨会""中国威海国际建筑设计展览和论坛"等技术创新与研讨活动。在全省建筑创意设计技能竞赛中,青岛市参赛选手获一等奖1项、二等奖2项、三等奖6项,青岛市住房和城乡建设局获优秀组织奖。

【抗震设防专项工作】 2018年9月25日,青岛市住房和城乡建设局承接山东省住房和城乡建设厅下放的超限高层建筑抗震设防专项审查工作,参与组织5个超限高层建筑项目的抗震专项审查,完成市南区、市北区、李沧区的既有房屋建筑和市政工程抗震性能普查工作。

【既有住宅加装电梯】 2018年,青岛市住房和城乡建设局建立每月调度制度和每月报表制度,掌握全市工作进度。指导各区(市)制订加装电梯实施方案并明确区(市)财政奖补资金,李沧区、崂山区和青岛高新区已通过区政府常务办公会审议并印发施行。全年全市有7个项目进入前期操作和实施阶段。其中,2个项目已交付使用,1个动工,1个具备施工条件。

(青岛市住房城乡建设局)

宁 波 市

概况

2018年是贯彻落实党的十九大精神开局之年,是改革开放40周年,也是全市住建事业发展思路大转变、体制机制大统筹、干部作风大提升的一年,呈现出"站位更高、干劲更足、速度更快、作风更好"四个方面的明显进步。一年来,宁波市住建局认真贯彻中央和省、市决策部署,勇挑大梁、敢当先锋,全力全速推进"城乡争优"攻坚行动,圆满完成了全年目标任务,赢得了新时代住房城乡建设事业发展"开门红"。

【谋划转型之策,发展思路持续拓宽】 确立了住建事业发展"构筑更大格局、厚植更深情怀、力促更趋平衡、鼓足更强动能"的新时代战略发展思路。2018年,市住建局跳出"就建设论建设,就项目看项目"的传统思维定式,把目光从"项目建设"聚焦到"城市发展"上,从"项目管理"聚集到"能级提升"上,从是否有利于城市空间优化、功能培育和产业融合的维度去审视谋划住建事业发展,力求把每一个项目、每一条道路,都打造成提升都市发展能级的"动力源",强化城市综合竞争力的"助推器"。市住建局聚焦城市发展不平衡不充分问题,把更多资源精力投入到老城旧区存量资源的更新改造和能级提升上,牵头制定并印发《关于推进城市有机更新工作的实施意见》,扎实推进核心板块品质提升、基础设施联网提升、城市街区改造提升,加快老城区焕发新活力,推动新城建设和老城更新"交相辉映";市住建局以小城镇环境综合整治、美丽宜居示范村创建、农村危房治理、农村公厕改造等重要涉农工作为抓手,大力推进农村人居环境整治行动，助力乡村振兴战略落实落地，推动城市发展和乡村建设"比翼齐飞"。一年来，市住建局扛起"城乡争优"三年攻坚这一重大牵头任务，确立了打造"精致宁波、品质之城"的攻坚目标和"一统三强五提升"的核心抓手，推进攻坚会战，取得扎实成效。"一统三强"方面，规划、建设、管理方面共32项具体任务扎实推进，城建计划、区块开发和地上地下等"三大统筹"取得重大突破性进展。"五提升"方面，牵头全市域2650余个项目、总投资7639亿元。今年完成投资1793.4亿元，完成年度计划120.3%，打造了北仑梅山水道、宁海全域乡村整治、海曙西片区生态建设等一批城乡争优"蝶变样板"。

【**深研长效之制，顶层设计成果彰显**】谋划了四大行业政策体系。研究编制《党建引领物业管理和社区治理若干意见》等"1+X"政策体系，统筹破解老旧小区治理难题。其中最低物业服务收费标准指导意见、住宅小区行政执法清单已发布实施，目前住宅小区物业服务收费调价机制基本建立，5大类37项违法违规行为执法主体全面明确。研究起草《进一步促进建筑业改革和发展实施意见》，全市新开工装配式建筑项目804万平方米，完成全年目标任务134%；新增2家特级资质施工企业、1项工程荣获鲁班奖、22项"钱江杯"工程，全年未发生较大以上质量安全事故。研究确立"五房一体"现代住房体系总体框架，编制起草《深化住房制度改革完善住房供应与保障体系的意见》，启动房地产调控"一城一策"试点政策研究。统筹修编《中心城区海绵专项规划》，联合制定《海绵城市建设规划设计管理办法》，印发实施《关于加强海绵城市建设项目设计和施工图审查工作的通知》，出台一系列验收管理办法、运行维护细则和技术导则图集，海绵城市政策和技术体系全面形成。建立了四项重要统筹机制。按照全市"建设一盘棋"改革思路，助力出台《优化城市发展管理体制强化市级统筹的若干意见》及配套政策。城建计划统筹方面，明确由我局全面负责市六区城市维护和项目建设计划管理，为解决城建计划执行刚性不足的问题奠定了扎实基础；重要区块开发统筹方面，确立"XOD+PPP"城市建设模式，研究制定姚江两岸、三江口和甬江两岸等"拥江"板块统筹开发方案；地上地下建设统筹方面，牵头建立地上地下工程"四同步"联动机制，有效破解地上地下"两张皮""一建数年"等老大难问题；安置房统筹方面，制定《加快安置房统筹建设管理的通知》，推动存量安置房源入市定向销售，着力破解安置房建设管理主体分散、供需不平衡等突出问题。

【**打造品质之城，都市建设焕发新颜**】围挡整治强势推进。高起点制定围挡标准，出台围挡设置管理办法，建立动态化管理信息系统，长效机制全面建立并突破了一批关键节点。全年完成围挡提升项目1392个，总长568公里，421个"建而不快"项目得到强力推进，完成投资118亿元。交通路网持续完善。"三路一桥"、机场路南延、环城南路东段、三官堂大桥及接线等工程进展顺利，北外环机场限高段建成通车，环城南路西延二期快速路工程、西洪大桥及接线开工建设，通途路快速路、东钱湖—鄞州大道快速路前期加快推进。薛家路（中山西路—环城南路）、启运路拓宽改建等组团连网工程开工建设。慈溪公共停车场建设管理取得显著成效，相关做法为中心城区解决"停车难"问题提供了很好的思路。品质项目亮点纷呈。三江六岸品质提升工程扎实推进，海曙时代广场、江北侧滨江休闲带工程以及滨江大道一期景观提升工程建成开放。启动主干道整治，58条品质路已开工36条，快速高架桥面绿化美化以及中山西路、宁镇路等一批品质工程完工，启动环城北路、中兴路等主干道整治。推进"桥头跳车"整治，牵头排查道路里程13968公里、各类桥梁6965座，前期358座问题点位全部整治完成。绿道建设走在前列。新建绿道176公里，完成省定年度目标125%，全市累计里程超过1000公里，"三江六岸核心区滨江绿道"和"东钱湖环湖绿道"双双入选"浙江最美十佳绿道"，慈溪北三环绿道、宁海徐霞客绿道、江北双古渡绿道等各具特色，全省绿道网建设工作现场会在我市召开。海绵管廊扎实推进。国家海绵建设城市试点区已完工23平方公里，占试点区面积74%，累计完成海绵城市建设项目86个，其中提升改造公园绿地14个、集中连片"海绵+"综合改造老旧小区19个。出台《地下空间开发利用管理实施细则（试用）》，建成地下管廊11.5公里，杭州湾大道等4个管廊项目全面完工，杭州湾玉海西路等4个项目扎实推进，通途路（世纪大道—东外环）成为全省首个盾构法施工的管廊项目。绿色建筑全面覆盖。发布《宁波市绿色建筑专项规划（2018—2025）》，出台《关于实施公共建筑能耗限额管理的通知》，成为全省首个划定高能耗公共建筑用电基准线的城市。全年新建建筑中绿色建筑比例达到100%，可再生能源在建筑能耗中提供能源比重超过11%，各项工作走在全省前列。

【**精妆乡村之美，村镇风貌大幅改观**】全面启动农村人居环境整治提升三年行动，致力通过农村"生态环境保护、基础设施提升、美丽乡村创建、村落保护利用、城乡融合发展"五大工程，打造"环境美、村庄美、住房美、乡风美、生活美"的美丽宜居新农村升级版，助推宁波市城乡融合一体发展。小城镇综合整治方面，2018年57个乡镇全部顺利通过省里考核验收，奉化萧王庙镇、宁海强蛟镇、鄞州横溪镇、镇海九龙湖镇等20多个镇乡被评为省级样板，小城镇整治让每个乡镇环境卫生有了大幅提升，基础设施有了大幅强化，乡容镇貌有了大幅改观，人民群众有了实实在在的获得感。慈溪空中管线整治"五集中"工作法，还得到郑栅洁书记的批示肯定。美丽宜居示范村方面，创建成功25个省级美丽宜居示范村，完成省定目标任务357%，其中镇海十七房村和鄞州走马塘村获评国家级美丽宜居示范村。农村公厕方面，聚焦"难找""难用""难看""难管"突出问题，克服时间紧、任务重、标准高等重重困难，全力推进农村公厕改造，累计改造5651座，完成年度目标任务111%，各项工作走在全省前列，并打造了一批实用与颜值兼备的特色公厕。如宁海强蛟镇的海洋风情公厕、余姚朗霞镇的慈孝文化公厕、海曙集士港镇的"一村一品"公厕等。农污设施运维管理方面，完成规范化运维试点村46个，完成年度目标任务的219%，并实现了省、市、县三级监管平台联网。农村危房治理改造方面，通过"腾、拆、修"各项有力举措，提前6个月完成两年10106户治理改造目标任务。

【践行惠民之举，民生工程提速攻坚】积极回应民生关切。聚焦群众呼声和媒体报道，紧扣"民生顽疾"和"关键小事"，线上线下汇集民情民意，内聚外联回应民生诉求，大力推进老旧小区环境整治、围挡整治等民生实事工程。同步强化宣传和舆论引导力度，推出一批专题报道和政策解读，全年答复各类咨询和建议近万条，既取得了惠民好成效，又赢得了群众好口碑。房地产市场健康平稳。全年完成房地产开发投资1564亿元，同比增长13%。坚持因城施策，建立部门会商和房价稳控机制，开展房地产市场乱象专项整治，房地产调控成效明显。加大住房租赁企业培育力度，形成万科、龙湖、世联等专业化住房租赁企业。房产市场监管服务平台实现了各类房产交易"全城通办、一网打尽"。出台《关于推进新建住宅全装修工作的实施意见（试行）》及相关通知，全装修面积达到329万平方米，超额完成全年任务。老旧小区整治改造全面启动。扎实推进"治五乱、促五修、查五违、建五制"行动，"脏乱差"和"旧损缺"问题明显改善，"五乱"现象基本遏制，累计已整治乱停车4315辆、清理各类垃圾4.6万吨、修整绿化和路面超过18万平方米、修缮屋顶和墙面超过11万平方米、新装电梯42部、查处违法违规租用车棚车库5019个、列入试点范围的8个国家老旧小区改造项目已完成6个，老旧小区环境面貌大为改观。住宅小区物业服务收费调价各项工作全面启动，中心城区全年新增物业专项维修资金5.65亿元，创历史新高。棚户区改造稳步推进。全市完成棚改投资158.2亿元，完成棚改面积164.8万平方米，建成并交付保障性安居工程8375套，新增分配使用政府投资公共租赁住房1540套，新增发放低收入家庭租赁补贴1077户，均超额完成全年任务，开展第二次城镇房屋调查登记排查建档，完成住宅房屋建档7万多幢，非住宅房屋建档3万多幢，完成建筑幕墙排查6000幢。

【培树干事之风，自身建设显著改善】工作效率更高了。持续规范行政执法，制定出台《宁波市人才安居实施办法》等10个规范性文件。"最多跑一次"改革取得显著成效，成功入选全国工程建设项目审批制度改革试点城市，全市项目审批效率在世行营商环境评估中位列副省级以上城市第一名，在国务院建设工程开工便利度审批时间督查排名中，位居全国第一。同时，市住建局在全国率先实现存量房交易业务、多层住宅加装电梯审批"一次都不跑"，公积金中心综合服务平台成为全国首家按新标准验收定级为优秀的单位，以上三项工作得到了郑栅洁书记的批示肯定。干部担当更硬了。"夜以继日抢建设，雷厉风行抓进度"的风气在各条战线都有体现，很多同志都是"白加黑、五加二、晴加雨"全身心投入。尤其在牵头推进的一系列重大专项行动中，系统干部不辞辛劳下基层，赴一线，走现场，确保工作在一线推进、问题在一线解决，推动一大批关键节点取得实质性突破。"外树形象，内聚合力"也逐步成为系统干部职工的广泛共识和一致行动，工作中推诿扯皮明显少了，主动配合明显多了。党的建设更实了。牢固树立"四个意识"，坚定"四个自信"，做到"两个维护"，坚决贯彻中央和省市各项决策部署。制定印发《关于新形势下加强和改进机关党建工作的实施意见》，全面落实从严治党主体责任。深入开展"大学习大调研大抓落实"行动，推动"两学一做"教育常态化、制度化，启动"牢记初心使命，勇于奉献担当"专题教育实践活动。推动"城乡争优"和"党建争强"融合共进，在城乡争优的主战场上全面锤炼和检验干部，深入开展

"百名党员进小区、环境整治访民生"专项行动。大力推进党风廉政建设,全年未发生违纪违规行为。

城市建设

【中兴大桥及接线工程】中兴大桥及接线工程(江南路—青云路)南起鄞州区中兴路与江南路交叉口,北至江北区青云路,全长2.62公里,其中桥梁全长约1.7公里,主桥采用一跨过江矮塔斜拉桥,主跨跨径400米,人非系统随桥过江。项目总投26.3亿元,于2018年5月31日首次液压提升架吊装,9月2日主塔全部完成。

【环城南路东段快速化改造工程】环城南路东段快速化改造工程(Ⅱ标段),西起河清路,东至东外环路,全长3.5公里。项目总投12.07亿元,于2018年1月19日1号块浇筑完成;6月24日完成盛莫路口钢箱梁吊装。

【东外环路快速化改造工程】东外环路快速化改造工程南起南外环,北至北外环,经过鄞州区、高新区、北仑区、镇海区等四个区。项目全长13.7公里,其中桥梁全长2.319公里。项目总投9.7893亿元,于2018年10月29日开始挂篮区域K30号墩1号块施工,9月26日完成道路整治段主线道路施工。

【北环东路快速化改造工程】北环东路(世纪大道—东外环路)快速化改造工程范围位于镇海区,西起北环快速路落地段,东与钟包立交(东外环—北外环立交)衔接,为现状老路改造工程,全长约3.4公里。本工程全线采用"快速路主线+地面辅道"方案。沿线设置3对出入口匝道。主要建设内容包括地面道路改建、桥梁工程、排水工程、交通设施工程、智能交通工程、绿化工程、照明工程及保通工程等。项目总投9.8亿元,于2018年11月22日召开AB匝道初步验收会议,12月27日实现通车。

【通途路(世纪大道—东外环)综合管廊工程】通途路管廊工程西起世纪大道(福明变),东至东外环(规划新乐变),长约5.4公里,管廊布设于北侧绿化防护带内。起终点管廊采用明挖施工,长度约0.7公里,其余段管廊均采用盾构施工,长度约为4.6公里,工程总投资约6.95亿元,于2018年4月6日首幅地下连续墙钢筋笼吊装,12月6日首台盾构始发。

【姚江新区保留区海绵化改造工程】姚江新区保留区位于宁波市江北区,在宁波城市中心西北面,北环高架以南。区域南临姚江,北抵姚江新区启动区规划次干路,东至广元路延伸段,临近正在施工建设的宁波奥体中心项目。本工程占地面积约3.27平方公里。由水体综合整治、污水管道提标改造、农业面源污染治理、海绵化景观提升、村落整治、交通提升共六项内容组成。于2018年4月12日开始电源湿地施工;8月11日完成第一次主塔竖转;9月2日主塔全部完成。

【滨江大道一期工程(中兴路—常洪隧道)】本工程位于甬江南岸,西起中兴北路,东止常洪隧道,全长1.8公里,景观面积约18.1万平方米,采用"一片、四区、动线串连"总体布局结构。总投资14194万元。改工程于2018年1月开放,10月24日完成竣工验收。

【宁波东、宁波高速出入口景观提升工程】"宁波东"高速出入口位于鄞州区,包括收费站和收费广场整治、驿站新建及潘火立交区提升;"宁波"高速出入口位于海曙区,包括驿站新建、交通区桥梁外立面整治、市政区桥下停车场新建及段塘高速两侧绿化提升。总投19826.27万元。该工程于2018年10月初开工建设、12月底基本建成。

【三江口公园海曙侧(时代广场)】北起钱业会馆,南至江厦桥地道。全长约0.5公里,面积约4.25万平方米。项目总投资10435万元,于2018年5月底建成开放。

【三江口公园江北侧】甬江西岸(新江桥—城展馆)工程重点提升天主教堂周边景观品质,改善老外滩滨江区域空间环境,实施绿地升级改造和断点贯通,全长约0.8公里,面积约5.5公顷,总投资16426.21万元;甬江西岸甬江大桥周边景观提升工程重点进行甬江大桥整治(新建人行梯道和桥下建筑、立面装饰等),提升金港酒店周边景观品质,开展天主教堂周边建筑装饰和围墙改建等,实施绿地升级改造,景观总面积约1.1公顷,总投资3245.38万元。该工程于2018年元旦开放,6月19日完成综合验收。

【环城北路改建工程】环城北路改建工程西起姚江大桥(大闸路口西),东至常洪隧道口,全长5.5公里,规划宽度为44米和32米,建设内容包括道路工程、桥梁工程、地下人行通道、地下管线工程及附属工程。项目总投约13亿元。西段(人民路以西)2018年底基本完成道路北侧综合管线施工。

【机场快速路高架桥桥面绿化美化综合整治工程】工程南起海曙区机场路34省道立交,北至江北区保国寺互通,全长约17.3公里。建设范围包括主线高架桥桥面范围和主要互通枢纽立交部分,主要建设内容包括快速路高架桥桥面防撞墙涂装美化、桥面两侧防撞墙绿化建设和浇灌供水、设施等相关配套工程。项目总投1.25亿元，于2018年10月16日完工。

【环城南路快速路高架桥桥面绿化美化综合整治工程】 工程东起鄞州区东苑立交，西至海曙区环城南路与机场路枢纽立交，全长约9.3公里。建设范围包括主线高架桥桥面范围和主要互通枢纽立交部分，主要建设内容包括快速路高架桥桥面防撞墙涂装美化、桥面两侧防撞墙绿化建设和浇灌供水、设施等相关配套工程。项目总投9544万元，于2018年10月16日完工。

【北外环快速路高架桥桥面绿化美化综合整治工程】 工程西起宁波北出口，东至世纪大道，全长约14.6公里。建设范围包括主线高架桥桥面范围和主要互通枢纽立交部分，主要建设内容包括快速路高架桥桥面防撞墙涂装美化、桥面两侧防撞墙绿化建设和浇灌供水、设施等相关配套工程。项目总投1.6亿元，于2018年11月30日完工。

【环城南路西延工程】 位于海曙区，工程东起环城南路与机场路立交，沿规划环城南路至甬金连接线，而后沿甬金连接线向北至环镇北路，全长约8.9公里。全线采用"主线快速路＋地面辅道"建设形式，主线快速路为"高架＋短地道"组合方案。工程设置2座互通式立交（续建机场路立交、新建秋实北路立交）、5对上下匝道和2对地面出入口。项目总投约44.3亿元，2018年11月8日完成首件立柱浇筑，年底完成启动段主线高架第九联顶板浇筑。

【机场快速路南延工程】 位于海曙区、奉化区，北起海曙区鄞州大道，南至奉化区岳林东路。工程全长约18.8公里，采用"主线高架＋地面辅道"的建设形式，其中鄞州区明州大道至奉化区中山东路（约11.8公里）与轨道宁奉城际线"四站五区间"共线，共线段采用高架一体化结构。主线高架采用城市快速路标准建设，地面辅道采用城市主干道标准建设，工程预留2座全互通立交（明州大道立交和四明东路立交）、新建8对平行匝道、2对地面出入口。项目总投约64.3亿元（不包括共线段城际铁路工程投资15.7亿元）。2018年9月2日完成首片轨道U形梁架设，年底基本完成全线下部结构施工。

【宁镇路工程（常洪隧道—金河路）】 工程西起世纪大道（常洪隧道），东至镇海区金河路，全长约6.8公里，道路规划标准宽度68（60）米，道路等级为城市主干路，双向6车道。项目总投约13.8亿元，于2018年8月完成道路主线施工，年底完成道路两侧景观绿化工程。

【三官堂大桥及接线工程（江南路—中官西路）】 工程南起高新区江南路与院士路口，北至镇海区中官西路，全长约3.3公里，其中桥梁全长约2.2公里，主桥采用连续钢桁架结构、一跨过江，主跨跨径465米，人行过江系统用桥头堡电梯加推行坡道形式。项目总投26.59亿元，于2018年12月31日完成南岸边跨及三角区钢结构安装。

【薛家路（环城南路—中山西路）道路工程】 工程位于宁波市海曙区，工程南起在建环城南路，北至中山西路，全长约3.5公里。规划标准断面宽度为36米，设置双向6车道机动车道、非机动车道和人行道等，全线包含5座桥梁。项目总投9.8亿元，于2018年12月10日完成Ⅰ标段西侧交通导改。

【中山西路（机场路—长兴路）改建工程】 工程位于宁波市海曙区，工程西起长兴路，东至机场路，全长约0.92公里。规划标准断面宽度为40米，为城市主干路，设置双向6车道，全线包含2座桥梁和1座保通箱涵。项目总投3.0亿元，于2018年6月17日完成全线道路改造施工。

【中兴路（江南路至兴宁路）综合整治工程】 工程位于宁波市鄞州区，工程北起江南路，南至兴宁路，与轨道交通3号线一期共线，道路全长约3.75公里，标准路幅宽度50米，建设标准为城市主干道，主线规划设双向5车道，两侧辅道各设2条车道（包括公交专用道），主车道设计时速为50公里/小时。项目建设主要内容为道路交通整治及功能完善、道路景观绿化提升和道路公共空间环境优化等。项目总投资约5.75亿元，其中工程建安费约4.65亿元。本工程于2018年9月12日正式开工建设，12月31日基本完成西侧道路施工。

住房保障与棚户区改造

【开展城乡一体化住房保障体系构建】 2018年，部分区县（市）推进住房保障城乡一体化建设，截至12月底，北仑区、奉化区、余姚市、慈溪市、宁海县、象山县、东钱湖旅游度假区、大榭开发区、杭州湾新区均已实现了公共租赁住房保障城乡一体化，将保障范围从城镇扩大到了城乡。

【推进公租房货币化保障】 房源已充分使用的区县（市）制定出台政策，积极推进货币化保障。截至12月底，江北区、北仑区、奉化区、宁海县、象山县、高新区、大榭开发区、东钱湖旅游度假区在继续推进公租房实物保障的同时实施了公租房货币化保障，有序推进实物与货币并举的保障方式。

【上下联动强化联络机制】 搭建起了全市各住房

保障部门联络平台，加强了相互沟通交流和借鉴学习。6月12日，针对各地普遍发生的租金收取难、综合管理难、退出难等一系列后续管理问题，组织全市各住房保障部门赴奉化区金海家园保障性住房小区进行现场观摩交流学习，充分发挥优秀保障性住房小区管理的示范引领作用。10月，组织各区县（市）住房保障业务骨干赴武汉大学进行了为期一周的住房保障专题培训，提升干部职工的综合素质和住房保障业务能力。

【深入贯彻落实住房保障"最多跑一次"改革】各区县（市）均已落实"最多跑一次"改革基本要求，积极推进申请材料再简化、申请审核流程再优化，办结时限再缩短工作，均做到了住房保障申请30个工作日内（不需要进行经济状况审核）或40个工作日内（进行经济状况审核）核准的要求。同时，加强了系统对接和沟通，将住房保障相关申请审核办理事项接入了浙江政务网，"公共租赁住房承租资格确认""公共租赁住房租赁补贴或者租金减免审批""公共租赁住房的租金收缴"实现申请审核事项一窗受理、网上申请办理。

【加快推进应家项目建设】应家3号-1、4号保障性住房地块项目于2018年5月15日实现复工建设，截至12月底，3号-1地块主体达到平均结构9层，4号地块一标段达到平均结构11层，二标段达到平均结构5层，累计完成投资约5.2亿（不含土地）。

【不断优化和塘雅苑小区后续管理】督促小区物业公司做好日常管理服务工作，通过现场实地抽查和组织专题会议的形式，梳理日常工作薄弱点及存在难点，指导和督促小区物业公司明确工作方向、加强人员力量，确保日常物业管理工作保持在省优创建水平；做好小区公共部位、设施设备及室内质量维修的监管工作，加强对小区智能化管理系统提升改造的调研及改造方案的拟定工作，完成小区工程项目管理办法文件的制定和印发工作。

【创建"保障房·温暖家"党建品牌】2018年，为了发挥基层党组织引领作用，切实提升保障房小区服务管理，推动党建文化进小区，市住房保障管理中心创建了"保障房·温暖家"党建品牌，通过开展一系列的党建联建，推进社区党建＋服务模式，孵化十余个社会组织开展志愿服务，积极引入义工组织、红十字会等社会团体共同参与保障房小区社会公益和党建活动，让居住在保障房小区的人民群众以保障房小区为家，安居乐业，感受到"温暖"，提升幸福指数。

【稳步推进新一轮棚户区改造】2018年，全市完成棚户区改造189.11万平方米，完成目标126.07%，新开工安置房及货币化安置17972套，完成目标138.25%，其中危旧房改造面积94.9万平方米，城中村项目改造面积94.21万平方米，共涉及18134户；全年累计完成投资169亿元。

【年度住房保障和棚户区改造工作先进单位】经综合考评，海曙区政府、北仑区政府、奉化区政府、余姚市政府、象山县政府、宁波国家高新区管委会、市住建局、市审计局、市民政局被评为2018年度住房保障工作先进单位。象山县政府、奉化区政府、宁海县政府、海曙区政府、鄞州区政府、东钱湖旅游度假区管委会、市住建局、市发改委、市财政局、市自然资源和规划局、国家开发银行宁波市分行被评为2018年度棚户区改造工作先进单位。上述先进单位由市政府予以通报表彰。

村镇建设

【小城镇环境综合整治】全市112个乡镇共梳理并启动整治项目2010个，完工项目1988个、总投资237.32亿元，完成投资236.29亿元（占比99.6%）。列入2018年考核达标的57个乡小城镇全部顺利通过省里考核验收；奉化萧王庙街道等25个小城镇被评为省级样板；海曙区古林镇等13个小城镇被评为市级样板。

【"宁波小城镇蝶变"主题摄影比赛暨最美宜居小城镇评选活动成功举办】2018年7月4日至8月12日，宁波市小城镇整治办会同市摄影家协会举办了市小城镇蝶变摄影大赛暨最美宜居小城镇评选活动。活动通过宁波日报、中国宁波网、现代金报等媒体发布，6万多网友参与网络投票。余姚梁弄镇、慈溪鸣鹤古镇、奉化大堰镇、鄞州云龙镇、海曙龙观乡、象山墙头镇等6个乡镇获评2018年度宁波市最美宜居小城镇。

【再造魅力故乡·论坛顺利举行】2018年11月20日至21日，2018再造魅力故乡·论坛在宁波举行。继2017年首届论坛在宁波成功举办后，2018再造魅力故乡·论坛以推进全球可持续发展为契机，由中国可持续发展研究会主办，国家住宅与居住环境工程技术研究中心、宁波市小城镇环境综合整治行动领导小组办公室共同承办。联合国人居署驻华代表处首席代表张振山、联合国开发计划署驻华代表处助理国别主任万扬，以及来自日本、英国、荷兰、瑞典等国的专家教授和国内多个城市政府部门的负责人参加。

【农村公厕改造】加快补齐农村公厕短板。农村公厕改造是浙江省人民政府2018年民生实事工程，由浙江省住建厅牵头实施，为便于上下衔接，宁波市政府明确由市住房和城乡建设局负责宁波市该项工作的牵头抓总。截至年底，全市共完成农村公厕改造5652座，其中新建1023座、对标提升4629座。同步健全服务机制，推行"公厕长"制度，强化长效管理，极大改善了农村公厕"难找、难上、难管"问题。

【美丽宜居示范村创建】2012年以来，宁波全市各级城乡建设部门深入推进新农村建设，努力建设幸福美丽新家园，着力通过优化规划设计、营造风貌特色、提升基础设施、改善生态环境等措施，努力建设一批美丽宜居示范村，加快推动形成具有地域特色、生态特色和人文特色的农村风貌，持续提升农村人居环境。截至2018年底，成功创建104个省级美丽宜居示范村、6个国家级美丽宜居示范村和1个国家级美丽乡村示范村，2019年新立项21个省级美丽宜居示范村创建对象。

【农村生活污水标准化运维】自2018年开始，在浙江省统一部署下，宁波市大力开展30吨以上处理设施标准化运维管理，截至年底，全市已有45个处理设施实现标准化运维。

房地产业

【概况】2018年，宁波市房地产市场运行总体保持平稳健康的发展态势。全市完成房地产开发投资1587.5亿元，同比增长15.5%；完成商品房销售1624.4万平方米，同比增长5.2%，其中销售住宅1299.2万平方米，同比增长1.2%；二手房成交1385.4万平方米，同比下降9%；住宅价格指数虽有所波动但总体稳定，排名处于70个大中城市中下位置。2018年宁波房地产业增加值602.9亿元，同比增长4.8%；占地区生产总值的5.6%，占第三产业增加值的12.2%。房地产业税收收入占全市税务部门组织的税收收入的12.4%。

【房地产市场调控】2018年，宁波市严格落实已出台的限购、限售、限贷政策，并根据市场形势，及时指导奉化区、杭州湾新区分别出台《关于促进奉化区房地产市场平稳健康发展》（奉政发〔2018〕48号）、《关于促进本区房地产市场平稳健康发展的通知》（甬新管发〔2018〕19号），通过限购、限售、限贷等措施，保持房地产市场平稳健康发展。同时，加强市场监测分析，落实日报、周报、月报和定期市场分析制度，及时掌握市场变化，并对购房面积段、外地户籍人员购房比例等情况进行动态监测。针对中心城区部分楼盘价格过快上涨的问题，及时引导舆论媒体客观报道，避免造成社会恐慌购房心理，加强对热点地区和楼盘进行价格监控。2018年12月，全市新建商品住宅价格环比下降0.2%，涨幅在全国70个大中城市排第65位，同比上涨6.1%，涨幅排在第56位。

【房地产市场整治】2018年，宁波市住房和城乡建设委员会联合市发改委、市场监管局等七部门下发了《关于开展房地产市场违法违规行为专项治理的通知》，通过部门联合执法，重点打击投机炒房和房地产"黑中介"，整顿规范房地产市场秩序。同时，开展专项整治和检查。整顿房地产开发企业拒绝公积金贷款、拨打售房骚扰电话等行为，开展房地产估价市场检查，对发现违法违规行为的采取约谈企业负责人、停止网签、暂停销售以及公开曝光等形式予以严肃处理。全市共处理房地产开发企业36家，处理中介机构66家。

宁波市住房和城乡建设委员会出台了《宁波市房地产经纪机构及从业人员信用记录公示办法（试行）》，并上线公示系统，通过对经纪机构和人员的从业行为进行信用评价，逐步形成诚信交易的机制体系。通过制作宣传海报，宣传二手房交易基本流程、中介结构选择及交易风险提示，规范中介市场。

宁波市房地产行业协会组织对全市房地产经纪机构从业人员进行培训，累计完成经纪机构从业人员培训26期，约5200人。

【房地产项目管理】2018年，全年新申报核准房地产开发企业27家，对257家房地产开发企业进行了资质年检，对5家原是一级、二级资质的企业延续申请资料进行初审，并上报省厅。

推进住宅全装修。宁波市住房和城乡建设委员会出台了《关于推进新建住宅全装修工作的实施意见（试行）》和《关于加强住宅全装修样板房管理的通知》，配合宁波市住房和城乡建设委员会质安处出台了《关于进一步规范住宅全装修工作的通知》，强制推行新版商品房买卖合同示范文本，基本健全了住宅全装修政策。

【举办第23届住博会】2018年，宁波市举办了第23届中国宁波国际住宅产品博览会，分为房产、家装、厨具、陶瓷卫浴、家具、建筑节能、门窗管道、油漆涂料、信息家电、家纺布艺、太阳能、新型建材十三大展区，展出面积5万平方米，展位2500余个。现场参观人次余7.8万，意向成交8.8亿。住博会现场宁波市小城镇整治和发展成就展、智慧家居、绿色节能材料深受关注，可见随着技术的发展，人居环境的需求也有了巨大的变化，市民们更加关心健康、宜居的家居体验。召开2018中国宁波房地产高峰论坛暨宁波人居品质倡议行动启动仪式，该论坛是宁波政府及房地产界交流分享最新政策形势以及宁波房地产最新发展趋势等，引领行业平稳健康创新之发展的主要平台，本次论坛还增加小城镇、产业小镇建设及招商内容。

【建设房产监管服务平台】2018年，宁波市房产市场监管服务平台陆续建成商品房预售、存量房交易等5大子系统，并实现全大市联网覆盖。市住建局制定了《监管服务平台问题和需求流程梳理规范》，规范全大市平台建设过程中的各类数据整理和需求问题的处理流程；开发并上线运行宁波房产移动APP经纪机构版，实现全市已备案经纪人员在移动端进行房源核验、委托签订、发布房源、房源共享等操作；建设租赁监管服务平台，打造集企业备案、房源核验、信息发布、网上签约、合同备案、信用评价等为一体的服务系统，为租赁双方提供便捷服务，也发挥行业监管和市场监测作用，已试运行。截至12月31日，平台上已完成全大市范围内累计备案经纪机构1934家，备案经纪人员8115人，完成租赁合同备案业务14357件。

【实现交易"全城通办、一网打尽"】2018年，依托房产监管服务平台，宁波市在全国率先实现了存量房交易业务全程网上办理。相较以往有"四大进步"：一是办理"网上跑"。成交价格申报、购房资格核查等事项无需再赴窗口办理，通过该平台即可一键提交申请资料，审核结果以短信形式告知并作为交易依据，核查发现问题线上反馈处理，无需来回奔波，实现了真正的"一次都不跑"。二是标准"统一化"。全大市房产交易"一张网、一个平台、一个数据库"，事项名称、申请材料、办事流程、办理时限、表单内容等均统一标准，为房产交易全城通办奠定了基础。三是全程"无纸化"。买卖合同、告知单、查询结果等均由平台系统加盖电子签章，大幅节省纸张且不易出错；打破"信息孤岛"，将PDF文本等数据与不动产、税务、民政、户籍、社保、公积金等业务部门共享，进一步减少群众后续奔波和纸质材料。四是交易"更可靠"。平台发布的房源均为经过核验的真实房源（带唯一核验码），房源查封、签约后自动下架；交易全程网上留痕、网上监管、网上可追溯，科学规范、公开透明；推行经纪机构备案入网制度，建立交易"信用档案"，虚假房源、阴阳合同等违规行为得到有力遏制。此外，为进一步深化落实"最多跑一次"改革，我们创新房产交易合同签约模式，逐步在互联网、APP、经纪机构网点开设自行成交专用通道，并开发完成了房产交易自助服务一体机，逐步实现所有房产交易业务"自助办理"。其中，自助服务一体机主要面向存量房买卖自行成交群体，集成了房源核验、购房资格核查、合同网签打印、房产交易信息查询打印等模块，并与监管服务平台信息实时联动，可基本替代存量房买卖合同窗口网签职能，实现了真正的"一次都不跑"。宁波房产移动APP经纪机构版也已上线试运行，全市已备案经纪人员只需用与平台相同的账号登录就能实现在移动端进行房源核验、委托签订、发布房源、房源共享等操作。

建筑业

【概况】2018年，全市完成建筑业总产值4915.5亿元，同比增长6.6%，建筑业总产值位居全省第2位（第一位为绍兴市），占全省建筑业总产值的比重为17.1%，比2017年同期提高0.2个百分点。2018年，全市建筑业新签订合同额5022.9亿元，同比增长0.2%。全市建筑业实现增加值557.8亿元，占全市GDP的比重为5.2%，比2017年同期提高0.1个百分点；建筑业在全市经济产业中的地位继续巩固。

2018年，全市建筑业企业在省外完成建筑业产值2376.5亿元，同比增长0.2%。省外完成产值占全市建筑业总产值的比重达到48.4%，比2017年同期下降3个百分点。全市新开工装配式建筑312个，面积802万平方米（包括工业建筑和民用建筑），同比增长138%；其中装配式住宅和公共建筑（不含场馆）168个，面积557万平方米，同比增长289%。装配式建筑发展工作连续第四年在全省建筑工业化考核中被评为优秀。

截至年底，我市共有建筑业企业1963家，其中特级企业15家，一级企业217家（一级总承包企业120家，一级专业承包企业97家），二级企业846家（二级总承包企业202家，二级专业承包企业627家）；全市共有勘察设计企业238家，其中甲级企业91家；全市工程监理企业75家，其中甲级企业44家；目前，全市建筑业有上市企业12家（其中主板上市5家，中小板上市和新三板挂牌7家），企业综合竞争力进一步提升。

中国建筑业协会公布的2018—2019年度第一批中国建设工程鲁班奖（国家优质工程）工程名单中，宁波市4个工程项目荣获国家优质工程鲁班奖，1家企业在省外参建项目荣获国家优质工程鲁班奖；此外，宁波市建筑业企业还获得省部级优质工程奖25项，其中浙江省"钱江杯"优质工程奖24项，上海"白玉兰"优质工程奖1项。

【加大建筑业培训及人才培养力度】一是组织开展了BIM技术应用优秀案例征集活动，并分别召开了全市推进建筑信息模型技术应用经验交流会和装配式建筑BIM技术应用交流会，全市各区县（市）建设主管部门、市级相关部门以及部分勘察设计、施工、监理、招标代理、造价咨询等企业相关负责人共约450余人参加了交流会。二是组织赴上海开展装配式建筑管理及技术人员培训，提高全市装配式建筑行业从业人员技术和管理水平，两期共100余人参加了培训。三是继续开展建筑业精英人才培训，提高企业核心决策者战略规划与掌控全局的分析和判断能力，为企业培养具有现代化经营水平的管理人才。四是组织开展建筑业人才培育经费补贴申报工作，对2017年173家企业培育引进的高级工程师、注册执业人员和研究生等高级人才给予经费补贴140多万元。

【加强建筑市场监管，完善信用体系建设】在全大市范围开展了建筑市场行为及质量安全工作的监督检查，共抽查25个在建工程项目，涉及责任主体72家。对检查中发现严重问题的23家责任单位进行了通报批评，并下发执法建议书要求各监管部门对涉嫌违法违规行为的受检项目责任单位及责任人实施行政处罚。对15家拖欠务工人员工资的建筑业企业进行了通报，并将11家企业列入工资拖欠"黑名单"进行联合惩戒。对32家建筑企业负责人组织召开集中警示约谈，要求其进一步规范建筑市场秩序，全力配合开展城乡品质争优三年攻坚行动。完成宁波市建筑市场信用信息管理系统与浙江省建筑市场监管诚信平台对接，实现数据互通共享，解决了企业多头、重复录入提交信息的问题。在原有宁波市建筑市场信用信息管理系统的基础上，结合国家信用信息战略部署提升了信用体系建设目标高度，初步梳理了信用体系配套制度框架，明确了运用信用信息推动建筑业发展，完善行业治理，提升政府服务和监管能力，实现基于信息数据的科学决策的建设目标。

【推进装配式建筑发展，提高装配式建筑质量水平】一是将装配式建筑纳入《宁波市绿色建筑专项规划》，明确各基本地块的装配式建筑指标，由规划、国土、住建等部门从土地源头落实，并从节能评估、施工图审查、专项验收等环节进行把关。制定并印发《关于明确〈关于进一步加快装配式建筑发展的通知〉中相关内容实施要求的通知》，明确因条件限制无法实施装配式建筑的项目界定标准，提高工作效率。规范装配式建筑施工图设计文件审查流程，明确审图的流程及要求，加强审图环节的把关。制定《宁波市农房工业化标准体系》，总结农房工业化试点经验，并积极在全市推广。建立装配式混凝土工程质量验收文件管理制度，由市安质总站发布《关于明确建筑工程装配式预制混凝土构件质量证明文件要求的通知》，规范预制构件进场验收要求、验收程序、验收资料等内容，为预制构件质量控制提供保障。

大事记

1月

4日　洪塘街道裘市村新建住宅楼项目作为宁波市第一个开工建设的农村危旧房改造实施装配式住宅项目，完成竣工初验。

5日　市长裘东耀在2018年第一次市政府常务会议上作出部署：开展市主干道路（街区）综合整治专项行动，3到5年内，重点整治"三江口"核心区、城市快速路、在建轨道交通沿线和重要功能区块连接道路等25条品质路；按照"政府引导、业主决策，市场运作、财政补助"的原则，推进既有多层住宅加装电梯。

6日　市住建委、市国土局、市综合行政执法局、市交通委四部门联合下发《宁波市工程建设及施工现场环境整治工作方案》，在全市范围内开展工程建设及施工现场环境整治行动。

8日　全市启动建设用地"批而未建"整改行动，加快推进"供而未用"土地处置利用。

9日　宁波首部老小区加装电梯在白鹤街道孔雀小区启用。

10日　市政府举行宁波市城市设计、"城市双修"试点工作推进会。

11日　宁波市建筑业精英人才队伍二期培育工程启动仪式举行。

19日　"宁波房产"APP（经纪机构版）手机软件日前上线试运行。

31日　《宁波市住房公积金失信黑名单管理规定（试行）》出台。

2月

13日　宁波市小城镇环境综合整治取得阶段性成果，47个小城镇全部通过省考核验收，其中江北慈城、余姚泗门、镇海澥浦、北仑白峰、慈溪天元、奉化大堰、鄞州东吴、象山定塘、海曙章水、宁海越溪 10 个乡镇被评为省级小城镇环境综合整治样板。

25 日　全市城乡争优抢建设推进会召开。自此，宁波将全面启动城乡争优三年行动计划，统筹提升宁波城乡综合功能和形象品质，致力打造"精致宁波、品质之城"。

27 日　宁波市全面开启棚改工作新三年计划，2018 年棚改实施面积达到 150 万平方米。其中，危旧房改造完成签约 70 万平方米，城中村改造完成签约 80 万平方米，货币化安置及新开工安置房完成 1.5 万套。

3 月

1 日　《宁波市市区城市河道管理办法》正式施行。

2 日　浙江省住建厅公布《第一批浙江省建筑工业化示范城市、企业、基地和项目名单》。宁波市被列为首批浙江省工业化示范城市之一，全市共有 4 家企业获评示范企业，5 家企业获评示范基地，另有 2 个项目获评示范项目。

7 日　市发改委编制的《2018 年宁波市重点工程建设项目计划》正式印发。2018 年计划安排重点工程建设项目 197 个，总投资 5045 亿元。

8—9 日　副省长陈伟俊来甬调研城建和环保工作。实地考察了慈城古镇小城镇综合整治成果和慈城新城海绵城市建设情况。

14 日　浙江公布 2018 年小城镇环境综合整治计划达标乡镇名单，共 560 个小城镇被列入达标计划，宁波 55 个。

15 日　《宁波市人民政府关于实施城市主干道路（街区）综合整治专项行动的意见》出炉。

16 日　《宁波市建设工程（储备用地）围挡改造提升工作方案》印发。

19 日　《东部新城"争优抢建设"三年行动计划》出炉，从 2018 年起至 2020 年，东部新城预计完成投资超过 500 亿元，在区块开发、品质提升、配套服务等方面力争三年大变样。

20 日　全市城乡环境综合整治暨"四边三化""两路两侧"整治工作推进会召开。

23 日　宁波出台《关于开展"六争攻坚、三年攀高"行动的实施意见》（项目争速、产业争先、科技争投、城乡争优、服务争效、党建争强），努力推动宁波走在高质量发展前列。

23 日　全省推进建设工程综合保险工作现场会在宁波召开。据统计，截至 2017 年底，宁波市建设工程综合保险服务实际已为企业减负约 2.43 亿元，有效激发了建筑市场活力。

23 日　宁波市城市公共双语标识系统建设工作领导小组办公室下发实施方案，中心城区力争 2020 年实现双语标识全覆盖。

26 日　宁波出台《关于推进新建住宅全装修工作的实施意见（试行）》，自 2018 年 5 月 1 日起施行。

28—29 日　省长袁家军来甬调研。袁家军强调，宁波作为浙江"双城记"的重要一城、杭州湾的重要一极，要充分发挥区位、港口、产业、开放等四大优势，充分展现新时代的新气象新担当新作为，为大湾区和"两个高水平"建设作出历史性贡献。

4 月

3 日　洪塘街道姚江花园作为宁波市首个进行海绵化改造的老旧小区，完成海绵化改造，并通过竣工验收工作。

12 日　宁波市人力资源和社会保障局、发展和改革委员会、住房和城乡建设委员会、交通运输委员会、城市管理局、水利局等六部门联合下发了《关于铁路、公路、水运、水利、能源、机场工程建设项目参加工伤保险工作的通知》，将宁波行政区域内建筑施工企业（包括外地进甬建筑施工企业）承建的全部建设工程项目纳入工伤保险范围。

12 日　宁波市住房公积金综合服务平台经过住房和城乡建设部验收组检查验收，评审定级为优秀，标志着宁波市住房公积金管理中心成为全国首家按新标准验收定级为优秀的单位。

16 日　宁波奉化—鄞南地区空间布局规划出炉，涉及奉化区、鄞州区、海曙区 3 个新的行政区，近期至 2020 年，远期至 2030 年。

17 日　宁波市生态修复城市修补近期建设规划近期出炉，规划期限从 2017 年至 2022 年。

24 日　宁波出台《推进"城乡争优"三年攻坚行动方案（2018—2020 年）》。

28 日　市住建委发布《宁波市房地产经纪机构及从业人员信用记录公示办法（试行）》，自 2018 年 6 月 1 日起实施。

5 月

7 日　宁波市推进"城乡争优"三年攻坚行动细化方案出炉，旨在通过三年努力，加快建成"精致宁波、品质之城"。

18 日　宁波奉化、杭州湾新区发布房地产调控新政，2 年限售，自 5 月 19 日起实施。

18 日　由市住建委出台的《宁波市绿色农房设计指引》将于今年 6 月 1 日起实施。这也是宁波市首部针对绿色农房的设计标准。

18日　高德地图联合交通部科学研究院、北京航空航天大学交通科学与工程学院发布了《2017年中国主要城市公共交通大数据分析报告》，宁波以0.633的综合指数位居Ⅱ型大城市第一名。

18日　市政府办公厅印发《宁波市三江六岸开发建设2018年工作要点》。

22日　市住建委、市国土局、市规划局联合出台《宁波市绿色建筑专项规划（2018—2025年）》，致力把宁波打造为"浙江省绿色建筑发展重点地区和标杆城市"。

28日　全省小城镇环境综合整治2018年度省级样板创建名单公布，共117个。宁波有11个小城镇名列其中。

29日　市政府新闻办召开例行新闻发布会，市委农办副主任、新闻发言人王才平发布《宁波市全面实施乡村振兴战略三年行动计划（2018—2020年）》有关情况。

6月

2日　市住建委印发《关于进一步规范住宅全装修工作的通知》（甬建发〔2018〕75号）。

5日　2018年未来城市论坛暨奉化城市转型示范区产业签约仪式举行。

14日　全市农村人居环境整治提升暨小城镇环境综合整治行动推进会在江北召开。

25日　市长裘东耀主持召开市政府第30次常务会议，审议并原则通过了《宁波市城市公园绿地街景建设与管理工作实施方案》。

7月

4日　市住建委决定开展全市住宅小区物业管理区域环境专项整治检查工作。

10日　市住建委公开全市新建民用建筑（住宅和公共建筑）项目初步设计阶段节能评估的日照分析报告。

8月

1日　市住建委与市委宣传部、市公安局、市司法局等八部门共同开展房地产市场违法违规行为专项治理行动。

9日　市住建委主任陈寿旦调研白鹤街道老旧小区环境整治工作，住建委"百名党员进小区、环境整治访民生"大调研活动全面启动。

24日　市住建委研究制定2.0版本电梯加装指南——《宁波市既有多层住宅加装电梯服务指南》。

27日　市住建委与市国土资源局联合印发《宁波市房屋征迁项目拆除工地环境综合整治专项行动实施方案》。

28日　全市大湾区大花园大通道建设工作推进会举行，会上首次公布了宁波市大湾区大花园大通道建设蓝图。

28日　市政府常务会议审议通过市住建委代拟起草的《宁波市推进中心城区老旧住宅小区环境整治行动方案》。

9月

1日　《宁波市建筑工程项目联合测绘实施办法》《宁波市联合测绘成果质量监督检查规定》《宁波市联合测绘名录库管理办法》正式实施。

4日　《宁波国家高新区国有土地上房屋征收补偿、补助、奖励规定》正式发布并实施，在住宅房屋临时安置费、房屋征收补助标准等方面都有新变化。

7日　为加强我市民用建筑墙体工程质量安全，市住建委印发《宁波市民用建筑墙体工程质量安全管理暂行规定》，并明确于10月1日起施行。

29日　为进一步健全住宅全装修管理规定，加强交付样板房设置管理，切实维护购房者合法权益，市住建委发布新规，对未按规定设置交付样板房的不予发放预售许可证。通知自2018年10月1日起施行。

10月

8日　市物价局、市住建委近日联合发布《关于宁波市中心城区老旧住宅小区物业服务收费的指导意见》。

11日　市政府召开中心城区老旧住宅小区整治改造工作推进会。

11日　制定出台《宁波市工程建设项目审批制度改革试点工作实施方案》。

13日　由市国土、住建和税务部门联合建设的不动产登记"一窗受理"平台在市行政服务中心不动产登记窗口上线运行。

19日　宁波重大城建项目"百日攻坚"行动动员会在市住建委举行。

22日　印发《宁波市政府办公厅关于进一步推进全民健身实施计划加快体育设施规划建设的通知》。

22—23日　宁波举办工程建设项目审批制度改革培训会。

24日　市住建委日前召开建筑业"无欠薪"工作推进暨工资专用账户管理培训会议。

25日　宁波市人民政府发布《关于推进城市有机更新工作的实施意见》。

25日 "宁波建设论坛"报告会暨首届宁波"城乡争优"大讲堂举行，邀请国内外专家学者对城市有机更新和海绵城市建设开展研讨。

26日 由宁波市人民政府、住房和城乡建设部住宅产业化发展中心主办，宁波市住房和城乡建设委员会承办的第二十三届中国住博会在宁波国际会展中心盛大开展。

10月31—11月1日 全省绿道网建设工作现场会在宁波举行，10条新的"浙江最美绿道"名单在会上公布。

11月

5日 印发《宁波市工程建设项目并联审批制度实施意见（试行）》。

同日 出台《宁波市建设项目生成管理办法（试行）》。

6日 宁波市住建委发布《宁波市房屋建筑和市政基础设施工程工资专用账户管理实施细则（试行）》。

8日 宁波市工程建设项目审批管理系统启动试运行。

20日 为加快推进宁波市既有多层住宅加装电梯工作，《宁波市既有多层住宅加装电梯技术指南》编制完成。

20—21日 "再造魅力故乡"2018宁波论坛举行。

28日 市住建委、市残联近日联合下发《关于在老旧住宅小区改造中切实落实无障碍改造工作的通知》。

30 由市城建设计研究院有限公司主编，市房屋建筑设计研究院有限公司参编的《宁波市海绵城市建设技术标准图集》发布，于2018年12月1日起执行。

12月

3日 市住建委组织召开《宁波市优秀历史建筑实录》图集制作项目评审会，市规划局、市房安中心、市文保所和宁波日报社参加评审。

6日 市住建委下属宁波市房产市场管理中心发布《关于实行存量房交易网上办理的通知》。《通知》规定，自2018年11月26日起，宁波市全面实行存量房交易业务网上办理。

7日 市住建委与市节能办联合印发《关于实施我市公共建筑能耗限额管理的通知》，要求从2019年起，宁波城镇公共建筑实施能耗限额管理。

（宁波市住房和城乡建设委员会）

厦 门 市

概况

2018年，厦门市建设局全局系统认真学习贯彻习近平新时代中国特色社会主义思想和党的十九大精神，在提升城乡环境、扩大有效投资、补齐民生短板、促进行业发展等方面取得了新的成效。

城乡环境进一步改善。一是城市有机更新步伐稳健。一方面，老旧小区改造破解通信单位管线改造不积极难题，制定《老旧小区弱电管线改造以奖代补实施办法》，实现小区改造进度"再加速"，完成老旧小区改造156个，投资1.18亿元，老旧小区改造"厦门模式"向全国15个试点城市推广。另一方面，第二轮立面改造提升成效明显。实施街区立面改造项目30个，整治主次干道31条、建筑1216栋，提升道路38公里，整治提升工作已基本覆盖全市老城区主要干道。二是农村人居环境整治进入新阶段。牵头启动厦门市农村人居环境整治3年行动，8个农村人居环境示范村创建和30个美丽乡村建设工作进展顺利，完成346个自然村分散式污水处理设施，制定农村住宅建设管理指导文件。

有效投资持续扩大。一是重点项目完成投资连续四年突破千亿。2018年完成投资1376.9亿元，完成年度计划116.7%。强化机制引领，修订《市重点建设项目管理办法》，制定《市级财政投融资市重点项目既有管线迁改实施意见》、重点项目督查和考核两个配套办法。二是城乡民生基础设施建设超额完成任务。实行"周协调、月调度、季督查、年考核"，统筹推进市级项目完成投资117.44亿元；省级项目（8大工程＋交通畅通工程）完成投资387.57亿。三是厦门市建筑业产值突破2000亿。完成2164.93亿元，同比增长16.9%。其中，省外完成产值869.04亿元，同比增长44.0%，产值总量和增幅排名居全省前列。

民生保障实现新改善。一是保障房提品质扩覆盖创"三最"。开建保障性住房2.8万套，超额完成年度计划，受理各类保障房意向登记约1.6万户，是自2006年实施保障房政策以来受理量最多、供应房源最多、保障范围最广的一年。地铁社区"地段佳、配套好、规模大、品质高、功能齐"。住房保障覆盖面进一步扩大，首创承诺书、意向书制度，从源头有效剔除非刚需保障家庭，提高配置效率。二是公共停车泊位新增数量再创新高。共新增12156个，为2018年市为民办实事要求新增任务指标的3倍。

行业管理水平不断提高。一是工程质量安全生产受控，精品工程不断涌现。4个项目获评"全国建设工程安全标准化工地（全国AAA级）"，23个项目获评"省级建筑施工安全标准化工地"，15个项目获评"闽江杯省优质工程"，厦门世茂海峡大厦获"全国优秀设计一等奖"。二是代建行业监管措施效果显现。出台《代建制管理办法》及代建企业信用综合评价、竣工决算、考勤管理等配套规定，形成闭合管理链条，强化检查考评及奖励惩戒，加强指导帮扶，促进代建企业责任落实。三是物业行业管理水平不断提升。发挥政策制定及业务指导作用，完成《厦门市物业管理若干规定（修改）》《厦门市物业专项维修资金管理办法》立法课题调研，编制物业服务规范，探索物业行业信用指标体系建设。四是违法违规行为得到有效遏制。全面实行电子招投标，强化"市场＋现场"联动，开展专项整治行动，查处了一批围标串标、转包挂靠、招投标弄虚作假等违法违规行为，进一步净化市场环境。

政策法规

【概况】2018年，厦门市建设局全面推进建设系统依法行政法治政府建设工作，政府职能依法全面履行，依法行政制度体系基本完备，行政权力规范透明运行，依法行政能力得到进一步提高。市建设局推行三项制度的典型做法在全市通报。

【立法工作】2018年，厦门市建设局起草报审政府规章《厦门市城市夜景照明管理办法》。完成与工程建设项目审批制度改革不相适应的1部法规、2部规章的修订工作；同时完成《厦门市物业管理若干规定（修订）》《厦门市建筑外立面装饰装修管理规定》立法后评估和《厦门市专项维修资金管理办法》等3项立法课题的调研报告和草案。

【规范性文件合法性审查和清理】2018年，厦门市建设局报审规范性文件6件，全部经市法制局事先审查并通过。2018年，市建设局按照生态文明建设、环境保护的有关规定、限制排除竞争、产权保护、自贸区改革、工程审批制度改革、证明事项清理等各方面不同要求，进行六批次的清理局规范性文件90件，保留68件，废止22件。

【推行行政执法三项制度工作】根据《关于在全市全面推行行政执法公示制度、执法全过程记录制度重大执法决定法制审核制度工作方案的通知》要求，厦门市建设局及时制定出台相关制度文件，在局系统全面推行三项制度。一是建立完善行政执法三项制度各项基础工作，充分发挥制度引领作用，建立和完善三项制度、六类文本、三个清单等各项制度文件。二是在局网站设置行政执法公示专栏，落实行政执法过程公开要求。市建设局推行三项制度的典型做法在全市通报。

城市建设

【概况】2018年，厦门市建设局紧紧围绕打造"高颜值、高素质、更加宜居宜业的生态花园之城"目标，牵头组织协调推动第二轮城市街区立面综合整治提升，强化城市节水管理服务，配合推动海绵城市建设，指导开展城建档案管理，推进夜景照明提升，开展公共停车建设，顺利完成各项任务。

【街区立面综合整治】2018年，第二轮立面改造以城市主干线、重要门户、重要街区为重点，谋划生成30个项目，涉及5个区，37条主次干道，道路总长约46.56公里，整治建筑约1170栋（处），实施改造第五立面3个片区、完成106栋坡屋顶改造，整治面积317万平方米，拆除或整改碰窗2.1万个，整治店招5539块、约9.8万平方米，缆化或规整管线52.4公里。立面改造中选用注重节能环保绿色材料，保持同一区域的建筑外立面形成统一、和谐的风格，保持整洁、规范的秩序，适应当地文化、生活、环境要求，做到安全适用、美观大方、持久耐用，符合城市规划、城市管理、消防安全、环境保护等有关法规和标准。立面改造中，通过加强相关政策、法规的宣传引导，形成群众理解认同、共同参与的社会氛围。

【推进夜景照明提升】一是开展立法工作。按照2018年市政府立法计划，制定《厦门市夜景照明管理办法》。二是做好亮灯保障。落实重大活动及重要接待的亮灯保障，特别是国庆期间，配合央视做好"我爱你，中国"主题夜景的亮灯直播保障，央视《东方时空》《朝闻天下》栏目连续两天进行实况直播，再次展示厦门市"高颜值生态花园城市"风采。

【公共停车场建设管理】2018年新增路外公共停车泊位12156个，连续三年实现"三连增"。

重点项目建设

【概况】2018年，厦门市安排重点在建项目326个，总投资8743.6亿元，年度计划投资1179.4亿元，实际完成投资1376.9亿元，超197.5亿元，完成年度计划116.7%，连续4年实现投资完成额破千亿。2018年共79个市重点项目涉及土地房屋征收，全年计划征收土地19577.4亩，实际交地22730.0亩，完成年度计划116.6%；计划征收房屋92.9万平方米，实际拆除房屋138.5万平方米，完成年度计划149.1%。

【主要工作举措】市重点办采取"周协调、月调度、季检查、年考核"工作模式，深入项目一线，靠前指导服务，及时协调解决项目存在问题。一是健全管理机制。修订《厦门市重点建设项目管理办法》及两个配套办法，出台《市重点项目协调服务方案》，完善重点项目专项指导服务的工作流程和工作要点。二是提升计划统筹。牵头制定年度投资计划，会同各单位进一步细化分解投资、建设、征收和开竣工分月计划以及用林、用海、用地要素保障需求计划，确保各项任务分工明确、责任到人、落实到位。三是一线服务保障。成立协调服务小组，充分利用行业优势，发挥"轻骑兵"作用，坚持目标和问题导向，2018年深入项目现场492个（次），帮助企业优化施工工艺、合理压缩工期、加大资源投入、加快推进建设。四是加大协调推动。坚持建设（代建）单位、责任单位、市重点办、分管（挂钩）市领导、领导小组五级协调机制，全年累计召开84次专题会议，共协调445个（次）项目问题。五是强化督促落实。每季度分别会同相关部门，组织项目建设和征地拆迁指导服务工作。

村镇建设

【概况】2018年，厦门市建设局深入推进提升农村人居环境，着力抓好农村人居环境试点示范村建设、美丽乡村建设、铁路沿线环境综合整治、农村生活污水分散式治理、农村生活垃圾治理、农村个人建房技术服务等工作，取得显著实效。农村生活垃圾治理在全省上半年、第三季度农村生活污水垃圾治理督查考核中均位居前三。

【农村人居环境试点示范村】2018年，厦门市建设局牵头制定《厦门市农村人居环境整治三年行动实施方案》《关于加快推进农村人居环境试点示范村创建工作的通知》，确定8个农村人居环境试点示范村创建工作，目的是打造可学习、可借鉴、可推广的样板。开展"农村人居环境整治"专题培训提升相关人员履职尽责的业务水平和工作能力。2018年村庄房前屋后整治以清理杂乱和陈年垃圾为主，重点推进农房整治工作。

【铁路沿线环境综合整治】2018年，按照省委、省政府工作部署，牵头制定《厦门市铁路沿线环境综合整治专项行动方案的通知》，实施新一轮铁路沿线环境综合整治。开展房屋整治、绿化美化、卫生治理和安全保障工作，解决铁路沿线"脏、乱、差"和建筑风貌杂乱问题，开展"铁路沿线环境综合整治"专题培训，对区、镇、村业务骨干开展培训，提升相关人员履职尽责的业务水平和工作能力，把铁路沿线人居环境打造成为厦门生态文明建设的重要窗口。

【美丽乡村建设】2018年，按照省委、省政府及市委、市政府关于城乡环境综合整治、宜居环境建设的工作部署要求，2018年全市安排30个村庄的美丽乡村建设，年计划投资5180万元，全年完成投资5392万元，完成比例为104.1%。截至年底，已启动实施400多个自然村的美丽乡村建设，打造出海沧区院前社、集美区田头村、同安区顶村村、军营村、白交祠村、翔安区澳头村等一批省级美丽乡村示范村。

保障性安居工程

【概况】2018年，厦门市保障性住房建设有序推进，质量、安全、进度总体可控，多个项目获得市优质工程奖，其中洋唐保障性安居工程A11地块荣获"国家优质工程奖"。厦门市新启动6个批次保障性住房申请分配工作，累计受理申请10960户，完成8个批次（含往年申请批次）选房共计4616户，合同签订7105户。

【规划引领】厦门市建设局组织修编《厦门市保障性安居工程布局专项规划（2016—2020年）》，并结合厦门市"建设高素质、高颜值之城"的创新发展战略，衔接厦门市住房发展规划（2017—2035年），组织编制《厦门市保障性住房布局专项规划（2018—2035年）》，对厦门市保障性住房建设进行更长远的规划。

【设计提升】厦门市建设局会同市质量技术监督局联合印发《厦门市保障性住房建设技术导则》，完善保障性住房规划指标、土建设计、设备安装、室内装修、室外绿化、施工验收等一系列标准，统一、规范全市保障性住房建设。同时，进一步提升项目设计品质。一是健全项目设计质量提升机制。引入知名专家组成保障性住房方案评审小组，多层次提升设计质量。二是强化细节设计。督促代建单位针对各项目特点，对使用频率较高的厨房、卫生间、阳台、洗衣池等细节设计进行反复推敲，对走廊吊顶、外墙线条、施工工艺等进行深入研究，确保实用性和耐久性。三是注重住户需求。多次组织处室工作人员深入工地现场，入户查看保障性住房功能布局的合理性及装修材料的适用性，并通过需求调研，进一步完善设计方案。

【质量管控】 一是强化合同约束，加强合同研究，以违约处罚等契约方式，对项目的质量、安全、工期形成刚性约束，明确各项目质量目标，倒逼各参建单位履职履责。二是健全质量提升制度，要求代建单位强化质量领导责任，鼓励代建单位采用先进的技术及工艺。督促代建单位进一步完善住宅通病防治手段，确保交付质量，减少后期维保问题。三是加大项目质量监督检查力度，并坚持开展保障房地铁社区质量月点评，多次约谈参建单位，预防出现转包挂靠、违法分包等行为，落实参建单位责任，确保建设质量，提升群众满意度。

【新建保障性商品房、租赁房项目】 2018年，新开工建设4个市本级保障性商品房、租赁房项目，分别为新店保障房地铁社区林前综合体、新店保障房地铁社区二期、洋唐居住区三期（A2、A3、A6地块）、祥平保障房地铁社区二期。

【新建公共租赁住房项目】 2018年，新开工建设5个市本级公共租赁住房项目，分别为仁和公寓、湖边公寓、雍厝公寓、浯家公寓、九溪小区公交首末站公租房。

建筑业

【概况】 2018年，厦门市新成立建筑业企业287家，其中总承包95家，专业承包109家，劳务分包83家。截至年末，注册地在本市的建筑业企业1581家，其中施工总承包企业623家（其中特级企业3家，一级企业111家），专业承包企业759家，劳务分包199家。2018年注册地在厦门的企业完成建筑业总产值2614.93亿元，比2017年（1852.58亿元）增长16.9%，产值总量首次突破2000亿元，产值总量排名全省第二。

【促进建筑业发展】 一是发展建筑业总部经济。建筑业招商引企，落实"走出去，请进来"措施，运用信用评价、配套资质等扶持措施，积极引进有实力的建筑业企业。二是扶持企业发展，减轻企业负担。贯彻落实《厦门市人民政府关于促进建筑业加快发展的若干意见》精神，对2017年度资质晋升、产值提升显著以及获得国家级QC成果奖、发明专利等企业进行奖励。三是支持引导企业进入国际市场，修订信用评价良好行为标准，对承包境外工程带动劳务输出等予以记入良好行为记录。

【信用体系建设】 完成2018年建筑施工企业信用综合评价和补充评价工作，共有745家企业参与施工总承包系列信用评价，其中：138家企业获评A等级，238家企业获评BB+等级；共有287家企业参评施工专业承包系列信用评价，其中：50家企业获评A等级，105家企业获评BB+等级。

【建筑市场管理】 强化建筑市场监督检查。强化动态监管，按照"双随机"抽查的工作机制，定期开展建筑市场行为、建筑业企业资质和工程项目合同履约等监督检查，规范建筑市场秩序。开展围标串标专项整治。7月，市建设局印发《厦门市建设局关于加强工程招标投标活动和房屋建筑市政基础设施工程施工项目标后监管的实施意见》，制定认定围标串标的细则，明确加强标后监管的措施和要求；10月，为提高建筑市场主体责任意识，遏制围标串标、买标卖标等违法违规行为，维护市场秩序，市建设局组织召开围标串标等违法违规行为专项整治警示大会。

【建设工程招投标管理】 2018年，厦门市建设工程招标投标管理办公室专门成立工作组，指导厦门市公共资源交易中心升级改造房建市政项目施工交易平台、开发建设房建市政项目监理、勘察设计交易平台，协调交通水利项目第三方交易平台的使用。召开电子招投标范本、交易平台、行政监督平台使用培训会，对市、区招投标监管部门人员、招标人、招标代理机构、投标人及评标专家进行培训。厦门市工程建设项目招投标不仅实行统一招投标交易规则、统一招标文件范本、统一招标监管规则及统一招标监管平台，而且全面实现电子招投标，降低交易成本，提升招投标效率。

【建设工程造价管理】 全面开展《厦门市城市轨道交通工程预算定额》编制工作，截至年底，已完成土建工程定额编制工作，涉及四章节，共1388条定额子目；2018年全年完成合同履约检查项目数325个，发整改通知书292，累计扣分2170分，记企业信用纪录40起；组织开展2次工程造价咨询单位及招标代理机构咨询成果质量检查，共检查232家中介咨询机构，236个项目。

【建筑劳务管理】2018年度，厦门市建设局配合有关部门，处理各项工程欠薪纠纷235次，涉案1353人，清欠金额3607.16万元（含工人工资）。建立农民工工资支付长效机制，9月12日，会同有关部门联合出台《厦门市房屋建筑和市政基础设施工程农民工工资专用账户管理办法》，建立农民工工资专用账户管理制度，将人工费和其他工程款分账管理，通过设立农民工工资专用账户直接将工资款拨付至农民工个人银行账户，从源头上遏制恶意拖欠农民工工资的行为。

房地产开发与物业管理

【概况】2018年，厦门市房地产开发完成总投资884.6亿元，同比增长0.54%。全市商品房新开工面积414.56万平方米，同比增长-32.52%。全市商品房竣工面积639.73万平方米，同比增长50.04%。全市商品房施工面积4343.24万平方米，同比增长1.3%。

截至年底，厦门市有备案的物业服务企业507家。实施物业管理小区2127个。物业管理总建筑面积1.54亿平方米。其中，住宅小区项目数1226个，物业管理面积约1亿平方米；其他类型物业管理面积5399万平方米。

【房地产开发企业信用综合评价】根据《开发企业信用综合评价办法（试行）》有关规定及《福建省住房和城乡建设厅办公室关于开展2016—2017年度房地产开发企业信用综合评价的通知》文件精神，厦门市建设局对参加信用综合评价的122家企业进行信用信息审核、信用评分及等级评定。初评结果为：AAA级1家，AA级12家，A级109家，并已上报省住建厅。

【物业行业管理】2018年，厦门市出台《厦门市人民政府办公厅关于进一步明确物业管理市区两级有关单位职责分工的通知》，进一步明确市、区、街工作职责；市建设局组织对区级物业主管部门履职情况的督察，开展住宅小区消防安全、垃圾分类等专项检查抽查；完成《厦门市物业管理若干规定（修改）》《厦门市物业专项维修资金管理办法》立法课题调研；申请课题经费着手编制《厦门市住宅小区物业管理星级服务标准》；逐步完善物业行业信用指标体系建设。

【老旧小区改造】截至年底，已累计完成318个老旧小区改造，涉及建筑面积约235.01万平方米，房屋996栋，惠及32078户居民。2018年老旧小区围绕"市政配套设施、建筑本体、小区环境及配套设施、公共服务设施"，着力提高城市宜居性。同时不断挖潜小区特色，加强培育"适老化""智慧小区""平安社区"，推进打造一批老旧小区新亮点。3月，住房和城乡建设部在厦门市举办"老旧小区改造试点培训班"，"厦门模式"向全国15个试点城市推广，得到肯定与赞赏。

建设工程管理

【概况】2018年，厦门市有3个项目获得"国家优质工程奖"，2个项目获得2018年"中国钢结构金奖"，4个项目被评为全国建设工程项目施工安全生产标准化工地（原全国AAA级安全文明标准化工地），34个工程项目被推荐参评为"省级建筑施工安全文明标准化优良项目"，有15项24个单位工程获评"闽江杯奖"，158个单位工程被评为"市建设工程结构优质工程"，73项工程被评为"市建设工程鼓浪杯奖（优质工程）"。

【工程质量安全监管】根据2018年初修订的2018年度厦门市建设工程质量安全生产及消防工作目标管理责任书，加强建设工程质量安全生产工作，提高施工现场安全防护能力和文明施工水平。坚持建设工程质量安全"双随机"检查、监管警示和约谈制度，巩固并推广质量安全巡查模式，按照"全覆盖、零容忍、严执法、重实效"的要求，深入开展各类质量安全生产专项整治活动。2018年召开5次全市建设工程质量安全生产形势分析会议，及时总结建设系统质量安全生产的工作成效，分析存在的问题和面临的形势，部署各阶段建设系统质量安全生产主要工作。

【安全生产专项治理行动】4月，厦门市建设局印发《厦门市建筑施工安全专项治理行动实施方案的通知》。专项治理行动的主要内容一是落实安全生产主体责任，二是加强危大工程安全管控，三是进一步规范建筑起重机械安全管理，四是提升市政工程质量安全水平，五是构建安全监管长效机制。此项行动将持续到2020年初。

【完善监督机制】2018年，厦门市建设工程质量安全监督站制定《关于明确发生安全事故在建工程项目复工条件的通知》《厦门市地铁社区保障性安居工程首件分项工程质量验收管理办法》《关于调整双随机监督执法若干措施的通知》等制度，并认真实施，取得显著成效。

【强化地铁社区、涉海工程质量监管】成立地铁社区保障房监督工作领导小组，统筹开展监督与服务工作，每月召开地铁社区保障性安居工程项目月点评会，指导项目开展质量创优、创建安全文明标准化工地，协调解决项目主要存在问题，协助组织工程观摩交流与评比，促进整体水平提升。

【抑制建筑工地扬尘】2018年，厦门市建设局印发《关于重新印发建筑工程和拆除工程施工扬尘防治工作方案的通知》《关于印发预拌混凝土扬尘防治工作方案的通知》《关于计取建筑工程和拆除工程施工扬尘防治措施费的通知》等文件，明确施工扬尘防治目标、建设工程各方主体施工扬尘防治责任以及各类建设工地施工扬尘防治措施，进一步加强建筑工程和拆除工程、预拌混凝土搅拌站施工扬尘防治工作，不断提升建筑工地扬尘污染防治整体水平。

【渣土车管理】厦门市建设局具体承办的厦门市建筑废土砂石综合管控平台被评为厦门市公共安全管理平台2018年度"创新应用项目"。为进一步加强建筑废土管理，市建设局报请经市政府印发《厦门市人民政府办公厅关于进一步加强建筑废土管理的通告》，计划将于2019年7月1日起，全市推行使用智能型建筑废土运输车辆。对智能型渣土车车载终端进行升级，淘汰原有的较容易作弊、故障率高的传感器，改换成摄像头监测车辆状态，不容易作弊且准确率更高，故障率和维修成本也大幅下降。同时引进更多车载智能管控终端厂商，并完善对接系统，使厦门市智能型渣土车能够更加智能更加安全。

建筑节能与科技

【概况】2018年，厦门市大力发展绿色建筑，推进建筑节能，推广绿色建材。率先在全省将强制实施绿色建筑范围扩大到所有民用建筑。2018年，全市1210.18万平方米民用建筑项目通过绿色建筑施工图审查，绿色建筑占比为95%。完成公共建筑节能改造174.37万平方米，居全省第一。全市绿色混凝土星级达标率100%。

【建筑材料管理】一是建设工程材料备案，2018年公布建设工程材料备案名录共148件。二是建筑幕墙竣工信息登记，2018年完成建筑幕墙工程竣工信息登记67项，总面积783261平方米。三是既有玻璃幕墙安全性维护。2018年公布全市既有玻璃幕墙服务期满10年及以上需要进行鉴定的项目名单，并发函督促其进行安全鉴定。四是建筑节能材料认定。2018年组织四批建筑节能产品认定，建筑节能产品104种。五是推广混凝土绿色生产。全市28个预拌商品混凝土搅拌站全部通过质量管理体系化和职业健康安全管理体系认证，全市绿色混凝土星级达标率100%，成为全省唯一实现混凝土绿色生产管理全覆盖的城市，位居全国前列。

【深入推广绿色建筑】一是加大绿色建筑强制推广力度，率先在全省将强制实施绿色建筑范围扩大到所有民用建筑，率先在全省实现全市新建住宅精装修的全覆盖。二是实施绿色建筑财政奖励，对主动执行绿色建筑标准并取得运行标识的存量土地的民用建筑，实施财政奖励，2018年累计发放绿色建筑财政奖励877.36万元。三是加快绿色建筑规模化推进步伐，2018年全市1210.18万平方米民用建筑项目通过绿色建筑施工图审查，绿色建筑占比为95%。

【持续开展节能改造】2018年，实施完成公共建筑节能改造示范项目174.37万平方米，覆盖学校、医院、酒店、商场、写字楼、政府办公楼等类型，发放公共建筑节能改造财政补助6020.65万元。

技术综合管理

【概况】2018年，厦门市建设局建设行业技术进步工作从加强技术服务、鼓励技术创新、促进产业转型、深化标准化工作改革等方面开展，在综合协调服务、技术创新管理、装配式建筑发展、建筑信息模型（BIM）技术应用和标准体系建设等方面均取得一定成绩。

【装配式建筑】2018年，策划生成装配式混凝土建筑项目约30万平方米，同时积极推动钢结构项目落地实施。装配式建造技术在城市轨道交通、市政管廊、沉井式地下停车库等市政工程广泛应用。厦门市建设局先后开展配式建筑监理业务理论及现场培训会、厦门市智慧建筑技术论坛等一系列观摩培训宣贯活动，提高行业和社会认知度，推动厦门市装配式建筑发展。

【建筑信息模型（BIM）技术】2018年，厦门市建设局积极配合开展住房城乡建设部BIM报建试点工作，成功举办BIM技术全过程应用高峰论坛，在厦门逐渐兴起学BIM，用BIM的热潮。试点项目方面。厦门市共有33个工程列入省级BIM技术应用试点项目。34个项目在2018年度福建省首届建筑信息模型（BIM）应用大赛中获奖。课题研究方面。开展建筑信息化模型（BIM）技术相关课题研究，包括"基于BIM的地铁异形深大基坑支护设计及施工一体化技术研究"等，持续推动《厦门市轨道交通工程BIM模型设计阶段交付标准》《厦门市建筑信息化模型（BIM）技术应用导则》等标准编制工作，为扩大

BIM应用提供技术支持。

【标准体系建设】 2018年，厦门市建设局持续提升标准化工作水平。一是突出重点领域。2018年重点围绕轨道交通、装配式建筑、绿色建筑、海绵城市等重点领域，标准立项16部，发布11部，有力推动厦门市重点项目及试点、示范城市建设。二是完善标准体系。2018年，协助省住建厅完成轨道交通、装配式建筑、海绵城市、管廊建设标准体系梳理，初步完成绿色低碳、建筑节能、海绵城市系列地方标准体系。三是严把标准质量。严格把关标准的立项、编制、评审和发布。四是引导团体标准编制。鼓励引导厦门企业积极参与国家级社团组织的团体标准编制。

行政审批

【概况】 2018年，厦门市建设局机关驻市行政服务中心审批服务事项共办结34703件，实现权力清单和责任清单融合；取消3项行政审批事项、7项公共服务事项。市建设局驻市行政服务中心窗口连续第七年荣获"市行政服务中心红旗窗口"。

【推进审批制度改革】 一是实现审批事项总数再减少。先后取消物业服务企业二级及以下资质认定、城市园林绿化企业资质认定、工程建设项目招标代理机构资格认定等3项行政许可事项；取消房地产主要开发事项备案、省级工法申报、非本市注册园林绿化施工企业信息登记、在厦执业工程监理企业资质备案、建筑业十项新技术应用示范工程推荐、施工图设计文件审查备案、新型墙体材料认定等7项公共服务事项。二是进一步清理规范审批特殊环节。取消年度用水计划下达与调整等事项的现场核查环节，取消新技术推广应用认定、新型墙体材料认定两个事项的专家评审环节，进一步规范水平衡测试事项的专家评审环节。

【"互联网＋政务服务"，实现"一趟不用跑"】 市建设局权责清单内依申请办理事项59项，通过持续深化放管服改革，推动审批事项优化升级，提升审批效能，市建设局"一趟不用跑"事项共28项，占全部依申请事项的47.5%，"最多跑一趟"事项29项，占全部依申请事项的49.1%。

【开展工程建设项目审批制度改革试点工作】 一是实现施工许可并联审批。制定《施工许可并联审批实施方案》，将消防设计审核（备案）、人防设计审批、施工许可证核发并联办理，阶段总时限5个工作日，比改革前缩短7个工作日。二是实行联合验收。制定《联合验收实施方案》，建设、规划、消防、人防、质量监督、城建档案等部门联合开展验收工作，竣工阶段总时限压缩为7个工作日，比改革前缩短20多个工作日；竣工验收备案事项由原来的2—4个工作日改为即来即办。

执法稽查

【概况】 2018年，厦门市建设局执法稽查工作坚持严格执法，继续加大监管惩处力度，深化事中事后监管，注重打造和完善架构、标准和流程，进一步规范行政监督检查"双随机"检查机制和建筑领域信用体系建设工作。认真落实综治责任，推动扫黑除恶专项斗争，严格规范信访工作运行，扎实开展综治维稳排查，着力建立和完善长效工作机制，努力构建和谐稳定的行业治理环境。

【行政处罚】 2018年，厦门市建设局规范行政执法程序，严格依法实施行政执法行为，全年共办结行政处罚23件，罚没款金额336.22万元，为企业开具无违法违规证明43份。建立专门执法机构和业务管理机构相互配合的机制，制定《年度行政监督检查工作实施方案》，印发《事中事后监管方案》，严格实施监督检查工作的实体规定、程序规定和管理规定，采取全面检查、重点检查、专项检查等办法并推广随机抽查办法，有机衔接监督检查和行政处罚，全面建立诚信档案、失信联合惩戒、黑名单和整改回访等制度。

【扫黑除恶】 根据省、市统一部署，局主要领导挂帅成立领导小组、制定实施方案、健全工作机制、统一协调部署，推动扫黑除恶专项斗争。一是做好宣传发动和线索摸排工作。通过摸排表、座谈会、企业自查等方式，对1121个在建项目、506个招投标项目、423个物业小区、28个混凝土搅拌站进行多轮滚动摸排，对2014年以来市区两级84件行政执法案件、2.54万份投诉信访件以及2015年以来全市重点项目阻工问题进行全面摸排。二是突出综合治理。针对招投标、渣土、建材、物业、建筑施工5个方面成立综合治理组，积极落实专项整治，改进和完善行业监管机制，消除黑恶势力和腐败滋生的土壤。

大事记

1月

1日 即日起厦门市全面执行《福建省绿色建筑设计标准》DBJ 13—197—2017，新建民用建筑应符合一星级绿色建筑设计要求，其中政府投资或以政府投资为主的公共建筑应符合二星级绿色建筑设计要求。

23日　厦门市建设局召开建设工程保证保险工作及保险服务宣贯会。

25日　中国社科院社会学所课题组来厦调研考察保障性住房的状况及相应政策措施。

2月

2日　厦门市人民政府办公厅印发市级财政投融资建设项目代建制管理办法。

3月

1日　厦门市建设局举办《厦门市街区立面整治及提升标准（试行第二稿）》《厦门市街区立面整治及提升设计导则（试行第二稿）》《厦门市街区立面综合整治提升隐形防护网制作安装指南（试行版）》宣贯会。

12—13日　厦门市建设局、厦门市重点项目建设办公室在厦门市委党校举办代建管理和重点项目管理业务培训。

13日　厦门市建设局举办《海绵城市建设工程施工图设计导则及审查要点》宣贯培训会。

28日　省住房和城乡建设厅来厦考察施工图审机构转型或改制脱钩工作。

30日　省住房和城乡建设厅在厦召开全省装配式建筑现场观摩暨座谈会。

4月

4日　省住房和城乡建设厅厅长林瑞良一行来厦督查保障房空置整改工作。

9—10日　厦门市建设局会同市委组织部、市规划委开展"厦门市农村村庄规划、住宅建设管理"专题培训。

11日　厦门市市委书记裴金佳调研鼓浪屿文化遗产保护工作。

24日　省人大常委会财经工委会副主任刘尚逊开展福建省生态文明建设促进条例草案立法调研。

5月

5日　厦门市建设工程质量安全监督站监督的海沧体育中心二期钢结构工程、海峡旅游服务中心（旅游会展中心）钢结构工程获得中国建筑金属结构协会建筑钢结构分会表彰的"中国钢结构金奖"。

15—18日　住房城乡建设部建筑市场监管司来厦开展工程担保工作调研，并对厦门市下一步开展工程担保工作进行指导。

20—21日　住房和城乡建设部检查组对厦门市2017年度建筑节能、绿色建筑与装配式建筑实施情况进行专项检查。

6月

10日　省住房和城乡建设厅调研温福、福厦、厦深铁路沿线工作。

22日　中央改革办督察组来厦调研村庄生活污水治理项目。

7月

10日　省防指防台风督查组来厦督察玛莉亚超强台风防御工作。

10日　厦门市建设局会同市重点办、市造价站召集部分施工企业召开座谈会，就持续开展厦门市建筑市场领域和在建工程项目扫黑除恶专项斗争，全面、深入开展摸排等工作进行再部署、再动员。

12日　厦门市委书记裴金佳、厦门市市长庄稼汉调研保障性安居工程建设工作。

17日　省住房和城乡建设厅来厦开展中国人居环境奖复查工作。

20日　住房城乡建设部来厦开展治理违规海砂专项行动督查。

8月

8日　省住房和城乡建设厅来厦调研既有玻璃幕墙安全管理工作。

25日　厦门市建设局牵头制定《关于印发市级公共租赁住房管理办法的通知》（厦府〔2018〕235号），由厦门市人民政府正式印发。

27日　省住房和城乡建设厅办公室来厦开展扫黑除恶专项斗争督导工作。

29日　国家城市道路交通文明畅通提升行动计划检查组来厦调研指导城市道路交通文明畅通提升行动计划相关工作。

29日　厦门市建设局启动厦门市2018年第一批（人才批次）、第二批（社会批次）保障性商品房配售工作，推出房源9500套。

9月

5日　省委开展落实项目带动推动高质量发展情况调研。

10日　中央扫黑除恶督导组来厦下沉督导。

12日　省住房和城乡建设厅办公室来厦考察工程建设项目审批制度改革。

17日　住房城乡建设部来厦开展城市租赁住房供应情况专题调研。

18日　住房城乡建设部标准定额司副司长王玮开展工程项目审批制度改革调研。

28日　省住房和城乡建设厅来厦调研新市民住房保障情况。

19日　住房城乡建设部住房保障司司长曹金彪

等一行赴马銮湾保障房地铁社区一期工程调研新市民住房保障工作情况。

21日 厦门市建设局组织召开建筑信息模型（BIM）技术应用高峰论坛。

30日 以"我爱你中国"为主题的海滩灯光秀在厦门市上演，庆祝中华人民共和国69岁生日，并获央视新闻频道《东方时空》直播。

10月

10日 省铁路沿线环境综合整治攻坚会战指挥部开展调研杭深线福州至漳州段铁路沿线环境综合整治。

18日 马銮湾保障房地铁社区一期工程成功举办"2018年厦门市建筑施工质量安全标准化现场观摩会"，本次观摩会接待厦门市建设工程业界领导、同仁共计2000多人次。

18日 厦门市建设局结合围标串标等违法违规行为专项整治工作进展情况，组织召开围标串标等违法违规行为专项整治警示大会。

19日 厦门市建设局会同福建省住建厅开展"农村建筑工匠培训"。

11月

7日 全国人大常委会副委员长万鄂湘考察厦门市夜景工程。

19日 全国城建培训中心来厦考察学习老旧小区改造工作。

20日 住房和城乡建设部离退休干部工作局来厦考察学习社区治理服务和居家养老经验。

21日 华鑫通国际度假酒店、厦门市轨道交通2号线二期工程土建施工总承包入选中国建筑业协会建筑安全分会"2018年全国范围施工安全生产标准化工地"。

12月

13日 北京市朝阳区区长刘海涛一行来厦考察夜景照明工作。

21—23日 在厦门国际会展中心成功举办"第15届中国厦门人居环境展示会暨中国（厦门）国际建筑节能博览会"。

（厦门市建设局）

深 圳 市

概况

2018年深圳市常住人口达1302万人，全市生产总值24221.98亿元，同比增长7.6%。固定资产投资6191.01亿元，同比增长20.6%，其中，建筑业总产值达3471亿元，增加值达724亿元，增长13.9%，占GDP比重达3%；房地产开发投资2640.71亿元，增长23.6%，较去年增长2个百分点；非房地产开发投资较去年增长18.4%，较去年回落7个百分点。基础设施投资1419.6亿元，增长23.4%，占全市固定资产投资比重22.9%；民间投资活跃，共实现投资2946.33亿元，同比增长12.5%，占全市固定资产投资比重47.6%。供给侧结构性改革持续发力，全年供应人才住房和保障性住房4.6万套，成功建成住房租赁监管和服务平台。全市建筑项目共有5个项目荣获国家鲁班奖，6个项目获国家优质工程奖，3个项目获詹天佑奖；保障性住房标准化研究项目荣获住房城乡建设部"华夏建设科学技术奖"二等奖。作为城市建设的"巅峰之作"和创建强国城市范例的重要载体，深圳湾超级总部基地开发建设全面启动；规模最大的公共住房项目——光明长圳项目建设全面加快，率先探索国际商务规则。房地产业由于受全国房地产调控政策影响，商品房屋销售面积722.01万平方米，增加7.6%，新建商品住宅累计成交面积292.42万平方米、套数29395套。加大城市治理攻坚，拆除消化违法建筑2380万平方米，全面开工罗湖二线插花地棚户区改造项目。着力打造森林城市，2018年10月15日，深圳被正式授予国家森林城市称号，全市森林覆盖率40.68%，建成区绿化覆盖率45.1%，人均绿地面积达到15.3平方米。大气污染物浓度全面下降，空气质量连续6年在全国重点城市中位列前十，为近五年来内地GDP排名前20位城市中唯一一个空气质量全面达标的城市。深圳正朝着建设中国特色社会主义先行示范区的方向前行，努力创建社会主义现代化强国的城市范例。

法规建设

完善政策法规，制定《深圳市建筑废弃物管理办法》《深圳市房屋安全管理办法》等。提升安全文明施工标准，出台《关于加强建设工程安全文明施工标准化管理的若干规定》《深圳市建设工程安全文明施工标准》，提高安全文明施工费率标准，得到市领导高度肯定，省住建厅专门发文表扬并向全省推广。牵头完成全市工地1000余公里施工围挡提升改造，施工围挡美观性、功能性、安全性全面提升，成为城市新景观和公益广告宣传阵地。细化完善安全管理规范，出台建筑施工等领域技术规范和标准指引共9项。

住房保障

【人才住房和保障性住房供给】2018年，全市供应人才住房和保障性住房46346套，完成4.6万套供应任务的101%。按房源类型分，公租房20925套，人才房8112套，安居型商品房4991套，拆迁安置房12216套，其他类型102套；按供应对象分，在册轮候库16922套，各类人才17208套，拆迁安置户12216套。

【制度改革】党的十九大后，深圳率先启动深化住房制度改革，于2018年8月1日出台《深圳市人民政府关于深化住房制度改革加快建立多主体供给多渠道保障租购并举的住房供应与保障体系的意见》（深府规〔2018〕13号），推行"一个定位、两种属性、三大目标、三类（四种）住房、三种补贴、六类渠道、八大主体、十大举措"。即，以"房子是用来住的、不是用来炒的"为定位，所有制度设计、举措安排都围绕这一定位；从强调住房的经济属性，调整为正确处理住房的经济属性和民生属性的关系，把民生属性摆在更加突出的位置；提出2018年至2035年的住房发展三大目标，构建相对完备的多主体供给、多渠道保障、租购并举的"1+N"住房制度体系，统筹解决各类居民的住房问题，分阶段建设筹集170万套各类住房，合理布局住房空间，全面提升住房品质。针对不同收入水平的居民和专业人才等各类群体，构建政策性支持住房、公共租赁住房、市场商品住房相结合的多层次、全覆盖的住房供应与保障体系，让每一位市民都可以根据自己的情况，找到其解决住房问题的方法。面向符合条件的基本住房保障对象发放住房租赁补贴；面向符合条件的人才发放人才安居补贴；面向符合条件的人才实施购房贷款贴息。提出了六类建设筹集渠道：新供应用地建设，各类配建，盘活存量用地，盘活存量用房，公共设施综合开发，粤港澳大湾区战略下城际合作等。激发房地产开发企业、住房租赁经营机构、人才住房专营机构、社区股份合作公司和原村民、拥有符合规定自有用地或自有用房的企事业单位、各类金融机构、社会组织等各类住房供应主体的积极性。通过完善住房规划和用地供应机制、强化基本住房保障，全面实施人才安居工程、大力发展住房租赁市场等措施来保障新一轮住房制度改革实现。

【住房保障】全市2015年以前开工建设的政府投资公租房在2018年末分配率达到94.25%。发放城镇住房保障家庭租赁补贴1218户，超额完成年度任务。认真做好领军人才住房补贴审核发放工作，发放住房补贴约4780万元。完成审核并入册公租房轮候家庭9.4万户、安居房轮候家庭4.7万户。公租房和安居型商品房实现水电气"一站式"办理。改革创新公共住房租金定价机制，开发建设全市统一的公共住房租金定价管理服务平台并试运行。加大对违规转租公租房等行为的查处力度，核查租户信息1.7万户，发出涉嫌违规违约告知书447份，收回出租住房835套。创新保障房后续管理，开展公租房小区刷脸验证试点。做好各类住房取得完全产权和上市交易备案工作，受理审核经济适用房、限价商品房业务1233笔，收缴增值收益约4.25亿元。

房地产业

2018年，深圳市坚决贯彻落实党的十九大"坚持房子是用来住的，不是用来炒的"发展定位，按照"建立多主体供给、多渠道保障、租购并举住房制度"的发展要求，坚持房地产调控目标不动摇、力度不放松，持续加大市场调控力度，在限购、限贷、限价、市场整顿等原有措施基础上，出台了市政府13号文、"三价合一"和"深四条"等政策，积极培育和发展租赁市场，房地产市场发展总体平稳。

【房地产开发投资】2018年，房地产累计开发投资完成额为2640.71亿元，同比增长23.64%。其中，住宅累计开发投资完成1303.33亿元，同比增长28.53%，占比为49.36%。商品房累计新开工面积为1529.57万平方米，同比增长52.72%；其中，住宅新开工面积为794.68平方米，同比增长78.06%，占比为51.95%。全市商品房累计批准预售面积690.11万平方米，同比增长21%。其中，商品住宅累计批准预售面积389万平方米、套数38962

套，分别同比增长26.32%、20.21%。1月，深圳住宅供应面积为零，为过去47个月来的第三次；2月，住宅供应为0.63万平方米，为2012年以来住宅供应除零以外的最低值；3—5月，批售项目逐渐增多，住宅供应面积分别环比增长2457%、32.7%和125.2%；6—8月，住宅供应面积显著下降，分别环比下降38.2%、45.9%和12.6%；9—11月，住宅供应面积增长明显，分别环比增长175.4%、51.5%和105.3%；12月，住宅供应面积环比下降82%。

【商品住宅库存】截至12月底，全市商品住宅库存面积346.46万平方米，较去年同期增加2.3%，按过去12个月平均销售规模计算，库存消化周期约为14.2个月，较去年同期缩短1.5个月。2018上半年，受商品住宅供应少、成交活跃的影响，住宅库存面积持续减少，到2018年8月底库存面积仅208万平方米，9—11月，供应不断增加，同时成交量明显下滑，使得年底存量骤然增加，较1月底增加19.3%，消化周期较1月底延长1.3个月。

【新建商品房】新建商品房累计成交面积462.99万平方米，同比增长12.13%（销售额2504.3亿元，同比增长11.4%），其中，新建商品住宅累计成交面积292.42万平方米、套数29395套，分别同比增长12.77%、13.84%。受宏观经济下滑和"深四条"政策的影响，全年新建商品住宅呈现出"低往高走，再继续往下走"的波动趋势。第一季度，深圳新建商品住宅成交面积56.31万平方米；第二季度，新建商品住宅成交环比增长28.8%；第三季度，新建商品住宅成交环比增长26.3%；进入第四季度，新建商品住宅成交环比下降21.5%。值得注意的是，9月和10月全市新建商品住宅成交面积分别环比下降37.7%和下降19.1%，"金九银十"现象不再。在市场预期转变后，开发商快速做出反应，加大促销力度，扩宽分销渠道，11月和12月成交又开始复苏，分别环比增长9.5%和增长77.3%。

【新建商品房】2018年，深圳延续稳房价的调控主基调，全年新建商品住宅成交均价54120元/平方米，同比下降0.59%。在限价政策作用下，高性价比优质新房频频受到市场青睐，如上半年热销的海上世界双玺三期、华润城三期，岁末热销的万科星城、华强城等。根据国家统计局数据显示，2018年12月，深圳新建商品住宅价格同比指数100.1，全年房价指数上升3.5个百分点。

【二手商品房】2018年，二手房累计成交面积为591.99万平方米，同比下降2.85%，其中，二手住宅累计成交面积521.9万平方米、套数63735套，分别同比下降1.53%、增长1.62%。3月底出台的"三价合一"是调控深圳二手住宅的一记重拳，紧接着"深四条"调控新政出台，二手住宅成交量连连受挫。数据显示，第一季度，深圳二手住宅成交面积122.79万平方米；第二季度，二手住宅成交面积环比增长21.5%；第三季度，二手住宅成交面积环比增长2.5%，成交量在8月迎来高峰；进入第四季度，二手住宅成交量大幅走低，成交面积环比下降36.6%。其实，由于过户数据有1—2个月的滞后性，9月、10月过户量的显著下跌才真正反映出"深四条"政策的威力，市场观望氛围较为浓厚。根据国家统计局数据显示，12月，深圳二手住宅价格同比指数104.8，全年房价指数上升2.2个百分点。

住房公积金管理

全年新增开户单位4.8万户、新增开户个人149万人，归集资金637亿元，累计归集资金3112亿元，提供住房公积金低息贷款254亿元，为3.8万户家庭助圆安居梦。在全国首次推出住房公积金账户线上直接关联银行卡服务、在线签订自助办理服务协议。进一步简化业务办理材料和流程，16项服务事项被纳入全市首批"不见面审批"清单。公积金中心荣获深圳市政务新媒体"最佳大数据公共服务奖"，被评为"省特级档案综合管理单位"，微信公众号荣获深圳市"年度十佳政务自媒体"，"支付城市服务——深圳公积金服务"荣获"年度技术创新奖二等奖"，获批设立博士后创新实践基地（市级），公积金服务智慧应用荣获"2018深圳改革智慧奖"。

标准定额

在传统定额全覆盖的基础上，结合深圳市高标准建设需要，修编完成《深圳市装饰工程消耗量定额》《深圳市安装工程消耗量定额》，启动修编《深圳市市政维修工程消耗量定额》《深圳市环卫工程消耗量定额》，大力拓展定额覆盖范围，构建全寿命周期计价标准体系。同时，围绕质量提升工作，发布实施《深圳市建设工程计价费率标准（2018）》，各专业安全文明施工措施费费率均有大幅提升。11月，深圳市住房和建设局在"国家地方标准交流会"上介绍深圳的标准化建设工作经验，计价标准体系建设成果得到住建部的高度肯定。

工程质量安全监管

【责任落实】强化企业主体责任，出台《强化企业安全生产责任落实十项规定》，落实企业关键岗位人员履职和一把手带班检查值守制度，严格实行"三层三级"安全生产联检制度，督促企业将主体责任落到实处。夯实主管部门监管责任，将安全生产作为"一把手"工程来抓，在局党组会、局长办公会反复强调和重点部署。局班子成员"分区包干"开展专项督查督办。每月召开形势分析会，制定监管清单，签订工作责任书。

【专项整治】因地制宜、因时制宜，开展预防高坠、起重机械、深基坑等38项专项整治，实施"6个100%"地下管线保护。大力开展"7个100%"扬尘防治，深圳市住房和建设局被评为推进"深圳蓝"可持续行动计划先进单位。建立危大工程台账，实行分级分类监管。出动检查人员9.7万余人次，排查治理隐患3.8万余项。完成监督抽检工程项目700余个，共抽检材料样品1703样次。开展燃气管道安全保护专项整治，检查施工现场980处，排除隐患145项。燃气行业全年未发生生产安全责任事故，次高压及以上燃气管道继续保持"零事故"，中低压燃气管道第三方施工破坏事故数量同比减少21%。在完成既有房屋安全摸底排查的基础上，督促各区作进一步精准复核。定期组织建筑废弃物受纳场安全隐患排查治理工作，开展市属受纳场安全提升整治工程，实行台账化管理。

【标准规范】完善政策法规，制定《深圳市建筑废弃物管理办法》《深圳市房屋安全管理办法》等。提升安全文明施工标准，出台《关于加强建设工程安全文明施工标准化管理的若干规定》《深圳市建设工程安全文明施工标准》，提高安全文明施工费率标准，得到市领导高度肯定，省住建厅专门发文表扬并向全省推广。牵头完成全市工地1000余公里施工围挡提升改造，施工围挡美观性、功能性、安全性全面提升，成为城市新景观和公益广告宣传阵地。细化完善安全管理规范，出台建筑施工等领域技术规范和标准指引共9项。

【科技强安】推进智能监管平台建设，在600余个市管项目全面应用质量安全智能监管平台，实现AI智能应用、大数据管理、电子化执法。地铁沿线监测预警系统已汇集59万余项监测数据，实现对地铁工程沿线及周边建（构）筑物实时监控、即时预警。启用深基坑安全预警自动化检测系统，开展高支模自动化实时监测研究。借助"一瓶一码"，对超过30万只燃气钢瓶实施全流程监管。

【应急管理】健全完善应急体系，规范各类突发事件、恶劣天气条件应急处置措施。组建42家应急抢险队伍，建立18处物资储备点。开展安全应急演练，圆满完成全市建设工程领域应急抢险盲演。台风"山竹"期间，妥善处置深圳湾口岸玻璃幕墙坠落险情，得到市政府高度肯定。实施从业人员实名制安全教育培训，编制数字化教材，启动线上培训考核平台，实现全市建设领域实名制安全教育培训全覆盖，已培训31.5万余人。发布燃气安全提醒信息百万条，举办111期餐饮场所商业用户用气安全培训，参培单位6800余家。开展8期既有房屋安全专项培训和标准宣贯，共培训800余人。

【小散工程】小散工程历来是安全生产监管的空白区域和事故高发领域，事故数量和死亡人数占建设领域的60%以上。会同市安委办出台《深圳市小散工程和零星作业安全生产纳管暂行办法》，建立小散工程安全纳管体制机制。出台小散工程安全生产、巡查、核查、执法等四个指引，充分发挥各区和街道的作用，组织开展专项整治行动。全市累计受理小散工程备案8万余项，培训教育从业人员2.6万余人次，初步形成小散工程安全纳管新局面。

建筑节能与科技

【建筑科技】根据城市建设事业绿色发展的需要，深圳市出台了包括《公共建筑节能设计规范》《居住建筑节能设计规范》《建设工程安全文明施工标准》《绿色建筑评价标准》《绿色物业管理项目评价标准》等相关标准规范；完成"深圳市绿色建筑施工图审查要点""深圳市建成绿色建筑后评估研究""深圳市建筑性能保障条例可行性研究"及"深圳市既有公共建筑绿色化改造的工作机制研究"等相关课题研究；多个项目获得"建筑业新技术应用示范工程"，多项技术获得建设工程新技术认证。

【建筑节能】新建建筑节能监管有保障。继续完善从立项、规划、设计、施工、验收等各环节全过程、全方位的建筑节能监管闭合体制机制，严格执行建筑节能"一票否决"制，持续开展全市建筑节能和绿色建筑专项检查工作，在生态文明建设考核中纳入建筑节能和绿色建筑考核指标，持续推进可再生能源建筑应用和绿色建材工作，确保新建建筑严格执行建筑节能和绿色建筑相关法律法规、技术标准规范。既有建筑节能监管有提高。继续推进公共建筑节能改造工作，加强公共建筑能效提升配套工作能力建设，发布《深圳市公共建筑能效提升重点城市建设工作方案》及一系列配套文件；加强大型公建能耗监测系统的运维管理，制定更为科学、合理的校核方案，提升能耗数据的准确性、可靠性；持续开展民用建筑能耗统计工作，根据2018年度能耗统计结果完成编制《民用建筑能耗统计数据分析报告》，并据此筛选出各类型建筑中单位面积能耗较高的10栋建筑开展能源审计，对部分能耗水平较低的建筑予以公示。

【绿色建筑】在评价机制方面，在全国率先实现向第三方评价转变；绿色建筑运行标识创历年新高，建筑面积和数量超额完成省市下达的任务，全市绿色建筑评价标识项目规模继续位居全国前列；绿色生态园区和城区建设继续深化，光明区以优秀评定等级率先通过住房城乡建设部"国家绿色生态示范城区"验收工作，组织编制发布《深圳市重点区域开发建设导则》《行动指引》及《深圳市重点区域建设工程设计导则》，指引全市17个重点发展片区绿色高质量发展；在全国首创"绿色物业管理项目评价"，发布评级标准开展评价工作。

将绿色建筑指标纳入全市节能减排和生态文明建设考核指标体系，严格执行建筑节能标准。推进公共建筑能效提升重点城市建设，全年完成既有建筑节能改造面积75万平方米。继续推进绿色物业星级评价工作，全市已有43个物业项目获得绿色物业管理星级评价标识。建筑装饰等优势产业继续领跑全国，工程设计行业产值位居全国前列，装配式建筑、绿色环保、建筑智能化等新兴产业发展势头迅猛。

【装配式建筑】全面推进国家装配式建筑示范城市建设，发布实施2018—2020年装配式建筑发展专项规划，基本形成了适应深圳特点的装配式建筑政策和技术体系，将装配式建筑技术从居住建筑、公共建筑拓展到市政基础设施领域。新增装配式建筑实训基地3个，总数达到5个。持续推进"建筑业10项新技术"示范工程建设，36项通过省建筑业新技术示范工程验收，同比增长80%。一批建筑领域新技术、新产品、新工艺在高交会、绿博会、住博会等集中展示。大力推广BIM技术应用。完成市建设工程质量检测监管平台与省平台的对接，实现全市51家检测机构的检测数据实时上传。检测中心推出建材网上委托系统和桩基芯样二维码标识管控系统，大大提高检测数据的准确性和公正性。

【宣传推广】大力培育绿色建筑咨询、节能改造等新型产业，涌现出一大批国内建设科技创新企业、绿色节能服务领军企业，打造国内同类行业协会标杆，支持本地企业为主成立的行业组织广东省绿色供应链协会绿色物业管理专业委员。通过建立深圳市建设科学技术委员会绿色建筑专业委员会、丰富和完善绿色建筑专家库、创新设立绿色建筑专业技术职称等一系列措施，建立和完善从领军人才、专家资源到从业人员多层次全方位的行业人才体系建设，并持续开展面向行业内外的宣贯培训活动，推动绿色建筑行业稳步健康可持续发展。在2018年牵头组织、参与、开展了包括绿博会、高交会等重大国内国际交流活动；与英国建筑研究院（BRE）、德国能源署（dena）等机构开展友好国际合作；通过节能宣传周等主题宣传活动，开展形式多样的宣传推广活动，深圳商报、中国新闻网、南方都市报、骏绿网、新营造等媒体及机构也对深圳市在2018年在绿色建筑推广、生态文明建设等领域所进行的工作进行了相关报道，努力营造全社会、全行业关心支持绿色建筑发展的良好氛围，积极向从业人员及社会公众介绍行业最新动态进展，推广社会公众对绿色建筑的认知。

人事管理

把学习贯彻习近平新时代中国特色社会主义思想和党的十九大精神作为头等大事和首要政治任务。坚持以习近平新时代中国特色社会主义思想统领各项工作，在学懂、弄通、做实上下功夫。召开局党组会议、局长办公会议第一议题学习29次，召开全体干部大会、党组会、班子务虚会，第一时间学习贯彻习近平总书记视察广东、深圳重要讲话精神和对广东、深圳工作的重要批示指示精神，结合实际研究制定贯彻落实措施。牢固树立"围绕发展抓党建，抓好党建促发展"的理念，深入开展支部结对共建、查履职不足等活动。严格贯彻落实中央八项规定精神，持之以恒纠正"四风"。推进"两学一做"学习教育常态化、制度化，深入开展党性党风党纪教育活动和廉政风险点排查活动。进一步发挥基层党组织战斗堡垒作用和共产党员先锋模范作用，打造一支团结开拓、务实专业、廉洁高效的干部队伍。认真做好对口帮扶工作，对口帮扶百色、河池装配式建筑实训基地挂牌开班。研究中心高效完成住房政策研究等重点课题11个，为服务住建领域政策制定提供强有力的智力支撑。

城市建设和工程建设

【城市建设】地下综合管廊建设。累计建成综合管廊共14.6公里、投入运营12.5公里。累计开工综合管廊73.8公里，其中2018年新开工沙河东、大小梅沙等综合管廊项目共22公里。紧抓轨道交通四期工程有利时机，推进87公里共建管廊同步建设；结合新开发区建设、道路新改扩建、高压线下地等契机，推进约200公里项目建设。

城市燃气管道建设。大力推进管道天然气入户百万工程，新增管道天然气居民用户16.7万户，总户数达到204.4万户。新建市政中压燃气管道103.9公里，地下燃气管网总长度达到6220公里。

建筑废弃物综合处置。印发实施加强全市建筑废弃物处置工作的若干措施，标准规范逐步健全，政策法规体系加快完善，推进建筑废弃物处置资源化、规模化、排放减量化、无害化、运输密闭化、标准化、管理规范化、智能化。进一步拓展处置渠道，新增临时装船点4处，新增运力3100万立方米，总运力同比提升91%。推进余泥渣土受纳场规划建设，3处受纳场已落地开展前期工作。大力推进建筑废弃物综合利用，现有企业42家，同比增长91%，综合利用量1060万吨，同比增长78%。建筑废弃物智慧监管系统上线运行并实现全市建设工程全覆盖，日均产生电子联单15000余条，建筑废弃物处置全链条管理进一步规范，基于该系统的关键技术研究与应用项目获得国家地理信息科技进步奖一等奖。

【市重点工程】创新深圳湾超级总部基地建设体制机制，实现规划设计、开发建设、运营管理"三统筹"。在全市重点区域建设中率先探索总设计师负责制，通过招标确定由孟建民院士团队提供全过程技术服务。坚持"世界眼光、国际标准、中国特色、高点定位"，以最高水准开展片区城市设计优化与综合交通规划提升等国际咨询。经过多轮严格评审，确定招商银行大厦、万科总部项目、天音通讯总部项目等6家入驻总部企业的建筑设计方案。优化滨海大道（总部基地段）交通综合改造工程方案。

【工程建设标准化试点】实施工程建设标准提升行动计划，发布9部标准规范，启动32部地方标准及6部团体标准制定，打造工程建设领域的"深圳标准"。启动重点领域标准国际化对标试点，对标英标欧标，启动绿色建材技术标准编制。

建筑业

【建筑产业结构】全市建筑业总产值在全国处在中上游水平；建筑业新技术应用和新工艺新产品等的创新在全国具有引领性。2018年建筑业总产值达3471亿元，增加值达724亿元，增长13.9%，占GDP比重达3%，建筑也从业人员94万人，同比增长42%。新增绿色建筑超过2000万平方米，新增装配式建筑面积324万平方米，绿色建筑密度连续多年保持全国前列。信息化和互联网＋为建筑企业创新发展提供了新技术；"一带一路"和粤港澳大湾区两大战略部署为建筑业提供了新的发展空间；城市地下综合管廊建设和海绵城市、智慧城市的兴起及不断积累的实际应用，给建筑业夯实了行业发展的基础。绿色低碳发展力度持续加大，建筑节能与绿色建筑迎来新的发展机遇。

【建筑市场监管和服务】2018年，全市建设工程招标和直接发包项目共计8287项，总造价约3064.82亿元，比去年同期增长18.2%。公开招标转直接发包行政审批78项，办理备案服务事项1136项。出台了《深圳市建设工程评标专家库管理办法》，进一步提高评标专家评标工作质量。实现"网上信息登记，网上资格预审，网上预订会议，网上开标和入围，网上选取评标专家，网上打印及查验中标通知书，网上缴费，机器人客服"等建设工程招标投标全专业全流程电子化服务。在交易系统之外独立开发了交易监督平台，直观地反映出招投标异常情况（如贴近上限价报价、有规律的报价、投标频繁单位、只投标不中标单位、硬件信息多次与其他投标人相同等），对招投标活动进行实时、动态监管。聘请行内资深专家，重点选取上一年度单个标段招标预算金额较大、招标过程中异议或投诉较多、舆论或媒体关注的143个项目开展了建设工程招标投标后评估工作，涉及招标金额约376.98亿元（按中标价计算）。建立承包商分类分级管理体系，确保定标标准的公开透明和科学准确，推动招投标精细化管理。市区两级全年共计出动1573人次，对全市近520家建筑企业和494个在建工程进行检查，发出整改通知书393份，撤回行政许可意见通知书26份。对转包、违法分包、资质申报造假行为，作出行政处罚决定书案件35宗，已超过去年全年数量94.4%。出台《深圳市建筑工地人员实名制管理办法》《深圳市住房和建设局关于进一步全面规范劳务工实名制和分账制管理工作的通知》《深圳市住房和建设局关于开展"两制"工作落实情况专项检查的通知》。截至12月中旬，全市1162个在建工程实名制考勤信息上传比例超过了97%、农民工工资专户监管协议签订比例超过了97.2%。针对现场从业人员流动大、安全意识淡薄等问题，利用"互联网＋安全"启动了深圳市建筑从业人员安全教育数字化培训考核平台，全市29万建筑从业人员参加培训，26万人取得安全教育培训考试合格证书。2018年共受理欠薪投诉68宗，涉及56个项目、工人工资1359.82万元，比去年同期减少83%。

社会管理和公共服务工作

【燃气供应】2018年全市燃气供应平稳，供深用户销售总量为337.69万吨,其中:天然气302.26万吨(包括家庭用气量30.27万吨,工业用量28.56万吨,商业用量21.61万吨,电厂217.74万吨);液化石油气35.43万吨。天然气销售总量整体保持上升趋势,液化石油气销售总量在逐年减少。已建天然气管线场站(含码头接收站)有96个;储罐总容积为662570立方米;汽车加气站21座;已建管网6376.4公里,覆盖率80.56%,比2017年增长3.79%。2018年管道天然气家庭用户数为204万户,用气人口为715.2万人;瓶装燃气家庭用户数为160万户,用气人口为563.2万人。

【物业管理】推进《深圳经济特区物业管理条例》修订,推进配套规范性文件和标准制定。实施城中村物业管理全覆盖三年工作方案,继续开展城中村物业管理试点。进一步深化业主委员会和物业管理机制改革,探索党建引领下的物业管理机制。在26个物业小区开展业主大会代码转换试点。强力推进日常物业维修金归集工作,归集比例从38%提高到96.9%。全市物业专项维修资金总额达181亿元,其中增值收益累计25亿元,收益率居全国前列。将维修资金使用由市、区双重审批改为区级一次审批,办理时限由14个工作日压缩至5个工作日。

【租赁监管服务平台】按照"互联网+租赁服务+公共服务"的定位,持续完善平台房源筹集、自助交易、服务汇集等十大功能,整合居住证在线办理等公共服务,为市民提供线上房屋租赁一站式服务。接入平台的房源达16万多套,纳管租赁交易合同超过15万份,实现了对房源及交易行为的实时动态监管。

【行业维稳】按照"有黑扫黑、无黑除恶、无恶治乱"要求,制定专项斗争工作三年细化方案,成立9个专项工作组,局领导班子带队赴一线督导。加大扫黑除恶宣传力度,全面开展线索摸排工作,报送线索61条。牵头开展"黑煤气""黑物业"专项整治工作,建立健全行业监管长效机制,强化源头治理,堵塞管理漏洞。办理群众信访咨询1.9万件,接待来访群众911批次,市政府12345公开电话(市长专线)来电办结率100%。开展"局领导接访日"等活动,妥善处理群众诉求。积极参与全市"百日攻坚"专项行动,集中排查化解我市住建领域突出的维稳风险隐患。多措并举加大对全市燃气行业反恐怖防范工作力度,全年未发生涉恐事故。办理人大代表建议、政协委员提案共139件,占全市总件数的近10%,其中51件主办建议提案均获得代表委员"满意"评价,满意率达100%。

大事记

1月

1日 深圳市住房租赁交易服务平台正式上线,该平台由市住建局牵头搭建,房源以保障性住房和部分企业提供的长租房源为主。

22日 鹿丹村棚改项目入伙仪式在鹿丹名苑举行。作为深圳首个由政府主导的旧住宅小区改造项目,从政府主导的拆除过程,到土地拍卖过程中容积率向下拍卖的创举,鹿丹村片区综合改造项目在旧住宅区改造与市政建设,民生实事与社会效益多方共赢方面,探索出了一条有效路径,已成为深圳棚户区改造工作的一个样板工程。

3月

9日 "粤港澳大湾区工程设计联盟"筹建典礼暨2018粤港澳大湾区工程设计论坛开幕,广东省住建厅蔡瀛副厅长、深圳市住建局高泉副局长等领导和嘉宾出席活动。

20日 市住建局、市城管局交警局三部门联合开展"城中村黑煤气"专项整治行动。

26日 深圳市住建局正式发布《关于加强棚户区改造工作的实施意见》的征求意见稿,明确了深圳棚户区改造将以公共利益为目的。

27日 《深圳市住房公积金2017年年度报告》正式对外公布,截至2017年12月31日,共发放公积金贷款181.73亿元。

29日 深圳市液化石油气钢瓶安全溯源监管改革正式启动,拉开了深圳市实施燃气钢瓶"一瓶一码"、送气员工"一人一证"信息化管理的帷幕。

4月

11日 市住建局开展针对建筑工程落实劳务工实名制和分账制管理情况的专项检查,切实保障劳务工工资支付。

19日 召开全省发展装配式建筑推进工作现场会。

20日 《深圳市保障性住房收购操作规程》正式实施。

26日 全市最大规模公共住房项目长圳项目一期开工,建成后将提供9500套人才房和保障房。

5月

9日 全市建筑业企业资质动态核查和建筑市场违法行为专项检查工作正式启动,此次行动将重点对转包挂靠、违法分包等严重违法行为进行查处。

22日 深圳市人民政府《关于加强棚户区改造工作的实施意见》正式印发实施。

26日 深圳发出首批业主大会信用代码证书，现有282个小区优先换发该信用证书。

6月

1日 公积金缴存职工可使用深圳建设银行的智慧柜员机办理签订自助服务协议、关联联名卡等6类公积金业务。

4日 2018年深圳市住房建设系统"安全生产月"现场观摩活动暨建设工程安全文明施工标准提升动员会议在罗湖区深业泰富广场项目举行。

5日 深圳市住建局发布住房新政向社会各界征求意见，未来深圳住房拟分为市场商品住房、人才住房、安居型商品房、公共租赁住房四类，市场商品住房占住房供应的40%左右，后三类享受政策支持的各占20%左右。

21日 《深圳经适房取得完全产权和上市交易管理办法（征求意见稿）》，向社会公开征求意见。

22日 "携手共建·筑你平安"深圳市轨道交通工程安全生产月文艺晚会，在建筑公司深圳地铁6号线6111标五工区民乐停车场项目工地魅力上演。

26日 市住建局张学凡局长做客《民心桥》，就深圳市本月初发布的《关于深化住房制度改革加快建立多主体供给多渠道保障租购并举的住房供应与保障体系的意见（征求意见稿）》进行了解读，并回答热心听众的提问。

29日 "2018年深圳市建筑工程脚手架坍塌事故应急演练"在深圳国际会展中心（一期）项目举行。

7月

10日 深圳向社会宣布目标为"深圳90"的建设项目审批改革，将审批时限压缩近三分之二，特别是社会投资建设项目从签订土地使用权出让合同至取得施工许可，审批时限不超过33个工作日。

31日 深圳市住房建设局等有关部门发布《关于进一步加强房地产调控，促进房地产市场平稳健康发展的通知》，主要内容包括企业限购、商务公寓限售、个人限售、抑制离婚买房等。

8月

2日 深圳市住房和建设局印发《深圳市建设工程项目人员实名制管理办法》，对建设工程项目人员进行组织化、信息化管理。

4日 深圳正式发布《深圳市人民政府关于深化住房制度改革加快建立多主体供给多渠道保障租购并举的住房供应与保障体系的意见》，启动新一轮住房制度改革正式。

15日 市规划国土委、市住房和建设局等十个部门联合发布《联合开展打击侵害群众利益违法违规行为治理房地产市场乱象专项行动工作方案》，严厉打击楼市乱象。

21日 印发《深圳市装配式建筑产业基地管理办法》的通知，被评定为深圳市装配式建筑产业基地，可依法享受建筑节能发展资金、绿色金融等相关扶持政策。

30日 深圳市住房和建设局联合市相关单位8月30日在福田区召开深化业主委员会和物业管理机制改革暨福田区试点经验推广工作座谈会。

30日 《深圳经济特区物业管理条例（草案）》二次修订，相关内容进一步完善。

9月

10日 "2018年广东省住房城乡建设系统工程质量提升行动暨'质量月'观摩现场会"，在保障性产业用房项目南山智园D区举行。

12日 深圳市住建局对燃气行业开展"扫黑除恶"专项斗争工作。

26日 深圳市机场（集团）有限公司与深圳市人才安居集团有限公司签署战略合作框架协议。

29日 深圳最大的城中村管道燃气改造项目——上沙社区项目举行通气点火仪式。

10月

15日 第二届国际物业管理产业博览会在深圳开幕。

24日 习近平总书记到龙华区民治街道北站社区，了解社区公共服务、基层党建、社区管理等情况。北站社区中城中村社区与花园小区林立，深圳最大的保障性住房项目龙悦居也位于此。

26日 深圳市装饰行业廉洁自律动员大会召开。

31日 水电气三家公司进驻市住房和建设局保障房业务办理大厅，为办理公共租赁住房入住和退房的市民提供水、电、气开户和费用结算等"一站式"服务。

11月

13日 "伟大的变革——庆祝改革开放40周年大型展览"在北京国家博物馆隆重举行，公积金中心为职工群众办事服务的照片作为全国"建立住房公积金制度"的唯一代表图片在大展上展出。

23日 2018年深圳燃气突发事件应急演练在龙岗区坂李大道举行。

26日 2018年全国岩土工程师论坛在深圳市委党校大礼堂隆重召开。

28日 深圳市建设工程造价行业廉洁自律公约签约大会圆满召开。

30日 深圳市天健（集团）股份有限公司建筑业产业工人建设试点启动仪式在南山EPC项目部隆重举行。

12月

12日 召开全市住建系统联席会议。

12日 召开全市住房建设领域扫黑除恶专项斗争推进会。

14日 深圳市人才租赁住房资产支持专项计划第一期31亿元产品正式在深圳证券交易所挂牌交易。

18日 全市住建系统干部职工集中收看庆祝改革开放40周年大会直播。

20日 深圳建筑业协会成立三十周年庆典大会隆重举行。

21日 深圳市住房和建设局、深圳供电局有限公司、南方电网物资有限公司签订《战略合作框架协议》。

25日 深圳市住房公积金管理中心获批设立博士后创新实践基地。

27日 《深圳市经济适用住房取得完全产权和上市交易办法》正式发布。

28日 市住房公积金归集银行签约仪式暨《深圳住房公积金创新与实践》新书首发仪式圆满举行。

28日 深圳卫视《深视新闻》即日起推出"走在最前列·定格2018"系列报道，关注深圳2018年的创新发展新突破。

31日 深圳市多部门联合印发了《深圳市工程建设领域工资保证金管理办法（试行）》。

（深圳市住房和建设局）

城市规划管理

【概况】2018年，深圳市规划和国土资源委员会（市海洋局）牢牢把握粤港澳大湾区建设、海洋强国等战略机遇，顺应党和国家机构改革新形势，探索重构国土空间规划新体系，在国土空间管理、法定图则编制、交通规划、建筑设计、历史风貌区保护等工作中不断突破，充分发挥了其作为城市发展核心引擎的作用。

【宏观规划与计划】城市总体规划方面，2018年3月，国家机构调整，城乡规划管理职能整合到新成立的自然资源部，由自然资源部负责建立空间规划体系并监督实施。按照自然资源部要求，深圳市已开展的新一轮城市总体规划试点工作告一段落，目前自然资源部正在研究国土空间规划体系的顶层设计方案、技术标准及相关配套政策等，深圳市按照新的要求启动国土空间规划研究和探索工作。国土空间规划方面，深圳市积极推进国土空间规划相关工作，积极参与自然资源部组织的相关研讨会，及时跟进最新政策动向；赴海南、厦门、广州等城市开展调研，学习空间规划编制、多规合一平台建设、项目审批制度改革等经验；组织开展国土空间规划相关的研究工作，包括资源环境承载能力和国土空间开发适宜性评价、深圳市国土空间规划体系研究、深圳市山水林田湖草现状梳理、多规冲突处理及全市"一张蓝图"编制规则等，同步开展国土空间规划监测预警评估系统建设。土地利用总体规划方面，结合省相关政策要求，适时启动修订了《深圳市规划和国土资源委员会土地利用总体规划实施操作指引》，进一步规范土地利用总体规划实施管理。深汕特别合作区总体规划方面，按照市委市政府《关于深圳市组织实施深汕特别合作区体制机制调整的工作方案》（深办〔2018〕4号）的部署要求，会同深汕特别合作区管委会组织开展了《深汕特别合作区总体规划（2017—2035年）》的编制工作并在2018年7月和11月完成了两轮意见征集工作，目前，《深汕特别合作区总体规划纲要》已经编制完成，即将上报市政府审议。城市建设与土地利用年度实施计划方面，完成《深圳市2018年度城市建设与土地利用实施计划》编制并印发实施，为加强计划实施，根据深圳市政府要求，市政府与各区政府（新区）签订《2018年深圳市"拓展空间保障发展"十大专项行动及城市建设与土地利用实施计划责任书》，建立常态化督查工作机制，对各区（新区）完成任务情况进行逐月督查。

【法定图则】扎实推进法定图则编制和局部调整工作，新编及修编法定图则共计24项，其中6项已完成审批，共完成法定图则局部调整事项100余项。进一步推进法定图则制度改革，为加强已批准法定图则与《深圳市城市规划标准与准则》的衔接，提高规划审批效率、促进公共设施等公共利益项目建设，于2018年6月印发了《深圳市城市规划委员会关于对已批准的220项法定图则中涉及公共设施和绿地率批量调整的公告》；落实《深圳市规划和国土资源委员会、龙岗区人民政府共同推进规划国土管理改革与实践合作框架协议》中关于法定图则编制工作由市规划国土委主导、区政府实施新模式，已开展了大运枢纽站及周边地区、宝龙科技城片区2项法定图则修编改革试点工作。

【交通规划】积极推进各层级交通规划的编制与研究工作。完成《深圳市轨道交通线网规划

（2016—2035）》《珠三角城际轨道深圳地区布局规划（修编）》《赣深客专（深圳段）交通详细规划》，以及西丽站、光明城站、大运站、龙城北站交通枢纽规划编制工作；完成《深圳至深汕特别合作区新增高速公路及城际铁路规划研究》《黄木岗枢纽交通详细规划》，报市政府审议；启动《深圳市城市轨道近期建设线路交通详细规划》《深圳市城市轨道近期建设枢纽交通详细规划》《深汕高铁深圳段交通详细规划》《深圳市轨道6号线支线南延交通详细规划》前期研究工作；开展《轨道22号线交通详细规划》编制工作；推进重大铁路基础设施项目建设，配合推进赣深客专、深茂铁路、平南铁路改造、平湖南铁路货场、穗莞深城际线、深惠城际线等项目的规划建设工作；完成《2017年深港莞惠跨界交通调查及成果分析》，建立了跨界交通数据并研究分析。

【市政规划】印发海绵城市建设工作流程，提升完善海绵城市专项规划，完成海绵城市试点迎检工作；启动《深圳市内涝防治完善规划》编制工作；配合推进天然气基础设施互联互通重大工程项目，完成《中石油深圳液化天然气应急调峰站项目外输管道（深圳段）工程选址研究（规划设计条件）》审查工作，报市政府审批；完成"大鹏LNG超高压管网优化研究""深圳市天然气区域调压站用地规模调整研究"；开展"深圳东部能源综合管廊带研究""深圳市燃气次高压系统专项规划"项目；梳理全市油气库规划及现状工作，赴东莞、惠州、深汕合作区开展油气储存设施调研，研究妈湾赤湾油气库搬迁惠州、深汕的可行性；完成《深圳市电力设施及高压走廊专项规划（2018—2035）》《深圳市地下管线综合规划》，成果报深圳市政府审批通过并印发；配合深圳市管廊办及各区政府，完成10个区的综合管廊详细规划，并经深圳市城市规划委员会发展策略委员会审议通过，进一步指导各区综合管廊的建设；开展《深圳—深汕合作区跨区域合作环境综合基地前期工作规划研究》编制工作。

【城市与建筑设计】对标世界一流，提高城市规划建设水平，印发了《深圳市城市设计行动工作方案》《深圳市重点地区总设计师制试行办法》，开展《深圳市城市设计编制技术规定》研究工作；组织进行城市设计相关研究，开展了山海连城计划、特色风貌区管理、重点区域规划建设设计指引、城市风道指引、轨道站点周边城市规划与设计指引等研究项目；积极推进重点片区城市设计相关工作。2018年3月至6月底，组织完成香蜜湖片区城市设计国际咨询，组织开展了《深圳湾超级总部基地城市设计》和《南山后海中心区城市设计实施检讨与深化设计》，形成规划成果。建筑设计方面，着力加强建筑设计管理工作，《深圳市建筑设计规则》即将印发实施；为优化建设工程规划许可审批流程，印发了《建设工程规划许可报建文件编制技术规定》和《深圳市规划国土委关于试行建设工程规划许可告知承诺管理的通知》；2018年9月，发布实施《深圳市既有住宅加装电梯管理规定》。开展2019深港城市\建筑双年展（深圳）（以下简称双年展）筹备工作，完成策展团队征集和评选工作，召开双年展组委会第一次会议。本届双年展总策展人由麻省理工学院"可感知城市实验室"负责人卡洛·卡蒂（Carlo Ratti）、中国工程院院士孟建民、著名策展人与艺术评论家法比奥·卡瓦卢奇（Fabio Cavallucci）三人共同担任。

【地名管理及历史文化保护】地名管理方面，制定了《深圳市建筑物（群）命名规则（试行）》《深圳市轨道交通线路及站点命名规则（试行）》，为地名标准化、规范化管理及地名审批工作提供了技术保障；完成"地名一张图""地名宣传片"等专项成果；联合深圳市公安局制定了《关于进一步规范新建建筑物地址管理的通知》；地名普查工作成果通过国家验收。历史风貌区和历史建筑保护方面，组织开展"深圳市历史风貌区和历史建筑保护标志设计和设置指引"以及"深圳市南粤古驿道专项研究及保护利用指引"专题研究；开展深圳第一批历史风貌区和第二批历史建筑名录的现状调研、筛查、评估等工作；进一步推进历史风貌区和历史建筑保护相关法规和技术规范建设。

大事记

2月26日 《关于市财政支持海绵城市建设实施方案（试行）》发布，明确深圳作为全国海绵城市试点城市，开展海绵城市建设领域的研发创新、规划设计、标准或规范制订等工作，提高深圳海绵城市建设标准和质量。

3月28日 人民银行深圳市中心支行、深圳银监局、深圳市规划和国土资源委员会联合印发《关于建立信息互通查询机制规范购房融资的通知》，建立信息互通查询机制，规范购房融资，坚决遏制"阴阳合同"和"高评高贷"现象。

3月30日 《深圳市香蜜湖片区城市设计国际咨询的预公告》发布，向全球招标香蜜湖片区整体城市设计，要求坚持"世界眼光、国际标准、中国特色、高点定位"的理念，将该片区打造成为深圳核心功能区规划建设的新标杆。

4月18日　深圳市规划国土委坪山管理局与深圳市南布股份合作公司签订了深圳市土地使用权出让合同书，这是坪山区以协议方式出让南布社区的首宗留用地，标志着深圳市首例整村统筹试点项目正式迈入建设实施阶段。

5月3日　深圳市人民政府印发《深圳市总部项目遴选及用地供应管理办法》，明确总部项目遴选的要求及程序，落实用地供应与企业贡献相匹配原则；总部用地出让年限为30年，将采取挂牌出让方式供应。

6月27日　深圳市人民政府常务会议审议并原则通过关于饮用水水源一级保护区违法建筑问题整改有关事项，要求牢固树立和践行绿水青山就是金山银山的理念，积极稳妥拆除处置水源保护区内违法建筑，强化环境保护，提升城市发展质量。

7月8日　《关于完善国有土地供应管理的若干意见》出台，从健全土地供应体系、加强建设用地供应及审批监管等方面提出12点意见，以完善国有建设用地使用权划拨、出让制度、探索租赁、作价出资等建设用地有偿使用方式，建立以产权为导向的土地供应体系。

7月17日　《深圳市重点地区总设计师制试行办法》出台，明确深圳重点地区规划、设计、建设和管理将由"总设计师"把关，总设计师的咨询意见，作为主管部门和建设管理部门行政审批和决策的重要技术依据。

7月31日　深圳市规划国土委、深圳市住房建设局等部门联合发布《关于进一步加强房地产调控促进房地产市场平稳健康发展的通知》，在限制企事业单位购房、商务公寓买卖、居民家庭购房后销售时限、抑制离婚炒房等方面都做出了严格的规定和限制。

8月9日　印发《深圳市土地整备利益统筹项目管理办法》，旨在加快解决土地历史遗留问题，实现政府、原农村集体经济组织继受单位、相关权益人等多方共赢，促进城市整体利益实现。

8月16日　印发《深圳市工业区块线管理办法》，提出按照"严守总量、提质增效、产城融合、刚性管控"的原则，严禁在工业用地中安排成套商品住宅、专家楼、商务公寓以及大规模的商业和办公等建筑功能，加强土地利用的全过程管理和产业项目的全生命周期管理，稳定工业用地总规模，提高工业用地利用效率。

8月29日　2018中国深圳国际房地产业博览会暨第13届中国（深圳）城市土地展在深圳会展中心9号馆举行，首届中国（深圳）住房租赁产业展同期举行，深圳将试行"稳租金商品房管理制度"，通过租金传导效应，引导市场合理定价。

9月17日　《深圳市人民政府关于农村城市化历史遗留产业类和公共配套类违法建筑的处理办法》正式发布，明确对农村城市化历史遗留产业类违法建筑和农村城市化历史遗留公共配套类违法建筑实施安全纳管、处理确认、依法拆除或者没收。

11月22日　《深圳市城市更新外部移交公共设施用地实施管理规定》发布，允许拆除重建类城市更新主体将拆除范围以外的公用设施用地理顺经济关系后，无偿移交国有，同时，将给予承担移交责任的更新项目部分合法用地比例的计入及适当的建筑面积补偿，保障更新项目的实施。

12月14日　深圳市人才租赁住房资产支持专项计划第一期31亿元产品正式在深圳证券交易所挂牌交易，人才安居REITs项目将具有深圳特色的金融创新与安居工程有机结合到了一起，为全国探索了公共住房投融资的"深圳模式"和"深圳范例"。

（深圳市规划和国土资源委员会）

政策法规文件

国务院办公厅关于开展工程建设项目审批制度改革试点的通知

国办发〔2018〕33号

各省、自治区、直辖市人民政府，国务院各部委、各直属机构：

为贯彻落实党中央、国务院关于深化"放管服"改革和优化营商环境的部署要求，推动政府职能转向减审批、强监管、优服务，促进市场公平竞争，国务院决定开展工程建设项目审批制度改革试点。经国务院同意，现就试点工作有关事项通知如下：

一、总体要求

（一）指导思想。全面深入贯彻党的十九大和十九届二中、三中全会精神，以习近平新时代中国特色社会主义思想为指导，按照党中央、国务院关于深化"放管服"改革和优化营商环境的部署要求，以推进政府治理体系和治理能力现代化为目标，对工程建设项目审批制度进行全流程、全覆盖改革，努力构建科学、便捷、高效的工程建设项目审批和管理体系。

（二）试点地区。北京市、天津市、上海市、重庆市、沈阳市、大连市、南京市、厦门市、武汉市、广州市、深圳市、成都市、贵阳市、渭南市、延安市和浙江省。

（三）改革内容。改革覆盖工程建设项目审批全过程（包括从立项到竣工验收和公共设施接入服务）；主要是房屋建筑和城市基础设施等工程，不包括特殊工程和交通、水利、能源等领域的重大工程；覆盖行政许可等审批事项和技术审查、中介服务、市政公用服务以及备案等其他类型事项，推动流程优化和标准化。

（四）工作目标。2018年，试点地区建成工程建设项目审批制度框架和管理系统，按照规定的流程，审批时间压减一半以上，由目前平均200多个工作日压减至120个工作日。2019年，总结推广试点经验，在全国范围开展工程建设项目审批制度改革，上半年将审批时间压减至120个工作日，试点地区审批事项和时间进一步减少；地级及以上城市建成工程建设项目审批制度框架和管理系统。2020年，基本建成全国统一的工程建设项目审批和管理体系。

二、统一审批流程

（五）优化审批阶段。将工程建设项目审批流程主要划分为立项用地规划许可、工程建设许可、施工许可、竣工验收等四个阶段。其中，立项用地规划许可阶段主要包括项目审批核准备案、选址意见书核发、用地预审、用地规划许可等。工程建设许可阶段主要包括设计方案审查、建设工程规划许可证核发等。施工许可阶段主要包括消防、人防等设计审核确认和施工许可证核发等。竣工验收阶段主要包括规划、国土、消防、人防等验收及竣工验收备案等。其他行政许可、涉及安全的强制性评估、中介服务、市政公用服务以及备案等事项纳入相关阶段办理或与相关阶段并行推进。

（六）分类细化流程。根据工程建设项目类型、投资类别、规模大小等，分类细化审批流程，确定审批阶段和审批事项。简化社会投资的中小型工程建设项目审批，对于带方案出让土地的项目，不再对设计方案进行审核，将工程建设许可和施工许可合并为一个阶段。对于出让土地的工程建设项目，将建设用地审批纳入立项用地规划许可阶段。

（七）大力推广并联审批。每个审批阶段确定一家牵头部门，实行"一家牵头、并联审批、限时办结"，由牵头部门组织协调相关部门严格按照限定时间完成审批。

三、精简审批环节

（八）精减审批事项和条件。取消不符合上位法和不合规的审批事项。取消不合理、不必要的审批事项。对于保留的审批事项，要减少审批前置条件，公布审批事项清单。取消施工合同备案、建筑节能设计审查备案等事项。社会投资的房屋建筑工程，建设单位可以自主决定发包方式。

（九）下放审批权限。按照方便企业和群众办事的原则，对下级机关有能力承接的审批事项，下放或委托下级机关审批。相关部门要加强沟通协调，制定配套措施，完善监管制度，开展指导培训，提高审批效能。

（十）合并审批事项。由同一部门实施的管理内容相近或者属于同一办理阶段的多个审批事项，应整合为一个审批事项。推行联合勘验、联合测绘、联合审图、联合验收等。将消防设计审核、人防设计审查等技术审查并入施工图设计文件审查，相关部门不再进行技术审查。推行以政府购买服务方式开展施工图设计文件审查。将工程质量安全监督手续与施工许可证合并办理。规划、国土、消防、人防、档案、市政公用等部门和单位实行限时联合验收，统一竣工验收图纸和验收标准，统一出具验收意见。对于验收涉及的测量工作，实行"一次委托、统一测绘、成果共享"。

（十一）转变管理方式。对于能够用征求相关部门意见方式替代的审批事项，调整为政府内部协作事项。建设工程规划许可证核发时一并进行设计方案审查，由发证部门征求相关部门和单位意见，其他部门不再对设计方案进行单独审查。推行由政府统一组织对地震安全性评价、地质灾害危险性评估、环境影响评价、节能评价等事项实行区域评估。

（十二）调整审批时序。落实取消下放行政审批事项有关要求，环境影响评价、节能评价、地震安全性评价等评价事项不作为项目审批或核准条件，地震安全性评价在工程设计前完成即可，其他评价事项在施工许可前完成即可。可以将用地预审意见作为使用土地证明文件申请办理建设工程规划许可证，用地批准手续在施工许可前完成即可。将供水、供电、燃气、热力、排水、通信等市政公用基础设施报装提前到施工许可证核发后办理，在工程施工阶段完成相关设施建设，竣工验收后直接办理接入事宜。

（十三）推行告知承诺制。对通过事中事后监管能够纠正不符合审批条件的行为且不会产生严重后果的审批事项，实行告知承诺制。公布实行告知承诺制的审批事项清单及具体要求，申请人按照要求作出书面承诺的，审批部门可以直接作出审批决定。对已经实施区域评估的工程建设项目，相应的审批事项实行告知承诺制。在部分工程建设项目中推行建设工程规划许可告知承诺制。

四、完善审批体系

（十四）"一张蓝图"统筹项目实施。加快建立"多规合一"业务协同平台，统筹各类规划。以"多规合一"的"一张蓝图"为基础，统筹协调各部门提出项目建设条件，建设单位落实建设条件要求，相关部门加强监督管理和考核评估。

（十五）"一个系统"实施统一管理。在国家和地方现有信息平台基础上，整合形成"横向到边、纵向到底"的工程建设项目审批管理系统，覆盖各部门和市、县、区、乡镇（街道）各层级，实现统一受理、并联审批、实时流转、跟踪督办、信息共享。其中，涉密工程按照有关保密要求执行。审批管理系统要与"多规合一"业务协同平台、各部门审批管理系统等信息平台互联互通，做到审批过程、审批结果实时传送。通过工程建设项目审批管理系统，加强对地方工程建设项目审批工作的指导和监督管理。

（十六）"一个窗口"提供综合服务。整合各部门和各市政公用单位分散设立的服务窗口，设立工程建设项目审批综合服务窗口。建立完善"前台受理、后台审核"机制，综合服务窗口统一收件、出件，实现"一个窗口"服务和管理。

（十七）"一张表单"整合申报材料。各审批阶段均实行"一份办事指南，一张申请表单，一套申报材料，完成多项审批"的运作模式，牵头部门制定统一的办事指南和申报表格，每一个审批阶段申请人只需提交一套申报材料。不同审批阶段的审批部门应当共享申报材料，不得要求申请人重复提交。

（十八）"一套机制"规范审批运行。建立健全工程建设项目审批配套制度，明确部门职责，明晰工作规程，规范审批行为，确保审批各阶段、各环节无缝衔接。建立审批协调机制，协调解决部门意见分歧。建立督办督查制度，实时跟踪审批办理情况，对全过程实施督查。

五、强化监督管理

（十九）加强事中事后监管。建立与工程建设项目审批制度改革相适应的监管体系。全面推行"双随机、一公开"监管，加大监督检查力度，严肃查处违法违规行为。对于实行告知承诺制的审批事项，审批部门应当在规定时间内对申请人履行承诺的情况进行检查，对申请人未履行承诺的，撤销行政审批决定并追究申请人的相应责任。

（二十）加强信用体系建设。建立工程建设项目审批信用信息平台，建立黑名单制度，将企业和从业人员违法违规、不履行承诺的不良行为向社会公开，构建"一处失信、处处受限"的联合惩戒机制。

（二十一）规范中介和市政公用服务。建立健全管理制度，实行服务承诺制，明确服务标准和办事流程，规范服务收费。依托工程建设项目审批管理系统建立中介服务网上交易平台，对中介服务行为实施全过程监管。

六、统筹组织实施

（二十二）强化组织领导。住房城乡建设部要切实担负起工程建设项目审批制度改革工作的组织协调和督促指导责任，各有关部门要加强协作、密切配合。试点地区人民政府要高度重视工程建设项目审批制度改革工作，成立以主要负责同志为组长的领导小组，完善工作机制，层层压实责任。试点地区要根据本通知编制实施方案，细化分解任务，明确责任部门，制定时间表、路线图，确保试点工作有序推进，并于2018年6月15日前将实施方案报送住房城乡建设部。鼓励改革创新，改革中涉及突破相关法律法规及政策规定的，按照程序报有权机关授权。支持试点地区在立法权限范围内先行先试，依法依规推进改革工作。研究推动在农村地区因地制宜开展相关工程建设项目审批制度改革。

（二十三）建立考评机制。住房城乡建设部要会同相关部门建立工程建设项目审批制度改革考核评价机制，重点考核评价试点地区全流程、全覆盖实施改革情况，考核评价试点地区统一审批流程、精简审批环节、完善审批体系等情况，及时总结试点做法，形成可复制、可推广的经验，并将有关情况报国务院。试点地区人民政府要加大对有关部门改革工作的督查力度，跟踪督查改革任务落实情况。试点地区要定期向住房城乡建设部报送工作进展情况。对于工作推进不力、影响工程建设项目审批制度改革进程的，特别是未按时完成阶段性工作目标的，要依法依规严肃问责。

（二十四）做好宣传引导。试点地区要通过多种形式及时宣传报道相关工作措施和取得的成效，加强舆论引导，增进社会公众对试点工作的了解和支持，及时回应群众关切，为顺利推进试点工作营造良好的舆论环境。

国务院办公厅
2018年5月14日

（此件公开发布）

危险性较大的分部分项工程安全管理规定

中华人民共和国住房和城乡建设部令第37号

《危险性较大的分部分项工程安全管理规定》已经2018年2月12日第37次部常务会议审议通过，现予发布，自2018年6月1日起施行。

住房城乡建设部部长　王蒙徽
2018年3月8日

危险性较大的分部分项工程安全管理规定

第一章　总　　则

第一条　为加强对房屋建筑和市政基础设施工程中危险性较大的分部分项工程安全管理，有效防范生产安全事故，依据《中华人民共和国建筑法》《中华人民共和国安全生产法》《建设工程安全生产管理条例》等法律法规，制定本规定。

第二条　本规定适用于房屋建筑和市政基础设施工程中危险性较大的分部分项工程安全管理。

第三条　本规定所称危险性较大的分部分项工程（以下简称"危大工程"），是指房屋建筑和市政基础设施工程在施工过程中，容易导致人员群死群伤或者造成重大经济损失的分部分项工程。

危大工程及超过一定规模的危大工程范围由国

务院住房城乡建设主管部门制定。

省级住房城乡建设主管部门可以结合本地区实际情况，补充本地区危大工程范围。

第四条　国务院住房城乡建设主管部门负责全国危大工程安全管理的指导监督。

县级以上地方人民政府住房城乡建设主管部门负责本行政区域内危大工程的安全监督管理。

第二章　前期保障

第五条　建设单位应当依法提供真实、准确、完整的工程地质、水文地质和工程周边环境等资料。

第六条　勘察单位应当根据工程实际及工程周边环境资料，在勘察文件中说明地质条件可能造成的工程风险。

设计单位应当在设计文件中注明涉及危大工程的重点部位和环节，提出保障工程周边环境安全和工程施工安全的意见，必要时进行专项设计。

第七条　建设单位应当组织勘察、设计等单位在施工招标文件中列出危大工程清单，要求施工单位在投标时补充完善危大工程清单并明确相应的安全管理措施。

第八条　建设单位应当按照施工合同约定及时支付危大工程施工技术措施费以及相应的安全防护文明施工措施费，保障危大工程施工安全。

第九条　建设单位在申请办理安全监督手续时，应当提交危大工程清单及其安全管理措施等资料。

第三章　专项施工方案

第十条　施工单位应当在危大工程施工前组织工程技术人员编制专项施工方案。

实行施工总承包的，专项施工方案应当由施工总承包单位组织编制。危大工程实行分包的，专项施工方案可以由相关专业分包单位组织编制。

第十一条　专项施工方案应当由施工单位技术负责人审核签字、加盖单位公章，并由总监理工程师审查签字、加盖执业印章后方可实施。

危大工程实行分包并由分包单位编制专项施工方案的，专项施工方案应当由总承包单位技术负责人及分包单位技术负责人共同审核签字并加盖单位公章。

第十二条　对于超过一定规模的危大工程，施工单位应当组织召开专家论证会对专项施工方案进行论证。实行施工总承包的，由施工总承包单位组织召开专家论证会。专家论证前专项施工方案应当通过施工单位审核和总监理工程师审查。

专家应当从地方人民政府住房城乡建设主管部门建立的专家库中选取，符合专业要求且人数不得少于5名。与本工程有利害关系的人员不得以专家身份参加专家论证会。

第十三条　专家论证会后，应当形成论证报告，对专项施工方案提出通过、修改后通过或者不通过的一致意见。专家对论证报告负责并签字确认。

专项施工方案经论证需修改后通过的，施工单位应当根据论证报告修改完善后，重新履行本规定第十一条的程序。

专项施工方案经论证不通过的，施工单位修改后应当按照本规定的要求重新组织专家论证。

第四章　现场安全管理

第十四条　施工单位应当在施工现场显著位置公告危大工程名称、施工时间和具体责任人员，并在危险区域设置安全警示标志。

第十五条　专项施工方案实施前，编制人员或者项目技术负责人应当向施工现场管理人员进行方案交底。

施工现场管理人员应当向作业人员进行安全技术交底，并由双方和项目专职安全生产管理人员共同签字确认。

第十六条　施工单位应当严格按照专项施工方案组织施工，不得擅自修改专项施工方案。

因规划调整、设计变更等原因确需调整的，修改后的专项施工方案应当按照本规定重新审核和论证。涉及资金或者工期调整的，建设单位应当按照约定予以调整。

第十七条　施工单位应当对危大工程施工作业人员进行登记，项目负责人应当在施工现场履职。

项目专职安全生产管理人员应当对专项施工方案实施情况进行现场监督，对未按照专项施工方案施工的，应当要求立即整改，并及时报告项目负责人，项目负责人应当及时组织限期整改。

施工单位应当按照规定对危大工程进行施工监测和安全巡视，发现危及人身安全的紧急情况，应当立即组织作业人员撤离危险区域。

第十八条　监理单位应当结合危大工程专项施工方案编制监理实施细则，并对危大工程施工实施专项巡视检查。

第十九条　监理单位发现施工单位未按照专项施工方案施工的，应当要求其进行整改；情节严重的，应当要求其暂停施工，并及时报告建设单位。施工单位拒不整改或者不停止施工的，监理单位应当及时报告建设单位和工程所在地住房城乡建设主管部门。

第二十条　对于按照规定需要进行第三方监测的危大工程，建设单位应当委托具有相应勘察资质的单位进行监测。

监测单位应当编制监测方案。监测方案由监测单位技术负责人审核签字并加盖单位公章，报送监理单位后方可实施。

监测单位应当按照监测方案开展监测，及时向建设单位报送监测成果，并对监测成果负责；发现异常时，及时向建设、设计、施工、监理单位报告，建设单位应当立即组织相关单位采取处置措施。

第二十一条　对于按照规定需要验收的危大工程，施工单位、监理单位应当组织相关人员进行验收。验收合格的，经施工单位项目技术负责人及总监理工程师签字确认后，方可进入下一道工序。

危大工程验收合格后，施工单位应当在施工现场明显位置设置验收标识牌，公示验收时间及责任人员。

第二十二条　危大工程发生险情或者事故时，施工单位应当立即采取应急处置措施，并报告工程所在地住房城乡建设主管部门。建设、勘察、设计、监理等单位应当配合施工单位开展应急抢险工作。

第二十三条　危大工程应急抢险结束后，建设单位应当组织勘察、设计、施工、监理等单位制定工程恢复方案，并对应急抢险工作进行后评估。

第二十四条　施工、监理单位应当建立危大工程安全管理档案。

施工单位应当将专项施工方案及审核、专家论证、交底、现场检查、验收及整改等相关资料纳入档案管理。

监理单位应当将监理实施细则、专项施工方案审查、专项巡视检查、验收及整改等相关资料纳入档案管理。

第五章　监督管理

第二十五条　设区的市级以上地方人民政府住房城乡建设主管部门应当建立专家库，制定专家库管理制度，建立专家诚信档案，并向社会公布，接受社会监督。

第二十六条　县级以上地方人民政府住房城乡建设主管部门或者所属施工安全监督机构，应当根据监督工作计划对危大工程进行抽查。

县级以上地方人民政府住房城乡建设主管部门或者所属施工安全监督机构，可以通过政府购买技术服务方式，聘请具有专业技术能力的单位和人员对危大工程进行检查，所需费用向本级财政申请予以保障。

第二十七条　县级以上地方人民政府住房城乡建设主管部门或者所属施工安全监督机构，在监督抽查中发现危大工程存在安全隐患的，应当责令施工单位整改；重大安全事故隐患排除前或者排除过程中无法保证安全的，责令从危险区域内撤出作业人员或者暂时停止施工；对依法应当给予行政处罚的行为，应当依法作出行政处罚决定。

第二十八条　县级以上地方人民政府住房城乡建设主管部门应当将单位和个人的处罚信息纳入建筑施工安全生产不良信用记录。

第六章　法律责任

第二十九条　建设单位有下列行为之一的，责令限期改正，并处1万元以上3万元以下的罚款；对直接负责的主管人员和其他直接责任人员处1000元以上5000元以下的罚款：

（一）未按照本规定提供工程周边环境等资料的；

（二）未按照本规定在招标文件中列出危大工程清单的；

（三）未按照施工合同约定及时支付危大工程施工技术措施费或者相应的安全防护文明施工措施费的；

（四）未按照本规定委托具有相应勘察资质的单位进行第三方监测的；

（五）未对第三方监测单位报告的异常情况组织采取处置措施的。

第三十条　勘察单位未在勘察文件中说明地质条件可能造成的工程风险的，责令限期改正，依照《建设工程安全生产管理条例》对单位进行处罚；对直接负责的主管人员和其他直接责任人员处1000元以上5000元以下的罚款。

第三十一条　设计单位未在设计文件中注明涉及危大工程的重点部位和环节，未提出保障工程周边环境安全和工程施工安全的意见的，责令限期改正，并处1万元以上3万元以下的罚款；对直接负责的主管人员和其他直接责任人员处1000元以上5000元以下的罚款。

第三十二条　施工单位未按照本规定编制并审核危大工程专项施工方案的，依照《建设工程安全生产管理条例》对单位进行处罚，并暂扣安全生产许可证30日；对直接负责的主管人员和其他直接责任人员处 1000 元以上 5000 元以下的罚款。

第三十三条 施工单位有下列行为之一的，依照《中华人民共和国安全生产法》《建设工程安全生产管理条例》对单位和相关责任人员进行处罚：

（一）未向施工现场管理人员和作业人员进行方案交底和安全技术交底的；

（二）未在施工现场显著位置公告危大工程，并在危险区域设置安全警示标志的；

（三）项目专职安全生产管理人员未对专项施工方案实施情况进行现场监督的。

第三十四条 施工单位有下列行为之一的，责令限期改正，处 1 万元以上 3 万元以下的罚款，并暂扣安全生产许可证 30 日；对直接负责的主管人员和其他直接责任人员处 1000 元以上 5000 元以下的罚款：

（一）未对超过一定规模的危大工程专项施工方案进行专家论证的；

（二）未根据专家论证报告对超过一定规模的危大工程专项施工方案进行修改，或者未按照本规定重新组织专家论证的；

（三）未严格按照专项施工方案组织施工，或者擅自修改专项施工方案的。

第三十五条 施工单位有下列行为之一的，责令限期改正，并处 1 万元以上 3 万元以下的罚款；对直接负责的主管人员和其他直接责任人员处 1000 元以上 5000 元以下的罚款：

（一）项目负责人未按照本规定现场履职或者组织限期整改的；

（二）施工单位未按照本规定进行施工监测和安全巡视的；

（三）未按照本规定组织危大工程验收的；

（四）发生险情或者事故时，未采取应急处置措施的；

（五）未按照本规定建立危大工程安全管理档案的。

第三十六条 监理单位有下列行为之一的，依照《中华人民共和国安全生产法》《建设工程安全生产管理条例》对单位进行处罚；对直接负责的主管人员和其他直接责任人员处 1000 元以上 5000 元以下的罚款：

（一）总监理工程师未按照本规定审查危大工程专项施工方案的；

（二）发现施工单位未按照专项施工方案实施，未要求其整改或者停工的；

（三）施工单位拒不整改或者不停止施工时，未向建设单位和工程所在地住房城乡建设主管部门报告的。

第三十七条 监理单位有下列行为之一的，责令限期改正，并处 1 万元以上 3 万元以下的罚款；对直接负责的主管人员和其他直接责任人员处 1000 元以上 5000 元以下的罚款：

（一）未按照本规定编制监理实施细则的；

（二）未对危大工程施工实施专项巡视检查的；

（三）未按照本规定参与组织危大工程验收的；

（四）未按照本规定建立危大工程安全管理档案的。

第三十八条 监测单位有下列行为之一的，责令限期改正，并处 1 万元以上 3 万元以下的罚款；对直接负责的主管人员和其他直接责任人员处 1000 元以上 5000 元以下的罚款：

（一）未取得相应勘察资质从事第三方监测的；

（二）未按照本规定编制监测方案的；

（三）未按照监测方案开展监测的；

（四）发现异常未及时报告的。

第三十九条 县级以上地方人民政府住房城乡建设主管部门或者所属施工安全监督机构的工作人员，未依法履行危大工程安全监督管理职责的，依照有关规定给予处分。

第七章 附 则

第四十条 本规定自 2018 年 6 月 1 日起施行。

住房城乡建设部关于废止《工程建设项目招标代理机构资格认定办法》的决定

中华人民共和国住房和城乡建设部令第 38 号

《住房城乡建设部关于废止〈工程建设项目招标代理机构资格认定办法〉的决定》已经 2018 年 2 月 12 日第 37 次部常务会议审议通过，现予发布，自发布之日起施行。

住房城乡建设部部长　王蒙徽
2018 年 3 月 8 日

住房城乡建设部关于废止《工程建设项目招标代理机构资格认定办法》的决定

住房城乡建设部决定废止《工程建设项目招标代理机构资格认定办法》（建设部令第 154 号）。现予发布，自发布之日起施行。

住房城乡建设部关于废止《物业服务企业资质管理办法》的决定

中华人民共和国住房和城乡建设部令第 39 号

《住房城乡建设部关于废止〈物业服务企业资质管理办法〉的决定》已经 2018 年 2 月 12 日第 37 次部常务会议审议通过，现予发布，自发布之日起施行。

住房城乡建设部部长　王蒙徽
2018 年 3 月 8 日

住房城乡建设部关于废止《物业服务企业资质管理办法》的决定

住房城乡建设部决定废止《物业服务企业资质管理办法》（建设部令第 164 号）。现予发布，自发布之日起施行。

住房城乡建设部 公安部关于废止《城市公共交通车船乘坐规则》的决定

中华人民共和国住房和城乡建设部 中华人民共和国公安部令第 40 号

《住房城乡建设部 公安部关于废止〈城市公共交通车船乘坐规则〉的决定》已经住房城乡建设部、公安部批准，现予发布，自发布之日起施行。

住房城乡建设部部长　王蒙徽
公　安　部　部　长　赵克志
2018 年 3 月 28 日

住房城乡建设部 公安部关于废止《城市公共交通车船乘坐规则》的决定

住房城乡建设部、公安部决定废止《城市公共交通车船乘坐规则》（建设部、公安部令第 31 号）。现予发布，自发布之日起施行。

住房城乡建设部关于废止《城市轨道交通运营管理办法》的决定

中华人民共和国住房和城乡建设部令第 41 号

《住房城乡建设部关于废止〈城市轨道交通运营管理办法〉的决定》已经 2018 年 6 月 12 日第 1 次部常务会议审议通过，现予发布，自 2018 年 7 月 1 日起施行。

住房城乡建设部部长　王蒙徽
2018 年 6 月 22 日

住房城乡建设部关于废止《城市轨道交通运营管理办法》的决定

住房城乡建设部决定废止《城市轨道交通运营管理办法》（建设部令第 140 号）。现予发布，自 2018 年 7 月 1 日起施行。

住房城乡建设部关于修改《建筑工程施工许可管理办法》的决定

中华人民共和国住房和城乡建设部令第 42 号

《住房城乡建设部关于修改〈建筑工程施工许可管理办法〉的决定》已经 2018 年 9 月 19 日第 4 次部常务会议审议通过,现予发布,自发布之日起施行。

住房城乡建设部部长　王蒙徽
2018 年 9 月 28 日

住房城乡建设部关于修改《建筑工程施工许可管理办法》的决定

为贯彻落实国务院深化"放管服"改革,优化营商环境的要求,住房城乡建设部决定对《建筑工程施工许可管理办法》(住房城乡建设部令第 18 号)作如下修改:

一、删去第四条第一款第七项。

二、将第四条第一款第八项修改为:"建设资金已经落实。建设单位应当提供建设资金已经落实承诺书"。

三、将第五条第一款第三项修改为:"发证机关在收到建设单位报送的《建筑工程施工许可证申请表》和所附证明文件后,对于符合条件的,应当自收到申请之日起七日内颁发施工许可证;对于证明文件不齐全或者失效的,应当当场或者五日内一次告知建设单位需要补正的全部内容,审批时间可以自证明文件补正齐全后作相应顺延;对于不符合条件的,应当自收到申请之日起七日内书面通知建设单位,并说明理由"。

此外,对相关条文顺序作相应调整。

本决定自发布之日起施行。《建筑工程施工许可管理办法》根据本决定作相应修改,重新发布。

建筑工程施工许可管理办法

(2014 年 6 月 25 日住房和城乡建设部令第 18 号发布,根据 2018 年 9 月 28 日住房和城乡建设部令第 42 号修正)

第一条　为了加强对建筑活动的监督管理,维护建筑市场秩序,保证建筑工程的质量和安全,根据《中华人民共和国建筑法》,制定本办法。

第二条　在中华人民共和国境内从事各类房屋建筑及其附属设施的建造、装修装饰和与其配套的线路、管道、设备的安装,以及城镇市政基础设施工程的施工,建设单位在开工前应当依照本办法的规定,向工程所在地的县级以上地方人民政府住房城乡建设主管部门(以下简称发证机关)申请领取施工许可证。

工程投资额在 30 万元以下或者建筑面积在 300 平方米以下的建筑工程,可以不申请办理施工许可证。省、自治区、直辖市人民政府住房城乡建设主管部门可以根据当地的实际情况,对限额进行调整,并报国务院住房城乡建设主管部门备案。

按照国务院规定的权限和程序批准开工报告的建筑工程,不再领取施工许可证。

第三条　本办法规定应当申请领取施工许可证的建筑工程未取得施工许可证的,一律不得开工。

任何单位和个人不得将应当申请领取施工许可证的工程项目分解为若干限额以下的工程项目,规避申请领取施工许可证。

第四条　建设单位申请领取施工许可证,应当具备下列条件,并提交相应的证明文件:

(一)依法应当办理用地批准手续的,已经办理该建筑工程用地批准手续。

(二)在城市、镇规划区的建筑工程,已经取得建设工程规划许可证。

（三）施工场地已经基本具备施工条件，需要征收房屋的，其进度符合施工要求。

（四）已经确定施工企业。按照规定应当招标的工程没有招标，应当公开招标的工程没有公开招标，或者肢解发包工程，以及将工程发包给不具备相应资质条件的企业的，所确定的施工企业无效。

（五）有满足施工需要的技术资料，施工图设计文件已按规定审查合格。

（六）有保证工程质量和安全的具体措施。施工企业编制的施工组织设计中有根据建筑工程特点制定的相应质量、安全技术措施。建立工程质量安全责任制并落实到人。专业性较强的工程项目编制了专项质量、安全施工组织设计，并按照规定办理了工程质量、安全监督手续。

（七）建设资金已经落实。建设单位应当提供建设资金已经落实承诺书。

（八）法律、行政法规规定的其他条件。

县级以上地方人民政府住房城乡建设主管部门不得违反法律法规规定，增设办理施工许可证的其他条件。

第五条 申请办理施工许可证，应当按照下列程序进行：

（一）建设单位向发证机关领取《建筑工程施工许可证申请表》。

（二）建设单位持加盖单位及法定代表人印鉴的《建筑工程施工许可证申请表》，并附本办法第四条规定的证明文件，向发证机关提出申请。

（三）发证机关在收到建设单位报送的《建筑工程施工许可证申请表》和所附证明文件后，对于符合条件的，应当自收到申请之日起七日内颁发施工许可证；对于证明文件不齐全或者失效的，应当当场或者五日内一次告知建设单位需要补正的全部内容，审批时间可以自证明文件补正齐全后作相应顺延；对于不符合条件的，应当自收到申请之日起七日内书面通知建设单位，并说明理由。

建筑工程在施工过程中，建设单位或者施工单位发生变更的，应当重新申请领取施工许可证。

第六条 建设单位申请领取施工许可证的工程名称、地点、规模，应当符合依法签订的施工承包合同。

施工许可证应当放置在施工现场备查，并按规定在施工现场公开。

第七条 施工许可证不得伪造和涂改。

第八条 建设单位应当自领取施工许可证之日起三个月内开工。因故不能按期开工的，应当在期满前向发证机关申请延期，并说明理由；延期以两次为限，每次不超过三个月。既不开工又不申请延期或者超过延期次数、时限的，施工许可证自行废止。

第九条 在建的建筑工程因故中止施工的，建设单位应当自中止施工之日起一个月内向发证机关报告，报告内容包括中止施工的时间、原因、在施部位、维修管理措施等，并按照规定做好建筑工程的维护管理工作。

建筑工程恢复施工时，应当向发证机关报告；中止施工满一年的工程恢复施工前，建设单位应当报发证机关核验施工许可证。

第十条 发证机关应当将办理施工许可证的依据、条件、程序、期限以及需要提交的全部材料和申请表示范文本等，在办公场所和有关网站予以公示。

发证机关作出的施工许可决定，应当予以公开，公众有权查阅。

第十一条 发证机关应当建立颁发施工许可证后的监督检查制度，对取得施工许可证后条件发生变化、延期开工、中止施工等行为进行监督检查，发现违法违规行为及时处理。

第十二条 对于未取得施工许可证或者为规避办理施工许可证将工程项目分解后擅自施工的，由有管辖权的发证机关责令停止施工，限期改正，对建设单位处工程合同价款1%以上2%以下罚款；对施工单位处3万元以下罚款。

第十三条 建设单位采用欺骗、贿赂等不正当手段取得施工许可证的，由原发证机关撤销施工许可证，责令停止施工，并处1万元以上3万元以下罚款；构成犯罪的，依法追究刑事责任。

第十四条 建设单位隐瞒有关情况或者提供虚假材料申请施工许可证的，发证机关不予受理或者不予许可，并处1万元以上3万元以下罚款；构成犯罪的，依法追究刑事责任。

建设单位伪造或者涂改施工许可证的，由发证机关责令停止施工，并处1万元以上3万元以下罚款；构成犯罪的，依法追究刑事责任。

第十五条 依照本办法规定，给予单位罚款处罚的，对单位直接负责的主管人员和其他直接责任人员处单位罚款数额5%以上10%以下罚款。

单位及相关责任人受到处罚的，作为不良行为记录予以通报。

第十六条 发证机关及其工作人员，违反本办法，有下列情形之一的，由其上级行政机关或者监察机关责令改正；情节严重的，对直接负责的主管人员和其他直接责任人员，依法给予行政处分：

（一）对不符合条件的申请人准予施工许可的；

（二）对符合条件的申请人不予施工许可或者未在法定期限内作出准予许可决定的；

（三）对符合条件的申请不予受理的；

（四）利用职务上的便利，收受他人财物或者谋取其他利益的；

（五）不依法履行监督职责或者监督不力，造成严重后果的。

第十七条　建筑工程施工许可证由国务院住房城乡建设主管部门制定格式，由各省、自治区、直辖市人民政府住房城乡建设主管部门统一印制。

施工许可证分为正本和副本，正本和副本具有同等法律效力。复印的施工许可证无效。

第十八条　本办法关于施工许可管理的规定适用于其他专业建筑工程。有关法律、行政法规有明确规定的，从其规定。

《建筑法》第八十三条第三款规定的建筑活动，不适用本办法。

军事房屋建筑工程施工许可的管理，按国务院、中央军事委员会制定的办法执行。

第十九条　省、自治区、直辖市人民政府住房城乡建设主管部门可以根据本办法制定实施细则。

第二十条　本办法自2014年10月25日起施行。1999年10月15日建设部令第71号发布、2001年7月4日建设部令第91号修正的《建筑工程施工许可管理办法》同时废止。

住房城乡建设部关于修改《房屋建筑和市政基础设施工程施工招标投标管理办法》的决定

中华人民共和国住房和城乡建设部令第43号

《住房城乡建设部关于修改〈房屋建筑和市政基础设施工程施工招标投标管理办法〉的决定》已经2018年9月19日第4次部常务会议审议通过，现予发布，自发布之日起施行。

住房城乡建设部部长　王蒙徽
2018年9月28日

住房城乡建设部关于修改《房屋建筑和市政基础设施工程施工招标投标管理办法》的决定

为贯彻落实国务院深化"放管服"改革，优化营商环境的要求，住房城乡建设部决定对《房屋建筑和市政基础设施工程施工招标投标管理办法》（建设部令第89号）作如下修改：

一、将第二条第一款修改为："依法必须进行招标的房屋建筑和市政基础设施工程（以下简称工程），其施工招标投标活动，适用本办法"。

二、删去第三条。

三、删去第十一条第二款中的"具有相应资格的"。

四、删去第十八条第一款第一项中的"（包括银行出具的资金证明）"。

五、删去第四十七条第一款中的"订立书面合同后7日内，中标人应当将合同送工程所在地的县级以上地方人民政府建设行政主管部门备案"。

六、删去第五十三条中的"招标人拒不改正的，不得颁发施工许可证"。

七、删去第五十四条中的"在未提交施工招标投标情况书面报告前，建设行政主管部门不予颁发施工许可证"。

此外，对相关条文顺序作相应调整。

本决定自发布之日起施行。《房屋建筑和市政基础设施工程施工招标投标管理办法》根据本决定作相应修改，重新发布。

房屋建筑和市政基础设施工程施工招标投标管理办法

（2001年6月1日建设部令第89号发布，根据2018年9月28日住房和城乡建设部令第43号修正）

第一章 总 则

第一条 为了规范房屋建筑和市政基础设施工程施工招标投标活动，维护招标投标当事人的合法权益，依据《中华人民共和国建筑法》、《中华人民共和国招标投标法》等法律、行政法规，制定本办法。

第二条 依法必须进行招标的房屋建筑和市政基础设施工程（以下简称工程），其施工招标投标活动，适用本办法。

本办法所称房屋建筑工程，是指各类房屋建筑及其附属设施和与其配套的线路、管道、设备安装工程及室内外装修工程。

本办法所称市政基础设施工程，是指城市道路、公共交通、供水、排水、燃气、热力、园林、环卫、污水处理、垃圾处理、防洪、地下公共设施及附属设施的土建、管道、设备安装工程。

第三条 国务院建设行政主管部门负责全国工程施工招标投标活动的监督管理。

县级以上地方人民政府建设行政主管部门负责本行政区域内工程施工招标投标活动的监督管理。具体的监督管理工作，可以委托工程招标投标监督管理机构负责实施。

第四条 任何单位和个人不得违反法律、行政法规规定，限制或者排斥本地区、本系统以外的法人或者其他组织参加投标，不得以任何方式非法干涉施工招标投标活动。

第五条 施工招标投标活动及其当事人应当依法接受监督。

建设行政主管部门依法对施工招标投标活动实施监督，查处施工招标投标活动中的违法行为。

第二章 招 标

第六条 工程施工招标由招标人依法组织实施。招标人不得以不合理条件限制或者排斥潜在投标人，不得对潜在投标人实行歧视待遇，不得对潜在投标人提出与招标工程实际要求不符的过高的资质等级要求和其他要求。

第七条 工程施工招标应当具备下列条件：

（一）按照国家有关规定需要履行项目审批手续的，已经履行审批手续；

（二）工程资金或者资金来源已经落实；

（三）有满足施工招标需要的设计文件及其他技术资料；

（四）法律、法规、规章规定的其他条件。

第八条 工程施工招标分为公开招标和邀请招标。

依法必须进行施工招标的工程，全部使用国有资金投资或者国有资金投资占控股或者主导地位的，应当公开招标，但经国家计委或者省、自治区、直辖市人民政府依法批准可以进行邀请招标的重点建设项目除外；其他工程可以实行邀请招标。

第九条 工程有下列情形之一的，经县级以上地方人民政府建设行政主管部门批准，可以不进行施工招标：

（一）停建或者缓建后恢复建设的单位工程，且承包人未发生变更的；

（二）施工企业自建自用的工程，且该施工企业资质等级符合工程要求的；

（三）在建工程追加的附属小型工程或者主体加层工程，且承包人未发生变更的；

（四）法律、法规、规章规定的其他情形。

第十条 依法必须进行施工招标的工程，招标人自行办理施工招标事宜的，应当具有编制招标文件和组织评标的能力：

（一）有专门的施工招标组织机构；

（二）有与工程规模、复杂程度相适应并具有同类工程施工招标经验、熟悉有关工程施工招标法律法规的工程技术、概预算及工程管理的专业人员。

不具备上述条件的，招标人应当委托工程招标代理机构代理施工招标。

第十一条 招标人自行办理施工招标事宜的，应当在发布招标公告或者发出投标邀请书的5日前，向工程所在地县级以上地方人民政府建设行政主管部门备案，并报送下列材料：

（一）按照国家有关规定办理审批手续的各项批准文件；

（二）本办法第十条所列条件的证明材料，包括专业技术人员的名单、职称证书或者执业资格证书及其工作经历的证明材料；

（三）法律、法规、规章规定的其他材料。

招标人不具备自行办理施工招标事宜条件的，

建设行政主管部门应当自收到备案材料之日起5日内责令招标人停止自行办理施工招标事宜。

第十二条 全部使用国有资金投资或者国有资金投资占控股或者主导地位，依法必须进行施工招标的工程项目，应当进入有形建筑市场进行招标投标活动。

政府有关管理机关可以在有形建筑市场集中办理有关手续，并依法实施监督。

第十三条 依法必须进行施工公开招标的工程项目，应当在国家或者地方指定的报刊、信息网络或者其他媒介上发布招标公告，并同时在中国工程建设和建筑业信息网上发布招标公告。

招标公告应当载明招标人的名称和地址，招标工程的性质、规模、地点以及获取招标文件的办法等事项。

第十四条 招标人采用邀请招标方式的，应当向3个以上符合资质条件的施工企业发出投标邀请书。

投标邀请书应当载明本办法第十三条第二款规定的事项。

第十五条 招标人可以根据招标工程的需要，对投标申请人进行资格预审，也可以委托工程招标代理机构对投标申请人进行资格预审。实行资格预审的招标工程，招标人应当在招标公告或者投标邀请书中载明资格预审的条件和获取资格预审文件的办法。

资格预审文件一般应当包括资格预审申请书格式、申请人须知，以及需要投标申请人提供的企业资质、业绩、技术装备、财务状况和拟派出的项目经理与主要技术人员的简历、业绩等证明材料。

第十六条 经资格预审后，招标人应当向资格预审合格的投标申请人发出资格预审合格通知书，告知获取招标文件的时间、地点和方法，并同时向资格预审不合格的投标申请人告知资格预审结果。

在资格预审合格的投标申请人过多时，可以由招标人从中选择不少于7家资格预审合格的投标申请人。

第十七条 招标人应当根据招标工程的特点和需要，自行或者委托工程招标代理机构编制招标文件。招标文件应当包括下列内容：

（一）投标须知，包括工程概况，招标范围，资格审查条件，工程资金来源或者落实情况，标段划分，工期要求，质量标准，现场踏勘和答疑安排，投标文件编制、提交、修改、撤回的要求，投标报价要求，投标有效期，开标的时间和地点，评标的方法和标准等；

（二）招标工程的技术要求和设计文件；

（三）采用工程量清单招标的，应当提供工程量清单；

（四）投标函的格式及附录；

（五）拟签订合同的主要条款；

（六）要求投标人提交的其他材料。

第十八条 依法必须进行施工招标的工程，招标人应当在招标文件发出的同时，将招标文件报工程所在地的县级以上地方人民政府建设行政主管部门备案。建设行政主管部门发现招标文件有违反法律、法规内容的，应当责令招标人改正。

第十九条 招标人对已发出的招标文件进行必要的澄清或者修改的，应当在招标文件要求提交投标文件截止时间至少15日前，以书面形式通知所有招标文件收受人，并同时报工程所在地的县级以上地方人民政府建设行政主管部门备案。该澄清或者修改的内容为招标文件的组成部分。

第二十条 招标人设有标底的，应当依据国家规定的工程量计算规则及招标文件规定的计价方法和要求编制标底，并在开标前保密。一个招标工程只能编制一个标底。

第二十一条 招标人对于发出的招标文件可以酌收工本费。其中的设计文件，招标人可以酌收押金。对于开标后将设计文件退还的，招标人应当退还押金。

第三章 投 标

第二十二条 施工招标的投标人是响应施工招标、参与投标竞争的施工企业。

投标人应当具备相应的施工企业资质，并在工程业绩、技术能力、项目经理资格条件、财务状况等方面满足招标文件提出的要求。

第二十三条 投标人对招标文件有疑问需要澄清的，应当以书面形式向招标人提出。

第二十四条 投标人应当按照招标文件的要求编制投标文件，对招标文件提出的实质性要求和条件作出响应。

招标文件允许投标人提供备选标的，投标人可以按照招标文件的要求提交替代方案，并作出相应报价作备选标。

第二十五条 投标文件应当包括下列内容：

（一）投标函；

（二）施工组织设计或者施工方案；

（三）投标报价；

（四）招标文件要求提供的其他材料。

第二十六条　招标人可以在招标文件中要求投标人提交投标担保。投标担保可以采用投标保函或者投标保证金的方式。投标保证金可以使用支票、银行汇票等，一般不得超过投标总价的2%，最高不得超过50万元。

投标人应当按照招标文件要求的方式和金额，将投标保函或者投标保证金随投标文件提交招标人。

第二十七条　投标人应当在招标文件要求提交投标文件的截止时间前，将投标文件密封送达投标地点。招标人收到投标文件后，应当向投标人出具标明签收人和签收时间的凭证，并妥善保存投标文件。在开标前，任何单位和个人均不得开启投标文件。在招标文件要求提交投标文件的截止时间后送达的投标文件，为无效的投标文件，招标人应当拒收。

提交投标文件的投标人少于3个的，招标人应当依法重新招标。

第二十八条　投标人在招标文件要求提交投标文件的截止时间前，可以补充、修改或者撤回已提交的投标文件。补充、修改的内容为投标文件的组成部分，并应当按照本办法第二十七条第一款的规定送达、签收和保管。在招标文件要求提交投标文件的截止时间后送达的补充或者修改的内容无效。

第二十九条　两个以上施工企业可以组成一个联合体，签订共同投标协议，以一个投标人的身份共同投标。联合体各方均应当具备承担招标工程的相应资质条件。相同专业的施工企业组成的联合体，按照资质等级低的施工企业的业务许可范围承揽工程。

招标人不得强制投标人组成联合体共同投标，不得限制投标人之间的竞争。

第三十条　投标人不得相互串通投标，不得排挤其他投标人的公平竞争，损害招标人或者其他投标人的合法权益。

投标人不得与招标人串通投标，损害国家利益、社会公共利益或者他人的合法权益。

禁止投标人以向招标人或者评标委员会成员行贿的手段谋取中标。

第三十一条　投标人不得以低于其企业成本的报价竞标，不得以他人名义投标或者以其他方式弄虚作假，骗取中标。

第四章　开标、评标和中标

第三十二条　开标应当在招标文件确定的提交投标文件截止时间的同一时间公开进行；开标地点应当为招标文件中预先确定的地点。

第三十三条　开标由招标人主持，邀请所有投标人参加。开标应当按照下列规定进行：

由投标人或者其推选的代表检查投标文件的密封情况，也可以由招标人委托的公证机构进行检查并公证。经确认无误后，由有关工作人员当众拆封，宣读投标人名称、投标价格和投标文件的其他主要内容。

招标人在招标文件要求提交投标文件的截止时间前收到的所有投标文件，开标时都应当当众予以拆封、宣读。

开标过程应当记录，并存档备查。

第三十四条　在开标时，投标文件出现下列情形之一的，应当作为无效投标文件，不得进入评标：

（一）投标文件未按照招标文件的要求予以密封的；

（二）投标文件中的投标函未加盖投标人的企业及企业法定代表人印章的，或者企业法定代表人委托代理人没有合法、有效的委托书（原件）及委托代理人印章的；

（三）投标文件的关键内容字迹模糊、无法辨认的；

（四）投标人未按照招标文件的要求提供投标保函或者投标保证金的；

（五）组成联合体投标的，投标文件未附联合体各方共同投标协议的。

第三十五条　评标由招标人依法组建的评标委员会负责。

依法必须进行施工招标的工程，其评标委员会由招标人的代表和有关技术、经济等方面的专家组成，成员人数为5人以上单数，其中招标人、招标代理机构以外的技术、经济等方面专家不得少于成员总数的三分之二。评标委员会的专家成员，应当由招标人从建设行政主管部门及其他有关政府部门确定的专家名册或者工程招标代理机构的专家库内相关专业的专家名单中确定。确定专家成员一般应当采取随机抽取的方式。

与投标人有利害关系的人不得进入相关工程的评标委员会。评标委员会成员的名单在中标结果确定前应当保密。

第三十六条　建设行政主管部门的专家名册应当拥有一定数量规模并符合法定资格条件的专家。省、自治区、直辖市人民政府建设行政主管部门可以将专家数量少的地区的专家名册予以合并或者实行专家名册计算机联网。

建设行政主管部门应当对进入专家名册的专家组织有关法律和业务培训，对其评标能力、廉洁公正等进行综合评估，及时取消不称职或者违法违规人员的评标专家资格。被取消评标专家资格的人员，不得再参加任何评标活动。

第三十七条 评标委员会应当按照招标文件确定的评标标准和方法，对投标文件进行评审和比较，并对评标结果签字确认；设有标底的，应当参考标底。

第三十八条 评标委员会可以用书面形式要求投标人对投标文件中含义不明确的内容作必要的澄清或者说明。投标人应当采用书面形式进行澄清或者说明，其澄清或者说明不得超出投标文件的范围或者改变投标文件的实质性内容。

第三十九条 评标委员会经评审，认为所有投标文件都不符合招标文件要求的，可以否决所有投标。

依法必须进行施工招标工程的所有投标被否决的，招标人应当依法重新招标。

第四十条 评标可以采用综合评估法、经评审的最低投标标价法或者法律法规允许的其他评标方法。

采用综合评估法的，应当对投标文件提出的工程质量、施工工期、投标价格、施工组织设计或者施工方案、投标人及项目经理业绩等，能否最大限度地满足招标文件中规定的各项要求和评价标准进行评审和比较。以评分方式进行评估的，对于各种评比奖项不得额外计分。

采用经评审的最低投标价法的，应当在投标文件能够满足招标文件实质性要求的投标人中，评审出投标价格最低的投标人，但投标价格低于其企业成本的除外。

第四十一条 评标委员会完成评标后，应当向招标人提出书面评标报告，阐明评标委员会对各投标文件的评审和比较意见，并按照招标文件中规定的评标方法，推荐不超过3名有排序的合格的中标候选人。招标人根据评标委员会提出的书面评标报告和推荐的中标候选人确定中标人。

使用国有资金投资或者国家融资的工程项目，招标人应当按照中标候选人的排序确定中标人。当确定中标的中标候选人放弃中标或者因不可抗力提出不能履行合同的，招标人可以依序确定其他中标候选人为中标人。

招标人也可以授权评标委员会直接确定中标人。

第四十二条 有下列情形之一的，评标委员会可以要求投标人作出书面说明并提供相关材料：

（一）设有标底的，投标报价低于标底合理幅度的；

（二）不设标底的，投标报价明显低于其他投标报价，有可能低于其企业成本的。

经评标委员会论证，认定该投标人的报价低于其企业成本的，不能推荐为中标候选人或者中标人。

第四十三条 招标人应当在投标有效截止时限30日前确定中标人。投标有效期应当在招标文件中载明。

第四十四条 依法必须进行施工招标的工程，招标人应当自确定中标人之日起15日内，向工程所在地的县级以上地方人民政府建设行政主管部门提交施工招标投标情况的书面报告。书面报告应当包括下列内容：

（一）施工招标投标的基本情况，包括施工招标范围、施工招标方式、资格审查、开评标过程和确定中标人的方式及理由等。

（二）相关的文件资料，包括招标公告或者投标邀请书、投标报名表、资格预审文件、招标文件、评标委员会的评标报告（设有标底的，应当附标底）、中标人的投标文件。委托工程招标代理的，还应当附工程施工招标代理委托合同。

前款第二项中已按照本办法的规定办理了备案的文件资料，不再重复提交。

第四十五条 建设行政主管部门自收到书面报告之日起5日内未通知招标人在招标投标活动中有违法行为的，招标人可以向中标人发出中标通知书，并将中标结果通知所有未中标的投标人。

第四十六条 招标人和中标人应当自中标通知书发出之日起30日内，按照招标文件和中标人的投标文件订立书面合同；招标人和中标人不得再行订立背离合同实质性内容的其他协议。

中标人不与招标人订立合同的，投标保证金不予退还并取消其中标资格，给招标人造成的损失超过投标保证金数额的，应当对超过部分予以赔偿；没有提交投标保证金的，应当对招标人的损失承担赔偿责任。

招标人无正当理由不与中标人签订合同，给中标人造成损失的，招标人应当给予赔偿。

第四十七条 招标文件要求中标人提交履约担保的，中标人应当提交。招标人应当同时向中标人提供工程款支付担保。

第五章 罚 则

第四十八条 有违反《招标投标法》行为的，县级以上地方人民政府建设行政主管部门应当按照《招标投标法》的规定予以处罚。

第四十九条 招标投标活动中有《招标投标法》规定中标无效情形的，由县级以上地方人民政府建设行政主管部门宣布中标无效，责令重新组织招标，并依法追究有关责任人责任。

第五十条 应当招标未招标的，应当公开招标未公开招标的，县级以上地方人民政府建设行政主管部门应当责令改正，拒不改正的，不得颁发施工许可证。

第五十一条 招标人不具备自行办理施工招标事宜条件而自行招标的，县级以上地方人民政府建设行政主管部门应当责令改正，处1万元以下的罚款。

第五十二条 评标委员会的组成不符合法律、法规规定的，县级以上地方人民政府建设行政主管部门应当责令招标人重新组织评标委员会。

第五十三条 招标人未向建设行政主管部门提交施工招标投标情况书面报告的，县级以上地方人民政府建设行政主管部门应当责令改正。

第六章 附 则

第五十四条 工程施工专业分包、劳务分包采用招标方式的，参照本办法执行。

第五十五条 招标文件或者投标文件使用两种以上语言文字的，必须有一种是中文；如对不同文本的解释发生异议的，以中文文本为准。用文字表示的金额与数字表示的金额不一致的，以文字表示的金额为准。

第五十六条 涉及国家安全、国家秘密、抢险救灾或者属于利用扶贫资金实行以工代赈、需要使用农民工等特殊情况，不适宜进行施工招标的工程，按照国家有关规定可以不进行施工招标。

第五十七条 使用国际组织或者外国政府贷款、援助资金的工程进行施工招标，贷款方、资金提供方对招标投标的具体条件和程序有不同规定的，可以适用其规定，但违背中华人民共和国的社会公共利益的除外。

第五十八条 本办法由国务院建设行政主管部门负责解释。

第五十九条 本办法自发布之日起施行。1992年12月30日建设部颁布的《工程建设施工招标投标管理办法》（建设部令第23号）同时废止。

住房城乡建设部 商务部关于废止《外商投资建设工程设计企业管理规定》等部门规章的决定

中华人民共和国住房和城乡建设部 中华人民共和国商务部令第44号

《住房城乡建设部 商务部关于废止〈外商投资建设工程设计企业管理规定〉等部门规章的决定》已经住房城乡建设部、商务部批准，现予发布，自发布之日起施行。

住房城乡建设部部长　王蒙徽
商 务 部 部 长　钟 山
2018年10月31日

住房城乡建设部 商务部关于废止《外商投资建设工程设计企业管理规定》等部门规章的决定

住房城乡建设部、商务部决定废止《外商投资建设工程设计企业管理规定》（建设部、对外贸易经济合作部令第114号）、《〈外商投资建设工程设计企业管理规定〉的补充规定》（建设部、商务部令第122号）和《外商投资建设工程服务企业管理规定》（建设部、商务部令第155号）。现予发布，自发布之日起施行。

住房城乡建设部关于修改《建筑业企业资质管理规定》等部门规章的决定

中华人民共和国住房和城乡建设部令第 45 号

《住房城乡建设部关于修改〈建筑业企业资质管理规定〉等部门规章的决定》已经 2018 年 12 月 13 日第 5 次部常务会议审议通过,现予发布,自发布之日起施行。

住房城乡建设部部长　王蒙徽
2018 年 12 月 22 日

住房城乡建设部关于修改《建筑业企业资质管理规定》等部门规章的决定

为贯彻落实国务院深化"放管服"改革,加快推进政务服务"一网通办"的要求,住房城乡建设部决定:

一、将《建筑业企业资质管理规定》(住房城乡建设部令第 22 号,根据住房城乡建设部令第 32 号修正)第十四条修改为:"企业申请建筑业企业资质,在资质许可机关的网站或审批平台提出申请事项,提交资金、专业技术人员、技术装备和已完成业绩等电子材料"。

二、将《建设工程勘察设计资质管理规定》(建设部令第 160 号,根据住房城乡建设部令第 24 号、住房城乡建设部令第 32 号修正)第十一条修改为:"企业申请工程勘察、工程设计资质,应在资质许可机关的官方网站或审批平台上提出申请,提交资金、专业技术人员、技术装备和已完成的业绩等电子材料"。删去第十二条和第十三条,对相关条文顺序作相应调整。

三、将《工程监理企业资质管理规定》(建设部令第 158 号,根据住房城乡建设部令第 24 号、住房城乡建设部令第 32 号修正)第十二条修改为:"企业申请工程监理企业资质,在资质许可机关的网站或审批平台提出申请事项,提交专业技术人员、技术装备和已完成业绩等电子材料"。

四、将《房地产开发企业资质管理规定》(建设部令第 77 号,根据住房城乡建设部令第 24 号修正)第六条第一款修改为"新设立的房地产开发企业应当自领取营业执照之日起 30 日内,在资质审批部门的网站或平台提出申请备案事项,提交营业执照、企业章程、专业技术人员资格证书和劳动合同的电子材料"。

本决定自发布之日起施行。以上 4 部部门规章根据本决定作相应的修正,重新发布。

住房和城乡建设部关于修改《房屋建筑和市政基础设施工程施工图设计文件审查管理办法》的决定

中华人民共和国住房和城乡建设部令第 46 号

《住房和城乡建设部关于修改〈房屋建筑和市政基础设施工程施工图设计文件审查管理办法〉的决定》

已经 2018 年 12 月 13 日第 5 次部常务会议审议通过，现予发布，自发布之日起施行。

住房和城乡建设部部长　王蒙徽
2018 年 12 月 29 日

住房和城乡建设部关于修改《房屋建筑和市政基础设施工程施工图设计文件审查管理办法》的决定

为贯彻落实国务院深化"放管服"改革、优化营商环境的要求，住房和城乡建设部决定对《房屋建筑和市政基础设施工程施工图设计文件审查管理办法》（住房和城乡建设部令第 13 号）作如下修改：

一、将第五条第一款修改为"省、自治区、直辖市人民政府住房城乡建设主管部门应当会同有关主管部门按照本办法规定的审查机构条件，结合本行政区域内的建设规模，确定相应数量的审查机构，逐步推行以政府购买服务方式开展施工图设计文件审查。具体办法由国务院住房城乡建设主管部门另行规定"。

二、将第十一条修改为"审查机构应当对施工图审查下列内容：

（一）是否符合工程建设强制性标准；

（二）地基基础和主体结构的安全性；

（三）消防安全性；

（四）人防工程（不含人防指挥工程）防护安全性；

（五）是否符合民用建筑节能强制性标准，对执行绿色建筑标准的项目，还应当审查是否符合绿色建筑标准；

（六）勘察设计企业和注册执业人员以及相关人员是否按规定在施工图上加盖相应的图章和签字；

（七）法律、法规、规章规定必须审查的其他内容"。

三、在第十九条增加一款，作为第三款"涉及消防安全性、人防工程（不含人防指挥工程）防护安全性的，由县级以上人民政府有关部门按照职责分工实施监督检查和行政处罚，并将监督检查结果向社会公布"。

本决定自发布之日起施行。《房屋建筑和市政基础设施工程施工图设计文件审查管理办法》根据本决定作相应修改，重新发布。

住房城乡建设部 财政部关于印发推行政府购买公租房运营管理服务试点方案的通知

建保〔2018〕92 号

浙江、安徽、山东、湖北、广西、四川、云南、陕西省（自治区）住房城乡建设厅、财政厅：

根据《国务院办公厅关于政府向社会力量购买服务的指导意见》（国办发〔2013〕96 号）、《政府购买服务管理办法（暂行）》（财综〔2014〕96 号）有关要求，为进一步完善公租房运营管理机制，更好地吸引企业和其他机构参与公租房运营管理，住房城乡建设部、财政部根据地方自愿原则以及公租房发展情况，确定在浙江、安徽、山东、湖北、广西、四川、云南、陕西等 8 个省（区）开展政府购买公租房运营管理服务试点工作。现将制定的《推行政府购买公租房运营管理服务的试点方案》印发给你们，请指导督促本省（区）确定的试点市、县认真执行。

中华人民共和国住房和城乡建设部
中华人民共和国财政部
2018 年 9 月 14 日
（此件主动公开）

推行政府购买公租房运营管理服务的试点方案

近年来，各地认真贯彻党中央、国务院决策部署，积极发展公租房。随着大量公租房建成和交付使用，公租房运营管理中专业人员不足、服务水平不高、管理不规范等问题日益凸显。为进一步完善公租房运营管理机制，提升管理和服务能力，结合当前管理工作实际，制定本试点方案。

一、总体要求

（一）指导思想。以习近平新时代中国特色社会主义思想为指导，深入贯彻落实党的十九大精神，按照党中央、国务院的决策部署，加快政府职能转变，推进供给侧结构性改革，积极推行政府购买服务，吸引企业和其他机构参与公租房运营管理，不断提高公租房运营管理专业化、规范化水平，不断提升保障对象满意度和获得感。

（二）基本原则。

1. 坚持政府主导。政府要加强对购买公租房运营管理服务的组织领导、制度设计、财政保障和监督管理。科学制定政府购买公租房运营管理服务政策和管理规范，确保政府购买服务取得实实在在的效果。

2. 坚持公开择优。按照公开、公平、公正的原则，确保具备条件的社会力量平等参与竞争，通过竞争择优方式选择政府购买服务的承接主体。

3. 坚持注重实效。加强对承接主体的绩效评估和全过程监管，切实提高财政资金使用效率，提升公租房运营管理效能，让保障对象享受到更好的服务。

（三）试点范围。根据地方自愿申报，确定在浙江、安徽、山东、湖北、广西、四川、云南、陕西等8个省（区）开展试点工作。开展试点的省（区）应结合本地区公租房运营管理现状，按照市、县自愿申报的原则，确定部分市、县作为试点城市开展政府购买公租房运营管理服务的试点，原则上应覆盖到省会（首府）城市、地级城市、县（县级市），试点城市数量由各省（区）确定。

（四）试点目标。通过试点，在试点地区建立健全公租房运营管理机制，完善政府购买公租房运营管理服务的管理制度与流程，形成一批可复制、可推广的试点成果，为提升公租房运营管理能力提供支撑。

二、试点内容

（一）明确购买主体。政府购买公租房运营管理服务的主体是承担公租房运营管理职责的各级行政机关以及承担行政职能的事业单位。

（二）规范购买内容。试点地区要全面梳理现行属于政府职责范围、由财政支出安排的各类公租房运营管理内容，凡适合市场化方式提供的公租房运营管理服务事项，可通过政府购买服务方式实施。购买内容主要有：

1. 入住和退出管理事项，主要包括组织选房，租赁合同签订、续签、变更，办理入住手续，采集新入住住户基本信息，建立住户档案，办理退房手续；不得包括对保障资格的准入和取消。

2. 租金收缴和房屋使用管理事项，主要包括租金代收代缴、催缴，日常使用情况的巡查，及时发现违法违规行为并采集证据上报。

3. 维修养护事项，主要包括公租房项目共用部位和共用设施设备维修养护管理，不得包括建筑物和构筑物的新建、改建、扩建及其相关的装修、拆除、修缮等工程建设。

4. 综合管理事项，主要包括住房保障信息系统建设和维护，信息采集和录入；智能化管理系统及监测平台建设和维护；社会调查、绩效评价及群众满意度测评；

试点地区要结合本地经济社会发展水平、财政承受能力和公租房运营管理现状，合理确定购买内容，将适合通过政府购买服务提供的公租房运营管理服务纳入政府购买服务的指导性目录，并根据实际情况及时调整。对不属于政府职责范围，或者应当由政府直接提供、不适合市场化方式提供的服务事项，不得实施政府购买服务。

（三）科学选定承接主体。承接政府购买服务的主体是依法在民政部门登记成立的社会组织以及经国务院批准免予登记但不由财政拨款保障的社会组织；依法在工商管理或行业主管部门登记成立的企业等从事经营活动的单位，以及会计师事务所、税务师事务所等社会中介机构；按照事业单位分类改革的政策规定，划为公益二类的事业单位或从事生产经营活动的事业单位；具备服务提供条件和能力的个体工商户或自然人。承接主体应具有良好的商业信誉和社会信用，具备从事公租房运营管理所需的设施、人员和技术等能力。试点地区要结合本地实际，明确具体承接条件。

（四）做好与事业单位分类改革与机构改革的衔接。试点地区应理顺住房保障部门以及下属事业单位的职能定位，实现政事分开、明确单位分类、规范编制与预算管理后，再按规定参与政府购买公租房运营管理服务试点工作。按照事业单位分类改革的政策规定，划为公益一类事业单位、纳入事业编制管理且经费完全或者主要由财政负担的群团组织，暂不作为政府购买公租房运营管理服务的购买主体或承接主体，不得参与承接政府购买公租房运营管理服务。

（五）完善购买机制。试点地区要建立健全方式灵活、程序规范、公开透明、竞争有序的购买机制。要按照政府采购法律制度规定，公开择优选定具体承接主体。要确定以项目申报、预算编报、组织购买、项目监管、绩效评价为主要内容的规范化购买流程，加强全过程的跟踪监管和对政府购买服务效果的检查验收，并及时进行信息公开。

（六）落实经费保障。政府购买公租房运营管理服务资金应当在政府现有公租房运营管理支出中统筹安排，按要求列入财政年度预算和中期财政规划，并结合实际需要调整资金投入。公租房租金收入按照有关规定缴入同级国库，实行收支两条线管理。要严格资金管理，确保资金使用安全规范、科学有效。

（七）规范服务标准。试点地区应根据所购买公租房运营管理服务的内容，制定内容明确、操作性强、便于考核的基本服务标准和规范，方便承接主体掌握，便于购买主体监管。购买主体要及时检查服务标准和规范的执行情况，总结经验，逐步完善公租房运营管理服务标准体系。

（八）全面实施绩效管理。试点地区要建立由购买主体、保障对象以及第三方共同参与的绩效评价机制与动态调整机制。要在购买合同中细化、量化政府购买服务的预期目标、实施效果和保障对象满意度等绩效目标，以保障对象的满意度评价为重点制定评价指标体系。要及时将绩效评价结果向社会公布，并作为结算购买服务资金、编制以后年度项目预算、选择承接主体的重要参考依据。

三、试点要求

（一）加强指导监督。试点地区要高度重视政府购买公租房运营管理服务工作，建立健全住房保障部门牵头，相关部门各负其责，社会力量共同参与的工作机制。要定期研究政府购买公租房运营管理服务有关重要事项，及时发现和解决工作中出现的问题。

（二）推进试点实施。

1. 编制实施方案。开展试点的市、县应结合本地区公租房运营管理情况，依据本试点方案要求，制定具体试点实施方案或办法。省级住房城乡建设部门和财政部门汇总后，于2018年底前报住房城乡建设部和财政部备案。

2. 试点实施、跟踪和总结。省级住房城乡建设部门和财政部门负责对试点市、县有关工作的督促和指导。要定期汇总本省（区）试点工作进展、经验做法等有关情况，在每季度末报送住房城乡建设部和财政部。对试点工作中出现的问题、困难以及意见建议，应及时向住房城乡建设部、财政部反馈。

2019年7月底前，省级住房城乡建设部门和财政部门要开展试点中期评估，形成评估报告报送住房城乡建设部和财政部。

2019年12月底前，省级住房城乡建设部门和财政部门要总结试点工作，形成总结报告报送住房城乡建设部和财政部。

（三）注重宣传引导。试点地区要充分利用各类媒体广泛宣传实施政府购买公租房运营管理服务工作的重要意义、主要内容、政策措施和流程安排，精心做好政策解读。加强舆论引导，主动回应社会关切，充分调动社会力量参与的积极性，为推进政府购买公租房运营管理服务营造良好的工作环境和舆论氛围。

（四）畅通投诉建议渠道。试点地区要设立公租房服务热线，开通微信、微博、电子邮箱等网络媒介，畅通群众意见表达和反馈的渠道，主动听取保障对象意见建议，及时解决保障对象合理诉求。

住房城乡建设部 商务部关于废止《外商投资建设工程设计企业管理规定实施细则》的通知

建市〔2018〕126号

各省、自治区住房城乡建设厅、商务厅,直辖市建委、商务委,北京市规划和自然资源委:

根据《住房城乡建设部 商务部关于废止〈外商投资建设工程设计企业管理规定〉等部门规章的决定》(住房城乡建设部、商务部令第44号),决定废止《外商投资建设工程设计企业管理规定实施细则》(建市〔2007〕18号)。本通知自印发之日起施行。

中华人民共和国住房和城乡建设部
中华人民共和国商务部
2018年12月18日
(此件主动公开)

住房城乡建设部办公厅关于废止《建设部办公厅关于转发〈建筑施工机械租赁行业管理办法〉的通知》的通知

建办市〔2018〕7号

各省、自治区住房城乡建设厅,直辖市建委,新疆生产建设兵团建设局:

为落实国务院"放管服"改革要求,经清理,决定废止《建设部办公厅关于转发〈建筑施工机械租赁行业管理办法〉的通知》(建办市〔2006〕82号)。

中华人民共和国住房和城乡建设部办公厅
2018年2月13日
(此件主动公开)

住房城乡建设部办公厅关于废止《建设部关于印发〈工程建设项目招标代理机构资格认定办法实施意见〉的通知》的通知

建办市〔2018〕15号

各省、自治区住房城乡建设厅,直辖市建委,新疆生产建设兵团建设局:

依据《全国人民代表大会常务委员会关于修改〈中华人民共和国招标投标法〉、〈中华人民共和国计量法〉的决定》、《住房城乡建设部关于废止〈工程建设项目招标代理机构资格认定办法〉的决定》,我部决定废止《建设部关于印发〈工程建设项目招标代理机构资格认定办法实施意见〉的通知》（建市〔2007〕230号），自本通知印发之日起停止执行。

中华人民共和国住房和城乡建设部办公厅
2018年3月22日
（此件主动公开）

住房城乡建设部办公厅关于取消建筑业企业最低等级资质标准现场管理人员指标考核的通知

建办市〔2018〕53号

各省、自治区住房城乡建设厅，直辖市建委，新疆生产建设兵团住房城乡建设局，国务院有关部门建设司（局），中央管理的有关企业：

为深入推进建筑业"放管服"改革，决定进一步简化《建筑业企业资质标准》（建市〔2014〕159号）部分指标，取消建筑业企业最低等级资质标准中关于持有岗位证书现场管理人员的指标考核。

各级住房城乡建设主管部门要进一步加强事中事后监管，规范建筑市场秩序，保障工程质量安全。本通知自印发之日起施行。

中华人民共和国住房和城乡建设部办公厅
2018年11月5日
（此件主动公开）
抄送：人力资源社会保障部。

住房城乡建设部办公厅关于调整工程监理企业甲级资质标准注册人员指标的通知

建办市〔2018〕61号

各省、自治区住房城乡建设厅，直辖市建委，新疆生产建设兵团住房城乡建设局，国务院有关部门建设司（局）：

为深入推进建筑业"放管服"改革，进一步优化建筑企业资质管理，决定调整工程监理企业甲级资质标准注册人员指标，现通知如下：

一、自2019年2月1日起，审查工程监理专业甲级资质（含升级、延续、变更）申请时，对注册类人员指标，按相应专业乙级资质标准要求核定。

二、各级住房城乡建设主管部门要加强对施工现场监理企业是否履行监理义务的监督检查，重点加强对注册监理工程师在岗执业履职行为的监督检查，确保工程质量和施工安全，切实维护建筑市场秩序，促进工程监理行业持续健康发展。

中华人民共和国住房和城乡建设部办公厅
2018年12月22日
（此件主动公开）

住房城乡建设部办公厅关于启用全国建筑工人管理服务信息平台的通知

建办市函〔2018〕603号

各省、自治区住房城乡建设厅，直辖市建委，新疆生产建设兵团住房城乡建设局：

为贯彻落实《国务院办公厅关于促进建筑业持续健康发展的意见》（国办发〔2017〕19号），推进建筑工人实名制管理，切实保障建筑工人合法权益，我部决定于2018年11月12日启用全国建筑工人管理服务信息平台（以下简称平台）。现将有关事项通知如下：

一、各地可以通过jzgr.mohurd.gov.cn域名访问平台，也可以通过点击住房城乡建设部门户网站主页"全国建筑市场监管公共服务平台"下的"建筑工人"栏目链接访问平台。

二、各省级住房城乡建设主管部门要加快推进本地区平台建设，完善相关管理制度，制定工作措施，加强建筑工人实名制管理，及时记录建筑工人的身份信息、培训情况、职业技能、从业记录等信息，逐步实现本地区房屋建筑和市政基础设施工程建设领域建设项目全覆盖。对于暂未完成平台建设的地区，可暂时使用我部开发建设的平台进行管理。

三、各省级住房城乡建设主管部门要按照《全国建筑工人管理服务信息平台数据标准（试行）》（详见附件1）要求组织开展本地区平台建设，并按照《全国建筑工人管理服务信息平台数据接口标准（试行）》（详见附件2）要求于2019年6月30日前实现与全国平台中央数据库的互联共享。要将平台建设和日常管理工作相结合，结合本地实际完善平台功能，丰富业务应用，实现本地区范围内数据互联共享，并确保数据的安全、准确、完整、及时。

四、我部将按照解决企业工资拖欠问题部际联席会议关于保障农民工工资支付工作考核细则的有关要求，对各省（区、市）平台建设工作开展督促检查，并对各省（区、市）平台建设情况进行考核。

各地在平台建设、使用过程中有何建议和意见，请及时函告我部建筑市场监管司。

附件：1. 全国建筑工人管理服务信息平台数据标准（试行）（略）
2. 全国建筑工人管理服务信息平台数据接口标准（试行）（略）

中华人民共和国住房和城乡建设部办公厅
2018年10月26日
（此件主动公开）

抄送：人力资源社会保障部办公厅。

住房城乡建设部关于做好推进"厕所革命"提升城镇公共厕所服务水平有关工作的通知

建城〔2018〕11号

各省、自治区住房城乡建设厅，直辖市城管委（国土规划委、规划局、市容园林委、绿化市容局），海南省规划委员会，新疆生产建设兵团建设局：

为深入贯彻党的十九大精神，全面落实习近平总书记关于"厕所革命"的重要指示，提升城镇公共厕所服务水平，满足人民日益增长的美好生活需要，现就做好有关工作通知如下：

一、强化规划引导

（一）编制环境卫生设施专项规划。各地要结合本地实际编制环境卫生设施专项规划，将城镇公共厕所作为重点内容，对用地、数量和布局提出规划控制要求。按照《城市环境卫生设施规划规范》（GB 50337—2003）和《环境卫生设施设置标准》（CJJ 27—2012），坚持生态、环保、经济、实用的原则，建立以独立式和附属式公共厕所为主、社会厕所对外开放为辅的厕所网络格局，形成布局合理、数量充足的城镇公共厕所服务体系。

（二）确保新城新区公共厕所建设不欠账。要在新城新区规划中明确公共厕所建设数量和布局要求，严禁擅自占用公共厕所用地或者改变其用途。从源头上把好公共厕所建设关口，克服公共厕所选址、定点等难题，实现公共厕所合理布局。

（三）加快补齐老城区公共厕所短板。要加快改造老城老区老旧公共厕所，特别是旱厕和设施陈旧老化的公共厕所。严禁随意拆除现有公共厕所；因道路拓宽等确需拆除的，要遵循"拆一补一、就近建设、优化服务"的原则，不得减少现有公共厕所数量和建筑面积。

（四）鼓励对外开放公共机构厕所。制定和完善长效管理机制，鼓励城市街道周边机关、企事业单位、服务业窗口等单位对外开放厕所，服务社会。

二、加强公共厕所人性化设计

（五）提高女性厕位比例。在新建和改建公共厕所时，要严格执行《城市公共厕所设计标准》（CJJ 14—2016），确保人流集中场所女性厕位和男性厕位的比例不小于2∶1，其他公共厕所女蹲（坐）位与男蹲（坐、站）位比例可为3∶2。

（六）满足特殊人群如厕需求。对方便老幼、残疾人等特殊人群使用的卫生间（第三卫生间）及附属的盲道、轮椅坡道、扶手抓杆等人性化设施设备，要提出相应要求，提高设计和建设管理水平，在细节上下功夫，提高公共厕所使用的便利性。

（七）注重实用力戒豪华。公共厕所设计和建设要严格按照有关技术标准规范要求，突出环境整洁、干净卫生、方便舒适等实用功能，不得盲目贪大图洋，不得脱离实际需求片面追求豪华。

三、推进公共厕所云平台建设

（八）打造"城市公厕云平台"。要急人民群众之所急，通过互联网技术建立具备显示开放时间、蹲位数量和意见反馈等功能的城镇公共厕所大数据平台，方便群众及时找到厕所。推进全国城镇公共厕所基础数据联网，建立公共厕所档案，构建全国共享的"城市公厕云平台"。各省（区、市）环境卫生主管部门要完成公共厕所数据专项核查，利用全国"城市公厕云平台"做好数据日常维护管理，及时提升城镇公共厕所服务质量。

（九）完善公共厕所标识指引系统。各地要在"城市公厕云平台"基础上，进一步完善公共厕所引导牌配置，设置清晰鲜明的标识和指引，让群众在最短的时间内找到最近的公共厕所。

四、提高公共厕所服务质量

（十）提高精细化管理水平。各级环境卫生主管部门要健全公共厕所日常保洁责任制，防止重建轻管。特别要加强对风景区、旅游景点、公园、广场等人口密集公共场所厕所的运行监管，力争达到"四净三无两通一明"，即地面净、墙壁净、厕位净、周边净，无溢流、无蚊蝇、无臭味，水通、电通，灯明。

（十一）加强新技术研发和应用。加强科技创新，大力发展环保、节水、节能和生态型公共厕所，提高公共厕所建设运行水平。采用真空抽粪等技术，突破水资源缺乏地区公共厕所保洁难题。做好移动式公共厕所储备，提高应急反应能力，维护公共卫生安全。

五、强化公共厕所管理责任

（十二）落实属地管理责任。各地要认真学习贯彻落实习近平总书记关于"厕所革命"的重要指示，把人民群众的小事当成工作中的大事，落实属地主体责任，加强组织领导，找准工作着力点，以实际行动将提升城镇公共厕所服务水平各项任务落实到实处。制定公共厕所管理实施方案或行动计划，明确年度工作目标，细化工作内容；建立公共厕所"所长制"，将加强公共厕所建设管理工作任务纳入年度环境卫生重点工作任务，压实责任，并做好专项督查。

（十三）打造共建共治共享格局。培育公共厕所文化，加强对群众文明如厕行为的宣传教育，营造共同缔造、共同维护和文明如厕的氛围。建立有效沟通解决机制，在公共厕所改造过程中，要提前告知周边群众，取得理解支持，采取摆放移动公厕、如厕分流等措施，确保改造期间群众如厕需求。充分利用微信、微博、政府网站等多种渠道，做好"城市公厕云平台"推广，提高使用的广泛性和便利性。

中华人民共和国住房和城乡建设部
2018年1月12日

（此件主动公开）

住房城乡建设部 国家发展改革委关于印发《国家节水型城市申报与考核办法》和《国家节水型城市考核标准》的通知

建城〔2018〕25号

各省、自治区住房城乡建设厅、发展改革委,直辖市、计划单列市建委(市政管委、水务局)、发展改革委,海南省水务厅,新疆生产建设兵团建设局、发展改革委:

为全面贯彻党的十九大精神,落实国家节水行动要求,按照《国务院关于印发水污染防治行动计划的通知》(国发〔2015〕17号)、《全国城市市政基础设施建设"十三五"规划》确定的目标任务,加强对城市节水工作的指导,规范国家节水型城市申报与考核管理,住房城乡建设部、国家发展改革委组织修订了《国家节水型城市申报与考核办法》和《国家节水型城市考核标准》,现印发给你们,请结合实际,组织做好国家节水型城市申报、复查和日常管理工作。执行中有何问题和建议,请及时与我们联系。原《国家节水型城市申报与考核办法》和《国家节水型城市考核标准》(建城〔2012〕57号)同时废止。

2018年度国家节水型城市申报材料受理截止日期延长至8月31日。

联系电话:

住房城乡建设部城市建设司　010-58934352

国家发展改革委资源节约与环境保护司 010-68505593

附件:1. 国家节水型城市申报与考核办法(略)
　　　2. 国家节水型城市考核标准(略)

中华人民共和国住房和城乡建设部
中华人民共和国国家发展和改革委员会
2018年2月13日

(此件主动公开)

住房城乡建设部关于进一步做好城市既有建筑保留利用和更新改造工作的通知

建城〔2018〕96号

各省、自治区住房城乡建设厅,直辖市规划局(委)、住房城乡建设委,计划单列市建设、规划主管部门,省会(首府)城市建设、规划主管部门,新疆生产建设兵团住房城乡建设局:

新中国成立后,特别是改革开放以来,各地建成了一大批以体育馆、影剧院、博物馆、火车站等公共建筑为代表,具有不同时代特征、兼具技术与艺术价值的既有建筑,构成特定历史时期的文化象征,日益成为城市的特色标识和公众的时代记忆。近期,一些城市简单拆除不同时期既有建筑的做法引发社会广泛关注,这种做法割裂了城市历史文脉,切断了居民乡愁记忆。为贯彻落实习近平新时代中国特色社会主义思想和党的十九大精神,更好地传承城市历史文脉,促进绿色发展,现就进一步做好城市既有建筑保留利用和更新改造有关工作通知如下:

一、高度重视城市既有建筑保留利用和更新改造

城市发展是不断积淀的过程，建筑是城市历史文脉的重要载体，不同时期建筑文化的叠加，构成了丰富的城市历史文化。各地要充分认识既有建筑的历史、文化、技术和艺术价值，坚持充分利用、功能更新原则，加强城市既有建筑保留利用和更新改造，避免片面强调土地开发价值，防止"一拆了之"。坚持城市修补和有机更新理念，延续城市历史文脉，保护中华文化基因，留住居民乡愁记忆。深入贯彻落实中央城市工作会议精神，践行绿色发展理念，加强绿色城市建设工作，促进城市高质量发展。

二、建立健全城市既有建筑保留利用和更新改造工作机制

（一）做好城市既有建筑基本状况调查。对不同时期的重要公共建筑、工业建筑、住宅建筑和其他各类具有一定历史意义的既有建筑进行认真梳理，客观评价其历史、文化、技术和艺术价值，按照建筑的功能、结构和风格等分类建立名录，对存在质量等问题的既有建筑建立台账。

（二）制定引导和规范既有建筑保留和利用的政策。建立既有建筑定期维护制度，指导既有建筑所有者或使用者加强经常性维护工作，保持建筑的良好状态，保障建筑正常使用。建立既有建筑安全管理制度，指导和监督既有建筑所有者或使用者定期开展建筑结构检测和安全性评价，及时加固建筑，维护设施设备，延长建筑使用寿命。

（三）加强既有建筑的更新改造管理。鼓励按照绿色、节能要求，对既有建筑进行改造，增强既有建筑的实用性和舒适性，提高建筑能效。对确实不适宜继续使用的建筑，通过更新改造加以持续利用。按照尊重历史文化的原则，做好既有建筑特色形象的维护，传承城市历史文脉。支持通过拓展地下空间、加装电梯、优化建筑结构等，提高既有建筑的适用性、实用性和舒适性。

（四）建立既有建筑的拆除管理制度。对体现城市特定发展阶段、反映重要历史事件、凝聚社会公众情感记忆的既有建筑，尽可能更新改造利用。对符合城市规划和工程建设标准，在合理使用寿命内的公共建筑，除公共利益需要外，不得随意拆除。对拟拆除的既有建筑，拆除前应严格遵守相关规定并履行报批程序。

三、构建全社会共同重视既有建筑保留利用与更新改造的氛围

地方各级建设和规划主管部门要坚持共商共治共享理念，积极宣传和普及传承城市历史文脉、推进绿色发展的理念，鼓励全社会形成尊重、保护建筑历史文化和建筑资源的风气。对重要既有建筑的更新改造和拆除，要充分听取社会公众意见，保障公众的知情权、参与权和监督权。对不得不拆除的重要既有建筑，应坚持先评估、后公示、再决策的程序，组织城市规划、建筑、艺术等领域专家对拟拆除的建筑进行评估论证，广泛听取民众意见。

各省（区、市）建设和规划主管部门要加强对城市既有建筑保留利用、更新改造、拆除管理工作的监督检查，指导城市加强既有建筑更新改造利用工作。

中华人民共和国住房和城乡建设部
2018年9月28日

住房城乡建设部 生态环境部关于印发城市黑臭水体治理攻坚战实施方案的通知

建城〔2018〕104号

各省、自治区、直辖市人民政府，国务院有关部委、直属机构：

经国务院同意，现将《城市黑臭水体治理攻坚战实施方案》印发给你们，请认真贯彻落实。

中华人民共和国住房和城乡建设部
中华人民共和国生态环境部
2018年9月30日

（此件主动公开）

城市黑臭水体治理攻坚战实施方案

2015年国务院印发《水污染防治行动计划》以来，各地区各部门迅速行动，在治理城市黑臭水体方面取得积极进展，成效显著。为进一步扎实推进城市黑臭水体治理工作，巩固近年来治理成果，加快改善城市水环境质量，制定本方案。

一、总体要求

（一）指导思想。全面贯彻党的十九大和十九届二中、三中全会精神，以习近平新时代中国特色社会主义思想为指导，认真落实党中央、国务院决策部署和全国生态环境保护大会要求，把更好满足人民日益增长的美好生活需要作为出发点和落脚点，坚持生态优先、绿色发展，紧密围绕打好污染防治攻坚战的总体要求，全面整治城市黑臭水体，加快补齐城市环境基础设施短板，确保用3年左右时间使城市黑臭水体治理明显见效，让人民群众拥有更多的获得感和幸福感。

（二）基本原则。系统治理，有序推进。坚持统筹兼顾、整体施策，全方位、全过程实施城市黑臭水体治理。坚持尊重自然、顺应自然、保护自然，统筹好上下游、左右岸、地上地下关系，重点抓好源头污染管控。坚持雷厉风行和久久为功相结合，既集中力量打好消除城市黑臭水体的歼灭战，又抓好长制久清的持久战。坚持从各地实际出发，遵循治污规律，扎实推进治理攻坚工作。

多元共治，形成合力。落实中央统筹、地方实施、多方参与的城市黑臭水体治理体制，上下联动、多措并举，确保工作顺利实施。强化城市政府主体责任，以全面推行河长制、湖长制为抓手，协调好跨区域权责关系；加强部门协调，住房城乡建设部、生态环境部会同有关部门协同联动，加强指导督促；调动社会力量参与治理，鼓励公众发挥监督作用。

标本兼治，重在治本。坚持治标和治本相结合，力戒形式主义，既严格按照《水污染防治行动计划》规定的时间节点实现黑臭水体消除目标，又通过加快城市环境基础设施建设、完善长效机制，从根本上解决导致水体黑臭的相关环境问题。

群众满意，成效可靠。坚持以人民为中心的发展思想，确保黑臭水体治理效果与群众的切身感受相吻合，赢得群众满意。对于黑臭现象反弹、群众有意见的，经核实重新列入城市黑臭水体清单，继续督促治理。

（三）主要目标。到2018年底，直辖市、省会城市、计划单列市建成区黑臭水体消除比例高于90%，基本实现长制久清。到2019年底，其他地级城市建成区黑臭水体消除比例显著提高，到2020年底达到90%以上。鼓励京津冀、长三角、珠三角区域城市建成区尽早全面消除黑臭水体。

二、加快实施城市黑臭水体治理工程

（一）控源截污。加快城市生活污水收集处理系统"提质增效"。推动城市建成区污水管网全覆盖、全收集、全处理以及老旧污水管网改造和破损修复。全面推进城中村、老旧城区和城乡结合部的生活污水收集处理，科学实施沿河沿湖截污管道建设。所截生活污水尽可能纳入城市生活污水收集处理系统，统一处理达标排放；现有城市生活污水集中处理设施能力不足的，要加快新、改、扩建设施，对近期难以覆盖的地区可因地制宜建设分散处理设施。城市建成区内未接入污水管网的新建建筑小区或公共建筑，不得交付使用。新建城区生活污水收集处理设施要与城市发展同步规划、同步建设。（住房城乡建设部牵头，发展改革委、财政部、生态环境部、自然资源部参与，城市人民政府负责落实。以下均需城市人民政府落实，不再列出）

深入开展入河湖排污口整治。研究制定排污口管理相关文件，对入河湖排污口进行统一编码和管理。组织开展城市黑臭水体沿岸排污口排查，摸清底数，明确责任主体，逐一登记建档。通过取缔一批、清理一批、规范一批入河湖排污口，不断加大整治力度。（生态环境部牵头，水利部、住房城乡建设部参与）

削减合流制溢流污染。全面推进建筑小区、企事业单位内部和市政雨污水管道混错接改造。除干旱地区外，城市新区建设均实行雨污分流，有条件的地区要积极推进雨污分流改造；暂不具备条件的地区可通过溢流口改造、截流井改造、管道截流、调蓄等措施降低溢流频次，采取快速净化措施对合流制溢流污染进行处理后排放，逐步降低雨季污染物入河湖量。（住房城乡建设部牵头）

强化工业企业污染控制。城市建成区排放污水的工业企业应依法持有排污许可证，并严格按证排污。对超标或超总量的排污单位一律限制生产或停产整治。排入环境的工业污水要符合国家或地方排放标准；有特别排放限值要求的，应依法依规执行。新建冶金、电镀、化工、印染、原料药制造等工业企业（有工业废水处理资质且出水达到国家标准的原料药制造企业除外）排放的含重金属或难以生化降解废水以及有关工业企业排放的高盐废水，不得接入城市生活污水处理设施。组织评估现有接入城市生活污水处理设施的工业废水对设施出水的影响，导致出水不能稳定达标的要限期退出。工业园区应建成污水集中处理设施并稳定达标运行，对废水分类收集、分质处理、应收尽收，禁止偷排漏排行为，入园企业应当按照国家有关规定进行预处理，达到工艺要求后，接入污水集中处理设施处理。（生态环境部牵头，发展改革委、工业和信息化部、住房城乡建设部参与）

加强农业农村污染控制。强化农业面源污染控制，改善城市水体来水水质，严禁城镇垃圾和工业污染向农业农村转移，避免对城市建成区黑臭水体治理产生负面影响。加强畜禽养殖环境管理，加快推进畜禽养殖废弃物资源化利用，规模化畜禽养殖场应当持有排污许可证，并严格按证排污。总结推广适用不同地区的农村污水治理模式，加强技术支撑和指导，梯次推进农村生活污水处理，推动城镇污水管网向周边村庄延伸覆盖。积极完善农村垃圾收集转运体系，防止垃圾直接入河或在水体边随意堆放。（农业农村部、住房城乡建设部、生态环境部按职责分工负责）

（二）内源治理。科学实施清淤疏浚。在综合调查评估城市黑臭水体水质和底泥状况的基础上，合理制定并实施清淤疏浚方案，既要保证清除底泥中沉积的污染物，又要为沉水植物、水生动物等提供休憩空间。要在清淤底泥污染调查评估的基础上，妥善对其进行处理处置，严禁沿岸随意堆放或作为水体治理工程回填材料，其中属于危险废物的，须交由有资质的单位进行安全处置。（水利部牵头，生态环境部、住房城乡建设部、农业农村部参与）

加强水体及其岸线的垃圾治理。全面划定城市蓝线及河湖管理范围，整治范围内的非正规垃圾堆放点，并对清理出的垃圾进行无害化处理处置，降低雨季污染物冲刷入河量，36个重点城市要在2018年底前完成。规范垃圾转运站管理，防止垃圾渗滤液直排入河。及时对水体内垃圾和漂浮物进行清捞并妥善处理处置，严禁将其作为水体治理工程回填材料。建立健全垃圾收集（打捞）转运体系，将符合规定的河（湖、库）岸垃圾清理和水面垃圾打捞经费纳入地方财政预算，建立相关工作台账。（住房城乡建设部、水利部、生态环境部、农业农村部、财政部按职责分工负责）

（三）生态修复。加强水体生态修复。强化沿河湖园林绿化建设，营造岸绿景美的生态景观。在满足城市排洪和排涝功能的前提下，因地制宜对河湖岸线进行生态化改造，减少对城市自然河道的渠化硬化，营造生物生存环境，恢复和增强河湖水系的自净功能，为城市内涝防治提供蓄水空间。（自然资源部、住房城乡建设部、水利部按职责分工负责）

落实海绵城市建设理念。对城市建成区雨水排放口收水范围内的建筑小区、道路、广场等运用海绵城市理念，综合采取"渗、滞、蓄、净、用、排"方式进行改造建设，从源头解决雨污管道混接问题，减少径流污染。（住房城乡建设部牵头，水利部参与）

（四）活水保质。恢复生态流量。合理调配水资源，加强流域生态流量的统筹管理，逐步恢复水体生态基流。（水利部牵头）严控以恢复水动力为理由的各类调水冲污行为，防止河湖水通过雨水排放口倒灌进入城市排水系统。（水利部、住房城乡建设部按职责分工负责）

推进再生水、雨水用于生态补水。鼓励将城市污水处理厂再生水、分散污水处理设施尾水以及经收集和处理后的雨水用于河道生态补水。推进初期雨水收集处理设施建设。（住房城乡建设部牵头，生态环境部、水利部参与）

三、建立长效机制

（一）严格落实河长制、湖长制。按照中共中央办公厅、国务院办公厅印发的《关于全面推行河长制的意见》、《关于在湖泊实施湖长制的指导意见》要求，明确包括城市建成区内黑臭水体在内的河湖的河长湖长。河长湖长要切实履行责任，按照治理时限要求，加强统筹谋划，调动各方密切配合，协调联动，确保黑臭水体治理到位。（水利部牵头，生态环境部、住房城乡建设部参与）

加强巡河管理。河长湖长要带头并督促相关部门做好日常巡河，及时发现解决水体漂浮物、沿岸垃圾、污水直排口问题。有条件的地区可建立监控设施，对河道进行全天候监督，着力解决违法排污、乱倒垃圾取证难问题。全面拆除沿河湖违章建筑，从源头控制污染物进入水体。严格执行污水排入排水管网许可制度，严禁洗车污水、餐饮泔水、施工泥浆水等通过雨水口进入管网后直排入河。（水利部、住房城乡建设部、生态环境部按职责分工负责）

(二)加快推行排污许可证制度。对固定污染源实施全过程管理和多污染物协同控制，按行业、地区、时限核发排污许可证，全面落实企业治污责任，加强证后监管和处罚。强化城市建成区内排污单位污水排放管理，特别是城市黑臭水体沿岸工业生产、餐饮、洗车、洗涤等单位的管理，严厉打击偷排漏排。对污水未经处理直接排放或不达标排放导致水体黑臭的相关单位和工业集聚区严格执法，严肃问责。2019年底前，地级及以上城市建成区全面实现污水处理厂持证排污，其中，36个重点城市建成区污水处理厂提前一年完成并强化证后监管。（生态环境部牵头）

(三)强化运营维护。落实河湖日常管理和各类治污设施维护的单位、经费、制度和责任人，明确绩效考核指标，加大考核力度。严格城市生活污水处理设施运营监管，切实保障稳定运行。推进机械化清扫，逐步减少道路冲洗污水排入管网。定期做好管网的清掏工作，并妥善处理清理出的淤泥，减少降雨期间污染物入河。分批、分期完成生活污水收集管网权属普查和登记造册，有序开展区域内无主污水管道的调查、移交和确权工作，建立和完善城市排水管网地理信息系统。落实管网、泵站、污水处理厂等污水收集管网相关设施的运营维护管理队伍，逐步建立以5—10年为一个排查周期的管网长效管理机制，有条件的地区，鼓励在明晰责权和费用分担机制的基础上将排水管网管理延伸到建筑小区内部。推进城市排水企业实施"厂—网—河湖"一体化运营管理机制。（住房城乡建设部、水利部按职责分工负责）

四、强化监督检查

(一)实施城市黑臭水体整治环境保护专项行动。按照排查、交办、核查、约谈、专项督察"五步法"，形成以地市治理、省级检查、国家督查三级结合的专项行动工作机制。2018—2020年，生态环境部会同住房城乡建设部每年开展一次地级及以上城市黑臭水体整治环境保护专项行动。国务院有关部门排查形成问题清单，交办相关地方政府，限期整改并向社会公开，实行"拉条挂账，逐个销号"式管理；对整改情况进行核查，整改不到位的组织开展约谈，约谈后仍整改不力的将纳入中央生态环境保护督察范畴，并视情组织开展机动式、点穴式专项督察。省级人民政府积极配合做好专项行动，对本行政区域内各城市加强督促、协调和指导，并因地制宜开展省级城市黑臭水体整治专项行动。各城市人民政府做好自查和落实整改工作。（生态环境部牵头，住房城乡建设部参与）

(二)定期开展水质监测。2018年底前，对已完成治理的黑臭水体开展包括透明度、溶解氧（DO）、氨氮（NH3-N）、氧化还原电位（ORP）等4项指标在内的水质监测。省级生态环境部门指导本行政区域内地级及以上城市开展黑臭水体水质交叉监测，每年第二、三季度各监测一次，并于监测次季度首月10日前，向生态环境部和住房城乡建设部报告上一季度监测数据。（生态环境部牵头，住房城乡建设部参与）

五、保障措施

(一)加强组织领导。各地区各部门要深刻认识打好城市黑臭水体治理攻坚战的重要意义，进一步压实责任、强化举措、狠抓落实，确保本方案确定的各项任务按期落实到位。城市人民政府是城市黑臭水体治理的责任主体，要再次开展全面排查，核清城市建成区内黑臭水体情况，逐一建立健全并实施黑臭水体治理方案，明确消除时限，加快工程落地；要制定本城市黑臭水体治理攻坚战实施方案，年初确定年度目标、工作计划和措施，每季度向社会公开黑臭水体治理进展情况，年底将落实情况向上级人民政府住房城乡建设、生态环境部门报告。各城市实施方案须在2018年11月底前经省级人民政府同意后向社会公布。对于城市黑臭水体治理工作中涌现出的先进典型按照有关规定给予表扬奖励，坚持有为才有位，突出实践实干实效，让那些想干事、能干事、干成事的干部有机会有舞台。省级人民政府要将城市黑臭水体治理工作纳入重要议事日程，按照本方案要求将治理任务分解到各部门，明确职责分工和时间进度，建立符合当地实际的黑臭水体管理制度，每年年底向住房城乡建设部、生态环境部提交城市黑臭水体治理情况报告。住房城乡建设部、生态环境部等部门加强统筹协调，出台配套支持政策，会同相关部门指导和督促地方落实城市黑臭水体治理工作要求，并对治理目标和重点任务完成情况进行考核。（住房城乡建设部、生态环境部负责）

(二)严格责任追究。按照中共中央、国务院《关于全面加强生态环境保护坚决打好污染防治攻坚战的意见》要求，落实领导干部生态文明建设责任制，严格实行党政同责、一岗双责。城市政府要把黑臭水体治理放在重要位置，主要领导是本行政区域第一责任人，其他有关领导班子成员在职责范围内承担相应责任，要制定城市黑臭水体治理部门责任清单，把任务分解落实到有关部门。地方各级人民政府住房城乡建设（水务）、生态环境部门要做好牵头，会同和督促有关部门做好工作，对于推诿扯皮、落实不力的，要提请同级人民政府进行问责；参与部门要积极作为，主动承担分配的任务，确保工作成效。将城市黑臭水体治理工作情况纳入污染防治攻坚战成效考核，做好考核结果应用。对在城市黑臭水体治理攻坚战中责任不落实、推诿扯皮、没有完成工作任务的，依纪依法严格问责、终身追责。（生态环境部牵头，住房城乡建设部、中央组织部参与）

（三）加大资金支持。地方各级人民政府要统筹整合相关渠道资金支持黑臭水体治理，加大财政支持力度，结合地方实际创新资金投入方式，引导社会资本加大投入，坚持资金投入同攻坚任务相匹配，提高资金使用效率。完善污水处理收费政策，各地要按规定将污水处理收费标准尽快调整到位，原则上应补偿到污水处理和污泥处置设施正常运营并合理盈利，加大污水处理费收缴力度，严格征收使用管理。在严格审慎合规授信的前提下，鼓励金融机构为市场化运作的城市黑臭水体治理项目提供信贷支持。按照依法合规、风险可控、商业可持续原则，探索开展治污设备融资租赁业务发展。推广规范股权、项目收益权、特许经营权、排污权等质押融资担保。（财政部、发展改革委、人民银行、银保监会、证监会、住房城乡建设部、生态环境部按职责分工负责）

（四）优化审批流程。落实深化"放管服"改革和优化营商环境的要求，结合工程建设项目行政审批制度改革，加大对城市黑臭水体治理项目支持和推进力度，在严格前期决策论证和建设基本程序的同时，对报建审批提供绿色通道。（发展改革委、自然资源部、住房城乡建设部、生态环境部按职责分工负责）

（五）加强信用管理。将从事城市黑臭水体治理的规划设计、施工、监理、运行维护的单位及其法定代表人、项目负责人、技术负责人纳入信用管理，建立失信守信黑红名单制度并定期向社会公布。（住房城乡建设部牵头、发展改革委参与）

（六）强化科技支撑。加强城市黑臭水体治理科研攻关和技术支撑，不断提炼实用成果，总结典型案例，推广示范适用技术和成功经验。针对城市黑臭水体治理过程中出现的技术问题，及时加强技术指导，制定指导性文件。（科技部、生态环境部、住房城乡建设部按职责分工负责）

（七）鼓励公众参与。各地要做好城市黑臭水体治理信息发布、宣传报道、舆情引导等工作，限期办理群众举报投诉的城市黑臭水体问题，保障群众知情权，提高黑臭水体治理重大决策和建设项目的群众参与度。采取喜闻乐见的宣传方式，充分发挥微信公众号等新媒体作用，面向广大群众开展形式多样的宣传工作，引导群众自觉维护治理成果，不向水体、雨水口违法排污，不向水体丢垃圾，鼓励群众监督治理成效、发现问题，形成全民参与治理的氛围。（生态环境部、住房城乡建设部按职责分工负责）

抄送：中央组织部，各省、自治区、直辖市住房城乡建设厅（建委、水务局、水务厅）、环境保护厅（局）。

住房城乡建设部办公厅关于印发城市绿地防灾避险设计导则的通知

建办城〔2018〕1号

各省、自治区住房城乡建设厅，北京市园林绿化局，天津市市容和园林管理委员会，上海市绿化和市容管理局，重庆市城市管理委员会，海南省规划委员会，新疆生产建设兵团建设局：

为指导城市绿地防灾避险设计，提升城市防灾减灾能力，我部组织编制了《城市绿地防灾避险设计导则》，现印发给你们，请遵照执行。

执行中有何问题和建议，请及时反馈我部城市建设司。

附件：城市绿地防灾避险设计导则（略）

中华人民共和国住房和城乡建设部办公厅　　　（此件主动公开）
2018年1月3日

住房城乡建设部办公厅关于学习贯彻习近平总书记广东考察时重要讲话精神　进一步加强历史文化保护工作的通知

建办城〔2018〕56号

各省、自治区住房城乡建设厅，海南省自然资源和规划厅，北京市规划和自然资源委员会、住房和城乡建设委员会，上海市规划和自然资源局、住房和城乡建设管理委员会，天津市规划和自然资源局、住房和城乡建设委员会，重庆市规划和自然资源局、住房和城乡建设委员会，新疆生产建设兵团住房城乡建设局：

2018年10月24日，习近平总书记视察广州市恩宁路历史文化街区永庆坊片区，在听取广州市城市规划建设管理工作汇报时指出：城市规划和建设要高度重视历史文化保护，不急功近利，不大拆大建；要突出地方特色，注重人居环境改善，更多采用微改造这种"绣花"功夫，注重文明传承、文化延续，让城市留下记忆，让人们记住乡愁。习近平总书记重要讲话为做好新时代城市规划建设管理和历史文化保护工作提供了根本遵循。现就学习贯彻习近平总书记重要讲话精神，进一步加强历史文化保护工作通知如下：

一、充分认识加强历史文化保护工作的重要意义

地方各级住房城乡建设主管部门要自觉以习近平新时代中国特色社会主义思想为指导，坚定文化自信，充分认识加强历史文化保护工作的重要意义。要认真组织学习，增强责任感和使命感，把思想和行动统一到习近平总书记重要讲话精神上来，不断提高政治站位，主动担当，积极作为，切实保护城市历史文化遗存，延续城市历史文脉，保护中华文化基因，促进城市高质量发展。

二、进一步加大历史文化名城名镇名村保护工作力度

地方各级住房城乡建设主管部门要按照《历史文化名城名镇名村保护条例》和《历史文化名城名镇名村街区保护规划编制审批办法》（住房城乡建设部令第20号）要求，尽快启动规划期限为2035年的历史文化名城名镇名村保护规划编制工作，加强保护工作整体性、科学性和严肃性。规划期限为2020年的国家历史文化名城、中国历史文化名镇名村、国家历史文化名城内历史文化街区的保护规划，应在2019年底前报我部备案。规划期限为2035年的保护规划，应在2020年底前完成报批、备案。要加快建立历史文化名城名镇名村保护工作"一年一体检、五年一评估"的体检评估制度，制定反映历史文化保护状况的量化评价指标，形成动态监管机制。我部将在2019年选择部分历史文化名城名镇名村开展保护体检评估工作，对评估发现保护不力的历史文化名城名镇名村提出整改要求，对破坏情况严重的采取列入濒危名单、撤销称号等措施。

三、积极稳妥推进历史城区、历史文化街区人居环境改善工作

各省级住房城乡建设主管部门要指导监督国家历史文化名城在2019年底前完成历史城区划定工作，探索编制历史城区复兴规划，加强历史城区风貌整体管控，运用城市设计手段保护和延续历史城区整体格局和特色风貌。积极开展历史文化街区挂牌、建档工作。启动历史文化街区综合环境提升工程，科学制定基础设施完善和公共服务设施提升年度工作计划，按照先地下、后地上的原则，根据轻重缓急合理确定项目安排，采用微改造的"绣花""织补"方式，以小规模、渐进式的节奏，持续提升历史文化街区宜居性，增强人民群众的获得感。对居住型历史文化街区，不得违背群众意愿搬空原住

民进行商业、旅游开发。对因提高街区安全性、改善城市基础设施建设等确须开展人口疏解和拆建的，必须充分尊重群众意愿。

四、不断加强历史建筑保护利用工作

各省级住房城乡建设主管部门要按照《住房城乡建设部办公厅关于印发〈历史文化街区划定和历史建筑确定工作方案〉的通知》（建办规函〔2016〕681号）要求，加强对历史建筑确定工作滞后城市的指导和监督，确保所有设市城市和公布为历史文化名城的县在2018年底前基本完成历史建筑确定工作。2019年全面启动非历史文化名城的县的历史建筑普查和确定工作。各省级住房城乡建设主管部门要制定本地区历史建筑测绘、建档工作三年行动计划，确保2021年底前建成省级历史建筑数据库并与我部联网。要围绕当前制约历史建筑保护利用的责任主体不明确、部门联动不顺畅、利用方式不合理、修缮技术不完善、管理制度不配套、资金投入可持续性差等问题，在2019年选择1—3个城市开展历史建筑保护利用试点，积极探索历史建筑保护和可持续利用模式及路径，充分发挥历史建筑使用价值。

五、切实做好既有建筑保留利用和更新改造工作

各省级住房城乡建设主管部门要认真贯彻落实《住房城乡建设部关于进一步做好城市既有建筑保留利用和更新改造工作的通知》（建城〔2018〕96号），切实加强城市既有建筑保留利用和更新改造工作。要指导各城市做好城市既有建筑基本状况调查，制定引导和规范既有建筑保留和利用的政策，加强既有建筑更新改造管理，建立既有建筑拆除管理制度。要加强宣传引导，构建全社会共同重视既有建筑保留利用和更新改造的氛围，对于不得不拆除的重要既有建筑，应充分听取社会公众意见，广泛论证，科学决策。

各省级住房城乡建设主管部门要将本地区学习贯彻习近平总书记重要讲话精神和落实本通知要求情况及时报我部。

中华人民共和国住房和城乡建设部办公厅

2018年11月22日

（此件主动公开）

住房城乡建设部关于印发工程质量安全手册（试行）的通知

建质〔2018〕95号

各省、自治区住房城乡建设厅，直辖市建委（规划国土委），新疆生产建设兵团住房城乡建设局：

为深入开展工程质量安全提升行动，保证工程质量安全，提高人民群众满意度，推动建筑业高质量发展，我部制定了《工程质量安全手册（试行）》，现印发你们，请遵照执行。

各地住房城乡建设主管部门可在工程质量安全手册的基础上，结合本地实际，细化有关要求，制定简洁明了、要求明确的实施细则。要督促工程建设各方主体认真执行工程质量安全手册，将工程质量安全要求落实到每个项目、每个员工，落实到工程建设全过程。要以执行工程质量安全手册为切入点，开展质量安全"双随机、一公开"检查，对执行情况良好的企业和项目给予评优评先等政策支持，对不执行或执行不力的企业和个人依法依规严肃查处并曝光。我部将适时组织开展对工程质量安全手册执行情况的督查。

各地在执行中遇到的问题，请及时反馈我部工程质量安全监管司。

住房城乡建设部

2018年9月21日

（此件主动公开）

住房城乡建设部关于开展建筑施工安全专项治理行动的通知

建质〔2018〕31号

各省、自治区住房城乡建设厅，北京市住房城乡建设委、天津市城乡建设委、上海市住房城乡建设管委、重庆市住房城乡建设委，新疆生产建设兵团建设局：

为全面贯彻落实党中央、国务院关于安全生产工作的决策部署和全国住房城乡建设工作会议要求，进一步加强房屋建筑和市政工程施工安全管理，切实防范生产安全事故，维护人民群众生命财产安全，决定开展建筑施工安全专项治理行动。现就有关事项通知如下：

一、总体要求

坚持以习近平新时代中国特色社会主义思想为指导，深入贯彻落实党的十九大精神，牢固树立安全发展理念，坚持依法监管、改革创新、源头防范、系统治理的原则，用两年时间，集中开展建筑施工安全专项治理行动，确保全国房屋建筑和市政工程生产安全事故总量下降，为决胜全面建成小康社会创造良好的安全环境。

二、主要内容

（一）加强危大工程安全管控。

1. 落实管理制度。认真执行《危险性较大的分部分项工程安全管理规定》（住房城乡建设部令第37号），制定实施细则，组织宣传贯彻。督促工程参建各方主体建立健全危险性较大的分部分项工程（简称危大工程）安全管控体系，编制危大工程专项施工方案，组织专家论证，严格按方案施工。

2. 排查安全隐患。督促企业全面排查在建房屋建筑和市政工程中基坑工程、模板工程及支撑体系、起重吊装及安装拆卸工程、地下暗挖工程等危大工程，以及城市轨道交通、地下管网施工中事故易发环节的安全隐患，建立隐患排查台账，明确整改时限和责任人，逐项落实整改措施。

3. 惩处违法行为。按照隐患就是事故的理念，加大危大工程监督执法力度，对于在监督检查中发现的危大工程安全管控体系不健全、隐患排查整改不到位等问题，依法实施罚款、暂扣企业安全生产许可证等处罚。

（二）强化安全事故责任追究。

1. 复核安全生产条件。严格按规定对发生事故的施工企业安全生产条件进行复核，根据事故级别和安全生产条件降低情况，依法做出暂扣或吊销安全生产许可证的决定。对所有发生事故的特级资质施工企业及发生较大以上事故的施工企业，其安全生产条件复核情况须报送我部。

2. 严格资质资格处罚。严格落实对事故责任企业和人员资质资格的处罚规定，对较大事故的责任企业责令停业整顿，对重大以上事故的责任企业降低资质等级或吊销资质证书，对事故负有责任的注册执业人员责令停止执业或吊销执业资格证书。一年内连续发生2起以上事故的，依法从重处罚。

3. 公开事故查处情况。认真执行事故查处挂牌督办制度，督促严格依法追究事故责任，并将查处情况及时向社会公开，接受公众监督。对于事故查处不到位、督促整改不力的，要依法依规予以问责。

（三）构建安全监管长效机制。

1. 开展层级考核。按照"党政同责、一岗双责、齐抓共管、失职追责"的原则，开展建筑施工安全生产工作层级考核，明确考核内容、程序和要求，严格落实"一票否决"，督促各级监管部门履行法定监管职责。

2. 创新监管模式。推行"双随机、一公开"执法检查模式，鼓励通过政府购买服务的方式委托专业机构提供服务，探索推行执法全过程记录，做好全国施工安全监管信息共享，提高监管执法效能。

3. 实施信用惩戒。加强安全信用建设，建立守信激励和失信惩戒机制，将信用情况作为招投标、资质资格、施工许可等市场准入管理的重要依据。对于严重失信行为，与有关部门实施联合惩戒。

三、保障措施

（一）加强组织领导。要充分认识开展建筑施工安全专项治理行动的重要意义，成立专项治理行动领导小组,加强领导、精心组织、认真部署,明确责任单位和要求,并将专项治理工作纳入部门年度工作绩效目标考核,层层督促落实。

(二)科学制定方案。要科学确定建筑施工安全专项治理行动的具体目标和任务,制定具体实施方案,公布举报电话和信箱,并将实施方案于2018年3月底前报送我部工程质量安全监管司。

(三)强化督促检查。市、县住房城乡建设主管部门要每季度开展1次建筑施工安全专项治理行动督查,省级住房城乡建设主管部门要每半年对市、县工作进行1次督查,我部适时对重点地区开展随机督查并通报督查情况。对问题突出的地区要进行约谈。

(四)加大舆论宣传。要利用报纸、电视、网络等新闻媒体,全方位、多渠道宣传报道专项治理行动开展情况,宣传先进典型,曝光典型案例,营造良好舆论氛围。

中华人民共和国住房和城乡建设部
2018年3月13日

(此件主动公开)

住房城乡建设部等部门关于加强海砂开采运输销售使用管理工作的通知

建质〔2018〕108号

各省、自治区、直辖市住房城乡建设厅(建委)、公安厅(局)、自然资源主管部门、生态环境主管部门、海洋厅(局)、交通运输厅(委)、水利(水务)厅(局)、市场监管部门,各海警分局、海警总队,新疆生产建设兵团有关部门:

违法违规开采、运输、销售和使用海砂,导致各类违法违规海砂流入建筑市场,给工程质量安全带来隐患。为保障工程质量和人民群众生命财产安全,现就加强海砂开采、运输、销售、使用管理工作通知如下:

一、充分认识违法违规海砂的危害性

建设用砂是关系混凝土质量和耐久性的基础建筑材料。违法违规使用海砂,会因氯离子含量超标造成钢筋锈蚀,给建设工程质量和结构安全带来隐患,严重威胁人民群众生命财产安全。地方各级相关部门要牢固树立以人民为中心的发展思想,全面落实安全发展理念,充分认识违法违规海砂的危害性,结合本地实际,采取有效措施,严厉打击非法开采、非法运输销售、违规使用海砂等行为,加强对海砂开采、运输、销售、使用管理,切实保障工程质量安全。

二、加强海砂开采、运输、销售、使用全过程监管

(一)加强海砂开采环节的监督管理。各级自然资源主管部门要严格海砂开采许可管理,督促海砂开采企业和个人按照批准的范围和方式规范有序开采海砂。海砂开采企业应健全台账记录,在销售海砂时向运砂船舶(车辆)提供每船(车)次海砂来源证明。对非法占地的砂场、堆场坚决予以取缔。

各级生态环境主管部门要加强海砂开采的环境影响评价管理工作,督促海砂开采企业按照环境影响报告书的要求,采取有效的生态保护措施,最大限度地减少海砂开采对海洋生态环境的影响。

各级海洋部门、海警机关要加强协作配合,加大对非法开采海砂的打击力度,严格查处未经批准开采海砂、超批准范围开采海砂以及违规开采海砂造成生态环境破坏等违法行为,建立健全跨省(区、市)海域协作联动执法机制,统一检查形式、调查取证、自由裁量、案件管辖、案件会审和移送、重大案件挂牌督办等要求,提升执法效力。

(二)加强海砂运输、销售环节的监督管理。各级交通运输主管部门要加强对海砂运输船舶的检查,重点查验船舶证件、适航情况和海砂来源证明;对无法提供海砂来源证明的船舶,可先行查扣,移交相关部门,核查海砂来源,倒查追溯非法开采海砂

企业和个人责任。加强对停靠港口码头的运砂船舶的监管，加大对内河船舶非法从事海上运输海砂行为的打击力度，严禁相关单位或个人租用内河船舶从事海上海砂运输。各级市场监督管理部门要配合有关部门严肃查处流通领域的无照经营违法行为。

（三）加强海砂使用环节的监督管理。预拌混凝土、预拌砂浆、现场搅拌混凝土等生产企业应当完善质量自控体系，健全原材料进货检验、使用和出厂检测等台账制度，采购建设用砂时应当查验砂的来源证明及检测合格证明，混凝土用海砂氯离子含量不得大于0.03%，预拌混凝土、预拌砂浆等出厂时应当向施工单位提供氯离子检测合格证明。建设、设计、施工等单位应当在设计文件和工程量清单中明确用砂技术指标，严禁海砂用于预应力混凝土、钢纤维混凝土以及有特殊要求的钢筋混凝土中。施工、监理单位要加强对现场用砂及预拌混凝土进场验收和检测，严格执行《混凝土质量控制标准》（GB50164—2011）规定。检测机构应当严格按照标准进行检测，不得伪造检测数据，不得出具虚假报告。工程竣工验收资料应当包含混凝土氯离子含量检测合格的证明文件。对于公路水运工程应严格按照行业相关施工技术规范要求执行。

各级住房城乡建设、交通运输、水利主管部门要依据职责加强对工程用砂情况的监管，加强对预拌混凝土企业和建设、设计、施工、监理、检测等单位的监督检查，加强对工程项目的"双随机、一公开"检查，加强对预拌混凝土及用砂质量的抽查抽测，防止不合格海砂用于建设工程。对违规使用海砂以及检测数据造假的行为要依法严肃查处，严格追究相关单位和个人的责任，同时采取"黑名单"、降低信用等级等措施加大惩戒力度。负责散装水泥、预拌砂浆推广应用的各级相关主管部门配合做好监管工作。

三、加强协作配合

各级住房城乡建设、公安、自然资源、生态环境、交通运输、水利、市场监管、海警等部门要加强联动配合，形成合力，强化管理，坚决防止违法违规海砂用于建设工程。

（一）建立健全信息通报机制。各级相关部门应建立全过程可追溯的信息共享、信息通报机制。一旦发现非法开采海砂的，要追查下游流向；发现运输环节问题的，及时调查核实海砂来源；发现销售环节问题的，及时追查销售情况，通报住房城乡建设、水利、交通运输等主管部门；发现使用环节问题的，及时将违规海砂清出现场，并通报相关部门倒查追溯责任。

（二）严厉打击违法违规行为。各级相关部门应建立健全打击违法违规行为的联动机制，根据有关规定建立海警机关与地方政府海上执法协同工作机制，完善行政执法与刑事司法衔接机制，明确非法采砂等案件的移送标准、证据鉴定、衔接程序等。公安部门依法严厉打击涉及海砂的违法犯罪活动，依法查处阻碍国家机关工作人员执行职务行为，对于辖区内涉嫌非法开采海砂的企业或个人，按照与海警机关管辖分工的规定立案侦查。

（三）合理拓宽建设用砂来源。各级相关部门应研究建立建设用砂供应长效机制。根据工程建设实际需求，在符合环境影响评价等法律法规和标准的前提下，合理规划和有序开采河砂、海砂等，在条件成熟的地方探索以竞争方式联合出让海砂采矿权、海域使用权。鼓励有条件的地区建立海砂开采运输、净化处理、经销一体化供应渠道，保证净化海砂质量。鼓励机制砂生产企业加快升级改造，提高生产能力和骨料品质。多措并举拓宽来源，保障建设用砂供给和质量。

中华人民共和国住房和城乡建设部
中华人民共和国公安部
中华人民共和国自然资源部
中华人民共和国生态环境部
中华人民共和国交通运输部
中华人民共和国水利部
国家市场监督管理总局
中国海警局
2018年10月16日
（此件主动公开）

住房城乡建设部办公厅关于加强地下室无梁楼盖工程质量安全管理的通知

建办质〔2018〕10号

各省、自治区住房城乡建设厅,直辖市建委及有关部门,海南省规划委员会,新疆生产建设兵团建设局:

为加强地下室无梁楼盖工程质量安全管理,有效防范质量安全事故发生,现将有关事项通知如下:

一、切实提高质量安全意识。工程建设各方主体要高度重视地下室无梁楼盖工程质量安全问题,健全质量安全管控体系,完善设计、施工和使用各环节的质量安全保障措施,落实质量安全责任。建设单位要切实履行首要责任,不得以任何方式降低相关标准,不得随意改变地下室上部区域的使用功能。设计、施工、监理等单位要严格执行工程建设标准,保证地下室无梁楼盖工程建设安全。产权人、使用人或其委托的物业服务单位要加强地下室无梁楼盖工程后续使用管理,确保使用安全。

二、注重设计环节的质量安全控制。设计单位要保证施工图设计文件符合国家、行业标准规范和设计深度规定要求,在无梁楼盖工程设计中考虑施工、使用过程的荷载并提出荷载限值要求,注重板柱节点的承载力设计,通过采取设置暗梁等构造措施,提高结构的整体安全性。要认真做好施工图设计交底,向建设、施工单位充分说明设计意图,对施工缝留设、施工荷载控制等提出施工安全保障措施建议,及时解决施工中出现的相关问题。施工图审查机构要加强对无梁楼盖工程施工图设计文件的审查。

三、加强施工环节质量安全控制。施工单位要根据施工图设计文件及设计交底要求,在地下室顶板土方回填前编制专项施工方案,明确施工荷载和行车路线等要求,重点考虑施工堆载、施工机械及车辆对无梁楼盖的安全影响,经设计单位进行荷载确认、项目总监理工程师审查签字后实施。无梁楼盖在施工过程中的荷载超过设计单位确认的荷载时,应在其下方设置临时支撑等加强措施,并制定临时支撑搭设专项施工方案。施工单位要严格按照相关专项施工方案进行施工,提高施工现场管理水平,重点做好施工缝留设及处置、材料设备堆放、车辆运输、临时支撑设置及土方回填等环节质量安全风险管控。

四、强化工程建设监理的监督作用。监理单位要根据无梁楼盖工程特点,认真参与设计交底,严格审查有关地下室无梁楼盖的专项施工方案,对施工荷载控制、临时支撑等关键环节和工序进行重点把关。要严格履行监理责任,做好无梁楼盖在结构施工和地下室顶板土方回填过程中的旁站监理,加强对材料设备堆放、大型机械安装拆卸等环节的监督。对于存在重大质量安全隐患的,要依法要求暂停施工,并报告建设单位,及时消除质量安全隐患。

五、加强使用环节质量安全管理。产权人、使用人或其委托的物业服务单位要切实加强对地下室无梁楼盖使用过程管理,建立健全安全管理制度和责任体系,对已投入使用的地下室无梁楼盖进行认真排查,不得随意增加地下室顶板上部区域的使用荷载,不得随意调整地下室上部区域景观布置、行车线路、停车场布置等,确需调整的必须经原设计单位或有相应资质的设计单位荷载确认后依法调整。

六、强化无梁楼盖工程质量安全监管。各级住房城乡建设主管部门要认真履行工程质量安全监管职责,督促各方主体严格落实质量安全责任,加强对地下室无梁楼盖工程的监督抽查。对于存在质量安全违法行为、降低工程建设标准的,要依法予以处罚。发生事故的,要严肃追究相关单位和人员的责任,并将查处结果及时向社会公开。

中华人民共和国住房和城乡建设部办公厅
2018年2月27日
(此件主动公开)

住房城乡建设部办公厅关于实施《危险性较大的分部分项工程安全管理规定》有关问题的通知

建办质〔2018〕31号

各省、自治区住房城乡建设厅,北京市住房城乡建设委、天津市城乡建设委、上海市住房城乡建设管委、重庆市城乡建设委,新疆生产建设兵团住房城乡建设局:

为贯彻实施《危险性较大的分部分项工程安全管理规定》(住房城乡建设部令第37号),进一步加强和规范房屋建筑和市政基础设施工程中危险性较大的分部分项工程(以下简称危大工程)安全管理,现将有关问题通知如下:

一、关于危大工程范围

危大工程范围详见附件1。超过一定规模的危大工程范围详见附件2。

二、关于专项施工方案内容

危大工程专项施工方案的主要内容应当包括:

(一)工程概况:危大工程概况和特点、施工平面布置、施工要求和技术保证条件;

(二)编制依据:相关法律、法规、规范性文件、标准、规范及施工图设计文件、施工组织设计等;

(三)施工计划:包括施工进度计划、材料与设备计划;

(四)施工工艺技术:技术参数、工艺流程、施工方法、操作要求、检查要求等;

(五)施工安全保证措施:组织保障措施、技术措施、监测监控措施等;

(六)施工管理及作业人员配备和分工:施工管理人员、专职安全生产管理人员、特种作业人员、其他作业人员等;

(七)验收要求:验收标准、验收程序、验收内容、验收人员等;

(八)应急处置措施;

(九)计算书及相关施工图纸。

三、关于专家论证会参会人员

超过一定规模的危大工程专项施工方案专家论证会的参会人员应当包括:

(一)专家;

(二)建设单位项目负责人;

(三)有关勘察、设计单位项目技术负责人及相关人员;

(四)总承包单位和分包单位技术负责人或授权委派的专业技术人员、项目负责人、项目技术负责人、专项施工方案编制人员、项目专职安全生产管理人员及相关人员;

(五)监理单位项目总监理工程师及专业监理工程师。

四、关于专家论证内容

对于超过一定规模的危大工程专项施工方案,专家论证的主要内容应当包括:

(一)专项施工方案内容是否完整、可行;

(二)专项施工方案计算书和验算依据、施工图是否符合有关标准规范;

(三)专项施工方案是否满足现场实际情况,并能够确保施工安全。

五、关于专项施工方案修改

超过一定规模的危大工程专项施工方案经专家论证后结论为"通过"的,施工单位可参考专家意见自行修改完善;结论为"修改后通过"的,专家意见要明确具体修改内容,施工单位应当按照专家意见进行修改,并履行有关审核和审查手续后方可实施,修改情况应及时告知专家。

六、关于监测方案内容

进行第三方监测的危大工程监测方案的主要内容应当包括工程概况、监测依据、监测内容、监测方法、人员及设备、测点布置与保护、监测频次、预警标准及监测成果报送等。

七、关于验收人员

危大工程验收人员应当包括:

（一）总承包单位和分包单位技术负责人或授权委派的专业技术人员、项目负责人、项目技术负责人、专项施工方案编制人员、项目专职安全生产管理人员及相关人员；

（二）监理单位项目总监理工程师及专业监理工程师；

（三）有关勘察、设计和监测单位项目技术负责人。

八、关于专家条件

设区的市级以上地方人民政府住房城乡建设主管部门建立的专家库专家应当具备以下基本条件：

（一）诚实守信、作风正派、学术严谨；

（二）从事相关专业工作15年以上或具有丰富的专业经验；

（三）具有高级专业技术职称。

九、关于专家库管理

设区的市级以上地方人民政府住房城乡建设主管部门应当加强对专家库专家的管理，定期向社会公布专家业绩，对于专家不认真履行论证职责、工作失职等行为，记入不良信用记录，情节严重的，取消专家资格。

《关于印发〈危险性较大的分部分项工程安全管理办法〉的通知》（建质〔2009〕87号）自2018年6月1日起废止。

附件：1. 危险性较大的分部分项工程范围
　　　2. 超过一定规模的危险性较大的分部分项工程范围

中华人民共和国住房和城乡建设部办公厅
2018年5月17日

（此件主动公开）

附件1

危险性较大的分部分项工程范围

一、基坑工程

（一）开挖深度超过3米（含3米）的基坑（槽）的土方开挖、支护、降水工程。

（二）开挖深度虽未超过3米，但地质条件、周围环境和地下管线复杂，或影响毗邻建、构筑物安全的基坑（槽）的土方开挖、支护、降水工程。

二、模板工程及支撑体系

（一）各类工具式模板工程：包括滑模、爬模、飞模、隧道模等工程。

（二）混凝土模板支撑工程：搭设高度5米及以上，或搭设跨度10米及以上，或施工总荷载（荷载效应基本组合的设计值，以下简称设计值）10kN/m^{2}及以上，或集中线荷载（设计值）15kN/m及以上，或高度大于支撑水平投影宽度且相对独立无联系构件的混凝土模板支撑工程。

（三）承重支撑体系：用于钢结构安装等满堂支撑体系。

三、起重吊装及起重机械安装拆卸工程

（一）采用非常规起重设备、方法，且单件起吊重量在10kN及以上的起重吊装工程。

（二）采用起重机械进行安装的工程。

（三）起重机械安装和拆卸工程。

四、脚手架工程

（一）搭设高度24米及以上的落地式钢管脚手架工程（包括采光井、电梯井脚手架）。

（二）附着式升降脚手架工程。

（三）悬挑式脚手架工程。

（四）高处作业吊篮。

（五）卸料平台、操作平台工程。

（六）异型脚手架工程。

五、拆除工程

可能影响行人、交通、电力设施、通讯设施或其它建、构筑物安全的拆除工程。

六、暗挖工程

采用矿山法、盾构法、顶管法施工的隧道、洞室工程。

七、其它

（一）建筑幕墙安装工程。

（二）钢结构、网架和索膜结构安装工程。

（三）人工挖孔桩工程。
（四）水下作业工程。
（五）装配式建筑混凝土预制构件安装工程。

（六）采用新技术、新工艺、新材料、新设备可能影响工程施工安全，尚无国家、行业及地方技术标准的分部分项工程。

附件2

超过一定规模的危险性较大的分部分项工程范围

一、深基坑工程

开挖深度超过5米（含5米）的基坑（槽）的土方开挖、支护、降水工程。

二、模板工程及支撑体系

（一）各类工具式模板工程：包括滑模、爬模、飞模、隧道模等工程。

（二）混凝土模板支撑工程：搭设高度8米及以上，或搭设跨度18米及以上，或施工总荷载（设计值）15kN/m² 及以上，或集中线荷载（设计值）20kN/m 及以上。

（三）承重支撑体系：用于钢结构安装等满堂支撑体系，承受单点集中荷载7kN及以上。

三、起重吊装及起重机械安装拆卸工程

（一）采用非常规起重设备、方法，且单件起吊重量在100kN及以上的起重吊装工程。

（二）起重量300kN及以上，或搭设总高度200米及以上，或搭设基础标高在200m及以上的起重机械安装和拆卸工程。

四、脚手架工程

（一）搭设高度50米及以上的落地式钢管脚手架工程。

（二）提升高度在150米及以上的附着式升降脚手架工程或附着式升降操作平台工程。

（三）分段架体搭设高度20米及以上的悬挑式脚手架工程。

五、拆除工程

（一）码头、桥梁、高架、烟囱、水塔或拆除中容易引起有毒有害气（液）体或粉尘扩散、易燃易爆事故发生的特殊建、构筑物的拆除工程。

（二）文物保护建筑、优秀历史建筑或历史文化风貌区影响范围内的拆除工程。

六、暗挖工程

采用矿山法、盾构法、顶管法施工的隧道、洞室工程。

七、其它

（一）施工高度50米及以上的建筑幕墙安装工程。

（二）跨度36米及以上的钢结构安装工程，或跨度60米及以上的网架和索膜结构安装工程。

（三）开挖深度16米及以上的人工挖孔桩工程。

（四）水下作业工程。

（五）重量1000kN及以上的大型结构整体顶升、平移、转体等施工工艺。

（六）采用新技术、新工艺、新材料、新设备可能影响工程施工安全，尚无国家、行业及地方技术标准的分部分项工程。

住房城乡建设部关于印发大型工程技术风险控制要点的通知

建质函〔2018〕28号

各省、自治区住房城乡建设厅，直辖市建委（规委），新疆生产建设兵团建设局：

为贯彻落实《中共中央国务院关于进一步加强城市规划建设管理工作的若干意见》，指导建立大型工程技术风险控制机制，我部组织编制了《大型工程技术风险控制要点》。现印发给你们，请参照执行。

中华人民共和国住房和城乡建设部
2018年2月2日

（此件主动公开）

住房城乡建设部办公厅关于印发贯彻落实城市安全发展意见实施方案的通知

建办质〔2018〕58号

各省、自治区住房城乡建设厅，北京市住房城乡建设委、城市管理委、园林绿化局、城市管理综合行政执法局、水务局，天津市住房城乡建设委、城市管理委、水务局，上海市住房城乡建设管理委、绿化和市容管理局、城市管理行政执法局、水务局，重庆市住房城乡建设委、城市管理局，海南省水务厅，新疆生产建设兵团住房城乡建设局：

现将《贯彻落实推进城市安全发展意见实施方案》印发给你们，请结合工作实际，认真抓好落实。

中华人民共和国住房和城乡建设部办公厅
2018年11月23日

贯彻落实推进城市安全发展意见实施方案

为贯彻落实《中共中央办公厅 国务院办公厅印发〈关于推进城市安全发展的意见〉的通知》，做好住房城乡建设系统推进城市安全发展工作，制定本方案。

一、总体要求

全面贯彻党的十九大和十九届二中、三中全会精神，以习近平新时代中国特色社会主义思想为指导，紧紧围绕统筹推进"五位一体"总体布局和协调推进"四个全面"战略布局，牢固树立安全发展理念，弘扬生命至上、安全第一的思想，切实把安全发展作为城市现代文明的重要标志，扎实做好住房城乡建设系统推进城市安全发展各项工作，全面提高城市安全保障水平，为人民群众营造安居乐业、幸福安康的生产生活环境。

二、主要任务

（一）加强城市安全源头治理。

1. 加强市政公用设施运行安全管理。贯彻落实《城镇燃气管理条例》，严格执行燃气经营许可制度，压实燃气经营企业安全主体责任。加强城镇供水、供热、道路桥梁、垃圾处理、排水与污水处理等设施的风险排查和隐患治理,加强设施设备安全巡查与维护管理,确保正常运转。

2. 制定完善安全标准。完善城市高层建筑、大型综合体、综合交通枢纽、隧道桥梁、管线管廊、轨道交通、燃气工程、排水防涝、垃圾填埋场、渣土受纳场等城市基础设施技术标准,提高安全和应急设施标准要求,增强抵御事故风险、保障安全运行能力。

(二)健全城市安全防控机制。

3. 强化城市管理日常巡查。针对城市管理工作点多、线长、面广的特点,强化日常巡查,加大对人员密集、问题多发场所、区域的巡查频率。加强户外广告、门店牌匾设置管理,对违规设置户外广告的,依法依规进行处罚。发挥数字化城市管理平台作用,加强部门协同联动,保障城市运行安全有序。

4. 加强房屋安全隐患排查治理。加强房屋安全隐患排查,督促房屋产权人及时消除安全隐患。房屋产权人和管理单位加强对房屋共用部位与共用设施设备的维护管理,提高应对突发气象灾害能力。加强城市棚户区、城中村和危房改造安全监管。

5. 加强房屋市政工程施工安全监管。贯彻落实《危险性较大的分部分项工程安全管理规定》,督促企业建立健全安全管理体系,持续开展房屋市政工程施工安全隐患排查整治,切实管控重大安全风险,严防安全事故发生。推进房屋市政工程施工安全生产标准化建设,提高标准化考评覆盖率和考评质量。

6. 提升应急管理能力。提高地震等灾害发生后的应急响应能力,充实震后建筑安全应急评估专家队伍,落实应急评估管理办法和技术指南。防范市政设施、地下管线毁坏导致的次生灾害,提高供水、供气、救援道路桥梁等设施快速修复能力。

(三)提升城市安全监管效能。

7. 严格落实企业安全生产主体责任。建立安全生产失信约束机制,依法依规对失信企业实施联合惩戒。积极参与安全事故调查处理工作,严肃追究相关企业和人员的责任。落实发生事故企业安全生产条件复核制度,依法依规实施暂扣或吊销安全生产许可证、责令停业整顿、降低资质等级或吊销资质证书等行政处罚。

8. 加强城市管理执法工作。按照《深化党和国家机构改革方案》,继续推进城市管理执法体制改革,严格执行《城市管理执法行为规范》,进一步理顺城市管理执法体制,推进城市管理综合执法。推动城市治理方式创新,构建共建共治共享城市治理新格局。

9. 加强安全监管能力建设。创新监管执法模式,推行"双随机、一公开"制度,提升监管执法机构规范化水平。加强监管执法机构建设,保障监管执法力量。强化监管人员教育培训,推动监管部门和人员履职尽责。建设全国建筑施工安全监管信息系统,逐步实现监管信息互联互通,增强监管执法效能。

(四)强化城市安全保障能力。

10. 强化安全科技创新和应用。加强城市安全监管信息化建设,建立完善部门之间公共数据资源开放共享机制。加强建筑市场监管信息化建设,推动实现安全生产监管与市场监管、信用管理数据信息互联、资源共享。推动装配式建筑、绿色建筑、建筑节能、建筑信息模型(BIM)技术、大数据在建设工程中的应用,推动新型智慧城市建设。

11. 加强从业人员安全技能培训。通过建筑工地农民工业余学校等平台,提高从业人员安全意识、素质、技能。编制修订职业技能标准,将安全知识作为必备知识单列。职业技能培训、鉴定及相关教材、课件的开发,应突出安全技能培训、考核内容。加强对建筑施工企业主要负责人、项目负责人和专职安全生产管理人员的安全生产考核,提高安全生产能力。

12. 提升公众安全素质。持续开展住房城乡建设系统"安全生产月"和国家防灾减灾日活动,加大宣传、教育、警示工作力度,提升行业和公众安全生产、抗震防灾意识和应急处置能力。鼓励建设具有特色的安全文化教育体验基地、场馆,积极推进把安全文化元素融入公园、街道、社区,营造关爱生命、关注安全的浓厚社会氛围。

三、保障措施

(一)加强组织领导。充分认识推进城市安全发展的重要意义,加强领导、精心组织、认真部署,明确责任单位和工作要求,层层督促落实。

(二)强化督促检查。强化对推进城市安全发展各项工作的督促检查,形成专门台账,突出问题整改,实行闭环管理,对工作情况及时总结分析。

(三)加大舆论宣传。利用报纸、电视、网络等新闻媒体,全方位、多渠道宣传报道推进城市安全发展工作开展情况,创造有利于工作的舆论支持氛围。

住房城乡建设部办公厅关于印发城市轨道交通工程 BIM 应用指南的通知

建办质函〔2018〕274 号

各省、自治区住房城乡建设厅，直辖市建委，新疆生产建设兵团住房城乡建设局：

为推动城市轨道交通工程 BIM 应用，提升城市轨道交通工程质量安全管理水平，现将《城市轨道交通工程 BIM 应用指南》印发给你们，请结合实际参照执行。

中华人民共和国住房和城乡建设部办公厅
2018 年 5 月 30 日
（此件主动公开）

关于在部分城市先行开展打击侵害群众利益违法违规行为 治理房地产市场乱象专项行动的通知

建房〔2018〕58 号

各有关省、自治区、直辖市党委宣传部，住房城乡建设厅（建委、国土房管局）、公安厅（局）、司法厅（局）、工商行政管理局（市场监督管理部门）、发展改革委（物价局）、银监局、保监局，国家税务总局各有关省、自治区、直辖市和计划单列市税务局：

为全面贯彻落实党中央、国务院关于房地产工作的决策部署，决定于 2018 年 7 月初至 12 月底，在部分城市（名单附后）先行开展打击侵害群众利益违法违规行为、治理房地产市场乱象专项行动。现将有关事项通知如下：

一、工作目标

针对近期房地产市场乱象，通过部门联合执法，重点打击投机炒房行为和房地产"黑中介"，治理房地产开发企业违法违规行为和虚假房地产广告，进一步整顿和规范房地产市场秩序，健全房地产市场监管机制，切实维护人民群众合法权益。

二、整治重点

（一）投机炒房行为。

1. 垄断房源，操纵房价、房租。

2. 捂盘惜售或者变相囤积房源。

3. 通过报纸、广播、电视、网站、新媒体等途径捏造、散布房地产虚假信息，以及雇佣人员制造抢房假象等方式，恶意炒作，哄抬房价。

4. 通过更改预售合同、变更购房人等方式，投机炒作未交付的商品房。

5. 通过提供"首付贷"或者采取"首付分期"等形式，违规为炒房人垫付或者变相垫付首付款。

（二）房地产"黑中介"违法违规行为。

1. 采取威胁、恐吓等暴力手段驱逐承租人，恶意克扣保证金和预定金。

2. 为不符合交易条件的房屋提供经纪服务，或者对购房人隐瞒抵押、查封等限制房屋交易的信息。

3. 为客户就同一房屋签订不同交易价款的"阴阳合同"提供便利，非法规避房屋交易税费。

4. 非法侵占或者挪用客户交易资金。

5. 强制提供代办服务、担保服务，或者以捆绑服务方式乱收费。

6. 与投机炒房团伙串通，谋取不正当利益。

（三）房地产开发企业违法违规行为。

1. 在取得商品房预售许可前，以认购、认筹、预订、排号、售卡等方式向购房人收取或者变相收取定金、预订款、诚意金等费用。

2. 未按政府备案价格要求销售商品房，或者以附加条件限制购房人合法权利（如捆绑车位、装修）等方式，变相实行价外加价。

3. 一房多卖，损害购房人合法权益。

4. 利用合同格式条款，免除自身法定义务、加重购房人责任、排除购房人合法权利。

5. 限制、阻挠、拒绝购房人使用住房公积金贷款或者按揭贷款。

6. 未标明房源销售状态、销售价等违反明码标价规定的行为。

（四）虚假房地产广告。

1. 通过捏造、散布不实信息，或者曲解有关房地产政策等方式，误导购房人的市场预期。

2. 发布虚假房源和价格信息，欺骗、误导购房人。

3. 发布未取得许可或备案的房地产项目预售、销售广告。

4. 在房地产广告中承诺为购房人办理户口、就业、升学等事项。

5. 在房地产广告中承诺房产升值或者投资回报。

三、工作要求

（一）切实履行主体责任。各地要把打击侵害群众利益违法违规行为，作为整治房地产市场乱象工作的重中之重。在上述整治重点的基础上，根据本地区实际情况，制定工作方案，细化工作任务，明确整治措施，落实监管职责，确保专项行动取得实效。切实履行房地产市场监管的主体责任，加强组织领导，建立联合查处机制，发挥部门合力，全面排查、精准打击。各省级住房城乡建设部门要对本地区专项行动工作开展情况进行总结，及时上报典型案例。

（二）广泛发动群众监督。要通过开通购房人热线等方式，畅通群众举报投诉渠道，引导公众参与整治房地产市场乱象专项行动。对群众反映强烈、问题突出的典型案例要挂牌督办，及时公布查处结果，回应社会关切，着力构建房地产市场共治共管的局面。

（三）营造良好舆论环境。各级住房城乡建设部门牵头建立专项行动信息发布机制，各级工商、物价、公安、银监、保监、司法、宣传等部门积极配合，通过报纸、广播、电视、网站、新媒体等加强政策解读，正面引导舆论，通过定期集中曝光违法违规典型案例，形成震慑，为房地产市场营造良好舆论环境。

（四）强化督查问责机制。对专项行动实施过程中发现的违法违规行为，要依法从严惩处。对开展整治行动不力、人民群众投诉较多、房地产市场违法违规行为较严重的地方，要加大督查力度。对涉嫌隐瞒包庇、滥用职权、玩忽职守的部门和人员，要坚决问责。

（五）建立监管长效机制。要坚持整顿规范与制度建设并重、专项整治与日常监督并重、加强管理与改善服务并重、投诉受理与主动监管并重，逐步建立健全房地产行业信用体系，积极推进房地产领域守信联合激励和失信联合惩戒机制建设。

附件：先行开展专项行动城市名单

中华人民共和国住房和城乡建设部
中国共产党中央委员会宣传部
中华人民共和国公安部
中华人民共和国司法部
国家税务总局
国家市场监督管理总局
中国银行保险监督管理委员会
2018年6月25日
（此件主动公开）

附件

先行开展专项行动城市名单

北京、上海、广州、深圳、天津、南京、苏州、无锡、杭州、合肥、福州、厦门、济南、郑州、武汉、成都、长沙、重庆、西安、昆明、佛山、徐州、太原、海口、宁波、宜昌、哈尔滨、长春、兰州、贵阳

住房城乡建设部 生态环境部 水利部 农业农村部关于做好非正规垃圾堆放点排查和整治工作的通知

建村〔2018〕52号

各省、自治区住房城乡建设厅、环境保护厅、水利（水务）厅、农业（农牧、农村经济）厅（局、委），北京市城市管理委员会、环境保护局、水务局、农村工作委员会，天津市城乡建设委员会、环境保护局、水务局、农村工作委员会，上海市市容和绿化管理局、环境保护局、水务局、农业委员会，重庆市城市管理委员会、环境保护局、水利局、农业委员会，新疆生产建设兵团住房城乡建设局、环境保护局、水利局、农业局：

为贯彻落实《中共中央办公厅 国务院办公厅关于印发〈农村人居环境整治三年行动方案〉的通知》精神，做好非正规垃圾堆放点排查和整治工作，扎实推进《农村人居环境整治三年行动方案》实施，现通知如下：

一、总体要求

按照《农村人居环境整治三年行动方案》关于"开展非正规垃圾堆放点排查整治，重点整治垃圾山、垃圾围村、垃圾围坝、工业污染'上山下乡'"部署，坚持"标本兼治、综合施策""突出重点、分类整治"的原则，采取积极稳妥、切合实际、有力管用措施，加强垃圾处理设施建设，强化城镇垃圾、工业固体废物违法违规向农村转移监督管理和执法检查，积极消化非正规垃圾堆放点存量，严格控制增量。到2020年底，基本遏制城镇垃圾、工业固体废物违法违规向农村地区转移问题，基本完成农村地区非正规垃圾堆放点整治。

二、扎实有序开展非正规垃圾堆放点排查和整治

（一）开展地毯式排查。省级住房城乡建设、生态环境、水利、农业农村部门（以下简称省级4部门）要督促市县有关部门按照《住房城乡建设部办公厅等部门关于做好非正规垃圾堆放点排查工作的通知》（建办村〔2017〕2号）要求，对城乡垃圾乱堆乱放形成的各类非正规垃圾堆放点及河流（湖泊）和水利枢纽内一定规模的漂浮垃圾，逐县（市、区）组织开展一次地毯式排查，重点排查区域是城乡结合部、环境敏感区、主要交通干道沿线及河流（湖泊）和水利枢纽管理范围。排查结果录入全国非正规垃圾堆放点排查整治信息系统（网址：http://czjs.mohurd.gov.cn，以下简称信息系统）。排查结束后，县级有关部门要形成本县（市、区）非正规垃圾堆放点排查工作情况报告，经县级人民政府有关工作负责同志同意后上传信息系统。省级4部门要抽取部分县（市、区）对非正规垃圾堆放点排查工作情况进行现场核查，重点检查有无漏报、瞒报情况，对瞒报、漏报等行为要进行通报并追究相关人员责任。上述工作要于2018年6月30日前完成。

（二）建立工作台账。对2017年录入信息系统的2.7万个非正规垃圾堆放点及新排查出的非正规垃圾堆放点，县级有关部门均应按照建办村〔2017〕2号文件要求建立排查整治工作台账，工作台账内容应包括本县（市、区）非正规垃圾堆放点的位置、主要成分、堆放年限、堆体规模、整治技术方法、责任人及联系方式等。省级4部门汇总并审核本地区县级非正规垃圾堆放点排查整治工作台账，于2018年7月底前上传至信息系统。

（三）制定整治工作方案。省级4部门要督促县级有关部门，根据本地区垃圾终端处理设施容量、自身经济条件、非正规垃圾堆放点污染程度等因素，制定本地区非正规垃圾堆放点整治工作方案。工作方案要明确到2020年底前完成非正规垃圾堆放点整治的工作目标和年度工作任务、具体责任部门、监督检查办法。其中，2019年底前完成县级及以上集中式饮用水水源地保护区及群众反映强烈的非正规垃圾堆放点整治。

（四）一处一策开展整治。省级4部门要督促县级有关部门，根据不同非正规垃圾堆放点位置、堆体规模、有机物比重、周边环境、水文地质条件及侧向和底部渗透等情况，评估污染程度、风险等级和开挖条件，一处一策确定整治技术方法并开展整治。对建筑垃圾较多、有机垃圾比重不大的，可采取覆土绿化；对有机垃圾比重较高的，可增加垂直防渗处理，渗滤液单独抽取处理；对污染比较严重、

地处环境敏感区且有条件开挖的，应实施搬迁或开挖筛分处理。对存在"垃圾围坝"的水利工程要定期组织做好垃圾打捞清理和后续处理。除经过处理的农业生产废弃物（如畜禽粪污、秸秆）以外，其他垃圾不得进入农田。

（五）建立滚动销号制度。省级4部门要督促县级有关部门，对照县级非正规垃圾堆放点排查整治工作台账，建立非正规垃圾堆放点整治滚动销号制度，完成一处、销号一处。每处非正规垃圾堆放点整治完成后，县级有关部门要将整治后的场地照片等信息及时录入信息系统。

（六）建立全流程管理清单。省级4部门要督促县级有关部门，建立非正规垃圾堆放点整治全流程管理清单，对开展堆体评估、制定技术方法、实施整治工作、垃圾处理处置等各个环节进行监管，并对监管过程进行记录，坚决防止发生垃圾污染转移现象。

三、做好非正规垃圾堆放点整治后续管理

（七）加强整治后场地维护使用。已经完成整治的场地，县级住房城乡建设、生态环境、水利、农业农村部门要划定管控范围，明确管理责任主体，做好移交和后续管理。非正规垃圾堆放点整治工作完成后，要组织专业技术力量定期开展污染和风险后评估，重点做好渗滤液对周边水体、地下水和土壤的污染分析及沼气含量监测，避免产生新的污染和安全隐患。

（八）严格控制增量。市县住房城乡建设、生态环境、水利、农业农村部门要加大城镇垃圾违法违规向农村转移的监督检查和查处力度。对在农村地区违法违规倾倒、堆放垃圾的单位和个人，依法予以处罚，形成震慑。加强对主要干道两侧农田、山边、沟谷等区域的重点巡查，有条件的地方可以联合交通运输等部门采取派人值守或安装视频监控等措施进行监管。要注重发挥舆论监督作用，围绕群众反映强烈的违法违规倾倒行为，坚决曝光一批负面典型。对出租或承租土地填埋垃圾牟利的，坚决取缔并依法追究有关人员责任，造成严重污染的，要依法追究刑事责任；对可找到偷排偷倒单位和个人的，发现一起，处理一起，责令妥善处置并依法处罚；对暂时不能找到偷排偷倒单位和个人的，应按属地管理原则，由乡镇以上有关部门负责妥善处置。

四、加强组织领导

（九）落实整治责任。建立省（区、市）负总责、市县落实的工作机制。省级4部门要对本地区非正规垃圾堆放点整治工作负责，开展技术指导，加大设施投入，做好监督管理。县级有关部门要落实整治主体责任，配齐配足垃圾收运和处理设施，扎实推进整治工作，并对整治效果负责。各级住房城乡建设部门负责以生活垃圾、建筑垃圾为主要成分的非正规垃圾堆放点整治；各级生态环境部门负责加强工业固体废物违法违规转移监管和打击力度，防控工业污染"上山下乡"；各级水行政主管部门、其他大坝主管部门负责督促河流（湖泊）和水利枢纽管理单位加强水库大坝坝前漂浮物打捞清理，以及水利工程管理范围内的保洁和生活垃圾处理；各级农业农村部门负责以离田农业生产废弃物为主要成分的非正规垃圾处理和利用。

（十）强化检查和监督。省级4部门要经常性组织开展非正规垃圾堆放点整治工作检查，对检查中发现垃圾污染规模转移、敷衍应付、弄虚作假等问题，督促市县有关部门限期整改，问题严重的要追究相关人员责任；对发现黑恶势力操控把持等违法违规行为，要及时移送公安机关处置。

住房城乡建设部、生态环境部、水利部、农业农村部将结合农村人居环境整治三年行动督导评估，组织开展非正规垃圾堆放点整治专项督导，不定期以暗访、异地交叉检查等形式进行现场抽查，利用卫星遥感图片等监控新增非正规垃圾堆放点。将非正规垃圾堆放点整治工作不力、污染突出、社会影响恶劣问题纳入中央环境保护督察范畴。省级4部门每年年底前要将本地区整治工作措施、进度等情况分别报住房城乡建设部、生态环境部、水利部、农业农村部。

中华人民共和国住房城乡建设部
中华人民共和国生态环境部
中华人民共和国水利部
中华人民共和国农业农村部
2018年6月1日
（此件主动公开）

住房城乡建设部关于开展引导和支持设计下乡工作的通知

建村〔2018〕88号

各省、自治区住房城乡建设厅，北京市住房城乡建设委、规划国土资源管理委，天津市城乡建设委、规划局，上海市住房城乡建设委、规划国土资源管理局，重庆市城乡建设委、规划局，新疆生产建设兵团住房城乡建设局：

为贯彻党中央、国务院关于引导设计下乡提升乡村规划建设水平的工作部署，落实《中共中央国务院关于实施乡村振兴战略的意见》和《农村人居环境整治三年行动方案》有关要求，现就引导和支持设计下乡有关工作通知如下：

一、总体要求

深入学习贯彻习近平总书记关于实施乡村振兴战略的重要论述，充分认识设计下乡在实施乡村振兴战略、推动乡村高质量发展和促进城乡融合发展等方面的重要意义，以落实《农村人居环境整治三年行动方案》确定的各项任务为重点，引导和支持规划、建筑、景观、市政、艺术设计、文化策划等领域设计人员下乡服务，大幅提升乡村规划建设水平。

二、因地制宜确定设计下乡服务重点

以解决农村人居环境突出问题为主攻方向，结合地方实际和村庄需求，有重点确定设计下乡服务内容和对象。设计下乡服务内容应包括但不限于村庄建设规划和设计、垃圾污水处理设施建设和运行维护、农房设计和建造、乡村工匠培训以及长效管理机制建设等。设计下乡优先服务于建设活动较多、人居环境整治任务较重和风貌保护要求较高的村庄。

三、探索建立全方位、全行业设计下乡组织形式

我部成立由相关司局和学协会组成的设计下乡工作组，负责设计下乡组织协调、人员培训、设计服务供需信息对接以及宣传推广等工作，推动完善执业资格、职称评定等方面支持政策。

各省（区、市）住房城乡建设（规划）部门要及时出台组织、支持、保障设计机构和人员下乡服务政策。选择有需求、有意愿的试点县（市、区）、乡镇和村庄重点推进设计下乡工作，力争总结出一批符合地方实际、可复制可推广的设计下乡组织模式和支持措施。借鉴浙江驻镇规划师、成都乡村规划师等经验和做法，探索建立本地区设计人员驻县市、驻乡镇和驻村的服务模式。

县（市）住房城乡建设（规划）部门要与设计单位建立对口合作机制，签订中长期服务协议，逐步做到每个乡镇、村庄都有设计人员提供长期跟踪服务。鼓励探索符合农村实际、有利于提高规划建设质量和便于村民参与的农村人居环境整治和农房建设项目委托办法和委托形式。

各级学协会要发挥好行业引领作用，通过对口帮扶、设计竞赛、学术交流、组织培训等方式，推动建立全行业下乡服务制度。

四、组织动员各方设计力量下乡

各级住房城乡建设（规划）部门要与高等学校、职业学校、设计院以及热衷服务乡村的设计人员主动对接，帮助提供设计下乡需求信息和服务基地。引导高等学校、职业学校、设计院将设计下乡工作纳入日常教学和经营工作同步推进，逐步扩大设计下乡服务范围和深度，并完善组织形式、资金保障和激励措施。支持高等学校、职业学校发动师生利用寒暑假下乡服务，动员院士、院长、总师、教授等优秀设计人才带领优秀团队下乡服务，引导设计师、艺术家和热爱乡村的有识之士以个人名义参与乡村设计服务。培养一批了解乡村、热爱乡村、致力于服务乡村的设计人员。

五、推行共谋共建共管共评共享的设计下乡服务方式

加强对设计下乡人员的组织和培训，宣传贯彻符合农村实际的乡村规划建设理念，推行美丽乡村共同缔造的工作方法。充分尊重村民意见，实践决策共谋、发展共建、建设共管、效果共评、成果共享的陪伴式服务，确保村民熟知并参与村庄建设规

划各个环节。设计人员要根据与村民共谋的结果,深入研究村庄发展需求,合理确定村庄建设项目,统筹安排到场服务形式和内容。注重保护和传承乡村特色,打造"百里不同风、十里不同俗"的乡村风貌,防止大拆大建和乡村景观城市化、西洋化。各级住房城乡建设(规划)部门要将村民参与情况和满意程度作为规划审批和项目验收的重要依据。

六、注重挖掘培养乡村工匠等本土人才

加快培育和建立一批既掌握现代建造技术、又熟悉乡村文化的乡村工匠队伍,挖掘整理乡村工匠目录。组织多种形式培训,培养眼界开阔、技术高超、审美素养良好和长期扎根农村的乡村工匠。支持从农村走出去的懂建设、爱农村的企业家、技术人员、退休干部等返乡服务。加强线上线下培训,提升基层管理人员和技术人员服务乡村的能力和水平。鼓励将表现突出的乡村工匠、返乡服务人员吸纳到基层管理队伍之中。

七、建立服务平台

我部将搭建设计下乡网上服务平台和移动应用程序(APP),及时收集、整理和发布设计服务需求和信息,宣传各地实践共谋共建共管共评共享的设计下乡服务经验,推广农村人居环境整治、农房建设等方面的先进技术。各省(区、市)住房城乡建设(规划)部门要搭建本地区设计下乡服务平台,建立设计单位、人员下乡目录,做好设计下乡成效评估。

八、加大支持力度

我部每年组织召开全国设计下乡工作推进会,总结推广各地成功经验和做法,遴选一批设计下乡示范县市、乡镇和村庄,表扬一批成绩突出的设计单位和人员。支持在职称评定中对累计驻村服务1年以上的设计人员适当放宽评定条件。驻村服务时间可作为注册规划师、注册建筑师等人员的继续教育学时。在城乡规划、建筑学、风景园林等相关专业教学中,将设计下乡作为实践教学内容。在中国人居环境奖、全国优秀工程勘察设计行业奖、全国优秀城市规划设计奖等奖项评定中设置一定的比例,用于奖励设计下乡人员承担的乡村规划建设项目。

各省(区、市)住房城乡建设(规划)部门要在2018年10月底前将出台的引导和支持设计下乡有关文件报我部村镇建设司备案,并于每年11月底报送当年工作情况。

中华人民共和国住房和城乡建设部
2018年9月14日

(此件主动公开)

住房城乡建设部关于进一步加强村庄建设规划工作的通知

建村〔2018〕89号

各省、自治区住房城乡建设厅,北京市住房城乡建设委、规划国土资源管理委、农委,天津市城乡建设委、规划局,上海市住房城乡建设委、规划国土资源管理局,重庆市城乡建设委、规划局,新疆生产建设兵团住房城乡建设局:

近年来,各地稳步推进村庄建设规划,各项工作取得积极成效。但村庄建设无规划、乱规划和"被规划"问题仍有发生,照搬照抄城市规划现象未得到根本性改变。为贯彻党中央、国务院关于提升乡村规划建设水平的部署,落实《农村人居环境整治三年行动方案》关于村庄规划管理基本覆盖的要求,满足农民群众对美好生活的期待,现就进一步加强村庄建设规划工作通知如下:

一、实现村庄规划管理基本覆盖

按照《农村人居环境整治三年行动方案》要求,到2020年,要全面完成县(市)域乡村建设规划编制或修编。各地要在县(市)域乡村建设规划指导下,科学划定村庄类型,因地制宜推进村庄建设规划编制,避免"一刀切"和"齐步走",不得强行撤并村庄。通过编制村庄建设规划,做到农房建设有规划可依、行政村有村庄整治安排,不搞运动式编

规划。暂时没有条件编制建设规划的村庄，可以将县（市）域乡村建设规划、乡规划或镇规划作为村庄建设、整治和乡村建设规划许可的管理依据；确定搬迁撤并的村庄和拟调整的空心村原则上不再编制村庄建设规划。

二、因地制宜编制村庄建设规划

村庄建设规划内容要区别于城市规划的一般做法，规划要简化、管用和以问题为导向，确保村民易懂、村委能用、乡镇好管。要将农村人居环境整治作为村庄建设规划重点，着力解决垃圾乱堆乱放、污水横流、建房无序等关系农村民生的问题。村庄建设规划编制成果要做到简明易懂、便于实施，避免制作长篇累牍、晦涩难懂的文本和图纸。

要根据村庄现状条件和发展需求，科学编制不同类型村庄的建设规划。地处偏远、经济欠发达地区的村庄可规定实现人居环境干净整洁的要点，并纳入村规民约。具有一定基础和基本条件的村庄，应编制以人居环境整治为重点的村庄建设规划，提出农村生活垃圾治理、卫生厕所建设、生活污水治理、村内道路建设和村庄公共设施建设等整治项目并明确时序。有基础、有条件和有需求的村庄要在人居环境整治规划基础上编制更加全面的村庄建设规划，制定厕所粪污治理、村庄产业项目、农房建设和改造、村容村貌提升和长效管护机制建设等相关措施。民宿经济发展较快、建设活动较多的城郊融合类、特色保护类村庄，还应在上述基础上提出建设管控要求和特色风貌保护要求。

三、组织多方力量下乡编制规划

组织动员大专院校、规划院和设计院等技术单位下乡开展村庄建设规划编制和咨询服务。接受委托的编制单位要组织技术骨干，真正摸清村庄情况，深入了解村民意愿，不能搞走马观花式调查，更不得坐在办公室编规划或直接套用其他村庄的规划。鼓励注册规划师、注册建筑师等具有工程建设执业资格的人员以及艺术家、热爱乡村的有识之士从事村庄建设规划编制工作，提供驻村技术指导。

四、全面推行共谋共建共管共评共享的工作机制

围绕共谋共建共管共评共享理念，推行政府组织领导、村委会和村民发挥主体作用、规划编制人员负责技术指导的村庄建设规划编制机制。乡（镇）负责做好规划编制组织工作，支持自下而上编制规划，并依法组织规划审查和报批工作。村委会组织动员村民充分表达意愿和建设需求，全程参与规划编制，并将经批准的村庄建设规划纳入村规民约一同执行。规划编制人员要通过实地调研、走访座谈、开会讨论、组织培训等方式与政府、村委会、村民共同商议村庄建设发展蓝图，将建设需求转化为规划内容，制作规划简明读本或实用手册，规划批准后定期回访村庄并指导规划实施。

五、探索建立符合农村实际的规划审批程序

省级住房城乡建设（规划）部门要加快完善村庄建设规划审批机制，按照党中央、国务院关于深化"放管服"改革的有关要求，制定便于基层管理人员操作的审批标准，进一步缩短审批时间，避免机械套用城市规划审批程序。研究探索适用于不同类型村庄的规划审批程序，鼓励有条件的地区将村委会、村民自行组织编制的村庄建设规划委托乡（镇）人民政府审批。仅用文字规定且不涉及新建项目的村庄建设规划经村民会议或者村民代表会议讨论通过后即可实施。

六、完善乡村建设规划许可管理

省级住房城乡建设（规划）部门要建立健全乡村建设规划许可管理制度，督促各县（市、区）尽快完善乡村建设规划许可审批流程和管理措施，乡村建设规划许可范围需覆盖新建、改建农房、兴建乡（镇）村企业、乡（镇）村公共设施和公共事业建设项目，逐步将农房建设审批权依法下放到乡（镇）人民政府。条件不具备的地区，应重点加强对建设活动较多村庄、城乡结合部、交通沿线以及相关保护区内村庄的建设规划许可管理。落实乡（镇）人民政府对乡村违法建设查处职责，加大对未依法取得乡村建设规划许可证或者未按规划许可证的规定进行建设的查处力度。有条件的地区，要探索建立乡村建设项目的规划审批、施工监管和验收核实等管理制度。

七、加强基层规划管理力量

鼓励各地借鉴先行地区经验，建立健全县、乡（镇）两级村庄建设规划管理机制，探索通过社会招聘、购买服务等多种形式选聘专业人员，建立驻镇规划师、乡村规划师等制度。鼓励有条件的村庄配置规划建设专管员、协管员，做到人居环境整治项目有专人管理。培养一批熟知乡村、技术过硬、村民认可的乡村工匠，探索建立乡村工匠的培训、认定和管理机制。鼓励本土能人、企业家、新乡贤及

相关社会力量多渠道参与村庄建设规划管理工作。

八、加强组织保障

我部将积极依法开展村庄建设规划编制、审批、实施情况的检查工作，定期组织专家核实、抽查和评估各地村庄建设规划推进情况，公布检查结果并将其纳入农村人居环境整治督导评估。每年遴选一批优秀村庄建设规划案例，表扬一批村庄建设规划编制和管理单位，并通过报刊、广播、电视、互联网等媒体宣传推广。

各省级住房城乡建设（规划）部门要按照本通知要求，尽快出台推进本地区村庄建设规划工作的具体办法，完善相关技术标准，统筹安排奖补资金，定期组织检查和培训。指导各县（市、区）稳步推进县（市）域乡村建设规划、村庄建设规划编制，依据城乡规划法将规划编制和管理经费纳入本级财政预算。

中华人民共和国住房和城乡建设部
2018年9月18日

（此件主动公开）

住房城乡建设部 财政部关于印发农村危房改造脱贫攻坚三年行动方案的通知

建村〔2018〕115号

各省、自治区、直辖市住房城乡建设厅（建委）、财政厅，新疆生产建设兵团住房城乡建设局、财政局：

为贯彻落实《中共中央 国务院关于打赢脱贫攻坚战三年行动的指导意见》关于加快推进农村危房改造的工作部署，住房城乡建设部、财政部联合制定了《农村危房改造脱贫攻坚三年行动方案》，现印发给你们，请结合实际认真抓好落实。

中华人民共和国住房和城乡建设部
中华人民共和国财政部
2018年11月6日

（此件主动公开）

农村危房改造脱贫攻坚三年行动方案

为全面贯彻党的十九大精神，落实党中央、国务院关于打赢脱贫攻坚战三年行动的决策部署，完成建档立卡贫困户等重点对象农村危房改造任务，实现中央确定的脱贫攻坚"两不愁、三保障"总体目标中住房安全有保障的目标，制定本方案。

一、总体要求

（一）指导思想。

全面贯彻党的十九大和十九届二中、三中全会精神，以习近平新时代中国特色社会主义思想为指导，紧紧围绕统筹推进"五位一体"总体布局和协调推进"四个全面"战略布局，坚决贯彻落实中央脱贫攻坚部署和要求，坚持精准扶贫精准脱贫基本方略，坚持现行扶贫标准，聚焦深度贫困地区和特殊贫困群体，全力推进建档立卡贫困户等重点对象农村危房改造，确保到2020年如期实现贫困户住房安全有保障目标，切实提高贫困人口的获得感和幸福感。

（二）基本原则。

坚持地方主体。落实中央统筹、省负总责、市县抓落实的工作机制，坚持以地方为主体、一级抓一级、层层抓落实。

坚持精准管理。坚持全过程精准管理，落实补助对象认定、危房改造信息公示公开、补助资金拨付、施工检查与竣工验收、农户档案管理等各环节政策要求，做到扶贫对象精准、措施精准、档案齐全。

坚持现行标准。坚持脱贫攻坚尽力而行、量力而为的原则，既不降低现行农村危房改造质量安全基本要求，也不擅自拔高建设标准，引导农户建设既符合经济条件又满足使用需求的房屋。

保持政策延续性。坚持帮助住房最危险、经济最贫困农户解决最基本的安全住房原则，继续执行实践证明行之有效的政策措施和管理办法，保持政策的连续性和稳定性。

调动农民积极性。发挥政府主导作用，引导符合政策支持条件的贫困危房户应改尽改。坚持扶贫与扶志扶智相结合，充分发挥农户资金投入和组织建设的主体作用，尊重农户意愿，激发其积极性，鼓励投工投劳和互帮互助。

（三）目标任务。

把建档立卡贫困户放在突出位置，全力推进建档立卡贫困户、低保户、农村分散供养特困人员和贫困残疾人家庭等4类重点对象（以下简称4类重点对象）危房改造，确保2020年前完成现有200万户建档立卡贫困户存量危房改造任务，基本解决贫困户住房不安全问题。倾斜支持"三区三州"等深度贫困地区，加快实施农村危房改造。探索支持农村贫困群体危房改造长效机制，逐步建立农村贫困群体住房保障制度。

二、重点任务

（一）规范补助对象认定程序。

严格执行先确认身份信息，后鉴定危房等级的工作程序。住房城乡建设部门根据扶贫部门认定的建档立卡贫困户、民政部门认定的低保户和农村分散供养特困人员、残联会同扶贫或民政部门认定的贫困残疾人家庭农户名单开展危房鉴定工作。危房鉴定必须依据《农村危险房屋鉴定技术导则（试行）》（建村函〔2009〕69号）确定的鉴定项目进行，危房危险等级分为A、B、C、D级。县级住房城乡建设部门可结合实际制定推广简明易行的危房鉴定程序，逐户开展房屋危险性鉴定，将居住在C级和D级危房的4类重点对象列为农村危房改造对象。

（二）建立危房台账并实施精准管理。

农村危房改造户要严格落实"一户一档"要求，逐户建立档案，按要求填写危房改造对象认定表，并将农户4类重点对象身份证明文件和房屋危险等级评定结果等材料存档。实行一村一汇总、一镇（乡）一台账的管理制度，在建立并保存纸质档案的基础上，将档案信息录入农村住房信息系统形成电子台账，将危房存量到户台账按要求逐级汇总上报。中央下达的4类重点对象农村危房改造任务必须在危房改造台账范围内进行分配，改造一户、销档一户。危房改造完成后，住房城乡建设部门应及时将工程实施、补助资金发放、竣工验收等材料存入农户档案，相关信息录入农村危房改造农户档案管理信息系统后完成销档。

（三）坚持农村危房改造基本安全要求。

各地要依据《住房城乡建设部办公厅关于印发农村危房改造基本安全技术导则的通知》（建办村函〔2018〕172号），区分不同结构类型农房，结合当地实际，按照解决住房不安全问题、满足抗震安全基本要求、保证改造后农房正常使用安全和基本使用功能等要求，制定本地区农村危房改造基本安全的细化标准和基本安全有保障的一般要求。既要防止盲目提高建设标准，也要防止降低安全要求，禁止单独进行粉刷、装饰等与提升住房安全性无关的改造行为。

（四）明确危房改造建设标准。

坚持既保障居住安全又不盲目吊高胃口的建设标准，引导农户尽力而行、量力而为，避免因盲目攀比加重农户经济负担。拆除重建的房屋建筑面积，原则上1～3人户在40～60平米，1人户不低于20平米，2人户不低于30平米。C类危房可因地制宜开展维修加固或拆除重建，维修加固的重点应是消除安全隐患、适度改善使用功能。各地可根据当地的民族习俗、气候特点等实际情况制定细化建设标准。要合理制定设计方案，为将来扩建预留接口，满足农户基本使用和未来扩建需求。

（五）因地制宜采取适宜改造方式和技术。

坚持农户自建为主的建设方式，对自建确有困难且有统建意愿的农户及多层农房可采用统建方式。探索和总结成本经济、结构安全、功能基本齐全的危房改造方式和技术，因地制宜推广农房加固改造、现代生土农房等改良型传统民居建设经验，丰富改造方式，降低农户建房负担。鼓励通过统建农村集体公租房及幸福大院、修缮加固现有闲置公房、置换或长期租赁村内闲置农房等方式，兜底解决自筹资金和投工投料能力极弱特殊贫困群体基本住房安全问题。

（六）加强补助资金使用管理和监督检查。

严格执行《中央财政农村危房改造补助资金管理办法》（财社〔2016〕216号），规范农村危房改造补助资金管理和使用，及时足额将补助资金支付到农户"一卡通"账户，防止挤占挪用和截留滞留等问题发生。健全资金监管机制，加强对补助资金使用管理情况的检查力度，及时发现和纠正套取骗取、重复申领补助资金等有关问题。

（七）建立完善危房改造信息公示制度。

落实县级农村危房改造信息公开主体责任。严格执行危房改造任务分配结果和改造任务完成情况镇村两级公开。加大政策宣传力度，制作并免费发放农村危房改造政策明白卡，利用信息化等手段充分发挥群众监督作用。要畅通反映问题渠道，及时调查处理群众反映问题。

三、加强工作管理

（一）加强质量安全检查和竣工验收。

农村危房改造采用自建方式的，农户和施工队对房屋质量负主体责任；采用统建方式的，建设主体和建设单位对房屋质量负主体责任。县级住房城乡建设部门要做好质量安全基本知识宣传，加强农村危房改造过程中的指导。开展施工现场巡查与指导监督，发现存在问题的及时提出整改意见，指导和督促施工人员开展关键环节现场质量检查并做好检查记录。对于农户自建的，要将危房改造质量安全要点告知农户。对加固改造的房屋，应有技术人员对加固方案、加固材料、施工方案及施工操作队伍进行把关审查，确保加固施工过程安全以及加固后的房屋达到安全标准。危房改造工程竣工后，县级住房城乡建设部门要指导建设方按照相关要求进行竣工验收并提交建房备案书，明确达到基本安全要求。

（二）强化农户档案信息管理。

建立部联网检索、省审核管理、县制作录入的农户档案信息检索机制。省级住房城乡建设部门要组织做好本地区农村危房改造农户档案信息录入工作，并加强对已录入农户档案信息真实性和准确性的审核与抽验，发现问题督促各市县抓紧整改。县级住房城乡建设部门是农村危房改造农户档案制作的责任主体，要严格执行农村危房改造农户档案管理制度，在完善纸质档案的基础上将相关信息录入农村危房改造农户档案管理信息系统，不断提高数据质量。

（三）持续深入开展作风专项治理。

各级住房城乡建设部门要会同相关部门按照《住房城乡建设部办公厅关于开展农村危房改造领域作风问题专项治理的通知》（建办村函〔2018〕403号）要求，重点围绕贪污挪用农村危房改造补助资金、群众强烈反感、对象认定不准、资金管理不规范以及危房改造质量不达标5方面问题，持续推进农村危房改造领域作风问题专项治理，积极配合审计、纪检、监察等部门开展专项检查。对于基层政府造假套取挪用农村危房改造资金、村干部索要好处费等问题，要及时向纪检监察部门移交问题线索。要加大警示教育宣传力度，定期通报有关问题及处理结果。

（四）严格脱贫退出标准和程序。

建档立卡贫困户退出时，其住房在选址、基础、主体结构、抗震构造措施、建筑材料等方面应满足基本质量要求。省级住房城乡建设部门要按照本行动方案关于农村危房改造基本安全要求，组织制定本地区"住房安全有保障"的具体要求或认定标准，并制定建房备案书模板，指导县级住房城乡建设部门做好住房安全性认定组织工作。县级住房城乡建设部门负责组织建设方开展房屋安全性评定，建设方提交的建房备案书作为住房安全性认定的基本依据。对于危房户自愿通过其他方式解决住房安全问题且无改造意愿的，在履行确认程序后可不再将其危房纳入改造范围，但必须提醒农户主动拆除或不再使用危房。

四、强化实施保障

（一）加强组织领导和部门合作。

各地要加强对农村危房改造工作的领导，建立部门协商工作机制，明确各部门责任分工，加强工作统筹调度，定期通报农村危房改造工作进展情况。各级住房城乡建设、财政部门要密切协作，积极协调扶贫、民政、残联等部门，各司其职，共同推进农村危房改造工作，全力以赴按时完成农村危房改造任务。

（二）加强财政资金保障。

省、市、县均要落实农村危房改造责任，做好经费保障工作。要根据农户贫困程度、房屋危险程度和改造方式等制定分类分级补助标准，切实加大对深度贫困地区和最贫困对象的倾斜支持力度。

（三）强化全过程预算绩效管理和督查激励。

各地要依据《中共中央 国务院关于全面实施预算绩效管理的意见》、《住房城乡建设部 国家发展改革委 财政部关于印发〈农村危房改造绩效评价办法（试行）〉的通知》（建村〔2013〕196号）、《住房城乡建设部 财政部关于印发农村危房改造激励措施实施办法（试行）的通知》（建村〔2016〕289号）有关要求，全面实施农村危房改造项目全过程绩效管理，设定清晰的绩效目标和指标，开展绩效运行监控和自评。根据实际情况制定本地区农村危房改造绩效评价办法并组织实施，加大绩效评价和督查激励结果的正向激励作用，促进农村危房改造任务完成和政策要求落实。

（四）加强信息收集和宣传力度。

各地要加大农村危房改造工作信息收集报送力

度，定期上报建设成效、经验做法、存在问题和工作建议等信息。对审计、纪检监察等部门发现以及各新闻媒体报道的农村危房改造问题，要及时调查处理并报告相关情况。要充分利用报刊、广播、电视等新闻媒体和网络新媒体，广泛宣传农村危房改造工作成效以及各地好的经验做法，营造积极的舆论氛围。

住房城乡建设部 中国农业发展银行关于做好利用抵押补充贷款资金支持农村人居环境整治工作的通知

建村函〔2018〕175号

各省（自治区）住房城乡建设厅，直辖市建委，北京市农委，新疆生产建设兵团住房城乡建设局，中国农业发展银行各省、自治区、直辖市分行，总行营业部：

为贯彻落实《中共中央办公厅 国务院办公厅关于印发〈农村人居环境整治三年行动方案〉的通知》关于通过发放抵押补充贷款等方式，引导中国农业发展银行等金融机构依法合规提供信贷支持农村人居环境整治的要求，现就有关事项通知如下。

一、充分认识抵押补充贷款资金支持农村人居环境整治的重要意义

做好抵押补充贷款资金支持农村人居环境整治工作，是贯彻落实《农村人居环境整治三年行动方案》，解决农村基础设施建设资金短缺问题的务实举措，对加快推进农村人居环境整治、进一步提升农村人居环境水平具有重要意义。抵押补充贷款是国家政策性银行实施的优惠信贷政策工具，执行利率低于中长期贷款基准利率，可以有效降低农村人居环境整治项目融资成本。各地住房城乡建设部门、中国农业发展银行各级分支机构要充分认识利用抵押补充贷款资金支持农村人居环境资金整治的重要意义，充分发挥政策性金融职能作用，按照抵押补充贷款相关政策规定，优选承贷主体，有效防控风险，为农村人居环境整治提供长期、稳定、低成本的资金支持。

二、严格把握抵押补充贷款资金支持范围

中国农业发展银行设立抵押补充贷款资金，支持农村人居环境整治项目建设。具体支持范围包括：水、电、路、气等农村基础设施和公共服务设施建设；污水垃圾治理、村庄公共空间整治提升等农村环境整治项目；农村居住社区建设、农村危房改造、房屋抗震安全等级提升等农村住房条件改善；农村建设风貌提升、传统村落民居和历史文化名村名镇保护等乡村开发建设。重点支持农村人居环境整治试点县（市、区、旗）、全国农村生活污水治理示范县（市、区、旗）、全国农村生活垃圾分类和资源化利用示范县（市、区、旗）、"三区三州"深度贫困地区等农村人居环境整治项目。

三、建立抵押补充贷款资金支持农村人居环境整治项目库

住房城乡建设部与中国农业发展银行对使用抵押补充贷款资金的农村人居环境整治项目实行项目库管理，具体管理流程如下：

（一）省级住房城乡建设部门、中国农业发展银行省级分行要切实加强相关政策宣传，把握抵押补充贷款管理相关规定，指导市、县对抵押补充贷款支持范围内的建设内容进行科学规划整合。

（二）相关市、县住房城乡建设部门和中国农业发展银行当地分支机构按照抵押补充贷款政策要求，提出需支持的农村人居环境整治项目，并填写《中国农业发展银行农村人居环境整治抵押补充贷款资金项目清单》（见附件），报省级住房城乡建设部门、中国农业发展银行省级分行。

（三）省级住房城乡建设部门、中国农业发展银行省级分行统一汇总市、县填报的农村人居环境整治抵押补充贷款资金项目清单，根据省级农村人居环境整治三年行动实施方案要求，严格按照抵押补充贷款资金支持范围和相关信贷政策要求组织开展项目审核，对不符合条件的项目予以删除，对符合条件的项目列出优先顺序，于每季度末分别报住房城乡建设部村镇建设司和中国农业发展银行基础设施部。

（四）住房城乡建设部、中国农业发展银行共同组织开展农村人居环境整治抵押补充贷款资金项目审核，确认各省（区、市）抵押补充贷款资金支持农村人居环境整治项目清单，并报中国人民银行备案。

（五）中国农业发展银行总行、省级分行按季度分别向住房城乡建设部和省级住房城乡建设部门通报农村人居环境整治抵押补充贷款资金项目进展情况。

四、加强抵押补充贷款支持农村人居环境整治项目管理

省级住房城乡建设部门、中国农业发展银行省级分行要加强统筹协调，支持各地申请抵押补充贷款资金支持农村人居环境整治。市、县住房城乡建设部门要会同中国农业发展银行当地分支机构组织协调有关方面积极申请抵押补充贷款资金，做好农村人居环境整治抵押补充贷款资金项目前期工作，提高申请效率。

中国农业发展银行各级分支机构要积极配合当地住房城乡建设部门开展工作，给予全面融资支持，对农村人居环境整治抵押补充贷款资金项目开辟绿色审批通道，严格执行抵押补充贷款专项优惠利率，同时要密切关注资金使用情况和项目建设进度，严防资金挪用。抵押补充贷款资金支持农村人居环境整治工作执行过程中有何问题和建议，请及时与住房城乡建设部村镇建设司和中国农业发展银行基础设施部联系。

联系人及联系电话：

住房城乡建设部村镇建设司　　周文理　010-58934567

中国农业发展银行基础设施部　　栗　宁　010-68082271

附件：中国农业发展银行农村人居环境整治抵押补充贷款资金项目清单（略）

中华人民共和国住房和城乡建设部
中国农业发展银行
2018年9月3日

（此件主动公开）

住房城乡建设部等部门关于开展无障碍环境市县村镇创建工作的通知

建标〔2018〕114号

各省、自治区、直辖市住房城乡建设厅（建委、规划委、市政管委）、工业和信息化厅（工业和信息化委员会、经济信息化委员会）、通信管理局、民政厅（局）、残联、老龄办，新疆生产建设兵团住房城乡建设局、工业和信息化委、民政局、残联：

"十二五"以来，我国基本建立无障碍环境建设组织管理体系，依法全面系统开展无障碍环境建设取得显著成效，保障了人民群众特别是残疾人、老年人合法权益，促进了城乡建设水平提高和社会文明进步。但总体看，我国无障碍环境建设还存在覆盖面不全、功能不完善、已建成设施不系统、不规范、监管不到位，既有设施改造欠账多、资金缺、进展慢等问题，与人民群众对美好生活的向往还有较大差距。

为贯彻落实《国务院关于印发"十三五"加快残疾人小康进程规划纲要的通知》和《国务院关于印发"十三五"国家老龄事业发展和养老体系建设规划的通知》要求，进一步做好无障碍环境建设工作，力争到2020年实现无障碍环境建设工作机制、地方性法规、规章、标准体系进一步健全，无障碍设施覆盖面进一步扩大，无障碍环境建设水平明显提升，全社会关心、支持、参与无障碍环境建设与维护的社会氛围不断增强，农村无障碍环境得到较大改善目标，住房城乡建设部、工业和信息化部、民政部、中国残联、全国老龄办决定组织开展无障碍环境市县村镇创建工作（以下简称创建工作），现将有关事项通知如下：

一、充分认识新时代开展创建工作的重要意义

无障碍环境建设是贯彻习近平新时代中国特色社会主义思想和党的十九大精神、落实以人民为中心发展思想的具体体现，是全面建成小康社会的重要内容和社会文明进步的重要标志，是落实党中央、国务院应对人口老龄化战略的必然要求。开展创建工作对于落实习近平总书记关于"全面建成小康社会，残疾人一个也不能少"的重要指示，保障包括残疾人、老年人、孕妇、儿童等在内的全体社会成员平等参与融入社会生活权益，增强人民群众的获得感、幸福感、安全感，促进住房和城乡建设事业高质量发展，决胜全面建成小康社会具有十分重要的意义。

二、建立健全创建工作机制

各省级住房城乡建设、工业和信息化、通信管理、民政、残联、老龄等部门共同组织指导本行政区域内市、县、镇（乡）、村全面开展创建工作。各市、县应建立由政府有关负责同志牵头，相关部门参加的创建工作领导小组，健全各司其职、协调配合的工作机制，切实发挥组织、协调作用，落实创建工作机制保障、技术支撑责任。各市、县按照《创建无障碍环境工作标准》（见附件）要求，组织本地区全面开展创建工作，编制无障碍环境建设发展规划，制定创建工作方案，明确创建工作目标，细化任务措施，广泛开展宣传培训，切实推进无障碍环境建设与改造。

三、统筹开展无障碍环境建设与改造

新建道路、建筑物和相关设施应符合《无障碍设计规范》（GB 50763）要求，实现城镇范围内道路、建筑物和相关设施的无障碍建设全覆盖。不断加大农村无障碍环境建设投入，进一步满足农村残疾人、老年人对基本公共服务的需求，适应农村残疾人、老年人平等参与社会生活的需要。政府机关、公共服务场所要加强无障碍环境改造。结合老旧小区改造、脱贫攻坚、农村人居环境整治三年行动等工作，统筹考虑城镇居住区和农村的无障碍环境建设需求。继续培育打造全社会关心、支持、参与无障碍环境建设与维护的良好社会氛围，进一步推动提升全社会关爱老年人、残疾人的意识。

四、充分发挥典型引导作用

各省级主管部门要按照创建工作标准要求，积极组织本地区各市、县、镇（乡）、村参加创建工作，并于2018年12月31日前将"十三五"时期创建工作开展好的市县村镇名单（市、县总数为5~10个，镇（乡）或村不超过1个）报住房城乡建设部标准定额司和中国残联维权部。住房城乡建设部、工业和信息化部、民政部、中国残联、全国老龄办将按照相关规定和创建工作标准，于2020年对各地创建工作情况进行检查验收，并对创建工作成绩突出的市、县、镇（乡）、村予以表彰，具体事项另行通知。

五、开展创建工作"回头看"

各省级主管部门要结合"十三五"创建工作，对近年来受住房城乡建设部等部门表彰的无障碍环境示范市县、先进市县等的创建工作进行总结和"回头看"。有关市县要充分总结本地区在推进无障碍环境建设工作中取得的成绩和存在问题，按照《创建无障碍环境工作标准》开展自查、评估、整改工作，并于2019年12月底前由各省级主管部门将总结和"回头看"情况报告送住房城乡建设部标准定额司和中国残联维权部。住房城乡建设部、工业和信息化部、民政部、中国残联、全国老龄办将适时对"回头看"情况进行检查评估。

附件：创建无障碍环境工作标准（略）

中华人民共和国住房和城乡建设部
中华人民共和国工业和信息化部
中华人民共和国民政部
中国残疾人联合会
全国老龄工作委员会办公室
2018年11月5日

（此件主动公开）

住房城乡建设部办公厅关于调整建设工程计价依据增值税税率的通知

建办标〔2018〕20号

各省、自治区住房城乡建设厅，直辖市建委，国务院有关部门：

按照财政部 税务总局关于调整增值税税率的通知（财税〔2018〕32号）要求，现将《住房城乡建设部办公厅关于做好建筑业营改增建设工程计价依据调整准备工作的通知》（建办标〔2016〕4号）规定的工程造价计价依据中增值税税率由11%调整为10%。

请各地区、各部门按照本通知要求，组织有关单位于2018年4月底前完成建设工程造价计价依据和相关计价软件的调整工作。

中华人民共和国住房和城乡建设部办公厅
2018年4月9日
（此件主动公开）

住房城乡建设部关于严格规范城市管理执法行为严肃执法纪律的通知

建督〔2018〕23号

各省、自治区住房城乡建设厅，北京市城市管理综合行政执法局，天津市市容园林管理委员会，上海市住房城乡建设管理委员会，重庆市城市管理委员会，新疆生产建设兵团建设局：

城市管理执法事关人民群众切身利益，事关城市健康有序运行，事关党和政府形象和公信力。《中共中央国务院关于深入推进城市执法体制改革改进城市管理工作的指导意见》印发以来，各级城市管理执法部门和广大城市管理执法人员认真落实党中央、国务院决策部署，大力推进严格规范公正文明执法，取得了明显成效。但是，必须清醒看到，不规范、不文明执法行为仍时有发生，简单粗暴任性执法问题还没有根本解决。为严格规范城市管理执法行为，严肃执法纪律，切实维护人民群众合法权益，现就有关事项通知如下：

一、牢固树立和践行以人民为中心的发展思想。人民是城市的主人。以人民为中心，是习近平新时代中国特色社会主义思想的重要内容，是城市管理执法工作的基本遵循。各级城市管理执法部门要加强城市管理执法人员教育，组织城市管理执法人员深入学习贯彻党的十九大精神，自觉用习近平新时代中国特色社会主义思想武装头脑、指导实践。要牢固树立以人民为中心的发展思想，牢记全心全意为人民服务的宗旨，把实现好维护好最广大人民群众的根本利益作为城市管理执法工作的出发点和落脚点。要切实践行以人民为中心的发展思想，尊重执法对象，多沟通，善说服，慎处罚，坚决杜绝任性和违规执法，保障执法对象合法权益。春节前，各省级城市管理主管部门要督促指导市县城市管理执法部门，以强化宗旨意识、严格规范公正文明执法为主题，开展一次城市管理执法人员全员教育。以此为基础，建立常态长效的教育制度。

二、严格规范城市管理执法行为。各省级城市管理主管部门要督促指导市县城市管理执法部门加强执法规范化建设，进一步推进严格规范公正文明执法。制定城市管理执法规程，明确各类执法事项的法律依据、执法标准、执法程序，使具体执法工作有章可循。城市管理执法人员要严格依照法定职权和程序开展执法工作，按规定穿着统一的制式服装、佩戴标志标识，主动出示执法证件，做到执法方式适当，措施适当，行为适当。落实行政执法责任制，建立并严格实施行政过错纠正和责任追究制度。全面执行执法全过程记录制度，做到全过程留痕、可回溯管理和制约。

三、严肃城市管理执法纪律。城市管理执法人员要严格遵守《行政处罚法》、《城市管理执法办法》等法律法规和纪律规定，严禁无证从事执法工作；严禁故意损毁、非法查封、扣押、处置相对人物品和乱罚款；严禁吃、拿、卡、要；严禁私用执法车辆；严禁威胁、辱骂、殴打相对人；严禁包庇、纵容违法违规行为。协管人员不得从事具体行政执法工作，只能配合从事宣传教育、巡查、信息收集、违法行为劝阻等辅助事务。建立执法纪律监督制度，发现违法违纪行为，要依法依纪追究直接责任人员和负有领导责任人员的责任。对已不符合城市管理执法人员条件、不适合继续在城市管理执法部门工作的，要依照有关规定予以辞退或调离。

四、切实改进城市管理执法方式。各级城市管理执法部门和执法人员要突出服务为先，坚持"721工作法"，70%的问题用服务手段解决，20%的问题用管理手段解决，10%的问题用执法手段解决。综合运用行政指导、行政奖励、行政扶助、行政调解等非强制手段，引导当事人遵守法律法规，化解矛盾纠纷。实施行政处罚，要根据违法行为的性质和危害依法作出相应的处罚决定，对违法行为轻微的，采取教育、劝导、疏解等方式纠正。建立城市管理执法风险评估机制，对易发生执法冲突的，要做好风险防控预案，稳妥组织实施。充分运用数字化城市管理平台等，探索实行非现场执法。建立突发事件应急处置制度，发生执法冲突事件，要立即向当地政府和上级部门报告，抓紧调查核实有关情况，依法依规处理，并及时主动客观向社会公布有关信息。

五、加强城市管理执法队伍建设。各级城市管理执法部门要坚决落实全面从严治党要求，加强政治建设、思想建设、组织建设、作风建设、纪律建设，打造政治坚定、作风优良、纪律严明、廉洁务实的城市管理执法队伍。定期组织开展城市管理执法人员培训，充分运用正反两个方面典型案例，强化法律意识，丰富专业知识，提高道德修养，增强应对突发情况、化解复杂矛盾的能力。继续深入开展"强基础、转作风、树形象"专项行动，持续正风肃纪。畅通群众监督渠道，主动接受法律监督、行政监督、社会监督。加强内部监督检查，采取"双随机"、明察暗访等方式，及时发现并纠正各类不规范、不文明执法行为，对情节严重、造成不良后果的，要公开严肃处理。

各级城市管理执法部门要充分认识严格规范城市管理执法行为，严肃执法纪律的重要性，采取有力措施，落实好本通知各项工作要求。请省级城市管理主管部门于2018年2月底前将部署落实情况书面报我部。

中华人民共和国住房和城乡建设部
2018年2月11日

（此件主动公开）

住房城乡建设部关于印发全国城市管理执法队伍"强基础、转作风、树形象"三年行动方案的通知

建督〔2018〕37号

各省、自治区住房城乡建设厅，北京市城市管理综合行政执法局，天津市市容园林管理委员会，上海市住房城乡建设管理委员会，重庆市城市管理委员会，新疆生产建设兵团住房城乡建设局：

现将《全国城市管理执法队伍"强基础、转作风、树形象"三年行动方案》印发给你们，请遵照执行。

中华人民共和国住房和城乡建设部
2018年4月16日

（此件主动公开）

全国城市管理执法队伍"强基础、转作风、树形象"三年行动方案

根据中央精神文明建设指导委员会有关工作部署和全国住房城乡建设工作会议精神,为巩固全国城市管理执法队伍"强基础、转作风、树形象"专项行动成果,进一步加强城市管理执法队伍建设,树立城市管理执法队伍良好形象,决定自2018年至2020年,继续深化开展"强基础、转作风、树形象"专项行动。具体方案如下:

一、总体目标

以习近平新时代中国特色社会主义思想为指导,全面贯彻落实党的十九大精神,不忘初心、牢记使命,牢固树立以人民为中心的发展思想,增强法治意识,提升管理和服务水平,规范城市管理执法行为,努力建设一支政治坚定、作风优良、纪律严明、依法履职、人民满意的新时代城市管理执法队伍。

规范执法行为年(2018年):通过严肃执法纪律,开展规范化建设,强化队伍管理,严格执法责任,加强执法监督,全面规范城市管理执法行为,解决执法行为粗放等问题,做到严格规范公正文明执法。

制度化法治化建设年(2019年):通过加强城市管理执法制度化、法治化建设,提升依法行政水平。加强执法人员教育培训,全面提高城市管理执法队伍政治素质、法治素养和业务水平。

执法服务水平提升年(2020年):结合地方实际,采取多种方式,在解决群众反映最强烈、最关心、最直接、最现实的诉求上有明显提升,增强人民群众的获得感。在全社会树立文明规范的城市管理执法队伍形象,城市管理执法队伍社会认可度、群众满意度明显提升。

二、主要工作

(一)加强党的建设。各级城市管理执法队伍要深入学习贯彻习近平新时代中国特色社会主义思想和党的十九大精神,加强基层党建工作,为履行好新时代新使命提供坚强保障。

一是强化政治引领。加强党的政治建设,坚持以党建引领城市管理执法工作。以"不忘初心、牢记使命"主题教育为契机,加强队伍思想政治建设,确保队伍政治坚定、作风优良、纪律严明。

二是加强基层队伍党建。强化基层队伍思想政治教育,配备政治工作干部。主动与辖区街道、企业沟通,开展党建共建活动,创新基层队伍党建工作,定期开展爱国主义教育活动,增强队伍凝聚力和战斗力。

(二)加强队伍能力建设。各级城市管理执法队伍要借助高校、党校、警校等教育培训资源,定期开展全员培训,用习近平新时代中国特色社会主义思想武装头脑,不断增强队伍适应新时代发展要求的履职能力。

一是加强教育培训。立足于可量化、可操作、可考核、可评价,制定年度培训计划和目标任务,拓展教育培训渠道,优化培训内容,加强法律类、专业类等方面的知识培训。加大对基层骨干和一线执法力量的培训力度,构建城市管理执法的培训体系,确保中心任务落实到位。

二是组织岗位练兵。开展法律知识竞赛、优秀案卷评选、现场应急处置能力演练、军事化训练等系列活动,系统提升队伍依法行政能力、综合分析能力、沟通协调能力、突破创新能力。积极培育、评选规范执法示范单位和先进个人,让执法人员学有榜样,提升执法素质和执法能力。

三是提高突发事件处置能力。制定突发事件处置预案,明确基本策略、责任分工、工作流程等,并与有关部门建立联动机制,妥善应对处置突发事件,做到事前有预防、事中有制止、事后有惩处。发生执法冲突事件的,要立即向当地政府和上级城市管理执法部门报告,回应社会关切,主动接受社会监督,同时认真调查核实有关情况,依法依规处理,切实维护人民群众合法权益。

四是维护执法人员合法权益。要从工作上、生活上、心理上关心爱护一线执法人员,及时化解执法人员遇到的困难和问题。对恶意炒作抹黑执法人员的,要及时澄清,维护执法人员合法权益。加强执法安全保障,有条件的地区,要为执法人员建立人身意外伤害保险制度。

(三)加强法治建设。各级城市管理执法队伍要健全各项制度规范,坚持依法办事,以制度管人,按程序办事,把城市管理执法工作全面纳入法治化、制度化轨道。

一是规范执法制度。完善执法程序、规范办案流程,健全行政处罚适用规则和裁量基准制度,严格执行重大执法决定法制审核制度。开展规范性文件清理,动态更新执法依据、权责清单。编印执法

手册，因地制宜确定手册内容，明确岗位职责、相关法规、工作流程、工作纪律、装备使用等制度，做到因岗而异、人手必备。执法人员要对本职工作达到"应知应会"，减少不规范执法行为的发生。

二是落实执法全过程记录制度。一线执法人员要能够正确使用、管理执法记录设备，每次执法行动中应使用2部以上执法记录设备，记录执法全过程影音资料，并建立专项档案留底管理。推行"律师驻队"制度，提高依法行政、依法办事水平。

（四）加强作风纪律建设。各级城市管理执法队伍要严肃执法纪律，杜绝粗暴执法和选择性执法，做到严格规范公正文明执法，确保执法公信力。

一是严格执行城市管理执法禁令。对违反纪律发生执法责任事故的，经查实立即启动问责程序，对已不符合城市管理执法人员条件、不适合继续留在城市管理执法队伍的，要依法依规予以辞退或调离。

二是严格规范执法行为。城市管理执法人员在执法执勤过程中，要文明执法，做到着装规范、用语规范、行为规范、程序规范，依法规范行使行政检查权和行政强制权。制定协管人员管理制度，规范协管人员辅助执法行为。协管人员不得从事具体行政执法工作。

（五）提高管理服务水平。各级城市管理执法队伍要坚持问题导向、需求导向，变末端执法为源头治理，聚焦影响城市安全、制约发展、群众反映强烈的突出问题，加强综合整治。

一是践行"共同缔造"理念。要深入一线，开展深调研、大走访等主题活动，调动全社会的积极性和创造性，充分吸纳企业、学校、媒体、志愿者、商户、居民等社会力量，广泛收集并解决大家反映的问题，践行"共谋、共建、共管、共评、共享"的"共同缔造"理念，让城市更有序、更安全、更干净。

二是继续推行"721"工作法。要增强为民便民亲民意识，通过设立城市管理执法服务岗亭、社区工作站、便民窗口等方式，主动对接社区居委会和居民，提供便民服务。积极与相关部门联合推动优化公共厕所、便民市场等便民生活圈布局，提高居民生活便利性。综合运用行政指导、行政奖励、行政扶助、行政调解等非强制行政手段，引导当事人遵守法律法规，化解矛盾纠纷，促进社会和谐稳定。

三是提高城市管理智慧化水平。加快数字化城市管理平台建设，运用互联网、大数据等现代信息技术，探索快速处置、非现场执法等新型高效执法模式，提高城市管理执法工作智慧化、精细化水平，提升城市管理执法效能。

（六）强化监督考核。各级城市管理执法队伍要强化对执法风纪、履职履责、廉政勤政、工作作风等方面的监督，树立典型，奖优罚劣。

一是加强执法督察。围绕全面提升城市管理执法队伍履职尽责能力，坚持日常督察与专项督察相结合、明察与暗访相结合，不断提升执法督察质量和水平。领导干部要定期带队检查，对违反纪律规定的，通过纠正、约谈、通报批评、调离岗位等方式，及时处理，自我监督、自我净化。

二是加强考核评优。要以规范执法行为、提高执法水平、树立良好执法形象为目标，将"强基础、转作风、树形象"专项行动开展情况纳入绩效考核，细化考核标准，对考核对象进行考核评比，奖优罚劣。

三是拓宽公众监督。扩宽网站、微信、微博、手机应用程序（APP）、便民服务热线等公众参与渠道，开展行风效能评议，接受群众监督。开展"城管体验日"活动，邀请媒体、公众全程参与观摩现场执法活动，适当开展网络直播，促进队伍规范执法、高效服务。

三、工作要求

（一）加强组织领导。开展"强基础、转作风、树形象"专项行动，是中央精神文明建设指导委员会的工作部署，也是树立执法队伍新形象的重要举措。各级城市管理执法队伍要强化责任担当，精心组织，统筹安排，狠抓落实，结合实际尽快制定本地区具体实施方案，明确行动内容、步骤、时间安排等。

（二）加大保障力度。各级城市管理执法队伍要主动向当地政府汇报专项行动有关情况，积极争取财政等部门支持，将学习培训、装备配备、宣传教育等费用列入预算，保障专项行动各项任务落地见效。要及时研究解决专项行动中出现的新情况新问题，推动城市管理执法队伍建设迈上新台阶。

（三）加强舆论宣传。要把做好新时代舆论引导工作作为城市管理执法工作的大事来抓，提高舆论引导能力。各地要用足用好报刊、电视、广播、网络等媒体开展广泛宣传，加强沟通，正确引导社会舆论，营造良好社会氛围，传播正能量。选择一批主题鲜明、符合地方特色、群众喜闻乐见的城管口号，在主要公共场所进行公益宣传。通过"城管宣传周""城管微电影"评选、"城管故事"征文大赛、

"城管知识"有奖答题等系列活动,讲好城管故事,发出城管好声音,树立典型单位和人物,传播城管主题文化,打造城管服务管理品牌形象。

(四)强化监督检查。各省级城市管理主管部门要发挥好统筹、协调、督促、推动作用,建立健全评估和督察等相关机制,定期对专项行动落实情况进行督导检查,并在每年12月15日前将本地区专项行动开展情况及表现突出的单位和个人名单书面报告我部。我部将适时组织开展专项督察,并将专项行动督察结果报送中央精神文明建设指导委员会办公室,作为精神文明建设、文明城市评选的重要参考。对表现突出的单位和个人予以表扬,对工作推动不力的予以通报批评。

住房城乡建设部关于印发城市管理执法行为规范的通知

建督〔2018〕77号

各省、自治区住房城乡建设厅,北京市城市管理委员会、城市管理综合行政执法局,天津市市容园林管理委员会,上海市住房城乡建设管理委员会,重庆市城市管理委员会,新疆生产建设兵团住房城乡建设局:

为贯彻落实《中共中央国务院关于深入推进城市执法体制改革改进城市管理工作的指导意见》要求,规范城市管理执法行为,推进严格规范公正文明执法,我部制定了《城市管理执法行为规范》,现印发给你们,请遵照执行。

住房城乡建设部
2018年9月5日

(此件主动公开)

城市管理执法行为规范

第一章 总 则

第一条 为规范城市管理执法行为,推进严格规范公正文明执法,根据《中华人民共和国行政处罚法》《中华人民共和国公务员法》等相关法律法规,制定本规范。

第二条 城市管理执法人员从事行政检查、行政强制、行政处罚等执法活动,应当遵守本规范。

第三条 城市管理执法应当以习近平新时代中国特色社会主义思想为行动指南,遵循以人民为中心的发展思想,践行社会主义核心价值观,坚持严格规范公正文明执法,坚持处罚与教育相结合,坚持执法效果与社会效果相统一,自觉接受监督。

第四条 城市管理执法人员应当牢固树立"四个意识",坚决维护习近平总书记党中央的核心、全党的核心地位,坚决维护党中央权威和集中统一领导,自觉在思想上政治上行动上同以习近平同志为核心的党中央保持高度一致。

第五条 城市管理执法人员应当爱岗敬业、恪尽职守、团结协作、勇于担当、服从指挥,自觉维护城市管理执法队伍的尊严和形象。

第二章 执法纪律

第六条 城市管理执法人员应当坚定执行党的政治路线,严格遵守政治纪律和政治规矩。

第七条 城市管理执法人员应当严格遵守廉洁纪律,坚持公私分明、崇廉拒腐、干净做事,维护群众利益,不得从事违反廉洁纪律的活动。

第八条 城市管理执法人员应当依据法定权限、范围、程序、时限履行职责,不得有下列行为:

(一)选择性执法;

(二)威胁、辱骂、殴打行政相对人;

(三)工作期间饮酒、酒后执勤、值班;

(四)为行政相对人通风报信、隐瞒证据、开脱责任;

(五)打击报复行政相对人;

（六）其他违反工作纪律的行为。

城市管理执法人员与行政相对人有直接利害关系或可能影响公正执法的关系时，应当回避。

第三章 办案规范

第九条 城市管理执法人员应当采取文字、音像等方式对城市管理执法全过程进行记录，实现可回溯管理。

第十条 城市管理执法人员实施执法时，应当出示行政执法证件，告知行政相对人权利和义务。

第十一条 城市管理执法人员应当依法、全面、客观、公正调查取证。

调查取证时，城市管理执法人员不得少于两人。

第十二条 城市管理执法人员应当依法实施证据先行登记保存或查封场所设施、扣押财物。

对先行登记保存或扣押的财物，城市管理执法人员应当妥善保管，不得使用、截留、损毁或者擅自处置。

第四章 装备使用规范

第十三条 城市管理执法人员使用执法车辆，应当遵守道路交通安全法律法规，保持车辆完好、整洁。禁止公车私用。

非工作需要，不得将执法车辆停放在公共娱乐场所、餐馆酒楼等区域。

第十四条 城市管理执法人员实施执法时，应当按照规范使用通讯设备，保持工作联络畅通，不得超出工作范围使用通讯设备。

第十五条 城市管理执法人员实施执法时，应当开启音像设备，不间断记录执法过程，及时完整存储执法音像资料，不得删改、外传原始记录。

第五章 着装规范

第十六条 城市管理执法人员实施执法时，应当穿着统一的制式服装，佩戴统一的标志标识。

第十七条 城市管理制式服装应当成套规范穿着，保持整洁完好，不得与便服混穿，不得披衣、敞怀、挽袖、卷裤腿。

第十八条 城市管理执法人员应当按规定佩戴帽徽、肩章、领花、臂章、胸徽、胸号等标志标识，不得佩戴与执法身份不符的其它标志标识或饰品。

第六章 仪容举止和语言规范

第十九条 城市管理执法人员应当保持头发整洁，不得染彩发。男性城市管理执法人员不得留长发、烫卷发、剃光头和蓄胡须。女性城市管理执法人员实施执法时应当束发，发垂不得过肩。

第二十条 城市管理执法人员实施执法时，应当举止端庄、姿态良好、行为得体，不得边走边吃东西、扇扇子；不得在公共场所或者其他禁止吸烟的场所吸烟；不得背手、袖手、插兜、搭肩、挽臂、揽腰；不得嬉笑打闹、高声喧哗。

第二十一条 城市管理执法人员实施执法时，应当先向行政相对人敬举手礼。

第二十二条 城市管理执法人员应当礼貌待人，语言文明规范，不得对行政相对人使用粗俗、歧视、训斥、侮辱以及威胁性语言。

第二十三条 城市管理执法人员实施执法时，一般使用普通话，也可以根据行政相对人情况，使用容易沟通的语言。

第七章 实施和监督

第二十四条 市县人民政府城市管理执法部门是本规范实施的责任主体，应当组织辖区内城市管理执法人员学习、训练，在实施执法时严格执行本规范。

第二十五条 市县人民政府城市管理执法部门应当加强城市管理执法人员执行规范情况的监督检查，纠正违反本规范的行为，视情节轻重对违反规范的有关人员进行处理。

省级人民政府城市管理执法部门应当加强市县城市管理执法部门组织实施规范情况的监督，定期开展监督检查和考核评价。对组织实施不力的，视情况给予通报批评或实施约谈。

国务院城市管理主管部门负责监督全国城市管理执法部门落实本规范工作情况。

第二十六条 市县人民政府城市管理执法部门应当采取设立举报电话、信箱等方式，畅通群众投诉举报城市管理执法行为的渠道。

第二十七条 城市管理执法人员有违反本规范情形的，由市县人民政府城市管理执法部门责令改正，给予批评教育；其中，违反执法纪律、办案规范、装备使用规范应予处分的，由处分决定机关根据情节轻重，给予处分；构成犯罪的，依法追究刑事责任。

第二十八条 对执行本规范表现突出的单位和个人，应当给予表扬，同等条件下优先推荐评选先进集体、青年文明号、文明单位或先进工作者、劳动模范等。

评选国家园林城市、中国人居环境奖，同等条件下优先考虑执行本规范表现突出的城市。近两年发生违反本规范行为并造成恶劣社会影响的城市，不纳入评选范围。

国务院城市管理主管部门在参与评选文明城市工作中，应当综合考虑参选城市执行本规范情况，对近两年发生违反本规范行为并造成恶劣社会影响的城市，应当提出否定意见。

第八章 附 则

第二十九条 本规范由住房城乡建设部负责解释。地方各级人民政府城市管理执法部门可以根据本规范制定实施细则。

第三十条 城市管理执法协管人员从事辅助性执法活动，参照本规范执行。

第三十一条 本规范自2018年10月1日起实施。

抄送：中央改革办，各省、自治区、直辖市人民政府办公厅，全国城市管理工作部际联席会议成员单位办公厅（综合司、秘书行政司）。

住房城乡建设部 交通运输部 水利部 人力资源社会保障部关于印发《造价工程师职业资格制度规定》《造价工程师职业资格考试实施办法》的通知

建人〔2018〕67号

各省、自治区、直辖市及新疆生产建设兵团住房城乡建设、交通运输、水利（水务）、人力资源社会保障厅（委、局），国务院有关专业部门建设工程造价管理机构，各有关单位：

根据《国家职业资格目录》，为统一和规范造价工程师职业资格设置和管理，提高工程造价专业人员素质，提升建设工程造价管理水平，现将《造价工程师职业资格制度规定》《造价工程师职业资格考试实施办法》印发给你们，请遵照执行。

中华人民共和国住房和城乡建设部
中华人民共和国交通运输部
中华人民共和国水利部
中华人民共和国人力资源和社会保障部
2018年7月20日

（此件主动公开）

造价工程师职业资格制度规定

第一章 总 则

第一条 为提高固定资产投资效益，维护国家、社会和公共利益，充分发挥造价工程师在工程建设经济活动中合理确定和有效控制工程造价的作用，根据《中华人民共和国建筑法》和国家职业资格制度有关规定，制定本规定。

第二条 本规定所称造价工程师，是指通过职业资格考试取得中华人民共和国造价工程师职业资格证书，并经注册后从事建设工程造价工作的专业技术人员。

第三条 国家设置造价工程师准入类职业资格，纳入国家职业资格目录。

工程造价咨询企业应配备造价工程师；工程建设活动中有关工程造价管理岗位按需要配备造价工程师。

第四条 造价工程师分为一级造价工程师和二级造价工程师。一级造价工程师英文译为Class1 Cost Engineer，二级造价工程师英文译为Class2 Cost Engineer。

第五条 住房城乡建设部、交通运输部、水利部、人力资源社会保障部共同制定造价工程师职业资格制度，并按照职责分工负责造价工程师职业资格制度的实施与监管。

各省、自治区、直辖市住房城乡建设、交通运输、水利、人力资源社会保障行政主管部门，按照职责分工负责本行政区域内造价工程师职业资格制度的实施与监管。

第二章 考 试

第六条 一级造价工程师职业资格考试全国统一大纲、统一命题、统一组织。

二级造价工程师职业资格考试全国统一大纲，各省、自治区、直辖市自主命题并组织实施。

第七条 一级和二级造价工程师职业资格考试均设置基础科目和专业科目。

第八条 住房城乡建设部组织拟定一级造价工程师和二级造价工程师职业资格考试基础科目的考试大纲，组织一级造价工程师基础科目命审题工作。

住房城乡建设部、交通运输部、水利部按照职责分别负责拟定一级造价工程师和二级造价工程师职业资格考试专业科目的考试大纲，组织一级造价工程师专业科目命审题工作。

第九条 人力资源社会保障部负责审定一级造价工程师和二级造价工程师职业资格考试科目和考试大纲，负责一级造价工程师职业资格考试考务工作，并会同住房城乡建设部、交通运输部、水利部对造价工程师职业资格考试工作进行指导、监督、检查。

第十条 各省、自治区、直辖市住房城乡建设、交通运输、水利行政主管部门会同人力资源社会保障行政主管部门，按照全国统一的考试大纲和相关规定组织实施二级造价工程师职业资格考试。

第十一条 人力资源社会保障部会同住房城乡建设部、交通运输部、水利部确定一级造价工程师职业资格考试合格标准。

各省、自治区、直辖市人力资源社会保障行政主管部门会同住房城乡建设、交通运输、水利行政主管部门确定二级造价工程师职业资格考试合格标准。

第十二条 凡遵守中华人民共和国宪法、法律、法规，具有良好的业务素质和道德品行，具备下列条件之一者，可以申请参加一级造价工程师职业资格考试：

（一）具有工程造价专业大学专科（或高等职业教育）学历，从事工程造价业务工作满5年；

具有土木建筑、水利、装备制造、交通运输、电子信息、财经商贸大类大学专科（或高等职业教育）学历，从事工程造价业务工作满6年。

（二）具有通过工程教育专业评估（认证）的工程管理、工程造价专业大学本科学历或学位，从事工程造价业务工作满4年；

具有工学、管理学、经济学门类大学本科学历或学位，从事工程造价业务工作满5年。

（三）具有工学、管理学、经济学门类硕士学位或者第二学士学位，从事工程造价业务工作满3年。

（四）具有工学、管理学、经济学门类博士学位，从事工程造价业务工作满1年。

（五）具有其他专业相应学历或者学位的人员，从事工程造价业务工作年限相应增加1年。

第十三条 凡遵守中华人民共和国宪法、法律、法规，具有良好的业务素质和道德品行，具备下列条件之一者，可以申请参加二级造价工程师职业资格考试：

（一）具有工程造价专业大学专科（或高等职业教育）学历，从事工程造价业务工作满2年；

具有土木建筑、水利、装备制造、交通运输、电子信息、财经商贸大类大学专科（或高等职业教育）学历，从事工程造价业务工作满3年。

（二）具有工程管理、工程造价专业大学本科及以上学历或学位，从事工程造价业务工作满1年；

具有工学、管理学、经济学门类大学本科及以上学历或学位，从事工程造价业务工作满2年。

（三）具有其他专业相应学历或学位的人员，从事工程造价业务工作年限相应增加1年。

第十四条 一级造价工程师职业资格考试合格者，由各省、自治区、直辖市人力资源社会保障行政主管部门颁发中华人民共和国一级造价工程师职业资格证书。该证书由人力资源社会保障部统一印制，住房城乡建设部、交通运输部、水利部按专业类别分别与人力资源社会保障部用印，在全国范围内有效。

第十五条 二级造价工程师职业资格考试合格者，由各省、自治区、直辖市人力资源社会保障行政主管部门颁发中华人民共和国二级造价工程师职业资格证书。该证书由各省、自治区、直辖市住房城乡建设、交通运输、水利行政主管部门按专业类别分别与人力资源社会保障行政主管部门用印，原则上在所在行政区域内有效。各地可根据实际情况制定跨区域认可办法。

第十六条 各省、自治区、直辖市人力资源社会保障行政主管部门会同住房城乡建设、交通运输、水利行政主管部门应加强学历、从业经历等造价工程师职业资格考试资格条件的审核。对以不正当手段取得造价工程师职业资格证书的,按照国家专业技术人员资格考试有关规定进行处理。

第三章 注 册

第十七条 国家对造价工程师职业资格实行执业注册管理制度。取得造价工程师职业资格证书且从事工程造价相关工作的人员,经注册方可以造价工程师名义执业。

第十八条 住房城乡建设部、交通运输部、水利部按照职责分工,制定相应注册造价工程师管理办法并监督执行。

住房城乡建设部、交通运输部、水利部分别负责一级造价工程师注册及相关工作。各省、自治区、直辖市住房城乡建设、交通运输、水利行政主管部门按专业类别分别负责二级造价工程师注册及相关工作。

第十九条 经批准注册的申请人,由住房城乡建设部、交通运输部、水利部核发《中华人民共和国一级造价工程师注册证》(或电子证书);或由各省、自治区、直辖市住房城乡建设、交通运输、水利行政主管部门核发《中华人民共和国二级造价工程师注册证》(或电子证书)。

第二十条 造价工程师执业时应持注册证书和执业印章。注册证书、执业印章样式以及注册证书编号规则由住房城乡建设部会同交通运输部、水利部统一制定。执业印章由注册造价工程师按照统一规定自行制作。

第二十一条 住房城乡建设部、交通运输部、水利部按照职责分工建立造价工程师注册管理信息平台,保持通用数据标准统一。住房城乡建设部负责归集全国造价工程师注册信息,促进造价工程师注册、执业和信用信息互通共享。

第二十二条 住房城乡建设部、交通运输部、水利部负责建立完善造价工程师的注册和退出机制,对以不正当手段取得注册证书等违法违规行为,依照注册管理的有关规定撤销其注册证书。

第四章 执 业

第二十三条 造价工程师在工作中,必须遵纪守法,恪守职业道德和从业规范,诚信执业,主动接受有关主管部门的监督检查,加强行业自律。

第二十四条 住房城乡建设部、交通运输部、水利部共同建立健全造价工程师执业诚信体系,制定相关规章制度或从业标准规范,并指导监督信用评价工作。

第二十五条 造价工程师不得同时受聘于两个或两个以上单位执业,不得允许他人以本人名义执业,严禁"证书挂靠"。出租出借注册证书的,依据相关法律法规进行处罚;构成犯罪的,依法追究刑事责任。

第二十六条 一级造价工程师的执业范围包括建设项目全过程的工程造价管理与咨询等,具体工作内容:

(一)项目建议书、可行性研究投资估算与审核,项目评价造价分析;

(二)建设工程设计概算、施工预算编制和审核;

(三)建设工程招标投标文件工程量和造价的编制与审核;

(四)建设工程合同价款、结算价款、竣工决算价款的编制与管理;

(五)建设工程审计、仲裁、诉讼、保险中的造价鉴定,工程造价纠纷调解;

(六)建设工程计价依据、造价指标的编制与管理;

(七)与工程造价管理有关的其他事项。

第二十七条 二级造价工程师主要协助一级造价工程师开展相关工作,可独立开展以下具体工作:

(一)建设工程工料分析、计划、组织与成本管理,施工图预算、设计概算编制;

(二)建设工程量清单、最高投标限价、投标报价编制;

(三)建设工程合同价款、结算价款和竣工决算价款的编制。

第二十八条 造价工程师应在本人工程造价咨询成果文件上签章,并承担相应责任。工程造价咨询成果文件应由一级造价工程师审核并加盖执业印章。

对出具虚假工程造价咨询成果文件或者有重大工作过失的造价工程师,不再予以注册,造成损失的依法追究其责任。

第二十九条 取得造价工程师注册证书的人员,应当按照国家专业技术人员继续教育的有关规定接受继续教育,更新专业知识,提高业务水平。

第五章 附 则

第三十条 本规定印发之前取得的全国建设工程造价员资格证书、公路水运工程造价人员资格证书以及水利工程造价工程师资格证书,效用不变。

第三十一条 专业技术人员取得一级造价工

师、二级造价工程师职业资格，可认定其具备工程师、助理工程师职称，并可作为申报高一级职称的条件。

第三十二条 本规定自印发之日起施行。原人事部、原建设部发布的《造价工程师执业资格制度暂行规定》（人发〔1996〕77号）同时废止。根据该暂行规定取得的造价工程师执业资格证书与本规定中一级造价工程师职业资格证书效用等同。

造价工程师职业资格考试实施办法

第一条 住房城乡建设部、交通运输部、水利部、人力资源社会保障部共同委托人力资源社会保障部人事考试中心承担一级造价工程师职业资格考试的具体考务工作。住房城乡建设部、交通运输部、水利部可分别委托具备相应能力的单位承担一级造价工程师职业资格考试工作的命题、审题和主观试题阅卷等具体工作。

各省、自治区、直辖市住房城乡建设、交通运输、水利、人力资源社会保障行政主管部门共同负责本地区一级造价工程师职业资格考试组织工作，具体职责分工由各地协商确定。

第二条 各省、自治区、直辖市住房城乡建设、交通运输、水利行政主管部门会同人力资源社会保障行政主管部门组织实施二级造价工程师职业资格考试。

第三条 一级造价工程师职业资格考试设《建设工程造价管理》《建设工程计价》《建设工程技术与计量》《建设工程造价案例分析》4个科目。其中，《建设工程造价管理》和《建设工程计价》为基础科目，《建设工程技术与计量》和《建设工程造价案例分析》为专业科目。

二级造价工程师职业资格考试设《建设工程造价管理基础知识》《建设工程计量与计价实务》2个科目。其中，《建设工程造价管理基础知识》为基础科目，《建设工程计量与计价实务》为专业科目。

第四条 造价工程师职业资格考试专业科目分为土木建筑工程、交通运输工程、水利工程和安装工程4个专业类别，考生在报名时可根据实际工作需要选择其一。其中，土木建筑工程、安装工程专业由住房城乡建设部负责；交通运输工程专业由交通运输部负责；水利工程专业由水利部负责。

第五条 一级造价工程师职业资格考试分4个半天进行。《建设工程造价管理》《建设工程技术与计量》《建设工程计价》科目的考试时间均为2.5小时；《建设工程造价案例分析》科目的考试时间为4小时。

二级造价工程师职业资格考试分2个半天。《建设工程造价管理基础知识》科目的考试时间为2.5小时，《建设工程计量与计价实务》为3小时。

第六条 一级造价工程师职业资格考试成绩实行4年为一个周期的滚动管理办法，在连续的4个考试年度内通过全部考试科目，方可取得一级造价工程师职业资格证书。

二级造价工程师职业资格考试成绩实行2年为一个周期的滚动管理办法，参加全部2个科目考试的人员必须在连续的2个考试年度内通过全部科目，方可取得二级造价工程师职业资格证书。

第七条 已取得造价工程师一种专业职业资格证书的人员，报名参加其他专业科目考试的，可免考基础科目。考试合格后，核发人力资源社会保障部门统一印制的相应专业考试合格证明。该证明作为注册时增加执业专业类别的依据。

第八条 具有以下条件之一的，参加一级造价工程师考试可免考基础科目：

（一）已取得公路工程造价人员资格证书（甲级）；

（二）已取得水运工程造价工程师资格证书；

（三）已取得水利工程造价工程师资格证书。

申请免考部分科目的人员在报名时应提供相应材料。

第九条 具有以下条件之一的，参加二级造价工程师考试可免考基础科目：

（一）已取得全国建设工程造价员资格证书；

（二）已取得公路工程造价人员资格证书（乙级）；

（三）具有经专业教育评估（认证）的工程管理、工程造价专业学士学位的大学本科毕业生。

申请免考部分科目的人员在报名时应提供相应材料。

第十条 符合造价工程师职业资格考试报名条件的报考人员，按规定携带相关证件和材料到指定地点进行报名资格审查。报名时，各地人力资源社会保障部门会同相关行业主管部门对报名人员的资格条件进行审核。审核合格后，核发准考证。参加考试人员凭准考证和有效证件在指定的日期、时间和地点参加考试。

中央和国务院各部门及所属单位、中央管理企业的人员按属地原则报名参加考试。

第十一条 考点原则上设在直辖市、自治区首府和省会城市的大、中专院校或者高考定点学校。

一级造价工程师职业资格考试每年一次。二级造价工程师职业资格考试每年不少于一次，具体考试日期由各地确定。

第十二条 坚持考试与培训分开的原则。凡参与考试工作（包括命题、审题与组织管理等）的人员，不得参加考试，也不得参加或者举办与考试内容相关的培训工作。应考人员参加培训坚持自愿原则。

第十三条 考试实施机构及其工作人员，应当严格执行国家人事考试工作人员纪律规定和考试工作的各项规章制度，遵守考试工作纪律，切实做好从考试试题的命制到使用等各环节的安全保密工作，严防泄密。

第十四条 对违反考试工作纪律和有关规定的人员，按照国家专业技术人员资格考试违纪违规行为处理规定处理。

住房城乡建设部办公厅关于停止住房城乡建设领域现场专业人员统一考核发证工作的通知

建办人〔2018〕60号

各省、自治区住房城乡建设厅，直辖市建委及有关部门，新疆生产建设兵团住房城乡建设局：

为贯彻落实国务院"放管服"改革和职业资格清理规范相关要求，按照国务院第五次大督查反馈意见，经研究，决定自本通知印发之日起，停止各省级住房城乡建设主管部门对住房城乡建设领域现场专业人员统一考核和发放《住房和城乡建设领域专业人员岗位培训考核合格证书》。《关于贯彻实施住房和城乡建设领域现场专业人员职业标准的意见》（建人〔2012〕19号）中相关规定不再执行。

我部将研究制定指导各地规范开展住房城乡建设领域现场专业人员教育培训的相关政策，做好工作衔接，探索建立多元人才评价机制，进一步提高住房城乡建设领域现场专业人员技术水平和综合素质。

中华人民共和国住房和城乡建设部办公厅
2018年12月13日
（此件主动公开）

数据统计与分析

2018 城乡建设统计分析

2018年城市（城区）建设

【概况】2018年年末，全国设市城市673个，比上年增加12个，其中，直辖市4个，地级市302个，县级市371个。城市城区户籍人口4.27亿人，暂住人口0.84亿人，建成区面积5.85万平方公里。

［说明］

城市（城区）包括：市本级（1）街道办事处所辖地域；（2）城市公共设施、居住设施和市政公用设施等连接到的其他镇（乡）地域；（3）常住人口在3000人以上独立的工矿区、开发区、科研单位、大专院校等特殊区域。

各项统计数据均不包括香港特别行政区、澳门特别行政区、台湾省。

城市、县、建制镇、乡、村庄的年末实有数均来自民政部，人口数据来源于各地区公安部门，部分地区如北京、上海为统计部门常住人口数据。

【城市市政公用设施固定资产投资】2018年完成城市市政公用设施固定资产投资20123.18亿元，比上年增长4.12%，占同期全社会固定资产投资总额的4.12%。其中，道路桥梁、轨道交通、园林绿化投资分别占城市市政公用设施固定资产投资的34.40%、30.05%和9.22%。2017年全国城市市政公用设施建设固定资产投资的具体行业分布如图1所示。

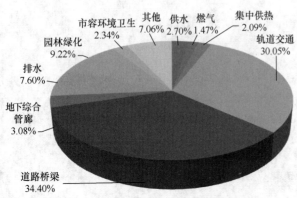

图1 2018年全国城市市政公用设施建设固定资产投资的行业分布

［说明］

市政公用设施固定资产投资统计口径为计划总投资在5万元以上的市政公用设施项目，不含住宅及其他方面的投资。

全国城市市政公用设施投资新增固定资产12012.91亿元，固定资产投资交付使用率59.70%。主要新增生产能力（或效益）是：供水日综合生产能力736.84万立方米，道路长度3.44万公里，排水管道长度2.33万公里，城市污水处理厂日处理能力542.8万立方米，城市生活垃圾无害化日处理能力2.58万吨。

2018年按资金来源分城市市政公用设施建设固定资产投资合计19084.76亿元，比上年减少619.95亿元。其中，本年资金来源17839.30亿元，上年末结余资金1245.45亿元。本年资金来源的具体构成，如图2所示。

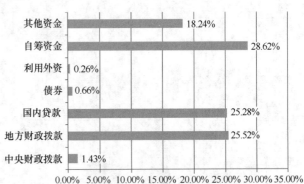

图2 2018年城市市政设施建设固定资产投资本年资金来源的具体构成

【城市供水和节水】2018年年末，城市供水综合生产能力达到3.12亿立方米/日，比上年增长2.4268%，其中，公共供水能力2.49亿立方米/日，比上年下降0.99%。供水管道长度86.5万公里，比上年增长8.49%。2018年，年供水总量614.6亿立方米，其中，生产运营用水162.0亿立方米，公共服务用水87.5亿立方米，居民家庭用水241.3亿立方米。用水人口5.03亿人，人均日生活用水量

179.7升，用水普及率98.36%，比上年提高0.06个百分点。2018年，城市节约用水50.8亿立方米，节水措施总投资68.5亿元。

[说明]除人均住宅建筑面积、人均日生活用水量外，所有人均指标、普及率指标均以户籍人口与暂住人口合计为分母计算。

【城市燃气】2018年，人工煤气供气总量29.8亿立方米，天然气供气总量1444.0亿立方米，液化石油气供气总量1015.3万吨，分别比上年增长9.97%、14.26%、1.65%。人工煤气供气管道长度1.31万公里，天然气供气管道长度69.80万公里，液化石油气供气管道长度0.48万公里，分别比上年增长12.0%、增长12.0%、减少21.9%。用气人口4.95亿人，燃气普及率96.70%，比上年增加0.46个百分点。

【城市集中供热】2018年年末，城市供热能力（蒸汽）9.23万吨/小时，比上年减少6.11%，供热能力（热水）57.82万兆瓦，比上年减少10.75%，供热管道37.11万公里，比上年增长34.32%，集中供热面积87.81亿平方米，比上年增长5.68%。

【城市轨道交通】2018年年末，全国建成轨道交通的城市34个，比上年增加2个；建成轨道交通线路长度5141.05公里，比上年增加546.79公里；正在建设轨道交通的城市50个，与上年持平；正在建设轨道交通线路长度5400.25公里，比上年增加486.69公里。

[说明]截至2018年底，在国务院已批复轨道交通建设规划的43个城市中，除包头市开工后停建外，其余城市已经全部开始建设或建成轨道交通线路。未含在43个城市名单中的昆山市、淮安市、温州市、肇庆市、三亚市、安宁市和蒙自市7个城市的上海地铁11号线北段昆山路段、淮安市现代有轨电车一期工程、温州市域铁路S1线和S2线、广佛肇城际铁路城区内线路、三亚市有轨电车示范线、昆明市轨道安宁线、滇南中心城市群现代有轨电车示范线项目按城市轨道交通统计在内。

【城市道路桥梁】2018年年末，城市道路长度43.22万公里，比上年增长8.65%，道路面积85.43亿平方米，比上年增长8.29%，其中人行道面积18.58亿平方米。人均城市道路面积16.70平方米，比上年增加0.65平方米。2018年，全国城市新建地下综合管廊1938.79公里，形成廊体3244.36公里。

【城市排水与污水处理】2018年年末，全国城市共有污水处理厂2321座，比上年增加112座，污水厂日处理能力16881万立方米，比上年增长7.23%，排水管道长度68.35万公里，比上年增长8.44%。城市年污水处理总量497.61亿立方米，城市污水处理率95.49%，比上年增加0.95个百分点，其中污水处理厂集中处理率93.35%，比上年增加1.37个百分点。城市再生水日生产能力3578万立方米，再生水利用量85.5亿立方米。

【城市园林绿化】2018年年末，城市建成区绿化覆盖面积241.99万公顷，比上年增长4.56%，建成区绿化覆盖率41.11%，比上年增加0.20个百分点；建成区绿地面积219.71万公顷，比上年增长4.67%，建成区绿地率37.34%，比上年增加0.23个百分点；公园绿地面积72.37万公顷，比上年增长5.13%，人均公园绿地面积14.11平方米，比上年增加0.01平方米。

【城市市容环境卫生】2018年年末，全国城市道路清扫保洁面积86.93亿平方米，其中机械清扫面积59.86亿平方米，机械清扫率68.85%。全年清运生活垃圾、粪便2.28亿吨，比上年增长5.95%。全国城市共有生活垃圾无害化处理场（厂）1091座，比上年增加78座，日处理能力76.62万吨，处理量2.26亿吨，城市生活垃圾无害化处理率98.96%，比上年增加1.22个百分点。

【2012—2018年全国城市建设的基本情况】2012—2018年全国城市建设的基本情况见表1。

2012—2018年全国城市建设的基本情况　　　　　　　　　　表1

类别	指标	年份						
		2012	2013	2014	2015	2016	2017	2018
概况	城市数（个）	657	658	65	656	657	661	673
	♯直辖市（个）	4	4	4	4	4	4	4
	♯地级市（个）	284	286	288	291	293	294	302
	♯县级市（个）	369	368	361	361	360	363	371
	城区人口（亿人）	3.70	3.77	3.86	3.94	4.03	4.10	4.27
	城区暂住人口（亿人）	0.52	0.56	0.60	0.66	0.74	0.82	0.84
	建成区面积（平方公里）	45565.8	47855.3	49772.6	52102.3	54331.5	56225.4	58455.7
	城市建设用地面积（平方公里）	45750.7	47108.5	49982.7	51584.1	52761.3	55155.5	56075.9

续表

类别	指标		年份						
			2012	2013	2014	2015	2016	2017	2018
投资	市政公用设施固定资产年投资总额（亿元）		15296.4	16349.8	16245.0	16204.4	17460.0	19327.6	20123.2
城市供水和节水	年供水总量（亿平方米）		523.0	537.3	546.7	560.5	580.7	593.8	614.6
	供水管道长度（万公里）		59.2	64.6	67.7	71.0	75.7	79.7	86.5
	用水普及率（%）		97.16	97.56	97.64	98.07	98.42	98.30	98.36
城市燃气	人工煤气年供应量（亿立方米）		77.0	62.8	56.0	47.1	44.1	27.1	29.8
	天然气年供应量（亿立方米）		795.0	901.0	964.4	1040.8	1171.1	1263.8	1444.0
	液化石油气年供应量（万吨）		1114.8	1109.7	1082.8	1039.2	1078.8	998.8	1015.3
	供气管道长度（万公里）		38.9	43.2	47.5	52.8	57.8	64.1	71.6
	燃气普及率（%）		93.15	94.25	94.57	95.30	95.75	96.26	96.70
城市集中供热	供热能力	蒸汽（吨/小时）	8.65	8.43	8.47	8.07	7.83	9.83	9.23
		热水（兆瓦）	36.53	40.35	44.71	47.26	49.33	64.78	57.82
	管道长度（公里）	蒸汽	1.27	1.23	1.25	1.17	1.22	27.63	37.11
		热水	14.74	16.59	17.47	19.27	20.14		
	集中供热面积（亿平方米）		51.84	57.17	61.12	67.22	73.87	83.09	87.81
城市轨道交通	建成轨道交通的城市个数（个）		16	16	22	24	30	32	34
	建成轨道交通线路长度（公里）		2005.53	2213.28	2714.79	3069.23	3586.34	4594.26	5141.05
	正在建设轨道交通的城市个数（个）		29	35	36	38	39	50	50
	正在建设轨道交通线路长度（公里）		2060.43	2760.38	3004.37	3994.15	4870.18	4913.56	5400.25
城市道路桥梁	城市道路长度（万公里）		32.71	33.63	35.23	36.49	38.25	39.78	43.22
	城市道路面积（亿平方米）		60.74	64.42	68.30	71.77	75.38	78.89	85.43
	城市桥梁（座）		57601	59530	61863	64512	67737	69816	73432
	人均道路面积（平方米）		14.39	14.87	15.34	15.60	15.80	16.05	16.70
城市排水与污水处理	污水年排放量（亿立方米）		416.76	427.45	445.34	466.62	480.30	492.39	521.12
	排水管道长度（万公里）		43.91	46.49	51.12	53.96	57.66	63.03	68.35
	城市污水处理厂座数（座）		1670	1736	1807	1944	2039	2209	2321
	城市污水处理厂处理能力（万立方米/日）		11733	12454	13087	14038	14910	15743	16881
	城市污水日处理能力（万立方米）		13692.9	14652.7	15123.5	16065.4	16779.2	17036.7	18145.2
	城市污水处理率（%）		87.30	89.34	90.18	91.90	93.44	94.54	95.49
	再生水日生产能力（万立方米）		1453	1761	2065	2317	2762	3588	3578
	再生水利用量（亿立方米）		32.1	35.4	36.3	44.5	45.3	71.3	85.5
城市园林绿化	建成区绿化覆盖面积（万公顷）		181.25	190.75	201.73	210.51	220.40	231.44	241.99
	建成区绿地面积（万公顷）		163.52	171.93	182.00	190.79	199.26	209.91	219.71
	建成区绿化覆盖率（%）		39.6	39.7	40.22	40.12	40.30	40.91	41.11
	建成区绿地率（%）		35.7	35.78	36.29	36.36	36.43	37.11	37.34
	人均公园绿地面积（平方米）		12.26	12.64	13.08	13.35	13.70	14.01	14.11
	公园个数（个）		11604	12401	13074	13834	15370	15633	16735
	公园面积（万公顷）		30.62	32.98	36.79	38.38	41.69	44.46	49.42
城市市容环境卫生	清扫保洁面积（万平方米）		573507	646014	676093	730333	794923	842048	869329
	生活垃圾清运量（万吨）		17081	17238	17860	19142	20362	21521	22802
	每万人拥有公厕（座）		2.89	2.83	2.79	2.75	2.72	2.77	2.88

（住房和城乡建设部计划财务与外事司、哈尔滨工业大学）

2018 年县城建设

【概况】 2018 年年末,全国共有县 1519 个,比上年减少 7 个。县城户籍人口 1.40 亿人,暂住人口 0.17 亿人,建成区面积 2.02 万平方公里。

[说明]

县城包括:(1) 县政府驻地的镇、乡(城关镇)或街道办事处地域;(2) 县城公共设施、居住设施等连接到的其他镇(乡)地域;(3) 县域内常住人口在 3000 人以上独立的工矿区、开发区、科研单位、大专院校等特殊区域。

县包括县、自治县、旗、自治旗、特区、林区。

【县城市政公用设施固定资产投资】 2018 年,完成县城市政公用设施固定资产投资 3626.0 亿元,比上年降低 16.74%。其中:道路桥梁、园林绿化、排水分别占县城市政公用设施固定资产投资的 39.16%、18.46% 和 12.15%。2018 年全国县城市政公用设施建设固定资产投资的具体行业分布如图 3 所示。

[说明]

县城的市政公用设施固定资产投资统计口径为计划总投资在 5 万元以上的市政公用设施项目,不含住宅及其他方面的投资。

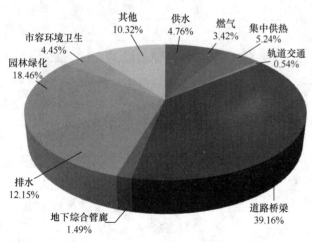

图 3 2018 年全国县城市政公用设施建设固定资产投资的行业分布

2018 年按资金来源分县城市政公用设施建设固定资产投资合计 3222.30 亿元,比上年减少 10.76%。其中,本年资金来源 3119.60 亿元,上年末结余资金 102.60 亿元。本年资金来源的具体构成,如图 4 所示。

2018 年,全国县城市政公用设施投资新增固定资产 2417.96 亿元,固定资产投资交付使用率为

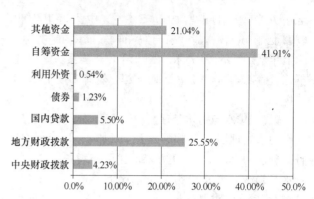

图 4 2018 年全国县城市政公用设施建设固定资产投资本年资金来源的分布

79.91%。主要新增生产能力(或效益)是:供水日综合生产能力 972 万立方米,集中供热蒸汽能力 1937 吨/小时,热水能力 2721 兆瓦,道路长度 0.4 万公里,排水管道长度 1.00 万公里,污水处理厂日处理能力 149.01 万立方米,生活垃圾无害化日处理 15279 吨。

【县城供水和节水】 2018 年年末,县城供水综合生产能力达到 0.74 亿立方米/日,比上年增加 15.09%,其中,公共供水能力 0.65 亿立方米/日,比上年增加 25.0%。供水管道长度 24.3 万公里,比上年增加 3.44%。2018 年,全年供水总量 114.5 亿立方米,其中生产运营用水 27.6 亿立方米,公共服务用水 11.6 亿立方米,居民家庭用水 53.8 亿立方米。用水人口 1.47 亿人,供水普及率 93.80%,比上年增加 0.97 个百分点,人均日生活用水量 122.9 升。2018 年,县城节约用水 2.66 亿立方米,节水措施总投资 2.85 亿元。

【县城燃气】 2018 年,人工煤气供应总量 6.2 亿立方米,天然气供气总量 171.0 亿立方米,液化石油气供气总量 214.1 万吨,分别比上年减少 16.07%、增长 23.97%、减少 0.66%。人工煤气供气管道长度 0.19 万公里,天然气供气管道长度 14.43 万公里,液化石油气供气管道长度 0.18 万公里,分别比上年增长 44.21%、14.05% 和 21.61%。用气人口 1.32 亿人,燃气普及率 83.85%,比上年增加 2.50 个百分点。

【县城集中供热】 2018 年年末,供热能力(蒸汽)1.68 万吨/小时,比上年增长 13.04%,供热能力(热水)13.99 万兆瓦,比上年增长 1.98%,供热管道 6.68 万公里,比上年增长 9.93%,集中供热面积 16.18 亿平方米,比上年增长 10.59%。

【县城道路桥梁】 2018 年年末,县城道路长度 14.48 万公里,比上年增长 2.84%,道路面积 27.82

亿平方米，比上年增长3.65%，其中人行道面积6.92亿平方米，人均城市道路面积17.73平方米，比上年增加0.55平方米。2018年，全国县城新建地下综合管廊325.59公里，地下综合管廊长度704.79公里。

【县城排水与污水处理】2017年年末，全国县城共有污水处理厂1598座，比上年增加26座，污水厂日处理能力3367.0万立方米，比上年增长4.63%，排水管道长度19.98万公里，比上年增长5.27%。县城全年污水处理总量89.38亿立方米，污水处理率91.16%，比上年增加0.95个百分点，其中污水处理厂集中处理率89.90%，比上年增加1.01个百分点。

【县城园林绿化】2018年年末，县城建成区绿化覆盖面积71.2万公顷，比上年增长3.6%，建成区绿化覆盖率35.17%，比上年增加0.57个百分点；建成区绿地面积63.2万公顷，比上年增长3.5%，建成区绿地率31.21%，比上年增加0.47个百分点；公园绿地面积19.2万公顷，比上年增长3.4%，人均公园绿地面积12.21平方米，比上年增加0.35平方米。

【县城市容环境卫生】2018年年末，全国县城道路清扫保洁面积25.6亿平方米，其中机械清扫面积16.3亿平方米，机械清扫率63.70%。全年清运生活垃圾、粪便0.67亿吨，比上年减少1.29%。全国县城共有生活垃圾无害化处理场（厂）1324座，比上年增加24座，日处理能力22.1万吨，处理量0.62亿吨，县城生活垃圾无害化处理率93.27%，比上年增加2.27个百分点；每万人拥有公厕3.13座，比上年增加0.20座。

【2012—2018年全国县城建设的基本情况】2012—2018年全国县城建设的基本情况见表2。

2012—2018年全国县城建设的基本情况　　　　表2

类别	指标	2012	2013	2014	2015	2016	2017	2018
概况	县数（个）	1624	1613	1596	1568	1537	1526	1519
	县城人口（万人）	13406	13701	14038	14017	13858	13923	13973
	县城暂住人口（万人）	1514	1566	1615	1598	1583	1701	1722
	建成区面积（平方公里）	18740	19503	20111	20043	19467	19854	20238
投资	市政公用设施固定资产年投资总额（亿元）	3466	3833.7	3572.9	3099.8	3394.5	3634.2	3026.0
县城供水和节水	供水总量（亿平方米）	102.0	103.9	106.3	106.9	106.5	112.8	114.5
	#生活用水量	45.4	47.0	48.3	49.1	48.9	51.3	53.8
	供水管道长度（万公里）	18.6	19.4	20.4	21.5	21.1	23.4	24.3
	供水普及率（%）	86.94	88.14	88.89	89.96	90.50	92.87	93.80
县城燃气	人工煤气供应总量（亿立方米）	8.6	7.7	8.5	8.2	7.2	7.4	6.2
	天然气供应总量（亿立方米）	70.1	81.6	92.6	102.6	105.7	138.0	171.0
	液化石油气供应总量（万吨）	256.9	241.1	235.3	230.2	219.2	215.5	214.1
	供气管道长度（万公里）	7.07	8.07	9.29	10.99	10.89	12.93	14.80
	燃气普及率（%）	68.50	70.91	73.24	75.90	78.19	81.35	83.35
县城集中供热	供热面积（亿平方米）	9.05	10.33	11.42	12.31	13.12	14.63	16.18
	蒸汽供热能力（万吨/小时）	1.39	1.33	1.30	1.37	1.02	1.49	1.68
	热水供热能力（万兆瓦）	9.73	10.75	12.94	12.58	13.04	13.72	13.99
	蒸汽管道长度（万公里）	0.20	0.29	0.27	0.33	0.33	6.08	6.68
	热水管道长度（万公里）	2.19	3.72	4.12	4.30	4.30		
县城道路桥梁	道路长度（万公里）	11.80	12.52	13.04	13.35	13.16	14.08	14.48
	道路面积（亿平方米）	21.02	22.69	24.08	24.95	25.35	26.84	27.82
	人均道路面积（平方米）	14.09	14.86	15.39	15.98	16.41	17.18	17.73
县城排水与污水处理	污水排放量（亿立方米）	64.2	88.1	90.47	92.65	92.72	95.07	99.43
	污水处理厂座数（座）	1416	1504	1555	1599	1513	1572	1598

续表

类别	指标	年份						
		2012	2013	2014	2015	2016	2017	2018
县城排水与污水处理	污水处理厂处理能力（万立方米/日）	2623	2691	2882	2999	3036	3218	3367
	污水处理率（%）	75.24	78.47	82.12	85.22	87.38	90.21	91.16
	排水管道长度（万公里）	13.7	14.9	16.03	16.79	17.19	18.98	19.98
县城园林绿化	建成区绿化覆盖面积（万公顷）	52.0	56.7	59.93	61.70	63.33	68.69	77.17
	建成区园林绿地面积（万公顷）	43.7	48.3	52.05	54.22	55.95	61.03	63.16
	建成区绿化覆盖率（%）	27.74	29.06	29.80	30.78	32.53	34.60	35.17
	建成区绿地率（%）	23.32	24.76	25.88	27.05	28.74	30.74	31.32
	人均公园绿地面积（平方米）	8.99	9.47	9.91	10.47	11.05	11.86	12.21
16 县城市容环境卫生	生活垃圾年清运量（万吨）	6838	6505	6657	6655	6666	6747	6660
	每万人拥有公厕（座）	2.09	2.77	2.76	2.78	2.82	2.93	3.13

（住房和城乡建设部计划财务与外事司　哈尔滨工业大学）

2018 年村镇建设

【概况】2018 年年末，全国建制镇统计个数 18337 个，乡统计个数 10210 个，镇乡级特殊区域个数 601 个，行政村个数 526826 个。村镇户籍总人口 9.61 亿。其中，建制镇建成区 1.61 亿，占村镇总人口的 16.75%；乡建成区 0.25 亿，占村镇总人口的 2.60%；镇乡级特殊区域建成区 0.04 亿，占村镇总人口的 0.42%；村庄 7.71 亿，占村镇总人口的 80.23%。

[说明]

村镇数据不包括香港特别行政区、澳门特别行政区、台湾省；也未包括西藏自治区。

村镇包括：（1）城区（县城）范围外的建制镇、乡以及具有乡镇政府职能的特殊区域（农场、林场、牧场、渔场、团场、工矿区等）的建成区；（2）全国的村庄。

乡包括乡、民族乡、苏木、民族苏木。

2018 年年末，全国建制镇建成区面积 405.29 万公顷，平均每个建制镇建成区占地 221 公顷；乡建成区 65.39 万公顷，平均每个乡建成区占地 64 公顷；镇乡级特殊区域建成区 13.38 万公顷，平均每个镇乡级特殊区域建成区占地 206 公顷。

【规划管理】2018 年年末，全国已编制总体规划的建制镇 16468 个，占所统计建制镇总数的 89.81%，其中本年编制 1225 个；已编制总体规划的乡 7528 个，占所统计乡总数的 73.73%，其中本年编制 485 个；已编制总体规划的镇乡级特殊区域 464 个，占所统计镇乡级特殊区域总数的 77.2%，其中本年编制 21 个；2018 年全国村镇规划编制投资（不包括村庄）达 44.18 亿元，其中建制镇投入 35.39 亿元，乡投入 8.49 亿元，镇乡级特殊区域投入 0.30 亿元。

【建设投资】2018 年，全国村镇建设总投资 18200.49 亿元。按地域分，建制镇建成区 7562.25 亿元，乡建成区 620.86 亿元，镇乡级特殊区域建成区 187.68 亿元，村庄 9829.71 亿元，分别占总投资的 41.55%、3.41%、1.03%、54.01%。按用途分，房屋建设投资 13129.32 亿元，市政公用设施建设投资 5071.17 亿元，分别占总投资的 72.14%、27.86%。2018 年全国村镇建设固定资产投资结构如图 5 所示。

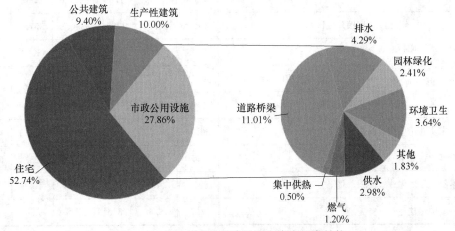

图 5　2018 年全国村镇建设固定资产投资结构

在房屋建设投资中,住宅建设投资9598.50亿元,公共建筑投资1711.42亿元,生产性建筑投资1819.40亿元,分别占房屋建设投资的73.11%、13.04%、13.86%。

在市政公用设施建设投资中,道路桥梁投资2003.05亿元,排水投资781.18元,环境卫生投资662.26亿元,供水投资542.55亿元,分别占市政公用设施建设总投资的39.50%、15.40%、13.06%和10.70%。

【房屋建设】2018年,全国村镇房屋竣工建筑面积15.09亿平方米,其中住宅11.56亿平方米,公共建筑1.65亿平方米,生产性建筑1.89亿平方米。2018年年末,全国村镇实有房屋建筑面积392.16亿平方米,其中住宅320.18亿平方米,公共建筑30.07亿平方米,生产性建筑41.91亿平方米,分别占81.64%、7.67%、10.69%。

2018年年末,全国建制镇建成区人均住宅建筑面积36.05平方米,乡建成区人均住宅建筑面积33.22平方米,镇乡级特殊区域建成区人均住宅建筑面积37.98平方米,村庄人均住宅建筑面积32.71平方米。

【公用设施建设】2018年年末,在建制镇、乡和镇乡级特殊区域建成区内,供水管道长度71.77万公里,排水管道长度20.73万公里,排水暗渠长度11.74万公里,道路长度46.93万公里,道路面积30.61亿平方米,公共厕所15.70万座。

2018年年末,建制镇建成区用水普及率88.11%,人均日生活用水量104.05升,燃气普及率52.39%,人均道路面积14.36平方米,排水管道暗渠密度6.77公里/平方公里,人均公园绿地面积2.83平方米。

2018年年末,乡建成区用水普及率79.23%,人均日生活用水量91.88升,燃气普及率25.61%,人均道路面积18.03平方米,排水管道暗渠密度6.46公里/平方公里,人均公园绿地面积1.50平方米。

2018年年末,镇乡级特殊区域建成区用水普及率94.76%,人均日生活用水量105.91升,燃气普及率60.92%,人均道路面积17.57平方米,排水管道暗渠密度6.57公里/平方公里,人均公园绿地面积5.45平方米。

2018年年末,全国75.24%的行政村有集中供水,用水普及率77.69%,人均日生活用水量86.56升,燃气普及率28.59%。

【2012—2018年全国村镇建设的基本情况】2012—2018年全国村镇建设的基本情况见表3。

2012—2018年全国村镇建设的基本情况　　　　表3

类别	指标	年份						
		2012	2013	2014	2015	2016	2017	2018
概况	村镇户籍人口（亿人） 总人口	9.45	9.48	9.52	9.57	9.58	9.41	9.61
	建制镇建成区	1.48	1.52	1.56	1.60	1.62	1.55	1.61
	乡建成区	0.31	0.31	0.30	0.29	0.28	0.25	0.25
	镇乡级特殊区域建成区	0.03	0.03	0.03	0.03	0.04	0.05	0.04
	村庄	7.63	7.62	7.63	7.65	7.63	7.56	7.71
	村镇建成区面积和村庄现状用地面积（万公顷） 建制镇建成区	371.4	369.0	379.5	390.8	397.0	392.6	405.3
	乡建成区	79.5	73.7	72.2	70.0	67.3	63.4	65.4
	镇乡级特殊区域建成区	10.1	10.7	10.5	9.4	13.6	13.7	13.4
	村庄现状用地	1409.0	1394.3	1394.1	1401.3	1392.2	1346.1	1292.3
房屋建设	年末实有房屋建筑面积（亿平方米）	367.4	373.7	378.1	381.0	383.0	376.6	392.16
	其中：住宅	308.0	313.3	317.8	320.7	323.2	309.8	320.18
	本年竣工房屋建筑面积（亿平方米）	11.2	11.8	11.6	11.4	10.6	16.9	15.1
	其中：住宅	7.7	8.6	8.5	8.6	8.0	13.3	11.6

（住房和城乡建设部计划财务与外事司　哈尔滨工业大学）

2018年城乡建设统计分省数据

2018年城市（城区）建设分省数据

2018年城市市政公用设施水平分省数据见表4。

【2018年城市市政公用设施水平分省数据】

2018年城市市政公用设施水平分省数据　　　　表4

地区名称	人口密度（人/平方公里）	人均日生活用水量（升）	供水普及率（％）	燃气普及率（％）	建成区供水管道密度（公里/平方公里）	人均城市道路面积（平方米）	建成区排水管道密度（公里/平方公里）
上年	2477	178.89	98.30	96.26	11.46	16.05	9.51
全国	2546	179.74	98.36	96.70	11.77	16.70	6.32
北京	1136	198.70	100.00	100.00	7.35	7.57	
天津	5016	100.41	100.00	100.00	17.01	11.67	5.56
河北	3210	120.42	99.70	99.28	8.74	19.76	7.58
山西	3514	139.28	99.70	98.30	8.55	16.81	6.89
内蒙古	1846	97.84	99.23	94.76	6.78	22.75	6.93
辽宁	1782	151.86	99.16	97.52	12.78	14.93	6.15
吉林	1831	117.54	93.89	93.04	7.40	13.81	3.61
黑龙江	5476	125.46	98.48	89.50	8.42	14.86	6.88
上海	3823	203.30	100.00	100.00	31.04	4.58	4.30
江苏	2176	214.01	99.98	99.81	16.06	25.20	8.56
浙江	2137	204.36	100.00	100.00	17.72	18.05	6.96
安徽	2599	190.68	99.75	98.56	13.55	22.95	6.75
福建	3238	210.10	99.69	98.29	16.44	20.59	7.56
江西	4818	174.61	98.31	97.40	12.84	19.37	6.78
山东	1622	126.56	99.40	99.20	9.67	25.28	7.81
河南	4903	134.79	96.65	96.30	8.52	14.57	4.92
湖北	2804	202.19	99.37	97.64	9.15	17.00	8.06
湖南	3174	211.92	96.33	93.64	13.49	16.96	6.09
广东	3469	254.37	97.30	96.66	9.87	13.39	4.50
广西	2025	266.14	97.80	98.15	13.11	19.42	6.89
海南	2460	197.61	97.04	96.74	17.50	16.81	12.00
重庆	2026	165.53	98.28	97.39	11.52	13.52	6.20
四川	3068	181.36	95.70	93.70	13.43	14.63	4.99
贵州	2412	185.86	96.68	87.25	12.69	13.51	4.08
云南	3021	138.96	96.60	77.31	10.22	14.11	5.58
西藏	1750	162.97	85.90	55.05	10.41	12.21	3.60
陕西	4450	163.39	95.49	96.19	7.23	16.47	4.81
甘肃	3237	137.17	97.90	90.91	6.38	17.91	5.54
青海	2804	178.51	99.00	94.69	12.09	16.19	4.73
宁夏	1371	147.28	98.40	93.85	5.30	22.94	4.66
新疆	2525	191.41	97.66	98.01	8.29	20.34	5.50

续表

地区名称	污水处理率（%）	污水处理厂集中处理率	人均公园绿地面积（平方米）	建成区绿化覆盖率（%）	建成区绿地率（%）	生活垃圾处理率（%）	生活垃圾无害化处理率
上年	94.54	91.98	14.01	40.91	37.11	99.00	97.74
全国	95.49	93.35	14.11	41.11	37.34	99.49	98.96
北京	98.60	96.25	16.30	48.44	46.17	100.00	100.00
天津	93.79	92.95	9.38	38.03	34.62	98.37	94.48
河北	98.19	98.18	14.23	41.57	37.97	99.80	99.80
山西	94.52	94.52	12.28	41.28	36.95	99.83	99.83
内蒙古	97.42	97.42	18.52	40.60	37.29	99.79	99.79
辽宁	95.20	93.14	12.04	39.92	37.07	100.00	99.57
吉林	93.57	93.52	13.45	37.64	33.46	98.45	87.23
黑龙江	90.99	88.36	12.35	36.04	32.83	90.49	86.94
上海	95.18	92.59	8.49	36.24	34.49	100.00	100.00
江苏	95.61	88.18	14.66	43.13	39.73	100.00	100.00
浙江	95.75	92.64	13.73	41.19	37.18	100.00	100.00
安徽	97.72	94.94	14.67	42.50	38.83	100.00	100.00
福建	93.62	92.33	14.62	44.30	40.53	99.88	99.88
江西	95.77	94.93	14.67	45.92	42.94	100.00	100.00
山东	97.45	97.24	17.64	41.81	37.91	100.00	100.00
河南	97.29	97.26	12.69	40.02	35.39	99.71	99.71
湖北	95.39	93.06	11.47	38.37	34.12	99.98	99.98
湖南	96.01	93.07	10.99	41.16	36.64	99.96	99.96
广东	94.84	94.59	18.34	44.03	39.44	99.89	99.87
广西	95.02	80.87	13.05	39.92	34.78	100.00	100.00
海南	89.20	89.20	10.23	40.62	36.60	100.00	100.00
重庆	95.23	95.04	17.14	40.36	37.61	99.97	99.97
四川	93.58	91.02	12.97	40.55	36.08	99.95	99.30
贵州	97.08	97.08	15.51	38.64	35.92	96.09	96.09
云南	95.92	94.55	11.85	39.78	35.49	98.16	98.16
西藏	90.13	90.13	8.71	37.35	35.03	95.97	95.97
陕西	93.21	93.21	11.76	38.77	35.14	99.06	99.06
甘肃	96.36	96.30	13.65	33.50	29.67	99.76	99.76
青海	87.70	81.53	11.45	33.94	31.84	96.45	96.01
宁夏	95.46	95.46	20.38	40.53	38.40	99.30	99.30
新疆	95.47	95.35	14.31	39.61	36.02	97.85	91.45

【2018年城市人口和建设用地分省数据】 2018年城市人口和建设用地分省数据见表5。

2018年城市人口和建设用地分省数据

表5

面积单位：平方公里
人口单位：万人

地区名称	市区面积	市区人口	市区暂住人口	城区面积	城区人口	城区暂住人口	建成区面积	本年征用土地面积	耕地
上年	2196209.81	76808.50	12005.17	198357.17	40975.72	8164.07	56225.38	1934.37	841.27
全国	2230935.02	79526.00	12306.86	200896.50	42730.01	8421.71	58455.66	2003.66	904.63
北京	16410.00	2154.20		16410.00	1863.40		1469.05	29.90	6.12
天津	11760.27	1559.60		2585.19	1296.81		1077.83	29.60	15.21
河北	48653.00	3618.78	234.20	5926.79	1741.28	161.43	2162.73	58.14	31.48
山西	33892.82	1585.02	221.44	3297.75	1029.99	128.70	1180.11	4.49	1.52
内蒙古	147077.45	1019.62	250.20	5058.33	696.03	237.99	1270.11	29.60	8.18
辽宁	76277.21	3099.70	310.32	12899.42	2052.76	246.35	2669.71	18.02	8.69
吉林	109274.84	1933.83	187.69	6658.72	1051.48	167.66	1538.78	75.37	44.11
黑龙江	200028.48	2300.56	144.67	2587.70	1299.04	118.07	1824.96	27.42	18.85
上海	6340.50	2423.78		6340.50	2423.78		1237.74	24.15	13.03
江苏	69958.25	5859.77	1083.26	15536.38	2943.23	438.19	4558.45	214.19	117.28
浙江	54911.50	3532.91	1682.62	11913.83	1686.35	859.15	2919.09	132.22	68.39
安徽	41401.09	2611.84	532.68	6190.29	1215.56	393.24	2109.88	225.20	115.89
福建	45710.09	2166.38	774.67	4048.41	967.64	343.40	1587.54	55.54	11.88
江西	42954.34	2127.08	201.39	2492.74	1060.75	140.20	1546.31	92.57	25.61
山东	91389.35	6039.46	666.10	22784.38	3180.24	514.84	5164.26	142.47	62.51
河南	46234.77	4386.25	483.98	5131.54	2102.24	413.97	2797.32	50.28	25.19
湖北	90877.19	4146.36	511.60	8145.85	1860.93	422.97	2509.72	77.07	38.17
湖南	51437.44	3516.93	267.91	5452.21	1500.03	230.34	1837.14	66.01	13.68
广东	96133.66	8299.33	2237.46	16634.07	4076.76	1693.61	6036.26	101.53	33.81
广西	70298.38	2389.86	289.91	5814.43	910.75	266.45	1475.97	88.25	29.98
海南	17105.69	565.31	164.74	1489.33	225.72	140.70	379.54	8.92	1.11
重庆	43263.10	2512.81	490.86	7440.00	1150.52	357.14	1496.72	93.94	45.36
四川	85042.06	4122.62	679.94	8458.49	2153.79	441.64	2982.32	192.61	85.34
贵州	35955.91	1443.86	151.75	3244.65	661.05	121.63	1053.15	19.88	6.32
云南	86903.85	1705.40	132.89	3186.56	871.89	90.91	1163.97	37.94	19.93
西藏	47978.51	100.38	49.52	632.17	66.41	44.24	163.67	5.78	0.74
陕西	53609.62	1941.69	118.30	2691.88	1109.85	88.08	1355.51	31.75	23.31
甘肃	88539.17	914.22	127.18	1994.48	546.06	99.62	891.36	29.06	20.12
青海	166331.50	228.28	19.34	688.15	176.45	16.50	202.23	0.50	0.20
宁夏	23697.42	334.95	78.94	2162.28	218.89	77.46	481.99	11.69	4.70
新疆	231487.56	885.22	213.30	2999.98	590.33	167.23	1312.24	29.57	7.92

续表

地区名称	城市建设用地面积								
	合计	居住用地	公共管理与公共服务设施用地	商业服务业设施用地	工业用地	物流仓储用地	道路交通设施用地	公共设施用地	绿地与广场用地
上年	55155.47	16979.27	5098.33	3843.01	11083.70	1664.99	8364.82	1968.65	6152.70
全国	56075.90	17151.57	5132.28	3901.76	11026.77	1629.84	8739.22	1902.64	6591.82
北京	1471.75	427.92	173.14	137.26	263.09	50.88	271.62	31.60	116.24
天津	950.55	248.27	71.19	79.03	222.38	52.17	141.87	19.89	115.75
河北	1860.14	618.88	150.35	121.20	262.69	58.70	296.01	57.39	294.92
山西	1147.62	370.33	114.64	71.03	105.84	36.28	206.05	72.04	171.41
内蒙古	1185.57	362.40	107.45	103.62	147.74	52.54	215.70	42.12	154.00
辽宁	2764.66	877.90	187.27	164.77	719.23	65.61	399.18	60.81	289.89
吉林	1464.90	514.17	111.17	90.88	295.96	50.00	210.91	57.31	134.50
黑龙江	1831.43	639.58	165.84	90.07	360.38	71.81	267.27	63.11	173.37
上海	1899.04	551.79	151.03	117.51	547.52	55.97	137.58	198.28	139.36
江苏	4416.87	1268.50	370.93	329.16	1054.75	112.80	674.14	114.63	491.96
浙江	2823.94	817.57	245.89	219.23	608.84	67.39	476.34	77.31	311.37
安徽	2071.75	650.89	160.26	170.77	396.69	52.34	335.59	60.27	244.94
福建	1478.41	500.04	140.97	106.44	277.71	36.39	218.13	43.37	155.36
江西	1477.42	428.75	150.52	102.20	272.52	31.07	238.07	49.25	205.04
山东	4884.92	1461.54	505.13	346.94	1069.33	146.77	675.66	145.48	534.07
河南	2644.85	784.40	287.78	139.27	344.72	73.02	435.14	100.47	480.05
湖北	2609.70	793.30	239.87	155.87	611.48	72.67	418.59	96.99	220.93
湖南	1740.44	607.30	199.33	114.43	266.98	50.30	239.29	89.29	173.52
广东	5209.88	1590.33	394.84	362.14	1364.39	112.33	832.13	115.20	438.52
广西	1444.78	418.91	137.57	85.26	208.49	49.22	255.28	63.96	226.09
海南	308.26	114.58	42.78	16.41	17.38	2.34	59.96	7.96	46.85
重庆	1272.07	396.99	115.04	82.28	252.64	32.56	243.85	32.63	116.08
四川	2778.85	854.45	267.42	207.77	480.06	73.96	467.34	74.85	353.00
贵州	983.61	299.32	102.51	84.10	161.02	27.40	181.16	21.65	106.45
云南	1144.19	399.94	124.52	106.51	126.59	38.25	166.46	35.34	146.58
西藏	152.93	34.90	21.89	14.19	14.61	4.32	23.07	8.89	31.06
陕西	1285.46	318.88	122.91	102.85	149.59	34.99	219.37	44.51	292.36
甘肃	888.46	216.86	80.22	56.94	173.28	31.30	143.52	39.13	147.21
青海	184.56	60.93	14.94	9.06	13.25	13.89	28.74	6.77	36.98
宁夏	436.00	132.07	55.47	19.84	43.00	13.52	74.11	15.91	82.08
新疆	1262.89	389.88	119.41	94.73	194.62	59.05	187.09	56.23	161.88

【2018年城市市政公用设施建设固定资产投资分省数据】2018年城市市政公用设施建设固定资产投资分省数据见表6。

2018年城市市政公用设施建设固定资产投资分省数据 表6

计量单位：万元

地区名称	本年投资完成合计	供水	燃气	集中供热	轨道交通	道路桥梁	地下综合管廊
上年	193276146	5801366	4456833	5841997	50452154	69966525	6733719
全国	201231835	5430426	2951313	4200376	60469191	69223945	6192404
北京	12716153	379978	226725	523489	3468667	2457218	145682
天津	2649621	33976	56797	74260	1519614	236532	53
河北	3773528	111803	146296	465256	709074	1223073	137322
山西	3025604	19607	39386	186734		1986949	514
内蒙古	3897960	57931	51870	341488	608200	1759550	101472
辽宁	2832192	101581	166511	240029	1089369	710547	16640
吉林	2001112	111847	25742	198857	600304	481020	155439
黑龙江	1794884	89759	70232	208714	624071	522243	7236
上海	4579981	9261	254140		1607658	876445	
江苏	19810285	928464	265129	300	5769373	7868620	447554
浙江	13538673	680622	146976	87	5073608	4343373	293438
安徽	6320076	231205	113773	52677	1045502	2340113	194152
福建	13030300	450700	64936		4827726	3747278	807647
江西	6917758	151810	63923		537150	3855756	155570
山东	12479032	368679	347120	835807	2709744	3731279	596901
河南	9140884	202328	125424	405976	2051212	3686645	239709
湖北	13475702	215277	47274	10535	4333794	3920869	632559
湖南	5391122	158998	56320		1330039	2693446	111293
广东	15801574	266078	160160		7785098	3247857	396210
广西	6650334	100813	56012		1102813	3733286	140783
海南	759980	9584	4671			472330	14836
重庆	7704035	168830	71244		3056529	2925677	65683
四川	14312652	262436	120515		6021334	5254225	287728
贵州	4117840	52780	6198	15354	737234	2290801	66252
云南	4142295	72619	56816		1413354	1199945	436443
西藏	42069	250	1429			28328	
陕西	4389173	87621	98116	142053	1480762	1373924	129712
甘肃	2029370	42344	15764	130555	310672	844220	136182
青海	1255207	13696	2583			878979	234603
宁夏	545867	4612	7014	184460		130047	137907
新疆	2106570	44940	82216	183745	656291	403370	102885

续表

地区名称	排水	污水处理	污泥处置	再生水利用	园林绿化	市容环境卫生	垃圾处理	其他	本年新增固定资产
上年	**13436186**	**4210541**	**211000**	**297157**	**17596381**	**5081455**	**2408345**	**13909530**	**134609680**
全国	**15298638**	**7604788**	**364607**	**421317**	**18547101**	**4704654**	**2985167**	**14213788**	**120129118**
北京	1189949	338996	30349	237441	2913057	604826	312888	806562	4827263
天津	298807	223649		1320	36709	3536		389337	203426
河北	316163	109847	2495	13432	525673	119196	72354	19671	3309999
山西	80209	44723			538862	147221	17665	26122	2111997
内蒙古	168087	49950	11814	27422	394124	102169	35197	313069	3308979
辽宁	384428	54445	2135		63340	13528	6137	46219	1025044
吉林	92752	35993		722	216585	23999	11266	94568	1492855
黑龙江	125003	70147			50362	45527	36294	51739	630376
上海	1337763	1067718	210500		65715	210627	203966	218372	2836021
江苏	1486222	763969	10267	5200	1888006	307108	219319	849509	9977310
浙江	710822	367594	195	5800	1341982	309572	193295	638194	9196670
安徽	800198	365040	6537	5702	1002294	204300	153828	335863	4474785
福建	837747	498252	8067	17180	546197	225000	195729	1523070	11157442
江西	416406	201779	18600		942253	182971	101854	611918	3681275
山东	984101	313197	5594	4695	1672345	429019	336834	804036	9987313
河南	462012	101886	570	35764	1681590	191177	36665	94811	4586465
湖北	1453026	718577	2128	110	489276	246493	44526	2126600	12798592
湖南	335871	179682		1500	233337	55917	48092	415902	3122652
广东	1273760	1020090	10962	3446	146204	400272	323865	2125937	2329391
广西	315385	108790	9230		289900	121083	105242	790257	3868407
海南	116471	96954	13456		99449	21654	20835	20985	104543
重庆	420198	176535	3068	30	758825	156054	137398	80995	6703190
四川	681872	374708	16503	4282	1166119	251730	213900	266692	7464393
贵州	181138	60903	22		244635	42197	38738	481251	1301346
云南	281557	46228	390	2164	406149	50399	26807	225014	1457748
西藏	6582	345			1377	3613		491	26098
陕西	210807	83145	1725	1170	356995	49035	5808	460148	3276884
甘肃	151971	43780			130670	32075	13548	234918	1797168
青海	14618	13358			28587	7123		75018	1224827
宁夏	18425	2900			38079			25322	322192
新疆	146289	71610		53936	278404	147232	73115	61198	1524466

【2018年城市市政公用设施建设固定资产投资资金来源分省数据】 2018年城市市政公用设施建设固定资产投资资金来源分省数据见表7。

2018年城市市政公用设施建设固定资产投资资金来源分省数据　　　　表7

计量单位：万元

地区名称	本年实际到位资金合计	上年末结余资金	本年资金来源										各项应付款
			小计	国家预算资金	中央预算资金	国内贷款	债券	利用外资	外商直接投资	自筹资金	单位自有资金	其他资金	
上年	197047036	14596195	182450841	57561827	2904482	49874958	1631977	287048	165512	49978374	9318386	23116657	29096846
全国	190847560	12454519	178393041	48075472	2552439	45089651	1172330	468799	197867	51051841	10992164	32534948	26992296
北京	11573838	3369804	8204034	3676848	12657	583251	148736	0	0	1239872	0	2555327	2330413
天津	2909017	74138	2834879	807587	163464	1248036	15534	0	0	596915	345566	166808	64143
河北	3707876	17542	3690334	1398579	30360	67788	30192	3793	0	1836553	331859	353428	114537
山西	3464468	17295	3447173	903750	21280	300064	66949	0	0	631979	177706	1544431	735178
内蒙古	3307963	72289	3235674	380456	63824	88661	6500	0	0	2341766	74908	418291	815593
辽宁	2916551	516168	2400383	479821	16967	637579	21115	0	0	796269	239528	465600	275058
吉林	2277638	346131	1931507	412329	81306	779713	41830	1321	0	448332	166380	247983	239907
黑龙江	1718508	99927	1618581	422501	106120	596259	25643	0	0	411946	95295	162233	91478
上海	4403208	373509	4029699	1674508	9897	251481	0	0	0	1992478	2775	111231	509486
江苏	18616486	717515	17898971	4107823	41166	3966438	86226	43694	43694	6117772	1037462	3577017	2781280
浙江	13087383	577704	12509679	3157038	175174	3827440	5724	4806	1510	4027291	902142	1487381	1340056
安徽	6297186	153359	6143828	3494197	609225	572602	5800	42833	21043	1309990	301380	718405	632675
福建	13394531	500803	12893728	1613884	24000	1630073	86868	1363	1363	8533928	427734	1027612	679701
江西	6370678	58434	6312243	1703616	223687	245485	2961	45913	9000	2546153	1476724	1768116	658483
山东	12018759	561060	11457699	4776816	39627	2667535	15415	13630	7640	2577225	1297841	1407078	1835577
河南	8388303	294769	8093534	3592219	23405	1119669	10515	59484	141	1555547	385136	1756100	750104
湖北	13356665	10005	13346660	636081	72055	11174849	46168	35068	1500	987359	159306	467134	242413
湖南	5801438	377770	5423669	956598	133264	2139777	114552	60568	60568	1632700	224155	519473	1033789
广东	17190143	980249	16209894	4471075	11672	2982049	5485	4144	0	785907	304568	7961234	1611640
广西	4969301	263203	4706098	955198	62120	1852686	79439	38273	0	1228289	315624	552212	792425
海南	781546	111445	670102	467829	49037	14406	72005	9500	0	27650	6429	78711	123444
重庆	6713395	402552	6310842	3272933	42127	2263121	77193	5122	0	513083	279965	179390	1870068
四川	10932117	1232279	9699838	871611	42461	2243222	120692	10000	0	3108125	820447	3346188	2326276
贵州	3194140	283314	2910826	858972	37086	1220882	0	0	0	685282	74438	145690	1971131
云南	3331109	41048	3290061	137565	18492	449973	10650	0	0	1805143	312157	886730	841319
西藏	60478	2031	58447	21772	0		11800			21037	5771	3838	312
陕西	3977325	773814	3203511	1091374	172404	553532	0	26991	0	1385724	550182	145890	1240871
甘肃	2511716	154988	2356728	184731	12169	842563	12905	25889	15000	973753	355152	316886	483024
青海	1384994	23649	1361345	1088463	161684	149929	0	36408	36408	81749	13600	4797	25524
宁夏	525163	15455	509708	109482	5925	297821	806	0	0	57146	28846	44454	56191
新疆	1665636	32268	1633369	349814	89784	322768	50626	0	0	794880	279089	115281	520200

2018年县城建设分省数据

【2018年县城市政公用设施水平分省数据】

2018年县城市政公用设施水平分省数据见表8。

2018年县城市政公用设施水平分省数据　　　　表8

地区名称	人口密度（人/平方公里）	人均日生活用水量（升）	用水普及率（%）	燃气普及率（%）	建成区供水管道密度（公里/平方公里）	人均城市道路面积（平方米）	建成区路网密度（公里/平方公里）	建成区道路面积率（%）
上年	2,183	120.17	92.87	81.35	10.49	17.18	6.28	11.94
全国	2231	122.91	93.80	83.85	10.56	17.73	6.41	12.31
河北	2720	101.14	98.89	95.74	10.45	24.30	8.40	16.94
山西	3277	87.01	96.81	82.86	10.94	16.60	6.83	13.06
内蒙古	884	94.78	97.54	86.87	10.99	29.66	6.28	13.39
辽宁	1623	107.43	91.19	77.67	9.39	13.61	4.11	6.91
吉林	3099	102.71	86.92	73.43	10.53	11.57	5.96	10.14
黑龙江	2702	92.61	88.00	51.88	9.71	13.18	6.50	7.83
江苏	2046	145.90	99.77	99.82	13.49	19.99	6.65	13.42
浙江	881	187.99	100.00	99.37	21.94	22.73	8.61	14.82
安徽	1713	133.11	96.25	92.01	12.21	22.82	6.16	13.48
福建	2522	173.04	98.72	97.61	13.74	17.71	8.37	13.51
江西	4977	120.27	96.17	90.27	11.87	19.42	7.40	13.79
山东	1368	119.38	98.81	95.88	7.90	21.60	6.19	13.59
河南	2632	106.72	86.60	79.03	7.15	17.37	5.65	12.88
湖北	3038	133.10	95.13	91.64	10.70	18.24	6.74	14.27
湖南	3602	141.16	87.76	76.97	11.49	13.37	5.49	10.19
广东	1800	155.81	88.82	89.51	13.31	12.78	6.65	10.69
广西	2603	155.53	97.52	95.71	11.68	17.78	7.75	14.09
海南	2851	223.16	94.37	94.64	11.09	25.93	4.99	10.55
重庆	2718	116.28	97.35	94.92	11.86	9.56	7.01	12.19
四川	1895	130.36	90.41	83.32	9.86	11.52	4.88	9.52
贵州	2221	111.72	90.16	58.89	6.95	13.35	5.24	9.24
云南	4078	113.21	93.78	51.97	12.25	14.92	6.38	12.04
西藏	2139	164.10	85.97	65.22	6.21	20.48	4.71	6.15
陕西	3705	92.40	93.63	85.39	6.86	14.90	6.69	11.69
甘肃	4792	81.13	93.63	64.99	8.99	13.16	5.55	9.40
青海	1923	90.60	95.32	56.88	10.19	18.92	6.67	11.03
宁夏	3001	121.41	97.35	74.05	7.73	29.01	7.25	14.44
新疆	3096	133.15	97.44	92.23	10.33	20.75	5.84	9.97

注：本表各项人均指标除人均日生活用水量外，均以城区人口和城区暂住人口合计为分母计算。

续表

地区名称	建成区排水管道密度（公里/平方公里）	污水处理率（%）	污水处理厂集中处理率	人均公园绿地面积（平方米）	建成区绿化覆盖率（%）	建成区绿地率（%）	生活垃圾处理率（%）	生活垃圾无害化处理率
上年	8.56	90.21	88.89	11.86	34.60	30.74	96.11	91.00
全国	8.82	91.16	89.90	12.21	35.17	31.21	97.16	93.29
河北	9.16	96.51	96.51	12.55	40.97	36.66	96.59	96.05
山西	9.64	93.46	93.13	11.10	38.68	34.05	90.16	82.08
内蒙古	7.11	95.57	95.57	21.02	36.21	33.71	98.46	95.50
辽宁	5.62	96.17	96.17	11.03	19.24	15.16	98.71	91.75
吉林	7.76	90.91	90.91	10.04	27.80	24.14	99.87	99.87
黑龙江	5.74	88.04	87.76	12.05	23.36	19.68	87.12	65.42
江苏	11.66	88.54	85.37	12.94	41.75	39.36	100.00	100.00
浙江	14.99	94.85	94.17	14.62	41.44	37.42	100.00	100.00
安徽	10.55	95.14	94.58	13.56	37.50	33.24	99.69	98.86
福建	12.29	91.16	91.13	14.66	42.56	39.07	99.32	99.32
江西	10.51	88.26	88.23	14.98	40.74	36.45	99.99	99.99
山东	9.70	96.55	96.44	15.36	39.37	34.81	99.91	99.84
河南	8.48	95.13	95.13	9.82	32.74	28.60	93.49	85.57
湖北	8.15	90.07	88.86	11.48	35.08	31.48	99.84	99.84
湖南	8.12	94.23	88.78	9.73	35.20	30.08	98.69	98.69
广东	5.07	87.84	87.67	14.47	31.95	30.52	99.97	99.97
广西	10.81	91.62	84.88	11.91	36.44	32.33	98.83	98.40
海南	5.30	74.72	74.72	8.48	38.18	30.26	99.52	99.52
重庆	15.29	94.76	93.53	12.15	41.00	37.44	100.00	100.00
四川	7.75	76.81	74.28	11.17	33.00	29.28	97.03	90.73
贵州	4.25	84.44	84.44	11.09	30.52	27.56	87.76	87.76
云南	11.20	88.86	86.50	10.07	35.49	30.94	98.51	94.12
西藏	5.54	10.00	8.10	1.21	6.21	3.72	88.08	86.12
陕西	7.48	86.86	86.66	10.50	34.54	30.14	96.84	92.18
甘肃	7.54	90.37	90.37	8.56	20.55	16.44	98.91	98.91
青海	7.18	81.38	81.38	5.13	19.10	15.72	94.95	80.55
宁夏	9.56	94.73	94.73	16.62	37.13	33.36	97.10	97.10
新疆	6.55	88.59	88.28	13.30	35.44	31.55	96.89	57.31

【2018年县城人口和建设用地分省数据】 2018年县城人口和建设用地分省数据见表9。

2018年县城人口和建设用地分省数据   表9

面积单位：平方公里
人口单位：万人

地区名称	县域面积	县域人口	县域暂住人口	县城面积	县城人口	县城暂住人口	建成区面积	本年征用土地面积	耕地
上年	7,462,592.37	66,852.24	3,061.63	71,583.40	13,922.53	1,700.93	19,854.12	1,363.61	811.55
全国	7411615	66161	3097	70356.94	13972.69	1722.49	20237.91	1329.53	756.39
河北	136724	4098	158	3750.42	924.61	95.60	1371.09	40.66	23.37
山西	127879	2102	83	1990.13	603.20	48.99	752.85	7.30	3.01
内蒙古	1050508	1533	124	5631.39	432.13	65.90	972.99	396.91	355.84
辽宁	71230	1013	24	1404.74	217.88	10.06	357.41	53.44	23.22
吉林	85748	748	27	669.81	187.83	19.74	229.08	2.54	0.54
黑龙江	236927	1397	34	1353.92	343.45	22.35	578.69	14.25	7.55
江苏	33077	2009	74	2591.09	495.74	34.47	666.02	30.43	20.45
浙江	49887	1476	257	4876.74	341.55	87.89	584.78	40.63	19.87
安徽	98041	4499	165	5396.70	822.03	102.20	1306.32	106.66	49.33
福建	78103	1779	122	1750.98	380.78	60.79	528.26	34.00	9.07
江西	125483	2955	92	1705.03	787.87	60.79	1036.11	62.14	22.43
山东	66705	4056	96	7568.91	971.25	64.41	1527.89	61.21	25.23
河南	120104	7188	232	5626.96	1361.69	119.07	1824.17	65.12	30.71
湖北	99125	2224	102	1585.90	438.54	43.18	582.13	24.90	9.77
湖南	159310	4650	320	3539.72	1050.12	225.04	1340.01	72.08	20.49
广东	78080	2255	100	2867.65	454.78	61.52	548.13	24.20	4.88
广西	166536	3284	83	2123.02	502.40	50.18	689.09	41.93	17.48
海南	17418	316	35	239.98	61.71	6.72	146.13	1.10	0.19
重庆	39139	924	86	752.46	168.70	35.82	156.30	12.67	7.27
四川	406253	4975	255	5890.44	957.01	159.05	1233.78	59.08	31.86
贵州	140943	3035	113	2825.79	561.17	66.32	770.84	58.23	27.38
云南	301651	3259	142	1508.84	533.61	81.69	708.55	52.13	23.84
西藏	1161976	265	39	296.49	46.81	16.62	159.59	9.96	5.16
陕西	152581	2129	83	1410.96	466.34	56.36	628.22	16.20	6.60
甘肃	369345	1866	93	816.62	341.62	49.71	476.79	13.40	6.19
青海	536157	416	33	636.01	103.34	18.94	200.04	2.52	1.19
宁夏	38395	340	17	328.49	87.70	10.87	184.10	11.23	2.10
新疆	1464292	1371	109	1217.75	328.83	48.21	678.55	14.61	1.37

数据统计与分析

续表

地区名称	城市建设用地面积								
	合计	居住用地	公共管理与公共服务设施用地	商业服务业设施用地	工业用地	物流仓储用地	道路交通设施用地	公共设施用地	绿地与广场用地
上年	18,863.94	6,252.81	1,750.64	1,338.60	2,599.24	578.88	2,732.52	854.12	2,757.13
全国	19071.05	6227.11	1718.30	1329.16	2548.38	555.15	2852.45	825.21	3015.29
河北	1332.09	450.39	102.83	87.39	130.92	27.44	223.45	34.70	274.97
山西	697.62	251.18	58.18	36.83	50.77	12.61	119.74	24.82	143.49
内蒙古	900.13	293.62	90.58	62.40	87.98	19.51	159.34	37.17	149.53
辽宁	341.85	137.23	19.93	22.20	67.47	10.75	34.76	21.12	28.39
吉林	221.65	79.45	16.23	15.34	29.07	11.54	29.13	9.27	31.62
黑龙江	517.68	218.35	39.81	32.37	74.97	22.59	67.79	17.51	44.29
江苏	654.35	211.90	50.60	43.39	134.90	12.69	94.23	19.52	87.12
浙江	601.47	186.30	51.36	38.71	134.40	9.73	77.16	26.09	77.72
安徽	1274.76	359.56	96.37	93.20	232.10	45.25	207.11	56.59	184.58
福建	509.62	173.19	42.95	35.62	66.33	11.59	80.66	19.07	80.21
江西	962.21	284.89	87.73	67.66	149.58	27.32	157.79	39.40	147.84
山东	1456.49	449.74	126.08	104.02	289.28	40.54	178.81	54.78	213.24
河南	1724.06	542.13	150.44	110.97	220.04	50.09	288.03	74.50	287.86
湖北	556.74	171.05	58.06	41.97	74.48	14.97	92.62	26.75	76.84
湖南	1226.44	398.79	127.87	107.59	173.18	60.76	133.12	76.58	148.48
广东	535.56	185.10	55.71	45.62	85.58	15.02	58.90	26.96	62.67
广西	665.23	213.29	53.36	35.08	88.62	17.87	108.58	21.31	127.12
海南	128.72	30.57	8.79	7.02	26.90	4.82	25.91	2.41	22.30
重庆	143.18	49.88	10.62	7.56	12.84	2.00	22.20	6.81	31.27
四川	1118.06	365.25	105.17	72.10	151.86	33.89	157.07	52.79	179.93
贵州	702.81	260.90	72.74	56.35	64.64	23.19	87.56	39.88	97.55
云南	669.08	205.82	77.38	50.28	48.28	16.96	114.69	34.07	121.60
西藏	137.86	45.31	20.06	14.76	7.41	4.41	26.81	9.11	9.99
陕西	582.56	178.38	48.97	37.30	38.69	13.35	91.49	28.49	145.89
甘肃	433.74	153.54	48.99	31.55	31.71	12.62	63.61	24.49	67.23
青海	166.03	53.03	21.69	11.76	14.65	5.14	25.27	11.23	23.26
宁夏	174.58	57.44	16.35	16.97	13.26	5.19	29.81	6.17	29.39
新疆	636.48	220.83	59.45	43.15	48.47	23.31	96.74	23.62	120.91

【2018年县城市政公用设施建设固定资产投资分省数据】 2018年县城市政公用设施建设固定资产投资分省数据见表10。

2018年城市市政公用设施建设固定资产投资分省数据

表10

计量单位：万元

地区名称	本年投资完成合计	供水	燃气	集中供热	道路桥梁	排水	污水处理	污泥处置	再生水利用
上年	36,341,810	2,263,319	1,209,876	1,941,340	16,033,333	3,838,973	994,726	32,710	51,842
全国	30259611	1440656	1034545	1585574	11850363	3676575	1627159	55602	52632
河北	1458444	55553	195313	227934	443389	161122	54994	7141	
山西	1085992	38711	56358	321898	348231	127799	65767	357	860
内蒙古	740611	38604	9032	76609	226230	85616	42774	1359	14279
辽宁	88445	5054	5287	27332	24100	9237	6407	13	
吉林	115444	2381	4781	6312	58679	29633	16684		25
黑龙江	330412	31774	14927	113278	95160	34024	19699		
江苏	810865	93896	60371	1040	207794	98394	39772		
浙江	1532686	42301	27309		732819	168393	78694		
安徽	2978300	219624	107926	15000	1284256	443162	142181	3198	18815
福建	1420713	63615	46715		663880	208562	81591		
江西	2907196	114386	46670		854152	226248	121023	7632	1889
山东	1621583	57279	73484	178685	468637	251863	55038	2955	2429
河南	2515932	116949	98226	110763	964316	315967	103290	10014	4388
湖北	676978	54638	29288		234810	162362	119441	245	2612
湖南	1434403	85696	43364		642410	153272	72857	1542	
广东	151382	3532			93613	16833	2190		
广西	1228328	42805	37401		757833	140867	28374	1123	
海南	117637	6399	2522		43963	5180	3823		
重庆	611997	20567	24460		368788	52389	26654		
四川	2422822	97679	56010	4500	1061514	347411	179853	1100	
贵州	1777450	77165	3100		750504	119554	91770	7200	3500
云南	1270985	26186	23403		608365	91639	49898	1045	177
西藏	375125	9911		217799	33782	38641	22256		
陕西	1298944	47113	45174	58051	476898	153599	38383	600	
甘肃	664959	45966	15155	142256	201517	95933	50575	7004	416
青海	142549	6353	1198	13134	66107	13485	11256		
宁夏	142470	9131	1930	32982	31366	38531	30088	2620	
新疆	336958	27391	5140	38001	107255	86859	71828	454	3241

续表

地区名称	园林绿化	市容环境卫生	垃圾处理	地下综合管廊	其他	本年新增固定资产
上年	6,305,905	1,148,546	535,219	734,526	2,865,992	28,829,267
全国	5587384	1346050	722352	452085	3123435	24179552
河北	282095	18094	5689	33552	41392	1135580
山西	60206	20651	10191	3715	69187	752885
内蒙古	154452	27870	10097	763	121435	531793
辽宁	6103	864	59		10468	66686
吉林	11819	480	81		1360	79484
黑龙江	20199	15092	9628		5957	257463
江苏	211179	122813	99796		15379	694565
浙江	275481	97884	63098	286	188213	1167111
安徽	610878	59741	27756	65500	172214	2104698
福建	260367	65421	53556	80	102240	1062175
江西	1028587	144099	35449	2000	474654	2454502
山东	366359	139758	123707	27807	57712	1491760
河南	667319	170450	84384	6000	63262	2222568
湖北	75922	21585	5168		98373	560880
湖南	113318	101320	2674	19280	275458	985854
广东	16625	1533	1023	1195	13604	99057
广西	160595	26281	9015		62547	1075987
海南	19212	39241	2199	872	248	13507
重庆	97319	10160	6785	33130	5184	629731
四川	459675	89577	69636	83762	215355	2048068
贵州	162105	67217	41872	24111	492980	1346443
云南	197404	16920	8362	45467	260701	1009266
西藏	62	1767	300	69781	2578	233007
陕西	233975	51592	34910	11855	220688	1137676
甘肃	39547	14553	4475	20458	89556	558530
青海	12132	7048	2024	818	21989	93405
宁夏	16936	3978	3976	1652	5964	133123
新疆	27514	10061	6444		34737	233747

【2018年县城市政公用设施建设固定资产投资资金来源分省数据】2018年县城市政公用设施建设固定资产投资资金来源分省数据见表11。

2018年县城市政公用设施建设固定资产投资资金来源分省数据

表 11

计量单位：万元

地区名称	合计	上年末结余资金	本年资金来源										各项应付款
			小计	国家预算资金	中央预算资金	国内贷款	债券	利用外资	外商直接投资	自筹资金	单位自有资金	其他资金	
上年	36,108,214	866,091	35,242,123	11,423,298	1,070,113	3,788,960	329,394	212,343	135,831	13,723,475	2,202,392	5,764,653	6,806,564
全国	32222520	1026420	31196101	9290580	1320353	1715489	384335	167739	89317	13074083	1589666	6563873	6816197
河北	1322058	13365	1308693	282263	46250	51713	71518	12000		560127	111108	331071	136136
山西	1952217	17377	1934840	283658	25409	60761	5519			1095191	33849	489710	302945
内蒙古	625946	4892	621054	81466	18025	9180	8300			351542	13636	170566	202034
辽宁	94947	568	94380	32784	12448	17702	4785	6604	360	21993	4012	10512	15716
吉林	135193	4888	130305	19019	12183		23069			82290	9674	5927	21034
黑龙江	320714	1555	319159	96539	20764	401	35320	240		136243	43800	50416	93373
江苏	722399	2430	719969	282070				10530	5120	205721	85822	221648	307199
浙江	1461285	77935	1383349	439776	23440	58909				668136	272850	216528	171475
安徽	2715591	53248	2662343	1525190	50154	133341		7987	9710	630951	81099	364875	445109
福建	1268300	73744	1194556	237876	16500	34899	6000		2010	511992	47305	403790	606455
江西	2753048	99794	2653254	938757	72224	137370	11400	52800	27560	888225	49908	624703	863003
山东	1531687	23210	1508477	533407	12308	30723	4491	34000	7000	440622	170717	465235	231314
河南	2395361		2395361	1237806	48573	62703	29582	6600	6600	404016	137813	654655	123730
湖北	626657	29850	596807	133445	50422	11635	35407	5700		339505	37542	71115	162106
湖南	1374494	101178	1273317	92849	9734	58157	16708	11875	9400	697484	59984	396244	331741
广东	121927	11638	110289	22778	1300		15494			43947	491	28070	2897
广西	1502121	27327	1474794	825754	106332	239875	13813			304453	24258	90900	161524
海南	122031	8863	113168	57717		6585	258			13028	12	35580	23073
重庆	590175	6093	584082	273511	8476	205841	7100			82379	32859	15250	41786
四川	2363577	100676	2262901	598455	229162	259588	23136	12000	10000	921859	179861	447864	583483
贵州	4466001	90876	4375126	45106	26305	119069	9607		9893	3435251	20246	766093	749105
云南	1134435	72518	1061917	279194	156929	127159	18247	4410	410	357521	17308	275386	434975
西藏	222601	19422	203179	183366	84352	11650				4058		4106	214779
陕西	1185285	138524	1046761	478368	44406	9440		1287		426471	109473	131195	213928
甘肃	610033	23478	586556	130803	104666	56060	18262	1254	1254	239016	21597	141160	120196
青海	173782	15634	158148	95201	69608	3687	4646			33555	12999	21059	15109
宁夏	111698	1861	109837	31872	29412	50	845			59236	7073	17833	62983
新疆	318956	5477	313479	51550	40970	8992	20830	452		119271	4370	112383	178990

2018年村镇建设分省数据

【2018年建制镇市政公用设施水平分省数据】

2018年建制镇市政公用设施水平分省数据见表12。

2018年建制镇市政公用设施水平分省数据　　表12

地区名称	人口密度（人/平方公里）	人均日生活用水量（升）	供水普及率（%）	燃气普及率（%）	人均道路面积（平方米）	排水管道暗渠密度（公里/平方公里）
上年	4,271	109.46	88.10	52.11	13.81	6.41
全国	4345	104.05	88.11	52.39	14.36	6.77
北京	3828	114.67	96.11	54.71	12.09	6.33
天津	4319	92.30	87.78	75.72	15.36	6.05
河北	3731	80.10	89.14	45.23	10.90	3.14
山西	4055	80.42	88.22	28.48	13.70	4.98
内蒙古	2579	81.21	72.14	19.04	17.63	2.78
辽宁	3321	92.75	77.15	29.96	14.67	4.09
吉林	3262	78.77	82.61	21.39	13.02	2.73
黑龙江	3063	81.93	88.51	15.55	16.75	4.67
上海	5040	129.13	89.73	76.65	10.03	4.56
江苏	5248	99.08	98.26	93.09	19.18	11.14
浙江	4635	126.74	87.04	57.86	14.87	9.00
安徽	4268	109.07	82.76	41.34	14.97	7.33
福建	4827	118.85	92.77	69.99	14.75	6.81
江西	3883	99.61	80.36	41.11	14.43	8.20
山东	4221	83.13	93.85	71.64	16.17	7.46
河南	4683	138.39	76.97	19.76	13.43	6.97
湖北	4001	108.34	89.49	48.26	14.98	6.88
湖南	4385	102.77	79.04	38.83	11.53	5.41
广东	4315	147.86	90.65	68.85	16.11	6.96
广西	5470	103.38	91.78	75.38	14.96	8.54
海南	3646	105.35	86.86	78.16	16.33	6.26
重庆	5567	88.94	96.71	70.51	7.93	7.89
四川	5107	81.87	88.89	64.91	11.00	7.18
贵州	3928	95.66	87.33	12.33	15.08	6.92
云南	5052	97.15	94.47	12.07	12.61	7.05
西藏	4449	120.19	46.02	1.84	18.40	2.57
陕西	4723	73.38	86.90	23.70	11.90	6.73
甘肃	3753	71.18	89.16	10.64	14.47	4.61
青海	3623	87.19	87.73	24.11	11.87	3.63
宁夏	3642	77.34	95.68	39.20	15.66	6.73
新疆	2794	85.02	83.91	19.16	23.69	3.80

续表

地区名称	污水处理率（%）	污水处理厂集中处理率	人均公园绿地面积（平方米）	绿化覆盖率（%）	绿地率（%）	生活垃圾处理率（%）	无害化处理率
上年	49.35	39.56	3.13	15.97	10.42	87.19	51.17
全国	53.18	42.97	2.83	16.65	10.68	87.70	60.64
北京	66.99	59.96	3.60	21.57	14.86	99.05	97.95
天津	53.03	50.91	1.56	16.76	8.09	88.78	34.72
河北	24.40	16.25	0.79	10.56	5.45	66.57	17.92
山西	12.12	7.01	2.05	20.18	10.83	40.56	7.98
内蒙古	21.05	10.05	1.18	11.88	6.75	36.76	2.58
辽宁	30.79	19.19	1.07	14.86	7.20	61.10	16.97
吉林	28.81	16.29	0.76	7.90	3.69	66.83	23.70
黑龙江	13.21	10.69	1.10	4.80	3.03	17.81	6.03
上海	83.40	81.56	2.52	14.71	10.09	94.16	80.01
江苏	81.79	76.72	7.35	31.02	25.95	99.43	92.41
浙江	69.48	52.93	3.35	18.09	12.45	96.59	84.51
安徽	44.34	36.24	2.12	18.33	10.71	96.84	90.60
福建	62.94	44.00	7.17	24.28	17.76	96.56	87.42
江西	27.61	18.81	1.50	11.64	6.26	87.91	47.56
山东	72.47	54.86	5.40	25.84	18.11	99.95	96.80
河南	26.34	12.84	1.55	17.69	5.41	79.26	24.68
湖北	32.28	24.63	1.36	16.63	9.27	90.11	51.57
湖南	35.63	19.75	2.68	22.05	14.45	84.37	40.29
广东	54.50	47.34	3.18	14.09	9.19	96.57	74.85
广西	34.79	27.00	1.97	10.40	5.38	95.13	34.00
海南	17.02	10.01	1.67	18.46	11.51	94.26	26.50
重庆	72.32	62.45	0.66	7.31	5.18	94.35	69.16
四川	57.62	46.18	0.98	8.63	6.46	92.79	50.86
贵州	43.31	35.01	1.97	12.04	7.77	85.65	42.59
云南	17.47	13.09	0.61	8.41	5.15	71.28	12.67
西藏	15.62	1.60	0.15	6.58	3.46	85.38	22.89
陕西	29.74	22.53	1.29	8.21	5.47	61.38	13.83
甘肃	27.75	18.77	0.66	8.75	4.50	58.22	27.87
青海	5.45	0.87	0.24	11.00	7.39	48.75	5.58
宁夏	59.34	41.46	1.22	8.50	5.81	82.00	31.53
新疆	22.23	13.02	0.94	13.23	9.36	48.18	8.23

【2018年建制镇基本情况分省数据】 2018年建制镇基本情况分省数据见表13。

2018年建制镇基本情况分省数据　　　　　　表13

地区名称	建制镇个数（个）	建成区面积（公顷）	建成区户籍人口（万人）	建成区常住人口（万人）	规划建设管理				本年规划编制投入（万元）
					设有村镇建设管理机构的个数（个）	村镇建设管理人员（人）	专职人员	有总体规划的建制镇个数（个）	本年编制	
上年	18,085	416,223,396.07	3,925,894.13	15,523.8074	16,766.2780	16,698	80,623	52,231	16,259	1,480
全国	18337	4052884.07	16058.77	17609.85	17058	85200	54541	16468	1225	353890.17
北京	113	28298.40	78.45	108.33	104	1214	556	99	4	13954.63
天津	113	30070.97	107.42	129.88	112	681	437	87	13	3876.50
河北	901	167882.21	568.66	626.39	812	3019	1831	664	54	4040.40
山西	461	62488.47	232.69	253.38	354	727	391	353	12	3870.50
内蒙古	430	97302.26	245.33	250.92	390	1426	957	384	21	1990.00
辽宁	600	95485.09	298.78	317.13	593	1645	1136	522	17	1037.51
吉林	389	82419.39	275.18	268.84	385	1372	911	279	19	2846.61
黑龙江	449	82738.23	275.25	253.44	435	996	629	370	30	371.00
上海	92	117566.34	276.31	592.59	90	1052	678	74	6	7255.74
江苏	678	267565.56	1217.73	1404.32	676	7316	4974	669	67	29028.59
浙江	584	227364.00	745.60	1053.79	566	5246	3251	550	49	31096.59
安徽	877	231142.55	960.66	986.60	799	3753	2583	806	78	14986.56
福建	542	139785.63	609.99	674.70	528	1952	1309	512	14	5070.50
江西	715	141183.98	574.31	548.22	699	2764	1721	694	52	9092.10
山东	1073	396373.05	1549.41	1673.29	1071	7938	5222	1034	88	25657.61
河南	944	249561.63	1098.91	1168.62	913	6332	3821	838	48	21825.70
湖北	683	207082.88	863.42	828.54	642	4427	2726	623	39	22100.17
湖南	1015	232833.38	1038.64	1020.97	949	5237	3381	931	77	22306.54
广东	991	332148.77	1179.50	1433.06	935	7870	4907	836	72	38136.42
广西	690	93799.00	540.74	513.10	684	3321	2227	665	20	1382.00
海南	159	26935.26	91.89	98.21	156	389	245	153		1508.16
重庆	575	76701.37	427.35	427.02	571	2396	1730	550	73	4059.97
四川	1871	210332.65	939.70	1074.16	1635	4595	3086	1654	125	21055.43
贵州	756	131668.67	526.27	517.21	748	2403	1614	718	89	28592.26
云南	571	74203.93	374.86	374.91	558	2533	1588	541	27	3813.90
西藏	70	1983.57	7.27	8.83	10	37	4	42	11	2345.72
陕西	913	117228.85	535.98	553.72	786	2261	1299	819	64	21749.93
甘肃	645	62794.98	221.98	235.68	504	1419	790	585	38	6480.63
青海	100	11345.99	40.46	41.10	83	122	72	93	7	251.00
宁夏	75	17394.19	57.34	63.36	68	194	114	73	6	1440.00
新疆	262	39202.82	98.70	109.55	202	563	351	250	5	2667.50

【2018年建制镇建设投资分省数据】 2018年建制镇建设投资分省数据见表14。

2018年建制镇建设投资分省数据

表14

计量单位：万元

地区名称	合计	房屋				
		小计	房地产开发	住宅	公共建筑	生产性建筑
上年	74,102,368.90	55,433,473.90	23,374,232.40	35,653,050.21	8,116,150.71	11,664,272.98
全国	75622460	57743384	25309743	38561904	8603741	10577740
北京	882885	647875	611222	360124	249486	38265
天津	1256813	986363	584632	807569	101096	77697
河北	1148140	919977	269154	666787	104214	148976
山西	952098	751460	160681	653567	57309	40584
内蒙古	270195	108597	29018	77184	21039	10374
辽宁	470893	343995	174141	237411	83821	22764
吉林	550424	352889	170520	275742	34654	42492
黑龙江	184401	106773	3340	51433	15841	39499
上海	5994779	5356142	3942737	4347771	325212	683159
江苏	8510233	6610508	2918297	4076693	786762	1747052
浙江	8040416	6125868	2663583	3552844	801461	1771562
安徽	3433071	2371886	562871	1453282	339914	578690
福建	2403820	1842923	859262	1313732	194332	334859
江西	1423249	949118	203111	603274	189393	156451
山东	8142806	6172540	1652676	3228922	965063	1978554
河南	4391393	3753715	2595830	2988399	377797	387519
湖北	2573636	1687152	528050	1034924	376882	275345
湖南	2440588	1793838	460098	1281131	291950	220758
广东	8550796	7312974	4838643	4785775	1621821	905378
广西	1457255	1073128	239618	810894	178501	83734
海南	385270	281382	138415	239059	29526	12797
重庆	858400	538743	185633	337246	77208	124290
四川	4097117	2766302	713076	2028962	388011	349330
贵州	3150410	2031803	321893	1388907	376105	266792
云南	1258945	865719	100774	601664	197835	66221
西藏	138614	119302	6100	80537	28213	10551
陕西	1543357	1033380	205260	716420	192153	124806
甘肃	578817	439747	97703	279827	99102	60818
青海	144914	122168	48537	109853	11303	1012
宁夏	167079	101281	17304	74628	20577	6075
新疆	221646	175836	7565	97341	67158	11338

续表

地区名称	市政公用投资										其他
	小计	供水	燃气	集中供热	道路桥梁	排水	污水处理	园林绿化	环境卫生	垃圾处理	
上年	18,668,895	1,485,679	749,291	583,887	6,849,977	3,108,941	1,636,360	2,035,219	1,863,772	891,835	1,992,129
全国	17879076	1511443	695731	583410	6274940	3531005	2358267	1900323	1919965	971862	1462258
北京	235010	14725	15976	27760	59570	19836	11057	37950	50032	33741	9161
天津	270450	12452	61892	31517	44777	37768	15406	52674	14651	5912	14719
河北	228163	26669	29016	31289	53828	31028	18732	22362	29089	17506	4881
山西	200638	5960	13263	40926	65971	38159	16811	15080	17753	6223	3527
内蒙古	161598	7017	2043	14719	41551	8861	4558	72770	11531	5754	3105
辽宁	126898	16949	1469	26366	39820	9935	3232	7663	16983	9745	7714
吉林	197535	10524	1114	14196	39562	100406	68135	7013	14106	8258	10615
黑龙江	77628	8385	41	7513	22142	19868	8468	2780	10601	2609	6297
上海	638636	49214	22970	1200	228765	130286	79720	62487	88706	38241	55009
江苏	1899726	118262	77120	101934	591303	346950	235412	303447	212661	109605	148047
浙江	1914548	123343	51116	100	675120	363249	247385	308752	205099	92870	187769
安徽	1061185	85755	24067		398522	231312	144186	125150	108601	54864	87778
福建	560897	53679	9406		213621	122718	68549	58124	75108	46780	28241
江西	474131	45577	9158	20	199690	90853	48307	40630	42511	22915	45693
山东	1970267	116238	140724	202119	526523	270928	172721	276940	245775	102069	191020
河南	637678	72388	47488	8004	234160	93548	40324	59826	91210	40929	31053
湖北	886484	74698	16862	975	191453	423240	351541	47766	59994	37286	71496
湖南	646750	90691	13116	500	204014	163322	115626	44733	74841	42200	55533
广东	1237821	164211	23883		415983	303081	220927	85183	198691	89613	46790
广西	384126	27176	15061	26	155179	119324	96544	19417	36869	27677	11074
海南	103887	19738	1159	2470	42042	19625	7596	4434	11746	7235	2672
重庆	319657	22632	13473	5	111281	80467	59045	24924	31603	17359	35271
四川	1330815	79392	52746		679939	229757	166578	65365	94867	45925	128750
贵州	1118607	94624	13971	50	607635	115608	70558	71682	72124	47184	142913
云南	393226	108372	5285		180428	47076	31003	13877	25313	17090	12875
西藏	19312	1465			13484	1488	130	1070	945	600	860
陕西	509977	43536	28391	22366	163527	63395	27426	48135	47608	22636	93018
甘肃	139070	9666	2498	34173	39577	27098	16989	5847	13194	7828	7018
青海	22746	1942	601	2750	9440	2214	584	2769	2863	1657	167
宁夏	65798	1520	698	6846	10916	13395	9856	6885	8441	5762	17097
新疆	45809	4641	1125	5587	15116	6208	860	4587	6450	3791	2095

【2018 年乡市政公用设施水平分省数据】 2018 年乡市政公用设施水平分省数据见表15。

2018年乡市政公用设施水平分省数据　　　　　　　　　　　　　　表 15

地区名称	人口密度（人/平方公里）	人均日生活用水量（升）	供水普及率（%）	燃气普及率（%）	人均道路面积（平方米）	排水管道暗渠密度（公里/平方公里）
上年	3,773	104.27	78.78	25.02	15.70	
全国	3807	91.88	79.23	25.61	18.03	6.46
北京	3945	141.78	92.37	34.33	15.11	10.10
天津	2317	76.41	76.25	42.84	21.09	5.66
河北	3047	86.12	80.74	30.96	14.47	2.59
山西	3113	80.03	79.14	17.18	16.79	3.79
内蒙古	2176	78.94	59.34	16.67	21.97	2.76
辽宁	3591	91.98	47.52	12.37	21.05	20.17
吉林	2828	75.30	69.19	9.86	17.56	3.08
黑龙江	2498	78.63	85.02	7.79	21.21	3.57
上海	3470	91.36	98.03	17.22	23.96	15.25
江苏	5014	89.60	97.17	90.77	20.39	11.93
浙江	4388	113.22	80.20	42.98	18.59	14.81
安徽	3850	110.68	79.25	31.87	18.93	7.61
福建	5289	109.63	90.11	67.04	15.95	9.43
江西	4421	99.28	78.56	35.95	15.61	8.61
山东	3637	80.40	91.13	47.30	20.57	7.93
河南	4413	91.53	73.10	11.69	17.59	5.33
湖北	2896	114.37	86.92	39.71	20.97	6.59
湖南	3721	105.08	65.95	25.48	17.21	4.98
广东	2762	90.48	93.58	52.13	14.63	9.22
广西	6476	93.91	88.00	54.77	17.59	8.59
海南	2504	93.05	84.30	76.04	21.42	3.77
重庆	4839	84.66	92.49	37.15	13.81	10.72
四川	4487	81.38	80.57	34.82	13.73	8.19
贵州	3736	98.00	80.90	8.72	23.36	7.05
云南	4675	97.05	93.12	8.18	18.25	7.77
西藏	4748	102.30	30.02	4.76	26.15	2.33
陕西	3435	87.13	78.66	13.58	19.22	6.18
甘肃	3529	70.55	85.65	8.27	15.60	5.56
青海	4551	87.43	61.14	0.35	14.80	4.66
宁夏	3545	82.64	91.38	10.94	23.16	6.25
新疆	3149	76.76	91.00	6.82	29.83	9.07

续表

地区名称	污水处理率（%）	污水处理厂集中处理率	人均公园绿地面积（平方米）	绿化覆盖率（%）	绿地率（%）	生活垃圾处理率（%）	无害化处理率
上年	17.19	8.20	1.65	13.18	7.49	72.99	23.62
全国	18.75	11.12	1.50	13.43	7.54	73.18	32.18
北京	44.32	29.55	2.75	22.99	14.27	92.82	92.82
天津	18.28	18.28	2.63	21.03	1.55	25.81	
河北	4.51	0.68	0.53	9.58	5.52	56.93	15.97
山西	5.11	1.58	1.56	19.91	10.59	45.43	9.81
内蒙古	4.37		0.62	10.45	6.34	34.45	1.54
辽宁	8.50	1.19	0.26	13.72	6.21	43.78	7.84
吉林	4.41	0.63	0.73	7.12	4.58	62.00	11.95
黑龙江	0.31	0.10	0.62	5.14	3.25	10.79	2.68
上海	56.38	47.55	0.76	31.33	19.83	93.61	93.61
江苏	54.00	48.39	5.30	26.90	20.95	98.80	89.06
浙江	45.26	14.22	1.92	13.87	7.36	87.46	57.16
安徽	44.97	35.31	2.58	19.45	10.51	94.51	89.19
福建	63.41	38.72	7.35	24.22	16.72	97.86	90.53
江西	21.07	10.62	1.45	11.05	7.65	86.14	39.33
山东	29.42	10.91	2.80	21.75	12.08	99.97	96.55
河南	13.73	9.62	1.77	18.12	5.89	85.19	22.73
湖北	19.30	10.86	1.58	9.91	5.61	87.67	53.42
湖南	5.80	1.93	1.44	20.51	11.84	73.47	26.31
广东	17.13	16.67	1.48	21.51	6.66	85.34	50.56
广西	7.71	5.02	1.80	12.20	7.85	95.30	32.03
海南	1.87	0.50	0.61	24.92	12.82	99.25	9.62
重庆	60.54	42.95	0.47	9.66	6.62	84.02	39.81
四川	34.28	21.65	0.53	7.95	5.29	85.70	30.01
贵州	20.77	13.69	1.73	9.66	6.03	79.49	38.36
云南	9.65	6.50	0.53	7.59	5.13	65.91	12.67
西藏	1.97		0.14	8.05	5.08	76.21	5.96
陕西	11.46	11.29	0.65	6.62	4.43	41.00	1.84
甘肃	13.07	4.68	0.87	9.35	5.67	54.68	21.44
青海			0.02	8.17	4.44	37.87	0.37
宁夏	24.70	18.42	0.43	8.07	5.58	75.38	20.28
新疆	3.75	1.73	1.02	16.81	12.47	30.36	4.23

【2018年乡基本情况分省数据】 2018年乡基本情况分省数据见表16。

2018年乡基本情况分省数据　　　　　　　　　表16

地区名称	乡个数（个）	建成区面积（公顷）	建成区户籍人口（万人）	建成区常住人口（万人）	规划建设管理					本年规划编制投入（万元）
					设有村镇建设管理机构的个数（个）	村镇建设管理人员（人）	专职人员	有总体规划的乡个数（个）	本年编制	
上年	10,314	633,750.13	2,504.2346	2,391.4404	7,662	19,400	12,301	7,558	615	67,728.11
全国	10210	653947.25	2531.23	2489.7979	7694	20987	13401	7528	485	84918.62
北京	14	475.48	2.01	1.876	14	67	31	12	0	505.00
天津	3	327.78	0.67	0.7595	3	20	14	2	0	90.00
河北	780	69086.06	216.39	210.5094	630	1601	1176	494	58	4408.01
山西	602	40985.52	122.45	127.5802	399	913	527	314	9	3710.20
内蒙古	257	21616.29	46.76	47.035	207	497	314	198	8	737.00
辽宁	195	11461.13	41.62	41.1575	192	276	231	157	5	769.40
吉林	164	13236.81	37.78	37.429	159	522	303	82	6	756.67
黑龙江	343	26504.62	77.76	66.2177	325	447	333	248	18	707.82
上海	2	136.38	0.55	0.4732	2	26	20	1	0	80.00
江苏	46	8574.12	42.98	42.9886	46	261	189	45	3	620.00
浙江	241	12337.76	56.31	54.1395	195	632	445	209	16	5582.89
安徽	260	29672.25	115.21	114.2263	216	671	413	221	16	2425.30
福建	267	15978.79	91.86	84.5047	253	542	365	257	10	1067.80
江西	558	40833.40	187.42	180.5246	540	1526	946	540	42	4759.60
山东	69	8659.63	32.31	31.4969	67	287	185	62	10	594.00
河南	584	86429.72	378.83	381.3976	563	2772	1846	497	24	8891.84
湖北	157	30367.36	82.59	87.9562	154	646	408	127	2	5391.00
湖南	381	36333.42	139.25	135.1938	317	1099	720	282	17	5427.10
广东	14	1020.50	3.94	2.8185	11	55	19	14	1	354.00
广西	313	11967.02	79.62	77.4982	308	723	527	289	4	811.75
海南	21	854.36	1.85	2.1394	21	38	23	21	0	151.85
重庆	184	6625.75	34.11	32.0589	176	467	347	168	15	1113.65
四川	2077	54194.47	246.54	243.1751	1188	2108	1219	1127	56	9753.38
贵州	304	24560.84	94.26	91.7646	292	639	420	272	34	7856.22
云南	549	30233.86	140.26	141.344	500	1650	981	500	33	1754.70
西藏	533	7084.88	34.06	33.6377	71	368	199	288	57	12947.93
陕西	22	1346.51	5.55	4.6257	16	27	17	14	1	280.60
甘肃	476	17804.22	64.12	62.8287	290	705	378	379	15	2644.30
青海	225	5775.25	27.00	26.2843	134	143	87	165	11	127.00
宁夏	87	4787.88	18.47	16.9713	80	154	86	82	8	392.60
新疆	482	34675.19	108.71	109.1858	325	1105	632	461	6	207.01

【2018年乡建设投资分省数据】 2018年乡建设投资分省数据见表17。

2018年乡建设投资分省数据

表 17

计量单位：万元

地区名称	合计	房屋				
		小计	房地产开发	住宅	公共建筑	生产性建筑
上年	6,530,841	4,779,054	492,144	3,191,181	1,064,524	523,349
全国	6208605	4455936	415571	3035526	995215	425195
北京	10624	7810	5540	6780	1030	
天津	10180	9630	9630	9630		
河北	210004	163214	19905	117190	22236	23789
山西	276459	219056	589	167642	19692	31722
内蒙古	52678	32439	1674	18298	7040	7101
辽宁	22726	11324	2871	7640	3179	505
吉林	45255	23812	5449	16421	5748	1644
黑龙江	34931	14865		8163	4391	2311
上海	660	350		200	150	
江苏	138025	95465	31185	65691	14759	15016
浙江	248849	111999	1796	73771	27759	10468
安徽	315516	179212	13033	115982	39616	23614
福建	264607	186404	73356	143638	28477	14289
江西	470322	350080	10414	238844	72473	38764
山东	160483	133481	8748	80465	27414	25603
河南	468506	332047	70513	257803	49708	24536
湖北	309007	178183	30564	93100	54877	30206
湖南	347728	271276	9388	184142	61286	25849
广东	8663	6489		4594	1541	354
广西	171774	122029	9588	79210	22150	20669
海南	2709	1722		1154	509	60
重庆	71109	35341	1896	27565	6391	1386
四川	618282	441877	22765	304230	115759	21888
贵州	390666	287589	8847	181599	81577	24413
云南	662209	544536	62697	417499	96140	30897
西藏	311243	230324	801	128552	91677	10094
陕西	20415	16120		13045	1339	1736
甘肃	152580	107875	5648	65954	30425	11496
青海	107754	94112		69148	19007	5956
宁夏	78416	51123	4082	33015	16701	1407
新疆	226225	196151	4594	104562	72164	19426

续表

地区名称	市政公用投资										其他
	小计	供水	燃气	集中供热	道路桥梁	排水	污水处理	园林绿化	环境卫生	垃圾处理	
上年	1,751,787	228,405	46,925	23,831	712,728	249,226	124,051	175,951	197,318	101,664	117,403
全国	1752669	212430	32809	49403	618273	328116	214758	192921	200581	105919	118137
北京	2814	122	15	1013	28	245	230	363	943	366	85
天津	550			62	40	201	1	4	243	63	
河北	46790	5045	5154	4914	16786	2274	766	3373	7753	3905	1491
山西	57403	2536	3999	23276	11436	4307	650	4608	5679	2582	1563
内蒙古	20239	2289	100	1394	6620	2159	506	3557	2726	1766	1394
辽宁	11402	814	23	1192	6617	125	72	562	1663	978	407
吉林	21442	1057		559	11636	3770	131	833	2448	1350	1139
黑龙江	20066	4702	1	25	6800	1348	35	1974	2926	659	2291
上海	310	60			20			50	180	47	
江苏	42559	2351	515	50	11225	12532	10975	5073	5664	2536	5149
浙江	136851	7018	216		33720	16744	10058	38616	11045	4841	29492
安徽	136304	18268	486		26946	32760	24064	33081	14248	7974	10515
福建	78203	7972	540		21568	23923	20400	7433	13017	8889	3749
江西	120242	16451	944		49706	16358	6572	12579	14469	8025	9735
山东	27002	5870	715	2741	6579	2488	737	3976	4035	1451	598
河南	136459	25628	5488	6456	37692	15096	6169	19767	19935	8230	6397
湖北	130824	7743	1026		41058	61391	55551	5664	9447	6329	4495
湖南	76452	10012	455	10	36271	10073	5266	4573	9990	6025	5068
广东	2175	215			235	834	511	93	327	140	471
广西	49745	3446	113		23084	10140	6443	3848	7066	4954	2048
海南	986	59	12		152	107	7	211	175	146	270
重庆	35768	4466	1503	1222	7450	13606	8687	1838	3814	2296	1869
四川	176406	21215	10560		73157	36682	25537	8363	17269	9809	9159
贵州	103077	11267	327	2	49153	16586	8246	10117	8580	5442	7045
云南	117672	34867	15	20	36560	19307	11524	10949	11623	7929	4331
西藏	80919	5510			158	55684	5969	1480	2331	7289	1013	3977
陕西	4295	296	112	82	556	566	197	467	1319	212	898
甘肃	44704	4761	154	4455	13672	8259	3865	2383	8540	4726	2482
青海	13643	1811		8	4861	2740	1220	1079	2841	1143	302
宁夏	27293	2044	233	1002	13502	5948	4562	1914	2154	805	496
新疆	30073	4534	102	763	15459	1578	295	3241	3173	1287	1223

【2018年镇乡级特殊区域市政公用设施水平分省数据】 2018年镇乡级特殊区域市政公用设施水平分省数据见表18。

2018年镇乡级特殊区域市政公用设施水平分省数据 表18

地区名称	人口密度（人/平方公里）	人均日生活用水量（升）	供水普及率（%）	燃气普及率（%）	人均道路面积（平方米）	排水管道暗渠密度（公里/平方公里）
上年	3,711	105.59	95.62	65.33	17.43	6.53
全国	3816	105.91	94.76	60.92	17.57	6.57
北京	2920	71.23	90.91	36.36	10.61	3.54
河北	2948	90.80	95.38	54.05	24.18	5.64
山西	4059	114.68	69.14		108.39	7.38
内蒙古	1636	78.62	62.30	3.22	20.83	2.45
辽宁	4150	72.19	77.62	38.35	13.04	4.31
吉林	5415	81.06	99.85		25.27	9.91
黑龙江	3888	80.24	98.14	47.31	15.27	6.39
上海	2376	56.75	99.01	58.53	15.07	1.90
江苏	6551	127.93	99.62	98.94	17.50	10.29
安徽	7077	114.08	79.92	39.17	13.89	14.84
福建	3771	104.79	87.51	84.05	26.17	7.49
江西	3114	95.79	91.13	69.35	16.13	4.64
山东	1717	71.20	91.18	66.25	23.19	6.41
河南	2724	112.24	53.83	8.28	52.13	6.02
湖北	3031	132.76	96.22	66.81	31.66	8.56
湖南	5702	100.94	61.97	20.83	12.49	4.50
广东	7521	106.19	22.32	9.32	30.42	5.38
广西	1206	105.69	99.95	69.38	23.86	3.55
海南	3857	160.36	87.74	22.21	14.33	5.92
云南	4859	101.69	95.16	12.21	16.63	7.44
甘肃	3727	83.53	100.00		21.14	0.30
宁夏	4283	80.44	91.33	42.78	16.11	6.08
新疆	2642	92.56	98.02	21.65	39.55	3.44
新疆兵团	3467	134.50	95.43	75.08	17.26	6.59

续表

地区名称	污水处理率（%）	污水处理厂集中处理率	人均公园绿地面积（平方米）	绿化覆盖率（%）	绿地率（%）	生活垃圾处理率（%）	无害化处理率
上年	52.06	45.07	5.52	23.30	16.03	72.64	39.36
全国	51.35	45.45	5.45	24.43	17.49	69.39	39.86
北京				10.33	10.33	100.00	100.00
河北	30.97	28.30	0.06	12.46	8.64	36.28	10.36
山西			5.45	4.63	2.28	20.33	14.70
内蒙古	0.88		0.46	11.47	3.78	23.96	12.11
辽宁	40.20	1.83	0.58	11.43	7.98	74.05	
吉林	15.78	4.62	1.68	11.73	1.73		
黑龙江	28.15	27.76	4.41	29.53	19.43	33.17	12.14
上海	37.00	37.00	1.64	23.87	33.69	100.00	54.30
江苏	78.11	63.10	8.71	26.29	22.77	99.97	94.10
安徽	17.19	8.40	4.28	22.43	12.06	99.86	99.83
福建	46.48	5.52	5.46	22.08	18.82	93.30	92.83
江西	18.57	11.87	0.41	7.47	5.26	90.74	34.29
山东	10.26	8.25	7.20	16.63	16.12	98.98	98.43
河南	10.00	9.41	5.14	21.10	4.66	70.30	
湖北	30.02	21.71	3.76	24.39	15.36	94.22	55.31
湖南	11.62	8.13	0.68	23.69	17.97	55.96	19.84
广东	5.83	5.18	0.13	17.69	9.41	98.58	27.15
广西	63.06	63.06		29.59	10.56	94.84	75.87
海南	45.95	45.95	3.21	8.57	1.43	45.59	14.59
云南	22.58			7.89	5.74	73.14	
甘肃			16.26	31.82	25.76	100.00	100.00
宁夏	13.58	4.28	0.64	13.90	11.39	41.52	25.27
新疆	1.48	1.48	1.50	17.64	10.45	54.52	22.32
新疆兵团	73.99	68.75	7.56	23.34	18.17	92.39	40.85

【2018年镇乡级特殊区域基本情况分省数据】 2018年镇乡级特殊区域基本情况分省数据见表19。

2018年镇乡级特殊区域基本情况分省数据

表 19

地区名称	镇乡级特殊区域个数（个）	建成区面积（公顷）	建成区户籍人口（万人）	建成区常住人口（万人）	规划建设管理					本年规划编制投入（万元）
					设有村镇建设管理机构的个数（个）	村镇建设管理人员（人）	专职人员	有总体规划的镇乡级特殊区域个数（个）	本年编制	
上年	703	136,878.86	472.6409	507.9938	554	3,112	1,869	545	22	8,406.13
全国	601	123828.61	421.62	472.52	501	2879	1771	464	21	3026.20
北京	1	113.00	0.36	0.33	1	6		1		150.00
河北	22	1968.02	5.85	5.80	19	47	41	14	1	5.00
山西	6	135.70	0.98	0.55	3	3	1			
内蒙古	31	2612.77	3.91	4.28	25	93	79	25		5.00
辽宁	27	1402.29	5.69	5.82	27	43	33	16		2.60
吉林	4	98.90	0.59	0.54	3	6	6	1		
黑龙江	175	48474.14	173.27	188.49	150	664	423	139	7	159.00
上海	2	2392.54	2.05	5.69	2	19	19	2		
江苏	20	10358.85	67.19	67.86	16	131	103	18		
安徽	14	791.45	5.16	5.60	12	202	117	10		
福建	8	756.00	2.50	2.85	7	14	8	8		
江西	20	1980.32	8.09	6.17	19	106	48	18	2	149.50
山东	6	2791.00	5.18	4.79	6	23	18	6	1	415.00
河南	5	1042.00	2.85	2.84	5	20	16	2		52.00
湖北	27	3507.05	11.03	10.63	24	156	79	25	1	145.00
湖南	13	270.40	1.56	1.54	9	10	10	5		
广东	10	846.57	2.72	6.37	8	12	9	7		24.60
广西	4	1148.67	1.06	1.38	4	160	53	3		
海南	9	2854.62	3.89	11.01	7	103	51	5	1	
云南	14	517.79	4.20	2.52	12	22	11	8		23.00
甘肃	1	6.60	0.03	0.0246	1	1	1	1		
宁夏	18	1412.24	5.40	6.05	17	67	33	16	1	28.00
新疆	34	1878.47	5.20	4.96	23	40	23	23		90.00
新疆兵团	130	36469.22	102.87	126.44	101	931	589	111	7	1777.50

【2018年镇乡级特殊区域建设投资分省数据】 2018年镇乡级特殊区域建设投资分省数据见表20。

2018年镇乡级特殊区域建设投资分省数据　　　　表20

计量单位：万元

地区名称	合计	房屋				
		小计	房地产开发	住宅	公共建筑	生产性建筑
上年	2,205,447	1,682,913	420,894	970,190	337,455	375,268
全国	1876783	1322035	749146	835074	278028	208933
北京	130					
河北	48578	14467	120	1204	255	13008
山西	1361	1360		760	500	100
内蒙古	5308	2468		2147	145	176
辽宁	7788	2125	600	1280	410	435
吉林	18					
黑龙江	371154	291754	248652	257298	18789	15666
上海	442481	440588	337486	337486	8000	95102
江苏	255499	164202	112462	97222	45380	21600
安徽	10965	9835		8825	345	665
福建	10390	8105	3820	6310	65	1730
江西	20251	16742		11505	1917	3320
山东	75130	57754	16741	18421	6882	32451
河南	787	80			80	
湖北	40459	18342		9814	5322	3206
湖南	2749	1511		1244	151	117
广东	1900	1525		1390	135	
广西	4667	3504		272	473	2759
海南	110335	10371		10172	12	186
云南	3683	2049		1397	652	
甘肃	570	410		155	120	135
宁夏	5370	1243		916		327
新疆	9603	3151		1687	1310	155
新疆兵团	447610	270450	29265	65570	187085	17795

数据统计与分析

续表

地区名称	市政公用投资										其他
	小计	供水	燃气	集中供热	道路桥梁	排水	污水处理	园林绿化	环境卫生	垃圾处理	
上年	522,534	46,887	21,631	103,599	173,111	60,658	21,849	131,674	46,241	25,674	111,844
全国	554748	21333	4960	44449	170005	72277	34013	99171	35095	20862	107456
北京	130	110							20	10	
河北	34111	36	323	878	29489	105	89	2719	489	202	72
山西	1					1					
内蒙古	2840	11	570	382	400	214		222	207	161	834
辽宁	5663	175	6	1490	1399	2003		123	361	220	106
吉林	18					16	1		2	2	
黑龙江	79401	6673	435	11601	18507	9893	5256	5797	10777	5696	15718
上海	1893				750	185		746	212	212	
江苏	91297	2002	515		13595	29312	9457	17768	10410	6763	17695
安徽	1130	442	30		142	95	30	256	155	51	10
福建	2285	85	50		1069	405	310	287	329	267	60
江西	3509	360			1185	643	417	381	481	271	458
山东	17376	260	620	1550	9600	443	170	2780	1433	753	690
河南	707	140	20		201	176	62	40	110		20
湖北	22117	656	177		3586	13825	12779	1084	1678	1235	1110
湖南	1238	105			448	269	11	133	218	111	65
广东	375				8	90	80	47	187	125	43
广西	1163	92			885	52	47	52	75	31	8
海南	99964	100			38265	2502	2502	30	160	120	58907
云南	1634	118			907	136	10	163	289	163	22
甘肃	160					0		160			
宁夏	4127	343	222	1015	1519	608	436	41	361	128	18
新疆	6451	588	84	699	3160	427		599	682	183	212
新疆兵团	177161	9038	1908	26835	44890	10878	2356	65745	6459	4159	11408

【2018年村庄基本情况分省数据】 2018年村庄基本情况分省数据见表21。

2018年村庄基本情况分省数据　　　　表21

地区名称	村庄建设用地面积（公顷）	村庄户籍人口（万人）	村庄常住人口（万人）	行政村个数（个）	自然村个数（个）	已编制村庄规划的行政村个数（个）	本年编制	占全部行政村比例（％）
全国	12923175.37	526826	86790	138826	301210	2451945	77132.71	1684.40
北京	89592.72	3589	1079	1205	1305	4597	327.19	1081.50
天津	60032.31	2954	785	1041	1128	2958	238.65	1679.98
河北	882040.57	44122	10026	14933	19163	65296	4599.12	1194.22
山西	409423.56	26261	10581	8199	7481	46614	1956.98	1412.94
内蒙古	272026.87	11057	2682	3767	4608	43553	1333.57	447.24
辽宁	427123.67	10821	377	1420	9024	47054	1729.43	3452.77
吉林	349818.37	9135	1357	2242	5536	37903	1313.40	2094.80
黑龙江	470102.56	9667	1489	2139	6039	35784	1739.31	3783.07
上海	65220.67	1532	132	217	1183	20271	306.59	1699.75
江苏	672246.21	14035	392	1537	12106	127483	3471.14	2606.42
浙江	317635.30	20282	3768	6203	10311	82674	2076.09	4926.10
安徽	599214.02	15027	837	2027	12163	183867	4460.42	6068.19
福建	254466.26	13297	1340	3509	8448	64013	1951.91	2764.02
江西	432776.33	17235	1924	3716	11595	158215	3055.16	3270.69
山东	1043557.81	66497	19958	24529	22010	90680	5236.64	4081.40
河南	951533.83	42426	3770	10506	28150	179229	6469.64	3807.00
湖北	585814.28	23063	1976	6237	14850	115076	3288.22	521.08
湖南	714010.63	23502	1413	3962	18127	105427	4098.92	1341.36
广东	707489.83	18191	932	2521	14738	146149	4625.51	4796.21
广西	520029.82	14149	469	1596	12084	174006	4082.75	2311.45
海南	117800.29	2919	334	580	2005	18877	553.36	3256.23
重庆	207583.58	8371	342	1151	6878	57237	1926.57	225.96
四川	762127.39	45643	7544	13482	24617	230373	5944.32	1924.16
贵州	378305.83	14477	978	2771	10728	75616	2767.44	1705.30
云南	498194.31	13770	966	1802	11002	130561	3412.73	356.53
西藏	38289.66	5391	3513	1401	477	18534	235.21	343.78
陕西	339005.82	16480	1273	4852	10355	69007	2127.84	1058.35
甘肃	324169.49	15982	2445	6003	7534	82245	1856.57	62.86
青海	57149.56	4140	1420	1636	1084	8494	369.34	1684.40
宁夏	67688.64	2315	187	449	1679	12759	390.04	1081.50
新疆	283346.47	8801	1513	2667	4621	15228	1096.04	1679.98
新疆兵团	23282.73	1643	988	526	129	1788	76.55	1194.22

【2018年村庄建设投资分省数据】2018年村庄建设投资分省数据见表22。

2018年村庄建设投资分省数据　　　　表22

计量单位：万元

地区名称	合计	房屋				
		小计	房地产开发	住宅	公共建筑	生产性建筑
上年	91,676,423	66,381,851	6,134,346	52,713,412	6,624,378	7,044,061
全国	98297078	67771853	5579816	53552513	7237201	6982140
北京	1175963	564012	40622	537150	21825	5037
天津	405724	106930	37107	81309	17045	8576
河北	2852628	1984144	213527	1453608	241882	288654
山西	1921904	1442264	75213	1248556	88355	105353
内蒙古	688110	505270	36639	418434	45900	40936
辽宁	787920	402745	74558	239840	27477	135429
吉林	798845	363418	89410	305455	36834	21129
黑龙江	620112	346585	1487	284339	10874	51372
上海	533416	97337	546	59956	27875	9505
江苏	5329008	3310479	292633	2177646	388115	744719
浙江	5363389	3530720	261767	2477280	434109	619331
安徽	4693664	3096027	320194	2433356	402944	259728
福建	3900430	3054165	841344	2338442	216337	499386
江西	3874481	3023474	124111	2542360	312302	168812
山东	8148860	5444271	800093	3797978	663841	982452
河南	4385740	3006487	416965	2413227	330533	262727
湖北	6630876	3877831	131789	3183541	383710	310580
湖南	4608275	3736744	239350	3023204	395250	318289
广东	6069241	4912300	866400	3927522	459616	525161
广西	3651927	2509615	29178	2171619	212883	125112
海南	593980	347993	9544	297863	34484	15646
重庆	1757753	999690	65120	892346	54224	53121
四川	7070747	5114128	140648	4423030	406760	284338
贵州	5401494	3389910	88373	2737976	351452	300482
云南	8251985	6083528	98546	5081199	791078	211251
西藏	630631	439060	4377	284767	138455	15838
陕西	2216671	1450679	50365	1096278	184822	169579
甘肃	1713151	1258944	79104	990241	138595	130108
青海	562653	468215	1027	412344	44017	11855
宁夏	459140	312517	8086	250498	37472	24548
新疆	2929200	2426482	92367	1896202	281582	248697
新疆兵团	254622	157954	49327	67729	56234	33991

续表

地区名称	市政公用设施										
	小计	供水	燃气	集中供热	道路桥梁	排水	污水处理	园林绿化	环境卫生	垃圾处理	其他
上年	25,294,572	2,916,704	1,503,687	459,717	12,261,771	3,052,214	1,441,659	1,876,827	2,944,529	1,356,313	1,867,339
全国	30525225	3680256	1446674	241102	12967250	3880435	2262182	2195947	4466982	2893703	1646578
北京	611951	34922	32135	3329	93799	81377	61917	204707	87730	20534	73951
天津	298794	47853	83785	11899	44862	28234	11969	32707	28762	8642	20692
河北	868485	54942	232468	34613	322352	43505	15003	62695	107152	67816	10758
山西	479640	39242	94536	65832	131717	38047	13585	31221	67736	26706	11309
内蒙古	182841	24938	1154	877	78088	13768	6907	22729	31241	16259	10046
辽宁	385174	31581	6571	7595	221483	27198	15813	17305	51988	29597	21452
吉林	435428	56814	23	8612	237953	41032	9801	12063	50981	25372	27950
黑龙江	273527	67719	248	1090	134047	10217	3604	8539	31845	10557	19822
上海	436079	11563	11608	23	68182	261592	149878	28175	30437	12383	24501
江苏	2018529	348919	31548	35	694218	377949	250843	181604	261870	118539	122386
浙江	1832669	176385	50774	1	547761	418059	252772	218490	225000	114506	196198
安徽	1597637	175614	17681	0	869571	161274	70520	114860	188725	97154	69912
福建	846265	165368	7040	0	294492	161972	114191	61525	109663	71125	46206
江西	851007	109874	6568	72	381325	109303	36835	60372	104356	61254	79137
山东	2704589	200173	401102	69260	962136	215793	82416	283095	379684	188163	193346
河南	1379253	177321	118550	6890	624884	116269	48664	110855	170424	74906	54059
湖北	2753045	223520	79266	577	554716	219613	130958	95024	1482897	1415528	97432
湖南	871532	132173	9037	225	414613	92215	28749	51149	112458	64907	59661
广东	1156941	195959	20648	0	355210	270181	184475	81483	178776	92941	54684
广西	1142313	102366	1153	50	816071	77214	46273	17091	99440	63468	28928
海南	245986	18586	845	0	133254	54795	37572	9422	23553	12030	5531
重庆	758063	66723	22755	62	514412	60460	34919	19735	52702	29644	21213
四川	1956619	231643	108668	0	1141089	164412	83851	71460	129573	66308	109773
贵州	2011584	301134	15351	1000	1167750	155348	90868	156484	91062	60429	123454
云南	2168456	323693	1924	0	1028931	517688	425058	49251	169079	60747	77892
西藏	191571	8643	0	312	160504	16013	7504	1853	3286	1261	960
陕西	765992	132650	71618	3516	349052	52530	11850	52622	74415	28903	29590
甘肃	454207	57109	938	5454	257910	21654	7792	19681	62765	32478	28694
青海	94438	18347	4213	422	39280	21189	9604	1630	8155	3432	1203
宁夏	146623	14313	3493	1374	83678	13911	6567	11267	15085	5985	3504
新疆	502718	123087	9410	15305	211683	34906	11363	62619	31042	9991	14666
新疆兵团	96668	6598	900	2275	29164	2604	24	43767	3870	1698	7490

2018年建筑业发展统计分析

2018年全国建筑业基本情况

2018年,在以习近平同志为核心的党中央坚强领导下,建筑业深入学习贯彻习近平新时代中国特色社会主义思想和党的十九大和十九届二中、三中全会精神,改革创新,开拓进取,加快推动建筑业改革发展,建筑业发展质量和效益不断提升。全国建筑业企业(指具有资质等级的总承包和专业承包建筑业企业,不含劳务分包建筑业企业,下同)完成建筑业总产值235085.53亿元,同比增长9.88%;完成竣工产值120786.22亿元,同比增长3.42%;签订合同总额494409.05亿元,同比增长12.49%,其中新签合同额272854.07亿元,同比增长7.14%;房屋施工面积140.89亿平方米,同比增长6.96%;完成房屋竣工面积41.35亿平方米,同比下降1.33%;实现利润8104亿元,同比增长8.17%。截至2018年底,全国有施工活动的建筑业企业95400个,同比增长8.34%;从业人数5563.30万人,同比增长0.48%;按建筑业总产值计算的劳动生产率为373187元/人,同比增长7.40%。

【建筑业增加值增速仍低于国内生产总值增速但支柱产业地位依然稳固】 经初步核算,2018年全年国内生产总值900309亿元,比上年增长6.60%。全年全社会建筑业实现增加值61808亿元,比上年增长4.50%,增速低于国内生产总值增速2.10个百分点(参见图6)。

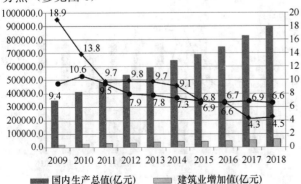

图6　2009—2018年国内生产总值、建筑业增加值及增速

2009年以来,建筑业增加值占国内生产总值的比例始终保持在6.5%以上。2018年达到了6.87%的较高点,在2015年、2016年连续两年下降后连续两年出现回升(参见图7),建筑业国民经济支柱产业的地位稳固。

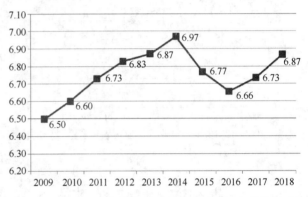

图7　2009—2018年建筑业增加值占国内生产总值比重

【建筑业总产值增速略有下降　占固定资产投资比重进一步扩大】 近年来,随着我国建筑业企业生产和经营规模的不断扩大,建筑业总产值持续增长,2018年达到235085.53亿元,比上年增长9.88%,增速比上年降低了0.65个百分点(参见图8)。

图8　2009—2018年全国建筑业总产值及增速

2018年,固定资产投资(不含农户,下同)635636亿元,比上年增长5.90%,在总量保持增长的情况下增速继续呈下滑态势(参见图9)。与之相反,建筑业总产值占固定资产投资的比重连续两年保持扩大态势,2018年达到36.98%(参见图10)。

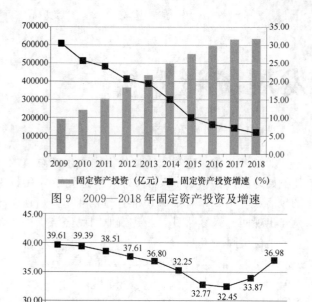

图9 2009—2018年固定资产投资及增速

图10 2009—2018年建筑业总产值占固定资产投资的比重

【建筑业从业人数和企业数量增加 劳动生产率再创新高】2018年底，全社会就业人员总数77586万人，其中，建筑业从业人数5563.30万人，比上年末增加26.40万人，增长0.48%。建筑业从业人数占全社会就业人员总数的7.17%，比上年提高0.04个百分点，占比再创新高（参见图11）。建筑业在吸纳农村转移人口就业、推进新型城镇化建设和维护社会稳定等方面继续发挥显著作用。

截至2018年底，全国共有建筑业企业95400个，比上年增加7326个，增速为8.32%，比上年增加了2.23个百分点，增速连续三年增加（参见图12）。国有及国有控股建筑业企业6880个，比上年增加80个，占建筑业企业总数的7.21%，比上年下降了0.51个百分点。

2018年，按建筑业总产值计算的劳动生产率为373187元/人，比上年增长7.40%，增速比上年提高4.29个百分点，劳动生产率水平再创新高（参见图13）。

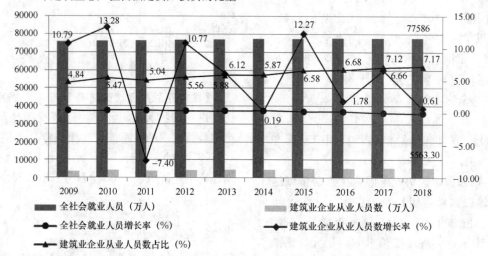

图11 2009—2018年全社会就业人员总数、建筑业从业人数增长情况

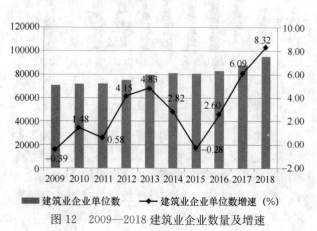

图12 2009—2018建筑业企业数量及增速

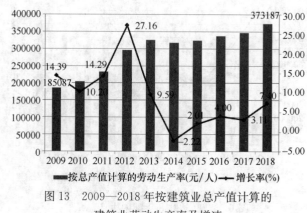

图13 2009—2018年按建筑业总产值计算的建筑业劳动生产率及增速

【建筑业企业利润总额继续保持增长态势　行业产值利润率连续两年出现下滑】 2018年，全国建筑业企业实现利润总额7974.82亿元，比上年增加483.04亿元，增速为6.45%，增速比上年降低0.79个百分点（参见图14）。

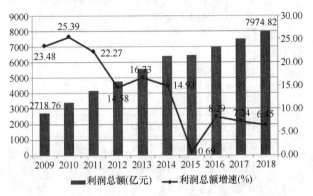

图14　2009—2018年全国建筑业企业利润总额及增速

近10年来，建筑业产值利润率（利润总额与总产值之比）一直在3.5%上下徘徊。2018年，建筑业产值利润率为3.39%，比上年降低了0.11个百分点，连续两年出现下滑（参见图15）。

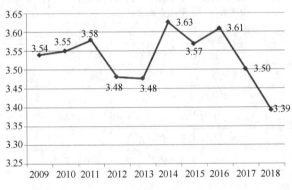

图15　2009—2018年建筑业产值利润率

【建筑业企业签订合同总额、新签合同额总量保持增长　但增速双双放缓】 2018年，全国建筑业企业签订合同总额494409.05亿元，比上年增长12.49%，增速比上年下降5.61个百分点。其中，本年新签合同额272854.07亿元，比上年增长了7.14%，增速比上年下降13.27个百分点（参见图16）。本年新签合同额占签订合同总额比例为55.19%，比上年降低了2.75个百分点（参见图17）。

【房屋施工面积增速连续三年保持增长、竣工面积增速继续下降　住宅竣工面积占房屋竣工面积近七成】 2018年，全国建筑业企业房屋施工面积140.89亿平方米，比上年增长6.96%，增速连续三年保持增长。竣工面积41.35亿平方米，比上年下

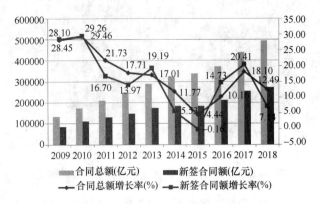

图16　2009—2018年全国建筑业企业签订合同总额、新签合同额及增速

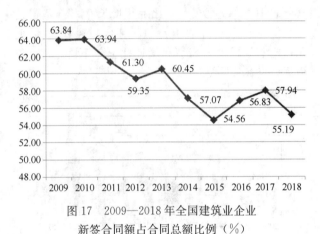

图17　2009—2018年全国建筑业企业新签合同额占合同总额比例（%）

降1.33%，连续两年出现下降（参见图18）。

图18　2009—2018年建筑业企业房屋施工面积、竣工面积及增速

从全国建筑业企业房屋竣工面积构成情况看，住宅竣工面积占比最大，为67.33%；厂房及建筑物竣工面积占12.35%；商业及服务用房竣工面积、办公用房屋竣工面积分别占6.82%和5.07%；其他种类房屋竣工面积占比均在5%以下（参见图19）。

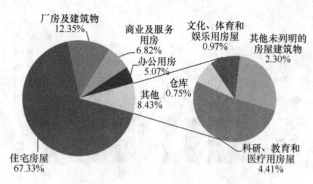

图19 2018年全国建筑业企业房屋竣工面积构成

【对外承包工程完成营业额增速下降、新签合同额出现负增长 69家企业入选ENR全球最大250家国际承包商】2018年,我国对外承包工程业务完成营业额1690.40亿美元,比上年增长0.27%,增速比上年降低5.48个百分点。新签合同额2418亿美元,比上年减少8.85%,增速比上年下降了17.57个百分点(参见图20)。

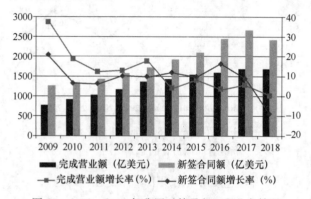

图20 2009—2018年我国对外承包工程业务情况

2018年,我国对外劳务合作派出各类劳务人员49.2万人,较上年同期减少3万人;其中承包工程项下派出22.7万人,劳务合作项下派出26.5万人。12月末在外各类劳务人员99.7万人,较上年同期增加1.7万人。

美国《工程新闻记录》(简称"ENR")杂志公布的2018年度全球最大250家国际承包商共实现海外市场营业收入4824亿美元,比上一年度增长了3.1%,终止了持续三年的下滑趋势。我国内地共有69家企业入选2018年度全球最大250家国际承包商榜单,入选数量比上一年度增加了4家。入选企业共实现海外市场营业收入1141亿美元,比上年增长了15.6%,占250家国际承包商海外市场营业收入总额的23.7%,比上年提高2.6个百分点。

69家上榜企业中,有32家企业排名比上一年度有所提升,23家企业排名下降,排名未发生变化的3家,新进榜企业11家。中国交通建设股份有限公司连续11年排名中国上榜企业首位,名次继续保持在第3位。中国建筑集团有限公司也首次进入10强,排在第8位(参见表23)。

2018年度ENR全球最大250家国际承包商中的中国内地企业　表23

序号	公司名称	2018年度	2017年度	海外市场收入(百万美元)
1	中国交通建设集团有限公司*	3	3	23102.0
2	中国建筑集团有限公司*	8	11	13971.7
3	中国电力建设集团有限公司*	10	10	12242.7
4	中国铁道建筑有限公司*	14	23	7003.0
5	中国铁路工程集团有限公司*	17	21	6098.0
6	中国能源建设集团有限公司*	21	27	5459.3
7	中国机械工业集团公司	25	31	4509.4
8	中国石油工程建设(集团)公司	33	73	3699.6
9	中国冶金科工集团有限公司	44	48	2862.2
10	中国化学工程集团有限公司*	46	50	2729.4
11	中国石化工程建设有限公司	55	53	2112.4
12	中信建设有限责任公司	56	56	2086.0
13	青建集团股份公司	62	64	1804.6
14	哈尔滨电气国际工程有限公司	65	67	1627.8
15	中国电力技术装备有限公司	80	93	1073.3
16	特变电工股份有限公司	83	84	982.5
17	中国有色金属建设股份有限公司	85	106	967.0
18	浙江省建设投资集团有限公司	87	94	920.6
19	威海国际经济技术合作股份有限公司	88	**	920.3
20	中国中原对外工程有限公司	89	96	914.7
21	中国水利电力对外公司	90	83	901.7
22	中国江西国际经济技术合作公司	92	90	878.6
23	北方国际合作股份有限公司	94	103	824.6
24	中煤建设集团有限公司	97	95	802.2
25	上海电气集团股份有限公司	100	141	763.1
26	中国通用技术(集团)控股有限责任公司	102	104	761.0
27	上海建工集团	109	117	680.8

续表

序号	公司名称	2018年度	2017年度	海外市场收入（百万美元）
28	新疆兵团建设工程（集团）有限责任公司	110	108	680.2
29	中地海外建设集团	111	102	661.7
30	中国航空技术国际工程有限公司	118	**	607.8
31	中国地质工程集团公司	120	126	560.1
32	北京建工集团有限责任公司	123	142	548.9
33	中原石油工程有限公司	125	124	536.3
34	江苏省建集团	126	**	520.1
35	中国江苏国际经济技术合作公司	129	115	503.0
36	中国武夷实业股份有限公司	130	131	489.8
37	云南建工集团有限公司	132	159	477.8
38	江苏南通三建集团股份有限公司	133	143	471.9
39	神州长城股份有限公司	138	**	459.9
40	烟建集团有限公司	140	146	452.0
41	安徽省外经建设（集团）有限公司	143	116	429.7
42	中国成套设备进出口（集团）总公司	144	163	413.0
43	中国河南国际合作集团有限公司	145	150	400.7
44	中鼎国际工程有限责任公司	146	127	400.4
45	北京城建集团	148	180	391.8
46	沈阳远大铝业工程有限公司	152	149	358.4
47	东方电气股份有限公司	155	132	340.6
48	中钢设备有限公司	157	129	333.5
49	江西江联国际工程有限公司	158	**	333.2
50	上海城建（集团）公司	162	153	324.5
51	江西水利水电建设有限公司	174	**	261.3
52	山东德建集团有限公司	175	177	259.7
53	南通建工集团股份有限公司	182	179	233.8
54	烟台国际经济技术合作集团有限公司	185	202	232.5
55	中铝国际工程股份有限公司	186	245	223.7
56	安徽建工集团有限公司	192	147	199.6
57	江苏南通六建建设集团有限公司	201	185	174.3
58	中国山东对外经济技术合作集团有限公司	204	139	172.0
59	重庆对外建设（集团）有限公司	207	203	158.4
60	安徽水安建设集团有限公司	210	**	150.9
61	湖南建工集团	211	**	148.5
62	浙江省交通工程建设集团有限公司	215	210	138.1
63	中国甘肃国际经济技术合作总公司	216	193	135.0
64	中国大连国际经济技术合作集团有限公司	219	181	130.3
65	江苏中南建筑产业集团有限责任公司	222	228	121.1
66	湖南路桥建设集团有限公司	242	**	89.4
67	北京住总集团有限责任公司	243	240	81.2
68	蚌埠市国际经济技术合作有限公司	244	**	79.3
69	山西建设投资集团有限公司	246	**	69.0

**表示未进入2018年度250强排行榜

2018年全国建筑业发展特点

【苏、浙两省建筑业总产值继续雄踞行业龙头 藏、黔两省区增速较】 2018年，江苏、浙江两省依然领跑全国各地区建筑业，江苏建筑业总产值首次突破3万亿，完成30846.66亿元，浙江完成28756.20亿元，两省建筑业总产值共占全国建筑业总产值的25.35%，比上年减少了0.45个百分点。

除苏、浙两省外，总产值超过1万亿元的还有湖北、广东、四川、山东、福建、河南和北京7个省市，上述9省市完成的建筑业总产值占全国建筑业总产值的63.03%（参见图21）。

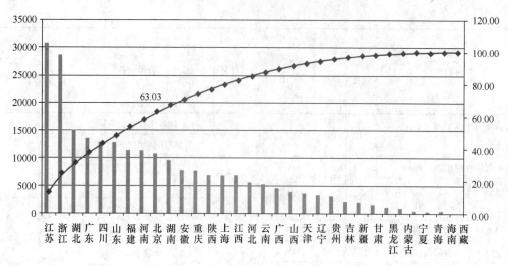

图21　2018年全国各地区建筑业总产值排序

从各地区建筑业总产值增长情况看，有24个地区的建筑业总产值增长，14个地区的增速高于上年。广东、西藏、福建、安徽和云南分别以20.59%、16.83%、15.56%、15.51%和15.49%的增速位居前五位。7个地区的建筑业总产值出现负增长，其中，黑龙江、新疆、天津出现了低于-10%的负增长，分别为-23.45%、-13.10%和-11.06%（参见图22）。

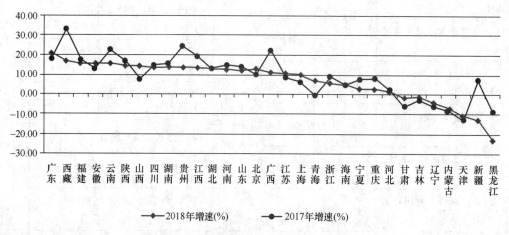

图22　2017—2018年各地区建筑业总产值增速

【新签合同额增速放缓　11个地区出现负增长】2018年，全国建筑业企业新签合同额272854.07亿元，比上年增长7.14%，增速较上年降低了13.27个百分点。浙江、江苏两省建筑业企业新签合同额继续占据前两位，分别达到30435.75亿元、29746.22亿元，占各自签订合同额总量的62.92%、58.91%，分别比上年增长了4.82%和8.95%。新签合同额超过1万亿元的还有广东、湖北、北京、山东、四川、福建、河南、上海、湖南等9个地区。新签合同额增速超过10%的有西藏、广东、福建、山东、云南、河南、四川、上海、安徽等9个地区，分别增长64.64%、21.33%、20.56%、15.98%、14.78%、14.75%、11.73%、11.39%、10.22%。11个地区新签合同额出现负增长，其中，新疆、黑龙江、宁夏的负增长超过了15%（参见图23）。

【大部分地区跨省完成建筑业产值持续增长且增速加快　外向度总体呈上升状态】2018年，各地区跨省完成的建筑业产值82155.69亿元，比上年增长10.44%，增速同比降低1.50个百分点。跨省完成建筑业产值占全国建筑业总产值的34.95%，比上年提高0.18个百分点。

跨省完成的建筑业产值排名前两位的仍然是江苏和浙江，分别为14287.00亿元、14106.65亿元。两省跨省产值之和占全部跨省产值的比重为34.56%。北京、湖北、福建、上海、湖南、广东、四川、河南、江西、山东、天津和陕西12个地区，跨省完成的建筑业产值均超过 2000 亿元。从增速上看，西藏、新疆、内蒙古和广东排在前四位，分别为 355.43%、107.72%、33.81% 和 32.96%。甘肃、黑龙江、天津 3 个地区出现负增长。

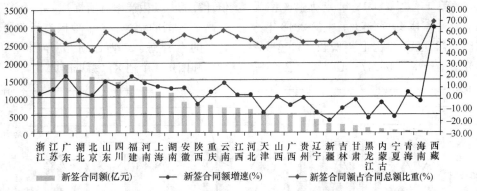

图 23　2018 年各地区建筑业企业新签合同额、增速及占合同总额比重

从外向度（即本地区在外省完成的建筑业产值占本地区建筑业总产值的比例）来看，排在前三位的地区为北京、上海、天津，分别为 71.56%、56.76% 和 56.33%。外向度超过 30% 的还有浙江、江苏、福建、青海、湖北、山西、江西、河北和湖南等 9 个省市（参见图 24）。

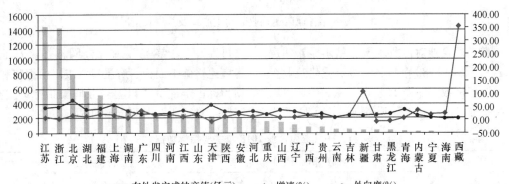

图 24　2018 年各地区跨省完成的建筑业总产值、增速及外向度

【多数地区建筑业从业人数增加、劳动生产率提高】 2018 年，全国建筑业从业人数超过百万的地区共 16 个，比上年减少 1 个。江苏、浙江依然是从业人数大省，人数分别达到 811.03 万人、794.93 万人。福建、四川、山东、河南、广东、湖南、湖北、重庆等 8 个地区从业人数均超过 200 万人，分别为 433.59 万人、352.92 万人、329.05 万人、291.96 万人、280.87 万人、260.17 万人、243.42 万人和 226.47 万人。与上年相比，14 个地区的从业人数增加，其中，增加人数超过 20 万人的有福建、江苏、广东等 3 个地区，分别增加了 54.23 万人、38.28 万人和 20.47 万人；17 个地区的从业人数减少，其中，湖北、辽宁、云南、河北等 4 个地区减少的人数均超过 15 万人。从业人数增速超过 10% 的有西藏、福建、陕西等 3 个地区，增速分别为 23.31%、14.30% 和 11.57%；辽宁、黑龙江、湖北、云南等 4 个地区的降幅均超过 15%（参见图 25）。

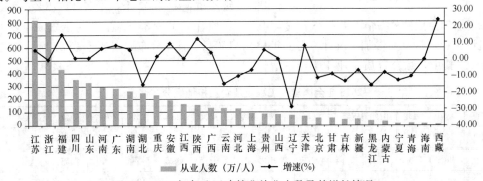

图 25　2018 年各地区建筑业从业人数及其增长情况

2018年,按建筑业总产值计算的劳动生产率排序前三位的地区是湖北、上海和北京。湖北取代了北京连续6年的第1位置,2018年劳动生产率为595205元/人,比上年增长17.57%;上海2018年劳动生产率为583972元/人,比上年增长了9.67%;北京2018年劳动生产率为552473元/人,比上年降低了2.09%。12个地区按建筑业总产值计算的劳动生产率高于全国平均水平,25个地区按建筑业总产值计算的劳动生产率有所提高,其中17个地区的增速高于全国的增速;6个地区有所降低。增速超过10%的有青海、江西、湖北、河北、山东、吉林、湖南和四川8个地区(参见图26)。

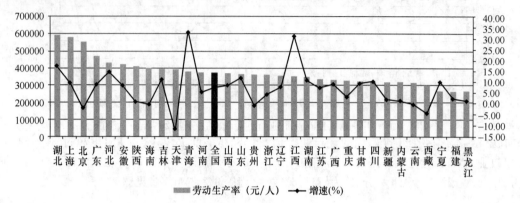

图26 2018年各地区建筑业劳动生产率及其增长情况

【特、一级资质企业对行业发展贡献明显】 住房和城乡建设部汇总的6782个特、一级资质建筑业企业2018年主要指标数据如表24所示。从表中可以看出,上报数据的特、一级资质企业数量占比为7.11%,但新签工程承包合同额、建筑业总产值、房屋建筑施工面积、房屋建筑竣工面积和利润总额5项指标占全部资质以上企业同类指标的比重均超过55%,对行业发展的贡献明显。

特、一级资质企业2018年主要指标数据   表24

指标名称	全部资质以上企业			特、一级资质企业		
	2017年	比上年增长	增速(%)	2017年	占全部资质以上企业的比重(%)	占比比上年增加百分点
企业数量	88059	5042	6.07	7667	8.71	-0.58
新签工程承包合同额(亿元)	254665.71	43168.91	20.41	213892.00	83.99	19.85
建筑业总产值(亿元)	213953.96	20387.18	10.53	152186.49	71.13	12.40
房屋建筑施工面积(万平方米)	1317195.36	52979.09	4.19	1067554.96	81.05	14.84
房屋建筑竣工面积(万平方米)	419074.06	-3308.21	-0.78	288526.73	68.85	11.22
利润总额(亿元)	7661	674.95	9.66	4500.96	58.75	9.01

(中国建筑业协会 哈尔滨工业大学 赵峰 王要武 金玲 李晓东 徐亚军)

2018年建设工程监理行业基本情况

【建设工程监理企业的分布情况】 2018年全国共有8393个建设工程监理企业参加了统计,与上年相比增长5.64%。其中,综合资质企业191个,增长15.06%;甲级资质企业3677个,增长4.02%;乙级资质企业3502个,增长11.78%;丙级资质企业1013个,减少8.49%;事务所资质企业10个,增长150%。具体分布如表25~表27所示。

2018年全国建设工程监理企业按地区分布情况   表25

地区名称	北京	天津	河北	山西	内蒙古	辽宁	吉林	黑龙江	上海	江苏	浙江	安徽	福建	江西	山东	河南
企业个数	329	121	321	229	166	295	190	218	215	754	525	344	446	182	553	316
地区名称	湖北	湖南	广东	广西	海南	重庆	四川	贵州	云南	西藏	陕西	甘肃	青海	宁夏	新疆	合计
企业个数	272	271	563	213	62	118	421	191	176	9	428	195	75	65	130	8393

数据统计与分析

2018年全国建设工程监理企业按工商登记类型分布情况 表26

工商登记类型	国有企业	集体企业	股份合作	有限责任	股份有限	私营企业	其他类型
企业个数	500	47	34	5117	370	2207	118

2018年全国建设工程监理企业按专业工程类别分布情况 表27

资质类别	综合资质	房屋建筑工程	冶炼工程	矿山工程	化工石油工程	水利水电工程	电力工程	农林工程
企业个数	191	6610	22	39	137	111	376	16
资质类别	铁路工程	公路工程	港口与航道工程	航天航空工程	通信工程	市政公用工程	机电安装工程	事务所资质
企业个数	51	39	6	8	47	729	1	10

注：本统计涉及专业资质工程类别的统计数据，均按主营业务划分。

【建设工程监理企业从业人员情况】 2018年年末工程监理企业从业人员1169275人，与上年相比增长9.1%。其中，正式聘用人员806029人，占年末从业人员总数的68.93%；临时聘用人员363246人，占年末从业人员总数的31.07%；工程监理从业人员为787514人，占年末从业总数的67.35%。

2018年年末工程监理企业专业技术人员942803人，与上年相比增长3.09%。其中，高级职称人员143263人，中级职称人员404455人，初级职称人员223297人，其他人员171788人。专业技术人员占年末从业人员总数的80.63%。

2018年年末工程监理企业注册执业人员为310670人，与上年相比增长8.57%。其中，注册监理工程师为178173人，与上年相比增长8.68%，占总注册人数的57.35%；其他注册执业人员为132497人，占总注册人数的42.65%。

【建设工程监理企业业务承揽情况】 2018年工程监理企业承揽合同额5902.42亿元，与上年相比增长48.94%。其中工程监理合同额1917.05亿元，与上年相比增长14.36%；工程勘察设计、工程招标代理、工程造价咨询、工程项目管理与咨询服务、工程施工及其他业务合同额3985.37亿元，与上年相比增长74.29%。工程监理合同额占总业务量的32.48%。

【建设工程监理企业财务收入情况】 2018年工程监理企业全年营业收入4314.42亿元，与上年相比增长31.47%。其中工程监理收入1323.81亿元，与上年相比增长11.68%；工程勘察设计、工程招标代理、工程造价咨询、工程项目管理与咨询服务、工程施工及其他业务收入2990.61亿元，与上年相比增长42.66%。工程监理收入占总营业收入的30.68%。其中21个企业工程监理收入突破3亿元，59个企业工程监理收入超过2亿元，215个企业工程监理收入超过1亿元，工程监理收入过亿元的企业个数与上年相比增长23.56%。

（住房和城乡建设部建筑市场监管司）

2018年工程建设项目招标代理机构基本情况

【工程招标代理机构的分布情况】 2018年度参加统计的全国工程招标代理机构共7717个，比上年增长24.31%。按照企业登记注册类型划分，国有企业和国有独资公司共276个，股份有限公司和其他有限责任公司共3757个，私营企业3528个，港澳台投资企业2个，外商投资企业4个，其他企业150个。具体分布如表28、表29所示。

2018年全国工程招标代理机构地区分布情况 表28

地区名称	北京	天津	河北	山西	内蒙古	辽宁	吉林	黑龙江	上海	江苏	浙江	安徽	福建	江西	山东	河南
企业个数	307	151	297	211	227	338	230	135	150	528	362	258	252	206	673	237
地区名称	湖北	湖南	广东	广西	海南	重庆	四川	贵州	云南	西藏	陕西	甘肃	青海	宁夏	新疆	合计
企业个数	241	314	525	210	161	88	268	127	270	9	242	155	156	116	273	7717

2018年全国工程招标代理机构拥有资质数量情况 表29

资质数量	具有单一招标代理机构资格的企业	具有两个及两个以上资质的企业
企业个数	2426	5291

【工程招标代理机构的人员情况】 2018年年末工程招标代理机构从业人员合计617584人，比上年增长2.22%。其中，正式聘用人员563336人，占年末从业人员总数的91.22%；临时工作人员54248人，占年末从业人员总数的8.78%。

2018年年末工程招标代理机构正式聘用人员中专业技术人员合计463950人，比上年增长1.49%。其中，高级职称人员74212人，中级职称201655人，初级职称109240人，其他人员78843人。专业技术人员占年末正式聘用人员总数的82.36%。

2018年年末工程招标代理机构正式聘用人员中注册执业人员合计140223人，比上年增长4.41%。其中，注册造价工程师60459人，占总注册人数的43.12%；注册建筑师1092人，占总注册人数的0.78%；注册工程师3403人，占总注册人数的2.43%；注册建造师28540人，占总注册人数的20.35%；注册监理工程师46062人，占总注册人数的32.85%；其他注册执业人员667人，占总注册人数的0.48%。

【工程招标代理机构的业务情况】2018年度工程招标代理机构工程招标代理中标金额156335.11亿元，比上年增长14.02%。其中，房屋建筑和市政基础设施工程招标代理中标金额125091.57亿元，占工程招标代理中标金额的80.02%；招标人为政府和国有企事业单位工程招标代理中标金额124804.96亿元，占工程招标代理中标金额的79.83%。

2018年度工程招标代理机构承揽合同约定酬金合计2057.85亿元，比上年增长28.17%。其中，工程招标代理承揽合同约定酬金为265.9亿元，占总承揽合同约定酬金的12.92%；工程监理承揽合同约定酬金为592.25亿元；工程造价咨询承揽合同约定酬金为631.36亿元；项目管理与咨询服务承揽合同约定酬金为173.37亿元；其他业务承揽合同约定酬金为394.97亿元。

【工程招标代理机构的财务情况】2018年度工程招标代理机构的营业收入总额为4520.38亿元，比上年增长98.52%。其中，工程招标代理收入950.35亿元，占营业收入总额的21.02%；工程监理收入495.43亿元，工程造价咨询收入591.78亿元，工程项目管理与咨询服务收入791.95亿元，其他收入1690.86亿元。

2018年度工程招标代理机构的营业成本合计2866.24亿元，营业税金及附加合计92.92亿元，营业利润合计593.61亿元，利润总额合计478.86亿元，所得税合计60.61亿元，负债合计5911.41亿元，所有者权益合计2560.34亿元。

（住房和城乡建设部建筑市场监管司）

2018年工程勘察设计企业基本情况

【企业总体情况】2018年全国共有23183个工程勘察设计企业参加了统计。其中，工程勘察企业2057个，占企业总数8.9%；工程设计企业20604个，占企业总数88.9%；工程设计与施工一体化企业522个，占企业总数2.2%。

【从业人员情况】2018年全国工程勘察设计行业年末从业人员447.3万人，年末专业技术人员188.2万人。其中，具有高级职称人员40万人，占从业人员总数的9%；具有中级职称人员67.7万人，占从业人员总数的15.1%。

【业务完成情况】2018年工程勘察新签合同额合计1290.7亿元，与上年相比增加12.2%。

工程设计新签合同额合计6616.4亿元，与上年相比增加20%。其中，房屋建筑工程设计新签合同额1947.6亿元，市政工程设计新签合同额888.1亿元。

工程总承包新签合同额合计41585.9亿元，与上年相比增加21.4%。其中，房屋建筑工程总承包新签合同额15530.9亿元，市政工程总承包新签合同额5442.6亿元。

其他工程咨询业务新签合同额合计859.7亿元，与上年相比增加23%。

【财务情况】2018年全国工程勘察设计企业营业收入总计51915.2亿元。其中，工程勘察收入914.8亿元，占营业收入的1.8%；工程设计收入4609.2亿元，占营业收入的8.9%；工程总承包收入26046.1亿元，占营业收入的50.2%；其他工程咨询业务收入657.3亿元，占营业收入的1.3%。

工程勘察设计企业全年利润总额2453.8亿元，与上年相比增加12.1%；企业净利润2045.4亿元，与上年相比增加13.7%。

【科技活动状况】2018年全国工程勘察设计行业科技活动费用支出总额为1178亿元，与上年相比增加17.8%；企业累计拥有专利20.2万项，与上年相比增加16.3%；企业累计拥有专有技术4.7万项，与上年相比增加6.8%。

（住房和城乡建设部建筑市场监管司）

2018年房屋市政工程生产安全事故情况通报

【总体情况】2018年，全国共发生房屋市政工程生产安全事故734起、死亡840人，与上年相比，事故起数增加42起、上升6.1%，死亡人数增加33人、上升4.1%（参见图27、图28）。其中，宁夏、四川、黑龙江、河北、海南、陕西、北京、青海、上海、山东、辽宁、福建、甘肃、河南、重庆等15个地区事故起数同比上升，宁夏、四川、黑龙江、河北、北京、上海、青海、海南、辽宁、山东、安徽、陕西、福建、甘肃等14个地区死亡人数同比上升（参见表30）。

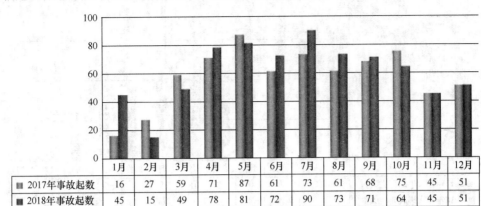

图27　2017—2018年事故起数情况

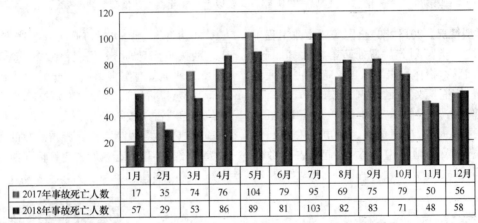

图28　2017—2018年事故死亡人数情况

【较大及以上事故情况】 2018年，全国共发生房屋市政工程生产安全较大及以上事故22起、死亡87人，与上年相比，事故起数减少1起、下降4.3%，死亡人数减少3人、下降3.3%（参见图29、图30）。全国15个地区发生较大及以上事故。其中，广东发生重大事故1起、死亡12人，较大事故2起、死亡7人；安徽发生较大事故2起、死亡10人；山东发生较大事故2起、死亡9人；上海、广西、贵州各发生较大事故2起、死亡6人；江西、河南、海南、宁夏各发生较大事故1起、死亡4人；天津、河北、湖北、四川、陕西各发生较大事故1起、死亡3人。广东省佛山市轨道交通2号线一期工程"2·7"透水坍塌重大事故，造成严重人员伤亡和财产损失，教训极其惨痛。

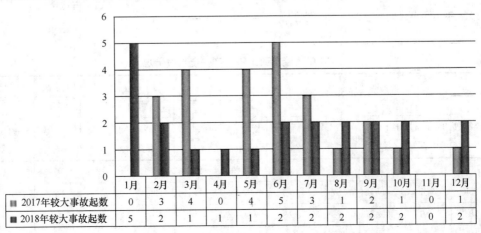

图29　2017—2018年较大及以上事故起数情况

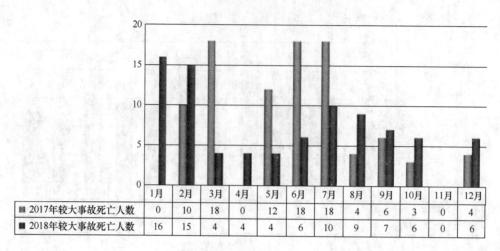

图 30　2017—2018 年较大及以上事故死亡人数情况

【事故类型情况】2018 年，全国房屋市政工程生产安全事故按照类型划分，高处坠落事故 383 起，占总数的 52.2%；物体打击事故 112 起，占总数的 15.2%；起重伤害事故 55 起，占总数的 7.5%；坍塌事故 54 起，占总数的 7.3%；机械伤害事故 43 起，占总数的 5.9%；车辆伤害、触电、中毒和窒息、火灾和爆炸及其他类型事故 87 起，占总数的 11.9%。不同事故类型起数所占比例情况如图 31 所示。

2018 年，全国房屋市政工程生产安全较大及以上事故按照类型划分，坍塌事故 10 起，占事故总数的 45.5%；起重伤害事故 4 起，占总数的 18.2%；中毒和窒息事故 3 起，占总数的 13.7%；高处坠落事故 2 起，占总数的 9.1%；机械伤害事故、触电事故和其他事故各发生 1 起，各占总数的 4.5%。不同较大事故类型事故起数所占比例情况如图 32 所示。

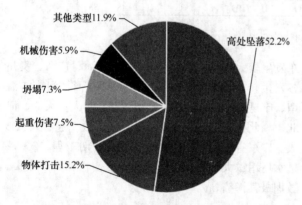

图 31　2018 年不同事故类型起数所占比例情况

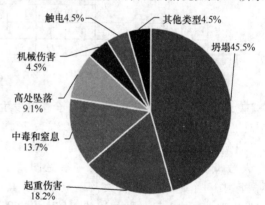

图 32　2018 年不同较大事故类型事故起数所占比例情况

2018 年房屋市政工程生产安全事故情况　　　　　　表 30

地区	总体情况						较大及以上事故					
	事故起数	同比		死亡人数	同比		事故起数	同比		死亡人数	同比	
		增加/减少起数	增加/减少幅度		增加/减少起数	增加/减少幅度		增加/减少起数	增加/减少幅度		增加/减少起数	增加/减少幅度
合计	734	42	6.1%	840	33	4.1%	22	−1	−4.3%	87	−3	−3.3%
江苏	85	−4	−4.5%	87	−3	−3.3%	0	0	/	0	0	/
广东	58	−6	−9.4%	75	−8	−9.6%	3	−1	−25%	19	−4	−17.4%
重庆	55	4	7.8%	57	0	0%	0	−2	−100%	0	−6	−100%

续表

地区	总体情况						较大及以上事故					
	事故起数	同比		死亡人数	同比		事故起数	同比		死亡人数	同比	
		增加/减少起数	增加/减少幅度		增加/减少起数	增加/减少幅度		增加/减少起数	增加/减少幅度		增加/减少起数	增加/减少幅度
四川	54	32	145.5%	59	36	156.5%	1	1	/	3	3	/
安徽	32	−2	−5.9%	44	6	15.8%	2	1	100%	10	7	233.3%
浙江	30	−1	−3.2%	32	−2	−5.9%	0	0	/	0	0	/
福建	27	5	22.7%	28	1	3.7%	0	−1	−100%	0	−3	−100%
黑龙江	26	13	100%	29	16	123.1%	0	0	/	0	0	/
甘肃	26	4	18.2%	28	1	3.7%	0	−1	−100%	0	−4	−100%
湖北	24	−5	−17.2%	27	−3	−10%	1	1	/	3	3	/
上海	23	7	43.8%	27	10	58.8%	2	2	/	6	6	/
江西	22	−12	−35.3%	26	−9	−25.7%	1	1	/	4	4	/
河南	22	2	10%	26	−3	−10.3%	1	−1	−50%	4	−2	−33.3%
北京	22	8	57.1%	23	9	64.3%	0	0	/	0	0	/
云南	22	−2	−8.3%	22	−7	−24.1%	0	−2	−100%	0	−7	−100%
贵州	20	−3	−13%	26	0	0%	2	2	/	6	6	/
湖南	20	−4	−16.7%	21	−6	−22.2%	0	0	/	0	0	/
广西	18	−7	−28%	23	−8	−25.8%	2	1	100%	6	3	100%
山东	17	5	41.7%	28	4	16.7%	2	−2	−50%	9	−5	−35.7%
吉林	16	−11	−40.7%	18	−11	−37.9%	0	0	/	0	0	/
海南	15	6	66.7%	18	6	50%	1	1	/	4	4	/
宁夏	15	12	400%	18	15	500%	1	1	/	4	4	/
天津	14	−2	−12.5%	16	−2	−11.1%	1	1	/	3	3	/
辽宁	14	4	40%	15	5	50%	0	0	/	0	0	/
青海	11	4	57.1%	11	4	57.1%	0	0	/	0	0	/
内蒙古	10	−2	−16.7%	11	−9	−45%	0	−1	−100%	0	−8	−100%
河北	9	4	80%	12	5	71.4%	1	0	0%	3	0	0%
陕西	8	3	60%	11	1	10%	1	0	0%	3	−1	−25%
新疆	8	−6	−42.9%	8	−9	−52.9%	0	−1	−100%	0	−3	−100%
山西	7	−2	−22.2%	10	−4	−28.6%	0	−1	−100%	0	−3	−100%
新疆兵团	4	−2	−33.3%	4	−2	−33.3%	0	0	/	0	0	/
西藏	0	0	/	0	0	/	0	0	/	0	0	/

注：按各地死亡人数同期比增幅降序排列

2018年建筑施工安全专项治理行动情况

【危险性较大的分部分项工程安全管控情况】 2018年，全国27个地区已制定《危险性较大的分部分项工程安全管理规定》（住房和城乡建设部令第37号）的实施细则，江苏、江西、甘肃、青海、新疆生产建设兵团未制定实施细则。各地共组织开展《危险性较大的分部分项工程安全管理规定》宣传贯彻活动14718次，累计参加1045444人次。

2018年，各地组织企业自查危险性较大的分部分项工程安全隐患共计464494个，完成整改456006个，整改率为98.2%；其中，山西、广东、福建、云南、河南的隐患整改率偏低。各地住房和城乡建设主管部门督办危险性较大的分部分项工程重大安全隐患共计24399个，完成整改24056个，整改率为98.6%；其中，海南、广西、河南、广东、贵州、云南的重大隐患整改率偏低。

2018年，各地对危险性较大的分部分项工程实施重点监督检查，检查工程共计320155项，查处违法行为共计11302起，其中，未编制或论证专项施工方案1430起、未按专项施工方案施工4367起，处罚企业共计8161个，处罚人员共计4675名，累计罚款约1.02亿元，共对56个企业实施暂扣安全生产许可证处罚（参见表31）。

2018年危险性较大的分部分项工程安全管控情况　　表31

序号	地区	《危险性较大的分部分项工程安全管理规定》			危险性较大的分部分项工程安全隐患排查情况					
		是否制定实施细则	宣传贯彻活动次数	参加人次	企业自查隐患			主管部门督办重大隐患		
					隐患(个)	整改(个)	整改率(%)	隐患(个)	整改(个)	整改率(%)
	合计	27个地区已制定	14718	1045444	464494	456006	98.2	24399	24056	98.6
1	北京	是	39	6420	3419	3419	100	783	783	100
2	天津	是	336	6310	984	961	97.7	38	38	100
3	河北	是	381	23847	8894	8741	98.3	224	223	99.6
4	山西	是	1022	18021	1068	871	81.6	7	7	100
5	内蒙古	是	282	39391	5600	5591	99.8	496	496	100
6	辽宁	是	308	18679	7394	7211	97.5	356	351	98.6
7	吉林	是	225	13547	1987	1987	100	228	228	100
8	黑龙江	是	92	7044	13831	13831	100	87	87	100
9	上海	是	48	2929	6165	6118	99.2	11	11	100
10	江苏	否	1503	124324	40753	40081	98.4	1710	1687	98.7
11	浙江	是	391	39125	77107	76998	99.9	6337	6288	99.2
12	安徽	是	208	30820	10370	10318	99.5	1320	1314	99.5
13	福建	是	251	23518	18047	17390	96.4	161	160	99.4
14	江西	否	1319	62501	15930	15858	99.5	2455	2410	98.2
15	山东	是	2449	90707	41673	41245	99	1175	1157	98.5
16	河南	是	201	27244	5312	5140	96.8	467	446	95.5
17	湖北	是	411	37052	5060	4980	98.4	931	915	98.3
18	湖南	是	333	40900	9446	9398	99.5	808	808	100
19	广东	是	1061	113241	32270	29727	92.1	3243	3159	97.4
20	广西	是	219	23039	7106	7057	99.3	120	114	95
21	海南	是	19	3708	1158	1154	99.7	16	15	93.8
22	四川	是	1500	65377	12640	12559	99.4	1143	1125	98.4
23	重庆	是	264	6891	1484	1484	100	29	29	100
24	贵州	是	632	31478	12729	12684	99.6	139	136	97.8
25	云南	是	308	35094	1868	1805	96.6	281	275	97.9
26	西藏	是	80	4927	172	145	84.3	86	47	54.7
27	陕西	是	340	67000	112549	109786	97.5	59	59	100
28	甘肃	否	138	23494	6433	6428	99.9	910	910	100
29	青海	否	21	3301	396	396	100	14	14	100
30	宁夏	是	50	22957	579	579	100	80	80	100
31	新疆	是	216	25230	1339	1339	100	605	605	100
32	新疆兵团	否	71	7328	731	725	99.2	80	79	98.8

续表

序号	地区	危险性较大的分部分项工程违法行为惩处情况							
		检查工程（项）	违法行为查处			处罚企业（个）	处罚人员（名）	罚款（万元）	暂扣安全生产许可证（个）
			总数（起）	其中：未编制或论证专项施工方案（起）	其中：未按专项施工方案施工（起）				
	合计	320155	11302	1430	4367	8161	4675	10179.8	56
1	北京	21794	713	0	3	713	1407	1199.9	3
2	天津	1605	73	2	4	15	0	142	0
3	河北	7745	106	15	56	91	8	275.7	0
4	山西	2477	104	22	15	32	31	169.7	6
5	内蒙古	4400	274	26	51	238	34	357.4	1
6	辽宁	3504	170	28	28	39	6	66.7	0
7	吉林	2546	124	19	16	40	20	64.9	6
8	黑龙江	5889	0	0	0	0	0	0	0
9	上海	891	12	3	1	21	7	12.8	0
10	江苏	28394	280	25	92	181	31	390.4	0
11	浙江	14543	252	45	250	177	103	417.2	5
12	安徽	7859	270	14	71	277	169	128.9	2
13	福建	12596	139	9	21	218	28	48.5	1
14	江西	8610	593	48	101	506	74	846.5	1
15	山东	28715	1957	89	372	706	52	792	0
16	河南	8381	193	73	62	188	129	341.3	0
17	湖北	13949	392	58	129	174	5	39	3
18	湖南	20640	612	116	467	638	1438	1397.2	5
19	广东	36843	731	72	309	515	414	854.1	0
20	广西	13038	124	38	72	105	20	145.8	0
21	海南	1792	99	6	13	74	0	12	0
22	四川	27977	1155	146	380	566	171	882.3	0
23	重庆	6468	90	5	95	83	12	195.1	0
24	贵州	9685	62	36	21	35	62	46	0
25	云南	3278	314	24	14	824	12	111.5	8
26	西藏	2114	20	6	3	21	6	50.9	5
27	陕西	6265	2024	461	1562	1399	206	352.9	3
28	甘肃	9210	56	2	46	38	23	56	0
29	青海	2310	40	1	13	31	50	121.2	4
30	宁夏	1533	74	9	6	70	16	114.7	0
31	新疆	3299	145	16	50	68	43	212.3	2
32	新疆兵团	1805	104	16	44	78	98	335.2	1

【安全监管长效机制建设情况】 2018年,全国26个地区已开展建筑施工安全工作层级考核,黑龙江、西藏、陕西、青海、宁夏、新疆生产建设兵团未开展层级考核。各地积极推进建筑施工安全诚信体系建设,共记录建筑施工安全不良信用信息27650条,涉及企业15665个,涉及人员9696名;其中,对134个企业、70名人员实施部门联合惩戒。

2018年,各地积极推进与全国建筑施工安全监管信息系统数据共享工作,全国30个地区已共享建筑施工企业安全生产许可证数据、29个地区已共享建筑施工企业安全管理人员安全生产考核合格证书数据、26个地区已共享建筑施工特种作业人员操作资格证书数据。宁夏未共享建筑施工企业安全生产许可证数据,上海、宁夏未共享建筑施工企业安全管理人员安全生产考核合格证书数据,上海、江西、湖南、宁夏未共享建筑施工特种作业人员操作资格证书数据。

(住房和城乡建设部质量安全司)

2018年我国对外承包工程业务完成额前100家企业和新签合同额前100家企业

【2018年我国对外承包工程业务完成营业额前100家企业】 根据国家商务部的有关统计分析报告,2018年我国对外承包工程业务完成营业额前100家企业如表32所列。

2018年我国对外承包工程业务完成营业额前100家企业

表32

序号	企业名称	完成营业额(万美元)
1	华为技术有限公司	1,352,800
2	中国建筑集团有限公司	1,176,570
3	中国港湾工程有限责任公司	564,239
4	中国水电建设集团国际工程有限公司	526,939
5	中国交通建设股份有限公司	434,391
6	中国铁建股份有限公司	380,517
7	中国路桥工程有限责任公司	356,841
8	中国机械设备工程股份有限公司	306,107
9	中国葛洲坝集团股份有限公司	284,813
10	中国冶金科工集团有限公司	284,789
11	中国土木工程集团有限公司	279,719
12	中铁国际集团有限公司	269,975
13	中信建设有限责任公司	201,385
14	青建集团股份公司	192,342

续表

序号	企业名称	完成营业额(万美元)
15	中国石油工程建设有限公司	189,623
16	上海振华重工(集团)股份有限公司	185,812
17	山东电力建设第三工程有限公司	161,288
18	中交第四航务工程局有限公司	129,785
19	中国中原对外工程有限公司	123,688
20	中国机械进出口(集团)有限公司	122,229
21	中工国际工程股份有限公司	119,879
22	中国水利电力对外有限公司	110,119
23	中国水利水电第八工程局有限公司	104,028
24	哈尔滨电气国际工程有限责任公司	104,000
25	东方电气集团国际合作有限公司	100,825
26	中国石油集团长城钻探工程有限公司	99,860
27	中国化学工程第七建设有限公司	99,294
28	中国有色金属建设股份有限公司	98,857
29	浙江省建设投资集团股份有限公司	96,146
30	中交第二航务工程局有限公司	95,697
31	威海国际经济技术合作股份有限公司	94,012
32	中交第一公路工程局有限公司	91,311
33	中国江西国际经济技术合作公司	91,101
34	江西中煤建设集团有限公司	82,762
35	中铁七局集团有限公司	82,065
36	中国航空技术国际工程有限公司	80,393
37	中国石油管道局工程有限公司	80,255
38	中兴通讯股份有限公司	80,027
39	中国石油集团东方地球物理勘探有限责任公司	78,055
40	中国地质工程集团有限公司	71,685
41	中石化炼化工程(集团)股份有限公司	71,264
42	中交第二公路工程局有限公司	70,201
43	中国电建市政建设集团有限公司	68,787
44	成都建筑材料工业设计研究院有限公司	68,639
45	上海电力建设有限责任公司	66,743
46	中国水利水电第十四工程局有限公司	65,563
47	北方国际合作股份有限公司	65,538
48	上海建工集团股份有限公司	64,751
49	中交第三航务工程局有限公司	64,155
50	中国建筑第五工程局有限公司	61,319
51	中材国际工程股份有限公司	61,070
52	中交第一航务工程局有限公司	60,688
53	中钢设备有限公司	59,937
54	中地海外集团有限公司	59,487
55	中国电力技术装备有限公司	59,472

续表

序号	企业名称	完成营业额（万美元）
56	中国河南国际合作集团有限公司	59,247
57	中石化中原石油工程有限公司	59,175
58	中国水利水电第十工程局有限公司	58,948
59	中国电力工程顾问集团西北电力设计院工程有限公司	57,867
60	中国电建集团山东电力建设有限公司	55,334
61	中国水利水电第七工程局有限公司	55,229
62	大庆石油管理局	55,200
63	云南省建设投资控股集团有限公司	55,012
64	江苏省建筑工程集团有限责任公司	54,891
65	新疆生产建设兵团建设工程（集团）有限责任公司	53,818
66	中国化学工程第三建设有限公司	52,848
67	中材建设有限公司	52,597
68	中铁一局集团有限公司	52,212
69	中铁十局集团有限公司	51,600
70	中国电建集团华东勘测设计研究院有限公司	51,488
71	中国建筑第六工程局有限公司	49,986
72	中国能源建设集团广东火电工程有限公司	48,809
73	特变电工股份有限公司	48,510
74	中国水利水电第三工程局有限公司	47,850
75	江苏南通三建集团股份有限公司	47,732
76	中国五环工程有限公司	47,027
77	中铁四局集团有限公司	46,878
78	烟建集团有限公司	45,069
79	中国建材国际工程集团有限公司	44,684
80	中建三局第一建设工程有限责任公司	43,619
81	中铁五局集团有限公司	43,314
82	中国能源建设集团天津电力建设有限公司	42,063
83	中国天辰工程有限公司	41,228
84	中国电建集团山东电力建设第一工程有限公司	40,788
85	中国水利水电第四工程局有限公司	40,587
86	中鼎国际工程有限责任公司	40,505
87	中铁三局集团有限公司	40,312
88	中国电建集团中南勘测设计研究院有限公司	39,398

续表

序号	企业名称	完成营业额（万美元）
89	中铁二局集团有限公司	38,654
90	中国成套设备进出口集团有限公司	38,596
91	中国寰球工程有限公司	38,474
92	中国电建集团核电工程有限公司	38,169
93	中铁建工集团有限公司	37,521
94	中国石油集团渤海钻探工程有限公司	36,740
95	华山国际工程公司	36,158
96	中石化华北石油工程有限公司	35,263
97	江西省水利水电建设有限公司	34,918
98	中国建筑第二工程局有限公司	34,575
99	北京建工国际建设工程有限责任公司	34,455
100	中国十五冶金建设集团有限公司	34,288

（哈尔滨工业大学）

【2018年我国对外承包工程业务新签合同额前100家企业】根据国家商务部的有关统计分析报告，2018年我国对外承包工程业务新签合同额前100家企业如表33所列。

2018年我国对外承包工程业务新签合同额前100家企业

表33

序号	企业名称	新签合同额（万美元）
1	中国建筑集团有限公司	2,311,402
2	中国水电建设集团国际工程有限公司	2,036,209
3	华为技术有限公司	1,524,669
4	中国葛洲坝集团股份有限公司	1,134,314
5	中国冶金科工集团有限公司	1,054,736
6	中国港湾工程有限责任公司	1,050,843
7	中国土木工程集团有限公司	988,995
8	中国铁建股份有限公司	799,966
9	中国交通建设股份有限公司	740,578
10	中铁国际集团有限公司	694,570
11	中国化学工程第七建设有限公司	457,245
12	中国路桥工程有限责任公司	419,628
13	上海电气集团股份有限公司	334,586
14	特变电工股份有限公司	258,968
15	上海振华重工（集团）股份有限公司	247,098
16	中信建设有限责任公司	230,902
17	中铁隧道局集团有限公司	222,928
18	中国电建集团核电工程有限公司	209,708

续表

序号	企业名称	新签合同额（万美元）
19	青建集团股份公司	203,067
20	中国石油管道局工程有限公司	197,018
21	中铁亚欧建设投资有限公司	188,800
22	中工国际工程股份有限公司	186,918
23	中交第一公路工程局有限公司	186,804
24	山东电力建设第三工程有限公司	186,800
25	中国石油集团渤海钻探工程有限公司	178,834
26	中国机械设备工程股份有限公司	168,163
27	中国石化集团国际石油工程有限公司	162,994
28	中国江西国际经济技术合作有限公司	161,702
29	中国水利水电第七工程局有限公司	155,591
30	中国建筑第三工程局有限公司	150,568
31	中铁四局集团有限公司	139,685
32	中国石油集团长城钻探工程有限公司	138,436
33	安徽省外经建设(集团)有限公司	130,536
34	江苏省建筑工程集团有限责任公司	127,010
35	中兴通讯股份有限公司	125,802
36	中铁十局集团有限公司	120,158
37	中国石油工程建设有限公司	117,164
38	威海国际经济技术合作股份有限公司	115,613
39	东方电气集团国际合作有限公司	115,338
40	中铁七局集团有限公司	107,741
41	中国电建集团山东电力建设有限公司	101,500
42	华山国际工程公司	100,032
43	北方国际合作股份有限公司	99,283
44	中国能源建设集团广东省电力设计研究院有限公司	98,466
45	中国电建集团华东勘测设计研究院有限公司	97,512
46	浙江省建设投资集团股份有限公司	97,310
47	中铁大桥局集团有限公司	95,508
48	中材建设有限公司	93,325
49	上海电力建设有限责任公司	90,451
50	沈阳远大铝业工程有限公司	88,348
51	中地海外集团有限公司	83,696
52	云南省建设投资控股集团有限公司	81,671
53	中铁三局集团有限公司	78,414
54	中国地质工程集团有限公司	78,401
55	安东石油技术(集团)有限公司	76,122

续表

序号	企业名称	新签合同额（万美元）
56	中矿资源勘探股份有限公司	75,409
57	中诚国际海洋工程勘察设计有限公司	70,800
58	中铁一局集团有限公司	68,416
59	中国江苏国际经济技术合作集团有限公司	67,469
60	惠生工程(中国)有限公司	66,874
61	龙信建设集团有限公司	64,537
62	上海鼎信投资(集团)有限公司	59,787
63	中国成达工程有限公司	59,290
64	中国河南国际合作集团有限公司	58,267
65	中国能源建设集团天津电力建设有限公司	57,755
66	中铁建工集团有限公司	57,359
67	中国石油集团东方地球物理勘探有限责任公司	54,601
68	江西中煤建设集团有限公司	51,427
69	中铁二院工程集团有限责任公司	51,365
70	中国石油集团川庆钻探工程有限公司	50,579
71	山东德建集团有限公司	50,430
72	中国电力技术装备有限公司	49,500
73	上海寰球工程有限公司	49,197
74	中国建筑第二工程局有限公司	47,842
75	上海建工集团股份有限公司	47,542
76	中石化华北石油工程有限公司	46,761
77	湖南路桥建设集团有限责任公司	44,197
78	江苏南通三建集团股份有限公司	43,796
79	中国机械工业建设集团有限公司	42,680
80	西安西电国际工有限责任公司	41,501
81	大庆石油管理局	40,841
82	中国电建集团昆明勘测设计研究院有限公司	40,728
83	中国武夷实业股份有限公司	40,670
84	中钢设备有限公司	38,786
85	烟建集团有限公司	37,682
86	成都建筑材料工业设计研究院有限公司	37,448
87	中国电建集团贵州工程有限公司	36,007
88	中国能源建设集团广西水电工程局有限公司	35,815
89	山东省路桥集团有限公司	35,311

续表

序号	企业名称	新签合同额（万美元）
90	中国成套设备进出口集团有限公司	35,016
91	中国能源建设集团东北电力第二工程有限公司	34,139
92	中交疏浚(集团)股份有限公司	33,379
93	中地海外水利水电工程有限公司	33,172
94	中国航空技术国际工程有限公司	32,879
95	中国十五冶金建设集团有限公司	32,578

续表

序号	企业名称	新签合同额（万美元）
96	河北建设勘察研究院有限公司	31,712
97	中国石油集团西部钻探工程有限公司	31,339
98	新疆生产建设兵团建设工程(集团)有限责任公司	31,069
99	中国电建集团河南工程有限公司	30,084
100	天津水泥工业设计研究院有限公司	28,583

（哈尔滨工业大学）

2018年全国房地产市场运行分析

2018年全国房地产开发情况

根据国家统计局发布的有关数据，2018年我国房地产市场开发情况如下：

【**房地产开发投资完成情况**】2018年1—12月，全国房地产开发投资120264亿元，比上年增长9.5%，增速比1—11月份回落0.2个百分点，比上年同期提高2.5个百分点。其中，住宅投资85192亿元，增长13.4%，比1—11月份回落0.2个百分点，比上年提高4个百分点。住宅投资占房地产开发投资的比重为70.8%。2018年全国房地产开发投资增速情况如图33所示。

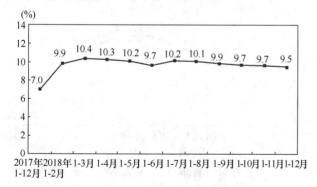

图33　2018年全国房地产开发投资增速

2018年，东部地区房地产开发投资64355亿元，比上年增长10.9%，增速比1—11月份回落0.4个百分点；中部地区投资25180亿元，增长5.4%，回落0.5个百分点；西部地区投资26009亿元，增长8.9%，提高0.7个百分点；东北地区投资4720亿元，增长17.5%，提高1.3个百分点。具体如表34所示。

2018年东中西部和东北地区房地产开发投资情况

表34

地区	投资额（亿元）		比上年增长（%）	
		住宅		住宅
全国总计	120264	85192	9.5	13.4
一、东部地区	64355	45352	10.9	14.0
二、中部地区	25180	18805	5.4	10.6
三、西部地区	26009	17603	8.9	13.5
四、东北地区	4720	3433	17.5	20.0

数据来源：国家统计局

注：东部地区包括北京、天津、河北、上海、江苏、浙江、福建、山东、广东、海南10个省（市）；中部地区包括山西、安徽、江西、河南、湖北、湖南6个省；西部地区包括内蒙古、广西、重庆、四川、贵州、云南、西藏、陕西、甘肃、青海、宁夏、新疆12个省（市、自治区）；东北地区包括辽宁、吉林、黑龙江3个省。

【**房屋供给情况**】2018年，房地产开发企业房屋施工面积822300万平方米，比上年增长5.2%，增速比1—11月份提高0.5个百分点，比上年提高2.2百分点。其中，住宅施工面积569987万平方米，增长6.3%。房屋新开工面积209342万平方米，增长17.2%，比1—11月份提高0.4个百分点，比上年提高 10.2 个百分点。其中，住宅新开工面积 153353 万平方米，增长 19.7%。房屋竣工面积 93550 万平方米，下降 7.8%，降幅比 1—11 月份收窄 4.5 个百分点，比上年扩大 3.4 个百分点。其中，住宅竣工面积 66016 万平方米，下降 8.1%。

2018 年、2017 年全国房地产开发企业施工面积、新开工面积和竣工面积逐月情况，如表 35 所示。

2018 年、2017 年全国房地产开发企业施工、新开工和竣工面积逐月情况　　　表 35

月份	2018 年						2017 年					
	施工面积（亿平方米）	增长（%）	新开工面积（亿平方米）	增长（%）	竣工面积（亿平方米）	增长（%）	施工面积（亿平方米）	增长（%）	新开工面积（亿平方米）	增长（%）	竣工面积（亿平方米）	增长（%）
1—2	632002	1.5	17746	2.9	14184	−12.1	622950	3.2	17238	10.4	16141	15.8
1—3	646556	1.5	34615	9.7	20709	−10.1	636977	3.1	31560	11.6	23031	15.1
1—4	664410	1.6	51779	7.3	25151	−10.7	654054	3.1	48240	11.1	28174	10.6
1—5	684991	2.0	72190	10.8	30484	−10.1	671438	3.1	65179	9.5	33911	5.9
1—6	709649	2.5	95817	11.8	37131	−10.6	692326	3.4	85720	10.6	41524	5.0
1—7	728593	3.0	114781	14.4	42067	−10.5	707313	3.2	100371	8.0	47021	2.4
1—8	747658	3.6	133293	15.9	46230	−11.6	721833	3.1	114996	7.6	52296	3.4
1—9	767218	3.9	152583	16.4	51132	−11.4	738065	3.1	131033	6.8	57694	1.0
1—10	784425	4.3	168754	16.3	57392	−12.5	752334	2.9	145127	5.6	65612	0.6
1—11	804886	4.7	188895	16.8	66856	−12.3	768443	3.1	161679	6.9	76245	−1.0
1—12	822300	5.2	209342	17.2	93550	−7.8	781484	3.0	178654	7.0	101486	−4.4

数据来源：国家统计局

2018 年，房地产开发企业土地购置面积 29142 万平方米，比上年增长 14.2%，增速比 1—11 月份回落 0.1 个百分点，比上年回落 1.6 个百分点；土地成交价款 16102 亿元，增长 18.0%，比 1—11 月份回落 2.2 个百分点，比上年回落 31.4 个百分点。2018 年全国房地产开发企业土地购置面积增速，如图 34 所示。

积增长 2.2%，办公楼销售面积下降 8.3%，商业营业用房销售面积下降 6.8%。商品房销售额 149973 亿元，增长 12.2%，比 1—11 月份提高 0.1 个百分点，比上年回落 1.5 个百分点。其中，住宅销售额增长 14.7%，办公楼销售额下降 2.6%，商业营业用房销售额增长 0.7%。2018 年全国商品房销售面积及销售额增速，如图 35 所示。

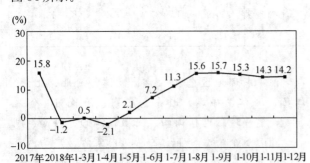

图 34　2018 年全国房地产开发企业土地购置面积增速

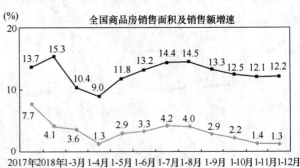

图 35　2018 年全国商品房销售面积及销售额增速

2018 年商品房销售和待售情况

2018 年，商品房销售面积 171654 万平方米，比上年增长 1.3%，增速比 1—11 月份回落 0.1 个百分点，比上年回落 6.4 个百分点。其中，住宅销售面

2018 年，东部地区商品房销售面积 67641 万平方米，比上年下降 5.0%，降幅比 1—11 月份收窄 0.1 个百分点；销售额 79258 亿元，增长 6.5%，增速提高 0.9 个百分点。中部地区商品房销售面积

50695万平方米，增长6.8%，增速回落1.1个百分点；销售额33848亿元，增长18.1%，增速回落2.5个百分点。西部地区商品房销售面积45396万平方米，增长6.9%，增速提高0.3个百分点；销售额31127亿元，增长23.4%，增速回落0.1个百分点。东北地区商品房销售面积7922万平方米，下降4.4%，降幅与1—11月份持平；销售额5740亿元，增长7.0%，增速回落0.3个百分点。具体如表36所示。

2018年东中西部和东北地区房地产销售情况

表36

地区	商品房销售面积		商品房销售额	
	绝对数（万平方米）	比上年增长（%）	绝对数（亿元）	比上年增长（%）
全国总计	171654	1.3	149973	12.2
东部地区	67641	-5.0	79258	6.5
中部地区	50695	6.8	33848	18.1
西部地区	45396	6.9	31127	23.4
东北地区	7922	-4.4	5740	7.0

数据来源：国家统计局

2018年末，商品房待售面积52414万平方米，比11月末减少214万平方米，比上年末减少6510万平方米。其中，住宅待售面积比11月末减少393万平方米，办公楼待售面积增加93万平方米，商业营业用房待售面积减少166万平方米。

2018年、2017年全年商品房销售面积和销售额逐月情况，如表37所示。

2018年、2017年全国商品房销售面积、销售额

表37

月份	2018年				2017年			
	商品房销售面积（万平方米）	增长（%）	商品房销售额（亿元）	增长（%）	商品房销售面积（万平方米）	增长（%）	商品房销售额（亿元）	增长（%）
1—2	14633	4.1	12454	15.3	14054	25.1	10806	26.0
1—3	30088	3.6	25597	10.4	29035	19.5	23182	25.1
1—4	42192	1.3	36222	9.0	41655	15.7	33223	20.1
1—5	56409	2.9	48778	11.8	54821	14.3	43632	18.6
1—6	77143	3.3	66945	13.2	74662	16.1	59152	21.5
1—7	89990	4.2	78300	14.4	86351	14.0	68461	18.9
1—8	102474	4.0	89396	14.5	98539	12.7	78096	17.2
1—9	119313	2.9	104132	13.3	116006	10.3	91904	14.6
1—10	133117	2.2	115914	12.5	130254	8.2	102990	12.6
1—11	148604	1.4	129508	12.1	146568	7.9	115481	12.7
1—12	171654	1.3	149973	12.2	169408	7.7	133701	13.7

数据来源：国家统计局

2018年全国房地产开发资金来源结构分析

2018年，房地产开发企业到位资金165963亿元，比上年增长6.4%，增速比1—11月份回落1.2个百分点，比上年回落1.8个百分点。2018年全国房地产开发企业本年到位资金增速，如图36所示。

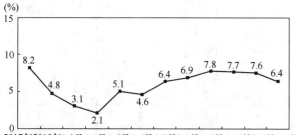

图36　2018年全国房地产开发企业本年到位资金增速

【国内贷款比重小幅下降】 2018年，全国房地产开发企业本年到位资金来源于国内贷款24005亿元，下降4.9%，全年房地产开发国内贷款占全年到位资金总和的14.5%，比上年同期下降了1.7个百分点。

【利用外资金额有所下降】 2018年，全国房地产开发企业本年到位资金来源于外资108亿元，下降35.8%。全年房地产开发利用外资约占全年到位资金的0.1%。

【自筹资金比重有所增加】 2018年，全国房地产开发企业本年到位资金来源于自筹资金55831亿元，增长9.7%。全年房地产开发自筹资金占全年到位资金的33.6%，比上年同期增长了1个百分点。

【其他来源资金小幅增加】 2018年，全国房地产开发企业本年到位资金来源于其他资金79124亿元，下降0.8%。全年房地产开发其他资金占全年到位资金的47.7%，比上年同期下降了0.4个百分点。在其他资金中，定金及预收款55418亿元，增长13.8%；个人按揭贷款23706亿元，下降0.8%。

2018年全国房地产开发资金来源结构逐月情况，如表38所示。

2018年全国房地产开发资金来源结构逐月情况（单位：亿元）　　　表38

月份	房地产开发资金合计	国内贷款	利用外资	自筹资金	其他资金	定金及预付款	个人按揭贷款
1—2	23988	5001	12	7390	10223	6976	3247
1—3	36770	6957	16	11449	16290	11130	5160
1—4	48192	8637	17	14894	22135	14987	7148
1—5	62003	10201	21	19473	29372	20122	9250
1—6	79287	12292	28	25541	37647	26123	11524
1—7	93308	14045	33	30187	44668	31013	13655
1—8	106682	15783	35	34959	51052	35447	15605
1—9	121882	18041	43	40596	57781	40259	17522
1—10	135636	19727	80	45512	64350	44942	19408
1—11	150077	21807	102	50619	70971	49551	21420
1—12	165963	24005	108	55831	79124	55418	23706
2017年	156053	25242	168	50872	79770	48694	23906

数据来源：国家统计局

2018年全国房地产开发景气指数

2018年全国房地产开发景气指数如表39所示。

2018年全国房地产开发景气指数　　　表39

指数类别	月份										
	2	3	4	5	6	7	8	9	10	11	12
国房景气指数	101.69	101.53	101.40	101.61	101.70	101.90	102.00	102.01	101.96	101.94	101.85
较上月增幅	0.00	−0.16	−0.13	0.21	0.09	0.20	0.1	0.01	−0.05	−0.02	−0.09

数据来源：国家统计局

2018年70个大中城市商品住宅销售价格变动情况

【新建商品住宅销售价格情况】根据国家统计局公布的月度数据，2018年全国70个大中城市的新建商品住宅销售价格指数情况分别如表40、表41和表42所列。

2018年70个大中城市新建商品住宅销售价格指数环比数据　　　表40

城市	1月	2月	3月	4月	5月	6月	7月	8月	9月	10月	11月	12月
北京	100.2	99.7	100.1	100.2	100.2	100.0	100.2	100.0	100.0	100.2	100.6	101.0
天津	100.5	100.1	100.0	100.1	100.5	100.3	100.0	100.2	100.3	100.1	99.7	100.1
石家庄	100.1	100.1	100.7	100.3	101.2	100.3	102.0	100.9	101.1	103.3	101.4	102.5
太原	100.5	100.0	100.6	101.4	100.7	100.3	101.2	101.9	100.5	100.5	101.3	101.9
呼和浩特	100.1	100.5	100.5	101.0	101.6	101.1	102.4	102.9	102.8	101.6	102.9	101.9
沈阳	100.9	100.3	100.5	100.7	101.7	100.9	101.4	101.1	101.5	100.7	101.2	100.5
大连	101.6	101.0	100.7	101.1	101.7	100.3	101.0	101.0	100.6	100.7	101.4	100.9
长春	100.7	100.0	101.0	100.9	101.3	101.6	100.9	100.8	100.2	100.9	101.9	101.1

续表

城市	1月	2月	3月	4月	5月	6月	7月	8月	9月	10月	11月	12月
哈尔滨	100.1	100.7	100.9	101.3	101.2	101.4	102.2	100.9	101.3	102.0	100.9	100.5
上海	99.6	99.8	100.2	99.9	99.8	100.0	99.9	100.1	99.9	100.1	100.5	100.6
南京	99.7	99.9	99.7	99.8	99.8	99.8	99.9	100.0	100.4	100.2	101.5	99.9
杭州	100.0	99.9	100.3	100.1	100.0	100.6	100.8	100.6	100.2	101.2	100.7	101.1
宁波	100.7	100.2	100.3	101.1	100.5	100.3	100.9	102.0	100.3	100.0	100.0	99.8
合肥	99.9	99.7	100.0	99.8	100.2	100.1	100.6	101.6	100.9	100.6	100.4	100.4
福州	100.0	99.9	99.6	99.9	98.9	102.2	101.3	102.2	101.1	101.0	102.0	100.3
厦门	99.7	99.9	99.8	100.3	101.1	100.0	100.0	99.9	100.0	99.9	99.5	99.6
南昌	99.9	99.8	100.6	100.3	100.7	101.6	101.8	101.4	100.8	100.4	101.3	100.5
济南	100.5	99.9	100.2	100.1	100.4	103.6	103.0	102.8	101.1	100.7	101.7	100.7
青岛	100.1	100.0	100.4	100.1	102.0	102.4	102.0	101.6	100.4	100.6	101.8	101.2
郑州	99.7	100.0	99.9	100.5	101.6	101.8	101.3	101.5	100.4	101.0	100.8	100.3
武汉	100.4	99.9	99.8	99.8	101.1	101.2	101.1	101.4	100.3	102.5	101.6	101.3
长沙	100.4	100.2	100.3	100.2	101.6	102.0	102.7	102.0	100.6	100.1	100.3	100.4
广州	99.6	99.6	100.2	99.9	101.8	101.9	100.6	100.9	100.4	100.2	100.0	103.0
深圳	100.0	99.4	99.9	100.1	99.9	100.3	100.5	100.5	99.8	99.5	99.8	100.4
南宁	100.1	100.3	100.5	100.2	100.3	102.0	100.8	101.7	100.4	100.3	100.5	101.6
海口	100.4	100.2	102.1	101.9	102.1	103.9	102.3	100.9	100.3	100.6	100.3	101.4
重庆	100.3	100.3	100.7	101.1	100.9	101.8	101.3	101.0	101.1	100.8	101.1	100.8
成都	100.2	100.0	100.2	100.3	102.1	101.6	101.0	101.1	100.7	101.7	101.8	101.3
贵阳	101.0	100.4	100.7	101.3	100.6	101.2	101.8	101.8	102.1	104.2	101.9	100.6
昆明	101.4	100.3	100.8	100.7	100.9	101.9	102.9	101.5	102.0	101.4	100.7	100.9
西安	100.6	100.5	100.9	101.6	101.6	101.1	101.2	103.0	106.2	101.3	101.4	101.1
兰州	100.4	100.5	100.4	100.5	100.7	101.3	100.7	101.2	101.2	101.7	100.9	100.9
西宁	100.2	100.7	100.0	99.8	100.1	102.7	100.4	101.5	102.1	101.0	101.3	101.4
银川	100.4	100.5	100.8	100.6	100.4	101.4	101.0	101.7	100.9	100.2	100.3	100.8
乌鲁木齐	100.4	101.3	100.8	101.1	101.2	100.9	100.0	102.2	101.4	100.3	100.0	100.4
唐山	100.7	100.2	100.8	100.7	100.3	101.2	101.7	102.9	101.4	101.2	101.3	100.0
秦皇岛	100.8	100.6	101.4	100.7	100.6	101.1	100.9	102.8	101.9	102.1	101.5	101.6
包头	100.8	100.4	100.6	100.6	100.8	101.0	101.8	102.5	100.5	101.4	100.4	100.0
丹东	100.1	99.8	100.4	102.0	105.3	103.3	100.5	100.4	100.4	101.0	101.9	
锦州	100.4	100.8	100.9	100.7	100.3	100.5	100.5	100.6	101.9	101.4	101.7	102.3
吉林	100.5	100.3	100.3	100.9	101.3	101.6	102.3	101.1	101.5	101.4	100.7	
牡丹江	100.3	100.2	100.5	100.8	100.0	102.1	101.4	101.3	101.5	101.7	100.4	100.9
无锡	99.7	99.6	99.9	99.9	99.9	101.5	103.4	100.5	100.4	100.9	99.8	
扬州	100.9	100.5	100.6	100.9	100.6	100.5	102.8	101.2	101.4	101.2	101.7	100.4
徐州	100.6	101.0	100.7	100.9	101.3	100.9	102.2	103.3	101.2	101.9	101.6	101.0
温州	100.4	100.0	99.9	99.9	100.1	100.4	100.2	100.7	100.2	99.9	99.7	100.3
金华	100.2	100.2	100.3	101.0	100.3	101.2	101.1	99.9	100.1	99.7	99.8	
蚌埠	99.9	100.0	99.7	100.0	100.2	99.7	102.1	101.8	101.8	100.6	101.2	100.6

续表

城市	1月	2月	3月	4月	5月	6月	7月	8月	9月	10月	11月	12月
安庆	100.5	100.3	100.0	99.7	99.9	101.1	100.5	101.9	101.6	102.2	100.5	100.5
泉州	99.7	100.1	100.1	100.0	99.9	100.4	99.9	100.9	100.0	100.2	100.3	99.9
九江	100.5	100.4	100.5	100.2	100.8	100.6	101.1	101.5	100.7	100.6	101.5	100.9
赣州	100.2	100.0	100.2	100.2	100.4	100.6	100.5	102.0	101.1	100.6	100.6	100.9
烟台	101.0	100.3	100.4	101.2	100.8	100.9	102.9	101.2	100.7	101.2	100.8	101.5
济宁	100.2	100.4	100.4	100.6	100.8	101.3	101.4	101.7	100.6	101.9	101.7	101.1
洛阳	100.5	100.0	100.4	100.7	100.4	100.2	101.1	100.7	101.8	101.4	102.3	101.0
平顶山	100.6	100.5	100.1	101.2	100.8	99.7	100.8	100.7	101.4	100.6	100.9	100.7
宜昌	100.9	100.6	100.9	100.3	100.8	101.4	102.9	101.2	101.3	100.3	100.6	101.1
襄阳	101.2	99.8	100.2	100.6	100.1	100.7	102.3	102.9	100.6	102.5	101.1	101.4
岳阳	100.0	100.4	100.7	100.2	101.0	100.8	100.6	102.3	101.2	100.7	100.3	99.8
常德	100.3	99.8	100.0	100.5	100.7	100.5	100.1	102.7	101.4	102.1	101.1	101.0
惠州	100.0	100.4	99.9	100.1	100.3	100.5	100.4	100.7	100.4	100.6	100.3	100.2
湛江	100.1	100.1	100.3	100.2	100.1	100.4	100.5	101.9	100.8	101.5	100.4	100.7
韶关	99.5	100.3	100.6	100.4	100.5	100.7	100.4	101.4	100.6	100.4	100.6	99.8
桂林	99.8	100.1	100.6	100.7	100.6	100.7	100.5	100.6	101.0	100.7	102.3	100.4
北海	99.7	100.4	100.8	100.8	101.1	101.3	100.4	103.1	100.8	101.2	101.1	100.6
三亚	100.9	101.0	100.7	101.9	102.4	103.2	103.7	100.1	100.2	99.9	100.4	100.2
泸州	100.8	100.4	100.3	100.7	100.2	101.8	102.6	101.6	100.5	100.2		
南充	100.3	101.7	100.6	101.0	101.4	101.2	100.8	102.6	101.8	101.6	100.3	100.0
遵义	101.1	100.6	100.8	100.7	100.7	101.2	101.5	101.1	101.9	101.7	100.7	
大理	100.7	100.9	100.9	101.2	100.8	101.2	101.6	101.9	101.5	102.1	102.8	101.8

数据来源：国家统计局

2018年70个大中城市新建商品住宅销售价格指数同比数据　　　　表41

城市	1月	2月	3月	4月	5月	6月	7月	8月	9月	10月	11月	12月
北京	98.8	99.7	99.4	99.3	99.5	99.9	100.2	100.2	100.4	100.8	101.4	102.3
天津	99.9	100.6	100.4	100.6	100.9	101.2	101.3	101.6	101.9	101.9	101.9	101.7
石家庄	102.6	102.7	102.5	102.7	104.0	103.9	105.7	106.5	107.5	110.7	112.0	114.9
太原	107.8	107.5	107.6	107.7	107.5	106.9	107.7	109.5	110.0	109.8	110.8	111.2
呼和浩特	106.8	107.4	107.6	108.1	109.3	110.1	111.8	113.9	116.7	117.6	119.6	121.0
沈阳	111.4	112.1	111.4	110.3	110.0	109.6	110.3	111.0	111.7	112.7	112.6	112.7
大连	110.4	110.7	110.8	110.9	111.6	113.0	113.2	113.8	113.8	113.8	114.3	114.4
长春	109.5	109.0	109.3	109.3	109.5	110.2	110.8	110.2	110.6	111.9	111.8	
哈尔滨	111.5	110.8	111.1	112.0	111.1	110.9	112.6	113.3	113.8	114.3	114.9	114.4
上海	99.8	99.4	99.7	99.8	99.6	99.8	99.8	99.8	99.8	99.6	100.1	100.4
南京	98.0	98.5	98.3	98.4	98.5	98.2	98.1	98.4	98.7	99.0	100.8	100.7
杭州	99.0	99.5	99.6	99.7	99.9	100.2	101.1	101.9	102.4	103.7	104.4	105.6
宁波	106.2	106.0	105.5	105.6	104.8	104.2	104.8	106.6	107.1	106.9	106.7	106.1
合肥	99.7	99.7	99.6	99.4	99.7	100.1	101.8	102.9	103.5	103.8	104.2	
福州	97.7	98.5	98.2	98.3	97.2	99.5	101.0	103.5	105.1	106.1	108.0	108.5

续表

城市	1月	2月	3月	4月	5月	6月	7月	8月	9月	10月	11月	12月
厦门	102.3	102.2	100.1	100.4	101.2	100.7	100.5	100.3	100.5	100.6	99.9	99.6
南昌	106.0	105.3	104.6	104.2	103.9	105.3	106.8	107.4	107.9	108.0	108.8	109.3
济南	100.9	101.4	100.9	100.6	100.5	103.9	106.9	110.2	112.3	113.3	115.4	115.9
青岛	103.6	103.9	103.3	103.1	104.8	107.0	108.8	110.1	110.4	110.7	112.2	113.3
郑州	99.0	99.6	99.2	99.6	101.4	103.2	104.7	106.7	107.3	108.4	109.4	109.4
武汉	100.7	101.3	101.2	100.5	101.5	102.3	103.2	104.8	105.2	107.9	109.7	110.8
长沙	105.4	105.2	104.4	103.8	104.5	106.3	108.5	110.3	110.9	110.6	110.9	111.1
广州	103.7	103.1	100.8	99.2	100.1	101.5	101.6	103.3	104.3	104.7	104.9	108.3
深圳	96.6	97.5	97.7	97.8	98.3	98.7	99.3	100.3	100.0	99.6	99.6	100.1
南宁	108.4	108.4	107.6	106.6	105.7	106.7	106.2	107.4	107.6	107.6	107.6	108.9
海口	101.7	105.2	104.8	107.2	110.1	113.1	119.0	121.4	121.7	122.4	123.0	122.1
重庆	108.3	108.2	107.7	107.4	107.5	107.7	108.2	109.0	110.0	110.6	111.1	111.6
成都	98.7	100.0	100.8	101.1	103.4	105.3	106.5	108.2	108.9	110.0	111.8	112.7
贵阳	111.2	110.9	110.3	110.1	109.7	110.3	111.3	112.5	114.0	118.3	119.6	118.8
昆明	110.6	111.4	111.5	110.4	110.8	112.1	114.7	115.9	118.0	119.2	118.6	116.6
西安	111.1	111.3	111.2	111.2	111.0	110.4	110.6	113.5	120.0	120.7	121.8	122.4
兰州	105.3	105.8	105.6	105.7	105.7	106.2	106.6	107.8	108.9	110.4	110.7	110.8
西宁	105.7	106.2	106.0	105.5	105.1	107.5	107.8	109.0	110.5	111.6	111.6	112.0
银川	104.1	105.2	105.9	106.2	106.2	107.1	107.7	109.0	109.6	109.7	108.9	109.2
乌鲁木齐	107.5	108.7	109.3	110.1	110.8	111.3	111.2	112.1	111.9	111.6	110.5	109.8
唐山	106.9	106.7	106.6	104.9	104.8	105.1	106.7	109.6	111.4	112.9	113.8	113.1
秦皇岛	105.8	107.0	107.7	107.3	107.0	108.0	108.2	110.7	113.2	115.0	115.7	117.4
包头	103.8	106.8	107.2	107.1	107.4	108.2	109.7	111.8	112.0	113.1	112.5	111.4
丹东	104.2	103.6	104.1	106.1	111.7	115.0	114.9	114.9	115.8	116.2	116.3	117.1
锦州	100.9	103.4	103.9	104.4	104.7	105.1	105.8	107.4	108.7	110.2	112.6	
吉林	108.1	107.5	106.9	106.7	106.1	106.9	107.6	109.3	109.9	111.0	112.1	112.6
牡丹江	106.9	106.6	106.5	106.4	105.8	107.8	108.8	109.2	110.9	112.2	111.9	111.7
无锡	97.3	98.8	98.4	98.0	97.7	97.8	99.2	102.9	103.6	104.4	105.6	105.2
扬州	109.1	108.7	107.7	106.8	105.9	105.5	108.0	109.0	110.3	111.2	113.3	113.4
徐州	108.3	109.8	110.0	109.5	109.1	107.8	109.8	113.0	113.9	115.5	116.6	117.6
温州	107.2	107.1	106.5	105.5	103.6	103.1	102.3	103.2	103.4	103.0	102.2	101.9
金华	109.3	109.2	108.2	107.8	107.0	106.3	106.1	106.9	106.5	106.0	105.3	104.5
蚌埠	108.4	107.6	107.0	104.7	101.5	99.2	100.1	102.3	104.3	105.5	106.8	107.7
安庆	105.7	105.3	103.9	102.5	102.2	103.0	103.9	105.8	106.5	108.5	109.1	109.0
泉州	100.1	100.0	99.6	100.0	100.1	99.8	100.0	101.0	101.8	101.5	102.2	101.5
九江	108.3	107.4	106.5	105.5	104.6	104.4	104.9	106.1	107.0	107.3	108.9	109.8
赣州	101.1	101.8	101.8	101.5	101.8	101.9	102.2	103.8	104.7	105.6	106.3	107.5
烟台	109.5	108.7	108.4	109.1	108.6	108.4	110.6	111.4	111.6	112.3	112.3	113.5
济宁	109.8	109.1	108.5	108.1	107.1	107.1	107.7	108.8	108.6	110.1	111.8	112.6
洛阳	108.9	109.2	108.2	108.0	107.0	104.7	105.1	105.2	106.9	108.0	110.1	111.0

续表

城市	1月	2月	3月	4月	5月	6月	7月	8月	9月	10月	11月	12月
平顶山	107.0	107.7	107.2	107.1	107.4	106.1	106.4	106.8	107.6	107.5	107.8	108.0
宜昌	108.2	108.6	108.5	106.6	105.7	105.7	108.7	110.1	111.5	112.1	112.1	112.9
襄阳	106.7	106.7	106.5	106.2	105.4	104.2	105.9	108.6	108.7	111.6	112.5	114.1
岳阳	107.9	108.7	108.6	108.1	108.0	107.4	107.4	109.2	109.7	109.6	109.5	108.5
常德	110.2	108.5	107.2	107.3	106.5	105.5	104.4	106.4	107.5	109.2	110.2	110.7
惠州	103.7	104.3	103.1	102.7	102.2	102.1	102.3	103.2	103.9	103.8	103.9	103.9
湛江	108.3	108.1	108.2	107.4	104.8	104.8	104.7	106.2	107.1	108.5	107.3	107.7
韶关	104.3	107.3	106.0	104.8	104.1	104.4	103.4	104.9	105.1	105.4	106.0	105.4
桂林	107.2	108.7	108.5	107.8	107.5	107.2	106.4	106.0	106.8	107.0	108.1	108.2
北海	110.5	112.2	112.3	111.1	108.9	108.0	106.8	109.1	109.5	110.0	110.9	111.8
三亚	103.3	103.9	102.2	105.8	108.2	112.5	116.5	121.2	119.6	118.1	116.4	115.7
泸州	106.6	106.8	106.7	106.7	107.2	107.7	107.9	110.2	113.0	114.1	113.7	111.8
南充	109.9	110.8	110.1	110.1	110.5	111.0	113.1	114.3	115.1	114.6	114.6	114.0
遵义	107.9	108.7	109.3	109.4	110.0	110.1	110.9	111.4	112.7	114.1	113.8	
大理	106.4	106.9	108.1	108.7	109.3	109.9	111.4	112.9	113.9	116.0	118.5	118.8

数据来源：国家统计局

2018年70个大中城市新建商品住宅销售价格指数定基数据　　表42

城市	1月	2月	3月	4月	5月	6月	7月	8月	9月	10月	11月	12月
北京	133.6	134.7	134.9	135.1	135.3	135.3	135.6	135.6	135.7	135.9	122.7	138.1
天津	128.0	129.3	129.3	129.4	130.0	130.4	130.4	130.6	131.0	131.1	129.8	130.8
石家庄	123.6	124.0	124.9	125.2	126.7	127.1	129.7	130.9	132.4	136.8	116.3	142.2
太原	112.3	112.5	113.2	114.8	115.6	116.3	117.6	119.9	121.1	121.7	116.9	124.4
呼和浩特	107.2	108.0	108.5	109.6	111.3	112.5	115.2	118.5	121.8	123.8	107.4	129.9
沈阳	114.9	116.3	116.9	117.8	119.8	121.9	123.1	124.5	126.1	128.0	121.3	129.5
大连	112.4	113.3	114.1	115.4	117.3	119.5	120.7	121.9	122.6	123.4	115.5	126.3
长春	113.4	113.3	114.5	115.5	117.0	118.9	120.0	120.9	121.2	122.3	141.0	125.9
哈尔滨	114.3	114.5	115.6	117.3	118.9	120.3	122.9	124.0	125.5	128.1	135.5	130.0
上海	145.1	144.9	145.2	145.1	144.8	144.8	144.7	144.9	144.7	144.8	139.6	146.4
南京	145.3	145.9	145.4	145.1	144.9	144.5	144.4	144.4	145.0	145.3	115.5	147.4
杭州	132.6	132.9	133.3	133.4	133.4	134.1	135.2	136.0	136.3	138.0	124.3	140.5
宁波	121.7	121.7	122.1	123.4	124.0	124.4	125.5	127.9	128.3	128.3	125.6	128.1
合肥	148.3	148.1	148.0	147.7	147.9	148.1	149.0	151.3	152.8	153.6	122.3	154.8
福州	127.0	128.0	127.5	127.7	125.9	128.7	130.4	133.3	134.7	136.0	112.5	139.2
厦门	151.6	151.1	150.9	151.8	152.3	152.9	152.7	152.7	152.7	152.6	130.6	151.2
南昌	123.6	123.6	124.4	124.7	125.5	127.5	129.7	131.6	132.7	133.2	123.8	135.6
济南	121.5	122.1	122.3	122.4	122.9	127.3	131.1	134.8	136.6	137.6	127.3	140.9
青岛	117.3	117.9	118.3	118.5	120.9	123.7	126.3	128.3	128.8	129.5	121.7	133.4
郑州	129.4	129.8	129.7	130.2	132.5	134.9	136.7	138.8	139.4	140.7	124.2	142.3
武汉	129.9	130.3	130.1	129.8	131.2	132.8	134.2	136.1	136.4	139.9	118.3	143.9
长沙	125.9	126.7	127.1	127.3	129.4	131.9	135.5	138.2	139.0	139.1	127.0	140.0

续表

城市	1月	2月	3月	4月	5月	6月	7月	8月	9月	10月	11月	12月
广州	136.4	136.7	137.0	136.8	139.3	141.9	142.7	144.0	144.7	145.0	121.1	149.3
深圳	144.3	144.9	144.7	144.8	144.7	145.2	145.9	146.6	146.4	145.7	123.6	145.9
南宁	123.1	123.6	124.2	124.4	124.8	127.2	128.3	130.4	131.0	131.4	121.7	134.2
海口	108.7	113.4	115.8	118.0	120.5	129.8	132.8	134.0	134.5	135.3	135.6	137.5
重庆	118.0	119.1	119.8	121.1	122.2	124.4	126.0	127.3	128.7	129.6	124.6	132.1
成都	105.5	106.4	106.6	106.8	109.1	128.8	130.1	131.6	132.5	134.7	122.9	139.0
贵阳	117.1	117.3	118.2	119.7	120.4	121.8	123.9	126.2	128.8	134.2	120.9	137.5
昆明	114.5	115.6	116.6	117.4	118.5	120.8	124.3	126.2	128.7	130.5	130.8	132.6
西安	121.1	122.6	123.7	125.7	127.7	129.1	130.7	134.6	143.0	144.8	145.1	148.5
兰州	109.2	110.0	110.4	111.0	111.8	113.2	114.0	115.3	116.6	118.7	122.0	120.9
西宁	107.0	107.8	107.8	107.7	107.8	110.7	111.7	112.9	115.2	116.4	125.3	119.6
银川	105.0	105.9	106.7	107.3	107.8	109.2	110.3	112.1	113.1	113.3	122.5	114.6
乌鲁木齐	105.2	106.5	107.4	108.6	110.0	110.9	111.2	112.8	113.3	113.6	126.1	115.0
唐山	109.4	109.5	110.4	111.1	111.4	112.8	114.7	118.0	119.6	121.1	136.7	122.6
秦皇岛	112.4	114.0	115.6	116.4	117.1	118.4	119.6	122.9	125.3	127.9	130.7	131.9
包头	102.7	105.7	106.4	107.0	107.9	108.9	110.9	113.6	114.2	115.8	138.7	116.3
丹东	102.0	101.6	102.0	104.0	109.6	113.1	113.7	114.1	115.3	115.7	123.3	119.1
锦州	96.9	98.8	99.7	100.4	100.7	101.2	101.7	102.3	104.2	105.7	127.4	109.8
吉林	109.6	109.3	109.6	110.3	110.7	112.1	113.9	116.6	117.8	119.6	128.9	122.1
牡丹江	105.0	104.8	105.3	106.2	106.2	108.4	109.9	111.4	113.1	115.0	125.2	116.5
无锡	131.0	132.9	132.7	132.4	132.5	132.0	134.0	138.5	139.2	139.8	124.6	140.8
扬州	121.0	121.7	122.4	123.4	124.1	124.8	128.2	129.8	131.6	133.2	129.3	136.0
徐州	119.3	121.9	122.8	123.8	125.2	126.2	129.1	133.4	134.9	137.4	145.6	141.1
温州	114.0	114.2	114.1	114.0	114.2	114.7	114.9	115.7	116.0	115.9	147.5	115.8
金华	118.7	118.9	119.2	120.8	121.5	121.9	123.3	124.7	124.5	124.6	138.9	124.0
蚌埠	117.2	117.1	116.7	116.7	116.9	116.6	119.1	121.2	123.3	124.1	128.4	126.3
安庆	113.5	113.6	113.6	113.3	113.6	114.4	115.1	117.3	119.1	121.7	154.2	122.9
泉州	110.1	110.6	110.7	110.7	110.6	111.1	111.0	112.0	112.2	112.2	138.7	112.4
九江	121.2	121.2	121.9	122.1	123.1	123.8	125.2	127.1	128.0	128.7	151.9	131.8
赣州	115.1	116.4	116.6	116.8	117.3	118.0	118.7	121.0	122.3	123.0	134.9	124.9
烟台	115.5	115.2	115.6	117.1	118.0	119.0	122.4	124.0	124.8	126.3	139.9	129.2
济宁	110.3	109.9	110.3	111.0	111.8	113.3	114.9	116.8	117.5	119.7	131.9	123.0
洛阳	113.6	114.1	114.6	115.5	116.0	116.1	117.4	118.2	120.3	122.0	141.9	126.0
平顶山	111.3	112.0	112.2	113.1	114.5	114.2	115.1	115.8	117.4	117.8	142.1	119.7
宜昌	114.2	115.4	116.5	116.9	117.8	119.4	122.8	124.3	125.9	126.3	139.4	128.4
襄阳	108.4	108.7	108.8	109.5	109.6	110.4	112.9	116.2	116.8	119.7	145.0	122.8
岳阳	112.8	114.2	115.0	115.2	116.4	117.2	118.2	120.9	122.2	123.2	145.3	123.3
常德	112.5	111.2	111.3	111.8	112.6	113.2	113.6	116.3	117.9	120.4	132.0	123.0
惠州	130.5	131.4	131.3	131.5	131.9	132.5	133.1	134.0	134.4	135.3	135.7	135.9
湛江	116.2	116.6	117.0	117.3	117.4	117.8	119.0	121.2	122.2	124.1	131.0	125.4

续表

城市	1月	2月	3月	4月	5月	6月	7月	8月	9月	10月	11月	12月
韶关	112.1	116.3	117.0	117.5	118.1	118.9	119.3	121.0	121.7	122.1	137.1	122.7
桂林	110.1	112.1	112.8	113.5	114.2	114.9	115.5	116.2	117.4	118.2	136.8	121.4
北海	115.2	117.7	118.7	119.6	120.9	122.5	123.0	126.8	127.8	129.4	131.4	131.5
三亚	110.0	112.0	112.8	114.9	117.7	121.5	126.0	144.3	144.6	144.5	146.9	145.3
泸州	110.3	110.7	111.0	111.5	112.3	113.8	114.4	116.5	119.5	121.4	119.7	122.3
南充	110.5	112.2	112.9	113.9	115.5	116.8	117.8	120.3	123.0	125.0	117.9	125.3
遵义	109.2	110.3	111.3	112.2	113.0	114.0	115.1	116.9	118.2	120.4	113.7	123.3
大理	108.9	109.7	110.8	112.1	113.1	114.4	116.2	118.4	120.2	122.7	114.6	128.3

数据来源：国家统计局

【二手住宅销售价格情况】根据国家统计局公布的月度数据，2017年全国70个大中城市的二手住宅销售价格指数情况分别如表43、表44和表45所列。

2017年70个大中城市二手住宅销售价格指数环比数据　　表43

城市	1月	2月	3月	4月	5月	6月	7月	8月	9月	10月	11月	12月
北京	100.8	101.3	102.2	100.0	99.1	98.9	99.2	99.1	99.4	99.5	99.5	99.6
天津	100.2	100.5	101.6	101.0	99.6	99.1	99.4	99.2	99.7	99.7	99.8	100.0
石家庄	100.3	100.4	100.5	100.3	99.9	99.8	99.5	100.0	100.0	100.4	100.0	99.8
太原	100.9	100.5	100.4	100.9	100.6	100.8	100.5	100.4	100.2	100.6	100.7	101.1
呼和浩特	99.9	100.0	100.1	100.0	100.1	100.2	100.2	100.2	100.2	100.2	100.7	100.6
沈阳	100.0	100.3	100.6	101.1	101.0	101.1	101.0	100.6	100.4	100.1	100.4	100.5
大连	100.3	100.2	100.4	100.7	100.6	100.8	100.6	100.4	100.6	100.5	100.6	100.5
长春	100.2	100.3	100.7	100.6	100.4	100.7	100.3	100.2	100.5	100.4	100.7	100.6
哈尔滨	100.4	100.1	100.2	100.8	100.8	101.4	100.4	101.1	100.6	100.9	100.3	100.7
上海	99.6	100.2	100.7	100.8	99.9	99.6	99.8	99.9	100.3	99.7	99.9	99.9
南京	99.9	100.1	99.7	99.8	100.0	99.9	99.8	99.9	99.7	99.9	99.5	99.8
杭州	100.5	100.6	100.9	100.7	100.8	100.7	100.8	100.7	100.6	100.4	100.2	100.0
宁波	99.8	100.4	100.7	100.8	101.1	101.2	100.6	100.5	100.3	100.4	100.2	100.3
合肥	99.9	99.2	100.0	99.8	99.9	99.6	100.5	100.4	100.0	99.8	100.0	100.2
福州	100.8	100.9	101.6	100.8	100.7	100.8	100.2	100.1	100.0	99.9	100.0	99.8
厦门	100.2	102.0	104.9	99.3	99.7	99.6	99.7	99.6	99.7	99.6	99.7	99.3
南昌	100.6	100.4	100.8	100.8	100.6	100.3	100.5	99.8	99.7	99.7	100.1	99.8
济南	99.8	100.5	101.3	101.0	100.6	100.8	99.8	99.4	99.8	99.9	99.8	99.9
青岛	100.6	100.8	101.7	101.3	101.0	100.8	100.2	100.5	100.3	100.4	100.3	100.2
郑州	100.7	100.6	100.8	100.8	100.2	100.5	100.0	99.5	99.7	99.5	99.7	99.8
武汉	100.4	100.7	101.0	101.1	101.0	101.3	101.1	100.8	100.4	100.4	100.1	100.2
长沙	100.8	101.2	101.8	104.3	101.8	100.7	100.0	100.4	100.4	100.4	100.2	100.0
广州	101.6	102.7	103.2	101.0	100.5	100.0	100.1	100.0	100.2	99.7	100.1	99.6
深圳	99.9	99.3	100.8	100.0	100.3	99.7	100.6	99.9	99.9	100.4	100.0	100.4
南宁	100.9	100.5	100.6	100.8	100.9	101.7	101.4	100.5	100.1	100.4	100.4	100.1
海口	100.5	100.8	101.0	100.7	100.1	100.4	99.9	99.6	99.5	99.5	99.6	100.1
重庆	100.9	100.5	100.8	100.9	101.2	101.3	101.1	100.8	100.5	100.3	100.2	100.3

续表

城市	1月	2月	3月	4月	5月	6月	7月	8月	9月	10月	11月	12月
成都	100.6	100.7	100.9	100.5	100.1	100.0	100.4	100.2	100.4	100.6	100.0	100.2
贵阳	100.4	100.3	100.4	100.9	100.5	100.4	100.2	100.3	100.5	100.2	100.6	100.7
昆明	100.3	99.9	100.9	100.8	100.7	100.5	100.3	100.4	100.5	100.3	100.8	101.3
西安	99.9	100.4	101.1	101.3	101.4	101.6	100.8	100.9	100.2	100.5	100.5	
兰州	100.1	99.8	100.2	100.5	100.6	100.4	100.5	100.3	100.1	100.0	100.5	100.8
西宁	100.0	100.1	100.1	100.2	100.0	100.3	100.1	100.0	100.5	100.1	100.8	100.7
银川	99.8	99.7	100.0	100.1	100.2	100.1	100.0	100.2	100.0	99.9	100.6	100.3
乌鲁木齐	100.6	100.2	99.9	100.4	100.8	100.6	101.3	101.0	100.8	101.0	101.8	100.8
唐山	100.7	100.4	100.5	101.1	100.1	100.7	100.2	100.0	100.1	100.5	100.2	100.0
秦皇岛	100.5	101.0	101.5	101.3	99.8	99.9	100.3	100.9	100.0	99.9	99.9	100.1
包头	100.4	99.7	101.0	100.5	100.2	100.4	100.0	100.4	100.3	99.8	100.5	100.6
丹东	100.2	100.1	100.3	100.2	100.3	100.1	100.3	100.1	100.0	100.3	100.3	100.5
锦州	99.8	99.9	100.1	99.9	100.1	100.2	99.9	100.0	100.0	99.9	100.1	100.0
吉林	100.1	100.2	100.5	100.4	100.5	100.3	100.1	100.4	100.4	100.2	100.4	100.3
牡丹江	100.3	99.8	100.2	100.5	100.3	100.6	100.4	100.1	100.3	100.3	100.2	100.7
无锡	99.9	100.8	101.8	102.1	101.4	101.5	100.5	101.2	100.0	99.6	100.0	100.0
扬州	100.5	100.7	101.2	101.2	100.9	100.5	100.6	100.4	99.8	100.3	99.6	100.4
徐州	100.3	100.4	100.2	100.8	101.1	101.3	100.2	100.1	100.2	100.3	100.4	100.2
温州	99.9	100.3	100.4	101.0	101.2	101.6	100.6	100.4	100.4	100.2	100.2	99.8
金华	100.2	100.1	100.7	100.4	100.9	100.7	100.4	100.6	100.8	100.7	100.5	100.6
蚌埠	100.6	100.5	100.6	101.2	101.8	101.9	100.6	100.2	100.1	100.1	100.0	99.8
安庆	100.7	100.6	100.8	101.5	100.9	100.4	100.9	100.4	100.3	99.9	99.9	100.3
泉州	100.5	101.0	101.1	101.2	100.8	100.6	100.2	100.2	100.4	100.1	100.2	100.3
九江	100.8	100.2	100.6	100.4	100.6	100.9	100.6	100.3	100.2	100.0	100.2	100.0
赣州	100.6	100.7	100.3	100.0	100.3	100.4	100.4	100.2	99.9	99.8	100.1	100.0
烟台	100.4	100.3	100.4	100.9	101.0	100.8	100.8	100.5	100.3	100.4	100.3	100.5
济宁	100.5	100.1	100.8	100.7	100.8	101.0	100.9	100.7	100.5	100.3	100.6	100.7
洛阳	100.3	100.0	100.3	100.6	100.7	100.9	100.2	100.3	100.2	100.1	100.5	100.1
平顶山	100.0	99.8	100.2	100.8	100.6	100.5	100.9	100.9	100.4	100.3	100.4	99.9
宜昌	100.5	100.3	100.7	101.3	101.4	101.1	99.9	99.8	99.9	99.8	100.7	100.5
襄阳	100.3	100.4	100.5	100.7	100.5	100.8	100.4	100.1	100.3	100.0	100.5	100.3
岳阳	100.6	100.1	100.4	100.5	100.6	100.7	100.5	100.2	100.2	100.3	100.5	
常德	99.8	100.0	100.6	100.3	100.7	100.3	100.6	100.1	100.4	100.1	100.3	100.2
惠州	100.7	100.3	101.6	101.2	101.0	100.6	100.3	100.2	100.0	100.1	100.1	100.2
湛江	101.1	100.4	100.3	101.1	101.4	100.8	100.7	100.8	100.5	100.4	100.3	100.2
韶关	100.4	100.5	101.6	101.1	100.5	100.6	100.8	99.8	100.4	99.9	100.0	100.2
桂林	99.8	99.9	100.0	100.4	100.3	100.7	100.5	100.9	100.1	100.1	100.5	99.9
北海	100.3	100.2	100.4	101.5	102.3	101.6	100.9	100.6	100.3	100.3	100.3	99.9
三亚	100.8	100.7	101.3	99.9	99.5	99.3	99.9	100.2	100.0	100.2	100.6	100.3
泸州	100.2	100.3	100.4	100.2	100.3	100.5	100.2	100.3	100.4	100.4	100.9	100.6

续表

城市	1月	2月	3月	4月	5月	6月	7月	8月	9月	10月	11月	12月
南充	99.9	100.4	100.6	100.4	100.6	100.8	100.5	100.5	100.7	100.7	100.8	100.6
遵义	100.8	100.0	100.5	100.3	100.5	100.3	100.4	100.7	100.5	100.4	100.6	100.9
大理	99.8	99.9	100.0	100.2	100.1	100.4	100.0	100.2	100.4	100.3	100.5	101.0

数据来源：国家统计局

2017年70个大中城市二手住宅销售价格指数同比数据　　表44

城市	1月	2月	3月	4月	5月	6月	7月	8月	9月	10月	11月	12月
北京	134.6	132.2	127.0	122.5	118.8	115.8	113.1	107.8	101.4	99.8	99.1	98.4
天津	123.9	122.8	121.9	119.9	117.1	115.0	111.9	106.9	102.4	100.9	100.0	99.7
石家庄	117.9	118.1	116.5	114.0	111.7	109.2	106.5	102.9	99.9	99.6	100.2	100.8
太原	104.7	105.4	105.4	106.5	107.3	107.4	107.1	106.9	107.0	106.7	106.9	107.9
呼和浩特	99.1	99.1	99.1	99.2	99.3	99.8	100.2	100.1	100.6	101.2	102.1	102.8
沈阳	100.7	101.3	101.9	102.5	103.4	104.4	105.4	106.0	106.6	106.8	107.2	107.4
大连	101.5	102.0	102.2	102.4	103.2	103.3	103.9	104.3	104.8	104.8	105.2	105.7
长春	100.8	101.7	102.3	102.8	103.1	103.7	104.2	104.2	104.4	104.4	104.9	105.7
哈尔滨	100.5	100.7	100.4	100.7	101.5	103.0	103.6	104.8	105.2	106.0	106.6	107.4
上海	128.7	122.5	116.1	114.2	112.6	110.0	107.4	103.4	99.9	99.9	99.9	100.3
南京	132.0	130.1	126.0	121.5	118.1	116.5	112.9	108.9	104.9	102.8	100.5	98.7
杭州	121.6	121.0	119.8	118.5	117.9	117.4	115.8	113.5	109.1	106.9	107.1	107.2
宁波	107.2	107.4	107.6	107.9	108.2	109.2	109.2	109.0	107.6	106.8	106.7	106.7
合肥	146.8	136.5	124.9	116.7	111.7	107.6	104.7	102.8	99.9	98.0	98.6	99.2
福州	116.6	116.7	117.5	116.5	116.5	116.9	115.7	112.8	108.9	106.9	106.7	105.9
厦门	131.8	131.8	131.7	125.5	117.7	112.5	109.6	106.5	104.1	103.7	103.9	103.3
南昌	113.0	113.1	111.8	111.5	110.6	109.8	108.7	107.7	105.6	104.4	104.3	103.8
济南	115.2	115.7	116.3	117.0	117.2	117.3	116.5	113.3	107.5	104.5	103.1	102.4
青岛	110.2	110.9	112.6	113.8	114.7	115.6	116.1	115.3	110.2	109.4	109.1	108.9
郑州	127.5	127.2	126.1	125.4	124.0	122.6	121.0	115.3	107.2	103.4	102.3	101.0
武汉	121.9	122.1	122.0	122.1	121.5	120.8	119.6	117.7	114.0	111.7	109.6	108.9
长沙	113.1	114.3	116.0	119.9	120.7	120.5	120.5	120.2	116.5	114.3	112.8	111.4
广州	126.2	128.1	127.8	125.9	124.1	123.2	121.5	118.7	114.7	112.5	111.7	109.8
深圳	112.8	108.4	103.9	105.1	105.0	104.0	103.1	100.9	99.0	100.1	101.0	101.5
南宁	105.8	106.2	106.8	107.0	107.6	109.4	110.9	110.8	110.1	109.2	109.3	108.8
海口	104.0	104.5	104.6	104.5	104.4	104.7	104.3	103.6	102.7	101.8	100.9	100.7
重庆	104.4	105.0	105.6	106.2	106.8	108.1	108.9	109.5	109.5	109.6	109.4	109.0
成都	105.6	105.6	106.2	106.5	106.0	106.1	105.9	104.6	104.6	104.6	104.6	104.6
贵阳	102.3	102.4	102.5	103.3	103.8	104.1	104.2	104.4	104.2	104.7	104.7	105.4
昆明	101.5	101.3	101.9	102.2	102.3	103.1	103.4	104.0	104.4	104.4	105.2	106.8
西安	98.8	99.4	100.8	102.3	104.1	105.7	106.6	107.1	107.5	107.5	108.4	108.8
兰州	101.2	100.7	101.1	101.3	101.8	102.2	102.5	102.5	102.4	102.5	102.8	103.7
西宁	98.8	99.3	99.9	100.0	100.3	100.6	100.7	100.9	101.2	101.2	102.1	102.9
银川	100.1	99.9	99.7	99.7	99.8	100.0	100.0	100.1	100.1	100.0	100.7	101.0

续表

城市	1月	2月	3月	4月	5月	6月	7月	8月	9月	10月	11月	12月
乌鲁木齐	97.3	98.5	99.1	99.6	100.5	101.4	103.0	104.0	105.0	106.3	108.6	109.6
唐山	102.2	102.8	103.2	104.4	104.4	105.1	105.4	105.2	105.3	105.3	104.9	104.5
秦皇岛	104.3	105.5	107.0	108.1	107.4	107.0	107.4	108.2	109.0	107.8	106.4	106.1
包头	98.8	99.1	100.4	101.2	101.9	102.3	102.6	103.3	104.2	103.7	104.1	104.0
丹东	99.1	99.5	100.0	100.2	100.6	100.9	101.1	101.3	101.4	101.8	102.2	102.8
锦州	97.3	97.5	98.1	98.4	98.5	99.0	99.3	99.6	99.6	99.8	99.9	99.9
吉林	101.8	102.1	102.5	102.7	103.0	103.2	103.2	103.5	103.6	103.6	103.8	103.9
牡丹江	100.4	100.3	100.3	100.7	101.1	101.8	102.7	102.9	103.0	103.5	103.5	103.8
无锡	119.2	120.1	121.2	122.3	123.6	124.6	124.1	120.8	111.4	108.4	108.7	108.9
扬州	106.1	106.9	108.2	109.5	110.3	110.9	110.9	110.7	109.8	108.6	106.7	106.2
徐州	105.2	105.7	105.5	105.8	106.8	108.0	108.2	107.5	106.8	106.1	105.5	105.5
温州	102.8	102.8	102.7	103.4	104.8	106.3	106.8	107.1	106.7	106.6	106.8	106.4
金华	104.8	104.9	105.2	106.4	106.9	107.5	107.8	107.8	107.4	107.6	107.3	107.7
蚌埠	106.1	106.4	106.9	107.7	109.3	111.2	111.2	110.7	109.7	109.4	108.6	107.6
安庆	107.4	107.8	108.8	110.1	110.9	111.2	111.4	111.2	110.0	109.3	107.9	106.8
泉州	106.6	107.8	109.2	110.2	111.3	112.1	111.8	111.3	110.0	109.2	107.3	106.5
九江	108.7	109.0	109.0	108.5	109.2	108.8	108.8	107.6	107.1	106.1	106.3	104.8
赣州	110.2	110.8	111.4	110.6	110.5	110.8	110.6	110.0	106.6	104.0	103.2	102.8
烟台	102.8	103.3	103.6	104.3	105.1	105.8	106.5	106.5	106.4	106.6	106.6	106.9
济宁	101.5	101.6	102.3	103.0	103.9	105.0	105.8	106.2	106.5	106.7	107.1	107.8
洛阳	103.1	103.2	103.4	103.8	104.3	105.1	105.1	104.9	104.8	104.7	104.4	104.4
平顶山	100.5	100.4	100.4	101.3	102.0	102.6	103.5	104.1	104.1	104.3	104.8	105.0
宜昌	103.5	103.8	104.0	105.2	106.6	107.6	107.5	107.0	106.6	105.8	106.0	106.1
襄阳	100.8	101.5	102.1	102.8	103.3	104.1	104.4	104.1	104.3	104.3	104.7	105.0
岳阳	103.0	103.0	103.3	103.6	104.1	104.7	105.0	105.0	104.9	104.6	105.0	105.0
常德	102.3	102.6	103.1	103.2	103.8	104.4	104.6	104.7	104.1	104.0	104.0	104.1
惠州	114.9	114.8	115.6	115.8	114.9	114.7	113.7	113.0	109.1	108.2	106.6	106.4
湛江	103.4	103.9	104.6	105.2	107.1	107.8	108.3	109.1	109.1	109.2	109.1	108.2
韶关	102.2	102.0	103.3	104.2	104.7	105.9	107.0	107.0	106.3	106.1	106.2	105.9
桂林	98.3	98.2	98.4	99.0	99.6	100.2	100.7	101.7	101.8	102.3	103.0	103.0
北海	101.8	102.2	102.4	104.0	105.9	107.8	108.7	109.0	109.1	109.1	108.9	108.4
三亚	103.0	103.7	104.6	104.6	104.4	103.6	103.6	103.7	103.3	103.0	103.2	102.7
泸州	102.5	103.1	103.2	102.8	102.9	103.3	103.3	103.4	103.4	103.4	104.0	104.7
南充	102.7	103.0	103.5	103.5	103.9	104.6	104.8	105.0	105.3	105.7	106.2	106.6
遵义	102.8	103.0	103.4	103.6	103.9	104.0	104.1	104.7	105.4	105.3	105.6	106.1
大理	100.0	99.5	99.3	99.4	99.2	99.8	99.6	100.3	100.8	101.2	101.4	102.8

数据来源：国家统计局

2017年70个大中城市二手住宅销售价格指数定基数据

表45

城市	1月	2月	3月	4月	5月	6月	7月	8月	9月	10月	11月	12月
北京	151.5	153.5	156.8	156.8	155.5	153.7	152.6	151.2	150.2	149.5	148.7	148.1
天津	127.3	127.9	130.1	131.4	130.8	129.7	128.8	127.8	127.4	126.9	126.7	126.7
石家庄	118.5	119.1	119.6	120.0	119.8	119.6	119.0	119.0	119.0	119.5	119.5	119.2
太原	106.1	106.6	107.0	108.0	108.7	109.5	110.0	110.4	110.7	111.3	112.1	113.3
呼和浩特	99.0	99.0	99.1	99.1	99.1	99.4	99.8	99.9	100.1	100.5	101.2	101.8
沈阳	101.6	101.9	102.6	103.7	104.7	105.9	107.0	107.6	108.0	108.1	108.6	109.1
大连	101.2	101.4	101.8	102.5	103.4	104.0	104.3	104.8	105.0	105.6	106.1	106.6
长春	100.9	101.2	101.9	102.5	103.0	103.7	104.0	104.2	104.8	105.0	105.8	106.4
哈尔滨	101.9	101.9	102.1	102.4	103.0	104.0	105.0	106.3	106.9	107.9	108.2	108.9
上海	140.4	140.6	141.6	142.7	142.7	142.6	141.9	141.6	141.4	141.9	141.5	141.4
南京	138.5	138.6	138.3	138.0	137.9	138.7	138.5	138.4	137.9	137.8	137.1	136.9
杭州	125.7	126.4	127.6	128.5	129.5	130.5	131.5	132.2	133.2	133.8	134.1	134.1
宁波	110.4	110.8	111.6	112.5	113.3	115.1	115.9	116.5	116.9	117.3	117.6	118.0
合肥	152.4	151.2	151.2	151.0	150.5	150.2	150.9	151.5	151.5	151.1	151.0	151.4
福州	119.7	120.7	122.6	123.7	124.5	125.5	125.7	125.9	126.2	126.1	126.1	125.8
厦门	137.6	140.4	147.3	146.3	145.8	145.2	144.8	144.2	143.7	143.2	142.7	141.8
南昌	114.7	115.1	115.5	116.4	117.1	117.9	118.3	118.9	118.7	118.4	118.5	118.3
济南	116.7	117.3	118.8	120.1	120.7	121.7	121.4	120.6	120.4	120.2	119.9	119.8
青岛	110.9	111.7	113.6	115.1	116.2	117.2	118.1	118.7	119.0	119.6	119.9	120.1
郑州	130.7	131.5	132.1	132.8	133.0	133.5	133.5	132.9	132.5	131.9	131.4	131.1
武汉	125.7	126.6	127.9	129.3	130.6	132.2	133.7	134.7	135.3	135.9	136.0	136.3
长沙	114.1	115.4	117.4	122.5	123.5	124.0	123.9	124.7	125.2	125.7	125.9	126.0
广州	135.6	139.2	143.7	145.2	145.9	147.2	147.3	147.3	147.6	147.1	147.2	146.6
深圳	141.6	140.5	141.0	142.1	142.5	142.9	143.0	142.8	142.6	143.3	143.4	144.0
南宁	108.1	108.6	109.2	110.1	111.1	112.9	114.6	115.1	115.3	115.9	116.4	116.5
海口	103.0	103.7	104.7	104.7	104.8	105.2	105.0	104.6	104.0	103.5	103.0	103.2
重庆	107.1	107.6	108.5	109.6	110.6	112.0	113.2	114.1	114.6	115.0	115.2	115.6
成都	106.5	107.2	108.0	108.8	108.9	109.2	109.5	109.9	110.6	110.5	110.8	110.8
贵阳	102.8	103.2	103.6	104.5	105.1	105.5	105.6	105.9	106.4	106.6	107.2	107.9
昆明	102.3	102.1	103.0	103.8	104.5	105.0	105.3	105.8	106.3	106.6	107.5	108.9
西安	96.5	96.9	98.0	99.3	100.7	102.3	103.1	104.0	103.9	104.1	104.6	105.1
兰州	101.1	100.9	101.1	101.6	102.2	102.6	103.1	103.4	103.5	103.5	103.9	104.7
西宁	99.2	99.3	99.4	99.6	99.6	99.9	100.0	100.1	100.5	100.6	101.4	102.1
银川	99.3	99.1	99.1	99.2	99.4	99.5	99.5	99.6	99.7	99.6	100.2	100.5
乌鲁木齐	98.5	98.7	98.5	98.9	99.7	100.3	101.7	102.7	103.5	104.6	106.5	107.3
唐山	102.0	102.4	102.9	104.0	104.1	104.8	105.0	105.0	105.1	105.6	105.8	105.8
秦皇岛	102.9	104.0	105.5	106.9	106.6	106.5	106.8	107.8	108.1	108.6	108.6	108.7
包头	97.7	97.4	98.4	98.9	99.1	99.5	99.6	100.0	100.2	100.1	100.6	101.2
丹东	98.0	98.1	98.4	98.6	98.8	98.9	99.2	99.3	99.5	99.8	100.1	100.6
锦州	93.5	93.3	93.4	93.3	93.4	93.6	93.6	93.6	93.5	93.5	93.5	93.6

续表

城市	1月	2月	3月	4月	5月	6月	7月	8月	9月	10月	11月	12月
吉林	101.6	101.8	102.3	102.7	103.2	103.5	103.7	104.1	104.5	104.8	105.2	105.4
牡丹江	100.6	100.4	100.6	101.1	101.4	101.9	102.4	102.5	102.9	103.2	103.4	104.1
无锡	119.0	119.9	122.1	124.6	126.4	128.2	128.8	130.3	130.3	129.8	129.7	129.8
扬州	106.4	107.2	108.4	109.7	110.7	111.3	111.9	112.3	112.1	112.4	112.0	112.4
徐州	105.3	105.7	106.0	106.8	107.9	109.3	109.6	109.7	109.8	110.1	110.5	110.7
温州	104.8	105.1	105.6	106.7	108.0	109.8	110.5	110.9	111.4	111.7	111.8	111.6
金华	105.5	105.7	106.4	107.8	108.8	109.5	110.0	110.7	111.6	112.3	112.8	113.5
蚌埠	104.9	105.5	106.1	107.3	109.2	111.3	112.0	112.2	112.4	112.4	112.4	112.2
安庆	106.9	107.6	108.5	110.1	111.1	111.6	112.6	113.1	113.4	113.3	113.1	113.4
泉州	106.1	107.2	108.4	109.7	110.6	111.3	111.3	111.3	111.7	111.8	112.0	112.4
九江	109.9	110.1	110.7	111.1	111.8	112.7	113.4	113.8	114.0	113.9	114.1	114.2
赣州	110.8	111.6	112.0	112.0	112.4	112.8	113.3	113.5	113.4	113.2	113.2	113.2
烟台	102.5	102.8	103.3	104.2	105.2	106.1	106.9	107.5	107.8	108.3	108.6	109.1
济宁	101.2	101.3	102.1	102.8	103.6	104.7	105.7	106.4	106.9	107.2	107.8	108.5
洛阳	102.3	102.3	102.6	103.2	103.9	104.9	105.1	105.4	105.6	105.8	106.3	106.4
平顶山	100.3	100.2	100.4	101.2	101.8	102.3	103.7	104.7	105.0	105.4	105.3	
宜昌	104.5	104.7	105.5	106.9	108.3	109.5	109.5	109.3	109.2	109.0	109.7	110.3
襄阳	100.7	101.2	101.7	102.4	102.9	103.7	104.1	104.2	104.5	104.5	105.1	105.4
岳阳	102.5	102.6	103.0	103.5	104.1	104.8	105.3	105.6	105.8	106.2	106.7	107.0
常德	102.4	102.4	103.1	103.4	104.1	105.0	105.6	105.7	106.2	106.3	106.6	106.8
惠州	115.9	116.3	118.1	119.6	120.8	121.5	121.9	122.1	122.1	122.2	122.3	122.5
湛江	101.9	102.2	102.7	103.8	105.3	106.1	106.8	107.7	108.2	108.6	108.9	109.1
韶关	101.8	102.3	103.9	105.1	105.6	106.3	107.1	106.8	107.2	107.1	107.1	107.3
桂林	97.2	97.1	97.1	97.4	97.7	98.4	98.8	99.7	99.8	99.9	100.4	100.3
北海	103.8	104.0	104.4	106.0	108.4	110.2	111.1	111.8	112.1	112.4	112.4	112.3
三亚	103.7	104.5	105.9	105.7	105.2	104.5	104.3	104.6	104.6	104.8	105.8	
泸州	104.4	104.7	105.1	105.2	105.6	106.1	106.3	106.6	107.1	107.5	108.5	109.2
南充	103.0	103.4	104.0	104.4	105.1	105.9	106.4	107.0	107.7	108.5	109.3	109.9
遵义	101.1	101.1	101.7	102.0	102.5	102.7	103.2	103.9	104.4	104.8	105.4	106.4
大理	98.7	98.7	98.7	98.9	99.0	99.4	99.4	99.6	100.0	100.3	100.8	101.8

数据来源：国家统计局

(哈尔滨工业大学　王要武　赵蕊　陈雪)

部属单位、社团

住房和城乡建设部人力资源开发中心

【2018年专业技术职务任职资格评审工作】持续深化职称评审工作科学化规范化管理，积极推进职称评审信息化建设。按照中办、国办《关于深化职称制度改革的意见》要求，在住房城乡建设部人事司的领导下，研究起草了部职称改革有关办法；根据《关于深化职称制度改革的意见》中完善评审专家遴选机制的要求，完成职称评审专家库重新组建，扩大专家组成范围，将每一届相对固定的职称评审委员会调整为每年动态组建，并按照动态管理要求完成了2018年度评审委员会组建；创新职称评审工作方式，开发了建设工程（科研）系列职称评审信息平台（以下简称"信息平台"）并投入试运行，实现在线申报、在线审核、在线评审、基础信息管理等功能。信息平台的使用方便了申报人员随时了解审核信息并补充资料，解决了少跑路、少做重复性工作等问题。在线审阅使专家在评审会前可充分审阅申报材料，评审更客观、公正。提高了工作效率、提升了工作质量。2018年共组织召开30个评审会，接受4203人的申报材料，通过审核后提交评审委员会评审3417人，评审通过2749人。

【智库建设工作】拟定专家库建设工作方案，拓宽专家收集渠道，从高校、科研单位、企业等多渠道遴选人力资源管理咨询和住房城乡建设行业专家，发挥专家智库作用，为解决行业企业人力资源管理难题、完成住房城乡建设部交办工作任务，提供有力的智力支持。

【行业企事业单位人力资源服务工作】深入企事业单位开展人力资源服务需求调研，进一步推进培训、招聘、咨询等人事代理业务建设。为企业内训提供专业的师资，帮助企业更准确地理解行业政策，助力企业发展；制定校园招聘宣传策划方案，在高校就业平台上发布各单位的招聘信息，让70余家单位走进高校参加了7场双选会；为企事业单位提供人力资源管理咨询服务，解决劳动合同管理、劳动纠纷处理、劳动用工形式等方面的问题；接受社团组织委托，提供薪酬体系设计方案，帮助其建立科学合理的薪酬体系。

【行业职业技能标准编写（编制）工作】《弱电工职业技能标准》正式颁布，开展相关配套培训教材的编写工作；完成市政行业、智能楼宇管理员2部标准的编写阶段工作；继续开展环卫行业、燃气行业、排水行业、装配式建筑4部标准的编写工作；完成《行业职业技能标准编写样例》《行业职业技能标准编写技术导则》《行业职业技能标准制订工作流程》等技术规程和工作流程文件的修订工作。

【行业培训工作】2018年围绕住房城乡建设部重点、热点工作，有针对性地举办了"城市公共厕所建设管理培训班""《住房公积金归集业务标准》宣贯培训班""城乡建设统计培训班"等5期培训班，共培训学员3145人。

【全国住房和城乡建设职业教育教学指导委员会秘书处工作】制定下发《全国住房和城乡建设职业教育教学指导委员会印章使用管理办法》，并做好专指委印章的管理工作；组织遴选并评审推荐了2个土木建筑类职业教育教学成果参加国家级教学成果奖评审，均获得二等奖；报送土木建筑类第一批17个《高等职业学校专业教学标准》并通过教育部审查，启动第二批13个标准的修订工作；举办2018年全国高职"建筑工程识图"竞赛，并成功申报2个2019年全国职业院校技能大赛赛项；完成2018年度行动计划绩效数据采集和绩效报告撰写；举办教育部2018年度重点指导和支持的对话活动——全国建筑信息化教育论坛；参加国家职业教育制度改革中"1+X"证书制度的研究论证工作。

（住房和城乡建设部人力资源开发中心）

住房和城乡建设部执业资格注册中心

【执业资格考试情况】 组织完成2018年度一级注册建筑师、勘察设计注册工程师[含一级注册结构工程师、注册土木工程师（岩土）、注册土木工程师（港口与航道工程）、注册土木工程师（水利水电工程）、注册公用设备工程师、注册电气工程师、注册化工工程师、注册环保工程师]、注册城乡规划师、一级建造师等执业资格全国统一考试的命题及阅卷工作。完成2018年度二级注册建筑师、二级注册结构工程师和二级建造师执业资格考试命题工作。

2018年，全国共有近147.2万人报名参加了各专业（不含二级）执业资格全国统一考试，具体报考情况见表1。

2018年度各专业执业资格考试报考情况统计表

表1

专业		报考人数
一级注册建筑师		60935
勘察设计注册工程师	一级注册结构工程师	20345
	注册土木工程师（岩土）	13811
	注册土木工程师（港口与航道工程）	642
	注册土木工程师（水利水电工程）	2028
	注册公用设备工程师	19755
	注册电气工程师	13124
	注册化工工程师	1849
	注册环保工程师	2442
注册城乡规划师		46516
一级建造师		1290319
合计		1471766

2018年，二级注册建筑师报考人数为20149人、二级注册结构工程师报考人数为6450人。

【考试管理工作】 一是进一步加强考试命题管理，继续加强考试基础建设，严格落实命题工作管理办法，加强考试总结分析，提高命题工作针对性，提升考试效度；二是严把试题质量关，加强对命题专家的管理和指导，加大审题会的审校力度，确保试卷命题质量；三是面对考试命题安全工作的新形势，积极研究命题保密工作，落实保密人员责任，创新保密举措，加强命题现场管理，探索考试命题方式方法的改革。

【执业资格注册管理工作】 继续开展一级注册建筑师、勘察设计注册工程师、注册监理工程师、一级建造师等执业资格注册工作。2018年，共完成了近32.2万人次的各类注册工作，各专业累计注册人数（不含二级）达到106.6万余人，具体情况见表2。

2018年度各专业执业资格注册情况统计表

表2

专业		截至2018年底累计注册人数
一级注册建筑师		34843
勘察设计注册工程师	一级注册结构工程师	50613
	注册土木工程师（岩土）	20249
	注册公用设备工程师	32148
	注册电气工程师	24177
	注册化工工程师	6795
一级建造师		689030
注册监理工程师		208618
合计		1066473

在做好日常注册管理工作的同时，积极贯彻落实国务院关于行政审批事项改革总体部署，住房城乡建设部对职业资格注册制度的"放管服"改革要求，进一步简政放权，优化服务，积极推进电子化申报注册审查工作，建造师注册管理电子化新系统正式上线，完成了与部"四库一平台"互联互通，初步完成了注册监理工程师、一级注册建筑师、勘察设计注册工程师的注册申报和审查电子化工作，为注册人员提供更便捷服务的同时，提高了注册管理服务水平。

【建设行业职业技能鉴定工作】 一是按照住房城乡建设部落实国务院职业资格改革精神工作部署，学习梳理了相关制度，全面收集有关资料，深入开展调研，了解各地工作开展情况；二是与相关单位进行工作对接，研究工作衔接模式；三是整合了"住房和城乡建设行业从业人员培训管理信息系统"服务平台数据，搭建了平台职业技能鉴定模块的基本架构。四是总结各地开展技能鉴定工作现状，提出工作建议,形成工作报告。

【继续教育工作】一是围绕落实中央城市工作会议精神及我部工作重点,组编了《建筑策划与后评估》注册建筑师继续教育教材;二是经专家研究论证,确定《减隔震建筑结构设计指南与工程应用》作为注册结构工程师继续教育必修教材;三是举办了注册建筑师、注册结构工程师必修教材师资培训班,为全国各地培训了100余名授课师资。

【国际交流与合作工作】一是遵循外事工作管理新规定,及时梳理与境外非政府组织的接触业务项目;二是赴日参加了第21届日韩中注册建筑师组织交流会,协商确定并较好地完成了会议全部议题;三是启动了2019年第22届中日韩注册建筑师组织交流会筹备工作;四是作为APEC建筑师项目中国监督组的组成单位,配合中国建筑学会完成了在河南郑州市举办的APEC建筑师项目理事会年会工作。

【研究工作】一是经过大量调查研究和整理,顺利完成了"我国注册建筑师制度改革与发展研究"课题结题工作;二是随着新版一级建造师注册管理信息系统的研发上线,"基于互联网的建设行业执业资格管理系统研究与应用"课题进入了实施阶段,课题研究工作稳步推进;三是积极研究开展注册建筑师考试、注册土木工程师(岩土)专业考试和勘察设计注册工程师基础考试的大纲修订工作。

(住房和城乡建设部执业资格注册中心)

中国风景园林学会

【服务创新型国家和社会建设】中国风景、园林学会(以下简称"学会")积极响应党中央雄安新区建设重大战略,受雄安新区管委会委托,承担了《雄安新区街道树种选择和种植设计导则》编制工作。组成由陈重理事长任组长的编写工作领导小组和由10家国内高校、科研院所和企业组成的编写团队,历时3个月完成了《雄安新区街道树种选择和种植设计导则(报审稿)》和14个专题研究报告,得到雄安新区管委会领导和专家的肯定。同时,学会推荐40家优秀规划设计咨询单位和50名咨询专家参与雄安新区规划建设,贡献专业力量。

积极响应习近平总书记"公园城市"思想,组织系列研讨。7月25—27日,在成都举办"公园城市与风景园林论坛",研讨公园城市的产生背景、基本概念、内涵、特征及其发展途径,公园城市与风景园林的关系,当前城市建设背景下风景园林的责任等,强调不断改善生态环境和满足人民群众日益增长的美好生活需求,是时代赋予风景园林行业的光荣使命。相关活动还有"公园城市建设"国际学术论坛和"天津·公园城市启航"2018海峡两岸高校学术论坛等活动。

【学会建设】学会会员规模稳中有升。截至12月31日,完成登记的个人会员达10300人,较2017年增加469人,增长率4.8%;单位会员1200余家,与2017年持平。

1月,学会在广州召开第六次全国会员代表大会,住房城乡建设部副部长倪虹发表书面讲话。第五届理事会陈晓丽理事长做了题为"不忘初心,凝神聚力,推动中国风景园林事业砥砺前行"的第五届理事会工作报告。会议讨论通过了《中国风景园林学会章程》(修订稿)、《第五届理事会财务报告》和《中国风景园林学会会费管理办法》(修订稿),选举产生了第六届理事会理事128人。同期召开第六届第一次理事会议,选举常务理事41名,并选举产生了新一届的领导班子,陈重任理事长,王翔、王磐岩、李雄、朱子瑜、杨锐、吴桂昌、郑淑玲、强健、高翅任副理事长,贾建中任秘书长。

4月17日,学会在北京召开六届二次常务理事(扩大)会议,传达学习了住房城乡建设副部长倪虹在学会会员代表大会上的讲话和中国科协第九届全委会第四次全体会议精神,审议通过《中国风景园林学会2018年工作计划》《中国风景园林学会分支机构管理办法(新修订稿)》等文件,并确定了第六届理事会理事长分工。10月19日,学会在贵阳召开第六届第二次理事会议,原则通过《2019中国风景园林年活动方案》,审议通过增补夏颖彪、周如雯、张勇等3人为第六届理事会副理事长,增补左小平、施德法为第六届理事会常务理事,王香春、付彦荣为学会副秘书长。

【学术期刊】2018年,《中国园林》继续入选"中文核心期刊"和"中国科技核心期刊",全年共编发论文300篇,约20万字,出版12期。

【学科基础建设】学会持续开展学科基础建设工作。继续推进《风景园林学学科史》研究。开展了分章节稿件审议和全书统稿,对书稿章节体系和全部内容等进行了反复推敲,不断补充和修订相关史料。至2018年末,书稿已基本完成,进入最后审定。

联合中国建筑工业出版社,启动了《风景园林设计资料集》(第二版)编写,全书设总论、绿地系统规划、公园绿地设计、城市景观、风景园林建筑、植物景观设计、园林工程和风景规划8个分册,组建了陈重、沈元勤、贾建中为总主编的总编委员会和分册编写委员会,初步确定了各分册编写大纲和写作样张等。

学会与北京林业大学共同启动了《中国风景园林史》编写,组建了孟兆祯、王建国、孟建民等多位院士领衔的编委会,研究确定了分册安排,并组织召开了各分册编写会议。组织专家参与了《中国大百科全书》(第三版)人居环境科学的风景园林学卷编纂,以及《〈园冶〉集注》和《中国盆景现代史》的编写工作。

【决策咨询】1月,学会协助住房城乡建设部组织召开"园林绿化工程市场管理试点省市经验交流座谈会",组织七个试点省市交流试点情况,总结阶段成果,听取企业意见,就下一阶段的园林绿化工程施工招投标管理及企业诚信体系全国联网等问题进行了探讨。

4月,学会协助住房城乡建设部城建司,组织召开了专家研讨会,就新时期、新时代园林工作定位、发展方向、主要任务及机构改革后的新目标和新举措等进行了讨论,强调风景园林行业要在新时代更好地服务生态文明建设和文化事业发展。

12月23日,与中国林学会、中国风景名胜区协会共同在北京召开"风景名胜区和自然保护地研讨会",面向构建国家公园为主体的自然保护地体系要求,探讨风景名胜区的价值和定位,呼吁建立"国家公园为主体、自然公园为基础、风景名胜区为特色、其他自然保护地为补充的自然保护地体系"。

【国际学术会议】4月17—18日,学会在上海举办2018"城市树木栽培和养护管理"国际研讨会,主题为"城市树木地下生境改善",围绕城市环境下土壤特性与改良对策、根系活力与树木生长相关性、地下生境改善的策略等方面开展研讨。会上,上海辰山植物园、上海市绿化管理指导站和美国莫顿树木园签约合作,共同致力于城市树木管理研究与技术研发,改善树木生境,提高树木长势,提升树木生态效益和景观风貌。

10月3—5日,学会与韩国造景学会、日本造园学协会在韩国首尔共同举办了第十六届中日韩风景园林学术研讨会,主题为"城市更新与风景园林介入(Urban regeneration and Landscape Intervention)"。陈重理事长参会并代表学会致辞,刘滨谊、沈实现和宋爽分别在三个专题组发言。"第十六届中日韩风景园林学术研讨会"共收录论文34篇,其中中方论文22篇。

【国内主要学术会议(含香港、澳门)】2018年,中国风景园林学会举办国内主要学术会议20余次。10月20—22日,中国风景园林学会2018年会在贵阳举办,主题为"新时代的中国风景园林",紧紧围绕党的十九大提出的"新时代"发展定位,着力探讨风景园林行业在新时代的方向、目标、思路、举措等重要议题。国际风景园林师联合会(IFLA)主席詹姆斯·海特应邀出席会议并做大会报告。会议由贵州省风景园林学会、贵州省风景名胜区协会、贵州省公园绿地协会、贵州大学和贵州省城乡规划设计研究院共同承办。会议设国家公园和风景名胜区分会场,突出了贵州风景名胜资源丰富和山地公园特色。年会进行了全程直播,累计35万人次收看。

8月,学会与中国城镇供水排水协会联合组织,在北京召开"海绵城市建设座谈会"。就即将出台的"海绵城市建设评价标准"进行讨论,从风景园林角度,对海绵城市建设中的一些不当做法提出调整意见。

8月23日,在上海举办"程绪珂先生从业70年学术思想研讨会",研讨程绪珂生态园林学术思想及其对上海风景园林建设的贡献。11月26日,学会在上海举办"陈从周先生百年纪念活动",研讨陈从周学术思想,缅怀他对中国传统园林保护的贡献等,浙江、云南等地也相应举办了纪念研讨活动。

学会各专业委员会均举办了学术年会和专题研讨会等。规划设计分会举办"第十九届中国风景园林学会规划设计大会",主题为"一带一路,文化传承"。菊花分会和植物保护专业委员会举办"第二十七次学术年会"。园林生态保护专业委员会举办学术年会暨第三十六届全国园林科技信息网会,主题为"生态园林城市建设和乡土植物开发与应用"。园林植物与古树名木专业委员会举办学术年会暨植物资源与美丽城市建设论坛。城市绿化专业委员会学术年会主题为"新视野、新实践"。理论与历史专业委员会年会主题为"野境：国家公园与自然保护"。风景名胜专业委员会在鞍山举办学术年会，主题为"新时代的风景名胜区"。教育工作委员会举办"2018世界风景园林师高峰讲坛"，主题为"区域景观系统"。信息专业委员会举办第三届"智慧园林高峰论坛"。

12月，学会李雄副理事长等参加了由住房城乡建设部组织召开的与香港特区政府发展局派出的访问团的磋商会议，与香港园境师学会（HKILA）许虹会长见面并座谈，就未来风景园林师职业资格互认交换了意见。

【国际交流】7月17—21日，贾建中秘书长带队参加了在新加坡举办的第55届国际风景园林师联合会（IFLA）大会。学会原副理事长、北京林业大学园林学院院长王向荣教授等6位中国学者在会上作学术报告。代表团向IFLA主席詹姆斯·海特介绍了中国风景园林行业的发展情况，并邀请海特主席访问中国。学会组织会员参加IFLA规划设计竞赛，陈重理事长担任了竞赛评委。学会参加了由大会举办的风景园林国际展览，通过展板、视频、讲解等方式介绍中国风景园林事业和取得的建设成就。学会代表团还与新加坡国家公园局和建设局负责人进行了公务会谈。

【科普活动】学会继续举办2018年"风景园林月"系列科普活动，主题为"风景园林与中华文化"。活动响应国家"一带一路"倡议，支持西部地区风景园林行业建设和交流，先后在重庆、延安、乌鲁木齐举办三场主题报告会。盆景赏石分会承办了在临沂举办的"风景园林走进公众生活"盆景精品展活动；北京园林古建院承办了在北京举办的大学生"走进企业"职场沙龙活动；学会组织了"我与风景园林的故事"主题征文活动。

5月16日，配合全国科技周，与中国园林博物馆合作，在北京举办了避暑山庄及周围寺庙园林艺术论坛暨"风景园林月"说园沙龙。9月20日，配合全国科普日，与中国园林博物馆合作，在北京举办了"盆景艺术论坛"。11月，与中国园林博物馆合作，开展了第五届中国园林摄影大展作品征集和展览。

继续推进风景园林科学传播专家团队和科普教育基地建设，正式下发了相应的管理办法，并命名了首批30位科学传播专家和10个科普教育基地。

【学会创新发展】响应国家标准体系改革形势，及时推动团体标准建设。成立了标准化技术委员会，组建了标准专家团队，制定了《中国风景园林学会标准化技术委员会管理办法》等，夯实团体标准工作基础。依托相关单位，编制完成《园林绿化施工工程招标投标管理标准》《黄淮海采煤沉陷区生态修复技术标准》和《采矿废弃地生态修复技术标准》3项团体标准。成功申报并完成中国科协服务国家社会治理品牌建设项目，在专项资金资助下，不断完善学会团体标准编制体系，优化组织机构和工作流程，提升团体标准编制和管理水平。

【科技奖励】学会继续开展"中国风景园林学会优秀科技成果"征集工作，评选出《人居环境研究方法论与应用》等33项优秀科技成果，推荐4项参与2018年华夏科学技术奖评选，其中1项获华夏奖三等奖。

8月，学会正式向国家科学技术奖励办公室申报并完成了"中国风景园林学会科学技术奖"备案，制订了《中国风景园林学会科学技术奖奖励章程》、各子奖项评审细则等。

【党建强会】坚持学习和贯彻党的十九大精神为主线，强化党对学会工作的领导，认真落实"六个一"学习机制，用党章党规规范学会党组织和党员行为，用习近平总书记系列重要讲话武装头脑、指导实践、推动工作。学会联合党支部在建党97周年之际，组织全体党员进行了重温入党誓言活动和党的知识问答活动。

【会员服务】全年为会员免费寄发《中国园林》及学会简讯16000余册。组织会员参加中国科协全国学会第九届乒乓球赛，并再次荣获"团体组织奖"。12月，在长沙成功举办第十届会员日活动，主题为"情景交融的风景园林"，近700名会员代表参加活动，人数创历史新高，实现了搭建服务和线下交友平台的目的，进一步增强了学会的凝聚力和会员的归属感。

【探索建立行业人才评价体系，促进行业人才建设和管理】2018年，按照《关于分类推进人才评价机制改革的指导意见》等文件精神，学会积极开展行业人才评价工作，初步建立了项目管理人员评价体系，为建立适应园林工程需要的人才队伍奠定了基础。在企业工作委会员、园林工程分会、北京林业大学、棕榈生态城镇发展股份有限公司等单位的共同努力下，完成了培训教材编制、考试题库建设和考试系统设计等工作。以广东省为试点，进行了首批项目管理人员试考。该工作有望于2019年在全国推开，将不断摸索积累经验，完善各项工作细节，逐步建立适应市场和企业需要的人才队伍。在项目管理人员评价的基础上,继续探索规划设计人员、现场施工管理人员、技术工人等的评价体系建设。

同时,支持和指导上海市风景园林学会开展并完成"风景园林职业制度(上海)标准及考试大纲研究"。

(中国风景园林学会)

中国安装协会

中国安装协会(以下简称"协会")坚持以习近平新时代中国特色社会主义思想为指导,紧紧围绕党的十九大报告战略部署,结合行业发展,不断改进完善工作模式和活动方式,通过搭建各类服务平台加大对会员单位的服务力度,各项工作迈上新台阶。

【加强协会组织建设,坚持民主办会】民主办会对增强协会的影响力、凝聚力,增强会员参与协会工作的积极性,推进协会稳步发展具有十分重要的意义。

一是召开会长会议。4月,协会在宁波召开中国安装协会会长会议。会议听取了秘书处2017年工作汇报,研究制定了2018年工作计划。秘书处向各位副会长介绍了协会脱钩后换届工作的程序,以及新章程中对理事会、常务理事会组成的要求,会长、副会长、秘书长候选人条件及推荐方式等。会议还就中国安装工程优质奖(中国安装之星)、中国安装协会科学技术进步奖评选活动事宜进行了研究。

二是召开理事会议。4月,协会在宁波召开协会第六届六次理事(扩大)会议暨2016—2017年度中国安装协会科学技术进步奖颁奖大会,各省、自治区、直辖市安装协会(分会)、会员单位地区联络组负责人,协会理事与科技进步奖获奖单位代表等近300人参加会议。会议审议通过了秘书处的工作报告,工作报告从八个方面对2017年协会工作做了全面总结,并就2018年协会工作做了安排部署。会议对工作报告给予了充分的肯定,审议通过了"关于批准部分企业入会的提案"和"关于增选协会理事的提案"。会议对2016—2017年度中国安装协会科学技术进步奖获奖单位进行了表彰,并颁发了奖牌、证书。会议以"安装企业创新与发展"为主题,邀请浙江省工业设备安装集团有限公司等8家企业介绍经验。

三是召开秘书长、联络员、通讯员联席会议。8月,协会在陕西汉中召开秘书长、联络员、通讯员联席会议,通报协会工作,交流从党的十九大召开以来,各协会贯彻习近平新时代中国特色社会主义思想的新发展理念、开拓思路、创新开展工作的经验心得。联络员、通讯员畅谈做好协会工作的心得体会,提出了对协会开展活动及办好《安装》杂志的希望和要求。会议表彰了在协会开展的"2018年度安装行业优秀报刊""2018年度安装行业优秀网站""2018年度安装行业优秀主编""2018年度安装行业网站建设先进个人"推荐活动中获奖的85家主办单位和78位个人。

四是充分发挥协会专家作用。目前,协会专家库已有专家812位。在协会网站设立了专家库栏目,展示专家风采及报道相关信息。专家在协会开展的行业调研、工程复查、技术咨询、成果评价、标准编制、书籍编写等各项活动中发挥着越来越重要的作用,其中,2018年协会为企业进行成果评价9项。

【做好两个奖项的评选工作,提升奖项评选质量】"中国安装工程优质奖(中国安装之星)"和"中国安装协会科学技术进步奖"是得到安装行业广泛认可的质量、技术品牌奖项,对提高工程质量水平、推动行业科技进步和技术创新有显著的引导和推动作用。

一是组织好2017—2018年度中国安装工程优质奖(中国安装之星)第二批评选活动。"中国安装之星"奖项的评选工作坚持严格的评选程序和科学的评审标准,优中选优,充分发挥获奖优质工程的行业示范引领作用,激励质量提升,促进科技进步,促使安装企业将贯彻新发展理念和抓好创优工作更好地结合起来,推动行业工程质量总体水平不断提高。

3月,协会启动2017—2018年度中国安装工程优质奖(中国安装之星)第二批评选活动,会员单位参与热情高涨,企业积极申报,各省、市安装协会(分会)、相关行业建设协会、各地区联络组认真组织推荐。协会继续采取网络申报,在网上对申报资料进行初审,保证申报资料的准确性,为后续评审工作做好基础工作。为配合做好评选工作,提升奖项评选质量,5月,协会在深圳召开创精品机电工程研讨会,贯彻落实住房城乡建设部全国工程质量安全三年提升行动的部署,总结推广安装行业在创建精品机电工程中的先进做法和成功经验,围绕树立精品工程意识、创优策划与工程资料整理,以及常见质量问题防治进行深入研讨,分享交流创优经验体会,并对《中国安装工程优质奖(中国安装之星)评选办法》进行解读。

2018年,经过网上审核,由196家会员单位申报的185项工程进入了工程复查,10月,协会组成26个专家复查组对通过初审的185项工程进行了现场复查。11月底,协会召开评审会,通过质询、评议,无记名投票并公示,175项工程获得2017—2018年度(第二批)中国安装工程优质奖(中国安装之星)。为更好地宣传"中国安装之星",总结先进工艺做法和工程管理经验,发挥精品工程示范引领作用,推动行业工程质量安全管理水平的整体提高,协会精心编制了2017—2018年度精品安装工程专辑,发给会员单位,便于学习交流。

二是做好2018—2019年度中国安装协会科学技术进步奖评选工作。4月,协会第六届六次理事会期间,对荣获2016—2017年度中国安装协会科学技术进步奖获奖单位进行了表彰,并颁发了奖牌和荣誉证书。6月,协会发出《关于做好"2018—2019年度中国安装协会科学技术进步奖"申报和推荐工作的通知》,7—10月,申报单位在线填写申报资料及提交纸质资料,秘书处对申报的资料进行初审,共受理了来自全国116家企业近200项科技成果申报资料,其中165项推荐成果通过初审。

2018年11月—2019年1月,协会按照专业及申报类别,分成几个专家组,对通过初审的成果进行了网上审核,并于2019年1月在江苏溧阳召开专业审查会议,提出了一级、二等奖项目推荐名单。2019年3月,协会组成了评审委员会,在山西太原召开评审会,对通过专业审查的项目进行了最终评审并公示。最终,122项成果入选,其中一等奖18项、二等奖36项、三等奖68项。本年度的评选活动,从申报成果的数量和技术水平都较往年有明显提高。

2018年,国家科学技术奖励工作办公室委托中国科学技术信息研究所,对全国社会力量设立的科技奖励项目进行第三方评价。9月,国家科学技术奖励工作办公室公布了2017年度社会力量设立科技奖励参评奖项第三方评价的结果及分组排名。"中国安装协会科学技术进步奖"以综合得分91.7分位居"工业综合、机械轻工类"组第一名,名列103个全部参评奖项的第六名,得分和名次远高于同类奖项。这是国家对"中国安装协会科学技术进步奖"评选工作的规范化、影响力、可持续发展的充分肯定和高度评价,是全行业共同努力的结果。

【开展行业技术交流和培训,推动企业科技创新与管理创新】随着我国工业化、信息化、城镇化、市场化、国际化的深入发展,为安装行业带来更多的机遇,但同时也面临高、大、难、新工程增加等问题,对建造水平和服务品质的要求不断提高,安装企业需要复合型、技能型人才。为此,协会结合行业热点和企业需求,开展了项目观摩、技术交流、人才培训和编纂书籍等多种形式的活动。

一是组织工程观摩活动。2018年,协会在每次大型会议或活动后,都组织代表进行工程观摩,给同行提供可学、可看的学习交流平台,让大家对机电安装工程质量的内涵和外延有更新的认知和更开阔的视野。1月全国BIM应用大赛评审会期间,组织代表观摩了山西省工业设备安装集团有限公司承建的太古供热主管线及中继能源站工程,该项目是亚洲目前最大规模的集中供热项目,技术难度和要求在全国乃至世界供热史上都位居前列,在新技术的创新应用,项目精益管理等方面,为全国各地长输供暖项目实施开了先河,是新技术创新应用、BIM技术推广应用示范样板工程。4月理事会期间,组织代表观摩了宁波建工股份有限公司宁波奥体中心游泳馆项目,对游泳馆工程BIM技术的应用、建筑业10项新技术的应用、信息化等新技术的应用进行了学习。5月创精品工程会议期间,组织代表观摩了由中建三局第一建设工程有限公司承建的深圳万科云城项目,对工程BIM信息技术综合运用等项目管理信息化进行了现场观摩和技术交流。9月机电工程项目管理与施工技术经验交流研讨会期间,组织代表观摩了陕西建工安装集团有限公司承建的CEC.咸阳彩虹光电科技有限公司"第8.6代薄膜晶体管液晶显示器件(TFT-LCD)项目配套玻璃基板生产厂房及相关辅助设施建设工程全厂机电安装工程项目"和中建三局安装工程有限公司的研发中心及加工中心。9月机电安装工程BIM技术应用交流研讨活动期间,组织代表观摩了中建八局第一建设有限公司淄博市文化中心项目,对会员单位应用BIM技术具有非常好的启发和指导借鉴作用。另外,协会秘书处组织部分单位赴北京大兴机场、北京城市副中心、"中国尊"、机电工程装配式建筑、深业上城项目、延安大剧院、延安城区综合管廊等工程进行观摩学习。

二是进一步推广和普及BIM技术在机电安装工程的应用。2017年，协会BIM分会成立后，在推动BIM技术应用方面发挥了很好的推动和引领作用，组织机电安装工程BIM技术应用交流研讨会，交流分享最新的BIM技术实施应用成果和优秀经验。在之前两次评比活动的基础上，开展了"2018年安装行业BIM技术应用成果评价活动"，参加BIM成果评价的作品有169项，可以看出，BIM在实际施工、管理中，已经体现出它的积极作用和实用价值。BIM分会制定印发了《安装行业BIM技术应用成果评价办法》，为评价提供了一个标准和参考。经优选推荐、资料初审、专业审查、择优入围、现场发布、专家评分等程序，25项成果被认定为国内领先水平（Ⅰ类）、48项成果被认定为国内先进、行业领先水平（Ⅱ类）、57项成果被认定为行业先进（Ⅲ类）。同时，BIM分会制定印发了《安装行业BIM技术人才及BIM技术专家管理办法》，充分发挥BIM技术人才及BIM技术专家在安装行业BIM技术应用中的引领示范和决策咨询作用。经审核，已有39人入选到协会BIM技术人才库，34人入选到协会BIM技术专家库。

三是组织交流培训。为推动行业科技创新，推广应用《建筑业10项新技术（2017版）》，促进机电安装行业的技术进步与发展，协会积极组织行业交流培训活动。2018年，分别在北京、昆明、武汉举办了《建筑业10项新技术（2017版）》(机电安装工程技术)推广应用专题讲座及《通风与空调工程施工质量验收规范》GB 50243—2016培训班，邀请参与编审的专家授课。为推广行业先进项目管理方法与施工技术，协会在西安举办机电工程项目管理与施工技术经验交流研讨会，请专家将他们在工程实践和项目管理中总结积累的先进经验及国家有关政策、行业发展动态分享给业内同行。

四是编写行业科技书籍。近年来协会每年都组织专家编写科技书籍，有力地推动了行业技术进步。2018年，协会决定组织编写《机电工程新技术（2019版）》，总结先进的机电工程施工技术，展示机电行业各领域取得的高、大、精、尖、特的科技成果，推广新技术应用，提升行业技术水平。案例征集工作得到了会员单位的积极支持，共征集到49家单位240余项新技术案例，新技术案例涵盖了建筑与市政工程、一般工业工程、石油化工工程、电力工程、冶金工程。10月，协会召开《机电工程新技术（2019版）》一书的编写启动会，确定了编写工作计划，争取2019年在中国建筑工业出版社出版。

【开展行业调查研究，掌握行业发展趋势】 调查研究，是做好协会工作的重要方法，只有这样，协会才能真正了解行业发展现状，使协会开展的工作更加贴近会员的实际需求，增进协会与会员单位的感情。

一是深入了解安装行业发展趋势及发展现状。2018年，协会主要围绕企业转型升级、机电安装工业化发展等企业关注的热点问题进行调研。1月，协会参加了由浙江诸安建设集团有限公司举办的"新形势、新征程、新发展，诸安发展之路专题研讨会"，会议结合诸暨建筑业和诸安公司的发展状况、发展思路、发展战略，围绕新形势下企业转型升级、上伸下延工程产业链、增强企业核心竞争力、提升企业BIM技术应用水平以及企业未来发展战略思路等方面进行了交流研讨。

二是利用参加一些会议及观摩工程的机会，走访了多家会员企业。如北京城建八公司、北京设备安装工程集团有限公司、北京建谊建筑工程有限公司、北京智慧路通科技有限公司、北京建工集团、浙江省安装公司、中建二局一公司深圳分公司、陕建一建集团安装公司延安公司、中建安装工程有限公司、中建一局集团安装工程有限公司、山西省工业设备安装集团有限公司等，了解先进技术、发展状况、经营理念、转型升级情况及面临的挑战等。

【推进行业标准化工作改革，加强团体标准建设】 国务院关于《深化标准化工作改革方案》和住房城乡建设部《关于培育和发展工程建设团体标准的意见》印发后，协会高度重视，认真学习领会，积极探索团体标准的建设，加大团体标准的编制力度，努力扩大团体标准的适用范围和权威性，积极探索安装行业团体标准的建设，以标准化发展推动行业的高质量发展。

一是建立健全团体标准管理制度，更好地发挥政府与市场的桥梁纽带作用。根据住房城乡建设部《关于培育和发展工程建设团体标准的意见》，协会组织专家制定了《中国安装协会团体标准管理办法》，明确标准编制程序、经费管理、技术审查、咨询解释、培训服务、实施评估等相关要求。同时，为推动工程建设团体标准化发展，协会根据住房城乡建设部标准定额研究所组织开展的工程团标信息公开工作要求，向标准定额研究所提出了申请，进行工程团标信息公开。

二是加大团体标准的编制力度，在标准化改革创新中发挥更大的作用。协会标准工作委员会一方面向住房城乡建设部积极申请承担可转化标准的相关完善工作，同时也积极地做好标准化知识的普及和推广工作，在会员单位中开展了2019年中国安装协会团体标准意向调查。中国建筑设计研究院有限公司和北京东洲际技术咨询有限公司的《建筑机电深化施工图的标准》，已申请立项为团体标准。为积极发挥标准在科技成果转化为生产力过程中的桥梁和纽带作用，规范管理装配式机电，做到规范化、标准化，提高建筑业信息化水平，协会在延安召开了"机电预制化装配标准研讨会"，邀请相关专家，围绕"编制机电预制化装配标准"进行交流研讨，拟结合行业实际，研究和制定符合安装行业特点的机电预制化装配标准。

【履行职责，继续做好机电工程建造师相关工作】协会一直承担着住房城乡建设部委托的一级、二级建造师相关工作。6月，完成了《二级建造师执业资格考试大纲（机电工程）（2019年版）》的调整和修改，报部市场监管司。6月，在太原市召开了二级建造师（机电工程）执业资格考试用书编委会会议，对二级建造师（机电工程）执业资格考试用书（2019版）初稿进行了审查和修改。协会作为全国一级、二级建造师执业资格考试牵头单位，向部注册中心推荐一级、二级机电工程专业建造师执业资格考试命题、阅卷专家，参与考试命题和阅卷工作，受到住房城乡建设部的好评。

【完善协会信息化建设，为会员提供良好的信息服务】加快协会信息化建设是提高协会服务能力的支撑，以信息化对协会的服务理念进行更新，以信息化对服务方式进行完善，以信息化对服务流程进行优化，使协会对会员单位的管理和服务更加科学化、精细化，提高为会员服务的效能。

一是搭建协会与会员沟通的交流平台。加强协会网站建设，进一步改版优化协会网站，保证网络服务质量，使协会网站在围绕协会工作，服务会员单位，宣传安装行业改革发展成果、展示会员单位风采，宣传政府相关法律法规等方面发挥重要的作用。协会微信公众号与网站互补，及时向会员单位发布协会工作动态。管理并发挥好协会微信群和QQ群作用，方便协会各项工作消息的发布和最新情况的通报，倾听会员单位对协会工作的意见和建议。编制《协会简报》及时向协会副会长，各省、市安装协会（分会），有关行业建设协会以及协会（会员单位）地区联络组通报协会工作。

二是努力提高办刊质量。《安装》杂志社认真分析形势，努力发挥《安装》杂志引领行业科技导向及传播行业科技成果的作用，保障和提升《安装》杂志的办刊质量。广泛听取顾问、编委和专家的意见，调整办刊理念，创新办刊思路。充分发挥编委会作用，努力提升杂志的学术性和权威性。积极主动与企业家、专家和学者约稿，及时反映和报道行业热点问题。调动通讯员的积极性，拓展广告业务及发行量。为提升杂志的品牌和知名度，杂志社也建立了自己的微信公众号，及时会员单位推送行业信息，宣传《安装》杂志。

【积极发展会员，加强协会自身建设】2018年，协会通过开展的各项活动积极发展会员，共吸纳97家企业入会，协会以实现会员的共同意愿为出发点，坚持创新思维、与时俱进，不断开拓创新服务内容，不断改进完善工作模式和活动方式，各项工作力争建立在调查研究的基础上，及时总结每一次活动经验，改进会员体验，让越来越多的会员参与协会活动，满足会员发展的需求。

2017年，中国安装协会被列入民政部第三批脱钩试点单位，经过一年多的积极工作，协会按《脱钩实施方案》完成了所有脱钩事项。2018年9月，民政部下发了"关于中国安装协会脱钩实施方案的批复"，中国安装协会与原主管单位住房城乡建设部脱钩。

（中国安装协会）

中国建筑金属结构协会

【重要发文】

2月9日，中国建筑金属结构协会（以下简称"协会"）授予佛山市为"中国电动围墙门科技产业化基地"；8月13日同意命名江西省安义县为"中国门窗之乡"；10月10日同意江苏中诚建材集团有限公司和江苏赛迪乐节能科技有限公司为"内置遮阳中空玻璃科技创新产业化基地"、同意哈尔滨华加新型建材有限公司为"严寒地区节能门窗科技产业化基地"。

5月3日,协会作出《关于表彰全国钢结构工程优秀建筑师的决定》。8日对"2017年钢结构建筑行业竞争力前二十名企业和前百名企业"进行通报。9日授予"中国钢结构行业2017年度诚信企业"。同日,表彰2017年度钢结构行业有突出贡献专家。10日通报2017年度中国建筑金属屋(墙)面行业企业综合竞争力前十名企业。

6月27日,协会批准同意建筑模架脚手架委员会改制为企业轮值主任制度,河南宏建机械模板材料有限公司张向阳总经理为第一任轮值主任,任期两年。

9月7日,协会印发《关于加强质量认证体系建筑促进全面质量管理的实施意见》。

11月8日,协会印发《关于调整会费档次的通知》,由原来会费标准5档调整为4档,名誉副会长按常务理事单位标准收费。

12月28日,协会发布《脚手架用S600E高强不锈结构钢焊接钢管》,29日发布《电热毛巾架》,两项团体标准自发布之日起实施。

【帮扶捐献】

为贯彻落实《中共中央国务院关于打赢脱贫攻坚战三年行动的指导意见》,积极推进"三区三州"深度扶贫工作,协会党支部于11月20日组织了一次帮扶捐献活动,助力新疆和田贫困地区教育配套设施改善项目。协会共计捐款3.8万元。

【行业年会】

以"创新融合、提质增效"为主题"2018全国自动门电动门行业年会"于3月8日在京召开。协会秘书长刘哲出席并作重要讲话。分会会长潘冠军做工作报告;大会表决通过了无锡林特门业科技有限公司总经理贾春林递补为新的分会副会长。会议表彰了"优秀工程项目"和"行业功勋人物"等。参会代表160人。发布论文15篇。

3月10日,"2018年第24届全国铝门窗幕墙行业年会"在广州召开。来自全国相关行业协会领导、专家、学者、骨干企业代表等共计600人参加了会议。董红主任做工作报告,报告中提到中国门窗幕墙行业发展模式正在进行调整,从"十三五"前期追求速度和规模而在"十三五"后期向绿色、高端发展转变。同期举办了中国建筑经济峰会和新产品博览会。年会发布论文38篇。

3月19日,全国建筑遮阳分会年会在上海召开,参会代表200人。大会表决通过,同意增补江苏名成遮阳节能科技有限公司董事长殷文为建筑遮阳分会常务副会长。10家企业增补为副会长单位,来自建筑业上下游的企业代表和院所专家代表就建筑遮阳一体化建设进行探讨。大会表彰了2017年度遮阳行业杰出贡献者。

2018年全国塑料门窗行业年会于4月19—20日在上海召开。年会以"创新、升级、转型、发展"为主题。丛敬梅主任汇报工作。期间举办了"沪苏地区塑料门窗应用技术交流会"、"建筑门窗行业信用质量建设行动方案发布会"、装配式建筑及门窗应用发展论坛等活动。会议授予了38家企业生产的72个推广应用优选产品。发布论文36篇。同期举办了"高品质高性能塑料门窗及相关品牌产品展示"。参会代表500人。

2018年全国建筑钢结构行业大会暨专家年会于5月20日在上海召开。来自全国各地的党政军民、产学研用600多名专家、企业代表共襄盛会。本届年会为期四天,会期中涵盖了大量信息,以时下最新鲜的产业政策为切入点,结合最前沿的行业技术,邀请到行业内周绪红院士、江欢成院士、汪大绥大师、毛志兵总工、王立军大师等知名学者做技术交流报告,会议采取1+N的形式,围绕装配式钢结构建筑推广,举办多场材料、技术、产品和集成建筑管理的论坛、报告会,根据企业发展需要,邀请部队营建系统领导,召开军民融合军企交流会,中日钢结构行业协会交流会、钢结构建筑前沿技术论坛、钢结构建筑发展高端论坛等活动,传递产业政策资讯,引领行业可持续发展。年会发布论文84篇。

【行业展会】

第十六届中国国际门窗幕墙博览会暨中国国际建筑系统及材料博览会于10月31—11月3日在北京举办。本届博览会共有618家企业参展,其中国际展商157家,展出面积100000平方米。来自全球68个国家和地区的101000人次观众参观,其中国际观众4002人次。同期,举办了FDC2018中国国际门窗幕墙高级研讨会、第三届建筑门窗幕墙行业金轩奖颁奖典礼等活动。

【行业论坛】

"大型电动门设计要点技术论坛"于3月9日在京举办,演讲嘉宾就航空机库大门的形式与应用、建筑大门抗风压设计与计算、建筑门窗用玻璃等主题展开了演讲。国防工程研究院四位高工全程参加了论坛会,并提出了国防工程设计中遇到的问题,与会代表也就日常设计的问题与演讲专家交换了意见。

以"信用建设、质量提升、标准战略、光伏金融"为主题的"建筑光伏信用与质量建设发展论坛"于3月26日在京举办。在论坛上向符合评审资质的企业颁发《建筑光伏行业资格证书》，并签署《行业企业信用自律承诺书》。

自动门行业论坛暨"全国地弹簧及自动平开门机生产示范基地"授牌仪式于3月28日在浙江省湖州举办。湖州市地方领导，自动门电动门分会领导，行业骨干企业代表等108人出席。会议就地弹簧、闭门器产品的生产工艺，对各工序的质量控制点和工艺难点作了重点介绍。

"全国防盗门防火门创新发展论坛"于5月26日在浙江省永康举办。论坛邀请了五位国内著名专家分别演讲了"防盗安全门的质量管理与发展"、"防火门产品质量标准的发展及趋势"、"智能化装修与门的关系"、"欧洲发达国家户门要求与标准"、全文强制性国标——《建筑门窗和幕墙及制品基本技术要求》中门窗强制性条文编写思路。协会会长郝际平、永康市副市长吕群勇到会致辞，潘冠军主任主持，参会代表110人。

净化与新风委员会5月下旬在国际供热展期间召开了"朴勒舒适行动——舒适家居行业发展论坛"，近300人参加会议。

建筑遮阳分会5月24日在上海召开"住宅装饰一体化建设论坛"，参会代表70人。

第六届中国南方采暖论坛于7月4—6日在武汉举办。来自全国行业协会、专家、施工企业、生产企业、经销商、代理商、集成商、房地产商，各地建设主管部门、设计单位、监理单位、新闻媒体等1200余人参会，会议规模及影响力创行业新高。

第五届中国供暖暨舒适家居财富论坛于7月28—30日在杭州举办。来自全国各地企业代表600余人参加了会议，会议得到来自国际品牌和国内顶级品牌近50个单位的赞助支持。

"冷暖风水智舒适集成系统在工业化建筑中的应用与发展论坛"于8月2日在京召开。论坛主题：冷暖风水舒适集成系统在工业化建筑中的应用分析；智能控制系统与舒适集成系统的融合应用与发展；住宅建筑中新风系统的设计与应用分析；新风系统在被动式建筑的最新进展等。200多人参加了会议。

光电建筑构件应用委员会与相关学会于9月20日共同主办了"太阳能建筑暨绿色海南自贸区创新论坛"。论坛探讨了如何在海南自贸区建设背景下推广兼具经济效益与社会效益的新型太阳能建筑技术，用新技术、新模式、新服务，打造可持续、可再生、可循环的能源系统，助力海南自贸区构建高效、绿色、集约的清洁能源供应体系。到会300人。

以"弘扬工匠精神，引领行业转型升级"为主题的"定制门窗产业暨品牌发展论坛"于11月1日在京召开。来自全国行业协会、科研、检测、设计，门窗、型材、五金配件、密封材料、设备模具，新闻媒体等代表180人出席。论坛系统地分析了我国定制门窗定义、技术特点和系统技术要求，发展趋势和前景、国外塑料门窗的应用现状等，提出并分析了新时代下建筑门窗行业转型升级、工匠型品质和品牌培育、创新发展理念。

"喷泉水景论坛"于11月底在广东省中山举行。有7篇优秀论文在会议上进行了交流：《新技术的发展对喷泉行业未来的影响》《浅论喷泉水秀设计的民俗文化与水效艺术》《关于喷泉水景网络集中和云控制的研究》《音乐喷泉升降浮台力矩法水平调整计算》《对2018年喷泉市场的思考》《以水景发展的商机论行业危机》《浅谈水秀艺术设计》。会议发布论文41篇。参会代表532人。

12月12—14日，在北京中国供暖大会期间举办了第十四届中国国际地暖产业论坛和新风行业等多个论坛，根据行业热点及需求开展各类技术研讨会，着实为行业同仁提供了针对营销、技术等方方面面的交流机会与平台，加速推进了行业的融合与提升。参展企业70余家，参会人数1600余人。

【标准编制】

批准颁发：《钢骨架集成模块建筑技术规程》《脚手架用S600E高强不锈结构钢焊接钢管》《电热毛巾架》《铸铁供暖散热器》《钢管散热器》《铝制柱翼型散热器》《钢制板型散热器》《金属夹芯板应用技术标准》《铝合金模板》。

【产业政策研究】

根据住房城乡建设部《关于印发〈工程设计资质标准修订工作方案〉的函》建市设函〔2013〕85号文件要求，建筑钢结构分会专门成立了修订起草小组。2015年修订完成《轻型钢结构工程设计专项资质标准》。2018年，根据国务院的要求住房城乡建设部将8个专项资质中的6个升级为专业资质。分会又配合部里对《轻型钢结构工程设计专业资质标准》进行修订，目前修订稿已经提交住房城乡建设部相关部门。

"河北省钢结构建筑和部品生产龙头企业培育"课题：1月在保定召开的"河北'十三五'钢结构建筑发展研讨会"，3月召开了课题成果验收会，通过省级课题验收。课题研究成果直接体现在河北省刚出台的结构产业政策中：到2020年，河北省装配式建筑占新建建筑面积20%，其中钢结构建筑面积占10%以上。

"装配式建筑成套技术标准体系建设指南研究"课题：课题于5月22日在京启动，课题承担的主要单位有中国建筑标准设计研究院、中国建筑金属结构协会、南京工业大学、中铁一局等单位领导和专家近30人。

"钢结构建筑技术体系梳理研究"课题：2018年初，中国建筑金属结构协会、中国钢结构协会受住房和城乡建设部科技司委托开展"钢结构建筑技术体系梳理研究"，于12月10日在北京通过验收。

【世界给排水日】

2018世界建筑给排水日中国企业联谊会于3月11日在江苏省淮安召开。会议围绕"水、卫生、环保、健康"的主题，通过每年一次世界给排水日的宣传和推广活动，让更多的人了解到建筑给排水行业在日常生活中的重要作用。会上，世界水务协会荣誉秘书长海登·伍德先生为中国2家新加入会员企业颁发了证书。为了让建筑给排水知识更加普及深入下一代的内心，洪泽湖区各小学开展了主题绘画比赛，有16所学校10000多名小学生宣传了世界建筑给排水日活动的重要意义，其中1000多名学生参加比赛，孩子们的作品色彩线条鲜明，想象力丰富，是此次盛会一道靓丽的风景。

【装配式钢结构建筑推广】

1月13—14日，建筑钢结构分会副会长单位、专家组组长在山东举行了"国家装配式建筑产业技术联盟钢结构分会"挂牌仪式并对部分荣获国家装配式产业基地的22家钢结构企业进行授牌。还发起成立"国家装配式钢结构建筑产业技术创新联盟"。

钢结构分会，3月参与指导四川省装配式建筑产业协会第八次会员大会、第二届京津冀装配式钢结构建筑发展论坛；10月参加了第7届全国装配式经验交流大会，分会作了《致力于钢结构行业发展的全面提升》的工作汇报；10月参与指导青藏高原绿色建材评价和绿色工业化农房工作研讨会暨相关技术标准培训会议；12月参加了住房城乡建设部在佛山召开的装配式建筑品质效率提升现场会议，在会上做了《新形势、新责任、新作为》的汇报发言。

4月13日，由协会和甘肃建投主办的《装配式建筑评价标准》宣贯暨钢结构住宅装配技术交流会在兰州召开。会议解读和分析了装配式建筑最新政策与发展趋势，通过实例讲解了装配式钢结构建筑评价测算方法，对最新的钢结构住宅装配式技术、工艺、材料研发进行交流、研讨。

【媒体宣传】

为加强党的领导，更好地宣传报道协会、行业、企业开展的党建活动，《中国建筑金属结构》杂志特增加"党建"栏目，全年刊登了"党旗引路、再创佳绩"等8篇党建文章；除"关注"、"论坛"、"报道"、"纵横"、"技术"、"信息"等固定栏目外，还增加了"榜样"、"风采"、"大国工程"等栏目。12期杂志共发表文章200多篇，发布行业信息500多条。

协会官方网站，共计更新1345条信息，点击率逾11万次，单日点击率最高达1343次。官方网站共有信息类栏目16个，专栏类栏目7个，论坛交流类栏目5个。

杂志社通过微信平台共发布信息540条，读者从2017年的5300人增加到6100人。微博共计发布600余条信息，总浏览量40万余次，单条最高浏览量达1.3万次。

【行业自律】

建筑门窗配套件行业自律推荐产品工作，2018年共有14个企业的42个产品最终获推。

采暖散热器委员会自2017年在行业内开展"采暖散热器行业标识"试点工作，2018年最终在副主任单位中征集评选了12家企业为首批"采暖散热器行业标识示范企业"。

辐射供暖供冷委员会7月启动信用体系建设工作，收到意见建议20余条。

净化与新风委员会与相关部门共同制定了《净化与新风行业资格管理办法》及净化与新风行业资格管理办法、净化与新风行业资格等级标准、净化与新风行业产品制造等级和设计安装等级标准等有关配套文件，联合在净化与新风行业开展行业资格评定工作。11月份开始接受企业申请，组建专家委员会并按制造企业和安装施工企业来评定等级。

给水排水设备分会组织行业专家对3家企业生产的给水设备用于生活供水系统进行技术论证，经认真审查，均一致通过论证结论。

【研讨会】

10月29—30日在京举办了FDC2018中国国际门窗幕墙高级研讨会。邀请了来自中国、德国、日本等国的20多位专家共同探讨适合中国门窗幕墙企业变革和发展的方向。本届研讨会以"绿色 智能 安全——工业化时代下门窗幕墙发展新模式"为主题，下设"绿色建筑发展趋势及全面性能提升"、"建筑门窗幕墙安全性及解决方案"、"门窗幕墙智能化与智能制造"、"幕墙案例解析"四大专场。共有来自门窗厂、工程单位、建筑设计、房地产领域的企业家、技术工程师逾400人到场听会。

(中国建筑金属结构协会)

中国建设工程造价管理协会

2018年,中国建设工程造价管理协会(以下简称"中价协")以习近平新时代中国特色社会主义思想和党的十九大精神为引领,在中央国家机关工委、民政部、住房城乡建设部等部门的领导下,认真履行"服务政府、服务行业、服务会员、服务社会"的职责,改革创新,开拓进取,主动适应新形势,把握新要求,展现了新的作为。

发挥引领作用 助推行业发展

中价协积极配合政府主管部门,持续参加工程造价管理改革研究,发挥行业引领作用,创新拓展协会业务,为企业向高质量发展探索路径,推动转型升级。

【坚持政策引领,当好参谋助手】一是积极参与住房城乡建设部工程造价管理改革,结合新型社会组织的职能定位,向行业政策制定部门提供服务、反映行业和会员诉求,并落实到政策文件中;同时,及时把握行业发展动态和方向,为协会及时部署下一步工作提供指导。二是全程参与完成《造价工程师职业资格制度》《造价工程师考试实施办法》的制定工作。为做好职业资格制度与原全国建设工程造价员的衔接,发布了《关于全国建设工程造价员有关事项的通知》,维护了百万造价员队伍的稳定。同时,完成了一级、二级造价工程师考试大纲的编制,启动了考试用书的编写工作。三是起草了《工程造价咨询企业管理办法》的修订方案并报住房城乡建设部,方案结合企业诉求,针对资质等级划分、造价工程师出资人数和出资比例等企业关心问题提出了重点建议;完成了《注册造价工程师管理办法》修订任务,针对行业协会关心的加入社会组织自律、继续教育、诚信体系建设等进行了专题研究,并落实到文件修改中。四是积极参与国家标准的编制,承担了修订《建设工程工程量清单计价规范》中矿山工程和构筑物工程两本国家标准的编制任务,对更好适应我国建筑市场计量与计价需求,贯彻保护绿色生态理念,提高规范质量与适用性都具有十分现实的意义。五是组织完成2017年工程造价咨询统计报表的报送工作,出版发行《工程造价咨询行业发展报告(2018版)》,为行业内外了解行业发展趋势,预测、预判未来行业发展形势提供了数据和渠道。

【坚持业务引领,促进转型升级】一是引导工程造价咨询企业向全过程工程咨询业务拓展。为适应深化建筑业改革,响应国务院鼓励发展全过程工程咨询业务的号召,多次组织召开全过程工程咨询座谈会,了解造价行业对开展全过程业务的诉求,向政府主管部门提交了建议报告。多次组织开展全过程工程咨询相关专题研究、调研,探索工程造价咨询企业开展全过程咨询业务的技术路径。在此基础上,充分利用论坛、研讨会、培训班等多种平台,引导企业向全过程工程咨询业务拓展,培养企业参与全过程工程咨询的业务能力。并在全国精选出了28个案例,汇总出版了《全过程工程咨询典型案例》,为推进全过程工程咨询提供指引,在业内取得了很好的反响。二是为贯彻落实中共中央关于加强行业性专业性调解组织建设的精神,充分发挥行业协会在社会治理中的重要作用以及工程造价纠纷调解中的专业优势,根据《关于完善矛盾纠纷多元化解机制意见》(中办发〔2015〕60号)文件要求,成立了中价协纠纷调解专家委员会和工程造价纠纷调解中心,研究起草《工程造价纠纷调解中心管理办法》等规章制度。开展行业调解工作调研,现场观摩学习案件调解,全面了解建设领域其他行业调解组织的机构建设、调解员聘任、调解实务、体制机制等方面的经验和问题,加大与法院、仲裁机构的沟通协调力度,为协会承接法院、仲裁机构委托调解案件创造有利条件,为开展工程造价纠纷调解工作打下坚实基础。

【坚持理论引领,夯实技术基础】以前瞻性的理论研究成果更好地指导工作实践，具有非常重要的战略意义，也是行业健康发展的基础。

一是受住房城乡建设部委托开展了"工程造价咨询企业年报制度研究"，整合资质、资格、统计等信息收集渠道，形成更加简单、快捷的信息申报模式，完善监督管理体系。

二是会同中国建设银行完成了"工程造价咨询'走出去'对策研究"，为工程造价咨询在海外开拓市场提供指引。

三是为引导行业向高质量发展，针对行业发展中的宏观战略、全局问题，开展了"工程造价咨询企业高质量发展研究""工程造价咨询企业服务清单及标准研究""全过程工程咨询背景下造价咨询与相关咨询的融合发展研究"。

四是为把握行业前沿性新技术的应用，开展了"建筑信息模型（BIM）咨询服务模式及其对工程造价咨询企业转型升级的支撑研究"。

五是为创新行业自律管理方式，完善管理体系，使工作更加贴近实际，开展了"工程造价咨询行业自律研究""工程造价咨询行业信用信息管理及制度研究"。

【坚持人才引领，提高行业素质】 高素质人才，是推动行业健康发展的血液。中价协坚持"以专业教育为基础、以职业教育为核心、以高端培训为引领"的理念，实行分层次人才培养，逐步形成阶梯人才队伍，为行业的健康发展持续造血。

一是参与住房城乡建设部行业教学指导委员会和评估委员会相关活动，加强对高等院校工程造价专业教学的引导。

二是筹办了"第四届全国高等院校工程造价技能及创新竞赛"，推动"产学研"结合，为高校培养企业优选实操型人才搭建平台。

三是推进继续教育培训模式改革，组织专家编制了最新的继续教育培训教材，丰富了造价工程师继续教育的形式和内容，强化行业人才职业教育。

四是围绕全过程、BIM新技术、国际化等行业热点举办了高层论坛、专题研讨、高端培训等大型活动，引导培养行业领军型人才，打造一批素质精良、学识渊博、业务精通，又具有国际视野的工程造价管理骨干力量。

创新服务模式　积极发展会员

【适应新形势，转变发展思路】 协会完成脱钩改革后，社会组织的属性和定位愈加清晰、明确，会员对协会生存和发展的重要性与必要性愈加凸显。第七届理事会敏锐意识到协会发展面临的新形势，及时调整发展思路。一是根据国务院以及民政部、财政部等有关要求，修改协会章程和会员管理办法、会费标准，对会员的分级和会费结构进一步优化，同时也为减轻企业负担，大幅降低了会费标准。此外，培训、研讨等营利性收入比重过大的现状也得到转变，逐步形成以会费为主的收入结构。二是本着合作共赢的理念，充分调动各级协会、专委会的积极性，一方面鼓舞信心，积极寻求适合各地区、各行业发展会员的有效途径，一方面树立全国一盘棋的发展意识，以合作共赢为目标，共同做好会员的发展与服务工作。三是改变以往以企业会员为主的发展思路，提出大力发展个人会员，形成个人会员与企业会员的发展并重而行。同时，为进一步发挥资深会员的引领作用，打造普通会员、资深会员、荣誉会员的三级个人会员层级体系，修订了新的资深会员管理办法，对资深会员的发展模式、申报条件、权利与义务等均作了调整，进一步明确资深会员的专属服务内容。

【增强服务意识，丰富服务内容】 一是探索工程造价咨询企业在新时代、新理念、新模式下向全过程、BIM新技术应用等业务路径拓展，成功举办了主题为"肩负时代使命，共筑行业未来——助推工程造价咨询业创新发展"的第六届企业家高层论坛。注重结合新形势和行业热点难点问题，围绕全过程咨询、信息化、国际化等方面选题，特邀行业内有影响、行业外层次水平较高的专家学者作为演讲嘉宾，拓宽行业视野；通过主分论坛相结合、台上台下互动相结合、会场与考察调研相结合，进一步引导企业抢抓新机遇，引领新发展，共筑新生态。同时，为促进工程造价咨询企业积极适应BIM技术发展进而提升企业竞争力，我们举办了BIM工程造价专题高端培训班；为提高工程造价高端人才的专业水平和管理理念，我们举办了工程造价咨询企业核心人才培训与交流会议等大型活动。以上累计近1000人次参加，进一步提升了高端人才素质和业务水平，增强了会员凝聚力。二是精心组织和筹划《建设工程造价鉴定规范》国标系列免费宣贯培训活动。为了提高对国标的理解与应用水平，提升协会会员在工程造价鉴定方面的执业能力和水平，与各地司法、法律和仲裁业界的专业组织在北京、广东、浙江等地成功举办了多期国标宣贯培训，取得了良好社会效益，同时也进一步提升了协会在司法、法律和仲裁业界的知名度和影响力。三是搭建业务交流平台，继续做好企业开放日这一品牌服务活动。

2018年，围绕行业党建、全过程咨询、BIM等重点、热点问题，在上海、山东等地举办了三期企业开放日活动，既展示了主办单位的特色和经验，也为会员提供了相互深入交流学习的机会，深受广大会员的欢迎。

【团结协作，会员数量稳步提升】通过与各省级协会、专委会的团结协作，在会费标准大幅下降的情况下，实现了2018年会费收支平衡略有结余的工作目标。个人会员发展取得了可喜的成绩，企业会员数量得到了稳步提升。全年共发展个人会员93086人，企业会员2371家。其中，北京、上海、山东、山西、天津等省市的个人会员发展业绩突出，注册造价工程师入会率达95%以上；青海、宁夏、内蒙古、湖南、四川等省区企业会员发展情况较好，达80%以上；云南、河南、甘肃、贵州等省份企业会员增长幅度较大，个别省份较往年翻番；新疆、重庆、江苏等省区市会员服务工作开展得较好，主动密切联系会员，组织举办了多种形式的服务活动。

【重视会员诉求，做好与服务政府的联动】一是根据会员诉求以及工作过程中积累的问题，与行业主管部门协调增加了企业资质和人员资格的审批频次，减少了审批流程和申报材料，缩短了审批周期。协助完成了工程造价企业乙级晋升甲级的评审工作、资质变更以及造价工程师初始注册、延续注册等工作。二是保质保量完成命题和阅卷工作，使造价工程师更适应市场需求，完成了2018年注册造价工程师的考试命题和阅卷工作。近年来，造价工程师报考人数逐年递增，2018年造价工程师报考人数已突破30万人。

加强行业自律　推进诚信体系建设

规范企业经营和个人执业行为，加强行业自律和诚信体系建设，是新时代赋予社会组织的重要职责，是维护市场竞争秩序的重要手段，是提高协会公信力和影响力的有效途径。

一是结合行业实际，针对企业关心的热点问题，对工程造价咨询企业信用评价暂行办法、评价标准等做了适当调整，在实现全国统一水平的基础上兼顾地区特色，提高了企业的参评率。在2018年度信用评价工作中，对1007家企业评定等级后进行了公布，并将评价结果通过《中国建设报、工程造价管理》杂志、协会网站、微信等渠道进行了宣传。信用评价已覆盖全国29个省份，已有2400余家工程造价咨询企业取得了中价协信用等级，信用评价结果已经在政府和国有投资项目咨询服务招标采购中广泛采信。

二是为反映行业诉求疏通渠道。针对行业反映较多的执业行为、成果质量、纠纷鉴定、合同管理等争议问题，及时组织人员帮助疏通解决，以维护行业健康的市场秩序。

三是引导地方协会积极开展行业自律工作。赴重庆、江苏、浙江等地做实地调研，了解各省行业自律现状和问题。北京、内蒙古、浙江、广东等多个地方协会已建立本地区的行业自律制度，以此规范企业、个人执业行为和市场竞争秩序。

积极推进国际化战略　扩大行业国际影响力

响应国家"一带一路"倡议，将国内的优秀企业、专业人士推向国际舞台的同时，将国际先进的管理经验与专业理念吸收进来，是中价协制定和实施行业国际化战略，提高国际影响力的重要举措。

【加强国际合作及对外交流】作为ICEC和PAQS两大国际工程造价专业组织的正式会员，中价协代表团出席了第41届ICEC及第22届PAQS联合举办的国际大会，提出了中国工程造价行业"坚持对外开放、加强国际合作"的对外方针，展示了中国工程造价行业改革发展的理念和风貌，增强了中价协在国际组织中的话语权和影响力。同时，建立了与各成员国组织更加紧密的联系和沟通渠道，进一步促进各国之间专业信息的及时传递与共享，在提升我国工程造价行业在国际同业中地位的同时，也进一步推动了国内工程造价企业向国际化方向的发展。

【开展多边合作】受中国香港测量师学会邀请，选派40余位已取得互认资格的资深会员组成代表团赴港开展交流访问，为香港和内地互相开展造价业务夯实基础。接待了英国皇家特许测量师协会（RICS）大中华区董事总经理，以及韩国驻中国大使馆及韩国调达厅设施事业局的来访，为多国工程建设企业合作搭建桥梁。

【宣传行业国际化成果】为了提升工程造价行业的社会影响力，由住房城乡建设部推荐，按照中宣部统一部署，接受了中央电视台、人民日报、经济日报、中国建设报等主流媒体的采访，就工程造价咨询企业作为中国建造的软实力，为中国企业"走出去"保驾护航方面发挥的重要作用等进行了推介，大力宣传了我国工程造价咨询企业服务"一带一路"的能力，得到社会关注。

（中国建设工程造价管理协会）

中国建筑业协会

2018年，中国建筑业协会（以下简称"中建协"）在住房城乡建设部的指导下，在广大会员的大力支持下，认真履行职能，圆满地完成了各项工作，为推进建筑业深化改革与发展做出了应有的贡献。

【改革开放40周年建筑业在行动纪念大会】11月28日，中建协联合中国建设报社在北京召开"激荡四十年·改革正当时——改革开放40周年建筑业在行动"纪念大会。住房和城乡建设部工程质量安全监管司司长李如生、建筑市场监管司司长张毅、标准定额司副司长韩爱兴，中建协会长王铁宏，中国建设报社党委书记杜久才，中国工程院院士丁烈云，中国建筑集团有限公司原党组副书记、副总经理刘锦章，北京市建筑业联合会会长栾德成，中建协副会长马春生、王祥明、刘耀华、李长进、肖绪文、杨镜璞、吴建军、张兆祥、陈世华、陈贵林、林秋美、赵时运、高兴文、韩平、笪鸿鹄、楼永良等出席会议，副会长吴慧娟主持会议。来自全国各省市、行业建设协会及建筑业企业代表400余人参加了纪念大会。张毅就改革开放40年来建筑业发展取得的辉煌成就、目前建筑业发展面临的问题和推动建筑业高质量发展的措施等方面发表讲话。王铁宏和杜久才分别致辞。会议发布了《改革开放40年建筑业经典工程集》和《改革开放40年建筑业在行动纪念活动文集》。

【六届五次会长会议】11月28日，中建协六届五次会长会议在北京召开，王铁宏会长主持会议。副会长吴慧娟、刘锦章、马春生、王祥明、尤京、孙波、庄尚标、刘耀华、李长进、李宝元、杨镜璞、肖绪文、吴建军、张兆祥、陈世华、陈代华、陈贵林、林秋美、赵时运、高兴文、耿裕华、笪鸿鹄、韩平、楼永良出席会议，副秘书长李蓬、景万、赵峰、王秀兰列席会议。新当选的副会长兼秘书长刘锦章、副会长马春生、高兴文、赵时运分别做了表态发言，与会副会长审定了鲁班奖评审结果。

【六届六次理事会暨六届六次常务理事会】11月28日，中建协六届六次理事会暨六届六次常务理事会在北京召开。中建协会长王铁宏，副会长吴慧娟、刘锦章、肖绪文、陈代华、张兆祥、庄尚标、孙波、尤京、林秋美、陈贵林、李宝元、马春生、赵时运、耿裕华、吴建军、楼永良、陈世华、高兴文、杨镜璞、笪鸿鹄、韩平、刘耀华出席会议，协会理事300余人参加会议，副会长陈代华主持会议。会议审议了《中国建筑业协会六届三次理事会以来工作情况和2019年工作建议》的报告，一致同意聘任刘锦章同志为中国建筑业协会副会长兼秘书长，表决通过了增补和变更理事会理事、常务理事的议案，表决通过了北京市市政四建设工程有限责任公司等151家单位的入会申请。

【全国建筑行业协会秘书长工作会】6月4日，中建协在上海召开全国建筑行业协会秘书长工作会。中建协会长王铁宏、副会长吴慧娟出席会议并讲话，各地区建筑业协会和有关行业建设协会会长及秘书长约80人出席。副秘书长李蓬主持会议并宣读了《关于加强协会分支机构管理的说明》，副秘书长景万宣读了《关于完善鲁班奖评选工作的说明》。

【全国建筑业企业提升工程质量经验交流会】6月5—6日，中建协在上海召开建筑业企业提升工程质量经验交流会。中建协会长王铁宏出席会议，副会长吴慧娟出席会议并讲话，上海市建筑施工行业协会会长徐征致欢迎辞，中建协建筑工程技术专家委员会副主任委员徐义屏出席会议并作总结讲话。来自全国各地、行业建筑业（建设）协会及建筑业企业有关人员1100余人参加了会议。

【第三届践行国家"一带一路"倡议承建境外工程经验交流会】12月12日，由中建协主办、广东省建筑业协会协办、中国建筑第四工程局有限公司承办的第三届践行国家"一带一路"倡议承建境外工程经验交流会在珠海举行。中建协会长王铁宏、副会长吴慧娟、副会长兼秘书长刘锦章，丝路国际产能合作促进中心专家委员康义，联合国工发组织副代表马健等出席会议，来自国内外建筑行业专家学者、有关机构和企业的代表共300余人参会。会议发布了由中建协同有关单位共同编制的《建筑业企业社会责任评价标准》。

【深入开展行业调研】受住房城乡建设部委托，中建协开展了"建筑业企业成本与负担研究""工程担保对建筑企业降本增效的研究""建筑业高质量发展指标体系研究"等课题工作。持续跟踪调研"营改增"后建筑业企业所遇到的新情况新问题，对浙江、甘肃、广东三省的50余家企业进行深度调研，重点了解企业税负、内部管理变化、当前面临的问题和相关建议与诉求。受国家发展改革委、财政部有关司局委托，中建协多次撰写并报送建筑业经济形势分析报告，对行业发展中存在的问题提出建议。与审计署建设审计局共同召开建筑业企业参与PPP项目情况座谈会。配合审计署工信建设审计局开展了国家减税降费政策在中小建筑业企业贯彻落实情况调研工作。

【推动工程质量安全水平提升】配合住房城乡建设部三年工程质量安全提升行动，中建协继续组织开展"工程质量安全提升行动万里行"活动。3—7月，组织媒体记者和技术专家先后赴陕西、新疆等地，与企业有关负责人就工程质量安全管理和工程创优深入交流，总结企业先进做法，对工程项目进行现场咨询。根据万里行调研采访情况，采写新闻稿、编印协会简报，在中建协网站和会刊上开辟专栏刊登受访企业的先进经验和鲁班奖获奖企业的创优经验。万里行活动受到了行业内的高度关注和好评，认为各项工作开展扎实有效，特别是对优秀企业的宣传报道，力度大，内容实，可借鉴，发挥了先进典型的示范引领作用，对提升企业工程质量与安全管理水平，推动三年行动扎实有效开展发挥了积极作用。

中建协组织召开5次鲁班奖评选工作座谈会，在充分听取各方面意见建议的基础上，深入研究改进完善组织推荐、专家复查、评委评审三个重要环节，印发《关于改进完善中国建设工程鲁班奖（国家优质工程）评选工作的通知》，对原有评选工作细则进行调整细化，制定了检查评分标准和评价表，增加量化指标，减少主观因素影响，促进鲁班奖评选工作更加公平公正、科学严谨。按照新确定的改进措施，开展了2018—2019年度第一批中国建设工程鲁班奖（国家优质工程）与2018—2019年度境外工程鲁班奖评选工作。

中建协工程建设质量管理分会继续开展工程建设领域QC小组活动，召开了工程建设质量管理小组活动成果评价工作研讨会，总结了多年来开展工程建设质量管理小组活动的基本情况，通过案例对小组活动中存在的各类问题进行认真分析，并对照活动准则提出了问题和对策。

【科技推广与团体标准】中建协组织协调4位中国工程院院士与中建总公司、中国建筑科学研究院等单位的专家学者联名提出《关于启动"中国智能建造2035"重大项目研究的建议》，对尽快研发自主知识产权三维图形平台，加快形成建筑全生命周期信息管理系统提出建议。国务院领导同志对此建议高度重视，作出重要批示。

组织资深专家对雄安新区市民服务中心进行考察，对施工现场质量安全管理、新技术应用、绿色施工等做出点评并提出指导意见。

召开工程施工技术创新优秀成果暨全国建筑业企业总工程师工作经验交流会、"绿色—智慧建造"技术交流暨武汉京东方B17项目观摩会。组织编写《建筑业企业BIM应用分析暨数字建筑发展展望（2018）》，针对当前建筑业应用BIM的现状、特点和问题，提出BIM发展思路与对策。

组织开展团体标准编制工作，发布了《装配式混凝土建筑施工规程》《建筑业企业社会责任评价标准》两项标准。印发了《关于开展第二批团体标准立项申请工作的通知》，经专家审查，在31个申请立项标准中选择26个列入中建协第二批团体标准。

【诚信体系建设】为贯彻落实中央关于健全社会信用体系的要求，更加科学、规范地开展建筑业企业信用评价工作，2018年，中建协对《建筑业企业信用评价办法》（建协〔2015〕4号）进行了修订，并按照新修订的办法开展2018年度全国建筑业AAA级信用企业评价工作。经企业自愿申请、各地区和有关行业建筑业（建设）协会推荐，在建设系统相关网站上排查、专家评价组审定和网上公示，确定了北京建工集团有限责任公司等342家企业为2018年度全国建筑业AAA级信用企业。同时，完成对2016和2017年度全国建筑业AAA级信用企业信用等级的复审工作，加强对全国建筑业AAA级信用企业的动态管理，推动企业遵纪守法，增强诚信意识和品牌意识。

【行业培训】组织举办了两期装配式建筑技术应用暨《装配式混凝土建筑施工规程》宣贯培训班，就装配式混凝土结构工程施工工艺、外围护内装饰工程施工工艺及质量验收、设备与管线工程的施工等内容进行全面细致的讲解。积极协助住房城乡建设部开展青海大通、湟中两县产业扶贫工作，于11月6日至12月6日举办了培训班一期。

中建协有关分支机构举办了建筑施工安全生产法规标准培训班、建设工程项目管理规范宣贯培训班、建筑劳务管理培训班、建筑业统计培训班等。质量管理分会面向西藏等偏远地区、中小企业、基层人员开展了质量管理基础公益培训。

【行业统计】2018年，中建协继续与住房城乡建设部计划财务与外事司合作完成了《2017年建筑业发展统计分析》和《2018年上半年建筑业发展统计分析》报告，并在住房城乡建设部办公厅《工作调研与信息》《中国建设报》《建筑时报》《工程管理学报》等媒体上刊登。承接了《建筑业特级、一级企业快速调查项目》。每月进行特级、一级建筑业企业统计数据的审核、汇总、分析及编印工作，为各级建设主管部门提供了及时准确的统计分析资料。

【信息宣传】2018年，中建协联合建筑时报社搭建了建筑行业信息宣传工作通讯员队伍，并建立了QQ群和微信工作群。编辑出版12期会刊《中国建筑业》；编印了《中国建筑业协会2017年年报》；中建协建筑史志与企业文化分会出版了《中国建筑业年鉴（2017卷）》。协会微信公众号"中国建筑业"围绕行业热点话题和会员企业关切，每周策划推送信息，单条信息最高浏览量25396次。协会网站增设了"中国建筑业国际产能合作企业联盟""会员登录"等栏目，共发布协会文件、重要通知、各类动态、消息等900余条。继续加强与有关媒体的联系沟通，积极开展对外宣传工作，及时将协会的重要工作和重大活动在媒体上宣传报道。

【国内与国际交流】10月27—28日，中建协项目管理专业委员会在青岛举办了第17届中国国际工程项目管理峰会暨全国建筑业企业项目管理经验交流会。2018年，中建协分别组织相关企业和专家赴韩国参加2018年国际建筑管理日活动暨第八届建筑管理首尔论坛，赴芬兰参加芬兰项目管理协会2018项目管理日会议。赴我国台湾地区与当地财团法人地工技术研究发展基金会共同举办了2018海峡两岸地工技术/岩土工程交流研讨会。

2018年，中建协会长王铁宏先后接待了中国香港营造师学会会长邓智宏、韩国建筑管理协会会长裴永辉率领的来访团。7月，协助住房城乡建设部与香港特区政府发展局共同举办了2018年内地与香港建筑论坛。

【大事记】

1月10—11日，与天津市建筑施工行业协会在天津联合举办装配式建筑技术应用暨《装配式混凝土建筑施工规程》宣贯培训班。

1月15—16日，在广州召开建设工程施工技术创新优秀成果暨全国建筑业企业总工程师工作经验交流大会。

1月23日，召开2017年度秘书处工作总结会，总结2017年工作情况，表彰2017年度优秀职工。

1月25日，在北京召开建筑业企业参与PPP项目情况座谈会。

3月23—24日，组织媒体记者和技术专家赴西安、安康调研陕西建工集团承建的工程项目。

6月1日，在北京召开《装配式混凝土建筑施工规程实施指南》统稿工作会议，同时启动《装配式建筑施工质量验收标准》编制工作。

6月4日，在上海召开全国建筑行业协会秘书长工作会议。

6月5—6日，在上海召开建筑业企业提升工程质量经验交流会。来自全国各地、行业建筑业（建设）协会及建筑业企业有关人员1100余人参加了会议。

6月11日，与中国建筑集团有限公司在北京共同举办"不忘初心：中国共产党长盛不衰的生命力源泉"主题报告会。

7月3日，以庆祝建党97周年为主题，在北京组织召开贯彻十九大精神第二次学习会。

7月12—13日，与甘肃省建筑业联合会主办，中国建筑第七工程局有限公司、中建七局安装工程有限公司协办的装配式建筑技术应用经验交流会在兰州举行。

7月19日，在北京召开第二批团体标准立项审查会。

7月28—29日，组织专家和媒体调研采访中建新疆建工集团及其承建的乌鲁木齐市城北安置房四期项目。

8月14—15日，在呼和浩特召开《装配式混凝土建筑施工规程实施指南》和《装配式混凝土建筑施工质量验收规程》编制组工作会议。

8月30日，在北京召开2018—2019年度第一批中国建设工程鲁班奖（国家优质工程）复查工作启动会。

10月23日，为严格落实中央巡视整改要求，警示各部门和分支机构严守纪律和规矩，教育协会职工依法依规开展工作，在北京召开警示教育大会。

10月27—28日，第17届中国国际工程项目管理峰会暨全国建筑业企业项目管理经验交流会在青岛举行。

10月31日，在北京召开"建筑业企业成本与负担研究"课题评审会。

11月2日，在北京召开"工程担保对建筑企业降本增效的研究"课题开题会。

11月28日，联合中国建设报社在北京召开"激荡四十年·改革正当时——改革开放40周年建筑业在行动"纪念大会。同日，召开六届五次会长会议和六届六次理事会暨六届六次常务理事会。

12月12日，由中建协主办、广东省建筑业协会协办、中国建筑第四工程局有限公司承办的第三届践行国家"一带一路"倡议承建境外工程经验交流会在珠海举行。

12月14日，在北京召开国家重点研发计划子课题"既有居住建筑改造实施路线、标准体系及重点标准研究-03"（2017YFC0702901-03）工作会议。

（中国建筑业协会）

中国勘察设计协会

【概况】2018年，中国勘察设计协会（以下简称"协会"）通过行业发展战略研究，协助政府完善行业管理体制和政策，紧抓行业诚信自律，引领行业发展方向，维护有序竞争的市场秩序，提升行业价值；通过建立行业协同机制和平台，促进并帮助会员单位深化经营体制机制改革、管理创新和科技创新，提升行业整体核心竞争力，拓展市场空间，重点开拓工程总承包、全过程工程咨询、城市设计、数字中国、智慧社会、专业化工程技术产品和服务等业务市场，以及"走出去"拓展海外市场；通过加强协会自身建设，切实提升协会服务能力，维护全行业和会员单位及其从业人员的合法权益。

【举办第二届国际工程发展论坛】10月10—11日，协会和中国国际工程咨询协会在北京联合主办了"第二届国际工程发展论坛"，论坛由中国石油和化工勘察设计协会、中国勘察设计协会建设项目管理和工程总承包分会共同承办。本次论坛以"市场·风险·合同"为主题，施设理事长和中国国际工程咨询协会副会长王淑敏、商务部原副部长陈健、住房城乡建设部市场司副司长卫明出席会议并发表讲话，论坛邀请全国工程勘察设计行业及国际工程建设领域的10多位嘉宾，分享了各自企业在国际工程、对外投资、经济合作等方面开拓国际市场、防控合同风险和项目实施风险的实践经验与思考，为企业"走出去"发展出谋划策。来自全国大型勘察设计企业的200多位代表参加了论坛。

【举办第二届中国工程勘察设计行业创新发展高峰论坛】在协会指导下，《中国勘察设计》杂志社联合中国武汉工程设计产业联盟于8月28—29日在北京举办主题为"新时代、新思路、新作为"的第二届中国工程勘察设计行业创新发展高峰论坛。本届论坛设有综合论坛及"全过程工程咨询"和"转型升级与创新发展"两个专题论坛，围绕深度城镇化、国企改革、全过程工程咨询、工程总承包、市场准入制度改革、PPP发展、装配式建筑、对外承包工程、信息技术变革等行业热点问题展开深入探讨，为拓展行业发展思路、准确把握新时代脉搏、推动行业创新发展提供助力。施设理事长出席会议并发表讲话，来自全国勘察设计同业协会、勘察设计企业的代表300余人参加了论坛。

【开展全过程工程咨询研究的系列工作】住房城乡建设部市场司于3月15日发布《关于征求推进全过程工程咨询服务发展的指导意见（征求意见稿）和建设工程咨询服务合同示范文本（征求意见稿）意见的函》（建市监函〔2018〕9号），国家发展改革委和住房城乡建设部于11月8日联合发布《关于征求〈关于推进全过程工程咨询服务发展的指导意见（征求意见稿）〉意见的函》。协会组织全过程工程咨询课题组专家对多个版本的内部征求意见稿和上述正式发布的征求意见稿进行了认真学习、讨论和分析，分别给出了详细的修改意见和建议。与此同时，协会成立了由来自北京市建筑设计研究院有限公司等5家企业的专家和2名协会工作人员组成的标准编制组，参与住房城乡建设部《全过程工程咨询服务技术标准》的编制，开展了包括集中讨论、分头编写、专人合稿、研讨修改等一系列工作。目前该《标准》初稿已完成。

【编制《工程勘察设计行业发展"十三五"规划》中期报告】2018年是实施《工程勘察设计行业发展"十三五"规划》的中期，受住房城乡建设部市场司的委托，协会于2018年6月承担了《工程勘察设计行业发展"十三五"规划》中期报告的编制工作。在时间紧、任务重的情况下，协会通过多种形式广泛搜集政府部门出台行业市场改革和监管政策信息、勘察设计企业落实"十三五"规划的实际情况，编制完成了中期报告并向主管部门提交，为政府主管部门做出是否对规划目标、具体政策措施、实施步骤等进行调整的决策提供参考。

【开展工程勘察设计行业"十三五"中期信息化发展现状调研】 2018年正处于"十三五"的中期，为了摸清《2016—2020年建筑业信息化发展纲要》的贯彻落实情况，为制定"十三五"后期贯彻落实《纲要》的政策措施提供依据，受住房城乡建设部质量司委托，协会组织专家调研组从2018年4月开始开展了工程勘察设计行业"十三五"中期信息化发展现状调研。先后前往四川、天津、浙江等省市的11个勘察设计单位进行了现场调研，并在全行业进行了问卷调查，基本了解了全国勘察设计行业贯彻落实《纲要》的实际状况和存在的问题。经过对调研资料的梳理和分析，编制完成了调研报告，经过专家评审后报送住房城乡建设部质量司。

【积极承接政府委托的多项课题】 协会主动对接政府主管部门的需求，组织开展了行业发展和市场监管等方面的一系列课题研究工作，为政府主管部门出台相关政策法规提供了依据。参与的课题具体包括：为《中国建设年鉴》《中国建筑业年鉴》撰稿；参与住房城乡建设部市场司课题修订《工程设计资质标准》《建设工程勘察设计资质管理规定》和《建筑工程勘察设计资质管理规定实施意见》；参与编制《房屋建筑和市政基础设施项目工程总承包管理办法》；完成公共建筑防灾避难功能建设对策、减隔震建筑质量安全状况调查及信用体系课题研究；受国家人民防空办公室委托，开展人防防化产品行业监管工作；参与住房城乡建设部课题编制《工程勘察质量管理办法》修订草案，组织开展地方协会科研项目"互联网＋工程勘察质量管理范式构建与实践"成果评价，研究编制《工程勘察和岩土工程检测监测仪器设备监督管理办法》《工程勘察与岩土工程企业安全生产管理指引》《工程勘察行业BIM技术应用指导意见》《工程勘察信息化产品推介管理办法（试行）》等文件；完成住房城乡建设部软课题"轨道交通绿色车站评价标准研究"；完成教育部委托涉及34所高校63项工程的可行性研究报告的评估；协助北京市施工图审查协会研发适应"多审合一"以及改革发展形势要求的数字化审图系统；完成"基于节能CPS的建筑消防设备智能控制系统研究""绿色节能数据中心微型一体机柜研究"两项住房城乡建设部课题；参与《国家质量兴农战略规划（2018—2022年）》课题前期调研与起草，开展农业农村部发展规划司课题"第一产业投资景气指数"的研究等。

【组织开展2018年度行业发展课题研究】 协会组织了第十年度的行业年度发展课题研究工作，编制发布《工程勘察设计行业年度发展研究报告（2018）》。协会民营设计企业分会完成了《2017—2018民营设计企业年度发展报告》，这是分会的第三本报告，以数据和案例对民营设计企业的生态、业态及诉求进行了剖析和解读。

【提供政策法规咨询和法律救援服务】 协会探索了为会员单位提供政策法规咨询和法律救援服务机制和途径，已完成调解中心和鉴定中心章程初稿的编制。协会组织开展了多项法律知识和政策法规研讨交流活动，共举办有430余人参加的16个研讨交流会，包括合同管理、工程建设管理、人力资源管理、财税管理等内容。

【建立行业成本信息动态监测与发布机制】 协会继续推进工程勘察与岩土工程设计、市政工程设计、园林与景观设计以及施工图审查成本测算信息统计与分析工作。园林与景观设计分会和市政工程设计分会的研究成果已经专家评审会讨论通过，分别于2018年12月和2019年1月发布。施工图审查和工程勘察与岩土工程设计成本信息测算工作也已取得阶段性成果，将于2019年发布。

【推进面向全行业的诚信体系建设】 协会制定或修订完成《全国工程勘察设计单位诚信评估管理办法》和《全国勘察设计行业从业公约》《全国勘察设计行业职业道德准则》《中国勘察设计协会诚信宣言》等文件。为解决《管理办法》落地的具体问题，协会组织编制了《全国工程勘察设计单位诚信评估实施细则》，具体从执行机构设置及岗位职责、全国工程勘察设计行业诚信信息管理平台的设置、工作流程、信用评分方法、信息管理、行业信用代码说明和成果应用的建议等八个方面做了详细规定，为诚信管理的落地实施做了全面策划，并计划分两步实施。

【推进行业质量管理体系分级认证】 协会与中国质量协会联合开展了"勘察设计企业质量管理现状调查"，摸清了行业质量管理的基本情况，为协会推进质量管理体系分级认证工作提供了依据。协会组织中设认证公司积极申报国家认证行业标准《工程勘察设计行业组织质量管理体系分级认证要求和评价准则》。中设认证公司组织编写团队，基于前期开展的质量管理体系升级版的认证工作基础，编制完成了该标准的送审稿，由质量管理工作委员会联合该公司组织召开了送审稿专家评审会，形成最终送审稿。

【组织开展首届科学技术奖评选】 协会启动首届"中国勘察设计协会科学技术奖"评选，在全国勘察设计行业掀起科技创新的新高潮。为了组织开展此项评选活动，协会成立了中国勘察设计协会奖励委员会，组织开展了细化评选办法、确定评选程序、制定推荐名额方案、开发评选系统、发布评选办法和评选通知、审核申报项目等工作。征集申报项目471项，经48家推荐单位推荐300项申报项目。

【举办第九届"创新杯"BIM应用大赛】 协会在AUTODESK公司的协助下举办了第九届"创新杯"BIM应用大赛，经过初评、网评、终评和公示环节，评选出单项优秀作品214项，新秀作品19项，优秀企业15家，并举办了获奖项目的交流研讨活动。

【完成团体标准管理顶层设计】 协会基本完成了中国勘察设计协会团体标准管理工作顶层设计，制定发布了《中国勘察设计协会团体标准管理办法（试行）》，对标准分类、制定内容、制定计划、审批发布等都作了明确规定；制定了《中国勘察设计协会工程建设团体标准编写规定》。协会还立项开展了5部团体标准的制订工作，其中《模块化微型数据机房建设标准》已完成报批稿。协会还参与了包括《养老设施智能化系统技术标准》等在内的一批行业标准和国家标准的制订。

【加强培训办班管理】 协会制定了《中国勘察设计协会培训办班管理办法实施细则（征求意见稿）》，进一步明确了培训办班管理流程。同时，协会培训部与有关分支机构开展了合作培训试点，先后与质量管理工作委员会、标准化工作委员会、信息化推进工作委员会、工程勘察与岩土分会合作开展了培训试点。除《建设项目总承包管理规范》解析交流会、项目经理专训、EPC合同法律风险防范交流会、全过程工程咨询与建筑师负责制交流会、勘察劳务人员及土工实验员培训班，以及勘察设计企业资质升级、延续及电子化申报交流会等传统培训课题外，协会还积极开展新培训课题策划，发掘新的培训资源，主要包括：BIM多专业协同设计、最新钢结构设计标准、最新防火防排烟规范、适老建筑与养老介护、软基与路基处理、美丽乡村与特色小镇等交流课题。

【开展各类技术交流活动】 协会所属分支机构2018年召开了首届中国建筑物联网高峰论坛、广州地区净零碳建筑学术报告会、中国特色小镇论坛等交流活动，还利用2017年行业建筑设计评优成果，在合肥、武汉、广州举办了中国建筑设计创新创优年度峰会和2017年度行业优秀设计展示交流会，并在济南举办了2017年度行业优秀设计展示交流会；在青岛召开了BIM培训会，在成都召开了"绿色发展•公园城市"主题研讨会，举办了风景名胜区设计与建设实践活动等；召开了民营企业高层论坛交流会和2018年度市政设计行业信息技术交流会；举办了人防大数据建设与应用高端论坛、人防工程环境与设备学术研讨等；组织了《卓越绩效评价准则 勘察设计》宣贯交流会、勘察设计质量管理小组基础知识培训班和《质量管理小组活动准则》案例分析交流研讨会等；举办了传统建筑知识讲座，在西安举办了第四届传统建筑文化传承与创新高峰论坛；举办了第六届全国工程勘察行业发展论坛、第六届工程勘察信息化交流会和勘察质量信息化监管交流会等。

【加强协会自身建设】 协会进一步完善规章制度，规范协会和分支机构管理。根据《民政部关于在社会组织章程增加党的建设和社会主义核心价值观有关内容的通知》（民函〔2018〕78号）的要求，对《中国勘察设计协会章程》进行修订，根据有关政策精神和协会工作需要，发布了《中国勘察设计协会会费管理办法》《中国勘察设计协会分支机构管理办法》《中国勘察设计协会岗位履职费用报销标准与管理办法》《中国勘察设计协会薪酬管理办法》等制度的2018年修订版；推进协会岗位薪酬设计工作，完善绩效考核机制；完成了包括质量管理工作委员会在内的七家分支机构的换届。

（中国勘察设计协会）

中国房地产业协会

2018年，按照中央经济工作会议、住房城乡建设工作会议等对房地产行业的指导和部署，中国房地产业协会（以下简称"协会"）深入贯彻创新、协调、绿色、开放、共享五大发展理念，加快行业高质量发展，服务上级部门，引导会员企业和房地产开发企业转型升级、创新发展，各项工作取得了积极进展。

召开第八次会员代表大会，完成协会换届工作

按照中央和国家机关工委、民政部对行业协会商会换届选举新的规定，协会在3月下旬启动换届工作，先后召开了七届六次理事会、换届筹备工作会议、通讯理事会，安排部署相关工作。针对新的换届流程进行了研究和梳理，完成了理事、常务理事名单及负责人各项基础材料的汇集和审核工作，完成了"三上三下"的全部流程，在年底顺利地完成了换届工作。

服务政府，不断提高对政策、市场的分析研究能力

【发挥协会桥梁纽带作用，反映行业企业诉求】2018年，中国房地产业协会及时跟踪行业动向，分析行业走势，组织实地调研和"房地产高质量发展""房地产市场形势"两次行业座谈会。协会每月向国家发展改革委国民经济综合司汇报行业动态，及时反映房地产和国民经济之间的关系，比如中美贸易摩擦对房地产行业的影响、经济下行中房地产行业的情况等。

协会还多次参加中组部、中央国家机关工委、住房城乡建设部、民政部召开的行业协会改革座谈会，反映协会的改革情况，就行业协会今后的发展提出政策建议。

【深入研究行业现状，积极配合上级部门工作】承接财政部、住房城乡建设部等政府部门的多个研究课题，编写了专题研究报告。参与国家发展改革委规划司"十三五"规划实施情况中期评估调查。参与行业立法工作，一是参加全国人大《中华人民共和国耕地占用税法（送审稿）》征求意见会，二是为国家市场监督管理总局《禁止垄断协议行为的规定（初稿）》反馈意见建议。

大力开展品牌活动，扩大社会影响力

【举办第十届中国房地产科学发展论坛，用宣传影响行业发展】8月28—29日，协会在辽宁大连召开了第十届中国房地产科学发展论坛。一是精心策划论坛方案，以"美好居住生活"的主题，并设立住房租赁、法律服务、企业社会责任等相关分论坛，契合行业发展和会员需求；二是邀请到黄奇帆、李铁、任泽平等重量级嘉宾到会，他们发表了"房地产业发展的六种趋势及开发企业要摒弃的八种运行方式""从城镇化的视角来重新认识房地产""我国宏观经济形势与房地产"演讲，参会代表们反响很好；三是协会与百度联合制定、发布《2018美好居住生活白皮书》。

【推动"广厦奖"评选工作再上台阶】"广厦奖"以建老百姓满意的长寿命、好性能、绿色低碳的"好房子"为己任，推动房地产行业高质量发展。2018年是第八届"广厦奖"评选年，企业参与热情提高，地方评选机构、专家团队严格把关，使获奖项目性能和品质总体提升。28个省（区、市）的118个项目获奖，达到了标杆示范作用，"广厦奖"在行业的影响力和品牌效应日益增强。

2018年"广厦奖"评选过程中体现出如下特点：一是获奖项目118个，为历届之首。3月，"广厦奖"第一批评选项目评审通过了33个项目，11月13日第二次审定通过了85个项目，合计118个。候选项目数量也有突破，两批共计50个项目（第八届共计104个）。二是加强了与各地评选机构交流。在重要工作节点，联系落实指导申报、评审和推荐工作，沟通交流和传导工作经验；支持各地评选机构开展活动，4月，在杭州召开了浙江省"广厦奖"评选工作推进会，与浙江企业进行了广泛交流；河北、山东、湖南、湖北、安徽、广西等省区都举行了与"广厦奖"相关的活动。本届"广厦奖"有29个省（区、市）"广厦奖"评选机构参与了推荐工作，是覆盖面最广的一届。各地评选机构积极性非

常高，做了大量卓有成效的工作。三是品牌房企积极申报"广厦奖"。万科、绿地、星河湾、碧桂园、恒大、远洋、蓝城、中建、中交、中铁、北京城建等房企多个项目申报了本届"广厦奖"。四是评审工作更加优化。完成了《"广厦奖"申报及推荐资料汇编》的修改和补充；调整了部分专家组成员，组建了核心专家团队；根据各省准备申报材料进度，安排核心专家团队、住宅性能认定专家与省级评审专家联合评审，专业上互相借力，降低了评审成本，带动了地方评审专家队伍；通过走访参与评审工作，进一步了解申报过程中企业、地方评选机构诉求，调整了工作方法和程序。

【开展信用建设工作，规范行业行为】一是开展2018年信用评价工作。经推广组织、企业申报、第三方评价，2018年共评价企业80家，其中新申报企业74家，含1家集团公司，复审中国铁建集团下属企业6家，新申报企业覆盖25个省、直辖市，最终评价结果在中房网上公布。今年有2点不同：第一点，加强了协会对信用评价工作的掌控和主导作用。协会派出人员随第三方评价机构全程参与了广东、浙江等7个省市对参评企业的实地核查工作。第二点，越来越多的企业开始关注自身信用建设。部分企业已从要他参加变成了我要参加，独立参评企业数和参加省市较去年继续稳定增加。二是稳步开展信用动态监测。2018年全面系统地开展对有效期内信用企业的动态监测，包括制定监测流程、监测内容、结果提交、建立工作原则等。对发生较重失信行为或受较重行政处罚的多家房企发函至地方协会及企业，真实无误地反映企业真实情况，其中黑龙江省盛恒基房地产开发集团有限责任公司因发生严重失信行为予以摘牌，结果已在中房网公布。三是配合住房城乡建设部房地产市场监管司搭建房地产开发企业信用信息平台，研究制定了"房地产开发信用信息平台"工作方案（草案）。四是完成了房地产市场监管司"房地产开发行业信用信息平台建设课题"研究。五是向国家发展改革委上报信用工作动态简报，全年共完成报送动态简报18期，共计报送信息35条。

立足服务会员，在服务中取得成效

会员服务工作是一项持续性、多方位的工作，既有在日常工作中积极为会员单位解答、处理各种问题，建立各种联络微信群互动沟通渠道，发送信息，增进感情；也要通过推广新技术、新工艺、新材料，为产业链上下游企业扎扎实实地做好服务工作。

研究、宣传、培训工作不断加强

一是承接财政部国库司"房地产业运行与税负研究"课题，总结研究2018年房地产市场情况和企业税负，分析预测2019年房地产市场走势和税负变化趋势，提出优化房地产业税收的意见建议，为财政部推行减税降负工作提供支持。申报立项2项住房城乡建设部2018年度科技项目，老年委、人居委、流通委等完成6个项目的中期进度填报、延期、终结、验收等。为信管办、小城镇委承接"房地产开发行业信用信息平台建设研究""农村住房使用现状调查和分析"的合同内容和实施计划提供支持。二是加强对中房网、中国房地产业《中国房地产金融》《中国住宅设施》的指导，始终与中央保持一致。三是培训工作坚持按国家和部里的有关规定进行，开展的培训项目均上报备案，对与中国房地产业协会合作进行培训的单位严格规范管理。

积极开展对外交流合作，为会员搭建平台

【加强对外合作】与住房城乡建设部科技与产业化发展中心等共同举办"第十七届中国国际住宅产业暨建筑工业化产品与设备博览会"。协会会员共享房价行情平台大数据。与禧泰公司积极沟通，结合协会活动进行推广，促成与中国建设银行建立了长期合作关系，与万科、龙湖、旭辉、保利、中梁、蛋壳公寓等建立了合作关系。通过参加会议、现场指导等积极支持联盟进行产业对接服务等各项工作，目前联盟主要开展会员发展、投融资、产业对接、商学院四个方面工作。中国房地产海外投融资服务平台参与了美国、加拿大、法国、澳大利亚、马来西亚、马尔代夫、马耳他、巴西、阿根廷企业相关项目的洽谈，有些建立了合作关系；参与了《中国房地产年鉴》海外篇内容的撰写，将《2017中国海外房地产投资蓝皮书》发给协会会员单位等。

【积极开展国际交流】

2018年中美房地产高峰论坛在美、加两国举办。中方和北美12位演讲者围绕城镇化建设、城市更新、住房租赁、特色小城镇、绿色建筑、海外投融资等内容作了精彩发言，并在会议期间与美国亚裔房地产协会达成双方继续合作、交流互访的成果，达到了对外合作的目的，取得了良好的效果，扩大了协会的海外知名度。

9月，冯俊副会长组团赴迪拜参加世界不动产联盟亚太地区秘书长峰会。了解了全球房地产业的发展动态和趋势，并与大会主席团讨论了成立世界不动产联盟中国分会事宜。峰会增进了协会与世界不动产联盟的友谊，让与会国家和地区代表更加了解中国房地产业发展情况以及海外投资情况，扩大中国

房地产业的影响。

10月，童悦仲副会长率团赴日本东京参加中日韩住房问题研讨会。此次会议由中国房地产业协会、日本居住福祉学会、韩国住居环境学会共同主办，日本居住福祉学会承办。本届研讨会的主题为"应对超老龄社会的城市更新问题"，围绕"新技术革命与城市更新""盘活空置房与城市更新""可再生资源在房屋建设与使用中的应用"等问题进行交流。

此外，协会还接待了来自美国、加拿大、日本、印尼等国家和地区的外宾，就房地产金融、住房保障体系、房地产市场投资政策等问题进行会谈；并分别与日本住居福祉学会、美国亚裔房地产业协会签署合作备忘录。

各分支机构积极开展活动，在细分领域努力耕耘

房地产市场与住房保障研究分会在海南省海口市召开"十九大后中国房地产的机遇和出路——暨第五届海南高峰论坛"。解读十九大关于房地产业发展的相关政策；在江苏省南京市召开"居住质量与行业新动力"论坛。城市开发委员会召开了2019年房地产市场形势报告会暨全国一级资质房地产开发企业座谈会。小城镇开发与乡村振兴委员会在青岛召开"小城镇特色与智慧社区暨新经济新动能产业发展论坛"，在南宁召开"中国·东盟特色小城镇投资建设论坛"，在成都召开"全国智慧特色小镇会议"。内装产业委员会承办"2018中国住宅内装产业融创峰会"。法专委先后召开两次法务会议，向房地产企业法务负责人介绍北京市高级人民法院关于诉调对接的新政策，及调解中心工作开展情况。分支机构通过对政策的宣贯，在房地产细分领域努力耕耘。

住宅技术委通过推动"装配式装修技术应用"，实现提高住宅产业化、提升高品质住宅的目标。材料设施委整合资源，2018年重点解决厨卫串烟串味、电器更换等问题。金融专业委员会先后编制并发布了《中国房地产金融2017年度报告》《2018亚太房地产投资信托基金（REITs）报告》和《2018年度房地产资产证券化报告》三份报告，为行业发展、企业经营决策提供参考，按照住房公积金监管司的要求，编辑"新市民住房问题研究综述"，撰写"德国、韩国住房储蓄制度及借鉴"专题研究报告等。商业文化旅游地产委员会、产业协作委员会、人居委员会围绕不同建筑部品制定产品协会标准，做到服务行业有推动的目标。这些专业的课题研究、标准制定，有力地推动了房地产行业高质量发展。

（中国房地产业协会）

中国建筑装饰协会

【行业规模】2018年，全国建筑装饰行业完成工程总产值4.22万亿元，约占整个国民经济的5%。行业总产值比2017年增加2800亿元，增长幅度为7%，增长的绝对量与2017年持平，增长速度比2017年下降了0.6个百分点，比宏观经济增长速度略高了0.4个百分点。

在行业工程总产值中，公共建筑装修装饰全年完成工程总产值2.18万亿元，比2017年增加了1540亿元，增长幅度为7.5%左右，增幅比2017年下降了0.6个百分点，增长的绝对量比2017年增加了40亿元；住宅装修装饰全年完成2.03万亿元，比2017年增加了1200亿元，增长幅度为6.3%左右，增幅比2017年下降了一个百分点，增长的绝对量比2017年下降了100亿元。

公共建筑装修装饰工程总量中，建筑幕墙全年完成工程总产值为3650亿元，比2017年增加了50亿元，增长幅度为1.4%左右，增幅比2017年下降了1.2个百分点，增长绝对量比2017年下降了50亿元；改造性装修装饰工程总产值1.05万亿元，比2017年增加了1000亿元，增长幅度为10.5%左右，增长幅度比2017年下降了近1.2个百分点，增长绝对量与2017年持平；境外工程产值1070亿元，比2017年增加了120亿元，增长幅度为12.64%，增长幅度比2017年下降了近60个百分点，增长的绝对量比2017年减少了280亿元左右。

住宅装修装饰工程总量中，精装修成品房全年完成工程总产值为8500亿元，比2017年增加了900亿元，增长幅度为11.84%，增长幅度比2017年提高了3.27个百分点，增长绝对量比2017年增加了300亿元；新建毛坯房住宅装修装饰工程总产值为4900亿元，比2017年下降了600亿元，下降幅度为11.1%左右；改造性住宅装修装饰工程总产值6900亿元，比2017年增加了900亿元，增长幅度为15%，增长幅度比2017年提升了1.8个百分点，增长的绝对量比2017年增加了200亿元。

2018年，建筑装饰行业实现建筑业增加值在2.12万亿元左右，比2017年增加了1200亿元，增长幅度6%左右。增长幅度比2017年提高了0.7个百分点，增长的绝对量比2017年增加了200亿元。其中上缴税费约为4800亿元，比2017年增加了800亿元，增长幅度为20%，增长幅度比2017年提高了5.7个百分点，增长的绝对量比2017年增加了300亿元。从业者收入约为1.13万亿元，比2017年增加了300亿元左右，增长幅度为2.73%左右，增长幅度比2017年下降了2个百分点，增长绝对量比2017年下降了200亿元。

2018年，全行业实现净利润约为700亿元，利润总量与2017年持平，增长幅度为零；由于总工程量增加，全行业平均利润率为1.66%左右，比2017年下降了0.12个百分比，降幅与2017年相同；全行业人均劳动生产率为25.42万元/人，比2017年提高了1.54万元，增长幅度为6.45%，增幅比2017年提高了近0.1个百分点。

【从业者队伍】2018年全行业从业者队伍规模约为1660万人，比2017年增加了10万人，增长幅度约为0.6%，增长幅度比2017年下降了0.63个百分点，增加的绝对量比2017年减少了约10万人。其中新接收有大专以上学历教育毕业生约30万人，与2017年持平。截至2018年底，行业内接受过系统高等教育的人数为340万人，占全体从业者的20.48%，比2017年提高了1.7个百分点，提高幅度达到了9%。

2018年全行业有专业技术职称的技术人员约为220万人，比2017年增加了13万人左右，增长幅度约为6.28%，增长幅度与2017年持平。有职称人员占大专以上学历人员的64.71%，比2017年的66.77%下降了近2个百分点。2018年全行业新增建筑装修装饰工程设计人员约为10万人，增长数量与2017年持平。全行业设计人员总数约为187万人，占从业者总数的11.27%，比2017年提高了0.5个百分点。设计人员中约110万人就业在住宅装修装饰领域，约占设计师总数的58.82%，比2017年下降了0.5个百分点。全行业技术研发人员总数约90万人，比2017年增加了约5万人，增长幅度为5.88%，技术研发人员占从业者总数的5.42%，比2017年略有提高。

从管理层从业者队伍状况分析，专业知识及技能结构进一步优化。由于市场发展变化，对管理层人才知识与技能需求发生了改变，大量的智能化、法律、金融、外贸等非建筑装修装饰传统专业的毕业生及社会专业人才大量进入行业，使行业管理人才队伍的专业构成更为科学、储备更为多样化、工作更有效率。行业管理人才结构的优化，为企业在供给侧结构性改革中转型升级、提质增效奠定了坚实的管理人才资源基础。

从生产、施工一线从业者队伍状况分析，由于建筑装修装饰工程实施过程的变革，成品、半成品部件、构件、部品的比重不断提高，施工现场的操作人员数量占从业者总量的比重持续下降。一般建筑装修装饰工程企业生产、施工人员比例约为5∶5，在施工现场外从事生产加工的人员增加。在实施"实名制""工厂化"和"总承包"制度改革后，一线从业者队伍年轻化、知识化、专业化的趋势日益明显，安于岗位、专注技术、具有匠心的稳定一线队伍逐步形成，年龄结构、知识结构、技能结构不断优化。

【企业状况】2018年，是2015年新专业工程承包资质标准实施，大量原获取设计施工一体化资质企业分别换取专业工程承包资质和专项工程设计资质企业的最后一年，都面临着资质的重新申报，必将影响2019年的企业状况。各企业2018年都在积极、认真、守规地进行相关资质的申报准备工作，成为很多企业2018年的一项重要工作内容。

截至2018年底，全行业企业数量约为12.5万家，比2017年减少约0.5万家，下降幅度为3.85%，是近几年下降幅度较大的一年，比2017年下降幅度加速了近2.3个百分点。退出市场的企业，主要是在二、三、四线城市郊区，承接住宅装修装饰工程，主要承接新建毛坯房装修装饰及既有住宅改造性装修工程，没有取得国家建设主管机构核发的相应资质、缺乏经营及技术特色的小微企业，行业内企业的基本面没有根本性变化。

2018年企业经营实力进一步提高，全行业企业平均年工程产值达到3376万元，比2017年增长了345万元，增长幅度达到11.38%，比2017年提高了近2个百分点，增长的绝对量约为84万元。全行业年工程产值超过亿元、10亿元、50亿元及100亿元等级线水平的企业数量比2017年均有所增长，表现出持续发展的能力。

2018年行业有资质企业数量达到10.5万家，比

2017年增加了0.5万家，增长幅度为5%，有资质企业增长幅度比2017年降低了45%、增长的绝对量下降了约0.4万家。全行业有资质企业占全行业的比例达到84%左右，比2017年提高了7.08个百分点。新增有资质企业主要是专业工程承包二级及专项设计丙级资质。行业内企业施工、设计资质晋级、增项的企业达到0.8万家左右，比2017年增加了0.3万家、增长幅度达到60%。

截至2018年底，全行业登陆资本市场的企业约为147家，比2017年增加了5家，增长速度为3.5%，增长幅度比2017年下降了1.6个百分点。其中在国内外证券交易所上市的企业37家，与2017年持平。在中小企业股权交易中心上市的110家，比2017年增加了5家，增长速度为4.76%。

截至2018年底，行业内企业共拥有各类知识产权约20万项，其中各类专利约9万项，比2017年增加了约0.8万项，增长速度约为10%，其中发明专利和实用新型专利达到0.36万项，约占专利总数的45%，比例比2017年有较大提升。企业在物联网、互联网、移动终端、人工智能及3D打印等新技术的应用能力及普及程度等方面都有新的提高。

【组织庆祝改革开放40周年系列活动】为了庆祝改革开放40周年，回顾与总结建筑装饰行业发展的经验，为行业在建设中国特色社会主义现代化强国中提供新思路、新技术和新方案，组织开展了以下活动。

一是编辑出版《改革开放40年建筑装饰精品案例集》。为了全面总结改革开放40年来中国建筑装饰行业发展的成功经验、辉煌业绩和科技成果，中国建筑装饰协会（以下简称"协会"）与中国建筑工业出版社合作，共同编撰出版一套大型丛书《改革开放40年建筑装饰精品案例集》。本套丛书共16册，总计约500万字，图文并茂。是以发展经验总结、精品工程展示和工艺技术描述为主要内容的科技类专业书籍，在全国建设系统是第一套由行业协会牵头编撰的专业技术类丛书。此项工作在2017年就已经立项。经过认真的前期调研、动员工作，北京清尚建筑装饰工程有限公司、上海新丽装饰工程有限公司、苏州金螳螂建筑装饰股份有限公司等16家业内优秀企业入编。2018年进入案例整理、编撰的高峰期，各入编单位正在抓紧进行图纸资料的整理和文字的编写。在协会领导及专家的大力支持与帮助下，通过入编企业的辛勤工作，此项工作正在有序进行。本套丛书将于2019年陆续出版发行。

二是组织开展了一系列专业纪念、庆祝活动。为了庆祝改革开放40年，落实十九大提出的由高速度增长转向高质量发展，提升建筑装饰行业项目管理的整体水平，为行业转型升级、企业提质增效，推动行业供给迈向中高端。2018年6月，协会在苏州市举行了首届装饰行业项目管理太湖论道。业内高层人才1千多人参加了会议。会议交流了改革开放40年来建筑装饰行业在项目管理中精细化管理、技术、装备、质量、工期等方面管控的创新成果，大型高端工程项目管理的成功经验等，为提高企业项目管理能力、提升工程品质提供了鲜活的借鉴。

为了展现改革开放40年的成果，提升从业者队伍的信心和定力，2018年8月，协会在青岛举行了上合组织青岛峰会精品工程观摩会，业内高层人才近千人参加了会议。与会人士参观了上合组织青岛峰会的主要场馆，听取了承建单位在设计、施工中的成功经验，提升了自豪感和成就感，取得了较大的收获。

积极筹备高质量发展论坛。为了推动行业结构优化、企业转型升级、转换动力，协会组织了高质量发展论坛。论坛将邀请国家级专家、行业领导对由高速度增长向高质量发展，解读宏观政策和发展战略；交流业内企业转型升级、提质增效的成功经验，在庆祝改革开放40周年的同时为企业发展提供新能量。考虑到降低会员单位的会议成本负担，决定将论坛与协会的常务理事会、理事会及中国建筑工程装饰奖颁奖大会合并，于2019年1月9日同期举行。现在各项筹备工作都已经完成，等候如期召开。

【全面完成协会的常规性工作】

一是中国建筑工程装饰奖评审工作。中国建筑工程装饰奖是经国务院批准的行业内的唯一奖项，奖项的评审工作是住房城乡建设部委托协会开展的一项最为重要的工作，也是协会形成行业凝聚力、推动行业健康发展和提高工程品质的重要抓手，是协会一项含金量最高的常规性工作。2018年，协会在复查专家培训、组成及评审程序、相应标准等方面进行了调整和完善，使这项工作在行业内发挥出更大的引领作用。

2018年，经过企业申报、地方协会初审、中国建筑装饰协会专家组复查和专家评审、公示、公告等环节，评选出由北京侨信装饰工程有限公司承建的"北京王府井国际品牌中心"等公共建筑装饰类项目672项、由北京江河幕墙系统工程有限公司承建的"专利技术研发中心"等建筑幕墙类项目334项、由苏州金螳螂建筑装饰股份有限公司设计的

"上海新华联国际中心酒店"等建筑装饰设计类项目71项，获得了本年度的中国建筑工程装饰奖。

二是行业信用体系建设工作。行业信用体系评价工作是国务院整规清理市场秩序办公室委托协会开展的一项重要的常规性工作，也是协会形成权威性、推动行业营商环境改善和诚信体系建设的主要抓手。2018年是协会由单一开展信用评价向全面建设行业信用体系转变、工作由与商务部对接向国家发改委对接转变、主要工作对象由会员单位向全行业覆盖转变后的第一年，对此项工作提出了新的目标和要求，把行业信用体系建设推向了新的高度。

2018年，协会秘书处将信用评价办公室更名为行业信用建设办公室。经过企业申报、专业机构专家评审、公示、公告程序，协会共评审出2批963家企业的信用等级，其中AAA级共924家，包括初评385家、复评539家；AA级共39家，包括初评28家、复评11家；证书废止11家，参评企业规模比2017年增长了9.06%。

三是行业数据统计工作。行业数据统计工作是由"行业百强企业推介"工作转化的一项常规性工作，是协会履行专业职能、提高社会影响力、推动行业资源优化配置和市场生态环境改善的重要抓手。2018年是协会将百强企业推介转变为行业数据统计公布工作的第一年，秘书处将百强办公室更名为统计办公室。经过企业申报、地方协会初审、协会专家审核，共有398家企业参与了此项工作，经过协会的审核、排序，最终公布了165家企业在行业中的统计结果。

四是行业社团标准编制工作。行业社团标准是国家标准体系的重要组成部分，行业社团标准编制是协会的一项常规性工作，是协会发挥技术引领作用，提高行业话语权的主要抓手。2018年协会共新立项《房屋建筑室内装饰装修制图标准》等12项，发布实施了《家居建材供应链一体化服务规程》《幼儿园室内装饰装修技术规程》等共16项。

五是行业发展状况及信息发布。2018年协会继续与中国社会科学院共同编制《中国建筑装饰行业蓝皮书》，这是协会自2016年开始编辑出版的行业发展状况调查结果的蓝皮书。《中华建筑报》《中国建筑装修装饰》杂志、《中华民居》《中国建筑装饰新网》等由协会主办的媒体正常运转、出版发行，发挥了主流媒体舆论引领的作用。继续为《中国建设年鉴》《中国建筑业年鉴》《中国建筑装饰行业年鉴》《中国石材行业年鉴》等专业工具书编写年度行业发展报告。

【组织完成其他工作】

一是组织召开各类专业会议。2018年，协会组织召开了"中国建筑工程装饰奖及2016—2017年度行业统计工作会议""第五届中国建筑装饰行业绿色发展大会""第二届全国建筑装饰行业信息化发展大会""全国建筑装饰行业〈高新技术企业〉及科技补助税收减免等政策申请流程宣讲会""五届中国建材家居产业发展大会""2018中国房地产精装修产业发展大会""第三次建筑装饰行业标准编制工作会议""2018中国住宅产业年会"等专业会议，及时对行业呈现的重点、难点问题发出协会的声音，提出解决的方案，对行业发展发挥了引领作用。

二是组织举办专业论坛。2018年，协会组织举办了"首届中国建筑装饰行业'一带一路'合作发展高峰论坛""第二届中国建筑装饰协会陈设艺术节暨2018软装陈设艺术高峰论坛""中国建筑装饰企业经营管理创新发展高峰论坛""新时代中国设计发展论坛""《2018中国建筑装饰蓝皮书》发布会暨'装饰中国'高峰论坛""中国装配式建筑高峰论坛""第四届中国建筑装饰行业采购趋势论坛"等专业论坛，对制约行业发展的突出问题及行业发展的走势进行分析、论证，推动行业可持续发展思想的深入普及。

三是组织进行专业技术活动。2018年，针对行业转型升级的关键环节，提高建筑装修装饰工程设计水平的重点工作，协会组织开展了"第四届中国设计年度大会暨中国建筑装饰设计品牌企业推广活动""第十三届中国国际建筑装饰及设计艺术博览会""第六届'中装杯'全国大学生环境设计大赛""中国建筑装饰行业'百企万亿'品质中国行系列活动""第五届中国设计年度大会暨2018年度中国建筑装饰金鹰设计大赛""中国建筑装饰设计艺术展""首届中国陶瓷原创设计与空间应用设计大赛"等专业技术活动，推动行业设计技术能力与水平的提高，以此带动施工技术与产品生产的升级换代。

四是完成住房城乡建设部交办的专业活动。为了进一步降低行政审批的准入门槛，营造更为宽松、活跃的营商环境，2018年，住房城乡建设部对工程勘察设计资质标准进行了修订。中国建筑装饰协会受住房城乡建设部委托，对建筑装修装饰专项设计资质标准进行了修编。协会编制了修改初稿，在北京、上海、深圳、青岛召开了座谈会，听取了业内企业的意见和建议。按照统一安排，将新的装修装饰通用专业设计资质标准报送住房城乡建设部，按时、保证工作质量地完成了部里交办的工作任务。

（中国建筑装饰协会）

中国建设监理协会

2018年，中国建设监理协会（以下简称"协会"）紧紧围绕行业发展，在住房城乡建设部和民政部的指导下，在全体会员的共同努力下，在协会建设、行业发展、会员服务等方面卓有成效：

【**行业发展30周年**】组织开展监理行业发展30周年交流活动。3月，协会印发《工程监理行业创新发展30周年系列活动方案》，成立了活动筹备组，组长由协会会长王早生担任，成员包括地方协会秘书长。主要内容是征文、成果展示、交流会等。4月份印发《关于请组织开展工程监理行业创新发展30周年系列活动的通知》和开展监理制度建立30周年征文活动和监理30周年成果展示活动的通知。在《中国建设报》开辟"监理"专栏和在《建筑》杂志开设"工程监理30周年回顾与展望"专栏，对全国建设监理行业的经验和业绩进行深入采访报道，展示和推介全国各地建设监理机构和企业在服务行业、协助政府、保障工程质量等方面的创新性作为，展示我国建设监理行业的成就和风采，宣传监理行业正面形象，扩大社会影响力。《建筑》杂志记者对协会会长王早生作了专访，发表了《三十载风雨兼程 工程监理再启航——与中国建设监理协会会长王早生谈行业改革与发展》；《中国建设报》发表了王早生会长署名文章《建设工程监理事业改革发展与展望》。此外，经地方和行业协会推荐，共收到论文822篇，课题成果67篇；对其中100篇创新论文、40篇课题成果进行了通报。

10月，协会在北京召开工程监理行业创新发展30周年经验交流会，住房城乡建设部原副部长郭允冲到会并讲话。协会会长王早生作《沐风栉雨三十载 昂首阔步再起航 全力推进工程监理行业转型升级创新发展》的报告。各地方和部分行业协会以展板形式展示了本地区或本行业监理成果，并收入协会出版的画册中，团体会员、单位会员、个人会员代表和分会代表作了发言，回顾总结了监理行业发展的历程和经验，对未来发展充满信心。

地方行业协会组织开展30周年庆祝活动。在行业发展30年之际，地方行业协会积极开展精彩纷呈的行业发展30周年庆祝活动。上海市建设工程咨询行业协会举办"辉煌三十载 筑梦新篇章 上海建设监理行业发展三十周年纪念论坛"，回顾总结上海建设监理行业30年发展历程，全面展示上海建设监理的突出成就和监理人风采。四川省建设工程质量安全与监理协会举办"四川省工程监理制度实施三十周年纪念大会"，展示了四川省工程监理行业在波澜壮阔的三十年中创造出的不凡业绩和走过的奋斗历程。山东省建设监理协会举办山东省建设监理行业创新发展30周年纪念大会。吉林省建设监理协会、云南省建设监理协会、贵州省建设监理协会等也分别开展庆祝行业发展30周年交流会、座谈会。北京市建设监理协会、河南省建设监理协会、武汉市建设监理与咨询行业协会等开展了庆祝行业发展30周年知识竞赛等活动。

【**课题研究方面**】"建设工程监理工作标准体系研究"课题委托北京交通大学刘伊生教授任组长进行研究，该课题在系统分析工程监理工作现状基础上，结合工程监理实际需求，考虑不同维度设计了工程监理工作标准框架体系，并提出了系列标准；针对主要专业工程和监理工作内容，明确了监理工作标准应包含的内容，并结合当前标准化改革发展形势，提出了工程监理工作标准化实施建议。

"工程监理资料管理标准"课题委托北京市建设监理协会李伟会长任组长进行研究，通过调研理清国内14个专业类别监理资料管理的共性规律，了解和掌握监理资料管理中存在的问题，制定全国统一的工程监理资料管理标准，促进监理资料管理水平提高，进而促进监理履职能力提升。

"装配式建筑工程监理规程"课题委托广东省建设监理协会孙成会长任组长进行研究，针对装配式建筑新技术复杂、难度大、风险高的特点，提出预制构件制作生产、运输、施工阶段吊装、使用、检测及验收的监理要点，从行业管理、监理行为上提出明确要求，最终规避质量通病和安全风险。课题对推动装配式建筑工程监理规范化、标准化具有积极的指导作用。

"项目监理机构人员配置标准"课题委托武汉市建设监理与咨询行业协会汪成庆会长任组长进行研究,是在我国工程建设领域全面深化改革的新形势下,研究提出新时代背景下履行工程监理行业使命职责的基层组织——项目监理机构(房建、市政专业)组建中的关键要素——"人"的配置方案。通过课题研究,提出在房屋建筑工程和市政公用工程两大专业领域项目监理机构人员配置的定额标准。

"会员信用管理办法"课题委托陕西省建设监理协会商科会长任组长进行研究,主要研究会员信用管理办法的基本框架,条款的设置,规章制度的应用,信用标准的拟定以及落实措施等,以期提高监理企业、监理从业人员的职业道德和自律精神。

五个课题已于12月底前全部完成结题验收,下一步将努力推进转化为团体标准。

【促进行业发展方面】组织征求行业意见,向主管部门反映。一是多次组织召开专家座谈会,分别对《关于征求工程监理企业资质管理规定(修订征求意见稿)和工程监理企业资质标准(征求意见稿)意见的函》(建市监函〔2018〕4号)、《全过程工程咨询服务发展的指导意见》(征求意见稿)和《建设工程咨询服务合同示范文本》(征求意见稿)、《国家发展改革委办公厅、住房城乡建设部办公厅关于征求〈关于推进全过程工程咨询服务发展的指导意见(征求意见稿)〉意见的函》进行研讨,汇总提出修改建议报住房城乡建设部建筑市场监管司;二是根据住房城乡建设部建筑市场监管司安排,在北京召开工程监理企业资质改革工作座谈会;三是向行业主管部门报送《关于提升工程质量发挥行业协会作用的建议》和《关于监理工程师职业资格制度的建议》。

完成政府部门委托的监理工程师考试有关工作。4月,组织专家完成了2018年监理工程师考试命题审题工作;6月,组织专家完成了全国监理工程师执业资格考试案例分析考试科目80000余份试卷的阅卷工作。2018年全国监理工程师资格考试报考人数为93191人,参考人数为73256人,合格人数为22459人,合格率为30.66%。

发布《中国建设监理协会团体标准管理暂行办法》。协会起草了团体标准管理暂行办法,经过征求意见修改完善并征求住房城乡建设部建筑市场监管司、标准定额司意见后,印发《关于发布〈中国建设监理协会团体标准管理暂行办法〉的通知》(中建监协〔2018〕44号)。

深入调研,了解行业情况。2018年协会先后组织到云南、贵州、上海、海南、浙江、河南等地召开企业座谈会,了解行业情况,倾听会员呼声,引导行业健康发展。

【会员管理方面】发展会员。2018年协会发展单位会员四批共97家,个人会员八批共20295人,并为单位会员换发了会员证书。截至2018年12月底,协会有团体会员60家、单位会员1135家、个人会员121179人。

规范网上业务学习学时。按照《住房城乡建设部办公厅关于简化监理工程师执业资格注册申报材料有关事项的通知》(建办市〔2017〕61号)文件精神,协会印发了《中国建设监理协会关于调整个人会员免费业务学习学时的通知》,从2018年11月1日起个人会员每年免费网上业务学习课时调整为32学时。2018年协会个人会员网络业务学习达23789人次。

调整会费。2月,协会开始执行第六届会员代表大会审议通过的《中国建设监理协会关于调整团体会员、单位会员会费标准的通知》(中建监协秘〔2018〕1号)免收团体会员会费、调整单位会员会费标准。

10月,协会在北京召开了六届二次会员代表大会,会议投票通过了中国建设监理协会调整会费标准的议案,会费由五档调整为四档。11月7日,印发《中国建设监理协会关于调整单位会员会费标准的通知》(中建监协秘〔2018〕12号)。

【服务会员方面】通报参建鲁班奖、詹天佑奖工程项目的监理企业和总监理工程师。在地方和行业协会对参建鲁班奖、詹天佑奖工程项目的监理企业和总监理工程师审核的基础上,协会秘书处组织行业专家进行审核,完成了2016—2017年度参建鲁班奖、詹天佑奖工程项目的监理企业和总监理工程师通报工作,共计有202家企业和279名总监理工程师。

开展个人会员业务辅导活动。在云南省、黑龙江省建设监理协会和河北省建筑市场发展研究会的支持和配合下,协会组织完成了西南片区、东北片区、华北片区十三个省、自治区、直辖市个人会员业务辅导活动,有关专家就诚信建设、全过程工程咨询、风险防控、建筑业改革发展、装配式建筑等业务进行了授课,900多名个人会员参加了业务辅导。为加强对监理人员业务辅导,制定印发《中国建设监理协会关于合作开展监理人员业务交流活动的通知》,支持各地开展对监理人员业务的辅导工作。

组织召开全过程工程咨询与项目管理经验交流会。为推进全过程工程咨询服务工作，7月3日，协会在贵阳组织召开了全过程工程咨询与项目管理经验交流会，协会会长王早生作《抓住机遇 务实创新 开启监理行业发展新征程》讲话。十家企业代表就全过程工程咨询或项目管理介绍了经验。7月4日，组织召开了全过程工程咨询试点工作座谈会，住房城乡建设部试点地区的建设监理协会和试点监理企业代表参加了会议，介绍了试点进展情况，研究试点中遇到的问题，提出了推进试点工作的建议。住房城乡建设部建筑市场监管司建设咨询监理处的同志参加座谈会并对下一步试点工作提出要求。

做好行业宣传工作。为了宣传建设监理行业，树立监理行业良好的社会形象，推动监理事业的发展，2018年协会除继续在《中国建设报》开设专栏外，同时还在《建筑》杂志上也开辟了专栏，加强对监理行业的正面宣传，引导社会舆论关注。目前，《建筑》专栏已刊登11篇文章，《中国建设报》已刊登4期专栏。

2018年，在团体会员和单位会员的支持下，《中国建设监理与咨询》共征订3700余册，相较2017年增长19.6%。总印数5000余册，赠送团体会员、单位会员、编委、通讯员1000余册。2018年共有96家地方、行业协会和企业以协办方式参加办刊。

【协会建设方面】组织召开协会换届大会。协会于1月在北京召开六届会员代表大会和六届一次理事会，选举产生了287名理事、50名常务理事，会长、12位副会长和秘书长。同时召开六届一次常务理事会，审议通过了六届理事会工作安排和协会2018年工作要点。会后，按照民政部要求完成了有关事项备案、变更法人和负责人登记等手续。

不断加强协会党建工作。经住房城乡建设部社团一党委批准，协会于1月完成党支部换届工作。党支部组织全体党员认真学习贯彻落实习近平新时代中国特色社会主义思想和党的十九大精神，坚持"三会一课"制度，开展"两学一做"学习教育活动，实行每周五集中学习制度，组织专题党课、学习《宪法》《中国共产党纪律处分条例》等，增强党性观念，强化宗旨意识，组织教育活动，突出政治教育和党性锻炼，落实中央八项规定精神。坚持以政治建设为统领，认真贯彻新时代党的组织路线，不断加强党内政治文化建设，严肃党内政治生活，持续净化党内政治生态。

组织召开全国监理协会秘书长工作会议。3月，协会召开"全国监理协会秘书长工作会议"。协会会长王早生在会上作《真抓实干 努力做好2018年各项工作》的讲话，协会副会长兼秘书长王学军对协会2018年工作要点进行了说明。会上印发了《中国建设监理协会2018年工作要点》《中国建设监理协会关于调整团体会员、单位会员会费标准的通知》。会后组织考察了北京大兴国际机场工程建设项目。

组织召开协会专家委员会第二次会议。3月，协会组织召开了协会第二届专家委员会会议。会上，第一届专家委员会常务副主任王学军对上届专家委员会工作进行了总结，会议选举产生了新一届专家委员会领导机构，协会会长王早生当选为专家委员会主任。会议审议通过了《中国建设监理协会专家委员会管理办法》，选举了92位专家委员会委员。经专家委员会主任办公会研究，后又增补了5名专家委员会委员。

组织召开协会六届二次常务理事会。7月，协会在广州召开六届二次常务理事会，会议审议通过了《协会2018年上半年工作情况和下半年工作安排》《拟发展的团体会员和单位会员情况报告》，并对"工程监理资料管理标准"等四个课题进展情况进行了介绍，对下半年的工作提出了要求。

组织召开协会六届二次会员代表大会。10月，协会在北京召开六届二次会员代表大会。对在协会章程中增加党的建设和社会主义核心价值观的有关内容及根据民政部要求会费由五档调为四档向大会作了说明。会议审议通过了《关于修改中国建设监理协会章程的报告》和《关于调整会费标准情况的报告》。

加强和完善分支机构管理。协会定期组织召开分支机构工作会议，对各分支机构上年度工作总结和下年度工作计划及费用预算等提出相关要求，规范了对分支机构的管理。对于行政主管部门委托的有关政策调研、改革方案征求意见等，协会都及时征求分支机构的意见，向行政主管部门反映。

完善工会组织建设。在住房城乡建设部机关工会的指导下，协会工会举办多项活动，服务协会工作，促使秘书处工作人员爱岗敬业、团结协作。按照工会管理办法，开展文体活动，丰富了职工的业余文化生活，增强了秘书处的凝聚力。

参与扶贫工作。协会落实党中央、国务院精准扶贫重要决策，积极参与扶贫工作。协会先后给四川凉山越西县捐助电脑；研究划拨专项扶贫资金6万元用于精准扶贫。

【推动地区交流合作，共谋行业成长发展】加强横向沟通，注重国际与地区间经验交流。2018年，协会先后与美国皇家特许测量师学会（RICS）就如何更好地为会员提供服务，与中国香港测量师学会就建筑测量师及监理参与"一带一路"及粤港澳大湾区发展现状、规范标准、全过程工程咨询实施情况等议题进行了深入探讨。

7月，由住房城乡建设部、贵州省人民政府和香港特别行政区政府发展局共同主办的2018年内地与香港建筑论坛在贵阳市召开。中国建设监理协会是本届论坛的内地协办单位之一。中国建设监理协会会长王早生主持主题发言环节。

重视团结协作，共促行业健康发展。各地方协会、专业委员会和分会是协会履行职能，开展工作的重要依托。2018年，协会与地方、行业协会团结协作，相互支持，在行业调研、经验交流等方面相互合作，共同促进建设监理行业的健康发展。同时地方、行业协会在创新工作思路，推进监理行业健康发展方面也取得了较大成绩。

2018年中国建设监理协会召开了数次不同内容和规模的会议，得到了贵州省建设监理协会、重庆市建设监理协会、云南省建设监理协会、河北省建筑市场发展研究会、黑龙江省建设监理协会的支持，协助协会做了大量的会务工作，为会议圆满召开做出了显著贡献。

（中国建设监理协会）

中国市长协会

概况

中国市长协会（以下简称"协会"）本着"为城市发展服务，为市长工作服务"的宗旨，围绕中央城市工作会议和全国经济工作会议精神的要求，针对城市、市长工作热点难点问题，开展了一系列活动，圆满完成了年初制定的计划，提升了协会在城市中的影响力。

召开年度理事会暨中国市长论坛

【召开了五届四次通讯理事会】协会将原订召开现场理事会改为通讯形式的理事会。会议向各城市通报了关于会费收取档次的调整建议；通报了北京市市长陈吉宁同志已获中组部批复为中国市长协会会长人选、隋振江副市长已获中组部批复为中国市长协会副会长人选等事项。经通讯理事会议形式，通过了会费收取档次调整等相关事项。

【召开了五届五次通讯理事会】中国市长协会五届五次理事会于2018年12月18日至31日以通讯形式召开。会议审议了《中国市长协会五届五次通讯理事会议工作报告（征求意见稿）》；《中国市长协会五届五次通讯理事会议财务状况报告（征询意见稿）》；《关于修订中国市长协会联络工作办法的建议》；《关于成立中国市长协会健康城市发展专业委员会的建议》；《关于免去王安顺等同志兼任的我会领导职务的建议》；《关于免去杨鲁豫等兼任的我会领导职务的建议》；《关于选举陈吉宁等领导同志兼任中国市长协会领导职务的建议》等事项。经全体理事审议表决通过上述事项。

围绕城市热点难点问题举办论坛及专题研讨会

【世界城市日市长论坛】受住房城乡建设部委托，协会承办了2017年在广州、2018年在徐州的"世界城市日市长论坛"。论坛旨在加强中外城市之间的交流与学习，旨在相互借鉴城市在可持续城镇化与城市治理、坚持绿色发展理念、建设生态宜居城市等方面的交流与学习，以推动解决城市发展过程中面临的共性问题。

【小城市（镇）专委会年会暨中国新型城镇化发展研讨会】中国市长协会小城市（镇）发展专业委员会年会暨中国新型城镇化发展研讨会分别于2017年6月和2018年5月在哈尔滨和广州召开。会议分别围绕"中国新型城镇化发展新机遇、新动能、新空间"和"生态文明与乡村振兴战略"主题，邀请城市代表、城镇化问题专家、投融资机构专业人士等共同探讨城镇投资路径、交流发展经验。

【2017健康城市论坛】由协会参与主办的"健康城市年度论坛"分别于2017年11月和2018年10月在上海举行。论坛分别围绕"城市健康治理，和谐开放创新"和"生态振兴，康养农业"主题，邀请

市长、专家和企业家参与研讨，对建设健康城市起到了积极的推动作用。2014年，"健康城市论坛"被列入联合国"世界城市日"系列活动之一。同时，论坛会址从2018年起永久落户崇明岛。

【举办了"女市长康养专题研讨会"】协会女市长分会与四川省攀枝花市人民政府于2018年11月联合举办了"女市长康养专题研讨会"。会议邀请了20多个城市的女市长及有关部门负责人围绕"康养+健康""康养+旅游""康养+运动"主题，通过政策解读、经验交流和案例分析等就养老产业的政策、服务等方面内容进行了相互交流与学习。

积极开展国际交往活动

【中国—东盟市长论坛】中国—东盟市长论坛是中国—东盟博览会框架内的一项重要活动，是中国和东盟国家城市领导者的交流平台。2017年、2018年，协会继续与南宁市人民政府、广西市长协会合作举办"中国—东盟市长论坛"。论坛围绕"抓住'一带一路'机遇，促进中国—东盟城市旅游合作""共建21世纪海上丝绸之路，创新中国—东盟城市合作"等主题邀请来自中国和东盟多国的近百个城市的嘉宾共商合作，为建设紧密的"中国—东盟"命运共同体进行探讨。

【新型城镇化和可持续发展专题研究班】在习近平主席与丹麦女王见证下，2014年，协会与丹麦地方政府协会签署了合作备忘录，由此，协会于2015年起联合清华大学、丹麦科技大学共同发起了旨在为中国城市领导者提供高水平培训的项目。

2017年受广东省委组织部委托、2018年受天津市委组织部委托，联合丹麦地方政府协会、清华大学和丹麦科技大学分别举办了"新型城镇化和可持续发展专题研究班"和"城市可持续发展与节能减排高级研究班"。

2018年9月，受广东省委组织部委托，协会联合美国保尔森基金会、清华大学和芝加哥大学共同举办了"可持续的城镇化高级研究班"。

专项咨询

【城市咨询服务】应江苏省江阴市人民政府和江西省萍乡市人民政府邀请，协会城市咨询委员会组织部分富有管理经验的老市长于2017年4月、2018年5月分别在上述两个城市开展了咨询调研活动。老市长们重点调研了城市规划、建设和管理以及乡村振兴、文化旅游等情况。调研期间，老市长们与江阴市人民政府和萍乡市人民政府召开了咨询座谈会，老市长们对江阴和萍乡的城市发展定位、产业发展以及城市建设和管理提出了中肯的建议。

【小城市（镇）专委会为城市提供专项咨询服务】应城市要求，协会小城市（镇）专委会组织专家团队于2017年和2018年先后对秦皇岛、防城港、六盘水、云浮、菏泽、锦州等城市以及市属的县镇进行了深入的考察调研。调研团队与城市各级领导沟通交流了城市与县镇发展思路，探讨发展中的问题和需求，向各市提交了调研报告，受到了所到城市的好评。

《中国市长》会刊与全媒体平台

会刊本着"为城市发展服务、为市长工作服务"的宗旨，立足"做城市和市长经验交流的好帮手"的定位，整合了协会全媒体资源优势，包括协会官网、官微（微信、微博）等新媒体，为城市、市长提供了更加多样化的服务。2017年以来，会刊进一步增加了对市长的专访量，同时加强了对城市的深度报道和宣传工作。

城市问题研究

【《中国城市发展报告（2017/2018）》出版发行】《中国城市发展报告》自2002年起开始出版，共出版了16卷。《中国城市发展报告》坚持撰写"中国城市编年史"的基本定位，通过客观地记载、分析全国各类城市的年度最新发展，为城市决策者、管理者、研究者和社会各界提供参考。其社会影响力不断提升，现已成为国内城市发展研究领域中具有影响力的出版物之一。

2017年，由协会主办、欧亚国际科学院中国科学中心承办的《中国城市发展报告（2017/2018）》出版发行。《报告》紧扣中央城市工作会议精神，一方面关注宏观问题，如京津冀城市群、长三角城市群、粤港澳大湾区等；另一方面关注民生问题，如养老问题、社区街区化、城市基层治理等，全面记录了中国城镇化快速发展过程中所取得的巨大成就和宝贵经验，对中国城镇化进程进行了科学总结，及时反映了中国城镇化现状，并提出解决方案和思考建议。

【《中国城市状况报告（2016/2017）》出版发行】《中国城市状况报告》是协会与欧亚国际科学院中国科学中心、中国城市规划学会和联合国人居署共同编写，每两年一卷，系统介绍中国城市发展状况，宣传中国城市的建设成就，分析中国城市存在的问题和困难，提出未来一段时间的行动建议。本报告是联合国系列国别报告之一，是国际社会客观全面了解中国城市的窗口，可在联合国网站上免费下载。

社会公益

【主办斯达克"世界从此欢声笑语"中国项目】由协会与美国斯达克听力基金会联合北京爱尔公益基金会共同主办的斯达克"世界从此欢声笑语"中国项目于2017年、2018年分别在甘肃省兰州市、天水市以及河南省郑州市、驻马店市举行。在国际听力专家和中方工作团队、志愿者们的共同努力下，共为11396名听障人士，免费适配了22193台助听器。该项目是助听器大型捐赠项目，每年救助我国一个省份的贫困听障人群。

【对接湖北麻城、红安扶贫项目】协会联合北京爱尔公益基金会连续两年对接了住房城乡建设部对口湖北麻城和红安的扶贫项目，向249名贫困应届大学生提供了99.6万元的助学款项。

联络工作

【日常联络工作】由于过去两年各城市政府换届调整，市长和联络员随之变化。为了更好地掌握协会会员变动情况，更好地为城市和市长服务，协会秘书处做了大量的会员名录统计工作，并定期、反复对会员城市市长的变动情况进行更新整理。

【年度联络工作会议】按惯例，每年的12月协会将召开一次年度联络工作会议。2017年12月，中国市长协会在杭州市萧山区召开了2017年度联络工作会议。会议对协会总体工作情况做了简要介绍。通报了《中国市长协会2017年度工作情况和2018年工作要点》、《中国市长协会联络工作办法（征求意见稿）》以及《关于表彰2017年度中国市长协会优秀联络员的决定》。

（中国市长协会）

中国建筑工业出版社

【坚持把社会效益放在首位，实现社会效益和经济效益相统一】2018年，中国建筑工业出版社（简称"建工出版社"）在社会效益方面硕果累累：一是《梁思成全集》《中国古代建筑史》《中国近代建筑史》《中国古代园林史》《西藏建筑艺术丛书》等5套图书入选在国家博物馆举办的"伟大的变革——庆祝改革开放40周年大型展览"；二是获颁第四届中国出版政府奖"先进出版单位奖""图书奖""图书奖提名奖""装帧设计奖提名奖"奖杯及证书；三是《园冶注释》获评"2018世界最美的书银奖"；《历史的"场"》《"微"观茶花——束花茶花发展简纪》2种图书获评2018年度中国"最美的书"；四是建工出版社徐州工程学院校园书店获评中国书刊发行协会"2018时代出版·年度大学书店"。

在经济效益方面，2018年建工出版社各项生产经营工作成绩显著，生产、销售数据再创历史新高：全年生产码洋9.41亿元，同比增长13.04%；销售回款5.41亿元，同比增长8.12%；实现利润总额5171.31万元，同比增长18.28%。全年共批准选题2505种，出版新书1492种，重印书2110种。各项主要指标创历史新高。

【加强图书选题规划，突出精品策划意识】2018年，建工出版社继续秉承"三个服务"的宗旨，在编辑业务方面开展了许多卓有成效的工作，取得了实效。一是积极围绕国家大政方针和行业改革方向做好选题规划工作，组织编制了《围绕学习十九大报告选题计划》，积极策划了《美好环境与幸福生活共同缔造系列技术指南》等314种选题，继续组织落实《围绕中央城市工作会议与部中心工作图书选题及出版规划》，为促进建设行业科学发展提供了大量知识产品和服务。二是继续加强重点出版物的选题策划与出版落实工作，着力推进国家"十三五"重点出版规划项目、国家出版基金资助项目，启动了《中国园林史》等一批重点出版物的出版工作，推进了国家重大出版工程《中国传统聚落保护研究丛书（30卷）》等一批重点出版物的出版进程，进一步锻造了品牌，提升出版社双效益水平。三是不断加强精品出版意识，《中国传统聚落保护研究丛书（分省卷）》等10种套出版物增补入选国家"十三五"重点出版规划；《中国传统村落保护与发展系列丛书（8卷）》等6种套自主策划选题获批国家出版基金资助453万元；另有2种套自主选题获得国家科技出版基金资助9.4万元，11种套自主选题获批国家重点外宣资助294万元。四是继续响应国家号召，加强境内外出版合作，全年共输出版权47种，引进版权100种，两种图书荣获第十七届引进版、输出版优秀图书奖。五是加强编辑业务制度建设，进一步促进了编辑工作全面制度化管理进程，规范了编辑业务管理流程，提高了编辑业务科学管理效率。

【推动管理和技术创新，引领出版质量再上新台阶】2018年，建工出版社始终坚守安全生产底线不动摇，积极推进管理和技术创新，在全年未发生任何安全质量事故的基础上，进一步提升了出版质量和生产保障水平。一是扎实推进以实现全品种供应、降低库存、提升效益为目标的供给侧改革，库存过快增长的势头得到初步遏制，企业经营风险进一步降低。二是稳步推进生产技术升级改造，进一步加快编辑出版流程再造步伐，提升安全生产保障与服务效率。三是继续加强生产周期管理与控制，提升生产效率，促进了各板块图书生产有序、管理顺畅、周期可控。四是进一步加强装帧设计，提高印装质量，促进图书生产水平再上新台阶。

【继续推进现代营销体系建设，严厉打击盗版侵权行为】2018年，建工出版社不断加强渠道建设与管理，积极组织市场营销活动、打击盗版侵权行为，在全面完成年度回款的基础上，营销与维权整体管理水平有了较大的提升。一是继续建设完善现代营销体系，强化B2C和营销服务保障能力建设，努力打破了线上、线下营销界限。二是重点推进产品信息库建设，细化了产品信息的采集、加工、发布、检索管理办法和内部工作流程。三是加强线下营销渠道管理，充分利用新华书店系统卖场的优势，做好一般书的上架和销售工作；严格代理连锁系统的各项管理制度，扶植线下实体店的发展。四是全力拓展线上营销渠道，继续加强"网店一体化平台"建设与运营。五是继续扎实开展教材及一般图书营销宣传工作，推动板块营销推广，促进教材和一般图书的销售增长。六是库存控制初见成效，2018年作为建工出版社库存控制元年，全社上下在选题策划、科学确定印数、开展按需印刷、加强营销推广、扩大销售等方面扎实开展工作，成功遏制了库存的增长势头。七是积极贯彻落实11部委《关于支持实体书店发展的指导意见》，先后在重庆建筑职业技术学院、湖南城建职业技术学院建成开业建工出版社第二、第三家校园书店，持续推进校园书店建设，努力发挥国有文化企业在"推动全民阅读、建设书香社会"中的头雁作用。八是继续加大打击盗版侵权力度，维护出版社合法权益。2018年，建工出版社共查获盗版印刷厂5个，盗版库房12个，查办物流案件5起，查缴盗版图书17万册，码洋993万元；关闭天猫店铺6家，删除链接4579条；起诉侵权案件30余起，获得赔偿金额422万元；社法律事务部也被国家版权局评为"2017年度查处侵权盗版案件有功单位二等奖"。

【创新融合发展，不断推动产业模式优化升级】2018年，为促进建工出版社融合出版产业发展，创造并固化新的竞争优势，使数字出版成为出版社一个新的规模型产业品类、一个稳定的创收型业务板块，建工出版社研究确定了2018年作为其数字出版发展元年的工作思路，并以此为契机多举措部署推动出版社产业模式优化升级。一是确立融合发展转型升级架构，即以融合发展实验室和研究院智库为创新模式和顶层设计机构，以科技与标准实验室和数字公司为具体落地实施机构开展数字转型工作，以ERP系统、行业级平台、大数据平台为技术支撑，对外运营完善"中国建筑出版在线"平台和专业知识库集群，对内进行智能编校排和POD按需印刷等生产管理系统升级改造，同时进行基于"网·店一体化"的营销体系建设。二是加强数字融合选题开发，推动图书利用二维码技术开展数字融合出版，创造"书网互动"增值服务新场景。三是着力打造建筑知识服务领域最好品牌，扩大融合产品营利能力，不断加强在建筑专业垂直领域的服务拓展，力争将阅读服务、知识服务、知识付费、知识分享融为一体。四是以重大数字出版项目为抓手，持续推进出版社从内容提供商到知识服务商的转型升级，截至2018年底，建工出版社共有国家重点实验室2个、新闻出版改革发展项目库入库项目10个，国家财政资助项目13个，金额总计1.1亿元。五是将出版融合发展重点实验室建设与智库建设协同推进，联合开展专业出版社融合发展实践探索和应用研究，就出版融合发展相关的重大难题和建筑领域的重大课题开展集智攻关，努力培育行业新模式、新业态。六是加快智库建设与研究步伐，汇集各方智慧，凝聚行业力量，搭建了十余个专业方向的智库专家库，以创新的研究机制开展了"建设智库大讲堂""中瑞建筑文化青年建筑师沙龙"等智库研究活动，根据智库研究成果组织编制《建设智库简报》并受到主管部门、专家学者及行业高管的高度关注，进一步提高智库成果对出版社融合发展的促进作用。七是依托"出版融合发展重点实验室"和"新闻出版业科技与标准重点实验室"开展技术研究工作，制定了《唯一标识符》《元数据规范》《存储规范》等3项数字出版内容资源元数据规范，并经专家评审后升格为企业标准。八是不断加强制度建设，理顺数字出版与传统出版在资源、机构、人员与考核分配等方面的关系，促进并保障融合转型升级工作。

【**开展干部选聘和人才引进工作，加强人才队伍建设**】一是坚持把政治标准挺在干部考核前面，不断完善干部综合选聘与考评体系，为开创出版社改革发展新局面提供坚强组织保障。二是积极开展人才的引进与培养工作，2018年开展了新员工入职培训，与编辑学会合作开展了72学时线上与线下业务培训，也举办了建设智库大讲堂等多种形式的培训工作，为出版社可持续发展提供了源源不断的人力及知识保障。三是加强人事制度建设。出台一系列人力资源管理制度，增强队伍的责任感与使命感，提高决策力与执行力，保障各项业务平稳、高效地运行。

【**落实中央改制要求，推进公司制改制工作**】按照财政部、中宣部联合印发的《中央文化企业公司制改制工作实施方案》文件精神，建工出版社成立了改制工作领导小组与工作组，统筹推进出版社改制工作并针对改制面临的困难与问题组织开展深入调研，按照文件要求严格制定了《公司制改制工作实施方案》报送主管部门。以此为契机，建工出版社将以现代企业管理思路重塑出版社业务架构，以全局的视角重新谋划整体发展布局，全方位推动建工出版社的高质量发展。

【**完善财务管理制度，提高财务管理效率**】一是继续加强财务制度建设，发布《财务管理办法（2018年版）》《关于规范会议费管理的补充规定》等规章制度，提高财务管理规范性与效率。二是根据网络销售等新兴业务发展需要，积极完善出版社传统财务管理与服务模式，开发实现了增值税普通发票的电子发票服务功能。

（中国建筑工业出版社）

附 录

2018年第一批中央财政支持范围的中国传统村落名单

一、北京市（1个）
门头沟区王平镇东石古岩村

二、河北省（26个）
石家庄市井陉县天长镇吴家垴村
石家庄市井陉县天长镇庄旺村
石家庄市井陉县天长镇板桥村
石家庄市井陉县天长镇石桥头村
石家庄市井陉县天长镇乏驴岭村
石家庄市井陉县小作镇沙窑村
石家庄市井陉县南障城镇七狮村
石家庄市井陉县苍岩山镇杨庄村
石家庄市井陉县辛庄乡苏家嘴村
邯郸市涉县固新镇原曲村
邯郸市涉县辽城乡岩上村
邯郸市磁县都党乡同义村
邯郸市武安市马家庄乡没口峪村
邢台市沙河市柴关乡石门沟村
邢台市沙河市蝉房乡王茜村
保定市安新县圈头乡圈头村
张家口市蔚县南留庄镇单堠村
张家口市蔚县南留庄镇杜杨庄村
张家口市蔚县南留庄镇大饮马泉村
张家口市蔚县南留庄镇小饮马泉村
张家口市蔚县南留庄镇埚申堡村
张家口市蔚县宋家庄镇邢家庄村
张家口市蔚县宋家庄镇大固城村
张家口市蔚县宋家庄镇吕家庄村
张家口市蔚县宋家庄镇北口村
张家口市蔚县白草村乡钟楼村

三、山西省（40个）
太原市晋源区晋源街道程家峪村
阳泉市平定县石门口乡西郊村
长治市平顺县石城镇黄花村
长治市平顺县石城镇豆峪村
长治市黎城县东阳关镇枣镇村
长治市黎城县西井镇东骆驼村
长治市壶关县百尺镇西岭底村
长治市壶关县店上镇瓜掌村
长治市长子县慈林镇南张店村
长治市潞城市黄牛蹄乡辛安村
长治市潞城市黄牛蹄乡土脚村
晋城市沁水县嘉峰镇尉迟村
晋城市阳城县润城镇中庄村
晋城市陵川县杨村镇平居村
晋城市泽州县大东沟镇贺坡村
晋城市泽州县晋庙铺镇窑掌村
晋城市泽州县大箕镇南沟村
晋城市泽州县大箕镇秋木洼村
晋城市高平市马村镇康营村
朔州市平鲁区高石庄乡七墩村
晋中市昔阳县赵壁乡楼坪村
晋中市昔阳县赵壁乡东寨村
晋中市太谷县阳邑乡阳邑村
晋中市祁县来远镇唐河底村
晋中市介休市张兰镇板峪村
晋中市介休市连福镇刘家山村
晋中市介休市绵山镇焦家堡村
晋中市介休市绵山镇小靳村
运城市垣曲县历山镇南堡村
运城市平陆县张店镇侯王村
忻州市五台县东冶镇永安村
忻州市繁峙县岩头乡岩头村
忻州市岢岚县王家岔乡王家岔村
临汾市浮山县响水河镇东陈村
吕梁市文水县下曲镇北辛店村
吕梁市临县碛口镇寨则坪村
吕梁市柳林县王家沟乡曹家塔村
吕梁市方山县峪口镇张家塔村
吕梁市交口县回龙乡韩家沟村
吕梁市汾阳市阳城乡虞城村

四、辽宁省（1个）
锦州市北镇市富屯街道石佛村

五、浙江省（49个）
杭州市建德市大慈岩镇三元村麻车岗自然村
杭州市建德市大慈岩镇檀村村樟宅坞自然村
杭州市建德市大同镇劳村村
杭州市建德市大同镇上马村石郭源自然村
宁波市奉化区西坞街道西坞村

温州市文成县珊溪镇朱川村
温州市泰顺县筱村镇徐岙村
绍兴市新昌县回山镇回山村
绍兴市诸暨市次坞镇次坞村
绍兴市诸暨市璜山镇溪北村
绍兴市嵊州市下王镇泉岗村
金华市金东区江东镇雅湖村
金华市武义县柳城畲族镇梁家山村
金华市武义县柳城畲族镇东西村
金华市武义县柳城畲族镇上黄村
金华市武义县柳城畲族镇金川村
金华市义乌市义亭镇缸窑村
金华市东阳市巍山镇白坦村
金华市东阳市虎鹿镇厦程里村
衢州市衢江区举村乡洋坑村
衢州市龙游县湖镇镇星火村
衢州市龙游县沐尘畲族乡双戴村
台州市天台县南屏乡山头郑村
台州市天台县南屏乡上杨村
台州市仙居县埠头镇十都英二村
台州市仙居县埠头镇西亚村
台州市仙居县下各镇羊棚头村
台州市仙居县朱溪镇朱家岸村
台州市仙居县朱溪镇上岙村
台州市仙居县湫山乡方宅村
台州市仙居县皤滩乡山下村
丽水市莲都区碧湖镇堰头村
丽水市龙泉市宝溪乡车盂村
丽水市龙泉市岩樟乡柳山头村
丽水市龙泉市龙南乡大庄村
丽水市遂昌县湖山乡福罗淤村
丽水市遂昌县湖山乡姚岭村
丽水市遂昌县蔡源乡大柯村
丽水市缙云县大源镇吾丰村
丽水市缙云县溶江乡岩门村上官坑自然村
丽水市景宁畲族自治县东坑镇桃源村
丽水市景宁畲族自治县郑坑乡吴布村
丽水市松阳县玉岩镇玉岩村
丽水市松阳县大东坝镇小后畲
丽水市松阳县叶村乡膳垄村
丽水市松阳县斋坛乡下垄村
丽水市松阳县三都乡上田村
丽水市松阳县枫坪乡钱余宝钱源旧处自然村
丽水市松阳县板桥畲族乡大毛科麒上自然村

六、安徽省（12个）

安庆市岳西县黄尾镇马元村
黄山市徽州区潜口镇蜀源村
黄山市徽州区西溪南镇竦塘村
黄山市歙县岔口镇庐山村
黄山市歙县昌溪乡沧山源村
黄山市歙县森村乡黄备村
黄山市休宁县鹤城乡樟源里村
黄山市祁门县芦溪乡芦溪村
黄山市祁门县新安乡珠林自然村
六安市裕安区独山镇蔬菜村
池州市青阳县酉华镇宋冲村
宣城市泾县黄村镇九峰村

七、福建省（28个）

福州市永泰县嵩口镇道南村
三明市永安市贡川镇洋峰村
三明市永安市小陶镇石丰村
泉州市德化县龙门滩镇碧坑村
漳州市南靖县书洋镇塔下村
漳州市南靖县奎洋镇上洋村
漳州市长泰县岩溪镇珪后村
漳州市龙海市港尾镇城内社村
南平市政和县澄源乡上榅洋村
南平市武夷山市上梅乡茶景村
龙岩市新罗区万安镇梅村村
龙岩市永定区下洋镇中川村
龙岩市永定区湖坑镇实佳村
龙岩市永定区古竹乡大德村
龙岩市永定区陈东乡岩太村
龙岩市长汀县古城镇丁黄村
龙岩市长汀县四都镇汤屋村
龙岩市连城县曲溪乡白石村
宁德市蕉城区八都镇闽坑村
宁德市蕉城区霍童镇邑坂村
宁德市蕉城区三都镇松歧村
宁德市蕉城区金涵乡后溪村
宁德市蕉城区洪口乡吴峰村
宁德市蕉城区虎贝乡梅鹤村
宁德市古田县城东街道桃溪村
宁德市古田县卓洋乡前洋村
宁德市周宁县咸村镇洋中村
宁德市屏南县代溪镇忠洋村

八、江西省（11个）

南昌市进贤县前坊镇西湖李家
南昌市新建区大塘坪乡汪山村

宜春市奉新县宋埠镇牌楼村
宜春市靖安县仁首镇雷家村
抚州市金溪县浒湾镇黄坊村
抚州市金溪县合市镇龚家村
抚州市金溪县合市镇游垫村
抚州市金溪县左坊镇后车村
抚州市金溪县陆坊乡下李村
抚州市金溪县陈坊积乡岐山村
抚州市金溪县琉璃乡蒲塘村

九、山东省（10个）
济南市长清区归德街道双乳村
济南市章丘区文祖街道三德范村
淄博市淄川区太河镇柏树村
淄博市淄川区太河镇永泉村
淄博市博山区域城镇黄连峪村
淄博市博山区域城镇龙堂村
淄博市周村区王村镇万家村
烟台市龙口市芦头镇庵夼村
潍坊市青州市王府街道井塘村
临沂市临沭县曹庄镇朱村

十、河南省（1个）
郑州市荥阳市高山镇石洞沟村

十一、湖北省（10个）
武汉市黄陂区蔡家榨街蔡官田村蔡官田湾
黄石市阳新县浮屠镇李山下村
十堰市张湾区黄龙镇黄龙滩村
黄冈市麻城市黄土岗镇大屋垸村
黄冈市麻城市黄土岗镇桐枧冲村茯苓窝
咸宁市通城县塘湖镇大埚村
咸宁市通山县闯王镇高湖村朱家湾
恩施州利川市毛坝镇人头山村
恩施州宣恩县长潭河乡白果村黄家寨
恩施州宣恩县高罗镇大茅坡营村

十二、湖南省（48个）
湘潭市湘潭县石鼓镇顶峰村
湘潭市湘乡市壶天镇壶天村
衡阳市衡南县宝盖镇宝盖村
衡阳市衡东县草市镇草市村
衡阳市常宁市西岭镇六图村
衡阳市常宁市罗桥镇下冲村
邵阳市隆回县山界回族乡老屋村
岳阳市平江县上塔市镇黄桥村
张家界市永定区四都坪乡庙岗村
郴州市桂阳县和平镇筱塘村
郴州市桂阳县正和镇阳山村

郴州市永兴县油市镇坪洞村
郴州市嘉禾县珠泉镇雷公井村
郴州市临武县麦市镇上乔村
郴州市汝城县卢阳镇津江村
永州市祁阳县大忠桥镇蔗塘村
永州市祁阳县肖家村镇九泥村
永州市祁阳县进宝塘镇陈朝村
永州市祁阳县下马渡镇元家庙村
永州市双牌县江村镇访尧村
永州市道县清塘镇小坪村
永州市道县祥霖铺镇田广洞村
永州市宁远县湾井镇下灌村
永州市蓝山县祠堂圩乡虎溪村
永州市新田县三井乡谈文溪村
永州市江华瑶族自治县东田镇水东村
永州市江华瑶族自治县大石桥乡井头湾村
怀化市中方县铜湾镇黄溪村
怀化市溆浦县黄茅园镇金中村
怀化市新晃侗族自治县贡溪乡天井寨村
怀化市靖州苗族侗族自治县坳上镇九龙村
怀化市靖州苗族侗族自治县坳上镇木洞村
怀化市靖州苗族侗族自治县寨牙乡岩脚村
怀化市通道侗族自治县播阳镇上湘村
怀化市通道侗族自治县播阳镇陈团村
怀化市洪江市沅河镇沅城村
湘西土家族苗族自治州泸溪县八什坪乡欧溪村
湘西土家族苗族自治州花垣县雅西镇高务村
湘西土家族苗族自治州花垣县排碧乡十八洞村
湘西土家族苗族自治州保靖县葫芦镇木芽村
湘西土家族苗族自治州保靖县葫芦镇傍海村
湘西土家族苗族自治州保靖县葫芦镇黄金村
湘西土家族苗族自治州保靖县清水坪镇魏家寨村
湘西土家族苗族自治州保靖县夯沙乡夯吉村
湘西土家族苗族自治州保靖县夯沙乡梯子村
湘西土家族苗族自治州古丈县默戎镇李家村
湘西土家族苗族自治州古丈县默戎镇中寨村
湘西土家族苗族自治州龙山县贾市乡街上村

十三、广东省（8个）
珠海市斗门区斗门镇南门村
珠海市斗门区斗门镇八甲村委排山村
惠州市惠东县铁涌镇溪美村
梅州市梅县区白渡镇峰溪村委石溪村
梅州市梅县区松源镇横坊村委横江村
梅州市丰顺县黄金镇清溪村

梅州市平远县石正镇南台村
潮州市潮安区浮洋镇井里村

十四、广西壮族自治区（13个）
柳州市三江侗族自治县独峒镇岜团村
柳州市三江侗族自治县独峒镇座龙村
桂林市雁山区大埠乡大埠村委大岗埠村
桂林市雁山区柘木镇禄坊村委禄坊村
桂林市临桂区宛田乡宛田村委东宅江村
桂林市灵川县灵田镇正义村委宅庆村
桂林市恭城瑶族自治县西岭乡西岭村委西岭屯
北海市合浦县曲樟乡璋嘉村委老屋村
贺州市钟山县清塘镇白竹新寨
贺州市富川瑶族自治县福利镇红岩村
贺州市富川瑶族自治县城北镇凤溪村
河池市南丹县里湖瑶族乡八雅村巴哈屯
河池市天峨县三堡乡三堡村堡上屯

十五、海南省（13个）
文昌市东阁镇富宅村
文昌市文城镇松树下村
文昌市文城镇义门二村
定安县定城镇春内村
定安县新竹镇三滩村
定安县新竹镇卜效村
定安县雷鸣镇龙梅村
定安县雷鸣镇仙坡村
定安县岭口镇皇坡村
澄迈县永发镇美傲村
澄迈县永发镇美墩村
澄迈县永发镇美楠村
澄迈县永发镇那雅村

十六、重庆市（4个）
万州区罗田镇用坪村
武隆县平桥镇红隆村
酉阳土家族苗族自治县可大乡昔比村
酉阳土家族苗族自治县板桥乡井园村仡佬溪

十七、四川省（27个）
自贡市贡井区艾叶镇竹林村
自贡市沿滩区永安镇鳌头铺社区
广元市旺苍县东河镇东郊村
内江市隆昌县渔箭镇渔箭社区
广安市武胜县飞龙镇连花坪村
达州市宣汉县马渡关镇百丈村
雅安市名山区中峰乡朱场村
巴中市通江县胜利乡大营村
巴中市通江县胜利乡迪坪村
巴中市通江县文胜乡白石寺村
资阳市乐至县大佛镇红土地村
阿坝藏族羌族自治州汶川县水磨镇老人村
阿坝藏族羌族自治州汶川县龙溪乡阿尔村
阿坝藏族羌族自治州理县蒲溪乡休溪村
阿坝藏族羌族自治州茂县太平乡牛尾村
阿坝藏族羌族自治州九寨沟县马家乡苗州村
阿坝藏族羌族自治州九寨沟县草地乡下草地村
阿坝藏族羌族自治州马尔康县党坝乡尕兰村
阿坝藏族羌族自治州壤塘县宗科乡加斯满村
阿坝藏族羌族自治州壤塘县吾依乡修卡村
甘孜藏族自治州丹巴县聂呷乡妖枯村
甘孜藏族自治州丹巴县梭坡乡宋达村
甘孜藏族自治州丹巴县中路乡克格依村
甘孜藏族自治州白玉县热加乡麻通村
甘孜藏族自治州白玉县灯龙乡帮帮村
甘孜藏族自治州白玉县灯龙乡龚巴村
甘孜藏族自治州白玉县赠科乡下比沙村

十八、贵州省（61个）
六盘水市六枝特区落别乡长湾村长田组
六盘水市盘县石桥镇乐民村
六盘水市盘县保田镇鹅毛寨村
六盘水市盘县丹霞镇水塘村
遵义市桐梓县高桥镇周市金鸡水古寨
遵义市桐梓县狮溪镇狮溪村
遵义市赤水市元厚镇陛诏村
安顺市平坝区安平街道办事处大寨村
安顺市平坝区白云镇车头村
安顺市平坝区白云镇高寨村高寨自然村
安顺市平坝区乐平镇大屯村
安顺市平坝区乐平镇小屯村
安顺市西秀区双堡镇骝马牛村
安顺市西秀区大西桥镇西陇村
安顺市西秀区七眼桥镇仁岗村
安顺市西秀区蔡官镇罗大寨村
安顺市西秀区新场乡绿泉村石关组
安顺市西秀区黄腊乡龙青村
安顺市西秀区刘官乡周官村
安顺市镇宁布依族苗族自治县丁旗街道办事处官寨村官寨组
铜仁市江口县民和镇韭菜村
铜仁市江口县怒溪镇梵星村
铜仁市思南县瓮溪镇三星村
铜仁市思南县胡家湾乡周家桠村
铜仁市印江自治县新寨镇乐洋村

铜仁市印江自治县木黄镇木良村
铜仁市印江自治县紫薇镇大园址村
铜仁市德江县合兴镇龙溪村岩头坝
铜仁市德江县长堡镇马家溪村岩阡头组
铜仁市沿河县夹石镇山羊村
铜仁市沿河县泉坝镇三坝村
铜仁市松桃县蓼皋镇文山村
铜仁市松桃县普觉镇高坎村
铜仁市松桃县普觉镇真武堡村
铜仁市松桃县世昌乡世昌村底哨
铜仁市松桃县长坪乡地甲司村
铜仁市松桃县长坪乡干沙坪村
铜仁市松桃县沙坝河乡界牌村
黔西南布依族苗族自治州贞丰县挽澜镇兴农村
黔西南布依族苗族自治州贞丰县平街乡花江村
黔西南布依族苗族自治州册亨县弼佑镇秧佑村
黔东南苗族侗族自治州从江县贯洞镇潘今滚村
黔东南苗族侗族自治州从江县洛香镇登岜村
黔东南苗族侗族自治州从江县往洞镇高传村
黔东南苗族侗族自治州从江县往洞镇信地村
黔东南苗族侗族自治州从江县高增乡美德村
黔东南苗族侗族自治州从江县谷坪乡留架村
黔东南苗族侗族自治州从江县丙妹镇大塘村
黔东南苗族侗族自治州从江县庆云镇转珠村
黔东南苗族侗族自治州从江县加鸠镇加学村
黔南布依族苗族自治州荔波县瑶山瑶族乡拉片村一、二组
黔南布依族苗族自治州三都水族自治县三合街道高寨村大寨
黔南布依族苗族自治州三都水族自治县三合街道姑挂村姑鲁寨
黔南布依族苗族自治州三都水族自治县大河镇蕊抹村
黔南布依族苗族自治州三都水族自治县都江镇摆鸟村
黔南布依族苗族自治州三都水族自治县都江镇达荣村羊告组
黔南布依族苗族自治州三都水族自治县都江镇来术村
黔南布依族苗族自治州三都水族自治县都江镇排抱村
黔南布依族苗族自治州三都水族自治县都江镇排怪村
黔南布依族苗族自治州三都水族自治县都江镇排外村
黔南布依族苗族自治州三都水族自治县都江镇小脑村

十九、云南省（46个）

曲靖市麒麟区越州镇潦浒社区大村
曲靖市陆良县马街镇良迪村
曲靖市宣威市落水镇宁营自然村
玉溪市红塔区春和街道黄草坝村委会玉碗水村
玉溪市通海县兴蒙乡桃家嘴村
玉溪市华宁县宁州街道办事处碗窑村
玉溪市元江县那诺乡二掌村
玉溪市元江县洼垤乡邑慈碑村
昭通市巧家县小河镇拖车村
昭通市巧家县大寨镇车坪村
丽江市宁蒗县翠玉乡培德村
普洱市镇沅县振太镇文索村杨家组
普洱市澜沧县南岭乡勐炳村龙塘老寨村
临沧市云县后箐乡后箐村
楚雄州禄丰县勤丰镇马街村委会旧县村
红河州蒙自市鸣鹫镇鸣鹫村
红河州建水县西庄镇东者村
红河州建水县甸尾乡期租碑村
红河州石屏县异龙镇大水村
红河州石屏县异龙镇冒合村
红河州石屏县异龙镇松村
红河州石屏县异龙镇太岳村
红河州石屏县异龙镇李家寨村
红河州石屏县异龙镇豆地湾村
红河州石屏县宝秀镇宝秀村
红河州石屏县宝秀镇张本寨村
红河州石屏县宝秀镇吴营村
红河州泸西县金马镇嘉乐村
红河州泸西县午街铺镇普泽村
红河州泸西县白水镇小红杏村
红河州泸西县向阳乡小沙马村
红河州泸西县三塘乡大阿定村
红河州元阳县大坪乡太阳老寨村
红河州红河县甲寅乡阿撒村
红河州红河县大羊街乡小妥赊村
文山州广南县者兔乡那坝村
大理州祥云县下庄镇大仓村
大理州弥渡县寅街镇大庄村
大理州弥渡县苴力镇大寺村
大理州巍山县庙街镇顾旗厂村
大理州巍山县巍宝山乡玉碗水村
大理州云龙县白石镇顺荡村

大理州洱源县茈碧湖镇松鹤村
大理州鹤庆县金墩乡金登村
德宏州芒市遮放镇芒丙村
德宏州芒市遮放镇遮冒村

二十、陕西省（25个）
西安市周至县厚畛子乡老县城村
咸阳市三原县鲁桥镇东里村
渭南市大荔县段家镇东高垣村
渭南市蒲城县椿林镇山西村
渭南市韩城市新城办相里堡村
渭南市韩城市西庄镇柳枝村
渭南市韩城市西庄镇郭庄砦村
渭南市韩城市西庄镇柳村
渭南市韩城市西庄镇薛村
渭南市韩城市西庄镇张代村
汉中市城固县上元观镇乐丰村
榆林市绥德县义和镇虎焉村
榆林市绥德县中角镇梁家甲村
榆林市米脂县银州办事处高庙山村
榆林市米脂县桃镇桃镇村
榆林市米脂县桃镇黑圪塔村
榆林市米脂县郭兴庄镇白兴庄村
榆林市米脂县城郊镇镇子湾村
安康市汉滨区石转镇双柏村
安康市汉滨区双龙镇天宝村
安康市汉滨区叶坪镇双桥村
安康市汉滨区早阳镇王庄村
安康市汉滨区共进镇高山村
安康市汉滨区墰坝镇马河村
商洛市镇安县云盖寺镇云镇村

二十一、西藏自治区（2个）
日喀则市定日县岗嘎镇岗嘎村
日喀则市谢通门县通门乡坚白村

二十二、青海省（8个）
西宁市湟中县鲁沙尔镇石咀一村
西宁市湟源县日月藏族乡兔尔干村
海东市循化撒拉族自治县积石镇瓦匠庄村
海东市循化撒拉族自治县道帏藏族乡比隆村
海东市循化撒拉族自治县道帏藏族乡张沙村
海东市循化撒拉族自治县尕楞藏族乡合然村
黄南藏族自治州同仁县隆务镇吾屯上庄村
黄南藏族自治州同仁县兰采乡土房村

2018年第二批列入中央财政支持范围中国传统村落名单

一、河北省（2个）
石家庄市平山县杨家桥乡九里铺村
石家庄市井陉县天长镇北关村

二、山西省（12个）
晋城市沁水县端氏镇端氏村
晋城市陵川县附城镇丈河村
晋城市陵川县西河底镇黄庄村
晋城市陵川县六泉乡浙水村
运城市新绛县北张镇西庄村
运城市新绛县泉掌镇泉掌村
临汾市襄汾县景毛乡北李村
临汾市乡宁县关王庙乡康家坪村
临汾市乡宁县关王庙乡鹿凹峪村
临汾市乡宁县关王庙乡下川村
吕梁市孝义市高阳镇临水村
吕梁市孝义市下堡镇昔颌堡村

三、内蒙古自治区（3个）
赤峰市敖汉旗丰收乡宋杖子村
呼伦贝尔市额尔古纳市莫尔道嘎镇太平村
呼伦贝尔市额尔古纳市三河回族乡下护林村

四、辽宁省（3个）
朝阳市朝阳县羊山镇肖家店村
朝阳市北票市下府开发区三府村
朝阳市凌源市沟门子镇二安沟村

五、江苏省（1个）
苏州市吴中区金庭镇堂里村堂里

六、浙江省（23个）
杭州市萧山区河上镇东山村
金华市磐安县尖山镇里岙村
金华市义乌市赤岸镇尚阳村
衢州市开化县齐溪镇龙门村
舟山市定海区金塘镇大鹏岛村
台州市天台县石梁镇迹溪村

台州市天台县街头镇九遮村
台州市仙居县田市镇垟墺村
台州市仙居县田市镇九思村
台州市仙居县广度乡三井村
台州市仙居县皤滩乡枫树桥村
丽水市龙泉市塔石街道李山头村
丽水市龙泉市上垟镇源底村
丽水市龙泉市小梅镇孙坑村
丽水市龙泉市安仁镇李登村
丽水市龙泉市安仁镇湖尖下村
丽水市龙泉市安仁镇金蝉湖村
丽水市龙泉市屏南镇横坑头村
丽水市龙泉市竹垟乡安坑村
丽水市龙泉市道太乡夏安村
丽水市龙泉市龙南乡底村
丽水市松阳县竹源乡呈田村
丽水市松阳县竹源乡周岭根村
七、安徽省（10个）
马鞍山市含山县运漕镇蓼花洲村
黄山市歙县北岸镇白杨村
黄山市歙县霞坑镇萌坑村
黄山市歙县坑口乡柔川村
宣城市泾县桃花潭镇桃花潭村
宣城市宁国市霞西镇白茂村
宣城市绩溪县家朋乡尚村
宣城市绩溪县家朋乡霞水村
宣城市旌德县蔡家桥镇乔亭村
宣城市旌德县俞村镇仕川村
八、福建省（16个）
三明市大田县华兴乡杞溪村
三明市尤溪县洋中镇浮洋村武洋自然村
三明市沙县凤岗街道水美村
漳州市云霄县火田镇菜埔村
南平市武夷山市上梅乡上梅村
南平市建瓯市小桥镇阳泽村
龙岩市上杭县中都镇田背村
宁德市蕉城区八都镇猴盾村
宁德市蕉城区九都镇贵村村
宁德市蕉城区霍童镇石桥村
宁德市蕉城区赤溪镇官岭村
宁德市蕉城区洋中镇代都村
宁德市蕉城区洋中镇东山村
宁德市周宁县咸村镇川中村
宁德市周宁县礼门乡陈峭村
宁德市屏南县寿山乡降龙村

九、江西省（10个）
赣州市宁都县黄陂镇杨依村
赣州市石城县小松镇丹溪村
吉安市吉安县浬田镇田岸上村
吉安市泰和县马市镇蜀江村
抚州市金溪县合市镇大耿村
抚州市金溪县合市镇戌源村
抚州市金溪县琉璃乡北坑村
抚州市金溪县琉璃乡谢坊村
上饶市婺源县赋春镇上严田村
上饶市婺源县赋春镇甲路村
十、山东省（2个）
淄博市淄川区太河镇罗圈村
淄博市周村区北郊镇大七村
十一、河南省（3个）
洛阳市新安县北冶镇甘泉村
鹤壁市浚县白寺乡白寺村
新乡市辉县市沙窑乡水磨村
十二、湖北省（3个）
武汉市黄陂区王家河街罗家岗村罗家岗湾
黄冈市红安县永佳河镇喻畈村
恩施州恩施市盛家坝乡大集场村
十三、湖南省（7个）
衡阳市耒阳市小水镇小墟村
衡阳市耒阳市太平圩乡寿州村
衡阳市耒阳市上架乡珊钿村
张家界市桑植县洪家关白族乡洪家关村
郴州市临武县汾市镇南福村
永州市东安县横塘镇横塘村
湘西土家族苗族自治州吉首市寨阳乡补点村
十四、广东省（2个）
佛山市禅城区南庄镇罗格村委孔家村
清远市连南瑶族自治县大坪镇大掌村
十五、广西壮族自治区（10个）
柳州市融水苗族自治县良寨乡大里村国里屯
柳州市三江侗族自治县独峒镇林略村
柳州市三江侗族自治县林溪镇高秀村
桂林市龙胜各族自治县龙脊镇马海村委田寨组
桂林市龙胜各族自治县龙脊镇小寨村委小寨屯
桂林市龙胜各族自治县瓢里镇平岭村委上下甘塘屯
桂林市龙胜各族自治县乐江乡地灵村委地灵村
贺州市富川瑶族自治县福利镇毛家村
贺州市富川瑶族自治县福利镇留家湾村
贺州市富川瑶族自治县石家乡石枧村

十六、海南省（3个）
海口市美兰区三江镇罗梧村
琼海市中原镇仙寨莲塘村
琼海市博鳌镇留客村

十七、重庆市（1个）
酉阳土家族苗族自治县麻旺镇亮垭村烂田沟

十八、四川省（23个）
成都市龙泉驿区洛带镇老街社区
泸州市泸县方洞镇宋田村
泸州市合江县白沙镇芦稿村
泸州市合江县先市镇下坝村
德阳市罗江县白马关镇白马村
德阳市什邡市师古镇红豆村
绵阳市安县桑枣镇红牌村
绵阳市涪城区丰谷镇二社区
绵阳市平武县白马藏族乡亚者造祖村
绵阳市平武县木座藏族乡民族村
广元市旺苍县化龙乡石川村
内江市资中县罗泉镇禹王宫村
乐山市犍为县芭沟镇芭蕉沟社区
广安市广安区肖溪镇肖家溪社区
达州市通川区金石乡金山村
雅安市汉源县九襄镇民主村
巴中市恩阳区登科街道办事处恩阳古镇
阿坝藏族羌族自治州松潘县十里回族乡大屯村
阿坝藏族羌族自治州黑水县知木林乡知木林村
阿坝藏族羌族自治州壤塘县中壤塘乡壤塘村
甘孜藏族自治州丹巴县中路乡波色龙村
甘孜藏族自治州理塘县高城镇车马村
凉山彝族自治州木里藏族自治县俄亚纳西族乡大村

十九、贵州省（4个）
遵义市务川县丰乐镇造纸塘
遵义市务川县黄都镇大竹村
遵义市务川县黄都镇沈家坝
遵义市务川县丹砂街道马拱坡

二十、云南省（2个）
丽江市玉龙县巨甸镇拉市坝村
丽江市玉龙县塔城乡拉市落村

二十一、西藏自治区（1个）
日喀则市亚东县帕里镇一、二、三、四居委

二十二、陕西省（2个）
渭南市韩城市龙门镇西原村
延安市子长县安定镇安定村

二十三、甘肃省（5个）
陇南市宕昌县狮子乡东裕村
陇南市礼县宽川乡火烧寨村
陇南市礼县崖城乡父坪村
陇南市徽县麻沿乡柴家社
甘南州临潭县流顺乡红堡子村

二十四、青海省（7个）
海东市化隆回族自治县扎巴镇南滩村
海东市化隆回族自治县塔加藏族乡牙什扎村
海东市化隆回族自治县塔加藏族乡尕洞村
海南藏族自治州贵德县拉西瓦镇昨那村
玉树藏族自治州玉树市安冲乡结拉村查同社
玉树藏族自治州玉树市安冲乡拉则村英达社、英群社
玉树藏族自治州称多县清水河镇扎哈村

二十五、宁夏回族自治区（1个）
宁夏吴忠市利通区东塔寺乡石佛寺村

第七批中国历史文化名镇名单

1. 山西省长治市上党区荫城镇
2. 山西省阳城县横河镇
3. 山西省泽州县高都镇
4. 山西省寿阳县宗艾镇
5. 山西省曲沃县曲村镇
6. 山西省翼城县西阎镇
7. 山西省汾阳市杏花村镇
8. 内蒙古自治区牙克石市博克图镇
9. 上海市宝山区罗店镇
10. 江苏省苏州市吴中区光福镇
11. 江苏省昆山市巴城镇
12. 江苏省高邮市界首镇
13. 江苏省高邮市临泽镇
14. 浙江省慈溪市观海卫镇（鸣鹤）
15. 浙江省平阳县顺溪镇
16. 浙江省湖州市南浔区双林镇

17. 浙江省湖州市南浔区菱湖镇
18. 浙江省诸暨市枫桥镇
19. 浙江省临海市桃渚镇
20. 浙江省龙泉市住龙镇
21. 安徽省六安市裕安区苏埠镇
22. 安徽省东至县东流镇
23. 安徽省青阳县陵阳镇
24. 福建省永安市贡川镇
25. 福建省晋江市安海镇
26. 福建省永春县岵山镇
27. 福建省南靖县梅林镇
28. 福建省宁德市蕉城区洋中镇
29. 福建省宁德市蕉城区三都镇
30. 江西省修水县山口镇
31. 江西省贵溪市塘湾镇
32. 江西省樟树市临江镇
33. 山东省淄博市周村区王村镇
34. 山东省泰安市岱岳区大汶口镇
35. 湖北省当阳市淯溪镇
36. 湖南省浏阳市文家市镇
37. 湖南省临湘市聂市镇
38. 湖南省东安县芦洪市镇
39. 广西壮族自治区阳朔县福利镇
40. 广西壮族自治区防城港市防城区那良镇
41. 重庆市万州区罗田镇
42. 重庆市涪陵区青羊镇
43. 重庆市江津区吴滩镇
44. 重庆市江津区石蟆镇
45. 重庆市酉阳土家族苗族自治县龚滩镇
46. 四川省崇州市元通镇
47. 四川省自贡市大安区三多寨镇
48. 四川省三台县郪江镇
49. 四川省洪雅县柳江镇
50. 四川省达州市达川区石桥镇
51. 四川省雅安市雨城区上里镇
52. 四川省通江县毛浴镇
53. 云南省通海县河西镇
54. 云南省凤庆县鲁史镇
55. 云南省姚安县光禄镇
56. 云南省文山市平坝镇
57. 西藏自治区定结县陈塘镇
58. 西藏自治区贡嘎县杰德秀镇
59. 西藏自治区札达县托林镇
60. 甘肃省永登县红城镇

第七批中国历史文化名村名单

1. 河北省井陉县南障城镇吕家村
2. 河北省蔚县南留庄镇南留庄村
3. 河北省蔚县南留庄镇水西堡村
4. 河北省蔚县宋家庄镇宋家庄村
5. 河北省蔚县宋家庄镇大固城村
6. 河北省蔚县涌泉庄乡任家涧村
7. 河北省蔚县涌泉庄乡卜北堡村
8. 河北省怀来县瑞云观乡镇边城村
9. 河北省沙河市册井乡北盆水村
10. 河北省沙河市柴关乡西沟村
11. 河北省沙河市柴关乡绿水池村
12. 河北省邢台县南石门镇崔路村
13. 河北省邢台县路罗镇鱼林沟村
14. 河北省邢台县将军墓镇内阳村
15. 河北省邢台县太子井乡龙化村
16. 河北省武安市午汲镇大贺庄村
17. 河北省武安市石洞乡什里店村
18. 河北省涉县固新镇原曲村
19. 河北省磁县陶泉乡南王庄村
20. 河北省磁县陶泉乡北岔口村
21. 山西省大同市新荣区堡子湾乡得胜堡村
22. 山西省天镇县马家皂乡安家皂村
23. 山西省阳泉市郊区荫营镇辛庄村
24. 山西省平定县冠山镇宋家庄村
25. 山西省平定县张庄镇桃叶坡村
26. 山西省平定县东回镇瓦岭村
27. 山西省平定县娘子关镇上董寨村
28. 山西省平定县娘子关镇下董寨村
29. 山西省平定县巨城镇南庄村
30. 山西省平定县巨城镇上盘石村
31. 山西省平定县石门口乡乱流村
32. 山西省盂县孙家庄镇乌玉村
33. 山西省盂县梁家寨乡大汖村
34. 山西省长治市上党区荫城镇琚寨村

35. 山西省平顺县石城镇东庄村
36. 山西省平顺县石城镇岳家寨村
37. 山西省平顺县虹梯关乡虹霓村
38. 山西省黎城县停河铺乡霞庄村
39. 山西省沁源县王和镇古寨村
40. 山西省高平市河西镇牛村
41. 山西省阳城县凤城镇南安阳村
42. 山西省阳城县北留镇尧沟村
43. 山西省阳城县润城镇上伏村
44. 山西省阳城县固隆乡府底村
45. 山西省阳城县固隆乡泽城村
46. 山西省阳城县固隆乡固隆村
47. 山西省泽州县大东沟镇东沟村
48. 山西省泽州县大东沟镇贾泉村
49. 山西省泽州县周村镇石淙头村
50. 山西省泽州县晋庙铺镇天井关村
51. 山西省泽州县巴公镇渠头村
52. 山西省泽州县山河镇洞八岭村
53. 山西省泽州县李寨乡陟椒村
54. 山西省泽州县南岭乡段河村
55. 山西省陵川县西河底镇积善村
56. 山西省沁水县中村镇上阁村
57. 山西省沁水县嘉峰镇尉迟村
58. 山西省沁水县嘉峰镇武安村
59. 山西省沁水县嘉峰镇嘉峰村
60. 山西省山阴县张家庄乡旧广武村
61. 山西省晋中市榆次区东赵乡后沟村
62. 山西省太谷县范村镇上安村
63. 山西省平遥县段村镇段村
64. 山西省介休市洪山镇洪山村
65. 山西省介休市龙凤镇南庄村
66. 山西省介休市绵山镇大靳村
67. 山西省灵石县南关镇董家岭村
68. 山西省寿阳县宗艾镇下洲村
69. 山西省寿阳县西洛镇南东村
70. 山西省寿阳县西洛镇南河村
71. 山西省寿阳县平舒乡龙门河村
72. 山西省稷山县西社镇马跑泉村
73. 山西省翼城县隆化镇史伯村
74. 山西省翼城县西阎镇曹公村
75. 山西省翼城县西阎镇古桃园村
76. 山西省霍州市退沙街道许村
77. 山西省吕梁市离石区枣林乡彩家庄村
78. 山西省交口县双池镇西庄村
79. 山西省临县三交镇孙家沟村
80. 山西省临县安业乡前青塘村
81. 山西省柳林县三交镇三交村
82. 山西省柳林县陈家湾乡高家垣村
83. 山西省柳林县王家沟乡南洼村
84. 山西省交城县夏家营镇段村
85. 辽宁省沈阳市沈北新区石佛寺街道石佛一村
86. 江苏省常州市武进区前黄镇杨桥村
87. 江苏省溧阳市昆仑街道沙涨村
88. 浙江省建德市大慈岩镇上吴方村
89. 浙江省建德市大慈岩镇李村村
90. 浙江省桐庐县富春江镇茆坪村
91. 浙江省宁波市海曙区章水镇李家坑村
92. 浙江省宁波市鄞州区姜山镇走马塘村
93. 浙江省慈溪市龙山镇方家河头村
94. 浙江省余姚市大岚镇柿林村
95. 浙江省义乌市佛堂镇倍磊村
96. 浙江省磐安县尖山镇管头村
97. 浙江省磐安县双溪乡梓誉村
98. 浙江省江山市凤林镇南坞村
99. 浙江省江山市石门镇清漾村
100. 浙江省龙游县溪口镇灵山村
101. 浙江省龙游县塔石镇泽随村
102. 浙江省临海市东塍镇岭根村
103. 浙江省天台县平桥镇张思村
104. 安徽省歙县北岸镇瞻淇村
105. 安徽省歙县昌溪乡昌溪村
106. 安徽省池州市贵池区棠溪镇石门高村
107. 安徽省绩溪县上庄镇石家村
108. 安徽省绩溪县家朋乡磡头村
109. 福建省福州市仓山区城门镇林浦村
110. 福建省永泰县洑口乡紫山村
111. 福建省永泰县洑口乡山寨村
112. 福建省大田县桃源镇东坂村
113. 福建省宁化县曹坊镇下曹村
114. 福建省泉州市泉港区涂岭镇樟脚村
115. 福建省永春县五里街镇西安村
116. 福建省晋江市龙湖镇福林村
117. 福建省南靖县书洋镇石桥村
118. 福建省南靖县书洋镇塔下村
119. 福建省南靖县书洋镇河坑村
120. 福建省邵武市金坑乡金坑村
121. 福建省政和县岭腰乡锦屏村
122. 福建省龙岩市永定区下洋镇初溪村
123. 福建省长汀县古城镇丁黄村
124. 福建省长汀县濯田镇水头村

125. 福建省长汀县四都镇汤屋村
126. 福建省龙岩市永定区抚市镇社前村
127. 福建省龙岩市永定区洪山乡上山村
128. 福建省连城县莒溪镇壁洲村
129. 福建省福安市社口镇坦洋村
130. 福建省福安市晓阳镇晓阳村
131. 福建省福安市溪柄镇楼下村
132. 福建省福鼎市管阳镇西昆村
133. 福建省古田县城东街道桃溪村
134. 福建省古田县吉巷乡长洋村
135. 福建省古田县卓洋乡前洋村
136. 福建省寿宁县下党乡下党村
137. 江西省浮梁县蛟潭镇礼芳村
138. 江西省浮梁县峙滩镇英溪村
139. 江西省贵溪市耳口乡曾家村
140. 江西省龙南县里仁镇新园村
141. 江西省寻乌县澄江镇周田村
142. 江西省安福县金田乡柘溪村
143. 江西省泰和县螺溪镇爵誉村
144. 江西省金溪县合市镇游垫村
145. 江西省金溪县合市镇全坊村
146. 江西省金溪县琅琚镇疏口村
147. 江西省金溪县陈坊积乡岐山村
148. 江西省乐安县湖坪乡湖坪村
149. 江西省婺源县江湾镇篁岭村
150. 江西省婺源县思口镇西冲村
151. 山东省济南市章丘区相公庄街道梭庄村
152. 山东省淄博市淄川区洪山镇蒲家庄村
153. 山东省招远市张星镇徐家村
154. 山东省昌邑市龙池镇齐西村
155. 山东省邹城市石墙镇上九山村
156. 山东省巨野县核桃园镇前王庄村
157. 河南省宝丰县李庄乡翟集村
158. 河南省郏县薛店镇冢王村
159. 河南省郏县薛店镇下宫村
160. 河南省郏县茨芭镇山头赵村
161. 河南省修武县云台山镇一斗水村
162. 河南省修武县西村乡双庙村
163. 河南省三门峡市陕州区西张村镇庙上村
164. 湖北省大冶市金湖街道上冯村
165. 湖北省阳新县排市镇下容村
166. 湖北省大冶市大箕铺镇柯大兴村
167. 湖北省阳新县大王镇金寨村
168. 湖北省枣阳市新市镇前湾村
169. 湖北省南漳县巡检镇漫云村
170. 湖北省红安县华家河镇祝家楼村
171. 湖北省通山县闯王镇宝石村
172. 湖南省醴陵市沩山镇沩山村
173. 湖南省汝城县文明瑶族乡沙洲瑶族村
174. 湖南省汝城县土桥镇永丰村
175. 湖南省汝城县马桥镇石泉村
176. 湖南省新田县枧头镇龙家大院村
177. 湖南省道县清塘镇楼田村
178. 湖南省蓝山县祠堂圩镇虎溪村
179. 湖南省沅陵县荔溪乡明中村
180. 湖南省中方县中方镇荆坪村
181. 湖南省永顺县灵溪镇双凤村
182. 广东省汕头市澄海区莲下镇程洋冈村
183. 广东省云浮市云城区腰古镇水东村
184. 广东省郁南县大湾镇五星村
185. 广西壮族自治区南宁市江南区江西镇同江村三江坡
186. 广西壮族自治区宾阳县古辣镇蔡村
187. 广西壮族自治区阳朔县高田镇朗梓村
188. 广西壮族自治区岑溪市筋竹镇云龙村
189. 广西壮族自治区灵山县新圩镇萍塘村
190. 广西壮族自治区玉林市福绵区新桥镇大楼村
191. 广西壮族自治区玉林市玉州区南江街道岭塘村（硃砂峒）
192. 广西壮族自治区陆川县平乐镇长旺村
193. 广西壮族自治区兴业县石南镇庞村
194. 广西壮族自治区兴业县石南镇谭良村
195. 广西壮族自治区兴业县葵阳镇榜山村
196. 广西壮族自治区兴业县龙安镇龙安村
197. 广西壮族自治区贺州市平桂区沙田镇龙井村
198. 广西壮族自治区富川瑶族自治县古城镇秀山村
199. 广西壮族自治区钟山县回龙镇龙道村
200. 广西壮族自治区钟山县公安镇荷塘村
201. 广西壮族自治区钟山县公安镇大田村
202. 广西壮族自治区钟山县清塘镇英家村
203. 广西壮族自治区钟山县燕塘镇玉坡村
204. 广西壮族自治区天峨县三堡乡三堡村
205. 贵州省贵阳市花溪区石板镇镇山村
206. 云南省沧源县勐角乡翁丁村
207. 云南省泸西县永宁乡城子村
208. 西藏自治区普兰县普兰镇科迦村
209. 甘肃省兰州市西固区河口镇河口村

附 录

210. 甘肃省静宁县界石铺镇继红村
211. 甘肃省正宁县永和镇罗川村

建筑垃圾治理试点城市（区）名单

1. 北京市
2. 天津市蓟州区
3. 河北省邯郸市
4. 内蒙古自治区呼和浩特市
5. 上海市
6. 江苏省苏州市
7. 江苏省常州市
8. 江苏省南通市
9. 江苏省扬州市
10. 浙江省杭州市
11. 浙江省金华市
12. 浙江省湖州市
13. 安徽省淮南市
14. 安徽省蚌埠市
15. 安徽省淮北市
16. 福建省福州市
17. 福建省泉州市
18. 山东省济南市
19. 山东省青岛市
20. 山东省临沂市
21. 山东省泰安市
22. 河南省郑州市
23. 河南省许昌市
24. 河南省洛阳市
25. 河南省商丘市
26. 湖南省长沙市
27. 广东省广州市
28. 广东省深圳市
29. 广东省东莞市
30. 广西壮族自治区南宁市
31. 广西壮族自治区柳州市
32. 重庆市（主城区）
33. 四川省成都市
34. 云南省玉溪市
35. 陕西省西安市

2018—2019年度第一批中国建设工程鲁班奖（国家优质工程）入选名单

（排名不分先后）

序号	工程名称	承建单位	参建单位
1	商业、酒店、办公及配套（王府井国际品牌中心建设项目）	北京城建集团有限责任公司	北京城建十六建筑工程有限责任公司
			安乐设备安装工程（上海）有限公司
			嘉特纳幕墙（上海）有限公司
			北京侨信装饰工程有限公司
			浙江银建装饰工程有限公司
			北京市亚太安设备安装有限责任公司
2	昆泰嘉瑞中心	中国建筑一局（集团）有限公司	中建一局集团第三建筑有限公司
			江苏沪宁钢机股份有限公司
			北京江河幕墙系统工程有限公司
			深圳市晶宫设计装饰工程有限公司
			上海市建筑装饰工程集团有限公司

续表

序号	工程名称	承建单位	参建单位
2	昆泰嘉瑞中心	中国建筑一局（集团）有限公司	北京丽贝亚建筑装饰工程有限公司 四川兴泰来装饰工程有限责任公司 中建一局钢结构工程有限公司
3	1号楼（研发创新中心）等6项（中国移动国际信息港研发创新中心工程、网管支撑中心工程、业务支撑中心工程）	中国建筑第八工程局有限公司	北京南隆建筑装饰工程有限公司 北京长信泰康通信技术有限公司
4	中关村资本大厦	北京城建集团有限责任公司	北京城建深港建筑装饰工程有限公司 北京城建北方集团有限公司 北京城建建设工程有限公司 北京城五工程建设有限公司 北京城建安装集团有限公司
5	人民日报社报刊综合业务楼	中国新兴建设开发有限责任公司	
6	天津空港国际生物医学康复治疗中心医疗综合楼项目	天津住宅集团建设工程总承包有限公司	
7	武清区体育场馆项目	天津市武清区建筑工程总公司	
8	天津体育学院新建体育馆及排球馆项目	中国建筑第六工程局有限公司	
9	天津市滨海新区文化中心（一期）项目文化场馆部分	中国建筑第八工程局有限公司	中建深圳装饰有限公司 深圳市中孚泰文化建筑建设股份有限公司 中建安装工程有限公司 天津华惠安信装饰工程有限公司
10	保定市第一中心医院门诊综合楼	河北建设集团股份有限公司	河北建设集团装饰工程有限公司 河北建设集团安装工程有限公司 河北空调工程安装有限公司
11	承德医学院附属医院新城医院	荣盛建设工程有限公司	
12	沧州管业大厦	河北建工集团有限责任公司	大元建业集团股份有限公司 河北天昕建设集团有限公司 河北安防智能电子工程有限公司
13	石家庄市南水北调配套工程—良村开发区地表水厂（一期工程）	河北省第二建筑工程有限公司 河北省安装工程有限公司	天俱时工程科技集团有限公司
14	乡宁县新医院建设工程	山西二建集团有限公司	山西建筑工程有限公司 山西省工业设备安装集团有限公司
15	中铁三局集团科技研发中心	中铁三局集团建筑安装工程有限公司	深圳市科源建设集团有限公司 浙江亚厦装饰股份有限公司 中铁三局集团电务工程有限公司

附 录

续表

序号	工程名称	承建单位	参建单位
16	内蒙古自治区儿童医院、妇产医院、妇幼保健院外迁合建项目	内蒙古兴泰建设集团有限公司	内蒙古碧轩装饰工程有限责任公司
			内蒙古电子科技有限责任公司
			内蒙古金鑫泰钢结构有限责任公司
			内蒙古凯建楼宇设备有限公司
			河北建设集团装饰工程有限公司
17	巨海城八区南区综合楼（6号办公楼）	内蒙古巨华集团大华建筑安装有限公司	内蒙古凯建楼宇设备有限公司
			南通华新建工集团有限公司
18	葫芦岛市中心医院儿科及内科病房楼	辽宁绥四建设工程集团有限公司	
19	华晨宝马汽车有限公司大东工厂第七代新五系建设项目涂装车间、（EEX）总装车间主车间	中国建筑第八工程局有限公司 中国建筑第五工程局有限公司 鞍钢建设集团有限公司	浙江杭萧钢构股份有限公司
			森特士兴集团股份有限公司
			长沙广大建筑装饰有限公司
			大连建工机电安装有限公司
			中建五局安装工程有限公司
			天津东南钢结构有限公司
			中建不二幕墙装饰有限公司
			中建五局装饰幕墙有限公司
20	沈阳药科大学新校区四标段	沈阳天地建设发展有限公司	大连爱瑞克机电设备有限公司
			德州亚太集团有限公司
21	松原市天河大桥工程	中国建筑第六工程局有限公司	中铁九桥工程有限公司
22	哈尔滨万达文化旅游城产业综合体－万达茂	中国建筑第二工程局有限公司	中建二局安装工程有限公司
			讯飞智元信息科技有限公司
			浙江精工钢结构集团有限公司
			江苏沪宁钢机股份有限公司
			深圳市三鑫科技发展有限公司
			合肥达美建筑装饰工程有限责任公司
			江苏南通三建建筑装饰有限公司
23	中国海运大厦工程	上海建工七建集团有限公司	上海市安装工程集团有限公司
			上海市建筑装饰工程集团有限公司
			深圳金粤幕墙装饰工程有限公司
24	苏州国际财富广场西塔楼工程	上海建工一建集团有限公司	北京市设备安装工程集团有限公司
			中铁建工集团安装工程有限公司
			苏州工业园区国发国际建筑装饰工程有限公司
			苏州柯利达装饰股份有限公司
			上海一建建筑装饰有限公司
			上海市机械施工集团有限公司
			沈阳远大铝业工程有限公司
			上海第一建筑服务有限公司

续表

序号	工程名称	承建单位	参建单位
25	上海市第一人民医院改扩建工程—住院医疗综合大楼	上海建工二建集团有限公司	上海天艺建筑装饰工程有限公司
			山东雄狮建筑装饰股份有限公司
			江苏永信医用净化工程有限公司
26	周家渡01-07地块项目	中国建筑第八工程局有限公司	上海江河幕墙系统工程有限公司
			中建八局装饰工程有限公司
			中建安装工程有限公司
			中建电子工程有限公司
27	苏州中心广场D地块7号楼工程	中亿丰建设集团股份有限公司	上海市安装工程集团有限公司
			沈阳远大铝业工程有限公司
			浙江亚厦装饰股份有限公司
			苏州金螳螂建筑装饰股份有限公司
			深装总建设集团股份有限公司
			苏州朗捷通智能科技有限公司
28	江南水务业务用房	江阴建工集团有限公司	
29	南京青奥体育公园市级体育中心体育馆	南京建工集团有限公司	江苏沪宁钢机股份有限公司
			江苏镇江安装集团有限公司
			南京深圳装饰安装工程有限公司
			南京延明体育实业有限公司
			南京金中建幕墙装饰有限公司
30	商务办公、居住用房及公建配套用房（XDG-2009-41号2-6蠡湖香樟园1-6号楼及地下车库）	江苏南通二建集团有限公司	江苏启安建设集团有限公司
31	江苏大剧院	中国建筑第八工程局有限公司	中建八局第三建设有限公司
			中建安装工程有限公司
			中建东方装饰有限公司
			苏州金螳螂建筑装饰股份有限公司
			江苏省建筑工程集团有限公司
			浙江亚厦幕墙有限公司
			中建二局安装工程有限公司
			江苏沪宁钢机股份有限公司
32	扬州西部交通客运枢纽	江苏扬建集团有限公司	江苏华发装饰有限公司
			扬州市桩基有限公司
33	温岭市医疗中心——医疗综合楼Ⅰ标段、Ⅱ标段工程	方远建设集团股份有限公司	浙江宝龙建设有限公司
			华神建设集团有限公司
34	杭政储出（2004）2号地块（钱江新城A-11、12地块）	浙江省建工集团有限责任公司	上海市安装工程集团有限公司
			浙江中南建设集团有限公司
			深圳市亚泰国际建设股份有限公司

附　录

续表

序号	工程名称	承建单位	参建单位
35	平湖市公安局业务技术用房工程	中元建设集团股份有限公司	浙江宏厦建设有限公司
36	诸暨市中医医院浣东分院建设项目二期工程	浙江展诚建设集团股份有限公司	浙江华汇安装股份有限公司
37	阿里中心［杭政储出（2011）12号地块商业金融用房项目］	中天建设集团有限公司	武汉凌云建筑装饰工程有限公司 苏州金螳螂建筑装饰股份有限公司
38	东苑立交快速化改造一期工程Ⅰ标段	浙江新中源建设有限公司	
39	慈溪市客运中心站工程	浙江省二建建设集团有限公司	浙江省二建建设集团安装有限公司 宁波建乐建筑装潢有限公司
40	临沂市民中心	山东宏大置业有限公司	山东天元装饰工程有限公司 山东天元安装工程有限公司
41	中国移动（山东济南）数据中心一期工程	山东天齐置业集团股份有限公司	中建安装工程有限公司
42	青岛大学附属医院东区综合病房楼及门诊实训综合楼工程	荣华建设集团有限公司 中启胶建集团有限公司	湖南高岭建设集团股份有限公司 青岛宇通消防科技有限公司 浙江亚厦装饰股份有限公司 青岛宝利建设有限公司 太极计算机股份有限公司 中建八局第一建设有限公司 苏州华迪医疗科技有限公司 青岛金楷装饰工程有限公司
43	临沂市双岭高架路工程	天元建设集团有限公司	
44	潍坊市第二人民医院门诊病房综合楼一期	潍坊昌大建设集团有限公司	山东鸢港装饰工程有限公司
45	天长市老川桥河及沿河洼地治理"天康大道－禹王河段"（红草湖南园）工程	安徽四建控股集团有限公司	
46	安庆市外环北路（机场大道-皖江大道）工程	北京城建设计发展集团股份有限公司	北京城建道桥建设集团有限公司 北京城建亚泰建设集团有限公司 北京城建华晟交通建设有限公司
47	合肥万达文化旅游城A地块4号楼	中国建筑第二工程局有限公司	中建二局安装工程有限公司 重庆西南铝装饰工程有限公司 上海嘉春装饰设计工程有限公司
48	中建海峡商务广场	中建海峡建设发展有限公司	福建祥荣建设投资集团有限公司 福建省中裕市政工程有限公司
49	福州海峡图书馆	福建六建集团有限公司	方圆建设集团有限公司

续表

序号	工程名称	承建单位	参建单位
50	中共江西省委党校（江西行政学院）整体迁建中新校区建设项目	江西省建工集团有限责任公司 江西建工第一建筑有限责任公司	江西省建华装潢有限责任公司
51	中至信息大厦	中恒建设集团有限公司	
52	北京银行南昌分行营业大楼	北京市第三建筑工程有限公司	金昌建设有限公司 苏州金螳螂建筑装饰股份有限公司 北京泰豪智能工程有限公司
53	恒大绿洲项目A10地块17号、18号、19号楼及地下车库	河南科建建设工程有限公司	
54	商丘市第一人民医院儿科医技培训中心综合楼	河南五建建设集团有限公司	河南裕成消防暖通工程有限公司 合肥浦发建筑装饰工程有限责任公司 河南金裕祥装饰工程有限公司
55	开封海汇中心工程	浙江宝业建设集团有限公司	浙江广艺建筑装饰工程有限公司 浙江宝业幕墙装饰有限公司 河南省昊鼎建筑基础工程有限公司
56	武汉建工科技中心	武汉建工集团股份有限公司	武汉华达建筑装饰设计工程有限公司
57	中铁桥梁科技大厦	中建三局集团有限公司	中铁二局集团装饰装修工程有限公司 武汉优尚工程技术有限公司 江苏镇江安装集团有限公司 中国建筑装饰集团有限公司 中铁大桥局第七工程有限公司
58	宜昌市委党校（宜昌市行政学院）迁建工程	湖北广盛建设集团有限责任公司	
59	武青堤（铁机路－武丰闸）堤防江滩综合整治园林景观工程（青山段）	中国一冶集团有限公司	汇绿园林建设发展有限公司 武汉润土园林景观工程有限公司
60	福天兴业综合楼	湖南青竹湖城乡建设有限公司	湖南高岭建设集团股份有限公司 苏州金螳螂建筑装饰股份有限公司 湖南固尔邦幕墙装饰股份有限公司
61	湘西武陵山文化产业园I标——非物质文化遗产展览综合大楼	湖南建工集团有限公司	湖南六建机电安装有限责任公司 湖南建工集团装饰工程有限公司 北京清尚建筑装饰工程有限公司
62	湖南省大学科技创新基地二期综合服务楼	湖南兴旺建设有限公司	湖南湘信建设工程有限公司
63	湖南省总工会灰汤温泉职工疗养院项目	中建五局第三建设有限公司	湖南建工集团装饰工程有限公司 湖南沙坪装饰有限公司 长沙广大建筑装饰有限公司

附 录

续表

序号	工程名称	承建单位	参建单位
64	良安大厦工程	汕头市建安（集团）公司	中恒建设集团有限公司
			湖南天禹设备安装有限公司
65	深圳大学学府医院项目施工总承包工程	深圳市建工集团股份有限公司	深圳市华剑建设集团有限公司
			深圳市新鹏都装饰工程有限公司
			深圳市中装建设集团股份有限公司
66	广州国际时尚中心项目（自编号J-1、J-2、J-5）	广东梁亮建筑工程有限公司	苏州金螳螂建筑装饰股份有限公司
			广东力田科技股份有限公司
			广州江河幕墙系统工程有限公司
			广州市水电设备安装有限公司
67	中国移动深圳信息大厦	中建三局第一建设工程有限责任公司	中建深圳装饰有限公司
			深圳市建筑装饰（集团）有限公司
			深圳市三鑫幕墙工程有限公司
			深圳市中装建设集团股份有限公司
68	广州香港马会马匹运动训练场及生态绿化工程	中国建筑第八工程局有限公司	中建八局第一建设有限公司
			中建新疆建工（集团）有限公司
			深圳东道建设集团有限公司
			安乐设备安装工程（上海）有限公司
69	百色干部学院及景观配套工程	广西建工集团第五建筑工程有限责任公司	苏州金螳螂建筑装饰股份有限公司
			中通建工城建集团有限公司
			广西华宇建工有限责任公司
70	合江长江一桥	广西路桥工程集团有限公司	
71	海航国际广场	中国建筑第六工程局有限公司	中建钢构有限公司
			浙江诸安建设集团有限公司
72	晋合三亚海棠湾度假酒店	龙信建设集团有限公司	中建一局集团安装工程有限公司
			上海龙鼎建设发展有限公司
73	中国西部国际博览城（一期）	中国建筑第二工程局有限公司	中建二局装饰工程有限公司
			中建二局第一建筑工程有限公司
			中建深圳装饰有限公司
			湖北龙泰建筑装饰有限公司
			浙江诸安建设集团有限公司
			中建二局安装工程有限公司
			四川豪鑫伟业建设有限公司
			四川盛大洪涛装修股份有限公司
74	泸州空港路工程	中国十九冶集团有限公司	十九冶成都建设有限公司
75	IT容灾、研发及后援中心	中国建筑一局（集团）有限公司	中建一局集团第一建筑有限公司
			中建一局集团安装工程有限公司
			中兴建设有限公司
			深圳金粤幕墙装饰工程有限公司

续表

序号	工程名称	承建单位	参建单位
76	重庆西站（重庆至贵阳铁路扩能改造工程重庆西站站房及相关工程）	中铁十二局集团有限公司　山西四建集团有限公司	中铁十二局集团建筑安装工程有限公司
77	重庆交通大学土木建筑工程专业教学实验基地	重庆建工集团股份有限公司	重庆建工渝远建筑装饰有限公司
78	重庆江北国际机场东航站区及第三跑道建设工程新建T3A航站楼及综合交通枢纽	中国建筑第八工程局有限公司　重庆建工集团股份有限公司	中建钢构有限公司 中建八局装饰工程有限公司 中建安装工程有限公司 北京利华消防工程有限公司 广东省工业设备安装有限公司 重庆建工第七建筑工程有限责任公司 深圳深港建设工程发展有限公司 北京城建集团有限责任公司 北京中航弱电系统工程有限公司 江苏合发集团有限责任公司
79	重庆轨道交通十号线一期（建新东路—王家庄段）工程	中国中铁股份有限公司　中铁四局集团有限公司　中铁电气化局集团有限公司	中铁一局集团有限公司 中铁三局集团有限公司 中铁五局集团有限公司 中铁六局集团有限公司 中铁八局集团有限公司 中铁九局集团有限公司 中铁十局集团有限公司 中铁广州工程局集团有限公司 中铁北京工程局集团有限公司 中铁武汉电气化局集团有限公司 中铁上海工程局集团有限公司
80	遵义干部学院建设项目	中建四局第三建筑工程有限公司	中建四局安装工程有限公司 中建四局第一建筑工程有限公司 贵州亚美装饰有限公司
81	云南海埂会议中心商务酒店	云南建投第二建设有限公司	
82	浐灞金融文化中心	陕西建工集团有限公司	陕西建工第五建设集团有限公司 陕西建工机械施工集团有限公司 陕西建工安装集团有限公司
83	西安交通大学材料科研与基础学科大楼	陕西建工第十一建设集团有限公司	
84	渭南职业技术学院图书馆	陕西建工第四建设集团有限公司	

续表

序号	工程名称	承建单位	参建单位
85	中国移动高新基地生产指挥中心综合研发楼	陕西建工第七建设集团有限公司	
86	永靖黄河三峡旅游综合服务中心	中国建筑第七工程局有限公司	中建七局安装工程有限公司
			中国建筑装饰集团有限公司
			福建省茂盛建设工程有限公司
87	银川河东国际机场三期扩建工程新建T3航站楼工程	中国建筑第八工程局有限公司	中建八局第三建设有限公司
			深圳市晶宫设计装饰工程有限公司
			深圳城市建筑装饰工程有限公司
			宁夏古月建筑装饰工程有限公司
			中建三局集团有限公司
88	青海师范大学新校区教学服务用房建设项目（图书馆信息中心）	浙江省建工集团有限责任公司	浙江正品建设工程有限公司
			浙江中信设备安装有限公司
			江苏文正工程有限公司
89	益民大厦	中建三局集团有限公司　新疆城建（集团）股份有限公司	中建三局安装工程有限公司
			中国通广电子有限公司
			江苏沪港装饰有限公司
			深圳市卓艺装饰设计工程有限公司
			中建新疆建工（集团）有限公司
			新疆凌云设计工程有限公司
			江苏南通二建集团有限公司
90	广深港客运专线深圳福田站	中铁十五局集团有限公司	中铁十五局集团第一工程有限公司
			中铁十五局集团城市建设工程有限公司
			中铁十六局集团有限公司
			湖南建工集团装饰工程有限公司
			中国铁建电气化局集团有限公司
91	天河潭景区建设项目	中铁五局集团有限公司　中铁七局集团有限公司	中铁五局集团贵州工程有限公司
			中铁七局集团武汉工程有限公司
92	深圳市城市轨道交通11号线工程	中国中铁股份有限公司（中铁南方投资集团有限公司）　中铁隧道局集团有限公司　中铁一局集团有限公司　中铁二局工程有限公司　中铁四局集团有限公司　中铁电气化局集团有限公司	中铁三局集团有限公司
			中铁五局集团有限公司
			中铁六局集团有限公司
			中铁七局集团有限公司
			中铁广州工程局集团有限公司
			中铁上海工程局集团有限公司
			中铁北京工程局集团有限公司
			中铁九局集团有限公司
			中铁一局集团城市轨道交通工程有限公司

续表

序号	工程名称	承建单位	参建单位
93	南昌市红谷隧道工程	中铁隧道局集团有限公司	中铁隧道集团二处有限公司
94	新建云桂铁路引入昆明枢纽昆明南站站房工程	中铁建设集团有限公司	北京中铁装饰工程有限公司
			中铁建设集团设备安装有限公司
			中铁十一局集团有限公司
			浙江东南网架股份有限公司
			江苏沪宁钢机股份有限公司
			嘉林建设集团有限公司
95	中国通号轨道交通研发中心	中铁建设集团有限公司	中铁建设集团设备安装有限公司
			江苏省建工集团有限公司
			通号工程局集团有限公司
			北京中铁装饰工程有限公司
96	神华神东补连塔煤矿2号辅运平硐工程	中铁十一局集团有限公司	中铁十一局集团第五工程有限公司
97	黄骅港三期工程水工、土建、设备及配套项目总承包工程	中交第一航务工程局有限公司	
98	安徽省六安至岳西至潜山高速公路	安徽省交通建设股份有限公司	辽宁省路桥建设集团有限公司
		安徽开源路桥有限责任公司	
		中交二公局第六工程有限公司	中铁十四局集团第三工程有限公司
		中铁四局集团第四工程有限公司	
99	南京长江第四大桥	中交第二航务工程局有限公司	山东省路桥集团有限公司
			中交第三航务工程局有限公司
			江苏省交通工程集团有限公司
		中交第二公路工程局有限公司	中铁十八局集团有限公司
			中铁二十局集团第一工程有限公司
			中国建筑第八工程局有限公司
			中铁大桥局集团有限公司
			中铁宝桥集团有限公司
100	诸永高速公路温州段延伸工程瓯江特大桥	中交一公局集团有限公司	
101	重庆轨道交通六号线二期蔡家嘉陵江大桥	中交一公局集团有限公司	
102	济南1000千伏变电站	山东送变电工程有限公司	
103	盱眙1000千伏变电站	江苏省送变电有限公司	江苏精享裕建工有限公司

附　录

续表

序号	工程名称	承建单位	参建单位
104	山东华电国际十里泉电厂"上大压小"2×660MW超超临界机组工程	中国电建集团山东电力建设第一工程有限公司	中国电建集团核电工程有限公司
			河南四建股份有限公司
105	±500kV金官换流站工程	云南送变电工程有限公司	
106	云南省迪庆州硕多岗河小中甸水利枢纽工程	云南建投第一水利水电建设有限公司	
107	福建申远年产40万吨聚酰胺一体化项目己内酰胺装置	中国化学工程第三建设有限公司 南京南化建设有限公司	
108	中国石油科技信息楼（中国石油集团技术中心暨石化工程技术研发中心项目）	江苏南通三建集团股份有限公司	江苏南通三建装饰装潢有限公司
			海门市设备安装工程有限公司
			北京港源幕墙有限公司
			中青建安建设集团有限公司
109	陕西柠条塔煤矿（18.00Mt/a）建设工程	陕西煤业化工建设（集团）有限公司	
110	包钢稀土钢板材有限责任公司2030mm冷轧工程	中国二十二冶集团有限公司 中国五冶集团有限公司	中国三冶集团有限公司
			中冶天工集团有限公司
			中国二十冶集团有限公司
			内蒙古广厦建安工程有限责任公司
			河北省安装工程有限公司
111	香港中文大学（深圳）一期项目（下园）施工总承包Ⅱ标段—教学楼	上海宝冶集团有限公司	上海宝冶建筑装饰有限公司
			深圳市方大建科集团有限公司
			深圳榕亨实业集团有限公司
112	广西金川有色金属加工项目40万吨/年铜电解工程	金川集团工程建设有限公司	
113	宁波市鄞州区生活垃圾焚烧发电项目	山东淄建集团有限公司	徐州东大钢结构建筑有限公司
			苏州金螳螂建筑装饰股份有限公司
114	中国卫星通信大厦	中国建筑一局（集团）有限公司	北京南隆建筑装饰工程有限公司
			中建一局集团第二建筑有限公司
			湖南星宇装饰有限责任公司
			深圳市奇信建设集团股份有限公司
			北京国安电气有限责任公司
115	西安电子科技大学南校区综合体育馆	中建三局集团有限公司	中建三局安装工程有限公司
			中建三局东方装饰设计工程有限公司
116	枣庄市市民中心（体育中心—体育场）工程	中建八局第一建设有限公司	上海太阳膜结构有限公司
			江苏沪宁钢机股份有限公司
			万旭装饰工程有限公司
			荣华建设集团有限公司

续表

序号	工程名称	承建单位	参建单位
117	慈溪大剧院	中国建筑第五工程局有限公司	中建五局华东建设有限公司
			中建五局工业设备安装有限公司
			中建不二幕墙装饰有限公司
			中建五局装饰幕墙有限公司
			浙江大丰建筑装饰工程有限公司
			浙江宝业建设集团有限公司
118	南宁国际会展中心改扩建工程（A地块）	中建八局第二建设有限公司	
119	广西金融广场	中国建筑第四工程局有限公司	中建四局安装工程有限公司
			中国对外建设有限公司
			广州江河幕墙系统工程有限公司
			深圳市文业装饰设计工程股份有限公司
			深圳市科源建设集团有限公司
120	陕西大剧院	中建二局第三建筑工程有限公司	浙江大丰实业股份有限公司
			浙江精工钢结构集团有限公司
			陕西华山建设有限公司
121	军博展览大楼加固改造工程（扩建建筑）	中国建筑第八工程局有限公司	中建安装工程有限公司
			中建八局第三建设有限公司
			中建八局装饰工程有限公司
			江苏天目建设集团有限公司
			浙江亚厦装饰股份有限公司